International Tax

최신판

국제조세론

국제거래 설계 및 대응 지침서

김명준 저

SAMIL | 삼일인포마인

머리말

21세기 들어 국가 간 인적 · 물적 교류의 증가, 금융시장 개방 확대, IT기술의 급속한 발전, 디지털경제의 확산 등으로 국제거래가 비약적으로 늘어나고, 국제거래 관련 거래구조 및 법률관계도 복잡 · 다양해져 이를 이용한 조세회피가 크게 증가하고 있다. 또한, 2008년 글로벌 금융위기의 여파에 따른 재정위기 극복, 그리고 각종 경제 · 사회문제의 해결을 위한 각국의 세수 확보 노력과 함께, OECD/G20이 주도하는 BEPS 방지 프로젝트 추진 등 역외탈세 및 국제적 조세회피 방지에 대한 국내외적 관심이 뜨겁다. 결과적으로 국제거래에 대한 세무조사가 증가하고, 부과된 세금의 적법성을 다투는 국내외 조세분쟁 또한 크게 늘어나는 추세이다. 국제거래 조세문제와 관련하여 과세당국은 세무조사권이 미치지 않는 해외거래에 대한 세원의 포착 및 증거 수집의 어려움을 호소하고, 납세자 또한 복잡한 국제거래에 대한 과세 여부 및 세무조사를 받게 될 경우의 불확실성을 우려하고 있다.

우리나라가 1996년 OECD 회원국으로 정식 가입한 이후, 국제조세 분야는 법적 · 제도적으로 그리고 행정적 측면에서도 비약적 발전을 거듭해왔다. 그럼에도 불구하고 앞으로의 국제조세 행정은 현재보다 더욱 더 전문화 · 과학화 · 투명화되어야 한다. 단순히 과세당국과 납세자 간의 마찰을 줄이거나 선진국 수준의 국제조세 행정을 구현하기 위해서라기보다, 국제조세 행정이 우리나라의 국격(國格)을 좌우함은 물론 미래 조세행정 분야의 블루오션(blue ocean)임과 동시에 한편으로는 심각한 취약분야(loophole)라고 판단되기 때문이다.

전세계가 지구촌화되어 있는 오늘날의 현실에서, 우리나라의 국제조세 행정에 대해 전세계 다국적기업들과 과세당국들은 물론 OECD 등 국제기구, 더 나아가 전세계 시민들이 지켜보고 있다고 해도 과언이 아니다. 따라서 우리나라의 과세당국은 보다 더 전문적이고 정교한 과세논리(logic)와 명확한 증거들(evidences)을 토대로 합리적이고 공정하게 조세행정을 집행해야 하고, 납세자들 또한 국제조세 환경의 변화에 대한 명확한 인식을 토대로 합리적이고 수용가능한 절세전략(acceptable tax planning)을 수립하고 부당하고 불합리한 과세권의 행사에도 효과적으로 방어할 수 있어야 한다.

우리나라의 국제조세 행정, 더 나아가 조세행정 수준이 한 차원 더 발전되었으면 하는 원대한 꿈과 소망을 가지고 이 책을 썼다. 저자가 기대하는 이 책의 주요 독자층은 국제거래 과세 및 세무조사 대응과 관련한 실무에 직접 종사하는 국세청 공무원, 세무대리인, 기업관계자들과 평소 국제조세와 관련한 지식과 사례를 체계적이고 보다 쉽게 습득하고자 했던 학생들이다. 특히, 기업관계자들은 물론 세무대리인들조차 국제조세 행정과 관련한 정보와 사례에 쉽게 접근하지 못하는 현실을 감안하여 외부 이해관계자들의 관심사도 최대한 반영하여 서술하고자 노력하였다. 과세당국과 납세자 및 외부전문가들이 한층 잘 정리된 과세논리와 사례 등을 토대로 합리적 과세논리의 개발과 명확한 증거의 제시에 각자의 역량과 전문성을 발휘한다면 우리나라의 국제조세 행정 수준이 선진국 수준으로 높아질 날도 머지 않을 것이다.

'국제조세론'이라는 제목에서 알 수 있듯이, 이 책은 국제조세법의 적용 및 해석, 즉 집행에 초점을 둔다. 따라서, 조세법적 관점만이 아니라 조세행정적 관점에서 관련 국제조세 이슈와 사례들을 분석하여 소개하고자 하였다. 왜냐하면, 실무상 적용을 고려하지 않는 채 이론에만 치우친 논의는 무의미하다고 생각하기 때문이다. 그간 조세법 또는 세무 · 회계학 관점에서 국제조세 이론과 조세조약 내용 등을 설명하고 관련 예규, 심사 · 심판례, 판례 등을 소개하는 책들은 많았다. 하지만, 국제거래 과세 또는 세무조사 현장에서 발생하는 주요 조세이슈와 쟁점들을 조세행정가의 시각에서 체계적으로 정리하여 설명하고, 국내외 판례를 중심으로 쟁점 사안을 분석 · 평가한 책은 드물지 않았나 싶다. 이 책이 국제조세 제도 및 행정, 그리고 주요 과세이슈에 관심을 가진 공무원, 기업관계자, 세무대리업계, 학계 등에 많은 도움이 되었으면 한다.

이 책의 구성 및 서술의 특징은 다음과 같다.

첫째, 총 5편, 39장으로 구성하였다. 제1편은 국제조세 일반론으로서 국제거래와 국제조세, 국제조세행정, 과세권의 국제적 배분 등 국제조세 관련 개념 및 이론적 토대를 다룬다. 제2편은 조세조약론으로서 거주자, 수익적 소유자, 고정사업장, 조약남용 등 조세조약의 해석과 적용에 관한 이슈들을 다룬다. 제3편은 국내원천소득론으로서 비거주자와 외국법인의 사업소득, 투자소득 등 소득유형별 국내원천소득 과세와 관련한 이슈들을 다룬다. 제4편은 이전가격 과세론으로서 독립기업원칙의 적용방법, 무형자산 과세, 사업구조 개편 등 다국적기업들의 이전가격 설정 및 검증과 관련된 다양한 이슈들을 다룬다. 제5편에서는 국제적 조세회피 방지를 위한 다양한 접근방법, 예컨대 일반 남용방지규정, 특정 남용방지규정, 과소자본규정, CFC 규정 및 역외탈세 방지 등과 관련한 이슈 등을 다룬다.

둘째, OECD 모델조세협약, 동 협약 주석서, OECD 이전가격지침, OECD 보고서 등 국제조세 기준 및 해석과 관련한 논의사항들을 출처와 함께 비교적 상세히 서술하였고, 외국 학자들의 저술 내용 및 외국 판례들을 포함하는 등 최근의 국제적 논의 동향에 관한 정보를 충실히 소개하고자 하였다. 빠른 시일 내에 국제조세 분석역량을 높이고자 하는 분들은 본문에서 괄호를 통해 제시되는 관련 출처(예컨대, OMC Art.4/8, TPG 1.15 등)를 찾아서 OECD모델 주석서, OECD 이전가격지침의 영어 원문을 반드시 병행하여 학습할 것을 권한다. 국내 사례는 대법원 등 주요 판례 위주로 서술하였고, 심사·심판례, 예규 등은 지면 관계상 생략하였다. 또한, 별다른 논점이 없는 법령상 절차적·기술적 규정들은 특별한 경우가 아니면 포함하지 않았다.

셋째, 독자의 빠른 이해를 돕고 가독성을 높이기 위하여 가급적 많은 사례를 소개하였고, 거래 흐름을 쉽게 파악할 수 있도록 많은 그림과 표를 포함하였다. 쟁점 거래구조의 전체 맥락을 이해하는 데 도움이 되었으면 한다.

이 책에서 제시하는 판례 등에 대한 의견과 평가는 저자가 몸담았던 국세청의 공식적인 입장이 아니며 저자가 국세청의 국제조세 및 세무조사 분야에서 근무하는 동안, 그리고 주 OECD한국대표부 주재관으로서 OECD 재정위원회 주관 하의 각종 모델조세협약, 이전가격지침 개정 등의 작업에 직접 참여하면서 쌓은 경험 등에 토대한 개인적 소견임을 밝혀둔다.

끝으로, 이 책이 출간되기까지 많은 분들의 가르침과 도움을 받았다. 모든 분들에게 고마움을 전하고 싶다. 특히, 오래 전부터 국제조세 분야에 대한 학문적 관심과 판례 연구의 필요성에 관해 많은 자극과 지도를 해주신 최선집 변호사 님, 이 책의 초고에 대해 좋은 의견을 제시하고 수정작업에 함께 참여해 준 박국진 서기관, 홍성미 사무관, 유수현 군, 장준재 조사관, 그리고 마지막 집필 과정을 적극적으로 지원해 준 강남규 법무법인 가온 대표변호사, 누구보다도 5년여에 걸친 고단한 집필 작업을 항상 응원해 준 사랑하는 아내와 아들 동현에게도 고마움을 전하고 싶다. 또한, 좋은 책을 만들기 위해 함께 애써주신 삼일인포마인 관계자 여러분들께도 감사드린다.

그리고 무엇보다 이 책의 출간으로 저자가 국세공무원으로 공직에 첫 발을 내딛을 때 스스로 한 약속을 늦게나마 지킬 수 있게 되어 다행이란 생각이 든다. 돌이켜보니 아쉬운 부분이 적지 않지만, 앞으로 독자 여러분이 주시는 소중한 의견을 토대로 더욱 더 완성도 높은 책을 지속적으로 만들어 나갈 것을 약속드린다.

2021년 4월
역삼동 사무실에서
저 자

이 책에서 사용하는 약어의 의미

- AOA : 공식 OECD 접근방법(Authorized OECD Approach)
  * OECD가 승인한 고정사업장(PE)에 대한 이윤귀속 방법을 말한다.
- APAs : 이전가격 사전승인제도(Advance Pricing Arrangements)
- BEPS : 세원잠식 및 소득이전(Base Erosion and Profits Shifting)
- BO : 수익적소유자(Beneficial Owner)
- BR : 사업구조 개편(business restructuring)
- CAAs : 금융정보 자동교환을 위한 권한있는 당국간 협정(Competent Authority Agreements)
- CFC : 피지배 외국법인(Controlled Foreign Corporation)
  * 우리나라의 CFC 규정은 '특정 외국법인 유보소득 합산과세제도'라고 불린다.
- CIVs : 집합투자기구(Collective Investment Vehicles)
- CPM : 원가가산법(cost plus method)
- CUP : 비교가능제3자가격법(comparable uncontrolled price method)
- CRS : 금융정보 자동교환을 위한 공통보고기준(Common Reporting Standard)
- FATCA : 외국금융계좌 납세순응법(Foreign Account Tax Compliance Act)
- FIF : 해외투자펀드(Foreign Investment Funds)
- GAARs : 일반 남용방지규정(General Anti-avoidance Rules)
- HMAs : 혼성불일치약정(hybrid mismatch arrangements)
- IPs : 지식재산권(Intellectual Properties)
- LOB(Limitation on Benefit) : 조약 혜택 제한
- MAPs : 상호합의절차(Mutual Agreement Procedures)
- MCAA : 다자간 금융정보 자동교환협정(Multilateral Competent Authority Agreement on Automatic Exchange of Financial Account Information)
- MNEs : 다국적기업(Multinational Enterprises)
- OECD모델 : 소득과 자본에 관한 OECD 모델조세협약(2017)
  (OECD Model Tax Convention on Income and on Capital)
- OMC : 소득과 자본에 관한 OECD 모델조세협약 주석
  (OECD Model Tax Convention Commentaries)
  * 용례: OMC Art.7/5 → OECD모델 제7조 주석 제5절을 의미
- PE : 고정사업장(Permanent Establishment)
- POEM : 실질적 관리장소(Place Of Effective Management)

- PPT(Principal Purpose Test) : 주요목적 기준
- PSM : 거래이익분할법(transactional profit split method)
- REITs : 부동산투자신탁(Real Estate Investment Trust)
- RPM : 재판매가격법(resale price method)
- SAARs : 특정 남용방지규정(Specific Anti-avoidance Rules)
- TIEAs : 조세정보교환협정(Tax Information Exchange Agreements)
- TNMM : 거래순이익률법(transactional net margin method)
- TPG : 다국적기업과 과세당국을 위한 OECD 이전가격 가이드라인(2017)
  (OECD Transfer Pricing Guideline for Multinational Enterprises and Tax Administrations)
  * 용례: TPG 3.10 → OECD 이전가격 가이드라인 제3장 제10절을 의미
- TRS : 총수익스왑(Total Return Swap)
- UN모델 : 선진국과 개도국 간 UN모델조세협약(2017)
  (UN Model Double Taxation Convention b/w Developed and Developing Countries)
- UNM : 개도국을 위한 UN 이전가격 실무매뉴얼(2017)
  (United Nations Practical Manual on Transfer Pricing for Developing Countries)
- VCLT : 조약법에 관한 비엔나협약(Vienna Convention on the Law of Treaties)
- 국기법 : 국세기본법
- 국조법 : 국제조세조정에관한법률
- 국조령 : 국제조세조정에관한법률 시행령
- 국조칙 : 국제조세조정에관한법률 시행규칙
- 법법 : 법인세법
- 법령 : 법인세법 시행령
- 법칙 : 법인세법 시행규칙
- 부법 : 부가가치세법
- 부령 : 부가가치세법 시행령
- 소법 : 소득세법
- 소령 : 소득세법 시행령
- 소칙 : 소득세법 시행규칙
- 조특법 : 조세특례제한법
- 조특령 : 조세특례제한법 시행령

차 례

제 1 편 국제조세 일반론

제3장 과세권의 국제적 배분 / 55

차 례

제 2 편 조세조약론

제1장 조세조약의 의의 / 109

제2장 조세조약의 적용 및 해석 / 115

차 례

제5장 수익적 소유자 / 240

제6장 고정사업장 / 277

차 례

제3편 국내원천소득론

제1장 국내원천소득의 의의 / 463

제2장 국내원천 사업소득 / 469

차 례

차 례

제 4 편 이전가격 과세론

제1장 이전가격 과세의 의의 / 681

제2장 독립기업원칙의 적용 / 695

차 례

차 례

제1편

국제조세 일반론

제1장 국제거래와 국제조세

1 국제거래의 의의와 특성

가. 국제거래의 의의

국제거래는 일반적으로 재화, 서비스, 금전 등 각종 자산의 국경 간 거래(cross-border transaction)를 말한다. 국제수지[1] 관점에서 보면, 국제거래는 경상거래(경상수지)와 자본거래(자본수지)로 나누어진다. 경상거래에는 무역거래, 무역외거래, 이전거래 등이 있고, 자본거래는 장기 자본거래와 단기 자본거래로 구분할 수 있다. 국제경제학적 관점에서 보면, 생산물(상품 및 서비스)과 생산요소(자본 및 노동)의 국제적 이동을 말한다.[2] 또한, 국제거래를 구분할 때, 자본 또는 기타 자원의 국외유출과 관련된 거래를 대외거래 또는 해외투자(outbound transaction), 그리고 자본 또는 기타 자원의 국내유입과 관련된 거래를 대내거래 또는 국내투자(inbound transaction)로 나누기도 한다. 대외거래는 통상 거주자의 국외원천소득에 대한 과세, 대내거래는 비거주자의 국내원천소득에 대한 과세와 관련된다. 참고로, 대외거래에서는 이전가격 조정, CFC 규정, 외국납부세액공제, 해외금융계좌 신고의무 등이, 대내거래에서는 고정사업장 과세, 이전가격 조정, 국내원천소득의 원천징수・납부, 과소자본 규정 등이 주요 이슈로 다루어진다.

우리나라 세법에서는 국제거래를 "유형자산 또는 무형자산의 매매・임대차, 용역의 제공, 금전의 대차, 그밖에 거래당사자의 손익 및 자산에 관련된 모든 거래"로 정의하고, 국경 간 거래 중 "거래당사자 중 어느 한쪽이나 거래당사자 양쪽이 비거주자 또는 외국법인(비거주자 또는 외국법인의 국내사업장 제외)인 거래"로 한정하고 있다.(국조법 §2 ① 1호) 따라서, 내국법인 본점이 외국소재 지점을 위해 용역을 제공한 경우 및 외국법인의 국내

1) 국제수지(international balance of payments)는 국제거래의 결과 수취된 외화와 지급된 외화의 차액이다.
2) 국제경제학(international economics)은 생산물의 교역 관계만을 연구대상으로 하던 국제무역론이 확대된 것으로서 국제거래를 한 나라만이 아니라 국제적인 관점에서 고찰한다.

자회사와 외국법인의 국내지점 간의 거래는 국제거래에 포함되지 않는다.

우리나라 거주자 또는 내국법인의 관점에서 보면, 국제거래의 범주에는 통상 "비거주자 또는 외국법인과의 모든 자산거래"가 포함된다고 할 수 있다.[3] 따라서 이 책에서는 일반적인 회계학 상 자산의 분류방법[4] 이외에 〈표 1-1〉에서 보는 바와 같이 인적 · 물적 · 지적 자산으로 분류하는 접근방법을 추가하여 논의를 전개한다.

〈표 1-1〉 국제거래의 범주

○ 인적자산		→ 용역의 제공(근로/인적용역/사업소득)
○ 물적자산	유형자산 (재고자산 포함)	→ 유형자산의 매매 · 임대차(사업/부동산/양도소득)
	금융자산 (당좌자산, 투자자산)	→ 금전의 대차(이자/배당/유가증권양도소득)
○ 지적자산	무형자산	→ 무형자산의 매매 · 임대차(양도/사용료소득)

나. 국제거래 세원의 특성

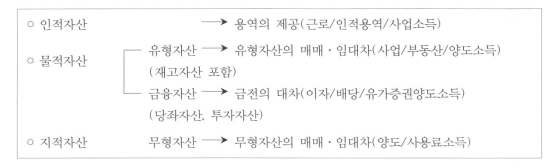

일반적으로 국제거래 과세는 국제거래 세원(tax resource)[5]에 대한 과세를 지칭한다. 국제거래 및 국제거래 세원의 특성이 국제거래 과세 또는 세무조사의 성격과 내용을 좌우하게 되므로 이를 먼저 살펴보는 것이 순서일 것 같다.

첫째, 국제거래는 기본적으로 국경 간 거래 또는 역외(offshore) 거래라는 특성을 지닌다. 납세자와 과세증거 등이 우리나라의 조세주권이 미치지 않는 해외에 소재하는 경우가 많아 원활한 세무조사가 곤란한 경우가 있다. 따라서 국내거래에 비해 국제거래 또는 역외거래의 경우에 납세자에게 가중된 신고 · 보고의무 등 납세협력의무를 부과하게 된다. 또한, 세무조사권이 미치지 않고 대부분의 과세증거가 납세자의 지배영역 내에 존재하는 국제거래의 경우에는 과세요건 사실 등에 대한 입증책임을 납세자에게 부여하는 경우가 많다.

---

3) 국조법에서는 "거래당사자의 손익 및 자산에 관련된 모든 거래"라고 규정하고 있지만, 자산거래의 결과가 손익으로 나타난다는 점을 고려하여 자산거래로 표현해도 무방할 것이다.

4) 회계학적 관점에서 자산의 종류에는 유동자산(당좌자산, 재고자산)과 고정자산(투자자산, 유형자산, 무형자산 등)이 있다.

5) 세원(稅源)이란 조세가 지급되거나 지급될 것이 예상되는 원천을 말하는데, 일반적으로 납세자의 소득 · 재산 및 자본을 말한다. 통상 국제거래 세원은 국제거래를 통해 발생하는 소득을 가리킨다.

둘째, 국제거래는 거래를 둘러싼 관련 국가 및 법령이 다수이고 국제규범[6]의 적용을 받을 뿐만 아니라, 거래 유형이 다양하고 외환거래를 수반하는 등 매우 복잡하고 불확실성이 높은 특성이 있다. 국제거래에 대한 조세관계를 규율하는 규범은 OECD, UN 등 국제기구에 의해 정립되는데[7], 여기서 정립되는 국제조세 기준이 양자 조세조약과 각국의 세법에 반영된다.[8] 이러한 특성으로 인해 국내법과 국내법원에 의한 분쟁해결 방법 이외에 체약국 정부 간 상호합의절차(MAPs)가 진행되거나 투자보장협정(bilateral investment treaty)에 의해 국제중재(international arbitration)가 제기되는 경우도 있다. 또한, 외환거래 등 국제 금융거래를 수반하게 되므로 자금세탁 방지 등을 위해 금융 감독당국과의 긴밀한 공조체제 구축이 중요하다.

셋째, 최근 들어 IT기술의 발전, 무형자산 거래의 활성화 등으로 인해 국제거래 세원의 이동성(mobility)이 높아지는 특징이 나타나고 있다. 특히, 인적자산(인력)의 국제적 유동성이 큰 문제로 대두되고 있다. 교통수단의 발달 등으로 개인의 거주지국과 원천지국(근로 또는 사업 수행지국)이 달라 거주자 판정 및 세원확보를 둘러싸고 조세갈등이 초래되는 경우가 빈번해지고, 국가 간 조세제도 또는 조세행정의 차이를 이용하여 어느 국가에서도 세금을 부담하지 않거나(이중비과세) 거주지국 또는 소득유형을 위장하는 사례도 늘고 있다.[9]

IT기술의 발전, 초고속 인터넷망 및 스마트폰 앱의 확산 등에 따라 국제 전자상거래(e-commerce)가 보편화되고 있음에도 조세회피가 쉬운 인터넷 또는 통신거래의 성격 상 세원 포착에 어려움이 많은 실정이다. 예컨대, 디지털 재화의 판매 또는 용역제공의 경우(소위 digital product) 사업 수행지국에서 인적 관여를 최소화함으로써 고정사업장 판정을 회피하는 사례도 발생하고 있다. 또한, 다국적기업이 상표권, 특허권 등 무형자산(intangibles)의 소유권을 법인세율이 낮은 국가로 이전시켜 손쉽게 조세를 회피할 수도 있다. 예를 들어,

---

6) WTO, IMF, OECD 등 국제기구는 통상, 금융, 경쟁, 조세, 특허 등 주요 경제 분야별로 국제규범을 제정하고, 회원국의 비준을 받아 시행하고 있다.

7) 우리나라는 1996.12.12. OECD 회원국으로 가입한 이후, 회원국 간 주요 조세정책 및 행정에 관한 이슈, 국제조세 기준 등을 논의하기 위해 재정위원회(Committee on Fiscal Affairs) 및 산하 작업반(Working party) 회의에 참석하고 있으며, 상주 대표로 'OECD대한민국대표부'에 세무주재관을 파견하고 있다.

8) 우리나라는 OECD 가입 협상을 진행하면서 OECD가 채택을 권고한 이전가격 규정 등 국제조세 기준을 반영한 '국제조세조정에 관한 법률'을 제정(1995.12.6.)하여 시행하고 있다.

9) 한 국가의 거주자에 해당하면 어느 나라에서 소득이 발생했는지에 상관없이 전세계소득에 대해 무제한의 납세의무를 지게 되므로 국제조세 관계에서 거주자 판정 문제는 매우 중요하다. 또한, 소득 유형별로 조세조약 상 과세권 배분이 다른데, 예컨대 부동산 양도소득(원천지국 과세)을 부동산 보유법인의 주식을 양도(거주지국 과세)하는 형식으로 전환하여 조세조약 상 비과세 혜택을 주장하는 경우가 있다.

최근 구글, MS 등 미국 IT기업들이 더블 아이리시(Double Irish)[10]라는 이중비과세 전략을 사용하여 세금을 줄이고 있는 것이 문제가 되고 있다.

한편, 최근에는 금융시장 개방 및 금융의 자율화 추세에 따라 국제 금융시장[11]을 무대로 복잡한 신종 자본거래와 파생금융상품 등이 계속 출현하고 있다. 과거처럼 경상거래의 결제를 뒷받침하기 위한 금융거래가 아니라, 주식, 채권, 파생상품 등 금융상품에 대한 투자 및 환율, 금리 등의 차이를 이용하여 수익을 창출하고자 하는 자본의 흐름이 크게 늘어나고 이를 이용한 국제적 조세회피 가능성도 증가하고 있다. 이는 선진국의 연기금 등의 자금이 다국적 금융그룹, 사모펀드, 헤지펀드 등에 투자되고, 이들 자금이 신흥국의 금융시장 및 부동산, 부실채권 등 자산시장에 대규모로 투자됨으로써 국제 금융시장의 교란요인이 됨은 물론 각국의 조세행정에도 큰 위협요인이 되고 있다.[12]

2 국제조세란?

가. 국제조세의 의의

국제조세(international tax)는 '국제거래의 조세측면'을 다루는 한 국가의 법적 체계를 지칭한다. 또한, 국제조세는 조세조약을 포함하여 특정 국가의 국제조세법(international tax law)을 의미한다. 세법은 주권국가에 의해 만들어진 것이므로 국제적이지 않다. 따라서, 모든 국가들에게 적용할 수 있는 하나의 국제조세법은 존재하지 않는다.

국제조세법은 특정 국가들의 '법인세법과 소득세법의 국제적 측면'을 다룬다. 법인세와 소득세 체계의 국제적 측면은 조세조약이다. 조세조약은 체약국들의 과세권한에 제한을 부과하는 국가들 간의 기속력 있는 약정이지만, 국내 세법에 구체적으로 규정되어야만 납

10) 법인의 거주지 판정기준으로 미국은 등록장소, 아일랜드는 실질적 관리장소를 채택하고 있는데, 이러한 양국 간의 조세제도 차이를 이용하여 미국 기업들이 아일랜드 소재 법인에 지식재산권을 등록시키고 이를 조세회피처인 버뮤다 소재 법인을 통해 지배하도록 하게 되면, 미국에서는 아일랜드 기업이 되고 아일랜드에서는 버뮤다 기업이 되기 때문에 사용료 수익에 대해 양국에서 세금을 전혀 내지 않을 수 있게 된다. 거래구조 등 자세한 사항은 제4편 '제6장 무형자산에 관한 과세' 부분을 참조.

11) 국제금융시장은 외환시장, 채권시장, 주식시장, 파생금융상품시장 등으로 구분할 수 있다.

12) 이들 다국적 거대자본의 투자 자체가 각국의 조세행정에 위협요인이 되는 것은 아니지만, 이들 자본들이 통상 투자수익률을 극대화하기 위해 공격적 조세회피전략(aggressive tax planning: 이하 ATP)을 구사하기 때문에 과세당국과 갈등을 빚는 일이 많다.

세자에게 영향을 미칠 수 있다.

세법은 통상적으로 ⅰ) 거주자의 외국에서의 활동, ⅱ) 비거주자의 국내에서의 활동 등 두 가지 유형의 활동을 포함하여 규율한다. 이와 관련하여, 국제조세법은 ⅰ) 거주자의 국외원천소득에 관한 과세문제, ⅱ) 비거주자의 국내원천소득에 관한 과세문제를 규율한다. 한 국가(거주지국)가 거주자의 국외원천소득에 대해 과세하는 것과 다른 국가(원천지국)가 비거주자의 국내원천소득에 대해 과세하는 것은 동전의 양면이다.

나. 국제조세 규정의 정책목표

일반적으로 국제조세 규정들을 세법에 구체화할 때는 다음과 같은 정책목표를 고려한다. 첫째, 국가는 조세수입 확보를 위해 국제거래에 따른 조세수입 중에서 자국의 공정한 몫을 보장받기 위해 노력하고, 그렇게 함으로써 국내 세원을 유지하고자 한다. 더 나아가, 국가는 경제 확대를 통해 국부를 증진시키고자 한다. 이를 위해 일부 개도국들은 외국인 투자를 촉진하기 위한 조세유인 제도를 도입하기도 한다. 둘째, 조세부담의 공평성과 공정성 측면을 고려해야 한다. 소득의 원천, 유형, 그리고 소득활동의 법적 구조에 관계없이 동일한 소득을 가진 납세자들에 대해서는 동일한 조세가 부과(수평적 공평)되어야 하고, 납세자들의 부담능력에 비례하는 조세부담(수직적 공평)이 이루어져야 한다. 셋째, 자원배분의 효율성 측면을 고려해야 한다. 조세가 납세자의 투자 의사결정을 왜곡하여 국내투자와 해외투자 간의 선택에 영향을 주어서는 안 된다. 또한, 글로벌 경제에서는 국가와 국내기업의 경쟁적 지위를 약화시키는 조세조치를 회피해야 한다. 예를 들어, 외국으로 자본과 기술을 유출시키거나 자본과 기술의 국내 유입을 방해하는 국제조세 규정의 채택에는 신중을 기해야 한다. 중장기적 관점에서 보면, 조세유인 제도는 국가경쟁력 향상에 도움이 되지 않는다. 이는 모든 국가들에게 해악을 가져올 뿐만 아니라, 이동성이 높은 자본소득에 대한 공정하고 효과적인 정부들의 과세역량을 잠식할 뿐이다. 한편, 납세자의 순응비용과 과세당국의 행정비용 측면도 함께 고려되어야 할 것이다.

마지막으로, 자본수출 중립성 및 자본수입 중립성 원칙이 고려되어야 한다. 자본수출 중립성(capital-export neutrality) 원칙은 국제조세 규정이 자본유출을 촉진하거나 방해해서는 안 된다는 것이다. 이는 국내 투자자들의 국내원천소득과 국외원천소득에 대해서 동일한 실효세율이 적용되어야 함을 의미한다. 그런 경우에만 조세제도가 자본 유출을 촉진 또는 방해하지 않고, 투자자가 최대의 세전 수익률을 얻는 곳에 투자할 수 있게 된다. 이를 위해서는 거주자의 전세계소득에 대해 과세되어야 한다. 만약 예컨대, 속지주의 과세제도에 의해서 국외원천소득이 과세되지 않는다면, 조세제도가 해외투자를 유리하게 취급함으로써 자원배분의 왜곡을 초래할 것이다. 따라서, 자본수출 중립성은 투자자들에게 가장 높은 위험조정 수익률을 부여함으로써 자본이 전세계적으로 가장 효율적으로 배분되도록 허용한다.

한편, 자본수입 중립성(capital-import neutrality) 원칙은 외국인 투자자와 국내 투자자가 얻는 소득에 대한 과세방식의 중립성을 확보하기 위한 것이다. 한 국가에서 사업을 영위하는 납세자들은 어느 국가의 거주자인지에 상관없이 동일한 조세부담을 해야 한다는 것이다. 즉, 외국인 투자자 또는 국내 투자자인지 상관없이 모든 투자소득에 대해서는 동일한 실효세율이 적용되어야 한다. 만약 외국인 투자자에게 조세면제를 제공하는 경우에는 자본수입 중립성이 확보되지 않으며, 공평성과 경제적 효율성을 위반하는 것이다. 외국인 투자자들이 조세비용이 제외된 낮은 비용구조를 통해 경쟁적 우위를 가지게 되면 경제적 효율성이 위협받게 된다. 예를 들어, 국내 투자자들은 자본을 국외단체로 우회시키고 해외에서 그 국가에 재투자하도록 투자구조를 설계할 것이다.

대부분의 국가들은 자본수출 중립성과 자본수입 중립성 모두 부합하는 특성을 가지는 국제조세 규정을 채택하고 있다. 예를 들어, 대부분 국가들은 개인 거주자의 전세계소득에 대해 과세하는데, 이는 자본수출 중립성을 반영한 것이다. 반면에, 대부분의 국가들이 거주자가 지배하는 내국법인의 국외원천소득에 대해서는 과세하지 않는데, 이는 자본수입 중립성을 반영한 것이다.

국제조세 정책목표들 간에 상충이 발생하는 것은 당연한데, 이때 정부는 보다 넓게 사회·경제적 목표의 관점에서 어떤 목표를 우선해야 할 것인지를 결정해야 할 것이다. 아래 〈표 1-2〉는 이상에서 논의한 국제조세 규정의 정책목표를 요약하고 있다.

〈표 1-2〉 국제조세 규정의 정책목표

○ 조세수입의 확보	:	국내세원의 보호를 통한 국부 증진
○ 조세부담의 공평성·공정성	:	수평적 공평성 및 수직적 공평성 확보
○ 자원배분의 효율성 -자본수출 및 자본수입 중립성	:	투자 의사결정에 대한 조세의 중립성 유지 -국내 투자자의 국내 및 국외 투자 간 중립성 -외국인 투자자와 국내 투자자 간 중립성
○ 순응비용 및 행정비용	:	납세자 및 과세당국의 실행가능성 고려

제2장 국제조세행정

1 의의 및 범위

'넓은 의미'의 조세행정은 조세정책 또는 법령 및 제도의 수립, 집행 그리고 관련 불복심사 영역을 포괄한다. 국세와 관련한 조세정책 또는 제도의 수립은 기획재정부(세제실) 소관이고, 조세의 집행은 국세청(내국세)과 관세청(관세) 소관이며, 관련 불복심사는 국세청(이의신청, 심사청구), 조세심판원(심판청구) 그리고 최종적으로는 법원의 소관이다. 그러나, '좁은 의미'의 조세행정은 국세청 등 세법 집행기관의 과세처분 등 행정행위와 관련한 세법과 조세조약의 적용 및 해석 사안과 주로 관련된다.

국제조세행정은 일반적으로 국제거래와 관련한 신고·납부의무 부여 등 국제조세 관련 제도 및 법령의 수립·제정, 국제조세 관련 법령과 조세조약의 적용 및 해석과 관련된 사안을 다룬다.

이를 구체적으로 살펴보면 첫째, 국제조세 관련제도 및 법령의 수립·제정과 관련하여 납세의무의 성립, 확정, 징수 등을 규정한 법인세법, 소득세법, 국제조세조정에관한법률(이하 국조법), 국세기본법 등 국내세법이 주된 연구대상이다. 또한, 조세조약이 국내법의 특별법으로서 우선 적용[13]되므로 체약국의 거주자에게 국내세법을 적용할 경우에는 조세조약이 함께 검토되어야 한다. 이와 함께 조세조약의 적용 및 해석에 관한 지침으로서 조약법에 관한 비엔나협약(이하 VCLT), OECD 모델조세협약(이하 OECD모델), UN 모델조세협약(이하 UN모델), OECD 이전가격 과세지침(이하 TPG) 등도 고려되어야 한다.[14]

13) 우리나라 헌법은 "헌법에 의하여 체결·공표된 조약과 일반적으로 승인된 국제법규는 국내법과 같은 효력을 가진다."고 규정(헌법 §6 ①)하고 있지만, 일반적으로 특별법 우선의 원칙에 따라서 국내세법보다 조세조약이 우선 적용된다. 참고로, 우리나라 법원은 헌법과 국제법 관계에서는 헌법이 우위에 있는 것으로 보면서도, 법률과 국제법 관계에서는 사안별로 신법우선 또는 특별법우선 원칙 중 하나를 적용해 오고 있다.

14) VCLT(The Vienna Convention on the Law of Treaties); OECD모델(OECD Model Tax Convention on Income and on Capital); UN모델(UN Model Double Taxation Convention between Developed and

국제조세 이슈와 관련하여 중요한 역할을 하는 국제기구로 OECD와 UN이 있다. OECD는 OECD모델과 TPG를 제·개정하는 등 가장 영향력 있는 국제조세 기구라고 할 수 있다. OECD의 조세이슈는 OECD 재정위원회(Committee on Fiscal Affairs: 이하 CFA)에서 관장하는데, 이를 지원하기 위한 전문가조직으로 OECD 사무국(The Centre for Tax Policy and Administration: 이하 CTPA)을 두고 있다. 국제조세 기준의 정립, 회원국 간 조세정책 및 행정경험의 공유 등 재정위원회 소관 실무작업은 작업반(Working Parties)과 각종 소그룹(Subgroups)에서 회원국 공무원들이 참여하는 가운데 이루어진다.[15)]

그동안 OECD는 국제적 관심이 높은 국제조세 이슈와 관련하여 회원국은 물론 비회원국까지 참여하는 다양한 글로벌 네트워크를 구축·발전시켜 왔다. 예를 들어, 2009년 글로벌 금융위기 이후 160개 이상의 국가가 참여하는 '투명성과 조세정보교환에 관한 글로벌포럼(The Global Forum on Transparency and Exchange of Information for Tax Purposes: 이하 글로벌포럼)'을 발족시켰고, 2012년에는 G20과 공동으로 BEPS 방지 프로젝트에 착수하여 2015년 15개의 실행계획(action plans)을 마련하여 추진한 바 있다. 또한, 2016년에는 BEPS 패키지의 최소기준(minimum standards) 이행 여부를 모니터링하기 위해 G20과 공동으로 '포괄 추진체계(Inclusive Framework)'를 설립하여 현재 130개 이상의 국가가 참여하고 있다.

한편, UN은 국제조세 이슈에 대한 개도국들의 입장을 대변하기 위해 1970년대 이후 국제적 논의에 본격 참여하여 왔는데, 1980년 UN 전문가그룹(UN Group of Experts)에서 UN모델을 최초 제정하였고, 그 후속 기구인 '국제적 조세협력에 관한 전문가위원회(UN Committee of Experts on International Cooperation in Tax Matters)'에서 UN모델의 개정을 주관하고 있다.

둘째, 국제조세 관련 법령과 조세조약의 적용 및 해석과 관련된 문제는 좁은 의미의 조세행정 분야로서 과세당국과 납세자 간의 이해관계 및 갈등이 가장 첨예하게 대립하는

Developing Countries); TPG(Transfer Pricing Guidelines for Multinational Enterprises and Tax Administrations)

15) OECD모델의 개정은 제1작업반(WP1), TPG 개정 등 이전가격 이슈는 제6작업반(WP6) 소관이다. 기타 제2작업반(WP2)은 조세정책 및 조세통계, 제9작업반(WP9)은 소비세 이슈, 제10작업반(WP10)은 정보교환 및 세무조사 이슈, 제11작업반(WP11)은 공격적 조세회피 이슈 등을 다룬다. 또한, 2002년 설립된 조세행정포럼(Forum on Tax Administration)은 'OECD 국세청장회의'로도 불리는데, 회원국을 포함한 50여 개 국가가 참여하는 가운데 각국의 모범적인 조세행정 경험 등을 공유하고 있다.

영역이다. 국제조세 관련 사안에도 당연히 세법의 일반 해석・적용 원칙이 동일하게 적용된다.[16] 국제거래 관련 과세처분 등의 원인이 되는 행정행위에는 국세청의 과세처분 통지, 경정청구 거부통지, 세무조사 결과통지 등이 있다. 국세청의 과세처분과 관련해서는 과세 전에 적부 여부를 다투는 '과세전적부심사' 제도가 있고, 과세 후에 적법성 여부를 다투는 '행정심판' 및 '법원재판' 절차가 있다. 이 책은 국제조세법의 적용 및 해석과 관련한 주요 이슈들에 초점을 맞추고 있다. 따라서 국세청의 과세처분은 물론 이에 대한 후속적인 법원의 판결도 논의대상으로 삼고 있다.

아래 〈표 1-3〉은 위에서 설명한 국제조세행정의 범위를 개괄적으로 소개하고 있다.

〈표 1-3〉 국제조세행정의 범위

	〈국내영역〉	〈국제영역〉
• 관련 제도의 수립, 법령・조약의 제・개정	○ 소득세법, 법인세법, 국조법, 국기법 등 (국회/기획재정부)	○ 모델조세협약/TPG (OECD/UN) ○ 개별 조세조약 (체약국)
• 관련 법령・조약의 집행(적용 및 해석)	○ 적용 : 국세청 ○ 해석 : 유권해석 (기재부/국세청)	○ APAs/MAPs (체약국)
• 관련 법령・조약의 분쟁해결절차	○ 행정심판절차 (심판원/국세청 등) ○ 법원재판절차 (행정/고등/대법원)	○ APAs/MAPs (체약국) ○ 국제중재 (중재인단)

* APAs: 이전가격 사전승인제도 / MAPs: 과세당국 간 상호합의절차

16) 세법을 해석・적용할 때에는 과세의 형평과 해당 조항의 합목적성에 비추어 납세자의 재산권이 부당하게 침해되지 아니하도록 하여야 하고(국기법 §18 ①), 실질과세원칙(국기법 §14), 신의성실원칙(국기법 §15), 근거과세원칙(국기법 §16), 세무조사권 남용금지원칙(국기법 §81의4) 등이 적용된다.

2 세무조사란?

국제조세법의 적용 및 해석을 둘러싼 치열한 논의가 전개되고 납세자와 과세당국 간 갈등이 첨예하게 대립하는 곳이 바로 국세청 세무조사이기 때문에, 이하에서는 국제거래 세무조사를 중심으로 국제조세행정의 실체를 좀 더 구체적으로 살펴보고자 한다.

가. 세무조사의 의의 및 범위

세무조사란 통상 "세무공무원이 세법에 따라 납세의무자 등에게 질문이나 심문을 하고, 장부와 서류·기타 물건을 검사·조사 또는 확인하거나 제출을 명하는 행위"를 일컫는다.[17] 납세자는 세무공무원의 적법한 질문·조사, 제출명령에 대해 성실하게 협력하고 이를 수인(受忍)해야 할 의무를 지닌다.[18]

자율신고납세제도 하에서 납세자는 헌법[19]과 법률의 규정에 따라 자율적 의사로 성실하게 신고·납부할 것이 기대되며[20], 과세당국은 사후에 불성실 신고·납부 여부를 가리기 위해 세무조사 등 사후검증을 실시하게 된다.[21] 즉, 납세자의 신고내용 등을 다양한 방법으로 분석한 결과, 불성실신고 혐의자를 가려 수정신고를 안내하거나 세무조사 등 사후검증을 실시하는 절차를 거친다. 과세당국의 인력사정 등을 감안하여 일부 납세자에 대해서만 세무조사 등 사후검증을 수행하는 것이 정당화되기 때문에, 사후검증 대상자 선정의 공정성·신뢰성 및 타당성 확보가 매우 중요하다고 하겠다.

---

17) 국세기본법(이하 국기법) §81의2 ②은 세무조사를 "국세의 과세표준과 세액을 결정하기 위하여 질문을 하거나 해당 장부·서류 또는 그 밖의 물건을 검사·조사하거나 그 제출을 명하는 경우"라고 규정하고 있다.

18) 국기법 §81의17(납세자의 협력의무) 참고. 세법의 질문·조사권 규정에 따른 세무공무원의 질문에 대해 거짓으로 진술하거나 그 직무집행을 거부 또는 기피한 자에 대해서는 국세기본법 규정(§88)에 따라 2천만 원 이하의 과태료가 부과된다.

19) 헌법 §38에서는 "모든 국민은 법률이 정하는 바에 의하여 납세의 의무를 진다."라고 국민의 납세의무를 천명하는 한편, §59에서는 "조세의 종목과 세율은 법률로 정한다."는 조세법률주의를 규정하고 있다.

20) 국기법 §81의3은 "세무공무원은 ~ 납세자가 성실하며 납세자가 제출한 신고서 등이 진실한 것으로 추정하여야 한다."는 납세자에 대한 성실성 추정원칙을 규정하고 있다.

21) 정부가 모든 납세자의 소득을 결정하여 고지하는 '정부부과 과세제도'와 달리 '자율신고납세제도' 하에서는 신고자 및 무신고자의 성실도를 평가한 후 (인력 사정을 감안하여) 불성실 혐의가 큰 일부 납세자에 대해서만 세무조사 등 사후검증을 실시하게 된다. 우리나라는 법인세, 소득세, 양도소득세 등 대부분의 세목이 오래 전에 자율신고납세제도로 전환되었음에도 아직도 정부부과 과세제도의 유산이 많이 남아있다. 예컨대, 무신고자 즉시결정제도, 면세사업자 사업장현황신고, 개별납세자에 대한 신고안내문 발송 등을 들 수 있다.

〈그림 1-1〉 자율신고납세제도 하의 사후검증 절차

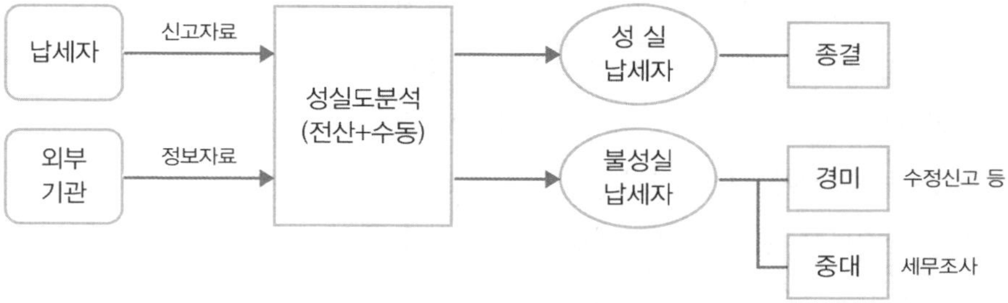

이와 관련하여, 세무조사의 위험 또는 오류가능성을 지적하고자 한다. 모든 의사결정이 마찬가지겠지만, 세무조사에서도 조사대상자를 잘못 선정할 위험이 존재한다. 위 〈그림 1-1〉에서 보듯이 과세당국은 납세자의 신고내용이나 각종 탈세정보자료 등을 토대로 납세자의 탈세 여부 등에 대한 성실도 분석과정을 거쳐 성실납세자는 세무조사에서 제외하고, 불성실납세자만을 사후검증 대상자로 선정하여 세무조사 등을 실시하여야 한다. 그러나 현실에서는 자신의 실제소득을 숨기거나 적게 신고하려고 하는 납세자가 있게 마련이고, 과세당국이 납세자의 실제소득을 정확히 알아내는 데 많은 한계가 존재한다. 이러한 세무조사의 위험은 주로 정보의 비대칭성 때문에 발생한다.

〈그림 1-2〉 세무조사의 위험 유형

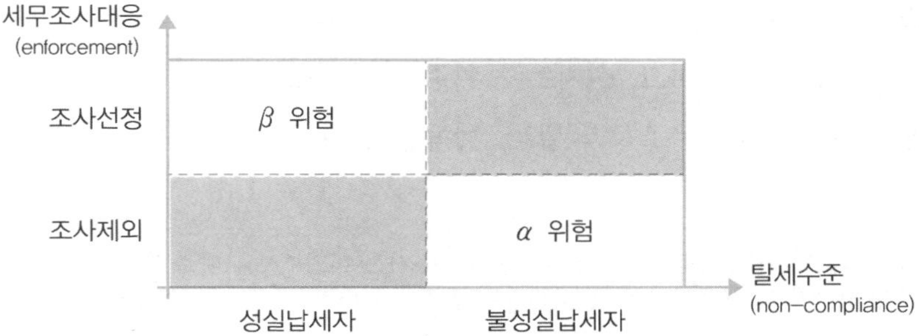

위 〈그림 1-2〉에서 'α위험'은 탈세가 많은 불성실납세자임에도 세무조사에서 제외될 수 있는 오류가능성이고, 'β위험'은 성실납세자임에도 조사대상자로 선정될 수 있는 오류가능성을 말한다.[22] 여기서 성실납세자와 불성실납세자는 상대적인 개념이다. 만약 어떤 납

22) 통계학에서 귀무가설이 실제 옳은데도 불구하고 검정결과가 그 가설을 기각하는 오류를 α오류(α-error) 또는 제1종 오류(type I-error)라고 하고, 반대로 귀무가설이 틀렸는데도 옳은 것으로 채택하는 오류를 β오류(β-error) 또는 제2종 오류(type Ⅱ-error)라고 한다.

세자가 자신보다 더 많이 탈세하는 사람들은 조사를 받지 않는데 왜 자신만이 조사를 받느냐고 불만을 제기하는 상황을 가정한다면, 상대적 관점에서 β위험이 현실화되었다고 할 수 있다. 과세당국은 세무조사의 본래 기능인 음영부분을 넓히기 위해 노력해야 하고, α위험과 β위험을 최소화되도록 하기 위해 조사대상 선정방법을 지속적으로 과학화·고도화하기 위해 노력해야 할 책임이 있다.

세무조사는 본질 상 행정기관의 행정조사라는 점에서 사법기관에 의한 사법절차와는 구분된다. 일반적으로 세무조사는 일반세무조사와 조세범칙조사로 구분되는데, 조세범칙조사의 경우에도 행정절차로서의 임의적 수단에 불과하여 간접적·심리적 강제는 가능하나[23], 납세자의 의사를 무시하고 강제적으로 집행할 수 없는 내재적 한계가 존재한다.[24]

세무조사의 법적 근거는 개별 세법에 규정된 '질문검사 및 자료제출명령권', 소위 '질문조사권'이다. 세법 상 질문조사권은 조사공무원이 세무조사를 행하는 경우만이 아니라 세무공무원이 직무수행에 필요한 경우에 행사할 수 있도록 포괄적으로 규정되어 있다.[25] 따라서 조사공무원이 조사계획에 의해 실시하는 세무조사는 물론, 소명안내, 현장확인, 사후검증, 과세자료처리 등 명칭 여하를 불문하고, 세원관리 목적 상 과세당국이 행하는 일체의 직·간접적인 접촉을 넓은 의미의 세무조사에 포함시킬 수 있다.

세무조사의 범위에 대해 국제적으로 통일된 기준은 없지만, 선진국들은 대체적으로 세무행정의 투명성 확보 차원에서 세무조사의 범위를 넓게 규정하여 관리하고 있다.[26] 그러나, 우리나라는 조사사무처리규정 상 세무조사를 "조사공무원이~조사계획에 의해 실시하는 것"이라고 좁게 규정하고, 실지조사 위주로 세무조사 통계를 관리하고 있다. 또한, 조사부서에서 실시하는 세무조사와 달리, 세목별 관리부서에서 신고내용확인[27], 현장확

---

23) 행정조사는 임의조사와 강제조사로 구분되는데, 세무조사는 비협조시 과태료 부과, 조사기간 연장, 형사절차로의 전환(영장청구) 등의 불이익을 받는다는 점에서 권력적(강제) 행정조사라고 할 수 있다.

24) 다만, 세무조사는 사법절차가 아닌 행정조사이기 때문에 납세자의 동의와 행정목적 달성을 위해 지극히 예외적인 경우 등에는 사전 영장주의의 예외가 인정된다.(헌법재판소 2005헌마277, 2006.7.27. 결정, 대법원 96다56115, 1997.6.13. 판결 등)

25) 법인세법(§122), 소득세법(§170), 부가가치세법(§74), 상속·증여세법(§84), 개별소비세법(§26), 주세법(§52), 종합부동산세법(§23) 등 참고

26) 예를 들어, 미국 국세청(IRS Data Book 참고)은 납세자에게 우편으로 보내는 모든 소명요구를 통신조사(Correspondence examination)라고 하여 실지조사(Field audit)와 구분·관리하고 있는데, 통신조사는 우리나라에서는 세무조사 범위에 포함되지 않는다.

27) '신고내용확인'은 통상 세무조사보다 범위가 좁은데, 매년 신고기간 종료 후 신고내용 항목에 오류·탈루혐의가 있는 일부 납세자를 선정하여 원칙적으로 1개 과세기간의 특정 항목에 한정하여 신고의 적정성 여부를 검증하게 된다.

인[28] 등의 사유로 다양한 방법(전화, 우편, 세무대리인 등)을 통해 직·간접적으로 납세자와 접촉을 하고 있음에도, 세목별 관리조직과 세무조사 조직이 분리되어 이에 대한 정확한 통계관리가 어려운 실정이다.[29]

세법 상 질문조사권 또는 세무조사 대상에는 해당 납세자는 물론 관리책임자, 납세자와 거래관계가 있는 자(거래처, 금융기관 등)까지 포함된다. 따라서 세법 상 세무조사의 경우뿐만 아니라 신고내용확인, 현장확인 등의 경우에도 필요 최소한의 범위 내에서 금융기관에게 납세자 계좌정보의 제출을 요구할 수 있다. 그러나, 우리나라의 경우 '금융실명거래 및 비밀보장에 관한 법률(§4 ① 2호, 이하 금융실명법)'에서 질문·조사권 행사를 '조세탈루의 혐의를 인정할만한 명백한 자료의 확인'으로 제한하고 있고, 또한 '과세자료제출 및 관리에 관한 법률(§6 ①, 이하 과제법)'에서도 '명백한 조세탈루 혐의의 확인을 위해 필요한 경우'로 규정하고 있는 등의 사유로 그동안 금융기관에 대한 질문조사권 행사는 상속·증여재산의 확인, 체납자 재산조회 등을 제외하고는 원칙적으로 세무조사의 경우에만 한정되는 것으로 해석하여 왔다.

그러나, '조세탈루의 혐의를 인정할만한 명백한 자료의 확인' 또는 '명백한 조세탈루 혐의의 확인을 위해 필요한 경우'가 세무조사 대상자에게만 적용될 수 있다는 것은 너무 소극적인 해석이다. 왜냐하면, 신고내용확인 대상자로 선정된 경우에도 명백한 조세탈루 혐의의 확인을 위해 금융거래 내역의 확인이 필요한 경우가 많을 것이기 때문이다.[30] 현행 신고내용확인 절차는 과세당국의 소명요구에 대해 납세자가 금융거래 내역을 자진하여 제출하지 않거나 수정신고 안내에도 불응하는 등 납세자가 비협조하는 경우 신고내용확인 자체의 실효성이 저하되는 문제가 있는데, 이를 해결하기 위해서도 신고내용확인을 세무조사 범위에 포함시켜 규율할 필요가 있다고 본다.

---

28) '현장확인'은 사업자등록, 부가세 환급 등 납세자의 신청 또는 과세관청 직권으로 과세자료 등의 수집·확인을 위해 실시하거나, 금융기관, 거래처 등에 대한 거래사실 또는 진위 여부 등의 확인을 위해 세목별부서와 조사부서 등에서 폭넓게 활용되고 있다.

29) 이와 같은 정확한 국세통계 관리 필요성뿐만 아니라, 대기업, 중소기업, 개인사업자, 고액재산가 등 납세자 규모별·유형별로 탈세행태를 심층 분석함으로써 효과적인 관리전략을 수립·시행하기 위해 선진국과 같이 우리나라도 현행 세목관리조직과 조사조직을 통합하여 납세자유형별 조직(organization by taxpayer segment)으로 재편할 필요성이 있다.

30) 신고내용확인 대상자도 세무조사 대상자와 마찬가지로 금융기관을 통한 거래내역 확인이 가능하다고 본다면, 양자 간에는 조사범위 등을 제외하고 실질적으로는 큰 차이가 없다고 할 수 있다. 따라서, 현행 신고내용확인 제도를 세무조사의 유형 중 '부분조사'로 흡수하여 법적 통제를 강화할 필요가 있다.

나. 세무조사의 종류

실무 상 세무조사는 여러 가지 기준에 따라 다양하게 분류할 수 있다.[31] 조사대상 선정 방법에 따라 정기조사와 비정기조사로 나뉜다. 비정기조사에는 구체적인 탈세혐의가 있을 경우 실시하는 '탈세제보조사', 고소득 자영업자 등에 대해 별도 계획에 의해 실시하는 '기획조사', 회생절차 개시신청 등 조세채권의 조기확보가 필요한 경우 실시하는 '긴급조사' 등이 있다.

또한, 조사대상 항목의 포괄 여부에 따라 전부조사와 부분조사, 조사대상 세목의 포괄 여부에 따라 통합조사와 세목별조사로 구분할 수 있다. 국기법(§81의11)은 "납세자의 사업과 관련하여 세법에 따라 신고·납부의무가 있는 세목을 통합하여 실시하는 것을 원칙으로 한다."고 천명하면서, 일부 예외를 인정하고 있다. 실무 상 통합조사 이외에 실시하는 부분조사 또는 세목별조사로는 부가가치세조사(자료상 및 거짓세금계산서 수수혐의자 조사), 양도소득세조사, 상속·증여세조사(자금출처조사), 주식변동조사, 이전가격조사 등을 들 수 있다.

납세자와의 직접 접촉 여부에 따라 실지조사와 간접조사로 구분된다. 간접조사 중에서 납세자의 자료 등을 제출받아 조사관서 사무실에서 실시하는 경우를 '사무실조사'라고 하고, 상대적으로 성실 신고한 것으로 인정되는 중소기업 등의 조사 부담을 줄여주기 위한 목적으로 실지조사기간 축소 등 간편한 방법으로 실시하는 조사를 '간편조사'라고 한다.

한편, 사전통지 여부에 따라 사전통지 조사와 사전통지생략 조사로도 나눌 수 있는데, 과거 '심층조사' 또는 '특별조사'로 불렸던 비정기조사의 경우 사전통지를 생략하고 조사에 착수하는 경우가 많았다. 왜냐하면, 국세기본법(§81의7)에 따라 조세범칙조사 및 증거인멸의 우려가 있을 경우 사전통지를 생략하고 조사에 착수할 수 있도록 허용되어 있기 때문이다.

기타 '동시조사'는 조사효율성, 납세자편의 등을 감안하여 조사대상 납세자와 특수관계가 있는 자 등 관련인을 함께 조사하는 것을 말하고, 거래의 진위 여부 등을 확인하기 위해 실시하는 것으로 세금계산서 또는 계산서의 전후 거래를 추적하여 조사하는 '유통과정추적조사' 및 특정 금융거래 흐름에 대해 전후 계좌를 추적하여 조사하는 '금융추적조사' 등이 있다.

---

31) 조사사무처리규정 §3(정의) 참조

3 국제거래 세무조사

가. 국제거래조사의 특성

국제거래 세무조사는 국내거래 세무조사와 비교하여 다음과 같은 차이점이 있다. 첫째, 세무조사의 목적이 납세자의 수입금액의 신고누락 또는 비용의 과다공제 여부 등을 확인하는 데 그치지 않고, 체약국 간에 과세소득의 배분이 조세조약에서 정한 바대로 적절히 이루어졌는지를 중점적으로 검증한다. 예를 들어, 거주자 또는 내국법인이 국외특수관계인과 체결한 거래에 대한 조사결과 국외특수관계인에게 정상가격(arm's length price)을 초과하여 지급한 금액이 있는 경우 국조법 상 정상가격 산출규정을 적용하여 해당 소득금액을 증액 조정할 수 있다.[32] 이 경우 내국법인의 익금산입 조정 시 상여・배당・기타사외유출, 사내유보 등 법인세법(§67) 상 소득처분과 달리, 국외특수관계인으로부터 반환된 것임이 확인되지 아니하는 경우에는 임시유보[33] 또는 배당으로 처분하거나 출자의 증가로 조정한다.(국조법 §13)[34]

또한, 외국기업이 국내에 사업의 전부 또는 일부를 수행하는 고정된 장소를 가지고 있거나 종속대리인을 두고 사업을 영위한 경우에는 외국기업의 국내사업장이 있는 것으로 보아 해당 국내사업장에 귀속되는 소득[35]에 대해 과세권을 행사할 수 있다.

둘째, 국내거래조사에 비해 조사범위가 넓지는 않지만 입증과정 등이 복잡하여 통상 장기간의 조사기간이 소요된다. 국외특수관계자 등 해외소재 관련인 등에 대한 자료제출 요구, 자료작성 등 제출준비 및 최종 제출까지 통상 2개월 이상이 소요될 수 있다.[36] 국제거래의 진위 여부, 경제적 실질 등을 밝히는 과정이 국내거래보다 더 어렵고 장시간이 걸린다. 통상 국내거래에 대한 조사에서는 실물거래의 진위 여부를 판단하기 위해 필요한 경

---

32) 국조법 제2장 제1절 '국외특수관계인과의 거래에 대한 과세조정' (§6~§21) 참조

33) 과세당국이 내국법인에 대해 소득처분 및 세무조정 사항이 있어 임시유보처분통지서를 송부하는 경우 납세자는 90일 이내에 반환하려는 금액에 반환이자를 더하여 반환해야 하는데 그렇지 않을 경우 배당 처분 또는 출자의 증가로 조정한다.(국조령 §22)

34) 국외특수관계인이 내국법인의 주주인 경우에는 배당, 내국법인이 출자한 법인인 경우에는 출자의 증가, 기타의 경우에는 국외특수관계인에게 귀속되는 배당으로 처분 또는 조정한다.(국조령 §23)

35) 고정사업장(PE)에 귀속되는 소득은 PE를 별개의 독립기업으로 가정하여 이전가격 과세와 유사한 방법으로 결정하게 된다. 이에 대해서는 별도 장에서 후술한다.

36) 국조법 §16 ⑤에 따르면 과세당국으로부터 국제거래 관련 자료제출을 요구받은 경우 납세자는 60일 이내에 해당 자료를 제출해야 하고, 정당한 사유가 있는 경우 제출 기한을 60일 추가로 연장할 수 있다.

우 금융거래 내역을 조사하게 된다. 그러나, 국제거래조사에서는 국내 금융기관에 대한 거래확인만으로는 부족하다. 왜냐하면, 국내자금을 해외로 빼돌릴 목적이라면 진실한 거래의사가 없는 가공・허위의 거래를 체결하여 실제로 외화 송금거래를 했을 가능성이 높기 때문이다. 이 경우에는 해외 금융거래의 실질 내용에 대해 납세자에게 소명자료의 제출을 요구하거나 외국 과세당국과의 정보교환 등을 통해 진실한 거래 동기와 목적이 무엇인지를 밝히는 과정을 거치게 된다.

그동안 과세당국의 세무조사권이 해외까지 미치지 못하고 과세당국 간 조세정보의 교환이 이루어지지 않는 곳이 많은 점을 이용하여, 거주자 또는 내국법인이 조세회피처[37]에 소재하는 회사와 가공・허위의 계약 또는 거래를 체결하여 조세를 회피하거나 자금을 은닉・세탁하는 경우가 많았다. 그러나, 최근 다자간 금융정보자동교환협정(MCAA)이 체결・발효됨에 따라 점차 조세회피처를 이용한 탈세가 쉽지 않은 환경이 되어 가고 있다.[38]

셋째, 국제거래는 과세당국과 납세자 간의 정보 비대칭성이 매우 큰 분야이므로 이를 해소하기 위해 납세자에게 국내거래와는 다른 특별한 협력의무가 부여되고, 불이행시에는 제재와 불이익이 따른다. 일반적으로 세무조사 시 자료제출 불이행 등 세무공무원의 질문・조사권 행사를 거부 또는 기피한 자에 대해서는 국세기본법(§88)에 따라 2천만 원 이하의 과태료가 부과되나, 국제거래 관련 정상가격 산출방법 등의 자료를 정당한 사유없이 기한까지 제출하지 아니하거나 거짓 자료를 제출한 경우에는 최초 1억원 이하의 과태료가 부과되고, 30일의 이행기간을 다시 정하여 자료제출 또는 거짓자료의 시정을 요구하고 계속 불이행시에는 지연기간에 따라 2억원 이하의 과태료를 추가로 부과할 수 있다.(국조법 §60) 또한, 납세자가 기한 내에 제출하지 않은 자료를 불복신청 또는 상호합의절차 시 제출하는 경우에는 그 자료를 과세자료로 이용하지 아니할 수 있다.(국조법 §16 ⑥) 그리고, 국외특수관계인과 국제거래를 하는 납세의무자에게는 소득세 또는 법인세 신고 시 국제거래명세서 및 국제거래정보통합보고서 제출의무가 부여되고(국조법 §16), 해외금융계좌를

37) 법인세, 소득세에 대한 원천과세가 전혀 없거나 과세시에도 아주 저율의 조세가 적용되는 등 세제 상의 특혜를 제공하는 국가나 지역을 말한다. 조세회피처는 세제 상의 우대조치뿐 아니라 외환관리법, 회사법 등의 규제가 적고 기업경영 상의 장애요인이 적어야 가능하다.

38) 2008년 글로벌 금융위기 이후 조세회피를 통한 소득이전 및 세원잠식을 방지하기 위한 OECD/G20 등 국제사회의 정치적 지원에 힘입어, 우리나라는 다수 조세회피처 국가・지역들과 조세조약 및 조세정보교환협정(TIEA) 체결 및 개정, 한・미 금융정보자동교환협정(FATCA) 및 다자간 금융정보자동교환협정(MCAA) 체결 등 조세정보교환의 네트워크 확대에 노력한 결과, 2020년 말 현재 홍콩, 싱가포르, 스위스, 케이만군도 등 140여 국가 또는 지역과 매년 금융정보를 자동으로 교환할 수 있게 되었다.

보유한 거주자와 내국법인에게는 매년 변동내역에 대한 신고의무가 부여된다.(국조법 §53)

한편, 국제거래와 관련한 협력의무 불이행 시 과태료 부과 이외에 자금의 원천에 대한 입증책임이 납세자에게 전환되는 경우가 있다. 과세당국은 해외금융계좌 정보를 미신고 또는 과소신고한 위반 사실을 적발한 때에는 납세자에게 미신고 또는 누락신고 금액의 출처에 대해 소명을 요구할 수 있고(국조법 §56), 이때 납세자가 정당한 사유없이 신고위반 금액의 출처에 대해 미소명 또는 거짓 소명한 경우에는 위반금액의 20%에 해당하는 과태료가 부과된다.(국조법 §62) 이는 우리나라의 소득세 제도가 열거주의 또는 유형별 포괄주의를 과세로 채택한 결과 미신고 또는 신고누락 소득의 출처에 대한 입증책임이 과세당국에 있는 점을 감안하여, 우리나라의 세무조사권이 미치지 않는 해외금융거래 등 역외거래에 대해서는 자금출처에 대한 입증책임을 납세자에게로 전환할 필요에 따른 입법조치이다.

넷째, 국제거래 세무조사를 둘러싸고 과세당국과 납세자 간에 갈등을 빚는 일이 많고[39], 관련 당사자가 국외에 있는 경우 조사권 행사에 제약이 있기 때문에 국내거래조사와는 다른 특별한 절차들이 시행된다. 세무조사 결과 조세조약의 규정에 부합하지 아니하는 과세처분을 받았다고 주장하는 납세자는 국내 법원에 의한 구제절차 이외에 권한있는 당국에 외국 과세당국과의 상호합의절차(MAP)의 개시를 신청할 수 있다.(국조법 §42) 또한, 이전가격 세무조사에 앞서 특정 거래에 적용하고자 하는 이전가격에 대해 과세당국의 사전 승인을 신청할 수 있다.(국조법 §14) 세무조사 진행 중에 추가조사가 필요한 국외관련인이 있을 경우에는 해당 조사를 일시 중지하고 외국 과세당국에 조세정보의 교환을 요청한 후 회신을 받아 조사를 재개할 수 있다.(국조법 §36) 그리고 조세조약 상 세무조사 협력절차가 규정되어 있는 경우에는 특정 거래에 대해 체약상대국과 동시에 조사를 하거나 또는 체약상대국에 조사공무원을 파견하여 직접 조사를 하게 하거나 체약상대국의 조사에 참여하게 할 수도 있다.(국조법 §39)

나. 국제거래조사의 유형

국제거래는 통상적으로 통합 세무조사를 실시하는 경우에 국내거래 부분과 함께 조사를 하게 된다. 대기업의 경우에는 조사기간이 수개월 소요되는 경우가 많은데, 이는 대기업의 국제거래 비중이 높고 국외특수관계인과의 거래에 대한 자료요구 및 준비・제출, 국

39) "Transfer pricing is not an exact science(TPG 3.55)"라는 문구처럼 정상가격 산출과 관련하여 과세당국과 납세자 간에 갈등을 빚는 일이 많다.

제거래 관련 쟁점에 대한 심층 논의 등에 많은 시간이 소요되기 때문이다. 통합조사 과정에서는 국내거래 관련이슈 이외에 고정사업장 과세, 이전가격 조정, 수익적 소유자(원천징수) 이슈, 역외탈세 혐의 등이 주로 다루어진다.

그러나, 국제거래조사가 특정 항목 또는 이슈에 대한 부분조사 방식으로 수행되는 경우가 있다.[40] 대표적인 것이 이전가격조사인데, 내국법인의 경우에는 해외 관계회사 그리고 외국법인의 경우에는 국내 관계회사와의 특정 재화・용역 또는 자금거래 등에 초점을 맞추어 거래가격 또는 이익률 등이 특수관계가 없는 독립기업들 간에 적용되었을 정상가격에 부합하는지를 검증하게 된다. 이전가격조사는 기능분석, 비교가능성 분석, 비교대상거래 탐색, 정상가격 산출방법 검증 등을 위한 자료요구 및 제출 등에 장기간이 소요되고, 실지조사보다 사무실조사가 주가 되기 때문에 조사기간에 제약이 많은 통합조사보다 부분조사 방식이 더 효율적인 측면이 있다.

국제거래에 대한 또 다른 부분조사로서 외환거래조사가 있다. 통상 수출입거래를 가장한 재산의 국외도피, 사전 신고의무 불이행 등 외국환거래법 위반 여부에 대한 조사는 금감원과 관세청에서 수행한다.[41] 따라서 국세청은 독자적으로 외환거래조사에 착수하는 경우보다는 금감원, 관세청 등 관계기관에서 외환거래 관련 탈세혐의 자료를 통보하는 경우 이에 대한 부분조사를 실시하는 경우가 많다.

참고로, 특정 역외거래에 초점을 둔 조사사례로 미국 IRS가 2003년 추진한 OVCI (Offshore Voluntary Compliance Initiative) 프로그램을 들 수 있다. 당시 IRS는 John Doe Summons[42]을 통해 수집한 조세피난처 소재 은행이 발급한 신용카드 소지자의 정보를 토대로 역외 은닉소득에 대한 자진신고 기회를 부여한 후 불이행자에 대해 세무조사를 실시하였다.

40) 현행 국기법 §81의11(통합조사의 원칙) 및 같은 법 시행령 §63의12(부분조사 사유)는 이전가격조사를 부분조사로 열거하고 있지 않다. 그러나, 요구자료의 제출, 쟁점사항 검토 및 논의 등에 장기간이 소요되는 조사의 특성을 감안할 때, 법령에서 의도하는 "세무조사의 효율성 및 납세자의 편의 등을 위하여" 이전가격조사를 부분조사로 수행할 필요성이 있다.

41) 통상 금융감독원은 외국환업무 취급기관 및 거래당사자에 대해서, 관세청은 수출입거래 및 이와 관련된 용역, 그리고 자본거래 당사자에 대해서 외국환거래법 등 관련 법령 위반 여부를 조사하는데, 필요한 경우 공동조사가 실시되는 경우가 있다.

42) John Doe Summons(IRC §7609(f))은 미국 IRS가 법원의 승인을 얻어 불특정 다수인에 대한 정보를 금융기관 등에 요구할 수 있는 포괄적 영장으로서, 역외계좌를 이용한 탈세에 효과적인 대응수단으로 평가된다.

다. 국제거래조사 접근방법

일반 세무조사에서도 마찬가지이지만, 특히 국제거래 세무조사에서는 과세요건 및 과세논리(logic)의 정립·개발, 그리고 이를 뒷받침하기 위한 명확한 실제 증거(evidences)를 확보하는 일이 특히 중요하다.[43] 또한, 국내거래의 경우에는 존재하지 않는 외국 과세당국과의 상호합의절차(MAP)를 통한 분쟁해결까지 고려하면, 합리적인 과세논리와 명확한 실제증거 제시의 중요성은 더욱 커진다고 할 수 있다. 이러한 주장의 논거는 다음과 같다.

첫째, 국제거래조사에서는 국내 법원을 설득시키는 일이 무엇보다 중요하다. 과세당국 입장에서는 국내세법과 국제기준에 부합한 과세논리와 이를 뒷받침하는 합리적 증거를 제시했다고 판단할 수도 있지만, 국제거래를 국내거래와 동일시하고 납세자보다는 과세당국에게 보다 더 엄격한 증명책임을 지우는 그간의 법원의 해석관행 등을 고려할 때, 과세당국의 과세논리와 주장이 수용되지 않고 결과적으로 정당한 과세주권의 행사가 위축될 수도 있다.

국내거래에 대한 과세요건 등은 세법에 비교적 상세하게 기술되어 있고, 선례가 없는 새로운 과세쟁점에 대해서도 대부분 법원에 의해 정립된 법원칙과 해석관행이 존재하기 때문에 납세자와 과세당국 간 세법의 해석과 적용을 둘러싼 갈등은 상대적으로 크지 않고, 법원의 결정을 따르는 것으로 족할 뿐 법원을 설득시켜야 할 필요성은 크지 않다. 그러나 국제거래 조세관계에는 국내 세법보다 조세조약이 우선 적용되고 이를 해석하는 과정에서 국제조세기준, 외국판례 등이 중요한 규범 또는 선례로서 고려될 수 있는데, 우리나라에는 이들 조세조약과 국제조세기준의 해석·적용과 관련한 선례 등이 충분히 축적되어 있지 않기 때문에 선례가 없는 새로운 과세의 경우 또는 특정 증거의 증명력 등을 둘러싸고 국내거래와는 다른 해석방법 및 입증책임 원칙이 적용되어야 한다는 점을 먼저 법원에 설득시켜야 하는 어려움이 따르게 된다.

둘째, 국내거래에 적용되는 '엄격한 조세법률주의'는 국제거래에서는 '법원칙(legal principles)에 토대한 합리적 과세원칙'으로 완화되어야 한다.[44] 다시 말해서, 국내세법

---

43) 우리나라는 조약당사국으로서 조약을 성실히 이행할 의무가 있기 때문에 조약남용에 대한 명확한 증거가 없는 한 조세조약의 혜택을 함부로 부인해서는 안 된다.(OMC Art.1/80)

44) 여기서 말하는 법원칙(legal principles)에는 실질과세원칙 등 일반적 국내법 원칙들뿐만 아니라 조세조약 및 OECD/UN 모델조세협약, OECD 이전가격 과세지침 등 각종 국제조세규범으로 일반적으로 수용되는 법원칙들을 포함한다.

의 적용 시 요구되는 엄격한 조세법률주의가 국제거래 관계에서까지 동일하게 적용될 필요는 없다는 것이다. 왜냐하면, 조세조약은 과세권을 창출할 수는 없고 국내세법에 의해 창출된 과세권을 일부 제약하는 성격을 가지기 때문에 국내법 원칙과 다른 국제법 해석의 원칙과 관행을 적용하더라도 조세법률주의가 침해되지는 않기 때문이다.

우리나라 헌법 상 조세조약은 국내법과 같은 효력을 가지지만, 일반적으로 특별법 우선의 원칙에 따라 조세조약이 국내법에 우선하여 적용되는데, 조세조약을 해석할 때는 국내세법과 비교하여 일반적 해석방법이 달리 적용될 수도 있다는 것이다. 즉, 국내세법은 국민의 재산권을 제약하는 것이기 때문에 헌법에 부합한 법률적 근거를 가지고 규정되므로 그 해석은 엄격해야 하는 반면, 조세조약은 국가 간의 약속으로서 국내세법과 같은 상세한 규정을 두기 곤란하고 수시개정 또한 쉽지 않기 때문에 보다 탄력적으로 해석될 여지가 있다.

한편, 체약국 납세자의 경우 원칙적으로 국제거래 과세는 납세자와 과세당국 간의 관계라기보다는 과세당국 간의 과세권 배분의 관계이기 때문에 상황에 따라서는 합법성 원칙보다 '합리성 원칙'이 보다 더 타당할 수 있는 경우가 있다. 또한, 국내거래와 비교하여 국제거래의 복잡·다양성 등의 특성 때문에 이를 규율하는 국조법, 조세조약, 국제조세기준 등에서 사용하는 용어는 국내거래를 규율하는 세법 규정보다 더 추상적이고 다의적일 수밖에 없고, 따라서 이들 용어를 해석함에 있어서는 합목적적 해석원칙에 따라 문구(text) 이외에 당사자의 의도(intent), 규정의 목적(object and purpose), 거래의 전체적 맥락(context), 거래당시의 상황(circumstances) 등을 폭넓게 고려해야 한다.

셋째, 국제거래 과세논리를 뒷받침하기 위해 명확한 증거를 확보하는 데 조사역량을 집중해야 할 것이다. 국제거래의 특성 상 합법성보다는 합리성이 중시되는 경우가 많은 점을 고려할 때, 납세자 권리의 보호를 위해서 과세당국에게 과세논리를 뒷받침하는 명확한 증거의 제시를 요구할 필요성이 더욱더 크다고 할 수 있다. 한편, 우리나라 법원의 경우 이전가격과세 사안 등에서 국제거래에 대한 납세자 입증책임 전환의 요건을 외국보다 더 엄격하게 적용하고 있기 때문에 납세자의 자발적 협력에 의한 통상적인 자료수집 방법만으로는 법원에서 요구하는 과세 증명책임을 충족시키지 못하여 과세당국이 패소하는 경우가 있을 수 있다. 따라서 과세당국은 조사계획 단계부터 증거수집 가능성을 고려하여 사전통지를 생략한 후 납세자의 장부·서류 등을 예치하거나, 거래처조사, 금융거래조사 등 질과 양 모든 측면에서 충분한 증거를 확보하지 않으면 과세처분을 유지하기 어려울 수 있다는 점을 유념해야 할 것이다.

라. 국제거래조사의 방법

일반적인 국제거래조사의 경우에는 사전통지 또는 착수 시점에서 조사관들이 일차적으로 주요 회계 장부·서류 등의 제출을 요구하게 된다. 납세자 측에서 제출 자료를 준비·작성하는 데 적지 않은 시일이 소요되기 때문에, 조사관들은 제출요구 자료를 기다리는 동안 비치되어 있는 기본 장부·서류에 대한 검토와 함께 주요 거래의 흐름 및 거래처 등을 파악하기 위해 회계, 영업, 마케팅 부서 등의 관계자와 인터뷰(질문조사)를 실시하게 된다. 조사관들은 제출자료에 대한 분석과 관계자 등에 대한 질문조사 과정 등을 통해 고정사업장 혐의, 이전가격 조정 필요성 등의 이슈제기 여부를 판단하게 된다. 만약 조사관이 신고누락(PE이슈), 소득조정(TP이슈), 원천징수(BO이슈) 문제 등에 대해 추가 확인 또는 검증이 필요하다고 판단하는 경우에는 추가 소명을 요구할 수 있다.

이와는 별도로 납세자가 신고·제출한 내용이 실제 거래 사실 및 상황에 부합하는지 등을 확인하기 위해 동종업종의 경쟁업체, 조사업체의 거래처 등에 대한 현장확인 조사를 실시하는 경우도 있다. 이러한 과정을 통해 주요 쟁점이슈들이 도출되게 되면 변호사, 회계사 등 납세자측 관계자들과 조사관들은 수시 미팅을 통해 쟁점사항에 대한 법리적 또는 사실관계 판단에 필요한 입증과 토론을 벌이게 된다. 납세자측에서 조사관들을 설득하지 못하는 쟁점거래에 대해서는 최종적으로 국세청 내부의 과세사실판단 자문(사실 판단사항) 또는 과세기준 자문(법규 해석사항) 및 과세전적부심사 절차를 거쳐 과세 여부가 결정된다.

그러나, 근래 들어 국세청에서 역점적으로 추진하고 있는 역외탈세 조사는 조사방법이 일반 국제거래조사와는 사뭇 다르다. 역외탈세 조사는 단순한 절세 또는 조세회피가 아닌 공격적 조세회피 또는 고의적 탈세 목적으로 조세회피처 소재 법인단체, 해외 금융계좌 등을 이용하고 관련서류의 조작, 관계자와의 공모 등 불법·변칙거래까지 동원하는 경우가 많기 때문에 조사 초기단계에서 이에 대한 증거자료의 수집을 위해 사전통지를 생략하고 불시에 조사에 착수하는 경우가 많다. 만약 납세자가 조사에 자발적으로 협조하지 않는 경우에는 거래처, 관련인 등에 대한 금융계좌 추적조사가 이루어지는 경우도 많다. 통상 역외탈세 조사는 거주자와 내국법인의 대외거래에 초점을 맞추는 경우가 많지만, 사안의 성격에 따라 공격적 조세회피 또는 탈세 전략을 구사하는 외국기업의 대내거래에 대해 실시되는 경우도 있다. 역외탈세 조사 결과 과세당국을 고의적으로 속이기 위한 목적의 '사기 그 밖의 부정한 행위'가 적발되는 경우에는 조세범으로 처벌하기 위해 통고처분 또는 고발 절차를 거친다.

마. 국제거래조사 조직 및 인력

국제거래 또는 역외탈세 조사는 세법에 대한 전문지식뿐만 아니라 국제조세, 금융, 외환, 무역 등 여러 방면에 걸쳐 폭넓은 지식과 노하우가 필요하다. 따라서 대부분의 국가가 국제거래 또는 역외탈세 관리 전담조직을 설치 · 운영하고 있다. 우리나라는 대기업과 외국계기업 등 국제거래 세원이 밀집된 수도권 관할 지방국세청에 국제거래조사 전담조직을 두고 있다.[45)]

한편, 미국 국세청(IRS)은 납세자유형별 조직체계로 운영되는데, 그 중 대기업/국제본부(Large Business & International: LB&I) 조직 소속의 국제조세 및 금융 전문가를 대기업 조사에 투입하고 있다.[46)] 특히, 대재산가의 역외탈세에 효과적으로 대처하기 위해 대재산가 전담조사조직(Global High Wealth Industry: GHWI)을 LB&I 산하에 설치 · 운영하고 있다.

국제거래 조사요원에 대한 충원 방법은 각국의 공무원 인사제도에 따라 다르다. 공무원 충원방식으로 직위분류제도를 채택하고 있는 대부분의 선진국들은 충원 단계부터 국제거래 실무 및 조사기법 등에 대한 지식과 전문성을 지닌 회계사, 변호사 등의 전문가(specialists)를 채용하며, 이와 별도로 산업별 전문가(industry specialists), 경제전문가(economists), 금융분석가(financial analysts) 등과 협업체계를 구축함은 물론, 소송에 대비하여 국제거래에 대한 심층적이고 다각적인 정보분석 및 조사를 진행한다.

반면에, 아직까지 계급제 모델에 토대한 공무원 충원방식을 유지하고 있는 우리나라의 경우에는 일반 국세공무원(generalists) 중에서 국제조사전문가 양성 교육프로그램과 전문보직제도 등을 통해 선발한 우수공무원을 배치 · 운영하고 있다. 그러나, 한 가지 아쉬운 점은 국제거래 조사조직에도 원칙적으로 순환보직 인사관리 제도가 적용되기 때문에 국제거래 조사요원의 전문성 향상에 제약이 많고, 결과적으로 과학적이고 정교한 과세가 이루어지기 어려워 불복 패소율 증가로 이어지고 있다는 점이다.

---

45) 국제거래 관리조직으로 국세청 본청에 국제조세관리관실(국제협력, 국제세원관리, 역외탈세정보, 상호합의 담당관) 및 조사국(국제조사과)이 있다. 국제거래 전담 조사집행 조직으로는 서울지방국세청 국제거래조사국, 중부지방국세청 국제거래조사과가 설치되어 있다.

46) 미국 IRS는 2010.10월 역외탈세에 대한 대응역량 제고를 위해 종전 LMSB(Large and Mid-Size Business) 조직을 LB&I 조직으로 개편하였다. LB&I 소속 국제조세국장이 국제거래관련 조사를 직접 지휘하는데, 산하에 상호합의/국제협력과(Competent Authority & International Coordination), 국제기업조사과(International Business Compliance), 국제개인조사과(International Individual Compliance)를 설치하였다.

제3장 과세권의 국제적 배분

1 과세관할권

국제거래 소득을 배분하는 기준으로 일반적으로 거주지(residence)와 소득원천(source of income) 개념이 사용된다. 따라서 거주자와 비거주자, 그리고 국내원천소득과 국외원천소득의 구분은 국제거래 과세관계의 출발점이다. 거주자와 비거주자는 납세의무의 범위가 상이하기 때문에 양자의 구분이 중요하다. 거주자는 무제한 납세의무자로서 전세계소득에 대해서, 비거주자는 제한적 납세의무자로서 국내원천소득에 대해서만 납세의무를 부담한다.

이러한 이유로 통상 과세당국은 거주자 판정 및 비거주자의 국내원천소득의 범위를 넓게 보려 하고, 반대로 납세자는 자신이 비거주자이며 쟁점소득이 국외원천소득이라고 주장하는 경우가 많다.

〈표 1-4〉 국제거래 소득의 배분과 관련한 쟁점

	과세당국 주장		납세자 주장
거주지	거주자	vs.	비거주자
소득원천	국내원천소득	vs.	국외원천소득

우리나라 소득세법(§3)은 "거주자에게는 이 법에서 규정하는 모든 소득에 대해서 과세한다.[47] 다만, 해당 과세기간 종료일 10년 전부터 국내에 주소나 거소를 둔 기간의 합계가 5년 이하인 외국인 거주자에게는 과세대상 소득 중 국외에서 발생한 소득의 경우 국내에서 지급되거나 국내로 송금된 소득에 대해서만 과세한다." 그리고 "비거주자에게는 제119조에 따른 국내원천소득에 대해서만 과세한다."고 규정하여, 거주자와 비거주자의 과세소

47) "전세계소득"이라고 하지 않고 "이 법에서 규정하는 모든 소득"이라고 표현한 것은 우리나라의 소득세제가 포괄주의를 채택하지 않고 아직 열거주의를 채택하고 있기 때문이다.

득의 범위를 다르게 정하고 있다.

국경 간 경제활동에 대한 과세문제와 관련하여, 국가 간 과세관할권을 결정하는 국제조세법의 두 가지 기본적인 과세원칙이 있다. 첫째는 비거주자(타국의 거주자)의 국내 활동과 관련된 속지주의 과세원칙(원천지 과세관할권, source jurisdiction of taxation)이고, 둘째는 자국 거주자의 외국 활동과 관련된 속인주의 과세원칙(거주지 과세관할권, residence jurisdiction of taxation)이다.

가. 속지주의 과세원칙

소득은 국가와 소득창출 활동들 간에 연계성(nexus)이 존재하기 때문에 과세될 수 있다. 즉, 국가와 소득창출 활동(activity) 간의 연계성에서 소득의 원천이 생겨난다. 그러한 과세권 주장을 속지주의 또는 원천지 과세관할권이라 한다. 소득의 원천이 있는 국가가 과세권을 갖는다는 논거는 과세의 편익이론(benefit theory)에서 유래한다.48) 비거주자는 국내에서 발생하는 또는 국내에 원천이 있는 소득에 대해서만 과세된다. 즉, 국가가 비거주자의 소득창출 활동을 가능하도록 납세자의 편익을 위해 공공재를 제공하는 경우, 국내에서 발생하거나 원천을 갖는 소득에 대해서 과세할 수 있다.

편익이론의 논거는 비거주자가 정부에 의해 제공된 공공재를 이용할 수 있기 위해서는 국내에 어떤 실재(presence)를 갖거나 또는 투자 등의 어떤 활동을 수행할 필요가 있다는 것을 시사한다. 따라서 만약 비거주자가 단순히 해외에서 국내로 재화 또는 용역을 수출한다면, 국내에서 납세의무가 없다. 왜냐하면, 비거주자의 단순한 재화 또는 용역의 수출이 국내에서 비거주자의 실재 또는 관여를 수반하지 않기 때문이다.

경제적 충실 법리(doctrine of economic allegiance)에 의해서도 동일한 결론에 도달한다. 국제조세 맥락에서, 조세는 납세자의 경제적 이해관계가 있는 국가에서 납부되어야 한다. 이를 위해서는 소득의 출처(origin)를 확인하기 위하여 소득이 어디에서 창출되는지(where the income is produced)를 검토해야 할 것이다.49)

48) 과세 편익이론에 의하면, 국가의 과세권은 국가와 상호작용을 하는 납세자에게 제공된 편익과 국가서비스의 총량에 달려있다. 그리고 법인은 특정 국가의 경제생활에 통합된 대리인의 자격으로 그 국가의 공공지출에 공헌해야 한다. OECD, "Addressing The Tax Challenges Of The Digital Economy", OECD, 2014, p.38

49) Kevin Holmes, *International Tax Policy and Double Tax Treaties(2nd rev. ed.)*, IBFD, 2014, p.21; 참고로, '경제적 충실 법리'는 국가 간 과세권 배분의 논거 중 하나로서, 특정 국가와 과세대상 소득 또는 인 간의 경제적 관계의 존재 및 정도를 측정하는 요소로 ⅰ) 소득 또는 재산의 출처(origin), ⅱ) 소득 또는 재산의 소재(situs), ⅲ) 소득에 대한 권리의 집행, ⅳ) 소득처분 권리를 갖는 인의 주소지 또는 거소지 등이 있다.

나. 속인주의 과세원칙

국가는 국가와 소득을 얻는 인(person) 간에 연계성이 존재하기 때문에 소득에 대해 과세할 수 있다. 그러한 인의 소득에 대한 과세권 주장을 속인주의 또는 거주지 과세관할권이라 한다. 거주지 관할권의 적용대상인 거주자는 소득의 원천에 상관없이 일반적으로 전세계소득에 대해 과세된다. 편익이론을 적용한다면, 국가와 소득을 얻는 인(person) 간의 연계성 때문에 소득에 대해 과세된다. 거주자는 i) 국내외의 모든 원천에서 소득을 창출하는 경제활동을 촉진하기 위하여 공공재의 편익을 이용하고, ii) 공공교육, 사회복지 등 비거주자보다 더 큰 수준의 공공재 혜택을 얻기 때문에 전세계소득에 대해 과세된다. 또한, 경제적 충실 법리에 의하면, 납세자의 주소, 거소 또는 국적에서 발생하는 경제적 이해관계가 납세자 소득에 대한 거주지국 과세를 정당화한다.[50]

다. 소결 : 속인주의와 속지주의의 타협

공평성과 효율성의 관점에서 보면 속지주의보다 속인주의 과세가 바람직하다. 그러나, 역사적으로 보면, 속인주의와 속지주의는 정치적 타협의 길을 걸어왔다고 할 수 있다. 속인주의 기준에 의해 전세계소득을 과세하는 국가라도 외국법인이라는 형식을 빌리면 전세계소득 과세를 벗어날 길이 열린다. 기업의 국제투자는 거의 현지법인의 형태로 이루어지고 있는 점을 생각하면, 속인주의(전세계소득 과세)란 겉껍질뿐이고 현실을 지배하는 것은 속지주의라고 말할 수 있을 것이다.[51]

대부분의 국가들이 흔히 거주자는 전세계소득에 대해서, 그리고 비거주자는 국내원천소득에 대해서 과세한다고 한다. 그러나 이는 국가들의 조세시스템의 적용범위에 대한 지나친 단순화이다. 전세계소득에 대해 과세한다고 언급되는 국가들도 모든 거주자들의 모든 전세계소득에 대해 과세하는 것은 아니다. 많은 국가들이 통상적으로 거주자(특히, 내국법인)의 외국에서 수행된 능동적 사업소득 및 거주자가 지배하는 외국법인이 얻은 소득에 대해서는 과세를 면제한다. 마찬가지로, 국내원천소득에 대해서만 과세(속지주의)를 하는 것으로 알려진 국가들도 가령, 국외에서 수행한 기술용역에 대해 거주자가 비거주자에게 지급한 수수료 등 특정 국외원천소득 항목에 대해서 종종 과세를 한다.

OECD, "Addressing The Tax Challenges Of The Digital Economy", OECD, 2014, pp.36-37

50) Kevin, Holmes, *op.cit*, p.22

51) 이창희, *국제조세법*, 박영사, 2015, p.36

2 거주자에 대한 과세

가. 의의

거주자에 대한 과세를 위해서는 개인과 법인단체를 거주자 또는 비거주자로 분류하는 규정이 있어야 한다. 거주자의 전세계소득에 대해, 그리고 비거주자의 국내원천소득에 대해 과세하기 위해서는 거주자 및 비거주자를 결정하는 규정이 반드시 필요하다. 왜냐하면, 배당, 이자와 같은 일부 국내원천소득의 원천이 통상 지급자의 거주지에 토대하기 때문이다. 한편, 일부 국가들은 거주자에 대해서 국내원천소득만을 과세(속지주의)하지만, 대다수 국가들은 거주자에게 국내원천소득은 물론 최소한 일부 국외원천소득에 대해서 과세한다.

나. 거주자 판정기준

(1) 개인거주자

대부분 국가들은 개인의 거주지를 사실관계 및 상황기준에 의해서 결정한다. 개인의 국가에 대한 가장 중요한 충성의 표시는 개인과 그의 가족이 사용하는 주거(dwelling)를 그 국가에 유지하는 것일 것이다. 또한, 통상적으로 ⅰ) 개인의 소득창출 활동의 장소, ⅱ) 개인의 가족이 생활하는 장소, ⅲ) 은행계좌, 클럽회원권, 운전면허증 등 개인의 국가와의 사회적 유대 정도, ⅳ) 개인의 비자 및 이민 지위, ⅴ) 개인의 물리적 실재 정도 등의 요소들이 관련된다. 과세당국은 주로 객관적 사실관계에 토대하여 개인의 국가에 대한 경제적·사회적 연계성이 그 개인을 거주자로서 과세할 정도인지 여부를 결정한다.

일반적으로, 사실관계 및 상황기준은 불확실하고 적용하기가 어렵다. 따라서, 거주지 추정의 확실성과 공정성 간 균형을 위해서 특정한 객관적 기준을 사용하는 것이 좋은 방법이다. 다음과 같은 추정요소들이 개별적으로 또는 결합되어 이용될 수 있다. ⅰ) 한 과세연도에 183일 이상 한 국가에 체재하는 개인은 그가 그 국가에 주거가 없고 시민이 아니라는 것을 입증하지 못하는 한, 해당 연도의 거주자이다. ⅱ) 한 국가에 주거를 가진 개인이 다른 국가에 또 다른 주거를 가지지 않는 한, 그 국가의 거주자이다. ⅲ) 한 국가의 시민은 그가 해외에 주거를 가지고 매년 183일 이상 정규적으로 국외에 있지 않는 한, 그 국가의 거주자이다. iv) 한 국가에 주소를 가진 개인은 그 국가의 거주자로 간주된다. v) 한 국가에 일시적으로 부재하지만 귀국하여 다시 거주할 의사를 가진 개인은 그러한 추정에 대한 반증이 없는 한, 계속 그 국가의 거주자였던 것으로 간주될 수 있다. vi) 한 국가에서 거주지를 정착했던 개인은 명백히 다른 국가에서 거주지를 정착할 때까지는 거주자 지위를 포기할 수 없다. vii) 비자 또는 이민 목적 상 거주자 또는 비거주자 지위를 가진 개인은 그러한 추정을 반증할 수 없다면, 소득세 목적 상으로 동일한 지위를 가진 것으로 추정될 수 있다.[52)]

한편, 일부 국가들은 종종 체재일수와 연계된 임의적 기준(arbitrary test)을 사용한다. 그러한 기준은 사실관계 및 상황기준에 대한 보완기준으로 이용될 수 있다. 1년에 최소 183일 이상 체재한 개인을 해당 연도 거주자로 간주하는 '183일 기준'이 흔히 사용되지만 결함이 많다. EU국가들과 같이 국경통제 없이 입출입이 잦은 국가들의 경우, 183일 기준은 개인들에게 입증책임이 부여되지 않는 한 효과적으로 작동할 수 없다. 특정 국가에 상당한 경제적 유대를 가진 많은 개인들이 183일 한도가 충족되기 이전에 그 국가를 떠남으로써 쉽게 183일 기준을 회피할 수 있기 때문이다.

일부 국가들은 그 국가에 주소(domicile)를 가진 개인을 거주자로 간주한다. 주소는 개별국가들의 법률에 의한 법적 개념이다. 일반적으로 주소는 거소 또는 거주지보다 더 큰 항구적 연관성을 수반한다. 개인의 주소는 그가 태어나거나 또는 그의 부모가 주소를 둔 국가일 수 있다.

(2) 법인거주자

법인의 거주지는 일반적으로 설립장소 또는 관리장소, 아니면 양자 모두에 따라서 결정된다. 설립지 기준(place of incorporation test)은 과세당국과 법인에게 단순성과 확실성을 제공하지만, 법인이 최초 거주지 장소를 자유롭게 선택하도록 허용한다. 조세회피처에 법인들을 유치하는 국가들은 통상 자국 법률에 의해서 법인 설립을 편리하고 저렴하게 제공한다.

일반적으로, 법인은 높은 시장가치를 갖는 무형자산을 포함하여 자산과 관련하여 발생한 이익에 대한 과세 문제없이 설립지를 자유롭게 변경할 수는 없다. 따라서, 설립지 기준은 조세회피 목적으로 거주지국을 이전하려는 법인에게 일정한 제한을 가한다. 많은 국가

---

52) Brian J. Arnold, *International Tax Primer(4th ed.)*, Wolter Kluwer, 2019, p.20

들이 설립지 기준을 사용하며, 특히 미국은 전적으로 설립지 기준에만 의존하는 국가이다.

국제적 사업을 영위하는 많은 법인들의 경우, 특정 과세연도에 여러 국가들에서 관리활동이 수행될 수 있다. 결과적으로, 관리장소 기준은 설립장소 기준보다 적용의 확실성이 낮은 편이다. 대다수 국가들은 관리장소를 결정하기 위해 법인의 본사소재지, 법인의 이사들이 만나는 장소 등과 같은 실질적 기준을 사용한다. 영국과 종전 영국의 식민지였던 국가들이 관리장소 기준을 사용한다. 영국, 호주, 캐나다 등 일부 국가들은 설립장소 기준과 관리장소 기준 모두를 사용한다.[53]

〈그림 1-3〉 관리장소 이전을 통한 조세회피 사례

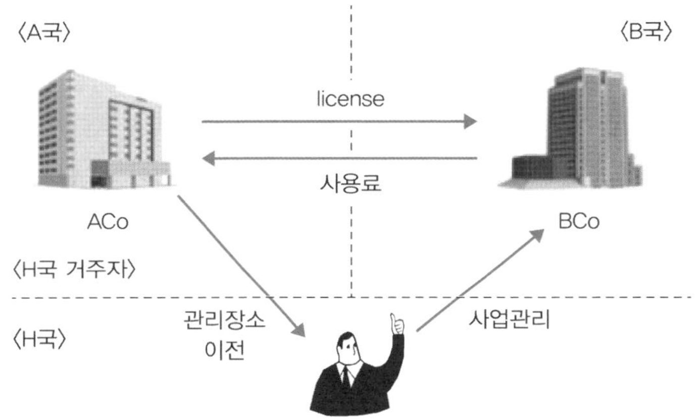

위 〈그림 1-3〉 사례와 같이, 관리장소의 변경이 조세부담 없이 가능한 경우 관리장소 기준은 조세회피 목적에 쉽게 악용된다. 예를 들어, 관리장소 기준을 사용하는 A국 법인 ACo가 B국 납세자들에게 사용허락할 의도로 가치있는 무형자산을 개발하였다고 가정하자. ACo는 미래 예상사용료에 대한 A국 조세를 회피하기 위하여 관리장소를 저세율국인 H국으로 이전한다. 그 후, ACo는 B국 사용자들에게 무형자산의 사용허락을 한다. ACo가 수취한 사용료는 ACo가 더 이상 A국 거주자가 아니기 때문에 A국 과세를 회피한다. 위 사례에서 만약 A국이 설립지 기준을 사용한다면, ACo는 자산을 H국 법인에게 이전하는 사업구조 개편없이 H국으로 거주지를 이전할 수 없었을 것이다. 이는 무형자산 양도에 대한 과세를 초래할 것이고, ACo의 조세회피 기회를 제한할 것이다.

53) Brian J. Arnold, *op.cit*, p.21

아래 〈그림 1-4〉에서 보는 바와 같이, 미국 등 설립장소 기준만을 사용하는 국가들은 가령, '모회사의 국외이전(corporate inversions)'과 같은 조세회피 시도에 직면하였다. 이는 다국적기업(이하 MNEs)이 거주지국 조세제도의 특정한 측면들을 회피 또는 이용하기 위하여 사업구조를 개편하는 것을 말한다.

〈그림 1-4〉 모회사 이전을 통한 CFC 적용 회피사례

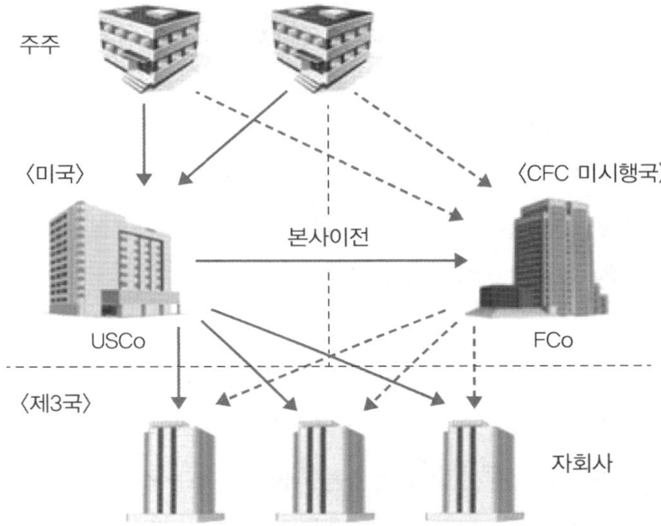

예를 들어, 미국 MNE인 USCo가 미국 CFC 규정의 적용을 회피하기를 원한다고 가정하자. 이를 위해 CFC 규정이 없는 국가에 자회사 FCo를 설립한 후, 주주들이 USCo의 주식을 FCo의 주식과 교환하고, USCo의 모든 국외자회사 주식을 FCo에게 이전하도록 준비한다. 최종적으로 FCo는 미국 주주들의 CFC가 아니고, USCo의 국외자회사들이 FCo의 자회사가 되었기 때문에 미국 CFC 규정은 더 이상 USCo에게 적용되지 않는다.

법인 이외의 법인단체(legal entities)의 경우, 거주지는 일반적으로 설립장소 또는 관리장소 기준에 의해 결정된다. 파트너십(partnership)의 거주지 결정은 파트너십이 설립될 수 있는 비정형성 때문에 때때로 어려운 문제를 제기한다. 예를 들어, 어떤 국가들에서는 파트너십이 공식적인 법적 서류를 필요로 하지 않고도 관련 당사자들의 행위를 통해서 설립될 수 있다. 많은 국가들에서, 파트너십은 조세목적 상 투과단체(transparent or flow-through entities)로 취급된다. 다시 말해서, 파트너십 자체는 과세되지 않고, 파트너십 소득의 지분비율에 따라서 파트너(투자자)들에게 과세된다. 이들 국가들에서 파트

너쉽은 과세단체가 아니기 때문에 파트너쉽의 거주지국은 통상 중요하지 않다.

신탁(trust)의 거주지를 결정할 때에도 어려운 문제가 발생할 수 있다. 이러한 문제는 신탁 설립지국, 신탁관리회사의 거주지국, 신탁설정자의 소재지국, 수익자 소재지국이 모두 다른 경우에 특별히 더 어려운 문제를 제기한다.

다. 전세계소득에 대한 과세

(1) 정책적 논거

거주자의 전세계소득에 대해 과세하는 경우 자국의 영토 밖에서 발생하는 소득에 대해 과세하기 때문에 언뜻 과세주권을 초월하고 있는 것처럼 보일 수 있지만, 국가의 법적 권한에 대한 국제법적 제약은 존재하지 않는다. 다만, 국가가 실질적으로 징수할 수 없는 조세를 부과하는 것은 의미가 없기 때문에 국가의 과세역량에는 현실적 제약이 존재할 수 있다.

개인거주자에 대한 전세계소득 과세의 근거는 공평성과 중립성이다. 공평성의 논거는 한 국가의 모든 거주자들은 공공 재화 및 서비스의 형태로 국가로부터 중요한 혜택을 받는다는 전제하에 소득원천에 관계없이 과세를 해야 한다는 것이다. 따라서, 한 국가에 거주하는 개인은 모든 소득을 해외에서 얻는 경우조차도 국가의 기반시설, 법적 시스템, 사회복지 및 교육제도로부터 혜택을 받을 수 있다는 것이다. 중립성의 논거는 국가가 거주자들이 해외에서 일하거나 투자하도록 하는 조세유인을 창출해서는 안 된다는 것이다. 만약 거주자의 국외원천소득이 거주지국에서 과세되지 않는다면, 거주자들은 국내원천소득보다 저율로 과세되는 국외원천소득을 얻고자 할 것인데, 이러한 인센티브는 국내경제에 해로운 것이다.[54)]

법인 및 기타 법인단체는 소득의 최종적인 수익적 소유자가 아니기 때문에 공평성에 대한 고려는 덜 중요하다. 따라서, 법인에 대한 전세계소득 과세의 논거는 주로 중립성에 있다. 이는 자본수출 중립성이라 불리는데, 국가는 국내단체들에게 국내는 물론 해외투자에서 발생한 소득에 대해서도 과세해야 한다. 만약 국외원천소득이 과세되지 않거나 국내소득보다 저율로 과세된다면, 법인단체들은 낮은 세율을 가진 외국, 특히 조세회피처 투자를 선호할 것이다.

---

54) Brian J. Arnold, *op.cit*, p.32

사업소득과 관련하여 자본수입 중립성 또는 국제경쟁력이라는 중립성에 대한 다른 측면의 주장이 있다. 만약 한 국가의 법인단체들은 전세계소득에 대해 과세되는 데 비해, 타국의 단체들은 국내원천소득에 대해서만 과세된다면, 국내단체들이 외국단체들과 해외에서 실질적으로 경쟁할 수 없다는 것이다. 따라서, 법인단체가 얻는 능동적 사업소득은 일반적으로 속지주의로 과세된다. 즉, 내국법인이 얻는 국외원천 사업소득은 통상 거주지국에서 과세되지 않는다.

거주자의 국외원천소득에 대한 과세논거 중 하나가 추가적인 조세수입에 대한 기대 때문이라는 주장이 있다. 그러나, 거주지국이 외국세액공제를 통해서 이중과세를 제거하고, 원천지국의 조세가 거주지국의 조세보다 적은 경우에만 추가적 조세수입이 창출될 것이다.

(2) 거주자 과세의 효과

전세계소득 과세제도에서 개인납세자의 소득은 국내원천소득과 국외원천소득 모두를 포함한다. 따라서, 개인은 통상 전세계소득에 대해 누진세율로 과세된다. 일부 국가에서 국외원천소득이 면제될지라도, 납세자의 타 소득에 대한 세율을 결정할 때는 국외원천소득이 고려된다.(exemption with progression) 사업소득과 같은 특정 유형의 국외원천소득을 과세 면제하는 국가들도 있다. 결국, 전세계소득에 대해 과세하는 국가라고 해서 거주자가 얻는 모든 국외원천소득에 대해 과세한다는 것을 의미하지는 않는다.

거주자의 전세계소득 과세는 필연적으로 이중과세를 초래한다. 왜냐하면 대부분의 국가들이 자국에 원천을 가진 소득에 대해 과세하려고 하기 때문이다. 소득에 대한 1차적 과세권은 원천지국이 가지고, 거주지국은 2차적 과세권을 갖는 것이 국제적 규범이다. 이때 거주지국은 이중과세를 제거하기 위해 원천지국 조세에 대한 구제를 제공해야 한다.

(3) 국외원천소득의 계산

(가) 개요

거주자는 전세계소득에 대해 과세되기 때문에 국내원천소득과 국외원천소득을 계산하기 위한 규정이 필요하다. 통상적으로 소득계산 목적 상 동일한 규정이 적용된다. 소득에 동일한 금액이 포함되고, 동일한 비용공제가 허용되며, 동일한 시간기준이 적용된다. 그러나, 예컨대, 가속상각 등 조세인센티브는 국내원천소득에만 적용될 수 있다.

모든 국내외소득이 소득계산에 포함되기 때문에 가령, 외국소재 PE귀속 소득과 같은 국외원천소득이 면제되는 경우에는 원천규정이 요구된다. 또한, 외국납부세액 공제한도를 결정하기 위해서도 원천규정이 필요하다. 거주자에 대한 외국납부세액 공제는 국외원천소득에 대한 국내조세를 초과하지 않는다.

통상 국외원천소득을 얻기 위해 발생된 비용은 공제할 수 있다. 때때로 소득인식 시기와 비용공제 시기 간에 심각한 불일치가 존재할 수 있다. 예를 들어, 납세자가 국외원천소득을 얻기 위해 자금을 차입한 경우, 이자는 현재 시점에서 공제할 수 있지만 배당소득은 후속 연도로 소득산입이 지연될 수 있다.

만약 국외원천소득이 거주지국 과세에서 면제된다면, 원칙적으로 국외원천소득을 위해 발생된 비용이 공제돼서는 안 된다. 그러나, 많은 국가들은 외국법인 수취 배당을 거주지국 과세에서 면제하면서도, 외국법인의 주식취득을 위해 사용된 차입금에 대한 이자비용 공제도 허용한다. 이는 많은 국가들이 외국법인 배당에 대한 면제제도를 채택함에 따라 점차 중요한 이슈가 되고 있다. 국외원천소득을 위해 발생된 비용은 전세계소득 계산 시 뿐만 아니라 외국납부세액 공제한도 계산을 위한 국외원천소득에서도 역시 공제되어야 한다.[55)]

(나) 외환차익 및 손실

거주자의 소득은 일반적으로 거주지국 통화로 보고되어야 한다. 즉, 외국통화로 표시된 수입과 비용이 국내통화로 환산되어야 한다. 이론상으로 수입이 획득되고 비용이 발생하는 시점의 환율로 환산되어야 한다.

국외자산 처분에 따른 양도차익 및 손실 계산목적 상 단순히 양도차익 또는 손실 금액을 국내통화로 환산하는 것은 부적절하다. 자산 취득가격은 자산 취득시점의 환율로 국내통화로 환산되어야 하고, 자산의 양도가격은 자산 양도시점의 환율로 국내통화로 환산되어야 한다. 이러한 환산방법은 자산처분에 따른 양도차익 또는 손실의 일부로서 외환차익 또는 손실의 인식을 초래한다.

(다) 손실에 대한 취급

원칙적으로 거주자의 국외원천 손실에 대한 공제가 허용되어야 한다. 그러나, 국외손실

---

55) Brian J. Arnold, *op.cit*, p.35

에 대한 취급과 관련하여 납세자들이 사업손실 공제를 부적절하게 조작할 수 있기 때문에 문제를 야기할 수 있다. 예를 들어, 납세자는 종종 사업초기 손실이 거주지국에서 공제될 수 있도록 자회사보다는 지점을 통해서 해외사업을 시작할 것이다. 일단 사업의 이윤이 발생하면, 납세자는 사업용 자산을 종종 조세부담 없이 해외자회사에게 이전하여, 결국 해외자회사의 미래 이윤이 납세자의 거주지국에서 과세되지 않도록 할 수 있다.

만약 거주지국이 일부 국외원천 사업소득(예: 외국 PE귀속 사업소득)을 면제하면, 외국 PE에 귀속되는 국외원천 손실은 납세자의 전세계소득 계산 시 공제될 수 없다. 일부 국가들은 부적절한 국외손실 공제에 대응하여 자국의 세원을 보호하기 위해 다음과 같은 규정들을 사용한다. 예를 들어, 첫째, 국외원천 손실공제를 납세자의 국외원천소득 범위 내로 제한한다. 둘째, 국외사업이 해외자회사에게 양도 또는 이전되는 경우 국외원천 손실 공제가 취소될 수 있다.

(4) 조세행정 문제

거주자의 국외원천소득 과세는 거주지국 과세당국에게 특별한 관리 및 집행상 문제를 제기한다. 과세당국은 납세자의 국외원천소득에 관한 정보를 요구한다. 통상, 과세당국은 이러한 정보를 납세자로부터 확보하고자 할 것이다. 또한, 과세당국은 조세조약 상 정보교환 규정에 의하여 소득활동 국가의 과세당국을 통해서 정보를 확보할 수도 있다.

그러나, 납세자들은 과세당국에게 국외원천소득에 대한 모든 정보들을 공개하지 않거나, 유리한 정보만을 제공할 수도 있다. 일부 국가들은 이러한 관행을 방지하기 위해서 납세자가 모든 정보를 공개하지 않는 경우, 국외원천소득과 관련한 후속 법적 분쟁절차에서 추가정보의 제출을 금지하는 규정을 도입하기도 한다. 이와 관련하여 우리나라 세법은, 이전가격 관련 "자료제출을 요구받은 납세자가 부득이한 사유없이 자료를 기한까지 제출하지 아니하고, 불복신청 또는 MAP에서 자료를 제출하는 경우 과세당국과 관련 기관은 그 자료를 과세자료로 이용하지 아니할 수 있다."고 규정하고 있다.(국조법 §16 ⑥)

일반적으로 과세당국은 납세자와 외국정부의 요청이 없으면 국외원천소득을 조사하기 위해 타국의 방문이 허용되지 않는다. 따라서, 과세당국이 국외활동과 관련하여 납세자제출 정보를 검증하는 것은 더욱 어렵다. 일부 국가들은 특정한 상황에서 공동조사(joint audits)를 허용하는 약정을 체결하기도 한다.[56)]

---

56) Brian J. Arnold, *op.cit*, p.38

라. 전세계소득 과세의 예외

(1) 외국법인 및 기타 외국단체

거주자가 국외원천소득을 얻기 위해 외국법인 또는 기타 단체를 설립하는 경우, 해당 소득은 CFC 규정과 같은 특별규정이 없는 경우 거주지국에서 과세되지 않는다. 외국단체는 일반적으로 이를 소유하는 거주자와는 별도의 과세단체로서 비거주자로 간주될 것이다. 결과적으로 내국법인의 경우 외국법인 또는 신탁 등 기타 외국단체를 이용하여 국외원천소득에 대한 거주지국의 과세를 회피하는 것이 상대적으로 수월하다.

(2) 일시적 거주자

일부 국가들은 일시적 거주자들(temporary residents)에 대해서 거주지국 과세를 제외하는 특별규정을 가지고 있다. 일시적 거주자는 타 국가의 거주자이지만, 제한된 기간 동안에만 해당 국가에 거주할 의사가 있는 가령, 기업임원 등이다. 일시적 거주자에게 거주지국 규정을 모두 적용하는 것은 타국에서 단기 직위를 갖는 유인을 떨어뜨릴 수 있는 심각한 문제를 야기할 수 있다.

예를 들어, A국 거주자인 임원이 그 국가의 연금 대상자라고 하자. A국 법률에 의하면, 임원은 연금기여금에 대해 비용공제를 받고, 고용주의 연금기여금은 비과세이다. 또한, 연금에서 획득하여 유보된 소득은 비과세이지만, 연금 배당은 전부 과세대상이다. 그 임원이 B국에서 일시적 직위를 갖는다고 가정하자. B국은 임원의 기여금에 대한 비용공제를 허용하지 않고, 고용주의 기여금을 고용의 부가혜택으로서 임원에게 과세한다. B국은 연금 배당에 대해서는 종업원과 고용주의 기여금을 초과하는 경우에만 과세한다. 임원은 A국에서 퇴직할 계획이다. 이 경우, 임원은 B국에 거주하는 동안에 납부한 연금기여금에 대해 이중과세를 받게 된다. 왜냐하면, B국은 고용주 기여금에 대해 과세하고 임원 자신의 기여금에 대한 비용공제를 허용하지 않을 것이기 때문에 B국에서 한 번 과세되고, 임원이 연금 배당을 받을 때 A국에서 다시 과세되기 때문이다. 이러한 이중과세는 명백히 불공정하므로 제거되어야 한다.

또 다른 예로, A국 거주자인 A가 자녀들을 위해 A국 법률에 의해 신탁을 설립한다고 가정하자. A국은 신탁에 유보된 소득에 대해 자녀들에게 과세한다. A는 몇 년간 일시적 직위를 갖기 위해 B국으로 이주하여, B국에서 해외신탁(foreign trust)을 설립한 거주자에게 적용하는 특별규정을 적용받게 된다. A는 신탁을 설립할 때 B국으로 이주하리라는 것을 알 수 없었을 것이기 때문에, B국 조세를 회피하기 위해 신탁을 설립하지는 않았다. A는 A국에서 신탁소득에 대해 과세됨에도 불구하고, B국 규정에 의해서 해외신탁 소득에 대해 과세된다. 이러한 이중과세를 제거하기 위해, 일부 국가들은 일시적 거주자들에게 제한된 기간 동안 해외신탁 규정의 적용을 면제한다.[57)]

마. 출국세(국외전출세)

(1) 의의

일부 국가들은 거주자 지위의 포기를 통한 국내 조세회피를 방지하기 위하여 흔히 출국세(exit or departure taxes)라 불리는 특별규정을 도입하였다. 호주, 캐나다 및 노르웨이는 모든 재산에 적용할 수 있는 출국세를 도입하였고, 프랑스, 독일, 네덜란드 등의 국가들은 내국법인의 특정 주식에만 적용하는 제한적 출국세를 규정하고 있다. 미국은 미국 시민권 및 영주권을 포기하는 자가 미국에서 유형자산을 이전할 경우에만 적용하는 보다 더 제한적인 출국세를 가지고 있다.[58)]

통상 출국세는 이주자에게 거주자 포기일까지 실현된 소득에 대해서만 아니라, 발생은 했지만 아직 실현되지 않은 소득에 대해서도 납세할 것을 요구한다. 예를 들어, A국 거주자 A가 2020.8.31.에 출국한다고 가정하자. 2020.1.1.부터 8.31까지 A의 전세계소득은 70,000이라고 하자. A는 실적이 좋은 내국법인 주식을 소유하고, 해당 주식의 현재가치는 30mil.이며 취득원가는 미미하다고 하자. A는 또한 내국법인 발행 채권을 소유하고 있으며 이자수령일은 매년 12.31이다. 만약 A국이 출국세를 부과하지 않는다면, A는 주식평가차익 또는 8.31까지의 채권 발생이자에 대해 아무런 세금을 납부하지 않을 것이다. 향후 A가 주식을 양도하거나 8.31 이후 이자를 수취할 때 A는 더 이상 A국 거주자가 아니고, A국이 비거주자인 A에 대해 과세한다고 하더라도 조세조약 상 불가능하거나 제한이 따른다.[59)]

57) Brian J. Arnold, *op.cit*, pp.39-40

58) Brian J. Arnold, *op.cit*, p.41

59) 통상 OECD/UN모델에 토대한 조세조약은 일방국이 해당 국가에 소재한 주로 부동산으로 구성된 법인의 주식양도가 아니면 내국법인 주식의 양도차익에 대해 타방국의 거주자에 대해 과세하는 것을 금지한다. 조세조약은 또한 통상적으로 타방국 거주자에게 지급하는 이자에 대해 일방국의 과세를 10~15% 세율로 제한한다.

이러한 결과를 방지하기 위해 A국은 거주자 지위를 포기하는 자에 대해 출국세를 부과하고자 한다. 이에 따라서 A는 출국일 직전에 주식을 공정시장가치로 양도하고, 채권 발생이자를 수취한 것으로 간주될 것이다. 이 금액들이 2020.8.31. 종료되는 A의 전세계소득에 포함되어 과세된다. 결국 출국세를 부과하는 국가는 납세자가 해당 국가의 거주자인 기간 동안에 발생된 이익과 손실에 대해서만 과세하는 결과를 가져온다.

출국세는 미실현이익에 대해 과세하는 것이기 때문에 납세자의 자금조달 어려움을 지원하기 위해, 일부 국가들은 적절한 납세담보가 제공되는 것을 조건으로 징수유예를 허용한다. 또한, 출국세는 심각한 이중과세 문제를 초래할 수 있다. 출국세가 없는 대부분의 국가들은 자산 양도차익을 자산의 양도가액과 취득원가 간의 차이로 측정한다. 예를 들어, 납세자가 취득원가 200인 자산의 출국시점의 평가액 1,000에 대해 즉, 평가이익 800에 대해 출국세를 납부했다고 하자. 납세자가 향후 새로운 거주지국에서 해당 자산을 2,000에 양도한다고 할 경우, 통상 종전 거주지국에서 과세되지 않은 1,000에 대해서가 아니라 전체 양도차익 1,800에 대해 조세를 납부해야 할 것이다. 결과적으로 양도차익 800만큼 이중과세가 초래된다. 이러한 상황에서, 조세조약은 어느 국가도 이중과세의 구제를 제공할 의무가 없다. 양 국가 모두 납세자의 거주지에 토대하여 과세했고, 서로 다른 연도의 소득에 대해 과세했기 때문에 결과적으로 이중거주자 판정기준이 적용되지 않는다.

출국세에 대한 대안으로 일부 국가들은 소위 후행세(trailing taxes)를 도입하였다. 즉, 국가는 거주자가 거주자 지위를 포기한 후에도 모든 또는 특정 소득에 대해 조세를 부과할 수 있다는 것이다. 후행세는 매우 다양한 형태를 지니며, 적용범위가 넓거나 좁을 수 있다. 독일 등 일부 국가들은 지정 조세회피처로 이주한 종전 거주자를 계속 거주자로 간주하여 전체소득에 대해 과세하는 특별규정을 가지고 있다. 미국도 미국 조세를 회피하기 위해 미국시민권을 포기하는 경우를 방지하기 위해 시민권을 포기한 종전 시민을 장래 10년간 과세대상에 포함하는 유사한 규정을 가지고 있다.

국외전출 거주자에 대한 출국세는 거주자를 포기하는 시점에서 발생된 차익에 대해서만 과세한다. 반면에, 후행세는 납세자가 거주자를 포기한 시점에 소유한 재산이 거주자 포기 이후 특정 기간(통상 5~10년) 이내에 양도되는 경우 전체 차익에 대해 과세하게 된다. 조세조약 상 후행세의 부과를 허용하는 특별규정을 포함하지 않는 한, OECD/UN 모델 제13조를 따르는 모든 조세조약은 종전 거주자에 의해 실현된 양도차익에 대한 후행세의 부과를 허용하지 않는다. 영국과 같은 일부 국가들은 상대적으로 단기간(영국의 경우 5년) 이내에 다시 거주자로 복귀한 거주자에 대해 비거주자였던 기간 중에 실현된 양도차익에 대해 과세한다.60)

(2) 우리나라의 출국세

우리나라도 2018년부터 i) 출국일 10년 전부터 출국일까지의 기간 중 국내에 주소나 거소를 둔 기간의 합계가 5년 이상이고, ii) 소득세법 상 대주주 요건을 충족하는 거주자가 주소 또는 거소의 국외이전을 위하여 출국하는 경우, 출국일에 국내 상장·비상장주식 및 부동산 자산비율 50%(골프장·스키장업 등 80%) 이상 법인의 주식(부동산주식)을 양도한 것으로 보아 양도소득세를 과세(과세표준 3억원 이하 20%, 초과분 25%)하는 출국세(국외전출세) 제도를 시행하고 있다.(소법 §118의9)

국외전출자는 국내주식의 양도소득에 대한 납세관리인과 국내주식 보유현황을 출국일 전날까지 신고해야 하고, 출국일이 속하는 달의 말일부터 3개월 이내에 신고·납부해야 한다. 만약 출국일 전날까지 국내주식 보유 현황을 무신고 또는 과소 신고한 경우에는 해당 금액의 2%에 상당하는 금액이 가산세로 부과된다.(소법 §118의15)

한편, 국외전출자가 출국한 후 국내주식을 실제로 양도한 경우 실제 양도가액이 당초 신고한 금액보다 낮으면 그 차액을 조정하여 양도세액에서 공제해 주고, 외국에서 납부하거나 납부할 세액 및 우리나라에서 비거주자 국내원천소득으로 과세되는 세액은 공제해준다.(소법 §118의12~§118의14) 또한, 납세자가 유동성 부족으로 조세납부가 곤란한 경우, 납세담보를 제공하는 등 일정한 요건 하에서 최대 5년간 징수를 유예해주는 제도도 운영하고 있다.(소법 §118의16)

3 비거주자에 대한 과세

가. 의의

대부분의 국가들은 거주자는 전세계소득에 대해, 비거주자는 국내원천소득에 대해서 과세한다. 일부 국가들은 소득이 거주자 또는 비거주자를 구분하지 않고 오직 국내원천

60) Brian J. Arnold, *op.cit*, pp.42-43

소득에 대해서만 과세한다.(속지주의) 따라서, 조세회피처를 제외한 모든 국가들은 비거주자에 대해 자국 내에서 얻거나 발생된 소득에 대해서 과세한다고 할 수 있다.

특정 국가 내에서 발생하거나 또는 원천을 갖는 소득에 대해서는 그 국가가 과세관할권을 갖는 것이 국제적 원칙이다. 소득원천지국의 과세권은 해당 소득을 얻는 인의 거주지국의 과세권보다 우선한다. 따라서, 거주지국의 과세권과 타국의 원천지 과세권이 중첩되는 경우, 일반적으로 거주지국이 이중과세에 대한 구제를 제공할 것으로 기대된다. 대부분의 조세조약들은 소득원천지국이 일차적인 과세권을 가지고, 거주지국은 그 소득에 대한 이중과세를 제거할 의무를 가진다고 규정한다. 그러나, 조세조약이 원천지국에게 일차적 과세권을 부여할지라도 원천지국은 통상적으로 특정 범주의 투자소득에 대한 세율을 제한해야 하고, 특정 소득유형에 대해서는 과세를 금지해야 한다.

비거주자에 대한 과세는 관념적으로 다음의 단계들로 구분할 수 있다.[61] ⅰ) 국가가 과세관할권을 행사하기 위해서는 비거주자가 해당 국가에 대해 어떤 연계성(활동, 자산소유, 물리적 실재, 소득수취 등)을 가져야 하는지를 결정해야 한다. ⅱ) 일단 국가가 과세관할권을 가진 것으로 결정하면, 국가는 비거주자가 PE 또는 고정시설 등 어떤 한도를 충족하는 경우에만 과세관할권을 행사해야 하는지를 결정해야 한다. ⅲ) 한도가 충족되거나 한도가 불필요하다고 결정한 경우, 국가는 비거주자가 얻는 어느 소득이 과세대상인지를 결정하는 규정(즉, 소득원천 규정)을 가져야 한다. ⅳ) 비거주자의 소득과 납부할 조세를 계산하기 위한 규정이 필요하다. ⅴ) 마지막으로, 비거주자에 대한 조세징수와 관련한 규정이 필요하다. 이러한 단계들은 밀접히 연관되고 종종 중첩된다.

나. 정책적 논거

거주자에 대한 과세와 달리, 비거주자에 대한 과세 논거로 공평성을 얘기하기는 어렵다. 왜냐하면, 원천지국은 비거주자의 조세상황에 관한 완전한 정보를 가질 수 없기 때문이다. 예를 들어, 원천지국에서 비거주자가 얻은 소득은 비거주자의 전체소득 중 매우 작은 부분이거나 타국에서 발생된 손실에 의해 상쇄될 수도 있다. 일반적으로 비거주자의 모든 소득이 한 원천지국에서 발생하는 상황을 제외하고, 거주자와 비거주자가 조세목적 상 유사한 상황에 있는지 여부를 결정하는 것은 불가능하다. 그러나, 일반적으로 비거주자가 유사한 상황에 있는 거주자보다 유리 또는 불리하게 취급되어서는 안 될 것이다.

---

61) Brian J. Arnold, *op.cit*, pp.73-74

비거주자에 대한 과세는 비거주자가 원천지국에서 편익을 얻는다는 논거에 의해 정당화될 수 있다. 한 국가에서 사업을 영위하는 비거주자는 거주자와 동일하게 그 국가의 기반시설 및 법적 시스템을 이용한다. 또한, 비거주자가 단순히 특정 국가의 고객들에게 재화를 판매하거나 용역을 제공할지라도, 비거주자는 그 국가가 제공한 시장에서 편익을 얻는다는 것이다.

비거주자가 거주자보다 덜 유리하게 취급되어서는 안 된다는 무차별원칙은 대부분의 국가들이 준수하는 중요한 원칙이다. 실제, 대부분 국가들의 소득세 제도에서 비거주자에 대한 차별은 거의 없고, 오히려 많은 국가들이 외국인 투자를 유치하기 위하여 조세면제기간(tax holiday)과 기타 조세 인센티브를 제공함으로써 비거주자를 유리하게 대우한다. 조세수입 관점에서, 비거주자에 대한 과세는 이해할 만하다. 그러나, 만약 한 국가가 비거주자에 대해 너무 가혹하게 과세한다면, 결국 그 국가에 대한 비거주자의 투자가 저해될 것이고 다른 국가들도 그 국가의 거주자에게 똑같이 가혹하게 과세할 것이다. 따라서, 자본을 수입・수출하고 전세계소득에 대해 과세하는 국가들은 거주지국과 원천지국으로서의 이해관계를 모두 가지고 있다고 할 수 있다. 타 국가의 불가피한 보복 때문에 이러한 상충하는 이해관계가 모두 완전히 달성될 수는 없다.[62]

다. 과세한도 요건

국가들은 비거주자의 특정 소득에 대해서 최소한도(minimum threshold)가 충족될 때만 과세한다. 예를 들어, 소득이 PE에 귀속되는 경우에만 비거주자의 사업소득에 대해 과세한다. 국내법에 PE 개념을 사용하지 않는 국가들조차도 통상적으로 비거주자의 사업활동이 어떤 한도를 초과할 때에만 사업소득에 대해 과세한다. 예를 들어, 미국의 경우 비거주자는 미국 내에서 사업(trade or business)에 종사하는 경우에만 과세된다.

비거주자 과세에 대해 한도요건을 정하는 것은 다음과 같은 이유가 존재한다. 첫째, 비거주자의 모든 국내원천소득에 대해 과세할 때는 심각한 순응 및 집행상의 문제가 발생한다. 과세당국은 원천지국에서 소득을 얻는 모든 비거주자를 확인하는 것은 물론 그 소득에 관한 정보를 얻기도 어렵다. 특히, 비거주자가 특정 국가에서 '상당하고 지속적인 실재(substantial and continuing presence)'를 가지지 않는 한, 원천지국이 조세를 징수하기는 어려울 것이다. 둘째, 상세한 소득원천 규정을 가지고 있는 국가들이 거의 없다. 결과적

62) Brian J. Arnold, *op.cit*, pp.74-75

으로, 과세한도 요건이 비거주자가 언제 그 국가의 과세대상이 되는지에 대해서 확실성을 제공할 수 있다. 셋째, 비거주자에게 비교적 적은 금액의 소득에 대해서 신고 및 납부를 요구하는 것은 국제거래 및 투자를 저해할 가능성이 있다.

비거주자 과세에 대한 한도요건을 예시하면 다음과 같다. 첫째, 사업소득의 경우, 조세조약 상 PE의 존재가 한도로 규정되어 있다. UN모델은 비거주자의 용역소득에 대해서 183일 한도기준을 사용한다. 둘째, 고용소득의 경우에는 원천지국에서 종업원의 물리적 체재 및 고용임무의 수행이 한도이다. 셋째, 투자소득의 경우에는 통상 국내법 또는 조약 상 배당, 이자 및 사용료에 대한 원천지국 과세에 한도요건이 존재하지는 않는다.

일반적으로, 비거주자에 대한 과세한도는 고정된 장소 및 비거주자 또는 비거주자를 대신하여 활동하는 대리인의 물리적 실재의 형태를 띤다. 원천지국에 물리적 실재가 없으면 비거주자의 사업소득에 대해 과세할 수 없다. 예를 들어, 원천지국에서 광고를 하면서 우편주문에 의해 고객에게 재화를 판매하는 해외 판매업자는 그가 원천지국에 소매점, 창고 또는 판매대리인과 같은 고정된 사업장소를 가지지 않는 한, 그 국가에서 얻는 판매소득에 대해 원천지국에서 과세되지 않는다. 이러한 원천지국 과세의 제한은 거대 MNEs에 의한 디지털 재화 및 서비스의 원격판매가 글로벌 경제의 큰 부분이 된 오늘날 디지털 경제시대에도 여전히 수용 또는 최소한 용인되고 있다. 결국, 최근에는 비거주자에 대한 과세한도로서 종전 '고정된 사업장소' 또는 '물리적 실재(physical presence)' 기준 대신에, '중요한 경제적 실재(significant economic presence)'라는 새로운 기준이 논의되기에 이르렀다. 이와 관련하여, 일부 국가들은 비거주자에 대한 디지털 재화 및 서비스 지급금에 대해 총액기준 매출세 또는 원천세를 부과하고 있다.[63]

라. 소득원천 규정

(1) 의의

일단 국가가 비거주자에 대한 과세관할권을 가지고 과세의 최소한도가 충족되면, 과세대상 소득금액이 얼마이고 또한 어떻게 과세되는지를 결정하는 규정이 필요하다. 일반적으로, 국가들은 비거주자에 대해서는 국내원천소득에 대해서만 과세한다. 결과적으로 비거주자의 소득이 그 국가 내의 원천에서 발생하는지 여부를 결정하기 위해서는 소득원천

63) Brian J. Arnold, *op.cit*, pp.76-77

규정(source rules)이 필요하다.

거주지(residence) 용어와 달리, 원천(source) 용어는 국내법 또는 조세조약에서 명시적으로 사용되거나 정의되지 않는다. 결과적으로 원천규정은 통상 다른 규정들에 내포되어 있다. 예를 들어, 거주자가 비거주자에게 지급하는 배당에 대해 과세한다고 할 때 원천규정이 내포되어 있는데, 사실상 배당소득은 배당지급 법인의 거주지국에서 원천을 갖는 것으로 간주된다.[64]

OECD/UN모델은 묵시적인 원천규정과 원천규정으로 실질적으로 기능하는 규정을 결합하여 규정한다. 예를 들어, 제11조 제4항에 따라서 이자소득은 지급인의 거주지국에서 과세되고, 제6조에 따라서 부동산소득은 부동산 소재지국에서 과세된다. 그러나, 사업소득에 대해서는 명시적인 원천규정이 없다. 제7조에 따르면, 일방체약국의 거주자가 얻는 사업소득은 그 거주자가 타방체약국에 소재한 PE를 통해서 사업을 수행한 경우에만, 그리고 PE에 귀속되는 소득에 대해서만 타방체약국에서 과세된다. 이 규정은 기능적으로 원천규정의 역할을 한다. 또한, 제21조(기타소득)는 일방체약국에서 발생하는 소득이라는 일반적 문구를 포함하고 있다. 이러한 상황에서 소득의 원천은 조약적용국가의 국내법에 따라서 결정되는 것이 불가피할 것이다.

(2) 소득유형별 판단기준

능동적 소득(active income)과 수동적 소득(passive income)의 소득분류 기준은 원천지 판단에 중요한 시사점을 제공한다. 능동적 소득은 일종의 노력소득(earned income)으로서 적극적인 인적 관여(personal involvement) 또는 활동(activity)을 수반한다. 사업소득, 인적용역소득이 대표적이다. 따라서 능동적 소득의 원천지는 적극적인 인적 관여 또는 활동이 이루어지는 장소이다. 예를 들어, 사업소득은 원칙적으로 '사업수행지' 기준에 따라 원천지를 판단한다. 즉, 외국법인 또는 비거주자가 국내에서 수행하는 사업만이 국내원천소득에 해당한다.

이와 달리, 수동적 소득은 일종의 불로소득(unearned income)으로서 적극적 인적 관여 또는 활동보다는 자산 및 권리의 사용 또는 양도로부터 발생하는 일종의 투자소득이라 할 수 있다. 통상 수동적 소득 또는 투자소득의 원천지는 자산 또는 권리가 사용되는 장소 또는 자산의 소재지이다. 투자소득은 주식, 채권, 부동산 등 유형・무형자산에 대한 포트

64) Brian J. Arnold, *op.cit*, pp.77-78

폴리오 투자로부터 발생하는 이자 · 배당 · 사용료 · 임대료 · 양도소득 등을 일컫는다. 포트폴리오 투자는 단순히 투자이익을 목적으로 하며 투자대상 회사에 대한 적극적 관리 또는 통제를 수반하지 않는다는 점에서 직접투자(FDI)와 구분된다.

일반적으로 국제거래에서 투자자가 투자대상회사의 10% 미만의 지분을 소유하는 경우를 포트폴리오 투자로 분류하기도 한다.[65] 통상 배당, 이자 등 투자소득의 경우에는 원천지국(자본수입국)과 거주지국(자본수출국)이 과세권을 공유한다. OECD/UN모델 모두 배당 · 이자소득에 대해서 원천지국은 제한세율로 과세하고 이에 대해 수취인의 거주지국에서 세액공제를 허용한다.

투자소득의 원천지는 원칙적으로 자산 · 권리의 사용지 또는 자산의 소재지(사용지주의)이다. 다만, 원천지국의 과세권(원천징수)을 허용하는 입장에서 대가지급지를 채택할 수도 있다. 우리나라 세법은 외국법인 또는 비거주자의 국내사업장과 실질적으로 관련되지 아니하거나 국내사업장에 귀속되지 않는 (부동산 양도소득을 제외한) 이자, 배당 등 투자소득을 지급하는 자에게 원천징수 의무를 부여함으로써 원칙적으로 지급지주의를 채택하고 있다고 할 수 있다.[66] 실제 특정 투자소득의 원천지 판단은 관련 소득에 대한 원천지국의 세법과 개별 조세조약의 규정에 따라 결정될 것이다.

아래 〈표 1-5〉는 이상에서 논의한 능동적 소득과 수동적 소득의 원천과 유형을 비교하여 보여준다.

〈표 1-5〉 능동적 소득과 수동적 소득의 비교

	능동적 소득	수동적 소득	기타 소득
소득원천	사업 및 고용활동	유형 · 무형자산에 대한 투자	
소득유형	사업소득	부동산소득	'catch-all' 조문[67]
	국제운수소득	배당소득	
	인적용역소득	이자소득	
	이사의 보수	사용료소득	
	예능인 및 체육인소득	양도소득	
	정부용역/학생소득	연금소득	

65) IMF, *Balance of Payments and International Investment Position Manual*, 6th Edition, IMF, 2014, p.110

66) 법인세법 §98 ① 및 소득세법 §156 ① 참조. 다만, 사용료소득의 경우에는 지급지주의와 함께 사용지주의(권리 등을 국내에서 사용하는 경우)를 함께 규정하고 있다.(법법 §93 8호 및 소법 §119 10호)

마. 소득유형별 비거주자 과세

(1) 사업소득

사업소득에 대한 원천지국의 과세는 매우 다양하지만, 두 가지 일반적 유형을 확인할 수 있다. 첫째, 가장 흔한 유형으로서 OECD/UN모델 제7조에서 규정된 바와 같이, 사업소득은 일반적으로 납세자가 PE를 통해서 사업을 수행하고, 소득이 PE에 귀속되는 경우에만 원천지국에서 과세된다는 것이다. 이 경우 PE는 원천지국 과세의 문턱이자 과세대상 소득(PE 귀속소득)을 확인하는 수단의 역할을 한다. OECD/UN모델 제7조에 따라서, PE에 귀속되는 소득금액은 PE가 별도 법인단체이고, 본점을 포함한 기업의 다른 부문들과 독립적으로 거래를 한다는 가정 하에 결정된다. PE와 본점 간의 내부거래는 이전가격 규정의 적용을 받는다. 실무 상 국가들은 PE소득을 PE의 회계장부에 토대하여 결정하고, 의도적 남용이 있는 경우 장부의 조정이 이루어진다.

사업소득 과세에 대한 둘째 유형은 비거주자 과세의 한도요건으로 PE 개념이 사용되지만, 과세대상소득의 규모를 결정하기 위해서 명시적 원천규정이 사용되는 것이다. 미국 세법에 의하면, 대부분의 총소득 유형별로 원천이 할당된다. 그 다음 회계규칙에 따라서 총소득 항목과 관련된 비용이 공제된다. 일부 사업소득 항목의 경우에는 미국 또는 외국 원천으로만 할당된다. 예를 들어, 동산의 구입 및 판매에서 발생한 소득은 판매국에서 원천을 가진 것으로 간주된다. 다른 소득유형들은 미국과 외국 간에 종종 공식에 의해 배분된다. 국제통신소득은 일반적으로 통신신호의 발신국과 수신국 간에 균등하게 배분된다. 미국 원천규정의 중요한 특징은 비용공제에 대한 취급이다. 많은 비용공제 항목이 재고자산 회계규정에 따라서 총소득과 연결된다. 가령, 감가상각 및 기타 고정비용은 매출원가의 결정을 위해 배분된다. 그러나, 특정 총소득 항목과 연결시키기가 어려운 이자비용, R&D비용 등에는 특별한 배분규정이 적용된다. 대부분의 국가들에서 소득 및 비용과 관련한 상세한 원천규정이 부족하다. 따라서 소득과 비용은 납세자에게 상당한 재량을 부여하는 일반규정에 따라서 국내소득과 외국소득 간에 배분된다.[68]

67) 기타소득 조문을 통상 'catch-all' 조문이라고 하는데, 이는 조문에 열거된 소득유형에 포함되지 않는 문자 그대로 '잡동사니' 소득을 다루기 위한 것이다.

68) Brian J. Arnold, *op.cit*, pp.27-28

(2) 투자소득

대부분의 국가들은 비거주자가 얻는 배당, 이자, 사용료 등의 투자소득에 대해 총지급액에 단일세율로 부과되는 원천세를 통해 과세한다. 양도소득은 통상 원천세 과세대상이 아니다. 배당, 이자, 사용료는 지급자의 거주지국에서 발생하거나 원천이 있는 것으로 간주된다. 따라서, 소득의 원천에 토대해서만 과세(속지주의)는 국가들조차도 배당, 이자, 사용료에 대한 원천징수 목적 상 지급자의 거주지를 결정하기 위한 규정이 필요하다.

무형자산과 관련하여 지급된 사용료는 무형자산이 사용되고 법적 보호가 제공된 국가에서 발생한 것으로 간주되고 과세된다. OECD모델에서는 사용료에 대해 거주지국에만 과세권을 부여하기 때문에 사용료에 대한 원천규정이 필요하지 않다. 그러나, UN모델 제12조에 의하면, 원천지국이 체약국 간에 합의된 제한세율로 사용료에 대한 과세권을 가진다.

사업운영에서 발생한 임대소득은 통상 사업소득으로 과세된다. 부동산 임대소득은 자산 소재지국에서 과세된다. 따라서, 묵시적으로 임대소득의 원천은 자산 소재지국이다. 동산의 사용에서 발생한 임대소득은 일반적으로 자산이 사용된 국가에서 과세된다. 따라서, 묵시적으로 그 소득의 원천은 지급자의 거주지국이다. 동산의 임대소득은 OECD모델 제7조에 의하면 사업소득으로 과세되고, UN모델 제12조에 의하면 산업적·과학적·상업적 장비의 경우 사용료소득으로 과세된다.

자산양도차익의 원천은 매우 다양하고, 자산의 성격에 따라 다르다. OECD/UN모델 제13조 제1항에 따라서, 부동산 양도차익은 항상 자산 소재지국에서 과세된다. 제13조 제2항에 따라서, 사업수행에 사용된 자산의 양도차익은 사업이 수행된 국가에서 과세된다. OECD/UN모델은 부동산과 PE의 일부를 구성하는 자산양도에서 발생하는 소득 및 양도차익 양자에 대해서 동일한 국가에 과세를 허용한다. 따라서 자산처분이익을 소득 또는 양도차익으로 규정하는 것은 국내법에 의해서 결정된다.

법인의 주식 또는 파트너쉽 및 신탁의 지분관련 양도차익은 일반적으로 납세자의 거주지국에서만 과세된다. 그러나, 비거주자가 국내단체에 대한 상당한 지분을 소유하는 경우, 일부 국가들은 그 차익에 대해 과세한다. UN모델 제13조 제4항은 일방체약국에게 그 차익에 대한 과세를 허용하는 데 비해, OECD모델은 허용하지 않는다. 또한, 일부 국가들은 주식 또는 지분의 가치가 주로 원천지국에 소재하고 그 단체가 소유한 부동산에서 발생한 경우, 법인의 주식 또는 파트너쉽 및 신탁의 지분 양도차익에 대해 과세한다. OECD/UN모델은 체약국들에게 그러한 차익에 대한 과세를 허용한다. 사실상, 이 규정은 법인 또는 기타 법인단체의 자산을 소유한 후 법인의 주식 또는 기타 법인단체의 지분을 처분함으로써 원천지국에 소재한 부동산관련 차익에 대한 원천지국 과세를 회피하지 못하도록 설계된 조세회피 방지규정이다.[69)]

(3) 인적용역소득

일반적으로 종업원, 독립계약자 또는 전문직업인에 의해 수행된 인적용역에서 발생하는 소득은 용역이 수행된 국가에서 원천을 갖는다. 납세자가 하나 이상의 국가에서 수행된 용역에 대해 대가를 지급받는 경우에는 어려운 배분문제가 발생할 수 있다. 개인이 용역을 수행하는 경우의 국가 간 배분은 통상 용역을 수행하는 개인이 각 국가에서 보낸 시간의 양에 토대를 둔다. 그러나, 일부 국가들은 설령 용역이 자국 밖에서 수행되었을지라도, 용역이 자국에서 소비 또는 사용된 경우에는 자국에서 발생한 것으로 간주한다.

OECD모델을 따르는 조세조약에서는 전문직업인 및 기타 독립적 용역은 사업소득으로 과세되고, 용역제공자가 원천지국에 PE를 가지지 않는 한 원천지국 과세가 면제된다.

OECD/UN모델 제15조는 고용이 원천지국에서 수행되지 않는다면 인적용역소득은 종업원의 거주지국에서만 과세된다고 규정한다. 고용이 원천지국에서 수행되는 경우, 원천지국은 ⅰ) 종업원이 원천지국에 183일 이상 체재하거나, ⅱ) 종업원이 원천지국에서 거주하는 고용주에 의해 보수를 지급받거나, ⅲ) 종업원의 보수가 비거주자인 고용주의 원천지국 소재 PE 귀속소득을 계산할 때 공제할 수 있는 경우에만, 그 국가에서 수행된 인적용역소득에 대해 과세할 수 있다. 그렇지 않다면, 일방체약국의 거주자가 타방체약국에서 얻은 고용소득은 종업원이 183일 이상 체재한 경우에만 타방국에서 과세된다.

바. 국내원천소득의 계산

일반적으로, 비거주자의 소득계산 규정은 거주자에게 적용되는 규정과 동일하다. 그러나, 거주자와 비거주자 간 소득계산 규정이 다르게 적용되는 예외가 있다. 예를 들어, 이전가격 규정은 거주자와 비거주자인 특수관계인 간에 적용되지만, 거주자인 특수관계인 간에는 적용되지 않는다. 또한, 과소자본 규정은 통상 거주자(내국법인)가 비거주자에게 지급하는 이자에만 적용된다. 반대로, CFC 규정은 거주자가 지배하는 외국법인에게만 적용된다.

조세조약의 무차별조항은 통상 원천지국이 PE 귀속소득을 계산할 때 비거주자에 대해

69) Brian J. Arnold, *op.cit*, pp.28-30

유사한 활동에 종사하는 거주자와 동일한 비용공제를 허용할 것을 요구한다. 그러나, 비거주자가 총액기준 원천세를 부담할 경우에는 비용은 공제되지 않는다. 따라서 순액기준으로 과세되는 사업소득과 총액기준 원천세 대상인 투자소득의 구분이 매우 중요하다.

개인 비거주자의 경우, 원천지국은 관행적으로 인적 소득공제 및 세액공제를 부여하지 않는다. 조약상 무차별조항도 역시 비거주자에게 그러한 공제가 확장될 것을 요구하지는 않는다.

사. 비거주자 과세의 행정적 문제

(1) 국내원천소득 정보의 확보

비거주자에게 신고의무를 부여함으로써 정보를 확보할 수 있다. 그러나, 과세당국은 비거주자가 제공한 정보를 검증하기 위하여 독자적 정보를 가져야만 한다. 또한, 비거주자와 거래관계가 있는 거주자로부터 정보가 확보될 수 있다. 예를 들어, 비거주자에게 배당, 이자, 사용료 등을 지급하는 거주자는 수취인, 금액 및 지급성격 등에 관한 기본정보를 신고할 의무가 있다. 많은 경우 비거주자에 관한 필요정보는 해외에 소재하고 있다. 만약 정보가 납세자 수중에 있다면, 납세자가 적시에 정보를 제출하지 않는 경우 과태료가 부과될 수 있다. 일부 국가들은 납세자가 과세당국 요청 시 제출하지 않은 해외소재 정보를 후속 법적 분쟁절차에서 제출하지 못하도록 하는 특별규정을 채택하고 있다. 만약 정보가 특수관계없는 제3자의 수중에 있는 경우라면, 정보를 제출하지 않았다고 하여 납세자에게 과태료가 부과되어서는 안 될 것이다. 그러나, 요구정보가 특수관계인이 보유하고 있는 경우에는, 특정 상황에서 과태료를 부과하는 것이 적절할 것이다. 원천지국과 비거주자의 거주지국 간 조세조약이 있다면, 정보교환 규정을 통해서도 해외소재 정보가 확보될 수 있다.[70]

(2) 비거주자에 대한 조세징수

비거주자가 원천지국에 자산을 보유하거나 물리적으로 실재하는 경우, 원천지국은 비거주자에게 직접 징수처분을 집행할 수 있다. 그러나, 비거주자가 원천지국에 실재하지 않고 상당한 자산을 보유하지 않는 경우에는 원천지국은 특별 징수조치를 취해야 한다. 첫째, 원천지국이 비거주자의 체납액에 대해 법원의 결정을 얻은 후 비거주자의 거주지국

70) Brian J. Arnold, *op.cit*, pp.87-88

법원에 판결의 집행을 청구하는 것을 고려할 수 있다. 이 경우 타 국가들의 범죄 및 조세 판결을 집행하지 않을 수 있다는 문제점이 있다. 둘째, 원천지국은 만약 조세조약에 OECD/UN모델 제27조에 토대한 징수협조 조항이 있다면 거주지국에게 징수협조를 요청하는 것을 고려할 수 있다. 그러나, 징수협조 조항은 OECD모델에 2002년, UN모델에 2011년에 추가되었고, 지금까지 동 조항을 포함한 조약들이 드물다는 한계가 있다. 셋째, 만약 원천지국과 거주지국이 'EC/OECD 다자간 조세행정공조협약'의 당사국이라면 거주지국에게 원천지국 조세의 징수를 요청할 수 있다.

다수 국가들은 원천징수가 원천지국에 상당한 실재를 갖지 않은 비거주자에게 조세를 징수하는 가장 효과적 방법이라고 결론을 내렸다. 예납적 원천징수인 경우, 비거주자는 신고서를 제출하고 과다 원천징수된 세액을 환급받을 수 있다. 그러나, 실제로는 예납적 원천징수가 완납적 원천징수로 작동하는 경우가 많다. 특정 지급금 총액에 대한 완납적 원천징수는, 특히 충분한 행정인력이 부족한 개도국의 경우, 비거주자로부터 조세를 징수하는 편리하고 효과적인 방법이다. 그러나, 비거주자에게 상당한 비용이 발생할 가능성이 있는 지급액에는 완납적 원천세는 부적절하다.

과도한 원천세로부터 구제를 제공하는 다른 방법은 비거주자에게 순액기준으로 조세를 납부할 수 있는 선택권을 부여하는 것이다. 일부 국가들은 부동산소득에 관해 이러한 선택권을 부여한다. 설령 부동산 임대소득에 대한 원천세가 OECD/UN모델 제6조와 부합할지라도, 비거주자는 주택저당차입금 이자, 재산세 및 관리비 등 상당한 비용이 발생했을 수 있다. 총액기준 원천세는 비교적 낮은 세율이더라도 과도할 수 있으므로 비거주자에게 순액기준 납세에 대한 선택권을 부여할 필요가 있다.[71]

4 이중과세의 구제

가. 국제적 이중과세의 의의

국제적 이중과세는 동일한 납세자의 동일한 기간의 동일한 소득에 대해서 둘 이상의 국가들이 조세를 부과하는 상황을 지칭한다. 이는 법률적 이중과세(juridical double taxation)

71) Brian J. Arnold, *op.cit*, pp.88-90

를 의미하며, 흔히 이중과세로 지칭되는 많은 상황들을 포함하지는 않는다. 법률적 이중과세는 경제적 이중과세(economic double taxation) 개념과 구별되어야 한다. 경제적 이중과세는 동일한 소득에 대해 여러 단계에 걸쳐 여러 납세자들에게 조세가 부과되는 경우에 발생한다. 예를 들어, 자회사의 이윤에 대해 자회사국가에서 과세한 후 모회사가 수취한 배당에 대해 모회사국가에서 다시 과세하는 경우, 두 회사는 법률적으로 독립된 단체이기 때문에 국제적 이중과세는 아니다. 그러나, 경제적 관점에서 보면 모회사와 자회사는 하나의 기업이고, 자회사의 이윤과 이윤의 배당에 대해 부과된 조세는 이윤에 대한 이중과세에 해당한다.

국제적 이중과세는 다양한 방식으로 발생할 수 있다. 둘 이상의 국가들이 동일한 납세자의 동일한 소득에 대해 중복하여 과세권을 주장하는 상황에서 i) 거주지국 간 상충, ii) 원천지국 간 상충, iii) 거주지국과 원천지국 간 상충과 같은 세 가지 유형의 국제적 이중과세가 발생할 수 있다. 이 중 거주지국과 원천지국 간 상충이 가장 흔히 발생한다. 따라서, 국제적 이중과세의 구제는 주로 거주지국과 원천지국 간 상충의 제거에 초점이 맞추어져 있다.

통상 조세조약은 위 세 가지 이중과세의 구제를 규정하고 있다. 첫째, 개인납세자들의 이중거주자 지위에서 초래되는 이중과세는 조세조약 상 이중거주자 판정기준(tie-breaker rules) 통해 구제받을 수 있다. 법인단체의 이중거주자 관련 사안들도 역시 조약에 의해 해결될 수 있다. 그동안 법인단체의 이중거주자 지위는 OECD/UN모델 제4조 제3항에 의해 실질적 관리장소가 소재한 국가의 거주자로 간주함으로써 해결하였으나, 2017년 OECD/UN모델에서는 실무 상 적용하기가 어려운 실질적 관리장소 규정을 삭제하고, 권한있는 당국 간 MAP을 통해서 해결하도록 변경하였다. 둘째, 원천지국 간 상충에서 초래되는 일부 이중과세 사안들은 소득원천에 대한 명시적 규정에 의해 처리된다. 그러나, 대부분의 조약들이 포괄적인 소득원천 규정을 포함하고 있지 않으므로 조약규정에 의해 해결되지 않는 원천지국 간 이중과세 사안들은 권한있는 당국 간 MAP을 통해 해결될 수 있다. 셋째, 거주지국과 원천지국 간 상충은 체약국 간에 과세권을 배분함으로써 해결될 수 있다. 만약 전속적 과세권 배분이 아닌 경우에는 조문에서 쟁점 소득이 납세자 거주지국이 아닌 체약국에서 과세될 수 있다(may be taxed)고 언급한다. 이 경우 거주지국은 이중과세의 구제를 제공해야 한다. 즉, 소득 원천을 근거로 한 원천지국 과세권이 거주지국 과세권보다 우선권을 가진다.

나. 이중과세 구제방법

(1) 서론

국제적 이중과세의 구제방법으로서 대부분의 국가들은 비용공제법, 소득면제법, 세액공제법의 세 가지 방법을 모두 사용한다. 국외원천소득에 대해 비용공제법을 사용하는 경우가 세액공제법 또는 소득면제법을 사용하는 경우보다 더 높은 실효세율로 과세된다. 외국의 실효세율이 국내 실효세율보다 동일하거나 더 높은 경우, 통상 소득면제법과 세액공제법은 동일한 결과를 가져온다. 외국의 실효세율이 국내 실효세율보다 낮은 경우 납세자는 일반적으로 소득면제법을 가장 선호한다.

〈표 1-6〉 이중과세 구제방법의 비교

구 분	비용공제법	세액공제법	소득면제법
• 국외원천소득	100	100	100
• 외국조세(30%)	30	30	30
• 순국내소득	70	100	–
• 세액공제 전 국내조세(40%)	28	40	–
(-) 외국세액공제	–	30	–
• 국내조세	28	10	–
• 총조세	58	40	30

다음 사례를 통해서 상기 세 가지 방법들의 조세효과를 살펴보자. 예를 들어, 위 〈표 1-6〉에서 보는 바와 같이 A국 거주자인 A가 B국에서 소득 100을 벌어서 B국에 조세 30을 납부한 상황을 가정하자. 비용공제법에 따르면, A는 순소득 70에 대해서 A국에 조세를 납부할 것이다. 만약 A국에서 40% 세율이 적용된다면 A는 A국에 조세 28, 총조세 58을 납부할 것이다. 세액공제법에 의할 때는 A의 전세계소득 100에 대해 40% 세율이 적용되지만 B국에서 납부한 조세 30에 대해서 세액공제를 받을 것이고, 결과적으로 A국에서는 조세 10, 총조세 40을 납부할 것이다. 만약 소득면제법이 사용된다면, A는 B국의 원천소득에 대해서 A국에서 납부하는 조세는 없고, 총조세 30만을 납부할 것이다.

위 이중과세 구제방법 중 소득면제법과 세액공제법은 OECD/UN모델 제23조에 의해 승인되지만, 비용공제법은 승인되지 않는다. OECD/UN모델과 이에 토대한 조세조약에서는 이중과세 구제의 일반원칙을 규정할 뿐이고, 집행을 위한 세부 규정들은 각국의 국내법에 맡겨져 있다.

(2) 비용공제법(deduction method)

비용공제법을 사용하는 국가들은 거주자의 전세계소득에 대해 과세하고, 외국납부세액에 대한 비용공제를 허용한다. 사실상 외국납부 세액이 외국에서 사업수행 또는 소득활동의 원가 또는 비용으로서 취급된다. 비용공제법은 국제적 이중과세 구제방법 중 가장 덜 관대하다.

비용공제법은 세율이 낮았던 조세시스템 형성기에 많은 국가들에 의해 사용되었다. 그러나, 2차 세계대전 이후 세율이 높아지면서 대부분의 국가들은 이중과세 구제 방법으로서 소득면제법 또는 세액공제법을 채택하고 있다. 세액공제법을 채택한 일부 국가들은 선택적 방법으로서, 그리고 외국세액공제 요건을 충족하지 못하는 납부세액의 처리 방식으로서 비용공제법을 유지하고 있다.[72)]

실제 국가들은 외국법인이 외국에 조세를 납부했고 해당 조세에 대해서는 외국세액공제가 허용되지 않는다는 가정하에 거주자가 외국법인으로부터 수취하는 배당에 대해 과세할 때 비용공제법을 사용한다. 예컨대, 외국법인 SCo가 국외소득 100을 벌어서 법인세 20을 납부한다고 가정하자. SCo는 SCo 주식의 25%를 소유하는 A국 거주자 A에 대한 배당 20을 포함하여, 세후 잔여소득 80을 주주들에게 배당한다. 이러한 사실에 토대할 때, A는 SCo를 통해서 외국조세 5(20 × 25%)를 납부한 것을 포함하여 국외원천소득 25를 벌었다. 만약 A국이 A의 소득 (25가 아니라) 20에 대해 과세한다면, 이는 사실상 A에게 SCo가 납부한 조세 5에 대한 비용공제를 허용하는 것이다. 이와 같이 연관된 조세를 배당에 가산할 것을 요구하는 경우, 배당이 지급되는 세전 소득에 근접시키기 위해 "배당세액을 가산(gross-up)"한다고 일컫는다. 이러한 배당세액가산 규정의 목적은 국외소득을 직접 얻는 납세자와 외국법인을 통해 간접적으로 얻는 납세자를 동일하게 취급하고자 하는 것이다.

결국, 비용공제법은 국외원천소득이 있는 거주자에게 국내원천소득에 적용된 세율보다 더 높은 결합세율로 과세한다. 이는 외국투자가 외국의 조세가 부과될 경우, 외국투자에 비해 국내투자를 유리하게 취급하는 왜곡을 초래한다. 따라서, 비용공제법은 국가들 간

---

72) 우리나라 세법은 내국법인 또는 거주자의 국외원천소득에 대해 외국정부에 납부한 세액에 대해 세액공제 방법 이외에 손금산입방법을 선택할 수 있도록 하여 세액공제법과 비용공제법을 함께 채택하고 있다.(법법 §57 ① 2호, 소법 §57 ① 2호) 따라서, 세액공제방법과 손금산입방법을 같은 사업연도에 동시에 적용할 수는 없지만, 손금산입한 외국납부세액을 세액공제방법으로 변경하여 경정청구기간 내에 경정청구 할 수는 있다.

자원배분에 관해서 중립적이지 못하다.[73)]

(3) 소득면제법(exemption method)

소득면제법에 의하면, 거주지국은 거주자의 국내원천소득에 대해서만 과세하고 국외원천소득의 일부 또는 전부에 대해서는 과세를 면제한다. 사실상, 거주지국은 국외원천소득에 대한 과세권을 포기함으로써 거주지국과 원천지국 간 국제적 이중과세를 완전히 제거한다.

홍콩 등 일부 국가들은 거주자의 국외원천소득에 대해 소득면제법을 채택하고 있다. 이들 국가들은 사실상 국내원천소득에 대해서만 과세하는데, 통상 속지주의 과세국가로 불린다. 그러나, 소득면제법을 사용하는 대부분의 국가들은 국외 사업소득, 외국자회사 배당 등 특정 유형의 소득에 한정하여 국외원천소득에 대한 과세를 면제한다. 또한, 외국에서 이미 과세를 당했거나 또는 최소한 세율이 적용되는 소득으로 제한되기도 한다. 독일, 네덜란드, 벨기에, 핀란드 등 누진부 소득면제법(exemption with progression)을 적용하는 국가들의 경우, 국외원천소득이 거주지국 과세에서 면제될지라도 납세자의 기타 과세소득 적용세율을 결정할 때는 고려된다. 즉, 국외원천소득은 마치 과세대상인 것처럼 납세자의 평균세율을 결정할 때 소득에 포함된다.

소득면제법은 과세당국의 집행이 상대적으로 용이하고 국제적 이중과세를 제거하기에 효과적이다. 소득면제법은 OECD/UN모델에서 승인받았을지라도, 공정성과 효율성이라는 조세정책 목표에 부합하지 않는다. 외국조세가 국내조세보다 낮은 경우, 면제대상 국외원천소득을 가진 거주자가 다른 거주자들보다 유리하게 취급되기 때문이다. 특히, 국외소득 면제제도는 거주자에게 조세회피처 등 저세율 국가 투자를 장려하고, 국내원천소득을 그러한 국가들로 전환시키도록 촉진한다. 예를 들어, 국내에 투자하여 이자소득을 얻는 거주지국의 납세자는 이자소득에 대해 저율로 또는 전혀 과세하지 않는 외국으로 투자자금을 이전시킬 강한 유인을 가지게 된다.

이러한 결함들 때문에 이중과세 구제방법으로서 모든 국외원천소득에 소득면제법을 적용하는 것(속지주의 과세와 동일)은 정당화되기 어렵다. 그러나, 소득면제법은 외국조세가 거주지국 조세와 유사하거나 또는 특정 유형의 소득으로 한정된다면 정당화될 수 있다. 예를 들어, 거주지국의 세율 및 조건과 대략 유사한 세율 및 조건에서 과세하는 외국

73) Brian J. Arnold, *op.cit*, pp.49-50

에서 발생한 소득에 대해 거주자에게 면제할 수 있다. 그러한 소득면제법이 적절히 시행된다면, 세액공제법에서 얻는 것과 유사한 결과를 가져올 수 있다. 왜냐하면, 그러한 상황에서 세액공제법을 사용하는 국가는 거주지국의 조세와 유사한 외국조세가 적용되는 국외원천소득에 대해서는 거의 또는 전혀 조세를 징수할 수 없기 때문이다. 그러나, 외국조세가 거주지국 조세보다 크게 낮은 경우에는 국제경쟁력 및 자본수입 중립성을 근거로 소득면제법이 정당화되기도 한다.

일부 국가들은 내국법인이 외국지점 또는 PE를 통해서 얻는 능동적 사업소득 및 내국법인이 최소 지분(통상 5～10%)을 갖는 외국법인으로부터 수취한 배당에 대해서 소득면제법을 사용한다.

국외원천소득에 대한 면제제도는 과세당국의 집행이 용이할지라도, 엄격한 소득 및 비용의 원천규정을 요구한다. 또한, 납세자가 국내원천소득을 국외원천으로 전환시키지 못하도록 방지하는 조세회피방지 규정이 요구된다. 그리고, 납세자가 국외원천소득을 얻기 위해 발생된 비용을 국내소득에서 공제하지 못하도록 방지하는 비용배분 규정 또는 조세회피방지 규정을 필요로 한다.[74]

참 고

지분소득 면제제도(participation exemption)

지분소득 면제제도는 일반적으로 자회사에서 발생한 소득에 대해 모회사 거주지국에서의 과세를 제한(완전 또는 부분면제)한다. 법인이 수취하는 배당 및 주식지분의 양도 단계에서의 세금을 면제한다. 한 회계기간에 법인이 법인세를 부담한 후 줄어든 세후 이익을 토대로 주주에 대해 배당을 할 경우, 법인단계에서 이미 과세된 이익에서 지급되는 배당에 대해 다시 소득세를 부과하므로 이중과세를 초래한다는 것이다.

국제적 이중과세 구제와 관련하여 외국법인 배당 및 주식양도차익에 대해서는 특별한 고려가 적용된다. 외국법인 배당에 대해 주주에 대한 이중과세를 제거하기 위해 일부 국가들은 소득면제법을 사용한다. 전통적으로 소득면제법은 EU국가들에서 사용되어 왔으나, 최근 들어 미국, 영국, 일본, 호주 등도 지분소득 면제제도를 채택하였다. 지분소득 면제제도는 ⅰ) 면제요건을 갖추기 위한 소유지분 비율, ⅱ) 지급배당의 원천인 외국법인 소득의 성격, ⅲ) 외국법인 소득에 대한 외국조세 금액 등의 핵심 요소를 포함한다.

지분소득 면제는 내국법인이 상당한 소유지분을 가지고 있는 외국법인으로부터 내국법인이 수취하는 배당으로 제한된다. 소유지분 수준은 5%(네덜란드)에서 25%(EU, 일본)까

74) Brian J. Arnold, *op.cit*, pp.51-53

지 다양하지만, 많은 국가들이 10% 소유지분 한도를 사용한다.

이론적으로, 배당소득에 대한 과세면제는 외국법인이 얻은 능동적 사업소득을 원천으로 하는 배당에 제한되어야 한다. 수동적 투자소득으로부터의 배당에 대한 과세가 면제되어서는 안 된다. 그렇지 않으면, 내국법인은 거주지국 조세를 줄이기 위해 수동적 소득을 외국 자회사로 우회시킬 유인을 가질 것이다. 예를 들어, A국 법인 ACo가 1mil.의 수동적 소득을 얻을 수 있는 투자자금을 가지고 있다고 하자. 만약 ACo가 국내에 투자하여 해당 소득을 얻는다면 A국에 300,000을 납부(세율 30% 가정)할 것이다. 그러나, ACo가 해당 자금을 B국에 설립된 100% 자회사의 지분 취득에 사용하고 1mil.의 수동적 소득을 얻는다면 100,000만을 납부(세율 10% 가정)할 것이고, BCo는 세후이윤 900,000을 ACo에게 배당할 수 있다. 만약 A국이 외국법인의 배당소득에 대해 면제한다면 ACo는 200,000의 조세를 절감할 수 있을 것이다.

따라서, 일부 국가들은 소득면제법을 외국 자회사의 능동적 사업소득에서 발생한 배당으로 제한한다. 이러한 방법은 납세자에게 외국 자회사가 얻은 소득 유형을 추적해야 하는 상당한 순응의무를 부과한다. 이러한 문제 때문에, 일부 국가들은 지분소득 면제를 외국 자회사의 능동적 소득에서 지급된 배당으로 제한하지 않고 지분소득 면제규정의 남용을 방지하기 위해 CFC 규정 또는 기타 조세회피방지 규정에 의존한다. 예를 들어, CFC 규정에 의하면, 내국법인의 피지배 외국자회사가 얻는 수동적 소득은 외국 자회사의 소득 배당시까지 기다리지 않고 소득 발생시 과세된다. 만약 수동적 소득이 발생될 때 국내 모법인에게 과세된다면, 해당 소득의 후속 배당은 지분소득 면제규정에 의해 면제될 수 있다.

만약 외국 자회사소득이 배당원천세를 포함하여 거주지국이 부과하는 세율과 유사한 세율로 과세되는 경우, 거주지국은 설령 세액공제법을 사용하더라도 외국자회사 배당에 대해 아무런 조세도 징수할 수 없을 것이다. 따라서, 조세정책적 관점에서, 만약 과세면제가 거주지국의 법인세율과 유사한 세율로 외국조세(법인세 및 배당원천세)가 적용되는 소득에 대한 배당으로 한정된다면, 지분소득 면제제도는 외국납부세액공제법에 대한 대안으로 정당화될 수 있다.

일부 국가들은 지분소득 면제를 유사한 세율이 적용되는 것으로 공시된 국가 또는 배당소득 면제를 제공하는 조세조약 국가에 설립된 외국 자회사 배당으로 제한하고 있다. 다른 국가들은 단순성을 유지하기 위해 지분소득 면제가 심지어 저세율 국가에 설립된 외국자회사 배당에도 적용되도록 하는 대신에, 지분소득 면제의 남용을 방지하기 위해 CFC 규정과 같은 다른 규정에 의존하기도 한다.

외국 자회사 배당에 대한 면제규정을 가진 일부 국가들의 경우, 그러한 외국 자회사의 주식양도차익에 대해서도 면제를 확장시킨다. 논거는 경제적 관점에서 볼 때, 상당한 지분과 관련하여 배당은 양도차익의 대체물이라는 것이다. 왜냐하면, 만약 외국자회사 배당이 주주법인의 거주지국에서 면제되는데 비해 주식양도차익이 면제되지 않는다면, 주주법인은 양도 전에 배당을 지급하도록 요구함으로써 예정된 외국자회사 주식의 양도차익을 줄일 수 있다는 것이다. 주식양도차익에 대한 면제 요건은 국가에 따라 다르지만 통상 모회사가 자회사 지분 중 25% 이상을 최소한 1년 이상 소유해야 하는 요건을 갖추어야 하는 경우가 많다.

(4) 세액공제법(credit method)

세액공제법에 의하면, 거주자가 국외원천소득에 대해 납부한 외국조세 금액만큼 해당 소득에 대해 납부할 국내조세를 감소시킨다. 결과적으로, 세액공제법은 거주지국과 원천지국 간 국제적 이중과세를 완전히 제거한다. 외국납부세액이 국내에서 납부할 세액보다 적은 경우에는 언제나 국외원천소득은 국내에서 과세된다. 그러한 경우, 순국내조세는 국외원천소득에 양 국가의 세율 차이를 곱한 금액이다. 만약 국내세율이 외국세율보다 높다고 가정한다면, 외국조세는 국내조세에 의해 상향 조정되는데 결과적으로 국외원천소득에 대한 국내 및 외국의 결합세율이 국내세율과 동일하게 된다.

세액공제법 사용 국가들은 국외원천소득에 대한 국내조세를 초과하여 납부한 외국조세를 환급하지 않고, 국내소득에 부과된 조세를 상쇄시키는 초과 외국세액 공제도 허용하지 않는다. 다시 말해서, 외국납부세액공제는 통상 국외원천소득에 대해 국내에서 납부할 세액으로 제한된다. 외국세액공제의 부적절한 사용을 방지하기 위하여 다양한 공제한도 규정들이 사용된다. 공제한도가 존재하는 결과, 외국세율이 국내세율보다 높은 경우 국외소득은 통상 외국세율로 과세된다. 요약하면, 세액공제법 하에서는 거주자의 국외원천소득은 일반적으로 국내세율과 외국세율 중 높은 세율로 과세된다.

(가) 일반규정

세액공제법은 외국조세가 국내조세를 초과하는 경우를 제외하고, 총조세부담 관점에서 국외원천소득에 대해 납세자를 동일하게 취급함으로써 비용공제법의 결함을 회피한다. 특히, 세액공제법은 납세자의 국내 또는 해외 투자의사결정에 중립적이다. 예를 들어, A와 B의 국외원천소득이 각각 100이고, 해당 소득에 대한 외국조세가 A는 Zero, B는 30이라고 하자. 만약 국내세율이 40%라고 한다면, 국내조세는 A가 40, B는 10이다. 국내와 외국에서 납부된 조세를 모두 합하면 A, B 모두 40으로 동일하다. 그러나, 만약 B가 외국에서 납부한 조세가 50이라면, 국내와 외국을 합한 결합세율은 50%가 될 것이다. 왜냐하면, 국외원천소득에 대한 국내조세(40)를 초과하여 외국에 납부한 조세(50) 중 초과분 10에 대해서는 이중과세 구제를 허용하지 않기 때문이다. 많은 국가들은 공제한도 초과로 현재 연도에 공제받을 수 없는 외국조세에 대해 미래연도의 국내조세에서 공제받을 수 있도록 이월공제를 허용한다.

이론적으로 세액공제법은 국제적 이중과세를 제거하기 위한 최선의 방법으로 인정받고 있다. 그러나, 과세당국과 납세자 관점에서 볼 때, 세액공제법은 복잡하다는 단점이 있다. 예를 들면, 어떤 외국조세가 공제가능한지, 공제한도는 어떻게 계산되는지, 소득과 비용의 원천을 결정하기 위해 어떤 규정들이 필요한지 등이다. 세액공제법이 효과적으로 운영되기 위해서는 이러한 문제들을 해결하기 위한 상세한 기술적 규정들이 필요하다. 특히, 조세회피처 또는 저세율국가 소득과 관련하여 복잡한 규정들이 필요한데, 왜냐하면 이들 국가로 국내원천소득을 우회함으로써 국내조세를 회피할 수 있기 때문이다.[75]

한 국가의 외국세액공제 제도는 다른 국가들에게 해당 거주자 소득에 대해 그 국가의 조세수준까지 조세증가를 촉진시킬 수 있다. 이는 세액공제 제도를 가진 국가에서 원천지국으로 조세수입의 이전을 초래할 수 있다. 이러한 현상을 방지하기 위해 일부 국가들은 외국조세의 공제가능 요건을 규정하고 있다.

한편, 우리나라는 국내법과 조세조약에서 이중과세 구제방법으로 외국납부세액공제 제도를 채택하고 있다. 즉, ⅰ) 내국법인(외국법인 국내사업장 포함)의 각 사업연도의 소득에 대한 과세표준에 국외원천소득이 포함되어 있는 경우로서 그 국외원천소득에 대하여 외국법인세액을 납부하였거나 납부할 것이 있는 경우(법법 §57), ⅱ) 거주자의 종합소득금액 또는 퇴직소득금액에 국외원천소득이 합산되어 있는 경우로서 그 국외원천소득에 대하여 외국소득세액을 납부하였거나 납부할 것이 있을 때(소법 §57), ⅲ) 국외자산의 양도소득에 대하여 해당 외국에서 과세를 하는 경우로서 그 양도소득에 대하여 국외자산 양도소득세액을 납부하였거나 납부할 것이 있을 때(소법 §118의6)에는 외국납부세액공제 또는 손금(필요경비) 산입 방법 중 어느 하나를 선택하여 적용할 수 있다. 우리나라가 체결한 조세조약은 대부분 외국납부세액공제 방법을 채택하고 있지만, 체약상대국은 소득면제법을 채택하는 경우도 많다.

(나) 외국납부세액 공제요건

외국세액공제는 외국의 소득에 관한 조세로 제한된다. 즉, 원천지국의 소득에 관한 조세

75) Brian J. Arnold, *op.cit*, pp.56-58

는 거주지국의 유사한 조세에 대해서만 세액공제가 허용된다. 부가가치세 등 다른 조세들은 소득세가 아니므로 공제대상이 아니다. 그러나, 원천세는 배당, 이자 등 총지급액에 대해 부과될지라도 소득세로 간주된다.

OECD/UN모델 제23B조에 의하면, 거주지국은 조약규정에 따라서 타방국에서 과세될 수 있는 소득에 대해 해당 국가에서 납부된 조세에 대한 공제를 허용할 것이 요구된다. 따라서, 타방국에서 특정 소득에 대해 과세할 권리가 있는지 여부를 결정할 필요가 있지만, 동 조문은 어떤 조세가 공제 가능한지에 관해 규정하고 있지는 않다. OECD/UN모델 제2조의 소득에 관한 조세의 정의에 포함되지 않는 조세는 제23B조에 의해 공제받을 수 없다.

다양한 조세들을 소득에 관한 조세로 성격을 규정하는 데 해석상 어려움이 존재한다. 예를 들어, 최근 인도의 균등세(equalization tax) 등 온라인 광고 및 기타 디지털 재화 및 서비스에 대한 비거주자 지급금에 대해 부과하는 조세는 당사국들은 부인하지만 실질적으로 소득에 관한 조세로 간주될 수 있다. 또한, 일부 국가들은 선박에 대한 톤세(tonnage taxes), 자산세, 농업활동에 대한 간주조세 및 기타 간주소득세 등 소득을 측정하기 위한 대용물을 사용하는 특별유형의 조세를 부과한다. 특히, 채굴된 광물자원(예: 원유)에 대한 부담금이 사용료와 유사한 성격 때문에 조세조약에 구체적으로 열거되어 있지 않는 경우가 흔히 문제된다. 이와 관련하여 미국 조세법원은 노르웨이의 원유에 대한 특별세가 세액공제 가능하다고 판시했다.[76)]

우리나라 세법 상 공제가능한 외국납부세액은 외국정부(지자체 포함)에 납부하였거나 납부할 세액(가산세 및 가산금 제외)으로서 법인 소득 또는 개인 소득금액을 과세표준으로 하여 과세된 세액(부가세액 포함) 및 기타 이와 유사한 세목에 해당하는 것으로서 소득 외의 수입금액 기타 이에 준하는 것을 과세표준으로 하여 과세된 세액을 말한다.(법령 §94 ① 및 소령 §117 ①)

세액공제액은 납부하였거나 납부할 것으로 확정된 금액이다. 만약 타방체약국의 국내법 또는 조세조약에 의해 조세감면이 부여된 경우에는 해당 공제 이후에 실제로 지급된 금액만 공제대상이다. 만약 거주자가 지급의무가 있는 조세를 초과하여 납부한 경우라면 동 과다지급액은 공제받을 수 없다. 즉, 조세조약을 위반하여 납부한 조세는 세액공제받을 수 없다. 원천지국의 국내세법을 위반하여 납부된 조세도 마찬가지로 세액공제받을 수 없다.

---

76) US TC, Phillips Petroleum Co. v. Commissioner, case no. 22608-91, 104 T.C 256(1995) ; Alexander Rust, "Article 23 Exemption Method/Credit Method", *Klaus Vogel on Double Taxation Conventions(4th Ed.)*, Wolters Kluwer, 2015, p.1,628에서 재인용

우리나라 법원은 '외국법인세액을 납부하였거나 납부할 것이 있는 때'란 내국법인이 원천지국에 법인세를 납부할 의무가 있음을 전제로 하는 것이고, 원천지국에 과세권이 없음에도 불구하고 내국법인이 원천지국에 임의로 법인세를 납부한 경우에는 이에 해당하지 않는다고 하면서, 이 사건 지급보증수수료는 한・중 조세조약 제11조에서 규정한 '채권으로부터 발생하는 소득이라 볼 수 없으므로, 동 조약 제22조에서 정한 기타소득에 해당되며 거주지국인 대한민국에 과세권이 있다고 판시하였다.[77] 또한, 조세조약 상 통상 거주지국 과세원칙이 적용되는 주식양도소득은 원천지국에서는 비과세 대상이고 납부된 조세도 없으므로 외국납부세액 공제대상이 될 수 없다.

납세의무는 최종적이어야 하고, 납세자의 환급청구가 가능하다면 세액공제는 배제된다. 환급청구 기한이 만료되어 청구를 할 수 없는 경우 또한 세액공제를 받을 수 없다. 만약 징수된 조세 중 일부를 납세자에게 보조금 형태로 반환한 경우라면 이를 공제한 이후 잔여세액에 대해서만 공제가 허용된다. 원천징수의무자가 과세당국에게 납부한 경우에도 조세는 납부된 것이다. 그러나 만약 원천징수의무자가 원천징수된 세액을 납부하지 않았다면 세액공제될 수 없다.

조약에 따라서 파트너쉽을 과세단체로 취급하여 파트너쉽에 대해 원천지국에서 부과된 조세와 관련하여 파트너의 거주지국에서 세액공제를 부여할 의무가 있는지 여부가 문제된다. 거주지국이 파트너에 대한 과세를 위해 파트너쉽의 소득을 투과시키는 한 일관된 접근방법을 채택해야 하며, 따라서 파트너에 대한 과세에서 발생하는 이중과세를 제거하기 위해 파트너쉽이 납부한 조세를 파트너에게 투과시켜야 한다. 다시 말해서, 만약 원천지국이 파트너쉽에게 부여한 법인의 지위가 파트너에 대한 과세목적 상 거주지국에서 무시된다면, 외국납부세액공제 목적 상으로도 무시되어야 한다. 따라서 파트너쉽 설립 국가가 파트너쉽을 과세단체로 취급하지만, 파트너의 거주지국이 파트너쉽을 투과단체로 취급하는 소득구분 상충의 경우에는 특별한 약정이 없더라도 파트너들은 파트너쉽이 납부한 조세 중 파트너 지분에 해당하는 만큼 세액공제를 받을 수 있도록 허용되어야 한다.(OMC Art.23/69.2)

이와 관련하여, 우리나라 법원은 미국 유한책임회사(LLC) 등 이 사건 투자기구는 원고와는 별도의 독립된 권리・의무의 귀속주체로서 직접 또는 하위의 단체 등을 통하여 일본에서 원천징수된 세액이 공제된 배당소득을 지급받은 것이고, 쟁점세액은 미국 LLC

---

77) 서울행정법원 2019.7.18. 선고 2018구합76385 판결

등 이 사건 투자기구가 납부한 것일 뿐이므로 이 사건 각 펀드의 유한책임사원(LP) 중 하나인 원고가 원고의 법인세에서 쟁점세액을 공제받을 수는 없다고 판시하였다.78)

우리나라 세법 상 외국납부세액공제는 '국외원천소득에 대하여 납부하였거나 납부할 세액'을 전제로 한다. 여기서 국외원천소득은 우리나라 세법에 의하여 계산된 금액이어야 한다.79) 외국납부세액공제 제도 자체가 국외원천소득에 대한 보충적 과세권을 행사하는 것이므로, 국내원천소득에 대해서 외국에서 부과한 세금은 애당초 공제대상이 아니다. 외국세액공제의 요건을 소득의 원천을 따져서 국외원천소득으로 한정하는 것은 미국법이나 일본법과는 다르며, 이들 국가는 외국세액 공제한도액 계산시 소득의 원천을 따지도록 되어 있다.80)

〈그림 1-5〉 외국은행 국내지점의 외국납부세액공제 허용 여부

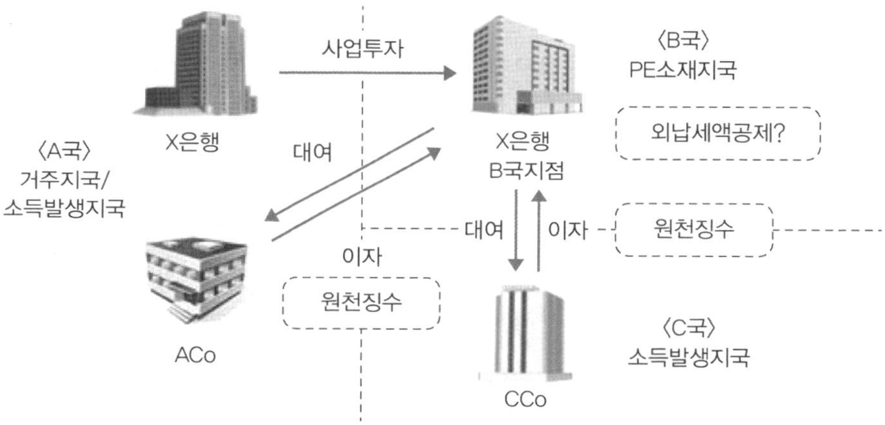

이와 관련하여 PE소재지국(원천지국) 이외의 타국(거주지국 또는 제3국)에서 발생하여 PE에 귀속되는 소득에 대하여 그 타국에 납부한 조세를 PE소재지국에서 PE의 외국납부세액으로 공제할 수 있는지 여부에 대한 문제가 제기될 수 있다. 위 〈그림 1-5〉 사례에서 보는 바와 같이, A국 거주자인 X은행이 B국에 설립한 지점(PE)을 통해 C국 기업(CCo)에게 자금을 대여하고 이자를 받는 상황(이하 "A-B-C국 상황")과 동 B국 지점이 A국의 거주자인 기업(ACo)에게 자금을 대여하고 이자를 받는 상황(이하 "A-B-A국 상황")을 나누어서 살펴보자. A-B국 간에는 OECD모델 조약을 토대로 하는 조세조약이

78) 대법원 2016.1.14. 선고 2015두3393 판결

79) 법인세법 기본통칙 57-0…1 참조

80) 이창희, *국제조세법*, 박영사, 2015, p.611

체결되어 있고 이중과세 구제방법으로 세액공제 방식을 채택하고 있다고 가정하자.

먼저, A-B-C국 상황을 살펴보면 C국은 A-C국 간 조세조약에 따라 우선적 과세권을 갖고, 보충적 과세권은 OECD모델 제21조 제2항에 상응하는 A-B국 간 조약규정에 따라 사업소득으로서 PE소재지국인 B국에게 부여된다. 따라서 A국은 조세조약 제23B조에 의해 X은행이 B국에 납부한 조세를 A국에서 공제해야 한다. X은행 B국지점은 거주자가 아니므로 B-C국 간 조세조약의 적용을 주장할 수 없고, B국은 A-B국 조세조약 제24조 제3항(PE 무차별조항) 및 국내법 규정에 따라서 X은행이 C국에서 납부한 조세를 공제해야 한다.

다음으로 A-B-A국 상황을 살펴보자. 이에 대해 OECD는 PE소재지국인 B국이 우선적 과세권을 가지며, 거주지국에서 소득이 발생함에도 불구하고 A-B-C국 상황과 마찬가지로 A국이 제23B조에 따라서 이중과세 구제의무가 있다고 한다. 다만, 체약국들이 A국에게 원천지국으로서 제한적 과세권을 주기로 별도로 합의한 경우에는 A국에서 납부한 조세에 대해 B국이 세액공제를 허용할 수 있다고 설명한다.(OMC Art.23A&23B/9, Art.21/5) 이러한 A-B-A국 상황의 해결에 대해 OECD는 구체적인 방법을 제시하고 있지 않지만, 개별조약 사례 및 주요국의 입법례를 살펴보면 본점 소재지국에서의 납부세액에 대해서 PE소재지국에서 외국세액공제가 허용되는 상황은 본점 소재지국이 포괄적 과세권을 갖는 거주지국으로서의 보충적 과세권을 포기하고 원천지국으로서 원천세만 과세하는 경우(속지주의 과세), 즉 이중과세 구제방법으로서 세액공제 방식이 아닌 소득면제 방식을 채택한 경우를 말한다고 봄이 합리적일 것이다.[81]

예를 들어, 중국 X은행의 국내지점이 중국의 금융기관, 기업 등에게 자금을 대여하고 중국법인들이 원천징수·납부한 세액에 대해서 X은행 국내지점이 우리나라에 외국납부세액공제를 청구한 사안을 살펴보자. 첫째, 해당 이자는 중국 X은행의 국내지점에 귀속된 소득으로서 국내원천 사업소득이므로 애당초 공제대상 국외원천소득이 아니고[82], 둘째, 한·중 조세조약 상 PE 귀속소득과 관련하여 이중과세 구제의무는 거주지국인 중국에게 있는 점(OMC Art.23/9), 셋째, 외국법인의 국내사업장에 귀속되는 소득에 대해 외국납부세액공제를 허용하는 국내법 규정(법법 §97 ①, §57)의 취지는 앞서 살펴본 대로 거주지국이

81) 이중과세 구제방법으로 소득면제법(exemption method)을 채택한 국가는 원천지국의 1차 과세권에 대해서 (실제 과세 여부에 상관없이) 거주지국은 보충적 과세권을 포기한다.

82) 이자·배당 등 소득이 외국에서 발생하였지만 국내에 소재한 PE에 귀속되고 PE와 실질적 관련성을 갖게 되면 이자·배당소득의 성격을 잃고 국내원천 사업소득으로 전환된다.

아닌 제3국에서 얻은 소득에 대해 외국납부세액공제를 허용하는 취지로 보아야 하는 점 등을 고려할 때 우리나라가 중국법인 국내지점의 외국납부세액공제를 허용해 줄 조세조약 상 의무는 없다고 판단된다.[83)]

(다) 외국납부세액 공제한도

우리나라 세법은 외국납부세액공제를 전세계소득에 대한 산출세액 중 전세계소득에 대한 과세표준에서 국외원천소득이 차지하는 비율만큼만 인정한다. 만약 공제한도가 없다면 외국의 세율이 우리나라보다 높을 경우 국내원천소득에 대한 조세의 일부가 외국에 귀속되는 결과가 초래된다. 외국납부세액이 해당 사업연도(과세기간)의 공제한도금액을 초과하는 경우 그 초과금액은 다음 사업연도(과세기간) 개시일로부터 5년 이내에 끝나는 각 사업연도(과세기간)로 이월하여 공제받을 수 있다.(법법 §57 ②, 소법 §57 ②) 여기서 국외원천소득은 국외에서 발생한 소득으로서 내국법인(거주자)의 각 사업연도 소득의 과세표준(종합소득금액) 계산에 관한 규정을 준용해 산출한 금액을 말한다.(법령 §94 ②, 소령 §117 ②)

〈표 1-7〉 외국납부세액 공제한도

- **내국법인의 경우**(법법 §57 ①)

$$\text{해당 사업연도 산출세액 (양도소득에 대한 법인세액 제외)} \times \frac{\text{국외원천소득}}{\text{해당 사업연도 소득에 대한 과세표준}}$$

- **거주자의 경우**(소법 §57 ①)

$$\text{해당 과세기간 종합소득산출세액} \times \frac{\text{국외원천소득}}{\text{해당 과세기간의 종합소득금액}}$$

세액공제법을 사용하는 국가들은 다양한 한도방식을 사용한다. 첫째, 일괄한도 방식(overall limitation)은 외국납부세액의 총합계액과 국외원천소득 총액에 대해 국내에서 납부할 세액 중 적은 금액으로 공제가 제한된다. 이는 어떤 국가들에 납부된 높은 외국세액과 다른 국가들에 납부된 낮은 외국세액을 평균하는 것을 허용함으로써 세율이 낮은 국가로 자본을 유인하는 단점이 있다.

---

83) 김석환, "고정사업장의 외국납부세액공제: 삼각관계에서 조세조약 및 국내법의 해석에 관하여", 조세학술논집 제36집 제4호, 2020, pp.71-78; 이러한 관점에서 볼 때, '서울행정법원 2020.5.7. 선고 2019구합58308 판결'은 재고될 필요가 있다.

둘째, 국별한도 방식(country-by-country limitation)은 특정 외국에 납부한 조세와 해당 국외원천소득에 대해 국내에서 납부할 세액 중 적은 금액으로 공제가 제한된다. 이 방법은 다른 국가들에게 납부한 높은 조세와 낮은 조세를 평균하는 것을 금지하지만, 특정 국가에 납부한 여러 소득유형들의 높은 조세와 낮은 조세를 평균하는 것은 허용한다. 그러나, 국별한도 방식도 전체 국외원천소득이 결손인 경우 특정 국가 소득에 대한 외국납부세액공제를 통해 국내원천소득을 잠식함으로써 국내원천소득에 대해서는 우리나라가 과세권을 행사하고 국외원천소득에 대해서 보충적 과세권까지 행사하고자 하는 외국납부세액공제 제도의 취지에 맞지 않는다는 비판이 제기된다.[84)]

셋째, 소득항목별 한도방식(item-by-item limitation)은 특정 소득항목에 대해 납부한 외국조세와 해당 소득항목에 대해 국내에서 납부할 조세 중 적은 금액으로 공제가 제한된다. 이 방법은 이론적 관점에서 보면 최선이다. 예를 들어, 국가는 외국세액공제에 대한 한도를 부과하기 위해 특히, 외국들이 비거주자의 이자소득에 대해 낮은 세율로 과세하는 경우 국외원천 사업소득과 이자소득을 별도의 소득항목으로 취급할 수 있다.

일괄, 국별 및 항목별 외국세액공제 한도방식을 비교하면 아래와 같다.[85)]

A국 거주자인 ACo는 아래 〈표 1-8〉과 같이 국외원천소득을 얻고 해당 소득에 대해 외국조세를 납부한다고 하자. A국의 법인세율은 25%라고 하자. ACo는 국내 사업활동으로 국내원천소득 300,000을 얻는다.

〈표 1-8〉 국외원천소득 및 조세납부 현황(사례)

구 분	국외소득	외국조세
• X국의 사업소득 (세율 40%)	100,000	40,000
• X국의 배당소득 (세율 10%)	20,000	2,000
• Y국의 사업소득 (세율 15%)	50,000	7,500
• Z국의 이자소득 (세율 7.5%)	20,000	1,500
소 계	190,000	51,000

만약 외국세액공제 한도가 없다면, A국에 납부할 금액은 〈표 1-9〉와 같다.

---

84) 이창희, 전게서, p.617

85) Brian J. Arnold, *op.cit*, pp.59-61

〈표 1-9〉 외국세액공제 한도가 없는 경우(사례)

• 전체소득	490,000
• 세액공제 전 조세(25%)	122,500
(-) 외국세액공제	51,000
• 납부할 세액	71,500

만약 A국이 일괄, 국별 또는 항목별 한도방식을 사용하는 경우 납부할 세액은 아래 〈표 1-10〉, 〈표 1-11〉 및 〈표 1-12〉와 같다.

〈표 1-10〉 일괄한도 방식을 사용하는 경우(사례)

• 세액공제 전 A국 조세	122,500
• 세액공제 : 둘 중 작은 금액 - 외국세액공제 51,000 - 외국소득에 대한 A국 조세 47,500(190,000 × 25%)	47,500
• 세액공제 후 A국 조세	75,000
• 총 조세 (51,000 + 75,000)	126,000

〈표 1-11〉 국별한도 방식을 사용하는 경우(사례)

• 세액공제 전 A국 조세	122,500
• 세액공제 :	
(1) X국 : 둘 중 적은 금액 - 외국세액공제 42,000 - X국 소득에 대한 A국 조세 30,000(120,000 × 25%)	30,000
(2) Y국 : 둘 중 적은 금액 - 외국세액공제 7,500 - Y국 소득에 대한 A국 조세 12,500(50,000 × 25%)	7,500
(3) Z국 : 둘 중 적은 금액 - 외국세액공제 1,500 - Z국 소득에 대한 A국 조세 5,000(20,000 × 25%)	1,500
• 공제받을 세액 총계	39,000
• 세액공제 후 A국 조세	83,500
• 총 조세 (51,000 + 83,500)	134,500

〈표 1-12〉 항목별한도 방식을 사용하는 경우(사례)

• 세액공제 전 A국 조세	122,500
• 세액공제 :	
(1) X국	
i) 사업소득 : 둘 중 적은 금액	
- 외국세액공제 40,000	
- 사업소득에 대한 A국 조세 25,000(100,000 × 25%)	25,000
ii) 배당소득 : 둘 중 적은 금액	
- 외국세액공제 2,000	
- 배당에 대한 A국 조세 5,000(20,000 × 25%)	2,000
(2) Y국 : 둘 중 적은 금액	
- 외국세액공제 7,500	
- 사업소득에 대한 A국 조세 12,500(50,000 × 25%)	7,500
(3) Z국 : 둘 중 적은 금액	
- 외국세액공제 1,500	
- 이자에 대한 A국 조세 5,000(20,000 × 25%)	1,500
• 공제받을 세액 총계	36,000
• 세액공제 후 A국 조세	86,500
• 총 조세 (51,000 + 86,500)	137,500

위 세 가지 방식들은 상호 배타적이지 않다. 일부 국가들은 위 방식들의 혼합방식을 사용한다. 예를 들어, 기본적 방법으로 일괄한도 방식을 사용하면서 특정 사업유형, 가령 능동적 사업소득과 수동적 투자소득과 같은 항목별한도 방식도 역시 사용할 수 있다.

우리나라는 외국납부세액 공제한도를 계산할 때 국외사업장이 둘 이상의 국가에 있는 경우에는 국가별로 구분하여 계산한다고 규정(법령 §94 ⑦)하여 국별한도 방식을 채택하고 있다.[86] 그러나, 입법론으로는 국별한도 방식이 외국납부세액공제 제도의 취지에 맞지 않는 점을 감안하여, 일괄한도 방식을 기본으로 하되 미국(IRC §904(d))과 같이 일반적 소득(general category income)과 소극적 소득(passive category income)을 구분하는 항목별 방식을 채택하는 방안을 고려할 필요가 있다.

86) 종전에는 국별한도 계산방법과 일괄한도 계산방법 중에서 납세자가 선택할 수 있었으나 2015.1.1. 이후 개시하는 사업연도 분부터는 국별한도 계산방법만을 적용하는 것으로 개정하였다.

(라) 간접 외국납부세액공제

법인에 대한 경제적 이중과세 구제 방법으로서 소득면제법을 채택한 국가들은 통상 외국법인 배당에 대해서 지분소득 면제제도를 적용하는 반면, 세액공제법을 채택한 국가들은 통상 간접 외국납부세액공제 제도를 적용하게 된다.

간접 외국납부세액공제(indirect foreign tax credit)는 내국법인의 자회사가 납부한 외국조세에 대해 내국법인이 외국 자회사로부터 배당을 수취할 때 부여되는 공제이다. 세액공제 허용금액은 배당지급의 원천이 되는 소득에 대해 외국 자회사가 납부한 외국세액이다. 통상 내국법인이 직접 납부한 외국조세에 대해서만 외국납부세액공제가 허용되지만, 간접 외국세액공제 규정은 내국법인과 외국자회사가 독립된 과세단체라는 사실을 무시한다. 외국자회사가 납부한 세액의 공제를 청구하기 위해서 내국법인은 통상 외국법인 지분의 5~25% 정도의 상당한 지분을 소유해야 한다.

〈표 1-13〉 간접 외국납부세액공제(사례)

• BCo 소득	1,000
• B국 조세(20%)	200
• 세후이익(지급배당)	800
• ACo 소득	1,000
– BCo로부터 수취한 배당	800
– 배당세액가산액(gross-up amount)	200
• 세액공제 전 A국 조세(30%)	300
• 간접 외국세액공제	200
• 순 A국 조세	100

간접 외국세액공제 제도의 원리를 위 〈표 1-13〉 사례를 통해서 살펴보자. A국 거주자 ACo는 B국 거주자 BCo를 100% 자회사로 보유한다. BCo의 연간 소득은 1,000이고 B국에 20% 세율로 조세를 납부한다. BCo는 세후소득 전부를 ACo에게 배당으로 지급한다. ACo는 BCo로부터 수취한 배당 800과 BCo가 배당지급의 원천인 소득에 대해 납부한 내재적 조세, 즉 배당세액가산액 200에 대해 A국에서 과세된다. A국이 30% 세율로 과세하고 외국세액공제 한도가 없다고 가정하면, A국에 납부할 조세는 100이 될 것이다. 만약

ACo가 수취한 배당이 B국에서 원천세 과세대상이라면, 원천세도 역시 ACo가 납부할 조세에서 공제할 수 있다. 원천세에 대한 세액공제는 간접 세액공제가 아니라 직접 세액공제이다. 왜냐하면, 원천세는 배당지급자로부터 징수될지라도 배당수취인에 대해서 부과되기 때문이다.

세액공제법은 외국자회사를 통해 해외에서 이윤을 얻는 내국법인에게 외국자회사의 이윤을 배당으로 송금하는 것을 방해할 수 있다. 왜냐하면, 외국자회사의 이윤을 유보함으로써 내국법인은 잠재적 국내조세를 무한히 이연시킬 수 있기 때문이다. 이러한 절세계획은 2017년 미국이 외국법인 배당에 대한 지분소득 면제제도를 채택하기 전에는 대부분의 MNEs에 의해 널리 이용되었다.

외국자회사 이윤의 본국송환 지연을 통한 조세회피를 방지하기 위해 세액공제국가는 내국법인의 외국자회사 소득에 대해 발생기준으로 과세할 수 있다. CFC 규정 및 FIF (foreign investment funds) 규정에 의해서, 일부 국가들은 조세회피 또는 남용이 있다고 판단되는 경우 외국자회사와 펀드가 얻는 특정소득에 대해 현재 시점에서 국내조세를 부과한다.

간접 외국세액공제를 규율하는 규정은 외국세액공제 제도의 가장 복잡한 부분 중 하나이다. 세액공제 금액을 결정하기 위해서는 어려운 소득인식 시기 및 소득측정 문제가 해결되어야 한다. 일부 국가들은 이러한 복잡한 문제를 해결하기 위해 외국자회사 배당에 대해 지분소득 면제제도를 채택하였다.

우리나라 법인세법은 내국법인의 각 사업연도의 소득금액에 외국자회사로부터 받는 이익의 배당이 포함되어 있는 경우 직접 외국세액공제 대상이라고 하면서[87], 여기서 외국자회사는 내국법인이 배당확정일 현재 6개월 이상 계속하여 25%(조특법상 해외자원개발사업을 하는 경우는 5%) 이상 출자지분을 가진 외국법인을 말한다고 규정하고 있다.[88](법법 §57 ④~⑤ 및 법령 §94 ⑨) 공제대상 세액은 "외국자회사의 소득에 대하여 부과된 외국법인세액 중 수입배당금액에 대응하는 금액"이다. 위 〈표 1-13〉에서 보는 바와 같이, 외국자회사를 무시하고서 외국납부세액을 공제하기 때문에 내국법인의 수입배당금액은 외국자회사 배당에 대한 외국납부세액을 가산(gross-up)하여 계산한다.[89]

87) 소득세법에는 간접 외국세액공제 규정이 없고, 따라서 외국법인의 개인주주는 간접 외국세액공제를 받을 수 없다.

88) 외국자회사 지분요건이 2014년 이전에는 10% 이상이었는데 2015.1.1. 이후 개시하는 사업연도 분부터 25% 이상으로 강화되었다.

89) 배당세액가산액은 법인세법 상 익금산입 항목이다.(법법 §15 ② 2호)

〈표 1-14〉 외국자회사의 간접 외국납부세액공제 범위액

$$\text{외국자회사의 해당사업연도 법인세액} \times \frac{\text{수입배당금액}}{\text{외국자회사의 해당사업연도 소득금액} - \text{외국자회사의 해당사업연도 법인세액}}$$

위 〈표 1-14〉에서 '해당사업연도 법인세액'은 배당을 지급받은 사업연도가 아닌, 배당의 원천이 된 소득이 귀속된 사업연도의 법인세액을 의미하고, 우리나라 세법은 "수입배당금액은 이익의 발생순서에 따라 먼저 발생된 금액부터 배당된 것으로 본다"고 규정하여 선입선출법을 채택하고 있다.(법령 §94 ⑧)

2014년 이전에는 공제대상 외국자회사를 통해 외국손회사를 간접소유(10% 이상 지분보유)하는 경우에도 간접 외국세액공제를 허용하였으나, 205.1.1 이후 개시 사업연도부터는 외국손회사에 대해서는 간접 외국세액공제를 적용하지 않는다. '외국자회사의 해당사업연도 법인세액'은 외국자회사가 외국손회사(25% 이상 지분보유)로부터 지급받는 수입배당금액에 대해 원천징수된 세액을 외국손회사 소재지국에 납부하거나 외국자회사가 제3국의 지점 등에 귀속되는 소득에 대해 그 제3국에 납부한 세액으로서 외국자회사가 외국납부세액으로 공제받았거나 받을 금액 또는 해당 수입배당금액이나 제3국 지점 등 귀속소득에 대해 외국자회사 소재지국에서 국외소득 비과세・면제를 적용받았을 경우에는 해당 세액 중 50% 금액만을 포함하여 계산한다.(법령 §94 ⑧)

〈그림 1-6〉 간접 외국납부세액공제 계산흐름도

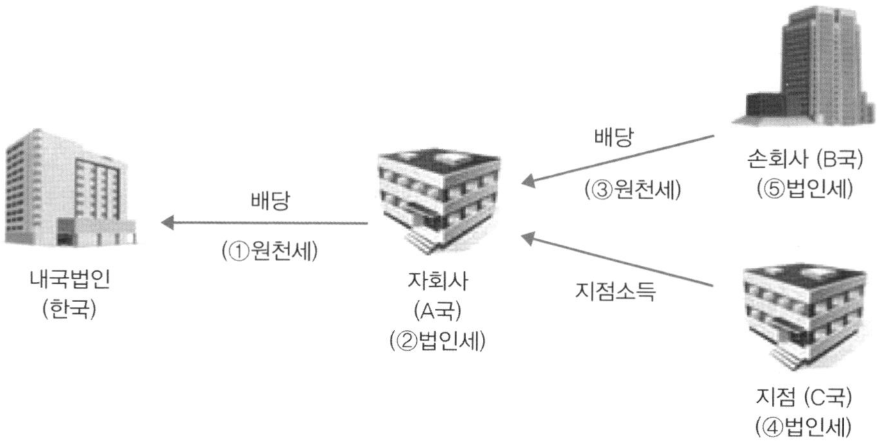

이를 위 〈그림 1-6〉을 통해서 쉽게 설명하면, ① 원천세는 직접 외국납부세액 공제대상이다. 간접 외국납부세액공제 공제대상 법인세액은 A국에 납부한 자회사의 ② 법인세는 전액을 포함하고, 외국손회사 소재 B국에 납부한 ③ 원천세와 외국자회사의 지점소득에 대해 C국에 납부한 ④ 법인세 중 50%만을 포함한다. 또한, 외국자회사 소재지국(A국)에서 지분소득 면제제도 또는 국외소득 면제법 적용에 따라 국외소득 비과세 · 면제를 적용받은 경우 해당세액 중 50%를 포함한다. 그러나, 외국손회사 소재 C국에 납부한 손회사의 ⑤ 법인세는 더 이상 간접 외국납부세액 공제대상이 아니다.

그리고, CFC 규정의 적용에 따라 내국법인의 익금 등에 산입한 배당간주금액은 간접 외국세액공제 규정을 적용할 때 이를 익금 등에 산입한 과세연도의 수입배당금액으로 본다.(국조법 §33 ③)

(마) 외국 혼성단체에 대한 외국납부세액공제

우리나라 세법은 외국 파트너십 등 혼성단체의 경우 국내세법 상 외국법인, 즉 과세단체에 해당하지만 혼성단체의 거주지국 또는 소득원천지국에서는 투과단체로 취급하여 그 외국법인(파트너십)이 아닌 출자자인 내국법인 또는 거주자가 직접 납세의무를 부담하는 경우, ⅰ) 소득은 외국법인에 귀속되지만 납세의무는 내국법인 또는 거주자가 부담하여 직접 외국납부세액 공제대상이 아니고, ⅱ) 외국법인 귀속소득을 출자자에게 배당할 경우 내국법인의 소득금액에 수입배당금이 포함되지만 외국법인이 납부한 세액이 없으므로 간접 외국납부세액 공제대상도 되지 않아서, 이중과세가 발생하므로 이를 해소하기 위해 특별규정을 두고 있다.(법법 §57 ⑥, 소법 §57 ④)

〈표 1-15〉 외국 혼성단체의 외국납부세액공제 범위액

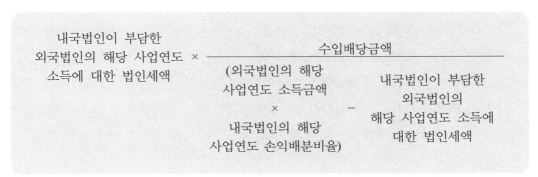

$$\begin{array}{c}\text{내국법인이 부담한}\\\text{외국법인의 해당 사업연도}\\\text{소득에 대한 법인세액}\end{array} \times \frac{\text{수입배당금액}}{\left(\begin{array}{c}\text{외국법인의 해당}\\\text{사업연도 소득금액}\\\times\\\text{내국법인의 해당}\\\text{사업연도 손익배분비율}\end{array}\right) - \begin{array}{c}\text{내국법인이 부담한}\\\text{외국법인의}\\\text{해당 사업연도 소득에}\\\text{대한 법인세액}\end{array}}$$

공제대상 세액은 외국법인의 소득에 대하여 출자자인 내국법인(거주자)에게 부과된 외국법인(소득)세액 중 해당 수입배당금액에 대응하는 것으로서 위 〈표 1-15〉 산식에 따라 계산한 금액이다.(법령 §94 ⑭, 소령 §117 ⑨)

(5) 소득면제법과 세액공제법의 비교

두 방법에 내재된 철학은 상당히 다르다. 소득면제법은 소득이 발생하거나 자본이 소재한 국가가 더 우월한 과세권을 가지므로 거주지국이 양보해야 한다는 관념에 토대를 둔다. 세액공제법은 세액공제국가(거주지국)의 수준으로 과세를 축소함으로써 불공정하거나 경제적으로 유해한 초과부담을 경감시키고자 한다. 경제적 관점에서, 소득면제법은 여러 국가의 투자자들 간에 원천지국에서의 경쟁조건을 동일하게 만든다.(자본수입 중립성) 반면에, 세액공제법은 국내투자이든 해외투자이든 모든 자본투자를 거주지국에서 동일하게 취급한다.(자본수출 중립성) 재정적 관점에서는 세액공제법이 고세율 국가에게 유리한 경향이 있다. 세액공제법은 경제정책을 이유로 원천지국이 부여한 조세혜택을 거주지국이 빼앗는 결과를 가져온다. 따라서 국제경쟁 면에서 자국 기업들에게 불이익을 준다고 할 수 있다.[90)]

〈표 1-16〉 소득면제법과 세액공제법의 비교

	소득면제법	세액공제법
• 이론적 근거	자본수입 중립성	자본수출 중립성
• 과세관할권	속지주의 과세 (원천지국 입장)	속인주의 과세 (거주지국 입장)
• 경제적 논거	국제경쟁력 확보	유해조세경쟁 방지

홍콩, 파나마 등 속지주의 과세원칙을 채택한 국가들은 국내원천소득에만 과세를 하고, 일반적으로 국외원천소득의 전부 또는 대부분을 과세 면제한다. 그러나, 소득면제법을 사용하는 대부분의 국가들에서 내국법인의 국외원천소득의 면제는 종종 국외원천인 능동적 사업소득과 외국자회사의 능동적 사업소득에서 수취한 배당에 대해서만 과세가 면제된다. 투자소득에 대해서는 과세면제가 되지 않는데, 왜냐하면 국외 투자소득에 대해 면제하는

90) Alexander Rust, *Klaus Vogel on Double Taxation Conventions(4th Ed.)*, Wolters Kluwer, 2015, pp.1,612-1,613

경우 내국법인이 국내 투자소득을 외국으로 이전함으로써 투자소득에 대한 국내 과세회피가 용이해지기 때문이다.

만약 외국자회사가 납부한 외국조세와 배당원천세 합계가 배당에 대한 국내조세와 동일하거나 초과한다면 이중과세 구제를 위한 소득면제법과 세액공제법의 결과는 동일하다. 만약 외국법인세와 배당원천세의 합계가 국내조세보다 적다면, 그 차이가 국내에서 과세될 것이다. 그러나, 모회사가 국내에 납부할 조세는 배당 수취시점까지 이연된다는 점이 고려되어야 한다. 배당지급이 장기간 이연될수록 배당에 대한 거주지국 조세의 현재가치는 더 낮아질 것이다.

지분소득 면제(participation exemption)에 대한 논거는 일반적으로 국제경쟁력과 단순성이라는 소득면제법에 대한 논거와 동일하다. 지분소득 면제는 납세자와 과세당국 모두에게 간접 외국세액공제보다 단순하다. 그러나, 단순화의 장점은 종종 소득면제의 신뢰성을 희생시킴으로써만 성취될 수 있다. 만약 지분소득 면제제도가 간접 외국세액공제 제도에 대한 대안이라면, 소득면제는 국내세율과 유사한 외국세율이 적용되는 국외원천소득에 국한되도록 설계되어야 한다. 따라서 지분소득 면제는 신뢰성을 보호하기 위해 복잡한 규정들이 필요한데, 이들 중 많은 부분이 간접 외국세액공제 관련 규정과 매우 유사하다.

많은 국가들은 외국자회사 배당에 대한 지분소득 면제의 단순화 혜택을 오직 소득면제의 신뢰성을 희생시킴으로써 달성하고 있다. 많은 지분소득 면제제도의 경우, 국내세율과 유사한 외국세율 적용대상이 아닌 외국자회사 배당에 대해서도 면제가 허용된다. 이는 때때로 의도적이지 않은 경우에도 발생할 수 있다. 예를 들어, 저세율 또는 조세특례제도를 가진 체약국의 거주자인 외국자회사 배당에 대해 소득면제를 부여하는 국가들이 있다. 이 경우 배당지급의 원천소득이 국내세율과 유사한 외국세율의 적용을 받지 않음에도 불구하고 그러한 국가들에 소재하는 외국자회사 배당에도 배당소득 면제가 적용될 것이다.

일부 국가들의 경우, 소득면제법의 내재된 목표는 국제적 이중과세를 제거하는 것은 물론, 그 국가 MNEs의 국제경쟁력을 향상시키는 것이다. 그리하여, 일부 국가들은 내국법인이 상당한 지분을 가진 외국자회사로부터 수취하는 모든 배당에 대해 거주지국 조세를 면제하는 소득면제법을 채택하고 있다. 결과적으로 그러한 국가들에 거주하는 MNEs은 사업수행지국에서만 조세를 부과받기 때문에 제3국에 거주하는 법인들과 타 국가에서 경쟁할 수 있다.

다. 관련 비용의 배분

국제적 이중과세에 대한 구제를 위해 소득면제법 또는 세액공제법을 사용하는지 여부에 상관없이, 납세자에 의해 발생된 비용을 국외원천 총소득과 국내원천 총소득 간에 적절히 배분하는 규정이 필요하다. 비거주자에 의해 발생된 비용이 과세대상 국내원천소득과 적절히 관련되지 않는 경우에는 부인되어야 한다. 외국납부세액공제 목적 상 거주자의 비용을 국내원천소득과 국외원천소득 간에 적절히 배분하기 위해서도 유사한 규정이 필요하다.

국외원천소득을 면제하는 국가들의 경우, 거주자가 해당 소득을 얻기 위해 발생된 비용이 공제되어서는 안 된다. 세법은 기본적으로 비과세 또는 면제소득을 얻기 위해 발생된 비용의 공제를 허용하지 않는다. 예를 들어, 면제대상 국외원천소득을 얻기 위해 사용된 차입자금에 대한 이자비용은 공제되어서는 안 된다. 그러한 이자비용의 공제를 허용하는 경우 사실상 납세자에게 과세대상 국내원천소득보다 면제대상 국외원천소득을 얻도록 장려하는 셈이다. 또한, 사실상 국가가 국외원천소득에 대해서 뿐만 아니라 거주자의 국내원천소득의 일부에 대해서도 면제를 제공하는 것이다.

대다수 국가들이 국외원천소득에 비용을 귀속시키기 위한 세부 규정을 갖고 있지 않지만, 일반적으로 추적 접근방법과 배분 접근방법이 사용될 수 있다. 추적 접근방법(tracing approach)은 비용과 국외원천소득 간 관련성에 대한 사실관계 조사를 수반한다. 반면에, 배분 접근방법(apportionment approach)은 총자산 중 국외자산 비중 또는 총소득 중 국외소득 비중에 토대한 공식에 의해 국외원천소득에 비용을 귀속시키는 방법이다. 추적 접근방법과 달리, 배분 접근방법은 관련 비용이 납세자의 모든 자산 또는 소득활동을 지원하기 위해 비례적으로 발생된다는 가정에 토대한다.[91]

외국세액공제 제도를 가진 국가들의 경우, 납세자는 전세계소득의 일부로서 국외원천소득에 대해 과세되기 때문에 통상 국외원천소득을 얻기 위해 발생된 비용의 공제가 허용된다. 그러나, 외국세액공제는 국외원천 과세소득에 부과될 국내조세 금액으로 한정된다. 이를 위해 납세자의 국외원천 과세소득금액이 적절히 계산되어야 하고, 그렇지 않으면 외국납부세액공제 한도가 부당하게 부풀려질 것이다. 국외원천소득을 적절히 계산하기 위하여, 납세자에게 국외원천 총소득에서 해당 소득을 얻기 위해 발생된 비용이 공제될 것이 요구된다.

91) Brian J. Arnold, *op.cit*, p.68

예를 들어, 아래 〈표 1-17〉에서 보는 바와 같이, 내국법인이 자금 2,000을 이자율 10%로 차입하여 외국지점의 사업활동을 위해 사용한다고 가정하자. 외국지점의 총소득은 500이고, 이자비용 200을 공제한 후 순소득은 300이다. 내국법인의 국내원천 순소득이 3,000이라면, 내국법인의 총 순소득은 3,300이다. 만약 국내세율이 25%라면, 외국납부세액공제 전 납부할 조세는 825(3,300 × 25%)이다. 외국납부세액공제 한도는 외국납부 조세 120(세율 40%)과 국외원천소득에 대한 국내조세 75(825 × 300/3,300) 중 적은 금액(75)으로 제한된다. 이자가 국외원천소득에 적절히 귀속된다고 가정할 때, 이자는 외국납부세액공제 한도를 계산할 때 국외원천소득에 배분되어야 한다. 왜냐하면, 그렇지 않을 경우 국외원천 순소득에 대한 국내조세를 초과한 외국조세에 대해 국내조세 제도가 세액공제를 부여하는 것이기 때문이다. 따라서, 국내세원을 보호하기 위하여 이자 및 기타비용이 국내원천소득과 국외원천소득에 적절히 배분되는 것이 중요하다.

〈표 1-17〉 국외원천소득에 대한 비용배분 사례

• 총 국외원천소득	500
• 이자비용	200
• 순 국외원천소득	300
• 외국납부 조세(40%)	120
• 순 국내원천소득	3,000
• 전세계소득 (300 + 3,000)	3,300
• 국내조세(25%)	825
(-) 외국세액공제	75
• 국내에서 납부할 조세	750

우리나라 세법 상 외국납세액공제가 적용되는 경우의 국외원천소득은 해당 사업연도(과세기간)의 과세표준(종합소득금액)을 계산할 때 손금(필요경비)에 산입된 금액으로서 국외원천소득 대응비용을 공제한 금액이다. 국외원천소득 대응비용에는 추적 접근방법에 따라서 해당 국외원천소득과의 직접 관련성이 확인되는 '직접비용'과 해당 국외원천소득과 그 밖의 소득에 공통적으로 관련되어 직접 관련성 확인이 어려운 '배분비용'이 포함된다.(법령 §94 ②, 소령 §117 ②) 이때 배분비용은 국외원천소득과 그 밖의 소득의 업종이 동일한 경우에는 수입금액(매출액)에 비례하여 안분하고, 업종이 다른 경우에는 개별 손금액(필요경비)에 비례하여 안분 계산한다.(법칙 §47, 소칙 §60 ③)

다만, 내국법인(거주자)의 연구개발비용의 경우 아래 〈표 1-18〉과 같이 두 가지 방법 중 하나를 선택하여 적용할 수 있다.(법령 §94 ②, 소령 §117 ②) 한편, 공제한도를 초과하는 외국세액 중 국외원천소득 대응비용과 관련된 외국세액에 대해서는 이월공제가 허용되지 않는다.(법령 §94 ⑮, 소령 §117 ⑩)

〈표 1-18〉 연구개발비의 국외원천대응비용 계산(법칙 §47 ②, 소칙 §60 ④)

1. 매출액 방법	
• 연구개발비용이 50% 이상인 경우	$\text{R\&D비용} \times 50\% \times \frac{\text{(무형자산 사용관련) 해외매출}}{\text{내국법인 전체매출} + \text{해외매출}}$
• 연구개발비용이 50% 미만인 경우	$(\text{R\&D비용} \times 50\%) + (\text{R\&D비용} \times 50\% \times \frac{\text{(무형자산 사용관련) 해외매출}}{\text{내국법인 전체매출} + \text{해외매출}})$
2. 매출총이익 방법	
• 연구개발비용이 50% 이상인 경우	$\text{R\&D비용} \times 75\% \times \frac{\text{국외 무형자산소득}}{\text{내국법인 매출총이익} + \text{국외 무형자산소득}}$
• 연구개발비용이 50% 미만인 경우	$(\text{R\&D비용} \times 25\%) + (\text{R\&D비용} \times 75\% \times \frac{\text{국외 무형자산소득}}{\text{내국법인 매출총이익} + \text{국외 무형자산소득}})$

이와 관련하여, 우리나라 법원은 '국외원천소득금액'은 내국법인의 해당 사업연도에 속하는 국외원천 익금총액에서 그와 관련된 손금총액을 공제하여 산정하여야 한다고 전제하면서, 국외 고정사업장을 두지 아니한 원고가 외국방송사에 방송프로그램을 판매하여 얻은 국외원천소득에 대하여 외국에서 그 수입금액에 일정한 원천징수세율을 곱하여 산출된 법인세를 부담하였다 하더라도, 외국법인세액 공제한도를 계산할 때는 그 수입금액에서 그와 관련된 경비를 공제하여 국외원천소득금액을 산정하여야 한다고 판단한 것은 정당하다고 판시하였다.[92] 우리 대법원의 태도는 일응 '추적 접근방법'을 따른다고 볼 수 있지만, 항소심 및 1심 판결까지 함께 본다면 합리적 기준에 의한 배부를 인정하는 '배분 접근방법'을 배척하는 것은 아니라고 할 것이다.

92) 대법원 2015.3.26. 선고 2014두5613 판결, 대법원 2015.7.23. 선고 2015두1557 판결

라. 간주 외국납부세액공제

간주 외국납부세액공제(tax sparing credit)는 어떤 이유로 실제로는 원천지국에 납부되지 않았지만, 원천지국의 일반 조세규정에 의하면 납부되었을 외국조세에 대해 거주지국에서 부여하는 세액공제이다. 조세가 면제된 통상적 이유는 원천지국이 외국인 투자자들에게 해당 국가에 투자 또는 사업을 수행하도록 조세감면기간(tax holiday) 또는 기타 조세유인을 제공한 것이다. 간주 외국세액공제 제도가 없는 경우, 외국인 투자를 유치하기 위해 원천지국이 제공한 조세유인의 실제 수익자는 투자자의 거주지국이 될 것이다. 이러한 결과는 원천지국의 조세감면이 거주지국 조세의 증가로 대체되기 때문에 발생한다.

일부 개도국들은 전통적으로 간주 외국납부세액공제 규정을 포함하지 않고서는 선진국과의 조세조약 체결을 거부해왔다. 그러나, 미국은 단호하게 간주 외국납부세액공제에 반대하고, 조세조약 상 허용하지 않고 있다. 조세유인에 대한 일반적 결론은 비용 대비 편익이 불확실하고, 잠재적 편익이 비용을 정당화하는 경우가 매우 드물다는 것이다.

잠재적 투자자들의 거주지국이 이중과세 회피를 위해 소득면제법을 사용한다면 간주 외국세액공제는 필요하지 않다. 왜냐하면, 거주지국의 투자자들에게는 원천지국 조세가 유일한 조세이기 때문이다. 그리하여 원천지국에서의 감면은 자동적으로 자신들을 위해서 발생한다. 심지어 세액공제 국가의 투자자들도 절세계획을 통해서도 원천지국의 조세유인 혜택을 얻을 수 있다.

간주 외국세액공제의 다른 문제점은 조세회피 가능성이다. 예를 들어, 특정 조약의 관대한 간주 외국세액공제 규정은 종종 제3국 거주자들에게 간주 세액공제를 허용하는 국가에 도관단체를 설립하도록 촉진할 것이다.[93]

OECD는 1998년 보고서에서 간주 외국세액공제가 OECD 회원국들보다 경제발전 수준이 상당히 낮은 단계에 있는 국가들로 국한되어야 한다고 권고하였고, 관련 제도가 진정한 사업투자로 제한되고 남용에 취약하지 않도록 보장하기 위해 간주 외국세액공제 규정의 설계를 위한 모범사례를 설정하였다.[94]

우리나라 세법은 국외원천소득이 있는 내국법인(거주자)이 조세조약의 상대국에서 해당 국외원천소득에 대하여 법인세(소득세)를 감면받는 세액 상당액은 그 조세조약에서 정하는 범위에서 직접 외국납부세액공제 대상이 되는 외국세액으로 본다고 규정하고 있

93) Brian J. Arnold, *op.cit*, pp.69-72

94) OECD, "Tax Sparing: A Reconsideration", 1998; OECD모델 OMC Art.23/72-78.1

다.(법법 §57 ③, 소법 §57 ③)

간주 외국납부세액공제는 조세조약 상 명시적 규정이 있는 경우에만 공제받을 수 있다. 원천지국에서의 감면은 통상 배당, 이자, 사용료와 같은 투자소득에 대한 감면세액을 말하는데, 원천지국의 국내법상 면세되지 아니하고 과세되었다면 납부하였을 세액 전부가 공제대상이 되는지, 아니면 조세조약 상 제한세율로 납부하였을 경우의 세액에 대해서만 적용되는지는 각각의 조세조약이 규정하는 바에 따른다.

이와 관련하여, 우리나라 법원은 "특별한 조세혜택을 부여하는 방식은 한・중 조세조약 체약국의 의사에 따라 그 적용대상과 시한이 명확히 한정되어 있는 만큼, 원천지국의 국내 법률에서 거주지국 투자회사가 받는 배당소득에 대한 세율이 변경되었다고 하여 그에 따라 이 사건 조항 후문의 의미가 달라진다고 보기 어렵다"고 전제하고서, "한・중 조세조약 제10조 제2항 (가)목에 의하여 원천지국에서 5%의 제한세율로 배당소득에 대한 조세를 납부하였더라도, 이 사건 조항 후문에 따라 원천지국에 납부한 것으로 간주되는 세액은 총배당액의 10%로 보는 것이 타당하다."고 판시하였다.[95)]

95) 대법원 2018.3.13. 선고 2017두59727/2017두59734/2017두61393 판결, 대법원 2018.3.15. 선고 2017두62808 판결, 대법원 2018.3.27. 선고 2017두69090 판결

제2편

조세조약론

제 1 장 조세조약의 의의

1 조세조약의 의의와 특성

국제조세 관계에서 고려해야 하는 준거규범은 조세조약, 국내세법, 국제조세기준, 국내외 판례 등이 있다. 비록 법적 기속력이 없는 OECD/UN과 같은 국제기구가 제정한 모델 조세협약 등 국제조세기준, 외국판례 등이 준거규범으로 활용되는 경우도 있지만, 국제거래 조세관계의 법원(法源)으로서 중요한 역할을 하는 것은 법적 기속력을 갖는 조세조약과 국내세법이다.

국조법(§2 ① 7호)에 따르면, '조세조약'이란 "소득・자본・재산에 대한 조세 또는 조세행정의 협력에 관하여 우리나라가 다른 나라와 체결한 조약・협약・협정・각서 등 국제법에 따라 규율되는 모든 유형의 국제적 합의"를 말한다.[1] 기본적으로 조세조약은 국가 간의 과세권 충돌을 피하기 위해 한 국가(원천지국)는 자국의 과세권을 스스로 축소하기로 하고, 다른 국가(거주지국)는 그에 따른 이중과세를 구제하기로 합의한 두 국가 간의 약속이다.

조세조약은 일반적으로 다음과 같은 특성을 갖는다. 첫째, 조세조약 체결의 주된 목적은 이중과세 회피 및 탈세 방지이다. 국내법에 이중과세 방지 규정을 두는 것과 별도로, 조세조약은 이중과세 방지 방법으로 통상 소득면제법과 세액공제법 두 가지 방법을 규정하고 있다. 거주지국 과세가 경합될 경우에는 이중거주자 판정기준(tie-breaker rule)에 의해 일방체약국의 거주자로 판정하게 된다. 그리고, 거주지국 과세와 원천지국 과세가 경합될 경우에는 해당 조문에서 거주지국 과세(즉, 원천지국 면세) 원칙을 규정하거나, 사업소득, 투자소득 등에 대해서는 원천지국 과세를 허용하되 거주지국에서 이중과세를 방지하고 있다.[2] 과거에는 조세회피 및 탈세 방지가 조세조약의 부수적 목적으로 간주된 적도 있었지만, 국제경제 환경의 변화를 틈타 다양한 형태의 조세조약 남용 사례가 지속적으로 출

---

1) 공식 명칭은 국가별로 체결한 조세조약에 따라 다르나, "소득 및 자본에 대한 조세의 이중과세 회피 및 탈세 방지를 위한 협약"이 일반적으로 사용되는 명칭이다.

2) 이용섭・이동신, *국제조세*, 세경사, 2012, p.62

현하고 자국 거주자의 역외탈세 시도가 증가하면서 이제는 조세회피 및 탈세 방지가 조세조약 체결 및 해석의 주된 목적이 되었다. 이러한 배경 하에 조세조약의 해석 방법으로 조문 자체에 대한 문언해석은 물론 조약의 근본 목적과 취지까지 고려하는 접근방법이 설득력을 얻고 있으며, 거주자의 해외 은닉자산 및 소득 파악의 실효성을 높이기 위해 조세조약 상 정보교환 규정을 개정하거나 별도의 조세정보교환협정을 체결하는 추세이다.

둘째, 조세조약은 통상 소득 및 자본에 관한 조세를 대상으로 한다. 국가에 따라 부가가치세, 상속세 등에 관한 조세조약을 체결하는 경우도 있으나[3] 일반적으로 조세조약이라고 하면 소득세, 법인세 등 소득에 관한 조세와 자본에 관한 조세를 규율 대상으로 한다. 왜냐하면, 간접세는 소비지국 과세원칙에 따라 이중과세의 발생 소지가 적기 때문에 조세조약은 직접세에 초점을 맞추어 이중과세 방지 대상으로 하고 있다.

셋째, 조세조약은 통상 체약당사국에 한하여 효력을 가지는 양자(bilateral) 조약의 성격을 가진다.[4] 그러나, 130여 개 국가가 참여하는 '다자간 조세행정공조협약(EC/OECD Convention on Mutual Administrative Assistance in Tax Matters)'도 시행중이다. 동 협약은 직접세는 물론 간접세, 사회보험료 등 모든 조세를 대상으로 정보교환, 징수협조까지 가능할 뿐만 아니라 특정 조항에 대한 유보를 허용하는 유연성을 갖는 점이 장점이다.[5] 또한, BEPS 프로젝트 결과물의 신속하고 원활한 이행을 위해 2018.7월 'BEPS 방지 다자간 조세협약(Multilateral Convention to Implement Tax Treaty Related Measures to Prevent BEPS)"이 우리나라를 포함한 94개 국에서 시행되고 있다.

넷째, 조세조약의 구체적 내용은 조세조약 별로 다르나, 일반적으로 인적 적용범위 및 대상조세, 거주자, 고정사업장, 소득종류별 정의 및 과세방법, 이중과세의 회피방법, 상호합의절차, 정보교환 등의 규정을 포함하고 있다.

---

3) EU국가들은 부가가치세에 관한 다자간 협약(EU VAT Directive)을 체결하고 있다. 또한 미국과 프랑스 등 일부 국가 간에는 상속·증여세 조약이 체결되어 있다.

4) 우리나라는 2020년 말 현재 94개 국가와 양자 조세조약을 체결·시행하고 있다.

5) 우리나라는 2010.5.27. 서명하였고, 국회 비준을 거쳐 2012.7.1.부터 발효 중이다.

2 조세조약의 법적 체계

가. 조세조약의 체결과 집행

조세조약의 제정 및 효력은 1969년 '조약법에 관한 비엔나협약(Vienna Convention on the Law of Treaties: 이하 VCLT)'[6]의 규정에 따라서 결정된다. VCLT는 현행 국제관습법(customary international law)의 규범들을 단순히 성문화한 것으로 평가된다. 국제법은 조약의 유효한 성립요건의 하나로서 일정한 조약체결 절차를 정하고 있다.

일반적인 조약체결 절차는 먼저 헌법상 조약체결권자(대통령)로부터 위임받은 전권위원이 조약내용에 관해서 협의를 한다. 협의결과 서명에 의하여 조약내용은 확정된다. 보통의 조약은 서명만으로 성립하지 않고 비준을 필요로 한다. 비준은 서명한 조약내용에 대해서 조약체결권자가 국가로서의 합의의 의사를 최종적으로 확정하는 행위이다.[7] 조약은 통상 비준서의 교환·기탁 절차를 거쳐야 하고, 국내법상 효력을 갖기 위해서는 공포 절차를 거쳐야 할 것이다.

국제법상 조세조약은 양 체약국들의 합의의 선언으로 성립한다. 그러나, 중요한 조약은 일반적으로 비준서 교환을 통해서만 조약체결 효력을 갖는다고 합의된다. 비준은 국회 동의와는 구별된다. 조약은 비준 등을 거치는지 여부와 관계없이 체결 의향의 선언으로 국제법상 기속력을 갖는다. 따라서 국제법상 조약의 기속력은 조약의 국내 적용가능성과는 구별된다고 할 수 있다.[8]

미국의 경우, 헌법상 조약제정권은 상원의 조언과 동의를 거쳐 대통령에게 부여되어 있다. 상원의 비준동의에는 참석 상원의원 2/3의 승인이 필요하다. 상원의 조언과 동의를 얻은 조약은 대통령에 의해 비준된다. 미국 헌법은 조약이 헌법이나 법률과 같이 국가의

6) 비엔나협약은 1969.5.23부터 서명이 시작되어 1980.1.27부터 발효되었고, 2018년 1월 현재 116개국에서 비준되었다. 참고로 미국은 서명하였으나 아직 비준하지 않고 있다.

7) 우리나라 헌법상 주권제약에 관한 조약, 국가나 국민에게 중대한 재정적 부담을 지우는 조약 등 중요한 조약의 체결·비준에 대해서는 국회의 동의가 필요하다.(헌법 §60 ①)

8) 조약의 국내법 체계 수용방식에는 국제법을 국가법체계에 포함시켜 별도 입법없이 조약에 국내적 효력을 부여하는 일원적 입장(미국, 프랑스, 일본, 한국 등)과 국제법은 정부 간에만 효력이 있으므로 조약의 국내적 효력을 위해서는 별도 입법이 필요하다는 이원적 입장(독일, 영국, 캐나다, 호주 등)이 있다.(오윤, *국제조세법론*, 삼일인포마인, 2016, pp.600-601)

최상위 법률이라고 선언하고 있으므로, 자기집행적(self-executing) 조약은 법률과 동일한 지위를 갖고 별도 입법없이 곧바로 국내법적 효력을 가진다.9) 그러나, 독일의 경우 조약의 국내적용은 통상 집행법률의 제정을 통해서 가능하다. 또한, 조약체결에 의회의 동의가 필요하지 않은 영국의 경우에도 조약이 국제법상 발효된 후 특별법이 의회에서 통과될 때에만 국내법적 효력이 생긴다.10)11)

우리나라는 "헌법에 의하여 체결·공표된 조약과 일반적으로 승인된 국제법규는 국내법과 같은 효력을 가진다."(헌법 §6 ①)고 규정하고 있으므로 별도의 조약집행법을 제정하지 않고도 국내법과 같은 효력을 갖는다.

나. 조세조약 규정의 내용

조세조약은 국제사법(private international law)상 저촉법 규정(conflict rules)과 달리, 국내법과 외국법 중 어느 법률을 선택해야 하는지의 문제에 직면하지 않는다.12) 다시 말해, 국제사법 규정과 달리 조세조약에 의해 외국법의 적용을 받는 일은 발생하지 않는다. 각 체약국은 자국의 법률을 적용하여 과세하는 것이고, 조세조약은 체약국들의 법적용을 제한할 뿐이다. 즉, 조약규정은 국내세법의 적용을 배제하거나 다른 국가에서 납부한 세금에 대해 국내법상 세액공제를 허용하도록 의무화함으로써 국내법을 변경시킨다. 따라서, 납세의무는 국내법상 요건뿐만 아니라 조약상 요건이 충족되어야만 존재한다. 또한, 조약규정이 과세관할권을 체약국들에게 승인하거나 배분하지도 않는다. 헌법과 국제공법에 의해 승인된 대로, 국가들은 본래의 과세권할권을 가진다.

조세조약은 과세권의 중첩이 예상되는 영역에서 과세권의 제한을 통해 이중과세를 회피하는 독립적인 메카니즘을 가진다. 따라서, 조약규정들은 저촉법 규정이 아니라 국제행정법과 유사한 제한법(limitation of law) 규정이라고 할 수 있다. 다시 말해서, 조약이

---

9) 조약의 조문은 자기집행적인 것과 비자기집행적인 것이 있다. 자기집행적인 조문은 별도 국내입법 없이 국내법적 효력을 갖게 되지만, 자기집행적이지 않은 조문은 이를 이행하기 위한 별도 입법이 필요하다는 것이다. (오윤, 전게서, p.602)

10) Alexander Rust, "Introduction", *Klaus Vogel on Double Taxation Conventions(4th Ed.)*, Wolters Kluwer, 2015, pp.26~27

11) 따라서, 독일·영국 등과 달리 우리나라와 같은 입법례에서는 내국세법에 의한 조약배제(treaty override)가 더욱 어렵다(상세한 내용은 이재호, "국내세법의 적용과 Treaty Override", 조세학술논집 제22집 제2호, 한국국제조세협회, 2006 참조)

12) 사인간의 거래가 여러 국가들의 법률적 범위에 포함되는 경우에는 국제사법 또는 저촉법 규정이 어느 국가의 법률이 적용되는지를 결정한다.

전적으로 또는 부분적으로 다른 체약국을 위해 과세권을 유보할 때, 체약국들은 면세 또는 부분적으로만 과세하도록 상호 기속한다. 결론적으로 체약국들이 과세권을 양보하거나 과세원천 또는 과세대상을 배분한다고 할 수 있는데, 이를 배분규정(distributive rule)이라고 한다.

일방체약국이 국내세법의 적용을 제한하는 방식에는 타방체약국을 위해 과세권을 포기하거나(소득면제법) 또는 타방체약국에서 납부된 조세에 대한 공제를 허용(세액공제법)하는 방식이 있다. 반대로, 조세조약은 국내법상 존재하지 않는 과세권을 창출하지도 않고, 존재하는 과세권의 범위를 확장하거나 유형을 변경시키지도 않는다. 한 국가가 조세조약에 의해 설정된 경계선 내에서 과세할 수 있는 정도는 전적으로 자국 법률에 의해 결정된다.

체약국 간 면세 합의를 한 경우 그 효과는 원칙적으로 타방체약국이 실제로 과세를 하는지 여부와는 독립적이다. 따라서 조약은 현재 존재하는 이중과세뿐만 아니라 잠재적 이중과세도 방지한다고 할 수 있다. 또한, 체약국들은 조약에서 규정되지 않은 추가적 면제 또는 다른 혜택도 자유롭게 부여할 수 있고, 조약에 의해 방지되지 않은 이중과세를 국내적 조치를 통해 자유롭게 제거할 수 있다. 일방체약국의 면제는 체약국 간에 명시적 합의가 있는 경우에만 해당 소득이 타방체약국에서 실제로 과세되는지 여부에 의존한다고 할 수 있다.

다. 조세조약의 체계 및 적용

OECD모델과 UN모델은 총 7장(Chapters), 32개 조문(Articles)으로 구성되어 있다. 제1장(제1조 및 제2조)은 조약의 적용범위, 제2장(제3조~제5조)은 거주자, 고정사업장 등 중요한 조약용어에 대한 정의조항을 포함한다. 제3장(제6조~제21조)은 소득에 대한 배분규정, 그리고 제4장(제22조)은 자본에 대한 배분규정을 포함한다. 제5장(제23A조 및 제23B조)은 체약국들이 선택할 수 있는 이중과세 방지방법, 그리고 제6장(제24조~제30조)은 무차별원칙, 상호합의, 정보교환, 조약혜택의 권리 등의 특별규정을 포함한다. 마지막으로 제7장(제31조 및 제32조)은 조약의 발효 및 종료 조항이다.

제3장의 배분규정들은 다음 4개 유형으로 구분할 수 있다.[13] 첫째 유형은 특정 활동(activities)에서 발생하는 소득이다. 사업소득(제7조), 인적용역소득(제14조 및 제15조), 농

13) Alexander Rust, *op.cit*, pp.32~33

업 및 산림소득(제6조) 등이다. 둘째 유형은 특정 자산(assets)에서 발생하는 소득이다. 배당(제10조), 이자(제11조), 사용료(제12조), 부동산소득(제6조) 등이다. 셋째 유형은, 제13조에 규정된 양도차익(capital gains)이다. 넷째 유형은 학생(제20조) 조항과 Catch-all 조항인 기타소득(제21조)이다. 여기에서 언급되지 않은 배분규정들은 위 유형들과 관련된 특별규정들이다. 제8조(국제운수소득)는 제7조의 특별규정이고, 제17조(예능인 및 체육인)는 제14조, 제15조 또는 제7조의 특별규정이다.

특정 소득이 하나 이상의 배분규정 요건을 충족하는 경우에는 자산에서 발생하는 소득(둘째 유형)이 활동에서 발생하는 소득(첫째 유형)보다 우선권을 가진다.(OECD 모델 Art.6(4) 및 Art.7(4)) 예를 들어, 기업의 사업용 자산에 법인 주식이 포함된 경우 해당 주식에서 발생한 배당소득은 일반적으로 제7조(사업소득)가 아닌 제10조(배당)가 적용된다. 그리고 기업이 타방체약국 거주자에게 대여를 하거나 특허를 허여한 경우 또는 해당 국가에 부동산을 보유한 경우에도 마찬가지이다. 그러나, 이러한 원칙에 대한 한 가지 예외가 있다. 즉, 타방체약국의 고정사업장(PE)을 통해 배당, 이자, 사용료를 수취하고, 해당 PE의 자산 때문에 그러한 지급이 행해진 경우에는 제7조가 적용된다.

위에서 논의된 배분규정들의 적용요건은 국내법상 요건들과는 별도의 납세의무 성립을 위한 추가적 요건들이다.

제2장 조세조약의 적용 및 해석

1 조약 해석방법론

가. 개요

조약의 문구가 추상적이거나 불명료한 경우 또는 시간이 지나면서 그 의미가 변화하는 경우, 언어 자체의 불완전성 등의 사유로 어떤 조약도 적용 과정에서 발생하는 모든 이슈를 명확하게 해결할 수 없기 때문에 다른 법률 문서와 마찬가지로 조세조약에도 해석의 필요성이 제기된다.

국제협약에 대한 해석은 원칙적으로 국내 해석원칙들에 토대할 수는 없다. 그러나, 조약에 대한 국내적 해석이 국가의 국제적 의무들과 상충되지 않는다면 조약에 대한 국내법원들의 해석도 유효하다. 따라서 조약에 대한 효과적 해석을 위해 여러 국가들의 해석 방법과의 조화가 필요하다. 전반적으로 볼 때, 국제협약 해석의 근본원칙은 국내법상 해석 원칙들과 크게 다르지 않다.

조약의 해석과 관련하여 일반적으로 다음 3가지 방법론이 통용될 수 있다. 첫째, 객관적 접근방법에서는 조약문구의 통상적 의미를 고려한다. 둘째, 주관적 접근방법에서는 당사자들의 의도를 검토한다. 셋째, 목적론적 접근방법에서는 조약의 목적을 고려한다. 실무상, 국내세법의 경우에는 법률 문언에 충실하게 해석하는 데 비해, 조세조약의 특정 문구를 좁게 해석하는 경우 이중과세 방지라는 조약의 의도와 상충될 수 있기 때문에 보다 넓게 해석하는 것이 허용되며, 이는 후술하는 VCLT의 정신과도 일치한다. 이와 관련하여 캐나다 연방법원은 "일반적인 세법과 달리, 조세조약은 당사자들의 의도를 실행하기 위해 넓게 해석되어야 하며, 조약의 근본 목적이 훼손될 경우에는 문자 그대로의 해석이나 법리적 해석은 피해야 한다."고 판시하고 있다.[14]

14) Gladden Estate vs. the Queen (1985) DTC 5188 판결

나. 일반적 해석원칙

국가 간에 체결하는 국제협약에 대한 일반적인 해석원칙은 VCLT에 명시되어 있다. OECD는 물론 국제조세협회(International Fiscal Association: IFA)도 VCLT를 국제관습법에 해당하는 것으로 간주한다. 국제사법재판소(ICJ)도 VCLT 당사국인지에 관계없이 원칙적으로 VCLT의 규정들이 모든 조약의 해석에 적용된다고 판시한 바 있다.[15] 우리나라는 VCLT 가입국으로서 VCLT 해석원칙에 따라서 조약을 해석해야 한다.

조세조약은 국제공법(公法)의 일부로서 국제법 원칙이 적용되므로 VCLT의 관련 조항(제31조 내지 제33조)을 살펴볼 필요가 있다.[16]

〈표 2-1〉 비엔나협약의 조약해석원칙

○ 제26조	:	조약 준수의무(pacta sunt servanda)
○ 제27조	:	국내법에 의한 조약배제는 조약위반
○ 제31조	:	맥락, 목적 고려 → 통상적 의미에 따라 성실히 해석
○ 제32조	:	보충적 해석수단 : 준비서면, 상황 등 고려
○ 제33조	:	두 언어로 작성된 경우 → 동등한 효력

VCLT 제31조 제1항은 "조약은 그 맥락 속에서, 그리고 조약의 목적에 비추어 문구에 부여된 통상적 의미에 따라서 성실하게 해석되어야 한다.(A treaty shall be interpreted in good faith in accordance with the ordinary meaning to be given to the terms of the treaty in their context and in the light of its object and purpose.)"라고 조약해석의 일반원칙에 대해 기술하고 있다.

이를 분설하면, 첫째 대원칙으로 조약이 항상 성실하게(in good faith) 해석되어야 한다는 근본적 사고를 표현하고 있다. 둘째 원칙으로 조약의 문구에 '통상적 의미(ordinary meaning)'가 부여되어야 한다는 것이다. 여기서 통상적 의미란 조약당사자의 진정한 의도가 표현되어 있다고 추정되는 것을 말한다. 용어의 통상적 의미는 국제적으로 통일된

---

15) ICJ는 VCLT 제31조가 국제관습법을 반영한 것이므로 보스와나(Botswana)와 나미비아(Namibia)가 VCLT의 당사국이 아니고 쟁점 조약이 VCLT가 공포되기 이전인 1890년에 발효된 사실에도 불구하고 조약해석에 관해서는 VCLT가 적용된다고 판시한 바 있다. (Kasikili/Sedudu Island Case 참고)

16) 조약을 법으로 보는지 또는 계약으로 보는지에 따라 조약해석이 달라진다고 한다. 법으로는 보는 입장은 조약이 국민들의 권리의무에 영향을 미치는 법이기 때문에 체약국이라도 임의로 해석할 수 없고, 계약으로 보는 입장에서는 조약은 국가 간 약속이므로 국민의 권리의무에 영향을 미치지 않으므로 양국이 양해한다면 조약체결 이후라도 임의로 해석할 수 있게 된다.(오윤, 전게서, p.617)

법적 용례 또는 체약국 간 일치된 법적 용례가 개발된 경우 또는 특정 기술적 언어가 세법과 같은 특정 전문영역에서 개발된 경우가 제31조 제1항의 의미상 통상적 용례에 해당한다. 특히 OECD모델과 주석의 영향에 의해서 그러한 용어들이 국제조세 용어로 발전된 경우에도 마찬가지이다.

셋째 원칙으로 조약 문구에 부여된 통상적 의미는 개별적으로 결정될 성격의 것이 아니라 조약의 맥락 및 목적에 부합하도록 결정되어야 한다는 것이다. VCLT의 원칙들에 따라서 국제협약을 해석할 때는 용어의 통상적 의미와 개별조항이 아닌 전체 협약의 맥락을 고려한 표현 등 조약의 문구(text)가 제일 중요하다. 따라서 조약당사자들의 주관적 의도를 주로 탐구해야 한다는 종전의 견해는 배격된다. 여기서 '목적(object and purpose)'은 체약국들의 주관적 의도와 유사한 의미가 아니고 전체 조약에 객관적으로 반영된 조약의 목적을 가리킨다. 더욱이, 목적은 단지 조약용어의 해석에 영향을 미친다는 제31조 규정에 의해 조약의 문구에 종속된다. 다시 말해서, 목적은 그 자체가 독립적인 해석수단은 아니다.

제31조 제2항에서는 '맥락(context)의 구성요소로서 i) 해당 조약과 관련하여 조약당사자 사이에 체결된 모든 약정 ii) 해당 조약과 관련하여 하나 이상의 조약당사자에 의해 작성되고 타방체약국이 수락한 문서(instrument)를 들고 있다. 따라서, 협약의 맥락은 조약과 관련하여 만들어진 관련 보충문서를 포함한다고 할 수 있다. 예컨대, 조약과 별도로 의정서(protocol)를 체결하는 경우를 들 수 있다. 의정서는 본 조약과 관련된 사항에 대해 새로운 이슈를 추가로 다루거나 조약의 집행 절차를 추가하기도 한다. 의정서는 조약 본문과 독립적으로 비준·승인 절차를 거쳐야 한다.

또한, 제31조 제3항에서는 맥락과 함께 조약해석에 필요한 3가지 추가 고려요소로서 i) 조약의 해석·적용과 관련하여 당사자 간에 이루어진 모든 후속 합의(subsequent agreement), ii) 조약체결 이후에 발생한 관행(practice)으로 인해 조약해석과 관련하여 당사자 간 합의가 이뤄지는 경우 iii) 당사자 간 관계에 적용할 수 있는 국제법의 모든 관련 규정들을 열거하고 있다. 여기서 '후속합의'는 통상 권한있는 당국 간 MAP에 의한 합의를 포함하는데, 이는 조세조약 해석에 활용될 수 있다. 예를 들어, 미국이 1980년 외국인부동산과세법(Foreign Investment in Real Propety Tax Act)에 의한 세법(IRC §897) 개정에 따라 비거주자의 미국 내 부동산주식 양도차익에 대해 과세하기 시작하자, 한국과 미국의 과세당국이 상호협의를 통해 한국에서도 미국거주자의 한국 내 부동산주식에 대해 과세하기로 한 것을 들 수 있다. 한・미 조세조약상 '부동산'의 의미에 대한 후속합의라고 할 수 있다.[17)]

한편, 제31조 제4항은 체약국들이 특정 용어에 통상적 의미와는 다른 의미를 부여할 수 있다고 규정한다. 따라서, 당사자들의 의도(intention)는 협약의 문구에 표현된 정도까지만 고려된다. 따라서 조약해석의 기본 목적이 당사자들의 (숨은) 의도를 확인하는 것이라는 견해는 VCLT에서 확립된 국제법 원칙에 부합하지 않는다. 그러나, 조약을 해석할 때 조약당사자들의 의도를 고려하는 것이 항상 VCLT에 배치되는 것은 아니다. 제31조 제4항에 따라서 체약국들은 용어에 특별한 의미를 부여할 수 있기 때문에 체약국들의 의도가 조약의 문구에 표현된 경우에는 준수되어야 한다.

VCLT 제32조는 조약해석의 보충적 수단으로 "제31조 적용에서 제기되는 의미를 분명히 하기 위한 경우 및 제31조에 따른 해석이 애매모호하거나 또는 명백히 불합리한 결과를 초래할 때 그 의미를 결정하기 위해 조약의 준비서면(preparatory work) 및 체결 당시의 상황(circumstances)을 이용"할 수 있음을 명시하고 있다. 즉, 상세설명서, 지원문서, 성명서 등 조약협상의 맥락에서 만들어진 첨부서류는 제31조의 해석을 확인하거나 의심스러울 경우에만 보충적 자료로 적용될 수 있다.

VCLT 제33조는 둘 이상의 언어로 작성된 협약과 관련하여 각 언어로 작성된 원본이 동등한 기속력을 가진다고 규정한다. 두 개의 조세조약 버전 간에 차이가 존재하는 경우 국가들은 종종 제3국의 언어(통상 영어 또는 불어)로 작성된 버전이 기속력을 가지는 것에 합의할 것이다. 따라서 국내법원은 조약을 해석할 때 자국 언어로 작성된 조약의 버전만으로 제한할 수 없고 항상 외국 버전을 참고해야만 한다. 둘 이상의 언어로 작성된 조약의 경우 여러 버전 간의 의미상 차이가 발생하는 것은 불가피하다. 제33조 제4항은 그 경우 모든 버전의 문구를 가장 잘 조화시키는 해석이 선택되어야 한다고 규정한다. 만약 둘 이상의 버전이 오류 등을 조정할 수 없는 경우라면 조약해석은 제31조 및 제32조에 따라서 조약의 목적, 맥락 및 보충적 해석수단들을 고려해야 한다.

17) 오윤, 전게서, pp.628-629

2 조세조약에 대한 보충적 해석수단

조세조약 해석의 보충적 수단으로 외국법원의 판례, OECD/UN모델 주석(commentaries), 국내법 차용 등을 고려할 수 있다.

가. 공통해석의 원칙

조세조약은 체약국 간에 과세권을 공평하게 배분하는 것을 목표로 한다. 이러한 목표는 조약이 양 체약국의 과세당국과 법원에 의해 일관성 있게 적용되는 경우에만 달성할 수 있다. 따라서 '목적에 비추어(in the light of its object and purpose)' 조약을 해석해야 할 권한은 체약국들이 가장 잘 수용될 수 있는 조약해석을 해야 할 의무로 귀결된다. 이를 위해 중요한 것은 조세조약을 적용하는 법원과 과세당국들이 타방체약국, 필요한 경우에는 제3국의 유사기관들에 의해 행해진 관련 결정들을 고려하고 장점을 평가하는 것이 전제돼야 한다. 물론, 공통해석의 원칙(principle of common interpretation)이 타 국가의 판례가 검토없이 수용되어야 한다는 의미는 아니다.[18]

각국의 법원은 조세회피 관련 사안에서 실질우위원칙, 경제적 실질, 가장거래, 사업목적, 단계거래, 법률남용 등 다양한 사법적 법리들(judicial doctrines)을 발전시켜왔다. 조세조약의 해석이 VCLT 제31조 내지 제33조에 규정된 일반원칙에 의해 규율되지만, 이러한 일반원칙들이 각국에서 발전된 유사한 사법적 법리 및 조세조약 해석원칙의 적용을 방해하는 것은 아니다. 예를 들어, 한 국가의 법원이 법률 해석의 문제로서 국내 세법규정을 특정 거래의 경제적 실질에 토대하여 적용해야 한다고 결정한다면, 유사한 거래에 대한 조세조약 규정의 적용과 관련해서도 유사한 접근방법을 채택할 수 있다.(OMC Art.1/78)

법원의 판결, 특히 국제조세 측면에서 중요성을 가진 사건에 대한 판결은 조약해석에 유용한 수단이다. 그 대표적 사례가 조세조약에서 널리 사용되지만 조약에 명확히 정의되지 않았던 수익적소유자(BO) 용어의 의미에 대한 판결(영국 법원의 Indofood case)인데, 이 판결은 오랫동안 BO개념의 국제조세상 의미를 명확히 한 것으로 받아들여져 왔다.[19] 한 영국법원의 판결[20]에서는 "조약상의 용어가 국내법상 법률 용어와는 다르기 때

18) Alexander Rust, *op.cit*, pp.41~44

19) 그러나, OECD는 2014년 OECD모델 제10조(배당), 제11조(이자) 및 제12조(사용료) 주석 개정을 통해 BO 개념을 "수취자금을 타인에게 전달해야 할 계약상・법률상 의무에 제약받지 않고 해당 자금을 사용하고 향

문에 국내법상 선례 또는 기술적 원칙을 반드시 따라야 하는 것은 아니며, 조세조약 해석과 관련하여 판사는 목적론적 접근방법(purposive approach)을 따라야 한다."고 판시한 바 있다. 법관들은 관련 외국법원의 판례들을 발견하기 위해 스스로 이용가능한 모든 수단을 사용해야 한다. 정보접근의 현실적 문제들이 공통해석의 장애가 될 수 있지만, 오늘날 이용할 수 있는 법원 판례들에 대한 다양한 온라인D/B를 고려할 때, 이러한 현실적 어려움들은 상당부분 경감되고 있다.

나. OECD/UN 모델조세협약과 주석

OECD/UN모델과 주석은 각국의 법원들이 공통의 해석을 도모하는 원천을 제공한다는 점에서 조세조약 해석에서 매우 중요하다. 주석은 조약규정에 대한 그리고 특정 상황의 적용과 관련한 현재시점의 견해를 반영하기 때문에 조약해석에 핵심적 역할을 한다. 특히, 주석은 조약의 목적, 맥락 및 통상적 의미에 대한 객관적 해석기준을 제공한다고 할 수 있다.

조세조약이 관련 주석을 반영하여 해석돼야 하는지에 대해서는 조약체결 당시를 기준으로 해석돼야 한다는 정태적 접근방법(static approach)과 해석 필요성이 발생할 때를 기준으로 해석돼야 한다는 동태적 접근방법(ambulatory approach)이 있다. 이러한 견해 차이는 OECD/UN모델의 주석이 세계적으로 빠르게 변화하는 법률과 관행을 반영하기 위해 주기적으로 업데이트되기 때문에 생기는 문제이다.

특히, VCLT에서 해석수단으로 주석을 직접적으로 언급하고 있지 않은 것과 관련하여 학계에서는 주석이 (단지 제31조를 보완하는 성격을 지닌) 제32조에 해당하여 제31조의 해석수단보다 영향력이 낮은 것이 아닌지에 대한 논쟁이 있었다. 그 논거로 OECD모델과 주석은 VCLT 제31조 제2항 (b)호의 의미상 '조약체결과 관련하여 만들어진 문서'가 아닐뿐더러 제32조의 의미상 개별조약을 준비할 때 사용 또는 생산된 문서를 가리키는 준비서면도 아니라는 것이다.

반면에, OECD는 모델 주석의 현재 버전이 항상 적용된다는, 즉 과거에 체결된 조약에도 소급적용 된다는 동태적 해석을 지지한다.[21] OECD 재정위원회는 1977년 이후

유할 권리를 가지는 자"라고 명확히 규정하였다.

20) IRC vs. Commerz Bank AG (1990) STC 285 (UK) 판결

21) OECD모델 서론(introduction) para.35

OECD모델과 주석의 많은 개정 및 보충은 종전 모델 하에서 이미 적용된 것을 단지 명확화한 것이라는 입장이다. 이에 대해 이러한 유형의 고려는 OECD 재정위원회와 같은 외국기관이 기속력을 가진 국내 법률조치를 실행하는 것을 승인한 것이라는 반론도 제기된다. 이미 체결된 조약에 대한 해석으로서 후속적인 주석의 개정 내용을 원용하는 것이 학계에서 보편적으로 수용되고 있는 것은 아닌 것 같다. 그럼에도 불구하고, OECD/UN의 조세위원회에서 생산하는 주석은 아래와 같은 사유로 실무 상 유용한 조세조약의 해석수단으로 전세계 국가의 법원에 의해 일반적으로 수용되고 있다.

OECD모델 및 주석은 각 회원국 정부대표가 참여하는 위원회의 논의를 토대로 회원국 간 합의(consensus)에 의해 이사회 권고안으로 채택되고 있으며[22], OECD 절차관련 규정(procedural rules of the OECD) 제18조 (c)항에 따라서 회원국들은 이사회의 권고조치들의 적절성을 검토할 의무가 있다. 따라서 OECD 회원국 간에는 OECD모델 및 주석을 조세조약의 해석기준으로 수용하고자 하는 공통의 이해가 확립되어 있다고 할 수 있다. 또한, 특정 조문의 제·개정 및 해석에 대해 반대하는 의견을 가진 회원국들은 조문에 대해서는 유보(reservation), 그리고 주석에 대해서는 이견(observation)을 제출해야 할 의무가 있으며, 이를 통해 OECD의 조약해석에 대한 개별회원국의 입장을 표명할 수 있는 길이 열려있고 법원은 이러한 조약당사국의 입장을 반영할 수 있다. 따라서, OECD 권고사항은 회원국에게 사실상의 의무(soft obligation) 또는 느슨한 법적 의무(loose legal duty)를 부여한다고 할 수 있다.[23]

이와 관련하여, 우리나라 법원은 "OECD는 2003년 개정 조세조약 모델협약의 해석기준이 되는 주석서에서 조세회피행위의 유형과 방지방법, 조약관련 해석사항 등을 폭넓게 다루어 조세회피행위의 방지를 위한 근거를 마련하였다."고 전제하고서, "위와 같은 OECD 모델협약의 주석은 헌법 제6조 제1항에 의해 체결·공포된 조약이 아니고 일반적으로 승인된 국제법규라고 볼 수 없으므로 법적인 구속력이 인정될 수는 없는 것이지만, 이는 우리나라와 벨기에 등을 비롯한 OECD 회원국 간에 체결된 조세조약의 올바른 해석을 위한 국제적으로 권위를 인정받는 기준으로서 국내법상 실질과세원칙 등과 관련한 OECD 회원국 간 조약해석에 있어서 하나의 참고자료가 될 수 있다."고 판시하였다.[24]

22) 이사회 권고안에는 "회원국 정부는 협약의 제정·개정 및 해석에 있어서 모델협약 및 그 주석을 따라야 한다."는 내용이 첨부되어 있다.

23) Alexander Rust, *op.cit*, pp.45~49

24) 서울고등법원 2010.2.12. 선고 2009누8016 판결; 이러한 판례의 태도에 대해 일반적으로 OECD 모델조세조약과 주석서를 연성규범(soft law)으로 보고 있다고 해석하는 것이 일반적이다(오윤, "조세조약 해석상 국

다. 국내법 용어의 차용

OECD/UN모델 제3조 제2항에 규정되어 있는 바와 같이, 조세조약에서 정의되지 않은 용어에 대해 체약국들이 자국의 국내법을 차용(reference to domestic law)하는 경우에는 공통해석 원칙은 적용하기 어렵다. 모델협약들과 개별조약들은 국내법 의존에서 연유하는 해석 차이는 불가피하다고 인정한다.

아래 〈표 2-2〉의 OECD/UN모델 제3조 제2항은 조약해석에 대한 특별규정이다. 이는 조세조약만으로 통상적 의미를 파악할 수 없을 때 조약을 해석하는 가이드라인을 제시해준다. 이 조항을 분설하면, ⅰ) 조약에서 정의되지 않은 용어(term)는 ⅱ) 그 용어의 맥락(context)이 다른 의미를 요구하거나 과세당국 간 상호합의에서 다르게 합의하지 않는 한, ⅲ) 조약적용 체약국의 적용 당시의 국내법에서 규정한대로 해석해야 한다는 것이다.

〈표 2-2〉 OECD/UN 모델조세협약(§3.2항)

〈OECD/UN모델 제3조 제2항〉
2. 언제든지 일방체약국의 협약 적용과 관련해서는, 조약에서 정의되지 않은 용어는, 그 맥락이 다른 의미를 요구하거나 권한있는 당국들이 제25조 규정에 의해서 다르게 합의하지 않는 한, 협약의 적용대상이 되는 조세목적 상 조약을 적용할 당시 그 국가의 법률에서 가지는 의미를 가진다. 이때 해당 국가의 해당 세법 상 의미가 다른 법률에 의해서 부여되는 의미보다 우선 적용된다.

여기서 "그 용어의 맥락이 다른 의미를 요구하지 않는 경우"에 대한 해석이 문제될 수 있는데, 그 맥락이 용어의 해석에 대한 조약적용국의 국내법상 의미를 충분히 무시할 정도로 설득력이 있는 다른 해석을 요구하는지 여부는 각 사안의 사실관계에 따라 결정될 문제이다. 따라서 '그 용어의 맥락'이라는 것은 입법당시 용어에 부여된 의미뿐만 아니라 조약서명 당시에 조약체결 당사국들의 의도에 의해 결정될 것이다. 그러나, 그 맥락이 다른 의미를 요구한다고 할 경우, 어떤 다른 의미가 사용돼야 하는지를 결정함에 있어서는

내세법의 지위 : 조세조약 상 '특허권의 사용' 개념의 해석을 중심으로", 조세학술논집 제32집 제2호, 한국국제조세협회, 2016). 연성규범이란 "일반적으로 '직접적으로 법적 강제력을 갖지 않으나 간접적으로 사회구성원의 행위에 실질적인 영향력을 미치기 위하여 만들어진 행위규범의 일종'이라고 볼 수 있다. 즉, 국가에 의하여 규율이 강제되는 경성규범(hard law)에 해당하지 않는 법규범을 총칭하는 것으로 이해할 수 있다." 고 한다(최난설헌, "연성규범(Soft Law)의 기능과 법적 효력-EU 경쟁법상의 논의를 중심으로", 법학연구 제16집 제2호, 인하대학교 법학연구소, 2013).

주석은 아무런 도움을 주지 못한다. 따라서, 이러한 용어의 공통적인 정의에 합의하기 위해 OECD/UN모델 제25조에서 규정한 MAP이 이용될 수 있을 것이다.

또한, 위 조문에서 "조약을 적용할 당시 그 국가의 법률에서 가지는 의미"라고 규정하고 있는 바와 같이, 조약 용어의 해석에 국내법상 정의를 원용함에 있어서 만약 국내법이 개정될 경우에는 새로운 규정에 따라서 해석해야 한다.

결론적으로 위 제3조 제2항의 해석원칙은 조세조약과 체약국의 국내법 간의 특별관계를 표현하고 있다. 이는 체약국들의 과세주권을 보호함과 아울러 법률의 공백상태가 존재해서는 안 되며 반드시 조약적용국가의 세법에 따라서 조약이 적용되어야 함을 승인한 것이라고 할 수 있다.

국가 간 조약적용의 차이가 이중과세를 방지하지 못하거나 이중비과세를 초래할 수 있기 때문에 VCLT 제31조 제1항의 '조약의 목적'에 대한 고려는 체약국들의 통일된 적용에 도움을 준다. 더욱이, 국내법 용어의 차용이 반드시 더 큰 법적 확실성을 가져오는 것도 아니므로 조약규정에 의해 국내법 용어를 차용하는 것을 허용하기 위해서는 VCLT 제31조 및 제32조의 원칙에 따라 각 개별 사안별로 정당화되어야 할 것이다.

3 조약상 용어해석방법 결정문제[25)]

가. 개념

조약이 체약국들의 실체법상 용어와 동일한 법률 용어를 사용할 때 특별한 문제가 발생한다. 국가가 국내법 또는 외국법을 적용해야 할지를 규정하는 국제사법(私法)상 '저촉규정'과는 달리, 조세조약은 소득의 '배분규정'을 다룬다. 결과적으로, 조약규정이 국내실체법의 용어를 사용할 때 발생하는 문제는 국제사법상 준거법 결정(qualification) 문제와는 구조적으로 다르다.

국제조세법에서 '용어해석방법 결정(qualification)' 문제는 조세조약이 체약국들의 국내법상 용어를 사용할 때, 특히 용어가 양 체약국의 국내법상 서로 다른 의미를 가질 때 발생하는 문제를 가리킨다. A국의 법률행위 또는 법률제도가 B국 법률상 어떻게 취급될

25) Alexander Rust, *op.cit*, pp.53~62

것인지의 문제는 국제조세 맥락에서 용어해석방법의 결정문제가 아니다. 예를 들어, 케이만군도의 파트너쉽이 우리나라 세법 상 납세의무자인지 여부가 용어해석방법 결정문제로 불려서는 안 된다.

국제조세법 상 용어해석방법의 결정문제는 소득구분(classification) 문제와도 다르다. 그러나, 조약용어가 체약국의 법률용어가 아닌 용어(예: 제17조의 체육인)의 해석을 요구하는 경우에는 소득구분 문제가 발생하지 않는다. 경제거래 또는 자산에 대한 납세의무가 양 국가에서 서로 다르게 정의되어 발생하는 이중과세 또는 비과세의 경우에도 소득구분 문제는 존재하지 않는다.

용어해석방법의 결정문제가 제기되는 상황들을 예시하면 다음과 같다. 첫째, 오케스트라 연주에 대한 녹음대가로 지휘자에게 지급한 보수가 사용료소득인지 또는 인적용역소득인지 여부(미국 Boulez Case), 둘째 파트너쉽이 파트너에게 지급한 이자가 사업소득인지 또는 이자소득인지 여부, 셋째 고용관계의 종료에 따른 고액 퇴직금이 근로소득인지 또는 기타소득인지 여부, 넷째 수탁판매인(commission agent) 또는 오퍼상이 지급받는 소득이 사업소득인지 또는 독립적 인적용역소득인지 여부, 다섯째 부동산보유법인에 대한 지분이 부동산에 해당하는지 또는 자본적 자산인지 여부 등이다.

나. OECD/UN모델 제3조 제2항과의 관계

용어해석방법의 결정문제는 예를 들어, 배당, 이자, 사용료 조항과 같이 조약에서 특정 용어를 명확히 정의하는 경우 해결될 수 있다. 그러나, 조약이 명확한 정의조항을 두지 않는 경우, 다음 네 가지 해결방법이 논의될 수 있다. 첫째, 조약적용국가의 국내법에 따라서 조약용어를 정의하는 방법(lex fori qualification), 둘째, 소득발생국가의 법률에 따라 일관되게 조약용어를 정의하는 방법(source state qualification), 셋째, 거주지국의 법률에 따라서 조약용어를 정의하는 방법(residence state qualification), 넷째, 조약의 맥락과 부합하도록 독립적으로 결정하는 방법(autonomous qualification)이 있다.

OECD/UN모델 제3조 제2항은 각국이 조약의 맥락이 달리 요구하지 않는 한, 조약적용국가의 세법에 따라서 조약용어를 적용하도록 함으로써 조약상 정의되지 않은 용어의 해석문제에 대한 부분적인 해결책을 제공한다.

다. 용어해석방법 결정문제의 해결

국내법과 조약법은 각자의 영역을 가진 상호 독립적인 분야들이다. 따라서 조약에서 용어를 정의하고 있지 않는 경우 조약의 맥락에 따른 독립적 해석이 도출될 수 있다면, 그러한 해석에 우선권이 부여되어야 한다. 그러나, 독립적 해석이 도출될 수 없는 경우에는 어려움이 발생한다.

조약적용국가 법률에 의한 해석방법(lex fori qualification)을 선호하는 이유는 과세당국과 법원이 자국의 법률을 가장 잘 이해한다는 현실적 고려에 따른 것이다. 또한, 체약국들은 조약문구로 명백히 증명된 경우에만 자국의 주권을 포기한다는 것이 오래된 국제법의 원칙이며, 이 원칙에 따를 경우 조약적용국가 결정방법(lex fori approach)이 타당하다는 것이다. 다른 한편으로, 조약에서 명시적으로 정의하지 않는 용어는 조약적용국가의 법률을 차용할 의도가 있는 것으로 추정된다고 볼 수도 있다. 그러나, 조약적용국가의 법률에 따른 해석방법 하에서는 체약국들 간에 국내법 해석이 서로 다를 경우 조약을 다르게 적용할 것이고, 이는 이중과세 또는 비과세를 초래할 수 있다.

이러한 바람직하지 않은 결과를 방지하기 위해 원천지국 법률에 의한 해석방법(source state qualification)을 주장하는 견해가 등장한다. 원천지국이 특정 용어를 국내법에 따라 해석하여 해당 소득에 대한 과세권이 있다고 판단하는 경우, 협약 제3조 제2항에 따라서 해당 소득에 대해 과세를 한다. 제23A조 및 제23B조에 따라 "소득이 협약의 조항에 따라서 타방체약국(원천지국)에서 과세될 수 있기" 때문에, 거주지국은 이중과세 구제를 허용해야 한다. 그러나 반대로, 만약 원천지국이 국내법의 해석에 따라 과세할 수 없다고 판단한다면, 거주지국은 설령 자국의 해석에 따르면 원천지국 과세권을 인정할 수 있다고 하더라도 이중과세 구제를 허용할 의무는 없다는 것이다.

제23A조 및 제23B조에 대한 이러한 새로운 해석은 이중과세 및 비과세를 방지하기 때문에 OECD의 지지를 얻어 2000년 개정 OECD모델에 반영되었다.(OMC Art.23/32.1) 원천지국의 법률에 따른 용어의 해석원칙은 제6조 제2항 및 제10조 제3항에 반영되어 있다. 거주지국이 이러한 원칙에 기속된다면 양국간 조약의 통일된 적용을 가져올 수 있다. 그러나, 이 방법은 용어의 적용범위를 넓게 확대하는 국가들에게 혜택을 주지만, 체약국 간 과세권의 공평배분이라는 조약의 목적과 상충된다는 비판이 제기된다. 따라서 원천지국 법률에 의한 방법은 용어해석 문제를 해결하는 일반적 방안으로는 적합하지 않다.

각국의 언어 용례를 초월하는 국제조세 언어의 진전 정도에 따라 독립적 해석방법

(autonomous qualification)이 좋은 해결방안이 될 수 있다. 사실상 독립적 해석방법은 조약용어에 대한 바람직한 공통의 해석을 보장할 수 있기 때문에 조약의 성격과 가장 잘 부합할 수 있다.

미국 Boulez Case를 예로 들어보자.[26] 독일 거주자인 오케스트라 지휘자 Pierre Boulez가 미국법인과 오케스트라 녹음계약을 체결하고 대가를 지급받은 사안에서 미국 IRS는 이를 인적용역소득으로 보아 미국원천소득으로 주장한 반면, Boulez는 미국·독일 조세조약상 사용료소득으로 면세를 주장하였다. 이 경우 미국·독일 조세조약에서 사용료를 정의하고 있지만, 이러한 독립적 정의는 독일과 미국 과세당국 간에 서로 다르게 해석되어 이중과세가 발생되었다. 반대로, 만약 독일 과세당국이 해당 대가를 인적용역소득으로, 미국 국세청이 이를 사용료로 간주했다면 Boulez는 전혀 세금을 내지 않았을 것이다. 독립적 해석원칙을 지지하더라고 최소한 최종적인 해석방안으로 조약적용국가의 법률에 의지할 수밖에 없을 것이다.

위에서 언급된 어떤 방법도 독자적 설득력을 갖지 못하기 때문에 해석이 추구하는 목적에 따라서 접근방법들을 선택하는 것이 최선일 수 있다. 그러나, 실용성과 법적 확실성의 측면에서 조약적용국가의 법률에 의한 결정원칙이 지지를 받는다. 결국 국제조세 언어의 발전이 크게 진전될 때까지는 최종적인 해석방안으로 조약적용국가의 법률을 차용하는 것이 불가피할 것이다.

라. 조세조약과 국내법의 변경

조세조약은 국내법보다 오래 지속될 것이라는 의도 하에 체결되었다. 이는 OECD/UN 모델 제2조 제4항에서 "기존 조세에 추가되거나 또는 대체하여 조약 서명일 이후 부과된 동일 또는 실질적으로 유사한 조세에도 조약이 역시 적용된다."고 언급하고 있는 점으로도 확인된다. 조약은 국내법의 다른 규정들이 변경될 때에도 존재하는 조항의 내용대로 계속 효력을 가진다.

그러나, 국내법의 변경이 있을 때 다음과 같은 상충문제가 발생할 수 있다. 첫째, 조약이 국내법상 용어를 차용하는데 이들 국내법상 용어들이 변경된 경우, 둘째, 새로운 법률이 조약목적과 불일치함에도 여전히 조약문구와는 일치하는 경우, 셋째, 새로운 법률이 조약을 배제하는 경우이다.

26) Pierre Boulez v. Commissioner, 810 F.2d 209(D.C. Cir. 1987); Boulez v. Commissioner, 76 T.C. 209 (1981)

(1) 국내법의 변경

조약이 체결된 이후 국내법이 변경된 경우, 조약에서 차용한 용어를 해석할 때 조약체결 시점의 법률(정태적 해석)을 따를 것인지 또는 조약적용 시점의 법률(동태적 해석)을 따를 것인지 문제가 제기된다. 이 문제는 OECD/UN모델 제3조 제2항의 맥락에서 주로 논의되어 왔다.

개정된 국내법을 따른다는 전통적 견해, 즉 동태적 해석방법(ambulatory interpretation)이 1992년 OECD모델 주석 및 1995년 OECD모델 제3조 제2항의 문구를 통해 명시적으로 채택되었다. 다시 말해서, OECD는 조약서명 당시가 아니라 조약적용 당시, 즉 과세당시에 효력을 가지는 법률에 따라 용어의 의미가 결정되어야 한다는 입장을 천명하고 있다.(OMC Art.3/11) 그러나, 일방체약국에서 국내법의 큰 폭의 수정은 일방적으로 용어의 실질적 내용을 변경시켜 타방체약국의 의도와 불일치하게 된다는 점에서 허용될 수 없다는 반론도 존재한다.

(2) 조약목적의 침해

국내법의 변경을 통해 체약국은 조약상 과세할 수 있는 상황의 범위를 확장할 수 있다. 그러한 결과가 입법의 목적인지, 아니면 의도하지 않은 부수적 결과인지 여부가 항상 분명한 것은 아니다. 그러한 입법이 관련 조약의 문구와 배치되지는 않지만 조약의 실체적 내용을 침해할 수 있다. 따라서 동태적 해석이 허용된다고 하더라도, 조약의 균형을 해치거나 실질에 영향을 미치지 않아야 하는 암묵적 제한이 있다고 한다.

이러한 유형들은 조약을 실제 위반한 것이라기보다는 조약을 회피(treaty dodging)하려는 시도들로 보아야 한다. 대부분의 선진국 조세제도에서 확인되는 명확한 입장은 합리적 사업목적이 없이 명백히 조세상 고려만으로 행한 인위적 약정은 세법 상 인정되어서는 안 된다는 것이다. 이러한 원칙은 일반 법원칙으로써 국가들 간의 법적 관계도 역시 규율한다. 따라서, 어떤 국가가 조약의무를 회피하려고 시도하는 경우, 인위적인 법률구조에 의해 발생된 법적 결과라기보다는 선의의 입법행위에서 발생되었을 법적 결과들로 간주된다.

(3) 조약배제

조약의 개정 또는 종료 없이 현행 조약에 상반되는 새로운 국내입법을 일방적으로 제정하는 경우 그러한 입법은 국제법상 조약위반이며, 이러한 조약위반 입법을 '조약배제(treaty override)'라고 부른다. 때때로 조약과 상반된 입법을 정당화하기 위한 시도로 해당 입법이 조약남용을 방지하기 위한 것이므로 조약위반이 아니라는 주장을 하기도 한다. 그러나, 만약 이러한 유형의 입법이 국제법에서 인정되려면, 남용 개념의 개별 적용을 정당화할 수 있는 특정 사안만을 포섭해야 할 것이다.

조약배제는 국제적 의무의 위반이기 때문에 상대국에게 제재할 권한을 부여한다. 예를 들어, 체약상대국은 조약의 종료 또는 정지, 기타 상응하는 보복조치 등을 할 수 있다. 또한, 조약배제는 '조약은 준수되어야 한다는 원칙(pacta sunt servanda principle)과 관련하여 이슈들을 제기한다.[27)]

그러나, 국제법 위반이 반드시 조약을 위반한 국내법의 무효까지 초래하는 것은 아니다. 이는 특정 국가의 헌법에 따라 다르다. 프랑스, 일본, 우리나라 등은 조약이 국내법보다 우선하는 효력을 갖기 때문에 조약배제가 발생할 수 없다. 그러나, 미국, 독일, 영국 등 대부분의 국가들은 조약이 국내법보다 우선하지 않고 신법우선의 원칙(later in time rule)이 적용된다. 따라서 이전의 조약집행 법률보다 나중에 제정된 국내법이 조약을 배제할 수 있다.

예를 들어 미국의 경우, 헌법상 국제조약이 법률보다 우위에 있지만 조약은 다른 연방법률과 동등하기 때문에 나중에 제정된 법률이 조약을 배제할 수 있다. 미국 법률에 의한 조약배제의 사례로 1980년 제정된 외국인부동산과세법을 들 수 있다. 동 법률은 미국이 체결한 조세조약 상 주식양도차익은 거주지국에서만 과세하도록 되어 있었지만, 부동산과다보유법인의 주식양도차익은 원천지국인 미국에서 과세하도록 세법(IRC §897)을 개정하는 것이었다.[28)]

독일의 경우에도 국제법 일반원칙이 연방 법률보다 우선 효력을 갖지만, 조약은 제외된다. 따라서 조약에 일반 법률보다 우선적 지위를 부여할 수 없다. 영국의 경우에도, 조약은 국내에서 기속력을 가지지 못하고 조약집행 법률이 기속력을 갖기 때문에 후속입법을 통해 기존 조약집행 법률을 변경할 수 있다.

---

27) VCLT §26에서 "발효된 모든 조약은 당사국을 기속하며, 당사국은 이를 성실하게 이행해야 한다."고 규정하고 있으며, §27에서는 "어느 당사국도 조약 불이행에 대한 근거로 국내법의 규정을 원용할 수 없다."고 규정하고 있다.

28) 오윤, 전게서, pp.605-606

제3장 조세조약의 남용

1 조약남용의 의의

"납세자는 조세부담을 최소화하기 위해 자신의 거래를 설계할 권리를 가진다.(as-structured principle)"는 것은 대다수 국가에서 발전되어온 법원칙이다. 납세자가 조세목적 상 특정행위를 채택했다는 사실만으로 법적 혜택을 박탈할 수는 없다. 이는 국내세법뿐만 아니라 조세조약이 관련된 국제거래 상황에도 적용된다. 원칙적으로 납세자는 조세조약 또는 특정 조약규정의 혜택을 얻기 위하여 자신의 거래를 설계할 수 있다. 그러나 납세자가 조세부담을 줄이기 위해 조세조약을 이용하는 것은 한계가 있다.

조약남용 상황에서 일방체약국이 조약혜택을 부여할 의무는 없다. VCLT 제26조에 따르면, 조약은 체약국들에 의해 성실하게 준수되어야 한다. 또한, VCLT 제31조 제1항에 따르면, 조약은 그 목적에 따라 성실하게 해석되어야 한다. 따라서 거래가 조약규정의 범위에 해당할지라도 조약혜택이 부인될 수 있는 것이다. 이러한 관점에서 실질과세원칙이 조세조약에 내재하는 것으로 간주되어야 한다.(OMC Art.1/79)

국제교역의 확대 및 외국자본의 유치를 위해서는 조세조약 네트워크를 확대할 필요가 있다. 그러나, 이러한 조세정책이 특정 국내법과 조세조약에 규정된 조세혜택을 얻을 목적으로 인위적 법적 단체를 이용하는 것을 촉진시킴으로써 조세조약 남용의 위험을 증가시킬 수 있음을 염두에 두어야 한다.

아래 〈그림 2-1〉은 이러한 조세조약 남용의 기본구도를 보여주고 있다. 예를 들어, A국에 투자 또는 투자계획인 제3국(예: C국)의 거주자가 A국과 B국 간에 체결된 조세조약의 혜택을 얻기 위해 여러 단계의 복잡한 투자경로를 거쳐 B국에 도관회사(conduit company)를 설립하는 경우 또는 특정 국가(A, C, D국)의 거주자가 자신의 소득을 은닉하거나 B국의 국내법상 또는 조세조약 상 특례제도를 이용하기 위해 B국에 기지회사(base company)를 설립하는 경우, 그리고, A국 거주자가 A국-B국 조세조약의 혜택을 얻기 위해 거주지를 B국으로 이전하는 경우 등을 들 수 있다. 이와 관련하여 OECD는 일방체약국에서 내국법인의 상당한 주식지분을 포함하여 항구적 주거 및 모든 경제적 이해관계를 가지고 있는 개인이, 해당 주식매각에 대한 양도차익 과세를 회피하기 위해, 주식양도차익에 대해 거의 또는 전혀 세금이 없는 타방체약국으로 항구적 주거를 이전하는 경우를 사례로 들고 있다.(OMC Art.1/56) 여기서 한 가지 유념할 것은 B국이 반드시 조세회피처일 필요는 없다는 점이다. B국이 저세율국가가 아니고 정상적인 조세제도를 가진 국가라 하더라도 지분소득 면제제도 등 국내법상 특례제도가 A국과 체결한 조세조약의 효과와 결합하는 경우 조세회피 전략에 이용될 수 있다.[29)]

〈그림 2-1〉 조세조약 남용의 기본구도

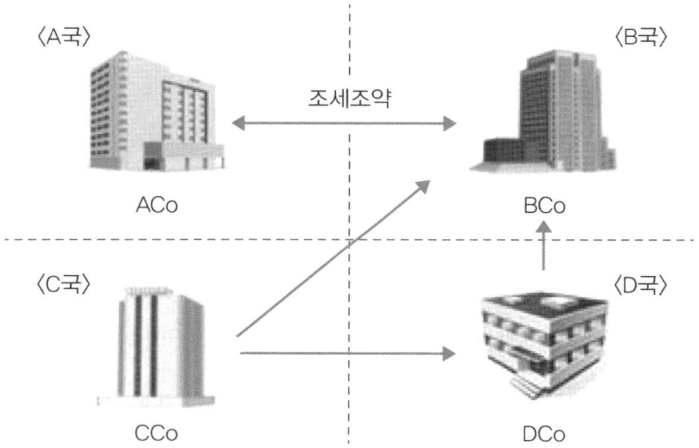

이와 같은 유형의 조세조약 남용행위를 '조약쇼핑'(treaty shopping)'이라 총칭한다. 일반적으로 조약쇼핑은 "어떤 인이 직접적으로는 이용할 수 없는 조세조약 혜택을 얻기 위한 주된 또는 유일한 목적으로 다른 국가에 어떤 단체를 설립하는 행위를 통해 조약을 부적절하게 이용하는 것"을 일컫는다. 조세조약은 양 체약국 또는 일방체약국의 거주자에게만 적용되기 때문에 조약당사국이 아닌 제3국의 거주자가 해당 조세조약의 혜택을 받을 권리가 없는 것은 지극히 당연한 일이다.

29) 다국적기업에게 투자경유지 역할을 제공하기 위해 국내법상 사전 세법해석제도(advance tax ruling) 등을 통해 실질이 없는 우편함회사(letter-box company)를 사실상 허용하고, 광범위한 조세조약 네트워크의 이용을 용인하거나 촉진하는 전략을 구사하는 국가로 네덜란드, 스위스, 룩셈부르크, 아일랜드 등 EU국가들이 자주 거론되고 있다.

OECD/UN모델은 '조세조약의 오 · 남용(treaty misuse or abuse)' 또는 조약쇼핑에 대해서 정의하고 있지 않다. 다만, OECD는 조약남용 여부를 판정하기 위한 지도원칙(guiding principle)으로서 다음 두 가지 요소를 제시하고 있다.(OMC Art.1/61) 첫째, 특정 거래 또는 약정을 체결하는 주된 목적이 보다 유리한 조세상 취급을 얻기 위함일 것, 둘째, 그러한 유리한 조세상 취급을 얻는 것이 관련 조약규정의 목적에 반하는 결과를 가져와야 한다. 첫째 조건은 거래의 이면에 있는 납세자의 의도를 조사할 것을 요구하는데, 이를 객관적으로 확인하는 것이 어려울 수도 있을 것이다. 또한, 보다 유리한 조세상 결과인지 여부는 국내법상의 실질기준을 충족하는 거래와 비교하여 판단되어야 한다. 따라서 단순히 조약적용 자체만으로 유리한 조세취급을 얻는 것이 조약남용에 해당한다고 할 수는 없고, 그러한 혜택을 얻기 위해 관련조항의 의도와 부합하지 않는 특정거래를 설계하는 등 의식적이고 고의적인 시도가 있어야만 한다.

이와 관련하여 OECD모델 제29조 제9항은 "조약혜택을 얻는 것이 약정의 주요 목적들 중의 하나라고 합리적 결론을 내릴 수 있고, 그러한 상황에서 조약혜택을 부여하는 것이 조약규정의 목적에 부합하다는 것이 입증되지 못하는 한 조약혜택이 부여되어서는 안 된다."고 언급하고 있다.[30)]

2 조약남용의 유형

조세조약 남용의 유형으로 기지회사, 도관회사, 지주회사 등의 개념이 자주 거론된다. 기지회사가 거주지국에서의 조세부담 최소화에 초점을 맞추는 개념인 데 비해, 도관회사는 원천지국에서 얻게 되는 조세혜택에 초점을 맞추는 개념이라는 점이 다를 뿐 국내법과 조세조약의 남용수단이라는 점에서는 차이가 없다. 또한, 지주회사는 관점에 따라 기지회사 또는 도관회사 개념에 포함시킬 수도 있지만, 조약남용에 흔히 이용되는 법적 형식이므로 별도로 분석할 필요가 있다. 지주회사의 설립 자체만으로 조약남용에 해당한다고 볼

30) 우리나라는 양자 조세조약을 개정하지 않고 'BEPS방지 목적의 조세조약 관련조치 이행을 위한 다자간협약(Multilateral Convention to Implement Tax Treaty Related Measures to Prevent BEPS: 이하 BEPS방지 다자간협약)'에 서명(2017.6월, '20년 말 기준 94개국 서명)함으로써 BEPS대응 최소기준 중 하나인 OECD 모델 제29조 제9항(PPT기준)을 채택하였다. 동 협약은 2019.12월 국회에서 비준되어 2020.9.1.부터 발효되었다.

수는 없지만 실질을 갖추지 못하는 지주회사의 경우에는 조약남용에 해당할 수 있기 때문에 아래에서는 위 세 가지 조약남용의 유형에 대해 상세히 살펴보고자 한다.

가. 기지회사

기지회사(base company)는 보통 세금이 없거나 세율이 낮은 국가에 설립된다. 그러나, 기지회사가 해당 국가의 국내법상 특례제도를 이용하기 위한 목적의 경유지(stepping stone)로 이용될 경우에는 고세율국가에서도 발견된다. 즉, 어느 국가의 거주자가 1차로 저세율국가 또는 조세회피처에 소득을 피난시킨 후 해당 피난자금을 최종목적지로 보내는 중간통로(channel)로서 고세율국가에 기지회사를 설립하는 경우가 있다. 거주지국의 납세자는 1단계로 기지회사에 피난시킬 소득의 유형을 선택하여 이전시킨 후, 피난소득을 배당하지 않고 과세이연시킴으로써 기지회사 국가의 과세를 회피할 수 있다. 2단계로 배당을 하는 경우에도 조세조약 또는 국내법 조항을 이용하여 비과세・면제를 적용받도록 하거나, 피난소득을 다시 주주회사에 대여하는 등 해외재투자 형식을 취할 수도 있다. 또는 거주지국의 주주가 주식양도소득에 대해 면세 또는 경감세율 적용을 받을 수 있는 경우에는 기지회사의 주식을 양도할 수도 있다.

기지회사는 크게 보아 자산관리회사, 재무지주회사, 사업운영회사의 3가지 유형으로 분류할 수 있다.[31] 첫째, 자산관리회사는 가장 흔한 유형으로 기지회사에 소득창출 자산을 이전시킨 후 이로부터 발생하는 소득을 거주지국의 과세로부터 피난시키는 경우이다. 예컨대, 특정 국가의 거주자가 주식 또는 채권을 기지회사에 이전시킨 후 이 자금으로 다른 자산을 취득하거나, 기지회사를 특허권자로 등록시킨 후 여러 국가에서 수취하는 특허료 수입을 기지회사에 피난시키고 동 자금을 다시 해당 거주지국의 거주자에게 대여함으로써 해당 거주자의 과세소득을 줄이는 역할도 하게 한다. 둘째, 재무지주회사는 통상 MNEs이 특정 지역에 지주회사를 설립하고 타 국가에 설립한 자회사들의 주주회사로서의 역할을 부여하는 경우이다. 최근 MNEs은 이 회사에 지주회사 기능은 물론 금융, 보험, 기타 활동 등을 집중시키는 지역거점으로서의 역할까지 부여하는 경우가 많은데, 이 경우까지 기지회사에 해당되는지 여부에 대해서는 의문이 제기될 수 있다. 셋째, 사업운영회사는 어느 국가의 기업이 해외에서 제조업 등 사업활동을 수행하면서 판매회사로서 기지회사를 설립하여 해당 사업에서 발생한 소득의 일부를 기지회사에 피난시키는 경우이다. 또

31) OECD, "Double Taxation Conventions and the Use of Base Companies", 1986.11

한, 예능인이나 체육인이 기지회사의 종업원으로서 기지회사로부터는 적은 연봉만을 받고 나머지 소득을 기지회사에 피난시키는 경우도 이러한 유형에 포함된다. 물론, 이와 같이 기지회사가 실제 사업활동을 수행하는 경우에는 이전가격 조작 여부에 대한 검토가 이루어질 수 있을 것이다.

〈그림 2-2〉 기지회사에 실질과세원칙을 적용한 사례

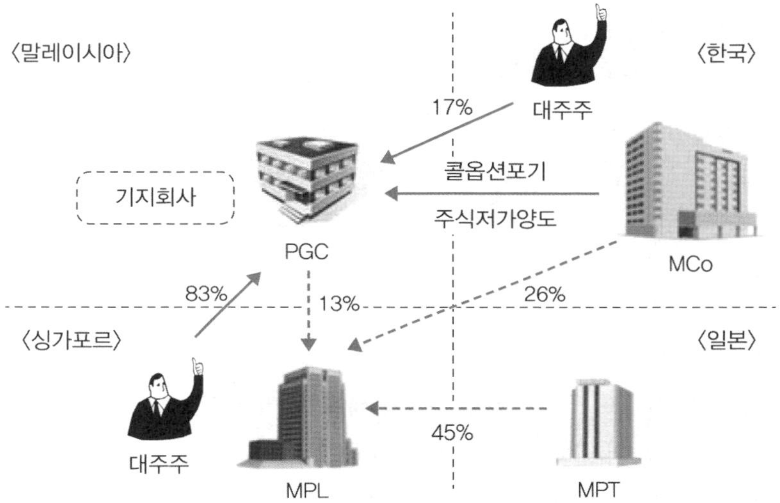

이와 관련하여 위 〈그림 2-2〉 사례에서 보는 바와 같이 내국법인(MCo)이 외국법인(MPL) 주식을 저가로 취득할 수 있는 콜옵션을 포기하고 국외 특수관계회사(PGC)에게 콜옵션 행사이익을 무상으로 이전하고 주식을 저가로 양도하여 이익을 분여한 것에 대해서 과세당국이 부당행위계산부인 규정을 적용하여 PGC의 실체를 부인하고 관련이익이 내국법인의 임원인 소외1과 소외2에게 직접 귀속되었다고 보아 상여로 소득처분한 사안에서, 우리나라 대법원은 말레이시아 라부안에 설립된 기지회사에 실질과세원칙을 적용하였다.

이에 대해 대법원은 실질과세원칙이 "거주자나 내국법인이 거주지국인 우리나라의 조세를 회피하기 위하여 소득세를 비과세하거나 낮은 세율로 과세하는 조세피난처에 사업활동을 수행할 능력이 없는 외형뿐인 이른바 '기지회사'를 설립하여 두고 그 법인 형식만을 이용함으로써 그 실질적 지배·관리자에게 귀속되어야 할 소득을 부당하게 유보하여 두는 국제거래에도 마찬가지로 적용될 수 있다."고 전제한 후, "(1) PGC는 조세피난처에 설립된 회사로서 그 명의의 재산을 지배·관리할 능력이 없을 뿐만 아니라 실질적인 사업활동을 수행할 능력도 없고, 소외1과 소외2가 그 지배권을 통하여 PGC의 의사결정과 자산관리를 하면서 PGC의 명의로 실질적인 사업활동을 수행하였으며, 이러한 명의와 실질의 괴리는 오로지 PGC를 거래와 행위의 주체로 개입시켜 소득의 귀속자를 소외1과 소외2로부터 PGC로 변경함으로써 국내 세법에 따라 과세되어야 할 소득을 PGC에 유보하여 두려는 조세회피의 목적에서 비롯되었다고 볼 수 있으므로, PGC가 실질과세원칙상 그 실체를 인정할 수 없는 이른바 '기지회사'에 해당한다 할 것이며, (2) 피고가 익금산입의 대상으로 삼은 원고의 콜옵션 포기로 인한 이익분여나 저가양도에 따른 이익은 이를 실질적으로 지배·관리하는 소외1과 소외2에게 직접 귀속되었다고 봄이 타당하다."고 판시하였다.[32]

나. 도관회사

도관회사(conduit company)는 부당한 조약혜택을 통해 원천지국에 손해를 끼치는 경우를 말하는데, 일반적으로 "조약체약국에 소재하는 어느 회사가 경제적으로는 제3국의 거주자에게 귀속될 소득의 중간통로 역할을 제공함으로써 조세조약을 부적절하게 이용하는 상황"을 말한다. 도관회사는 보통 법인의 형태이지만, 경우에 따라서 파트너십, 신탁 등의 형태를 취할 수도 있다.

도관회사는 크게 직접 도관회사(direct conduits)와 다단계 도관회사(stepping stone conduits)로 분류할 수 있다.[33] 직접 도관회사는 〈그림 2-1〉에서 보듯이, C국의 거주자가 B국의 법률 또는 A-B국 간 조세조약에 의해 A국에서 수취한 소득이 B국에서 세금면제 혜택을 받을 수 있는 경우에 이자, 배당, 사용료 등 소득을 발생시키는 자산 및 권리를 B국의 도관회사에 직접 이전하는 형태이다. 반면, 다단계 도관회사는 〈그림 2-1〉 사례에서 보면, C국 거주자는 A국에서 수취한 소득에 대해 A국의 원천세를 면제받더라도 B국에서 과세대상이 되는 경우에는 조세회피 목적을 달성할 수 없게 된다. 이 경우 C국 거주자는 가령, 지분소득 면제제도 등 특례제도를 운영하는 D국에 추가 도관회사를 설립할 필요가 있을 것이다.[34] 이때 B국 도관회사는 B국의 과세를 회피하기 위해 D국 도관회사

32) 대법원 2015.11.26. 선고 2014두335 판결

33) OECD, "Double Taxation Conventions and the Use of Conduit Companies", 1986.11

34) 실제 미국의 한 사모펀드가 룩셈부르크, 벨기에의 지분소득 면제제도를 활용하여 이들 국가에 설립한 도관회사 명의로 국내에 투자한 후, 배당소득, 주식양도소득 등 국내 투자수익을 회수하면서 우리나라의 조세를

에게 고율의 이자, 수수료, 용역비 등을 지급하여 B국에서 비용공제 혜택을 받고, D국 도관회사(주주회사)가 B국 도관회사(자회사)로부터 수취하는 배당에 대해서 면세혜택을 받게 되면 B국과 D국에서 큰 세금을 부담하지 않고 최종목적지인 C국까지 투자수익을 송금할 수 있게 되는 구조이다.

다. 지주회사

(1) 지주회사의 특성

MNEs이 조세구조 설계 시 자주 이용하는 지주회사(holding company)는 타 회사에 대한 지분보유, 그리고 채권 및 지식재산권 등 자산의 보유를 위해 설립된다. 통상 자금조달 및 IP활동을 촉진하는 다른 기법들과 결합되어 이용된다. 지주회사는 중간 회색지대가 많은 다양한 사업모델을 제공해줄 수 있다. 최근 들어 과세당국들은 실질(substance) 개념에 근거하여 조세조약의 혜택을 부인하는 경우가 증가하고 있다.

전통적 의미에서 지주회사는 주로 국내외 자회사에 대한 투자자금을 보유할 사업목적을 가지고 설립된 단체이다. 이들 투자자금이 전형적인 지주회사의 주요 자산이고, 주요 활동은 이들 투자자금에 대한 관리, 지배, 조달 및 융자 등으로 제한된다. 지주회사를 중간에 끼워 넣을지 여부의 결정은 전적으로 조세목적인 것은 아니다. 주된 사업상 이유는 다양한 지분참여를 관리효율성 및 사업성과 향상을 위해 집중화하는 것이다. 이는 관리체계의 분권화를 가져오는데, 수요/공급의 시너지효과, 신규자본 원천에 대한 접근성, 자회사 관리의 융통성 등 바람직한 효과를 발생시킨다. 지주회사 이용은 법적 책임을 제한하고 위험을 단절시키는 장점이 있다. M&A를 위한 수단 및 공동투자를 위한 조직형태로도 이용된다.

지주회사가 사업상, 법률상 이유로 이용될지라도 특정 국가에 지주회사를 설립할지 여부의 결정에 조세상 고려가 중요한 영향을 미치는 것이 사실이다. 국내 및 국제 조세제도와 연관시켜 볼 때, 지주회사의 주된 임무는 그룹 관계회사들의 세금손실을 완화시키는 것이다. 그룹 관계회사들은 법적으로 독립되어 있고 독립적 과세대상이지만, 기업의 관점에서는 하나의 경제적 단위이다. 지주회사가 세금손실을 최소화하기 위한 수단으로 이용될 수 있다.

회피한 사례가 있었다.(대법원 2016.12.15. 선고 2015두2611 판결 참조)

지주회사의 법적 형태로는 주식회사, 유한책임회사(LLC) 등과 같은 법인단체가 흔히 이용된다. 그러나, 국가 간에 파트너십에 대한 과세상 취급과 구분이 다른 점을 활용하고자 할 경우에는 파트너십이 보다 유익할 수도 있다. 파트너십이 국가에 따라 투과단체 또는 과세단체로 다르게 취급된다는 사실은 혼성단체와 관련한 다양한 절세계획의 기회를 제공할 수 있다. 다른 조세전략들이 결합되는 경우에는 지주회사로서 파트너십 형태를 이용하는 것이 법인보다 더 적합할 수도 있다.

지주회사는 임무, 기능 또는 그룹 내 지위 등과 관련된 주요 목적에 따라 분류될 수 있다.[35] 첫째, 관리지주회사(management HC)로서 전체 그룹회사의 사업을 적극적으로 조정하고 전략을 통제하는 등 전략적 의사결정 및 어느 정도의 사업상 의사결정을 담당한다. 둘째, 재무지주회사(finance HC)로서 주로 그룹 내 회사들에게 재무서비스를 제공한다. 관리지주회사와 달리, 전략적 의사결정에는 관여하지 않고 그룹의 현금관리를 담당한다고 할 수 있다.

(2) 지주회사 활용전략

지주회사 구조 설계의 중요한 목표는 추가 법인세 또는 원천세 부담으로 인한 비용증가를 회피하는 것이다. 반면에, 추가 법인설립을 통해 그룹의 여러 단계에서 소득과 비용을 배분할 수 있는 기회를 제공할 수 있다.

지주회사를 이용하는 전략에는 첫째, 소득을 우회, 전환 또는 유예함으로써 모회사에게 소득을 송환하거나 둘째, 소득을 상향식 또는 하향식으로 이전함으로써 그룹 관계회사 간에 소득과 비용을 배분하는 전략이 있다.[36]

송환전략(repatriation strategies)이 성공하기 위해서는 추가세금이 발생하지 않도록 해당 법인의 소득이 낮게 과세 또는 면세되고, 해당 소득이 모회사에 직접 송금되는 경우보다 추가 원천세 부담이 낮은 국가에 설립되어야 한다.

첫째, 소득우회(re-routing) 기법은 조약쇼핑으로 불리는 것으로서 조세조약 또는 EU 지침(Directive)을 활용하여 원천세를 경감하는 전략이다.

둘째, 소득전환(transformation) 기법은 지주회사가 소득을 송금하기 전에 다른 소득유형으로 전환하는 방법이다. 최종모회사가 중간지주회사에게 대여를 하거나 중간지주회

---

35) Andreas Perdelwitz, "International Tax Structuring for Holding Activities", International Tax Structures in the BEPS Era, IBFD Tax Research Series(Vol.2), 2015, p.285

36) Andreas Perdelwitz, *op.cit*, pp.285-291

사가 하위자회사에게 대여를 하는 형태이다. 이는 원천세를 줄이거나 저세율국가에 소득을 이전하기 위해 국가 간 조세제도의 차이를 이용하기 위한 전략이다. 만약 중간지주회사가 하위자회사에 대여를 하면 하위자회사의 중간지주회사에 대한 이윤배당은 이자지급으로 전환되고, 해당 이자는 하위자회사 단계에서 공제된다. 만약 최종모회사가 중간지주회사에 대여를 하면, 소득전환은 지주회사 단계에서 발생한다.

셋째, 조세이연(tax deferral) 기법은 지주회사를 기지회사로 이용하는 전략인데, CFC 규정과 같은 남용방지 규정이 적용되지 않는다면 모회사에게 이윤을 송금하기 전까지는 조세를 이연시킬 수 있다. 그룹의 이윤을 모회사에 직접 송금하지 않고 지주회사 단계에 유보해 놓고 필요할 때 그룹 관계회사들에게 배분한다. 이 기법은 최종모회사가 이중과세 구제를 위한 통상적인 공제만을 제공하는 고세율국가의 거주자인 경우에 흔히 이용된다.

배분전략(allocation strategies)은 송환전략과 달리 지주회사 단계에서 이윤을 실현하는 데 초점을 둔다. 지주회사는 소득을 우회하기 위해서가 아니라 처음부터 소득을 발생시키기 위한 목적으로 설립된다.

〈그림 2-3〉 지주회사의 상향식 배분전략 사례

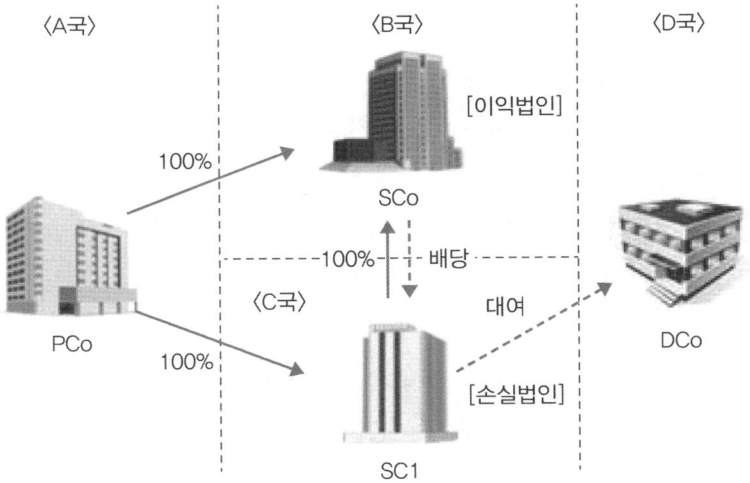

상향식 전략은 지주회사가 예컨대, 한 관계회사의 이윤을 다른 관계회사의 손실과 상쇄시키는 등 조세목적 상 다른 경제적 활동들을 묶기 위해 이용되는 경우이다. 예컨대, 위 〈그림 2-3〉 사례에서 보는 바와 같이, A국 모회사(PCo)가 B국 이익법인(SCo)에 대한 지분을 손실법인(SC_1)이 발행한 신주를 대가로 C국 손실법인(SC1)에게 이전하는 경우,

손실법인(SC_1)은 이익법인(SC_0)으로부터의 배당으로 자신의 손실을 상쇄시키거나 또는 다른 관계회사(DCo)에 대한 대여를 통해 그룹차원의 조세부담을 줄일 수 있다.

〈그림 2-4〉 지주회사의 하향식 배분전략 사례

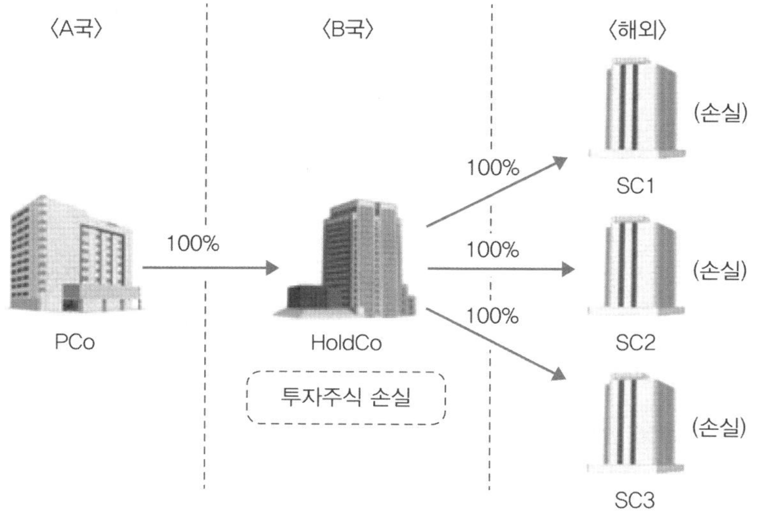

하향식 전략은 지주회사 국가가 최종모회사 국가보다 이윤 과세에 대해 상당한 혜택을 제공하는 경우 그룹의 상위조직에서 하위단계의 지주회사로 이윤을 배분하는 전략이다. 이와 관련하여 양도차익 또는 투자주식의 시가평가에 대한 과세는 특별한 중요성을 가진다. 배분전략이 효율적이기 위해서는 지주회사 국가가 자본손실 또는 투자주식 평가손실을 이용할 기회를 제공해야만 한다. 위 〈그림 2-4〉에서 보는 바와 같이, 만약 해외자회사들(SC1, SC2, SC3)이 손실상황이고 모회사국가(A국)에서 투자주식에 대한 시가평가를 허용하지 않는 경우[37], 투자주식 평가손실의 인식을 허용하는 국가(B국)에 100% 지주회사를 설립하면 그룹전체에 주는 혜택이 클 것이다. 양도차익 과세에 대한 B국 국내법 규정에 따라 달라지겠지만, 자회사들(SC1, SC2, SC3) 지분을 A국 모회사(PCo)가 직접 소유하다가 매각하는 경우보다 B국 중간지주회사(HoldCo)가 보유하다가 매각하는 것이 그룹전체 차원에서 보다 더 이익이 될 수 있다.

37) 참고로, 국내세법 상 유가증권 평가이익(손실)은 익금(손금) 불산입 항목이다.(법법 §18 1호 및 §22) 따라서, 법인이 투자주식을 기업회계기준의 지분법에 따라 평가하여 회계처리한 경우 세무조정(유보 또는 △유보) 사항이다.

(3) 지주회사 입지조건

지주회사를 통해 소득을 우회시킬 때 추가세금이 발생하지 않는 것이 가장 중요하다. 따라서 지분소득 면제제도 또는 국외원천 투자소득에 대한 감면을 제공하는 국가가 지주회사 설립지로 선호된다. 지분소득 면제제도는 통상적으로 최소 지분비율과 최소 보유기간 요건이 적용된다. 덜 관대한 국가들은 추가로 활동요건과 과세요건을 부과하기도 한다. 많은 국가들이 동일한 조건 하에 주식양도차익에 대해서도 면세를 제공한다.

이상적인 지주회사의 소재지는 국외 배당, 이자, 사용료 지급에 대해 원천세를 전혀 부과하지 않거나 매우 낮은 세율로 부과하는 곳이다. 만약 국외지급에 대한 원천세가 부과된다면 배당, 이자, 사용료에 대한 원천세가 크게 경감되거나 완전히 회피될 수 있는 광범위한 조세조약 네트워크를 가진 국가여야 한다. 이러한 이유 때문에, 비EU국가의 투자자에게는 '모 · 자회사 지침' 및 '이자 · 사용료 지침'과 같은 EU지침(Directive)의 혜택을 받기 위해 EU회원국에 지주회사를 설립하는 것이 매력적일 것이다. 글로벌 실효세율을 축소하기 위해서는 일반적으로 저세율국가들에서 과세소득이 발생되어야 한다. 그러나, 네덜란드, 영국과 같이 관념상 고세율국가의 경우에도 특정 지주회사의 경우 수취이자 및 사용료에 대해 특례를 부여하여 실효세율을 낮추는 곳이 많다. 또한 법인세 및 원천세의 세율뿐만 아니라 자본부담금(capital duty), 부유세, 증권거래세 등 기타 조세도 염두에 두어야 한다. 이상적 지주회사 국가는 존재하지 않지만, 외국인 투자를 유인하기 위한 국가 간 경쟁이 계속되는 한 개별상황에 맞는 최적국가는 존재할 수 있을 것이다.

3 조세조약 상 대응방법

가. 특정 남용방지규정

OECD는 특정 조세회피 기법이 확인되었거나 그러한 기법의 이용이 특별히 문제되는 경우 해당 회피전략에 직접 초점을 맞추어 조세조약 규정에 특정 남용방지규정을 추가하는 것이 유용하다는 점을 권고하고 있다.(OMC Art.1/62) 이 방식은 국내법에 일반 남용방지규정이 없는 상황에서 효과적일 수 있다.

OECD/UN모델은 2017년 이전에는 일부 이중과세 방지 규정들을 제외하고 조세회피 대응 규정은 거의 포함하고 있지 않았다. 이전가격과세 관련 제9조, 부동산법인의 주식양도차익에 대한 원천지국 과세를 허용하는 제13조 제4항, 예능인·체육인이 아닌 인에게 발생하는 연예 및 체육활동 소득에 대한 원천지국 과세를 허용하는 제17조 제2항이 유일한 특정 남용방지규정이었다.

그러나 2017년 OECD/UN모델 개정을 통해 다수의 특정 남용방지규정들이 추가되었다. 이는, i) 제1조 제2항에 의해서, 투과단체를 통해 얻은 소득은 그 소득이 그 국가의 과세목적 상 거주자의 소득으로 취급되는 경우에만 조약목적 상 일방체약국 거주자의 소득으로 간주된다. ii) 제4조 제3항에 의해서, 법인의 이중거주자 판정은 종전 '실질적 관리장소' 기준 대신에 권한있는 당국 간 상호합의를 통해 해결된다. iii) 제1조 제3항의 예외규정(saving clause)에 의해서, 일방국의 거주자는 그 국가의 과세권을 제한하는 조약규정에 영향을 받지 않는다. iv) 제5조 제4항에 의해서, PE의 예외규정이 적용되기 위해서는 단독으로 또는 결합하여 고려될 때에도 예비적·보조적 활동이어야 한다. v) 제5조 제4.1항의 분할방지 규정(anti-fragmentation rule)에 의해서, 납세자는 밀접히 관련된 기업들(closely related enterprises) 간에 활동들을 분산시킴으로써 제5조 제4항의 예비적·보조적 활동의 예외조항을 이용하지 못한다. vi) 제5조 제5항의 종속대리인PE 규정은 판매대리인 약정, 그리고 계약을 체결하지는 않을지라도 본인을 기속하는 계약체결을 성사시키는데 주요한 역할을 하는 종속대리인을 포함하도록 확장되었다. vii) 제10조 제2항 (a)절에서 배당에 대한 5% 세율의 적용요건으로 365일 보유기간이 추가되었다. viii) 제13조 제4항의 부동산법인 주식의 양도차익에 대한 조세회피 방지 규정이 파트너쉽 및 신탁의 지분으로 확장되었고, 또한 주식 양도시점이 아니라 양도 이전 365일 중 어느 때라도 주식가치의 50% 이상을 보유하면 적용되도록 개정되었다. ix) 포괄적 조약혜택 제한(LOB) 규정은 조약혜택을 일방체약국의 진정한 거주자로 제한하기 위하여 제29조 제1항부터 제7항까지의 조항이 추가되었다. x) 제29조 제8항에 의해서, 이중과세 구제 방법으로 소득면제법을 사용하는 국가의 거주자가 제3국에 PE를 설립하는 상황에서는 조약혜택이 부인된다.

(1) 1992년 OECD 접근방법

1977년 OECD모델 제1조 주석은 조세조약이 조세회피를 촉진해서는 안 되지만, 각국의 국내법에서 조세회피를 다루어야 하고 조세조약에 국내법상 조세회피방지 규정을 적용하지 않는 것이 국가의 책무라고 언급하였다.

그러나, 1992년 개정된 OECD모델 제1조 주석은 조세조약이 가령, 실질과세원칙, CFC 규정과 같은 국내법상 조세회피방지 규정의 적용을 제한하지 않는다고 규정하였다. 이에 따라, OECD는 도관회사 상황에 대처하기 위해 조세조약에서 채택할 수 있는 다양한 접근방법을 아래와 같이 소개하였다.[38] 첫째, 투시접근법(look-through approach)이다. 이는 특정 법인의 소유 또는 지배관계를 고려하여 해당 법인의 거주지국 거주자들이 해당 법인을 소유한 경우에 한하여 해당 법인에게 조세조약 혜택을 부여하는 방법이다. 둘째, 실제 조세부담접근법(subject-to-tax approach)인데, 특정 소득이 도관회사의 거주지국에서 과세되는 경우에 한하여 조약혜택을 받을 수 있도록 하는 방법이다. 셋째, 통로접근법(channel approach)으로서 비거주자가 법인의 실질적인 지분과 경영권을 가지고 있고, 해당 법인소득의 일정비율(예: 50%) 이상이 비거주자에게 이자・사용료・개발비 등의 형태로 유입되는 경우 해당 법인은 도관회사에 불과하므로 조약혜택을 배제하는 방법이다.[39] 넷째, 특례배제법(exclusion approach)으로서 법인의 거주지국에서 특정 유형의 회사[40] 또는 소득[41]에게만 적용하는 특례제도에 의해 조세면제 혜택을 부여하는 경우 해당 법인의 조약혜택을 배제하는 방법 등이다.

그러나, OECD는 해당 국가에서 실질적으로 사업을 영위하는 선의의 기업이 조약혜택에서 배제될 위험성이 있을 수 있으므로 다음과 같은 요건을 충족하는 기업에게는 조약혜택을 부여하는 보호규정(safeguarding provisions)을 함께 포함하도록 권고하였다. 예컨대, ⅰ) 해당 회사가 실질적인 사업활동을 수행하고, 조약혜택을 부여받고자 하는 소득이 그러한 사업활동과 관련이 있는 경우(활동조항), ⅱ) 조약상 감면세액이 거주지국에서 해당 법인에게 실제 부과될 세액보다 크지 않은 경우(세액조항), ⅲ) 해당 법인이 거주지

38) 종전 OECD모델 제1조 주석(13절~19절)에 소개된 여러 접근방법은 2017년 OECD모델 제29조 제1항~제7항에 포괄적 조약혜택 제한(LOB) 조항들이 추가되면서 삭제되었다.

39) 통로 접근방법은 복잡한 경로의 다단계회사(stepping-stone devices) 전략을 활용한 조세회피 대응에 효과적인 것으로 평가받는데, 미국-스위스 조세조약에서 채택하고 있다.

40) 예를 들어, 비거주자에 의해 실질적으로 소유・지배되는 거주지국의 회사(foreign-held entities)가 일반적으로 거주자소유 회사보다 해당 국가에서 실질적으로 적은 세금만을 부담하는 경우에는 조약혜택에서 배제하는 것이다.

41) 예를 들어, 해당 국가에서 상당한 실재(substantial presence)가 필요하지 않는 활동에서 발생하는 소득에 대해 저율과세 또는 면세를 하는 특례제도를 둔 경우에 조약혜택에서 배제하는 것이다. 이러한 활동으로 ⅰ) 은행, 해운, 융자, 보험, 전자상거래 등의 활동, ⅱ) MNEs 내의 회사관리, 자금대여, 기타 지원기능을 하는 본사 또는 조정센터의 활동, ⅲ) 이자, 배당, 사용료 등 소득을 발생시키는 소극적 투자활동 등을 들 수 있다.

국의 상장회사이거나 상장회사의 자회사인 경우(상장조항), iv) 제3국이 원천지국과 체결한 조세조약 상의 혜택이 조약당사국의 조세조약과 비교하여 불리하지 않을 경우(선택적 구제조항) 등에는 해당 법인을 선의의 기업으로 볼 수 있다는 것이다.

(2) 2003년 이후 OECD 접근방법

앞서 살펴본 1992년 승인 접근방법들은 조약쇼핑 상황의 특정 측면에 초점을 두고 있을 뿐 포괄적인 대처방식은 아니라는 인식하에 OECD는 2003년 조약당사국의 거주자가 아닌 인이 부적격 단체를 이용하여 조약혜택에 접근하는 것을 방지하기 위해 구체적인 LOB조항을 모델협약 주석에 포함하였다.[42]

2003년 개정 OECD모델 제1조 주석은 남용 사안에서 조약혜택 부여를 방지하기 위한 조세조약 규정의 해석 및 국내법상 조세회피방지 규정과 조세조약 간의 관계를 다루었다. 첫째 이슈와 관련하여, 제1조 주석[43]은 지도원칙(guiding principle)으로 명명하면서 사실상 일반 남용방지규정을 채택하였다.(OMC Art.1/61) 이 지도원칙은 현행 OECD모델 제29조 제9항에서와 같은 2단계 분석을 수반한다. 둘째 이슈와 관련하여, 주석은 국내법상 조세회피방지 규정이 조세조약에 의해 영향을 받지 않는다고 강조하였다. 따라서, 국내법상 조세회피방지 규정과 조세조약 규정 간 충돌은 없고, 결과적으로 조약은 국내법상 조세회피방지 규정의 적용을 방해하지 않는다. 이러한 조약남용에 대한 접근방법은 2017년 모델에서도 계속 유지되고 있다.(OMC Art.1/77)

조약남용과 관련한 OECD/UN모델 제1조 주석은 법원을 법률적으로 기속하지는 못하지만, 조약 해석에서 특히, 제29조 제9항과 유사한 일반 남용방지규정을 포함하고 있지 않은 조세조약의 경우에는 잠재적으로 중요할 것이다. 현행 OECD/UN모델 주석 규정은 주석이 개정된 시점 이전에 체결된 양자 조세조약을 해석하기 위한 목적으로도 적용된다.[44] 예를 들어, 2017년 OECD모델 제1조 주석이 2017년 이전과 이후에 체결된 조세조약을 해석하기 위해 적용되어야 한다는 것이다.[45]

---

42) 2017년 개정 전 OECD모델 제1조 주석 'Conduit company cases' 부분 20절 참조

43) 2017년 개정 전 OECD모델 제1조 주석 9.5절(현행 모델 61절)은 "지도원칙은 특정 거래 또는 약정을 체결하는 주된 목적이 보다 유리한 조세상 지위를 얻기 위한 것이고, 이러한 상황에서 더 유리한 취급을 얻는 것이 관련 조약규정의 목적에 반하는 경우 조약혜택이 부여되어서는 안 된다."고 규정하였다.

44) OECD모델 서론(Introduction) 33절-36.1절 참조

45) 많은 학자들은 OECD 입장에 반대한다. 많은 국가에서, 현재의 주석규정이 과거에 체결된 조약규정을 해석하는 데 관련성이 있는지 여부의 문제는 아직 해결되지 않고 있다.

2017년 개정된 OECD/UN모델의 제목에 '조세회피' 방지 문구가 포함되었는데, 이는 2003년 모델 개정시 주석에서 "조세조약의 목적 중 하나는 조세회피를 방지하는 것"이라는 언급을 명시한 것이다.[46] 또한, 서문(preamble)에서는 "협약은 제3국 거주자의 간접적 혜택을 위해 이 협약에 규정된 구제를 얻는 것을 목적으로 조약쇼핑 약정을 이용하는 것을 포함하여, 탈세 또는 조세회피를 통한 비과세 또는 경감 과세의 기회를 창출함이 없이 이중과세를 제거하는 것을 목적으로 한다."는 것을 강조하고 있다.

OECD/UN모델에 새로운 제목과 서문의 추가는 조세조약 규정의 해석상 중요할 수 있다. 왜냐하면, VCLT 제31조에 의하면, 제목과 서문은 조약의 맥락을 구성하며, 일반적 조약해석 원칙상 조약용어는 그 맥락과 목적을 고려하여 통상적 의미가 부여되어야 하기 때문이다. 이러한 변경의 의도는 과세당국과 국내법원이 조세조약 규정을 해석할 때 조세회피 방지 측면을 고려하도록 하는 근거를 제공하기 위함이다.

(3) 조약쇼핑 방지규정

(가) 개요

체약국의 거주자만이 조세조약 혜택을 받을 권리가 있다. 그러나, 일방체약국의 거주자가 아닌 납세자들은 소위 조약쇼핑(treaty shopping), 즉 타방체약국에서 발생된 소득의 도관(conduit) 역할을 하도록 어느 일방체약국에 법인 또는 기타 법적 단체를 설립함으로써 조약혜택을 얻고자 시도해왔다. 조약쇼핑은 조약남용의 한 가지 유형일 뿐이다. 대부분의 조약쇼핑은 배당, 이자, 사용료에 대한 경감세율 혜택을 얻고자 하거나 또는 주식양도차익에 대한 과세를 회피하기 위한 시도와 관련된다.

조약쇼핑을 방지하기 위하여 OECD/UN모델 제10조, 제11조 및 제12조는 배당, 이자 또는 사용료를 수취하는 일방체약국의 거주자가 해당 소득의 수익적 소유자(BO)일 것을 요구한다. 대리인 또는 지명인은 수취금액의 BO가 될 수 없고, 도관회사도 역시 계약상 또는 법률상 의무에 의해 수취자금을 다른 인에게 이전하기 위하여 수취자금을 사용하고 향유할 권리를 제약받는 경우에는 BO가 아니다.

46) "Convention between (State A) and (State B) for the elimation of double taxation with respect to taxes on income and on capital and the prevention of tax evasion and avoidance"(OECD모델, 'Title Of The Convention', p.27)

조약쇼핑의 고전적 유형은 연쇄거래약정(back-to-back arrangement)인데, 스스로는 조약혜택을 받을 수 없는 납세자가 투자목적 상 일방체약국에 소재한 특수관계가 없는 금융기관을 이용하는 것이다. 예를 들어, 아래 〈그림 2-5〉 사례에서 보는 바와 같이 납세자 P는 A국과 조세조약이 없는 조세회피처인 C국의 거주자이고, A국은 B국과 조세조약이 있다고 가정하자. A국-B국 간 조세조약에 의하면, 통상적 세율 20%를 적용받는 이자에 대한 원천세가 면제된다. P는 B국 거주자인 특수관계없는 금융기관 BCo에 1백만 달러를 투자하고, BCo는 동 자금으로 A국 거주자인 비특수관계법인 ACo가 발행한 채권을 구입한다. ACo는 BCo에게 이자 100,000달러를 지급하고, BCo는 A국-B국 간 조세조약에 따라서 이자에 대한 원천세 면제를 신청한다. BCo는 당초 BCo 투자에 대한 보상으로서 일부 수수료를 공제하고 P에게 잔여 금액을 지급한다.

〈그림 2-5〉 금융기관을 이용한 연쇄거래 사례

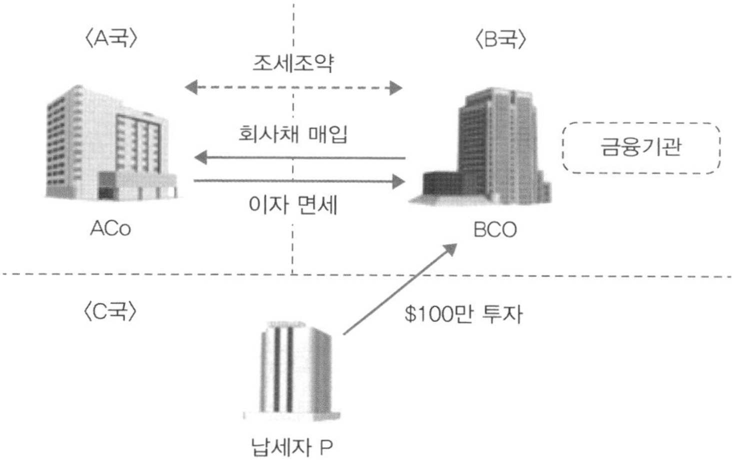

조약쇼핑의 또 다른 고전적 형태는 아래 〈그림 2-6〉에서 보는 바와 같이, 체약국에 설립된 특수관계 법인을 이용하는 것이다. 예를 들어, C국 거주자인 Q가 B국에 100% 자회사인 BCo를 설립한다고 하자. Q는 BCo 주식의 취득을 위해 2백만 달러를 출연하고, BCo는 해당 자금으로 A국 증권거래소에 등록된 A국 거주자인 여러 법인들의 주식을 취득한다. BCo는 수취한 배당소득 30만 달러에 대해 A국-B국 조세조약에 따라서 일반세율 30%가 아닌 제한세율 15%로 과세된다. B국 법률에 의해서 외국법인 배당에 대해서는 과세가 면제되므로, BCo는 B국에서 원천세 45,000달러만을 부담하면 된다.

〈그림 2-6〉 특수관계법인을 이용한 조약쇼핑 사례

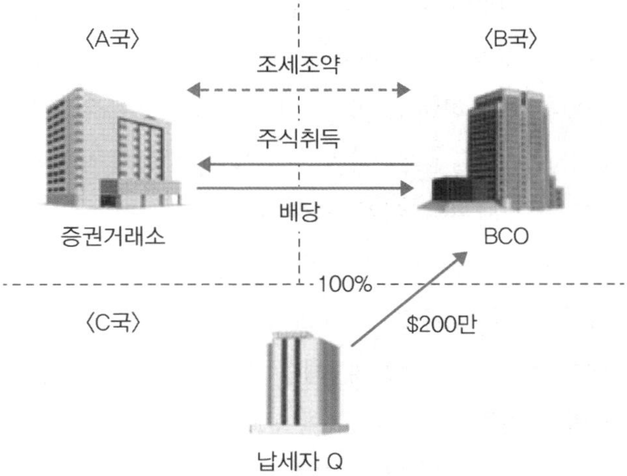

2017년 이전에는 위 사례와 같은 조약쇼핑 유형에 대처하기 위한 대응조치가 OECD/UN모델에 도입되지 않았다. 미국이 최근 체결한 모든 조세조약은 조약쇼핑에 대처하기 위한 LOB 조항을 포함하고 있다. LOB 조항의 기본 취지는 어느 체약국의 거주자이지만 사실상 제3국 거주자를 위한 도관 역할을 하는 법인에 대한 조약혜택을 부인하는 것이다.

(나) LOB 조항의 일반적 특성

LOB 조항은 조약쇼핑을 방지하기 위해 특별히 고안되었다. 단순히 거주자라는 것으로는 충분하지 않고, 납세자는 거주자가 된 비조세상 이유를 제공함으로써 해당 체약국과의 추가적 연계성을 입증해야 한다. LOB 조항은 사안별 분석을 요구하는 PPT(주요목적) 기준에 비해 보다 객관적 기준에 토대를 두기 때문에 확실성을 제공하는 장점이 있다. 따라서 LOB 조항은 특정 단체의 법적 성격, 소유관계, 일반적 활동 등의 기준에 의해 확인될 수 있는 조약쇼핑 상황에 대응하기 위한 특정 남용방지규정으로서 유용하다. 그러나, LOB 조항은 조약쇼핑에만 초점을 맞추기 때문에 다른 형태의 조약남용에 대처하지 못하고, 또한 예컨대, 금융기관을 도관으로 이용하는 연쇄자금거래(conduit financing arrangements)와 같은 특정 형태의 조약쇼핑에도 대처하지 못한다는 지적을 받고 있다. 조약혜택을 받을 자격이 없는 타국의 인이 조약혜택의 자격이 있는 일방체약국의 거주자(qualified person)를 중간법인으로 이용하여 실제 자금거래를 하는 경우 실무 상 조약혜택을 부인하기가 쉽지 않기 때문이다.

미국은 US모델 제22조에서 LOB 조항을 규정하고 있다. 그러나 OECD모델은 LOB 조항을 포함하지 않다가 2003년 모델 주석에 처음으로 LOB 조항을 추가하였다.(종전 OMC Art.1/20) 이 조항은 1996년 US모델을 토대로 하였다. US모델 제22조 제2항과 제3항은 몇 가지 객관적 기준을 포함하고 있다. 이들 기준들 중 하나만 충족하는 경우 협약의 혜택을 얻을 수 있다. 그러나, 이들 기준 모두를 충족하지 못하더라도 주관적 기준인 권한있는 당국에 의해 조약혜택이 역시 부여될 수 있다.[47)]

일반적으로 US모델에서 규정하고 있는 LOB 조항은 조약혜택의 결정기준으로서 다음 요건들을 포함하고 있다. 첫째, 소유요건(stock ownership test)으로서, 조약혜택 청구법인이 적격인에 해당되어야 한다는 것인데, 해당 법인의 주식이 해당 국가에 거주하는 개인 또는 기타 자격이 있는 거주자에 의해 소유되고 있어야 한다. 둘째, 상장요건(publicly traded test)으로서, 조약혜택을 청구하는 법인의 주식이 주식시장에서 거래되거나 해당 법인이 상장회사의 자회사여야 한다. 셋째, 세원잠식요건(base erosion test)으로서, 조약혜택을 청구하는 법인 소득의 50% 이하가 양 체약국의 거주자가 아닌 자에게 지급 또는 발생되어야 한다는 것이다. 넷째, 능동적 사업활동 요건(active business test)으로서, 소유 및 상장요건을 충족하지 못한 법인이라도 해당 거주지국에서 능동적인 사업활동을 수행하는 경우 조약혜택이 부여된다. 다섯째, 본사요건(headquarter company test)으로서, 본사의 기능은 능동적 사업활동에 해당하지 않으며 조약혜택은 다른 요건들이 충족되어야 부여될 수 있다.[48)]

(다) OECD/UN모델의 LOB 조항

2017년 OECD/UN모델 제29조 제1항~제7항에 LOB 조항이 추가되었다. LOB 조항은 다음 두 가지 점에서 특별하다. 첫째, LOB 조항의 정확한 문구가 설정되지 않았다. 왜냐하면, 체약국들이 조약남용과 관련한 BEPS 최소기준을 이행하기 위해 어떻게 동의하는지에 따라 문구가 달라질 것이기 때문이다. 국가들은 ⅰ) 제29조 제9항의 일반 남용방지규정만을 채택하거나, 또는 ⅱ) 제29조 제9항의 일반 남용방지규정 및 제29조 제1항 내지 제7항의 간소화된 LOB 조항(simplified version), 또는 ⅲ) 제29조 제1항 내지 제7항의 상세한 LOB조항(detailed version) 및 조약규정들에 의해 포섭되지 않는

47) Alexander Rust, *op.cit*, pp.130-131

48) Alexander Rust, *op.cit*, pp.131-140

도관방지 규정을 채택함으로써 최소기준을 충족할 수 있다.(OMC Art.29/1) 둘째, 간소화된, 상세한 LOB조항 모두가 OECD/UN모델에서 가장 복잡한 규정들이라는 것이다.

① OECD/UN모델 제29조 제1항 : 일반원칙

> 1. 이 조문에서 달리 규정되지 않는 한, 일방체약국의 거주자는 해당 거주자가 혜택이 제공될 시점에 제2항에서 규정된 적격인(qualified person)이 아니면, (제4조 제3항, 제9조 제2항 또는 제25조에 따른 혜택을 제외하고는) 이 협약에서 제공하는 혜택을 받을 권리가 없다.

간소화된, 그리고 상세한 LOB 조항 모두에 의할 때, 제1항은 일방체약국의 거주자가 조약혜택의 청구시점에 제2항의 적격인(qualified person)에 해당하지 않거나 제3항, 제4항, 제5항에 따라 혜택이 부여되지 않으면, 조약혜택을 받을 수 없다는 점을 규정한다. 모델협약상 체약국 거주자에게 허용된 혜택들은 제6조 내지 제21조(소득의 구분), 제23조(이중과세 구제), 제24조(무차별원칙)에서 규정하는 바와 같이 체약국들의 과세권에 대한 제한들을 포함하고 있다. 그러나, 이 경우에도 예컨대, 상호합의에 의한 법인의 이중거주자 판정(제4조 제3항), 일방체약국이 이전소득 조정을 한 경우 타방체약국의 대응조정(제9조 제2항), 권한있는 당국 간 MAP에 의한 분쟁해결(제25조) 등의 혜택 가능성은 제한하지 못한다.(OMC Art.29/7) 또한, 제2항에 따라 적격인에 해당하더라도 협약혜택을 받기 위해서는 협약의 다른 조문들에서 규정한 요건(예: 수익적 소유자)을 충족해야 함은 물론이다.(OMC Art.29/8)

② OECD/UN모델 제29조 제2항 : 적격인(qualified person) 요건

상세한 LOB 규정 제29조 제2항은 적격인으로서 a) 개인, b) 체약국, 그의 정치적 하부기구 및 정부단체, c) 상장법인 및 단체, d) 상장법인 및 단체의 관계회사(affiliates), e) 비영리법인 및 연금펀드, f) 기타 소유 및 세원잠식 요건을 충족하는 단체, g) 집합투자기구(CIV) 등을 포함한다. 설령 거주자 단체가 적격인이 아닐지라도, 능동적 사업기준을 충족하거나 또는 파생혜택 요건을 갖추는 경우 조약혜택을 얻을 수 있다.

상세한 LOB조항은 단순화된 조항보다 더 복잡하고 추가규정을 포함하는 등 요건이 더 엄격하다. 예를 들어, 단순화된 LOB 조항에 의하면, 법인 또는 기타 단체는 보통주가 증권거래소에서 정규적으로 거래되면 적격인이다. 반면, 상세한 LOB 조항에 의하면, 증권거래소에서 정규적으로 거래되는 것은 물론 거주지국의 증권거래소에서 "주로 거래"되거나 또는 '주된 관리 · 지배장소'가 거주지국에 소재하는 경우에 적격인이 된다. 또한, 우선주에 대한 조건과 관련하여 과세기간 내내 보유요건이 충족되어야 한다.

〈상세 버전(detailed version)〉

2. 일방체약국의 거주자는 협약에 의해 혜택이 제공되는 때 아래 요건을 충족하는 경우에는 '적격인'에 해당한다.

a) 개인

b) 일방체약국 또는 그의 정치적 하부단체 또는 지자체, 또는 해당 국가, 정치적 하부단체 또는 지자체의 대리인 또는 대행기관

제2항 a)호 개인 및 b)호 체약국 또는 그의 정치적 하부단체, 지자체는 조약쇼핑의 의심을 받지 않으므로 모두 자동적으로 조약혜택이 부여된다. 또한, c)호는 일반적으로 상장법인 및 단체의 주식은 널리 분산 소유되기 때문에 조약쇼핑 가능성이 낮다는 것을 인정한다.(OMC Art.29/16) 상장법인 또는 단체가 적격인이 되기 위해서는 어느 체약국의 증권거래소에 상장되어, 거주지국 증권거래소에서 주로 거래되거나 또는 거주지국에 '주된 관리 · 지배장소'가 있어야 한다. '주된 관리 · 지배장소' 개념은 '실질적 관리장소' 개념과는 구별된다.49)

2. 일방체약국의 거주자는 아래 요건을 충족하는 경우에는 '적격인'이다.

(상장법인 및 단체)

c) 해당 과세기간 동안 보통주(및 우선주)가 하나 이상의 증권거래소에 상장되어 정규적으로 거래되고, 아래 요건 중 하나를 충족하는 법인 또는 기타 단체:

i) 보통주가 법인 또는 단체의 거주지국에 소재하는 하나 이상의 증권거래소 에서 주로 거래되거나, 또는

ii) 법인 또는 단체의 거주지국에 '주된 관리 · 지배장소'가 있는 경우

(상장법인 및 단체의 관계회사)

49) '실질적 관리장소'는 이사회 임원들이 법인의 중요한 사업수행 관리 및 상업적 의사결정을 하는 곳을 의미하는 반면, '주된 관리 · 지배장소'는 해당 법인은 물론 자회사들의 관리, 그리고 임원과 종업원들의 일상적 활동이 수행되는 곳을 말한다.(OMC Art.29/149)

d) 법인이, i) 해당 과세기간 동안 해당 법인의 총주식수 및 주식가액의 50% 이상을 상기 c)호에 의해서 혜택을 받는 5개 이하의 법인 또는 단체에 의해 직접적 또는 간접적으로 소유되고, 특히 간접소유의 경우에는 각 중간소유자가 협약혜택이 청구되는 체약국의 거주자인 경우, 그리고

ii) 제10조를 제외하고 이 협약의 혜택과 관련하여, 과세기간 동안 해당 법인 및 연결신고그룹 총소득의 50% 미만이 해당 동일한 과세기간에 공제가능한 지급금 형태로(재화 또는 용역사업의 통상적 과정의 정상지급금 및 연결신고 그룹의 경우 그룹 내부거래는 제외) a), b), c) 또는 e)호에 의해 혜택을 받는 양 체약국의 거주자가 아닌 인에게 직·간접적으로 지급 또는 발생되는 경우

제2항 d)호는 상장법인 및 단체는 조약쇼핑 목적으로 설립될 가능성이 낮다는 c)호에 내재된 원칙을 5개 이하의 상장법인 및 단체가 대부분의 지분을 소유하는 일부 법인들로까지 확장한다.(OMC Art.29/24)

일방체약국 법인이 d)호 요건에 따라 조약혜택을 받기 위해서는 첫째, '소유요건(ownership test)'으로서 c)호에서 언급된 5개 이하의 상장법인 또는 단체가 과세기간 동안 해당 법인의 총주식수 및 주식가액의 50% 이상에 대한 직·간접적 소유자여야 한다. 간접소유의 경우에는 각 중간소유자가 역시 해당 국가의 거주자여야 한다.(OMC Art.29/26) 예를 들어, 만약 일방체약국의 법인이 동일한 국가의 거주자인 법인의 100% 자회사이고 c)호의 요건을 충족하는 경우 d) i)호의 소유요건을 충족한다. 또한, 타방체약국(거주지국)의 상장 모법인이 일련의 자회사들을 통해서 해당 법인을 간접소유하는 경우 d) i)호의 소유요건을 충족하기 위해서는 중간소유자인 각 자회사가 협약혜택이 청구되는 체약국(원천지국)의 거주자이거나 또는 d) i)호의 소유기준을 충족하는 적격 중간소유자여야 한다.(OMC Art.29/27)

상장법인 또는 그 법인들의 자회사는 주식이 거래되는 거주지국과 충분한 연계성이 있다고 추정될 수 있기 때문에 조약혜택의 권리가 있다. 법인의 엄격한 증권거래소 상장요건 때문에 상장법인을 조약쇼핑 목적으로 사용하는 것은 어렵다. 비상장법인도 상장법인들이 주주인 경우에는 조약혜택의 권리가 있다. 이는 특정 활동을 자회사들에게 아웃소싱하는 것이 허용된다는 의미이다.

둘째, '세원잠식요건(base erosion test)'은 원천지국의 소득이 타방체약국(거주지국)에서 과세되는 경우에만 조약혜택을 부여하도록 보장한다. 만약 소득이 타방체약국의 과세표준을 잠식하는 공제가능한 지급금의 형태로 제3국 거주자에게 이전된다면, 조약혜택

이 부인된다. 독립기업가격 지급금, 재화 또는 용역사업의 통상적 과정에서의 지급금, 감가상각비용은 세원잠식 지급금에 포함되지 않는다. 거주지국의 세법에 따라 과세표준에서 공제될 수 있는 한, 신탁배당금도 포함된다. 감가상각비용은 타인에게 지급되는 것이 아니므로 포함되지 않는다.(OMC Art.29/31) 이는 제3국 거주자들에 대한 지급금뿐만 아니라 적격인이 아닌 어느 체약국의 거주자들에 대한 지급금도 유해하다는 의미이다. 이 기준은 간접지급금에도 역시 적용된다. 직접수취인이 적격인이지만 도관으로 행동하고 지급금을 제3국 거주자에게 또는 적격인이 아닌 일방체약국의 거주자에게 전달하는 경우, 세원잠식 기준을 통과하지 못한다. 그러나, 원천지국에서 (조약혜택 없이) 전부 과세대상이 되는 소득은 거주지국에서 공제가능하더라도 세원잠식 지급금으로 간주되지는 않는다.

〈그림 2-7〉 LOB 간접지급에 대한 세원잠식요건 적용사례

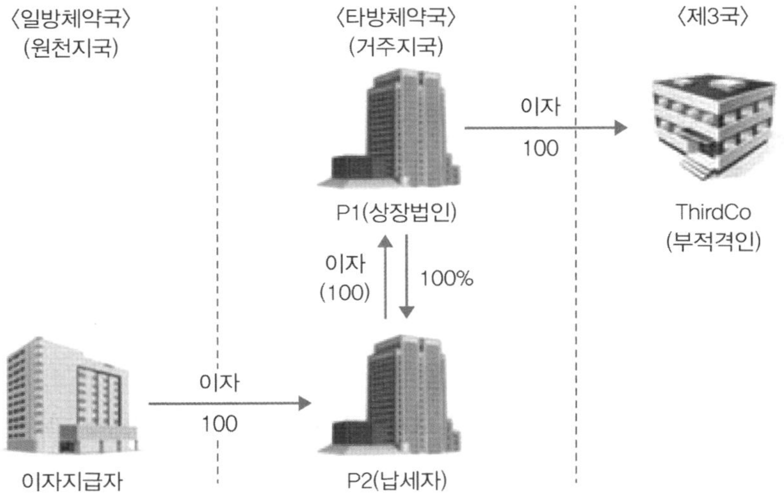

위 〈그림 2-7〉 사례에서, P2가 일방체약국에서 수취한 이자 100에 대해서 동일한 과세기간에 c)호 소유요건을 충족하는 상장법인 P1을 통해서 공제가능한 이자를 제3국 거주자인 ThirdCo에게 지급하는 경우, P2는 부적격인에게 세원잠식 지급금 100을 간접적으로 지급한 것이므로 d) ii)호의 세원잠식기준을 충족하지 못하여 적격인이 아니다.(OMC Art.29/32 Ex.C)

또한, 아래 〈그림 2-8〉 사례에서, R3는 R2에 의해서, R2는 c)호 요건을 충족하는 상장법인인 R1에 의해서 소유되는 100% 자회사이다. R3, R2, R1 모두 타방체약국의 거주자이고 동일한 연결신고그룹의 일원이다. R1이 R3의 총주식수 및 주식가액의 50% 이상을

간접 소유하므로 d) i)호의 소유기준을 충족하고, 중간소유자인 R2는 타방체약국의 거주자이므로 적격 중간소유자이다.

〈그림 2-8〉 LOB 상장법인 자회사의 세원잠식요건 적용사례

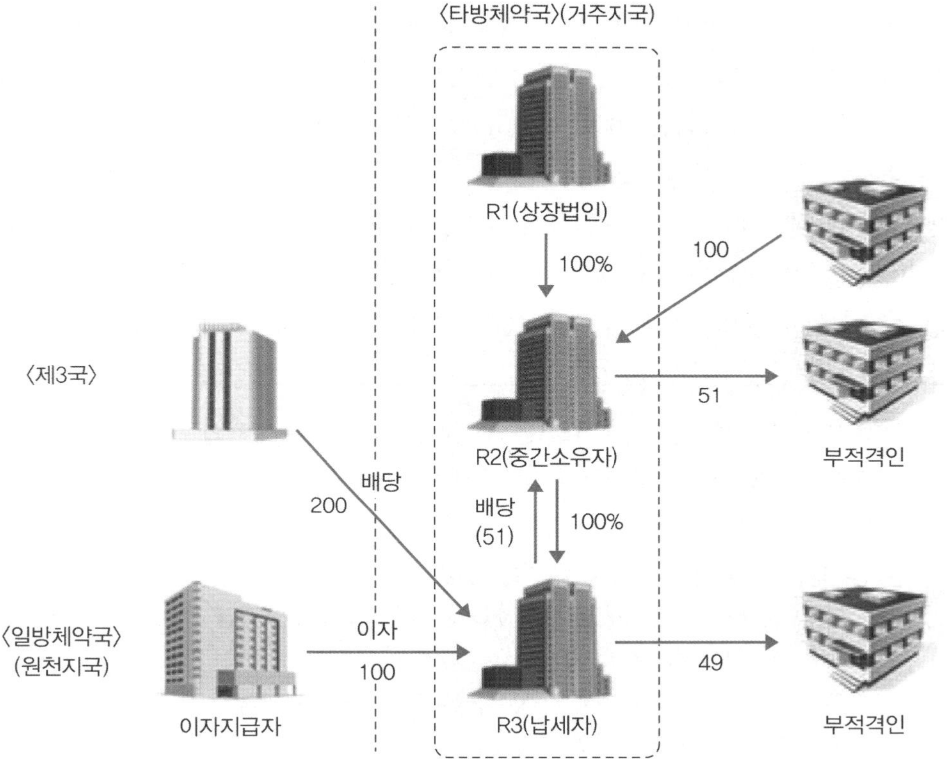

일방체약국에서 관련 과세기간 동안에 R3는 제3국 법인으로부터 배당 200을 수취하는데, 이는 R3의 총소득에서 제외된다. 또한, R3는 일방체약국에서 발생한 수취이자 100에 대해 조약 제11조의 제한세율 혜택을 청구한다. R3는 부적격인에게 세원잠식 지급금 49, R2에게 배당 51을 지급한다. R2는 R3로부터 수취하는 배당 51에 더하여 연결신고그룹 밖의 인으로부터 100의 추가수입을 수취한다.(OMC Art.29/32 Ex.A)

일방체약국에서 발생한 이자에 대해 조약혜택을 얻기 위해서는 R3와 연결신고그룹 각자가 세원잠식기준을 충족해야 한다. R3 소득은 제3국에서 수취한 배당 200은 제외한 100이다. R3가 조약혜택을 청구하는 과세기간 동안 R3 소득(100)의 50% 미만이 부적격인에 대한 세원잠식 지급금(49)이므로, 세원잠식기준의 일부를 충족한다. 타방체약국의

세법에 의한 연결신고그룹의 총소득에서 R3가 제3국에서 수취한 배당 200과 그룹 내부거래(R3가 R2에게 지급한 배당 51)는 제외된다. 따라서 연결신고그룹의 총소득은 200(일방체약국 발생이자 100과 R2가 연결그룹 밖의 인에게서 수취한 100)이다. 따라서 쟁점 과세기간 동안에 연결신고그룹이 세원잠식기준을 충족하기 위해서는 부적격인에 대한 세원잠식 지급금이 100 미만이어야 한다. 결국, R3는 d)호 요건을 충족하지 못한다. 왜냐하면, R3의 세원잠식 지급금(49)은 허용가능 한도(50 미만)를 초과하지 않지만, 연결신고그룹의 총 세원잠식 지급금은 100(49 + 51)으로서 허용가능 한도(100 미만)를 초과하기 때문이다.

만약 위 사례에서 다른 사실관계는 모두 동일하고, R3가 이자가 아닌 배당을 수취한다고 가정하면, R3는 d) ii)호의 세원잠식요건(제10조가 제외된다고 명시)이 적용될 필요가 없고, i)호의 소유요건을 충족하므로 배당에 관해서 적격인에 해당한다.

> 2. 일방체약국의 거주자는 아래 요건을 충족하는 경우에는 '적격인'이다.
>   e) 다음 요건을 충족하는 개인이 아닌 인:
>   i) 비영리단체
>   ii) 해당 인에 대한 수익적 지분의 50% 이상이 어느 체약국 또는 아래 조건을 충족하는 타 국가의 개인 거주자들에 의해 소유되는 조건 하에, 제3조 제1항의 공인된 연금펀드의 정의 중 (i)호에 해당하는 공인된 연금펀드
>   A) 타 국가와 협약혜택이 청구되는 국가 간의 조약혜택을 받을 권리가 있는 타 국가의 거주자인 개인들, 그리고
>   B) 제10조 및 제11조의 소득과 관련하여, 만약 해당 인이 해당 타 협약의 모든 혜택의 권리가 있는 타 국가의 거주자라면 그 협약에 의해 최소한 이 협약 상의 세율만큼 낮은 세율로 혜택이 청구되는 특정 소득유형에 대한 세율의 권리를 가지는 경우
>   iii) 상기 ii)호에서 언급된 단체 또는 약정의 혜택을 위해 전적으로 또는 거의 전적으로 펀드에 투자하기 위하여 설립되고 운영된다는 조건 하에, 제3조 제1항의 공인된 연금펀드의 정의 중 (ii)호에 해당하는 공인된 연금펀드

제2항 e)호는 일방체약국의 거주자인 특정 비영리단체 및 연금펀드들이 협약혜택의 권리가 있음을 명시한다. 이 중 i) 비영리단체는 거주지국에서 비과세되고 자선, 과학, 예술, 문화, 교육 등 오직 특정 사회적 기능만을 수행하는 단체인데, 수익자 또는 구성원의

거주지에 상관없이 자동적으로 적격인이다.(OMC Art.29/40) ⅱ)요건은 개인들에 대한 퇴직연금을 관리・제공하는 단체인 공인된 연금펀드(recognized pension fund)[50]의 경우, 해당 펀드에 대한 수익적 지분의 50% 이상이 어느 체약국의 개인 거주자들에 의해 소유되거나, 또는 a) 개인들이 제3국과 원천지국 간 조약혜택을 받을 권리를 가지고, b) 그 협약이 제3국의 연금펀드가 얻는 이자 및 배당에 대해 유사한 또는 더 큰 원천세 경감을 제공하는 두 가지 조건을 충족하는 제3국의 개인 거주자들에 의해 소유되는 경우 적격인에 해당한다.(OMC Art.29/41) 또한, ⅲ)요건은 연금펀드에 적용하는 ⅱ)요건이 소위 '펀드의 펀드(funds of funds: FoF)'까지 확대되고 있음을 나타낸다. 해당 FoF가 직접 퇴직연금 혜택을 개인들에게 제공하는 것은 아니지만, ⅱ)요건을 갖춘 연금펀드 자금을 토대로 구성・운영되는 펀드이기 때문에 적격인에 해당한다는 것이다.(OMC Art.29/42)

> 2. 일방체약국의 거주자는 아래 요건을 충족하는 경우에는 '적격인'이다.
> (소유 및 세원잠식 요건)
> f) 다음 요건을 충족하는 개인이 아닌 인:
> ⅰ) 협약혜택 청구시 및 그때를 포함한 12개월 기간 중 1/2 이상 동안, 해당체약국의 거주자로서 a), b), c) 또는 e)호에 의해 협약혜택을 받을 권리를 가지는 인들에 의해 총주식수 및 주식가액의 50% 이상이 직・간접적으로 소유(간접소유의 경우 각 중간소유자가 적격 중간소유자)되어야 하고,
> ⅱ) 그때를 포함하는 과세기간 동안, 해당 인 및 연결신고그룹 총소득의 50% 미만이 해당 인의 거주지국에서 공제가능한 지급금의 형태로 a), b), c) 또는 e)호에 의해 협약혜택의 권리를 가지는 어느 체약국의 거주자도 아닌 인에게 직・간접적으로 지급 또는 발생되는 경우(재화 또는 용역의 통상적 과정의 정상지급금 및 연결신고그룹의 경우 그룹 내부거래는 제외)

제2항 f)호는 일방체약국 거주자인 모든 형태의 법적 단체에 적용되는 조약혜택의 적격 여부를 판단하는 추가적 방법을 규정한다.(OMC Art.29/46) 즉, 비상장법인 또는 상장법인의 자회사가 아닌 법인, 그리고 신탁 등 단체에게 조약혜택을 부여한다. 세원잠식기준은 도관회사에 대한 조약혜택 방지를 위한 것이다. 납세자는 소유기준과 세원잠식기준을 동

---

50) OECD모델 제3조 제1항 ⅰ)호는 첫째, 국가 또는 지방정부에 의해 규율되고, 개인에게 퇴직연금 및 부수적 혜택을 제공 또는 관리하기 위해 설립되어 운영되는 단체 또는 약정, 또는 둘째, 상기 단체 또는 약정의 이익을 위하여 펀드에 투자하기 위해 설립되어 운영되는 단체 또는 약정을 '공인된 연금펀드'로 정의한다.

시에 충족한 경우에만 적격인으로 간주된다. 이 요건의 충족 여부는 매 과세기간별로 결정되어야 한다.

첫째, 납세자의 50% 이상의 주식 또는 기타 수익적 지분이 적격인들에 의해 직·간접적으로 소유되는 경우 '소유요건'이 충족된다. 소유자들이 납세자와 동일 체약국의 거주자들이어야 한다. 총주식수와 주식가액 모두 50% 이상 요건을 충족해야 한다.(OMC Art.29/47) 정확히 50% 한도는 적격인들과 제3국 거주자들이 동등하게 참여하는 합작투자를 가능하게 한다. 여러 주식유형을 발행한 경우 각 주식유형별로 50%가 적격인들에 의해 보유되어야 한다.

둘째, '세원잠식요건'은 제10조 배당에 대한 협약혜택을 청구하는 인에게도 역시 적용된다는 점을 제외하고, 앞서 살펴본 d) ii)호의 세원잠식요건과 대체로 유사하다. 이 경우 상기 d)호 요건과 달리 제10조의 혜택을 얻기를 원한다면 세원잠식요건이 적용된다. 이때 해당 인은 배당이 해당 인의 거주지국에서 실제로 과세에서 면제될지라도 수취배당을 총소득에 포함해야 한다.(OMC Art.29/51) 상기 d) ii)호의 세원잠식요건과 마찬가지로 재화 또는 용역의 통상적 과정의 정상가격 지급금 및 연결신고그룹의 경우 그룹 내부거래는 제외한다. 다만, 정상가격이 아닌 이자가 부적격인에게 지급되는 경우에는 고려되어야 한다.

아래 〈그림 2-9〉 사례에서, R2는 R1에 의해서, R1은 개인 Z에 의해서 100% 소유되는 자회사이다. R1, R2, Z 모두 타방체약국의 거주자이고, R1과 R2는 동일한 연결신고그룹의 일원이다. a)호에 의해 적격인인 Z가 R2의 총주식수 및 주식가액의 50% 이상을 간접소유하므로 f) i)호의 소유요건을 충족하고, R1은 적격 중간소유자이다. 관련 과세기간 동안 R2는 제3국 거주자에게서 수취한 면제배당 50과 일방체약국에서 발생한 이자 50을 가지고 있다. R2는 부적격인에게 공제가능한 이자 24, R1에게 배당 51을 지급한다. R1은 R2로부터 수취하는 배당 51에 더하여 연결신고그룹 밖의 인으로부터 100의 추가소득을 수취한다. R1은 부적격인에게 공제가능한 이자 51을 지급한다. R2는 협약 제10조가 아닌, 제11조의 혜택을 청구한다.

연결신고그룹의 총소득은 150(일방체약국 발생이자 50 및 그룹 밖의 인으로부터 추가소득 100)이다. R2의 세원잠식 지급금은 24이고 R1은 51이다. 연결신고그룹의 총 세원잠식 지급금은 75(24+51)이고, 이는 연결신고그룹의 총소득 150의 50% 미만이 아니다. 따라서 세원잠식요건이 충족되지 못하고, R2는 f) ii)호에 의한 적격인이 아니다.(Art.29/54 Ex.A)

〈그림 2-9〉 LOB 비상장법인의 세원잠식기준 적용사례

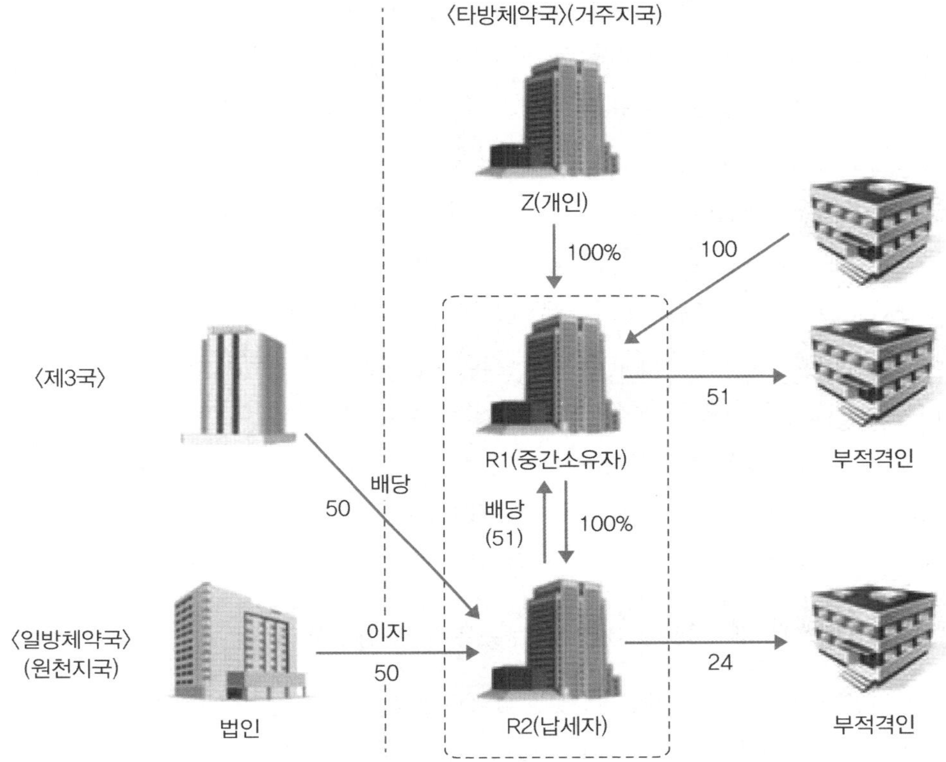

한편, 이번에는 기초 사실관계는 위 〈그림 2-9〉 사례와 동일하고, R2가 이자 50 대신에 해당 국가의 법인 지급배당 50에 대해서 협약혜택을 청구한다고 가정하자. R2의 총소득은 100(제3국 지급배당 50 및 일방체약국 지급배당 50)이다. 연결신고그룹의 총소득은 200(R2 총소득 100 및 그룹 밖의 인으로부터 소득 100)이다. R2의 세원잠식 지급금은 24이고, 이는 R2 총소득 100의 50% 미만이다. 또한, 연결신고그룹의 총 세원잠식 지급금은 75이고, 이는 연결신고그룹 총소득 200의 50% 미만이다. 따라서 f) ii)호의 세원잠식 요건은 충족되고, R2는 협약혜택을 적용을 받을 수 있는 적격인이다.(OMC Art.29/54 Ex.B)

> 2. 일방체약국의 거주자는 아래 요건을 충족하는 경우에는 '적격인'이다.
>   g) 집합투자기구(CIV)

제2항 g)호는 CIV가 조약에서 어떻게 취급되고, 각 체약국에서 어떻게 이용되고 취급되는지에 따라 포함 여부가 결정되고, 조문의 내용이 작성될 것이다. 이 조문은 CIV가 조약혜택을 받는 적격인에 해당한다는 것을 명확히 하거나 또는 조약쇼핑을 방지할 목적으로 조약혜택을 받을 수 있는 CIV의 유형을 제한하기 위해 필요할 수 있다. 다만, CIVs를 CIV설립지국의 거주자인 개인이고 동시에 CIV소득의 BO로 간주한다는 내용을 포함하여, CIV 취급에 대해 제1조 주석 22절 내지 48절에서 제시한 대안규정들을 별도로 조약에 포함한 경우 제2항 g)호는 불필요할 것이다.(OMC Art.1/56)[51]

CIV는 제2항의 다른 조항들 또는 제3항, 제4항, 제5항 어느 것에 의해서도 조약혜택의 권리가 없을 수 있기 때문에 세부규정이 필요할 수 있다. 왜냐하면, 많은 경우에 i) CIV 지분은 (널리 배분될지라도) 상장되어 거래되지 않고, ii) 이들 지분이 제3국 거주자들에 의해 보유되며, iii) CIV 배당은 공제가능한 지급금이고, iv) CIV는 제3항의 의미상 능동적 사업수행이라기보다 투자목적으로 이용되며, v) CIV는 제4항의 소유요건을 충족하지 못하고, vi) CIV는 제5항의 본사요건에도 해당하지 않기 때문이다.(OMC Art.1/55)

③ OECD/UN모델 제29조 제3항 : 능동적 사업수행 요건

아래 제3항은 설령 어떤 인이 제2항의 적격인에 해당하지 않더라도, 일방체약국의 거주자인 어떤 단체가 특수관계인(connected persons)[52]이 수행한 활동을 포함하여 거주지국에서 능동적 사업활동을 수행(active conduct of business) 하고, 그러한 사업활동과 관련하여 또는 부수되어 타방체약국으로부터 수취하는 소득에 대해서는 조약혜택이 부여된다는 점을 명시하고 있다. 왜냐하면, 이 경우에는 해당 단체의 성격과 소유에 관계없이 조약쇼핑이 발생할 우려가 없기 때문이다.(OMC Art.29/68) 이 기준은 특히, 특수관계인이 납세자에게 지급한 배당, 이자, 임대료 및 사용료와 관련이 있다.

> 3. a) 일방체약국 거주자는 해당 국가에서 능동적 사업수행에 종사하고 타방국에서 수취한 소득이 해당 사업에서 발생하거나 또는 부수된 경우, 적격인 여부에 상관없이 타방국에서 수취한 소득에 관하여 협약혜택을 받을 권리가 있다. 이 조문 목적 상, '능동적 사업수행' 용어는 다음 활동들 또는 이들의 결합을 포함하지 않는다.

51) OECD모델 제1조 주석 31절, 35절, 40절, 42절 및 46절은 체약국들이 CIVs에 대한 취급을 조세조약에 명시적으로 포함할 경우의 대안규정들을 제시하고 있다.

52) 특수관계인(connected persons)은 형식적 지분관계(50% 이상)와 실질적 지배관계 측면이 모두 고려된다는 점에서 국내법상 '특수관계' 개념과 동일하다.(국조법 §2 ① 3호)

ⅰ) 지주회사로서의 활동;

ⅱ) 일련의 회사들에 대한 전반적 감독 또는 관리활동

ⅲ) 통합 자금관리를 포함한 그룹의 자금조달 활동

ⅳ) 통상적 사업과정에서의 은행, 보험 또는 증권회사에 의한 활동을 제외한 투자행위 및 관리활동

b) 일방체약국 거주자가 타방체약국에서 해당 거주자에 의해 수행된 사업활동에서 소득을 수취하거나 또는 타방국에서 발생한 소득을 특수관계인으로부터 수취하는 경우, 일방체약국 거주자가 해당 소득과 관련하여 수행한 사업활동이 타방체약국에서 해당 거주자 또는 그 특수관계인에 의해 수행된 동일한 또는 보완적 사업활동과 관련하여 상당한 정도인 경우에만 해당 소득에 관해 a)호의 조건이 충족된 것으로 간주된다. 이 조항의 목적 상 사업활동이 상당한 정도인지 여부는 모든 사실관계 및 상황에 토대하여 결정된다.

c) 이 조항의 적용목적 상, 일방체약국 거주자에 대해서 특수관계인이 수행한 활동들은 해당 거주자가 수행한 것으로 간주된다.

이러한 능동적 사업수행 요건에 의하면, 어떤 인은 다음 세 가지 요건을 충족한 경우에 조약혜택을 받을 수 있다. 첫째, 거주지국에서 능동적 사업수행에 종사해야 하고, 둘째 조약혜택을 청구하는 지급금이 해당 사업과 관련이 있어야 하며, 셋째 원천지국의 소득창출 활동과 비교하여 거주지국의 사업규모가 상당한 정도여야 한다.(OMC Art.29/69)

능동적 사업활동 수행은 관리 활동만이 아니라 사업운영 활동도 요구한다. 따라서, 오직 본사의 역할만을 하는 법인은 이 조항의 목적 상 능동적인 사업활동을 수행한 것으로 보지 않는다. 은행, 보험 및 증권회사를 제외하고, 투자를 행하거나 관리하는 지주회사, 관리회사 및 재무회사의 활동은 이러한 능동적 사업수행에 포함되지 않는다. 그러나, 위 a)호 ⅰ)~ⅳ)에 열거된 활동들 중 전부 또는 일부가 능동적 사업수행에 포함되어야 한다고 생각하는 국가들은 다른 표현을 채택할 수 있다.(OMC Art.29/73)

일반적으로 능동적 수행사업과 조약혜택을 청구한 소득 간에 실제적 관련성(factual connection)이 존재하면 해당 소득은 거주지국에서의 능동적 사업수행에서 발생한 것이다. 예를 들어, 만약 어떤 법인이 거주지국에서 R&D 활동을 수행하고 새로운 공정에 대한 특허를 개발한다면, 해당 특허에 대한 사용료는 거주지국의 능동적 사업수행과 실제로 관련된 것이다. 또한 모회사에 지급한 배당·이자의 경우, 해당 배당·이자가 거주지국에서 모회사의 능동적 사업수행에서 발생한 것인지 여부를 결정할 때는 지급법인의 활동들

이 관련될 것이다.(OMC Art.29/74)

원천지국에서 지급법인의 활동들이 거주지국의 능동적 사업수행과 실제적 관련성을 가지는지 여부를 결정하기 위해서는 각 국가의 사업 항목들(lines of business)을 비교하는 것이 중요하다. 원천지국의 사업항목은 거주지국의 수행 활동에 대해 선행적 또는 후행적 성격을 가질 수 있다. 따라서 원천지국의 사업항목이 거주지국의 제조공정에 대한 투입물을 제공하거나 또는 거주지국의 제조공정의 산출물을 판매할 수 있다.(OMC Art.29/75)

예를 들어, A국 법인 ACo는 해당 국가에서 제품 X를 제조하는 능동적 사업을 수행하고 있다. ACo의 100% 자회사인 B국 법인 BCo는 ACo로부터 제품 X를 구입하여 B국의 고객들에게 판매한다. BCo의 판매활동은 ACo의 제품 X 제조와 실제로 관련되기 때문에, BCo가 ACo에게 지급한 배당은 ACo 사업에서 발생한 것으로 간주된다.

또 다른 사례로, A국 법인 ACo는 A국에서 원자재 X를 이용하여 능동적 제조활동에 종사한다. ACo의 100% 자회사인 BCo는 B국에서 원자재 X의 대규모 공급을 담당한다. BCo는 원자재 X를 채굴하여 ACo에게 판매하고, ACo는 공개시장에서 판매하는 재화를 제조하기 위하여 원자재 X를 사용한다. BCo의 수행활동이 ACo에게 재화 제조를 위한 선행적 투입물을 제공하는 것이기 때문에, BCo 사업은 A국에서 ACo의 제조활동과 실제로 관련되어 있다. 따라서, BCo가 ACo에게 지급한 배당은 ACo 사업에서 발생한 것으로 간주된다.

원천지국에서의 소득 창출이 거주지국의 사업수행을 촉진하는 경우, 원천지국 소득이 거주지국의 사업에 부수된(incidental) 것이라고 한다. 예를 들어, 거주지국의 어떤 인이 운전자본을 원천지국의 법인이 발행한 증권에 일시적으로 투자하여 얻은 소득은 부수적 소득에 해당한다.(OMC Art.29/76)

위 제3항 b)호는 어떤 법인이 해당 거주지국에서 사소한(de minimis) 사업활동, 가령 해당 법인의 전반적인 사업에서 볼 때 경제적 비용 또는 효과가 거의 없는 활동을 수행하고도 조약혜택을 얻고자 하는 조약쇼핑 사례를 방지하기 위한 상당성(substantiality) 요건을 규정하고 있다. 거주지국에서의 사업활동은 모든 사실관계 및 상황에 토대할 때 거주자 또는 특수관계인에 의해 원천지국에서 수행된 사업과 관련하여 상당한 정도여야(substantial) 한다. 사업활동이 상당한 정도인지 여부는 각 체약국에서의 사업의 상대적 규모, 양국의 경제 및 시장의 상대적 규모, 수행활동의 성격, 해당 사업에의 상대적 공헌도 등 모든 사실관계 및 상황을 고려하여 판단되어야 한다.(OMC Art.29/77)

〈그림 2-10〉 LOB관련 특수관계인의 수행활동에 대한 적용사례

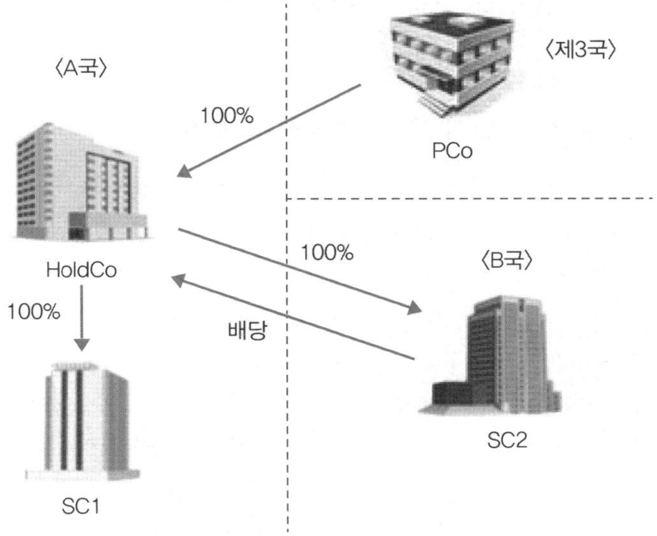

위 〈그림 2-10〉 사례는 제3항이 특수관계인이 수행하는 활동과 관련하여 어떻게 적용되는지를 보여준다. PCo는 제3국 거주자이고, SC1 및 SC2의 모회사이다. HoldCo 및 SC1은 A국 거주자이고 SC2는 B국 거주자이다. SC1과 SC2는 각 거주지국에서 동일한 제품의 제조업을 수행한다. HoldCo는 그룹 투자를 관리하고, SC2로부터 배당을 수취한다. 위 제3항 c)호에 의해서, HoldCo는 능동적 사업활동에 종사하는 SC1의 활동을 수행하는 것으로 간주되기 때문에 A국에서 능동적 사업활동에 종사하는 것으로 간주된다. 그러나, HoldCo의 간주사업이 SC2의 사업과 동일하더라도, 이것이 SC2가 지급한 배당이 HoldCo의 능동적 수행사업과 실제로 관련된다는 것을 입증하기에는 충분하지 못하다. 따라서, SC2가 HoldCo에게 지급한 배당은 제3항에 의해서 A-B국 조약 제10조의 경감세율 혜택을 받을 수 없다.(OMC Art.29/81 Ex.A)

다음은 위 사례와 기본적 사실관계는 동일하고, SC1은 A국에서 원자재 X를 이용하여 재화를 생산하는 능동적 제조활동을 수행하고, SC2는 B국에서 원자재 X를 채굴하여 SC1에게 판매한다고 가정하자. c)호에 의해서, HoldCo는 능동적 사업활동에 종사하는 SC1의 활동을 수행하는 것으로 간주되기 때문에 능동적 사업활동에 종사하는 것으로 간주된다. SC2의 사업활동은 HoldCo의 간주된 능동적 사업활동에 사용하기 위한 원자재를 제공하는 것이기 때문에, SC2 사업은 HoldCo의 간주 제조사업과 실제로 관련되는 것으

로 간주된다. 따라서, SC2가 HoldCo에게 지급한 배당은 HoldCo의 간주된 능동적 사업활동에서 발생한 것이고, A-B국 조약 제10조의 경감세율 혜택을 받을 수 있다.(OMC Art.29/81 Ex.B)

④ OECD/UN모델 제29조 제4항 : 파생혜택 요건

4. 일방체약국의 거주자인 법인은 다음 요건을 충족하는 경우 이 협약에 의해 허용될 수 있는 혜택을 받을 권리가 있다.
   a) 혜택이 허용되는 시점에 그리고 그때를 포함하는 12개월 중 최소 1/2 이상, 보통주 주식의 총주식수 및 가액의 95% 이상(우선주 주식의 총주식수 및 가액의 50% 이상)이 동등 수혜자인 7인 이하의 인들에 의해 직·간접적으로 소유되는 경우. 다만, 간접소유의 경우에는 각 중간소유자가 적격 중간소유자여야 한다.
   b) 해당 시점을 포함하는 과세기간 동안 해당 인의 거주지국에서 결정되는 해당 인의 총소득 및 연결신고그룹 소득의 50% 미만이 해당 인의 거주지국에서 공제가능한 지급금의 형태로 (재화 또는 용역사업의 통상적 과정에서의 정상 가격 지급금 및 연결신고그룹의 경우 그룹 내부거래는 제외) 아래의 부적격인들에게 직·간접적으로 지급 또는 발생된 경우.
      i) 동등 수혜자가 아닌 인들
      ii) 단지 이 조문 제5항(본사)에 의한 사유로 동등 수혜자인 인들
      iii) 공제가능한 지급금과 관련하여 이 조항에서 언급된 법인에 대해 특수관계인이고, 이 협약에서 정의된 조세특례제도의 혜택을 얻는 동등 수혜자인 인들
      iv) 이자 지급과 관련하여 이 조항에서 언급된 법인에 대해 특수관계인이고, 제11조상 자본에 대한 관념상 공제의 혜택을 얻는 동등 수혜자인 인들

제29조 4항은 어떤 단체가 스스로는 조약혜택을 받을 적격인에 해당하지 않지만, 그 단체의 소유자들이 만약 소득을 직접 수취한다면 혜택을 얻을 수 있는 경우에 조약혜택을 부여하는 파생혜택(derivative benefits) 조항이다. 파생혜택 조항은 소유 및 세원잠식 조항과 유사한 방식으로 설계되고, 또한 객관적 기준을 사용한다. 파생혜택 조항의 내재적 사고는 만약 법인의 소유자들이 법인을 경유하지 않고 직접 소득을 수취하는 것과 법인을 경유하는 것이 동일한 혜택을 받을 수 있다면, 해당 법인은 조약혜택을 받을 권리가 있어야 한다는 것이다. 이 조항에 따르면, 법인이 동등 수혜자들에 의해 소유되고, 총소득의 50% 이상을 동등 수혜자들이 아닌 인들에게 공제가능한 지급금의 형태로 전달하지 않는

다면, 법인은 모든 조약혜택을 받을 권리가 있다.

동등 수혜자(equivalent beneficiaries)는 i) 제3국과 원천지국 간의 조세조약에 의하더라도 거주지국과 원천지국 간 조세조약과 동등한 혜택을 받을 권리를 가지는 제3국 거주자, 또는 ii) 제2항의 적격인에 해당하여 조약혜택의 권리를 가지는 일방체약국의 거주자를 말한다.[53)]

일부 국가들은 조세특례제도의 혜택을 얻는 특수관계인에게 지급되는 소득에 대해서 조약규정의 적용을 부인하고, 국내법상 자본에 대한 관념상 비용공제(notional deduction) 규정의 혜택을 얻는 특수관계인에게 지급된 이자의 적용을 부인하는 규정이 조세조약에 포함될 것을 고려한다. 이들 국가들은 설령 특수관계인들이 동등 수혜자에 해당하더라도 파생혜택 조항이 그들에 대한 세원잠식 지급금을 허용하지 않기를 원할 수 있다.(OMC Art.29/84) 위 제4항의 상세 버전내용은 이러한 견해를 반영한 것이다. 그러나, 조세특례제도 및 자본에 대한 관념상 비용공제 규정이 조약에 포함되어야 한다고 생각하지 않는 국가들은 위 b)호 중 iii)목 및 iv)목을 제외할 수 있다.(OMC Art.29/85)

본 조항 a)호는 소유요건을 규정한다. 이 요건에 따르면, 7인 이하의 동등 수혜자들이 조약혜택이 허용되는 시점을 포함하는 12개월 기간 중 최소 1/2기간 동안 해당 법인 주식의 95% 이상, 그리고 우선주의 경우에는 50% 이상을 직·간접적으로 소유해야 한다. 간접소유의 경우, 각 중간소유자가 적격 중간소유자여야 한다.(OMC Art.29/88) 조약혜택을 청구하는 법인 주식의 95% 이상이 7인 이하의 동등 수혜자들에 의해 소유되어야 한다는 요건은 많은 수의 주주들이 동등 수혜자인지 여부를 결정해야만 하는 행정적 부담을 회피하기 위한 것이다. 이는 MNEs의 지주회사들에게 혜택을 제공하기 위한 파생혜택 요건의 목적과도 부합한다.(OMC Art.29/87)

53) 동등 수혜자 개념과 관련한 상세하고 다양한 적용사례는 OECD모델 제29조 주석 121절~147절 참조

다음으로 파생혜택 조항의 소유요건 적용방법에 관해서 아래 〈그림 2-11〉의 사례를 통해서 살펴보자.

〈그림 2-11〉 LOB 파생혜택 조항의 소유요건 적용사례

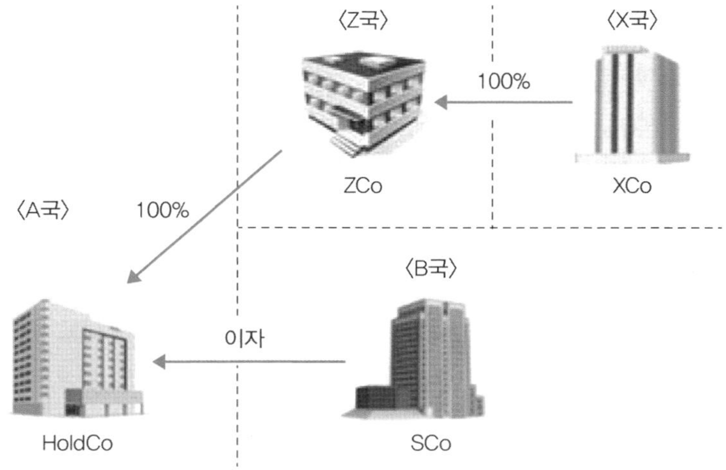

A국 거주자인 HoldCo는 Z국 거주자인 ZCo의 100% 자회사이고, ZCo는 X국 거주자인 XCo의 100% 자회사이다. XCo 주식의 주 종목이 X국의 증권거래소에서 주로, 그리고 정규적으로 거래된다. HoldCo는 제3국에 상장된 법인의 자회사이기 때문에 제2항에 의한 조약혜택을 받을 수 없다. 또한, HoldCo는 A국에서 능동적 사업활동에 종사하는 것이 아니므로 제3항에 의한 조약혜택도 받을 수 없다. HoldCo는 A-B국 조세조약 제11조의 혜택이 적용될 수 있는 B국에서 발생하는 이자를 수취하고 수익적으로 소유한다. B국-X국 조세조약 규정에 의하여 XCo가 A국-B국 조약에 포함된 용어의 정의상 동등 수혜자에 해당한다고 가정하자.

XCo가 HoldCo 주식을 간접소유할지라도, HoldCo가 B국에서 수취한 이자에 대해 A-B국 조세조약 제11조 혜택을 받을 수 있기 위해서 ZCo는 중간소유자로서 제7항의 적격 중간소유자 정의를 충족해야 한다. 만약 Z국이 발효 중인 포괄적 조세조약을 가지고 있지 않거나 또는 조약이 발효 중이지만 ZCo가 조세특례제도 또는 자본에 대한 관념상 공제의 혜택을 받는다면, ZCo는 적격 중간소유자가 아니고, a)호 요건이 충족되지 않는 결과 HoldCo는 제4항에 의한 조약혜택을 받을 권리가 없다.

제4항 b)호는 세원잠식요건을 규정한다. 이는 부적격인들이 다른 것을 제외하고, 제2항 f)호 ⅱ)목의 세원잠식요건과 대체로 유사하다.(OMC Art.29/89)

〈그림 2-12〉 LOB 파생혜택 조항의 세원잠식요건 적용사례

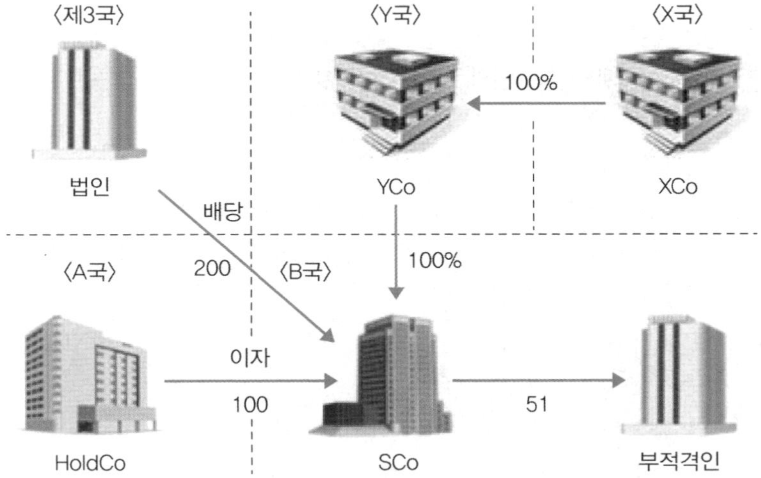

위 〈그림 2-12〉 사례를 통해 세원잠식요건의 적용방법에 관해서 살펴보자. X국 거주자인 XCo는 Y국 거주자인 YCo를 소유하고, YCo는 B국 법인 BCo를 소유한다. BCo는 제4항에 의해 A-B국 조약의 혜택을 청구한다. XCo는 동등 수혜자이고 YCo는 조약 제7항 용어의 정의에 따라서 적격 중간소유자이다. 따라서, BCo는 동등 수혜자인 XCo가 BCo의 총주식수 및 주식가액의 95% 이상 및 우선주의 50% 이상을 간접소유하고, YCo가 적격 중간소유자이기 때문에 a)호의 소유요건을 충족한다.

쟁점 과세기간 BCo의 총소득은 A국에서 발생한 이자 100 그리고 B국 법률에 의해 과세가 면제되는 제3국에서 수취한 배당 200으로 구성된다. BCo는 이자 100에 대해서 조약혜택을 청구한다. B국 법률에 의하면, BCo, YCo 및 XCo는 연결세무신고 또는 세 법인이 이윤 또는 손실을 공유할 수 있는 기타 제도에 참여하는 것이 허용되지 않으므로 연결세무신고 그룹은 존재하지 않는다. BCo의 총소득은 A국에서 발생한 이자 100이다. 만약 BCo가 부적격인에게 51의 세원잠식 지급금을 지급한다면 b)호의 세원잠식 요건을 충족하지 못한다.

⑤ OECD/UN모델 제29조 제5항 : 본사 조항

제5항은 제2항의 적격인이 아닌 일방체약국의 거주자가 본사(headquarters company)로서 MNE그룹의 자회사들이 지급한 배당 및 이자에 대해서 조약혜택을 받을 수 있는 대안적 요건을 규정하고 있다.

5. 해당 법인과 그의 직·간접 자회사들로 구성된 MNE그룹의 본사로서 기능하는 일방 체약국의 거주자인 법인은 그 거주자가 적격인인지 여부에 상관없이 MNE그룹의 자회사들이 지급하는 배당과 이자에 대해서 이 협약의 혜택을 받을 권리를 가진다. 법인은 다음 요건을 충족한 경우에만 본사로 간주된다.

a) 해당 법인의 주된 관리·지배장소가 그 법인이 거주자인 체약국에 소재할 것.

b) MNE그룹이 최소 4개국의 거주자들이며 해당 국가들에서 능동적 사업수행에 종사하는 법인들로 구성되고, 각 4개국(또는 국가들의 4개 그룹)에서 수행된 사업이 그룹 총소득의 10% 이상을 창출할 것.

c) 해당 법인의 거주지 체약국이 아닌 어느 한 국가에서 수행된 MNE그룹의 사업이 그룹 총소득의 50% 미만을 창출할 것.

d) 해당 법인 총소득의 25% 이하가 타방체약국에서 수취될 것.

e) 해당 법인이 거주지국에서 본 조문 제3항에서 언급된 인들(특수관계인)과 동일한 소득세 과세대상일 것.

f) 해당 법인 및 연결신고그룹의 총소득의 50% 미만이 해당 법인의 거주지국에서 공제가능한 지급금의 형태로 (재화 또는 용역사업의 통상적 과정의 정상지급금 또는 해당 법인에 대한 특수관계인이 아닌 은행에 대한 금융채무에 관한 지급금 및 연결신고그룹의 경우 그룹 내부거래는 제외) 직·간접적으로 제2항 a), b), c), 또는 e)호에 의해 협약혜택을 받을 권리가 있는 어느 체약국의 거주자도 아닌 인들에게 지급 또는 발생될 것.

만약 관련 과세기간에 대한 위 b), c), d)호의 요건이 이행되지 않는 경우에는 요구비율이 이전 4개 과세기간의 총소득을 평균할 때 충족되면 이행된 것으로 간주된다.

본사의 MNE그룹은 해당 법인과 그의 직·간접 자회사들을 의미하고, 상위단계(upper-tier) 법인들은 포함하지 않는다.(OMC Art.29/92) 본사로서 조약혜택을 청구하는 법인은 다음 6가지 조건을 충족해야 한다. 첫째, a)호에 의하면, 본사의 주된 관리·지배장소가 해당 법인의 거주지국에 소재해야 한다. 이는 상장법인에게 적용되는 것과 동일하다. '주된 관리·지배장소' 기준은 특정한 경우 하위단계 법인이 본사요건을 충족할 수 있는 가능성을 허용한다.(OMC Art.29/93) 둘째, b)호에 의하면, MNE그룹은 (양 체약국을 포함하여) 최소 4개국의 거주자들이며 해당 국가들에서 능동적 사업수행에 종사하는 법인들로 구성되고, 그 각각의 4개국(또는 국가들의 4개 그룹)에서 수행된 사업이 그룹 총소득의 10% 이상을 창출해야 한다.

이 요건의 적용방법에 관해 다음 사례를 통해서 살펴보자. X는 X국 거주자이고, 해당 법인과 X, A, B, C, D, E 및 F국가의 거주자인 직·간접 자회사들로 구성된 MNE그룹의 구성원이다. 이들 각 법인들의 첫째 해와 둘째 해의 총소득은 다음과 같다.

〈표 2-3〉 LOB 본사조항 중 국가요건의 적용사례

국가	첫째 해	둘째 해
X	45	60
A	25	12
B	10	20
C	10	12
D	7	10
E	10	9
F	5	7
소계	112	130

위 〈표 2-3〉 사례에서, 첫째 해에 이 그룹의 총소득의 10%는 11.2이다. X국과 A국만이 해당 연도 b)호의 요건을 충족한다. 타 국가들이 이 요건을 충족하기 위해서는 그룹으로 묶어야 한다. B국과 C국은 총소득 20, D국, E국 및 F국의 총소득 22이므로 이들 두 그룹의 국가들은 b)호 목적 상 그룹의 세 번째 및 네 번째 구성원으로 간주될 수 있다. 둘째 해에, 총소득의 10%는 13이다. X국과 B국만이 이 요건을 충족한다. A국과 C국의 총소득은 24, D국, E국 및 F국의 총소득은 26이므로 이들 두 그룹의 국가들은 b)호 목적 상 그룹의 세 번째 및 네 번째 구성원으로 간주될 수 있다. 그룹의 구성은 매년 변경될 수 있기 때문에, 그룹 구성에서 A국이 B국으로 바뀌었다는 사실은 중요하지 않다.(OMC Art.29/94)

셋째, c)호에 의하여 해당 법인의 거주지 체약국이 아닌 국가에서 수행된 MNE그룹의 사업이 그룹 총소득의 50% 미만을 창출해야 한다. 따라서, 원천지 체약국에서 그룹 총소득의 50% 이상을 창출하는 MNE그룹의 법인은 이 조건을 충족하지 못한다.(OMC Art.29/95) 넷째, d)호에 의하여 해당 법인 총소득의 25% 이상이 타방체약국에서 수취될 수 없다. 위 세 번째 조건과 달리, 이 조건은 MNE그룹 구성원들의 총소득이 아니라 본사로서 조약혜택을 청구하는 해당 법인이 얻은 총소득만을 고려한다.(OMC Art.29/96) 다섯째, e)호에 의하여 해당 법인은 거주지국에서 제29조 제3항에서 언급된 특수관계인들과 동일한 소득세 과세대상이어야 한다. 따라서, 해당 법인은 본사를 위한 제도가 아닌, 거주지국에서 능동적 사업활동에 종사하는 법인에게 적용되는 일반 법인세가 적용되어야 한다.(OMC Art.29/97) 여섯 째, f)호에 의하여 해당 법인은 해당 법인에 대해 특수관계인이 아닌 은행에 대한 금융채무 관련 지급금을 포함하지 않는 세원잠식 지급금을 제외하고, 제2항 f)호 ⅱ)목의 요건과 대체로 유사한 세원잠식요건을 충족해야 한다. 예를 들어, 해당 법인에 대한 특수관계인이 아닌 은행에게 지급한 이자는 제5항의 세원잠식요건의 적용목적 상 세원잠식 지급금으로 간주되지 않는다.(OMC Art.29/98)

이상의 6가지 조건들은 해당 법인이 조약혜택을 청구하는 배당 또는 이자를 수취한 과세연도에 대해 충족되어야 한다. 그러나, 관련 과세기간에 대해 상기 둘째, 셋째 또는 넷째 조건들을 충족하지 못하는 법인은 만약 이전 4개 과세기간에 대해 요구비율을 평균함으로써 그 조건들을 충족한다면 여전히 본사로서 간주될 수 있다.(OMC Art.29/100)

⑥ OECD/UN모델 제29조 제6항 : 재량적 구제 조항

6. 일방체약국 거주자가 제2항에 따른 적격인이 아니고 또한, 제3항, 제4항 또는 제5항에 의한 혜택의 권리도 가지지 못하는 경우, 그럼에도 불구하고 이 조문의 전항들에 의한 혜택이 부인된 체약국의 권한있는 당국은 이 협약의 목적을 고려하여 이 협약의 혜택 또는 특정 소득 또는 자본에 관한 혜택을 부여할 수 있다.
다만, 해당 거주자는 자신의 설립, 취득 또는 관리는 물론, 사업의 수행이이 협약 혜택의 획득을 주요 목적들 중 하나로 가진 것이 아니라는 점을 해당 권한 있는 당국이 만족할 수준으로 입증해야 한다. 이 조항에 의해서 타방국의 거주자가 요청을 제기한 체약국의 권한있는 당국은 해당 요청을 승인 또는 부인하기 전에 타방국의 권한있는 당국과 협의해야 한다.

제6항은 제2항 내지 제5항에서 규정한 객관적 기준에 따라서는 협약 혜택을 받을 수 없지만, 거주지국과 충분한 연관성을 가지고 있는 거주자에게 일방체약국의 권한있는 당국이 재량적으로 조약혜택을 허용할 수 있는 경우를 규정하고 있다. 즉, 납세자가 적격인으로서 또는 능동적 사업수행 또는 파생혜택의 예외조항에 의해서도 조약혜택을 받을 권리가 없는 경우, 권한있는 당국이 재량적 구제(discretionary relief)를 부여할 수 있도록 허용한다. 이러한 재량적 구제는 조약의 목적과 부합하고, 납세자의 주요 목적들 중 어느

것도 조약혜택을 얻기 위한 것이 아닌 경우에만 허용된다.

이 조항에 따라 협약 혜택을 요청하는 자는 요청받은 국가의 권한있는 당국이 만족할 정도로 해당 단체의 설립, 취득, 운영이 조약혜택의 취득과 관련이 없는 명백한 사유가 있으며, 관련이 있는 어떤 사유들도 부차적이라는 점을 입증해야만 할 것이다. 다시 말해서, 첫째, 단체의 설립, 취득 또는 관리 및 사업운영에 대해 조세와 관련없는 명백한 사업상 이유(clear non-tax business reasons)가 존재했어야 한다. 둘째, 혜택을 허용하는 것이 협약의 목적에 반하지 않아야 한다. 이 경우 권한있는 당국이 통상 고려하는 요인들 중 하나는 해당 거주자가 거주지국에 대해서 조세와 관련없는 실질적 연계성(substantial non-tax nexus)을 갖는지 여부이다. 예를 들어, 제3국에 모회사를 가진 자회사의 경우, 거주지국과 원천지국 간 조약상 원천세율이 원천지국과 제3국 간 조약상 원천세율만큼 낮은 수준이라는 사실 자체만으로 타방체약국에 대한 연계성의 증거는 아니다. 마찬가지로, 체약국에 대한 연계성은 조세조약 네트워크의 존재를 포함하여, 체약국이 특정 지역 또는 역외활동에 대해 특례를 제공하는 경우 체약국의 이러한 유리한 국내법 규정을 이용하고자 하는 의도도 조세와 무관한 사업상 이유에 대한 증거가 되지는 못한다.(OMC Art.29/103) 해당 국가와의 충분한 연계성이 있음을 입증하기 위해서는 추가적으로 유리한 사업상 요인이 제시되어야만 한다.

또한, 양 체약국이 국내법은 물론 협약의 규정 및 목적을 고려할 때, 요청된 혜택이 요청인의 거주지국과 원천지국에서 소득에 대한 과세를 하지 않거나 미미한 경우 재량적 혜택은 통상 부여되지 않는다. 예를 들어, 원천지국에서 비용공제를 받은 해당 소득이 거주지국에서도 면세로 취급되는 혼상상품을 이용함으로써 이중비과세를 초래할 수 있다.(OMC Art.29/104)

'주요 목적들 중 하나'는 조세조약 상 혜택을 얻는 것이 해당 인의 설립, 취득 또는 유지 및 사업수행을 위한 유일한 또는 지배적 목적일 필요는 없다는 것을 의미한다. 권한있는 당국은, 모든 관련 사실관계 및 상황을 고려할 때, 조약혜택을 얻는 것이 주된 고려사항이 아니었고 또한 해당 인의 설립, 취득 또는 유지 및 사업수행을 정당화하지 못했을 것이라고 판단한 경우, 해당 인에게 조약혜택을 부여할 수 있다. 그러나, 해당 인의 설립, 취득 또는 유지 및 사업수행이 많은 조약들의 유사한 혜택들을 얻을 목적으로 수행된 경우, 다른 조약상 혜택을 얻는 것이 특정 조약상 혜택을 얻는 것을 위한 주요한 목적으로 간주되는 것을 방해하지는 못할 것이다.(OMC Art.29/106)

이 조항은 권한있는 당국이 조약혜택의 요청을 승인 또는 부인하기 전에 반드시 타방체약국의 권한있는 당국과 협의할 것을 요구하고 있지만, 협의를 요청받은 과세당국과 합의까지 얻어야 하는 것은 아니라고 해석된다.(OMC Art.29/108)

(라) OECD/UN모델 제29조 제8항 : 제3국 PE 관련 특정 남용방지규정

8. a) i) 일방체약국의 기업이 타방체약국에서 소득을 수취하고, 그 일방체약국이 해당 소득을 제3국에 소재한 해당 기업의 PE에 귀속된 것으로 간주하며, 또한

ii) 해당 PE에 귀속된 소득이 일방체약국에서 면제되는 경우,

제3국에서의 조세가 해당 소득금액의 ( )%와 만약 해당 PE가 일방체약국에 소재한다면 해당 소득에 대해 일방체약국에서 부과될 조세의 60% 중 적은 금액 미만인 소득에 대해서는 이 협약의 혜택이 적용되지 않는다.

그러한 경우, 이 조항이 적용되는 소득은 협약의 다른 규정들에도 불구하고 타방국의 국내법에 따라서 과세할 수 있다.

b) 상기 규정은 타방국으로부터 수취한 소득이 해당 PE를 통해 수행된 능동적 사업수행에서 나온 것이거나 또는 이에 부수된 경우에는 적용되지 않는다.

다만, 이들 활동들이 각각 은행, 보험 또는 증권회사의 활동이 아니라면, 기업의 자기 계산을 위한 투자의 실행, 관리 또는 단순히 보유하는 사업은 제외한다.

c) 일방체약국의 거주자가 수취한 소득에 대하여 상기 조항에 따라서 이 협약의 혜택 부인되는 경우, 그럼에도 불구하고 해당 거주자의 요청에 의하여 타방체약국의 권한있는 당국은 해당 거주자가 이 조항의 요건을 충족하지 못한 이유 (가령, 결손의 존재)에 비추어 해당 혜택을 부여하는 것이 타당하다고 판단한다면 해당 소득에 대해 협약혜택을 부여할 수 있다. 상기 문장에 의해 요청을 받은 체약국의 권한있는 당국은 요청을 승인 또는 부인하기 전에 타방체약국의 권한있는 당국과 협의해야 한다.

제29조 제8항은 3국간 상황(triangular situations)을 통한 조세회피를 다루기 위한 특정 남용방지규정으로서 2017년 개정 OECD/UN모델에 추가되었다. 타방체약국(원천지국)의 거주자가 일방체약국의 거주자에게 배당, 이자 또는 사용료를 지급하는 경우, 일반적으로는 제한세율 혜택이 부여될 것이다.

〈그림 2-13〉 3국간 상황에서의 조세회피 구도

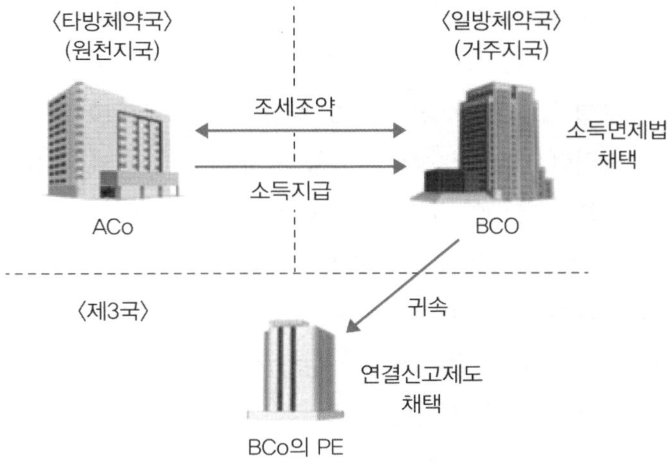

그러나, 위 〈그림 2-13〉 사례에서 보는 바와 같이, 수취인이 제3국에 PE를 가지고 있고, 수취인의 거주지국(일방체약국)이 제3국의 PE에 귀속된 소득에 대해 OECD모델 제23A조와 유사한 조세조약 규정 또는 국내법 규정에 따라서, 해당 거주지국이 과세에서 면제하는 경우 원천지국에게 자신의 조세를 줄여서 조약혜택을 제공하도록 요구하는 것은 부적절할 것이다. 왜냐하면, 수취인의 거주지국이 수취금액에 대해 아무런 조세를 부과하지 않기 때문이다. 이러한 경우 통상 연결세무신고그룹 제도(tax consolidation or fiscal unity regime)[54] 등을 통해 PE에 귀속된 소득과 관계회사들 간 관념상 거래를 통해 창출한 인위적 손실을 연결대상 타 관계회사들에게 귀속시켜 PE국가에서도 실제 조세부담이 없도록 만들 수 있다.

본 조항 ⅰ)호에서 '소득'은 관련소득이 사업소득에 해당하는지 여부에 상관없이 적용된다. 따라서, 해당 규정은 일방체약국 기업이 타방체약국에서 소득을 수취하고, 일방체약국이 (조약상 기타소득 규정을 포함하여) 소득지급의 원천인 권리 또는 자산이 제3국의 PE와 실질적으로 관련된다고 간주하는 경우에 적용된다.(OMC Art.29/164)

본 조항은 이러한 형태의 조약남용에 대처하기 위해 수취 소득금액[55]에 대해 PE국가

54) 참고로, 네덜란드와 룩셈부르크는 해당 국가의 거주자인 모회사와 95% 이상 소유하는 자회사들을 통합하여 하나의 세무단체(fiscal unity)로 연결신고를 할 수 있는 제도를 운영하고 있다. 이 경우, EU국가 법인의 네덜란드/룩셈부르크 PE가 최상위단체가 될 수 있고, 따라서 PE에 귀속된 소득과 타 자회사들의 손실이 상쇄될 수 있다.

55) 여기서 '소득금액'은 관련 국가의 법률에 의해 공제가능한 해당 소득에 관련된 모든 비용이 공제된 이후의 소득금액을 말한다.(OMC Art.29/166)

에 의해 부과된 조세가 ⅰ) 해당 소득금액에 양 체약국들이 합의한 최소세율을 곱한 금액과 ⅱ) 만약 PE가 수취인의 거주지국에 소재했다면 부과되었을 조세금액의 60% 중 적은 금액 미만인 경우에는 원천지국에게 조약혜택을 부여할 것을 요구하지 않는다고 규정하고 있다. 그러나, ⅰ) 소득이 기업 자신의 계산에 의한 투자사업(은행, 보험, 증권업은 제외)을 제외한, PE가 수행하는 능동적 사업에서 발생하거나 부수된 경우, ⅱ) 원천지국의 권한있는 당국이 수취인의 요청에 의해, 그리고 수취인 거주지국의 권한있는 당국과의 협의 후에 조약혜택을 부여하는 것이 적절하다고 간주한 경우에는 예외가 인정된다. 예를 들어, 수취인이 결손을 가지고 있어서, 거주지국이 설령 PE가 거주지국에 소재하더라도 소득에 대해 과세할 수 없는 경우에는 제8항에 의해서 조약혜택을 부인하지 않는 것이 적절할 것이다.

그러나, 상기 제8항의 문구 대신에 보다 포괄적 해결방안을 선호하는 국가들은 다음의 상황들을 반영한 문구를 채택할 수 있다. 첫째, 일방체약국 기업이 제3국 소재 PE에 귀속된 소득에 대해 과세를 면제받는 상황으로 제한되지 않아야 하고, 둘째, 능동적 사업수행에서 발생하거나 그에 부수된 소득을 제외하는 예외조항을 포함하지 않아야 하며, 셋째, PE가 기업의 거주지국에 소재했다면 해당 국가에서 납부되었을 조세에 대해 평가할 필요가 없다는 것이다. 그러한 경우, 관련 규정은 한 체약국으로 수취하고 제3국 소재 PE에 귀속된 소득은 기업의 거주지국과 PE국가에서 결합한 총세율이 양 체약국이 합의한 세율과 기업 거주지국에서의 일반 법인세율의 60% 중 적은 금액 미만인 경우에 적용될 수 있을 것이다.(OMC Art.29/168)

(마) 한 · 미 조세조약 상 LOB조항

아래에서 보는 바와 같이, 한 · 미 조세조약 제17조는 OECD가 승인한 LOB 조항에 비해서는 제한된 범위이지만, 특정 요건에 해당하는 양 체약국에 설립된 투자회사 또는 지주회사에 대해 조약혜택을 부인하는 특정 남용방지규정을 두고 있다. 즉, 이 조항의 목적은 제3국의 거주자가 한 · 미 조세조약상 배당 · 이자 · 사용료 및 양도소득에 대한 혜택을 받을 목적으로 체약국에 투자회사 또는 지주회사를 설립하는 조약쇼핑 행위를 방지하기 위한 것이다.

한·미 조세조약 제17조 【투자회사 또는 지주회사】

타방체약국 내의 원천으로부터 배당, 이자, 사용료 또는 양도소득을 발생시키는 일방체약국의 법인은 다음의 경우에 제12조(배당), 제13조(이자), 제14조(사용료) 또는 제16조(양도소득)상의 혜택을 받을 권리를 가지지 아니한다.

(a) 특별조치에 의한 이유로 동 배당, 이자, 사용료 또는 양도소득에 대하여 상기 일방체약국이 동 법인에 부과하는 조세가, 동 일방체약국이 법인소득에 대하여 일반적으로 부과하는 조세보다 실질적으로 적으며, 또한

(b) 동 법인의 자본의 25% 이상이 상기 일방체약국의 개인 거주자(또는 한국법인의 경우에는 미국시민)가 아닌 1인 이상의 인에 의하여 직접적으로 또는 간접적으로 소유되는 것으로 등록되어 있거나, 또는 양 체약국의 권한있는 당국 간의 협의를 거쳐 달리 결정되는 경우

조약혜택을 배제하기 위한 요건으로 특별조치요건 및 소유요건을 규정하고 있다. i) 특별조치요건은 거주지국에서 감면 등 특혜를 주는 경우에는 이중혜택을 방지하기 위해 원천지국에서는 조약혜택을 부여하지 않겠다는 의미이다. ii) 소유요건은 해당 법인 지분의 25% 이상이 제3국의 거주자(개인 및 법인) 및 해당 체약국의 법인에 의해 소유되는 경우에도 조약혜택에서 배제된다. 물론, 위 두 가지 요건을 모두 충족하는 경우에만 조약혜택을 배제할 수 있다.

나. 일반 남용방지규정

(1) 개요

조세조약은 국내법과 달리 일반적으로 조약혜택에 관하여 일반 남용방지규정을 두고 있지 않다. 물론, 조약에서 일반 남용방지규정을 명시하고 있지 않더라도 조세조약에 국내법상 일반 남용방지규정과 사법적 법리를 적용할 수 있다는 것이 다수국가의 견해이다.[56)]

그러나, 보다 강력한 조치로서 예컨대, 도관회사를 이용한 자금거래(conduit financing arrangements)와 같이 LOB 조항에 의해서는 규율되지 않는 다른 형태의 조약남용에 효과적으로 대처하기 위해, 2017년 OECD/UN모델 제29조 제9항에서는 '주요목적 기

56) OECD모델 제1조 주석 58절 내지 61절, 66절 내지 80절 참조

준'(principal purpose test: 이하 'PPT 조항')에 토대한 새로운 일반 남용방지규정이 추가되었고, 이를 효과적이고 신속하게 이행하기 위해 'BEPS방지 다자간협약'이 시행되고 있다.

한편, EU국가들도 혼성 자금거래(hybrid loans)에 대해 각국의 서로 다른 조세상 취급 때문에 야기되고 있는 조세차익거래(tax arbitrage)에 적극 대처하기 위해 최근 'EU 모·자회사지침'을 개정하여 일반 남용방지규정을 도입하는 획기적 조치를 취하였다.[57] 동 협약(Article 4.1)에 따르면, "배당을 지급받는 모회사 국가는, 해당 이윤이 자회사에서 공제받지 않는다면(즉, 과세된다면) 과세하지 않아야 하고, 해당 이윤이 자회사에서 공제받는다면(즉, 과세되지 않는다면) 과세할 것이 요구된다."는 것이다.[58] 이는 자회사가 모회사에 배당을 지급할 때 원천징수를 면제하여 모회사 단계에서 이중과세를 제거하되, 만약 자회사에서 동 지급액에 대해 이미 조세공제를 받았다면 모회사 단계에서 과세하도록 함으로써 의도치 않은 조세혜택(이중비과세)을 방지하겠다는 의미이다.

(2) PPT 조항의 의의

OECD/UN모델 제29조 제9항은 제1조 주석에 포함된 지도원칙을 모델 자체에 구체화한 것이다.(OMC Art.1/61 & 76-80) OECD는 PPT 조항은 단순히 종전 주석 내용을 확인하는 것이라고 밝히고 있다. 주석은 설득적 가치가 있을지라도 국내법원에 대한 기속력을 갖지는 못하지만, 조약 자체에 포함된 규정은 쉽게 무시될 수 없을 것이다.

이 지도원칙을 조약에 포함하는 것은 다음 두 가지 측면에서 의의가 있다. 첫째, 조약남용이 확인되는 경우에도 모델 주석(OMC Art.1/76-80)에 근거해서는 국내법이 조약혜택의 부인을 허용하지 않는 경우 이를 비로소 허용하는 효과를 가질 것이고, 둘째 조약남용의 경우 조약혜택을 부인할 수 있도록 허용하는 국내법 규정을 이미 가진 국가에게는 이러한 원칙의 적용을 확인해 주는 의미가 있다.(OMC Art.29/169)

PPT 조항이 양자 조세조약 또는 다자간협약에 포함되면 조약관련 조세회피 시도를 억제하는 효과를 가질 것이지만, 납세자와 과세당국 간 분쟁 또한 발생할 가능성이 커질 것이다. 따라서, 다수국가들은 국내법상 일반 남용방지규정 적용을 위한 승인 절차와 유사하게 제29조 제9항도

57) 2014.12.9. EU 경제재무장관회의(ECOFIN)는 'EU 모·자회사지침' 수정안을 채택하였고, EU 회원국들은 2015년 말까지 동 수정안을 국내법에 반영하도록 하였다.

58) 그동안 자회사 국가에서는 (비용공제 가능한) 이자로 취급되는 반면, 모회사 국가에서는 배당으로 취급되어 (비과세되는) 혼성 자금거래 등 각국의 세법 상 취급 차이를 이용한 공격적 절세전략(소위 tax Arbitrage) 때문에 각국의 세원잠식에 대한 우려가 컸다.

과세당국 내부 고위급의 승인을 거쳐서만 적용되도록 하는 행정절차를 설정하고자 할 수 있다. 이러한 승인 절차는 일반 남용방지규정의 적용과 관련한 분쟁의 심각성을 보여줄 뿐만 아니라 규정 적용의 전체적 일관성을 향상시킬 것이다.(OMC Art.29/183)

제29조 제9항의 일반 남용방지규정은 다음 두 가지 기준으로 구성된다. 첫째, 거래 또는 약정의 주요 목적들 중 하나가 조약혜택을 얻는 것이어야만 한다. 둘째, 목적기준이 충족되는 경우, 납세자는 특정한 상황에서 조약혜택을 얻는 것이 관련 조약규정의 목적에 부합하다는 것에 대한 입증책임을 부담한다. 그렇지 않을 경우, 조약혜택은 부인된다.

대부분의 경우 제29조 제9항의 적용과 관련한 중요한 이슈는 조약혜택이 관련 조약규정의 목적과 부합하는지 여부일 것이다. 거래 또는 약정이 관련 조약규정의 목적과 부합하는지 아니면 상반되는지 여부의 결정은 다음의 2단계 분석이 필요하다. 첫째, 관련 조약규정의 목적이 확인되어야 한다. 이는 그 규정의 문구, 그 규정에 관한 OECD/UN모델 주석 및 조약의 준비문서 등의 외부자료에 토대할 수 있다. 국내세법의 문리적 해석에 익숙한 국내법원들에게는 제29조 제9항에 목적론적 해석(purposive approach)을 적용하는 것이 매우 어려운 일이 될 것이다. 둘째, 조약의 목적과 부합하는지 또는 상반되는지 여부를 결정하기 위하여 쟁점 거래 또는 약정이 검토되어야 한다. 두 번째 단계가 어떻게 적용되어야 하는지에 관해 제29조 제9항에서 세부사항이 규정되지 않을지라도, 거래 또는 약정의 경제적 영향 및 수행되는 방식이 고려되어야 한다고 추정하는 것이 합리적일 것이다.

제29조 제9항은 특히, 국내법에 일반 남용방지규정이 없는 국가들의 경우에는 상당한 논란이 있을 수 있다. 동 규정은 모호하고 광범위하기 때문에 납세자와 과세당국에게 상당한 불확실성을 초래할 것이다. 주요 목적들 중 하나를 이용하는 것이 동 규정을 잠재적으로 매우 광범위하게 만든다. 중요한 조약혜택을 발생시킨 거래 또는 약정의 주요 목적들 중 최소한 하나는 해당 조약혜택을 얻는 것이었다고 합리적으로 결론을 내릴 수 있는 상황이 많을 것이다. 다르게 표현한다면, 실제 중요한 조약혜택을 발생시킨 거래 또는 약정의 목적들 중 어느 것도 해당 조약혜택을 얻는 것이 아니었다는 결론을 내리는 것이 어려울 수 있다는 것이다.[59)]

(3) PPT 조항의 특성

먼저, LOB 조항과 PPT 조항 간의 관계에 대해 살펴보자. PPT 조항은 LOB조항의

59) Brian J. Arnold, *op.cit*, p.183

적용범위를 보충하지만, 제약하지도 않는다.(OMC Art.29/171) 또한, LOB 조항의 요건을 충족하여 조약혜택의 권리가 인정되더라도 PPT 조항에 따라 조약혜택이 부인될 수 없는 것은 아니다. 왜냐하면, LOB 조항은 일방체약국 거주자의 법적 성격, 소유관계 및 일반적 활동에 주로 초점을 맞추고 있는 데 비해, PPT 조항은 조약의 서문을 포함하여 LOB 조항 등 관련규정의 맥락을 고려하여 목적이 검토되기 때문이다.(OMC Art.29/172 & 173)

예를 들어, 앞서 살펴본 LOB 조항 제2항 c)호의 목적과 취지는 주식이 여러 국가의 거주자들에 의해 소유되는 상장법인에 대해 조약혜택의 한계를 정하는 것이다. 따라서, 해당 법인이 제2항에 따라 적격인이라는 사실이 해당 법인의 주식소유와 관계없는 이유로 PPT 조항에 의해 조약혜택이 부인될 수 없다는 것을 의미하는 것은 아니다. 예컨대, 상장법인인 은행이 제3국의 거주자에게 조세조약에 따른 저율의 원천세 혜택을 간접적으로 제공할 의도로 도관회사를 이용한 자금거래를 체결했다고 하자. 이 경우 제2항 c)호의 규정이 협약의 다른 규정들과 서문의 관점에서 볼 때, 양 체약국들이 상장법인의 조약쇼핑 거래를 승인하는 목적을 가졌다고는 볼 수 없기 때문에 PPT 조항을 적용하여 조약혜택을 부인할 수 있게 된다.(OMC Art.29/173)

PPT 조항에 대한 해석과 관련하여 다음 사항들이 고려되어야 한다. 첫째, '주요 목적들 중 하나'의 의미와 관련하여, 조약혜택을 얻는 것이 특정 거래의 유일한 또는 지배적 목적일 필요는 없다. 최소한 주요 목적들 중 하나가 조약혜택을 얻는 것으로 충분하다. 예를 들어, 어떤 인이 양도 전에 한 체약국의 거주자가 되었고, 그렇게 한 주요 목적들 중 하나가 조약혜택을 얻는 것이었다면, 가령 해당 자산의 양도를 촉진하거나 양도수익의 재투자와 같은 거주지 변경에 대한 다른 주요 목적들이 존재할 수 있음에도 불구하고 PPT 조항이 적용될 수 있다.(OMC Art.29/180)

둘째, PPT 조항은 ⅰ) 모든 관련 사실관계 및 상황을 고려할 때, 조약혜택을 얻는 것이 직·간접적으로 해당 혜택을 가져올 어떤 약정 또는 거래의 주요 목적이고, ⅱ) 이러한 상황에서 조약혜택을 부여하는 것이 조약의 관련규정의 목적에 부합하지 않는 경우, 해당 약정 또는 거래의 실질에도 불구하고 해당 소득에 대해 조약혜택이 허용될 필요가 없다는 것이다. 다시 말해서, 어떤 약정 또는 거래가 조약의 목적에 부합하지 않는 방식으로 조약혜택을 취득할 목적으로 실행되었다는 점이 인정되기만 하면, 일정 정도의 실질(substance)을 갖추었다는 사유로 조약혜택을 주장할 수 없다는 점이다.

셋째, 특정 약정 또는 거래의 주된 목적이 무엇인지를 판단할 때 객관성(objectivity)

과 합리성(reasonableness)이 요구된다. 동일한 사실 또는 증거에 대해서 다른 해석의 가능성이 있을 수 있다는 점이 객관적으로 고려되어야 한다는 것이다.(OMC Art.29/179)

(4) OECD/UN모델 제29조 제9항 : PPT 조항

9. 이 협약의 다른 규정들에도 불구하고, 모든 관련 사실과 상황을 고려할 때, 만약 조약혜택을 얻는 것이 직·간접적으로 그러한 혜택을 가져오는 약정 또는 거래의 주요 목적들 중의 하나라고 결론을 내리는 것이 합리적이라면, 이러한 상황에서 해당 혜택을 부여하는 것이 이 협약의 관련규정의 목적에 부합할 것이라는 점이 입증되지 않는 한, 특정 소득 또는 자본에 대해 협약상 혜택이 부여되어서는 안 된다.

제29조 제9항의 '혜택' 용어는 예컨대, 조세감면, 면제, 이연 또는 환급 등 모델협약 제6조 내지 제22조에 의해서 원천지국에게 부과될 모든 과세제한들, 제23조에 규정된 이중과세 구제 및 제24조에 의해 일방체약국 거주자 및 국민에게 허용되는 보호 또는 기타 이와 유사한 제한들을 포함한다. 이는 예를 들어, 타방체약국 거주자에게 지급된 배당, 이자 또는 사용료에 관한 일방체약국의 과세권 제한을 포함한다. 또한, 제13조에 의해 타국 거주자에 의해 일방체약국에 소재한 동산의 양도에서 발생하는 양도차익에 대한 일방체약국의 과세권 제한을 포함한다.(OMC Art.29/175)

"직·간접적으로 그러한 혜택을 가져오는" 문구는 일부로 넓게 규정한 것이다. 왜냐하면, 조약혜택 청구인이 직접적으로 해당 혜택을 얻는 것을 주요 목적들 중 하나로서 행한 것이 아닌 거래에 대해서도 조약혜택을 부인할 수 있는 상황을 포함하기 위한 것이다.

예를 들어, 아래 〈그림 2-14〉 사례에서 보는 바와 같이, A국 거주자인 ACo가 B국 거주자인 BCo의 모든 주식과 부채를 BCo 모회사인 PCo로부터 인수했다고 가정하자. 여기에는 BCo에 대한 이자율 4% 조건의 대여금도 포함된다. A국-B국 간 조세조약이 없기 때문에 BCo가 ACo에게 지급하는 이자는 B국 법률에 따라서 25% 세율로 원천징수 된다. 그러나, B국-C국 조세조약에 의하면, 일방체약국 거주자인 법인이 지급하고 타방체약국 거주자인 법인에 의해 수익적으로 소유되는 이자에는 원천세가 없다. 이러한 상황에서, ACo는 C국 거주자인 자회사 CCo에게 이자율 3.9% 조건의 약속어음 3장을 대가로 해당 대여금을 이전한다.

〈그림 2-14〉 간접적으로 조약혜택을 초래하는 약정사례

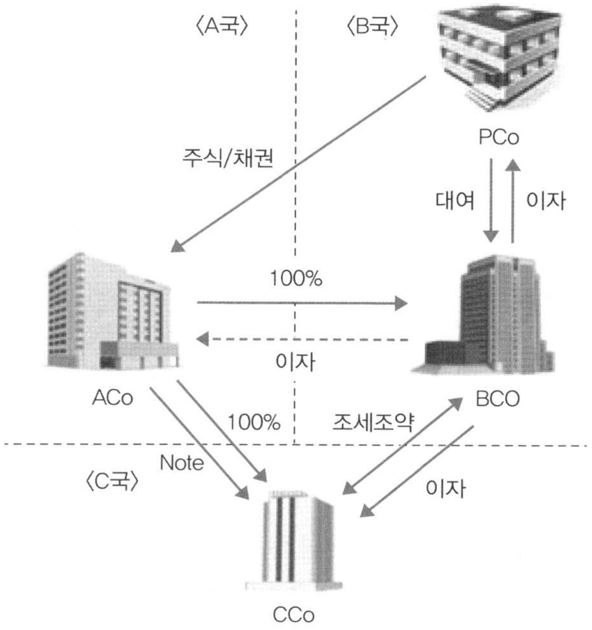

위 사례는 정당한 상업적 사유로 체결된 대여에 대해서 CCo가 B국-C국 조약혜택을 청구할지라도, 해당 사안의 사실관계로 볼 때 ACo가 대여금을 CCo에게 이전한 주된 목적들 중 하나가 CCo에게 B국-C국 조약혜택을 얻게 하는 것이었다면, 해당 혜택은 대여금의 이전으로부터 간접적으로 초래되었기 때문에 본 조항이 해당 혜택을 부인하기 위해 적용될 것이다.(OMC Art.29/176)

본 조항에서 '약정 또는 거래' 용어는 폭넓게 해석되어야 하고 법률적 집행가능성에 상관없이 모든 약정, 양해, 계획, 거래 또는 일련의 거래들을 포함한다. 여기에는 소득 자체 또는 해당 소득을 발생시키는 자산 또는 권리의 양도, 취득 또는 이전이 포함된다. 약정의 사례로 법인의 거주지를 변경했다고 주장하기 위하여 법인의 이사회 회의가 다른 국가에서 열리는 것을 보장하기 위하여 여러 조치들이 취해지는 경우를 들 수 있다.(OMC Art.29/177)

조약혜택을 얻는 것이 "약정 또는 거래의 주요 목적들 중의 하나"인지 여부를 결정하기 위해서는 관련인 또는 거래상대방의 목적에 대한 객관적 분석이 중요하다. 이는 오직 관련 거래 또는 사건을 둘러싼 모든 상황을 고려하여 사안별로 판단해야 하는 사실판단의 문제이다. 관련 당사자들의 의도에 대한 결정적인 증거를 꼭 찾아야 할 필요는 없지만, 관련 사실관계와 상황에 대한 객관적인 분석을 한 후에 해당 약정이나 거래의 주된 목적들 중의

하나가 조약혜택을 얻는 것이었다고 합리적으로 결론내릴 수 있어야 한다. 어떤 약정의 결과만으로 조약남용의 목적이 있다고 쉽게 결론을 내려서도 안 되지만, 특정 약정이 오직 조약혜택에 의해서만 합리적으로 설명될 수 있는 경우에는 조약혜택을 얻는 것이 해당 약정의 주요 목적들 중 하나라고 합리적으로 결론내릴 수 있을 것이다.(OMC Art.29/178)

예를 들어, A국 법인인 ACo는 B국 거주자인 BCo 주식 24%를 지난 5년간 소유하고 있었다고 하자. 만약 A국-B국 간 조세조약(25% 이상 지분소유 법인에 대한 배당은 특례제한세율로 원천징수 된다고 가정)이 발효되자 BCo에 대한 소유지분 비율을 25%로 증가시켰다면 이러한 상황에 PPT 조항을 적용하는 것이 합리적이라고 할 수 있을까? 이러한 추가지분의 취득이 조약혜택을 얻기 위함인 것은 분명하지만 PPT 조항을 적용하여 조약혜택을 부인해서는 안 된다. 왜냐하면, 특례 배당세율 대상법인을 판정하기 위한 25% 비율은 다분히 임의적인 수치이고, 또한 납세자가 이 요건을 충족시키기 위해 지분비율을 실제로 증가시킨 상황에서는 조약혜택을 부인하지 않는 것이 해당 조약규정의 목적에 부합하다고 할 수 있기 때문이다.(OMC Art.29/182 Ex.E)

어떤 약정이 핵심적 상업활동과 불가분하게 연계되어 있고 형식이 조약혜택을 얻기 위한 고려에 의해 만들어진 것이 아닌 경우, 주요 목적이 조약혜택을 얻기 위한 것이라고 간주될 수는 없을 것이다. 그러나, 어떤 약정이 많은 조약들에 의한 유사한 혜택들을 얻을 목적으로 체결된 경우, 다른 조약에 의한 혜택을 얻는 것이 목적이지 특정 조약에 의한 혜택을 얻는 것이 주요 목적이 아니라고 간주되어서는 안 될 것이다. 예컨대, A국 거주자인 한 납세자가 B국과 조세조약을 가진 많은 국가에서 발행된 채권에 투자하기 위해 B국 소재 금융기관과 도관약정을 체결한 경우, 해당 약정이 이들 많은 다른 조약들의 혜택을 얻기 위한 목적에서 체결되었기 때문에 특정 조약혜택을 얻는 것이 주요 목적들 중 하나가 아니라고 간주되어서는 안 된다는 것이다. 마찬가지로, 조약혜택을 얻는 것이 국내법을 회피하기 위한 목적들에 단지 부수되는 것이라고 주장하는 것도 허용되어서는 안 될 것이다.(MCC Art.29/181)

(5) 제29조 제9항 적용사례

〈그림 2-15〉 금융기관의 우선주 용익권 취득 약정사례

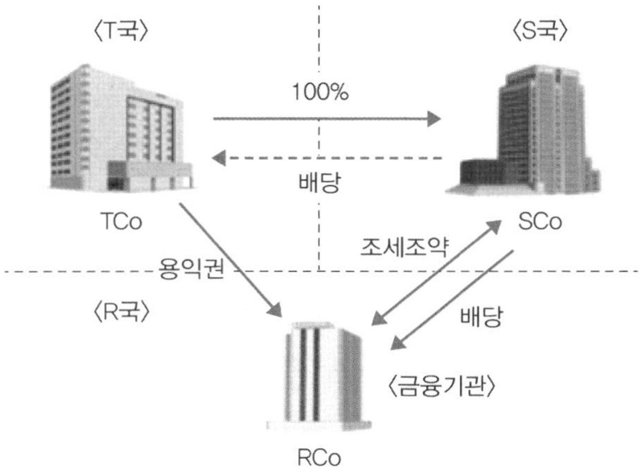

위 〈그림 2-15〉 사례에서, S국 법인인 SCo는 T국 법인인 TCo의 자회사이다. T국과 S국 간에는 조세조약이 없기 때문에 SCo가 TCo에게 지급하는 배당은 S국 국내법에 따라서 25% 배당원천세가 적용된다고 하자. 그러나, R국-S국 조세조약에 의하면, S국 법인이 R국 법인에게 지급하는 배당에 대해서 5% 원천세가 적용된다. 따라서, TCo는 R국 금융기관이고, 제2항 c)호에 의한 적격인에 해당하는 RCo와 약정을 체결하는데, 이는 RCo가 SCo의 신규발행 우선주에 부수된 용익권(usufruct)을 3년 동안 취득하는 내용이다. 이 용익권은 RCo에게 우선주에 부수된 배당을 수취할 권리를 부여한다. RCo가 용익권을 취득하기 위해 지급한 금액은 3년 동안 우선주에 대해 지급될 배당의 현재가치와 동일한 금액이다.

이 사례에서, 다른 사실관계 및 상황이 없다면, SCo가 발행한 우선주의 용익권을 RCo가 취득한 약정은 R국-S국 조약에 의해 제공되는 5% 배당원천세의 혜택을 얻기 위한 것이었다고 합리적으로 결론을 내릴 수 있고, 이러한 조약쇼핑 약정에 대해서 제한세율 혜택을 부여하는 것은 조약목적에 반하는 것이다.(OMC Art.29/182 Ex.B)

다른 사례로, R국 법인인 RCo는 전자부품 제조업을 영위하는데, 사업이 급속히 확장되자 제조비용 절감을 위해 개도국들 중 한 곳에 제조공장을 설립할 것을 고려하면서, 정치·경제적 상황이 유사한 세 곳의 후보 국가들 중 유일하게 R국과 조세조약이 체결된 S국에 제조공장을 설립하기로 결정을 했다고 가정하자. 이 사례에서, RCo가 S국에 투자

를 결정한 이유는 R국-S국 조세조약의 혜택을 얻을 목적도 있지만 동시에 RCo의 사업확장 및 제조비용 절감과도 관련이 있음이 분명한 상황이므로, 제조공장을 설립한 주요 목적들 중 하나가 조약혜택을 얻기 위함이라고 간주하는 것은 합리적이지 못하다. 왜냐하면, 조세조약의 목적이 국경 간 투자를 촉진하는 것이고, S국 투자를 위해 R국-S국 조약혜택을 얻는 것은 조약목적에 부합되기 때문이다.(OMC Art.29/182 Ex.C)

또 다른 사례로, R국 소재 CIV인 RCo는 국제금융시장의 포트폴리오투자를 관리하는데, S국 법인들의 주식 15%의 지분을 보유하고 매년 배당을 수취한다고 하자. R국-S국 조약에 의하면 배당원천세에 대해 10% 경감세율이 적용된다. RCo는 R국의 광범위한 조세조약 네트워크에 의한 조약혜택을 고려하여 투자결정을 한다. RCo의 대다수 투자자들은 R국 거주자이고, 소수만이 S국이 조세조약을 체결하지 않은 국가의 거주자들이다. RCo는 소득 대부분을 매년 투자자들에게 배당하고 해당 연도의 미배당 소득에 대해서 R국에서 조세를 납부한다. RCo가 S국의 법인주식에 투자를 결정할 때 R국-S국 조약혜택을 고려하였지만, 이것만으로 조약혜택을 부인하기에 충분하지 않다. 조약의 목적은 국경 간 투자를 촉진하기 위해 혜택을 제공하는 것이므로 투자가 이루어진 맥락을 고려할 필요가 있다. 이 사례에서, RCo 투자가 조약혜택을 얻기 위한 주요 목적으로 행해진 다른 거래와 관련되지 않는다면, RCo에게 R국-S국 조약혜택을 부인하는 것은 합리적이지 못할 것이다.(OMC Art.29/182 Ex.D)

이번 사례에서는, T국 상장법인인 TCo의 IT사업이 T국에서 개발되어 공격적 M&A 정책의 결과 최근 몇 년 동안 크게 성장하였다고 하자. 한편, 배당 및 사용료 원천세에 대해 저율의 조세를 부과하는 다수 조세조약을 체결한 R국 법인인 RCo는 가족소유 그룹 지주회사이고, IT분야에서 능동적 사업활동을 수행한다. RCo 주식의 대부분은 RCo그룹 소유주의 친척들인 R국 거주자들에 의해 소유된다. RCo의 주요자산은 S국 법인인 SCo를 포함하여 이웃 국가의 자회사들의 주식 및 R국에서 개발되어 자회사들에게 사용허락된 특허이다. TCo는 RCo그룹의 사업 인수 및 특허 포트폴리오에 오랫동안 관심을 가져왔고, 이로 인해 RCo의 모든 주식에 대해 인수 제안을 하게 되었다. 이 사례에서, RCo 인수의 주요 목적들은 TCo그룹의 사업의 확장과 관련되고, R국-S국 조약의 혜택을 얻는 것과 관련이 없으며, RCo가 주로 지주회사로서 행동한다는 사실로 결과가 달라지지는 않는다. RCo 주식을 인수한 이후, TCo 경영진은 RCo 주식과 SCo에게 사용허락된 특허를 RCo가 보유하기로 결정하기에 앞서서 당연히 R국-S국 조약의 혜택을 고려할 것이다. 그러나, 이것은

관련거래, 즉 RCo 주식의 인수와 관련된 목적은 아니다.(OMC Art.29/182 EX.F)

아래 〈그림 2-16〉 사례에서 보는 바와 같이, R국 법인인 RCo는 S국의 특수관계없는 법인인 SCo를 위해 발전소 건설에 성공적으로 응찰해 왔다. 해당 건설 프로젝트는 22개월 지속될 것으로 예상되는데, 계약협상 과정에서 프로젝트는 각 11개월씩 두 개의 다른 계약으로 분할된다. 첫 번째 계약은 RCo와 체결되고, 두 번째 계약은 최근 설립된 RCo의 100% 자회사인 SubCo와 체결된다. 두 계약의 성과에 대해서 RCo가 계약상 책임을 지기를 원하는 SCo의 요청에 의해서, SubCo와 SCo 간 계약에 따른 SubCo의 계약의무 이행에 대해서 RCo가 공동으로, 그리고 별도로 책임을 지도록 약정이 체결되었다.

〈그림 2-16〉 건설공사의 인위적 분할 약정사례

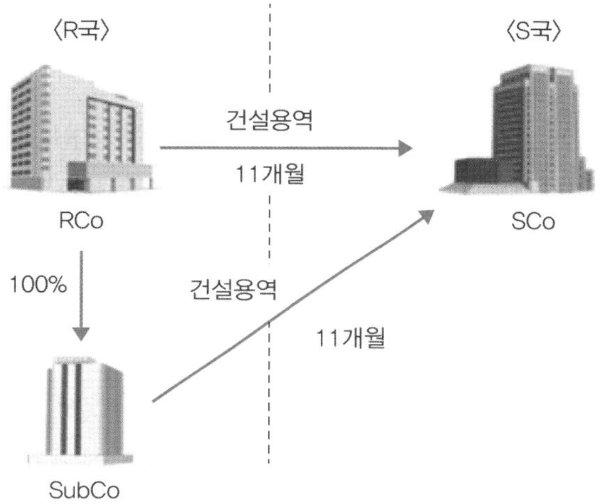

위 사례에서, 건설프로젝트의 일부를 수행하기로 합의된 SubCo와 별도의 약정을 체결한 주요 목적들 중 하나는 RCo와 SubCo가 각각 R국-S국 조약상 제5조 제3항(12개월 이상 유지된 건설현장만이 건설PE에 해당)의 혜택을 얻고자 하는 것이라고 합리적으로 결론내릴 수 있다. 이러한 상황에서 해당 조약규정의 혜택을 부여하는 것은 해당 규정의 시간상 제한을 무의미하게 만들기 때문에 해당 규정의 목적에 반하는 것이다.(OMC Art.29/182 Ex.G)

한편, 다른 사례로 R국 법인인 RCo는 T국의 기관투자자인 펀드의 100% 자회사라고 하자. RCo는 R국을 포함한 지역그룹 내 국가들의 민간시장에 대한 포트폴리오 투자의 취득 및 관리를 통한 펀드의 지역투자 거점으로서 전적으로 투자수익을 창출하기 위해 운영된다. R국에 지역투자 거점을 설립한 것은 주로 지역적 사업관행과 규제에 대한 지식을 가진 임원들의 이용가능성, R국이 지역그룹의 일원이라는 점, R국-S국 조세조약을 포함한 광범위한 조세조약 네트워크 등이 주된 이유이다. RCo는 펀드의 투자권고안을 검토하기 위해 숙련된 현지관리팀을 고용하고, 투자 승인 및 모니터링, 자금관리기능 수행, 장부 및 기록의 유지, 투자국 규제요건의 준수 등 다양한 다른 기능들을 수행한다. RCo의 이사회는 펀드에 의해 임명되고, 펀드의 글로벌 관리팀의 일원들뿐만 아니라 투자관리에 대한 전문성을 가진 과반수의 R국 거주자들로 구성되며, RCo는 R국에 세금을 신고・납부한다. RCo는 현재 S국 법인인 SCo에 대한 투자를 구상하고 있는데, SCo 투자는 RCo의 전체 국가별 투자 포트폴리오의 일부일 뿐이다. R국-S국 조약에 의하면 배당원천세가 30%에서 5%로 경감되지만, S국-T국 조약에 의하면 배당원천세는 10%이다.

S국의 SCo에 대한 투자 여부를 결정할 때, RCo는 배당에 관한 R국-S국 조약혜택을 고려하지만, 이것만으로 혜택을 부인하기에는 충분하지 못하다. 조세조약의 목적은 국경간 투자를 촉진하기 위해 혜택을 제공하는 것이므로 제9항을 적용할지 여부는 R국에 RCo를 설립한 사유, R국에서 수행된 투자기능들 및 기타 활동들을 포함하여 투자가 행해진 맥락을 고려할 필요가 있다. 이 사례에서, RCo 투자가 조약혜택을 얻기 위한 주요 목적들의 하나로 행해진 약정의 일부이거나 다른 거래들과 관련된다는 것을 증명하는 다른 사실관계 또는 상황이 존재하지 않는다면, RCo에게 R국-S국 조약혜택을 부인하는 것은 합리적이지 못할 것이다.(OMC Art.29/182 Ex.K)

(6) 제29조 제9항 적용의 구제조항

일부 국가들은 어떤 인이 제9항에 따라서 조약혜택이 부인되는 경우 그렇지 않았으면 혜택을 부여했을 체약국의 권한있는 당국이, 만약 그 혜택이 제9항의 적용을 초래한 거래 또는 약정이 없었다면 해당 인에게 부여되었을 것이라면, 해당 인을 조약혜택 또는 관련 소득에 관한 다른 혜택을 받을 권리를 가지는 것으로 간주할 수 있는 가능성을 가져야 한다고 생각한다. 그러한 가능성을 허용하기 위하여 그 국가들은 양자 조세조약에 다음의 추가 조항을 자유롭게 포함할 수 있다.(OMC Art.29/184)

10. 제9항에 의해서 어떤 인에게 이 협약의 혜택이 부인되는 경우, 그렇지 않았으면 해당 혜택을 부여했을 체약국의 권한있는 당국은, 그럼에도 불구하고, 만약 그 권한있는 당국이 해당 인의 요청에 의해서 그리고 관련 사실관계 및 상황을 고려한 후에, 제9항에서 언급된 거래 또는 약정이 없었다면 해당 인에게 해당 혜택을 부여했을 것이라고 결정한다면, 해당 인이 해당 혜택 또는 특정 소득 또는 자본에 대한 다른 혜택을 받을 권리를 가진 것으로 간주해야 한다.
요청을 받은 체약국의 권한있는 당국은 이 조항에 의해 타방국 거주자에 의해 제기된 요청을 거부하기 전에 타방국의 권한있는 당국과 협의해야 할 것이다.

위 대안규정은 요청을 받은 체약국의 권한있는 당국에게 폭넓은 재량권을 부여한다. 그러나, 이 규정은 첫째, 권한있는 당국이 결정에 도달하기 전에 관련 사실관계 및 상황을 고려해야 하고, 둘째, 해당 요청이 타방국의 거주자에 의해 제기된 경우에는 혜택부여 요청을 거부하기 전에 타방체약국의 권한있는 당국과 협의해야만 한다. 첫째 요건은 권한있는 당국이 각 요청을 각각의 장점에 따라서 고려할 것을 보장하는 것이고, 둘째 요건은 체약국들이 유사한 사안들을 일관되게 취급하고, 그들의 결정을 특정 사안의 사실관계 및 상황에 토대하여 정당화할 수 있어야 함을 보장하는 것이다. 그러나, 이러한 협의과정은 요청을 접수한 권한있는 당국이 협의대상인 권한있는 당국과의 합의까지 얻을 것을 요구하는 것은 아니다.(OMC Art.29/185)

〈그림 2-17〉 제29조 제9항의 대안규정에 의한 조약혜택 부여 사례

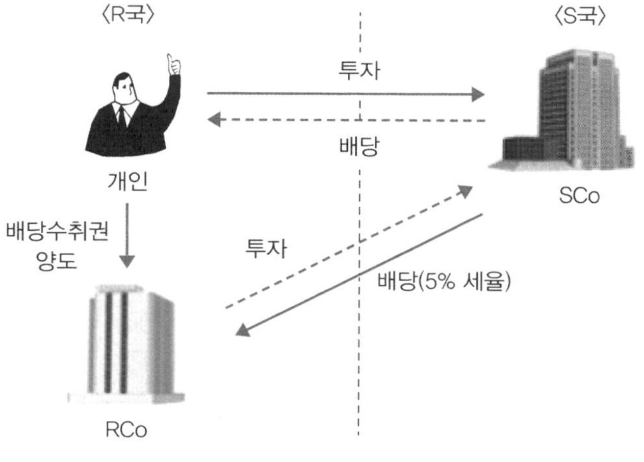

다음 사례를 통해 대안규정의 적용사례를 살펴보자. 위 〈그림 2-17〉 사례에서 보는 바와 같이, R국 거주자인 개인이 S국 법인의 주식을 소유한다고 가정하자. 그는 조세조약 제10조 제2항 a)호에 규정된 제한세율을 얻기 위한 주요 목적을 위해서 해당 법인에 대한 배당을 수취할 권리를 지급법인 자본의 10% 이상을 소유한 R국 거주자인 다른 법인에게 양도한다. 그러한 경우, 만약 제9항에 따라서 해당 규정의 혜택이 부인되어야 한다면, 대안규정은 S국의 권한있는 당국이 만약 해당 권한있는 당국이 다른 법인에 대한 배당수취권의 양도가 없었다면 제10조 제2항 b)호의 제한세율 혜택을 부여받았을 것이라고 결정한다면 해당 혜택을 부여하는 것을 허용할 것이다.(OMC Art.29/186)

(7) 도관약정에 대한 방지규정

일부 국가들은 다양한 사유로 제9항의 규정을 수용하지 못할 수 있다. 그러나, 이들 국가들은 제1항 내지 제7항의 LOB 조항을 보충함으로써 이들 규정에 의해 포섭되지 않는 도관약정(conduit arrangements) 등 모든 유형의 조약쇼핑 전략에 효과적으로 대처할 필요가 있다. 일반 남용방지규정을 채택하지 않고서 조약남용에 관한 BEPS 최소기준을 충족하기로 결정한 국가는 도관방지 규정(anti-conduit rule)을 채택해야 한다. 간소화된 또는 상세한 LOB 조항 모두 조약혜택을 얻기 위한 도관약정의 이용을 방지하지 못하기 때문에 도관방지규정이 필요하다. 이들 규정들은 도관약정 또는 그의 일부로서 얻는 소득에 대해서 협약규정의 일부, 예컨대 제7조, 제10조, 제11조, 제12조 및 제21조의 혜택을 부인함으로써 그러한 도관약정에 대처할 수 있을 것이다. 또한 국내법상 남용방지규정 또는 사법적 법리들을 통해서도 유사한 결과를 달성할 수 있을 것이다.(OMC Art.29/187)

도관방지규정이 없는 경우, 일방체약국 거주자인 법인은 보통주가 증권거래소에 상장되어 거래되거나 또는 능동적 사업활동에 종사한다면 조약혜택을 받을 수 있다. 능동적 사업과 관련이 없는 소득에 대해서 조약혜택을 얻기 위해 그러한 법인이 도관으로 이용될 수 있다. 예를 들어, A국 거주자인 ACo가 MNE그룹의 일원인 B국 법인으로부터 배당, 이자 또는 사용료를 수취한다고 가정하자. ACo는 적격인으로서 또는 능동적 사업활동에 종사하기 때문에 조약혜택을 받을 수 있다고 가정하자. 그러나, 만약 ACo가 수취한 배당, 이자 또는 사용료 자금을 B국과 조약이 없는 제3국 거주자인 다른 특수관계 법인에게 전달한다면, 해당 약정은 부적절하게 조약혜택을 얻는 데 성공할 것이고 이는 조약목적에 반한다. 다음으로 다양한 도관약정과 관련한 적용사례를 살펴보자.

〈그림 2-18〉 도관약정에 해당하는 사례(1)

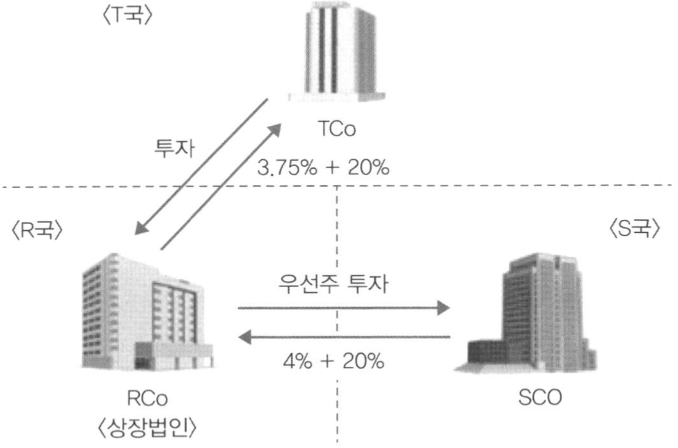

위 〈그림 2-18〉 사례에서, R국 상장법인인 RCo는 S국 법인인 SCo의 주식 100%를 소유한다. T국 법인 TCo는 SCo에 대한 소수지분을 취득하고자 하지만, T국-S국 간에 조세조약이 없기 때문에 S국의 배당원천세로 인해 직접 투자할 경우 경제성이 없다고 믿는다. RCo 제안에 따라서 SCo는 4% 고정수익률과 SCo 순이익의 20%를 조건부 수익을 지급하는 20년 만기 우선주를 RCo에게 발행한다. TCo는 RCo와 별도 계약을 체결하는데, 그에 따라서 TCo는 RCo에게 우선주 발행가액을 지급하고 20년 후 RCo로부터 주식상환가액을 수취할 것이다. 20년 동안, RCo는 TCo에게 우선주 발행가격의 3.75%와 SCo 순이익의 20%를 지급할 것이다. 이 사례의 약정은 RCo가 해당 거래에 참여한 주요 목적들 중 하나가 TCo를 위해 원천세 경감을 얻기 위한 것이었기 때문에 도관약정에 해당한다.(OMC Art.29/187 Ex.A)

아래 〈그림 2-19〉 사례에서 보는 바와 같이, T국 법인 TCo는 100% 자회사인 S국 법인 SCo에게 SCo가 발행한 어음을 대가로 1백만 달러를 대여한다고 가정하자. T국-S국 간에 조세조약은 없다. TCo는 나중에 100% 자회사인 R국 법인 RCo에게 해당 어음을 양도함으로써 S국의 이자원천세를 회피할 수 있다는 것을 알게 된다. R국-S국 조약상 이자원천세는 없다. 따라서 TCo는 RCo에게 RCo가 발행한 어음을 대가로 SCo가 발행한 어음을 양도한다. SCo가 발행한 어음의 이자율은 7%이고, RCo가 발행한 어음의 이자율은 6%이다. 이 사례에서, RCo의 SCo 발행어음 취득거래는 그렇지 않았으면 TCo가 S국에게 납부했을 원천세를 제거하기 위해 설계되었기 때문에 도관약정에 해당한다.(OMC

Art.29/187 Ex.B)

〈그림 2-19〉 도관약정에 해당하는 사례(2)

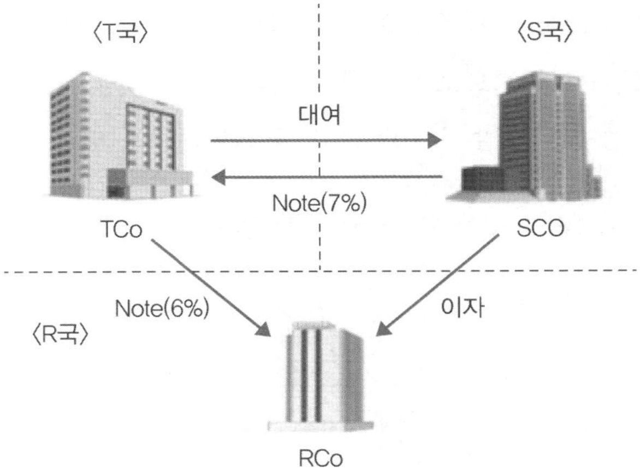

다른 사례로 아래 〈그림 2-20〉에서 보는 바와 같이, T국 법인 TCo는 S국 법인 SCo의 주식 100%를 소유하고, T국-S국 간에는 조세조약이 없다고 가정하자. TCo는 T국의 금융시스템이 상대적으로 낙후되어 있기 때문에 TCo 및 SCo와 특수관계가 없는 R국 은행 RCo와 오랫동안 모든 금융거래를 해왔다. 결과적으로, TCo는 RCo에 대규모 예금잔고를 유지하는 경향이 있다. SCo가 인수자금 마련을 위한 대출이 필요할 때, TCo는 SCo에게 TCo 및 SCo의 사업을 이미 잘 아는 RCo와 거래할 것을 제안한다. SCo는 RCo 제안과 유사한 조건을 가진 몇몇 다른 은행들과 대출상담을 하지만, 결국 RCo와 차입약정을 체결한다. 이는 부분적으로는 RCo에게 지급하는 이자는 R국-S국 조약에 따라서 S국의 원천세 대상이 아니지만, T국의 은행들에게 지급하는 이자는 S국에서 과세되기 때문이다.

만약 SCo가 RCo로부터 차입하는 경우 R국-S국 조약혜택을 받을 수 있고, 다른 곳에서 차입하면 유사한 혜택을 받을 수 없다는 사실은 분명히 SCo 결정의 한 요인이다. 더욱이 다른 조건들이 동일하다면, 조약혜택의 이용가능성은 다른 은행보다 RCo로부터 차입하는 것을 선호하게 되는 결정적 요인일 수 있다. 그러나, 조약혜택을 얻는 것이 거래의 주요 목적들 중 하나였는지 여부는 특정 사실관계와 상황에 따라서 결정되어야 할 것이다.

위 사실관계로 볼 때, RCo는 TCo 및 SCo와 특수관계가 없고, SCo가 지급한 이자가 어떻게든 TCo에게 흘러간다는 징후도 존재하지 않는다. TCo가 RCo와 과거부터 대규모 계좌잔고를 유지해 왔다는 사실은 SCo에 대한 대여가 TCo로부터의 특정 예금에 의해서 연계되지 않는다는 것을 시사하는 한 요인이다. 따라서, 해당 거래는 도관약정에 해당하지 않을 가능성이 있다. 그러나, 만약 RCo의 SCo에 대한 대출결정이 해당 대출을 보증하기 위한 TCo의 상응하는 담보예금 제공조건 때문이었고, 해당 예금이 없었다면 실질적으로 동일한 조건에 해당 거래를 체결하지 않았을 것이라면, 이는 TCo가 R국 은행을 통해서 대여를 우회시킴으로써 간접적으로 SCo에게 대여했다는 것을 시사하는 것이고, 그 경우 해당 거래는 도관약정에 해당할 것이다.(OMC Art.29/187 Ex.D)

〈그림 2-20〉 도관약정에 해당하지 않는 사례(1)

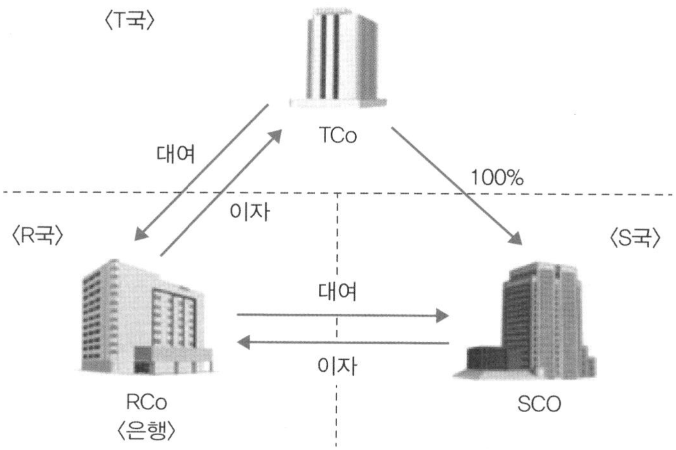

아래 〈그림 2-21〉 사례에서, R국 상장법인 RCo는 매우 경쟁적 기술분야의 제조그룹의 지주회사이다. 해당 제조그룹은 전세계의 자회사들에서 연구를 수행한다. 어떤 자회사에서 개발된 특허는 RCo에게 사용허락되고, RCo는 그 기술을 필요로 하는 자회사들에게 사용허락한다. RCo는 수취 사용료에 대하여 적은 이윤만을 유지하고, 대부분의 이윤은 해당 기술개발과 관련한 위험이 발생된 자회사에게 귀속시킨다. S국과 조세조약을 갖지 않은 T국에 소재한 법인 TCo는 S국 법인인 SCo를 포함하여 RCo의 모든 자회사들 이윤을 상당히 증가시킬 공정을 개발하였다. 통상적 관행에 따라서, RCo는 TCo로부터 그 기술을 사용허락받아 자회사들에게 재사용을 허락한다. SCo는 RCo에게 사용료를 지급하고, 그 상당부분이 TCo에게 지급된다. 이 사례에서, RCo가 S국에서 납부할 원천세를 경감하기 위하여 사용료 관리사업을 설립했다는 징후는 없다. RCo는 사용허락 및 재사용허락 활동을 설계하는 방식으로 영리기업의 표준과 그룹의 행위를 따르고 있기 때문에, 그리고 동일한 또는 보다 유리한 혜택을 제공하는 조약을 가진 국가들에서 유사한 활동을

수행하는 다른 자회사들에 대해서도 동일한 구조가 사용된다는 점을 가정할 때, SCo, RCo 및 TCo 간의 약정은 도관약정에 해당하지 않는다.(OMC Art.29/187 Ex.E)

〈그림 2-21〉 도관약정에 해당하지 않는 사례(2)

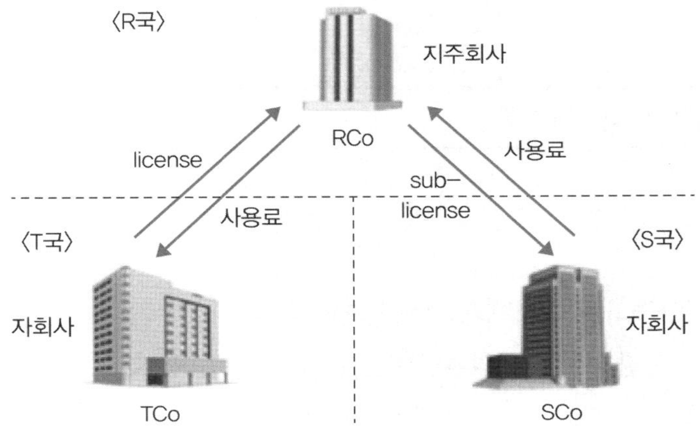

제4장 거주자

1 조세조약 상 거주자

가. 거주자의 개념

조세조약은 체약국의 거주자에게만 적용되기 때문에 거주자 판정은 조세조약 적용의 출발점이다. 거주자 판정은 납세의무의 범위만이 아니라, 거주자로 인정되어야만 제한세율 적용, 외국납부세액공제 등 조약혜택을 받을 수 있으므로 납세자 입장에서 거주자임을 적극 주장해야 하는 경우도 있다.

그러나, 조세조약은 거주자 개념에 대해 구체적으로 정의하고 있지 않기 때문에 OECD/UN모델에서 채택하는 조약적용국가 법률에 따른 해석방법(lex fori qualification)에 따라 국내세법 상의 거주자 개념을 원용하여 해석할 수밖에 없다. 이렇게 체약국들이 자국 세법에 따라 거주자를 해석할 경우 이중거주자 문제가 발생하는데, 조세조약 상 이를 해결하기 위한 장치가 필요할 것이다.

거주자 개념은 국내세법과 조세조약에서 규정하는 바가 다르다. 국내세법에서는 거주자를 개인(자연인)으로 한정하는 데 반해, 조세조약에서는 개인과 단체(법인 및 기타 단체)를 모두 포함하여 거주자 개념을 사용한다. 따라서 조세조약 상 거주자는 개인거주자, 내국법인으로서 전세계소득에 대해 납세의무를 지는 반면, 비거주자는 개인비거주자, 외국법인으로서 국내원천소득에 대해서만 납세의무를 부담한다.

〈표 2-4〉 조세조약 상 거주자와 비거주자

거주자	개인거주자, 내국법인, 기타단체
비거주자	개인비거주자, 외국법인, 기타단체

OECD/UN모델은 거주자를 "해당 일방체약국의 법률에 따라서 주소, 거소, 관리장소, 기타 이와 유사한 기준에 의하여 그 체약국에서 과세대상이 되는 모든 인"이라고 정의(OM Art.4/1)하고, 인에는 "개인, 법인 및 기타 단체"가 포함된다고 규정(OM Art.3/1.a))하고 있다. 다만, "해당 일방국에 원천이 있는 소득 또는 소재하는 자본에 의해서만 해당 국가에서 과세대상이 되는 인은 포함하지 않는다."고 하여, 속지주의 과세를 적용받는 자에 대해서는 거주자 정의에서 제외하고 있다. 또한, 도관법인을 유치하기 위해 설계된 특례제도에 의해 그들의 국외소득이 면세대상인 외국인소유 법인 및 해당 국가의 세법에 따르면 해당 국가의 거주자이지만 타방국과의 조세조약에 따르면 타방국의 거주자로 간주되기 때문에 해당 국가에서 전세계소득에 대해서 납세의무를 지지 않는 법인(예컨대, 외국법인의 고정사업장) 등도 일방체약국의 거주자가 될 수 없다.(OMC Art.4/8.2) 이렇게 해당 체약국의 국내세법 상 거주자 개념에 따라 조약 상 거주자를 판단하는 경우 이중거주자가 발생될 가능성이 높은데, 이를 해결하기 위해 OECD/UN모델은 물론 모든 조세조약에서 거주자 판정기준(tie-breaker rule)을 두고 있다.

개인의 이중거주자 문제를 해결하기 위해서는 i) 항구적 주거, ii) 중요한 이해관계의 중심지, iii) 일상적 거소, iv) 국적 v) 상호합의 기준을 차례대로 적용하게 된다. 한편, 법인에 대한 거주자 판정기준은 국가별로 다른데, 크게 다음 세 가지 형태로 분류할 수 있다. 첫째, 설립지 또는 등록지(place of incorporation)와 같은 형식적 기준을 채택한 국가(미국, 일본 등), 둘째, 중심적 관리 · 지배장소(place of central management and control)와 같은 실질적 기준을 채택한 국가(영국, 캐나다 등), 셋째, 형식적 기준과 실질적 기준을 함께 채택한 국가(독일, 한국 등)로 구분할 수 있다.

이중거주자 판정과 관련하여, 우리나라 대법원은 거주자 판단이 조세조약 적용 이전의 문제라는 입장을 취하고 있다. 즉, 한국 거주자인지 여부를 판단할 때 국내에서의 생활관계만 판단하면 족하고, 외국에서의 생활관계를 판단하여 외국거주자인지 여부까지 판단할 필요가 없다는 것이다.[60] 다시 말하면, 거주자 판정은 국내세법의 규정을 해석하는 것으로 족하고 조세조약 상 이중거주자 판정기준을 고려할 필요가 없다는 것이다. 따라서, 이중거주자 판정기준은 조약에만 적용되는 것이고 국내세법에까지 적용되는 것은 아니라고 할 수 있다.

---

60) 대법원 92누11695 (1993.5.27. 선고) 판결 참고

나. 거주자 개념의 특징

거주지(residence)는 과세의 영토적 범위를 결정하는 국제조세법의 가장 중요한 개념이다. 거주지 개념은 다음의 기능을 수행한다.(OMC Art.4/1) 첫째, 조약혜택을 받을 권리를 규율한다. OECD/UN모델 제1조는 협약의 적용범위를 일방 또는 쌍방체약국의 거주자로 제한하는데, 제4조 제1항은 협약의 인적범위(personal scope)를 확인해 준다. 둘째, 소득배분규정과 이중과세 방지방법 모두 하나의 거주지국을 설정한다. 따라서 이중과세가 이중거주지 또는 거주지국과 원천지국의 병렬적 과세의 결과일지라도 제4조는 이중과세 회피를 위해 중요하다. 셋째, 가령, 제10조, 제11조 제5항, 제15조 제2항 b)호 등 일부 배분규정들은 지급자의 거주지국에 소득원천을 둔다. 넷째, 제24조(무차별원칙) 및 제25조(MAP)는 납세자가 일방체약국의 거주자일 것을 요구한다.

제4조 제1항은 체약국들의 국내세법을 차용한다. 조세조약이 거주지에 관한 국내법상 이행기준을 규정하고 있지 않으므로, 국가들은 전적으로 국내법에 의존한다.(OMC Art.4/4) 조약상 거주지는 납세의무의 성립에 근거해서만 논의될 수 있다. 따라서 제4조 제1항은 납세의무가 '주소, 거소, 관리장소 또는 기타 유사한 성격의 기준에 의해' 발생해야만 할 것을 요구한다. 이는 조약상 거주지가 관련 국가에 대한 납세자의 인적 유대를 요구한다는 것을 나타내 준다.

제4조 제2항 및 제3항의 이중거주자 판정기준은 조약목적 상 하나의 거주지를 결정하기 위한 기준이다. 이는 두 가지 요건들이 충족될 때 적용한다. 첫째, 협약 적용을 위해서는 하나의 거주지국이 필요하다. 특히, 소득 배분규정과 이중과세 구제 방법의 적용을 위해서는 하나의 거주지국만이 존재할 수 있다. 둘째, 제4조 제1항에 의할 때 필연적으로 이중거주지가 존재한다. 체약국들은 국내법에 따라 관련 인이 포괄적 납세의무자이며, 따라서 해당 국가에서 제1항의 조건들을 충족한다고 주장한다.

조세조약은 승자결정에서 패배한 체약국을 거주지국으로 간주하지 않는다. 따라서, 국내법이 전세계소득 기준으로 과세했을지라도, 과세는 한정된 소득과 자본으로만 제한된다. 제4조는 납세자의 지위에 직접적 영향을 미치지 않고, 국내법 목적 상 거주지에 영향을 미치지도 않는다. 납세자는 일반적으로 국내법 규정 상 여전히 거주자이다. 그러나, 영국, 캐나다 등 일부 국가들은 납세자가 조세조약 상 다른 국가의 거주자인 경우에는 비거주자로 간주하는 국내법 규정을 채택하기도 한다.[61]

---

61) Roland Ismer/Ekkehart Reimer, "Article 4", *Klaus Vogel on Double Taxation Conventions 4th* Edition,

다. OECD/UN모델 제4조 제1항

> **〈OECD/UN모델 제4조 제1항〉**
>
> 1. 협약의 목적 상, '일방체약국의 거주자'는 해당 국가의 법률에 의해 그의 주소, 거소, *(설립장소)*, 관리장소 또는 기타 유사한 성격의 기준에 의해 그 곳에서 납세 의무가 있는 모든 인을 의미하고, 또한 해당 국가 및 그의 정치적 하부기구 또는 지방자치단체, 그리고 해당 국가의 공인된 연금펀드를 포함한다. 그러나 이 용어는 해당 국가의 원천에서 발생하는 소득에 대해서만 또는 그 곳에 소재한 자본에 대해서만 해당 국가에서 납세의무가 있는 인은 포함하지 않는다.

* 위 조문의 *(설립장소)*는 UN모델 제4조 제1항에서만 규정하고 있음.

(1) 적용범위

OECD/UN모델 제3조 제1항 a)호에 따르면, 인(person)은 개인, 법인 및 파트너쉽 등 기타 인들의 단체를 포함한다. PE는 인이 아니다. 제24조(무차별원칙)에서 체약국들이 파트너쉽과 PE를 차별하지 않을 의무를 부담한다고 해서 조약목적 상 그들이 인이 되는 것은 아니다. 무차별조항은 체약국들의 특정 국내법의 적용에만 영향을 미친다.

납세의무(liable to tax)는 포괄적 납세의무를 의미하는 것으로 이해된다. 제4조 제1항 두 번째 문장은 원천지국 또는 부동산 소재지국 과세만이 적용되는 인은 거주자에서 제외한다고 명시하고 있다. 그러나, 조세회피 방지는 거주자 조항의 해석을 통해서가 아니라 예컨대, 실제 조세부담 조항(subject-to-tax clause), LOB 조항 등 다른 수단을 통해 실행되어야 한다.

국내법상 관련요건이 모두 충족되는 경우 면세되는 연금펀드, 자선단체, 국부펀드 등 단체의 경우 실제 세금을 납부하지 않더라도 추상적 납세의무가 있으므로 거주자에 해당하는지 문제가 제기된다. 대부분의 국가들은 1단계로 추상적 납세의무가 있고, 2단계로 그러한 납세의무를 면제해준 것으로 볼 수 있기 때문에 이들 단체들에 대한 조약혜택을 부여한다.(OMC Art.4/8.11) 그러나, 일부 국가들은 달리 규정하는 명시적 조약규정이 없는 한 실제 세금납부를 하지 않은 경우 납세의무가 있다고 보지 않는다.(OMC Art.4/8.12)

면세단체의 경우, 제4조 제1항의 의미상 납세의무가 있다고 할 수 있다. 납세의무 용어

2015, pp.238-239

는 실제 과세가 아니라 잠재적 과세에 통상 사용되고, 조세조약은 현재의 이중과세뿐만 아니라 잠재적 이중과세 모두를 방지하기 때문이다. 일단 조약이 일방체약국에 특정 소득에 대한 전속적 과세권을 배분한 경우, 해당 국가는 그 과세권을 행사할지를 선택할 권리를 가진다고 볼 수도 있다.

납세의무가 일방체약국의 법률에 의해 발생해야 한다. 체약국이 부과하는 과세가 아니라 체약국의 하부기구 또는 지방자치단체에 의해 부과되는 과세에 대해서 의문이 있을 수 있는데, 이들 단체에 의해 부과되는 조세에 의해서만 포괄적 납세의무가 발생하는 경우에도 넓게 해석하는 것이 바람직할 것이다.

(2) 판단기준

본 조항은 거주지 결정에 필요한 관련요소들의 예를 보여주는데, 이들의 의미는 국내법에 의해 결정되어야 하므로 동일한 용어들이 체약국에 따라 서로 다른 의미를 가질 수 있다. 그러나, 본 조항의 용어들 역시 조약의 맥락적 해석이 부여될 필요가 있다. 예시된 모든 관련요소들은 납세자와 그의 거주지국 간 영토적 연계성에 토대를 둔다. 따라서, 국내법이 영토적 연계성을 넘어서 용어의 의미를 확장할 때는 조약이 국내법보다 우선한다. 조세조약은 이들 관련요소들의 범위에 대해 제한을 부과한다. 반대로, 국내법이 이들 용어에 협소한 의미를 부여할 경우에는 국내법이 고려된다. 예를 들어, 모든 국민들은 실제의 체재장소에 관계없이 거주자라는 국내법 규정이 있다고 해서 조세조약 상 거주자가 될 수는 없지만, 거주자로 판정하기 위해 최소한의 체재기간을 요구하는 국내법 규정은 조약법에도 그대로 반영될 것이다.

주소(domicile) 또는 거소(residence)의 의미는 체약국들의 국내법에 의해 결정된다. 반면에, 항구적 주거(permanent home)는 조약상 독립적 용어이다. 보통법 국가들에서 주소는 특정 국가에 체재, 정주 및 복귀하려는 납세자의 의도와 연관된다. 사람들은 실제 항구적 주거를 가진 곳에 주소를 두지만, 주소가 항구적 주거와 반드시 일치하는 것은 아니다.

관리장소(place of management)는 국내법을 차용하는 반면, 제3항의 실질적 관리장소(place of effective management: 이하 POEM)는 독립적 의미를 갖는 조약상 용어라는 점에서 양자는 구별된다. 또한, 제5조 제2항에서 고정사업장(PE)의 예시로 들고 있는 관리장소와도 구별될 필요가 있다. 관리장소 용어는 국내법에 따른 의미를 갖기 때문에, 그 해석은 국가별로 다르다. 보통법 국가에서 관리장소는 관리 및 지배기준(management and control test)에 의해 결정된다. 관리 및 지배장소는 통상 법인의 이사회가 개최되는 곳에 소재한다. 반면, 대륙법 국가들에서는 실질적 관리기준(effective management test)이 우선시된다.[62)]

각국의 세법들은 예컨대, 국적, 외교관, 법인설립지 등 포괄적 납세의무를 발생시키는 몇 가지 추가적인 관련요소들을 포함한다. 그러나, 본 조항이 체약국들의 국내법을 차용한다고 하더라도, 포괄적 납세의무를 부여하기 위해서는 이들 관련요소들이 주소, 거소 및 관리장소와 유사한 성격을 가져야만 한다. 외교관을 파견국가의 포괄적 납세의무자로 간주하는 조항은 유사한 성격의 기준에 해당한다. 그러나, 영토적 연계성보다는 공무원이라는 법적 관계와의 연계성이 더 크다. 외교관은 파견국뿐만 아니라 원천지국에서도 거주자에 해당할 수 있다. 대다수의 국가들은 외교관에 대한 조약혜택 부여에 찬성하고 있으며, OECD도 각국의 법률에 따라서 거주자로 간주되고 해당 국가에서 포괄적 납세의무를 질 수 있다는 견해이다.(OMC Art.4/8)

어떤 인을 포괄적 납세의무자로 간주하는 국내법 조항은 유사한 성격의 기준에 해당하지 않는다. 국적은 영토적 연계성보다는 인적 또는 법률적 연계성에 토대하기 때문에 거주지 기준으로 충분하지 않다. 법인의 설립장소도 영토적 연계성이 부족하기 때문에 역시 유사한 성격의 기준에 해당하지 않는다.

국가 및 그의 정치적 하부기구 또는 지방자치단체가 거주자에 해당된다는 것은 1995년에 명시되었다. 국부펀드와 관련하여 OECD는 국부펀드의 거주자 여부는 각 사안의 사실관계 및 상황에 달려있다는 입장이다. 국부펀드가 국가의 필수적 부분(integral part of the State)일 때는 일반적으로 국가 및 그의 정치적 하부기구 또는 지방자치단체에 해당한다. 그렇지 않은 경우에는 일반원칙이 적용되는데, 특히 거주지국의 조세감면이 거주자 지위를 부인하는 근거로 사용되어서는 안 된다.(OMC Art.4/8.5)

(3) 제한적 납세의무자

단순히 원천지국 과세만을 적용받는 경우 거주자가 되기에 충분하지 않다. 2008년 개정된 본 조항 두 번째 문장은 단순한 명확화이다. 따라서 이 문장이 포함되지 않은 조약도 여전히 거주자 요건으로 포괄적 납세의무를 요구한다고 할 수 있다.

62) Roland Ismer/Ekkehart Reimer, *op.cit*, pp.258-259

외교관계에 관한 비엔나협약(Vienna Convention on Diplomatic Relations)에 의해 특권을 부여받는 외교관 등이 접수국에서 물리적 체재 및 일상적 거소를 이유로 거주하는 경우 일반적으로 첫 번째 문장의 요건을 충족한다. 그러나, 이들 외교관 등은 포괄적 납세 의무자가 아니고, 두 번째 문장에 따라 조약혜택이 부인된다. UN 특권 및 면책에 관한 협약(Convention on the Privileges and Immunities of the United Nations) 대상이 되는 국제기구의 직원들은 대체로 외교관들과 동등한 특권을 누린다. 이들이 외교관 특권을 누리기 때문에 국제기구 국가에서 면세된다면, 그들의 거주지국에서 조약혜택을 받지 못한다. 반대로, UN협약에 따르면 UN기구와 회의대표들은 주재국의 거주자가 되지 못하고 모국의 거주자이다.

본 조항 두 번째 문장의 문구로 보면, 예컨대 홍콩, 파나마 등 속지주의에 근거해서만 과세하는 국가들의 모든 거주자들을 협약의 적용범위에서 제외하는 듯하다. 그러나, 이는 일방국에서 포괄적 과세대상이 아닌 인을 제외하고자 하는 협약의 목적에 따라서 해석되어야 한다. 왜냐하면, 그렇지 않을 경우 속지주의 과세원칙을 채택한 국가들의 모든 거주자들을 협약의 범위에서 제외할 것인데, 이는 명백히 의도하지 않은 결과이기 때문이다.(OMC Art.4/8.3) 원천과세권만을 가진 국가가 자국 거주자들이 조약목적 상 거주자 혜택을 받을 수 없는 조세조약을 체결할 것이라는 것은 다분히 비논리적이다.

두 번째 문장은 제3국과의 이중거주자 판정에서 패배한 경우도 포함한다. 아래 〈그림 2-22〉 사례에서 보는 바와 같이, 일방체약국(거주지국)의 세법에 따르면 해당 국가의 거주자인 인이 해당 국가와 제3국 간의 조약 때문에 해당 국가와 타방체약국(원천지국) 간 조약목적 상 거주자가 아닌 것으로 간주될 수 있다. 해당 인은, 일방체약국(거주지국)이 제3국과 체결한 조약에 따를 때 일방체약국의 거주자가 아니라고 판단되기 때문에, 일방체약국과 타방체약국(원천지국) 간 조약목적 상 일방체약국에서 포괄적 납세의무를 부담하지 않는다. 이 경우 OECD는 이중거주자 판정에서 패배한 거주지국가는 조약규정에 따라 사실상 타방체약국에 소재한 원천소득에 대한 과세권으로만 축소된다고 본다. 따라서 두 번째 문장이 적용되어 조약혜택이 부인될 것이다. 이러한 해석은 명백히 어떤 인들이 의도하지 않은 조약혜택을 얻는 것을 방지할 목적에서 비롯된 것이다.[63]

---

63) Roland Ismer/Ekkehart Reimer, *op.cit*, pp.253-254

〈그림 2-22〉 제3국과의 이중거주자 판정 패배사례

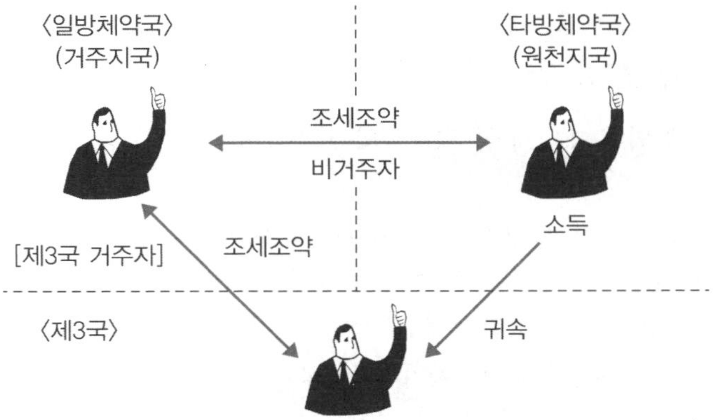

일부 국가에서는 납세자가 특정 조건하에서 수취한 국외소득에 대해서만 송금기준(on a remittance basis) 과세를 적용받을 수 있다. 송금기준 과세는 두 번째 문장에 포함되지 않으므로 거주자로 간주된다. 부분적 무제한 납세의무는 국내법이 납세자를 특정 유형의 소득, 예컨대 인적용역소득에 대해서만 비거주자로 간주하는 결과, 이 소득유형에 대해서는 원천지국 소득으로만 과세가 제한되는 것을 의미한다. 물론 나머지 소득에 대해서는 전세계소득에 대해 포괄적 납세의무를 진다.

본 조항 두 번째 문장은 도관회사 유치를 위한 특례제도에 의해 국외소득에 대해 면제를 받는 외국인소유 법인(foreign-held companies)도 역시 거주자 정의에서 제외한다. 왜냐하면, 이들은 해당 국가의 세법에 따르면 거주자에 해당될지라도, 조세조약에 따르면 타국의 거주자로 간주되기 때문이다. 물론, 특정 법인 또는 기타 인들을 거주자에서 제외한다고 해서 이들의 활동에 관한 체약국들의 정보교환을 방해하는 것은 아니다.(OMC Art.4/8.2 & Art.26/2) 해당 법인에 대한 포괄적 과세에도 불구하고 모든 국외원천소득이 면제되고 거주지국 원천소득에 대해서만 과세되기 때문에 거주자 정의에서 제외되는 것이다. 이는 국외원천소득의 일부 항목에 대해서는 낮은 세율로 과세되는 반면, 배당 등 다른 소득이 면제되는 경우에는 도관회사가 조세조약 상 거주자일 수 있다는 것을 시사한다. 반면에, 국외원천소득만이 아니라 도관회사의 모든 소득이 면제되는 경우에는 위 두 번째 문장에서 다루는 사안은 아니다.

라. OECD/UN모델 제4조 제2항

> **〈OECD/UN모델 제4조 제2항〉**
>
> 2. 제1항의 규정에 의해 개인이 양 체약국의 거주자인 경우, 그의 지위는 다음과 같이 결정된다.
>   a) 그가 이용할 수 있는 항구적 주거를 가진 국가의 거주자로만 간주된다. 만약 양 국가에서 이용할 수 있는 항구적 주거를 가진 경우에는 인적 및 경제적 관계가 보다 밀접한(중대한 이해관계의 중심지) 국가의 거주자로만 간주된다.
>   b) 만약 중대한 이해관계의 중심지가 있는 국가를 결정할 수 없거나, 어느 국가 에도 이용할 수 있는 항구적 주거를 가지지 않은 경우에는 일상적 거소를 가진 국가의 거주자로만 간주된다.
>   c) 만약 양 국가에 일상적 거소를 가지거나 또는 어느 국가에도 가지지 않은 경우에는 그가 국민인 국가의 거주자로만 간주된다.
>   d) 만약 양 국가의 국민이거나 어느 국가의 국민도 아닌 경우에는 체약국들의 권한있는 당국들이 상호합의에 의해 해결한다.

(1) 개요

개인납세자는 한 과세기간에 조약목적 상 하나의 거주지국만을 가질 수 있지만, 제1항의 관련요소들이 양 체약국에서 충족될 수 있다. 따라서 제2항은 제1항에 규정된 어떤 거주지 기준이 다른 기준들보다 우선하는지를 결정하기 위해 개인에 대한 이중거주자 판단기준을 제공한다.(OMC Art.4/5)

이중거주자 판단기준의 평가와 관련한 기간이 결정되어야 한다. OECD는 특정 과세기간에 대해 언급하지 않지만, 일반적으로 체약국들은 주어진 기간에 대해 거주지를 결정한다. 개인의 이중거주자 판정과 관련하여 일부 국가들은 역년(calendar year)을 고려하지만, 납세자가 한 회계연도의 기간 동안 하나의 국가에서 거주지를 가질 필요가 있다는 명확한 원칙은 없다. 예를 들어, 한 개인이 1.1에서 3.31까지 A국 세법에 따라 A국 거주자였고, 4.1부터 12.31까지는 B국 세법에 따라 해당 과세기간에 B국 거주자였다고 하자. 이 경우 A국과 B국 모두 거주자로 취급할 수 있는데, 이러한 상충을 해결하기 위한 특별규정이 필요할 것이다. 특정 기간 동안에 납세자가 일방국의 거주자였는지 여부는 종전의 기간과 만약 그의 의도가 드러난다면 후속 기간의 사실관계에도 역시 의존할 수 있다.

예를 들어, 항구적 주거 기준은 보통 장기간의 시간에 대한 평가가 요구된다.(OMC Art.4/10)

(2) 개인의 이중거주자 판정기준

본 조항 a)호 및 b)호의 이중거주자 판정기준을 해석할 때는 제3조 제2항에 따라 '협약의 맥락이 달리 요구하는 경우'이기 때문에 국내법에 의존해서는 안 된다. 항구적 주거, 중대한 이해관계의 중심지, 일상적 거소 용어는 일부 국가의 세법에서도 발견되지만, 독립적인 조약상 개념을 가져야 한다. 이중거주자 판정기준의 목적은 각국의 국내법에 따를 때 의견이 일치하지 않는 거주지 판정 문제를 해결하기 위한 것이다.

① 항구적 주거 및 중대한 이해관계의 중심지

납세자가 양 체약국에 항구적 주거를 가진 경우, 납세자의 유대가 어느 국가와 보다 더 밀접한지를 결정하기 위해 중대한 이해관계의 중심지에 대한 면밀한 검토가 이루어져야 한다. 납세자가 중대한 이해관계를 통해 양 체약국과 관련된다면, 중대한 이해관계의 중심지가 거주지 판단에 결정적 요인이다.

개인 이중거주자에 대한 첫째 판단기준은 항구적 주거(permanent home)이다. 항구적 주거기준은 과세의 근거로 거주지를 사용하는 내재적 이유를 설명해 준다. 특정 국가와의 경제적·사회적 연계로부터 혜택을 받는 자는 그 국가의 공공재정에 기여할 의무를 부담해야 한다는 것이다. 따라서, 관련 국가에 무한정 거주하고자 하는 의도(intention)가 거주지 결정과 반드시 관련되는 것은 아니다. 중요한 것은 납세자가 일상생활에서 주로 사용하는 장소인지 여부이다. 이를 위해 예컨대, 가족이 거주하는 곳인지 등 납세자의 주거와의 인적 유대가 고려되어야 한다. 결론적으로 주거는 개인이 중대한 이해관계를 가지는 곳이어야 한다. 납세자는 주거를 일시적 체재가 아닌 항구적 사용목적으로 보유해야 한다. 주거가 항구적인지를 결정하는 최소한의 시간기준은 없다. 주거의 항구성은 단순히 양적 기준이 아니고, 질적 측면을 포함한 개별사안의 모든 사실관계와 상황들이 고려되어야 한다. 단순한 양적 기준은 아래에서 살펴 볼 일상적 거소에 적용된다.

납세자의 인적 및 경제적 관계는 사적·경제적 영역에 속하는 여러 요소들을 포함하는데, 상당한 법적 불확실성을 야기시킨다. 중대한 이해관계의 중심지가 체약국 중 어느 일방에 존재하는지 결정하기가 어려울 수도 있다. 납세자의 사적 및 경제적 영역에 속하는 많은 요소들이 인적 관계 및 경제적 관계를 결정하기 위해 관련된다. 각국 법원들의 결정은 여러 사실관계에 대한 종합적 평가에 토대한다. 특히, 인적관계 기준들은 구성요소 및 비중 등에 대해 평가자에 따라 달라질 수 있는 등 매우 주관적이라는 문제가 있다. 따라서 그러한 상황들은 실제적인 중대한 이해관계로 제한되어야 한다.

제2항 a)호에서 항구적 주거와 중대한 이해관계의 중심지를 함께 규정하고 있는 것으로 볼 때, 항구적 주거는 중대한 이해관계의 전제조건으로 평가될 수 있을 것이다. 중대한 이해관계는 일상적 필요뿐만 아니라 장기적 유대를 반영하는 개인의 일상생활이라고 할 수 있다. 따라서 중대한 이해관계는 항구성을 가지며 단지 일시적 성격일 수는 없다. 예를 들어, 운전면허, 차량등록, 은행계좌, 신용카드, 자금이체 등은 비교적 신속하고 용이하게 확보될 수 있기 때문에 중요하지 않다. 일시적 퇴거도 중대한 이해관계가 아니다. 가족, 자녀, 친구, 동업자, 직장 등은 장기적 유대관계를 반영한다. A국에 의료보험, 회원권, 언어능력, 개인소유품 및 아파트를 보유하고 있지 않은 상황에서 동시에 B국에 체재한다는 사실은 B국과 보다 강한 연관성을 보여준다. 배우자, 자녀 등 납세자의 가족은 인적 관계들 중에서 가장 중요하게 고려되어야 한다. 또한, 사회관계, 직업, 정치적·문화적 활동은 물론 사업장소, 재산 관리장소 등 경제적 관계를 나타내는 요소들도 고려되어야 한다.(OMC Art.4/15)

납세자의 중대한 이해관계의 중심지에 관해서는 어느 정도의 관성이 존재한다는 점을 유념해야 한다. 즉, 일방국에 주거를 마련하고 보유한 후에 타방국에 두 번째 주거를 가지게 된 경우 중대한 이해관계의 중심지가 변경되었다는 것을 증명할 수 있을 정도의 상황변화가 없는 한, 첫 번째 국가에 중대한 이해관계의 중심지를 계속 보유하는 것으로 추정될 수 있다.

전체적으로 상황에서 볼 때, 경제적 관계와 인적 관계 중 어느 관계에 우선권을 부여해야 하는지의 문제가 제기된다. 제2항 a)호가 '인적 및 경제적 관계'라고 표현하고 있는 점을 고려한다면, 어느 관계에 절대적 우선권을 부여할 수는 없다고 생각된다. 또한, b)호에서 납세자의 중대한 이해관계의 중심지를 결정하지 못할 수 있다는 점을 명시적으로 인정하고 있다는 점도 고려되어야 한다. 따라서 납세자의 인적 및 경제적 관계가 보다 더 밀접한 국가에 대한 결정은 상당한 정도로 명백한 경우에만 이루어져야 하고, 그렇지 않을 경우에는 다음 기준이 검토되어야 할 것이다.[64]

---

64) Roland Ismer/Ekkehart Reimer, *op.cit*, pp.270-277

② 일상적 거소

제2항 b)호는 두 번째 판정기준으로 일상적 거소(habitual abode)를 제시한다. 개인납세자가 i) 양 체약국에 항구적 주거를 가지지만 중대한 이해관계의 중심지가 어느 국가인지 명확히 결정할 수 없거나, ii) 어느 체약국에도 항구적 주거를 가지지 못한 경우, 납세자가 보다 자주 머무르는 일상적 거소가 있는 국가가 거주지국으로 고려된다. 따라서 항구적 주거뿐만 아니라 동일 국가의 다른 장소도 고려되어야 한다.(OMC Art.4/17) 거소를 일상적인 것으로 간주하는 정의나 기간에 대해 아무런 규정이 없다. 다만, 각 체약국에서 거주지가 일상적인지 여부 및 체재의 간격을 결정하기 위해서는 충분한 기간을 포함하여 비교되어야 한다고만 규정한다.(OMC Art.4/19.1) 따라서, 개인은 일정한 기간 동안 타방국보다 일방국에서 상당히 더 많은 시간을 보낸 경우 일상적 거소를 가진 것으로 간주된다. 양 체약국에서 보낸 시간이 매우 적은 경우에는 어느 국가에도 일상적 거소가 없다고 할 수 있고, 양 체약국에서 보낸 시간 사이에 큰 차이가 없는 경우에는 양 체약국에 일상적 거소를 가진다고 할 수 있다. 따라서 일상적 거소는 순전히 양적기준에 의해 평가된다. 그러나 각 체약국에서 보낸 시간의 총량이 크게 다르지 않다면 단순한 체재일수에 의존하는 것은 지나치게 형식적이다. 일상적 거소는 양적기준이지만 납세자와 거주지국 간 어떤 연계성을 반영하는 것이므로, 어느 국가에서 우연히 체재한 일수에만 토대하지는 않는다.

③ 국적

개인이 양 체약국에서 일상적 거소를 가지거나 또는 어느 국가에서도 가지지 않는 경우에는 그가 국민인 국가의 거주자로 간주된다. 국적(nationality)은 국가와 개인 간의 강한 연계성을 보여준다. 따라서 시민권은 충분히 납세자와 국가의 포괄적 과세권 간에 인적 유대를 보증하는 역할을 한다. 다른 판정기준과 달리 국적은 반드시 영토적 관계를 요구하는 것이 아니고, 따라서 거주지에 대한 실제 관계를 갖지 못한다. 오히려, 거주지에 추가되는 대안적 개념으로 이용된다. 국적 자체는 제1항에 의한 거주지 판정요소가 아니지만, 형식에 따른 이분법적 해결책을 제공하기 때문에 낮은 순위의 판정기준으로 작동한다.

④ 상호합의

제2항 d)호는 납세자가 양 체약국의 국민이거나 어느 국가의 국민도 아닐 때에만 적용할 수 있는 '특별한 MAP'이다. 국가들이 단순히 제2항 a)호~c)호 기준과 관련하여 합의에 도달할 수 없을 때 적용하는 것이 아니다. 그러한 경우는 제25조 제1항 및 제2항의

일반적 MAP이 적용된다. d)호에 따른 거주지 관련 MAP은 조세조약이 제25조 제5항의 중재조항을 포함하고 있는지 여부에 관계없이 의무적으로 적용된다. 더욱이, d)호는 제25조 제2항의 "노력하여야 한다(shall endeavor)"는 문구 대신에 "해결해야 한다(shall settle)"를 사용하여 다른 해석의 여지를 남기지 않고 있다.

MAP에 적용되는 기준은 중대한 이해관계의 중심지를 결정할 때 이용되는 기준을 고려할 수 있을 것이다. 따라서 인적 및 경제적 유대가 양 체약국 중 어느 국가에 보다 더 밀접한지가 중요할 것이다.

마. OECD/UN모델 제4조 제3항

〈OECD/UN모델 제4조 제3항〉

3. 제1항의 규정에 의해, 개인이외의 인이 양 체약국의 거주자인 경우, 체약국의 권한있는 당국들은, 실질적 관리장소, 설립장소 또는 다른 관련요인들을 고려하여, 협약목적 상 해당 인이 어느 체약국의 거주자로 간주되어야 하는지를 상호합의에 의해 결정하기 위해 노력해야 한다. 그러한 합의가 없는 경우, 해당 인은 체약국의 권한있는 당국들에 의한 합의가 있는 경우를 제외하고는 협약상 감면 또는 면제의 권리를 가지지 못한다.

개인 이외의 인의 이중거주자 문제는 각국의 법률에 따라서 일방국은 해당 인의 등록 또는 설립에 중요성을 부여하고(형식적 접근방법), 타방국은 관리 및 통제 등 모든 유형의 실질적 지위(real seat)에 중요성을 부여할 때(사실적 접근방법) 발생할 수 있다. 더욱이, 동일한 기준에 대한 서로 다른 법적 해석에서 발생할 수도 있고, 또한 실질적 지위가 어떻게 결정되어야 하는지 등 체약국들의 사실적 접근방법이 서로 다를 때에도 발생할 수 있다.

OECD는 개인이 아닌 단체의 이중거주자 상황이 상대적으로 드물지라도 그동안 이중거주 법인과 관련된 조세회피 사례가 많은 점을 감안하여, 2017년 OECD모델 개정시 종전 '실질적 관리장소 접근방법' 대신에 '사안별 접근방법(case-by-case approach)'을 새롭게 채택하였다.(OMC Art.4/23) 본 조항에 따라서, 체약국의 권한있는 당국들은 해당 인의 실질적 관리장소, 설립지, 기타 관련된 모든 요인들을 고려하여 상호합의에 의해 어느 체약국의 거주자로 간주되어야 하는지를 결정하기 위해 노력해야 한다. 이때 과세당국 간 MAP에서 고려해야 할 사항으로 ⅰ) 통상적인 이사회 개최장소가 어디인지, ⅱ) 회사대표와 고위임원들이 통상적으로 활동하는 곳이 어디인지, iii) 고위층의 일상적 경영이 수행되는 곳이 어디인지, iv) 본사가 소재한 곳이 어디인지 v) 어느 국가의 법률에 의해 법적 지위가 규율되는지 vi) 장부 및 회계 기록이 보관되는 곳이 어디인지 등이 고려될 수 있다.(OMC Art.4/24.1)

법인의 이중거주자 판정기준으로 종전 POEM 개념을 채택했던 것이 어떻게 조세회피 결과를 초래할 수 있었는지를 살펴보자. 예를 들어, 벨기에는 다른 유럽국가와 마찬가지로 법인의 거주자 판정을 위해 법령상 실질적 '관리장소' 기준을 채택하고 있고, '등록사무소'는 관리장소를 판단하는 추정기준일 뿐이다. 그러나, 벨기에에 형식상으로만 거주지를 두어 벨기에가 타국과 체결한 조세조약 네트워크를 이용하고자 하는 납세자의 경우에는 실질적 관리장소가 타국이라고 먼저 말하지 않을 것이고, 과세당국 또한 외국기업 유치목적으로 벨기에에 실질적 관리장소가 있는지 여부를 적극적으로 판단하지 않기 때문에 납세자와 과세당국의 이해관계가 일치되어 조세회피 결과가 초래되는 상황이 벌어질 수 있다. 이러한 경우, OECD 접근방법에 따라서 해당 법인의 실질적 관리장소가 소재한 국가의 과세당국이 MAP을 통해 해당 법인이 자국 거주자라고 주장할 수 있고, 과세당국 간 합의가 없는 경우 조약혜택을 부여하지 않도록 한다면 조세회피를 방지할 수 있을 것이다.

POEM 용어는 OECD/UN모델이나 OMC에서도 정의되지 않지만, 제2항 a)호 및 b)호의 기준들과 마찬가지로 이 용어에 대한 해석은 국내법에 의존해서는 안 된다. 따라서, POEM은 체약국의 국내법에 따라서 결정되는 제1항의 관리장소와 혼동해서는 안 된다. 이들이 사실적 관점에서 볼 때 동일할 수 있지만, 관리장소와 POEM은 다른 목적을 위해 사용되므로 다르게 해석되어야 한다. 제1항의 관리장소는 개인 이외의 인에 대한 포괄적 납세의무의 근거들 중 하나를 표현한 것인 반면, POEM은 개인 이외의 인들의 이중거주지 문제를 해결하기 위한 MAP에서 고려해야 할 기준을 제공한다.

POEM기준은 실질과세원칙을 따르는 사실적 기준(factual test)이다. POEM은 기업 전체의 활동에 필요한 중요한 경영 및 상업적 의사결정이 실질적으로 이루어지는 장소이다. POEM을 결정하기 위해서는 모든 관련 사실관계와 상황들이 검토되어야 한다. 그러나, 어떤 사실관계들이 고려되어야 하고, 또 그들에 대해 어떤 비중이 주어져야 하는지에 대한 일치된 의견은 없다. 그러한 관련 사실들의 비중에 대한 평가와 관련하여, OECD는 POEM을 회사의 중요한 결정들(key decisions)이 이루어지는 곳으로 간주한다. 따라서,

글로벌화 된 MNEs 구조에서 낮은 지위의 의사결정 임원들은 여러 국가에 분산되어 있을 것이기 때문에 가장 높은 사람들의 그룹, 즉 이사회가 중요한 경영 및 사업상 결정을 하는 경우에만 어떤 국가를 POEM으로 지정하는 것이 가능할 것이다. 또 다른 해석은, POEM이 회사의 최종적 통제권이 소재하는 곳이 아니라 실제적이고 실질적으로 일상적 업무가 수행되는 곳이라는 견해이다. POEM이 이사회가 주로 개최되는 곳만을 기준으로 결정되어서는 안 되며, 오히려 회사의 고위임원의 기능과 관련된 경영진이 소재하는 곳이어야 한다는 것이다.

그동안 종전 POEM기준이 여러 해석상 여지를 남긴다는 비판이 제기되어 왔다. 특히, 여러 가지의 경영형태(임원들, 이사회들, 주주들)가 여러 국가에서 발견(의사결정, 집행 등)될 때 한 국가를 POEM국으로 지정하기가 어려울 수 있다. 또한, 오늘날에는 기술진보로 인해 기업의 중요한 결정이 한 장소에서 이루어질 필요가 없고, 일상적 사업활동도 한 국가에서만 수행될 필요가 없다. 개인 이외의 납세자의 POEM이 제3국에 소재한 것으로 결정되는 경우에는 위에서 언급한 접근방법들이 해결책을 제시해주지 못한다는 것이다.

2 국내법상 거주자

가. 개인거주자

(1) 국내법 규정

우리나라 소득세법(§1의2)은 거주자를 "국내에 주소를 두거나 183일 이상의 거소를 둔 개인"이라고 규정하고 있다.[65] 주소에 관해 법에 별도로 정의하고 있지 않기 때문에 민법상 주소 개념에 따라 해석할 수밖에 없는데, 민법(§18 ①)은 주소를 "생활의 근거되는 곳"이라고 규정하고 있다.

이와 관련하여 관련규정은 "주소는 국내에서 생계를 같이 하는 가족 및 국내에 소재하는 자산의 유무 등 생활관계의 객관적 사실에 따라 판정한다.(소령 §2 ①)", 그리고 "거소는

65) 우리나라는 거소에 대한 거주자 판정기준으로 종전 1년 기준을 사용하였으나, 2014년 말 미국, 영국, 독일 등 대다수 선진국의 입법례에 따라 6개월 기준으로 변경하였다. 그에 따라 소득세법 시행령(2015.2.3. 개정) 제2조 제3항 제1호 및 제2호에서도 종전 1년 기준 대신, '183일' 기준을 채택하였다.

주소지 외의 장소 중 상당기간에 걸쳐 거주하는 장소로서 주소와 같이 밀접한 일반적 생활관계가 형성되지 아니한 장소로 한다.(소령 §2 ②)"고 규정하고 있다. 또한, "계속하여 183일 이상 국내에 거주할 것을 통상 필요로 하는 직업을 가진 때(소령 §2 ③ 1호)" 및 "국내에 생계를 같이하는 가족이 있고, 그 직업 및 자산상태에 비추어 계속하여 183일 이상 국내에 거주할 것으로 인정되는 때(소령 §2 ③ 2호)"는 국내에 주소를 가진 것으로 간주한다. 반면, 국외에 거주 또는 근무하는 자가 외국국적을 가졌거나 외국법령에 의하여 그 외국의 영주권을 얻은 자로서 국내에 생계를 같이하는 가족이 없고 그 직업 및 자산상태에 비추어 다시 입국하여 주로 국내에 거주하리라고 인정되지 아니하는 때에는 국내에 주소가 없는 것으로 간주한다.(소령 §2 ④)

결론적으로, 우리나라도 대다수 국가들과 같이 개인에 대한 거주자 판정기준으로 '사실관계 및 상황기준'을 채택하고 있다. 다시 말해서, 정주(定住) 의사와 같은 주관적 요소에 의존하지 않고 국내 체재기간은 물론 직업, 가족의 거주지 및 자산의 소재 등을 종합적으로 검토한 후 객관적 생활관계의 중심이 어디인지에 따라 결정됨을 알 수 있다.

(2) 국내 판례동향

그간 거주자 판정과 관련한 국내 판례동향을 분석할 때, 우리나라 법원은 '사실관계 및 상황' 접근방법에 따라서 생활관계의 객관적 사실을 판정함에 있어서 다음 사항을 중요하게 고려하는 것으로 보인다.

첫째, 국내에 주소를 두고 있는지 여부를 판단할 때 국내 체재일수와 가족관계 및 자산 소유 여부를 중요하게 고려한다. 대법원은 양도소득세 부과처분 취소소송에서 "원고가 매년 평균 255일 동안 국내에서 체재한 사실, 자신의 주소를 대한민국 국민인 배우자가 살고 있던 아파트로 기재한 사실 등 원고의 가족관계, 국내에서의 경제활동과 체재일수 등에 비추어 볼 때 원고가 국내거주자에 해당한다"고 판단하였다.(대법원 2015.2.26. 선고 2014두13959 판결) 또한, 종합소득세 부과처분 취소소송에서 "원고가 이 사건 과세기간 동안 배우자와 함께 국내에 주민등록을 두고서 연평균 188일을 체재한 점, 사우디 내에는 유형자산을 소유하지 아니한 반면 국내에는 다수의 부동산을 소유하고 있는 점 등 소득세법 시행령 제2조 제4항 제1호에서 정한 '계속하여 1년 이상 국외에 거주할 것을 통상 필요로 하는 직업을 가진 때'에 해당한다"고 볼 수 없다고 판시하였다.[66]

66) 대법원 2016.8.17. 선고 2016두37584 판결

이와 관련하여 우리나라 법원은 "국내에 주소를 가진 것으로 보는 요건으로 들고 있는 '국내에 생계를 같이하는 가족'이란 우리나라에서 생활자금이나 주거장소 등을 함께 하는 가까운 친족"을 의미한다고 하고, "'직업 및 자산상태에 비추어 계속하여 1년(183일) 이상 국내에 거주할 것으로 인정되는 때'란 거주자를 소득세 납세의무자로 삼는 취지에 비추어 볼 때 1년(183일) 이상 우리나라에서 거주를 요할 정도로 직장관계 또는 근무관계 등이 유지될 것으로 보이거나 1년(183일) 이상 우리나라에 머물면서 자산의 관리 · 처분 등을 하여야 할 것으로 보이는 때와 같이 장소적 관련성이 우리나라와 밀접한 경우를 의미한다"고 판시하였다.[67)]

둘째, 국내거주자 여부 판정시 국내법 규정만을 적용하는 것이 아니라 조세조약 상 이중거주자 해당 여부를 판단하고 있다. 법원은 "국내거주자인 납세의무자가 동시에 외국의 거주자에도 해당하여 조세조약이 적용되어야 한다는 점에 대하여는 이를 주장하는 납세의무자에게 그 증명책임이 있다"고 하면서 납세자의 이중거주자 주장에 대한 증명책임을 납세자에게 부여하면서도, 사안에 따라서 제한적으로 항구적 주거지 및 중대한 이해관계의 중심지가 어디인지를 판단하고 있다.[68)] 이와 관련하여 이중과세 회피를 위해 조세조약 적용을 주장하는 사안의 경우에는 납세자에게 증명책임을 부여해야 하지만, 이중비과세를 방지하기 위하여 조세조약 적용을 주장하는 사안의 경우에는 과세당국이 증명책임을 부담해야 할 것이다.

한편, 거주자 이슈는 국내법 적용에 앞서 조세조약 적용의 문제이기 때문에 불복재결기관과 법원은 이중과세 회피 및 조세회피 방지라는 조세조약의 목적을 고려하여 조세조약 상 이중거주자 판정기준에 따라서 어느 나라의 거주자인지를 적극적으로 판단해야 할 것이다. 왜냐하면, 조세조약의 목적은 체약국 중 어느 국가에서든지 한 번만 과세되도록 하는 것임에도 불구하고, 국내법을 지나치게 엄격하게 적용하여 어느 나라의 거주자에도 해당하지 않는 무국적소득(stateless income)을 발생시켜서는 안 되기 때문이다.

이에 대해서 우리나라 법원은 소극적 입장을 견지하고 있다. 카타르에서 5년간 근무한 우리나라 근로자에 대해 종합소득세를 부과한 사건에서 법원은 납세자가 "부인과 딸 등과 함께 국내를 주소로 주민등록을 했고, 주소지 아파트도 소유하고 있으며, 급여 대부분을 국내로 송금해 관리하고 있는 점 등에 비춰보면 소득세법 상 국내거주자에 해당"할 뿐만

67) 대법원 2014.11.27. 선고 2013두16876 판결

68) 대법원 2008.12.11. 선고 2006두3964 판결, 대법원 2015.2.26. 선고 2014두13959 판결

아니라, 원고가 카타르에 자산을 소유하지 않고 현지회사 사무실에서 장기간 거주했음을 인정하면서도, "국외 체재일수는 평균 328일에 이르는 반면 국내 체재일수는 37일에 지나지 않고, 국내에서 사회활동이나 사업활동을 했다고 볼 만한 자료도 없다."는 사유로 한·카타르 조세조약 상 카타르 거주자라고 판시했다.[69] 이 판결에서 한 가지 아쉬운 점은 조세조약 상 이중거주자 판단에서 우리나라와 카타르 모두에 항구적 주거를 두고 있다고 하면서 중대한 이해관계의 중심지가 한국이 아니고 카타르라고 판단한 점이다. 왜냐하면, 직업관계를 제외한 가족, 자산 등 대부분의 객관적 생활관계가 한국에 있다는 점은 별론으로 하더라도, 비거주자 판정이 결과적으로 무국적 소득을 발생시키고 이중비과세를 초래했다는 점에서 한·카타르 조세조약의 목적에 부합한 결정이었는지 의문이 들기 때문이다.

한편, 해외 프로축구 선수에 대한 종합소득세 부과사건에서 조세심판원은 국내에 주민등록을 두고 의료보험 수혜를 받았고, 해외수입 대부분을 국내로 송금하여 부동산 취득, 임대사업 등에 사용하였고 해외구단과의 계약해지 후 실제 국내로 귀국하여 거주하고 있는 사실에도 불구하고, "청구인이 연평균 303일을 국외에 체재한 것으로 나타나고, 국내에 청구인과 생계를 같이하는 가족이 거주하고 있지 않으며, 국내에 생활의 근거가 형성되었다고 보기 어렵다."는 사유로 소득세법상 비거주자로 보았다.[70] 이 심판례에서 아쉬운 점은 배우자와 함께 출국하였고 국외 체재일수가 국내보다 많다는 사실에 기초하여 비거주자로 판단하였을 뿐, 국내에 다시 귀국하여 거주할 의사는 물론 한·카타르 조세조약 상 이중거주자 해당 여부, 그리고 항구적 주거 및 중대한 이해관계의 중심지가 어디인지에 대해서는 아예 판단을 하지 않았다는 점이다.

이와 관련하여, 또 다른 종합소득세취소소송 판결에서는 "원고가 취업할 의사로 출국하였다 하더라도 취업이 어려울 경우 언제든지 귀국하여 국내에 거주할 의사 또한 있었다고 짐작되는 점, 미국에서의 체재기간 동안 과세당국에 세무신고 등을 한 흔적을 찾아볼 수 없는 점 등의 사정을 종합하여 보면 원고가 생계를 같이하는 모든 가족과 함께 출국하였다 하더라도, 여전히 국내에 생활의 근거를 두고 있는 거주자로 봄이 상당"하다고 판시[71]함으로써, 국내에 다시 귀국할 의사 등 해외체재 장소가 비항구적 주거에 해당하는지 여부, 외국에서의 납세 여부 등 이중비과세 가능성을 고려하고 있는 점을 감안할 때 위 두

69) 대법원 2020.1.16. 선고 2019두52935 판결(상고기각); 서울고법 2019.8.30. 선고 2019누30647 판결

70) 조심 2016중3113, 2017.3.22. 결정

71) 대법원 2011.1.27. 선고 2010두22719 판결(심리불속행 확정); 서울행정법원 2010.2.5. 선고 2009구합23266 판결

사례는 아쉬운 결정이라고 생각한다.

결론적으로 위에서 제시한 두 사례들은 거주자 여부 판단시 납세자의 국외 체재일수가 국내보다 월등하게 많다는 점을 중요한 요소로서 고려한 것으로 보이는데, 이러한 판단은 이중비과세 및 조세회피를 초래하므로 이를 원천적으로 방지하기 위한 입법론으로서 소득세법에 "국내 체재일수가 183일 미만일지라도 국내에서 생계를 같이 하는 가족, 자산상태, 이중비과세 가능성 등을 종합적으로 고려하여 거주자로 판정할 수 있다."는 특례규정을 추가하는 방안을 검토할 필요가 있을 것이다.

나. 법인거주자

(1) 국내 세법규정

우리나라 세법은 "내국법인이란 본점, 주사무소 또는 사업의 실질적 관리장소가 국내에 있는 법인"(법법 §2 1호), "외국법인이란 본점 또는 주사무소가 외국에 있는 단체(사업의 실질적 관리장소가 국내에 있지 아니하는 경우만 해당한다)로서"(법법 §2 3호) "설립된 국가의 법에 따라 법인격이 부여된 단체, 구성원이 유한책임사원으로만 구성된 단체, 그밖에 해당 외국단체와 동종 또는 유사한 국내의 단체가 상법 등 국내의 법률에 따른 법인인 경우의 그 외국단체"(법령 §2 ②)를 말한다고 규정하고 있다.[72]

〈그림 2-23〉 해외 자회사가 모회사 국가의 거주자인 경우

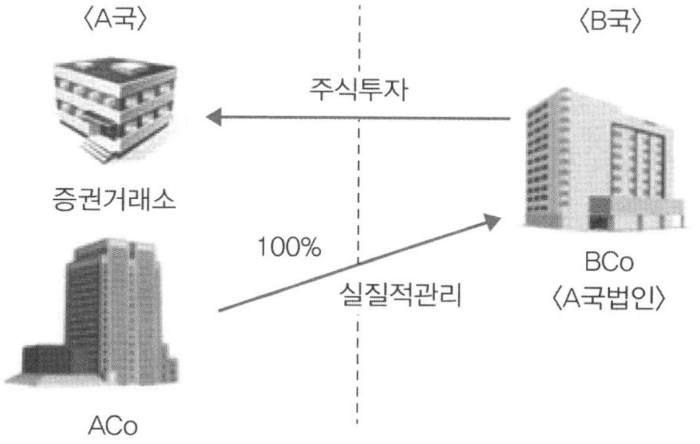

72) 구 법인세법(2013.1.1. 이전)에서는 외국법인을 "외국에 본점 또는 주사무소를 둔 법인"으로 한정하였는데, 실제 과세사안에서 외국에 설립된 파트너쉽을 국내법상 법인으로 보아 납세의무자로 할 수 있는지가 문제되었고 이러한 문제를 해결하기 위해 일정한 요건을 갖춘 외국단체를 법인으로 의제할 수 있도록 조문을 개정하게 되었다.

우리나라와 같이 법인단체의 거주지 결정기준으로 POEM을 사용하는 국가의 경우, 위 〈그림 2-23〉에서 보는 바와 같이 A국 법인 ACo의 B국(통상 조세회피처 또는 조세특례제도를 가진 국가) 자회사인 BCo가 국내 상장주식에 투자한다고 가정할 때 A국-B국 조세조약 상 외국법인의 주식양도차익에 대해서는 거주지국인 B국에서만 과세되는데 만약 BCo의 실질적 관리장소가 ACo로 판정되는 경우에는 A국에서 주식양도차익 비과세 혜택이 배제되고 내국법인과 마찬가지로 과세될 것이다.(OMC Art.1/64)

한편, 외국단체를 외국법인으로 볼 수 있는지 여부에 관하여 우리나라 대법원은 "외국단체가 설립된 국가의 법령 내용과 단체의 실질에 비추어 우리나라의 사법(私法)상 단체의 구성원으로부터 독립된 별개의 권리 · 의무의 귀속주체로 볼 수 있는지 여부에 따라 판단하여야 할 것"이라고 판시하였다.[73] 예를 들어, 미국의 유한파트너쉽(limited partnership: 이하 LP)은 우리나라 법률상 민법상 조합보다는 상법상 회사(합자회사)에 가깝다는 것이다. 그러나, 이러한 대법원 판단에 대해 가령, 미국의 LP는 우리나라의 합자회사라기보다는 위 대법원 판결 이후 개정된 상법규정에 의하면 합자조합의 성질을 갖는 등 우리 민사법상 기업조직이 아직까지 안정된 법체계가 아니라는 비판이 제기된다.[74] 또한, 외국단체의 사법적(私法的) 성질에 따라 국내법상 법인 여부를 판정하는 것은 외국파트너쉽에 대한 조세조약 상 취급과 관련하여 OECD 입장과 배치될 수 있는데, 이러한 점을 고려하여 법인세법은 "외국법인 기준의 적용은 조세조약 적용대상의 판정에 영향을 미치지 아니한다"는 규정(법령 §2 ④)을 마련하고 있다.[75]

(2) 국내 판례동향

내국법인이 조세회피처에 설립한 명목회사를 이용하여 사업을 수행한 사건에서, 우리나라 법원은 내국법인과 외국법인을 구분하는 기준의 하나인 '실질적 관리장소' 개념과 관련하여, "형식적인 기준으로는 외국법인으로 보이나 실질적으로는 국내에서 주된 업무를 수행하는 외국법인에 의한 조세회피를 방지하고, 거주지의 최종 판정기준으로서 사업의 실질적인 관리장소를 고려하고 있는 우리나라의 조세조약과의 균형을 유지하고자 하

73) 대법원 2012.1.27. 선고 2010두5950 판결

74) 이창희, 전게서, p.64

75) 일차적으로 외국파트너쉽을 국내법상 법인으로 보아 납세의무를 부여할지라도, 궁극적으로는 우리나라가 파트너쉽 구성원들(파트너)의 거주지국과 체결한 조세조약을 적용하여 각 구성원의 지분비율에 따라서 제한세율 등의 조약혜택을 부여해야 할 것이다.

는 데에" 입법취지가 있다고 하면서, "형식상 외국법인이 조세의 부담을 회피하고자 실질과 괴리되는 비합리적인 형식이나 외관을 취하는 경우에 내국법인으로 인정할 수 있는 실질적인 기준을 설정한 것"이라며, "법인세법에서 OECD모델 조세조약의 용어를 수용한 이상 기본적으로 조세조약 상 의미를 참고할 수 있다."고 한다. 또한, "법인세법 상 내국법인으로 취급한다는 것으로서 납세의무의 전제가 될 뿐이고, 해당 법인의 법인격을 부정한다거나 그에 의하여 민법상 주소개념이 달라지는 등 어떤 법률효과를 낳는 것은" 아니라고 판시하였다.76)

또한, "실질적 관리장소란 법인의 사업 수행에 필요한 중요한 관리 및 상업적 결정이 실제로 이루어지는 장소를 뜻한다."고 하면서, "법인의 실질적 관리장소가 어디인지는 이사회 또는 그에 상당하는 의사결정기관의 회의가 통상 개최되는 장소, 최고경영자 및 다른 중요임원들이 통상 업무를 수행하는 장소, 고위관리자의 일상적 관리가 수행되는 장소, 회계서류가 일상적으로 기록·보관되는 장소 등의 제반 사정을 종합적으로 고려하여 구체적 사안에 따라 개별적으로 판단하여야 한다."고 한다. 한편, "사업의 실질적 관리장소는 법인의 상업적인 결정이 법인의 이사회에 의하여 이루어지는 경우에는 이사회의 개최장소를 기준으로 판단하여야 할 것이나, 이사회가 개최되지 아니하였거나 법인의 대표이사 등 최고경영자 1인에 의하여 의사결정이 단독으로 이루어졌다면 최고경영자의 거주지를 기준으로 판단하여야 한다." 또한, "해당 법인이 외국에 설립된 경위와 조세회피 의도 등 설립목적도 추가적인 고려요소가 될 수 있다."고 한다.77)

그러나, 상기 판례와 달리 해외자원개발 사업을 위해 국내주주들이 버뮤다에 특수목적법인을 설립한 후 이들을 경유하여 배당금 등을 수취한 사건에서, 우리나라 법원은 실질적 관리장소 개념을 도입한 "법인세법의 개정 목적이 국외 명목회사를 이용한 조세회피 방지에 그치는 것으로 보기 어렵고, 세법규정의 입법목적으로 조세회피 방지를 고려하였다는 것과 그 과세요건으로 조세회피 목적을 요구할 것인지는 별개로 보아야 하는 점, 법인세법 제1조 제1호는 내국법인의 판단기준인 '실질적 관리장소'와 관련하여 조세회피 목적을 별도로 요구하고 있지 않는데, 그럼에도 그 판단에 있어 조세회피 목적이 있을 것이 요구된다고 보기 어려운 점 등을 고려할 때" 정당한 설립목적이 존재하고 조세회피 의도가 없는 이 사건에 대한 과세처분이 "실질적 관리장소의 기준을 부당하게 확대 적용한

76) 서울고등법원 2017.2.7. 선고 2014누3381 판결

77) 서울고등법원 2017.2.7. 선고 2014누3381 판결, 대법원 2016. 1. 14. 선고 2014두8896 판결 등 참조

것이라고 볼 수 없다."고 판시하였다.[78)]

3 세무상 투과단체 또는 약정

가. OECD/UN모델 제1조 제2항

〈OECD/UN모델 제1조 제2항〉

2. 이 협약의 목적 상, 어느 체약국의 세법에 의해서 전적으로 또는 부분적으로 세무상 투과체로 취급되는 단체 또는 약정을 통해 얻은 소득은 해당 국가의 과세목적 상 해당 국가의 거주자 소득으로 취급되는 정도까지만 일방체약국 거주자의 소득으로 간주된다.

OECD/UN모델 제1조 제2항은 세무상 투과체로 취급되는 단체 또는 약정의 소득이 OECD 파트너십 보고서[79)]에 반영된 원칙과 부합하게 취급됨을 보장한다.(OMC Art.1/2) 또한, 본 조항은 '전적으로 또는 부분적으로' 세무상 투과체로 취급되는 단체를 언급함으로써 OECD 파트너십 보고서의 결론을 CIV 등 동 보고서에서 다루지 않았던 상황으로까지 확장한다.(OMC Art.1/4) 만약 어떤 단체가 체약국이 조세정보를 확보할 수 없는 지역에 설립되었다면, 해당 국가는 조약혜택을 부여할 수 있도록 모든 정보를 제공받을 필요가 있다. 그 경우, 체약국은 조약혜택이 통상적으로는 관련소득 지급시점에서 적용될지라도 조약혜택의 적용을 위해 사후환급 제도를 이용할 수도 있다.(OMC Art.1/5) 그리고 '단체 또는 약정을 통해 얻은 소득' 문구는 넓은 의미를 가진다. 단체 또는 약정이 어디에 설립되는지는 중요하지 않다. 이 조항은 어느 체약국의 국내세법에 의해서, 해당 단체가 전적 또는 부분적으로 세무상 투과단체로 취급되고 해당 단체의 소득이 해당 국가의 거주자에게

78) 다만, 국내 투자자들이 조세회피 목적이 없이 공동투자의 일원화를 위하여 중간단계에 특수목적법인을 설립하는 것이 이례적인 경우라 할 수 없고, 버뮤다법인을 통하여 중동 현지법인에 금융제공의무를 이행하고 배당금 등을 받음으로써 조세부담을 부당하게 회피하였다거나 경감된 것으로 보이지 않는 등 경제적 합리성을 결여한 것이 아니므로 부당행위계산부인 규정을 적용할 수 없다고 판시하였다. 대법원 2020.4.29. 선고 2020두31842 판결 (심리불속행); 서울행정법원 2018.11.29. 선고 2017구합80783 판결 참고

79) OECD, "The Application of the OECD Model Tax Convention to Partnerships", OECD, 1999

귀속되는 한, 제3국에 설립된 단체에게도 적용된다.(OMC Art.1/7)

'세무상 투과(fiscally transparent)' 개념은 일방체약국의 국내법에 의해서, 단체 또는 약정의 소득이 해당 단체 또는 약정 단계에서 과세되지 않고 그에 대한 지분을 가진 인들 단계에서 과세되는 상황을 말한다. 단체 또는 약정의 소득지분에 대한 납부세액은 해당 지분의 권리를 가진 인의 인적 특성과 관련하여 독립적으로 결정되고, 결국 세액은 해당 인이 과세대상인지 여부, 타소득 보유 여부, 인적공제, 적용세율에 달려있다. 또한, 소득의 성격, 원천, 실현시기는 해당 단체 또는 약정을 통해 소득을 얻는다는 사실에 의해 영향을 받지 않는다. 지분이 인에게 배분되기 전에 단체 또는 약정 단계에서 소득이 계산된다는 사실이 그 결과에 영향을 미치지 않는다.(OMC Art.1/9)

어느 체약국의 국내법에 의해서 부분적으로 세무상 투과체로 취급되는 단체 또는 약정의 경우, 소득 중 일부만이 해당 단체·약정의 지분을 가진 인의 단계에서 과세되고 나머지 소득은 단체·약정단계에서 과세대상으로 남아 있을 것이다. 예를 들어, 일부 국가에서는 신탁 소득 중 일부가 수익자에게 배분되어 수익자 단계에서 과세되는 반면, 유보된 소득의 일부가 신탁 또는 수탁회사 단계에서 과세되는 경우가 있다. 또한, 일부 국가에서는 유한파트너십을 통해 얻은 소득 중 무한파트너의 지분은 무한파트너에게 과세되지만, 유한파트너들의 지분은 유한파트너십의 소득으로 간주된다. 단체·약정이 일방체약국의 거주자인 한, 조약혜택도 역시 해당 국가의 법률에 의해서 단체·약정에 귀속되는 소득의 지분에 적용됨을 보장한다.(OMC Art.1/10)

나. 외국 파트너십

(1) 파트너십 개요

파트너십 제도는 개인기업과 법인기업이 수용하지 못하는 (법인의 단체성이 약하거나 인적회사의 특성이 강한) 중간영역에 있는 다양한 형태의 공동사업을 다루기 위한 별도의 과세체계를 갖출 필요성에서 주로 보통법 체계의 선진국에서 발달하였다. 영·미법 체계에서 파트너십의 기본형태는 무한파트너십(general partnership)[80]이지만, 대부분의 국가에서 무한책임사원(general partners: GPs)과 유한책임사원(limited partners: LPs)로 구성되는 유한파트너십[81] 및 법인과 유사하게 모든 파트너가 일정 정도의 유

80) 무한파트너십은 사원 전체가 회사의 부채에 대해 연대하여 무한책임을 진다는 점에서 우리나라의 합명회사에 해당된다.

한책임만을 지는 유한책임파트너쉽(limited liability partnership: LLP)으로 발전되어 왔다.[82]

우리나라도 미국식 파트너쉽 제도를 벤치마킹하여 2007년 '동업기업 조세특례제도'라는 이름으로 파트너쉽 과세제도가 도입되어 2009년부터 시행하고 있다.[83] 주요 내용은 동업기업을 도관(pass-through entity)으로 보아[84] 동업기업 단계에서는 과세하지 않고 동업자에게 귀속되는 소득에 대해 동업자 단계에서 과세를 하는 것이다. 다만, 미국식 '선택규정(check-the-box rule)'을 채택하지 않고, 독일 · 프랑스 등 대륙법 국가들과 같이 적용대상을 열거하는 방식을 채택하고 있다.[85] 적용대상은 i) 민법상 조합, ii) 상법상 합자조합 및 익명조합, iii) 상법상 합명회사 및 합자회사, iv) 위 i)호 내지 iii)호의 단체와 유사하거나 인적용역을 주로 제공하는 법무 · 회계법인 등, iv) 위 i)호 내지 iv)호의 단체와 유사한 외국단체, 국내사업장을 가지고 사업을 경영하는 외국단체 및 우리나라와 조세조약이 체결된 국가에 설립되어 동업기업 과세특례와 유사한 제도를 적용받는 외국단체이다.(조특법 §100의15 및 조특령 §100의15)

한편, 소득세법(§43) 상 공동사업장을 1거주자로 보아 소득금액을 계산한 후 그 소득금액을 공동사업자 간에 약정된 손익분배비율에 따라 배분하여 과세하는 공동사업에 대한 소득금액계산 특례조항도 동일한 취지이다. 따라서 조합이나 익명조합은 공동사업장 과세제도와 동업기업 과세제도 중에서, 그리고 인적회사는 법인세제와 동업기업 과세제도 중에서 선택하여 적용할 수 있다.

---

81) 미국에서 유한파트너쉽(LP)은 회계 · 법률회사, 영화회사, 사모펀드 등에서 가장 흔히 채택하는 조직형태로서 GPs는 무한책임사원이자 회사의 대리인으로서 경영관리 전반을 담당하고, LPs는 주주처럼 자신의 투자금액에 대해서만 책임을 부담하고 보상을 받는다. 2001년 이후에는 LLLP(limited liability limited partnership) 제도가 도입되어 GPs도 파트너쉽에 대한 무한책임을 면제하는 등 다양한 형태로 계속 진화하고 있다.

82) 미국 LLP는 회계 · 법률회사에서 흔히 채택하는 조직형태로서, 파트너쉽의 의무는 파트너쉽이 스스로 부담하고 파트너들은 법인의 주주와 유사한 형태의 유한책임을 진다.

83) 조세특례제한법에 「제10절의3 동업기업에 대한 조세특례」편을 두고 동업기업 과세방식은 물론 소득금액, 결손금 등의 계산 및 배분 등에 대해 상세히 기술하고 있다. 한편, 같은 법에서 "동업기업이란 2명 이상이 금전이나 그 밖의 재산 또는 노무 등을 출자하여 공동사업을 경영하면서 발생한 이익 또는 손실을 배분받기 위하여 설립한 단체를 말한다."(§100의14)고 규정하고 있다.

84) 다만, 소득의 계산 및 신고에 대해서는 동업기업의 단체성을 인정하고 있다.

85) 우리나라의 동업기업 과세제도는 조합뿐만 아니라 법인격을 가진 합명 · 합자회사 등 인적회사도 적용대상에 포함하고 있다는 점에서 주(州)법상 법인격을 갖는 조직은 연방 세법상으로도 법인으로 취급하고 그 외의 단체에 대해서만 파트너쉽 취급 여부를 선택할 수 있는 미국 제도와 차이가 있다.

(2) 외국 파트너쉽에 대한 과세취급

외국단체에 대한 과세상 취급은 국가별로 다양한 접근이 이루어지고 있는데, 이를 다음 3가지로 분류할 수 있다.[86] 첫째, 외국단체 중 과세단체로 보는 단체의 유형을 입법화하고 있는 국가, 둘째, 특정 외국단체의 법적 형식을 열거하고 있지는 않지만, 국내 과세단체와 동일 또는 유사한 경우에 과세단체로 취급한다는 일반규정을 두고 있는 국가, 셋째, 주로 외국단체의 법인으로서의 속성을 보아 법인형태의 외국단체를 과세단체로 인정하는 국가가 있다.

외국단체 중 파트너쉽에 대한 과세는 국제조세법의 가장 복잡한 영역 중 하나이다. 이는 두 가지 상충되는 원칙 즉, 일부 국가는 파트너쉽을 과세단체 또는 비투과단체로 취급하는 반면, 다른 국가들은 파트너쉽을 세무상 투과단체로 취급하고 파트너들만을 조세목적 상 납세자로 취급하기 때문이다. 이러한 상황에서는 이중과세 또는 이중비과세 문제가 발생할 수 있고, 더구나 3개 국가가 관련된 상황에서는 특별한 문제들이 추가로 일어날 수도 있다.

(3) 파트너쉽에 대한 조세조약의 적용

(가) 개요

파트너쉽은 OECD/UN모델 제3조 제1항 a)호에 따라 조세조약이 적용되는 인에는 포함되지만, 파트너쉽에 대해 국가별로 법적 취급이 다르기 때문에 조세조약 상 거주자라고 확언할 수는 없다. 파트너쉽에 대한 조세조약 상 취급은 개별 조약과 국가 간 관련 법률의 차이에 따라 다를 수 있지만, 원칙적으로 이중과세가 발생하거나 이중혜택이 제공되지 않는 방향으로 규정되고 해석되어야 한다. 영미계 국가와 같이 파트너쉽 제도가 발달한 나라도 있고, 우리나라와 같이 파트너쉽 제도가 충분히 성숙되지 못한 경우나 아예 도입하지 않고 있는 나라도 있다.[87] 또한, 파트너쉽 제도를 도입한 국가라도 국가별로 파트너쉽의 법적 형식과 그 구성원의 책임 등이 일률적이지 않고 이에 대한 법률효과도 각기 달라서 조세조약의 적용에 어려운 문제가 발생할 수 있다.

---

86) M. Lang and C. Staringer, General Report, IFA 2014 Mumbai, "Qualification of Taxable Entities and Treaty Protection", pp.34~35.

87) 우리나라의 경우 민법상 조합 및 상법상 최근 도입된 유한책임회사 등이 파트너쉽에 해당될 수 있지만, 영미법상 파트너쉽만큼 흔하게 이용되는 법적 형태는 아니다.

예를 들어, 소득원천지국에서는 자국 파트너십을 조세목적 상 도관으로 취급하고, 그 파트너들의 거주지국은 파트너십을 법인으로 간주하여 파트너가 아니라 파트너십에 대해 과세를 하는 경우 해당 파트너는 파트너십 소득 중 자신의 지분에 대한 양국 간 조세조약의 혜택(예컨대, 제한세율)을 주장할 수 없다. 왜냐하면, (소득원천지국의 법률에 따라 조약혜택을 주장하는 파트너에게 실제 소득이 배분되었다 하더라도) 해당 파트너는 파트너 거주지국의 조세목적 상 납세의무가 있는 거주자가 아니기 때문이다. 이 경우에는 체약국의 국내법 규정에도 불구하고 조세조약 상 관련소득이 "타방체약국의 거주자에게 지급된" 것으로 또는 "타방체약국의 거주자에 의해 수취된" 것으로 해석하는 것이 조세조약의 목적에 부합한다고 할 것이다.

(나) 조약적용상의 주요 문제

양 체약국이 파트너십의 구분에 다른 입장을 취하는 경우, 첫째 소득이 누구에게 귀속되어야 하는지, 둘째 파트너십이 조약혜택을 청구할 수 있는지, 셋째 파트너십의 조약혜택 권리가 파트너들에 대한 권리도 부여하는지, 넷째 어떤 소득 배분규정이 적용되어야 하는지 등이 결정되어야 한다. 아래 〈그림 2-24〉는 파트너십과 파트너에 대한 조세조약 적용의 기본구도를 보여준다.

〈그림 2-24〉 파트너십 및 파트너에 대한 조세조약 적용흐름도

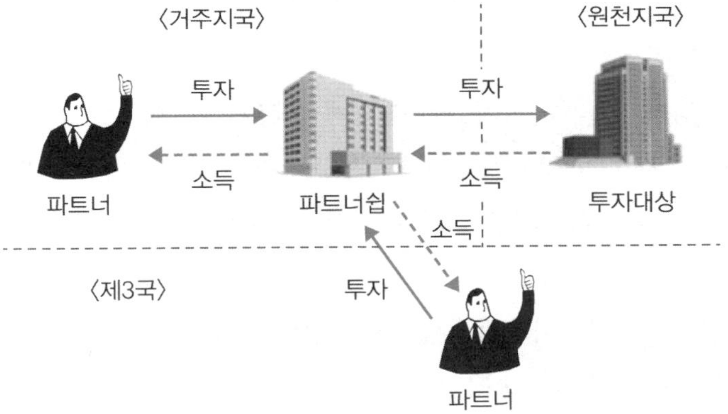

① 소득의 귀속

소득의 귀속은 조세조약에서 다루어지지 않으며, 전적으로 국내법의 문제로 남아 있다.(OMC Art.1/58) 일방체약국의 국내법이 파트너십과 법인을 다르게 과세하는 경우 그 외

국단체는 유사한 국내단체와 동일하게 취급될 것이다. 즉, 외국단체의 특성을 분석하고 이들 특성들이 국내의 단체 또는 법인 중 어느 것과 보다 더 유사한지 여부를 결정할 것이다. 다른 국가들의 경우 파트너십이 설립된 타방체약국의 구분을 따를 수도 있다. 만약 타방체약국이 파트너십을 비투과단체로 취급하고 소득을 파트너십에 귀속한다면, 일방체약국은 이러한 소득 귀속을 따를 것이다.

② 파트너십에 대한 조약혜택 권리

파트너십은 제3조 제1항 a)호 의미상 인에 해당한다. 만약 조세목적 상 법인단체로 취급된다면 제3조 제1항 b)호의 법인(company)에 해당하지만, 그렇지 않으면 a)호에 따라 기타 인(a body of persons)으로 간주된다. 파트너십은 법인으로 취급되어 체약국에 의해 법인과 동일하게 과세되는 경우 일방체약국의 거주자이지만, 파트너십 설립지 체약국이 파트너십을 투과체로 취급하는 경우 파트너십은 납세의무가 없고 해당 국가의 거주자로 간주될 수 없다.

③ 파트너에 대한 조약혜택 권리

파트너십은 설립지 체약국에서 거주자로 간주된다면 조약혜택을 받을 권리가 있다. 그러나, 타방체약국이 파트너십을 투과단체로 취급하고 소득을 파트너에게 귀속시킨다면 파트너십이 조약혜택을 받을 권리가 있는지 여부에 논란이 있을 수 있다. 이 경우 파트너십은 조약혜택 권리가 없지만, 파트너십이 조약혜택을 청구할 수 있다거나 조약혜택의 권리가 파트너십에서 파트너로 이전된다는 주장이 있다. 파트너십이 설립지 체약국에서 투과단체로 간주되는 경우, 만약 파트너들이 일방체약국의 거주자라면 조약혜택의 권리가 있을 것이다. 타방체약국이 파트너십을 비투과단체로 간주하고 소득을 파트너십에 귀속시키는 경우, 파트너십이 파트너들의 조약혜택 권리를 주장할 수 있는지 여부가 역시 다투어진다.

이 문제에 대해 OECD는 다음과 같은 해결방안을 제시한다. 원천지국은 파트너십 및 파트너 거주지국의 소득귀속 결정에 기속된다. 따라서 파트너 설립지국이 파트너십을 비투과단체로 취급하고 파트너십에 소득을 귀속시키는 경우, 설령 원천지국이 파트너십을 투과단체로 취급하여 파트너들에게 소득을 귀속시키더라도 원천지국은 파트너십에 조약혜택을 부여해야 한다. 파트너들의 거주지국이 파트너십을 투과단체로 취급하여 파트너들에게 소득을 귀속시키는 경우, 원천지국이 설령 파트너십을 비투과단체로 취급하여 파트너쉽에게 소득을 귀속시키더라도 원천지국은 파트너들에게 조약혜택을 부여해야 한다. 파트너들과 파트너쉽이 서로 다른 국가들의 거주자인 경우, 원천지국은 파트너쉽 설립지국과의 조약 및 파트너들의 거주지국과의 조약에 의해 제한받을 수 있다. 그러나, 파트너들의 거주지국은 파트너쉽 설립지국의 소득귀속 결정에 기속되지 않는다. 아래 〈표 2-5〉는 이상의 논의내용을 요약하고 있다.

〈표 2-5〉 파트너쉽의 소득귀속에 대한 OECD 접근방법

조약 적용국	OECD 접근방법
소득 원천지국	• 파트너쉽 설립지국과 파트너 거주지국의 소득귀속 결정에 기속
파트너 거주지국	• 파트너쉽 설립지국의 소득귀속 결정에 기속되지 않음

결론적으로, 원천지국은 파트너쉽을 비투과단체로 취급하여 파트너쉽에게 소득을 귀속시키거나 또는 파트너쉽을 투과단체로 취급하여 파트너들에게 소득을 귀속시킬 수 있다. 그러나, 원천지국은 소득이 귀속되는 인이 타방체약국의 거주자라면 조약혜택을 부여할 의무가 있다. 이 경우 거주자 요건을 충족하면 되고, 해당 소득에 대해 반드시 실제로 세금을 납부해야 할 필요는 없다. 그러나, 납세자는 다른 인들의 조약혜택을 청구할 수는 없다.

A. 파트너쉽이 양 체약국에서 비투과단체로 취급되는 경우

이 상황에서는 파트너쉽에게 조약혜택의 권리가 있고, 원천지국은 조약에 따라 과세를 경감해야 하고 거주지국은 제23조에 따라 이중과세 구제를 부여해야 한다. 이 경우 파트너들은 조약혜택을 받을 수 없다. 파트너쉽이 다른 인들에게 부여된 조약혜택을 청구할 수도 없다. 만약 파트너들이 제3국 거주자라면, 파트너들은 제3국이 파트너쉽을 투과단체로 취급한다면 오직 제3국과 원천지국 간 조약에 따른 혜택만을 청구할 수 있다. 물론 파트너들은 거주지국에서 파트너쉽 단계에서 원천지국에 납부한 세액공제를 받을 권리가 있다.(OMC Art.23/69.2) 이 경우 원천지국은 파트너쉽 설립지국과의 조약 및 파트너들 거주지국과의 조약에 의해 제한을 받는다.

〈표 2-6〉 파트너쉽이 양 체약국에서 비투과단체로 취급되는 경우

구분 \ 국가	원천지국	거주지국	제3국
파트너쉽 취급	비투과단체	비투과단체	if 투과단체
조약혜택 여부	파트너쉽 O	파트너 × (외국세액공제)	제3국-원천지국 조약혜택 O

B. 파트너쉽이 양 체약국에서 투과단체로 취급되는 경우

이 상황에서는 파트너쉽이 납세의무자가 아니기 때문에 조약혜택을 청구할 수 없다. 그러나, 파트너들이 일방체약국의 거주자인 경우 조약혜택의 권리가 있다.(OMC Art./6.4) 만약 파트너들이 제3국의 거주자라면, 제3국이 파트너쉽을 역시 투과단체로 취급하는 경우에만 파트너들은 제3국과 원천지국 간 조약의 혜택을 청구할 수 있다. 그러나, 파트너들이 잠재적 납세의무가 있어야 한다는 OECD의 추가 요건이 모델협약상 법적 근거가 없다는 논거로, 제3국 거주자인 파트너들은 제3국이 파트너쉽을 투과단체 또는 비투과단체로 취급하는지에 상관없이 조약혜택을 청구할 수 있다는 의견도 있다.88)

〈표 2-7〉 파트너쉽이 양 체약국에서 투과단체로 취급되는 경우

구분 \ 국가	원천지국	거주지국	제3국
파트너쉽 취급	투과단체	투과단체	if 투과단체
조약혜택 여부	파트너쉽 ×	파트너 O	제3국-원천지국 조약혜택 O

C. 파트너쉽 설립지국은 비투과단체, 원천지국은 투과단체로 취급

이 경우의 해결방안은 논란이 있다. 파트너쉽은 분명히 조약혜택의 권리가 있다. 그러나 원천지국은 파트너쉽에 대해 과세하지 않고 파트너를 납세자로 간주한다. 만약 파트너들이 파트너쉽 설립지국의 거주자가 아니라면, 파트너들이 파트너쉽의 조약혜택을 부여받을 수 있는지 문제가 제기된다. OECD에 따르면, 원천지국은 파트너쉽 설립지국의 견해에 기속된다. 원천지국은 파트너쉽 설립지국이 파트너쉽에 소득을 배분했다는 점을 고려해야 하고, 따라서 파트너들은 파트너쉽의 조약혜택 권리로부터 혜택을 받을 수 있다. 이 경우 조약혜택을 청구할 권리를 가진 것은 파트너쉽 자체이다. 그렇지 않으면 원천지국은 파트

88) Alexander Rust, "Article 1", *Klaus Vogel on Double Taxation Conventions(4th edition)*, 2015, p.108

너십 자체가 아니라 파트너들에게 과세함으로써 단순히 조약보호를 부인할 수 있기 때문에, 파트너십에 대한 조약혜택이 무의미해질 것이다. 그러나, 조약은 단지 원천지국이 파트너십 소득에 대해서 과세하지 않을 것을 요구하기 때문에, 파트너들의 소득에 대해서는 과세할 수 있다는 반론도 있다. 이 견해에 따르면, 파트너십의 조약혜택 권리는 파트너들에게 이전되지 않고, 파트너들은 파트너십에 부여된 조약혜택을 청구할 수는 없다.89)

파트너들이 원천지국과 조약을 체결한 제3국의 거주인 경우에는 상황이 좀 더 복잡해진다. 만약 제3국 역시 파트너십을 투과단체로 취급하여 파트너들에게 소득을 귀속시킨다면, OECD는 파트너십과 파트너들 모두에게 조약혜택을 부여할 것이다. 결과적으로, 원천지국은 파트너십 설립지국과의 조약 및 파트너 거주지국과의 조약에 의해 제한을 받는다. 만약 원천지국이 두 개의 조약에 따라 허용된 가장 낮은 세액만을 부과한다면 이러한 이중적 조약혜택 권리는 원천지국에 의해 충족될 것이다. 그러나, 제3국이 파트너십을 비투과단체로 취급한다면, OECD는 파트너들에 대한 조약혜택을 부인한다. 왜냐하면, 파트너들이 파트너십에 귀속된 소득의 납세의무자가 아니며 또한 BO가 아니므로, 조약남용 논리에 토대하여 조약혜택이 부인될 수 있다는 것이다.

〈표 2-8〉 거주지국 비투과단체, 원천지국 투과단체로 취급되는 경우

구분 \ 국가	원천지국	거주지국	제3국	
파트너십 취급	투과단체	비투과단체	if 투과단체	if 비투과단체
조약혜택 여부	파트너십 O	파트너 △ (직접청구 ×)	파트너 O	파트너 ×

D. 파트너십 설립지국은 투과단체, 원천지국은 비투과단체로 취급

이 경우 파트너십은 파트너십 설립지국의 거주자가 아니므로 조약혜택을 청구할 수 없다. 그러나, 원천지국이 파트너십 설립지국에 거주하는 파트너들이 조약혜택을 받을 권리가 있다는 사실에도 불구하고 파트너십에 대해 과세할 수 있는지 여부의 문제가 제기된다. OECD 입장에서 원천지국의 파트너십에 대한 조세취급, 즉 소득이 파트너십 또는 파트너들에게 귀속되는지 여부는 조약혜택의 권리에 아무런 영향을 미치지 않는다. 원천지국이 조약혜택 권리가 없는 파트너십에게 소득을 귀속시키더라도, 원천지국은 파트너들에

89) Alexander Rust, *op.cit.*, p.109

게 조약혜택을 부여해야 한다는 것이다. 그러나, 파트너쉽이 다른 인을 위해 조약혜택을 청구할 수 없기 때문에 파트너들에 대해 조약혜택이 부여되어서는 안 된다는 견해도 있다.[90]

파트너들이 제3국 거주자라면 상황이 좀 더 복잡해진다. 제3국이 파트너쉽을 투과단체로 취급하여 파트너들에게 소득을 귀속시키는 경우 원천지국은 파트너 거주지국과 원천지국 간 조약규정에 기속된다. 그러나, 파트너들의 거주지국이 파트너쉽을 비투과단체로 취급하여 파트너쉽 설립지국의 파트너쉽에게 소득을 귀속시킨다면, OECD는 파트너들에게 조약혜택을 부여하지 않을 것이다. 결국, 파트너들에 대한 조약혜택 부여 여부는 원천지국의 파트너쉽에 대한 과세와는 무관해야 한다는 것이다.

〈표 2-9〉 거주지국 투과단체, 원천지국 비투과단체로 취급되는 경우

구분 \ 국가	원천지국	거주지국	제3국	
파트너쉽 취급	비투과단체	투과단체	if 투과단체	if 비투과단체
조약혜택 여부	파트너쉽 ×	파트너 O	제3국-원천지국 조약혜택 O	조약혜택 ×

④ 소득구분의 상충

양 체약국들이 파트너쉽을 투과단체로 취급하여 파트너들에게 소득을 귀속시키더라도, 파트너쉽 지분에서 발생하는 소득과 관련하여 소득구분의 상충(qualification conflicts)이 발생할 수 있다. 일부 국가들은 자국 세법에 의해 파트너쉽의 용역활동, 자금대여, 자산제공 등으로 파트너가 파트너쉽에서 수취하는 보수를 사업소득(특별보수)으로 구분한다. 스위스 등 일부 국가들은 파트너쉽 단계에서 비용공제를 허용하고 파트너에 대한 지급의 성격을 재규정하지 않는다. 파트너쉽에서 지급받은 파트너는 체약국에서 조약혜택의 권리가 있는 것은 분명하다. 그러나, 한 국가가 해당 소득을 사업소득으로 재규정하고 다른 국가는 그렇지 않은 경우, 양 체약국은 서로 다른 배분규정을 적용할 수 있다.

양 국가들은 제3조 제2항을 적용하여 국내법에 따라서 조약용어를 해석할 것이다. 예를 들어, 아래 〈그림 2-25〉에서 보는 바와 같이, 조세목적 상 파트너와 파트너쉽 간 대여거래를 인식하지 않고 이를 사업소득으로 재구분하는 A국 거주자인 파트너가 그러한 대여거래를 인식하는 B국에 설립된 파트너쉽에 대여금을 제공한다고 하자.

90) Alexander Rust, *op.cit*, p.110

B국은 파트너에게 지급하는 이자금액에 대해 제11조를 적용할 것이고, 따라서 10% 제한세율로 과세할 것이다. 반면, A국은 해당 이자를 소득의 배분으로 간주하여 제7조를 적용할 것이다. OECD는 이러한 소득구분의 상충을 제23조의 새로운 접근방법을 적용함으로써 해결한다.(OMC Art.23/32.1-32.7)

〈그림 2-25〉 파트너쉽 과세관련 소득구분의 상충사례

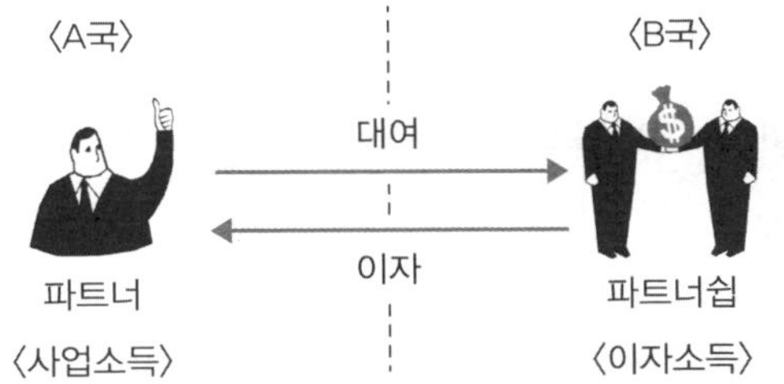

B국은 통상적으로 타방국(A국)에 소재한 PE에 귀속되는 이윤의 배분에 대해서는 면제하더라도, 지급이자에 대해서는 제11조를 적용하기 때문에 더 이상 면제혜택을 부여할 의무가 없다. B국은 해당 지급이자에 대해 과세할 수 있지만 제23A조 제2항에 따라 A국은 부과된 세액에 대한 공제를 부여해야 한다.

이제 반대의 상황을 가정하자. 파트너 거주지국(A국)이 해당 지급을 이자로 취급하고 파트너쉽 설립지국(B국)이 파트너의 사업소득으로 취급한다고 하자. 파트너쉽 국가는 제7조에 따라 해당 지급을 과세하는 반면, 파트너 거주지국은 제11조를 적용할 것이다. 새로운 접근방법에 의해 이중과세가 역시 방지된다. 즉, 파트너쉽 국가가 협약에 따라서 해당 소득을 과세할 것이기 때문에 파트너 거주지국은 제23A조 제1항에 따라 해당 소득을 면제해야 한다.

제6조(부동산소득), 제11조(이자) 및 제15조(근로소득)의 배분원칙 적용을 위해서는 지급인과 수취인이 다를 것이 요구된다. 인이 동일한 경우에는 제7조가 적용된다. 파트너와 파트너쉽 지분 간의 관계는 본점/PE 상황으로 취급되어야 한다. AOA 하에서도 이자지급에 대한 원천세 과세는 아직 허용되지 않는다. 만약 특별보수가 파트너쉽에서 파트너에게 지급되고 파트너쉽 설립지국이 파트너쉽을 비투과단체로 간주하는 반면 파트너들의 거주지국이 파트너쉽을 투과단체로 취급한다면, 그 지급금은 제7조가 아니라 제6조, 제11조, 제12조, 제15조가 적용된다. 만약 특별보수가 이자라면 파트너쉽이 파트너쉽 설립지국의 거주자이기 때문에 이자가 제11조 제5항에 따라 해당 국가에서 발생한 것으로 간주된

다. 따라서 이자가 일방체약국에서 발생하여 타방체약국의 거주자에게 지급되므로 제11조 제1항을 충족한다.[91)]

(4) 국내 판례동향

외국 파트너십 등 국외투자기구에 대한 조세조약 적용과 관련하여 우리나라 대법원은 통상적으로 첫째, 명의와 실질의 괴리 및 조세회피 목적의 존재 유무에 따라서 소득의 실질귀속자를 판단하고, 둘째, 실질귀속자인 국외투자기구가 법인세법 상 외국법인인지 여부를 판단한 후, 셋째, 조약혜택을 받을 수 있는 조세조약 상 거주자 여부를 최종적으로 결정해 왔다.

〈그림 2-26〉 영국 유한파트너쉽(라셀레펀드)의 투자흐름도

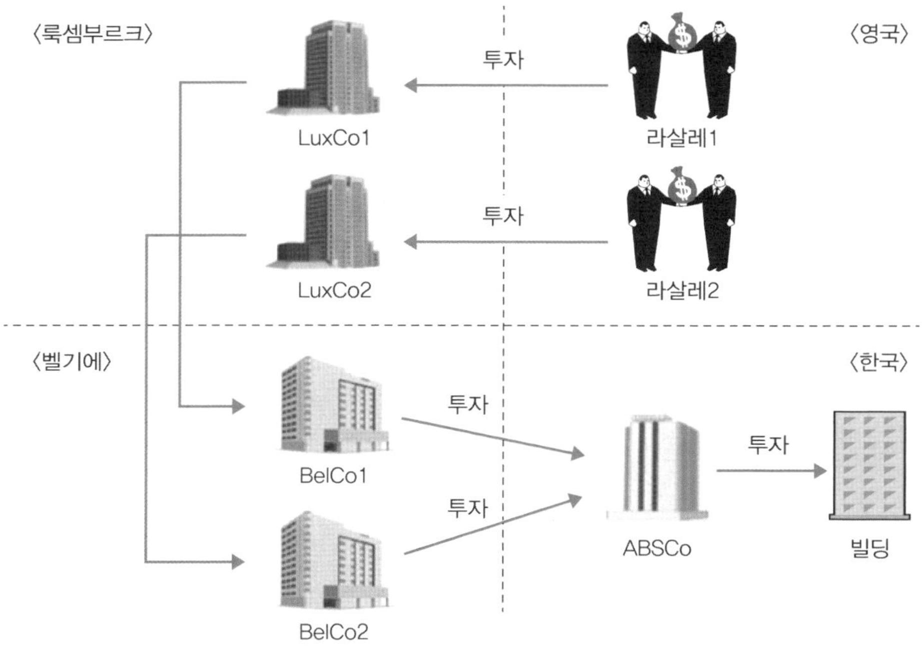

위 〈그림 2-26〉 영국 유한파트너쉽의 투자흐름도에서 보는 바와 같이, 영국 유한파트너쉽인 라살레펀드(라살레1, 라살레2)가 룩셈부르크와 벨기에를 경유하여 국내 자산유동화회사(ABSCo)에 투자하고, ABSCo는 국내부동산에 투자하여 양도소득을 얻은 사건에서

91) Alexander Rust, *op.cit*, pp.110-112

대법원은 "실질과세원칙은 조세조약의 규정을 해석 · 적용하는 기준으로도 삼을 수 있다"고 전제한 다음, "이 사건 벨기에 법인들은 이 사건 주식의 인수와 양도에 관하여 형식상 거래당사자의 역할만을 수행하였을 뿐 그 실질적 주체는 원고들이며, 이러한 형식과 실질의 괴리는 오로지 조세회피 목적에서 비롯되었으므로, 실질과세원칙에 의하여 이 사건 양도소득의 실질적 귀속자를 원고들로 보아야 하며, 이들은 영국법인이어서 한 · 벨 조세조약 제13조 제3항이 적용될 수 없다."고 판시하였다.[92] 이는 명의와 실질의 괴리가 조세회피 목적에서 비롯된 사안에서 외국파트너십을 소득의 실질귀속자로 인정하고, 명의상 투자자 거주지국(벨기에)과 체결한 조약을 부인하고 실질귀속자의 거주지국(영국)과 체결한 조약을 적용한 판례라고 하겠다.

〈그림 2-27〉 미국 유한파트너쉽(L펀드)의 투자흐름도

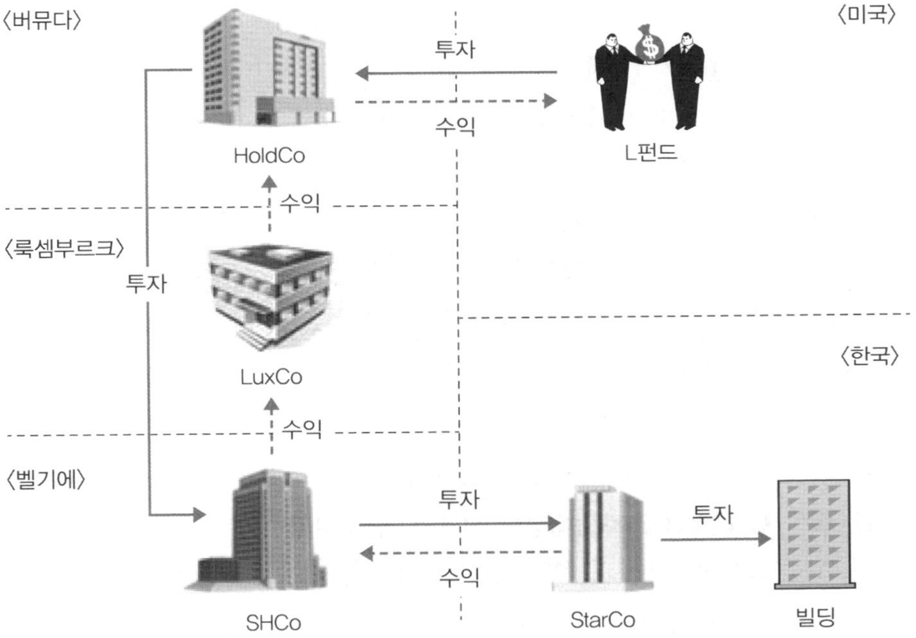

상기 판례보다 앞서서 위 〈그림 2-27〉에서 보는 바와 같이, 미국 사모펀드(L펀드)의 법적 단체 인정 여부가 문제된 사안에서 대법원은 "외국의 법인격 없는 사단 · 재단 기타 단체가 국내원천소득을 얻어 이를 구성원인 개인들에게 분배하는 영리단체에 해당하는 경우 법인세법 상 외국법인으로 볼 수 있다면 그 단체를 납세의무자로 하여 법인세를 과

92) 대법원 2012.4.26. 선고 2010두11948 판결

세하여야 하고, (…) 법인세법 상 외국법인의 구체적 요건에 관하여 본점 또는 주사무소 소재지 외에 별다른 규정이 없는 이상 단체가 설립된 국가의 법령 내용과 단체의 실질에 비추어 우리나라의 사법상 단체의 구성원으로부터 독립된 별개의 권리·의무의 귀속주체로 볼 수 있는지 여부에 따라 판단"하여야 한다고 전제한 뒤, "원고는 고유한 투자목적을 가지고 자금을 운용하면서 구성원들과는 별개의 재산을 보유하고 고유의 사업활동을 하는 영리목적의 단체로서 구성원의 개성이 강하게 드러나는 인적 결합체라기보다는 구성원들과는 별개로 권리·의무의 주체가 될 수 있는 독자적 존재로서의 생각을 가지고 있으므로 우리 법인세법 상 외국법인으로 보아 이 사건 양도소득에 대하여 법인세를 과세하여야 한다."고 판시하였다.[93]

동일한 사건에 대한 고등법원 판결에서는 "외국단체가 우리 법인세법 상 외국법인에 해당하는지 판단하는 방법으로 외국단체의 사법적 성질을 따져서 판단하는 방법과 외국단체의 그 나라에서의 세법 상 취급을 따져서 판단하는 방법이 있을 수 있는 바, 외국단체에 대한 과세에 있어서 과세권 배분의 단계에서는 조세조약이 적용되지만, 구체적인 납세의무의 성립은 국내의 개별 세법에 의하여 결정되는 것이고, 외국단체의 그 나라에서의 세법 상의 취급을 세무당국이 일일이 확인할 것을 요구하기도 어려우며, 동일한 단체에 대하여 외국에서의 세법 상 취급이 다르다는 이유로 국내세법의 적용에 있어서도 달리 취급하여야 한다고 볼 수도 없으므로, 외국단체가 법인세법 상 외국법인에 해당하는지 여부는 그 단체의 사법적 성질을 살펴 그것이 국내법의 어느 단체에 가장 가까운 것인가를 따져보아 국내세법을 적용하는 것이 타당하다."고 전제한 뒤, "비록 유한책임사원의 지분양도와 관련하여 다소 차이가 있다고는 하나 그 기본적인 구조가 우리 상법상의 합자회사와 유사하다고 할 것이다. 결국, 우리법상 합자회사와 가장 유사한 원고는 우리 법인세법 상 외국법인으로 보아 법인세 과세대상이 된다고 봄이 타당하다."고 판시하였다.[94] 위 판결들은 외국 파트너쉽의 사법(私法)적 성질을 살펴 단체성을 인정한 후, 우리나라 세법 상 외국법인과 유사하므로 법인세를 과세해야 한다는 점을 명확히 하였다.

93) 대법원 2012.1.27. 선고 2010두5950 및 2010두19393 판결, 대법원 2016.12.15. 선고 2015두2611 판결
94) 서울고등법원 2010.2.12. 선고 2009누8016 판결

〈그림 2-28〉 미국 유한책임회사(LLC)에 대한 조세조약 적용사례

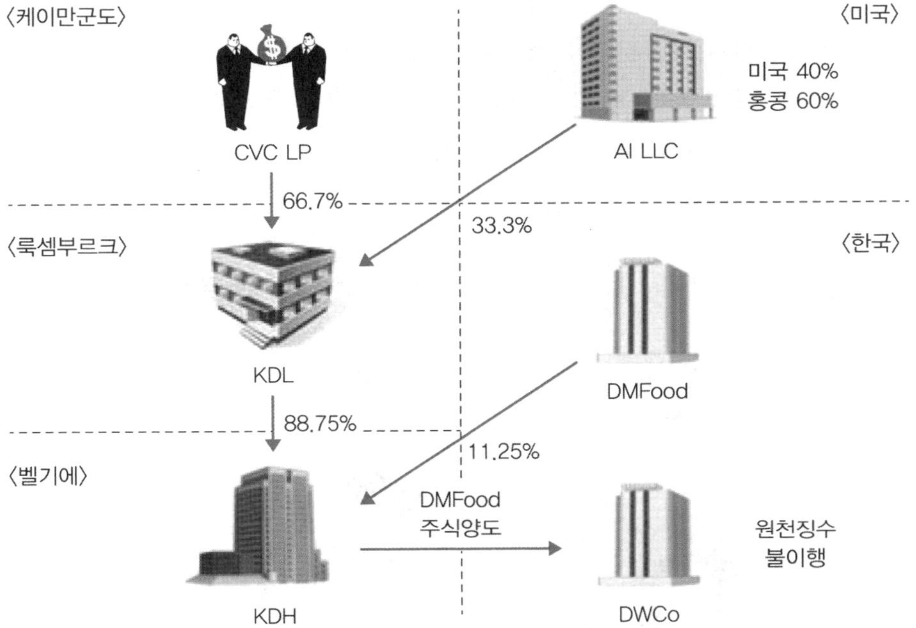

또한, 위 〈그림 2-28〉 사례에서 보는 바와 같이 미국 세법 상 투과과세단체를 선택한 미국 유한책임회사(LLC)[95]에 대한 조세조약 적용과 관련한 사안에서 대법원은 "(한·미 조세조약 제3조 제1항 (b)호 (ⅱ)목 단서[96]에서 규정한) '미국의 조세목적 상 미국에 거주하는 기타의 인' 중 '조합원으로서 행동하는 인'이란 미국세법 상 조합원 등의 구성원으로 이루어진 단체의 활동으로 얻은 소득에 대하여 그 구성원이 미국에서 납세의무를 부담하는 단체를 뜻한다고 보아야 하고, '그러한 인에 의하여 발생되는 소득은 거주자의 소득으로서 미국의 조세에 따라야 하는 범위에 한한다.'는 의미는 그러한 단체의 소득에 대하여 그 구성원이 미국에서 납세의무를 부담하는 범위에서 그 단체를 한·미 조세조약 상 미국의 거주자로 취급한다는 뜻으로 해석함이 옳다."고 전제한 뒤, "우리나라의 사법

95) 미국 세법 상 유한책임회사(limited liability company: LLC)는 납세자가 법인과세와 투과단체로서 구성원과세를 선택할 수 있는데, 이 사례에서 납세자는 구성원과세를 선택하였다.

96) 한·미 조세조약 제3조(과세상의 주소) 제1항 중 관련 부분을 소개하면 아래와 같다.
(b) "미국의 거주자"라 함은 다음의 것을 의미한다.
(i) 미국법인
(ii) 미국의 조세목적 상 미국에 거주하는 기타의 인(법인 또는 미국의 법에 따라 법인으로 취급되는 단체를 제외함). 다만, 조합원 또는 수탁자로서 행동하는 인의 경우에, 그러한 인에 의하여 발생되는 소득은 거주자의 소득으로서 미국의 조세에 따라야 하는 범위에 한한다.

(私法)상 외국법인에 해당하는 미국의 어떠한 단체가 우리나라에서 소득을 얻었음에도 미국에서 납세의무를 부담하지 않는 경우 그 구성원이 미국에서 납세의무를 부담하는 범위(이 사례에서 미국거주자 지분 40%)에서만 한・미 조세조약상 미국의 거주자에 해당하여 조세조약을 적용받을 수 있고, 그 단체가 원천지국인 우리나라에서 얻은 소득 중 그 구성원이 미국의 거주자로 취급되지 아니하는 범위(이 사례에서 홍콩거주자 지분 60%)에 대하여는 한・미 조세조약을 적용할 수 없다."고 판시한 바 있다.97)

〈그림 2-29〉 독일 투과과세단체에 대한 조세조약 적용사례

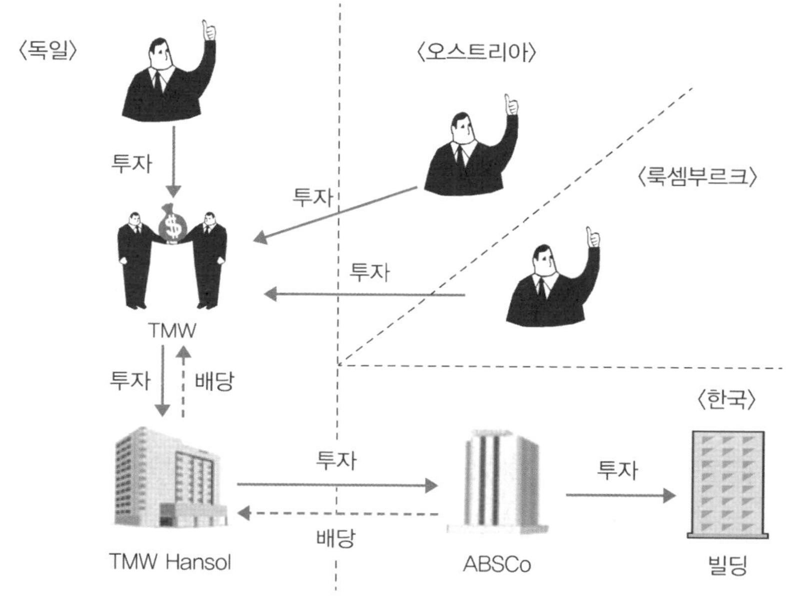

한편, 위 〈그림 2-29〉 독일 투과과세단체에 대한 조세조약 적용사례는 독일 유한회사(TMW Hansol)가 국내 ABS회사의 투자소득에 대해 지급받은 배당에 대해서 납세자는 한・독 조세조약 제10조 제2항 (가)목에 따른 5% 제한세율을 적용하였으나 과세당국이 배당의 실질귀속자를 TMW Hansol이 아닌 TMW로 보아 법인세법 상 25% 세율을 적용하여 과세한 사안이다.

이에 대해 대법원은 "우리나라 법인세법 상 외국법인에 해당하는 독일의 투과과세단체의 구성원이 위 단체가 얻은 소득에 관하여 독일에서 포괄적인 납세의무를 부담하는 범위에서는 조세조약 상 독일의 거주자에 해당하여 한・독 조세조약의 적용을 받을 수 있고,

97) 대법원 2014.06.26. 선고 2012두11836 판결

그 구성원이 포괄적인 납세의무를 부담하지 아니하는 범위에서는 한·독 조세조약의 적용을 받을 수 없다고 보아야 한다. 그리고 독일의 투과과세단체가 우리나라 법인세법 상 외국법인에 해당하더라도 독일 세법에 따라 법인세와 같은 포괄적인 납세의무를 부담하지 않는다면 이를 한·독 조세조약 상 법인으로 볼 수는 없으므로, 그 구성원이 독일에서 포괄적인 납세의무를 부담하는 범위 안에서 한·독 조세조약 제10조 제2항 (나)목에 따른 15% 제한세율이 적용될 수 있다"고 전제하면서, "TMW Hansol은 이 사건 배당소득을 지배·관리할 능력이 없고 TMW가 TMW Hansol에 대한 지배권 등을 통하여 실질적으로 이를 지배·관리하였으며, TMW가 직접 이 사건 배당소득을 얻는 경우에는 한·독 조세조약에 따른 5% 제한세율이 적용되지 아니하여 그와 같은 명의와 실질의 괴리가 오로지 조세를 회피할 목적에서 비롯된 것으로 볼 수 있으므로, 이 사건 배당소득의 실질귀속자는 TMW Hansol이 아니라 TMW라고 보아야 할 것"이라고 판시하였다.[98] 이 판결은 투과과세단체의 경우 조세조약이 적용되는 거주자의 범위를 그 구성원이 거주지국에서 포괄적 납세의무를 부담하는 범위로 제한하는 소위 '가분적 거주자이론' 법리에 기초하고 있다. 그러나, 이 판결은 투과과세단체의 구성원 중 오스트리아 및 룩셈부르크의 거주자에게는 조세조약 혜택을 부인하고 국내법상 세율의 적용을 인정했다는 점에서, 파트너십 설립지국에서 투과단체로 취급하는 경우 그 구성원들의 거주지국과 원천지국이 체결한 조세조약을 적용하여 제한세율 혜택을 부여해야 한다는 OECD의 입장과는 다르다는 비판이 제기될 수 있다.

결론적으로, 외국단체에 대한 국내법상 취급과 관련하여 우리나라 법원은 외국단체에 대해 설립국가에서의 세법 상 취급을 살펴야 할 필요가 없으며, 외국단체의 설립국가에서의 사법적 성질과 외국단체의 실질을 검토하여 국내법에 따라 해석하여야 한다는 입장이다.[99] 또한, 파트너십 구성원에 대한 조세조약의 적용문제와 관련하여서는 (파트너십 설립지국에서 조세목적 상 파트너십을 투과단체로 보는 경우) 파트너십 설립지국이 우리나라와 체결한 조세조약의 혜택이 그 구성원에게 당연히 적용되는 것이 아니라 그 구성원들이 파트너십 설립지국에서 납세의무를 부담하는 거주자임을 입증하는 경우에만 적용이 가능하다는 점을 명확히 하고 있다.

98) 대법원 2015.3.26. 선고 2013두7711 판결

99) 이러한 우리나라 법원의 입장은 "원천지국은 파트너십 설립지국 및 파트너 거주지국의 소득귀속 결정에 기속된다."는 OECD 입장에 배치되는 것으로서, 조세조약 혜택의 부여 여부를 판단함에 있어서 국내원천소득의 범위를 확장하는 의미는 있지만 실제 과세 현장의 혼란을 초래하는 부작용이 발생하였다고 판단된다.

(5) 국내법의 규정

다음에는 국외투자기구에 대해 조세조약을 적용하는 방법을 구체적으로 살펴보자. 우리나라 세법은 외국법인 또는 비거주자에 대한 조세조약 상 제한세율 적용을 위한 원천징수절차 특례조항을 마련하여, 국외투자기구를 통해 지급되는 국내원천소득을 실질적으로 귀속받는 외국법인 또는 비거주자가 조세조약에 따른 제한세율을 적용받고자 하는 경우, 국외투자기구가 실질귀속자로부터 제한세율 적용신청서를 제출받아 국외투자기구 신고서를 원천징수의무자에게 제출할 것을 규정하고 있는데. 조문상 국외투자기구와 실질귀속자를 구분하고 있다.(법법 §98의6, 소법 §156의6)

이와 관련한 해석상 논란을 해소하기 위해, 2019년 국외투자기구에 대한 실질귀속자 특례규정이 신설되었다.(법법 §93의2, 소법 §119의2, 2020.1.1. 시행) 동 규정에 따르면, 외국법인이 국외투자기구를 통하여 국내원천소득을 지급받는 경우 국외투자기구를 원칙적으로 투과단체로 간주하여 그 외국법인을 해당 소득의 실질귀속자로 간주하되, 첫째 i) 그 국외투자기구가 국외투자기구 거주지국에서 납세의무를 부담하고, ii) 조세를 부당하게 감소시킬 목적으로 설립된 것이 아닌 경우, 또는 둘째, 국외투자기구가 조세조약에서 실질귀속자로 인정되는 것으로 규정된 경우, 또는 셋째, 국외투자기구가 투자자를 입증하지 못하는 경우에는 그 국외투자기구를 해당 소득의 실질귀속자로 간주한다.

〈그림 2-30〉 국외투자기구에 대한 조세조약 적용사례

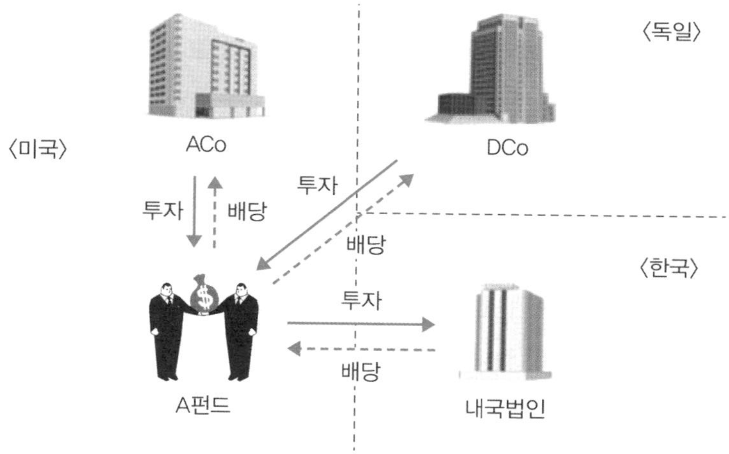

위 〈그림 2-30〉 사례를 통해 국외투자기구에 대한 실질귀속자 특례규정을 적용해보자.

위 사례에서 미국법인(ACo)과 독일법인(DCo)이 각 50% 지분을 투자하여 유한파트너십(LP) 형태의 A펀드를 설립하였고, 조세회피 목적은 없다고 하자. 첫째, A펀드가 투과과세를 선택한 경우, A펀드는 미국에서 납세의무자가 아니므로 실질귀속자가 아니고 투자자인 ACo와 DCo가 실질귀속자이다. 또한 ACo와 DCo는 미국과 독일에서 포괄적 납세의무를 부담하므로 각 체약국의 거주자이다. 따라서 ACo와 DCo에게 법인세를 과세하며, ACo에 대해서는 한·미 조세조약상, DCo에 대해서는 한·독 조세조약 상 제한세율을 적용해야 한다. 다만, A펀드가 투자자를 입증하지 못하는 경우, 법인세법 제93조의2 제1항 제3호에 따라 A펀드에게 법인세를 과세하고 제한세율 적용이 배제된다. 둘째, A펀드가 단체과세를 선택한 경우, A펀드가 미국에서 납세의무를 부담하므로 실질귀속자이다. 따라서 미국거주자인 A펀드에게 법인세를 과세하며, 한·미 조세조약상 제한세율을 적용한다. 또한, A펀드가 투자자의 국가별 현황 등이 포함된 국외투자기구 신고서를 제출하지 않으면, 제한세율 적용이 배제된다.

다. 집합투자기구(CIVs)

(1) 집합투자기구 개요

집합투자기구는 2인 이상에게 투자권유를 하여 모은 금전 등을 투자자로부터 일상적인 운용지시를 받지 아니하면서 재산적 가치가 있는 투자대상 자산을 취득·처분 등의 방법으로 운용하고 그 결과를 투자자에게 배분하여 귀속시키는 것을 의미한다.[100) 집합투자를 위한 재산의 집합체인 집합투자기구는 통상 '펀드'라 지칭된다. 펀드는 투자일임, 신탁과 유사하나 투자일임은 개별투자자와 투자자문회사의 개별적 계약관계라는 점과 계약자산의 소유권이 투자자에게 존속한다는 점에서 펀드와 차이가 있으며, 신탁은 위탁자와 수탁자의 신뢰관계를 바탕으로 하는 개별적인 법률관계를 전제로 하는 점에서 펀드와 차이가 있다. 우리나라는 '자본시장과 금융투자업에 관한 법률(이하 자본시장법)'을 제정[101) 하여 집합투자기구로 투자신탁, 투자회사, 투자유한회사, 투자유한책임회사, 투자합자회사, 투자합자조합, 투자익명조합, 사모투자전문회사의 설립을 허용하고 있다.

100) 금융감독용어사전(2011.2, 금융감독원) 참고

101) 정부는 투자자 보호 및 금융투자업의 경쟁과 혁신을 통한 자본시장의 경쟁력을 강화하기 위해 종전의 증권거래법, 선물거래법, 간접투자자산운용업법, 신탁업법, 종금업법, 한국증권선물거래소법을 통합하여 2007.8.3. 자본시장법을 제정(2009.2.4. 시행)하였다.

(2) CIV에 대한 조세조약 적용

(가) CIV의 거주자 및 BO 여부

각국의 법률에 따라 법인, 신탁, 계약관계 등 다양한 법적 형태를 갖고 있는 집합투자기구(collective investment vehicles: 이하 CIVs)[102]를 조세조약 상 어떻게 취급하고 적용해야 하는지와 관련하여 OECD 논의결과가 2010년 CIV보고서를 통해 발표되었다.[103] OECD의 결론은 CIV 자체를 조세조약 목적 상 거주자 및 BO로 보아 조약혜택을 적용할 수 있다는 것이다. 물론 체약국 간에 CIV 취급에 대해서 상호합의를 통해서 자유롭게 결정할 수 있다.

CIV 투자는 투자자의 위험을 줄이기 위해 다양한 자산유형들, 그리고 여러 국가들로 다양화를 허용한다. 조세정책적 관점에서 CIV투자는 중립적이어야 한다. 즉, CIV 투자자들이 직접투자와 비교하여 더 불리하지도 더 유리하지도 않아야 한다.(OMC Art.1/32&37) 중립성은 CIV를 투과단체로 취급하거나 비투과단체로 취급할 경우 CIV 단계에서 면제를 허용함으로써 성취될 수 있다.

일반적으로 CIVs의 조세조약 적용문제는 ⅰ) CIV 설립지국에서의 조세취급이 어떤지, ⅱ) CIV가 원천지국에서 CIV 자체적으로 또는 투자자를 대신하여 조약혜택을 청구할 권리가 있는지, ⅲ) 투자자가 원천지국에서 납부된 세액을 공제받을 수 있는지 등의 이슈가 제기된다.

CIV 설립국가에서 세법 상 CIV를 납세자로 간주한다는 것이 조세조약 목적 상으로도 CIV를 인에 포함시킬 수 있는 징표가 될 수 있다.(OMC Art.1/24) 통상 거주자인 인에 해당하는지 여부는 CIV의 법적 형태가 아니라 CIV 설립국가에서 CIV를 조세상 어떻게 취급하는지에 달려있다. 국내법상 CIV 제도의 목표는 CIV 또는 투자자, 어느 단계에서든 한 번의 과세만을 보장하는 것이지만, 그 목표를 달성하기 위한 방법들은 국가별로 다를 수 있다.

CIV 설립국가에서 CIV를 투과단체(도관)로 보는 경우에는 그 국가에서 납세의무가 없기 때문에 해당 국가의 거주자로 취급되지 않는다.(OMC Art.1/25) 반면에, CIV에 원칙

102) OECD모델에 따르면 CIV는 "다수의 투자자에 의해 보유되고, 증권에 대한 분산투자를 하며, 설립국가에서 투자자보호 규정의 적용대상이 되는 펀드"로 제한된다.(OMC Art.1/22)

103) OECD, "The Granting of Treaty Benefits with Respect to the Income of Collective Investment Vehicles.", OECD, 2010

적으로 납세의무를 부여하되, CIV의 목적, 활동, 운영과 관련된 특정 기준(예컨대, CIV 소득의 일정비율 이상을 배당)을 충족하는 경우 CIV 소득에 대해 면세를 하는 국가도 있다. 또한, CIV는 납세의무자이지만, 투자자에 대한 배당수준 등에 따라 과세표준을 경감하거나 특별히 낮은 세율로 과세하는 경우, 또는 투자자 소득과 통합하여 이중과세를 방지하는 규정을 둔 국가도 있다. CIV에 대한 거주자 판단과 관련하여 결론적으로, 대다수 CIV 설립지국에서 예컨대, 연금펀드, 자선단체 등과 같이 실제로 CIV에 대해 과세가 이뤄지지 않더라도 CIV가 포괄적 납세의무자로서 세법 상 감면요건을 충족하는 경우 면세혜택을 받게 되기 때문에 거주자로 취급되어야 한다는 것이다.(OMC Art.4/8.11) 또한, 설령 CIV 소득에 대해 면세를 적용하더라도 이러한 요건 충족기준이 충분히 엄격한 경우라면 거주자 요건을 충족하는 것으로 보아야 한다는 것이다.(OMC Art.1/26) 그러나, 면세단체는 납세의무가 없다는 대안적 견해를 채택하는 국가들은 CIV의 일부 또는 전부를 CIV 설립지국의 거주자로 간주하지 않을 수 있다.(OMC Art.1/27 & Art.4/8.12)

한편, CIV가 수취하는 이자·배당소득에 대해 제한세율의 혜택을 받기 위해서는 CIV가 BO로 인정되어야 하므로, CIV 자체를 CIV 소득의 BO로 볼 수 있는지가 중요한 문제이다. 통상 CIV 또는 CIV 운용회사(managers)는 흔히 투자결정 또는 투자자산의 관리에서 중요한 역할을 수행하고, CIV 투자자들은 기초자산을 소유하는 투자자(예컨대, 투자일임 매매의 경우)와 달리 CIV 자산을 소유하는 것이 아니기 때문에, (CIV 투자자가 아니라) CIV 자체가 CIV 수취 이자·배당소득의 BO로 간주될 수 있다. 물론, 이 경우 CIV 운용회사가 소득창출 자산의 관리에 재량권을 가져야만 할 것이다.(OMC Art.1/28) 그러나, 이러한 BO 개념은 제10조 내지 제12조의 맥락에서 사용되는 개념과는 다르고, CIV를 BO로 간주할 수 있는지에 대해 의문을 제기하는 견해가 있다.[104)]

우리나라의 경우, 세법상 CIV를 외국납부세액공제 목적상 실체로 보고 있을 뿐만 아니라 투자자에게 소득을 분배할 때 원천징수의무를 지는 납세자에 해당하는 것으로 규정하고 있기 때문에, 원칙적으로 CIV를 조세조약 상 거주자로 볼 수 있다고 판단된다.

---

104) 일반적으로 BO 개념은 수취인이 타인에게 전달할 계약상·법률상 의무가 없이 배당 및 이자를 사용·향유할 권리를 가지는지 여부가 중요하다. CIV가 수익자들에게 소득을 배분할 의무가 있는지 여부를 분석할 때, 만약 펀드자금의 의무적 재배분이 있다면 CIV를 BO로 보기 어렵고 단순 중개인으로 간주해야 한다고 한다. Alexander Rust, *op.cit*, p.114에서 재인용: Ed, L. & Bongaarts, P., 'General Report' in IFA(ed.), "The Taxation of Investment funds", CDFI Vol. 82b(1997), p.21 & 46

(나) CIV 취급의 상충문제

원천지국, CIV 설립지국, 투자자들의 거주지국이 CIV에 대해 다르게 취급하여 소득을 다른 인들에게 귀속시키는 경우, 파트너쉽에 적용되는 원칙들이 역시 적용되어야 한다. OECD 보고서에 따르면, 원천지국이 CIV를 어떻게 취급하는지는 중요하지 않다. CIV가 설립지국의 거주자라면 원천지국은 원천지국과 CIV 설립지국 간 조약혜택을 부여할 의무가 있다. 그리고 투자자의 거주지국들이 CIV를 투과단체로 간주하여 소득을 투자자들에게 귀속시키는 경우 투자자들이 조약혜택을 받을 수 있다. 그러나, 이러한 견해는 CIV가 거주자이고 투자자들이 자신의 소득에 대해 과세되는 경우에는 이중혜택, 또는 CIV가 설립지국에서 투과단체로 취급되지만 투자자 거주지국이 소득을 CIV에게 귀속시키는 경우에는 이중과세의 결과를 초래할 수 있다. 따라서, CIV의 경우 OECD보고서의 결론을 적용하지 않고, 원천지국에서 소득을 귀속시킨 인이 조약혜택의 권리를 갖는지 여부를 분석하는 것이 타당할 것이다.[105)]

(다) CIV 취급관련 정책이슈들

CIV에 대한 조세취급은 법적 형태에 따라 다르다. 만약 CIV가 설립지국에서 투과단체로 취급된다면 제4조 제1항의 의미상 거주자가 아니어서 조약혜택을 청구할 수 없다. 원천지국은 개별투자자에게 조약혜택을 부여할 의무가 있고, 각 투자자의 거주지국은 각각의 조약에 따라 이중과세 구제를 허용해야 한다.

만약 CIV가 설립지국에서 비투과단체로 취급된다면, CIV는 일반적으로 조세가 감면되기 때문에 그 자체로 조약혜택을 받을 수 있는지 여부가 다투어진다. 제4조 제1항은 납세의무가 있는 인을 거주자로 간주하지만, 거주자 지위는 실제 납세여부에 의존하지 않는다.

OECD는 만약 조세감면이 특정 요건을 충족하는 CIV에게만 허용된다면, CIV를 거주자로 간주하는 것을 선호한다.(OMC Art.1/26 & Art.4/8.11) 무제한적인 조세감면을 받는 인에게 거주자 혜택을 부여하기에는 충분하지 않다는 것이다.(OMC Art.1/34) CIV 자체에 조약혜택을 부여하는 경우 투자자들은 더 이상 스스로 조약혜택을 청구할 필요가 없다. 그러나, 많은 경우 CIV에 대한 조약혜택은 조세중립성 목표에 부합하지 않을 것이다. 연금펀드는 CIV를 통해 투자하는 경우 유리한 조세취급을 상실할 것이고, 다른 개인들은 직접투자에 비해 보다 유리한 조약혜택을 받을 것이다.

---

105) Alexander Rust, *op.cit*, p.115

체약국들은 양국에 설립된 CIVs에 대한 조세취급이 조약쇼핑 위험을 발생시키지 않는다고 판단하는 경우 조약혜택의 확실성을 제공하기 위해 교환공문(exchange of notes) 등을 통해 각국의 입장을 공개적으로 확인하는 것이 적절할 것이다. 이러한 경우, 아래 조문과 같이 CIVs에 대한 조약상 권리를 명시적으로 규정할 필요가 있다.(OMC Art.1/31)

아래 조문에서 보는 바와 같이, CIV는 동일한 상황에서 개인이 청구할 수 있는 혜택만을 받을 권리가 있다. 그러므로, CIV는 OECD모델 제10조 제2항 a)호의 낮은 배당세율 혜택을 적용받을 수 없다.[106]

〈CIVs 취급에 대한 조약규정(예시)〉(OMC Art.1/31)

이 협약의 타 조문에도 불구하고, (만약 일방체약국의 거주자인 개인이 동일한 상황에서 소득을 수취했다면 그 개인이 해당 소득의 BO로 간주되었다는 조건 하에) 일방체약국에서 설립되고 타방체약국에서 발생하는 소득을 수취하는 CIV는, 해당 소득에 대한 협약의 적용목적 상, CIV가 설립된 체약국의 거주자인 개인으로서, 그리고 수취한 소득의 BO로서 간주된다.

한편, CIV는 CIV 소득에 대해 실제로 많은 조세가 부과되지 않을지라도 조약혜택을 청구하기 위한 모든 요건을 충족하는 것이 가능하다. 그러한 경우, CIV는 제3국 거주자들에게 그들이 만약 직접 투자했었다면 얻을 수 없었던 조약혜택 기회를 제공할 수 있다. 따라서, 일반 남용방지규정 또는 조약쇼핑 방지규정을 통해서 CIV의 조약혜택을 제한하는 것이 적절할 수 있다.(OMC Art.1/33) 그러한 규정이 필요한지 여부를 결정할 때, 체약국들은 조약쇼핑 가능성을 포함하여 다양한 유형의 CIVs에 의해 제기된 경제적 특성들을 고려하고자 할 것이다. 예를 들어, 설립지국에서 전혀 과세가 되지 않는 CIV는 CIV 자체가 과세대상이거나 또는 비거주자인 투자자들에 대해 배당원천세가 부과되는 경우보다 더 큰 조약쇼핑의 위험을 제기할 수 있다.(OMC Art.1/34)

(라) CIV 취급에 대한 대안규정들

OECD는 조약쇼핑을 방지하기 위해 CIV에 대한 조약혜택을 수혜자들이 직접 투자했다면 유사한 조약혜택을 받을 상황으로 제한한다. 조약혜택은 CIV가 소위 '동등 수혜자

106) Alexander Rust, *op.cit*, p.114

들(equivalent beneficiaries)'에 의해 소유되는 경우에만 허용된다는 것이다. 체약국들은 이러한 문제를 다루기 위한 세부 규정을 아래와 같이 조약에 포함할 수 있다.(OMC Art.1/35)

〈CIVs 취급에 대한 조약규정(대안규정)〉(OMC Art.1/35)

a) 이 협약의 타 조문에도 불구하고, (만약 일방체약국의 거주자인 개인이 동일한 상황에서 소득을 수취했다면 그 개인이 해당 소득의 BO로 간주되었다는 조건 하에) 일방체약국에서 설립되고 타방체약국에서 발생하는 소득을 수취하는 CIV는, 해당 소득에 대한 협약의 적용목적 상, CIV에 대한 수익적 지분이 동등 수혜자들에 의해 소유되는 정도까지만 CIV가 설립된 체약국의 거주자인 개인 으로서, 그리고 수취한 소득의 BO로서 간주된다.

위 조문은 원천지국에서 발생한 소득을 직접 수취했다면 조약혜택을 받았을 투자자들에게 다른 국가에 소재한 CIV를 통해 투자하는 경우에 비해 불리한 위치에 놓이지 않게 보장하는 것이다. 이러한 접근방법은 직접투자와 CIV를 통한 투자 간의 중립성 확보에 기여한다. 또한, 원천지국과 투자자 거주지국 간 조세조약이 있는 경우 이중과세의 위험을 감소시킨다. 이는 특히, 소규모 국가의 투자자들에게 유익하다. 많은 경우, 광범위한 양자조약 네트워크 및 그들 조약의 포트폴리오 배당에 대한 세율이 거의 10~15%라는 점을 고려할 때 대다수 CIV 투자자들이 동등 수혜자들일 것이다.(OMC Art.1/37)

조세조약 규정은 투자자들이 직접 투자했을 경우보다 CIV를 이용하는 것이 더 좋은 조약상 지위를 얻지 못하도록 방지할 필요가 있다. 이는 동등 수혜자 정의에서의 세율 비교를 통해 달성된다. 즉, CIV가 청구하는 세율과 투자자가 소득을 직접 수취했다면 청구했을 세율을 비교할 수 있다.

예를 들어, 아래 〈그림 2-31〉 사례와 같이, B국에 설립된 CIV가 A국 법인으로부터 배당을 수취한다고 가정하자. CIV 투자자의 65%는 B국의 개인들이고, 10%는 C국에 설립된 연금펀드, 그리고 25%는 C국의 개인들이라고 하자. 만약 A국-B국 조약상 포트폴리오 배당은 10%의 원천세율이 적용되고, A국-C국 조약상 연금펀드는 원천지국 과세에서 면제되고 기타 포트폴리오 배당은 15% 원천세율이 적용된다고 하자. A국-B국 및 A국-C국 조약 모두 포괄적인 정보교환 규정을 포함하고 있다고 하자. 이러한 사실에 토대할 때, CIV 투자자의 75%(B국의 개인거주자 및 C국의 연금펀드)가 동등 수혜자에 해당한다고

할 수 있다.(OMC Art.1/38)

〈그림 2-31〉 CIV의 동등 수혜자 판단사례

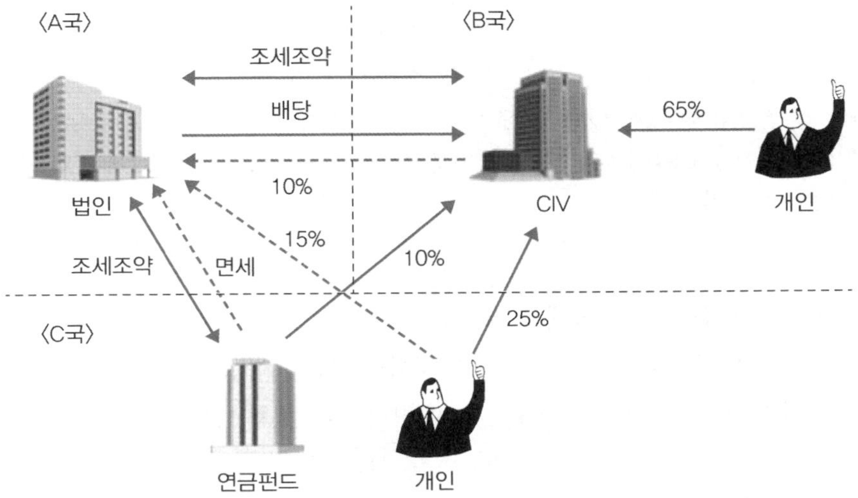

만약 CIV소득의 유보가 허용되는 경우 조세이연을 우려하는 국가들이 있다. 국가들은 협상을 통해서 이윤을 유보하지 않고 배분의무가 있는 CIVs에게만 조약혜택을 부여할 수 있다. 그러나, 많은 경우 투자소득에 대한 거주지국 세율이 조약상 원천세보다 높지 않기 때문에 직접투자 대신 투자펀드를 통해 소득을 얻어서 이연시킬 수 있는 조세는 거의 없을 것이다.(OMC Art.1/39)

일부 체약국들은 특정 유형의 CIVs에 대해서 앞서 제시된 조문들과 다른 접근방법을 채택하기를 원할 수 있는데, 이는 CIVs가 CIVs 자신의 명의가 아니라 투자자들을 대신하여 조약혜택을 청구하는 것이다. 실무 상 개별투자자들이 수많은 CIV 투자들의 조약혜택을 청구하는 것은 매우 번거로운 일이다. 전체 CIV 지분의 상당히 큰 비중의 소유자들이 관련 조세조약에 따라서 원천지국에서 과세가 면제되는 연금펀드임을 고려할 때, 연금펀드와 같은 투자자들이 직접 투자했을 때 받을 수 있는 우대세율 혜택이 상실되지 않도록 보장하기 위하여, OECD는 CIVs가 CIV 설립지국의 거주자는 아니지만 CIV 투자자들을 대신하여 조약혜택을 청구하는 것을 허용하는 규정을 아래에서 제시하는 조문과 같이 양자조약에 포함할 수 있다고 권고한다.(OMC Art.1/42)

〈CIVs 취급에 대한 조약규정(대안규정)〉(OMC Art.1/42)

a) 일방체약국에서 설립되고 타방체약국에서 발생하는 소득을 수취하는 CIV는 CIV가 설립된 체약국의 거주자로 간주되지는 않지만, CIV에 대한 수익적 지분의 소유자들을 대신하여 그들이 해당 소득을 직접 수취했다면 이 협약상 해당 소유자들이 적용받았을 조세감면, 면제 또는 기타 혜택을 청구할 수 있다.

b) 만약 해당 소유자 스스로가 CIV에 의해 수취된 소득에 관해 개별적 혜택을 청구한다면, CIV는 해당 CIV에 대한 수익적 지분의 소유자를 대신하여 a)호에 의한 조약혜택 청구를 하지 않을 수 있다.

한편, OECD는 CIV 설립지국에서 상장되어 거래되는 CIV는 투자자들의 거주지에 상관없이 조약혜택을 제공하는 대안규정을 제시한다. 이는 상장되어 거래되는 CIV는 해당 CIV의 주주 또는 투자자들이 CIV에 대한 개별적 통제를 행사할 수 없기 때문에 실질적으로 조약쇼핑에 이용될 수 없다는 근거에 따른 것이다. 그러한 규정을 조약에 포함하기를 원하는 체약국들은 아래 조문을 이용할 수 있다.(OMC Art.1/46)

〈CIVs 취급에 대한 조약규정(대안규정)〉(OMC Art.1/46)

이 협약의 타 조문에도 불구하고, (만약 일방체약국의 거주자인 개인이 동일한 상황에서 소득을 수취했다면 그 개인이 해당 소득의 BO로 간주되었다는 조건하에) 일방체약국에서 설립되고 타방체약국에서 발생하는 소득을 수취하는 CIV는, 만약 해당 CIV 주식 또는 지분의 주된 종목이 해당 국가의 증권거래소에 상장되어 정규적으로 거래된다면, 해당 소득에 대한 협약의 적용목적 상, CIV가 설립된 체약국의 거주자인 개인으로서, 그리고 CIV가 수취하는 소득의 BO로서 간주된다.

(3) CIV에 대한 국내법상 취급

우리나라는 간접투자기구 또는 집합투자기구를 신탁[107)]과 유사하게 보면서도 과세상 취급시에는 이를 법인, 즉 거주자로 보아 외국납부세액공제 등을 허용하는 방식으로 국제적 이중과세를 해소하고 있다.[108)] 종전에는 내국인이 직접 해외투자를 하는 경우 외국납

107) 신탁은 위탁자와 수탁자 간의 신임관계에 기초하여 위탁자가 수탁자에게 특정의 재산을 이전하거나 담보권의 설정 또는 그 밖의 처분을 하고 수탁자로 하여금 수익자의 이익을 위하여 그 재산의 관리, 처분, 운용, 개발 등의 행위를 하게 하는 법률관계를 말한다.

108) 외국납부세액 공제의 특례를 적용받는 집합투자기구는 투자회사, 투자목적회사, 투자유한회사, 투자합자회

부세액공제가 가능하나 투자신탁, 투자회사 등 간접투자기구를 통하여 해외투자한 경우에는 간접투자기구 단계에서도 외국납부세액을 공제받지 못하고[109] 투자자 단계에서도 공제받지 못하여[110] 이중과세 문제가 발생하고 직접투자와의 불공평 문제가 있었다. 따라서, 정부는 세법개정을 통해 집합투자기구를 통한 신탁은 집합투자기구가 자산운용 방법을 결정하고 이에 따라 개별투자자의 자금을 집합하여 자산을 운용하고 발생한 수익을 분배하는 '불특정 투자신탁'이므로 집합투자기구의 실체를 인정하여 집합투자기구의 소득발생 단계에서 외국납부세액을 공제하는 방식을 채택하게 되었다.[111] 따라서, 투자회사의 경우 외국납부세액이 법인세액을 초과하는 경우에도 (5년간 이월공제하지 않고) 즉시 환급받도록 하며, 투자신탁의 경우 외국납부세액 공제에 있어 법인으로 인정하여 투자회사와 같이 취급하도록 하였다.

우리나라 세법은 원칙적으로 "신탁재산에 귀속되는 소득은 그 신탁의 수익자에게 귀속되는 것"으로 보는 수익자과세원칙 하에, 예외적으로 "수익자가 특별히 정해지지 아니하거나 존재하지 아니하는 경우에는 신탁의 위탁자 또는 그 상속인에 귀속"되는 것으로 보고 있다.(법법 §5 ① 및 소법 §2의2 ⑥) 이에 따라 집합투자기구의 투자자금 또는 수익이 투자신탁재산에 귀속되는 시점에는 해당 소득금액이 어느 누구에게도 지급된 것으로 보지 아니하고 (수익 발생시가 아니라) 수익자에게 분배(지급) 시에 집합투자기구에게 원천징수 의무를 부여하고 있다.(법법 §73 ① 2호 및 소법 §127 ④)[112]

이상의 논의를 요약 정리하면 아래 〈표 2-10〉과 같다.

〈표 2-10〉 간접투자에 대한 국내세법 상 취급

구 분	집합투자기구	투자자
외국납부세액공제	단체로 취급	-
소득에 대한 납세의무	도관으로 취급(원천징수의무자)	원천징수 납부

사, 투자유한책임회사에 한하고, 사모투자전문회사는 제외한다.

109) 투자신탁의 경우 법인세법 상 실체가 없는 도관으로서 법인세 납부의무가 없어 외국납부세액을 공제받을 수 없고, 투자회사의 경우에는 투자자에게 배당가능이익의 90% 이상을 배당하면 전액 배당소득공제를 받을 수 있어 법인세 산출세액이 없게 되므로 외국에서 납부한 세액을 공제받을 수 없게 된다.

110) 투자신탁은 투자자별로 외국납부세액을 구분 계산하는 것이 불가능하여 공제가 어렵고, 투자회사는 외국에 납부한 것은 법인이지 투자자가 아니므로 공제를 받을 수 없었다.

111) 2005.12.31. 법인세법 개정을 통해 제57조의2(간접투자회사 등의 외국납부세액 공제 특례) 조항을 신설하였다.(2006.2.9. 이후 소득 발생 분부터 적용)

112) 법인세법 §5 ②에서 "「자본시장과 금융투자업에 관한 법률」의 적용을 받는 법인의 신탁재산에 귀속되는 수입과 지출은 그 법인에 귀속되는 수입과 지출로 보지 아니한다."고 규정하고 있는 것도 같은 취지이다.

(4) 국내 판례동향

아래 〈그림 2-32〉 독일 CIV에 대한 조약적용 사례는 독일 상장·공모형 펀드인 데카펀드의 자금을 자산운용사인 데카임모빌리언 명의로 국내에 투자하여 얻은 배당소득과 관련하여 과세당국이 데카임모빌리언이 BO가 아니므로 한·독 조세조약 제10조 제2항 (가)목의 5% 제한세율을 부인하고 같은 항 (나)목의 15%를 적용한 사안이다.

〈그림 2-32〉 독일 CIV(데카펀드)에 대한 조약 적용사례

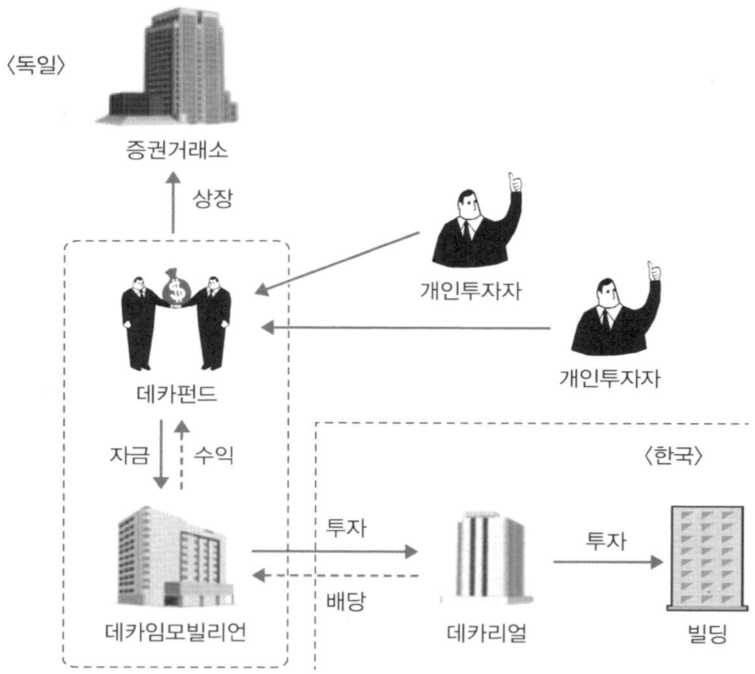

이에 대해 대법원은 "원고 데카임모빌리언은 데카펀드와 함께 하나의 집합투자기구로 기능하였고, 나아가 이 사건 배당소득을 데카펀드의 일반투자자 등 타인에게 이전할 법적 또는 계약상의 의무를 부담하지 않은 채 수익적 소유자로서 그에 대한 사용·수익권을 향유하고 있었다"고 전제한 후, "이 사건 배당소득은 이 사건 주식을 직접 보유한 수익적 소유자인 독일 법인에게 지급된 것이어서 한·독 조세조약 제10조 제2항 (가)목의 5% 제한세율이 적용되어야 한다."고 판시하였다.[113)]

113) 대법원 2019.12.24. 선고 2016두30132 판결

그러나, 이 판결은 독일 법령상 제약 등을 감안하여 자산운용사와 펀드를 함께 집합투자기구로 보아 수취 배당의 BO로 판단한 점은 수긍이 가지만, 다음과 같은 점에서 다소 아쉬운 점이 있다. 첫째, CIV 운용회사가 소득창출 자산의 관리에 재량권을 가진다는 점에서 CIV 자체를 BO로 인정할 수 있지만(OMC Art.1/28), 통상 CIV는 투자자들에게 소득을 배분할 의무가 있다는 점을 감안할 때, "배당소득을 일반투자자 등 타인에게 이전할 법적 또는 계약상 의무를 부담하지 않았다"는 일반적 의미의 BO 개념을 원용할 수 있는지에 대한 추가분석이 필요하다. 둘째, OECD는 직접투자와 CIV를 통한 투자 간의 조세중립성 확보를 목표로 하는데, 판결의 취지는 이러한 OECD 입장과 배치된다. 즉, CIV는 동일한 상황에서 '개인'이 청구할 수 있는 혜택만을 받을 권리가 있고, 조세조약 상 '법인'에게 적용되는 낮은 제한세율 혜택은 적용될 수 없다. 셋째, 무엇보다 이 판결로 인해 향후 CIV를 통한 조약쇼핑 가능성을 열어 놓았다는 문제점이다. CIV는 제3국 거주자들에게 그들이 만약 직접 투자했었다면 얻을 수 없었던 조약혜택 기회를 제공할 수 있기 때문에, OECD는 일반 남용방지규정 또는 조약쇼핑방지 규정을 통해서 CIV의 조약혜택을 제한하는 것이 적절할 수 있다고 권고하고 있다.(OMC Art.1/33) 특히, OECD는 조약쇼핑을 방지하기 위해 CIV에 대한 조약혜택을 수혜자들이 직접 투자했다면 유사한 조약혜택을 받을 상황, 즉 CIV가 소위 '동등 수혜자들'에 의해 소유되는 경우에만 조약혜택을 허용할 것을 권고한다.(OMC Art.1/35) 마지막으로, 기존 대법원의 외국단체에 대한 판단기준과 양립할 수 있는지도 의문이다. 왜냐하면, 기존 라살레펀드 및 론스타펀드 판결과 같이 배당소득의 실질귀속자인 CIV(데카펀드)의 사법적 성질을 살펴서 국내법상 어느 단체(신탁, 법인, 조합 등)와 가장 가까운 것인지를 판단하지 않았기 때문이다.

또한, 아래 〈그림 2-33〉 룩셈부르크 CIV에 대한 조약적용 사례는 룩셈부르크 법률에 따라 설립된 회사 형태의 CIVs인 SICAV(가변자본형 투자회사)가 국내 상장주식 또는 채권에 투자하면서 보관기관(custodian)인 원고(국내은행)들을 통해 배당소득을 수취하고 한・룩 조세조약에 따라서 배당 및 이자에 대해 제한세율을 적용한데 대해서, 과세당국이 SICAV가 한・룩 조세조약 적용대상이 아니라는 이유로 국내세법을 적용하여 과세한 사안이다.

〈그림 2-33〉 룩셈부르크 CIV(SICAV펀드)에 대한 조약 적용사례

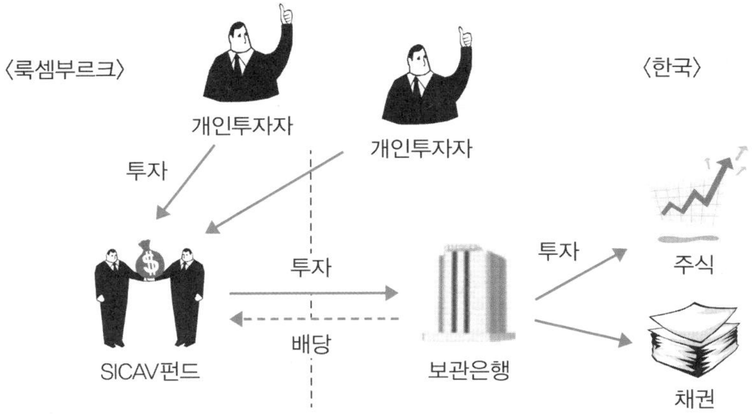

이에 대해 대법원은 "SICAV는 포괄적 납세의무를 부담하는 룩셈부르크 거주자에 해당하며", "집합투자기구로서 투자자 모집, 투자, 투자수익 분배 등의 고유한 경제적 활동을 하였으므로 수익적 소유자"로 보아야 하고, 투자수익을 얻기 위하여 주식 등 증권을 취득하였기 때문에 "한·룩 조세조약 제28조에서 정하고 있는 주식 등 증권의 취득을 통해 자회사를 지배하는 것을 유일한 사업목적으로 하고 1929년 7월 31일자 법 등 룩셈부르크 법에 의하여 과세특례를 받는 지주회사에 해당하지 않는다."고 하면서 조약상 제한세율 혜택을 배제한 것은 위법한 처분이라고 판시하였다.[114)]

이 판결은 법인세법 제98조의6에 따른 국외투자기구에 대한 조세조약 상 제한세율 적용규정이 정착되기 전 사안을 다룬 것으로서, 룩셈부르크 SICAV의 근거 법률인 1988년 법이 한·룩 조세조약 제28조에 따른 1929년 지주회사법과 유사한 법에 해당하지 않는다는 점에서 판결의 결론은 타당하다. 또한, 룩셈부르크 펀드의 특수성, BO 내지 실질귀속자 판단 법리의 발전 등 여러 요인들과 관련된 해석상 논란을 어느 정도 정리한 것으로 평가할 수 있다. 다만, 대법원이 CJ ENM 판결(대법원 2018. 11. 15. 선고 2017두33008 판결)에서 BO를 실질귀속자와 구별되는 독자적 개념으로 정의한 데 비하여 이 판결에서는 국외공모투자기구에 대한 BO와 실질귀속자 판단 법리를 명확히 제시하지 않은 점은 아쉬운 부분이다.[115)]

114) 대법원 2020.1.16. 선고 2016두 35854 판결

115) 김정홍, "룩셈부르크 공모펀드의 국내투자에 대한 조세조약 적용 문제 - 대법원 2020.1.16. 선고 2016두 35854 판결을 중심으로 -", 조세법연구 제26권 제2호(2020), 한국세법학회, pp.267~314

라. 부동산투자신탁(REITs)

부동산투자신탁(real estate investment trusts: 이하 REITs)은 부동산 또는 부동산관련 자산을 소유하고 운영하는 단체이다. 대다수 국가에서 REITs는 법인, 신탁 또는 계약의 형태로 설립된다. 일반적으로 REITs 단계에서 실현된 이윤은 과세대상이 아니다. REITs는 면세단체이거나 지급배당에 대한 공제를 허용하는 국가도 있다. 주주 단계의 과세를 보장하기 위해 일반적으로 REITs 이윤의 일정 비율을 주주들에게 배분해야 할 의무가 있다.

REITs는 면세 지위에도 불구하고 조약혜택을 청구할 권리가 있다. 왜냐하면, REITs는 세법 상 모든 면세요건을 충족할 때에만 면세자격을 얻기 때문에 제4조 제1항의 의미상 거주자로 간주되기 때문이다. 예를 들어, REITs가 배당을 하지 않으면 과세대상이다.

법인을 통하지 않는 투자는 제6조 제1항 또는 제13조 제1항에 따라 원천지국에게 1차적 과세권이 부여될 것이다. 그러나, REITs가 설립지국에서 투과단체로 취급되지 않는 한, 일반적으로 REITs에 의한 배당은 제10조의 적용을 받는다.(OMC Art.10/67.2) REITs 설립지국(원천지국)은 최소수준의 과세를 보호받기 위해 제10조 제2항 a)호에 규정된 5%의 낮은 세율이 적용되지 않도록 할 수 있는데, 이는 조약상 특별규정을 두거나 개별 주주의 보유비율을 제한함으로써 가능할 것이다.(OMC Art.10/67.4) REITs 지분의 양도는 OECD모델 제13조 제4항에 따라 주주의 거주지국에서 과세될 것이다. 만약 타방체약국이 투시접근방법(look-through approach)을 적용하여 제6조 또는 제13조 제1항에 따라 배후의 부동산소득에 대해 과세를 하는 경우 소득구분의 상충이 발생할 것이다.

제5장 수익적 소유자

1 BO 개념의 의의 및 특성

가. BO 개념의 의의

수익적 소유자(beneficial owner: 이하 BO) 개념은 일반적으로 조세조약의 혜택이 소득이 귀속되는 인에게 부여된다는 점을 고려할 때, "법적 소유권 유무에 관계없이 실질적으로 소득이 귀속되고 수익을 향유하는 자"를 의미하는 개념으로 이해되고 있다. 그러나, 역사적으로 수익적 소유의 목적, 범위, 판단기준 등을 둘러싸고 OECD 및 학계에서 많은 논쟁이 이루어졌다.

BO 조항은 배당, 이자 및 사용료 등 특정한 상황에서의 조약쇼핑을 방지하기 위한 '특정 남용방지규정'으로서, 조세조약 상 거주자 지위를 이용한 조약남용을 방지하기 위해 1977년 OECD모델에 처음 도입되었다. 2003년 OECD모델 주석 개정시 '조세회피 및 탈세의 방지'라는 조약의 목적을 강조하는 등 BO 개념의 확장이 이루어졌다. 이에 따라 2003년 이후 과세당국들은 지주회사, 기타 중간법인 등과 관련한 조세회피에 대처하기 위해 BO 개념에 의존하여 적극 과세하게 되었고, 그 결과 국가별로 다양한 법원의 판결이 생산되는 등 그동안 BO개념을 둘러싼 불확실성이 존재해 왔던 것이 사실이다.

한편, 조약쇼핑은 물론 조약남용과 관련한 다양한 조세회피 상황에 대처하기 위해 2017년 OECD/UN모델 제29조에 LOB 조항 및 PPT 조항이 새롭게 채택됨에 따라, 향후 BO 조항의 적용 및 해석에서도 관련 조약규정의 목적을 고려하여 실질과세원칙 등 일반 남용방지규정의 적용이 함께 검토될 것으로 보인다.

나. BO 개념의 특성

역사적으로 OECD/UN모델에서 BO에 대해 정의하고 있지 않았기 때문에 그 의미를 둘러싸고 많은 논쟁이 있었다. OECD모델 제3조 제2항에 따르면, 정의되지 않은 조약상 용어는 맥락이 달리 요구하지 않는 한 조약적용국가의 법률에 따른 의미를 갖는다. 이때 체약국의 국내법에 따라서 해석되어야 하는지, 아니면 조세조약의 맥락에 근거한 국제적 의미를 갖는지가 문제될 수 있다. 또한, 국내법에 따른다고 할 경우 원천지국과 거주지국 중 어느 국내법에 따라야 하는지가 문제될 수 있는데, 이 경우 원천지국의 국내법에 따라야 한다. 왜냐하면, BO에게 소득이 지급되는 경우 제한되는 것은 바로 원천지국의 과세권이기 때문이다. 또한, BO 용어는 조약의 맥락 내에서 독립적으로 해석될 것을 요구한다고 보아야 할 것이다.

OECD모델 주석은 BO 개념이 국제적 성격을 지니므로 특정 국가의 국내법상 가지는 기술적 의미가 아니라 조약의 맥락은 물론 조약의 목적에 따라 해석되어야 한다는 점을 명확히 한다.(OMC Art.10/12.1, Art.11/9.1, Art.12/4.5) 또한, 다수의 외국 판례들도 BO 개념이 국제적 의미만을 가질 뿐이고 국내적 의미는 중요하지 않다는 입장이다.116) 따라서 조약 자체에 BO에 대한 정의 규정이 없더라도 BO 개념에는 맥락적이고 국제적 의미가 부여되어야 한다. 왜냐하면, 과세의 경감은 국내법의 적용 때문에 실현되는 것이 아니라 오직 조약규정의 적용 때문에 실현되기 때문이다.

한편, 미국, 영국, 캐나다, 호주 등은 자국 법률에 BO의 의미에 대해 규정하고 있는데, 공통적으로 BO를 법적 소유자와 구분하고 있다. 이들 국가에서는 실제 수취자금에 대한 통제가 중요한 요소로 간주된다. 이러한 국가들의 국내법 규정에 의해 BO가 아닌 사례를 다음과 같이 범주화할 수 있다. 첫째, 대리인, 지명인, 관리인, 수탁회사 등 다른 자의 이익을 위해 법적 소유권을 보유하는 인, 둘째, 옵션보유자, 저당권보유자, 지주회사 등과 같이 BO가 되는 권한을 가지고 있지만 그 권한을 행사하지 않은 인, 셋째, 임차인, 권리사용권자 등 일부 권리를 보유하지만 그 권리로 BO인 다른 인을 대체하기에는 불충한 인으로 구분할 수 있다. 한편, EU법 예컨대, 이자저축지침(Interest Savings Directive) 및 이자·사용료지침에서도 BO에 대한 정의 규정을 두고 있다. EU법상 BO 개념은 독립적 개념으로 다른 맥락에서 기능할 뿐만 아니라 이자저축지침이 회원국에게 BO의 범위에

116) 영국 Indofood International Finance Ltd. v. JP Morgan Chase Bank NA London Branch, Court of Appeal, 2006.3.2.; 캐나다 Canada v. Prevost Car Inc., FCA/CAF, 2009.2.26. 판결 참조

대한 재량권을 부여하고 있다는 점 등을 고려할 때 조세조약 상 BO 개념과의 관련성은 적다고 할 수 있다.

BO 개념을 구성하는 핵심요소가 무엇인지는 학자에 따라 견해가 다를 수 있지만 일반적으로 지배 · 통제권(control), 소득의 사용 및 향유권(right to use and enjoy), 자산의 소유권(ownership), 위험부담(who bears the risk) 등이 논의되고 있다. 'Klaus Vogel'은 수취자금에 대한 지배 · 통제를 가장 중요한 요소로 간주한다. 타인에게 사용하도록 할 것인지 또는 이들로부터의 수익이 어떻게 사용되어야 하는지 여부를 자유롭게 결정할 수 있는 자가 BO라는 것이다. 'De Broe'는 BO 정의는 소득의 소유, 즉 소유의 특성에 초점을 맞추어야 한다고 주장한다. 자신의 계산과 이익을 위해 소득의 소유권을 주장할 권리를 가지고, 해당 소득을 자유롭게 이용할 수 있는 인이 BO로 인정될 수 있다는 것이다. 'Avery Jones'는 소득을 다른 인에게 이전해야 하는 법적 의무 때문에 소득의 활용을 통제하지 못하는 인은 법적 권리를 갖는 소득이더라도 조세목적 상 귀속되는 소득의 BO가 아니라고 주장한다. 'Eric Kemmeren'은 BO는 소득의 '경제적 소유자'라고 주장한다. 즉, 경제적으로 직접 연관이 있는 모든 채권과 부채 그리고 관련소득의 흐름을 고려할 때, 해당 소득으로 인해 자산이 증가하는 수취인을 가리킨다. 도관은 신고한 스프레드에 대해서만 BO이고, 관련소득 중 스프레드를 제외한 나머지 부분은 이를 지급받은 자가 BO이다. 이렇게 BO를 정의하게 되면 조세회피 행태에 대처하기 위한 남용방지규정의 성격도 가지게 된다.[117)]

BO로 인정받기 위해서는 수취인의 거주지국에서 쟁점소득이 수취인의 과세표준에 포함되어야 한다는 견해가 있다.[118)] 이 견해에 따를 때, 대리인과 지명인이 수취하는 소득은 그들의 과세표준에 포함되지 않기 때문에 BO로 인정받지 못하고, 이 경우 이중과세도 발생하지 않는다. 다른 인을 위해 단순히 도관으로 활동하는 경우에도 마찬가지인데, 도관회사가 소득의 공식 소유자라 하더라도 관련소득과 관련하여 실제로 매우 협소한 권한만을 가지고 이해당사자들을 대신하여 단순한 수탁자 또는 관리인으로서 활동하는 경우에는 BO로 인정받지 못한다. 그러나, 소득이 수취인의 거주지국에서 수취인의 과세표준에 포함되어야 한다는 요건이 관련소득에 대해 실제로 세금을 납부해야 한다는 의미는 아니라

117) Eric Kemmeren, "Preface to Art 10 to 12", *Klaus Vogel on Double Taxation Conventions(2015)*, 4th Edition, pp.724-726

118) 이러한 견해가 실제 BO에 관한 2011년 및 2012년 OECD모델 주석 개정안 초안에는 포함되었으나, 최종 2014년 개정 OECD모델 주석에는 포함되지 않았다.

는 주장도 있다.119) 가령, 지주회사에게 적용되는 지분소득 면제제도로 인해 실제 세금을 납부하지 않더라도 BO가 되지 못하는 것은 아니라는 것인데, 자금대여약정 또는 사용권 허여약정과 관련하여 순이익에 대해서만 세금을 내는 도관회사에도 동일하게 적용된다는 것이다.

BO 개념의 불확실성 논란과 관련하여 'Daniel Gutmann'은 BO의 의미를 명확히 하기 위한 OECD의 노력은 역사적으로 매우 좁은 의미로 사용되었던 것을 현재 시점에서 재해석하는 것으로 이해되어야 한다고 주장한다.120) BO는 국제조세 영역의 일부로서 BO의 의미가 변화해 온 것이 현실이고, 사실상 모든 OECD 회원국들이 조약남용을 규제하기 위해 동원가능한 수단 중의 하나로 간주하고 있다는 것을 수용해야 한다는 것이다. 따라서 향후의 과제는 국가와 납세자 간에 부정적 영향을 초래하지 않고서 어떻게 BO 개념을 조화롭게 해석할 것인가이다. 즉, 법적 불확실성을 최소화하기 위해 BO 개념이 합리적이고 일관된 방식으로 적용돼야 하고, 과세당국의 지나친 재량권 행사를 방지할 수 있어야 한다. 따라서, 중요한 것은 납세자가 조세혜택을 얻을 목적으로 인위적인 거래를 실행했다는 것을 과세당국이 입증할 수 있을 때에만 BO가 부인되어야 한다는 것이다.

2 OECD 논의동향

BO용어는 '지급(paid to … a resident)' 용어에 대한 의미를 명확히 하기 위해 도입된 것이라는 의견이 지배적이었으나 최근에는 다른 주장도 제기되고 있다.121) 이와 관련하여, OECD모델 주석의 일관성이 없다는 지적이 있는데, 왜냐하면 BO 조항이 새로운 것이 아니고 단지 지급의 의미를 명확히 하기 위해 도입되었다고 하면서(OMC Art.10/2, Art.11/9, Art.12/4), 다른 한편으로는 BO 조항이 조약남용방지 규정으로서, 소위

119) De Broe, *International Tax Planning and Prevention of Abuse*, Doctoral Series Vol.14, IBFD, 2008, pp.691-693 참조

120) Michael Lang etc., *Beneficial Ownership: Recent Trends*, IBFD, 2013, pp.20-21에서 재인용; Daniel Gutmann, "The 2011 Discussion Draft on Beneficial Ownership: What Next for the OECD?", pp.341~344

121) OECD모델 주석에서는 "paid … to a resident"의 의미를 명확히 하기 위해(2010년 개정주석) 또는 동 문구의 사용에서 발생하는 잠재적 어려움들에 대처하기 위해(2014년 개정주석) BO 조항이 도입 또는 추가되었다는 점을 명시하고 있다.

조약쇼핑을 방지하기 위해 도입되었다고 언급하기 때문이다.(OMC Art.1/63) 이 견해에 따르면, BO 조항이 기존의 수취인(recipient) 및 지급 문구로는 방지될 수 없는 유형의 조세회피를 방지하기 위해 새롭게 도입되었다는 뉘앙스를 풍긴다는 것이다.[122)]

BO 조항이 단순한 명확화인지 아니면 새롭게 추가된 것인지 여부는 BO 조항을 포함하고 있지 않은 조약(1977년 이전에 체결된 조약)의 해석과 적용에 있어 매우 중요하다. 그러나, 어떤 경우에도 일반원칙은 배당, 이자 및 사용료에 대한 원천지국의 과세권은 타방체약국의 거주자가 수취소득의 BO인 경우에만 제한된다는 것이다.

가. 2003년 모델주석 개정 이전

1977년 이전 1963년 OECD모델 개정 논의에서 BO는 대리인과 지명인(agents or nominees) 상황으로 한정되었고, 지주회사, 도관회사 등의 문제는 주된 관심대상이 아니었다. 따라서 1977년 개정 OECD모델에서 BO 개념은 도관회사 및 이와 유사한 절세계획 전략들을 다루지 않았다. 이 당시의 BO 논의는 원천지국에서 조약혜택을 부인하는 것은 조세회피 문제를 다루기 위한 간접적인 방법으로 여겼고 주로 기지회사들에 대한 거주지국 과세(예컨대, CFC 규정)와 관련된 것이었다.

그러나, OECD의 도관회사 보고서(1986) 및 유해조세경쟁 보고서(1998)를 토대로 결국 지명인과 대리인뿐만 아니라, 도관회사에 대처하기 위해 BO 개념을 확장시키게 된 2003년 OECD모델 주석의 개정을 가져오게 되었다. 1986년에 지주회사 및 도관회사에 대한 두 가지 OECD 보고서가 발간되었다. 기지회사 보고서에서 BO는 단지 지나가는 정도로 언급하고 있는데, 다분히 전통적인 대리인 또는 지명인의 의미로 간주하는 듯하다.[123)] 이는 BO는 기지회사에 대한 적절한 해결방법은 아니라는 것을 시사한다. 도관회사 보고서에서는 BO 개념을 도관회사로까지 확장하고 있는데,[124)] 이에 대해 BO 개념의 적용상 불확실성이 더욱 커졌다는 비판이 제기되기도 하였다.

또한, 1998년 OECD는 유해조세경쟁 보고서에서 실제 경제적 기능이 없는 회사는 공식적으로 귀속되는 소득의 BO로 간주되지 않기 때문에 조약혜택을 부인해야 하고, 기존 모델협약 조항에 적용하는 접근방법들을 계속 검토할 것을 권고하였다.[125)] 이에 따라 2002

122) Eric Kemmeren, *op.cit.*, p.716

123) OECD, Double Tax Conventions and the Use of Base Companies(1986), para.38

124) OECD, Double Tax Conventions and the Use of Conduit Companies(1986), para.14

125) OECD, Harmful Tax Competition: An Emerging Global Issue, 1998, para.119

년 조약혜택 제한에 관한 보고서가 발간되었고[126], 이 보고서 내용을 반영하여 2003년 개정 OECD모델에서는 "BO요건이 제1항에서 사용된 'paid … to a resident' 표현의 의미를 명확히 하기 위해 도입되었다. 따라서 좁은 기술적 의미로 사용되어서는 안 되고, 그 맥락은 물론 이중과세 회피 및 탈세 방지라는 협약의 목적을 고려하여 이해되어야 한다."고 명시되었다.(OMC Art.10/12) 이러한 OECD의 입장은 BO를 소득의 '최종적인 경제적 소유자'로 해석하는 것인데, BO 용어에 이러한 의미를 부여하는 것이 BO 개념의 역사적 도입 목적에 어긋난다는 비판적 견해도 있다.[127] 거주지국에서 대리인・지명인에게 소득을 귀속시키지는 않으므로 이들의 경우에는 방지해야 할 이중과세가 없지만, 관련소득의 혜택을 받는 다른 인을 위해 활동하는 도관회사는 다르다는 것이다.

한편, 1999년 파트너십 보고서[128]에서는 소득귀속의 상충 문제를 다루기 위해 BO 개념이 사용되고 있다. 파트너십을 원천지국에서는 투과단체로 취급하지만 거주지국에서는 과세단체로 간주하는 경우에는 파트너들은 조약목적 상 소득의 BO가 아니라는 것이다.

나. 2003년 모델주석 개정 이후

(1) BO 조항 소득의 확장

BO 조항은 조세조약 상 배당, 이자, 사용료 소득에 적용된다. 같은 투자소득인 주식양도소득 조문에는 BO 조항이 존재하지 아니하는데[129], 이와 관련하여 BO 개념을 이자, 배당, 사용료소득 이외에 주식양도소득에 대해서도 확장하여 적용할 수 있는지에 대해 과거 찬반양론이 있었다. 즉, 주식양도소득을 지급받는 입장인 자본수출국(거주지국)은 조세조약에 명문이 없는 경우 BO 개념이나 국내법상 실질과세원칙 등을 적용할 수 없다는 입장인 반면, 자본수입국(원천지국) 입장에서는 위 개념들을 적극적으로 원용하여 국내원천소득의 범위를 확장하려는 입장을 취하고 있었다.

이에 대하여 2003년 개정 OECD모델 제1조 주석은 각국의 국내법상 실질과세원칙

---

126) OECD, "Restricting the Entitlement to Treaty Benefit", *2002 Reports Related to the OECD Model Tax Convention (2003)*, p.9

127) Richard Vann, Beneficial Ownership: What Does History (and Maybe Policy) Tell Us, *Beneficial Ownership: Recent Trends (2013)*, IBFD, p.300

128) OECD, The Application of the OECD Model Tax Convention to Partnerships(1999)

129) OECD모델 제13조 제5항에서는 주식양도소득에 대해 "양도인이 거주자인 체약국에서만(only in the Contracting State of which the alienator is a resident) 과세할 수 있다"고 규정하고 있다.

등 조세회피방지 규정이 조세조약에도 적용될 수 있다는 입장을 명확히 하였다.(종전 OMC Art.1/22.1) OECD 회원국이 특정 조항의 해석에 대해서 유보 또는 이견을 부기하지 않은 경우, 개별 조약규정을 개정하지 않고도 단지 조약법에 대한 해석을 통해서 국내법상 조세회피방지 규정을 직접 원용할 수 있다는 것이다. 이는 결과적으로 주식양도소득에도 BO 개념이 원용되는 것과 동일한 효과를 가져왔다. 즉, OECD모델 제13조 제5항에서 '양도인(alienator)'의 의미를 해석함에 있어서 단순히 대리인, 지명인, 관리인 또는 도관회사가 아닌 자산의 실질소유자 또는 소득의 실질귀속자 만을 의미한다고 해석할 경우, BO 조항을 원용하는 것과 동일한 결과를 가져온다는 것이다.

〈그림 2-34〉 BO 개념을 확장 적용한 과세사례

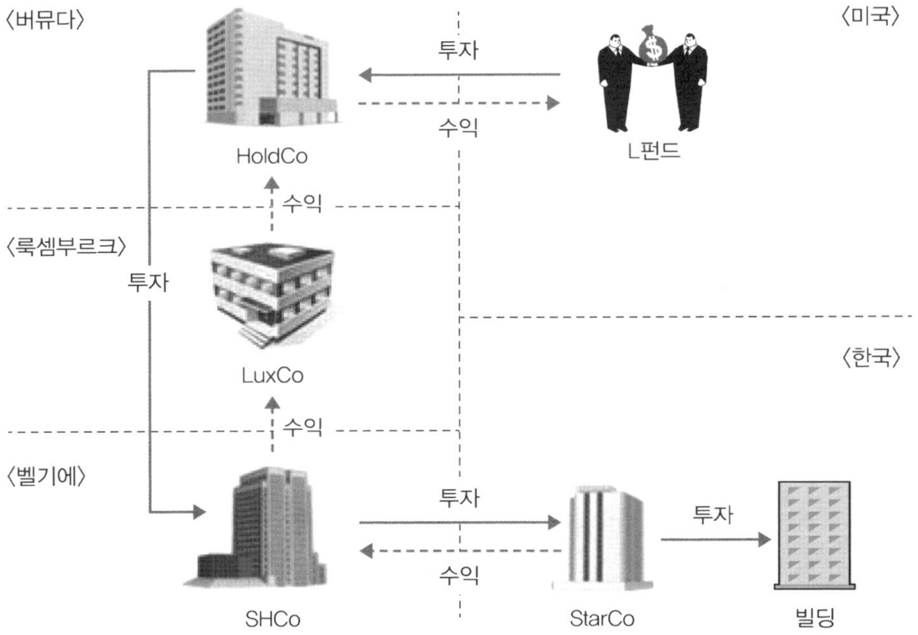

이와 관련하여, 위 〈그림 2-34〉 사례에서 보는 바와 같이 한 외국계 사모펀드(L펀드)가 국내 부동산 양도소득을 주식 양도소득으로 전환하고 우리나라와 체결한 조세조약을 남용하여 조세회피를 시도한 사안에 대하여, 우리나라 대법원은 "오로지 한·벨 조세조약을 적용받아 국내에서 양도소득세를 회피하기 위한 목적에서 비롯된 도관회사에 불과하다고 할 것이므로, SHCo가 이 사건 주식의 실질적인 양도인이나 양도소득의 실질적인 귀속자에 해당한다고 볼 수 없어 한·벨 조세조약 제13조에 따라 국내에서의 과세가 면제

될 수 없다."고 판시함으로써 BO 개념을 실질적 양도인 또는 소득의 실질귀속자 판단에 적극 원용하고 있다.[130] 또한, 동일한 사안의 하급심 판결에서는 "한·벨 조세조약 제13조 제3항의 '양도인'의 의미를 정함에 있어서 이중과세 방지 또는 조세회피 방지의 취지에 부합하고 조약의 문언에 배치되지 않는 범위 내에서 실질과세원칙에 따른 해석상의 제한이 따라야 할 것인 바, 실질적인 거래주체는 원투자자(L펀드)이고 그 법인(SHCo)의 벨기에 거주자로서의 지위는 오로지 원투자자의 조세회피만을 목적으로 한 것임이 인정되는 경우 그 법인은 한·벨 조세조약 상의 양도인에 해당한다고 볼 수 없다"고 함으로써 이러한 입장을 지지하고 있다.[131]

또한, "한국·네덜란드 조세조약상 양도소득과 관련한 개념인 '거주자', '양도인'의 규범적 의미를 확정함에 있어서 실질과세원칙을 적용할 수 있다고 봄이 상당하다."는 같은 취지의 판결이 있다.[132]

(2) CIV 소득에 대한 BO 적용의 명확화

2010년 CIV보고서[133]에서는 소득귀속의 상충문제를 해결하기 위해 파트너쉽 보고서보다 완화된 접근방법을 취하여 CIV 자체가 인이고 납세자가 될 수 있다고 본다. 만약 CIV가 원천지국에서 비투과단체로 취급된다면 당연히 CIV단계에서 조약혜택이 부여되지만, CIV가 투과단체로 취급되는 경우에도 조약상 특별규정을 두거나 MAP을 융통성 있게 활용함으로써 역시 CIV 단계에서 조약혜택이 제공될 수 있어야 한다는 것이다. CIV 관련 조세제도가 사실상 CIV가 수취소득을 전부 배분할 것을 요구하므로 "수취자금을 다른 인에게 이전시킬 의무가 있는 도관회사는 BO가 아니다."라는 해석이 CIV에게도 적용되어야 하는 것이 아닌지 의문이 제기될 수 있다. 이에 대해 CIV보고서는 "CIV는 다수에 의해 소유 및 증권에 분산 투자되고 CIV 설립지국의 투자자 보호 조항의 적용을 받기 때문에 그러한 CIV 또는 그 운용회사가 CIV 자산의 투자 및 관리와 관련하여 중요한 기능을 수행한다. 더욱이, CIV 투자자의 입장과 기초자산을 소유하는 투자자의 입장은 법적·경제적으로 볼 때 실질적으로 다르므로 CIV 투자자를 CIV가 수취하는 소득의 BO

130) 대법원 2016.12.15. 선고 2015두2611 판결
131) 서울고등법원 2010.2.12. 선고 2009누8016 판결
132) 대전지방법원 2011.11.16. 선고 2010구합2649 판결
133) OECD, "The Granting of Treaty Benefits with Respect to the Income of Collective Investment Vehicles", 2010

로 간주하는 것은 적절하지 않을 것이다. 따라서 CIV 운용회사가 소득창출 자산을 관리하는데 재량적 권한을 가지는 한, CIV 정의를 충족하는 단체가 수취 배당과 이자의 BO로 간주될 수 있다."고 언급하고 있다.(OMC Art.1/28)

(3) BO 개념의 도입

한편, OECD는 2011년 BO를 보다 적극적으로 개념화하는 OECD모델 주석 개정 초안을 공개하였다.[134] 이 보고서에 따르면, BO 개념은 가령, 영미법 국가들의 신탁법상 의미와 같이 국내법상의 기술적 의미에 따를 것이 아니라 '지급' 문구의 사용에서 발생하는 잠재적 어려움에 대처하기 위해 추가된 것이므로 그러한 맥락에서 해석되어야 한다. 배당, 이자, 사용료의 수취인은 해당 수취금액을 다른 인에게 전달해야 하는 계약상·법률상 의무에 제약됨이 없이 '자금을 사용하고 향유할 완전한 권리(full right to use and enjoy)'를 가지는 경우에 BO이다. 배당, 이자, 사용료의 사용 및 향유는 법적 소유권은 물론, 이러한 지급과 관련된 자산(지분, 채권 또는 권리)의 사용 및 향유와도 구분되어야 한다. 자금 수취인이 BO로 간주된다는 사실이 원천지국 원천세의 회피를 방지하기 위해 역시 적용할 수 있는 기타 남용방지규정 및 실질과세원칙의 적용을 배제하는 것은 아니다.

그러나, 2011년 OECD모델 주석 개정 초안에 대해 학계 등으로부터 많은 비판이 제기되었다. 비판의 주된 내용은, BO 개념은 주로 "소득에 대해 매우 제한된 권리만을 가진 인"을 제외하는 것에 초점을 맞추어야 하는데, OECD가 배당의 BO를 "배당을 사용하고 향유할 완전한 권한을 가지는 인"으로 규정함으로써 BO 요건이 충족되는 다양한 가능성이 있음에도 불구하고 한쪽 극단을 선택함으로써 BO 범위를 지나치게 축소했다는 것이었다.

이에 따라 OECD는 2012년에 2011년 초안에 대한 수정안을 공개하였다.[135] 동 수정안에서는 2011년 초안에 포함된 "완전한(full)"이란 문구를 삭제했지만, 역시 적극적으로 개념화된 BO 정의를 포함하고 있고 이 정의가 2014년 개정 OECD모델 주석에 반영되었다. BO의 권리가 수취자금을 다른 인에게 전달할 계약상 또는 법률상 의무에 제약을 받아서는 안 된다는 점과 그러한 의무가 해당 수취인의 권리가 실질적으로 그러한 제약을 받지 않는다는 것을 보여주는 사실관계 및 상황에 근거할 수 있다는 점을 강조하였다.

134) OECD, "Clarification of the Meaning of Beneficial Owner in the OECD Model Convention", OECD Discussion Draft, 2011

135) OECD, OECD Model Tax Convention: Revised Proposals Concerning the Meaning of Beneficial Owner in Articles 10, 11 and 12 (2012)

또한, 수취자금을 다른 인에게 전달할 의무가 수취자금과 관련이 있어야만 하고, 설령 그러한 의무들로 인해 수취인이 그러한 의무들을 충족시키기 위해 실질적으로 수취자금을 사용하게 되는 결과가 초래될지라도 수취자금과 관련이 없는 계약상 또는 법률상 의무를 포함하지 않는다고 한다. 예컨대, 수취인의 채무자 또는 금융거래 당사자로서의 의무 또는 연금제도 및 CIV의 배당의무 등은 수취자금과 관련있는 의무에 해당하지 않는다. 수취금액을 다른 인에게 이전할 계약상 · 법률상 의무가 존재하는지 여부에 대해서는 수취금액 사안별로 평가가 이루어져야 한다. 자금을 수취하는 것과 다른 인에게 지급하는 의무가 연계되어 있는 경우에는 수취인이 BO라고 할 수 없다.

〈그림 2-35〉 스왑거래를 가장한 조세회피 과세사례

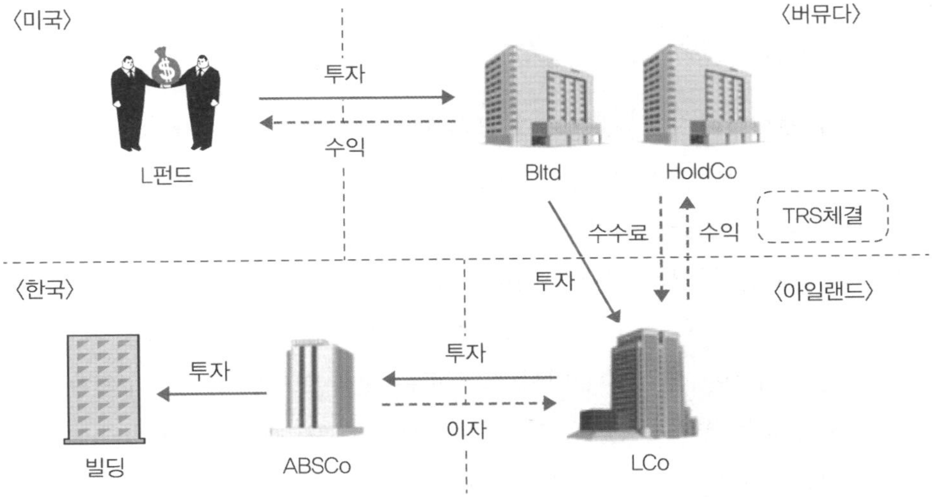

예를 들어, 위 〈그림 2-35〉 사례에서 보는 바와 같이, 미국 L펀드는 아일랜드 LCo를 통해 한국의 상업용 빌딩 등 부실채권에 투자하였다. 아일랜드 LCo는 자산담보부증권(ABS) 발행방식으로 부실채권을 인수하였고, ABS 회사들(ABSCo)은 LCo에게 지급하는 이자에 대해 한 · 아일랜드 조약에 따라 LCo를 아일랜드 거주자로 보아 원천징수를 하지 않았다. LCo는 한국으로부터 수취한 이자를 채권자인 Bltd에 직접 지급하지 않고 다른 관계회사인 HoldCo와 고정수수료를 수취하는 대신 변동채권투자수익(이자 및 상환금)을 지급하는 총수익스왑(total return swaps: 이하 TRS)을 체결함으로써 투자수익을 우회하여 미국 L펀드에 귀속시켰다고 하자.

이 사례에서, LCo는 수취자금을 TRS 계약을 통해 지급한 것은 금융거래 당사자에게 지급한 것이므로 계약상·법률상 지급의무가 있는 것이 아니라고 주장할 수 있다. 즉, TRS 계약상 지급의무는 수취이자와 관련있는 의무가 아니므로 LCo가 수취이자의 BO로 인정되어야 한다고 주장할 수 있을 것이다. 그러나, LCo와 HoldCo간의 TRS 계약은 특수관계자 간 형식적 거래로서 독립기업 간 거래라면 적은 수수료 수입을 위해 대부분의 투자수익을 상대방에게 지급하는 TRS 거래를 체결하지 않았을 것이므로 경제적 합리성이 결여된 위장거래로 보아 납세자의 주장을 배척할 수 있을 것이다.

3 외국 판례동향

가. 조약상 BO 조항이 있는 경우

BO 개념에 조세회피 및 탈세 방지와 같은 국제조세적 관점에서 폭넓은 해석이 부여되어야 하는지, 또는 국내법에 근거한 그리고 법적 소유와 수익적 소유 간 영미법상 구별에 근거한 보다 협소한 기술적 의미가 부여되어야 하는지가 주요 쟁점으로 다투어졌다.

지주회사의 BO를 부인한 대표적 사례로 〈Indofood Case〉, 〈Luxembourg Holdings Case〉, 〈HHU Case〉, 〈Cook Case〉 등을 들 수 있는데, 이는 수취금액을 제3국 거주자에게 거의 동시에 이전한 경우, 수취인이 거의 또는 전혀 조세를 납부하지 않은 경우, 수취인이 기타 사업 또는 투자활동을 결여한 경우 등이다. 그리고 〈Aiken Industries Case〉, 〈Del Commercial Case〉, 〈X Holding Aps Case〉는 BO 개념 대신에 남용방지규정을 적용한 경우이다. 이러한 판례들의 입장은 "사실관계 및 상황으로 볼 때, 실질적으로 수취인이 수취금액을 다른 인에게 이전할 계약상·법률상 의무에 제약받지 않고 소득을 사용하고 향유할 권리를 명백히 갖지 못하는 경우" 관련소득의 BO로서 인정받지 못한다는 현행 OECD모델 주석의 내용(OMC Art.10/12.4 & Art.11/10.2 & Art.12/4.3)과 유사하다고 할 수 있다.

이와 달리, 수취법인을 BO로 인정한 사례로서 〈Prevost Car Case〉, 〈market maker Case〉, 〈Swiss TRS Case〉 등을 들 수 있는데, 수취금액의 사용에 대한 재량권을 보유하거나 수취금액 전부를 제3국 거주자에게 즉시 이전한 것이 아닌 경우, 제3국 거주자에게 수취금액과 관련없이 지급한 경우 등이다. 〈미국 NIPSC Case〉, 〈SDI Netherlands

Case〉의 경우에는 위 판례들과 유사한 요인들이 영향을 주었으나 법원은 사법적 남용방지 법리를 적용하지 않았다. 〈프랑스 SA Diebold Courtage Case〉의 경우에 법원은 프랑스·네덜란드 조약에 명시적 규정이 없음에도 BO 개념을 적용하였으나, 수취인이 임대소득의 BO라고 인정하였다. 이러한 입장은 제3자에게 행한 관련있는 지급과 관련없는 지급 간 구분을 제시한 OECD의 입장과도 일치한다.

한편, OECD의 입장과 다르게 결정한 판례들도 있는데, 〈프랑스 Bank of Scotland Case〉의 경우 법원은 주식 용익권(usufruct) 약정에 의한 주식의 소유자는 배당의 BO가 아니라고 판결하였다. 이에 대해서는 배당의 수취인이 배당을 사용하고 향유할 완전한 권리를 가졌다는 점에서 OECD의 입장과 다르고, BO 개념 대신에 남용방지규정을 적용했어야 한다는 비판이 제기된다. 또한, 〈캐나다 Velcro Case〉에서는 수취 사용료와 동일한 금액이 제3국의 거주자에게 지급되기 전에 다른 자금과 혼합되었기 때문에 수취인이 수취 사용료의 BO라고 판결하였다. 그러나, 사용료의 수취인이 수취금액 전부를 제3국 거주자에게 지급했던 것으로 보이고, 다른 사업활동이 거의 없었고, 네덜란드에서 조세납부도 없었기 때문에 설령 사용료가 지급되기 전에 다른 자금들과 혼합되었다 하더라도 BO로 간주되어서는 안 된다는 비판의견이 제기될 수 있다.

(1) 영국 Indofood Case

〈그림 2-36〉 영국 Indofood v. JP Morgan chase Bank 사례

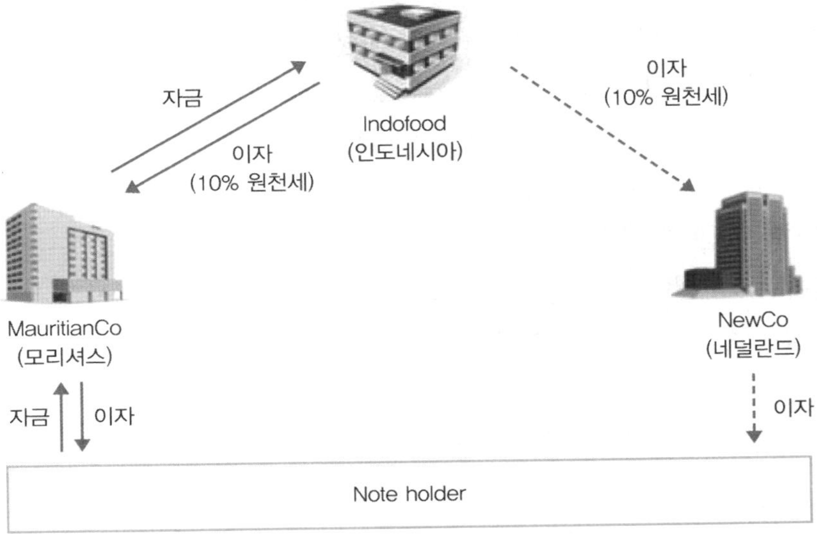

위 〈그림 2-36〉에서 보는 바와 같이, 이 사안은 특수관계자 간 연쇄대여거래(back-to-back loan)과 관련된 것으로서 사건의 배경은 다음과 같다. 인도네시아 법인 Indofood는 2002년부터 인도네시아・모리셔스 조세조약을 이용(지급이자에 10% 제한세율 적용)하여 유가증권을 발행하여 자금을 조달해 왔는데, 2005.1월 갑자기 인도네시아・모리셔스 조약이 종료되자 차주인 Indofood는 조기상환 후 저리 차환발행을 원했지만, 유가증권 인수 및 이자수취 대리인인 JP Morgan은 기존 계약을 유지하면서 이에 대한 대안으로서 인도네시아・네덜란드 조세조약을 이용하는 방법을 제안하였다. 이에 대해, Indofood는 종전 모리셔스 자회사(MauritianCo)와 동일한 역할을 맡게 될 네덜란드 자회사(NewCo)가 인도네시아・네덜란드 조세조약 상 지급이자에 대한 제한세율 혜택을 받을 수 있는 BO에 해당하는지 여부에 대해서 영국법원에 민사소송을 제기하였다.[136]

이 사안에서 법원은 "OECD 주석의 문구로 볼 때, BO 용어는 체약국의 국내법에서 연유하는 것이 아닌 국제조세상 의미(international fiscal meaning)가 부여되어야 한다."고 전제하고, 네덜란드 및 모리셔스 회사들은 수취이자를 대여자들에게 지급할 의무가 있었기 때문에 BO가 아니라고 판시하였다. 공식적 소유자가 소득에서 직접 혜택을 얻을 수 있는 완전한 특권이 있는지 여부를 판단하기 위해서는 수취 소득을 지급할 법적 의무뿐만 아니라 사실관계 및 상황, 사안의 실질적 의무도 고려되어야 한다고 보았다.

이 판결에서 BO 요건으로 "소득에서 직접 혜택을 얻을 수 있는 완전한 특권"이라는 표현을 사용했다는 점은 "소득을 사용하고 향유할 완전한 권리"라는 표현을 사용한 2011년 OECD모델 주석 초안의 입장과 매우 유사하지만, 2014년 OECD모델 주석에 최종 반영된 내용(full 문구 삭제)과는 다소 차이가 있다. 결국 최종적인 OECD의 입장은 BO 요건을 충족하는 수취인의 범위를 Indofood 판결보다는 넓게 보고 있다고 할 수 있다.[137]

영국 국세청(HMRC)은 BO 개념이 조약남용을 방지하기 위한 것이므로 국제조세적 의미가 부여되어야 한다는 입장에서 Indofood 판결에서 제시한 BO 정의를 그대로 인용하고 있다.[138] 타인에게 소득을 이전할 의무가 있는지는 법적 형식뿐만 아니라 거래의 모든 측면들이 검토되어야 한다. 따라서, 예컨대 수취이자를 배당으로 소득의 성격을 바꿔서 전달하는 경우 소득의 성격이 변화되었다는 것만으로는 수취인이 BO라고 말할 수는 없

136) Indofood International Finance Ltd v. JP Morgan Chase Bank NA London Branch, Court of Appeal, EWCA Civ 158, 2006.3.2.

137) Eric Kemmeren, *op.cit.*, p.755-756

138) HMRC, INTM 332050/332060/504030 참조

다. 소득이 즉시 전달되지 않더라도 마찬가지이다. 또한, 소득을 전달할 의무는 수취금액으로 특정되어야 한다. 그러나, HMRC가 BO 개념의 국제조세적 의미를 적용하는 경우는 조약쇼핑이라는 특정한 상황, 즉 어떤 인이 다른 인에게 소득을 전달할 의무 때문에 소득에서 직접 혜택을 얻을 완전한 권리를 가지지 못하는 경우로써 OECD에 비해 그 적용범위가 제한적이라는 점이 다르다.

(2) 캐나다 Prévost Car Case 및 Velcro Case

〈Prévost Car Case〉 및 〈Velcro Case〉는 〈Indofood Case〉와 달리 BO를 지나치게 넓게 해석하고 있다.[139]

〈그림 2-37〉 캐나다 Canada v. Prevost Car Inc. 사례(2009)

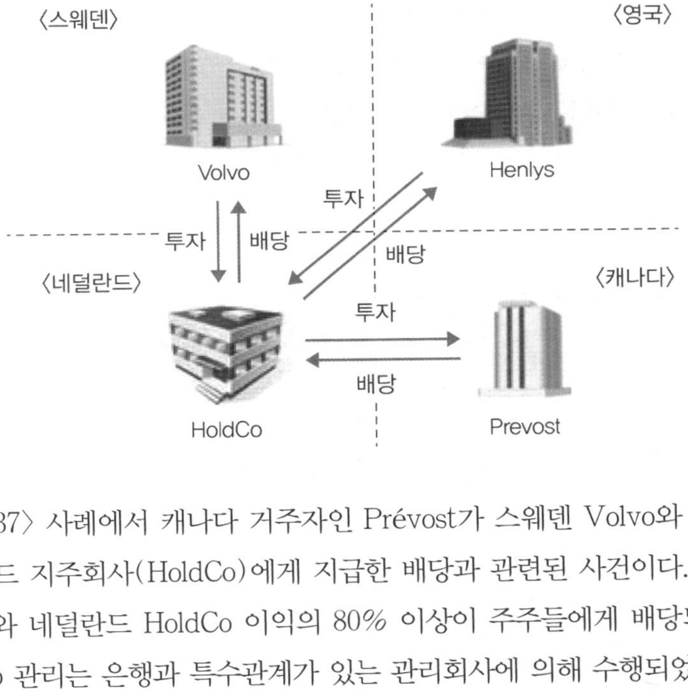

위 〈그림 2-37〉 사례에서 캐나다 거주자인 Prévost가 스웨덴 Volvo와 영국 Henlys가 주주인 네덜란드 지주회사(HoldCo)에게 지급한 배당과 관련된 사건이다. 주주약정에 따르면, Prévost와 네덜란드 HoldCo 이익의 80% 이상이 주주들에게 배당되어야 했다. 네덜란드 HoldCo 관리는 은행과 특수관계가 있는 관리회사에 의해 수행되었다. 캐나다・네덜란드 조약에 의해 네덜란드 HoldCo는 배당의 BO로 간주되었다. 조세법원은 배당의 BO를 "자신의 사용 및 향유를 위해 배당을 수취하고 배당에 대한 위험과 통제를 부담하는 인"이라고 하고, 자금의 사용 또는 활용에 대한 재량권이 전혀 없는 특정 도관회사를

139) Canada v. Prévost Car Inc., CA:FCA/CAF 26, 2009.2.26.; Velcro Canada Inc. v. Canada, CA:TAxCC/CCI, 2012.2.24. 참조

BO에서 제외하였다. 네덜란드 HoldCo는 주주들에게 자금을 사전에 결정된 대로 또는 자동적으로 이전시키지 않았기 때문에 Volvo와 Henlys를 위한 도관이 아니라고 판단하였다. 네덜란드 HoldCo는 주주약정 및 법인설립 행위의 당사자가 아니었고, 주주들에게 배당을 지급해야 할 어떤 의무를 부담하지는 않았다. 결국 중간 지주회사가 수취배당을 지급할 법적 의무가 없었기 때문에 해당 지주회사가 수취배당의 BO라고 판단했다. 법원은 오로지 주주약정과 법인설립 행위와 같은 법적 서류들만을 고려하여 HoldCo가 배당금을 지급할 법적 의무가 존재하지 않았다고 판단하였다. 이는 수취인이 실질적으로 수취금액을 다른 인에게 전달할 계약상 또는 법률상 의무가 있는지 여부를 입증하기 위해서는 사실관계 및 상황이 고려돼야 한다는 OECD의 입장과는 다른 것이다.

이 사건에서 조세법원은 도관회사는 수취배당의 BO가 될 수 없다는 OECD의 견해를 수용하면서도, 도관회사가 "수취한 자금의 사용 또는 활용에 대한 재량권이 전혀 없거나, 다른 인의 지시에 따라 다른 자를 대신하여 활동하는 것에 동의한 경우"에만 BO가 될 수 없다고 강조하였다. OECD 문서를 광범위하게 언급했다는 점에서 BO 개념에 조약 맥락에 토대한 국제적 의미를 부여했지만, 조세회피 대처 수단으로서 BO 개념의 사용에는 한계를 보여준다. 왜냐하면, BO에 대해서 OECD보다 더 낮은 문턱을 설정했기 때문이다.[140]

〈그림 2-38〉 캐나다 Velcro Canada Inc. v. Canada 사례(2012)

한편, 위 〈그림 2-38〉의 〈Velcro Case〉에서는 네덜란드 VHBV가 캐나다 원천세액을 공제한 사용료 전액을 네덜란드령 안틸레스 특수관계회사에 지급한데 대해서 사용료가 다른 자금들과 혼합되었다는 근거로 BO로 인정하였다.

네덜란드 VHBV는 캐나다 VCI로부터 수취한 사용료를 네덜란드령 안틸레스 Velcro에게 이전시켰다. VHBV는 캐나다 VCI와의 사용권 재허여약정에 따라 캐나다 달러로

140) Eric Kemmeren, *op.cit.*, p.729-730

사용료를 수취할 권리와 VCI로부터 사용료를 수취하면 30일 내에 라이센스 제품의 순판매액의 독립기업 비율을 지급할 의무가 있었다. VHBV의 관리는 제3자 관리회사가 수행하였다. 캐나다로부터 수취한 금액은 다른 자금과 혼합되어 달러 또는 길더로 전환되었고, 이 자금은 투자대여금, 영업비용, 전문가 수수료 및 안틸레스 Velcro에 대한 지급금으로 사용되었다.

법원은 〈Prévost Car Case〉의 기준을 토대로 네덜란드 VHBV가 수취사용료의 BO라고 판정하였다. 첫째, 안틸레스 Velcro에 자금을 사전에 정해진 대로 또는 자동적으로 이전시키지 않았다. 둘째, VHBV는 캐나다로부터 수취한 사용료를 소유, 사용, 통제 및 위험을 부담하였다. 셋째, 사용료가 다른 자금과 혼합되어 안틸레스 Velcro에 지급한 금액은 캐나다로부터 수취한 금액과 다른 것이라는 것이다. 30일 내에 수취사용료의 90%를 안틸레스 Velcro에게 지급해야 한다는 사실에도 불구하고, 법원은 네덜란드 VHBV의 권한이 이해당사자를 위해 활동하는 단순한 수탁자 또는 관리인과 동일할 정도로 그렇게 협소하지는 않다고 판단하였다.

이 판결은 2003년 이전에 체결된 조세조약에 2003년 OECD모델 개정 주석을 적용하는 것에 주저하는 듯하다. 즉, 캐나다 법원은 사법적 해석을 통해서 BO 개념을 확장하는 것에 소극적이다. 이 판결이 명백히 잘못된 것이라고 지적하면서, 캐나다 국세청이 왜 '일반조세회피방지규정'을 주장하지 않았는지에 대해 의문을 제기하는 견해가 있다.[141)]

(3) 기타 유럽국가의 판결

네덜란드, 스위스, 및 덴마크의 판결들은 시간이 흐름에 따라 외국 지주회사에 대해 대처하기 위한 BO 개념의 확장 현상을 보여준다.

네덜란드 대법원은 〈Market Maker Case(1994)〉에서, 배당의 BO는 주식의 소유권이 있어야 한다는 과세당국의 주장을 배격하고, 배당쿠폰을 구입하기 전에 배당선언이 행해졌음에도 불구하고 배당쿠폰의 구매자가 배당의 BO라고 판단했다. 이 판결은 수취인이 실질적으로 소득을 사용하고 향유할 권리를 가지지 않는 경우에 BO를 인정하지 않는 OECD 입장과는 다르게 수취금액을 다른 인에게 이전할 법적 의무가 있는 상황에서만 BO에서 제외함으로써 BO 개념에 엄격하고 형식적인 해석을 부여하고 있다.[142)]

---

141) Brian Arnold, "Ch.3: The Concept of Beneficial Ownership under Canadian Tax Treaties", *Beneficial Ownership: Recent Trends*, pp.44~48

142) "Market Maker Case": BNB 1994/217 (1994.6.6.)

〈그림 2-39〉 스위스 Luxembourg Holdings Case(2001)

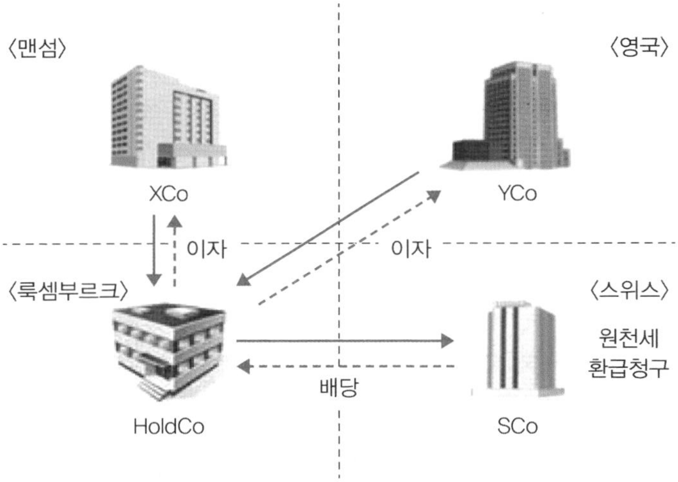

위 〈그림 2-39〉 〈Luxembourg Holdings Case(2001)〉에서 보는 바와 같이, 룩셈부르크 HoldCo가 스위스 · 룩셈부르크 조세조약에 따라서 배당원천세의 환급을 청구한 사건에서, 스위스 연방항소법원은 룩셈부르크 HoldCo는 스위스 SCo로부터 수취한 배당 전액을 룩셈부르크에 납부할 조세와 상쇄하기 위한 이자의 형태로 모회사 XCo와 YCo에 지급했기 때문에 도관회사에 불과하고 배당의 BO가 아니라고 판단하였다. 또한, 법원은 스위스 · 룩셈부르크 조약을 해석함에 있어서 조약의 맥락으로서 'EU 모 · 자회사지침' 문서를 고려하여야 한다고 하면서 BO 용어는 조약남용 방지의 맥락에서 넓게 해석되어야 한다고 판시하였다.143)

또한, 이와 유사하게 UBS사건 관련 미국 · 스위스 간 정보제공약정과 관련하여 미국인이 리히텐슈타인 재단, 신탁 등 특정 조세구조의 BO인지 여부가 문제된 사안에서, 스위스 연방행정법원은 UBS 약정은 미국 · 스위스 조약에 대한 보충약정으로 간주되고 "BO는 실질과세원칙에 근거하여 해석되어야 한다."는 전제하에 리히텐슈타인 재단은 단순한 도관에 불과하고 재단의 은행계좌에 대한 서명권한을 가지고 자금의 처분권한을 가진 자가 BO라고 판시하였다.144)

143) "Luxembourg Holdings Case": VPB 65.86 (2001.2.28.)

144) "A. (in the matter of the UBS Agreement) Case": A-6053/2010; ASA 79 (2010/2011) (2011.1.10.)

〈그림 2-40〉 스위스 Bank A Case(2012)

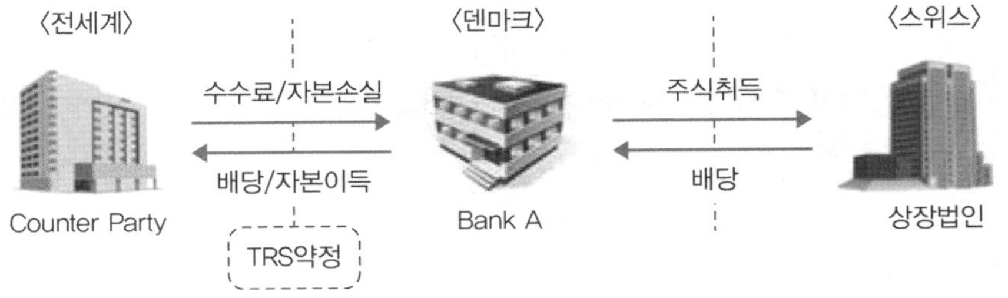

그러나, 위 〈그림 2-40〉 스왑거래와 관련한 스위스 연방행정법원의 판결은 앞서 살펴본 〈Luxembourg Holdings Case〉 및 UBS약정 관련 판결의 폭넓은 실질적 접근의 한계를 보여준다. Bank A가 스위스·덴마크 조약에 따라서 원천세 환급을 청구한 사안에서 법원은 스위스 회사들로부터 배당을 수취한 덴마크은행 Bank A가 TRS의 거래상대방에게 배당과 자본이득을 보상해야 할 의무가 있더라도, 은행은 실제 주식을 취득함으로써 TRS상 자신의 포지션을 헤지(hedge)해야 할 계약상·사실상 의무가 없었다는 근거 하에 배당을 포함한 기초자산의 BO라고 판정했다. 만약 Bank A가 자신의 포지션을 헤지하지 않았을 경우라도 TRS 약정에 따라서 거래상대방에게 보상해야할 의무는 존재했을 것이기 때문이다. 이 판결은 BO 불인정 사유인 수취금액을 다른 인에게 이전할 의무의 존재라는 것을 '수취금액과 관련이 있는 경우'로만 한정하는 최근 OECD모델 개정 주석의 입장을 지지하는 것으로 보인다.[145)]

덴마크 〈HHU Case〉에서 조세심판원(Tax Tribunal)은 덴마크 회사로부터 수취한 이자를 저지 회사에 지급한 스웨덴 지주회사는 이자소득의 BO가 아니라고 판정함으로써 도관회사 이용과 관련한 절세전략에 대처하기 위해 BO 개념을 폭넓게 해석하였다. 결정의 주요 논거는 자금대여 구조의 당사자들이 특수관계에 있다는 점, 스웨덴 회사의 목적이 덴마크 원천세를 회피하기 위한 것이고 종업원과 사무실이 없는 등 어떤 사업활동도 없었다는 점, 스웨덴에서 납부할 세금이 없었다는 점 등이다.[146)]

145) "Bank A (Swap transaction) Case", A-6537/2010 (2012.3.7.)
146) "HHU Case": SKM 2011.57 LSR (2010.12.22.)

나. 조약상 BO 조항이 없는 경우

일반적으로 실질과세원칙과 같은 조세회피방지 규정이 도관회사 구조에 대처하는데 있어서 BO 개념의 대안임과 동시에 BO를 폭넓게 해석하는 것보다 더 효과적 방법이 될 수 있다.

(1) 미국 판례

미국의 경우 BO 개념에 대한 판례는 없고, 도관회사 약정에 대처하기 위해 조약상 BO 개념보다 국내법령과 조약상 LOB 조항을 더 선호하는 입장이다. 미국법원은 BO 개념을 효과적 무기로 보지 않으며, 사법적 남용방지 법리에 의존한다. 그러나, 미국법원이 이들 원칙을 적용할 때 고려하는 요인들은 다른 국가의 법원들이 BO 개념을 적용할 때 고려하는 것들과 유사하다.

미국은 BO를 원천지국의 국내법에 따라서 정의할 수 있다고 보고, "원천지국의 법률에 따라서 소득이 귀속될 수 있는 인"이라고 말한다. 따라서, 제3국 거주자를 대신하여 소득을 수취하는 대리인 또는 지명인은 조약혜택을 받지 못하지만, 타방체약국의 거주자를 대신하여 수취하는 지명인은 조약혜택을 받을 수 있다. 그러나, 이는 BO 요건을 충족하기 위해서는 소득이 수취인의 거주지국의 과세표준에 포함되어야 한다는 OECD모델 주석의 입장과 배치된다. OECD는 미국과 같이 원천지국의 소득귀속 규정에 따르는 것이 아니라 거주지국의 규정에 따른다. 이는 미국이 도관회사에 대해서 미국 원천세의 감면을 부인하는 도관방지 규정 및 국내법상 남용방지 규정을 제한없이 적용하고자 하는 의도로 보인다.

아래 〈그림 2-41〉〈Aiken Industries Case(1971)〉 사례에서 보듯이, 바하마 회사(ECL)가 미국 자회사(Aiken)에게 자금을 대여하고 수취이자 청구권을 온두라스 관계회사(Industries)에 양도한 사건에서 조세법원은 온두라스 법인이 수취이자에 대해 지배 및 통제(dominion and control)하지 않았고 수취금액 그대로 지급하기로 약속되었으며 또한 이윤을 얻지도 않았기 때문에, 국내법상 의미로 볼 때 이자를 수취하지 않았다고 보았다. 법원은 미국 · 온두라스 조세조약 상 '수취(received by)'의 의미를 독립적으로, 그리고 타인에게 전달할 법적 의무가 없이 수취한 것, 즉 자금에 대한 완전한 지배 및 통제를 의미하는 것으로 보았다.[147]

147) Aiken Industries Inc. v. Commissioner of Internal Revenue 56 T.C 925 (1971)

〈그림 2-41〉 미국 Aiken Industries Case(1971)

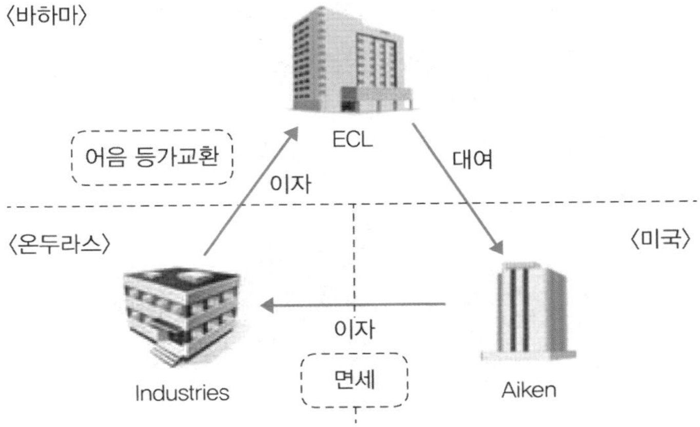

또한, 아래 〈그림 2-42〉 〈Del Commercial Properties Case(1999)〉에서 보듯이, 납세자(DelCo)의 캐나다 모회사(PCo)가 자금을 차입해서 다른 자회사들을 통한 연쇄대여(back-to-back loan)를 통해 납세자에게 대여하고 납세자는 이자를 지급하면서 미국·네덜란드 조약에 따라서 원천세를 납부하지 않은 사건에서, 조세법원은 연쇄대여에 의해 지급된 이자율이 동일하고 지급이 (네덜란드 관계회사의 장부에 계상되었더라도) 캐나다 모회사에게 직접 이루어졌으며 네덜란드 관계회사(HoldCo)에 자산도 없고 독립적 신용등급도 없으며 사소한 사업활동 만이 존재한다는 근거로, 납세자가 실질적으로 네덜란드 관계회사가 아니라 캐나다 모회사로부터 자금을 수취하였다고 보았다.[148)]

〈그림 2-42〉 미국 Del Commercial Properties Case(1999)

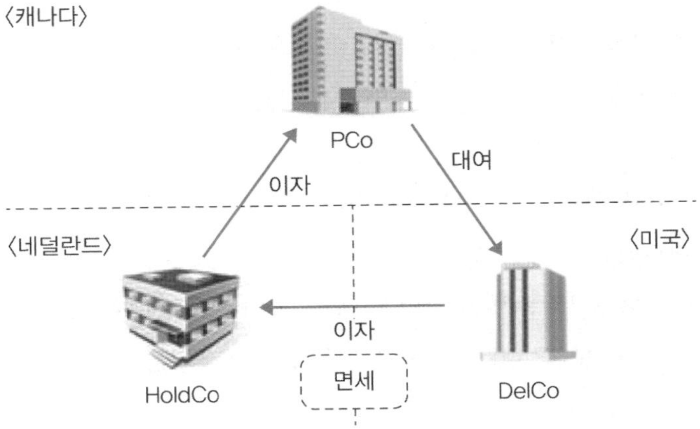

148) Del Commercial Properties Inc. v. Commissioner of Internal Revenue, T.C. Memo 411 (1999.12.20.)

법원은 위 두 결정 모두 BO 개념에 의존하지는 않았지만, 지급이 실질적으로 모회사에게 이루어졌다는 판단에서 수취인이 실질적으로 소득을 사용하고 향유할 권리를 가지지 못할 때 BO를 부인하는 OECD 입장과 부합한다.

〈그림 2-43〉 미국 SDI Netherlands Case(1996)

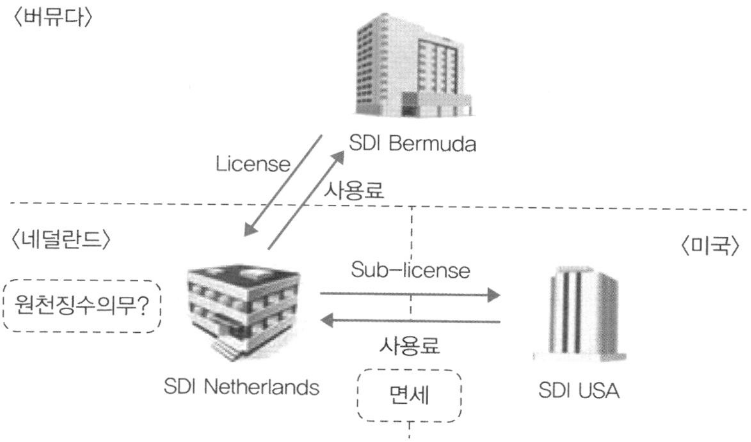

그러나, 조세법원이 이자 및 사용료의 수취인이 법적으로 인정되는 수취인으로서의 충분한 실질을 가지고 있다고 판단한 사례도 있다. 첫째, 〈Northern Indiana Case(1995)〉에서는 재무 관계회사가 적정 자본을 갖추고 있고 정당한 사업목적이 있다고 보았다.[149) 둘째, 연쇄사용료약정(back-to-back licence agreements)이 쟁점이 된 위 〈그림 2-43〉 SDI Netherlands Case(1996)에서는 미국법인이 아닌 네덜란드 법인의 원천징수의무 존재 여부가 다투어졌다.[150) 이에 대해 법원은 두 사용료약정, 즉 SDI USA와 SDI Netherlands 간 약정과 SDI Netherlands와 버뮤다 모회사(SDI Bermuda) 간 약정이 직접 관련이 없는 독립적인 조건을 가지며 SDI Netherlands가 라이선스 활동을 통해 상당한 이윤(5~6%)을 얻었다고 하면서, 네덜란드가 수취사용료에 대해 실제로 과세하는지 여부에 상관없이 미국・네덜란드 조약상 미국이 사용료 과세의 포기에 합의한 것이라는 근거하에 SDI Netherlands가 SDI Bermuda에 지급한 사용료는 미국원천에서 수취한 것이 아니므로 원천징수 의무를 부인하였다. 한편, 법원은 IRS가 SDI Netherland가 SDI USA의 사용료 지급의 도관이라거나 SDI Bermuda가 SDI Netherlands 수취사용료의

149) Northern Indiana Public Service Company v. Commissioner of Internal Revenue, 105 T.C. 341 (1995.11.6)
150) SDI Netherlands B.V v. Commissioner, 107 T.C. 161 (1996.10.2.)

BO라는 주장을 하지 않았다고 지적하였는데, 아마도 IRS가 SDI USA를 원천징수의무자로 보고 직접 BO 이슈를 다투었다면 결과가 달라졌을 수도 있을 것이다.[151)]

위 두 사안들이 BO 개념 더구나 OECD의 확장된 BO 개념, 즉 타인에게 수취금액을 이전할 의무가 수취금액과 관련이 있을 때에만 BO를 부인할 수 있는 상황에 의해 포섭될 수 있는지는 분명하지 않다. 따라서 이러한 유형의 조약남용에 대처하기 위해서는 특정 또는 일반 조세회피방지 규정 또는 조세조약 상 LOB 조항에 의존할 필요도 있을 것이다.

(2) 유럽국가 판례

스위스 및 프랑스 법원도 BO 개념에 대한 조약상 명시적 언급이 없음에도 수취금액의 타당성을 평가하기 위해 유사한 개념적 틀을 적용하고 있다.

스위스 〈X Holding Aps Case(2005)〉에서 연방조세항소법원(Tax Appeals Commission)은 스위스 · 덴마크 조세조약 상에 명시적인 BO 요건이 없음에도, 조약 요건은 국내법에 따라서 해석되어야 하는데 연방 원천세법이 "수취인은 경제적 관점에서 원천세 과세대상인 지급금에 대한 처분권한을 가져야 한다."는 요건을 근거로 덴마크 도관회사에 대한 원천세 감면을 부인했다.[152)]

〈그림 2-44〉 프랑스 Diebold Courtage Case(1999)

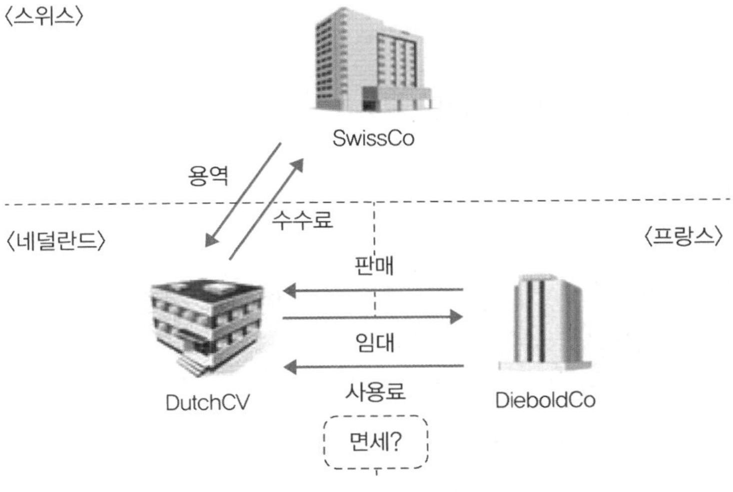

151) Yariv Brauner, "Ch.9: Beneficial Ownership in and outside US Tax Treaties", *Beneficial Ownership: Recent Trends*, 2013, IBFD, pp.151-154

152) "X Holding Aps Case", SRK 2003-159 (2005.3.3.)

반면, 위 〈그림 2-44〉 프랑스 〈Diebold Courtage Case(1999)〉에서는 판매후임대(sale-leaseback) 약정에 따라 네덜란드회사(DutchCV)가 수취한 임대료에 대해 BO 조항이 없는 프랑스・네덜란드 조약상 프랑스 원천세가 면세되는지가 쟁점이었다. 이 사건에서 프랑스 DieboldCo는 네덜란드 DutchCV에게 컴퓨터장비 임대료(rent)를 지급하였고, DutchCV는 스위스 관계회사 SwissCo에게 용역제공에 대한 지급수수료로 수취임대료의 약 68%를 지급하였다.[153)]

대법원은 네덜란드 DutchCV는 조세목적 상 무시되기 때문에 네덜란드 거주자가 아니므로 프랑스・네덜란드 조약이 적용될 수 없다는 과세당국의 주장을 수용하면서도, 스위스 SwissCo에게 이전된 수수료금액이 네덜란드 DutchCV에게 제공된 서비스를 고려할 때 과도하다는 점을 과세당국이 증명하지 못했고 결과적으로 스위스 SwissCo가 사용료의 BO라는 점을 증명하지 못했다고 지적하면서, 사용료의 BO는 DutchCV의 파트너들이기 때문에 조약혜택을 받을 수 있다고 결정했다. 이는 BO 개념이 특수관계기업의 맥락에서만 적용될 수 있다는 것을 시사한다. 이렇게 해석할 경우 BO의 범위가 수취소득을 특수관계기업에게 정상가격이 아닌 조건으로 이전하는 수취인으로 제한되고, 정상가격 조건으로 이전하는 경우는 포함되지 못할 것인데 이는 OECD의 해석과 배치된다. 또한, 이자, 사용료와 달리 서비스 제공과 관련이 없는 배당소득에 어떻게 적용할지도 의문이다. 결론적으로 수수료가 정상가격인지 여부는 BO 개념의 해석에 그다지 관련있는 요소가 아니라는 점에서 설득력이 있는 판결은 아니다.[154)]

다. BO와 남용방지규정과의 관계

사법적 조세회피방지 법리들이 종종 BO에 대한 대안으로 이용되는 경우에는 BO 개념 자체가 흔히 조세회피 또는 조약남용 방지 장치로서 통용될 수 있다. 영국 항소법원은 〈Indofood Case〉에서 BO를 평가하기 위해 '사안의 실질(substance of the matter)'을 고려하였고, 스위스 연방행정법원도 UBS사건에서 BO 개념을 해석하기 위해 '실질우선 접근방법'을 원용하였다. 또한, 스위스 및 덴마크 판례 등에서는 수취인이 BO가 아니라는 판단을 뒷받침하는 관련요인으로서 특수관계자 간 거래, 상당한 사업활동의 결여, 과세의 부존재, 조세회피 목적 등을 들고 있다.

---

153) Conseil d'Etat No. 191191, 8e and 9e, Ministry v. SA Diebold Courtage, RJF 12/99 No. 1492, (1999.10.13.)
154) Eric Kemmeren, *op.cit.*, p.716

〈그림 2-45〉 프랑스 Bank of Scotland Case(2006)

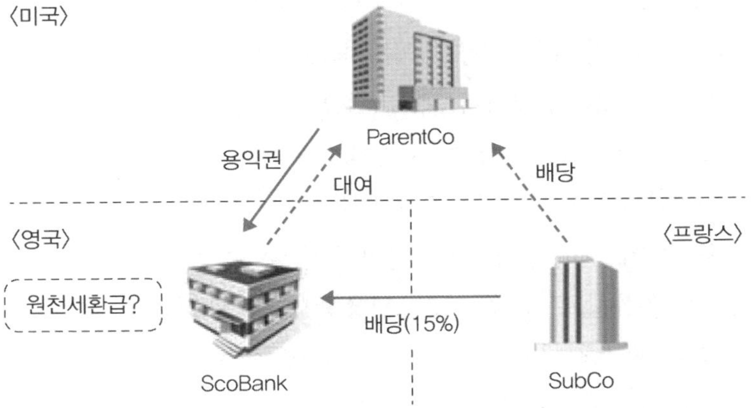

한편, 위 〈그림 2-45〉 프랑스 〈Bank of Scotland Case(2006)〉는 BO를 남용방지규정으로 넓게 해석한 사례이다. 이 사건에서 1992년 미국 모회사(ParentCo)는 영국은행(Royal Bank of Scotland)과 우선주에 대한 용익권(usufruct) 약정을 체결하였는데, 이에 따라 영국 ScoBank는 미국 ParentCo의 프랑스자회사(SubCo)의 우선주에 첨부된 3년 배당쿠폰을 취득하였다. 이 주식에 배분될 배당금액은 미국 모회사에 의해 결정 및 지급보증되었다.[155)]

법원은 미국 모회사가 3년간 프랑스 자회사의 주식배당 권리를 영국 은행이 향유하도록 하기 위해 우선주 용익권약정을 체결한 것은 오직 프랑스·영국 조세조약 상 유리한 혜택을 부당하게 얻기 위한 목적에서 실행된 '법률의 남용(abus de droit)'에 해당한다고 보고, 영국 은행이 아닌 미국 모회사가 해당 주식에 대한 배당소득의 BO라고 결론지었다. 대법원은 ScoBank가 배당의 BO가 아니므로 조약상 제한세율과 배당원천세 환급(avoir fiscal tax credit) 혜택을 받을 수 없다고 하였다. 미국 ParentCo와 영국 ScoBank간 거래는 실제로는 자금대여약정이고, 이를 실질적으로는 미국 ParentCo 대신 프랑스 SubCo가 상환했다는 것이다. 배당원천세 환급이 당시 프랑스·미국조약에서는 허용되지 않았고 프랑스·영국조약에서만 가능했기 때문에 이러한 조약혜택만을 얻기 위한 목적에서 용익권 거래가 이루어졌다는 것이다. 법원은 약정에 대한 분석을 통해서 배당의 BO가 프랑스 자회사를 통해 영국은행에게 상환을 하게 한 미국 모회사라는 점을 밝혔다.

이 사건에서 법원은 BO 개념에 대해 매우 폭넓은 해석을 적용했다. 영국 은행은 수취배

155) Conseil d'Etat No. 283314, Ministry v. Société Bank of Scotland (2006.12.29.)

당금을 사용하고 향유할 완전한 권리를 가지고 있었고, 이를 다른 자에게 지급할 법적 의무도 없었다는 점에서 OECD 관점에서 볼 때는 BO에 해당할 수 있었다. 그러나 법원은 프랑스 관점에서 볼 때, 법률상 또는 계약상 의무 때문에 수취금액이 다른 자에게 이전되는지 여부로 BO를 판단하는 것이 충분하지 않다고 보았다. 법률의 남용이 있는 경우 과세당국은 소득의 외관상 소유자를 넘어 BO를 찾는 것이 허용된다는 것이다. 이는 당사자들이 사기 의도를 가지고 이러한 목적을 달성하기 위해 인위적 약정을 체결하거나 인위적 단체를 설립하는 경우에 적용되는데, 이러한 상황에서 계약상 관계는 부인될 수 있다. 결국 법원은 실질적으로 BO 개념을 통해서 프랑스의 일반 남용방지규정을 적용한 것이라고 하겠다.156)

그러나, 조세회피 방지에 대한 고려가 BO 개념에 적절하게 영향을 미칠 수는 있지만, BO 개념의 완전한 왜곡을 가져와서는 안 된다는 한계를 지적하기도 한다.157) 이러한 입장에 따르면, 법원과 OECD는 조세회피 방지를 고려하기 위해 BO 용어에 보다 더 실질적 개념을 부여하기 보다는 엄격한 법적 개념을 고수해야 하고, 조세회피 방지는 특정 남용방지규정과 조세조약 상 LOB 조항에 맡겨야 한다고 한다.

한편, BO 개념이 조세회피방지 규정에 영향을 준 판례도 있다. 이태리 판례에 따르면, 스위스 및 영국 은행들과 파생금융상품 계약을 체결한 이태리 은행은 위험을 부담하지 않고 수취소득을 거래상대방에게 모두 이전할 계약상 의무가 있었고, 실질적으로 외국 거주자들에게 이태리 · 브라질 조약상 간주세액공제 혜택을 간접적으로 얻도록 해주기 위해 도관으로서 운영되었기 때문에 일반 남용방지규정에 따라 외국납부세액 공제를 받지 못했다.158) 또한, 인도 봄베이고등법원 판결에 따르면, 주식의 양도가 모리셔스 자회사가 아니라 실제로는 미국 모회사에 의해 이루어졌기 때문에 모리셔스 자회사는 주식에 대한 BO가 아니고 대리인 또는 지명인의 성격을 지니므로 인도 · 모리셔스 조세조약 상 면제를 받지 못한다고 판결했다. 이는 BO 개념이 OECD모델 및 'EU 이자 · 사용료지침'에서 명시적으로 사용되는 것보다 조세회피에 대처하는데 보다 광범위한 역할을 할 수 있음을 시사한다.159)

---

156) Eric Kemmeren, *op.cit.*, pp.736-737

157) Daniel Gutmann, "Ch.11: Beneficial Ownership as Anti-Abuse Provision: The Bank of Scotland Case", *Beneficial Ownership: Recent Trends*, 2013, IBFD, pp.167~173; Adolfo Martin Jimenez, "Ch.8: Beneficial Ownership as a Broad Anti-Avoidance Provision: Decisions by Spanish Courts and the OECD's Discussion Draft", *Beneficial Ownership: Recent Trends*, 2013 IBFD, pp.127~142

158) Pasquale Pistone, "Ch.12: Italy: Beneficial Ownership as an Anti-Abuse Provision in International Taxation", *Beneficial Ownership: Recent Trends*, 2013, IBFD, pp.175~185

159) D.P. Sengupta, "Ch.13: Aditya Birla Nuvo Ltd. v. DDIT: High Court of Bombay", *Beneficial Ownership: Recent Trends*, 2013, IBFD, pp.187~198

4 국내 판례동향

종래 대법원은 조세조약 상 BO와 국내법상 실질귀속자를 구별하지 않고, 소득의 지배・관리・처분 여부를 기준으로 BO 여부를 판단하였다. 즉, 법원은 관련 사건에서 BO 여부 판단 시 실질귀속자의 판단요소인 소득창출 역량, 소득창출 활동, 소득의 사용・수익・처분 권한 등을 종합적으로 고려하였다고 할 수 있다.

첫째, 소득창출 역량을 판단하기 위해서 ⅰ) 인적 조직과 물적 시설을 갖추었는지, ⅱ) 사업목적 수행을 위한 독자적인 의사결정 역량이 있는지, ⅲ) 조세회피 목적을 위해 설립・운영되었는지 등을, 둘째, 소득창출 활동을 판단하기 위해서 ⅳ) 자산취득, 계약체결 등 의사결정과 사업수행에 실질적으로 관여하였는지, ⅴ) 자산의 취득자금을 실질적으로 조달하였는지 등을, 셋째, 소득의 사용・수익・처분 권한을 실질적으로 행사했는지를 판단하기 위해 ⅵ) 소득을 매출원가・인건비 등 사업비용으로 실제 사용하였는지, ⅶ) 소득을 제3자에게 전달할 계약상・법률상 의무가 있는지 등을 고려하였다.

〈그림 2-46〉 벨기에 법인을 도관회사로 판정한 사례

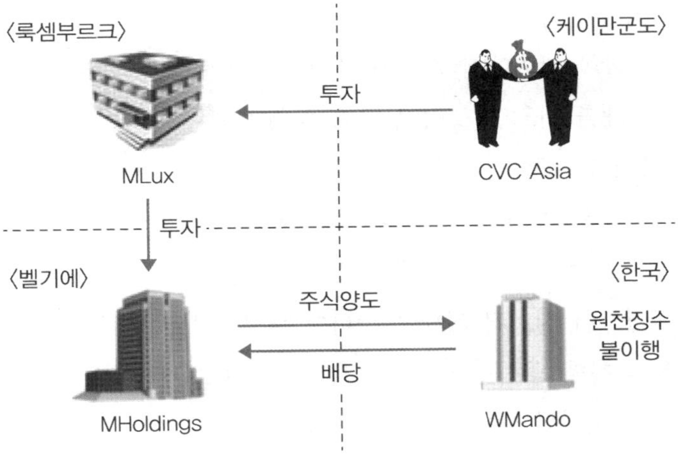

위 〈그림 2-46〉 사례에서 보는 바와 같이 케이만군도의 유한파트너십인 CVC Asia가 벨기에 MHoldings를 통해 국내에 투자한 후 배당과 주식양도소득을 수취한 사안에서, 법원은 MHoldings 계좌에 입금된 배당금이 CVC Asia 계좌로 바로 전송되었고, MHoldings가 독립적인 사업장이 없으며, 인건비와 사업비용을 지출한 사실도 없다는 등

의 사유로 "벨기에 법인 Mando Holdings는 형식상 거래당사자의 역할만을 수행하였을 뿐 그 실질적 주체는 CVC 아시아이고, 이러한 형식과 실질의 괴리는 오로지 조세회피의 목적에서 비롯되었으므로, 이 사건 각 배당소득 및 양도소득의 실질적 귀속자 또는 한·벨 조세조약 제10조의 수익적 소유자를 CVC 아시아로 보아야 하며, 한·벨 조세조약이 적용될 수 없다."고 판시하였다.[160]

〈그림 2-47〉 아일랜드 법인을 도관으로 판정한 사례

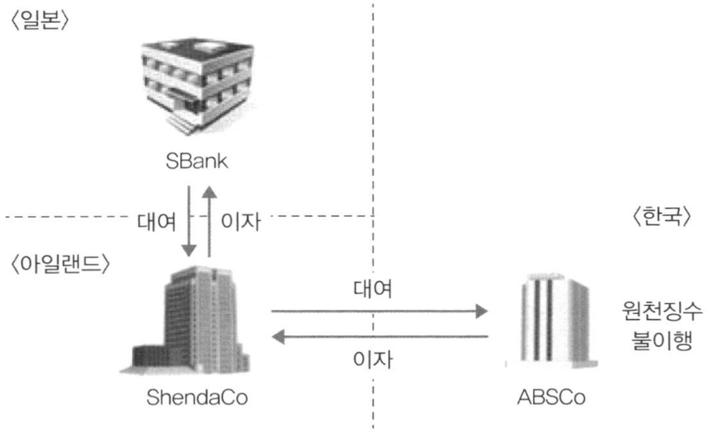

또한, 위 〈그림 2-47〉 사례에서 보듯이 부실채권 인수목적의 SPC인 원고들(ABSCo)이 발행한 유동화사채를 아일랜드 법인(ShendaCo)이 인수하였으나, 아일랜드 법인에게 사채원금과 거의 동일한 금원을 대출해 준 일본계 은행(SBank)이 이자소득에 대한 BO인지 여부가 문제된 사안에서, 법원은 원고들로부터 사채이자 10%를 수취한 아일랜드 ShendaCo가 일본 SBank에 다시 9.975%로 사채원금에 대한 이자를 지급하고, 이 사채원금들은 만기, 이자지급 시기가 거의 동일하여 원고로부터 수취한 이자소득이 동일성을 유지한 채 계약상 의무에 의하여 대부분 일본 SBank로 전달되고 있는 점 등을 근거로 "이 사건 이자소득을 실질적으로 지배·관리하는 자는 도관회사에 불과한 Shenda가 아니라 일본법인인 SBank로 봄이 타당하다."고 판시하였다.[161]

160) 대법원 2012.10.25. 선고 2010두25466 판결

161) 대법원 2016.11.9. 선고 2013두23317 판결; 서울행정법원 2012.11.23. 선고 2011구합31734 판결

반면, 아래 〈그림 2-48〉 사례에서 보는 바와 같이 내국법인 지분 50%를 보유한 영국법인 THUK에게 지급된 배당에 대해서 프랑스 모회사(TSA)를 BO로 보아 한・영조약상 제한세율(5%)을 배제하고 한・프랑스 조세조약상 제한세율(15%)을 적용하여 과세한 사안에서, 법원은 "THUK는 일상업무의 대부분을 자회사 직원이 수행하였으나, 중요 의사결정을 하면서 자회사에 대한 지급보증을 하는 등 지주회사로서의 역할을 수행하였고, 영국에서 법인세를 납부하고 외부 회계감사를 받았으며, 수취배당금은 영국 내 자금관리회사에 예치하여 운용・관리하면서 다른 자회사에게 대여하는 등으로 사용하였다."고 언급하면서, "독립된 실체와 사업목적을 갖고 있는 Total 그룹의 중간지주회사로서 이 사건 배당소득을 지배・관리할 수 있는 실질적 귀속자 또는 수익적 소유자에 해당한다."고 판시하였다.[162)]

〈그림 2-48〉 영국 법인을 배당소득의 BO로 판정한 사례

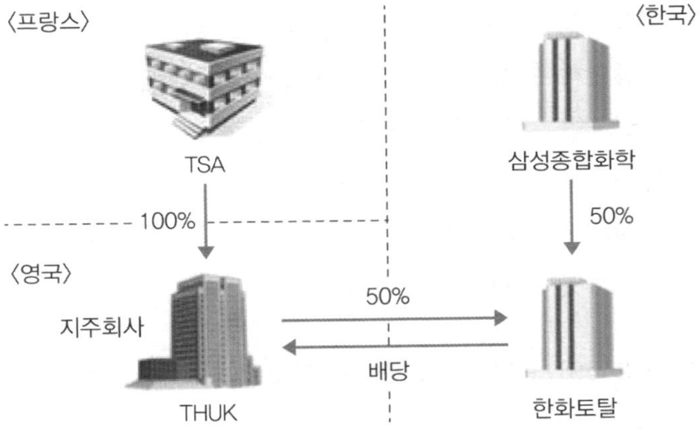

그러나, 최근 대법원은 OECD모델의 입장을 반영하여 BO를 조세조약 고유의 개념으로 인정하면서 조세조약 상 BO와 국내법상 실질귀속자를 구별하여 검토하고 있다. 이에 따라 해당 소득과 관련된 사업활동의 내용과 현황, 해당 소득의 실제 사용과 운용내역 등을 중심으로 BO 여부를 판단하고 있다. 즉, 법원은 OECD모델에서 제시된 BO 개념에 따라서 수취자금을 타인에게 이전할 법률상・계약상 의무가 존재하는지를 판단하기 위해 소득의 수령, 관련 비용지출과 자금운용 내역을 비롯한 해당 소득의 사용・수익 관계를 중심으로 일차적으로 BO 여부를 판단한 후, 다음 단계로 조세조약 상 BO에 해당하더라도 국내법상 실질과세원칙에 따라서 관련 조세조약의 적용을 부인할 수 있는지를 판단하기

162) 대법원 2016.7.14. 선고 2015두2451 판결

위해 실질귀속자 판단요소인 설립경위, 사업연혁, 인적·물적 설비현황, 소득의 지배·관리·처분내역 등 일반적 소득창출 역량과 활동을 추가로 검토하고 있다고 판단된다.

아래 〈그림 2-49〉에서 보는 바와 같이 내국법인(CJ E&M)이 영화배포권에 대한 사용허락 대가로 헝가리법인(VIH)에게 사용료를 지급하고 한·헝가리 조세조약 상 사용료의 거주지국 과세규정에 따라 원천징수를 하지 않은데 대해서 과세당국이 VIH의 모회사(VGN)를 BO로 보아 한·네덜란드 조세조약을 적용하여 과세한 사안에서, 법원은 먼저 "VIH의 설립경위, 사업활동 내역과 현황, 원고와의 계약체결과 관련한 업무수행 내역, 그에 따른 사용료의 수령, 관련 비용지출과 자금운용 내역을 비롯한 사용·수익관계 등 제반 사정을 종합할 때, VIH는 사용료 소득을 VGN 등 타인에게 이전할 법적 또는 계약상의 의무를 부담한 바 없이 그에 대한 사용·수익권을 향유하고 있었다고 보이므로, 한·헝가리 조세조약의 거주자로서 BO에 해당한다."고 판단한 후, 다음 단계로 "그룹의 헝가리 내 사업연혁, VIH의 장기간의 활발한 사업활동, 인적·물적 설비, 소득의 지배·관리·처분 내역 등을 종합하여 보면, VIH는 뚜렷한 사업목적을 가지고 미디어 관련 사업을 영위하는 충분한 실체를 갖춘 법인으로서, 배포권과 그에 따른 사용료 소득을 실질적으로 지배·관리하였다."고 언급하면서 "소득의 귀속에 명의와 실질 사이에 괴리가 없어 국세기본법 제14조 1항의 실질과세원칙에 의하더라도 한·헝가리 조세조약의 적용을 부인할 수 없다."고 판시하였다.[163)]

〈그림 2-49〉 헝가리 법인을 사용료소득의 BO로 판정한 사례

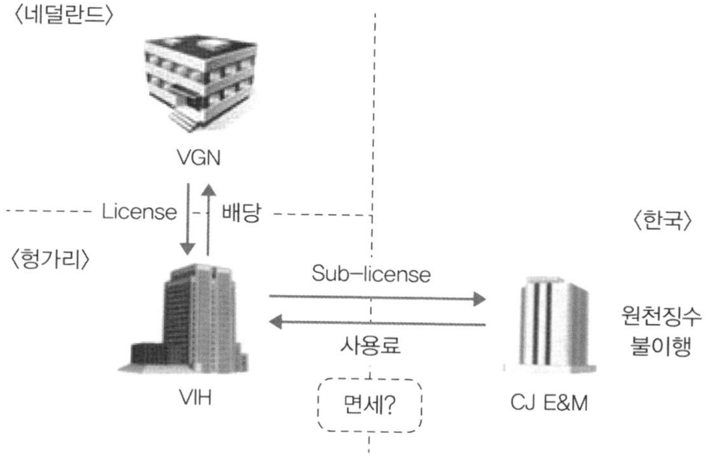

163) 대법원 2018.11.15. 선고 2017두33008 판결

또한, 아래 〈그림 2-50〉에서 보는 바와 같이 내국법인(코닝정밀소재)이 헝가리법인(CHDS)에게 배당금을 지급하면서 한・헝가리 조세조약 상 5% 제한세율을 적용하여 원천징수한데 대해 과세당국이 최종 모회사인 미국 CI를 BO로 보아 한・헝가리 조약의 적용을 부인하고 한・미 조약상 15% 제한세율을 적용하여 과세한 사안에 대해서, 법원은 먼저 "CHDS의 설립경위, 사업활동 현황, 배당소득이 실제 사용된 지출처 및 자금운용 내역, CHDS가 배당을 실시한 적이 없고 CI에게 이전된 금액도 없는 점을 비롯한 사용・수익 관계 등 제반 사정을 종합할 때, CHDS는 배당소득을 CI 등 타인에게 이전할 법적 또는 계약상 의무를 부담한 바 없이 그에 대한 사용・수익권을 향유하고 있다고 보이므로 한・헝가리 조세조약의 거주자로서 BO에 해당한다."고 판단한 후, 다음 단계로 "CHDS는 코닝그룹의 전 세계적 구조개편이라는 독립된 사업목적에 따라 헝가리에 설립되어 오랜 기간 정상적으로 중간지주회사 및 공동서비스센터로서 역할과 업무를 수행하는 충분한 실체를 갖춘 법인으로서, 원고에 대한 지분과 그에 따른 배당소득을 실질적으로 지배・관리하였다."고 언급하면서 "소득의 귀속에 명의와 실질 사이에 괴리가 없어 국세기본법 제14조 제1항의 실질과세원칙에 의하더라도 한・헝가리 조세조약 적용을 부인할 수 없다."고 판시하였다.[164)]

〈그림 2-50〉 헝가리 법인을 배당소득의 BO로 판정한 사례

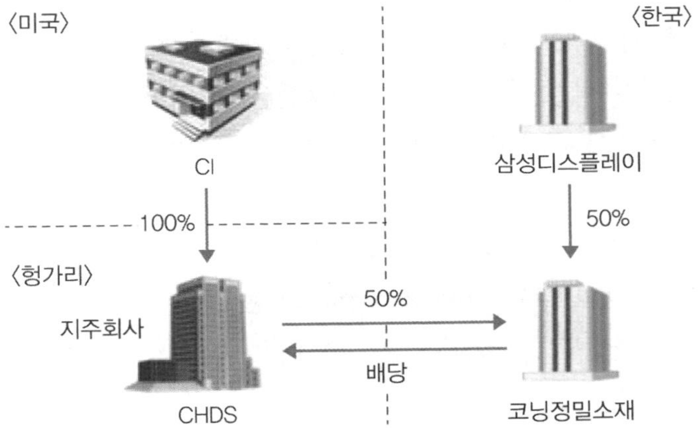

164) 대법원 2018.11.29. 선고 2018두38376 판결

5 도관회사 입증책임 및 판단기준

가. 개요

최근 금융시장의 국제화, 투자지역의 글로벌화 추세에 따라 조세특례제도를 운영하고 있는 제3국에 투자지주회사 등을 설립하여 경유지로 활용하는 일이 빈번해지고 이와 관련한 조세조약 관련 분쟁이 늘고 있는 실정이다.

OECD모델은 "체약국의 거주자가 관련소득의 공식소유자라고 하더라도, 단순히 타인을 위한 도관으로 활동하는 경우에는 BO라고 볼 수 없다."[165]고 규정하고 있으므로, BO 판단기준은 도관 판단기준과 동전의 양면관계라고 할 수 있다. 다시 말해서, ⅰ) 거주지국에서 소득의 소유자로 간주되지 못하는 단순한 대리인 · 지명인, ⅱ) 소득의 공식적 소유자이지만, 해당 소득에 대해 매우 협소한 권한만을 가지고 수익적 소유자를 대신하여 해당 소득의 단순한 수탁자 또는 관리인 역할만을 수행하는 도관회사는 BO 요건을 충족하지 못한다.

또한, OECD모델은 조세조약을 해석함에 있어 국내법상 실질과세원칙을 적용하는 것이 조세조약의 목적과 상충되지 않는다고 밝히고 있다. 왜냐하면, 과세는 궁극적으로 국내법 규정에 의해 이루어지고 조세조약의 규정은 과세를 제한하는 성격을 지니기 때문에 조약규정의 남용은 과세 근거가 되는 국내법 규정의 남용을 가져오기 때문이다. 따라서 "실질과세원칙, 경제적 실질, 일반 남용방지규정들을 적용함으로써 조세조약의 규정들이 소득의 재구분 또는 소득귀속자의 재결정을 가져올 것"이라는 점을 예상하고 있다.(OMC Art.1/79)[166] 이와 관련하여, OECD는 "소득의 수취인이 BO로 간주된다고 해서 조약상 제한세율 혜택이 자동적으로 부여된다는 의미는 아니다."고 전제하고, 조약쇼핑 상황을 포함한 다양한 유형의 조약남용을 방지하기 위하여 조약상 LOB 조항, PPT 조항, 그리고 국내법상 실질과세원칙 등이 적용될 수 있다고 천명하고 있다.(OMC Art.10/12.5 & Art.11/10.3 & Art.12/4.4)

165) OECD모델 주석 제10조 12.3절, 제11조 10.1절, 제12조 4.2절

166) OECD모델 제1조 주석 22절 및 22.1절 참조

나. 도관회사에 대한 입증책임

OECD는 국내법상 실질과세원칙 등을 적용하여 조세조약의 혜택을 부인하기 위해서는 조약의 남용이 있다는 명백한 증거(clear evidence)가 있어야 한다는 점을 강조하고 있다.(OMC Art.1/80) 따라서 조세조약 상 면세 또는 경감 등 혜택에 대한 입증책임은 1차적으로 이를 주장하는 납세자에게 있고[167], 조세조약의 남용에 해당한다는 이유로 조약혜택을 부인하기 위해서는 과세당국이 조약남용에 대한 증거를 제시해야 한다. 과세당국은 BO 또는 실질귀속자를 직접 밝히거나 또는 명의상 수취인이 도관회사라는 사정을 증명하여 간접적으로 소득이 상위 투자자에게 귀속되었음을 추정하는 방식으로 간접적으로 입증할 수도 있다.[168]

이와 관련하여, 정부는 최근 국조법을 개정하여 "납세의무자가 해당 우회거래에 정당한 사업목적이 있다는 사실 등 조세를 회피할 의도가 없음을 입증하지 아니하면 조세조약을 부당하게 받기 위하여 거래한 것으로 추정"한다는 규정을 신설함으로써 특정 국가에 어떤 단체를 설립하거나 그러한 단체와 약정을 체결한 것에 대해 조세회피 의도가 없다는 점을 납세자가 적극 입증할 것을 요구하고 있다.(국조법 §3 ④, 2019.12.31. 신설) 다만, 우회거래 금액이 10억원 이하이고 조세부담 감소액이 1억원 이하인 경우에는 납세자 입증책임을 면제하고 있다.(국조령 §3 ②)

한편, 배당소득 지급자의 BO 조사의무 여부에 대해 법원은 "국내원천 배당소득을 지급하는 자는 특별한 사정이 없는 한 그 소득에 관하여 귀속 명의와 달리 실질적으로 귀속되는 자가 따로 있는지를 조사하여 실질귀속자를 기준으로 법인세를 원천징수할 의무가 있다."고 하면서, 질문검사권을 가지고 있지 않은 한계를 고려하여 "거래 또는 소득금액의 지급과정에서 성실하게 조사하여 확보한 자료 등을 통해서도 실질적 귀속자가 따로 있다는 사실을 알 수 없었던 경우"에는 실질귀속자에 대한 원천징수의무가 없다고 판시하였다.[169]

결국 세무조사 시 도관회사 여부에 대한 판정은 관련된 모든 구체적 사실관계 및 상황

167) 서울행정법원 2011구합31734 (2012.11.23. 선고) 판결에서는 "입증의 난이도가 수월한 납세자 측에게 그러한 조세상의 혜택을 주장하는 근거와 관련된 증명책임을 부담하는 것이 합리적이고, 원고들이 한-아일랜드 조세조약 상의 이자소득 비과세 혜택을 누리기 위하여는 이 사건 이자소득의 BO라는 사실을 적극적으로 입증하여야 한다."고 밝히고 있다.

168) 대전고등법원 2014.10.2. 선고 2013누1292 판결

169) 대법원 2013.4.11. 선고 2011두3159 판결; 대법원 2013.10.24. 선고 2011두22747 판결; 대법원 2016.11.9. 선고 2013두23317 판결

(all the facts and circumstances)을 종합적으로 고려하여 이루어져야 한다. 쟁점 거래와 관련한 법적 근거와 이를 뒷받침하는 증거에 따라서만 과세가 이루어져야 하고, 조약남용에 대한 명백한 증거없이 단순히 조세회피 정황만을 가지고 조약혜택이 부인되어서는 안 되기 때문이다.

다. 도관회사 판단기준

OECD는 도관회사(conduit company)의 개념에 대해 명확히 정의하고 있지 않지만, 2014년 OECD모델 개정시 "소득의 수취인이 타인에게 수취자금을 전달할 계약상·법률상 의무에 제약됨이 없이 소득을 사용·향유할 권리를 가지는 경우, 그 수취인은 해당 소득의 BO에 해당한다."(OMC Art.10/12.4, Art.11/10.2, Art.12/4.3)고 언급함으로써 간접적으로 도관회사의 판단기준을 제시하고 있다. 또한, OECD는 "BO 용어가 '지급' 문구의 맥락, 조세회피 방지라는 조약의 목적을 고려하여 해석되어야"하고, BO에 해당하더라도 다른 유형의 조약남용을 방지하기 위해 조약상 LOB 및 PPT 조항, 국내법상 일반 남용방지규정이 적용될 수 있다는 입장이어서 조약혜택을 받을 수 없는 도관회사의 판단기준은 OECD가 제시하는 BO 제외요건보다는 폭넓게 설정해야 할 것이다.(OMC Art.10/12.1&12.5, Art.11/9.1&10.3, Art.12/4&4.4)

최근 우리나라 법원도 BO 해당 여부를 판단함에 있어서 우선적으로 조세조약 상 BO 요건을 검토한 후, 다음으로 국내법상 실질과세원칙 적용 여부를 판단하고 있는데 이는 OECD 입장과 일맥상통하는 접근방법이라고 하겠다.

이러한 맥락에서 볼 때, 도관회사는 일반적으로 "자산이나 소득에 대한 실질적 지배·관리권 또는 사용·수익·처분 권한을 갖지 못하고, 주로 조세조약 혜택을 얻기 위한 목적으로 이용되는 회사"를 말한다. 따라서 어느 정도의 기업 실체 또는 외관을 갖춘 경우라도 쟁점 거래 또는 소득과 관련하여 실질적 역할을 수행하지 못한 경우에는 도관에 해당될 수 있다. 즉, 도관회사는 종업원, 자산 등 기업의 실체가 있는지 여부에 따라 판단할 것이 아니라, 쟁점 거래 또는 소득과 관련하여 누가 실질적으로 주요 의사결정, 소득의 관리·처분 등을 수행했는지, 누가 수취자금의 사용 및 향유에 대한 권리를 가지고 또한 실제로 행사했는지 여부에 따라 결정된다.(substance approach) 따라서 인적 조직 또는 물적 시설 등이 도관 여부를 판단하는 명백한 증거가 될 수는 없고, 쟁점거래 또는 수취자금과 관련하여 임직원들이 무슨 역할과 활동을 수행했는지가 중요하다. 또한, 직원들의 전문성도 필요조건이지 충분조건은 아니다. 중요한 것은 임직원들이 실제로 전문성을 발휘하여 투자 의사결정, 수익의 관리·사용·처분 권한을 행사했는지 여부이다.

이렇게 볼 때 도관회사는 아래 〈표 2-11〉에서 보는 바와 같이 소위 서류상 회사(paper company), 우편함회사(letter-box company)[170], 특수목적회사(special purpose company)[171] 등과 구분되는 개념이라고 할 수 있다.

이하에서는 앞서 살펴 본 OECD기준과 국내외 판례동향을 종합하여 조세조약 혜택이 부인되는 도관회사 판단기준을 정리하여 제시하고자 한다.

〈표 2-11〉 도관회사와 유사 개념의 구분

구 분	서류상회사	우편함회사	특수목적회사
• 거주자 지위	국가별로 다름	인정	인정
• 직원 유무	없음	있음	없음
• 자산 유무	없음	있음	있음
• 조세회피 목적	있음	있음	없음
• 실질적 활동	없음	없음	없음
• 조세조약 혜택	부인	부인	인정

(1) 자산 및 소득에 대한 지배·통제권을 갖지 못할 것

BO 또는 도관 여부 판단시 수취금액을 최종 소유자에게 지급할 법적 의무가 있는지 여부가 중요한 것이 아니라, 해당 회사가 다른 자에 의해 지배·통제를 받고 있는지(controlled) 여부가 핵심이다.[172] "파산의 위험을 누가 부담하는가"를 검토하는 것이 현실적 판단기준이라는 것이다. 즉, 소득의 수취인이 해당 소득을 최종 수취인에게 지급하기

170) 우편함회사는 통상 직원 1명, 서류보관용 사무실 등 최소한의 인적·물적 실체를 갖추고 대부분의 일상적 업무집행은 자산관리회사 또는 법률회사 등이 수행하는데, 이를 법인대행서비스(corporate secretarial service)라고 한다. 네덜란드, 룩셈부르크, 스위스, 아일랜드, 싱가포르 등 조세조약 네트워크를 갖추고 역외금융센터 역할을 하는 국가에 다수 설립되고 있다.

171) SPC(SPE 또는 SPV)는 특정 목적을 달성하기 위해 만든 법인 또는 파트너쉽 형태의 법적 단체이다. 일반적으로 기업으로부터 특정 투자에 따른 위험을 분리하기 위해 이용되는데, 부채 또는 소유관계를 숨기기 위해 이용되기도 한다. 우리나라에서는 1997년 외환위기 극복 과정에서 다양한 형태의 SPC의 설립이 가능해졌다. 일반적으로 자산유동화, 기업구조조정, 부동산투자신탁, M&A, 프로젝트 파이낸싱 등 목적을 위해 이용된다.

172) Philip Baker, 「Double Taxation Convention, 3rd edition. (London: Sweet & Maxwell, 2001) Para. 10B-10.4 참조

전에 파산할 경우에 경제적 위험을 누가 부담하는지에 따라 판단해야 한다. 만약 최종 수취인이 스스로 해당 자금의 소유권을 주장한다면 그 자금은 그 수취인에게 이미 속한 것으로 간주할 수 있지만, 단순히 실제 수취인의 채권자 중의 하나라면 그 자금은 실제 수취인의 소유라는 것이다.

BO는 수취금액을 보유하고 재량적 목적으로 해당 자금을 사용할 권한이 있는 자이다. 반면, 수취인이 자금(이와 동등한 자산 또는 이득을 포함)을 다른 자에게 이전해야만 한다면 BO가 아니다. 이 경우에는 다른 자의 계산 하에, 다른 자를 위해 또는 다른 자를 대신하여 활동하는 것이다. 또한, 자금을 이전해야 할 사전적 의무는 없지만 주주, 채권자, 무형자산의 소유자 또는 제3자가 (이를 청구할 수 있는) 콜옵션을 가지고 있는 경우에도 BO라고 할 수 없다.[173] 2014년 개정 OECD모델 주석에서, "타인에게 이전할 계약상 또는 법률상 의무에 제약됨이 없이 수취 소득을 사용 및 향유할 권한(the right to use and enjoy the dividend)"을 가지는 인을 BO라고 규정하고 있는 것도 같은 맥락이다.

우리나라 법원도 "이자소득을 수령함에 있어 수익적 소유자가 되려면 원천지국의 소득을 수령하는 자가 타방체약국의 거주자라는 것으로는 부족하고, 그 해당 거래의 법률상·계약상의 명의나 형식에 불구하고 실질적·경제적으로 해당 이자소득을 지배·관리·처분하는 자이어야 한다."[174]는 입장이다.

이와 관련하여 우편함회사 또는 SPC 형태로 설립되어 충분한 인적·물적 실질을 갖추지 못한 투자지주회사(investment holding company)의 도관 해당 여부가 문제될 수 있다. OECD는 투자지주회사 자체가 조세회피 목적을 위해 설립된 단체는 아니다(즉, 유해하지는 않다)는 입장이다. 그러나, 투자지주회사도 사업의 성격에 부합하는 정당한 사업목적과 실질적 사업활동 등 선량한 거주자로서의 실질을 갖추어야만 조세조약의 혜택을 받을 수 있다. 따라서 투자지주회사 또는 이들 지주회사의 관리회사가 단순히 회계처리, 세금신고, 계좌관리, 내부보고 등 관리적·행정적 성격의 업무만을 수행하고 투자자산의 소유 및 투자수익의 관리·사용·처분에 대한 완전한 지배·통제권을 행사하지 못하는 경우에는 도관회사로 판정할 수 있을 것이다.

---

173) Ekkehart Reimer, "Ch.18: How To Conceptualize Beneficial Ownership", Beneficial Ownership: Recent Trends, 2013, IBFD, pp.259~260

174) 서울행정법원 2011구합31734 (2012.11.23. 선고) 판결; 대법원 2016.11.9. 선고 2013두23317 판결

(2) 조약혜택을 얻을 목적으로 단체를 설립하거나 약정을 체결할 것

체약국 중 거주지국의 기업이 유리한 조세상 지위를 획득하여 조약혜택을 얻는 등 조세회피를 주된 목적(main purpose)으로 설립된 경우에는 조세회피 또는 탈세의 방지라는 조세조약의 목적에 비추어 면세 또는 감면의 혜택이 부여되지 아니한다.(OMC Art.1/61) 그리고 조세회피 목적 유무에 대한 입증책임은 조약혜택을 청구하는 납세자가 조세회피 목적이 없음을 적극 입증해야 한다. 이와 관련하여, 우리나라 법원은 "해당 자금의 원천, 투자여부 및 투자방법의 실질적 결정자, 해당 자금투자에 관한 사업상 제반 위험의 부담자, 지급된 이자소득이 동일성을 유지한 채로 계약상 혹은 법률상 의무에 의하여 수취자로부터 상위투자자 등에게 전달되는지 여부 등을 종합적으로 고려하여 판단하여야 하며, 소득의 수취자가 아닌 그 상위투자자 등에게 실질적으로 해당 이자소득이 귀속되고 그러한 거래구조에서 얻을 수 있는 이익이 조세상의 혜택뿐이라고 여겨질 경우에는 조세회피 목적 또한 추단된다."[175]고 하거나, "투자자들의 실제 거주지국과는 무관한 벨기에에 SH를 설립하고 여러 단계의 지주회사를 개입시켜 투자 지배구조를 수시로 변경한 것은 투자의 효율적인 관리·운용을 위하여라기보다는 ○○펀드가 설정 당시부터 주도면밀하게 계획한 조세회피 방안에 따른 것이라고 할 것이어서, 투자지주회사의 필요성에도 불구하고 SH를 조세회피를 위하여 사용된 관념상의 회사라고 볼 수밖에 없다"[176]고 하는 등 거주지국에 기업을 설립한 것이 조세상 혜택 이외에 실제로 정당한 사업목적 때문이었는지를 파악하기 위해 설립 시점만이 아니라 투자 준비 단계부터 설립, 계약, 관리, 매각, 청산 등 투자 전 과정을 종합적으로 고려해야 한다는 입장을 취하고 있다.

(3) 독자적이고 실질적인 사업활동이 없을 것

투자회사 또는 지주회사가 서류상 회사가 아니고 어느 정도의 인적·물적 실체를 갖춘 경우 이들 회사의 도관 해당 여부가 문제된다. 이 경우 진실된 사업목적(bona-fide business purpose)의 존재 여부와 함께 기업활동 전반 또는 쟁점 거래 또는 소득의 실질이 있는지를 종합적으로 검토해야 한다. 과거에는 중간법인으로 단순히 서류상 회사를 이용하였기 때문에 도관회사 여부를 판단할 때 종업원이나 자산의 보유 여부 등 형식적 기준을 검토하는 것으로 충분하였으나(entity approach), 최근에는 실질적 사업활동을 하

175) 서울행정법원 2012.11.23. 선고 2011구합31734 판결

176) 대법원 2016.12.15. 선고 2015두2611 판결; 서울고등법원 2010.2.12. 선고 2009누8016 판결

는 것처럼 위장하기 위해 어느 정도의 실질(minimum substance)을 갖추는 사례가 많기 때문에 이러한 형식적 기준만으로는 조세회피 기법의 진화에 대처하기 어렵다. 전반적인 기업활동의 실질이 있는지를 검토하는 것뿐만 아니라, 쟁점 거래와 관련하여 누가 실질적으로 지배・통제권을 행사했고, 투자 및 투자회수 의사결정, 소득의 관리・사용・처분 등을 수행했는지에 초점을 맞출 필요가 있다.(transaction approach) 따라서, 어느 단체가 다수의 종업원을 보유하고 약간의 소득창출 활동을 수행했더라도 특정 쟁점거래와 관련하여 독립적으로 투자 및 수익관리 활동을 주도(즉, 지배・통제권을 행사)하지 않았다면 도관회사로 판정할 수 있다.

이와 관련하여, 법원은 거주지국(벨기에)의 기업에 다수의 직원이 존재하고 이사회를 개최하며 소득세를 납부하는 등 어느 정도의 실질을 갖추고 있었음에도 불구하고 쟁점거래와 관련하여 투자계약, 대금지급, 투자자산 관리 및 매각 등 투자활동 전 과정에 사실상 미국 본사 및 원천지국(한국)의 자회사 임원 등이 주도적으로 관여한 사안에서 해당 기업을 도관으로 판정하였다.[177)]

177) 서울고등법원 2010.2.12. 선고 2009누8016 판결

제6장 고정사업장

1 고정사업장의 의의 및 동향

가. 고정사업장의 의의

외국법인과 비거주자가 국내에 고정사업장(permanent establishment: 이하 PE)을 가지고 있지 아니하면 사업소득에 대해 과세하지 않는다. 즉, 사업소득에 대한 조세조약상 과세권의 배분은 "PE 없으면 과세없다."라는 원칙이 적용되고 있다. 이 원칙은 한 기업이 타 국가에 PE를 설립할 때까지는 타 국가가 그 기업의 이윤에 대해 과세권을 가져야 할 정도로 타 국가의 경제생활에 참여하는 것으로 간주되어서는 안 된다는 국제적 합의를 표현하고 있다.

OECD/UN모델 제5조 제1항은 PE를 "기업의 사업의 전부 또는 일부가 수행되는 고정된 장소(a fixed place of business)"라고 정의하고 있다. 또한, 우리나라 세법은 "외국법인(비거주자)이 국내에 사업의 전부 또는 일부를 수행하는 고정된 장소를 가지고 있는 경우에는 국내사업장이 있는 것으로 본다."라고 규정하고 있다.(법법 §94 ①, 소법 §120 ①) 따라서 OECD/UN모델의 고정사업장과 우리나라 세법 상 국내사업장의 개념에는 차이가 없음을 알 수 있다.

PE 개념은 외국기업의 사업소득에 대해 과세할 수 있는지 여부를 결정할 뿐만 아니라 과세방법과 기준을 결정하기 위해서도 중요하다. 즉, 외국기업의 국내사업장과 실질적으로 관련되거나 이에 귀속되는 국내원천소득에 대해서는 모든 국내원천소득을 종합하여 신고·납부(순소득 과세)하여야 하지만, 국내사업장이 없거나 국내사업장이 있더라도 실질적으로 관련되지 아니하거나 이에 귀속되지 아니하는 소득에 대해서는 이를 지급하는 자가 법인세를 원천징수·납부(총수입 과세)하도록 되어 있다.

〈표 2-12〉 국내사업장 유무에 따른 과세방법의 차이

구 분	국내사업장 존재	국내사업장 부존재
종합합산 신고 · 납부대상 (net income basis)	• 국내사업장에 귀속되는 사업소득 등 • 국내사업장과 실질적으로 관련되는 투자소득	• 부동산소득
원천징수 분리과세대상 (gross receipt basis)	• 국내사업장에 귀속되지 않는 사업소득 등 • 국내사업장과 실질적으로 관련되지 않는 투자소득	• 부동산소득 제외한 국내 원천소득

나. OECD 논의동향

오늘날에는 인터넷을 통해 타 국가에 물리적 장소 또는 종속대리인과 같은 과세실재(taxable presence)를 갖지 않고도 해당 국가에 소재한 고객과 사업을 수행함으로써 타 국가의 경제생활에 깊이 관여하는 것이 가능해졌다. 비거주자 또는 외국기업이 타 국가에 소재한 고객과의 거래로부터 상당한 이윤을 벌어들이는 시대에 사업소득에 대한 현재의 규정이, 특히 그러한 거래의 이윤이 어느 곳에서도 과세되지 않는 경우에, 국가 간 과세권의 공정한 배분을 보장하는 것인지에 대한 의문이 지속적으로 제기되어 왔다.

현행 PE관련 국제적 과세원칙이 이러한 디지털 경제의 심화 등에 따른 새로운 사업모델과 사업방식의 출현에 효과적으로 대처하지 못한다는 인식이 확산되면서 PE의 인위적 회피를 통한 탈세를 방지하기 위해 PE 개념을 수정해야 한다는 국제적 공감대가 이루어졌다. 이에 따라, OECD는 2015.12월 BEPS 프로젝트의 15개 실행계획 중 하나로 '인위적인 고정사업장 지위의 회피 방지방안' 보고서를 발표하였다.[178] 그리고 PE가 성립되기 위한 한도(threshold)의 남용을 방지하기 위해 조세조약 상 PE의 개념이 업데이트되어야 한다고 보고, 추가 논의를 진행한 결과 2017년 OECD모델 개정에 반영되었다.

그러한 논의의 초점은, 첫째 많은 국가에서 전통적으로 판매자(distributor) 역할을 하던 외국기업의 국내 자회사가 판매대리인(commissionaire)으로 전환되어 판매가 발생한 국가의 과세를 회피하는 사례가 증가하고 있다는 점, 둘째 디지털 경제 시대가 도래하면서 종전에는 예비적 · 보조적인 것으로 인식되었던 특정 활동들이 사업의 중요한 요소로

178) OECD, "Preventing the Artificial Avoidance of Permanent Establishment Status", Action 7 : 2015 Final Report, 2015

부각되고 있는 상황에서, MNEs이 예비적・보조적 활동에 대한 PE의 예외조항을 이용하기 위해 그룹 내 여러 회사들 간에 사업운영을 인위적으로 분할하는 경우가 많다는 것 등이다. 그러나 이러한 논의가 과세권 배분에 관한 현행 국제기준을 변경하는 것은 아니고, 단지 국제거래 소득에 대한 과세가 이루어지지 않거나 낮게 과세되는 경우에 원천지국과 거주지국의 과세권을 회복시키는데 초점을 맞추고 있다는 점을 유념할 필요가 있다.

다. 고정사업장의 유형

PE는 보통 둘 또는 세 가지 유형으로 분류되고 있으나 여기서는 설명의 편의상 다음 4가지 유형으로 분류하고자 한다. 첫째, 국내에 지점, 공장 등 물리적으로 고정된 장소를 가지고 외국기업의 사업활동을 수행하는 '물리적 고정사업장(physical PE)', 둘째 국내에서 외국기업을 위해 일정기간 이상 건설공사 등의 사업을 수행하는 '건설 고정사업장(construction PE)', 셋째 외국기업이 종업원 등을 통해 원천지국에서 일정 기간을 초과하여 용역을 제공하는 경우 그 용역제공 장소를 PE 개념에 포함하는 '용역 고정사업장(service PE)', 넷째 외국기업이 국내에 고정된 사업장소를 두지 않고 계약체결권을 상시 행사하는 대리인을 통해 사업활동을 수행하는 '종속대리인 고정사업장(dependent agent PE)', 그리고 UN모델에서만 인정하는 '배송대리인 PE(delivery agent PE)' 및 '보험대리인 PE(insurance agent PE)'로 분류할 수 있다. 이하에서는 일반 고정사업장과 간주 고정사업장의 대분류 하에 위 4가지 PE의 성립요건 등에 대해 상세히 검토하고자 한다.

〈표 2-13〉 고정사업장의 유형

구 분	유 형	모델협약 근거
일반 고정사업장 (general PE)	물리적 고정사업장 (physical PE)	OECD모델 §5(1),(2) UN모델 §5(1),(2)
	건설 고정사업장 (construction PE)	OECD모델 §5(3) UN모델 §5(3)(a)
	용역 고정사업장 (service PE)	OECD모델 §5 주석 (144 및 166) UN모델 §5(3)(b)
간주 고정사업장 (deemed PE)	종속대리인 고정사업장 (dependent Agent PE)	OECD모델 §5(5) UN모델 §5(5)(a)

구 분	유 형	모델협약 근거
	*배송대리인 **보험대리인	*UN모델 §5(5)(b) **UN모델 §5(6)

2 일반 고정사업장

일반 고정사업장(general PE)이 존재하기 위해서는 첫째, 사업장소(place of business) 요건으로서 국내에 외국기업의 고정된 사업장소가 존재해야 하고, 둘째, 사업활동(business activity) 요건으로서 외국기업 사업의 전부 또는 필수적이고 중요한 일부가 국내에서 수행되어야 한다. 일반 PE의 범주에 포함될 수 있는 것으로서 물리적 PE와 건설 PE, 그리고 용역 PE를 들 수 있는데, 아래에서 이를 나누어 설명하고자 한다.

가. 물리적 고정사업장

(1) 일반적 요건

〈OECD/UN모델 제5조 제1항 및 제2항〉

1. 이 협약의 목적 상, "고정사업장" 용어는 기업의 사업이 전부 또는 일부가 수행 되는 고정된 사업장소를 의미한다.
2. "고정사업장" 용어는 특히 다음 사항을 포함한다.
   a) 관리장소, b) 지점, c) 사무소, d) 공장, e) 작업장, 그리고 f) 광산, 유전, 채석장, 기타 자연자원의 채취장소

첫째, 사업장소가 존재해야 한다.(장소적 개념) 사업장소의 예로서 OECD모델은 위에서 보는 바와 같이 a) 관리장소, b) 지점, c) 사무소, d) 공장, e) 작업장, f) 광산, 유전, 채석장 등을, 우리나라 세법은 ⅰ) 지점, 사무소 또는 영업소, ⅱ) 상점, 그 밖의 고정된 판매장소, ⅲ) 작업장, 공장 또는 창고, ⅳ) 6개월 초과하는 건축장소, 건설・조립・설치 공사 현장 또는 감독장소, ⅴ) 6개월 초과 용역제공 장소, ⅵ) 광산・채석장 또는 자원탐사 및 채취장소 등을 열거하고 있다.(법법 §94 ②, 소법 §120 ②) 위의 장소들은 PE가 존재

할 수 있는 장소를 예시한 것에 불과하며, PE가 되기 위해서는 나머지 PE 구성요건을 모두 충족해야 한다.

사업장소는 법적으로 해당 기업의 소유여야 하는 것은 아니고 다른 기업에 속한 장소라도 사용허락을 받고 일정 기간 계속하여 사용하는 것, 즉 기업의 지배・처분권한 하에 있는 것(at the disposal of the enterprise)이면 된다. 예컨대, 계약제조업자의 공장은 위탁기업의 지배・처분 권한 내에 있지 않기 때문에 위탁기업의 사업장소라고 할 수 없다. 반면, 기업이 사업의 전부를 다른 기업에게 위탁(하청)을 준(subcontract) 경우에도 하청업자의 사업장소에 대한 실질적 사용권한을 보유한 경우에는 해당 기업의 지배・처분권한 내에 있다고 할 수 있다.[179] 이는 소규모 호텔을 소유하고 인터넷을 통해 룸을 임대하는 기업이 호텔의 현장운영을 위탁을 준 경우에도 적용될 수 있다.(OMC Art.5/60)

따라서, 사업장소는 사업수행에 부지가 요구되지 않거나 단순히 자신의 지배・처분 하에 있는 일정한 공간만 가지고 있는 경우에도 역시 존재할 수 있다. 따라서 시장의 노점(pitch) 또는 과세재화의 보관을 위해 항구적으로 이용되는 보세창고도 사업장소에 해당할 수 있다. 또한, 사업장소는 타 기업의 사업시설에 소재할 수도 있다. 예컨대, 외국기업이 자신의 상시 지배하에 타 기업이 소유하는 일정한 부지를 가질 수 있다.(OMC Art.5/10) 해당 장소를 사용할 법적 권리가 요구되지 않는다. 예를 들어, 기업이 사업을 수행하는 특정 장소를 불법적으로 점유하는 경우에도 PE가 존재할 수 있다.(OMC Art.5/11)

어떤 장소가 "사업이 전부 또는 부분적으로 수행되는 장소"에 해당하도록 기업의 지배・처분 하에 있는 것으로 간주될 수 있는지 여부는 기업이 ⅰ) 그 장소를 이용하는 실질적 권한을 가지는지, ⅱ) 그 장소에서 기업의 실재 정도, ⅲ) 그 곳에서 수행하는 활동들에 달려 있을 것이다. 예를 들어, 기업의 종업원들이 특수관계기업의 사무실에 대한 접근권을 가지고 종종 방문하지만 상당한 기간동안 그 곳에서 일하지 않는 경우, 그 장소에 대한 기업의 실재가 간헐적 또는 우연적이어서 해당 장소는 기업의 사업장소로 간주될 수 없다. 또한, 기업이 특정 장소에 실재할 권한을 갖지 못하고 그 장소 자체를 사용하지 않는 경우, 예컨대 공급자 또는 계약제조업자가 소유하고 전적으로 사용하는 공장은, 공장에서 생산된 재화가 해당 기업의 사업에 사용될 것이라는 이유만으로, 재화를 취득한 기업의 지배・처분 하에 있는 것으로 간주할 수 없다.(OMC Art.5/12) 한편, S/W와 전자데이

179) 사업장소에 대한 실질적 사용권한(effective power to use the site)이라 함은 특정 장소에 대해 법적 소유권을 가지고 접근 및 사용을 통제할 수 있으며, 해당 장소에서 발생한 결과에 대해 전반적인 책임을 지는 경우를 말한다.

터의 결합인 인터넷 웹사이트 자체는 유형자산에 해당하지 않고, 웹사이트를 구성하는 S/W와 데이터는 부지 또는 장비와 같은 설비가 존재하지 않기 때문에 사업장소를 구성할 수 없다. 반면에, 웹사이트가 저장되는 서버는 물리적 공간을 가진 장비의 일종이므로 서버를 운영하는 기업의 고정된 사업장소를 구성한다.(OMC Art.5/123)

집사무실(home office)과 관련하여, 많은 경우 종업원의 집에서 사업활동을 수행하는 것이 매우 간헐적이거나 우연적이어서 집이 기업의 지배・처분 하에 있는 장소로 간주되지는 않을 것이다. 그러나, 집사무실이 기업의 사업활동의 수행을 위해 지속적으로 사용되고, 기업이 종업원에게 사업활동 수행을 위해 그 장소를 사용할 것을 요구하는 경우에는 집사무실이 기업의 지배・처분 하에 있는 것으로 간주될 수 있다.(OMC Art.5/18) 예를 들어, 비거주자인 컨설턴트가 특정 국가에 일정한 기간 체재하고 해당 국가의 집사무실에서 자신의 컨설팅기업의 사업활동을 수행하는 경우, 집사무실은 기업의 지배・처분 하에 있는 장소에 해당한다. 그러나, 초국경 근로자(cross-frontier worker)가 타국에 있는 사무실이 아니라 일방국에 있는 자신의 집사무실에서 대부분의 업무를 수행하는 경우, 해당 기업이 그 집을 사업활동에 사용하도록 요구한 것이 아니기 때문에 그 집을 기업의 지배・처분 하에 있는 것으로 간주해서는 안될 것이다.(OMC Art.5/19)

'관리장소'도 PE를 구성하는 사업장소가 될 수 있지만, MNE그룹의 관리기능(회계, 법무, 인사관리 등)이 집중화되어 예컨대, 본사가 여러 자회사들을 위해 이러한 관리용역을 제공하는 경우에는 본사에 자회사의 PE가 존재한다고 할 수는 없다. 왜냐하면, 본사는 자신의 직원들을 통해 자체 사업을 영위하는 것이고, 사업장소가 자회사의 지배・처분 하에 있지 않기 때문이다. 그러나, 기업의 종업원이 계약상 의무의 준수 여부를 보장하기 위해 새로 인수한 자회사의 사무실을 사용하는 경우, 본사의 사업과 관련된 활동을 수행하는 종업원 및 자회사에서 자신의 지배하에 있는 사무실은 충분히 장기간 동안 자신의 지배・처분 하에 있고 예비적・보조적 활동을 초과한다면 본사의 PE를 구성할 수 있다.(OMC Art.5/15)

사업의 성격을 고려하여 활동들이 이동되는 특정 지역이 해당 사업과 관련하여 '상업적・지리적으로 응집된 전체(a coherent whole)'로 식별될 수 있는 경우에는 하나의 사업장소가 존재하는 것으로 간주될 것이다.(OMC Art.5/22) 예를 들어, 컨설팅회사가 정규적으로 다른 사무실들을 임차하는 '호텔사무실(office hotel)'은 빌딩이 지리적으로 전체를 구성하고, 호텔이 해당 회사의 유일한 사업장소이기 때문에 기업의 하나의 사업장소로 간주될 수 있다. 동일한 이유로, 상인이 정규적으로 판매대를 설치하는 여러 곳의 보행자거리, 야외시장 또는 장터는 해당 상인의 하나의 사업장소를 구성한다.(OMC Art.5/23) 반대로, 상업적 응집력(commercial coherence)이 없는 경우, 활동들이 한정된 지리적 영역 내에서 수행된다고 해서 그 지역이 하나의 사업장소로 간주되어서는 안 된다.(OMC Art.5/24) 또한, 여러 활동들이 상업적 응집력이 있는 단일 프로젝트의 일부로서 수행되더라도 하나의 사업장소로 간주하기에는 지리적 응집력(geographic coherence)이 부족할 수 있다. 예를 들어, 컨설턴트가 은행 직원들의 교육프로젝트로서 여러 지역에 소재한 지점들에서 일하는 경우, 각 지점은 별도로 간주되어야 한다.(OMC Art.5/25)

만약 기업이 임대활동을 위한 고정 사업장소를 타국에 가지지 않고서 시설, 산업적·상업적·과학적(industrial, commercial or scientific: 이하 ICS) 장비, 빌딩 또는 무형자산을 타국의 기업에게 임대하는 경우, 계약이 단지 임대로만 제한된다면 임차시설, ICS장비, 빌딩 또는 무형자산 자체로는 임대인의 PE를 구성하지 않는다. 임대인이 장비설치 후 작동시키기 위하여 직원들을 파견한 경우에도 그들의 책임이 임차인의 지시, 책임 및 통제 하에 ICS장비의 운영·유지로만 제한된다면 PE를 구성하지 않는다. 그러나, 만약 직원이 광범위한 책임, 예컨대, 장비 사용작업과 관련한 의사결정에 참여하거나 그들이 임대인의 책임과 통제 하에 장비를 운영, 제공, 검사 및 유지한다면, 임대인의 활동은 ICS장비의 단순임대를 넘어서 본인의 활동에 해당할 수 있고 항구성 요건을 충족하면 PE가 존재하는 것으로 간주될 수 있다.(OMC Art.5/36)

원격통신사업의 경우 본국 네트워크의 지리적 범위 밖에 있는 이용자는 해외네트워크의 사용을 통해 자동적으로 음성통화 및 자료를 송수신하는 등 서비스에 접근할 수 있고, 나중에 해외네트워크 사업자는 이용자의 본국네트워크 사업자에게 이용요금을 청구한다. 이러한 전형적 로밍(roaming) 약정에서 본국네트워크 사업자는 단순히 통화를 해외사업자의 네트워크로 전송하고 해당 네트워크를 운영하거나 이에 대해 물리적 접근권을 갖지는 못한다. 이러한 이유로, 해외네트워크가 소재한 장소는 본국네트워크 사업자의 지배·처분 하에 있다고 간주될 수 없으므로 PE를 구성하지 않는다.(OMC Art.5/38)

둘째, 사업장소가 고정되어 있어야(fixed) 한다.(기간적 개념) 고정성 요건을 충족하기 위해서는 지리적 특성과 어느 정도의 항구성을 가져야 한다. 국제적으로 운항하는 선박은 통상 고정성 요건을 충족하지 못하지만 선박운항이 상업적·지리적 일관성을 갖는 특정 지역으로 제한된다면 선박 내 상점들도 간주PE(deemed PE)가 될 수 있다.(OMC

Art.5/26) 얼마나 오랜 기간 존속해야 항구성을 가진 것으로 볼 수 있는지는 국가별 또는 사안별로 다를 수 있지만 통상 6개월 기준이 제시된다. 그러나, 6개월 미만 존속하더라도 사업의 성격상 매년 반복적으로 사업활동을 하거나 사업의 전부가 수행되는 경우에는 원천지국과 강한 연계성을 가진다고 보아 PE의 존재를 인정할 수도 있다.(OMC Art.5/28-30)

셋째, 사업활동 요건으로서 고정된 장소를 통해 사업을 수행해야 한다.(기능적 개념) 국내에서 수행하는 사업활동의 성격은 예비적 · 보조적이어서는 안 되고, 외국기업의 필수적(essential)이고 중요한(significant) 사업활동에 해당해야 한다.[180] 즉, "전체적으로 볼 때 기업활동의 필수적이고 중요한 부분(an essential and significant part of the enterprise as a whole)에 해당하는지 여부"에 따라 판단되어야 한다는 것이다. 필수적이고 중요한 활동인지 여부는 개별사안의 사실관계 및 상황을 종합적으로 고려하여 결정될 문제이지만, 질적 측면에서 활동의 성격이 사업수행을 위해 꼭 필요한 '필수적(essential)' 활동이어야 하고, 양적 측면에서 전체기업에서 차지하는 상대적 중요성이 상당한(substantial) 즉, '중요한(significant)' 정도가 되어야 한다.[181]

이와 관련하여, 한 미국 판결에서는 미국 내 사업수행(trade or business) 여부에 대한 판단기준으로 "상당한(substantial), 정규적(regular), 계속적(continuous), 통상적(ordinary)"일 것을 요구하고 있다. 이 판결에서 언급된 'substantial'이란 단어가 OECD 모델 주석의 'significant' 단어와 매우 유사한 의미로 사용되었다.[182]

제품을 판매하는 MNEs의 국내사업장이 계약체결권을 행사하지는 않지만, 상품의 종류, 품질, 수량 등 계약의 중요 부분에 관한 구매자와의 협상에 적극 참여하는 경우에는 전체기업의 사업활동에서 '필수적' 부분을 수행한다고 볼 수 있다.(OMC Art.5/72) 또한, 광고, 정보의 제공, 과학적 연구, 특허 · 노하우 제공 등 고정된 장소의 활동이 기업의 생산성에는 기여를 하지만 아직 이윤을 실현할 단계에 이르지 못한 경우이거나, 귀속시킬 이윤이 아주 적은(minimal) 활동의 경우에는 예비적 · 보조적 활동에 해당하고 전체 기업의 사업활동에서 '중요한' 부분을 구성한다고 볼 수 없다.

---

180) 국내 판례, 서적 등에서 'essential'을 '본질적'이라고 번역하는 경우가 많으나 다소 오해의 소지가 있으므로 여기서는 '필수적'이라고 번역한다. 왜냐하면, 국어사전상 의미로 볼 때 '본질적'이라 것은 '항구적 · 결정적 속성'에 관한 뜻이 강한 반면 '필수적'이라는 것은 '꼭 있어야 하는' 정도의 뉘앙스를 지니는데, 관련 주석의 맥락상 'essential'은 "기업의 사업수행을 위해 꼭 있어야 하는 활동"을 지칭하는 의미로 사용되었기 때문이다.

181) Nadine Oberbauer, "The DA PE and the Exception for Auxiliary and Other Activities Under Article 5(4)", *Dependent Agents as Permanent Establishments*, 2014, Linde, p.211

182) Commissioner v. Supermacet Whaling & Shipping Co. 281 F.2d646 (1960)

제3자와의 관계에서 종업원이나 종속대리인의 권한은 중요하지 않다. 종속대리인이 기업의 고정된 사업장소에서 일을 한다면 계약체결을 승인받았는지 여부는 중요하지 않다. 그러나, 기업에 의해 공식적으로 고용된 개인이 실제는 다른 기업의 사업을 수행하는 경우, 그 개인이 일을 하는 장소에서 해당 기업이 사업을 수행하는 것으로 간주되어서는 안 되는 상황이 존재할 수 있다. MNE그룹 내에서는 한 법인의 종업원이 다른 법인에 일시적으로 파견되어 다른 법인의 사업활동을 수행하는 경우가 흔한데, 그러한 경우 연공급여 또는 연금권리 유지의 필요성 등 사유로 종종 고용계약을 변경하지 않는다. 이러한 경우는 외국기업의 종업원이 해당 기업의 사업활동을 수행하는 일반적 PE 상황과는 구별할 필요가 있다.(OMC Art.5/39)

한편, 기업이 자동화장비를 설치만 한 후 해당 기계를 다른 기업에게 임대한 경우에는 PE가 존재하지 않는다. 그러나, 만약 기업이 자동화장비를 설치하고 직원 또는 종속대리인을 통해서 자신의 계산으로 운영 및 유지한다면 PE가 존재할 수 있다.(OMC Art.5/41)

세무상 투과단체인 파트너쉽 기업의 경우, 해당 기업은 각 파트너들의 소득 지분에 대해서 각 파트너 거주지국의 기업이다. 만약 해당 파트너쉽이 일방체약국에 PE를 갖는다면, PE에 귀속되는 소득 중 각 파트너들의 지분이 각 파트너 거주지국의 기업이 얻은 소득에 해당할 것이다.(OMC Art.5/43)

(2) 고정사업장의 예외사유

〈OECD/UN모델 제5조 제4항〉

4. 이 조문의 앞 조항들에 불구하고, "고정사업장" 용어는 아래 각 호의 활동 또는 f)의 경우에는 전반적 활동이 예비적 또는 보조적 성격이라면, 다음 항목들을 포함하지 않는 것으로 간주된다.
 a) 기업에 속하는 제품·상품의 저장, 전시 또는 *배송**만을 위한 시설의 이용;
 b) 기업에 속하는 제품·상품의 저장, 전시 또는 *배송**만을 위한 재고의 유지;
 C) 기업에 속하는 제품·상품의 타 기업에 의한 가공만을 위한 재고의 유지;
 d) 기업을 위한 제품·상품의 구입, 정보수집만을 목적으로 고정 사업장소의 유지;
 e) 기업을 위한 기타 활동만을 수행할 목적으로 고정 사업장소의 유지;
 f) a)~e)의 활동들을 결합한 활동만을 위한 고정 사업장소의 유지.

* UN모델은 a)호 및 b)호에서 '배송' 활동을 제외

제4항은 일방국의 기업이 타방국에서 순전히 예비적 · 보조적 성격의 활동들만을 수행하는 경우 해당 국가에서 과세되는 것을 방지하기 위한 것이다. 그러한 활동은 기업의 생산성에 기여할 수 있지만, 수행용역이 실제 이윤의 실현과는 거리가 멀어서 쟁점 사업장소에 이윤을 배분하는 것이 어렵다는 것이다.(OMC Art.5/58) 예비적 또는 보조적 성격의 활동인지 여부는 고정된 사업장소의 활동이 기업전체 활동의 필수적이고 중요한 부분을 구성하는지 여부에 달려있다. 많은 경우, 고정된 사업장소의 일반적 목적이 전체기업의 일반적 목적과 동일한 경우에는 예비적 · 보조적 활동을 수행하는 것이 아니다.(OMC Art.5/59)

일반적으로, 예비적 성격의 활동은 기업전체 활동의 필수적이고 중요한 부분의 활동을 예상하고서 수행된다. 예비적 활동이 다른 활동보다 선행하기 때문에 상대적으로 단기간 동안 수행되지만, 그 기간의 길이는 기업의 핵심활동의 성격에 의해서 결정된다. 반면에, 보조적 성격의 활동은 기업전체 활동의 필수적이고 중요한 부분에 해당하지 않고, 단순히 지원하기 위해 수행되는 활동이다. 상당한 비중의 기업의 자산 또는 종업원들을 필요로 하는 활동은 보조적 성격을 가진 것으로 간주될 수 없을 것이다.(OMC Art.5/60)

2017년 OECD/UN모델 개정 시 제5조 제4항이 개정되었는데, 종전 조항에서 예비적 · 보조적 문구가 포함되지 않은 a)~d)의 활동들, 예컨대 저장, 전시, 배송, 재고유지, 재화구입, 정보수집 등이 자동적으로 PE의 예외조항이 된다는 오해가 발생하지 않도록 a)~f)호의 모든 조항들이 예비적 · 보조적 요건의 적용을 받는다는 점을 명확히 하기 위한 것이다. 이는 a)~d)호에 해당하는 활동이라 하더라도 예비적 · 보조적 성격에 해당되어야만 PE에서 제외될 수 있음을 명확히 규정한 것으로써, 이는 PE 예외규정의 남용을 방지하기 위한 포괄적 접근방법이라고 하겠다.

예컨대, 어떤 기업이 고객에게 온라인으로 판매하는 재화의 배송을 주된 목적으로 타국에서 상당수의 직원들이 일하는 대규모 창고를 유지하는 경우에도 예비적 · 보조적 활동으로 보아 PE 범위에서 제외한다는 것은 불합리하다. 이 경우 해당 창고를 통해서 수행된 저장 및 배송 활동이 중요한 자산을 구성하고 많은 종업원들을 필요로 하며, 기업의 판매사업의 필수적 부분에 해당하기 때문에 예비적 · 보조적 성격이 아니고 따라서 제4항이 적용되지 않는다.(OMC Art.5/62) 이러한 이유로 UN모델에서는 (배송활동에 아주 적은 소득이 귀속될 것이라는 점은 별론으로 하고) PE의 예외사유에서 a)호 및 b)호에 규정된 배송(delivery)을 제외하고 있다.

또한, PE의 예외사유로 당초 재화의 구입이 포함된 이유는 구매활동에는 이윤이 귀속되어서는 안 된다는 것이었는데, 2010년 OECD모델 개정시 제7조 제5항이 독립기업원칙에 부합하지 않는다는 이유로 삭제됨에 따라 이러한 견해는 더 이상 타당하지 않게 되었다. 한편, 일부 기업들이 실제로는 다른 기업을 위한 정보수집을 하면서도 수집된 정보를 해당 기업을 위해 준비한 보고서인 것처럼 재포장하여 위장함으로써 정보수집에 대한 PE의 예외조항을 확대하고자 한다는 우려가 제기되기도 하였다.

고정된 사업장소라고 하더라도 오로지 ⅰ) 자산의 단순한 구입, ⅱ) 판매목적이 아닌 자산의 저장 · 보관, ⅲ) 광고, 선전, 정보의 수집 및 제공, 시장조사, ⅳ) 타인에 의한 가공 등의 목적으로만 사용되는 장소는 예비적 · 보조적인 활동으로 보아 PE에서 제외된다.(법법 §94 ④, 소법 §120 ④)[183] OECD모델은 예비적 · 보조적 활동으로서 국내법 규정에 비해 전시(display)[184] 및 배송(delivery) 활동을 추가로 예시하고 있다.

위 4항 a)호에서 '저장, 전시 또는 배송'의 의미는 넓게 새겨야 한다. 따라서 태그의 부착, 바코드 부착 또는 판독, 포장 또는 배분(dispatching) 등과 같은 저장, 전시 또는 배송과 관련된 모든 활동들을 포함한다. 또한, 판매가 완료된 제품 또는 상품만을 대상으로 하는 것이 아니고, 고객에게 배송이 완료된 이후에 소유권이 이전되도록 판매계약이 체결된 경우에도 포함된다. 그리고 '제품 또는 상품'에 부동산과 무형자산(정보, 데이터 등)은 포함되지 않지만, 디지털상품 또는 데이터가 CDs, DVDs 등에 수록되어 있는 경우에는 제품 또는 상품의 범위에 포함된다.(OMC Art.5/66)

그러나, 기업이 고객에게 공급한 기계의 예비부품을 배송하는 장소에서 유지 · 보수(A/S)도 함께 이뤄지는 경우에는 a)호의 단순 배송의 범위를 넘어 기업용역의 필수적이고 중요한 부분에 해당하기 때문에 PE의 예외에 해당하지 않는다.(OMC Art.5/63)

어떤 고정 사업장소의 활동이 예비적 · 보조적이기 위해서는 해당 기업을 위한 활동이어야만 한다. 만약 다른 기업, 예컨대 같은 그룹 내의 다른 관계회사를 위한 광고 · 선전, 배송, 정보수집 및 제공 등 용역의 공급은 예비적 · 보조적이라 할 수 없다.(OMC Art.5/61) 예를 들어, 해당 기업의 자산인 원유를 타국에 위치한 자신의 정유공장에 운송하기 위한 파이프라인의 전송행위는 예비적 · 보조적인 활동이지만, 다른 기업의 자산(정보, 원유 등)을 전달 · 운송하는데 이용되는 케이블 또는 파이프라인은 이에 해당하지 않는다. 한

183) 참고로, 현행 OECD모델 제5조 4항에서는 광고, 선전, 시장조사를 예시하지 않지만, 주석 23절에서 예비적 · 보조적 성격이라면 이러한 활동도 당연히 포함된다고 설명하고 있다.

184) 따라서, 무역박람회 등에서 전시된 상품을 판매하는 것은 PE를 구성하지 않는다.

편, 케이블 또는 파이프라인이 해당 시설운영자의 고객의 PE가 될 수 있는지의 문제가 제기될 수 있는데, 해당 기업은 해당 시설운영자에 의해 제공된 전송 또는 수송용역을 취득한 것에 불과하고, 해당 시설이 그 기업의 지배·처분 하에 있지도 않기 때문에 해당 기업의 PE로 간주될 수 없다.(OMC Art.5/64)

또한, 위 4항 b)호 및 c)호와 관련하여, 이들 조항은 PE의 예외를 구성하는 요건이라기보다는 단지 선언적 성격을 지닌다.[185] 왜냐하면, 재고(stock)가 기업에 의해 자신의 사업활동에 이용되고 있지 않기 때문에 이미 OECD모델 제5조 제1항의 요건을 충족하지 못하기 때문이다. 예를 들어, R국 기업 RCo 소유 재화의 재고가 S국에서 임가공업자에 의한 가공목적으로 해당 임가공업자에 의해 유지되는 경우, RCo의 지배하에 있는 고정된 사업장소는 없고, 따라서 재고유지 장소는 RCo의 PE가 될 수 없다. 그러나, RCo가 저장된 재화의 검사 및 유지 목적으로 임가공업자 시설의 독립적 부문에 대한 무제한의 접근을 허용받는다면, c)호가 적용되고 RCo의 재고유지가 예비적·보조적 활동에 해당하는지 여부를 결정할 필요가 있다. 이는 RCo가 다른 기업에 의해 제조된 재화를 단순히 판매하는 경우에도 적용될 것이다.(OMC Art.5/67)

〈그림 2-51〉 구매사무소가 PE에 해당되는 사례

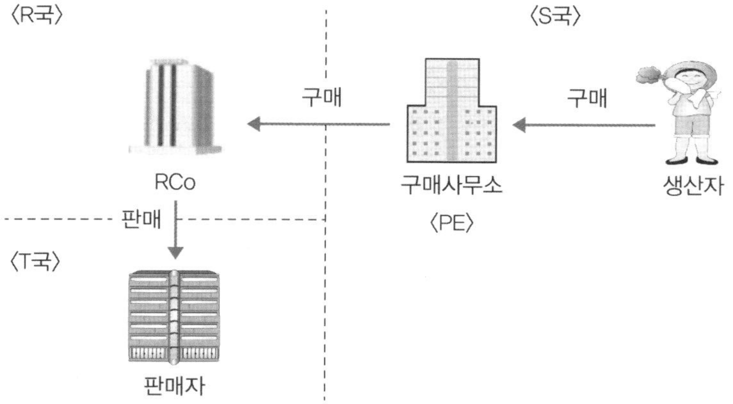

기업의 전반적 활동이 재화를 구매하여 판매하는 것이고, 재화의 구매가 해당 기업의 핵심적 사업기능인 경우, d)호는 이들 재화의 구매에 사용된 고정된 사업장소에는 통상 적용되지 않는다.(OMC Art.5/68) 예를 들어, 위 〈그림 2-51〉 사례에서 보는 바와 같이 R국

185) Nadine Oberbauer, *op.cit.*, p.214

법인 RCo가 S국에서 생산된 농산물을 대량 구매하여 T국의 판매자에게 판매한다고 가정하자. RCo는 S국에 구매사무소를 운영하는데, 그 사무실에서 일하는 종업원들은 이러한 유형의 생산물에 대해 특별한 지식을 가지고 있는 숙련된 인력이고 S국의 생산자들을 방문하여 국제기준에 따라서 해당 생산물의 유형·품질 등을 결정하며, RCo의 생산물 취득을 위해 각종 현물·선물계약을 체결한다. 이 사례에서, 해당 사무실을 통해 수행된 유일한 활동이 d)호에서 언급된 RCo를 위한 생산물 구매일지라도, 제4항은 적용되지 않고 PE에 해당한다. 왜냐하면, 구매기능이 RCo의 전반적 활동의 필수적이고 중요한 부분을 구성하기 때문이다.

그리고 제4항 d)호에서 말하는 '정보의 수집'은 재화의 구입과 같은 성격으로서 잠재고객에 대한 정보를 수집하여 본사에 전달하는 역할을 의미한다. 그러나, 정보의 가공은 PE를 구성한다. 사실 및 시세(時勢)의 평가, 수정작업, 기타 적극적인 변형은 단순한 정보수집의 범위를 넘는다. 정보를 수집하는 사무실에서 가공도 하는 경우에는 PE를 구성한다. 예를 들어, 투자펀드가 해당 국가에서 투자기회에 관한 정보의 수집만을 위하여 사무실을 설치한 경우는 예비적 활동이다. 또한, 보험회사가 통계 등 특정 시장의 위험에 관한 정보만을 수집하기 위해 사무실을 설치하는 경우, 그리고 잠재적 뉴스거리에 관한 정보만을 수집하기 위해 신문사 지국(bureau)을 설치하는 경우도 예비적 활동이다. 그러나, 광고활동을 수행하는 신문사의 지사(field office)는 신문사의 핵심활동에 해당하기 때문에 PE를 구성한다.(OMC Art.5/69)

한편, 제4항 e)호는 예비적·보조적 성격의 활동인 한, 위 a)~d)호에서 열거되지 않은 활동들에도 PE의 예외가 적용되도록 하기 때문에, 제5조 제1항에서 규정한 PE의 일반적 적용범위를 제한하는 역할을 한다. 고정된 장소를 통해 사업이 수행되고 기업의 생산성에 기여하지만 이윤을 실제 실현하는 단계에 이르지 못한 활동들을 PE로 취급해서는 안 된다는 것이다.(OMC Art.5/58)

e)호에 포함되는 사업장소의 사례로는 광고, 정보제공, 과학적 연구 또는 특허·노하우 계약의 제공만을 위해 사용된 사업장소를 들 수 있다. 그러나, 정보제공 만이 아니라 개인고객을 위해 특별히 개발된 도면 등을 제공하는 경우, 연구시설이 제조와 관련된 경우, 특허·노하우 제공이 기업의 목적인 경우에는 제4항이 적용되지 않는다. 또한, 자회사, PE, 대리인 또는 특허사용인 등을 관리하는 소위 '관리사무소(management office)'는 관련 지역 내 기업의 모든 부서들에 대한 감독 및 조정 기능을 가지고, 그러한 관리기능은

사업운영의 필수적 부분을 구성하기 때문에 e)호가 적용되지 않고 예비적·보조적 활동으로 간주될 수 없다.(OMC Art.5/71)

전자상거래 사업이 예비적·보조적 활동인지 여부는 해당 컴퓨터 장비를 통해서 그 기업이 수행하는 다양한 기능들을 고려하여 개별 사안별로 검토될 필요가 있다. 예를 들어, 공급자와 고객 간 통신망의 제공, 재화 또는 용역의 광고, 보안 및 효율성 목적으로 미러 서버를 통한 정보의 중계, 기업을 위한 시장자료의 수집 등은 예비적·보조적 활동에 해당한다.(OMC Art.5/128) 만약 인터넷상의 광고, 제품 카탈로그의 전시 또는 잠재고객에 대한 정보제공 등 판매사업의 단순히 예비적 또는 보조적인 활동인 경우는 제4항에 해당하지만, 고객과의 계약체결, 온라인 결제 및 제품의 자동 배송처리 등과 같이 판매와 관련된 기능들이 수행된다면, 예비적·보조적 활동이 아니다.(OMC Art.5/130)

또한, 전 세계에 걸쳐 재화를 판매하는 기업이 특정 국가에 사무실을 설치하고 그 곳에서 일하는 종업원들이 상시 계약을 체결하거나 또는 계약체결에 이르는 주요한 역할을 수행하지는 않지만, 예컨대 이들 계약에 포함된 제품의 유형, 품질 또는 수량과 관련된 의사결정에 참여하는 등 해당 국가의 구매자들에게 재화 판매를 위한 계약의 중요한 부분들의 협상에 적극적으로 참여하는 경우, 그러한 활동들은 기업의 사업운영의 필수적 부분을 구성하고, e)호의 의미상 예비적·보조적 활동으로 간주되어서는 안 된다.(OMC Art.5/72)

만약 고정 사업장소가 PE로 간주되지 않는다면, 이는 기업의 활동을 종료할 때 해당 사업장소의 사업용 자산의 일부를 구성하는 동산의 처분에도 마찬가지로 적용된다. 예를 들어, 무역박람회 기간 동안 기계의 전시에 a)호 및 b)호가 적용되는 경우, 무역박람회의 종료 시 해당 기계의 판매도 보조적 활동이기 때문에 e)호에 포함된다.(OMC Art.5/76)

마지막으로 제4항 f)호는 a)~d)에서 언급한 각각의 활동이 예비적·보조적 성격을 지닐지라도 이들을 결합한 전반적 활동은 기업의 핵심적 사업활동에 해당할 수 있다는 것을 의미한다. 여러 활동들의 결합이 PE를 구성하는지 여부는 기업 전체적으로 보아 이들 활동들의 상업적 중요성에 달려있다. 만약 이러한 결합이 기업으로부터 경제적으로 자립가능한 시설(economically viable facility)을 구성한다면 PE가 성립할 수 있다는 견해도 있다. 예를 들어, 광고, 제품의 저장 및 배송활동이 결합하면 핵심적 사업활동을 구성한다는 것이다. 제4항 a)~e)호 중 하나의 조항에서 명시된 활동들을 결합하는 경우는 PE가 성립되지 않지만, 다른 조항들에서 언급된 활동들이 결합되는 경우에는 PE가 성립될 수 있다. 예컨대, 재고로 보유 중인 또는 구입한 제품 또는 상품을 고객에게 직접 배송하는 장소는 PE가 성립될 수 있다. 왜냐하면 재고유지 또는 재화의 구입 목적이 b)호와 d)호에서 언급된 범위를 초과하여 판매와 관련되었기 때문이다.[186)]

그러나, 어떤 장소에 재화를 저장하고 기업의 제품들에 관한 정보를 제공할 목적으로 이를 잠재고객에게 제공하는 경우에는 광고, 재고유지, 정보제공 등 조항을 달리하는 여러 활동이 결합되었더라도 재고유지 자체의 목적이 정보의 제공이고 보조적 성격을 유지하기 때문에 PE에 해당하지 않는다. 물론 예비적 · 보조적 성격의 여러 활동들이 결합되어 PE가 성립될 수 있는 경우에도 제5조 제1항에서 규정하는 PE의 일반적 요건을 충족해야 함은 물론이다. 예를 들어, 제3자의 창고에서 재화를 저장하고 타 기업에게 가공하게 하는 경우에는 PE가 성립하지 않는데, 이는 기업의 지배 · 처분 하에 있는 고정된 장소가 존재하지 않기 때문이다.

한편, 제4.1항의 분할방지 규정이 적용되지 않는 한, PE의 존재 여부를 결정할 때는 각 사업장소가 별도로 분리되어 평가되어야 하기 때문에 기업이 a)호 내지 e)호가 적용되는 여러 고정된 사업장소들을 유지하는 경우, f)호는 중요성을 갖지 못한다.(OMC Art.5/74)

(3) 특수관계기업들 간 활동의 분할

〈OECD/UN모델 제5조 제4.1항〉

4.1 동일한 장소에서 두 기업들이 또는 두 장소에서 동일한 기업 또는 밀접히 관련된 기업들이 수행하는 사업활동들이 응집된 전체사업의 일부인 보완적 기능들에 해당하는 한, 동일한 기업 또는 밀접히 관련된 기업들이 동일한 체약국의 동일한 장소 또는 다른 장소에서 사업활동을 수행하고,

a) 해당 장소 또는 다른 장소가 이 조문의 규정에 의해서 해당 기업 또는 밀접히 관련된 기업의 PE를 구성하거나, 또는

b) 동일한 장소에서 두 기업들이 또는 두 장소에서 동일한 기업 또는 밀접히 관련된 기업들이 수행하는 활동들을 결합할 때 전반적 활동이 예비적 · 보조적 성격이 아닌 경우,

제4항은 해당 기업에 의해 사용되고 유지되는 고정된 사업장소에는 적용되지 않는다.

186) Nadine Oberbauer, *op.cit*, pp.217-218

MNEs이 예비적·보조적 활동에 대한 PE의 예외조항을 이용하기 위해 그룹 내 여러 회사들 간에 사업운영을 인위적으로 분할(artificial fragmentation of the operations)하는 경우에 대처하기 위해 2017년 OECD/UN모델 제5조 제4.1항 조문이 신설되었다. 이는 종전 OECD모델 제5조 주석 27.1절의 의미가 한 기업이 여러 사업장소를 유지하는 경우에만 적용되는 것이 아니라, 특수관계기업들에 속하는 여러 사업장소의 경우까지 확대되어야 한다는 점을 명확히 하기 위한 것이다. 제4.1항은 고정 사업장소에서 수행된 예비적·보조적 성격의 활동들은 응집된 전체사업(a cohesive business)의 일부로서 동일한 국가에서 해당 기업 또는 '밀접히 관련된 기업들(closely related enterprises)'이 수행하는 보완적 기능들에 해당하는 다른 활동들을 고려하여 평가됨을 보장함으로써 제4항의 원칙을 보완한다.(OMC Art.5/58) 여기서 '밀접히 관련된 기업들'의 개념은 특수관계기업(associated enterprises) 개념과는 구별된다. 두 개념은 엄밀히 말해 다른 개념이다. 예컨대, 법률적 지분관계가 없더라도 당사자 간 약정 등을 통해 한쪽이 다른 쪽을 지배·통제할 수 있는 경우 또는 어떤 인과 어떤 기업이 어느 동일인에 의해 지배·통제를 받는 경우 그 인과 기업은 밀접하게 관련되어 있다고 볼 수 있다.(OMC Art.5/119-120)

제4.1항의 목적은 기업 또는 일련의 밀접히 관련된 기업들이 하나의 응집된 사업 활동을 각자가 단지 예비적 또는 보조적 활동에 종사한다고 주장하기 위하여 여러 개의 작은 사업으로 분할하는 것을 방지하기 위한 것이다. 제4.1항에 따라서, 해당 장소에서 수행된 활동들과 동일한 국가에서 해당 장소 또는 다른 장소에서 수행된 동일한 기업 또는 밀접히 관련된 기업들의 다른 활동들이 응집된 전체 사업운영의 일부인 보완적 기능들에 해당하는 사업장소에는 제4항의 예외조항들이 적용되지 않는다. 그러나, 제4.1항이 적용되기 위해서는 이들 활동들이 수행된 장소들 중 최소한 한 곳이 PE에 해당되어야만 하거나, 또는 그렇지 않으면 관련 활동들을 결합한 전체 활동이 예비적·보조적 범위를 초과해야 한다.(OMC Art.5/79)

이러한 PE 범위의 확대를 규정한 2017년 OECD/UN모델 제5조 개정 내용은 2018년 우리나라 개정 세법에도 그대로 반영되었다. 즉, 예비적 또는 보조적 성격의 활동을 PE에서 제외하는 조항에도 불구하고, "특정 활동장소가 첫째, 외국법인 또는 (50% 이상 지분 소유관계가 있는) 특수관계가 있는 외국법인이 특정 활동장소와 같은 장소 또는 국내의 다른 장소에서 사업을 수행하고 ⅰ) 특정 활동장소와 같은 장소 또는 국내의 다른 장소에 해당 외국법인 또는 특수관계가 있는 자의 국내사업장이 존재하며, ⅱ) 특정 활동장소에서 수행하는 활동과 위 ⅰ)의 국내사업장에서 수행하는 활동이 상호 보완적인 경우, 또는 둘째, 외국법인 또는 특수관계가 있는 자가 특정 활동장소와 같은 장소 또는 국내의 다른 장소에서 상호 보완적인 활동을 수행하고 각각의 활동을 결합한 전체적인 활동이 외국법인 또는 특수관계가 있는 자의 사업활동에 비추어 예비적 또는 보조적인 성격을 가진 활동에 해당하지 아니하는 경우에는 국내사업장에 포함한다."고 규정하고 있다.(법법 §94 ⑤)[187]

다만, 여기서 한 가지 지적할 점은 '밀접히 관련된 기업들' 용어를 사용함으로써 법률적 지분관계는 물론 실질적 지배관계 하에 있는 기업들의 활동까지 PE의 범위에 폭넓게 포함하는 OECD/UN모델과 달리, 우리나라 세법은 법률적 지배관계로 PE의 범위를 축소하고 있는 점이다.(법령 §133 ③, §131 ②) 법률적 지분관계는 없지만 공통의 이해관계를 토대로 실질적 지배관계 하에 있는 기업들을 이용하여 활동을 분산함으로써 PE 지위를 손쉽게 회피하는 국제거래 현실을 감안할 때, 법률적 지분관계와 실질적 지배관계 모두를 포괄하는 국조법 상 특수관계 개념을 사용하는 것이 적절하다고 판단된다.(국조법 §2 ① 3호)

〈그림 2-52〉 외국기업의 사무실이 PE에 해당되는 사례

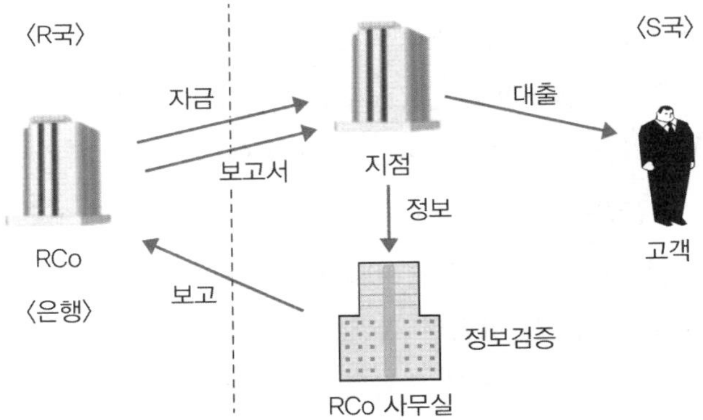

위 〈그림 2-52〉 사례에서 보는 바와 같이 R국 은행인 RCo는 S국에 PE에 해당하는 많은 지점들을 보유하고 있다고 하자. RCo가 S국에 설치한 별도 사무실에서는 몇 명의 직원들이 여러 지점들에서 행한 대출관련 고객들이 제공한 정보를 검증한다. 정보검증 결

187) 다만, 우리나라는 'BEPS방지 다자간 조약'상 최소기준으로 PE 조항을 채택하지 않았기 때문에 향후 이를 채택하기 전까지는 현행 개별 조세조약 제5조 규정이 적용될 것이다.

과는 RCo 본점으로 전달되고, 본점의 다른 직원들은 대출약정에 포함된 정보를 분석하여 대출 승인결정이 이루어진 지점들에게 보고서를 제공한다. 이러한 경우, 제4항의 예외조항들이 적용되지 않는다. 왜냐하면, S국의 다른 지점들이 RCo의 PE에 해당되고, 해당 사무실과 관련 지점들에서 RCo의 사업활동이 S국 고객에 대한 대출 제공이라는 하나의 응집된 사업운영의 일부인 보완적 기능들에 해당하기 때문이다.

〈그림 2-53〉 외국기업의 창고가 PE에 해당되는 사례

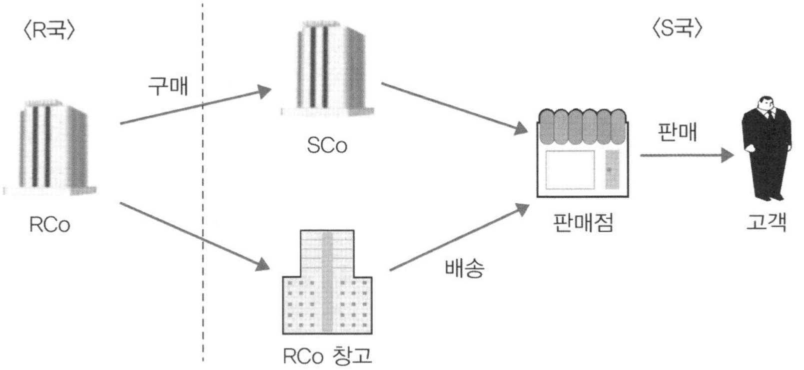

위 〈그림 2-53〉 사례에서 보는 바와 같이 R국 법인 RCo는 가전제품을 제조하여 판매한다고 하자. RCo의 100% 자회사인 S국의 SCo는 RCo로부터 취득한 가전제품들을 판매하는 판매점을 소유하고 있다. 또한, RCo는 SCo의 판매점에 전시된 것과 동일한 일부 대형품목을 저장하는 작은 창고를 S국에 소유하고 있다. 고객이 SCo로부터 그 대형품목을 구매할 때, SCo 종업원은 창고에 가서 고객에게 배송 전 해당 제품의 소유권을 취득한다. 이러한 경우, 해당 창고에 대해서는 제4항의 예외조항이 적용되지 않는다.

왜냐하면, ⅰ) SCo와 RCo가 밀접히 관련된 기업들이고, ⅱ) SCo의 판매점이 SCo의 PE에 해당되며, ⅲ) RCo가 창고에서 그리고 SCo가 판매점에서 수행한 사업활동은 하나의 응집된 사업운영의 일부인 보완적 기능들에 해당하기 때문에 제4.1항의 적용요건이 충족된다. 여기서 PE는 외국기업이 타국에 보유하는 PE만을 의미하는 것이 아니라, 현지기업(SCo)이 동일한 국가 내에서 고정된 사업장소(판매점)를 사용 또는 유지하는 경우에도 동일하게 적용된다.

나. 건설 고정사업장

〈OECD모델 제5조 제3항〉

3. 건축장소 또는 건설·설치공사는 12개월 이상 존속하는 경우에만 PE를 구성한다.

〈UN모델 제5조 제3항〉

3. "고정사업장" 용어는 또한 다음을 포함한다.

(a) 건축장소, 건설·조립 또는 설치공사 또는 이들과 관련된 감독활동
다만, 그 장소, 공사 또는 활동들이 6개월 이상 존속하는 경우에만 적용된다.

외국법인은 국내사업장을 두지 않고도, 예컨대 해외 본점에서 하청계약을 체결하고 그 계약에 의해 인력을 파견하여 국내에서 건설공사를 할 수 있다. 그래서 UN모델과 우리나라 세법은 건축·건설·조립·설치공사의 현장 및 그 같은 작업의 지휘·감독 업무를 6개월 초과하여 수행한 경우에도 PE로 보고 있다.(법법 §94 ② 4호, 소법 §120 ② 4호) 한편, OECD 모델협약 제5조 제3항에서 건설PE의 구성 기간한도를 12개월로 규정하고 있기 때문에 동 조항이 제5조 제1항의 물리적 PE의 요건을 보다 완화한 특별조항으로 해석하는 견해도 있으나, 건설PE도 국가에 따라 6개월 기준을 적용하고 있는 경우가 많고[188] 물리적 PE 판정 시에도 사안에 따라 12개월 또는 6개월 미만이라도 PE가 인정되는 경우가 있는 점을 고려할 때 제1항과 제3항은 고정성의 정도 차이일 뿐 근본적 차이가 있는 것은 아니다.

예를 들어, 대륙붕에서 일하거나 대륙붕의 채굴 및 이용과 관련된 활동에 종사하는 원계약자 또는 하청업체 등 기업이 각 기간을 12개월 미만이고, 동일 그룹 소유의 다른 회사에 귀속되는 여러 부문으로 계약을 분할하는 등의 남용이 발생하는 경우, 제29조 제9항의 남용방지규정(PPT 조항)을 적용함으로써 대처할 수 있다. 조세조약에 제29조 제9항을 포함하지 않은 국가들은 계약분할에 대처하기 위해 다음과 같은 추가 규정을 포함해야 한다.(OMC Art.5/52)

아래 대안규정에서 활동들이 연관되어(connected) 있는지 여부를 결정하는 것은 개별 사안의 사실관계 및 상황에 달려 있다. 이를 위해 ⅰ) 여러 활동들을 포섭하는 계약들이 동일한 인 또는 관련인들과 체결되었는지 여부, ⅱ) 어떤 인과의 추가적인 계약체결이 해

188) 우리나라가 주요국과 체결한 조약 중에서 영국, 프랑스, 독일, 이태리 등과 체결한 조약에서는 12개월 기준을, 미국, 일본, 중국, 캐나다 등과 체결한 조약에서는 6개월 기준을 채택하고 있다.

당 인 또는 관련인들과 체결된 종전 계약의 논리적 결과인지 여부, iii) 해당 활동들이 절세 계획에 대한 고려가 없었다면 하나의 계약에 의해 포섭될 수 있었는지 여부, iv) 여러 계약들에 의한 관련 작업의 성격이 동일 또는 유사한 것인지 여부, v) 동일한 종업원들이 다른 계약들에 의한 활동들을 수행하고 있는지 여부 등 요소들을 고려해야 한다.(OMC Art.5/53)

〈OECD/UN모델 제5조 제3항의 대안규정〉

제3항의 12개월 기간이 초과했는지 여부만을 결정하기 위해

a) 일방체약국의 기업이 타방체약국에서 건축장소 또는 건설·설치공사를 구성 하는 장소에서 활동을 수행하고, 하나 또는 그 이상의 기간 동안에 수행된 이들 활동을 모두 합할 때 12개월을 초과하지 않지만 30일을 초과하는 경우, 그리고

b) 각 30일을 초과하는 여러 기간 동안에 해당 기업과 밀접히 관련된 하나 또는 그 이상의 기업들에 의해 동일한 건축장소 또는 건설·설치공사에서 연관된 활동들이 수행되는 경우,

이들 여러 기간들은 해당 기업이 해당 건축장소 또는 건설·설치공사에서 활동을 수행한 기간에 가산되어야 한다.

위 제5조 제3항의 '건축장소 또는 건설·설치공사'에는 건물의 건축뿐만 아니라 도로, 교량 또는 운하의 건설, 개조(단순한 정비 또는 재단장 제외), 파이프라인의 부설 및 채굴, 준설 등을 포함한다. 또한 설치공사에는 건설공사 관련 설치공사뿐만 아니라 기존 건물 또는 옥외에 신규장비를 설치하는 것도 포함한다. 빌딩 건립의 현장 기획 및 감독도 포함된다.(OMC Art.5/50)

공사기간에는 원청업자의 준비작업 기간과 하청업자의 공사기간은 물론 계절적 또는 임시적인 공사 중단기간도 포함된다. 따라서, 전체 공사의 수행을 책임지는 원청업체가 하청업체에게 해당 공사의 전부 또는 일부를 위탁한 경우, 원청업체의 PE 존재 여부의 결정목적 상 건축장소에서 하청업자가 사용한 기간은 원청업체가 사용한 기간으로 간주되어야 한다. 이 경우 만약 원청업체가 해당 부지에 대해 법적 소유를 하고 접근 및 사용을 통제하며, 해당 기간 동안 해당 장소에서 발생한 일에 대한 전반적 책임을 부담한다면 해당 건축장소가 원청업체의 지배·처분 하에 있다고 할 수 있다.(OMC Art.5/54)

또한, 시험운영 기간은 포함되지만, 공사 등이 완료되어 고객에게 인계된 이후에 하자보증의 일환으로 행해진 후속 작업기간은 통상적으로는 포함되지 않는다. 그러나, 하자보증

으로 이루어진 작업을 포함하여 확장된 기간 동안에 수행된 후속작업은 해당 작업이 별도의 PE를 통해서 수행된 것인지 여부를 결정하기 위해 고려될 필요가 있다. 예를 들어, 최첨단으로 건축된 프로젝트를 인계한 이후에 원청업체 또는 하청업체의 직원들이 소유자의 종업원들을 훈련시키기 위해 4주 동안 건축장소에 잔류한 경우라면, 해당 훈련작업은 건축공사의 완성을 위해 행해진 작업으로 간주되지 않는다.(OMC Art.5/55)

또한, 파트너십의 경우에는 개별 파트너들이 아닌 파트너십 단계에서 12개월 또는 6개월 기간의 초과 여부를 판단하게 되며, 전체 공사기간이 위 기간을 초과하는 경우 각각의 파트너가 PE를 가진 것으로 간주된다. 예를 들어, 아래 〈그림 2-54〉 사례에서 보는 바와 같이 A국 거주자와 B국 거주자가 B국에 설립되어 C국에 소재한 건축장소에서 10개월 동안 건설활동을 수행한 파트너십의 파트너들이라고 가정하자. A국-C국 조세조약 상 건설PE 판정의 기간한도는 12개월이고, B국-C국 조세조약 상 기간한도는 8개월이라고 하자. 이러한 경우 각 조약의 PE 판정을 위한 기간한도는 파트너십 단계에서, 그리고 각 파트너들 거주지국과 체결한 조약에 따라서 파트너들에게 귀속되는 소득에 대해서만 적용된다. 조약들이 서로 다른 기간한도를 규정하고 있기 때문에, C국은 B국 거주자인 파트너 B에게 귀속되는 파트너십 소득 지분에 대해서는 과세권을 갖지만, A국 거주자인 파트너 A에게 귀속된 지분에 대해서는 과세권을 갖지 못한다. 이는 각 조약의 제5조 제3항 규정이 동일한 기업(파트너십) 단계에서 적용되지만, 각 파트너들의 소득지분에 적용되는 조세조약별 기간한도에 따라서 적용 결과가 달라지기 때문이다.(OMC Art.5/56)

〈그림 2-54〉 파트너십의 PE에 대한 조약 적용사례

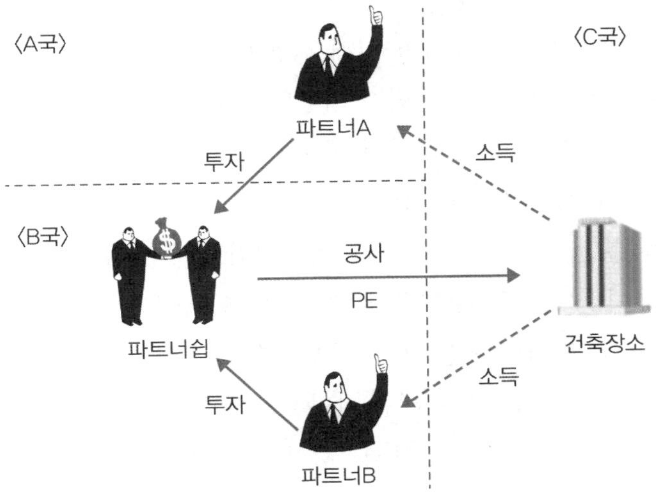

건설PE의 판정을 회피하기 위해 건설현장 또는 탐사・채굴공사의 기간이 12개월 또는 6개월 기준에 미달되도록 특수관계기업들이 참여하는 몇 개의 계약으로 분할하는 경우가 있는데, 이 경우에도 이들을 '상업적・지리적으로 결합된 전체(a coherent whole commercially and geographically)'로 볼 수 있는 경우에는 단일 사업장으로 간주해야 한다. 이러한 남용사례에 대처하기 위해서 2017년 OECD/UN모델 개정시 특수관계기업들에 의해 수행되는 활동들이 특정 조건을 충족하는 경우 PE를 구성할 수 있는 것으로 명시되었고, 국내법상 또는 조약상 남용방지규정을 활용할 수도 있을 것이다.

다. 용역 고정사업장

〈UN모델 제5조 제3항〉

3. "고정사업장" 용어는 또한 다음을 포함한다.

b) 기업에 의해 고용된 종업원 또는 다른 직원들을 통해 해당 기업에 의한 상담용역를 포함한 각종 용역의 제공. 다만, 그러한 성격의 활동들이 관련 회계 연도가 개시 또는 종료하는 12개월 동안에 총183일 이상의 기간 동안 일방 체약국에서 계속되는 경우에 한한다.

(1) OECD모델과 UN모델의 비교

OECD모델과 UN모델은 용역소득을 다르게 취급하고 있다. OECD는 2000년 모델협약 개정을 통해 독립적 인적용역소득(제14조) 조항을 삭제하였다. 제5조 PE 개념과 제14조 고정시설(fixed base) 개념이 실제 적용에서 큰 차이가 없다고 본 것이다. 그 결과, 전문직업적 용역 또는 기타 독립적 성격의 용역활동에 대한 과세는 사업소득(제7조) 조항의 적용을 받게 되었고, 따라서 국내에서 외국기업의 용역소득이 발생했더라도 PE가 없으면 과세하지 못한다. 그러나, UN모델은 위 제5조 제3항 b)호에 용역PE 조항을 두고 있을 뿐만 아니라 제14조에 "전문직업적 용역 또는 기타 독립적 용역은, 소득을 얻은 자가 자신의 활동 수행을 위해 타방체약국에서 정규적으로 이용할 수 있는 고정시설을 가지고 있거나 또는 관련 회계연도가 개시 또는 종료되는 12개월 동안 총183일을 초과하여 체재하는 경우 해당 타방체약국에서 과세할 수 있다"는 규정을 두고 있다. OECD모델은 모든 형태의 용역제공에 대해 사업소득 조항을 적용하는 반면,

UN모델은 법인의 용역제공은 사업소득, 개인의 용역제공은 독립적 인적용역소득 조항을 적용한다. 우리나라 세법도 UN모델과 마찬가지로 6개월을 초과하여 용역이 수행되는 장소를 고정사업장으로 보고 있고, 별도의 인적용역소득 조항도 두고 있다.[189]

OECD모델에 따르면, 외국기업이 타 국가에서 제공하는 용역에 대해서도 PE의 일반원칙이 적용되므로 PE가 없으면 용역소득에 대해 과세할 수 없다.(OMC Art.5/132) 용역대가를 자국 거주자가 지급한다는 사실 또는 해당 대가가 그 국가에 소재한 PE에 의해 부담된다는 사실 및 용역의 결과가 해당 국가 내에서 이용된다는 사실만으로는 해당 국가에 과세권을 배분할 충분한 연계성이 있다고 보기 어렵다는 입장이다.(OMC Art.5/139)

그러나, 위에서 보듯이 UN모델에서는 외국기업이 183일을 초과하여 용역을 제공하는 경우에 용역고정사업장(service PE)을 구성한다고 본다. 일반적 소득원천 규정(source rule)에 따르면 용역에 대한 과세는 PE가 존재해야 하고 PE에 귀속되는 용역만이 과세대상인데 비해, UN모델은 용역제공 자체를 PE 개념에 포함하고 물리적 PE에 귀속되지 않더라도 용역이 수행된 국가에 과세권을 부여하고 있다. 일부 용역제공 사업의 경우 고정된 사업장소를 두지 않고도 상당한 수준의 사업활동을 수행하고 있고, 실제 많은 국가의 법률이 PE가 존재하지 않더라도 자국에서 수행된 용역에 대한 과세권을 이미 규정하고 있다는 점을 강조한다.(OMC Art.5/136-137) 그러나, UN모델과 같이 한 국가에서 외국의 용역제공 회사의 직원이 체재한 기간에 따라 PE 개념을 구성하는 경우, 예상치 못한 상황에서 직원의 체재기간이 길어짐에 따라 PE로 판정될 위험이 있고 이 경우에는 PE와 관련된 행정상 의무(기장의무, 종업원에 대한 과세, 기타 부가세 신고·납부의무 등)가 소급 적용되기 때문에 순응확보의 어려움은 물론, 과세소득 결정 및 관련 조세징수 등 행정적 문제가 발생할 수 있다는 비판이 제기된다.(OMC Art.5/133-134)

(2) OECD모델 주석의 대안규정

OECD모델은 조문에서는 용역PE를 인정하고 있지 않지만, 관련 주석에서 국내에 외국기업의 소득이 귀속되는 PE가 없더라도 해당 국가 내에서 수행되는 용역에서 발생하는 이윤에 대해 과세하고자 하는 국가들은 양자조약에 이를 반영할 수 있고, 이를 위해 예시

189) 법인세법 §94조 ② 5호 및 소득세법 §120조 ② 5호는 "고용인을 통하여 용역을 제공하는 장소로서 용역제공 기간이 6개월을 초과하거나 6개월을 초과하지 않더라도 유사한 종류의 용역이 2년 이상 계속적·반복적으로 수행되는 경우"를 고정사업장으로 규정하고 있다. 또한, 법인세법 §93조 6호 및 소득세법 §119조 6호는 사업소득과 별도로 인적용역소득을 규정하고 있다.

적으로 아래와 같은 대안규정을 소개하고 있다.(OMC Art.5/144) 다만, 용역에 대한 과세가 첫째, 해당 국가 밖에서 수행되는 용역까지 확장되어서는 안 되고, 둘째 용역에 대한 지급액이 아니라 용역에서 얻는 소득에 대해서만 적용되어야 하며, 셋째, 최소한의 체재수준에 대해서만 과세가 허용되어야 한다는 원칙을 강조하고 있다.(OMC Art.5/143) 물론 이러한 대안규정을 포함하지 않은 조약의 경우에는 관련이 없고, 따라서 단지 대안규정의 조건들이 충족되었다고 해서 PE의 존재를 허용하는 것은 아니다.(OMC Art.5/145)

〈OECD 모델협약 제5조 주석 제144절(대안규정)〉

제1항, 제2항 및 제3항의 규정에 불구하고, 일방체약국의 기업이 타방체약국에서 다음과 같은 요건을 갖추고 용역을 수행하는 경우,

a) 어떤 12개월 기간 중 총183일을 초과하여 체재하는 개인을 통해 용역을 수행 하고, 해당 기간 중 능동적 사업활동에 귀속되는 총수입의 50% 이상을 그 개인을 통해서 해당 타방국에서 수행된 용역에서 얻었거나, 또는

b) 어떤 12개월 기간 중 총183일을 초과하는 기간 동안 이들 용역들이 해당 타방국에 체재하면서 용역을 수행하는 하나 또는 그 이상의 개인들을 통해 동일한 또는 연관된 프로젝트를 위해서 수행되는 경우,

만약 이들 용역이, 고정된 사업장소에서 수행되었지만 제4항의 규정 상 '고정된 사업장소 PE'를 구성하지 않는 활동으로 한정되지 않는다면, 해당 타방국에서 이들 용역을 수행하면서 행한 활동들은 해당 타방국에 소재한 해당 기업의 PE를 통해서 수행된 것으로 간주한다.

이 조항의 목적 상, 어떤 기업을 대신하여 개인이 수행한 용역은, 타 기업이 그 개인이 수행하는 용역의 방식을 감독, 지시, 또는 통제하지 않는 한, 해당 타 기업이 그 개인을 통해 용역을 수행한 것으로 간주하지 않는다.

위 대안규정은 비거주자들에 의해 수행된 용역소득에 대한 과세권을 허용하는 PE 개념의 확장(제5조 제1항과 제3항의 보완규정)이라고 할 수 있다. 예컨대, 한 컨설턴트 또는 자영업자가 한 국가 내에서 제5조 제1항 또는 제3항의 요건을 충족시키지 않으면서 여러 장소에서 오랜 기간 동안 용역을 제공하는 경우에 대처하기 위해 적절할 것이다.(OMC Art.5/146-147) 여기서 용역을 제공하는 주체는 '기업'인데, '기업'에는 자영업자인 경우에는 기업가 본인과 해당 기업과 금전적 고용관계가 있는 직원들(personnel)을 포함한다. 그리고 직원에는 해당 기업의 종업원(employees)과 기업의 지시를 받는 종속대리인을 모두

포함한다.(OMC Art.5/153)

위 대안규정 a)호는 외국기업이 제15조(근로소득) 제2항 a)호와 유사한 방식으로 수입의 대부분을 벌어들이는 개인의 체재기간(duration of presence)에 초점을 맞추는 반면, b)호는 기업의 용역을 수행하는 개인들의 활동기간(duration of activities)에 초점을 맞춘다.(OMC Art.5/154) 또한 a)호는 개인이 수행하는 용역과 1인 주주로 구성된 법인이 제공하는 용역을 동일하게 취급하기 위한 것이다.(OMC Art.5/155)

a)호에서 능동적 사업활동은 용역제공과 관련된 활동에 국한되지 않는다. 자국 내에서 개인에 의해 수행된 용역에서 수입의 대부분을 얻는 기업을 식별하기 위하여 예컨대, "해당 기간 동안 용역에서 얻는 기업의 사업소득의 50%"와 같은 다른 기준을 사용할 수도 있다.(OMC Art.5/158) b)호에서 기간 계산은 개인이 아닌 기업의 관점에서 산정한다. 즉, 어느 특정일에 해당 기업 직원 중 최소한 한 명 이상이 국내에 체재하여 용역을 수행하면 그 날은 기간 계산에 포함된다.(OMC Art.5/160) '연관된 프로젝트(connected projects)'란 기업이 제공하는 용역이 별개의 프로젝트들을 위한 것이지만, 이들이 상업적 응집력을 가진 하나의 프로젝트에 해당하는 경우를 말한다. 프로젝트의 연관성 여부를 판단하는 요인에는 i) 프로젝트들이 하나의 기본계약에 포함되는지, ii) 여러 프로젝트들의 계약이 동일인 또는 특수관계인들에 의해 체결되었는지, iii) 여러 프로젝트들의 관련 작업의 성격이 동일한지, iv) 동일한 개인들이 여러 프로젝트들의 용역을 수행하는지 등이 있다.(OMC Art.5/162) b)호의 목적 상, 개인이 용역을 수행하는 기간은 용역이 실제 제공되는 기간, 즉 통상적으로 이들 개인들의 근무일수를 말한다.(OMC Art.5/163)

이 조항의 마지막 문장은 예컨대, 기업 A가 원천지국에서 자신의 종업원들과 일부 작업을 위탁받은 다른 기업 B의 종업원들을 통해 용역을 수행한 경우 그 다른 기업 B의 종업원들이 기업 A의 지시, 감독 또는 통제를 받지 않는 한, 이들 용역이 기업 A의 PE를 통해 수행된 것으로 간주할 수 없다는 것이다.

위 대안규정에서 규정한 '183일 한도기준'을 회피하기 위해 건설PE의 경우와 마찬가지로 여러 장소로 또는 특수관계기업들 간에 계약을 분할하는 경우가 있는데, 이에 대처하기 위해서는 국내법상 또는 조약상 남용방지규정을 이용하거나 이러한 남용사례에 초점을 맞추어 조세조약에 특정 조항을 추가할 수도 있다.(OMC Art.5/166)

3 간주 고정사업장

가. 의의 및 배경

종속대리인 PE(dependent agent PE)의 개념은 1956년 유럽경제협력기구(OEEC) 보고서에서 처음으로 일반 고정사업장(general PE) 개념과 별도로 도입되었고, 1963년 OECD모델 제5조에 규정되었다. 이 개념은 일반적으로 외국기업이 원천지국의 과세권 범위에 포함될 정도로 그 국가의 경제적 생활에 참여하는 경우에 원천지국이 과세권을 갖도록 일반PE의 범위를 확대하는 의미를 가진다. 즉 고정된 사업장소가 존재하는지 여부와 상관없이 시장진출이라는 동일한 경제상황에 동일한 결과를 부여함으로써 조세중립성을 확보하기 위한 목적으로 도입되었다. 그러나, 일반PE 조항의 회피를 방지하기 위한 조세회피방지 규정으로 보는 견해도 있다.[190] 종속대리인 PE의 존재 여부를 판정하는 주된 요소는 대리인과 납세자 간의 관계이다. 일반PE가 장소에 대한 지배 권한에 초점을 두는 데 비해, 종속대리인 PE는 대리인에 대한 지배 능력에 초점을 두므로, 대리인의 일정 정도의 종속성을 요구한다.

종속대리인 PE 조항은 일반PE 조항과 비교하여 다음과 같은 특징을 갖는다. 첫째, 일반PE는 해당 기업과 원천지국 간에 고정된 장소의 존재라는 강한 영토적 연계성이 있는 경우에 존재할 수 있는데 비해 종속대리인 PE는 그렇지 않다. 대리인이 체약국의 거주자일 필요는 없기 때문에 중요한 의사결정을 할 때 원천지국에 체재하기만 하면 영토적 연계성을 충족하는 것으로 볼 수도 있을 것이다. 즉, 대리인이 해당 국가에 물리적으로 실재하는 동안에 계약체결을 하거나 해당 국가의 고객과 사업을 수행하거나 그 곳에서 용역을 제공해야만 한다. 둘째, 종속대리인 PE가 존재하기 위해서는 대리인의 활동이 상시적으로 수행되어야 하는데, 일반PE의 고정성 요건의 충족 여부가 '수행사업의 성격'에 따라 판단되어야 하는 것과 마찬가지로 상시적인지 여부의 판단에도 동일한 기준이 적용될 수 있을 것이다.

외국기업을 위해 활동하는 대리인을 다음 3가지 유형으로 나누어 파악하는 것이 PE 분석에 유용하다는 견해가 있다.[191] 첫째, 내부대리인(internal agent) 유형으로서 외국

190) Raffaele Petruzzi, "Dependent Agent PE as an Extension of the PE concept of Article 5(1) of the OECD Model Convention", Dependent Agents as Permanent Establishments, Linde, 2014, pp.36~37

191) Philip Baker QC, "Dependent Agent P.E: Recent OECD Trends", *Dependent Agents as Permanent*

기업에 고용된 판매원이나 외국기업의 현지주재원 등 기업의 종업원을 말한다. 이 경우 PE는 외국기업의 일부(지점)로 간주된다. 둘째, 계약대리인(external agent) 유형으로서 계약에 의한 외국기업의 국내대리인 또는 판매인이다. 이 경우 계약대리인은 통상 독립대리인이지만 경제적으로 외국기업에 종속되는 등 독립적이지 못한 경우에는 종속대리인 PE가 될 수 있다. 셋째, 자회사(associated agent) 유형으로서 자회사의 사무실이 외국기업 직원의 지배하에 있는 경우 또는 자회사가 계약체결권을 상시 행사하고 독립대리인이 아닐 경우 종속대리인 PE가 성립할 수 있다.

한편, 1990년대 중반 이후 세계화 추세에 따른 MNEs의 사업구조 개편전략에 대응하기 위해 과세당국들은 과세권 확대 차원에서 개편된 회사에 대한 추가 과세논리를 구성하기 위해 종속대리인 PE 원칙의 적용을 검토하고 적용해왔다. 그러나, 현실적으로 대리인이 외국기업을 대신하여 활동하지만 제3자와의 계약체결권을 갖지 못하는 경우가 대부분이기 때문에 관련 조항의 해석상 종속대리인 PE의 성립 가능성은 높지 않았다고 할 수 있다.

MNEs은 종전 특정 국가에 기반하였던 사업운영 모델을 매트릭스 관리조직과 몇몇 기능들을 지역적 또는 글로벌 차원에서 통합한 통합공급망에 기반한 글로벌 모델로 전환하고 있다. 특히, 경제의 서비스와 디지털화에 따라 기업들의 생산활동이 고객이 위치한 곳과 지리적으로 멀리 떨어진 곳에 두는 것이 가능하게 되었다. 이러한 추세에 따라 과거 '완전한 기능을 갖춘(full-fledged) 판매기업 또는 제조기업'을 '제한된 위험을 갖는(limited-risk) 판매기업 또는 판매대리인(commissionaire)', 계약제조업자(contract manufacturers) 등으로 전환하는 사례가 많아졌다.

특히, 판매대리약정을 통한 인위적 PE 회피사례가 증가하였다. 판매대리약정이란, "특정 국가에서 대리인 자신의 이름으로 제품을 판매하면서도 해당 제품의 소유자인 외국기업을 대리하는 약정"을 말한다. 이러한 약정을 통해 외국기업은 원천지국에 PE를 두지 않고도 제품을 판매할 수 있게 되었다. 그 결과, 원천지국은 종전과 달리 판매이윤이 아니라 대리인의 수취수수료에 대해서만 과세가 가능하게 되었다. 따라서 대리인이 한 국가에서 수행하는 활동이 결과적으로 외국기업의 정규적인 계약체결을 의도하는 것인 경우에는 이들 활동이 대리인의 독립적 사업수행을 위한 것이 아닌 한, 해당 기업은 대리인이 소재한 국가에서 충분한 과세연계성(taxable nexus)을 가진 것으로 보는 방향으로 PE 개정논의가 전개되었고, 2017년 OECD/UN모델 개정에 반영되었다.

Establishments, Linde, 2014, pp.25~26

나. 종속대리인 PE의 요건

〈OECD/UN모델 제5조 제5항〉

5. 제1항 및 제2항의 규정에 불구하고 다만 제6항을 따를 것을 조건으로, 어떤 인이 일방체약국에서 어떤 기업을 대신하여 활동하고, 그 과정에서 상시적 으로 계약을 체결하거나 또는 그 기업에 의한 중대한 수정없이 관례적으로 계약의 체결에 이르는데 상시적으로 주요한 역할을 하고, 그리고 이들 계약들이
   a) 해당 기업의 명의인 경우, 또는
   b) 해당 기업이 소유한 또는 사용권을 가진 자산의 소유권을 양도하거나 사용권을 허락하기 위한 것이거나, 또는
   c) 해당 기업에 의한 용역의 제공을 위한 것인 경우,

   만약 그러한 인의 활동들이 (제4.1항이 적용되는 고정된 사업장소를 제외하고) 고정된 사업장소를 통해 수행되었지만 PE를 구성하지 않는 제4항에서 규정된 활동으로 한정되지 않는다면, 해당 인이 해당 기업을 위해 수행하는 모든 활동에 대하여 해당 기업은 해당 국가에서 PE를 가진 것으로 간주된다.

제5조 제5항은 단순히 외국기업이 특정 국가에 PE를 가지고 있는지 여부에 대한 대안기준(alternative test)을 제공하는 것이다. 만약 외국기업이 제1항과 제2항의 의미상 PE를 가지고 있다는 것이 입증될 수 있다면, 관련 인이 제5항에 해당하는 자인지를 입증할 필요가 없다.(OMC Art.5/100)

위와 같은 2017년 OECD/UN모델 제5조의 개정 내용은 2018년 우리나라 개정 세법에도 그대로 반영되었다. 이에 따라 관련 법령은 외국법인(비거주자)이 국내에 고정된 장소를 가지고 있지 아니한 경우에도 "첫째, 국내에서 그 외국법인(비거주자)을 위하여 ⅰ) 외국법인(비거주자) 명의의 계약, ⅱ) 외국법인(비거주자)이 소유하는 자산의 소유권 이전 또는 소유권이나 사용권을 갖는 자산의 사용권 허락을 위한 계약, ⅲ) 외국법인(비거주자)의 용역제공을 위한 계약 중 어느 하나에 해당하는 계약(이하 '외국법인(비거주자) 명의 계약 등)을 체결할 권한을 가지고 그 권한을 반복적으로 행사하는 자, 둘째, 국내에서 그 외국법인(비거주자)을 위하여 외국법인(비거주자) 명의 계약 등을 체결할 권한을 가지고 있지 아니하더라도 계약을 체결하는 과정에서 중요한 역할(외국법인 또는 비거주자가 계약의 중요사항을 변경하지 아니하고 계약을 체결하는 경우로 한정함)을 반복적으

로 수행하는 자, 셋째, 중개인・일반위탁매매인, 기타 독립적 지위의 대리인으로서 주로 특정 외국법인(비거주자)만을 위하여 계약체결 등 사업에 관한 중요한 부분의 행위를 하는 자(이들이 자기사업의 정상적인 과정에서 활동하는 경우를 포함) 중 어느 하나에 해당하는 자를 두고 사업을 경영하는 경우에는 그 자의 사업장 소재지에 국내사업장을 둔 것으로 본다."고 규정하고 있다.(법법 §94 ③, 법령 §133 ① 2호, 소법 §120 ③, 소령 §180 ① 2호)

이하에서는 위 OECD/UN모델 제5항 및 국내세법에서 언급하고 있는 종속대리인 PE의 요건들을 i) 기업을 대신하여 활동할 것, ii) 계약을 체결하거나 계약체결에 이르는 주요한 역할을 할 것 iii) 상시적으로 수행할 것, iv) 독립대리인이 아닐 것 등으로 구분하여 상세히 설명하고자 한다.

(가) 기업을 대신하여 활동할 것

대리인이 기업을 대신하여 활동하는지 여부에 대해서는 심도있는 기능분석이 필요하다. 다만, 사업활동에 필요한 계약이 해당 기업의 종업원들에 의해 체결되더라도 예를 들어, 연구기관에서 기관 활동에 필요한 계약을 체결하는 경우와 같이 제4항에 해당하는 예비적・보조적 활동인 경우에는 종속대리인 PE에 해당하지 않는다. 그러나, 어떤 고정 사업장소가 제4항에서 열거된 기능을 수행하더라도 자신이 속한 기업을 대신해서 뿐만 아니라 타 기업을 대신하는 경우에는 PE가 존재할 수 있다. MNE그룹 내 관계회사들을 위한 공동서비스센터는 그 자체로 일반PE에 해당될 뿐만 아니라, 관계회사들을 대신하여 매입세금계산서를 검토하고 관계회사를 위해 구입하고 정정 또는 보완을 요청할 수 있다면 종속대리인 PE를 구성할 수도 있다.

기업을 '대신하여(on behalf of)'하여 활동한다는 것은 법적 관점만이 아니라 경제적 관점에서 타인을 위해 활동하는 경우를 말한다. 즉, 대리인이 어느 정도 본인의 지침과 지시를 받아야하는 종속적 요소가 있다는 것을 의미한다. 작업수행에 관해서 본인의 세부적 지시를 따르고, 작업수행 방식에 관해서 본인의 포괄적 통제를 따른다면 기업을 대신하여 활동한다고 할 수 있다. 또한 본인이 대리인 사업의 위험까지 부담하는 경우에도 종속적인 것으로 추정된다. 오랜 기간 동안 오직 하나의 본인을 위해서만 활동하는 경우에도 종속적이라 할 수 있다. 독립대리인은 포함되지 않는데, 독립대리인은 오로지 작업의 결과에 대해서만 본인에게 책임을 지기 때문이다. 독립대리인이 가격목록 및 특정 배송조건에 따라야 할 수도 있지만 이러한 결과를 성취하는 방법에 대해 본인의 세부 지시를 따를 의무는 없다. 자회사 또는 위탁판매인은 모회사 또는 본인과 법률적으로는 종속적일 수 있으나, 모회사 또는 본인이 특정 사실관계와 상황에 비추어 자회사 또는 위탁판매인의 사업에 관여하지 않은 경우에는 독립적(factually independent)이라 할 수 있다.

(나) 계약을 체결하거나 계약체결에 이르는 주요한 역할을 할 것

제5항 a)호 내지 c)호의 문구는 본 조항이 대리인이 대신하여 활동하는 기업과 계약체결 당사자인 제3자 간에 법적 권리와 의무를 창출시키는 계약뿐만 아니라, 대리인의 계약상 의무보다 해당 기업에 의해 실질적으로 수행될 의무를 창출하는 계약에도 적용됨을 보장한다.(OMC Art.5/91) 이 조항들이 다루는 전형적 사례는 기업과 고객 간에 법률적으로 집행가능한 권리와 의무를 창출시키기 위하여 기업의 대리인, 파트너 또는 종업원이 고객과 체결하는 계약이다. 이 조항들은 기업을 대신하여 활동하는 인이 체결한 계약이 계약체결 당사자인 제3자에 대해서 해당 기업을 법률적으로 기속시키는 것은 아니지만, 해당 기업이 소유한 또는 사용권을 가진 자산의 소유권의 양도 또는 사용권의 허락을 위한 계약 또는 해당 기업에 의한 용역의 제공을 위한 계약의 경우들을 역시 포함한다.(OMC Art.5/92)

이에 대한 전형적인 사례는 판매대리인이다. 판매대리인은 외국기업을 대신하여 활동하는 대리인이지만, 외국기업과의 판매대리약정에 따라서 외국기업이 소유하거나 사용권을 가진 자산의 소유권 또는 사용권을 제3자에게 직접적으로 이전해야 함에도 불구하고, 자신의 이름으로 계약을 체결함으로써 외국기업과 제3자 간에 법률적으로 집행가능한 권리와 의무를 창출시키지 않는다.

제5항 a)호에서 "기업의 이름으로(in the name of the enterprise)"라고 언급되었다고 해서 해당 조항의 적용이 문자 그대로 기업의 이름으로 된 계약으로 제한되는 것은 아니다. 예를 들어, 기업의 이름이 서면계약에서 드러나지 않은 특정 상황에도 적용될 수 있다.(OMC Art.5/93)

과거 '기업의 이름으로'란 문구의 해석을 둘러싸고 대륙법계와 영미법계 학자들 간에 치열한 논쟁이 있었고, 각국의 법원에서도 상충되는 해석이 빚어지는 등 용어의 해석을 둘러싼 불확실성이 존재하였다. 영미법계 법률가의 시각에서 보면 대리(agency) 개념에 '기업의 이름으로'라는 문구가 포함된 것이 불합리한 상황으로 비쳐졌다. 따라서 먼저 대륙법(civil law)와 영미법(common law) 하의 대리 개념의 차이를 살펴보는 것이 필요할 듯하다.[192)]

192) Katharina Daxkobler,"Authority to Conclude Contracts in the Name of the Enterprise", *Dependent Agents as Permanent Establishments*, Linde, 2014, pp.87~89

대륙법 하에서 대리인이 본인을 대신하여 활동하는 방식은 직접대리와 간접대리로 구분된다. 간접대리는 (본인의 이익을 위해 활동하고 계약을 체결하지만) 대리인 자신의 이름으로 활동하고 제3자에 대해서 자신만을 기속한다. 대리인과 제3자 간의 계약은 법적으로 본인에게 영향을 주지 않는다. 제3자는 본인의 이름을 알고 있더라도 본인에 대해 계약을 집행할 수 없다. 따라서 본인의 이름으로 활동하는 직접대리만이 진정으로 본인을 대리하고 법률적으로 본인을 기속한다고 할 수 있다. 영미법 하에서도 현명대리와 비현명대리, 두 가지 대리 개념을 인정한다. 현명대리(disclosed agency)는 본인의 이름으로 활동하는 것으로써 대륙법의 직접대리에 해당하고, 비현명대리는 대리인 자신의 이름으로 활동하는 것을 말한다. 그러나 제3자가 본인의 존재를 알게 되고 인적사항을 입증하는 경우 본인 또는 대리인에게 책임을 물을 수 있기 때문에 본인은 어느 경우에도 소송책임을 면할 수 없다. 결론적으로 대륙법 하의 대리 개념이 영미법 하의 대리 개념보다 넓다고 할 수 있다. 왜냐하면, 대륙법 하의 간접대리는 영미법 하에서는 대리인으로 간주되지 않기 때문이다. 이러한 대륙법과 영미법 간의 대리행위에 대한 법적 관념의 차이를 요약하면 아래 〈표 2-14〉에서 보는 바와 같다.[193)]

〈표 2-14〉 대리행위에 대한 법적 관념의 차이

	대륙법	영미법
• 대리의 방식	직접대리: 본인의 이름으로 간접대리: 대리인 이름으로	현명대리: 본인의 이름으로 비현명대리: 대리인 이름으로
• 본인 기속 여부	직접대리만 본인 기속	현명/비현명대리 모두 본인 기속
• 소송책임	간접대리는 본인 책임없음	비현명대리도 본인 책임있음

종전 OECD모델 제5조 주석 32.1절에서는 "기업의 이름으로 계약을 체결할 권한"의 의미가 문자 그대로 기업의 이름으로 계약을 체결하는 경우뿐만 아니라 실제 기업의 이름으로 체결되지 않더라도 해당 기업을 기속하는 계약을 체결하는 대리인까지 포함한다고 명시하고 있었다.[194)] 이 문구는 1994년 OECD모델 개정시 추가되었는데, 대리인 자신의 이름으로 활동하지만 법적으로는 본인을 기속하는 영미법 하의 비현명 대리인도 대리인

193) 사실 대륙법계에서의 간접대리는 대리인과 본인 사이의 계약에 불과할 뿐 대외적으로는 본인에 대해 효력이 없다는 점에서 진정한 의미의 대리라고 보기는 어려울 것이다.

194) 2017년 개정 OECD모델 주석은 본인에 대한 법률적 기속은 물론 경제적 기속의 의미까지 포섭할 수 있도록 종전 논란이 있었던 '판매대리인'을 종속대리인 PE로 간주하는 조항이 제5조 본문에 신설되었기 때문에 종전 제5조 주석 32.1절의 문구는 삭제되었다.

PE를 구성할 수 있다는 점을 명확히 하고자 한 것이었다. 그러나, 일부 대륙법계 국가의 과세당국들은 직접대리 외에 간접대리의 경우까지 대리인 PE에 해당할 수 있는 것이 아닌가 하는 문제제기를 하는 사례가 있었다. 즉, 과세당국 입장에서는 주석 32.1절의 규정에 따라서 '기업의 이름으로'가 법률적 기속만이 아니라 경제적 기속까지 포함하는 넓은 의미를 가진다고 주장하는 경우가 발생하게 되었다.

판매대리인은 자신의 이름으로 활동하고 본인을 대신하여 활동한다는 것을 현명하지 않기 때문에 고객에 대해서 본인을 법률적으로 기속할 수 없다. 이러한 대리인은 법률적 기속 관점에서는 PE가 될 수 없지만, 경제적 기속의 관념을 적용하고 제5조 제6항의 독립대리인에 해당하지 않는 경우에는 PE에 해당할 수도 있었다. 그러나, 다수 학자의 견해 및 후술하는 프랑스, 노르웨이, 스페인, 이태리 대법원의 판례들 모두가 제5항에 대한 역사적 분석을 통해 도출된 결론, 즉, '기업의 이름으로'는 '법률적 기속(legally binding)'의 의미로 이해되어야 한다는 점을 확인해 주었다.

한편, "계약을 체결한다."는 용어는 관련 법률에 의해서 계약이 어떤 인에 의해 체결된 것으로 간주되는 상황에 초점을 둔다. 예를 들어, 어떤 기업과 표준계약을 체결하자는 제3자의 제안을 해당 기업을 대신하여 어떤 인이 수용하는 경우 관련 법률이 계약이 체결된 것으로 규정하는 경우, 계약은 계약조건에 대한 적극적 협상 없이도 체결될 수 있다. 또한, 관련 법률에 의하여, 계약이 국가 밖에서 서명되더라도 해당 국가에서 계약이 체결될 수도 있다. 그리고, 외국기업을 기속하는 계약의 모든 요소들과 세부사항을 일방국에서 협상하는 어떤 인은 계약이 설령 그 국가 밖에서 타인에 의해 서명되더라도 그 국가에서 계약을 체결한다고 말할 수 있다.(OMC Art.5/87) 그러나, 대리인이 용역의 제공, 자료의 수집, 협상을 위한 회의의 주선 등 계약의 서명을 위한 예비적 활동을 수행하는 경우에는 계약체결 권한을 행사한 것으로 볼 수 없다. 다만, 이들 활동 외에 계약조건을 협의하고 계약에 서명하는 등 다른 활동들이 수반되거나 보완되는 경우에는 계약체결 권한을 행사한 것으로 볼 수 있다.

또한, 제5항에서의 계약은 기업의 고유사업에 해당하는 사업 또는 주된 사업과 관련이 있는 계약이어야 한다. 예를 들어, 어떤 인이 기업을 위한 해당 인의 활동을 지원하기 위해 고용계약을 체결하거나 또는 그 인이 기업의 이름으로 내부운영에만 관련된 유사한 계약을 체결하는 경우와는 관련이 없다. 특히, 어떤 인이 상시 계약을 체결하거나 또는 기업에 의한 중대한 변경없이 관례적으로 체결되는 계약의 체결에 이르는 주요한 역할을 상시 수행하는지 여부는 상황의 상업적 실제에 토대하여 결정되어야 한다. 어떤 인이 어떤 국가에서 기업과 고객 간의 협상에 참석 또는 참여하였다는 사실만으로는 해당 인이 계약을 체결하였다거나 계약체결을 이끄는 주요한 역할을 수행했다고 결론을 내리기가 충분하지 않을 것이다. 그러나, 그 인이 그러한 협상에 참석 또는 참여하였다는 사실은 기업을 대신하여 그 인이 수행한 정확한 기능들을 결정할 때 관련요소가 될 수 있다.(OMC Art.5/97)

이와 관련하여, 프랑스 대법원은 대리인의 활동이 보험증서와 관련하여 고객에게 이메일을 송부하는 정도로 제한된 경우에는 납세자의 주된 사업과 관련된 것이 아니므로 납세자를 대신하여 계약체결 권한을 행사한 것으로 볼 수 없다고 판시한 바 있다.[195] 따라서 대리인이 협상 활동에 단순히 참여한 것만으로는 부족하고, 납세자를 기속하는 협상의 모든 요소들과 세부사항에 대해 협상할 권한을 부여받고 이를 실제 행사했어야 한다. 이는 권한의 범위 또는 활동의 성격 관점에서 볼 때, 대리인에게 실질적으로 계약체결의 수준까지 협상을 할 수 있는 광범위한 권한이 부여되어 있고, 본인에게는 최종 서명이라는 요식행위만이 남아 있는 경우라고 할 수 있다. 만약 대리인이 협상한 모든 계약조건들에 대해 본인이 추가 검토없이 승인하고 이행하는 경우에는 대리인에게 묵시적 권한(implied authority)을 부여한 것으로 볼 수 있다. 본인이 대리인이 체결한 계약을 기계적으로 승인하는 경우 대리인이 명시적으로 부여받은 권한의 범위를 벗어나더라도 본인에게서 계약체결 권한을 묵시적으로 부여받은 것으로 본다.[196] 그러나, 대리인이 체결한 계약서 초안에 대해 본인이 진정으로 다시 검토하거나 거부 권한을 유보하고 있는 경우에는 대리인에게 묵시적 계약체결권이 있다고 할 수 없다. 대리인이 본인을 기속하는 계약을 체결하는지 여부를 검토할 때는 계약법의 형식적 기준보다 대리인의 실제 행동이 더 중요하다.(factual approach).

이와 달리, 사실상 본인이 계약내용에 대해 협상을 하거나 또는 계약조건이 표준계약서 형태로 사전에 본인에 의해 정해지고, 대리인의 권한은 고객유인, 주문접수 및 표준계약서에의 공식 서명으로만 제한될 경우에도 이론적으로 대리인이 공식적으로 계약을 체결할 권한을 가지고 이를 상시 행사하는 때에는 종속대리인 PE가 존재할 수 있다.

195) FR: Conseil d'Etat, 6 Jan. 2005, Case 259618, Eagle Star Vie v. Nouvelle-Caledonie; Pistone & Ruiz Jimenez, "Habitual Exercise of Authority to Conclude Contracts", *Dependent Agents as Permanent Establishments*, Linde, 2014, p.114에서 재인용

196) 그러나, 노르웨이 대법원은 대리인이 납세자로부터 부여받은 권한의 범위를 넘어서 활동하고 납세자가 이를 묵인한 사안에서 계약체결 권한을 행사했다는 과세당국의 주장을 인정하지 않았다. Dell Product(NUF) v. Tax East (Noregs Hogsterett, HR-2011-2245-A, 2011.12.2.) 참조

대리인의 계약협상 권한의 범위는 종속대리인 PE의 성립요건에 영향을 미치지 않는다. 즉, 대리인이 본인을 기속하는 권한을 가지는 한, 그 권한이 본인에 의해 사전에 정해진 조건들에 대한 계약체결로 제한되는지 여부는 중요하지 않다. 또한, 권한이 본인 사업의 모든 영역을 포함할 필요는 없고, 본인 사업의 특정한 사업부문의 운영과 관련된 것이면 충분하다. 따라서 대리인 소재 국가에서 대리인의 활동과 별개로 본인이 직접 수행하는 거래는 PE의 범위에서 배제된다. 제5항의 요건들이 충족되는 경우, 그 인이 계약을 체결하거나 또는 계약의 체결을 이끄는데 주요한 역할을 하는 경우만이 아니라, 그 인이 그 기업을 위해서 활동하기만 하면 그 기업의 PE가 존재한다.(OMC Art.5/99) 따라서 일단 제5항에 해당하는 종속대리인 PE가 성립하기만 하면, 제4항에서 규정하는 예비적 · 보조적 활동도 PE에 귀속된다.

제5항 b)호 및 c)호 요건은 상시 계약을 체결하거나 또는 기업에 의해 중대한 변경없이 관례적으로 계약 체결에 이르는 주요한 역할을 하는 인이 자산의 소유 또는 사용권의 이전 또는 용역의 제공과 관련된 계약들이 그 인이 아니라 해당 기업에 의해 수행되는 방식으로 기업을 대신하여 활동한다는 것이다.(OMC Art.5/94) 제5항 b)호 목적 상, 기업을 위해 활동하는 인과 제3자 간의 계약체결 당시에 관련 자산이 존재했는지 또는 소유되었는지 여부는 중요하지 않다. 예를 들어, 기업을 대신하여 활동하는 인은 그 기업이 고객에게 직접 배송하기에 앞서 그 기업이 나중에 생산할 자산을 판매할 수 있다. 여기서 '자산'은 모든 유형의 유형자산 또는 무형자산을 포함한다.(OMC Art.5/95)

"기업에 의해 중대한 변경없이 관례적으로 체결되는 계약의 체결에 상시적으로 주요한 역할을 한다."는 문구는, 설령 관련 법률에 의하면 계약이 어떤 국가에서 어떤 인에 의해 체결된 것이 아닐지라도, 해당 인이 일방체약국에서 해당 기업을 대신하여 수행하는 활동이 계약체결의 직접적인 원인인 상황을 의도한 것이다. 계약체결이 명백히 대리인 활동의 직접적 결과인 경우를 다루기 위하여 일방국에서 발생하는 실질적 활동들에 초점을 맞춰져야 할 것이다. 따라서 제5항의 목적을 고려하여 해석되어야 하고, 이는 어떤 인의 일방국에서의 수행 활동들이 외국기업의 정규적인 계약체결을 성사시킬 의도인 경우, 즉, 해당 인이 해당 기업의 판매인력(sales force)으로서 활동하는 경우를 포함한다. 따라서 계약체결에 이르는 주요한 역할은 통상 해당 기업과 계약을 체결하도록 제3자를 설득시키는 활동과 관련된다. "기업에 의한 중대한 변경없이 관례적으로 체결되는 계약" 문구는 주요한 역할이 특정 국가에서 수행된 경우, 계약이 그 국가에서 공식적으로 체결되지 않을지라도 예컨대, 계약이 관례적으로 그 국가 밖에서 검토 및 승인의 대상이지만 그러한 검토가 해당 계약의 중요한 측면들의 변경을 초래하지 않는 경우 해당 인의 활동이 종속대리인 PE의 범위에 포함된다는 점을 명확히 한다.(OMC Art.5/88)

이러한 사례는 어떤 인이 주문을 유인하고 접수하여 (공식적으로 체결되지는 않지만) 기업 소유의 배송 창고로 직접 전송하고, 그 기업이 관례적으로 이러한 거래를 승인하는 경우이다. 그러나, 직접적인 계약체결에 이르지 않고 기업의 재화 · 용역을 단순히 판매촉진 및 마케팅 하는 경우에는 적용되지 않는다. 예를 들어, 한 제약회사의 대리인들이 의사들과 접촉함으로써 그 기업이 생산한 약을 적극 판촉하는 경우, 그러한 마케팅 활동은 직접적으로 의사들과 기업 간 계약체결을 가져오지 않고 마케팅 활동의 결과로 약의 판매가 상당히 증가할 가능성이 있을지라도 본 조항이 적용되지는 않는다.(OMC Art.5/89)

아래 〈그림 2-55〉 사례에서 보는 바와 같이 R국 법인 RCo는 웹사이트를 통해서 전세계에 걸쳐 다양한 제품 및 용역을 판매한다고 하자. RCo의 100% 자회사인 S국 법인 SCo의 종업원들은 대기업 등 주요 고객들이 RCo 제품 및 용역을 구매하도록 설득하기 위해 이메일 발송, 전화, 방문을 한다. SCo의 종업원들의 보수는 RCo가 지급하는 주요 고객들로부터의 수입에 부분적으로 토대하고, 고객의 수요를 예상하기 위해 그들의 관계형성 기술을 사용하며, 그들이 RCo 제품 및 용역을 구매하도록 설득한다. SCo의 종업원들이 재화 · 용역을 구매하도록 주요 고객들 중의 하나를 설득할 때, 해당 종업원은 부여된 수량에 대해 지급할 가격을 공지하고, 해당 재화 · 용역이 공급되기 전에 RCo와 온라인으로 계약이 체결되어야 함을 공지하며, 종업원이 변경할 권한이 없는 RCo에 의해 사용되는 고정가격표를 포함하여 RCo의 표준 계약조건을 설명한다. 그 후 해당 고객은 SCo의 종업원과 논의된 수량에 대해서, 그 종업원이 제시한 가격표에 따라서 온라인계약을 체결한다.(OMC Art.5/90)

〈그림 2-55〉 계약체결에 이르는 주요한 역할로 PE에 해당하는 사례

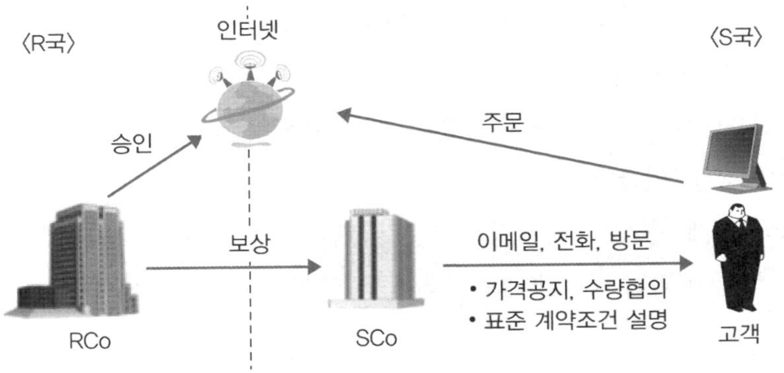

위 사례에서, SCo의 종업원은 고객과 RCo 간에 계약체결에 이르는 주요한 역할을 수행하고, 그러한 계약은 해당 기업에 의해 중대한 변경없이 관례적으로 체결된다. SCo의 종업원들이 계약조건을 변경할 수 없다는 사실이 해당 계약체결이 그들이 기업을 대신하여 수행하는 활동의 직접적 결과가 아니라는 것을 의미하는 것은 아니다. 고객에게 이러한 표준 계약조건들을 수용하도록 설득하는 것이 고객과 RCo간 계약체결을 이끄는 중요한 요소인 것이다.

(다) 상시적으로 수행할 것

상시적으로(habitually)는 일시적이 아닌 빈번하고 항구적인 활동을 의미한다. 즉, 상시적이기 위해서는 빈도(frequency) 기준과 항구성(permanence) 기준을 모두 충족해야 한다. 정규적으로(regularly) 개념보다 넓은 범위의 활동을 포함한다고 할 수 있다. 왜냐하면, 모든 정규적 활동은 상시적인 것이지만, 모든 상시적 활동들이 정규적인 것은 아니기 때문이다. '상시적'은 반복의 의미를 지니므로 일정 기간 내의 단 한 번의 권한행사는 충분하지 않다는 견해가 있는 반면, 상시적이라는 것이 정기적으로 발생한다는 의미는 아니므로 해당 활동이 전체사업에서 차지하는 중요성 또는 금액비중 등을 고려할 때 단 한 번의 권한행사로도 충분하다는 주장도 있다.

OECD모델은 '상시적으로'의 의미에 대해 단지 일시적인 성격을 넘어 어느 정도의 항구성을 지닐 것을 요구한다. 기간 기준으로 통상 12개월 기준이 사용되므로, 상시적 활동에 해당하기 위해서는 12개월 기간 내에 최소한 두 번 이상 계약체결 권한을 행사해야 한다. 참고로, 벨기에 법원은 프랑스 회사가 벨기에에서 여러 종속대리인들을 통해 1주일간 열리는 무역박람회에서 여러 차례 판촉 및 판매활동을 한 사안에서 권한행사가 항구적인지를 판단(프랑스·벨기에 조약상 30일 기준이 적용됨)할 때 각 대리인을 별개로 고려하는 것이 아니라 여러 대리인들이 여러 도시에서 활동한 모든 기간을 합계하여 함께 고려해야 한다고 판시한 바 있다.[197)]

또한, OECD모델은 상시적 요건을 충족하는 "활동의 정도 및 빈도는 계약 및 사업의 성격에 달려있다"고 언급하고 있다.(OMC Art.5/98) 따라서 ⅰ) 사업의 성격, ⅱ) 해당 영업이 납세자의 전체 사업활동에서 차지하는 금액비중, ⅲ) 해당 영업수행에 이용되는 시간 등을 고려하여 예외적 상황에서는 예컨대, 권한이 매년 한 번씩만 행사되지만 수년 동

197) Court of First Instance of Ghent, G1 08/0446, 2008.5.15. ; Pistone & Ruiz Jimenez, *op.cit*, p.152에서 재인용

안 지속되는 계절적 활동(seasonal activities)의 경우에는 상시적 요건을 충족할 수도 있다. 즉, 계절적 활동의 경우에는 사업활동의 성격이 단기간이라는 특성 때문에 빈도 및 항구성의 일반적 요건이 조정되어야 한다. 단 한 번의 계약체결이라도 해당 대리인의 활동이 납세자의 전체사업의 중요한 부분을 차지할 때는 빈도기준을 충족하는 것으로 보아야 하고, 특정 사업에서 단기간 동안만 납세자를 대리하는 특정 약정의 경우에도 항구성 기준을 충족하는 것으로 볼 수 있다.

통상 대리인이 6개월 또는 12개월 이상 체재하면 항구성 요건을 충족하지만, 일시적으로 체재하거나 또는 전혀 체재하지 않더라도 종속대리인 PE는 존재할 수 있다. 즉, 물리적 실재는 종속대리인 PE 판정에서 중요한 역할을 해서는 안 된다는 것이다. 왜냐하면, 대리인의 체재기간은 항구성의 지표가 될 수는 있지만 결정적인 판단요인은 아니기 때문이다. 그러나, 독일 연방조세법원은 원천지국에 대리인의 물리적 실재를 가장 중요한 판단요인으로 보았다. 포르투갈 회사가 독일에 수 개의 건설공사를 수행하면서 해당 회사의 이사 중 한명이 여러 해에 걸쳐 수차례 독일을 방문하여 계약체결, 새로운 계약의 발굴, 공사현장 방문 등을 한 사안에서 이사의 독일 체재기간이 43일 정도에 불과하기 때문에 PE가 존재하지 않는다고 판시하였다.[198)]

(라) 독립대리인이 아닐 것

〈OECD/UN모델 제5조 제6항〉

6. 제5항은 타방체약국의 기업을 대신하여 일방체약국에서 활동하는 인이 독립 대리인으로서 해당 국가에서 사업을 수행하고, 해당 기업을 위해 통상적 사업 과정에서 활동하는 경우에는 적용되지 않는다. 그러나, 독점적으로 또는 거의 독점적으로 하나 또는 그 이상의 밀접히 관련된 기업들을 대신하여 활동하는 인은 이 조항의 의미상 해당 기업과 관련하여 독립대리인으로 간주되지 않는다.

대리인이 일반적으로 ⅰ) 외국기업에 의해 포괄적 통제를 받는 경우, ⅱ) 사업상 위험을 부담하지 않는 경우, ⅲ) 독점적으로 또는 거의 독점적으로 하나 또는 그 이상의 밀접히 관련된 기업들을 대리하는 경우에는 독립대리인이라 할 수 없다.

어떤 기업의 대리인으로서 활동하는 인이 기업과 독립적인지 여부는 그 인이 기업에

---

198) DE: Case I R 87/04, 2005.8.3. : Pistone & Ruiz Jimenez, *op.cit*, p.154에서 재인용

대해서 갖는 의무의 정도에 달려 있다. 대리인의 기업을 위한 상업적 활동들이 기업의 세부적 지시 또는 포괄적 통제를 받는 경우, 그 인은 기업과 독립적이라고 할 수 없다. 또 다른 중요한 기준은 사업상 위험이 대리인 또는 그 기업에 의해 부담되어야 하는지 여부이다.(OMC Art.5/104) 다시 말해서, 독립대리인으로 인정받기 위해서는 법률적으로, 그리고 경제적으로 독립적이어야 한다.[199] 달리 말하면, 대리인이 외국기업에 대해 법률적으로 또는 경제적으로 종속되어 있으면 종속대리인 PE에 해당할 수 있다. 법률적 독립성은 본인과 체결한 계약서의 문구가 중요한 역할을 한다. 또한, 대리인이 자신의 활동을 수행하기 위해 충분한 재량적 권한을 가져야 한다. 반면, 경제적 독립성은 사업이 수행되는 방식 및 기능과 위험이 어떻게 배분되는가에 초점을 둔다. 즉, 경제적 독립성은 사업의 원천과 관련하여 본인에 대한 상대적 의존도를 말한다. 대리인이 계약서에 명시된 것 이상의 위험을 부담하고 기능을 수행하는 경우 법률적으로는 독립적이지만 활동 수행방식에서 볼 때 경제적으로는 종속적이어서 종속대리인 PE에 해당할 수 있다. 반대로, 대리인이 경제적으로는 독립적이지만 계약서를 통해서 볼 때 법률적으로 본인이 대리인 사업에 대해 지나치게 통제를 하는 경우에도 종속대리인 PE에 해당할 수 있다.

독립대리인을 판단하는 첫째 기준은 포괄적 통제(comprehensive control)이다. 이는 대리인이 본인에 대해 가지는 의무, 본인이 대리인의 작업에 대해 행사하는 통제, 대리인의 사업수행 방식에 대해 본인으로부터 승인을 받는지 여부 등에 의해 결정된다. 독립대리인은 통상적으로 그의 작업의 결과에 대해서 본인에게 책임을 지지만, 해당 작업이 수행되는 방식에 대해서는 상당한 통제를 받지 않는다. 독립대리인은 작업수행에 관해서 본인으로부터 세부적인 지시를 받지 않는다. 만약 본인이 대리인의 사업활동 기술 및 지식에 의존하지 않는다면 대리인이 통제를 받는 것으로 볼 수 있다.(OMC Art.5/106)

그러나, 자회사가 밀접히 관련된 기업들을 위해 독점적으로 또는 거의 독점적으로 활동하지 않기 때문에 제6항의 독립대리인에 해당하는 경우, 모회사가 주주로서 자회사에 대해 행사하는 통제는 독립성 판단의 고려대상이 아니다. 이는 제5조 제7항과도 부합한다.(OMC Art.5/105) 중요한 것은 본인이 대리인 역할을 하는 자회사의 핵심 사업활동에 대해 행사하는 통제의 정도이다.

대리인이 본인에게 상당한 정보를 제공하는 것이 반드시 종속성을 의미하는 것은 아니

199) 2017년 OECD모델 주석 개정시 독립대리인의 요건 중 하나인 "법률적으로 그리고 경제적으로 기업과 독립적이어야 한다." 문구(종전 OMC Art.5/37)가 삭제되었다. 그러나, 대리인의 독립성 여부의 판단기준에 큰 변화가 있는 것은 아니다.

고, 약정의 원활한 진행 및 지속적 우호관계를 보장하기 위해 정보가 제공될 수 있다. 중요한 것은 정보가 제공되는 이유이다. 즉, 자회사가 모회사에게 재무자료, 사업의 확장 또는 그룹회사 간 기능재배분 등 다양한 정보보고를 하는 것이 종속성의 증거는 아니다. 왜냐하면, 일반적으로 자회사는 자신의 작업 또는 사업의 결과에 관한 정보를 제공할 의무가 있다. 그러나, 만약 자회사가 제공하는 정보가 사업활동을 수행하는 방식에 관해 모회사의 승인을 구하는 것과 관련된 것이라면 모회사가 자회사를 통제하는 것으로 볼 수 있고, 자회사는 PE로 간주될 수 있다.(OMC Art.5/108) 또한, 모회사의 의사결정에 적극 관여하는 임원이 동시에 자회사의 이사회 구성원일 경우에는 모회사가 자회사에 대해 어느 정도의 통제를 행사한다고 할 수 있다.

둘째 기준은 사업상 위험(entrepreneurial risk)의 부담 여부이다. 만약 대리인이 자신의 수행 활동에서 위험을 거의 또는 전혀 부담하지 않는다면 경제적으로 독립적이라고 할 수 없다. 본인과 대리인 간의 기능 및 위험의 배분은 계약서를 통해 알 수 있지만, 당사자 간 일상적인 사업활동이 계약서상의 기능 및 위험과 다를 경우에는 실제 상황이 고려되어야 한다. 대리인은 통상적으로 판촉, 홍보 및 고객접촉 업무를 담당하지만, 고객의 주문을 접수하고 가격을 협상하며 가격인하 및 지불수단에 대해 제의를 하는 경우도 있다. 대리인은 판촉 및 홍보비용과 같은 판매용역과 연관된 위험만을 부담하고, 이러한 제한된 위험부담의 대가로 수수료를 수취한다. 독립성 지표로는 자신의 활동을 수행할 자유가 있는지, 이용자산이 자신의 소유인지, 자신의 사무실을 가지는지[200], 수취수수료가 고정되어 있지 않은지[201] 등이다.

셋째 기준으로 본인의 수(number of principals)를 고려할 수 있다. 만약 대리인의 활동들이 장기간 전적으로 또는 거의 전적으로 한 기업만을 대신하여 수행된다면 독립적이지 않을 것이다. 그러나, 이러한 사실만으로는 결정적이지 않다. 따라서, 본인과의 관계에서 독점성은 단지 추가조사의 필요성을 보여주는 하나의 지표로서만 인식해야 한다. 특히, 외국기업이 타국 시장에 진출하기 위해서는 현지 자회사의 서비스를 이용할 수밖에 없는 현실을 고려할 때 이 요인만이 결정적인 기준은 아니다. 따라서, 대리인의 활동들이 스스로 위험을 부담하고 자신의 사업상 기술 및 지식을 사용하는 독립적 사업에 해당하는지 여부를 결정하기 위해서는 대리인과 본인 간의 전반적 관계 등 모든 사실관계 및 상황들

200) 독립대리인은 통상 사무실, 자산, 직원 등 자신의 활동을 이행할 수단을 가져야 한다.
201) 독립대리인의 보수는 일반적으로 성과, 이용자산, 고용직원 등에 따라 변동되어야 한다.

이 고려되어야 한다. 즉, 대리인의 사업기능이 하나의 외국기업만을 위해 맞추어져 있더라도 사업 수행방식에 대해서 본인으로부터 세부 지시를 받는지, 대리인에게 얼마나 많은 사업위험이 배분되는지 등을 특별히 고려해야 할 것이다. 대리인이 통상적 사업과정에서 많은 본인들을 위해 활동하고 본인들 중 어느 누구도 대리인의 사업수행에 관해서 지배적이지 못한 경우라도, 만약 본인들이 대리인의 활동들을 통제하기 위해 서로 협력하여 행동한다면 종속성이 존재할 수 있다.(OMC Art.5/109)

제6항의 마지막 문장은 "어떤 인이 밀접히 관련된 하나 또는 그 이상의 기업들을 위해 독점적으로 또는 거의 독점적으로 활동하는 경우 독립대리인으로 간주되지 않는다."고 규정한다. 그러나, 이것은 밀접히 관련되지 않은 하나 또는 그 이상의 기업들을 위해 활동하는 경우 자동적으로 독립대리인이라는 의미는 아니다. 만약 어떤 인의 활동들이 장기간 전적으로 또는 거의 전적으로 오직 하나의 기업 또는 상호 간에 밀접히 관련된 기업들을 대신하여 수행된다면 독립성은 존재하지 않을 것이다. 그러나, 어떤 인이 가령, 해당 인의 사업운영 초기에 단기간 동안 밀접히 관련되지 않은 하나의 기업을 위해서 독점적으로 활동하는 경우, 제6항의 적용이 가능할 수 있다.(OMC Art.5/111)

또한, 밀접히 관련되지 않은 기업들을 대신하는 어떤 인의 활동들이 해당 인의 사업의 상당한 비중을 점유하지 않는 경우, 해당 인은 독립대리인의 자격을 갖지 못한다. 예를 들어, 대리인이 밀접히 관련되지 않은 기업들을 위해서 체결한 판매액이 대리인으로서 체결한 모든 판매액의 10% 미만인 경우, 해당 대리인은 밀접히 관련된 기업들을 대신하여 독점적으로 또는 거의 독점적으로 활동하는 것으로 평가되어야 한다.(OMC Art.5/112) 한편, 자회사가 모회사를 대신하여 활동한 결과 제5항에 의해서 자회사가 모회사의 PE로 간주될 수 있는데, 이 경우 모회사를 위해서 독점적으로 또는 거의 독점적으로 활동하는 자회사는 제6항의 독립대리인의 예외혜택을 얻을 수 없다.(OMC Art.5/113)

또한, 제6항은 종속대리인 PE에서 제외되기 위해서는 독립대리인이 "자신의 사업의 통상적 과정에서 기업을 위해 활동해야 한다."고 명시하고 있다. 독립대리인이 그 대리사업과 관련이 없는 활동들을 수행할 때는 대리인으로서 통상적 사업과정에서 활동한다고 말할 수 없다. 예를 들어, 많은 법인들을 위해 판매업자로서 자신의 계산 하에 활동하는 법인이 또한 다른 기업을 위한 대리인으로서 활동하는 경우, 그 법인이 판매업자로서 수행하는 활동들은 제6항의 적용목적 상 해당 법인이 대리인으로서 통상적 사업과정에서 수행하는 활동의 일부라고 간주될 수 없을 것이다. 그러나, 특정 사업분야의 공통적 관행에 따라서, 기업이 때로는 대리인으로서 때로는 그 기업의 계산 하에 중개활동을 수행하는 경우, 이러한 다양한 중개활동들이 실질적으로 상호 간에 구별되지 않는다면, 이들 중개활동은 대리인으로서 통상적 사업과정에서 수행하는 것으로 간주될 것이다. 이러한 사례로 금융분야에서 중개인의 다양한 시장 중개활동을 들 수 있다.(OMC Art.5/110)

독립대리인이 사업의 통상적 과정에 따라 활동하는지 여부를 평가할 때는 관례적으로 대리인의 사업에 속하는 활동들, 즉 일반적인 독립대리인의 활동들과 비교가 이루어져야 할 것이다. 대리인이 경제적으로 본인의 범위에 속하는 활동을 수행하는 경우에는 자신의 통상적 사업과정에서 활동한다고 할 수 없다. 예컨대, 판매대리인(commission agent)이 자신의 이름으로 외국기업의 제품 또는 상품을 판매할 뿐만 아니라 계약체결권을 가진 대리인으로 상시적으로 활동하는 경우 이들 활동이 예비적·보조적 성격이 아닌 한, 자신의 사업의 통상적 과정을 벗어나서 활동하기 때문에 이 특정 활동과 관련하여 PE로 간주될 수 있다. 그러나, 독립대리인이 자신의 통상적 사업을 벗어나 특별한(extraordinary) 사업활동을 하더라도 그 자체만으로 PE가 성립하는 것은 아니고 계약체결권 행사를 포함하여 종속대리인 PE가 성립하기 위한 모든 요건을 충족해야 한다. 다시 말하면, 제5항의 종속대리인 PE가 성립하기 위한 일반적 요건을 충족하지 못한다면 제6항의 독립대리인이 자신의 통상적 사업을 벗어나서 활동하더라도 독자적으로 PE가 성립되는 일은 있을 수 없다.

(마) 배송대리인 PE 및 보험대리인 PE

〈UN모델 제5조 제5항 및 제6항〉

5. (OECD모델 제5조 5항과 동일)
   a) (OECD모델 제5조 제5항 a)호와 동일)
   b) 해당 인이 상시 계약을 체결하지도 않고 계약의 체결에 이르는 주요한 역할을 하지도 않지만, 해당 국가에서 해당 기업을 대신하여 상시적으로 제품 또는 상품의 재고를 유지하고 이를 정규적으로 배송하는 경우
6. 이 조문의 상기 규정들에도 불구하고 다만, 제7항을 따를 것을 조건으로, 일방 체약국의 보험회사는, 재보험을 제외하고, 어떤 인을 통해서 타방체약국 내에서 보험료를 징수하거나 또는 그곳에 소재하는 위험을 보장하는 경우에는 해당 국가 에서 PE를 가지는 것으로 간주된다.
7. (OECD모델 제5조 제6항과 동일)

위 UN모델 제5조 제5항 b)호에서 규정한 바와 같이, 종속대리인 PE의 요건으로 UN모델은 상시 계약을 체결하거나 계약체결에 이르는 주요한 역할을 하는 '종속대리인 PE' 만을 인정하는 OECD모델과는 달리 재고를 보유하고 이를 상시 배송하는 '배송대리인(delivery agent) PE'를 규정하고 있다. 따라서, UN모델 제5조 제4항은 예비적·보조적 활동의 예시에서 배송(delivery)을 제외하고 있다. 관련 주석에서는 "모든 판매관련 활동이 원천지국 밖에서 이루어지고 단지 배송만이 원천지국에서 이뤄지는 경우에는 종속대리인 PE가 존재한다고 할 수 없지만, 광고, 판매촉진 등 판매관련 활동이 해당 기업 또는 종속대리인에 의해서 원천지국에서 수행되고 이들 활동들이 제품 또는 상품의 판매에 기여하는 경우에는 대리인PE가 존재할 수 있다"고 한다.(UMC Art.5/26)

우리나라 세법은 UN모델의 입장을 반영하여 외국법인이 국내에 고정된 장소를 가지고 있지 아니한 경우에도 "외국법인의 자산을 상시 보관하고 관례적으로 이를 배달 또는 인도하는 자"를 두고 사업을 경영하는 경우에는 국내사업장을 둔 것으로 본다고 규정하고 있다.(법법 §94 ③, 법령 §133 ① 1호)

또한, UN모델 제5조 제6항은 '보험대리인(insurance agent) PE'를 규정하고 있다. 즉, 보험회사가, 재보험을 제외하고, 독립대리인이 아닌 자를 통해 원천지국에서 보험료를 징수하거나 또는 그 국가 내의 위험을 보장하는 경우에는 PE가 존재한다. 이는 보험대리인이 통상 계약체결권을 가지고 있지 않기 때문에 OECD모델에 따를 경우 종속대리인 PE가 성립할 수 없다는 점을 고려한 것이다. 우리나라 세법은 UN모델의 입장을 반영하여 외국법인이 국내에 고정된 장소를 가지고 있지 아니한 경우에도 "보험사업(재보험사업을 제외)을 영위하는 외국법인을 위하여 보험료를 징수하거나 국내소재 피보험물에 대한 보험을 인수하는 자"를 두고 사업을 경영하는 경우에는 국내사업장을 둔 것으로 본다고 규정하고 있다.(법법 §94 ③, 법령 §133 ① 3호)

종속대리인보다는 독립대리인이 이용되는 보험사업의 성격과 보장되는 위험이 소재한 국가에 과세권을 부여해야 한다는 논거 하에 개도국들은 보험대리인 PE가 독립대리인까지 확대 적용되어야 한다고 주장한다. 그러나, 이 문제는 선진국과 개도국 간 합의가 이루어지지 않아 UN모델에 반영되지 않고 양자협상에 맡겨져 있다. 보장되는 위험이 존재하는 곳과 보험료가 지급되는 곳이 다를 수 있다. 예컨대, A국에 소재한 자회사 또는 PE의 위험에 대한 보험료를 B국에 소재한 모회사 또는 본사에서 지급하는 경우이다. 따라서 현행 UN모델 제5조 제6항에 따를 경우 보험소득의 원천지국이 두 개일 수 있고, 이때 어느 국가가 우선권을 가지는가에 대한 언급이 없기 때문에 이중과세 문제가 발생할 수 있는 문제가 제기된다.

한편, OECD는 외국 보험회사의 경우 국내에서 활동하는 대리인들이 제5조 제1항 또는 제5항의 요건을 충족하지 않아서 원천지국의 보험사업에서 발생하는 이윤에 대해 해당 국가에서 과세되지 않는 문제점이 있었다고 언급하면서, 2017년 OECD모델 개정 시 제5조 제5항 및 제6항의 변경으로 이러한 우려사항들 중 일부가 다루어졌기 때문에 모델 조문에 추가하지 않는다는 입장을 밝히고 있다.(OMC Art.5/114)

4 외국 판례동향

가. 미국 판례

(1) Frank Handfield Case(1955)[202)]

〈그림 2-56〉 미국 위탁판매대리인의 종속대리인 PE 판정사례

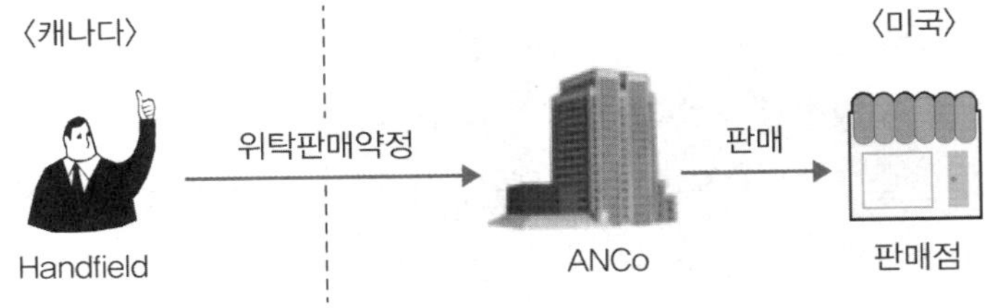

위 〈그림 2-56〉 사례에서 보는 바와 같이 캐나다 거주자인 원고(Handfield)는 자신이 제작한 우편엽서 카드에 대한 미국에서의 판매를 위해 미국법인(American News Co.)과 위탁판매계약을 맺었다. 동 계약에 따르면, 미판매 제품은 반환이 가능하되 원고는 판매실적이 부진한 도시의 재고를 회수하고 판매상을 교체할 수 있었다. 이를 위해 원고는 별도로 미국거주자를 고용하여 판매대의 전시상태, 판매실적 등을 점검하였다. 이에 따라 국세청은 미국법인이 독점판매인으로서 원고의 종속대리인에 해당한다고 판단하였다.

조세법원은 원고가 계약서에 도매 및 소매가격까지 명시하는 등 가격결정에 관여한 점,

202) Frank Handfield v. Commissioner, 23 TC 633, 1955.1.17

미판매 제품의 반환이 가능하여 대리인의 위험부담이 없는 점 등을 고려하여 원고와 미국 법인 간의 관계는 형식상은 위탁판매계약이지만 실질은 미국・캐나다 조세조약(제3조 PE의 정의)에 따라서 '재고보유 대리인'에 해당된다고 보아 종속대리인 PE를 인정하였다.

(2) Taisei Fire & Marine Case(1995)[203]

〈그림 2-57〉 미국 보험인수 대리인의 종속대리인 PE 부인사례

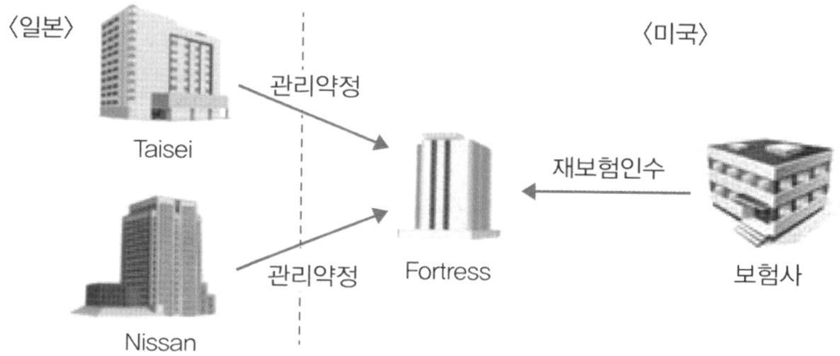

위 〈그림 2-57〉에서 보는 바와 같이, 일본의 4개 상장 보험회사들은 미국보험사 등으로부터 재보험을 인수하기 위해 미국법인(Fortress)을 대리인으로 선정하였다. 대리인은 회원사들과 순인수한도(net acceptance limit)를 설정하는 등 관리약정을 맺었고, 동 약정의 대가로 총보험료의 일정률을 수수료로 수취하였다. 대리인의 대표는 매년 일본을 방문하여 협의하였고, 연중 원고와 우편・전신을 통해 연락을 취하였다. 국세청은 미국 보험인수 대리인 Fortress가 미・일 조세조약상 원고의 종속대리인에 해당한다고 판단하였다.

그러나 조세법원은 첫째, 관리약정상 대리인에게 완전한 재량권이 부여되어 있고, 인수한도 제한이 위험관리전략 차원에서 대리인이 정한 것이므로 통제에 해당하지 않고, 둘째, 대리인이 원고에게 약정보다 더 자주 보고한 것은 승인 요청을 위한 것이 아니라 고객관계 유지 차원에서 행한 것으로 보이며, 셋째, 원고는 4개 기업이기 때문에 한 기업을 위해 전적으로 활동한 것도 아니라고 보아 법률적으로 독립적이라고 판단하였다. 또한, 원고가 대리인 수입을 보장하거나 손실을 보호하는 장치가 없고, 쟁점기간 중 대리인의 수입이 원고에 종속될 정도는 아니라는 점 등을 들어 경제적으로도 독립적이라고 판단하였다.

결론적으로, 미・일 조세조약상에 보험 또는 재보험 대리인에 관한 규정이 없는 한, 독

---

203) Taisei Fire & Marine Ins. Co., Ltd., et al v. Commissioner, 104 TC 535, 1995.2.5

립적 지위에서 자신의 통상적 사업을 수행한 미국의 보험대리인을 일본 보험회사들의 P.E라고 볼 수 없다고 판단하는 것이 OECD모델의 접근방법과도 일치하는 것이라고 판시하였다.

(3) InverWorld Case(1996)[204)]

〈그림 2-58〉 미국 자회사의 종속대리인 PE 판정사례

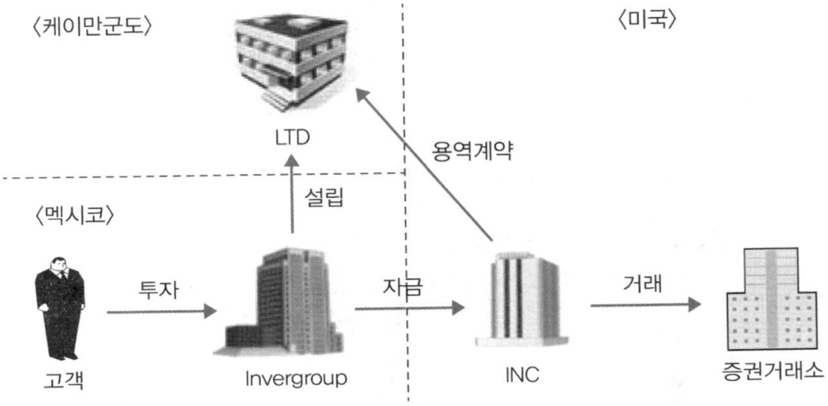

위 〈그림 2-58〉에서 보는 바와 같이, 멕시코의 Invergroup은 멕시코 투자자들의 미국 금융시장 접근을 위해 케이만군도에 투자관리 및 금융서비스업을 영위하는 회사(LTD)를 설립하였다. LTD는 미국에 자회사(INC)를 설립하고 INC와 금융정보 수집, 고객조사, 회계처리, 기타 행정서비스를 제공하는 내용의 용역계약을 체결하였다. 국세청은 외국법인 LTD가 종속대리인(INC)을 통해 미국 내에서 사업활동을 수행하였다고 판단하였다. 반면, 원고는 LTD의 사업목적인 멕시코 고객을 위한 투자조언은 주로 멕시코에서 수행(고객섭외, 투자포트폴리오 상담, 스프레드 협의 등)되었고 미국 자회사는 단순히 기록을 관리하고 자금 입출금만을 하였기 때문에 종속대리인이 아니고, 미국에서 사업활동을 수행한 것도 아니라고 주장하였다.

조세법원은 외국법인의 자회사라 하더라도 독립대리인이 될 수 있기 때문에 소유 또는 통제관계가 종속대리인 판정에 결정적인 것은 아니고 사실관계 및 상황 등을 고려하여 전체적 관점에서 판단해야 한다고 하였다. 특히, 외국기업이 자회사 사무실을 상시 사용하는지, 그리고 자회사가 해당 외국기업만을 위해 독점적으로 일하는지 여부가 중요하다고

204) InverWorld Inc., et al v. Commissioner, TC Memo 1996-301, 1996.6.27

보았다. INC는 미국 증권거래위원회에 등록된 투자중개회사로서 LTD와 다른 고객들을 위해 CD매매 등의 중개용역을 제공하였지만, INC의 전체수입 중에서 LTD와 관련된 수입비중이 쟁점기간 중 90%를 훨씬 상회하였다. 또한, 법원은 INC 사무실에서 고객의 투자 및 투자회수 지시를 접수·실행하고 고객자금 입·출입, 회계기록 관리 등이 이루어졌음을 인정하였다. 결론적으로 INC는 독립대리인이라고 볼 수 없으며, LTD의 주된 소득창출 장소는 미국 내 자회사 사무실이고 그러한 사업활동이 양적·질적으로 상당한(substantial) 수준이기 때문에 미국에서 사업활동에 종사하였다고 결론을 내렸다.

나. 유럽 판례

(1) 네덜란드 Insurance Case(1971)[205)]

〈그림 2-59〉 네덜란드 보험대리인의 종속대리인 PE 판정사례

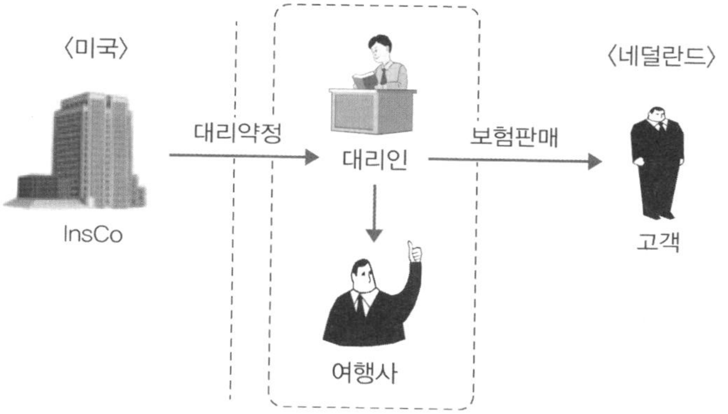

위 〈그림 2-59〉 사례에서 보는 바와 같이 납세자인 미국 보험사(InsCo)는 공항에서 항공고객에게 보험을 판매하기 위해 대리인들을 지명하고, 대리인에게 표준보험증서를 전달하였다. 대리인은 보험증서를 발행할 권한이 있지만 수취보험료는 수수료 1%를 남긴 채 납세자에게 송금해야 했다. 대리인이 보험판매 관련비용을 부담하지만 비용이 수취수수료를 초과하는 경우는 상환을 받았다. 보험대리인은 여행사에게도 이러한 활동을 하도록 권한을 부여하였다. 대리인이 판매할 수 있는 보험증서는 2가지 유형만 있었고, 대리인과 고객 간의 협상은 발생할 수 없었다. 대리인은 2가지 유형 간의 차이점을 설명하고 계약에 서명을 받고, 보험료를 수취하는 역할만 담당하였다. 대리인은 납세자가 제공하는

205) NE: Hoge Raad, BNB 1971/43, 1971

엄격하고 상세한 가맹점 매뉴얼을 따를 의무가 있었다.

대법원은 이러한 활동이 보험대리인들에게 통상적인지 여부가 쟁점이 아니고, 보험대리인들과 여행사들이 보통 어떻게 사업을 수행했는지가 기준이 되어야 한다고 강조하였다. 납세자는 대리인에게 계약서명 권한을 부여하고 여행사의 보험판매를 승인하는 등 상당한 정도의 권한을 부여하였는데 이는 PE의 특성이고, 이들 대리인과 여행사들의 활동은 독립대리인의 통상적 사업과정을 벗어나는 것이라고 보아 PE의 존재를 인정하였다. 논거로는 대리인에게 부여한 권한의 양이 통상적으로 대리인들이 부여받는 정도를 초과하였고, 매뉴얼도 일반적인 대리인의 사업을 초과하여 이들의 필요한 자유를 제한하였다는 것이다.

(2) 독일 Container Case(1984)[206)]

독일법인은 미국법인의 대리인으로서 컨테이너 새시의 임대사업에 관여하였는데, 대리인은 유럽시장에서 새시 임대를 책임지며 수수료로 임대료의 10%를 수취하였다. 대리인에 의해 발생한 손실은 전부 대리인이 부담하고 나머지는 동일하게 분담하기로 하였다. 대리인은 상당한 재량을 부여받았는데, 본인의 이름으로 협상 및 계약을 체결하고 마케팅 노력도 지원하였다. 그러나, 대리인이 부여받은 승인 권한은 장비의 매입 또는 매출이 아니라 컨테이너 임대사업뿐이었다. 하급심은 해당 산업에서 일하는 다른 대리인들이 공통적으로 수행하는 사업활동이 사업의 통상적 과정으로 고려되어야 한다는 과거 판례의 원칙을 존중해야 한다고 하면서도, 현재 산업의 사업범위만이 아니라 미래의 모습 또한 고려되어야 하고 새로운 형태의 운송, 통신 및 대리인의 특별한 자질이 고려되어야 한다고 하면서 PE의 존재를 부인하였다.

대법원은 '사업의 통상적 과정' 기준을 준수해야 한다고 하여 해당 사업에서 모든 또는 대다수의 기업 또한 이 활동을 수행해야 할 것을 요구하지는 않는다고 하면서, 이 사건에서는 시장이 매우 협소하기 때문에 다른 기업들과 관련하여 '통상적 과정' 기준을 평가하기 위한 비교대상을 찾는 것이 불가능하다는 점을 인정하였다. 따라서 그 활동들이 어려움을 극복하기 위해 특별한 기술과 자금이 필요한 한계시장의 사업라인에 통상적인 것이 아니기 때문에 해당 대리인이 사업의 '통상적 과정 기준'의 충족에서 제외될 수는 없다고 하면서, 대리인이 수행한 활동들만이 아니라 해당 산업 내에서 광범위한 비교대상을 우선

---

206) DE: BFHE Bd 139(1984) 411, 1984

적용하도록 하는 하급심 판결을 지지하였다.

결론적으로 사업의 통상적 과정에 해당하는지는 특정 산업 내에서 활동하는 일반적인 독립대리인의 활동과 비교하여 판단하는 것이지만, 대리인의 특별한 활동들이 대리인의 창의성, 기업가정신 또는 기술발전에서 온 것이라면 이를 제한해서는 안 된다는 점을 시사하는 판결이라 하겠다.

(3) 프랑스 Interhome Case(2003)[207]

〈그림 2-60〉 프랑스 자회사의 PE를 부인한 사례

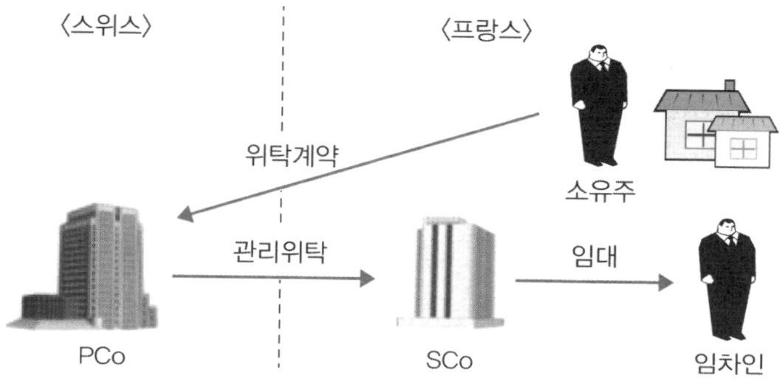

위 〈그림 2-60〉 사례에서 보는 바와 같이 휴가 숙박시설 임대사업을 하는 스위스 모회사(PCo)가 소유주들과 위탁계약(mandate contract)을 체결하고 광고지에 주택들을 홍보하는 한편, 프랑스 자회사(SCo)에게 위탁계약을 집행하는 업무를 수행토록 하였는데, 프랑스 국세청이 자회사를 종속대리인 PE로 판정한 사안이다.

이에 대해서, 대법원은 스위스 모회사가 고객과의 위탁계약을 협상하고 체결할 독점적 권리를 가지는 반면, 프랑스 자회사는 위탁계약을 체결하는 과정에는 관여하지 않고 임차인과의 임차계약에만 서명하고 임차계약의 집행만을 관리하였다고 지적한 후, 프랑스 자회사의 활동과 스위스 모회사의 활동이 다르고 프랑스 자회사가 스위스 모회사를 기속할 권한을 가지고 있지 않았기 때문에 종속대리인 PE를 구성하지 않는다고 판결했다. 결론적으로 프랑스 자회사가 행한 사업활동이 스위스 모회사가 행한 활동과 법적으로 다른 것이라는 점을 중요한 판단근거로 삼았다고 할 수 있다.

---

207) FR: Conseil d'Etat, Case 224407, Societe Interhome AG, 2003.6.20.

(4) 프랑스 Zimmer Case(2010)[208]

〈그림 2-61〉 프랑스 자회사에 대한 종속대리인 PE 부인사례

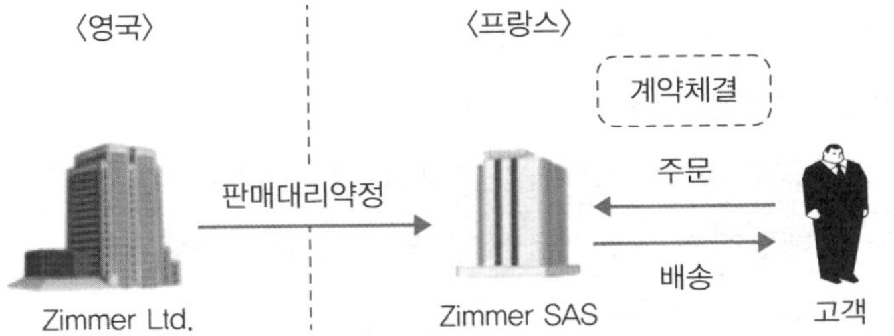

위 〈그림 2-61〉 사례에서 보는 바와 같이 영국 법인인 Zimmer Ltd.가 프랑스 자회사인 Zimmer SAS를 통해 정형외과 제품을 판매하였다. 1995년 사업구조 개편을 통해 프랑스 Zimmer SAS는 자산을 모회사에 매각하고 모회사와 판매대리약정을 체결하였다. 동 약정에 따라 프랑스 Zimmer SAS는 자신의 이름으로 모회사의 사전 승인없이 주문접수, 가격 및 지불조건에 대해 제안·협의, 기존 또는 신규고객에 대한 할인제공 및 계약체결 등을 수행하였고, 프랑스 민법에 따르면 Zimmer SAS가 체결한 계약에 대해 모회사는 법적 책임이 없었다. 한편, 1968년 프랑스·영국 조세조약에 따르면, 종속대리인 PE의 요건으로 기업의 이름으로(in the name of the enterprise) 계약을 체결할 권한을 가질 것을 요구하였다.

이에 대해서, 대법원은 과세당국과 하급법원의 결론을 배격하고 Zimmer SAS는 Zimmer Ltd의 PE가 아니라고 판결하였다. 논거는 프랑스 상법상 판매대리인이 영국 모회사를 법률적으로 기속한다고 규정하고 있지 않았다는 점이다. 법원은 '기업의 이름으로'를 '법률적 기속(legally binding)'으로 해석해야 한다고 하면서, OECD모델 제5조 주석 32.1절의 적용을 배제하였다. 왜냐하면, 2003년에 OECD 주석에서 채택한 해석이 조약체결 당시의 입법자의 의도를 반영하는 것이 아니기 때문이라는 것이다.

이 판결은 한편으로는, 법원이 법률적 접근방법(legal approach)에 따라 결정을 했다고 볼 수 있다. 다른 한편으로는, 2003년 주석이 1968년 프랑스·영국 조세조약 입안자의 의도를 반영하지 못하기 때문에 고려할 수 없다는 법원의 논거를 2003년 이후 체결한 조약에는 동 주석을 적용할 수 있다는 주장이 가능하므로 2003년 주석상 '기속(binding)' 문구가 '경제적 기속'을 의미한다고 볼 여지도 있다는 의견도 있다.

208) FR: Conseil d'Etat, Cases 304715/308525, 2010.3.31

그러나, 무엇보다 이 판결은 OECD/UN모델과 이를 토대로 하는 조약규정의 해석만으로는 MNEs의 BR 등을 통한 인위적 PE 회피사례에 대처하는 것이 어렵다는 점을 과세당국들에게 다시금 인식하게 해주는 계기를 제공하였고, 결과적으로 OECD 주도로 BEPS 프로젝트의 추진을 촉발시키는 중요한 역할을 하였다. 그 결과, 외국기업을 기속하는 계약체결권을 갖지 못하는 판매대리인이더라도 그 대리인의 원천지국에서의 활동이 중대한 변경없이 외국기업의 정규적인 계약체결을 가져오는 경우에는 독립대리인의 사업활동에 해당하지 않는 한, 해당 외국기업은 판매대리인이 소재한 국가에서 PE를 갖는 것으로 2017년 OECD/UN모델 제5조 제5항 및 제6항이 개정되었다.

(5) 노르웨이 Dell Case(2011)[209]

〈그림 2-62〉 노르웨이 자회사에 대한 종속대리인 PE 부인사례

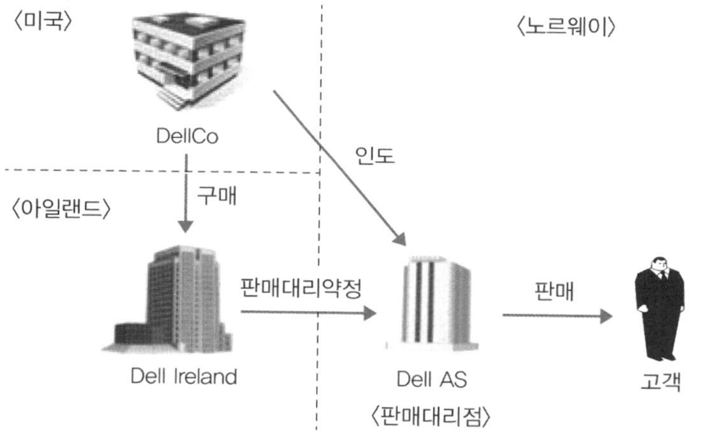

위 〈그림 2-62〉 사례에서 보는 바와 같이 미국법인(DellCo)은 아일랜드에 Dell Product(Europe) BV와 그의 자회사 Dell Product Ltd.(Dell Ireland)를 설치하였다. Dell Ireland는 모회사, Dell Product(Europe), 유럽・중동・아프리카의 제3자로부터 제품을 구입하여 판매하였다. 이를 위해 Dell Group의 자회사들과 Dell Ireland가 제품을 인수받아서 고객에게 판매하는 판매대리약정을 체결하였고, 동 약정에 따라 노르웨이 자회사인 Dell AS는 Dell Ireland의 제품을 자신의 이름으로 Dell Ireland의 계산 하에 판매하였지만, Dell AS가 체결한 일부 계약들은 표준조건을 벗어나 권한범위를 초과하여 활

209) NO: Noregs Hogsterett, HR-2011-2245-A, 2011.12.2

동하였다. 그럼에도 Dell Ireland는 제품 인도를 거부하지 않았고, 과세당국은 이를 Dell AS가 Dell Ireland를 대신하여 계약체결 권한을 행사한 증거로 간주하여 종속대리인 PE의 존재를 주장하였다.

그러나, 대법원은 과세당국과 하급법원의 기능적 현실주의 접근(functional realistic approach)을 부당한 것으로 보고 종속대리인 PE를 인정하지 않았다. 대법원은 OECD모델 제5조 제5항 주석 32.1절이 판매대리인(commission agent)이 자신의 이름으로 활동하지만 법률적으로 본인을 기속하는 것을 허용하는 영미법 제도를 수용하기 위해 도입되었다는 점을 지적하였고, 아일랜드・노르웨이 조약 제3조 제2항에 따라 판매대리인 용어는 노르웨이, 즉 대륙법 국가의 성문법적 의미로 해석되어야 하고 대륙법에서 판매대리인은 본인을 법률적으로 기속하지 않는다고 하였다.

(6) 스페인 Roche Case(2012)[210)]

〈그림 2-63〉 스페인 자회사에 대한 종속대리인 PE 판정사례

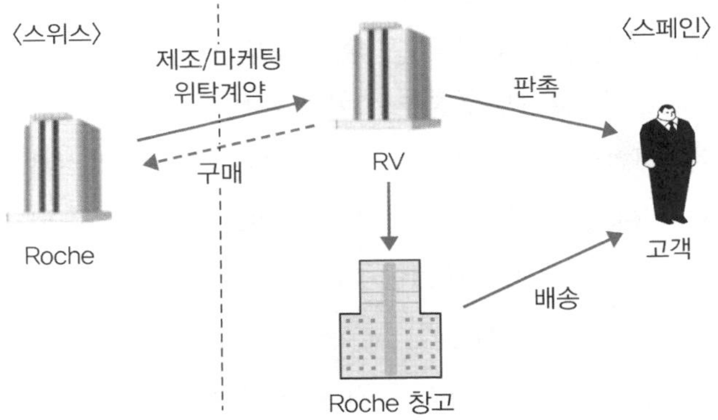

위 〈그림 2-63〉 사례에서 보는 바와 같이 스위스 모회사 Roche Group과 스페인 자회사 RV는 1999년 사업구조를 개편하고 다음 두 가지 계약을 체결하였다. 첫째, 제조위탁계약으로 스페인 RV는 자신의 공장에서 Roche가 주문한 제품을 제조・포장하기로 하였다. 비밀공식, 노하우, 특허 등 무형자산은 모회사가 소유한다. 품질과 수량 요건을 충족하는 한 모회사는 모든 제조물품의 구매를 보장하고, 발생비용에 적정 이윤을 가산하여 제조용역 대가를 지급한다. 둘째, 용역계약에 따라 자회사는 독점대리인으로서 제조물품에

210) SP: Tribunal Supremo, Case 1626/2008, 2012.1.12

대해 마케팅활동을 수행한다. 대리용역 대가는 매출액의 2% 수준이다. 모회사는 판매할 재화를 저장하기 위해 자회사로부터 창고를 임차하였고, 가격설정 및 세금계산서 발행·전달은 자회사가 수행하였다. 자회사는 판매조건을 협의하거나 계약체결 권한을 부여받지는 않았다.

자회사 RV는 모회사 Roche의 지시에 따라 재화를 제조하였고 어떠한 제조 및 판촉 위험도 부담하지 않았다는 점에서 과세당국은 물리적 PE의 존재와 PE 귀속소득에 마케팅활동은 물론 제조활동과 관련된 이윤을 포함해야 한다고 주장하였다.(노르웨이 Dell Case에서 과세당국의 주장과 유사) 하급법원은 창고가 예비적·보조적 활동에 해당한다는 이유로 물리적 PE의 존재는 부인하였으나, 대리인이 외국기업의 이름으로 계약을 체결하는 경우만이 아니라 활동의 성격에 비추어 대리인이 외국기업을 국내시장의 사업활동에 관여시킬 때에도 종속대리인 PE를 인정할 수 있다고 해석하였다.

대법원은 하급법원의 판결을 수용하였다. 위탁계약 자체는 PE를 구성하기에 충분하지는 않지만, 모회사와 함께 수행한 판촉 및 제조활동을 통해 모·자회사 간에 강한 상호관련성이 있음을 주목하였다. 외국기업을 대신하여 수행한 대리인과 본인 간 위험의 배분, 외국기업의 지시와 통제, 전반적인 관계 등 여러 가지 활동을 고려하여 PE의 존재를 인정하였다. 또한, 일단 종속대리인 PE가 인정되기만 하면 "해당 기업을 위해 대리인이 수행하는 모든 활동" 즉, 재화의 판촉, 판매관련 이윤뿐만 아니라 자회사가 관여한 제조관련 이윤도 PE에 귀속되어야 한다고 판결하였다.211) 계약서명이 아닌 활동도 납세자에 의해 지시, 조직, 관리되는 경우에는 종속대리인 PE를 구성할 수 있고, 제조계약 조건에 따라 스페인에서 사업활동을 한 것은 실질적으로 스위스 모기업이라는 것이다.

그러나, 이 판결에 대해서는 종속대리인 PE에 실질과세원칙을 적용할 수 있다고 하더라도 납세자의 이름으로 계약을 체결하는 것이 아닌 활동으로까지 확대해서는 안 된다는 비판이 제기되었다. 즉, 실질과세원칙은 계약체결 권한을 나타내는 활동들을 확인하기 위한 목적으로만 이용될 수 있고, 종속대리인 PE 성립의 중요요소인 본인을 기속하는 권한의 존재라는 사실을 무시해서는 안 된다는 것이다. 대법원은 자회사가 종속적이라는 점만을 고려하고 제조활동에만 근거를 두었는데, 이는 납세자를 대리하는 활동과 계약체결과는 관련이 없다는 것이다. 법률적 또는 경제적으로 계약을 체결할 권한 없이 순수하게 제조활동을 수행하는 것은 PE를 구성할 수 없다는 점에서 PE논리 대신에 이전가격 과세가

---

211) Katharina Daxkobler, *op.cit*, pp.117-119

바람직하였다는 비판이 제기될 수 있다.[212)]

(7) 이태리 Boston Scientific Case(2012)[213)]

〈그림 2-64〉 이태리 자회사에 대한 PE 불인정 사례

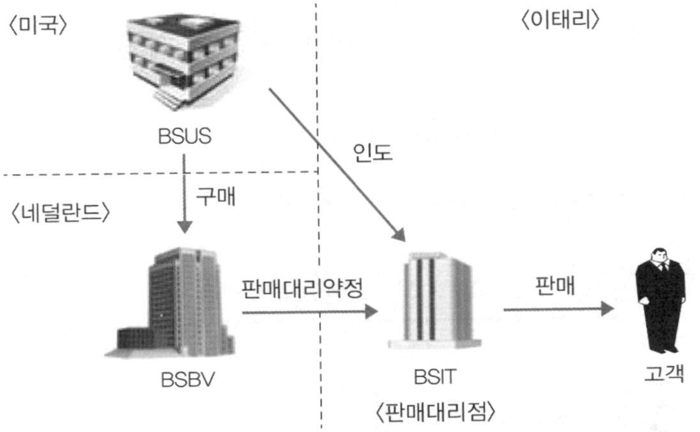

위 〈그림 2-64〉 사례에서 보는 바와 같이 네덜란드 자회사(BSBV)가 미국 모회사(BSUS)로부터 의료장비를 구입하여 유럽지역 각 국가의 자회사들과 체결한 판매대리약정에 따라 사업을 하는 거래구조에서, 이태리 자회사(BSIT)는 미국 모회사로부터 제품을 인수하여 자신의 이름으로 네덜란드 자회사(BSBV)의 계산 하에 제품을 판매하였고, 이에 대해 과세당국은 자회사가 법률적 · 경제적으로 독립되어 있지 않다고 보아 종속대리인 PE로 과세한 사안이다.

대법원은 하급법원의 판결과 달리 PE를 인정하지 않았는데, 자회사가 자신의 이해관계에 따라 행동하고 자신의 사업활동을 수행하였기 때문에 모회사의 PE에 해당하지 않는다고 판단하였다. 한 회사가 절대적 과점주주로서 다른 회사의 사업을 거의 완전히 통제하는 경우는 종속성의 한 증거일 수 있지만, PE의 존재 여부를 판단하는데 있어서 모회사가 특수관계회사의 이사와 감사를 선정했는지는 중요하지 않고, 중요한 것은 특수관계회사들 간 구체적인 계약관계라는 것이다. 이러한 관점에서 동 판매대리약정에 법률적 기속성이 존재하지 않기 때문에 종속대리인 PE는 존재하지 않는다고 판단하였다. 자회사가 모회사

---

212) Pistone & Ruiz Jimenez, *op.cit*, pp.142-144

213) IT: Corte Suprema di Cassazione, Case 3769, 2012.3.9.

를 기속하는 주문을 받는 경우에만 PE가 존재하는데, 이 사건의 경우 자회사가 고객과 계약을 체결했지만 그 주문들은 외국 모회사에 의해 처리되었고, 제품의 결함이 발생할 경우 이태리 자회사가 책임을 부담하였다는 점을 고려하였다. 이 판결은 프랑스 Zimmer 판결과 노르웨이의 Dell 판결의 영향을 받은 것으로 보인다. 결국, 이 판결의 시사점은 어떤 활동이 다른 기업을 대신하여 수행되는지 여부에 대한 종속성의 판단기준은 개별 사실관계와 상황에 따라 판단되어야 한다는 것이다.

(8) 이태리 LuxCo Case(2015)[214)]

〈그림 2-65〉 여러 활동들을 결합하여 PE의 존재를 인정한 사례

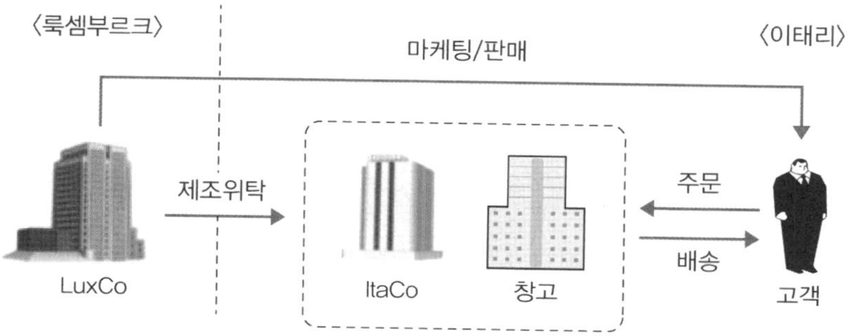

위 〈그림 2-65〉에서 보는 바와 같이 이태리 법인(ItaCo)은 룩셈부르크 관계회사인 LuxCo를 위해 의류 및 신발에 대한 임가공용역을 제공하였다. ItaCo는 완제품을 자신의 창고에 저장하고 이태리의 고객들에게 배송하였다. LuxCo는 고객관계, 가격, 운송 및 지급조건 협상 등 모든 마케팅 및 판매 활동을 수행하였다. LuxCo는 ItaCo 제품의 독점적 판매자였고, ItaCo의 유일한 고객이었다. 과세당국은 ItaCo에서 완제품을 저장하고 LuxCo의 고객들에게 직접 배송하는 장소는 LuxCo의 지배하에 있는 고정된 사업장소에 해당하고, 예비적ㆍ보조적 활동이 아니라고 간주하였다. 또한, ItaCo 직원들이 LuxCo를 대신하여 주문을 접수하고, 서버 및 IT 플랫폼을 통해 관련 판매자료 및 고객명부를 LuxCo에게 전송하였으며, 이태리에 은행계좌를 보유하는 것 등이 PE의 존재를 입증한다고 주장하였다.

214) IT: Carte Suprema di Cassazions, no.5649, 2015.3.20

이에 대해 대법원은 항소법원의 판단을 지지하면서 2002-2004년 기간에는 PE의 존재를 인정할 수 없지만, 2005~2006년 기간에 대해서는 IT 플랫폼과 LuxCo 고객들로부터 구매주문을 접수하는 직원들을 결합하면 PE에 해당한다고 판단하였다. 구체적으로 2005년 서버와 IT 플랫폼이 설립되기 전 LuxCo 제품의 저장 및 배송행위는 예비적·보조적 활동에 불과하여 PE가 존재한다고 볼 수 없지만, 그 이후에는 서버 및 주문을 접수하는 직원의 존재, 그리고 재화의 저장 및 배송을 결합하면 예비적·보조적 활동을 초과하기 때문에 이태리에 LuxCo의 PE가 존재한다는 것이다.

이러한 대법원의 결정에 대해서는 사실관계가 명확하지 않은 부분이 있지만, 다음과 같은 점이 함께 고려되어야 할 것이다. 첫째, 임가공업자인 ItaCo의 완제품 저장창고는 만약 LuxCo가 저장된 재화의 검사 등 목적으로 ItaCo 부지에 대한 무제한의 실질적 접근권한을 가진다면 LuxCo의 고정된 사업장소가 될 수 있다. 둘째, 설령 고정된 사업장소가 존재하더라도 PE에 해당하려면 그 곳에서 수행된 활동들이 예비적·보조적 성격을 초과해야 하는데, 저장, 배송, 주문취득 등 여러 활동들의 결합이 PE를 구성하는지 여부는 기업 전체적으로 볼 때 이들 활동들의 상업적 중요성에 달려있다. 제5조 제4항 a)~e)호에서 예시된 각 호의 목적만을 위한 활동을 단순히 결합하는 경우는 PE가 성립되지 않지만, 다른 조항들에서 언급된 활동들이 결합되는 경우에는 PE가 성립될 수 있다. 예컨대, b)호에서 언급된 재고로 보유 중인 재화를 a)호에서 언급된 고객에게 직접 배송하는 장소는 PE가 성립될 수 있다. 왜냐하면, 재고유지가 b)호에서 언급된 재고유지 목적을 초과하기 때문이다. 셋째, 서버와 IT 플랫폼을 통한 판매자료 등 시장정보의 수집, 일부 직원들의 단순 주문접수 행위 등은 예비적·보조적 활동에 불과하다. 다만, LuxCo의 마케팅, 계약조건 협상 등 계약체결 활동에 대한 사실관계가 명확하지는 않지만, 만약 ItaCo 직원들이 단순 주문접수를 넘어서 재화의 품질, 수량 등 판매계약의 중요한 부분들의 협상에 적극 관여했다면, 저장 및 배송활동과 결합할 때 예비적·보조적 활동을 초과하여 PE에 해당할 수 있다.

다. 일본 판례

〈그림 2-66〉 비거주자의 온라인판매사업에 대한 PE판정 사례

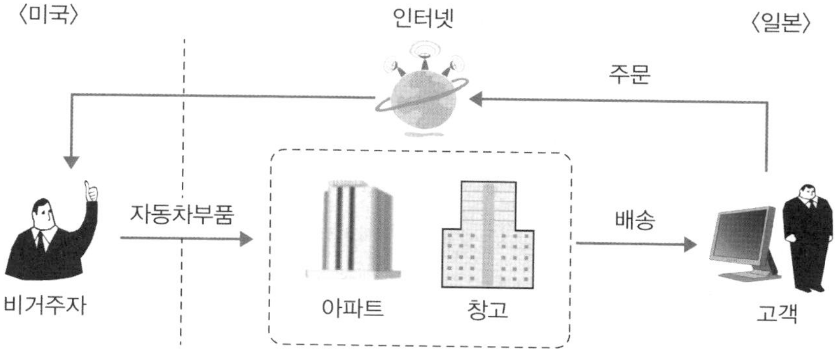

위 〈그림 2-66〉에서 보는 바와 같이 미국 거주자가 자동차부품을 미국에서 구매한 후 일본에서 아파트와 창고를 임차하여 부품을 보관하고, 직원을 고용하여 인터넷 주문을 받아 고객에게 배송한 사안에 대해 과세당국은 아파트와 창고가 고정된 사업장소이고, 일본 내 활동이 예비적·보조적 활동을 초과하므로 물리적 PE가 존재하는 것으로 판정하였다.

1심 및 2심 법원은 아파트와 창고가 기업의 고정된 사업장소에 해당하고, ⅰ) 납세자가 웹사이트 및 온라인 시장에서 연락정보로서 아파트 주소와 전화번호를 게시하였고, ⅱ) 아파트가 유일한 판매장소의 기능을 수행하였으며, ⅲ) 재화의 배송 및 고객의 반품요청 처리가 온라인 판매사업의 중요한 일부인데, 이러한 활동들이 아파트와 창고에서 직원들에 의해 수행되었고, ⅳ) 아파트와 창고에서 직원들이 일본어로 쓰여진 지시매뉴얼을 부착하였으며, ⅴ) 직원들이 웹사이트에 올리기 위해 아파트와 창고에서 제품 사진을 찍는 등의 활동들을 종합할 때, 일본·미국 조세조약 상 PE의 예외사유에 해당하는 예비적·보조적 활동을 초과하였기 때문에 PE가 존재한다고 판단하였다.

만약 아파트에서 판매장소로서 직원들의 기능수행 없이 단순히 창고만 존재했다면 PE를 구성하지 못했을 것이다. 다만, 법원이 직원들이 아파트와 창고에서 지시매뉴얼을 부착한 것, 그리고 웹사이트에 올리기 위해 제품 사진을 찍은 것이 재화의 단순한 저장, 전시 또는 배송을 초과하는 활동이라고 언급한 것은 논쟁의 여지가 있다는 비판이 제기된다.[215)]

215) Tsutomu Endo, "Japan: The Procedural Requirements for Applying a Treaty and Determination of a Permanent Establishment for an Online Sales Business", *Tax Treaty*

5 국내 판례동향

가. 블룸버그코리아 사례(2011)

〈그림 2-67〉 미국기업의 금융정보 제공용역에 대한 PE 부인 사례

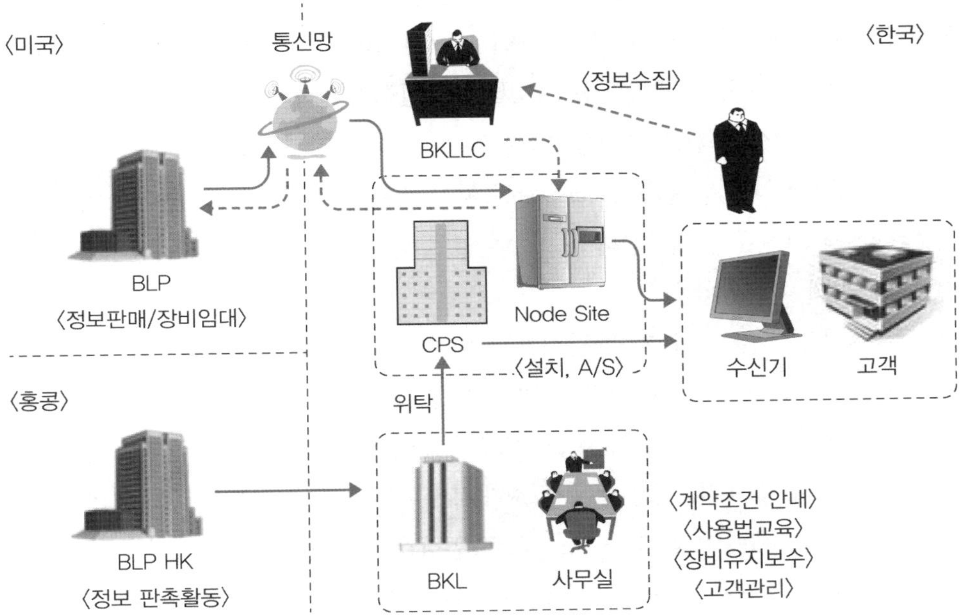

위 〈그림 2-67〉 사례에서 보는 바와 같이, 미국법인(BLP)이 우리나라를 포함한 전 세계에서 금융정보를 수집한 후, 미국 본사에서 이를 가공·분석하여 국제통신망과 노드장비 등을 통해 국내 고객에게 판매하고 영세율로 신고를 하고 부가가치세를 미납부한 것에 대해서 과세당국이 국내사업장이 존재한다고 보아 법인세와 부가가치세를 과세한 사안이다.[216)]

이 사건에서 대법원은 "국내에 미국법인의 PE가 존재한다고 하기 위하여는 미국법인이 '처분권한 또는 사용권한'을 가지는 국내의 건물, 시설 또는 장치 등의 '사업상의 고정된 장소'를 통하여 미국법인의 직원 또는 그 지시를 받는 자가 예비적이거나 보조적인 사업활동이 아닌 '본질적이고 중요한 사업활동'을 수행하여야 한다고 할 것이며, '본질적이

Case Law Around The Globe 2017, Linde, 2018, pp.50-52

216) 대법원 2011.4.28. 선고 2009두19229/19236 판결

고 중요한 사업활동'인지 여부는 그 사업활동의 성격과 규모, 전체 사업활동에서 차지하는 비중과 역할 등을 종합적으로 고려하여 판단하여야 한다."고 전제한 후, "노드장비, 블룸버그 수신기 등 장비를 통하여 국내에서 수행하는 활동은 BLP의 전체 사업활동 중 본질적이고 중요한 부분을 구성한다고 볼 수 없으므로 노드장비와 블룸버그 수신기 소재지에 BLP의 PE가 존재한다고 할 수 없고, 나아가 BLP 홍콩지점의 한국담당 직원들이 한국을 방문하여 고객의 사무실 등에서 광고 · 선전 등과 같은 판촉활동을 하며, 정보이용료 등의 계약조건을 안내해 주고, BLP의 자회사인 원고의 사무실에서 고객에게 장비사용법 등에 관한 교육훈련을 실시한 것 역시 BLP의 본질적이고 중요한 사업활동으로 볼 수 없으므로 그 곳에도 BLP의 PE가 존재한다고 할 수 없으며", 정보 전달수단인 노드장비, 정보수신기, 영업직원들의 판촉 및 교육활동 등을 모두 결합한다고 하더라도 이를 '본질적이고 중요한 사업활동'에 해당한다고 할 수 없기 때문에 국내 고정사업장이 존재한다고 할 수 없다고 판시하였다.

이 판결에 대해서 다음 세 가지 관점에서 비판적으로 고찰해 보기로 한다. 첫째, 고정된 사업장소가 존재하는지 여부이다. 법원은 BLP 홍콩지점 직원들의 판촉활동 등을 위한 국내 체재일수가 연간 183일 미만이고, 노드장비가 정보의 저장 기능을 수행하는 '서버'에 해당하지 않으며, 정보수신기 소재지가 고객 사무실이어서 BLP의 지배 · 처분 하에 있지 않기 때문에 국내에 BLP의 사업장소가 없는 것으로 판단한 것으로 보인다. 그러나, BLP 홍콩지점 직원들의 BKL 사무실에서의 판촉활동이 연간 6개월 미만이더라도 그러한 활동이 매년 반복적으로 수행되었다면 그 장소가 여러 해 동안 사용된 각 기간의 일수를 모두 합하여 PE 판정을 고려해야 할 것이다.(OMC Art.5/28) 다만, 이를 위해서는 BLP 홍콩지점 직원들이 BKL 사무실을 제한없이 사용할 수 있는 실질적 권한을 가졌음이 입증되어야 할 것이다. 또한, BKL업무 중 장비의 설치 및 유지 · 보수 업무는 모두 외부업체(CPS)에 위탁되어 수행되었기 때문에 실제 BKL사무실은 거의 대부분 BLP 홍콩지점의 직원들에 의해, 그리고 BLP의 사업활동, 즉 계약조건 안내 등 판촉활동, 장비사용법 교육, 고객명단 및 불만관리 등을 위해 사용된 것으로 보이는데, 이러한 점이 고려되었어야 할 것이다.

둘째, BLP의 국내 사업활동이 예비적 · 보조적 성격의 활동에 해당하는지 여부이다. 법원은 국내에 소재하는 노드장비와 정보수신기가 정보의 전달장치에 불과하여, 즉 전자상거래에서 PE로 볼 수 있는 '서버'의 기능이 존재하지 않으므로, BLP의 전체 사업활동

중 본질적이고 중요한 부분을 구성하지 않는다고 판단한 것으로 보인다. 그러나, 어떤 경우든지 고정 사업장소의 일반적 목적이 전체기업의 일반적 목적과 동일한 경우에는 예비적·보조적 활동이라 할 수 없다.(OMC Art.5/59) BLP의 전체 사업목적은 정보의 수집·가공·판매 및 장비임대용역의 제공[217]인데, BLP사업의 일부를 국내 자회사들인 BKLLC 및 BKL이 수행하였고 이들의 사업목적이 정보수집, 장비임대 및 유지·보수로서 BLP의 사업목적과 동일하기 때문에 이들 활동들을 단순히 예비적·보조적 성격이라 할 수 없고 BLP사업의 필수적이고 중요한 부분에 해당된다고 할 것이다.

이 사례와 같이, 상당한 비중의 기업의 자산 또는 종업원들이 요구되는 활동은 보조적 성격을 가진 것으로 간주될 수 없다.(OMC Art.5/60) 또한, 기업의 전반적 활동이 정보를 수집하여 판매하는 것이고, 정보의 수집이 해당 기업의 핵심적 사업기능인 경우, PE의 예외사유인 제4항 d)호는 이들 정보수집에 사용된 고정 사업장소에는 적용되지 않는다.(OMC Art.5/68) 따라서, 국내 자회사들의 사업장소에 대한 BLP 또는 BLP 홍콩의 지배·처분 권한만 입증될 수 있다면 PE가 존재하는 것으로 간주될 수 있다.

또한, 법원은 노드장비, 정보수신기, 영업직원들의 판촉 및 교육활동 등을 모두 결합한다고 하더라도 이를 '본질적이고 중요한 사업활동'에 해당하지 않는다는 입장이다. 그러나, 여러 활동들의 결합이 PE를 구성하는지 여부는 사업의 성격과 기업 전체적 관점에서 이들 활동들의 상업적 중요성에 달려있다고 할 수 있다. 따라서, 정형화된 표준계약서 서명만으로 계약체결이 이루어지고 고품질의 신속한 정보제공이 중요한 BLP사업의 성격을 고려할 때, BKL 사무실에서 BLP 홍콩지점 직원들의 계약조건 안내 등 판촉활동, 장비사용법 교육, 그리고 BKL의 전용 정보수신기 유지·보수 및 고객 명단·불만관리 등 다수 직원들의 활동과 상당한 자산이 사용된 점이 결합될 때 전체 BLP사업의 일부로서 필수적이고 중요한 활동에 해당한다고 볼 수도 있을 것이다. 직원들이 계약을 체결하거나 또는 계약체결에 이르는 주요한 역할을 수행하지는 않지만, 예컨대 이들 계약에 포함된 서비스의 유형, 품질 또는 수량과 관련된 의사결정에 참여하는 등 고객들에게 정보판매를 위한 계약의 중요한 부분들의 협상에 적극적으로 참여하는 경우, 그러한 활동들은 기업의 사업운영의 필수적 부분을 구성하고 예비적·보조적 활동으로 간주되어서는 안 된다.(OMC Art.5/72)

셋째, BLP의 국내사업 활동을 현재 시점에서 다시 평가해 본다면, 2017년 개정된

217) BLP는 계약상 고객으로부터 정보이용료와 별도로 정보수신기 등 임대장비에 대한 사용료를 구분하여 수취하였다.

OECD/UN모델 제5조 제4.1항이 적용될 여지가 있다. 왜냐하면, 응집된 하나의 사업활동을 각자가 단지 예비적 · 보조적 활동에 종사한다고 주장하기 위해 특수관계기업들 간에 여러 개의 작은 사업으로 분할했다고 볼 수 있기 때문이다. 다시 말해서, 동일한 장소(BKL 사무실)에서 두 기업(BLP, BKL)이, 그리고 두 장소(BKL, CPS)에서 밀접히 관련된 기업들(BLP, BKL, BKLLC, CPS)이 전체 BLP사업의 일부로서 보완적 기능들(정보수집, 장비유지 · 보수, 판촉활동, 고객관리 등)을 수행했다고 볼 수도 있을 것이다.

나. 싱가포르 MPL 사례(2016)

〈그림 2-68〉 싱가포르 법인의 국내 채권회수업무에 대한 PE 부인 사례

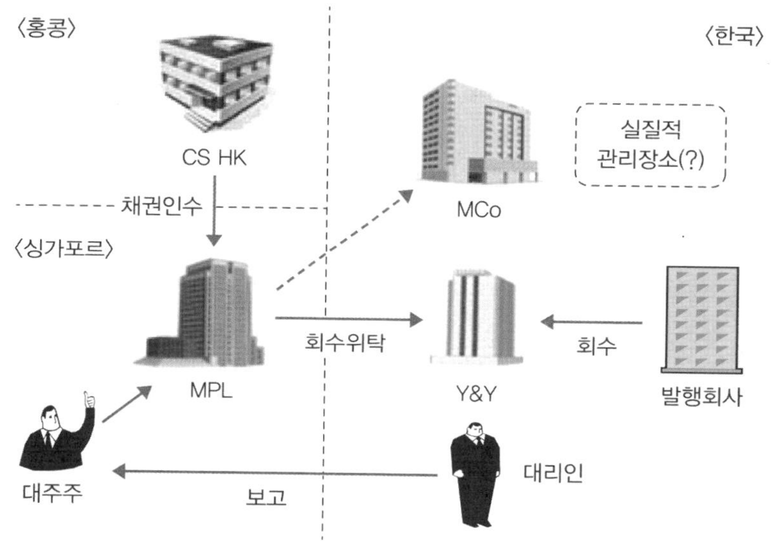

위 〈그림 2-68〉 사례에서 보는 바와 같이, 싱가포르법인(MPL)이 CS 홍콩지점으로부터 인수한 국내 상장법인 발행 사채(CS채권)를 인수한 후 국내법인(Y&Y)과 대리인에게 채권회수 업무를 위탁한 것에 대해서 과세당국이 싱가포르 MPL의 실질적 관리장소가 국내에 소재한다고 보아 내국법인으로 간주하여 과세하고, 그렇지 않더라도 싱가포르 MPL이 국내에 종속대리인을 두고서 사업활동을 수행하였으므로 PE가 존재한다고 주장한 사안이다.[218]

이에 대해 법원은 "CS채권 매입과 회수업무의 일부가 단기간 국내에서 수행되었다는 사

218) 대법원 2016.1.14. 선고 2014두8896 판결

정만으로는 원고의 사업수행에 필요한 중요한 관리 및 상업적 결정이 국내에서 지속적으로 이루어진 것으로 볼 수 없을 뿐만 아니라 실질적 관리장소를 싱가포르에 두고 있던 원고가 싱가포르와의 관련성을 단절한 채 이를 국내로 이전한 것으로 보기도 어렵다는 이유로, 원고를 내국법인으로 보아야 한다는 피고의 주장을 배척"하는 한편, "싱가포르법인이 종속대리인을 통해 국내에 PE를 가지고 있다고 하기 위해서는, 그 대리인이 상시로 계약체결권을 행사하여야 하고 그 권한도 예비적이거나 보조적인 것을 넘어 사업활동에 본질적이고 중요한 것이어야 한다."고 전제한 후 "원고의 위임을 받은 내국법인 Y&Y가 국내에서 CS채권의 회수업무를 수행하고 원고의 미등기임원인 소외2(대리인) 등이 국내에서 CS채권의 회수업무에 관한 보고나 공시업무를 수행하였다고 하더라도 이는 기계적 · 반복적인 단순 업무로서 CS채권 투자와 관련한 원고의 본질적이고 중요한 사업활동으로 보기 어렵고, 달리 피고가 제출한 증거만으로는 원고가 한 · 싱가포르 조세조약 상 국내에 고정사업장이나 종속대리인을 통하여 간주고정사업장을 둔 것으로 볼 수는 없다."고 판시하였다.

다. 국내 건설프로젝트 관련 용역제공기업의 PE사례(2016)

아래 〈그림 2-69〉에서 보는 바와 같이 영국 법인(AIL)의 자회사(APIL)와 인천시가 합작투자하여 설립한 특수목적법인(SPC)이 국내 건설프로젝트 관련 제반 용역을 제공하고 부가가치세를 신고 · 납부하지 않은 사안에서, 법원은 "국내사업장이 없는 외국법인으로부터 용역의 공급을 받는 경우에는 그 공급을 받은 자가 공급자를 대리하여 부가가치세를 징수 · 납부하여야 하므로 그 외국법인은 부가가치세 징수 · 납부의무를 부담하지 않으나, (…) 국내사업장이 있는 외국법인이 국내에서 용역을 제공하는 경우에는 그 외국법인은 국내사업장 소재지에서 부가가치세 징수 · 납부의무를 부담한다."고 전제한 후, "코다개발(SPC)의 본점 사무실은 원고가 고용인을 통하여 인천대교 건설사업을 위한 사업관리용역을 6개월 넘게 수행한 장소 또는 유사한 종류의 용역을 2년 이상 계속적 · 반복적으로 수행한 장소로서 국내사업장에 해당하고, 코다개발은 SPC로서 원고가 이 사건 용역을 제공할 당시에는 실질적으로 인천대교 건설사업을 추진할 만한 독립된 인적 · 물적 시설을 갖춘 것으로 볼 수 없고 (…) 실질과세원칙상 이 사건 용역의 공급자는 명의자인 APIL이 아니라 용역대금 채권의 실질귀속자인 원고로 보아야 하므로, 원고를 부가가치세 납세의무자로 삼은 이 사건 각 처분은 적법하다"고 판시하였다.[219]

219) 대법원 2016.2.18. 선고 2014두13812 판결

〈그림 2-69〉 영국 법인의 용역수행장소에 대한 PE 판정 사례

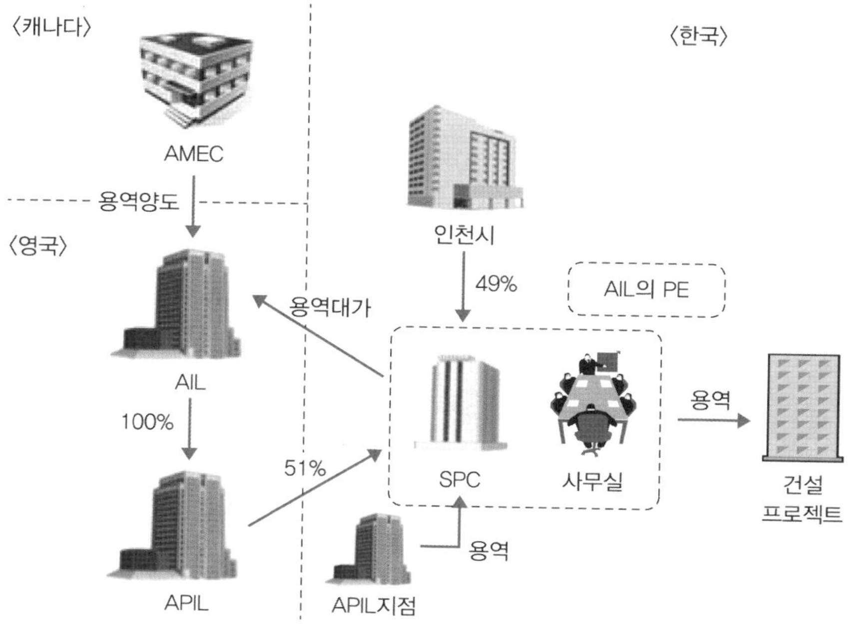

한편, 동일한 사안에서 영국법인 APIL의 국내지점이 국외제공 용역계약에 따라 지급받은 대가에 대해 해당 용역이 국외에서 제공되고 소득도 국내지점에 귀속되지 않은 것으로 보아 부가가치세와 법인세를 신고·납부하지 않은 사안에 대해, 법원은 "국내사업장을 가진 외국법인이 사업활동으로 내국법인에 공급한 용역의 중요하고 본질적인 부분이 국내사업장에서 이루어졌다면 그 용역으로 얻은 소득은 전부 국내사업장에 귀속되는 것으로 보아야 하고, 그 용역의 일부가 국외에서 이루어졌더라도 그 부분만 독립하여 국내사업장에 귀속되지 않는 것으로 볼 것은 아니다."고 전제한 후, "원고의 활동이 이루어지는 곳과 결과물이 사용되는 곳은 대부분 국내인 점, (…) 국외제공용역은 그 자체로 독자적인 목적을 수행하는 것이라기보다 국내제공용역과 결합하여 제공되어야만 용역 공급의 목적을 달성할 수 있는 점, (…) 등에 비추어 이 사건 국외제공용역은 국내제공용역과 유기적으로 결합하여 실질적으로 하나의 용역으로 공급된 것으로서 그 중요하고도 본질적인 부분이 원고 지점에서 이루어진 것으로 볼 수 있다"고 판시하였다.220)

220) 대법원 2016.2.18. 선고 2014두13829 판결

라. 카지노 고객 모집수수료에 대한 PE 사례(2016/2020)

〈그림 2-70〉 필리핀 법인의 국내 카지노사무실 PE 판정 사례

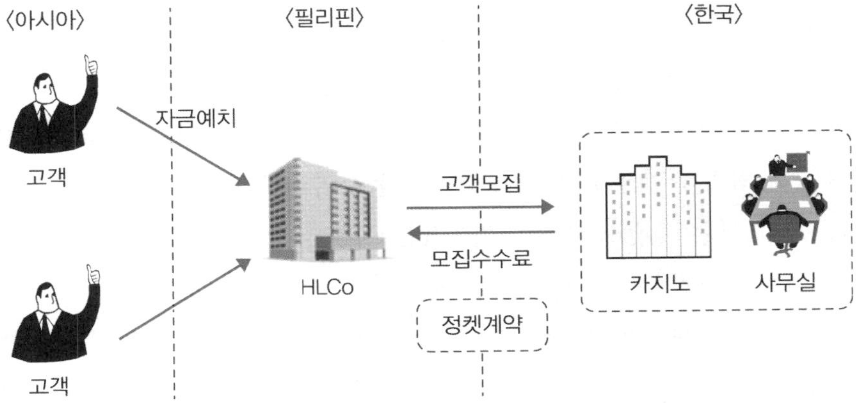

위 〈그림 2-70〉에서 보는 바와 같이, 필리핀법인(HLCo)의 국내카지노 이용 고객 모집 사업과 관련하여 과세당국이 이용고객 모집, 게임지원 등의 국내 사업활동에 대해 카지노 건물의 사무실을 HLCo의 PE로 보아 과세한 사안이다. 이에 대해 대법원은 "① 이 사건 계약에 의하여 원고(HLCo)가 카지노에게 제공하는 용역은 원고가 해외에서 단순히 정켓들을 모집하여 알선하는 데에 그치는 것이 아니라, 모집한 정켓들이 카지노에서 게임을 하도록 각종 편의를 제공하는 것도 포함하고 있고, 이로써 카지노가 일정금액 이상의 매출액을 올리도록 하는데 최종목적이 있으며, ② 이에 따라 원고의 직원들이 각종 편의를 제공하는 업무를 사무실에서 수행하였고, 이러한 업무수행 역시 카지노의 매출액을 늘리는 데에 직접적으로 필요한 것인 점, ③ 특히, 정켓들이 원고 등의 해외계좌에 돈을 예치하기만 하면 카지노에서 게임을 할 수 있도록 하는 것은 매출액 증대에 직결되는 요소이므로 원고의 직원들이 사무실에서 정켓들을 상대로 수행한 칩 교환업무는 원고가 수행하는 사업활동 중에서도 의미있는 비중을 차지한다"고 하면서, "원고의 직원들이 수행하는 활동은 원고의 본질적이고 중요한 사업활동에 해당한다고 봄이 상당하므로, 이 사건 사무실은 원고의 국내 PE에 해당한다."고 판시하였다.[221)]

그러나, 파기환송심 판결에서는, "필리핀법인이 대한민국 내 PE를 통하여 사업을 영위하는 경우에는 PE가 필리핀법인과 독립하여 거래하는 별개의 분리된 기업으로서 얻었을 이윤만이 PE에 귀속되어 대한민국에서 과세될 수 있고, 이와 같이 PE에 귀속되는 이윤

221) 대법원 2016.7.14. 선고 2015두51415 판결

에 관하여는 과세관청이 증명책임을 부담한다."고 전제한 후, ⅰ) 원고의 직원들이 이 사건 사무실에서 수행하는 활동이 원고의 본질적이고 중요한 사업활동에 해당한다고 하더라도, 원고의 보다 본질적이고 핵심적인 업무는 국외에서 이루어지고 있고, 그 비용도 대부분 국외에서 지출되고 있는 점, ⅱ) 이 사건 모집수수료(게임수입의 70%) 중 이 사건 사무실에 귀속되는 수입금액은 사무실에서 수행한 업무에 대한 대가로 국한되고, 원고가 국외에서 수행한 각종 업무에 대한 대가까지 포함된다고 볼 수 없는 점, ⅲ) 이 사건 모집수수료에는 원고의 필리핀 본점에 귀속되어야 할 수입금액이 있음이 명백하고 그 액수도 상당한 것으로 보이는 점 등에서, 부가가치세를 제외한 모집수수료 전액을 PE에 귀속되는 수입금액이라고 전제하여 부과한 법인세 처분 및 이 사건 모집수수료 전부에 대하여 납세의무가 있다고 전제하여 부과한 부가가치세 처분이 위법하다고 판단함과 동시에, "법원이 직권에 의하여 적극적으로 납세의무자에게 귀속될 세액을 찾아내어 부과될 정당한 세액을 계산할 의무까지 지는 것은 아니다"라고 하면서, 이 사건에서 정당한 세액을 산출할 아무런 자료가 없으므로 이 사건 처분 전부를 취소하는 것이 정당하다고 판결하였다.[222)]

위 판결은 다음과 같은 점에서 과세실무에 좋은 시사점을 제공한다. 첫째, 사업소득의 귀속주의 원칙상 PE에 귀속되는 소득을 산출할 때는 PE를 별개의 기능적 독립단체로 보아 독립기업원칙을 적용해야 한다는 점이다. 따라서 거래당사자들의 수행기능, 사용자산, 부담위험 등에 대한 기능분석을 통해 가장 적합한 TP방법(예: 이익분할법)을 선택한 후, 비교가능성 분석 등을 통해 원고의 국내원천소득 중 PE에 귀속될 소득을 계산해야 한다. 이러한 과정을 거치지 않고 단순히 PE의 활동과 관련된 국외 비용자료를 제출하지 않았다고 하여 기준경비율을 적용하여 추계과세하는 것은 적법하지 않고 독립기업원칙에도 위반된다. 이러한 관점에서 볼 때 판례의 결론은 타당하다고 하겠다.

둘째, 국내 사무실에서 칩 교환, 고객 편의제공 등 원고 사업의 본질적이고 중요한 활동이 수행되어 부가가치세 납세의무자인 국내사업장(PE)의 존재를 인정한다면, 국내에서 제공된 용역보다 국외 수행용역이 '보다 본질적이고 핵심적'이라는 이유로 원고가 카지노에 제공한 전체 용역의 공급장소가 국내에 없으므로 부가가치세가 취소되어야 한다고 본 위 판결의 결론은 논리적으로 설득력이 약하다. 위 판결의 논거가 설득력을 가지려면 원고의 국외제공용역과 PE의 사업활동, 즉 국내제공용역 간에 실질적 관련성이 없어야 하

222) 대법원 2020.6.25. 선고 2017두72935 판결

는데, 고객모집 등 국외용역제공이 그 자체로 독자적인 목적을 수행하는 것이 아니라 고객 편의제공 등 국내제공용역과 결합하여 제공되어야만 용역 공급의 목적을 달성할 수 있는 등 국외제공용역이 국내제공용역과 유기적으로 결합하여 실질적으로 하나의 용역으로 공급된 것으로 볼 수 있는 경우 그 용역의 소득은 전부가 국내사업장에 귀속되는 것으로 보아 부가가치세 과세대상이 된다고 판시한 앞서 살펴본 판결과도 배치되는 부분이 있다.[223)]

223) 대법원 2016.2.18. 선고 2014두13829 판결

제 7 장 이중과세의 구제

1 의의

OECD/UN모델 제23조는 거주지국의 이중과세 구제의무를 규정한다. 많은 경우에 "거주지국에서만 과세된다."고 하여 원천지국 과세를 금지하는 배분규정을 적용함으로써 이중과세가 회피되는데, 이 경우는 제23조가 적용될 필요가 없다. 배분규정에 따라 원천지국에도 제한적 과세권을 부여하는 경우에 제23조가 적용될 수 있다.

제23A조 및 제23B조는 체약국들에게 소득면제법(exemption method)과 세액공제법(credit method) 중에서 선택권을 부여한다. 그러나, 어느 방법도 유일한 방법이 아니며, 다른 방법의 요소들에 의해 보완되어야 한다. 체약국들이 일반적으로 소득면제법을 채택하는 경우라도, OECD모델은 배당과 이자에 대한 원천세에 대해서, 그리고 UN모델은 사용료에 대한 원천세까지 포함하여 세액공제가 허용되어야 한다고 규정한다. 최근에는 많은 세액공제법 채택 국가들이 특정 소득유형에 대해 소득면제법으로 전환하였다. 두 방법의 세부사항은 국내법에 따라서 결정되어야 한다. 통상 세액공제법이 소득면제법보다 국내법에 의해 더 많은 내용이 규정되고 보완된다.

제23A/B조는 거주지국에만 적용되고, PE국가 또는 원천지국 등 타방체약국에서 어떻게 과세되는지는 규정하지 않는다.(OMC Art.23/8) 예를 들어, 체약국 R국 거주자가 타방체약국 S국에 가지고 있는 PE를 통해 동일한 R국에서 소득을 얻는 경우, S국은 해당 소득이 PE에 귀속되는 경우 해당 소득에 대해서 과세할 수 있다.(다만, R국에 소재한 부동산 소득은 제외) 이 경우 R국은 쟁점소득이 원래 R국에서 발생한 사실에도 불구하고 S국에 소재한 PE에 귀속된 소득에 대해 제23A/B조에 따라서 이중과세를 구제해야 한다.(OMC Art.23/9) 만약 R국 거주자가 S국에 가지고 있는 PE를 통해서 제3국에서 소득을 얻는 경우, S국은 소득이 PE에 귀속되는 경우 해당 소득에 대해 과세할 수 있다. R국은 S국에서 PE에 귀속된 소득에 대해 제23A/B조에 따라 이중과세를 구제해야 한다. 이 경우 소득을 얻는 제3국에서 부과된 세금에 대한 이중과세를 S국이 제공해야 한다는 규정은 없다. 그러나, OECD/UN모델 제24조 제3항에 의해서 S국 거주자를 위해 S국 국내법에 규정된 모든 구제조항은 R국 기업의 S국에 소재하는 PE에게도 부여되어야 한다.(OMC Art.23/10)

2 이중과세 구제방법

가. 소득면제법

소득면제법에 따르면, 거주지국은 협약에 따라서 PE국가 또는 원천지국에서 과세될 수 있는 소득에 대해서는 과세하지 않는다.(OMC Art.23/13) 완전 소득면제법(full exemption)에 따르면, PE국가 또는 원천지국에서 과세될 수 있는 소득은 거주지국에서 조세목적 상 고려되지 않고, 거주지국은 나머지 소득에 대한 세액 결정시 면제소득을 고려할 권리가 없다. 한편, 누진 소득면제법(exemption with progression)에 따르면, PE국가 또는 원천지국에서 과세될 수 있는 소득은 거주지국에서 과세되지 않지만, 거주지국은 나머지 소득에 대해한 세액 결정시 해당 소득을 고려할 권리를 가진다.(OMC Art.23/14)

〈표 2-15〉 완전 소득면제법 적용사례

	사례1	사례2
R국에서의 조세(80,000×30%)	24,000	24,000
+ S국에서의 조세	4,000	8,000
총 조세	28,000	32,000
R국에서 부여된 공제액	11,000	11,000

* R국에서 부여된 공제액: (100,000 × 35%) − (80,000 × 30%) = 11,000

위 〈표 2-15〉 및 아래 〈표 2-16〉 사례를 통해 소득면제법의 작동원리에 대해 알아보자. 전체소득이 100,000, R국 원천소득이 80,000, S국 원천소득이 20,000이라고 하자. R국의 세율은 100,000 소득에는 35%, 80,000 소득에는 30%가 적용된다. S국의 세율은 사례1에서는 20%(세액 4,000), 사례2에서는 40%(세액 8,000)라고 가정하자.(OMC Art.23/18) 누진 소득면제법의 경우 R국은 R국 원천소득 80,000에 전체소득에 적용할 수 있는 세율 35%로 과세한다.

〈표 2-16〉 누진 소득면제법 적용사례

	사례1	사례2
R국에서의 조세(80,000×35%)	28,000	28,000
+ S국에서의 조세	4,000	8,000
총 조세	32,000	36,000
R국에서 부여된 공제액	11,000	11,000

위 사례들에서 S국에서의 조세수준은 R국에서 포기(공제)되는 세액에 영향을 미치지 않는다. 만약 S국에서 S국 소득에 대한 조세가 R국에 의해 부여되는 공제액보다 낮다면 납세자는 자신의 소득이 R국에서만 발생되는 것보다 더 유리할 것이다.(OMC Art.23/21) 이 사례는 또한 S국에서의 세율이 R국에서의 세율보다 높더라도, R국이 완전 소득면제법을 적용하는 경우에 부여받는 공제액이 S국에서 부과된 조세보다 클 수 있다는 것을 보여준다. 이는 완전 소득면제법 하에서는 누진 소득면제법에서와 같이 S국 소득에 대한 R국의 조세가 포기될 뿐만 아니라(20,000 × 35% = 7,000), 잔여소득(80,000)에 대한 조세가 R국에서의 두 소득수준에 대한 세율차이에 상응하는 금액(80,000 × 5% = 4,000)만큼 줄어든다는 사실 때문이다.(OMC Art.23/22)

완전 소득면제법은 적용하기가 쉽다. 국외면제소득은 무시될 수 있고 거주지국의 규정에 따라 재계산할 필요도 없다. 그러나, 누진 소득면제법은 국내소득에 대한 세율을 계산할 때 국외소득이 고려된다. 특히, 소득면제법은 국내원천과 국외원천 간에 소득과 관련된 비용의 배분을 위한 세부규정이 요구된다.

나. 세액공제법

세액공제법에 따르면, 거주지국은 협약에 따라서 PE국가 또는 원천지국에서 과세될 수 있는 소득을 포함한 전체소득을 토대로 세액을 산정한 후, 타방국에서 납부된 세액을 자신의 세액에서 공제한다.(OMC Art.23/15)

완전 세액공제법(full credit)에 따르면, 거주지국은 타방국에서 과세될 수 있는 소득에 대해서 그 국가에서 납부된 전체 세액의 공제를 허용한다. 그리고, 일반 세액공제법(ordinary credit)에 따르면, 타방국에서 납부된 세액에 대해 거주지국에서의 공제는 전체소득 중 타방국에서의 과세소득이 차지하는 부분의 조세로 제한된다.(OMC Art.23/16)

세액공제법에서 R국은 납세자의 전체소득에 대한 과세권을 보유하지만, 외국에서 부과된 세액에 대한 공제를 허용한다. 아래 〈표 2-17〉에서 보는 바와 같이, 완전 세액공제법의 경우 R국은 전체소득 100,000에 대해 35% 세율로 세액을 계산하고 S국 원천소득에 대해 S국에서 납부할 세액에 대한 공제를 허용한다.(OMC Art.23/23)

〈표 2-17〉 완전 세액공제법 적용사례

	사례1	사례2
R국에서의 조세(100,000×35%)	35,000	35,000
- S국에서의 조세	4,000	8,000
납부할 조세	31,000	27,000
총 조세	35,000	35,000
R국에서 부여된 공제액	4,000	8,000

일반 세액공제법의 경우에는 R국은 전체소득 100,000에 대해 35% 세율로 세액을 계산하고 S국 원천소득에 대해 S국에서 납부할 세액에 대한 공제를 허용한다. 그러나, S국 원천소득에 귀속될 수 있는 R국의 조세 부분을 초과하지 않는다. 최대 공제한도는 20,000의 35%인 7,000이다.

〈표 2-18〉 일반 세액공제법 적용사례

	사례1	사례2
R국에서의 조세(100,000×35%)	35,000	35,000
- S국에서의 조세	4,000	
세액공제한도		7,000
납부할 조세	31,000	28,000
총 조세	35,000	36,000
R국에서 부여된 공제액	4,000	7,000

소득면제법과 비교하여 세액공제법의 특징은 R국이 S국에서 납부한 세액 이상의 공제를 허용할 의무가 없다는 것이다. S국에서의 납부세액이 S국 원천소득에 대한 R국의 조세보다 낮은 경우 납세자는 항상 예컨대, 전체소득이 R국에서만 발생된 것과 동일한 조세를 납부해야 할 것이다.(OMC Art.23/25) 만약 R국이 완전 세액공제법을 적용하지만 S국의 납부세액이 더 큰 경우에는, 최소한 R국의 전체 납부세액이 S국의 납부세액 또는 그 이상인 한 동일한 결과를 가져온다.(OMC Art.23/26) 또한, 만약 S국에서의 납부세액이 더 크고 세액공제가 제한적인 경우(일반 세액공제법), 납세자는 S국에서 납부한 세액 전부에 대

한 공제를 받지는 못할 것이다. 그러한 경우 전체소득이 R국에서 발생하는 경우보다 납세자에게 덜 유리할 것이고, 이러한 상황에서 일반 세액공제법은 누진 소득면제법과 동일한 효과를 가질 것이다.(OMC Art.23/27)

세액공제법을 적용할 때는 거주지국이 전세계소득에 대해 과세할 것이기 때문에 일견 국외원천과 국내원천 간의 구별이 필요하지 않은 것으로 보인다. 그러나, 세액공제 한도를 계산하기 위해서는 국외원천소득과 국내원천소득을 구별해야 한다. 국외원천소득에 비용을 배분하면 공제한도를 줄이는 반면, 국내원천소득에 비용을 배분하면 공제금액을 증가시킨다. 최대 공제한도의 계산이 세액공제법을 보다 복잡하게 만든다.

다. 소득면제법과 세액공제법의 결합

체약국들은 두 방법들을 결합하여 사용할 수 있다. 이러한 결합은 타방체약국에서 제한된 조세를 부과받는 배당·이자소득의 경우 일반적으로 소득면제법을 채택하는 거주지국의 경우에 필요할 것이다. 그러한 경우, 제23A조 제2항은 타방체약국에서 부과된 제한된 조세에 대한 세액공제를 규정한다. 더욱이, 소득면제법을 채택한 국가들이 특정 소득항목들에 대해 소득면제법의 적용을 배제하고 세액공제법의 적용을 희망할 수도 있다. 이 경우 제23A조 제2항이 이들 소득항목을 포함하도록 수정될 수 있을 것이다.(OMC Art.23/31)

3 소득구분의 상충

조세조약에 의해 원천지국에게 과세권이 부여되는 경우 거주지국은 해당 소득에 대해 소득면제법 또는 세액공제법을 적용하여 이중과세를 구제할 의무를 부담한다.(OMC Art.23/32.1) 제23A/B조의 "이 협약 규정에 따라서 과세될 수 있는" 문구의 해석은 거주지국과 원천지국이 조약규정의 목적 상 동일한 소득을 다르게 구분할 경우의 사안을 다룰 때 특히 중요하다.(OMC Art.23/32.2) 제23A/B조는 국내법상 차이에 의한 소득구분의 상충이 있는 경우에도 이중과세 구제가 거주지국에서 부여될 것을 요구한다.(OMC Art.23/32.3)

예를 들어, 아래 〈그림 2-71〉에서 보는 바와 같이 S국에 설립된 파트너쉽에 의해 S국 소재 PE를 통해서 사업이 수행된다고 하자. 그리고 R국 거주자인 파트너가 해당 파트너쉽에 대한 지분을 양도한다고 하자. S국은 파트너쉽을 투과단체로 취급하는 반면, R국은 과세단체로 취급한다. 따라서 S국은 R국과의 조약목적 상 파트너쉽 지분의 양도를 파트너가 파트너쉽에 의해 수행된 사업의 기초자산을 양도한 것으로 간주하고, 제13조 제1항과 제2항에 따라서 S국에서 과세될 수 있다. 파트너쉽을 과세단체로 취급하는 R국은 파트너쉽 지분의 양도를 법인주식의 양도와 유사한 것으로 간주하여 제13조 제5항에 따라 S국에서 과세될 수 없다. 그러한 경우 소득구분의 상충은 전적으로 양국의 국내법상 파트너쉽에 대한 상이한 취급 때문이고, 제23A/B조의 적용목적 상 조약규정에 따라서 S국이 양도소득에 대해 과세한 것으로 R국에 의해 간주되어야 한다. 따라서 R국은 자국 법률상 해당 양도차익을 법인주식의 양도소득으로 간주함에도 불구하고 소득면제 또는 세액공제를 부여해야 한다. 그리고 S국의 소득구분이 R국의 소득구분과 일치한다면, R국은 제23A/B조에 따라 구제를 부여할 필요가 없고, 그 경우에는 어떤 이중과세도 발생하지 않을 것이다.(OMC Art.23/32.4)

〈그림 2-71〉 소득구분 상충의 경우 이중과세 구제의무

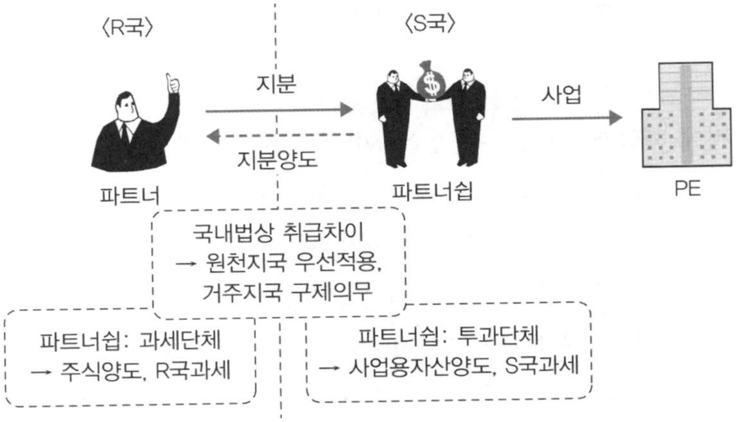

그러나, 제23A/B조는 원천지국이 특정 소득에 거주지국이 적용할 수 있는 것으로 판단하는 것과 다른 조약규정을 적용하여 과세한 경우에는 거주지국에게 이중과세를 제거할 것을 요구하지 않는다. 예를 들어, 아래 〈그림 2-72〉 사례에서 제13조 제2항의 적용목적 상 S국은 PE를 통해 사업을 수행했다고 간주하지만, R국은 파트너쉽이 S국에 PE를 가지고 있지 않기 때문에 제13조 제5항이 적용된다고 간주한다면, S국이 조약규정에 따라서 과세한 것인지 여부에 관해 사실상 다툼이 있게 된다. 또한, 제13조 제2항을 적용할 때,

S국이 특정 자산이 '사업용 자산의 일부를 구성'한다고 해석하는 반면, R국은 해당 자산이 그 문구의 의미에 포함되지 않는다고 해석하는 경우에도 마찬가지이다. 사실관계 또는 조약규정에 대한 다른 해석 때문에 발생한 상충은 앞서 설명한 국내법상 규정의 차이에서 연유하는 소득구분의 상충과는 구별되어야 한다. 조약규정에 대한 다른 해석과 관련된 상충을 해결하기 위해서는 제25조(MAP), 특히 제3항을 이용해야 한다.(OMC Art.23/32.5)

〈그림 2-72〉 조약규정 적용의 차이에 따른 이중과세 구제의무

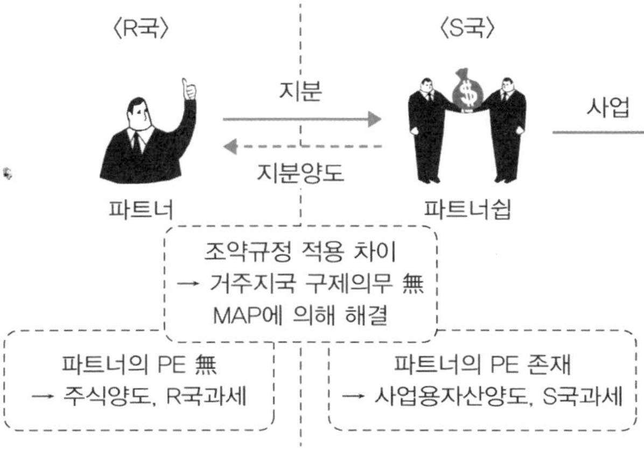

"협약의 규정에 따라서, 과세될 수 있는"이라는 문구는 제23A조 하에서 발생할 수 있는 이중비과세 사안에 대해서도 역시 해석되어야 한다. 원천지국이 과세권을 가졌을 수 있는데도 협약 규정을 소득에 대한 과세를 배제하는 것으로 간주하는 경우에는, 제23A조 제1항의 적용목적 상 거주지국이 만약 원천지국의 입장에서라면 해당 소득에 대한 과세권을 갖기 위해서 협약을 다르게 적용했을지라도, 거주지국은 해당 소득이 협약 규정에 따라 원천지국에서 과세되지 않을 것으로 간주해야 한다. 따라서 거주지국은 제1항에 따라 해당 소득을 면제할 것이 요구되지 않으며, 이는 이중과세를 제거하기 위한 제23조의 기본적 기능과 부합하는 것이다.(OMC Art.23/32.6)

예를 들어, 아래 〈그림 2-73〉에서 보는 바와 같이 S국에 설립된 파트너쉽에 의해 PE를 통해 S국에서 사업이 수행되고, R국 거주자인 파트너가 파트너쉽에 대한 지분을 양도한다고 하자. 앞 사례의 사실관계를 변경하여 S국이 파트너쉽을 과세단체로 취급하는 반면, R국은 투과단체로 취급하고, R국이 소득면제법을 적용한다고 가정하자. 파트너쉽을 법인으로 취급하는 S국은 파트너쉽에 대한 지분양도를 법인주식의 양도와 유사하게 간주하고,

제13조 제5항 때문에 과세할 수 없다. 반면, R국은 파트너십 지분의 양도는 파트너가 파트너십에 의해 수행된 사업의 기초자산을 양도한 것으로 제13조 제1항 또는 제2항을 적용하여 S국에서 과세했어야 한다고 간주한다. 제23A조 제1항에 따라서 소득을 면제할 의무가 있는지를 결정할 때, R국은 S국의 국내법과 함께 협약 규정을 적용하는 방법을 감안하여 S국이 "협약의 규정에 따라서 해당 소득을 과세하지 않을" 것으로 간주해야 한다. 따라서 R국은 해당 소득을 면제할 의무가 없다.(OMC Art.23/32.7)

〈그림 2-73〉 소득구분 상충의 경우 거주지국의 소득면제 의무

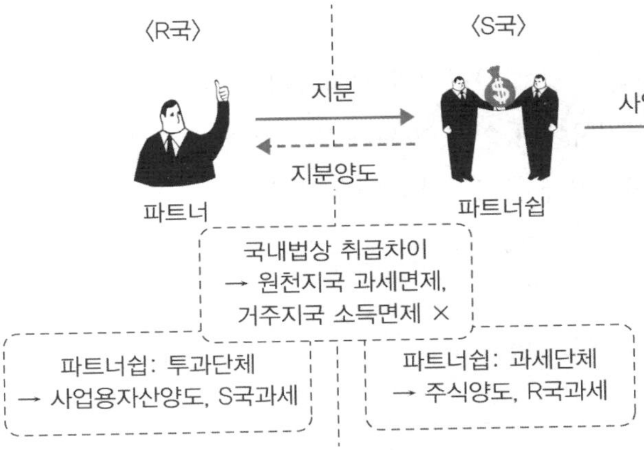

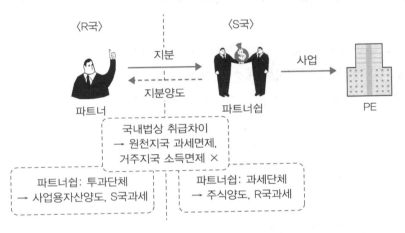

4 OECD/UN모델 제23A/B조

가. 조문의 체계

제23A조 및 제23B조는 대안조항이므로 국가들이 자유롭게 선택할 수 있다.(OMC Art.23/28) 제23A조 제1항은 원천지국에서 제6조 내지 제21조의 조항에 따라 과세되었을 소득에 대해 거주지국이 면제해야 한다고 규정한다. 제23A조 제2항은 제1항의 일반규정에 대한 예외규정이다. OECD모델의 경우 배당 및 이자소득에 대해서, 그리고 UN모델의 경우에는 배당, 이자 및 사용료 소득에 대해서 거주지국은 소득을 면제하는 대신 원천지국에서 부과된 세액의 공제를 허용한다. 제23A조 제3항은 거주지국이 세율을 계산할 때 원천지국에서 면제된 소득을 고려할 수 있도록 보장한다.(누진과세 보호조항, safeguarding progression) 제23A조 제4항은 체약국들이 협약의 다른 해석 또는 사실관계에 대한 다른 평가 때문에 조약상 과세권 행사에 제약이 있다고 느끼는 경우, 거주지국은 제23A조 제1항에 의한 원천지국의 소득을 면제할 의무가 없다. UN모델은 이 조항을 포함하고 있지 않다.

한편, 제23B조 제1항은 원천지국에서 과세했을 모든 유형의 소득에 대한 세액공제를 규정한다. 거주지국은 해당 소득에 대한 과세가 허용되지만, 국외소득에 대한 거주지국의 세액에서 협약에 따라 부과된 외국납부세액을 공제해야 한다. 제23B조 제2항은 제23A조 제3항과 유사하다. 거주지국은 세율을 계산할 때 배분규정들 중 하나에 의해 면제해야 할 소득을 고려할 수 있다.

제23A/B조는 소득이 협약 규정에 따라서 원천지국에서 과세될 경우 구제가 부여될 것을 요구하고 있으므로 원천지국에서 언제 과세가 되는지에 상관없이 구제가 이루어져야 한다. 따라서 거주지국은 원천지국이 거주지국보다 앞서 또는 나중에 과세를 할지라도 이중과세를 구제해야 한다.(OMC Art.23/32.8)

나. 제23A조 제1항: 소득면제법

〈OECD/UN모델 제23A조 제1항〉

1. 협약의 규정에 따라서 일방체약국의 거주자가 타방체약국에서 과세될 수 있는 소득을 수취하거나 자본을 소유하는 경우 거주지국은 제2항과 제3항의 조항에 따라서 해당 소득 또는 자본을 조세에서 면제한다.

(1) 조문의 의미 및 평가

거주지국은 과세권이 실제 타방체약국에서 행사되었는지에 관계없이 협약에 따라서 타방체약국에서 과세될 수 있는 소득을 면제해야 한다. 이 방법은 타방국에서의 실제 과세상 지위에 대한 조사를 면제하기 때문에 가장 현실적인 것으로 간주된다.(OMC Art.23/34) 특정 소득을 면제하도록 거주지국에게 부과된 의무는 해당 소득이 협약에 따라서 원천지국에서 과세될 수 있는지 여부에 달려 있다. 제23A조 제2항과 제4항의 예외가 있지만, 해당 조건이 충족되는 한 그러한 의무는 절대적인 것으로 간주될 수 있다.

체약국들은 특정 상황에서 이중비과세를 방지하기 위하여 제3항 또는 제4항이 적용되지 않는 경우 거주지국의 소득면제 의무에 대한 예외규정을 두는 것이 합리적이라고 판단할 수 있다. 특정 소득의 이중비과세를 방지하기 위해 체약국들은 관련조문 자체를 수정하는 데 합의할 수도 있다. 한 체약국은 소득면제법을 채택하고 다른 체약국은 세액공제법을 채택하는 경우 상호주의 차원에서 일반원칙에 대한 예외를 둘 수도 있다.(OMC Art.23/35)

소득면제법은 전통적으로 유럽 대륙법계 국가에서 사용되는 방법이다. 거주지국이 소득면제법을 선택했다고 하여 타방체약국이 세액공제법을 선택할 수 없는 것은 아니고 그 반대도 마찬가지이다. 본 조항은 거주지국에서의 과세만을 다루며 다른 특별규정이 적용되지 않는 한도에서만 유효하다. 제6조 내지 제22조가 특정 유형의 소득을 원천지국에서 면세하는 경우 제23A조 제1항은 직접 적용되지 않을 뿐만 아니라, 개별 배분규정들이 특정 소득을 거주지국에서 면세하는 경우에도 마찬가지이다.

'과세에서 면제'된다(exempt~from tax)는 것은 과세표준에서 제외된다는 의미이다. 관련 소득(자본)이 타방국에서 과세되었는지 여부에 상관없이 국외소득 면제가 부여되도록 합의하는 경우 소득구분 상충 또는 이중비과세 사안(제23A조 제4항)이 발생한다. 타방체약국에서 실제 조세가 납부되었는지 여부는 중요하지 않다. 국외면제소득은 국내소득에 대한 세율의 계산을 위해서, 납세자의 인적 납부능력에 토대한 사회적 급부액 또는 특정 조세혜택의 목적으로 고려될 수 있다. 국외면제소득이 납세자의 종합소득에서 공제될 금액 계산에 고려되어야 하는지 여부는 국내법의 문제이다. 국내법이 기타 급부의 계산에 단지 소득이라는 용어를 사용한다면 면제소득은 고려되어서는 안 된다.

거주지국이 소득면제 대신 세액공제를 허용하는 '수정 소득면제법(modified exemption)'을 통해서도 국외소득을 과세표준에서 제외하는 동일한 결과를 얻을 수 있다. 이 경우 제1항은 다음과 같이 수정될 수 있다.(OMC Art.23/37)

〈OECD/UN모델 제23A조 제1항 대안규정〉

1. 협약의 규정에 따라서, 일방체약국의 거주자가 타방체약국에서만 과세되거나 또는 타방체약국에서 과세될 수 있는 소득을 수취 또는 자본을 소유하는 경우, 거주지국은 제2항에 따라서 타방체약국에서 수취된 소득 또는 소유된 자본에 각각 적용할 수 있는 소득세 또는 자본세를 소득 또는 자본공제로 허용한다.

수정 소득면제법을 적용하기 위해서는 먼저 국외소득을 거주지국의 과세표준에 포함한 후 국외소득에 상응하는 세액을 전체 납부세액에서 공제한다. 이 방법은 세율이 전체소득을 토대로 계산되기 때문에 제3항의 누진과세 보호조항이 불필요하게 된다. 국외손실이 조세부담을 줄이지만, 이 방법은 국외소득에 거주지국의 평균세율을 곱한 금액의 세액공제를 부여한다. 따라서 국외소득에 귀속시킬 수 있는 세액공제액도 역시 감소하기 때문에 인적공제의 감소를 초래할 수 있다. 국외소득을 과세표준에서 제외하는 것은 국내손실의 소급공제 또는 이월공제의 계산 시 그러한 소득을 고려하지 않는 결과를 초래한다. 이는 국외소득이 국내손실과 상계될 수 없다는 것을 의미한다.224)

국외손실이 국내소득을 상계할 수 있는지 여부 그리고 만약 상계할 수 있다면 이월 또는 소급될 수 있는지 문제가 발생한다. 세액공제법의 경우는 납세자의 전세계소득에 대한 국내세액에서 외국세액공제가 허용되기 때문에 이 문제가 발생하지 않는다. 국외손실은 국내법이 국외손실과 국내소득 간의 통합을 금지하지 않는 한 국내세액의 계산을 위한 과세표준에 직접 영향을 미친다.

제23A조 제1항은 국외손실을 명시적으로 다루지 않고 체약국들의 국내법에 의존하고 있다. 즉, 체약국들의 법률이 서로 다르기 때문에 조문 자체에서 해결책이 제시될 수는 없고 필요한 경우 손실과 연관된 문제들을 양자협상에서 명확히 할 수 있다.(OMC Art.23/44) 조문의 문구로 볼 때, 국외소득에 대한 과세는 금지되지만 거주지국이 국외손실을 공제하는 것이 금지되는 것 같지는 않다. 조세조약의 제한적 효과는 조약 자체가 납세의무를 창출한다고 명시적으로 언급되지 않는 한 해석의 기본규칙(default rule)으로 간주되어야 한다. 손실이 발생한 해에 거주지국에서 손실을 공제하고 다음 해에 원천지국에서 공제하게 되면 이중공제가 초래되는 것이 사실이다. 거주지국이 이중공제를 방지하고자 한다면 국내법에 손실회수 규정(loss recapture rule)을 도입할 수 있다. 조약상 소득면제법이 국외손실 공제를 금지하는 것으로 해석되어서는 안 된다. 그러나 그러한 공제가 거주지국의 국내법에 의해 금지될 수는 있다. 손실회복 규정은 과거연도에 손실공제로 감소된 국내소득에 대해 소급하여 과세하는 것으로 인식되어야 한다. 왜냐하면 손실에 대한 공제는 조세조약이 특별규정을 포함하고 있지 않은 경우에도 허용가능하기 때문이다.225)

224) Alexander Rust, "Article 23 Exemption Method/Credit Method", *Klaus Vogel on Double Taxation Conventions(4th Ed.)*, Wolters Kluwer, 2015, pp.1618-1619

225) Alexander Rust, *op.cit*, pp.1620-1622

조약상 소득면제법을 적용하는 상황에서 국외손실의 공제 여부와 관련하여, 내국법인이 북한의 금강산지구에서 남북경제협력사업의 하나로 승인받은 사업을 영위하는 과정에서 발생한 결손금을 손금산입하여 경정청구 하였으나 과세당국이 '남북 사이의 소득에 대한 이중과세방지 합의서'상 소득면제법이 적용되므로 북한 지역에서 이익이 발생한 경우는 물론이고 결손금이 발생한 경우에도 우리나라의 과세권을 포기하여 이를 고려하지 아니하는 것이 원칙이라는 이유로 경정청구를 거부한 사안에서, 법원은 " i) 이 사건 합의서 조문에서 '상대방에서 얻은 소득에 대하여 세금을 납부하였거나 납부하여야 할 경우'라고 정하고 있는데, 결손금이 발생한 경우에는 납부할 세금 자체가 없어서 이중과세가 문제될 여지가 없다는 점, ii) 이 사건 합의서가 소득면제방식을 채택하였음을 이유로 납세자의 국내원천소득에서 북한 지역의 결손금을 공제하는 것을 허용하지 아니하면 납세자에게는 오히려 세금부담이 늘어나게 되어서, 이중과세 방지를 위한 이 사건 합의서의 기본 목적에 반하는 점, iii) 북한의 금강산관광지구법에는 결손금 이월공제 규정이 없으므로, 북한의 고정사업장에서 발생한 결손금을 우리나라 법인세법 상 과세표준을 산정함에 있어서 고려하더라도 이중의 혜택을 주게 되지 아니하는 점" 등을 고려하여 결손금을 내국법인의 법인세 과세표준 계산시 공제할 수 있다고 본 원심판단을 수긍하였다.[226]

(2) 배당소득 면제제도

법인이 다른 법인에 대한 지분을 보유하는 경우 자회사의 이윤에 대해 1차로 과세된 후 모회사에게 배당될 때 2차로 과세된다. 이러한 경제적 이중과세를 방지하기 위해 많은 국가들은 국내법 또는 조세조약을 통해 배당소득 면제 또는 간접 외국납부세액(자회사의 납부세액)을 공제한다.

제23조는 조세조약에 법인 간 배당소득 면제조항을 추가하는 것에 대해 논의하고 있다. 조약에서 경제적 이중과세 문제를 해결하기를 원하는 국가들은 다음의 원칙들 중 하나를 따를 것이다. 첫째, 누진 소득면제법이다. 모회사의 거주지국은 타방국 자회사로부터 수취하는 배당소득을 면제하지만, 모회사의 잔여소득에 대한 세금을 계산할 때 면제된 배당을 고려할 수 있다. 이 조항은 흔히 제23A조의 소득면제법을 적용하는 국가들이 선호할 것이다. 둘째, 간접 외국납부세액공제법이다. 자회사 배당과 관련하여 모회사 거주지국은 제

226) 대법원 2012.10.11. 선고 2012두12532 판결

23A조 제2항 또는 제23B조 제1항에 따라서 배당 자체에 대한 세금뿐만 아니라 배당된 이윤에 대해 자회사가 납부한 세액에 대해서도 세액공제를 부여한다. 이 조항은 일반적으로 제23B조의 세액공제법을 적용하는 국가들이 선호할 것이다. 셋째, 국내 자회사 지분과 유사하게 취급하는 방법이다.(OMC Art.23/52)

일부 국가들은 국내법상 배당소득 면제제도를 조세조약 상 타방체약국 법인의 배당으로까지 확장한다. 배당소득 면제제도는 대규모 지분에 대해 법인간 배당은 포트폴리오투자에 대한 15% 세율과 대비하여 5% 세율 한도로 경감세율이 적용되도록 한 OECD/UN 모델 제10조 제2항 a)호에 규정된 원칙과 함께 검토되어야 한다. 제10조 제2항은 원천지국 단계의 중복과세를 축소하는 반면, 배당소득 면제제도는 거주지국 단계의 중복과세를 줄인다. 한편, 일반적으로 조세조약들이 최소보유기간을 요구하지 않기 때문에 배당이 발생하는 순간에 지분을 보유하고 있는 것으로 충분하다.

(3) 조세부담조항

제23A조 제1항에 따르면, 거주지국은 협약에 따라서 소득이 타방체약국에서 과세될 수 있다면 타방체약국이 실제 소득에 대해 과세를 하였는지 여부에 상관없이 면제를 부여해야 한다.(OMC Art.23/34) 이 경우 만약 타방체약국이 해당 소득에 대해 과세를 하지 않는다면 이중비과세를 초래할 것이다. 일부 국가들은 이러한 이중비과세를 방지하기 위해 원천지국에서의 실질적 과세요건을 부과한다.(OMC Art.23/35 & Art.1/15)

조세부담조항(subject-to-tax clauses)은 다양하지만 통상 다음 두 가지 유형으로 구분될 수 있다. 첫째 유형은 소득이 타방체약국에서 과세대상(subject to tax)이면 거주지국이 면제를 하는 것이다. 이는 납세자가 과세 면제되지 않는 거주자일 것을 요구한다. 그러나, 소득에 대해 반드시 실제로 조세를 납부해야 하는 것은 아니다. 납세자는 인적공제 또는 손실상계 때문에 소득에 대해 조세를 납부하지 않을 수 있다. 둘째 유형은 소득이 타방체약국에서 실제로 과세된(subjected to taxation) 경우에만 거주지국이 면제해야 한다는 것이다. 즉, 소득이 과세표준에 포함될 것을 요구한다. 납세자가 소득을 미신고하거나 부과제척기간 도과로 과세표준에 포함될 수 없는 경우 납세자는 거주지국에서 면제를 받을 수 없다. 이 경우에도 실제 조세납부는 요구되지 않는다.

조세부담조항은 소득면제법을 적용하는데 행정적 부담을 증가시키고, 정교한 절세계획에 대응하기 위한 적절한 수단은 아니다.[227] 만약 소득이 원천지국의 과세표준에 포함되지만 각종 비용계상 때문에 실질적으로 과세되지 않는 경우, 조세부담조항을 포함하더라도 소득면제법의 적용을 방해하지는 못한다.

다. 제23A조 제2항/제23B조 제1항: 세액공제법

〈OECD/UN모델 제23A조 제2항〉

2. 제10조 및 제11조 규정에 따라 일방체약국의 거주자가 타방체약국에서 과세될 수 있는 소득을 얻는 경우, 해당 일방체약국은 타방체약국에서 납부된 세액과 동등한 금액을 해당 거주자의 소득세에서 공제를 허용해야 한다. 그러나, 그 공제액은 공제가 부여되기 전에 계산된 조세 중 그 타방국에서 발생된 소득에 귀속될 수 있는 조세 부분을 초과하지 않는다.

〈OECD/UN모델 제23B조 제1항〉

1. 이 협약의 규정에 따라서, 일방체약국의 거주자가 타방체약국에서 과세될 수 있는 소득을 얻거나 자본을 소유하는 경우 해당 국가는 a) 그 타방국에서 납부된 소득세와 동등한 금액을 해당 거주자의 소득세에서 공제를 허용하거나, 또는 b) 그 타방국에서 납부된 자본세와 동등한 금액을 해당 거주자의 자본에 대한 세금에서 공제를 허용해야 한다.
그러나, a), b) 어느 경우든 그 공제액은 공제가 부여되기 전에 계산된 조세 중 그 타방국에서 과세될 수 있는 소득 또는 자본에 귀속될 수 있는 소득세 또는 자본세 비중을 초과하지 않는다.

(1) 조문의 의의 및 평가

세액공제법은 영미국가들이 전통적으로 사용해 온 방법이다. OECD모델에는 소득면제법에 대한 대안규정으로 채택되었다. 따라서 제23A조 제1항은 일반원칙으로서 소득면제법을 규정하는 반면, 제2항은 예외조항으로서 국외 배당과 이자에 대한 조세와 관련하여 세액공제법을 규정하고 있다. 제23A조 제2항은 제23B조 제1항과 동일한 원칙을 규정하지만, 배당과 이자를 제외한 다른 유형의 소득들에는 소득면제법이 적용된다고 전제한다. OECD모델과 UN모델은 매우 유사하지만, UN모델은 세액공제법이 배당과 이자뿐만 아니라 사용료에 대한 조세에도 적용된다는 점이 다르다.

227) Alexander Rust, *op.cit*, p.1625

거주지국이 배당・이자소득 과세권을 활용하고자 할 경우 이중과세 제거를 위해 소득면제법을 적용할 수 없고, 세액공제법이 통상적인 해결책이 될 수 있다. 특히, 일반적으로 소득면제법을 적용하는 국가도 특정 소득에 대해서는 세액공제법을 적용하고자 할 수 있다. 따라서 본 조문은 일반 세액공제법에 따라 작성되었다.(OMC Art.23/47) 이 경우 거주지국의 세율이 원천지국의 배당・이자에 대한 세율보다 통상 높을 것이므로 제2항에 규정된 그리고 일반 세액공제법에 따른 공제한도는 매우 제한된 사안에서만 중요하다.(OMC Art.23/48)

제23B조 제1항에 따르면 세액공제법은 모든 소득유형에 부여되어야 한다. 본 조항은 일반 세액공제법에 따라서, 거주지국은 타방국에서 납부된 조세와 동등한 금액을 거주자 소득에 대한 조세에서 공제를 허용한다. 다만, 그 공제는 거주지국 조세의 적정한 비율로 제한된다.(OMC Art.23/57) 허용되는 외국세액공제액은 타방체약국에서 조세조약에 따라 실제로 납부된 조세이다. 조세가 부과된 연도의 소득에 대해 조세가 계산되지 않고 전년도의 소득 또는 과거연도 소득의 평균에 따라 계산되는 경우와 같이 소득결정 방법들의 차이 또는 환율변경과 관련하여 문제가 발생할 수 있다.(OMC Art.23/61) 세액공제 목적으로 적용할 환율은 일반적으로 납부가 이루어진 날 또는 원천세의 경우 조세가 원천징수된 날에 적용가능한 환율이다. 그러나, 평균환율 역시 세액공제액을 변환하는데 사용될 수 있다.

세액공제법은 소득면제법보다 국내법에 의해 더 많이 보완되어야 한다. 이는 공제한도, 공제기간, 공제절차를 결정하는데 필요한 다양한 요인과 관련된다. 조세조약은 세액공제법의 주요 원칙들을 규정하고 있지만 세액공제의 계산과 운영에 대한 세부원칙들을 규정하지는 않는다. 많은 국가들에서 외국납부세액공제에 대한 세부원칙들이 국내법에 이미 존재한다. 따라서 많은 협약들이 체약국들의 국내법에 대한 차용규정을 포함하고, 그러한 국내원칙들이 조약상 원칙에 영향을 주지 않는다고 규정하고 있다.(OMC Art.23/60) 국내입법에 의해 조약상 세액공제법을 보완하는 것뿐만 아니라 납세자에게 유리한 외국납부세액 공제를 허용하는 일방적 국내법 규정을 적용함으로써 조약을 보완할 수도 있다. 특히, 조세조약이 이중과세를 구제하는데 실패하는 경우 세액공제법에 대한 일방적 국내법 규정이 필요할 것이다.

한편, 일반적으로 소득면제법을 채택한 국가는 조약서명일 이후에 타방체약국에서 도입된 조세조치 때문에 소득면제법이 조세특례 혜택을 받는 소득에 적용되어서는 안 된다고 판단하는 경우, 제2항을 다음과 같이 수정할 수 있다.(OMC Art.23/31.1)

〈OECD/UN모델 제23A조 제2항 대안규정〉

2. 일방체약국의 거주자가 a) 제10조 및 제11조 규정에 따라서 타방체약국에서 과세될 소득을 얻는 경우, 또는 b) 이 협약의 규정들에 따라서 타방체약국에서 과세될 수 있지만 i) 조약서명 이후에 타방체약국에 도입된, 그리고 ii) 해당 국가가 해당 소득을 얻기 이전에 그리고 타방국과의 협상 이후에 해당 규정이 적용된다는 것을 타방체약국의 권한있는 당국에게 통보한 것과 관련한 조세 조치 때문에 타방국에서 조세특례 혜택을 받는 소득을 얻는 경우, 해당 일방체약국은 타방국에서 납부된 세액과 동일한 금액을 해당 거주자의 소득에 대한 조세에서 공제해야 한다. 그러나, 그 공제는 공제가 부여되기 전에 계산된 대로 해당 타방국에서 얻은 소득에 귀속될 수 있는 조세부분을 초과하지 않는다.

(2) 공제한도액 계산

〈표 2-19〉 외국납부세액공제의 한도액 계산

- 공제한도액(maximum deduction) 계산
  = (세액공제 부여 전) 거주지국의 조세 ×
  [원천지국의 소득(자본)/거주지국의 세법 상 소득(자본)]

제23B조 제1항은 원천지국에서 납부된 조세에 대해서 부여되어야 하는 세액공제의 한도금액을 규정한다. 위 〈표 2-19〉의 공제한도액 계산은 조세조약이 존재하지 않는 것처럼 거주지국의 국내법에 따라서 결정된다.

거주지국이 허용해야 하는 세액공제액은 국내조세 중 원천지국에서 과세된 소득(자본)에 귀속시킬 수 있는 부분까지만 허용된다. 따라서 세액공제법의 적용이 누진 소득면제법보다 큰 세입손실을 가져오지는 않을 것이다. 사실상 원천지국의 조세가 거주지국의 조세와 같거나 초과하는 경우에는 세액공제법이 누진 소득면제법과 동일한 효과를 가질 것이다.(OMC Art.23/62) 이에 따라 세액공제법을 채택한 국가들은 타방체약국의 높은 세율의 적용에 따른 불이익을 방지하는 반면, 해외의 낮은 세율에서 발생하는 이점을 활용한다.

공제한도액 계산의 출발점은 공제가 부여되기 전에 계산된 조세이다. 조세는 국내법 규정에 따라서 계산되어야 하고 외국의 소득(자본)까지 포함해야 한다.

소득에 대한 조세와 자본에 대한 조세는 구분되어야 한다. 따라서 만약 특정 조세가 소득과 자본요소를 모두 포함하고 있는 경우에는 각각의 요소로 분할되어야 한다. 배분규정들이 이미 거주지국 면세를 규정하고 있는 소득(자본)까지 포함해서는 안 된다. 다음 단계는 타방체약국에서 과세대상인 소득과 국내에서 과세대상인 소득을 비교하는 것이다. 이는 타방체약국에서 발생한 전체 순소득을 의미하며, 세액공제를 부여하는 국가의 법률 규정에 의해 계산된다. 일반적으로 국외비용은 국외 총소득에서 공제된다. 이는 공제한도를 감소시키기 때문에 납세자에게 불리하게 작용한다. 이는 배당 · 이자와 같이 원천지국에게 총액기준으로 원천징수를 허용한 소득에 대해 특별한 영향을 미친다.(OMC Art.23B/63) 왜냐하면, 공제한도액이 순소득에 의해 결정되기 때문이다.

외국에서 발생한 소득에 귀속시킬 수 있는 세율은 전체 과세소득에 적용할 수 있는 평균세율이다. 조약에서 세액공제법이 배당 · 이자 등 특정 소득에만 적용된다고 규정한다고 해서 공제한도액이 각 소득유형별로 계산되어야 한다는 의미는 아니다. 또한, 거주지국이 소득유형별로 세율이 다른 조세를 부과하는 반면, 타방체약국은 이러한 소득들에 대해 단일세율로 부과하는 경우 공제한도액은 거주지국의 각 조세에 대해 계산될 필요가 있다. 조약은 소득유형간 상계에 대해 규정하지 않지만, 국내법은 이러한 경우 상계를 허용할 수도 있다.

또한, 타방체약국 또는 제3국에서 발생한 손실도 고려되어야 하는데, 일반적으로 거주지국의 국내법에서 소득과 상계할 수 있는 손실규정의 존재 여부에 따른다. PE국가와 같은 외국에서 발생한 손실이 거주지국의 다른 소득에서 공제될 수 있는지 여부는 거주지국의 세법에 달려있다. 일반적으로 특정 국가의 손실은 동일 국가의 다른 소득에서 공제될 것이다.(OMC Art.23A/44 & 65) 원천지국이 아닌 국가에서의 손실이 큰 경우 전세계소득이 원천지국 소득보다 적을 수 있다. 따라서 거주지국에서의 조세도 그만큼 적을 것이고, 결국 원천지국 원천징수 조세의 일부만 공제받거나 전혀 공제받지 못할 수도 있다.

공제한도액은 통상 PE국가 또는 원천지국가의 소득에서 공제할 수 있는 금액을 차감한 전체 순소득으로 계산된다.(OMC Art.23A/40) 따라서 공제한도액은 PE국가 또는 원천지국에서 실제 납부한 조세보다 작을 수 있다. 예를 들어, 원천지국에서 이자를 수취하는 거주지국의 거주자가 대여금 조달을 위해 제3자 자금을 차입한 경우 차입금 지급이자가 원천지국 수취이자와 상계되기 때문에 거주지국 과세가 적용되는 순소득금액은 매우 적거나 거의 없을 수도 있다. 이 경우 거주지국에서는 매우 적게 또는 전혀 과세되지 않기 때문에 해결할 수 없으며, 한 가지 해결책은 이자에 대한 원천지국 과세를 면제하는 것이다.(OMC Art.23/63 & Art.11/7-7.12)

조세조약은 공제한도를 초과한 외국납부세액에 대한 소급 또는 이월공제에 대해 규정하지 않지만, 국내법은 허용할 수도 있다.(OMC Art.23/66) 예를 들어, 많은 국가들이 일정기간 한도로 소급공제(미국 2년, 일본 5년)와 이월공제(미국, 일본, 프랑스는 5년)를 허용한다.

(3) 이자를 배당으로 재규정하는 경우

과소자본 상황에서 OECD모델은 자금 대여회사와 차입회사가 실질적으로 위험부담을 공유하는 등 특정한 조건을 충족하는 경우 차입회사의 국가에게 국내법에 따라서 이자지급액을 배당으로 취급하도록 허용한다. 이는 해당 이자의 원천에 대해 배당세율로 과세를 하고, 해당 이자를 대여회사의 과세소득에 포함하는 결과가 초래된다.(OMC Art.23/67) 관련 조건들이 충족되는 경우, 대여회사의 거주지국은 이자에 대한 법률적 · 경제적 이중과세에 대해 해당 금액이 사실상 배당인 것처럼 구제해야 할 의무가 있다. 따라서 해당 이자에 대해 차입회사의 거주지국에서 배당세율로 실제 원천징수된 세액에 대해 공제를 해야 한다. 또한, 대여회사가 차입회사의 모회사인 경우에는 모 · 자회사 제도에 따라서 추가구제를 적용해야 한다. 이러한 의무는 예컨대, 제9조 제1항 또는 제11조 제6항에 따라서 이자가 차입회사의 거주지국에서 배당으로 취급되고 대여회사의 거주지국이 그러한 취급을 적절한 것으로 동의하여 대응조정을 하거나, 또는 대여회사의 거주지국이 자국에 설립된 법인이 타방체약국 거주자에 대해 지급을 하는 경우 등 호혜적 상황에서 유사한 과소자본 규정을 적용하여 해당 금액을 배당으로 취급하는 경우 등을 포함한다.(OMC Art.23/68)

(4) 간주 외국납부세액공제

간주 외국납부세액공제(tax sparing credit) 조항은 제23A조와 제23B조로부터의 이탈을 의미한다.(OMC Art.23/74) 본 조항은 예컨대, “거주지국은 원천지국이 경제발전의 촉진을 위한 특별규정에 따라 조세의 전부 또는 일부를 포기했음에도 불구하고 원천지국이 일반 법률 또는 조세조약에 의한 제한세율로 부과하였을 조세의 공제를 허용할 것이다.” 등 여러 형태로 규정될 수 있다. 이 조항은 원천지국의 조세인센티브 제도에 의해 절감된(spared)된 조세에 대한 외국세액공제를 얻도록 허용하거나 또는 해당 조세가 소득면제법에 포함된 특정 조건들을 적용하는데 고려될 것을 보장한다.(OMC Art.23/73)

그러나, OECD는 간주 외국세액공제 조항의 추가는 양국간 경제수준의 차이가 큰 상황으로 제한되어야 하고 원천지국의 국내인프라 개발을 위한 진실한 상업적 투자의 경우에만 허용되어야 한다는 입장이다.(OMC Art.23/72-78.1) 또한, 거주지국과 원천지국 모두가 세입손실의 값비싼 대가를 치르게 되는 등 남용에 매우 취약하다는 점에 대해 특별히 우려한다.(OMC Art.23/76)

간주 외국세액공제 조항은 경제발전 촉진을 위한 효과적 수단이 아니다. 동 조항은 이윤의 송환을 촉진함으로써 단기 투자계획에 종사하는 외국인 투자가들에게는 내재적 인센티브를, 원천지국에서 장기간 활동하는 투자가들에게는 불이익을 준다.(OMC Art.23/77)

라. 제23A조 제3항/제23B조 제2항: 누진과세 보호조항

〈OECD/UN모델 제23A조 제3항 및 제23B조 제2항〉

3. 협약의 모든 규정에 따라서 일방체약국의 거주자가 수취하는 소득 또는 소유 하는 자본이 그 국가에서 면제되는 경우, 그 국가는 그럼에도 불구하고 해당 거주자의 잔여 소득 또는 자본에 대한 세액을 계산할 때 면제된 소득 또는 자본을 고려할 수 있다.

(1) 조문의 의의 및 평가

OECD/UN모델 제23A조 제3항 및 제23B조 제2항은 거주지국을 위한 누진과세 보호조항이다. 거주지국은 조약이 과세를 허용한 소득에 대한 세율을 계산할 때 조약이 해당 국가에서 과세를 면제하는 소득을 고려할 수 있다. 결과적으로 조세면제는 세율 계산을 위한 과세표준에는 적용되지 않고 소득금액 계산을 위한 과세표준에만 적용된다. 동 조항은 거주지국이 납세자의 인적 납부능력에 부합한 세율로 잔여소득에 대해 과세할 수 있도록 보장한다. 동 조항이 없는 경우 조세면제는 감소된 과세표준의 적용은 물론 잔여소득에 대한 세율도 역시 감소시킬 수 있다. 제한적 납세의무 조항은 통상 객관적 납부능력만을 측정하기 때문에 원천지국은 누진과세 보호조항을 적용하지 않는다.

누진과세 보호조항은 '협약의 모든 규정에 따라서' 원천지국에서 면제된 소득은 물론 거주지국에서 면제된 소득에도 적용된다.(OMC Art.23/79) 동 조항은 거주자의 소득으로 제한된다. 일반적으로 거주자의 세율을 계산할 때 다른 인들이 수취한 소득은 고려하지 않는다.(OMC Art.23/55)

파트너쉽 국가에서는 비투과단체로 그리고 파트너들의 거주지국에서는 투과단체로 간주되는 파트너십의 소득은 파트너들의 세율을 계산할 때 역시 고려될 수 있다.(OMC Art.1/6.1) 파트너십이 PE를 구성하고 소득이 PE에 귀속된다면, 파트너들의 거주지국은 파트너십 소득을 파트너에게 귀속시키고 파트너십 소득에 대해서는 면제해야 한다. 제23A조 제3항은 파트너들의 거주지국이 세율을 계산할 때 면제소득을 고려할 수 있음을 확인해 준다.

(2) 조문의 효과

누진과세 보호조항 적용의 효과는 거주지국이 잔여소득에 대한 세율을 계산할 때 면제소득을 고려할 수 있다는 것이다. 먼저 면제가 없을 경우의 납부세액을 계산한 후, 다음 단계로 조세조약이 존재하지 않는 것처럼 가공의 납부세액을 가공의 과세표준으로 나누어 평균세율을 계산한다. 마지막으로 이 평균세율을 조약에 의해 면제되지 않은 소득에 적용한다. 만약 세율의 계층이 존재한다면 올바른 계층을 선택할 때 면제소득이 포함된다. 면제소득은 거주지국의 세법에 따라서 계산되어야 한다. 동 조항의 적용은 최소면세금액 때문에 과세되지 않았을 적은 소득이 과세대상이 되는 결과를 가져올 수 있다. 이는 오직 면제된 국외소득만이 존재하고 이 소득이 국내소득과 합산되어 국내법상 최소면세금액을 초과하는 경우에 발생한다.

조약 규정들은 체약국들의 과세권 행사에 대해서는 언급하지 않는다. 따라서 체약국들은 아무런 제약없이 세율을 결정할 수 있고, 세율 계산을 위한 근거를 마련할 수 있다. 결국, 체약국은 조세조약에 누진과세 보호조항이 존재하지 않더라도 전세계소득을 토대로 잔여소득에 대한 조세를 계산할 권리가 있다. 이는 동 조항이 단지 선언적 의미를 가진다는 점을 의미한다. 조세조약의 적용으로 국외면제소득을 과세표준에서 제외하지만, 잔여소득에 대한 국내 세율은 변하지 않는다. 누진과세 보호조항에 대한 법적 근거는 명시적인 국내법 규정이나 세율에 관한 국내법상 일반원칙에서 발견할 수 있다.

대다수 국가들은 동 조항을 비거주자에게는 적용하지 않는다. 비거주자에 대한 과세는 흔히 면세점, 소득관련 비용 및 인적비용 공제 또는 누진세율과 같은 납부능력 요소들을 무시하고 객관적 기준에 토대한다. 그러나, 동 조항이 예컨대, 이중거주자의 경우 등 비거주자에게 적용되는 경우도 있다. 일방체약국이 제4조 제2항에 포함된 이중거주자 판정에서 패배하더라도 일반적으로 국내법상 납세자의 지위에는 영향을 미치지 않는다. 즉, 납세자는 계속하여 무제한 납세의무를 적용받고 세율은 전세계소득을 토대로 계산된다.

마. 제23A조 제4항: 해석상 이견이 있는 경우

〈OECD모델 제23A조 제4항〉

4. 타방체약국이 협약의 규정들을 해당 소득 또는 자본을 면제하기 위해 적용하는 경우 또는 해당 소득에 제10조 또는 제11조 제2항을 적용하는 경우, 제1항은 일방 체약국의 거주자가 수취하는 소득 또는 소유하는 자본에는 적용하지 않는다.

OECD모델 제23A조 제4항은 2000년 모델에 추가되었고, 파트너쉽 보고서의 결론에 토대를 두고 있다. UN모델은 이 조항을 포함하고 있지 않다. 양 체약국들이 서로 다른 해석 또는 사실관계에 대한 다른 평가 때문에 조약상의 과세권 행사에 제약이 있다고 판단하는 경우, 거주지국은 제23A조 제1항에 따라 원천지국의 소득을 면제할 의무가 없다.

본 조항의 목적은 양 체약국들이 공통의 해석을 발견할 수 없는 경우, 즉 사안의 사실관계 또는 조약규정의 해석에 관해서 거주지국과 원천지국 간에 불일치가 발생하는 경우 양 체약국에서 소득이 과세되지 않는 이중비과세를 방지하고자 하는 것이다. 만약 거주지국이 전속적 배분규정에 따라서 소득을 면제해야만 한다면 제4항은 소용없을 것이다. 원천지국이 사안의 사실관계 또는 조약규정을 해석함에 있어서 자국의 과세권이 없거나 제한된다고 판단하는 반면, 거주지국은 상이한 해석을 하여 해당 소득항목이 조약에 따라서 원천지국에서 과세될 수 있다고 판단하는 경우에 적용한다. 만약 이 조항이 없다면 거주지국은 제1항의 규정에 따라 소득면제를 부여해야 할 의무가 있을 것이다.(OMC Art.23/56.1)

다시 말해서, 본 조항은 원천지국이 소득을 면제하기 위해 조약규정을 적용하였거나 제10조 또는 제11조 제2항을 특정 소득에 적용한 경우에만 적용한다. 따라서 원천지국이 조약규정에 따라서 과세할 수 있다고 판단하지만 원천지국의 국내법 규정에 따라서 해당 소득에 대해 실제 납부할 조세가 없는 경우에는 적용하지 않는다. 그러한 경우 거주지국은 제1항의 규정에 따라서 소득을 면제해야 하는데, 왜냐하면 원천지국의 면제가 조약규정의 적용이 아니라 원천지국의 국내법에서 비롯된 것이기 때문이다. 마찬가지로 원천지국과 거주지국이 소득구분에 대해서 뿐만 아니라 해당 소득금액에 대해서도 불일치하는 경우 제4항은 원천지국이 조약의 적용을 통해 면제한 소득부분에만 또는 해당 국가가 제10조 또는 제11조 제2항을 적용하는 경우에만 적용한다.(OMC Art.23/56.2) 그러나, 실무 상 거주지국의 과세당국이 원천지국이 국내법 때문에 소득에 대해 과세를 하지 않은 것인지,

아니면 조약 때문에 과세를 하지 못한다고 판단한 것인지 여부를 결정하는 것이 쉽지는 않을 것이다.

제23A조 제4항은 소득구분 상충의 경우에는 적용하지 않는다. 만약 원천지국이 제3조 제2항에 근거하여 국내법에 따라 조약용어를 해석하고 해당 소득에 대한 과세를 금지해야만 한다는 결론에 도달한다면, 이러한 해석은 협약의 규정에 부합한 것이고 거주지국은 제23A조 제1항의 적용목적 상 이러한 해석에 기속되고 더 이상 해당 소득을 면제할 필요가 없다. 제23A조 제4항은 제1항의 예외규정이기 때문에 제4항은 거주지국이 제1항에 따라 소득을 면제할 의무가 있을 경우에만 적용된다. 즉, 소득이 조약에 따라서 원천지국에서 과세되지 않을 수 있기 때문에 거주지국에게 소득면제 의무를 부여하지 않는 것이며, 그러한 경우에는 제1항이 적용되지 않기 때문에 제4항은 거주지국의 과세권을 보장할 것이 요구되지 않는다.(OMC Art.23/56.3) 따라서 제4항은 양 체약국이 조약의 맥락에서 벗어나 상이한 독자적인 해석에 도달한 경우 또는 사실관계를 다르게 평가한 경우에만 적용된다.

제23B조의 맥락에서는 이와 유사한 조항이 필요가 없다. 만약 원천지국이 소득을 과세하지 않아야 한다고 느낀다면 거주지국은 세액공제를 부여하지 않고 해당 소득에 대해 과세를 할 것이다.[228)]

---

228) Alexander Rust, *op.cit*, pp.1653-1655

제8장 무차별원칙

1 무차별원칙의 의의

가. 무차별원칙의 의의 및 특성

모든 조세제도는 납세의무 또는 납부능력의 차이에 근거한 정당한 차별을 규정한다. 무차별원칙(non-discrimination) 조항은 정당화되지 않는 차별을 방지하고 정당한 차별의 고려할 필요성을 조화시키기 위한 것이다.(OMC Art.24/1) 무차별조항은 최혜국 대우를 요구하는 것으로 해석될 수 없다. 조세조약은 상호주의 원칙에 토대하기 때문에, 양자 또는 다자간 조약 하에서 일방체약국이 타방체약국의 거주자(국민)에게 체약국간 특정한 경제관계 때문에 부여하는 조세취급은 일방체약국과 제3국 간 조약의 무차별조항에 의해서 제3국 거주자(국민)에게까지 확장될 수는 없다.(OMC Art.24/2)

OECD/UN모델의 무차별조항은 외국인에 대한 불리한 대우를 금지하는 것 일뿐, 외국인에 대한 더 나은 대우를 금지하는 것은 아니다.(OMC Art.24/14) 무차별조항이 동등대우(equal treatment) 조항으로 해석되어서는 안 되며, 외국인에게 내국인과 동일한 권리 또는 의무를 부과하는 것이 아니다. 무차별조항은 절대적 성격을 가지므로 체약국들은 이를 무시할 수 없을 것이다. 금지된 기준에 토대한 차별은 금지되고, 자동적으로 무차별조항 위반이 된다. 또한, 그러한 차별대우는 정당한 이유에 의해서도 정당화 될 수 없다.

무차별조항은 현지국에서의 차별로부터 보호한다. 특정 과세가 보다 과중한 대우를 초래하는지 여부를 밝히기 위해서는 현지국에서의 조세부담이 독립적으로 고려되어야 한다. 다시 말해서, 양 체약국에서의 최종적인 조세결과가 납세자에게 과중한 전체 조세부담을 초래하지 않을지라도 차별적 조세부담이 타방체약국에서 보상될 수 있는지는 중요하지 않다. 또한, 명시적이고 직접적인 차별만을 방지한다. 숨겨진 또는 간접적 형태의 차별은 제24조에 의해 방지되지 못한다. 무차별조항은 제24조에 명시된 기준 중의 하나에 토대한 불리한 대우의 경우만을 보호한다. 무차별조항은 협약의 타 조문들의 맥락에서 해석되어야 한다. 따라서 타 조문들에 의해 명시적으로 승인된 조치가 오직 비거주자에 대한 지급과 관련해서만 적용될지라도 무차별조항들을 위반한 것으로 간주될 수 없다.(OMC Art.24/4)

무차별조항은 조약상 배분된 과세권이 어떻게 행사되는지를 규정한다. 무차별조항은 체약국들이 과중한 조세취급에 대한 근거로서 특정 기준을 선택하지 못하도록 함으로써 국내세법의 설계에 영향을 준다. 무차별조항은 체약국들에게 조세조약 상 배분규정에 의해 귀속된 과세권을 무차별하게 행사할 것을 요구한다. 결과적으로, 1차적으로 조약상 배분규정에 의해서, 다음으로 무차별조항의 적용에 의해서 국내법이 제약을 받는다. 그러나, 제9조, 제11조 또는 제12조에 부합한 이윤의 조정은, 그러한 차별적 이윤조정을 적용범위에서 제외한 제24조 제4항에 위반되지 않고 차별적으로 이루어질 수 있다. 그러나, 다른 무차별조항들은 그러한 별도 취급조항을 포함하고 있지 않으며, 제9조, 제11조, 제12조를 제외한 규정들은 무차별조항들보다 우선 적용되지도 않는다.

나. 무차별조항의 조문체계

OECD/UN모델 제24조는 체약국의 국내법에서 조세차별의 근거로 사용해서는 안 되는 4가지 기준을 제시한다. 제1항과 제2항은 '납세자의 국적', 제3항은 국내에 소재한 PE 귀속 소득과 관련한 '납세자의 거주지', 제4항은 국내기업이 국외수취인에게 지급하는 이자, 사용료 및 기타 대가와 관련한 '수취인의 거주지', 제5항은 국내기업 '소유주의 거주지'를 제시하고 있다.

제24조 적용을 위해서는 제1항의 국적 등 특정 기준만이 아니라 관련된 다른 측면들이 동일해야만 한다. 예를 들어, 제1항과 제2항은 '동일한 상황에서', 제3항은 '동일한 활동들을 수행하는', 제5항은 '유사한 기업들'과 같은 여러 표현들을 사용하고 있는데, 보호대상과 비교대상 간에 실질적 유사성이 있어야 한다는 것이다.(OMC Art.24/3)

제24조의 각 조항은 적용범위와 법적함의 측면에서 차이점이 있다. 제1항은 거주지와 상관없이 타방체약국의 국민을 보호하는 반면, 제3항은 국적에 상관없이 타방체약국의 거주자를 보호한다. 제1항과 제2항은 국적에 근거한 차별을, 제3항 내지 제5항은 거주지에 근거한 차별을 금지한다. PE 무차별조항은 불리한 과세만을 방지하고, 인적공제 및 가족 관련 비용은 포함하지 않는다. 제1항, 제2항 및 제5항은 외국인에 대해 과중한 과세뿐만 아니라 상이한 조세규정의 적용금지 등 과세 관련 모든 요건을 포함하여 그 적용범위가 넓다. 무차별조항은 현지국의 차별만을 다루고, 그 적용범위 또한 사업소득으로 제한되기

때문에 외국인의 국내투자에 대한 단편적인 보호에 불과하다. 또한, 체약국들은 자국거주자의 해외투자에 대한 차별을 방지하지 못한다.[229]

다. 적용대상 조세

〈OECD/UN모델 제24조 제6항〉

6. 제2조의 규정에 불구하고, 이 조문의 규정들은 모든 종류와 명칭의 조세에 적용된다.

제24조 제6항은 무차별조항들의 실질적 범위를 소득과 자본에 관한 조세에만 적용되는 배분규정들의 범위를 초과하여 확장한다. 본 조항은 무차별조항이 일반적으로 조세조약의 적용대상이 아닌 조세를 포함하여, 체약국에 의해 부과되는 모든 조세에 적용된다는 점을 명확히 한다.

제24조는 체약국들에 의해 또는 그의 정치적 하부기구 또는 지자체에 의해 부과되는 모든 조세에 적용할 수 있다.(OMC Art.24/81) 무차별조항들은 부가가치세에도 역시 적용된다. 사회보장기여금은 제24조에 포함되지 않는다.

2 국적 무차별조항: 제24조 제1항

〈OECD/UN모델 제24조 제1항〉

1. 일방체약국의 국민은, 특히 거주지와 관련하여 동일한 상황에 있는 타방 체약국의 국민이 부담하거나 부담할 수도 있는 조세 및 이와 관련된 의무와 다르거나 또는 보다 더 과중한 조세 또는 이와 관련된 의무를 타방체약국에서 부담하지 아니한다. 본 조항은, 제1조의 규정에도 불구하고, 일방 또는 쌍방 체약국의 거주자가 아닌 인에게도 적용한다.

229) Alexander Rust, *op.cit*, pp.1684-1685

가. 의의 및 평가

19세기에 국가 간에 체결된 여러 유형의 조약(영사협약, 우호조약, 통상조약 등)에는 자국의 국민이 어디에 거주하든 외교적 보호를 확장하기 위해 타방체약국 국민에게 자국의 국민과 동일한 취급을 허용하는 조항들이 포함되어 있다. 본 조항은 일방체약국의 거주자인 국민에게만 적용되는 것이 아니고, 어느 체약국의 거주자인지에 상관없이 각 체약국의 모든 국민들에게까지 확대 적용된다고 규정하고 있다. 다시 말해서, 일방체약국의 모든 국민들은 타방체약국에 대해서 이 조항의 혜택을 주장할 권리가 있다. 이는 특히, 체약국들의 거주자가 아닌 제3국의 국민에게 유효하다.(OMC Art.24/6)

본 조항은 일방체약국의 국민이 국적을 이유로 타방체약국에서 불리하게 대우받지 않는다는 점을 규정한다. 대부분의 국가에서 내국인과 외국인에 대한 과세 차이가 거주지에 토대하고 있기 때문에, 국적 무차별 조항은 개인에 관해서는 큰 중요성을 갖지 못하고 법인에 관해서만 영향력을 가진다.

OECD모델 제3조 제1항 g)호에 따르면, 국민(national)에 대한 정의는 개인, 법인, 파트너쉽 또는 조합(association)을 포함한다. 파트너쉽의 경우 조세목적 상 비투과체로 취급되는 경우에 국민으로 대우받을 수 있다. 본 조항의 혜택을 주장할 권리는 체약국 중 한 국가의 거주자 여부에 의존하지 않으며, 납세자가 체약국 중 한 국가의 국적을 가질 것만을 요구한다. 본 조항에 제1조는 적용되지 않는데, 이를 명확히 하기 위해 두 번째 문장이 1977년 OECD모델에 추가되었다. 제3국의 국민은 체약국의 거주자일지라도 본 조항에 의해 보호받지 못한다. 제1조의 예외로서 제3국의 거주자인 일방체약국의 국민을 포함하지만, 본 조항은 양 체약국 간에만 적용된다. 일방체약국의 국민은 타방체약국에 의한 차별대우로부터만 보호되며, 그가 거주하는 제3국에 대해서 그리고 자신의 국가의 과세당국에 대해서 혜택을 주장할 수 없다. 따라서 본 조항은 동일한 체약국의 국민들 간 동등대우를 달성할 수 없다.

본 조항은 동일한 상황에 있는 과세국가의 국민에게 적용되는 것과 '다르거나 또는 보다 더 과중한(other or more burdensome)' 조세대우를 금지한다. 일방체약국의 국민과 과세국가의 국민 간에 부과근거, 부과방법, 세율 그리고 과세관련 절차가 달라서는 안 될 것이다.(OMC Art.24/15) 외국인에 대한 상이한 대우가 보다 과중한 과세를 초래할 수 있는 가능성만 있어도 본 조항의 적용을 주장할 수 있다. 이는 오로지 조세부담의 비교에 토대하고 있는 제3항과는 다르다. 본 조항은 '다른' 경우와 '보다 더 과중한' 경우로 택일적 문구를 사용하고 있기 때문에 상이한 대우가 실제 과중한 과세를 초래했는지에 대한 납세자의 입증책임이 면제된다고 할 수 있다.

본 조항이 외국인에게 더 나은 조세대우를 금지하는 것은 아니다. 본 조항의 주된 목적은 타국 국민에 대한 차별을 금지하기 위한 것이기 때문에, 자국의 특별한 이유 때문에 또는 가령 PE소득이 제7조에 따라서 과세되어야 한다는 요건과 같은 조세조약의 특별규정을 준수하기 위하여 외국 국적을 가진 인에게 자국의 국민이 이용할 수 없는 특정 혜택 또는 편의를 허용하는 것을 금지할 이유는 없다. 따라서, 체약국들은 본 조항을 위반하지 않고도 외국인에게 조세특례 대우를 제공할 수 있다. 따라서 개도국들이 외국투자자들에게 조세혜택을 제공하거나 또는 자국 국민들에게 보다 과중한 대우를 하는 것도 본 조항에 위반되지 않는다.(OMC Art.24/14) 본 조항은 명시적으로 '과세와 관련된 모든 의무'(any requirement connected with taxation)로 확대한다. 제3항 두 번째 문장과 달리, 국적 무차별조항은 시민의 지위 또는 가족의 의무에 근거한 인적공제, 면제 및 감면의 차별도 금지한다.

일방체약국의 국민이 타방체약국의 국민과 동일한 상황에 있는 경우(in the same circumstances)에만 본 조항에 의한 보호를 받는다. '동일한 상황에 있는' 문구의 의미는 국적을 제외하고 다른 모든 영역에서 실질적으로 동일한 상황에 있는 것을 의미한다. 즉, 일반적 세법과 규정의 관점에서 법률적으로 그리고 사실관계에서 상당히 유사한 상황에 놓인 납세자를 가리킨다. 국적 무차별조항은 차별이 오로지 납세자의 국적에 토대를 둔 경우에만 위반이 된다. 그러나 국적 이외의 다른 차이들은 적절한 경우 차별을 허용한다. 차이가 적절한지 여부를 결정하기 위해서는, 즉 차이가 국적이 아닌 다른 기준에 근거하는지 여부를 결정하기 위해서는 만약 동일한 납세자가 타방체약국의 국적을 보유한다면 혜택을 받았을지 여부를 판단해야 한다.

국가가 자국의 공공기관에게 면세를 허용한다면, 그들이 국가의 필수적 부분이기 때문에 정당화되며 타 국가의 공공기관들과 상황이 비교가능하다고 할 수는 없다. 국영기업이 민간기업과 동일한 토대에 있다면 본 조항이 적용될 것이다.(OMC Art.24/11) 따라서 자국의 공공기관에게 조세특례 혜택을 허용하는 국가에게 타 국가의 공공기관에게도 동일한 혜택을 확대하라는 의무를 부여하는 것으로 해석되어서는 안 된다.(OMC Art.24/10) 국가가 민간 비영리기관에게 조세특례를 허용한다면, 이는 기관활동의 성격상 및 국가와 국민들이 해당 활동으로 얻게 될 혜택 때문인 것으로 정당화된다.(OMC Art.24/13) 또한, 공익목적 활동을 수행하는 민간 비영리기관에게 특례혜택을 허용하는 국가에게 공익목적 활동을 하지 않는 유사기관에게 동일한 혜택을 확대하라는 의무를 부여한 것으로 해석되어서도 안 된다.(OMC Art.24/11)

비거주자에 대한 불리한 대우는 본 조항에 의해 금지되지 않는다. 왜냐하면, OECD/UN모델 자체가 거주자와 비거주자 간의 차이에 토대를 두고 있다. 1992년 OECD모델에서 '특히 거주지와 관련하여' 문구가 추가됨으로써 거주지가 차별에 대한 합리적 근거가 된다는 점을 명확히 했다. 다시 말해서, 거주지가 납세자가 유사한 상황에 놓여 있는지 여부를 결정하기 위한 관련요인들 중의 하나이다. 일방체약국의 국민이 타 국가에 거주지를 가진다면 유사한 상황에 있지 않다고 할 수 있다.(OMC Art.24/7)

본 조항을 적용할 때 근본적 문제는 동일한 국가의 거주자인 두 인들이 오로지 국적이 다르다는 이유로 다르게 취급받는지 여부이다. 따라서 일방체약국이 가족의 책임을 이유로 과세혜택을 제공할 때 자국의 영토에 거주하는지 여부에 따라서 자국의 국민들을 구별하는 경우, 그 국가는 자국 거주 국민들에게 제공하는 것과 동일한 대우를 자국에 거주하지 않는 타방체약국의 국민에게 제공할 의무는 없지만 타방체약국에 거주하는 자국의 국민들에게는 동일한 대우를 확대해야 할 책임이 있다. 마찬가지로, 일방체약국 거주자인 국민이 타방체약국에서 예컨대, 조세회피처의 이용을 차단할 목적으로 조항을 적용한 결과 제3국에 거주하는 타방체약국의 국민보다 불리하게 과세되는 경우, 본 조항은 적용되지 않는다. 왜냐하면, 두 인들이 그들의 거주지와 관련하여 동일한 상황에 있지 않기 때문이다.(OMC Art.24/8)

무차별조항은 상호주의의 적용을 받는다.(OMC Art.24/5) 국제법의 일반원칙상 타방체약국이 무차별 의무를 준수하지 않는다면 일방체약국은 의무를 준수하겠다는 확약을 철회할 수 있다. 무차별조항을 준수할 조약상 의무는 양 체약국에게 동등하게 해당된다.

나. 법인 거주지와 관련한 사례

본 조항은 다른 국적에 토대한 차별을 금지하고, 법인단체의 거주지를 포함한 다른 관련요소들은 동일할 것을 요구한다. 거주자와 비거주자에 대한 상이한 취급은 국내 조세제도 및 조세조약의 중요한 특징이다. 따라서, 제24조를 거주자와 비거주자에 대한 상이한 취급을 규정하고 있는 조세조약의 다른 조문의 맥락에서 해석할 때, 조세조약 목적 상 동일한 국가의 거주자가 아닌 두 법인들은 본 조항 목적 상 동일한 상황에 있다고 할 수

없다.(OMC Art.24/17)

〈그림 2-74〉 무차별조항 관련 동일한 상황에 해당하는 적용사례

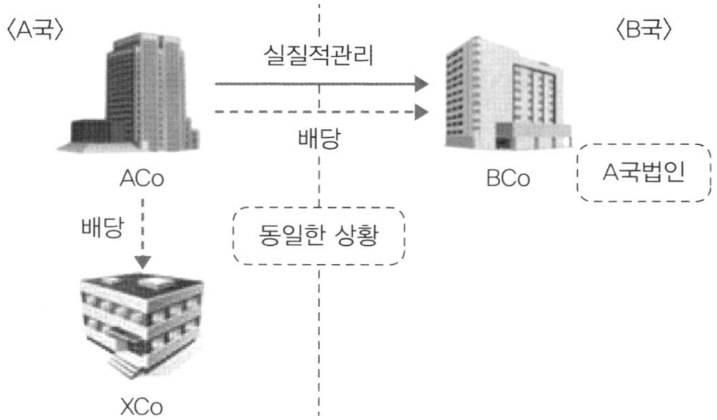

첫째 사례로, 위 〈그림 2-74〉에서 보는 바와 같이 A국 소득세법 상 해당 국가에서 설립되거나 POEM을 가진 법인이 A국 거주자라고 가정하자. A국 세법은 A국 설립법인(ACo)이 동일 국가의 타 법인(XCo)에게 지급한 배당에 대해 면세를 규정한다. A국에 POEM을 가진 B국 설립법인(BCo)은 A국-B국 조세조약 상 A국 거주자이기 때문에, 만약 ACo가 BCo에게 지급한 배당이 면세대상이 될 수 없다면 다른 관련된 상황이 없을 경우 ACo와 BCo는 동일한 상황에 있다고 할 수 있으므로 제1항을 위반한 것이다.(OMC Art.24/20)

둘째 사례로, A국의 소득세법 상 A국 설립법인은 A국 거주자이고 해외 설립법인은 비거주자라고 가정하자. A국-B국 조세조약에 따르면, 이중거주 법인인 경우 설립국가의 거주자로 간주된다. A국의 세법은 A국 설립법인이 동일 국가의 타 법인에게 지급한 배당에 대해 면세를 규정한다. 이 경우 제1항은 그러한 취급을 B국 설립법인에게 지급한 배당에게까지 확대하지 않는다. A국 설립법인과 배당을 수취한 B국 설립법인이 다르게 취급될지라도, 두 법인들은 거주지와 관련하여 동일한 상황에 있다고 할 수 없으므로 제1항에 위반되지 않는다. 이는 예를 들어, 거주자인 법인이 지급한 배당이 아닌 비거주자인 법인이 지급한 배당에 대한 후속적 과세를 금지하는 제10조 제5항의 결론과 유사하다.(OMC Art.24/21)

〈그림 2-75〉 무차별조항 관련 동일한 상황이 아닌 적용사례

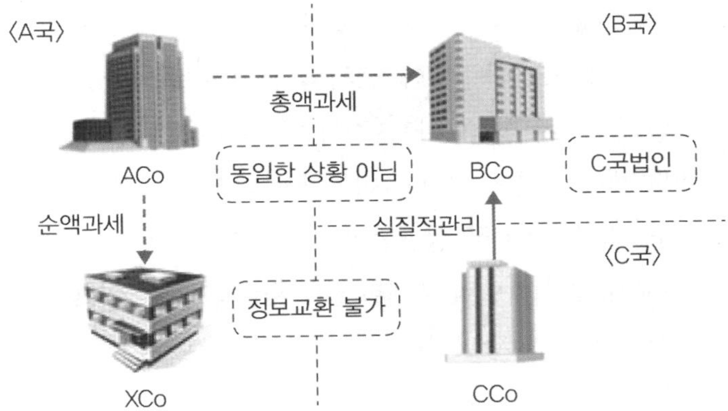

셋째 사례로, 위 〈그림 2-75〉에서 보는 바와 같이 A국의 소득세법 상 A국 설립법인은 A국 거주자이고, B국 소득세법 상 B국에 POEM을 가진 법인은 B국 거주자라고 가정하자. A국 세법에 따르면, A국과 조세정보교환이 가능한 조세조약을 갖지 않은 국가의 거주자인 비거주자는 부동산 순소득에 대한 과세 대신에 매년 부동산가액의 3%에 해당하는 조세를 적용받도록 규정하고 있다. 이 경우 B국에 설립되었지만 A국과 조세정보교환이 가능한 조세조약을 갖지 않은 국가(C국)의 거주자인 법인(BCo)은 그 법인이 A국 설립법인(ACo)과는 다르게 취급되기 때문에, 제1항에 따라 A국에 의한 3% 세율의 적용(총액과세)을 금지해야 한다고 주장할 수 없다. 이 경우 BCo는 ACo와 거주지와 관련하여 동일한 상황에 있지 않으며, 거주지와 관련한 법인 간 차별은 허용된다. 예를 들어, 비거주자인 납세자가 수취하는 부동산의 순소득을 검증하는데 필요한 정보의 접근 목적 상 법인의 거주지가 중요할 것이다.(OMC Art.24/22)

〈그림 2-76〉 국내세법이 국적 무차별조항을 위반한 사례

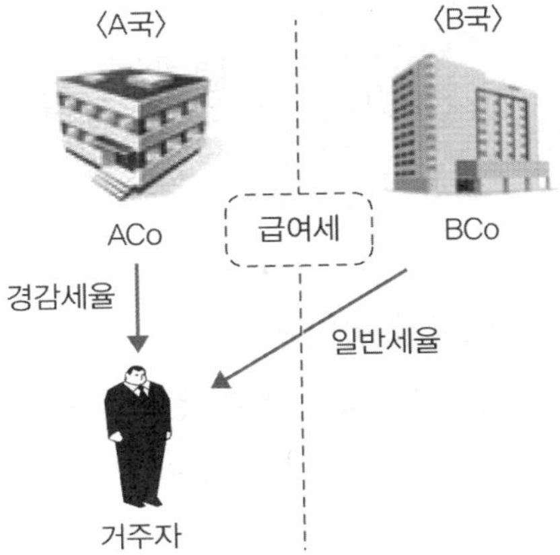

넷째 사례로, 위 〈그림 2-76〉에서 보는 바와 같이 A국 세법 상 A국 설립법인은 A국 거주자이고 외국 설립법인은 비거주자라고 가정하자. A국-B국 조세조약 상, 이중거주 법인인 경우 설립국가의 거주자로 간주된다. A국의 급여세법(payroll tax law)에 따르면, 거주 피고용인을 고용하는 모든 법인은 고용주의 거주지에 토대한 어떤 차별도 받지 않는 급여세 대상이 되지만, 해당 국가에 설립된 법인만이 낮은 급여세율 적용대상이라고 규정하고 있다. 이 경우 조약목적 상 B국 설립법인이 A국 설립법인과 동일한 거주지를 갖지 못한다는 사실은 급여세에 대한 차별적 조세취급과 관련하여 아무런 관련성이 없으며, 그러한 차별적 취급은 다른 관련된 상황이 없다면 제1항의 국적 무차별조항을 위반한 것이다. (OMC Art.24/23)

다섯째 사례로, 아래 〈그림 2-77〉에서 보는 바와 같이 A국 소득세법 상 A국에서 설립되었거나 POEM을 가진 법인은 A국 거주자이고 두 가지 조건 중 하나도 충족하지 못하는 법인은 비거주자라고 가정하자. B국의 소득세법 상 그 국가에 설립된 법인은 B국 거주자라고 가정하자. A국-B국 조세조약에 따르면, 이중거주 법인인 경우 설립국가의 거주자로 간주된다.

〈그림 2-77〉 기업연결(consolidation) 관련 무차별조항 적용사례

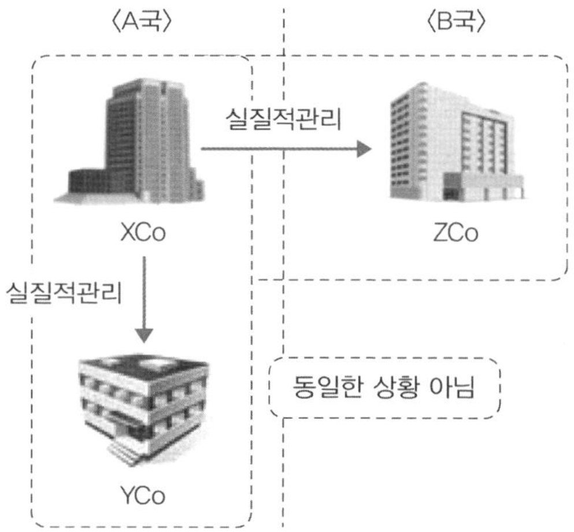

A국 세법에 따르면, 그 국가에서 설립되고 POEM을 가진 법인들은 공통주주를 가진 그룹의 일부인 경우 조세목적 상 그들의 소득을 연결할 수 있다. B국에 설립된 ZCo는 A국에 설립된 두 법인들(XCo, YCo)과 동일 그룹에 속하고 이들 법인들은 A국에서 실

질적으로 관리된다. 이 경우 ZCo는 A국에서 설립되지 않았기 때문에 다른 두 법인들과 소득을 연결하는 것이 허용되지 않는다.(OMC Art.24/24) 한편, 이 경우 ZCo는 국내법상 A국의 거주자라 할지라도 조세조약 상 이중거주자 판정기준에 의하면 A국 거주자가 아니다. 따라서 거주지와 관련하여 ZCo는 XCo, YCo와 동일한 상황에 있지 않고, 이러한 다른 취급은 ZCo가 A국에 설립되지 않았다는 사실에서 연유하는 것이 사실이지만 국적무차별조항은 연결의 혜택을 얻는 것을 허용하지 않을 것이다. ZCo의 거주지는 명백히 기업연결의 혜택과 관련된다. 왜냐하면, 가령 제7조 및 제10조와 같은 조세조약의 특정 규정들이 ZCo가 수취하는 특정 유형의 소득에 대해 A국의 과세를 금지할 것이기 때문이다. (OMC Art.24/25)

3 무국적인 무차별조항: 제24조 제2항

〈OECD/UN모델 제24조 제2항〉

2. 일방체약국의 거주자인 무국적인은, 특히 거주지와 관련하여 동일한 상황에 있는 관련 국가의 국민이 부담하거나 부담할 수도 있는 조세 및 이와 관련된 의무와 다르거나 또는 보다 더 과중한 조세 또는 이와 관련된 의무를 어느 체약국에서도 부담하지 아니한다.

본 조항은 제1항 국적 무차별조항의 효력을 체약국의 거주자인 무국적인(stateless persons)에게까지 확대한다. 양 체약국 중 어느 국가도 무국적인에 대해 자국의 국민보다 과중하게 과세할 수 없다. 본 조항은 국제법에 토대한 무국적인에 대한 보호와 관련된다. 이러한 보호는 주로 무국적인의 지위에 관한 1954년 UN협약(UN Convention relating to the Status of Stateless Persons)에 의해 부여된다. 이는 주로 UN산하 기관들부터 보호 또는 지원을 받는 인들의 경우이다.(OMC Art.24/27)

무국적인은 UN협약 제1조 제1항에 정의되어 있는데, 어느 국가의 법률에 의해서도 국민으로 간주되지 않는 인을 말한다.(OMC Art.24/32) UN협약에 의해, 무국적인은 국민과 동일한 대우를 받아야 한다.(OMC Art.24/26) UN협약이 개인에게만 적용되므로, 본 조항의 적용대상도 역시 개인으로 제한된다.

본 조항은 제1항과 동일한 효력을 갖는데, 제1항의 범위를 해당 국가 또는 타방체약국의 거주자인 무국적인들로 제한하기 위한 것이다.(OMC Art.24/28) 어느 체약국의 거주자도 아닌 무국적인들을 제외함으로써 본 조항은 타방국의 국민과 비교하여 일방국에서 특혜를 받는 것을 방지한다.(OMC Art.24/29) 비거주자인 무국적인은 거주자인 국민과 동일한 상황에 있지 않다는 것을 명확히 하기 위해 '특히 거주지와 관련하여' 문구가 추가되었다. 본 조항은 양 체약국 모두에서 원용될 수 있다. A국에 거주하는 무국적인은 A국에 거주하는 B국의 국민과 관련하여 B국에 의한 차별에서 보호된다. 또한, A국에 거주하는 무국적인은 A국에 거주하는 A국의 국민과 관련하여 A국에 의한 차별에서 보호된다. 그러나, 본 조항은 타방체약국의 국민 또는 제3국의 국민과 관련하여 체약국 중 어느 국가에 의한 무국적인의 차별은 포함하지 않는다.

4 PE 무차별조항: 제24조 제3항

〈OECD/UN모델 제24조 제3항〉

3. 일방체약국의 기업이 타방체약국에 가진 PE에 대한 과세는 동일한 활동을 수행하는 동 타방체약국의 기업에게 부과되는 과세보다 해당 타방국에서 불리 하게 과세되지 아니한다. 이 조항은 시민으로서의 지위 또는 가족의 의무 때문에 과세목적 상 일방체약국이 자국 거주자에게 부여하는 모든 인적공제, 면제 및 감면을 일방체약국이 타방체약국의 거주자에게도 부여하도록 의무를 부과하는 것으로 해석되어서는 안 된다.

가. 조문의 의의

본 조항은 일방체약국 기업의 PE가 타방체약국에서 국내기업보다 과중하게 과세될 수 없다는 점을 규정한다. 그러나, 일방체약국이 시민으로서의 지위 또는 가족의 의무와 관련된 동일한 인적공제를 부여해야 할 의무를 부담하는 것은 아니다. 이는 납세자가 인적공제를 거주지국과 PE국가에서 중복하여 받지 못하도록 보장한다. 각각의 무차별조항은 독립적으로 적용될 수 있지만, 특정 상황에서는 무차별조항들이 동시에 적용될 수도 있다. 예를 들어, 국내법이 거주자인 국민에게 특정 혜택을 제공하는 경우 비거주자는 제1항과

제3항의 동시적용에 의해 혜택을 받을 수 있다.

조세조약 상 배분규정들과 이중과세 방지방법 조문이 결합하여, 제1항과 제3항은 타방체약국에 대한 투자의 강도가 증가함에 따라 점진적인 차별에 대한 보호를 제공한다. 첫 단계는 간헐적이고 일시적으로 타방체약국에서 사업활동을 수행하는 일방체약국 기업의 경우에는 거주지국이 소득에 대한 전속과세권을 가지며, 제7조 제1항의 적용에 따라 원천지국의 과세가 금지되기 때문에 원천지국에서의 차별에 대한 보호는 불필요하다. 다음 단계로, 기업이 타방체약국에서 활동을 확대하고 PE를 설치한 경우 해당 기업은 장기적으로 타방체약국 기업과 경쟁을 하게 된다. 이 경우 타방체약국은 제7조 제1항 두 번째 문장에 따라 PE에 귀속되는 기업소득에 대해 과세할 수 있다. 거주지국은 이중과세 구제방법을 선택함으로써, PE 입장에서 거주지국 기업들과 동등한 경쟁을 하기를 원하는지(세액공제법) 아니면 타방체약국의 기업들과 동등한 경쟁을 원하는지(소득면제법)를 결정할 수 있다. 원천지국에서의 동등한 경쟁은 거주지국에서의 소득면제법과 원천지국에서의 차별에 대한 보호의 결합을 통해서만 성취된다. 자본수입 중립성은 거주지국에서의 소득면제와 타방체약국에서의 동등대우를 요구한다. 만약 거주지국이 세액공제법을 선택한다면 무차별조항은 이제 과도한 세액공제 의무로부터 거주지국을 보호하는 임무를 갖는다.

본 조항의 첫 번째 문구와 달리, 무차별조항에 의해 보호를 받는 것은 PE가 아니라 타방체약국에서 PE를 통해서 기업을 영위하는 일방체약국의 거주자이다. 다시 말해서, 본 조항의 'PE에 대한 과세' 문구는 타방체약국에서 PE를 통해 기업을 영위하는 일방체약국의 거주자에 대한 과세를 의미한다. 일방체약국의 거주자는 PE에 귀속되는 소득에 대해 거주지에 토대한 차별로부터 보호된다. 그러나, PE를 법인으로 간주하는 것은 옳지 않다. PE는 제3조 제1항 a)호의 의미상 인(persons)이 아니고, 따라서 조약혜택을 청구할 권리가 없다. 이러한 해석은 제3항의 두 번째 문장에서 '타방체약국의 거주자'라고 언급하고 있는 것에서도 확인된다.[230]

나. 조문의 내용

본 조항 첫째 문장은 거주자보다도 비거주자에게 보다 과중한 결과를 초래하지 않는 한, 비거주자를 거주자와 다르게 과세하는 것은 차별에 해당한지 않는 것으로 해석된다.

230) Alexander Rust, "Article 24: Non-discrimination", *Klaus Vogel on Double Taxation Conventions(4th Ed.)*, Wolters Kluwer, 2015, pp.1701-1702

따라서 본 조항은 PE 귀속소득의 결정을 위해서만 적용하는 메카니즘의 적용을 방해하지 않는다. 즉, 제7조 제2항에 의한 PE 귀속소득의 결정 규정은 PE에 대한 과세가 유사한 활동을 수행하는 국내기업에 부과되는 것보다 불리하지 않을 것을 요구하기 때문에, 동일한 원칙에 토대를 둔 본 조항을 위반한 것으로 간주될 수 없다.(OMC Art.24/34)

본 조항은 자회사를 통해서 타방체약국에서 기업을 영위하는 경우에는 적용되지 않는다. 자회사 형태의 투자는 제5항에 의해 보호된다. 개인의 경우 투자가 PE 또는 자회사 형태로 이루어지는지에 따라서 타방체약국에서의 과세가 실질적으로 차이가 날 수 있다. 법인의 경우 본 조항은 법적 형태의 중립성을 보장한다. 본 조항은 PE에 대한 과세와 자회사에 대한 과세를 유사하게 하지만, 두 조직의 법적 형태 간의 구별에는 영향을 주지 않는다.

PE 무차별조항은 납세자의 거주지에 토대한 과중한 대우를 금지한다. 보호는 PE 귀속소득만을 포함하며, PE에 귀속되지 않는 소득에 관해서는 거주지 또는 다른 기준에 토대한 차별이 허용될 수 있다. 차별이 전적으로 거주지 기준에만 토대한 것인지 여부를 밝히기 위해서는 다음 테스트를 거쳐야 한다. 먼저 납세자를 타방체약국의 거주자로 간주하고 다른 사실관계는 변함이 없다고 가정한다. 이 경우 만약 해당 납세자가 PE 소득과 관련하여 혜택을 받을 권리가 있다면 해당 차별이 거주지에 토대한 것이 입증된다. 이는 PE소재 국가에서 동일한 활동에 종사하는 기업과의 가상적인 비교라고 할 수 있다.

규제되는 활동과 규제받지 않는 활동은 일반적으로 '동일한 활동'에 해당하지 않는다. 예를 들어, 본 조항은 은행으로 등록되지 않은 PE의 차입 및 대출활동에 대한 과세가 국내은행보다 불리해서는 안 될 것을 요구하지 않는다. 왜냐하면, PE가 동일한 활동을 수행한다고 할 수 없기 때문이다. 다른 예로 국가 또는 공공기관이 수행하는 활동은 타방국의 기업이 PE를 통해 수행하는 활동과 유사하다고 할 수 없다.(OMC Art.24/38)

비교대상기업이 타방체약국에 실제 존재할 필요는 없다. 국내세법이 법적 형태 및 구조, 수행활동과 같은 기준에 의해 구별하는지 여부만이 중요하다.(OMC Art.24/37) 타방체약국에 PE를 가진 개인은 법인에게 적용되는 낮은 세율을 적용받을 권리가 없다. 특정 활동이 낮은 세율로 과세된다면 납세자는 그러한 활동을 PE를 통해서 수행하는 경우에만 낮은 세율을 적용받을 권리가 있다. 비교의 대상은 순수한 국내기업이다. 본 조항이 추구하는 목적은 국내기업과 비교하여 PE 취급에서의 모든 차별을 없애는 것이다. 이 조항에서 '해당 타방국의 기업'은 내국인 또는 외국인이 지배하는 기업 모두를 가리킨다. 비교를 위해서는 기업의 거주지국에서의 조세대우는 무시되어야 한다. PE 국가에서의 불리한 대우는 거주지국에서 부여된 조세혜택에 의해 보상될 수 없다. 고려되어야 하는 것은 PE 국가에서의 과세뿐이다. 조세정책 관점에서 볼 때 PE 국가에서 발생한 손실의 이중공제를 방지하기 위한 조치를 할 수 있는 권리는 거주지국에게 있다.[231]

본 조항과 제1항, 제2항 및 제5항의 문구를 비교할 때, 본 조항의 '과세(taxation)'는 직접적 조세부담만을 의미한다. 본 조항에서 '불리하게 과세(less favorably levied)'의 용어가 보다 과중한(more burdensome) 과세와 유사하게 사용되고 있지만, 타 조항에 포함되어 있는 '다르게(other)' 과세하는 것은 포함하지 않는다. 이는 PE 소득에 대한 비거주자의 조세부담이 거주자의 조세부담보다 과중하지 않다면, 비거주자에게 국내기업과 다른 조세규정을 적용하더라도, 그리고 PE에 적용된 조세절차가 국내기업에 적용된 것과 다를 경우에도 본 조항을 위반하는 것이 아니다.(OMC Art.24/34) 따라서 국내기업은 자진신고납부 방식으로 과세하는 반면에, PE 귀속소득에 대해서는 원천징수 방식으로 과세하는 것도 원천징수가 더 높은 세액을 초래하지 않는 한 본 조항에 반하지 않는다. 결국 국내기업과 비교되어야 하는 것은 PE에 대한 조세부담 뿐이다. 가령, 주주단계에서 더 높은 조세부담과 같이 다른 인들에 대해 부과한 조세는 비교의 대상이 되지 않는다. 그러나, 비교의 시점은 이윤이 발생한 시점으로 제한되지 않고, 이윤이 배분된 시점도 역시 포함한다.

기업의 이윤은 타방체약국에 소재한 PE에 귀속되는 경우에만 해당 국가에서 과세될 수 있다.(흡인력 원칙 배제) 무차별조항은 어느 정도의 소득이 PE에 귀속될 수 있는지에 관해서는 언급하지 않으며, PE 귀속소득이 어떻게 과세될 수 있는지의 문제만을 다룬다. 따라서 흡인력원칙에 따른 과세일지라도 본 조항에 위반되는 것이 아니지만, PE를 독립기업으로 간주하는 경우에는 무차별조항을 위반하는 것이 된다.

일부 국가에서는 타방국 기업의 PE 소득이 해당 국가 기업의 소득보다 높은 세율로 과세된다. PE 귀속소득에 대한 이러한 특별조세의 부과는 그 조세가 국내기업에게도 부과되지 않는다면 본 조항과 부합하지 않는다. 지점세는 자회사와 PE를 동일하게 취급하기 위한 것일지라도 본 조항의 목적 상 차별적인 것이다. 그러한 조세가 PE 소득에 대한 추가과세를 반영하는 경우, 외국기업에 대한 조세가 아니라 PE 자체 활동의 소득에 대한 과세로 간주되어야만 하므로 그러한 조세는 본 조항에 반한다.[232] 본사로 PE 이윤의 송

231) Alexander Rust, *op.cit*, pp.1704-1706

232) Alexander Rust, *op.cit*, pp.1706-1709

금에 대해서는 과세되지 않기 때문에, 지점세는 자회사에서 모회사로의 배당에 대한 원천세와 동등한 것이다. 지점세를 적용하는 국가들은 PE 국가에서 재투자되지 않는 한, PE 귀속소득에 대해 배당세율로 지점세를 적용한다. 본 조항을 적용할 때는 PE 단계에서의 조세부담을 국내기업과 비교한다.(OMC Art.24/60)

다. 동등대우의 원칙

본 조항 첫째 문장의 '동등대우 원칙(principle of equal treatment)의 실질을 명확히 정의하는 것은 어렵다. 주된 이유는 PE는 독립된 법적 단체가 아니라 타국에 본점을 가진 기업의 일부에 불과하기 때문이다. 세무적 관점에서 활동측면에서 PE의 상황은 국내기업의 상황과는 다르다. 아래에서는 조세부과 측면에서 동등대우 조항의 시사점에 대해 살펴본다.(OMC Art.24/39)

(1) 조세부과 측면

조세부과의 근거와 관련하여 동등대우의 원칙은 다음과 같은 시사점을 가진다.(OMC Art.24/40) 첫째, PE는 세법에 의해 과세소득에서 공제되는 영업비용에 대해서 국내기업과 동등한 권리를 부여받아야 한다. 둘째, PE는 기업들이 이용할 수 있는 감가상각뿐만 아니라 가속상각 같은 특별시스템도 제한없이 이용할 수 있어야 한다. 어떤 국가에서는 기업들이 투자목적의 충당금 또는 준비금을 과세소득에서 적립할 수 있다. 그러한 충당금 또는 준비금과 관련된 활동이 해당 국가에서 과세될 수 있는 한, 그러한 권리가 모든 기업 또는 특정 활동분야의 기업들에 의해 향유되는 경우 그 권리는 동일한 조건하에 해당 국가에 PE를 가지는 외국기업에 의해서도 향유되어야 한다.[233] 셋째, PE는 특정 기간이내의 회계연도 종료시 발생한 손실의 이월 또는 소급공제에 대해 국내기업이 이용할 수 있는 선택권 역시 가져야 한다. 넷째, PE는 사업의 계속 또는 종료시 자산양도로 실현한 차익에 대한 과세와 관련하여 국내기업에게 적용된 동일한 원칙을 적용받아야 한다.

동등대우 원칙은 PE 자신의 활동에 대한 과세에만 적용되므로, PE 자신의 활동에 대한 과세를 규율하는 규정과 국내기업에 의해 수행된 유사한 사업활동에 적용되는 규정들의 비교로 제한된다. 예컨대, 특수관계 법인들 간 결합, 손실이전, 자산이전을 허용하는

233) 다만, 신고조정이 허용되지 않고 결산조정만이 허용되는 경우라면 기술적으로 PE는 공제를 받는 것이 불가능할 것이므로 무차별원칙 위반이 문제될 소지도 있을 것이다.

규정과 같이 기업과 다른 기업들 간의 관계를 규율하는 규정에는 확대하지 않는다. 왜냐하면 PE의 활동과 유사한 기업의 사업활동에 초점을 두지 않고, 특수관계 그룹의 일부인 국내기업에 대한 과세에 초점을 두기 때문이다. 그러한 규정들은 국내 그룹 내의 납세이행 또는 관리를 촉진하기 위해 이용되며, 따라서 동동대우 원칙은 적용되지 않는다. 같은 이유로 국내기업의 이윤배당과 관련된 규정은 PE의 사업활동과 관련되지 않기 때문에 본 조항의 PE에 확대될 수 없다.(OMC Art.24/41)

PE에서 본점으로 또는 그 반대 이전의 경우 독립기업원칙에 토대한 이전가격의 적용은 그러한 규정이 PE국가의 기업 내부거래에는 적용되지 않을지라도 본 조항의 위반으로 간주될 수 없다. PE 귀속소득의 결정을 위한 독립기업원칙의 적용은 제7조 제2항에 규정되어 있는데, 해당 조항은 본 조항이 해석되는 맥락의 일부를 구성한다. 또한, 제9조는 국내기업과 해외특수관계기업 간의 이전에 대해 독립기업원칙의 적용을 승인하기 때문에, PE에게 제9조를 적용하는 것이 PE국가의 기업에 부과된 것보다 불리한 과세를 초래하는 것이라고 간주할 수는 없다.(OMC Art.24/42)

낙후지역의 개발 또는 새로운 경제활동 촉진 등을 위해 다수 국가들이 도입한 조세인센티브 조치의 혜택은 일단 그들이 자국의 법률 또는 국제협약에 의해 해당 국가에서 사업활동에 종사할 권리가 부여된다면 조세조약을 체결한 타국 기업의 PE에게도 확대되어야 한다.(OMC Art.24/44) 그러나, 외국기업이 관련국가에서 조세혜택을 주장할 권리가 있을지라도 국내기업과 동일한 조건과 요건을 충족해야 한다. 따라서 PE가 조세유인 부여에 딸린 특별한 조건과 요건을 충족할 수 없는 경우 그러한 혜택이 부인될 수 있다.(OMC Art.24/45) 국가이익, 국방, 국민경제 보호를 이유로 국내기업에만 엄격히 유보된 활동의 행사에 딸린 조세혜택은 외국기업은 그러한 활동에 종사하는 것이 허용되지 않기 때문에 권리가 없다.(OMC Art.24/46) 해당 국가에서 특정한 공익활동을 수행하는 비영리기관에 대한 특별 조세혜택을 공익활동을 하지 않는 타국의 유사기관의 PE에게도 확대해야 하는 것은 아니다.(OMC Art.24/47)

(2) PE 귀속 배당에 대한 특별한 대우

다수 국가들에서 법인 간 배당에 대해서는 과세관련 특별규정이 존재한다. PE 자산의 일부를 구성하는 지분에 대한 배당과 관련하여 본 조항이 PE에게도 적용되어야 하는지의 문제가 발생한다.(OMC Art.24/48) 일부 국가들은 자회사 이윤에 대한 과세와 모회사에 대한 배당 과세의 이중과세를 방지하기 위해 PE에게도 특별대우가 허용되어야 한다고 주장한다. 즉, 주식이 PE에 의해 보유되는 경우 자회사로부터 배당을 수취하는 PE는 이윤에 대한 조세가 이미 자회사 단계에서 과세되었기 때문에 특별대우가 부여되어야 한다는 것이다. 모회사국가에게 PE국가에서 두 번째 부과한 조세로 발생한 이중과세를 구제하라고 맡기는 것은 상상할 수 없다는 것이다. 이 논거는 PE가 보유한 주식이 PE활동과 실질적으로 관련된다는 것이다.(OMC Art.24/49)

그러나, 다른 국가들은 PE를 기업과 동일시하더라도 PE에게 특별대우를 허용할 의무가 있는 것은 아니라고 주장한다. 특별대우의 목적은 배당에 대한 경제적 이중과세를 방지하기 위한 것인데, 이는 PE국가가 아니라 배당 수취법인의 거주지국에서 감당해야 한다는 것이다. 또한, 국가 간에 세수를 공유해야 한다는 논거도 제시된다. 그러한 특별대우를 적용할 때 거주지국에서 발생하는 세수손실은 그러한 대우를 향유한 모회사가 수취한 배당을 재배분할 때 배당에 대한 과세(배당원천세, 주주에 대한 과세)로 부분적으로 상쇄된다. 그러한 대우를 PE에게 허용한 국가는 그러한 보상혜택을 받을 수 없다. 또한, 배당받은 이윤의 재배분을 조건으로 그러한 대우가 제공되는 경우 PE는 타국 법인의 일부에 불과하여 배당이윤을 배분하지 않기 때문에 그러한 대우를 PE에 확대하는 경우 국내기업보다 우대를 받을 수 있다는 것이다. 그리고 일방국의 법인이 단지 그러한 대우를 활용할 목적으로 타국 법인에 대한 자신의 지분을 PE에게 이전할 위험성이 있다는 주장도 제기된다.(OMC Art.24/50)

기업의 본사보다 PE가 지분을 소유・관리하는 것이 타당한 이유가 있을 수 있다.(OMC Art.24/51) 첫째, 특정 자산 특히, 주식을 운용하는 국가에서 그들 의무의 이행에 대한 보증으로서 적립해야하는 금융기관의 법적 또는 규제적 의무에서 발생하는 필요성이 있을 수 있다. 둘째, PE와 사업관계를 가지는 법인에 대한 지분인 경우 또는 본사가 PE와 동일한 국가에 소재한 경우 신속성을 위해 PE가 지분을 보유하는 경우가 있다. 셋째, 대기업 관리기능의 분권화에 대한 최근의 경향과 같은 현실적 편리성의 사유로 PE가 지분을 보유하는 것이 효율적일 수도 있다.

국가들은 양자조약을 체결할 때 본 조항에 대한 해석을 명확히 하거나 부속약정 등을 통해 종전 자국의 입장을 설명 또는 변경할 수도 있다.(OMC Art.24/52) 이를 위한 대안은 A국에서 지분에 대한 대우를 타국 법인의 PE로까지 확대하는 것은 A국 법인에 대한 지분을 소유하는 다른 국내법인들과 비교하여 배당이 타국 법인에게는 원천세 부담없이 송금될 수 있는 반면 A국의 다른 법인들에 대한 배당에는 5~15%의 세율로 과세된다는 점에서, 타국 법인이 부당한 특혜대우를 받는 결과를 초래한다는 반대의견에 대한 해결책을 협약 부속약정 또는 문서에 규정하는 것이다. 이는 A국에서 국내법인이 B국 법인의 PE에게 지급하는 배당의 경우, 마치 B국 법인의 본사가 직접 배당을 수취하는 것과 동일하게 지급배당에 원천세 부과가 가능하도록 하기 위해 A국-B국 양자조약에 제10조 제2항 및 제4항의 조항을 채택함으로써 PE와 자회사 간 조세중립성 및 조세부담의 형평을 보장할 수 있다.(OMC Art.24/53)

(3) 조세체계 및 세율

PE는 배당을 하지 않기 때문에 PE가 속한 기업이 행하는 배당에 대한 조세취급은 본 조항의 범위 밖에 있다. 본 조항은 PE 자체의 활동에서 발생하는 소득에 대한 과세로만 제한되고, 전체기업에 대한 과세로까지 확대되지 않는다. 이는 본 조항의 두 번째 문장에 의해 인적공제 및 감면과 같은 PE를 소유한 납세자와 관련된 조세측면은 적용범위 밖에 있다는 것에서 확인된다.(OMC Art.24/59) 그러나, PE 소득을 계산할 때 예컨대, 이자 등 공제금액에 부과되는 조세는 PE 자체에 대해서가 이자를 수취한 것으로 간주된 기업에 대해 부과되는 것이므로 역시 본 조항의 적용범위 밖에 있다.(OMC Art.24/61)

법인소득에 대한 누진세율은 원칙적으로 해당 국가에 소재한 PE에게도 적용되어야 한다. PE국가가 누진세율을 적용할 때 해당 PE가 속한 외국법인의 소득을 고려한다면, 그러한 규정은 국내법인들도 동일하게 취급되기 때문에 동등대우 원칙과 상충되지 않는다.(OMC Art.24/56) 누진세율에 따라 적용가능한 세율을 결정할 때는 PE가 속한 전체기업의 소득이 고려되어야 한다.(OMC Art.24/57) 그러나, 누진세율 또는 최저세율을 적용할 때 PE가 속한 전체기업의 소득이 고려될지라도 PE 귀속소득은 제7조 제2항에 의해 결정되어야 한다는 독립기업원칙과 상충되어서는 안 된다. 따라서 PE국가에서 부과하는 최소한의 조세는 PE가 속한 전체기업의 소득을 고려하지 않고 만약 해당 PE가 독립기업이었다면 부담할 금액이어야 한다. 따라서 PE국가는, 전체기업의 소득이 PE 소득보다 적을 때 전체기업의 소득을 고려하는 것이 아니라, 국내기업에게 적용가능한 누진세율을 PE 소득에만 적용하는 것이 정당화된다. 마찬가지로 PE가 속한 전체기업의 소득을 고려하는 것이 낮은 조세 또는 전혀 조세가 없는 결과를 초래하더라도 동일한 세율이 국내기업들에게도 적용된다면 PE소득에 최저세율로 과세할 수 있다.(OMC Art.24/58)

최저세율의 적용을 받는 PE에 대한 조세부담이 비교가능한 국내기업보다 높은지 여부를 계산하기 위해서는 PE 귀속소득이 면세점 금액만큼 증가되어야 할 것이다. PE 소득에 적용가능한 세율을 계산하기 위해 기업의 전체소득을 고려하는 것은 국내기업의 세율도 역시 전세계소득을 토대로 계산된다면 본 조항에 위반되지 않는다.(OMC Art.24/56) 이는 PE가 독립단체가 아니라 전체기업의 종속된 부분으로 간주된다면 당연한 것이다. 그러나, PE국가는 누진과세 보호조항을 적용할 의무가 없고, PE에 귀속되지 않는 소득은 완전히 무시할 수 있다. PE국가가 세율을 계산할 때 기업의 전세계소득을 고려한다면 부(負)의 국외소득 역시 고려할 의무가 있다.

(4) PE 귀속 배당, 이자 및 사용료에 대한 원천세

PE가 배당, 이자 또는 사용료를 수취할 경우 해당 소득은 제10조, 제11조 제4항 및 제12조 제3항에 따라서 제7조의 적용을 받고, PE의 과세소득에 포함된다.(OMC Art.24/62) 제10조, 제11조 및 제12조는 PE가 수취한 배당, 이자 및 사용료의 원천지국에 해당 조문들에 규정된 모든 제한을 적용하지 않도록 한다. 이 조문들은 PE가 소재한 원천지국이 원천세에 제한세율 아니라 본래의 세율을 적용할 수 있다는 것을 의미한다.(OMC Art.24/63) 원천세가 모든 소득에 대해 부과되는 국가의 경우 본 조항과 관련하여 아무런 문제가 발생되지 않지만, 원천세가 비거주자에게 지급하는 소득에만 적용되는 경우에는 입장이 다르다.(OMC Art.24/64) PE활동에서 발생하는 또는 PE와 관련된 소득에 대한 과세목적 상 PE는 국내기업으로 취급되어야 하고, 따라서 해당 소득에 대해서는 이윤에 대해서만 과세되어야 한다.(OMC Art.24/65) 자국의 특정 상황의 관점에서 이러한 어려움을 가진 체약국들은 양자협약에서 이를 해결할 수 있다.(OMC Art.24/66)

(5) 주주 배당세액공제

주주의 배당세액공제(imputation credit)와 관련하여, 일방체약국의 법인이 타방체약국의 PE를 통해 배당을 수취하는 상황과 해당 법인이 배당을 하는 상황은 구별해야 한다. 본 조항은 PE 소득과 관련하여 법인에 대한 보다 과중한 과세만을 금지하고, 다른 인들 단계에서의 차별(간접적 차별)은 금지되지 않는다. 따라서 소득이 타방체약국에 소재한 PE를 통해서 얻었다고 할지라도, 일방체약국이 법인 주주에 대한 배당세액공제(간접 외국세액공제) 혜택을 부인한다면 본 조항을 위반한 것이 아니다. 만약 법인이 배당의 수취인이고 배당이 타방체약국에 소재한 PE에 귀속된다면, 본 조항은 해당 체약국이 국내기업에게 제공하는 것과 동일하게 PE에게 배당세액공제를 부여해야 할 것을 요구한다. 동 배당세액공제의 부인은 PE 단계에서 보다 과중한 과세로 간주된다.

PE 귀속소득에 대해 타방체약국의 기업에 대해서는 경감세율(split-rate system)을 부인하면서 국내기업의 이윤배당 시에 경감세율을 부여하는 것은 역시 본 조항에 반한다. 배당을 하는 법인단계에서의 경감세율과 주주단계에서의 배당세액공제는 동일한 결과를 가져오는 서로 다른 경제적 이중과세 방지 방법이다. 그러나, 본 조항의 적용을 위해서는 혜택이 법인단계에서 부여되는지 여부가 중요하다. 본 조항에 의해 부여되는 보호는 이윤이 획득되는 시점뿐만 아니라 이윤의 배당시점과도 관련이 있다. PE는 배당을 할 수 없기 때문에 본 조항에 의해 보호되는 납세자는 PE 귀속소득과 관련하여 PE에서 획득한 이윤을 배당할 수 있는 타방체약국의 법인거주자이다.

(6) 조세조약 혜택의 확대

본 조항이 국내법에 포함된 차별만을 금지하는지 아니면 제3국과 체결한 조약상 허용된 혜택으로까지 확대될 수 있는지가 문제된다. 무차별조항은 일방적 조세조약 혜택만을 가져올 수 있고, 제3국은 양 체약국간 조약에 포함된 무차별조항에 기속될 수 없다. 결과적으로 차별받는 인은 제3국과의 조약상 완전한 조약혜택을 얻을 수 없다. PE는 인이 아니므로 조세조약의 혜택에 대한 권리가 없고, 따라서 PE 무차별조항은 PE를 거주자로 간주하는 효과를 가질 수 없다.(OMC Art.24/68) 따라서, 체약국들이 제3국과의 조약에서 발생하는 혜택을 타방체약국의 국민(제1항) 그리고 무국적인(제2항), PE(제3항) 또는 기업(제4항 및 제5항)에게 일방적으로 확대해야하는지 여부만이 다투어진다. 그러한 의무는 제3국에서 발생한 소득에 대한 면제를 가져올 수 있다.

PE 무차별조항은 차별에 대한 폭넓은 보호, 특히 종속적인 지점과 독립적인 법인 간의 과세에서 공정한 경쟁의 장을 보장하는 것을 목표로 한다. 만약 무차별조항들을 엄격히 해석하는 경우, 체약국은 국내법에 조세혜택을 포함하지 않고 이를 조약에 추가함으로써 여전히 자국기업에 경쟁상 혜택을 부여할 수 있다. 조세조약은 상호주의에 토대한 양자협약이기 때문에 무차별조항을 통한 조약혜택의 확대에 반대하는 주장이 있다. 본 조항을 통한 조약혜택의 일방적 확대는 PE국가는 혜택을 부여하는 데 비해 제3국은 아무런 혜택도 부여하지 않게 되어 세수의 균형 배분을 왜곡시킬 수 있다는 것이다. 그러나, 상호주의

의무는 양 체약국간 조약에서 발견될 수 있다. 다시 말해서, 일방체약국은 제3국과의 조약 혜택을 무차별조항을 통해 확대할 의무를 부담하고, 타방체약국 역시 제3국과 체결한 조약혜택을 무차별조항을 통해 확대하면 된다. 따라서 무차별조항은 폭넓게 해석되어야 한다. 제24조는 국내법에 포함된 차별만을 금지하는 것이 아니라 제3국과 체결한 조세조약에 포함된 혜택의 확장을 요구한다.

〈그림 2-78〉 제3국 간 상황의 조세조약 적용구도

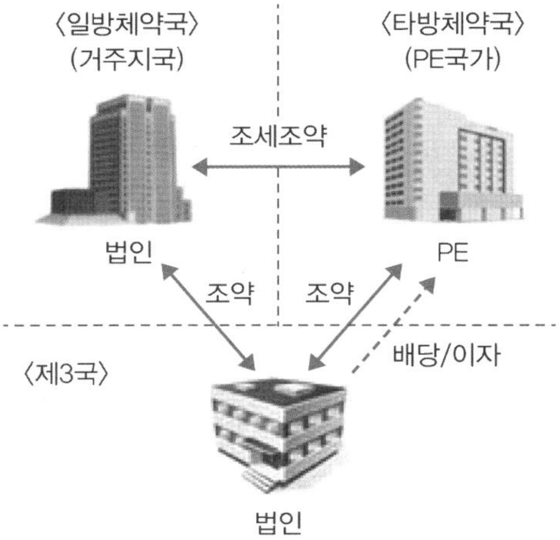

제3국과의 조약상 혜택을 PE에 확대하는 것과 관련된 사례를 살펴보자. 위 〈그림 2-78〉는 제3국 간 상황에서의 조세조약 적용구도를 보여준다.

첫째, 소득면제 관련이다. 제3국에 소재한 부동산소득이 타방체약국에 소재한 PE에 귀속된다면, 제21조(기타소득) 제1항에 따라 PE국가는 해당 소득에 대해 과세를 면제할 의무가 있다. 여기서 PE국가와 제3국 간 조약의 제6조, 제23A조 제1항과 관련하여 본 조항은 PE국가에게 해당 소득에 대해 과세하지 말 것을 요구한다. 배당과 관련하여, PE국가는 제3국과의 조약에 포함된 법인 간 배당소득 면제를 PE에게 확대할 의무가 있다.

둘째, 제3국에 의해 부과된 세액공제 관련이다. 대다수 국가에서 비거주자는 타방체약국의 PE에 귀속된 소득과 관련하여 제3국에서 부과된 세액의 공제를 받을 권리를 가진다. 그러나, PE국가와 제3국 간 조약상 포함된 세액공제 부여의무가 국내법에 따른 세액공제보다 더 유리할 수 있다. 이는 보통 PE국가와 제3국 간 조세조약에 포함된 간주세액공제 규정과 관련된다. 조약상 세액공제 부여의무는 첫째, PE국가는 국내기업에게 부여한 세액공제보다 높은 공제를 PE에게 부여할 의무가 없고, 둘째, 세액공제 금액이 거주지국과 제3국 간 조약에 따라서 제3국의 부과세액을 초과하지 않아야 한다는 제한을 받는다.

대다수 국가들은 국내법 또는 본 조항에 근거하여 세액공제를 부여할 수 있다. 이러한 방식으로 세액공제를 부여할 수 없는 국가 또는 상황을 명확화하기를 원하는 국가들은 PE 소재지국이 소득발생지국(제3국)에서의 납부세액을 해당 거주지국의 국내기업이 제3국과의 조세조약을 토대로 청구할 수 있는 금액을 초과하지 않는 수준으로 공제를 허용하는 문구를 추가함으로써 기업의 거주지국과의 조세조약 규정을 보완하기를 원할 수 있다. (OMC Art.24/70) 이를 규정한 조약규정을 예시하면 다음과 같다.

> 일방체약국 기업의 타방체약국에 있는 PE가 제3국으로부터 배당 또는 이자를 수취하고 해당 배당 또는 이자가 지급되는 지분 또는 채권이 PE와 실질적으로 관련되는 경우, 그 타방체약국은 해당 기업의 거주지국과 제3국 간 조세조약 상 규정된 세율을 적용함으로써 배당과 이자에 대해 제3국에서 납부된 조세에 대한 세액을 공제해야 한다. 그러나, 세액공제액은 일방체약국 거주자가 제3국과 해당 국가 간 조세조약에 의해 청구할 수 있는 금액을 초과해서는 안 된다.

제3국 간 상황에서 발생하는 다른 문제는 남용가능성이다. 기업의 거주지국이 타방체약국에 소재한 PE 소득을 과세에서 면제하는 경우, 그 기업은 주식, 채권 또는 특허와 같은 자산을 매우 유리한 조세취급을 제공하는 국가에 소재한 PE에 이전할 것이고, 특정 상황에서는 소득이 3개 국가 중 어느 국가에서도 과세되지 않을 수 있다. 그러한 남용사례를 방지하기 위하여 기업의 거주지국과 제3국(원천지국) 간 조세조약에 "기업은 타방체약국에 소재한 PE의 소득이 해당 PE국가에서 정상적으로 과세되는 경우에만 조세조약 상 혜택을 청구할 수 있다"는 규정을 포함할 수 있다.(OMC Art.24/71)

또 다른 제3국 간 상황은 특히, (제3국은 물론) 기업의 거주지국에서 타방국에 소재한 PE에 귀속되는 소득이 발생하는 경우에 발생한다. 국가들은 이러한 문제를 양자협상에서 해결할 수 있다.(OMC Art.24/72)

예를 들어, 이러한 상황은 아래 〈그림 2-79〉에서 보는 바와 같이 거주지국에서 원천지국 자격으로 이자에 대해서 원천세를 부과하는 경우에 발생할 수 있다. 일반적으로 거주지국(A국)은 이자가 타방국의 거주자(B국 Y은행)에게 지급되는 경우에는 과세가 가능하지만, 해당 국가의 거주자인 타방국에 소재하는 PE(X은행 B국지점)에 귀속되는 경우에는 제7조 및 제23조의 규정을 결합할 때 해당 이자에 대한 과세가 금지된다. 그러나, 이러한 입장을 수용할 수 없는 체약국들은 거주지국이 원천지국 자격으로 타방국의 PE에 귀속되는 이자에 대해서도 제한세율로 과세할 수 있다는 규정을 조약에 포함할 수 있다. 이 경우에는 PE소재지국이 제23A조 제2항 또는 제23B조 제1항에 따라서 세액공제를 허용해야 한다. 물론 PE소재지국이 PE에 귀속된 이자에 대해서 과세하지 않는 경우에는 세액공제가 허용되어서는 안 된다.(OMC Art.21/5)

〈그림 2-79〉 소득수취인이 타방국의 PE인 제3국 간 사례

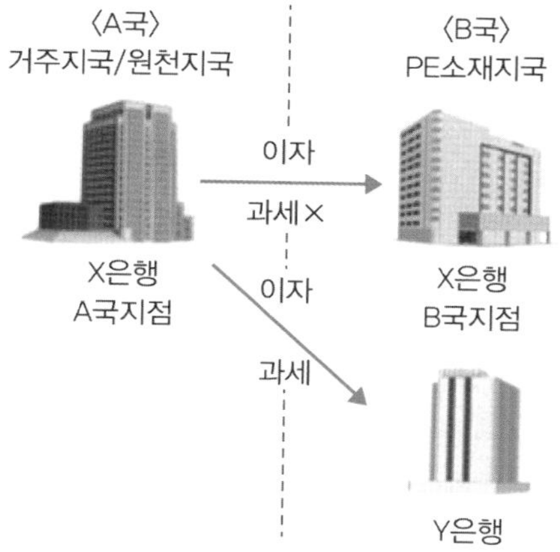

다수 국가들이 배당에 대한 경제적 이중과세를 회피하기 위해 법인 간 배당소득 면제를 국내법에 규정한다. 외국법인의 PE는 종종 국내법상 그러한 면제제도의 혜택을 받지 못한다. OECD는 본 조항의 규정이 어떻게 해석되어야 하는지를 명확히 하도록 체약국들에게 위임한다. 그러나, 국내법상 PE에게 혜택을 부여하지 않는 경우 PE 무차별조항을 위반하는 것이다.(OMC Art.24/48) 만약 일방체약국의 국내세법이 PE를 위한 배당소득 면제제도를 규정한다면, 국내기업에게 적용가능한 수준보다 불리하게 설계되어서는 안 된다.

(7) 주관적 납부능력

본 조항 둘째 문장에 따르면, PE 무차별조항은 인적 상황에 토대하여 부여되고, 체약국의 거주자에 대한 조세특례 대우에는 적용되지 않는다. 그러나, 이러한 제한은 개인에 대한 조세혜택에만 관련되고 법인과는 무관하다.(OMC Art.24/36) 주관적 납부능력을 고려하

여 부여된 모든 혜택은 무차별조항의 범위에서 제외된다. 그러나, 그 혜택은 공제, 면제 및 감면과만 관련이 있다.

이러한 범위의 제한은 납세자가 인적 공제와 감면을 거주지국에서는 국내법 적용으로, 그리고 타방체약국에서는 무차별조항으로 중복하여 혜택을 받지 못하도록 하기 위한 것이다. 범위의 제한에 대한 또 다른 주장은 많은 국가들이 연금지급 시 과세를 기대하면서 연금기여금에 대해 소득공제를 허용한다는 점을 고려해야 한다는 것이다. 제18조에 따르면, 일반적으로 거주지국이 아닌 국가는 연금지급에 대해 과세할 수 없다. 따라서 거주지국이 아닌 국가는 연금기여금에 대한 소득공제를 비거주자에게 부여할 의무가 없다는 것이다.

5 비용공제 무차별조항: 제24조 제4항

〈OECD/UN모델 제24조 제4항〉

4. 제9조 제1항, 제11조 제6항 또는 제12조 제4항의 규정이 적용되는 경우를 제외하고, 일방체약국의 기업이 타방체약국의 거주자에게 지급하는 이자, 사용료 및 기타 지급금은 해당 기업의 과세소득을 결정하기 위한 목적 상 이들이 그 일방체약국의 거주자에게 지급되었을 때와 동일한 조건 하에 비용공제된다. 마찬가지로, 일방체약국 기업의 타방체약국 거주자에 대한 채무는 그 기업의 과세자본을 결정하기 위한 목적 상 그들이 일방체약국 거주자와 계약하였을 때와 동일한 조건 하에 비용공제된다.

본 조항은 수취인이 거주자일 경우 제한없이 허용된 이자, 사용료 및 기타 지급금의 비용공제가 비거주자인 경우 제한 또는 금지되는 형태의 차별을 없애기 위한 것이다. 그러나, 체약국들은 조세회피 목적으로 이를 사용하는 것을 방지하기 위해 양자조약에서 이를 수정할 수 있다.(OMC Art.24/73)

그러나 제9조 제1항, 제11조 제6항 및 제12조 제4항에 따른 이윤조정은 무차별조항에 의해 영향을 받지 않는다. 체약국들은 무차별조항을 위반하지 않고도 독립기업 조건이 아닌 특수관계기업 간 거래를 조정하거나 또는 특수관계인 간 과도한 이자 및 사용료 지급에 대해 비용공제를 부인할 수 있다.(OMC Art.24/74) 즉, 국내기업과 유사한 수준으로 비용

공제되지 않는다면, 독립기업 조건이 아닌 국외지급에 대한 비용공제가 부인될 수 있다. 지급금이 독립기업원칙에 부합하는 한, 제9조는 조정이 차별적인지 여부와 상관없이 양 체약국의 특수관계기업 간 지급금의 비용공제를 부인하지 못하도록 한다. 그리고, 본 조항은 지급이 차별적인 경우에만 타방체약국의 기업에 대한 독립기업조건의 지급금의 비용공제를 부인하지 못하도록 한다. 따라서 본 조항은 제9조에 의해 부여된 보호수준에는 미치지 못한다.[234]

제11조와 제12조는 수취인 단계에서의 지급에 대한 과세를 다루지만, 지급인 단계에서의 비용공제 문제는 다루지 않는다. 제11조 제6항과 제12조 제4항은 각 배분규정의 적용범위를 제한하는 반면, 지급인 단계에서의 조정을 금지하지는 않고 그러한 조정은 무차별 조항에 의해 금지된다. 독립기업 조건으로 타방체약국 거주자에게 지급된 이자와 사용료는 국내 상황과 동일하게 비용공제되어야 한다. 제9조 제1항, 제11조 제6항 또는 제12조 제4항의 범위에 해당하지 않고 타방체약국의 거주자에게 지급된 지급금에 대해서, 본 조항은 독립기업 조건이 충족되는지 여부에 상관없이 국내 상황과 동일하게 비용공제를 요구한다. 본 조항의 범위는 기업에 의해 지급된 지급금으로 제한된다.

타방체약국 거주자에 대한 지급금은 과세국가의 거주자에 대한 지급금과 동일한 조건 하에 비용공제되어야 한다. 공제금액, 공제시기 및 기타 공제요건이 불리해서는 안 된다. 체약국들은 비거주자에 대한 지급금을 검증할 권리가 있기 때문에 추가 정보제출 요구는 금지되지 않는다.(OMC Art.24/75)

본 조항은 제9조 제1항 또는 제11조 제6항과 부합하는 한, 차입기업 국가가 국내법상 과소자본 규정을 적용하는 것을 금지하지 않는다. 그러나, 그러한 취급이 국내 채권자는 제외하고 오직 외국 채권자에게만 적용된다면 그러한 취급은 본 조항에 의해 금지된다.(OMC Art.24/74)

234) Alexander Rust, *op.cit*, p.1719

6 소유 무차별조항: 제24조 제5항

〈OECD/UN모델 제24조 제5항〉

5. 일방체약국 기업의 자본의 전부 또는 일부가 하나 또는 그 이상의 타방체약국 거주자에 의해 직접 또는 간접적으로 소유 또는 지배되는 경우, 그 기업은 그 일방체약국의 다른 유사한 기업이 부담하거나 부담할 수도 있는 조세 및 이와 관련된 의무와 다르거나 더 과중한 조세 또는 이와 관련된 의무를 그 일방체약국 에서 부담하지 아니한다.

가. 조문의 내용

본 조항은 일방체약국 기업의 자본이 타방체약국의 거주자에 의해 소유 또는 지배된다는 이유로 국내기업에 대한 차별을 금지한다. 본 조항은 간접적으로 주주의 거주지국 역시 보호한다. 피지배법인의 거주지국은 그 국가가 해당 법인을 다른 비교대상기업들보다 높게 과세하지 않는다면 배당소득을 면제하거나 또는 간접 세액공제를 부여할 것이다. 본래 본 조항은 제1항을 보완하기 위해 도입되었다. 즉, 설립 법률에 근거한 차별뿐만 아니라 주주의 거주지에 근거한 차별에 대해 현지국의 법인을 보호하기 위한 것이다. 이러한 이유 때문에 두 조항은 유사한 체계를 가지고 있다.[235)]

기업은 자본의 일부 또는 전부가 외국주주들에 의해 보유된다는 이유로 과세국가의 유사한 기업에 대한 과세와 다르거나 보다 더 과중한 과세를 적용받아서는 안 된다. 비교의 대상은 제3국 거주자에 의해 소유되는 국내기업이 아닌 오직 국내 주주들만을 가진 국내기업이다. 한 기업이 다른 기업과 유사한지 여부의 문제는 현지국의 세법이 구별하는 기준에 따라 달라진다. 만약 다른 활동이 다른 조세부담을 초래한다면, 두 기업들은 동일한 활동을 수행하는 경우에만 유사한 상황에 있다고 할 수 있다. 만약 현지국의 세법이 다른 법적 형태를 차별한다면, 두 기업은 동일한 법적 형태를 가진 경우에만 유사한 상황에 있다고 할 수 있다. 제3항의 PE 무차별조항과 달리, 본 조항의 소유 무차별조항은 제1항 국적 무차별조항과 마찬가지로 모든 유형의 조세관련 의무를 포함한다. 그러나, 이전가격 조사의 경우 외국자본 기업이 보다 엄격한 보고 및 통제 의무를 적용받는 경우, 그리고 심지어 입증책임이 전환되는 경우에도 본 조항의 위반은 아니다.(OMC Art.24/80)

235) Alexander Rust, *op.cit*, p.1722

자본의 소유 또는 지배는 현금 또는 현물 자본의 공여에 토대하여 특정인에게 주주 또는 파트너의 지위를 부여하는 모든 법률적 관계를 포함한다. 해당 기업의 사업운영에 대해 외국주주가 행사하는 소유 또는 지배의 정도는 무관하다. 최소보유 요건도 없다. 본 조항은 거주지국에 의한 차별에서 기업을 보호하지만, 타방체약국에 거주하는 주주들은 보호되지 않는다.(OMC Art.24/76) 본 조항은 일방체약국이 외국주주들의 소득을 국내주주들의 소득과 다르게 과세하는 것을 금지하지 않는다. 따라서 국내주주들에게만 간접 세액공제를 부여하는 것은 본 조항에 위반되지 않는다. 소유 무차별조항은 기업의 단계에서 '다르거나 보다 과중한 과세'를 금지하는 것이고, 간접적 차별은 본 조항에 의해 금지되지 않는다. 국내법인의 외국주주들에 대한 배당에는 원천세를 부과하고, 국내주주들에 대한 배당에는 원천세를 부과하지 않을 의무는 본 조항과 상충되지 않는다. 왜냐하면, 배당원천세는 본 조항에 의해 보호되지 않는 주주단계에서의 조세이기 때문이다.

본 조항은 주주들이 타방체약국 거주자라는 사실에 의해 초래된 '다르거나 보다 과중한' 과세를 금지한다. 차별이 전적으로 주주의 거주지에 토대한 것인지 여부를 밝혀내기 위해서는 다음 테스트를 수행해야 한다. 주주를 기업이 거주하는 체약국의 거주자로 간주할 때 국내기업이 혜택을 받을 권리가 있다면, 차별이 주주의 거주지에 토대했음이 입증된다.

나. 과소자본 규정과의 관계

제4항과 본 조항은 동시에 적용될 수 있다. 왜냐하면, 두 조항들은 서로 적용범위가 다르기 때문이다. 과소자본 규정이 제4항, 제5항 또는 두 조항들과 상충될 수 있는지 여부를 밝히기 위해서는 차별의 이유를 분석해야 한다. 과소자본 규정이 국내 수취인에 대한 지급금은 비용공제하는 반면, 외국 모법인에 대한 지급금의 비용공제를 부인한다면 제4항과 상충될 수 있다. 또한, 과소자본 규정이 지급법인의 주주가 비거주자인 경우 외국법인에 대한 지급이 비용공제 부인되고, 주주가 거주자인 경우 동일한 외국법인에 대한 지급은 비용공제될 경우에는 본 조항과 상충될 수 있다.

그러나, 본 조항은 기업의 자본을 누가 소유 또는 지배하는지 만을 토대로 한 국내기업에 대한 차별을 금지하기 때문에, 기업이 거주자 또는 비거주자인 채권자에게 이자를 지급하는지 여부에 토대를 두고 상이한 취급을 하는 규정과는 관련이 없다. 국내법상 과소자본 규정에 의해 국내기업이 국외 특수관계기업에게 지급한 이자에 대한 비용공제가 허용되지 않는 경우, 만약 이자지급자의 자본을 전혀 소유 또는 지배하지 않는 국외 특수관계기업에게 지급되었더라도 동일한 취급을 했을 것이라면, 동 과소자본 규정이 기업의 자본을 소유 또는 지배하는 채권자에게 지급된 이자에 적용될지라도 본 조항에 위반한 것이 아니다.(OMC Art.24/79) 다시 말해서, 지급의 수취인이 동시에 지급법인의 주주일지라도 두 가지 특성은 구별되어야 한다는 것이다. 외국주주에 대한 지급금의 비용공제를 부인하는 과소자본 규정은, 만약 동일한 지급이 국내거주자인 주주에 대해서는 공제가 가능하다면 본 조항과 상충될 수 있다. 만약 과소자본 규정이 지급금의 비용공제를 주주의 거주지에 상관없이 수취인의 거주지에 의존하도록 한다면 본 조항에 상충되지 않는다.

그러나, 과소자본 규정의 적용이 제9조 제1항 또는 제11조 제6항과 부합한지 여부를 결정하는 것과 관련된 경우에는 제4항의 위반이 될 수 있다. 제9조 제1항 또는 제11조 제6항은 (VCLT 제31조에서 요구하는 바대로) 본 조항이 해석되어야 하는 맥락의 일부를 구성하기 때문에 이들 규정과 부합하는 조정은 본 조항을 위반한 것으로 간주될 수 없다.(OMC Art.24/79)

다른 조문들의 규정에 의해 명시적으로 승인된 조치들은 제24조에 위반한 것으로 간주되지 않는다.(OMC Art.24/4) 그러나, 제11조 제6항은 분명히 본 조항의 범위를 제한하지 않는다. 왜냐하면, 제11조 제6항은 지급금 수취인의 단계에서의 조세취급만을 다루고 지급인 단계에서의 비용공제는 다루지 않기 때문이다. 본 조항은 제4항에 포함된 예외규정(caveat), 즉 "제9조 제1항, 제11조 제6항 또는 제12조 제4항의 규정이 적용되는 경우를 제외하고" 문구를 포함하지 않기 때문에 본 조항의 범위는 제9조에 의해 제약받지 않는다고 할 수 있다. 제4항의 예외규정은 지급법인의 체약국에게 국내거래에 유사한 규정을 도입하도록 의무를 부여하지 않고도 독립기업조건이 아닌 국제거래에서의 지급금을 조정하도록 허용할 목적을 가진다. 반면, 본 조항은 지급법인의 주주들이 타방체약국의 거주자라는 이유만으로 일방체약국이 외국수취인들에 대한 지급금을 보다 과중하게 취급하는 것만을 금지한다.

다. 그룹연결제도와의 관계

본 조항은 그룹연결제도(group consolidation regimes)에는 적용하지 않는다. 본 조항은 국내기업에 대한 과세에만 관련되고 그들의 자본을 소유 또는 지배하는 주주들에 대한 과세와는 관련되지 않기 때문에, 국내기업과 다른 국내기업들 간 관계를 고려하는 규정들(예컨대, 공통소유 하에 있는 법인들 간 연결, 손실의 이전 또는 자산의 이전을 허용하는 규정들)의 혜택을 확대하는 것으로 해석될 수 없다. 예를 들어, 만약 일방국의 국내세법이 내국법인에게 자신의 소득을 국내 모법인과 연결하는 것을 허용하는 경우, 본 조항은 해당 국가에게 그러한 연결을 국내법인과 외국 모법인 간에 허용하도록 강제하는 효과를 가질 수 없다.(OMC Art.24/77) 다시 말해서, 본 조항의 적용으로 국경 간 이윤과 손실의 연결이 발생될 수는 없다. 이는 한 국가에서 다른 국가로의 소득이전이 한 국가의 세수손실을 초래하고 다른 국가는 일반적으로 이전된 소득을 고려하지 않기 때문에 발생하는 이중비과세를 회피하기 위함이다.

그러나, 모든 형태의 그룹연결제도에 본 조항의 적용을 배제하는 것은 해당 조항의 목적에 부합하지 않는다. 본 조항은 외국 모법인의 이윤이 그룹연결의 일부를 구성하지 않는 경우에는 적용할 수 있다. 따라서 공통 모회사가 타방체약국의 거주자라는 이유로 두 국내 자매법인들의 이윤과 손실의 연결을 금지하는 것은 본 조항에 반할 것이다.

라. 외국주주에 대한 배당원천세 과세와의 관계

본 조항은 자본을 누가 소유 또는 지배하는지에 상관없이 모든 국내법인들이 동등하게 대우되어야 한다는 것을 보장하기 위한 것이고 거주자와 비거주자에 대한 배당이 동일하게 대우되도록 보장하는 것은 아니다. 따라서, 국내법인에게 외국주주들에게 지급된 배당에 대해서는 원천징수 의무를 부여하고 국내주주들에게 지급된 배당에 대해서는 의무를 부여하지 않는 것은 본 조항을 위반한 것이 아니다. 이 경우 상이한 대우는 법인의 자본이 비거주자에 의해 소유 또는 지배된다는 사실 때문이 아니라 비거주자에게 지급되는 배당이 다르게 과세된다는 사실 때문이다.

유사한 사례가 거주자 또는 비거주인지 상관없이 주주에 대한 배당과 관련하여 국내법인에 대해서는 과세를 하지만, 중복과세를 회피하기 위해 국내 특수관계법인에 대한 배당에는 적용하지 않는 경우이다. 이 경우 국내 특수관계법인에 대한 배당에만 면세를 적용하고 외국법인에 대한 배당에는 면세를 적용하지 않는다는 것이 본 조항을 위반한 것으로 간주되어서는 안 된다. 이 경우 국내법인의 자본이 다르게 대우받는 것은 비거주자에 의해 소유 또는 지배되기 때문이 아니고, 외국법인이 국내법인에서 수취한 배당을 재배당할 때 조세조약 규정에 의해서 동일한 과세를 적용받을 수 없는 법인들에게 배당을 하기 때문이다. 이 사례에서 모든 국내법인들은 누가 그들의 자본을 소유 또는 지배하는지에 상관없이 동일하게 취급되고, 배당에 대한 조세가 회피될 수 있는 상황에서 배당이 행해지는 경우에만 다르게 취급된다.(OMC Art.24/78)

제9장 상호합의절차

1 의의

OECD/UN모델 제25조는 국제법에 의한 특별한 정부 대 정부 간 분쟁해결 메카니즘을 제공한다. 이는 협상 즉, 상호합의를 통해 실무 상・해석상 어려움과 관련된 분쟁을 원만하게 해결하기 위한 특별절차를 규정한다.

제25조 제1항 및 제2항은 납세자에게 국제적 추가 구제를 제공한다. 국내법 외의 특별절차는 납세자가 사안을 거주지국의 권한있는 당국에게 제출할 것을 요구하기 때문에 납세자 선택에 달려있다. 특히, 이 절차는 납세자에게 타국에서 국내법적 구제를 모색할 필요성을 줄여 주지만, 권한있는 당국들이 해결방안을 찾는다는 보장은 없다. 따라서 2008년 OECD모델 및 2011년 UN모델은 권한있는 당국들이 합의에 도달하지 못한 특정사안에 대해서 의무적 중재(mandatory arbitration) 조항을 도입했다. 그러나, 조약의 관행은 이러한 권고규정을 채택하는데 여전히 신중한 입장이다.

상호합의절차(Mutual Agreement Procedures: 이하 MAPs)는 다음과 같이 세 가지 유형으로 구분될 수 있다. 첫째, 제25조 제1항과 제2항에 규정된 조약과 부합하지 않은 과세를 당한 납세자에 대한 추가 구제수단으로서 '개별사안 MAP(specific case MAP)'이다. 개별사안 MAP은 조세조약 상 중재에 의해 보완될 수 있다. 둘째, 제25조 제3항의 첫째 문장에 규정된, 조약의 해석・적용에 관한 의문을 해소하기 위한 '의문해결 MAP(MAP for removing difficulties)'이다. 셋째, 제25조 제3항에 규정된, 조약에 규정되지 않은 사안에 대한 이중과세 제거를 위한 절차로서의 '빈틈보충 MAP(MAP for filling gaps)'이다. 조세조약이 체약국 간에 체결되는 것처럼 MAPs은 권한있는 당국들 간 협상으로 구성되고, 정부들이 절차의 당사자이다.

MAP의 목적은 쟁점 개별사안에 대한 공평한 해결방안을 찾는 것이다. 그러므로 개별사안은 각 사안의 특성에 따라 해결되어야 하고, 국가 간에 주고받기식 타협(give and take)에 의해 해결되어서는 안 된다.(OMC Art.25/41(b)) 법이론 관점에서 보면, MAPs은 조세조약의 동태적 구성요소로 이해될 수 있다. 왜냐하면, MAPs은 조약규정들이 시간이 지남에 따라 진화하고 새로운 도전에 대처하도록 허용하기 때문이다.[236)]

본 조문은 절차적 규정만을 규정하고, 통상 권한있는 당국들은 상호합의를 통해 추가 규정들에 합의한다.(OMC Art.25/6) 특히, 제25조 제5항은 권한있는 당국들에게 상호합의에 의해서 중재규정의 적용방식을 해결할 것을 요구한다. 이전가격 사전승인(APAs)은 특별한 형태의 MAPs이다. 반면에, 동시세무조사 및 파견세무조사는 MAP 체계에서 벗어난다.

모델협약의 여러 조문들이 MAPs에 대해 언급하고 있다. 제4조 제2항 d)호는 이중과세 판정기준이 개인의 이중거주지를 해결하지 못하는 경우에 MAPs을 규정하고 있다. 제25조의 일반규정과 달리, 제4조에서 규정한 MAP은 의무적이고, 체약국들은 합의에 도달할 의무가 있다. 한편, 특수관계기업 거래에 대한 이윤조정과 관련하여, 제9조 제2항은 체약국들에게 필요한 경우 상호 협의할 의무를 부여한다. 제10조 제2항, 제11조 제2항, 제27조 제1항은 체약국들에게 상호합의에 의해 각 조약조문의 적용방식을 해결하도록 요구한다. 또한, 제26조는 MAPs의 목적을 위한 정보교환을 규정하고 있다.

2 개별사안 MAP

제25조 제1항과 제2항은 개별사안 MAP을 위한 규정들이다. 제1항은 납세자가 그의 사건을 권한있는 당국에게 제기할 수 있는 인적·실체적·절차적 요건을 명시한다. 체약국에서 협약과 부합하지 않은 과세가 협약의 부정확한 적용으로부터 발생하는 경우, 납세자는 각국에서 소송을 제기할 수 있다. 제1항은 이러한 통상적 법적 구제 이외에 추가적으로 MAP을 이용할 수 있도록 한다. 제2항은 개별사안 MAP의 2단계를 다룬다. 1단계에서 권한있는 당국은 납세자의 이의제기에 대해 상황을 개선할 수 있는지 여부를 검토하고, 그렇게 할 수 없는 경우 2단계로서 협상을 개시하여 합의에 토대한 해결방안을 도출하기 위해 노력해야 한다.(OMC Art.25/7)

---

236) Roland Ismer, "Article 25: Mutual Agreement Procedure", *Klaus Vogel on Double Taxation Conventions(4th Ed.)*, Wolters Kluwer, 2015, p.1781

가. OECD/UN모델 제25조 제1항

〈OECD/UN모델 제25조 제1항〉

1. 어느 인이 일방 또는 쌍방 체약국의 조치가 자신에 대하여 협약의 규정에 부합하지 아니하는 과세상 결과를 초래하거나 초래할 것이라고 생각하는 경우, 그는 체약국의 국내법이 규정한 구제수단에 관계없이, 그가 거주자인 체약국의 권한있는 당국 또는 동 사안이 제24조 제1항에 해당되는 경우에는 그가 국민인 체약국의 권한있는 당국에 사안을 제기할 수 있다. 동 사안은 이 협약의 규정에 부합하지 아니하는 과세상 결과를 초래하는 조치의 최초통보일부터 3년 이내에 제기되어야 한다.

(1) 적용범위

제1항 첫째 문장은 관련 인이 체약국 중 어느 일방국의 거주자이거나 제24조 제1항의 경우에는 국민이어야 함을 명확히 한다. '과세'는 소득과 자본에 관한 조세로 한정되지 않으며, 모든 종류의 조세를 포함한다. 이는 모든 종류와 명칭의 조세에 관해 보호를 제공하는 제24조와 관련하여 특히 중요하다. 국가들이 가령, 자료제출 불이행 가산세와 같은 이자 및 가산세를 조세로 간주하는 경우 MAP의 대상이 될 수 있다. 그렇지 않을 때에도, 이들 지급금은 흔히 본세에 의존할 것이고 본세와 병행하여 감소될 것이다.

해당 조항이 예컨대, 과세당국이 제26조 제2항에 의한 비밀유지의무를 충족하지 못한 경우와 같은 조세절차에도 확대되는지 여부는 명확하지 않다. 제25조의 목적이 납세자에 대한 추가구제를 제공한다는 점을 고려할 때, 실체적 의무에 대한 분쟁으로만 한정되어서는 안 된다. 이는 OECD가 "용어의 가장 넓은 의미에서 협약적용에서 발생하는 어려움들을 해결하기 위해" MAP을 개시한다고 언급하고 있는 점과도 일맥상통한다.(OMC Art.25/1)

국내법상 구제 절차와 달리 납세자는 조약에 부합하지 않는다고 생각하는 과세가 부과 또는 통지될 때까지 기다리지 않고도 MAP을 개시할 수 있다. MAP을 개시하기 위해서는 쟁점 과세가 발생할 실제적 위험이 존재해야 한다. 즉, 과세가 단지 가능하다는 정도가 아니라 개연성이 높은 위험으로 보여야 하고, 과세조치가 취해질 것이라는 합리적 기대가 있어야 한다.(OMC Art.25/14)

그러한 조치는 조약규정에 반하여 조세부과를 가져오는 모든 행위 또는 결정을 의미한다. 예를 들어, 일방체약국의 세법개정이 소득수취인에게 조약과 부합하지 않은 과세 결과를 가져온다면, 그 인은 세법이 개정되고 관련소득을 수취하거나 수취할 개연성이 있는 즉시 MAP을 개시할 수 있다. 또한, 조약과 부합하지 않은 과세개연성을 초래하는 경우로 자진신고납부제도 하에서 신고서를 제출하거나 또는 특정 납세자의 신고내용에 대한 조사를 포함한다. 예를 들어, 일방체약국의 국내법에 의한 납세자의 자진신고가 조약과 부합하지 않은 과세개연성을 초래하거나 또는 일방체약국의 조사관행 등 상황이 해당 납세자의 특정 신고내용에 대한 조사로 조약과 부합하지 않은 과세개연성을 초래할 수 있다. 또 다른 사례로, 일방체약국의 이전가격 법률이 독립기업원칙을 준수하기 위하여 납세자에게 특수관계거래에서 실제 가격보다 더 큰 금액의 과세소득을 신고하도록 요구하는 경우, 그리고 MAP이 없을 경우 납세자의 특수관계인이 타방체약국에서 대응조정을 받을 수 있을 것인지 여부에 대한 상당한 의심이 있는 경우를 들 수 있다.

조약과 부합하지 않은 과세를 가져올 것인지 여부는 납세자의 관점에서 결정되어야 한다. 그러한 과세가 있을 것이라는 납세자의 믿음은 합리적이고 사실관계에 토대해야 하지만, 과세당국은 단지 그러한 과세가 일어날 것이라는 것이 입증되지 않았다는 이유로 MAP 개시의 요구를 거부해서는 안 된다.

미래의 이전가격 방법이 제1항의 의미상 '미래의 과세'로 간주되어 사전 세법해석(advance rulings) 또는 APAs가 제3항보다는 제1항에 근거할 수 있는지 여부가 다투어진다. 사전 세법해석은 납세자가 합리적 이해관계를 가지는 사안으로 제한되어야 한다. 특히, '미래의 과세' 기준에 대한 해석은 과세당국이 MAP 개시 여부에 대한 재량을 가지는 경우에 보다 폭넓은 의미가 부여될 수 있도록 제2항과 함께 평가되어야 한다.

개별사안 MAP은 쟁점 과세의 대상이거나 또는 조약상 권리가 위협을 받는 인에 의해서만 개시될 수 있다. 해당 사안과 관련이 없는 제3자는 일반적으로 제외된다. 그러나, 예컨대, 납세자가 아닌 인들이 조세부담을 해야 하는 경우 그들은 사안의 결과에 대해 강한 이해관계를 가질 수 있다. 따라서 '과세' 용어를 해석할 때는 체약국 중 어느 일방국의 거주자인 한, 해당 조세에 대한 납세의무를 지는 모든 인들이 포함되도록 넓은 의미가 부여되어야 한다.

조세조약과 관련이 없는 단순한 국내법 위반에는 MAP이 적용되지 않는다. 그러나 제3조 제2항에 따라서 조약이 국내법을 차용하거나 국내법과 조약 모두를 위반한 경우에는 조약이 영향을 받는 한도 내에서만 MAP이 적용된다. 왜냐하면, MAP은 국내법의 적용 밖에 있는 특별절차이므로 제1항의 범위 내에 포함되는 사안에서만 작동될 수 있기 때문

이다.(OMC Art.25/8)

MAP의 적용범위는 법률적 이중과세로 제한되지 않는다. 실제 조약에 반하는 이중과세가 존재하지 않더라도 쟁점 과세가 조약규정을 직접 위반한 경우에는 MAP이 적용된다. 예컨대, 일방국이 조약상 타방국에 전속과세권이 부여된 소득에 대해 과세하는 경우이다. 다른 사례로 일방체약국의 국민이지만 타방국의 거주자인 인이 타방국에서 제24조 제1항에 의한 차별적 과세대우를 적용받는 경우이다.(OMC Art.25/13)

또한, MAP은 제9조에 의한 이전가격의 조정 및 대응조정과 같은 경제적 이중과세 사안도 포함할 수 있다.(OMC Art.25/10) 이중과세를 초래하는 사안으로 자주 거론되는 사례는 다음과 같다.(OMC Art.25/9) ⅰ) 제7조 제2항에 의한 PE에 대한 소득 귀속관련 문제, ⅱ) 제9조, 제11조 제6항 또는 제12조 제4항에 의한 지급자와 BO 간에 특별관계가 있는 경우 이자・사용료의 초과부분에 대한 지급자 국가에서의 과세문제, ⅲ) 채무자 국가가 이자를 배당으로 취급하고 그 취급이 제9조 또는 제11조 제6항에 토대하는 경우 과소자본 규정의 적용사례, ⅳ) 특히, 거주지 결정(제4조 제2항), PE의 존재(제5조) 또는 종업원이 수행한 용역의 일시적 성격(제15조 제2항)과 관련하여 납세자의 실제 상황에 대한 정보부족이 잘못된 조약의 적용을 초래하는 경우 등이다.

OECD는 체약국이 조약에 제9조 문구를 추가했다는 사실이 경제적 이중과세를 조약에서 다루고자 한 의도이기 때문에 조약목적과 부합하지 않는 이전가격 조정에서 비롯된 경제적 이중과세가 MAP의 범위에 포함된다는 점을 강조한다.(OMC Art.25/11) 따라서 제9조 제2항과 유사한 조항이 없을 경우라도 국가들은 해당 조항에 규정된 유형의 사례에 대응조정을 부여하는 것을 포함하여 이중과세를 회피하는 방법을 찾아야 한다.(OMC Art.25/12)

일부 국가들은 납세자가 남용거래를 수행하거나 범죄를 저지른 경우 MAP에 대한 접근을 부인한다.(OMC Art.25/26) 이는 개별사안 MAP이 공평성에 토대를 둔다는 사실과 잘 부합하는데, 이러한 공평성의 원리(He who comes into equity, must come with clean hands.)는 일반적으로 타당한 것으로 간주된다. 그러나, 조세조약이 명시적 규정을 포함하고 있지 않는 한[237], 이에 대한 충분한 논거는 없다. 단순히 국내법상 조세회피방지 규정에 따라 과세되었다는 사실이 MAP에 대한 접근을 부인하는 이유가 되어서는 안 된다.(OMC Art.25/26) 따라서 개별사안 MAP을 배제하는 명시적 규정을 포함하지 않는 한, 남용사안이라도 MAP에 대한 접근을 배제할 수는 없다.

---

237) 이와 관련하여, UN모델 제9조 제3항에서는 기업이 사기, 중과실 또는 고의적 불이행으로 벌금형을 받은 경우 체약국이 대응조정을 해야 할 의무가 없다고 규정하고 있다.

마찬가지로, 개별사안 MAP은 납세자가 부과된 조세를 모두 납부하지 않은 경우에도 제기할 수 있다.(OMC Art.25/46) 어떤 경우에도 MAP 개시에 국내법적 구제 절차보다 엄격한 요건을 부여해서는 안 된다.(OMC Art.25/47) 그러나, 이것이 모든 MAP 사안에서 조세징수가 중지되어야 한다고 이해되어서는 안 된다. MAPs은 타방체약국에서 과세하지 않은 사안에서도 제외되지 않는다. 일방국이 과세하지 않더라도 납세자는 MAP의 권리를 주장할 수 있다.

OECD모델 제25조 제5항 및 UN모델 제25B조 제5항이 도입됨에 따라, 권한있는 당국의 MAP 개시 여부에 대한 재량은 더 이상 적용되지 않는다. 권한있는 당국들은 MAP을 개시할 의무가 있고, 실패할 경우 해결방안을 보장하는 중재로 이행하게 된다. 한편, 국가들은 때때로 세무조사의 해결 및 일방 APAs의 전제조건으로 납세자에게 MAP 권리를 포기할 것을 요구한다. 그러나, MAP 포기조항은 이중과세를 발생시킬 수 있고, MAPs이 지향하는 협력과 상호주의의 정신에 부합하지 않는다.

(2) 사안의 제기

일반적으로 개별사안 MAP은 납세자 거주지국의 권한있는 당국에게 청구되어야 한다.238) 쟁점 과세가 타방국에서 이루어진 경우에도 마찬가지다. 타방국으로 거주지를 이전한 경우에는 납세자가 과세가 이루어진 또는 이루어질 연도에 거주자였던 체약국의 당국에게 제기할 것을 요구한다.(OMC Art.25/17) 체약국들은 납세자에게 어느 국가의 권한있는 당국에게라도 사안을 제기할 수 있도록 선택권을 부여하는데 합의할 수 있다.(OMC Art.25/19)

분쟁이 거주지국 결정과 관련될 때는 어느 권한있는 당국에도 사안을 제기할 수 있다. 여러 납세자들이 관련될 때는 각 납세자가 자신의 거주지국의 당국에게 개별적으로 제기할 수 있다. 한편, 일방국의 국민이지만 타방국의 거주자인 인이 타방국에서 차별적인 조치 또는 과세를 당한 경우, 국민인 체약국의 권한있는 당국에게 이의제기하는 것이 적절할 것이다.(OMC Art.25/18)

이의제기의 형식에 대한 특별한 원칙은 없다. 권한있는 당국은 적절하다고 판단하는 특별절차를 규정할 수 있다.(OMC Art.25/16)239) 권한있는 당국은 납세자의 이의제기가 정

---

238) 우리나라의 경우, 거주자 · 내국법인은 물론 비거주자 또는 외국법인에 대해서도 MAP개시를 신청할 수 있도록 허용하고 있다.(국조법 §42 ①)

239) MAP 개시 신청과 관련하여, 우리나라 법령은 신청인이 MAP 개시 신청서, 관련 결산서 및 세무신고서,

당한지, 그리고 만족한 해결책에 도달할 수 있는지 여부를 평가하는 데 필요한 최소한의 서류제출을 요구할 수 있다.

이의제기는 조약과 부합하지 않은 과세를 초래한 조치의 최초통보일로부터 3년 이내에 제출되어야 한다. 그러나, 체약국들은 보다 긴 시한(時限)에 합의하거나 시한을 제외할 것을 선택할 수 있다.(OMC Art.25/20) 납세자를 보호하기 위하여 최초통보일은 제한적 해석이 부여되어야 한다. 제1항 첫째 문장은 납세자에게 조세조약과 부합하지 않은 과세가 아직 발생하지 않은 단계에서 사안을 제기하도록 허용하지만, 3년 시한은 조세조약과 부합하지 않은 현재의 과세가 존재하는 시점으로부터만 시작된다. 다시 말해서, 3년 시한은 그 결과가 현실화된 때에 시작되지만, 납세자는 조약규정과 부합하지 않은 과세가 이루어질 것이라고 생각하는 즉시 사안을 제기할 권리가 있기 때문에 3년 시한이 시작되기 전에 MAP을 개시할 권리를 가질 경우도 있을 것이다.

3년의 개시는 개별 과세 또는 기타 유사한 공식적 징수 또는 부과처분을 요구하며, 법령의 공표 또는 일반 행정결정으로는 불충분하다.(OMC Art.25/21) 통보의 기준은 예컨대, 송부기준, 도달 추정기준 또는 실제 도달기준 등 각국의 법률에 따라서 해석되어야 한다.(OMC Art.25/22) 이와 관련하여, 우리나라 관련 법률은 "과세 사실을 안 날부터 3년이 지나 신청한 경우"에는 MAP을 개시하지 않을 수 있다고 규정하고 있다.(국조법 §42 ② 4호)

자진신고 및 과세가 조약과 부합하지 않는다고 결론을 내릴 수 있는 다른 상황이 결합된 경우, 납세자가 양 국가의 조치들을 인식한 경우에만 통보가 존재하는 것으로 간주된다.(OMC Art.25/23) 따라서, 거주지국이 납세자가 기대했던 외국납부세액공제 부여를 거부하는 경우 또는 당초 부여된 세액공제를 철회하는 경우, 통보일은 타방국에 의한 종전의 과세통보가 아니라 해당 거부 또는 철회에 의해 결정된다.(OMC Art.25/24)

조약과 부합하지 않은 과세를 초래하는 양 체약국에서의 결정 또는 조치가 결합된 경우에, 시한은 가장 최근 결정 또는 조치의 최초 통보로부터 시작된다. 예를 들어, 일방국이 조약과 부합하지 않은 조세를 부과하지만, 타방국은 제23A조 또는 제23B조에 따라서 그 조세에 대한 구제를 제공한 결과 이중과세가 없는 경우, 납세자는 실무 상 MAP을 개시하지 않을 것이다. 그러나, 타방국이 나중에 구제를 부인하는 통보를 한 결과 이제 이중과세가 발생한다면, 양국의 결합된 조치가 조약규정에 반하여 납세자에

관련 불복쟁송청구서 등의 서류를 제출할 것과 권한있는 당국의 3개월 이내 신청 수리여부 검토, 신청요건 미충족 시 보완요청, MAP 개시를 거부할 경우 신청인과 체약상대국에 대한 통지의무 등을 규정하고 있다.(국조법 §42 및 국조령 §82-§83)

게 이중과세를 하였기 때문에, 새로운 시한은 해당 통보로부터 시작된다.(OMC Art.25/24)

3년 시한은 납세자가 제기한 국내 구제절차에 의해 중지되지 않으며, 불복절차 이후에 새롭게 개시되지도 않는다.(OMC Art.25/25) 따라서 각 체약국의 국내법에 의해 허용된 경우, 납세자는 국내 불복구제와 개별사안 MAP을 동시에 청구하는 것을 선택할 수 있다.

(3) 국내 구제와의 관계

납세자는 국내 불복구제와 개별사안 MAP을 병렬적으로 청구할 수 있다. 개별조약이 달리 규정하지 않는 한, 기속력 있는 법원결정이 MAP의 개시를 배제하지 않는다.(OMC Art.25/35) 이는 MAP이 타방국에 의한 입장의 변경을 초래할 수 있기 때문이다. 그러나, 양국에서 권한있는 당국들이 따라야 하는 기속력 있는 법원결정이 있는 경우, MAP은 조약과 부합하지 않은 과세를 제거하는 목적을 달성할 수 없으므로 MAP은 배제되어야 한다. 이와 관련하여, 우리나라 관련 법령은 "국내 또는 국외에서 법원의 확정판결이 있는 경우"에는 MAP을 개시하지 않을 수 있다고 규정하고 있다. 다만, 납세자의 권리보호를 위해 체약상대국이 거주자와 국외특수관계인의 거래가격을 조정하여 우리나라 과세당국의 대응조정이 필요한 경우 또는 우리나라 과세당국이 거주자와 국외특수관계인의 거래가격을 조정하여 체약상대국의 대응조정이 필요한 경우에는 국내외 법원의 확정판결이 있더라도 MAP을 개시할 수 있도록 하고 있다.(국조법 §42 ② 1호, 국조령 §83 ②)

권한있는 당국들은 상호합의에 도달할 의무가 없기 때문에 납세자 관점에서 보면 개별사안 MAP과 동시에 국내 불복구제를 개시하는 것은 보증적 성격을 지닌다. 그들이 상호합의에 도달하더라도 납세자는 해당 합의가 조세조약에 배치되는 것으로 생각할 수도 있다. MAP이 불만족한 결과를 도출한 이후에 개시된 국내 불복구제는 너무 늦게 제출되어 허용되지 않을 수 있다. 그러한 경우 납세자는 보호적 법적 구제를 청구해야 한다. 반대로, 국내 법원에만 의존하는 납세자는 해당 국가가 국내법적 절차 기간 중에 해당 기간이 중지되도록 허용하지 않는 한, 3년 시한에 의해 권리구제를 방해받을 수 있다. 이때 납세자는 양국의 법원이 서로 다른 해석에 도달할 위험에 직면한다.

과세당국들이 선행 법원결정을 따르지 않을 수 없는 경우 납세자는 역시 거주지국의 당국에게 사안을 제기할 수 있다. 이는 해당 국가의 권한있는 당국이 과세를 변경할 수 없을지라도, 타방체약국의 당국에게 변경하도록 설득할 수 있는 가능성이 항상 존재하기 때문이다.(OMC Art.25/35) 그러나, 납세자가 국내 불복구제를 개시할 수 있고 자신의 사안을 권한있는 당국에게 제기할 수 있다고 해서 두 절차가 병렬적으로 진행될 것이라는 의미는 아니다. 어느 하나가 적극적으로 진행되지 않을 가능성이 있고, 이는 흔한 관행이다.[240]

다음 두 가지 방법, 즉 국내구제 절차 기간 동안 시효의 정지는 없지만, 권한있는 당국이 국내법 조치가 종결될 때까지는 대화를 개시하지 않는 조건으로 납세자에게 MAP을 개시하도록 요구하는 방법과 납세자가 국내법 조치를 철회하지 않는 한 최종 합의를 종결시키지 않는 조건으로 권한있는 당국에게 대화를 개시하도록 하는 방법 모두 제25조와 부합한다. 예를 들어, 국내법상 제한 때문에 납세자가 보호적 불복제기(protective appeal)를 할 필요성이 있는지 여부에 상관없이, MAP은 납세자의 이슈를 해결하는데 초점을 두어야 하고, 그러기 위해서는 양자 대화에 토대를 두어야 한다.(OMC Art.25/25)

한편, OECD는 상호합의에 도달 또는 협상이 실패할 때까지 법원 절차를 중지하는 접근방법을 선호한다. 이 접근방법은 일반적으로 합리적 기간 내에 국제적으로 조율된 해결방안을 제공할 것이다. 그러나, 납세자는 MAP의 당사자가 아니고 협상에 참여할 권리가 없기 때문에 납세자의 지위가 국내구제 절차보다 약화될 수 있다.

나. OECD/UN모델 제25조 제2항

〈OECD/UN모델 제25조 제2항〉

2. 권한있는 당국은 이의제기가 정당하다고 인정하고 스스로 만족한 해결에 도달 할 수 없는 경우, 협약에 부합하지 않은 과세를 방지하기 위하여 타방체약국의 권한있는 당국과 상호합의에 의하여 그 사안을 해결하도록 노력하여야 한다. 도달된 합의는 체약국의 국내법상의 시효에도 불구하고 시행되어야 한다.

권한있는 당국이 이의제기가 전적으로 또는 부분적으로 납세자의 거주지국이 취한 조치 때문인 것으로 판단한다면, 신속하게 조정을 하거나 또는 구제를 허용함으로써 청구인에게 만족한 해결책을 제공해야 한다. 이 경우에는 MAP에 의존하지 않고 문제가 해결될 수 있다.(OMC Art.25/32)

240) 현재 국세청 실무 상 불복 진행중인 사안에 대해서는 MAP을 중지시키고 있다.

(1) MAP의 개시

MAP의 1단계는 납세자가 사안을 제기하는 것부터 시작하는데, 거주지국의 당국은 이의제기가 정당한 것으로 보이는지, 그리고 만족한 해결방안에 도달할 수 있는지 여부를 검토해야 한다. 첫째, 이의제기가 정당한 것으로 보이는지 여부는 MAP이 정부 대 정부 간 협상이라는 특성을 반영한다. 납세자의 주장에 일리가 있다고 생각하는 경우 MAP을 개시할 수 있다. 이와 관련하여, 우리나라 관련 법률은 "납세자가 조세회피를 목적으로 MAP을 이용하려고 하는 사실이 인정되는 경우"에는 MAP을 개시하지 않을 수 있다고 규정하고 있다.(국조법 §42 ② 3호) 둘째, 스스로 만족한 해결에 도달할 수 있는지 여부는 권한있는 당국에게 전부 또는 부분적으로 구제를 허용할지 여부에 대한 검토의무를 부여한다.(OMC Art.25/33) 이와 관련하여, 우리나라 관련 법률은 "과세당국이 MAP을 개시하지 아니하고도 필요한 조치를 함으로써 합리적 조정을 할 수 있는지 여부"에 대해 MAP 신청을 받은 날로부터 3개월 이내에 수리여부를 검토해야 한다고 규정하고 있다.(국조령 §83 ① 2호) MAP은 해당 국가에서 문제가 해결될 수 없는 경우에만 개시된다.

납세자가 국내법에 의해 소송을 제기했는지 여부에 관계없이 거주지국의 당국에게 사안을 제기할 권리가 있다. 납세자의 MAP 개시 신청이 충분한 이유없이 배격되어서는 안 된다.(OMC Art.25/34) 만약 거주지국의 법원에서 최종선고가 내려졌다고 하더라도 납세자는 MAP을 제기하고자 할 수 있다. 왜냐하면, 타방국의 권한있는 당국이 법원결정과 다른 만족한 해결책에 도달할 수 있는 가능성이 존재하기 때문이다.(OMC Art.25/35)

개시된 MAP은 권한있는 당국들이 사안에 대해 협상하는 정부 간 절차로서 국가 간 논의로 진행된다.(OMC Art.25/36) 사안들은 개별적 특성에 따라 결정되어야 한다. 예를 들어, 흥정(horse-trading)이나 상호원조(log-rolling)와 같이 여러 사안들을 함께 묶어서 주고받기식의 패키지로 결정되어서는 안 된다.(OMC Art.25/41(b)) 권한있는 당국이 MAP을 개시할 의무가 있는지 또는 재량사항인지 여부가 문제되지만, OECD는 명확히 MAP을 개시할 의무가 있다는 입장이다.(OMC Art.25/33)

(2) MAP의 종료

MAP은 합의에 도달함으로써 종료되는데, 개별 조세조약이 중재조항을 포함하는 경우 중재결정에 의해서 종료될 수 있다. 합의에 도달하지 못하고 중재조항도 적용되지 않는 경우 MAP은 실패로 끝날 수도 있다. '노력해야 한다(shall endeavor)'는 문구는 권한있는 당국들이 단지 최선의 노력을 다하여 성실하게 협상할 의무가 있다는 것이지, 합의에 도달할 의무 또는 결과를 성취할 의무가 있다는 의미는 아니다.(OMC Art.25/37) 그러나 제5항에 명시된 대로 2년 내에 합의도출에 실패할 경우 자동적 중재절차가 진행된다.

이와 관련하여, 우리나라 법령은 상호합의 미타결시 개시일로부터 5년 후 MAP이 자동종료되도록 하고 체약상대국의 권한있는 당국 간에 MAP을 계속 진행하기로 합의한 경우에는 개시일로부터 최장 8년까지 가능하도록 규정하고 있다.(국조법 §46 ② 및 ③) 그러나 위 규정에도 불구하고 MAP 진행 중 법원의 확정판결이 있는 경우에는 그 확정판결일에 원칙적으로 MAP이 종료된다. 다만, 이 경우에도 납세자 권리보호를 위해 체약상대국과 우리나라 과세당국의 대응조정이 필요한 경우에는 국내외 법원의 확정판결이 있더라도 MAP을 종료하지 아니할 수 있다.(국조법 §46 ③, 국조령 §83 ②)

(3) MAP 결과의 시행

상호합의는 정부 대 정부 간의 합의이고 권한있는 당국들을 기속하므로 국내적으로 이행될 필요가 있다. 그러나, 관련국가 간 권리와 의무뿐만 아니라 납세자를 위한 주관적 권리도 창출하는 것으로 이해되어야 한다. 특히, 납세자에 의한 사기 또는 허위진술에 토대한 경우 소급하여 취소될 수 있다.(TPG 4.149)

MAP 결과의 이행과 관련하여 우리나라 법령은 "MAP이 문서로 합의에 도달하고, ⅰ) 신청인이 합의 내용을 수락하고, ⅱ) MAP과 불복쟁송이 동시에 진행되는 경우로서 신청인이 상호합의 결과와 관련된 불복쟁송을 취하하는 경우에는 지체없이 그 합의를 이행하여야 한다."고 규정한다.(국조법 §47 ③)

또한, 납세자는 "MAP 종결 통보를 받은 날부터 3년 이내에 상호합의 결과를 상호합의 대상국 외의 국가에 있는 국외특수관계인 간의 거래에 대해서도 적용하여 줄 것을 신청" 할 수 있다. 이 경우 "과세당국은 ⅰ) 상호합의 결과와 같은 유형의 거래로서, ⅱ) 상호합의 결과와 같은 방식으로 과세되었고, ⅲ) 정상가격 산출시 적용한 통상의 이윤 또는 거래순이익률이 같은 경우에는 그 상호합의 결과를 상호합의 대상국 외의 국가에 있는 국외특수관계인과의 거래에 대해서도 적용할 수 있다."(국조법 §48 ① 및 ②, 국조령 §90 ②)

MAP이 정부 간 절차라는 것은 납세자가 다소 취약한 위치에 있다는 것을 시사한다. MAP은 납세자의 조세부담 최소화를 위한 것이 아니라 조약의 정확한 해석과 적용을 보장하기 위한 것이기 때문에 납세자는 절차의 당사자가 아니다. 그는 협상과정에 참여할 권리도 갖지 못한다. 그러나, 납세자는 권한있는 당국들에게 정보를 제공할 수 있고, 특히 사실적 근거와 관련하여 제출할 것을 요청받을 수 있다. 특히, 상호합의는 부분적이 아니라 전체적으로 수용될 필요가 있다. 제2항과 제5항에서 납세자의 수용을 요구하는 규정은 없지만, UN모델은 사안에 의해 직접 영향을 받는 인이 중재결정을 이행하는 상호합의를 수용하지 않을 가능성을 명시적으로 허용하고 있다. MAP의 당사자가 아닌 납세자는 그가 수용하는 경우에만 MAP 결과에 의해 기속을 받을 수 있다. 납세자가 상호합의를 거부할 때는 권한있는 당국들은 사안의 종료 또는 협상의 재개시를 고려할 수 있다. 어쨌든, 이때 권한있는 당국들이 합의에 도달했기 때문에 일반적으로 제5항에 의한 중재는 활용될 수 없다.[241)]

이와 관련하여 우리나라 법령은, "체약상대국과 문서로 합의가 이루어진 경우에는 MAP 종료일의 다음 날부터 15일 이내에 합의 내용을 신청인에게 통지"하도록 하고(국조령 §89 ①), "신청인이 합의 내용에 대한 동의 여부 및 관련 쟁송의 취하 여부를 통지를 받은 날로부터 2개월 이내에 서면으로 제출"하도록 하고 있다. 이에 대해, "신청인이 제출기한까지 합의 내용에 동의하지 아니한다는 의사를 제출하거나 관련 쟁송을 취하하지 않는 경우 또는 동의 여부 및 관련 쟁송의 취하 여부를 서면으로 제출하지 않는 경우에는 해당 상호합의 신청은 철회한 것으로 본다."고 규정하고 있다.(국조령 89 ② 및 ③)

정부 간 MAP 과정에서 도달한 상호합의는 과세의 조정 및 적절한 경우 조세환급을 통해서 이행되어야 한다. 이와 관련하여 우리나라 세법은, "과세당국이나 지자체의 장은 상호합의 결과에 따라 부과처분, 경정결정 또는 그 밖에 세법에 따른 필요한 조치를 하여야 한다."고 규정한다.(국조법 §47 ③)

절차의 실질적 이행과 관련하여, 과세당국은 상호합의가 운영상 지연에 의해 좌절되지 않도록 모든 노력을 다해야 한다. 상호합의는 국내법상 시효에 관계없이 이행되어야 한다. 이는 과세조정과 조세환급과 관련하여 시효를 가진 국가들이 상호합의에 따른 의무를 준수하고 이를 이행할 수 있도록 허용하는 것이다. 이와 관련하여, 우리나라 관련 법률은 국세 및 지방세의 부과제척기간을 MAP의 종료일로부터 1년까지 연장하는 특례조항을 마련하고 있다.(국조법 §51) 그러나, 국가들은 상호합의 이행의무가 국내법상 시효의 적용을 받도록 하는 특별조항을 상호합의에 추가할 수도 있다. 헌법상 또는 기타 법률적 이유로, 국내법상 시효를 무시할 수 없는 국가들이 상호합의문에 국내 부과

241) Roland Ismer, *op.cit*, p.1801

제척기간에 맞추어진 시효를 추가하는 것을 금지하지 않는다.(OMC Art.25/39)

소송이 진행 중인 동일 사안에 대해 상호합의가 체결된 경우에는 법원이 판단을 내릴 때까지 MAP의 결과로 합의된 해결방안의 수용을 연기하도록 허용해달라는 납세자의 요청을 거부할 근거는 없을 것이다. 또한, 권한있는 당국에게도 동일 납세자가 MAP을 제기한 특정 사안에 대해 소송이 진행 중인 경우에는 심도있는 논의를 개시하기 보다는 법원 결정을 기다리는 것이 합리적일 것이다.(OMC Art.25/42) 한편, 법원결정과 상호합의 간의 이견 또는 상충을 회피하기 위해 납세자는 해당 상호합의를 수용해야 하고, 상호합의에서 해결된 사안에 대해서는 법적 소송을 철회해야 할 것이다.(OMC Art.25/45)

3 의문해결/빈틈보충 MAP

〈OECD/UN모델 제25조 제3항〉

3. 양 체약국의 권한있는 당국은 협약의 해석 또는 적용상 발생하는 곤란 또는 의문을 상호합의에 의해 해결하도록 노력하여야 한다. 또한, 양 체약국은 협약에 규정되지 아니한 경우의 이중과세의 제거를 위해서도 상호 협의할 수 있다.

본 조항은 양 체약국의 권한있는 당국이 협약의 해석 또는 적용과 관련된 문제를 상호합의에 의해 해결하고, 더 나아가 협약에 규정되지 않은 사안의 이중과세 제거를 위해 상호 협의할 것을 권장하고 승인한다.(OMC Art.25/3) 두 독립적 절차인 의문해결(resolving difficulties) MAP과 빈틈보충(filling gaps) MAP을 규정한다. 또한, 체약국의 권한있는 당국에게 협약의 해석에서 발생하는 곤란을 상호합의에 의해 해결할 권한을 부여한다.(OMC Art.25/53)

의문해결 MAP은 조약의 해석 및 적용과 관련한 곤란을 해결함으로써 조약과 부합하지 않은 과세를 제거・회피하기 위한 것이다. '해석'은 법률적 문제, '적용'은 사실적 측면과 행정적 문제와 관련된다. 조약에서 어떤 용어가 불완전하거나 모호하게 정의되어 있는 경우 권한있는 당국들은 이를 어떻게 해석할 것인지에 관해 공통의 이해를 도출할 수 있다.(OMC Art.25/52) 반면, 적용의 문제는 예컨대, 원천지국에서 배당, 이자 및 사용료에 부과된 조세에 대한 구제 절차의 정립 및 운영과 관련하여 발생한다.

이러한 곤란들은 통상 개별사안 MAP과 관련하여 발생할지라도 대부분의 경우 특정 범주의 납세자들에 관한 일반적 성격을 지닌다.(OMC Art.25/50) 그러나, 의문해결 MAP은 예컨대, 이중비과세를 초래할 수 있는 사실적 곤란상황 등 일반적 성격이 아닌 개별사안들을 해결하는데도 이용될 수 있다. 특히, OECD TPG는 APAs가 제25조 제3항의 의문해결 MAP에 포함될 수 있다는 견해를 취한다.(TPG 4.150) 또한, 해당 조항은 특정 납세자 또는 납세자그룹이 제1항에 의해 사안을 제기하지 않았을지라도 권한있는 당국이 그들에 대한 과세에 만족하지 않는 상황도 포함할 수 있다. 이 경우, 권한있는 당국들이 합의에 도달할 의무가 있는 것은 아니다. 합의 도달에 실패하는 경우에도, 직접 관련된 납세자가 존재하지 않기 때문에 중재재판은 진행되지 않는다. 개별사안 MAP과 달리, 납세자는 의문해결을 위한 MAP 개시를 청구할 수 없고 개시여부를 결정하는 권한은 권한있는 당국들에게 있다.

곤란과 의문의 해결형식은 상호합의이다. 개별사안 MAP의 경우, 상호합의가 체결되는 경우 이를 이행할 국제법적 의무가 있다. 조약의 부속약정에 포함된 특별한 상호합의 사안은 항상 기속력이 있다. 나중에 체결된 합의의 경우에는 단지 조세조약을 명확히 하는 합의와 조세조약을 변경하는 합의를 구분하는 것이 중요하다. 첫째, 조세조약을 명확히 하는 해석적 합의는 단지 여러 가능한 해석들 중에서 하나를 선택하는 것이다. 공통해석의 원칙에 따라서 체약국들은 가능한 한 조약에 대한 공통의 이해에 도달할 의무가 있다. 따라서, 체약국들이 이러한 합의를 체결하는 경우 협약을 변경시키는 것이 아니라 단지 정확한 해석들의 범위를 제한하는 것이다. 둘째, 조세조약을 변경시키는 합의는 법원을 기속시키기 위해 충분한 입법적 근거가 필요할 것이다. 그러한 상호합의는 소급적으로 체결될 수 있다. 반대로, 상호합의는 변경 또는 철회되지 않는 한 계속 효력을 가질 것이다.(OMC Art.25/54) 이와 관련하여, 국내법은 "조세조약의 적용 및 해석에 관하여 체약상대국과 협의"하여 합의한 내용은 기획재정부장관이 즉시 고시하여야 한다고 규정하고 있다.(국조법 §47 ②)

한편, 우리나라 법원은 조약규정의 적용과 관련한 권한있는 당국 간 상호합의의 효력과 관련하여, "한국과 미국 사이에 한국소재 부동산을 과다보유한 법인 주식의 양도소득에 대한 한국의 과세권 행사에 관하여 MAP이 개시되어 한국원천소득으로 합의하였다면, 이와 같은 합의는 한・미 조세조약 제27조 제2항 (c)호가 예정한 조약의 적용, 특히 특정 소득항목의 원천을 동일하게 결정하는데 관하여 발생한 곤란 또는 의문을 해결하기 위한 상호합의에 해당하여 유효하다"고 언급하면서 "이 경우 국내에서 따로 조약개정에 준하는 절차를 밟지 않았다고 하여 그 효력을 부인할 것이 아니다."라고 판시하였다.[242)]

빈틈보충 MAP은 권한있는 당국들이 조약의 적용범위에 해당하지 않는 이중과세 사안을 다룰 수 있도록 허용한다. OECD는 양 체약국에 PE를 가지는 제3국 거주자 사안에 대해서 언급하고 있다.(OMC Art.25/55) 또한, 제2조에 포함되지 않는 조세사안의 경우에 조세조약을 적용하는 것도 생각해 볼 수 있다. 이 조항은 단지 권한있는 당국에게 상호 협의할 것을 허용한다. 특히, 이 조항이 기속력이 있는 국제법적 합의에 대한 근거가 되지는 못한다. 따라서 조약상 명시되지 않은 또는 암묵적으로 다루어진 조문들이 보완될 수 있는지 여부 또는 그 정도는 국내법이 규율할 문제일 것이다.[243)]

4 상호합의 방식

〈OECD/UN모델 제25조 제4항〉

4. 양 체약국의 권한있는 당국들은 이 조문의 전항들이 의미하는 합의에 도달하기 위하여, 그들 또는 그들의 대표들로 구성된 공동위원회를 포함하여, 상호간에 직접적으로 의견을 교환할 수 있다. (*권한있는 당국들은, 협의를 통해, 이 조문에 규정된 상호합의 절차의 이행을 위해 적절한 양국 간 절차, 조건, 방법 및 기법을 개발해야 한다.*)

* 괄호의 이탤릭체 문구는 UN모델에만 포함되어 있음.

제25조 제4항은 권한있는 당국들이 MAPs의 맥락에서 일반적 외교채널에 의존하지 않고 직접 상호의견을 교환할 수 있도록 허용한다.(OMC Art.25/4 & 57) 실무 상 주요 선진국들의 권한있는 당국 간 양자회의가 연간 또는 반년마다 주기적으로 열린다. 물론, 우편, 팩스 및 전화와 같은 다른 형태의 의견교환도 이용할 수 있다. 특히, 국가들이 공동위원회(joint commission)를 설치하는 것을 선택할 수 있다.(OMC Art.25/58)

권한있는 당국들이 독립적이고 충분한 자금조달을 포함하여 과세당국의 조사기능과 독

242) 대법원 2016.12.15. 선고 2015두2611 판결
243) Roland Ismer, *op.cit*, p.1806

립성을 유지하는 것이 좋은 관행이다. 특히, 납세자는 직접 또는 대리인을 통해 서면·구두로 의견을 개진하거나 대리인의 조력을 받을 권리를 부여받아야 한다.(OMC Art.25/60) 반면에, 절차의 특별한 성격에 비추어 위원회의 서면보고서를 납세자 또는 그의 대리인에게 공개하는 것은 보장되지 않는다.(OMC Art.25/61)

이 조항의 직접 의견교환 채널은 개별사안 MAP, 의문해결 MAP, 그리고 빈틈보충 MAP 등의 모든 절차에 적용된다. 그러나, 조세조약에 제26조와 같은 규정이 대규모 정보교환 조항을 포함하지 않은 경우 이를 이행하는 것과 같은 다른 목적은 포함되지 않는다.

5 중재제도

〈OECD모델 제25조 제5항〉

5. a) 제1항에 따라서, 어느 인이 일방 또는 양 체약국의 조치가 자신에 대하여 협약의 규정에 부합하지 아니하는 과세상 결과를 초래했다는 근거하에 일방 체약국의 권한있는 당국에게 사안을 제기하고, 그리고 b) 그 권한있는 당국이 타방체약국의 권한있는 당국에게 그 사안을 제기한 때로부터 2년 이내에 제2항에 의해 그 사안을 해결하는 합의에 도달할 수 없는 경우, 그 사안에서 발생하는 미해결 사안들은 그 인이 요청하는 경우 중재에 회부되어야 한다. 그러나, 이들 미해결 사안들은 어느 국가의 법원 또는 행정심판소에 의한 결정이 이미 내려진 경우에는 중재에 회부되지 않는다. 그 사안에 의해 직접적으로 영향을 받는 인이 중재 결정을 이행하는 상호합의를 불수용하지 않는 한, 중재 결정은 양 체약국을 기속하며 양 체약국의 국내법상 시효에도 불구하고 이행되어야 한다. 권한있는 당국들은 상호합의에 의해 이 조항의 적용방식을 결정한다.

가. 의의

제25조 제5항은 권한있는 당국들이 일정기간(OECD모델 2년, UN모델 3년) 이내에 분쟁을 해결할 수 없는 사안에 대한 의무적 중재(arbitration)를 통해서 개별사안 MAP을 보완한다. 한편, UN모델 제25B조의 중재조항은 다음 측면에서 OECD모델과는 다르다. 첫째, 유예기간이 2년이 아니라 3년이다. 둘째, 중재는 납세자가 아니라 권한있는 당국에 의해 요청되어야 한다. 셋째, 권한있는 당국들은 중재 결정과 다른 결정을 할 수 있다.

본 조항은 납세자에게 2년 이내에 권한있는 당국이 상호합의에 도달할 수 없었던 미해결 사안의 중재 요청을 허용하는 메카니즘을 규정한다. MAP은 조약상 분쟁을 해결하는 효과적이고 효율적인 방법을 제공하지만, 권한있는 당국들이 양국의 과세가 조세조약에 부합하다는 것에 합의할 수 없는 경우가 있다. 중재절차는 미해결 사안에 대한 독립적 결정을 허용하고, 이를 통해 상호합의에 도달하도록 함으로써 그 사안들이 해결되도록 허용한다. 이 절차는 조약적용과 관련한 분쟁해결을 위한 MAP의 필수적 부분이다.(OMC Art.25/5) 또한, 권한있는 당국의 사전승인에 의존하지 않고 필요적 절차요건이 충족되면 미해결 이슈들이 중재에 회부되어야 한다.(OMC Art.25/63)

본 조항의 중재는 대안적 또는 추가적 청구절차가 아니다. 권한있는 당국들이 합의에 도달한 경우에는 청구인이 합의가 옳은 해결책이라고 생각하지 않을지라도 중재로 이행할 미해결 이슈는 없다. 따라서, 본 조항은 권한있는 당국들이 하나 또는 그 이상의 이슈들에 대한 합의에 도달할 수 없는 경우 중재를 통해 미해결 사안의 결정이 가능하도록 하는 MAP의 확장이다. 따라서, 합의에 장애가 되는 특정 이슈에 대한 논의는 중재 과정을 통해서 다루어지는 반면, 사안의 합의는 MAP을 통해 계속 달성된다. 이는 중재재판부의 소관이 전체 사안을 해결하도록 확장되는 상업적 또는 정부-민간당사자 간 중재재판과는 구별된다.(OMC Art.25/64) 조세조약 상 중재는 상업적 중재(commercial arbitration)와 상당한 구조적 차이가 있다. 상업 중재재판은 법원을 대체하는 반면, 조세조약 상 중재는 단지 정부 간 협상을 보완할 뿐이다.[244)]

그러나, 일부 국가에서는 국내의 법률, 정책 또는 행정적 고려가 본 조항에 규정된 유형의 중재절차를 허용하지 않을 수 있다. 따라서, 본 조항은 각국이 해당 절차가 효과적으로 이행될 수 있다고 결론을 내리는 경우에만 조약에 포함되어야 한다.(OMC Art.25/65) 또한, 일부 국가들은 보다 한정된 사안으로 본 조항의 적용범위를 제한하고자 할 수 있다. 예를 들어, 성격상 사실관계에 대한 이슈로 제한될 수 있다. 또한, 이전가격 또는 PE의 존재 등 특정 유형의 사안에서 발생하는 이슈의 경우에는 항상 활용할 수 있는 반면, 다른 사안들은 사안별로 중재를 확대하도록 규정하는 것도 가능하다.(OMC Art.25/66)

중재제도와 관련하여, 우리나라는 2020년 세법 개정시 "신청인은 MAP 개시 이후 조세조약에서 정한 기간이 지날 때까지 우리나라와 체약상대국의 권한있는 당국 사이에 합의가 이루어지지 못한 경우 조세조약에서 정하는 바에 따라 권한있는 당국이 각각 선정한

244) Roland Ismer, *op.cit*, p.1810

중재인단을 통하여 분쟁을 해결(이하 '중재'라 한다)하는 절차의 개시를 기획재정부장관이나 국세청장에게 요청할 수 있다."는 규정을 신설하였다.(국조법 §43 ①) 다만, "중재의 신청대상, 신청시기, 적용가능 사건의 범위, 중재인의 구성, 의사결정 방법, 중재 결정의 효력 등 중재에 관한 구체적인 사항은 조세조약에서 정하는 바에 따른다."(국조법 §43 ②)고 규정함으로써, 향후 개별 조세조약에 중재 조항을 포함할 경우를 대비하여 중재절차의 이행에 대한 국내법적 근거를 마련하였다.

나. 중재의 요건

조세조약 상 중재는 당사자들 스스로 선정한 중재인들(adjudicators)에 의해 조약과 관련한 국가 간 분쟁의 최종 해결을 위한 법적 절차이다. 따라서 분쟁당사자들의 참여에 의해 임명된 제3자가 기속력이 있는 결정을 내리는 준사법적 성격을 가진다. 그러나, 국내법원 절차와는 상당한 차이점들이 존재한다. 중재절차는 당사자가 중재인을 임명할 권리를 가지고, 또한 중재와는 독립적으로 중재기간 동안에 상호합의에 도달할 가능성도 가진다. 상설 법원과 달리, 중재인단(arbitration panels)은 각 개별사안을 다루기 위해 설치된다.[245)]

OECD모델 제25조 제5항 및 UN모델 제25B조 제5항의 중재조항은 권한있는 당국들이 일정기간 이내에 개별사안 MAP을 해결하는데 실패하고, 관련 납세자가 요청하는 경우의 의무적 중재에 대해서 규정한다. 납세자는 자신의 사안이 중재에 회부되는 것을 자유롭게 선택할 수 있다. 설령 양국이 그 사안이 중재로 이행하는 것을 원하지 않는다고 합의할지라도 그 사안을 해결하지 않는 한 중재로 가는 것을 회피할 수 없다. 중재는 과거 일부 조약들에서 볼 수 있는 양 당국이 합의한 경우에만 또는 어느 국가도 반대하지 않는 경우에만 중재가 개시되는 자발적 중재조항과는 구별된다. 이 제도의 도입은 납세자 관점에서 개별사안 MAP에 대한 취약성을 반영한다. 개별사안 MAP은 납세자가 절차적으로 취약한 위치에 있고, 절차가 종료되는데 지나치게 장기간이 걸리며 상호합의 도달 또는 이행에 대한 보장도 없다는 것이다.

중재는 개별사안 MAP과 구별되는 절차는 아니다.(OMC Art.25/64) 이는 권한있는 당국들이 협상을 통해 상호합의에 도달할 수 없는 경우의 2단계 MAP에 해당한다. 이는 납세자가 MAP 당사자가 아닌 것처럼, 중재 당사자도 아니라는 점과 중재가 개별사안 MAP

245) Roland Ismer, *op.cit*, p.1809

보다 더 큰 정도로 국내법원 절차를 대체하는 것도 아니라는 사실에서 알 수 있다.

중재는 개별사안 MAP의 모든 요건들이 충족되었어야 제기할 수 있다. 중대한 위반 등 MAP을 이용할 수 없는 경우 중재를 제기할 수 없다.(OMC Art.25/68) 따라서 일반적으로 제3항의 의문해결 MAP과 빈틈보충 MAP은 중재에 적합하지 않다. 그러나, 양 체약국들이 일반적 적용 또는 특정 사안을 다루기 위해 중재절차를 실행하고자 원할 경우 상호합의를 통해 그렇게 하는 것은 가능하다.(OMC Art.25/69) 상호합의 사안은 가령, 제4조 제2항 d)호처럼 다른 특정 조약규정으로부터 발생할 수 있다. 만약 권한있는 당국이 그 사안에 대한 합의에 도달하지 못하고 이것이 조약과 부합하지 않은 과세를 초래한다면, 제5항의 적용도 가능할 것이다.(OMC Art.25/73)

중재절차는 조약규정과 부합하지 않은 과세가 실제로 일방 또는 양 체약국의 조치에서 비롯된 것이라고 생각하는 경우에만 이용할 수 있다. 즉, 개별사안 MAP은 미래의 임박한 과세사안에도 열려있지만, 중재는 그렇지 않다. 본 조항 첫째 문장에서 현재완료형을 사용(have resulted)한 것처럼 실제 과세가 요구된다.(OMC Art.25/72)

중재로 이행하기 위해서는 분쟁이 완전히 해결되지 않아야 한다. 개별사안 MAP에 의해서 부분적 해결만이 이루어진 경우 미해결 이슈에 대한 중재를 배제하지 못한다. 따라서 권한있는 당국 중 일방이 사안이 종결되었으므로 관련 인이 미해결 사안의 중재를 요청할 수 없다고 일방적으로 결정할 수는 없다. 그러나, 양 당국이 양국의 과세가 조약과 부합하다는 것에 합의한 경우에는 조약규정에 의해서 다루지 못한 이중과세가 존재할지라도 미해결 이슈가 없으므로 사안이 해결되었다고 간주할 수 있다. 납세자의 요청이 있는 경우 단지 사안이 중재에 적합하지 않다는 공통의 이해가 있다고 해서 분쟁이 중재로 이행하지 못하는 것은 아니다.(OMC Art.25/71)

2년 시한은 타방체약국의 당국에게 사안을 제출하는 때부터 시작된다. 2년 시한의 개시 결정은 사안에 내재된 이의제기가 정당한 것인지 여부를 결정하기 위해 권한있는 당국들에게 충분한 정보가 제출되었다는 것을 전제로 한다.(OMC Art.25/75) 어떤 종류의 정보가 요구되는지는 제5항의 적용방식을 규정한 상호합의에서 명시될 것이다. 제출 주체는 반드시 권한있는 당국일 필요는 없고, 권한있는 당국에 사안을 제기한 인이 타방국의 당국에게도 역시 사안을 제출할 수 있다. 일단 MAP이 2년 이상 지연되었다면, 납세자는 과세가 발생한 어느 때든지 중재를 요청하는 단계로 이행할 수 있다. 그러나, 본 조항 첫째 문장은 사안의 제기가 "조치가 ~ 결과를 초래했다는 근거하에" 이루어졌어야만 한다고 요구한다. 이는 2년 시한이 조약과 부합하지 않은 과세가 실제로 발생한 이후에만 시작된다는 것을 시사한다.

중재는 제1항에 의해 사안을 제기했던 인이 신청을 해야 한다. 이는 납세자가 중재에 사안을 제기할지 여부, 그리고 2년 기간 경과 후 언제 제출할지 여부를 선택할 수 있다는 것을 의미한다. 따라서 중재의 청구는 자동적인 것은 아니다. 사안을 제기한 인은, 예컨대 권한있는 당국에게 사안을 해결하기 위한 더 많은 시간을 허용하기 위해 2년 기간이 종료된 이후까지도 기다리거나 또는 사안을 제기하지 않는 것을 선호할 수 있다.(OMC Art.25/70)

중재에 제출된 이슈가 어느 국가의 국내소송을 통해 이미 해결된 경우에는 중재를 계속하는 것이 허용되어서는 안 된다. 즉, 어느 국가의 국내법원 또는 행정심판소의 결정이 이미 내려진 이슈에 관해서는 조세조약 상 중재가 배제된다.(OMC Art.25/76) 중재 결정이 이행될 수 없을 때 중재가 제기되어서는 안 된다. 그러나, 오직 한 국가만이 법원결정에 기속되는 경우에도 해당 조항이 적용되는 것은 지나치다는 비판적 견해가 있다. 실제로 이는 설령 타협의 여지가 없을지라도 권한있는 당국들은 개별사안 MAP을 개시할 수 있다는 점에서 개별사안 MAP에 대한 일반원칙보다도 더 나간 것이라고 한다.[246)]

하나의 인을 기속하는 법원결정이 내려진 경우 중재 전체를 배제하는 것이 충분한 것인지 의문이 제기된다. 해당 조항에 의해 직접 영향을 받는 모든 인들이 법원결정에 기속되기 때문에 한 당국이 특정 이슈에 대한 중재 결정을 이행할 가능성이 존재하지 않을 때에만 적용되어야 한다. OECD 역시 사안에서 발생하는 특정 이슈에 대한 법원 결정을 양 당국들이 따르지 않을 수 있는 경우에는 해당 조항이 생략될 수 있다는 점을 시사한다.(OMC Art.25/74)

대다수 국가들이 채택하는 MAP 접근방법은 다음과 같다. 첫째, MAP과 국내 법적구제를 동시에 추구할 수 없다. 국내 법적구제가 여전히 이용가능한 경우, 권한있는 당국은 일반적으로 납세자에게 국내구제의 중지를 요구하거나 또는 국내구제가 끝날 때까지 MAP을 연기하도록 요구할 것이다. 둘째, MAP이 먼저 제기되고 상호합의에 도달한 경우, 사안에 의해 직접 영향을 받는 납세자 및 기타 인들은 합의를 거부하고 중지된 국내구제를 추진할 수도 있다. 반대로, 이들이 합의가 적용되기를 선호한다면 합의된 이슈에 대한 국내 법적구제의 실행을 포기해야 할 것이다. 셋째, 일방국에서 국내 법적구제가 먼저 제기되고 종결된 경우, 어떤 인은 타방국에서 이중과세 구제를 얻기 위해서만 MAP을

---

246) Roland Ismer, *op.cit*, p.1813.

제기할 수 있다. 일단 특정 사안에서 법적 결정이 이루어지면 대부분의 국가들은 MAP을 통해서는 해당 결정을 뒤집는 것이 불가능하다고 생각하고, 타방국에서 구제를 얻기 위한 노력으로서만 후속적 MAP의 적용을 제한할 것이다.(OMC Art.25/76)

개별사안 MAP에 대해 규정된 원칙들은 중재 국면에서도 계속해서 적용된다. 중재는 개별사안 MAP과 독립된 절차가 아니고 그 일부를 구성한다. 따라서, 계류중인 국내 구제절차는 중재 결정이 내려질 때까지 중지된다. 중재 결정이 내려질 때, 사안에 직접 영향을 받는 인들은 해당 결정을 수용할지 또는 국내 구제절차를 계속할 것인지 여부를 선택해야 한다.(OMC Art.25/77)

일부 국가들은 국내 구제절차의 사전포기를 요구한다. OECD는 그러한 상황에서 납세자보호의 필요성을 인정하고 체약국들이 이중과세에 대한 구제와 납세자 진술권을 보장할 메카니즘을 포함하도록 요구한다.(OMC Art.25/80) 이러한 OECD 입장과 달리, 국내 구제절차의 사전 포기조항이 조세조약에 포함되어서는 안 된다고 주장하는 견해가 있다. 왜냐하면, 중재는 법원절차에 대한 대체가 아니며, 그러한 국내 구제절차의 사전포기 요건은 중재가 개별사안 MAP의 중요한 부분을 구성한다는 중재의 기본구조와 상충되기 때문이다. 개별사안 MAP이 그러한 포기를 요구하지 않는데, 그 절차가 중재 단계에 도달한 경우에 달라져야 할 아무런 이유가 없다는 것이다.(OMC Art.25/79)[247]

다. 중재의 절차

체약국들은 이상적으로는 분쟁이 발생하기 전에 체결된 상호합의에서 절차적 규정들을 합의할 수 있지만, 후속 상호합의에 의해 변경될 수도 있다.(OMC Art.25/Annex11) 특히, 중재인 선정과정을 명시할 필요가 있다. 중재인들이 사안과 직접 관련되지 않은 정부 관료들일 수도 있기 때문에 당사자 독립성의 중요성과 절차의 정부 대 정부의 성격이 강조된다.(OMC Art.25/Annex15)

절차의 성격은 권한의 조건이 권한있는 당국과 그들이 선정한 중재인들에 의해서 정의된다는 사실로 명확해진다. 납세자 참여 및 비용과 관련하여 개별사안 MAP에서 적용된 규정들이 계속 유효하다. 납세자는 당사자가 아니지만, 중재인들에게 자신의 입장을 서면으로 제출할 수 있고, 또한 구두로 설명할 기회를 부여받을 수 있다. 각 당사자가 각자의 비용은 물론 자신의 중재인들의 비용을 부담해야 하고, 나머지 비용들은 양 국가들이 공

247) Roland Ismer, *op.cit*, pp.1813~1814

평하게 부담해야 한다. 그러나 예외적으로 중재인단 회의와 중재절차의 수행에 필요한 행정인력 관련비용은 중재를 초래한 사안이 최초로 제기된 권한있는 당국이 부담한다.

이와 관련하여 우리나라 세법은 "중재 신청인은 조세조약이 정하는 바에 따라 중재절차의 개시일부터 종결일까지 조세조약의 해석 및 적용, 소득금액의 적용, 중재인 선정 및 그 밖의 중재절차의 진행 등에 관한 의견을 제출할 수 있다."(국조령 §86 ①) 또한, "중재 신청인은 조세조약이 정하는 바에 따라 중재절차에서 직접 서면으로 의견을 제출하거나 구두로 의견을 개진할 수 있다. 다만, 이로 인하여 발생하는 비용은 모두 중재 신청인이 부담한다."(국조령 §86 ②)고 규정하고 있다.

라. 중재의 결정 및 이행

중재 결정은 통상 중재인들에 의한 다수결 투표방식으로 이루어진다. 결정방법으로 독립적 의견 제시방법과 최종적 제안방법이 있다. OECD가 채택한 독립적 의견 제시방법은 중재인들이 쟁점이슈의 정확한 해결방안에 대한 독립적 의견을 제공한다. 국가들의 법률적 입장에 기속되지 않고 자신들만의 독립적 해결방안을 도출한다. 반면, UN은 최종적 제안방법에 토대한 간소화된 절차를 제안하는데, 권한있는 당국들이 각각 최종 제안을 하고 중재인들은 이들 제안 중에서 선택하도록 제약을 받는다. 그들은 자신의 해결방안을 도출할 수 없고 두 제안에 의해 기속된다. 두 방법 간의 선택은 중재를 어떻게 이해하는지에 달려있다. 준사법절차로 간주하는 경우에는 독립적 의견제시 방법이 선호된다. MAP 협상과정의 난관을 극복하기 위한 방법으로 인식하는 경우에는 최종적 제안방법이 선호된다. 중재인들은 조약규정들은 물론 국내법을 토대로 결정을 한다. 조약의 해석은 VCLT 제31조 내지 제33조에 규정된 원칙을 따른다.

결정이 당사국에 전달된 이후 6개월 내에 당사국들이 다른 해결에 합의하는 경우 중재결정을 따르지 않을 수 있는 UN모델과 달리, OECD모델에서는 체약국들은 중재 결정에 기속된다. 일단 중재 결정이 내려지면, 체약국들은 그에 기속된다. 따라서 사안에 의해 직접 영향을 받는 인에 대한 과세는 중재 결정과 부합해야 하고, 중재 결정은 상호합의에 반영될 것이다.(OMC Art.25/81) 체약국들은 다른 상호합의에 의해 그 결과를 변경시킬 수 없다. 그러나, 체약국들은 중재 결정이 내려지기 전에는 상호합의에 도달할 수 있다.

기속의 효과는 중재에 제출된 이슈로, 그리고 제1항에 의해 권한있는 당국에게 제기되었던 특정 사안으로 한정된다. 체약국들은 장래에 대한 또는 다른 납세자들에 대한 중재 결정에 기속되지 않는다. 권한있는 당국이 해당 결정에 토대하여 기타 유사한 사안을 해결하지 못하도록 할 수는 없지만, 그렇게 할 의무는 없다.(OMC Art.25/83) 따라서 중재 결정은 선례로서의 가치를 갖지 못한다. 양 체약국을 기속한다는 것은 반대로 다른 인들은 중재 결정에 의해 기속되지 않는다는 것을 의미한다. 특히, 제1항에 의해 사안을 제기했던 인 또는 제5항에 의해 중재를 요청했던 인은 중재 결정에 기속되지 않는다. 왜냐하면 이들은 중재 절차의 당사자가 아니기 때문이다. 따라서 납세자는 합의를 거부하고 중지된 국내 구제절차를 지속할 수 있다.

UN모델과 유사하게, 권한있는 당국들이 다른 해결방안에 합의할 수 있는 경우 중재 결정을 따르지 않을 수 있도록 허용하기를 원하는 국가들은 본 조항의 세 번째 문장을 다음과 같이 자유롭게 수정할 수 있다.(OMC Art.25/84)

〈OECD모델 제25조 제5항 대안규정〉

해당 사안에 의해 직접적으로 영향을 받는 인이 중재 결정을 이행하는 상호합의를 불수용하지 않는 한, 또는 권한있는 당국들과 해당 사안에 의해 직접 영향을 받는 인들이 해당 결정이 그들에게 전달된 후 6개월 이내에 다른 해결방안에 합의하지 않는 한, 해당 결정은 양 체약국을 기속하며 양 체약국의 국내법상 시효에도 불구하고 이행되어야 한다.

중재 결정의 이행은 두 단계로 이루어진다. 첫째, 중재는 6개월 이내에 상응하는 상호합의를 도출함으로써 이행되어야 한다. 둘째, 권한있는 당국들은 제2항에서 규정된 대로 그 상호합의를 이행해야 한다. 상호합의가 체결되지 않거나 이행되지 않은 경우 새로운 조약과 부합하지 않은 과세가 존재하는 것이고, 따라서 새로운 MAP을 제기할 수 있다. 결정은 국내법상 시효에 관계없이 이행되어야 한다. 이 조항이 없더라도, 중재 결정은 체약국들이 상응하는 상호합의를 체결해야만 하도록 체약국들을 기속할 것이다. 그 합의는 어떤 경우에도 국내법상 시효에 관계없이 이행되어야 한다.

중재를 제기한 인만이 아니라 중재 결정에 의해 영향을 받는 모든 인들은 중재 결과의 수용을 거부할 수 있다. 이는 이들이 절차의 당사자가 아니어서 의견진술권 이외에 결정에 영향을 미칠 수 없다는 사실을 의미한다. 어떤 인이든 중재 결과에 동의하기를 거부하는 경우 관련된 상호합의는 무효이다.

국내 법적구제가 완료되기 전에 상호합의가 달성된 경우 권한있는 당국들은 합의 적용의 조건으로서 영향받은 인들에게 합의된 이슈에 관해 국내 법적구제의 행사를 포기하도록 요구하는 것이 통상적이다. 만약 그러한 포기가 없다면, 후속 법원결정이 권한있는 당국들이 합의를 적용하는 것을 방해할 수 있다. 따라서 중재 결정을 이행하는 상호합의를 제기한 인들이 국내 법적구제의 행사를 포기하는데 동의하지 않는다면, 그 인은 해당 합의를 수용하지 않는 것으로 간주되어야 한다.(OMC Art.25/82)

마. 중재의 적용방식

본 조항의 마지막 문장은 중재 과정의 적용방식이 상호합의에 의해 해결되도록 위임한다. 그러한 상호합의는 부속약정 또는 상호합의 부속서류 방식으로 조세조약과 동시에 체결되어야 한다. 합의가 어떤 형식을 가지든, 중재 결정이 양 국가를 기속해야 하는 본 조항의 요구사항을 고려하여, 본 조문을 적용할 때 따라야 할 구조 및 절차적 규정을 규정해야 한다. 또한, 합의는 미해결 사안을 중재로 가져가기 위해 따라야 할 과정의 세부사항을 규정할 것이기 때문에, 이 합의는 공개되는 것이 중요할 것이다.(OMC Art.25/85)

제10장 조세정보교환

1 정보교환의 국제기준과 목적

가. 정보교환의 국제기준

일방체약국이 타방체약국의 영토에서 세무조사를 수행하는 것이 허용되지 않기 때문에 정보교환이 필요하다. 따라서 정보교환은 조약규정들을 정확히 적용하기 위한 것이지만, 국내법의 집행을 위한 정보교환도 역시 포함한다.

2009년 이후 정보교환의 국제기준은 전통적인 양자 간 요청에 의한 정보교환은 물론, 최근에는 자동정보교환과 다자간 정보교환에 초점이 맞추어지는 등 빠르게 변화하고 있다. 국내법에 따른 과세가 조세조약과 상반되지 않는 한, 그리고 정보를 교환하는 체약국의 국내법에 의한 조사가 조약과 상반되지 않는 한 정보교환 의무는 존재한다.

정보교환은 유해조세경쟁에 의해 야기된 탈세 및 조세회피에 대응하기 위한 것이다. OECD/UN모델 제26조 정보교환 규정이 제25조에 의해 MAP이 개시되는 상황을 포함할 수 있지만, 제26조의 적용범위가 더 넓다. 정보요청은 조약상 다른 규정의 적용과 독립적으로 넓은 범위를 갖는다. 정보요청을 받은 국가는 요청을 자국 법률에 의해서가 아니라 조약규정에 따라서 해석해야 한다. 그러나 정보확보에 대한 국내법상 제약은 물론 과거 양자조약에 정보교환이 포함되지 않은 경우도 있었기 때문에, 글로벌포럼에 의한 동료평가 작업이 있기 전까지 그 독립성은 상대적인 것이었다.

정보교환에 대한 국제기준은 당초 요청에 의한 정보교환에만 관련되었다. 2009년 OECD에 의해 개발되고 G20에 의해 승인된 국제기준은 국내조세상 이해관계 또는 조세목적 상 금융비밀보호에 관계없이 국내세법의 집행 및 시행을 위한 모든 조세사안에서 요청에 의한 정보교환을 요구한다. 국제기준은 교환된 정보의 비밀보호를 위한 광범위한 안전장치를 제공한다. 그리고, 2013년에는 OECD가 제안한 다자・양자 간 자동정보교환에 관한 글로벌 모델을 G20에서 채택하는 등 큰 진전이 있었다. 한편, OECD는 2014년 7월

'조세문제에 관한 금융계좌정보의 자동교환기준(Standard for Automatic Exchange of Financial Account Information in Tax Matters)'을 발표하였는데, 동 기준은 권한있는 당국 간 협정(Competent Authority Agreements: CAAs), 공통보고기준(Common Reporting Standard: CRS)을 포함하고 있다. 이들 CAA모델과 CRS는 금융계좌정보의 자동정보교환에 관한 글로벌 모델로서 금융계좌에 대한 보고(reporting), 평가(due diligence), 정보교환에 관한 공통기준을 포함한다. 글로벌 모델은 자동정보교환에 관한 최소기준을 규정하기 때문에 다른 유형 또는 범주의 자동정보교환을 제한하지는 않는다. 예를 들어, CRS는 다자간 접근으로서 정부 간 접근방법인 미국 FATCA 보고기준과는 일부 다른 점이 있다. 글로벌 모델은 국내법에 CAAs의 체결 및 CRS의 집행을 요구하는 보고제도를 규정한다. OECD/UN모델 제26조 및 'EC/OECD 다자간 조세행정 공조협약(EC/OECD Multilateral Convention on Mutual Administrative Assistance in Tax Matters)은 CAAs의 체결 및 후속적인 자동정보교환에 대한 법적 근거이다.[248)]

따라서 현재의 국제기준은 다자간 자동정보교환을 지향하고 있다고 할 수 있다. 궁극적으로는 저인망식 정보수집을 방지하기 위한 OECD모델 제26조 제1항과 TIEAs 모델협약 제1조에 따른 '예상가능한 적절성' 조건을 제거하는 것을 지향할 것으로 전망된다.[249)]

나. 요청에 의한 정보교환

요청에 의한 정보교환은 OECD/UN모델 제26조뿐만 아니라 2002년 조세정보교환협정(Tax Information Exchange Agreements: TIEAs)에 관한 모델협약과 2010년 'EC/OECD 조세행정 공조협약' 부속약정에 근거를 둔다. 이들은 요청받은 국가의 국내 이해관계, 금융비밀보호와 상관없이 예상가능한 적절성이 있는 경우 요청에 의한 정보교환을 요구한다.(OMC Art.26/19.10 & 19.11) 2013년까지는 국제기준이 TIEAs의 적용범위와 일치하였기 때문에, 요청에 의한 정보교환을 요구한 것으로 이해되었지만, 이제는 국제기준이 자동정보교환과 다자간 정보교환의 방향으로 변화하고 있다.

정보교환은 유해조세관행을 제거하기 위한 핵심 해결방안으로 인정받았다. 유해조세경쟁은 조세회피처와 관련되어 있다. 조세회피처는 개인에게 거주지국의 소득세를 회피하도

---

248) Ana Paula Dourado, "Article 26: Exchange of Information", *Klaus Vogel on Double Taxation Conventions(4th Ed.)*, Wolters Kluwer, 2015, pp.1853-1856

249) Ana Paula Dourado, *op.cit*, p.1930

록, 그리고 기업에게 장부상 이윤을 조세회피처로 이전하도록 허용하는 한편, 금융기관에게 규제를 회피하도록 허용하고 타 국가들이 규제기준을 낮추게 하는 등 타 국가의 조세수입을 잠식하는 것과 관련된다. 특히, 금융비밀주의는 국제적으로 조직된 범죄활동을 촉진할 수 있다.

2009년까지 OECD는 조세회피처 판정을 위해 다음 4가지 기준을 제시하였다. 첫째, 세금이 없거나 명목적 세금만을 부과하는 국가, 둘째, 투명성의 부족, 셋째, 저율과세로 혜택을 받는 납세자에 대한 타 국가와의 실효적 조세정보교환을 법률 또는 행정관행이 방해하는 경우, 넷째, 실질적 활동요건을 부여하지 않는 경우 등이다. OECD는 2000년과 2004년에 조세회피처 명단을 발표하였다. 그러나 2009년 4월 런던 G20회의에서 '금융비밀주의 시대의 종언'을 선언한 이후의 OECD의 정보교환 노력은 정보교환에 관한 글로벌포럼의 동료평가에 초점이 맞추어져 왔다.[250)]

다. 정보교환의 목적과 범위

정보교환은 전세계소득에 대해 과세하는 거주지국 관점에서 과세권의 정확한 제한 및 후속적 배분에 중요하고 필수적이다. 그러나, 정보교환은 소득의 원천 또는 납세자의 거주지에 관한 분쟁을 해결하는데도 역시 중요하다. 정보교환은 체약국의 거주자 사안으로만 제한되지 않고, 조세조약에 포함된 조세로만 제한되지도 않는다. 따라서, 정보교환은 다른 규정들보다 넓은 적용범위를 가지며, 과세권의 정확한 배분 및 이중과세 또는 비과세 방지에 중요한 수단이지만, 궁극적으로는 국내조세상 이해관계를 충족시키기 위한 것이다.

2009년 이후 과거 조세회피처로 분류된 국가들에 대한 OECD의 압력은 양자조약의 실행 여부와는 독립적으로 광범위한 TIEAs의 체결을 초래하였다. 정보교환은 과세당국에게 조약규정의 잘못된 적용을 방지하기 위한 소극적 목적뿐만 아니라, 체약국들이 세무조사 등을 통해 국내세법을 집행하는 데 필요한 수단을 제공하는 적극적 목적을 가진다.

과세권의 정확한 제한을 위한 정보요청은 거주지국과 원천지국 모두의 주된 관심사이다. 거주지국은 원천지국에게 소득금액에 대해서, 그리고 원천지국은 거주지국에게 납세자와 연관된 법적 조건들에 관해 요청한다. 예를 들어, 제12조의 적용을 위해 거주지국은 원천지국에게 자국 거주자에게 송금된 사용료 금액을 요청하고, 원천지국은 수취인 국가에게 원천징수를 면제하기 위하여 수취인이 거주자인지 여부 및 수취인이 사용료의 BO인

250) Ana Paula Dourado, *op.cit*, p.1857

지 여부를 요청할 수 있다. 또한, 제7조, 제9조 및 제23A/B조의 적용을 위해, 서로 다른 국가들의 특수관계기업 간 또는 본점과 PE 간 이윤의 적절한 배분을 위해 정보가 필요할 수 있다. 또한, 제9조의 적용을 위해서, 기업들이 특수관계에 있는지 여부를 판단하기 위해 외국의 인에 대한 소유 및 지배에 관한 정보가 필요할 수 있다.

2 최근 정보교환의 진전 상황

가. OECD모델의 변화

1963년 OECD모델은 조약에서 다루는 조세에 대한 과세가 조약과 부합하는 한, 양 체약국에게 조세조약과 국내법의 시행을 위해 필요한 정보를 교환하도록 요구하였다. 1977년 OECD모델에서는 조세조약 혜택을 받지 않는 납세자들로 적용범위가 확장되었다. 일방체약국은 예를 들어, 타방체약국에서 수행된 제3국 거주자의 활동에 관한 정보와 같이 타방체약국과 어떤 연계성을 가지는 제3국 거주자에 관한 정보를 타방체약국에 요청할 수 있다. 또한, 독립적으로 규정되었던 취득정보에 대한 비밀유지가 국내법을 상호 참고하도록 변경되었다. 2000년 OECD모델에서는 정보교환의 범위가 체약국 또는 그의 정치적 하부기구 또는 지자체에 의해 부과된 모든 종류와 명칭의 조세로 확대되었다.

2005년 OECD모델에서는 2002년 'TIEAs에 관한 모델협약'을 반영하여 정보교환에 관한 현재의 국제기준을 포함하고 있다. 즉, TIEAs에 관한 모델협약에 따라서 종전의 '필요한(necessary)' 기준이 '적절한 것으로 예상되는(foreseeably relevant)' 기준으로 대체되었다. 또한, 제4항에서 요청받은 국가가 조세상 이해관계를 가지고 있지 않을 때에도 정보가 수집되고 교환될 수 있다는 점을 명확히 하였다. 그리고, 제5항을 도입하여 정보교환을 거부하는 논거로 금융비밀유지를 주장할 수 없도록 하였다.

한편, 2012년 OECD모델에서는 제26조 제2항에서 권한있는 당국이 수집된 정보를 다른 목적으로 사용할 수 있도록 허용하였다.(OMC Art.26/4.3) 또한, 주석에 '예상가능한 적절성(foreseeable relevance)' 기준과 '저인망식 정보수집(fishing expedition)' 용어에 대한 해석을 추가하였다. 특히, 제5항은 은행정보 접근 및 교환과 같이, 일방체약국의 국내법 또는 관행에서 허용되지 않는 조치를 채택하는 경우에 상호주의원칙이 적용된다는 것

을 명확화하였다.(OMC Art.26/15)[251]

나. 조세정보교환에 관한 글로벌포럼

OECD는 1998년 유해조세경쟁 보고서를 통해 조세관행이 경쟁에 유해한지 여부를 식별하는 주된 기준으로 실효적 정보교환의 부족을 지적하였다. 동 보고서에서 다룬 조세회피처와 조세특례제도에 공통적인 특징으로 실질적 조세부담의 결여, 실효적 정보교환의 부족 및 투명성 부족 등 세 가지를 열거할 수 있다. 실질적 활동이 없다는 것은 조세회피처만의 특징이며, 외국투자자들을 유인하기 위한 조세제도 혜택의 차별(ring-fencing)은 조세특례제도만의 주요 특징이라고 할 수 있다. 결론적으로 동 보고서의 권고사항들을 다음 세 가지로 나누어 볼 수 있다. 첫째, 국내 입법 및 관행과 관련된 것으로서, 예컨대 CFC 규정의 도입, 국제거래 정보보고제도의 채택, 조세목적 상 금융정보 접근 등이다. 둘째, 조세조약 대응과 관련된 것으로서 예컨대, 정보교환의 효율적 이용을 확대하는 것이다. 셋째, 유해조세관행에 대응하기 위한 국제협력 강화방안으로서 예컨대, 조세회피처 명단의 작성 등이다.

이러한 배경에서 2000년 초 조세회피처에 관한 OECD기준을 보다 정교화하기 위해 '실효적 조세정보교환에 관한 글로벌포럼 작업반(Global Forum Working Group on Effective Exchange of Information for Tax Purposes)'이 설치되었고, 2002년 'TIEAs에 관한 모델협약'이 제정되는 결실로 나타났다. 그러나 TIEAs에 관한 모델협약은 조세회피처와 같이 조세조약이 적합하지 않은 국가들과의 체결을 목적으로 한 것이기 때문에 제26조보다 좁은 범위의 요청에 의한 정보교환만을 다룬다.

한편, 2009년 4월 G20 정상회의 이후, 9월 G20의 요청에 부응하기 위해 '투명성과 조세정보교환에 관한 글로벌포럼'(Global Forum on Transparency and Exchange of Information for Tax Purposes: 이하 '글로벌포럼')이 새롭게 개편되었다. 정보교환과 국제적 세무투명성에 관한 OECD/EC기준을 이행하기 위하여 글로벌포럼 회원국들은 OECD기준에 따라서 최소 12개국과 양자 조세조약을 체결할 것이 기대되었다. 벨기에, 룩셈부르크, 오스트리아, 스위스는 자국의 금융비밀보호 규정을 이유로 제26조 제5항에 대해 유보의견을 부기하였으나 국제적 압력으로 2009년에 유보를 철회하였다. 글로벌포럼의 기준은 각 회원국에게 요청에 의한 정보교환 메카니즘의 존재, 은행, 소유권, 신원

251) Ana Paula Dourado, *op.cit*, pp.1863-1864

및 회계정보에 대한 신뢰할 수 있는 정보의 이용가능성, 특정 정보요청에 대해 적시에 수집하여 제공할 수 있는 권한, 교환된 정보에 대한 안전장치 및 엄격한 비밀유지 규정을 요구한다. 이들 기준들이 준수되는지 여부는 동료평가 단계에서 검증된다.[252)]

다. 미국 FATCA

2010년 미국 의회는 2015년부터 외국 금융기관에게 (미국의 개인들이 직접 보유한, 그리고 미국의 개인이 소유한 관념상 단체가 보유한 계좌의 이자에 관한) 미국의 인 및 미국 계정을 가진 외국단체들의 금융계좌 정보를 미국 국세청에게 직접 보고하도록 요구하는 내국세입법 규정(IRC §1471-§1474), 소위 FATCA(Foreign Account Tax Compliance Act)를 제정하였다.

FATCA는 다양한 범위의 미국원천 지급금과 보고의무를 준수하지 않는 외국 금융기관의 특정 미국투자의 처분수익에 대해 원천세를 요구하였다. 원천징수는 소득의 수익자가 누구인지에 상관없이 적용된다. 또한, FATCA는 참여 외국금융기관이 비참여 외국금융기관에게 지급하는 금액에 대해 해당 지급금이 경유되는 금액에서 기인한 경우 원천징수할 것을 요구하였다. 이 규정의 목적은, 첫째는 미국에 소재하지 않는 참여 금융기관에 (또는 통해) 투자한 외국 금융기관이 FATCA에 참여하도록 유도하는 것이고, 둘째는 참여 외국 금융기관이 비참여 외국금융기관과의 사업을 중단할 것을 고려하도록 하기 위함이다.

FATCA의 특징은 일방주의(unilateralism)라는 데 있다. 즉, FATCA 제도는 통상적인 국제협력 규정을 준수하지 않았다. FATCA는 외국 금융기관이 자국의 법률과 당국을 뛰어넘어 미국 시민들의 계좌를 주기적으로 미국 당국에 직접 보고하도록 요구했다. 또한, 특정 보유자의 계좌 및 외국 금융기관이 원천징수한 금액을 동결할 수 있도록 했다. 외국 금융기관들은 정보보호, 금융비밀유지 및 기타 그들이 소재한 국가의 규정을 무시하도록 요청받았다.

2012.2월 미국과 영국, 프랑스, 독일, 이태리, 스페인(G5) 재무장관 간에 FATCA제도의 적용상 법률적 난관을 극복하기 위해 타협이 이루어졌다. 즉, 'EU 저축지침(EU Savings Directive)'을 벤치마킹하여 상호주의에 토대하여 금융기관이 요청정보를 자신들이 소재한 곳의 과세당국에게 보고하도록 하였다. 이러한 미국과 G5간의 정부 간 자동정보교환 모델은 2014년 자동정보교환에 관한 OECD모델의 초석이 되었다.[253)]

---

252) Ana Paula Dourado, *op.cit*, pp.1864-1866

253) Ana Paula Dourado, *op.cit*, p.1869

3 정보교환의 기준 및 요건

〈OECD/UN모델 제26조 제1항〉

1. 양 체약국의 권한있는 당국은, 과세가 협약에 반하지 아니하는 한, 협약규정의 실행에 또는 양 체약국 또는 그의 정치적 하부기구 또는 지자체를 위해 부과되는 모든 종류의 조세에 관한 국내법의 집행 또는 시행에 적절한 것으로 예상되는 정보를 교환해야 한다. 정보교환은 제1조 및 제2조에 의해 제한되지 아니한다.

가. 개요

OECD/UN모델 제26조는 국제적으로 합의된 정보교환의 기준 및 법적 근거를 규정하고 있다. 위 조건들이 충족되면 국제법상 정보교환은 의무적이다. 권한있는 당국 간 정보교환은 조약규정의 실행 또는 국내법의 집행 또는 시행을 위해 행해지기 때문에 권한있는 당국들이 해당 정보를 어떻게, 그리고 어떤 법적 구제에 사용할 수 있는지를 결정하는 것은 요청국의 국내규정에 달려있다.

조세 정보교환과 관련하여 우리나라 관련 법률은 권한있는 당국이 "조세의 부과와 징수, 조세불복에 대한 심리 및 형사소추 등을 위하여 필요한 조세정보(실제소유자에 관한 정보를 포함)와 국제적 관행으로 일반화되어 있는 조세정보를 다른 법률에 저촉되지 아니하는 범위에서 획득하여 체약상대국과 교환할 수 있다."고 규정하고 있다.(국조법 §36 ①)

요청에 의한 정보교환의 경우, OECD/UN모델은 정보교환 시행 방식에 관해 언급하지 않고, 양 체약국의 권한있는 당국에게 맡겨놓고 있다.(OMC Art.26/10) 2006년 OECD 정보교환매뉴얼(Manual on the Implementation of Exchange of Information Provisions for Tax Purposes)은 특별한 합의가 없는 경우 행동규칙을 권고하고, 정보요청과 회신의 형식과 내용에 관한 체크리스트를 규정하고 있다. 제26조를 원용할 시점은 국내법 규정에 의해서 결정되는 것이 아니라, 해당 규정의 조건에 따라서 결정된다. 다시 말해서, 제26조의 조건들이 충족되는 한, 요청받은 국가는 요청국가가 특정 정보요청에 대한 국내규정을 준수했는지 여부와 상관없이 정보를 제공해야 한다.

요청에 의한 정보교환과 관련하여 우리나라 법률은 "권한있는 당국은 체약상대국의 권한있는 당국이 조세조약에 따라" 관련 인의 "금융정보를 요청하는 경우 금융정보의 제공을 금융회사 등에 요구할 수 있으며, 금융회사 등에 종사하는 사람은 이를 거부하지 못한다"고 규정하고 있다.(국조법 §36 ③)

특정 범주의 원천소득에 관한 주기적 보고를 통해 자동정보교환이 이루어질 수 있다. OECD가 설계한 자동정보교환에 관한 새로운 글로벌 모델은 다수국가 간에 자동교환 되는 정보의 유형을 표준화하는 데 기여할 것이다. 자동정보교환을 위해 OECD는 정보교환 양식(formats)의 표준화를 권고한다. 2014.7월에 발표된 '조세문제에 관한 금융계좌정보의 자동정보교환에 관한 OECD기준'은 미국의 FATCA에 의해 많은 영향을 받았다. 유일한 국제기준으로서 국가들은 자국의 금융기관으로부터 정보를 수집하여 매년 자동교환한다. 교환대상 계좌정보에는 모든 유형의 투자소득(이자, 배당, 특정 보험소득, 기타 유사한 유형의 소득), 계좌잔고 및 금융자산의 양도금액 등이 포함된다. 금융계좌 정보를 보고할 의무가 있는 금융기관에는 은행, 보관은행, 증권회사, 특정 집합투자기구 및 특정 보험회사 등이 포함된다. 보고대상 계좌에는 개인, 단체 및 이들 단체를 지배하는 개인에게 보고되는 투과단체가 포함된다.[254)]

자동정보교환과 관련하여 우리나라 법률은 "권한있는 당국은 조세조약에 따라 체약상대국과 상호주의에 따른 정기적인 금융정보의 교환을 위하여 필요한 경우 체약상대국의 조세 부과 및 징수와 납세의 관리에 필요한" 관련 인의 "금융거래 내용 등 금융정보의 제공을 금융회사 등의 장에게 요구할 수 있다"고 규정하고 있다.(국조법 §36 ⑥)

나. 예상가능한 적절성 기준

(1) 의의 및 개념

교환정보의 '예상가능한 적절성(foreseeable relevance)' 기준은 종전 '필요성' 기준을 대체하여 도입되었다. OECD모델은 2005년, UN모델은 2011년에 '필요한(necessary)' 문구를 '적절한 것으로 예상되는(foreseeably relevant)' 문구로 대체하였다. '필요한' 또는 '적절한 것으로 예상되는' 표현은 의무적인 정보교환의 조건이고, 기술적 용어가 아니기 때문에 그들의 목적과 관련하여 해석되어야 한다. 정보교환의 목적이 국제적 조세 상황이기 때문에 그 맥락은 예상가능한 관련성에 대한 독립적 해석을 요구한다. 이는 요청

254) Ana Paula Dourado, *op.cit*, pp.1887-1891

받은 국가는 자국의 조세목적 상 필요가 없을지라도 정보를 제공해야 한다는 사실에서도 확인할 수 있다. 그러나 예상가능한 관련성이 조약의 맥락에 따라서 해석되어야 하지만, 요청받은 정보를 수집하기 위해 요청받은 국가의 다른 국내법적 조건들이 적용될 수 있다는 점에는 이견이 없다.

OECD는 '적절한 것으로 예상되는' 용어의 채택을 단순 명확화라고 하지만, 종전의 '필요한' 표현보다 넓은 의미를 가진다고 평가할 수 있다. 왜냐하면, '적절한 것으로 예상되는' 표현은 요청국가 입장에서 얻을 수 있는 혜택이 존재하고, 요청한 정보와 확보된 결과간의 연관성이 '필요한' 경우만큼 강하지 않기 때문이다. 따라서, 요청정보가 '요청국가가 입증할 수 있는 혜택 또는 지원'이 있고, 납세자 및 조세와 관련된 상황을 확인시켜주는 한(즉, 저인망식 정보수집이 아닌 한) 적절한 것으로 예상된다고 간주된다.

요청정보의 적절성에 대한 평가는 조약의 정확한 적용과 국내세법의 집행에 관한 정보 모두, 주로 요청국가에 의해 이루어진다. 따라서 요청받은 국가는 확인된 납세자에 대해 과세와의 연계성이 존재하는 한 예상가능한 적절성이 있는 것으로 추정한다. 따라서 요청받은 국가는 요청에 의한 정보교환의 경계가 넘어서지 않는지를 검증함으로써 예상가능한 적절성 여부를 통제해야 한다. 다시 말해서, 권한있는 당국들은 요청받은 국가 입장에서 요청의 내용, 요청을 야기한 정황 또는 요청정보의 예상가능한 적절성이 명확하지 않는 상황들을 협의해야 한다. 그러나, 일단 요청국가가 요청정보에 대해 예상가능한 적절성에 관한 설명을 제공했다면, 요청받은 국가는 해당 정보가 관련 조사와의 적절성이 부족하다는 이유로 요청을 거부하거나 요청받은 정보를 주지 않고 보류할 수는 없다. 그러나, 요청받은 국가가 요청정보의 일부분에 대해 예상가능한 적절성이 있는지 여부에 대해 의문을 제기하는 경우, 권한있는 당국들은 협의를 해야 하고 요청받은 국가는 요청국가에게 그러한 사실관계에 비추어 예상가능한 적절성을 명확히 하도록 요구할 수 있다.(OMC Art.26/5)

예상가능한 적절성은 정보취득 이후 조세상 기대된 결과에 기여하지 못했을지라도, 사전에 주장된 관련성을 의미한다. 즉, 요청이 이루어질 때 요청정보가 적절할 것이라는 합리적 가능성이 존재할 것을 요구한다. 일단 제공되면 실제 그 정보가 적절한 것인지에 대한 입증 여부는 중요하지 않다. 따라서 진행중인 조사에 대한 정보의 적절성에 대한 명확한 평가가 오직 정보를 입수한 이후에만 가능할 경우에는 정보요청이 거부될 수 없다.(OMC Art.26/5)

또한, 예상가능한 적절성은 과세당국이 구두 또는 서면조사 이후에 요청받은 국가에서의 상황과 관련하여 예컨대, 소득원천, 소득금액 또는 다른 단체와의 관계 등에 대해 의문을 가진다면, 정보요청은 과세절차 중에도 발생할 수 있다. 예를 들어, 타국에 소재한 특수관계기업들 간 적절한 이윤의 배분을 위해서도 정보가 요청될 수 있다.(OMC Art.26/7(c)) 또한, OECD는 (과세 이후 시점에서) 과세이윤의 조정 필요성이 있는 경우는 물론 (과세 시점에서) 적절한 이윤의 결정을 위한 정보요청도 예상하고 있다. 이는 전세계소득 과세 및 해당 이윤에 대해 과세하는 양 체약국과 독립적으로, 특수관계기업이 관련되는 모든 경우에 정보교환이 요청되고 또한 제공되어야 한다는 것을 의미한다. 즉, 정보요청의 논거가 거주지국 과세 또는 전세계소득 과세와 주로 연계되는 것이 아니라, 오히려 이윤의 원천을 정확히 결정하기 위한 수단이라는 것이다. 특히, OECD는 정보교환이 일방체약국의 PE에 귀속시킬 수 있는 적절한 이윤의 결정과 관련하여 발생할 수 있다는 점을 명확히 한다.(OMC Art.26/7(c))

예상가능한 적절성과 필요성은 다른 개념이 아니며, 양적인 의미에서만 차이가 있다. 이는 '적절성'에 대한 입증이 '필요성'의 경우보다 적은 정도로 요구될 수 있다는 것을 의미한다. '필요성' 기준은 요청국가에게 요청정보가 가령, 추가과세와 같은 결과를 변경하는 것을 입증할 것을 요구하는 경우 요청의 적절성은 조사가 요청국가에서 수행된 이후에만 수용될 수 있고, 또한 요청이 납세자가 저지른 불법행위 또는 범죄로 인한 결과와 연계될 것을 요구한다면 필요성은 입증하기가 어려울 것이다. 한편, '예상가능한 적절성' 기준은 가령, 자동정보교환, 산업별 정보교환, 납세자정보가 아닌 형태의 정보유형(예컨대, 위험분석기법 또는 조세회피 또는 탈세기법 등과 관련된 민감한 정보)과 보다 더 잘 부합한다고 할 수 있다.(OMC Art.26/5.1)[255]

(2) 예상가능한 적절성 기준의 체크리스트

제26조는 무엇이 적절한 것으로 예상된다고 간주될 수 있는지를 상세히 규정하고 있지 않지만, 'TIEAs에 관한 모델협약'(제5조 제5항)은 예상가능한 적절성을 입증하기 위해 요청국가가 제공해야 하는 정보 유형을 상세히 규정한다. 동 조항은 예상가능한 적절성의 정의를 도출하기 위해, 그리고 요청에 의한 정보교환에서 저인망식 정보수집이 발생하지 않도록 한계를 정하기 위해 다음과 같은 체크리스트와 사례들을 포함하고 있다. 첫째, 조

255) Ana Paula Dourado, *op.cit*, pp.1891-1895

사중인 인에 대한 인적사항, 둘째, 요청국가가 입수하고자 하는 정보의 성격과 형식을 포함하여 요청정보에 대한 설명, 셋째, 요청정보의 조세목적, 넷째, 요청정보가 요청받은 국가에서 보유되고 있거나 또는 요청받은 국가 내의 어떤 인의 소유 또는 지배하에 있다고 믿는 근거, 다섯째, (알고 있는 한도 내에서) 요청정보를 소유하고 있다고 믿는 인의 성명과 주소, 여섯째, 요청이 요청국가의 법률 및 행정관행에 부합하다는 설명, 그리고 만약 요청정보가 요청국가의 관할 내에 있다면 권한있는 당국이 요청국가의 법률 또는 통상적 행정관행에 의해서 해당 정보를 수집할 수 있고 그것이 조약과 부합하다는 설명, 일곱째, 요청국가가 정보를 수집하기 위하여 과도한 어려움들을 발생시키는 경우를 제외하고는 자국 내에서 이용할 수 있는 모든 수단을 강구했다는 설명 등이다.

요청국가가 상기 체크리스트에서 제시된 중요한 정보를 제공하는데 실패하는 경우, 요청받은 국가의 당국은 해당 요청이 저인망식 정보수집이라고 믿을 수 있을 것이다. 특히, 상기 체크리스트 중 첫째, 조사중인 인에 대한 인적사항에 관한 정보는 납세자와 상황을 확인하기 위한 목적이다. 자진신고서와 신고내용 중 발견된 탈루 등에 대한 평가는 세무조사 착수이전 시점에서의 정보교환 요청을 정당화시킬 수 있다. 그러나, 요청국가가 요청의 적절성을 입증해야 하고 조사가 진행중인 인을 밝혀야 한다는 사실이 요청받은 국가가 그러한 적절성에 대한 특별조사를 하거나 각 개별사안에 대해 조사를 해야 한다는 의미는 아니다. 다수의 유사한 사례가 있는 경우, 요청국가의 적절성 조건에 대한 입증은 하나의 사안에 대한 평가로도 가능할 것이다.

OECD모델 본문은 '저인망식 정보수집(fishing expeditions)'에 대해 정의하지 않지만, 주석에서는 "예상가능한 적절성의 기준은 가능한 한 폭넓게 조세정보의 교환을 제공하기 위함이고, 동시에 양 체약국이 저인망식 정보수집을 실행하거나 또는 특정 납세자의 조세사안과 관련될 가능성이 없는 정보를 요청할 재량이 없다는 것을 명확히 하기 위함이다"라고 언급한다.(OMC Art.26/5) 반면에, OECD 정보교환 매뉴얼에서는 저인망식 정보수집을 "공개 조사 또는 수사와 뚜렷한 연계성(nexus)을 갖지 못하는 추측성 정보요청"이라고 정의하고 있다. 따라서 OECD 주석과 매뉴얼상의 정의를 종합하면, 저인망식 정보수집이란 "특정 납세자의 사안과 관련되지 않기 때문에 적절하지 않은 추측성 정보요청"이라고 정의할 수 있다. 여기서 '공개 조사 또는 수사'는 반드시 세무조사의 존재를 의미하는 것은 아니고, 신고서 및 관련서류와 연관된 의문들에 대한 절차적 명확화를 포함한다. 이는 타방체약국에게 정보를 요청하기 이전에, 일치하지 않거나 의문이 제기되는 소득, 신고서 및 서류 등에 관해 납세자에게 질문하는 것과 관련된 국내 법률상 절차와 부합해야 한다.

만약 과세당국이 특정 납세자의 납세의무를 평가하고 해당 납세자가 타방국에 은행계좌를 가지고 있다고 의심한다면, 권한있는 당국은 해당 납세자에 관한 정보를 요청할 수 있다. 또한, 다수의 납세자들이 예를 들어, 타방국에 소재한 은행이 발급한 역외 신용카드를 보유하고 있는 것으로 확인된 경우에도 타방국에 정보를 요청할 수 있다.

개별 조세조약의 부속약정(protocol)에서 조사가 진행중인 인의 성명과 주소를 함께 요구하는 경우 OECD기준과 부합하는지에 관해 의문이 있을 수 있지만, 요청국가가 납세자의 성명은 알지만 주소를 모르는 경우에도 납세자를 확인하고 관련정보를 제공하는데 장애는 아닐 것이다. 예를 들어, 계좌소유자의 신원을 모르는 경우에도 계좌번호 또는 이와 유사한 식별정보를 제공하면 예상가능한 적절성 기준을 충족한다.(TIEAs에 관한 모델협약/58) OECD도 "요청국가가 조사중인 납세자의 성명 또는 주소(혹은 둘 다)를 제공하지 않는 경우에는 납세자의 신원을 확인하기 위해 다른 충분한 정보를 제공해야만 한다. 마찬가지로, 제1항은 요청이 정보를 보유하고 있는 것으로 믿어지는 인의 성명과 (또는) 주소를 반드시 포함할 것을 요구하는 것은 아니다."라고 언급하면서 이러한 해석을 확인시켜 준다.(OMC Art.26/5.1)[256]

(3) 특정 납세자그룹에 대한 조사

특정 납세자그룹에 대한 조사는 국내세법의 집행 또는 시행에 기여할 것이므로, 예상가능한 적절성 기준을 충족한다면 제1항의 요건에 부합할 것이다. 그러나, 요청이 개별적으로 확인되지 않는 납세자그룹과 관련된 경우, 대부분의 경우 특정 납세자 사안과 관련한 진행중인 조사라고 적시할 수 없기 때문에 해당 요청이 저인망식 정보수집이 아니라는 것을 입증하는 것이 더 어려울 것이다. 따라서, 요청국가는 그러한 그룹에 대한 상세한 설명, 구체적 사실관계, 요청을 초래한 정황, 적용 법률에 대한 설명 및 명확한 사실적 근거에 토대하여 정보를 요청하는 그룹의 납세자들이 해당 법률을 준수하지 않은 것으로 믿는 이유를 제공하는 것이 필요할 것이다. 그러나, 단순히 비거주자인 고객들에 의한 탈세가능성을 언급하는 그룹정보의 요청은 예상가능한 적절성의 기준을 충족하지 못한다.(OMC Art.26/5.2)

이와 관련하여 미국과 스위스 간 정보교환과 관련된 갈등사례를 살펴보자. 쟁점은 스위

256) Ana Paula Dourado, *op.cit*, pp.1895-1899

스 은행에 미신고 계좌를 보유한 미국 거주자들의 신원에 대한 미국당국의 정보요청이 저인망식 정보수집에 해당하는지 여부였다. 왜냐하면, 미국 과세당국은 스위스 은행이 수천 명의 미국 거주자를 고객으로 보유한 것으로 의심하였지만 그들의 성명을 알지 못하였다. 미국 과세당국은 스위스 UBS은행에 미신고 금융계좌를 보유한 100명의 미국 거주자 정보를 확보하여 미국・스위스 조세조약을 적용하여 나머지 인들에 대한 신원정보를 스위스에 요청하였고, 2009년 8월 양국 과세당국은 합리적인 '조세사기 또는 그와 유사한' 혐의가 있는 미국 거주자 및 시민의 정보를 제공하기로 합의하였다. 그런데, 2010년 1월 스위스 연방행정법원은 미국 시민이 신고서를 미제출하거나 소득을 미신고하는 등 단순 부작위 사실만으로는 '조세사기 또는 그와 유사한' 경우에 해당하지 않는다고 판시하고 사법공조를 허용하지 않았다. 해당 법원은 2009년 합의를 MOU 성격을 갖는 것으로 판단하면서, 1996년 미국・스위스 조세조약을 변경할 수 없다고 판시하였다. 스위스 법원에 따르면, 정보제공은 2009년 합의에 규정된 범주의 행위들이 1996년 조약 자체에서 예상되고 이를 초과하지 않는 경우에만 허용될 수 있다는 것이었다. 이러한 판결에 따라 양국 과세당국은 2010년 3월 부속약정을 체결하였는데, 동 약정은 2012년 3월까지 스위스 상・하원을 통과하였다. 그 이후 스위스 연방행정법원은 조약의 부속약정에 의해 수정된 2009년 합의를 토대로 사법공조를 허용하였고, 미국 과세당국의 정보요청이 저인망식 정보수집이 아니라고 결론을 내렸다.[257)]

이와 관련하여 우리나라 법률은 "체약상대국의 권한있는 당국이 요청하는 정보가 특정 금융거래와 관련된 명의인의 인적사항을 특정할 수 없는 집단인 경우에는 금융회사 등의 장에게" 금융정보의 제공을 요구할 수 있다고 규정(국조법 §36 ④)하여 OECD기준과 같이 특정 납세자그룹에 대한 금융정보의 교환을 허용하고 있다.

(4) 행위유형 관련 정보요청

2010년 미국・스위스 간 부속약정은 행위유형(behavioral-pattern)에 따른 정보교환 요청, 즉 "행위가 탈세가능성을 보여주는 신원이 확인되지 않은 개인들"에 대한 정보요청을 허용하였는데, 이것이 정보교환에 관한 OECD 및 글로벌포럼의 기준을 초월한 것이 아닌지 문제가 제기되었다. 미국 과세당국은 정보요청시 고객의 성명과 금융기관의 이름을 포함할 필요는 없었지만, 이들 개인들의 행위가 탈세가능성이 있다는 것을 명시해야

---

257) Ana Paula Dourado, *op.cit*, pp.1899-1900

했다. 즉, 정보요청이 수용되기 위해서 미국은 i) 요청정보가 왜 필요하고 적절한지 이유를 적시하고, ii) 행위유형에 대한 상세한 설명, iii) 그 유형을 충족하는 인들이 왜 납세의무를 위반한 것으로 간주될 수 있는지 설명, iv) 은행 또는 그 종업원들에 의한 사기행위를 입증해야 한다.

그러나, 저인망식 정보수집을 금지하는 OECD 및 글로벌포럼 기준이 납세자의 권리를 적절히 보호하기 위한 것이라고 할 때, 미국・스위스 부속약정은 관련 개인들이 요청에 의해 자신의 자료를 검사하도록 허용되며, 자신의 사안에 대해 진술할 기회도 허용되는 등 동 부속약정이 이들 개인들의 권리를 완전히 보호하고 있다는 점에서 OECD기준을 위배한 것이라고 단정하기는 어렵다. 설령 체약국들이 양자 간 합의하에 OECD기준을 초월하여 저인망식 정보수집에 합의할 수 있을지라도, 요청에 의한 정보교환이 자동정보교환 방식은 물론 가령, 위험분석기법, 조세회피 또는 탈세기법과 같은 납세자 정보가 아닌 민감한 정보까지 교환하는 방향으로 진전되고 있는 것은 명확하다고 할 것이다.(OMC Art.26/5.4)[258]

다. 정보제공 요건의 검증

요청을 받은 체약국은 권한있는 당국 및 예상가능한 적절성 기준이 충족되는지를 검증할 권한이 있고, 요건들 중 하나를 충족하지 못하면 정보를 제공할 의무가 없다. 요청받은 국가는 국내법이 허용하고 국내법상 요건들이 충족되는 한, 조약 관점에서 이를 허용할 재량을 가진다. 그러나, 제26조 요건은 요청받은 국가의 국내법상 의미와 독립적으로 해석돼야 한다. 의심이 있는 경우, 요청받은 국가는 요청국가에게 명확화를 요구해야 한다.(TIEAs 모델협약/71)

요청받은 국가는 정보제공을 거부하는 근거로 국내 이해관계의 결여를 원용할 수는 없지만, 이는 국내법의 집행 또는 시행을 위해 허용되는 정보의 경우에만 관련된다. 왜냐하면, 조세조약의 정확한 집행은 항상 잠재적으로 국내 이해관계에 영향을 미칠 것이기 때문이다.[259]

정보는 그에 의한 과세가 조약과 배치되지 않는 경우에만 제공될 수 있다. 국내법의 집행을 위한 정보교환이라 할지라도, 요청받은 체약국은 제2항에 의한 비밀유지의무의 위반

258) Ana Paula Dourado, *op.cit*, p.1901

259) Ana Paula Dourado, *op.cit*, pp.1902-1903

또는 제3항에 의한 공공정책에 배치되는 경우, 그리고 무차별원칙의 위반을 초래할 수 있는 경우에는 정보제공을 삼가야 한다.

일단 정보가 제공되면 제2항에 의한 특정인과 단체로만 정보의 공유를 제한하는 것과 무차별원칙에 따른 비밀유지가 요청국가가 해당 정보를 사용하는 것에 대한 유일한 제한에 해당한다.

라. 정보교환 방법

제26조 제1항은 개별납세자 정보와 일반정보 모두를 포함하지만, 정보교환 방법에 대해서는 정의하고 있지 않다. 전통적으로 요청에 의한 정보교환, 자동 정보교환, 그리고 자발적 정보교환이 사용되어 왔다. 첫째, 요청에 의한(on request) 정보교환은 보충적 성격을 지니며 국내 조세절차에 의한 정규적인 정보원천에 우선적으로 의존해야 한다. 둘째, 자동(automatic) 정보교환은 일방체약국의 원천인 타방체약국에서 수취하는 특정 범주의 소득에 대한 정보를 타방국에게 체계적으로 전송할 때의 방식이다. 셋째, 자발적(spontaneous) 정보교환은 일방국이 특정 조사를 통해 확보한 정보를 타방국이 관심을 보이는 경우 제공하는 경우이다.(OMC Art.26/9) OECD모델과 TIEAs에 관한 OECD모델 협약상 정보교환의 범위는 통계, 특정 산업에 관한 정보, 탈세동향, 행정해석 및 관행 등과 같은 납세자를 특정하지 않는 비공개정보의 교환까지 허용하는 방향으로 발전되어 왔다.

OECD는 세 가지 정보교환 방법 이외에 동시 세무조사, 해외 세무조사 및 산업단위 정보교환 등 기타 방법을 사용할 수 있음을 명시적으로 허용하고, 이들 방법을 결합하여 사용하는 것도 가능하다는 점을 강조한다. 첫째, 동시 세무조사(simultaneous examination)는 둘 또는 그 이상의 당사국들이 공통의 또는 관련된 이해관계를 갖는 납세자들의 조세문제에 대해서, 취득정보를 교환할 목적으로, 각각 자국 영토에서 동시에 조사를 하는 당사국간 약정이다. 둘째, 해외 세무조사(tax examination abroad)는 요청 체약국 대표들의 참여를 통해 정보를 취득하는 가능성을 허용하는 것이다. 이러한 유형의 지원은 상호주의 기반하에 허용된다. 외국 세무공무원에게 허용되는 권한의 범위는 국가들의 법률과 관행에 따라 다르다. 예를 들어, 외국 세무공무원이 해당 국가의 영토에서 조사에 적극 참여하는 것을 금지하는 국가도 있다. 또한, 그러한 참여를 납세자의 동의가 있는 경우에만 가능하도록 하는 국가도 있다. 셋째, 산업단위의 정보교환인데, 특정 납세자가 아니라 예컨대, 정유

또는 제약산업, 금융부문과 같이 경제부문 전체에 관한 정보의 교환도 가능하다.(OMC Art.26/9.1)

2005년 개정된 OECD모델 주석에서는 정보가 조세조약이 발효된 이후에 제공되고 해당 조문의 효력이 발생한 경우라면, 조세조약이 발효되기 이전 기간에 존재했던 정보도 역시 교환될 수 있음을 명확히 한다.(OMC Art.26/10.3) 반대로, 정보가 조약이 발효되었던 기간에 대한 것일지라도 이미 종료된 조약은 정보교환에 대한 법적 근거가 될 수 없다.[260)]

마. 정보교환의 요청사유

OECD모델은 정보교환의 요청사유로 조약규정의 이행(부수적 정보조항)과 국내법의 집행 또는 시행(주된 정보조항)을 규정하고 있다. 정보는 조세조약에 규정된 모든 요건과 관련하여 과세권을 정확히 배분하기 위해 필요하다. 이는 가령 납세자의 거주지, 소득의 원천, 도관회사 여부, 조약혜택을 배제하는 조약쇼핑, 그리고 BO의 식별과 같은 조약혜택의 권리를 부여하는 모든 요건을 포함한다. 그러나 OECD모델 주석은 조세조약의 적용과 국내법의 집행 간에 엄격한 구분을 규정하고 있지는 않다.(OMC Art.26/7 & 8) 사안이 국내 조세절차의 어느 단계에 있는지는 상관이 없다. 예를 들어, 조세포탈에 대한 형사절차 또는 기타 범칙단계에서도 정보는 요청될 수 있다.

(1) 조세조약 규정의 실행

조세조약은 국내과세권을 창출하지 못하고 단지 제한할 뿐이기 때문에, 정보교환은 조약을 정확히 적용하기 위한 수단이고 정보교환 결과의 예상평가에 의해 제한될 수 없다. 폭넓은 정보교환의 범위, 그리고 조세조약 규정의 이행을 위해 잠재적 결과에 토대한 선험적 평가를 포함하여 정보교환이 적절한 것으로 예상될 때 제공된다는 사실에서 이러한 해석이 도출된다.

참고로, 조세조약의 적용에 정보교환이 필요한 사례는 다음과 같다. 첫째, 제12조를 적용할 때, 수익자의 거주지국(A국)이 지급자의 거주지국(B국)에게 송금된 사용료 금액에 관한 정보를 요청하는 경우, 둘째, 제12조에 규정된 소득면제를 부여하기 위해, B국이 지급액의 수취인이 실제 A국의 거주자이고 사용료의 BO인지 여부에 대한 정보를 A국에게

260) Ana Paula Dourado, *op.cit*, pp.1903-1905

요청하는 경우, 셋째, 서로 다른 국가에 있는 특수관계기업들 간 적절한 이윤의 배분 또는 일방국에 소재한 타방국 기업의 PE에 귀속시킬 수 있는 적절한 이윤의 결정을 위하여 정보가 필요한 경우(제7조, 제9조 제23A조 및 제23B조), 넷째, 제25조(MAP)의 적용목적 상 정보가 필요한 경우, 다섯째, 제15조(고용소득) 및 제23A조를 적용할 때, 종업원 거주지국(A국)이 고용이 183일 이상 수행된 국가(B국)에게 A국에서 면제된 금액을 통보하는 경우 등이다.(OMC Art.26/7)

(2) 국내법의 집행 또는 시행

국내법의 집행 또는 시행을 위해 적절한 것으로 예상되는 정보교환은 국내 납부세액의 존재 및 금액을 검증하기 위하여 발생할 것이다. 이러한 정보는 절차에 관한 규정, 사법적 절차 및 조세범죄를 포함하여 모든 조세규정을 정확히 적용하기 위하여 요청될 수 있다. 정보 제공으로 일방체약국이 조세조약에 따라서 과세할 권리가 있다는 것이 명확해진다면, 이는 양자조약 및 국내조세 목적에 동시에 기여할 것이다. 정보교환이 국내세법을 집행 또는 시행하기 위하여 적절한 것으로 예상되는 경우는 납세자 및 관련 조세가 조약에 의해 포함되지 않는 경우, 그리고 국내과세가 조약에 배치되지 않는 경우와 관련된다.

참고로, 국내법의 집행을 위해 정보교환이 필요한 사례는 다음과 같다.(OMC Art.26/8) 첫째, A국 법인이 특수관계없는 B국 법인에게 재화를 공급한다고 가정할 때, A국은 국내법 규정의 정확한 적용을 위하여 B국으로부터 B국 법인에게 지급한 재화의 가격을 알고자 하는 경우에 정보교환이 필요하다.

〈그림 2-80〉 조세회피처 법인 지급가격에 대한 정보교환사례

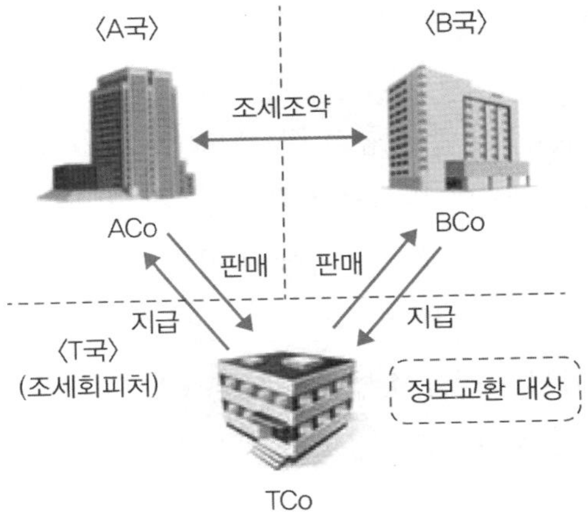

둘째, 위 〈그림 2-80〉에서 보는 바와 같이 A국 법인(ACo)이 저세율국가인 T국 법인(TCo)을 통해서 B국 법인(BCo)에게 재화를 판매한다고 하자. 이들은 특수관계가 있을 수도 있고 없을 수도 있다. A국과 T국, B국과 T국 간에는 조세조약이 없다고 하자. A국-B국 간 조약에 따라서, A국이 자국에 소재한 법인이 얻은 이윤에 대해 국내법의 정확한 적용을 위하여 B국에게 B국 법인이 T국 법인에게 지급한 재화의 가격에 대한 정보를 요청하는 경우이다.

셋째, A국은 자국에 소재한 법인에 대한 과세목적 상 A국-B국 간 조약에 의해 B국 법인에 의해 또는 A국 법인에 의해 부과된 가격을 검증하기 위하여 A국 법인이 사업상 접촉을 갖지 않는 B국의 법인들에 의해 부과된 가격들에 관한 정보를 요청하는 경우. 이 경우 정보교환은 사업상 및 기타 비밀과 관련된 제26조 제3항 c)호 규정 때문에 어렵고 미묘한 문제일 수 있다.

넷째, A국이 B국 법인에 의해 수행된 용역에 대해 자국에 소재한 법인이 청구한 부가가치세 매입세액공제 검증목적 상 용역원가가 B국 법인의 장부와 회계기록에 적절히 계상되었는지 확인하기 위해 정보를 요청하는 경우이다.

다섯째, A국 과세당국이 X에 대한 세무조사를 수행하면서, X가 B국의 B은행에 미신고 계좌를 보유한다는 것을 알게 되었다고 하자. A국은 은행계좌가 BO의 친척 명의로 보유되고 있을 가능성이 많다는 것을 경험했다고 하자. 이때 A국이 X가 BO인 B은행의 모든 계좌정보 및 배우자 E, 자녀 K와 L 명의로 보유된 모든 계좌에 대한 정보를 요청하는 경우이다.

여섯째, A국이 특정 연도에 자국 내에서 사용된 해외 신용카드와 관련한 모든 거래에 대한 정보를 획득하였다고 하자. A국은 해당 자료를 처리하고 세무조사에 착수하여 해당 연도 중 거래의 빈도, 패턴 그리고 이용 유형으로 볼 때 카드보유자들이 자국 거주자일 확률이 높다는 것을 확인하였다. A국은 관련정보가 자국 내 인의 소유 또는 지배하에 있지 않기 때문에, 국내 조세절차에 의한 정규적 정보원천을 통해서는 인적사항을 확보할 수 없다. 신용카드 번호는 해당 카드의 발급자가 B국의 B은행이라는 것을 확인해 준다. 공개조사에 토대하여 A국은 B국에 세무조사 중에 확인된 특정 카드보유자들 및 해당 카드에 대한 서명권한을 가진 다른 인의 성명, 주소 및 출생일에 대한 정보를 요청한다. A국이 관련 신용카드번호들과 함께 요청한 정보가 세무조사의, 그리고 세법 집행 및 시행의 예상가능한 관련성을 입증하기 위해 상기 정보를 제공하는 경우 정보교환이 필요할 것이다.

〈그림 2-81〉 외국법인의 실질 주주에 관한 정보교환사례

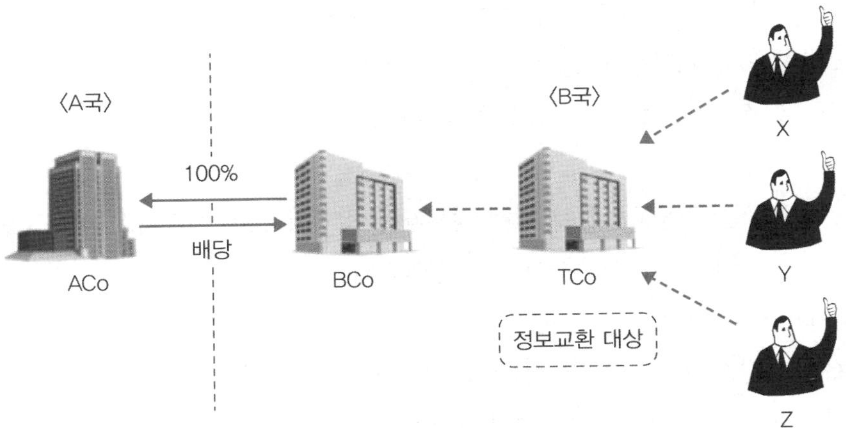

일곱째, 위 〈그림 2-81〉에서 보는 바와 같이 A국 법인 ACo는 B국 거주자인 B국 비상장법인 BCo에 의해 소유된다고 하자. A국 과세당국은 ACo의 이사 X, Y, Z가 BCo를 직접 또는 간접적으로 소유하는 것으로 의심한다. 이것이 사실이라면, BCo가 ACo로부터 수취한 배당은 A국의 CFC 규정에 따라서 거주자인 주주들에게 과세가 가능하다. 이러한 혐의는 ACo의 전직 종업원이 A국 과세당국에게 제공한 정보에 토대한다. 이에 대해 ACo의 3인의 이사들은 BCo에 대한 지분보유 사실을 부인한다. A국 과세당국은 BCo에 대한 지분정보를 취득하기 위해 모든 국내수단을 사용하였다고 하자. 이제 A국은 X, Y, Z가 BCo의 주주인지 여부에 대한 정보를 B국에게 요청한다. 또한, 지분이 종종 명목회사(TCo)와 차명 주주들을 통해 보유된다는 점을 고려하여 이들이 BCo에 대한 지분을 간접적으로 보유하는지 여부에 대한 정보도 B국에 요청한다. 만약 B국이 X, Y, Z의 간접 지분보유 여부를 결정할 수 없다면, A국이 조사를 계속할 수 있도록 그 주주들에 대한 정보가 요청된다.

여덟째, 금융서비스 제공법인 BCo가 B국에 설립되어 있다고 하자. A국 과세당국이 BCo가 A국 거주자들에게 자신의 상품을 이용하면 금융상품 소득에 대한 A국의 조세를 면제해준다는 잘못된 정보를 사용하여 금융상품을 판매하고 있다는 것을 밝혀냈다고 하자. 해당 상품은 투자계좌가 B국에 개설될 것을 요구한다. A국 과세당국은 해당 상품이 제안된 조세효과를 성취하지 못한다고 납세자에게 경고하는 한편, 해당 상품에서 발생된 소득을 신고할 것을 촉구하는 납세자 주의사항을 발표하였다. 그럼에도 불구하고, A국은 BCo가 온라인상에서 계속적으로, 그리고 세무대리인 네트워크를 통해서도 해당 상품을 판매한다는 증거를 확보하였다. A국은 해당 상품에 자국 납세자들 다수가 투자하였고, 그

들이 해당 투자소득을 신고하지 않았다는 것을 밝혀냈었다. A국은 해당 상품에 투자한 거주자들의 신원정보를 취득하기 위한 모든 국내수단을 사용하였다. A국은 B국의 권한있는 당국에게 BCo에 계좌를 가진, 해당 금융상품에 투자한 A국의 모든 거주자에 대한 정보를 요청한다. 요청시, A국은 금융상품에 대한 상세자료 및 세무조사 현황을 포함한 상기 정보를 제공한다.

그러나, 체약국들이 정보요청에 대해 정보제공 의무가 없는 상황들을 예시하면 다음과 같다.(OMC Art.26/8.1) 첫째, B은행이 B국에 설립되어 있다고 하자. A국은 거주자의 전세계소득에 대해서 과세한다. A국 과세당국은 B국 과세당국에게 B국의 B은행 계좌를 가진, 서명권한을 가진 또는 수익적 지분을 가진 거주자의 성명, 출생일자, 계좌잔고를 제공할 것을 요청한다. 요청서에는 B은행이 대규모 외국인 계좌보유자를 보유한 것으로 알려져 있다는 사실 이외에 추가정보는 포함하고 있지 않다. 둘째, 법인B는 B국 설립법인이라고 하자. A국은 A국 거주 법인B의 주주들의 성명과 그들에게 지급한 모든 배당정보를 요청한다. 요청서에서 A국은 법인B가 A국에서 상당한 사업활동을 하고 있으므로 법인B의 주주들 중에 A국 거주자가 있을 가능성, 그리고 종종 외국원천 소득 또는 자산을 신고하지 않는 납세자들이 있다는 점을 언급하고 있다.

4 취득정보의 비밀유지의무

〈OECD/UN모델 제26조 제2항〉

2. 일방체약국이 제1항에 따라서 취득하는 모든 정보는 해당 국가의 국내법에 따라서 취득되는 정보와 동일하게 비밀로 취급되어야 하며, 제1항에서 언급된 조세의 부과 또는 징수, 그에 대한 강제집행 또는 기소, 이의신청의 결정 또는 상기 사항들의 감독과 관련되는 인 또는 당국(사법・행정기관을 포함)에 대해서만 공개된다. 그러한 인 또는 당국은 상기 목적을 위해서만 해당 정보를 사용한다. 그들은 공개 법정절차 또는 사법적 결정에서 해당 정보를 공개할 수 있다. 상기 규정에도 불구하고, 일방체약국이 취득하는 정보는 그 정보가 양 국가의 법률에 의해서 다른 목적을 위해 사용될 수 있고, 정보제공 국가의 권한있는 당국이 그러한 사용을 승인하는 경우 다른 목적을 위해 사용될 수 있다.

본 조항의 비밀유지 규정은 요청시 제공된 정보를 포함하여 제1항에 의해 수취한 모든 유형의 정보에 적용된다. 요청받은 국가의 비밀유지는 국내법의 문제이며, 의무 위반에 대한 제재는 그 국가의 법률에 의해 규율될 것이다. 요청받은 국가가 교환된 정보의 비밀유지 의무를 요청국가에서 준수되지 않는다고 판단하는 경우, 해당 의무가 실제 준수될 것이라는 요청국가의 적절한 보증이 있을 때까지 정보제공을 중지할 수 있다. 권한있는 당국들은 교환된 정보의 비밀유지와 관련한 별도 약정 또는 MOU를 체결할 수 있다. (OMC Art.26/11)

본 조항은 제1항에 의해 정보를 취득한 권한있는 당국이 제1항에 의한 조세의 집행, 시행, 이의신청 결정 또는 감독과 관련된 인 또는 당국, 그리고 법원에게만 공개할 것을 요구한다. 또한, 그러한 정보가 납세자 등에게 공개되어야 하는지 여부를 결정할 권한을 가진 정부 또는 사법당국에게도 공개될 수 있다는 것을 의미한다.(OMC Art.26/12) 정보는 일방체약국 정부의 조세행정을 감독하는 당국과 집행기관 등에게도 역시 공개될 수 있다. 체약국들은 감독기관들에 대한 정보공개를 배제하는 것에 합의할 수도 있다.(OMC Art.26/12.1)

그러나, 이러한 비밀유지의무는 무차별원칙 또는 동등성원칙과 연계된다는 점에서 상대적이다. 즉, 일방체약국은 타방체약국에서 취득한 정보를 국내정보와 동일한 방식으로 취급해야 한다. 2012년 OECD모델 개정시 다음 조건하에 취득정보를 조세이외의 목적에도 사용할 수 있도록 허용되었다. 첫째, 정보가 양국의 법률에 의해서 비조세범죄 등 다른 목적을 위해 사용될 수 있고, 둘째, 제공국가의 당국이 사용을 승인하는 조건이다. 취득국가의 과세당국은 예컨대, 자금세탁 · 부패 · 테러자금조달 방지 등 사안에서 다른 법집행기관들과 정보의 공유를 허용한다는 것이다. 취득국가는 비조세 목적을 위해 조세정보를 사용하고자 할 때 이를 제공국가에게 상세히 설명하고, 자국 법률에 의해 다른 목적을 위해 해당 정보를 사용할 수 있다는 점을 확인해야 한다.(OMC Art.26/12.3)

정보제공국가는 납세자의 이해관계를 보호할 의무가 있지만, 재량사항이므로 정보제공을 거부한다는 보장은 없다. 이렇게 요청국가에게만 비밀유지 의무를 부여하는 것으로는 납세자의 지위가 충분히 보호되지 않는다. 가령, 일방체약국이 체납자명단을 공개하는 경우와 같이 애매한 영역에서 논란이 제기될 수 있다. 문제는 제2항에 의할 때 체납자명단이 거주자의 국외원천소득에 대한 국내 체납세금을 포함할 수 있는지 여부이다. 왜냐하면, 해당 체납세액이 타방체약국이 제공한 정보에서 연유되었기 때문이다. 조세조약 상 비밀유지 규정은 정보공개에 대한 취득국가의 국내법상 의무보다 우선한다. 따라서, 상기의 공개가 제2항에서 언급된 목적과 부합하는지 여부가 문제된다. 제2항은 조약상 의무를 포함하고 있으며, 따라서 국내규정에 의해 정의된 비밀유지를 포함한 모든 의무의 위반은 동시에 국제법 위반에 해당한다.

조세관련 국내법상 비밀유지 규정은 사실에 관한 정보와 납세자의 권리를 보호하기 위한 것이다. 취득국가의 비밀유지의무의 위반은 양자조약의 위반이지만, 납세자 관점에서 보면 납세자는 조약에 의해서 국내 조세제도에 의해 차별받지 않을 국내법상 권리를 가진다.261)

공개 법정절차 또는 사법적 결정에서의 공개는 조세범칙사건에 대한 행정 또는 형사절차에서 다루어진 사건들과 관련된다. 일단 정보가 공개 법정절차 또는 법원결정에서 공개되면 그 순간부터 해당 정보는 다른 목적을 위해 법원결정으로 인용될 수 있다. 그러나 이것이 제2항에 언급된 인과 당국들의 요청이 있다고 해서 취득한 추가정보를 제공하도록 허용된다는 의미는 아니다. 일방 또는 양 체약국들이 해당 정보가 이러한 방식으로 법원에 의해 공개되는 것에 반대한다면 또는 다른 목적에 이용되는 것에 반대한다면, 국내법상 통상적 절차가 아니기 때문에 이를 조세조약에 명시적으로 언급해야 한다.(OMC Art.26/13) OECD모델은 법원 절차밖의 공개 또는 제26조에 열거된 것 이외의 사유에 의한 공개는 허용하지 않는다.

5 정보제공의 범위와 한계

〈OECD/UN모델 제26조 제3항〉

3. 제1항 및 제2항의 규정은 어떠한 경우에도 일방체약국에 대하여 다음의 의무를 부과하는 것으로 해석되지 아니한다.
   a) 일방 또는 타방체약국의 법률 및 행정적 관행에 저촉되는 행정적 조치를 수행해야 하는 것
   b) 일방 또는 타방체약국의 법률 하에서 또는 통상적인 집행과정에서 취득할 수 없는 정보를 제공해야 하는 것
   c) 거래 · 사업 · 산업적 · 상업적 또는 전문직업상의 비밀 또는 거래과정을 공개하는 정보 또는 공개되면 공공정책에 배치되는 정보를 제공하는 것

261) 사실 우리나라와 같이 국세기본법상 강력한 과세정보 비밀유지 의무를 규정하고 이를 엄격히 집행하고 있는 국가의 경우보다, 북유럽 국가들처럼 과세정보 공유가 폭넓게 허용되는 국가들에서 의미가 클 것이다.

가. 정보제공의 범위

제26조에 규정된 요건과 한계를 넘는 정보요청에 대해 거부할 권리는 국제법의 일반원칙(VCLT 제60조)에서 비롯한 것이다. 본 조항의 요건들 중 하나가 충족되는 경우, 정보를 제공할 의무가 없고 조세조약에 따라서 조사할 의무도 없다. 그러나, c)호가 국내법이 아니라 국제공법에서 연유된 점을 고려할 때, c)호만이 발생하는 경우에는 정보제공을 금지하지는 않는다. 즉, 요청받은 국가는 a)호 또는 b)호의 상황이 입증된 것이 아닌 한, 정보제공 여부에 대한 재량을 가진다는 것이다. 반면에, a)호 또는 b)호에 대한 입증은 국제법적 관점에서 정보제공을 거부하는 것이 타당하더라도 국내법의 문제이다. 이와 관련하여 불법적으로 취득된 정보가 정당하게 사용될 수 있는지 여부가 문제되는데, 제26조는 이와 관련한 어떤 금지도 포함하고 있지 않으므로 불법 취득정보의 사용금지 여부는 요청국가의 법률에 의존한다.

제2항과 제3항은 독립적이다. 제2항이 정보취득국가에 적용되는 반면, 제3항은 정보제공국가에 적용될 수 있다. 제3항 a)호와 b)호는 요청받은 정보를 취득하고 제공할 의무에 대한 제한을 다룬다. a)호는 요청받은 국가가 해당 요청에 대응하기 위하여 국내조사에서 요구되는 행위들을 언급하는 반면, b)호는 정보의 제공을 언급한다. b)호는 a)호의 논리적 결과를 표현함으로써 a)호를 보완한다. '행정적 조치'는 폭넓게 해석되어야 하는데, 요청받은 국가가 그 요청에 대응하기 위해 적합하다고 간주하여 취한 모든 행위들로 구성된다. 따라서, 행정부에 의한 행위들뿐만 아니라 사법부의 조사도 행정적 조치에 해당할 수 있다. '법률' 용어도 폭넓게 해석되어야 하는데, 국회에 의해 제정된 입법은 물론, 시행령, 규칙, 예규 등을 포함하여 행정부에 의해 제정된 규정들을 포함하여 국가의 당국들을 기속하는 모든 규정들을 포함한다.

일방체약국은 자국의 법률시스템과 부합하지 않은 행위를 수행할 의무가 없다. 또한, 요청받은 국가는 정보를 요청한 국가의 법률과 행정적 관행에 저촉되는 행정적 조치를 수행할 의무가 없다. 이 조건은 상호주의 원칙에 토대한다. 일방체약국은 상호주의 입장에서 요청국가에 의해서 취득될 수 없는 정보를 취득하거나 이를 조사를 의무가 없다. 예를 들어, 룩셈부르크 과세당국은 체약국에게 해당 국가에 소재한 은행이 보유한 정보를 제공하도록 요구할 수 없다고 주장되어 왔다. 왜냐하면, 제3항 b)호에 따라서 룩셈부르크의 체약국은 룩셈부르크 법률에 의해 룩셈부르크에서 취득될 수 없는 정보의 제공을 거부할 수 있기 때문이다.

상호주의는 오직 한 국가의 법률시스템 또는 행정관행만이 특정 절차에 관해 규정한 경우에는 적용되지 않는다. 예를 들어, 요청받은 국가는 요청국가에 사전 세법해석제도가 없다는 점을 지적하여, 상호주의 주장을 근거로 자국의 사전해석에 대한 정보제공을 거절할 수 없다.(OMC Art.26/15.1) 그러나, 현실적 정보교환의 집행은 요청국가와 요청받은 국가 간의 이해관계가 대립하고 있는데, 특히 실질적인 상호간 정보교환의 균형이 없는 경우에 그렇다. 만약 정보시스템의 구조적 차이가 정보교환을 제한한다면, 해당 조항의 목적은 달성되지 않을 것이다. OECD는 그러한 경우 체약국들에게 정보교환의 범위를 확대할 것을 권고한다.(OMC Art.26/18) 현행 정보교환 기준과 글로벌포럼에서의 논의는 TIEAs에 토대한 정보교환을 강화하는 것뿐만 아니라 동료평가 시스템에 의한 정보시스템의 구조적 차이를 축소하는 것도 목표로 한다. OECD 정보교환 매뉴얼은 일방체약국이 타방체약국의 정보를 요청할 때 준수해야 하는 몇 단계로 구성된 행동규칙을 권고한다. 이에 따르면, 상호주의를 평가하는 결정적 기준은 교환된 정보의 양이 아니라 요청받은 정보 중에서 취득하지 못한 정보와 관련한 피드백의 수준으로 이해되어야 한다.

일부 국가의 국내법에서 관련조사의 비용이 편익을 명백히 초과하는 경우 제26조 제1항에 의한 정보요청을 거부할 수 있다고 규정하는 경우가 있는데, 이는 요청받은 국가에 이익이 되지 않는 경우에 정보제공을 거부한다는 것과 동일한 논리이다. 그러나, 이러한 비용-편익분석은 요청받은 국가가 아니라 요청국가에 의해 행해져야 하고, 요청받은 국가에 의해 원용될 제한은 아니다. OECD모델 주석이나 정보교환 매뉴얼 모두 정보제공을 거부하는 근거로 비용-편익분석을 언급하고 있지 않다. 본 조항은 설령 범칙사건과 관련된 사안이더라도 일반적으로 요청국가에서의 비밀유지가 요청받은 국가의 경우만큼 지켜지지 않는다는 근거로 정보제공을 거부하는 것을 허용하지 않는다. 그러나, 요청국가에서의 처벌 또는 예컨대, 일사부재리원칙과 같은 다른 제도가 법치주의의 기본원칙에 반하는 경우에는 정보제공이 부인될 수 있다.262)

OECD모델에 토대한 조약상 정보교환 규정의 약점 중 하나는 정보제공에 대한 기한이 없다는 점이다. 따라서, 2012년 OECD모델 개정시 필요한 경우 아래와 같이 제26조 제6항을 채택할 수 있도록 하였다.(OMC Art.26/10.4)

262) Ana Paula Dourado, *op.cit*, pp.1919-1922

〈OECD모델 제26조 제6항(선택규정)〉

6. 체약국들의 권한있는 당국은 본 조문에 의한 정보제공 기한에 합의할 수 있다. 그러한 합의가 없는 경우, 지연이 법적 장애 때문인 경우를 제외하고 정보는 아래 기한 이내에 가능한 한 빨리 제공되어야 한다.

   a) 요청받은 체약국의 과세당국이 이미 요청받은 정보를 보유한 경우, 그 정보는 요청을 접수한 후 2월 이내에 타방체약국의 권한있는 당국에게 제공되어야 한다.

   b) 요청받은 체약국의 과세당국이 요청받은 정보를 보유하고 있지 않은 경우, 그 정보는 요청을 접수한 후 6월 이내에 타방체약국의 권한있는 당국에게 제공 되어야 한다.

본 조문의 다른 조건들이 충족되는 한, 해당 정보가 이들 기한 이후에 제공 되더라도 본 조문의 규정들에 따라서 교환된 것으로 간주된다.

위 선택조항에 따르면, 체약국들은 자유롭게 기한에 합의할 수 있고, 그러한 합의가 없는 경우에 대한 자동적 표준기한(default standard time limits)을 규정하고 있다. 요청받은 국가가 요청정보를 법률적 장애 예컨대, 요청의 타당성 또는 국내 통보절차에 대한 소송의 진행 등 사전에 정해진 기한 내에 제공할 수 없는 경우에는 기한을 위반한 것이 아니다.(OMC Art.26/10.5)

나. 절차적 권리 및 안전장치

일부 국내법들은 세무조사 절차를 포함하여 납세자를 위한 절차적 권리 및 안전장치들을 규정한다. 그러한 권리와 안전장치는 통상 사전통보 규정, 협의권 및 개입권 등을 포함한다. 통보절차가 요청국가의 노력을 좌절시키는 방식으로 적용되어서는 안 된다. 예를 들어, 정보요청이 매우 긴급한 성격인 경우 또는 통보가 요청국가의 세무조사의 성공가능성을 침해할 가능성이 있는 경우에는 사전통지의 예외가 허용되어야 한다. 국내법에서 정보를 제공한 인과 정보교환이 예상되는 납세자에 대해 통보할 것이 요구되는 체약국은 이를 서면으로 체약국에게 통보해야 한다.(OMC Art.26/14.1) 과세당국에 의해 취득가능한 정보는 당국들이 보유하고 있는 정보 또는 국내법상 조사절차에 의해 취득할 수 있는 정보이다. 과세당국은 효과적 정보교환을 촉진하는데 필요한 권한과 자원을 보유하고 있는 것으로 추정된다. (OMC Art.26/16)

대다수 국가들은 법률에 따라서 불리한 진술을 강요받지 않을 권리를 주장하는 인에 대해서는 정보를 취득할 수 없다는 것을 인정한다. 따라서, 요청받은 국가는 요청국가도 유사한 상황에서 불리한 진술거부권 규정에 의해 정보취득이 방해를 받을 수 있었다면 정보제공을 거부할 수 있다. 그러나, 불리한 진술거부권은 개인적인 것이므로, 형사기소의 위험에 직면하지 않은 개인은 주장할 수 없다. 대다수 정보요청은 조사를 받는 개인이 아니라 은행, 증권회사 또는 계약상대방 등 제3자 정보의 취득을 위한 것이다.(OMC Art.26/15.2)

요청받은 국가는 국내법상 통신비밀 보호규정에 의해서 변호사 등 법률대리인과 고객들 간의 통신비밀과 관련된 정보의 공개를 거부할 수 있다. 그러나, 법인의 이사 또는 BO로서 해당 인의 인적사항에 관한 정보는 통신비밀로 보호되지 않는다. 통신비밀 보호의 범위는 국가에 따라 다르지만, 실질적 정보교환을 방해하기 위해 확대되어서는 안 된다. 법률대리인과 고객들 간의 통신은 법률대리인의 자격으로 행동할 때에만 비밀이어야 하고, 명의상 주주, 수탁회사, 신탁설정자, 법인이사 등의 대리인은 그렇지 않다.(OMC Art.26/19.3)

체약국이 조약법상 불법적으로 취득된 정보를 사용할 수 있는지 여부에 논란이 있다. 그러나, 이제 제5항에서 제3항에 의한 국내적인 법률상 제약과 금지에 대한 제한을 도입한 결과 지명인, 대리인 또는 수탁인 자격으로 활동하는 인이 보유한 정보는 물론, 금융기관이 보유한 정보 또는 어떤 인의 소유지분과 관련된다는 이유로 비밀보호를 주장할 수 없다.

제3항 c)호는 사업상 또는 직업상 비밀유지와 관련된 경우의 정보제공 의무를 제한한다. 거래 또는 사업상 비밀은 상당한 경제적 중요성을 가지며, 이를 승인받지 않고 사용하는 경우 심각한 손해를 초래할 수 있는 사실관계 및 상황을 의미한다. 조세의 결정, 부과 또는 징수 그 자체는 심각한 손해를 초래하는 것으로 간주될 수 없다. 장부 및 회계기록을 포함한 재무정보는 성격상 거래, 사업 또는 기타 비밀에 해당하지 않는다. 그러나, 특정 상황에서는, 재무정보의 공개가 거래 또는 사업상 비밀을 누설할 수 있다. 예를 들어, 특정 구매기록에 관한 정보요청은 그 정보의 공개로 제품의 제조에 이용된 특허공식을 노출할 수 있다. 또한, 정보의 보호는 제3자의 보유 정보로까지 확대될 수 있다. 그러한 상황에서는, 해당 거래 또는 사업상 비밀의 세부사항은 서류에서 제거되어야 하고 나머지 재무정보가 교환되어야 한다. (OMC Art.26/19.2)

마지막으로 일방체약국은 공공정책을 근거로 정보제공을 거부할 수 있지만, 이는 예외적 사안에 대한 안전장치로서 제한적으로 해석되어야 한다. 예를 들어, 요청국가에서의 세무조사가 정치적, 인종적 또는 종교적 박해 등의 동기를 가지고 있는 경우에 발생할 수 있다. 이러한 제한은 정보가 국가기밀, 예컨대 요청받은 국가의 중대한 이해관계에 반하는 정보당국에 의해 보유된 민감한 정보의 공개인 경우에 원용될 수 있는데, 체약국 간 정보교환 맥락에서 발생할 여지는 드물다.(OMC Art.26/19.5) 또한, 일방체약국의 정보요청이 요청받은 국가의 헌법상 권리에 반한다면 공공정책에 반한 것으로 평가되어야 한다.

6 국내조세상 이해관계

〈OECD/UN모델 제26조 제4항〉

4. 일방체약국이 이 조문에 따라서 정보를 요청하는 경우, 타방체약국은 자국의 조세목적 상 해당 정보가 필요하지 않을 수 있음에도 불구하고 요청받은 정보를 확보하기 위해 자국의 정보수집 방법을 이용하여야 한다. 상기 문장의 정보수집 의무는 제3항의 제약을 받지만, 그러한 제약은 어떠한 경우에도 일방체약국이 해당 정보에 국내 이해관계가 없다는 이유만으로 정보제공 거부를 허용하는 것으로 해석되지 아니한다.

본 조항은 요청받은 국가가 설령 정보에 대한 국내 이해관계가 없을지라도, 이미 자국의 지배하에 있거나 또는 조사수단을 통해서 요청받은 정보를 제공해야 한다고 규정함으로써, 제1항의 범위를 보완하고 제3항의 제한을 따르고 있다. 조사는 요청받은 국가의 배타적 책임하에서 또한 해당 국가의 법률과 행정관행에 의해서 수행되어야 한다. 본 조항은 요청받은 국가의 국내 조세목적 상 요청정보가 필요하지 않은 상황에서도 정보교환 의무가 있다는 것을 명확화하기 위해 2005년에 추가되었다.(OMC Art.26/19.6)

요청받은 국가에서 정보가 수집될 수 있는지 또는 국내 조세목적 상 이용될 수 있는지에 상관없이 체약국들은 정보수집 수단들을 사용해야 한다. 따라서 예를 들어, 정보교환 목적 상 요청받은 국가의 국내법에 의한 부과제척기간의 도과 또는 세무조사의 종료 때문에 요청받은 국가가 자국의 정보수집 수단들을 사용할 능력이 제한되어서는 안 된다. 요청받은 국가는 국내 기록의 보관기간 경과로 인해 해당 정보가 더 이상 존재하지 않는 것을 확인한 경우에는 정보제공 의무가 없다. 그러나, 그러한 보관기간의 경과에도 불구하고 요청정보가 여전히 이용가능한 경우 요청받은 국가는 정보교환을 거부할 수 없다. 체약국들은 신뢰할만한 회계기록이 5년 이상 보관되도록 보장해야 한다.(OMC Art.26/19.7)

7 금융비밀주의의 제한

〈OECD/UN모델 제26조 제5항〉

5. 어떤 경우에도 제3항의 규정은 일방체약국이 요청정보가 은행, 기타 금융기관, 지명인 또는 대리인 또는 수탁인 역할을 하는 인에 의해 보유된다는 이유로 또는 어떤 인의 소유지분과 관련된다는 이유로 정보의 제공 거부를 허용하는 것으로 해석되지 아니한다.

본 조항은 제4항과 마찬가지로 제1항에 의한 정보교환의 범위를 보완하고 제3항을 제한한다. 본 조항은 'TIEAs에 관한 OECD모델협약'과 '조세목적 상 은행정보에 대한 접근성 제고(Improving Access to Bank Information for Tax Purposes)' 제하의 OECD보고서(2000년)에 반영된 국제적 추세를 반영하여 2005년에 도입되었다. 동 보고서에 따르면, 은행 또는 기타 금융기관이 보유한 정보에 대한 접근은 직접적 수단을 통해 또는 사법적·행정적 과정을 통해 간접적으로 이루어질 수 있다.(OMC Art.26/19.11)

은행, 기타 금융기관, 지명인, 대리인 또는 수탁인 자격으로 활동하는 인이 보유한 정보 또는 특정인에 대한 소유정보와 관련된다는 이유는 제3항에서 언급된 국내 법률 또는 행정 관행에 의해 보호되는 것으로 간주될 수 없다. 예를 들어, 일방체약국이 단지 정보가 수탁인에 의해 보유된다는 이유만으로, 수탁인이 보유한 모든 정보를 전문직업적 비밀로 취급하는 법률을 가진다면, 해당 국가는 그 법률을 타방체약국에게 정보제공을 거부하는 근거로 사용할 수 없다. '대리(agency)' 용어는 매우 넓은 의미를 가지는데, 예컨대, 법인설립대리인, 신탁법인, 등록대리인, 변호사 등 모든 형태의 법인서비스 제공자를 포함한다.(OMC Art.26/19.12) 또한, 국내 법률이 소유정보를 거래 또는 기타비밀로 취급한다는 이유만으로 정보요청이 거부될 수 없다.(OMC Art.2/19.13)

본 조항은 조문체계의 변화를 나타내지만, 종전 버전이 그러한 정보의 교환을 승인하지 않았다는 의미로 해석되어서는 안 된다. 절대 다수의 OECD 회원국들은 종전 규정에 의해 이미 그러한 정보를 교환하였고, 본 조항의 추가는 단지 현재의 관행을 보여줄 뿐이라고 인식한다.(OMC Art.26/19.10)

본 조항의 적용사례는 다음과 같다.(OMC Art.26/19.15) 첫째, 법인X는 자회사 법인Y의 주식 대부분을 소유하고, 두 법인은 A국 법률에 의해 설립되었다. B국이 법인Y에 대한 세무조사를 수행하는 과정에서 법인Y의 직·간접 소유문제가 관련되었고, B국은 법인Y의 지분구조 상에 있는 모든 인에 대한 소유정보를 A국에 요청한다. 이 경우 A국은 법인X와 Y의 소유정보를 B국에게 제공해야 한다. 둘째, A국 거주자인 개인이 B국 소재 B은행에 계좌를 보유하고 있다. A국은 그 개인에 대한 소득세 조사를 진행하면서 미신고 소득에 대한 잔고가 있는지를 확인하기 위해 B은행 계좌에 보유된 소득과 자산 정보를 B국에 요청한다. 이 경우 B국은 요청받은 은행정보를 A국에 제공해야 한다.

과거 룩셈부르크, 스위스 등 일부 국가의 과세당국은 법원 승인이 없이는 은행정보를 확보할 수 없었다. 더욱이 법원의 승인은 은행의 과세소득을 미신고하는 것과 같은 단순 탈세가 아닌 중대한 조세범죄의 경우에만 가능하였다. 따라서, 2005년 OECD모델 개정시 룩셈부르크, 오스트리아, 벨기에 및 스위스는 제26조 제5항을 조약협상에 적용하지 않겠다는 입장을 담은 유보의견을 부기하였다. 그러나, 2009년 이후 글로벌포럼에 의한 TIEAs의 체결 및 동료평가 메카니즘은 조세정보교환의 기준을 변경시켰고, 회원국들은 조세조약에 제26조 제5항과 유사한 규정을 포함하지 않더라도 정보교환을 거부할 근거로 은행비밀유지 규정을 원용할 수 없게 하였다. 더욱이, 국내 법률이 수탁인, 대리인이 보유한 정보 또는 특정인의 소유지분 정보를 보호하더라도, 일방체약국은 이러한 국내제도를 토대로 조세조약 상 정보제공을 거부할 수 없게 되었다.

은행계좌 정보는 요청받은 국가에 의해서 요청국가에 전송되어야 한다. 모든 수탁인 또는 대리인이 보유한 정보도 동일하게 적용된다. 그러나, 묵비권 및 공정한 재판을 받을 권리와 관련된 전문직업인의 비밀유지 의무는 궁극적으로 제3항에 따른 예외조항의 적용을 받는다. 도난자료 사용의 적법성 여부에 대해서는 견해가 대립되어, 체약국들 간에 외교적 갈등이 초래되기도 한다.

제11장

조세징수협조

1 의의 및 체계

가. 배경 및 특징

전통적으로 국가들은 타 국가에 조세징수협조를 제공하는 것을 꺼려하였다. 그러나, 이러한 조세징수협조에 대한 전통적인 태도는 글로벌 시대를 맞이하여 전자상거래의 진전과 이에 따른 부가가치세 징수역량에 대한 우려 때문에 변화되어 왔다. 1998년 OECD 유해조세경쟁 보고서는 타국의 조세징수에 적용되는 현행 규정들을 검토할 것을 권고하였고, OECD는 조세조약에 포함될 규정을 마련하기 위한 작업을 추진하였다. 그 결과, 2003년 OECD모델에 조세징수협조에 관한 제27조가 도입되었고, 2007년 '조세징수의 집행에 관한 매뉴얼(Manual on the Implementation of Assistance in Tax Collection)'도 발간되었다. 2011년 UN모델에도 OECD모델과 유사한 조항이 도입되었다.

조세징수협조는 정보교환과 마찬가지로 국제거래의 탈세에 대처하고, 정확한 과세 및 과세권 배분을 보장하기 위해 매우 중요하다. 징수협조 조항은 납세자가 전세계에 걸쳐 자산을 보유하고 과세당국이 국경을 초월하여 징수조치를 취할 수 없을 때, 그리고 납세자가 조세를 납부하지 않고 출국하거나 또는 체납에 충당할 수 있는 국내자산이 없는 경우에도 역시 필요할 수 있다.

OECD/UN모델 제27조의 목적은 'EC/OECD 조세행정 공조협약' 또는 '조세징수 공조에 관한 EU협약'[263] 등 다른 수단에 의해서도 달성될 수 있다. 그러나, 제27조가 도입될 당시에는 그러한 다자간 협약의 서명국가가 많지 않았다는 점을 감안할 때 여전히 도입 필요성이 있었다고 할 수 있다.

제27조(징수협조)는 제26조(정보교환)의 확장이다. 글로벌 경제시대에 제26조만으로

263) EU Council Directive 2010/24/EU on Mutual Assistance for the Recovery of Claims Relating to taxes, Duties and Other Measures(2010.3)

는 체약국들의 목적을 달성하기에 충분하지 않을 수 있다. 그러나, 국제기준을 포함하는 제26조와 달리 제27조는 단지 선택조항이다. 이에 대해 OECD는 양 체약국이 각국의 입장에서 징수협조를 제공할 수 있다고 결론을 내릴 경우에만 조약에 제27조를 포함하도록 제안한다.(OMC Art.27/1) 그 이유는 상호주의 및 요청받은 국가에서 발생할 행정비용 때문이다. 이것이 해당 조항의 도입여부를 결정할 때 모든 법적 · 행정적 · 경제적 측면과 장애요인들을 고려하기 위해 비용편익분석에 토대해야 하는 이유이다.(OMC Art.27/2)

OECD는 징수협조를 할 의향이 있고, 협조할 수 있는 체약국에게만 제27조의 도입을 권고하기 때문에 대다수 조세조약이 해당 조항을 포함하고 있지 않다.(OMC Art.27/1) 본 조문이 도입된 2003년 1월 이후 발효된 600여 개의 OECD 국가의 조약을 보면, 단지 15%만이 해당 조항을 포함하고 있다.[264)]

본 조문은 OECD/UN모델 조문 중에서 가장 최근에 도입된 조문이며 가장 긴 조문으로서 원칙, 예외, 정의 및 명확화 측면에서 잘 체계화되어 있다. 본 조문은 포괄적인 징수협조를 규정하고 있지만, 체약국들은 그 범위를 제한할 수 있다. 실무 상 본 조문의 규정을 양자조약에 포함한 경우는 드물고, 대다수 국가들은 'EC/OECD 조세행정 공조협약'과 같은 다자간 협약에 의존한다.

나. 타 수단들과의 관계

제27조 제1항에 따르면 체약국의 권한있는 당국 간에 조세징수협조 방식에 관한 상호합의를 체결할 수 있도록 허용한다. 따라서 제27조는 제25조(MAP) 제3항의 특별규정이다. 제26조와 제27조는 과세당국 간 행정협력을 다루고 있지만, 그 목적이 다르다. 그러나, 제27조의 징수협력은 가령, 조세징수협조 목적 상 교환된 정보에 대한 비밀유지의무가 보장되는 등 제26조 정보교환 조항과도 관련될 수 있다.(OMC Art.27/5)

'EC/OECD 다자간 조세행정공조협약'은 관세를 제외한 모든 종류의 조세를 대상으로 한다. 체약국들은 조세를 소득 및 재산에 대한 조세로 제한할 수 있는 선택권을 가진다. 동 협약은 1995.4월에 최초로 발효되어 2010년 부속약정에 의해 수정되었다. 2020년 말 현재 127개국 또는 지역에서 시행중이고, 141개국 또는 지역에서 서명 또는 비준 · 수용 · 승인되었다. EC/OECD 공조협약은 제27조와 상당히 유사하지만, 다음과 같은 차이

---

264) Ana Paula Dourado/Kamilla Zembala, "Article 27: Assistance in the Collection of Taxes", *Klaus Vogel on Double Taxation Conventions(4th Ed.)*, Wolters Kluwer, 2015, p.1956

점이 있다. 첫째, 동 협약은 요청국가의 징수협조 요청을 거주자와 비거주자 간에 구별한다. 요청국가의 거주자에 대해서는 집행자체 또는 집행에 이용된 수단에 대한 불복이 제기된 경우에는 요청받은 국가의 협조는 집행이 무효라고 선언되지 않거나 또는 불복제기에 대한 최종결정이 내려진 이후에만 제공된다. 비거주자에 대한 징수협조는 집행이 무효라고 선언되지 않았고 향후에 무효라고 선언될 수 없는 경우에만 제공될 수 있다. 둘째, 요청받은 국가는 징수협조를 요청할 수 있는 때로부터 15년이 경과하여 징수협조 요청이 제출된 경우 이를 준수할 의무가 없다.

한편, '조세징수공조에 관한 EU협약'은 OECD/UN모델 제27조보다 넓은 범위의 징수협조를 규정하고, 제27조의 약점을 극복하는 세부규정을 포함하고 있다. 첫째, 요청받은 국가는 채권발생일로부터 5년 이상 경과된 요청에 대해서는 상호협력을 제공할 의무가 없다. 둘째, 제27조 제8항 d)호와 달리, 요청받은 국가는 해당 국가의 행정부담이 타방체약국이 얻을 혜택에 비해 명백히 과도하다는 근거 하에 협력을 거부할 수는 없다. 오히려 비례성 기준에 대한 판단은 요청국가 관점에서 평가된다. 셋째, 제27조 제8항 c)호가 요청국가에서 자국의 법률 또는 행정관행상 이용할 수 있는 모든 합리적 징수 또는 보전조치를 하지 않는다면 요청받은 국가가 협조를 거부할 수 있다고 규정하고 있는 반면, EU협약(제11조)은 요청국가가 자국에서 이용할 수 있는 적절한 환수절차를 취해야 할 것을 요구한다. 그러나, 이러한 의무는 환수할 자산이 국내에 존재하지 않고 관련 인이 요청받은 국가에 자산을 가진 것이 명백하다면 요청국가가 반드시 준수할 필요는 없다.

2 징수협조의 근거 및 범위

〈OECD/UN모델 제27조 제1항〉

1. 양 체약국은 상대국에게 조세채권의 징수에 대한 협조를 제공해야 한다. 이 협조는 제1조 및 제2조에 의해 제한받지 않는다. 양 체약국의 권한있는 당국은 상호합의에 의해 본 조문의 적용방식을 결정할 수 있다.

본 조항은 양 체약국 간 조세징수의 상호협조에 대한 법적 근거를 규정한다. 양 체약국에 의해 개발되고 합의되는 모든 방법이 수용된다. 국제법에 따라서 본 조항의 요건들이

충족되는 한 상호협조는 의무적이다.(OMC Art.27/3)

징수협조의 범위는 광범위하다. 적용대상 인과 관련하여 제1조 및 제4조에 의한 체약국 중 일방 또는 양국의 거주자로 제한되지 않는다. 그러나, 일부 국가들은 체약국의 거주자에 의해 지급의무가 있는 조세로만 제한하기를 원할 수 있고, 그러한 국가들은 적용범위를 제한할 수 있다.(OMC Art.27/4) 또한, 적용대상 조세와 관련하여 제2조에 열거된 조세로 제한되지 않는다.

제27조는 일방체약국의 당국에 의해 타방체약국의 당국에게 일반적 의무를 발생시키지만, 제3항에 따라 구체적 적용은 요청받은 국가의 법률에 의해 규율된다. 이와 관련하여 우리나라 법률은 "체약상대국에서 징수하는 것이 불가피하다고 판단되는 경우 체약상대국에 대하여 조세징수를 위하여 필요한 조치를 요청"(국조법 §40 ① 및 ②)할 수 있는 한편, "우리나라에서 징수해 주도록 조세조약에 따라 체약상대국의 권한있는 당국으로부터 위탁을 받은 경우 국세징수의 예에 따라 징수"(국조법 §40 ③)할 수 있도록 조세징수의 협조를 규정하고 있다. EU협약과 달리, 징수협조 범위는 요청국가가 요청받은 국가에 체재하거나 조사에 참여하는 것을 포함하지 않으며, 해당 채권관련 문서통지도 포함하지 않는다. 따라서 EU협약에 비해서 낮은 단계의 협조라고 할 수 있다.

채무자로부터 회수할 수 없는 징수비용을 어느 국가가 부담할지를 결정할 필요가 있다. OECD는 징수와 직접적으로 관련되고, 국내 징수절차에서 기대되는 통상적 비용은 요청받은 국가에서 부담하는 반면, 특별한 절차가 사용되었을 때 발생된 비용 또는 통·번역비용 등 비통상적 비용은 양자 간에 달리 합의되지 않는 한 요청국가에서 부담해야 한다는 입장이다.(OMC Art.27/8)

또한, OECD 징수협조 매뉴얼은 세부사항을 규율하기 위해 체약국간에 행정적 합의를 체결할 것을 권고한다. 합의에서 권한있는 당국은 다음과 같은 현실적 이슈들을 다룰 수 있다.(OMC Art.27/9) 첫째, 특정 조세채권에 대해 더 이상 협조요청을 할 수 없는 시한이 존재하는지 여부, 둘째, 조세채권이 요청국가에서 사용된 통화와 다른 통화로 징수될 때 어떤 환율을 적용해야 하는지, 셋째, 요청에 따른 징수금액이 어떻게 요청국가에 송금되어야 하는지 등이다. OECD는 징수협조를 어떻게 이행해야 하는지에 관해 세부사항을 규정하지 않고, 체약국들이 이행방식에 관해 상호합의하도록 권고한다.(OMC Art.27/6)

조세징수 절차의 당사자에게 어떤 권리가 있는지, 즉 요청국가 또는 요청받은 국가의 과세당국에 의한 통지가 필요한지 여부는 명확하지 않다. 이는 관련체약국의 국내법에 달려 있는데, 납세자의 통지받을 권리가 상호합의에 포함될 수 있을 것이다. 그러나, 그러한 권리가 국내법에 규정되지 않는다면 상호합의 자체만으로 납세자에게 권리를 부여하지는 못한다. 이와 관련하여 우리나라 법령은 “체약상대국의 권한있는 당국으로부터 조세징수를 위탁받는 경우에는 국내에 거주하는 조세징수 대상자에게 지체없이 통지”하여야 하고, “그 대상자에게 소명자료의 제출을 요구할 수 있다”고 규정하고 있다.(국조령 §79 ②)

징수협조는 체약국의 거주자인 납세자로 한정되지 않고, 오히려 제3국 거주자가 요청받은 국가에 단순히 자산을 보유하고 있는 경우에도 징수협조를 요청할 수 있도록 허용한다. 따라서 징수협조의 근거는 단순히 요청국가에서 징수채권을 가지고, 요청받은 국가에 징수할 자산이 존재하면 된다. 예를 들어, 제3국 거주자가 소득세 또는 상속·증여세를 요청국가에 납부할 의무가 있고 요청받은 국가에 자산을 보유하는 경우, 요청받은 국가는 요청국가가 조세채권을 징수하는데 협조할 의무가 있다. 징수협조는 납세자의 국적에 의존하지 않으며, 요청받은 국가는 단지 요청국가에서 자국의 국민에 관해 징수협조를 요청한다는 이유로 협조제공을 거부할 수 없다. 그러나, 일부 조세조약들(미국·프랑스 등)은 자국 국민들에 대한 징수협조의 제공을 거부한다.

요청국가가 다수의 양자조약을 가지고 있고 대상납세자가 여러 체약국에 자산을 가지고 있다면, 요청국가는 징수협조를 요청할 국가를 선택할 수 있으며 납세자의 거주지국인 체약국을 선택하도록 강요받지 않는다. 일단 요청국가가 국내의 모든 징수수단을 사용하였고 전체 채권이 한 국가에서만 달성될 수 없는 것이 명백한 한, 모든 체약국에 대해 동시 징수협조를 요청할 수도 있다.

또한, A국이 조세조약이 없는 C국으로부터 징수협조를 얻기 위해 B국과의 조약규정에 따라 징수협조를 요청할 수 있는지가 문제될 수 있다. 그러나, 제2항에서 “양 체약국 또는 그들의 정치적 하부기구 또는 지자체를 위해 부과된 모든 종류 및 명칭의 조세에 관해 지불할 의무가 있는 금액”에 대한 채권으로만 정의하고 있기 때문에 제3국 간 상황에서의 징수협조는 불가능하다.

〈OECD모델 제27조 제1항 대안규정〉

1. 양 체약국은 협약에 의해 부여된 면제 또는 경감세율이 그러한 혜택을 받을 권리가 없는 인에 의해 향유되는 일이 없도록 보장하기 위해 필요한 경우에 상대국에게 조세징수의 협조를 제공해야 한다. 양 체약국의 권한있는 당국들은 상호합의에 의해 본 조문의 적용방식을 결정할 수 있다.

일부 국가들은 위 표와 같이 OECD가 제안한 대안규정을 채택하고 있다. 제27조와 대안규정 간의 주된 차이는 대안규정의 징수협조는 조세조약의 혜택을 받을 권리가 없는 인이 납부할 조세의 경우에만 제공된다는 점이다. 대안규정은 "조세조약에 의해 부여된 조세의 면제 또는 경감세율은 조세조약에 대한 권리가 없는 인에 의해 향유되어서는 안 된다"고 규정한다. US모델 제26조 제7항도 유사한 조항을 규정하고 있다. 결과적으로 조세조약이 제3국의 인에 의해 부적절하게 적용되는 조약남용 사안에 대해서만 징수협조가 제공된다.

일부 조약들은 협조방식에 대해 본 조항과 약간 다르게 규정하고 있다. 본 조항은 "협조를 제공해야 한다(shall lend assistance)"고 규정하는 반면, 이들 조약들은 "협조를 제공하도록 노력해야 한다" 또는 "징수하도록 노력해야 한다"고 규정한다. 이 경우 체약국들은 조약상 협조를 제공할 의무가 있는 것은 아니다. 따라서 요청을 거부하는 것이 그 자체로 계약위반을 초래하지는 않는다. 이 경우 징수협조 조항의 실효성을 담보하기 위해서는 조약해석에 대한 과세당국 간 별도의 상호합의가 필요할 것이다.

참고로, 한・미 조세조약 및 한・일 조세조약상 징수협조 조항은 아래에서 보듯이 제27조 제1항과 달리 조약남용 사안에 대해서만 징수협조를 제공하는 대안규정을 채택하고 있다. 또한, 요청받은 국가에 징수협조 의무가 아니라 징수협조 노력의무를 부여한다는 점에서도 OECD/UN모델과 차이가 있다.

◈ 한·미 조세조약 제30조 【징수협조】 [1979.10.20]

1. 각 체약국은, 이 협약에 따라 타방체약국에 의하여 부여된 조세의 면제 또는 경감세율이 그러한 혜택을 받을 권리가 없는 인에 의하여 향유되는 일이 없도록 보장하기 위하여 동 타방체약국에 의하여 부과된 조세를 동 타방체약국을 대신 하여 징수하도록 노력하여야 한다.

◈ 한・일 조세조약 제27조 【징수협조】 [1999.11.22]

1. (위 한・미 조세조약 제30조 1항과 동일) 그러한 징수를 행하는 체약국은 그와 같이 징수된 금액에 대하여 동 타방체약국에 대하여 책임을 진다.

3 조세채권의 정의

〈OECD/UN모델 제27조 제2항〉

2. 본 조문의 '조세채권' 용어는 과세가 본 협약 또는 양 체약국이 당사자인 다른 협약에 반하지 않는 한, 양 체약국 또는 그의 정치적 하부기구 또는 지자체를 위해 부과된 모든 종류와 명칭의 조세 및 이자, 가산세 그리고 해당 금액과 관련된 징수 또는 보전비용에 대해 지불할 의무가 있는 금액을 의미한다.

본 조항은 제1항에서 언급된 조세채권(revenue claim)을 적극적으로 정의하는데, 모든 유형의 조세는 물론, 가산세 및 징수 또는 보전비용을 포함한다. 적용대상 조세는 제2조에 열거된 조세로만 제한되지 않는다.(OMC Art.27/10)

요청받은 국가는 동일 또는 유사한 조세가 존재하지 않을지라도, 과세가 요청국가에 의해 적격으로 분류된 조세에 관해 징수협조를 제공할 의무가 있다. 조세조약 또는 국제협약에 반하여 징수협조가 요청되면, 제6항에서 규정된대로 납세자는 요청국가의 법원 또는 행정기관에 대해 법적 절차를 제기해야 한다.

징수협조가 조세조약이 발효된 이후에 제공되기만 하면, 특정 조세조약이 발효되기 이전에 존재하는 조세채권에 관해서도 징수협조가 제공될 수 있다. 조세가 부과되는 법령이 법률적으로 수용되고 집행가능한 한, 제27조에 의한 징수협조 메카니즘의 시간상 제약은 없다. 그러나, EC/OECD 다자간협약과 같이 일정한 징수가능 시효(15년)를 규정한 경우도 있다. 체약국들은 조약의 적용을 조약의 발효 이전 또는 이후에 발생 또는 부과된 조세채권으로 자유롭게 제한할 수 있다.(OMC Art.27/12) 본 조항은 벌금을 포함하지 않는데, 이는 별도의 사법공조협약에 의해 다루어진다. 일부 조약들에서는 '조세채권' 용어 대신, 단순히 '조세' 용어를 사용함으로써 징수협조 범위를 제한한다.

4 징수협조의 요건

〈OECD/UN모델 제27조 제3항〉

3. 일방체약국의 조세채권이 그 국가의 법률에 따라 집행할 수 있고 그 당시에 그 국가의 법률에 의해 해당 징수를 방지할 수 없는 인이 지급의무가 있을 때, 그 국가의 권한있는 당국의 요청이 있는 경우 해당 조세채권은 타방체약국의 권한있는 당국에 의한 징수목적 상 수용되어야 한다. 해당 조세채권은, 마치 타방국의 조세채권인 것처럼, 타방국의 조세에 대한 강제집행 및 징수에 적용할 수 있는 법률 조항에 따라서 그 타방국에 의해서 징수되어야 한다.

본 조항은 요청받은 국가에 의한 징수협조의 요건을 규정하고, 징수협조시 어느 체약국의 법률이 적용되는지를 명확히 한다. 징수협조는 조세채권이 요청국가의 법률에 의해 집행할 수 있고, 관련 납세자가 그 국가에서 해당 징수를 더 이상 방지할 수 없을 때에만 요청된다. 요청받은 국가는 징수협조를 제공할 때 자국의 채권인 것처럼 취급하고 국내법에 따라서 징수를 수행해야 할 의무가 있다. 또한, 본 조항은 요청국가와 요청받은 국가의 조세법원 간에 권한을 배분한다. 요청받은 국가는 동일 또는 유사한 조세의 징수를 위한 자국의 절차를 원용하지만, 구체적 절차를 양자 간 협약에 의해서 정할 수 있다.

조세채권은 채무자가 요청국가 또는 요청받은 국가에서 행정적·사법적으로 징수를 방지할 법적 권리를 가지지 않고 요청국가의 법률에 따라서 집행가능한 경우 요청받은 국가에 의해 수용되어야 한다.(OMC Art.27/16) 예를 들어, 만약 요청국가가 납세자의 부친이 진 채무를 충당하기 위해 요청받은 국가에게 납세자의 재산을 압류하여 공매하도록 요청하고 요청받은 국가가 부친에게 외국어로 해당 압류 또는 공매를 통지한다면, 그러한 전 과정의 타당성은 요청국가의 법원에 의해, 그리고 그 국가의 부과제척기간에 의해 평가될 수 있다.

징수조치의 집행가능성 요건은 징수절차가 종료될 때까지 유지되어야 한다. 만약 요청국가에서 채권의 징수가 중지 또는 중단되는 경우에는 이를 요청받은 국가에 통지해야 하고 요청을 중지 또는 종료할지 여부를 결정해야 한다. 만약 요청국가에서 징수협조 요청을 중지하기로 결정하다면, 요청국가에서 요청받은 국가에게 징수절차를 재개시할 정도로 집행가능성의 선결요건이 다시 충족되었다는 것을 통지할 때까지는 징수절차의 중지가 유지되어야 한다.

본 조항의 두 번째 문장에 따르면, 납세자가 요청국가에서 받았던 대우보다 요청받은 국가에서 더 나은 대우를 받을 수 있는 것처럼 보인다. 그러나, 징수가능 시효는 오직 요청국가의 규정에만 따른다. 이는 요청받은 국가의 당국이 취한 조치는 요청국가의 당국이 취한 조치와 동일한 효과를 가진다는 의미이다. 요청국가에서와 다르게 요청받은 국가의 국내법이 불복진행 중일 경우 징수를 허용하지 않는다면, 요청받은 국가는 요청국가의 조세채권에도 동일하게 적용해야 한다. 만약 그러한 상황에서도 요청받은 국가에서 요청국가의 채권을 징수하고자 한다면, 양자조약에 관련 조항을 포함해야 한다.(OMC Art.27/16)

징수협조는 요청국가에서 부과제척기간 또는 소멸시효에 의한 시효의 제한이 있다면 요청받은 국가에서 허용될 수 없다. 반대로, 요청받은 국가에서의 시효는 징수를 방지하기 위해 원용될 수 없을 것이다. 본 조항과 달리, EU 집행협약은 5년, EC/OECD 다자간협약은 15년의 시효를 규정하고 있다. 이와 관련하여 우리나라 법률은 "체약상대국에 대하여 조세징수를 위하여 필요한 조치를 하도록 요청하는 경우"는 물론, "체약상대국에 대한 조세징수협조 여부를 심사하는 경우"에도 조세채권의 소멸시효를 검토하도록 규정하고 있다.(국조령 §78 ② 및 §79 ④)

징수협조는 납세자 또는 납세자의 채무에 대한 책임을 지는 또는 납세자의 자산을 보유하는 제3자에 대해서 제공되어야 한다. 예를 들어, 납세자가 제3자의 자산에 대해 집행가능한 채권을 가지고 있거나 제3자가 납세자 소유제품의 수탁자인 경우 등이다. 제3자의 책임범위는 요청국가의 국내법에 의해서 결정된다. 따라서 요청받은 국가는 국내법상 특정한 제3자에게 책임을 물을 수 없더라도 징수협조를 제공해야 한다.

징수협조 요청된 조세채권은 국내 조세채권과 요청국가의 조세채권 간에 동등성원칙(equivalence rule)을 준수하면서 요청받은 국가의 법률에 따라서 징수되어야 한다. 시효 및 채권 우선순위에 관한 것을 제외하고, 요청받은 국가는 자국 목적 상 해당 납세자와 관련된 징수행위를 할 필요가 없을지라도 요청국가의 조세채권을 마치 자국의 조세채권인 것처럼 징수할 의무가 있다.(OMC Art.27/17) 요청받은 국가에 동일한 조세가 없다면 유사한 조세에 적용할 수 있는 절차가 적용되고, 유사한 조세도 없다면 요청받은 국가가 적절한 절차를 결정할 것이다.(OMC Art.27/18)

요청받은 국가는 마치 해당 국가의 조세채권인 것처럼 징수할 것이 기대되며, 이는 요청받은 국가의 국내법에 의한 제한이 조세징수협조에도 역시 적용될 것이라는 의미이다.

만약 요청받은 국가의 국내법이 요청국가의 법률보다 조세채권 징수에 관해 더 제한적인 경우, 징수협조 제공이 법률적으로 불가능한 것이 아니라면 자국의 보다 제한적인 법률에 따라서 징수하려고 할 것이다. 이는 양 국가의 법률에 의해 집행가능한 경우에만 징수협조가 실행될 수 있다는 것을 의미한다. 요청받은 국가는 집행가능성을 수용해야 하고, 요청국가의 법률에 의해 요건이 충족된 경우라면 자체적으로 평가해서는 안 된다. 그러나, 납세의무의 중지 또는 납부의 연기는 유사한 국내적 상황에서 요청받은 국가의 법률에 의해 요건이 충족된다면 허용될 수 있다.265)

5 보전조치의 요건

〈OECD/UN모델 제27조 제4항〉

4. 일방체약국의 조세채권이 자국의 법률에 따라서 징수를 보장하기 위해 보전조치를 취할 수 있는 채권인 경우, 해당 조세채권은 그 국가의 권한있는 당국의 요청에 의해서 타방체약국의 권한있는 당국에 의한 보전조치 목적 상 수용되어야 한다. 그 타방국은, 그 조치가 적용될 시점에 해당 조세채권이 일방체약국에서 집행가능하지 않거나 또는 지급의무가 있는 인이 징수를 방지할 수 있는 권리를 가진 경우라도, 그 국가의 조세채권인 것처럼 자국 법률의 규정에 따라서 해당 조세채권에 관한 보전조치를 취해야 한다.

본 조항의 보전조치(measures of conservancy)는 다음 두 가지 선결요건이 충족될 때 적용된다. 첫째, 조세채권이 요청국가에서 아직 집행가능하지 않거나 또는 징수가 법적 수단에 의해 방지되고 있는 경우, 둘째 요청국가의 법률이 특정 사안에서 보전조치를 예상하고 적용하는 경우이다. 요청받은 국가는 동등성원칙에 토대하여 보전조치를 적용해야 한다.

일방체약국이 보전조치를 취하도록 요청을 받는 경우 보전조치가 요청국가에서 집행가능한 경우라면 자국의 법률에 따라서 보전조치를 취해야 한다. 상기 제3항은 채권이 요청국가에서 집행가능하고 그 집행이 더 이상 방지될 수 없는 경우에만 적용할 수 있는 반면, 본 조항은 요청국가에서 채권이 아직 집행가능하지 않고 또는 징수가 법적 수단에 의해

265) Ana Paula Dourado/Kamilla Zembala, *op.cit*, pp.1964-1968

아직 방지되고 있는 때에도 적용된다. 요청국가의 징수소멸시효는 여전히 존중되어야 한다. 요청받은 국가는 동일한 조세를 가지고 있지 않더라도, 그리고 동 조치가 자국의 법률에 보전조치로 정확히 분류되어 있지 않더라도 조약상 보전조치의 기능을 충족하는 한 동등성원칙에 토대하여 보전조치를 적용해야 한다.(OMC Art.27/19)

보전조치를 요청할 때 요청국가는 각 사안별로 부과 또는 징수 과정의 어떤 단계에 있는지를 적시해야 한다. 그런 후, 요청받은 국가는 자국의 법률 및 행정관행이 보전조치를 취하도록 허용하는지 여부를 고려해야할 것이다.(OMC Art.27/21) 보전조치는 일시적이어야 한다. 자산의 몰수 또는 동결뿐만 아니라 은행 지급보증도 보전조치에 해당한다. 보전조치 요건은 국가에 따라 다를 수 있지만, 조세채권액이 잠정적으로 또는 부분적으로라도 사전에 결정되어야 한다.(OMC Art.27/20) 보전조치는 예상 이자 및 가산세에도 역시 적용된다.

6 징수시효 · 우선순위 및 국내구제의 제한

〈OECD/UN모델 제27조 제5항 및 제6항〉

5. 제3항 및 제4항 규정과 상관없이, 제3항 또는 제4항 목적 상 일방체약국이 수용한 조세채권은 그 국가에서 해당 채권의 성격상 그 국가의 법률에 의해 조세채권에 적용할 수 있는 시효의 적용을 받거나 우선순위가 부여되어서는 안 된다. 또한, 제3항 또는 제4항 목적 상 일방체약국이 수용한 조세채권은 그 국가에서 타방체약국의 법률에 따라서 적용할 수 있는 우선순위가 적용되어서는 안 된다.
6. 일방체약국의 조세채권의 존재, 타당성 또는 금액에 대한 절차를 타방체약국의 법원 또는 행정기관에 제기할 수 없다.

본 조항은 요청받은 국가가 요청국가에게 징수협조를 제공할 때 요청받은 국가의 법률이 적용된다는 일반원칙에 대한 두 가지 예외를 규정하고 있다. 첫째 예외는 요청국가에게 유리한 것인데, 시효는 요청받은 국가가 아니라 요청국가에 의해 규율되어야 한다는 것이다. 둘째 예외는 요청국가의 법률에 의하거나 또는 요청받은 국가의 법률에 의하거나 요청국가의 채권이 다른 채권에 대해서 우선권을 부여받는 것을 허용하지 않는다. 따라서 요청받은 국가가 조세채권을 자국의 채권으로 취급할 의무가 있을지라도 요청국가의 채권을 다른 채권과 비교하여 우선권을 부여할 필요는 없다.

본 조항은 조세채권에 특별히 적용할 수 있는 요청받은 국가에 의해 규정된 시효의 적용을 금지한다. 요청받은 국가에서는 모든 채무에 적용할 수 있는 일반적인 시효와 우선순위만이 적용될 수 있다.(OMC Art.27/27) 이는 요청받은 국가는 자국의 법률에 의해 더 이상 집행가능하지 않을지라도 협조를 제공해야 한다는 것을 의미한다. 그러나 요청받은 국가는 채권이 요청국가에서 집행가능하다는 것을 확인해야 하고, 요청국가가 정보를 제공할 것이 기대된다.

많은 국가들이 국내 조세채권에게 특별한 우선순위 혜택을 부여하는 경우 그러한 규정은 국가세수에 기여하는 것이기 때문에, 그러한 규정이 징수협조 절차에 의해 징수되는 외국의 조세채권에는 적용되어서는 안 된다는 주장이 있다. 본 조항은 이러한 주장을 수용하고 있는데, 징수협조 요청된 조세채권은 요청받은 국가의 조세채권인 것처럼 취급되어야 한다는 제3항과 제4항에 대한 예외에 해당한다. 그러나, 체약국들은 그 채권에 자국의 조세채권에 허용되는 것과 동일한 우선순위를 부여하기로 합의할 수도 있다.(OMC Art.27/26)

조세채권의 존재, 타당성 또는 금액 또는 집행가능성, 절차의 취소 또는 개시와 관련된 문제는 오로지 요청국가에 의해, 요청국가의 법원에서 그리고 요청국가의 법률에 의해 다루어져야 한다. 왜냐하면, 요청국가에서 납세의무가 발생했기 때문이다. 본 조항은 암묵적으로 사법적·행정적인 집행절차와 수용 조치 절차를 구분한다. 이는 조세채권의 집행가능성은 요청국가의 법률에 따라서 평가되는 반면, 징수 및 보전조치는 요청받은 국가의 법률에 따라서 이루어진다는 제3항과 제4항에 부합한다. 요청받은 국가의 법원은 요청국가의 법률에 의해 조세채권이 정당하고 금액이 정확하다고 간주해야 한다. 따라서 요청받은 국가의 법원은 요청국가의 법률에 의해 집행가능성이 상실되었는지 여부를 포함하여 외국의 채권이 집행가능한지 여부를 검증해야 한다.

7 징수협조의 중지 · 철회

〈OECD/UN모델 제27조 제7항〉

7. 제3항 또는 제4항에 의한 일방체약국의 요청이 있은 후 어느 때라도, 그리고 타방체약국이 관련 조세채권을 징수하여 일방체약국에게 송금할 때까지, 관련 조세채권이 아래 a)호 또는 b)호에 해당하지 않게 된 경우,

a) 제3항에 의한 요청의 경우, 해당 국가의 법률에 의해 집행할 수 있고 그 당시 해당 국가의 법률에 의해 징수를 방지할 수 없는 인이 지급할 의무가 있는 일방체약국의 조세채권, 또는

b) 제4항에 의한 요청의 경우, 해당 국가가 징수를 보장하기 위해 자국의 법률에 따라서 보전조치를 취하는 것과 관련된 일방체약국의 조세채권

일방체약국의 권한있는 당국은 해당 사실과, 타방국의 선택에 따라서, 일방 체약국이 요청을 중지 또는 철회할 것이라는 것을 타방국의 권한있는 당국에게 신속히 통지해야 한다.

본 조항은 조세채권의 집행은 물론 보전조치가 종결될 때까지 징수협조 전 과정에 걸쳐서 집행 또는 보전조치에 대한 선결요건이 계속 충족되어야만 요청받은 국가에서 실행된다는 것을 보장한다. 상기 요건들이 존재하지 않게 되면, 요청국가는 요청받은 국가에게 신속히 통지해야 한다.(OMC Art.27/29) 본 조항은 순전히 국내적 상황에서 조세채권 또는 보전조치를 집행할 요건들이 존재하지 않을 때 발생하는 것의 논리적 연장선이다. 예를 들어, 조세채권 금액의 취소 또는 감액을 포함하여 조세채권을 집행하거나 보전조치를 취하는데 필요한 요건들이 존재하지 않을 때 요청국가 입장에서 요청받은 국가에게 통지할 의무는 제26조의 정보교환 절차에 따른 것이다.

요청받은 국가에게 통지하지 않은 경우 해당 국가가 입은 손해는 요청국가에 대해 보상을 청구할 수 있다. 요청국가는 징수협조의 선결요건이 존재하지 않게 된 이후 요청받은 국가에서 발생한 일반비용을 보상해야 한다. 반면, 관련 납세자에 대한 조약상 보상의무는 없다. 그러한 보상권리는 요청국가의 국내법에 의해 규율될 것이다. 조세채권을 집행 또는 보전조치를 취할 요건들이 존재하지 않게 된 사실관계에 대한 궁극적 결과는 요청받은 국가에 의해 결정된다. 요청받은 국가는 요청국가에게 요청의 중지 또는 철회를 요구할 수 있고, 또한 종전에 취한 조치들을 취소할 권리를 가진다.

8 징수협조의무의 한계

〈OECD/UN모델 제27조 제8항〉

8. 어떤 경우에도 본 조문의 조항들이 일방체약국에게 아래와 같은 의무를 부과 하는 것으로 해석되어서는 안 된다.
   a) 해당 국가 또는 타방체약국의 법률 및 행정관행에 저촉되는 행정조치를 실행하는 것
   b) 공공정책에 반하는 조치를 실행하는 것
   c) 타방체약국이 자국의 법률 또는 행정관행에 의해 통상적으로 이용할 수 있는 모든 합리적 징수 또는 보전조치를 하지 않았음에도 협조를 제공하는 것
   d) 해당 국가에 대한 행정적 부담이 타방체약국이 얻는 혜택에 비해 명백히 과도한 경우에 협조를 제공하는 것

본 조항은 국제공법상 확립된 의무와 관련된다. 그러나, 본 조항의 하나 또는 그 이상의 예외조항이 발생하더라도 다른 법적 규정들이 징수협조를 부인하지 않는 한, 요청받은 국가는 협조를 제공할 수 있는 재량권을 가진다. 만약 요청받은 국가가 기꺼이 협조를 제공하고자 한다면, 그 협조는 여전히 본 조문의 규율을 받을 것이다.(OMC Art.27/31)

본 조항 a)호에 의하면, 본 조문에 따른 의무를 이행함에 있어서 일방체약국과 타방국의 국내법 및 행정관행을 초월할 의무가 없다는 점을 명확히 하고 있다. 따라서, 요청국가가 보전조치를 취할 국내권한이 없다면, 요청받은 국가는 요청국가를 대신하여 그러한 조치를 취하는 것을 거부할 수 있다. 마찬가지로, 요청받은 국가에서 조세채권을 충족하기 위한 자산의 몰수가 허용되지 않는다면, 징수협조 제공시 자산을 몰수할 의무가 없다. 그러나, 요청국가의 징수협조만을 제공하기 위한 것일지라도, 요청받은 국가의 조세목적 상 승인된 행정적 조치가 사용되어야 한다.

본 조항 c)호에 의하면, 만약 요청국가가 자국의 법률 또는 행정관행에 의해 통상적으로 이용할 수 있는 모든 합리적 징수 또는 보전조치를 수행하지 않았다면 징수협조를 제공할 의무는 없다. 그러한 합리적 조치가 취해졌는지를 검증하기 위해서는 비례성기준(proportionality test)이 요구된다. 만약 추가적인 징수 또는 보전조치가 불균형적 어려움을 초래했을 것이면 요청국가는 모든 합리적 조치를 행사한 것이다.

본 조항 d)호에 의하면, 요청받은 국가가 징수협조를 제공하기 위해 감당해야 하는 부담이 요청국가가 얻게 될 궁극적인 편익에 비해 과도한 경우 협조의 제공을 거부할 수 있다.(OMC Art.27/36) 요청받은 국가에 의해 발생된 행정비용이 요청국가가 얻게 될 예상 편익보다 높은 것으로 예상되는지를 결정하기 위해 비용편익분석이 고려되어야 한다.

제3편

국내원천소득론

제1장 국내원천소득의 의의

1 국내원천소득의 범위

외국법인과 비거주자는 우리나라에서 발생한 국내원천소득에 대해서만 납세의무가 있다. 따라서 국내원천소득의 범위를 결정하는 것이 매우 중요하다. 국내세법은 법인세법에 10가지[1], 소득세법에 13가지[2] 유형의 소득을 국내원천소득으로 열거하고 있다. 국내원천소득을 유형별로 열거하고 있는 이유는 소득유형별로 과세방법(종합과세 또는 분리과세)과 원천징수 세율을 다르게 규정하고 있기 때문이다. 국내법상 열거주의를 채택하고 있기 때문에 외국법인 또는 비거주자가 국내에서 벌어들인 소득이라 하더라도 열거되지 않은 소득은 국내에서 과세할 수 없게 된다.

한편, 외국법인 또는 비거주자의 소득을 거주지국과 원천지국 중 어느 국가의 원천으로 할 것인가를 결정하는 기준을 소득원천규정(source rule)이라 한다. 그러나, 조세조약은 국내세법처럼 외국법인과 비거주자로 나누어 소득을 구분하고 있지 않고, 국내원천소득의 범위를 국내세법과 달리 규정하고 있는 경우가 많아서 국내세법과 상충이 발생하는 경우가 다수 존재한다. 일반적으로 체약국들은 OECD/UN모델을 기준으로 하여 과세당국 간 개별협상에 의해서 양자 조세조약 상 소득원천을 규정하고 있다.

이와 관련하여, 대법원은 싱가포르은행의 국내지점에 대해 과소자본세제를 적용하여 차입금 한도를 초과하여 지급한 이자를 배당으로 소득처분한 사안에 대해서 "이 사건 금액은 국내세법 상 배당으로 간주되는 이상 국내원천 배당소득에 해당하고, 다만 국내세법보다 우선하는 한·싱가포르 조세조약 상으로는 배당소득이 아닌 이자소득에 해당하여 이를 전제로 제한세율 등이 정해질 것이므로, 원심으로서는 이러한 사정들을 종합하여 이

1) 법인세법 §93에서 1. 국내원천 이자소득, 2. 국내원천 배당소득, 3. 국내원천 부동산소득, 4. 국내원천 선박등임대소득, 5. 국내원천 사업소득, 6. 국내원천 인적용역소득, 7. 국내원천 부동산 등양도소득, 8. 국내원천 사용료소득, 9. 국내원천 유가증권양도소득, 10. 국내원천 기타소득을 열거하고 있다.

2) 소득세법 §119는 법인세법 상 10가지 소득유형 외에 근로소득, 퇴직소득 및 연금소득을 추가하여 규정하고 있다.

사건 처분의 적법여부 등을 판단하였어야 했다."고 언급하면서 "이러한 원심의 판단에는 과소자본세제의 적용효과 및 조세조약의 소득구분 등에 관한 법리를 오해"하였다고 판시하였다.[3] 이 판결은 조세조약 상 소득구분이 국내세법 상 소득구분을 결정하는 것이 아니고, 조세조약은 원천지국 과세여부 및 제한세율의 적용과 관련한 판단에 한해서 우선 적용된다는 점을 분명히 한 것으로 평가된다.

이에 따라 조세조약과 국내세법 상 소득구분의 적용에 관한 해석상 논란을 해소하기 위해서 "비거주자 또는 외국법인의 국내원천소득의 구분에 관하여는 소득세법 제119조 및 법인세법 제93조에도 불구하고 조세조약이 우선하여 적용된다."고 규정한 종전 국조법 제28조는 2018.12.31. 폐지되었다. 일반적으로 조세조약이 국내법보다 우선 적용된다고 하더라도 국내법상 과세근거가 없는 소득을 조세조약을 적용하여 과세할 수는 없다. 왜냐하면, 조세조약은 과세권을 제한할 뿐이지 창설할 수는 없기 때문이다.

통상 국내세법은 국내원천소득을 조세조약보다 넓게 규정하고 있는데, 국내법상 과세가 가능하더라도 조세조약 상 근거가 없는 소득은 국내에서 과세할 수 없다. 따라서 아래 〈그림 3-1〉에서 보는 바와 같이 국내세법과 개별 조세조약에 모두 열거된 소득에 대해서만 국내원천소득으로 과세할 수 있다.

〈그림 3-1〉 국내원천 과세소득의 범위

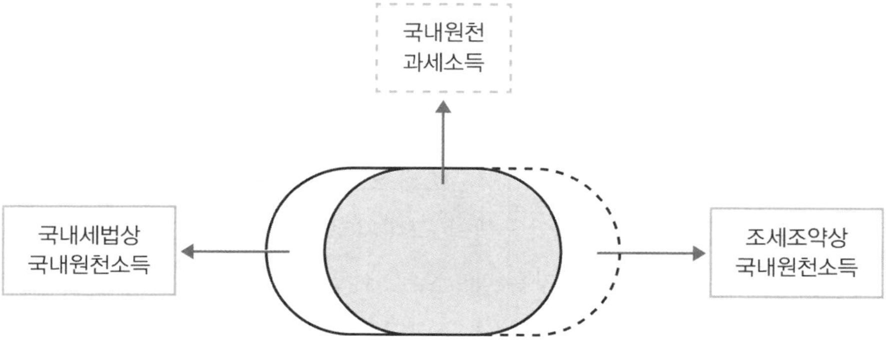

참고로, 아래 〈표 3-1〉은 국내세법과 OECD모델조세협약상 소득항목의 유형별 구분을 보여주고 있다.

3) 대법원 2018.2.28. 선고 2015두2710 판결

〈표 3-1〉 국내세법 및 조세조약 상 소득항목의 구분

국내세법 (법인세법 · 소득세법)	조세조약 (OECD모델조세협약)
○ 이자소득	○ 이자소득(§11)
○ 배당소득	○ 배당소득(§10)
○ 부동산소득	○ 부동산소득(§6)
○ 선박등임대소득	○ 사업소득(§7)
○ 사업소득	○ 국제운수소득(§8) ○ 사업소득(§7) ○ (독립적인적용역소득)(§14삭제)
○ 인적용역소득 ○ 근로소득 ○ 퇴직소득 ○ 연금소득	○ 종속적인적용역소득(§15) ○ 이사의 보수(§16) ○ 예능인 및 체육인소득(§17) ○ 연금소득(§18) ○ 정부용역소득(§19) ○ 학생소득(§20)
○ 토지 · 건물등양도소득 ○ 유가증권양도소득	○ 양도소득(§13)
○ 사용료소득	○ 사용료소득(§12)
○ 기타소득	○ 기타소득(§21)

2 국내원천소득에 대한 과세방법

외국법인 또는 비거주자의 국내원천소득에 대한 과세방법은 종합 신고·납부와 원천징수 분리과세의 2가지 방법이 있다. 외국법인 또는 비거주자의 국내사업장이 있거나 부동산소득이 있는 외국법인 또는 비거주자의 경우에는 내국법인 또는 거주자와 마찬가지로 종합하여 신고·납부해야 한다. 그밖에 외국법인 또는 비거주자의 국내사업장이 없거나 관련소득이 국내사업장에 귀속되지 않는 경우에는 소득유형별로 이를 지급하는 자가 분리하여 징수·납부한다. 소득유형별 과세방법을 간략히 정리하면 아래 〈표 3-2〉와 같다.

〈표 3-2〉 국내원천소득에 대한 소득유형별 과세방법

<table>
<tr><th rowspan="2">소득 구분</th><th colspan="2">외국법인</th><th colspan="2">비거주자 개인[4]</th></tr>
<tr><th>국내사업장에 귀속되는 경우</th><th>국내사업장 無 또는 귀속 ×</th><th>국내사업장에 귀속되는 경우</th><th>국내사업장 無 또는 귀속 ×</th></tr>
<tr><td>○ 이자소득
○ 배당소득</td><td>예납적 원천징수[5]</td><td rowspan="5">완납적 원천징수[6] (분리과세)</td><td rowspan="7">종합 신고·납부</td><td rowspan="2">분리과세</td></tr>
<tr><td>○ 사용료소득
○ 기타소득</td><td rowspan="6">종합 신고·납부</td></tr>
<tr><td>○ 선박등임대소득
○ 사업소득</td><td>분리과세</td></tr>
<tr><td>○ 인적용역소득</td><td>분리과세</td></tr>
<tr><td>○ 유가증권양도소득</td><td>분리과세</td></tr>
<tr><td>○ 부동산등양도소득</td><td>예납적 원천징수</td><td>분리과세 (거주자와 同)</td></tr>
<tr><td>○ 부동산소득</td><td>종합 신고·납부</td><td>종합 신고·납부</td></tr>
<tr><td>○ 근로소득
○ 퇴직소득</td><td>N/A</td><td>N/A</td><td>분리과세 (거주자와 同)</td><td>분리과세 (거주자와 同)</td></tr>
</table>

4) 비거주자 개인에 대한 과세방법은 소득세법 §121, 비거주자의 국내원천소득에 대한 원천징수특례는 소득세법 §156 참조

5) 이자소득 및 배당소득(집합투자기구 이익 중 투자신탁의 이익에 한함)을 외국법인 국내사업장에 지급하는 자는 법인세법 §73 규정에 따라 내국법인과 동일하게 14% 세율로 원천징수하여 납부하여야 한다.

6) 내국법인과 달리 외국법인에 대한 원천징수특례를 규정한 법인세법 §98가 적용된다.

비거주자 또는 외국법인에 대해 원천징수하는 경우 적용해야 할 국내법상 소득 유형별 세율은 아래 〈표 3-3〉에서 보는 바와 같다. 다만, 우리나라가 조세조약을 체결한 국가의 거주자에게 지급하는 경우에는 조세조약 상 제한세율을 적용하여야 한다.

〈표 3-3〉 국내세법 상 원천징수 세율(법법 §98 ①, 소법 §156 ①)

소득 유형	원천징수 세율
이자, 배당, 사용료, 기타소득	20%(채권이자 14%), 15%
인적용역소득	20%(조약상 기술용역 수수료 3%)
유가증권, 부동산 등 양도소득	Min[양도가액의 10%, 양도차익의 20%]
사업소득, 선박 등 임대소득	2%

조세조약 상 제한세율을 적용하는 경우 조세조약의 대상이 되는 조세에 지방소득세(주민세)가 포함되는지 여부에 따라 적용세율이 달라진다. 조약 대상조세에 지방소득세(소득세 등의 10%)가 포함되어 있는 경우에는 국세의 세율과 지방세의 세율을 합하여 그 제한세율을 초과할 수 없으므로, 소득세 등 국세의 세율은 제한세율에 100/110을 곱하여 산출한다. 그러나, 대상조세에 주민세가 포함되어 있지 않은 경우에는 과세표준에 제한세율을 곱하여 소득세 등을 산출하고, 지방소득세는 소득세 등에 지방소득세율을 곱하여 추가로 계산한다.[7)]

예를 들어, 외국법인에게 저작권 사용료를 1백만 원을 지급하는 경우 조세조약 상 제한세율이 10%라고 가정하면, ⅰ) 조약상 대상조세에 지방세가 포함되는 경우에는 법인세 90,900원(1백만 원 × 10% × 100/110), 지방소득세 9,100원(100,000원 - 90,900원), ⅱ) 조약상 대상조세에 지방소득세가 포함되지 않는 경우에는 법인세 100,000원(1백만 원 × 10%), 지방소득세 10,000원(100,000원 ×10%)을 원천징수해야 한다.

만약 지급자가 원천세를 부담하기로 약정한 경우에는 원천세를 포함하여 과세표준을 산정해야 한다. 예컨대, ⅰ) 내국법인이 영국법인에게 저작권 사용료 1백만 원을 지급하고 그에 대한 세액을 부담하기로 한 경우(한·영 조세조약상 저작권 사용료 제한세율은 10%이고, 대상조세에 지방세가 포함됨) 과세표준은 1,111,111원(1백만 원 × 1/(1-10%))이고, 원천징수 세액은 법인세 101,010원(1,111,111원 × 10/11%), 지방소득세 10,101원

7) 우리나라가 체결한 조세조약 중 미국, 필리핀, 남아공, 콜롬비아 4개국을 제외한 대부분의 조세조약이 조세조약 대상조세에 지방세를 포함한다.

(101,010원 × 10%)이다.

반면에, ⅱ) 내국법인이 미국법인에게 저작권 사용료 1백만 원을 지급하고 그에 대한 세액을 부담하기로 한 경우(한・미 조세조약상 저작권 사용료 제한세율은 10%이고, 대상조세에 지방세가 포함되지 않음) 과세표준은 1,123,595원(1백만 원 × 1/(1-11%))이고, 원천징수 세액은 법인세 112,359원(1,123,595원 × 10%), 지방소득세 11,235원(112,359원 × 10%)이다.

제2장 국내원천 사업소득

1 조세조약 상 사업소득

가. 의의 및 배경

외국기업의 PE는 소득원천지국의 과세당국이 PE가 존재하는 것으로 간주하거나 또는 외국기업이 자발적으로 지점 등록을 함으로써 성립한다.[8] 일단 외국기업의 PE가 존재하는 것으로 결정되면, 다음으로 어느 정도의 이윤이 PE에 귀속되어야 하고 원천지국에서 과세되어야 하는가의 문제가 제기된다. 이 이슈는 아래 〈참고〉 '총괄주의와 귀속주의'에서 보는 바와 같이 복잡하고 역사적으로도 다른 견해들이 제기되어 왔다.

이러한 문제를 다루는 OECD/UN모델 제7조의 해석과 적용에 관해서 OECD회원국들 간에 많은 견해 차이가 있었다. OECD 회원국들 간 공통된 해석의 결여는 이중과세 및 비과세의 문제를 초래하였다고 지적된다.(OMC Art.7/4) 따라서 OECD는 이러한 문제에 대처하기 위해 2008년 PE귀속 이윤의 결정을 위해 TPG에서 제시된 독립기업원칙(arm's length principle)을 적용하는 방법을 다룬 'PE이윤의 귀속에 관한 보고서(Report on The Attribution of Profits to Permanent Establishments)'[9]를 발표하였다. 현행 OECD모델 제7조 본문 및 주석은 상기 2008년 보고서를 토대로 전면 개정된 것이다.

PE와 본점은 하나의 동일한 법적 단체이므로, PE는 기업의 다른 부문 또는 독립기업들과 계약에 의해 법률적으로 기속될 수 없다. 또한, PE의 법적 독립성 결여는 가격이 결정되는 방식에도 영향을 미치는데, 특히 PE가 법률적으로 기속될 수 없기 때문에 PE와 기업의 다른 부문들 간 거래에서 이윤을 인식할 수 없다고 주장하는 의견도 있다. 전통

8) 이와 관련하여 제5조와 제7조에서 사용하는 PE개념은 동일한 개념이다. 제5조는 단순히 정의 조문으로 기능하는 데 비해, 제7조는 PE의 판정을 실체적인 법적 결과 즉, 원천지국에 대한 과세권의 배분으로 연결시킨다.

9) 동 보고서는 PE에 이윤을 귀속시키는 구체적 방법을 제시하고 있는데, 제1부는 일반적 고려사항, 제2부는 은행의 PE, 제3부는 증권회사 등 글로벌 트레이딩 수행기업의 PE, 제4부는 보험회사의 PE에 관해서 다루고 있다.

적으로 외국법인은 PE가 소재하는 국가에서 제한적 납세의무만을 부담한다. OECD모델 제7조는 소위 '귀속주의원칙', 즉 소득원천지국의 과세권을 PE에 귀속되는 소득으로 제한하고 있으며, 외국법인이 원천지국에서 벌어들인 모든 사업소득에 대해 과세하는 소위 '흡인력원칙'을 배제하고 있다. 다만, UN모델은 '제한적 흡인력원칙'을 채택하고 있다.

OECD모델 및 조세조약은 우리나라 세법과 달리 사업소득을 열거하지 않고 기업의 이윤, 기업의 산업상 또는 상업상 이윤 등으로 포괄적으로 규정하고 있다. OECD모델 제3조에서는 '사업(business)'의 개념을 정의하지 않은 채, 독립적 인적용역의 수행을 포함한다는 점만을 명시하고 있다. 그리고 사업을 수행하는 주체를 '기업(enterprise)'으로 정의하고 있다. 따라서 사업 또는 기업의 구체적 범위는 각국의 국내법 규정에 따라야 할 것이다. 그러나, 성격상 사업소득이라 하더라도 부동산소득, 국제운수소득, 투자소득, 인적용역소득 등 조약상 별도조문으로 다루고 있는 것은 그 조문이 우선 적용되고 사업소득에서 제외된다. 예컨대, 원천지국이 제6조 제1항에 따라 부동산에서 발생하는 사업소득에 대해 과세할 수 있는 경우 PE기준은 불필요하다.

참고

총괄주의와 귀속주의

PE 과세소득의 범위와 관련하여 역사적으로 총괄주의와 귀속주의가 대립하여 왔다. 총괄주의(entire principle)는 '일반적 흡인력 원칙(principle of general force of attraction)'이라 불리는 것으로서 특정 기업의 PE가 존재하기만 하면 해당 PE에의 귀속 여부에 관계없이 그 국가에서 발생된 모든 소득에 대한 과세권을 인정하는 방법이다. 과거 원천지국의 과세권 확대, 조세회피 방지 등을 위해 채택되었으나, 오늘날에는 조세회피 목적 없이 기업이 타국에서 PE를 통하지 않고도 자회사 또는 독립대리인을 통해서 사업을 수행하는 경우가 많을 수 있다는 현실을 감안하여 총괄주의를 채택한 조세조약은 매우 드물다.(OMC Art.7/12)

귀속주의(attribution principle)는 OECD모델과 대부분의 조세조약이 채택하고 있는 방법으로서 외국기업이 원천지국에서 PE를 통해서 사업을 수행하는 경우 PE에 실질적으로 관련되는 소득(effectively connected income: ECI)에 대해서만 과세할 수 있는 원칙이다. 즉, 외국기업이 국내원천에서 발생한 배당, 이자, 사용료 또는 다른 사업소득의 소유자라 하더라도 국내에 소재하는 PE에 귀속되지 않는 한 원천지국의 과세권이 미치지 않는다는 것이다.

우리나라는 인도네시아, 멕시코와 체결한 조세조약(절충주의)을 제외하고는, 대부분의 조세조약에서 국제적 추세에 따라 귀속주의를 채택하고 있다.

한편, 국내세법은 외국법인과 비거주자의 국내원천소득을 열거하고 있는데, 국내에서 영위하는 사업에서 발생하는 소득과 국외에서 발생하는 소득 중 국내사업장(PE)에 귀속하는 소득을 국내원천 사업소득으로 규정하고 있다. 즉, 국내발생소득은 PE귀속 여부에 관계없이 과세대상이 되지만, 국외발생소득은 PE에 귀속되는 경우에만 과세대상이다.

나. 외국기업의 사업소득에 대한 과세원칙

〈OECD모델 제7조 제1항〉

1. 일방체약국 기업의 이윤은 그 기업이 타방체약국에서 그곳에 소재한 PE를 통해 사업활동을 수행하지 않는 한, 해당 국가에서만 과세할 수 있다. 그 기업이 앞서 말한 대로 사업을 수행한다면 제2항의 규정에 의해 PE에 귀속될 수 있는 소득을 타방국에서 과세할 수 있다.

〈UN모델 제7조 제1항〉

1. (상기 OECD모델 제7조 제1항 첫 문장과 동일) 그 기업이 앞서 말한대로 사업을 수행한다면 기업의 이윤은 a) 해당 PE에; b) 해당 PE를 통해 판매된 것과 동일 또는 유사한 종류의 재화 또는 상품의 타방국에서의 판매에; 또는 c) 타방국에서 PE를 통해서 수행된 것과 동일 또는 유사한 종류의 타방국에서의 기타 수행활동들에 귀속할 수 있는 정도만 해당 타방국에서 과세될 수 있다.

OECD모델 제7조 제1항은 각 체약국 기업의 이윤에 관한 과세권 배분규정을 담고 있는데, PE 과세소득 범위의 결정원칙으로 '귀속주의'를 규정하고 있다. 일방체약국의 기업은 타방국에 소재하는 PE를 가지고 있지 않는 한, 그 기업의 이윤이 그 타방국에서 과세될 수 없고[10], 그 기업이 타방국에 소재한 PE를 통해서 사업을 수행하는 경우에는 PE에 귀속되는 이윤만이 타방국에서 과세될 수 있다. 이 원칙은 원천지국의 과세권이 PE에 귀속되지 않는 이윤에까지 확대되지 않는다는 것이다. 따라서 우리나라가 체결한 조세조약 체약국의 거주자는 국내세법의 규정(사업소득 원천징수)에도 불구하고 국내에 PE를 가지지 않는 한 국내에서 사업소득으로 과세되지 않는다. 반면, UN모델 제7조 제1항은 '제

10) 이는 한 기업이 타 국가에 PE를 설립하기 전까지는 타 국가가 그 기업의 이윤에 대해 과세권을 가져야 할 정도로 타 국가의 경제활동에 참여하는 것으로 간주되어서는 안 된다는 국제적 합의를 표현하고 있다.(OMC Art.7/11)

한적 흡인력원칙'이라 불리는데, PE에 귀속되는 이윤은 물론, PE를 통해 판매된 것과 동일 또는 유사한 종류의 재화 또는 상품이 PE국가에서 판매되어 발생한 이윤 및 기타 PE에 의해 수행된 것과 동일 또는 유사한 사업활동에 의해 PE국가에서 발생하는 이윤까지 PE국가의 과세소득을 확장하고 있다.

현재 일반적으로 수용되는 원칙은 외국기업이 특정 국가에서 얻는 이윤에 대해 과세를 할 때는 해당 외국기업이 그 국가에서 얻는 이윤의 개별적인 원천들을 대상으로 각각 PE기준을 적용해야 한다는 것이다. 예컨대, 한 회사가 타 국에 PE를 세워 제조활동을 영위하는 한편 동일 회사의 다른 사업부문은 독립대리인을 통해 그 국가에서 다른 상품을 판매할 수 있는데, 이러한 사업형태는 해당 사업의 역사적 관행 또는 사업적 편리성과 같은 정당한 사업상 근거를 가지고 있을 수 있기 때문이다.(OMC Art.7/12)

'수행(carry on)' 용어가 본 조문의 실질적 범위를 제한하지는 않는다. 특히, 비경쟁(non-competing) 약정의 경우와 같이 비활동(negative activities) 대가, 예비지급금(stand-by payments) 등을 배제하지는 않는다.

다. PE귀속 이윤의 결정방법

〈OECD모델 제7조 제2항〉

2. 이 조문과 제23A조, 제23B조의 목적 상, 각 체약국에서 제1항에 언급된 PE에 귀속되는 이윤은, 만약 별개의 독립기업이라면, 특히 그 기업의 다른 부문과의 거래에서, 그 기업이 PE와 그 기업의 다른 부문들을 통해 수행한 기능, 사용한 자산 및 부담한 위험을 고려하여, 동일·유사한 상황에서 동일·유사한 활동에 종사했다면 얻었을 것으로 기대되는 이윤이다.

〈UN모델 제7조 제2항〉

2. 제3항 규정의 조건하에, 일방체약국의 기업이 타방체약국에서 그 곳에 소재한 PE를 통해서 사업을 수행하는 경우, 만약 PE가 동일·유사한 조건하에서 동일·유사한 활동에 종사하는 별개의 독립기업이고, 그 기업과 완전히 독립적으로 거래한다면 얻었을 것으로 기대될 수 있는 이윤이 각 체약국에서 해당 PE에 귀속되어야 한다.

(1) 의의

OECD는 이중과세 최소화를 위해 2010년 제7조를 개정하고 단순성 및 집행용이성 등을 고려한 '공식 OECD접근방법(Authorized OECD Approach: 이하 AOA)'을 채택하였다.[11] AOA에 따라 PE에 귀속되는 이윤이란 "만약 PE가 동일·유사한 조건하에서 동일·유사한 기능을 수행하는 법률적으로 독립된 별개의 기업이라면, 비교가능한 독립기업 상황에서 얻었을 이윤"을 지칭한다.

'이윤(profits)'의 해석과 관련하여 역사적으로 두 가지 접근방법이 사용되었다. 첫째, '관련 사업활동 접근방법'(relevant business activity approach)인데, 이 접근방법에 따르면 기업의 이윤은 PE가 어느 정도 참여하는 사업활동의 이윤만을 의미하고, PE에 귀속시킬 수 있는 이윤은 기업전체가 관련 사업활동으로부터 벌어들일 수 있는 이윤을 초과할 수 없다는 한계가 있다. 둘째, '기능적 독립단체 접근방법'(functionally separate entity approach)인데, 이 접근방법에 따르면 PE에 귀속되는 이윤은 기업전체의 이윤 또는 PE가 참여한 특정 사업활동으로 제한되지 않는다. '관련 사업활동 접근방법'이 전체 기업이 타 기업과의 거래로부터 소득을 실현하기까지는 PE 귀속이윤을 이윤으로 간주하지 않는데 비해, '기능적 독립단체 접근방법'은 전체적으로 아직 이윤이 실현되지 않았더라도 PE 귀속이윤을 허용하는 차이점이 있다. PE에 귀속되는 이윤에 어떤 제한도 두지 않는 '기능적 독립단체 접근방법'이 독립기업원칙의 일관성 관점에서 특정 사업활동이 거주자 또는 외국기업에 의해 행해지는지에 상관없이 중립적인 결과를 가져올 가능성이 높고, 집행의 용이성 관점에서도 소득원천지국이 관련 사업활동에서 해당 기업의 전세계 소득을 결정하려는 시도를 요구하지 않기 때문에 OECD는 '기능적 독립단체 접근방법'을 AOA 또는 제7조 제1항에 부합하는 PE 귀속이윤 결정원칙으로 채택하게 되었다.

(2) 의미와 시사점

제7조 제2항은 PE귀속 이윤을 "별개의 독립된(separate and independent) 기업이라고 가정할 때, 특히 기업의 다른 부문들(본점 또는 다른 PE)과의 거래에서, 기업이 해당 PE를 통해 그리고 기업의 다른 부문들을 통해 수행한 기능, 사용한 자산 및 부담한 위험

11) AOA는 OECD 재정위원회(CFA)가 1993년 '고정사업장 이윤귀속에 관한 보고서'를 발간한 이후 회원국간 지속적인 논의의 결과로써, 2008년 보고서가 채택되었고 2010년 7월 OECD 이사회의 최종 승인을 얻어 권고안의 효력을 얻게 되었다.

을 고려하여, 해당 PE가 동일·유사한 상황에서 동일·유사한 활동에 종사했다면 얻었을 것으로 기대되는 이윤"으로 규정하고 있다. 이는 PE귀속 이윤의 결정에도 제9조에 규정된 특수관계기업의 이윤을 조정할 때 적용되는 독립기업원칙이 적용됨을 의미한다.(OMC Art.7/16) 이는 전체기업의 총이윤을 PE와 다른 부문들에 배분하고자 하는 것이 아니고, PE귀속 이윤이 마치 독립기업인 것처럼 결정되어야 함을 요구하고 있다. 따라서, 기업전체로서는 이익을 내지 못했어도 이윤이 PE에 귀속될 수 있고, 반대로 기업전체는 이익을 냈어도 PE에 귀속될 이윤이 없을 수도 있다.(OMC Art.7/17)

다시 말해서, PE를 '기능적 독립기업'으로 보고, 해당 PE와 본점 또는 다른 PE(지점)들 간의 내부거래까지도 독립기업 간 비교가능한 상황을 가정하고 특수관계회사 간 거래에 적용되는 TPG를 유추 적용하여 PE의 이윤(수익 및 비용)을 계산해야 한다. 수익인식, 비용공제 등 구체적인 과세방법에 대해서는 각 체약국의 국내법에서 규정할 사항이지만, OECD모델은 PE를 위해서 실제 발생된 비용뿐만 아니라, 비교가능한 상황에서 PE에게 간접적인 혜택을 주는 대가의 배분 즉, 관념상 대가(notional charge)의 공제까지도 허용하고 있다.

PE이윤의 귀속은 독립기업과의 거래들, 특수관계기업과의 거래들, 해당 기업의 다른 부문들(PEs)과의 거래들을 포함한 PE의 모든 활동들에서 발생한 이윤 혹은 손실의 계산에서 비롯된다.(OMC Art.7/20)

〈그림 3-2〉 PE와 특수관계기업 간 거래에 대한 이전가격조정

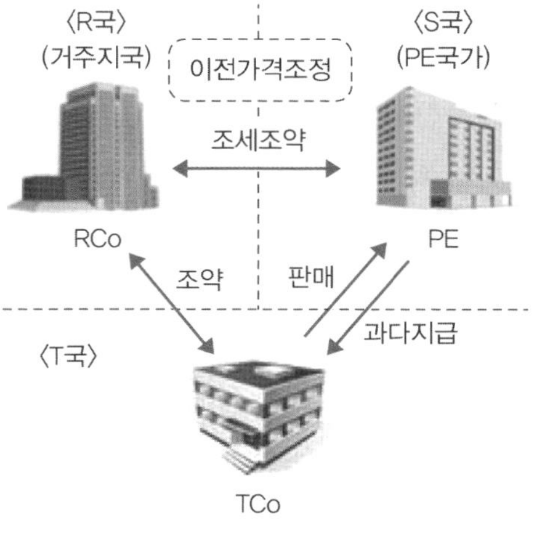

예컨대, 위 〈그림 3-2〉에서 보는 바와 같이 R국 기업(RCo)의 S국에 소재한 PE가 T국

의 특수관계기업(TCo)으로부터 재화를 매입한다고 가정하자. 만약 두 특수관계기업 간 가격이 독립기업 간에 합의되었을 가격을 초과한다면 R국-S국 조약 제7조에 따라서 S국은 PE에 귀속될 이윤을 조정할 수 있다. 그러한 경우 R국도 역시 R국-T국 조약 제9조 제1항에 따라서 RCo의 이윤을 조정할 수 있고, 이는 제9조에 의한 대응조정을 초래할 것이다.[12)](OMC Art.7/24)

PE와 기업의 다른 부문들 간의 거래는 기업전체로서는 법적 효과를 가지지 못하기 때문에 특수관계기업들 간의 거래보다 자세히 조사할 필요성이 있는데, 예컨대, 법적 구속력이 있는 계약이 존재하지 않는 경우 보다 상세한 문서자료의 조사가 필요할 수 있다.(OMC Art.7/25) 과세당국들은 납세자에게 예컨대, 중요한 위험, 책임 또는 혜택의 이전을 보여주는 회계기록, 문서 등을 통해 거래의 인식이 적절하다는 것을 증명하도록 요구할 수 있다.(OMC Art.7/26)

제7조 제2항에 따라 일단 PE에 귀속될 이윤이 결정되면, 제2항 요건들과 협약의 다른 조항들과 부합하는 한 이윤의 과세여부와 과세방법을 결정하는 것은 각 체약국의 국내법이다. 조세조약은 기업의 과세소득을 계산할 때 비용공제 여부에 관한 문제는 다루지 않으며, 비용공제의 조건들은 제24조(무차별원칙) 제3항의 제약 하에 국내법에 의해 결정될 문제이다.(OMC Art.7/30) PE를 위해서 직·간접적으로 기업에 의해 발생된 모든 비용은 조세목적 상 해당 국가의 기업에 의해 발생된 유사비용보다 불리하게 취급되어서는 안 된다. 결국 제24조 제3항에 따라서, 비용이 PE 직원의 급여 등과 같이 PE에 직접 귀속되거나 또는 본점수행 관리기능과 관련된 간접비용 등과 같이 기업의 다른 부문에 귀속되지만 해당 PE에 대한 관념상 대가가 반영될 것이다.(OMC Art.7/34)

PE귀속 이윤의 결정목적 상 인식되어야 하는 거래들의 인식을 무시하거나 PE만을 위해서 발생하지 않은 비용의 공제를 부인하는 국내법 규정들은 분명히 제7조 제2항에 위반되는 것이지만, 특정 범주(예: 접대비)의 비용들의 공제를 금지하거나 언제 특정 비용이 공제되어야 하는지를 규정하고 있는 규정들은 제2항에 의해 영향을 받지 않는다.(OMC Art.7/31) 즉, 감가상각공제율, 소득의 인식시기 및 특정 비용공제 여부 등에 대해 국내법상 차이가 국가 간 과세소득의 차이를 가져올 것이다. 또한, 공제가능한 비용에 관한 국내법 규정 상 차이는 비용 인식시기의 차이와는 달리 항구적일 것이다.(OMC Art.7/32)

2010년 OECD모델 제7조 조문이 개정되었다고 해서 기존 개별 조세조약의 조항을 변

12) 이 경우 S국의 PE는 조세조약 상 인이 아니고, 거주자도 아니기 때문에 S국-T국 조세조약의 적용을 주장할 수 없을 것이다.

화시키지는 않는다. OECD 회원국을 포함한 체약국들이 기존 조세조약들을 재협상할 의무가 발생하는 것도 아니다. 그러나, 이것이 기존 조약규정의 해석까지도 변화가 없다는 의미는 아니다. OECD는 AOA가 2008년부터 심지어 오래 전에 체결된 개별 조세조약에까지도 적용되어야 한다는 입장이다. OECD는 이미 2010년 이전에, "AOA의 관점에서 제7조 제1항, 제2항 및 제3항만이 PE귀속 이윤을 결정하기 위해 필요하다는 것에 회원국 간 광범위한 합의가 존재했다."는 점을 지적하고 있다.[13] 분명히 제7조 제2항에 관한 2010년 이전 문구들은 AOA의 관점에서 이전의 규정들을 동태적으로 해석할 수 있는 여지를 제공하고 있다. 그러나, 이러한 소급효에 반대하는 입장에서는 조약당사국들이 조약이 OECD 주석의 변경 내용과 일치하도록 동태적으로 해석되어야 한다는 명확한 의도를 표시하지 않는 한, 2010년 이전의 제7조 제4항 내지 제6항을 모델로 하여 제정된 기존 조약의 조항들을 사실상 배제하는 식으로 해석되어서는 안 된다는 반론을 제기하기도 한다.[14]

(3) 종전 조문들의 내용 및 시사점

〈종전 OECD모델 제7조 제3항〉(관련경비의 배부)

3. PE의 이윤을 결정함에 있어 경영 및 일반관리비를 포함하여 PE를 위해서 발생된 비용은 PE 소재지국 또는 다른 곳에서 발생했는지에 관계없이 공제가 허용되어야 한다.

〈현행 UN모델 제7조 제3항〉

3. (상기 종전 OECD모델 제7조 제3항과 동일). 그러나, 은행의 경우 PE에게 대여된 자금에 대한 이자의 형태를 제외하고, 특허 또는 기타 권리의 사용대가, 특정 수행용역 또는 관리의 대가로 사용료, 수수료 또는 기타 유사한 지급금의 형태로 (실제 발생비용을 변상하는 경우를 제외하고) PE에 의해 기업의 본점 또는 다른 지점에게 지급된 금액에 대한 공제는 허용되지 않는다.

종전 제7조 제3항은 원래는 제2항이 PE를 위해서 직·간접적으로 발생한 비용들이 PE국가 밖에서 발생되었더라도 PE이윤의 결정시 고려된다는 점을 명확히 할 의도였으나, PE에게 간접적 혜택을 주는 비용의 공제를 실제 발생비용으로 제한하는 의미로 해석

13) OECD, "Report on The Attribution of Profits to Permanent Establishments (2010)", Part Ⅰ para.296 및 PartⅣ para.220 참조

14) Ekkehart Reimer, *op.cit*, p.521

되는 경우도 있었다.(OMC Art.7/38) 그러나, 제2항은 기업의 한 부문이 예컨대, 일상적 관리지원 등 PE를 위한 기능수행에서 거래의 인식과 독립기업 대가의 공제를 요구하므로, 실제 발생비용만으로 공제를 제한하는 것으로 오해하지 않도록 삭제하였다.(OMC Art.7/40)

그러나, 종전 규정이 삭제되었더라도 PE에 대한 간접비용(overhead cost) 배분에 관한 기존의 원칙은 여전히 유효하다. 기능적 독립단체 접근방법에 따라 OECD는 기업전체의 혜택과 비교하여 기업의 각 부문들이 얻는 개별 혜택에 토대한 간접비용의 안분배분을 허용하였다.(OMC Art.7/34)

〈종전 OECD/현행 UN모델 제7조 제4항〉(배분방식에 의한 PE귀속이윤의 결정)

4. 기업의 전체이윤을 기업의 여러 부문에 배분하는 것을 토대로 PE에 귀속될 이윤을 결정하는 것이 일방체약국에서 관례적인 것이었다면, 제2항 규정으로 인해 해당 체약국이 그러한 관례적인 배분방식에 의해 과세될 이윤을 결정하는 것을 방해하지는 못한다. 다만, 채택된 배분방법의 결과는 이 조문에 포함된 원칙들과 부합하는 것이어야 한다.

종전 OECD모델 제7조 제4항은 PE이윤의 귀속이 기업전체 이윤의 각 부문들 간 배분방식에 토대하여 이루어지는 것을 허용하는 규정을 포함하였으나, 그 방법은 일방체약국에서 관례적인 것이고 그 결과가 제7조의 원칙들과 일치하는 경우에만 적용하는 것이었다. 그러나, 그 적용이 매우 예외적인 것이 되었고, 그 결과 또한 독립기업원칙과 일치하도록 보장하는 것이 매우 어렵다는 우려들 때문에 삭제하기로 결정하였다.(OMC Art.7/41)

본 조항에 따라서, 대부분의 개별 조세조약들은 특정 전제조건 하에서 간접적 방법(indirect methods)의 사용을 명시적으로 허용해 왔다. 간접적 방법은 먼저 체약국의 국내법에 따라서 관련 과세연도의 전체기업의 이윤을 계산한다. 그 다음에 전체 이윤을 일반적으로 국내법상 세무회계 전통 및 각 부문의 특성에 따라 공식들(고용인원, 인건비, 자산의 장부가치, 매출액 또는 현금흐름 등)을 토대로 각 부문에 배분한다.

금융부문의 기업들은 동질적인 구조를 가지고 있는데, OECD는 금융상품의 글로벌 트레이딩(global trading)에 종사하는 기업에 대해 3가지 유형의 특별한 방법을 승인하였다. 이는 거래 이익방법이라 불리는데, 직접적 방법 및 간접적 방법의 요소들을 결합한다. 거래 이익방법에는 첫째, 관련기업의 상대적 공헌도에 따라서 거래들의 결합이익을 계산한 후 특수관계 효과를 배제한 이익을 분할하는 '거래이익분할법(PSM)', 둘째, 규모와

여건이 유사한 독립기업들이 실현한 이익지표를 토대로 이익을 계산하는 거래순이익률법(TNMM), 셋째, 비교가능한 상황하의 동종 · 유사한 산업에 종사하는 독립기업들의 이익수준지표를 토대로 정상가격을 산출하는 미국의 비교이익법(CPM)이 있다. 이 방법들은 이윤 자체를 계산함에 있어서 거래접근방법(직접적 방법)과 공식접근방법(간접적 방법)을 결합하는 것인데, 최근에는 독립기업원칙과 부합하는 것으로 받아들여지고 있다.(TPG 2.4) 그러나, 독립기업원칙은 거래접근방법을 통해서만 충족될 수 있다는 입장에서 보면, 각각의 거래 또는 유사한 거래들의 그룹이 아닌 기업전체의 이윤을 고려하는 미국의 비교이익법(CPM)과 같은 공식접근방법은 독립기업원칙에 부합하는 것이 아니라는 비판이 제기된다.[15]

현행 AOA 하에서는 엄격하게 거래 이익방법을 제외한 간접적 방법들은 허용되지 않는다. 이러한 간접적 배분방법의 금지는 종전 제7조 제4항 및 개별 조세조약의 문구와는 명백히 다른 것이다.

〈종전 OECD모델 제7조 제5항〉(단순구입 비과세)

5. PE가 해당 기업을 위해 재화 또는 상품을 단순히 구입하는 이유만으로는 어떤 이윤도 PE에 귀속되지 않는다.

이 조항도 독립기업원칙에 부합하지 않기 때문에 삭제되었다. 왜냐하면, 만약 구매활동이 독립기업에 의해 수행된다면, 구매자는 구매서비스에 대해 독립기업원칙에 따라서 보상을 받을 것이기 때문이다.(OMC Art.7/43)

〈종전 OECD모델 제7조 제6항/현행 UN모델 제7조 제5항〉(동일방법의 유지)

6. 앞 조항들의 목적 상, PE에 귀속될 이윤은 달리 결정할 타당하고 충분한 이유가 없는 한 매년 동일한 방법에 의해 결정되어야 한다.

이 조항은 지속적이고 일관된 취급을 보장하기 위한 것이었는데, PE귀속 이윤이 직접적 또는 간접적 방법을 통해서 또는 심지어 기업전체 이윤의 각 부문들에 대한 배분방식에 토대하여 결정될 수 있도록 허용된다면 적절한 것이었으나, 새로운 접근방법은 그러한

15) Ekkehart Reimer, *op.cit*, pp.524-526

근본적으로 다른 방법들의 적용을 허용하지 않기 때문에 존치할 필요성이 없어져 삭제되었다.(OMC Art.7/42)

라. PE귀속 이윤에 대한 대응조정

> **〈OECD모델 제7조 제3항〉**
>
> 3. 제2항에 따라서, 일방체약국이 체약국들 중 하나의 기업의 PE에 귀속되는 이윤을 조정하여 타방국에서 과세된 해당 기업의 이윤을 과세하는 경우, 해당 타방국은 그 이윤에 대해 부과된 조세금액에 대해 그 이윤에 대한 이중과세를 조정하는데 필요한 만큼 적절한 조정을 해야 한다. 그러한 조정을 할 때 체약국의 권한있는 당국들은 필요하면 상호협의를 해야 한다.

OECD모델 제7조 제3항은 일방체약국에서 제2항에 따라 기업의 PE귀속 이윤을 조정한 경우 타방체약국에서는 이중과세가 발생하지 않도록 적절한 조정을 해야 하고, 필요한 경우 권한있는 당국 간에 상호협의를 해야 한다고 규정하고 있다. 예컨대, 자기자본(free capital)의 귀속방법 등에 대해 양 체약국이 제7조 제2항을 다르게 해석하고 어느 국가의 해석도 이에 부합하지 않는다고 결론짓는 것이 어려운 경우에 이중과세가 발생할 수 있는데, 제3항은 이러한 이중과세가 구제되도록 보장하는 메카니즘을 규정하고 있다.(OMC Art.7/49) 이와 관련하여 양 체약국간에 이견이 있는 경우에는 제25조의 MAP을 활용할 수 있다. 이러한 대응조정(corresponding adjustment) 메카니즘은 제9조 제2항과 유사한 것이다.(OMC Art.7/58)

예를 들어, 아래 〈그림 3-3〉에서 보는 바와 같이 R국 기업(RCo)의 R국 소재 제조공장이 해당 기업의 S국에 소재한 PE에게 판매를 위한 재화를 이전한다고 가정하자. PE귀속 이윤의 결정목적 상 이러한 내부거래(dealing)가 인식되어야 하고, 그 내부거래에 대한 관념상 정상가격(notional arm's length price)이 결정되어야 한다. 납세자의 과세소득 계산목적 상 관념상 이전가격이 90으로 설정되었고 S국은 이를 수용하였다고 하자. 그러나 R국은 국내법상 요구되는 적절한 정상가격이 110이어야 한다고 생각하여 R국에 납부할 세액을 조정하고 결과적으로 S국의 PE에 귀속된 이윤에 대해서 납세자가 청구한 면제소득금액 또는 세액공제금액을 축소한다고 하자. 이 경우 20의 이윤에 대해 이중과세가 발생하였다. 이 경우 제3항은 양 국가에서 과세된 이윤에 대해 S국이 S국에서 납부할 세액에서 대응조정을 제공하도록 요구한다. 그러나, 만약 S국이 R국의 조정이 제2항에 부합하다는 것에 동의하지 않는다면 해당 사안은 제25조 제1항에 따라서 MAP에 의해 해결될 것이다. 이를 통해 양국은 납세자 그리고 양 국가에 의해 제시된 가격 또는 다른 가격으로 하나의 정상가격에 합의할 수 있을 것이다(OMC Art.7/55-56)

〈그림 3-3〉 거주지국의 이전가격 조정과 PE국가의 대응조정의무

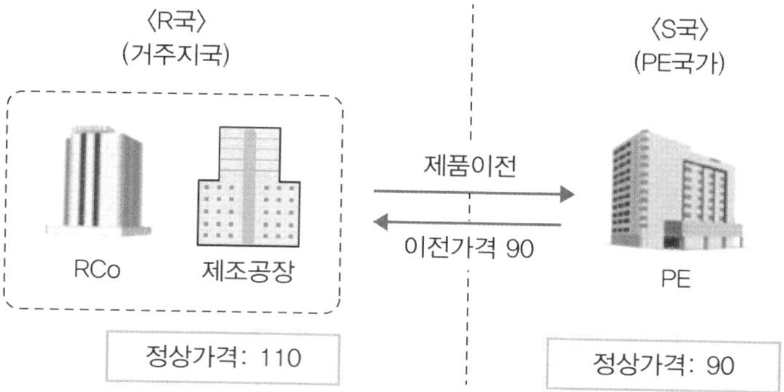

단순히 PE귀속 이윤이 체약국 중 한 국가에 의해 조정되었다는 이유로 대응조정이 제3항에 의해 자동으로 행해지는 것은 아니며, 조정된 결과가 제2항과 일치한다고 생각하는 경우에만 대응조정이 이루어지게 된다. 즉, 어느 국가가 1차 조정을 하는가에 상관없이 타 국가는 조정된 소득이 PE거래가 독립기업들 간 비교가능한 상황의 거래였다면 발생했을 소득을 정확히 반영한다고 생각하는 경우에만 적절한 대응조정을 할 의무가 있다.(OMC Art.7/59) 기존 양자조약들은 이러한 새로운 대응조정 조항을 포함하고 있지 않다. 국가들은 제7조 제2항의 적용상 부조화를 피하기 위해 통상적인 MAP을 이용해야 한다.

일반적으로 제7조 제3항은 양 체약국들이 어떤 정상가격 기준(방법)이 선호되어야 하는지에 관해 서로 다른 해석을 하는 경우에만 중요성을 가질 수 있다. 제9조 제2항과 같이, 제7조 제3항 첫째 문장은 하나의 체약국에게만 의무를 부과한다. 그러나 이 의무는 거주지국과 PE국가 모두를 대상으로 하기 때문에 중립적이라고 할 수 있다.

A국은 조세조약 규정을 고려하였든 또는 고려하지 않았든 국내법에 따라 기업의 이윤에 대해 과세를 하였다. 제7조 제3항은 A국이 국내법과 조세조약 규정 모두를 정확하고 일관되게 적용했더라도 적용된다. 이때 B국이 PE귀속 이윤을 조정하게 되면 A국의 과세는 제7조 제2항에 의하여 잠재적으로 과도한 것이 된다. 이 경우 A국은 적절한 조정을 해야 할 법적 의무를 지닌다. A국은 자신의 당초 견해가 조세조약 상 완전히 정당화된다

고 하더라도, 적용가능한 이전가격 방법에 관해서는 B국의 견해를 따라야만 한다.

그러나, 만약 일방국이 정상가격 또는 이전가격 방법에 관해서 조정국가의 선호된 입장을 존중하지 않고서 일방적으로 대응조정에 동의하지 않는 경우, 제3항의 사안들이 MAP을 통해서 해결되는 것을 선호하는 국가들은 일방국이 정상가격 또는 이전가격 방법에 관해 조정국가와 협상할 가능성을 항상 부여하는 내용의 아래와 같은 대안규정을 채택할 수 있다.(OMC Art.7/68)

〈OECD모델 제7조 제3항 대안규정〉

3. 제2항에 따라서, 일방체약국이 체약국들 중 하나의 기업의 PE에 귀속되는 이윤을 조정하여 타방국에서 과세된 해당 기업의 이윤을 과세하는 경우, 해당 타방국은 해당 일방국에 의한 조정에 동의하는 경우 그 이윤에 대한 이중과세를 조정하는데 필요한 만큼 적절한 조정을 해야 한다. 만약 해당 타방국이 그에 대해 동의하지 않는다면 상호합의에 의해 그로부터 초래되는 이중과세를 제거해야 한다.

그러한 사안에서 MAP이 개시되는 경우, 상기 규정은 체약국들에게 상호합의에 의해 이중과세를 제거해야 할 상호적 법적 의무를 부과한다. 만약 양 체약국들이 이중과세를 제거하는데 합의하지 못한다면, 두 국가가 조약의무를 위반하는 것이다. 따라서 상호합의에 의해 그러한 이중과세 사안들을 제거해야 할 의무는 단순히 상호합의에 의해 사안을 해결하기 위해 노력할 것을 요구하는 제25조 제2항의 기준보다 더욱 강력한 것이다.(OMC Art.7/69)

마. OECD/UN모델 제7조 제4항

〈OECD모델 제7조 제4항/UN모델 제7조 제6항〉

4. 이윤들이 이 협약의 타 조문에서 별도로 다루는 소득 항목을 포함하는 경우 그 조문의 규정들은 이 조문의 규정들에 의해 영향을 받지 않는다.

이 조항은 보충성 규정(subsidiarity rules)으로 불리는 것으로, 이윤들이 타 조문들에서 별도로 다루는 소득항목을 포함하는 경우 타 조문의 규정들은 제7조의 규정들에 의해 영향을 받지 않는다는 것이다. 제7조 제2항에 따른 '별개의 독립기업' 가정은 타 조문(제6조, 제10조~12조 등)에서 별도로 다루고 있는 소득의 성격을 변경하지는 못한다. 예를 들어, PE귀속 이윤 결정시 관념상 이자(notional interest)가 비용 공제될 수 있다는 사실이 제11조 목적 상 이자가 지급된 것으로 간주할 수는 없다는 것이다.

2 PE귀속 이윤의 결정

가. 공식 OECD접근방법(AOA)

(1) AOA: 기능적 독립단체 접근방법

AOA인 '기능적 독립단체 접근방법'은 이윤을 배분할 때 기능, 자산 및 위험의 중요성을 강조한다. '기능(function)'이 무엇을 의미하는지는 국내법에 따를 것이 아니라 조약법상 기준에 따라 독립적으로 해석되어야 한다. 독립적 해석의 관점에서 기능은 과업(task)보다 추상적 의미를 가지며, 하나 또는 그 이상의 사업상 과업을 포함한다. 그러나 기능이 과업만으로 이루어진 것은 아니며, 인간의 활동들이 기능을 정의하고 기능을 기업의 각 부문에 할당하는데 고려되어야 한다. 이에 따라 OECD는 기능의 핵심활동을 이행하는 사람이 누구인지를 확인하는 '중요한 인적기능(significant people function: 이하 SPF)' 기준을 채택하였다.

경제적 관점에서 기업의 '자산(assets)'은 기능을 정의하는데 도움을 줄 수 있다. 그러나, 기능의 개념이 PE국가 또는 거주지국에 자산을 할당하는 것을 목표로 한다면, 순환논리를 피하기 위해 기능을 정의할 때 자산을 고려하는 것을 삼가야 한다. 반대로 부동산과 같이 특정 자산을 영토적으로 할당하는 경우에는 기능을 정의하는데 자산이 고려될 수 있다. 기능의 국내적 개념과 국내법상 취급은 제7조의 맥락에서 기능을 정의하는데 중요하지 않다. 예컨대, 어떤 기능이 국내 회계기준에 따라서 무형자산 개발비용 등과 같이 비용의 자본화를 요구하는지 여부는 중요하지 않다. 심지어 자본화하지 않은 기회들과 위험들도 기능을 구성할 수 있다.

PE에 기능의 배분과 관련하여 제7조 제2항에서 수행기능과 사용자산이 병렬적으로 규정된 점을 감안할 때, 기능은 가능한 한 자산 및 부채와 같이 취급되어야 한다. 이는 기능을 중요한 사람에게, 궁극적으로 PE에 귀속시키는 결정적 기준은 수익적 소유라는 것을 의미한다. 마찬가지로, 활동들을 통제하고 실행하는 개인들이 기회를 이윤활동 또는 투자로 전환시킬 수 있는 PE의 직원이라면 기회들(opportunities)도 사업부문에 할당되어야 한다.

'위험(risks)'을 배분하는 것은 위험부담 기능을 배분하는 것이다. 사업상 위험[16]은 기업전체가 부담할 뿐 PE가 파산의 위험을 부담할 수 없다는 반론이 제기될 수 있지만, 여기서 위험의 개념은 단순한 채무불이행 위험을 의미하는 것은 아니다. 위험은 기능적 독립기업의 경우에도 보험계약의 체결을 초래할 수 있는 사업의 불확실성 요소들을 대변한다. 결국, 위험의 배분이 PE이윤 결정의 일부분을 구성할 (관념상) 보험프리미엄을 발생시킨다는 것이다.[17]

이윤을 배분하는 방법에는 개별거래에 토대한(transaction-based) 직접적 방법과 이윤을 중심으로 하는(profit-oriented) 간접적 방법 두 가지가 있다. 간접적 방법은 전세계공식배분법(global formulary apportionment)으로서 그동안 OECD/UN 및 학계에서 많은 비판을 받아 왔다. 따라서 2010년 이전 OECD모델 주석은 직접적 방법을 선호한다고 표현했지만, 현행 OECD모델에서는 직접적 방법이 유일하게 허용된 방법이다.(OMC Art.7/22)

(2) AOA의 논거

〈표 3-4〉 PE귀속 이윤 결정을 위한 AOA 적용방법

	내용	방법
1단계	• 기능 및 사실관계 분석 → PE와 연관된 경제적 관련 특성들의 기능 및 사실관계 분석	• 위험 · 자산 및 자본의 PE귀속 • 내부거래의 인식
2단계	• 비교가능성 분석 → PE귀속 이윤의 결정	• 내부거래와 독립기업거래 비교 (TPG 유추 적용)

위 〈표 3-4〉에서 보는 바와 같이, PE귀속 이윤의 결정을 위해서는 1단계로 '기능 및 사실관계 분석'을 통해 PE와 연관된 모든 경제적으로 관련된 특성들(활동 및 조건들)

16) 일반적으로 기업은 재고위험, 신용위험, 통화위험, 이자율위험, 시장위험, 제품하자위험, 규제위험 등 다양한 위험에 노출될 수 있다

17) Ekkehart Reimer, *op.cit*, pp.517-518

을 결정한 후, 2단계로 TPG의 비교가능성 분석을 유추 적용하여, PE와 기업의 부문들 간의 내부거래(dealings)와 독립기업들 간의 거래(transactions)를 비교하게 된다. 즉, AOA는 본점과 PE 간의 내부거래를 인식하고, 그 내부거래에 대한 독립기업원칙의 적용을 토대로 가격을 결정함으로써 기업의 이윤 중 일부를 PE에 귀속시키는 것이다.

본점과 PE 간 내부거래를 인식한다는 것은 본점과 PE가 독립기업들과 기능면에서 볼 때 동일하다고 가정하는 것을 의미한다. 이런 점에서 OECD가 채택한 접근방법을 '기능적 독립단체 접근방법'이라 부른다. 이와 다른 접근방법으로 '관련 사업활동 접근방법'이 있는데, 이 방법에 따르면 본점과 PE가 함께 참여하는 관련 사업활동에서 발생하는 이윤만이 인식의 대상이다. 따라서 본점과 PE 간 내부거래에서는 이윤이 발생할 수 없고, 다른 기업과의 거래에서만 이윤이 발생한다. 따라서 PE에 귀속되는 이윤은 관련 사업활동에서 기업이 얻은 이익을 초과할 수 없고, 관련 사업활동에서 발생한 이윤 또는 손실이 본점과 PE 간에 배분되어야 한다. 예를 들어, 본점과 PE가 함께 수행한 건설공사 프로젝트에서 손실이 발생한 경우 '관련 사업활동 접근법'에 따르면 해당 건설공사와 관련하여 전체적으로 손실이 발생했으므로 이러한 손실이 PE에게도 배분되어야 한다. 그러나, '기능적 독립단체 접근법'에 따르면 만약 PE가 해당 프로젝트의 전략적 측면에 적극적으로 관여하였다면 해당 기업의 손실을 함께 분담해야 하지만, 프로젝트의 협상, 기획, 관리는 대부분 본점에서 수행하였고 PE는 단순히 본점의 지시에 따라 건설공사만을 수행한 경우 PE는 손실 대신 유사한 상황에서 독립기업이 얻었을 이익을 배분받아야 한다는 것이다.

OECD 회원국들은 모두가 AOA를 전부 적용하는 것은 아니지만, 원칙적으로 '관련 사업활동 접근방법'보다 '기능적 독립단체 접근방법'을 선호한다. 그러나, PE에 대한 과세가 전통적으로 '관련 사업활동 접근방법'에 따라서 또는 이익분할의 형태로 이루어져 왔던 OECD 비회원국들은 AOA를 지지하지 않을 수 있다. AOA 하에서는 독립기업원칙을 적용하여 PE에 이윤을 귀속시키지만, PE에 대한 조세취급과 독립기업에 대한 조세취급을 완전히 동일시하는 것은 아니다. 예를 들어, AOA는 PE에게 독립기업으로서의 신용등급을 부여하도록 권고하지는 않는다.[18] 또한, 기업의 두 부문 간 지급금에 대해 원천세를 부과하는 것도 인정하지 않는다.

AOA는 PE의 이윤을 전체기업의 이윤으로부터 분리시키는 것을 가정한다. 이를 위한 출발점은 PE에 대한 회계이다. 그러나, 내부거래는 회계기록이나 문서에 의해 파악되는

18) AOA 하에서는 PE가 기업과 동일한 신용도를 가지기 때문에, 통상 PE와 본점 간 또는 PE와 다른 PE 간 지급보증 수수료(guarantee fees)를 인식하지 않는다.

것이 아니라 기능 및 사실관계의 분석에 의해 인식되기 때문에 PE에 대한 이윤 귀속은 실질과세원칙의 적용을 받는다. 또한, 원천지국의 법률에 의해 PE의 재무제표가 마련될 수도 있겠지만, AOA는 아래 〈그림 3-4〉에서 보는 바와 같이 특별히 PE에 대한 세무상 재무제표(tax balance sheet)를 작성할 것을 가정한다.

〈그림 3-4〉 외국기업과 PE의 세무상 재무제표

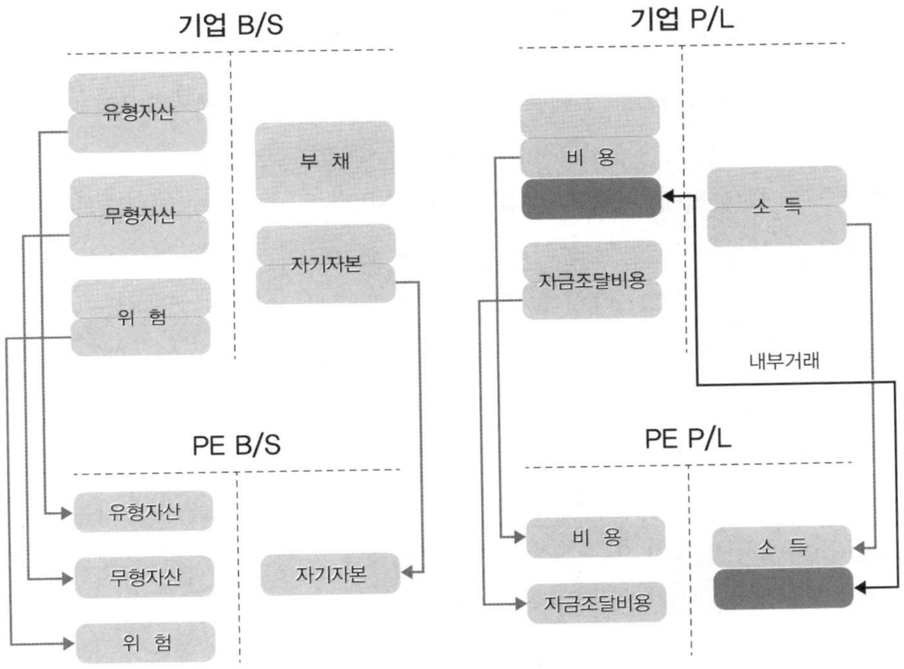

나. 기능 및 사실관계 분석

(1) 서론

AOA의 1단계에서 필요한 것은 PE와 연관된 모든 '경제적으로 관련된 특성들(소위 conditions)'의 기능 및 사실관계를 분석하는 일이다. 기능 및 사실관계 분석은 PE를 포함하여 기업전체의 직원들에 의해 수행된 기능들(소위 people functions)을 고려하고, 그것들이 기업의 이윤창출에 어떤 중요성을 갖는지를 평가하는 것이다. PE가 소재한 국가에서 발생한 활동만이 아니라 PE를 위해서 기업의 다른 부문들이 행한 모든 활동, 그리고 기업의 다른 부문들을 위해 PE가 행한 모든 활동들을 대상으로 한다. PE의 맥락에서 기능 및 사실관계 분석은 비교가능성 분석을 위해서 뿐만 아니라 자산, 위험 및 자기자본을 PE에 귀속시키기 위해서도 중요하다.

(2) 기능에 대한 분석

독립기업거래의 가격결정과 마찬가지로 기업의 두 부문 간의 내부거래의 가격결정에도 기능분석이 필요하지만, 이러한 기능분석은 PE의 특성을 고려하여 조정될 필요가 있다. PE는 법적 기속력이 있는 계약을 체결할 수 없다. 위험은 기업전체가 부담하는 것이기 때문에 PE 스스로 공식적으로 위험을 부담할 수는 없다. 자산 또한 법적으로 기업에 의해 소유되는 것이므로 PE가 혼자서 자산을 소유할 수 없다.

따라서 PE를 TP목적 상 독립기업인 것처럼 가정하기 위해서, AOA는 기능분석이 PE에서 기능을 수행하는 직원들의 물리적 실재, 즉 '중요한 인적기능(SPF)'에 초점을 맞출 것을 권고한다.(OMC Art.7/21) 다시 말해서, PE를 독립기업이라고 가정하는 근거는 PE에서 사람들에 의해 수행되는 기능들이다. 위험과 자산은 PE에 물리적으로 소재하는 직원들에 의해 수행되는 기능들에 따라서 PE에 귀속되어야 한다. 위험과 자산이 기업의 종업원들이 수행하는 기능들에 수반되어야 한다는 것이다. 즉, PE에 의해 창출된 가치를 포섭하는 적절한 방법으로 PE에서 사람들이 수행한 기능들에 초점을 맞춘다는 것이다.

AOA는 기업에서 발생한 이윤 또는 손실이 기능을 수행하는 사람들의 물리적 소재에 따라 본점과 PE 간에 배분될 것이라는 것을 시사한다. AOA하에서는 PE에서 인적기능의 수행이 없다면 위험 또는 자산도 PE에 귀속되어서는 안 되고, 결국 이윤의 귀속도 없어야 한다. 예를 들어, 직원을 두지 않고 제3자의 도움으로 운영되는 서버의 경우, AOA는 서버PE가 존재하더라도 서버에 이윤이 귀속되어서는 안 된다는 점을 시사한다. 왜냐하면, 서버PE는 자산의 경제적 소유권 또는 위험부담의 귀속과 관련된 중요한 인적기능을 수행하지 않을 것이고, 결과적으로 자산 또는 위험도 귀속될 수 없을 것이기 때문이다.

결론적으로, AOA는 PE에 의해 수행된 경제적으로 중요한 활동과 책임들을 확인하도록 한다. 보고를 받는 직위에 있는 중요 임원들이 기업의 어느 부문들에서 실제로 얼마나 근무했는지 또는 중요한 의사결정이 이루어진 곳이 어디인지 등의 사실관계를 상세히 밝히는 일이 중요하다.

〈그림 3-5〉 외국 컨설팅회사의 PE에 대한 이전가격 과세사례

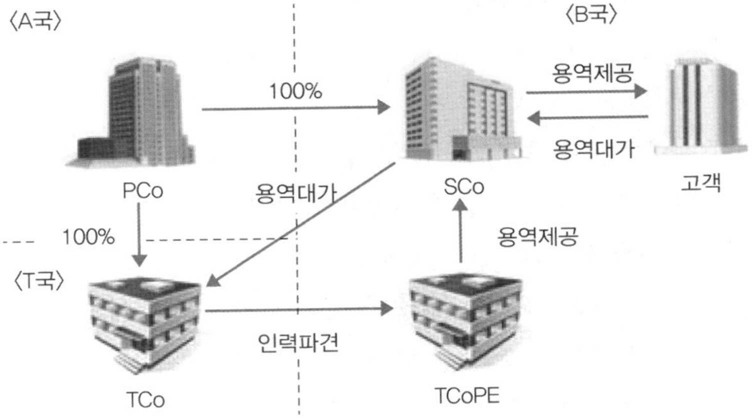

예를 들어, 위 〈그림 3-5〉 사례에서 보는 바와 같이 전세계 기업을 대상으로 경영컨설팅 서비스를 제공하는 다국적기업 PCo는 국내에 자회사 SCo와 T국 소재 관계회사인 TCo의 국내지점 TCoPE를 두고 사업을 수행한다고 하자. TCo는 실질적으로 기능을 수행하지 않는 서류상회사이다. 고객과의 계약주체는 SCo이지만, SCo는 TCo가 TCoPE에 파견한 해외 전문인력을 활용하여 각종 프로젝트 용역을 국내에서 수행하고, 이에 대해 SCo는 TCoPE의 직접비 등에 30%의 이윤을 가산하여 TCo에게 용역대가를 지불한다고 하자.

이 경우 TCo에게 지급한 용역대가는 과도하다고 할 수 있다. 왜냐하면, TCo는 관련 수익창출에 아무런 인적기능을 수행하지 않았고 모든 중요한 인적기능은 TCoPE를 통해 국내에서 수행되었기 때문이다.

따라서, 이익분할법을 적용하여 국내와 국외 간에 관련 결합이익을 배분할 때, PCo와 TCo는 자금과 인력을 제공했다는 이유만으로는 큰 이윤을 배분받을 수 없고, 중요한 인적기능이 대부분 SCo와 TCoPE를 통해 국내에서 수행되었기 때문에 국내에 대부분의 이윤이 배분되어야 할 것이다.

(3) 위험에 대한 분석

PE의 중요한 기능들이 확인되면, 이 기능들에 수반되는 위험을 PE에 귀속시키게 된다. 법적 위험을 부담하는 것은 PE가 아니라 기업전체이므로, AOA는 PE의 직원들에 의해 수행된 기능들에 수반되는 위험을 평가하고, PE의 직원들이 위험부담 및 관리와 관련한

중요한 기능들을 수행한 경우 이들 위험을 PE에 귀속시킨다. 즉, PE는 위험을 부담할 수 있고, 기업의 다른 부문으로 위험을 이전하지 않고도 후속적으로 위험을 관리하기 위해 다른 부문의 서비스를 이용할 수 있다. 그런 의미에서 AOA하에서 위험은 기능과 분리될 수 없다.

PE에 소재한 사람들이 수행한 기능들이 특정 위험을 관리 또는 통제하는 것인 경우 조세관점에서 그러한 위험부담을 PE에 귀속시킨다. 예를 들어, 외국기업이 국내에 소재한 PE를 통해서 재화를 판매한다고 가정하자. 만약 재고수준의 관리 및 물류, 재고기획 및 판매 등과 같은 재고위험과 관련된 중요한 인적기능들이 본점이 아닌 PE에서 수행된다면, 공식적으로는 외국기업에 의해 부담되는 재고위험이라 할지라도 AOA에 따라서 PE에 귀속되어야 한다. 결과적으로 재고자산 평가손실은 외국기업의 본점계정에 계상되어서는 안 되고 PE의 비용으로 귀속되어야 한다.

한편, PE에 의해 부담하는 위험의 양과 성격은 또한 PE에 귀속될 필요가 있는 자본의 양에도 영향을 미치는데, 중요한 추가위험을 부담하는 기업은 동일한 신용도를 유지하기 위해 동일하게 자본을 증가시킬 필요가 있을 것이기 때문이다. 이는 규제당국이 은행에게 노출된 위험을 뒷받침하기 위해 최소수준의 자본을 갖추도록 의무화하는 금융부문에서 명확히 확인할 수 있다. 그러나 위험과 자본 간의 연관은 비금융부문에도 존재하는데, 자본은 위험이 실제 손실로 현실화되는 것을 방지하기 위한 일종의 완충역할(cushion)을 제공한다.

(4) 자산에 대한 분석

PE의 중요한 기능들이 확인되면, 이 기능들에 수반되어야 하는 자산의 '경제적 소유권(economic ownership)'을 PE에 귀속시키게 된다. 자산을 법적으로 소유하는 것은 기업전체이기 때문에, OECD는 PE가 독립된 법적 단체라면 PE가 자산을 소유하는 것으로 가정하기 위해 경제적 소유권 개념을 도입하였다. 따라서 AOA는 기업전체의 자산이 PE에 의해 경제적으로 소유되거나 PE가 수행하는 기능에 사용된다고 간주한다.

자산의 경제적 소유권은 기능 및 사실관계 분석에 의해 결정되고, 특히 자산의 소유권과 관련된 중요한 인적기능의 수행에 의존한다. 유형자산의 PE귀속에는 이용장소(place of use) 기준이 적용된다. 예를 들어, 유형자산의 경제적 소유권이 PE에 귀속되는 경우 해당 자산과 관련된 감가상각비, 임차료 또는 이자비용 등은 PE에 귀속되어야 한다.

다양한 형태의 무형자산은 많은 상장기업의 순자산가치와 주식시장가치 간 큰 차이의 대부분을 설명해 주기 때문에, AOA하에서 무형자산의 취급에 적절한 고려가 필요하다. 기업의 어느 부문이 무형자산의 창출 기능을 수행한 것인지 즉, 무형자산의 경제적 소유자인지를 결정하는 것이 중요하다.

AOA하에서 자산의 개발자는 개발실패 시의 금융손실, 부작용과 같은 기타 개발위험 등을 부담해야 하고, 이러한 위험을 뒷받침하기 위해 충분한 자기자본을 가져야 한다. '내부적으로 창출된 무형자산'의 경제적 소유권 결정과 관련된 중요한 인적기능은 무형자산의 개발과 관련한 여러 위험을 부담하고 이를 관리하는 적극적인 의사결정에 참여했는가와 관련된다. 이는 금융자산과 마찬가지로, 경제적 소유권이 고위경영진의 하위단계에서 수행하는 기능들 즉, 무형자산 개발을 위한 프로그램의 적극적인 관리를 담당하는 단계에 의해 결정될 수 있음을 의미한다.

또한, 직접 또는 사용허락 계약에 의해 '취득한 무형자산'의 경제적 소유권을 결정하기 위해 중요한 문제는 기업 내에서 중요한 인적기능 예컨대, 취득 무형자산의 평가, 추가적인 개발행위의 수행 및 무형자산 사용과 관련된 위험의 평가와 관리 등이 어느 곳에서 적극적으로 수행되는지와 관련된다.

그리고 상호명, 로고, 브랜드와 같은 마케팅 무형자산의 경우에도 경제적 소유권 결정과 관련된 중요한 인적기능은 예컨대, 브랜드 전략의 창출과 통제, 상표권과 상호의 보호, 기존 마케팅 무형자산의 유지 등 당초 위험부담과 후속적 위험관리와 관련되는 기능이다. 다만, 마케팅 무형자산은 과거에 개발되어 미래 일정기간 동안의 지출과 활동에 의해 유지되기 때문에 때로는 자산소유자를 확정적으로 결정하기가 어려울 수 있다.

결론적으로, PE가 무형자산과 관련된 위험부담 및 관리에 대한 적극적 의사결정 등 중요한 인적기능을 수행하는 경우 무형자산 및 무형자산 관련소득은 PE에 귀속되어야 한다. 예를 들어, 외국기업이 PE의 직원들을 통해 브랜드 전략의 관리 및 통제를 전적으로 수행한 경우, AOA에 따라서 PE의 마케팅 활동에 의해 창출된 무형자산(브랜드)은 PE에 귀속되어야 한다. 따라서 사용료 등 브랜드와 관련된 소득 또는 보호관련 비용도 PE에 귀속되어야 한다.

(5) 독립기업 거래에서 발생하는 권리와 의무에 대한 분석

AOA에 따라 독립기업 거래로부터 발생하는 기업의 권리와 의무 및 그에 따른 이윤의 일부가 PE에 귀속된다. 예를 들어, 외국기업의 PE가 완전한 기능을 수행하는 제조업자로서 활동한다고 하자. 만약 PE에 의해 제조된 제품이 독립기업에게 판매되었다면 관련이윤은 AOA에 따라서 직접적으로 모두 PE에게 귀속되어야 한다. 그러나, 특수관계기업에게 판매된 경우에는 TPG의 적용을 통해 이윤이 귀속될 것이다.

(6) 자금조달에 대한 분석

① 자기자본의 귀속

기능 및 사실관계 분석을 통해 기업의 적절한 자산과 위험을 PE에 귀속시키면, PE에 독립기업 이윤을 귀속시키기 위한 다음 단계는 그러한 자산을 보상하고 부담위험을 뒷받침하기 위해 얼마만큼의 자기자본(free capital)이 필요한지를 결정하는 것이다. 자기자본은 "PE 소재지국의 규정에 의해 조세목적 상 비용으로 공제되는 이자성격의 수익을 발생시키지 않는 투자자금"으로 정의된다.[19] 독립기업의 자금조달은 비용공제가 허용되지 않는 자본(equity) 또는 비용공제가 허용되는 부채(debt)에 의해 이루어진다고 가정하기 때문에, PE의 자금조달(funding) 문제는 복잡한 이슈이다.

일반적으로 PE는 기업과 동일한 신용도를 누리기 때문에, AOA하에서 독립기업가정은 조세목적 상 기업의 자기자본의 적절한 비율이 PE에 귀속될 것을 요구한다. AOA하에서 PE는 조세목적 상 '독립기업 자기자본(arm's length amount of free capital)'이 귀속될 필요가 있다. 즉, PE의 이윤이 독립기업 이윤이 되기 위해서는 기업의 자기자본이 PE에 적절히 귀속되어야 한다. 그러나, 규제상 의무가 없는 경우 PE에 자기자본이 실제로 배분되는 것은 아니다.

AOA에 따라서 PE는 독립기업과 마찬가지로 자신의 기능, 위험 및 자산을 뒷받침하기 위해 적절한 자기자본을 필요로 한다. 다시 말해서, PE의 필요자금이 전적으로 부채로 조달되어서는 안 된다는 것이다. PE에 더 많은 기능, 위험 및 자산이 귀속될수록 더 많은 자기자본을 필요로 한다. 즉, 자본과 위험이 분리될 수 없다고 가정한다. 더욱이, 만약 동일한 사업이 자회사를 통해서 수행된다면 자회사는 과소자본 규정에 의해 일정 수준의 자본 또는 자기자본을 가질 것이 요구될 것이다.

일반기업의 관점에서 '중요한 위험'은 PE가 사업상 활동하는 시장에 의해서 독립기업 상황에서 자본이 필요할 것으로 간주될 수 있는 위험을 의미한다. 예컨대, 만약 특정 국가

19) OECD, "Report on The Attribution of Profits to Permanent Establishments(2010)", part I, para.105, p.37

에서 독립적인 패스트푸드 판매상이 자사의 식품이 비만에 기여했다고 주장하는 소송을 당할 위험에 대비하여 적립금을 쌓는다면, 이는 단순한 '이론적 위험'을 넘어서 해당 지역에서 자본의 귀속 목적 상 중요한 위험이 될 수 있다. 어떤 기업의 활동은 다른 기업에 비해 경기순환에 대한 변동성이 커서 경기위축시 기업지원을 위한 자본이 추가로 필요할 수도 있다.

일반기업에서는 여러 사업부문들에게 적용되는 적정자본(capital adequacy)에 대한 규제상 제약이 거의 없기 때문에 자본의 양은 무엇이 특정부문이나 사업전략 등에 적합한지에 대한 시장의 인식과 주주 및 대출기관의 위험에 대한 선호에 의해 결정될 것이다. PE가 중요한 위험을 부담하는 경우에는 이들 위험을 고려해야 하지만, 중요하지 않은 위험은 측정하려고 할 필요는 없고 단순히 자산을 평가하는 것으로 충분하다. PE가 충분한 자기자본을 가져야 한다는 원칙에는 국제적인 합의가 이루어졌으나, 필요한 자기자본을 귀속시키기 위해 모든 상황을 다룰 수 있는 단일의 접근방법을 개발하는 것은 불가능하다.

OECD는 아래 〈참고〉 '자기자본의 PE귀속 방법'에서 보는 바와 같이 PE에 자기자본을 배분하기 위한 여러 가지 방법을 예시하고 있다.[20] 이들 방법은 두 가지로 분류될 수 있는데, 하나는 '해당 기업'의 자본구조에 초점을 두는 방법이다. 이 방법은 PE에 귀속되는 기능, 위험 및 자산에 따라서 기업의 실제 자기자본 중 일부를 PE에 귀속시킨다. 다른 방법은 '비교대상 독립기업'의 자본구조에 초점을 두고 비교대상 독립기업의 자기자본에 비례하여 PE에 자기자본을 귀속시킨다. 그러나, OECD도 인정하듯이 아직까지 PE에 '독립기업 자기자본'을 귀속시키기 위한 단일의 합의된 국제적 기준은 없다. 따라서 MAP을 통해서 분쟁을 해결할 필요가 있을 수 있는데, 이러한 사실이 AOA의 약점은 아니며 오히려 PE에 자기자본을 귀속시키는 것이 매우 어렵고 복잡한 문제라는 점을 나타내주는 것이라고 할 수 있다.

참 고

자기자본의 PE귀속 방법

1. 실제 자본배분 접근방법(capital allocation approach)
   - 기업의 실제 자기자본을 PE에 배분하는 것으로, 자기자본은 기능분석에 의해 PE에 귀속된 자산과 위험의 비율에 기초하여 배분됨

20) OECD, "Report on the Attribution of Profits to Permanent Establishments(2010)", part Ⅰ, para.121-145, pp.40-44

• 그러나, 다음과 같은 문제점이 있을 수 있음

- 첫째, PE는 판매업자이고 기업은 제조업자인 경우와 같이 PE가 기업전체와는 매우 다른 유형의 사업을 영위하거나 또는 기업은 본국에서 시장우월적 위치에 있으나, PE소재지국은 경쟁적 시장인 경우 등 PE가 소재한 국가의 시장상황이 기업의 다른 부문에 적용되는 것들과 매우 다른 상황인 경우, 합리적 조정을 하지 않는다면, 결과가 정상가격범위 밖에 있을 수도 있음

- 둘째, 기업전체의 자본이 부족한 경우 기업의 실제 자기자본을 단순히 배분하는 것은 정상가격 결과를 가져올 수 없음

- 셋째, 자본계산 시 어떤 공제가 허용되어야 하는지, 어떤 기간 동안의 자본비율을 계산할 것인지 등 합의되지 않은 이슈들이 있고, 또한 PE소재지국이 적용에 필요한 정보를 확보하는 문제 등 실제 적용상의 어려움이 있음

2. 경제적 자본배분 접근방법(economic capital allocation approach)

• 은행업의 관점에서, 규제상 자본측정이 아니라 경제적 자본에 근거하여 자기 자본을 배분하는 방법임

- 이론상 예컨대, 특허기술을 개발하는데 고유한 경제적 위험을 측정할 경우 등 비금융 부문에도 유용할 수 있으나, 위험측정 시스템을 가지고 있지 않은 비금융부문에 적용할 가능성은 희박함

- PE가 상당한 개발위험을 가지고 있는 경우에 유용한 출발점을 제공함

3. 비교가능 독립기업 접근방법(thin capitalization approach)

• 비교가능성 분석을 통해 PE가 원천지국에서 동일·유사한 조건하에 동일·유사한 활동을 수행하는 독립기업과 동일금액의 자기자본을 가진다고 간주함

- 기능분석을 통해 PE에 귀속될 자산과 위험을 확인하고, PE가 필요로 하는 독립기업 자금조달금액을 결정한 후 부채와 자기자본으로 자금을 배분함

• 전체기업이 전부 부채로만 자금을 조달하는 상황에서 자기자본금액을 결정할 때 발생하는 여러 문제들을 회피할 수 있는 장점이 있음

- 다만, 비교가능 상황에서 관찰할 수 있는 자본구조 즉, 부채 대 자본비율의 범위 편차가 큰데 일반기업에도 적용하는 것이 가능한지 즉, 주주의 위험에 대한 성향의 차이 등을 포함하여 다양한 부채 대 자본비율에 내재하는 모든 요소들을 고려할 수 있는 지가 우려되며, 개별 PE들에 배분하는 자기자본의 총액이 기업전체의 자기자본보다 더 클 수 있다는 것도 약점임

4. 최소자본 접근방법(safe harbour approach)

• 원천지국에서 운영하는 독립적 은행과 같이, PE가 최소한 규제목적 상 요구되는 자본과 동일한 금액의 자기자본을 가질 것을 요구함

- 그러나 이 방법은 가령, PE가 일반적으로 기업전체와 동일한 신용도를 가져야 한다는 AOA의 중요한 내부조건들을 무시하기 때문에 AOA가 아님
- 금융부문 외에서는 충분히 객관적인 표준(benchmarks)을 찾기가 매우 어려운 문제가 있고, 모든 분야에서 모든 납세자를 위한 해결책을 제시해주지 못하고 비교가능성 기준을 충족시키지 못하는 분야별 표준(sector benchmarks)에 의존하고 있다는 점이 약점임

② 부채(이자비용)의 귀속

PE에 귀속된 자산과 위험을 뒷받침하기 위해 필요한 자본 중 자기자본이 결정된 후 나머지 자금이 부채로 조달될 수 있고, 귀속된 기능, 자산 및 위험과 비례하는 수준의 이자비용을 PE에 귀속시킬 수 있다. PE에 부채를 귀속시키고, 그 부채에 적용되는 이자율을 결정하기 위해 한 가지 이상의 AOA를 인정한다. AOA하에서는 '내부 이자거래(internal interest dealing)'의 인식을 포함할 수 있는데, 오직 금융기관의 내부거래만을 인정하였던 2010년 이전 OECD모델 제7조 제3항 주석(para.18.3 및 19)의 입장과는 차이가 있다. AOA는 금융기업과 일반기업 간 차별을 두었던 종전의 입장을 바꿔 내부 이자거래의 인식에 TPG의 기능분석 방법을 유추 적용하도록 하고 있다.

PE에 귀속된 자기자본을 초과하는 자금조달금액 만이 PE에 귀속되는 이자비용 공제의 대상이 된다. 그러나, AOA가 국내세법의 적용을 방해하는 것은 아님을 유념할 필요가 있다. 따라서, 비용공제의 권리는 궁극적으로 원천지국의 국내입법에 달린 문제이기 때문에, AOA에 따라 이자비용이 PE에 귀속될지라도 그러한 이자비용의 공제가 반드시 허용되는 것은 아니다.

PE에 부채를 귀속시키는 방법은 내부조달 또는 외부조달로 나눌 수 있다. 첫째, 내부자금조달(internal funding)은 PE의 소요자금이 기업의 다른 부문들에 의해 제공되는 경우이다. 그러나, TP목적 상 이자비용을 인식하여 공제받기 위해서는 이자비용이 내부 이자거래로 인정되어야 하고, '중요한 인적기능'의 요건을 갖춘 '자금관리 기능(treasury function)'에 해당해야 한다. 일반기업의 PE가 완전한 자금관리 기능을 수행하는 경우에는 자금관리센터(treasury centre)로서 중요한 인적기능을 수행하기 때문에 내부 금융자산의 경제적 소유자라고 할 수 있다. 따라서 자금관리 기능에 해당하지 않는 이자거래는 조세목적 상 본·지점 간에 청구될 수 없다. 만약 PE가 단순히 자금을 빌려와서 즉시 대

출하는 도관(conduit) 기능만을 수행하는 경우에는 중요한 인적기능을 수행했다고 볼 수 없고, 따라서 소유자로서가 아니라 용역제공자로서 발생된 관리비용 보상 또는 이윤가산 방법을 적용함이 적절할 것이다.

그러나, 기업의 외부 이자비용 중 일부는 자금관리 기능에 해당하지 않더라도 PE에 배분될 수 있는데, 만약 중요한 인적기능이 없다면 기업의 실제 외부 이자비용만이 기업의 각 부문들에 배분될 것이다. 자금관리 기능의 존재 유무를 조사하기 위해서는 현금 또는 금융자산의 경제적 소유권과 관련된 중요한 인적기능 수행 여부, 즉 기업이 실제 내부 자금거래를 관리하는 직원들을 고용하고 있는지를 확인해야 한다. 일단 자금관리 기능이 확인되었다면, 내부 자금관리거래에 적용되어야 하는 이자의 수준을 결정할 필요가 있는데, 이 경우에도 TPG에 따라 독립기업원칙에 부합하도록 이자가 청구되어야 한다.

둘째, 이자비용은 기업에 의해 제3자 차입을 통해서도 발생할 수 있다. 이 경우 기업전체의 이자비용 중 일부가 PE에 귀속되어야 하는지 여부가 문제된다. 여기서는 자금조달 원천이 기업의 외부이기 때문에 자금관리 기능의 필요성은 없다. 그러나, 독립기업원칙 요구상 PE에 귀속되는 외부 이자비용은 PE에 귀속되는 기능을 수행하고, 위험을 부담하며, 자산을 경제적으로 소유하기 위해 요구되는 자금의 필요성과 부합해야 한다. OECD보고서는 각국에서 이용되는 여러 가지 방법을 예시하고 있지만, AOA에 따라 PE에 귀속되는 외부 이자비용 금액을 결정하기 위한 단일의 방법을 권고하지는 않는다.

기업의 외부 이자비용을 PE에 귀속시키기 위한 두 가지 접근방법이 있다. 하나는 추적접근방법(tracing approach)인데, PE에 제공된 어떤 내부의 자금거래도 당초 제3자에 의한 자금의 제공까지 거슬러 추적하여 해당 기업이 제3자에게 실제 지급한 이자율을 PE에 귀속되는 이자율로 결정하게 된다. 다른 하나는 대체접근방법(fungibility approach)인데, 기업의 PE가 빌린 자금은 기업전체의 자금수요에 기여한 것으로 간주되고 각 PE는 기업전체가 실제로 제3자에게 지급한 이자비용의 일정 비율을 사전에 정해진 기준에 의해 배분받기 때문에 내부 이자거래를 인식할 필요가 없다. 자본의 귀속과 마찬가지로, 모든 상황에 적용가능한 PE귀속 이자비용을 결정하는 단일의 접근방법을 개발하는 것은 가능하지 않은 것 같다. 일부 국가는 대체접근방법을 선호하는 반면, 다른 국가들은 일반기업에 대한 자금의 추적을 유지하고 싶어 하고, 또는 금액이 큰 거래는 추적접근방법을 이용하고 나머지는 대체접근방법을 이용하는 등 보다 유연한 접근을 원하는 국가도 있다.[21]

21) OECD, "Report on the Attribution of Profits to Permanent Establishments(2010)", part Ⅰ, para.154-156, pp.45-46

한편, 기업에 의해 배분된 자기자본이 AOA 중 하나에 의해 결정된 독립기업금액보다 작은 경우에는 PE의 활동을 뒷받침하기 위해 실제 필요한 자기자본을 반영하기 위해 PE가 주장하는 이자비용을 적절히 축소하는 조정이 필요할 수 있다. 원천지국은 자기자본을 상향조정 함으로써 완전한 과세권을 행사하고자 할 수 있는데, 만약 독립기업금액을 초과하지 않는다면 이러한 조정은 제7조에 의해 허용될 수 있다. PE에 귀속된 이자부 부채가 PE에 적절히 귀속될 수 있는 독립기업 자기자본의 일부분을 포함하고 있은 경우에는 그 금액에 대한 이자는 PE의 과세소득 계산시 공제할 수 없을 것이다.

PE국가의 자본배분에 관한 국내세법 상 의무에 의해 PE가 독립기업 자기자본의 범위를 초과하여 자본을 할당한 경우 PE국가는 제7조에 의해 허용된 것보다 더 많은 과세를 하게 되는데, 이 경우 그러한 국내법상 의무는 제7조에 의해 정상가격범위 한도 내로 제한되게 된다. 그렇지 않으면, 기업이 낮은 세율로 과세하는 국가의 PE에 초과 자기자본을 배분하고 고율로 과세하는 본국에서 부채를 과대계상 함으로써 이자비용 공제를 최대화하고자 할 수 있을 것이다.

한편, PE의 이윤과 적절한 자금조달 구조의 결정을 위해 자산과 위험을 귀속시키는 것의 중요성을 고려할 때 PE에게 어떻게 자산을 배분했고 위험을 측정했으며 (아니면 왜 위험측정이 필요하다고 생각하지 않았는지), 자기자본과 이자비용을 귀속시켰는지를 문서화 하도록 요구할 필요가 있을 것이다.

다. 비교가능성 분석

AOA는 PE와 기업의 부문들 간 내부거래와 독립기업거래를 비교하는 데, 이 비교는 OECD TPG의 비교가능성 분석을 유추 적용하는 것이다. 따라서 TPG에 따라서 정상가격 산출방법의 선택 및 비교가능한 독립거래의 탐색이 이루어져야 할 것이다. TPG에서 제시한 비교가능성 요소들 중 기능분석 및 계약조건을 제외한 요소들(재화·용역의 특성, 경제적 상황 및 사업전략)이 거래를 평가하기 위해 직접 적용될 수 있다. 그러나, AOA하에서 기능분석 및 계약조건은 제9조가 적용되는 상황과 달리 직접 적용하지 못하고 유추(by analogy) 적용해야 한다.(OMC Art.7/22) 왜냐하면, AOA하의 '기능 및 사실관계 분석'에서는 PE가 법률적으로 자산을 소유하거나 위험을 부담할 수 없기 때문에, 자산과 위험이 독자적으로 평가되지 못하고 '중요한 인적기능'에 수반되어서만 평가된다는 점을 고려하여 TPG를 유추 적용해야 한다. 또한, PE는 기업의 일부로서 기업의 다른 부문들과 내부거래시 계약을 체결하지 않기 때문에 공식적 계약조건보다는 거래당사자들의 실제 행동들을 고려한 '기능 및 사실관계 분석'에 의존해야 할 것이다.

〈그림 3-6〉 외국은행 국내지점에 대한 이전가격 과세사례

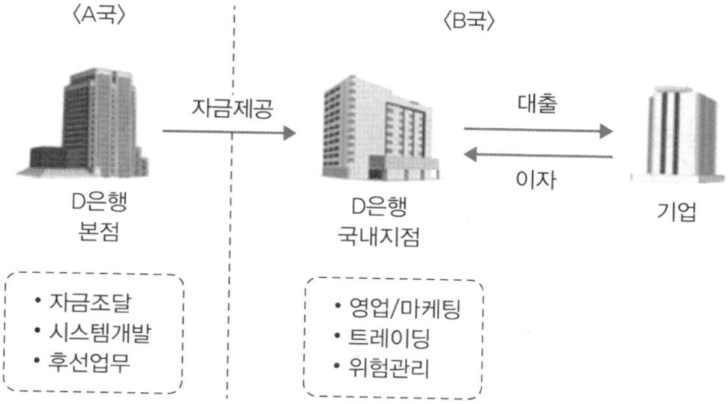

예를 들어, 위 〈그림 3-6〉에서 보는 바와 같이 A국의 D은행 본점과 B국의 국내지점이 협업하여 B국 기업에게 대출을 실행한 결과 창출한 이자수익에 대해 이익분할법을 적용하여 국내지점에 귀속될 정상이윤을 산출한다고 가정해 보자. 이 경우 D은행 본점은 자금을 조달하고 위험평가시스템을 개발하며 기타 후선업무를 수행하는 반면, 국내지점은 고객에 대한 영업 및 마케팅, 거래실행, 신용위험관리 등을 수행한다고 하자. 만약 D은행 본점의 자금제공과 관련하여 자본 또는 위험에 대한 보상, 즉 소위 '자본기능(capital function)'에 대한 보상 명목으로 일정한 이익을 배분대상 결합이익에서 제외한 후 잔여이익에 대해서 D은행 본점과 국내지점 간에 수행된 중요한 기능들을 토대로 이익분할법을 적용한다면, 이는 AOA에 위반된다. 왜냐하면, AOA에서는 자산과 위험에 대해서 별도로 평가 또는 보상하지 않고, 중요한 인적기능에 수반되어서만 평가 또는 보상받도록 요구하기 때문이다.[22] D은행 본점의 자금조달과 관련된 기능수행이 아닌 자금제공 자체만을 이유로 자본 또는 위험을 별도로 보상하게 되면 중요한 기능을 토대로 이익분할법을 적용하여 보상하는 것과 중복보상이 될 것이다.(TPG 1.61/6.61)

비교가능성 분석은 기능 및 사실관계 분석의 결과를 토대로 PE를 적절히 보상하기 위

22) OECD, "Report on The Attribution of Profits to Permanent Establishments(2010)", part Ⅱ, para.8-11, pp.69-70: 은행 등 금융기관의 경우 금융자산의 창출 및 그에 대한 후속적 관리기능을 소위 'KERT(key entrepreneurial risk-taking)' 기능이라 한다. 금융자산의 경제적 소유권은 일반적으로 KERT 기능을 수행하는 국가에 배분된다.

해 적용되어야 하는 가격 또는 이윤을 결정하는 데 도움을 준다. PE 관점에서 비교가능하다는 것은 내부거래(dealing)와 외부거래(transaction) 간의 어떤 차이도 PE 이윤의 귀속을 위해 이용되는 조치에 중대한 영향을 주지 않거나 또는 차이의 중대한 영향을 제거하기 위해 합리적으로 정확한 조정이 이루어질 수 있다는 것을 의미한다. OECD 회원국들은 AOA가 TPG에 기초하여 비교가능성 접근방법을 유추 적용하는 것을 선호하고, 주로 관련 자산 또는 용역의 성격에 기초한 그동안의 접근방법 및 직·간접적 접근방법을 이용하지 않기로 합의하였다.

라. 내부거래의 인식

AOA하에서 PE와 기업의 다른 부문들 간의 귀속이윤 결정시 내부거래는 비교가능한 독립기업 간에 재화와 용역을 공급(판매, 사용허락 또는 임대)하는 경우와 동일한 효과를 가져야 한다. 그러나, 이러한 접근방법의 적용에 관한 논란 가능성을 크게 줄여줄 수 있기 때문에 납세자들은 문서자료를 준비하도록 장려되며, 과세당국은 법률적 효과가 없음에도 불구하고 다음과 같은 조건 하에 그러한 문서자료에 대해 효력을 부여할 수 있다. 첫째, 문서자료가 기능 및 사실관계 분석에 의해 밝혀지는 것처럼 기업내부 활동들의 경제적 실질과 부합할 것, 둘째, 그 거래와 관련하여 문서화된 약정들이 전체적으로 볼 때 상업적으로 합리적인 방식으로 행동하는 비교가능한 독립기업들에 의해 채택되었을 것들과 다르지 않거나 또는 만약 다른 경우라도 납세자의 문서자료에 나타난 거래구조가 사실상 과세당국이 적절한 이전가격을 결정하지 못하도록 방해해서는 안 될 것, 셋째, 납세자의 문서자료에 나타난 거래가 예컨대, 위험과 기능을 분리하는 방식으로 위험을 이전시키려고 함으로써 AOA의 원칙들을 위반해서는 안 될 것 등이다.(OMC Art.7/26) 그러나, 이러한 내부거래는 오직 PE에 적절한 이윤을 배분하기 위한 목적에서 가정된 것이다. 특수관계기업 간 거래에 적용하는 제9조 상황과 달리, PE 상황에서는 실제 특수관계거래가 아니라 PE와 기업의 다른 부문 간의 내부거래에 초점을 맞추고 있다.

기업의 한 부문(예: 본점)이 기업의 다른 부문(예: PE)에서 사용할 목적으로 기계 등 유형자산을 이전할 때, 이는 실제적이고 확인할 수 있는 사건이므로 내부거래에 해당될 수 있다. 유형자산의 이전이 이루어진 시점부터 PE가 자산의 경제적 소유자로 간주되는 경우에는 자산의 공정시장가치가 원천지국에서 감가상각충당금을 계산하기 위한 기초를 제공해 준다. 기능분석 결과 독립기업 간 임대차 혹은 사용허락과 같이 유형자산의 경제적 소유권이 자산을 이용하는 기업의 부문에 귀속되지 않는 경우 자산의 이전 시점에서는 어떤 이윤이나 손실이 인식되어서는 안 될 것이다. 이 경우 독립기업 간 비교가능한 임대차 또는 사용허락 상황에서의 독립기업 수수료와 동등한 금액을 공제하는 것을 토대로 이윤이 PE에 배분될 것이다.

무형자산 수익을 기업 내에 귀속시키는 많은 방법들이 있는데, 그 중의 하나가 독립기업 간 사용료 거래방식으로 수익을 귀속시키는 것이다. AOA하에서 사용료 개념은 동일 기업의 두 부문 간의 실제 지급이나 공식적인 사용허락 약정을 의미하는 것이 아니라, 무형자산의 제공자가 별개의 독립기업이라면 그 이용에 대해 제공자에게 지불했어야 하는 독립기업 보상을 의미한다.[23] PE가 무형자산의 경제적 소유자로 결정되면 무형자산의 개발과 연관된 모든 중요한 위험들을 뒷받침하기 위하여 자기자본을 포함한 자본이 귀속되어야 한다. 그러나, 가령 계약연구용역(contract R&D) 제공과 같이 PE가 경제적 소유자가 아닌 것으로 결정되면 연구원 급여 등 관리비용을 충당하기 위한 자금조달이 요구될지라도 (중요한 위험은 경제적 소유자에게 있으므로) 자기자본이 거의 귀속되지 않을 것이다. 유형자산과 달리 무형자산은 기업의 여러 부문들에 의해 동시에 이용되는 일이 흔한데, AOA에서는 기능의 변경 시점에 PE가 무형자산에 대한 하나의 수익적 지분 또는 비독점적인 관념상 사용권을 획득한 것으로 간주될 수 있다. 기업의 한 부문에 의해 개발된 무형자산이 기업전체에 의해 추가로 개발되어야 하는 경우에는 PE가 참여하는 CCA 형태의 활동에 의해 수행될 것이다. 그러한 상황에서 PE는 조세목적 상 이미 존재하는 무형자산에 대한 지분을 취득한 것으로 간주되며, 추가 개발과 관련된 후속거래들은 TPG의 지침을 유추 적용하여 결정될 것이다.

내부용역(internal services)과 관련하여, AOA는 PE가 기업의 다른 부문들을 위해서 수행한 용역 등의 지원기능이 어느 정도 보상되어야 하는지를 결정하기 위해 TPG에 따라서 PE에 이윤을 귀속시킨다. 기업의 본점에 의해 제공된 대부분의 용역은 MNE그룹의 모기업 또는 중앙집중형 용역제공자와 다르지 않으므로 특수관계기업에 이용되는 유사한 기법들이 이용될 수 있다. 예컨대, PE가 본점 또는 다른 PE에게 재화를 공급하거나 용역을 제공하는 경우 PE는 독립기업 보상을 소득으로, 거래상대방인 본점 또는 다른 PE는 동일한 금액을 비용으로 인식해야 할 것이다.

---

23) 다만, 관념상 사용료(notional royalty)를 인식한다는 것은 제7조에 의한 PE이윤의 귀속에만 관련이 있을 뿐이고, 원천세 징수가 가능하다는 의미로 이해되어서는 안 된다.

마. 종속대리인 PE에 대한 이윤의 귀속

(1) 의의 및 접근방법

MNEs은 과거에는 자사 제품의 판매를 위해 현지국가에 판매자회사를 설립하고 각종 위험을 부담하게 하였으나, 1990년대 중반 이후 그룹의 조세부담을 최소화하기 위한 전략 차원에서 고세율국가 소재 판매자회사의 기능과 위험을 저세율국가의 모회사로 이전하는 사업구조 개편(business restructuring: 이하 BR)을 실시하는 사례가 증가하고 있다. 이러한 BR에 따라 현지 판매자회사는 저위험 판매기업(low-risk distributor), 판매대리인(commissionaire)으로 기능이 축소되었고 그 결과 종전보다 적은 독립기업 보상이 지급되게 되었다.

BR의 결과 기능이 축소된 판매자회사가 모회사의 종속대리인으로 활동하는 경우에는 원천지국에는 두 가지 유형의 과세대상이 존재하게 된다. 하나는 기능이 축소된 현지 판매자회사(종속대리인 기업)이고, 다른 하나는 (종속대리인 PE를 가진) 외국모회사이다. 이러한 상황에서 종속대리인 PE의 존재가 원천지국의 과세대상이 되는 추가이윤을 창출하는지 여부가 쟁점이 되어 왔다.

PE이윤의 귀속에 관한 AOA가 채택되기 전까지 종속대리인 PE에 대한 이윤 귀속방법과 관련하여 다음 두 가지 접근방법이 대립하였다. 첫째, 단일납세자 접근방법(single-taxpayer approach)으로서, 종속대리인 PE가 수행한 기능이 종속대리인 기업의 기능과 같기 때문에 한편으로 PE의 수입은 종속대리인 기업이 모회사로부터 수취한 독립기업 수수료와 동일해야 하고, 다른 한편으로 모회사가 종속대리인 기업에게 지급한 독립기업 수수료는 PE에 귀속되는 비용이 되므로 결국 PE의 소득은 영(zero)이라는 것이다. 그러나 OECD는 단일납세자 접근방법을 거부한다. 왜냐하면, 이 접근방법은 PE에 이윤을 배분한다는 AOA에 위배되며, 종속대리인 PE에 귀속될 이윤이 없다면 OECD모델 제5조 제5항이 불필요해지기 때문이다. OECD는 단일납세자 접근방법이 단순히 자산과 위험이 법률적으로 외국기업에 속한다는 이유로 PE 소재지국에서 수행되는 활동과 관련된 기능만을 고려하고 자산과 위험을 무시하기 때문에 PE 소재지국과 모회사 소재지국 간에 불공정한 과세권의 배분을 가져온다고 비판한다.[24)] 둘째, 이중납세자 접근방법(two-taxpayer approach)인데, 종속대리인 PE에 추가이윤의 배분이 가능하다는 입장으로서 AOA에 해

24) OECD, "Report on The Attribution of Profits to Permanent Establishments(2010)", Part Ⅰ, para.236, p.63

당한다. 이 접근방법에 따르면, 1단계 기능 및 사실분석 단계에서는 종속대리인 기업이 수행한 기능을 자기 자신의 계산으로 한 기능과 외국기업을 위하여 행한 기능으로 나누어 평가한다. 이 단계에서는 위험부담 및 관리 또는 자산의 경제적 소유권 결정과 관련된 중요한 인적기능이 어디에서 수행되는지를 분석해야 한다. 2단계는 외국기업을 위하여 종속대리인 기업이 수행한 기능과 관련한 외국기업의 자산과 위험 그리고 이를 뒷받침하는 자본을 종속대리인 PE에게 배분한다. 종속대리인 기업에서 종업원의 기술과 전문성 등을 고려할 때 중요한 인적기능이 수행된 경우에는 이들 자산 및 위험과 관련된 독립기업 보상이 종속대리인 PE에 배분되어야 한다.

(2) 이윤의 귀속방법

AOA는 일단 PE 기준(threshold)을 충족하면 원천지국이 모든 소득을 과세할 수 있는 2010년 이전 OECD모델 제7조의 절벽효과(cliff effect)의 일부를 완화해 줄 수 있다. 그러나, 종속대리인 PE에 귀속될 소득이 있다고 예단할 수는 없는데, 기능분석 결과 종속대리인 PE에 귀속되는 금액이 사소한 것이거나 영(zero) 또는 손실로 결정될 수도 있기 때문이다.

앞서 언급한 바와 같이 AOA하에서 종속대리인 기업은 한편으로는 자신의 자산과 위험을 고려하여 외국기업에게 제공한 용역에 대한 보상을 받을 것이고, 다른 한편으로는 외국기업을 위하여 종속대리인으로서 수행한 용역과 관련하여 외국기업의 자산과 위험, 그리고 이를 뒷받침하기 위해 자기자본을 배분받을 것이다. 이 경우 종속대리인이 수행한 기능들의 성격, 특히 위험부담 및 관리 또는 자산의 경제적 소유권 결정과 관련된 중요한 인적기능을 수행하는지 여부에 초점을 두게 된다. 예컨대, 종속대리인이 외국기업을 위하여 협상 또는 위험관리 기능을 수행하고 있는지 여부를 결정할 때 종속대리인 기업의 종업원들의 기술과 전문성에 대한 분석이 유익할 수 있다. 단순한 판매대리인의 활동은 마케팅 또는 사업 무형자산의 개발을 가져오는 중요한 인적기능을 수행한다고 볼 수 없으므로 종속대리인 PE가 일반적으로 무형자산의 경제적 소유자로서 이윤을 귀속받지는 않을 것이다.

종속대리인 PE에 귀속되는 이윤을 계산하기 위해서는 종속대리인 기업이 외국기업에게 제공하는 용역에 대해 독립기업 보상을 결정하고 공제할 필요가 있다. 종속대리인 기업에게 독립기업 보상이 부여된 후에 종속대리인 PE에게 귀속될 이윤이 남아 있을지가 문제될 수 있지만, AOA는 적절한 상황에서 그러한 이윤이 종속대리인 PE에 귀속되는 것이 가능하다는 점을 인정한다.

전형적인 판매대리인 계약에서는 종속대리인 기업(자회사)이 재화에 대한 소유권을 취득하지 않고 고객 주문을 이행하기 위해 외국기업 소유의 재화를 보관하기 때문에 종속대리인 기업에게 지급하는 독립기업 수수료는 이러한 위험부담에 대한 보상을 포함하지 않는다. 외국기업을 위하여 종속대리인 기업이 수행한 활동이 종속대리인 PE에 해당하는 경우 재고위험 부담에 대한 보상이 종속대리인 PE에 귀속되어야 하는지가 문제될 수 있다. 이는 위험의 부담 및 관리에 관련된 중요한 인적기능이 종속대리인 PE가 소재한 국가 밖에서 외국기업에 의해 수행되는지 또는 외국기업을 위하여 종속대리인 기업에 의해 수행되는지 여부에 의해 결정될 것인데, 다양한 사업유형에 따라 다양한 위험관리 전략이 이용됨을 고려할 때 이러한 분석은 사안별로 행해져야 할 것이다.

기능분석 결과 중요한 인적기능이 외국기업의 본점 직원에 의해 수행되고 원천지국의 종속대리인 기업의 직원은 외국기업을 위하여 이러한 활동을 하지 않는 경우, 재고의 경제적 소유권 및 관련 재고위험 부담에 대한 보상은 종속대리인 PE에 귀속되지 않고 본점에 귀속되어야 한다. 이러한 분석은 매출채권에 대한 고객 신용위험의 경우에도 마찬가지인데, 전형적인 판매대리인 계약에 따르면 매출채권과 관련된 신용위험은 법적으로 외국기업에 속하고 종속대리인 기업에 속하지 않기 때문에 외국기업이 종속대리인 기업에 지급하는 보상은 이러한 위험부담을 포함하지 않을 것이다.

한편, AOA는 체약국들이 종속대리인 PE의 존재를 인식하고 종속대리인의 활동에 대해 적절한 조세를 징수하는 편리한 행정적 방법을 사용하는 것을 금지하지 않는다. 실제로 종속대리인 기업에게 외국기업을 위해 수행한 인적기능에 귀속된 소득뿐만 아니라 PE에 적절히 귀속된 자기자본에 대한 보상에 대해서도 과세하는 경우가 있는데, 이는 원천지국의 국내법상 문제이지 AOA의 문제는 아니다. 때에 따라서 종속대리인 PE는 다른 유형의 PE에서는 발견되지 않는 문서작성 의무를 초래할 수 있는데, 이는 특히 납세자가 종속대리인 PE의 성립을 의도하지 않은 경우이다. 외국기업이 원천지국에 물리적으로 존재하지 않고 종속대리인 기업도 외국기업의 사업에 관한 정보가 거의 없을 수 있지만, AOA하에서는 다른 유형의 PE와 마찬가지로 외국기업은 어떻게 소득을 종속대리인에게 귀속시키는지에 관한 문서자료를 갖출 것이 요구된다.

(3) 종속대리인 PE 유형별 이윤의 귀속

첫째, 자회사가 종속대리인 PE인 경우이다. 그룹의 BR에 따라 종전 완전한 기능을 갖는 판매자회사(full-fledged distributor)가 단순한 판매대리인 기업으로 기능이 축소된 상황을 가정하자.

아래 〈그림 3-7〉에서 보는 바와 같이, 종속대리인 기업(SCo)은 고객 주문에 대응하기 위해 모기업 RCo 소유의 재화를 창고에 보관·관리하면서, 고객에 대한 판매계약은 RCo의 이름으로 체결된다. SCo는 RCo로부터 독립기업 대리수수료 30,000(판매대리 용역대가 25,000, 재고관리 용역대가 5,000 포함)을 수취하고, 10,000의 비용이 발생하였다고 가정하자. 이 경우 두 가지 상이한 이윤배분 시스템, 즉 제9조에 의한 두 독립기업들 간의 이윤배분과 제7조에 의한 본점과 PE 간의 이윤배분이 고려되어야 한다. 다시 말해서, 판매대리인 기업의 이윤에 더하여 잠재적 PE의 이윤가능성은 두 단계로 분석되어야 한다. 먼저 판매대리인 기업과 외국 모기업 간에, 그다음 종속대리인 PE와 외국 본점간의 이윤배분이 논의되어야 한다.

〈그림 3-7〉 현지 판매자회사의 종속대리인 PE 사례

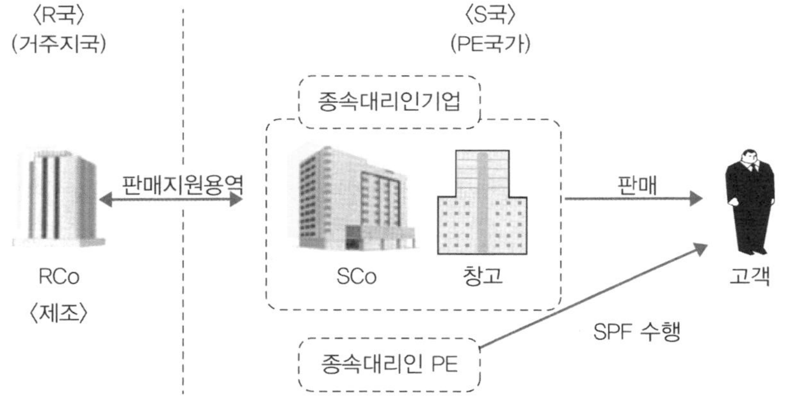

1단계로 제9조에 따라서 자회사인 판매대리인 기업과 모회사 간 이윤을 배분한다. 위험의 배분은 당사자들의 행동이 계약조건에 일치하는 한 거래의 계약조건을 이용하는데, 계약조건이 비교가능한 독립기업 간에 합의될 수 있는 정상가격인지를 고려해야 한다. 이때 위험의 배분을 결정하는 요소로는 첫째, 누가 위험에 대해 더 많은 통제를 하는지를 고려해야 하는데, 위험부담 및 관리에 대한 적극적 의사결정을 요구한다. 위험을 통제하는 자

는 권한을 가지고 실제로 다른 사람들에게 통제기능을 수행하게 할 수 있다. 둘째, 위험을 부담할 수 있는 재무적 역량이 있는지 여부이다. 위 사례에서 종속대리인 기업은 재화의 재고위험을 부담하지 않는다. 재고위험에 대한 통제권은 재고기능을 수행할 판매대리인을 고용하거나 또는 대리인에게 부여할 권한의 수준을 결정한 모기업이 가진다. 따라서 SCo는 재화의 재고관리 수행기능에 대해 독립기업 보상(위 사례에서 5,000)을 받아야 하지만, 재고관리에 대한 독립기업 보상, 즉 위험프리미엄(위 사례에서 4,000)은 위험통제권을 행사한 RCo에게 배분된다.

2단계는 제7조에 따른 PE와 본점 간의 이윤의 배분이다. 기능 및 사실관계 분석에 따라서, 위험부담과 관련된 PE의 중요한 인적기능(SPF)에 내재된 또는 창출된 모든 위험이 PE에게 귀속된다. AOA에 따르면, 그러한 기능은 위험의 부담 또는 관리에 관한 적극적 의사결정을 요구한다. 재고위험의 경우에는 PE가 재고수준과 관련된 적극적 의사결정을 하는 경우 위험을 부담한 것으로 간주된다. 위 사례에서 재고관리에 관한 중요한 인적기능은 종속대리인 PE에 의해 수행되었으므로, 종속대리인 PE에게 재고위험에 대한 독립기업보상(위 사례에서 4,000)이 부여되어야 한다. 아래 〈표 3-5〉는 종속대리인 기업과 종속대리인 PE에 대한 과세소득계산 과정을 보여준다.[25)]

〈표 3-5〉 종속대리인 기업과 종속대리인 PE의 과세소득계산 비교

〈종속대리인 기업〉		〈종속대리인 PE〉	
• 수입		• 수입	
– 대리기능 보상	25,000	– 대리기능 보상	25,000
– 재고관리 보상	5,000	– 재고관리 보상	5,000
		– 재고위험 보상	*4,000*
소계	30,000	소계	34,000
• 비용		• 비용	
– 대리비용	10,000	– 종속대리인기업 보상	30,000
• 과세소득	20,000	• 과세소득	4,000

결과적으로 위와 같이 종속대리인 PE를 통해 종속대리인 기업의 국가에 추가 과세소득이 발생한 것은 제7조와 제9조 간의 위험배분의 개념이 다르기 때문이다. 제7조는 위험배

25) Harald Moshammer/Michael Tumpel, "Attribution of Profits to a Dependent Agent PE", *Dependent Agents as Permanent Establishments*, Linde, 2014, pp.237-241

분이 기능의 배분, 즉 중요한 인적기능이 어디에서 수행되는지에 따라 이루어진다. 통상 중요한 인적기능은 일상적 경영관리가 이루어지는 곳에서 이루어진다. 반면, 제9조에 따르면 특정 위험은 위험에 대한 통제가 이뤄지는 국가에 소재한다. 통제는 위험부담을 결정할 능력을 가지는 당사자에 의해, 그리고 내부적으로 또는 외부제공자를 이용하여 위험을 어떻게 관리하는지에 의해 부담되는 것으로 간주된다. 따라서 다른 당사자가 일상적으로 위험을 관리하고 감시하더라도 위험(위험에 대한 보상)이 자동적으로 이 당사자에게 이전되는 것은 아니다.

만약 종속대리인 PE가 대리기능에 더하여 재고관리 또는 고객 채권관리 등 특정 기능을 수행하는 경우에는 원천지국에서 종속대리인 PE를 통한 과세이윤의 증가는 항상 발생할 것이다. 이러한 기능과 관련된 위험프리미엄은 제9조에 따르면 외국 모회사에 그리고 제7조에 따르면 종속대리인 PE에 배분될 것이다. 그러나, 만약 종속대리인 기업이 단순 대리기능 외에 추가기능을 수행하지 않는다면 이중납세자 접근방법에서도 종속대리인 PE에 귀속될 추가이윤의 여지는 없게 되며 이는 단일납세자 접근방법의 결론과 같아진다.

이러한 제9조와 제7조의 위험배분 방식의 차이에 대한 해결방안으로 예를 들어, 독일·오스트리아 조세조약은 특수관계기업들 간에는 수행기능들이 독립기업 보상을 받는다면, 어느 당사자도 타방 당사자의 종속대리인 PE로 취급하지 않는 대안을 채택하고 있다.[26]

〈표 3-6〉 종업원이 종속대리인 PE인 경우의 과세소득계산

〈종업원 A〉		〈종속대리인 PE〉	
		• 수입	
		– 대리기능 보상	5,000
		• 비용	
		– 실제 종업원보수	3,000
• 과세소득	3,000	• 과세소득	2,000

둘째, 외국 모기업의 종업원이 종속대리인 PE인 경우이다. 종업원에 대한 보수는 수행기능뿐만 아니라 전문자격, 연공서열 등 다른 요인들에 의해서도 결정되기 때문에 비교가능한 독립기업 상황에서 대리인에게 지급하는 독립기업 수수료보다 적은 경우가 많을 것이다. 따라서 종속대리인 PE에 의해 추가 과세이윤이 발생할 수가 있다. 예를 들어, R국

26) Harald Moshammer/Michael Tumpel, *op.cit*, pp.241-243

기업 RCo 본점의 종업원 A가 S국에서 종속 판매대리인으로 활동한다고 하자. 만약 대리활동이 독립대리인에 의해 수행되는 경우 독립기업 대리수수료가 월5,000이라고 한다면, 종업원 A가 월3,000의 보수를 받는 경우 이는 독립기업 보상에 미달한다. 따라서 S국은 위 〈표 3-6〉에서 보는 바와 같이, 실제 종업원 보수인 3,000에 대한 과세권과 함께 종속대리인 PE에 귀속되는 2,000에 대한 과세권을 가진다.[27)]

셋째, 특수관계없는 법인이 종속대리인 PE인 경우이다. 위 특수관계법인 사례와 결론은 동일하나, 특수관계없는 법인의 경우 보상이 제9조의 적용을 받을 필요는 없고 실제 지급된 시장가격이라는 점만 다르다.

바. AOA의 한계와 적용가능성

AOA는 원칙적으로 OECD 회원국들의 견해를 반영하는 것이지만, PE귀속 이윤의 결정과 관련된 모든 측면에서 일반적 합의가 이루어진 것은 아니다. 또한, AOA가 적용되더라도 본·지점 간 내부거래를 완전히 독립기업거래처럼 인식하거나 특수관계거래에 적용하는 것과 동일하게 독립기업원칙을 포괄적으로 적용하는 것도 아니다.

다음과 같이 내부거래가 독립기업거래와 완전히 동일하게 인식되지 않고, 법률적 독립기업 간에 합의되었을 것과 다른 방식으로 가격이 체결되어야만 하는 경우도 있다. 첫째, 기업의 한 부문이 동일기업의 다른 부문을 위해 용역을 수행하는 경우, 수행된 용역이 CUP 방법 등에 따라 이윤을 포함한 표준율로 청구될 수 있거나 PE의 주된 활동이 해당 기업에게 특정 용역을 제공하는 경우를 제외하고, 독립단체 접근법이라고 하더라도 관련 비용에 이윤이 가산되는 것이 일반적인 것은 아니다. 반대로, 독립기업 간 관리·용역수수료는 아무런 가치 증가없이 단순히 비용청구회사(invoicing company)를 경유하는 경우를 제외하고는 발생비용에 이윤이 가산된 원가가산법을 토대로 결정되어야 한다.

둘째, 2010년 이전 OECD모델 주석에 따르면, 기업의 부문 간 내부 자금거래의 경우 금융기관을 제외하고는 이자비용의 공제를 허용하지 않았다. 반면, 특수관계기업 간 대여의 경우 독립기업원칙에 따라 이자가 청구되어야 한다.

셋째, 기업의 한 부문에서 개발된 무형자산을 기업의 다른 부문이 사용하는 경우 내부사용료(internal royalty)의 지급을 인식하지 않는다. 왜냐하면, 무형자산의 법적 소유권을 기업의 특정 부문에 배분하는 것이 불가능하기 때문이다. 그러나, 특수관계기업 간 무

27) Harald Moshammer/Michael Tumpel, *op.cit*, pp.243-244

형자산 거래에서 관계회사가 소유한 무형자산을 사용하는 경우에는 독립기업들과 동일한 방식으로 대가가 지급되어야 한다.

2010년 이전에도 OECD모델 제7조 주석에 대해 회원국 간 합의가 이루어진 것은 아니었기 때문에 PE에 이윤을 귀속시키는 방법에 대해 다른 의견들이 존재하였고, 결과적으로 이중과세 또는 비과세를 초래하였다. 따라서 OECD가 이를 재검토한 결과 AOA라 불리는 새로운 권고안을 채택하였지만, 이 또한 모든 국가들에 의해 수용된 것은 아니라고 할 수 있다. 특히, AOA와 UN모델 제7조 주석 간에는 여전히 차이점이 존재하고 있다. 특히, BEPS 프로젝트의 결과 OECD모델 제5조 PE의 개념과 판정기준에 관한 작업이 일단락되었기 때문에 향후 OECD 차원에서 이러한 PE 판정기준과 PE에 대한 귀속이윤 배분원칙 간의 일관성을 확보하기 위한 추가논의가 진행될 것으로 예상된다.

OECD 권고안으로서 AOA는 다음과 같은 사유로 모든 상황에서 적용이 가능한 것은 아니라는 점을 유념할 필요가 있다. 첫째, OECD가 2010년 AOA를 채택한 이후 개정된 2011년 UN모델은 여전히 OECD 권고안을 따르고 있지 않다. 특히, UN모델 제7조 제3항에서는 내부 사용료, 용역 및 이자를 PE의 비용으로 공제할 수도 없고 과세할 수도 없다고 규정하고 있다. 이는 2010년 OECD모델 개정 이전에 OECD가 채택했던 입장으로서 현재의 AOA와는 차이가 있다. 따라서 UN모델에 따라 체결된 조세조약의 경우에는 AOA가 적용되지 않을 수 있다.

둘째, 국가 간에 AOA를 수용하는 정도가 다르거나 또는 AOA와 정확히 일치하지 않는 국내 법률의 제정 때문에 OECD 회원국 간에도 견해의 차이가 존재하고 있다. 따라서 특수관계기업 간 거래와 마찬가지로 PE 이윤의 귀속과 관련하여서도 국내법적 관점을 고려할 필요가 있다.

셋째, AOA의 적용 정도는 관련 조세조약 상 사업소득 조항의 문구와 쟁점이슈의 유형에 따라 달라질 수 있다. 관련 조세조약의 사업소득 조항이 AOA를 채택한 2010년 OECD모델 제7조에 부합하도록 개정되지 않은 경우, AOA는 2010년 이전 제7조의 주석과 상충되지 않을 경우에만 적용한다는 점을 OECD도 인정한다.[28] 즉, 2010년 이전 OECD모델 제7조에 따라 사업소득 조항의 문구가 작성된 경우, 일부 이슈는 AOA에 따라 다루어질 수 있는 반면 다른 이슈들은 종전의 제7조 주석에 따라 처리될 수 있다는 것이다. 그러나, 사업소득 조항 문구의 개정없이도 AOA를 적용하기를 원하는 체약국들

28) OECD, "Report on The Attribution of Profits to Permanent Establishments(2010)", Preface, para.7, p.10

도 있을 수 있다. 예를 들어, 미국과 캐나다는 권한있는 당국 간 상호합의를 통해 PE 이윤의 귀속결정에 AOA를 전부 적용하기로 합의하였다.[29)]

넷째, AOA의 기속력은 국가 간 견해 차이에 따라 달라질 수 있다. 엄밀히 말해서, 아직까지도 OECD모델 주석 개정내용의 법률적 가치에 대한 명확한 국제적 합의가 있는 것은 아니다.

3 국내법상 사업소득

가. 국내원천 사업소득의 범위

우리나라 세법은 외국법인 또는 비거주자가 소득세법 제19조(사업소득)에 따른 사업 중 국내에서 영위하는 사업에서 발생하는 소득(법령 §132 ②) 및 국외에서 발생하는 소득으로서 국내사업장에 귀속되는 것(법령 §132 ③)을 국내원천 사업소득으로 규정하고 있다.[30)] 다만, 사업소득에 '유형별 포괄주의'를 채택[31)]하고 있으므로, 소득세법 제19조 제1항 각호에 열거된 소득과 유사한 소득으로서 영리를 목적으로 자기의 계산과 책임하에 계속적・반복적으로 행하는 활동을 통하여 얻는 소득(소법 §19 ① 20호)이면 사업소득에 해당한다. 즉, 사업소득 요건은 수익창출 활동의 목적이 영리성을 지녀야 하고 계속적・반복적 활동이어야 한다는 것이다. 미국 판례는 '사업(trade or business)' 수행 여부의 판단기준으로 상당한 정도의(substantial) 정규적(regular)이고 계속적(continuous)인 통상적(ordinary) 사업활동이 이루어질 것을 제시한다.[32)]

외국법인 또는 비거주자가 국내외에 걸쳐 사업을 영위하는 경우 국내원천 사업소득은

---

29) Internal Revenue Bulletin 2012-34, Announcement 2012-31(2012.8.20.), pp.315-316

30) 법인세법 §93 5호 및 같은법 시행령 §132 ②~③, 소득세법 §119 5호 및 같은법 시행령 §179 ②~③ 참조

31) 우리나라 소득세법은 2002년부터 이자・배당・연금・사업소득에 대해 유형별 포괄주의를 채택하여 시행하고 있다. 그러나, 이자・배당・연금소득과 사업소득 간에 유형별 포괄주의 도입의 의의는 차이가 있다. 이자・배당・연금소득은 민사법상 의미를 확대 적용한다는 점에서 실익이 있으나, 사업소득은 그 자체에 포괄성을 내포하기 때문에 큰 실익은 없다.

32) Supermacet Whaling & Shipping Co. S/A v. Commissioner, 30 TC 618 (1958); InverWorld Inc., et al v. Commissioner, TC Memo 1996-301 (1996) 참조. 미국에서 '사업(T/B)'의 개념은 세법 상 정의 규정이 존재하는 것이 아니고 법원의 해석에 의해서 발전되어 왔다. 재화판매 또는 용역제공 등을 통한 일체의 소득창출 활동을 일컫는다는 점에서 통상 우리나라 세법 상 사업의 개념보다 그 범위가 넓다고 할 수 있다.

"해당 사업에서 발생하는 소득 중 해당 사업에 관련된 업무를 국내업무와 국외업무로 구분하여 이들 업무를 각각 다른 독립사업자가 행하고 또한 이들 독립사업자간에 통상의 거래조건에 의한 거래가격에 따라 거래가 이루어졌다고 가정할 경우 그 국내업무와 관련하여 발생하는 소득 또는 그 국내업무에 관한 수입금액과 경비, 소득 등을 측정하는데 합리적이라고 판단되는 요인을 고려하여 판정한 그 국내업무와 관련하여 발생하는 소득"이다.(법령 §132 ② 9호, 소령 §179 ② 9호) 다시 말해서, 이는 외국법인 또는 비거주자가 국내외에 걸쳐 특수관계기업들 또는 지점(PE)들과 거래하는 상황에서 이들 각 거래주체들이 별개의 독립기업으로서 '통상의 거래조건'으로 거래한다고 가정할 경우 국내에서 영위하는 사업에서 발생하는 소득을 의미한다. 여기서 '통상의 거래조건'이라 함은 "해당 법인이 재고자산 등을 국조법 제8조 및 같은 법 시행령 제5조 내지 제13조에 따른 방법을 준용하여 계산한 시가에 의하여 거래하는 것"을 말한다.(법칙 §65 ①) 즉, 국내세법이 외국법인 또는 비거주자의 국내원천소득 산정에 OECD/UN모델 제9조 및 제7조에서 규정한 독립기업원칙(arm's length principle)을 수용하고 있다고 할 수 있다.

재고자산의 판매 또는 양도와 관련한 소득의 원천지는 재고자산의 소유권이 이전된 곳이다.(title passage rule) 즉, 재고자산에 대한 실질적 통제권과 위험이 이전된 곳(판매 또는 양도장소)이 중요하다. 양도장소를 판단함에 있어서 i) 해당 재고자산이 양수자에게 인도되기 직전에 국내에 있거나 또는 양도자인 해당 외국법인의 국내사업장에서 행하는 사업을 통하여 관리되고 있는 경우, ii) 해당 재고자산의 양도에 관한 계약이 국내에서 체결된 경우, iii) 해당 재고자산의 양도에 관한 계약을 체결하기 위하여 주문을 받거나 협의 등을 하는 행위중 중요한 부분이 국내에서 이루어지는 경우에는 국내에서 해당 재고자산의 양도가 이루어진 것으로 간주한다.(법령 §132 ⑤, 소령 §179 ⑤)

재고자산의 판매에서 발생한 소득은 재고자산의 매출총이익(매출액에서 매출원가를 차감한 금액)이다. 따라서, i) 외국법인이 국외에서 단순 매입한 재고자산을 국내에서 양도하는 경우(국내에서 제조·가공 등을 한 후 양도하는 경우 포함)에는 그 국내에서의 양도에 의하여 발생하는 모든 소득, ii) 외국법인이 국외에서 제조 등을 한 재고자산을 국내에서 양도하는 경우에는 그 양도에 의하여 발생하는 소득 중 국외에서 제조 등을 행한 타인으로부터 통상의 거래조건에 따라 해당 자산을 취득하였다고 가정할 때에 이를 양도하는 경우 그 양도에 의하여 발생하는 소득, iii) 외국법인이 국내에서 제조 등을 행한 재고자산을 국외에서 양도하는 경우에는 그 양도에 의하여 발생한 소득 중 국내에서 제조한 해당 재고자산을 국외의 타인에게 통상의 거래조건에 따라 양도하였다고 가정할 때에 그 국내에서 행한 제조 등에 의하여 발생하는 소득이 국내원천소득에 해당된다.(법령 §132 ② 1호-3호, 소령 §179 ② 1호-3호)

우리나라 법령은 업종별로 국내원천소득의 범위를 예시하고 있다. 건설업의 경우에는, iv) "외국법인이 국외에서 건설 · 설치 · 조립 기타 작업에 관하여 계약을 체결하거나 필요한 인원이나 자재를 조달하여 국내에서 작업을 시행하는 경우 해당 작업에 의하여 발생하는 모든 소득"이 국내원천소득이다.(법령 §132 ② 4호, 소령 §179 ② 4호) 플랜트 단위의 건설판매계약의 경우 계약의 체결이나 인원 · 자재조달 등은 그 자체로 독립한 용역의 공급이 아니라 부수적 활동이므로, 기자재의 조립, 설치, 감독 및 훈련용역 등을 포함한 전체 건설판매 용역이 제공된 장소에서 모든 소득을 과세할 수 있다는 것이다.[33]

또한, 보험업의 경우에는, v) "외국법인이 국내 및 국외에 걸쳐 손해보험 또는 생명보험사업을 영위하는 경우 해당 사업에 의하여 발생하는 소득 중 국내에 있는 해당 사업에 관한 영업소 또는 보험계약의 체결을 대리하는 자를 통하여 체결한 보험계약에 의하여 발생한 소득"(법령 §132 ② 5호, 소령 §179 ② 5호)이 국내원천소득이다. 따라서 "국내사업장을 두지 아니한 외국보험회사가 국내에서 사업활동을 함이 없이 국내보험업자와의 계약에 의하여 재보험을 국외에서 인수하고 그 대가인 재보험료를 지급받는 경우 동 재보험료는 국내원천소득으로 보지 아니한다".(법기통 93-132…3) 그러나, "외국보험회사가 국내법에 의하여 국내보험사업 면허를 받아 국내에 대표자와 직원을 두고 보험의 모집과 신청 등 보험업과 관련된 중요한 영업행위를 하고 있는 경우에는 비록 해당 외국법인의 본사가 보험증권의 교부, 보험료의 납입, 보험금의 지급 등을 행하는 경우에도 그 영업행위에서 발생한 소득은 국내원천소득으로 본다."(법기통 93-132…4)

그리고 vi) "출판사업 또는 방송사업을 영위하는 외국법인이 국내 및 국외에 걸쳐 타인을 위하여 광고에 관한 사업을 행하는 경우에는 해당 광고에 관한 사업에 의하여 발생하는 소득 중 국내에서 행하는 광고에 의하여 발생한 소득"(법령 §132 ② 6호, 소령 §179 ② 6호), vii) "외국법인이 발행한 주식 또는 출자증권으로서 유가증권시장 등에 상장 또는 등록된 것에 투자하거나 기타 이와 유사한 행위를 함으로써 발생하는 소득"(법령 §132 ② 10호, 소령 §179 ② 10호), viii) "외국법인이 산업상 · 상업상 또는 과학상의 기계 · 설비 · 장치 · 운반구 · 공구 · 기구 및 비품을 양도함으로써 발생하는 소득"(법령 §132 ② 11호, 소령 §179 ② 11

33) 대법원 1992.6.23. 선고 91누8852 판결

號)도 국내원천 사업소득에 포함된다.

공중연예인, 직업운동가, 자유직업자, 과학기술・경영관리에 관한 인적용역 등 특정 인적용역소득은 국내원천 사업소득에서 제외된다. 이는 인적용역소득을 별도로 규정하고 있기 때문이다.(법법 §93 6호)

한편, 내국법인이 외국에서 담합금지 위반행위 등 관련 법령을 위반함으로써 지급하게 된 손해배상금에 대해서는 내국법인의 손금에 산입하지 아니한다. 법인세법은 내국법인이 외국의 법령에 따라 지급한 손해배상금 중 실제 발생한 손해액을 초과하여 지급하는 금액을 손금불산입하되, 실제 발행한 손해액이 분명하지 아니한 경우에는 내국법인이 지급한 손해배상금의 2/3에 해당하는 금액을 손금불산입하도록 규정하고 있다.(법법 §21의2, 법령 §23 ① 2호) 이는 우리나라 기업이 외국에서 경쟁법 위반 등에 따른 민사상 화해금으로 지급한 고액 손해배상금의 손금산입 여부가 쟁점이 되는 상황에서, 치유적(remedial) 배상수준을 넘는 징벌적(punitive) 배상에 대한 손금산입을 불허하는 선진국의 입법례를 반영하여 2017년 세법개정 시 반영한 것이다.

나. 선박・항공기에 의한 국제운수소득

국내세법 상 외국법인 또는 비거주자의 국제운수소득은 사업소득에 해당한다. 그러나, 다수 조약들이 국제운수소득에 대해 국제운수기업의 거주지국에게 전속적 과세권을 부여하고 있기 때문에 국내에 그 기업의 PE가 존재하더라도 국내에서 사업소득으로 과세할 수는 없을 것이다. 또한, 국제운수소득 상호면세협정에 의해 외국법인의 거주지국에서 우리나라 기업이 운용하는 선박 또는 항공기에 대해 면제를 하는 경우(조약상 상호주의) 선박 또는 항공기의 외국항행소득에 대해서는 법인세가 면제된다.(법법 §91 ① 3호)

참고로, 조세조약 상 국제운수소득은 선박・항공기의 운행과 직접 관련되어 발생되는 소득뿐만 아니라 운행과 밀접히 관련되거나 부수적인 활동에서 발생하는 소득, 예컨대 i) 국제운수기업이 장비・인원 및 설비를 완전히 갖춘 선박 및 항공기의 임대로부터 얻는 소득(나용선 임대료는 제외)(OMC Art.8/5), ii) 국제운수기업이 소지재국에서 타 운수기업에게 재화 또는 용역을 공급함으로써 발생하는 소득(OMC Art.8/10), iii) 국제운수기업이 부수적으로 내륙운송용 컨테이너를 임대함에 따라 얻는 소득(OMC Art.8/9), iv) 승객 또는 화물의 출발지 또는 도착지에서의 운송 또는 배송서비스(OMC Art.8/7), 국제운수 선박・항공기 탑승권의 판매(OMC Art.8/8), v) 국제운수기업이 환승고객의 숙박만을 위해 운영하는 호텔업 등에서 발생하는 소득을 포함한다.

국내사업장이 있는 외국법인이 국내 및 국외에 걸쳐 선박에 의한 국제운송업을 영위하는 경우에는 국내에서 승선한 여객이나 선적한 화물에 관련하여 발생하는 수입금액에서 동 수입금액의 발생과 관련된 비용을 공제한 금액을 국내원천 소득금액으로 한다.(법령 §132 ② 7호, 소령 §179 ② 7호) 즉, 선적지국 과세원칙을 따르고 있다. 그러나, 국내사업장이 없는 외국선박회사가 얻는 국제운수소득의 국내원천소득 해당 여부는 선적지국이 아니라 지급지국 과세원칙이 적용된다. 따라서 우리나라가 수출하는 경우 CIF(Cost, Insurance and Freight; 운임·보험료 포함가격) 조건하에서 한국의 수출업자가 국내대리점을 통하여 선박회사와 운송계약을 체결하고 운임을 지급하는 경우에는 지급자인 대리점이 법인세를 원천징수하여야 하며, FOB(Free On Board; 본선인도가격, 운임·보험료 불포함) 조건하에서 외국의 수입업자가 외국에 있는 대리점을 통하여 외국선박회사와 운송계약을 체결하는 경우에는 해당 선박회사의 국제운수소득은 지급지가 외국이므로 국내원천소득에 해당하지 않는다. 반대로 수입의 경우에는 국내에서 선적이 이루어지지 않았다 할지라도 수입업자가 국내대리점을 통하여 운송계약을 체결하고 운임을 지급할 경우 외국선박회사의 국제운수소득은 국내원천소득이 된다.[34)]

또한, 외국법인이 국내 및 국외에 걸쳐 항공기에 의한 국제운송업을 영위하는 경우에는 국내에서 탑승한 여객이나 적재한 화물과 관련하여 발생하는 수입금액과 경비, 국내업무용 유형·무형자산의 가액이나 그밖에 그 국내업무가 해당 운송업에 대한 소득의 발생에 기여한 정도 등을 고려하여 계산한 그 법인의 국내업무에서 발생하는 소득을 국내원천소득으로 한다.(법령 §132 ② 8호, 소령 §179 ② 8호, 법칙 §66)

다. 국내사업장 귀속소득의 결정

우리나라 세법은 "외국법인의 국내사업장의 각 사업연도의 소득금액을 결정함에 있어서 국내사업장과 국외의 본점 및 다른 지점 간 거래(내부거래)에 따른 국내원천소득금액의 계산은 국조법 제8조 및 같은법 시행령 제5조 내지 제13조에 따른 방법을 준용하여 계산한 가액"으로 한다고 규정(법법 §130 ①, §131 ①)하여 PE귀속 소득의 결정에 독립기업원칙의 적용을 천명하고 있다. 또한, 내부거래에 따른 "국내원천소득금액을 계산하는 때 적용하는 정상가격은 외국법인의 국내사업장이 수행하는 기능(외국법인 국

34) 이용섭·이동신, *op.cit.*, p.523

내사업장의 종업원 등이 자산의 소유 및 위험의 부담과 관련하여 중요하게 수행하는 기능: 이하 SPF), 부담하는 위험 및 사용하는 자산 등의 사실을 고려하여 계산한 금액으로 한다"고 규정(법칙 §64 ②)하여 OECD가 권고한 AOA를 수용하고 있다.

이를 위한 '기능 및 사실관계 분석'을 위해 i) 국내사업장이 속한 본점과 독립기업들 간 거래로부터 발생하는 권리 및 의무를 국내사업장에 적절하게 배분할 것, ii) 자산의 경제적 소유권의 배분과 관련된 SPF를 확인하여 국내사업장에 자산의 경제적 소유권을 배분할 것, iii) 위험부담과 관련된 SPF를 확인하여 국내사업장에 위험을 배분할 것, iv) 국내사업장의 자산 및 위험배분에 기초하여 자본을 배분할 것, v) 국내사업장에 관한 SPF 외의 기능을 확인할 것, vi) 국내사업장과 본점 및 다른 지점 간 거래(내부거래)의 성격에 대해 인식 및 결정 등을 규정하고 있다.(법칙 §64 ③) 이는 AOA의 제1단계 '기능 및 사실관계 분석'을 수용한 것이다.(OMC Art.7/21)

한편, PE와 본점 등 간 내부거래에 독립기업원칙을 적용할 때 국내원천소득금액 계산에서 공제되는 "비용은 정상가격의 범위에서 국내사업장에 귀속되는 소득과 필수적 또는 합리적으로 관련된 비용에 한정하여 손금에 산입"한다고 규정(법령 §130 ②)함으로써 실제 지출 여부와 무관하게 배분비용의 손금산입을 허용하고 있다. 또한, 손금산입 비용에 적정이윤이 가산될 수 있는지 여부에 대해서는 구체적 언급이 없지만, '정상가격의 범위에서'라는 표현을 사용하고 있는 것으로 보아 독립기업 보상이 포함된 비용의 손금 산입도 허용하는 것으로 보인다. 외국은행 국내지점의 이자비용을 제외하고, 내부 자금거래 및 보증거래에서 발생한 이자・수수료는 손금산입이 허용되지 않는다. 다만, 조세조약에 따라 손금산입이 가능한 경우에는 가령, 국내사업장의 국내원천소득 발생과 관련한 사업을 위해 차입한 자금의 이자비용에 대한 손금산입이 가능할 것이다.(법령 §130 ② 및 법칙 §64 ①)

또한, "본점 등의 경비 중 공통경비로서 국내사업장의 국내원천소득의 발생과 합리적으로 관련된 것은 국내사업장에 배분하여 손금에 산입한다"고 규정(법령 §130 ③)하여 AOA와 달리 실제 발생경비의 배분만을 허용하고 이윤의 가산을 허용하지 않는다. 상기 공통경비를 배분하는 방법으로 배분대상이 되는 경비를 경비항목별 기준에 따라 배분하는 '항목별 배분방법'과 국내사업장의 수입금액이 본점 등의 총수입금액에서 차지하는 비율에 따라 배분하는 '일괄배분방법'이 허용된다.(법칙 §64 ⑥) 그러나, i) 회계감사, 각종 재무제표의 작성 또는 주식발행 등 본점만의 고유업무를 수행함으로써 발생하는 경비, ii) 본점 등의 특정부서나 특정지점만을 위하여 지출한 경비, iii) 다른 법인에 대한 투자와 관련되어 발생하는 경비 등 국내원천소득의 발생과 합리적으로 관련되지 아니한 경비는 국내사업장에 배분되어서는 안 된다.(법칙 §64 ⑤)

이에 대해 우리나라 법원은 "본점경비의 배분기준으로는 합리적인 이유만 있다면 반드시 일률적으로 한 가지 배부기준에 의하여야 할 필요는 없고, (…) 일괄배부방법은 물론, 국내사업장이 전세계 관련점에서 차지하는 영업규모 점유비율과 매출총이익 점유비율을 항목별로 계산하여 평균한 비율에 따라 계산하는 항목별배부방법도 합리성을 갖춘 경비배부방법으로 인정"된다고 전제한 후, 외국법인이 과세표준을 신고함에 있어서 본점경비 중 국내지점의 손금으로 산입할 수 있는 배부경비액을 항목별배부방법에 따라 계산하여 신고하였더라도, 그 배부방법이 합리적인 것으로 인정된다면 신고내용에 오류 또는 탈루가 있었다고는 볼 수 없으므로 과세관청이 그 배부방법을 달리하여 국세청고시 제81-37호 소정의 일괄배부방법을 채택함으로써 나타난 차액을 과다하게 계산된 경비로 보아 손금부인한 것은 위법하다."고 판시하였다.[35)]

반면에, 외국은행이 당초 과세표준신고시에 일괄배부방법에 의한 본점경비 배부방법을 채택하였다가 그 후 항목별배부방법에 따른 수정신고를 한 사안에서, 법원은 국세기본법상 "과세표준수정신고서는 신고서의 기재사항에 누락 또는 오류가 있는 경우에 한하여 제출할 수 있다"고 전제한 후, "원고가 당초 과세표준신고시에 채용한 일괄배부방법에 의한 본점경비 배부방법도 법인세법시행령 제121조 제1항 제1호의 규정취지에 적합한 합리적 배분방법의 하나라 볼 수 있어서 당초의 신고에 누락이나 오류가 있다 할 수 없으므로 원고의 항목별배부방법에 따른 수정신고는 효력을 인정할 수 없다"고 판시하였다.[36)]

또한, 외국은행 국내지점이 본점경비를 송금할 때 송금일의 환율에 따라 원화금액이 지출됨에도 불구하고 법인세법 기본통칙에서 연평균환율을 적용하도록 함으로써 초과액수의 원화환산액이 손금으로 인정되지 않는 것이 위법하다는 주장에 대해서, 법원은 "국내원천소득에 합리적으로 배부된 금액이라 함은 국내원천소득에 관련된 실액을 반영할 수 있는 것으로 일반적이고 시인된 방법에 따라서 산출한 금액을 의미한다."고 전제한 후, "외국법인 본점으로부터 국내지점에 배부된 본점경비배부액은 대외적 거래에 의하여 발생하는 것이 아닐 뿐만 아니라 이를 외국법인 본점에 실제로 송금하지 않더라도 손금으로 인정되는 점 등에 비추어 보면, 본점경비배부액은 제3자에 대하여 지급의무를 부담하는

35) 대법원 1990.3.23. 선고 89누7320 판결
36) 대법원 1993.1.15. 선고 92누1650 판결

부채에 해당하지 않는다고 할 것이고, 이를 화폐성 외화부채로 볼 수는 없으므로 이에 대해 외화환산손익 및 외환차손익을 계상할 수 없다."고 하면서, "'금융결제원이 고시하는 기준환율의 연평균'을 적용하여 본점경비배부액에 대한 원화환산을 하여 이를 손금에 산입한 것은 일반적으로 시인된 방법에 따른 것으로서 그 합리성이 인정"된다고 판시하였다.[37] 아래 〈표 3-7〉은 내부거래에 대한 AOA와 국내 세법규정의 차이를 요약한 것이다.

〈표 3-7〉 내부거래에 대한 AOA와 국내세법의 비교

구 분	AOA	국내세법
• 이윤귀속원칙	• TPG의 독립기업원칙 수용	• TPG의 독립기업원칙 수용
• 이자거래	• 내부 자금조달 -SPF(자금관리기능) 수행시 인식 • 외부 자금조달 -SPF 미수행시 실제비용 배분 -SPF 수행시 정상이윤 가산	• 금융기관을 제외한 내부자금 거래의 이자비용 손금불인정
• 사용료거래	• 이윤 및 비용 불인정 -단, 무형자산 관련비용 배분허용	• 이윤 및 비용 불인정 -단, 무형자산 관련비용 배분허용
• 용역거래 -일반관리용역 -개별적 용역	• 정상이윤 및 비용인식 • 정상이윤 및 비용인식	• 공통비용 배분(이윤 불인정) • 언급 없지만, 이윤·비용인식 가능

37) 대법원 2009.6.11. 선고 2006두5175 판결

제3장 국내원천 이자소득

1 개요

이자는 자금대여에 대한 보상, 즉 자본의 이동에서 발생하는 소득에 대한 보상이다. 이자는 채무자와 채권자 양쪽에서 과세되는 것이 아니기 때문에 배당과 달리 경제적 이중과세는 발생하지 않는다. 계약에서 달리 정하지 않는 한, 이자에 부과되는 조세는 수취인이 납부한다. 만약 채무자가 이자지급시 원천세를 부담한다면, 채무자가 조세에 상당하는 추가이자를 채권자에게 지급하는데 동의했을 것으로 가정한다.(OMC Art.11/1) 배당과 마찬가지로 이자는 현실적 이유 때문에 이자가 지급될 때 원천징수 방식으로 조세가 부과된다. 즉, 수취인이 자신의 총소득에서 지급해야 할 조세를 미리 원천세로 납부한다. 이 경우 만약 수취인이 다른 국가의 거주자라면 이자에 대해 원천지국과 거주지국에서 두 번 과세되어 이중과세가 발생할 수 있다.(OMC Art.11/2)

이자소득에 대해서는 한 국가에서 전속적 과세권을 행사하는 대신, 절충안으로서 거주지국 과세를 원칙으로 하지만, 원천지국 법률이 정하는 바에 따라 원천지국에게도 과세권이 부여된다. 이는 원천지국이 비거주자 지급이자에 대해서는 과세권을 포기할 자유가 있다는 것을 시사한다.(OMC Art.11/3) 특정 국가들은 이자수취인이 지급인과 동일 국가에 거주하지 않거나 또는 수취인의 국가에서 과세되지 않으면 지급인의 이자비용 공제를 허용하지 않는다.

2 조세조약 상 이자소득

가. 이자소득의 의의

이자와 관련하여 현행 OECD/UN모델의 원천지국과 거주지국간 과세권 배분규정은 자본수출국과 자본수입국간 타협의 결과이다. OECD/UN모델 제11조의 구조는 1977년 OECD모델에서 BO 개념이 도입된 것과 국내법상 개념과 독립적인 이자 개념이 채택된 것을 제외하고는 1963년 모델과 큰 차이가 없다. OECD모델은 원천지국 제한세율을 10%로 제한하는 반면, UN모델은 최고 제한세율을 양자협약에 의해 체약국들이 결정하도록 하고 있다.

조세조약 상 이자소득의 주요 특징들은 다음과 같다. 첫째, OECD/UN모델 제11조는 일방체약국의 원천에서 타방체약국의 거주자에게 지급된 이자에 대한 과세권을 배분한다. 제11조 제2항이 원천지국의 과세권을 직접 제한하는데 비해, 거주지국의 과세권은 원천세에 대한 공제를 규정한 제23조에 의해서만 제한된다. 이자가 한 국가에서 다른 국가로 지급되지 않는다면, 특히 과세방법과 관련하여 제24조 등 다른 조문들에 의한 제한이 준수되어야 할지라도, 체약국의 과세권은 제11조에 의해 제한되지 않는다.

둘째, 제11조 제3항에서 "이자라 함은 지연지급에 대한 위약금을 제외하고, 모든 종류의 채권에서 발생하는 소득"이라고 독립적으로 정의된다. 1977년 OECD모델 개정 시 국내법상 소득 구분을 참조하도록 한 종전 규정을 삭제하였다. OECD는 이러한 독립적 정의가 국내법에 대한 참조보다 큰 확실성을 준다는 점에서 우월하다고 간주한다. 이자는 자본의 사용과 관련한 모든 지급금을 포함하도록 폭넓게 해석되어야 한다는 것이다.

셋째, 제11조는 이자지급인이 어느 체약국의 거주자일 것을 요구하지 않는다. 이자가 이자의 BO 거주지국과 조약을 체결한 국가에서 발생할 것만을 요구한다. 따라서, 제11조 제5항은 채무가 PE와 관련되고 이자를 PE가 부담하는 경우 지급인의 거주지국 또는 지급인의 PE가 소재한 체약국에서 발생하는 이자를 규정함으로써 이자소득의 원천 배분규정을 포함하고 있다. 이러한 이중 원천규정은 서로 다른 두 국가가 동일한 거주지국과 각자 체결한 조세조약에 따라 두 국가에서 원천세를 부과하는 것을 제한함으로써 3국간 상황에서 잠재적 중복과세의 부정적 영향을 감소시키지만, 내재적 문제점은 이 조항에 의해서도 해결되지는 않는다. OECD는 이러한 점을 인식하고 있지만 이러한 3국간 상황의 문

제점은 체약국 간에 해결하도록 하고 있다.[38)]

이자소득이 사업활동 과정에서 발생되는 경우 제11조 제4항으로 인해 제11조가 제7조(사업소득)보다 적용상 우선권을 갖는데, 이는 원천지국의 제한적 과세권을 보장한다. 그러나 제11조 제4항은 제7조 제1항에 따라서 이자의 수취인이 원천지국에서 PE를 통해 사업을 수행하고 이자소득이 PE에 귀속되는 경우 등 사업소득과 관련하여 원천지국에 보다 광범위한 과세권을 보장한다. 사업소득에 대한 원천지국 과세권은 이자 총수입금액의 일정 비율로 제한되지 않지만, 일반적으로 제24조 제3항에 의한 제한을 받는다. 그 결과 비거주자의 조세부담은 제11조 제1항 및 제2항을 적용했을 때보다 유리한 경우가 많다. 또한, 제7조는 이자가 제3국 또는 이자의 BO의 거주지국에서 발생하는 경우와 같이 제11조의 적용범위 밖에 있는 이자에 대해서도 적용된다.

부채와 자본 간의 불분명한 경계를 고려할 때 배당과 이자간의 구분은 매우 어려운 이슈이다. 제10조 제3항의 배당 개념은 국내법상 참조를 포함하는 반면, 제11조 제3항의 이자 개념은 그렇지 않은 점 등 각각의 정의규정 때문에 양자의 중복을 피하는 것이 거의 불가능할 정도로 문제를 더욱 복잡하게 한다. 1992년 OECD모델은 제11조의 이자 정의에서 제10조에 포함된 소득항목을 제외하도록 명시하여 제10조의 정의에 우선권을 부여하는 방식으로 이 문제를 해결하려는 시도를 했었지만, 특정 혼성금융상품이 제10조에 해당하는지 여부가 남아있기 때문에 이에 대한 명확한 해결을 보장하는 것은 아니다. 한편, US모델과 많은 개별조약들은 국내법에 각각의 정의규정을 두고 제10조 배당에 포함된 소득을 제11조 이자의 정의에서 명시적으로 제외하는 방식으로 이 문제를 해결한다. 외상 또는 할부판매와 같은 할부구입은 통상 이자요소를 포함한다. 따라서 이러한 거래는 소득의 성격에 따라 나누어 과세되어야 하는데, 그 구분이 현실적이지 않기 때문에, 체약국들이 그러한 이자를 제11조에 의한 원천세 과세에서 제외하도록 권고된다.(OMC Art.11/7.8)

---

38) Werner Haslehner, "Article 11: Interest", *Klaus Vogel on Double Taxation Conventions(4th Ed.)*, Wolters Kluwer, 2015, pp.897-898

나. 이자소득의 정의

> **〈OECD/UN모델 제11조 제3항〉**
>
> 3. 이 조문의 '이자'는 담보에 의한 보증 유무 및 채무자의 이윤에 대한 참여권의 수반 여부와 관계없이 모든 종류의 채권으로부터 발생하는 소득을 말한다. 특히, 공채, 채권 또는 사채로부터의 소득 및 그러한 증권, 채권 또는 사채에 부가된 할증금과 장려금을 포함한다. 지연지급에 대한 위약금은 이 조문의 목적 상 이자로 간주되지 않는다.

(1) 조문의 의미

제11조 제3항은 이자에 대해 "모든 종류의 채권으로부터 발생하는 소득"으로 매우 넓은 개념을 부여한다. 그러나 이는 원금상환의 결과로 실현된 소득이 아니라 채무자에게 일정 기간 동안 자본을 이용하도록 함으로써 발생한 소득만을 의미한다. 이 정의는 포괄적이어서 국내법에 따른 해석의 여지를 남기지 않는다.(OMC Art.11/21) '모든 종류의 채권'에는 공채, 채권 및 사채는 물론 예금과 금전 형태의 보증을 포함한다. 이윤참여 사채에 대한 이자는 물론, 전환사채에 대한 이자도 사채가 실제 주식으로 전환되기 전까지는 이자로 간주된다. 그러나, 만약 대여금이 채무기업의 위험을 실질적으로 공유한다면 배당으로 간주되어야 한다.(OMC Art.11/18)

채권은 법적 근거를 가져야 하지만 채권의 원천 또는 부채가 발생한 목적과는 상관이 없다. 또한, 담보 또는 다른 보증의 존재는 이자의 성격에 영향을 미치지 못한다. 지급이 채권으로부터 발생하지 않은 경우 예컨대, 자본금 반환 등은 이자에 해당하지 않는다. 이자율 스왑과 같이 기초 부채약정이 없는 파생상품계약의 정산금도 제외된다.(OMC Art.11/21.1) 이자요건을 충족하기 위해서는 단지 채권과 관련이 있는 것만으로는 충분하지 않고, 자본공여에 대한 대가로 발생해야 한다. 자본의 일시적 공여에 대한 대가에 해당한다면 거래성격상 지급에 내재된 묵시적 이자도 포함한다. 따라서 할증금 및 장려금뿐만 아니라 할인발행차금 등 채권발행 관련 할인액, 지연지급에 대한 조기정산금 및 묵시적 이자도 모두 이자의 정의에 해당한다.

제11조 제1항의 '지급' 용어는 경제적 의미로 이해되어야 하고, 지급이 명시적으로 이루어진 경우만으로 축소될 수 없기 때문에 그러한 묵시적 성격이 제11조의 적용을 방해하지는 않는다. 채권양도금액에는 채권양도 시점에서 아직 지급시기가 도래하지 않은 이자가

포함될 것이다. 대부분의 경우 원천지국은 양도시점에서 그러한 발생이자를 과세하지 않고, 추후에 지급된 이자금액 전부에 대해 채권취득자에게 과세할 것이다. 그러나, 채권이 면세단체에게 판매될 때와 같은 일부 상황에서는 양도시점에서 발생이자에 대해 채권양도인에게 과세하는 국가도 있다. 이러한 발생이자는 이자의 정의에 포함되므로 원천지국에서 과세될 수 있으나, 이 경우 이자 지급시기가 도래했을 때 채권취득자에게 동일한 금액을 다시 과세해서는 안 된다.(OMC Art.11/20.1)

물론, 묵시적 이자소득 요소들을 할부판매소득 등 다른 배분규정을 적용받는 소득과 구분하는 것이 상당한 어려움을 야기하기 때문에 OECD는 외상판매의 소득요소를 원천지국 과세에서 면제함으로써 이를 회피하고자 한다.

원금상환을 초과하는 소득이 채권으로부터 발생한 것으로 간주된다. 따라서 채권 또는 사채가 기초부채(액면가액)를 초과하는 가격에 할증발행된 경우 그러한 할증금액은 원천세 적용대상인 총이자금액(액면이자)에서 공제되어야 하는 負(negative)의 이자에 해당한다. 이러한 공제가 선행되는지 및 부채 보유기간에 걸쳐 분산되는지 아니면 상환시점에서 이루어지는지 여부는 국내법에 달려있다. 채권발행 이후에 취득한 경우에는 할증금액이 채무자에게 지급되지 않기 때문에 공제가 적용되지 않는다. 이 경우 正(positive)의 이자는 할증금액이 아니다. 왜냐하면, 이자가 채권자에게 지급되는 것이 아니라 취득가격의 일부로서 취득자에게 지급되기 때문이다. 금융상품의 판매소득은 통상 이러한 이유로 이자의 요건을 갖추지 못한다.[39]

지연지급에 대한 위약금은 이자의 정의에서 제외된다. 이를 이자에서 제외하는 것은 지연지급 위약금은 자본공여에 대한 대가가 아니라 상업적 손실에 대한 보상으로 지급된 것이므로 이에 대해 과세하는 경우 손실에 대한 충분한 보상이 되지 않을 것이기 때문이다. 그러나 체약국들이 이러한 제외조항을 포함시키지 않고 위약금을 이자로 취급하는 것은 자유이다.(OMC Art.11/22)

(2) 특정 이자의 유형

(가) 신용공여 이자

이연결제에 대한 보상인 외상판매 또는 할부판매에서 발생하는 추가청구액은 제11조 제3항에서 부여한 폭넓은 해석에 따라 이자 정의에 해당한다. 그러나, 판매계약에 명시적

39) Werner Haslehner, *op.cit*, pp.924-925

으로 언급되지 않은 경우의 연불지급에 대한 청구액을 포함하는지는 명확하지 않다.

간주이자 계산 또는 징수문제 등 행정적 어려움을 피하고자 하는 원천지국은 일방적으로 또는 조세조약에서 그러한 이자에 대해 면세함으로써 이를 회피할 수 있다. 따라서, 기한부 어음(usance) 또는 당사자 간 묵시적 약정에 의한 채권결제의 이연에 해당되는 일부 지급액은 이자로 간주될 수 있지만, 판매자가 일반 금융비용을 제품가격에 포함시키는 경우 등 판매가격 산정요소인 묵시적 이자는 구매자에 대한 일시적인 자본공여와 관련이 없기 때문에 이자로 간주되지 않는다. 유사하게, 채권의 할인판매의 경우 할인금액이 판매자의 이자소득이 되지는 않는다. 상업상 채권의 분할지급과 관련된 이자에 대해 면세하는 것이 보다 일반적이지만, 일부 조약의 경우 이자의 정의에서 명시적으로 제외하는 경우도 있다.[40)]

(나) 이윤참여 부채약정 및 혼성금융상품

이자의 소득요건은 지급인 및 수취인과 관련된 요인들 또는 그들의 관계가 아니라 기초채권의 조건들에 달려있다. 부채와 자본 간의 구분이 혼성금융상품들 때문에 점점 흐릿해지고 있지만, 각 상품에서 발생하는 소득은 조약목적 상 하나의 조문으로만 분류되어야 한다.

제10조와 제11조 간 실체적 중첩가능성이 문제를 더욱 어렵게 만든다. 제11조는 이윤참여 권리를 수반하는 채권에서 발생하는 소득을 명시적으로 포함하는 반면, 제10조는 국내법의 차용 때문에 특히, 과소자본 규정의 경우 예외적으로 회사권의 요건을 갖춘 채권에서 발생하는 소득에도 적용된다. 이 난제를 해결하기 위한 좋은 방안은 채권과 회사권을 상호배타적 유형으로 이해하는 것이다. 이를 위해 명확한 경계선이 설정될 수 있다. 채무자가 상환을 회피할 수 있도록 허용하는 약정들은 제11조의 의미상 채권에 해당하지 않는다. 또한, 채무자의 이윤을 공유할 권리를 수반하지 않는 상품들은 제10조에 해당하지 않는다. 이들 경계선 사이의 정확한 구분은 소득수취인이 채무기업이 부담하는 사업상 위험을 공유하는지 여부에 달려 있을 것이다. 위험의 공유는 채권자가 부담하는 단순한 채무불이행 위험을 넘어 우발적 상환수준에 달려있는데, 이러한 수준은 해당 부채의 상환순위 및 자본공여 기간의 길이와 관련하여 개별 사안별로 평가되어야 한다. 전환사채 등 옵션요소를 지닌 투자약정들은 보유자의 실제 지위를 결정하기 위해 옵션 행사의 전과 후가 평가될 필요가 있다. 다른 형태의 혼성금융상품과 마찬가지로, 많은 양자조약들이 그러한 상품에 의한 지급이 제10조에 해당하는 것으로 명시하는 특별규정들을 포함하고 있다.

---

40) Werner Haslehner, *op.cit*, pp.926-927

이윤공유 부채약정의 사례가 대륙법계 국가들에서 존재하는 익명조합(silent partnerships)이다. 익명조합은 한 당사자가 다른 당사자의 사업에 자본을 출연하고 해당 사업의 이윤을 공유지만, 영업권 등 조합의 자산을 공유하지는 않는다. 이 경우 익명조합원 소득에 어느 조문이 적용되는지의 문제가 제기된다. 국내법에 따라 소득구분은 예컨대, 해당 익명조합원이 사업청산 시 비밀적립금 등 자산에 대한 지분을 가지는지 여부에 달려있다. 만약 지분을 가진다면 비전형적 익명조합으로 간주되고, 그 소득은 제7조에 따라 과세되는 통상적 조합원과 유사하다고 할 수 있다. 만약 그러한 지분이 존재하지 않는 경우 익명조합의 소득은 이자소득 또는 기타소득에 해당할 것이다. 다수 양자조약들이 그러한 약정요건을 변경시키는 특별규정을 포함하고 있는데, 이 경우 제7조 또는 제10조에 해당하는 것으로 취급한다. 채무기업의 이윤에 따라 단지 이자에 대한 권리만이 수반되는 이윤공유대여금(profit-sharing loans)은 개별조약이 이와 다른 특별규정을 명시하지 않는 한 통상 제11조에 해당한다.[41]

(다) 주주 · 파트너 채무약정

원칙적으로 채무약정은 채무자와 채권자간 관계에 상관없이 국내법과 조약법에 따라서 인식된다. 따라서 주주대여금에서 발생하는 소득은 제11조에 해당하고, 파트너와 파트너쉽간 채무약정도 마찬가지이다. 주주 및 파트너들은 회사에 자본을 출연할지 여부를 사법(私法)에 따라서 부채 또는 자본 방식으로 자유롭게 선택할 수 있지만, 국내세법은 과소자본을 통한 조세회피를 방지하기 위해 제한을 부과하는 것이 통상적이다. 대부분의 국가들이 과소자본에 대응하기 위해 특별규정들을 적용하는데, 가장 보편적인 방법은 고정 부채-자본비율을 초과하는 이자에 대한 비용공제를 부인하는 것이다. 또한, 많은 국가들은 과소자본 규정과 독립기업 안전장치(arm's length safe harbor) 조항을 함께 규정한다. 특별규정들이 없는 경우 각국 법원들은 과소자본에도 일반 남용방지규정들이 적용되는 것으로 간주한다.

국내법상 과소자본 규정이 이자지급의 재구성을 허용한 결과, 지급인은 비용공제가 허용되지 않고 수취인이 배당을 받은 것처럼 과세되므로 경제적 이중과세를 초래할 수 있다. 제11조는 수취인에 대한 과세만을 다루기 때문에 지급인의 비용공제와 관련한 국내법상 결정에 어떤 제한을 부여하지는 않는다. 그러나, 해당 지급이 조약상 이자로 간주된다면 제9조가 지급인의 이윤에 대한 조정을 허용할지라도 제24조 제4항(비용공제 무차별조

41) Werner Haslehner, *op.cit*, pp.927-929

항)이 적용될 것이다.

이자가 정상가격을 초과하는 경우, 제11조 제6항은 전체지급액이 아닌 초과된 금액에 대해서 재구성을 허용한다. 또한, 제11조 제6항은 초과부채 사안에는 적용되지 않는데, 이는 과소자본 규정에 의해 다루어지는 이슈이기 때문이다. 이에 대해 OECD는 제9조의 적용을 고려하지만, 제9조는 지급인의 이윤 조정에만 적용되므로 제11조 제3항의 요건에는 직접 영향을 미칠 수 없다.

OECD는 간주 과소자본 상황에서 중복을 방지하기 위해 제10조가 제11조보다 우선권을 갖도록 제안한다. 따라서 제11조 제3항의 의미상 채권에서 발생하는 소득이 국내법상 회사권으로 분류되고 지분에서 발생하는 소득으로 취급되기 때문에 제10조의 적용을 받는 상황에서는 제11조가 적용되지 않을 것이다. 그러한 분배금이 제10조 제3항의 적용을 받기 위해서 요구되는 원천지국 법률에 따라 지분소득과 동일한 과세취급을 적용받을 수 있는지 여부는 지급목적 상 재구성이 제9조의 독립기업원칙을 통과하는지 여부에 달려있을 것이다. 따라서 제9조는 다양한 정의들의 적용범위에 간접적인 영향을 미친다.

파트너쉽과 파트너 간 채무약정에서 발생하는 소득은 만약 파트너가 아닌 파트너쉽이 원천지국의 거주자로 간주된다면 제11조의 적용을 받을 것이다. 그렇지 않으면, 그 지급금은 조약목적 상 지급인과 수취인이 분리되지 않기 때문에 제11조를 적용할 수 없다.42)

(라) 파생금융상품

옵션, 선도, 스왑거래 상품의 가치는 기초자산의 가치에 영향을 주는 미래 사건에 달려있다. 예컨대, 선도 및 옵션거래는 통상 계약당사자 간 만기일에 일방당사자의 지급에 의해 정산되고, 스왑거래의 경우에는 약정기간에 걸쳐 양방향의 지급이 이루어진다. 최초투자금의 지급이 없는 경우 어떤 지급도 제11조에 해당하지 않는다. 이러한 파생금융상품은 기능적으로는 부채와 동일하기 때문에 납세자가 이자원천세 과세를 회피할 수 있는 기회를 제공하기도 한다.43)

그러나, 파생금융상품 계약이 일방당사자가 타방당사자에게 할증금 명목으로 사전 지급하는 것을 포함하는 경우에는 상황이 다르다. 왜냐하면, 모든 후속적 지급들이 상환요소

42) Werner Haslehner, *op.cit*, pp.929-930

43) 파생금융상품을 통한 이자소득세 회피 사례로 대표적인 것이 '엔화 스왑예금 사건'이다. 이 사건에서 대법원은 엔화 선물환거래를 구성하는 엔화 현물환매도계약과 엔화 정기예금계약 및 엔화 선물환매수계약이 서로 다른 별개의 법률행위이므로 실질과세원칙을 내세워 두 거래를 결합된 하나의 거래로 보아 이자소득세를 과세한 처분은 위법하다고 판결하였다.(대법원 2011.5.13. 선고 2010두5004 판결 참조)

및 파생상품에 고유한 투기적 요소는 물론 최초 제공된 자본에 대한 보상요소를 포함할 것이기 때문이다.

(마) 금융리스

금융리스 계약의 조약법상 구분은 할부판매 또는 조건부판매의 경우와 동일하다. 결과적으로 이자 성격에 해당하는 주기적인 리스료 금액, 즉 원금상환액을 초과하는 지급금은 제11조 제3항의 이자에 해당한다. 그러나, 운영리스 소득은 통상 제7조의 적용을 받을 것이다.

다. 원천지국 과세권의 제한

〈OECD/UN모델 제11조 제1항 및 제2항〉

1. 일방체약국에서 발생하여 타방체약국의 거주자에게 지급된 이자는 그 타방국에서 과세할 수 있다.
2. 그러나, 일방체약국에서 발생한 이자는 그 국가의 법률에 따라 그 국가에서도 과세할 수 있다. 다만, 이자의 수익적 소유자가 타방체약국의 거주자인 경우 총이자금액의 10%를 초과할 수 없다. 체약국들의 권한있는 당국은 이러한 한도의 적용방식을 상호합의에 의해 해결한다.

(1) 조문의 의미

제11조의 적용범위는 양 체약국 간 상황으로 국한된다. 특히, 일방체약국에서 발생하여 타방체약국 거주자에게 지급되는 이자만을 다룬다. 결과적으로, 거주지국에서 발생한 이자 또는 제3국에서 발생한 이자는 물론, 일방체약국에서 발생하였지만 일방체약국 기업이 타방체약국에 가지는 PE에 귀속되는 이자에는 이 조문이 적용되지 않는다.(OMC Art.11/6)

제11조 제1항은 체약국 중 한 국가의 거주자인 이자소득의 수취인에 대한 과세와 관련된다. 이자수취인이 누구인지는 조약적용국가의 법률에 따라야 한다. 수취인은 이자의 BO 또는 중개인일 수 있는데, 중개인이 BO가 아닌 다른 국가의 거주자인 경우에는 제1항의 규정에 따라 양 국가가 무제한적 과세권을 가지기 때문에 경제적 이중과세가 초래될 수 있다. 제3자간 상황의 경우 제7조 또는 제21조가 수취인의 거주지국들 간 관계에 적용될 것이지만, 그 자체로 경제적 이중과세의 발생을 방지하지는 못한다. 이자의 지급인과 수취인을 결정하기 위한 근거는 조약적용국가의 세법인데, 이것이 BO 개념을 둘러싼 갈

등을 야기할 수 있다. 예를 들어, 투과단체 파트너쉽이 이자소득을 얻는 경우 제11조 목적상 수취인은 조약상 거주자인 파트너들이다. 원천지국 또는 제3국에 거주하는 파트너들에게는 제11조가 적용되지 않는다. 일방체약국에서는 투과단체 취급을 받지만 다른 국가에서는 과세단체로 취급받는 파트너쉽이 수취하는 이자의 경우, OECD는 파트너쉽 거주지국의 파트너쉽에 대한 취급과 파트너들의 거주지국에 따라서 조약혜택이 부여되어야 한다고 권고한다.

'지급'의 의미는 모든 형식의 채무에 대한 결제를 포함하기 위해 넓게 이해되어야 한다. OECD는 지급이 "자금을 채권자의 지배하에 둘 것"을 요구한다.(OMC Art.11/5) 이는 현금지급만이 아니라, "지급형식에 관계없이 이자를 수취할 청구권의 이행"으로 이해될 수 있다. 미국 조세법원도 현금 이전이 아니라 이자를 장부에 기록하는 것이 실제 지급에 해당한다고 판시한다.[44)]

제11조 제2항은 이자지급에 대해 원천지국의 과세권을 허용하되, 지급총액의 일정 비율로 제한한다. 그러나, 원천지국 과세권을 허용하는 접근방법이 국제투자의 장애가 되거나 다른 이유로 부적절한 것으로 간주될 수도 있다. 예를 들어, 이자수익자가 해당 융자사업의 자금을 조달하기 위해 차입을 하는 경우 이자수익은 통상적인 이자 수취금액보다 훨씬 적을 것이다. 지급이자가 수취이자와 동일 또는 초과한다면 이윤이 전혀 없거나 손실이 날 수도 있다. 이 문제는 거주지국에서는 순이윤에 대해 과세를 받는 결과 부과될 조세가 거의 없기 때문에 거주지국에서는 해결될 수 없다. 실제 이러한 문제를 회피하기 위해 채권자는 이자원천세 부담을 채무자에게 전가하는 경향이 있고, 그 결과 채무자의 재정적 부담은 원천세 금액만큼 증가될 것이다.(OMC Art.11/7.1)

따라서, 체약국들은 특정 이자범주에 대해 양자협상을 통해 더 낮은 세율을 규정하거나 BO 거주지국의 전속적 과세권 행사에 합의할 수도 있다.(OMC Art.11/7) 체약국들이 원천지국 면세를 고려하는 이자의 범주들에는 ⅰ) 국가, 정치적 하부기구, 중앙은행에 지급하는 이자, ⅱ) 국가, 정치적 하부기구가 지급하는 이자, ⅲ) 수출 자금조달 프로그램에 따라 지급되는 이자, ⅳ) 금융기관에 지급되는 이자, ⅴ) 외상판매에서 발생하는 이자, ⅵ) 연금펀드 등 면세단체에 지급하는 이자 등이 있다.

정부 성격의 활동에서 발생하는 소득인 경우, 국가와 국가소유의 단체가 수취하는 소득에 대해서는 세금을 부과하지 않는 국가들이 있다. 해석상 국가면책특권(sovereign

44) US Tax Court, Morgan Pacific Corporation v. IRS(1995. 8.28), case no 2653-93 참고: Werner Haslehner, *op.cit*, p.904에서 재인용

immunity principle)으로 간주하거나 국내법 규정에 따라 면제를 허용하는 국가도 있다. 양자협약에서 이를 확인 또는 명확화하고자 하는 국가들은 이러한 이자범주 조항을 포함할 수 있다.(OMC Art.11/7.4) 국가, 정치적 하부기구 또는 공공기관이 이자지급자인 경우에는 국가가 이자원천세를 과세하는 혜택이 차입비용 증가로 상쇄될 것이기 때문에 양자조약에 이러한 이자범주에 대해서도 원천세 면제규정을 포함할 수 있다.(OMC Art.11/7.5) 다수국가들이 국내법에서 연금펀드의 투자소득에 대해 면세하고 있다. 이들 단체의 국내 및 해외투자에 대해 중립적 취급을 위해 일부 국가들은 타방국의 거주자인 이들 단체가 수취하는 이자를 포함한 소득에 대해서도 원천세를 면제하고자 할 수 있다.(OMC Art.11/7.10)

또한, 제2항은 과세방식에 대해서는 다루지 않고 상호합의에 의해 해결하도록 하고 있으며, 유일한 요구사항은 타방체약국의 거주자가 BO여야 한다는 것이다. 따라서 원천지국이 원천공제 또는 개별과세 방식 등 자유롭게 자국 법률을 적용할 수 있다.(OMC Art.11/7.12) 그리고 이러한 원천지국의 과세제한 여부가 거주지국의 실제 과세여부에 달려있는 것도 아니고, 거주지국이 원천지국의 과세액을 고려할 의무가 있는 것도 아니다.(OMC Art.11/7.13)

종전에는 제2항에 '그 이자(such interest)'라는 문구가 사용되어 본 조항이 적용되기 위해서는 제1항의 조건들이 원용되었는데, 2014년 OECD모델 개정 시 이 문구를 삭제함으로써 본 조항은 제1항의 조건들과는 독립적으로 적용할 수 있게 되었다. 그러나, 이러한 변화는 본 조항이 이자의 중간수취인과 BO가 서로 다른 국가의 거주자인 상황에도 적용할 수 있음을 명확화하기 위한 목적이기 때문에 조문의 내용에는 영향을 미치지 않는다. 다시 말해서, 일방체약국 또는 제3국에 소재하는 대리인 등 중개인이 지급자와 BO 사이에 개입되어 있지만 BO가 타방체약국의 거주자인 경우 다른 조건들이 충족되는 한 원천지국 과세제한의 혜택이 여전히 적용된다는 것이다.(OMC Art.11/10.1)

(2) BO 요건

원천지국 과세의 제한은 이자소득의 BO가 타방체약국의 거주자인지 여부에 달려있다. OECD와 각국 법원들은 최근 BO 개념을 명확화하기 위한 노력을 강화해 왔다. 그 결과 OECD모델 제11조 제1항의 '지급(paid … to)' 용어 사용에서 발생하는 문제를 해결하기 위해 조약의 맥락, 목적 등에 비추어 BO 개념이 폭넓게 해석되어야 하고, 조약상 독립적이고 국제적인 의미가 부여되어야 한다는 입장을 정리하게 되었다. 특히, BO 용어는 국내법상 기술적 의미, 예컨대, 보통법 국가들의 신탁법상 의미와 같은 좁은 기술적 의미로 사용되어서는 안 된다는 것이다.45)(OMC Art.11/9.1) 따라서, BO는 "이자를 사용하고 향유할 완전한 권리를 가진 인"으로 정의할 수 있다. 이는 다른 인에게 수취소득을 이전할 계약상 또는 법률상 의무가 있는 단순한 도관 수취인과는 다르다.

BO 요건은 대리인, 지명인 및 도관회사들에 대한 조약혜택 부여를 방지하기 위한 것이다. 대리인 또는 지명인과 같은 소득의 직접수취인은 거주자 요건은 충족하지만, 거주지국의 조세목적 상 해당 소득의 소유자로서 간주되지 않기 때문에 잠재적 이중과세는 발생하지 않는다.(OMC Art.11/10) 또한, 도관회사는 "단지 다른 인을 위해 활동하는 수탁인 또는 관리인과 같이 수취이자에 대한 협소한 권한을 가진 회사"로 정의될 수 있다. OECD보고서(1986)는 "도관회사가 공식적 소유자라고 하더라도 실질적으로 관련소득과 관련하여 이해당사자들을 위해 단순히 수탁인 또는 관리인으로서 매우 협소한 권한을 행사하는 경우 통상 BO로 간주되지 않는다."라고 결론지었다.(OMC Art.11/10.1)

대리인, 지명인 또는 도관회사의 수취금액을 이전할 계약상 또는 법률상 의무는 통상 관련 법적 문서로부터 연유하지만, 실질적으로 이자를 사용 및 향유할 권리를 명백히 가지고 있지 않은 것을 입증하는 사실관계 및 상황을 토대로 그러한 의무의 존재를 확인할 수도 있다. 그러나, 가령 직접수취인이 채무자 또는 금융거래의 한 당사자 또는 연금펀드 및 CIV의 전형적인 배분의무로서 가지는 계약상 또는 법률상 의무는 BO로 볼 수 없는 의무의 유형에 포함되지 않는다. 즉, 이자의 수취인이 다른 인에게 수취금액을 이전할 계약상 또는 법률상 의무에 의해 제약받지 않고 이자를 사용 및 향유할 권리를 가지는 경우에, 수취인은 이자의 BO에 해당한다. 또한, 제11조는 이자의 원천인 채권의 소유자가 아닌 이자의 BO만을 가리킨다. 왜냐하면, 채권소유자와 이자의 BO가 다른 경우도 있을 수 있기 때문이다.(OMC Art.11/10.2)

그러나, 지급이자의 수취인이 해당 이자의 BO로 간주된다는 사실이 원천지국의 과세제한이 자동으로 부여되어야만 하는 것을 의미하지는 않는다. 원천지국 과세제한의 혜택은 이 조항의 남용이 있는 경우에는 허용되어서는 안 된다. BO 개념은 다른 인에게 이자를 전달할 의무가 있는 수취인을 중간에 끼워 넣는 방식의 일부 유형의 조세회피를 다루고 있는 반면, 조약쇼핑의 다른 사례들을 다루고 있지는 않다. 따라서 그러한 사례들에 대처하기 위해서 어떠한 경우에도 조약상 일반 남용방지규정 또는 국내법상 실질과세원칙과

45) 예를 들어, 가족신탁으로 불리는 재량신탁(discretionary trust)의 경우 사전에 수익자 또는 그의 권리가 확정되지 않고 신탁설정자에 의해 작성된 기준에 의해 사후에 결정되는데, 이러한 재량신탁에서 수탁자가 특정 기간 동안의 수입이자를 배당하지 않는 경우 관련 신탁법상 BO는 아니더라도 제11조의 목적 상 해당 소득의 BO에는 해당할 수 있다.

같은 다른 접근방법들의 적용을 제한해서는 안 된다.(OMC Art.11/10.3)

BO 용어가 모든 조약에 내재되어 있는 것으로 볼 수 없다는 일부 입장에서도 실질과세 원칙 등 국내법 규정들을 소득귀속에 적용하는 경우 동일한 결과를 가져올 것이라는 점은 의문의 여지가 없다. 실제로 OECD에 의해 폭넓게 인정된 독립적이고 국제적 의미에도 불구하고 많은 사안들이 소득귀속과 관련한 국내법 규정에 의존하여 해결되고 있다. 분명한 것은 조세목적 상 이자소득이 누구에게 귀속될 것인가를 결정하는 것은 원천지국의 국내법이라는 점이다. 다시 말하면, 원천지국의 법률에 따라서 납세의무가 있다고 결정된 자만이 원천지국에서 조약혜택을 청구할 수 있다.

각국 법원들은 BO의 독립적이고 국제적 의미에 대한 일반적 인식에도 불구하고, 특정 사안에서 BO의 의미를 결정하기 위해 흔히 국내법상 남용방지규정들을 사용한다. 형식상 모순으로 보이지만, BO의 국제적 의미에 대해 향후 좀 더 명확화가 필요한 부분이라고 생각된다.

한편, BO 요건은 일반 남용방지규정이 아니며 특정 유형의 남용거래를 대상으로 한다. 따라서, 이자의 BO는 수취인의 경제적 실질 또는 자신의 사업활동에 이자를 사용할 것을 상정하지 않으므로, 기지회사들의 경우에도 LOB조항 등 조약혜택을 제한하는 다른 규정들의 적용을 받을지라도 제11조 제2항의 원천세 제한의 혜택은 받을 수 있다는 견해가 있다.[46] 이 견해에 따르면, 도관회사를 "특정 소득에 대한 공식적 소유자이지만, 단지 다른 인을 위해 활동하는 수탁인 또는 관리인과 같이 수취이자에 대한 협소한 권한만을 가진 회사"로 정의하는 OECD의 접근방법이 모든 종류의 도관회사를 포함하는지, 아니면 BO로 간주될 수 있는 도관회사가 있을 수 있는지 여부가 분명하지 않다고 한다. 따라서, 도관회사 개념보다 중요한 것은 법적 소유권을 가지지만 다른 인에게 소득을 이전해야 할 의무 때문에 소득에 대한 경제적 이해관계를 갖지 않는 회사는 BO가 아니라는 점이 일반적으로 수용된다는 점이다.

결국 경제적 이해관계 요건을 충족하는 기준이 무엇인지, 특히 독립기업 이윤(arm's length spreads)을 남기면 BO 요건을 충족하는지가 문제된다. 독립기업 이윤은 연쇄대여거래에서 전형적으로 나타난다. 영국 〈Indofood Case〉에서 보듯이, 만약 도관회사가 자신의 이익을 위해 이윤을 남기지 않고 수취이자를 이전하기만 한다면 조약목적 상 BO로 인정될 수 없음은 분명하다. 그러나, 도관회사가 BO로 인정받기 위해 이윤의 존재 및 금액이 그 자체로 결정적인 것은 아니며, 오히려, 수취이자와 동일한 금액을 최종

46) Werner Haslehner, *op.cit*, p.912

채권자에게 지급해야 할 법률상 의무가 있는지 또는 최종채무자로부터 이자를 수취하는 것과 관련없이 이자를 지급할 의무가 있는지 등 약정과 관련된 이익과 위험을 결정하기 위해 해당 단체의 법률상·계약상 의무를 분석해야 한다. 대여활동 이상의 도관회사의 경제적 실질이 중요할 수 있지만, 그 자체만으로 BO가 부인되어서는 안 된다고 한다. 이 견해에 따르면, 특정 연쇄거래들은 BO 개념을 통해서 다루어질 수 없는 위험이 있기 때문에 많은 조약들이 이를 다루기 위한 특별조항을 포함하고 있다고 한다.47)

도관 자금대여약정에 대한 미국 세법령(US Treas. Regs §1.881/3)에 따르면, 남용방지를 위해 다자간 우회 자금대여거래를 당사자 간 직접거래로 재구성하는 광범위한 권한을 국세청에게 부여하면서도, 중간법인이 경제적 실질을 갖추고 해당 거래에서 외부은행이 요구하였을 비교가능한 이윤을 얻는 경우에는 국세청이 해당 약정을 수용하도록 하고 있다.

아래 〈그림 3-8〉에서 보는 바와 같이, 덴마크 조세심판원은 두 개의 중간경유법인을 이용한 대여거래의 BO를 부인하였다.48) 해당 사안에서 케이만 채권자(PCo)는 첫 번째 스웨덴 도관법인(SCo)에게 자금을 대여한 후, 두 번째 스웨덴 도관법인(SLt)이 동일금액의 자금을 동일조건으로 덴마크 법인(DCo)에게 대여하였다. 그리고 두 스웨덴 도관법인 간 지급은 해당 거래가 연쇄대여거래라고 규정되지 않도록 조세중립적인 그룹출자로 이루어졌다. 그 결과 'EU 이자·사용료지침'에 따라 원천세 부담없이 덴마크 법인으로부터 이자를 지급받는 것이 가능하였다.

〈그림 3-8〉 연쇄대여거래에 대한 BO 불인정 사례

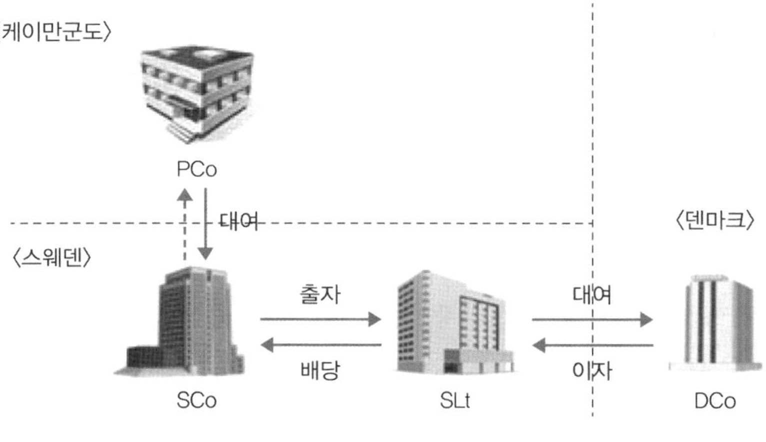

47) Werner Haslehner, *op.cit*, p.913

48) Danish Landskatteretten, 09303189/SKM 2011.485 (2011.5.25.)

이에 대해, 조세심판원은 관련법인들 모두가 주식보유 이외에 아무런 활동이 없기 때문에 해당 거래가 연쇄대여거래로 간주되어야 한다고 판시하였다. 즉, 두 스웨덴 도관법인 간 지급금이 이자가 아니라 출자였다는 것은 중요하지 않다는 것이다. 이 사례는 도관으로 성격을 규정하는 데 있어서 도관이 지급한 자금이 수취한 자금과 동일한 형식인지 또는 자금의 성격이 이자에서 배당으로 변경되었는지 여부는 중요하지 않다는 점을 확인시켜 준 사례라고 하겠다.49)

(3) 제한세율 및 총이자금액

제11조 제2항은 원천지국 과세권을 총이자금액의 최대 10%로 제한하지만 부과 · 징수 방법에 대해서는 규정하지 않기 때문에 원천지국은 예컨대, 사전 원천징수 또는 사후 환급방법 등 특정 방법이 권한있는 당국 간 상호합의에 의해 합의되지 않는 한, 자유롭게 국내법을 적용할 수 있다. 제11조는 타방국 수취인의 이자소득 과세에만 관련되고 지급인에 대한 과세, 특히 비거주자에게 지급한 이자의 비용공제 여부는 다루지 않는다. 그러나, 제24조 제4항(비용공제 무차별조항)이 그러한 비용의 공제가능성에 영향을 줄 수 있다.

통상 원천지국은 조약혜택 신청인에게 소득을 귀속시킬 것이지만, 설령 신청인이 BO가 아닐지라도 사실상 BO인 자가 신청인과 동일한 국가의 거주자라는 것이 입증된다면 제한세율이 적용될 수 있다.

한편, 제11조 제2항은 원천지국 과세의 최대금액을 결정하기 위한 과세표준으로 '총이자금액'을 언급하고 있지만, 무엇이 총이자금액으로 간주되어야 하는지는 규정하지 않는다. 이는 양자조약의 맥락이 달리 요구하지 않는 한 국내법에 따라서 해석되어야 한다. '총이자금액'은 기초채권에 따른 자본의 사용대가로 BO의 지배 · 관리하에 있는 금액이다. BO와 동일한 체약국의 거주자가 아닌 중간수취인에게 지급된 금액이 BO의 수취금액과 다른 경우에는 총이자금액에 해당하지 않는다. 총이자금액은 일반적으로 제9조에 따른 이자율의 증액조정에 의해 영향을 받지 않는다. 어떤 경우라도 제9조로 인해 소득흐름의 성격이 변경되지 않으며, 존재하지 않았던 채권이 창출되는 것도 아니다.50)

---

49) Werner Haslehner, *op.cit*, pp.913-914

50) Werner Haslehner, *op.cit*, pp.915-916

라. 제한세율의 적용 배제

〈OECD/UN모델 제11조 제4항〉

4. 일방체약국의 거주자인 이자의 수익적 소유자가 타방체약국에 소재한 PE를 통해 이자가 발생하는 그 타방국에서 사업을 수행하고, 지급이자와 관련된 채권이 실질적으로 해당 PE와 관련된 경우 제1절과 제2절 규정은 적용되지 않는다. 이 경우 제7조 규정이 적용된다.

본 조항에 따라 i) 타방체약국에서 발생한 이자의 BO가 일방체약국의 거주자이고, ii) 그 BO가 타방체약국에서 PE를 통해 사업을 수행하며, iii) 지급이자의 원천인 권리 또는 자산이 PE에 실질적으로 관련된 경우 제11조가 적용되지 않고 제7조가 적용된다. 이는 사업소득의 귀속주의와 관련된 것인데, 이자지급의 원인이 되는 채권이 PE와 실질적으로 관련된 경우에는 제한세율 혜택이 적용되지 않고 PE에 귀속되는 사업소득의 일부로서 과세된다는 것이다.

이 조항은 이자소득에 특혜를 제공하는 국가에 설립된 PE로 대여금을 이전하는 방식으로 남용될 수 있다는 주장이 제기되어 왔다. 그러나, 그러한 남용거래에 국내법상 남용방지규정이 적용될 수 있는 점은 별론으로 하고, 특정 장소는 사업활동이 그 곳에서 실제 수행되어야만 PE를 구성할 수 있고, 채권이 그 장소와 실질적으로 관련이 있어야 한다는 요건은 단순히 회계목적 상 PE의 장부에 계상되어 있는 것만으로 충족되지 않는다.(OMC Art.11/25) PE의 소득귀속과 관련된 OECD보고서(2010)에서 개발된 원칙들[51]에 따라, 채권의 경제적 소유권이 PE에 귀속된 경우에만 이자를 수취하는 채권이 해당 PE와 실질적으로 관련되고, 또한 PE의 사업자산의 일부를 구성할 것이다. 여기서 채권의 경제적 소유권은 예를 들어, 채권소유자에게 귀속되는 이자에 대한 권리는 물론 채권가치의 상승 또는 하락과 관련된 잠재적 이익 또는 손실에 대한 노출 등 조세목적 상 독립기업의 채권소유와 동일한 이익과 부담을 수반하는 것을 의미한다.(OMC Art.11/25.1)

51) OECD, "Attribution of The Profits to Permanent Establishments(2010)", Part I, pp.72~97 참조

마. 이자의 원천지국 결정

> **〈OECD/UN모델 제11조 제5항〉**
>
> 5. 이자는 지급인의 거주지국에서 발생한 것으로 간주된다. 그러나, 이자지급인이 일방체약국의 거주자인지 여부에 관계없이 이자가 지급되는 채무의 발생과 관련하여 일방체약국에 PE를 가지고 PE가 그 이자를 부담하는 경우에는 해당 이자는 PE 소재지국에서 발생한 것으로 간주된다.

(1) 조문의 의미

제11조 제5항은 이자의 원천을 정의하고, 제11조 제2항에 기속되는 원천지국을 결정한다. 즉, 지급인이 일방체약국의 거주자이거나 또는 지급인의 거주지에 관계없이 일방체약국에 PE를 가지고 있고 채무에 대한 지급이자가 해당 PE와 관련되고 PE에 의해 부담되는 경우 해당 국가에서 이자가 발생한 것으로 간주된다. 즉, 이자지급인이 일방국에 소유하는 PE와 명백한 경제적 연계성이 있는 차입금의 경우에만 지급인의 거주지국 원칙에 대한 예외가 인정된다는 것이다.(OMC Art.11/26) 이러한 이중 원천규정(duality of the source rule)은 동일한 거주지국과 서로 다른 조세조약 규정에 따라서 원천지국으로 간주되는 제3국의 과세권과 관련하여 시사점을 가진다.

첫 번째 원천규정의 중요요소는 이자지급인(payer)에 대한 정의이다. 지급인을 이자를 지급할 법률적 의무가 있는 자, 즉 사법(私法)상 규정에 따라서 이자지급과 관련한 채무자라고 정의하는 견해도 있지만, 제11조 제1항은 이자 및 지급 용어를 경제적 의미로 넓게 해석하고 있다. 특정 국가를 이자의 원천지로 결정하는 목적은 이자가 국내법에 의해 발생될 경우의 과세를 규제하기 위함이다. 이자의 비용공제 가능성을 고려할 때, 지급인의 과세표준이 감소되는 국가에게 수취인에 대한 과세를 허용하는 것이 일관성이 있을 것이다. 부채의 명의자와 귀속자가 다른 경우, 사법상 해당 대리인에게 지급하도록 법률적 의무가 부여되더라도 조세목적 상으로는 명의자의 부채로 인정되지 않고 이자도 법률적 채무자 이면에 있는 자에게 귀속될 수 있다.

제11조는 원천징수 방법을 요구하지 않고, 현실적 과세방법을 원천지국의 결정에 맡기고 있다. 따라서 지급인의 거주지국은 해당 국가의 세법규정에 의해 결정될 것이지만, 이자지급에 대해 원천지국에서 반드시 실제 비용공제가 가능할 필요가 없다는 점은 분명하다.

가장 중요한 것은 조세목적 상 원천지국의 거주자인 지급인이 지급해야 한다는 것이다.

원천지국의 세법규정에 따라서 이자의 원천을 결정하는 것은 투과단체인 파트너쉽에 의해 지급되는 이자와 관련한 문제도 해결할 수 있다. 파트너쉽은 사법상 채무자일 수 있지만 납세의무가 없기 때문에 거주자는 아니다. 따라서 지급인에 대해 사법상 개념에 전적으로 의존한다면 지급인의 거주지국을 결정할 수 없기 때문에 첫 번째 배분규정을 해석할 수 없다. 그러나, 이자의 귀속에 세법규정을 적용하는 경우 투시접근방법(look-through approach)의 적용을 통해 문제가 해결된다. 이 경우 이자가 각 파트너들의 거주지국에서 비례적으로 발생하게 되어, 수취인의 거주지국과의 조세조약 상 제한세율에 따라 총이자금액의 일정 비율에 대해서만 과세할 수 있게 된다.

이자지급인이 반드시 채권의 원금을 상환할 의무가 있는 자일 필요는 없다. 서로 다른 채무자들 간에 채권의 두 요소들(원금과 이자)이 분리되고 이자지급 채무자의 거주지국을 원천지국으로 규정한 경우라도 이 배분규정은 유효하다. 이 배분규정에서는 채무가 사용되는 곳은 물론이고 해당 국가의 영토와 경제적으로 연관되어야 할 것이 요구되지 않는다.

두 번째 원천규정은 이자지급인의 거주지와 독립적이고, 첫 번째 원천규정의 대안으로서 그보다 우선권을 갖는다. 그러나, 우선권은 단일 조세조약 내에서만 적용될 수 있고, 거주지국과의 다른 조약에서 이러한 원천규정의 적용이 다른 원천지국을 구성할 가능성에 영향을 주지 않는다. 이 원천규정은 첫째, 지급인이 일방체약국에 PE를 가져야 하고 둘째, 기초부채가 PE와 관련되어야 하며, 셋째 이자가 PE에 의해 부담되어야 한다. 즉, 이자지급과 PE운영 간에 경제적 연계성을 요구한다. 만약 채권 자체와 이자 지급의무가 나누어지면 이 원칙은 적용할 수 없다. 왜냐하면, 이자가 지급되는 부채가 지급인의 PE와 관련되어야 할 것을 요구하기 때문이다.

차입금과 PE 간에 경제적 연계성이 존재해야 한다. 그러나, PE가 차입계약을 체결하고 PE에서 사용하거나 또는 본점이 타국에 있는 하나의 PE만을 위해 차입계약을 체결하는 상황이어야 경제적 연계성이 있다고 할 수 있다. 이와 달리, 만약 본점이 여러 국가의 PE들을 위해 차입을 하는 경우에는 요건을 충족하지 못한다. 왜냐하면 제11조 제5항의 문구가 동일한 차입금에 대해 하나 이상의 원천을 귀속시키는 것을 금지하기 때문이다.(OMC Art.11/27) 그러나 이러한 OECD의 입장이 다음과 같은 이유에서 설득력이 떨어진다는 견해도 있다. 첫째, 제11조 제5항의 취지는 차입금의 원천을 결정하는 것이 아니고, 단지 지급이자의 원천을 결정하려는 것뿐이다. 둘째, 그러한 엄격한 조건이, 특히 제7조에 따라

PE에 부채와 자본을 배분하는 원칙에 비추어, 지급이자가 비용공제되는 국가에서 과세를 허용하고자 하는 원천규정의 목적과도 부합한다. 셋째, 차입금을 여러 PE들에게 귀속시키는 것은 대여자가 후속 이자수입에 대한 과세금액을 사전에 계산할 수 없다는 주장도 그러한 결론을 변경시킬 수 없는 것은 마찬가지다. 부채와 PE간의 경제적 연계성은 제7조 상황에서 PE이윤 귀속과 동일한 원칙들을 적용함으로써 결정되어야 한다는 것이다.[52)]

OECD모델은 '부담(borne by)'의 의미에 대해 정의하지 않지만, 지급(paid by) 문구와 동의어는 아니다. 경제적 연계성과 부담용어 간의 상호작용, 그리고 지급과 대비되는 부담용어의 사용에서 볼 때, 이 부담요건은 PE가 사실상 이자 자체를 지급하지는 않을지라도, 경제적 의미에서 지급이자의 부담을 해야 한다는 의미이다. 경제적 연계성이 제7조에 따라 결정되어야 한다면, 경제적 연계성 조건이 충족될 때 이 부담요건도 항상 충족되어야 한다. 당연히 PE국가에서의 이자비용의 공제가능성이 원천규정의 전제조건은 아니다.[53)]

(2) 이중 원천규정 간의 상충문제

제11조 제5항은 이자의 BO와 지급인이 양 체약국의 거주자이지만, 차입금이 이자지급인이 소유하는 제3국의 PE의 요구에 의해 발생했고 이자가 그 PE에 의해 부담되는 사안에 대한 해결책을 제공하지 못한다. 제11조에 따르면, 이자는 차입금이 사용되고 지급이자가 발생한 제3국이 아니라, 지급인의 거주지국에서 발생한 것으로 간주될 것이다. 이 경우 이자지급인의 거주지국과 BO의 거주지국 간 이중과세는 방지될 것이지만, 만약 PE가 소재하는 제3국에서 PE가 부담하는 이자에 대해 원천세를 부과한다면 양 체약국과 제3국 간의 이중과세는 회피되지 않을 것이다.(OMC Art.11/28) 아래 〈그림 3-9〉를 통해 부연하여 설명하면, 만약 이자지급인이 제3국에 PE를 가지는 경우, 기초부채가 제3국 소재 PE를 위해 발생되었을지라도, 첫째 요건인 지급인 거주지국 기준에 따라 지급인 거주지국에게 제한적 원천세 과세권이 부여된다.(R국-S국 상황) 다른 한편으로는, 제3국은 이자의 BO의 거주지국과의 조세조약 상 둘째 요건에 따라 동일한 지급에 대해 역시 과세권을 가질 수 있다.(R국-T국 상황) 본 조항은 이러한 상황을 다루지 않기 때문에 이들 두 원천지국들 간의 상충문제(dual source conflict)를 해결할 수 없다. 대여자가 대여금이 제3국에 소재하는 PE를 위해 사용되는지를 알지 못할 경우에는 문제가 심각할 수 있다.

---

52) Werner Haslehner, *op.cit*, pp.941-942

53) Werner Haslehner, *op.cit*, p.942

〈그림 3-9〉 제3국 간 이중 원천규정 간 상충사례

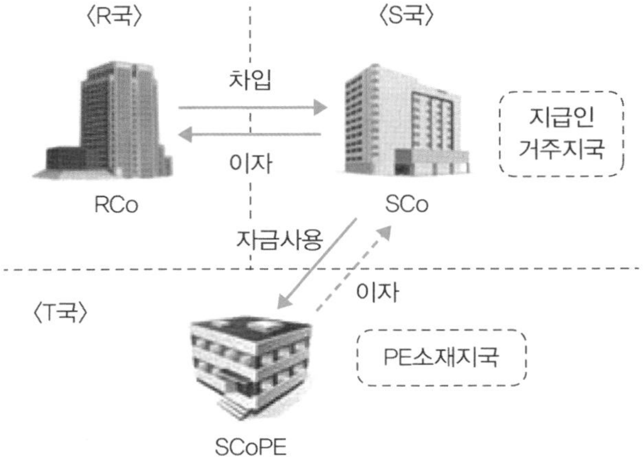

그러나, OECD모델은 이 사안에 대해 다루지 않기로 결정하였다. 따라서 지급인 거주지국은 PE소재지인 제3국을 위해 이자에 대한 원천과세를 포기할 필요는 없다. 만약 지급인 거주지국이 원천세를 부과하지 않고, 제3국에서 PE가 부담하는 이자에 대해 원천세를 부과하지 않을 경우 제3국 PE를 이용함으로써 체약국의 원천과세를 회피하려는 시도가 있을 수 있다.(OMC Art.11/29)

이 이슈를 다루기를 원하는 국가들은 양자조약에 다음의 대안규정을 둘 수 있다.(OMC Art.11/30) 이 대안규정은 호주가 체결한 조약들에서 채택되었다.

〈OECD/UN모델 제11조 제5항의 대안규정〉

5. 이자는 지급인의 거주지국에서 발생한 것으로 간주된다. 그러나, 이자지급인이 일방체약국의 거주자인지 여부에 상관없이 이자가 지급되는 부채의 발생과 관련하여 지급인 거주지국이 아닌 국가에 PE를 가지고, PE가 그 이자를 부담하는 경우에는 해당 이자는 PE소재지국에서 발생한 것으로 간주된다.

이 조항은 단지 "일방체약국에 소재하는 PE"가 아니라, "지급인 거주지국이 아닌 국가에 소재하는 PE"를 포함하기 위해 두 번째 원천규정을 확장한다. 만약 이 조항이 지급인 거주지국과 수취인 거주지국 간 조약에 포함된다면 실질적인 원천지국 결정기준이 될 것이다. 원천지국들 간 조약에 그 조항을 포함하는 것만으로는 쟁점 이자지급에 제11조가 적용되지 않기 때문에 불충분하다.

그러나, 이자에 대한 원천지국 과세권을 유보하는 국가들은, 조세회피처 소재 PE에 차입금을 배분하는 조세회피전략 등이 미치는 부정적 영향 때문에 이러한 접근방법을 수용하는 것이 어렵다는 입장이다. 이러한 이중과세 및 조세회피 위험에 대한 동시 해결책으로 지급인 거주지국의 면제와 지급인의 PE 소재지국의 실제 과세를 연계시키는 대안이 제시될 수도 있을 것이다.54)

바. 특수관계자 간 거래에 대한 과세조정

〈OECD/UN모델 제11조 제6항〉

6. 이자금액이 지급인과 수익적소유자 간 또는 그들과 다른 인 간의 특별한 관계때문에 그러한 관계가 없을 경우 지급인과 수익적소유자 간에 합의했을 금액을 초과하는 경우, 이자가 지급되는 채권을 고려하여, 이 조문 규정은 특별한 관계가 없을 경우 합의했을 금액에만 적용된다. 그러한 경우 초과지급 부분은 협약의 다른 조항들을 고려하여 각 체약국의 법률에 따라서 여전히 과세대상이 된다.

제11조 제6항의 목적은 특별한 관계(special relationship) 때문에 정상가격을 초과하는 이자금액 부분을 제11조의 적용범위에서 제외하는 것이다. 제11조는 그러한 초과금액에 대한 과세에 대해서는 어떤 제한도 부과하지 않기 때문에 체약국들은 국내법을 자유롭게 적용할 수 있다. 그러나, 다른 조약규정들에 의해 부과된 제한들은 여전히 적용될 수 있으며, 이자지급액이 정상가격에 미달하는 상황은 다루지는 않는다.

제11조 제6항과 제9조는 적용범위와 영향이 상당히 다르다. 제9조는 특수관계기업과 관련해서만 적용되는데, '특수관계기업'이 '특별한 관계'보다 훨씬 좁은 기준이다. 특별한 관계가 특수관계기업을 포괄하기 때문에, 두 규정들이 적용되는 상황들이 발생할 수 있다. 그럼에도 불구하고, 제9조는 국내법에 따라 지급인을 과세할 목적으로 지급인의 이윤을 조정할 수 있는 정도를 결정하는데 비해, 제11조 제6항은 수취인에게 지급한 이자에 대한 과세를 위해 조약상 소득의 구분과 관련된 것이므로 이러한 개념상 중첩이 결과의 상충을 가져오지는 않는다. 따라서, 제11조 제6항은 제9조와 동일하게 독립기업원칙의 적용을 받을지라도 제9조의 적용에 의존하지도 않고 제한받지도 않는다. 결과적으로 두 조문은 상

54) Werner Haslehner, *op.cit*, pp.943-944

호간 상충하는 것이 아니라 보완되는 것이다.

특별한 관계는 채무약정과 별도로 존재하는 채무약정 당사자들 간 모든 인적・계약적 또는 기타 법률적 연계성을 포함하는 매우 넓은 의미를 가진다. 특별한 관계는 이자의 지급인과 BO 간에 직접적으로 또는 양자가 제3자와 특별한 관계를 가진 경우에는 간접적으로 존재할 수 있다. 간접적 관계의 경우 공통의 특별관계가 초과 이자의 원인이라는 것이 성립될 수 있다면, 제3자가 채무약정에 역할을 하는지 여부는 중요하지 않다. 이러한 인과관계는 실제 채무약정 조건들이 독립적 상황에서 체결된 채무약정 조건들과 비교될 때만 추론될 수 있다. 독립당사자들이 이자금액의 지급에 합의하지 않았을 것이면, 특별한 관계가 실제 지급에 포함된 초과금액의 유일한 원인으로 추론될 수 있다.

이자의 초과 여부는 채권을 고려하여 판정되어야 한다. 따라서 제11조 제6항의 적용이 관련당사자들에 의해 합의된 채권의 성격 또는 조건들에 영향을 주지 않으며, 오히려 이들 조건들은 이자의 적정성이 측정되는 척도에 해당한다. 제11조 제6항이 부채를 자본으로 재구성하는 것을 허용하는 것은 아니다. 즉, 대여금을 자본의 출연으로 재구성하는 것이 아니라, 청구되는 이자율의 조정만을 허용한다. 그러나, 만약 원천지국의 법률이 허용한다면 조약의 적용가능한 조항을 고려하여 초과 이자금액에 대한 비용공제가 부인될 수 있다. 예컨대, 주주대여금의 경우 초과 이자부분은 통상 수취인이 소유한 회사권에서 발생된 것으로 간주되므로 제10조가 적용될 것이다. 각국 법률의 원칙과 규정들 때문에 양 체약국이 초과금액에 대한 과세목적 상 협약의 다른 조문들을 적용할 수밖에 없는 경우에는 이를 해결하기 위해 MAP을 이용하는 것이 필요할 것이다.(OMC Art.11/35)

이자금액의 적정성은 대여금액, 상환조건, 보증의 제공, 채무자의 신용도, 대여목적 및 신용시장 조건 등 모든 관련요인들을 고려하여, 개별 사안별로 결정되어야 한다. 정상가격은 제9조 목적 상 적용되는 TP 방법들에 따라 결정되어야 한다. 시장의 비교가능한 독립기업자료와 관련하여 대출이자율, 예금이자율 등 어느 자료가 사용되어야 하는지에 관해 의견들이 대립된다. 이와 관련하여 독일 연방대법원은 어느 쪽 방향인지 명확한 표시가 식별될 수 없는 경우에는 차입자와 대여자가 스프레드를 동일하게 공유하는 것으로 추정하는 것이 합리적일 수 있다고 판시한 바 있다. 그러나, 이에 대해 비교대상자료는 채무의 성격에 달려있기 때문에, 신용제공은 대출이자율의 적용을 요구하는 반면, 자본투자에는 예금이자율이 적용되어야 한다는 비판이 제기된다.[55)]

---

55) 독일 연방대법원(Bundesfinanzhof), case no. I R 83/87, BStBl. II 649(1990), 1990.2.28.; Werner Haslehner, *op.cit*, p.947에서 재인용

3 국내법상 이자소득

가. 국내 세법규정

우리나라 세법은 외국법인 또는 비거주자의 국내원천 이자소득을, 첫째, 지급인이 국가, 지자체, 내국법인, 거주자 등 국내거주자 또는 외국법인(비거주자)의 국내사업장이거나, 또는 지급인이 외국법인(비거주자)이더라도 그 외국법인(비거주자)의 국내사업장과 실질적으로 관련하여 그 국내사업장의 소득금액 계산시 손금(필요경비)에 산입되고, 둘째, 소득세법 제16조 제1항에서 규정한 소득으로서 금전사용에 대한 대가로서의 성격이 있는 것이라고 규정하고 있다.(법법 §93 1호, 소법 §119 1호, 소법 §16 ①)

위 첫째 요건에 의하면, 국내세법은 이자소득의 원천규정으로서 앞서 살펴본 OECD/UN모델의 '지급인 요건' 및 'PE부담 요건'을 함께 채택하고 있다. 다만, 거주자 또는 내국법인의 국외사업장을 위하여 그 국외사업장이 직접 차용한 차입금의 이자는 국내원천 이자소득에서 제외한다.(법법 §93 1호 및 소법 §119 1호 단서) 다음으로 둘째 요건인 금전사용에 대한 대가로서 소득세법 제16조 제1항에서 규정하는 소득은 크게 4가지 유형, 즉 i) 국가, 지자체, 내국법인, 외국법인이 발행한 채권, 증권의 이자와 할인액, 일정한 경우의 환매조건부 매매차익, ii) 국내·외에서 받는 예금이자, iii) 저축성보험의 보험차익(직장공제회 초과반환금 포함), iv) 비영업대금 이익으로 분류할 수 있다.[56)]

한편, 외국법인과 비거주자(거주자, 내국법인 및 외국법인의 국내사업장은 제외)가, i) 국가·지자체 또는 내국법인이 국외에서 발행하는 외화표시채권의 이자 및 수수료, ii) 외국환거래법에 따른 외국환업무취급기관이 외국환업무를 하기 위하여 외국금융기관으로부터 차입하여 외화로 상환하여야 할 외화채무에 대하여 지급하는 이자 및 수수료, iii) 은행, 한국산업은행, 한국수출입은행, 중소기업은행, 농협은행, 수협중앙회, 종합금융회사 등 금융회사가 외국환거래법에서 정하는 바에 따라 국외에서 발행하거나 매각하는 외화표시어음과 외화예금증서의 이자 및 수수료 중 어느 하나의 소득을 지급받는 경우 소득세 또는 법인세를 면제한다.(조특법 §21 ①, 조특령 §18 ①)

종전에는 국내발행 외화표시채권과 외국법인의 국내사업장이 인수하는 외화표시채권에 대해서도 면세 혜택이 부여되었으나, 2012.1.1. 이후 발행하는 분부터 원화표시채권,

56) 최선집, *국제조세법 강론*, ㈜영화조세통람, 2014, p.124

국내은행 등과의 과세형평성 차원에서 국내발행 외화표시채권 및 외국계은행 국내지점 등이 인수하는 외화표시채권의 이자에 대해서 과세로 전환하였다. 아래 〈표 3-8〉은 이러한 개정 내용을 요약하고 있다.

〈표 3-8〉 비거주자 등의 외화표시채권 등에 대한 이자소득 과세 여부

구 분	외화표시채권	외화표시어음
국내발행	면세 → 과세	과세
국외발행	면세	면세
외국법인 국내사업장	면세 → 과세	면세 → 과세

나. 외국 판례동향

〈그림 3-10〉 신용장 관련 수수료의 소득구분 판단사례

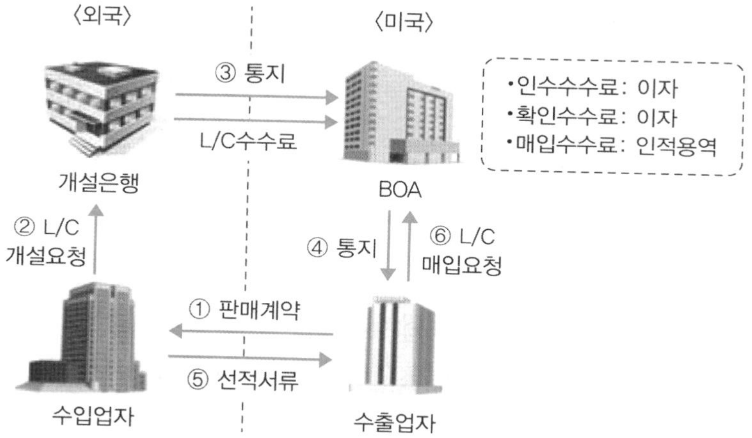

위 〈그림 3-10〉 사례에서 보는 바와 같이 미국은행(BOA)이 외국납부세액에 대한 환급을 신청하면서 신용장거래 수수료를 국외원천소득으로 간주하여 신고하였으나 미국 국세청이 이를 인적용역소득, 즉 국내원천소득으로 보아 환급청구를 거부한 사안에서, 미국 청구법원(US Court of Claims)은 국내법상 특정 소득의 구분이 규정되지 않은 경우 거래의 실질에 따라 규정된 소득과의 비교 또는 유추를 통해 소득의 원천을 결정해야 한다고 전제한 후, 쟁점 신용장거래[57]와 관련한 미국 BOA의 인수(acceptance) 및 확인

57) 신용장(Letter of Credit : L/C)이란 수입업자의 요청에 따라 신용을 보증하기 위해 은행에서 발행하는 증서로서, 신용장 요구서류가 제반조건과 일치하게 제시되는 경우 개설은행이 지급을 보증하는 조건부 지급

(confirmation) 행위는 외국은행을 위한 신용공여(이자)의 성격을 가지므로 그와 관련된 수수료는 국외원천소득인 반면, 매입(negotiation) 행위는 수출업자(beneficiary)가 제출한 서류가 L/C 조건과 일치하는지에 대한 물리적 검토과정으로서 인적용역소득, 즉 미국 원천소득에 해당한다고 판시하였다.58)

〈그림 3-11〉 지급보증 수수료의 소득구분 판단사례

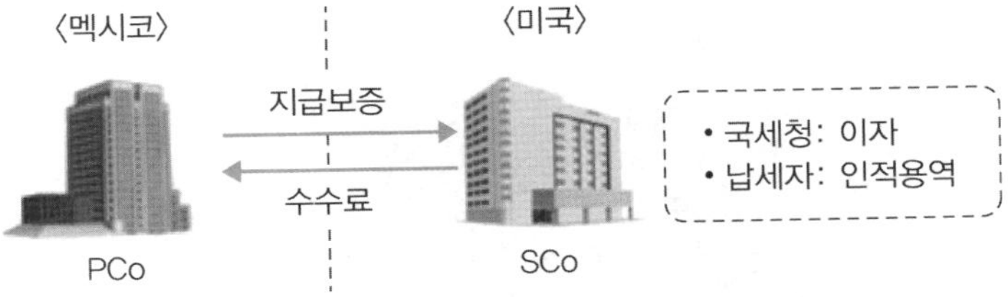

한편, 위 〈그림 3-11〉 사례에서 보는 바와 같이 미국 자회사(SCo)가 멕시코 모회사(PCo)에게 지급한 지급보증 수수료에 대한 미국 원천소득 해당 여부가 다투어진 사안에서 미국 조세법원 및 항소법원은, 앞서 살펴 본 〈Bank of America Case(1982)〉를 원용하면서 지급보증 수수료는 신용위험을 부담하는 대가이고 신용장 관련 수수료와 유사하므로 이자소득, 즉 미국 원천소득으로서 30% 원천세가 부과되어야 한다는 국세청의 주장을 배척하고, 첫째, 모회사의 지급보증 의무는 자회사의 지급불능시 발생하는 우발채무에 대한 이차적 지급의무로서 쟁점 수수료는 모회사가 지급보증에 서명한 시점이 아니라 미래의 지급보증 의무가 현실화될 경우 우발채무 위험을 부담하겠다는 약속에 대한 대가이고, 둘째, 이러한 자회사가 지급불능시 모회사가 대신 지급하겠다는 약속은 인적용역에 해당하며, 이러한 용역은 미국이 아닌 멕시코에서 수행(모회사의 이사회에서 결정)되었기 때문에 미국 자회사는 지급보증 수수료에 대한 원천징수 의무가 없다고 판시하였다.59)

확약서이다. 수출업자 또는 그 지시인이 신용장에 명기된 조건과 일치하는 운송서류를 제시하면 지급의 이행 또는 신용장에 의해 발행된 환어음의 인수를 수출업자 또는 어음매입은행 및 선의의 소지인에게 확약하는 것이다.

58) US Court of Claims, Bank of America v. U.S. 680 F.2d 142, 06/02/1982 판결

59) Container Corp. v. Commissioner, Court of Appeals 5th Circuit, No. 10-60515 (2011); Container Corp. v. Commissioner, 134 T.C. 122 (2010)

다. 국내 판례동향

〈그림 3-12〉 국내원천 이자소득의 원천징수의무자 판단사례

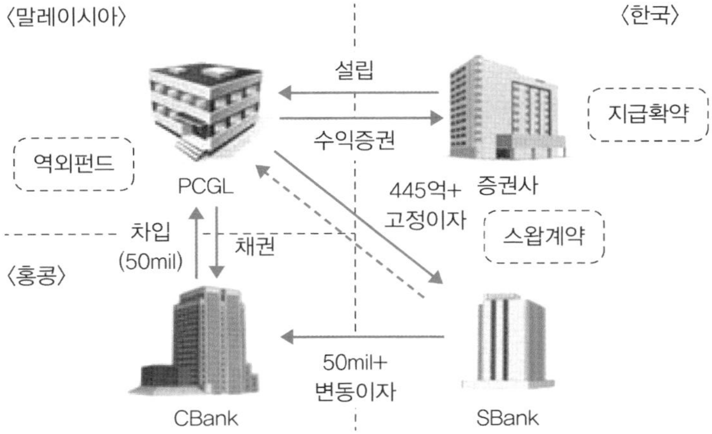

위 〈그림 3-12〉 사례에서 보는 바와 같이, 국내증권사(원고)가 말레이시아 라부안에 역외펀드를 설립하여 홍콩소재 외국계은행(CBank)으로부터 자금을 차입하여 국내에 투자하면서 역외펀드(PCGL)와 국내은행(SBank) 간에 스왑계약을 체결하고 만기에 차입자금을 상환한 사안에서, 법원은 "PCGL과 CBank 사이의 금전차입계약은 가장행위에 해당하고, 실질적으로는 원고가 PCGL을 통하여 CBank로부터 금원을 차입한 주채무자"라하고 판단하는 한편, "외국법인에게 지급되는 국내원천 이자소득에 대하여 원천징수의무를 부담하는 자는 계약 등에 의하여 자신의 채무이행으로서 이자소득의 금액을 실제 지급하는 자를 의미한다고 봄이 타당하다"고 전제한 후, "SBank는 주채무자와 독립하여 원리금 상환의 보증책임을 부담하는 보증서를 발급하고 이에 따라 위 채권증서의 소지인인 CBank에게 이 사건 이자를 지급한 사실을 알 수 있고, 내국법인인 SBank가 위 보증서에 따른 채무의 이행으로서 외국법인인 CBank에게 이 사건 이자를 실제 지급한 이상 구 법인세법 제98조 제1항에 정한 국내원천 이자소득에 대한 원천징수의무자에 해당한다"고 판시하였다.[60)]

아래 〈그림 3-13〉 사례에서 보는 바와 같이, 무역상사인 내국법인 甲이 외국법인들의 수출입거래에 개입하여 국내에 PE가 없는 해외수출업자 외국법인 乙에게서 연지급조건 신용장 방식(shipper's usance L/C)으로 재화를 수입하고 이를 해외수입업자인 외국법

60) 대법원 2009.3.12. 선고 2006두7904 판결

인 丙에게 전신환송금, 연지급조건 신용장방식 등으로 수출하는 중계무역 형식의 거래와 관련하여, 법원은 쟁점 거래의 실질은 "외국법인 乙이 외국법인 丙에게 재화를 매도하고 매도대금을 지급받는 것이 이미 정하여져 있는 상태에서 내국법인 甲이 개입하여 외국법인 丙에게서 대금을 지급받음으로써 외국법인 乙로부터 매도대금 상당액의 자금을 차입하고, 추후 외국법인 乙에게 재화의 매입에 따른 매입대금 및 이자를 지급하는 형식으로 차입금 원금 및 이자를 변제한 것으로서, 형식상 중계무역의 외관을 한 자금차입거래에 불과하므로 내국법인 甲이 외국법인 乙에게 지급한 유산스 이자는 국내사업장이 없는 외국법인의 국내원천 이자소득으로 법인세 원천징수 대상"이라고 판시하였다.[61)]

〈그림 3-13〉 중계무역을 가장한 자금차입거래 사례

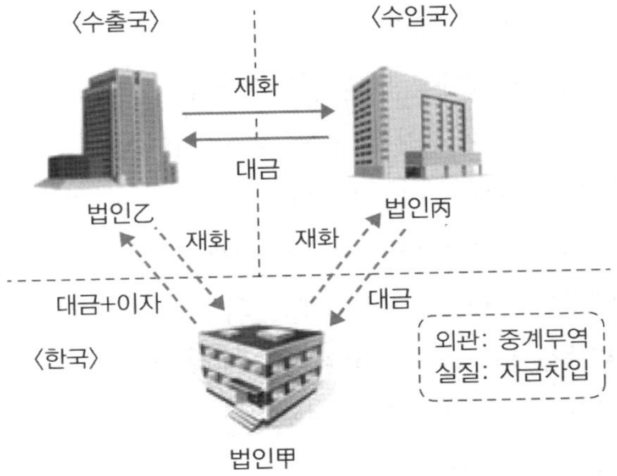

그리고, 내국법인인 보증인이 주채무자를 위해 외국법인인 채권자에게 지급하는 이자소득의 원천징수의무가 문제된 사안에서, 법원은 "구 법인세법 제93조 제1호는 비거주자나 외국법인이 내국법인 등으로부터 지급받는 이자소득을 원칙적으로 국내원천소득으로 정하면서 거주자 또는 내국법인의 국외사업장이 직접 차용한 차입금의 이자만을 예외적으로 국내원천소득에서 제외하도록 명시하고 있는 점, 보증인이 채권자에게 이자소득을 지급한 이후에는 보증인과 주채무자 간에 구상관계만 존재할 뿐이어서 소득의 원천지는 이자소득의 지급시점을 기준으로 판단할 필요가 있는 점, 채권자가 이자소득을 지급받는 때에 그 보증인을 원천징수의무자로 삼는 것이 소득의 발생원천에서 지급시점에 원천징수를 함으로써 과세편의와 세수확보를 기한다는 원천징수제도의 본질에도 부합하는 점,

61) 대법원 2011.5.26. 선고 2008두9959 판결

구 법인세법 제93조 제1호 등이 법인과 그 사업장을 각각 구별하여 규율하고 있으므로 내국법인의 해외자회사에 대해서까지 구 법인세법 제93조 제1호 단서를 적용하는 것은 제93조 제1호 본문이 이자소득의 원천지에 관한 원칙적인 판단기준으로 정한 지급지주의를 형해화하는 결과를 초래하는 점 등을 종합하여 보면, 내국법인인 보증인은 구 법인세법 제98조 제1항에 따라 법인세를 원천징수할 의무가 있고, 주채무자가 보증인의 해외자회사라고 하여 이와 달리 볼 것은 아니다."라고 판시하였다.[62)]

또한, 금전채무의 이행지체로 발생하는 지연손해금이 한·미 조세조약상 이자에 해당하는지 여부가 다투어진 사안에서, 법원은 "한·미 조세조약에서 '모든 종류의 채권으로부터 발생하는 소득'에 관하여 특별한 정의규정을 두고 있지 아니하고 달리 문맥상 위 문언의 의미가 명확하게 드러난다고 할 수도 없는데, 이와 같은 경우에 해당 용어는 그 조세가 결정되는 체약국의 법에 따라 내포하는 의미를 가진다."고 언급하면서, "구 법인세법의 해석에 있어서 채무의 이행지체로 인한 지연손해금은 본래의 계약의 내용이 되는 지급자체에 대한 손해가 아니고 그 채무가 금전채무라고 하여 달리 볼 것도 아니므로 구 법인세법 제93조 제1호의 '이자소득'이 아니라 제11호 (나)목의 '위약금 또는 배상금'에 해당할 수 있을 뿐이다."라고 판시하였다.[63)] 이 판결에서 한 가지 흥미로운 점은 원심이 한·미 조세조약에서 OECD모델 제11조 제3항 제2문의 단서 부분, 즉 "지급지체로 인한 벌과금은 이자에서 제외된다"는 문구를 규정하지 않은 취지는 지급지체로 인한 벌과금을 이자로 취급하기 위한 것이고 조세조약이 우선 적용되어야 하므로 이 사건 소득을 이자소득으로 본 것에 대하여, 재판부는 "원심은 금전채무의 이행지체로 인한 지연손해금이 이 사건 쟁점조항에서 정한 이자에 해당한다고 잘못 전제"하였다고 비판하면서 "체약당사국이 양자 간 협상에서 이를 이자로 취급할 수 있지만 이러한 내용은 1977년(OECD모델) 개정판에서 신설된 것이므로 1976년 체결된 한·미 조세조약에서 위 내용을 참조하여 지연손해금을 이자의 범위에 포함시키기로 정하였다고 볼 수는 없다."고 언급하고 있는 점이다.

한편, 아래 〈그림 3-14〉 사례에서 보는 바와 같이 외국은행 국내지점의 본점 차입금 중 본점 출자지분의 6배를 초과한 부분의 지급이자에 대해 과세당국이 손금불산입하고 배당으로 소득처분한 사안에서, 법원은 "외국법인의 국내사업장을 포함한 내국법인이 국외지배주주로부터 금전을 차입한 경우 차입금 중 일정한도 초과분에 대한 지급이자는 이

62) 대법원 2016.1.14. 선고 2013두10267 판결

63) 대법원 2016.6.10. 선고 2014두39784 판결; 대법원 1997.3.28. 선고 95누7406 판결도 같은 취지임

사건 조항에서 배당으로 보아 국외지배주주의 국내원천소득으로 규정하고 있으므로 원칙적으로 배당소득에 해당하나, 해당 초과분에 대한 지급이자가 조세조약 상 배당소득으로서 원천지국의 과세권이 인정되는지는 우리나라가 그 국외지배주주인 외국법인이 거주자로 되어 있는 나라와 체결한 조세조약에 따라 판단하여야 하고, 이때 만일 그 조세조약 상 배당소득이 아닌 이자소득 등 다른 소득에 해당한다면 그에 따라 원천지국의 과세권 유무나 적용되는 제한세율 등이 결정된다."고 전제한 후, "한 · 싱가포르 조세조약 제10조 제4항은 (…) 법인이 아닌 지점 소재지국의 세법에 의한 배당소득은 상정하지 않고 있고, (…) 따라서 이 사건 금액은 한 · 싱가포르 조세조약에서 규정하는 '배당소득에 해당하지 않는다. 이 사건 금액은 차입금에 대한 지급이자로서 채권으로부터 발생되는 소득에 해당하므로 한 · 싱가포르 조세조약에서 규정하는 '이자소득'으로 볼 수 있다. 그럼에도 원심은 (…) 이 사건 금액이 한 · 싱가포르 조세조약 상 배당소득에 해당하지 않는 이상 이 사건 처분이 위법하다고 판단하였다. 이러한 원심의 판단에는 과소자본세제의 적용효과 및 조세조약의 소득구분 등에 관한 법리를 오해하여 판결에 영향을 미친 잘못이 있다."고 판시하면서 원심판결을 파기환송 하였다.[64)]

〈그림 3-14〉 배당간주 초과이자의 소득구분 판단사례

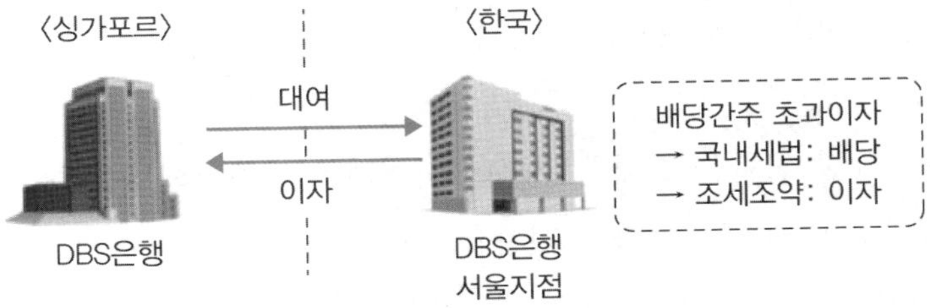

위 판결은 동일한 소득의 구분에 관한 국내법과 조세조약 간 상충이 발생하는 경우로서 국내법상 과소자본 규정의 입법취지를 고려하더라도 개별 조세조약의 문언상 불가피한 해석이라고 생각된다.

64) 대법원 2018.2.28. 선고 2015두2710 판결

제4장 국내원천 배당소득

1 개요

배당과세에 대한 국제적 합의는 원천지국 과세를 제한하는 방식으로 원천지국과 거주지국 간에 과세권을 공유하는 것이다. 원천지국 과세의 제한은 BO의 법적 지위 및 관련 지분의 크기에 따라 좌우된다. 즉, 관계회사 간 배당에는 낮은 제한세율이, 법인이 아닌 수취인에게는 높은 제한세율이 적용된다.

거주지국은 제23조에 따라 원천지국에서 부과한 조세의 공제를 허용함으로써 이중과세를 방지한다. 그러나 일반 공제한도 때문에 배당에 대한 법률적 이중과세가 잔존할 수 있다. 또한, 법인단계의 법인세와 주주에 대한 배당원천세는 경제적 이중과세를 초래하는데, 조세조약은 이를 방지하도록 설계되어 있지 않다. 그러한 이중과세는 조약규정에서 초래되는 것도 아니고, 조약규정이 원천지국 또는 거주지국에 의한 일방적 구제를 금지하지도 않는다.65)

배당과 이자에 대한 명확한 경계를 구분하는 어려움을 해결하기 위해 OECD모델은 제10조 배당이 제11조 이자 개념보다 우선한다고 규정하고 있다.(OMC Art.11/19) 그러나, 특정 혼성금융상품이 제10조에 포함되는지 여부의 문제가 있기 때문에 이러한 규정이 명확한 결과를 보장하는 것은 아니다. 따라서 많은 조세조약들은 배당과 이자의 개념에 국내법상 정의를 참조하도록 함으로써 이 문제를 부분적으로 해결하고 있다.

배당소득의 범위에 대한 국내세법과 조세조약의 규정이 다를 수 있다는 점을 유념할 필요가 있다. 예를 들어, 국내법상 의제배당에는 이윤분배가 아닌 자산가치의 증가, 즉 양도소득의 성격을 갖는 부분도 포함되어 있을 수 있기 때문에 조세조약 상으로 이를 구분하여 배당소득과 양도소득으로 달리 취급해야 하는지의 문제가 있을 수 있다. 또한, 주식 및 기타 회사권의 양도차익은 제10조가 아니라 제13조가 적용된다. 그러나, 양도차익이

65) Werner Haslehner, "Article10 Dividends", *Klaus Vogel on Double Taxation Conventions(4th Edition)*, Wolters Kluwer, 2015, p.805

지급회사의 유보(미배당) 이익에 해당하는 부분은 특히, 배당을 하는 대신에 주식환매(자사주매입)를 통해 원천세를 쉽게 회피할 수 있는 문제가 발생할 수 있다. 따라서 양도차익의 거주지국 과세원칙을 규정한 제13조 제5항에 따르더라도 예컨대, 주식이 발행법인에게 양도되는 경우 원천지국이 주식 양도가액과 액면가액의 차이에 대해 제10조 배당으로 과세하는 것을 금지하지는 않는다.

2 조세조약 상 배당소득

가. 배당소득의 의의

〈OECD/UN모델 제10조 제3항〉

3. 이 조문의 배당은 ⅰ) 주식, 향익주식 또는 향익권, 광산주, 발기인주에서 발생하는 소득, ⅱ) 채권이 아닌, 이윤에 참여하는 기타 권리로부터 발생하는 소득은 물론, ⅲ) 분배를 행하는 법인의 거주지국 법률에 의해 주식으로부터 발생하는 소득과 동일한 과세상 취급을 받는 기타 회사권으로부터 발생하는 소득을 의미한다.

위 조문에서 ⅰ)은 상장주식, ⅱ)는 비상장주식을 말한다. '주식(shares)'의 의미는 영미법과 대륙법 국가에 따라 차이가 있지만, 일반적으로 주주의 기업에 대한 소유권을 말한다. ⅰ)에서 언급된 여러 주식 유형들은 단순한 예시에 불과하며, 일반원칙으로서 '회사권(corporate rights)에서 발생하는 소득'에 해당하면 배당에 포함될 수 있다. '향익주식(jouissance) 또는 향익권'은 일종의 상환주식으로서 독일, 오스트리아, 스위스에서 흔히 볼 수 있는데, 보유자가 기업의 이윤에 대한 권리를 갖지만 표결권이 부여되지는 않는다. ⅱ)는 배당소득의 범위를 상장주식뿐만 아니라 비상장기업에 대한 지분참여 등 '기타 권리'로까지 확장한다. ⅲ)의 정의와의 중복을 피하기 위해 여기서는 '증권에 의해 문서화된 지분'만을 의미한다고 보아야 한다. ⅲ)은 문서화되지 않은 회사권에서 발생하는 소득까지 포함한다. 일정한 조건하에서는 주주대여금(shareholder loans) 소득을 포함할 수 있다. 그러한 소득에 대해 국내법은 종종 과소자본 규정을 적용하여 이자가 아니라 배당으로 보고 배당지급회사의 이자비용 공제를 부인할 것이다.

결론적으로 배당은 '회사권에서 발생하는 소득'[66]이라는 점에서 다음 두 가지 특징을 가진다. 첫째, 독립적인 법적 단체라는 점에서 파트너쉽 등 비법인단체가 배분하는 이윤과 구분되며, 둘째, 이윤에 참여하는 권리를 부여한다는 점에서 채권에서 발생하는 소득과 구분된다. 회사권은 제3조에서 정의하는 모든 회사(company)가 보유하는 권리를 말한다. 즉, 법인(corporation)은 물론 조세목적 상 법인체(a body corporate)로 취급되는 기타 단체가 보유하는 권리를 포함한다. 회사권은 주주 등의 회사에 대한 권리이지, 채권자 등이 계약상 관계에 의해 회사에 대해 가지는 권리가 아니다.

OECD모델은 배당소득과 이자소득을 회사와 투자자 간 사업상 위험의 공유 여부에 따라 구분한다. 대여자가 실질적으로 차입법인의 위험을 공유, 즉 차입금의 상환이 차입기업의 사업상 성공에 크게 좌우되는 경우의 이자는 배당으로 본다. 예를 들어, ⅰ) 차입금이 기업의 자본보다 훨씬 크거나 상환자산과 상당히 불일치한 경우, ⅱ) 채권자가 차입법인의 이윤을 공유하는 경우, ⅲ) 차입금의 상환이 다른 채권 또는 배당금 지급보다 후순위인 경우, ⅳ) 이자의 수준 또는 지급이 차입법인의 이윤에 좌우될 경우, ⅴ) 차입약정이 고정된 상환일 조항을 포함하고 있지 않은 경우에는 차입법인 국가의 국내법에 의해 구체적 상황을 고려하여 배당으로 간주될 수 있다.(OMC Art.10/25)

국내법상 과소자본 규정은 통상 지급액의 비용공제 가능성에만 관련이 있기 때문에 과소자본 규정의 적용이 제10조의 회사권으로 성격을 규정하는 전제조건은 아니다. 다시 말하면, 특정 지급액을 배당으로 취급하기 위해서는 과소자본 규정을 적용하는 것 자체로는 충분하지 않으며, 그 지급이 제10조 제3항의 세 번째 부분의 정의 즉, 분배를 행하는 법인의 거주지국 법률상 '주식으로부터 발생하는 소득'으로 취급될 수 있어야 한다.

이와 관련하여, 우리나라의 경우 국조법 제22조에 따라 배당으로 간주되는 초과이자는 과소자본 규정의 입법취지, 배당에 대한 각종 이중과세 경감조치(조세조약 상 낮은 배당원천세율, 국내법상 간접 외국납부세액공제) 적용 필요성 등에 비추어 '기타 회사권'에서 발생하는 소득으로 보아 조세조약 상 '배당'에 해당한다고 해석할 수 있다. 다만, 이러한 해석은 개별 조세조약이 OECD모델 제10조 제3항과 유사한 정의규정을 두고 있어야 한다. 그러나, 예컨대 한・미 조세조약과 같이 배당에 관한 정의규정을 두고 있지 않은 경우라도 OECD모델 제11조 제6항에 상응한 조항에서 "이자가 지급되는 채권을 고려하

66) 조약에서 정의되지 않은 용어에 대한 해석은 원칙적으로 조약적용국가(배당소득의 경우 원천지국)의 법률에 따라야 하지만, 맥락에서 달리 요구하고 있지 않는 한 거주지국에서 '회사권으로부터 발생하는 소득'의 의미를 자국법에 따라서 해석하는 것도 가능하다.

여(having regard to the debt claim for which it is paid)"와 같은 문구를 포함하지 않는 경우라면 배당간주 초과이자에 대해서 정의규정이 있는 경우와 동일하게 조약상 배당으로 볼 수 있다.(OMC Art.11/35)[67] 이러한 상황에서는 국내법과 조세조약 상 소득구분의 상충문제는 발생하지 않는다.[68]

배당에는 연례 주주총회에서 결정된 이윤의 분배뿐만 아니라 특별배당주(bonus shares), 상여금, 청산이윤 및 이윤의 위장배분 등 지분소유자 또는 특수관계인에게 제공되는 금전 또는 금전적 가치를 가지는 모든 유형의 혜택이 포함된다.(OMC Art.10/28) 조약상 다양한 형태의 의제배당(constructive dividends)이 배당의 정의에 포함되는지는 국가별 판례 동향이 다양하다. 이윤참여 대여금(profit-participating loan)은 회사권의 요건을 충족시키는 기업에 대한 권리를 부여할 때만 배당에 해당한다. 대출이 채무기업이 버는 이윤에 연동된 이자에 대한 권리를 지닐 뿐이고 손실, 비밀적립금 또는 청산이윤을 공유하지 않는 경우에는 제11조 이자소득에 해당한다.

우선주(preference shares)는 ⅰ)의 주식의 범위에 포함되지 않을지라도 기업의 청산이윤에 대한 권리를 지니는 한, 표결권이 없더라도 일반적으로 회사권에 해당한다. 반대로, 향익주식과 향익권은 ⅱ)에서 명시적으로 언급되어 있더라도 그 소득이 회사권으로부터 발생될 때에만 배당에 해당한다. 또한 그러한 권리가 조약에 포함되어 있지 않는 경우 원천지국에서 주식소득과 동일한 과세취급을 받는 경우에만 배당에 해당할 수 있다. 전환사채(convertible bonds)는 주식전환 옵션이 행사될 때까지는 회사권이 아니고 따라서 그 시점까지는 이자소득에 해당한다.

익명조합(silent partnerships)은 독일, 일본 등 대륙법계 국가들에서 볼 수 있는 약정의 형태인데, 한 당사자가 다른 당사자의 사업에 자본을 출연하고 사업이윤을 공유하지만, 자산과 영업권에 대한 지분을 갖지는 않는다. 자산에 대한 지분이 없는 경우 이윤의 공유라는 익명조합원의 권리는 회사권이 아니라 채권에 해당하므로 통상 이자소득에 해당한다. 만약 약정이 이윤뿐만 아니라 사업자산에 대해서도 일정 지분을 규정하는 경우 비정형적 익명조합에 해당하고, 조합(파트너십)은 법인단체로 취급되지 않기 때문에 약정 소득은 제10조가 적용되지 않고 일반 파트너십과 마찬가지로 제7조에 따라 배분된다. 따라

67) 한・미 조세조약 제13조 제5항은 OECD모델 제11조 제6항에서 언급된 "이자가 지급되는 채권을 고려하여"라는 문구를 포함하고 있지 않으며, 한・미 조세조약 해설서(Technical Explanation)에서도 이러한 취지에서 정상이자 초과분을 배당으로 간주한다.

68) 김석환, "과소자본세제와 조세조약 -배당간주된 초과이자의 조세조약 상 소득구분을 중심으로-", 「저스티스」 통권 제159호(2017.4), pp.360-362

서 별도로 익명조합의 소득을 배당의 정의에 명시적으로 포함하는 조약도 있다.

CIVs(투자펀드)는 조세목적 상 법인체로 취급되지 않는 한 OECD모델 제3조의 회사에 해당하지 않고, 결과적으로 투자증서 보유자는 CIV에 대한 회사권을 보유하지 않고 이들 소득은 배당에 해당되지 않는다. 투자펀드가 스스로 법인으로 조직되어 있으나 거주자로 간주되지 않는 경우 또는 펀드 지분이 회사권의 요건을 충족하지 못하는 경우에도 마찬가지이다. 대부분의 경우 투자펀드의 소득은 제21조(기타소득)에 해당한다. 그러나, 국내법이 투자자를 투자펀드 소득의 직접수취인으로 취급할 수 있고, 그 결과 투자펀드가 법인의 지분에서 얻는 소득은 주식소득으로 간주될 수 있다. 많은 조약들이 투자펀드의 소득을 배당의 정의에 특별히 포함시키고 있다.[69]

나. 원천지국 과세권의 제한

〈OECD/UN모델 제10조 제1항 및 제2항〉

1. 일방체약국의 거주자인 법인이 타방체약국의 거주자에게 지급하는 배당은 그 타방국에서 과세할 수 있다.
2. 그러나, 일방체약국의 거주자인 법인이 지급하는 배당은 그 국가 법률에 따라 그 국가에서도 과세할 수 있다. 다만, 배당의 수익적 소유자가 타방체약국의 거주자인 경우에는 아래 조세를 초과하여 부과할 수 없다.:
   a) 수익적 소유자가 배당지급일을 포함한 365일 기간 동안 배당을 지급하는 법인의 자본금의 최소 25% 이상을 직접 보유하는 법인(파트너쉽 제외)인 경우 총배당 금액의 5%(다만, 해당 기간의 계산목적 상 주식을 보유하는 또는 배당을 지급하는 법인의 합병 또는 분할 등 기업의 구조조정으로부터 직접 초래되는 소유의 변경은 고려되지 않는다),
   b) 기타 모든 경우에는 총배당금액의 15%

   체약국들의 권한있는 당국은 이러한 한도의 적용방식을 상호합의에 의해 해결한다. 이 조항은 배당이 지급되는 이윤에 관한 법인 과세에는 영향을 미치지 않는다.

(1) 조문의 의미

제10조 제1항은 조문의 적용범위를 두 국가 간의 상황으로 설정시켜 주는 기능을 한다.

---

69) Werner Haslehner, *op.cit*, pp.834-844

따라서, 제3국에 거주하는 법인이 지급하는 배당 또는 일방체약국의 법인이 지급하는 배당이 일방체약국의 기업이 타방체약국에 가지고 있는 PE에 귀속되는 경우는 포함하지 않는다.

배당의 지급인과 수취인은 조약적용국가의 법률에 따라서 결정되어야 하는데, 이것이 BO 개념을 둘러싸고 갈등을 야기할 수 있다. 세무상 투과단체인 파트너쉽의 경우 제10조에 따른 수취인은 조약상 거주자인 파트너들이다. 따라서 원천지국이나 제3국의 파트너들에게 제10조는 적용되지 않는다. 일방체약국에서는 세무상 투과단체로, 그리고 타 국가에서는 과세단체로 취급받는 파트너쉽이 수취하는 배당의 경우 파트너쉽의 거주지국과 파트너들의 거주지국의 구분에 따라서 조약혜택이 부여되어야 한다. 즉, 소득이 원천지국의 국내법에 의해 독립된 과세단체로 취급받는 파트너쉽에게 귀속될지라도, 해당 소득에 대한 납세의무는 파트너들에게 있으며, 따라서 파트너들의 거주지국이 체결한 조세조약 상 혜택을 청구할 수 있다.

'지급'의 개념은 자금을 계약상 또는 관습상 요구되는 방식으로 주주의 지배하에 두기 위해 가능한 모든 형태의 의무의 이행을 포함하기 위해서 광범위한 의미가 부여되어야 한다.(OMC Art.10/7) 금전적 또는 금전적 가치가 있는 혜택 등 제10조 제3항의 배당 개념에 포함되는 모든 유형의 혜택을 포함하는 것으로 이해되어야 한다. 관념상 배당은 제10조의 범위에서 제외된다는 주장이 있는데, OECD/UN모델에서 '지급' 용어는 특정 소득을 특정 납세자에게 연결시키기 위한 목적으로만 기능하므로 내적 일관성 유지를 위해서는 제10조 제3항의 정의에 포함되는 모든 소득이 지급된 것으로 간주될 필요가 있다.

OECD 모델은 '지급' 용어를 "자금을 주주의 지배하에 두는 것"과 유사한 의미로 해석하기 때문에 외관상 이에 포함되지 않는 절차들을 제외하는 것으로 오해할 수 있다. 그러나, 예컨대, 의제배당의 경우 제10조 제3항의 배당 개념에 포함될 수 있기 때문에 '지급' 개념에 포함시켜야 한다. 배당의 범위를 결정하는 것은 원천지국의 권한이고, 배당이 반드시 자금의 흐름을 수반해야 하는 것은 아니기 때문이다.

또한, 제10조 제2항은 두 가지 원칙에 대해 규정하고 있는데, 첫째는 이미 제1항에 의해 확인된 거주지국의 과세권과 함께 거주자법인이 지급하는 배당에 대한 원천지국의 과세를 허용하고 있다. 둘째는 배당의 BO가 타방체약국의 거주자라는 조건하에 총배당금액의 일정 비율로 원천지국의 과세를 제한한다.[70] 직접투자로 발생하는 법인 간 배당은 낮은

70) OECD모델과 달리 UN모델은 구체적인 배당 원천세율을 제안하지 않고, 이를 양자협상에 위임하고 있다.

세율을 적용하고, 기타 배당에는 높은 세율을 적용한다. 그러나 이 조항이 제한의 적용방식을 명시적으로 해결하고 있지는 않으며, 배당을 지급하는 법인에 대한 과세에는 영향을 미치지 않는다는 점만을 명확히 하고 있다.

위 제1항과 제2항 간의 관계는 배당의 BO가 제1항의 의미상 항상 배당의 수취인인지의 문제를 제기한다. 소득 귀속에 관한 다른 문제의 경우에도 마찬가지지만, 배당의 수취인이 누구인지를 결정하는 것은 조약적용국가의 국내법상 문제이다. 원천지국은 조세를 누구에게 부과하는 것이 적절한 것인지를 자유롭게 결정할 수 있고, 다만 납세자에게 적용될 조세수준이 조약에 의해 제한될 뿐이다. 만약 원천지국이 자국 법률에 따라 중간법인이 배당이 적절히 귀속되는 납세자라고 판단하더라도, 이러한 결정은 제2항에 따른 BO가 아니라는 사실로도 침해될 수 없다. 반대로 제3국 납세자가 원천지국이 제3국과 체결한 조약상 배당의 BO라고 주장하더라도, 원천지국이 어느 조약상으로도 BO가 아닌 중간법인에 대해 과세권을 행사하는 것을 막지 못한다.

2014년 OECD모델은 종전 제2항의 '그러한 배당(such dividends)'이라는 문구를 '일방체약국의 거주자인 법인이 지급하는 배당'이라고 개정함으로써 종전 문구 속에 내재된 타방체약국의 수취인이라는 요건을 제거하였고, 그 결과 제2항을 제1항과 관계없이 독립적으로 적용할 수 있도록 하였다. 이는 양 체약국에 각각 거주하는 지급인과 BO 사이에 제3국 거주자인 중간법인이 끼워지는 경우에도 원천지국 과세에 관한 제2항의 제한이 그대로 적용된다는 것을 명확히 하고자 함이다.(OMC Art.10/12.7)

(2) BO에 대한 제한세율 혜택

OECD모델은 BO 개념이 넓은 의미로 해석되어야 하고 조세조약 상 독립적이고 국제적인 의미가 부여되어야 한다고 강조한다. 이런 점에서 BO는 단순한 도관 수취인과 달리 "배당을 사용하고 향유할 완전한 권한을 가진 인"이라고 할 수 있다. 따라서 BO는 실제로 조약혜택을 받을 권리가 있는 인에게만 허용되고 조약쇼핑과 같은 특정 유형의 조약남용 방지를 보장하기 위해 사용된다. OECD에 따르면 1977년 개정시 BO요건을 포함한 것이 단순한 명확화라고 한다. 이는 많은 오래된 양자 조세조약들이 BO 용어를 포함하고 있지 않기 때문에 중요하다. 그러나, 이러한 OECD의 입장이 각국 판례에서 이의제기 없이 수용되는 것은 아니며, 일부 법원들의 입장은 여전히 불분명한 측면이 있다.

BO 요건은 특정 유형의 남용거래를 겨냥하고 있으며, 조약혜택에 관한 일반 남용방지

규정은 아니다. 특히, 배당의 BO는 경제적 실질이나 특정 사업운영에 배당금의 사용을 예상하지 않으며, 단지 소유(ownership)에만 초점을 두는 것이라는 견해도 있다.[71] 일반 남용방지규정과 달리 BO 개념은 당사자의 의도 또는 어떤 주관적 기준에 의존하지 않는다. BO 요건의 구체적 목적은 단순한 대리인, 지명인 및 도관회사에의 조약혜택 부여를 방지하는 것이다. 일반적으로 수용되는 것은 단지 법적 소유권만을 가지고, 타인에게 소득을 이전할 의무 때문에 경제적 이해관계를 가지지 않는다면 BO가 아니라는 것이다.

〈그림 3-15〉 총수익스왑거래의 BO해당 여부

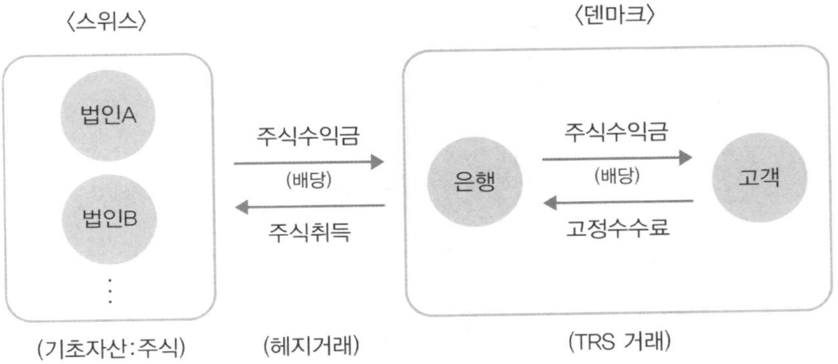

배당의 BO와 관련한 독특한 이슈는 총수익스왑(total return swaps)[72]에서 볼 수 있다. 이 스왑을 통해 인수인은 주식을 소유하지 않고도 지분투자와 동일한 결과를 성취할 수 있다. 일방당사자(통상적으로 은행)는 상대방(고객)에게 고정수수료를 대가로 기초주식에 대한 수익, 즉 배당 및 양도차익을 지급할 것을 약정한다. 이는 채무불이행 위험이 다른 것을 제외하고, 고객에게 실제 주식을 소유하는 것과 동일한 경제적 결과를 성취하도록 해준다. 그 후에 은행은 주식을 취득함으로써 자신의 의무를 헤지(hedge)하고, 나중에 수취한 배당을 실제로 고객에게 이전한다. 위 〈그림 3-15〉에서 보는 바와 같이 스위스 대법원은 그러한 거래구조는, 통상 주식소유와 관련된 경제적 위험을 은행이 부담하지 않더라도, 덴마크 은행이 스위스 법인들로부터 수취한 배당의 BO가 되는 것을 방해하지는 않는다고 판결하였다.[73] 왜냐하면, 덴마크 은행이 스왑계약 당시 주식을 취득할 의무가

71) De Broe, L., *International Tax Planning and Preventing of Abuses(2008)*, p.714

72) 총수익스왑(TRS)은 주식, 채권 등 기초자산(reference asset)으로부터 발생하는 모든 수익과 (고정 혹은 변동적인) 현금흐름을 서로 교환하는 신용파생상품으로서 수익수취인은 실제 자산을 매입하지 않고도 그 자산으로부터 발생하는 수익을 향유할 수 있고 수익지급자는 자신이 보유하는 기초자산의 신용위험과 시장위험을 회피할 수 있는 장점이 있다.

없었고, 따라서 수취한 배당금을 이전할 법적 의무도 없었기 때문이다. 또한, 스위스 과세 당국은 덴마크·스위스 조약상의 제한세율 혜택을 얻기 위해 은행이 전략적으로 배당이 지급되기 직전에 스위스 법인들의 주식을 취득(그리고 나중에 재매각)했다고 주장했으나, 법원은 이러한 조약남용 주장도 받아들이지 않았다.

〈그림 3-16〉 주식선물거래의 BO해당 여부

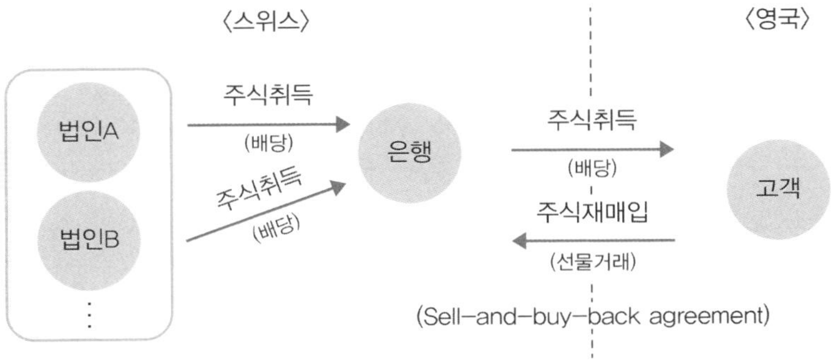

이와 대조적으로, 위 〈그림 3-16〉에서 보는 바와 같이 스위스 대법원은 스위스 은행이 주식을 취득하고 동일 상대방들과 주식선물계약[74]을 체결한 사안에서, 스위스 은행을 스위스 법인들로부터 수취한 배당의 BO로 인정하지 않았다. 법원은 이 거래가 배당금 지급 후에 주식의 양도 및 재매입 간의 가격 차이를 통해 스위스 원천세를 회피하면서도 거래당사자들에게 배당수익을 얻을 수 있도록 허용하는, 판매후 재매입약정(sell-and-buy-back agreement)에 해당한다고 보았다. 법원은 은행이 사실상 이와 같은 거래구조에 합의함으로써 배당금을 미리 이전하였기 때문에 배당의 BO가 아니라고 판결하였다.[75] 이 판결은 조약이 아니라 스위스 국내법에 근거하여 이루어진 것이지만, 법원은 동 거래의 상대방이 영국거주자이기 때문에 스위스·영국 조세조약에 따라서 원천세의 경감이 가능하다는 주장에 대해 언급하였다. 그러나, 이러한 주장을 스위스 은행이 제기할 수는 없다는 근거로 이 이슈를 배격하였다.

---

73) Swiss Bundesverwaltungsgericht of 7 March 2012, Case no. A-6537/2010 참조; Werner Haslehner, *op.cit*, pp.817-818에서 재인용

74) 개별 주식선물거래(single stock futures: SSF)는 개별 주식종목을 대상물로 하는 선물거래이다. 이러한 거래가 생겨난 것은 공매도가 제한된 주식시장에서 하락추세의 대응을 위해서, 주가지수 선물거래로는 부족한 가격변동성의 연계를 위해서였다. 우리나라에는 2008.5월에 도입되었다.

75) Swiss Bundesverwaltungsgericht of 13March 2013, Case no. A-4794/2012 참조; Werner Haslehner, *op.cit*, p.818에서 재인용

한편, 덴마크 은행에 관한 유사판결에서 대법원은 주식의 매입과 선물계약의 체결이 다른 중개인과 다른 상대방들을 통해 체결되었기 때문에 양자 간에 직접적 연관성이 없다고 보아 선물계약과 상관없이 BO라고 인정하였다.76)

(3) 총배당금액 및 제한세율

총배당금액이 OECD모델에서 정의되어 있지 않기 때문에 원천지국은 제10조 제3항에 규정된 한계 내에서 자유롭게 국내법을 적용할 수 있다. 제10조 제2항은 원천지국에서 주주에게 부과하는 여러 조세(국세 및 지방세)를 포함하여 부과형식과 방법에 상관없이 부과할 수 있는 최대금액을 규정한 것이다.

법인 간 배당에 낮은 세율을 적용하는 것은 중복과세를 회피하고 국제투자를 촉진하기 위함이다.(OMC Art.10/10) 그 논거로는 첫째, 법인소득에 여러 단계의 조세를 부과하는 것은 경제적 이중과세의 누적효과를 초래할 수 있기 때문이다. 둘째, 자본수입국 입장에서 이동성이 큰 포트폴리오 투자보다 안정적인 장기투자를 선호하고, 세입감소가 외국인 직접투자로 인한 경제적 혜택으로 상쇄된다는 것이다.

법인 간 배당의 제한세율을 적용받기 위한 주주요건으로 배당의 BO가 회사(company)여야 하는데, 여기의 회사에는 제3조 제1항의 '회사'의 정의상 법인뿐만 아니라 조세목적상 법인체로 취급되는 단체도 포함하므로 파트너쉽도 거주지국에서 법인으로 과세되는 경우에는 법인에 포함된다고 보아야 한다.

거주지국과 원천지국이 주주의 구분에서 차이가 날 때 적격성 충돌이 발생한다. 원천지국은 주주요건을 제3조 제1항 (b)호에 따라 '법인'으로 한정하고 국내법상 파트너쉽으로 구분되는 경우에는 여전히 높은 제한세율을 적용할 수가 있다. 제10조 제2항 (a)호가 주주요건으로서 파트너쉽을 명시적으로 제외하고 있기 때문에, OECD 파트너쉽 보고서에서 확립된 원칙이 여기에 그대로 적용되는 것은 아니다.77)

76) Swiss Bundesverwaltungsgericht of 23 July 2012, Case no. A-1246/2011 참조: Werner Haslehner, *op.cit*, p.818에서 재인용

77) OECD 파트너쉽 보고서는 조약혜택을 받을 권리가 있는 인을 결정하는 문제에만 관련되고, 그 인이 법인인지 또는 파트너쉽인지 구분하는 것과 관련된 것은 아니다.

〈그림 3-17〉 한 · 미 조세조약상 법인의 의미

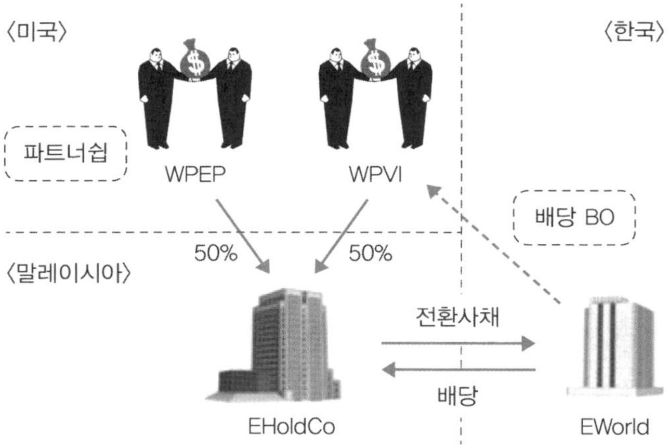

위 〈그림 3-17〉에서 보는 바와 같이 미국의 사모펀드가 말레이시아 라부안에 설립한 회사(EHoldCo)를 통해 국내법인(EWorld)이 발행한 전환사채를 취득후 주식으로 전환하면서 국내법인이 EHoldCo에게 배당금을 지급하고 10%의 낮은 제한세율로 원천징수한데 대해 과세당국이 한 · 미 조세조약에 따라서 미국 파트너쉽(WPEP, WPVI)에게 15% 제한세율로 부과처분을 한 사안에서, 법원은 "이 사건 전환사채의 취득에 관하여 그 실질적 주체는 미국의 유한파트너쉽으로서 구 법인세법 상 외국법인인 WPEP와 WPVI이고, 이러한 형식과 실질의 괴리는 오로지 조세회피의 목적에서 비롯되었으므로, 배당소득에 대한 법인세의 원천납세의무자는 WPEP와 WPVI로 봄이 타당하다."고 전제한 후, "한 · 미 조세조약은 법인과 파트너쉽을 명백히 구분하고 있고, 미국 국내법상으로도 법인과 파트너쉽은 그 설립 내지 등록준거법을 달리하고 있는 점 등에 비추어 보면, 비록 이 사건 배당소득의 수취인인 WPEP와 WPVI가 법인세법 상으로는 외국법인으로 취급되어 법인세 납세의무자가 된다고 하더라도 한 · 미 조세조약 제12조 제2항 (b)호가 규정한 '법인'으로는 볼 수 없으므로 위 조항에서 정한 10%의 제한세율이 적용되어야 한다는 원고의 주장을 배척"하였다.[78)]

한편, 낮은 제한세율을 적용받는 배당의 BO가 되기 위해서는 주식을 '직접' 소유하는 법인이어야 한다. 따라서 주식이 단순히 배당금을 다른 법인에게 이전하는 중간법인에 의해 소유되는 경우에는 BO가 배당지급회사의 자본을 직접 소유하는 것으로 간주되지 않는다. 만약 원천지국이 '직접소유' 요건을 수익적 소유와 관련시키고, 배당의 BO가 주식에

78) 대법원 2013.10.24. 선고 2011두22747 판결

대한 통제권을 통해서 관련 주식을 수익적으로 소유(beneficially own)한다면 이것은 달라질 수 있다.

〈그림 3-18〉 한 · 일 조세조약상 소유의 의미

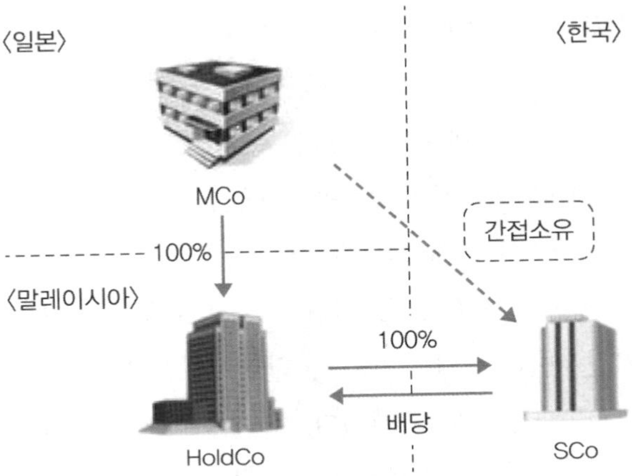

이러한 소유요건과 관련하여, 위 〈그림 3-18〉에서 보는 바와 같이 내국법인 SCo는 말레이시아 라부안 소재 HoldCo가 100% 출자한 외투법인이고 HoldCo는 일본법인 MCo가 100% 출자한 외국법인인데, SCo가 HoldCo에게 배당금을 지급하고 원천세를 납부한 후 MCo가 한 · 일 조세조약상 5% 제한세율의 적용을 주장하였으나 과세당국이 15% 제한세율을 적용하여 법인세 부과처분을 한 사안에서, 법원은 "한 · 일 조세조약 제10조 제2항 (가)목에서 배당의 BO가 배당을 지급하는 법인이 발행한 주식을 '소유'하고 있을 것을 요건으로 하고 있을 뿐 BO가 '직접' 소유할 것을 명시적으로 규정하고 있지 않은 이상 '소유'의 의미를 '직접 소유'만으로 축소하여 해석할 수 없다"고 전제한 후, "배당소득의 실질귀속자를 일본국 법인 MCo로 보는 이상 이 사건 배당소득에 대하여 5%의 제한세율이 적용되어야 한다."고 판시하였다.79)

'자본'의 정확한 의미는 주주의 자격요건을 결정하는 원천지국의 국내법에 따라 좌우될 것이다. OECD모델 주석은 관념상 자본의 상법상 의미를 고려한다. 따라서 자본에는 부여된 권리의 차이를 고려하지 않고 모든 유형의 주식을 포함해야 한다. 자본계산에서 중요한 것은 배당을 수취할 권리를 가지는 것인지 여부이므로, 배당회사가 자체적으로 소유하는 주식, 즉 자사주 또는 상환주식은 계산에 고려되지 않는다. 한편, OECD모델 주석은

79) 대법원 2013.5.24. 선고 2012두24573 판결

제10조에 따라 "배당으로 취급되는 소득을 발생시키는 대여금 및 기타출연금"을 자본계산에 포함시킬 것을 제안한다.(OMC Art.10/15d)) 그러나, 이는 법인의 관념상 자본의 계산방식과 일관성이 없다는 견해가 있다.[80] 이러한 수단들의 가치가 거래시점과 배당시점 간에 매우 유동적이기 때문에 언제 평가하느냐에 따라 달라지는 문제가 있고, 또한 당초 발행이후 취득자는 할증금(프리미엄)을 지불해야 하는데 주식액면가액을 고려하는 것도 모순이라는 것이다.

한편, 제2항 a)호의 낮은 제한세율 혜택을 얻을 목적으로 배당 직전에 지분을 증가시키는 경우와 같은 남용 상황에 대처하기 위하여, OECD는 2017년 모델 제10조 제2항을 개정하여 a)호의 낮은 세율혜택을 "배당을 수취하는 법인이 배당지급일을 포함한 365일 기간 동안 배당지급법인 자본의 최소 25% 이상을 직접 보유하는 경우"에만 부여하도록 하였다. 또한, 그러한 기간 계산 시 합병 또는 분할 등 기업의 구조조정으로부터 직접 초래되는 소유의 변경은 고려하지 않도록 하였다. 이와 함께 OECD모델 제29조가 신설되어 a)호의 혜택을 얻기 위한 다른 남용약정에 대처할 수 있게 되었다.(OMC Art.10/16)

한편, 미국의 REITs 등과 같은 부동산 투자목적의 투자기구에서 발생하는 이윤의 배당에 대한 특별규정을 둔 조약들이 있다. 부동산투자가 직접 이루어졌다면 제6조에 따라 원천지국 과세대상이 되는 점을 고려하여 외국투자자들이 국내투자자들과 비교하여 낮은 세율의 부당한 이중혜택을 받지 못하도록 하기 위해 이러한 투자기구들이 지급하는 소득에 대해서는 제10조 제2항의 낮은 세율 혜택을 받지 못하도록 할 수 있다. 또한, OECD모델에서 제안(OMC Art.10/67.1-67.7)하는 것처럼 REITs의 경우 대투자자와 소액투자자를 구분하여, 소액투자자에 대한 배당의 경우에만 배당과 동일하게 취급하기도 한다.

US모델을 따르는 조세조약은 '파트너쉽 제외'라는 문구를 포함하지 않기 때문에 거주지국에서 법인으로 과세되는 특정 혼성단체에 대해서는 법인 간 배당에 적용되는 낮은 세율의 적용이 가능하다. 예컨대, 미국·독일 조세조약 제1조에 따라서, 미국의 'S-Corporation'[81]은 세무상 투과단체이므로 그 법인의 주주들이 미국거주자에 해당하는 경우 조세조약의 적용이 가능하다고 한다.[82]

---

80) Werner Haslehner, *op.cit*, p.822

81) 미국 S-Corporation은 법인단계에서 과세되지 않고 법인의 소득과 손실이 주주에게 그대로 이전되어 주주들이 납세의무를 진다. 미국거주자인 100인 미만의 개인주주들을 가진 중소기업, 예컨대 LLC(Limited Liability Company)가 S-Corporation을 선택할 수 있다.

82) Werner Haslehner, *op.cit*, p.826

다. 제한세율의 적용배제

〈OECD/UN모델 제10조 제4항〉

4. 일방체약국의 거주자인 배당의 수익적 소유자가 배당지급법인의 거주지국인 타방체약국에서 고정사업장을 통해서 사업을 수행하고, 배당이 지급되는 지분 보유가 그 고정사업장과 실질적으로 관련되는 경우에는 제1항 및 제2항은 적용하지 않는다. 그러한 경우에는 제7조 규정들이 적용된다.

OECD모델 제10조 제4항은 아래 〈그림 3-19〉에서 보는 바와 같이 배당이 배당의 BO가 원천지국에 가지고 있는 PE와 실질적으로 관련된 지분보유와 관련하여 지급되는 경우에는 제1항 및 2항의 과세 배분규정이 적용되지 않고 제7조 규정이 적용된다는 점을 명시하고 있다. OECD모델에 비해 UN모델은 고정사업장은 물론 고정시설을 통해 독립적 인적용역을 수행하는 비거주자 상황도 포함하고 있다.

〈그림 3-19〉 배당소득이 PE에 귀속되는 경우

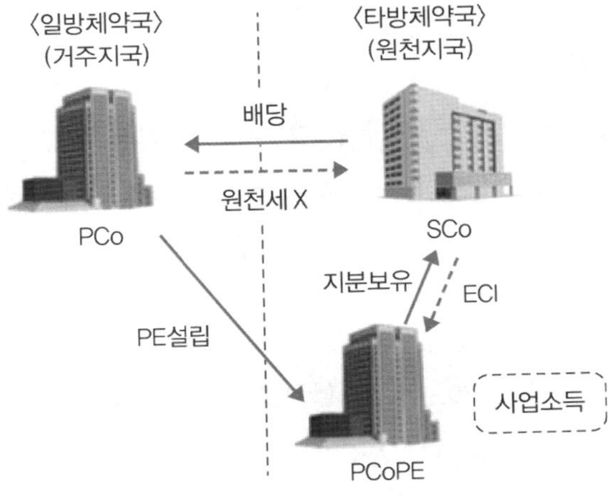

배당소득 면제 등 특례를 제공하는 국가에서 오직 그 혜택을 얻기 위해 설립된 PE에 주식을 이전하는 경우 이 조항의 남용이 발생할 수 있다. 그러한 남용거래에 OECD모델 제29조 및 국내법상 실질과세원칙이 적용되는 것은 별론으로 하더라도, 특정한 장소는 그곳에서 사업이 수행되어야만 PE를 구성할 수 있고, 지분이 그 장소와 실질적 관련이 있기 위해서는 회계목적 상 PE 장부에 기록되는 것 이상을 요구한다.(OMC Art.10/32)

배당이 지급되는 주식 지분은 PE와 실질적으로 관련될 것이고, 제7조 제2항의 목적 상 PE에서 중요한 인적기능을 수행하여 자산(지분)의 경제적 소유권이 PE에 귀속되는 경우에는 주식 지분이 PE의 사업용 자산의 일부를 구성할 것이다.(OMC Art.10/32.1)

라. 과세관할권을 넘는 추적과세의 금지

〈OECD/UN모델 제10조 제5항〉

5. 일방체약국 거주자인 법인이 타방체약국에서 이윤 또는 소득을 얻는 경우, 일방체약국 법인의 지급 배당 또는 유보이윤이 그 타방국에서 발생하는 이윤 또는 소득의 전부 또는 일부를 구성한다고 하더라도, 그 타방국은 일방체약국 법인의 지급 배당에 대해 어떠한 조세도 부과할 수 없으며, 일방체약국 법인의 유보이윤을 법인 유보이윤에 대한 조세의 대상으로 할 수 없다. 다만, 그 배당이 그 타방국의 거주자에게 지급되거나 또는 배당이 지급되는 지분이 그 타방국에 있는 고정사업장과 실질적으로 관련되는 경우는 제외한다.

(1) 의의 및 적용범위

제10조 제5항은 자국 거주자가 아닌 법인의 배당에 대해 '과세관할권을 넘어선 추적과세(extraterritorial taxation)'를 금지한다. 즉, 배당의 원천인 법인이윤이 원천지국의 영토에서 발생했다는 이유만으로 비거주자인 외국법인이 지급하는 배당에 대한 과세를 금지한다. 법인 주주들이 거주자로서 조세주권 내에 있지 않는 한 과세되어서는 안 된다는 것이다.(OMC Art.10/34)

〈그림 3-20〉 과세관할권을 넘는 추적과세금지

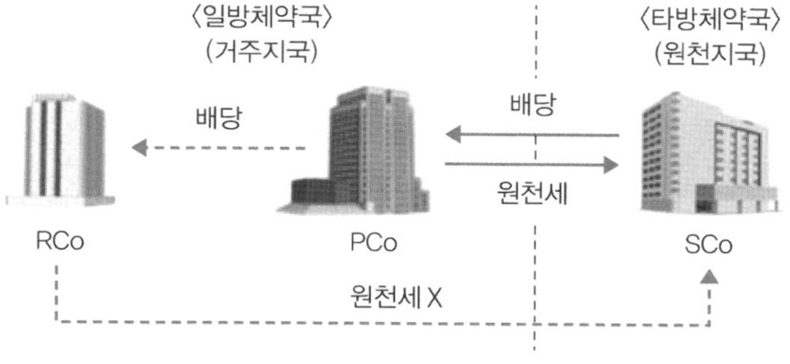

위 〈그림 3-20〉에서 보는 바와 같이 (외국법인인) 일방체약국 법인(PCo)이 지급하는 배당 또는 유보이윤에 대해서는, 그 배당이 타방체약국의 거주자에게 지급되거나 배당의 원천인 지분이 타방체약국에 소재한 고정사업장과 실질적 관련이 있는 경우가 아닌 한, 그 배당 또는 유보이윤의 원천인 소득 또는 이윤이 타방체약국에서 발생한 것이라고 하더라도 타방체약국(원천지국)에서 과세할 수 없다는 것이다. 그러나, 이 조항이 일방체약국의 외국법인이 타방체약국에서 얻은 이윤에 대해 타방체약국이 제7조에 따라 과세(배당이 PE와 실질적으로 관련있는 경우에는 PE 소득에 포함하여 과세)를 하는 것을 금지하는 것은 아니며, PE(지점) 이윤을 송금하는 것에 대해 타방체약국에서 추가과세(지점세)하는 것을 금지하는 것도 아니다.

이 조문은 양국 간의 상황을 기술하고 있지만, 거주지국이 원천지국뿐만 아니라 제3국에서 얻은 이윤에 대한 배당에 대해서도 원천지국에서 과세를 할 수 없는 것은 당연하다. 왜냐하면 외국법인이 제3국에서의 투자를 통해 얻은 이윤에 대해 원천지국은 과세관할권이 없기 때문이다.

이 조항은 일방체약국 법인의 배당의 원천이 되는 이윤이 타방체약국에서 발생한 경우 외국법인의 배당에 대해 원천지국의 과세(2단계 원천세)를 금지하는 것이다. 여기에는 두 가지 예외가 있는데, 배당을 가능하게 한 원천이윤 때문이 아니라 배당소득의 수취인과 관련된 상황 때문에 원천지국에서 과세권을 갖는 경우이다. 수취인이 원천지국의 거주자이거나 수취인이 원천지국에 PE를 가지고 있는 경우에는 제7조가 우선 적용되어 원천지국의 과세권이 허용된다.

그러나, 두 가지 예외사유가 원천지국의 유보이윤에 대한 과세까지 정당화하지는 않는다. 조문 후반부는 이윤의 미배당을 사유로 조세가 특별히 부과되는 것을 금지하고 있다. 이 조문이 지점세(branch profits tax) 부과를 금지하는 것인지가 문제될 수 있는데, OECD모델 주석은 이 조문이 법인에 대한 과세에만 관련되고 주주에 대한 과세와는 관련이 없다고 언급한다.(OMC Art.10/37)

이 조문은 비거주 배당법인에 대한 과세와만 관련이 있기 때문에 일반적으로, 외국법인이 지점에서 송금받은 이윤을 배당하는지 여부에 상관없이, 지점이 외국법인의 본점에 이윤을 송금할 때 지점에 직접 부과되는 지점세 금지의 근거는 될 수 없다고 해석된다. 물론, 일부 국가들이 OECD모델에 이 조문과 관련하여 지점세를 부과할 수 있다는 유보의견을 부기한 경우가 있지만 이는 조문의 모호성으로 인한 예방책이라고 볼 수 있으며, 이 조문

자체가 지점세 부과를 금지하고자 하는 의도는 아닌 것이라고 판단된다.

참고로 이중거주자의 경우가 문제될 수 있는데, 배당지급법인이 원천이윤이 발생하는 일방체약국에 등록되어 있으나 실질적 관리장소는 타방체약국에 있는 경우 OECD모델 제4조 제3항의 이중거주자 판정기준에 따라 실질적 관리장소가 있는 타방체약국이 거주지국이 되므로, 그 일방체약국은 조세조약 상 비거주자인 그 법인이 지급하는 배당에 대해 과세할 수는 없다.

(2) CFC 규정과의 조화

많은 국가들이 국내법에 일정한 상황하에서, 특정 외국법인(CFCs)의 이윤에 대해 모회사에 배당을 했는지에 관계없이 소득귀속 또는 배당간주 방식으로 과세하는 규정을 두고 있다. 이러한 방식이 제10조 제5항의 외국법인의 유보이윤에 대한 과세금지 조항을 위반하는 것이 아닌지에 대한 논쟁이 있다. 그러나, 특정 외국법인의 유보소득세제(CFC 규정)는 다음의 논거하에 지지되고 있다. 첫째, 제10조 제5항은 외국법인에 귀속된 이윤에 대한 과세와만 관련이 있으므로 그 유보이윤과 관련하여 다른 인에 대한 과세에는 영향을 미치지 않는다.(OMC Art.10/37) 둘째, 문구를 엄격히 해석하여, 이윤이 일방체약국 내에서 발생할 때 그 일방체약국이 타방국의 외국법인의 유보이윤에 대해서 과세하는 것만이 금지되고 그 이외의 경우는 자유에 맡겨져 있다는 것이다. 소득귀속의 문제는 조세조약에 의해 영향을 받는 문제가 아니라는 점을 고려할 때 특정 이윤을 (자국 영토 내에서 발생하는지에 관계없이) 외국법인의 거주지국 주주에게 직접 귀속시키는 CFC 규정은 제7조 및 제10조 제5항과 모두 일맥상통하는 것으로 해석될 수 있다. 소득이 누구에게 귀속되어야 하는가는 각 체약국이 결정할 문제이므로, CFC 소득으로서 어떤 거주자에게 귀속되는 소득은 제10조 제5항에서 말하는 다른 법인의 유보이윤은 아니므로 충돌은 발생하지 않는다고 판단된다.

마. 지점세

지점세는 직접투자 형태의 합작법인(자회사)과 직접진출 형태의 지점과의 조세부담의 형평을 기한다는 데에 그 이론적 근거를 두고 있다. 지점세는 세후 지점이익을 배당으로 간주하여 과세하는 것이므로 세율은 배당에 대한 세율과 동일한 것이 보통이다.[83]

미국, 캐나다 등 일부 국가들은 제10조 제5항에 딸린 특별규정에서 지점세(branch

profits tax)의 예외를 포함하고 있다. 이 예외조항은 아래와 같이 UN모델 주석(제10조 제21절)에서 제안된 대안규정과 대체로 일치한다.

> **〈UN모델 주석 제10조 제21절 대안규정〉**
>
> 이 협약의 다른 조항에도 불구하고, 일방체약국의 거주자인 법인이 타방체약국에 PE를 가지고 있는 경우, 그 타방국은 그 국가의 법률에 따라서 제7조 제1항에 의해 과세할 수 있는 이윤에 추가하여 과세할 수 있다. 다만, 추가 과세금액은 그 이윤금액의 __%를 초과할 수 없다.

참고로, 우리나라는 프랑스, 캐나다, 호주 등 일부 국가들과 체결한 조세조약에서 지점세 조항을 두고 있는데, 한・프랑스 조세조약에서는 다음과 같이 규정하고 있다.

> **〈한·프랑스 조세조약 제10조 제7항〉**
>
> 7. 일방국의 법인거주자가 타방국내에 고정사업장을 가진 경우 본 고정사업장의 이윤은 법인세를 부담한 후 동 타방국의 법률에 의하여 5퍼센트를 초과하지 않는 세율로 과세된다.

3 국내법상 배당소득

가. 국내 세법규정

우리나라 세법은 "내국법인 또는 법인으로 보는 단체나 그밖에 국내에 소재하는 자로부터 지급받는 소득세법 제17조 제1항에 따른 배당소득(외국법인으로부터 지급받는 배당 제외) 및 국조법 제13조(소득처분 및 세무조정) 및 제22조(출자금액 대비 과다차입금 지급이자 손금불산입)에 따라 배당으로 처분된 금액"을 배당소득으로 규정하고 있다.(법법 §93 2호, 소법 §119 2호) 위 규정 중 전단의 "내국법인 또는 법인으로 보는 단체나 그밖에 국내에 소재하는 자로부터 지급받는" 부분은 지급자에 관한 규정이고, 후단의 "…소득세

83) 이용섭・이동신, *op.cit.*, pp.278-279

법 상 배당소득 및 국조법 상 배당으로 처분된 금액" 부분은 소득의 성질에 관한 부분이다.[84] 우리나라 세법은 내국법인 등 배당지급자가 국내에 거주하는 경우만을 국내원천 배당소득에 포함시키고 있다. 물론, 내국법인을 판단할 때 형식적 기준과 실질적 기준을 병용하여 법인의 거주성을 정하고 있으므로 '거주자법인'으로부터 받는 배당소득이 국내원천 배당소득이 된다고 할 수 있다.[85]

〈그림 3-21〉 외국법인 간 주식대차거래의 국내원천소득 여부

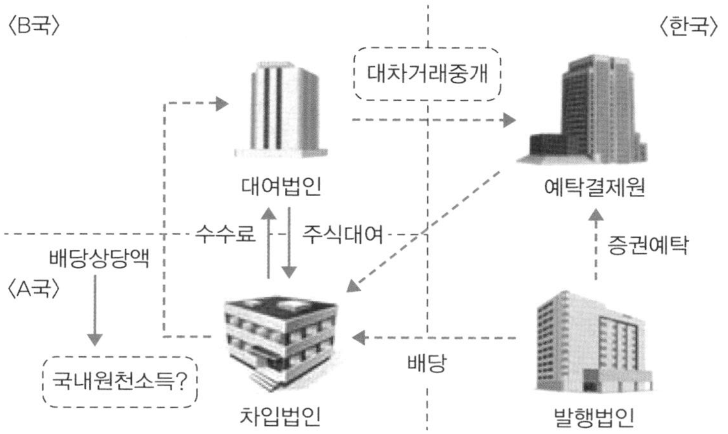

한편, 위 〈그림 3-21〉에서 보는 바와 같이 "국내사업장이 없는 외국법인이 자본시장법에 따라 국내사업장이 없는 비거주자·외국법인과 유가증권(채권 등 제외) 대차거래를 하여 유가증권 차입자로부터 지급받는 배당 등의 보상금상당액은 국내원천소득으로 보지 아니한다."(법령 §132 ⑮) 국내법상 외국법인으로부터 지급받는 배당은 국내원천 배당소득에서 제외하고 있고(법법 §93 2호, 소법 §119 2호), '국내에 있는 자산(발행주식)과 관련하여 제공받은 경제적 이익'에 해당하므로(법법 §93 10호 카목, 소법 §119 12호 타목) 국내원천 기타소득으로 볼 수도 있으나 현행 법률은 국내원천소득에서 명시적으로 제외하고 있다. 이는 유가증권 대차거래시장의 활성화를 유도하기 위한 것이다.[86]

다음으로 위 주식대차거래와 유사한 TRS 거래에서 내국법인이 외국법인에게 지급한 배당금 상당액의 국내원천소득 해당 여부를 살펴보자.

84) 최선집, 전게서, p.129
85) 최선집, 전게서, pp.130-131
86) 이용섭·이동신, *op.cit* p.560

〈그림 3-22〉 TRS 거래에 따른 배당금 상당액의 국내원천소득 여부

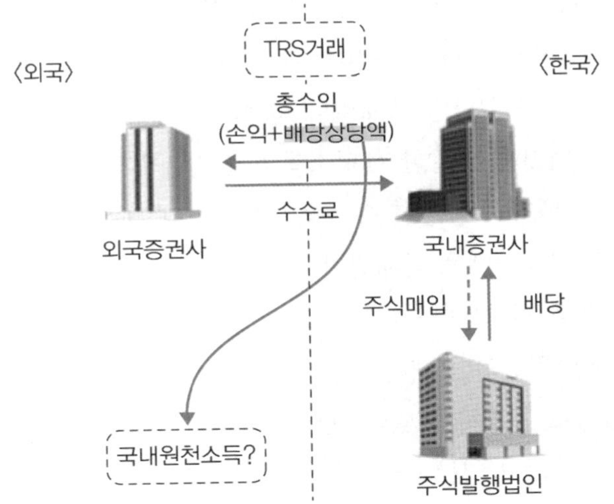

위 〈그림 3-22〉에서 보듯이, 국내증권사와 외국증권사 간에 국내 발행주식을 기초자산으로 하는 TRS 계약을 체결하는 상황을 상정해 보자. TRS 거래는 자본시장법에 따른 파생금융상품으로서 주식은 물론 주가지수, 이자율, 환율 등을 기초자산으로 하여 레버리지 효과를 활용한 신종파생상품이다. TRS 약정에 따라 국내증권사는 스왑매도인으로서 고정수수료를 수취하는 반면, 기초자산인 주식의 가격이 상승하면 외국증권사에게 시세차익을 지급하고 주식가격이 하락하면 외국증권사로부터 손실을 보전받으며 주식발행법인이 배당할 경우 주주로서 배당금 수취 후 동 배당금 상당액을 외국증권사에게 총수익으로 지급하게 된다. 관련 법령에 따르면 "국내사업장이 없는 외국법인이 자본시장법에 따른 장외파생상품으로서 위험회피목적의 파생상품거래를 통하여 취득한 소득은 국내원천소득으로 보지 아니한다."고 규정하고 있다.(법령 §132 ⑨)

살펴보면, 쟁점 TRS 거래와 TRS 거래에 따른 위험을 회피(헤지)하기 위한 주식매입 거래는 별개의 독립된 법률행위이다. 통상적으로 국내증권사는 쟁점 TRS 거래의 대상주식을 보유할 의무가 있는 것은 아니다. 따라서, 국내증권사가 주식소유의 대가로 지급받는 배당금은 국내원천 배당소득이지만, TRS 약정에 따라 외국증권사에게 지급하는 배당금 상당액은 국내사업장이 없는 외국법인의 사업소득으로서 국내원천소득이 아니다.

만약 실질과세원칙을 근거로 외국법인이 지급받는 배당금 상당액을 경제적 실질이 배당금과 동일한 것으로 보아 국내증권사에게 원천징수 의무를 부여하기 위해서는 TRS 거

래와 주식취득 거래를 일련의 결합된 거래로 볼 수 있을 정도의 조세회피 목적이 존재해야 한다. 예컨대, 외국증권사가 TRS 거래를 체결하면서 가령, 특수관계에 있는 국내증권사의 주식매입을 실질적으로 지배・관리하는 등 국내증권사가 단순히 도관으로서의 역할만을 수행한 명백한 증거가 있다면 조세회피 목적의 거래로 보아 실질과세원칙을 적용하여 외국증권사를 내국법인이 지급한 배당소득의 실질귀속자로 볼 수도 있을 것이다.

결국, 경제적 실질이 배당과 동일한 유가증권 대차거래 또는 TRS 거래에 의해 외국법인에게 지급하는 배당금 상당액을 국내원천소득으로 과세하기 위해서는 미국에서처럼 세법개정이 필요할 것으로 판단된다.[87]

우리나라 세법은 외국법인의 국내사업장(지점)에 대해 법인세를 부과한 후 추가로 지점세를 부과할 수 있다고 규정하고 있다.(법법 §96) 따라서 우리나라와 체결한 조세조약에 지점세 관련 규정을 포함하고 있는 국가에 본점 또는 주사무소가 있는 법인의 국내사업장에 대해서는 국내법에 따라서 지점세를 부과할 수 있다. 지점세 과세대상 소득금액은 다음과 같이 계산한다.(법법 §96 ②, 법령 §134)

〈표 3-9〉 지점세 과세대상 소득금액의 계산[88]

① 기초자본금상당액 〈 기말자본금상당액의 경우 → 재투자인정금액 차감

과세대상 소득금액	=	각 사업연도 소득금액	−	• 법인세 − 세액공제・감면세액 + 가산세・추가납부세액 • 지방소득세 소득분 • 국조법 상 과소자본세제의 적용에 의한 손금불산입 금액	−	재투자 인정액

② 기초자본금상당액 〉 기말자본금상당액의 경우 → 자본금상당액 감소액 가산

과세대상 소득금액	=	각 사업연도 소득금액	−	• 법인세 − 세액공제・감면세액 + 가산세・추가납부세액 • 지방소득세 소득분 • 국조법 상 과소자본세제의 적용에 의한 손금불산입 금액	+	자본금 상당액 감소액

87) 미국에서는 외국법인이 배당에 대한 원천징수를 회피하기 위한 수단으로 증권대차거래 및 TRS 거래를 이용하는 문제점과 파생상품에 대한 원천징수가 금융시장 발전에 미치는 영향 등에 대한 검토를 거쳐 관련법령을 개정하여 2017년부터 국내원천소득으로 과세하고 있다.

88) 이용섭・이동신, 전게서, p.622

우리나라가 필리핀과 체결한 조세조약과 같이 이윤의 송금액에 대해 과세할 수 있도록 규정하고 있는 경우에는 해당 송금액을 지점세 과세대상 소득금액으로 한다. 여기서 송금액은 각 사업연도소득 중 실제로 송금된 이윤으로 하되, 각 사업연도에 실제로 송금된 이윤이 직전 사업연도 과세대상 소득금액을 초과할 경우 그 초과분 중 직전 사업연도까지의 미과세누적유보소득을 한도로 한다. 만약 외국법인이 지점을 폐쇄할 경우에는 폐쇄일이 속하는 사업연도 종료일에 미송금한 이윤상당액을 전액 송금한 것으로 보아 과세대상 소득금액을 계산한다.(법법 §96, 법령 §134 ⑤~⑦)

나. 국내 판례동향

국조법 제22조에 따라 배당처분된 금액의 국내원천소득 해당여부가 문제된 사안에서, 법원은 "조세법률주의 원칙에 비추어 이 사건 개정조항은 국조법 제14조(현재 제22조)에 따른 간주배당소득을 외국법인 국내원천소득 항목으로 신설한 것으로 창설적 효력을 가진다. 이 사건 개정조항이 시행(2006.1.1.)되기 이전에 배당으로 처분 간주된 이 사건 쟁점금액은 외국법인 국내원천소득이 아니므로 법인세를 부과할 수 없다."고 하면서, "원고가 국외지배주주에 해당하는 원고 본점에 2004년과 2005년에 지급한 출자지분 6배를 초과한 차입금에 대한 이자인 이 사건 쟁점금액은 위 법령에 의하여 각 지급시점 또는 사업연도 만료시점에 배당으로 소득처분된 것으로 간주된다."고 판시하였다.[89]

배당소득은 내국법인 등(법인으로 보는 단체, 집합투자기구, 공동사업 포함)으로부터 받는 이익이나 잉여금의 배당 또는 분배금, 그리고 의제배당, 법인세법 상 배당처분금액, 국조법 제27조에 따른 간주배당금액 및 이와 유사한 소득으로서 수익분배의 성격이 있는 것을 말한다.(소법 §17) 따라서 배당은 기본적으로 수익의 분배이기 때문에 법인에 배당가능한 이익이 없음에도 주주에게 지급하는 것은 배당이 아니고 출자의 환급에 해당한다. 이 경우 당초의 주식 취득가액을 초과하는 가액은 양도소득이 된다. 의제배당은 법인이 배당가능 이익이 있음에도 배당과세를 회피하기 위해 자기주식 취득 등의 방법으로 주주에게 금전 등을 교부하는 경우에 분배된 금액 중에서 당초의 자본금 등의 금액을 초과하는 부분을 배당소득으로 의제하는 것이다.[90] 의제배당 과세는 분배금액 중 일정 비율에

89) 대법원 2012.9.3. 선고 2012두11737 판결

90) 소득세법 §17 ②은 의제배당의 사유로 주식의 소각 또는 자본의 감소, 이익잉여금의 자본전입(자기주식소각이익 등 자본준비금의 자본전입, 자산재평가법에 따른 재평가적립금 등은 제외), 해산, 합병, 분할 등을 규정하고 있다.

배당과세를 행하는데 불과하고 나머지 부분은 양도소득과세의 대상이 된다. 따라서 의제배당 과세가 본래의 배당과세와 양도소득 과세의 중간에 있는 제3의 과세방법이라는 견해도 있다.[91)]

이와 관련하여 우리나라 법원은 "구 소득세법 제17조 제2항 제1호가 규정하고 있는 의제배당소득 중에는 기업경영의 성과인 잉여금 중 사외에 유출되지 않고 사내에 유보된 이익뿐만 아니라 유보된 이익과 무관한 해당 주식의 보유기간 중의 가치증가분도 포함되어 있을 수 있으나, 위 법률조항이 이를 별도로 구분하지 않고 모두 배당소득으로 과세하고 있는 것은 입법정책의 문제"라는 입장이다.[92)] 또한, 주식의 매도가 자산거래인 주식양도에 해당하는지 또는 자본거래인 주식소각 내지 자본환급에 해당하는지가 문제된 사안에서, 법원은 이는 "법률행위 해석의 문제로서, 실질과세원칙상 단순히 해당 계약서의 내용이나 형식에만 의존할 것이 아니라, 당사자의 의사와 계약체결의 경위, 대금의 결정방법, 거래의 경과 등 거래의 전체과정을 실질적으로 파악하여 판단하여야 한다."고 전제한 후, "원고가 주주 ooo 소유의 이 사건 주식을 매수하기에 앞서 주주총회에서 감자결의를 하고, 이 사건 주식을 취득한 후 그 액면금상당의 자본금을 감소시키는 한편, 매매대금과 액면금 합계액과의 차액을 감자차손으로 회계처리하였던 점 등 거래의 과정을 전체적으로 살펴볼 때, 이 사건 주식거래는 주식소각방법에 의한 자본감소절차의 일환으로 이루어진 것으로서 주주에 대한 자본의 환급에 해당하므로 그로 인하여 ooo이 얻은 이득은 의제배당소득을 구성한다."고 판시하였다.[93)]

한편, 현행 우리나라 법체계 하에서는 금전외의 재산으로 배당하는 것도 가능한데, 주식배당(무상주)의 경우에는 주식발행금액, 기타 현물배당의 경우에는 재산 취득당시의 시가를 의제배당금액으로 한다.[94)]

---

91) 최선집, 전게서, p.135

92) 대법원 2010.10.28. 선고 2008두19628 판결

93) 대법원 2002.12.26. 선고 2001두6227 판결; 대법원 2010.10.28. 선고 2008두19628 판결도 같은 취지임.

94) 상법 §462의2(주주총회 결의에 의한 주식배당) 및 §462의4(정관규정에 의한 현물배당), 소득세법 §17 ② 2호 및 같은법 시행령 §27 ①~② 참조

제5장 국내원천 사용료소득

1 개요

가. 의의 및 배경

지식재산권(intellectual property: 이하 IP)은 자본만큼이나 쉽게 조세회피처 또는 저세율국가로 이전될 수 있기 때문에 많은 국가들은 IP관련 조세회피에 대응하기 위해 IP소득이 창출되는 국가에서 조세회피처 등으로 소득이전 가능성을 축소시키기 위한 대응전략을 마련하고 있다. 예를 들어, 사용료 지급의 상한을 설정하는 방법(royalty cap model)은 사업활동 또는 이윤창출과 비례적으로 발생한 사용료만을 부분적으로 비용공제하는 방식을 사용한다. 세원잠식 접근방법(base erosion model)은 사용료 지급비용의 공제를 지급인의 원천세 납부와 연계시킨다. 사용료의 BO 거주지국에서 세액공제받을 조세가 존재하지 않는 경우 IP를 조세회피처 또는 저세율국가로 이전하는 거래구조들은 세액공제를 받지 못하게 되고, 결국 소득이전의 유인을 떨어뜨릴 것이다.

역사적으로 사용료 소득을 둘러싸고 원천지국 과세여부에 대해 선진국과 개도국간 찬반논쟁이 있었는데, 이것이 OECD모델과 UN모델의 차이로 나타나게 되었다. 사용료 지급인국가의 원천과세에 반대하는 선진국들은 첫째, 지식 연구비용은 공제할 수 있는 비용으로서 BO 국가에서 부담하므로 전속적 과세권을 가져야 한다는 점, 둘째 지식의 창출은 양질의 교육, 실험실 등과 같은 값비싼 사회기반시설이 필요한데, 이는 통상 BO 국가에서 제공된다는 점, 셋째 사용료에 대한 원천과세는 개도국의 개발과 성장에 필요한 지식의 이전을 방해한다는 점, 넷째 원천과세의 비용은 경제적으로 지급인에게 전가되어 원천지국의 과세기반을 감소시킬 것이라는 점, 마지막으로 총액기준의 원천과세는 IP사용시의 이윤을 낮춰 과도한 순액부담을 초래할 위험성이 있다고 주장한다.

반면, 개도국들은 첫째, 사용료가 지급인의 이윤에서 지급되므로 지급인국가에서 창출된다는 점, 둘째 개도국에 사용허락된 지식은 시간이 경과된 것이어서 이미 BO 국가에서 상응하는 조세수입과 함께 비용으로 상각을 받은 것인 점, 셋째 지급인국가에서 등록기관 및 침해방지소송 등 복잡한 절차를 통해 BO의 IP 권리를 보호하는데도 불구하고, 부채 및 자본을 통한 자금조달과 비교하여 왜 사용료만이 원천과세가 배제되어야 하는지 의문인 점 등을 주장한다. 결론적으로 이들의 주장은 과세대상소득의 창출에 사회기반시설과 공공서비스가 공헌을 했으므로 과세권 배분이 정당화된다는 소위 편익원리(benefit principle)와 관련이 있다. 한편, 최근 글로벌화되고 디지털화된 지식경제하에서 점점 더 많은 선진국들이 원천지국이 되게 된 결과, 선진국들 사이에서도 원천과세에 대한 재평가가 이루어지고 있는 점이 흥미롭다.

원칙적으로 특허 및 이와 유사한 자산을 사용할 권리의 허여와 관련한 사용료 및 유사 지급금은 수취인의 임대소득(income from a letting)이다. 임대는 출판업자의 문학적 저작권의 사용허락 또는 발명가의 특허 사용허락 등 기업과 관련하여 제공될 수도 있고, 발명가 상속인의 특허 사용허락 등 제공자의 활동과 독립적으로 부여될 수도 있다.(OMC Art.12/1) 특정 국가들은 사용료의 수취인이 동일한 국가에 거주하지 않거나 수취인의 거주지국에서 과세되지 않으면 지급인에 대해 비용공제를 허용하지 않는다.(OMC Art.12/2)

OECD/UN모델 제12조는 법적 보호를 받는 IP의 임대소득은 물론 법적으로 보호되지 않는 경험지식의 공개로 발생하는 소득까지 포함한다. UN모델은 유형자산(장비)의 임대도 포함한다. OECD모델이 IP의 BO 거주지국에 전속적 과세권을 부여하고 있는 반면, UN모델과 우리나라를 포함한 다수 OECD 국가들이 체결한 조세조약은 원천지국 과세권도 규정하고 있다.

조문의 체계에서 OECD모델과 UN모델 간에는 다음과 같은 차이가 있다. OECD모델 제1항은 BO 거주지국에 대한 과세권을 허용하는 반면 지급인 거주지국 즉, 원천지국의 과세권을 배제한다. 제2항은 사용료의 정의를 포함하는데, 특정 범주의 IP 사용 또는 사용권리에 대한 지급으로 제한된다. 제3항은 권리가 PE와 실질적으로 관련되는 경우 거주지국과 PE국가 간의 과세권 공유를 가져오는 PE조항을 포함한다. 제4항은 초과지급금을 부분적으로 사용료의 범위에서 제외하는 사용료에 대한 특별한 독립기업조항을 추가한다. 한편, UN모델은 6개 조항으로 구성된다. UN모델에서만 원천지국 과세권을 허용하고 있기 때문에 UN모델은 제2항과 제5항의 추가조항들이 필요하게 되었다. 제2항이 독특한데, 원천지국에게 제한적 과세권을 허용한다. 제3항에서는 OECD모델에 비해 약간 확장된 사용료의 정의를 규정한다. 제5항도 역시 독특한데, 제2항에 대한 필요적 추가사항으로서 원천규정을 포함한다.

나. 타 소득과의 관계

사용료소득은 소득창출을 위해 사용되는 자산에 의한 특별한 배분규정으로서 사업소득 등 활동에 의한 배분규정보다 우선 적용된다.

OECD/UN모델 제6조는 부동산에만 적용되는 반면, 제12조는 오직 무형자산만을 포함한다. 소위 토지권리증(land patents)은 부동산에 대한 지분이므로 제6조의 적용을 받는다. 제12조가 장비 형태의 유형자산을 포함하지만, 장비는 동산으로 제한된다. 제6조와 제12조는 원칙적으로 상호 배타적 관계에 있지만, 동산이 부동산에 부속되어 그 일부를 구성하는 경우에는 소득구분의 문제가 발생할 수 있다. 자연자원을 사용 또는 사용할 권리에 대한 대가(예: 광상사용료 또는 채굴사용료)는 IP 또는 장비와 관련되지 않고 부동산의 중요한 부분이기 때문에 제12조가 아닌 제6조의 적용대상이다.

유형자산의 임대는 1992년 OECD모델에서 삭제되어 현재 제7조의 적용대상이지만, UN모델에서는 여전히 존속하고 있다. UN모델이 유형자산(장비)의 임대를 포함하기 때문에, 선박 및 항공기의 용선은 원칙적으로 제12조의 적용대상이다. 그러나, 이는 선박 또는 항공기 자체만의 용선(bareboat charter/dry lease)의 경우에만 해당된다. 만약 사업에 필요한 인력과 설비가 함께 제공된다면 계약의 성격이 운수약정으로 바뀌게 되므로 제8조(국제운수소득)의 적용대상(time charter-party/voyage charter- party/wet lease)이 될 것이다.

제12조는 IP의 사용 또는 사용권리만을 포함한다. 이러한 구별은 산업적・상업적・과학적 경험에 관한 정보(노하우)의 경우 다소 불분명해진다. 일단 노하우가 공유되면 철회할 수 없고, 계약상 의무에 의해 추가사용을 제한할 수 있을 뿐이다. 또한, 본래 지식소유자가 이를 보유하면서 사용하도록 허용하는 것이기 때문에 양도는 존재하지 않는다. 한편, US모델 및 다수의 조세조약들이 특정한 경우 IP의 양도를 사용료에 포함하고 있는데, 이 경우 제12조는 특별조항으로서 제13조보다 우선 적용된다.

제12조와 제15조 간의 상충가능성은 종업원의 근로기간 동안 창출된 발명품의 경우에 발생한다. 각국의 저작권법에 따라서 이들 발명품에 대한 재산권은 오직 고용주에게 귀속(work for hire rule)되고, 고용주는 종업원에게 적절한 보상을 지급하면 된다. 만약 보상이 일시금으로 지급되거나 또는 잔여 고용기간 동안으로 제한된다면, 이는 급여의 일부로서 제15조가 적용된다. 만약 보상이 고용과 연관되지 않고 지급이 고용기간을 넘어서 확대된다면, 처음부터 제12조의 적용대상이다. 만약 저작권법이 고용주에 대한 IP의 이전에 대해 규정하지 않고 IP가 고용계약에 의해 처음부터 고용주에게 귀속되지 않다면, 지급대

가는 기초계약이 고용주에게 단지 사용 또는 사용권을 부여한 것인지, 아니면 양도에 해당하는 것인지에 따라서 평가되어야 한다.

제17조와 제12조는 상호배타적 관계이다. 제17조는 예능인 및 체육인 개인의 연기 또는 공연에 대한 보상을 포함한다. 관련기준은 개인의 연기 또는 공연이 직접 활용되는지 여부이다. 개인의 연기 또는 공연과의 실질적 연관성이 간접적이고 충분하지 않은 경우 그러한 이용은 제12조에 해당한다. 음악가의 실황 공연 및 라디오 생방송에 대한 보수는 제17조에 해당한다. 공연을 녹음할 권리 및 레코드의 후속판매는 저작권법 또는 계약상 공연주최자가 이미 이러한 권리를 취득한 경우를 제외하고 제12조에 해당한다. 미국 조세법원에 따르면, 프로 골프선수의 초상권은 제17조가 아닌 제12조 적용대상이다.95)

한편, 일부 조약들은 초상권 또는 연설권과 같은 인격권을 제12조 적용대상에 포함하기도 한다. 이들 인격권은 일반적으로 예술가의 공연을 제외하고, 저작권 또는 다른 IP권리에 의해 보호되지 않는다. 설령 인격권이 제12조에 포함되더라도 예능인 및 체육인의 공연·활동에는 제17조가 우선 적용된다. 따라서, 제17조의 우선 적용을 회피하기 위해 일부 조약들은 예능인 및 체육인의 공연방송을 제12조에 직접 포함하기도 한다.

2 조세조약 상 사용료소득

가. 사용료소득의 의의

〈OECD모델 제12조 제2항〉

2. 이 조문상 '사용료' 용어는 영화필름을 포함하여 문학적·예술적·과학적 작품의 저작권, 특허, 상표, 디자인 또는 모형, 도면, 비밀공식 또는 비밀공정의 사용 또는 사용권에 대한 대가, 또는 산업적·상업적 또는 과학적 경험에 관한 정보의 대가로서 수취하는 모든 종류의 지급금을 의미한다.

〈UN모델 제12조 제3항〉

3. 이 조문상 '사용료' 용어는 영화필름, *라디오 또는 TV방송용 필름·테이프를* 포함하여

95) US Tax Court, Sergio Garcia v. Commissioner, 13649-10 (March 14, 2014) 판결; Matthias Valta, "Article12: Income from Royalties", *Klaus Vogel on Double Taxation Conventions(4th Edition)*, Wolters Kluwer, 2015, p.984에서 재인용

문학적 · 예술적 · 과학적 작품의 저작권, 특허, 상표, 디자인 또는 모형, 도면, 비밀공식 또는 비밀공정의 사용 또는 사용권에 대한 대가, *또는 산업적 · 상업적 또는 과학적 장비의 사용 또는 사용권에 대한 대가,* 또는 산업적 · 상업적 또는 과학적 경험에 관한 정보의 대가로서 수취하는 모든 종류의 지급금을 의미한다.

(1) 개요

조세조약 자체가 사용료에 대한 정의를 규정하고 있기 때문에, 이에 대한 해석에 각국의 법률이 사용될 수 없다. 그러나, 본 조항의 목록에 포함된 용어들에 대해 조약에서 독립적 정의를 포함하고 있지 않기 때문에 이들 해석을 위해서는 각국의 법률이 사용되어야 한다. 각국의 IP 법률은 최소한의 보호기준을 제공하는 다자간 협약에 의해 상당한 정도로 유사하다. 특히 모든 WTO 회원국들이 서명해야 하는 '지식재산권에 대한 무역관련 협정(The Agreement on Trade-Related Aspects of Intellectual Property Rights: 이하 TRIPS)'이 중요한 역할을 한다. 이러한 국제규범은 소득구분의 상충 위험을 감소시키지만, 국제적 IP 법률을 직접 적용할 수는 없기 때문에 개별 사안에서는 국내법에 대한 평가가 여전히 필요하다.

흔히 각국 세법은 IP 권리의 정의를 규정하지 않는다. 세법이 경제거래를 규율하기 위해서는 사법(私法)상 정의를 이용해야 하지만, 사법상 정의와 세법의 상이한 기능들이 고려되어야만 한다. 세법은 필요한 경우 형식적 거래구조를 부인함으로써 경제적 실질을 포섭하기 위해 노력해야 하지만, IP 법률 개념에 대한 세법 상 수정은 제12조 맥락에서 사용되어서는 안 된다는 견해가 있다. IP 법률의 정의가 국제적으로 통일되어 있기 때문에, IP 법률상 개념들에 대한 세법 상 수정은 소득구분의 상충 위험을 증가시킬 수 있다고 한다.[96)]

(2) 대가로서 수취하는 모든 종류의 지급금

'지급'은 "자금을 계약 또는 관습에 의해 요구되는 방식으로 채권자의 지배 · 관리 하에 두어야 하는 의무의 이행"으로 정의된다. 모든 종류의 지급금에는 금전뿐만 아니라 금전적 가치를 지닌 혜택도 포함된다. '대가로서' 지급되어야 하는데, 모든 경제적 교환과의 연관성이 있으면 이를 충족한다. IP 사용권리의 독점성 또는 정보의 독점성에 대한 추가 지급금 또는 할증금은 경제적 연계성이 있으므로 제12조 적용대상이다. 계약상 라이선스

96) Matthias Valta, *op.cit*, p.992

수수료뿐만 아니라 법률상 명령 또는 IP의 불법적 이용에 대한 손해배상으로서 지급의무가 있는 라이선스 수수료도 포함된다.(OMC Art.12/8.5) 이는 '사용 또는 사용할 권리'라는 두 문구를 사용하고 있는 것으로도 확인된다. 제3자의 불법행위자에 대한 지급금은 제12조에 포함되지 않는다. 왜냐하면, 불법행위자가 제3자에게 재산권을 사용할 권리를 허용할 수 없기 때문이다. 손해배상에 대한 이자는 제12조에 포함되지 않는다. 변호사, 법원비용 등 소송비용에 대한 추가적 손해의 구분에는 다툼이 있다. 혼합계약에 적용되는 논리(OMC Art.11/6)에 따르면, 주된 손해는 계약의 주요 목적과 동일시 될 수 있고 추가적인 손해는 독립적 판단이 정당화되지 않는 부수적 부분으로 평가된다는 것이다. 그러나, 이러한 주장은 손해에 대한 이자에도 역시 적용될 수 있다.97)

(3) 사용료 계약의 유형

OECD/UN모델 제12조는 세 가지 유형의 계약을 포함한다. 첫째 유형은 '사용 또는 사용권(the use or the right to use)'을 이전하는 계약이다. 사용료 지급인은 자산을 이용할 수 있지만, 소유권을 갖는 것은 아니다. 따라서 자산소유자는 동시에 다른 인들에게도 사용을 허락할 수 있다. 둘째 유형은 '노하우(know-how)' 계약으로 불리는 것으로, 경험과 관련한 정보에 대한 지급계약이다. 노하우가 공유될 때는 철회될 수 없고, 사용이 금지될 수 없다. 따라서 노하우는 사용의 이전과 소유권의 이전이 구별될 수 없다. 셋째 유형은 소유권의 전부 이전, 즉 '양도(alienation)'이다. OECD/UN모델은 양도를 제13조 양도소득에 포함하고 있지만, US모델은 제12조 사용료에 포함한다. US모델에 의해 양도관련 지급금을 사용료로 구분하기 위해서는 자산의 생산성, 사용 또는 처분 여부에 의존해야 한다.

계약에 여러 요소들이 포함될 경우, OECD는 구분(differentiation)할 것을 제안한다. 즉, 혼합계약의 경우 각 요소는 개별적으로 평가되어야 한다는 것이다. 만약 여러 요소들 중 한 요소가 계약의 주된 목적을 구성하고 다른 요소들은 부수적이고 중요하지 않은 성격이라면, 조약상 소득구분을 위해서는 오직 계약의 주된 목적만이 중요하다.(OMC Art.12/11.6)

(가) 사용 또는 사용권의 이전

'사용(use)'에 대한 독립적 정의가 존재하지 않으므로 OECD/UN모델 제3조 제2항에 따라 조약적용국가의 법률이 적용되어야 한다. '사용 또는 사용권'이라는 두 가지 문구를

---

97) Matthias Valta, *op.cit*, pp.993-994

사용한 이유는 합법적 사용권뿐만 아니라 불법적 사용도 포괄하여 IP 침해에 대한 보상을 포함하기 위한 것이다. 노하우(경험지식)를 제외하고 IP에 대한 재산적 권리(property interest) 요건을 갖추어야 한다.

국내적 IP 법률이 법률적 접근방법(legal approach) 또는 조세지향적 접근방법(tax-oriented approach)으로 적용되어야 하는지 여부가 문제될 수 있다. 대다수 견해는 법률적 접근방법을 선호한다. 제12조는 IP 법률의 특정 개념들과 연계되어 있다. OECD/UN 모델 주석은 '사용' 개념에 대한 정의를 포함하고 있지 않은데, 아마도 IP 법률을 참조하면 된다는 관점에서 불필요하다고 판단했기 때문일 것이다. 법률적 접근방법은 원천세 징수 차원에서 명확성을 제공하는 장점을 가진다. 원천징수 되어야 하는 사안들이 명확하고 예측가능 하지 않으면 사용료 지급인의 부담이 과도해진다. 실질과세원칙에 의한 과세가 이러한 법률적 관점에 의해 배제되는 것은 아니지만, 부당하게 경제적 관점을 도입할 수 있기 때문에 신중하게 사용되어야 한다. 사용료 지급인에게 명백하고 예측가능한 상황에서만 수정되어야 한다.[98]

(나) 노하우계약

노하우계약에서는 일방당사자가 다른 당사자에게 공개되지 않은 자신의 특별한 지식과 경험을 제공하기로 합의하고, 다른 당사자는 자신의 책임하에 이를 사용할 수 있다. 노하우 제공자는 사용자를 위해 어떤 역할을 할 것이 요구되지 않으며 적용의 결과도 보장하지 않는다.(OMC Art.12/11.1) 노하우계약은 당사자중 일방이 다른 당사자를 위해 자신의 직업의 통상적 기술을 사용하여 임무를 수행하는 용역제공 계약과는 다르다. 용역계약의 대가에는 제7조가 적용된다.(OMC Art.12/11.2)

노하우 대가와 용역 대가를 구별할 필요성은 때로 현실적 어려움들을 발생시킨다. 노하우 공급계약은 이미 존재하는 정보와 관련되거나 개발 또는 창출한 이후의 정보 제공과 관련되고, 해당 정보에 관한 비밀유지와 관련한 특정 조항을 포함한다. 용역 제공계약의 경우에는 공급자가 특별한 지식, 기술 및 전문성을 사용할 것을 요구하는 반면, 그러한 특별한 지식, 기술 또는 전문성을 다른 당사자에게 이전할 것을 요구하지 않는 용역을 수행한다. 노하우 공급과 관련한 대부분의 경우 계약상 기존 정보를 제공하거나 기존 자료를 복제하는 것 이외에 공급자가 수행할 필요가 있는 것이 별로 없을 것이다. 반면, 용역

98) Matthias Valta, *op.cit*, p.995

제공계약은 대부분의 경우 공급자가 자신의 계약상 의무를 수행하기 위해 매우 큰 수준의 지출을 수반할 것이다. 예를 들어, 수행용역의 성격에 따라 공급자에게 조사, 디자인, 검사, 설계 및 기타 연관활동들을 수행하는 종업원들에 대한 급여 및 임금 또는 유사 용역의 수행을 위해 계약업자에 대한 지급이 발생할 것이다.(OMC Art.12/11.3)

경험 또는 노하우는 권리로서 법적 보호를 받지 못하기 때문에 이전행위의 필요성이 없다. 노하우는 지식 자체를 이전함으로써 공유되어야만 한다. 단순하고 통상적인 방법은 서면 지시와 자료에 의한 것이다. 지식의 이전방식은 교수(teaching), 지도(coaching) 및 설명(presentation)이다. OECD는 대부분의 경우 서면 자료로서 충분하다고 지적한다.(OMC Art.12/11.3) 실제로 교수, 지도 및 설명은 기술지원 등 용역제공에 해당할 수 있는 회색지대에 속한다. 따라서 개별 사안의 사실관계를 면밀히 검토하여 구별되어야 한다. 만약 노하우가 문서로 작성되어 보통의 전문가가 이해하기 쉽고, 그 문서가 인계된 이후의 교수 및 설명은 추가적 기술용역에 해당한다. 만약 비밀유지 등 이유로 문서가 인계되지 않는다면, 교수, 지도 또는 설명은 가능한 경우 순전히 지식 이전에 필요한 부분과 반복, 훈련 또는 이전받은 지식의 응용 등 기타 부문으로 분리되어야 한다. 이때 혼합계약의 원칙들이 적용될 것이다.

아래 〈표 3-10〉는 노하우계약과 용역계약의 차이를 요약하고 있다.

〈표 3-10〉 노하우계약과 용역계약의 구분

구 분	노하우계약	용역계약
• 기본개념	• 협의: 비밀공식 또는 공정 광의: 경험지식(법적보호 無)	• 자신의 지식 · 기술 · 전문성 사용 → 계약상 임무수행
• 소득구분	• 사용료소득(제12조) －무형자산 해당	• 사업소득(제7조) －무형자산 아님
• 이전여부	• 경험 · 지식 · 정보의 이전 수반	• 자신이 직접 사용, 이전 없음
• 비밀유지	• 비밀유지의무 조항 포함	• 비밀유지의무 조항 불포함 (직업상 비밀유지의무는 부담)
• 결과책임	• 수단(tool)을 판매 → 역할수행無 & 결과보장無	• 해결책(solution)을 판매 → 역할수행 & 결과보장
• 비용수반	• 기존 정보 · 자료 제공 → 큰 비용수반 없음	• 급여, 임금, 수수료 등 소요 → 큰 비용지출 수반
• 제공형식	• 서면지시, 매뉴얼 제공 (교육, 지도, 설명 등)	• 유지보수(A/S), 컨설팅, 기술지원 용역 등

(다) 사용과 양도의 구분

시간적 제한은 '사용'의 증거이다. 그러나, 사용기간이 법적으로 보호되는 경제적 수명 전체를 포괄한다면, 이는 '양도'에 해당한다. 또한, 미래의 환매의무를 수반한 양도는 사용의 증거이다.

IP 보호는 원칙적으로 지리적으로 제한되므로 종종 여러 국가들을 포괄하기 위한 다수의 IP 지위들이 존재한다. 국가별 IP는 독립적으로 평가되어야 하므로 한 국가에 대한 IP는 양도된 반면, 다른 국가에 대한 동일한 IP는 보유될 수 있다. IP 권리는 독립적으로 임대 또는 양도될 수 있는 여러 부분들로 나누어질 수 있다. 일부 IP는 배타적 권리를 부여하지 않고 이전함으로써 복제될 수 있고, 그 결과 양도인이 계속 사용 또는 양도할 수 있다. 도면, 비밀공식 또는 비밀공정(좁은 의미의 노하우) 및 경험(넓은 의미의 노하우) 등 IP는 배타성을 부여하지 않고도 보호된다.

관련 자산의 유형에 적용될 수 있는 특정 국가의 IP 법률과 양도에 관한 법률규정을 고려하여 검토될 필요가 있지만, 일반적으로 지리적 제한의 경우와 같이 독립적인 특정 자산에 해당하는 권리의 양도에 대한 대가라면 그러한 지급은 사용료라기보다는 사업소득 또는 양도소득에 해당할 것이다. 즉, 권리의 소유권이 양도되는 경우 그 대가는 권리 사용에 대한 대가가 될 수는 없다. 양도거래의 본질적 성격은 거래의 형식, 대가의 분할 지급 또는 조건부 지급이라는 사실에 의해 변경될 수 없다.(OMC Art.12/8.2 & 16) 다시 말해서, 지급형식은 중요하지 않다. 양도대가가 분할되어 지급될 수도 있고 사용대가가 일시금으로 지급될 수도 있다. 또한, 양도대가가 고정금액이 아니고 지급자의 이용에 따른 매출액 또는 이윤 등 동태적 요인들에 따라 달라질 수도 있다.[99]

(라) 사용료와 용역의 구분

OECD/UN모델 제12조의 모든 가능한 방식(사용, 정보, 양도)은 IP를 사용료 지급인에게 이전하는 것이다. 그러한 방식들은 (ⅰ) IP가 이전되지 않고 재화의 생산 또는 용역의 제공을 위해 수취인(BO)이 보유하면서 사용하는 계약, (ⅱ) 수취인(계약용역업자)이 IP를 소유하지 않고 오히려 지급인이 소유하는 R&D 계약과 구별되어야 한다.

① 용역제공을 위해 IP를 사용하는 경우

IP가 지급인에게 이전되지 않고, 재화생산 또는 용역제공을 위해 수취인(BO)이 IP를

99) Matthias Valta, *op.cit*, p.997

보유・사용하는 경우, IP는 수취인의 사업활동을 위한 생산수단이므로 제12조 대신에 제7조가 적용된다.

용역제공 대가로 간주되는 사례로는 i) 판매 후 유지보수(A/S) 용역에 대한 대가, ii) 판매자가 구매자에게 제공하는 품질보증용역(warranty) 대가, iii) 순수한 기술지원에 대한 대가, iv) 일반적으로 이용가능한 정보 중에서 특별히 개발된 잠재고객 명단에 대한 대가(다만, 비공개 고객명단에 대한 대가는 수취인의 상업적 경험과 관련되기 때문에 노하우 대가임), v) 엔지니어, 변호사 또는 회계사가 제공하는 의견에 대한 대가, vi) 전자적으로 제공되는 조언 대가, 기술자와의 전자적 의견교환 대가 또는 컴퓨터 네트워크를 통해 S/W 사용자에게 FAQ에 대한 답변으로 비밀이 아닌 정보를 제공하는 등 문제해결 D/B 접근에 대한 대가 등이다.(OMC Art.12/11.4)

판매 후 유지보수 및 품질보증 조건하에서 판매자의 구매자에 대한 용역은 주된 재화 및 용역에 부수된 것이므로 흔히 별도의 IP 이전을 포함하지 않는다. 만약 이들이 별도의 IP 이전을 포함하는 경우, 이는 혼합계약원칙에 의할 때 종종 보조적인 것이다. 일반적으로 이용할 수 있는 정보를 토대로 개발된 잠재고객 명단은 애당초 보호받는 IP를 포함하지 않는다. 조언의 전자적 제공이 IP 이전이 없다는 강력한 지표는 아니다. FAQ 또는 공통문제 대응을 위한 문제해결 D/B는 그 자체로 노하우 이전이 아니라 응용컨설팅의 사례들이다.

컨설팅은 경험에 관한 정보(노하우)를 전달하는 것과는 구별되어야 한다. 컨설턴트는 경험과 지식 자체를 전달하지 않고, 특정 상황에서 고객에게 조언하기 위한 생산수단으로 그것을 사용한다. 경험의 많은 부분이 다른 고객들에 대한 컨설팅으로 얻어질 수 있지만, 그들에 대한 특정 지식은 일반적으로 직업상 비밀유지의무에 의해 보호된다. 컨설턴트는 통상 자신의 조언에 대해 특히, 조언이 고객의 상황에 적절하고 실현 가능한지에 대해 책임을 진다. 반면, 노하우 제공자는 지식과 경험의 실현에 대한 책임이 없다. 그는 해결책(solution)이 아닌 수단(tool)을 판매할 뿐이다. 반면에 컨설턴트는 수단이 아닌 해결책을 판매한다. 따라서, 컨설팅소득은 제7조에 따라 과세되어야 한다.[100)]

그러나, 개도국들과 체결한 다수 조세조약들은 컨설팅을 제12조의 범위에 명시적으로 포함하고 있다.[101)] OECD/UN모델 제12조 및 제시된 IP 목록의 맥락에서 볼 때, '기술적

100) Matthias Valta, *op.cit*, pp.998-999

101) 2017년 개정 UN모델은 제12A조를 신설하여 컨설팅, 기술 및 관리용역 등 기술용역 수수료를 원천지국에서 사용료 소득으로 과세할 수 있도록 하였다. 예를 들어, 한・인도 조세조약(§13)에서도 기술용역 수수료

(technical)' 용어는 과학 또는 공학 등 전통적 방식대로 이해되어야 하고, 사회과학, 인문학, 상업적 관리 또는 변호사 등의 전문직업적 용역은 제외되어야 한다.

② **용역제공을 위한 장비의 사용**

장비임대를 용역제공과 구분하기 위하여, 장비의 사용 또는 사용권이 사용료 지급인에게 완전히 이전되어야 한다. 장비소유자가 계속 통제권을 유지하고 있다면 그는 장비에 대해 용역을 제공하는 것이다.

위성중계장치 임대약정(transponder leasing)에 따라 고객이 지급하는 금액은 위성중계장치의 전송용량의 이용에 대한 대가이고 사용료의 정의에 해당하지 않는다. 드물지만, 위성 전부가 임대되어 지급인(임차인)에 의해 통제될 수 있는 경우 장비의 사용(사용료)에 해당할 수 있다.(OMC Art.12/9.1) 그러나, 대부분의 경우 전체 위성은 여전히 소유자의 통제하에 있고, 오직 전송용량만이 임대된다. 따라서 그 자체로는 장비 사용권이 존재하지 않고, 위성소유자가 고객에게 용역을 제공하기 위해 위성을 사용(즉, 전송용량의 제공)할 뿐이다. 위성기술이 고객에게 이전되지 않았기 때문에 비밀공정의 사용 또는 사용권에 대한 대가도 아니다. 위성은 임대업자에 의해 운영되고 임차인은 자신에게 할당된 전송용량에 접근하지 못한다. 그러한 경우 고객의 지급금은 ICS 장비의 사용 또는 사용권에 대한 대가라기보다는 제7조가 적용되는 용역대가의 성격을 지닌다. 전력 또는 통신의 전송을 위해 케이블 용량을, 또는 가스・석유의 수송을 위해 파이프라인 용량을 임차 또는 구입하기 위한 대가에도 유사한 고려가 적용된다.(OMC Art.12/9.1)

로밍약정에도 동일한 분석이 적용될 수 있다. 로밍약정에 따라 원격통신 네트워크 사업자가 다른 네트워크 사업자에게 지급한 금액은 자산의 사용 또는 정보의 대가가 아니므로 사용료에 해당하지 않는다. 이는 해외네트워크 사업자에 의해 제공된 원격통신 용역에 대한 대가를 지급한 것이기 때문에, 사용료 정의에 ICS 장비 임대를 포함한 조약의 경우에도 여전히 유효하다. 해외 공급자는 고객의 본국 공급자에게 전송 기반설비를 임대하는 것이 아니고, 자신의 네트워크를 통한 데이터 전송용역을 제공할 뿐이다.(OMC Art.12/9.2) 국제전용임대회선은 일반적으로 단지 추상적인 주파수대역을 제공하므로 용역에 해당한다. 이 주파수대역에 접근할 수 있도록 고객 사무실에 설치된 장비는 통상 부수적 성격을 지니며, 혼합계약원칙에 따라 무시될 수 있다.

에 대해 원천지국에서 사용료 소득으로 과세할 수 있다.

슈퍼컴퓨터의 서버시간, CPU 시간과 추상적 데이터 저장용량을 제공하는 클라우드 컴퓨팅(cloud computing), S/W 서비스약정 및 인프라 서비스약정은 용역계약에 해당한다. 그러나, 물리적으로 접근될 수 있고 개별적 · 배타적으로 고객에 의해 통제될 수 있는 특정 서버, 저장매체 등 장비를 포함한 계약은 통상 장비임대에 해당한다.

전세계 컨테이너(container) 유통은 운송회사가 컨테이너를 필요한 곳에서 선적하고 하역하도록 함으로써 컨테이너를 효율적으로 배분 · 사용하기 위해 고안된 것이다. 따라서 컨테이너 임대기업의 주요 기능은 컨테이너에 대한 전세계 수요와 공급을 균형시키기 위한 주선용역(clearing services)의 수행으로 간주될 수 있다. 따라서 특정 컨테이너의 임대는 최종적인 목적이 아니라 그러한 서비스를 성취하기 위한 수단으로써 평가될 수 있다. 이렇게 기능별 접근방법을 취하는 일부 견해는 제12조가 적용될 수 없다고 주장한다. 그러나, 특정 컨테이너를 염두에 두지 않고 컨테이너의 제공 및 회수만을 규정하는 계약의 경우에도 임차인은 컨테이너에 대한 물리적 소유와 통제를 취득하게 된다.(결국은 운송회사에 위탁) 따라서 UN모델 제12조가 적용될 수 있다. 그러나, 컨테이너에 대한 통제권이 임대인에게 존속하는 경우에는 평가가 바뀐다. 이 경우 임대인은 제7조 또는 제8조가 적용되는 화물배송 또는 운송용역을 제공하는 것이고, 임대계약은 부수적이어서 무시될 것이다.[102)]

③ 본인을 위한 IP 창출의 경우

IP 창출계약은 처음부터 창출자가 아니라 위탁자가 저작권을 취득한다고 규정한다. 예컨대, 미국 IP 법률의 경우 독립적 계약자에게도 'Work-for-hire rule'이 적용되도록 하고 있다. 그러나, 이는 개발된 IP에 대한 대가가 아니고 IP 개발용역에 대한 대가이므로 제12조가 아니라 제7조 또는 제17조가 적용될 것이다. 만약 본인(위탁자)을 대신하여 계약업자가 IP를 취득하더라도 IP 개발에 대한 보상은 여전히 제7조 또는 제17조의 적용을 받아야 한다. 왜냐하면, 제12조는 IP의 창출이 아니라 이미 존재하는 IP에만 관련되기 때문이다.

아직 존재하지 않는 디자인, 모형 또는 도면의 개발을 위한 지급은 사용료가 아니라 용역대가이다. 그러나, 과거에 개발된 도면의 저작권 소유자가 실제 추가작업을 수행하지 않고서 단순히 도면들을 수정 또는 복제할 권리를 누군가에게 부여하는 경우에는 사용료에 해당한다.(OMC Art.12/10.2)

102) Matthias Valta, *op.cit*, pp.999-1000

IP 창출 후 본인이 사용대가를 지급하는 경우에는 제12조에 해당한다. IP 창출 및 후속적 사용과 같은 혼합계약은 혼합계약원칙이 적용된다. IP 창출과 후속적 사용은 모두 부수적인 것으로 간주될 수 없기 때문에 대가는 분할되어야 한다. 예를 들어, 음악가의 경우 음악공연이 녹음되고 이러한 음성녹음 저작권에 근거하여 자신이 레코드판매 또는 공연에 대한 사용료를 지급받아야 한다고 계약상 명시하는 경우, 음악가가 수취하는 지급금의 많은 부분이 사용료에 해당할 것이다. 그러나, 관련 저작권법 또는 계약조건에 의해 음성녹음에 대한 저작권이 계약에 의해서 음악가가 용역을 제공하기로 합의한 자 또는 제3자에게 귀속되는 경우, 이들 지급이 레코드판매 조건부일지라도 공연이 지급국가 밖에서 발생한다면 사용료라기보다는 제7조 또는 제17조의 적용을 받을 것이다.(OMC Art.12/18)

또 다른 사례가 R&D 계약이다. 과학자들이 특정 연구를 위해 고용 또는 계약을 맺고 그 대신 연구결과물과 그 이용은 위탁자에게 귀속된다. 이 경우 통상 본인이 특허 또는 디자인을 등록하기에 앞서서 도면 또는 노하우가 용역수행자에게서 본인으로 이전된 것으로 간주될 수 없다. 만약 용역수행자가 특정 연구 임무를 부여받지 않고 고객에 의해 그의 연구가 통제되지 않은 경우라면 용역수행자가 실질적으로 독립적 연구활동을 수행한 것이다.

원가분담약정(CCA)에 의한 지급금은 통상 IP 사용에 대한 대가가 아니다. CCA는 서로 다른 회사들 간에 공동 R&D 활동의 자금조달을 위해 체결된다. CCA의 참여회사들은 계약 R&D를 수행하는 회사에게 R&D 비용을 보상한다. 그 대가로 참여회사들은 대가없이 공통의 IP풀에 접근하고 사용할 수 있다. R&D 수행회사가 IP의 공식소유자라고 하더라도, IP의 BO는 CCA 참여회사들이다. 따라서 비용보상은 기존 IP 사용에 대한 대가가 아니라 현재의 공동 계약 R&D의 활동을 촉진하기 위한 지급금이다. 만약 지속적 R&D 활동 및 미래 R&D 활동계획이 없다면 평가는 달라지는데, 이 경우 미래의 공헌(비용부담)은 IP풀의 사용대가로 간주되어야 한다. R&D 용역에 대해 수행회사에게 지급된 대가는 제7조 또는 '기술지원' 문구에 따라서 제12조로 구분되어야 한다.[103]

(4) 사용료 대상 IP의 유형

(가) 개요

OECD모델 주석은 IP의 목록(catalogue)으로 첫째, 여러 형태의 문학적 · 예술적 자산

103) Matthias Valta, *op.cit*, pp.1001-1002

에 해당하는 권리 또는 자산, 둘째 조약의 조문에 명시된 IP 요소들, 셋째 ICS 경험에 관한 정보를 포함한다. OMC 문구가 지적하는 바와 같이 '조문에 명시된 IP 요소들' 만이 보호된다.(OMC Art.12/8) 본 조항은 IP 유형을 독립적으로 목록화하고 있는데 거의 모든 유형의 IP 권리들을 포함하고 있지만, 성명권 등 인격권, 등록된 도메인명 등은 포함되지 않는다. 또한, 보유자에게 전자기파 스펙트럼의 할당된 주파수대에서 미디어 콘텐츠를 전송하도록 허용하는 주파수 사용허락계약(spectrum license)과 같이 라디오 주파수의 일부 또는 전부의 사용 또는 사용권에 대한 지급금은 사용료의 정의에 해당하지 않는다.(OMC Art.12/9.3)

IP 항목들을 법적 보호의 정도에 따라 ⅰ) 저작권, 특허, 상표권 등 전통적 IP 권리, ⅱ) 디자인, 모형, 도면 등 덜 중요한 배타적 권리, ⅲ) 기본적 법적 보호를 받는 비밀공식 또는 비밀공정 등 사업상 비밀(협의의 노하우), ⅳ) 비밀이 아니고 법적 보호도 받지 않는 미발표, 비공개 경험지식(광의의 노하우)으로 나눌 수 있다. ⅰ)~ⅲ)은 법적으로 보호되고 제3자에 대항할 수 있는 '재산적 권리(property interest)를 발생시키기 때문에 이들의 '사용 또는 사용권'은 계약의 대상이 될 수 있다. 반면에, 법적으로 보호되지 않는 경험지식은 철회가 불가능하고 오직 한 번만 공개될 수 있기 때문에 재산적 권리를 부여하는 것이 아니다. 순수한 계약상 지위는 충분한 법적 보호가 부여되지 않는다. 단순한 경험지식 또는 기타 정보의 경우 계약상 조건에 의해 계약당사자의 오용에 대한 구제가 이루어질 수 있지만, 제3자에 대한 재산적 권리와 보호는 존재하지 않는다. 예를 들어, 스포츠선수의 이적료(transfer payment)는 IP 목록에 포함되지 않는 계약상 지위로서의 양도증서에 불과할 뿐이다. 이러한 계약상 지위는 임대되는 것이 아니고 양도된다.

UN모델과 1992년 이전 OECD모델은 IP 항목이 아닌 ICS 장비를 포함한다. UN모델 조문에서 ICS 장비는 비밀공식 또는 공정과 경험 사이에 배치되어 있는데, 왜냐하면 장비 소유권이 법적으로 보호되고, 따라서 장비의 사용 또는 사용권이 계약의 대상이 될 수 있기 때문이다. OECD/UN모델은 여러 종류의 재산적 권리들에 대한 독립적 정의를 포함하고 있지 않고, 제10조 제3항에서처럼 원천지국에 대한 언급도 없기 때문에 제3조 제2항에 따라 조약적용국가의 법률이 적용되어야 한다. 그러나, WTO 체제하에서 TRIPS 약정을 통해 IP보호에 관한 최소기준이 거의 전세계적으로 통일되어 있기 때문에 소득구분 상충의 위험은 줄어든다. IP 목록이 IP 법률을 참조하여 IP 법률 용어들을 사용하기 때문에, 용어들은 원칙적으로 IP 법률에 따라서 법률적 관점에서 해석되어야 한다. 따라서 OECD/UN모델은 별도의 경제적 접근방법을 제안하지 않는다. 경제적 접근방법이 소득구분 상충의 위험을 증가시킬 것이기 때문이다. 그러나, 법률적 접근방법도 재산적 권리의 '진실된' 법적 성격에 대한 평가를 요구하기 때문에 거짓 성격 규정이 소득구분을 변경시킬 수는 없을 것이다.[104]

(나) 문학적 · 예술적 · 과학적 작품의 저작권

저작권(copyright)은 각국의 IP 법률에 의해 보호되는 작가 또는 그의 상속인의 재산적 권리들의 집합이다. 각국의 저작권법은 유사한 원칙들이 적용된다. 문학, 예술 및 과학의 원작들은 승인받지 않은 복제, 배포, 공연, 방송 등으로부터 보호된다. 완전 또는 부분양도가 가능한 전용사용권(exploitation rights) 이외에 성명표시권(the right of paternity), 동일성유지권(the right of integrity)과 같은 저작인격권(moral rights of the author)도 역시 보호된다.[105] 저작인격권은 손해배상 또는 화해금 등의 지급을 초래할 수 있다. 이러한 저작자의 권리에 추가하여, 예술가의 작품공연, 판매 또는 방송용 오디오 · 비디오 녹화제작, 영화제작, D/B편집 등과 같은 창작품의 이용을 위한 투자, 소위 저작인접권(neighbouring rights)도 보호된다.

컴퓨터 S/W의 대가를 사용료로 구분할지 여부는 어려운 문제를 제기하지만 최근 컴퓨터기술의 급속한 발전과 그러한 기술의 국제적인 이전 규모에 비추어 매우 중요한 문제이다. 그러나, S/W의 구분이 명확한 것은 아니다. 1992년 OECD모델 개정시 S/W의 소득구분에 대한 원칙이 제시되었다. 또한, 2000년 S/W 거래에서 사업소득과 사용료를 구분하기 위한 정교한 분석방법을 제공하기 위해 추가개정이 있었다.(OMC Art.12/12~17) 대부분의 국내법들은 S/W를 문학적 · 과학적 작품의 일부라고 분류한다.(OMC 12/13.1) 국제적 IP 법률은 S/W를 문학작품으로 보호한다. 국제조약들은 최소수준의 보호만을 규정하기 때문에 국내법은 동등한 법적 보호를 제공하는 한 독자적 구분을 규정할 수 있다. 몇몇 다자간 조약들은 저작권 보호에 대한 최소한의 통일된 기준을 규정한다. 다만, 이러한 국제적 조화가 각국의 과세에서 자국의 IP 법률만이 적용된다는 사실을 변경시키지는 않는다. 그러나, 저작권법의 국제적 조화는 전세계적 최소기준의 형성을 통해 소득구분 상충의 위험을 감소시키기 때문에 국제조세법에 유익한 파급효과를 미치는 것이 사실이다.

데이터베이스(D/B)는 데이터의 선택적 편집 및 교차결합(cross-linking)이 창의성의

104) Matthias Valta, *op.cit*, pp.1002-1004

105) 저작인격권은 저작권 중 재산적 부분 이외의 것으로서, 고용되어 저작활동을 하더라도 저작인격권은 원저작자에게 귀속된다.

최소기준에 도달한다면 통상 저작권의 적용을 받는다. 또한, 저작권과 구별되는 별도의 D/B 권리도 있는데, 이는 창의적 편집과 교차결합 없이 단순히 정보를 종합하는 데이터베이스에 적용된다. 이러한 독특한 권리는 저작권 또는 제12조의 기타 항목의 일부가 아니므로 이에 포함되지 않는다.

(다) 라디오 · TV에 사용된 필름 또는 테이프

영화필름에 관한 임차료는 그 영화가 영화관 또는 TV에서 방영되는지 상관없이 사용료에 해당한다.(OMC Art.12/10) 영화필름은 모든 모델들에서 저작권의 정의에 독립적으로 포함된 반면, 라디오 및 TV 방송은 UN모델에서만 명시적으로 포함되어 있다. 이들은 영화필름과 같이 저작권 보호의 필수요소로 포함된 것이 아니라 별도 항목으로 추가된 것이다. UN모델은 방송목적의 사용으로 적용범위를 제한하고 있으므로 복제, 배포 및 임대 등 기타 저작권 관련 사용을 포함하지 않는다. 최근 여러 국가들이 비디오 · 오디오 데이터의 저장, 데이터 스트리밍 장치를 포함하도록 포괄조항(catch-all clauses) 문구로 조약을 수정하기도 한다. 그러나, 이러한 새로운 기술을 이용하기 전에 체결된 오래된 조약들도 VCLT 제31조 제1항의 맥락 및 신의성실원칙에 따라 이들을 포함하는 것으로 해석되어야 한다.

(라) 특허

OECD/UN모델 제3조 제2항에 따라 특허의 범위는 조세조약을 적용하는 체약국의 IP 법률에 의해 규정되어야 한다. 특허 여부 및 보호에 관한 기준은 특히, TRIPS 등 국제조약들에 의해 통일되어 왔으며, 이것이 소득구분 상충 위험의 감소 등 세법에 긍정적 파급효과를 미쳤다고 한다.

특허는 특허당국의 행정적 결정에 의해 부여되는 경우에만 존재한다. 따라서 특허가 신청되었지만 아직 부여되지 않은 경우라면 불충분하다. 그러한 경우, 그 지식은 비밀공식 또는 공정, 비공개 경험지식 등 노하우로 분류될 수 있다. 특허는 한 번 부여되면 나중에 소급해서 무효로 선언하지 못한다. 즉 무효 결정이 과거 지급금의 적격성에 대한 소급효를 갖지 못한다.[106]

106) Matthias Valta, *op.cit*, pp.1008-1009

(마) 상표권

등록된 상표권은 동일 또는 유사한 상표의 독점적 사용을 승인한다. WTO 체제하의 TRIPS 약정은 다른 국가들에 의해 집행될 수 있는 상표권 보호의 최소기준을 제공한다. 통상 상표권 보호는 상표권소유자 제품의 시장에 대한 접근만을 포함하며, 그 이후의 판매는 포함하지 않는다. 결과적으로 상표권은 판매독점권이 아닌 제조독점권을 창출할 뿐이다.

따라서 판매업자가 특정 상표의 제품을 판매할 권리에 대해 지급하는 대가는 상표권 사용에 대한 대가가 아니라 단순히 제7조에 해당하는 판매수입이다. 즉, 특정 국가에서만 재화 또는 용역의 독점적 판매권을 취득하는 대가로 지급한 금액은 자산의 사용 또는 사용권에 대한 대가가 아니므로 사용료 정의에 해당하지 않는다. 해외 제조업자로부터 브랜드 의류를 수입하여 국내에서 독점적 판매권을 얻는 대가로 지급한 금액은 판매의류에 대한 상표 또는 상호를 사용할 권리에 대한 대가로 지급하는 것이 아니고, 단지 해당 국가에서 의류에 대한 독점적 판매권을 취득한 것에 불과하다.(OMC Art.12/10.1)

(바) 디자인 · 모형 또는 도면

디자인(design)과 모형(model)은 독점적 권리로서 법적 보호의 대상이다. 통상 법적 보호를 위한 평가절차가 없을지라도 등록 또는 선언 형식의 행정적 인증절차를 요구한다. 그러한 인증이 없으면 제12조 목적 상 디자인 또는 모형에 해당하지 않는다. 특허의 경우와 마찬가지로 나중에 인증이 무효가 되더라도 소급효를 갖지 않는다. 집적회로(IC)의 디자인은 독점적 권리로 IP 보호를 받는다. 이는 산업 디자인권으로서 제12조의 디자인에 포함된다.

도면(plan)은 일반적으로 디자인 또는 모형과 같은 특정 IP 보호의 대상이 아니다. 도면은 저작권에 해당하거나 사업비밀로서 노하우에 해당할 수 있다. 도면이 국내법 규정에 따라 특별한 IP 보호를 받을 수도 있지만, 예컨대, 비밀 또는 경험에서 나온 것도 아니고 저작권으로서 보호받지 못하는 단순 정보를 포함하는 경우가 있는데, 이 경우 도면은 제12조에 포함되지 않는다.

(사) 비밀공식 또는 공정

비밀공식 또는 비밀공정은 산업상 · 사업상 비밀 등 모든 종류의 기업 비밀로 구성된다. 비밀은 최소한의 복잡성을 지녀야 한다. 비밀공식 또는 공정은 법적 보호의 대상이기 때문에, 이를 사용 또는 사용할 권리는 통상적 IP 권리의 경우처럼 계약의 대상이 될 수 있다. 사용권은 비밀의 공개에 의해 부여될 수 있고 금지명령 구제(injunctive relief)에 의해 제한될 수 있다. 이러한 법적 보호를 받는 비밀은 보호받지 못하는 경험지식 또는 넓은 의미의 노하우와는 구별되어야 한다.[107] 경험지식은 비밀이 아니고 단지 비공개된 것으로써 법적 보호를 받는 것이 아니다. 경험지식은 법적 보호를 받지 못하기 때문에 사용 또는 사용권이 부여될 수 없고 정보가 단지 공유될 뿐이다.

(아) 장비

컨테이너 임대를 포함한 ICS 장비의 임대소득의 성격을 고려하여, OECD는 1992년 OECD모델 개정시 사용료의 정의에서 제외하고 사업소득 조항의 적용을 받도록 변경하였다.(OMC Art.12/9) 장비를 제외한 이유는 임대활동에 대한 총액기준 원천과세를 허용하지 않기로 한 조세정책 결정 때문이었다. 왜냐하면, 임대에 대한 이윤 마진이 작기 때문에 총액기준 과세는 매우 큰 불균형적 조세부담을 야기할 수 있기 때문이다. 그러나, 우리나라를 포함하여 다수의 OECD 국가들은 여전히 장비에 대한 원천지국 과세를 원하고 있다.

(자) 경험

ICS 관련 경험에 관한 정보는 노하우로 불린다. 즉, 노하우는 경험을 통해 얻은 법적으로 보호받지 못하고 비밀은 아니지만 공개되지 않은 지식을 의미한다. 2008년 OECD모델 주석 개정시 노하우에 해당하기 위해서는 ⅰ) 지식이 기업의 사업활동에 실제 적용되어야 하고, ⅱ) 경제적 이익을 위해 사용될 수 있어야 한다는 선행조건을 추가하였다. 노하우는 과거 경험에 관한 정보와 관련이 있기 때문에, 용역수행의 결과로 취득한 새로운 정보에 대한 대가는 노하우에 해당하지 않는다.(OMC Art.12/11)

노하우는 그 자체로는 절대적 권리로서의 법적 보호를 받지 못한다. 특허로 등록되는 경우도 있지만 그렇지 않은 경우가 많다. 비밀공식 또는 공정과 같은 비밀도 아니다. 제3자가 그러한 경험지식을 획득했을 수도 있지만, 일반 대중 또는 전문가 집단에게 발표 또는 공개되지 않은 지식일 것이 요구된다. 따라서 일반 또는 전문 교육을 통해 누구든지 획득할 수 있는 일반지식, 전문지식 또는 기술은 제외된다. 노하우는 순수한 기술적 진보

---

107) 예컨대, '부정경쟁방지 및 영업비밀보호에 관한 법률'(제2조 제2호)상 '영업비밀'(공공연히 알려져 있지 아니하고 독립된 경제적 가치를 가지는 것으로서, 비밀로 관리된 생산방법, 판매방법, 그밖에 영업활동에 유용한 기술상 또는 경영상의 정보)은 법적 보호를 받는다는 점에서 노하우와는 구별된다.

이상으로서 자신의 활동들에 의해 지식을 축적한 경우와 관련된다. 자신의 영업데이타 및 마케팅경험에서 비롯된 비공개 고객명단(흔히 영업권 해당)은 노하우에 해당한다. 왜냐하면 마케팅 경험에 관한 것이기 때문이다.(OMC Art.12/11.4) 이와 달리, 고객명단 중개업자(list broker/address trader)가 고객명단과 주소를 추출하여 제공하는 것은 용역에 해당한다. 왜냐하면, 고객주소를 추출하는 것은 자신의 경험지식 자체에 해당하지 않고, 여러 산업분야의 자료추출 방법에 대한 일반적으로 이용할 수 있는 경험지식에 의해 제공된 용역이기 때문이다. 완성된 제품을 분석하여 제품의 기본적인 설계 개념과 적용 기술을 파악하고 재현하는 소위 '역공학(reverse engineering)'의 경우, 재화 또는 용역이 이의 생산에 사용된 지식이 쉽게 파악되는 것을 허용하지 않는다면 노하우에 해당할 수 있다. 또한, 사용료 지급인은 서면자료에 의해서 정보를 제공받을 수 있기 때문에 서류 또는 도면도 경험지식에 해당할 수 있다.

(5) 혼합계약

(가) 개요

제12조는 여러 종류의 IP 대상들에게 적용되는데, 각각 다른 방식으로 적용된다. 따라서 하나 이상의 적용대상 또는 방식을 포함하는 많은 상황과 계약들이 존재할 수 있다. 예를 들어, 여러 IP 항목들이 부분적으로 사용허락 되고, 부분적으로 정보가 전달되거나 IP 자체가 양도되기도 한다. 또한, IP 요소들이 용역과 같은 IP 요소가 아닌 것들과 섞여 있을 수도 있다.

예컨대, 가맹점본부가 가맹점에게 자신의 지식과 경험을 제공하고 추가로 여러 기술지원, 금융지원, 재화공급 등을 제공하는 프랜차이즈 사업과 같은 혼합계약과 관련하여, OECD모델은 혼합계약은 원칙적으로 여러 요소들로 분할되어야 하고 각 요소별로 평가되어 과세상 취급되어야 한다는 구분 접근방법(differentiated approach)을 채택하고 있다.(OMC Art.12/11.6) 전체금액 중 분할되는 부분의 대가는 원칙적으로 계약상 정보 또는 합리적 배분방식에 의해 결정되어야 한다. 만약 요소들중 하나가 계약의 주된 목적에 해당하고 다른 요소들은 부수적이고 크게 중요하지 않은 성격을 가진다면, 조세조약 상 소득구분은 계약의 주된 목적만이 고려된다. 이 경우 부수적 요소들은 개별적 관점에서는 다른 평가를 할 수 있을지라도 주된 목적과 동일하게 취급된다.

IP에 해당하는 정보가 사용권자에게 이전되어야 하고, 해당 정보가 서면으로 기술되거나 설명이 필요없을 정도로 명확한 것이 아닌 경우 그러한 이전에 일부 교육용역(training service)이 필수적으로 수반될 수 있는데 이러한 용역 요소는 부수적인 것으로 무시되어야 한다. 따라서, 추가 교육용역은 기술지원에 해당하고 제12조에 명시적으로 포함되지 않은 경우라면 사업소득에 해당할 것이다. 별도로 대가를 청구하는 것이 부가적 교육에 대한 증거이지만, 무료로도 제공될 수도 있기 때문에 결정적 기준은 아니다.

(나) 소프트웨어 및 디지털 콘텐츠

S/W는 "컴퓨터 자체의 작동을 위해(운용 S/W) 또는 다른 과업의 성취를 위해(응용 S/W) 요구되는 컴퓨터 명령어를 포함하는 하나의 또는 일련의 프로그램들"로 정의될 수 있다.(OMC Art.12/12.1) 이는 S/W 자체가 단지 명령어로 구성되어 있고 따라서 순수한 무형의 정보라는 점을 의미한다. S/W는 서면으로, 전자적으로, 자기테이프 또는 디스크, 레이저디스크 또는 CD-ROM 등 다양한 매체로 이전될 수 있다. 표준화되거나 맞춤형이 될 수도 있다. 컴퓨터 H/W의 필수적 부분으로, 또는 여러 종류의 H/W의 사용에 이용할 수 있는 독립적 형태로 이전될 수도 있다.(OMC Art.12/12.1) 따라서 정보가 전달되는 방식은 중요하지 않다. DVD, USB 같은 데이터 저장장치 또는 인터넷 다운로드와 같은 전송네트워크 등 다양한 매체를 통해 획득될 수 있기 때문이다. 따라서 S/W를 소위 저장방식(shrink-wrap), 클릭방식(click-wrap), 다운로드방식(web-wrap) 등 포장방식(packaging)에 따라서 구분하는 것은 중요하지 않다.(OMC Art.12/14.1) e-books 등 문자, 음악, 이미지 및 비디오 등 디지털 콘텐츠의 경우에도 마찬가지이다.

S/W 대가는 혼합계약에 따라 지급될 수 있다. 그러한 계약의 예로 컴퓨터 H/W와 내장 S/W의 판매, 용역제공과 결합된 S/W 사용허락을 들 수 있다. 특허사용료 및 노하우와 관련한 혼합계약의 원리가 S/W와 디지털 재화에도 동일하게 적용된다. 원칙적으로 계약상 지급대가의 전체금액이 계약에 포함된 정보 또는 합리적 배분수단에 토대하여 나누어지고, 각 배분된 부분에 적절한 조세취급이 적용되어야 하지만, 부수적인 것으로 평가되는 IP 권리 등은 주된 부분의 취급에 따라야 할 것이다.(OMC Art.12/17 & 17.1)

소프트웨어와 디지털 재화를 사용하기 위해서는 정보의 복제가 필요하다. 대부분의 S/W 및 디지털 재화는 하드드라이브에의 복제가 요구된다. S/W 또는 디지털 재화는 설령 판매업자가 제공하는 데이터 저장장치 또는 판매업자 소유 네트워크 저장장치(클라우드 컴퓨팅)로부터 사용될 수 있을지라도 주기억장치(RAM) 및 추가로 프로세서 캐시(processor caches)에 복제되어야 한다. 따라서 S/W 또는 디지털 재화의 정보를 복제할 권리는 이들의 작동 및 사용을 위해 필수적이다. 예를 들어, S/W 또는 이미지, 음성, 문자 등 디지털 재화를 고객의 사용을 위해 전자적으로 다운로드 받도록 허용하는 거래들에서, 지급은 본질적으로 디지털 신호의 형식으로 전송된 데이터의 취득을 위한 것이므로 사용료에 해당하지 않으며 제7조 또는 제13조의 적용대상이다. 고객의 하드디스크 또는 비임시적 매체에 디지털 신호를 복제하는 행위는 단순히 디지털 신호가 포착되고 저장되는 수단에 불과하다. 그러한 복제행위가 고객에 의해서가 아니라 공급자에 의한 저작권의 사용으로 간주된다면 그러한 거래를 사용료로 구분할 근거도 없을 것이다.(OMC Art.12/17.3)

대부분의 경우 허용된 저작권은 S/W 및 디지털 재화의 작동 및 사용을 위해 필요한 1회 또는 제한된 횟수의 복제로 제한된다. S/W 및 디지털 재화는 통상 허용된 횟수를 초과하여 복제, 개작, 재판매 또는 공개 시현할 수 없다. 이 경우 사용허락 또는 판매되는 것은 S/W의 IP가 아니라 IP를 사용하여 창출된 재화이다. 저작권 요소의 부수적 성격은 컴퓨터 또는 모바일 플레이어에 콘텐츠를 구동시키기 위해 1회 또는 몇 회로 복제를 제한하는 일반 최종사용자 약정의 경우에도 마찬가지이다. 대부분의 국가에서는 컴퓨터 프로그램을 포함하는 S/W 소유자에게 이러한 권리를 자동으로 부여한다. 이러한 권리가 법률에 의해 또는 라이선스 약정상 부여되는지 여부에 상관없이 컴퓨터 본체 또는 저장장치에 또는 백업을 위해 프로그램을 복제하는 것은 프로그램을 이용하기 위한 필수적인 단계이다. 따라서 이러한 복제행위와 관련한 권리는, 사용자에게 프로그램의 효과적 작동을 가능하게 하는 정도에 불과한 경우, 조세목적 상 거래의 성격을 분석할 때는 무시되어야 한다. 이러한 유형의 대가는 제7조 사업소득으로 다루어질 것이다.(OMC Art.12/14)

컴퓨터 프로그램 복제의 용이성이 양수인이 자신의 사업상 운영만을 위해 다수의 프로그램 복제 권리를 취득하는 판매약정을 가져왔다. 이는 흔히 장소 라이선스(site licenses), 기업 라이선스(enterprise licenses) 또는 네트워크 라이선스(network licenses)로 불린다. 이러한 약정이 프로그램의 다수 복제를 허용하지만, 일반적으로 그러한 권리는 사용권자의 컴퓨터 또는 네트워크상 프로그램의 작동에 필요한 정도로 제한되고 다른 목적을 위한 복제는 허용되지 않는다. 그러한 약정에 따른 대가는 제7조 사업소득으로 다루어질 것이다.(OMC Art.12/14.2) S/W에 대한 논리가 D/B 접근에도 동일하게 적용된다. 즉, 저작권 보호를 받는 데이터가 재배포 또는 수정 목적이 아니라 열람, 저장 및 인쇄를 위해 고객의 컴퓨터에서 검색되는 경우이다.

일부 국가는 한시적인 S/W의 임대를 사용료 소득으로 취급한다. 그러나, OECD는 한시적인 S/W 대가는 사업소득으로 분류한다. 임대(renting out)는 UN모델에서 오직 장비와 관련해서만 사용료 소득으로 구분하고 있다. 그러나 S/W는 유형재화가 아니라 정보에 불과하기 때문에, S/W 임대소득은 장비조항의 적용을 받는 사용료가 아니라 사업소득에 해당한다.

컴퓨터 S/W의 이전과 관련한 거래의 다른 유형은 S/W 회사 또는 컴퓨터 프로그래머가 통상적이지는 않지만, 로직, 알고리즘, 프로그래밍언어 또는 테크닉과 같은 프로그램에 내재한 아이디어 및 규칙들에 관한 정보를 제공하는데 동의하는 경우이다. 이러한 컴퓨터 프로그래밍 관련 정보제공계약은 이러한 정보를 고객이 승인없이 공개하지 못하는 조건으로 제공되는 경우 노하우 제공 대가로 간주될 것이다.(OMC Art.12/11.5) S/W 배후의 노하우는 프로그램 자체가 아니라 알고리즘과 같은 특정 프로그래밍 설계 및 구조에만 적용된다. 이들이 비밀공식의 사용 또는 사용권에 대한 대가 또는 독립적으로 저작권 보호를 받을 수 없는 ICS 경험에 관한 정보의 대가인 한, 그 지급금은 사용료로 규정될 수 있다. 이는 최종사용자의 작동을 위해 프로그램 복제가 이루어지는 통상적인 사례와는 대비된다.(OMC Art.12/14.3)

만약 S/W의 작동 또는 콘텐츠의 시현에 필요한 수준보다 복제, 배포, 수정 또는 공개시현 등 추가적으로 더 많은 권리들이 이전되는 경우에는 분석이 달라지는데, 이들 권리의 이전대가는 사용료 소득이다. 예를 들어, 데이타 세트 또는 인터페이스를 고객의 필요에 따라 맞춤화하기 위해 현행 S/W를 수정 또는 확장하도록 허용하는 엔진 또는 개발자 키트의 사용허락을 들 수 있다.

다른 예로 상업용 사진 D/B의 경우, 서적 출판업자들이 자신들이 출판하는 책의 표지에 사용하기 위하여 전자적으로 다운로드 되는 저작권 보호되는 사진을 복제할 권리를 취득하기 위해 대가를 지급하는 경우이다. 이 거래의 지급사유는 단순히 디지털 콘텐츠의 취득을 위해서가 아니라 디지털 재화(사진) 자체를 복제・배포할 권리를 취득한 것이므로 사용료이다.(OMC Art.12/17.4) 복제 및 배포는 S/W 권리의 무제한적인 복제 및 마케팅을 의미한다. 만약 저작권 소유자로부터 특정 수의 S/W 패키지 또는 라이선스를 구입하여 수정없이 고객에게 재판매하는 경우에는 단순한 재화의 판매거래이므로 제7조 사업소득에 해당할 것이다.

흔히 맞춤형(tailor-made) S/W 대가는 사용료 소득으로, 표준형(standard) S/W 대가는 사업소득으로 분류된다. 그러나, 이러한 구별의 논거는 맞춤형 S/W가 표준 S/W보다 고도의 지적 노력이 요구된다는 것인데 설득력 있는 설명은 아니다. 왜냐하면, 표준 S/W라고 하더라도 창의적인 것이어서 저작권법의 보호를 받을 수 있기 때문이다. 중요한 것은 저작권이 이전되는 정도이다. 맞춤형 S/W는 대부분의 경우 고객에게 개별화된 S/W의 독점적 사용권과 수정 권한을 부여하는 저작권을 부여할 것이기 때문에 사용료에 해당할 가능성이 크다. 그러나, 각 사안의 상황들이 고려되어야 한다. 더욱이 저작권이 양도되거나 또는 사업소득에 해당하는 프로그래밍 창출계약이 존재할 가능성도 있다. 또한 맞춤형 S/W는 기술용역에 해당하는 개작의 결과일 수도 있다.

H/W 및 S/W 두 요소로 구성되는 혼합계약의 경우 부수적 저작권의 사용이슈를 초래할 수 있다. 예컨대, 드라이버 프로그램, 특정 H/W용 시스템 프로그램 등의 S/W가 H/W의 작동에 필요하고 대체될 수 없는 경우, 가치 면에서 H/W가 주된 항목이어야 한다. 그렇지 않으면 H/W와 S/W의 결합대가가 분리되어 각각 구분되어야 한다. 웹사이트 개발의 결과물이 고객의 저작권으로 귀속되는 경우 웹사이트 개발은 용역에 해당한다. 만약 개발 과정에서 개발자가 저작권을 취득하고 이후에 웹사이트와 함께 사용허락 또는 양도되는 경우, 저작권 대상인 자료들은 통상 부수적 요소에 해당한다.[108]

(다) 3D 프린팅

3D 프린팅은 고객에게 제조공정을 이전할 수 있게 하는 기술이다. 고객은 물건이 아니라 단지 물건의 3D 디지털 모델을 구매한 후 자신의 3D 프린터로 이를 유형화한다. 이 디지털 모델은 저작권 또는 독점적 권리에 해당할 수 있다. 따라서 3D 모델의 취득대가는 모형의 사용 또는 사용권 대가이므로 사용료 소득에 해당한다. 만약 고객이 무제한의 재배포 또는 수정 권한을 취득한 것이라면 사용료 대상임이 보다 명확해진다. 만약 고객이 단지 1회 또는 제한된 횟수의 출력을 할 수 있는 권한만을 취득한 경우, IP 권리의 사용이 생산된 재화에 부수되는 S/W 및 디지털 콘텐츠의 사례와 유사하다고 주장할 수 있지만 다음과 같은 차이점이 있다. S/W 및 디지털 콘텐츠 자체는 순수한 디지털 재화인 반면, 3D 프린팅 모델은 출력을 가능하게 하는 것을 제외하면 아무런 기능이 없다. 따라서 3D 프린팅 모델의 사용 또는 사용권이 단지 부수적인 것이어서 무시될 수 있다는 주장은 설

108) Matthias Valta, *op.cit*, pp.1014-1017

득력이 없다.[109]

나. 사용료소득의 과세권 배분

(1) 개요

OECD모델은 원천지국의 과세권을 배제하고 BO 거주지국에 전속적 과세권을 배분하는 반면, UN모델은 BO 거주지국과 원천지국 간에 과세권을 배분한다. 따라서 UN모델은 제5항에서 추가적인 원천규정을 포함하고 있다.

(2) OECD모델

> **〈OECD모델 제12조 제1항〉**
>
> 1. 일방체약국에서 발생하여 타방체약국의 거주자에 의해 수익적으로 소유되는 사용료는 그 타방국에서만 과세된다.

OECD모델은 사용료에 대한 특별한 원천규정을 포함하지 않는다. 따라서, 제11조 제5항의 이자소득에 대한 원천규정이 유추 적용될 수 있다. IP가 PE에 귀속되는 경우가 아니라면, 사용료는 지급인의 거주지국에서 발생한 것을 간주된다. 이때 PE 국가가 체약국들 중 하나라면 원천지국이 되지만, PE 국가가 제3국이라면 제11조 제5항이 유추 적용되지 않는다. 지급 장소 또는 지급인의 지급대리인은 고려될 필요가 없다. 그러나, 연쇄 라이선스 사안에서 중간 도관회사의 경우 지급인 거주지국으로서 오직 도관회사 국가만이 중요하고 최종 사용권자의 국가는 고려되지 않는다. 사용료율이 특정 국가에서 최종 재화가격에 따라서 계산될지라도, 후속 IP 이용장소는 중요하지 않다. 지급인 거주지국 또는 PE 소재지국이 수취인 거주지국과 동일 국가이거나 또는 제3국인 경우에는 제12조가 적용되지 않고 제21조가 적용될 것이다.[110]

한편, 미국이 캐나다, 중국 등과 체결한 일부 조약들의 경우에는 재사용허락(sublicensing) 및 연쇄 거래구조(back-to-back structures)를 포섭하는 특별한 원천

109) Matthias Valta, *op.cit*, p.1017

110) Matthias Valta, *op.cit*, p.986

규정을 포함하고 있다. 이 규정은 지급인이 일방체약국의 거주자가 아니고 실질적으로 관련된 PE를 보유하지 않은 경우에 적용된다. 만약 사용료가 일방체약국에서 IP를 사용 또는 사용할 권리와 관련된다면 사용료는 그곳에서 발생한 것으로 간주된다.

〈그림 3-23〉 연쇄 사용료거래에 대한 특별 원천규정사례

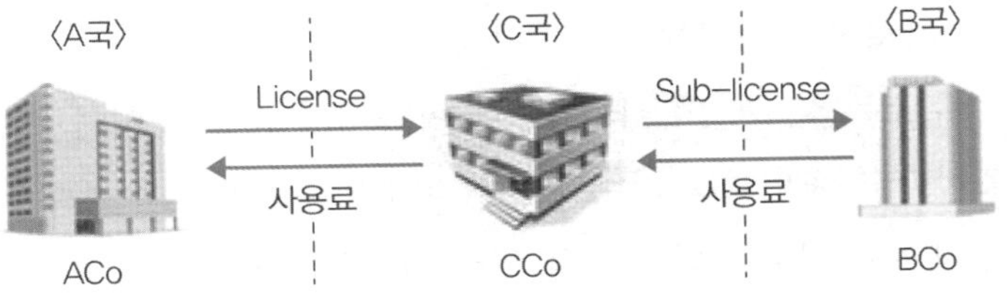

예를 들어, 위 〈그림 3-23〉 사례에서 보는 바와 같이 체약국 A국의 거주자 ACo가 제3국인 C국의 거주자 CCo에게 사용허락하고 CCo가 B국 거주자인 BCo에게 재사용허락하는 경우, CCo가 ACo에게 지급한 사용료는 A국-B국 조세조약에 의해 B국에서 발생한 것으로 간주되어 B국에서 과세된다. 또한, BCo가 CCo에게 지급한 사용료는 B국-C국 조세조약에 의해 B국에서 역시 과세된다. 따라서 B국은 경제적으로 동일한 사용료 지급에 대해 두 번 과세하게 되는데, 이를 소위 '중복부과 사용료(cascading royalties)'라고 한다. 만약 B국에서 지급사용료에 대한 비용공제 등 일방적 조치를 취하지 않고 총액기준 원천세 과세를 반복한다면 경제적 이중과세가 발생하게 된다.[111)]

1977년 OECD모델 개정시 '지급(paid to)' 용어를 '수익적 소유(beneficially owned by)' 용어로 대체한 이유는 동 조항이 제10조 제1항 및 제11조 제1항과는 다르고, 조문체계 때문이라고 할 수 있다. OECD모델 제12조는 원천지국 과세권을 허용하지 않기 때문에 제12조에 BO 조항을 도입할 수 있는 유일한 곳이 제1항이었기 때문이다. 따라서, 지급과 BO 용어는 양립할 수 있는 개념이며, BO 용어는 지급의 의미에 대한 명확화이며 구체화라고 할 수 있다.

BO 요건은 본 조문이 중간법인에 대한 지급과 관련하여 어떻게 적용되는지를 명확히 하기 위해 도입되었다. 이는 사용료 소득이 원천지국과 조약을 체결한 국가의 거주자에게 직접 지급되었다는 것만으로는 원천지국이 사용료 소득에 대한 과세권을 포기할 의무가 없다는 점을 분명히 한다. 따라서 BO 용어는 많은 보통법 국가들의 신탁법상 의미와 같이 좁은 기술적 의미로 사용되어서는 안 되고, 용어의 맥락과 이중과세 회피 및 탈세 방지를

111) Matthias Valta, *op.cit.*, p.989

포함한 조약의 목적에 비추어 이해되어야 한다.(OMC Art.12/4)

소득이 대리인 또는 지명인 자격으로 활동하는 일방체약국 거주자에게 지급되는 경우, 원천지국이 체약국의 거주자로서 소득의 직접 수취인이라는 지위 때문에 공제 또는 감면을 부여하는 것은 조약의 목적에 부합하지 않을 것이다. 이러한 상황에서 소득의 직접 수취인은 거주자 요건은 충족하지만, 거주지국의 조세목적 상 해당 소득의 소유자로서 간주되지 않기 때문에 잠재적 이중과세는 발생하지 않는다.(OMC Art.12/4.1) 왜냐하면, 대리인 또는 지명인은 수취소득을 자신의 과세표준에 포함하지 않을 것이기 때문에 수취소득의 BO가 아니다. 또한, 일방체약국의 거주자가 대리인 또는 지명인 관계에서가 아니라, 관련 소득의 혜택을 실제로 수취하는 다른 인을 위해 단순히 도관으로 활동하는 경우에도 원천지국이 공제 또는 감면 혜택을 부여하는 것은 역시 조약의 목적에 부합하지 않을 것이다.(OMC Art.12/4.2)

대리인, 지명인 및 도관회사는 다른 인에게 수취금액을 이전할 계약상 또는 법률상 의무에 의해 사용료를 사용 및 향유할 권리가 제약을 받기 때문에 BO가 아니다. 그러한 의무는 통상 관련 법적 문서로부터 연유하지만, 실질적으로 수취인이 다른 인에게 수취금액을 이전할 의무에 의해 제약을 받지 않고 사용료를 사용 및 향유할 권리를 명백히 가지고 있지 않은 것을 입증하는 사실관계 및 상황을 토대로 그러한 의무의 존재를 확인할 수도 있다. 다시 말해서, 사용료의 수취인이 다른 인에게 수취금액을 이전할 계약상 또는 법률상 의무에 의해 제약받지 않고 사용료를 사용 및 향유할 권리를 가지는 경우에만 수취인은 사용료의 BO에 해당한다. 또한, 제12조는 사용료와 관련된 권리 또는 자산의 소유자와는 달리 사용료의 BO만을 언급하고 있다는 점을 유념할 필요가 있다.(OMC Art.12/4.3)

사용료의 수취인이 BO로 간주된다는 사실이 제1항의 규정이 자동적으로 적용된다는 것을 의미하지는 않는다. 이 조항은 남용이 있는 경우에는 허용되어서는 안 된다. BO 개념은 다른 인에게 사용료를 전달할 의무가 있는 수취인을 중간에 끼워 넣는 방식의 일부 유형의 조세회피를 다루고 있는 반면, 다른 조약쇼핑 사례들을 다루고 있지는 않다. 따라서 그러한 사례들에 대처하기 위해 다른 접근방법들의 적용이 제한되어서는 안 된다.(OMC Art.12/4.4) 한편, 이 조문의 맥락상 BO의 의미는, 단체 또는 자산에 대한 궁극적 통제권을 행사하는 개인의 결정과 관련된 다른 법적 수단의 맥락에서 부여된 BO의 의미와는 구분되어야 한다. 예를 들어, 자금세탁방지기구(FATF)에서 규정하는 BO에 대한 다른 의미가 조세조약의 맥락에서 적용될 수는 없다.(OMC Art.12/4.5)

이 조문은 일방체약국에서 발생하고 타방체약국 거주자에 의해 수익적으로 소유되는 사용료만을 다룬다. 따라서 제3국에서 발생하는 사용료 및 일방체약국에서 발생하지만 일방체약국 기업이 타방체약국에 가지는 PE에 귀속되는 사용료에는 적용되지 않는다.(OMC 12/5) 또한, BO 거주지국에서 실제 과세되는 사용료만을 대상으로 원천지국의 면제혜택이 부여되는지 여부(subject-to-tax clause)는 다루지 않으므로 양자협상에 의해 해결될 수 있다.(OMC Art.12/5)

한편, 일방체약국에서 발생한 사용료의 BO가 타방체약국의 법인이고 그 법인의 주주가 그 타방국 이외의 거주자이며, 그 법인의 이윤이 배당으로 분배되지 않고 조세특례 혜택을 향유하는 비공개 투자회사 또는 기지회사인 경우, 해당 법인이 수취한 사용료에 대한 원천지국의 면제를 허용하는 것이 정당한지가 문제될 수 있다. 이에 대한 취급을 명확히 위해, 양자조약에서 이 조문의 과세원칙에 대한 예외조항을 합의하는 것이 적절할 수 있다.(OMC Art.12/7)

(3) UN모델

〈UN모델 제12조 제1항, 제2항 및 제5항〉

1. 일방체약국에서 발생하여 타방체약국의 거주자에게 지급되는 사용료는 그 타방국에서 과세될 수 있다.
2. 그러나, 해당 사용료는 발생한 체약국에서 그 국가의 법률에 따라서 역시 과세될 수 있다. 다만, 사용료의 수익적 소유자가 타방체약국의 거주자인 경우 부과되는 조세는 총 사용료금액의 ( )%(비율은 양자협상에 의해 설정된다)를 초과해서는 안 된다. 체약국의 권한있는 당국들은 이러한 제한의 적용방식을 상호합의에 의해 해결한다.
5. 사용료는 지급인이 일방체약국의 거주자일 때 해당 국가에서 발생한 것으로 간주된다. 그러나, 사용료를 지급하는 인이, 일방체약국의 거주자인지 여부에 상관없이, 사용료 지급의무의 발생과 관련하여 일방체약국에 PE 또는 고정 시설을 가지고 해당 사용료가 해당 PE 또는 고정시설에 의해 부담되는 경우, 해당 사용료는 PE 또는 고정시설이 소재한 국가에서 발생한 것으로 간주된다.

UN모델 제12조 제2항 전반부와 제5항은 사용료가 PE 또는 고정시설을 통해 발생되고 지급된 경우에는 지급인의 거주지국 또는 PE 또는 고정시설 소재지국의 원천 과세권을 규정하고 있다.

다. 제한세율의 적용배제

OECD모델 제12조 제3항 및 UN모델 제12조 제4항은 제10조 제4항 및 제11조 제4항과 유사한 PE 조항을 포함한다. 즉, 사용료 지급액이 PE와 실질적으로 관련되면 제12조가 적용되지 않고 제7조가 적용된다.

UN모델은 두 가지 조항을 추가로 포함하는데, 첫째 독립적 인적용역을 위해 사용된 고정시설과 실질적으로 관련된 사용료 지급액은 제12조 및 제14조에서 제외된다. 둘째, UN모델은 제7조 제1항 (c)호에 PE활동과 유사한 사업활동을 PE에 귀속시키는 제한적 흡인력 조항을 포함하고 있는데, 제12조 제4항은 제7조의 적용을 받는 PE에 흡인되는 사업활동 조항을 포함한다.

〈OECD모델 제12조 제3항〉

3. 제1항의 규정은 일방체약국의 거주자인 사용료의 수익적 소유자가 사용료가 발생하는 타방체약국에서 그곳에 소재한 PE를 통해 사업을 수행하고, 지급되는 사용료에 관한 권리 또는 자산이 해당 PE와 실질적으로 관련된 경우에는 적용되지 않는다. 그러한 경우 제7조의 규정이 적용된다.

〈UN모델 제12조 제4항〉

4. 제1항 및 제2항의 규정은 일방체약국의 거주자인 사용료의 수익적 소유자가 사용료가 발생하는 타방체약국에서 그곳에 소재한 PE를 통해 사업을 수행하거나 *또는 그곳에 소재한 고정시설로부터 독립적 인적용역을 수행하고,* 지급되는 사용료에 관한 권리 또는 자산이 a) 해당 PE 또는 고정시설과, 또는 b) 제7조 *제1항 (c)호에 언급된 사업활동들과* 실질적으로 관련된 경우에는 적용되지 않는다. 그러한 경우 제7조 *또는 제14조의* 규정이 적용된다.

본 조항은 사용료가 PE 자산의 일부를 구성하는 권리 또는 자산과 관련하여 지급되거나 또는 PE와 실질적으로 관련된 경우 타방국의 거주자인 BO가 소유하는 PE 이윤의 일부로서 원천지국에서 과세된다는 것을 규정하고 있다.(OMC Art.12/20) 사업소득 또는 독립적 인적용역소득으로 취급되기 위해서는 사용료의 원천이 되는 권리 또는 자산이 PE와 실질적으로 관련되어야 한다.

한편, 본 조항이 사용료 소득에 특례를 제공하는 국가들에 설립된 PE에 권리・자산을 이전함으로써 남용이 발생할 수 있다는 우려가 제기될 수 있다. 그러한 남용거래에 대해 국내법상 남용방지규정이 적용될 수 있다는 사실은 별론으로 하고, 특정 장소는 사업활동이 그곳에서 수행되는 경우에만 PE에 해당하고, 권리 또는 자산이 그 장소와 실질적으로 관련되어야 한다는 요건은 회계목적 상 PE의 장부에 권리·자산이 단순히 기록되는 것 이상을 요구한다는 점이 인식되어야 한다.(OMC Art.12/21) 경제적 실질 관념에 따라, 권리 또는 자산이 PE의 사업활동에 기능적으로 기여할 때에만 PE에 경제적으로 귀속된다고 할 수 있다. 사용료와 관련된 권리·자산의 경제적 소유권이 해당 PE에 배분되는 경우에는 해당 권리·자산이 PE와 실질적으로 관련되고, 따라서 사업자산의 일부를 구성할 것이다.(OMC Art.12/21.1)

라. 특수관계자 간 거래의 조정

〈OECD모델 제12조 제4항/UN모델 제12조 제6항〉

4. 지급인과 수익적 소유자 간 또는 그들 양자와 어떤 다른 인 간에 특별한 관계 때문에, 사용료금액이 그러한 관계가 없을 경우에 지급인과 수익적 소유자 간에 합의되었을 금액을 초과하는 경우, 사용료가 지급되는 사용, 권리 또는 정보를 고려하여, 이 조문의 규정은 특별한 관계가 없을 경우에 합의되었을 금액에만 적용된다. 그러한 경우, 초과지급 부분은 이 협약의 다른 규정들을 고려하여 각 체약국의 법률에 따라서 과세대상이 된다.

본 조항은 OECD/UN모델 제11조 제6항과 유사한 특별한 독립기업원칙을 포함하고 있다. 조문의 목적은 지급인과 BO 간 특별한 관계 때문에 사용료 지급액이 독립기업 상황에서 지급인과 BO 간에 합의했을 금액을 초과하는 경우 사용료 과세와 관련하여 이 조항의 적용을 제한하기 위함이다. 본 조항은 사용료금액의 조정만을 허용하는 것이고, 예컨대 사용료에 대해 자본공여 등 다른 성격으로 재구분하는 것을 허용하지는 않는다. 만약 그러한 조정이 가능하기 위해서는 최소한 "사용료가 지급되는 사용, 권리 또는 정보를 고려하여"의 제한 문구가 제거될 필요가 있을 것이다.(OMC Art.12/22) 따라서 독립기업 지급액을 초과하는 사용료금액은 제12조 적용에서 제외되며, 원천지국이 자유롭게 다른 조약규정에 따라서 초과금액에 대해 국내법을 적용할 수 있다.

특별한 관계(special relationship)는 사용료 약정과 별도로 존재하는 부채약정의 당사자 간 모든 인적, 계약적 또는 기타 법률적 연계성을 포함하는 광범위한 의미를 지닌다.

제3자를 경유하여 간접적으로도 특별한 관계가 성립될 수 있다. 그러나, 일방당사자가 상표권 사용권자에게 세부 디자인 및 품질기준을 부과하도록 허용하는 우월한 시장지배력은 특별한 관계를 구성하지 않는다.

또한, 원천지국은 OECD/UN모델 제24조 제4항에 따라서 지급인에 대해 특례적인 비용공제를 허용할 수도 있다. 이러한 방식으로 일부 국가들은 사용료를 통한 BEPS 행위를 허용하고 있다. OECD/UN모델 제24조 제4항의 첫 번째 문장은 초과금액이 사용료로 구분됨을 시사하지만, 여전히 일반적 소득유형의 범위에 포함되므로 제7조 또는 제21조가 적용될 수 있을 것이다. 통상 초과사용료는 그룹 내에서 발생하므로 숨겨진 자본에 대한 수익에 해당한다. 초과사용료가 제24조 제4항의 관점에서 여전히 사용료이기 때문에 제10조 배당에 대한 재구분은 가능하지 않다.(OMC Art.12/22) 그러나, 초과사용료는 애당초 의제배당으로서 제10조 제3항의 우선순위 조항에 따라 회사권으로부터 발생하는 소득에 해당한다고 할 수 있다.[112)]

3 국내법상 사용료소득

가. 국내 세법규정

우리나라 세법은 " i) 학술 또는 예술상의 저작물(영화필름 포함)의 저작권, 특허권, 상표권, 디자인, 모형, 도면, 비밀스러운 공식 또는 공정, 라디오 · 텔레비전방송용 필름 및 테이프, 그 밖에 이와 유사한 자산이나 권리, ii) 산업상 · 상업상 · 과학상의 지식 · 경험에 관한 정보 또는 노하우, iii) 사용지를 기준으로 국내원천소득 해당 여부를 규정하는 조세조약(사용지기준 조세조약)에서 사용료의 정의에 포함되는 그밖에 이와 유사한 재산 또는 권리(특허권, 실용신안권, 상표권, 디자인권 등 그 행사에 등록이 필요한 권리가 국내에서 등록되지 아니하였으나 그에 포함된 제조방법 · 기술 · 정보 등이 국내에서의 제조 · 생산과 관련되는 등 국내에서 사실상 실시되거나 사용되는 것을 말한다)에 해당하는 권리 · 자산 또는 정보를 국내에서 사용하거나 그 대가를 국내에서 지급하는 경우 그 대가 및 그 권리 등을 양도함으로써 발생하는 소득"을 국내원천 사용료소득으로 규정하고 있

112) Matthias Valta, *op.cit*, pp.1027-1028

다.(법법 §93 8호, 소법 §119 10호) 즉, 우리나라는 사용료소득의 원천지 기준으로 사용지 기준과 지급지 기준을 모두 채택하고 있다.

특히, 특허권의 속지주의 원칙에 입각한 대법원 판결의 취지를 감안하여 특허 등 무형자산의 활용과 관련된 원천지국의 과세권 확보를 위해 국내미등록(국외등록) 특허에 대한 사용대가 및 특허 침해에 대한 보상대가 관련 과세체계를 변경하였다.(2019.12.31. 개정, 2020.1.1. 지급 소득분부터 적용)

즉, 국내미등록 특허의 사용대가와 관련하여 2008년 개정된 종전 조항은 "특허권, 실용신안권, 상표권, 디자인권 등 권리의 행사에 등록이 필요한 권리(특허권 등)는 해당 특허권 등이 국외에서 등록되었고 국내에서 제조·판매 등에 사용된 경우에는 국내 등록 여부에 관계없이 국내에서 사용된 것으로 본다."는 원천지 판단의 특례를 규정하였으나, 2019년 개정된 조항에서는 과세대상 사용료 목록에 "사용지기준 조세조약에서 사용료의 정의에 포함되는 그밖에 이와 유사한 재산 또는 권리(특허권, 실용신안권, 상표권, 디자인권 등 그 행사에 등록이 필요한 권리가 국내에서 등록되지 아니하였으나 그에 포함된 제조방법·기술·정보 등이 국내에서의 제조·생산과 관련되는 등 국내에서 사실상 실시되거나 사용되는 것을 말한다)"를 추가하였다.

또한, 국내미등록(국외등록) 특허침해에 대한 보상대가는 특허 사용대가와 별도로 국내원천 기타소득 조항을 신설하여 "사용지기준 조세조약 상대국의 법인이 소유한 특허권 등으로서 국내에서 등록되지 아니하고 국외에서 등록된 특허권 등을 침해하여 발생하는 손해에 대하여 국내에서 지급하는 손해배상금·보상금·화해금·일실이익 또는 그밖에 이와 유사한 소득. 이 경우 해당 특허권 등에 포함된 제조방법·기술·정보 등이 국내에서의 제조·생산과 관련되는 등 국내에서 사실상 실시되거나 사용되는 것과 관련되어 지급하는 소득으로 한정한다."고 규정하고 있다.(법법 §93 10호 차목, 소법 §119 12호 카목) 아울러, 특허침해 보상대가에 대해서는 국내원천 기타소득에 대한 일반세율 20%를 적용하지 않고 조세조약 상 사용료 제한세율인 15% 원천징수세율 특례를 적용하도록 하였다.(법법 §98 ① 8호, 소법 §156 ① 8호)

나. 국내 판례동향

우리나라 법원은 외국법인에게 지급한 국내에 등록되지 않은 특허권의 사용대가에 대해서 특허권의 속지주의 원칙상 국내원천소득으로 볼 수 없다는 입장을 일관되게 견지하고 있다.

최근 한 대법원 판결은 "구 법인세법 제93조 제9호 단서 후문은 외국법인이 특허권 등을 국외에서 등록하였을 뿐 국내에서 등록하지 아니한 경우라도 그 특허권 등이 국내에서 제조·판매 등에 사용된 때에는 그 사용의 대가로 지급받는 소득을 국내원천소득으로 보도록 정하였으나, 국조법 제28조는 "비거주자 또는 외국법인의 국내원천소득의 구분에 관하여는 소득세법 제119조 및 법인세법 제93조에도 불구하고 조세조약이 우선하여 적용된다."라고 규정하고 있으므로, 국외에서 등록되었을 뿐 국내에는 등록되지 아니한 미국법인의 특허권 등이 국내에서 제조·판매 등에 사용된 경우 미국법인이 그 사용의 대가로 지급받는 소득을 국내원천소득으로 볼 것인지는 한·미 조세협약에 따라 판단하지 아니할 수 없다. 그런데, 한·미 조세협약의 문맥과 그 문언의 통상적 의미를 고려할 때, 한·미 조세협약 제6조 제3항, 제14조 제4항은 특허권의 속지주의 원칙상 특허권자가 특허물건을 독점적으로 생산, 사용, 양도, 대여, 수입 또는 전시하는 등의 특허실시에 관한 권리는 특허권이 등록된 국가의 영역 내에서만 그 효력이 미친다고 보아 미국법인이 국내에 특허권을 등록하여 국내에서 특허실시권을 가지는 경우에 그 특허실시권의 사용대가로 지급받는 소득만을 국내원천소득으로 정하였을 뿐이고, 한·미 조세협약의 해석상 특허권이 등록된 국가 외에서는 특허권의 침해가 발생할 수 없어 이를 사용하거나 그 사용의 대가를 지급한다는 것을 관념할 수도 없다. 따라서 미국법인이 특허권을 국외에서 등록하였을 뿐 국내에는 등록하지 아니한 경우에는 미국법인이 그와 관련하여 지급받는 소득은 그 사용의 대가가 될 수 없으므로 이를 국내원천소득으로 볼 수 없다."고 천명하고 있다.[113)]

특허권의 속지주의 원칙상 국내미등록 특허의 사용대가를 국내원천소득에서 제외하는 이러한 대법원의 태도에 대해서는 다음과 같은 점에서 비판이 제기될 수 있다. '사용'의 용어에 대해 조세조약에서 정의하고 있지 않기 때문에 조약적용국가인 우리나라 세법에서 사용의 개념에 '사실상 사용' 즉, 권리 등이 국내에 등록되지 아니하였더라도 그에 포함된 제조방법·기술·정보 등이 국내에서의 제조·생산과 관련되는 경우를 포함할 수 있다는 것이다. 한·미 조세조약 제6조 제3항은 "사용료는 어느 체약국 내의 동 재산의 사용 또는 사용할 권리에 대하여 지급되는 경우에만 동 체약국 내에 원천을 둔 소득으로 취급된다."

113) 대법원 2018.12.27. 선고 2016두42883 판결. 법인세법 제93조 제8호 다목 단서로 "국내에서 등록되지 아니하였으나 그에 포함된 제조방법·기술·정보 등이 국내에서의 제조·생산과 관련되는 등 국내에서 사실상 실시되거나 사용되는 것을 말한다."는 문구가 추가되기 전 같은 취지의 판결로 대법원 2014.12.11. 선고 2013두9670 판결; 대법원 2014.11.27. 선고 2012두18356 판결; 대법원 2007.9.7. 선고 2005두8641 판결; 대법원 1992.5.12. 선고 91누6887 판결 참조

고 규정하고 있는데, 이 중 '사용 또는 사용할 권리' 문구에서 '사용'은 특허권의 등록 여부에 불구하고 '사실상 사용'이면 모두 사용으로 보아야 한다는 견해이다. 특허권 이론상 속지주의라는 것은 누구의 권리가 어느 나라에 있는가에 관한 논의이지 어느 나라에서 다른 이가 그 권리를 사용할 경우 그가 그 나라에서 대가를 받을 수 없다는 것에 관한 논의는 아니라고 한다.[114] 다시 말해서, 특허권 속지주의는 특허 보호를 위해 마련된 개념이지 특허를 제조・생산에 사용할 때 적용하는 개념이 아니라는 것이다. 또한, 만약 '국내법상 사용'의 의미와 '조세조약 상 사용'의 의미가 상충되는 경우에는 권한있는 당국 간 상호합의를 통해 해결할 수 있음에도, 국내 법원이 입법자의 의도를 존중하지 않고 과세권을 쉽게 포기할 일은 아니라는 것이다. 그리고, 법원의 논리대로라면 사용할 수 없는 특허에 대해 사용료를 지급한 것이므로 외국법인에게 지급한 특허사용료는 업무와 관련없는 비용으로서 손금부인 될 수밖에 없어 특허사용 기업에 대한 추가 부담으로 작용할 것이다.[115]

〈그림 3-24〉 미국 미등록 특허의 사용대가에 대한 사용료소득 여부

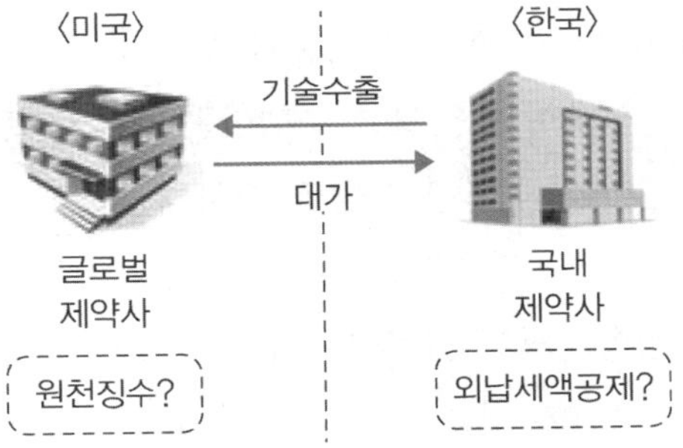

다음으로 앞서 살펴본 국내 미등록 특허의 사용대가와 반대의 상황을 가정해 보자. 위 〈그림 3-24〉 사례에서 보는 바와 같이, 국내 제약사들이 미국 글로벌 제약사에게 신약개발관련 기술을 수출(license-out)하고 계약체결과 함께 반환의무가 없는 선불금(소위 up-front payment)을 지급받는 경우[116] 이러한 대가가 한・미 조세조약상 사용료 소득으로서 미국 원천소득이 될 수 있는지가 문제될 수 있다. 이러한 선불금은 특허 전 단계, 즉 미등록 상태에서의 지급액이기 때문에 한・미 조세조약 제6조 제3항 및 우리나라 대법

114) 오윤, 전게서, p.210

115) 최선집, *논점 국제조세법*, 도서출판 홍익문화, 2019, p.236

116) 국내 제약사들이 신약개발 단계에서 기술을 수출하는 이유는 임상단계를 거쳐 신약 허가를 받기까지 수조원의 비용이 투입되고 성공 가능성도 낮기 때문에 국내기업 단독으로는 이러한 리스크를 감당하지 못하기 때문이라고 한다.

원 판단에 따를 경우 미국 내에서 동 재산의 사용을 관념할 수 없기 때문에 미국 원천소득으로 볼 수 없다. 따라서 이와 관련하여 미국에서 원천징수된 세액은 적법하게 납부된 세액이 아니므로 우리나라의 외국납부세액공제 대상에서 배제되어야 할 것이다.

한편, 소프트웨어의 도입대가와 관련하여 미국법인으로부터 워크스테이션용 S/W 및 마이크로스테이션용 S/W를 수입・판매하면서 지급한 대가가 한・미 조세조약상 사용료소득에 해당하는지가 다투어진 사안에서, 법원은 "S/W 수입이 노하우 또는 기술을 도입한 것인지 여부를 판단함에 있어서는 특별한 사정이 없는 한 외국의 S/W 공급자로부터 복제판매권 등을 수여받지 아니한 채 외국 공급자가 스스로 복제하여 만든 S/W 복제물을 그대로 수입하여 사용하거나 판매한 경우에는 S/W를 상품으로 수입하는 것으로 볼 것이고, 그밖에 해당 S/W의 비공개 원시코드가 제공되는 경우, 원시코드가 제공되지 않더라도 국내도입자의 개별적인 주문에 의해 제작・개작된 S/W가 제공된 경우 및 S/W의 지급대가가 해당 S/W의 사용형태 또는 재생산량의 규모 등 S/W의 사용과 관련된 일정기준에 기초하여 결정되는 경우 등에는 노하우 또는 기술을 도입하는 것으로 볼 수 있다"고 언급하면서, "이 사건 S/W는 그 기능과 성질상 구입회사들의 토지・건물의 전산화나 설계업무 자동화를 보조하는 역할을 수행하는 것으로 별도의 독립적 기능이 있는 것은 아닌 사실, (…) 구입하는 과정에서 원고 회사의 직원들로부터 운영방법에 관하여 간단한 설명을 들었을 뿐 별도의 기술지원이나 기술전수는 없었으며, (…) 이미 많은 경쟁제품들이 있고 가격이 정형화되어 있어서 구입회사들은 소개책자 등을 통하여 제품들을 비교 선택한 후 원고가 수입한 것을 수입시 현상대로 구입한 것이고, 개별적인 주문에 의하여 제작되거나 개작된 S/W를 제공받은 적이 없는 사실, (…) 이 사건 S/W는 범용 S/W로서 외국의 S/W 공급업자가 스스로 S/W를 복제하여 판매한 상품에 불과하다고 봄이 상당하다 할 것이고 달리 (…) 노하우의 전수라고는 보기 어렵다 할 것이므로 그 각 도입대가를 판매업체의 국내원천소득인 사용료 소득으로 보고서 한 피고의 이 사건 처분은 위법하다"고 판시하였다.[117]

반면에, 아래 〈그림 3-25〉 사례에서 보는 바와 같이 외국법인(PCo)의 국내자회사(SCo)가 국내 기업들에게 컴퓨터지원설계(CAD) S/W 및 제품수명주기관리(PLM) S/W를 설치・판매하고 유지보수, 컨설팅 등 용역을 제공하고 지급받은 소득의 성격을 다툰 사안을 살펴보자.

117) 대법원 1997.12.12. 선고 97누4005 판결; 대법원 1995.4.11. 선고 94누15653 판결; 대법원 2000.1.21. 선고 97누11065 판결 등 참조

〈그림 3-25〉 S/W 판매관련 소득구분 판단사례

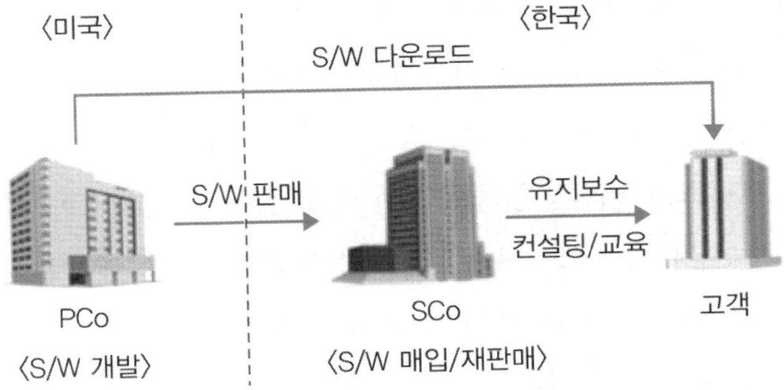

이 사건과 관련하여, 법원은 "이 사건 S/W가 i) PCo의 장기간에 걸친 기술·경험·정보가 축적되어 개발된 것으로서 (…) 국내에서 이와 같은 수준의 CAD 프로그램을 새로이 개발·공급하는 것은 사실상 불가능하고, ii) 여러 개의 모듈의 묶음으로 되어 있고 모듈별로 그 가격이 다양하며 사용자는 자신의 업종과 업무내용 등에 따라 모듈 구성을 달리하여 이 사건 S/W를 구입하고 있으며, iii) 이로 인해 원고는 사용자와 S/W 구매계약을 체결하기 전에 필수적으로 사용자의 요구사항 및 시스템 환경을 분석하여 이에 적합한 S/W 솔루션을 제시하고 있고(Pre-Sales), iv) 사용방법 자체가 상당한 기술을 필요로 하여 사용자의 지식·경험이나 사용자에 대한 교육이 반드시 필요하며, 유지보수 서비스를 통해 최초 1년 동안은 (…) 관련 기술을 지원하여야 하므로 범용성이 있다고 보기 어려우며, v) 이 사건 배급계약에 이 사건 S/W와 관련한 비밀정보를 제3자에게 공개할 수 없다는 내용이 포함되어 있고, vi) 원고는 미국 PCo 그룹의 자회사로서 PCo로부터 이 사건 S/W와 관련한 교육을 제공받고 내부전산망에 있는 유지보수 관련 D/B를 통해 전 세계에서 문제된 사례들을 공유하고 있으며, (…) 이 사건 지급금의 지급비율이 원고의 영업이익률에 따라 사후적으로 조정되기도 하였다"고 언급하였다. 결론적으로, 법원은 원고가 PCo로부터 단순히 상품으로서 이 사건 S/W(모듈)를 구입한 것이 아니라 이 사건 S/W에 대한 a) 국내마케팅, 유통 및 계약체결권, b) 컨설팅, 교육서비스 제공권, c) 유지보수 서비스 제공권 등의 대가로 이 사건 배급계약에 따라 지급금을 지급한 것이므로, "그 도입대가를 외국법인의 국내원천소득인 사용료소득으로 본 피고의 이 사건 처분은 적법"하다고 판시하였다.[118)]

또한, 국내통신사업자가 통신위성 또는 인터넷망 등의 이용대가로 해외통신위성사업자

118) 서울고등법원 2020.12.23. 선고 2020누30681 판결; 서울행정법원 2019.12.12. 선고 2017구합77794 판결

또는 해외통신사업자에게 지급한 대가의 사용료소득 해당 여부가 다투어진 사안에서, 법원은 "원고가 외국법인들과 체결한 이 사건 계약의 목적은 통신위성의 중계기 중 일부나 해저케이블의 일부를 배타적으로 사용하고자 한 것이기보다는 외국법인들이 제공하는 통신위성이나 해저케이블 등을 통한 전파의 송수신서비스를 이용하고자 한 것이고, 이 사건 계약의 목적 달성은 원고가 외국법인들이 수행하고 있는 통신사업에 관련된 서비스를 전체적으로 제공받음으로써 비로소 가능한 것이지 단순히 중계기의 일부 대역이나 해저케이블망 등만을 임차하여서는 불가능하다고 보이는 점, (…) 등에 비추어 보면 이 사건 외국법인들은 국외에서 자신의 통신위성 또는 인터넷망을 가지고 수행하고 있는 통신사업 혹은 그 서비스의 일부(위성을 이용한 전파의 중계와 인터넷망을 이용한 데이터의 송수신)를 원고에게 제공한 것이라고 볼 수 있을지언정, 통신위성의 일부인 중계기나 케이블 등의 장비 또는 설비를 원고에게 임대하여 원고로 하여금 이를 사용하게 한 것이라고 볼 수는 없다 할 것이므로, (…) 사용료 소득에 해당되지 아니한다고 봄이 상당하다"고 판시하였다.[119]

그리고, 국제공인자격시험센터를 운영하기 위하여 외국법인(Sylvan)으로부터 시험문제 및 관련 S/W의 제공에 관한 계약을 체결하고 지급한 대가의 원천징수 여부가 다투어진 사안에서, 법원은 "(…) 원고가 제공받은 위 시스템 또는 S/W 등은 그 기능과 특약내용 등 기타 제반사정에 비추어 '노하우'에 해당한다고 봄이 상당한 점, (…) 원고는 응시자들로부터 수취한 응시료 및 그로 인하여 발생하는 조세와는 무관하게 Sylvan이 제시하는 기준 응시료에서 응시자 수에 따라 연동하는 일정 금액을 공제하는 방식으로 자신의 몫을 공제한 나머지 금원을 Sylvan에게 송금한 점, (…) 등에 비추어, 이 사건 쟁점 금원은 시험문제 및 시험실시에 필요한 S/W의 사용대가로 Sylvan에게 지급한 것으로서 구 법인세법 제93조 제9호 (나)목 및 한·호 조세조약 제12조 제3호에서 정한 사용료소득(국내원천소득)에 해당한다"고 판시하였다.[120]

반면에, 독일법인이 국내 제철회사와 일관제철소 설비구매계약을 체결하여 코크 오븐 플랜트 및 가스정제 플랜트 등의 공사를 위한 설비의 공급, 설계 및 엔지니어링, 감리 등의 용역을 제공하고 지급받은 대가의 사용료소득 해당 여부가 다투어진 사안에서, 법원은

---

119) 대법원 2008.1.18. 선고 2005두16475 판결: 참고로, '산업상·상업상 또는 과학상의 기계·설비·장치 기타 대통령령이 정하는 용구의 임대소득'은 과거 사용료소득으로 분류되었으나 2003.12.30. 세법 개정을 통해 사용료소득에서 제외하고 '선박·항공기 등 임대소득' 항목에 포함되게 되었다.

120) 대법원 2010.1.28. 선고 2007두7574 판결

"① 이 사건 계약의 주된 목적은 원고가 특정한 사양의 이 사건 각 플랜트 설비를 공급하는 것이고, 각 플랜트의 설비에 관한 설계 및 엔지니어링 용역은 플랜트 설비를 공급하는데 필수적으로 수반되는 설계 및 도면작성 작업인 점, ② 이 사건 용역이 고도의 기술력을 필요로 하는 것이라 하더라도 동종의 용역수행자가 통상적으로 보유하는 전문적 지식이나 특별한 기능으로는 수행할 수 없는 수준이라고 단정할 수 없는 점, ③ 이 사건 계약상 비밀보호 조항은 쌍방에게 동등하게 비밀보호 의무를 부과하는 것으로서 일반적인 용역계약 또는 판매계약에서 전형적으로 사용되는 내용인 점, ④ 이 사건 용역이 약 2년 6개월의 장기간에 걸쳐 이행되었고 이 사건 설계대금은 대부분 인건비 등 실비변상적 요소로 지출되는 등 이 사건 설계대금이 인적용역의 대가로 보기에 지나치게 높은 금액이라고 보기도 어려운 점, ⑤ 이 사건 계약에 따라 원고는 이 사건 용역의 이행과 결과를 보증하고 있는 점, ⑥ 원고가 보유한 (…) 비공개 기술정보가 이 사건 용역의 수행과정에서 일부 공개 또는 이전되었을 가능성이 있으나 이는 인적용역의 제공과정에서 부수적으로 발생한 것으로 보이는 점 등을 종합하여 보면, (…) 원고가 지급받은 이 사건 설계대금은 인적용역의 대가로서 한·독 조세조약 제7조에 의하여 국내에서 원천납세의무가 없다는 이유로, 이와 다른 전제에서 피고가 한 이 사건 처분은 위법하다"고 판시하였다.[121)]

121) 대법원 2015.6.24. 선고 2015두950 판결

제6장 국내원천 양도소득

1 개요

가. 의의

양도소득에 대한 과세는 국가별로 상당히 다르다. 양도소득에 대한 과세 여부 및 과세 방식은 각 체약국의 국내법에 따라 결정된다.(OMC Art.13/3) 양도소득을 과세소득으로 간주하지 않는 국가들도 있고, 기업의 양도소득은 과세하지만, 개인의 사업활동과 무관한 양도소득은 과세하지 않는 국가들도 있다. 개인의 사업활동과 무관한 양도소득에 대해 과세하는 경우에도 부동산 양도소득 또는 투기소득 등 특정 경우에만 과세하는 경우도 있다.(OMC Art.13/1)

자산 및 자산에서 발생하는 소득 모두에 대한 과세권을 가진 국가에게 특정 자산의 양도소득에 대한 과세권을 부여하는 것이 통상적이다. 사업용 자산의 양도소득 과세권은 그 소득이 양도소득인지 또는 사업소득인지 여부에 관계없이 동일한 국가에게 부여되어야 한다. 따라서 양도소득과 사업소득 간의 구별이 필요없다. 그러나, 양도소득세 또는 일반소득세가 부과되어야 하는지 여부는 과세국가의 국내법에 의해 결정된다.(OMC Art.13/4)

나. 양도의 의미 및 대상

'양도(alienation)' 용어는 OECD/UN모델에서 정의하고 있지 않지만, 탈세 방지라는 양도소득 과세의 목적에 비추어 가능한 한 독립적으로 해석되어야 한다. 양도와 경제적·법률적으로 유사한 거래 또는 사건은 탈세를 방지하기 위해 조세조약 상 기타소득 조항 대신에 양도소득 조항이 적용되어야 한다.

양도는 자산 또는 자산의 일부를 시간적 제한없이 다른 인에게 처분할 권한의 이전을 의미한다.(OMC Art.13/5) 자산의 양도는 자산의 양도, 부분양도 또는 교환, 현물주식 교부,

수용 등을 포함한다. 이들 자산의 이전은 일방체약국의 국내법이 각 이익을 다르게 구분(예컨대, 사업소득)할지라도 조약법상 양도로 취급되어야 한다.

양도소득 과세를 하는 대부분의 국가들은 자본적 자산(capital assets)의 양도가 발생할 때 과세한다. 그러나, 일부 국가들은 실현된 양도소득에 대해서만 과세한다. 특정 상황에서는 가령, 양도대금이 신규 자산의 취득에 사용되는 경우에는 조세목적 상 양도소득이 인식되지 않는다. 실현이 되었는지 여부는 국내법에 따라서 결정되어야 한다. 과세권을 가진 국가가 양도 발생시점에서 과세권을 행사하지 않는 경우 특별한 문제가 발생하지는 않는다.(OMC Art.13/6)

자본적 자산의 양도와 관계없는 가치증가는 소유자가 자산을 여전히 보유하고 있고 양도소득이 서류상 존재하는 한 과세되지 않는다.(OMC Art.13.7) 그러나, 소유자가 자산의 장부를 재평가하는 경우 등 특별한 상황에서는 양도되지 않은 자산의 가치증가에 대해서도 과세될 수 있다. 그러한 장부상 자산재평가는 통화 평가절하의 경우에도 발생할 수 있다. A국과 B국 간 통화의 환율차이로 인해 추가 문제가 발생할 수 있다. A국 통화의 평가절하 이후에 A국 기업은 해외에 소재한 자산의 장부가치를 증가시켜야 할 수도 있다. 예를 들어, A국 기업이 B국에 소재한 부동산을 매입하여 매각한 경우, B국 통화기준으로 취득 및 양도가격이 동일하다면 B국에서 양도소득은 없다. 그러나, B국 통화가치가 A국 통화 대비 자산의 취득 및 양도 시점 사이에 증가(감소)한다면, B국 통화기준으로 해당 기업에 이윤(손실)이 발생할 것이다. 그러한 외화환산이익(손실)은 외화채권 및 채무와 관련해서도 역시 발생할 수 있다. A국 기업의 B국 소재 PE의 B/S상 채권과 채무가 B국 통화기준으로 표시되어 있다면 상환이 발생할 때 PE의 장부는 이익 또는 손실을 표시하지 않는다. 그러나, 환율의 변화가 A국 본점계정에 반영될 수 있는데, B국의 통화가치가 채권 발생과 상환 시점 간에 증가(감소)한 경우 기업 전체적으로는 이윤(손실)을 실현할 것이다.(OMC Art.13/16)

다수 국가들은 이러한 장부상 이윤, 충당금불입액, 납입자본금 증가액 및 기타 자본적 자산의 장부상 가치의 조정에서 발생하는 재평가에 대해서 특별세를 부과한다.[122] 자본평가세(taxes on capital appreciation)도 OECD/UN모델 제2조(대상조세)에 포함된다.(OMC Art.13/8)

일반적으로 모든 경제적 재화, 자산 및 기타 청구권이 양도의 대상이 될 수 있다. 양도

122) 우리나라의 경우 일반적인 재평가차익에 대해서는 조세가 부과되지 않지만, 보험업법 등 개별 법률에 의한 재평가차익에 대해서는 법인세가 별도 부과된다.

대상이 수익을 창출하는지 여부와는 무관하다. 원칙적으로, 사업상 또는 개인적 자산인지 여부, 유형자산 또는 무형자산 여부, 소재하는 장소와도 무관하다. 그러나, 유동자산의 대부분, 특히 사업용 자산(business property)에 속하는 것은 OECD/UN모델 제13조의 적용범위에서 제외된다. 사업소득은 '자본'에서 발생하는 것이 아니라 본질적으로 '활동'에서 발생하기 때문이다. 운송 및 재화의 판매, 그리고 고객에 대한 정보용역의 제공에도 동일한 원칙이 적용되는데, 이러한 이윤들은 사업소득이다. 자산의 일부도 양도대상이 될 수 있다. 화폐청구권 또는 비트코인과 같은 가상통화뿐만 아니라 화폐도 양도의 대상이 될 수 있다. 이 경우 양도소득은 통상 환율로부터 발생한 이익이다.[123]

2 조세조약 상 양도소득

가. 의의

OECD/UN모델 제13조는 일반 양도소득세 및 이와 독립된 특별 양도소득세를 모두 포함하는데, 부동산 양도소득세 또는 일반 양도소득세 및 자본평가세에 적용된다. 그러한 조세들은 각각의 양도소득 또는 연간 발생된 양도소득의 합계에, 주로 납세자의 다른 소득 또는 손실을 고려하지 않는 특별세율로 부과된다.(OMC Art.13/2)

조약법상 양도 용어의 의미는 OECD/UN모델 제3조 제2항에 따라 국내법에 따라서 정의된다. 예를 들어, 국내법상 특허, 유치권 및 신주인수권과 같이 단지 한번 행사되는 권리의 이전은 그를 행사함으로써 권리를 사용한 것과 동일시 될 수 있다. 이러한 경우 권리의 사용은 제13조 의미상 양도에 해당한다고 평가할 수 있다. 마찬가지로 보험차익이 비밀적립금의 실현을 가져온다면 양도소득으로 취급될 수 있다. 이는 가령, 자산 또는 사업기능의 해외이전, 외국으로 이주하는 납세자, 법인의 거주지 변경 등 양도의 대용물에도 적용된다. 국내법이 이들을 자산의 양도와 동일한 법률적 효과를 부여하는 한 제13조가 적용된다고 할 수 있다.

양도 용어와 마찬가지로 소득 또는 차익(gain)도 동일하게 정의되어야 한다. 먼저, 국내법과 독립적인 조약상 해석에서 차익은 기초자산의 양도 대가를 구성하는 모든 금전상

123) Ekkehart Reimer, "Article 13: Capital Gains", *Klaus Vogel On Double Taxation Convention*, Wolters Kluwer(4th ed.), 2015, p.1050

또는 현물상 이익이다. 그러나, 만약 조약적용국가의 국내법이 유사 양도를 실제 양도와 동일한 것으로 보는 경우 그러한 대가에 대한 규범적이고 관념적인 대용물도 역시 양도소득에 해당할 수 있다.

양도와 체약국 법률에 의해 과세되는 자산의 가치증가 간의 연계성에 대해 조약법상 요구사항은 없다. 따라서, 일방체약국이 납세자의 거주지 이전에 대해 또는 자산 자체의 이전에 대해 해당 국가의 국내법에 따라 출국세(exit tax)를 부과하는 경우, 제13조의 '소득'에 해당할 것이다.

제13조는 양도소득의 원천에 대해 차별하지 않는다. 따라서 장기간 발생했든, 단기간에 발생했든 관계없이 모든 양도소득을 포함한다.(OMC Art.13/11) 제7조와 유사하게 조약해석을 통해 제13조의 범위에 양도손실을 포함하는 것을 상정할 수 없는 것은 아니지만, 양도손실과 관련된 모든 이슈들은 국내법에 맡겨져 있다. 예를 들어, EU법 체계에서 상응하는 소득이 조약상 면제되는 경우 어느 정도, 그리고 (소급공제 또는 이월공제가 허용될 경우) 얼마나 오랜 기간의 양도손실이 과세표준에 포함되어야 하는지 또는 포함되어서는 안 되는지를 결정하는 것은 국내법의 문제이다.[124)]

제13조는 양도소득의 계산에 대해서는 규율하지 않으며, 이는 전적으로 체약국들에게 맡겨져 있다. 일반적으로 양도소득은 양도가액에서 취득가액을 공제하는데, 취득가액은 취득에 소요된 비용과 자본적 지출이 가산된다. 어떤 경우에는 감가상각비용 공제 후 원가가 고려된다.(OMC Art.13/12) 제13조는 특정 양도소득의 과세표준에 영향을 미칠 수 있는 요소들에 대한 어떤 규정도 포함하지 않는다. 특히, 장부상 또는 역사적 취득원가, 근저당비용, 인지세, 출국세 등 어떤 비용이 양도가액에서 공제가능한지는 각 체약국들의 재량에 달려있다. 이들 각 요소들의 평가에 사용되는 수량화 방법도 마찬가지이다.

납세자가 생산 또는 가공한 자산의 양도는 양도소득이 아니라 사업소득 조항이 적용된다. 종업원에게 부여된 스톡옵션과 관련한 이익의 경우 구분이 필요하다. 종업원이 스톡옵션을 행사할 때 얻는 특정 이익은 대부분의 경우 근로소득일 것이다.(OMC Art.15/12.2) 반면에, 스톡옵션 행사 후 취득한 주식의 양도는 통상 고용관계와 무관한 양도소득이다.

지급기간 또는 금액의 관점에서 양도 시점에서 불확실한 미래 사건에 의존하여 이루어지는 경우 반복적 지급금을 양도소득으로 규정하는 것은 논란이 있을 수 있다. 즉, 양도자산의 대가가 고정가액이 아니고, 경제적 성격상 위자료 또는 생명보험 요소를 포함하는

124) Ekkehart Reimer, *op.cit*, p.1053

경우에 그렇다. 그러한 연금 성격의 지급금이 취득원가를 초과하는 경우 자산의 양도소득 또는 기타소득으로 다루어져야 하는지가 문제되는데, 한 가지 원칙을 부여하는 것은 어렵다. 양 체약국들은 자유롭게 MAP에 의한 해결책을 강구할 수 있다.(OMC Art.13/18)

양도소득세는 통상 매각, 합병, 구조조정 등 방식의 양도에 대해 부과되는데 비해, 부유세 및 기타 자본세는 흔히 순자산가치(채무는 공제)에 대해 정규적으로 부과되는 세금이다. 그러나 제13조와 제22조(자본)는 조문의 체계가 유사하고 동일한 과세권 배분원칙이 적용되므로 밀접한 유사성이 있다.

OECD/UN모델 제13조 제1항에서 제4항까지는 양도자산이 소재한 국가에서 과세될 수 있는 소득에 대해 다룬다.(OMC Art.13/22) 그리고 이 조항들에 포함되지 않는 모든 자산들은 포괄조항인 제5항에서 양도인의 거주지국에 전속적 과세권을 부여하고 있다.

나. 부동산 양도소득

〈OECD/UN모델 제13조 제1항〉

1. 제6조에서 언급된 타방체약국에 소재한 부동산의 양도로부터 일방체약국의 거주자가 수취하는 소득은 그 타방국에서 과세될 수 있다.

제1항은 부동산 양도소득이 부동산 소재지국에서 과세될 수 있다고 규정한다. 이러한 원칙은 제6조(부동산소득) 및 제22조(자본) 제1항의 조항과 일치한다. 또한, 본 조항은 기업의 사업용 자산의 일부인 부동산에도 역시 적용된다. 따라서 기업이 외국에서 판매목적으로 건축한 콘도미니엄, 휴양주택의 양도소득에도 적용된다. 부동산(immovable property)의 정의는 제6조 제2항의 정의 조항이 적용된다. 본 조항은 일방체약국의 거주자가 타방체약국에 소재한 부동산의 양도로부터 수취하는 소득만을 다루기 때문에, 양도인이 소재한 체약국(거주지국) 또는 제3국에 소재한 부동산의 양도소득은 포함되지 않는다. 이 경우에는 제21조가 아니라 제13조 제5항이 적용된다.(OMC Art.13/22)

부동산법인의 주식을 포함하여, 주식은 일반적으로 동산이므로 본 조항의 적용을 받지 않는다. 따라서 제13조 제4항은 부동산법인 주식의 양도차익은 제1항과 동일하게 과세되도록 규정하고 있다. 이 조문 때문에 과거 이중비과세의 혜택을 누렸던 납세자는 더이상 법인을 중간에 끼워 넣음으로써 원천지국 과세를 회피할 수 없게 되었다.

한편, US모델은 OECD/UN모델과 달리, 제1항에 부동산(real property) 용어를 사용하면서 제2항에서는 부동산의 의미를 주식을 취득할 권리를 포함한 부동산법인의 주식, 그리고 부동산으로 구성된 파트너십 또는 신탁자산에 대한 지분으로 확장하는 '부동산 지분(real property interest)'이라는 개념을 사용함으로써 OECD/UN모델 제13조 제4항과 같은 특별규정을 대체하고 있다.

일부 국가 간 조세조약은 OECD/UN모델 제13조는 물론 제21조에 상응하는 규정도 두고 있지 않는데, 이 경우 부동산 양도소득은 국내법에 따라서 제한없이 과세할 수 있다.[125] 한국・룩셈부르크 조세조약에도 양도소득 조문이 없는데, 룩셈부르크 거주자가 한국에서 양도소득을 얻는 경우 동 조약 의정서에 따라서 제21조(기타소득)가 적용되지 않고 국내법에 따라 과세된다.[126]

다. 사업용 동산의 양도소득

〈OECD모델 제13조 제2항〉

2. 일방체약국의 기업이 타방국에 가지고 있는 PE의 사업용 자산의 일부인 동산의 양도로부터 발생하는 소득은, 단독으로 또는 기업 전체와 함께 해당 PE의 양도로부터 발생하는 소득을 포함하여, 해당 타방국에서 과세될 수 있다.

〈UN모델 제13조 제2항〉

2. 일방체약국의 기업이 타방국에 가지고 있는 PE의 사업용 자산의 일부인 동산 *또는 일방체약국의 거주자가 독립적 인적용역의 수행을 위해 타방국에서 이용하는 고정 시설과 관련된 동산*의 양도로부터 발생하는 소득은, 단독으로 또는 기업 전체와 함께 해당 PE 또는 해당 고정시설의 양도로부터 발생하는 소득을 포함하여, 해당 타방국에서 과세될 수 있다.

(1) 의의

제2항은 기업의 PE의 사업용 자산의 일부인 동산을 다룬다. 동산은 제1항의 부동산을 제외한 모든 자산, 즉 영업권, 라이선스, 배출허가권 등 무체재산권도 역시 포함한다. 그러

125) Ekkehart Reimer, *op.cit*, p.1061

126) 이용섭・이동신, 전게서, p.333

한 자산의 양도소득은 제7조 사업소득에 대한 원칙과 마찬가지로 PE 소재지국에서 과세될 수 있다.(OMC Art.13/24) 본 조항은 PE의 흡인력 개념에 토대하지 않고, 단지 PE의 사업용 자산의 일부인 동산의 양도소득이 PE 소재지국에서 과세될 수 있다는 점을 규정할 뿐이다. 따라서 양도된 자산이 PE에 귀속되지 않는 경우에는 OECD모델 제5항 또는 UN모델 제6항에서 규정된 대로 양도인의 거주지국에서만 과세된다.(OMC Art.13/27) 본 조항의 목적 상, 자산은 자산의 경제적 소유권이 PE에 귀속될 때에 PE의 사업용 자산의 일부를 구성할 것이다. 따라서 단순히 자산이 회계목적 상 PE의 재무제표에 기록되었다는 사실만으로는 해당 자산이 PE와 실질적으로 관련되었다고 결론짓기에 충분하지 않을 것이다.(OMC Art.13/27.1)

한편, 본 조항은 PE의 동산이 양도될 때 뿐만 아니라 PE 자체가 단독으로 또는 기업 전체와 함께 양도될 때에도 적용된다. 만약 기업 전체가 양도되는 경우, 그 규정은 PE의 사업용 자산의 일부인 동산의 양도에서 발생한 것으로 간주되는 소득에 적용된다. 제7조의 원칙들이 명시적 언급이 없더라도 준용되어야 한다.(OMC Art.13/25) 일부 국가의 경우, 자국 내에 소재하는 PE의 자산을 타방국에 소재하는 동일 기업의 본점 또는 PE에게 양도하는 것을 자산의 양도와 동일시하는데, 그러한 과세가 제7조와 부합하기만 하다면, 해당 양도와 관련하여 발생한 것으로 간주하는 이윤에 대해 PE국가에서 과세할 수도 있다.(OMC Art.13/10)

(2) 사업용 동산인 투자주식의 경우

법인 및 파트너쉽의 주식은 보유주식 수에 관계없이 제2항의 의미상 사업용 자산이 될 수 있다. 반면, UN모델은 제5항에서 상당한 지분에 대한 특별규정을 포함하고 있다. 그러나, 본 조항이 기업의 지분에 대한 양도소득에 항상 적용될 수 있는 것은 아니고, 양도인이 전부 또는 타인과 공동으로 소유하고 있는 자산에만 적용된다. 일부 국가의 경우 파트너쉽의 자산을 파트너들의 소유로 간주하는 반면, 다른 국가들은 파트너쉽 등을 조세목적 상 파트너들과 구별되는 법인단체로 취급한다. 이 경우 그러한 단체에 대한 지분은 법인주식과 같이 취급되고, 따라서 파트너쉽 지분의 양도소득은 주식양도소득과 같이 취급된다. 체약국들은 파트너쉽 지분의 양도소득에 대한 과세를 규율하는 특별원칙들을 양자가 자유롭게 합의할 수 있다.(OMC Art.13/26)

특별 영업자산의 일부를 구성하는 법인에 대한 지분은 반드시 파트너의 PE의 사업용

자산인 것은 아니다. 해당 자산이 PE의 자산을 구성하기 위해서는 단순히 법률적이 아닌 실질적으로 PE에 귀속될 것이 요구된다. PE국가에서 파트너쉽 자체가 아니라 파트너들에 대해 과세하는 경우, PE는 지분비율에 따라서 파트너들의 PE가 된다. 이 경우 파트너쉽 지분의 양도는 해당 PE의 양도 또는 파트너 PE들의 양도이다. 따라서 본 조항은 파트너쉽이 법률에 의해 투과단체로 취급되는 경우에는 원칙적으로 특별 영업자산의 양도소득뿐만 아니라 파트너쉽 지분의 양도소득에도 역시 적용된다. 파트너쉽이 비투과단체로 취급되는 경우에는 주주인 파트너들의 거주지국 과세가 적용된다.

파트너쉽에 대한 현물출자, 신규 파트너들의 가입 또는 파트너쉽의 합병의 경우 투자지분 소득이 발생할 수 있다. 이들은 본 조항이 적용되는 기업의 양도소득이다. 이는 사업용 동산 또는 파트너 지분의 법인에의 출연에도 동일하게 적용된다. 법인이 파트너쉽에 합병될 때는 만약 합병 전 법인에 대한 지분이 PE의 사업용 자산에 속한다면 파트너쉽에 본 조항이 적용되는 합병차익이 발생할 수 있다.

라. 국제운항 선박 및 항공기의 양도소득

〈OECD/UN모델 제13조 제3항〉

3. 국제운수에서 선박 또는 항공기를 운행하는 일방체약국의 기업이 동 선박 또는 항공기의, 또는 동 선박 또는 항공기의 운행과 관련된 동산의 양도로부터 얻는 소득은 해당 국가에서만 과세된다.

제3항은 OECD/UN모델 제13조 제2항에 대한 특별규정이다. 본 조항은 제8조(국제운수소득) 및 제22조(자본) 제3항의 규정과 일치한다.(OMC Art.13/28)기업의 실질적 관리장소가 소재한 국가에 전속적 과세권을 부여하는 것을 선호하는 체약국들은 자유롭게 양자협약에서 본 조항을 OECD모델 제8조 주석에서 제시된 규정으로 대체할 수 있다.(OMC Art.8/2 & 3) 본 조항은 2017년 OECD모델 개정시 대부분의 국가들이 기업의 거주지국에 과세권을 배분하는 것을 선호하는 점을 반영하기 위해 제8조 제1항과 함께 개정되었다.

본 조항은 자산의 양도기업 자체가 자신의 운송활동을 위해 선박 또는 항공기를 운영하는 경우에 적용된다. 즉, 능동적으로 기업을 경영하지 않고 전적으로 수동적으로만 존재하는 선박 소유주 또는 공동소유주, 예컨대 투과단체 투자펀드의 투자자들에게는 적용되지 않는다. 예컨대, 기업이 해당 자산을 타인에게 임대하는 경우 등 선박・항공기 소유기업이 자신들을 위해 운영하지 않는 경우에는 적용하지 않는데, 이 경우 자산 또는 관련된 동산의 진정한 소유주에게 발생하는 소득은 제2항 또는 제5항에 포함될 것이다.(OMC Art.13/28.1)

마. 부동산법인 주식의 양도소득

〈OECD/UN모델 제13조 제4항〉

4. 일방체약국의 거주자가 양도 이전 365일 중 어느 때라도 타방체약국에 소재하는 제6조에서 정의된 부동산으로부터 직・간접적으로 그들 가치의 50% 이상을 얻는 주식의 양도, 또는 파트너쉽 또는 신탁 지분 등 비교가능한 지분의 양도에서 발생하는 소득은 그 타방체약국에서 과세될 수 있다.

본 조항은 주로 부동산에서 가치가 발생하는 법인의 주식 또는 이와 유사한 지분의 양도차익에 대해 제1항의 부동산 양도차익과 동일하게 그 국가에서 과세할 수 있음을 규정한다.(OMC Art.13/28.3)

2017년 이전 본 조항은 주식의 양도에만 적용되었고, 다만 관련 주석에서 주식을 발행하지는 않지만 지분의 가치가 주로 부동산에서 발생하는 파트너쉽 또는 신탁 등 기타 단체에 대한 지분의 양도까지를 포섭하기 위해 국가들이 적용범위를 확장할 수 있다고 언급하고 있었다. 2017년 OECD/UN모델 개정 시 '비교가능한 지분' 표현이 추가되었고, 주식 또는 비교가능한 지분의 양도 시점만이 아니라 양도 이전 365일 중 어느 때라도 주로 부동산에서 가치가 발생하는 상황을 포함하기 위해 조항이 개정되었다. 이는 부동산에서 발생하는 주식 또는 지분가치의 비중을 낮추기 위하여 주식 또는 지분을 양도하기 직전에 자산이 출연되는 상황에 대처하기 위한 것이다.(OMC Art.13/28.5)

본 조항은 원천지국에게 부동산에서 가치가 발생하는 소득의 일부만이 아니라 주식 또는 지분의 양도로부터 발생하는 전체 소득에 대한 과세권을 허용한다. 법인의 주식 또는 단체의 지분 가치의 50% 이상이 타방체약국에 소재한 부동산으로부터 직・간접적으로 발생하는지 여부는 통상 법인 또는 단체의 부채를 고려하지 않고 그러한 부동산의 가치와 법인 또는 단체 소유 총자산의 가치를 비교함으로써 결정된다. 법인 또는 단체의 부채는

관련 부동산에 대한 담보설정 여부에 상관없이 무시되어야 한다.(OMC Art.13/28.4)

비법인 단체들에 대해서 국내법상 투과단체 또는 비투과단체로 서로 다르게 취급하기 때문에 명확화가 필요할 수 있다. 예를 들어, 미국 파트너십 지분의 양도는 양도 시점에 존재하는 부동산을 파트너의 지분비율만큼 양도한 것으로 취급된다. 부동산에 대한 권리도 역시 부동산으로 취급된다.

OECD/UN모델은 부동산에 토대한 주식가치와 관련하여 최소 50% 요건을 제시하고 있지만, 일부 조약들은 법인의 자산 대비 부동산의 비율을 언급하기도 한다. 이러한 접근방법은 법적 명확성을 부여하지만, 대여금 등 자산 부풀리기를 통한 조세회피의 기회를 제공할 수도 있다. 또한, 일부 조약들은 명시적인 50% 기준을 사용하지 않고, '주로(principally/mainly)', '대부분(greater part)' 등의 용어를 사용하기도 하지만 그러한 문구로 다른 해석이 가능한 것은 아니다. 또한, 50% 비율 관련 계산시 시장가치 평가가 의무적인 것은 아니다. 만약 원천지국이 국내법상 부동산주식의 양도에 대한 특별규정을 두고 있지 않다면, 주식평가는 해당 법인의 현재 장부가치에 토대해야 한다.

한편, 국가들은 본 조항이 적용되기 위한 부동산에서 발생하는 주식가치의 비율을 증가 또는 감소시킬 수 있다. 또한, 일부 조약들은 소재지 과세원칙의 전제조건으로 추가적으로 최소 보유기간 및 최소 부동산주식 비율을 요구하기도 한다.(OMC Art.13/28.6)

일부 국가들은 체약국들 중 한 국가의 증권거래소에 상장된 법인의 주식 또는 단체 지분의 양도소득, 기업 구조조정 과정에서의 주식 또는 지분의 양도소득 또는 주식·지분 가치가 광산, 호텔 등 사업이 영위되는 부동산에서 발생되는 경우에는 적용해서는 안 된다고 생각한다. OECD/UN모델은 주로 부동산의 건축, 관리 및 양도를 다루는 진정한 부동산법인과 호텔, 광산과 같이 주로 다른 경제적 활동에 종사함에도 불구하고 그의 자산이 주로 부동산으로 구성되는 법인을 구별하지 않는다. 예외조항을 포함하고자 하는 국가들은 양자협약을 통해 자유롭게 규정할 수 있다.(OMC Art.13/28.7)

다수 국가의 국내법은 일반적으로 연금펀드 및 유사한 단체의 투자소득에 대해서 면세하고 있다. 이들 단체의 국내와 해외 투자에 대한 중립적 취급을 위해, 일부 국가들은 제4항에 언급된 법인의 주식 또는 단체 지분의 양도소득을 포함하는 타방국에 거주하는 단체가 얻는 소득에 대해 원천지국에서 면세하고자 한다. 이에 대해 합의하는 국가들은 양자협약을 통해 OECD모델 제18조(연금) 주석 제69절의 규정에 따라 이를 적용할 수 있다.(OMC Art.13/28.8)

본 조항은 주식양도 이전 365일 중 어느 때라도 해당 주식의 가치가 주로 부동산으로부터 발생되는 경우에 적용되기 때문에, 부동산 자체가 이미 양도된 이후 365일 이내에 주식이 양도될 경우에도 적용된다. 그러한 경우, 일부 국가들은 부동산 양도소득이 제1항에 의해 소재지국에서 과세되기 때문에 후속적인 주식의 양도소득에 본 조항이 적용되어야 하는지 여부를 결정할 때는 해당 양도된 자산의 가치를 고려하는 것이 적절하지 않다고 생각한다.

〈그림 3-26〉 부동산법인 주식양도 시 '365일 요건'의 문제점 사례

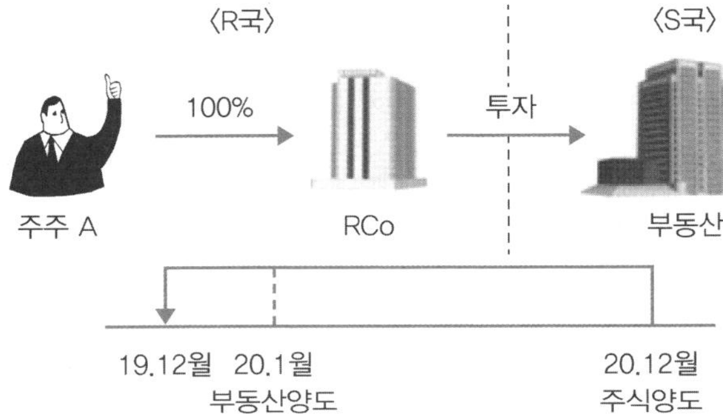

예를 들어, 위 〈그림 3-26〉 사례에서 보는 바와 같이 R국 거주자인 주주 A가 R국 거주자인 RCo의 모든 주식을 소유한다고 가정하자. RCo의 주요 자산은 S국에 소재한 부동산이다. 2020년 1월 RCo는 해당 자산을 양도하고 S국은 제1항에 따라서 양도차익에 대해 과세를 한다. 만약 2020년 말에 A가 사망한다면 S국의 국내법에 따라서 조세목적 상 RCo의 주식이 양도된 것으로 간주된다. 그러한 경우 일부 국가들은 A의 사망의 결과로 양도된 주식에 제4항을 적용할 때는 이미 양도된 부동산의 가치가 고려되어서는 안 된다고 생각한다. 이렇게 생각하는 국가들은 양자협상에 의해서 제4항에 다음 내용의 예외조항을 포함할 수 있다.(OMC Art.13/28.9)

"후속 양도 시점에, 이들 주식 또는 비교가능한 지분 가치의 일부가 양도된 해당 부동산 또는 그 일부로부터 직·간접적으로 발생되지 않는 한, 해당 시점과 주식 또는 비교가능한 지분의 양도 시점 사이에 해당 부동산 또는 그 일부가 양도된 경우는 제외한다."

부동산 직접투자의 대안으로 간주되는 부동산투자신탁(REITs)에 대한 대투자자 지분 양도의 경우에는 본 조항의 예외를 두는 것이 적절하지 않을 수 있지만, 소규모 투자자의 REIT 지분양도에 대해서는 예외조항을 두는 것이 적절할 것이다.(OMC Art.13/28.10) 다수가 보유하는 REITs의 소액지분에 대해 원천세 과세를 적용·관리하는 것은 매우 어려울 것이다. 또한, REITs는 부동산에서 주로 가치가 발생하는 다른 단체와 달리 이윤 대부분을 배당할 것이 요구되기 때문에 양도소득세가 적용될 상당한 잔여이윤이 있을 가능성은 낮다. 이러한 견해를 공유하는 국가들은 "해당 단체가 REITs인 경우, 주식 또는 단체 지분의 10% 이하를 직·간접적으로 보유하는 인에 의해 보유되는 주식 또는 비교가능한 지분은 제외"한다는 문구를 추가할 수 있다.(OMC Art.13/28.11)

그러나, 일부 국가들은 본 조항이 가치가 주로 부동산에서 발생하는 주식 또는 유사한 단체 지분의 양도소득에 적용할 의도이고, REITs 소득에 대해서는 과세되지 않기 때문에 본 조항의 적용과 관련하여 REITs와 상장법인 간을 구별할 이유가 없다고 생각한다. 이들 국가들은 증권거래소에서 거래되는 주식 또는 유사한 단체 지분의 양도에 대한 예외가 없는 한, REITs 지분에 대한 특별한 예외가 있어서는 안 된다고 생각한다.(OMC Art.13/28.12)

일부 국가의 국내법은 부동산 주식 또는 지분 소득에 대해 과세하는 것을 허용하지 않기 때문에 소득면제법을 채택하는 국가들은 본 조항을 포함함으로써 이들 소득에 대한 이중면제를 초래하지 않도록 주의를 기울여야 한다. 즉, 부동산법인 주식의 양도소득에 대해 소득면제법을 적용하는 경우 해당 소득에 대해 양 체약국에서 과세되지 않을 위험성을 내포한다. 따라서 체약국들은 특정 양도차익의 경우에 OECD모델 제23A조 및 제23B조 주석 제35절에서 제시된 대로, 이들 소득에 대해 소득면제법 대신에 세액공제법의 적용에 합의할 수 있다.(OMC Art.13/28.13)

바. 대주주보유 법인주식의 양도소득

〈UN모델 제13조 제5항〉

5. 제4항이 적용되는 경우를 제외하고, 일방체약국 거주자가 타방체약국 거주자인 법인의 주식으로부터 얻는 양도소득은 양도인이 그 양도 이전 12개월 동안 해당 법인자본의 최소 ( )%(비율은 양자협상에서 정함)를 직·간접적으로 보유한 경우 그 타방국에서 과세될 수 있다.

OECD모델에 없는 본 조항은 자본수입국인 개도국에 대한 UN모델의 일반적 경향을 반영한다. UN모델 제13조 제4항에서 언급된 것이 아닌 주식의 양도소득은, 최소 지분비율의 적용을 받는 조건하에, 해당 법인의 실질적 관리장소가 있는 국가(주식발행법인의 거주지국)에서 과세될 수 있다. 원천지국의 과세권을 상당한 지분비율(통상 25% 이상)로 제한하는 것은 소액 포트폴리오 주식에 적용될 경우 예상될 수 있는 행정적 어려움을 회피하고자 함이다.

제13조 제4항과 달리, 본 조항은 파트너쉽 자체가 납세의무가 있는 경우(비투과단체인 경우)에만 파트너쉽을 포함한다. 이 조항은 포괄조항인 제6항과 사업용 자산에 관한 제2항의 특별규정이다. 따라서 PE의 사업용 자산으로 보유된 주식 양도소득이더라도 해당 법인의 거주지국에서 과세될 수 있다.

참고로, 우리나라가 체결한 상당수의 조세조약이 UN모델을 따르고 있다. 예를 들어, 한・일 조세조약 제13조 제2항에 의하면 일방체약국의 거주자인 양도인과 그 특수관계인이 취득 또는 소유한 주식이 양도가 발생한 과세연도 중 어느 때라도 동 법인의 총발행주식의 25% 이상이고, 동일한 과세연도에 총발행주식의 5% 이상을 양도한 경우 그 양도소득은 타방체약국(원천지국)에서 과세될 수 있다.

사. 기타 양도소득

〈OECD모델 제13조 제5항〉

5. 제1, 2, 3, 4항에 언급된 것을 제외하고, 모든 자산의 양도소득은 양도인이 거주자인 국가에서만 과세된다.

〈UN모델 제13조 제6항〉

6. 제1, 2, 3, 4, 5항에 언급된 것을 제외하고, 모든 자산의 양도소득은 양도인이 거주자인 국가에서만 과세된다.

주식의 양도는 주로 제2항의 PE 규정과 제5항의 포괄조항에 의해 규율된다. 따라서 법인 주식의 양도는 채권 및 기타 유가증권의 양도와 같이 양도인의 거주지국에서만 과세된다. 그러나, 조약이 조세부담 조항을 포함하고, 양도소득이 거주지국에서 과세되지 않는 경우에는 원천지국의 과세가 유지된다.

참고로, 한·미 조세조약(제16조)의 경우 제17조(투자회사 또는 지주회사)의 적용을 받지 않는 한, 주식 등 동산의 양도소득은 원칙적으로 거주지국에서만 과세하도록 규정되어 있다. 그러나, 한·미 과세당국은 부동산주식에 대한 미국 세법의 개정에 따라 조약효력이 배제되어 미국 내에서만 과세되는 불합리한 점을 개선하기 위해 부동산주식의 양도소득에 대해 원천지국인 우리나라에서도 과세할 수 있도록 상의합의를 체결하였다. 따라서 자산이 주로 부동산으로 구성된 법인의 주식도 원천지국에서 과세할 수 있게 되었다.[127]

OECD/UN모델은 배당청구권의 양도소득에 대해 원천지국의 법률이 배당으로 보지 않는 한 제13조가 적용된다는 입장이다. 법인 거주지국의 국내법상 배당청구권이 배당 요건을 충족하는 경우 조세조약은 배당으로 간주한다. 배당청구권과 달리, 이자 또는 사용료에 대한 청구권은 제11조 및 제12조에 원천지국의 국내법에 대한 언급이 없기 때문에 독립적인 조약해석이 적용된다.

주식발행법인의 청산, 주식의 상환 또는 감자와 관련하여 주식이 양도되는 경우, 주주가 취득하는 이익과 주식의 액면가액 간의 차이는 법인 거주지국에서 양도소득이 아니라 배당으로 취급될 것이다. 본 조문은 법인의 거주지국이 국내법상 그러한 차이를 주식으로부터의 소득으로 취급하는 한 그러한 배당에 대해 제10조에 따라 과세하는 것을 방해하지 않는다. 제23A조 및 제23B조 제32.1～32.7절에서 설명한 대로, 주식발행법인 국가가 그 차이를 배당으로 취급하는 경우 주주 거주지국은 설령 그러한 차이가 자국 법률상 양도소득에 해당할지라도 이중과세를 구제할 것이 요구된다.(OMC Art.13/31)

본 조항은 일방체약국에 소재한 자산의 양도소득에만 한정되는 것이 아니고 제3국에 소재한 자산도 해당된다. 조약 적용을 받는 어떤 인이 양도인의 거주지국 또는 제3국에 소재한 부동산의 양도차익을 얻는 경우에는 제1항이 적용되지 않는다. 따라서 해당 소득은 거주지국과 제3국 간 조약에 의해 양도인의 거주지국에서만 과세될 수 있다. 양도자산이 타방체약국에 소재한 PE에 속하더라도 제2항은 사업용 동산에만 적용되기 때문에 역시 본 조항이 적용된다.

127) 이용섭·이동신, 전게서, p.338

3 국내법상 양도소득

가. 부동산 등 양도소득

우리나라 세법은 국내원천 부동산 등 양도소득을 "국내에 있는 ⅰ) 소득세법 제94조 제1항 제1호(토지 · 건물), 제2호(부동산에 관한 권리) 및 제4호(기타자산) 가목(사업용 고정자산과 함께 양도하는 영업권), 나목(회원권 · 시설물이용권)에 따른 자산 · 권리, ⅱ) 내국법인의 주식 등(예탁증서 및 신주인수권 포함) 중 양도일이 속하는 사업연도 개시일 현재의 그 법인의 자산총액 중 소득세법 제94조 제1항 제1호 및 제2호의 자산가액과 내국법인이 보유한 다른 부동산 과다보유 법인의 주식가액에 그 다른 법인의 부동산 보유비율을 곱하여 산출한 가액의 합계액이 50% 이상인 법인의 주식 등(이하 '부동산주식 등')으로서 증권시장에 상장되지 아니한 주식 등의 자산 · 권리를 양도함으로써 발생하는 소득"으로 규정한다.(법법 §93 7호, 소법 §119 9호)

여기서 자산총액 및 자산가액은 해당 법인의 장부가액(토지 · 건물의 경우 해당 자산의 기준시가가 장부가액보다 큰 경우에는 기준시가)에 따른다. 이 경우 무형고정자산 금액 및 양도일부터 소급하여 1년이 되는 날부터 양도일까지의 기간 중에 차입금 또는 증자 등에 의하여 증가한 현금 · 금융재산 및 대여금의 합계액은 자산총액에 포함하지 아니한다. 또한, 동일인에 대한 가지급금과 가수금이 함께 있는 경우 각각 상환기간 및 이자율 등에 관한 약정이 있는 경우가 아니면 상계한 금액으로 한다.(법령 §132 ⑫, 소령 §158 ④ 및 ⑤)

국내사업장에 귀속되거나 실질적으로 관련된 부동산 등 양도소득은 외국법인의 다른 국내원천소득과 함께 종합과세 신고 · 납부하여야 한다.(법법 §97 ① 및 §91 ①) 반면에, 외국법인의 국내사업장이 없거나 또는 국내사업장과 실질적으로 관련되지 않거나 귀속되지 않는 경우에는 부동산 등 양도소득에 대한 법인세를 분리과세 신고 · 납부하여야 한다.(법법 §97 ①, §91 ②, §98 ①) 다만, 양도자산이 법인세법 제55조의2(토지 등 양도소득에 대한 과세특례) 제1항 각 호의 어느 하나에 해당하는 경우에는 법인세법 제92조 제3항에 따라 계산한 양도소득금액에 동 조문 각 호의 세율(비주거용 별장 등 20%, 비사업용토지 10%, 미등기토지 등 40%)을 적용한 세액을 법인세로 추가 납부해야 한다.(법법 §95의2, §55의2)

한편, 외국법인에 대하여 부동산 등 양도소득을 지급하는 자는 지급금액의 10%를 원천징수하여 다음 달 10일까지 납부하여야 한다. 다만, 양도자산의 취득가액 및 양도비용이 확인되는 경우에는 그 지급금액의 10%에 상당하는 금액과 그 자산의 양도차익의 20%에 상당하는 금액 중 적은 금액을 원천징수한다.(법법 §98 ① 5호)

나. 유가증권 양도소득

외국법인의 유가증권 양도소득은 "주식 등(자본시장법에 따라 상장된 부동산주식 등 포함) 또는 그 밖의 유가증권(자본시장법 제4조에 따른 증권 포함)을 양도함으로써 발생하는 소득"을 말한다.(법법 §93 9호) 주식 등과 그 밖의 유가증권은 발행자에 따라 적용범위가 다르다. 주식 등의 경우에는 내국법인이 발행한 주식 등과 외국법인이 발행한 주식 등 중 자본시장법에 따라 증권시장에 상장된 것에 한한다. 그 밖의 유가증권은 내국법인 또는 외국법인의 국내사업장이 발행한 것으로 한정된다. 이를 요약하면 다음 〈표 3-11〉과 같다.

〈표 3-11〉 유가증권 양도소득의 유형별 과세범위

유형 \ 발행자	내국법인	외국법인	외국법인 국내사업장
• 주식 등	포함	상장주식에 한함	-
• 그 밖의 유가증권	포함	제외	포함

외국법인 유가증권 양도소득의 과세범위는 외국법인의 국내사업장 유무에 따라 다르다. 첫째, 외국법인이 국내사업장을 가진 경우에는 주식 또는 출자증권 및 그 밖의 유가증권 양도소득이 모두 과세대상이다. 다만, 해당 유가증권의 양도시 양도차익 중 유가증권의 할인료 또는 미지급이자는 이자소득으로 과세되므로 유가증권 양도소득에서 제외된다.(법령 §132 ⑧ 1호 및 3호) 둘째, 외국법인이 국내사업장을 가지고 있지 않은 경우에는 증권시장을 통하여 주식 또는 출자증권을 양도함으로써 발생하는 소득으로 해당 양도법인 및 그 특수관계인이 해당 주식 또는 출자증권의 양도일이 속하는 연도와 그 직전 5년의 기간 중 계속하여 그 주식 또는 출자증권을 발행한 법인의 발행주식총수 또는 출자총액(외국법인이 발행한 주식 또는 출자증권의 경우에는 증권시장에 상장된 주식총수 또는 출자총액)의 25% 이상을 소유한 경우에 한한다.(법령 §132 ⑧ 2호)

이 경우 외국법인이 투자기구(법인의 거주지국에서 조세목적상 주식 또는 출자지분의 양도로 발생하는 소득에 대하여 법인이 아닌 그 주주 또는 출자자가 직접 납세의무를 부담하는 경우를 말함)를 통하여 내국법인 또는 외국법인(증권시장에 상장된 외국법인만 해당)의 주식을 취득하거나 출자한 경우 그 주식소유비율 또는 출자비율은 첫째, 외국법인이 투자기구를 통한 투자(간접투자)만 한 경우에는 투자기구의 투자비율(2 이상의 투자기구를 통하여 투자한 경우 그 투자기구들의 투자비율을 각각 합하여 산출함)을 적용하고, 둘째, 외국법인이 간접투자와 투자기구를 통하지 않는 직접투자를 동시에 한 경우에는 ⅰ) 외국법인의 직접투자와 간접투자에 의한 투자비율을 각각 합한 비율(간접투자 비율은 해당 외국법인이 투자기구에 투자한 비율과 투자기구의 투자비율을 곱하여 산출함)과 ⅱ) 투자기구의 투자비율(2 이상의 투자기구를 통하여 투자한 경우에는 그 투자기구들의 투자비율을 각각 합하여 산출함) 중 큰 비율을 적용한다.(법령 §132 ⑯)

또한, 국내사업장을 가지고 있지 아니한 외국법인이 내국법인 또는 거주자나 비거주자·외국법인의 국내사업장에 주식 또는 출자증권 외의 유가증권을 양도함으로써 발생하는 소득도 유가증권 양도소득에 포함되나, 해당 유가증권의 양도시에 이자소득으로 과세되는 소득은 제외한다.(법령 §132 ⑧ 4호) 이상의 논의를 요약하면 다음 〈표 3-12〉와 같다.

〈표 3-12〉 유가증권 양도소득의 국내사업장 유무에 따른 과세범위

구 분	외국법인의 국내사업장이 있는 경우	외국법인의 국내사업장이 없는 경우
• 주식 또는 출자증권	과세	외국법인과 그 특수관계인이 해당 연도와 그 직전 5년간 계속하여 발행법인의 발행주식총수의 25% 이상 소유한 경우에만 과세
• 그 밖의 유가증권	과세. 다만, 유가증권 양도시 이자소득 과세분 제외	양수인이 내국법인·거주자, 비거주자·외국법인의 국내사업장인 경우에만 과세. 다만, 유가증권 양도시의 이자소득 과세분 제외

한편, 국내사업장이 없는 외국법인이 ⅰ) 자본시장법 제5조 제2항에 따른 장내파생상품, ⅱ) 자본시장법 제5조 제3항에 따른 장외파생상품으로서 같은 법 시행령 제186조의2에 따른 위험회피목적의 거래에 해당하는 파생상품 거래소득은 국내원천소득으로 보지 않는다.(법령 §132 ⑨)

그리고, 외국법인이 국가·지방자치단체 또는 내국법인이 발행한 다음의 유가증권을 국외에서 양도함으로써 발생하는 소득에 대해서는 법인세를 면제한다.(조특법 §21 ③) 첫째, 국외에서 발행한 유가증권 중 외국통화로 표시된 것 또는 외국에서 지급받을 수 있는 외

환증권. 다만, 주식・출자증권 또는 그 밖의 유가증권("과세대상 주식 등")을 기초로 발행된 예탁증서를 양도하는 경우로서 예탁증서를 발행하기 전 과세대상 주식 등의 소유자가 예탁증서를 발행한 후에도 계속하여 해당 예탁증서를 양도하기 전까지 소유한 경우는 제외한다. 여기서 단서 조항은 국내세법 상 주식양도차익에 대해 과세되는 내국법인의 과점주주가 해당 주식을 예탁증서로 전환하여 해외에서 동 예탁증서를 처분하는 경우를 방지하기 위함이다.(조특령 §18 ④ 1호) 둘째, 외국의 유가증권시장에 상장 또는 등록된 내국법인의 주식 또는 출자지분으로서 해당 유가증권시장에서 양도되는 것. 다만, 해당 외국의 유가증권시장에서 취득하지 아니한 과세대상 주식 등으로서 해당 외국의 유가증권시장에서 최초로 양도하는 경우는 제외하되, 외국의 유가증권시장의 상장규정 상 주식분산요건을 충족하기 위해 모집・매출되는 과세대상 주식 등을 취득하여 양도하는 경우에는 그러하지 아니하다.(조특령 §18 ④ 2호) 여기서 단서 조항은 국내 상장법인의 과점주주가 국내에서 취득한 주식을 해외의 증권거래소에서 양도함으로써 국내에서 주식양도차익 과세를 회피하는 것을 방지하기 위함이다.[128]

다. 국내 판례동향

일본법인이 취득가액이 서로 다른 동일 종목의 유가증권을 보유하다 이를 국내 증권사에게 위탁매매함에 있어 일부 주식에 대하여만 주식취득가액확인서를 제출한 사안에서, 법원은 "취득가액이 서로 다른 동일 종목의 유가증권의 양도시에 원천징수할 세액을 계산함에 있어 유가증권의 취득가액이 확인되는 경우란, 그 양도 직전까지 취득한 주식가액의 총액을 취득주식수로 나누어 산출하는 취득가액이, 유가증권의 양도자 등이 제출하는 증명자료 등에 의하여 확인되는 경우를 의미한다"고 전제한 후, 2차로 입고된 주식에 대한 부분만 그 매입에 관계된 증권회사의 취득가액확인서가 제출되었다면 "이동평균법에 의한 취득가액을 계산할 수 없으므로 유가증권의 취득가액이 확인되는 경우에 해당한다고 할 수 없다"라고 판시하였다.[129]

한편, 외국법인 간 합병에 따라 소멸하는 피합병법인이 자산으로 보유하던 내국법인의 발행주식을 합병법인에 이전한 것에 대해 국내원천소득으로 과세할 수 있는지 여부가 다투어진 사안에서, 법원은 "구 법인세법 제93조 제10호 (가)목에서 말하는 '주식의 양도'에

128) 이경근・서덕원・김범준, *국제조세의 이해와 실무*, ㈜영화조세통람, 2014, pp.523-524

129) 대법원 1997.7.22. 선고 96누8161 판결

해당하는지 여부는 구 법인세법의 해석상 합병에 따른 주식의 이전을 계기로 해당 주식에 내재된 가치증가분이 양도차익으로 실현되었다고 보아 이를 과세대상 소득으로 삼을 수 있는지 여부에 따라 판단"하여야 한다고 언급하면서, "내국법인의 경우 (…) 합병에 따른 자산의 이전도 양도차익이 실현되는 자산의 양도에 해당한다고 보아 그 양도차익의 산정 방법을 규정하면서, 예외적으로 (…) (적격합병) 요건을 갖춘 경우에 한하여 피합병법인이 대가로 받은 주식의 액면가액을 양도대가로 의제함으로써 사실상 양도차익이 산출되지 않도록 하여 합병법인이 해당 자산을 처분하는 시점까지 과세를 이연하는 정책적 특례를 제공하고 있는 점, 이에 비하여 외국법인의 경우에는 (…) 내국법인이 발행한 주식 등의 양도로 인하여 발생하는 소득을 과세대상으로 규정하고 있을 뿐 외국법인 간 합병에 따른 주식 등의 이전에 대하여 과세를 이연하는 정책적 특례를 두고 있지 아니한 점, (…) 등을 종합하면 이 사건 합병에 따른 쟁점주식의 이전은 구 법인세법 제93조 제10호 (가)목에서 말하는 '주식의 양도'에 해당한다"고 판시하였다.[130)]

또 다른 판결에서는 위 판결과 동일한 논리하에 "외국법인 사이의 합병에 따른 내국법인 발행주식의 이전은 (…) '주식의 양도'에 해당한다고 보아야 하며, 이와 같이 보는 이상 합병법인이 합병 전에 피합병법인의 주식 전부를 보유하고 있는 경우라고 하여 달리 볼 것은 아니며 또한 합병법인의 주식이나 합병교부금이 피합병법인 주주에게 교부되지 아니하였다 하더라도 마찬가지"라고 판시하였다.[131)] 위 판결들에 대해서는, 합병세제를 바라보는 관점에 따라서 평가가 달라질 수 있다. 합병으로 인한 과세이연을 정책적 특혜로 보는 관점에서는 외국법인에게 이를 적용하지 않는 것이 잘못된 것이 아닌 반면, 합병을 기업 실질의 변화가 없는 형식적 변경으로 보는 관점에서는 외국법인에게도 당연히 과세이연을 허용해야 한다는 입장을 가질 수 있다.

또한, 외국법인의 분할에 따라 분할법인이 자산으로 보유하던 내국법인의 발행주식을 분할신설법인에 이전한 것이 한・일 조세조약 제13조 제2항 및 국내법상 국내원천소득에 해당하는지가 다투어진 사안에서, 대법원은 비례적 인적분할에 의하여 분할법인의 자산이 분할신설법인으로 승계되는 경우에는 양도소득으로 취급하지 않는다는 원심을 파기하고 위 외국법인 간 합병 판결의 경우와 동일한 논거로 외국법인 간 분할에 따른 주식의 이전이 주식의 양도에 해당한다고 판결하였다.[132)]

130) 대법원 2013.11.28. 선고 2010두7208 판결

131) 대법원 2017.12.13. 선고 2015두1984 판결

132) 대법원 2013.11.28. 선고 2009다79736 판결

〈그림 3-27〉 양도인과 양수인이 동일한 경우 주식양도 해당 여부

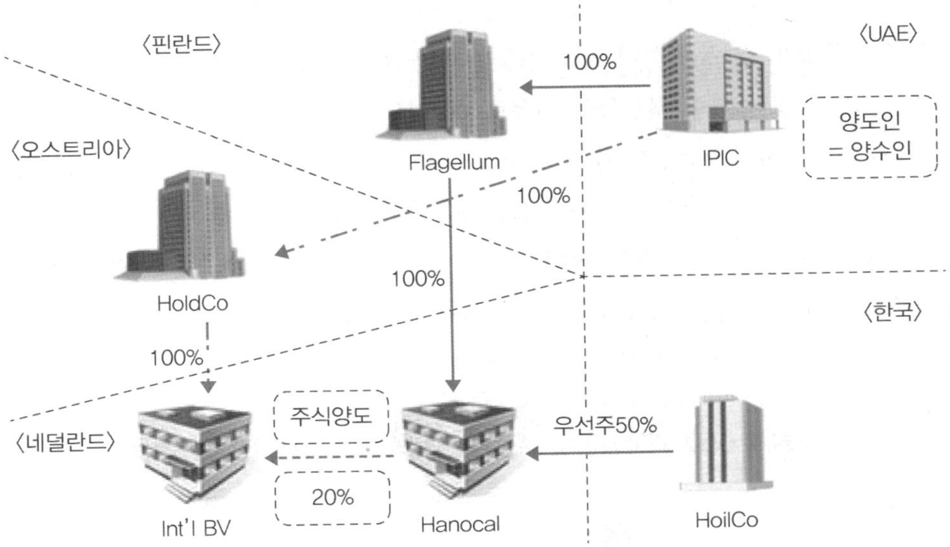

다음으로 위 〈그림 3-27〉에서 보는 바와 같이, UAE 법인인 IPIC가 1999년 12월 네덜란드 법인(Hanocal)을 통해 내국법인(HoilCo)의 우선주(50%)를 취득한 후 2006년 2월 주주 간 약정에 따라 다른 법인(Int'l BV)에게 그 중 20%를 양도한 데 대해서 과세당국이 주식양도소득의 실질귀속자를 IPIC로 보아 한·네덜란드 조세조약 상 비과세·면제를 거부한 사안을 살펴보자.

이 사건에서 법원은, "납세의무자가 자신의 지배·관리 아래에 있는 양도인과 양수인을 거래당사자로 내세워 양도거래를 한 경우 그 양도와 양수의 주체 모두에 관하여 명의와 실질에 괴리가 있는 것처럼 보이더라도 납세의무자 대신 양도인을 내세운 것만이 조세회피의 목적에서 비롯된 것일 뿐 그 양도거래에서 양수인을 내세운 것에는 아무런 조세회피의 목적이 없다면 특별한 사정이 없는 한 그 양도의 사법상 효과를 양수인에게 귀속시키는 것까지 부인할 것은 아니므로, 이러한 경우에는 실질과세원칙에 따라 과세상 의미를 갖지 않는 양도인과 양수인 간의 양도거래를 제외하고 납세의무자와 양수인 간에 직접 양도거래가 이루어진 것으로 보아 과세할 수 있다고 할 것이다."라고 전제하면서, "원고(Int'l BV)의 설립목적과 사업활동 내역, 인적·물적 기반, 이 사건 주식의 취득자금 조달 경위 등에 비추어 원고가 IPIC의 지배·관리 아래에 있고 이 사건 주식양도로 인한 소득이 실질적으로 IPIC에 귀속되며 원고가 2010.8.경 이 사건 주식을 OOOOO 주식회사에

양도한 새로운 거래에 있어서 그 양도소득의 실질귀속자를 IPIC로 볼 수 있다고 하더라도, 이 사건 주식의 민사법적인 효력이 인정되므로 이 사건 주식의 양도거래에 관한 양도인과 양수인이 IPIC로 동일하여 양도거래 자체가 없다거나 과세대상인 양도소득이 존재할 수 없다고 볼 것은 아니라는 등의 이유로, 이 사건 주식의 양도거래가 IPIC라는 하나의 법인 내에서 이루어진 명목상의 양도나 자산의 내부적 이동에 불과하여 과세대상이 되는 거래로 볼 수 없다는 원고의 주장을 배척"하였다.133)

한편, 아래 〈그림 3-28〉 사례는 국내사업장이 없는 룩셈부르크 법인(DIS)이 미국 법인(DAS)으로부터 증여받은 내국법인 발행주식을 양도함으로써 발생하는 양도소득금액의 계산과 관련하여 취득가액 산정방법의 적정성이 다투어진 사안이다.

〈그림 3-28〉 외국법인의 수증받은 내국법인 발행주식 양도사례

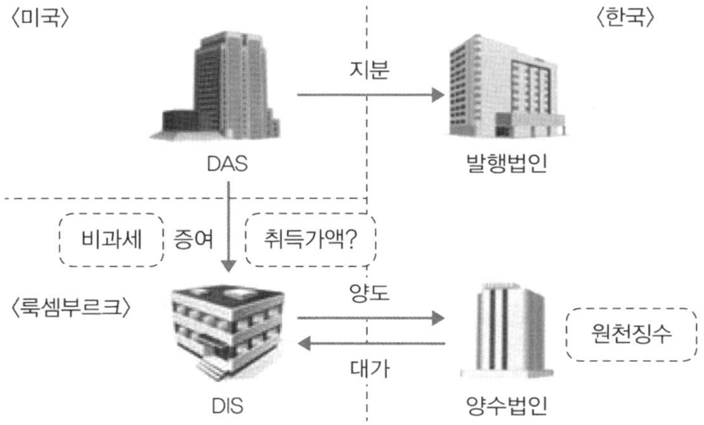

이 사건에서 법원은 "법인세법 시행령 제129조 제3항은 유가증권의 취득가액 및 양도비용에 관하여 제2호 (…) 단서에서 '해당 유가증권이 법 제93조 제10호 다목에 따라 과세된 경우에는 해당 유가증권의 수증 당시의 시가'로 규정하고 있다."고 하면서, 한・룩 조세조약 제21조 제1호는 '자산을 증여받아 생긴 소득'과 같은 기타소득에 대하여 거주지국 과세를 규정하고 있으나, "한・룩 조세조약에 대한 의정서(1986.12.26.) 제3조는 '제21의 규정에도 불구하고 이 조약은 재산의 양도소득에 대한 조세에는 적용되지 아니한다'고 정하고 있고, (…) 한・룩 조세조약 및 그 의정서는 (…) 각 소득금액의 구체적인 산정방법이나 양도소득 및 수증소득의 범위 등에 관하여는 따로 정하고 있지 아니하다. 한편,

133) 대법원 2015.7.23. 선고 2013두21373 판결

국내사업장이 없는 외국법인이 증여받은 내국법인 발행주식을 양도함으로써 발생하는 소득을 계산함에 있어서 증여자가 주식을 보유한 기간 동안의 가치증가액에 상응하는 자본이득을 수증법인에게 귀속되는 양도소득으로 보아 과세할지의 여부는 입법정책의 문제이고, 이 사건 본문 조항은 수증법인이 그 주식을 양도할 때에 그와 같은 자본이득이 수증법인에게 실현된 것으로 보아 양도소득금액을 계산하도록 규정하여 한·룩 조세조약에 따라 원천지국의 과세권이 인정되는 양도소득의 범위를 정하고 있을 따름이므로, (…) 증여를 과세의 계기로 삼아 수증소득으로 과세하는 규정으로 볼 수 없다. 따라서 과세관청이 (…) 이 사건 본문 조항을 적용한 것을 두고 수증소득에 대한 원천지국의 과세권을 제한하는 한·룩 조세조약 제21조 제1호에 위반된다고 (…) 볼 수 없다. 나아가 이 사건 단서 조항은 그 문언의 내용과 취지 등에 비추어 볼 때 수증법인이 양도하는 내국법인 발행주식의 취득가액을 수증 당시의 시가로 정하면서 조세조약을 이용한 조세회피 등을 방지하기 위하여 그 적용범위를 수증소득이 과세된 경우로 한정하고 있으므로 수증소득이 실제 과세된 바가 없다면 한·룩 조세조약에 따라 비과세되더라도 이 사건 단서 조항이 적용될 수 없다"고 판시하였다.[134)]

134) 대법원 2016.9.8. 선고 2016두39290 판결

제7장 국내원천 인적용역소득

1 개요

인적용역은 독립계약자 또는 전문직업인에 의해 제공되는 '독립적 인적용역'과 종업원으로서 제공하는 '종속적 인적용역'으로 구분된다. 일반적으로 인적용역소득은 용역이 수행된 국가에 소득원천이 있으므로 우선 그 국가에서 과세되지만, 용역제공자의 거주지국에서도 과세되기 때문에 이중과세가 발생할 수 있다. 따라서, 조세조약은 이중과세 방지를 위해 일정 요건을 갖춘 인적용역소득에 대해서는 원천지국에서 비과세하도록 규정하고 있다.

독립적 인적용역소득의 경우, UN모델 제14조에 의하면 전문직업인과 기타 독립계약자가 얻은 소득은 용역제공자가 원천지국에서 정규적으로 이용할 수 있는 고정시설을 가지거나 또는 원천지국에서 183일 이상 체재한 경우에만 용역수행지국에서 과세된다. UN모델과 유사한 OECD모델 제14조는 2000년에 폐지되었다. 따라서, OECD모델을 따르는 조세조약에서는 전문직업인 및 기타 독립적 용역은 제7조에 의해 사업소득으로 과세되고, 용역제공자가 원천지국에 PE를 갖지 않는 한 원천지국 과세가 면제된다. 그러나, UN모델 제5조 제3항 (b)호에 의하면, 일방체약국의 납세자는 12개월 기간 동안에 183일 이상 종업원 또는 다른 인들을 통해서 타방체약국에서 용역을 제공하는 경우 타방체약국에 PE를 가진 것으로 간주된다.(소위 간주 서비스PE) OECD모델 제5조 주석에서도 대안규정으로서 이와 유사한 규정을 권고하고 있다.

종속적 인적용역소득의 경우, OECD/UN모델 제15조에 의하면 고용이 원천지국에서 수행되지 않는다면 종업원의 거주지국에서만 과세된다. 고용이 원천지국에서 수행되는 경우, 원천지국은 ⅰ) 종업원이 183일 이상 체재하거나, ⅱ) 종업원이 원천지국 거주자인 고용주에 의해 보수를 지급받거나, ⅲ) 종업원의 보수가 비거주자인 고용주의 원천지국 소재 PE 귀속소득에서 공제할 수 있는 경우에만, 그 국가에서 수행된 인적용역에 대해 과세할 수 있다.

2 독립적 인적용역소득

가. 조약상 독립적 인적용역소득

〈종전 OECD모델 제14조 제1항 및 제2항〉

1. 전문직업적 용역 또는 기타 독립적 성격의 활동에 대하여 일방체약국의 거주자가 수취하는 소득은 해당 인이 자신의 활동을 수행하기 위해 타방체약국에서 정규적으로 이용할 수 있는 고정시설을 보유하는 경우가 아니라면 해당 국가에만 과세된다. 만약 해당 인이 고정시설을 가진다면 해당 고정시설에 귀속되는 소득만큼만 해당 타방국에서 과세될 수 있다.
2. (아래 UN모델 제14조 제2항과 동일함)

〈UN모델 제14조 제1항 및 제2항〉

1. 전문직업적 용역 또는 기타 독립적 성격의 활동에 대하여 일방체약국의 거주자가 수취하는 소득은 다음 상황의 경우를 제외하고 해당 국가에서만 과세된다. 다음의 경우에는 해당 소득에 대해 타방체약국에서도 역시 과세할 수 있다.
   (a) 해당 인이 자신의 활동을 수행하기 위해 해당 타방체약국에서 정규적으로 이용할 수 있는 고정시설을 가지는 경우. 그 경우, 해당 고정시설에 귀속되는 소득만큼만 타방체약국에서 과세할 수 있다. 또는,
   (b) 해당 인이 관련 회계연도에 개시 또는 종료하는 어느 12개월 중 총183일 이상의 기간 동안 타방체약국에 체재하는 경우. 그 경우, 해당 타방국에서 수행된 활동에서 수취된 소득만큼만 해당 타방국에서 과세할 수 있다.
2. '전문직업적 용역' 용어는 특별히 의사, 변호사, 엔지니어, 건축가, 치과의사 및 회계사의 독립적 활동 및 독립적인 과학, 문학, 예술, 교육 또는 교수 활동을 포함한다.

OECD는 첫째, 제7조의 고정사업장(PE) 개념과 제14조의 고정시설(fixed base) 개념간에 의도된 차이가 없고, 이윤의 계산 및 세액의 산출 방법도 다르지 않으며, 둘째 어떤 활동이 제7조 또는 제14조에 해당하는지가 언제나 명확한 것이 아니라는 논거하에 2000년 OECD모델 개정시 동 조문을 삭제하였다. 그 결과, 전문직업적 용역 또는 기타 독립적 성격의 활동은 제7조 사업소득 조문의 적용을 받게 되었다.

종전 OECD모델 제14조에 따르면 제7조와 유사하게 고정시설이 없으면 원천지국에서

과세할 수 없었으나, UN모델은 ⅰ) 타방체약국에 고정시설을 보유하거나, 또는 ⅱ) 관련 회계연도에 개시 또는 종료하는 어느 12개월 중 총183일 이상 체재하는 경우에는 일방체약국 거주자의 용역대가에 대해 용역수행지국에서 과세할 수 있도록 하여 원천지국의 과세권을 확대하고 있다.135)

한편, 외국법인이 종업원을 통하여 국내에서 인적용역을 제공하고 지급받는 대가가 사업소득인지 또는 인적용역소득인지의 구분이 중요하다. 왜냐하면, 외국법인의 사업소득은 국내에 PE가 존재하지 않으면 과세할 수 없지만 인적용역소득은 조약상 면세요건을 충족시키지 못하는 경우 원천지국에서 과세할 수 있기 때문이다. 특히, 용역수행지국에서의 면세요건을 엄격하게 규정하고 있는 조약의 경우에는 구분의 실익이 크다고 하겠다.

우리나라가 체결한 조세조약 중에는 독립적 인적용역소득 조문의 적용을 개인에 한정시키는 조약(미국, 독일, 호주, 캐나다 등)이 있는데, 이 경우에는 법인의 인적용역소득은 사업소득으로 취급된다. 따라서, 외국법인이 국내에서 PE를 통하여 인적용역을 제공하지 않는 한 우리나라에서 비과세된다. 반면, 독립적 인적용역소득 조문이 거주자에게 적용되는 조약의 경우(영국, 일본, 프랑스 등)에는 개인뿐만 아니라 법인에 대해서도 독립적 인적용역이 인정되므로 이들 국가의 법인이 그의 종업원을 통해 인적용역을 제공하는 경우 조약상 면세요건을 충족시키지 못하면 우리나라에서 과세된다.136)

외국의 많은 사례가 발명가, 예술가, 음악가 등의 무형자산 창출활동과 관련하여 지급받은 대가가 인적용역소득인지 아니면 사용료소득 또는 사업소득인지 여부 등 그 소득구분 문제와 주로 관련되어 있다.137)

아래 〈그림 3-29〉 사례에서 보는 바와 같이 미국법인(Nutley)이 비타민 제조기법을 발명한 스위스 거주자(Paul Karrer)에게 지급한 대가의 미국원천소득 해당 여부가 문제된 사안에서 국세청은 미국 내 자산의 사용대가로서 사용료소득이라고 주장하였으나, 법원은 스위스 법인(Basle)이 쟁점 연구프로젝트의 결과물에 대한 상업적 권리의 소유자이고, 동 결과물에 대한 Karrer 교수의 유일한 이해관계는 스위스 법인과의 계약관계에서 발생한 것이므로 쟁점 소득은 미국 밖에서 수행된 용역소득이라고 판시하였다. 특히, 쟁점

135) 종전 UN모델 제14조 제1항 (c)호에서는 타방체약국에서 수행한 활동의 대가가 "타방체약국의 거주자에 의해 지급되거나 동 타방체약국에 소재하는 PE 또는 고정시설에 의해 부담되고, 관련 회계연도 중에 그 대가가 일정 금액을 초과하는 경우" 용역수행지국 과세를 허용하는 조항을 규정하고 있었으나 2011년 모델 개정시 삭제되었다.

136) 이용섭 · 이동신, 전게서, p.529

137) 최선집, 전게서, p.150

지급금은 Karrer 교수와 Basle社 간에 체결된 특별고용계약(Karrer는 판매이익에 대한 지분권 보유, 특허 등 권리는 Basle에 귀속)에 근거한 것이고, 미국법인이 장부에 사용료로 기재하였더라도 그 대가의 성격이 바뀌는 것은 아니라고 강조하였다.[138] 이 사례에서 쟁점 지급금은 미국 법인과 스위스 법인 간 특허 사용허락계약에 근거하여 지급된 것이 분명하므로, 만약 동일한 금액을 미국 법인이 스위스 법인에게 지급했더라면 법원의 판단이 달라졌을 것이라고 판단된다.

〈그림 3-29〉 비거주 발명가가 지급받은 대가의 소득구분(Karrer Case)

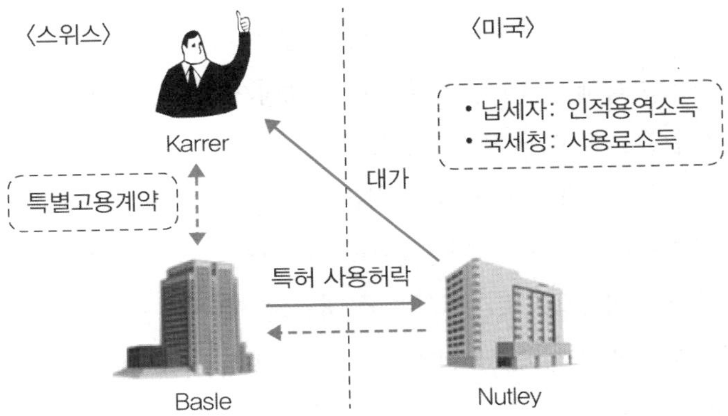

아래 〈그림 3-30〉 사례에서 보는 바와 같이 미국 시민이자 이태리 거주자인 조각가(Robert Cook)가 미국 화랑을 통해서 주문받지 않고 제작한 작품을 판매(noncommissioned sale)한 소득에 대해서 미국 세법 상 면제대상 국외원천 노력소득(foreign earned income exclusion) 해당 여부가 문제된 사안에서 국세청은 제품의 제조・판매 소득, 즉 동산(personal property) 판매소득으로서 미국 내 원천이라고 주장한 것에 대해서, 법원은 Toby Case[139]의 판결 논거를 인용하면서 "납세자의 개인적 노력의 결과로 개인적 자산(동산)이 창출되면 동 자산의 판매소득은 노력소득(earned income)에 포함되고, 조각가 또는 화가의 개인적 노력, 기술 및 창의성에 의해 얻은 소득과 의사, 영화배우, 변호사가 얻은 소득을 다르게 취급할 합리적 근거가 없다."고 판시하였다.[140]

138) US: CC, 1957, Karrer v. United States, 152 F.Supp. 66(Fed. Cl. 1957)
139) Tobey v. Commissioner, 60 T.C. 227 (1973)
140) US: CC, 1979, Robert H. Cook & Joan M. Cook v. United States, 599 F.2d 400 (Fed. Cir. 1979)

〈그림 3-30〉 비거주 조각가가 지급받은 대가의 소득구분(Cook Case)

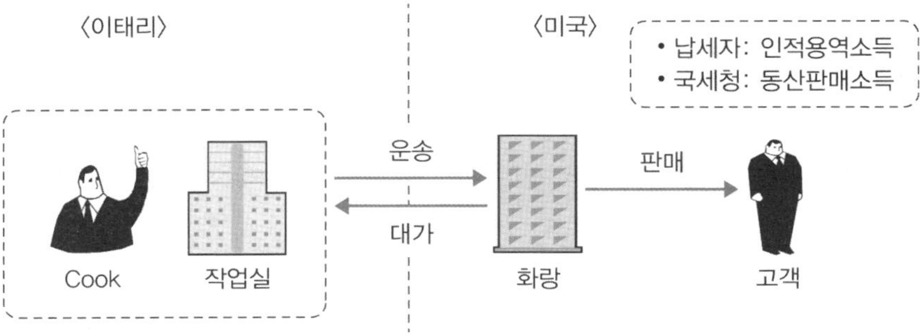

참고로, 위 〈Cook Case〉와 같이 국내사업장이 없는 비거주자가 우리나라에서 예술작품을 판매하고 수취한 소득에 대한 국내원천소득 해당 여부를 살펴보자. 해당 판매활동이 계속적·반복적 사업활동이 아닌 경우 기타소득 해당 여부가 논의될 수 있다. 소득세법은 "문예·학술·미술·음악 또는 사진에 속하는 창작품에 대한 원작자로서 받는 소득"(15호) 또는 일정 요건을 충족하는 "서화·골동품의 양도로 발생하는 소득"(25호)을 기타소득으로 규정하고 있고(소법 §21), 비거주자의 국내원천 기타소득 조항상 "국내에 있는 자산과 관련하여 받은 경제적 이익"(소법 §119 12호 타목)에 해당하므로, 관련 조세조약에 기타소득 조항이 없는 경우에는 국내원천소득으로서 원천징수(20%)해야 할 것이다.

〈그림 3-31〉 비거주 음악가에게 지급한 대가의 소득구분(Boulez Case)

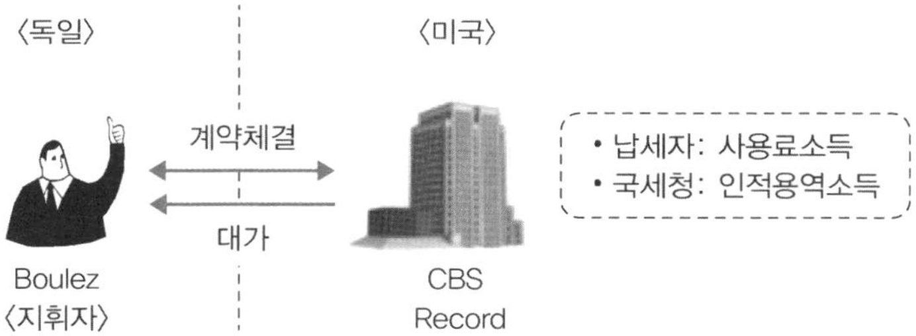

위 〈그림 3-31〉 사례에서 보는 바와 같이 독일거주자로서 오케스트라 지휘자인 음악가 Boulez가 미국법인(CBS Record)과 체결한 계약에 따라서 지급받은 대가가 미국·독일 조세조약상 사용료소득에 해당하는지가 문제된 사안에서, 미국 조세법원은 첫째, 사실판단 문제와 관련하여 계약의 성격은 CBS Record만을 위해 용역(음악공연)을 제공하는 인적용역계약이고, 쟁점 계약서에 음반 판매수입에 연동되어 지급된다는 언급이 반드시

사용료를 의미하는 것은 아니라고 판단하였다. 둘째, 법률적 측면에서도 조약상 사용료소득에 해당하기 위해서는 대가 수취인이 재산권, 즉 자산에 대한 소유지분(ownership interest)을 가져야 한다고 하면서, 계약상 제작된 음반은 CBS Record의 자산이기 때문에 Boulez가 수취한 대가는 사용료소득이 아니라 인적용역소득에 해당된다고 판단하였다. 특히, 이 판결에서는 'Work-for-hire rule'이 피고용인(종업원)뿐만 아니라 독립계약자에게도 적용된다는 점을 분명히 하였다.[141]

나. 국내법상 독립적 인적용역

(1) 국내 세법규정

우리나라 세법은 외국법인 또는 비거주자가 국내에서 ⅰ) 영화・연극의 배우, 음악가 기타 공중연예인이 제공하는 용역, ⅱ) 직업운동가가 제공하는 용역, ⅲ) 변호사・공인회계사・건축사・측량사・변리사 기타 자유직업자가 제공하는 용역, ⅳ) 과학기술・경영관리 기타 분야에 관한 전문적 지식 또는 특별한 기능을 가진 자가 해당 지식 또는 기능을 활용하여 제공하는 용역 등의 인적용역을 제공함으로써 발생하는 소득(국외에서 제공하는 인적용역 중 위 ⅳ)호의 용역, 즉 전문 기술용역을 제공함으로써 발생하는 소득이 조세조약에 따라 국내에서 발생하는 것으로 간주되는 소득을 포함)을 국내원천소득으로 규정하고 있다. 다만, 인적용역을 제공받은 자가 인적용역의 제공과 관련하여 항공회사・숙박업자 또는 음식업자에게 실제로 지급(인적용역을 제공하는 자를 통해 지급하는 경우를 포함)한 사실이 확인되는 항공료・숙박비 또는 식사대 등의 비용을 부담하는 경우에는 그 비용을 제외한 금액을 말한다.(법법 §93 6호, 법령 §132 ⑥, 소법 §119 6호, 소령 §179 ⑥)

(2) 국내 판례동향

정부출연연구기관이 미국법인에게 지급한 용역대가가 사용료소득에 해당한다고 과세한 사안에서, 법원은 "외국법인으로부터 기술용역을 도입하는 경우 (…) 용역제공계약의 당사자, 계약목적, 계약의 내용과 성질 및 그 대가관계 등을 고려하여 동종의 용역수행자가 통상적으로 보유하는 전문적 지식 또는 특별한 기능으로 업무를 수행하는 경우에는

141) US Tax Court of 16 Oct. 1984, 12705-79, Pierre Boulez v. Commissioner, 83 T.C.584 (1984) 판결; 미국・독일 조세조약상 사용료소득은 미국에서 면세되고 거주지국에서만 과세되기 때문에 납세자는 해당 소득이 사용료소득이라고 주장하였다.

(…) 단순한 인적용역에 해당한다"고 전제한 후, 미국법인이 "제공한 용역은 단순한 인적용역에 해당되고, 그 용역에 학술용역이 포함되어 있다 하더라도 그 학술용역을 학술적 정보의 제공이라고 볼 수 없으므로 (…) 사용료 소득이 아니라고 인정한 다음, (…) 국내에 고정사업장이 없는 미국법인이 용역제공의 대가로 원고로부터 받은 소득은 면세대상으로서 원고에게 원천징수의무가 없다"고 판시하였다.142)

또한, 국내 거주자가 기술전수 교육훈련용역에 대한 대가로 미국법인에게 지급한 대가의 성격이 다투어진 사안에서, 법원은 "소외회사가 원고에게 제공한 훈련용역은 동종의 용역수행자가 통상적으로 보유하는 전문적 지식 또는 특별한 기능으로 임무를 수행하는 기술용역에 불과하고, 그 기술용역 도입에 다소의 기술적 정보(노하우)가 전수된다 하더라도 전체적으로 보아 기술적 정보의 전수가 주된 목적이 아니고, (…) 원고가 지급한 대가도 기술용역제공과 관련된 파견교관의 왕복항공료, 국내체제 중의 숙식비, 일당 등 실비변상적 성질의 것이고, 기술적 정보에 대한 보상적 성질을 띠지 아니하므로, 소외회사가 원고로부터 지급받은 소득은 (…) 사용료에 해당하는 것이 아니라 (…) 인적용역소득에 해당하는 것"이라고 판시하였다.143)

3 종속적 인적용역소득

가. 조약상 종속적 인적용역소득

(1) 의의

OECD/UN모델은 종속적 인적용역소득(근로소득)을 고용소득(income from employment)이라는 제목하에 제15조에서 규정하고 있다. 제15조의 첫째 원칙은 인적용역소득에 대한 과세권을 전적으로 종업원의 거주지국에 배분하는 것이다. 둘째 원칙은 만약 고용이 타방체약국에서 수행된다면 1차적 과세권이 그 국가에 배분된다는 것이다. 고용의 실제 수행기준은 과세권의 문턱이자 보수비용 배분의 기준으로 기능한다. '수행(exercise)'의 의미와 관련하여, OECD는 "소득이 지급되는 활동을 수행할 때 종업원이

142) 대법원 1986.10.28. 선고 86누212 판결; 대법원 1987.3.10. 선고 86누225 판결도 같은 취지임.
143) 대법원 1989.5.9. 선고 87누1050 판결

물리적으로 체재하는 장소에서 고용이 수행된다."는 점을 명확히 한다.(OMC Art.15/1) 인적용역이 수행된 국가(State of work)가 해당 국가에서 수행된 활동과 관련된 급여에 대한 과세와 경제적 이해관계를 가진다는 것이다.

제15조 제2항은 둘째 원칙에 대한 예외를 규정하고 있다. 원천지국에서 수행된 인적용역과 관련하여 수취한 보수는 a) 종업원이 관련 과세연도가 시작 또는 종료하는 어느 12개월 기간 중 총 183일을 초과하지 아니하는 단일기간 또는 여러 기간 동안 타방체약국에 체재하고, b) 보수가 원천지국의 거주자가 아닌 고용주에 의하여 또는 그를 대신하여 지급되며, c) 보수가 원천지국에서 고용주의 PE에 의하여 부담되지 아니하는 경우의 세 가지 조건이 충족되면 종업원의 거주지국에서만 과세된다. 이 규정은 둘 이상의 국가에서 일하는 종업원이 각 국가에서 보수의 일정 비율만을 낮은 세율로 납부하도록 하는 법적 근거를 제공한다.

비거주자가 피고용인으로서 지급받는 소득이더라도 용역수행지국(원천지국)에서 과세상 취급을 달리하기 위해 조세조약은 종속적 인적용역소득 조항 외에 이사의 보수, 예능인 및 체육인의 소득, 정부직원의 소득, 학생・교수의 소득 등을 별도로 규정한다. 따라서 OECD/UN모델 제16조(이사의 보수), 제17조(예능인 및 체육인), 제18조(연금), 제19조(정부용역), 제20조(학생)는 특별규정으로서 제15조보다 우선 적용된다.

(2) 과세권의 배분

〈OECD/UN모델 제15조 제1항〉

1. 제16조, 제18조 및 제19조 규정이 적용된다는 조건하에, 고용과 관련하여 일방체약국의 거주자가 얻는 급여, 임금 및 기타 유사한 보수에 대하여는, 그 고용이 타방체약국에서 수행되지 아니하는 한, 동 일방체약국에서만 과세한다. 만약 그 고용이 타방체약국에서 수행되는 경우 그 고용으로부터 발생하는 보수에 대해서는 동 타방체약국에서 과세할 수 있다.

(가) 일반원칙

본 조항은 인적용역소득에 대한 일반원칙, 즉 인적용역이 실제 수행된 국가에서 과세할 수 있다는 점을 규정한다. 종업원이 물리적으로 체재하는 장소에서 고용이 수행된다고 본다. 이 논거로 인해서, 일방체약국의 거주자는 타방국이 아닌 제3국에서 용역을 수행하고 타방국에 거주하는 고용주로부터 보수를 받는 경우, 용역의 결과가 타방국에서 이용된다는 이유만으로 보수에 대해 타방국에서 과세받지 않을 수 있게 된다.(OMC Art.15/1) 예를 들어, A국 거주자가 고용주가 있는 B국에서 일하는 경우, B국은 해당 거주자가 C국에서 수행한 용역이 B국에서 수행된 용역과 밀접하게 관련된다는 이유로 C국 수행용역의 보수에 대한 과세권을 갖지 못할 뿐만 아니라, C국도 해당 근로자가 C국에 183일 미만 체재하고 보수가 B국 고용주의 C국 PE에 의해 부담되지 않는다면 해당 보수에 대한 과세권을 갖지 못할 것이다. 이 부분의 보수는 종업원의 거주지국에서 과세될 것이다.

제15조는 종업원을 대상으로 하지만, 국내법에 따른 근로소득 원천세와 관련하여 고용주에게도 영향을 미친다. 국내법은 종종 급여가 조약에 따라서 해당 국가에서 과세될 수 없는 경우 원천징수를 면제하는 규정을 둘 것이다.

〈그림 3-32〉 인적용역소득의 3국 간 상황구조

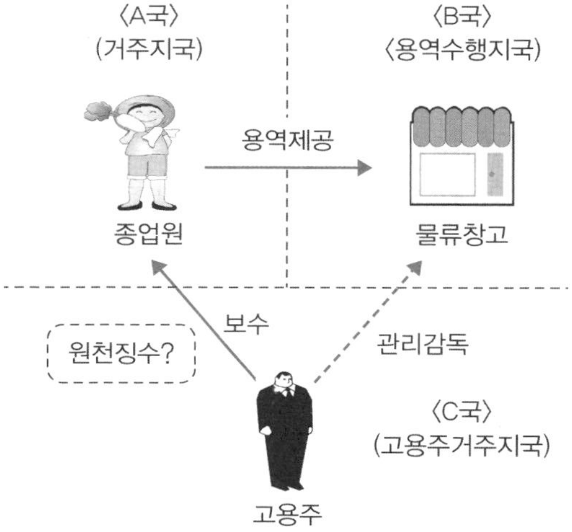

위 〈그림 3-32〉에서 보는 바와 같이, A국 거주자인 종업원이 C국 거주자인 고용주를 위해 B국에서 183일 미만 일한다고 하자. 이 경우 A국-B국 조세조약에 따라 급여는 A국에서만 과세된다. 고용주는 C국 국내법상 원천징수 의무가 있다고 가정하자. 이 경우 C국 고용주는 급여에 대한 원천징수 의무를 면제받기 위해 A국-B국 조약을 원용할 수 없다. 이때 C국 고용주가 A국-C국 조약상 원천징수 의무가 면제된다고 주장하기 위해 제15조를 원용할 수 있는지 여부가 문제된다. 제15조는 단지 종업원의 거주지국과 종업원이 실질적으로 용역을 수행하는 국가 간에 과세권을 배분한다. 그러나, C국은 종업원의 거주지

국도 아니고 용역수행지국도 아니기 때문에 제15조를 적용할 수 없고, 제21조의 적용을 고려할 수 있다. 해당 소득은 A국-C국 조약에서 명시적으로 다루어지지 않은 소득이다. 결과적으로 C국은 조세조약에 따라 과세권을 갖지 못하고, 고용주는 급여에 대한 원천징수 의무를 면제하기 위해 A국-C국 조약 제21조를 원용할 수 있다.

(나) 고용 및 고용주의 의미

2010년 이전 OECD모델 주석은 먼저 '고용주(employer)'가 누구인지를 결정한 다음 이를 토대로 고용관계가 존재한다고 결론을 내렸다. 그러나, 2010년 이후에는 고용주 개념에 초점을 두지 않고, 오히려 '고용관계(employment relationship)' 분석에 초점을 둔다. OECD는 제15조 제2항 b)호 및 c)호 목적 상 '고용주'에 해당하기 위해서는, 조약적용국가가 고용관계가 있다고 결정하는 경우에 용역제공을 받는 기업과 개인 간에 고용관계가 있다고 결론을 내린다.(OMC Art.15/8.7) 따라서 고용주가 누구인지는 고용관계가 존재하는지 여부를 결정하면 논리적으로 밝혀질 문제이다.

현행 OECD모델 주석도 '고용'의 개념에 대해 정의하고 있지 않지만, 종속적 인적용역소득은 독립적 인적용역소득 및 사업소득과는 구별되어야 한다는 입장이다.(OMC Art.15/8.1) 고용, 독립적 용역 등의 해석과 관련하여 체약국들 간에 서로 다른 해석을 할 수 있기 때문에 이중과세 또는 비과세가 초래될 수 있다. 예를 들어, 교수가 해외에서 일시적으로 강의를 하는 사례를 보자. 만약 용역수행지국이 제15조를 적용하여 과세를 결정한 반면, 거주지국은 사업소득으로 보고 용역수행지국에 PE가 없기 때문에 거주지국 과세를 주장하는 경우 이중과세가 발생할 수 있다. 또는 용역수행지국이 종속적 인적용역소득으로 간주하지만 제15조 제2항의 예외조건이 충족되었기 때문에 과세하지 않는 반면, 거주지국은 용역수행지국에 소재한 PE와 관련된 독립적 용역소득으로 간주하여 제23A조를 토대로 과세하지 않게 되면 이중비과세가 발생할 수 있다. 더욱이 고용주들은 이중으로 신고 및 원천징수 의무를 질 수도 있다.[144)]

이러한 우려를 다루기 위해 2010년 개정 OECD모델 주석은 첫째, 용역이 종속적인지 독립적인지를 어느 체약국에서 결정해야 하는지, 둘째 이를 위해 어떤 해석방법이 적용되어야 하는지, 셋째 이러한 결정을 하는 원칙은 무엇인지에 관한 지침을 제공한다.

---

144) Luc De Broe, *op.cit.*, pp.1142-1143

① 고용주 및 고용의 의미를 결정하는 국가

제15조는 용역수행지국이 과세권을 갖는 제2항의 세 가지 예외조항, 즉 타방체약국에서 고용이 수행되지 않는 한 종업원의 거주지국이 인적용역소득에 대해 과세권을 갖는다고 규정한다. 그러나, 제15조는 고용이 무엇이고, 고용주가 누구인지에 대해 어느 국가가 정의하는지에 대한 답을 제시하지는 않는다.

일반적으로 국제적 고용과 관련하여 원천지국은 용역이 수행되는 국가일 수도 있고 또는 급여의 비용공제를 청구하는 고용주가 거주하는 국가일 수도 있다. 제15조는 원천지국이라는 용어를 사용하지 않고, 대신에 거주지국과 용역수행지국이라는 용어를 사용한다. 많은 국제적 고용사례에서 용역수행지국과 고용주 소재지국이 항상 일치하는 것은 아니다. 예를 들어, 급여가 용역수행지국이 아니라 종업원의 거주지국 또는 제3국에 거주하는 고용주에 의해 지급될 수 있다. 이 경우 고용주가 급여 비용공제를 청구하는 의미에서 원천지국이 용역수행지국과 일치하지 않을 수 있다. 반대로, 거주지국이 조약적용국가가 될 수도 있다. 예를 들어, 종업원이 용역수행지국에 183일 이하 체재한 경우와 같이 거주지국이 제15조 제2항 예외조항이 적용되는지 여부를 결정하려고 할 경우이다. 용역수행지국이 용역대가에 대해 과세한 경우 거주지국은 용역수행지국에서 납부한 세액을 공제하기 위해 조약을 적용할 수도 있다.

결론적으로, 제15조 맥락에서 고용관계가 존재하는지 여부를 결정하기 위한 목적에서 볼 때, 제3조 제2항의 의미상 '조약적용국가'란 활동이 수행되는 국가, 즉 용역수행지국이라고 할 수 있다.145)

② 국내법에 따른 해석 vs. 조약상 독립적 해석

2010년 이전에는 고용주 및 고용 등 정의되지 않은 용어의 의미를 결정하기 위해 이용되는 해석방법과 관련하여 조약적용국가의 법률에 따라야 한다는 견해와 VCLT 제31조 및 제32조에 따른 독립적 해석이 부여되어야 한다는 견해가 대립하였다. 2010년 개정 OECD 모델 주석은 조약적용국가의 국내법에 따른 해석방법을 채택하였다. OECD는 "특정 조약의 맥락이 달리 요구하지 않는 한, 해당 국가에서 개인이 수행하는 용역이 고용관계에서 제공된 것인지 여부를 결정하는 것은 원천지국의 국내법상 문제이고, 그러한 결정이 해당 국가가 조약을 어떻게 적용하는지를 좌우할 것이다."라고 규정한다.(OMC Art.15/8.4) 따라

145) Luc De Broe, *op.cit.*, pp.1144-1145

서 '맥락이 달리 요구하지 않는 한'이라는 표현은 조약 해석방법에 우선권을 부여한 것으로 해석되어서는 안 되며, 오히려 '고용' 용어가 용역수행지국의 국내법에 따라 정의되어야 한다는 원칙의 예외조항으로 해석되어야 한다. 제3조 제2항에 따라서 용어를 정의할 때 모든 국내법률이 고려되어야 하지만, 세법 상 의미가 타 법률에 따른 의미보다 우선권을 가진다. 따라서 국내법상 고용의 정의를 검토할 때 세법 상 정의가 먼저 고려되어야 하고, 그러한 정의가 없을 경우 노동법, 사회보장법 등 타 법률상 정의가 적용될 수 있을 것이다.

고용관계가 존재하는지 여부를 결정하는 용역수행지국의 권리는 다음과 같은 한계가 있다. 첫째, 특정 조약의 맥락이 달리 요구하는 경우에는 용역수행지국의 국내법이 적용되지 않을 수 있다. 둘째, 거주지국이 용역수행지국의 결정에 동의하지 않을 수 있다. 셋째, 고용의 존재 여부를 결정할 용역수행지국의 권리는 추가적으로 주석에 규정된 기준의 적용을 받는다.

첫째, OECD/UN모델 제3조 제2항의 맥락(context)의 의미는 VCLT 제31조 제2항의 맥락보다 넓은 의미를 가진다. 조약상 용어의 의미를 명확히 하기 위해서는 ⅰ) 조약체결시 OECD모델 주석에서 도출되는 조약 또는 규정의 목적, ⅱ) OECD모델 또는 특정 조약상 용어의 도입에 대한 역사와 배경, ⅲ) 조약체결시 체약국들의 국내법 등 자료와 상황들이 고려되어야 한다. OECD는 맥락이 조약체결시 체약국들의 의도는 물론, 타방체약국의 법률에서 쟁점 용어에 부여된 의미에 의해 결정된다고 규정한다.(OMC Art.3/12) 다시 말해서, 맥락은 조약, 보충문서들, 양 체약국의 법률상 관련 규정들 및 OECD모델 및 주석도 역시 포함한다. 체약국들은 조약체결 이후 변경되었을 수도 있는 조약적용국가의 국내법에 따라서 정의되지 않은 조약용어를 해석할 것이다.(동태적 해석) 다만, 조약의 맥락이 달리 요구하는 경우에는 조약체결 이후 변경된 국내법상 의미가 적용되어서는 안 된다. 그러나, 언제 조약이 국내법상 의미를 배제해야 하는지 분명하지 않다. 또한, 맥락이 타방체약국의 법률에서 정의되지 않은 조약용어에 부여된 의미를 포함한다는 언급이 문제를 제기한다. 정의되지 않은 조약상 용어가 조약적용국가에서 조약체결 이후 변경된 법률상 의미와 타방체약국의 법률상 의미가 동일한 의미를 가진다면, 조약에 내재한 상호주의원칙이 그러한 동태적 해석을 지지한다. 실제, 그러한 국내법의 변경은 당초의 조약내용을 변경시키는 것이 아니고 당초의 조약의 균형을 회복하는 것이라고 주장할 수 있을 것이다.

제15조 주석은 국내법상 의미가 사용되어야 한다고 언급하고 있기 때문에, 조약의 맥락적 해석은 예외로써 적용되어야 한다. 만약 용역수행지국이 조약서명 이후보다 확대된 고용의 의미를 채택한 경우, 타방국은 조약 서명시 이러한 변화를 합리적으로 예상할 수 없었고 새롭게 확대된 의미가 과세권 배분의 변경을 가져오고 잠재적으로 이중과세를 초래할 수 있다면, 조약의 맥락이 그러한 확대된 국내법이 적용되어서는 안 된다고 주장할 수 있다.

참고로, 이와 관련된 네덜란드의 대법원 판례를 소개한다.[146] 네덜란드는 1997년 세법을 개정하여 '급여, 임금 및 기타 유사한 보수'에 상당한 고용주 지분을 소유한 종업원에게 귀속된 것으로 간주하는 관념상 급여(notional wages)를 포함하였다. 법원은 1970년 체결된 벨기에・네덜란드 조약의 해석상 그러한 가공의 급여는 제15조에 포함되지 않는다고 판결하였다. 왜냐하면, 조약 체결시 벨기에는 네덜란드가 벨기에 거주자가 네덜란드 회사로부터 수취할 미래소득(배당 및 양도소득)에 대한 벨기에의 과세권을 침해하는 방식으로 국내법을 변경할 것을 합리적으로 예상할 수 없었기 때문이라는 것이다. 그러나, 추가적으로 법원은 만약 조약체결 이후에 일방국이 국내법의 범위를 확대한 결과 타방국의 범위와 동등하게 되었다면, 그러한 국내법 변경은 설령 과세권 배분의 변경을 초래할지라도 조약목적 상 효력을 가져야 한다고 언급하였다.

둘째, 거주지국이 용역수행지국의 결정에 동의하지 않는 경우 MAP이 활용될 수 있다.(OMC Art.15/8.10) 그러한 견해의 차이는 OECD모델 주석에 규정된 원칙과 사례를 토대로 해결되어야 한다.(OMC Art.15/8.12)

용역수행지국이 국내법에 따라서 고용관계가 존재하고, 제15조 제2항의 예외가 적용되지 않는다고 믿기 때문에 인적용역소득에 대해 과세한다고 가정하자. 그러나, 거주지국도 동일 소득에 대해 과세하고자 할 수 있다. 먼저, 거주지국은 해당 소득을 타방국에 PE가 없는 경우 자국에서 제7조에 따라 과세할 수 있는 독립적 용역소득으로 간주할 수 있다. 또는 거주지국은 용역수행지국에 고용관계가 있다는 것은 인정하지만, 제15조 제2항의 예외가 적용된다고 간주할 수도 있다. 특히, 제15조 제2항 b)호의 의미상 용역수행지국에 고용주가 존재하지 않으므로 해당 인적용역소득에 대한 모든 과세권을 가진다고 믿을 수도 있다. 이 경우 거주지국은 고용의 존재 여부 및 고용주가 누구인지에 관해 용역수행지국의 결정을 수용해야 하고, 자국법상으로 고용관계가 존재하지 않을지라도 이중과세를

146) Dutch Hoge Raad, Case No 37.651, VN 2003/46.7(2003.9.5.) ; Luc De Broe, *op.cit.*, pp.1149에서 재인용

구제해야 할 의무가 있다.(OMC Art.23/32.1&32.3) 거주지국이 자국법에 따라 다르게 구분하여 다른 조약조문을 적용했을지라도 제23A조 및 제23B조에서 요구한 대로, 해당 소득은 '협약의 규정에 따라서' 용역수행지국에서 과세된다.

거주지국은 용역수행지국의 결정에 따라야 할 의무가 있다는 원칙에는 몇 가지 예외가 있다. 첫째, 맥락이 용역수행지국의 국내법에 따라서 결정되어서는 안 될 것을 요구하거나, 둘째 남용이 존재하거나, 셋째 거주지국이 사실관계를 용역수행지국과 다르게 해석하는 경우이다. 남용과 관련하여, 제1조에서 규정된 남용약정이 존재하는 경우 체약국들은 조약혜택을 부여할 필요가 없다.(OMC Art.15/8.9) 사실관계에 대한 다른 해석과 관련하여, 거주지국은 사실관계에 대한 다른 해석 또는 조약 규정에서 초래되는 상충이 있는 경우에는 이중과세를 제거할 의무가 없다(OMC Art.15/32.5) 고용관계의 존재 여부 및 고용주가 누구인지의 결정은 사실관계에 해당하기 때문에 거주지국은 종종 용역수행지국에 의한 사실관계의 해석에 동의하지 않기 때문에 용역수행지국의 결정을 따라야 할 의무가 없다고 주장할 수도 있다. 그러나, 거주지국이 용역수행지국의 결정을 따라야만 하는 경우와 동의하지 않을 수 있는 경우의 경계선을 긋기가 쉽지는 않을 것이다.

이중비과세는 용역수행지국이 자국법에 따라 제7조가 적용되는 독립적 용역소득으로 구분하고 해당 국가에 PE가 없기 때문에 과세를 하지 않는 반면, (소득면제법에 의해 이중과세를 제거하는) 거주지국은 자국법에 따라 해당 소득을 제15조에 따라 용역수행지국에서 과세가능한 종속적 인적용역소득으로 간주하는 경우에 발생한다. 제23A조에 따르면, 거주지국이 과세면제를 해서는 안 되는 두 가지 경우가 있을 수 있다. 먼저, 원천지국이 자국법에 따라 구분된 소득에 대해 OECD/UN모델의 조문에 따라서 과세하지 않기로 결정한 경우, 거주지국은 제23A조에 따라서 해당 소득을 면제할 의무가 없다.(OMC Art.23A/32.6 & 32.7 & 56.3) 또한, 조약의 적용에서 발생하는 이중비과세와 달리, 사안의 사실관계 또는 조약조문의 해석에 대한 체약국간 불일치에서 발생하는 이중비과세를 다루기 위해 2000년에 제23A조 제4항이 추가되었다. 제23A조 제4항은 그러한 경우 거주지국이 용역수행지국의 결정을 따라야 할 의무가 없다는 것을 규정하고 있다.[147)]

③ 고용의 존재 여부에 대한 결정

고용의 존재 여부 또는 용역이 독립적 용역인지와 관련하여 형식적 접근방법을 따르는

147) Luc De Broe, *op.cit.*, pp.1145-1152

국가들도 있고 실질적 접근방법을 적용하는 국가들도 있다.

형식적 접근방법(formal approach)을 따르는 국가는 조약이 파견노동(hiring out of labor)과 같은 의도하지 않은 상황을 포함하는 대안규정을 포함하거나(OMC Art.15/8.3), 남용의 증거가 있는 경우(OMC Art.15/8.2 & 8.8 & 8.9)가 아니라면, 조세목적 상 형식적 약정이 존중되어야 한다고 한다. 대안적 파견노동 규정은 고용관계가 이미 성립된 상황에서 적용되고 확인해야 할 것은 누가 실질적 고용주인지 여부이기 때문에, 남용기준은 오직 종속적 용역과 독립적 용역을 구별하기 위해서만 중요성을 갖는다.(OMC Art.15/8.3) 국가들 간 의견 불일치가 있는 경우에만 OECD모델 제15조 주석(8.13절)의 기준이 적용된다.(OMC Art.15/8.12) 제3조 제2항에 따라 특정 국가가 국내법을 적용할 수 있는 경우, 처음부터 조약적용국가의 국내법이 차용된다.

실질적 접근방법(substance-over-form approach)을 따르는 국가들은 형식을 부인하고 용역의 성격과 용역을 제공받는 기업의 사업에 통합시킬 수 있는지 여부에 초점을 둔다.(OMC Art.15/8.6) 종전에는 고용주 기준이 파견노동 등 남용이 있는 경우에만 적용되었다. 그러나 개정 OMC에서는 잠재적 남용이 있어야만 투시규정(look-through rules)을 적용할 수 있는 것이 아니라는 점을 분명히 한다.(OMC Art.15/8.1&8.4) 국가들은 몇 단계의 법적 관계들을 부인할 수 있다. 개인이 용역약정을 체결한 기업에 고용되어 있거나 이 기업에게 용역을 제공하는 경우, 용역약정이 고용으로 분류될 뿐만 아니라 직접적 고용관계가 추정될 수도 있다.(OMC Art.15/8.5) 이에 대한 예외로서 아웃소싱과 계약제조행위는 부인될 수 없다.(OMC Art.5/8.13) 종업원이 계약제조업자 또는 아웃소싱 기능을 수행하는 기업에 제공한 용역은 궁극적으로 고용주 자신의 사업의 필수적 부분이라는 것이다.

용역이 종속적인지 또는 독립적인지 여부가 명확하지 않고 국가들의 의견이 일치하지 않는 경우 MAP을 통해 OECD모델 주석(8.13절)의 원칙들이 적용된다.(OMC Art.15/8.12) 2010년 이전 OMC는 고용주를 "생산물에 대한 권리를 가지고 상대적 책임과 위험을 부담하는 자"라는 기준을 규정하였다. 그러나 이 정의는 통제 및 통합이라는 두 가지 요소를 고려하지 못했다는 비판을 받았다. 2010년 개정 OMC는 제15조 제2항의 예외사항을 다루기 위한 경우뿐만 아니라 선의의 거래에도 역시 적용되기 때문에, 기준이 보다 포괄적일 필요가 있다는 점을 인정하였다.(OMC Art.15/8.1)

OECD는 고용관계가 존재하는지 여부를 결정하기 위해 2단계 분석을 요구한다.(OMC Art.15/8.13) 첫째 단계는 용역의 성격 기준(the nature of services test)이다. 이는 종업원의 용역이 고용주 사업활동의 필수적 부분(an integral part of the business of the enterprise)에 해당하는지 및 종업원의 일의 결과에 대해 누가 책임 또는 위험을 부담하는지(which enterprise bears the responsibility or risk for the results produced by the individual's work)로 판단된다. 이 기준에 토대하여 고용관계가 형식적 관계와 다른 경우에는 둘째 단계인 통제기준(control test)이 적용된다.(OMC Art.15/8.14) 이러한 고용 판단 기준은 첫째, 독립적 용역의 제공과 다른 고용관계가 존재하는지 여부를 결정하기 위해, 둘째 고용관계의 존재가 확인된 후에는 제15조 제2항의 목적 상 고용주가 누구인지를 결정하기 위한 목적을 가진다. 고용관계의 존재를 확인하기 위해서는 용역제공자와 용역수취자 각각의 권리와 의무를 비교할 필요가 있다. 또한, 누가 고용주인지를 결정하기 위해서는 형식적 고용주와 용역수취자(경제적 고용주) 각각의 권리와 의무를 비교한다.

아래 〈사례1〉과 〈사례2〉는 형식적 고용주와 용역을 제공받는 기업 간에 특수관계가 없는 경우이다.

사례 1

A국 거주자인 ACo는 B국 거주자인 BCo와 훈련용역 제공계약을 체결한다. ACo는 컴퓨터 S/W를 이용하여 인력을 훈련시키는 데 전문성이 있고, BCo는 최근 취득한 S/W를 이용할 직원들을 훈련시키기를 희망한다. ACo의 종업원인 X는 훈련과정을 제공하기 위해 B국 소재 BCo 사무실로 파견된다. 이 경우 B국은 X가 BCo와 고용관계에 있다거나 A국과 B국 간 조약목적 상 ACo가 X의 고용주가 아니라고 주장할 수는 없다. X의 용역은 ACo 사업활동의 필수적 부분을 구성한다. X가 BCo에게 수행한 용역은 두 독립기업 간 체결된 계약에 따라 ACo를 대신하여 수행된 것이다. 따라서, X가 B국에서 관련 12개월 기간 동안 183일 이상 체재하지 않고, ACo가 X의 보수비용을 부담하는 PE를 가지지 않는 한, X의 보수에 대해서는 제15조 제2항의 예외(A국 과세)가 적용될 것이다.(OMC Art.15/8.16-17)

위 〈사례1〉에서 보듯이, 형식적 고용주와 용역을 제공받는 기업이 특수관계에 있지 않은 경우, 종업원이 형식적 고용주에게 용역을 제공하였고 용역을 제공받은 기업이 그 용역을 자신의 고객에게 제공하지 않은 경우에는 용역을 제공받은 기업에 대한 고용관계는 추정되지 않을 것이다.

사례 2

ICo는 엔지니어링 용역에 전문화된 I국가의 거주자이고, 다수의 정규직 엔지니어들을 고용한다. J국 거주자인 JCo는 소규모 엔지니어링 회사인 데, 건설현장 계약을 이행하기 위해 일시적인 엔지니어링 용역을 필요로 한다. ICo와 JCo는 ICo 엔지니어들 중 한 명을 4개월 간 JCo 간부 엔지니어의 직접적 감독과 통제 하에 JCo의 건설현장에서 일하기로 합의한다. JCo는 관련 기간 동안 해당 엔지니어의 보수, 사회기여금, 여행경비 및 기타 고용혜택에 대해 5% 수수료를 가산하여 ICo에게 지급할 것이다. JCo는 또한 해당 기간 동안 엔지니어의 작업과 관련된 모든 클레임에 대해 ICo에게 배상할 것을 합의한다. 이 경우 ICo가 엔지니어링 용역제공 사업에 종사할지라도 J국가의 건설현장에서 엔지니어가 수행한 일은 JCo를 대신하여 수행된 것임이 명백하다. 엔지니어 작업에 대한 JCo의 직접적 감독과 통제, JCo가 해당 작업에 대한 책임을 지고, 관련 기간 동안 엔지니어의 보수비용을 부담한 사실은 엔지니어가 JCo와 고용관계에 있다는 결론을 뒷받침한다. 따라서, J국가는 엔지니어 용역 보수와 관련하여 제15조 제2항의 예외가 적용되지 않는다고 간주(J국 과세)할 수 있다.(OMC Art.15/8.24-25)

위 〈사례2〉에서 보듯이, 용역을 제공받은 기업이 그 용역을 자신의 고객에게 제공한 경우에는 용역을 제공받은 기업에 대한 고용관계가 추정될 수 있다.

아래 〈사례3〉, 〈사례4〉 및 〈사례5〉는 MNE그룹 내 파견의 경우를 다룬다.

사례 3

C국의 법인거주자인 CCo는 D국 거주자 DCo를 포함하여 그룹 회사들의 모회사이다. CCo는 그룹의 제품들을 위한 새로운 전세계 마케팅 전략을 개발했다. 해당 전략을 이해시키고 준수시키기 위해 CCo는 전략 개발업무를 수행한 직원 중 한 명인 X를 DCo 본부에서 마케팅에 관해 조언하고, 마케팅 전략에 대해 DCo의 홍보실이 이해하고 준수하도록 하기 위해 4개월 간 파견한다. 이 경우 CCo의 사업은 그룹의 전세계 마케팅 활동의 관리를 포함하고, X의 용역은 해당 사업활동의 필수적 부분이다. 해당 회사에 마케팅에 관해 조언하는 기능을 수행하는 직원이 DCo에 의해 쉽게 고용될 수 있었다고 주장할 수 있지만, 그러한 기능은 특히 단기간 전문지식이 요구되는 경우에 컨설턴트에 의해 흔히 수행된다는 점은 명확하다. 또한, 그룹의 마케팅 전략의 준수를 감시하는 기능은 DCo가 아니라 CCo의 사업이다. 따라서 다른 조건들이 충족되는 한, 제15조 2항의 예외가 적용(C국 과세)되어야 한다.(OMC Art.15/8.18-19)

사례 4

한 다국적기업은 다수의 자회사들을 통해 호텔을 소유하고 운영한다. 자회사인 ECo는 E국가에서 호텔을 소유 및 운영한다. 또 다른 자회사인 FCo는 F국가에서 호텔을 소유 및 운영한다. X는 FCo 호텔에서 5개월 간 일하기 위해 파견된다. FCo는 ECo에 의해 공식 고용되고 보수를 받는 X의 여행비용을 지불하고, 관련기간 동안 X의 보수, 사회기여금 및 기타 고용혜택에 기초한 경영자문수수료를 ECo에게 지급한다. 이 경우 F국가의 호텔 프런트에서 일하는 것은 해당 호텔을 운영하는 FCo 사업의 필수적 부분을 구성하는 것으로 평가될 수 있다. F국가의 국내법에 따라 X의 용역이 고용관계에서 FCo에게 수행되었다면, FCo가 X의 고용주이고 제15조 제2항의 예외가 적용되지 않는다고 간주(F국 과세)할 수 있다.(OMC Art.15/8.22-23)

사례 5

K국 거주자 KCo와 L국 거주자 LCo는 동일한 MNE그룹의 일원이다. 그룹의 활동들은 기능별 라인에 따라 조직화되는데, 그룹의 종업원들은 여러 국가들에 소재하고 그룹 관계사들의 관리자들의 감독하에 일할 것이 요구된다. KCo에 의해 고용된 K국 거주자 X는 그룹 내 인적자원 기능을 감독하는 고위 임원이다. KCo는 그룹의 인적자원 비용에 대한 비용센터로서의 역할을 한다. 즉, 이들 비용이 정기적으로 그룹의 각 회사들에게 청구된다. X는 그룹 관계사들의 사무실이 있는 다른 국가들로 자주 출장을 간다. X는 지난 해에 LCo의 인적자원 문제를 처리하기 위해 L국에서 3개월간 체재하였다. 이 경우 X가 수행한 일은 KCo가 그룹을 위해 수행하는 활동들의 일부이고, 흔히 그룹 내에서 집중화하여 관리된다. X가 수행한 일은 KCo사업의 필수적 부분이다. 따라서, L국에서의 X의 용역에 대해 X가 수취하는 보수에는 제15조 제2항의 예외가 적용(K국 과세)된다.(OMC Art.15/8.26-27)

위 사례들에 따르면, ⅰ) 형식적 고용주가 그룹 모회사 또는 관계회사이고, ⅱ) 그 고용주가 그룹 관계회사 내에서 종종 중앙집중화되고 전세계 전략의 실행, 모니터링 및 감독과 관련되며, 상대적으로 단기간 동안 요구되는 컨설턴트에 의해 수행되는 특정 기능을 부여받고, ⅲ) 용역을 제공받는 그룹 관계회사가 해당 용역을 수행하기 위해 직접 종업원을 쉽게 고용할 수 있는지 또는 실제 용역대가가 교차 청구되었는지 여부에 관계없이, 형식적 고용이 통합기준에 의해 도전받지는 않을 것이다. 그러나, MNE그룹 내 파견은 ⅰ) 형식적 고용주와 용역을 제공받는 기업이 동일 그룹에 속해 있고, 양자가 자신의 고객들에게 동일 유형의 용역을 제공하는 경우, ⅱ) 고용비용의 보상을 제외하고, 용역이 형식적 고용주의 사업에 혜택을 주지 않는 경우에는 문제가 될 수 있다.

아래 〈사례6〉에서 보듯이, 국제적 인력파견(International Hiring-Out of Labor: 이하 IHOL)의 경우, 인력파견회사가 특별히 용역을 제공받는 기업에 파견할 목적으로 종업원을 고용한 경우라면 용역을 제공받는 기업과의 고용관계가 추정될 것이다. 왜냐하면, 종업원이 제공하는 용역이 형식적 고용주, 즉 인력파견회사의 사업활동의 필수적 부분이 아니기 때문이다.

사례 6

GCo는 전문인력에 대한 일시적 사업필요를 충족시키는 사업을 수행하는 G국 거주자이다. HCo는 건축현장에 대한 엔지니어링 용역을 제공하는 H국 거주자이다. GCo는 X국 거주자인 X를 채용하고, 5개월 간 고용한다. GCo와 HCo 간 독립계약에 따라서, GCo는 해당 기간 동안 HCo에게 X용역을 제공하기로 한다. 이들 계약에 따라 GCo는 X의 보수, 사회기여금, 여행비용 및 기타 고용혜택과 비용을 지급할 것이다. 이 경우, GCo가 단기간 사업필요를 충족시키는 사업을 수행하는 반면, X는 엔지니어링 용역을 제공한다. 사업의 성격상, X가 수행하는 용역은 그의 형식적 고용주인 GCo 사업활동의 필수적 부분이 아니라 HCo 사업활동의 필수적 부분이다. 따라서, H국은 엔지니어 용역에 대한 대가에 제15조 제2항의 예외가 적용되지 않을 것이라고 간주(H국 과세)할 수 있다.(OMC Art.15/8.22-23)

OECD는 고용관계가 형식적 고용계약과 일치하는지 여부를 결정하는데 관련될 수 있는 8가지 요소들을 규정한다. 즉, ⅰ) 누가 작업 수행방식에 대해 개인에게 지시할 권한을 가지는지, ⅱ) 누가 작업 수행장소를 통제하고 책임을 지는지, ⅲ) 개인의 보수가 용역을 제공받는 기업의 형식적 고용주에게 직접 청구되는지, ⅳ) 누가 작업에 필요한 도구와 재료를 개인의 지배하에 두는지, ⅴ) 누가 작업수행 인원과 자격요건을 결정하는지, ⅵ) 누가 작업을 수행할 개인을 선택 또는 계약관계를 종료할 권한을 가지는지, ⅶ) 누가 개인의 작업과 관련하여 제재를 부과할 권한을 가지는지, ⅷ) 누가 개인의 휴가 및 작업일정을 결정하는지 등이다.(OMC Art.15/8.14)

각 국가들이 이들 통제기준(control test)들을 어떻게 해석하는지는 상당히 다를 수 있다. 따라서 국가들간 의견 불일치가 있는 경우, 여러 요소들을 어떻게 비교하고 설명해야 하는지를 MAP을 통해 합의할 수 있을 것이다.

일부 국가들은 조세부담을 낮추기 위해 독립적 용역으로 위장한 고용관계에 대응하기 위해 고용추정 조항을 도입하였다. 예를 들어, 네덜란드는 3개월 연속 매달 최소 20시간 이상 대가를 받고 일하는 경우 고용계약이 존재한다는 추정조항을 두고 있다. 이러한 추정조항의 결과 형식적 약정은 실제 관계와 다를 수 있다. 만약 타방체약국이 실질적 접근방법을 따르는 경우 이중과세 또는 비과세가 발생할 수 있다. 한편, 다수 국가들은 인적용역소득이 사용료로 전환되는 경우의 남용전략들을 규제하기 위한 규정들을 도입하였다. 예컨대, 스페인은 예능인 및 체육인들이 흔히 초상권의 사용에 대해 사용료 형태로 지급받는 것을 급여로 간주하는 특별규정을 두고 있다.

종전에는 형식적 고용관계와 관련하여 국제적 인력파견(IHOL)과 같은 남용거래를 다루는 데 초점을 두었다. OECD는 중간법인 또는 용역을 제공받는 기업이 고용주인지 여부를 결정할 때 실질과세원칙이 적용되어야 한다고 규정하고 있지만, 중간법인이 제15조 제2항의 의미상 고용주로 간주되기 위한 요건을 충족하는 상황에 대해 동의하는지는 체약국들에게 달려있다. 2010년 개정 OMC의 고용 판단기준은 IHOL보다 넓은 범위에 적용되지만, IHOL이 어떻게 다루어져야 하는지는 국가가 형식적 접근방법을 적용하는지 아니면 실질적 접근방법을 적용하는지 여부에 달려있다. OECD는 더 이상 IHOL을 정의하지 않고, 제15조 제2항의 혜택을 부여하는 것이 의도되지 않은 사례의 하나로 언급되고 있다. 즉, 의도하지 않은 상황에서 제2항 예외규정의 혜택을 부여하는 것이 우려되는 경우 국가들은 양자협상에 의해 다음과 같은 대안규정을 채택할 수 있다.(OMC Art.15/8.3)

> 타방국에서 수행된 고용과 관련하여, a) 고용과정에서 수취인이 고용주가 아닌 인에게 용역을 제공하고, 해당 인이 직·간접적으로 용역이 수행되는 방식을 감독, 지시 또는 통제하고, b) 그러한 용역이 해당 인이 수행하는 사업활동의 핵심적 부분에 해당하는 경우, 제2항은 일방체약국의 거주자가 수취하고 타방국의 거주자가 아닌 고용주에 의해 또는 고용주를 대신하여 지급된 보수에는 적용하지 않는다."

실질적 접근방법을 따르는 국가는 실질적 고용주가 누구인지를 결정하기 위해 국내법의 문제로서 용역의 성격과 용역을 제공받는 기업의 사업에의 통합에 초점을 둠으로써 IHOL의 형식적 구조를 부인할 수 있다. 종업원은 고용주 사업활동의 필수적 부분인 용역을 제공한다고 추정하는 것이 논리적이기 때문에 개인이 수행한 용역의 성격이 중요한 요소일 것이다. 따라서 개인이 수행하는 용역의 성격이 이들 용역을 제공받는 기업의 사업의 필수적 부분에 해당하는지를 결정하는 것이 중요하다.(integration test) 이를 위해 중요한 고려사항은 개인의 용역에 의해 산출된 결과에 대해 어느 기업이 책임과 위험을 부담하는가이다.(entrepreneurial risk test) 그러나, 이러한 분석은 개인의 용역이 기업에게 직접 수행되는 경우에만 적절할 것이다. 예를 들어, 개인이 계약제조업자 또는 사업이 아웃소싱된 기업에게 제공한 경우에는 해당 용역은 쟁점 용역을 취득할 기업에게 수행한 것은 아니다.(OMC Art.15/8.13)

형식적 접근방법을 따르는 국가의 경우에도 남용이 존재하는 경우 제15조 제2항 b)호의 예외를 부인할 수 있다.(OMC Art.15/8.2&8.8) 또한, 앞서 살펴본 대안규정을 채택하는 것도 고려할 수 있다. 이는 종업원이 형식적 고용주가 아닌 인에게 용역을 제공하고, 그 인이 해당 용역이 제공되는 방식을 직・간적접으로 감독, 지시 또는 통제하며, 해당 용역이 그 인에 의해 수행된 사업활동의 필수적 부분에 해당하는 경우에 적용된다.

결론적으로 OECD는 고용관계와 고용주를 결정할 때 4개의 서로 다른 원칙을 적용하는 것으로 보인다. 첫째, 실질적 접근방법을 적용하는 국가는 용역의 성격과 통합만을 고려할 것이고, 둘째 형식적 접근방법을 따르고 대안규정을 실행한 국가들은 그 안에 포함된 통합 및 통제기준을 적용할 것이다. 셋째, 대안규정을 채택하지 않은 국가들은 형식적 고용주의 고용주 지위를 부인하기 위해서는 남용사례에 의존해야만 한다. 넷째, 국가들 간 의견 불일치가 있는 경우에는 1단계로 용역의 성격 기준, 2단계로 통제기준의 고용 판단기준을 적용해야 할 것이다.[148)]

(다) 보수유형별 적용요건

본 조항에서 사용하는 급여(salary), 임금(wages), 보수(remuneration) 등의 용어는 수행한 일과 수취한 보상 간의 연계성을 요구한다. 그러한 연계성이 존재하는지 여부는 지급사유에 달려있다. 일반적으로 스톡옵션, 주거 또는 자동차 이용, 보험가입 및 클럽회원권 등 고용과 관련하여 수취하는 현물이득을 포함한다.(OMC Art.15/2.1)

고용주 및 고용에 대한 해석과 관련하여, OECD는 조약적용국가의 법률상 해석에 따라야 한다는 입장이다.(OMC Art.15/8.4 & 8.7 & 8.10) 이는 제23조가 원천지국은 OECD모델에서 정의되지 않은 소득항목을 규정하기 위해 국내법을 적용할 수 있고, 거주지국은 자국법상 해당 소득을 다르게 규정할지라도 이중과세를 회피하기 위해 원천지국의 취급에 따라야 한다는 의미로 해석되어야 한다는 OECD의 최근 입장과도 부합한다.(OMC Art.23A&23B/32.1)

---

148) Luc De Broe, *op.cit.*, pp.1152-1163

통상적인 정규소득은 문제가 발생하지 않지만, 예외적 보수(퇴직금, 고용철회에 대한 보상, 비경쟁약정 대가, 스톡옵션, 병가혜택 등)의 경우에는 문제가 발생할 수 있다. 활동이 실제 수행된 장소를 토대로 과세권을 배분하는 제15조의 규정들은 이러한 예외적 보수와 관련하여 추가적 어려움을 발생시킨다. 일단 지급금이 '고용과 관련한 급여, 임금 및 기타 유사한 보수'의 범위에 포함된다면, 소득이 지급될 때 현재 용역이 수행되지 않는다는 사실은 중요하지 않다. 인적용역소득이 언제 지급되는지는 중요하지 않다. 지급 시점에 종업원의 거주장소가 어디인지도 중요하지 않다. 중요한 것은 종업원이 용역수행지국에서의 고용기간과 관련하여 소득이 발생했는지 여부이다. 이는 지급금과 과거에 제공된 또는 미래에 제공될 용역 간에 인과관계가 있어야 하고, 그러한 지급이 과거 또는 미래의 용역을 보상하기 위한 것이어야 함을 의미한다.

종업원에게 귀속된 보수의 지급이 이연되는 경우 배분의 어려움이 발생할 수 있다. 용역수행지국에서 수행한 인적용역소득의 배분방법은 상당히 다양할 수 있다. 일반적으로 거주지국과 용역수행지국 간 급여의 비례적 배분(시간비례적 방법)이 가장 적절할 것이다. 그러나 이러한 원칙의 예외가 있을 수 있는데, 예를 들어, 국가 간 근로수준 또는 급여수준이 상당히 다르거나, 소득이 오직 한 국가에서 수행된 용역과만 관련되는 경우 등이다. 일반적으로 관련 국가들에서 수행된 용역과 관련한 보상의 정확한 배분이 가능하다면, 시간비례적 방법이 반드시 의무적인 것은 아니다. 용역수행지국의 과세당국이 시간비례적 몫보다 더 많은 부분을 과세하고자 한다면, 과세당국이 입증책임을 부담할 것이다. 반면에, 납세자가 거주지국에서 더 큰 이중과세 구제를 청구한다면, 납세자가 비례적 몫과 다른 것에 대한 입증책임을 부담할 것이다. 시간비례적 방법하에서는 종업원이 용역을 수행하기 위해 체재한 실제일수를 분자로, 총용역수행일수를 분모로 한 분수를 사용하여 용역수행지국에서 제공된 용역에 대한 보수가 배분된다. 분모의 총용역수행일수에서 주말은 제외해야 하고, 질병, 휴가 등 개인적 상황 때문에 수행되지 못한 일수는 공제되지 않는다.

퇴직금은 각국의 국내법에 따라서 보수로 규정된다. 다수 국가의 법원들은 조약적용국가의 세법에 따라서 퇴직금을 제15조에 포함한다. 그러나, OECD의 견해는 국내 세법에 토대한 분석이 아니라 제15조에 대한 독립적 해석과 지급금의 특성에 토대한다. 국내법에 따라 인적용역소득으로 과세될지라도 용역과의 필요한 연계성이 부족한 지급금은 제15조에 해당하지 않는다. 제15조의 '기타 유사한 보수' 용어는 국내법과는 독립적인 의미를 가진다. 즉, 이 용어가 실제 수행된 용역에 대한 대가로 제한된다면, 조기 계약종료에 대한 손해배상금, 고용취소에 대한 보상, 병가수당 등은 국내 세법 상 보수성격의 지급금일지라도 제15조에 포함되지 않고 제21조에 해당할 것이다. 퇴직위로금은 수행한 용역에 대한 보상이 아니라 퇴직에 따라 포기된 혜택에 대한 보상이기 때문에 종업원의 연금권리에 대한 대체지급으로서 제18조(연금) 또는 제21조에 해당하며 거주지국에서만 과세될 것이다.[149)]

해고통지 이후 근무하지 않은 기간 동안의 보수 및 퇴직금에 대해 제15조가 적용되어야 한다면, 다음 이슈는 과세권이 어떻게 배분되어야 하는지의 문제가 제기된다. 해고통지 이후 근무하지 않은 기간의 보수는 종업원이 해고통지 이후 기간 동안에도 일을 할 것이 요구되었다면 수취했을 대체지급금의 성격을 가지므로 일을 했었을 국가에서 발생한 것으로 간주된다. 다수 국가의 판례들은 퇴직금이 과거에 수행된 고용과 충분한 연계성을 가지고 있는 경우 과세권은 고용이 수행되었던 국가들에 배분되어야 한다는 입장이다. OECD는 퇴직금은 마지막 12개월 고용기간 동안의 보수로서 제15조에 포함되고, 과세권은 해당 기간 중 용역이 수행된 국가들에 비례적 기준으로 배분되어야 한다는 입장이다. 그러나 OECD도 지급금을 과거 고용연도들에 배분하는 것이 적절하고 사실상 가능한 경우에는 이를 반대하지는 않는다.(OMC Art.15/2.7)

고용취소에 대한 보상은 실제 용역의 수행이 없으므로 단순히 손해배상금으로 분류될 수 있다면 제21조에 해당할 것이다. 한편, 통상 운동선수가 새로운 팀과 계약에 서명할 때 지급되는 계약금(sign-on fees)은 미래의 용역대가이므로 제15조가 적용된다. 또한, 종업원이 일하지 않고서 대기하는 시간에 대한 보수(standby fees)는 고용주가 지정한 장소에 있어야 하는지 또는 대기장소가 고용주의 사무실이어야 하는지 여부 등에 관계없이 제15조의 적용을 받을 것이다. 종업원이 대기하기 위해 체재한 곳에서 용역이 수행된 것으로 본다.

그리고, 비경쟁 지급금과 고용 간에는 제15조가 적용될 수 있는 충분한 인과관계가 있다. 종업원은 고용관계가 없었다면 종전 고용주와 경쟁하지 않겠다고 합의하지 않을 것이기 때문이다.(OMC Art.15/2.9) 그러나, 미국 〈Korfund Case〉[150)]에서는 비경쟁약정에서 발생한 소득은 미국에서 사업에 종사할 권리를 포기한 대가, 즉 미국에 소재하는 무형자산 권리를 미국에서 사용한 것에 대한 대가이므로 (독립적) 인적용역소득이 아니라 기타소

149) Luc De Broe, "Article 15: Income from Employment", *Klaus Vogel on Double Taxation Conventions*, Wolters Kluwer(4th ed.), 2015, pp.1127-1129

150) US Tax Court(1943.5.27.), No. 110007, *Korfund Co. Inc. V. Commissioner*, 1 T.C 1180.

득에 해당한다고 보았다. 비경쟁약정 관련 지급금에 대해 제15조가 적용되는 경우, 이에 대한 과세권 배분방법으로 첫째, 대체접근방법(replacement approach)은 개인이 하지 않아야 하는 활동을 수행했다면 경쟁활동이 수행되었을 장소를 용역이 수행된 장소로 간주한다. 둘째, OECD가 채택한 물리적 실재원칙(physical presence principle)에 따르면, 종업원이 그의 약속을 준수하기 위해 물리적으로 체재하는 곳에서 과세가 이루어져야 한다.(OMC Art.15/2.9) 통상 수취인은 약정에 의해 부여된 의무를 이행할 때 거주지국에서 체재할 것이다.[151]

고용기간 동안의 상해 또는 장애로 인해 미래수익의 손실에 대한 보상이 고용종료 시점 또는 이후에 부여될 수 있다. 그러한 지급의 조약상 취급은 보상이 행해지는 법적 맥락에 달려있다.(OMC Art.15/2.14) 예를 들어, 노동자 보상기금 등 사회보장제도에 따른 지급은 제18조, 제19조 또는 제21조에 해당할 수 있다. 그러나, 질병이 용역의 수행으로 간주될 수 없을지라도, 일부 국가들은 질병보상 및 장애수당을 '급여, 임금 또는 기타 유사한 보수'에 포함시킨다. 왜냐하면, 고용주는 종업원의 질병기간 동안 급여의 전부 또는 일부를 계속 지급할 법적 의무가 있기 때문이다. 질병 또는 상해가 일과 무관하거나 고용주의 책임이 없는 경우일지라도, 고용계약 조건에 따라 고용주가 지급하는 지급금은 퇴직금과 동일하게 다루어져야 한다. 즉, 지난 12개월 고용에 대한 보수로서 용역이 수행된 곳에 비례 기준으로 배분되어야 한다.

질병보상에 제15조가 적용된다면 과세권을 어떻게 배분해야 하는지 문제가 제기된다. 물리적 실재 원칙을 따르는 국가의 경우, 급여가 고용주에 의해 계속 지급되고 종업원이 질병기간 동안 고용국가에서 물리적으로 체재하는 경우 해당 국가에서 용역을 수행한 것으로 간주된다. 대체접근방법을 따르는 국가들은 종업원이 일을 할 수 있었다면 용역이 수행되었을 국가에 과세권을 배분한다. OECD는 종업원이 미래에 계속 일할 것을 전제로 하는 대체접근방법을 따른다고 할 수 있다.(OMC Art.15/2.14) 이러한 소득구분 및 과세권 배분의 어려움을 극복하기 위해 일부 국가들은 조세조약에 통상 사회보장 법령에 의한 지급금을 포함하는 특별규정을 포함하기도 한다. 질병 때문에 실제 용역을 수행할 수 없기 때문에 고용국가의 사회보장 법령에 따라 타방국의 거주자인 개인에게 지급된 혜택은 최대 1년 기간 동안에 또는 실제 용역을 수행하여 계속 보수를 수취한다면 보수가 과세되는 체약국에서 과세될 것이다.

151) Luc De Broe, *op.cit.*, pp.1134-1136

(라) 스톡옵션

스톡옵션은 흔히 인적용역이 제공되는 시점과 다른 특정 시점, 예컨대 옵션의 행사 또는 주식의 양도 시점에서 과세되기 때문에 문제가 발생한다.(OMC Art.15/12) OECD는 스톡옵션 이익이 언제 과세되는지에 관계없이 종업원에게 부여된 스톡옵션에서 얻는 고용이익에 대해 제15조가 적용되지만, 고용이익과 옵션행사 이후 취득한 주식의 양도소득을 구분할 필요성이 있다고 언급한다. 즉, 옵션이 행사되거나 매각 또는 고용주의 취소 등 기타 양도가 되기 전까지는 옵션 자체에서 얻는 모든 이익에 대해 제15조가 적용된다. 그러나, 일단 옵션이 행사 또는 양도되면 고용이익이 실현된 것이고, 행사 이후의 주식가치 상승 등 취득주식에 대한 후속적 이익은 종업원의 투자자-주주 지위에서 발생한 것이므로 제13조가 적용된다. 그러나, 행사된 옵션이 종업원에게 의무고용기간 종료시까지 주식을 취득할 권리를 부여하는 경우, 옵션행사 이후의 의무고용기간의 종료시까지의 주식가치 상승에 대해서는 제15조를 적용하는 것이 적절할 것이다.(OMC Art.15/12.2) 또한, 옵션이 고용종료 또는 퇴직 이후에 행사될지라도 스톡옵션 이익은 일반적으로 제21조 또는 제18조에 해당하지 않는다.(OMC Art.15/12.5)

〈표 3-13〉 미국형 및 유럽형 스톡옵션 사례

◈ 미국형 스톡옵션

스톡옵션이 2010.1.1에 종업원에게 부여된다. 옵션 취득은 종업원이 동일 고용주에게 2013.1.1까지 계속 고용을 유지하는 조건이다. 일단 조건이 충족되면 옵션은 2013.1.1.부터 2020.1.1까지 행사될 수 있다. 그러나 추가로 행사되지 않은 모든 옵션은 고용의 종료로 상실된다고 규정되어 있다. 이 사례의 경우 해당 옵션을 행사할 권리는 이미 2013.1.1에 취득되었다. 왜냐하면, 종업원이 옵션을 행사할 권리를 취득하기 위해 추가 고용기간이 요구되는 것이 아니기 때문이다.

◈ 유럽형 스톡옵션

스톡옵션이 2010.1.1에 종업원에게 부여된다. 옵션은 2015.1.1.에 행사가능하다. 2015.1.1에 고용이 종료되지 않는다면 그 일자에만 행사할 수 있다는 조건하에 옵션이 부여되었다. 이 사례의 경우 옵션을 행사할 수 있는 권리는 옵션행사일인 2015.1.1까지는 취득되지 않는다. 왜냐하면 옵션을 행사할 권리를 취득하기 위해서는 그날까지 고용이 요구되기 때문이다.

스톡옵션이 특정 국가에서 수행된 용역에서 발생한 것인지 여부는 해당 옵션과 관련된 계약조건을 포함하여 관련된 모든 사실관계 및 상황에 토대하여 각 사안별로 결정되어야 한다.(OMC Art.15/12.6) 위 〈표 3-13〉는 미국과 유럽의 스톡옵션 유형별 사례를 보여준다.

이를 위해 OECD는 다음 세 가지 원칙을 제시한다. 첫째, 스톡옵션은 종업원이 해당 옵션을 행사할 권리의 취득조건으로서 요구되는 고용기간 이후에 수행된 용역과 관련이 있는 것으로 간주되어서는 안 된다.(OMC Art.15/12.7) 스톡옵션이 종업원이 고용될 때 아무런 조건없이 부여되고, 다른 국가로 전출되거나 새로운 임무를 부여받는 경우 해당 옵션은 명백히 특정 미래기간 동안에 수행될 새로운 기능과 관련이 있다. 이 경우, 옵션을 행사할 권리가 새로운 기능들이 수행되기 전에 취득된 것일지라도 해당 옵션은 이들 새로운 기능들과 관련이 있다고 간주하는 것이 적절할 것이다. 또한, 옵션은 부여되었지만 종업원의 의무고용기간의 종료까지는 주식이 부여되지 않는 경우 해당 옵션이익은 옵션부여 및 주식부여 사이의 전체 기간에 수행된 용역과 관련이 있는 것으로 간주하는 것이 적절할 것이다.(OMC Art.15/12.10)

둘째, 스톡옵션은 옵션의 부여가 수취인의 특정 기간 동안의 용역제공을 보상하기 위한 것이라면 옵션이 부여되기 이전에 수행된 용역과만 관련되는 것으로 간주되어야 한다.(OMC Art.15/12.8) 예를 들어, 고용이 고용주에 의해 종료되거나 또는 종업원이 퇴직하는 경우 등 스톡옵션을 행사할 권리를 취득하기 위해 고용기간이 요구되지만 그러한 의무가 특정 상황에서 적용되지 않는 경우, 스톡옵션 이익은 이들 상황이 실제 발생할 때 실제 수행된 용역기간에만 관련되는 것으로 간주되어야 한다.(OMC Art.15/12.12)

셋째, 스톡옵션 플랜이 과거 또는 미래용역을 보상하는 것인지 여부가 의심되는 경우에는 스톡옵션이 미래의 성과에 대한 인센티브 또는 가치있는 종업원을 보유하기 위한 수단으로써 제공되는 것이라는 점이 인식되어야 한다는 것이다. 따라서 스톡옵션은 주로 미래용역과 관련된다. 그러나 모든 사실관계 및 상황이 고려되어야 하는데, 스톡옵션이 특정 기간 동안의 과거와 미래용역의 결합과 관련이 있는 경우도 있다. 예를 들어, 과거연도에 특정 성과목표를 달성했기 때문에 옵션이 부여되었지만, 추가 3년 동안 고용이 유지되어야만 옵션을 행사할 수 있는 경우를 들 수 있다.(OMC Art.15/12.13)

이러한 원칙에 토대하여, 스톡옵션이 하나 이상의 국가에서 수행된 용역에서 발생한 것으로 간주되는 경우, 제15조 및 제23A조 및 제23B조의 적용을 위해 스톡옵션 이익의 어느 부분이 각 국가에서 수행된 용역에서 발생된 것인지를 결정할 필요가 있을 것이다. 스톡옵션에 귀속되는 고용이익은 스톡옵션이 발생한 인적용역이 수행된 기간의 총일수에서 특정 국가에서 용역이 수행된 기간 일수가 차지하는 비율만큼 해당 국가에서 발생한 것으로 간주된다.(OMC Art.15/12.14) 이러한 고용일수는 스톡옵션 플랜과 관련된 기간이다.

OECD는 고용일수의 배분이 스톡옵션의 부여(grant)와 확정(vesting) 사이의 기간에 토대를 둘 것을 권고한다.(소위 split per-day system)

국가 간 스톡옵션 과세시기의 차이는 이중과세를 초래할 위험이 있다. 제15조는 용역수행지국에게 종업원이 체재할 때 지급 또는 발생되는 소득뿐만 아니라 해당 국가에서 수행된 용역에서 발생하지만 그의 체재 전과 후에 수취 또는 실현된 소득에 대해서도 과세를 허용한다. 용역수행지국이 과세하기 위해서는 관련소득이 지급되는 시기에 관계없이 해당 국가에서 수행된 용역에서 발생한 것이어야 한다.(accrual basis) 대부분의 국가에서 인적용역소득은 수취기준(cash basis)으로 과세되지만, 보수가 해외에서 수행한 용역에서 발생한 것이고 조세조약 상 용역수행지국에 과세권이 부여된 경우라면, 거주지국에서는 수취기준으로 과세해서는 안 된다.(OMC Art.15/2.2)

스톡옵션에 대한 과세시기의 차이에 관계없이 제23A조 및 제23B조 주석에 따라서 이중과세가 구제되어야 한다. 제15조가 특정 소득에 대한 과세권을 허용하는 경우라도 과세시기에 대한 제한은 규정하지 않는다. 따라서, 원천지국에서 거주지국보다 먼저 또는 늦게 과세되는지에 관계없이 거주지국은 이중과세를 구제해야 한다. 종업원이 옵션이 부여되고 권리가 확정된 후, 행사되고 주식이 양도되는 시점에서 여러 국가의 거주자일 수 있는데, 이들 국가들이 거주지국으로서 과세권을 주장할 경우 거주지국과 거주지국 간 이중과세가 발생할 수 있다. 그러한 경우 MAP이 이용될 수 있을 것이다.

(3) 용역수행지국에서의 면세 요건

〈OECD/UN모델 제15조 제2항〉

2. 제1항의 규정에도 불구하고, 타방체약국에서 수행된 고용과 관련하여 다음의 경우에 해당하는 일방체약국의 거주자가 수취하는 보수에 대해서는 그 일방체약국에서만 과세한다.

   a) 수취인이 관련 회계연도가 시작 또는 종료하는 어느 12개월 기간 중 총183일을 초과하지 아니하는 단일기간 또는 여러 기간 동안 타방체약국에 체재하고,

   b) 그 보수가 타방체약국의 거주자가 아닌 고용주에 의하여 또는 그를 대신하여 지급되며,

   c) 그 보수가 고용주가 타방체약국에 가지고 있는 고정사업장 (또는 고정시설)에 의하여 부담되지 아니하는 경우

(가) 용역수행지국에 단기간(183일 이하) 체재할 것

물리적 체재요건은 고용수행 일수가 아니라 물리적으로 체재한 일수를 계산해야 한다. 체재의 이유나 수행된 활동의 유형은 일수 계산에 중요하지 않다. 그러나, 해당 기간의 어떤 시점에 용역이 수행되어야 한다. 따라서 어떤 시점에도 용역이 실제 수행되지 않는다면, 사적인 이유로 183일을 초과하여 체재한 것만으로는 용역수행지국 과세요건을 충족하지 못한다. 가족이 체재하는 것도 관련이 없다. 예를 들어, 종업원을 동반하여 입국한 아내가 입국 이후 상당한 기간이 흘러 고용된 사안의 경우, 아내의 고용개시 이전의 체재는 해당 고용과 관련이 없음에도 불구하고 물리적 체재요건에 따르면 아내가 해당 용역수행지국에 도착한 날부터 체재일수를 계산해야 한다.

183일기준 계산에는 물리적 체재일수 모두를 포함하지만 급여를 배분할 때는 통상 실제 근로일수에 초점을 둔다. 1992년 이전 OECD모델에는 물리적 체재요건에 대한 구체적 언급이 없었다. 따라서 활동기간 기준을 적용하는 국가들도 있었다. 이 기준에 따를 경우 183일 계산에 거주지국 또는 제3국에서 보낸 단기간의 휴가 등은 물리적 체재일수에 포함되지 않는다. 1992년 OMC 개정 이후에는 조약 자체에서 활동기간 기준을 명시하지 않는 한, 물리적 체재일수 방법을 적용하는 것이 제15조의 문구와 부합하는 방식으로 인정된다.

체재기간이 중첩되더라도 연속하는 12개월의 모든 기간이 고려되어야 한다.(OMC Art.15/4) 예를 들어, 한 종업원이 특정 국가에 01년 4.1부터 02년 3.31까지 150일 체재하였지만, 01년 4.1부터 02년 7.31까지는 210일 체재한 경우 첫 번째 기간 동안 최소 체재기준을 충족하지 못했고, 첫 번째 기간과 두 번째 기간이 일부 중첩될지라도 두 번째 12개월 기간 동안 183일을 초과하여 체재한 것이다.

183일기준 계산시 종일 체재할 것을 요구하지 않는다. 하루 중 일부, 도착일자, 출발일자 및 토요일, 일요일, 국경일, 활동 전후의 휴일, 단기휴무(교육, 파업, 공급지체 등), 질병일수, 가족의 사망 또는 질병 등 활동국가 내에서 보낸 모든 일수를 포함한다.(OMC Art.15/5)

다음의 경우에는 183일기준 판단시 예외가 적용되어 일수에 포함되지 않는다. 첫째, 환승목적으로 용역수행지국에 체재하는 경우(OMC Art.15/5), 둘째, 납세자가 용역수행지국의 거주자였던 일수는 제외한다.(OMC Art.15/5.1). '타방체약국에서 수행된 고용과 관련하여 일방체약국 거주자가 수취하는 보수'는 동일 국가에서 거주하고 일하는 인에게는 적용되지 않는다. 셋째, 용역수행지국 외부에서 보낸 모든 일수는 제외된다.(OMC Art.15/5) 물리적 체재기준은 용역활동 목적의 체재를 요구하지 않기 때문에, 용역수행지국 밖에서 보낸 일수도 설령 사업여행과 같이 용역활동과 관련될지라도 제외된다. 넷째, 질병이 없었다면 면제요건에 해당되었을 것이지만, 질병 때문에 용역수행지국을 떠나지 못한 일수는 제외한다. 이 경우 납세자는 자신의 입장을 증명할 증거를 제출해야 할 것이다. 다섯째, 고용 전후의 휴가일수도 제외할 필요가 있다. OECD는 이를 183일 계산에 포함시켜야 한다는 입장이지만, 용역수행지국 체재가 고용과 아무런 관련이 없는 것이 입증되는 경우에는 제외해야 한다는 주장이 설득력이 있다.152)

두 회계연도에 걸쳐 183일을 분할하는 방식으로 과세를 회피하는 사례를 방지하기 위해 1992년 OECD/UN모델 개정시 '관련 회계연도에 시작 또는 종료하는 어느 12개월 기간'이라는 표현으로 변경하였다. 그러나 모델 조문의 변경에도 불구하고, 양자조약에서 이들 용어를 사용하는 통일성은 발견되지 않는다. 체약국 간에 회계연도(fiscal year) 또는 역년(calendar year)의 의미에 차이가 존재하는 경우에는 통상 용역수행지국의 의미가 우선해야 한다. 이러한 취지가 2014년 OMC 개정시 반영되었는데, '관련 회계연도'는 타방체약국의 거주자가 고용을 수행하고, 또한 관련 인적용역이 제공되는 해당 체약국의 회계연도를 가리키는 것으로 이해되어야 한다고 언급한다.(OMC Art.15/4.1) 그러나, 만약 개인이 용역수행지국에서 183일 미만 체재했기 때문에 거주지국이 인적용역소득에 대한 과세권을 가지는지 여부의 사안인 경우에는 거주지국의 해석이 적용될 수도 있을 것이다. 요약하면, 조약 적용국가의 국내세법에 따라서 회계연도 또는 역년이 해석되어야 할 것이다.153)

(나) 고용주가 용역수행지국의 거주자가 아닐 것

제15조 제2항 b)호의 예외요건은 첫째 고용관계가 존재해야 하고, 둘째 고용주가 용역수행지국의 거주자가 아니어야 하며, 셋째 보수가 그 고용주에 의해 지급 또는 그 고용주를 대신하여 지급되어야만 적용된다.

종전 OECD는 조세회피 전략과 관련한 고용주 용어에 초점을 두었으나, 2010년 개정 OMC에서는 고용주에 대해 정의를 하지 않고 고용관계가 존재하는지 여부에 초점을 두었다. 제2항 b)호 및 c)호 목적 상 고용주에 해당하기 위해서는 만약 용역수행지국이 고용관계가 존재한다고 결정하면 개인과 용역을 제공받는 기업이 고용관계에 있다고 논리적으로 결론 내릴 수 있을 것이다.(OMC Art.15/8.7) 고용관계의 존재는 고용주가 누구인지를

152) Luc De Broe, *op.cit.*, pp.1174~1175

153) Luc De Broe, *op.cit.*, pp.1176~1177

밝히는 것이기 때문에, 그것만으로 급여세에 대한 원천징수의무가 있는 것으로 추정될 수는 없다.

2000년 개정 OMC는 세무상 투과단체인 파트너쉽이 제4조 의미상 거주자가 아니더라도 제15조 목적 상 고용주에 해당함을 명확히 하였다. 용역수행지국에서 보수에 대한 비용공제가 청구되는 경우 해당 보수에 대한 과세권을 보장하는 취지의 제15조 제2항 b)호 및 c)호의 목적을 달성하기 위하여, OMC는 고용주 및 거주자 개념이 파트너쉽 단계가 아니라 파트너들 단계에게 적용될 것을 요구하고 있다. 투과단체 파트너쉽의 고용주의 거주지국 결정과 관련하여 OECD는 파트너들이 여러 국가에 거주하는 경우 어려움이 발생할 수 있음을 인식하고, MAP을 통해 파트너쉽 지분을 보유한 대다수의 파트너들이 거주하는 국가에 고용주가 거주하는 것으로 간주할 것을 제안한다.(OMC Art.15/6.2)

고용주가 투과단체 파트너쉽인 경우 용역수행지국은 ⅰ) 대부분의 파트너쉽 지분을 보유한 파트너들이 해당 국가에 거주하는 경우, 또는 ⅱ) 파트너쉽이 해당 국가에서 하나 또는 그 이상의 파트너들의 활동 때문에 PE를 갖는 것으로 간주되는 경우 인적용역소득에 대해 과세할 수 있다. 반면, 용역수행지국이 파트너쉽 지분을 보유한 소수 파트너들의 거주지국인 경우 이중손실에 직면할 수 있다. 왜냐하면, 용역수행지국은 인적용역소득에 대해 과세할 수 없을 뿐만 아니라, 거주자인 파트너들의 급여비용 공제가 요구될 수 있기 때문이다.

〈그림 3-33〉 파트너쉽의 인적용역소득에 대한 국가별 취급이 다른 경우

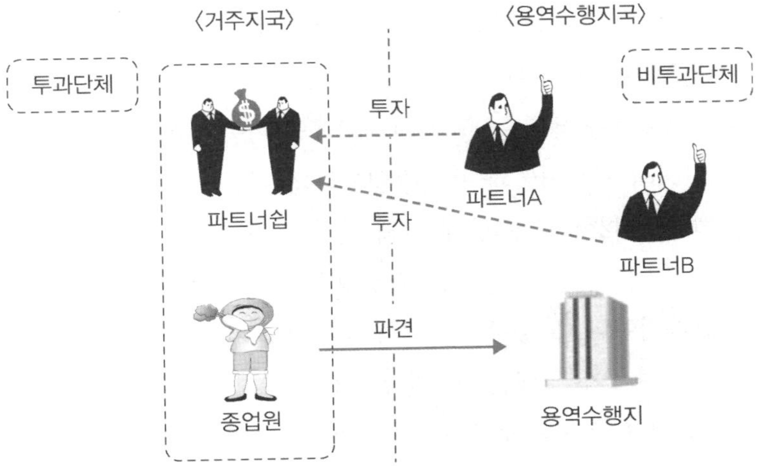

거주지국 입장에서는 종업원들이 용역을 수행하고 고용주(파트너들)가 거주하기 때문에 제15조 제2항 b)호에 따라 용역수행지국이 과세권을 가진다고 본다. 반면에 파트너십을 투과단체로 보지 않는 용역수행지국은 파트너십을 거주지국의 거주자로 간주하고 제15조 제2항 b)호에 따라 고용주(파트너십)가 용역수행지국의 거주자가 아니기 때문에 인적용역소득에 대해 과세하지 않는다. 이때 거주지국은 용역수행지국의 법률에 따른 고용주 결정을 따를 것이 요구되기 때문에 이중비과세를 방지하기 위하여 제15조 제2항 b)호에 따라 과세권을 가진다고 주장할 수 있다. 또는 용역수행지국에서 과세되지 않은 소득을 면제시키지 않기 위하여 제23A조 제4항을 원용할 수도 있다.[154)]

제15조 제2항 b)호 목적 상 고용주가 용역수행지국의 거주자인지 여부는 용역수행지국이 결정해야 한다. 면세단체가 고용주일 수 있지만, 면세단체는 일반적으로 납세의무가 없기 때문에 거주자로 간주될 수 있는지 여부에 대한 통일된 접근방법은 없다. 다수 국가들은 거주자인 인이 실제로 포괄적 납세의무를 부담해야 할 의무는 없다고 믿는다.(OMC Art.4/8.6) 어떤 인이 제4조의 기준 중 하나에 의해 일방국에서 포괄적 납세의무를 부담하지만 해당 국가의 국내법이 그 인에 대해 특례규정에 의해 또는 특정 요건의 이행을 조건으로 조세를 전부 또는 일부 경감하는 경우, 그 인은 조약목적 상 해당 국가의 거주자로 간주되어야 한다는 것이다. 따라서 흔히 엄격한 요건의 이행을 조건으로 조세를 경감받는 면세단체 역시 용역수행지국에 거주하는 고용주로 취급될 수 있고, 종업원이 면세단체로부터 수취하는 보수는, 면세단체가 지급한 급여에 대한 공제를 청구할 수 없다는 사실에도 불구하고, 제15조 제2항 b)호에 의해 용역수행지국에서 과세될 것이다.

둘 이상의 국가가 고용주가 해당 국가의 거주자라고 주장하는 상황(dual resident employer)이 존재할 수 있다. 특히, 고용주가 종업원의 거주지국과 용역수행지국의 이중거주자인 경우와 고용주가 용역수행지국과 제3국의 이중거주자인 경우가 문제될 수 있다. 고용주가 종업원의 거주지국과 용역수행지국의 이중거주자로 간주되는 경우, 고용주의 거주지는 제4조 제2항과 제3항에 의해 결정될 것이다. 이들 이중거주자 판정기준이 고용주가 어느 국가의 거주자인지를 결정할 것이고, 이는 제15조 제2항 b)호를 적용할 때에도 마찬가지이다. 고용주가 용역수행지국과 제3국의 이중거주자로 간주되는 경우에는 해석상 어려움이 발생할 수 있다. 고용주의 거주지가 종업원의 거주지국과 용역수행지국 간 조세조약 또는 용역수행지국과 제3국 간 조세조약에 의해 결정되어야

---

154) Luc De Broe, *op.cit.*, pp.1182~1183

하는지 여부가 문제이다. 원칙적으로 고용주의 거주지는 종업원의 거주지국과 용역수행지국 간 조약에 의해 결정되지 않는다. 왜냐하면, 제4조 제2항 및 제3항은 고용주가 양 체약국의 거주자가 아니기 때문에 고용주의 거주지 결정에 적용되지 않기 때문이다. 고용주가 용역수행지국과 제3국의 조약에 의해 제3국의 거주자로 판명될지라도, 종업원의 거주지국과 용역수행지국 간 조약의 제4조 제1항이 언급하고 있는 용역수행지국의 국내법에 따라서 고용주는 역시 용역수행지국의 거주자일 수 있고, 따라서 종업원의 거주지국과 용역수행지국 간 조약의 적용을 받을 수 있다.155)

제15조 제2항 b)호는 오직 고용주가 용역수행지국의 거주자가 아닐 것만을 요구하고, 고용주가 종업원 거주지국의 거주자일 것을 요구하지는 않는다. 따라서, 종업원이 일방체약국의 거주자이고 고용주가 제3국의 거주자인 3국 간 상황에서 용역수행지국은 과세권을 갖지 못한다. 또한, 급여에 대한 과세권을 가지는 국가(종업원의 거주지국)와 급여에 대한 비용공제를 청구하는 국가(고용주의 거주지국) 사이의 상관관계는 없다. 따라서 용역수행지국은 제15조 제2항의 예외를 이러한 3국 간 상황으로 확장하는 것이 부적절하다고 간주할 것이다. 이러한 입장에서 OECD는 종업원의 소득을 결정하는 행정적 어려움 또는 고용주에 대해 원천징수의무를 부여하는 어려움에 관해서 언급한다. 따라서 이러한 견해를 공유하는 국가들은 양자조약에 제15조 제2항 b)호의 예외가 적용되기 위해서는 고용주와 종업원이 동일 국가의 거주자일 것을 특별히 요구하는 문구를 채택할 필요가 있을 것이다.(OMC Art.15/6)156)

수익비용 대응원칙을 명시한 제15조 제2항 b)호 및 c)호의 목적은 보수비용을 과세소득의 공제항목으로 인정하는 국가에 과세권을 부여하고자 하는 것이다.(OMC Art.15/6.2) 그러나, 이 조문의 해석 및 적용과 관련하여 많은 예외들이 존재한다. 보수가 고용주에 의해 직접 지급(paid by)되는 경우, 해당 보수가 비용으로 계상되든 아니면 자본화되든 지급된 것으로 간주되어야 한다. 또한, 고용주를 대신하여(on behalf of) 보수를 지급하는 지급자가 별도로 있을 수 있지만, 궁극적으로 보수비용을 부담하는 것은 고용주인 경우도 있다.

보수가 청구되는 방식(직접 청구 또는 간접 청구)이 보수가 고용주를 대신하여 지급되는지 여부를 결정할 때 중요할 수 있다. OECD는 첫째, 고용관계가 존재하는지 여부를 결정하는 것은 용역수행지국이며, 둘째 재무약정을 설계하는 방식, 예컨대 직접적 또는

155) Luc De Broe, *op.cit.*, pp.1184~1186
156) Luc De Broe, *op.cit.*, pp.1186~1187

간접적 비용청구 방식은 고용관계가 존재하는지 그리고 누구와 존재하는지를 결정할 때 보조적 요인들 중의 하나에 불과하다는 입장이다. 따라서, 보수가 고용주에 의해 간접적으로 지급되는 경우에도 고용관계가 성립할 수 있다. 그러나, 예컨대 수수료가 시간당 기준으로 청구되고 급여비용을 포함한 용역제공자의 여러 비용들을 고려하는 경우 등 보수비용이 청구수수료와 아무런 관계가 없거나 또는 수수료의 일부를 구성하는 경우에는 고용관계가 아니라 용역약정이 존재한다고 할 수 있다.(OMC Art.15/8.15)

고용주가 종업원의 용역제공을 받지만 그에 대해 비용을 부담하지 않는 경우(예컨대, 다른 국가의 관계회사가 지급), 보수가 고용주에 의해 지급 또는 고용주를 대신하여 지급된 것으로 간주될 것인지의 문제가 제기된다. 만약 사실관계로 볼 때 고용관계가 존재하고, 정확한 독립기업원칙의 적용 및 후속적인 대응조정에 의해 보수가 반환 청구되었다면 보수는 여전히 고용주에 의해 지급 또는 대신하여 지급된 것으로 간주되어야 한다. 종업원이 용역수행지국에 183일 미만 체재하였다고 가정할 때, ⅰ) 고용주가 용역수행지국의 거주자도 아니고 용역수행지국에 PE도 가지고 있지도 않은 고용주에 의해 직접 지급된 경우, 또는 ⅱ) 다른 국가의 거주자인 고용주를 대신하여 용역수행지국 거주자에 의해 지급된 경우, 용역수행지국은 해당 보수에 대해 과세할 수 없다.[157]

(다) 고용주의 PE가 비용을 부담하지 않을 것

제15조 제2항 c)호는 "보수가 고용주가 타방국에 가지는 PE에 의해 부담되지 않는 경우, 해당 보수는 일방체약국에서만 과세된다."고 규정한다. 이 조항의 취지도 역시 수익비용 대응원칙이다. 즉, 제15조 제2항 b)호 및 c)호의 목적은 종업원의 보수비용을 과세소득의 공제항목으로 인식하는 국가에게 과세권을 부여하는 것이다.(OMC Art.15/7)

'부담(born by)'에 대한 해석과 관련하여 2000년 OMC 개정시 "보수가 조세목적 상 비용공제가 허용되어야 한다."는 문구가 추가되었다. 즉, 부담과 비용공제를 연계시키고는 있지만, 실제 비용공제가 이루어졌는지 여부가 결정적인 것은 아니라는 점을 명확히 하였다. 한편, 2010년 개정 OMC에서는 "부담의 의미는 제2항 c)호의 목적을 고려하여 해석되어야 하는데, 그 목적은 제2항의 예외규정이 용역수행지국에 소재한 PE의 이윤을 계산할 때, 제7조의 원칙과 보수의 성격을 고려하여, 비용공제가 가능한 보수에는 적용되지 않는다는 것을 보장하고자 하는 것이다."(OMC Art.15/7)라고 하면서, "고용주가 PE귀

157) Luc De Broe, *op.cit.*, pp.1188~1189

속 이윤을 계산할 때 보수에 대해 비용공제를 실제로 청구했는지 여부가 결정적인 것은 아니다. 왜냐하면, PE귀속 이윤 결정시 고려되어야 하는 보수와 관련해서는 비용공제가 가능한지 여부가 적절한 기준이기 때문이다."라는 새로운 문구를 추가하였다.(OMC Art.15/7.1) 즉, 제7조의 원칙에 따라 급여가 PE에 귀속가능한지 여부가 중요하다는 것이다. 만약 PE에 귀속할 수 있다면 PE의 공제가능한 비용이라는 것이다. 그러나, 어떤 이유에서 비용공제가 청구되지 않을지라도, 급여는 여전히 PE에 의해 부담된 것으로 간주되고 PE국가에서 과세가능하다는 것이다.

보수가 PE에 귀속되고 공제가능한 경우 PE에 의해 부담된 것이고, PE에 귀속되지 않고 공제가능하지도 않은 경우에는 PE에 의해 부담된 것이 아닌 것은 명확하다. 그러나, 보수가 PE에 귀속되지만 공제가능하지 않은 경우 및 보수가 공제되지만 PE에 귀속할 수 없는 경우에는 별도로 검토할 필요가 있다. 비용공제를 PE에 귀속시킬 때는 제7조의 원칙들이 적용된다. 일반적으로 비용은 별개의 독립기업 규정에 따라 PE에 귀속되고, PE의 목적을 위해서 발생될 것을 요구한다. 종업원의 활동과 PE의 활동 간에 연계성이 존재해야 한다. 즉, 부담의 의미가 경제적 의미로 해석되어야 한다. 따라서 종업원의 활동이 PE가 아닌 본사의 이익에 기여한다면, 해당 보수는 PE에 귀속될 수 없다. 설령 보수가 타방국에 소재한 고용주에 의해 지급된다고 할지라도 PE에 귀속될 수 있어야만 PE에 의해 부담된다고 간주할 수 있을 것이다. PE에 귀속될 수 있는 보수 부분만이 용역수행지국에서 과세대상이 된다. 제15조 제2항 c)호의 예외가 적용되기 위해서는 종업원이 용역수행지국에서 용역을 수행해야 한다. 따라서, 용역이 거주지국 또는 제3국에서 수행되는 경우, PE에 귀속될 수 있고 공제가능하더라도 원천지국은 급여에 대한 과세권을 갖지 못한다.

용역수행지국이 보수에 대한 과세권을 갖기 위해서는 원천지국에서 비용공제가 가능한 보수여야 한다. 만약 PE가 원천지국에서 면세되거나 또는 고용주가 비용공제를 청구하지 않기로 결정하여 실제 공제된 금액이 없더라도 이 기준은 충족한 것으로 간주한다. 또한, 보수가 예컨대, 종업원 스톡옵션 등 국내법상 그 성격 때문에 공제가능하지 않은 경우에도 이 기준은 역시 충족한 것이다. 이는 제7조가 국내법상 문제인 실제 비용공제를 할 수 있는지 여부가 아니라 비용의 귀속만을 다룬다는 사실과도 부합한다. 결국, 중요한 것은 현실적으로 보수가 비용으로 공제가능한지 여부가 아니라 PE에 귀속시킬 수 있는지 (attributable) 여부이다. 따라서 PE에 귀속된 보수는 국내법, 조약 또는 고용주의 선택에 따라 비용공제를 받지 못할 수도 있다. 이는 제15조 제2항 c)호의 내재적 목적(수익비용 대응원칙)과 상반되지만, 보수에 대한 용역수행지국의 과세를 방해하지는 않는다. 반대로, 보수가 행정상 편의 등으로 PE에서 비용으로 공제되지만 PE에 귀속시킬 수 없는 경우, PE의 목적을 위해 발생된 것이 아니기 때문에 PE에 의해 부담되는 것으로 간주되어서도 안 된다.[158)]

OECD는 관념상 대가(notional charges)의 가정이 보수가 PE에 의해 부담되는지 여부의 결정에 영향을 미쳐서는 안 된다고 한다. 기업의 한 부문이 타방국에 소재한 PE를 위해 용역을 제공한 경우 PE가 관념상 대가를 공제할 수 있는데, 이는 오로지 PE귀속이윤의 결정 목적으로 규정된 메카니즘이기 때문에 이러한 독립기업 가정이 그 보수가 PE에 의해 부담되는지 여부에 대한 결정에 영향을 미치지 않는다.(OMC Art.15/7.2) 보수의 성격상 비용공제를 발생시키든지, 아니면 비용공제를 할 수 없는지에 상관없이 용역수행지국은 과세권을 유지할 것이다.(OMC Art.15/7&7.1)

개별 조세조약 상 문구는 다양한 표현을 사용하고 있는데, 대부분의 국가들은 보수가 PE에 의해 부담된다고 하기 위해 여전히 PE에 의한 실제 보수비용의 공제 또는 PE에 의해 직접 지급되어야 할 것을 요구하고 있다.

일부 국가들이 자국에서 수행되었지만 자국 내 PE에 귀속될 수 없는 용역에 대해 거주지국에 전속적 과세권을 주는 일반원칙을 수용하기를 꺼려한다는 점을 인식하고, 2008년 OECD는 용역에서 발생한 이윤에 대해 특정 상황에서 원천지국 과세권을 부여하는 새로운 조항을 제5조 주석에 추가하였다.(OMC Art.5/42.11~42.48) 이에 따라, OECD는 고정된 사업장소 없이 용역이 비거주자에 의해 수행될지라도 해당 용역소득에 대해 원천지국의 과세권을 허용함으로써 PE 개념을 확장하는 대안규정을 추가하였다.(OMC Art.5/42.23) 대안규정에 따르면, 고용주가 고정된 사업장소를 가지고 있지 않은 국가에서 종업원이 체재하는 경우, ⅰ) 개인(종업원, 파트너 또는 자영업자)이 12개월 기간 동안 총183일을 초과하는 기간 동안 타방국에서 체재하고, 해당 기간 동안 기업의 능동적 사업활동에 귀속될 수 있는 총수입의 50% 이상이 그 개인을 통해 그 타방국에서 수행된 용역에서 발생되거나, 또는 ⅱ) 기업이 12개월 기간 동안 총183일을 초과하는 기간 동안 타방국에서 용역을 수행하고, 이들 용역이 타방국에 체재하면서 그 용역을 수행하는 하나 또는 그 이상의 개인을 통해 동일한 또는 연관된 사업이 수행되면, PE가 존재하는 것으로 간주된다.

---

158) Luc De Broe, *op.cit.*, pp.1192~1193

UN모델도 제5조 제3항 b)호 및 제14조 제1항 b)호에 유사한 규정을 두고 있다. i) 납세자가 용역수행지국에서 전문적이고 독립적인 인적용역을 수행하고 해당 국가에 해당 연도에 시작 또는 종료하는 12개월 기간 동안 183일 이상 체재하는 경우, 또는 ii) 납세자가 183일 이상 해당 국가에서 동일 또는 연관된 사업을 위해 사업용역을 제공하는 경우, 용역수행지국이 과세권을 가진다.

PE는 용역수행지국에서 독립적인 고용주가 될 수 없다. 즉, 고용주와 PE는 구별되어야 한다. 왜냐하면, PE는 고용주 자체가 아니고, PE를 고용주로 취급하는 것은 제15조 제2항 c)호를 무의미하게 만들기 때문이다.

(4) 국제운항 선박 · 항공기 승무원의 보수에 대한 과세권

〈OECD/UN모델 제15조 제3항〉

3. 상기 규정에도 불구하고, 오직 타방체약국 내에서만 운항되는 선박 또는 항공기를 제외하고, 국제운수에서 운항되는 선박 또는 항공기 상에서 선박 또는 항공기의 정규 소요인원의 일원으로서 수행되는 고용과 관련하여 일방체약국의 거주자가 수취하는 보수는 해당 국가에서만 과세된다.

국제운항 선박 또는 항공기에서 일하는 종업원과 관련해서는, 직업의 이동성 때문에 용역수행 장소를 결정하는 것이 어렵다. 본 조항은 국제운수에서 운항되는 선박 또는 항공기 승무원의 보수가 종업원의 거주지국에서만 과세된다고 규정한다. 종전에는 기업의 POEM 소재지국 과세원칙을 규정하고 있었으나, 2017년 OECD/UN모델 개정시 종업원의 거주지국에 전속적 과세권을 부여하는 것으로 변경되었다. 개정의 목적은 이들 승무원의 보수에 대한 과세에 대해서 보다 명확하고 집행이 단순한 규정을 마련하는 것이다.(OMC Art.15/9)

2017년 '국제운수'의 정의가 변경[159]되어 본 조항은 제3국 기업에 의해 운항되는 선박 또는 항공기 상에서 수행된 고용의 보수를 수취하는 일방체약국의 거주자에게도 적용된다.(OMC Art.15/9.1) '타방체약국 내에서만 운항되는 선박 또는 항공기를 제외하고' 문구는

159) 제3조 제1항 e)호는 '국제운수(international traffic)' 용어를 "선박 또는 항공기가 일방체약국의 지역들 사이에서만 운항되는 때를 제외하고, 선박 또는 항공기 운항기업이 해당 국가의 기업이 아닌 선박 또는 항공기에 의한 모든 운송을 의미한다."고 정의하고 있다.

그러한 종업원의 보수에 대한 과세는 제1항과 제2항에 의해 포섭된다는 것을 의미한다.(OMC Art.15/9.2) 또한, '선박 또는 항공기의 정규 소요인원의 일원으로서' 문구는 예를 들어, 선상의 레스토랑 종업원의 활동 등 선박 또는 항공기의 통상적 운항과정에서 수행되는 고용활동을 포함할 만큼 광범위하다. 그러나, 예컨대, 크루즈선의 승객에게 보험을 판매하는 보험회사 종업원과 같이, 선박 또는 항공기 상에서 수행될 수 있지만 그 운항과 관련이 없는 고용활동은 포함하지 않는다.(OMC Art.15/9.3)

강, 운하 및 호수에서의 운수를 선박・항공기의 국제운항과 동일하게 취급하기를 원하는 국가들은 내륙 해상운송(inland waterways transport) 선박의 운항을 포함하기 위해 제8조의 적용범위를 확장할 수 있다. 이들 국가들은 제15조 제3항이 이들 선박에서 일하는 종업원의 보수에도 적용되기를 원할 수 있다. 그러나, 종업원이 수취하는 보수의 경우, 제3항은 선박이 종업원의 거주지국 기업에 의해 운행되는 정도까지만 적용되어야 한다. 이 문제를 다루고자 하는 체약국들은 양자조약에 별도 조항을 포함할 수 있다.(OMC Art.15/9.4)

한편, 국제운항 선박・항공기 승무원의 보수에 대한 과세를 선박・항공기 운항기업 국가와 종업원의 거주지국 양국에게 허용하는 것을 선호하는 국가들은 제3항을 아래 대안규정과 같이 규정할 수 있다.(OMC Art.15/9.6) 즉, 기업의 거주지국이 종업원 보수에 대한 우선적 과세권을 가진다. 종업원이 타방체약국의 거주자인 경우 그 보수는 그 타방국에서도 과세될 수 있는데, 제23A조 또는 제23B조에 의해 이중과세 구제를 제공할 의무를 진다.(OMC Art.15/9.8)

3. 본 조문 및 제1조의 선행 규정들에도 불구하고, 일방체약국의 기업에 의해서 국제운항 선박 또는 항공기에서 수행되는 고용과 관련하여, 선박 또는 항공기의 정규 소요인원의 일원으로서, 어느 체약국의 거주자인지 여부와 상관없이, 개인이 수취하는 보수는 해당 체약국에서만 과세된다. 그러나, 그 보수가 타방체약국의 거주자에 의해서 수취되는 경우에는 해당 타방국에서도 과세될 수 있다.

그러나, 위 대안규정을 이중과세 제거를 위한 소득면제법과 병행하여 사용하는 경우 이중비과세 위험이 초래될 가능성이 있다.

〈그림 3-34〉 국제운항 항공사 승무원의 이중비과세 가능성

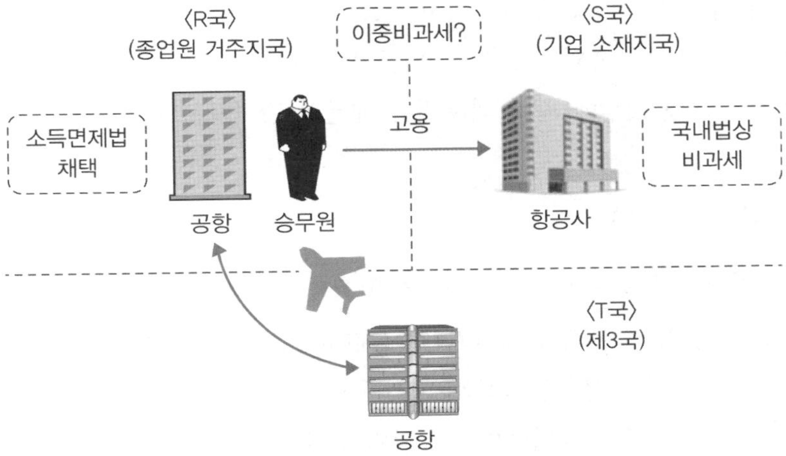

예를 들어, 위 〈그림 3-34〉에서 보는 바와 같이 상기 대안규정이 R국과 S국 간 조약에 포함되고, R국이 소득면제법을 따르고 R국 거주자인 종업원이 S국 항공사에 의해 운항되는 R국과 제3국 간 항공기에서 일한다고 가정하자. 만약 S국 법률이 S국 거주자가 아니고 S국에서 일하지 않는 항공사 종업원의 보수에 대한 과세를 허용하지 않는다면, S국은 자국의 과세권을 행사할 수 없을 것이지만 조약규정에 의하여 S국이 해당 보수에 대한 과세권을 가지기 때문에 R국은 해당 보수를 면제하도록 요구될 것이다.(OMC Art.15/9.9)

만약 선박 및 항공운송 이윤에 대한 전속적 과세권을 거주지국보다 기업의 POEM 소재지국에 귀속시키는 것을 선호하는 국가들의 경우에는 위 대안규정에 대해 수정이 이루어져야 할 것이다.(OMC Art.15/9.5) 기업의 POEM 소재지국에 승무원 보수에 대한 과세권을 부여하는 경우에는 국내법이 승무원의 거주지에 관계없이 관련 기업에 용역을 제공하는 인의 보수에 대한 과세를 허용한다는 것을 가정한다. 그러나, 국내법에 따라서 해당 국가의 거주자가 아닌 승무원 보수에 대해 과세를 할 수 없는 국가들이 있는데, 이 경우 기업의 POEM 국가에 과세권을 부여하는 조항은 비과세를 초래한다. 일부 국가의 국내법은 선박이 해당 국가의 국적을 가진 경우에만 선상고용과 관련하여 비거주자인 승무원의 보수에 대해 과세를 허용한다. 따라서, 이들 국가 간 조약들은 그 보수에 대한 과세권을 선박의 국적지국에 부여한다.(OMC Art.15/9.10)

참고로, 우리나라가 체결한 조세조약 중 ⅰ) 캐나다, 싱가포르, 태국 등과 체결한 조약에서는 '국제운수기업의 거주지국'에 전속적 과세권을, ⅱ) 미국, 프랑스, 네덜란드, 인도 등과 체결한 조약에서는 '승무원의 거주지국'에 전속적 과세권을, ⅲ) 일본, 독일, 영국,

호주 등과 체결한 조약에서는 국제운수기업의 거주지국과 승무원의 거주지국이 각각의 국내법에 따라 과세할 수 있도록 규정하고 있으며, iv) 조약에 별도 규정을 두고 있지 않은 경우에는 종속적 인적용역소득의 일반원칙에 따라서 원천지국(국제운수기업 소재지국)의 면세요건 충족 여부에 따라 과세권이 배분될 것이다.[160]

나. 국내원천 근로소득

우리나라 세법은 원칙적으로 i) 비거주자가 국내에서 제공하는 근로의 대가로서 받는 소득을 국내원천 근로소득으로 규정하지만, 국내에서 근로를 제공하지 않는 경우에도 ii) 비거주자가 내국법인이 운용하는 외국항행선박·원양어업선박 및 항공기의 승무원으로서 받는 급여, iii) 비거주자가 내국법인의 임원의 자격으로서 받는 급여, iv) 비거주자에게 법인세법에 따라 상여로 처분된 금액은 국내원천 근로소득으로 간주한다.(소법 §119 7호, 소령 §179 ⑧)

근로소득이 있는 비거주자에 대한 과세는 거주자의 경우와 동일하다. 근로소득을 지급하는 자가 매월 소득세를 원천징수한 후, 연말정산을 한다. 그러나, 국내에 파견된 근로자로서 국외의 외국법인으로부터 소득을 지급받는 자는 파견근로자가 스스로 또는 납세조합을 통해 근로소득세를 신고·납부해야 한다.

따라서, i) 외국기관 또는 우리나라에 주둔하는 국제연합군(미군은 제외한다)으로부터 받는 근로소득, ii) 국외에 있는 비거주자 또는 외국법인(국내지점 또는 국내영업소는 제외)으로부터 받는 근로소득(다만, 비거주자 또는 외국법인의 국내사업장의 국내원천소득금액을 계산할 때 필요경비 또는 손금으로 계상되는 소득은 제외한다)이 있는 비거주자는 납세조합을 조직·가입할 수 있다.(소법 §149 1호, 소법 §127 ① 4호) 납세조합은 조합원의 소득에 대해 매월 소득세를 원천징수 납부해야 하고 연말에 연말정산을 한다. 납세조합을 통해 납세의무를 이행하는 경우 세액의 10% 공제 혜택이 부여된다.

그러나, 고소득 파견근로자의 조세회피를 방지하기 위해 2016.7.1.부터 파견근로자를 사용하는 내국법인이 파견외국법인에게 용역 사용대가 지급시 제한적으로 원천징수 후 연말정산하는 제도를 도입하였다. 즉, 내국법인과 체결한 근로자 파견계약에 따라 근로자를 파견하는 국외에 있는 외국법인(국내지점 또는 국내영업소는 제외, 이하 '파견외국법인')의 소속 근로자(이하 '파견근로자')를 사용하는 내국법인(이하 '사용내국법인')은 파견근로자

160) 이용섭·이동신, 전게서, pp.711-712

가 국내에서 제공한 근로의 대가를 파견외국법인에 지급하는 때에 그 지급하는 금액의 19%를 소득세로 원천징수하여야 한다.(소법 §156의7 ①) 이 경우 '사용내국법인'은 i) '파견외국법인'에게 지급하는 근로대가의 합계액이 연간 20억 원을 초과하고, ii) 직전 사업연도 매출액이 1,500억 원 이상이거나 직전 사업연도 말 현재 자산총액이 5,000억 원 이상이며, iii) 항공운송업, 건설업, 전문·과학 및 기술서비스업, 선박 및 수상 부유구조물 건조업, 금융업을 영위해야 하는 요건을 모두 갖춘 내국법인을 말한다.(소령 §207의10 ①)

한편, 미국법인 국내 자회사의 대표이사가 모회사로부터 주식매수선택권을 부여받고 이를 행사하여 주식을 부여받은 후 주식매수권 행사이익을 신고하지 않은 사안에서, 법원은 "근로소득은 지급형태나 명칭을 불문하고 성질상 근로의 제공과 대가관계에 있는 일체의 경제적 이익을 포함할 뿐만 아니라, 직접적인 근로의 대가 외에도 근로를 전제로 그와 밀접히 관련되어 근로조건의 내용을 이루고 있는 급여도 포함된다"고 전제한 후, "이 사건 주식매수선택권 행사이익은 원고가 제공한 근로와 일정한 상관관계 내지 경제적 합리성에 기한 대가관계가 있다고 봄이 상당하므로 (…) 이 주식매수선택권을 행사한 경우에는 소득세 신고기간 내에 행사이익을 신고하여야 한다."고 판시하였다.[161)]

4 기타 인적용역소득

가. 이사의 보수

〈OECD/UN모델 제16조 제1항(제2항)〉

1. 일방체약국의 거주자가 타방체약국의 거주자인 법인의 이사회의 일원으로서 수취하는 이사의 보수 및 기타 유사한 지급금은 해당 타방국에서 과세할 수 있다.
2. *일방체약국의 거주자가 타방체약국의 거주자인 법인의 최고경영진의 간부로서 수취하는 급여, 임금 및 기타 유사한 보수는 해당 타방국에서 과세할 수 있다.*

* 이탤릭체는 UN모델에만 규정된 조문임

OECD/UN모델 제16조(이사의 보수)는 독립적 또는 종속적 인적용역소득에 대한 특별조항을 규정한다. 성격상 이사들의 활동이 수행되는 장소를 확인하는 것이 어려울 수

161) 대법원 2007.10.25. 선고 2007두1415 판결

있는데, 이러한 어려움은 과세권을 법인의 거주지국에 배분함으로써 회피될 수 있다. 제16조는 단지 법인의 사업활동을 감독할 임무만을 요구하기 때문에, 만약 이사가 사업활동에 적극적으로 관여한 경우에는 제15조가 적용되는 종업원으로서의 활동을 수행한 것이다. 만약 이사가 두 가지 다른 자격으로서 행동하고 전체 활동에 대해 한 가지 보수만을 수취한다면, 제16조는 이사 자격으로서의 보수 부분에만 적용될 수 있다. 이 경우 보수가 분할되어야 하는데 근로시간 기준이 아니라 독립기업 보상이 이루어져야 할 것이다. 대부분의 국가에서 임원 및 상임이사의 보수는 인적용역소득으로 간주되는 반면, 비상임이사의 소득은 다르게 취급된다. 한・미 조세조약에서는 이사의 보수에 대해 특별한 규정을 두고 있지 않으므로 근로소득 조항이 적용된다.

나. 예능인 및 체육인 소득

〈OECD/UN모델 제17조 제1항 및 제2항〉

1. *(제14조,)* 제15조 규정에 불구하고, 일방체약국의 거주자가 연극, 영화, 라디오 또는 TV 배우 등 연예인, 또는 음악가 또는 체육인으로서 타방체약국에서 수행한 인적 활동으로부터 수취하는 소득은 해당 타방국에서 과세할 수 있다.
2. 예능인 또는 체육인이 수행한 인적 활동에 대한 소득이 예능인 또는 체육인이 아닌 다른 인에게 발생하는 경우에는, *(제7조, 제14조)* 제15조의 규정에 불구하고, 예능인 또는 체육인의 활동이 수행된 체약국에서 과세할 수 있다.

본 조항은 183일 기준 또는 어떻게, 누구로부터 보수를 받는지를 고려하지 않고서 인적활동이 수행되는 국가에 1차적 과세권을 부여한다. 예능인 또는 체육인의 인적활동은 외국 체재기간이 비교적 단기이고 보수의 지급형태 또한 독립적 인적용역소득이나 근로소득과는 매우 다르기 때문에 그들 조문을 적용하게 되면 대부분 원천지국에서 면세되기 때문에 별도 조문에서 규정하고 있다. 제2항은 예능인 또는 체육인의 인적활동 대가가 자신에게 귀속되지 않고 고용주(예: 연예회사) 등 타인에게 귀속되는 경우 용역수행지국에서 비과세 되는 것을 방지하기 위한 것이다. 특정 공연에 직・간접적으로 귀속시킬 수 없는 예컨대, 스포츠의류에 대한 광고 또는 특정 제조자의 스포츠용품 사용에 대한 대가 등 광고・판촉 수수료는 거주지국에 과세권이 있다.(OMC Art.17/9) 이는 예능인 및 체육인이 종업원 또는 독립사업자인지에 관계없이 적용된다.

그러나, 한 · 미 조세조약과 같이 조약에 이러한 별도 조항이 없는 경우 만약 예능인 또는 체육인의 국내 활동이 법인의 종업원 자격으로서 수행된다면 조세조약 상 사업소득 조항이 적용되고 PE가 없는 한 국내에서 과세할 수 없는 문제가 있었다. 한 · 미 조세조약 상 비거주연예인 등이 국내활동에서 얻는 소득이 미화 3천 달러를 초과하는 경우 우리나라에서 소득세를 과세(20% 원천징수)할 수 있지만, 비거주연예인 등에게 소득을 지급하는 미국법인에 대한 과세권이 미치지 못해서 사실상 원천징수할 수 없었다. 이러한 조세회피 행위를 방지하기 위해 2008년 세법 개정시 '先 원천징수 後 정산제도'가 도입되었다.

소득세법에 따르면, 비거주 연예인 등이 국내에서 제공한 용역과 관련하여 지급받는 보수 또는 대가에 대해서 조세조약에 따라 국내사업장이 없거나 국내사업장에 귀속되지 아니하는 등의 이유로 과세되지 아니하는 비과세 외국연예 등 법인에 비거주 연예인 등이 국내에서 제공한 용역과 관련하여 보수 또는 대가를 지급하는 자는 조세조약에도 불구하고 그 지급하는 금액의 20%를 원천징수하여 납부하여야 한다.(소법 §156조의5 ①) 그리고, 비과세 외국연예 등 법인은 비거주 연예인 등의 용역 제공과 관련하여 보수 또는 대가를 지급할 때 그 지급금액의 20%를 지급받는 자의 국내원천소득에 대한 소득세로서 원천징수하여 납부하여야 한다. 이 경우 비과세 외국연예 등 법인에 대가를 지급하는 자가 원천징수하여 납부한 경우에는 그 납부한 금액의 범위에서 그 소득세를 납부한 것으로 본다.(소법 §156조의5 ②) 그리고, 비과세 외국연예 등 법인에게 용역대가를 지급하는 자가 원천징수하여 납부한 금액이 비과세 외국연예 등 법인이 비거주 연예인 등의 용역 제공과 관련하여 보수 또는 대가를 지급하는 때에 원천징수하여 납부한 금액보다 큰 경우에는 그 차액에 대해 비과세 외국연예 등 법인이 환급을 신청할 수 있다.(소법 §156조의5 ③)

다. 연금소득

〈OECD/UN모델 제18조 제1항(제2항)〉

1. 제19조 제2항을 따를 것을 조건으로, 과거 고용의 대가로 일방체약국의 거주자에게 지급되는 연금 및 기타 유사한 보수는 해당 국가에서만 과세된다.
2. *제1항 규정에 불구하고, 일방체약국 또는 그의 정치적 하부기구 또는 지자체의 사회보장제도의 일부인 공공연금에 의해 지급되는 연금 및 기타 지급금은 해당 국가에서만 과세된다.*

* 이탤릭체는 UN모델에만 규정된 조문임

퇴직연금(pensions)은 과거의 고용과 관련하여 지급되는 연금 및 기타 유사한 보수로서 우리나라가 체결한 대부분의 조세조약은 거주지국 과세원칙을 규정하고 있다. 정부에 제공한 용역과 관련하여 지급되는 연금은 제19조 정부용역 조문이 적용된다. 퇴직연금과 보험연금(annuities)으로 나누어 상세한 정의 규정을 둔 조약도 있다.(한・미 조세조약 제23조 제3항 및 제4항) UN모델은 OECD모델과 달리 사회보장제도의 일부로서 지급되는 공공연금에 대해서는 연금수취인 거주지국이 아니라 연금지급지국 과세원칙을 규정하고 있다.

고용 종료 이후 지급된 보수의 소득구분은 지급시기가 아니라 지급사유를 검토하여 이루어져야 한다. 종업원의 전직에 대한 부담을 줄여줄 목적으로 특히, 조기해고시 지급되는 퇴직금은 고용관계에 토대를 두기 때문에 제15조가 적용된다. 고용이 종료될 때 연금을 대신하여 지급하는 퇴직금은 연금으로 취급되어 제18조가 적용되어야 한다. 조기퇴직수당은 수행된 활동과 지급 간에 충분한 연계성이 있기 때문에 제15조가 적용되어야 한다. 제15조의 '급여, 임금 및 기타 보수' 및 제18조의 '연금 및 기타 유사한 보수' 용어는 조약상 정의되지 않기 때문에 원천지국의 국내법을 적용할 수 있다. 이 경우 거주지국은 원천지국의 소득구분을 따라야 한다는 OECD의 접근방법이 이중과세 또는 비과세를 방지하는 데 도움이 될 것이다.(OMC Art.23/32.1-7)

우리나라 소득세법 및 조세특례제한법상 연금소득은 연금보험료 등을 불입하는 시점에서 소득공제 혜택을 부여하고 연금을 수취하는 시점에서 과세하는 방식을 채택하고 있어서, 우리나라 근로자가 퇴직 후 거주지국 과세원칙에 따라 조약이 체결된 국가로 이민하는 경우 우리나라에서 소득공제 혜택만 향유하고 연금소득에 대해서는 과세하지 못하는 문제가 발생하고 있다. 이에 대처하기 위해서는 조세조약에 연금지급지국 과세원칙을 채택해야 할 것이다.[162)]

비거주자가 국내 연금계좌의 중도해지 또는 만기 후 일시금 수령 등 연금계좌에서 연금외 수령하는 소득은 기타소득으로 과세된다.(소법 §119 12호 차목)

162) 이용섭・이동신, 전게서, p.375

제8장 국내원천 기타소득

1 개요

OECD/UN모델 제21조는 제2조에 의해 포함된 모든 유형의 소득을 다룬다. 제21조는 포괄조항(catch-all provision)이지만, 제2조의 적용범위를 확장하지 못한다. 국내법상 기타소득 조문의 적용범위가 제21조의 적용범위와 반드시 동일한 것은 아니다.[163)]

제21조는 어느 소득 유형이 타 조문들(제6조 내지 제20조)에서 취급되지 않거나, 그 조문들 중 하나에서 취급되지만 각 조문이 타방체약국에서 발생하는 경우의 소득만을 다루고 거주지국 또는 제3국에서 발생하는 소득은 다루지 않기 때문에 적용될 수 있다. 아래 〈표 3-14〉은 이를 요약하고 있다.

〈표 3-14〉 OECD/UN모델 제21조의 적용범위

소득발생지 / 타 조문과의 관계	타방체약국 (원천지국)	일방체약국 (거주지국)	제3국
타 소득 조문에서 취급함	제외	O	O
타 소득 조문에서 취급 안함	O	O	O

163) 우리나라의 경우 소득세 열거주의를 채택한 결과, '소득세법 상 기타소득(§21)'은 이자・배당・사업・근로・퇴직・양도소득 외의 소득 중 특별히 과세대상으로 삼는 소득을 규정하고 있는 반면, '조세조약 상 기타소득'은 조약 조문에서 명시적으로 취급된 소득 외의 소득은 물론, 타 조문에서 취급된 소득 유형이지만 원천지국이 아닌 거주지국 또는 제3국에서 발생하여 특정 조약 조문이 적용되지 않는 소득도 포함한다는 점에서 의미와 범위가 다르다.

2 조세조약 상 기타소득

가. 거주지국 과세원칙

〈OECD/UN모델 제21조 제1항〉

1. 어느 국가에서 발생하는지에 상관없이, 이 협약의 앞 조문들에서 취급되지 않은 일방 체약국 거주자의 소득은 해당 국가에서만 과세된다.

본 조항에 따르면, 거주지국, 타방체약국 또는 제3국에서 발생하고 제6조 내지 제20조에 의해 포섭되지 않은 소득은 거주지국에서만 과세될 수 있다. 설령 거주지국이 해당 소득에 대해 실제로 과세하지 않는 경우라도 타방체약국은 해당 소득에 대해 과세하지 못한다.

OECD/UN모델의 타 조문들에서 취급되지 않은 소득 유형은 제한적이다. 예컨대, 본 조문은 제18조(연금)에 포함되지 않는 특히, 사회보장 연금과 같은 과거 납부한 기여금에 토대한 보험연금(annuities)에 적용될 수 있다. 일반적으로 징벌적 손해배상금은 포함될 수 있지만, 보상적 손해배상금은 포함되지 않는다. 또한, 비경쟁약정의 대가는 본 조항에 해당할 수 있다. 그러나, 퇴직위로금 등 지급금과 과거 활동간에 강한 상관관계가 존재하는 경우에는 해당 활동과 동일한 배분규정이 적용된다. 신종 금융상품 특히, 파생상품의 이윤은 제7조, 제10조, 제11조 또는 제12조에 해당하지 않는다면 본 조항에 포함된다. 도박소득과 복권상금에도 본 조항이 적용되고, 동산의 임대소득도 제7조에 해당하지 않는 경우 본 조항이 적용된다.

제21조는 특정 소득이 제6조 내지 제20조 조문 중 하나에 포함되지만, 그 조문이 타방체약국에서 발생한 소득만을 다루고 거주지국 또는 제3국에서 발생한 소득은 다루지 않는 경우에 더욱 중요하다. OECD/UN모델 제7조, 제13조, 제15조는 모든 국가에서 발생하는 소득을 포함하는 반면, 제6조, 제10조, 제11조 및 제12조는 타방체약국에서 발생하는 소득에만 적용된다. 따라서, 수취인의 거주지국 또는 제3국에 소재한 부동산에서 발생하는 소득, 수취인의 거주지국 또는 제3국의 법인이 지급하는 배당, 수취인의 거주지국 또는 제3국에서 발생하는 이자 및 사용료는 제6조, 제10조, 제11조 및 제12조가 적용되지 않고 제21조가 적용된다.

소득구분 상충의 경우 혼성단체(hybrid entity)가 지급하는 배당에 본 조항이 적용될 수 있다. 예를 들어, 파트너・주주의 거주지국은 타방체약국에 설립된 단체를 과세단체로 취급하는 반면, 그 단체가 설립된 타방체약국은 그 단체를 투과단체로 취급하는 경우, 파트너・주주의 거주지국은 그 단체로부터 파트너・주주에게 이전된 이윤을 배당으로 취급하지만, 타방체약국이 그 단체를 과세단체로 취급하지 않기 때문에 그 배당지급 단체는 타방체약국의 거주자가 아니다. 이 경우 제10조가 적용되지 않기 때문에 제21조가 적용될 것이다. 또한, 배당지급 법인의 이중거주(dual residency) 사안에도 제21조가 적용될 수 있다. 만약 법인이 배당수취인의 거주지국에 POEM을 가진다면 제4조 제3항에 의하여 타방체약국은 더 이상 그 법인의 거주지국으로 간주되지 않는다. 결국, 그 배당은 더 이상 제10조에 의해 포섭되지 않는다.

일반적으로, 양도소득은 이미 OECD모델 제13조 제5항 및 UN모델 제13조 제6항에 포괄조항을 두고 있기 때문에 제21조가 적용되지 않는다. 또한, 제18조(연금) 또는 제19조(정부용역)에 의해 포섭되지 않는 지급금은 제15조가 적용되고, 제16조(이사의 보수) 또는 제17조(예능인 및 체육인)에 의해 포섭되지 않는 지급금은 제7조 또는 제15조가 적용되므로 제21조는 적용되지 않는다.

나. PE 소재지국 과세조항

〈OECD/UN모델 제21조 제2항〉

2. 제6조 제2항에서 정의된 부동산소득을 제외하고, 일방체약국의 거주자인 소득이 수취인이 타방체약국에 소재하는 고정사업장을 통하여 사업을 수행하거나 *또는 고정시설에서 독립적 인적용역을 수행하고,* 해당 소득의 지급과 관련된 권리 또는 자산이 해당 고정사업장 *또는 고정시설과* 실질적으로 관련된 경우 제1항은 해당 소득에 적용되지 않는다. 그 경우 제7조 *또는 제14조* 규정이 적용된다.

* 이탤릭체는 UN모델에만 해당됨

납세자가 PE를 통해서 타방체약국에서 사업을 영위하고 기타소득이 PE에 귀속된다면, 해당 기타소득은 제1항의 적용에서 제외되고 제7조가 적용된다. 이 PE조항은 OECD/UN모델 제10조 제4항, 제11조 제4항, 그리고 OECD모델 제12조 제3항 및 UN모델 제12조 제4항과 유사하다. 이 조문들에 포함된 PE조항은 원천지국에서 발생하여 해당 국가에 소재한 PE에 귀속되는 배당, 이자 및 사용료에만 적용된다. 따라서 본 조항은 거주지국 또는 제3국에서 발생하여 원천지국에 소재한 PE에 귀속되는 배당, 이자 및 사용료에 대해서 앞 조문들의 PE조항을 보충한다. 결과적으로, PE국가가 기타소득에 대한 1차적 과세권을 가지며 거주지국은 이중과세의 구제를 허용해야 한다.

소득의 수취인과 지급인이 동일한 체약국의 거주자이고, 해당 소득이 수취인이 타방체약국에 유지하는 PE에 귀속되는 경우, 제21조 제2항에 의해 제7조가 적용된다. 이 경우 이중과세의 구제는 제23A조 또는 제23B조 규정에 의하여 거주지국이 부여해야 한다. 그러나, 거주지국이 원천지국으로서 배당 및 이자에 대해 과세하는 경우 문제가 발생할 수 있다. 즉, 배당 또는 이자의 원천지국으로서 거주지국이 타방국의 거주자에게 지급하는 경우 제10조 및 제11조 제2항에 규정된 제한세율로 해당 배당 또는 이자에 대해 과세할 수 있는 반면, 제7조 및 제23A조가 결합되는 경우, 즉 거주지국이 이중과세 구제방법으로 소득면제법을 채택한 경우에는 거주지국은 해당 소득에 대해 과세하는 것이 금지된다. 이러한 입장을 수용할 수 없는 체약국들은 거주지국이 배당 또는 이자의 원천지국으로서 그러한 소득에 대해 제한세율로 과세할 권리가 있다는 규정을 자국의 조약에 포함할 수 있다. PE 소재지국은 제23A조 제2항 규정에 따라서 그러한 조세에 대해 세액공제를 부여할 것이다. 물론, PE 소재지국이 국내법에 따라서 PE에 귀속되는 배당 또는 이자에 대해 과세하지 않는 경우에는 세액공제가 부여되어서는 안 된다.(OMC Art.21/5) 이에 대해 EU국가의 경우 '모·자회사지침' 및 '이자·사용료지침'에 의해 지급인과 수취인이 동일국가에 소재하는 상황에서는 원천세 과세를 금지하고 있다.[164)]

본 조항이 적용되기 위해서는 권리 또는 자산이 PE와 실질적으로 관련될 것이 요구된다. 권리 또는 자산의 PE와의 실질적 관련성은 회계목적 상 단순히 PE 장부에 권리 또는 자산을 계상하는 것 이상을 필요로 한다.(OMC Art.21/6) 실질적 관련성을 추정하기 위해서 단순한 법적 소유권 그 자체만으로는 충분하지 않다. PE에게 배분되어야 하는 것은 오히려 해당 권리 또는 자산의 경제적 소유권이다. 더욱이 OECD는 PE국가에서 보다 유리한 조세취급을 얻기 위하여 자산을 PE에게 이전하는 상황에 대처하기 위해, 소득면제법을 채택한 국가들의 경우 자국의 조세조약에 그러한 상황에서는 본 조항의 적용을 부인하는 남용방지규정을 포함할 것을 제안한다.(OMC Art.21/6.2)

한편, 특수관계자들 간 신종 금융상품 거래에서 발생하는 소득에 대처하기를 원하는 국

---

164) Alexander Rust, "Article 21: Other Income", *Klaus Vogel on Double Taxation Conventions(4th Ed.)*, Wolters Kluwer(2015), p.1554

가들은 다음 조항을 추가할 수 있다.(OMC Art.21/7)

> 3. 제1항에서 언급된 인과 다른 인 간의 또는 그들과 제3자들 간의 특별한 관계때문에, 제1항에서 언급된 소득금액이 그러한 관계가 없는 경우 그들 간에 합의되었을 금액을 초과하는 경우, 본 조문 규정은 그 금액에만 적용된다. 그 경우 해당 소득의 초과부분은 이 협약의 다른 조문을 고려하여 각 체약국의 법률에 따라서 역시 과세할 수 있다.

다. 원천지국 과세조항

> **〈UN모델 제21조 제3항〉**
>
> 3. 제1항 및 제2항 규정에도 불구하고, 이 협약의 앞 조문들에서 취급되지 않고 타방체약국에서 발생한 일방체약국 거주자의 소득은 해당 타방국에서도 역시 과세할 수 있다.

본 조항은 원천지국에 더 많은 과세권을 귀속시키고자 하는 UN의 입장을 반영하고 있다. 본 조항이 적용되면 거주지국은 더 이상 전속적 과세권을 갖지 못하고 제23조에 따라서 이중과세 구제를 제공할 의무가 있다. 따라서 제1항의 적용범위가 타방체약국을 제외한 거주지국 또는 제3국에서 발생한 기타소득을 포섭하기 위한 것으로 축소된다.

어느 소득이 어디에서 발생하는지가 자명한 것은 아니다. 국내법에 의하여 '발생(arising in)' 용어를 해석하는 것은 허용되지 않는다. 맥락상 제10조, 제11조, 제12조 및 제21조에서 사용된 '발생' 용어는 동일하게 해석되어야 한다.

타 조문들에서 취급되지 않은 기타소득과 체약국들 간 연계가 부동산, 배당, 이자 및 사용료 소득의 경우보다 덜 강력함에도 불구하고 타방체약국에게 UN모델 제21조 제3항을 통해 무제한적으로 과세를 허용하는 것은 거주지국・제3국과의 조약을 통해 원천지국 과세를 경감세율로 제한하는 배당, 이자, 사용료 소득과 비교하여 일관성이 부족하다고 할 수 있다. 따라서, 원천지국에서 발생하는 기타소득에 대한 과세를 허용할 경우, 배당, 이자 또는 사용료 소득에 적용되는 경감세율과 유사하게 일정 수준 제한하는 것을 고려할 필요가 있다.[165)]

예컨대, 한・멕시코 조세조약의 경우 기타소득이 발생한 체약국에서 과세할 수 있도록

165) Alexander Rust, *op.cit.*, p.1548

하되, 과세한도를 소득금액의 15%로 제한하고 있다.[166)]

만약 소득이 타 조문들에서 취급되지 않아서 각 체약국이 UN모델 제3조 제2항에 따라서 국내법을 차용하여 해당 소득의 원천을 결정하는 경우, UN모델은 조약이 원천지국 과세를 승인하는 경우 거주지국은 이중과세 구제 의무를 부담한다는 OECD모델 제23조의 해석을 따르지 않기 때문에 이중과세 또는 비과세를 초래할 수 있다.(OMC Art.23A & 23B/32.1)

라. 조약에 기타소득 조문이 없는 경우

우리나라가 체결한 조세조약 중 미국, 싱가포르, 덴마크, 네덜란드 등과의 조약에서는 기타소득에 대해 별도로 규정하고 있지 않다. 이러한 경우에는 기타소득이 발생한 국가에서 자국 세법 규정에 따라 과세할 수 있다. 물론 기타소득을 수취하는 자의 거주지국에서도 과세할 수 있지만, 거주지국은 국내법에 따라서 이중과세를 구제해야 한다.

3 국내법상 기타소득

가. 국내 세법규정

우리나라 세법은 세법 상 이자소득, 배당소득, 부동산소득, 선박등임대소득, 사업소득, 인적용역소득, 부동산 등양도소득, 사용료소득, 유가증권양도소득 규정에 따른 소득 외의 소득으로서 ⅰ) 국내에 있는 부동산 및 그 밖의 자산이나 국내에서 경영하는 사업과 관련하여 받은 보험금·보상금 또는 손해배상금, ⅱ) 국내에서 지급하는 위약금이나 배상금으로서 재산권에 관한 계약의 위약 또는 해약으로 인하여 지급받는 본래의 계약내용이 되는 지급자체에 대한 손해를 넘어 배상받는 금전 또는 기타 물품가액, ⅲ) 국내에 있는 자산을 증여받은 소득, ⅳ) 국내에서 지급하는 상금·현상금·포상금, 그밖에 이에 준하는 소득, ⅴ) 국내에서 발견된 매장물로 인한 소득, ⅵ) 국내법에 따른 면허·허가, 그밖에 이와 유사한 처분에 의하여 설정된 권리와 부동산 외의 국내자산의 양도소득, ⅶ) 국내에서 발행된 복권·경품권, 그 밖의 추첨권에 의하여 받는 당첨금품과 승마투표권·승자투표

166) 이용섭·이동신, 전게서, p.402

권・소싸움경기투표권・체육진흥투표권의 구매자가 받는 환급금, viii) 세법에 따라 기타소득으로 처분된 금액, ix) 국외특수관계인이 보유하고 있는 내국법인의 주식 등이 자본거래로 인하여 그 가치가 증가함으로써 주주 등인 외국법인이 특수관계에 있는 다른 주주등으로부터 이익을 분여받아 발생하는 소득, x) 사용지 기준 조세조약 상대국의 법인이 소유한 특허권 등으로서 국내에서 등록되지 아니하고 국외에서 등록된 특허권 등을 침해하여 발생하는 손해에 대하여 국내에서 지급하는 손해배상금・보상금・화해금・일실이익 또는 그밖에 이와 유사한 소득, xi) 이상의 소득 외에 국내수행 사업이나 국내제공 인적용역 또는 국내소재 자산과 관련하여 제공받은 경제적 이익으로 얻은 소득을 외국법인 또는 비거주자의 국내원천 기타소득으로 규정하고 있다.(법법 §93 10호, 소법 §119 12호)

나. 국내 판례동향

국내 수입업자가 수입계약상의 약정에 따라 약정기일까지 수입신용장을 개설하지 못하여 그 판매자인 외국법인에게 이른바 캐링차지를 지급하게 된 사안에서, 법원은 "캐링차지의 발생근거는 수입계약 그 자체에 있는 것이지 수입업자의 수입계약상의 의무불이행에 그 발생근거가 있는 것이 아니다"고 언급하면서, 외국법인이 지급받은 "캐링차지는 (…) 국내에 있는 부동산과 기타 자산 또는 국내에서 영위하는 사업에 관련하여 받은 보험금, 보상금 또는 손해배상금은 물론, 국내에서 행하는 사업이나 국내에서 제공하는 인적용역 또는 국내에 있는 자산에 관련하여 제공받은 경제적 이익으로 인한 소득에도 해당하지 아니하므로 (…) 법인세의 과세대상이 될 수 없다"고 판시하였다.[167)]

외국법인이 사우디아라비아 하수처리 플랜트공사 관련 미지급금과 관련하여 내국법인으로부터 지급받은 손해배상금 등이 국내원천소득에 해당하는지에 대해, 법원은 "법인세법이 외국법인이 받은 손해배상금을 국내원천소득의 하나인 기타소득으로 규정하고 있다고 하여 바로 그 소득의 원천이 국내에 있다고 볼 수 없다"고 언급하면서, "소외 회사가 가지는 손해배상청구권 등은 국내에 있는 '자산'이라고 볼 수는 없으므로 소외 회사가 받은 손해배상금 등은 '국내에 있는 자산과 관련하여 받은 손해배상금이나 경제적 이익'이라고 볼 수 없어 국내원천소득이 아니다"라고 판시하였다.[168)]

167) 대법원 1987.6.9. 선고 85누880 판결
168) 대법원 1997.12.9. 선고 97누966 판결

국내사업장이 없는 해외선주들이 국내 조선회사에 대해 가지는 소위 '오너옵션'에 의하여 지급받은 수수료의 국내원천소득 해당 여부에 대하여, 법원은 "소위 오너옵션에 의하여 선박건조에 사용될 페인트의 납품회사를 원고 회사로 지정한 결과, 원고 회사가 그에 따른 수수료를 해외 선주들에게 지급하였다고 하더라도 이를 법조 소정의 국내에서 사업을 행하였거나 해외 선주들이 국내에서 상품중개업에 해당하는 사업을 행하는 것이라고 볼 수도 없으므로, 이 사건 수수료는 외국법인이 국내에서 행하는 사업과 관련하여 제공받은 경제적 이익에 해당한다고 할 수 없다."고 판시하였다.[169)]

외국법인이 고등훈련기 양산참여권 포기 대가로 지급받은 금전의 국내원천소득 해당 여부에 대하여, 법원은 "이 사건 양산참여권은 (…) 일종의 인센티브로 봄이 상당하고, 록히드사가 (…) 별도 약정에 따라 (…) 지급받은 이 사건 3,000만 달러는 재산권에 관한 계약의 위약 또는 해약에 따른 손해배상금으로서, (…) 현실적으로 발생한 손해의 전보나 원상회복을 위한 배상금이 아니라 록히드사가 장차 양산사업에 참여하였을 경우 얻을 기대이익에 대한 배상금이므로 본래의 계약내용이 되는 지급 자체에 대한 손해를 넘어 배상받는 금전에 해당하여 (…) 외국법인의 국내원천소득에 해당한다"고 판시하였다.[170)]

한편, 신주발행법인의 기존 주주가 아닌 외국법인이 신주의 저가인수로 특수관계에 있는 기존 주주들로부터 이익을 분여받은 사안에서, 법원은 구 법인세법 제93조 제11호 (자)목의 위임에 따라 "구 법인세법 시행령 제132조 제14항은 이를 '제88조 제1항 제8호 각 목의 어느 하나에 해당하는 거래로 인하여 주주 등인 외국법인이 (…) 특수관계에 있는 다른 주주 등으로부터 이익을 분여받아 발생한 소득'으로 규정하고 있다. 한편 구 법인세법 시행령 제88조 제1항 제8호 (나)목은 '법인의 자본을 증가시키는 거래에 있어서 신주를 배정 · 인수받을 수 있는 권리의 전부 또는 일부를 포기하거나 신주를 시가보다 높은 가액으로 인수하는 경우'를 규정하고 있으나, '상법 제418조 제2항에 의하여 해당 법인의 주주가 아닌 자가 해당 법인으로부터 신주를 직접 배당받는 경우'에 관하여는 규정하고 있지 아니하다."고 전제한 후, "드림과 세븐이 (…) 원고로부터 신주를 저가로 인수한 것은 상법 제418조 제2항에 의하여 주주 외의 제3자에게 신주를 직접 배정하는 방식에 따른 것이므로 그로 인하여 (…) 특수관계에 있는 원고의 기존 주주들로부터 분여받은 이익이 있다고 하더라도 이는 구 법인세법 상 외국법인의 국내원천소득에 해당하지 않는다"고

169) 대법원 2005.4.29. 선고 2004두2059 판결

170) 대법원 2010.4.29. 선고 2007두19447/19454 판결

판시하였다.[171)]

또한, 선박의 인도 지연으로 인한 선박가격 차감액에 대해 외국법인의 국내원천소득 해당 여부가 다투어진 사안에서, 법원은 "선박의 인도가 지연되더라도 가격조정 기간이 경과한 후에야 비로소 매수인은 계약을 해제할 수 있고, 계약해제 시에는 별도의 손해배상 청구를 할 수 있을 뿐 위 가격조정조항이 적용되지 않는 점, (…) 선박의 인도가 지연된 경우 선주의 손해를 고려하여 선박가격을 감액하기로 한 것이라도 그와 같은 사정만으로는 이 사건 금액을 선주에 대한 별개의 소득으로 볼 수 없는 점 등을 종합하여 볼 때, 이 사건 금액은 이 사건 선박가격에서 차감되는 금액이므로 이 사건 각 선주의 국내원천소득으로 볼 수 없다"고 판시하였다.[172)]

171) 대법원 2015.12.23. 선고 2015두50085 판결

172) 대법원 2016.11.24. 선고 2016두47123 판결

제4편

이전가격 과세론

제1장 이전가격 과세의 의의

1 의의 및 논의 동향

가. 이전가격의 의의

독립기업들은 오직 자신의 이윤을 극대화하기 위해 사업활동을 수행하기 때문에 국제거래 가격을 조작할 위험이 거의 없다. 왜냐하면, 독립기업 간 거래가격은 통상적으로 수요와 공급, 즉 시장원리(market forces)에 의해 결정되기 때문이다. 그러나, 국외 특수관계기업과의 거래에서는 시장원리가 적용되기 어렵고, 그 결과 독립기업 간이었다면 합의하였을 가격과는 다른 이전가격이 책정되기가 쉽다.(TPG 1.2) 여기서 '이전가격(transfer price)'이란 MNE그룹 내에서 관계회사들 간에 거래되는 재화·용역 등의 거래가격이다. MNEs이 특수관계기업 간 거래를 통해 이윤을 조작한다고 쉽게 추정해서는 안 되지만, 그들이 전세계 조세부담 최소화를 위해 고세율 국가와 저세율 국가에 있는 관계회사들 간 거래가격을 조작할 가능성은 항상 존재한다.

〈그림 4-1〉 이전가격 조작에 의한 글로벌 조세부담 최소화

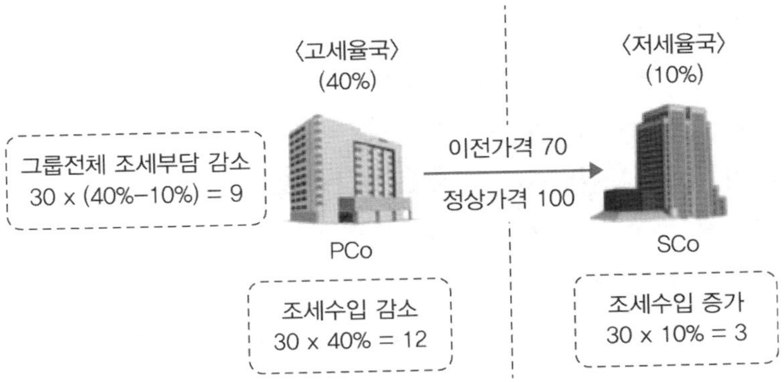

예를 들어, 위 〈그림 4-1〉에서 보는 바와 같이 고세율 국가의 모회사(PCo)가 저세율

국가의 자회사(SCo)에게 제품을 독립기업 간 거래가격(100)보다 낮은 가격(70)으로 이전가격을 설정하여 판매하는 경우 그룹 전체로는 양 국가 간의 세율 차이(30%)만큼 조세부담을 줄일 수 있다. 이러한 특수관계기업 간 재화·용역·자금 등의 거래에서 이전된 가격이 독립기업 간 거래가격과 차이가 있을 경우 조세회피 목적 유무에 상관없이 과세소득에 미치는 영향이 크기 때문에 과세당국의 검증대상이 된다. 이와 같은 '이전가격의 결정 또는 조정(transfer pricing)' 이슈는 국제적으로 특수관계기업 간에 책정된 거래가격의 결과가 조세에 미치는 영향을 다루는 조세법의 한 분야이다.

나. 논의 동향

이전가격 과세제도는 미국 세법의 역사에서 그 유래를 찾을 수 있다. 미국의 이전가격 과세 근거조항인 내국세입법(Internal Revenue Code; 이하 IRC) 제482조는 1921년 세입법(Revenue Act)에 토대를 두고 있다. 국제사회에서 이전가격 과세제도가 본격 발전하게 된 계기는 1979년 OECD가 '이전가격과 다국적기업(Transfer Pricing and Multinational Enterprises)' 보고서를 채택한 것이다.[1] OECD는 1995년 이전가격 가이드라인(TPG)을 최초로 발간한 이후 2010년 일부 개정을 거쳐 2013년~2015년 기간에 추진한 BEPS 프로젝트의 주요 성과물 중 하나로서 전면 개정된 TPG를 2017년에 발간하게 되었다.

우리나라에서는 1988년 12월 구 법인세법 시행령 제46조(법인의 부당한 행위 또는 계산) 및 소득세법 제55조를 개정하여 이전가격 과세제도를 도입하였다. 당시 국외특수관계자와의 거래시 부당행위계산 부인의 기준이 되는 시가 등의 산정방법 및 거래가격 산정의 기초가 되는 자료제출의무를 법제화하였다. 그러나, 국내특수관계인 간의 부당한 거래행위를 규율하는 부당행위계산 부인제도와 국외특수관계자 간의 소득이전 행위를 규율하는 이전가격과세 제도를 달리 취급할 필요성이 지속 제기되었고, OECD 회원국 가입을 계기로 OECD 이전가격 가이드라인을 토대로 1995년 12월 '국제조세조정에관한법률(이하 국조법)'을 별도로 제정하여 이전가격 과세제도를 본격 운영하고 있다.[2]

이전가격 이슈는 기업활동의 국제화가 진전되면서 가장 주목을 받는 분야이다. MNEs 입장에서는 해외관계사와의 국제거래를 통해 조세를 절감할 기회로 여기는 측면이 있고,

1) 오윤, 전게서, pp.392-393

2) 이용섭·이동신, 전게서, p.847

과세당국 입장에서도 이러한 세원잠식 시도에 대처하기 위해 감시활동을 증가시켜 왔다. 특히, 2008년 글로벌 금융위기 이후 이전가격 과세가 재정적자 축소를 위한 과세강화 수단으로 부각된 측면도 있었다.

기본적으로 이전가격 이슈는 기업 입장에서는 해외관계사와의 국제거래에 적용한 이전가격이 정상가격이라는 점을 정당화해야 하고, 과세당국 입장에서는 기업이 적용한 이전가격이 정상가격이 아니라는 점을 입증해야 하는 부담을 진다. 그런데, MNEs의 사업활동은 점차 지식집약화 되고 기술주도적이 될 뿐만 아니라, 관리 및 사업장소가 점점 지리적으로 분산되고 이전하기 쉬워지는 반면, 이러한 이전가격의 결정은 점점 더 어려워지는 상황이 전개되고 있다. 따라서 이전가격과세 이슈는 미래에도 MNEs와 과세당국 모두에게 중요한 문제로 계속 자리매김할 전망이다.

OECD/G20 주도하에 추진된 BEPS 프로젝트에서 이전가격 이슈는 중요하게 다루어진 분야 중 하나다. 왜냐하면, 그동안 독립기업원칙의 부정확한 적용으로 이중비과세가 초래되거나 정당하지 못한 이전가격 과세가 이루어지는 사례를 방지할 필요가 있었고, 독립기업원칙의 보다 정확한 적용을 위한 명확한 추가 지침이 필요하다는 공감대가 형성되어 있었기 때문이다. 다시 말해서, BEPS 프로젝트의 목표는 이중과세는 물론 이중비과세를 방지함으로써 오직 한 번만의 과세를 보장하는 한편, 부과되는 조세와 특정 거래 또는 사업구조의 실질 간의 연계를 강화함으로써 소득에 대한 과세가 실제로 가치가 창출된 곳에서 이루어지는 것을 보장하는 국제조세 체계를 정립하고자 하는 것이다. 즉, MNEs의 관계회사들 간 위험의 이전 또는 과도한 자본의 배분 등을 통한 세원잠식 및 소득이전을 방지하는 것이다. 결론적으로, 계약상으로만 위험을 부담하거나 자본을 제공했다는 이유만으로 과도한 이익이 배분되는 것을 금지하고, 가치창출과 대응될 경우에만 수익의 인식을 허용하도록 하였다.

2 독립기업원칙

가. 의의

조세관점에서 이전가격의 목적은 특수관계기업 간 국제거래에서 발생한 NNEs 그룹의 과세소득을 배분하는 것이다. 국가별로 접근방법이 조정되지 않을 경우 상이한 원칙이 적용되어 예측가능성을 저해하고 이중과세를 초래할 뿐만 아니라, 국가별 법령 차이로 인해 이중비과세 현상(stateless income)도 초래될 수 있다. 따라서, 특수관계기업 간 국제거래에 대해서는 MNEs의 과세소득을 배분하기 위한 국제적 원칙에 대한 합의가 필요하다. 또한, 이 원칙은 MNEs와 경쟁기업들 그리고 MNEs이 사업을 수행하는 국가들이 합의할 수 있는 기준, 즉 공정성(fairness)에 토대를 두어야 할 것이다.

이러한 국제적 과세권 배분의 공정성 확보는 BEPS 프로젝트의 주요 목표 중의 하나이기도 하다. 공정성은 일반적으로 납세자가 선택한 거래 또는 구조에 대해 부과되는 세금이 거래 또는 구조의 실질(substance)과 부합해야 한다는 것을 의미한다.[3] 이러한 국제적 과세권 배분의 공정성 확보를 위한 방법으로 흔히 공식배분법과 독립기업원칙이 거론된다.

나. 독립기업원칙의 채택

OECD/UN모델은 MNEs의 특수관계거래에 대한 가격결정 또는 이익배분 접근방법으로 독립기업원칙(arm's length principle)을 채택하고 있다. 독립기업원칙의 논거는 시장원리(market forces) 이론에 토대를 두고 있다. 재화・용역의 수요와 공급의 결과인 시장원리에 의해 특수관계기업 간 거래가격을 보장함으로써 납세자와 과세당국 모두가 수용할 수 있는 결과를 보장하는 것이다. 독립기업원칙은 특수관계기업들 간 거래에 대해 공개시장 활동의 가장 근사한 추정치(the closest approximation)를 제공한다는 점에서 이론적으로도 견고하다고 할 수 있다.(TPG 1.14) 대다수 국가들은 시장원리에 의한 특수관계기업 간 거래가격의 결정이 궁극적으로 MMEs의 과세소득을 배분하는 가장 공정한 방법으로 여긴다. 독립기업원칙은 재화 또는 용역의 가격이 객관적 요인에 의해 결정되도록 하고, 독립기업과 특수관계기업 간 차별이 없는 공정한 경쟁을 촉진시킨다. 경제적 의사결정에서 조세상 고려를 제거함으로써 국제무역 및 투자를 촉진시킬 수 있다는 것이다.(TPG 1.8)

독립기업원칙은 이론상으로는 선진국과 개도국에게 중립적이지만, 이전가격 가이드라인(TPG)을 비교대상거래가 부족한 개도국들에게 적용하는 것이 공정한 것인지 논란이 있다.[4] 따라서, UN모델이 선호하는 해결방안은 개도국들도 독립기업원칙을 적용하되, 이

3) Jerome Monsenego, *Introduction to Transfer Pricing*, Wolters Kluwer, 2015, p.8

4) UN, *Practical Manual on Transfer Pricing for Developing Countries(2013)*, para.3.5.1 참조. 비교가능성 분석 관점에서 개도국에서는 상업용 DB와 같은 분석도구의 부족 등 때문에 비교가능한 독립기업을 찾기가 어렵다는 점이 지적된다.

전가격과세 매뉴얼 개발 등을 통해 개도국들이 독립기업원칙을 효율적으로 적용할 수 있도록 도와야 한다는 것이다.

그러나, 특수관계기업은 독립기업과 다르기 때문에 독립기업들과 같은 방식으로 이전가격을 책정하는 것은 본질적인 결함을 갖는다는 비판도 제기된다. 독립기업원칙이 토대하는 독립단체 접근방법(separate entity approach)은 규모의 경제 및 통합된 생산에 의해 창출된 다양한 활동들의 상호작용을 항상 고려할 수 있는 것이 아니라는 점이 문제점으로 지적된다. 그러나, MNE 그룹 관계회사들로부터 발생하는 규모의 경제 또는 통합의 효익을 특수관계기업들 간에 배분하는 객관적 기준은 존재하지 않는다.(TPG 1.10)

특수관계기업들은 독립기업들이 수행하지 않을 거래를 체결할 수 있다는 점에서 독립기업원칙 적용의 현실적 어려움이 있다. 그러한 거래들은 반드시 조세회피 동기에 의한 것은 아니고, 그룹 관계회사들 상호 간 거래시 독립기업들과는 다른 상업적 상황에 직면할 수 있다. 예를 들어, 고도로 수직 통합된 산업의 경우에는 독립기업에 관한 정보가 존재하지 않거나 비교가능한 기업이 존재하지 않을 수 있다.(TPG 1.13) 이러한 경우 독립기업 조건들에 대한 직접적 증거가 존재하지 않기 때문에 독립기업원칙을 적용하기가 어렵다는 한계가 있다. 그러나, 특수관계거래가 독립기업들 사이에서 발견할 수 없다는 사실만으로 그것이 정상가격이 아니라는 의미는 아니다.(TPG 1.11)

특히, 독립기업원칙은 그룹의 각 관계회사가 특정 거래로부터 직접인 효익을 얻지 않고도 그룹 전체의 공통이익을 추구할 수 있다는 사실을 고려하지 않는다는 지적이 있다. OECD는 이를 보완하기 위해 BEPS 프로젝트를 통해서 예컨대, 의도적인 그룹 협력행위로부터 발생한 그룹시너지(group synergies) 효과를 고려하도록 하였다. 그러나, MNEs 그룹이 실제로는 공통의 이익을 추구하더라도, 각 관계회사가 각자 자신의 이익을 위해서 행동한다고 전제한다는 점에서 독립기업원칙의 본질적 특성은 바뀌지 않는다. 또한, 과거 그룹 내 다른 관계회사에게 자금만을 제공하는 그룹 관계회사에 대한 소득의 귀속을 인정했던 사례에서 보듯이, 독립기업원칙이 MNEs에게 부당한 조세혜택을 부여한다는 점에서 비판의 대상이 되기도 하였다.

다. 공식배분법과 독립기업원칙

전세계 공식배분법(global formulary apportionment)은 MNEs의 관계회사들의 이익 또는 손실을 합한 결합소득을 사전에 정해진 기계적 공식에 따라 각 기업에게 배분하는 방법이다. 배분기준으로서 공식(formula)은 통상 각 국가의 실제 비용, 매출액, 자산, 급여액, 종업원수 등을 결합하여 산출된다.(TPG 1.17) 각 국가에 할당된 결합소득의 비율에 따라 배분이 이루어지기 때문에 각 관계회사들 간의 당초 거래가격은 아무런 역할을 하지 못한다. 공식배분법은 납세자에게 적용상 편리성을 제공하고 순응비용을 감소시키며, 상대적으로 예측가능성이 높다고 주장되고 있다.(TPG 1.19-20)

반면에, 기계적인 공식에 의해서 각 국가에 배분될 소득을 결정하기 때문에 다른 측면들이 무시되는 단점이 있다. 첫째, 이윤 창출의 중요한 부분을 차지하는 무형자산의 존재나 위험부담 측면이 고려되기 어렵기 때문에 공식에서 제외될 수 있다. 둘째, 그룹 관계회사들의 기능, 자산, 위험 및 효율성의 차이 등 구체적 사실관계가 고려되지 못하고 모든 관계회사들에게 암묵적으로 고정된 공식비율이 귀속되어, 독립기업이라면 손실이 발생하는 관계회사들에게도 이윤이 배분될 가능성이 있다.(TPG 1.25) 셋째, 공식에 사용되는 요소들을 인위적으로 저세율 국가로 이전할 가능성, 예컨대, 불필요한 금융거래를 체결하거나 이전이 쉬운 자산을 고의로 배치하는 등 공식요소들이 조작되는 경우 조세회피의 위험성도 지적되고 있다.(TPG 1.23) 넷째, 통화가치가 지속적으로 증가하는 국가에 소재한 특수관계기업의 이윤이 명목상 증가하는 등 환율변동에 상대적으로 취약하다.(TPG 1.26) 마지막으로, 전체 MNE 그룹에 관한 정보가 각국의 통화, 장부 및 세무회계에 토대하여 제출되어야 하므로 실제 감당할 수 없는 순응비용 및 부담이 초래될 수 있다.(TPG 1.27) 이러한 어려움은 국가 간의 상이한 회계기준과 복수 통화의 존재로 가중될 것이다.(TPG 2.28)

공식배분법은 주로 국내적 차원에서 주들(states) 간의 내부적인 소득배분 목적으로 사용되고 있고, EU 차원에서도 적용을 검토하고 있다.(TPG 1.16)[5] 그러나, 이를 국제적 차원에서 적용하는 방안은 그동안 OECD/UN은 물론 대부분의 국가들에서 배척되어 왔다. 왜냐하면, 개별 국가가 중요한 공식요소들을 가지지 못할 경우 일부 과세소득을 상실할 수 있고, 독립기업원칙에서는 중요하게 평가되는 요인들이 이 접근방법에서는 고려되지 않기 때문이다. 예컨대, 잠재적 소비자 수가 적어 공식배분법 적용시 매출요소의 비중이 낮지만 무형자산 창출에 기여하는 고등교육에 집중 투자하는 소규모 시장을 가진 국가들의 경우, 무형자산이 공식요소에 포함되지 않을 가능성이 높기 때문에 공식배분법 적용에 찬성하지 않을 것이다.[6]

5) EU 집행위원회는 2011.3월 CCCTB(Common Consolidated Corporate Tax Base)라 불리는 EU국가들의 결합소득 배분 방식에 근거한 과세방안의 도입을 제안한 바 있다.

6) Jerome Monsenego, *op.cit.*, p.12

한편, OECD 회원국은 물론 대다수 비회원국들은 MNEs의 이윤 또는 손실이 독립기업 간 비교가능한 거래가격에 근거하여 배분되는 것을 선호한다. 따라서, 공식배분법에 대한 대안으로서, 시장원리에 따라 특수관계기업 간 거래가격을 책정하는 독립기업원칙이 MNEs의 소득 배분을 위한 국제적 기준이라고 할 수 있다. MNEs의 각 관계회사들이 당초 벌어들인 소득을 결합하여 조정하는 공식배분법과 달리, 독립기업원칙은 각 기업들이 당초 벌어들인 소득 그 자체를 조정하지 않는다. 특수관계기업 간 거래가격이 독립기업 간 비교가능한 거래에 적용된 것과 다르다는 것이 증명된 경우 이전가격을 조정할 뿐이다. 과세당국도 독립기업원칙이 준수되지 않은 경우 국내법과 조세조약에 따라 조사대상 법인의 과세소득을 재산정할 권한을 지닌다.

공식배분법이 사전에 정해된 공식을 사용함으로써 다른 사업활동 간의 특성들의 차이를 고려하지 못하는 데 비해, 독립기업원칙은 사안별 분석을 통해 각 거래의 실제를 좀 더 반영할 수 있을 뿐만 아니라 특수관계기업 간 당사자에 의해 창출된 가치를 보다 잘 포섭할 수 있는 장점이 있다. 반면에, 독립기업원칙은 예측가능성이 낮기 때문에 당사자 간 마찰을 쉽게 야기하는 단점이 있다.

대부분의 경우 공식배분법과 독립기업원칙의 적용결과는 다를 것이다. 특히, 공식배분법은 배분기준의 요소로서 무형자산과 위험을 고려할 가능성이 낮은 반면, 독립기업원칙은 무형자산과 그에 대한 특수관계기업들의 공헌을 보다 중시한다. 예컨대, 특정 국가에서 어떤 그룹이 무형자산을 보유하지만 판매량이 거의 없고 종업원 수도 적은 경우 공식배분법에서는 전체 이윤 중 작은 비율만큼만 배분될 것이지만, 독립기업원칙에서는 해당 무형자산이 가치가 있고 그룹의 가치창출에 공헌을 한다면 전체이윤 중 매우 큰 비율이 배분될 것이다.

위 2가지 접근방법 중 어느 방법을 적용할 것인지는 결국 선택의 문제이다. 장기적으로 볼 때 독립기업원칙이 계속 지배적인 과세소득 배분원칙으로 남아 있을지는 미지수라는 평가도 있다.[7] 그러나, OECD는 독립기업원칙을 이탈하는 것은 견고한 이론적 토대를 포기하는 것이고 이중과세의 위험을 크게 증가시킬 수 있다고 한다. 특히, 공식배분법은 이론적으로나, 집행 또는 실무 측면에서 수용할 수 없다는 입장이다.(TPG 1.15)

7) Jerome Monsenego, *op.cit.*, p.14

3 법적 근거

가. OECD/UN모델 규정

〈OECD/UN모델 제9조 제1항 및 제2항〉

1. a) 일방체약국의 기업이 타방체약국 기업의 관리, 지배 또는 자본에 직접적 또는 간접적으로 참여하거나, 또는 b) 동일인이 일방체약국 기업과 타방체약국 기업의 관리, 지배 또는 자본에 직접적 또는 간접적으로 참여하고,
   위 a), b) 어느 경우든, 두 기업들 간에 상업적 또는 재무적 관계에서 체결 또는 부과된 조건들이 독립기업들 간에 체결되었을 것들과 다른 경우에는, 그러한 조건들이 없었다면 해당 기업들 중 하나에서 발생되었을 것이지만, 그러한 조건들 때문에 발생되지 않은 이윤은, 해당 기업의 이윤에 포함되어 과세된다.
2. 일방체약국이, 타방체약국에서 이미 과세된 타방체약국 기업의 이윤을 일방체약국 기업의 이윤에 포함하고, 그렇게 포함된 이윤이 두 기업 간에 체결된 조건들이 만약 독립기업 간에 체결되었을 조건들이라면 일방체약국의 기업에게 발생하였을 이윤인 경우에는, 그 타방국은 해당 이윤에 대해 부과된 세액에 대해 적절한 조정을 해야 한다. 그러한 조정을 할 때, 이 협약의 다른 조문들이 고려되어야 하고 체약국의 권한있는 당국들은 필요시 상호협의를 해야 한다.
3. *제2항은 사법, 행정 또는 기타 법적 절차에서 제1항에 따른 이윤의 조정을 발생시키는 행위들로 인해 관련 기업들중 하나가 사기, 중과실 또는 고의적 불이행과 관련하여 벌금이 부과되는 최종 결정이 있는 때에는 적용하지 않는다.*

* 이탤릭체는 UN모델 조문임

독립기업원칙은 기본적으로 OECD/UN모델에 근거를 두고 있으며, 이를 근거로 수많은 개별 조세조약과 국내세법에 규정되어 있다. 위에서 보는 바와 같이, OECD/UN모델 제9조는 이전가격 과세의 근거 규정이다. 전세계 100여 개 이상의 국가에서 국내법에 특수관계기업 간 거래가 독립기업원칙을 준수하지 않은 경우 과세당국이 과세소득을 조정할 수 있도록 허용하는 규정을 두고 있다. 그리고, 독립기업원칙은 대부분의 조세조약에도 규정되어 있으며, 일부 조약에는 대응조정 메카니즘이 명시되어 있다.

OECD/UN모델 제9조 제1항은 이전가격 과세를 위한 1차 조정(primary adjustment)을 규정한다. 즉, 특수관계기업들의 조세목적 상, 일방체약국의 과세당국은 기업들 간 특

별한 관계 때문에 거래들이 해당 국가에서 발생하는 진정한 과세소득을 반영하지 못하는 경우 거래를 재계산(re-write)할 수 있다고 규정하고 있다. 만약 특수관계기업들 간 거래가 통상적인 공개시장 조건에서, 즉 독립기업 조건(on an arm's length basis)에서 발생한 것이면 해당 기업 거래의 재계산은 허용되지 않는다.(OMC Art.9/2) 또한, OECD는 국내법상 과소자본 규정의 효과가 차입기업의 이윤을 독립기업 상황에서 발생하는 이윤에 일치시키는 한, 조세조약 상 이전가격 조정 규정이 국내법상 과소자본 규정을 방해하지 않는다는 입장이다.(OMC Art.9/3)

만약 B국의 특수관계기업에 대해 이미 과세한 이윤에 대해 A국에서 특수관계에 있는 거래상대방 기업의 이윤을 상향 조정시켜 과세한다면, 제1항에 의한 특수관계기업 간 거래의 재계산은 경제적 이중과세를 발생시킬 수 있다.

제2항은 대응조정인데, 제1항에 의해서 발생할 수 있는 이중과세를 제거하기 위해 B국이 적절한 조정을 해야 한다고 규정한다.(OMC Art.9/5) 그러나, 단순히 A국에서 이윤이 증가되었기 때문에 B국에서 조정이 자동적으로 행해져야 하는 것은 아니다. 즉, 조정금액이 그 거래가 독립기업 간에 발생했을 이윤을 정확히 반영한다고 B국이 판단하는 경우에만 조정이 필요하다. 따라서, B국은 A국에서 행해진 조정이 원칙과 금액 모두 타당하다고 판단할 경우에만 조정을 할 의무가 있다.(OMC Art.9/6)

제9조 제1항 및 제2항은 OECD모델과 UN모델에서 동일하게 규정하고 있으나, UN모델은 제2항에 대한 예외로서 제3항에서 "관련 기업들 중 하나가 사기, 중과실 또는 고의적 불이행과 관련하여 벌금이 부과되는 최종 결정이 있는 경우"에는 대응조정이 부여되어서는 안 된다고 규정하고 있다.

나. 국내법상 규정

〈국조법 제7조〉 (정상가격에 의한 결정 및 경정)

① 과세당국은 거주자와 국외특수관계인 간의 국제거래에서 그 거래가격이 정상가격보다 낮거나 높은 경우에는 정상가격을 기준으로 거주자의 과세표준 및 세액을 결정하거나 경정할 수 있다.

위 국조법 제7조 제1항에 따라서 과세당국이 거주자, 내국법인 및 비거주자·외국법인의 국내사업장의 과세표준 및 세액을 조정하기 위해서는 다음 요건을 충족해야 한다.

첫째, 거래당사자의 어느 한쪽이 국외특수관계인이어야 한다. 여기서 '국외특수관계인'은 거주자, 내국법인 또는 국내사업장과 특수관계에 있는 (국외에 소재하는) 비거주자 또는 외국법인(비거주자 · 외국법인의 국내사업장은 제외)을 말한다.(국조법 §2 ① 4호) 비거주자 또는 외국법인의 국내사업장은 국외에 소재하지 않기 때문에 국외특수관계인에서 제외된다.

국조법은 이전가격과세 적용대상 특수관계자의 범위를 OECD/UN모델, 외국의 입법례 등과 동일하게 '법률적 지분관계'와 '실질적 지배관계'를 모두 포함하고 있다. 이는 법인세법 · 소득세법 등 타 법률이 특수관계자의 범위를 법률적 지분관계로 한정하는 것과 대비된다. 아래에서는 국조법상 '특수관계'의 요건을 상세히 살펴보고자 한다.

먼저, '법률적 지분관계' 요건으로서 ① 거래당사자 중 어느 한쪽이 다른 쪽의 의결권 있는 주식(출자지분 포함)의 50% 이상을 직접 또는 간접적으로 소유하고 있는 경우 그 거래당사자 간의 관계이다.(국조법 §2 ① 3호 가목)

i) 거주자 · 내국법인 또는 국내사업장을 두고 있는 외국법인이 다른 외국법인의 의결권 있는 주식(출자지분 포함, 이하 같다)의 50% 이상을 직 · 간접적으로 소유한 경우 그 거주자 · 내국법인 또는 국내사업장과 다른 외국법인의 관계(국조령 §2 ② 1호 가목)

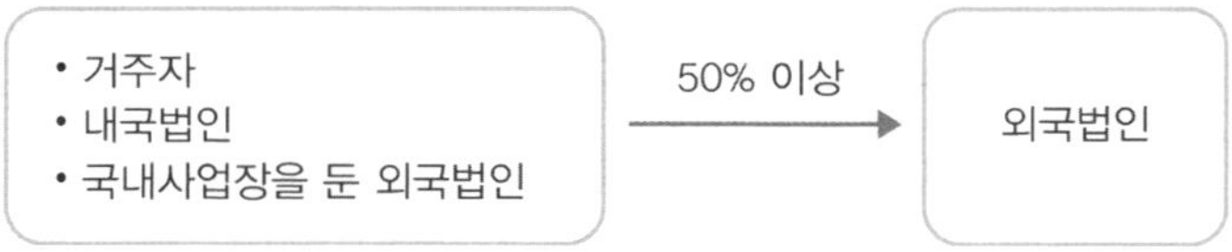

ii) 외국에 거주하거나 소재하는 자가 내국법인 또는 국내사업장을 두고 있는 외국법인의 의결권 있는 주식의 50% 이상을 직 · 간접적으로 소유한 경우 그 자와 내국법인 또는 국내사업장의 관계(국조령 §2 ② 1호 나목)

② 제3자와 국기법 제2조 제20호 가목에 해당하는 관계를 갖는 자(이하 친족 등)가 거래당사자 양쪽의 의결권 있는 주식의 50% 이상을 직접 또는 간접으로 각각 소유하고 있

는 경우 그 거래당사자 간의 관계이다.(국조법 §2 ① 3호 나목) 이는 아래 그림에서 보듯이, 내국법인 또는 국내사업장을 두고 있는 외국법인의 의결권 있는 주식의 50% 이상을 직·간접적으로 소유하고 있는 제3자와 그의 친족 등이 다른 외국법인의 의결권 있는 주식의 50% 이상을 직·간접적으로 소유한 경우 그 내국법인 또는 국내사업장과 다른 외국법인의 관계를 말한다.(국조령 §2 ② 2호)

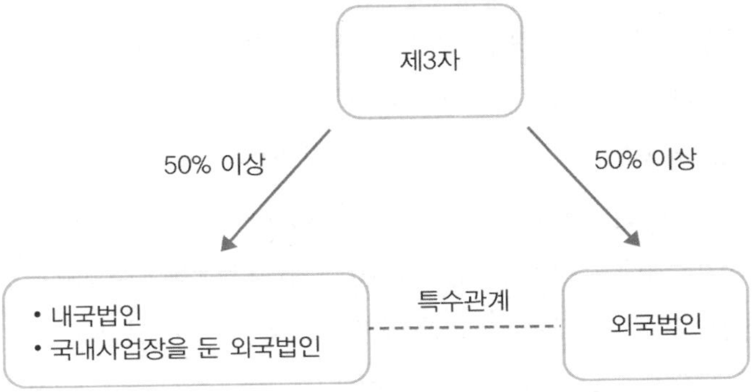

또한, '실질적 지배관계' 요건으로서 ③ 거래당사자 간에 자본의 출자관계, 재화·용역의 거래관계, 금전의 대차관계 등에 따라 소득을 조정할 만한 공통의 이해관계가 있고, 거래당사자 중 어느 한쪽이 다른 쪽의 사업방침을 실질적으로 결정할 수 있는 경우 그 거래당사자 간의 관계이다.(국조법 §2 ① 3호 다목)

이는 아래 그림에서 보듯이, 거래당사자가 거주자·내국법인 또는 국내사업장과 비거주자·외국법인 또는 이들의 국외사업장이고, 거래당사자 한쪽이 다음 각 호의 어느 하나의 방법으로 다른 쪽의 사업방침의 전부 또는 중요한 부분을 실질적으로 결정할 수 있는 경우 그 거래당사자 간의 관계를 말한다.(국조령 §2 ② 3호) 즉, ⅰ) 다른 쪽 법인의 대표임원이나 총임원수의 절반 이상에 해당하는 임원이 거래당사자 한쪽 법인의 임원 또는 종업원의 지위에 있거나 사업연도 종료일부터 소급하여 3년 이내에 거래당사자 한쪽 법인의 임원 또는 종업원의 지위에 있었을 것, ⅱ) 거래당사자 한쪽이 조합이나 신탁을 통하여 다른 쪽의 의결권 있는 주식의 50% 이상을 소유할 것, ⅲ) 다른 쪽이 사업활동의 50% 이상을 거래당사자 한쪽과의 거래에 의존할 것, ⅳ) 다른 쪽이 사업활동에 필요한 자금의 50% 이상을 거래당사자 한쪽으로부터 차입하거나 거래당사자 한쪽에 의한 지급보증을 통하여 조달할 것, ⅴ) 다른 쪽이 사업활동의 50% 이상을 거래당사자 한쪽으로부터 제공되는 지식재산권에 의존할 것 등이다.

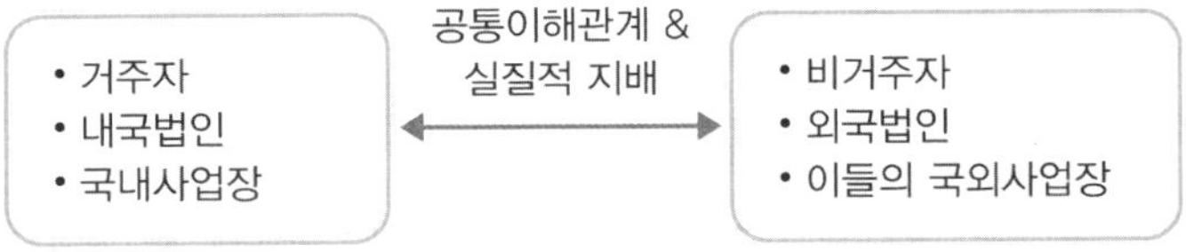

④ 거래당사자 간에 자본의 출자관계, 재화·용역의 거래관계, 금전의 대차관계 등에 따라 소득을 조정할 만한 공통의 이해관계가 있고, 제3자가 거래당사자 양쪽의 사업방침을 실질적으로 결정할 수 있는 경우 그 거래당사자 간의 관계이다.(국조법 §2 ① 3호 라목) 이는 거래당사자가 거주자·내국법인 또는 국내사업장과 비거주자·외국법인 또는 이들의 국외사업장이고, 제3자가 아래 각 호의 어느 하나의 방법으로 거래당사자 양쪽의 사업방침을 실질적으로 결정할 수 있는 경우 그 거래당사자 간의 관계이다.(국조령 §2 ② 4호)

i) 아래 그림에서 보는 바와 같이, 제3자가 거래당사자 한쪽의 의결권 있는 주식의 50% 이상을 직·간접적으로 소유하고, 다른 쪽의 사업방침의 전부 또는 중요한 부분을 실질적으로 결정할 수 있을 것.

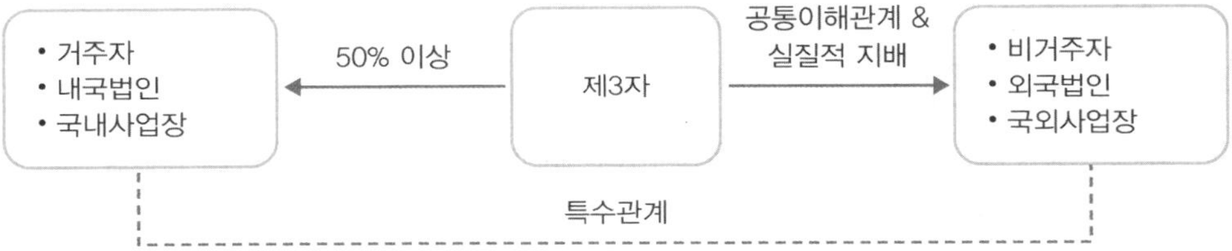

ii) 아래 그림에서 보는 바와 같이, 제3자가 거래당사자 양쪽의 사업방침의 전부 또는 중요한 부분을 실질적으로 결정할 수 있을 것.

iii) 아래 그림에서 보듯이, 거래당사자 한쪽이 '독점규제 및 공정거래에 관한 법률 시행령' 제3조 각호의 어느 하나에 해당하는 기업집단에 속하는 계열회사이고, 그 기업집단 소속의 다른 계열회사가 다른 쪽의 의결권 있는 주식의 50% 이상을 직·간접적으로 소유할 것.

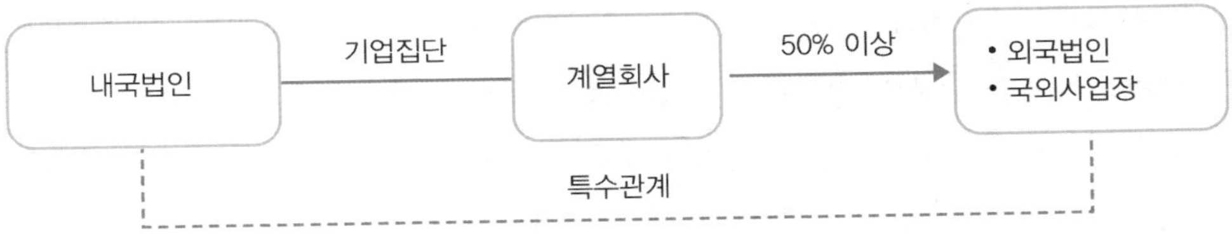

한편, 거주자가 국외특수관계인이 아닌 자와 국제거래를 할 때에도 그 거래가 i) 거주자와 국외특수관계인 간에 해당 거래에 대한 사전계약(거래와 관련된 증거에 의하여 사전에 실질적인 합의가 있는 것으로 인정되는 경우를 포함)이 있고, ii) 거래조건이 해당 거주자와 국외특수관계인 간에 실질적으로 결정되는 소위 '제3자 개입거래' 요건을 모두 충족하는 경우 국외특수관계인과 국제거래를 하는 것으로 보아 이전가격과세 규정을 적용한다.(국조법 §10)

둘째, 거래가 국제거래에 해당해야 한다. 국제거래라 함은 "거래당사자의 어느 한쪽이나 양쪽이 비거주자 또는 외국법인(비거주자 또는 외국법인의 국내사업장은 제외)인 거래로서 유형자산 또는 무형자산의 매매 · 임대차, 용역의 제공, 금전의 대차, 그 밖에 거래자의 손익 및 자산과 관련된 모든 거래"를 말한다.(국조법 §2 ① 1호) 따라서 내국법인(외국법인의 국내자회사)과 외국법인의 국내사업장 간 거래 및 내국법인과 내국법인의 국외사업장 간 거래는 국제거래에 해당하지 않으므로 이전가격과세 대상에서 제외된다. 거래당사자 유형별 국제거래 해당 여부를 요약하면 아래 〈표 4-1〉와 같다.

〈표 4-1〉 거래당사자 유형별 국조법 상 국제거래 해당 여부

거래당사자					국제거래 여부
국내 소재				국외 소재	
내국법인			v.	외국법인 국외사업장	국제거래 해당
		외국법인 국내사업장	v.	외국법인	국제거래 해당
내국법인			v.	내국법인 국외사업장	국제거래 아님
내국법인	v.	외국법인 국내사업장			국제거래 아님
외국법인 국내사업장	v.	외국법인 국내사업장			국제거래 아님

해당 거래가 국제거래에 해당되면 국조법 상 이전가격세제만 적용되고, 원칙적으로 법인세법 및 소득세법 상 부당행위계산 부인규정의 적용은 배제된다.(국조법 §4 ②) 다만, 거래의 성격상 이전가격세제 적용이 곤란한 다음의 국제거래에 대해서는 부당행위계산 부인규정이 적용된다. 그러한 거래로는 i) 자산의 무상이전(현저히 저렴한 대가를 받고 이전하는 경우 제외) 또는 채무면제 거래, ii) 무수익 자산의 매입 또는 현물출자를 받았거나 그 자산에 대한 비용을 부담한 경우, iii) 출연금을 대신 부담한 경우, iv) 법인세법 시행령 제88조 제1항 제8호에 해당하는 합병, 증자, 감자 등을 통한 불균등 자본거래 또는 제8호의2에 해당하는 주식의 전환·인수·교환 등 자본거래를 통해 주주 등인 법인이 특수관계인인 다른 주주 등에게 이익을 분여한 경우 등이 있다.(국조령 §4)

한편, 국조법은 국제거래에 해당하지만 i) 해당 사업연도의 국제거래 중 전체 재화거래 합계액이 50억원 이하이고 용역거래 합계액이 10억원 이하인 경우, ii) 해당 사업연도의 국제거래 중 국외특수관계인별 재화거래 합계액이 10억원 이하이고 용역거래 합계액이 2억원 이하인 경우에 해당하는 소액거래에 대해서는 이전가격 산출과 관련된 자료제출 의무를 면제함으로써 사실상 이전가격 과세대상에서 제외하고 있다.(국조령 §36 2호)

셋째, 거래가격이 정상가격보다 낮거나 높아야 한다. 즉, 국외특수관계인으로부터 지급받은 대가가 정상가격에 미달(저가매출)하거나 국외특수관계인에게 지급한 대가가 정상가격을 초과(고가매입)해야 한다. 정상가격은 "거주자, 내국법인 또는 국내사업장이 국외특수관계인이 아닌 자와의 통상적인 거래에서 적용되거나 적용될 것으로 판단되는 가격"을 말한다.(국조법 §2 ① 5호)

넷째, 이전가격 과세는 거래당사자의 조세회피 의도 등 주관적 의사와 상관없이 앞서 제시된 객관적 요건들이 충족되면 적용된다.(TPG 1.2) 이는 '조세부담의 부당한 감소'를 적용요건으로 하는 부당행위계산 부인규정과 달리, 국제거래를 이용한 국외로의 소득 이전을 방지하기 위해 과세당국에게 매우 큰 재량권을 부여하고 있다는 것을 의미한다.

제2장 독립기업원칙의 적용

1 개요

독립기업원칙의 적용은 특수관계거래의 조건들과 비교가능한 상황에서 비교가능한 거래를 수행하는 독립기업들이 체결했을 조건들의 비교(comparison)에 토대를 둔다. 이는 아래 〈표 4-2〉에서 보듯이, 두 단계의 분석을 포함한다. 1단계는 특수관계거래를 정확히 파악하기 위하여 특수관계기업들 간의 상업적·재무적 관계 및 그에 부수된 조건들과 경제적 상황들을 식별하는 것이다. 2단계는 정확히 파악된 특수관계거래의 조건들 및 경제적 상황들을 독립기업들 간 비교가능거래의 조건들 및 경제적 상황들과 비교하는 것이다.(TPG 1.33)

〈표 4-2〉 독립기업원칙의 적용을 위한 분석과정

	내용	의의
1단계	• 특수관계거래에 대한 분석 －상업적·재무적 관계의 식별 (거래조건과 경제적 상황)	• 실제 거래내용을 정확히 파악 －서면약정 & 거래당사자들의 행동
2단계	• 비교가능성 분석 －특수관계거래 vs. 독립기업거래 (거래조건 및 경제적 상황 비교)	• 신뢰할 수 있는 비교대상자료 탐색 －수행기능, 사용자산, 부담위험 고려

특수관계거래 분석을 위해서는 MNE 그룹이 영위하는 산업분야 및 그 분야 사업의 성과에 영향을 미치는 요인들에 대한 이해가 요구되고, 이 정보는 납세자가 제출하는 통합기업보고서(master file)에 포함될 것이다.(TPG 1.34) 특수관계기업들 간 실제 거래들을 정확히 파악하기 위해서는 거래의 경제적 관련 특성들(economically relevant characteristics), 즉 거래조건들 및 거래가 발생한 경제적 상황들에 대한 분석이 요구된다.(TPG 1.35) 이러한 정보는 납세자가 제출하는 개별기업보고서(local file)에 포함되어야 한다.(TPG 1.36)

그리고, 이러한 경제적 관련 특성들 또는 비교가능성 요소들, 즉 ⅰ) 거래의 계약조건, ⅱ) 거래당사자의 수행기능, ⅲ) 이전된 자산 또는 제공된 용역의 특성, ⅳ) 당사자 및 시장의 경제적 상황, ⅴ) 당사자가 추구하는 사업전략 등은 이전가격 분석상 위 〈표 4-2〉에서 제시된 두 단계에서 모두 사용된다. 1단계 특수관계거래를 정확히 파악하기 위해 위 5가지 경제적 관련 특성들이 사용된다.(TPG 1.37) 또한, 이러한 경제적 관련 특성들은 특수관계거래의 정상가격을 결정하기 위한 특수관계거래와 독립기업거래를 비교하는 단계에서도 비교가능성요소(comparability factors)로서 역시 사용된다.(TPG 1.39)

독립기업원칙을 적용하는 모든 TP 방법들은 독립기업들은 그들이 '현실적으로 이용할 수 있는 대안들(options realistically available: 이하 ORAs)'을 고려하고, 한 대안과 다른 대안을 비교할 때 대안들의 가치에 중요하게 영향을 미칠 수 있는 대안들 간의 차이점을 고려할 것을 전제하고 있다.(TPG 1.40)

2 특수관계거래 분석 : 상업적 · 재무적 관계의 식별

OECD/UN모델 제9조 제1항에서 말하는 특수관계기업들 간 상업적 · 재무적 관계를 식별하기 위해서는 사업전략, 시장, 제품, 공급망, 핵심 수행기능, 중요한 사용자산 및 부담위험 등 MNE 그룹이 속한 산업분야 및 사업의 성과에 영향을 미치는 요소들에 대한 폭넓은 이해가 필요하다.(TPG 1.34)

독립기업들은 잠재적 거래조건을 평가할 때 해당 거래와 그들이 '현실적으로 이용할 수 있는 다른 대안들(ORAs)'을 비교할 것이고, 사업목적 달성을 위해 명백히 더 좋은 다른 대안이 없을 경우에만 거래를 체결할 것이다. 독립기업들은 대안들의 가치를 평가할 때 가령, 위험수준의 차이 등 ORAs 간의 경제적 차이를 고려할 것이다. 따라서, 이전가격 분석시 대안들을 평가할 때 경제적으로 관련된 거래들까지 포함하여 폭넓게 고려할 필요가 있다.(TPG 1.38)

이와 관련하여, 우리나라 세법은 정상가격을 결정할 때 "거주자와 국외특수관계인 사이의 상업적 또는 재무적 관계 및 해당 국제거래에서 중요한 거래조건을 고려하여 해당 국제거래의 실질적인 내용을 명확하게 파악하여야 하며"(국조법 §8 ②), 이를 위해 "ⅰ) 계약조건, ⅱ) 사용된 자산과 부담한 위험 등을 고려하여 평가된 거래당사자가 수행한 기능,

iii) 거래된 재화나 용역의 종류 및 특성, iv) 경제여건 및 사업전략"의 요소를 고려해야 한다고 규정하고 있다.(국조령 §16 ①)

따라서, 이하에서는 특수관계거래를 정확히 파악하기 위해 필요한 경제적 관련 특성들 또는 비교가능성 요소들을 i) 거래의 계약조건, ii) 거래당사자의 수행기능, iii) 자산 또는 용역의 특성, iv) 당사자 및 시장의 경제적 상황, v) 당사자가 추구하는 사업전략 등으로 나누어 구체적으로 살펴보기로 한다.

(1) 거래의 계약조건

거래는 당사자 간 상업적·재무적 관계의 결과이다. 특수관계거래는 거래당사자 간 책임 및 권리·의무의 분담, 위험부담, 가격조건 등이 담긴 서면 계약서를 통해 당사자의 의도를 파악할 수 있다. 그러나, 계약서만으로는 이전가격 분석에 필요한 모든 정보를 확인할 수 없기 때문에 다른 경제적 특성들을 분석하여 계약서 내용을 보완할 필요가 있다. 계약서의 거래조건이 경제적 특성을 기술하지 않는 경우에는 실제 행동의 증거를 수집하여 보완해야 한다.(TPG 1.43) 그리고 계약서상 거래조건과 당사자들의 실제 행동을 통해 파악한 거래내용에 중요한 차이가 존재하는 경우에는 실제 기능, 자산, 위험의 파악을 통해 거래의 실질과 거래조건을 명확히 규명할 필요가 있다.

또한, 거래조건이 변경된 경우에는 그 배경을 파악해야 한다. 이미 발생된 거래의 결과를 알고 거래조건을 변경한 경우에는 특히 유의해야 한다. 예컨대, 위험의 결과가 알려진 후에 위험을 부담하는 것으로 거래조건을 변경한 경우, 위험 자체가 존재하지 않으므로 위험을 부담한다고 할 수 없다.(TPG 1.47)

〈그림 4-2〉 계약조건의 형식과 실질이 괴리된 사례

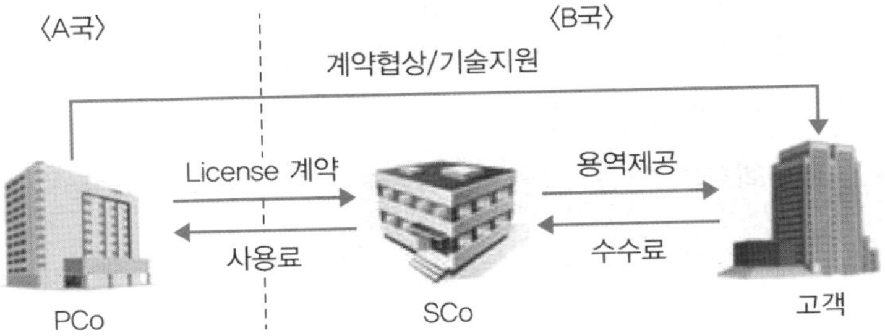

위 〈그림 4-2〉 사례에서 보듯이, A국 모회사(PCo)와 B국 자회사(SCo) 간에 모회사

의 IP를 사용하는 조건의 사용권허락(licensing) 약정을 체결하였고, 자회사는 이를 이용하여 고객에게 용역을 제공하는 사업을 영위한다고 가정하자. 그러나, 기능분석 결과 PCo가 고객과 직접 계약협상을 하고 SCo에 PCo의 직원을 파견하여 기술지원을 제공하는 것이 확인되었는데 PCo의 지원이 없이는 SCo의 용역제공 자체가 불가능한 상황이라는 사실이 확인되었다면, 위 사용권허락 계약상 조건과 달리 실제로는 위험과 기능의 이전없이 PCo가 SCo의 사업상 위험과 성과를 통제한다고 볼 수 있기 때문에 PCo는 B국에서 사용권허락자(licensor)로서가 아니라 본인(principal)의 사업활동을 수행(즉, PCo의 PE의 존재)하고 있다고 할 수 있다.(TPG 1.48)

(2) 거래당사자의 수행 기능분석

(가) 의의

기능분석(function analysis)의 목적은 경제적으로 중요한 기능과 책임, 사용된 자산 및 부담한 위험을 확인하는 것이다. 특히, 아래 〈표 4-3〉에서 보는 바와 같이 거래당사자가 수행한 활동(activities)과 제공한 역량(capabilities)이 무엇인지에 초점을 두는데, 활동과 역량은 사업전략 및 위험부담 등과 관련된 의사결정 기능을 포함한다.(TPG 1.51) 또한, 기능분석은 사용자산의 유형(유형자산, 무형자산, 금융자산 등) 및 성격(내용연수, 시장가치 등)을 고려해야 한다. MNEs의 경우 고도로 통합된 기능들을 관계회사들 간에 분산시키는 경우가 많은데, 분산수행 활동들의 상호의존성과 이들 활동들이 어떻게 조정되는지를 파악할 필요가 있다.(TPG 1.55)

거래당사자들의 실제 공헌, 역량 및 기타 특성들이 현실적 대안들(ORAs)에 영향을 미칠 수 있기 때문에 당사자들의 역량이 대안에 어떻게 영향을 미치는지, 유사한 역량이 독립기업거래에도 나타나는지 등을 고려해야 한다. 예를 들어, 여러 관계회사들에게 물류서비스를 제공하는 회사가 특정 지역의 공급차질에 대비하여 여러 장소에 여유 재고를 유지하는 경우 재고감축 및 통합을 통한 효율성 향상은 현실적 대안이 아니다. 왜냐하면, 비교가능한 독립 물류회사와 기능, 즉 제공역량과 수행활동에서 차이가 존재하기 때문이다.(TPG 1.52)

〈표 4-3〉 기능분석의 구성요소

구분	의미	초점
기능	• 인적 활동(activities)	• 중요한 의사결정 기능의 수행
자산	• 물적 역량(capabilities)	• 유형 · 무형자산 등 중요한 자산의 경제적 소유권
위험	• 인적 활동 및 물적 역량	• 위험에 대한 통제 기능 수행 & 위험을 부담할 재무적 역량 보유

(나) 위험부담 및 위험관리

실제 위험의 부담이 특수관계기업 간 거래가격과 기타 조건에 영향을 미칠 수 있기 때문에, 각 당사자가 부담한 중요한 위험들을 확인하고 고려하지 않으면 기능분석은 불완전할 수밖에 없다. 통상적으로 부담한 위험이 증가하면 결과적으로 실제 수익이 증가하지 않았더라도 기대수익이 증가하기 때문에 합당한 보상을 받아야 한다. 거래당사자 간 위험의 배분이 비교가능한 상황에서 거래손익의 배분에 영향을 미치기 때문에 비교가능성 분석시 어떤 위험들을 부담하는지, 위험부담에 영향을 미치는 어떤 기능들이 수행되는지, 그리고 어느 당사자가 위험을 부담하는지를 분석할 필요가 있다.(TPG 1.58)

사업활동과 연관된 위험을 평가하고 대응하는 기능을 통상 '위험관리(risk management)'라고 한다. 위험관리 기능은 다음 3가지의 의사결정 역량으로 구성된다. 즉 ⅰ) 위험을 수반하는 사업활동을 수행할지 여부에 대한 의사결정 역량, ⅱ) 사업활동의 위험에 대해 어떻게 대응할지에 대한 의사결정 역량, ⅲ) 위험의 결과에 대한 대응방안을 강구하는 위험완화 역량이다.(TPG 1.61) 위험관리는 위험을 부담하는 것과는 다르다. '위험부담(risk assumption)'은 위험이 현실화될 경우 재무적 결과 등에 책임을 지는 것을 의미한다. 위험관리 기능의 일부를 수행하는 당사자는 위험을 부담하지 않을 수 있다. 왜냐하면, 위험부담자의 지시하에 위험완화 기능을 수행하는 위험관리자가 고용될 수 있기 때문이다. 예를 들어, 위험을 부담하는 당사자가 위험과 관련된 자금수요 충족을 위해 그룹 내 관계회사로부터 자금을 조달하는 경우, 그룹 내 자금제공자는 재무적 위험을 부담하지만 단순히 자금을 제공하였다고 하여 추가 자금조달 필요성과 관련된 특정한 위험을 부담한 것은 아니다.(TPG 1.64)

위험에 대한 통제권은 앞서 설명한 위험관리 기능의 요소 중 ⅰ), ⅱ) 요소와 관련된다. 위험을 통제하기 위해서 위 ⅲ)의 일상적 위험완화 기능을 꼭 수행해야 할 필요는 없다.

왜냐하면, 위험완화 기능은 외부위탁(outsourcing)이 가능하기 때문이다. 위험통제권의 행사는 위험을 수반하는 사업활동을 수행할지 여부, 위험에 대응하기 위한 투자시기, 개발 프로그램의 성격, 마케팅 전략, 조업도 등에 대한 의사결정을 의미한다. 그러나, 위험과 관련된 전반적 또는 일반적인 정책수립은 위험통제권의 행사에 해당하지 않는다. 예를 들어, 재고위험은 운전자본 수준, 최소재고 수준 등 그룹 전체의 정책에 의해 좌우될 수 있지만, 재고위험에 대한 통제권은 모회사가 아니라 실제 생산물량을 결정하는 그룹 관계회사에 의해 행사된다. 또한, 일반 경제상황, 원자재 가격주기 등 통제할 수 없는 위험은 위험통제권 행사의 고려대상이 아니다.

예를 들어, 아래 〈그림 4-3〉 사례에서 보는 바와 같이 XCo가 YCo에 재화의 제조를 위탁하였다고 가정하자. YCo는 XCo가 제공하는 제품사양과 제조계획(생산일정, 수량 및 배송시기 등)에 의해 제조용역을 수행하고, XCo는 ZCo를 고용하여 YCo의 생산공정에 대한 정기적인 품질관리 활동을 수행하도록 하였다고 하자. 이 경우 XCo는 재고 및 반품위험을 부담한다고 할 수 있다. 왜냐하면, XCo가 위험을 부담할지 여부, 위험에 대응하는 방법 등과 관련된 여러 의사결정을 수행할 역량과 권한을 행사함으로써 재화의 반품위험과 재고위험을 실제로 통제했기 때문이다.(TPG 1.69)

〈그림 4-3〉 위험통제권을 행사한 경우

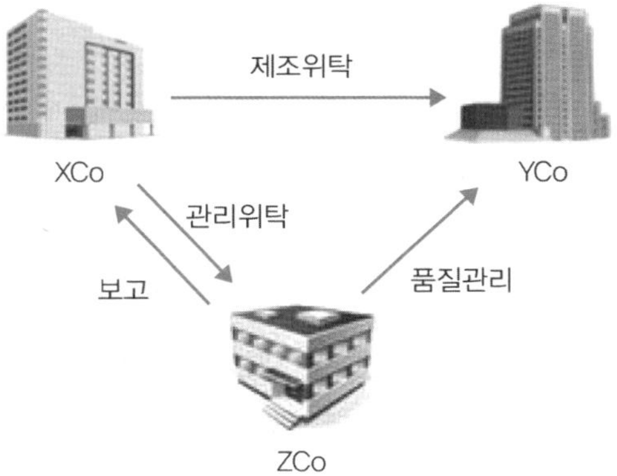

(다) 위험분석 단계

특수관계거래의 상업적 · 재무적 관계에 대한 위험분석은 아래에서 설명하는 여러 단계를 거쳐서 실행된다.

제1단계에서는 경제적으로 중요한 위험을 파악해야 한다. 위험은 사업활동에 고유하게 내재되어 있으며, 이윤창출의 기회와 관련된다. 따라서 이전가격 목적 상 위험은 "사업목적, 즉 이윤창출에 대한 불확실성의 효과"라고 정의할 수 있다.(TPG 1.71) 기능분석은 위험의 경제적 중요성과 위험이 특수관계거래의 가격결정에 어떤 영향을 미치는지를 결정하는 것이다.

잠재적 비교대상거래가 확인되면, 비교대상거래들이 동일 수준의 위험 및 위험관리를 포함하고 있는지를 결정하는 것이 중요하다.(TPG 1.73) 당사자 간 실제 위험의 배분을 추구하는 이전가격 분석 목적 상 위험은 명확히 구분될 필요가 있다. 이전가격 분석 목적 상 고려해야 할 위험의 종류로는 ⅰ) 전략적 위험 및 시장위험(경제적 환경, 정치 및 규제 사건, 경쟁, 기술발전 등 외부위험), ⅱ) 인프라위험 및 운영위험(운송, 법률 및 규제, 자산, 직원능력, 절차 설계 및 실행, IT시스템 등), ⅲ) 재무위험(현금흐름, 재무적 역량, 신용도 등), ⅳ) 거래위험(가격 및 지불조건 등), ⅴ) 재난위험(사고, 자연재해 등)이 있다.

제2단계는 경제적으로 중요한 위험이 계약상 어떻게 부담되고 있는지를 확인하는 일이다. 예를 들어, 판매업자는 판매활동과 관련하여 계약서상 판매활동 관련 매출채권위험, 재고위험, 신용위험을 부담할 수 있다. 위험은 암묵적으로도 부담될 수 있는데, 예를 들어 고정된 보수는 위험부담이 없다는 암묵적 증거가 될 수 있다. 계약서상 사전적 위험부담은 위험의 결과가 실현되기 이전에 위험부담의 확약을 한 명백한 증거라고 할 수 있다. 위험의 결과가 확실시 되는 경우에는 납세자도 위험부담을 주장할 수 없고, 과세당국도 사후적으로 위험을 재배분할 수 없다. 위험부담은 정상가격 결정에 중요한 영향을 미치기 때문에 계약서상 약정만으로 위험부담 당사자를 결정해서는 안 되며, 실제 누가 그리고 어떻게 위험관리 및 통제권을 행사했는지를 조사하여야 한다.

제3단계는 위험과 관련한 기능분석 과정이다. 거래당사자인 특수관계기업들이 어떻게 경제적으로 중요한 위험을 부담하고 관리하는지를 분석해야 한다. 위험통제권의 행사는 역량과 기능수행, 두 가지 요소를 모두 필요로 한다. 따라서 하나 이상의 당사자가 위험을 통제할 수 있지만, 계약상 위험부담 당사자가 역량과 기능수행을 통해 실제 위험을 통제하는 유일한 당사자라면 계약상 위험부담 당사자가 역시 위험을 통제한다고 할 수 있다. (TPG 1.93)

제4단계는 제1-3단계를 통해 확보한 정보를 통해 계약상 위험부담이 특수관계기업들의 실제 행동과 일치하는지를 해석하는 일이다. 위험과 관련한 계약조건과 당사자들의 활동 간에 차이가 존재하고, 그 차이가 독립기업거래의 가격결정에도 고려될 것이라고 판단되는 경우에는 당사자들의 실제 행동이 당사자들의 의도에 관한 최선의 증거로 고려될 수 있다.(TPG 1.88)

제5단계는 위험의 배분 단계이다. 기능분석 결과, 위험에 대한 통제권을 행사하고 위험을 부담할 수 있는 재무적 역량이 있는 관계회사에 위험이 배분되어야 한다. 다수의 관계회사가 위험 통제권을 행사한 경우에는 수행한 위험통제 활동의 중요성을 고려하여 적절한 보상이 부여되어야 한다.

제6단계는 위험배분의 결과를 고려하여 거래가격을 결정하는 단계이다. 위험부담은 적절한 기대수익을 보상받아야 하고, 위험완화 활동도 적절히 보상받아야 한다. 따라서 위험부담과 완화 활동을 모두 수행하는 납세자는 위험부담만을 하거나 위험완화 활동만을 하는 납세지에 비해 더 큰 기대보상을 받을 권리가 있다.(TPG 1.100) 위험에 대한 통제 기능을 수행하는 모든 당사자는 항상 적절히 보상받아야 하는데, 통상 배분된 위험의 결과로부터 연유하는 잠재이익 또는 손실(비용)을 귀속받게 된다. 따라서, 위험통제에는 기여하지만 위험을 부담하지 않는 당사자의 경우 위험통제의 수준에 상응하도록 잠재이익 또는 손실을 분담하는 방식으로 보상받을 수 있다.(TPG 1.105)

이러한 위험분석 절차에 대해서, 우리나라 세법은 TPG 내용을 그대로 수용하고 있다. 즉, 거래당사자가 부담한 위험은 ⅰ) 거래에 수반되는 경제적으로 중요한 위험의 식별, ⅱ) 계약조건에 따라 거래당사자가 부담하는 위험의 결정, ⅲ) 거래에서 발생한 이익 또는 손실이 실제로 귀속되는 거래당사자의 식별, 위험에 대한 관리·통제 기능을 고려한 위험에 관한 기능분석, ⅳ) 이상의 분석 결과를 종합하여 거래당사자가 부담한 위험의 재배분 순서에 따라서 분석하도록 규정하고 있다.(국조칙 §10 ①)

위험부담도 하지 않고 위험통제에도 기여하지 않은 당사자는 예상하지 못한 이익을 받을 권리가 없을 뿐만 아니라 예상하지 못한 손실도 부담할 필요가 없다. 즉, 예상하지 못한 이익 또는 손실은 위험을 부담하고 통제권을 행사한 당사자에게 배분되어야 한다. 다시 말해서, 예상하지 못한 투자이익 또는 손실이 특정 관계회사의 장부에 회계상 이익으로 계상되었더라도, 이전가격 목적 상 실제 위험관리 기능을 수행한 관계회사에게 적절히 배분되어야 한다. 예를 들어, 외국계 은행의 국내 자회사에 특정 파생상품 거래손실이 계상되어 있지만 자회사는 해당 파생상품거래의 계약당사자에 불과하고 대부분의 파생상품거래 관련 위험이 해외 관계회사로 이전되어 관리된 경우, 해당 손실은 실제 위험을 부담하고 통제권을 행사한 관계회사들에게 적절히 배분되어야 한다.

(3) 이전된 자산 또는 수행된 용역의 특성

자산 또는 용역의 특성상 차이는 가치의 차이를 가져온다. 이전가격 분석 목적 상 유형자산의 경우 물리적 특성, 품질 및 신뢰도, 공급가능성 및 공급수량, 용역의 경우 용역의 성격과 범위, 무형자산의 경우 거래의 형태(사용허락/양도), 보호기간과 정도, 사용에 따른 예상편익 등의 특성을 중요하게 고려해야 한다.(TPG 1.107)

적용된 TP 방법에 따라서 자산 또는 용역 특성의 비중이 달라질 수 있다. 자산 또는 용역의 비교가능성은 CUP 방법 적용시 가장 엄격하게 요구된다. 재판매가격법(RPM)과 원가가산법(CPM)은 자산 또는 용역의 특성상 차이가 매출총이익 또는 원가가산 이윤에 중요한 영향을 미칠 가능성이 적다고 할 수 있다. 기능의 유사성을 강조하는 거래순이익률법(TNMM) 등 거래 이익방법도 재화 또는 용역의 특성상 차이에 영향을 덜 받는다. 따라서 제품의 종류가 다른 비교대상거래로까지 비교가능성 분석의 범위를 확대할 수 있다. 그러나, 거래 이익방법 적용시 재화 또는 용역의 비교가능성이 무시되어도 좋다는 의미는 아니다. 왜냐하면, 제품의 차이가 분석대상법인(tested party)의 수행기능, 사용자산, 부담위험의 차이를 수반하기 때문이다.(TPG 1.108) 따라서 유사한 기능을 수행하는 기업까지 분석범위를 확대하기 전에 비교의 신뢰성에 미치는 영향, 그리고 더 신뢰할 수 있는 다른 자료가 있는지를 고려해야 한다.

(4) 당사자 및 시장의 경제적 상황

동일한 자산 또는 용역 거래라도 시장이 다르면 독립기업가격이 다를 수 있다. 따라서, 비교가능성 확보를 위해서는 독립기업과 특수관계기업들이 사업활동을 하는 시장이 가격에 중요한 영향을 미치는 차이가 없어야 하고, 또는 차이가 있을 경우 적절한 조정이 이루어져야 한다. 시장의 비교가능성(market comparability)을 결정하는 경제적 상황들(economic circumstances)로는 지리적 위치, 시장규모, 시장의 경쟁정도, 구매자와 판매자의 상대적 경쟁상 지위, 대체재 유무, 수요와 공급의 수준, 소비자 구매력, 정부규제, 생산비용, 운송비용, 시장단계(도매/소매), 거래시기 등이 있다.(TPG 1.110)

경제, 사업 또는 제품의 주기(cycle)도 확인해야 하는 경제적 상황의 하나이다. 주기가 있는 경우 다년간 자료(과거 연도의 자료)의 사용이 유용할 수 있다.(TPG 1.111 & 3.77) 또한, MNEs의 유사한 특수관계거래들이 여러 국가에서 수행되고 이들 국가에서의 경제적 상황들이 동질적이라고 볼 수 있는 경우, MNE는 여러 국가들을 묶어서(multiple-country) 비

교가능성 분석을 실시할 수도 있다.(TPG 1.113)

(5) 당사자가 추구하는 사업전략

사업전략으로 기술혁신 및 신상품 개발, 제품다양화 정도, 위험회피, 정치변화에 대한 평가, 노동법의 내용, 약정기간 등 기업의 다양한 측면들을 고려해야 한다. 사업전략으로 기업은 시장침투 전략을 채택하고 일시적으로 낮은 가격을 책정하거나 높은 비용을 부담할 수 있다. 납세자의 시장침투전략 주장을 과세당국이 수용하였으나, 현재 감소된 이익이 미래에도 실현되지 못하고 과거 납세자 주장이 거짓으로 밝혀진 경우 적절한 이전가격 조정이 요구되지만, 부과제척기간 도과 등의 법률적 시간상 제약이 따를 수 있다.(TPG 1.116)

한 가지 고려할 요인은 특수관계기업 간 관계의 성격상 납세자가 사업전략의 비용을 부담할 것인지 여부이다. 예를 들어, 독립기업거래에서는 장기적 시장개발 책임도 없이 단순히 대리인 또는 수탁판매인(sales agent)으로 활동하는 법인은 일반적으로 시장침투 또는 시장개발 비용을 부담하지 않을 것이다. 어느 기업이 스스로 시장개발 활동을 수행하여 상표권을 통한 제품의 가치를 증진시키거나 제품과 관련된 영업권을 증가시키는 경우, 비교가능성 탐색을 위한 기능분석에 반영되어야 한다.(TPG 1.117)

(6) 손실

독립기업은 매년 반복적으로 손실을 경험하면서 사업을 지속하지는 않을 것이다. 그러나, MNE 그룹의 일부 관계회사는 독립기업과 달리 계속 손실을 보는데도 그룹 전체에 이익을 가져오는 경우 사업을 계속 수행할 수 있다. 이 경우 손실발생 기업은 MNE 그룹으로부터 독립기업이 받을 수 있는 수준의 보상을 받아야 한다.(TPG 1.130)

또한, 시장침투를 위한 저가전략으로 일정 기간 반복적으로 손실이 날 수도 있다. 다만, 장기 이윤증대 목적의 가격전략이라도 손실이 합리적 기간을 넘어 계속되는 경우 특히, 다년간 자료에서 비교대상 독립기업보다 오랜 기간 손실이 발생하였음이 발견되는 경우 이전가격 조정이 필요할 것이다.(TPG 1.131)

(7) 정부정책의 영향

가격통제 등의 정부 간섭은 특정 국가의 시장조건으로서 이전가격 평가시 고려되어야 한다. 가격통제가 있는 경우 가격통제가 어느 단계에서 재화・용역의 가격에 영향을 미치는지를 결정해야 한다. 통상 직접적 영향은 최종 소비자가격에 미칠 것이지만, 이전 단계의 공급가격에 영향을 미칠 수도 있다. 그러한 통제를 고려하기 위해 MNEs이 실제 아무런 조정을 하지 않고 최종판매자가 감당하도록 할 수도 있고, 또는 최종판매자와 중간공급자 간에 어떤 식으로든 부담을 분담하도록 할 수도 있다. 따라서 독립공급자가 가격통제의 비용을 함께 부담할 것인지 여부, 그리고 다른 제품라인과 다른 사업기회를 모색할 것인지 여부가 고려되어야 한다.(TPG 1.133)

외환통제로 지급이 정지되는 경우, 독립기업은 다른 방법으로 지급해 줄 것을 요구할 것이므로 특수관계기업 간에도 이러한 다른 방법이 적용될 것이라 가정할 수 있다. 일부 국가에서는 지급정지가 있는 경우 소득 및 관련비용 모두를 이연시키거나 지급 정지당한 금액을 손금에 산입하고자 할 경우 상대방에서 그에 상응하는 익금을 계상하도록 하기도 한다.(TPG 1.136)

(8) 저비용지역 혜택 및 현지시장의 특성

MNEs의 사업구조 개편(BR)으로 발생한 저비용지역 혜택의 존재 여부, 당사자 간 공유 여부 및 공유방식의 문제가 대두될 수 있다.

'저비용지역 혜택(location saving)'이란 MNEs이 사업을 고비용 국가에서 저비용 국가로 이전한 결과로 실현하는 노동비용, 원재료비용, 운송비용, 임대료, 훈련비용, 보조금, 조세감면 등 인센티브, 기반시설비용 등 비용의 절감액을 말한다. 이러한 비용절감액은 낮은 수준의 전력공급, 높은 운송비용 등 높은 기반시설 비용으로 일부 상쇄될 수 있다. 이러한 비용절감 혜택은 물론, 고도로 숙련된 인력, 성장성이 높은 시장에의 근접성, 높은 구매력을 가진 대규모 고객기반, IT 네트워크 등 선진 기반시설, 시장 프리미엄 등 기타 지역에 특화된 혜택들을 포함하여 '지역특화 혜택(location-specific advantages)'이라 부르기도 한다.(UNM B.2.3.2.53) 또한, 지역특화 혜택의 이용에서 발생하는 증가이윤을 '지역 초과이윤(location rent)'이라고 지칭한다. 저비용지역 혜택이 비용절감액을 의미하는 반면, 지역 초과이윤은 지역특화 혜택으로부터 발생하는 증가된 이윤을 가리킨다.(UNM B.2.3.2.54)

저비용지역 혜택의 존재 여부에 대해서는 시장의 경쟁압력이 심할 경우 저비용지역 혜택이 관계회사에 유보되지 않고 고객 또는 공급자에게 이전될 수 있음을 고려해야 한다. 지역특화 혜택이 지역 초과이윤을 가져올 수 있는 정도는 최종 제품과 관련한, 그리고 지역특화 혜택에 대한 접근과 관련한 경쟁요인들에 달려있다. 특정한 경우, 지역특화 혜택이 존재함에도 불구하고 지역 초과이윤이 존재하지 않을 수 있다. 예를 들어, 최종 제품시장이 매우 경쟁적이고 잠재적 경쟁업체들이 지역특화 혜택에 역시 접근할 수 있는 경우에는 지역특화 혜택의 상당부분 또는 전부가 제품가격의 인하를 통해 고객에게 이전될 것이고, 결과적으로 초과이윤은 거의 없을 것이다. 이와 달리, MNEs이 지역특화 혜택에 독점적 접근을 한다면, 지역특화 혜택은 경쟁상 이점을 반영하기 때문에 상당한 지역 초과이윤을 수취할 것이다. 그러나, 이러한 지역 초과이윤은 경쟁상 압력 때문에 시간에 지남에 따라 사라질 것이다.(UNM B.2.3.2.55)

저비용지역 혜택이 존재하여 이를 배분하는 경우에는 현지시장의 비교대상거래가 가장 신뢰성이 높은 지표일 것이다. 따라서 현지시장에서 신뢰할 수 있는 비교대상거래를 찾을 수 있는 경우에는 저비용지역 혜택에 대한 비교가능성 조정은 불필요하다.(TPG 1.142) 만약 현지시장에서 신뢰할 수 있는 비교대상거래가 존재하지 않는 경우에는 저비용지역 혜택의 존재 여부, 관계회사 간 배분, 그리고 이러한 혜택을 고려하기 위한 비교가능성 조정은 관련 사실관계 및 상황에 대한 분석에 따라 달라질 수 있다.(TPG 1.143) 기능분석시 '유사한 상황에서 독립기업 간 합의했을 조건'을 고려해야 하는데, 이는 각 당사자의 수행기능, 사용자산, 부담위험 및 협상력에 달려 있다. 이때, 특히 현실적으로 이용할 수 있는 대안들의 존재 여부 파악이 중요하다.

지역 초과이윤에 대한 독립기업이윤의 귀속은 지역특화 혜택에 대한 접근과 관련된 경쟁적 요인들, 그리고 특수관계기업들 각자의 협상력을 감안하여 그들이 이용할 수 있는 현실적 대안(ORAs)에 달려있다. 예를 들어, MNE는 경쟁업체들보다 낮은 비용으로 생산이 가능하도록 허용하는 제조 무형자산을 가질 수 있다. 무형자산의 소유자는 독립기업 상황에서 유사하게 낮은 비용하에 다른 곳에서 생산을 수행하게 할 수 있는 현실적 대안을 가질 수 있기 때문에, 통상 이러한 비용절감과 연관된 초과이윤을 수취할 권리가 있다. 다른 예로, 저비용 제조업자가 저비용 국가에서 사업을 영위하는 최초 사업자인 경우, 해당 국가 또는 다른 국가에서 비교대상거래가 존재하지 않을 수 있다. 이는 최소한 당분간은 해당 기업이 지역 초과이윤의 일부를 수취할 수 있다는 것을 시사한다.(UNM B.2.3.2.57)

〈그림 4-4〉 계약제조업자의 저비용지역 혜택 귀속 여부

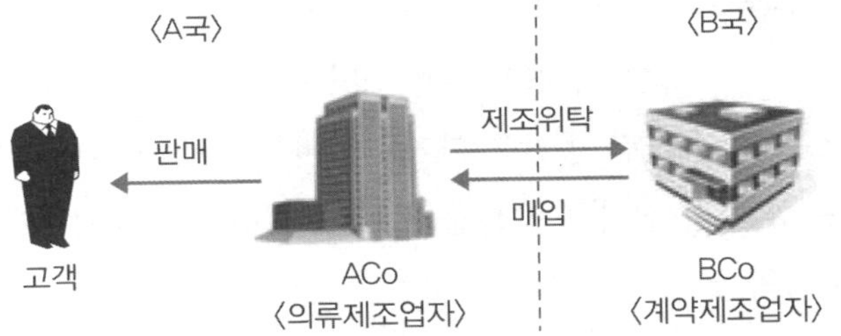

위 〈그림 4-4〉 사례에서 보는 바와 같이, 유명브랜드 의류제조업자인 ACo는 A국의 임금이 높아서 A국에서의 제조활동을 포기하고, 임금이 낮은 B국 소재 관계사인 BCo로 제조활동을 이전했다고 가정하자. ACo는 브랜드 상호를 보유하고 의류디자인 활동을 계속 수행한다. 그리고 ACo와 BCo 간 계약제조계약에 따라 BCo가 생산한 의류를 ACo가 매입하여 제3자에게 판매한다고 하자. 이러한 BR의 결과로 상당한 저비용지역 혜택이 발생한 경우, 어느 당사자에게 그 혜택이 귀속되어야 하는지의 문제가 제기될 수 있다. 이 사례에서는 이전된 제조활동이 매우 경쟁이 심한 상황이기 때문에 ACo의 현실적 대안은 BCo 또는 제3자 제조업자에게 제조활동을 위탁하는 것이다. 비교가능한 상황에서 독립 계약제조업자에게 귀속될 저비용지역 혜택은 거의 없거나 매우 적을 것이기 때문에, BCo에게 배분될 저비용지역 혜택 또한 거의 또는 전혀 없을 것이다.(TPG 9.128-129)

〈그림 4-5〉 계약용역업자의 저비용지역 혜택 귀속 여부

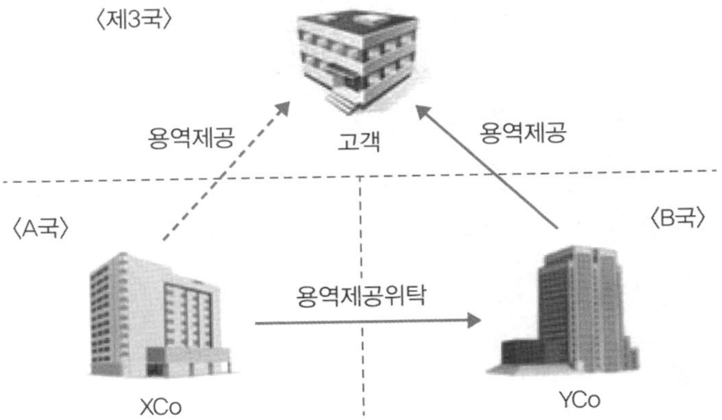

위 〈그림 4-5〉 사례에서 보는 바와 같이, 독립고객들에게 고품질의 전문엔지니어링 서비스를 제공하고 시간당 높은 고정요율의 수수료를 받는 A국에 소재하는 XCo는 A국의

전문엔지니어에 대한 임금이 높기 때문에 B국에 자회사 YCo를 설립한 후, 낮은 임금을 주면서도 동일 품질수준의 전문엔지니어를 고용하여 작업의 상당 부분을 위탁한다고 하자. 고객들은 XCo와 계속 직접 거래를 하며 위탁 용역계약에 대해 알지 못한다고 하자.

이 사례에서 XCo는 일정 기간 동안은 엔지니어비용을 크게 줄이면서도 당초대로 높은 수수료를 청구할 수 있지만, 점차 수수료를 인하해야 하는 경쟁압력을 받을 수밖에 없으므로 저비용지역 혜택의 일부가 고객에게 이전될 것이다. 여기서 비교가능한 상황에서 잔여 저비용지역 혜택이 그룹 내 어느 기업에게 귀속되어야 하는지의 문제가 제기될 수 있다. 쟁점 엔지니어링 서비스에 대한 수요가 높고 B국의 자회사 YCo가 요구되는 품질수준을 제공할 수 있는 유일한 기업이라면, XCo는 YCo를 용역제공자로 사용하는 것 이외에 현실적으로 이용할 수 있는 다른 대안이 많지 않을 것이다. 왜냐하면, YCo는 기술노하우 등 가치있는 무형자산을 개발하였기 때문이다. 물론, 이 무형자산은 위탁용역에 대한 독립기업 보상을 결정하는데 고려되어야 한다. 결론적으로, 저비용지역 혜택은 YCo에게만 또는 무형자산을 보유한 XCo와 YCo 모두에게 배분되어야 할 것이다.(TPG 9.130-131)

앞서 설명한 지역특화 혜택 또는 현지시장의 특성은 비교가능성을 높이기 위해 적절히 조정되어야 한다. 현지시장의 특성에 대한 비교가능성 조정이 필요한지 여부와 관련하여, 만약 현지시장에서 비교가능거래를 찾을 수 있는 경우에는 특수관계거래와 동일한 시장조건 하에서 실행되기 때문에 현지시장의 특성에 관한 조정은 불필요하다.(TPG 1.145)

관계회사 간 무형자산의 이전 또는 사업구조 개편으로 인해 일방당사자가 현지시장의 유리한 혜택을 누리거나 불리한 부담을 하여 정상가격에 영향을 미치는 경우가 있다. 그러나, 이전가격 분석을 수행할 때 무형자산이 아닌 현지시장의 특성과 무형자산에 해당하는 계약상 권리, 정부 라이선스, 시장접근 노하우를 구분하는 것이 중요하다. 왜냐하면, 이러한 유형의 무형자산들은 이전가격 분석 목적 상 고려되어야 하는 상당한 가치를 지니기 때문이다. 일부 계약상 권리 및 정부 라이선스가 경쟁기업의 시장접근을 제한하여 현지시장 특성의 경제적 성과가 거래당사자 간에 배분되는 방식에 영향을 미칠 수 있다는 점을 고려해야 한다.(TPG 1.149)

(9) 집합노동력

상대적으로 우수하거나 경험이 풍부한 인력의 보유 여부는 재화와 서비스의 효율성에 영향을 미치므로 비교가능성 분석에서 고려되어야 한다. 따라서 집합노동력(assembled workforce)의 이전으로 이전받은 기업의 시간과 비용의 절감을 가져오는 경우 비교가능성 조정의 대상이 된다. 일반적으로 관계회사 간 임직원의 이전 또는 파견은 제공서비스에 대한 정상가격 보상이 주어질 뿐, 이전 자체에 대한 별도의 개별적 보상이 주어져야 하는 것은 아니다.(TPG 1.154) 다만, 직원의 이전 또는 파견으로 비밀공식 또는 제조노하우 등 무형자산이 이전되는 경우에는 무형자산 사용에 대한 적절한 대가가 지급되어야 한다.(TPG 1.155) 또한, 집합노동력에 해당하는 직원들의 이전이 없더라도 계약 연구개발 용역 등을 통해 특정 기술 및 경험을 보유한 집합노동력을 활용하는 경우 이전된 무형자산 또는 기타 자산의 가치향상에 기여할 수 있다는 점을 주목해야 할 것이다.(TPG 1.156)

(10) MNEs 그룹시너지

MNEs의 관계회사들은 유사한 상황에 있는 다른 독립기업들이라면 향유할 수 없었을 상호작용 또는 시너지(synergies)에 따른 이익을 누릴 수 있다. 예를 들어, 이러한 그룹시너지에는 구매력의 통합(규모의 경제), IT시스템의 통합, 통합관리, 중복기능 제거, 차입능력 향상 등이 있다. 특정 활동의 수행없이 MNE 그룹의 일원이라는 이유로 얻는 부수적 효익(incidental benefits)에 대해서는 대가를 지급할 필요가 없다. 다시 말해서, 관계회사들의 의도적인 협력행위(deliberate concerted actions), 용역제공 또는 기능수행 없이 순전히 MNE 그룹의 일원으로서 얻는 시너지 효익 또는 부담은 별도로 보상되거나 배분될 필요가 없다.(TPG 1.158)

예를 들어, 관계회사가 MNE의 일원이라는 이유로 높은 신용등급을 받는 경우에는 서비스를 인식할 수 없지만, 만약 다른 관계회사의 지급보증 때문에 높은 신용등급을 받는 경우에는 서비스 제공을 인식할 수 있다. 또한, 관계회사가 그룹의 글로벌 마케팅 및 홍보 전략의 결과로 그룹의 평판(reputation) 혜택을 얻은 경우에도 서비스 제공을 인식할 수 있다.(TPG 7.13)

한 회사에서 집중구매한 후 다른 관계회사에 재판매함으로써 얻게 된 수량할인(volume discount) 혜택은 그룹의 구매력을 이용하기 위한 의도적 협력행위라고 볼 수 있다. 또한, 모회사가 판매자와 그룹 전체의 최소 구매수준을 제시하고 협상을 한 후, 관계회사들이 할인된 가격으로 판매자와 거래를 한다면 관계회사들 간의 거래가 없었음에도 의도적 협력행위가 존재한다. 그러나, 판매자가 그룹 내 다른 관계회사에 대한 영업활동을 유치하기 위해 특정 관계회사에게 일방적으로 유리한 가격을 제시하는 경우에는 의도적 협력행위가 존재한다고 볼 수 없다.(TPG 1.160) 중요한 그룹시너지가 존재하고 의도적 협력행위에서 기인하는 것이라면, 그러한 시너지 효익은 시너지 창출에 기여한 공헌에 비례하여 배분되어야 한다. 예를 들어, 그룹 관계회사들의 통합 대량구매의 효익은 먼저 통합 구매활동을 주도적으로 주선(coordinate)한 당사자에게 적절히 보상을 한 후, 잔여 효익이 존재할 경우 그룹 관계회사들의 구매비율에 따라서 효익이 배분되어야 한다.(TPG 1.162)

〈그림 4-6〉 저리차입의 경우 그룹시너지 인식 여부

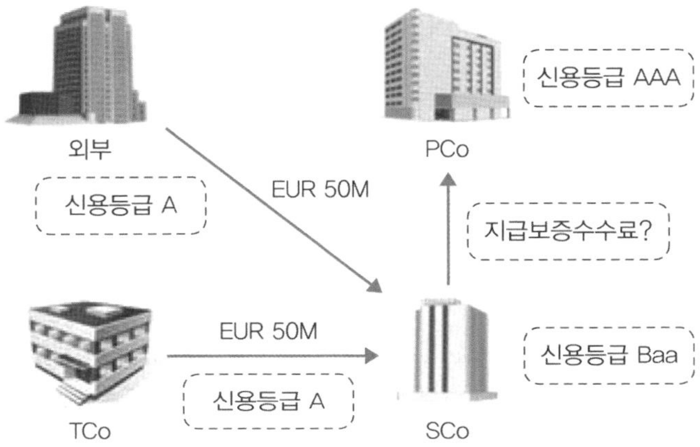

위 〈그림 4-6〉 사례에서 보는 바와 같이 PCo는 금융업에 종사하는 MNE 그룹의 모회사로서 그룹의 연결재무제표를 토대로 신용등급이 AAA로 평가된다. 동일 업종에 종사하는 자회사 SCo의 독립적 신용등급은 Baa이다. 그러나, SCo가 PCo 그룹의 일원이기 때문에 외부의 대형 금융기관들은 신용등급 A에 해당하는 이자율로 자금을 대여할 의향이 있다. 만약 SCo가 A등급으로 외부에서 50만 유로를 차입하고, 동시에 관계사 TCo로부터 동일한 조건의 이자율로 50만 유로를 차입한다고 가정하자. 이 경우 SCo가 TCo에게 지급한 차입금의 이자율은 정상이자율이다. 왜냐하면 SCo가 외부 금융기관에 지급한 이자율과 동일하고, SCo가 그룹의 일원이 아닌 독립적으로 차입시의 이자율보다 낮지만 이러한 저리차입의 시너지효과는 단지 SCo가 그룹의 일원이기 때문이어서 이에 대한 대가를 지급하거나 비교가능성 조정을 할 필요가 없기 때문이다. 그러나, 만약 PCo의 지급보증으로 SCo가 신용등급 AAA에 적용되는 이자율로 차입할 수 있다면, SCo는 PCo에게 지급보증 수수료를 지급해야 한다. 이 경우 정상수수료는 Baa에서 A로의 신용등급 상승은 고려할 필요가 없고, A에서 AAA로의 상승 혜택만 반영하여 산정해야 할 것이

다.(TPG 1.164-167)

〈그림 4-7〉 통합구매의 경우 그룹시너지 효익

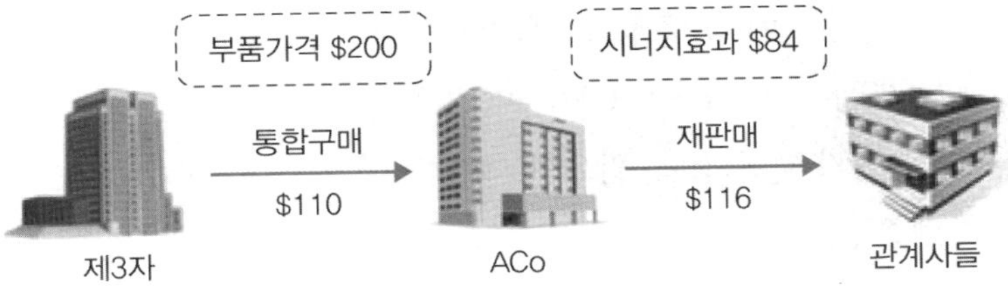

위 〈그림 4-7〉 사례에서 보는 바와 같이 ACo는 전체 그룹을 대신하여 통합구매회사의 역할을 수행하고, 제3자로부터 부품을 $110에 구매하여 관계회사들에게 $116에 재판매한다고 가정하자. ACo의 통합구매로 구매가격을 $200에서 $110로 인하할 수 있었다고 하자. 이 경우 비교가능한 상황에서 ACo의 구매활동 주선서비스 대가가 제품당 $6라면 재판매 정상가격은 $116이고, 통합구매이익 $90 중 나머지 $84는 그룹 관계회사의 시너지효과이다. 만약 ACo가 통합 구매조건을 협상한 후 관계사들이 직접 구매하였다면 ACo의 용역대가는 재고비용이 없으므로 제품당 $6보다 낮을 것이다. (TPG 1.168-169)

〈그림 4-8〉 통합구매 시너지효과에 대한 이전가격 조정

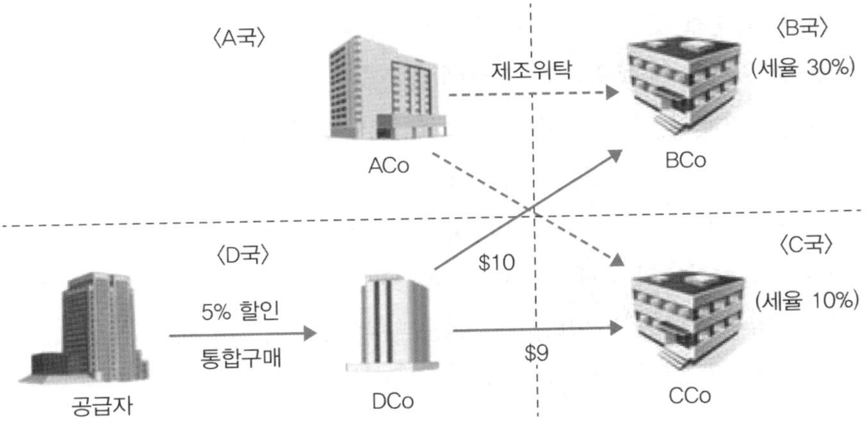

위 〈그림 4-8〉에서 보는 바와 같이 A국의 모회사 ACo는 B국과 C국에 제조 자회사 BCo와 CCo, 그리고 D국에 공동서비스센터 기능을 하는 통합구매회사 DCo를 두고 있다.

B국의 세율은 30%, C국의 세율은 10%라고 하자. 독립 공급회사는 7,500단위 이상 대량 주문시 5% 할인혜택을 제공한다고 하자. 이 경우 DCo는 BCo와 CCo가 필요한 부품 각 5,000개를 통합주문하고 BCo와 CCo로 하여금 공급자에게 BCo는 단위당 $10, CCo는 단위당 $9에 각각 송장 발행을 요청하도록 하였다고 가정하자.(BCo: 5,000개 × $10= $50,000, CCo: 5,000 × $9= $45,000) 이 경우 시너지효과($5,000)가 부적절하게 배분되었기 때문에 이전가격 조정이 필요할 것이다.(B국: $2,500 비용 감액조정, C국: $2,500 비용 증액조정)

3 비교가능성 분석

가. 의의

독립기업원칙의 논거는 독립기업거래와 특수관계거래의 비교에 있다.(TPG 1.33) 실제 비교가능한 거래들을 비교하기 위해서는 검토대상 특수관계거래에 대한 기능분석을 수행해야 한다. 이러한 기능분석의 결과를 토대로 비교가능성분석(comparability analysis)에 의해 이전가격이 결정된다.

일반적으로 특정 거래당사자가 그 거래에서 더 중요한 역할을 수행하는 경우 이윤 또는 손실이 더 많이 귀속될 것이다. 독립기업원칙의 내재적 논거는 특수관계거래의 이윤을 특정 사업활동에 종사하는 독립기업들 간에 통상 발생했을 이윤에 일치시키는 것이다. TPG는 특수관계거래의 역할을 규명하기 위해 파악해야 하는 세 가지 요소로 수행한 기능(functions performed), 사용한 자산(assets used) 및 부담한 위험(risks assumed)을 제시한다. 기능, 자산 및 위험은 서로 밀접히 연관되어 있다. 예를 들어, 특정 위험을 부담하기 위해서는 특정 기능의 수행이 수반되어야 하고, 기능의 수행 및 위험의 부담을 위해서는 자산의 소유가 필요할 수 있다. 이들 요소들 중 수행기능이 제일 중요하다. 왜냐하면, 특정 기능을 수행함이 없이 위험을 부담할 수 없고 자산도 소유될 수 없기 때문이다. 즉, 위험과 자산은 흔히 기능의 수행으로 나타난다.

가치창출과 과세의 연계를 강화하려는 OECD BEPS 프로젝트의 목적 상 기능의 중요성이 더욱 강조되고 있다. 기능분석 결과에 따라 거래당사자들의 성격이 규정되고, 각 당사자들의 예상 경제적 성과도 파악된다. 그러나, 기능분석만으로는 특수관계거래에 적용될 실제 이전가격 또는 특수관계기업 소득을 결정하기에 충분하지 않기 때문에 비교가능성 분석에 의해 보완되어야 한다.

비교가능성 분석의 목적은 신뢰할 수 있는 비교대상거래를 발견하는 것이다. 따라서 일부 독립거래들이 다른 거래들보다 낮은 수준의 비교가능성을 가진 경우 이들 거래들은 제거되어야 한다.(TPG 3.2/3.56) 그렇다고 하여 정보를 확보할 수 없는 경우 및 비교대상거래 탐색의 부담을 고려할 때, 비교대상거래의 원천들을 모두 검색해야 할 의무가 있는 것은 아니다.(TPG 3.2/3.81) 그러나, 다른 이해관계자들이 사용된 비교대상거래의 신뢰성을 평가할 수 있도록 납세자와 과세당국은 적절한 세부 정보(supporting information)를 제공하는 것이 좋은 관행으로 간주된다.(TPG 3.3)

나. 비교가능성 분석 절차

〈표 4-4〉 비교가능성 분석 절차

1	분석대상 연도의 선정
2	납세자 상황에 대한 전반적 이해
3	특수관계거래 분석 및 분석대상법인 선정
4	내·외부 비교대상거래의 탐색
5	가장 적합한 TP방법의 선택
6	잠재적 비교대상거래의 선택/제외
7	비교가능성 조정
8	정상가격 또는 정상이윤의 결정

통상적인 비교가능성 분석 절차는 위 〈표 4-4〉와 같다. 이러한 과정을 준수하는 것이 좋은 관행으로 간주되지만 의무적인 것은 아니다. 결과의 신뢰성이 과정보다 더 중요하다.(TPG 3.4)

사안에 따라서는 확보가능한 자료의 출처에 대한 조사가 TP 방법의 선택에 영향을 미칠 수 있기 때문에 4단계에서 6단계는 만족한 결론에 도달하기까지 반복적으로 수행될 필요가 있다. 예를 들어, 비교대상거래에 대한 자료를 발견하는 것이 가능하지 않은 경우, 납세자는 다른 TP 방법을 선택하기 위해 4단계부터의 과정을 반복할 것이다.(TPG 3.5)

우리나라 세법은 TPG의 비교가능성 분석 절차를 그대로 수용하고 있다. 즉, 가장 합리적인 방법[8]을 선택하여 정상가격을 산출하는 경우, ⅰ) 납세자의 사업환경 및 특수관계거래 분석, ⅱ) 내부 및 외부의 비교가능한 거래에 대한 자료수집, ⅲ) 정상가격 산출방법의 선택 및 가격·이윤 또는 거래순이익의 산출, ⅳ) 비교가능한 거래의 선정 및 합리적 차이조정 등의 분석 절차를 통하여 정상가격을 결정하도록 규정하고 있다.(국조령 §15 ①, 국조칙 §7)

(1) 제2단계: 납세자 상황에 대한 전반적 이해

납세자와 그를 둘러싼 환경에 영향을 주는 산업, 경쟁, 경제 및 규제 요인들 및 기타 요소들에 대한 분석은 비교가능성 분석의 필수단계이다. 이 단계는 특수관계거래는 물론 비교가능한 독립거래의 조건들, 특히 거래의 경제적 상황들을 이해하는데 도움을 준다.(TPG 3.7)

(2) 제3단계: 특수관계거래 분석 및 분석대상법인의 선택

특수관계거래에 대한 분석은 (필요한 경우) 분석대상법인의 선택, 가장 적합한 TP 방법의 선택 및 적용, (거래 이익방법의 경우) 검증될 재무지표, 비교대상거래의 선택, 그리고 비교가능성 조정의 결정에 영향을 미칠 관련 요소들을 확인하기 위함이다.(TPG 3.8)

---

8) 이전가격 결정 또는 정상가격 산출방법 선택의 목표를 TPG는 '가장 적합한 방법(the most appropriate method)', 우리나라 국조법은 '가장 합리적인 방법'으로 달리 표현하고 있으나 그 실질적 의미와 내용은 동일하다.

(가) 결합거래에 대한 통합분석

독립기업 조건을 가장 정확하게 추정하기 위해서는 독립기업원칙이 개별 거래단위(transaction-by-transaction basis)로 적용되어야 한다. 그러나, 개별거래들이 밀접하게 연관되거나 연속선상에 있어서 개별적으로 적절히 평가될 수 없는 경우가 있다.(TPG 3.9) 연속선상의 거래로서 개별적으로 적절히 평가될 수 없는 거래의 예로는 상품 또는 용역의 공급을 위한 장기계약, 여러 종류의 제품들로 구성된 제품군(群)의 가격설정 등을 들 수 있다.

〈그림 4-9〉 연속선상의 거래들에 대한 결합분석 사례

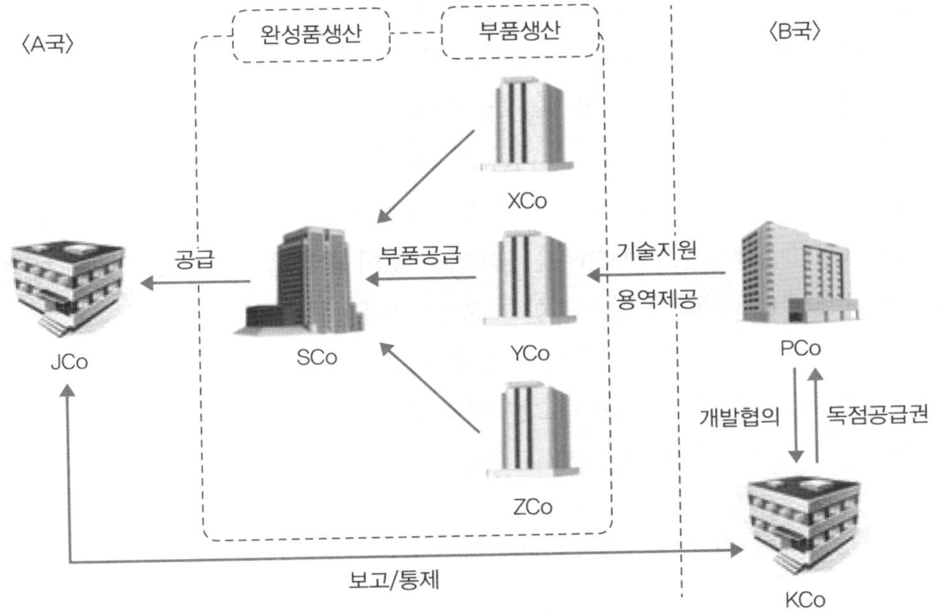

예를 들어, 위 〈그림 4-9〉에서 보는 바와 같이 B국의 PCo가 자동차 제조업체인 KCo에게 자동차 부품을 공급하기 위해 KCo의 현지 생산법인이 소재하는 A국에 현지 생산법인 SCo를 설립하였다고 하자. 자회사 SCo는 모회사 PCo 대주주의 특수관계인들이 설립한 임가공 생산업체 XCo, YCo, ZCo로부터 부품을 공급받아 완성품을 생산하여 KCo의 A국 현지법인 JCo에게 완성품을 공급한다. PCo는 자체 R&D 활동을 통해 다수의 특허를 보유하는 등 독특하고 가치있는 무형자산을 창출하여 A국 현지법인의 자동차부품 생산을 지원하는 것은 물론, KCo와 부품개발, 생산물량 등을 협의하고 독점적 공급권을 확보하

는 등 독특한 마케팅 전략과 노하우를 활용하여 A국 현지법인의 판매도 지원하고 있다고 하자.

이 사례에서, ⅰ) PCo와 XCo, YCo, ZCo 간 기술지원 및 용역거래, ⅱ) XCo, YCo, ZCo와 SCo 간 부품 공급거래 등 개별 거래들은 서로 밀접하게 연관되거나 연속선상에 있어서 개별적으로 적절히 평가될 수 없을 것이다. 특히, 특허 제공 등 무형자산거래와 기술 인력지원 등 용역거래가 결합되어 개별적으로 평가할 경우 양자 간의 상호작용을 고려할 때 PCo가 독립기업 대가에 미달하는 보상을 받을 것이다. 이러한 경우에는 위 ⅰ)의 거래와 ⅱ)의 거래를 결합하여 PCo와 SCo 간 결합거래를 토대로 이전가격 분석을 실시해야 한다.

개별거래들이 밀접하게 연관되어서 결합거래(combined transactions)에 대한 통합분석이 필요한 사례들이 있다. 첫째, 무형자산 사용에 대한 권리가 재화 또는 용역거래와 서로 밀접히 관련되어 있어서 재화 또는 용역거래와 무형자산거래를 분리하는 것이 어려울 수 있다. 예를 들어, 단일수수료를 대가로 용역과 무형자산이 함께 제공되는 프랜차이즈 계약 또는 S/W 사용허락과 함께 S/W 업그레이드 등 지속적 유지보수(A/S) 용역이 제공되는 거래의 경우에는 결합거래를 평가하는 것이 적절할 것이다. 이러한 결합거래의 분리 여부를 결정할 때에는 이용가능한 비교대상거래들의 신뢰성이 중요한 요소인데, 특히 비교대상거래들 간 상호작용에 대한 정확한 평가가 필요하다.(TPG 6.99)

둘째, 제조노하우의 사용허락과 중요한 부품공급 등 독립기업 조건을 개별적으로 평가하는 것보다 두 항목을 함께 평가하는 것이 적절한 경우가 있다.

〈그림 4-10〉 무형자산과 용역의 결합거래에 대한 분석

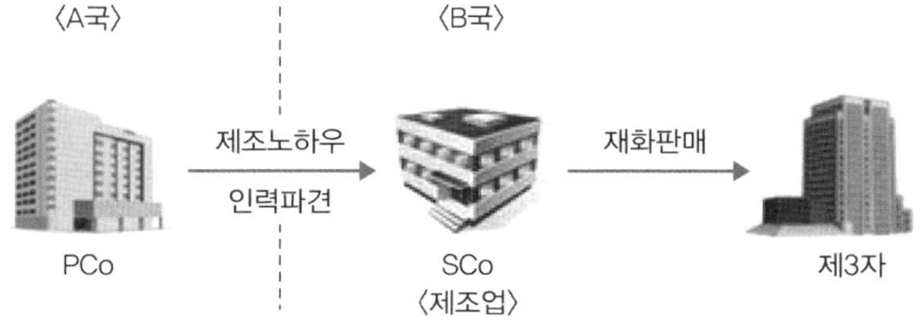

위 〈그림 4-10〉에서 보는 바와 같이, B국 소재 자회사(SCo)는 특정 재화를 제조하여 제3자에게 판매하는데, 이를 위해 A국의 모회사(PCo)로부터 제조노하우, 중요부품의 공

급, 기술인력 파견 등을 제공받는다고 하자. 이렇게 하나의 제품 생산을 위해 여러 가지 유형자산, 무형자산 및 용역거래가 결합된 경우 각 개별거래의 비교대상거래를 찾기가 어렵고, 또한 비교대상거래가 존재하더라도 비교의 신뢰성이 낮을 것이기 때문에 모든 거래를 결합하여 평가할 필요가 있을 것이다. 이 경우 만약 SCo가 중요한 기능을 수행하거나 무형자산을 보유한 경우가 아니라면, SCo의 판매이익은 분석대상법인인 SCo에 대한 독립기업 보상을 제외한 나머지 잔여이익을 PCo에 귀속시킬 수 있을 것이다.

〈그림 4-11〉 특수관계기업 간 우회거래의 경우

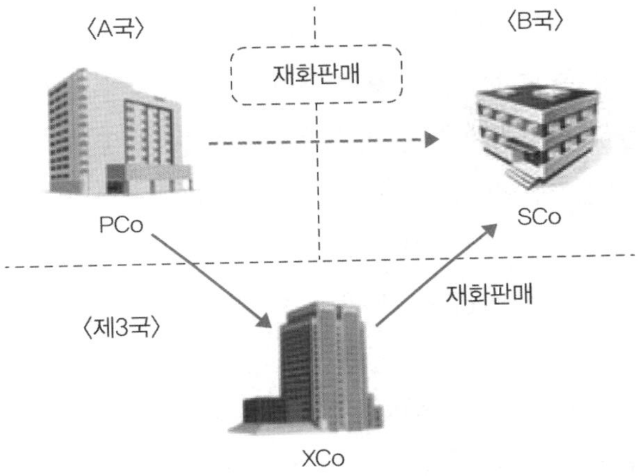

셋째, 다른 특수관계기업을 경유한 우회거래(routing transaction)의 경우 각 거래들을 개별적으로 고려하기보다는 우회거래를 포함한 거래를 전체적 관점에서 고려하는 것이 적절할 것이다. 위 〈그림 4-11〉에서 보는 바와 같이 B국 소재 SCo가 제3국 소재 특수관계법인인 XCo로부터 재화를 구입한 경우, 만약 XCo가 경유법인이라면 SCo와 XCo 간 거래 그리고 PCo와 XCo 간 거래를 모두 포함하여 PCo와 SCo 간 전체거래를 평가하는 것이 적절할 수 있다.

넷째, 소위 포트폴리오 접근방법(portfolio approach)도 납세자 거래들을 결합하여 분석해야 하는 상황이다. 이는 하나의 제품보다는 포트폴리오 전체의 적정이윤을 얻을 목적으로 특정 거래들을 묶는 사업전략을 말하며, 예를 들어 커피머신과 커피캡슐, 프린터와 카트리지 등 장비와 장비소모품의 경우이다. 납세자가 높은 이윤을 얻을 수 있는 다른 제품 또는 용역에 대한 수요를 창출하기 때문에 일부 제품을 낮은 이윤 또는 심지어 손실을 보고도 판매하는 경우가 있는데, 이는 비교가능성 분석 및 비교대상거래의 신뢰성 평가에 고려되어야 하는 사업전략이다. 그러나, 이러한 고려들이 여러 기간에 걸친 계속적인 손실이나 낮은 실적을 정당화하지는 않을 것이다. 특히, 서로 다른 거래들이 각자 다른 경제논리를 가지기 때문에 분리되어야 하는 사안에서 이러한 접근방법이 기업전체의 수준에서 TP 방법을 적용하는데 이용되어서는 안 되기 때문에, 적용대상이 합리적으로 선택되어야 할 것이다.(TPG 3.10)

이상의 논의와 관련하여, 우리나라 세법은 "정상가격 산출방법을 적용할 때 개별 거래들이 서로 밀접하게 연관되거나 연속되어 있어 거래별로 구분하여 가격·이윤 또는 거래순이익을 산출하는 것이 합리적이지 아니할 경우에는 개별 거래들을 통합하여 평가할 수 있다."(국조령 §15 ②)고 하면서, 거래별 분석을 통해 정상가격을 산출하는 것이 합리적이지 않은 사례로서 "ⅰ) 제품라인이 같은 경우 등 서로 밀접하게 연관된 제품군인 경우, ⅱ) 제조기업에 노하우를 제공하면서 핵심 부품을 공급하는 경우, ⅲ) 특수관계인을 이용한 우회거래인 경우, ⅳ) 한 제품의 판매가 다른 제품의 판매와 직접 관련되어 있는 경우(프린터와 토너, 커피 제조기와 커피 캡슐 등), ⅴ) 그밖에 거래의 실질 및 관행에 비추어 개별 거래들을 통합하여 평가하는 것이 합리적이라고 인정되는 경우"를 규정하고 있다.(국조칙 §8)

한편, 계약상 결합거래를 분리하여 개별거래로 평가해야 할 경우도 있을 수 있다. MNEs이 소위 '묶음거래(package deal)', 예를 들어 특허, 노하우, 상표권의 사용허락, 기술 및 관리용역제공 및 생산설비의 임대 등을 단일거래로 묶어서 이러한 여러 혜택들에 대해 단일가격을 설정하는 경우가 있다. 그러나, 재화의 판매가격에 일부 부수용역이 포함되어 있을지라도 그러한 결합거래에 재화의 판매를 포함하지는 않을 것이다.(TPG 3.11)

〈그림 4-12〉 결합거래 분석이 부적절한 경우

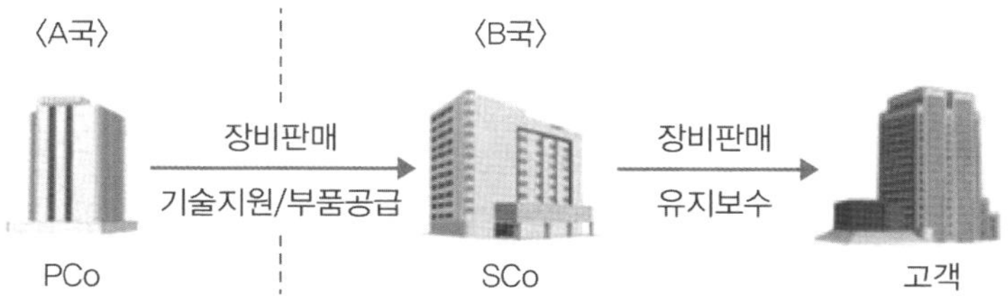

위 〈그림 4-12〉 사례에서 보는 바와 같이 B국 자회사 SCo는 A국 모회사 PCo로부터 의료장비를 수입하여 병원 등 고객에게 판매한다고 하자. SCo는 장비판매 외에 무상보증

기간 이후 장비의 유지보수용역을 제공한다고 하자. 이 경우 만약 고객과 납세자 간 장비 공급계약과 용역제공계약이 별개의 계약으로서 공급주체(의료장비는 PCo, 용역은 SCo가 공급)와 공급시기(용역은 장비판매 후 2년 후부터 제공)가 다른 경우라면, 장비판매거래와 용역거래는 서로 밀접히 연관되어 있다고 볼 수 없기 때문에 개별적으로 평가되어야 한다.

왜냐하면, 의료장비의 판매거래와 유지보수 용역거래는 비교대상거래가 존재할 수 있고, 개별적으로 평가하더라도 비교의 신뢰성에 영향을 주지는 않을 것이기 때문이다. 이때 SCo와 고객 간 용역거래는 국내거래이므로 이전가격 검토대상이 아니며, SCo가 PCo로부터 장비를 구입한 거래만이 이전가격 검토대상에 해당한다. 물론, SCo의 용역수행 활동과 관련하여 PCo의 기술지원, 부품공급 등 PCo와 SCo 간 별도거래는 이전가격 검토대상이다.

다른 경우에는 전체 결합거래를 평가하기가 불가능하기 때문에 각 부분들로 분리해야 하는 경우도 있다. 이 경우 각 개별 요소별로 별도의 이전가격을 결정한 이후에도 과세당국은 결합거래에 대한 전체 이전가격 설정이 정상가격인지 여부를 고려해야 한다.(TPG 3.11)

독립기업거래에서도 결합거래에 국내법 또는 조세조약에 따라 조세취급이 달라지는 요소들이 결합될 수 있다. 이 경우 결합거래 단위로 이전가격을 결정하는 것이 여전히 적절할 수 있으며, 과세당국은 예컨대, 원천징수 등 다른 조세상 이유로 결합거래 가격을 각 요소들에 배분하는 것이 필요한지 여부를 결정해야 한다. 이를 위해 과세당국은 독립기업 간 거래를 분석할 경우와 동일한 방식으로 특수관계기업 간 결합거래를 분석해야 한다. 납세자는 결합거래가 적절한 이전가격을 반영하고 있다는 점을 입증해야 할 것이다.(TPG 3.12)

(나) 상계거래

의도적 상계(intentional set-offs)는 한 특수관계기업이 그룹 내 다른 관계회사에게 어떤 이익을 제공하는 대신에 그 기업으로부터는 다른 이익을 수취함으로써 어느 정도 수지를 맞추는 경우에 발생한다. 이들 기업들은 각자가 수취하는 이익을 각자가 제공하는 이익과 상계되도록 하여 조세납부시 거래들의 순이익 또는 손실만이 고려되도록 한다. 예를 들어, 한 기업이 다른 기업에게 노하우를 제공받는 대가로 특허를 사용할 권리를 부여한다고 할 때, 그러한 거래들은 각 당사자에게 아무런 이익 또는 손실을 가져오지 못할 것이다. 이러한 약정들은 때로 독립기업들 간에 발견될 수 있고, 상계된 각각의 이익의 가치를

수량화하기 위해 독립기업원칙에 따라 평가되어야 한다.(TPG 3.13)

상계거래는 규모와 복잡성에서 다양하다. 원재료에 대한 낮은 구매가격을 대가로 제조된 재화에 대해 낮은 판매가격을 책정하는 등 두 거래 간의 단순한 상계로부터 특정 기간에 걸쳐 양 당사자 간에 발생하는 모든 이익을 상계하는 일반적 결제약정까지 다양할 수 있다. 그러나, 독립기업들은 관련 이익을 정확하게 수량화할 수 있거나, 사전약정이 체결된 경우가 아니라면 이런 종류의 일반적 결제약정을 고려하지는 않을 것이다. 오히려, 독립기업들은 통상적 거래에서 발생하는 이익 또는 손실을 고려하여 상호간에 자신들의 수입과 지출을 독립적으로 주고받기를 원할 것이다.(TPG 3.14) 이와 관련하여, 우리나라 세법에서는 "같은 국외특수관계인과의 같은 과세연도 내의 다른 국제거래를 통하여 그 차액을 상계하기로 사전에 합의하고 그 거래내용과 사실을 증명할 때"에 한하여 상계거래를 인정하고 있다.(국조법 §11 ①)

의도적 상계거래를 인정하는 것이 특수관계거래 가격이 독립기업원칙과 부합해야 한다는 근본 요구사항을 변경시키지는 않는다. 납세자는 특수관계기업 간에 둘 또는 그 이상의 거래들로 구성된 상계거래의 존재를 공개하고, 상계거래들을 고려한 이후에 그 거래들을 규율하는 조건들이 독립기업원칙과 부합하는지를 입증하는 것이 좋은 관행일 것이다.(TPG 3.15) 특수관계기업들 간 국제거래와 관련된 상계거래 조건들은 서로 다른 국가들 간 조세제도에서 상계거래에 대한 조세취급의 차이 또는 조세조약 상 지급에 대한 취급상 차이 때문에 순수하게 국내 독립기업거래들 간 조건들과 완전히 일치하지는 않을 것이다. 예를 들어, 원천세 이슈 때문에 판매수입에 대한 사용료의 상계거래는 복잡한 문제를 야기할 것이다.(TPG 3.16) 이에 대해서, 우리나라 세법은 인정되는 상계거래 중 "어느 하나의 거래가 원천징수의 대상이 될 때에는 상계거래가 없는 것으로 보아 원천징수 규정을 적용"하도록 하고 있다.(국조법 §11 ②)

납세자가 과세소득을 의도치 않게 과다 신고했다는 이유로 세무조사시 이전가격의 감액조정을 요구할 수 있다. 과세당국은 재량으로 이러한 요구를 승인하거나 또는 승인하지 않을 수 있으며, 그러한 요구를 MAP과 대응조정의 맥락에서 고려할 수도 있다.(TPG 3.17)

(다) 분석대상법인의 선택

CPM, RPM 또는 TNMM 등 일방향 방법(one-sided method)을 적용할 때는 분석대상법인을 선택해야 한다. 일반적으로 분석대상법인은 TP방법이 가장 신뢰할 수 있는 방식으로 적용될 수 있고, 가장 신뢰할 수 있는 비교대상거래가 발견될 수 있는, 즉 기능분석이 덜 복잡한 기업이어야 한다.(TPG 3.18)

〈그림 4-13〉 해외자회사가 분석대상법인인 경우

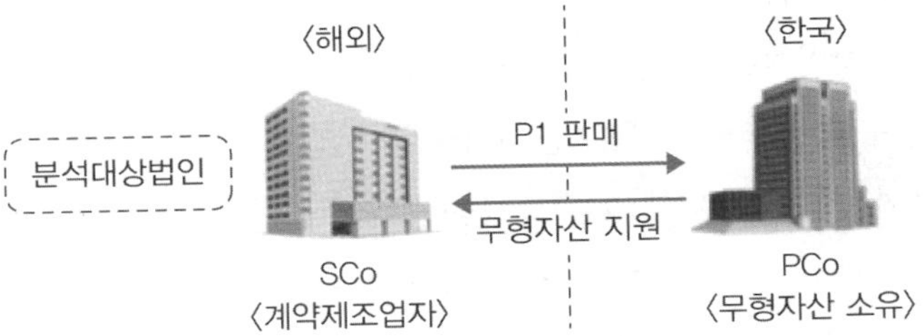

예를 들어, 위 〈그림 4-13〉에서 보는 바와 같이 내국법인(PCo)의 해외 자회사(SCo)가 P1 제품을 제조하여 PCo에게 판매한다고 가정하자. SCo는 PCo가 보유한 독특하고 가치있는 무형자산을 사용하여 P1제품을 제조하고 PCo가 설정하는 기술사양을 따른다고 하자. 이러한 P1거래와 관련하여 SCo가 단순 기능만을 수행하고 독특하고 가치있는 공헌을 하지 않는다면, P1거래에 대한 분석대상법인은 통상 계약제조업자의 기능을 수행하는 SCo이다.(TPG 3.19)

〈그림 4-14〉 내국법인이 분석대상법인인 경우

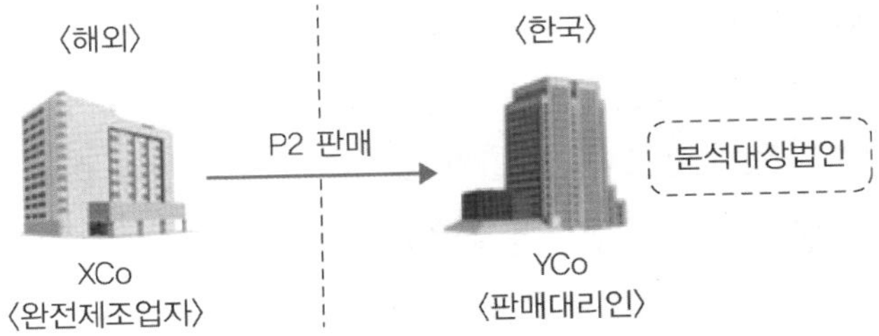

이제는 위 〈그림 4-14〉에서 보는 바와 같이 해외 관계사(XCo)가 특허 및 상표권과 같이 가치있고 독특한 무형자산을 소유 및 사용하여 P2 제품을 제조하고 YCo는 국내 판매업자로 활동한다고 가정하자. 이러한 P2 거래에서 YCo가 단순 기능만을 수행하고 독특하고 가치있는 공헌을 하지 않는다면, P2 거래에 대한 분석대상법인은 통상 판매대리인의 기능을 수행하는 YCo가 될 것이다.(TPG 3.19)

(라) 특수관계거래에 대한 정보

개별 사안의 상황에 가장 적합한 TP 방법을 선택·적용하기 위해서는 검토대상 특수관계거래와 관련한 비교가능성 요소들, 특히 해외 특수관계기업들을 포함하여, 모든 특수관계 거래당사자들의 기능, 자산 및 위험에 관한 재무정보가 필요하다. CPM, RPM, TNMM 등 일방향 방법들은 오직 거래당사자들 중 한 쪽에 대한 재무지표 또는 이익수준지표를 검토할 것이 요구되지만, 특수관계거래를 적절히 규정하고 가장 적합한 TP 방법을 선택하기 위하여 특수관계거래의 비교가능성 요소들에 관한, 특히 분석대상이 아닌 당사자의 기능분석에 관한 일부 정보도 역시 필요하다.(TPG 3.20) 따라서, 납세자가 특정한 특수관계거래에 대한 TP 방법으로 TNMM을 적용·신고했다는 이유로 해외 특수관계자의 재무자료의 제출을 거부 또는 기피하는 것은 적절하지 못하다.

만약 가장 적합한 TP 방법이 PSM이라면, 국내와 해외의 모든 거래당사자들의 재무정보가 필요하다. 다시 말해서, PSM의 적용을 위해서는 특별히 해외 특수관계기업들에 관한 세부 정보가 필요하다. 여기에는 분할될 관련이익의 결정을 위한 재무정보는 물론, 당사자들 간 관계를 적절히 규정하고 PSM의 적절성을 증명하기 위하여 비교가능성 요소들에 관한 정보도 포함한다. 따라서, 납세자들은 이익분할 계산을 위해 필요한 재무자료를 포함하여, 해외 특수관계기업에 대한 필요 정보를 과세당국에게 제공할 수 있어야 한다(TPG 3.21)

한편, 가장 적합한 TP 방법이 일방향 방법이라면, 분석대상법인이 내국법인이든 또는 외국법인이든 상관없이, 분석대상법인에 대한 재무정보가 추가로 필요하다. 만약 가장 적합한 TP방법이 CPM, RPM 또는 TNMM이고 분석대상법인이 외국법인이라면, 선택된 TP 방법을 해외 분석대상법인에 신뢰할 수 있게 적용할 수 있도록 그리고 비분석대상법인 국가의 과세당국이 해외 분석대상법인에 대한 그 방법의 적용에 대해 검토할 수 있도록 충분한 정보가 필요하다. 반면에, 일단 특정 일방향 방법이 가장 적합한 방법으로 선택되고 분석대상법인이 내국법인인 경우, 과세당국은 일반적으로 해외 특수관계기업의 재무자료에 대해 추가로 요구할 이유는 없다.(TPG 3.22)

결론적으로, TP 분석을 위해서는 해외 특수관계기업의 정보가 필요하고, 그러한 정보의 성격과 정도는 특히 이용되는 TP 방법에 달려있다.(TPG 3.23)

(3) 제4단계: 내 · 외부 비교대상거래의 탐색

비교대상 독립기업거래는 검토대상 특수관계거래와 비교가능한 두 독립기업들 간 거래이다. 두 가지 유형의 비교대상거래가 있는데, 특수관계기업과 독립기업 간 거래(내부 비교대상거래)와 어느 쪽도 특수관계거래 당사자가 아닌, 두 독립기업들 간 비교대상거래(외부 비교대상거래)로 나눌 수 있다.(TPG 3.24) 비교대상 독립거래를 탐색하는 과정을 '벤치마킹 조사(benchmarking study)'라고 부르기도 한다. 납세자의 특수관계거래와 동일한 또는 다른 MNE 그룹에 의해 수행된 다른 특수관계거래를 비교하는 것은 독립기업원칙의 적용이 아니므로, 과세당국의 이전가격 조정 기준 또는 납세자의 이전가격 정책을 뒷받침하기 위해 사용되어서는 안 된다.(TPG 3.25)

소수 주주들의 존재가 납세자의 특수관계거래 결과를 정상가격에 근접하도록 이끄는 요인일 수 있지만, 그 자체만으로 결정적인 것은 아니다. 왜냐하면, 소수 주주들이 그룹내부 거래가격의 설정에 실제 어떤 영향을 행사하는지 등 이전가격에 영향을 미치는 다른 많은 요인들이 존재하기 때문이다.(TPG 3.26)

(가) 내부 비교대상거래

내부 비교대상거래는 외부 비교대상거래보다 검토대상 특수관계거래와 보다 직접적이고 밀접한 관계를 가질 수 있다. 내부 비교대상거래와 특수관계거래는 동일한 회계기준과 관행이 적용될 것이기 때문에, 재무분석이 보다 쉽고 신뢰할 수 있을 것이다. 또한, 정보접근이 보다 완전하고 비용도 덜 소요될 것이다.(TPG 3.27) 다른 한편으로, 내부 비교대상거래라고 항상 신뢰할 수 있는 것은 아니고, 납세자와 독립기업 간 모든 거래가 특수관계거래에 대한 신뢰할 수 있는 비교대상거래로 간주될 수 있는 것은 아니다. 내부 비교대상거래도 외부 비교대상거래와 마찬가지로 5가지 비교가능성 요소들을 충족해야 하고, 필요한 경우 비교가능성 조정이 요구된다.

예를 들어, 납세자가 특정 재화를 제조하여 해외 특수관계 소매업자에게는 상당한 수량을 판매하는 반면, 독립기업에게는 적은 수량을 판매한다고 하자. 그러한 경우 수량의 차이가 두 거래의 비교가능성에 중대하게 영향을 미칠 가능성이 높다. 그러한 차이를 제거하기 위해 합리적으로 정확한 조정이 가능하지 않다면 납세자와 독립기업 간 거래는 신뢰할만한 비교대상거래가 될 수 없을 것이다.(TPG 3.28)

(나) 외부 비교대상거래 및 자료의 출처

잠재적 외부 비교대상거래를 확인하기 위해 사용될 수 있는 다양한 자료의 출처가 있다. 신뢰할 수 있는 내부 비교대상거래가 존재할 때는 외부 비교대상거래에 대한 탐색은 불필요할 것이다.(TPG 3.29)

먼저, 상업 D/B는 법인들이 관련 행정기관에 검색 및 통계분석에 적합한 전자적 형태로 제출된 계정들을 편집하여 개발된 것이다. 이는 실용적이고 때로 외부 비교대상거래를 확인하는 효과적인 방법일 수 있으며, 사안의 사실관계 및 상황에 따라서 가장 신뢰할 수 있는 자료의 출처를 제공할 수 있다.(TPG 3.30) 그러나, 상업 D/B의 이용과 관련하여 많은 한계들이 지적된다.

첫째, 상업 D/B는 공개적으로 이용가능한 정보에 의존하고, 모든 국가들이 회사들에 관한 동일한 양의 공개 이용정보를 가지고 있지 않기 때문에 이를 모든 국가들에서 이용할 수는 없다. 둘째, 상업 D/B가 이용가능한 경우에도 회사의 법적 형태 및 상장 여부에 따라서 공개 및 제출의무가 다를 수 있기 때문에 특정 국가에서 활동하는 모든 회사들에 관한 동일한 유형의 정보를 포함하는 것도 아니다. 셋째, 그들이 TP 목적이 아닌 다른 목적으로 편집되고 제출된 것임을 감안할 때, 상업 D/B의 이용 여부 및 이용 정도에 관해 주의할 필요가 있다. 다시 말해서, 상업 D/B는 선택된 TP 방법을 뒷받침할 만큼 충분히 상세한 정보를 항상 제공하고 있지는 않으며, 모든 D/B가 동일한 수준의 세부사항을 포함하여 유사한 확신을 가지고 이용할 수 있는 것도 아니다. 넷째, 많은 국가들의 경험에서 볼 때 무엇보다 중요한 것은 독립기업거래 정보를 이용할 수 없는 경우가 많아서 상업 D/B가 '거래들'보다는 '기업들'의 실적을 비교하는 데 이용되고 있다는 점이다.(TPG 3.31)

따라서, 상업 D/B는 객관적 방식으로 이용되어야 하고, 신뢰할 수 있는 비교대상거래를 확인하기 위한 진지한 시도가 이뤄져야 한다.(TPG 3.32)

상업 D/B의 사용이 질보다 양을 권장해서는 안 된다. 일반적으로 D/B로부터 획득할 수 있는 비교가능성 평가와 관련된 정보의 질을 감안할 때, 상업 D/B만을 이용한 비교가능성 분석은 신뢰성 우려를 초래할 수 있다. 이에 대처하기 위해, D/B 검색은 사실관계 및 상황에 따라서 다른 공개 이용정보와 함께 정제될(refined) 필요가 있다. 다른 정보 출처와 함께 D/B 검색을 정교화 함으로써 표준화된 접근에 대한 품질을 향상시킬 수 있다.(TPG 3.33)

국내에서 이용가능한 자료가 충분하지 않은 경우, 그리고 MNE 그룹의 여러 기업들이 비교가능한 기능을 수행하는 경우 순응비용을 줄이기 위한 목적 등 납세자들이 항상 비교대상거래에 대한 검색을 국가별 기준으로 수행하는 것은 아니다. 국내 출처가 아니라는 이유만으로 비교대상거래들이 자동적으로 배척되어서는 안 된다. 국내 출처가 아닌 비교대상거래들을 신뢰할 수 있는지 여부는 사안별로, 그리고 5개 비교가능성 요소들을 충족하는 정도에 따라서 결정되어야 한다. MNE 그룹의 여러 자회사들을 대상으로 비교대상거래 검색을 국가별이 아닌 지역적 수준에서 하는 것이 신뢰할 수 있는지 여부는 그러한 각각의 자회사들이 운영되는 특정 상황에 달려있다. 그러나, 역시 회계기준의 차이로 인해 어려움들이 발생할 수 있다.(TPG 3.35)

다른 납세자들에 대한 세무조사 또는 납세자에게 공개되지 않는 다른 정보 출처로부터 세무공무원들만이 이용가능한 자료가 있을 수 있다. 그러나, 과세당국이 국내법상 비밀유지의무 때문에 이용한 비교대상자료를 납세자에게 공개할 수 없다면, 납세자가 자신의 입장을 방어하고 법원의 효과적 사법통제를 보장하기 위한 적절한 기회를 갖도록 하기 위해서 과세당국이 그러한 자료를 토대로 TP 방법을 적용하는 것은 불공정할 것이다.(TPG 3.36)

따라서 이전가격 설정시 납세자에게 공개되지 않은 자료를 과세당국이 비교대상자료로 활용하고자 하는 경우에는, 과세당국이 TP 분석에 포함하고자 하는 비교대상 독립기업들이 경쟁업체 등으로서 납세자에게 이미 알려져 있었고 납세자가 이들 독립기업들 정보에 충분히 접근가능했었다는 사실을 입증할 필요가 있을 것이다.

(다) 검토대상 거래와 관련없는 독립기업자료의 이용

통상적으로 이용할 수 있는 독립기업자료가 기업전체 또는 사업부문 수준의 총량자료(aggregated data)인 경우가 많다. 그러한 검토대상 거래와 관련없는(non-transactional) 독립기업자료가 납세자의 특수관계거래 또는 일련의 결합거래들에 대한 신뢰할 수 있는 비교대상거래를 제공할 수 있는지 여부는 특히, 독립기업들이 여러 종류의 상당히 다른 거래들을 수행하는지 여부에 달려있다. 사업부문별 구분자료(segmented data)를 확보할 수 있는 경우에는 사업부문 자료가 여러 부문 간 비용배분과 관련하여 이슈들을 제기할 수 있는 점을 인정할지라도, 그들 자료가 거래에 초점을 맞추기 때문에, 기업전체 수준의 분할되지 않은 자료보다는 더 나은 비교대상거래를 제공할 수 있다. 마찬가지로, 기업전체의 독립기업자료가 특정한 상황 예컨대, 비교대상거래 활동들과 납세자의 특수관계거래 활동들이 일치하는 경우에는 독립기업의 부문자료보다 더 나은 비교대상거래를 제공할 수도 있다.(TPG 3.37)

(라) 이용할 수 있는 비교대상거래의 제약이 있는 경우

잠재적 비교대상거래의 식별은 그들이 완전한 것이 아님을 인정하면서도 가장 신뢰할 수 있는 자료를 찾는 것을 목표로 한다. 예를 들어, 특정 시장과 산업에서는 독립기업거래들이 드물 수가 있다.

이에 대한 실용적 해결방안은 개별 사안별로 가령, 검색 범위를 확대하여 ⅰ) 동일한 산업과 비교가능한 지리적 시장에서 발생하지만 다른 사업전략, 사업모델 또는 약간 다른 경제적 상황을 가지는 독립기업들에 의해 수행되는 독립기업거래들의 정보, ⅱ) 동일한 산업이지만 다른 지리적 시장에서 발생하는 독립거래들에 대한 정보, 또는 ⅲ) 동일한 지리적 시장이지만 다른 산업들에서 발생하는 독립거래들에 대한 정보 등을 이용할 필요가 있다. 이들 여러 옵션들 간의 선택은 개별 사안의 사실관계 및 상황, 특히 비교가능성의 결함이 분석의 신뢰성에 미치는 예상되는 영향의 중요성에 달려있을 것이다.(TPG 3.38)

비교대상자료가 없는 경우 예컨대, 비교대상자료가 없는 이유가 각 거래당사자가 출연한 독특하고 가치있는 무형자산의 존재 때문인 경우에는 PSM을 고려하는 것이 적절할 것이다. 그러나, 비교대상자료가 드물고 불완전한 경우라도 가장 적합한 TP 방법의 선택은 거래당사자들에 대한 기능분석과 일치해야만 할 것이다.(TPG 3.39)

(4) 제5단계: 가장 적합한 TP 방법의 선택

TP 방법의 선택은 항상 특정 사안에 가장 적합한 방법(the most appropriate method)을 찾는 것을 목표로 한다. 이를 위해 TP 방법의 선택은 OECD가 승인한 각 방법들의 장・단점을 고려하되, 특히 첫째, 기능분석을 통해 결정된 특수관계거래의 성격에 비추어 선택된 방법의 적합성, 둘째, 신뢰할 수 있는 독립기업거래 정보의 확보가능성, 셋째, 비교가능성 조정의 신뢰성을 포함하여 특수관계거래와 독립기업거래 간의 비교가능성 정도 등을 고려해야 한다. 개별 사안에 가장 적합한 방법을 선택하는 것이기 때문에, 모든 가능한 상황에 적합한 한 가지 방법이 존재하는 것도 아니고 특정 방법이 그 상황에서 적합하지 않다는 것을 반드시 입증할 필요도 없다.(TPG 2.2)

이에 대해 우리나라 세법은 "가장 합리적인 방법을 선택할 때, ⅰ) 특수관계가 있는 자 간의 국제거래와 특수관계가 없는 자 간의 거래 사이에 비교가능성이 높을 것, ⅱ) 사용되는 자료의 확보・이용 가능성이 높을 것, ⅲ) 특수관계가 있는 자 간의 국제거래와 특수관계가 없는 자 간의 거래를 비교하기 위하여 설정된 경제여건, 경영환경 등에 대한 가정이 현실에 부합하는 정도가 높을 것, iv) 사용되는 자료 또는 설정된 가정의 결함이 산출된 정상가격에 미치는 영향이 적을 것, v) 특수관계가 있는 자 간의 거래와 정상가격 산출방법의 적합성이 높을 것" 등의 기준을 고려할 것을 규정하고 있다.(국조령 §14 ①)

참고로, 국내법이 비교가능성 평가요소로서 열거하고 있는 사항들을 소개하면 아래 〈표 4-5〉과 같다.(국조칙 §6) 이는 앞서 살펴본 5개 비교가능성 요소들 또는 경제적 관련 특성들과 동일한 내용이다.

〈표 4-5〉 국조법 상 비교가능성 평가요소

비교가능성 요소		세부 내용
1	재화·용역의 종류 및 특성	• 유형재화: 재화의 물리적 특성, 품질 및 신뢰도, 공급 물량·시기 등 공급여건 • 무형자산: 거래유형(사용허락 또는 판매 등), 자산 형태(특허권, 상표권, 노하우 등), 보호기간·정도, 자산사용의 기대편익 • 용역제공: 제공 용역의 특성 및 범위
2	사업활동의 기능	• 설계, 제조, 조립, 연구·개발, 용역, 구매, 유통, 마케팅, 광고, 운송, 재무 및 관리 등 수행하는 핵심기능
3	거래에 수반되는 위험	• 제조원가 및 제품가격 변동 등 시장 불확실성에 따른 위험, 유형자산 투자·사용 및 연구·개발 투자의 성공 여부 등에 따른 투자위험, 환율 및 이자율 변동 등에 따른 재무위험, 매출채권 회수 등과 관련된 신용위험
4	사용되는 자산	• 자산의 유형(유형자산, 무형자산 등), 자산의 특성(내용연수, 시장가치, 사용지역, 법적 보호장치 등)
5	계약조건	• 거래에 수반되는 책임, 위험, 기대편익 등이 거래당사자 간에 배분되는 형태(사실상의 계약관계 포함)
6	경제여건	• 시장여건(시장의 지리적 위치, 시장규모, 도매·소매 등 거래단계, 시장의 경쟁정도 등), 경기 순환변동의 특성(경기·제품주기 등)
7	사업전략	• 시장침투, 기술혁신 및 신제품 개발, 사업다각화, 위험회피 등 기업의 전략

(가) 전통적 거래 접근방법

전통적 거래 접근방법이 특수관계기업 간 상업적·재무적 관계의 조건들이 정상가격인지 여부를 판단하는 가장 직접적인 수단으로 간주된다. 이는 특수관계 거래가격과 비교가능 독립거래가격의 차이가 통상 기업들 간에 설정된 상업적·재무적 관계로 직접 추적될 수 있고, 특수관계 거래가격을 독립기업 거래가격으로 직접 대체함으로써 독립기업 조건들이 설정될 수 있기 때문이다. 결과적으로 특수관계거래와 선택된 TP 방법의 적합성, 정보의 확보가능성, 비교가능성 등 세 가지 기준을 고려하여, 전통적 거래접근방법과 거래 이익접근방법이 동등하게 신뢰할 수 있는 경우에는 전통적 거래 방법이 거래 이익방법보다 선호된다. 특히, CUP 방법과 다른 TP 방법이 동등하게 신뢰할 수 있는 방식으로 적용될 수 있는 경우에는 CUP 방법이 선호된다.(TPG 2.3)

(나) 거래이익 접근방법

한편, 거래 이익방법이 전통적 거래방법보다 적합한 것으로 판명되는 상황들이 있다. 예를 들어, 특수관계거래의 각 당사자가 독특하고 가치있는 공헌을 하는 경우 또는 고도로 통합된 활동들을 수행하는 당사자들의 경우에는 거래이익분할법이 일방향 방법보다 적합하다. 또 다른 사례로, 독립기업들에 관한 신뢰할 수 있는 공개된 총이익에 관한 정보가 없거나 제한된 경우에는 내부 비교대상자료가 있는 경우를 제외하고는 전통적 거래방법을 적용하기가 어려울 것이고, 거래 이익방법이 정보의 이용가능성 관점에서 가장 적합한 방법일 수 있을 것이다.(TPG 2.4) 그러나, 독립기업거래에 대한 자료가 확보하기 어렵거나 불충분하다는 이유만으로 거래 이익방법을 적용하는 것은 적절하지 않다.(TPG 2.5) 이러한 이익 접근방법들은, 특히 비교가능성과 관련하여 OECD모델 제9조와 부합할 때에만 수용될 수 있다. 이는 해당 방법을 독립기업 가격에 근사하도록 적용함으로써 달성된다.(TPG 2.6)

(다) TP 방법 선택시 고려사항

가장 적합한 방법의 선택에 도달하기 위해 각 사안에서 모든 TP 방법이 심도있게 분석되고 검증되어야 하는 것은 아니다. 가장 적합한 방법과 비교대상거래의 선택 과정이 입증되는 것이 좋은 관행이다.(TPG 2.8) 특히, MNE 그룹들은 TPG에 따른 독립기업원칙을 충족하는 한, 거래가격 결정시 TPG에 규정되지 않은 다른 방법을 자유롭게 적용할 수 있다. 그러나 OECD가 승인한 방법들이 개별 사안의 사실관계 및 상황에 보다 적합한 경우에는 다른 방법들이 이에 대한 대체안으로 이용되어서는 안 된다. 납세자는 자신의 이전가격들이 어떻게 설정되었는지에 관한 문서자료를 유지해야 하고, 과세당국의 요구에 따라 제공할 수 있어야 한다.(TPG 2.9)

과세당국은 사소한 또는 중요하지 않은 조정을 하는 것을 자제해야 한다. 일반적으로 당사자들은 다양한 TP 방법들의 부정확성과 높은 수준의 비교가능성에 대한 선호 및 거래에 대한 보다 직접적이고 긴밀한 관계를 유념하여 합리적 조정에 이르도록 시도해야 한다. 가령, 특수관계거래와 동일하지 않은 독립기업거래로부터 도출된 유용한 정보가, 단지 일부 엄격한 비교가능성 기준을 완전히 충족하지 못했다는 이유로 묵살되어서는 안된다. 마찬가지로, 특수관계기업과 거래를 수행한 기업으로부터의 증거가 검토대상 특수관계거래를 이해하는데 또는 추가조사에 대한 신호(pointer)로서 유용할 수 있다. 또한, MNE 그룹의 관계회사들과 그러한 모든 관계회사들이 속한 국가의 과세당국이 동의할 수 있는 경우에는 어떤 TP 방법도 허용되어야 한다.(TPG 2.10)

(라) 복수의 TP 방법의 이용

독립기업원칙은 특정 거래 또는 일련의 거래들에 대해 하나 이상 방법의 적용을 요구하지 않으며, 실제 그러한 접근방법에 과도하게 의존하는 것은 납세자에게 상당한 부담을 초래할 수 있다. 그러나, 한 가지 접근방법이 결정적이지 않은 경우 유연한 접근이 요구되며, 여러 접근방법들의 증거를 결합하여 이용할 수 있다. 그러한 경우, 모든 관련 당사자들이 현실적으로 만족스러운 결론에 도달하기 위해서는 이용가능한 증거들을 결합하는 한편, 여러 방법들의 상대적 신뢰성이 독립기업원칙에 부합되도록 노력하여야 한다.(TPG 2.11)

(5) 제6단계: 잠재적 비교대상거래의 선택 또는 제외

(가) 선정기준

잠재적 비교대상거래를 포함 또는 제외하기 위한 선정기준으로 정량적 기준과 정성적 기준이 이용된다. 정성적 기준들의 예로 제품 포트폴리오 및 사업전략이 있다. 가장 흔히 관찰되는 정량적 기준으로 다음 기준을 포함한다. ⅰ) 매출, 자산 또는 종업원수와 관련한 규모기준: 절대금액 또는 구매자와 판매자의 상대적인 경쟁상 위치에 영향을 미치는 당사자들의 활동에 비례한 거래규모, ⅱ) 순자산가치 대비 무형자산 가치의 비율, 매출액 대비 R&D 비율 등 무형자산 관련 기준: 예컨대, 분석대상법인이 가치있는 무형자산을 사용하지 않고 중요한 R&D 활동에도 참여하지 않을 때 가치있는 무형자산 보유 또는 중요한 R&D 활동 수행 회사들을 배제시키기 위해 사용될 수 있다. ⅲ) 수출매출의 중요성과 관련된 기준: 총매출액 대비 해외매출액, ⅳ) 재고와 관련된 기준, ⅴ) 창업회사, 파산회사 등 특별한 상황하에 있는 독립기업들을 제외하기 위한 기타 기준 등이다. 위에서 예시한

선정기준의 선택 및 적용은 각 특정 사안의 사실관계 및 상황에 따라 달라진다.(TPG 3.43)

기본적으로 잠재적으로 비교가능 독립기업거래들의 확인을 위해서는 다음 두 가지 접근방법이 사용된다.

(나) 가산적 접근방법

가산적 접근방법(additive approach)은 먼저 검색을 하는 사람이 잠재적 비교대상거래로 믿는 독립기업거래의 목록을 작성한 다음, 사전에 정해진 비교가능성 기준을 토대로 그들이 실제 수용가능한 비교대상거래인지 여부를 확인하기 위해 독립기업거래들에 관한 자료를 수집한다. 이 방법에 따르면, 특정 거래들에 초점을 맞춘(well-focused) 결과를 가져온다. 즉, 잠재적 비교대상거래 분석에 납세자 시장에서 잘 알려진 기업들에 의해 수행되는 모든 거래들이 포함된다. 충분한 정도의 객관성을 보장하기 위하여, 수행과정이 투명하고, 체계적이고 검증가능한 것이 중요하다. 검색을 하는 사람이 검토대상 특수관계거래와 비교가능한 거래에 종사하는 몇 개의 독립기업들을 알고 있는 경우에 단일방법으로 사용될 수 있다. 이 방법은 내부 비교대상거래를 확인할 때 수행하는 접근방법과 유사하다. 실제로, 가산적 접근방법은 내부 및 외부 비교대상거래 모두를 포괄할 수 있다.(TPG 3.41)

(다) 연역적 접근방법

연역적 접근방법(deductive approach)은 동일한 활동영역에서 사업을 영위하고 유사한 기능들을 수행하는 다양한 유형의 회사들로부터 분석을 시작하고, 명백히 다른 경제적 특성들을 제시하지는 않는다. 그 다음 단계로 선정기준과 예컨대, 데이터베이스, 인터넷 사이트, 경쟁업체 정보 등 공개 이용정보를 이용하여 비교대상 목록이 정제된다. 일반적으로 D/B 검색부터 출발한다. 그러나, 이 방법이 모든 사안들과 방법들에 적절한 것은 아니다.(TPG 3.42)

(라) 두 접근방법에 대한 평가

연역적 방법은 가산적 방법보다 재현가능하고 투명하며 검증이 용이하다는 장점을 가진다. 반면에, 연역적 방법의 결과의 질은 의존하는 검색도구의 질(예: 이용되는 D/B의 질 및 충분한 세부정보를 획득할 가능성)에 의존한다. 이것은 비교가능성 분석에서 D/B의 신뢰성과 유용성이 의문시되는 일부 국가의 경우에는 현실적 제약이 될 수 있다.(TPG 3.44) 가산적 방법과 연역적 방법은 흔히 배타적으로 사용되지는 않는다. 일반적으로 연역적 방법을 통해 공개 D/B를 검색하는 것에 추가하여, 독립기업들 예컨대, 산업코드 분류의 차이 등 때문에 순수한 연역적 방법에 따라서는 찾을 수 없는 알려진 경쟁회사들을 포함하는 것이 보편적이다. 그러한 경우, 연역적 방법에 토대를 둔 검색의 정제 도구로서 가산적 방법이 작동한다고 할 수 있다.(TPG 3.45)

잠재적 비교대상거래를 확인하기 위한 과정은 투명하고 체계적이며 검증가능해야 하지만, 실제로 비교가능성 분석 중 가장 비판이 많이 제기되는 부분 중 하나이다. 특히, 선정기준의 선택은 분석 결과에 중요한 영향을 미치므로 비교대상거래의 가장 의미있는 경제적 특성들을 반영해야 한다. 비교대상거래의 선택 과정의 투명성을 보장하기 위해 잠재적 비교대상거래를 선정하기 위해 이용된 기준을 공개하고 일부가 제외된 이유를 설명할 필요가 있다. 또한, 과정의 검토자(납세자 또는 과세당국)가 수행 과정에 관한 정보 및 동일한 자료의 출처에 대해 접근할 수 있어야 한다.(TPG 3.46)

(6) 제7단계: 비교가능성 조정

비교가능성 분석 결과, 특수관계거래와 독립기업거래 간에 발생하는 차이의 효과를 제거하기 위한 합리적으로 정확한 조정이 이루어진 경우에만 독립기업거래가 충분히 비교가능(sufficiently comparable) 하다고 할 수 있다. 이렇게 독립기업거래의 값을 특수관계거래에 직접 적용하기 어려운 차이가 존재하는 경우 비교가능성 조정을 통해 수정이 이루어져야 한다. 특정 사안에서 비교가능성 조정이 수행되어야 하는지 여부 및 수행된다면 어떤 조정이 필요한지는 비용 및 순응부담의 관점에서 평가되어야 하는 판단의 문제이다.(TPG 3.47)

비교가능성 조정의 예로는 회계기준의 차이, 비교대상이 아닌 거래를 제거하기 위한 재무자료의 구분, 자본・기능・자산・위험 차이의 조정 등을 들 수 있다.(TPG 3.48) 이와 관련하여, 우리나라 세법은 "회계기준, 재무정보, 수행한 기능, 사용된 자산, 부담한 위험 등 특수관계거래와 독립된 제3자 거래 간의 가격 및 이윤 등에 실질적 차이를 유발하는 요인"들의 합리적 차이조정을 요구한다.(국조칙 §7 8호)

매출채권, 매입채무 및 재고수준의 차이를 반영하기 위한 목적으로 운전자본 조정이 이루어질 수 있다. 그러한 조정들이 관례적 또는 의무적으로 행해져야 한다는 의미는 아니다. 오히려, 이러한 유형의 조정들을 제안할 때는 비교가능성의 향상이 입증되어야 한다. 특수관계기업 및 독립기업들 간 상대적 운전자본 수준이 상당히 다른 경우에는 잠재적

비교대상거래의 비교가능성 특성들에 대한 추가조사가 필요할 것이다.(TPG 3.49)

조정 결과의 신뢰성이 향상될 것으로 기대될 경우에만 비교가능성 조정이 고려되어야 한다. 이 경우 고려되는 차이의 중요성, 조정대상인 자료의 질, 조정의 목적, 사용되는 접근방법의 신뢰성 등이 중요하게 고려되어야 한다.(TPG 3.50) 비교가능성 조정은 비교에 중요한 영향을 미칠 수 있는 차이에 대해서만 필요하다. 차이가 비교의 신뢰성에 중요한 영향을 미치지 않는다면, 차이를 조정하지 않고도 적절하게 비교할 수 있다. 반면에, 비교가능성 요소들에 대해 많은 조정을 수행할 필요가 있다는 것은 독립기업거래들이 사실상 충분히 비교가능하지 않다는 것을 시사한다.(TPG 3.51) 또한, 조정이 항상 결과를 보장하지는 않는다. 예를 들어, 매출채권의 차이에 대한 조정은 특히, 회계기준상 해결할 수 없는 큰 차이가 존재한다면 유용하지 않을 수 있다. 마찬가지로, 때로는 비교대상거래의 검색 결과가 과학적이고 신뢰할 수 있고 정확한 것이라는 거짓 인상을 만들기 위해 정교한 조정이 행해지기도 한다.(TPG 3.52)

일부 비교가능성 조정 예컨대, 운전자본 수준의 차이에 대한 조정은 통상적이고 당연한 것으로 간주하고, 국가위험과 같은 기타 조정은 주관적이므로 증거 및 신뢰성에 대한 추가요구 대상이라고 평가하는 것은 적절하지 않다. 조정은 비교가능성을 향상시킬 것으로 기대될 때에만 행해져야 한다.(TPG 3.53)

비교가능성 조정의 투명성 수준을 보장하는 것은 수행된 조정의 내용, 조정을 고려하는 이유, 조정의 계산방법, 조정이 각 비교대상거래의 결과를 어떻게 변화시켰는지, 조정이 어떻게 비교가능성을 향상시키는지 등에 대한 설명 정도에 달려있다.(TPG 3.54)

(7) 8단계: 정상가격 또는 정상이윤의 결정

(가) 정상가격 범위의 의의

특수관계거래의 조건들이 정상가격인지 여부를 판단하기 위해 가장 신뢰할 수 있는 하나의 가격 또는 이윤에 도달하도록 독립기업원칙을 적용하는 것이 가능한 경우도 있을 수 있다. 그러나, 이전가격 목적 상 반드시 하나의 완전한 가격을 찾아야 하는 것은 아니다. 이전가격은 정확한 과학이 아니기 때문에 가장 적합한 방법을 적용하는 경우에도 비교적 동등하게 신뢰할 수 있는(equally reliable) 값의 범위(a range of figures)가 산출될 수도 있다. 이러한 경우 범위를 구성하는 값들에 차이가 발생한 원인은 일반적으로 "독립기업원칙의 적용은 독립기업들 간에 설정되었을 조건들의 근사치만을 산출한다."는 사실 때문이다. 또한, 범위 내의 서로 다른 값들은 비교가능한 상황에서 비교가능거래를 수행하는 독립기업들이 해당 거래에 대해 정확히 동일한 가격을 설정하지 않을 수 있다는 사실을 의미한다.(TPG 3.55)

일부 사례의 경우 모든 검토대상 비교대상거래들이 상대적으로 동일한 정도의 비교가능성을 가지는 것은 아니다. 일부 독립기업거래들이 다른 것들보다 낮은 수준의 비교가능성을 가진다고 판단되는 경우에는 비교대상거래에서 제거되어야 한다.(TPG 3.56) 비교가능성 수준이 낮은 값들을 제외하기 위해 모든 노력을 기울여야 하지만, 비교대상거래의 선정 과정과 이용가능한 정보의 제약을 감안할 때 확인 또는 수량화할 수 없는 일부 비교가능성 결함이 남아있다고 간주되는 일련의 값들을 제거하는 것이 목표이다. 검토대상 특수관계거래가 비교가능한 몇 개의 독립기업거래들로 이루어진 정상가격 범위 내에 포함되는지를 판단하기 위한 통계기법으로 종종 사분위수범위(interquartile range)[9]가 사용된다. 이전가격 또는 이윤이 정상가격 범위 내에 있을 때에는 독립기업원칙에 부합하는 것으로 간주한다.(TPG 3.57)

이와 관련하여, 우리나라 세법은 "정상가격을 산출하는 경우 특수관계가 없는 자 간에 있었던 둘 이상의 거래를 토대로 정상가격 범위를 산정하여 거주자가 정상가격에 의한 신고 등의 여부를 결정하거나 과세당국이 정상가격에 의한 결정 및 경정 여부를 판정할 때 사용할 수 있다."고 규정하고 있다.(국조령 §15 ⑤)

이와 관련하여, 영화 배급에 대한 정상사용료율이 다투어진 사안에서 납세자는 거래 사례를 넓혀서 4분위법에 따라 정상가격 범위를 산정하고 정상사용료 여부를 판단해야 한다고 주장하였으나, 대법원은 "당해 특수관계자 간의 거래와 거래조건이 같거나 조정이 필요 없을 정도로 유사한 독립된 사업자 간의 거래사례가 있으면 그 거래사례만으로 정상사용료율을 산정하면 족한 것이지 반드시 별도로 다른 자료를 추가하여 정상가격 범위를 고려하여야 할 필요는 없는 것"이라고 판시한 바 있다.[10]

특수관계거래의 평가를 위해 복수의 TP 방법이 적용될 때도 역시 값들의 범위가 나타날 수 있다. 유사한 정도의 비교가능성을 가진 두 방법들이 사용된다고 할 때, TP 방법들과 이용된 자료의 성격상 차이 때문에 각 방법이 서로 다른 값 또는 값의 범위를 산출할 수 있다. 그럼에도 불구하고, 각 개별적인 범위는 잠재적으로 독립기업 수치들의 허용가능

9) 통계값이 제1사분위수와 제3사분위수 사이에 있으면 정상가격범위 내로 판정된다.

10) 대법원 2001.10.23. 선고 99두3423 판결

한 범위를 정의하는데 사용될 수 있다. 예를 들어, 범위들이 중첩될 때는 정상가격 범위를 정확히 정의할 목적으로 또는 범위들이 중첩되지 않을 때는 이용된 방법들의 정확성을 재검토할 목적으로 범위들이 유용할 수 있다. 복수의 방법의 사용에서 도출되는 결론들은 이용된 방법들의 상대적 신뢰성과 자료의 질에 달려있을 것이기 때문에, 복수의 TP 방법들의 적용에서 정상가격 범위의 이용과 관련한 일반적 원칙이 도출될 수는 없을 것이다.(TPG 3.58)

가장 적합한 방법을 적용하여 산출한 범위 내의 여러 값들 간에 상당한 편차가 존재한다면 일부 값들을 형성하는 데 이용된 자료를 신뢰할 수 없거나 또는 그 편차가 조정이 필요한 비교대상자료의 특성들로부터 초래될 수 있다는 것을 시사한다. 이 경우, 정상가격 범위에 포함시키는 것이 적절한지를 평가하기 위해서는 그러한 값들에 대한 추가분석이 필요할 것이다.(TPG 3.59)

(나) 범위 내 가장 적절한 값의 선택

특수관계거래의 관련조건(가격 또는 이윤)이 정상가격 범위 내에 있다면, 조정이 이뤄져서는 안 된다.(TPG 3.60) 특수관계거래 조건이 과세당국이 주장하는 정상가격 범위 밖에 있다면, 납세자는 특수관계거래 조건들이 독립기업원칙을 충족하고 그 결과가 정상가격 범위 내에 있다(즉, 정상가격 범위가 과세관청이 주장하는 것과 다르다)는 주장을 제시할 기회를 가져야 한다. 납세자가 이러한 주장을 뒷받침할 수 없다면, 과세당국은 정상가격 범위 내의 값으로 특수관계거래 조건을 조정해야 할 것이다.(TPG 3.61)

이 값을 결정할 때, 범위가 상대적으로 높은 신뢰성의 결과들로 구성되는 경우, 범위 내의 어떤 값도 독립기업원칙을 충족한다고 주장할 수 있다. 그러나, 알려지지 않은 또는 수량화할 수 없는 잔존 비교가능성 결함들로 인한 위험 또는 오류를 최소화하기 위하여 중심경향(central tendency) 지표(예컨대, 중위수, 평균, 가중평균 등)를 사용하는 것이 적절할 것이다.(TPG 3.62) 이와 관련하여, 우리나라 세법은 "거주자 또는 과세당국이 정상가격 범위를 벗어난 거래가격에 대하여 신고 또는 결정 및 경정 등을 하는 경우에는 그 정상가격 범위의 거래에서 산정된 평균값, 중위값, 최빈값, 그 밖의 합리적인 특정 가격을 기준으로 해야 한다."고 규정한다.(국조령 §15 ⑥)

(다) 극단적 값들의 경우 고려사항

극단적 값들은 손실 또는 비정상적으로 높은 이윤으로 구성될 수 있으며, 선택된 방법에 따라 재무지표들에게 영향을 미칠 수 있다. 하나 이상의 잠재적 비교대상거래들이 극단적 값을 가지는 경우, 그러한 결과의 이유를 파악하기 위해 추가조사가 필요할 것이다. 극단적 결과는 비교가능성의 결함 또는 비교가능한 독립기업이 직면하는 예외적 조건들 때문일 수 있다. 극단적 결과는 중요한 비교가능성 결함이 있는 것으로 보아 배제될 것이다.(TPG 3.63)

독립기업은 미래 이윤에 대한 합리적인 기대가 없다면 손실발생 활동을 계속하지 않을 것이다. 특히, 단순한 또는 낮은 위험의 기능들은 오랜 기간 동안 손실을 발생시킬 것으로 기대되지 않는다. 그러나, 이것이 손실발생 거래들이 결코 비교가능할 수 없다는 것을 의미하는 것은 아니다. 일반적으로 손실발생 비교대상거래들의 포함 또는 배제에 대한 최우선 원칙이 있어서는 안 된다. 비교대상거래로서의 적절성을 결정하는 것은 재무적 결과가 아니라 쟁점 기업을 둘러싼 사실관계 및 상황이다.(TPG 3.64)

납세자가 특수관계거래의 다년간 손실발생의 원인이 시장침투전략 때문이라고 주장한다고 하자. 그러나, 시장침투전략의 일환인 저가판매 전략도 손실이 합리적 기간을 넘어 계속되면, 예컨대, 다년간 자료를 통해 손실 발생이 비교대상 독립기업들의 경험과는 매우 다른 점을 발견한 경우에는 조정이 필요할 것이다.(TPG 1.70-72) 이 경우 손실발생의 원인에 대한 추가조사가 필요할 것이다. 특수관계거래의 지속적 손실발생 원인이 저가판매 전략에서 비롯된 것이 아니라, 예를 들어, MNE 그룹 내 동일한 제품군(예: 자동차)의 고가브랜드 제품의 이익 축소를 위한 저가브랜드 제품의 고가매입 전략인지 여부의 확인이 필요할 수도 있다.

손실발생 비교대상거래들이 손실이 발생했다는 근거만으로 배격되어서는 안 되며, 손실발생 거래가 비교대상거래가 될 수 있는지는 추가조사를 통해 5가지 비교가능성 요소들을 충족하는지 여부에 따라 판단되어야 한다. 손실발생 거래 또는 기업이 비교대상거래에서 배제되어야 하는 상황은, 손실이 통상의 사업조건들을 반영하지 않는 경우, 그리고 특수관계거래의 손실과 독립기업들의 손실이 비교가능하지 않은 위험수준을 나타내는 경우이다.(TPG 3.65) 다른 비교대상거래들과 비교하여 비정상적으로 큰 이윤을 내는 잠재적 비교대상거래들에 대해서도 유사한 조사가 수행되어야 한다.(TPG 3.66)

다. 비교가능성의 시기

(1) 발생 및 수집시기

비교가능성 요소들과 비교대상 독립거래들에 관한 정보의 발생, 수집 및 생산의 시간과 관련된 비교가능성의 시기문제(timing issues)가 있다. 원칙적으로, 특수관계거래와 동일한 기간에 수행된 독립기업거래 조건들에 관한 정보가 비교가능성 분석에서 사용하는 가장 신뢰할 수 있는 정보라고 기대된다. 왜냐하면, 독립기업들이 특수관계거래의 환경과 동일한 경제적 환경에서 어떻게 행동하는지를 반영하기 때문이다. 그러나, 동일한 시점에 발생하는 독립기업거래 정보는 수집시기에 따라서 현실적으로 제한될 것이다.(TPG 3.68)

어떤 경우에는, 납세자들은 그룹 내부거래들의 수행 시점에서 합리적으로 이용가능했던 정보를 토대로(즉, 사전적 기준을 토대로) 독립기업원칙을 준수하기 위해 합리적 노력을 했다는 것을 입증하기 위한 TP 문서를 작성한다. 이를 '독립기업 가격설정 접근방법(arm's length price-setting approach)'이라고 한다. 그러한 정보는 과거연도의 비교가능거래들에 관한 정보뿐만 아니라 과거 연도와 특수관계거래 연도 사이에 발생했을 경제 및 시장의 변화에 관한 정보도 포함한다. 사실상, 비교가능한 상황에서 독립기업들은 그들의 가격 의사결정을 역사적 자료에만 의존하지는 않을 것이다.(TPG 3.69) 다른 경우에는, 납세자들이 특수관계거래 조건들이 독립기업원칙과 부합했다는 것을(즉, 사후적 기준을 토대로) 증명하기 위해 특수관계거래의 실제 결과를 검증하는 경우도 있다. 이를 '독립기업 결과검증 접근방법(arm's length outcome-testing approach)'이라고 한다. 이러한 검증은 일반적으로 연말에 세무신고서를 작성하기 위한 과정의 일부로서 발생한다.(TPG 3.70)

특수관계기업 간 거래가 예컨대, 사전적 가격설정 접근방법에서의 시장 예상과 사후적 결과검증 접근방법에서의 실제 결과 간의 불일치 때문에, 서로 다른 접근방법들의 적용이 다른 결과로 나타나는 경우 이중과세 이슈가 발생할 수 있다. 권한있는 당국들은 연말조정에 대한 국가 간 접근방법 차이로 인해 발생하는 이중과세를 해결하기 위해 최선의 노력을 다해야 한다.(TPG 3.71)

(2) 평가의 불확실성 및 예측할 수 없는 사건들

특수관계거래를 검증할 시점에서 평가가 매우 불확실한 경우 및 예측할 수 없는 미래 사건들을 이전가격 분석에서 고려해야 하는지 여부 및 고려하는 경우 그 방법의 문제가 제기된다. 이 문제는 독립기업들이 비교가능한 상황에서 거래가격을 결정할 때 평가의 불확실성을 고려하기 위해 무엇을 했을 것인지를 참고하여 해결되어야 한다.(TPG 3.72)

주된 문제는 독립기업 당사자들이 가격조정 메카니즘을 요구했을 정도로, 또는 가치 변화가 근본적으로 전개되어 거래의 재협상을 초래했을 정도로 당초부터 평가의 불확실성이 충분했는지 여부이다. 그러한 경우, 비교가능한 독립기업 상황에서 부여되었을 조정조항 또는 재협상을 토대로 과세당국이 거래에 대한 정상가격을 결정하는 것이 정당화될 것이다. 그러나, 당사자들이 가격조정 조항을 요구하거나 계약조건들을 재협상했을 정도로 평가의 불확실성이 충분했다는 근거가 없는 경우에는 부적절한 사후합리화(hindsight)를 이용하는 것이기 때문에 과세당국이 그러한 조정을 행할 이유는 없다. 독립기업들 상호 간에 실행했거나 합의했을 행동을 고려하지 않고서 단순히 불확실성이 존재한다는 이유만으로 사후조정을 요구할 수는 없다.(TPG 3.73)

(3) 거래연도 이후 연도의 자료

거래연도 이후 연도의 자료도 역시 이전가격 분석에 관련될 수 있지만, 사후합리화의 이용을 피하기 위해 주의를 기울여야 한다. 예를 들어, 거래 이후 연도들의 자료는 특정 방법을 적용할 때 독립기업거래가 적절한 비교대상거래인지 여부를 결정하기 위해서 특수관계거래 및 독립기업거래의 제품 수명주기를 비교하는 데 유용할 수 있다.(TPG 3.74)

(4) 다년도 자료

다년도 자료(multiple year data)를 검토하는 것은 비교가능성 분석에서 종종 유용할 수 있지만, 의무사항은 아니다. 다년도 분석은 이전가격 분석의 가치를 증가시키는 경우에 이용되어야 한다. 다년도 분석에 포함되어야 할 연도 수에 관해서 처방적 지침을 설정하는 것은 적절하지 못할 것이다.(TPG 3.75)

특수관계거래를 둘러싼 사실관계 및 상황을 완전히 이해하기 위해 검토대상 연도와 과거 연도들의 자료를 함께 검토하는 것은 이전가격의 결정에 영향을 미쳤을 과거의 사실을 밝혀줄 수도 있기 때문에 유용할 수 있다. 예를 들어, 과거 연도의 자료들은 특정 거래에 대해 신고된 손실이 유사한 거래에 대한 과거 손실들의 일부, 즉 후속 연도에 비용을 증가시킨 과거 연도의 특정 경제적 조건들의 결과인지 또는 제품 수명주기의 끝 단계에 있는 것인지 여부를 보여 줄 것이다. 그러한 분석은 TNMM이 적용되는 경우 특히 유용할 것

이다. 또한, 다년도 자료는 장기약정에 대한 이해를 높일 수 있다.(TPG 3.76)

다년도 자료는 비교대상거래의 관련 사업 및 제품의 수명주기에 관한 정보를 제공하는 데도 유용할 것이다. 과거 연도의 자료는 비교가능 독립기업이 비교가능한 경제적 조건들에 의해 영향을 받았는지 여부 또는 과거 연도의 다른 조건들이 비교대상거래로 이용되어서는 안 될 정도로 가격 또는 이윤에 중요한 영향을 미쳤는지 여부를 보여 줄 것이다.(TPG 3.77)

또한, 다년도 자료는 예를 들어, 검토대상 특수관계거래에 내재된 비교가능성 특성들의 중요한 편차를 나타내는 결과들을 확인함으로써, 비교대상거래에서 제외하거나 또는 정상적인 독립기업 정보가 아니라는 것을 파악할 수 있게 하여 비교대상거래의 선택 과정을 향상시킬 수 있다.(TPG 3.78) 다년도 자료를 이용하는 경우 반드시 다년도 평균값을 이용해야 하는 것은 아니지만, 다년도 자료와 평균값은 일부 상황에서는 범위의 신뢰성을 향상시키기 위하여 이용될 수 있다.(TPG 3.79, 3.57-62)

다년도 자료와 관련하여, 우리나라 세법은 "정상가격 산출방법을 적용할 때 경제적 여건이나 사업전략 등의 영향이 여러 해에 걸쳐 발생함으로써 해당 사업연도의 자료만으로 가격·이윤 또는 거래순이익을 산출하는 것이 합리적이지 아니할 경우에는 여러 사업연도의 자료를 사용할 수 있다."고 규정하고 있다.(국조령 §15 ③)

4 거래구조의 재구성

가. OECD/UN모델상 요건

과세당국은 실제 거래를 정확히 파악하여 독립기업원칙에 따라 정상가격을 결정하기 위해 모든 노력을 기울여야 한다. 일반적인 이전가격 과세의 전제는 특수관계거래 자체는 경제적 거래로서 유효하게 인식하되, 당사자 간 합의한 거래조건 중 가격 또는 이윤이 독립기업원칙에 부합하지 않은 경우를 조정하는 것이다. 그러나, OECD/UN모델 제9조가 상정하는 예외적 상황 즉, 만약 비교가능한 상황에서 이윤추구를 목적으로 합리적으로 행동하는 독립기업들 간의 거래였다면 해당 거래 자체를 체결 또는 합의하지 않았을 것이라고 판단되는 경우에는 거래 자체가 부인되는 상황도 있을 수 있다.(TPG 1.121)

OECD/UN모델 제9조 제1항에 의하면 "특수관계기업들 간에 상업적·재무적 관계에서 체결 또는 부과된 조건들(conditions)이 독립기업들 간에 체결되었을 조건들과 다른 경우" 독립기업 조건들에 따라서 이윤이 조정되어야 한다. 여기서 '조건들(conditions)'은 가격(price)뿐만 아니라 금액(amount)도 포함한다. 따라서, 경제적 실질에 따라서 특수관계자 간 차입거래의 이자율에 대한 조정만이 아니라 차입금 자체를 자본의 공여로 간주할 수도 있다. 이에 대해 OECD모델 주석은 "제9조 제1항은 차입계약상 규정된 이자율이 정상이자율인지 여부뿐만 아니라 외견상 차입금이 차입금으로 간주될 수 있는지, 아니면 다른 종류의 지급금, 특히 자본의 공여로 간주되어야 하는지를 결정할 때에도 적용된다. 다만, 과소자본 규정의 적용으로 인한 관련 국내기업 과세소득의 증가가 정상이윤 초과분까지 영향을 미쳐서는 안 되며, 이러한 원칙은 기존 조세조약들 적용시에도 준수되어야 한다."고 규정한다.(OMC Art.9/3)

1992년 OECD모델 개정 이후, OECD는 경제적 실질에 근거한 자금조달 구조의 부인 입장과 함께 제9조 제1항이 거래가격의 설정뿐만 아니라, 이자비용 공제의 부인 또는 배당원천세 부과 등과 같은 거래재구성의 모든 조세결과를 포함한, 차입금 자체의 재구성에도 역시 적용된다는 입장을 취하여 왔다. 미국도 이러한 입장을 공유한다.

따라서, 특정 거래의 경제적 실질이 형식과 다른 경우 과세당국은 해당 거래에 대한 당사자들의 거래를 부인하고 실질에 따라 거래를 재구성할 수 있다. 예를 들어, 특수관계기업 간 자금대여 사안에서 차입자의 경제적 상황들을 고려할 때 독립기업들이라면 이런 방식으로 거래했을 것이라고 기대할 수 없는 경우 과세당국은 자금대여라는 형식을 부인하고 경제적 실질에 따라 해당 대여금을 자본의 공여로 재구성할 수 있다. 참고로, 미국 세법도 "과세당국은 실제 채택된 거래구조가 경제적 실질을 결여하지 않는다면, 납세자에 의해 행해진 실제 거래구조의 결과를 평가할 것이다."라고 규정하고 있다.(US Treas. Reg. §1.482-1(f)(2)(ii))[11] 예를 들어, 채무자의 차입금과 이자 상환능력 등 차입회사의 경제적 상황 및 채권자의 회수노력 등 대여회사의 의도를 종합적으로 고려할 때 독립기업 상황에서 차입거래 구조의 형식을 채택했을 것으로 기대되지 않는 경우에는 거래구조를 재구성할 수 있다.

따라서, 다음과 같은 '예외적 상황'에서는 과세당국이 납세자의 실제 거래를 부인(disregard)하거나 다른 거래로 대체(replace)할 수 있다. 첫째, 특수관계기업 간 거래가

11) Georg Kofler, "Article 9: Associated Enterprises", *Klous Vogel on Double Taxation Conventions(4th ed.)*, Wolters Kluwer, 2015, pp.669-670

전체적으로 볼 때 비교가능한 상황에서 상업적으로 합리적 방식으로 행동하는(behaving in a commercially rational manner) 독립기업이 채택했을 조건과 달라야 한다. 둘째, 해당 거래를 체결하는 것이 거래체결 시점에서 각 당사자들의 관점(their respective perspective)과 현실적으로 이용가능한 대안들(ORAs)을 고려할 때, 양 당사자가 수용할 수 있는 가격의 결정을 방해하는 경우 즉, 거래당사자 중 어느 한쪽이 그러한 거래조건에 동의하지 않을 가능성이 높은 경우여야 한다.(TPG 1.122)

일반적으로 비교가능한 상황에서 독립기업 간 동일한 거래가 존재하는 경우에는 특수관계거래를 부인할 수는 없을 것이다. 또한, 동일한 거래 유형이 독립기업들 간 거래에서 존재하지 않는다고 무조건 그 거래가 부인되어야 하는 것도 아니다. 왜냐하면, 정당한 사업목적을 가지고도 독립기업 간 존재하지 않거나 아주 드물게 존재하는 특정 거래 유형을 체결할 수 있기 때문이다.

'특수관계 거래구조의 대체 또는 부인' 이슈는 이전가격 과세에 실질과세원칙을 적용하는 상황이다. 특수관계기업 간 이전가격 거래 또는 이전가격 결정 모델의 법적 형식과 경제적 실질이 일치하지 않을 경우, 경제적 실질이 법적 형식보다 우선한다. 이를 위해 과세당국은 거래당사자의 실제 행동에 대해 조사할 수 있다. 예를 들어, MNE의 서면계약 또는 이전가격 문서에 따르면 제조업자가 계약제조업자(contract manufacturer)로 규정되어 있으나 실제는 완전한 기능을 수행하는 제조업자(fully-fledged manufacturer)로서 활동한 경우, 과세당국은 납세자에 의해 계약제조업자로 규정된(characterized) 것과 상관없이 그 제조업자를 완전 제조업자로 재구성(re-characterize)할 수 있다.

결론적으로 특수관계기업 간 거래의 인식(recognition) 여부의 판단기준으로 중요한 것은 동일한 거래가 독립기업들 간에 관찰되는지 여부가 아니라, 실제 거래가 비교가능한 경제적 상황하에서 독립기업들 간에 합의되었을 약정의 상업적 합리성(commercial rationality)을 보유했는지 여부라고 할 수 있다.

아래 〈그림 4-15〉 사례에서 보는 바와 같이, 제조업을 영위하는 XCo는 빈번히 홍수가 발생하는 지역에 위치하고 있는데, 거액의 투자가 이루어진 공장설비 및 상당한 재고자산을 보유하고 있다고 하자. 외부 보험회사들은 이 지역에서 거액 보상금 청구 위험을 경험하였고, 그 결과 이 지역 소재 자산들에 대한 보험시장이 활성화되지 않았다고 가정하자. 이러한 상황에서 XCo의 관계회사인 YCo는 XCo에게 보험을 제공하였고 이에 대해 XCo가 재고자산 및 유형자산 가치의 80%를 연간 보험료로 지급한 경우, 해당 거래에 대한 이전가격 조정을 어떻게 행할 것인가의 문제가 제기된다.

〈그림 4-15〉 상업적으로 비합리적인 보험거래 사례

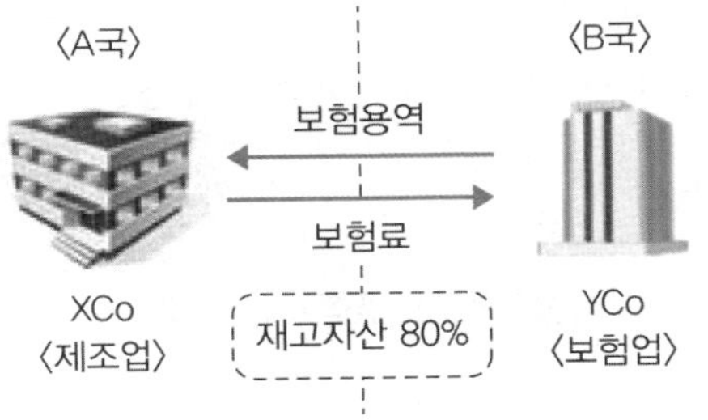

거액의 보상금 청구 가능성이 높아 보험시장이 존재하지 않기 때문에 이러한 거래는 상업적으로 비합리적 거래에 해당하고, 공장을 이전하거나 보험에 가입하지 않는 것이 보다 유리한 현실적 대안이 될 것이다. 쟁점 거래는 상업적으로 비합리적인 거래이기 때문에 XCo와 YCo 각자의 입장에서 볼 때 수용할 수 있는 가격이 없는 결과가 된다.(TPG 1.126-127)

한편, 거래의 형식과 실질은 동일하지만 거래관련 약정들이 전체적으로 볼 때 상업적·합리적으로 행동하는 독립기업들이 채택했을 것들과 다르고, 실제 거래구조가 과세당국의 적절한 이전가격 결정을 방해하는 경우가 있을 수 있다. 예를 들어, 아래 〈그림 4-16〉에서 보는 바와 같이, 장기계약하에 미래 연구개발의 결과로 발생하게 될 무형자산 권리를 일시금을 받고 양도한 사안의 경우 과세당국은 해당 약정의 조건들을 R&D 약정으로 조정할 수 있다.

〈그림 4-16〉 상업적으로 비합리적인 무형자산 거래

신제품 제조에 사용할 무형자산 개발을 위한 R&D 활동을 수행하는 ACo가 향후 20년간 R&D 활동에서 발생할 모든 미래 무형자산의 무제한적 권리를 일시금을 받고 관계회사인 BCo에게 양도하였다고 하자. 그러나, 이 거래는 양 당사자 모두 해당 지급금이 적절한 평가액인지 여부를 결정할 신뢰할 수 있는 수단을 가지고 있지 않으므로 상업적으로

비합리적이다. 왜냐하면, ACo가 그 기간 동안에 수행할 개발활동의 범위가 불확실할 뿐만 아니라 잠재적 무형자산의 성과에 대한 평가도 전적으로 추정에 불과하기 때문이다. 따라서 지급 형식을 포함하여 납세자가 채택한 거래구조는 이전가격 분석 목적 상 수정되어야 한다.(TPG 1.128)

〈그림 4-17〉 비합리적인 무형자산 거래의 대안 거래구조

위 사례의 대안적 거래구조는 해당 특수관계거래의 수행기능, 사용자산 및 부담위험 등을 고려해야 하므로 개별 사실관계에 따라 달라질 수 있다. 예를 들어, 위 〈그림 4-17〉에서 보듯이 무형자산의 이전을 인정하지 않고 BCo가 ACo에게 미래 R&D 활동에 필요한 자금을 제공하고 ACo는 BCo에게 R&D 용역을 제공하는 것으로 간주할 수 있다. 또는 특정 무형자산이 확인될 수 있다면 가치측정이 어려운 무형자산(hard-to-value intangibles)의 개발을 위해 양 당사자가 조건부 지급조건(contingent payment terms)의 사용허락 약정을 체결한 것으로 간주할 수도 있을 것이다.(TPG 1.128)

이 사례는 미국에서 무형자산에 대한 독립기업 보상방안의 하나로서 '소득비례기준(commensurate with income: 이하 CWI)'을 도입한 것에 대해 대응하기 위해서 2010년 TPG 개정시 추가된 것이다. CWI 기준이란 미국 과세당국이 무형자산 이전의 경우 최초 이전시 수취한 대가가 독립기업 보상이었는지를 결정하기 위해 해당 무형자산의 후속적인 연간 성과가 결정될 것을 고려하고, 그러한 성과를 반영하기 위해서 주기적 조정을 허용한다는 것이다. OECD는 사후합리화(hindsight)를 거부하고 사전적 평가를 존중하기 때문에 아직까지 CWI 기준을 권고하지는 않는다. 이러한 OECD 접근방법은 사안별 분석을 선호하고, 이전된 무형자산에 의해 사후에 창출된 실제 이윤이 사전적 예상치와 다르다는 이유만으로 사용료율에 대한 조정을 승인하지는 않는다.[12)]

12) Georg Kofler, *op.cit.*, pp.667-668

나. 국내법상 요건

2018.12.31. 이전에는 이전가격 과세의 근거 조문인 국조법 제7조에서 "국제거래에서 그 거래가격이 정상가격보다 낮거나 높은 경우 정상가격을 기준으로 거주자의 과세표준 및 세액을 결정 또는 경정할 수 있다"고 규정(국조법 §4)한 결과, 거래가격의 조정만이 허용되고 거래 자체의 부인 또는 재구성은 허용되지 않았다. OECD/UN모델과 TPG가 거래가격을 포함한 특수관계거래의 조건들(conditions)을 조정할 수 있다고 폭넓게 규정하고 있었던 것에 비해서, 1995년 12월 제정된 우리나라 국조법은 이를 반영하지 못한 결과 경제적 합리성이 결여된 국제거래에 대해서도 국내거래와 마찬가지로 국내법상 실질과세 원칙을 원용할 수밖에 없어서 조세회피 목적의 입증이 어려운 국제거래 사안에서 과세권 행사의 제약이 많았다.

이러한 문제점에 대한 인식을 토대로, 정부는 2018.12.31. 국조법 개정을 통해 OECD/UN모델 및 TPG의 조문 취지와 내용을 반영하여 상업적 합리성이 결여된 거래를 그 경제적 실질에 따라서 부인 또는 재구성할 수 있도록 허용하는 규정을 신설하였다. 즉, 국조법에 "과세당국은 (…) 해당 국제거래가 그 거래와 유사한 거래 상황에서 특수관계가 없는 독립된 사업자 간의 거래와 비교하여 상업적으로 합리적 거래인지 여부를 판단하여야 한다."(국조법 §8 ②), 그리고 "과세당국은 제2항에 따른 판단 결과 거주자와 국외특수관계인 간의 국제거래가 상업적으로 합리적인 거래가 아니고, 해당 국제거래에 기초하여 정상가격을 산출하는 것이 현저히 곤란한 경우 그 경제적 실질에 따라 해당 국제거래를 없는 것으로 보거나 합리적인 방법에 따라 새로운 거래로 재구성하여 제1항을 적용할 수 있다."는 규정(국조법 §8 ③)을 신설하였다.

또한, 같은법 시행령에 "과세당국은 법 제8조 제2항 및 제3항에 따라 거주자와 국외특수관계인 간의 국제거래가 상업적으로 합리적인 거래인지 여부를 판단할 때, i) 특수관계가 없는 독립된 사업자 간에는 해당 거래조건에 대한 합의가 이루어지지 않을 것으로 예상할 수 있을 것, ii) 해당 거래를 체결하지 않거나 다른 방식으로 거래를 체결하는 것이 거주자 또는 국외특수관계인에게 사업목적 상 유리할 것, iii) 해당 거래로 인하여 거주자 또는 국외특수관계인의 조세부담이 상당히 감소하는 등 조세혜택을 고려하지 않는다면 해당 거래가 발생하지 않을 것으로 예상할 수 있을 것 등의 기준을 고려해야 한다."는 규정을 신설하였다.(국조령 §16 ②)

이는 TPG에서 채택한 '현실적으로 이용가능한 대안거래(ORAs)' 기준 등 독립기업원칙의 충족 여부로 상업적 합리성 유무를 판단할 수 있게 된 것을 의미하며, 그 결과 과세당국 입장에서는 조세회피 목적을 입증해야만 하는 실질과세원칙의 적용 부담이 크게 완화되었다고 할 수 있다.

다. 특정 남용방지규정으로서의 역할

거주지국의 소득이 인위적으로 기지회사(특히, 사업운영회사 형태의 회사)에 이전되는 것을 방지하기 위해 이전가격과세 조항이 이용된다. 다만, 독립기업원칙을 적용하는 것도 자산관리회사 형태의 기지회사 또는 지주회사인 경우 복잡한 소유·지배구조 또는 실질활동을 위장하는 등의 사유로 해당 회사의 활동이 명확히 식별·평가되지 않을 때가 많아서 기지회사 또는 지주회사로의 소득이전을 방지하는 데 충분하지 않을 수 있다.

따라서, 도관회사 또는 지주회사의 실질 여부 판단과 관련하여 이전가격 과세제도가 중요한 역할을 한다. TPG에 따르면, 실질이 없는 경우 과세당국은 경제적 실질에 따라 거래를 재구성할 수 있다. 과세당국은 기업의 거래구조 선택의 자유를 존중해야 하므로 일반적으로 특수관계기업들이 행한 거래와 이전가격 구조를 인정해야 한다. 그러나, 다음 두 가지 상황에서는 과세당국에게 기업들이 선택한 이전가격 거래구조를 부인하고 당사자 사이에 존재하는 실제 거래구조로 대체할 권한이 있다. 첫째, 거래의 경제적 실질이 형식과 다른 경우, 과세당국은 당사자들이 설정한 거래구조를 부인하고 그 실질에 따라 거래를 재구성(re-characterize)할 수 있다. 둘째, 거래의 형식과 실질이 일치하더라도 그 약정이 상업적으로 합리적 방식으로 행동하는 독립기업들이었다면 체결했었을 것과 다르고, 실제 거래구조가 과세당국이 적절한 이전가격을 결정하는 것을 사실상 방해하는 경우이다.

국내법상 GAARs과 유사하게, 이전가격세제하에서 과세당국은 거래 또는 거래구조의 실질이 거래의 법적 형식과 부합하지 않는 경우 납세자가 선택한 거래구조를 부인하거나 재구성할 수 있다. 그러나, 이전가격세제는 납세자에게 진정한 사업목적과 일치하도록 활동을 수행할 것을 요구하지는 않는다. 어떤 거래가 사업목적이 결여되거나 주로 조세절감 목적에 의해 행해졌을지라도, 그 거래가 충분한 실질에 의해 뒷받침된다면 과세당국에 의해 인정될 수 있다.

통상 국내법상 GAARs의 조건인 납세자가 특정 이전가격 거래구조를 선택함으로써 조세를 절감 또는 회피하려는 의도가 있는지 여부는 이전가격세제 목적 상 중요한 것은 아니다. 실질의 개념이 TPG에서 정의되고 있지는 않지만, 위험배분이 거래의 경제적 실질과 부합해야 한다는 주요 원칙은 규정되어 있다. 이런 점에서 진실된 위험의 배분에 대해서는 일반적으로 당사자들의 행동이 가장 좋은 증거로 채택되어야만 한다.(TPG 1.88) 특수관계기업 간 거래의 정상가격 결정시 기능분석이 중요한데, 이는 거래당사자들이 수행한 경제적으로 중요한 활동들과 책임들, 사용한 자산들 및 부담한 위험들을 식별하고 비교하는 데 도움을 준다. 기능을 고려할 때는 이들 기능들과 관련된 사용된 자산 및 부담된 위험 또한 고려해야만 한다.

위험 배분이 거래의 경제적 실질과 부합하는지 여부를 판단하기 위해서는 계약조건뿐만 아니라 특수관계기업들의 실제 행동이 계약상 위험 배분과 일치하는지 여부, 정상가격 조건인지 여부 및 위험 배분의 결과가 무엇인지도 고려되어야만 한다. 이런 점에서 위험 배분은 관련당사자에 의해 수행된 기능들에 달려 있다. TPG는 진실된 위험의 배분을 강조하고 있다는 점에서, TPG에서 고려하는 실질 요건이 경제적 실질과 관련이 있다는 점을 시사한다.

위험과 관련 실질 요건이 충족되는지를 판단하기 위한 기준으로 TPG는 두 가지를 제안하는데, 첫째 기준은 위험에 대한 통제 수준이다. 이는 위험을 부담할지에 대한 의사결정, 위험을 관리할지 여부 및 어떻게 관리할지에 대한 의사결정 역량을 의미한다. 둘째는 위험을 뒷받침하기 위한 재무적 역량인데, 이는 TPG가 위험의 통제기능을 실질적으로 수행하는 권한을 가진 사람들(이사 또는 직원)을 보유하도록 요구한다는 점을 의미한다. 그들은 위험에 대한 공식적인 의사결정 권한뿐만 아니라 의사결정을 하는 지적 역량, 즉 필요한 기술과 권능(skill and competency)을 보유해야 한다. 따라서 지주회사의 활동이 재무활동 또는 IP 관리라고 한다면, 이사 및 직원들은 지분보유 활동과 관련한 의사결정의 공식적 부문과 지적 부분을 모두 수행할 수 있어야 할 것이다.

라. 거래구조 재구성 사례

이하에서는 1997년 IMF 외환위기 직후 외국은행 국내지점과 국외특수관계인 간 외화채권 매매거래와 관련하여 발생한 손실에 대하여 거래구조 재구성 논리를 적용하여 손실계상액 전액을 손금 부인한 사례를 소개한다.

〈그림 4-18〉 외화채권매매 거래구조 재구성 사례

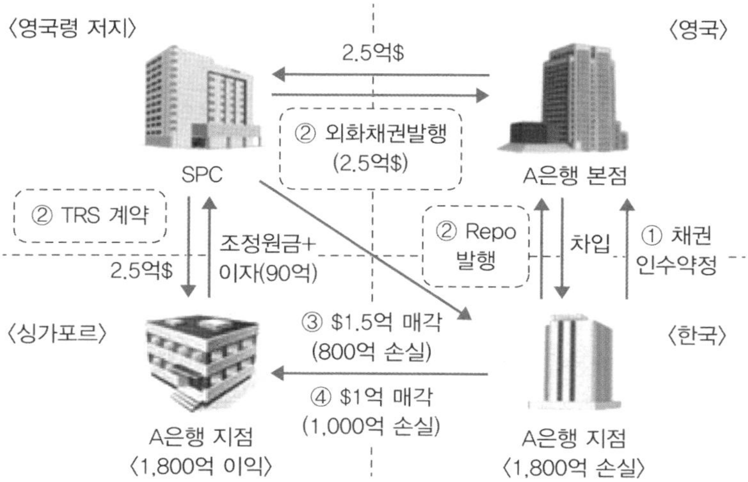

위 〈그림 4-18〉 사례에서 보는 바와 같이 A은행 서울지점이 조세회피처(영국령 저지) SPC 발행 외화채권(액면금액 $2.5억, 1년 만기, 이자 Libor + 215bp)을 A은행 본점(underwriter)을 통해 인수하였다. 서울지점은 동 채권의 매입자금을 영국 본점에게 환매조건부채권(repo)을 발행하여 조달하였다. 그리고 계약 당일자로 SPC와 싱가포르 지점 간에는 SPC(fixed amount payer)가 채권 매각대금을 양도하고 만기 또는 조기상환시 조정된 원금과 이자를 수령하는 조건의 TRS 계약이 체결되었다. 동 외화채권의 발행조건에는 계약기간 중 동남아 6개국의 통화 중 1개국 통화라도 미화 달러환율이 10%를 초과하여 상승하는 경우 일정금액(원금×계약일자 환율/가장 불리한 국가 · 일자의 환율)만 원금을 상환하고, 이자지급일 이전 중도환매시 이자 지급의무가 없는 조건이 가미되어 있었다. 결론적으로, 서울지점은 해당 채권거래를 통해 환율 변동폭이 10% 미만시 실질적 자금 부담없이 약 90억원의 수익발생을 기대할 수 있었다. 그러나, 거래체결 후 얼마 지나지 않아 인도네시아 루피화가 10% 이상 폭락하였고, 서울지점은 외화채권을 중도상환하지 않고 2차례 싱가포르 지점에 매각하여 총 1,800억원의 채권매매손실을 인식하게 되었다고 하자.

이 사례에서 어떤 논거와 방법으로 이전가격 조정이 이루어져야 하는지의 문제가 제기된다. 이 경우 서울지점 입장에서는 계약체결 이후 환율의 변동 방향을 쉽게 예측할 수 없었기 때문에 적시에 중도상환을 하지 못해서 원금손실이 발생하였고, 당초 거래목적이 이자수입을 얻는 것이었기 때문에 이전가격 조정이 필요하다면 동 외화채권거래의 정확한 위험을 반영하여 적정한 이자율(spread)이 조정되어야 한다고 주장한다.

그러나, 상기 거래구조는 환율적용 국가의 선택(환율 불안정성이 높은 동남아 국가들), 환율변동폭(당시 시장상황에서는 10% 이상 변동 가능), 환율조건의 모순(원화는 만기시 종가환율로 평가되나, 동남아 통화는 역사적 저가환율로 평가) 등 일방적으로 서울지점에게 불리한 측면이 있기 때문에, 만약 서울지점이 상업적 합리적으로 행동하는 독립기업이었다면 해당 거래 자체를 수용할 가능성이 없다고 볼 수 있다. 설령, 서울지점 입장에서 실질적 자금부담 없이 이자수익을 기대한 거래라고 보아 성립가능성이 있다고 하더라도, 만약 서울지점이 상업적 합리적으로 행동하는 독립기업이었다면 인도네시아 루피아 통화의 환율 절하폭이 10%에 근접하는 순간 채권의 중도상환 조건을 행사하여 원금 손실을 회피했었을 것으로 기대할 수 있다. 따라서, 쟁점 특수관계거래의 상업적 합리성이 결여되어 있기 때문에 거래 자체가 부인되어야 할 것이다. 즉, 해당 외화채권 매매거래의 독립기업 손실금액(arm's length loss)이 영(zero)이라고 결론을 내릴 수 있다.

제 3 장 정상가격 산출방법

1 개요

정상가격 산출 또는 이전가격 결정 방법은 특수관계기업 간 거래가격을 설정 또는 검증하기 위한 방법을 모색하기 위한 것이다. TPG는 각국의 과세당국이 널리 채택하는 5가지 정상가격 또는 이전가격 산출방법을 권고한다. 그러나 실무 상, MNEs이 특수관계기업 간 이전가격을 항상 OECD의 권고방법에 따라서 결정하는 것은 아니다. 개별거래로 볼 때는 이전가격이 정상가격이 아닐 수도 있다. 오히려 OECD 권고방법은 일정기간 동안 거래의 결과가 정상가격인지 여부를 검증하고, 그러한 결과가 독립기업원칙을 충족하지 못하는 경우 조정을 하는 데 도움을 줄 수 있을 것이다.

원칙적으로 정상가격 또는 이전가격 결정 방법의 선택은 기업에게 달려있지만, TPG는 다음 두 가지 방식으로 이전가격 결정 방법을 선택할 자유를 제한한다. 첫째, 납세자에게 개별 사안에 가장 적합한 방법(the most appropriate method)을 사용하도록 권장한다. 다시 말해서, i) 기능분석을 통해 결정된 특수관계거래의 성격을 고려하여 선택된 TP 방법의 적합성, ii) 독립기업거래에 관한 신뢰할 수 있는 정보의 확보가능성, iii) 특수관계거래 및 독립기업거래 간의 비교가능성 정도 등을 고려해야 한다. 특히, 우리나라 세법은 위 i) 선택된 TP 방법의 적합성을 평가할 때는 "특수관계거래에서 가격 · 이윤 또는 거래순이익 중 어느 지표가 산출하기 쉬운지 여부, 특수관계거래를 구별하는 요소가 거래되는 재화나 용역인지 또는 수행되는 기능의 특성인지 여부, 거래순이익률 방법 적용시 거래순이익률 지표와 영업활동의 상관관계 등"에 관해 분석해야 한다고 명시하고 있다. (국조령 §14 ③)

따라서, 동일한 유형의 거래라고 하더라도 신뢰할 수 있는 비교대상거래의 이용가능성뿐만 아니라 각 이전가격 결정 방법의 강점과 약점을 고려해야 하므로 개별상황이 다르면 다른 이전가격 결정 방법이 선택될 수 있다.

둘째, 전통적 거래방법과 거래 이익방법 중에서 전통적 거래방법, 특히 비교가능 제3자 가격방법(CUP)을 선호한다. 위에서 언급된 세 가지 기준을 고려하여 전통적 거래방법과 거래 이익방법이 동등하게 신뢰할 수 있는 경우, 전통적 거래방법이 거래 이익방법보다 선호된다. 특히, CUP 방법과 다른 TP 방법이 동등하게 신뢰할 수 있는 경우 CUP 방법이 선호된다는 것이다.

이전가격 결정방법은 거래의 한쪽 당사자에게만 적용하는 일방향(one-sided) 접근방법과 거래의 양쪽 당사자 모두에게 적용하는 양방향(two-sided) 접근방법으로 나눌 수 있다. 일방향 접근방법은 적용해야 할 당사자를 선택할 필요가 있는데 이를 통상 분석대상법인(tested party)이라 하고, 당사자 중 상대적으로 덜 복잡한(less complex) 기능을 수행하는 당사자가 선정된다.(TPG 3.18)

2 전통적 거래 접근방법

가. 비교가능 제3자 가격법

(1) 개요

비교가능 제3자 가격법(comparable uncontrolled price: 이하 CUP)은 특수관계거래와 독립기업거래 간의 이전된 재화 또는 용역의 가격을 비교한다. 두 가격들 간에 차이가 있는 경우 특수관계기업들의 상업적 · 재무적 관계의 조건들이 정상가격이 아니라는 것을 의미하며, 특수관계 거래가격을 독립기업 거래가격으로 대체할 필요가 있을 것이다.(TPG 2.13) 우리나라 세법은 비교가능 제3자 가격법을 "거주자와 국외특수관계인 간의 국제거래에서 그 거래와 유사한 거래 상황에서 특수관계가 없는 독립된 사업자 간의 거래가격을 정상가격으로 보는 방법"이라고 규정하고 있다.(국조법 §8 ① 1호)

CUP 방법은 재화 또는 용역의 판매자 또는 제공자와 구매자의 특성이 모두 고려되기 때문에 양방향 접근방법이다. CUP 방법의 논거는 독립기업거래에 토대하여 특수관계 거래가격을 설정하는 것이다. 독립기업 거래가격이 그대로 사용될 수도 있고, 양 거래의 비교가능성 요소들의 차이를 조정한 후 사용할 수도 있다. 다음 두 가지 조건들 중 하나가 충족되는 경우 독립기업거래와 특수관계거래가 비교가능하다. ⅰ) 비교대상거래들 간 또는 그러한 거래들을 수행하는 기업들 간의 차이들이 공개시장에서 가격에 중대한 영향을 미치지 않거나, ii) 그러한 차이들의 중요한 효과를 제거하기 위해 합리적으로 정확한 조정(reasonably accurate adjustments)이 이루어질 수 있는 경우, CUP 방법은 독립기업원칙을 적용하기 위한 가장 직접적이고 신뢰할 수 있는 방법이고, 따라서 다른 방법들보다 선호된다.(TPG 2.14) 따라서, TP 방법을 선택할 때는 CUP 방법의 적용 여부를 우선적으로 검토해야 한다.

CUP 방법의 유형은 내부CUP과 외부CUP으로 나눌 수 있다. 내부CUP은 예를 들어, 제조업자가 특수관계기업과 제3자 모두에게 재화를 판매하는 경우에 존재한다. 비교가능성 요소들이 충족되거나 차이를 제거하기 위해 합리적으로 정확한 조정이 이루어진 경우라면, 제3자 거래에 사용된 이전가격이 특수관계기업과의 거래가격 결정에 적용될 수 있다. 예컨대, 아래 〈그림 4-19〉에서 보는 바와 같이, SCo와 PCo 간의 특수관계거래가격(110)은 비교가능한 SCo와 제3자 간 내부 비교대상 거래가격(100)을 토대로 조정할 수 있다.

〈그림 4-19〉 내부CUP의 적용방법

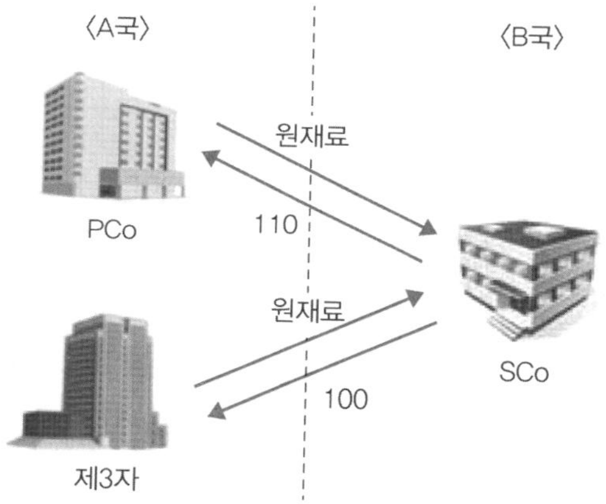

외부CUP은 두 독립기업 간 비교가능한 재화 또는 용역의 거래가격을 말한다. 재화를 제조・판매하는 MNE가 두 독립기업 간 유사한 재화의 이전가격을 사용하는 경우 외부CUP이 존재한다. 예컨대, 아래 〈그림 4-20〉에서 보는 바와 같이, SCo와 PCo 간의 특수관계거래가격(110)은 제3자 간 외부 비교대상 거래가격(100)을 토대로 조정할 수 있다.

〈그림 4-20〉 외부CUP의 적용방법

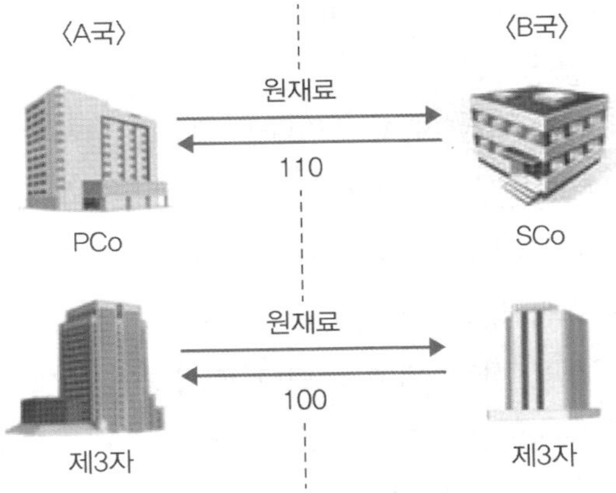

(2) CUP 적용의 제약

비교가능성 요소들의 차이가 가격에 전혀 중요한 영향을 미치지 않을 만큼 특수관계거래와 유사한 독립기업거래를 찾기는 어려울 것이다. 예를 들어, 동일한 매출총이익을 창출할 정도로 수행 사업활동의 성격이 충분히 유사할지라도, 특수관계거래와 독립기업거래에서 이전된 재화의 사소한 차이가 가격에 중대한 영향을 미칠 수도 있다. 이 경우 약간의 조정이 필요하고, 그러한 조정의 정도와 신뢰성이 CUP 방법의 상대적 신뢰성에 영향을 줄 것이다.(TPG 2.15)

또한, CUP 방법의 적용에는 높은 수준의 비교가능성이 요구된다는 제약이 존재한다.(TPG 1.40) 비교가능성 분석을 할 때, 재화의 비교가능성 이외에도 기능들의 차이가 가격에 미치는 영향이 고려되어야 하는데, 특수관계거래와 독립기업거래간 또는 그러한 거래를 수행하는 기업들 간에 차이들이 존재하는 경우, 가격에 미치는 영향을 제거하기 위해 합리적으로 정확한 조정을 하는 것이 어려울 수 있다. 공개시장에서 거래되는 원자재와 같은 특정 유형의 특수관계거래는 상대적으로 쉽게 독립기업거래 가격을 적용할 수 있지만, 대부분의 특수관계거래들은 독립기업거래를 토대로 직접 가격을 설정할 수 없는 문제가 있다. 개별 사안의 상황에 따라 거래량의 차이 등 일부 차이들은 조정이 가능할 수 있지만, 보다 실질적인 차이들이 존재하는 경우 CUP 방법의 사용을 어렵게 한다. 예를 들어, 제조업자와 최종소비자 간 거래가격은 도매업자와 소비자 간의 거래에는 사용할 수 없다. 왜냐하면, 제조업자가 최종소비자 판매거래에서 수행한 기능들을 도매업자 판매거래에서 수행한 기능들과 비교할 때, 전자가 후자보다 부가가치가 높고 비용도 많이 소요될 것이기 때문이다. 특히, 외부CUP의 적용을 위해서는 재화가 충분히 비교가능해야 한다. 예를 들어, 고유한 품질, 로고 또는 상호명 등 무형자산의 존재 때문에 정확한 차이조정이 어려운 큰 차이가 존재할 수도 있다.

이러한 CUP 적용의 제약과 관련하여, 우리나라 세법은 선택된 TP 방법의 적합성 평가 시 고려사항으로서 "비교대상 재화나 용역 간에 동질성이 있는지 여부"를 고려하여야 하고, "이 경우 거래시기, 거래시장, 거래조건, 무형자산의 사용 여부 등에 따른 차이는 합리적으로 조정될 수 있어야 한다."고 명시하고 있다.(국조칙 §6 ② 1호)

합리적으로 정확한 조정을 하기 위해 노력하는 과정에서 발생하는 어려움들 때문에 CU 방법의 적용을 배제해서는 안 된다. CUP 방법을 이용하면서도, 필요한 경우 다른 적절한 방법들을 통해 보완하는 유연한 접근방법을 채택하는 것이 현실적이다. 중요한 것은 자료들이 CUP 방법에서 적절히 사용되도록 자료들을 조정하는 데 많은 노력을 기울여야 한다는 것이다. CUP 방법의 상대적 신뢰성은 비교가능성 확보를 위해 행해지는 조정의 정확성 정도에 의해 영향을 받는다.(TPG 2.17)

(3) 견적가격

일반적으로 특수관계기업 간 물품 또는 원자재(commodity)의 이전에 대한 정상가격을 설정하는데 CUP 방법이 적절한 방법일 수 있다. 독립기업들은 물품 거래가격을 설정할 때 소위 '견적가격(quoted price)'을 기준으로 사용한다. 견적가격은 국내외 물품 교환시장 또는 공인 가격공시기관 또는 정부기관 등에서 공시하는 관련기간 동안의 물품가격을 가리킨다.(TPG 2.18) 견적 물품가격은 일반적으로 특정 시점에 특정한 조건하에 거래되는 특정 유형 및 수량의 물품 또는 원자재 가격에 관한 시장에서의 독립적 구매자와 판매자 간의 약정을 반영한다. 견적가격 이용의 적절성은 해당 산업의 통상적 사업과정에서 독립거래가격을 협상하는데 견적가격이 광범위하게 일상적으로 이용되는 정도에 달려있다. 따라서, 개별사안의 사실관계 및 상황에 따라서, 견적가격은 특수관계기업 간 물품 또는 원자재 거래가격을 설정하는데 기준(reference)으로 간주될 수 있다.(TPG 2.19) 만약 견적가격이 정상가격 또는 정상가격 범위를 결정하기 위한 기준으로서 사용되는 경우, 거래소에서 거래되는 물품별 세부사항을 규정한 표준계약서가 중요할 수 있다.(TPG 2.20) 납세자는 이전가격 문서의 일환으로서 신뢰할 수 있는 증거와 문서, 물품거래에 대한 가격정책, 비교가능한 독립약정 및 기타 다른 관련정보에 토대를 둔 가격조정을 정당화하는

데 필요한 정보(예: 사용된 가격공식, 독립적 최종소비자약정, 적용된 할증 또는 할인, 가격결정 일자, 공급망 정보, 비조세 목적으로 준비된 정보 등)를 제공해야 한다.(TPG 2.21)

견적가격을 기준으로 물품거래가격을 결정할 때는 물품거래가격 결정시 당사자들이 선택한 가격결정일을 고려해야 한다. 만약 특수관계기업 간에 명시된 가격결정일이 당사자들의 실제 행동 또는 기타 사실관계와 부합하지 않는다면, 과세당국은 사안의 다른 사실관계와 부합하고 산업계의 관행을 고려하여 비교가능한 상황에서 독립기업들이 합의했을 다른 가격결정일로 결정할 수 있다. 납세자가 특수관계기업들 간에 합의된 가격결정일에 대한 신뢰할 수 있는 증거를 제공하지 않을 때 과세당국은 이용할 수 있는 증거에 토대하여 물품가격 결정일을 선적서류 등에 의해 확인되는 선적일로 간주할 수 있다. 이는 적절한 비교가능성 조정을 거친 후, 거래물품가격이 선적일의 평균 견적가격을 기준으로 결정될 수 있다는 것을 의미한다.(TPG 2.22)

이와 관련하여, 우리나라 세법은 "국내 또는 국외의 공개시장에서 거래되는 원유, 농산물, 광물 등에 대해" CUP 방법을 적용할 때는 "ⅰ) 거주자와 국외특수관계인 간의 물품거래와 공개시장에서 특수관계가 없는 독립된 사업자 간의 물품거래를 비교하여 물품의 물리적 특성 및 품질, 공급물량・시기, 계약기간, 운송조건 등 거래조건에 상당한 차이가 있는 경우 이러한 차이를 합리적으로 조정해야 하며, ⅱ) 거주자가 가격결정 시점에 대한 신뢰할만한 자료를 제출하는 경우에는 제출한 자료에 근거하여 결정하되, 거주자가 가격결정 시점에 대한 자료를 제출하지 않거나 거주자가 제출한 자료에 근거하여 가격결정 시점을 결정하면 실제 거래에 비추어 합리적이지 않은 경우에는 선하증권에 기재된 선적일 등 과세당국이 이용할 수 있는 자료에 근거하여 결정"할 수 있다고 규정하고 있다.(국조령 §5)

(4) 적용사례

(가) 동일한 재화의 판매

CUP 방법은 독립기업이 두 특수관계기업 간에 판매되는 것과 동일한 재화를 판매하는 경우에 특히 신뢰할 수 있는 방법이다. 예를 들어, 특수관계거래와 독립기업거래가 대략 동일한 시기, 동일한 생산 또는 판매단계 및 동일한 조건하에서 발생한다고 가정하고, 독립기업이 두 특수관계기업들 간에 판매되는 것들과 유사한 유형, 품질, 수량의 상표가 없는 콜롬비아산 커피콩을 판매한다고 가정하자. 만약 유일하게 이용가능한 독립기업거래가 상표가 없는 브라질산 커피콩이라고 할 때, 커피콩의 원산지 차이가 가격에 중대한 영향을 미치는지 여부를 조사하는 것이 필요할 것이다. 예를 들어, 공개시장에서 일반적으로 커피콩의 원천에 따라 프리미엄이 붙는지 또는 할인이 필요한지 여부에 관해 의문이 생길 수 있다. 그러한 정보는 상품시장에서 얻을 수 있거나 소매가격으로부터 유추될 수 있다. 이러한 차이가 가격에 중대한 영향을 미치는 경우에는 일부 조정이 필요할 것이다. 만약 합리적으로 정확한 조정이 이루어질 수 없다면, CUP 방법의 신뢰성은 감소될 것이고 다른 덜 직접적인 방법을 선택할 필요가 있을 것이다.(TPG 2.24)

(나) 인도조건 차이의 조정

특수관계 판매가격이 인도가격(운송비 및 보험료 포함)이고, 독립기업 판매가격이 FOB가격(운송비 및 보험료 제외)인 사실을 제외하고 특수관계거래와 독립기업거래와 관련된 상황이 동일한 경우 운송 및 보험과 관련한 차이는 일반적으로 가격에 명확하고 합리적으로 확인할 수 있는 영향을 미치므로, 독립기업 판매가격을 결정하기 위하여 인도조건의 차이(운송비 및 보험료 포함 여부)에 대한 가격조정이 이루어져야 한다.(TPG 2.25)

(다) 판매수량 차이의 조정

납세자가 특수관계기업에게 톤당 80달러 재화를 1,000톤 판매하고, 독립기업에게 동일한 재화를 톤당 100달러에 500톤 판매한다고 가정하자. 이 경우 판매수량 차이로 인한 이전가격 조정이 필요한지 여부에 대한 평가가 요구된다. 전형적인 수량할인을 결정하기 위해서는 관련시장에서 유사한 재화거래를 조사할 필요가 있다.(TPG 2.26)

(5) 국내 판례동향

과세당국이 비교가능한 제3자의 평균이익률에 의하여 외국은행 국내지점의 스왑거래에 대해 신고소득을 증액 경정한 사안에서, 법원은 "피고가 스왑거래로 인한 정상수익 금액을 산정함에 있어 적용한 평균이익률 0.11%는 일정한 과세기간 내에 일어난 국내은행 및 국내 외국은행 지점과 독립기업 간의 스왑거래를 모두 추출하여 그 중 (…) 국내금리를 적용한 까닭에 그 수익률이 지나치게 높으므로 이를 표본에서 제외하고 나머지 시장거래 조건이 유사한 외국은행 지점의 국내법인과의 거래에 대한 이익률을 평균한 수치이고, (…) 원고에게 그 산정을 위한 구체적인 자료의 제출을 요구하였으나 제대로 이에 응하지 아니하였으므로, 피고가 이러한 사정에 기하여 전통적인 '비교가능 제3자 가격법'에 토대를 둔 위 평균이익률에 기초하여 감소된 소득금액을 산정한 것은 합리성이 있다"고 하였다. 또한, 검토대상 스왑거래에 포함된 이자율 스왑거래가 비교대상거래 표본에는 포함되지 않은 채 통화 스왑거래만을 대상으로 비교가능성 분석을 수행한 것과 관련해서, "외국은행의 국내지점이 수행하는 스왑거래는 (…) 해외은행으로부터 가격을 제시받아 이에 일정한 이익률을 가산하는 형식으로 이루어지고 있어 환율이나 이자율의 변동에 영향을 받지 아니하는 국내 스왑거래의 특성상 국내지점으로서는 스왑거래의 종류가 무엇이 되었든간에 항상 일정액의 수수료를 수취할 수 있는 것이므로 위 스왑간의 이익률에 차이가 있다고 볼 수 없는 점에 비추어 표본으로 삼은 거래가 통화스왑만을 대상으로 삼은 것이라고 하여 그것이 합리적이 아니라고 보기도 어렵다"고 판시하여, 국내 스왑거래시장 등 경제적 상황을 고려할 때 비교대상 기초자산의 차이가 가격(수수료)에 중대한 영향을 미치지 않았다고 판단하였다.[13)]

또한, 국내 부동산의 매수자금 조달을 위해 국외 특수관계인에게 높은 이자율(19%)로 발행한 사채발행 거래의 이전가격 조정과 관련하여, 과세당국은 납세자의 별도 은행 차입거래를 비교대상거래로 선정하여 차입거래 당시 차입이자율(8%)에 가장 근접한 회사채(공모) 이자율(7.94%)을 토대로 쟁점 사채발행거래 시점에서 동일한 조건의 회사채 이자율(10.2%)을 정상이자율로 산정한 사안에서, 대법원은 "이 사건 사채발행거래와 이 사건 차입거래는 그 사용목적이 동일하고 금전차용 거래로서의 속성도 동일하며, 양 거래의 시기가 근접하여 경제여건 및 원고의 경영환경에 근본적인 변화가 없었다는 등의 이유로 피고가 비교가능 제3자 가격방법을 적용함에 있어 이 사건 사채발행거래와 유사한 거래상황에서 형성된 이 사건 차입거래를 비교대상거래로 삼아 차입시기의 차이 등에 대한 조정을 거쳐 정상이자율을 10.2%로 산정한 것은 정당하다"고 판시하였다.[14)]

반면, 수입·배급 영화에 대한 정상사용료율이 문제된 사안에서, 법원은 비교대상 거래사례가 흥행성 등 제품의 질에서 합리적 조정으로 극복할 수 없는 차이가 있을 뿐만 아니라, 흥행결과에 따라 사용료 액수가 정해지는 경상로얄티 방식인지, 흥행결과와 무관하게 정해진 사용료를 지급하는 단매 방식인지 등 사용료 지급방식에 따른 거래조건에서도 차이가 있어 원고의 지급 사용료에 대한 비교가능한 거래사례에 해당한다고 할 수 없다고 판시하여, 제품의 질 및 거래조건의 차이를 CUP 방법 적용을 위한 중요한 요건으로 판단하였다.[15)]

---

13) 대법원 1997.6.13. 선고 95누15476 판결
14) 대법원 2011.10.13. 선고 2009두15357 판결
15) 대법원 2001.10.23. 선고 99두3423 판결

나. 재판매가격법

(1) 개요

재판매가격법(resale price method: 이하 RPM)은 판매업자가 특수관계기업으로부터 구입한 재화를 독립기업에게 재판매하는 거래에 적용된다. RPM의 논거는 독립기업거래에서 판매업자가 얻을 총이익률(gross margin), 즉 수행기능의 관점에서 판매업자의 판매 및 기타 영업비용을 보상하는 금액(독립기업보상)에 토대하여 특정 재화의 이전가격을 결정하는 것이다. 따라서 판매업자가 분석대상법인이 된다. 다시 말해서, 판매업자의 제3자에 대한 재판매가격에서 독립기업 총이익률(판매기준 통상이익률)을 차감한 금액이 재화의 구입가격(매출원가)이다. 이 방법은 마케팅 활동에 적용할 수 있는 가장 유용한 방법일 것이다.(TPG 2.27) RPM의 정의와 관련하여, 우리나라 세법은 "거주자와 국외특수관계인이 자산을 거래한 후 거래의 어느 한쪽인 그 자산의 구매자가 특수관계가 없는 자에게 다시 그 자산을 판매하는 경우 그 판매가격에서 그 구매자의 통상의 이윤으로 볼 수 있는 금액을 뺀 가격을 정상가격으로 보는 방법"이라고 규정한다.(국조법 §8 ① 2호)

〈그림 4-21〉 재판매가격법의 적용방법

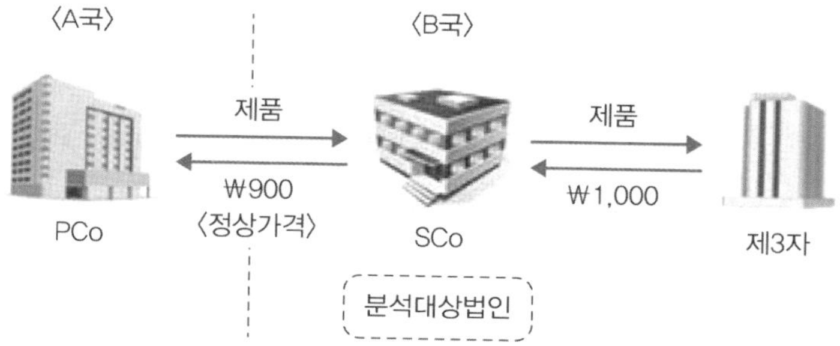

위 〈그림 4-21〉 사례에서 보는 바와 같이, 만약 재화의 독립기업 총이익률(판매기준 통상이익률)이 10%라면 SCo가 PCo로부터 구입한 재화의 정상가격은 ₩900일 것이다. (₩1,000-₩1,000×10%)

판매업자가 일반 중개사업을 수행하는 경우, 재판매이익은 중개수수료와 관련이 있을 것이고, 이는 통상 재화 판매가격의 일정 비율로 계산된다. 그러한 경우 재판매이익의 결정은 중개인이 대리인으로서 활동하는지 또는 본인으로서 활동하는지 여부를 고려해야 한다.(TPG 2.28)

(2) 강점과 약점

재화의 차이가 가격에 미치는 영향보다 이익률에 미치는 영향이 상대적으로 적을 것이기 때문에, RPM은 CUP 방법과 비교하여 재화의 비교가능성(product comparability)이 덜 요구된다. 따라서, RPM의 적용을 위한 비교를 함에 있어서 재화의 차이를 고려하기 위해 필요한 조정은 CUP 방법보다는 적게 필요할 것이다.(TPG 2.29) 왜냐하면, 재화의 차이들은 특수관계 및 독립거래 당사자들 간에 수행된 기능들의 차이에 반영될 가능성이 높기 때문이다. 그러나, RPM을 이용하는 경우 재화의 비교가능성이 덜 요구된다고 하더라도, 재화의 비교가능성이 높을수록 더 나은 결과를 산출한다는 점을 유념할 필요가 있다. 예를 들어, 독특하거나 가치있는 무형자산이 거래에 관련되는 경우 재화의 유사성은 더 큰 중요성을 가지며, 비교가 타당하다는 점을 보장하기 위해 특별한 관심을 기울여야 한다.(TPG 2.31)

시장경제에서 유사한 기능의 수행에 대한 보상은 활동들이 다르더라도 균등화되는 경향이 있다. 이와 달리, 재화가격들은 그 재화들이 다른 재화에 대한 대체재일 경우에만 균등화될 것이다. 왜냐하면, 총이익률은 (사용자산, 부담위험을 고려하여) 특정 수행기능에 대한 판매비용 공제 이후의 총보상을 나타내기 때문에, 재화의 차이들은 덜 중요하다. 예를 들어, 판매회사가 믹서기를 판매하는 것과 토스터를 판매하는 동일한 기능을 수행한다고 할 때, 두 활동들 간에 유사한 수준의 보상이 주어질 것이다. 그러나, 소비자들은 토스터와 믹서기를 특별히 밀접한 대체재라고 간주하지는 않을 것이므로, 그들의 가격들이 동일할 것이라고 기대할 이유는 없을 것이다.(TPG 2.30)

RPM에서 재화종류의 차이들이 허용될 수 있을지라도, 특수관계거래와 독립기업거래에서 이전된 재화는 여전히 비교가능해야 한다. 다시 말하면, RPM의 경우에도 다른 비교가능성 요소, 예컨대 기능, 위험 및 자산의 비교가능성은 요구된다는 것이다. 특수관계기업과 독립기업들 간 사업수행 방식에 중대한 차이가 존재한다면, RPM의 신뢰성이 영향을 받을 수 있다. 그러한 차이들은 예컨대, 재고관리 수준 및 범위와 관련한 효율성의 차이가 비용수준에 영향을 미쳐 수익성에 영향을 줄 수 있지만, 이러한 차이가 공개시장에서 반드시 구입・판매가격에 영향을 미치는 것은 아니다.(TPG 2.33)

RPM은 기능적 차이에 매우 민감하다는 점을 고려하여, 분석대상법인과 독립기업들 간에 충분한 기능적 비교가능성(functional comparability)이 보장되어야 할 것이다. 왜냐하면, 판매업자의 재화 매입비용은 매출총이익에 반영되는 반면 나머지 비용들은 영업비용으로서 영업이익에 반영되는 점을 고려할 때, 다른 판매업자들 간 수행기능, 부담위험, 사용자산의 차이는 영업이익에 상당한 차이를 초래할 것이기 때문이다. 예를 들어, 시장의 경쟁상황에 따라 마케팅 기능에 차이가 있는 경우 RPM의 적용은 적절하지 않다. 왜냐하면, 원칙적으로 판매업자가 비교대상인 두 재화의 전체 가치사슬에서 동일한 단계의 역할을 수행하더라도 재화의 판매와 관련된 마케팅 기능의 차이는 영업비용, 결국 영업이익의 차이를 가져오게 되기 때문이다. 더욱이 높은 수준의 마케팅비용 지출은 무형자산의 창출을 초래할 수 있다는 점을 고려할 때, 이러한 차이들은 매출총이익에 대한 조정이 이뤄지지 않으면 RPM의 적용에 장애가 될 수 있다. 기타 재화의 품질 차이, 적용 회계기준의 차이, 독점적 판매권 유무, 환율, 이자율과 같은 경제적 상황의 차이 등도 RPM 적용의 장애요인이다.

재판매이익은 판매업자가 독점적 판매권을 가지는지 여부에 따라 달라질 수 있다. 이러한 종류의 약정들이 독립기업들 간 거래에서 발견되고 이윤에 영향을 미칠 수 있기 때문에, 독점적 권리는 비교시에 고려되어야 한다. 그러한 독점권의 가치는 지리적 범위, 대체재의 존재 및 상대적 경쟁도 등에 달려있는데, 그러한 약정이 독립기업거래에서 공급자와 판매업자 모두에게 가치있는 것일 수 있다. 따라서 이러한 요인이 적정 재판매이익률에 미치는 영향이 각 사안별로 신중히 검토되어야 한다.(TPG 2.40)

예를 들어, 아래 〈그림 4-22〉에서 보는 바와 같이, A국의 PCo가 B국 자회사 SCo에게 독점적 판매권을 부여하고 고객 기술지원용역을 위탁한 경우, 만약 독립기업들이 독점적 판매권을 부여받지 못하거나 기술지원용역을 수행하지 않는다면 비교가능성이 저하되므로 이를 확보하기 위해 어떤 이윤조정이 필요한지를 고려해야 할 것이다.(TPG 2.44)

〈그림 4-22〉 독점적 판매권 유무에 따른 RPM의 비교가능성

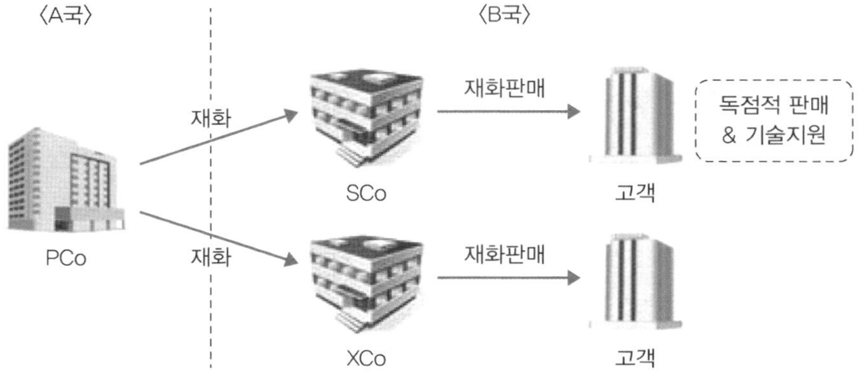

또한 회계처리 기준이 다른 경우, 각 사안에서 총이익률 산정에 동일한 유형의 비용들이 사용되는 것을 보장하기 위해 적절한 조정이 이루어져야 한다. 예를 들어, R&D 비용이 영업비용 또는 판매부대비용에 반영될 수 있는데, 적절한 조정이 없이는 각 총이익률들이 비교가능하지 않을 것이다.(TPG 2.41)

(3) RPM 적용시 고려사항

이익률이 재화의 특성이 아닌 주로 다른 특성들과 관련될 때는, 수행기능, 경제적 상황과 같은 다른 비교가능성 특성들에 보다 비중을 두는 것 적절할 수 있다. 이러한 상황은 특수관계기업이 통상 판매하는 재화에 중요한 가치가 부가되는 독특한 자산을 이용하지 않는 경우에 존재한다. 따라서, 재화의 차이에 대한 합리적이고 정확한 조정이 행해질 수 있는 경우가 아니고 재화 자체를 제외한 모든 특성들에서 비교가능한 경우에는 RPM이 CUP 방법보다 신뢰할 수 있는 방안이 될 수 있다.(TPG 2.32)

특수관계거래와 독립기업거래 간의 비교가능성 수준에 영향을 미치는 요소들이 다양하다는 점을 고려할 때, RPM은 판매업자가 재화의 가치를 실질적으로 증가시키지 않고 구입 후 단기간 내에 재판매할 때 특히 적합하다고 할 수 있다. 가령, 재판매 이전에 재화가 추가 가공되거나 부품들을 완제품 또는 반제품으로 조립하는 등 원래의 형태를 상실하거나 변형하는 경우에는 RPM을 사용하여 정상가격에 도달하는 것이 어려울 수 있다. 따라서, RPM의 적용을 위한 분석대상법인은 통상 거래과정에서 중요한 기능을 수행하거나 가치있는 무형자산을 사용하는 기업이 아니어야 한다. 왜냐하면, 판매업자가 상표권 등 재화와 연관된 무형자산의 창출 또는 유지에 실질적으로 공헌하는 경우 당초 이전된 재화의 완제품 가치에 대한 공헌도를 쉽게 평가할 수 없기 때문이다.

또한, 당초 구입과 재판매 사이에 시간이 많이 경과할수록 시장, 환율, 비용 등의 변화와 같은 기타 요인들이 비교시 고려될 필요성이 커지기 때문에, 재화를 구입한 이후 단기간 내에 재판매하는 경우에 RPM의 적합성이 높다고 할 수 있다.(TPG 2.35-36)

재판매이익은 판매업자에 의해 수행되는 활동들의 수준에 의해 영향을 받을 것이다. 이 수준은 판매업자가 운송업자로서 최소한의 서비스만을 수행하는 것부터 재화 및 기타 서비스의 광고, 마케팅, 판매 및 보증과 관련된 위험과 함께 완전한 소유권 위험을 부담하는 경우까지 다양하다. 판매업자가 상당한 상업적 활동을 수행하지 않고 제3자에게 재화를 이전하기만 한다면, 수행기능에 비추어 재판매이익은 적을 것이다. 판매업자가 그러한 재화의 마케팅에 특별한 전문성을 가지고, 실제 특별한 위험을 부담하거나 해당 재화와 관련된 무형자산의 창출 또는 유지에 실질적으로 공헌하는 것이 입증될 수 있는 경우에는 재판매이익이 높아질 수 있다. 그러나, 이를 위해서는 마케팅비용을 포함하여 판매업자의 활동수준이 비정상적으로 높다는 점이 관련증거에 의해 충분히 뒷받침될 필요가 있다. 예를 들어, 판매촉진비용의 일부 또는 전부가 상표권의 법적 소유자를 위해 수행된 용역에서 발생된 것이 명백할 때는 CPM이 RPM을 보완, 즉 CPM을 통해 보상한 후 RPM을 적용할 수 있다.(TPG 2.37)

만약 판매업자의 활동에 마케팅조직 등 가치있고 독특한 무형자산이 사용되는 경우, 독립기업거래의 조정되지 않은 재판매이익률을 사용하여 특수관계거래 조건들을 평가하는 것은 부적절하다. 판매업자가 가치있는 마케팅 무형자산을 소유하는 경우 비교가능 독립기업거래에 유사하게 가치있는 마케팅 무형자산을 가진 판매업자가 포함되지 않는다면, 특수관계거래에서 판매업자의 이익은 과소평가될 것이다.(TPG 2.38)

RPM의 적합성 평가와 관련하여, 우리나라 세법은 "분석대상 당사자가 중요한 가공기능 또는 제조기능 없이 판매 등을 하는지 여부"를 고려하여야 하고, "이 경우 거래되는 재화나 용역의 특성보다는 분석대상 당사자와 비교가능대상 간에 기능상 동질성이 있는지를 우선적으로 고려하여야 하며, 고유한 무형자산(상표권이나 고유한 마케팅 조직 등)의 사용 등에 따른 차이는 합리적으로 조정될 수 있어야 한다."고 규정하고 있다.(국조칙 §6 ② 2호)

아래 〈그림 4-23〉에서 보는 바와 같이 중간법인(ICo)를 경유하여 일련의 재화가 판매(ACo→ ICo→ BCo)되는 경우, 과세당국은 중간법인으로부터 구입한 재화의 재판매가격만을 볼 것이 아니라 중간법인(ICo)이 원공급자(ACo)에게 지급한 가격과 수행한 기능을 파악하는 것이 중요할 수 있다. 이러한 정보를 얻는 것에 현실적 어려움들이 있고, 중간법인의 실제 기능을 파악하기가 어려울 수 있지만 중간법인이 가치증가 관점에서 실제 위험을 부담하거나 경제적 기능을 수행한 것이 입증되지 않는 경우에는 중간법인의 활동에 귀속되어야 한다고 주장하는 이윤은 MNE 그룹의 다른 곳에 귀속되는 것이 합리적일 것이다. 왜냐하면, 독립기업들의 경우 그러한 회사에게 거래이익을 배분하도록 허용하지 않을 것이기 때문이다.(TPG 2.39)

〈그림 4-23〉 중간법인을 경유한 거래의 RPM 적용방법

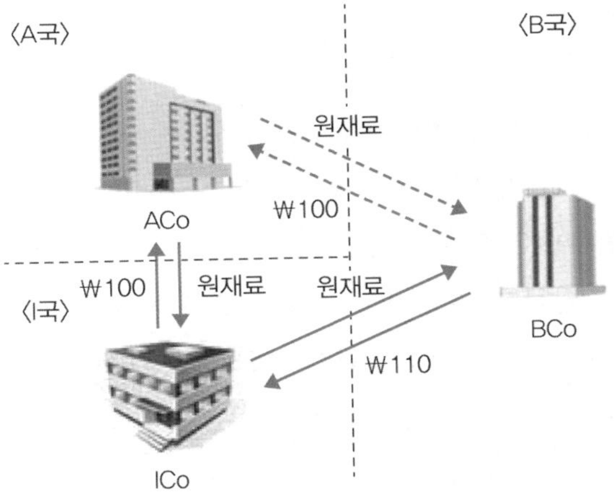

소매가격이 균일하도록 품질보증이 모든 제품들에게 제공된다고 가정하자. 아래 〈그림 4-24〉에서 보는 바와 같이, 판매업자 XCo는 품질보증기능(A/S)을 수행하지만, 실제는 구입가격 인하를 통해 공급자로부터 보상을 받는다. 반면, 판매업자 YCo는 품질보증 기능을 수행하지 않는 대신 공급자가 제품을 공장으로 반송하도록 하여 이를 수행한다. 그러나, YCo의 공급자(BCo)는 YCo에게 XCo가 지급하는 가격(90)보다 높은 가격(100)을 청구한다. 품질보증 서비스를 누가 수행하는지에 따라서 판매업자(XCo, YCo)의 매출원가의 차이를 가져와 재판매이익률의 왜곡이 발생할 수 있다. 만약 판매업자 XCo가 품질보증비용을 매출원가로 계상한다면 총이익률이 자동으로 조정되지만, 영업비용으로 계상한다면 총이익률의 왜곡이 조정되어야 한다. 왜냐하면, 만약 YCo가 품질보증기능을 수행한다면, 공급자 BCo는 가격을 인하시킬 것이고, YCo의 총이익률이 커질 것이기 때문이다.(TPG 2.43)

〈그림 4-24〉 A/S비용에 대한 회계처리 기준의 조정

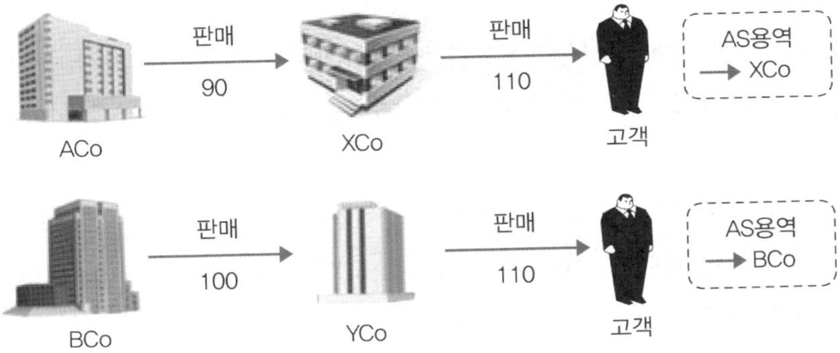

다. 원가가산법

(1) 개요

원가가산법(cost plus method: 이하 CPM)은 재화의 생산 또는 용역의 공급에서 발생한 비용에 이윤을 가산한 가격으로 재화 또는 용역을 판매하는 일방향 방법이다. CPM은 특수관계자에 대한 재화판매 또는 용역제공 거래에서 재화 또는 용역의 공급자에 의해 발생된 비용으로부터 출발한다. 수행기능과 시장조건들에 비추어 적절한 이윤을 얻기 위해 이 비용에 적절한 이윤이 가산, 즉 독립기업 원가가산이익률(구매기준 통상이익률)이 적용된다. 즉, CPM의 논거는 공급자가 특정 비용을 충당하고 독립기업 이윤을 얻도록 하는 이전가격을 설정하는 것인데, 흔히 특수관계기업 간 반제품 판매 등 적은 위험을 부담하는 재화판매, 특수관계기업들 간 공동시설약정 또는 장기구매・공급약정을 체결한 경우 또는 특수관계기업 간 용역제공 활동에 적합하다.(TPG 2.45)

우리나라 세법은 원가가산법을 "거주자와 국외특수관계인 간의 국제거래에서 자산의 제조・판매나 용역의 제공 과정에서 발생한 원가에 자산 판매자나 용역 제공자의 통상의 이윤으로 볼 수 있는 금액을 더한 가격을 정상가격으로 보는 방법"이라고 정의한다.(국조법 §8 ① 3호)

〈그림 4-25〉 원가가산법의 적용방법

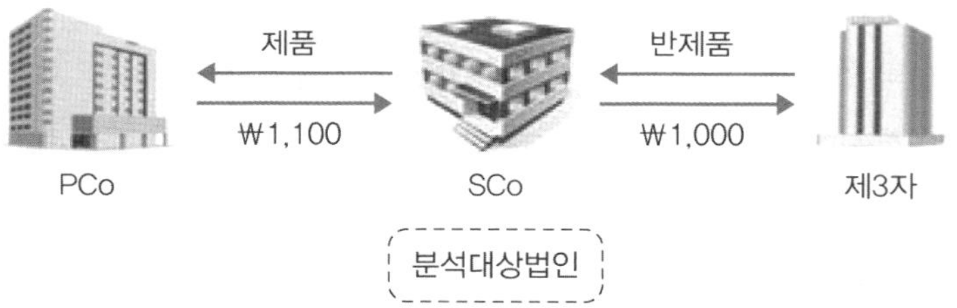

위 〈그림 4-25〉 사례에서 보는 바와 같이, 재화의 독립기업 원가가산이익률(구매기준 통상이익률)이 10%라고 한다면 SCo가 PCo에게 판매한 재화의 정상가격은 ₩1,100이 될 것이다.(₩1,000 + ₩1,000×10%)

CPM은 명칭과는 달리 발생된 모든 비용에 적용되는 것은 아니다. CPM은 이익이 아닌 거래에 근거하는 방법이다. 이익(profit markup)은 재화 또는 용역의 생산에서 발생한 비용을 공제하고 이후에 남는 총이익에 해당한다. 따라서 이러한 총이익이 나머지 비용을 커버하기에 충분하지 못한 경우에는 영업손실이 발생할 수도 있다. 물론, 재화 또는 용역의 공급자에 의해 발생된 모든 비용에 토대하여 이전가격을 결정하는 것도 가능하다. 이 경우 이익은 매출원가와 영업비용을 커버하고 난 이후의 순이익을 얻도록 보장하는데, 이를 TNMM의 하나인 총원가가산법(full cost mark-up)이라고 한다.

(2) 강점과 약점

원가가산 이익(cost plus mark-up)의 수준은 재화판매 또는 용역제공 기업에 의한 기능, 위험 및 자산에 의존하기 때문에 재화의 비교가능성은 CUP 방법보다 덜 중요하다. CPM의 적용을 위해 특정 거래가 비교가능한 독립거래인지 여부를 결정할 때는 RPM에 적용되었던 동일한 원칙들이 적용된다. 따라서 CPM을 적용할 때 재화의 차이를 고려하기 위한 조정은 CUP 방법보다는 필요하지 않을 것이고, 가격보다 이익률에 보다 큰 영향을 미칠 수 있는 비교가능성의 다른 요인들에 보다 비중을 두는 것이 적절할 것이다. RPM과 마찬가지로, 예컨대 거래당사자들에 의해 수행된 기능들의 성격에서 이익률에 영향을 미치는 중요한 차이들이 있는 경우 그러한 차이들을 고려하기 위해 합리적이고 정확한 조정이 이뤄져야 한다. 특정 사안에서 그러한 조정의 정도 및 신뢰성이 CPM에 의한 분석의 상대적 신뢰성에 영향을 줄 것이다.(TPG 2.47)

CPM의 적합성과 관련하여, 우리나라 세법은 “특수관계인 간에 반제품 등의 중간재가 거래되거나 용역이 제공되는지 여부”를 고려해야 하고, “이 경우 분석대상 당사자와 비교가능대상 간에 기능상 동질성이 있는지를 우선적으로 고려하되, 분석대상 당사자와 비교가능대상 사이에서 비교되는 총이익은 원가와의 관련성이 높고 동일한 회계기준에 따라 측정될 수 있어야 한다.”고 규정하고 있다.(국조칙 §6 ② 3호)

예를 들어, ACo는 특수관계 판매업자에게 토스터를 제조·판매하고, BCo는 독립기업 판매업자에게 다리미를 제조·판매한다고 하자. 기본적인 토스터와 다리미의 제조이익률은 일반적으로 소형 가전산업에서 동일하다. CPM 적용시, 특수관계거래와 독립기업거래에서 비교되는 이익률은 제조업자 판매가격과 제조비용 간의 차이를 제조비용으로 나눈 것이다. 그러나, ACo는 BCo보다 제조공정이 훨씬 효율적이어서 낮은 제조비용이 가능하다. 따라서 이러한 차이가 이익에 미치는 영향을 조정하는 것이 가능하지 않다면, CPM의 적용은 전적으로 신뢰할 수 없을 것이다.(TPG 2.48)

CUP 방법 및 RPM과 마찬가지로 내부거래와 외부거래가 모두 비교대상거래로 이용될 수 있다. 특히, 회계기준뿐만 아니라 수행기능(부담위험 및 사용자산 포함)과 관련한 충분한 비교가능성이 있어야 한다는 점이 중요하다. 특수관계기업과 비교대상 독립기업이 수행하는 기능상 차이는 그들의 이익에 영향을 미쳐 비교가능성을 저하시키는데, 특히 무형자산이 사용되거나 개발되는 경우에는 더욱 그러하다. 특정 재화의 생산에 기술적 지원을 받는 제조업자는 자신의 노하우를 토대로 유사 재화를 생산하는 제조업자와 동일한 결과를 얻을 수 없다. 왜냐하면 후자의 경우 제조 무형자산의 개발로 인해 높은 비용을 부담해야 하고, 가치있는 제조 무형자산의 소유권을 가지기 때문에 높은 이윤이 귀속되어야 하기 때문이다.

(3) 비용 수준 및 유형에 대한 고려

CPM의 적절한 적용을 위해, 특히 비용을 결정함에 있어 약간의 어려움이 제기된다. 기업이 사업 유지를 위해 일정 기간 동안 비용을 감당할 수 있어야 하지만, 특정 사안에서는 그러한 비용들은 어느 연도의 적정이윤을 결정하는 요인이 아닐 수 있다. 많은 경우 기업들이 재화를 제조하거나 용역을 제공하는 비용을 고려하여 가격인하 경쟁에 내몰릴 수 있지만, 발생비용의 수준과 시장가격 간에 뚜렷한 연관이 없는 상황이 있다. 예를 들어, 적은 R&D 비용만이 발생했음에도 가치있는 발견에 성공한 경우도 있다.(TPG 2.49)

또한, CPM을 적용할 때는 비교가능한 비용을 토대로 비교가능한 이익률(mark-up)을 적용하는 데 관심을 기울여야 한다. 예를 들어, 독립공급자는 임차한 사업용 자산을 사용하는 반면, 특수관계거래의 공급자는 자신의 사업용 자산을 소유한 경우라면, 조정이 없는 경우 비용의 토대가 비교가능하지 않을 것이다. CPM은 특수관계거래의 이익률과 비교가능 독립거래의 이익률을 비교한다. 따라서, 독립기업거래들의 이익률에 어떤 조정이 이뤄져야 하는지를 결정하기 위해서는 이익률의 크기에 영향을 미치는 특수관계거래와 독립거래 간의 차이들이 분석되어야만 한다.(TPG 2.50)

이를 위해, 예컨대, 영업비용과 비영업비용(금융비용) 등 당사자들의 수행기능 및 부담위험과 관련된 비용의 수준 및 유형의 차이를 고려하는 것이 특히 중요하다. 이들 차이들에 대한 고려에서는 다음 사항들을 고려해야 한다. 첫째, 만약 비용들이 CPM을 적용할 때 고려되지 않은 기능상 차이를 반영하는 경우, 이익률에 대한 조정이 요구된다. 둘째, 만약 비용들이 CPM에 의해 검증된 활동들과 구별되는 추가기능들을 반영하는 경우 그러한 기능들에 대한 별도의 보상이 결정될 필요가 있다. 예를 들어, 그러한 기능들은 용역의 공급에 해당될 수 있다. 유사하게, 비용들이 독립기업과는 다른 약정을 반영하는 자본구조의 결과인 경우, 예컨대, 과소자본의 경우 이자비용 조정이 필요할 것이다. 셋째, 일반 관리 · 감독비용의 경우와 같이, 비교대상 당사자들의 비용차이가 단지 기업의 효율성 또는 비효율성을 반영하는 경우라면 이익률에 대한 조정은 적절하지 않을 것이다. (TPG 2.51)

비용분류와 관련한 회계기준의 차이가 역시 CPM의 적용을 방해할 수 있다. 총이익률은 특수관계기업과 독립기업 간에 일관되게 측정되어야 한다. 또한, 총이익률에 영향을 미치는 비용들의 취급이 기업 간에 차이가 있을 수 있다. 어떤 경우에는 일관성과 비교가능성을 확보하기 위해 특정 영업비용들을 고려할 필요가 있을 것인데, 이 경우 CPM은 총이익이 아닌 순이익 분석으로부터 출발하게 된다. 분석이 영업비용을 고려하는 한, 비교가능성은 부정적인 영향을 받을 것이다.(TPG 2.52)

일반적으로 기업의 원가와 비용은 3개 범주로 구분될 수 있다. 첫째, 재화 또는 용역을 생산하는 직접원가(예: 원재료비용), 둘째, 생산공정과 밀접히 관련되지만 여러 재화 또는 용역에 공통적인 간접원가(예: 여러 제품 생산에 이용되는 장비 수선부서의 비용), 셋째, 기업 전체의 영업비용(예: 일반 관리 · 감독비용)이 있다.(TPG 2.53) 일반적으로 CPM은 생산의 직접 및 간접원가를 공제한 후 계산된 총이익(mark-ups)을 사용하는 반면, 순이익방법은 기업의 영업비용을 공제한 후 계산된 순이익(profits)을 사용한다.(TPG 2.54)

이러한 비용분류의 차이를 교정하기 위해 조정이 이루어져야 하지만, 그렇다고 특정 영업비용을 고려하기 위해 항상 조정이 이루어져야 하는 것은 아니다.(TPG 2.52/2.54) 예를 들어, 회계기준의 국가별 편차로 인해 직접원가, 간접원가, 영업비용을 정확히 구분하기가 어려울 수 있고, 또한 납세자의 순이익지표가 독립기업 간 가격이나 매출총이익에 영향을 미치지 않거나 미치더라도 직접적이지 않은 일부 요소들에 의해 영향을 받을 수 있기 때문에, 독립기업 순이익의 결정이 어려울 수 있다는 점을 고려해야 할 것이다.(TPG 2.70)

재화 또는 용역 판매시장의 수준, 원가산정 기준의 결정, 모든 비용이 이익가산의 대상인지 등 기타 많은 차이들에 대한 고려도 역시 필요하다. 조정이 가능하더라도 충분하고 정확한 조정이 이루어지지 않을 수 있기 때문에 매우 중요한 차이들이 존재하는 경우에는 CPM의 적용이 방해될 수도 있다.

CPM이 역사적 원가(취득원가)를 강조할지라도, 원칙적으로 역사적 원가는 개별 생산단위에 귀속되어야 한다. 예컨대, 원재료, 임금, 운송비용과 같은 일부 비용들은 기간마다 변동할 것이고, 그러한 경우 기간에 걸쳐 비용을 평균하는 것이 적절할 것이다. 평균화는 제품 그룹별 또는 특정 생산라인에 대해서도 적절할 수 있다. 또한, 여러 제품들의 생산 또는 가공이 동시에 수행되고 활동량이 변동하는 경우에는 고정자산 원가에 대해서도 평균화가 적절할 것이다. 대체비용(replacement costs) 및 한계비용(marginal costs)과 같은 비용들도 측정될 수 있고, 적정이익에 대한 보다 정확한 추정치를 보여줄 경우 고려될 필요가 있을 것이다.(TPG 2.55)

CPM을 적용함에 있어 원가는 재화 또는 용역 공급자의 원가로 제한된다. 이러한 제한은 공급자와 매입자(수취자) 간에 일부 비용들을 어떻게 배분할 것인가의 문제를 제기할 수 있다. 이익이 계산되는 공급자의 비용기반을 줄이기 위해 일부 비용이 매입자(수취자)에 의해 부담될 가능성이 있다. 실무 상, 이는 간접비용 및 기타비용의 적절한 분담액을 공급자(통상 자회사)에게 배분하지 않고 매입자(통상 모회사)가 부담함으로써 달성될 수 있다.(TPG 2.56)

예를 들어, 아래 〈그림 4-26〉 사례에서 보는 바와 같이, 모회사 PCo는 국내고객에 대한 재화의 직접 판매와 관련하여 자회사 SCo와 마케팅 지원약정을 맺는다고 하자. 이 경우 SCo의 수행용역에 대한 대가를 CPM을 적용하여 보상한다면, CPM 적용시 기준이 되는 비용을 줄이기 위해 납세자가 SCo의 용역수행 관련비용을 SCo가 아닌 PCo에게 배분할 가능성이 존재한다.

〈그림 4-26〉 비용배분과 관련한 조세회피 가능성

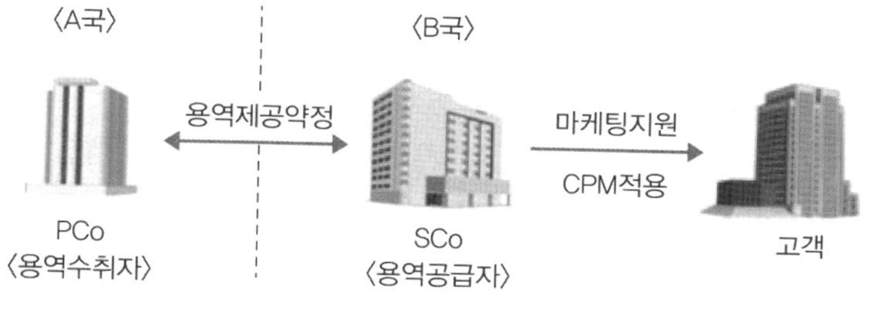

한계생산의 처리(매각)를 위한 거래의 경우에는 변동원가 또는 증분(한계)원가만을 사용해야 하는 논거가 있을 수 있다. 그러한 주장은 재화가 관련 해외시장에서 높은 가격으로는 판매될 수 없는 경우에 정당화될 수 있다. 그러한 주장을 평가하는 데 고려될 수 있는 요인들은 납세자가 해당 해외시장에서 기타 동일 또는 유사한 제품을 판매하는지 여부, 납세자가 주장하는 한계생산이 의미하는 수량 및 가치 측면의 생산비율, 약정의 조건

및 재화가 해당 해외시장에서는 높은 가격으로 판매될 수 없다는 결론에 이르게 된 납세자 또는 MNE 그룹에 의해 수행된 상세 시장분석 등에 관한 정보를 포함한다.(TPG 2.57)

(4) CPM의 적용사례

ACo는 일반 시계용 시간장치의 국내제조업자이다. ACo는 이 재화를 해외자회사 BCo에게 판매한다. ACo는 제조활동과 관련하여 5%의 총이익을 얻는다. XCo, YCo, ZCo는 일반 손목시계용 시간장치의 국내 독립제조업자이다. XCo, YCo, ZCo는 해외 독립기업들에게 판매한다. 이들은 3~5%의 범위의 총이익을 얻는다. ACo는 일반 관리・감독비용을 영업비용에 반영하기 때문에 매출원가에는 반영되지 않는 반면, XCo, YCo, ZCo는 일반 관리・감독비용을 매출원가의 일부로 계상한다. 따라서 독립기업들의 총이익은 회계의 일관성을 위해 조정되어야만 한다.(TPG 2.59)

다른 사례로, D국의 DCo는 F국의 FCo의 100% 자회사이다. D국의 임금은 F국과 비교하여 매우 낮다. FCo의 비용과 위험하에 DCo는 텔레비전 세트를 조립한다. 모든 필요부품과 노하우가 FCo에 의해 제공된다. 텔레비전 세트가 특정 품질기준을 충족하지 못하는 경우 FCo가 환매를 보장한다. 품질검사를 한 후 텔레비전 세트는 FCo가 여러 국가에 가지고 있는 판매센터로 보내진다. DCo의 기능은 단순한 계약제조 활동으로 표현될 수 있다. DCo가 부담하는 위험은 합의된 품질과 수량을 충족시키지 못할 위험이다. CPM 적용 비용기준은 DCo의 조립활동들과 연관된 모든 비용들로 구성될 것이다.(TPG 2.60)

또 다른 사례로, ACo는 같은 MNE 그룹의 BCo를 위해 계약 R&D활동을 수행할 것을 상호 합의한다. R&D 활동의 모든 실패 위험은 BCo가 부담한다. BCo는 또한 R&D 활동을 통해 개발된 모든 무형자산을 소유하고 그로 인해 발생하는 이윤 기회를 갖는다. 이는 CPM을 적용하기 위한 전형적인 상황이다. R&D 활동에 대해 특수관계기업들이 합의한 대로 모든 비용이 보상되어야 한다. 계약 R&D업자가 수행한 R&D 활동이 얼마나 혁신적이고 복잡한가에 따라 추가 이익이 보상되어야 한다.(TPG 2.61)

3 거래이익 접근방법

가. 개요

2010년 TPG가 개정되기 전까지 거래이익 접근방법은 전통적 거래 접근방법이 신뢰성 있게 적용될 수 없는 경우에만 사용할 수 있는 최후수단(last resort)에 불과했다. 그 이유로 독립기업들이 통상 순이익을 분석하여 거래가격을 결정하는 것이 아니라 개별 거래별로 가격을 결정할 것이라는 점, 거래이익 접근방법은 개별 거래들의 이익이 합쳐진 결과 개별거래들의 이익수준과 가격이 다름에도 각 거래들의 이익수준을 추적할 수 없다는 점 등이 제시되었다. 그러나, 전통적 거래 접근방법을 사용하는 데 실무 상 어려움이 많았고 종전 TPG가 개정된 1995년 이후 많은 경험과 사례가 축적된 점 등을 고려하여 거래이익 접근방법의 최후수단으로서의 지위는 포기되었고, 거래이익 접근방법도 개별상황에 따라서 가장 적합한 방법으로 선택할 수 있도록 하였다. 다만, 전통적 거래 접근방법과 거래이익 접근방법이 동등하게 신뢰할 수 있는 경우에는 전통적 거래 접근방법을 거래이익 접근방법보다 선호하도록 권고하고 있다.(TPG 2.3)

나. 거래순이익률법

(1) 의의

거래순이익률법(transactional net margin method: 이하 TNMM)은 총이익률(gross margin)에 초점을 두는 RPM이나 CPM과 달리, 분석대상법인의 순이익률(net margin)에 초점을 두는 일방향 방법이다. TNMM은 분석대상법인의 재무제표상 특정항목(예: 매출액, 비용, 자산 등)과 관련하여 비교가능한 상황에서 독립기업이라면 얻었을 순이익률을 토대로 재화 또는 용역의 이전가격을 결정한다. 따라서 TNMM은 CPM 및 RPM과 유사한 방식으로 적용된다. 즉, 납세자의 순이익지표를 내부 비교대상거래와 먼저 비교하고, 내부 비교대상거래가 없는 경우 외부 비교대상거래를 검토하게 된다.

〈그림 4-27〉 거래순이익률법의 적용방법

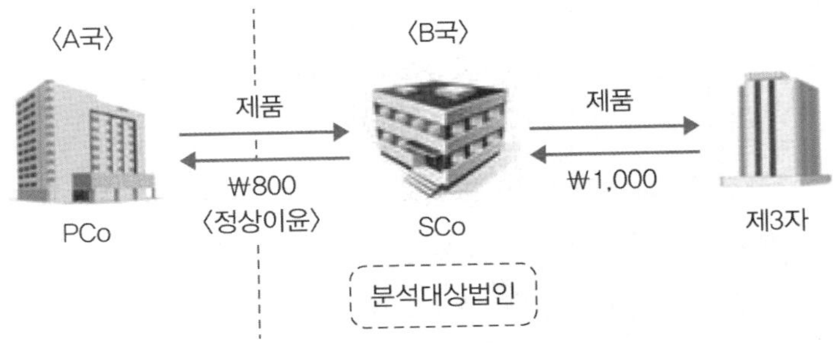

위 〈그림 4-27〉 사례에서 보는 바와 같이, 제품의 독립기업 영업이익률이 10%이고 영업비용이 ₩100인 경우, SCo의 독립기업 순이익은 ₩800이다.(₩1,000-₩100-₩1,000×10%)

우리나라 세법은 거래순이익률법을 "거주자와 국외특수관계인 간의 국제거래에서 거주자와 특수관계가 없는 자 간의 거래 중 해당 거래와 비슷한 거래에서 실현된 통상의 거래순이익률을 기초로 산출한 거래가격을 정상가격으로 보는 방법"이라고 규정한다.(국조법 §8 ① 4호)

TNMM은 전통적 거래방법들보다 재화 및 기능상 차이에 덜 민감하기 때문에 다양한 범위의 활동에 적용할 수 있고, 다른 방법으로는 해결할 수 없는 이전가격 결정문제에 대한 실질적 해결방안을 제시할 수 있다.(TPG 2.80) 그러나, TNMM은 분석대상법인이 거래과정에서 무형자산을 개발 또는 소유하지 않는 경우에만 적용해야 한다. 따라서, 각 거래당사자가 가치있고 독특한 공헌을 하는 경우에는 분석대상법인의 수익성을 평가하기가 어렵고 비교대상기업을 찾기도 불가능하기 때문에 이익분할법을 사용하는 것이 적절하다. 그러나, 일방당사자가 모든 독특한 공헌을 수행하고 다른 당사자는 독특한 공헌을 전혀 하지 않는 경우에는 TNMM을 포함한 일방향 방법을 적용할 수 있다. 이 경우 기능이 덜 복잡한 당사자가 분석대상법인이 된다.(TPG 2.65)

(2) 강점과 약점

TNMM의 첫 번째 장점은 순이익지표가 CUP 방법 적용시 가격의 경우와 비교하여 거래의 차이들에 의한 영향을 덜 받을 뿐만 아니라, 총이익보다 일부 기능상 차이들에 덜 영향을 받을 수 있다는 점이다. 기업들 간 수행기능의 차이들은 흔히 영업비용의 차이로 반영된다. 따라서 총이익의 차이가 매우 크더라도 유사한 순이익지표 수준을 나타낼 수 있다. 또한, 일부 국가의 경우 비용의 분류에 관한 공개자료가 불명확하여 총이익의 비교가능성을 평가하기가 어려울 수 있는 반면, 순이익지표의 사용은 이 문제를 회피할 수 있다.(TPG 2.68)

두 번째 현실적 장점은 특수관계기업들 중 오직 하나(분석대상법인)의 재무지표만을 검토하면 된다는 것이다. 이익분할법의 경우처럼, 사업활동에 공동 참여하는 기업들의 모든 장부와 회계기록을 검토하거나 모든 참여기업들의 비용을 배분할 필요가 없다. 이는 거래당사자 중 하나가 복잡하고 많은 상호관련 활동들을 가지고 있을 때 또는 당사자들 중 하나에 관한 신뢰할 수 있는 정보를 확보하기 어려울 때 특히 유리할 수 있다. 그러나, 가장 적합한 TP 방법의 선택을 위해서는 특수관계거래와 관련하여 분석대상법인과 거래상대방에 대한 비교가능성 요소들과 관련된 약간의 정보는 수집될 필요가 있다.(TPG 2.63)

특히, TNMM은 RPM과 비교하여 다음과 같은 장점을 지닌다. 첫째, TNMM은 RPM보다 회계기준 상의 차이를 완화시킬 수 있다. 왜냐하면, 동일한 비용이 한 국가에서는 매출원가로 다른 국가에서는 영업비용으로 기록될 수 있는데, TNMM은 영업비용이 반영된 순이익률의 비교에 초점을 맞춤으로써 상이한 회계기준을 적용하는 국가들의 기업간 비교를 용이하게 한다. 둘째, TNMM은 순이익률에 초점을 두기 때문에 재화의 비교가능성을 낮추고 약간의 기능상 차이에도 관대하다. 예를 들어, 제조업자로부터 재화를 구매하여 판매하는 판매업자들의 경우 마케팅 및 광고 활동에 투자하는 정도가 다를 수 있고 이러한 기능상 차이는 영업비용에 반영된다. 이 경우 이들 판매업자들에게 RPM을 적용하기 위해서는 실제로 비교대상기업들과 비교하기 위해 잠재적 비교대상기업들의 정확한 수행기능의 현황을 알고 있다는 가정이 필요하다. 반면에, TNMM은 순이익률에 초점을 둠으로써 약간의 기능상 차이에 관대하기 때문에 분석대상법인과 비교대상기업들의 수행기능 평가시 RPM에서 요구되는 정도의 정밀성을 요구하지는 않는다. 셋째, 비교대상기업에 대한 순이익률 정보는 총이익률 정보보다 쉽게 이용가능하고 신뢰할 수 있다.

그러나, TNMM은 많은 약점들도 지니고 있다. 첫째, 순이익지표가 독립기업들 간 가격 또는 총이익률에 전혀 영향을 주지 않거나 덜 직접적인 영향을 미치는 어떤 다른 요인들에 의해 영향을 받을 수 있다는 점이다. 이러한 측면들이 독립기업 순이익지표의 정확하고 신뢰성있는 결정을 어렵게 한다.(TPG 2.70) 둘째, 정상가격 방법을 적용하기 위해서는 특수관계거래 당시에는 확보할 수 없었을 독립기업거래 정보를 필요로 하는데, 이를 위해 다년간 자료를 이용한다고 하더라도 특수관계거래 당시에 TNMM을 적용하고자 하는 납세자들에게 특히 어려움을 준다. 또한, 납세자들이 TNMM을 정당하게 적용하기 위해 비교가능한 독립거래 이익률에 관한 정보에 충분히 접근할 수 없을 뿐만 아니라, 순이익지표를 결정하기 위해 특수관계거래와 관련된 수입과 영업비용을 확인하는 것이 어려울 수도 있다.(TPG 2.71) 셋째, TNMM을 적용할 때, 특히 이전가격을 소급하는 것이 불가능한 상황에서는 적절한 대응조정이 어려울 수도 있다. 예를 들어, 납세자가 특수관계거래의 구입 및 판매 양쪽에서 특수관계기업과 거래하는 경우이다. 이 경우 TNMM을 적용하여 납세자의 이익이 상향조정되어야 한다면, 어느 특수관계기업의 이익이 감소되어야 하는지에 관한 약간의 불확실성이 있을 수 있다.(TPG 2.73)

OECD는 다음과 같은 이유로 TNMM의 사용을 장려하는 것에 신중한 입장이다. 주된 이유는 서로 다른 거래들이 합쳐지고 하나의 TP 방법에 따라 함께 보상을 받을 위험성이 있다는 것이다. 기업이 여러 가지 다양한 활동들을 수행하고 이들 전체의 활동들을 독립기업들의 활동과 적절히 비교할 수 없는 경우 기업 전체를 토대로(on a company-wide basis) TNMM을 적용하는 것은 적절하지 않다.(TPG 2.84) 예를 들어, 장비를 판매하는 회사가 부품판매, 용역제공, 장비임대 사업도 함께 수행하는 경우 이러한 여러 활동들을 결합하여 수행하는 비교대상 독립기업을 찾는 것이 어려울 것이다. OECD는 이러한 경우 각 거래들이 독립기업원칙에 부합하는 이전가격을 결정하기 위해 분석대상법인의 손익계산서를 활동유형별로 구분하여 작성하도록 권고한다.(TPG 2.83-2.85) 위의 예에서 보면, 장비 및 부품 판매는 영업이익률 기준, 용역활동은 총원가가산이익률 기준, 장비임대는 자본이익률 기준을 토대로 보상을 받는 등 개별거래의 성격에 따라 적절한 TNMM의 이익수준지표를 적용하는 것이 독립기업원칙에 부합할 것이다. 특수관계기업의 거래들을 분리하고 각각의 거래에 대해 개별적으로 보상하는 또 다른 이유는 해외의 거래상대방들이 동일한 기능을 수행함에도 너무나 다르게 보상받는 경우를 방지하기 위함이다. 예를 들어, 한 판매업자가 같은 제품에 대해 해외의 여러 제조업자들로부터 구입하여 판매하는 경우 판매업자 단계에서 여러 제조업자들과의 모든 거래를 합하여 보상하게 되면 개별 제조업자와의 거래가격(판매업자의 매출원가)은 독립기업원칙에 부합하지 않으므로 판매업자 또는 제조업자들이 속한 과세당국 입장에서 이전가격 조정의 원인이 될 수 있다.

(3) 비교가능성 기준

가격은 제품의 차이에 의해 그리고 총이익률은 기능의 차이에 의해 영향을 받을 수 있지만, 순이익지표(net profit indicators)는 그러한 차이들에 부정적인 영향을 덜 받는다. 그러나, RPM 및 CPM의 경우와 마찬가지로, 두 기업들 간 단순한 기능의 유사성이 반드시 비교의 신뢰성을 가져오는 것은 아니다. 예를 들어, 관련 기업들이 서로 다른 수익성 수준을 가진 다른 경제분야 또는 시장에서 유사한 기능들을 수행하는 경우에도 여전히 자동적으로 비교가능한 것은 아니다. 비교대상 독립기업거래들과 특수관계거래들이 비교가능하기 위해서는 해당 거래와 관련된 많은 측면에서 높은 수준의 유사성이 요구된다. 즉, 순이익지표에 큰 영향을 줄 수 있는 제품과 기능 이외의 다양한 요인들이 있다는 것이다.(TPG 2.75)

순이익지표를 이용하는 것은 다음 두 가지 이유로 이전가격 결정에 상당한 불안정성을 내포한다. 첫째, 순이익지표는 기업별로 영업비용의 편차가 존재할 수 있기 때문에 총이익률 및 가격에 전혀 영향을 미치지 않거나 또는 덜 직접적인 영향을 미치는 어떤 요인들에 의해 영향을 받을 수 있다. 둘째, 경쟁상 지위와 같이 가격 및 총이익률에 영향을 미칠 수 있는 동일한 요인들 중 일부에 의해 영향을 받을 수 있지만, 이들 요인들의 영향은 쉽게 제거될 수 없을 것이다. 전통적 거래방법들에서는 제품 및 기능의 유사성을 고집한 결과로 이들 요인들의 영향이 제거될 수 있다. 잠재적 비교대상의 비용구조 및 수입에 대한 기능상 차이들의 영향에 따라 다르겠지만, 기능의 정도 및 복잡성의 차이 그리고 위험수준의 차이에 순이익지표가 총이익률보다 덜 민감할 수 있다. 다른 한편으로, 고정 및 변동원가의 비율에 따라 다르겠지만, TNMM은 CPM 또는 RPM보다 설비가동률의 차이에 더 민감할 수 있다. 왜냐하면, 간접고정비(예컨대, 고정 제조원가 또는 판매비용)의 흡수수준의 차이가 순이익지표에 영향을 줄 수 있는 반면, 만약 가격 차이에 반영되지 않는다면 총이익률 또는 총원가가산이익률에 영향을 줄 수는 없다.(TPG 2.76)

순이익지표는 신규 진입위협, 경쟁상 지위, 경영효율성 및 개별적 전략, 대체재의 위협, (공장 및 장비의 연령에 반영되는) 비용구조의 다양성, (자체조달 또는 차입 등) 자본비용의 차이, 창업 또는 성숙단계인지 등 사업경험의 정도 등 산업에서 작동하는 힘들에 의해 직접적으로 영향을 받을 수 있다. 이들 각각의 요인들이 수많은 다른 요소들에 의해 영향을 받을 수 있다. 예를 들어, 신규진입 위협의 수준은 제품차별화, 최소자본 요건, 정부보조금 및 규제와 같은 요소들에 의해 결정될 것이다. 이들 요소들 중 일부는 역시

TNMM의 적용에도 영향을 줄 수 있다.(TPG 2.77)

예를 들어, 고가 오디오플레이어를 판매하는 특수관계거래와 비교가능한 사업활동과 관련하여 확보할 수 있는 유일한 이익정보가 일반 중저가 오디오플레이어 판매거래라고 가정하자. 고가 오디오 플레이어시장은 매출액이 증가하는 추세이고, 높은 진입장벽이 있어 경쟁기업이 적고, 광범위한 제품차별화 가능성이 있다고 하자. 모든 차이들이 분석대상 및 비교대상 활동의 수익성에 중요한 영향을 미칠 가능성이 있으므로 조정이 필요할 것이다. 이때 조정의 신뢰성이 분석의 신뢰성에 영향을 미치는데, 두 기업들이 정확히 동일산업에 속한다고 하더라도 시장점유율, 경쟁상 위치 등에 따라 수익성이 다를 수 있다.(TPG 2.78) 정상가격 범위의 이용이 부정확성의 수준을 완화시킬 수 있지만, 납세자의 고유한 요인에 의해 이익이 증가 또는 감소되는 경우를 설명하지 못할 수 있다. 그러한 경우 범위는 고유요인에 의해 유사하게 영향을 받는 독립기업들의 이익을 나타내는 값을 포함하지 않을 수 있다. 따라서 정상가격 범위의 이용이 비교가능성의 어려움들을 항상 해결해 줄 수는 없다.(TPG 2.79)

TNMM은 순이익지표에 중요한 영향을 미치는 특수관계기업과 독립기업 간의 특성상 차이들이 적절히 고려되지 않는다면 사용되어서는 안 된다. 많은 국가들이 전통적 거래방법들에서 적용된 보호조치들이 TNMM 적용시에는 무시될 수 있다는 점을 우려한다. 그러나, TNMM이 신중하게 사용되고, 적절한 차이 조정이 이루어진다면 다른 방법으로 해결할 수 없는 현실적 해결책을 제공해 줄 수 있다.(TPG 2.80)

비교가능성의 다른 중요한 측면이 측정의 일관성이다. 순이익지표는 특수관계기업과 독립기업 간에 일관되게 측정되어야 한다. 또한, 감가상각비, 준비금 또는 충당금과 같은 순이익에 영향을 주는 영업비용과 비영업비용에 대한 취급이 기업에 따라 차이가 있을 수 있는데, 이는 비교가능성의 신뢰 확보를 위해 고려되어야 한다.(TPG 2.81)

(4) 순이익지표의 선택 및 순이익 결정

순이익지표의 선택을 위해서는 특수관계거래의 성격상 적절해야 하고, 신뢰할만한 비교대상 독립기업거래들의 확보가능성, 특수관계거래와 독립기업거래 간의 비교가능성 정도가 고려되어야 한다.(TPG 2.82) 원칙적으로, 순이익지표는 i) 특수관계거래와 직접적 또는 간접적으로 관련이 있고, ii) 영업적 성격을 갖는 항목들만이 고려되어야 한다.(TPG 2.83)

TNMM의 적합성 평가와 관련하여, 우리나라 세법은 “거래순이익률 지표와 영업활동의 상관관계가 높은지 여부"를 고려하여야 하고, "이 경우 그 밖의 정상가격 산출방법보다 더 엄격하게 특수관계거래와 비교가능거래의 유사성이 확보될 수 있거나 비교되는 상황 간의 차이가 합리적으로 조정될 수 있어야 한다."고 명시하고 있다.(국조칙 §6 ② 4호) 또한, 거래순이익률 지표의 선택과 관련하여 "선택된 거래순이익률 지표는 분석대상 당사자와 독립된 제3자 사이에서 같은 기준으로 측정하고, 특수관계거래와의 직접적·간접적 관련성 및 영업활동과의 관련성 등을 고려하여 합리적 수준까지 전체 기업의 재무정보를 세분화하여 측정해야 한다."고 규정하고 있다.(국조칙 §6 ③)

검토대상 특수관계거래와 관련이 없는 비용 및 수입이 비교가능성에 중요하게 영향을 미치는 경우 제외되어야 한다. 개별거래 또는 결합거래들에서 발생하는 순이익의 결정 또는 검증을 할 때는 적절한 수준의 납세자 재무자료의 분할(segmentation)이 필요하다. 따라서 특수관계기업이 독립기업들과의 거래들을 합쳐서는(on an aggregate basis) 적절히 비교될 수 없는 여러 종류의 서로 다른 특수관계거래들을 수행하는 경우 TNMM을 기업전체 기준으로 적용하는 것은 부적절하다.(TPG 2.84) 또한, 독립기업거래들을 분석할 때, 검토대상 특수관계거래들과 유사하지 않은 거래에 귀속되는 이익은 비교에서 제외되어야 한다. 독립기업의 순이익지표가 사용될 때, 해당 기업의 특수관계거래에 의해 독립기업거래에 귀속되는 이익이 포함돼서는 안 된다.(TPG 2.85)

이자소득 및 비용, 소득세 등 비영업 항목들은 순이익지표 결정에서 제외되어야 한다. 비경상적 성격의 예외적이고 특별한 항목들도 일반적으로 제외되어야 한다. 그러나, 개별 사안의 상황 및 분석대상법인의 수행기능 및 부담위험에 따라서 이들을 포함하는 것이 적절한 상황도 있을 수 있다. 예외적 항목 및 특별항목들이 순이익지표의 결정에 고려되지 않더라도 예컨대, 분석대상법인이 특정 위험을 부담하는 것을 보여주는 등 비교가능성 분석 목적 상 소중한 정보를 제공할 수 있기 때문에 이들을 검토하는 것이 유용할 수 있다.(TPG 2.86)

〈그림 4-28〉 신용조건에 대한 비교가능성 조정

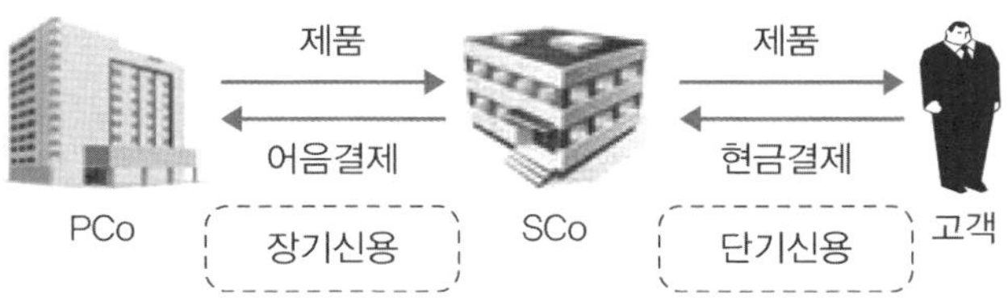

신용조건과 판매가격 간 상관관계가 있는 경우, 순이익지표의 계산에 단기 운전자본과 관련한 이자소득을 반영하여 운전자본 조정을 실시하는 것이 적절할 수 있다. 예를 들어, 위 〈그림 4-28〉에서 보는 바와 같이, 소매기업 SCo는 공급자 PCo와는 장기 신용조건, 그리고 고객과는 단기 신용조건으로부터 유동성 이용혜택을 받게 된 결과, 그러한 유리한 신용조건이 없을 때보다는 고객에게 낮은 판매가격을 적용하는 것이 가능해질 수 있다.(TPG 2.87)

외환차익 또는 손실이 순이익지표 결정에 포함 또는 제외되어야 하는지 여부는 어려운 비교가능성 이슈를 제기한다. 첫째, 외환손익이 매출채권 또는 매입채무에 대한 외환손익 등 사업적 성격인지 여부와 분석대상법인이 이들에 대한 책임이 있는지 여부가 고려될 필요가 있다. 둘째, 매출채권 또는 매입채무의 환위험 노출금액에 대한 헤징(hedging)은 순이익 결정시와 동일하게 고려되고 취급될 필요가 있다. 실제로, 분석대상법인이 환위험을 부담하는 거래에 TNMM이 적용되는 경우 외환차익 또는 손실이 순이익지표의 산정에서 또는 별도로 일관되게 고려되어야 한다.(TPG 2.88) 선급금과 선수금이 납세자의 통상적 사업에 해당하는 재무활동인 경우 순이익지표를 결정할 때 이자의 영향과 이자금액을 고려하는 것이 적절할 것이다.(TPG 2.89)

감가상각비, 감모상각비, 주식매수선택권 및 연금비용 등의 사례처럼 잠재적 비교대상거래의 일부항목에 대한 회계처리가 불명확하거나 신뢰할 수 있는 조정이 불가능한 경우 어려운 비교가능성 이슈가 제기될 수 있다. TNMM 적용시 순이익지표의 결정에 이들 항목들을 포함할지 여부에 대한 결정은 거래상황에 대한 순이익지표의 적절성 및 비교의 신뢰성에 대한 기대효과의 평가에 달려있을 것이다.(TPG 2.90)

또한, 순이익지표의 결정에 창업비용 및 폐업비용이 포함되어야 하는지는 비교가능한 상황에서 독립기업들이라면 기능수행 당사자가 창업비용 및 폐업비용을 부담하기로, 또는 이들 비용의 일부 또는 전부를 이윤의 가산없이 고객 또는 모기업에게 재청구하기로, 또는 기능수행 당사자의 순이익지표의 계산에 이들 비용을 포함시켜 이윤을 가산하여 재청구하기로 합의했을 것인지 여부에 달려있다.(TPG 2.91)

(5) 순이익의 측정

TNMM은 대부분의 경우 분석대상법인의 재무제표상 두 항목 간의 비율(재무지표 또는 이익수준지표) 즉, 매출액, 원가 또는 자산과 관련한 영업이익의 비율을 평가한다. 순이익 측정시 기준이 되는 분모(denominator)의 선택은 특수관계거래의 비교가능성 분석과 부합해야 한다. 특히, 당사자 간 위험배분을 반영해야 한다. 예를 들어, 특정 제조활동과 같은 자본집약적 활동은 시장위험 또는 재고위험과 같은 영업위험은 제한적이지만 상당한 투자위험을 수반할 것이다. 이 경우 순이익지표가 자산대비 또는 자본대비 수익 등 투자수익률이라면 투자관련 위험이 반영된다고 할 수 있다. 특수관계거래와 비교대상거래에서 발견되는 위험의 차이 정도는 물론, 특수관계거래의 어느 당사자가 해당 위험을 부담하는지에 따라 그러한 지표가 조정되거나 다른 순이익지표가 선택될 필요가 있을 것이다.(TPG 2.92)

분모는 사용자산과 부담위험을 고려하여, 분석대상법인이 수행하는 기능들의 가치를 나타내는 관련 지표에 초점이 맞추어져야 한다. 재무지표의 선택은 통상 분석대상법인이 수행하는 활동의 유형에 따라 다르다. TNMM 적용시 가장 흔하게 적용하는 재무지표로는 영업이익률, 총원가가산이익률, 자산수익률 등이 있다. 일반적으로 판매활동에는 매출액 또는 판매영업비용이, 용역 또는 제조활동에는 총원가 또는 영업비용이, 특정 제조활동 또는 공공설비와 같은 자본집약적 활동에는 영업자산이 적절한 기준이 될 것이다.(TPG 2.93)

분모는 특수관계거래로부터 상당히 독립적이어야 한다. 그렇지 않으면 객관적인 출발점이 존재하지 않기 때문이다. 예를 들어, 영업이익률의 영업이익이 정상가격이라고 평가받기 위해서는 매출액이 독립기업거래의 결과이어야 한다. 판매업자가 특수관계기업으로부터 재화를 구입하여 제3자 고객에게 재판매하는 거래를 분석할 때, 매출원가를 대상으로 순이익지표를 측정할 수는 없다. 왜냐하면, 매출원가는 독립기업원칙의 부합성이 검증되는 특수관계비용이기 때문이다. 마찬가지로 특수관계기업에게 대한 용역제공 거래의 경우 용역매출 수입을 대상으로 순이익지표를 측정할 수는 없다. 분모가 특수관계기업에게 지급한 본점경비, 임대료 또는 사용료 등 검증대상이 아닌 특수관계거래 비용에 의해 중요한 영향을 받는 경우 특수관계거래 비용들이 분석을 중대하게 왜곡시키지 않도록 특히, 이들 비용들이 독립기업원칙에 부합하도록 보장하기 위해 주의를 기울여야 한다.(TPG 2.94) 분모는 특수관계거래 차원에서, 순이익지표는 비교가능 독립거래 차원에서 신뢰할 수 있고 일관된 방법으로 측정될 수 있어야 한다. 더욱이 검토대상 거래에 대한 간접비용 배분은 시간 경과에 따라 적절하고 일관성이 있어야 한다.(TPG 2.95)

(가) 매출액 대비 순이익(영업이익률)

매출액 대비 순이익(영업이익률)은 특수관계기업에서 구매한 재화를 독립기업에게 재판매한 경우의 정상가격 결정시 흔히 사용된다. 이 경우 분모의 매출액은 검토대상 특수관계거래에서 구입한 재화의 재판매액이어야 한다. 독립기업에서 구매하여 독립기업에게 재판매하는 경우 등 독립적 활동에서 발생한 판매수입은, 독립기업거래들이 비교에 중요한 영향을 미치지 않는 경우 또는 특수관계거래 및 독립기업거래들이 매우 밀접하게 연관되어 개별적으로는 적절히 평가될 수 없는 경우가 아닌 한, 특수관계거래에 대한 보상 결정 또는 검증시에 포함되어서는 안 된다. 예를 들어, 판매업자가 최종고객에게 독립적 A/S용역 또는 예비부품을 공급하는 경우, 용역활동이 판매계약에 따라 부여된 권리 또는 다른 자산들을 이용하여 수행되기 때문에 용역 또는 부품이 판매업자가 특수관계기업으로부터 구입하여 동일한 최종 고객들에게 재판매하는 재화와 밀접하게 연관될 수 있다.(TPG 2.96)

한편, 납세자 또는 비교대상기업이 고객에게 제공하는 판매장려금(rebates) 및 할인액의 처리방법에 대한 문제가 제기될 수 있다. 통상 판매장려금 및 할인액은 판매수입 감소 또는 비용으로 취급될 수 있다. 외환차익 또는 손실과 관련해서도 유사한 어려움이 발생할 수 있다.(TPG 2.97) 이와 관련하여, 우리나라 세법은 "판매장려금, 매출할인, 외환손익에 대해서는 분석대상 당사자와 비교가능대상에 대하여 동일한 회계기준을 적용하여야 한다."고 규정하고 있다.(국조칙 §6 ③ 1호)

(나) 비용대비 순이익(총원가가산이익률)

비용기준으로 측정되는 지표는 비용들이 분석대상법인에 의해 수행된 기능, 사용된 자산 및 부담된 위험의 가치와 관련있는 지표인 경우에만 사용될 수 있다. 이 경우 오직 검토대상 특수관계거래와 직·간접적으로 관련있는 비용들만이 고려되어야 한다. 따라서 다른 활동 또는 거래들과 관련이 있고 독립거래들과의 비교가능성에 중대한 영향을 미치는 비용들을 분모에서 제외하기 위해 납세자의 계정에 대한 적절한 수준의 분할이 필요하다. 특히, 영업적 성격의 비용만이 분모에 포함되어야 한다.(TPG 2.98)

우리나라 세법은 이 방법이 "거래순이익과 매출원가 및 영업비용의 관련성이 높은 경우에 사용"되어야 하며, "이 경우 매출원가 및 영업비용은 분석대상 당사자가 사용한 자산, 부담한 위험, 수행한 기능 및 영업활동과의 관련성을 고려하여 측정한다."고 규정하고 있다.(국조칙 §6 ③ 3호)

비용기준 TNMM을 적용할 때, 공통비용 관련 적정 배분액과 함께 거래에 귀속되는 모든 직·간접 비용을 포함하는 총부담원가(fully loaded costs)가 흔히 이용된다. 납세자 비용 중 상당한 부분을 이윤요소가 귀속되지 않는 도관원가(pass-through costs)로, 즉 순이익지표의 분모에서 잠재적으로 제외할 수 있는 비용으로 간주하는 것이 독립기업 상황에서 수용 가능한지 여부 및 어느 정도 수용 가능한지에 대한 문제가 발생한다. 이는 비교가능한 상황에서 독립기업이 발생비용의 일부에 대해 이윤을 가산하지 않는데 합의하는 정도에 달려있다.(TPG 2.99 & 7.36) 비용을 도관원가로 취급하는 것이 독립기업 상황에서 발견되는 경우 비교가능성 및 정상가격 범위 결정의 결과에 관한 문제가 발생한다. 만약 도관원가가 납세자의 순이익지표 분모에서 제외된다면 비교가능한 원가도 비교대상 순이익지표 분모에서 제외되어야 하는데, 현실적으로 비교대상기업의 세부원가(breakdown)에 관한 정보가 제한적인 경우 비교가능성 이슈가 발생할 수 있다.(TPG 2.100)

표준원가(standard costs) 또는 예산원가(budgeted costs)뿐만 아니라 실제원가(actual costs)도 비용기준으로 사용할 수 있다. 실제원가를 사용하는 것은 분석대상법인이 원가를 신중히 모니터할 유인이 없기 때문에 문제가 될 수 있다. 독립기업 간 거래에서 비용절감 목적이 보상 방법에 고려되는 것은 드문 일이 아니다. 이는 가격이 표준원가에 토대하여 설정되는 독립기업 간 제조계약에서도 발생할 수 있고, 이때 표준원가와 비교하여 실제원가의 감소 또는 증가는 제조업자에게 귀속된다.(TPG 2.101) 예산원가의 사용 역시 실제원가와 예산원가 간의 차이가 클 경우에는 우려가 제기될 수 있다. 독립기업들은 예산을 설정할 때 과거연도에 예산원가가 어떻게 실제원가와 비교되었는지를 고려하지 않고, 그리고 예상하지 못한 상황들에 대처하는 방법을 고려하지 않고서 예산원가만을 토대로 가격을 설정하지는 않을 것이다.(TPG 2.102)

(다) 자산대비 순이익(자산수익률)

제조 등 자산집약적 활동 및 금융 등 자본집약적 활동과 같이, 자산이 비용 또는 매출액보다 분석대상법인에 의해 창출되는 가치의 좋은 지표인 경우에는 자산 또는 자본수익률이 적절한 기준이 될 수 있다. 지표가 자산수익률인 경우 영업자산만이 사용되어야 한다. 영업자산은 토지, 건물, 설비 및 장비 등 유형고정자산과 특허, 노하우 등 무형자산, 그리고 재고자산, 매출채권 등 운전 자본자산을 포함한다. 투자자산 및 현금은 금융산업 분야를 제외하고는 영업자산에 해당하지 않는다.(TPG 2.103)(국조칙 §6 ③ 2호)

자산수익률의 경우 장부가치 또는 시장가치 등 자산 평가방법의 문제가 제기된다. 장부가치를 사용하는 것은 자산을 오랜 기간 상각해온 기업들과 보다 최근에 자산을 취득한 기업들 간, 그리고 무형자산을 취득한 기업들과 자가개발한 기업들 간의 비교를 왜곡시킬 가능성이 있다. 시장가치를 사용하는 것은 자산의 평가가 불확실하고, 특히 무형자산의 경우 매우 비용이 많이 들고 번거로운 경우 신뢰성 이슈가 제기될 수 있음에도 불구하고, 비교의 왜곡 우려를 경감시킬 수 있다.[16] 비교의 신뢰성을 향상시키기 위해 조정을 수행할 수 있을 것이다. 장부가치, 조정된 장부가치, 시장가치 및 기타 다른 옵션들 간의 선택은 거래의 규모, 복잡성 관련 비용 및 부담을 고려하여 가장 신뢰할 수 있는 측정치를 발견하기 위해 이루어져야 한다.(TPG 2.104)

(라) 기타 순이익지표들

검토대상 산업 및 특수관계거래에 따라서 예컨대, 판매점 바닥면적, 운송제품의 중량, 종업원수, 시간, 거리 등의 독립적 자료가 존재하는 경우 다른 분모를 검토하는 것이 유용할 수 있다. 검토대상법인에 부가된 가치에 대한 합리적 증거가 있다면 그러한 기준들의 사용을 배제할 이유는 없지만, 이들은 그 지표와 방법을 적용하는데 신뢰할 수 있는 정보를 얻는 것이 가능할 경우에만 사용되어야 한다.(TPG 2.105)

(마) 베리비율

베리비율(Berry ratios)은 영업비용에 대한 매출총이익(거래순이익과 영업비용을 합산한 것)의 비율로 정의된다. 이자소득 등은 총이익 산정에서 제외된다. 감가상각 및 감모상각은 평가 및 비교가능성과 관련하여 초래할 수 있는 불확실성에 따라서 영업비용에 포함 또는 포함되지 않을 수 있다.(TPG 2.106)

TP 방법과 재무지표의 선택 및 결정에 필요한 주의를 기울이지 않고, 때때로 베리비율이 적절하지 않은 경우에 사용된다는 우려들이 제기되어 왔다. 베리비율의 결정에서 흔한 어려움의 하나가 비용을 영업비용으로 분류하는지 여부에 매우 민감하여 비교가능성 이슈를 제기할 수 있다는 것이다. 또한, 도관원가와 관련된 문제가 베리비율의 적용에도 동일하게 발생한다. 재화판매 특수관계거래를 검증하는데 베리비율이 적합하기 위해서는 첫째,

---

16) 실무 상 이전가격 산정을 위해 공신력있는 외부기관을 통해 자산 평가를 실시하는 것은 납세자와 과세당국 모두에게 비용부담 등 현실적인 장벽으로 인해 쉽지 않을 것이다. 다만, 쟁점이 되는 중요 무형자산에 대해서 제한적인 자산 평가가 실시될 수 있을 것이다.

사용자산 및 부담위험을 고려하여, 수행된 기능들의 가치가 영업비용과 비례적이어야 하고 둘째, 수행된 기능들의 가치가 판매제품의 가치에 의해 중대한 영향을 받지 않아야, 즉 매출액에 비례해서는 안 되며 셋째, 납세자가 다른 방법 또는 재무지표를 사용하여 보상받아야 하는 예컨대, 제조기능과 같은 다른 중요한 기능을 수행하지 않아야 한다.(TPG 2.107)

베리비율이 유용한 상황은 납세자가 특수관계기업에서 재화를 구입하여 즉시 다른 특수관계기업에게 판매하는 중개활동의 경우이다. 이 경우 매출액 또는 매출원가가 특수관계기업과의 거래여서 RPM, CPM 등 다른 TP 방법을 사용할 수 없을 때 베리비율을 사용할 수 있다. 즉, RPM은 독립기업 매출이 없기 때문에 적용할 수 없고, CPM도 매출원가가 특수관계자 매입으로 구성되기 때문에 적용할 수 없다. 반면, 중개법인의 경우, 영업비용이 특수관계기업에게 지급한 본점경비, 임차료 또는 사용료 등 특수관계거래 비용에 의해 중대한 영향을 받지 않는다면, 영업비용은 이전가격 결정으로부터 상당히 독립적일 수 있기 때문에 사안에 따라서 베리비율이 적절한 지표가 될 수 있다.(TPG 2.108)

베리비율의 적용과 관련하여, 우리나라 세법은 "분석대상 당사자가 재고에 대한 부담없이 단순 판매활동을 하는 경우, 즉 특수관계인으로부터 재화를 구입하여 다른 특수관계인에게 판매하는 단순 중개활동을 하는 경우"에 사용하도록 규정하고 있다.(국조칙 §6 ③ 4호)

(바) 기타 지침

TNMM은 외부 비교대상거래에 크게 의존하기 때문에 검토대상 거래와 관련없는 독립기업자료를 이용하는 것은 현실적으로 예민한 문제이다. 이는 특수관계거래와 비교대상 독립기업거래 간의 충분한 비교가능성 확보를 위한 거래수준(transactional level)의 독립기업 순이익지표를 결정하기 위한 공개자료가 불충분하기 때문에 발생한다. 독립기업들에 대해 확보가능한 유일한 자료가 흔히 기업전체 자료라는 점을 감안할 때, 분석대상법인의 정상가격을 결정하기 위해 독립기업들을 이용하기 위해서는 독립기업이 전체사업에서 수행하는 기능들이 분석대상법인이 수행하는 기능들과 가깝게 일치되어야 한다. 따라서, 사안의 사실관계 및 상황에 토대하여 특수관계거래에 대한 신뢰할 수 있는 비교대상거래를 제공하는 분할(segmentation) 수준을 결정하는 것이 중요하다. TPG에 의해 이상적으로 설정된 거래수준을 달성하는 것이 현실적으로 불가능한 경우, 이용가능한 증거에 토대하여 적절한 조정을 행함으로써 가장 신뢰할 수 있는 비교대상거래를 찾기 위해 노력하는 것이 중요하다.(TPG 2.109/3.2)

(6) 총이익 방법과 순이익 방법 간의 관계

(가) 총이익 방법과 순이익 방법의 공통적 특성

RPM, CPM 등 총이익 방법(gross profit method)과 TNMM, 미국의 비교이익법(comparable profits method: 이하 US CPM) 등 순이익 방법(net profit method)은 분석대상법인에 소득을 배분하는 방법론과 관련하여 다음과 같이 기본적으로 유사한 과정을 거친다. 첫째, 비교가능 독립기업들의 회계자료에서 통상이익률(profit margin)을 추출한다. 둘째, 추출된 통상이익률을 분석대상법인의 대응하는 이익에 비교대상(benchmark)으로 적용한다.

아래 〈표 4-6〉은 특수관계 제조업자와 판매업자 간 거래를 보여준다.

〈표 4-6〉 특수관계 제조업자와 판매업자 간 거래사례

〈특수관계거래〉

구분	제조업자	판매업자
매출액	(?)	200
매출원가	150	(?)
총이익	-	-

〈독립기업거래〉

구분	제조업자	판매업자
매출액	600	400
매출원가	500	360
총이익	100	40
총이익률	20%	10%

첫 번째 단계는 비교가능 독립기업거래들로부터 총이익률을 추출하는 것이다. 위 표에서 보는 바와 같이 특수관계없는 제조업자 및 판매업자의 총이익률(gross margin)은 각각 20% 및 10%이다.

〈표 4-7〉 특수관계 제조업자와 판매업자의 정상가격 산출

구분	제조업자	판매업자
매출액	180	200
매출원가	150	180
총이익	30	20
총이익률	20% (총이익/매출원가 = 30/150)	10% (총이익/매출액 = 20/200)

두 번째 단계는 추출된 독립기업 이익률을 분석대상법인의 자료에 적용하는 것이다. 위 〈표 4-7〉에서 보는 바와 같이, 특수관계 제조업자의 경우 총이익은 매출원가에 통상이익률 20%을 적용한 30이고, 특수관계 판매업자의 경우 총이익은 매출액에 통상이익률 10%을 적용한 20이다. 결과적으로 제품에 대한 정상가격은 180이어야 한다. 이러한 총이익 분석법의 주된 문제점은 독립기업거래의 통상이익률을 확인하기 위하여 신뢰할 수 있는 비교가능한 독립기업거래들에 관한 상세한 회계자료가 필요하다는 점이다.

다음은 앞서 제시한 판매업자를 분석대상법인으로 TNMM을 적용하는 상황을 상정해 보자. 첫 번째 단계는, 총이익 방법에서처럼 비교가능한 독립기업들의 회계자료를 토대로 순이익률(net profit margin)을 추출하는 것이다. 다음 단계로 아래 〈표 4-8〉에서와 같이 추출된 순이익률 8.75%를 분석대상법인의 회계자료에 적용하면, 순이익 17.5(200×8.75%)가 도출된다.

〈표 4-8〉 특수관계 판매업자의 정상가격 산출

구분	특수관계 판매업자	독립 판매업자
매출액	200	400
매출원가	–	360
총이익	–	40
영업비용	–	5
순이익	17.5	35
순이익률	8.75%	8.75%

결론적으로 총이익 방법과 순이익 방법 모두 분석대상법인에 소득을 배분하기 위하여 두 단계의 동일한 과정을 거치게 된다.[17)]

(나) 두 방법의 관련 지표들이 신뢰성에 미치는 영향

TNMM의 약점 중의 하나로 "순이익이 독립기업들 간 가격 또는 총이익에 전혀 영향을 미치지 않거나 또는 덜 직접적 영향을 미칠 수 있는 어떤 요인들에 의해 영향을 받을 수 있다."는 점이 지적된다.(TPG 2.70) OECD는 총이익 방법이 더 적은 변수들(parameters)에 의존한다는 점에서 순이익 방법보다는 총이익 방법을 선호하는 입장이다. 영업비용이

17) Oddlief Torvik, Transfer Pricing and Intangibles, IBFD Doctoral Series Vo.45, 2018, pp.175-178

이전가격 과세에 복잡성과 추가적인 비교가능성 우려를 더한다는 점에서, CPM이나 RPM과 같은 총이익 방법이 TNMM, US CPM과 같은 순이익 방법보다 비교가능성이 높을 수 있다는 것이다. 이러한 주장의 논거는 제품 및 기능 이외의 요인들이 순이익에 중요한 영향을 미칠 수 있거나 순이익이 기업들 간 영업비용의 편차 가능성에 의해 영향을 받을 수 있다는 것이다. 그러나, 이는 기능상 차이가 매출원가에 반영되어 있다는 것을 의미하지만, 기능상 차이는 주로 영업비용에 반영되었을 가능성이 높다. 또한, 순이익이 총이익에 영향을 미치지 않는 요인들에 의해 영향을 받을 수 있다는 것인데, 총이익에 영향을 미치는 요인들은 순이익에도 역시 영향을 미칠 수 있는 것이 논리적이다.

이 논거는 만약 분석대상법인과 비교대상 독립기업들이 실현한 이익의 차이가 회계분류 기준 또는 이전가격의 차이 때문인 경우에는 설득력이 없다. 첫째, 회계분류 기준의 차이는 조정되어야 하는 비교가능성 요소인데, 사업상 발생비용을 매출원가와 영업비용 중 어느 계정으로 구분해야 하는지의 문제이다. 둘째, 독립기업의 이익자료는 독립기업들과 그들의 특수관계기업들 간의 이전가격 결정에 의해서 영향을 받지 않아야 한다. 이는 잠재적 비교가능한 독립기업이 MNE 그룹의 구성원일 수 있기 때문에, 실무 상 문제를 야기할 수 있다. 그러나, 비교가능한 독립기업거래들의 이용가능한 회계자료에 제한이 있기 때문에, 순이익 방법이 총이익 방법보다 더 신뢰할 수 있다고 보장할 수 없다.

〈표 4-9〉 특수관계 판매업자의 이전가격 조정 사례

구분	분석대상 판매업자		독립 판매업자	
매출액	1,000		1,000	
매출원가	650→ 600		600	
총이익	350→ 400	(35%→ 40%)	400	(40%)
영업비용	250		300	
순이익	100→ 150	(10%)	100	(10%)

이를 다음 사례를 통해서 살펴보자. 위 〈표 4-9〉 사례에서 보는 바와 같이, 분석대상기업은 비교가능 독립기업보다 순이익률은 동일하지만 총이익률은 더 낮다. 만약 RPM이 적용된다면, 분석대상기업은 독립기업 총이익률(40%)을 수취하도록 매출원가를 600으로 조정해야 할 것이다. 이러한 조정의 결과, 분석대상기업의 순이익은 150으로 증가하고 이는 비교가능 독립기업보다 높은 순이익률을 초래한다. 그러나, 이러한 총이익률의 차이

는 동일한 비용을 회계기준상 매출원가 또는 영업비용으로 분류하기 때문일 수도 있다. 예를 들어, 분석대상기업이 특정 감가상각비용 또는 보증비용을 비교대상기업과 달리 매출원가에 포함할 수 있다. 만약 독립기업들의 세부 회계정보를 알 수 있었다면, 비교대상기업의 총이익 수준에서 적절한 비교가능성 조정을 수행하는 것이 가능했을 것이다.

그러나, 실무 상 관찰된 총이익률의 차이가 회계분류의 차이 때문이라고 결론내리는 것이 어려울 수 있다. 왜냐하면, 비교가능한 독립기업들의 공개된 재무제표가 상세하지 않을 것이기 때문이다. 또한, 분석대상기업과 과세당국도 역시 통상적으로 비교가능한 독립기업의 내부 회계정보에 대해서는 접근하지 못할 것이다. 이러한 경우, 통상적으로 분석대상기업의 소득이 순이익 단계에서 검증되는 경우에 보다 더 신뢰할 수 있는 이전가격 결과를 얻을 수 있다. 왜냐하면, 회계분류 차이의 효과가 순이익 단계에서 제거될 것이기 때문이다.

위 사례에서, 만약 순이익 방법이 적용되었다면 이전가격 조정은 필요하지 않을 것이다. 따라서, 총이익 방법이 단지 더 적은 지표들에 의존하기 때문에 본질적으로 순이익 방법보다 더 신뢰할 수 있다고 말할 수는 없을 것이다.[18)]

(다) 전통적 거래방법들과 영업비용의 관련성

OECD는 순이익이 총이익에 영향을 미치는 요소들 이외의 다른 요소들에 의해 영향을 받는다는 것을 설명하기 위해 TNMM과 CUP, RPM, CPM 등 전통적 거래방법을 대비시킨다. 총이익과 순이익 산출의 차이는 순이익에 영업비용을 포함하는 것이기 때문에 OECD의 논거를 분석하는 방법은 영업비용과 전통적 거래방법들 간의 관계를 분석하는 것이다.

CUP 방법은 객관적 시장가격을 쉽게 이용할 수 있는 일반 제품의 가격결정에 적합하다. 가격은 시간이 지나면서 판매업자가 순이익을 얻도록 설정되어야 한다. 즉, 장기적으로 각 판매제품은 판매기업의 영업비용의 일부를 부담해야 한다. 따라서, 논리적으로 CUP 방법에서도 특수관계거래 가격은 매출원가와 영업비용 양자에 의해 영향을 받게 될 것이다.

RPM은 분석대상법인에 독립기업 총이익률을 적용한다. OECD에 따르면, 만약 특수관계 판매기업이 상당한 사업활동을 수행하지 않고 재화를 제3자에게 이전한다면 낮은 총이익이 정당화될 것이다. 반대로, 높은 이익률은 판매업자가 특별한 시장 전문성을 보유하고

---

18) Oddlief Torvik, *op.cit.*, pp.178-181

있거나 마케팅 무형자산의 창출 또는 유지에 상당히 공헌하는 경우에 정당화된다. 더 많은 영업비용의 발생을 통해 보다 큰 가치를 제공하는 판매업자는 상대적으로 적은 가치를 제공하고 적은 영업비용을 발생시키는 판매업자보다 더 큰 총이익률로 보상받아야 한다는 것이다. 다시 말해서, 판매업자의 영업비용과 위험이 증가할수록 총이익률도 증가해야 한다. 따라서 이러한 OECD의 논거는 순이익에 관한 것이다.

CPM은 적절한 원가에 총이익률을 가산하여 공급자의 이익을 계산한다. 분석대상법인과 비교대상 독립기업거래들 간에 발생 사업비용의 수준은 물론, 매출원가 또는 영업비용의 분류에 관한 차이들이 존재할 수 있다. OECD에 따르면, CPM을 적용하기 위해서는 기준이 되는 원가를 설정하는 것과 함께 일관성과 비교가능성 달성을 위해 특정 영업비용을 포함하는 것이 필요할 수 있다.(TPG 2.52) 또한, 만약 분석대상법인이 계약제조 자회사라면, CPM을 적용하는 기초는 계약상 제조활동과 연관된 모든 비용일 것이다. 계약 R&D 약정에서도 마찬가지일 것이다. 그러한 계약상 합의된 비용은 영업비용으로 분류되는 비용항목들을 포함할 것이다. OECD도 국가들 간의 회계기준의 차이 때문에 매출원가와 영업비용 간에 정확한 경계선을 설정하기가 어렵고, CPM의 적용이 일부 영업비용에 대한 고려를 포함할 수 있다는 점을 인정하고 있다. 결국 전통적 거래방법들이 비교대상으로 삼는 가격, 총이익 모두 영업비용에 의해 영향을 받는다고 할 수 있다.[19)]

(라) 총이익 방법과 순이익 방법의 비교가능성 조정

OECD는 총이익과 순이익이 동일한 요소들에 의해 영향을 받을 수 있지만 이러한 요소들의 효과는 총이익 방법보다 TNMM에서 쉽게 제거되지 않을 수 있다고 주장한다. 그러한 요소들에는 신규 진입위협, 경쟁상 지위, 경영효율성 및 개별 전략들, 대체재의 위협, 비용구조의 다양성, 자본비용의 차이, 사업경험의 정도 등이 포함된다.(TPG 2.76)

그러나, 비교가능성 요소들이 매출액 또는 매출원가에 영향을 미치는 경우에는 총이익과 순이익에도 역시 영향을 미칠 수 있다. OECD가 제시한 요소들 중 경쟁상 지위, 전략 및 대체재 등은 기업의 매출에 직접적 영향을 미칠 것이고, 비용구조 등 다른 요소들은 매출원가와 영업비용 양자에 영향을 미칠 것이다. 따라서 순이익 방법에서의 비교가능성 조정이 총이익 방법의 경우보다 더 어려울 것이라는 OECD의 논거는 설득력이 약하다. 이러한 논거는 총이익 방법이 TNMM과 비교하여 더욱 엄격한 비교가능성이 요구되기

19) Oddlief Torvik, *op.cit.*, pp.182-184

때문에 비교가능성 요소들의 효과가 상대적으로 쉽게 제거될 것이라는 인식에 토대한 것으로 보인다. 그러나, 이는 비현실적인 견해이다. 왜냐하면, TNMM의 이용과 관련된 주된 비교가능성 문제는 비교가능 독립기업들로부터 여러 거래들이 혼합된(blended) 이익률을 추출하기 때문에 비롯되는 것이고, 이는 TNMM에만 연관된 이슈는 아니다.

RPM과 CPM 양 방법은 비교가능 독립기업들의 개별 거래자료를 요구하지만, 그러한 자료는 이용하기가 어렵다. 따라서, 현실적으로 RPM하에서 총이익률 및 CPM하에서 비용가산이익률은 선택된 비교대상기업들의 재무제표로부터 추출된다. 순이익 방법은 통상적으로 이전가격 목적 상 관련이 있는 비교가능 독립기업거래들과 관련이 없는 거래들을 구분하는 것이 가능하지 않을 것이다. 순이익 방법과 마찬가지로, 총이익 방법도 역시 여러 거래들이 혼합된 이익에 근거한 측정의 오류에 취약하다.

OECD에 따르면, 순이익지표들이 위험의 차이는 물론, 기능의 정도 및 복잡성의 차이에 총이익률보다 덜 민감하다.(TPG 2.76) 이와 관련하여, 미국은 특수관계거래와 비교하여 이용가능한 비교가능 독립기업거래들이 상당한 제품의 차이 또는 기능의 차이들을 포함하고 있는 경우에는, 순이익 방법인 비교이익법(US CPM)이 총이익 방법보다 더 신뢰할 수 있는 결과를 제공할 것이라는 입장을 취하고 있다.(Treas. Regs. §1.482-5(c)(2)(ii) & (iii)) 이러한 논거는 기능상 차이들은 영업비용에 반영되므로, 다른 기능을 수행하는 납세자들의 경우 총이익률은 다를 수 있지만 유사한 순이익률을 얻을 수 있다는 것이다.

따라서, 기능상 차이들이 존재하는 것이 분명한 경우에는 순이익 방법이 보다 더 신뢰할 수 있다고 해석할 수 있지만, 충분히 상세한 회계자료의 부족 때문에, 비용의 차이들이 매출원가로 분류되었는지 아니면 영업비용으로 분류되었는지 여부는 분명하지 않다. 대부분의 비교대상거래들은 제품과 기능, 양 측면에서 비교가능성이 부족할 것이다. 이상에서 논의된 요소들, 특히 회계분류의 차이의 효과들이 순이익 방법에서 제거된다는 관점에서 보면, 이러한 사안들의 경우 왜 US CPM이 선호되는 방법이 돼서는 안 되는지에 관한 설득력 있는 이유는 없는 것 같다.[20]

(7) 국내 판례동향

외국법인의 국내 자회사가 국외 특수관계인에게 지급한 ERP 시스템용 S/W 사용료에 대해 과세당국이 TNMM을 적용하여 이전가격 조정을 한 사안에서, 대법원은 "TNMM

20) Oddlief Torvik, *op.cit.*, pp.184-187

에 의하여 이 사건 사용료의 정상가격을 산정하려면 특수관계가 없는 제3자 간의 국제거래 중 이 사건 거래와 유사한 거래의 순이익률을 기준으로 삼아야 함에도 피고들이 그 기준으로 삼은 것은 국외의 제3자로부터 판매권을 부여받지 아니하고 국내에서 직접 연구개발활동과 판매활동을 수행하는 이 사건 비교대상업체들의 거래에 의한 순이익률로서 그와 같은 거래는 국외의 제3자로부터 판매권을 부여받아 판매활동만을 수행하는 이 사건 거래와 유사하다고 하기 어려우므로 이 사건 처분은 위법하다"고 판시하였다.[21)]

비교대상거래가 반드시 국제거래여야 하는 것은 아니므로, 위 판결에서 비교대상거래의 조건으로 특수관계없는 제3자간 국제거래를 언급한 것은 옳지 않지만, TNMM 적용을 위한 비교가능성 조건으로서 S/W를 국내에 도입하여 판매활동만을 수행하는 원고의 활동과 R&D, 제조, 판매활동을 모두 직접 수행하는 비교대상 업체들의 활동은 수행기능, 사용자산 및 부담위험 측면에서 비교가능하지 않다고 판단한 점은 타당하다고 판단된다.

건강보조식품을 제조・수입하여 다단계 판매방식으로 국내에 판매하는 외국법인에 대해서 과세당국이 4개 업체를 비교대상 업체로 선정하여 TNMM에 따라 이전가격 조정을 한 사안에서, 대법원은 "TNMM은 다른 정상가격 산출방법과 비교하여 (…) 상품의 차이나 거래단계 등 사업활동의 기능상 차이 등에 의한 영향이 적다. 다만, (…) 상품이나 거래단계의 차이가 현저하여 양자가 본질적으로 다르고, 그로 인하여 거래에 수반되는 위험이나 사용되는 자산 등 다른 비교가능성 분석요소의 차이를 야기하며, 그러한 차이가 영업이익률에 중대한 영향을 미친다면, 그 비교대상거래는 합리적인 차이조정이 이루어지지 아니하는 한 비교가능성이 높다고 할 수 없어 당해 거래의 조건과 상황이 유사한 거래라고 할 수 없으므로, 그러한 비교대상거래를 기초로 TNMM에 따라 산출한 가격은 적법한 정상가격이라 할 수 없다."고 전제한 후, "비교대상업체들은 원고와는 취급제품의 종류 및 거래단계(사업활동의 기능), 환율변동을 비롯한 경제여건 등에 있어서 본질적인 차이가 존재함에도 그로부터 야기되는 차이를 극복할 수 있는 합리적인 조정이 이루어졌음을 인정할만한 자료가 없으므로 (…) 위법하다"고 판시하여, TNMM이 제품 및 기능상의 차이에 어느 정도 관대하더라도 그러한 차이가 거래순이익에 미치는 영향을 합리적으로 조정하지 못하면 적법한 정상가격의 산출이 아니라는 점을 명확히 하였다.[22)]

그러나, 외국법인 국내지점이 국외 특수관계자로부터 석유화학제품을 수입하여 판매하는 거래에 대해서 과세당국이 7개 업체를 비교대상업체로 선정하여 TNMM에 따라 이전

21) 대법원 2011.8.25. 선고 2009두23945 판결
22) 대법원 2014.8.20. 선고 2012두23341 판결

가격 조정을 한 사안에서, 대법원은 "TNMM은 다른 정상가격 산출방법과 비교하여 (…) 상품의 차이나 거래단계 등 사업활동의 기능상 차이 등에 의한 영향이 적다. 따라서 TNMM을 적용하는 경우 과세관청이 당해 거래의 조건과 상황이 유사한 거래를 행하는 비교대상업체를 선정하고 최선의 노력으로 확보한 자료에 기하여 합리적으로 정상가격을 산출하였다면 특별한 사정이 없는 한 거래품목이나 비교대상업체와의 거래단계 등의 차이에 따른 별도의 조정을 하지 아니하였다는 이유만으로 그와 같이 산출한 정상가격이 틀렸다고 단정할 수는 없다."고 언급하면서, "비교대상업체들은 유기화학품을 비롯한 기초 화학제품이나 기초 화합물을 국내로 수입하여 판매하는 기업들로서 원고 지점이 행한 이 사건 거래의 조건과 상황이 비슷한 거래를 하였으며, TNMM에 따라 산출한 정상가격은 영업이익률에 영향을 미칠 수 있는 운전자본 등에 대한 차이도 조정되었으므로, 피고는 이 사건 거래와 비슷한 거래를 행하는 비교대상업체를 선정하고 최선의 노력으로 확보한 자료에 기하여 합리적으로 정상가격을 산출한 것으로 볼 수 있다. 따라서, 일정한 정상가격의 범위가 존재하고 이 사건 거래의 이전가격이 그 정상가격의 범위 내에 들어 있어 경제적 합리성을 결여한 것으로 볼 수 없다는 특별한 사정을 원고가 증명하지 못하는 한, 피고가 산출한 정상가격이 틀렸다고 단정할 수는 없다."고 하면서 원심을 파기환송하는 판결을 하였다.[23] 이는 과세당국이 산출한 합리적 정상가격 외에 다른 정상가격이 존재한다는 점에 대해서는 납세자에게 증명책임이 있다는 점을 강조한 판결로서 그 의의가 있다고 하겠다.

다. 거래이익분할법

(1) 의의

거래이익분할법(transactional profit split method: 이하 PSM)은 둘 이상의 거래당사자들이 이익 또는 손실을 분할하는 양방향 방법이다. MNEs이 가치사슬[24]을 분산시키는 경향이 나타나고 점차 이를 국제적으로 확장하는 추세(global value chain) 속에서 PSM 적용의 필요성이 증가하였다. 2010년 TPG 개정 이후 PSM은 종전 최후수단(last resort)에서 '가장 적합한 방법(the most appropriate method)' 중의 하나로 위상이 높아졌고,

23) 대법원 2014.9.4. 선고 2012두1747/1754 판결

24) 기업활동에서 부가가치가 생성되는 과정 즉, 부가가치 창출에 직접 또는 간접적으로 관련된 일련의 활동·기능·프로세스의 연계를 의미한다. 주요활동으로 제품의 생산·운송·마케팅·판매·물류·서비스 등과 같은 현장업무 활동, 그리고 지원활동으로 구매·기술개발·인사·재무·기획 등 현장활동을 지원하는 제반 업무를 포함한다.(네이버 지식백과 참조)

특히 가치창출과 과세 간의 연계성을 강화시키고자 한 OECD/G20 주도의 BEPS 프로젝트의 결과 PSM의 이용이 더욱 증가할 것으로 전망된다.

PSM은 독립기업들이 실현했을 것으로 기대되는 이익을 배분함으로써 특수관계거래 조건들이 이익에 대해 미친 영향을 제거하고자 한다. PSM은 먼저 특수관계거래에서 분할될 이익 또는 손실을 확인한 후, 특수관계기업들 간 관련이익을 독립기업 상황에서 예상되고 약정에 반영되었을 이익의 배분에 근사한 이익을 경제적으로 타당한 방법으로 분할한다. 모든 TP 방법들과 마찬가지로, 특수관계기업들의 이익이 그들의 공헌의 가치 및 그러한 공헌에 대해 독립기업들 간 비교가능한 거래에서 합의되었을 보상과 일치하도록 보장하는 것이 목표이다. 따라서 PSM은 특수관계기업들의 공헌가치를 직접 측정하는 것보다 관련 이익에 대한 공헌의 상대적 비중(relative shares)에 의해서 보다 신뢰성 있게 평가될 수 있는 경우에 특히 유용하다.(TPG 2.114)

이와 관련하여, 우리나라 세법은 PSM을 "거주자와 국외특수관계인 간의 국제거래에서 거래 쌍방이 함께 실현할 거래순이익을 합리적인 배부기준에 의하여 측정된 거래당사자들 간의 상대적 공헌도에 따라 배부하고 이와 같이 배부된 이익을 기초로 산출한 거래가격을 정상가격으로 보는 방법"이라고 정의하고 있다.(국조법 §8 ① 5호)

PSM은 배분기준을 토대로 특수관계기업 간 소득을 배분한다는 점에서 공식배분법과 유사한 점이 있으나, 다음 두 가지 점에서 근본적인 차이가 있다. 첫째, 두 접근방법의 목적이 다르다. PSM은 독립기업원칙의 적용을 목적으로 하지만, 공식배분법은 그러한 목적이 없다. 공식배분법에서 이용하는 배분기준은 특정 원칙을 준수할 필요가 없는 경우도 있다. 둘째, 배분기준을 설계하는 방식이 다르다. PSM은 사안별 분석 결과에 따라 배분기준이 결정되는 데 비해, 공식배분법은 사전에 정해진 공식에 토대를 둔다. 따라서, PSM에서 적용되는 배분기준은 각 당사자가 수행한 기능, 부담한 위험 및 사용한 자산에 따라 달라질 수 있다. PSM이 사안별로 다른 배분기준을 적용한다는 사실은 개별적으로 각 당사자가 창출한 가치를 반영한다는 점에서 장점이지만, 배분기준의 결정과 관련하여 쉽게 마찰을 야기한다는 점에서는 단점이라 할 수 있다. 공식배분법과 달리, 이익분할법에서는 각 당사자가 소유 또는 사용한 무형자산이 중요한 역할을 할 것이다.

(2) PSM 적용이 적절한 상황

이전가격 방법의 선택은 각 방법의 강점과 약점, 특수관계거래의 성격을 고려한 적절성,

신뢰할 수 있는 정보의 이용가능성 및 특수관계거래와 독립기업거래 간의 비교가능성 수준을 고려하여 특정 사안에 가장 적합한 방법을 찾는 것을 목표로 한다.(TPG 2.116 & 2.2)

(가) PSM의 강점 및 약점

PSM의 강점은 첫째, 양 거래당사자들이 거래에 대해 독특하고 가치있는 공헌(unique and valuable contributions)[25]을 하는 사안에 대한 해결책을 제공할 수 있는 점이다. 그러한 경우, 독립기업들은 각자의 공헌들에 비례하여 거래가격을 설정할 것이고, 이런 상황에서는 양방향 방법이 일방향 방법보다 적절할 것이다. 또한, 그 공헌들은 독특하고 가치가 있으므로 타 방법을 적용해서는 거래전체의 가격 결정에 사용할 수 있는 신뢰할 수 있는 비교대상거래가 존재하지 않을 것이다. 그 경우, PSM은 특수관계기업들의 기능, 자산 및 위험 등의 상대적 공헌가치에 토대하여 이익을 배분할 수 있다.(TPG 2.119)

둘째, PSM은 금융상품의 글로벌 트레이딩과 같은 사안에서 고도로 통합된 사업에 대한 해결책을 제공할 수 있다는 점이다.(TPG 2.120)

셋째, 독립기업들에는 없는 특수관계기업들의 독특한 사실관계 및 상황을 고려함으로써 유연성을 제공할 수 있다. 예를 들어, 경제적으로 중요한 위험을 거래당사자들이 공동부담하거나 또는 밀접히 관련된 경제적으로 중요한 위험들을 거래당사자들 각자가 부담하는 거래에서, 각 당사자에게 고도의 불확실성이 존재하는 경우 PSM은 각 당사자가 거래와 연관된 실제 위험의 결과를 다르게 실현하더라도 각 당사자의 정상이윤 결정을 가능하게 한다.(TPG 2.121)

넷째, 모든 거래당사자가 거래가격 결정의 일부로서 직접 평가되고, 각 당사자에 대한 독립기업보상의 결정하기 위하여 각 당사자의 공헌들이 구체적으로 식별되고 상대적 가치가 측정된다는 점이다.(TPG 2.122) 양 당사자들이 평가되기 때문에 특수관계거래의 한쪽 당사자에게 극단적인 이익이 부여될 가능성이 낮다. 이는 특수관계거래에 사용된 무형자산과 관련한 당사자들의 공헌도를 분석할 때 특히 중요할 수 있다. 또한, 양방향 접근방법은 규모의 경제 또는 통합의 효율성에서 발생한 시너지이익의 배분 목적으로도 이용될 수 있다.

한편, PSM의 약점은 적용상의 어려움들과 관련된다. 일견 PSM은 독립기업에 관한 정보에 덜 의존하기 때문에 납세자와 과세당국 모두가 쉽게 접근할 수 있는 것처럼 보인다.

---

25) '독특하고 가치있는 공헌'이란 예컨대, 수행된 기능, 사용·출연된 자산 또는 부담한 위험이 ⅰ) 비교가능한 상황에 있는 독립기업들과 비교가능하지 않고, ⅱ) 사업활동에서 실제적 또는 잠재적인 경제적 이익의 핵심 원천에 해당하는 공헌을 의미한다.(TPG Glossary)

그러나, 특수관계기업들과 과세당국 모두 PSM을 적용하기 위해 요구되는 세부 정보에 접근하는 데 어려움이 있다. 모든 특수관계거래 기업들의 관련 수입과 비용을 측정하기 위해서는 공통적 기준하에 장부 및 계정을 기록하고, 회계관행 및 통화의 조정이 요구되는 어려움이 있다. 또한, PSM이 영업이익에 대해 적용되는 경우, 적절한 영업비용을 식별하고 해당 거래와 다른 활동들 간에 비용을 배분하는 것이 어려울 것이다. PSM의 적용을 위한 각 변수들(parameter)을 결정할 때는 분할될 관련이익의 결정을 포함하여 PSM의 적용방법 및 이익분할 요소들의 결정방법 등을 문서로 작성하는 것이 중요할 것이다.(TPG 2.123)

(나) PSM이 적합한 특수관계거래의 성격

특수관계거래의 성격을 정확히 파악하기 위해서는 거래가 발생한 맥락을 포함하여 특수관계기업들 간의 상업적·재무적 관계를 고려해야 한다.(TPG 2.125)

각 당사자의 독특하고 가치있는 공헌의 존재는 PSM이 적절할 수 있는 가장 명백한 증거이다. 거래가 발생하는 산업 및 사업성과에 영향을 미치는 요인들을 포함한 거래의 맥락이 당사자들의 공헌을 평가하고 그러한 공헌이 독특하고 가치있는지 여부를 평가할 때 특히 중요할 수 있다. PSM이 가장 적절할 수 있는 다른 증거로 거래와 관련한 고도로 통합된 사업활동 및 경제적으로 중요한 위험의 공동부담 또는 밀접히 관련된 경제적으로 중요한 위험의 각자부담을 포함할 수 있다. 그러한 증거들은 상호 배타적인 것이 아니고 단일 사안에서 함께 발견될 수 있다.(TPG 2.126)

PSM의 적합성 평가와 관련하여, 우리나라 세법은 "특수관계인 양쪽이 특수한 무형자산 형성에 관여하는 등 고도로 통합된 기능을 수행하는 경우에 특수관계가 없는 독립된 당사자 사이에서도 각자의 기여에 비례하여 그 이익을 분할하는 것이 합리적으로 기대되는지 여부"를 고려해야 한다고 규정하고 있다.(국조칙 §6 ② 5호)

덜 복잡한 기능을 수행하는 당사자에 대한 독립기업 보상을 위해 사용될 비교가능성이 높은 독립기업거래가 없다고 하여 선뜻 PSM이 가장 적합한 방법이라고 결론을 내려서는 안 된다. 특수관계거래와 동일하지는 않지만 충분히 비교가능한 독립기업거래를 사용하는 방법이 PSM을 부적절하게 사용하는 것보다 신뢰성이 높을 수 있다.(TPG 2.128)

또한, 산업 관행을 고려하는 것이 적절할 수 있다. 유사한 상황에서 독립기업들이 이익분할 방법을 사용한다는 정보가 있다면, PSM이 가장 적합한 방법인지 여부가 신중하게 고려되어야 한다. 그러한 산업 관행은 각 당사자가 독특하고 가치있는 공헌을 하거나 또는 당사자들이 매우 상호의존적이라는 사실에 대한 신호일 수 있다. 반대로, 비교가능한 거래를 수행하는 독립기업들이 다른 방법을 사용하는 것이 발견되는 경우 이 또한 고려되어야 한다.(TPG 2.129)

① 각 거래당사자의 독특하고 가치있는 공헌

수행한 기능, 사용 또는 출연한 자산, 부담한 위험의 공헌은 i) 비교가능한 상황에서 독립기업들에 의한 공헌과 비교가능하지 않고, ii) 사업활동에서 실제적 또는 잠재적인 경제적 이익의 핵심 원천(a key source)에 해당하는 경우 '독특하고 가치있는' 공헌에 해당한다. 위 두 가지 요소들은 종종 연결되어 있다. 왜냐하면, 그러한 공헌은 경제적 이익의 핵심 원천이기 때문에 그들에 대한 비교대상거래는 거의 발견될 수 없다. 이러한 상황에서 각자의 독특하고 가치있는 공헌들과 연관된 위험은 다른 당사자들에 의해 통제될 수 없다. 예를 들어, 어떤 제품의 핵심 부품의 개발자 및 제조자, 그리고 이와 함께 동일 제품에 포함되는 다른 핵심 부품의 제조자 및 개발자는 둘 다 경제적 이익의 핵심 원천에 해당하는 기능 및 무형자산의 관점에서 독특하고 가치있는 공헌을 한다. 실제로 그들 중 어느 누구도 전체 제품과 관련한 개발위험을 통제할 수 없고, 대신에 그들은 개발위험을 공동으로 통제하고 그들의 공헌에서 발생하는 관련 이익을 공유한다.(TPG 2.130)

예를 들어, 아래 〈그림 4-29〉에서 보는 바와 같이 제약산업의 MNE그룹 모회사인 A국의 PCo는 신약개발과 관련한 임상실험을 설계하고 약품개발 초기단계 동안 R&D 기능을 수행하여 특허를 취득하였다고 하자.

〈그림 4-29〉 특허권 사용허락 대가에 대한 PSM 적용사례

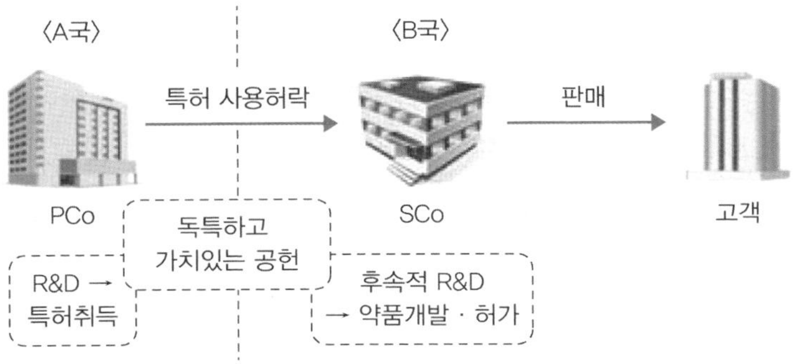

PCo는 B국 자회사인 SCo와 약품과 관련된 특허권을 SCo에게 사용허락하는 계약을 체결하고, 해당 계약에 따라서 SCo는 제품의 후속적 개발을 수행하고 중요한 향상 기능을 수행한다. SCo는 관련 규제당국으로부터 시판허가를 얻고, 성공적으로 개발된 약품은 전 세계 시장에서 판매된다고 하자. 이상의 사실관계에서 볼 때, PCo와 SCo에 의해 수행된 공헌은 약품 개발에 독특하고 가치있는 공헌에 해당한다. 이러한 상황에서 PCo가 SCo에게 사용허락한 특허권에 대한 보상을 결정하기 위해서는 PSM이 가장 적합한 방법이다.(TPG Ch.2 Annex Ⅱ/Ex.1)

〈그림 4-30〉 제품 판매활동에 대한 PSM적용 부적합 사례

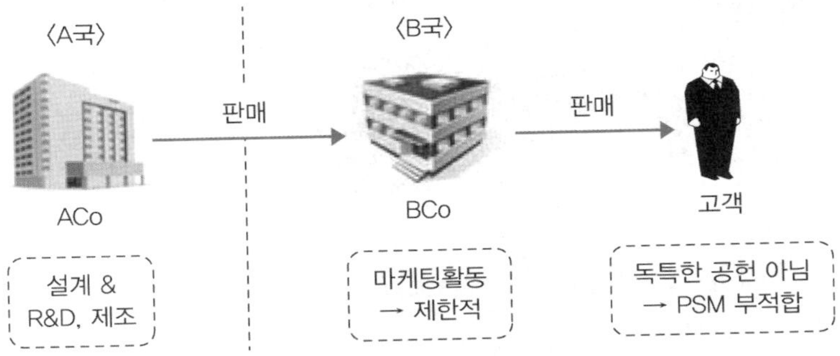

다른 사례로, 위 〈그림 4-30〉에서 보는 바와 같이 ACo와 BCo는 전자제품을 판매하는 MNE 그룹의 일원이다. 신제품을 출시하기 위해 ACo는 설계, 개발 및 제조를 담당하고, BCo는 마케팅 기능과 제품의 전세계 공급을 담당한다. 신제품 제조를 위해 ACo는 제품 단계를 결정하고 품질 통제를 수행한다. 이를 위해, ACo는 전자제품의 제조와 관련한 가치있는 노하우와 전문성을 사용한다. BCo의 마케팅활동은 다소 제한적이어서 상표권과 연관된 영업권 또는 평판을 크게 향상시키지 못한다. BCo는 판매제품에 대한 고객의 피드백을 ACo에게 전달하지만, 이는 단순한 과정이어서 독특하고 가치있는 공헌에 해당하지 않는다. 요약하면, BCo의 판매활동은 해당 산업에서 경쟁적 우위의 특별한 원천은 아니다. 신제품의 잠재적 성공은 주로 기술적 사양, 설계, 고객 판매가격에 의존한다. BCo가 부담하는 마케팅 및 판매위험은 ACo의 궁극적인 수익성에 영향을 줄 수 있다. 그러나, 기능분석에 의하면 BCo가 부담한 위험은 경제적으로 중요한 위험이 아니고, BCo는 독특하고 가치있는 공헌을 하지 않는다.

이러한 상황에서, BCo의 공헌에 대한 독립기업 보상은 비교가능한 독립기업거래 및 일

방향 방법에 따라서 신뢰할 수 있게 적용될 수 있기 때문에 PSM은 가장 적합한 방법은 아닐 것이다.(TPG Ch.2 Annex II/Ex.3-4)

신뢰할 수 있는 비교가능한 독립기업거래의 식별이 불가능한 경우 PSM은 완전히 개발된 무형자산 또는 부분적으로 개발된 무형자산의 이전에 대해서 가장 적합한 TP 방법일 수 있다.(TPG 2.132)

〈그림 4-31〉 S/W 공동개발에 대한 PSM 적용사례

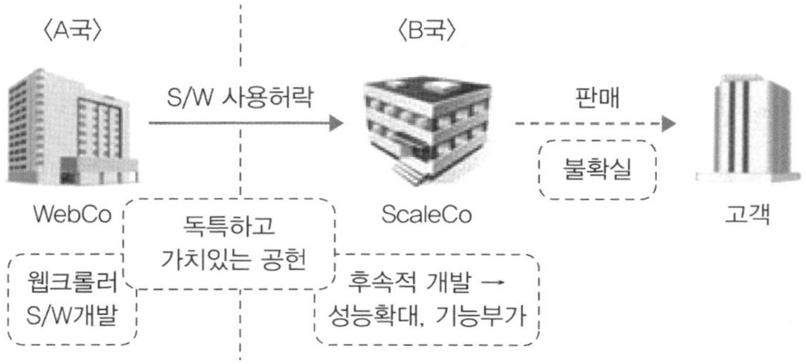

위 〈그림 4-31〉에서 보는 바와 같이 WebCo는 기업 고객을 위한 IT 솔루션을 개발하는 MNE 그룹의 일원이고, 최근 WebCo는 인터넷 사이트에서 가격 데이터를 수집하는 웹크롤러 시스템을 설계하였다고 하자. WebCo는 시장의 다른 유사한 검색엔진보다 효율적이고 빠르게 웹페이지를 체계적으로 검색이 가능한 프로그램(S/W) 코드를 제작하였다. 이 단계에서, WebCo는 프로그램을 동일 그룹 관계회사인 ScaleCo에게 사용허락한다고 하자. ScaleCo는 웹크롤러의 성능 확대 및 크롤링 전략의 결정을 담당한다. ScaleCo는 웹크롤러에 대한 부가기능 설계 및 시장의 갭에 대처하기 위해 제품을 맞춤화하는 전문가이다. 이러한 공헌이 없이는 동 시스템은 잠재적 고객 요구를 충족시킬 수 없다. 사용허락 조건에 의하면, WebCo는 관련 기초기술을 지속 개발하고 ScaleCo는 웹크롤러의 성능을 확대하기 위해 이러한 개발을 사용할 것이다.

기능분석에 의하면, 거래의 경제적으로 중요한 위험은 개발중인 웹크롤러가 실패할 위험이다. 따라서, WebCo와 ScaleCo는 S/W의 개발위험을 부담한다. 특수관계거래에 대한 분석 결과, WebCo와 ScaleCo의 공헌이 웹크롤러의 창출 및 잠재적 성공의 독특하고 가치있는 공헌이다. 이러한 상황에서, WebCo와 ScaleCo 간의 사용허락 약정에 대한 독립기업 보상을 결정하기 위해서는 PSM이 가장 적합한 방법일 것이다.(TPG Ch.2 Annex II /Ex.5)

② **고도로 통합된 사업활동**

대부분의 MNEs 그룹이 어느 정도 통합되어 있더라도 특정 사업활동에서 특별히 높은 수준의 통합은 PSM의 고려를 위한 징표이다. '높은 수준의 통합'이란 한 거래당사자와 다른 당사자의 기능수행, 자산사용 및 위험부담 방식이 상호 연결되어(interlinked) 있어서 분리 평가될 수 없는 것을 의미한다. 반면에, MNE 내부의 많은 통합 사례들은 적어도 한 거래당사자의 공헌이 실제 비교가능한 독립기업거래에 의하여 신뢰할 수 있게 평가될 수 있다. 예를 들어, 보완적이지만 분리된 활동들이 수행되는 경우, 각 분리된 단계에서 관련 기능, 자산 및 위험이 독립기업 약정의 그것들과 비교가능하기 때문에 신뢰할 수 있는 비교대상거래를 발견할 수 있는 경우가 있다.(TPG 2.133)

〈그림 4-32〉 펀드(CIVs) 자산관리 활동의 PSM 적용사례

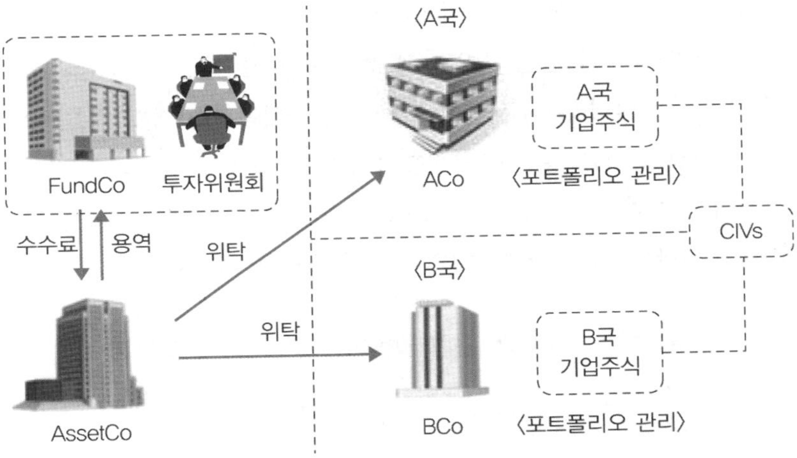

위 〈그림 4-32〉 사례에서 보듯이, A국에 ACo와 B국에 BCo, 두 자회사를 가지고 있는 AssetCo는 독립기업들에게 자산관리 서비스를 제공하는 MNE 그룹의 모회사이다. 또한, FundCo는 A국과 B국의 투자자들에게 CIVs를 제공하는 독립적인 자산관리회사이다. FundCo에 의해 판매된 투자기구는 A국과 B국의 주식지분을 보유하는 미러펀드(mirror funds)[26]이다. FundCo는 동 펀드을 위한 포트폴리오 관리서비스를 제공하기 위해 AssetCo를 고용한다. FundCo는 A국과 B국 투자자들에게 판매된 동 펀드의 관리하에

26) 외국계 운용사들이 역외펀드의 운용방침과 자산구성 등을 본떠 국내에 재설정한 펀드를 말한다.(한경 경제용어사전)

있는 결합자산에 토대하여 AssetCo에게 수수료를 지급한다. AssetCo는 포트폴리오 관리 서비스를 제공하는 ACo 및 BCo와 계약을 체결하고, ACo와 BCo는 각국의 주식에 특화된 포트폴리오 관리자를 각각 고용한다. AsseCo는 FundCo 계약과 관련하여 아무런 기능을 수행하지 않고 자산을 출연하거나 위험을 부담하지도 않는다. A국과 B국의 포트폴리오 관리자들로 구성된 투자위원회가 동 펀드의 투자관리에 대한 결정을 한다. A국 주식과 B국 주식 간 펀드의 구성은 위원회의 결정에 따라서 달라진다.

기능분석에 의하면, 거래관련 경제적으로 중요한 위험은 성과가 나쁠 경우 FundCo의 미러펀드로부터 투자자들이 자금을 인출하는 것이다. ACo와 BCo는 펀드의 성과와 관련된 위험부담을 공유하고 포트폴리오 관리서비스를 고도로 통합된 방식으로 수행한다. ACo와 BCo는 가치있는 서비스를 제공하지만, 이러한 서비스에 대한 경쟁적 독립기업 시장은 동 서비스가 독특하지 않다는 것을 나타낸다. 가령, ACo와 BCo가 함께 수행한 서비스 등 포트폴리오 관리서비스에 대한 비교대상거래는 확보할 수 있지만, ACo와 BCo간 독립기업 수수료를 어떻게 분할할 것인가에 관한 정보를 제공하지는 않는다.

이러한 상황에서, ACo와 BCo의 활동은 고도로 통합되어 있고 상호의존적이어서 각자의 공헌에 대한 독립기업 보상을 결정하기 위해서 일방향 방법을 사용하는 것은 불가능하고, PSM이 가장 적합한 방법으로 판명된다. AssetCo가 FundCo로부터 수취한 독립기업 수수료는 ACo와 BCo 간에 분할될 관련이익의 수입을 구성할 것이다.(TPG Ch.2 Annex II/Ex.6)

〈그림 4-33〉 고도의 통합 활동이 아닌 PSM 부적합 사례

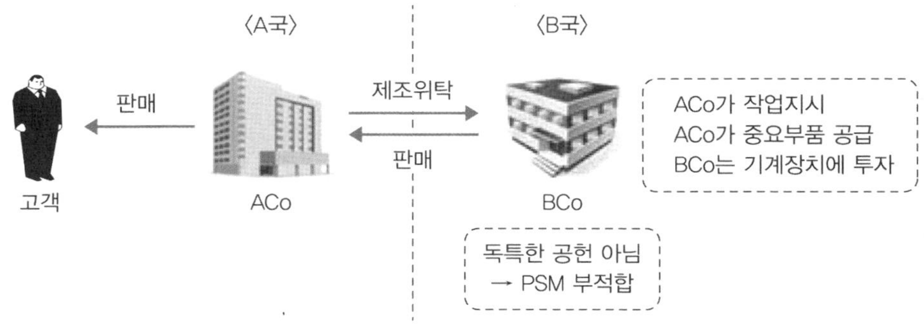

또한, 위 〈그림 4-33〉 사례에서 보는 바와 같이 전자기기의 제조 및 판매에 종사하는 MNE 그룹의 모회사인 ACo는 관계회사인 BCo에게 전자기기의 제조위탁을 결정한다. 계약조건에 의하면, BCo는 기기를 생산하기 위하여 ACo의 지시를 따라야 한다. ACo는

제조공정의 중요 부품을 제공하고, BCo로부터 매입한 완성품을 고객에게 판매한다. 제조활동을 수행하기 위해 BCo는 그룹에서 판매하는 전자기기 생산에 특별히 개작된 기계 및 장치에 투자하였다. ACo는 BCo의 유일한 고객이고, ACo가 BCo의 모든 생산품을 취득한다.

이상의 사실관계로 볼 때, BCo는 특수관계거래 및 그룹사업과 관련하여 독특하고 가치있는 공헌을 하지 않는다. 또한, BCo의 부담위험은 그룹의 사업활동을 위한 중요한 위험이 아니다. BCo 활동이 어느 정도 ACo 활동에 통합되고 의존적이지만, BCo의 공헌에 대한 독립기업 보상은 비교가능 독립기업거래 및 일방향 방법의 적용에 따라서 신뢰할 수 있게 적용될 수 있다. 이러한 상황에서, PSM이 가장 적합한 방법은 아니다.(TPG Ch.2 Annex Ⅱ/Ex.8)

한편, 거래당사자들이 각자의 공헌을 분리하여 평가하기가 불가능할 정도로 기능을 공동 수행하고 자산을 공동 사용하며 위험을 공동 부담하는 경우가 있다. 예를 들어, 특수관계기업들 간 금융상품의 글로벌 트레이딩에는 PSM이 적용될 수 있다.(TPG 2.134) 다른 사례는 당사자들 간 통합의 형태가 높은 수준의 상호의존성(inter-dependency)을 가지는 경우이다. 예를 들어, 공헌의 가치가 계약 상대방에게 의존하는 중요한 공헌(자산 등)을 각 당사자들이 행하는 독립기업들 간 장기약정에서 이익분할 방법이 사용될 수 있다. 이러한 사안에서 각 당사자의 공헌이 다른 당사자에게 의존적인 경우 또는 한 당사자의 공헌가치가 다른 당사자의 공헌에 상당한 정도로 의존하는 경우, 다른 당사자에 대한 의존에서 발생하는 각 당사자의 부담 위험의 결과를 고려하고, 또한 그에 따라 차이가 나는 융통성 있는 가격결정 형태가 관찰될 수 있다.(TPG 2.135)

사업활동이 통합된 경우, 당사자들이 동일한 중요한 위험을 공동 부담하거나 밀접히 관련된 중요한 위험을 독립적으로 부담하는 정도는 가장 적합한 방법의 결정과 관련될 것이다. 만약 PSM이 가장 적합한 방법으로 고려된다면 PSM이 어떻게 적용되어야 하는지, 특히 실제이익 또는 예상이익의 분할이 사용되어야 하는지와 관련될 것이다.(TPG 2.136) 한 당사자가 경제적으로 중요한 위험의 통제에 공헌하지만 위험이 다른 당사자에 의해 부담되는 경우, 이는 그 당사자가 통제에 대한 공헌과 비례하도록 위험과 연관된 잠재적 이익의 증가 또는 감소를 공유하는 것이 적절하다는 것을 입증한다.(TPG 2.137)

공헌이 고도로 상호 관련되거나 상호 의존적인 경우, 각 당사자들의 공헌에 대한 평가는 전체적으로(holistically) 수행될 필요가 있다. 또한, 높은 수준의 통합은 기업들의 공헌이 독특하고 가치있는 것으로 간주되는지 여부에 영향을 줄 수도 있다. 예컨대, 한 당사자의 독특한 공헌은 다른 당사자의 독특한 공헌과 결합하여 고려될 때 상당히 더 큰 가치를 가질 수 있다.(TPG 2.138 & 6.93-94)

③ 경제적으로 중요한 위험의 공동부담 또는 각자부담

〈그림 4-34〉 중요한 위험을 각자 부담하는 경우 PSM 적용사례

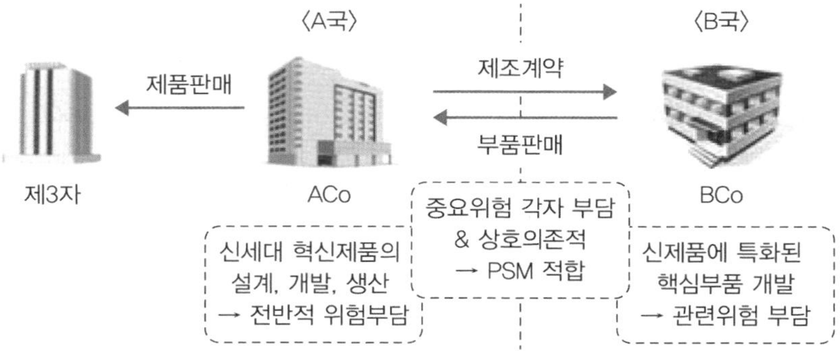

특수관계거래의 각 당사자가 중요한 경제적 위험들을 공동 부담하거나 또는 여러 중요한 경제적 위험들이 당사자들에 의해 각자 부담되지만 그러한 위험들이 밀접히 상호관련되거나 상호연관성이 있어서 각 당사자의 위험의 실현이 분리될 수 없는 경우 PSM이 가장 적합한 방법일 수 있다.(TPG 2.139-140)

위 〈그림 4-34〉 사례에서 보듯이, ACo는 첨단기술의 산업제품을 설계, 개발, 생산한다. ACo의 신세대 제품은 특수관계기업인 BCo에 의해 개발된 핵심 부품을 포함하는데, 이 부품은 혁신적이며, 독특하고 가치있는 무형자산을 포함하고 있다. 신세대 제품의 성공은 BCo에 의해 제조된 핵심부품의 성과에 크게 의존하지만, 그 핵심부품은 ACo의 신세대 제품에 맞춤형으로 제작되어서 타 제품에서 사용될 수 없다. 핵심부품은 전적으로 BCo에 의해 개발되었다.

기능분석 결과, BCo는 ACo의 관여없이 부품 개발과 관련한 모든 통제기능을 수행하고 위험을 부담한다. 또한, ACo는 신세대 제품의 생산 및 판매와 관련된 모든 통제기능을 수행하고 위험을 부담한다. ACo는 핵심부품의 성과와 관련한 위험을 통제하고 부담할 수 없다. 이 사례에서는 ACo와 BCo가 경제적으로 중요한 위험들을 각자 부담하고, 그러한 위험이 매우 상호의존적이라는 것이 입증되므로, PSM이 가장 적합한 방법이다. 만약 PSM을 적용하는 적절한 방식이 ACo의 신제품 판매수입 또는 총이익을 분할하는 것이라면, 각 당사자의 부담위험은 그들의 영업비용에 반영될 것이다.(TPG Ch.2 Annex II/Ex.10)

이 지표는 관련 위험이 경제적으로 중요하여 각 당사자에게 관련이익의 공유가 보장되는 정도에 많은 부분을 의존할 것이다. 위험의 경제적 중요성은 해당 특수관계거래로부터 실제 또는 예상되는 관련이익과 관련하여 분석되어야 한다.(TPG 2.141) 각 당사자가 경제적으로 중요한 위험부담을 공유하거나 상호관련된 경제적으로 중요한 위험을 각자 부담하고 PSM이 가장 적합한 방법으로 간주된다면, 분할될 실제 관련이익이 각 당사자의 위험의 실현을 반영할 것이기 때문에, 예상이익보다 실제이익의 분할이 필요할 것이다.(TPG 2.142)

(다) 신뢰할 수 있는 정보의 이용가능성

전체적인 거래가격을 결정하기 위하여 신뢰할 수 있는 비교가능한 독립기업거래에 관한 정보를 이용할 수 있다면, PSM이 가장 적합한 방법일 가능성은 없을 것이다. 그러나, 비교대상거래가 없다는 것만으로는 PSM의 이용을 보장하기에는 불충분하다.(TPG 2.143 & 2.128) 비교대상 독립기업거래가 없는 경우에 PSM이 적용될 수 있지만, 독립기업거래에 대한 정보는 PSM의 적용, 예컨대 관련이익의 분할을 위해서 또는 잔여 분석방법이 사용되는 경우 각 특수관계기업의 공헌가치를 평가하기 위해서도 여전히 중요하다.(TPG 2.144)

(3) 거래이익분할법의 적용방법

(가) 개요

PSM의 적용은 사안의 사실관계 및 상황 그리고 이용가능한 정보에 의존할 것이지만, 만약 당사자들이 독립기업들이었다면 실현되었을 이익 분할에 가능한 한 가깝게 접근(approximate as closely as possible)시키는 것이 목표이다.(TPG 2.146) 관련이익은 독립기업 상황에서 체결된 약정에서 예상되고 반영되었을 이익의 분할에 근사시키는 경제적으로 타당한 근거하에 분할되어야 한다. 분할될 관련이익 및 이익분할 요소들의 결정은 첫째, 검토대상 특수관계거래의 기능분석과 일치하고, 특히 당사자들의 경제적으로 중요한 위험부담을 반영해야 하며, 둘째, 신뢰할 수 있는 방식으로 측정되어야 한다.(TPG 2.147)

또한, ⅰ) PSM이 특수관계거래의 이전가격 결정을 위해 처음부터 사용된다면, 거래에 앞서서 약정의 존속기간 및 이익분할 기준 또는 요소들이 합의될 것으로 기대하는 것이 합리적이다. ⅱ) 납세자 또는 과세당국은 왜 PSM이 개별 사안의 상황에 가장 적합한 방법인지, 그리고 그것이 집행되는 방식, 특히 관련이익의 분할시 사용되는 이익분할 기준 또는 요소들을 설명할 수 있어야 한다. iii) 분할될 관련이익 및 이익분할 요소들의 결정은, 시간이 지나면서 다른 관련이익 또는 이익분할 요소들을 사용하는 논거가 사실관계 및 상황에 의해서 뒷받침되고 문서화되지 않는 한, 일반적으로 손실기간을 포함하여 약정의 존속기간 동안 지속적으로 사용되어야 한다.(TPG 2.148)

PSM의 적용방법은 특수관계거래의 성격과 이용할 수 있는 정보에 따라서 많은 접근방법이 있다. PSM은 각 당사자의 상대적 공헌을 고려하여 적용될 수 있는데, 이를 공헌도분석(contribution analysis)이라 한다. PSM이 가장 적합한 방법이지만, 최소한 한 당사자가 비교가능한 독립기업거래에 의해 비교될 수 있는 덜 복잡한 공헌을 하는 경우에는 잔여 이익분석방법(residual analysis)이 적절할 수 있다.(TPG 2.149)

(나) 공헌도 분석방법

공헌도분석에 의하면, 검토대상 특수관계거래의 총이익인 관련이익은 비교대상 독립기업거래에서 달성했을 분할의 합리적 근사치에 도달하기 위하여 특수관계기업들 간에 분할된다. 이러한 배분은 이용가능한 비교대상거래에 의해 뒷받침될 수 있다. 이용가능한 비교대상거래가 없는 경우에는, 독립기업들이 달성했을 분할에 대한 대용(proxy)으로서 MNE 그룹의 내부정보를 사용하여 결정되는 각 특수관계기업들의 상대적인 공헌의 가치에 토대를 두어야 한다. 공헌들의 상대적 가치가 측정될 수 있는 경우에는 각 당사자의 공헌의 실제 시장가치를 추정할 필요는 없을 것이다.(TPG 2.150)

관련이익에 대한 각 특수관계기업들의 상대적 공헌가치를 결정하는 것이 어려울 수 있고, 그 접근방법은 사안의 사실관계 및 상황에 달려있을 것이다. 그러한 결정은 예컨대, 용역의 제공, 발생된 개발비용, 사용 또는 출연된 자산 또는 투자된 자본 등 각 당사자의 서로 다른 유형의 공헌들의 성격과 수준을 비교하고, 상대적 비교 및 외부 시장자료를 토대로 비율을 할당함으로써 이루어질 것이다.(TPG 2.151)

아래 〈그림 4-35〉 사례에서 보는 바와 같이 다국적 금융그룹인 P국의 PCo가 X국 자회사 XCo의 직원들을 한국 자회사 SCo에 파견하여 PCo가 조달한 자체 자금으로 국내 증권거래소를 통해 주가지수 선물・옵션거래를 수행하고 상당한 수익을 창출하였으나 위탁수수료(brokerage fee)만을 신고・납부하고 거래차익은 신고 누락하였다고 가정하자. 이 사례에서 과세당국은 국내에 PCo의 PE가 존재하는 것으로 판정하여 이전가격 방법으로 PE에 귀속될 소득을 산출한다고 하자.

〈그림 4-35〉 금융기관의 PE 판정시 이익분할법 적용사례

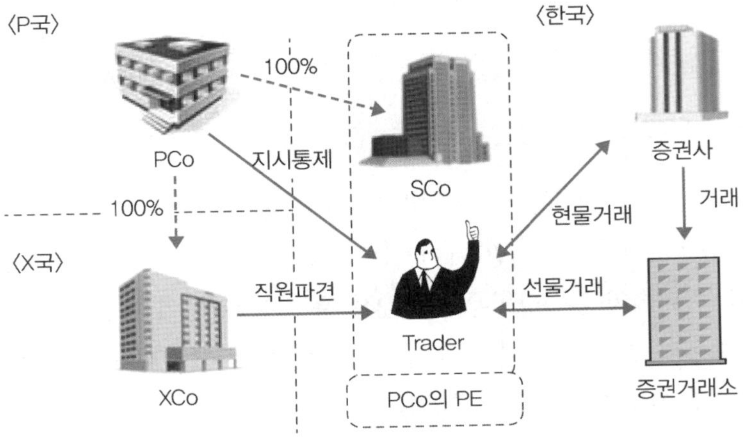

이러한 주가지수 선물·옵션거래는 지수차익거래(index arbitrage)[27]의 하나로서 일련의 거래를 완성시키기 위해 P국, X국 및 한국 등에 소재한 여러 관계회사들 간에 고도로 통합되고 당사자들 간 긴밀한 협력이 요구되는 global trading 성격을 지닌 금융상품거래이기 때문에 PSM을 적용할 수 있을 것이다. 따라서 관련 거래이익에서 주식헤지손실과 관련 거래비용을 공제한 분할대상 이익을 산출한 후 각 당사자가 수행한 기능 및 부담한 위험 등을 고려하여 상대적 공헌도에 따라 관련이익이 분할되어야 한다.

이때 만약 납세자가 주가지수 선물·옵션거래의 경우 투자자금의 제공 및 위험관리 활동(hedging)이 제일 중요하기 때문에 이익분할을 위한 공헌도분석 시 인적 기능(people function)과 자본 및 위험부담(capital function) 기능을 동등하게 50대 50의 가중치로 고려해야 한다고 주장한다고 한다면 타당한 주장일까? 앞서 PE 귀속이윤의 결정에서 살펴보았듯이, PE에 귀속되는 이윤은 중요한 인적 기능(SPF)으로만 평가되어야 한다. 왜냐하면, 자회사와 달리 PE의 경우 위험은 기능에 수반되는 것이기 때문이다. 따라서 자본 및 위험부담 기능을 인적 기능과 별도로 고려하게 되면 자본제공자에게 이중으로 보상하는 셈이 된다. 독립기업원칙에 따라서 해당 거래와 관련된 위험에 대한 통제 기능을 수행하지 않은 자본제공자에게는 자금조달과 관련된 위험조정 수익률만을 보상하면 되는 것

27) 차익거래란 서로 다른 시장에서의 가격 차이를 이용하여 수익을 내는 거래이며, 시장이 불완전 경쟁시장이기 때문에 발생한다. 주로 컴퓨터 프로그램을 이용한 알고리즘 트레이딩을 통해서 거래비용이 작은 금융상품거래에서 실행된다. 지수차익거래의 경우, 선물지수가 현물지수보다 높아 현물가격이 오를 것으로 예상되면 콘탱고(contango)라 하여 선물을 팔고 주식 현물을 사며, 선물지수가 현물지수보다 낮아 현물가격이 하락할 것으로 예상되면 백워데이션(backwardation)이라 하여 현물을 팔고 선물을 사들인다.

이고, 국내 및 해외 관계회사에서 해당 거래의 실행을 위해 중요한 인적 기능(trading, risk management, modelization, execution 등)을 수행하는 직원들의 인건비 등을 기준으로 결합이익이 배분되어야 할 것이다.

(다) 잔여이익 분석방법

당사자들의 공헌들 중 일부는 일방향 방법에 따라서 신뢰할 수 있게 평가되고 비교대상거래를 사용하여 비교될 수 있지만 나머지는 그렇지 못할 경우, 잔여 분석방법의 적용이 적절할 것이다. 잔여이익 분석방법은 검토대상 특수관계거래의 관련이익을 두 범주로 나눈다. 첫째 범주는 신뢰할 수 있게 비교될 수 있는 공헌들에 귀속되는 이익이다. 이는 통상 신뢰할 수 있는 비교대상거래가 발견될 수 있는 덜 복잡한 기능들이다. 이러한 1차적 보상은 통상 비교대상 독립기업들의 보수를 확인하기 위하여 전통적 거래방법 또는 TNMM 중 하나를 적용함으로써 결정될 것이다. 따라서 이것은 독특하고 가치가 있거나, 고도의 통합적 성격을 가지거나, 경제적으로 중요한 위험부담을 공유하는 공헌들의 둘째 범주에 의해 발생되는 이익을 대변하지 못할 것이다. 통상적으로 당사자들 간 잔여이익의 배분은 공헌도 분석방법의 적용과 동일하게 당사자들의 둘째 범주의 공헌들의 상대적 가치에 토대할 것이다.(TPG 2.152)

이와 관련하여 우리나라 세법은 "이익분할방법은 거래 형태별로 거래당사자들의 적절한 기본수입을 우선 배부하고, 잔여이익을 상대적 공헌도에 따라 배부하는 방법을 포함한다."고 규정하고 있다.(국조령 §9 ②)

〈그림 4-36〉 잔여이익 분석방법 적용사례

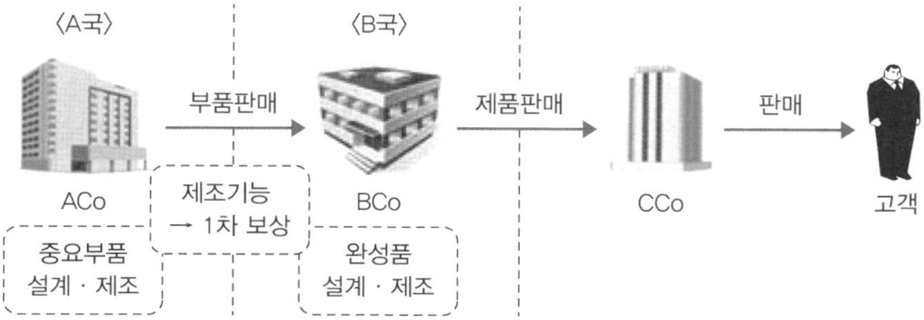

전자제품의 성공은 전자적 공정과 주요부품 양자의 혁신적이고 기술적인 설계와 관련된다. 위 〈그림 4-36〉 사례에서 보듯이, 관련 부품은 특수관계회사 ACo에 의해 설계되고

제조된 후, 제품의 나머지 부분을 설계하고 제조하는 특수관계회사 BCo로 이전되고, 특수관계회사 CCo에 의해 판매된다. BCo가 CCo로 판매한 완성품의 이전가격에 의해서 CCo의 판매 기능, 자산 및 위험이 적절히 보상되는 재판매가격법을 검증하기 위한 정보가 존재한다.

만약 충분히 유사한 비교대상거래가 발견될 수 있다면, ACo에서 BCo로 이전한 부품가격을 결정하기 위한 가장 적절한 방법은 CUP일 것이다. 그러나, ACo에서 BCo로 이전된 부품은 이 시장에서 ACo의 혁신적 기술진보를 반영하고 이는 ACo의 독특하고 가치있는 공헌으로 인한 것이기 때문에, 신뢰할 수 있는 CUP을 발견하는 것은 불가능하다. 그러나 ACo에서 사용된 독특하고 가치있는 무형자산에 귀속되는 이익요소는 무시하고, ACo의 제조비용에 대한 이익을 계산하면 ACo의 제조기능을 보상하는 이익요소의 추정치는 제공할 수 있다. BCo의 제조기능에서 발생된 이익의 추정치를 제공하기 위해, BCo의 독특하고 가치있는 무형자산에 귀속되는 이익요소는 무시하고, 유사한 계산이 BCo의 제조비용에 대해서도 수행될 수 있다. BCo의 CCo에 대한 판매가격은 알려져 있고 정상가격으로 수용되므로, ACo와 BCo 각자의 독특하고 가치있는 무형자산을 이용함으로써 ACo와 BCo에 의해 함께 발생된 잔여이익 금액이 결정될 수 있다. 이 단계에서는 각 기업에게 적절히 귀속될 수 있는 잔여이익의 비율은 아직 결정되지 않는다.

잔여이익은 추가보상이 독립기업 상황에서 어떻게 배분될 수 있는지를 나타내는 사실관계 및 상황 분석에 토대하여 분할될 수 있다. 각 회사의 R&D 활동은 동일한 항목의 유형과 관련된 기술적 설계를 위한 것이고, 이 사례의 목적 상 상대적인 R&D 지출금액이 회사들의 상대적 공헌 가치를 신뢰할 수 있게 측정한다고 가정된다. 이는 각 회사의 독특하고 가치있는 공헌들이 그들의 상대적 R&D 지출에 의해서 신뢰할 수 있게 측정될 수 있다는 것을 의미한다. 결과적으로 만약 ACo의 R&D 지출이 15이고 BCo가 10, 즉 결합 R&D 지출이 25라면, 잔여이익은 ACo에게 15/25, BCo에게 10/25이 분할될 것이다.

양 국가에서 독특하고 가치있는 무형자산이 없는 제3자 비교가능 제조업자는 제조비용 대비 10% 이익을 얻는다고 가정하자. ACo의 제조비용은 15이므로 ACo의 제조이익에 귀속되는 이익은 1.5이고, BCo의 제조비용은 20이므로 BCo의 제조이익에 귀속되는 이익은 2.0이다. 따라서 잔여이익은 아래 〈표 4-10〉에서 보듯이, 관련 순이익 10에서 결합 제조이익 3.5를 공제한 6.5이다.

〈표 4-10〉 ACo와 BCo의 손익계산서

구 분	ACo		BCo	
	당초	수정	당초	수정
매출액	50	55.4	100	100
매입액	(10)	(10)	(50)	(55.4)
제조원가	(15)	(15)	(20)	(20)
매출총이익	25	30.4	30	24.6
R&D비용	(15)	(15)	(10)	(10)
기타 영업비용	(10)	(10)	(10)	(10)
영업이익	0	5.4	10	4.6

1차적 이익의 배분은 ACo와 BCo의 제조기능을 보상한 것이지만, 기술적으로 진보된 제품을 생산한 각자의 독특하고 가치있는 공헌의 가치를 인식하지는 않는다. 이 사안에서 제품과 관련하여 ACo와 BCo에 의해 발생된 총 R&D 비용의 상대적 비중이 각자의 독특하고 가치있는 공헌의 가치에 대한 신뢰할 수 있는 대용이기 때문에, 잔여이익은 그에 따라 분할될 수 있다. ACo의 잔여이익은 3.9(6.5 × 15/25)이고 BCo의 잔여이익은 2.6(6.5 × 10/25)이다. 따라서 위 〈표 4-10〉에서 보는 바와 같이 수정 손익계산서상 ACo의 순이익은 5.4(1.5 + 3.9)이고 BCo의 순이익은 4.6(2.0 + 2.6)이다.

이 사례는 단순화된 가정에 기초한 것으로서, 잔여이익의 배분은 실제로 분할의 적절한 근거를 식별하고 계량화하기 위하여 상당한 정교화 작업이 필요하다. R&D 지출이 사용된 경우, 다른 R&D 유형은 다른 위험수준을 가질 수 있고 이는 독립기업 상황에서 다른 기대수익 수준을 초래하기 때문에 수행된 R&D 유형의 차이가 고려될 필요가 있다. 또한, 현재 R&D 지출의 상대적 수준은 과거에 개발 또는 취득된 무형자산의 현재의 이익 확보에 공헌한 정도를 적절히 반영할 수 없는 한계가 있다.(TPG Ch.2 AnnexⅡ/Ex.11)

(4) 분할이익의 결정

(가) 의의

분할될 관련이익은 검토대상 특수관계거래로부터 발생한 것이어야만 한다. 또한, 결합의 수준을 확인하는 것도 긴요하다.(TPG 3.9-12) 따라서 관련이익을 결정할 때는 먼저 PSM 적용거래를 식별하고 정확히 기술한 다음, 각 거래당사자에 대한 관련 소득과 비용

금액을 확인하는 것이 필요하다.(TPG 2.154)

분할될 관련이익이 둘 또는 그 이상의 특수관계기업들의 이익으로 구성된 경우, 거래당사자들의 관련 회계자료는 회계관행 및 통화에 대하여 공통의 기준이 적용된 후 결합될 필요가 있다. 회계기준은 분할될 이익의 결정에 중요한 영향을 미칠 수 있기 때문에, 납세자가 PSM을 사용하기로 선택한 경우, 이를 적용하기에 앞서서 선택되고 약정의 존속기간에 걸쳐서 일관되게 적용되어야 한다. 회계기준의 차이는 이익을 산출할 때 수입인식의 시기는 물론 비용의 취급에 영향을 줄 수 있으므로 당사자들이 사용한 회계기준들 간의 중요한 차이는 식별되고 조정되어야 한다.(TPG 2.155) 재무회계는 조화된 세무회계 기준이 없는 경우 분할이익을 결정하기 위한 출발점을 제공할 수 있다. 원가회계 등 재무자료는 신뢰할 수 있고, 검증가능하며, 충분히 거래적인 경우 이용이 허용되어야 한다. 이러한 맥락에서 제품별 손익계산서 또는 구분계정은 가장 유용한 회계기록으로 입증될 수 있다.(TPG 2.156)

그러나, 각 당사자들의 모든 활동들은 결합된 공헌들과 관련이익이 식별되도록 재무자료가 분리되고, 정확히 파악된 거래에 따라서 배분이 이루어질 필요가 있다. 예컨대, 유럽에서 마케팅 및 판매에 종사하는 특수관계기업과 이익을 분할하는 제품공급자는 유럽시장용 재화의 생산에서 발생하는 이익을 식별하여, 타 시장용 재화의 생산에서 발생하는 이익을 제외할 필요가 있다. 만약 동일한 재화가 모든 시장에 공급된다면 단순할 것이지만, 예를 들어 만약 다른 생산비용 또는 다른 내재된 기술을 가진 다른 재화들이 다른 시장에 공급된다면 보다 더 복잡할 것이다. 마찬가지로, 유럽시장에서 마케팅 및 판매에 종사하는 특수관계기업이 다른 원천에서 제품을 구입하는 경우, 이익분할시 특수관계 제품공급자로부터 구입한 재화와 관련된 수입, 비용 및 이익을 반영하는 재무자료를 분리할 필요가 있을 것이다. 이러한 초기 단계에서 이익분할을 수행하는 것은 매우 복잡하기 때문에, 거래와 관련된 이익을 식별하는 방법 및 이 과정에서 행해진 가정들이 문서화될 필요가 있다.(TPG 2.157)

(나) 실제이익 또는 예상이익의 분할

PSM을 적용할 경우, 당사자들이 사업기회와 연관된 경제적으로 중요한 위험부담을 공유하거나 또는 밀접히 관련된 경제적으로 중요한 위험을 각자 부담하고, 결과적으로 이익 또는 손실을 공유해야 하는 경우에만 실제이익, 즉 경제적으로 중요한 위험의 실현에 의해 영향을 받은 이익의 분할이 적절할 것이다. 이러한 유형의 위험부담은 사업활동이 고도로 통합되어 있거나 또는 각 당사자가 독특하고 가치있는 공헌을 하는 상황에서 발생할 수 있다.(TPG 2.159) 이와 달리, PSM이 가장 적합한 방법으로 판명되지만 거래당사자 중 하나가 거래체결 이후에 실현될 수도 있는 경제적으로 중요한 위험부담을 공유하지 않는다면, 예상이익의 분할이 적절할 것이다.(TPG 2.160)

또한, PSM의 적용시 사후합리화 없이 적용하는 것을 보장하기 위해 주의를 기울여야 한다.(TPG 3.74) 즉, 예상이익 또는 실제이익의 분할이 사용되는지에 상관없이, 만약 독립기업들 간에 발생했다면 계약의 재협상을 초래했을 대규모 예상하지 못한 사태가 존재하지 않는다면, 이익분할요소들 및 관련이익의 계산방식 및 조정 또는 특수관계기업들 간에 분할될 이익의 근거는 거래체결 시점에서 당사자들에 의해 알려진 또는 합리적으로 예상할 수 있는 정보에 토대하여 결정되어야 한다. 이는 예컨대, 실제 계산들이 처음에 결정된 이익분할요소들을 실제이익에 적용하는 경우, 실제 계산들이 일정 기간 이후에 수행되어야만 하는 사실에도 불구하고 그렇다. 또한, 거래를 정확히 파악하기 위한 출발점은 일반적으로 계약체결 시점에서 당사자들의 의도를 반영하는 서면계약이라는 점이 기억되어야 한다.(TPG 2.161)

(다) 다른 이익지표(총이익)의 분할

PSM에서 분할될 관련이익은 대부분의 경우 영업이익(operating profits)이다. 이 방식에 의하면, MNE의 소득과 비용이 관련 특수관계기업에게 일관되게 귀속된다. 그러나, 총이익(gross profits)과 같은 다른 이익지표를 분할한 후 각 관련기업에 의해 발생된 또는 그에 귀속된 비용을 공제(총이익 계산시 이미 고려된 비용은 제외)하는 것이 적절한 경우도 있다. 그 경우, 각 기업에 의해 발생 또는 귀속된 비용이 각 기업의 수행 활동 및 위험과 부합하고, 총이익의 배분도 당사자들의 공헌과 일치하도록 보장해야 한다.(TPG 2.162)

만약 거래당사자들이 판매량 및 가격에 영향을 미치는 시장위험만이 아니라 총이익에 영향을 미치는 재화 및 용역의 생산·취득과 연관된 위험부담도 공유하는 경우, 분할의 근거로서 총이익을 사용하는 것이 적절할 것이다. 그러한 경우 당사자들은 재화 및 용역의 생산·취득과 관련된 통합된 또는 공동의 기능 및 자산을 가질 수 있다. 한편, 당사자들이 시장 및 생산위험에 더하여 무형자산 투자를 포함하여 영업비용에 영향을 미치는 추가 위험부담을 공유한다면, 분할 근거로서 영업이익을 사용하는 것이 적절할 것이다. 이 경우 당사자들은 전체 가치사슬과 관련된 통합된 또는 공동의 기능을 가질 수 있다.(TPG 2.163)

예를 들어, 제조전문성과 독특하고 가치있는 무형자산을 가진 두 특수관계기업들이 혁신적이고 복잡한 제품을 생산하는 데 무형자산을 공헌하기로 합의한다고 하자. 두 기업들은 시장 또는 제품의 성공과 연관된 위험부담을 공유하지만, 제품의 판매 및 기타 비용과 연관된 위험부담은 공유하지 않는데, 이는 통합되어 있지 않기 때문이다. 만약 양 당사자들의 모든 비용을 공제한 이후 결합 영업이익에 토대하여 이익분할을 한다면 당사자 중 오직 하나에 의해 부담된 위험의 결과를 공유하는 잠재적 결과를 가질 수 있다. 그러한 경우, 총이익 지표가 당사자들이 연관된 위험의 부담을 함께 공유하는 시장 및 생산 활동의 결과를 포섭하기 때문에 총이익의 분할이 보다 적절하고 신뢰할 수 있다. 마찬가지로, 고도로 통합된 전세계 사업활동에 종사하는 특수관계기업들의 경우 공유하는 위험부담 및 통합의 수준이 영업비용까지 확장하지 않는다면, 각 거래활동의 총이익을 분할한 후 각 기업에게 배분된 전체 총이익의 몫에서 자신의 발생된 영업비용을 공제하는 것이 적절할 것이다.(TPG 2.164)

이상의 논의를 사례를 들어 설명하기로 한다. A국 ACo와 B국 BCo 두 특수관계기업은 동일한 부품을 제조하고 상호 사용할 수 있는 독특하고 가치있는 무형자산의 창출을 위해 비용을 지출한다. 쟁점 연도에 ACo와 BCo 각자의 독특하고 가치있는 공헌의 가치는 해당 연도의 무형자산에 대한 상대적 지출에 비례한다고 가정하자. ACo와 BCo는 제3자에게 제품을 독점적으로 판매한다. ACo와 BCo의 제조활동은 매출원가의 10%를 보상받는 덜 복잡하고 독특하지 않은 거래이기 때문에 가장 적합한 방법은 잔여이익분할법이라고 하자.

잔여이익은 독특하고 가치있는 무형자산과 관련한 ACo와 BCo의 지출에 비례하여 분할된다. 분할될 잔여이익으로 영업이익이 결정되었다고 하자. 또한 ACo와 BCo의 간접비용(본점 배분비용)은 검토대상거래와 관련이 없으므로 분할될 관련이익에서 제외되어야 한다고 가정하자.

〈표 4-11〉 잔여이익법의 적용: 간접비용을 제외한 영업이익의 배분

구 분	ACo	BCo	ACo+BCo
매출액	100	300	400
매출원가	60	170	230
매출총이익	40	130	170
R&D 비용	30	40	70
기타 영업비용	2	4	6
간접비용 공제전 영업이익	8	86	94
간접비용	3	6	9
영업이익	5	80	85

간접비용 공제 전 결합 영업이익	94
제조활동에 대한 1차 보상	23
간접비용 공제전 잔여이익	71

ACo에게 배분된 잔여이익	71 * 30/70	30.4
BCo에게 배분된 잔여이익	71 * 40/70	40.6

ACo에게 배분된 총이익	6(1차) + 30.4(잔여) −3(간접비)	33.4
BCo에게 배분된 총이익	17(1차) + 40.6(잔여) −6(간접비)	51.6
합계		85

위 〈표 4-11〉에서 보는 바와 같이, 잔여이익 분할을 위한 1단계는 통상적 제조활동에 대해 독립기업 보상(매출원가에 10% 가산)을 결정하는 것이다. ACo에 대한 보상은 66(60+6), BCo에 대한 보상은 187(170+17)이고, 이를 통해 배분된 총이익은 23(6+17)이다.

어떤 경우에는 잔여이익분할법에서 사용된 이익분할요소가 특정 비용에 의존하는 경우 그 비용을 제외하는 것이 적절할 수 있다.

예컨대, 아래 〈표 4-12〉에서 보는 바와 같이 독특하고 가치있는 무형자산 개발에 공헌하는 상대적 지출이 가장 적합한 이익분할요소로 결정된 경우, 잔여이익은 해당 R&D 비용 공제 전 영업이익에 토대할 수 있다. 잔여이익의 분할을 결정한 이후, 각 특수관계기업은 자신의 R&D 지출비용을 공제한다. 이 사례는 잔여이익을 분할하는 데 사용된 이익분할요소가 해당 기간 동안에 발생된 비용에 의존할 때, 분할될 잔여이익이 해당 비용의 공제

전에 결정되는지 여부 또는 분할될 잔여이익이 해당 비용이 공제된 이후에 결정되는지 여부는 중요하지 않다는 사실을 설명해 준다. 그러나, 이익분할요소가 현재 연도뿐만 아니라 누적된 지출비용에 토대하는 경우에는 결과가 달라질 수 있다.(TPG Ch.2 Annex II/Ex.14)

〈표 4-12〉 잔여이익법의 적용: R&D비용 공제 전 영업이익의 배분

구 분	ACo	BCo	ACo+BCo
매출액	100	300	400
매출원가	60	170	230
매출총이익	40	130	170
간접비용	3	6	9
기타 영업비용	2	4	6
R&D비용 공제전 영업이익	35	120	155
R&D 비용	30	40	70
영업이익	5	80	85

R&D비용 공제 전 관련 영업이익	155
제조활동에 대한 1차 보상	23
R&D비용 공제전 잔여이익	132

ACo에게 배분된 잔여이익	132 * 30/70	56.6
BCo에게 배분된 잔여이익	132 * 40/70	75.4

ACo에게 배분된 총이익	6(1차) + 56.6(잔여) - 30(R&D)	32.6
BCo에게 배분된 총이익	17(1차) + 75.4(잔여) - 40(R&D)	52.4
합계		85

(5) 독립기업 이익의 분할

(가) 개요

거래당사자의 상대적 공헌을 반영하는 이익은 경제적으로 타당한 근거 하에 분할되고 독립기업 상황에서 얻었을 이익의 분할에 근접해야 한다. 독립기업 이익분할을 달성하기 위해 사용되는 CUP 또는 내부자료 및 기준들의 관련성은 사안의 사실관계 및 상황에 달려있다. 이익분할에 사용되는 기준들(criteria) 또는 분할요소들(splitting factors)은 첫

째, 이전가격 정책과 독립적이어야 한다. 예컨대, 독립기업 매출액 등 객관적 자료에 토대를 두어야 하고, 특수관계기업 매출액 등 특수관계거래에 대한 보상과 관련된 자료에 토대를 두어서는 안 된다. 둘째, 검증가능해야 하고, 셋째, 비교대상자료, 내부자료 또는 양자에 의해 뒷받침되어야 한다.(TPG 2.166)

한 가지 가능한 접근방법은 비교가능한 독립기업거래들에서 실제로 관찰되는 이익의 배분에 토대하여 관련이익을 분할하는 것이다. 이익분할 기준의 결정에 유용할 수 있는 독립기업거래들에 관한 정보원천의 사례로는 가령 정유・가스산업의 개발프로젝트와 같은 독립기업들 간 공동투자약정, 제약업계의 협력, 공동마케팅 및 공동판매촉진 약정, 독립 레코드사와 음악가 간의 약정, 금융서비스 분야에서의 독립적 약정 등을 들 수 있다.(TPG 2.167)

그러나, 신뢰할 수 있는 비교대상자료를 발견하는 것이 어려울 수 있지만, 외부 시장자료는 각 특수관계기업이 행한 공헌가치를 평가하기 위하여 이익분할 방법에서 중요할 수 있다. 사실상, 독립기업들은 거래이익의 발생에 대한 각자의 공헌가치에 비례하여 관련이익을 분할했을 것이라고 가정된다. 따라서, 독립기업들이 비교가능거래에서 어떻게 이익을 분할했는지에 관한 보다 직접적인 증거가 없는 경우, 당사자들의 기능, 사용자산, 부담위험에 의해 측정되는 당사자들의 상대적 공헌에 토대하여 이익이 배분될 수 있다.(TPG 2.168)

(나) 이익분할요소들

PSM에서 관련이익의 분할을 위해서는 일반적으로 하나 또는 그 이상의 이익분할요소들이 사용된다. 하나 이상의 요소를 사용하는 경우 분할요소들의 비중을 결정하는 것과 함께, 이들 분할요소들을 결정하는 과정에서 기능분석 및 산업, 환경 등 거래가 발생한 맥락에 대한 분석이 중요하다. 적절한 이익분할요소들의 결정은 거래가치에 대한 핵심 공헌들을 반영해야 한다.(TPG 2.169)

사안의 사실관계 및 상황에 따라서, 분할요소는 단일 분할요소 또는 복수요소들의 가중평균에 토대하여 계산될 수 있는 예컨대, 비교가능거래에서 독립기업들 간에 달성된 유사한 분할의 증거를 토대로 30%~70% 등 수치(figure) 또는 마케팅 공헌의 상대적 가치 등과 같은 변수(variable)일 수 있다.(TPG 2.170)

자산 또는 자본(운영자산, 고정자산, 무형자산) 또는 비용(R&D, 엔지니어링, 마케팅 등 핵심분야의 상대적 지출 또는 투자)에 토대한 이익분할요소들은 당사자들의 상대적 공헌을 포섭하고 신뢰할 수 있게 측정될 수 있는 경우에 사용될 수 있다. 비용은 출연 무형자산

가치에 대해서는 불량한 지표일 수 있지만, 공헌들이 성격상 유사한 경우에는 발생비용이 공헌들의 상대적 가치에 대한 합리적 대용(proxy)을 제공할 수 있다.(TPG 2.171)

특정 상황에서 적절한 기타 이익분할요소들에는 매출액 증가분 또는 금융상품의 글로벌 트레이딩 등 핵심기능을 수행하는 종업원 보수 등이 포함된다. 상황에 따라서, 유사한 책임과 숙련도를 가진 특정 그룹의 종업원들의 인원수 또는 사용시간이 사용될 수도 있다. 모든 관련 당사자들에 대한 독립기업 결과를 가져온다면 다른 이익분할요소들도 수용될 수 있다.(TPG 2.172)

이러한 이익분할요소들을 우리나라 세법은 '합리적인 배부기준'이라고 호칭하면서, 그러한 예로서 " i) 사용된 자산 및 부담한 위험을 고려하여 평가된 거래당사자가 수행한 기능의 상대적 가치, ii) 영업자산, 유형・무형의 자산 또는 사용된 자본, iii) 연구・개발, 설계, 마케팅 등 핵심분야에 지출・투자된 비용, iv) 그밖에 판매증가량, 핵심분야의 고용인원 또는 노동 투입시간, 매장규모 등 거래순이익의 실현과 관련하여 합리적으로 측정할 수 있는 배부기준"을 열거하고 있다.(국조령 §9 ①)

MNE 그룹의 통합기업보고서(master file)는 사업이윤의 중요한 동인(drivers)에 대한 정보, 그룹내 기업들의 가치창출에 대한 주요한 공헌들, 핵심 그룹무형자산 등을 포함하기 때문에, 적절한 이익분할요소들의 결정과 관련된 유용한 정보의 원천이 될 수 있다. (TPG 2.173)

(다) 납세자 자료(내부자료)에 대한 의존

관련이익의 분할을 지원하기 위한 신뢰할 수 있는 비교가능한 독립거래들이 없을 경우, 독립기업 이익분할을 설정 또는 검증하는 신뢰할만한 수단을 제공할 수 있는 내부자료에 대한 고려가 이루어져야 한다. 그러한 관련 내부자료의 유형들은 사안의 사실관계 및 상황에 따라 다르고, 분할될 관련이익 또는 이익분할요소들의 결정을 위한 조건들을 충족해야 한다.(TPG 2.174 & 2.147-148)

예를 들어, 자산에 기반한 이익분할요소가 사용되는 경우, 거래당사자들의 B/S로부터 추출된 자료에 토대를 둘 것이다. 납세자의 모든 자산들이 쟁점 거래와 관련되는 것이 아니고, 따라서 납세자가 PSM 적용에 사용될 '거래유형별(transactional) B/S를 작성하기 위해서는 약간의 분석작업이 필요하다. 또한, 자가개발 무형자산과 같은 특정 자산은 B/S에 전혀 반영되지 않을 수 있으므로 별도로 평가되어야만 한다. 이와 관련하여, 무형자산의 이용으로부터 수취하는 미래의 예상소득 또는 현금흐름의 할인가치에 토대하는 평가

기법이 유용할 수 있다.(TPG 2.175)

마찬가지로, 비용에 기반한 이익분할요소들이 사용되는 경우 납세자의 P/L로부터 추출된 자료에 토대를 둘 것이다. 쟁점 특수관계거래와 관련된 비용과 이익분할요소의 결정에서 제외되어야 하는 비용들을 식별하는 '거래유형별' 계정을 작성할 필요가 있다. 고려되는 지출의 유형(봉급, 감가상각비 등)뿐만 아니라 특정 비용이 쟁점거래와 관련되는지 아니면 납세자의 다른 거래(이익분할 결정의 대상이 아닌 다른 제품라인)에 관련되는지 여부를 결정하는 데 이용되는 기준은 모든 거래당사들에게 일관되게 적용되어야 한다.(TPG 2.176)

이익분할요소가 예를 들어, 거래의 일부 측면과 관련된 종업원 비용, 또는 특정 과업에 대한 특정 그룹의 종업원이 사용한 시간 등 원가회계시스템에 토대를 두는 경우에도 내부자료가 유용할 수 있다.(TPG 2.177)[28]

내부자료는 특수관계거래 각 당사자의 공헌가치를 평가하는 데 중요하다. 그 가치의 결정은 특수관계거래 당사자들에 의해 공헌된 경제적으로 중요한 모든 기능, 자산 및 위험을 고려하는 기능분석에 의존해야 한다. 특수관계거래에 부가된 가치에 대한 기능, 자산 및 위험의 상대적 중요성에 대한 평가에 토대하여 이익이 분할되는 경우, 그러한 평가는 자의성을 제한하기 위하여 신뢰할 수 있는 객관적 자료에 의해 뒷받침되어야 한다. 관련된 독특하고 가치있는 무형자산 공헌의 식별, 경제적으로 중요한 위험의 부담 및 이들을 발생시키는 요소들의 중요성, 관련성 및 측정에 특별한 관심이 부여되어야 한다.(TPG 2.178)

(라) 이익분할요소의 사례

① 자산에 기반한 이익분할요소

특수관계거래의 맥락에서 유형자산, 무형자산 또는 동원된 자본과 가치창출 간에 강한 상관관계가 있는 경우, 자산 또는 자본에 기반한 이익분할요소들이 사용될 수 있다. 이익분할요소들이 의미를 갖기 위해서는 모든 거래당사자들에게 일관되게 적용되어야 한다. TNMM의 맥락에서 자산평가와 관련된 비교가능성 이슈가 PSM 맥락에서도 여전히 유효하다.(TPG 2.179 & 2.104)

---

28) 최근 대기업들은 '전사적 자원관리시스템(ERP)'을 구축하여 영업활동은 물론 회계관리 등 전반적인 기업경영 활동을 통합 관리하고 있다. 과거에는 기업 재무제표 작성의 기초자료인 장부·서류 등에 대한 검토가 주된 세무조사 방법이었지만, 이제는 ERP 자료에 대한 접근수준이 세무조사 역량을 좌우할 만큼 그 중요성이 커졌다.

PSM이 가장 적합하다고 판명된 거래의 하나 또는 그 이상의 당사자들이 무형자산의 형태로 공헌을 하는 경우, 무형자산의 식별 및 평가와 관련된 어려운 이슈들이 발생할 수 있다.(TPG 2.180) 모든 무형자산이 법적으로 보호되고 등록된 것이 아니고, 가치있는 모든 무형자산이 회계에 기록되는 것은 아니기 때문에 무형자산의 식별이 어려울 수 있다. 이익분할 분석의 필수적 부분이 각 특수관계기업이 특수관계거래에 어떤 무형자산을 공헌했는지 및 그들의 상대적 가치를 확인하는 것이다.

② 비용에 기반한 이익분할요소

상대적 발생비용과 상대적 공헌가치 간의 강한 상관관계를 식별하는 것이 가능한 경우에는 비용에 기반한 이익분할요소가 적절할 수 있다. 예를 들어, 마케팅 무형자산의 가치가 광고활동에 의해 영향을 받는 소비재의 경우와 같이 만약 광고가 독특하고 가치있는 마케팅 무형자산을 창출한다면, 마케팅비용이 판매업자에 대한 적절한 요소일 수 있다. 만약 R&D 비용이 특허와 같은 독특하고 가치있는 무형자산의 개발과 관련이 있다면, R&D 비용이 제조업자에 대한 적절한 요소일 수 있다.

그러나, 예를 들어, 각 당사자가 서로 다른 유형의 가치있는 무형자산을 공헌하는 경우에는, 비용이 그러한 무형자산의 상대적 가치의 신뢰할 수 있는 지표가 아니거나 또는 비용이 신뢰할 수 있는 상대적 가치의 지표를 달성하기 위해 위험이 평가될 수 없다면, 비용에 기반한 요소를 사용하는 것은 적절하지 않다. 심지어 각 당사자가 동일한 유형의 무형자산을 공헌하는 경우조차도 위험의 평가(risk-weighting)는 적절한 고려사항이다. 예를 들어, 개발의 초기단계의 실패위험이 후반단계 또는 이미 입증된 개념에 대한 점증적 개선사항의 개발의 실패위험보다 몇 배 큰 경우 그 초기단계에서 발생하는 비용은 후반단계에서 또는 점증적 개선에서 발생하는 비용보다 더 높게 위험이 평가될 것이다. 직원의 기술 및 경험과 관련된 기능들이 관련이익을 창출하는 데 주요한 요소인 상황에서는 종업원 보수가 적절할 수 있다.(TPG 2.181)

적절한 비용에 기반한 이익분할요소들을 식별하고 적용할 때는 많은 이슈들이 고려될 필요가 있다. 한 가지는 당사자들 간에 지출의 시기상 차이가 존재할 수 있다는 것이다. 예를 들어, 한 당사자의 공헌가치와 관련된 R&D 비용은 과거 몇 년간 발생했었을 수 있고, 반면에 다른 당사자의 지출은 현재 시점일 수 있다. 결과적으로 위험평가에 추가하여 역사적 비용을 현재가치에 반영할 필요가 있을 것이다. 관련 비용들이 이익분할거래에 대한 공헌으로 배분될 필요가 있는 더 큰 비용집합(cost pool)의 일부일 수 있다. 예를 들어,

오직 한 제품라인만이 이익분할거래의 대상인 반면, 마케팅비용은 여러 제품라인에 걸쳐 발생되고 기록될 수 있다. MNE 그룹의 일원에 의해 보유되는 저비용지역 혜택은 이익에 대한 중요한 공헌요소이고 그러한 비용이 분할될 이익에 포함되는 경우, 독립기업들이 보유한 저비용지역 혜택을 배분하는 방식이 이익분할에 반영될 필요가 있다.

비용에 기반한 이익분할요소는 비용의 회계상 분류에 매우 민감할 수 있다. 따라서 이익분할요소의 결정에 어떤 비용이 고려될 것인지를 사전에 명확히 확인하고, 일관되게 결정하는 것이 필요하다.(TPG 2.182)

비용에 기반한 이익분할요소들의 신뢰성에 대한 중요한 이슈는 자산, 비용 등 이익분할요소가 고려되어야 하는 관련기간의 결정이다. 비용발생 시점과 가치창출 시점 간의 시차가 존재하기 때문에 어려움이 발생한다. 때로는 어느 기간의 비용이 사용되어야 하는지를 결정하는 것이 어렵다. 예컨대, 어떤 경우에는 한 해의 비용을 사용하는 것이 적절할 수 있지만, 다른 경우에는 현재는 물론 과거에 발생한 누적지출을 사용하는 것이 보다 적절할 수도 있다. 상황에 따라서는, 이러한 결정이 당사자들 간 이익의 배분에 중요한 영향을 미칠 수 있다. 이익분할요소의 선택은 사안별 상황에 적합해야 하고, 독립기업들 간에 합의되었을 이익배분의 신뢰할 수 있는 근사치를 제공해야 한다.(TPG 2.183)

4 TP방법들의 결합 이용

TPG는 여러 TP 방법들이 함께 사용될 것을 요구하지 않는다.(TPG 2.11) 독립기업원칙을 충족하기 위해 개별 상황에 가장 적합한 방법이 사용되면 된다. 그러나, 여러 TP 방법들을 결합하여 이용하는 것이 이전가격 분석의 신뢰성을 강화시킬 수 있다. 예를 들어, 판매기능을 수행하는 특수관계기업과의 이전가격 결정 또는 검증시 MNEs 또는 과세당국 입장에서는 RPM과 TNMM을 결합하여 사용함으로써 확신을 얻고자 할 수 있다. 또는 MNEs 입장에서 한 가지 TP 방법은 이전가격 결정 목적으로, 다른 TP 방법은 이전가격 검증 목적으로 사용하는 것이 편리한 경우도 있을 수 있다. 한편으로, OECD는 한 가지 방법을 사용하여 결론을 내리기에 확신이 들지 않는 어려운 사례의 경우에는 여러 TP 방법을 결합하여 사용할 것을 권고한다.(TPG 2.11) 실제로 기능이 복잡한 거래들에 대한 이전가격을 결정하는 경우 여러 방법들을 결합함으로써 보다 정확한 결과를 도출할 수 있을 것이다.

제4장 이전가격 결정모델

1 표준 이전가격 결정모델

독립기업원칙에 따라 특수관계기업들 간 기능, 위험 및 자산이 배분되는 방식이 결정되면, 비교가능성 분석에 따라서 정상가격, 정상이윤 또는 그 범위가 결정될 것이다. 이와 같이 "MNEs이 자신의 가치사슬의 일환으로 기능, 위험 및 자산을 배분하기 위해 선택한 방식"을 흔히 이전가격 결정모델(transfer pricing models)이라 한다.

"이전가격은 정확한 과학이 아니다(Transfer pricing is not an exact science)"라는 말에서 알 수 있듯이(TPG 1.13 & 3.55 & 4.8), 독립기업원칙은 본질적으로 일정 수준의 근사치(approximation)를 수반한다.

'표준 이전가격 결정모델'은 그 자체로 표준화된 이전가격 또는 이윤을 가리키는 것이 아니라, 특수관계기업들 간 거래를 설계하는 데 빈번하게 이용되는 방식으로서 거래당사자들의 성격을 몇 가지 표준으로 규정한 것이다. 그러나, 특정 이전가격 또는 이윤은 안전장치(safe harbour)라 불리는 국내법 규정 또는 국제규범에 의해 사전에 정해질 수도 있다.[29]

표준 이전가격 결정모델은 이전가격 과세와 관련한 법적 확실성을 향상시키고 납세자와 과세당국 간 마찰은 물론, 결과적으로 이중과세 또는 세원잠식의 위험을 감소시키는 데 기여할 수 있다. 반면, 특수관계거래에 대한 충분한 기능분석 없이 특정 이전가격 결정모델을 자동적으로 적용할 위험도 있다. 이러한 단점에도 불구하고 MNEs은 기능분석에 의존하면서 표준 이전가격 결정모델을 실제 사업구조 설계 시 활용하고 있다.

29) '안전장치'란 특정 특수관계거래의 가격결정 방식을 사전에 정함으로써 이전가격과 관련한 납세자와 과세당국 간 마찰을 방지하는 것을 말한다. 예컨대, 저부가가치 용역의 이전가격에 대한 안전장치로서 발생비용의 5% 이윤가산 방식을 들 수 있다.(TPG 7.61)

2 사업구조 개편과 이전가격 결정모델

이전가격 결정모델을 고려할 때, MNEs은 사업관점과 조세관점 간의 상충문제에 직면할 수 있다. 따라서 MNEs은 자신의 가치사슬을 조직화할 때 사업과 조세라는 두 가지 관점을 균형있게 고려해야 한다.

MNEs 그룹 관계회사들 간 기능, 위험 또는 자산의 재배분을 이전가격 맥락에서 사업구조 개편(BR)이라 한다. BR은 종종 잠재이익을 가진 무형자산과 위험의 중앙집중화를 수반한다. BR은 첫째, 해외 특수관계기업을 위해 활동하는 완전한 기능수행 제조업자가 계약 제조업자 또는 임가공 제조업자로 전환되는 경우, 둘째 해외 특수관계기업을 위해 활동하는 완전한 기능수행 판매업자가 제한된 위험 판매업자 또는 판매대리인으로 전환되는 경우, 셋째 완전한 기능수행 연구개발자에서 계약 연구개발자로 전환되는 경우, 넷째 그룹내 IP 회사에게 무형자산을 이전하는 경우 등 유형으로 구분할 수 있다.(TPG 9.2)

그러나, 각각의 BR은 독특하기 때문에 개별 사안의 사실관계 및 상황에 따라 고려되어야 한다. 예를 들어, 어떤 MNE 그룹은 사업적 관점에서 시너지효과를 얻기 위해 기능, 위험 및 자산을 집중화하기도 하고, 다른 그룹들은 고객과 가까운 곳으로 의사결정센터를 이전하기 위해 중요 기능들을 분산시키고자 할 수도 있다. 또 다른 사례로 공장을 신설 또는 폐쇄해야 할 경우도 있고, 물류창고를 전략지역으로 이전해야 할 필요도 있다.

MNEs이 특히, 중앙집중형 기업모델을 추진하기 위해 흔히 이용하는 BR 유형이 있다. 이런 BR 유형은 조세절감 목적뿐만 아니라 중요한 활동들을 집중화할 필요성 등 순전히 사업상 이유로도 추진된다. MNEs의 가치사슬 중 세 가지 중심축은 제조, 판매 및 R&D라고 할 수 있으므로, 이하에서는 이전가격 결정모델과 BR을 3가지 유형으로 나누어 살펴보도록 하겠다.[30)]

30) Madalina Cotrut & Laura Ambagtsheer-Pakarinen, "Ch.7 Business Restructuring: The Toolkit for Tackling Abusive International Tax Structures", *International Tax Structures in the BEPS Era: An Analysis of Anti-Abuse Measures*, IBFD Tax Research Series Vol.2, 2015, pp. 190-198; Jerome Monsenego, *op.cit.*, pp.70-81

3 거래유형별 이전가격 결정모델

가. 제조활동

MNEs이 제조활동을 어떻게 조직화할 것인가는 조세측면 이외에 비용, 숙련노동력, 또는 특정 전략장소에서 제조필요성 등 많은 다른 요인들이 고려된다. 이전가격 결정모형에 따라 기능과 활동이 다르고, 경제적 성과에 대한 권리도 달라진다. 다음에는 제조활동과 관련한 4가지 이전가격 결정모델을 소개한다.

첫째, 완전한 기능을 수행하는 제조업자(full-fledged manufacturer, 이하 '완전 제조업자') 모델이다. 완전 제조업자는 생산, 제조공정 관리 및 제조활동 위험(원재료 구매, 생산계획 또는 품질관리와 관련된 위험)을 부담하는 등 제조공정의 모든 중요한 부분을 책임진다. 따라서 무형자산이 존재하는 경우 제조공정과 관련된 무형자산(process intangibles) 및 제조제품과 관련된 무형자산(product intangibles)을 소유할 것이고, 그 결과 무형자산의 이익 또는 손실에 대한 모든 권리를 가진다. 가장 전형적인 사례가 R&D 활동, 제품설계 및 생산을 직접 수행한 후 완제품을 판매업자에게 판매하는 MNEs을 들 수 있다. 완전 제조업자는 그 기능이 복잡하고 독특하기 때문에 통상 분석대상법인으로 간주되지 않고, 기능이 덜 복잡한 거래상대방(buy & sell distributor)이 분석대상법인으로 보다 적합하다. 이 경우 분석대상법인은 비교대상 독립기업이 얻을 수 있는 통상적 이익을 보상받아야 하고, 잔여이익은 완전 제조업자에게 모두 귀속되어야 할 것이다. 만약 완전 제조업자와 분석대상으로 간주될 수 없는 특수관계기업과의 거래인 경우에는 보다 복잡한 TP 방법, 예컨대 이익분할법의 선택이 고려되어야 한다.

아래 〈그림 4-37〉의 완전 제조업자 모델을 살펴보면, R국 모기업이 S국에 설립한 자회사인 완전 제조업자는 연구개발, 설계, 시장조사, 원재료 매입, 제품 생산 및 소유권 취득, 수량 및 품질수준 결정, 가격결정, 채권회수, 재고관리, A/S용역, 광고 등의 활동을 수행한다. 제품생산을 위해 숙련노동력, 공장, 장비 및 기계, IT자원 등의 자산을 활용한다. 위험과 관련하여 원재료 가격상승, 환율차이, 시장수요의 변화, 제품진부화 및 대손가능성 등과 관련된 비용을 부담한다. 광범위한 수행용역, 부담위험, 사용자산 등을 감안할 때 완전 제조업자는 고수익을 얻을 것으로 기대할 수 있다. 따라서 S국 자회사는 발생한 모든 이익을 수취하고 이에 대해 S국에서 과세된다.

〈그림 4-37〉 완전 제조업자 모델

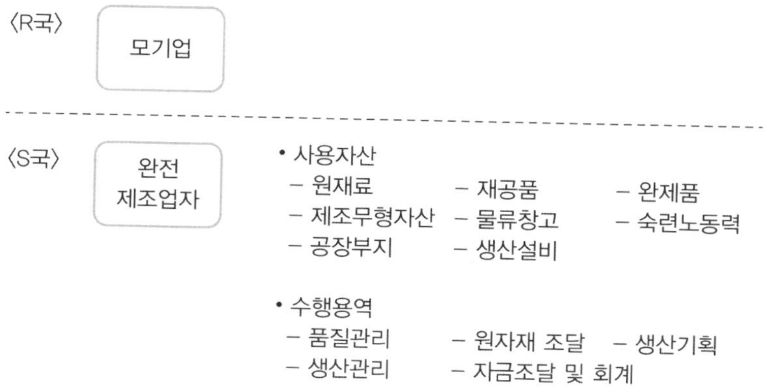

둘째, 라이선스 제조업자(licensed manufacturer) 모델이다. 라이선스 제조업자는 특허 등 특정 무형자산을 소유하지 않고 그룹내 IP회사[31])로부터 사용허락을 받아 사용한다는 점을 제외하고는, 완전 제조업자와 유사한 기능을 수행한다. 라이선스 제조업자는 여전히 자신의 위험하에 제조공정을 수행하고 감시하며, 사용료를 지급하고 사용하는 무형자산 이외에 자신의 무형자산을 개발하고 소유할 수 있다. 따라서 라이선스 제조업자는 무형자산 소유자에게 독립기업 사용료를, 그리고 기타 용역제공 기업들에게 통상적인 보상을 한 후 잔여이익에 대한 모든 권리를 가진다.

셋째, 계약 제조업자(contract manufacturer) 모델이다. 계약 제조업자는 완전 제조업자 또는 라이선스 제조업자와는 상당히 다른 역할을 수행한다. 계약 제조업자는 자신의 위험하에 제조활동을 하지 않고, 수수료를 대가로 다른 기업이 위탁한 제조기능을 수행할 뿐이다. 위탁기업(principal)이 제조활동과 관련된 중요한 기능들을 수행하기 때문에, 무형자산을 소유 또는 사용하는 경우 무형자산에 귀속되는 이익은 위탁기업에 귀속된다. 계약 제조업자도 제조기능 수행과정에서 자신의 노하우(process intangibles)를 개발할 수 있으나, 제품 무형자산을 보유하지는 못한다. 계약 제조업자는 제품 무형자산을 보유하지 못하고 제한된 기능을 수행하고 위험을 부담하기 때문에 통상 분석대상법인으로 간주되고, 원가가산법 또는 TNMM(총원가가산법)에 의해 적지만 안정적 수준의 통상적 이익만을 받을 권리가 있다. 예를 들어, R&D 활동을 하는 모회사가 저임금 국가에 소재한

31) 1990년 중반 이후 많은 MNEs이 저세율 국가에 무형자산 관리 목적의 자회사, 즉 IP회사(intellectual property company)를 설립하여, 과거 그룹내 다른 관계회사들이 소유하던 무형자산을 IP회사에 집중시키는 조세전략을 사용하고 있다.(TPG 9.2)

자회사에 제조활동을 위탁하였지만, 모회사가 제조공정에 대한 통제권을 지속적으로 행사하고 제품 무형자산도 보유한 경우 계약 제조업자에 대해 통상적 이익을 보상한 후의 제조활동과 관련한 잔여이익은 모두 모회사에 귀속될 것이다.

〈그림 4-38〉 계약 제조업자 모델

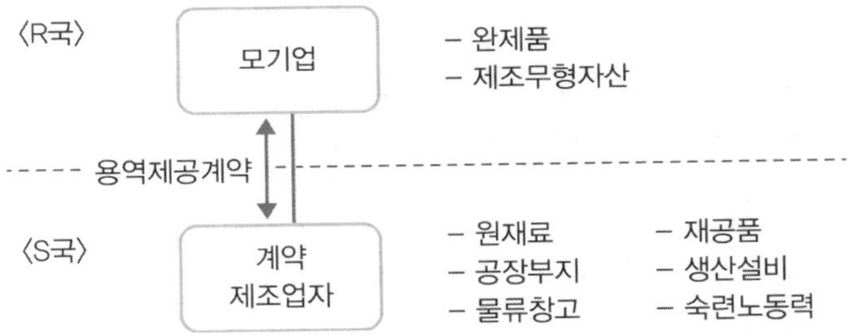

위 〈그림 4-38〉의 계약 제조업자 모델에서는 기능, 자산 및 위험의 일부가 완전 제조업자에서 모기업으로 이전된다. 계약 제조업자는 여전히 필요 원재료를 매입하고 원재료와 재공품을 소유한다. 자신의 생산설비를 사용하고 자신의 직원들을 활용하여 제품을 생산하지만, 생산수량과 품질수준은 모기업의 요구에 따른다. 제품에 대한 시장조사 및 기획은 모기업이 담당한다. 또한, 생산된 완제품은 물론 제조공정에 필요한 지식재산권은 모기업에 의해 소유된다. 제품의 재고는 계약 제조업자 소유 또는 제3자로부터 임차한 창고에 보관된다. 일반적으로 모기업과 계약 제조업자는 용역계약을 체결한다. 계약 제조업자는 제한된 기능, 자산 및 위험이 귀속되기 때문에 완전 제조업자보다 낮은 수준, 즉 원가가산 방식의 보수를 받는다.

〈그림 4-39〉 임가공 제조업자 모델

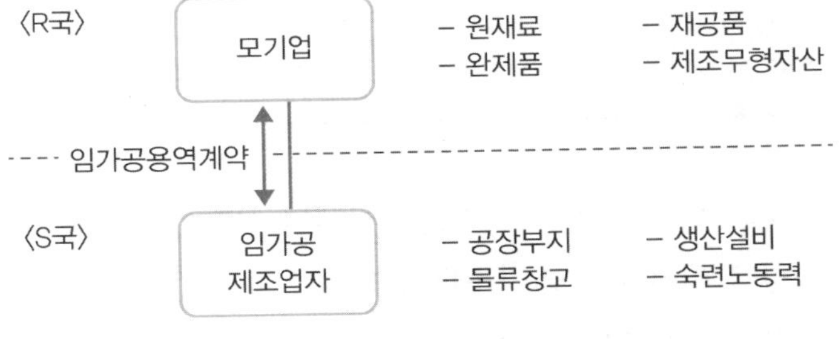

넷째, 임가공 제조업자(toll manufacturer) 모델이다. 타 기업의 위탁을 받아 제한된 제조기능을 수행하고 위험을 부담한다는 점에서 계약 제조업자와 유사하다. 계약 제조업자와 다른 점은 원재료와 완제품 또는 반제품에 대한 소유권을 갖지 못한다는 것이다. 따라서 임가공 제조업자는 통상 계약 제조업자보다 낮은 수준의 보상을 받게 된다. CUP 방법을 적용할 수 없는 경우, 원가가산법 또는 TNMM(총원가가산법)이 적합한 TP 방법이 될 것이다.

위 〈그림 4-39〉의 임가공 제조업자는 모기업을 위해 제조용역을 제공하지만, 아무런 사업상·상업상 위험을 부담하지 않는다. 임가공 제조업자는 제품의 생산과 관련된 위험만을 부담할 뿐이다. 자신의 생산설비와 장비 또는 창고를 소유하고 자신의 직원들을 활용하지만 본질적으로 용역제공자이다. 임가공 제조업자는 단지 제품 생산만을 하고 다른 활동들은 모기업에게 이전된다. 임가공 제조업자에게 귀속되는 제한된 기능, 자산 및 위험을 고려할 때 통상 제공용역에 대한 약간의 이윤과 함께 비용을 커버하는 수준의 수수료를 수취한다. 아래 〈표 4-13〉은 앞서 살펴 본 제조업자 모델별 기능상 차이를 보여준다.

〈표 4-13〉 제조업자 모델별 기능상 차이

기능	완전 제조업자	계약 제조업자	임가공 제조업자
원재료 매입	○	○	×
연구개발	○	×	×
제품소유	○	×	×
가격설정	○	×	×
마케팅/광고	○	×	×
품질관리	○	○	○
판매활동	○	×	×
A/S용역	○	×	×
시장위험	○	×	×
대손위험	○	○	×

조세전략 관점에서 보면, 특정 이전가격 결정모델의 선택은 MNEs의 각 관계회사들이 얻을 이익수준에 영향을 미친다. 따라서 MNEs은 법인세율이 낮은 국가에 완전 제조업자를 설립함으로써 조세부담을 줄일 수 있을 것이다. 다른 방법으로, 여러 국가에 소재하는 MNEs의 관계회사들 간에 기능과 위험을 분산(결과적으로 무형자산의 소유권도 분산)시

킴으로써 제조활동과 관련된 전세계 조세부담을 줄이는 것도 고려할 수 있을 것이다.

결국 무형자산 관련 이익에 대한 과세로부터 제조활동의 수행 자체를 분리하는 효과를 얻기 위해서는 모회사 또는 IP회사는 법인세율이 낮은 국가에 설립하고, 계약 제조업자 또는 임가공 제조업자 등 제한된 기능과 위험만을 가진 제조업자를 다른 국가에 설립하는 것을 고려할 수 있다. 제조업자를 어느 국가에 설립하는지는 제조활동 관련 전세계 조세부담에 큰 영향을 미치지 못한다. 왜냐하면, 대부분의 소득이 모회사 또는 IP회사에 귀속될 것이기 때문이다.

나. 판매활동

이전가격 결정모델에 따라 사업활동에 대한 내용과 경제적 성과에 대한 권리도 달라진다. 다음으로 판매활동과 관련한 4가지 이전가격모델을 살펴보자.

첫째, 완전한 기능을 수행하는 판매업자(full-fledged distributor, 이하 '완전 판매업자') 모델이다. 완전 판매업자는 재화의 매입부터 마케팅, 소비자 판매에 이르기까지 판매활동과 관련된 모든 중요한 기능을 수행하고, 관련 위험을 부담하며 기능수행에 필요한 무형자산을 소유 또는 사용한다. 완전 판매업자의 활동이 무형자산을 창출 또는 사용하지 않는 기능을 수행하고 위험을 부담하는 경우에는 이전가격분석 목적 상 분석대상법인으로 간주될 수 있고, CUP 방법을 적용할 수 없는 경우 RPM 또는 TNMM을 사용할 수 있다. 그러나, 완전 판매업자가 무형자산을 소유 또는 사용하는 경우에는 분석대상법인이 될 수 없다. 거래상대방을 분석대상법인으로 볼 수 있는 경우(예: 계약 제조업자로부터 제품을 매입한 경우)에는 완전 판매업자가 분석대상법인에게 독립기업 보상을 한 후 잔여이익을 얻을 수 있도록 이전가격이 결정되어야 한다. 반대로, 거래상대방을 분석대상법인으로 볼 수 없는 경우(예: 완전 제조업자로부터 제품을 매입한 경우)에는 이전가격 결정이 보다 어려워지는데, 이 경우 CUP 방법 또는 이익분할법의 적용이 고려될 수 있다.

아래 〈그림 4-40〉의 완전 판매업자 모델에서는 판매업자가 제품소유자로서 판매를 하고, 마케팅 무형자산과 노하우를 보유하며 창고와 매장을 운영한다. 재고 및 반품을 관리하고 포장, 신용관리, 유통망 개발 및 고객관리를 한다. 제품진부화 및 파손위험, 환율위험, 시장위험 및 대손위험 등도 부담한다.

〈그림 4-40〉 완전 판매업자 모델

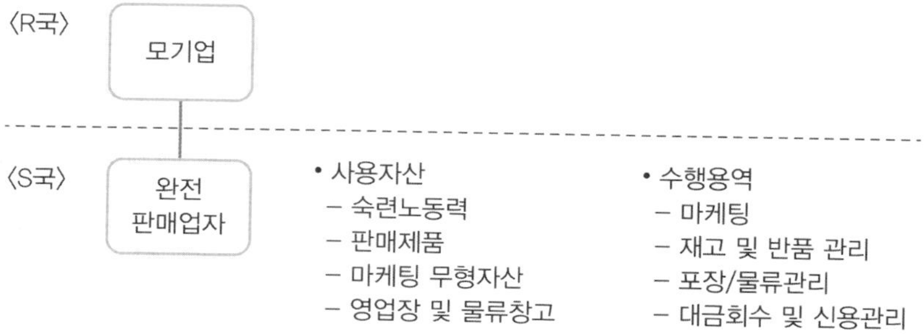

둘째, 단순 판매업자(buy & sell distributor) 또는 제한된 위험의 판매업자(limited risk distributor) 모델이다. 단순 판매업자는 공급업자를 대신하여 재화를 매입하여 판매하는 역할을 수행한다. 이 경우 전략적 기능을 수행하고 중요한 위험을 부담하며 이를 통해 창출된 무형자산을 소유하는 것은 공급업자이다. 단순 판매업자는 특히 재화의 소유와 관련하여 판매활동에 필요한 일부 기능만을 수행하고 일부 위험만을 부담한다. 그러나, 완전 판매업자와 달리 마케팅 전략과 같은 중요한 기능 및 시장위험과 같은 중요한 위험은 다른 당사자에게 귀속된다. 단순 판매업자는 중요한 기능과 위험이 없기 때문에 분석대상법인이 될 수 있고, 이전가격분석에 CUP 방법을 적용할 수 없을 경우 RPM과 TNMM을 적용할 수 있다. 단순 판매업자 모델을 선택하는 전형적인 사례는 예컨대, 어느 MNE가 마케팅활동, 소비자가격 설정, 제품홍보 또는 판매기술에 관한 의사결정을 집중화함으로써 전세계적 마케팅 전략을 기획하고, 전체 공급망에 걸쳐 재고 및 제품 위험을 부담하는 물류기능을 집중화함으로써 제품의 공급망을 통제하고자 할 경우이다. 이 경우 판매활동과 관련된 중요한 기능과 위험은 중앙 집중화되므로 각국에서 수행하는 잔여 판매활동은 구입한 제품을 부가적인 기능을 수행함이 없이, 그리고 큰 위험부담도 없이 단순 재판매하는 등 매우 제한적일 것이다.

아래 〈그림 4-41〉의 제한된 위험의 판매업자는 마케팅 무형자산을 소유하지 않고 제품에 대한 마케팅과 포장 기능을 수행하지 않는다. 판매업자는 재화를 소유하고, 재고 및 반품관리, 신용위험을 관리할 수 있지만 이들에 대해 완전한 위험을 부담하는 것은 아니며 위험의 상당부문은 모기업에게 있다. 제한된 위험의 판매업자는 고객의 주문이 있을 때 모기업에 구매주문을 하고 제품은 모기업에서 고객에게 직접 배송된다. 즉 판매업자는 잠시 동안 제품의 소유자가 된다.(소위 flash title)

〈그림 4-41〉 제한된 위험의 판매업자 모델

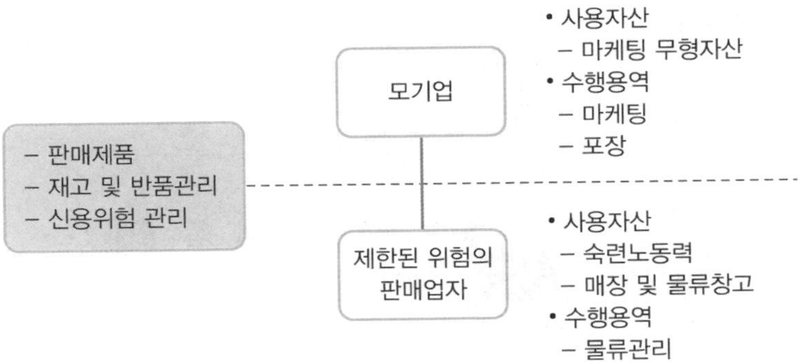

셋째, 판매대리인(commissionaire) 모델이다. 판매대리인은 자신의 이름으로 재화를 판매함으로써 모기업(principal)과 최종소비자 사이에서 중개인의 역할을 한다. 판매대리인은 모기업에게 고객과의 미팅, 제품판촉 등 서비스를 제공하지만, 재화에 대한 소유권을 보유하는 단순 판매업자와 달리, 재화의 소유권은 모기업에게 있고 판매의 주체도 모기업이다. 전략적 기능과 중요한 위험은 판매대리인에 의해 수행 또는 부담되지 않는다. 즉, 마케팅활동, 고객할인 등에 대해 모기업으로부터 세부적 지시를 받고 재화를 소유하지 않으며 마케팅비용 등 제한된 위험에 노출되어 있다. 결국 판매대리인은 제한된 기능을 수행하고 낮은 위험만을 부담하기 때문에 보상은 제한적일 것이고, 대부분 모기업 판매액의 일정 비율을 수수료(commission)로 수취하는 방식 즉, CUP 방법에 의해 보상이 결정될 것이다.

판매대리인은 수탁판매인(sales agent)과 유사한 용역을 수행한다. 주된 차이는 수탁판매인이 모기업을 대신하여 판매를 하는 반면, 판매대리인은 자신의 이름으로 제품을 판매한다. 아래 〈그림 4-42〉의 판매대리인 모델에서 보듯이, 제품의 배송은 모기업이 직접 수행하고 판매대리인은 판매제품에 대한 소유권을 갖지 않는다. 채무불이행이 발생했을 경우 고객은 수탁판매인의 경우에는 모기업에게 소를 제기할 수 있는 반면, 판매대리인의 경우에는 판매대리인에게 직접 소를 제기할 수 있다. 물론, 모기업과 판매대리인 간 판매대리약정에 따라서 최종적인 책임은 모기업이 부담할 것이다.

〈그림 4-42〉 판매대리인(commissionaire) 모델

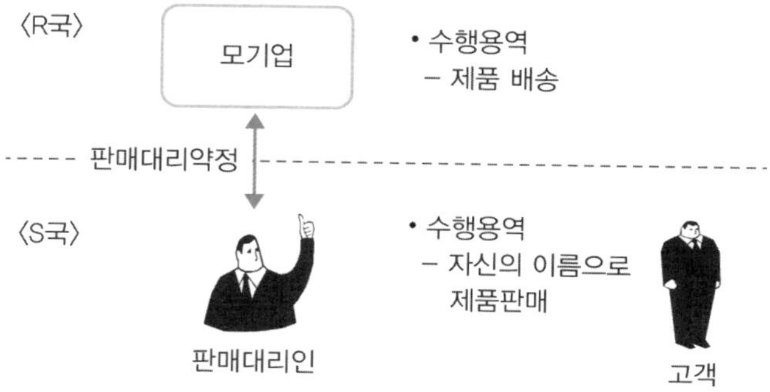

아래 〈표 4-14〉은 이상에서 살펴 본 판매업자 모델들의 차이를 보여준다.

〈표 4-14〉 판매업자 모델의 기능상 차이

기능	완전 판매업자	제한적 판매업자	수탁판매인 (sales agent)	판매대리인 (commissionaire)
판매/마케팅	○	○	○	○
재고/물류/AS	○	×	×	×
청구/수금	○	○	×	○
품질관리	○	○	×	×
대손/소송위험	○	○/×	×	×
재고/환율위험	○	×	×	×

판매업자의 이윤 수준은 수행기능, 부담위험, 사용자산에 달려있다. 원칙적으로 각 당사자가 충분한 실질을 갖추고 독립기업원칙에 따른 보상을 받는다면 판매활동 자체에 대한 보상과 보다 수익성 높은 기능(마케팅 무형자산에 귀속되는 이익)을 분리하는 것도 가능하다.

어떤 이전가격 결정모델이 판매활동에 이용될 수 있는지는 현재의 시장조건들에 크게 의존한다. 시장진입 단계에서는 판매활동은 실제 재화를 판매하는 것보다 주로 브랜드에 대한 광고활동으로 이루어질 것이고 이때는 판매활동을 용역제공으로 보아 원가가산법을 적용할 수 있을 것이다. 그러나, 판매량이 점차 증가함에 따라 독립기업보상, 즉 매출액의 일정 비율을 수수료로 지급하는 RPM 또는 TNMM으로 대체될 수 있을 것이다.

다. 연구개발활동

연구개발 활동의 결과와 관련된 무형자산은 이전가격 목적 상 관련 기능을 수행하고 위험을 부담한 기업에 의해 소유되고, 이 기업이 무형자산에 귀속되는 이익에 대한 권리를 가진다. R&D 활동과 관련한 이전가격 결정모델은 다음 두 가지로 구분할 수 있다.

첫째, 완전한 기능을 수행하는 연구개발자(full-fledged researcher)(이하 '완전 연구개발자') 모델이다. 완전 연구개발자에게는 통상 R&D 활동에 의해 창출된 모든 이익, 즉 실험실 연구 등 일상적 R&D 활동에 따른 이익은 물론 무형자산의 활용에 따른 이익이 귀속된다. 만약 일상적 R&D활동은 관계회사 또는 제3자에게 위탁하고 직접 수행하지 않지만, R&D와 관련한 중요한 기능을 수행하고 관련 위험을 부담한 경우에도 R&D 활동에 대한 비교가능한 통상적 이익을 제외한 무형자산의 활용에서 발생하는 이익에 대한 권리를 가진다.

둘째, 계약 연구개발자(contract R&D) 모델이다. 용역제공자로서 다른 기업을 위해 계약조건에 따라 R&D 활동을 수행하는 경우, R&D 활동의 결과인 무형자산에 대한 소유권이 없기 때문에 R&D 활동에 대한 통상적 이익만을 보상받는다. 이 경우 무형자산의 활용관련 이익은 중요한 기능을 수행하고 위험을 부담하는 무형자산 소유자(principal)에게 귀속된다. 무형자산을 소유하지 않는 계약 연구개발자에 대한 보상과 관련하여 CUP 방법을 적용할 수 없다면, 일반적으로 원가가산법 또는 R&D 활동에 의해 발생한 모든 비용을 커버하는 수준의 순이익을 보장해주는 총원가가산법도 적합할 수 있다.

조세전략 차원에서 본다면, MNEs은 무형자산에 귀속되는 이익이 높은 법인세율이 적용되는 거주지국에서 발생하는 것을 원하지 않을 것이다. 또한, R&D 활동을 최종소비자들과 인접한 국가 또는 전문적 노동력을 보유한 국가에 소재한 기업(계약 연구개발자)에 위탁하고자 할 수도 있다. 원칙적으로, R&D 활동 자체가 수행되는 곳과 무형자산의 이익이 귀속되는 곳을 분리하는 것은 가능하지만, 관련 국가의 과세당국에 의해 수용되기 위해서는 이러한 이전가격 결정모델을 뒷받침하는 실질을 갖추어야 할 것이다.

4 BR 유형에 따른 이전가격 모델의 변화

가. 제조활동의 개편

자회사의 역할이 완전 제조업자에서 계약 제조업자 또는 임가공 제조업자로 개편되는 유형이다. 중요한 기능과 위험이 완전 제조업자 역할을 수행하는 자회사에서 모회사로 이전된 결과 제조기능에서 발생한 잔여이익도 역시 모회사로 귀속된다. 임가공 제조업자로 전환된 경우에는 기능과 위험뿐만 아니라 원자재, 반제품 및 완제품 재고의 소유권도 역시 이전되어야 한다. 예를 들어, MNE가 자신의 사업활동에 활용할 수 있는 제조 무형자산을 소유한 경쟁업체를 인수한 후, 자신의 기존 무형자산과 새롭게 취득한 무형자산을 모두 다른 사업부문에서 사용할 경우이다. 이 경우 모회사가 수행한 기능과 부담한 위험을 증명하는 실질이 중요한 이슈가 된다. 특히, 원자재 매입, 제조노하우, 생산 및 재고계획 또는 물류기능과 같은 문제와 관련하여 모회사 직원들의 기술적 능력을 입증하는 일이 중요하다.

나. 판매활동의 개편

자회사의 역할이 완전 판매업자에서 제한된 위험의 판매업자, 단순 판매업자 또는 판매대리인으로 개편되는 유형이다. 이 경우 완전 판매업자의 중요한 기능과 활동이 모회사로 이전된다. 특히, 상호 또는 고객명단과 같은 마케팅 무형자산의 존재 가능성을 분석하는 것이 중요하다. 왜냐하면, 마케팅 무형자산이 모회사에게 이전된 경우에는 완전 판매업자 소재 국가에서 법인세 또는 양도소득세 과세문제가 발생할 수 있기 때문이다.

판매업자는 생산된 제품을 자체 개발된 유통망과 광고활동을 통해 고객에게 판매 및 배송한다. 이러한 유통과정에서 일부 기능, 자산 및 위험이 판매업자가 소재하지 않는 국가의 모기업에게 이전될 수 있다.

다. 연구개발활동의 개편

자회사의 역할이 완전 연구개발자에서 계약 연구개발자로 개편되는 유형이다. 예를 들어, 한 국가에서만 활동하던 기업이 예상치 못하게 잠재이익을 갖는 무형자산을 개발한 후, 기업의 중심 역할을 이전함으로써 무형자산의 이익을 다른 국가로 이전하고자 하는 경우이다. 이 경우 중요 역할을 인수받은 기업이 그에 합당한 실질을 갖추는 것이 중요하다. 그러나, 인력의 이동은 전혀 없이 전략적 기능만이 이전됐다고 주장하는 경우에는 과세당국과 MNE 간의 입장이 다르기 때문에 복잡한 문제를 야기할 수 있다.

제5장 이전가격 분쟁 회피 및 해결

1 의의

독립기업원칙을 적용하기 위해 성실하게 TPG를 준수하더라도 이전가격 분쟁은 발생할 수 있다. 왜냐하면, 이전가격 이슈의 복잡성과 개별 사안의 상황들에 대한 해석 및 평가의 어려움으로 납세자와 과세당국이 특수관계거래의 정상가격 조건에 대해 다른 결정에 도달할 수 있기 때문이다.(TPG 4.1)

과세당국들이 정상가격 조건을 결정할 때 서로 다른 입장을 취하는 경우 이중과세가 발생할 수 있다. 이중과세는 동일한 소득이 다른 납세자들에게 귀속될 때(경제적 이중과세) 또는 동일한 법적 단체(PE)에게 귀속되는 동일한 소득을 하나 이상의 과세당국이 과세표준에 포함시키는 경우(법률적 이중과세)를 의미한다.(TPG 4.2)

2 이전가격 순응 확보방안

조세순응 확보방안은 각국의 법률과 행정절차에 따라서 개발되고 집행된다. 이를 위한 국내적 방안은 다음 세 가지 요소를 가진다. 첫째, 원천징수 및 정보보고 의무 등을 통해 미신고 기회를 축소하는 것, 둘째, 교육 및 안내 등을 통해 순응을 적극 지원하는 것, 셋째, 비순응에 대한 불이익을 부여하는 것이다. 독립기업원칙의 적용은 납세자에 대한 적절한 보호와 함께 엄격한 규정을 가진 국가로 조세수입이 이전되지 않도록 명확한 절차규정을 요구한다.

MNE 그룹의 관계회사가 한 국가에서 이전가격 조사를 받는 경우 해당 국가의 국내적 조치가 다른 국가에 영향을 미칠 것이다. 동일한 이전가격 결정이 다른 국가에서 수용되지 않는다면 MNE 그룹은 이중과세를 당할 수 있다. 따라서 과세당국은 이전가격 순응

규정이 타국에 미치는 영향을 의식해야 하고, 국가 간 공평한 과세권 배분과 이중과세 방지를 위해 노력해야 한다.(TPG 4.4) 예컨대, 소송 활용 및 정보 미제출시 제재 등 세법 상 순응조치는 OECD 국가들에서 공통적이지만, 조사관행, 입증책임 및 가산세제도 등 세 가지 측면은 타국의 과세당국이 MAP에 접근하는 방식, 자국의 이전가격 규정을 준수하기 위한 행정적 대응방식에 영향을 줄 수 있다.(TPG 4.5)

가. 세무조사 관행

국가 간 조사절차의 차이는 과세당국의 체계 및 구조, 국가의 지리적 규모 및 인구, 국제교역 수준, 문화적·역사적 영향 등과 같은 요인들에 주로 기인한다.(TPG 4.6) 이전가격 사안은 통상적인 세무조사 관행에 특별한 어려움을 제기하는데, 특히 사실관계 위주(fact-intensive)이고, 비교가능성, 시장, 재무정보 또는 기타 산업정보에 대한 어려운 평가를 수반할 수 있다. 결과적으로 과세당국들은 이전가격 전문조사관을 보유하고, 이전가격조사는 다른 조사보다 장기간이 소요되며 별도의 절차를 수반할 수 있다.(TPG 4.7)

이전가격 결정은 정확한 과학이 아니기 때문에 하나의 정상가격을 결정하는 것이 항상 가능한 것은 아니며, 정확한 가격은 허용할 수 있는 수치의 범위 내에서 추정될 수밖에 없다. 또한, 정상가격의 결정을 위한 이전가격 방법의 선택이 종종 명확하지 않을 수도 있다.(TPG 4.8) 따라서, 이전가격 결정은 유연한 접근방법(flexible approach)이 권장되고, 모든 사실관계와 상황을 고려할 때 납세자에게 현실적이지 않은 정확성을 요구해서는 안 된다. 또한, 독립기업원칙을 적용할 때는 납세자의 상업적 판단을 고려하여 이전가격 분석이 사업의 실제와 연계되도록 해야 한다. 그러므로, 과세당국은 납세자가 선택한 방법의 관점에서부터 자신들의 이전가격 분석을 시작해야 한다.(TPG 4.9)

나. 입증책임

조세사건에 대한 입증책임(burden of proof) 규정은 국가들 간에 차이가 있지만, 거래 및 소송의 입증책임은 일반적으로 과세당국이 부담한다. 일부 국가의 경우에는 입증책임이 전환될 수 있는데, 이 경우 만약 납세자가 예컨대, 과세당국의 문서제출 요구에 협조하지 않거나 거짓 또는 허위의 신고서를 제출하는 등 성실하게 행동하지 않은 것으로 판명되는 경우 과세당국이 납세자의 과세소득을 추정하도록 허용된다.(TPG 4.11)

이와 관련하여, 우리나라 세법도 납세자가 이전가격 관련 자료의 제출에 비협조하는 경우 입증책임이 전환되도록 하는 규정을 두고 있다. 즉, "통합기업보고서, 개별기업보고서를 제출하여야 하는 납세의무자 및 정상가격 산출에 관한 자료의 제출을 요구받은 납세의무자가 정당한 사유없이 자료를 기한까지 제출하지 아니하는 경우 과세당국은 유사한 사업을 영위하는 사업자로부터 입수한 자료 등 과세당국이 확보할 수 있는 자료에 근거하여 합리적으로 정상가격을 추정할 수 있다."고 명시하고 있다.(국조법 §16 ⑦)

입증책임과 관련하여, 우리나라 법원은 "과세관청이 거주자의 국외 특수관계자와의 거래에 대하여 (…) 정상가격을 기준으로 과세처분을 하기 위해서는 납세의무자에 대한 자료제출 요구 등을 통하여 수집한 자료를 토대로 비교가능성 등을 고려하여 가장 합리적인 정상가격 산출방법을 선택하여야 하고, 비교되는 상황 간의 차이가 비교되는 거래의 가격이나 순이익에 중대한 영향을 주는 경우에는 그 차이를 합리적으로 조정하여 정상가격을 산출하여야 하며, 과세처분의 기준이 된 정상가격이 이와 같은 과정을 거쳐 적법하게 산출되었다는 점에 대한 증명책임은 과세관청에 있다"고 판시하고 있다.[32]

또 다른 판례에서는, "국외 특수관계자와 국제거래를 행하는 납세의무자는 국제거래명세서를 제출할 의무, 가장 합리적인 정상가격 산출방법을 선택하고 선택된 방법 및 이유를 과세표준 및 세액의 확정신고 시 제출할 의무, 정상가격 산출방법과 관련하여 필요한 자료를 비치·보관할 의무 등을 부담한다."고 전제하고, "따라서 과세관청이 스스로 위와 같은 정상가격의 범위를 찾아내 고려해야만 하는 것은 아니므로, 국외 특수관계자와의 이전가격이 과세관청이 최선의 노력으로 확보한 자료에 기초하여 합리적으로 산정한 정상가격과 차이를 보이는 경우에는 비교가능성이 있는 독립된 사업자 간의 거래가격이 신뢰할 만한 수치로서 여러 개 존재하여 정상가격의 범위를 구성할 수 있다는 점 및 당해 국외 특수관계자와의 이전가격이 그 정상가격의 범위 내에 들어 있어 경제적 합리성이 결여된 것으로 볼 수 없다는 점에 관한 증명의 필요는 납세의무자에게 돌아간다"고 판시하고 있다.[33]

따라서, 국내 판례들의 태도를 종합해 보면, 납세자의 신고 이전가격이 정상가격이 아니고 가장 적합한 TP방법의 선택 및 합리적 조정을 거쳐 적법하게 정상가격을 조정했다는 점 대해서는 일차적으로 과세당국에게 입증책임이 있지만, 당초 설정한 이전가격이 여전히 정상가격 범위 내에 포함된다는 점에 대해서는 납세자가 적극적으로 입증해야 할 것이다.

32) 대법원 2012.12.26. 선고 2011두6127 판결

33) 대법원 2014.9.4. 선고 2012두1747/1754 판결; 대법원 2001.10.23. 선고 99두3423 판결

입증책임 관련규정이 과세당국과 납세자의 행태에 미치는 영향이 고려되어야 한다. 예를 들어, 국내법상 입증책임이 과세당국에 있는 경우 과세당국이 먼저 이전가격이 독립기업원칙과 부합하지 않다는 것을 증명하지 않는 한, 납세자는 이전가격의 정확성을 입증할 법적 의무를 지지 않는다. 물론, 과세당국은 세무조사 수행을 위해 납세자에게 자료제출 의무를 부과할 수도 있다. 일부 국가의 경우에는 납세자의 협력의무를 법률에 의해 부과하기도 한다. 납세자가 협조하지 않는 경우 과세당국은 납세자의 소득을 추계(estimate)하고, 경험에 토대하여 관련 사실을 추정(assume)할 권한을 부여받는다.(TPG 4.12)

납세자 입증책임 원칙을 가진 국가라도 과세당국이 법률에 명확히 근거하지 않은 과세를 자유롭게 할 수 있는 것은 아니다. 과세당국이 독립기업원칙을 무시하고 단순히 매출액의 일정 비율로 계산된 과세소득을 근거로 과세할 수는 없다. 납세자 입증책임 원칙을 가진 국가의 경우에도 소송의 입증책임은 종종 전환된다. 납세자가 이전가격이 정상가격이라는 합리적 주장과 증거를 법원에 제출하는 경우, 입증책임은 법률상 또는 사실상으로 과세당국에게 전환되어 납세자의 이전가격이 정상가격이 아니고 과세가 정확한 이유에 대한 주장과 증거를 제시해야만 납세자에게 대항할 수 있다. 반면에, 과세당국이 법률에 근거하여 과세하였으나 납세자가 이전가격이 정상가격임을 증명하는 노력을 거의 하지 않은 경우 납세자 입증책임은 충족되지 않을 것이다.(TPG 4.13)

이전가격 이슈에 대한 국가들 간 상이한 입증책임 규정은 그러한 규정에 의해 내포된 법적 권리가 납세자와 과세당국에게 행동지침으로 이용된다면 심각한 문제를 야기할 수 있다. 예를 들어, 특수관계거래에 대한 세무조사와 관련하여 입증책임이 A국에서는 납세자에게 있고 B국에서는 과세당국에 있는 경우를 상정해 보자. 만약 입증책임이 행동을 유도한다면, A국의 경우 과세당국의 증명되지 않는 이전가격 주장에 대해 납세자가 이를 수용할 가능성이 있고, B국의 과세당국은 납세자의 비협조로 이전가격을 증명하지 못할 수도 있다. 이 경우 A국 과세당국과 B국 납세자 모두 수용가능한 정상가격 결정을 위해 아무런 노력을 하지 않을 수 있다. 이러한 행동이 이중과세는 물론 중요한 갈등 국면을 만들 수 있다.(TPG 4.14)

아래 〈그림 4-43〉에서 보는 바와 같이, 만약 A국의 납세자(SCo)가 B국 납세자(PCo)의 자회사인 경우, B국 납세자는 수취 사용료가 정상가격임을 기꺼이 증명하려고 하지 않을 수 있다. 세무조사 후에 A국의 과세당국은 이용가능한 정보를 토대로 성실하게 조정을 한 반면, B국의 모회사는 입증책임이 과세당국에게 있기 때문에 이전가격이 정상가격이었음을 입증하는 정보를 자국 과세당국에게 제출할 의무가 없다. 이는 두 과세당국이 상호합의 과정에서 합의에 도달하는 것을 어렵게 할 것이다.(TPG 4.15)

〈그림 4-43〉 상이한 입증책임으로 인한 정상가격 합의 곤란사례

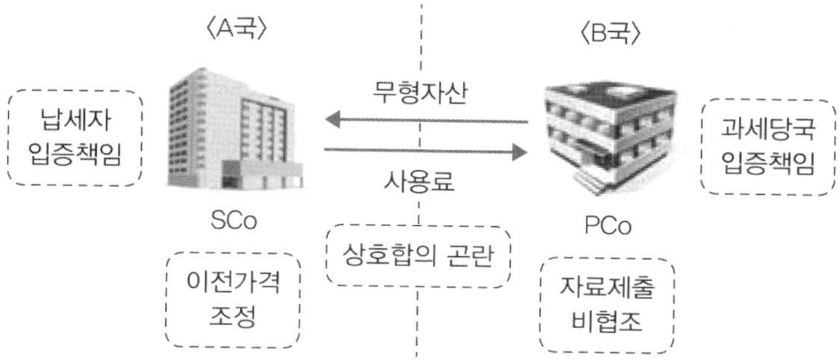

납세자와 과세당국 모두 이전가격조사 과정에서 입증책임에 의존하는 것을 자제할 필요가 있다. 특히, 이전가격에 대한 근거가 없거나 증명할 수 없는 주장에 대한 변명으로 입증책임을 오용해서는 안 된다. 입증책임이 납세자에게 있는 경우에도 과세당국은 자신의 이전가격 결정이 독립기업원칙에 부합하다는 점을, 그리고 납세자도 입증책임이 어느 곳에 있는지에 상관없이 이전가격이 독립기업원칙에 부합하다는 점을 성실하게 입증해야 할 것이다.(TPG 4.16)

OECD 모델협약 제9조 제2항에 따라서, 대응조정 국가는 1차 조정된 이윤이 그 거래가 독립기업 상황이었다면 실현되었을 이윤을 정확히 반영하는 경우에만 따라야 한다. 이는 MAP에서 먼저 조정을 요청한 국가가 1차 조정이 원칙과 금액 양 측면에서 타당하다는 점을 타방 체약국에게 입증해야 할 책임이 있다는 것을 의미한다.(TPG 4.17)

다. 과태료(가산세)

과태료 또는 가산세(penalties)는 필요 정보의 제공 또는 신고서 제출 등 절차적 의무 또는 실체적인 납부세액의 결정과 관련되는 비순응에 대한 불이익을 부여하여 순응을 촉진하기 위함이다. 상호합의 결과로 조정이 취소 또는 경감되는 경우 가산세를 취소 또는 경감할 가능성이 존재해야 한다.(TPG 4.18)

국가 간에 과태료(가산세)를 비교할 때는 주의가 필요하다. 첫째, 동일한 목적을 달성하는 과태료(가산세)가 다른 이름으로 존재할 수 있다. 둘째, 한 국가의 조세순응 조치는

전체 조세시스템에 달려 있는데, 가령, 납세자에게 협조의무를 부여하거나 또는 납세자가 불성실하게 행동하는 경우 입증책임을 전환하는 등 비순응 기회를 제거 또는 제한하는 조치들과 과소납부금액에 추가 조세부과 등 금전적 제재방안 간의 선택 등 국내적 필요와 균형에 토대하여 설계되어야 한다. 대다수 국가들은 무과실 가산세를 적용하지 않는다.(TPG 4.19)

다양한 유형의 과태료(가산세)가 있다. 벌금(criminal penalties)은 순응을 촉진하기 위한 주요 수단은 아니다. 과태료(civil penalties)가 보다 흔하며, 통상 금전적 제재를 포함한다.(TPG 4.20) 일부 과태료(가산세)는 기한 내에 신고서 제출 및 정보보고와 같은 절차적 순응을 확보하기 위한 것이다. 그러한 과태료(가산세) 금액은 종종 소액이고, 미제출이 계속되는 기간 동안 고정금액이 부과된다.(TPG 4.21) 많은 국가들이 납세자의 해태 또는 고의적 조세회피 의도가 있는 경우 가산세를 부과하지만, 일부 국가들은 과실이 없는 과소신고에 대해서도 가산세를 부과한다.(TPG 4.23)

이전가격 문제의 성격 때문에 과태료(가산세) 제도가 납세자에게 공정하고 부당한 부담이 되지 않도록 보장하기 위해 주의가 필요하다.(TPG 4.25) 이전가격 이슈는 양 국가의 과세표준을 연관시키기 때문에 한 국가의 가혹한 과태료(가산세) 제도는 납세자에게 그 국가에서 과세소득을 과다신고하게 하는 유인이 될 수 있다. 이러한 경우, 과태료(가산세) 제도는 순응을 촉진하는 목표를 달성하지 못하고 오히려 독립기업원칙의 이탈 및 타국에서의 과소신고와 같은 비순응을 초래할 수 있다.(TPG 4.26)

과태료(가산세) 제도의 공정성은 해당 제도가 위반 정도와 비례적인지 여부에 따라서 판단되어야 한다. 예컨대, 과태료(가산세)의 엄격성은 부과되는 조건과 균형을 이루어야 하고, 보다 더 가혹한 과태료(가산세)일수록 적용조건은 보다 더 제한적이어야 한다.(TPG 4.27)

OECD 국가들은 일반적으로 다음과 같은 결론에 동의한다. 첫째, 단순히 과소신고 금액이 존재한다고 해서 무과실 가산세를 부과하는 것은 과소신고의 이유가 조세회피 의도라기보다는 선의의 오류 때문인 경우에는 부당하게 가혹한 것이다. 둘째, 독립기업원칙과 부합하게 거래 조건을 설정하기 위해 합리적 노력을 한 납세자에게 상당한 액수의 가산세를 부과하는 것은 불공정하다. 특히, 납세자가 접근할 수 없는 자료를 고려하지 못했거나 또는 납세자가 이용할 수 없었던 자료가 요구되었던 이전가격 방법을 적용하지 못한 이유로 납세자에게 과태료(가산세)를 부과하는 것은 부적절하다는 것이다.(TPG 4.28)

우리나라 세법은 이전가격 등 국제거래에 대한 자료제출의무의 불이행에 대해서 과태료를 부과할 수 있다고 규정한다. 첫째, 국외특수관계인과 국제거래를 하는 납세의무자는 '국제거래명세서', '요약손익계산서', '정상가격 산출방법 신고서'를 소득세 과세기간 또는 법인세 사업연도의 종료월부터 6개월 이내에 제출해야 하고(국조법 §16 ②), 둘째, 국외특수관계인과의 국제거래규모 및 납세의무자의 매출액 등 일정 요건에 해당하는 납세의무자는 통합기업보고서, 개별기업보고서 및 국가별보고서를 사업연도 종료월로부터 12개월 이내에 제출해야 한다.(국조법 §16 ①) 셋째, 과세당국이 정상가격 산출을 위해 필요한 거래가격 산정방법 등의 관련 자료의 제출을 요구하는 경우 납세의무자는 자료를 요구받은 날로부터 60일 이내에 제출하여야 한다.(국조법 §16 ⑤)

위와 같이, 신고시 자료제출 의무 또는 과세당국의 자료제출 요구에 납세의무자가 정당한 사유없이 자료를 기한까지 제출하지 아니하거나 거짓 자료를 제출한 경우에는 1억원 이하의 과태료를 부과할 수 있고, 이에 따라 과태료를 부과받은 자에게 과세당국이 30일의 이행기간을 정하여 자료 제출 또는 거짓 자료의 시정을 요구하였음에도 이를 이행하지 아니한 경우에는 지연기간에 따라 2억원 이하의 과태료를 추가로 부과할 수 있다.(국조법 §60)

위와 같은 과태료 처분에 대해서는 비송사건절차법에 의한 과태료 재판규정이 적용된다. 과태료 처분에 불복하는 자는 처분의 고지를 받은 날로부터 30일 이내에 과세당국에 이의를 제기할 수 있고, 이에 과세당국은 지체없이 관할법원에 그 사실을 통보해야 한다. 과태료 부과를 받은 자가 이의를 제기하지 아니하고 납부하지 않은 경우에는 국세 처납처분의 예에 의해 징수한다.

그러나, 과세당국은 정상가격 산출과 관련된 규정들을 적용할 때, 첫째, 신고된 거래가격과 정상가격의 차이에 대하여 납세의무자의 과실이 없다고 MAP 결과에 따라 확인되는 경우, 둘째, 납세의무자가 신고시 적용한 정상가격 산출방법에 관한 증명자료를 보관・비치하거나 개별기업보고서를 기한까지 제출하고, 합리적 판단에 따라 그 정상가격 산출방법을 선택하여 적용한 것으로 인정되는 경우 과소신고 가산세를 부과하지 아니한다.(국조법 §17)

이 경우, '납세의무자의 과실' 여부 판정과 관련하여, "ⅰ) 납세의무자가 과세표준 및 세액의 확정신고 시 작성된 서류를 통하여 가장 합리적인 방법을 선택한 과정을 제시하고, ⅱ) 이에 따라 선택된 방법을 실제로 적용하며, ⅲ) 정상가격 산출방법과 관련하여 필요한 자료를 보관・비치하는 경우"에는 납세의무자의 과실이 없는 것으로 본다.(국조령 §39 ①)

그리고, 앞에서 언급한 '정상가격 산출방법에 관한 증명자료'라 함은, i) 사업에 관한 개략적 설명자료(자산 및 용역의 가격에 영향을 미치는 요소에 관한 분석자료 포함), ii) 이전가격에 영향을 미칠 수 있는 국외특수관계인 및 관련자와의 구조 등을 설명하는 자료, iii) 신고할 때 적용한 정상가격 산출방법을 선택하게 된 경위를 확인할 수 있는, a) 경제적 분석 및 예측자료, b) 사용된 비교대상 수치와 수치의 비교평가 과정에서 조정된 내용에 대한 설명자료, c) 대안으로 적용될 수 있었던 정상가격 산출방법 및 그 대안을 선택하지 아니한 이유에 대한 설명자료, d) 과세기간 종료 후 신고 시까지 정상가격을 산출하기 위하여 추가된 관련자료 등을 말한다.(국조령 §39 ②)

또한, 앞서 언급된 납세의무자의 '합리적 판단' 여부는, " i) 과세기간 종료 시점을 기준으로 수집된 비교대상 수치들이 대표성 있는 자료여야 하며, 반드시 포함되어야 할 특정 비교대상 수치가 누락되어 납세자에게 유리한 결과가 도출되지 아니하였고, ii) 수집된 자료를 체계적으로 분석하여 정상가격 산출방법을 선택·적용하였으며, iii) 이전 과세연도 사전승인 시 합의되었거나 과세당국이 세무조사 과정에서 선택한 정상가격 산출방법이 있음에도 불구하고 다른 정상가격 산출방법을 선택·적용한 경우에는 다른 방법을 선택·적용한 타당한 이유가 있는" 등의 요건을 고려하여 판정한다.(국조령 §39 ③)

한편, MAP 결과 또는 일방적 승인 절차에 따라 정상가격 산출방법의 사전승인을 받아서 수정신고하는 경우, 그리고 신고 시점에는 확인할 수 없었던 정상가격 산출방법 관련 중요자료가 신고기한 후 확인된 경우 그 사실을 알게 된 때부터 60일 이내에 수정신고하는 경우에는 가산세를 부과하지 않는다.(국조령 §39 ④ 및 ⑤)

3 상호합의절차 및 대응조정

가. 상호합의절차(MAP)

이전가격 조정에 따른 이중과세를 제거하기 위해 OECD모델 제25조에 규정된 MAP이 이용될 수 있다. 제25조는 MAP이 이용되는 세 가지 영역을 규정한다. 첫째 영역은 '협약 규정과 부합하지 않은 과세' 사례에 대해 납세자가 제기하는 경우이다. 나머지 두 영역은 반드시 납세자와 관련된 것은 아니며, 하나는 '협약의 해석 또는 적용' 문제와 관련되며,

다른 하나는 협약에 규정되지 않은 사안에서의 이중과세 제거 문제와 관련된다. 권한있는 당국들은 법률적 이중과세뿐만 아니라 제9조 제1항에 의한 이전가격 조정에 따른 경제적 이중과세를 해결하기 위해서도 MAP을 이용할 수 있다.(MCC §25/10, TPG 4.30)

양자 조세조약이 OECD/UN모델 제25조 제5항과 유사한 중재조항을 포함하지 않은 경우, 권한있는 당국들은 합의에 도달할 의무는 없다. 권한있는 당국들은 국내법의 상충 또는 과세당국의 협상 권한에 대해 국내법상 제약 때문에 합의에 도달하지 못할 수 있다. 그러나, 양자조약에 강제적 중재조항이 없더라도 체약국의 권한있는 당국들은 상호합의에 의해서 일반 적용 또는 특정 사안을 다루기 위해 구속력이 있는 중재절차를 설정할 수 있다.(TPG 4.31)

나. 대응조정

대응조정은 적대적이지 않은 MAP을 통해서 이전가격 조정에서 초래되는 이중과세를 구제하기 위한 매우 효과적 수단이다.(TPG 4.37) 일방국의 과세당국이 타방국의 특수관계기업 거래에 독립기업원칙을 적용하여 법인의 과세소득을 증가시킨 경우(1차 조정), MAP의 일부로서 행해지는 대응조정이 이중과세를 경감 또는 제거할 수 있다. 그러한 경우 타방국의 대응조정은 해당 특수관계기업의 납부세액에 대한 감액조정이며, 그 결과 양국 간 이윤 배분은 1차 조정과 일치하고 이중과세는 발생하지 않는다. 또한, 일방국과 타방국 간의 협의를 통해 일방국이 1차 조정을 축소 또는 철회하는 것도 가능하다.(TPG 4.32)

OECD모델 제9조 제2항은 권한있는 당국들이 적절한 대응조정을 위하여 필요한 경우 상호 협의해야 한다고 규정한다. 이는 대응조정 요청을 고려하기 위해 제25조 MAP이 이용될 수 있다는 점을 확인시켜 준다.(MCC Art.9/10) OECD 국가들은 양자조약에 제9조 제2항 규정이 존재하지 않더라도 이전가격 사안에서 대응조정을 제공하기 위해 MAP이 고려되어야 한다는 것에 동의한다. 그러나, 이에 동의하지 않는 국가들은 국내법 규정을 통해 경제적 이중과세를 제거하기 위한 수단을 강구할 것이다.(MCC Art.9/11-12, TPG 4.33)

OECD모델 제9조 제2항에 의하면, 과세당국은 1차 조정이 원칙과 금액 모두 정당화되는 경우에만 대응조정을 해야 한다. 대응조정에 강제성을 부여하지 않은 것은 각국의 조세주권 유지를 위해 일방국의 자의적 조정 결과를 타방국이 수용해야 할 의무가 없도록 하기 위함이다.(TPG 4.35)

일단 과세당국이 대응조정을 하기로 합의하는 경우, 특수관계거래가 발생한 연도에 조정이 귀속되어야 하는지, 아니면 1차 조정이 결정된 연도 등 다른 연도에 귀속되어야 하는지 여부를 결정할 필요가 있다. 이와 관련하여 대응조정에 합의한 국가에서 초과 납부세액 관련이자에 대한 납세자권리 문제를 제기하기도 한다. 수익과 비용의 대응, 그리고 독립기업 간 거래였다면 반영되었을 경제적 상황을 더 잘 반영한다는 점에서 첫째 접근방법이 보다 적절할 것이다. 그러나, 조정 대상이 된 특수관계거래가 발생한 연도와 납세자의 수용 또는 법원의 최종결정 연도 간에 장기간 지연이 있는 사안의 경우, 과세당국은 1차 조정을 수용 또는 결정한 연도에 대해 대응조정을 하기로 합의할 수 있는 유연성을 가져야 한다. 이 접근방법에 대한 실행 여부는 국내법에 달려있다. 이러한 접근방법은 예외적 사안에서 집행을 촉진하고 시효의 제약을 회피하기 위해 공평한 조치로서 적절할 수도 있다.(TPG 4.36)

이에 대해, 우리나라 세법은 "체약상대국이 거주자와 국외특수관계인의 거래가격을 정상가격으로 조정하고, 이에 대한 MAP이 종결된 경우에는 과세당국은 그 합의에 따라 거주자의 각 과세연도 과세표준 및 세액을 조정하여 계산할 수 있다."고 명시하여, 국외특수관계자의 과세소득이 조정되는 과세연도별로 나누어서 대응조정 하도록 규정하고 있다.(국조법 §12 ①)

OECD국가 중에는 납세자에게 실제 특수관계기업 간에 부과된 금액과는 다르지만 납세자 입장에서 판단한 정상가격을 보고하도록 허용함으로써 1차 조정의 필요성을 경감시키는 절차를 가진 국가도 있다. 이러한 조정은 보상조정(compensating adjustment)이라 불리는데, 신고서가 제출되기 이전에 행해진다. 보상조정은 기업이 특수관계 거래가격 설정 당시에 이용할 수 없었던 독립기업거래에 대한 정보를 인식한 납세자에게 독립기업원칙과 부합한 과세소득을 보고하도록 촉진할 수 있다. 따라서 세무신고서의 제출 목적 상 납세자가 정상가격과 장부상에 기록된 실제가격 간의 차이를 반영하는 보상조정을 하도록 허용될 수 있다.(TPG 4.38)

그러나, 세무신고서는 실제 거래를 반영해야 한다는 이유로 대부분의 OECD 회원국들은 보상조정을 인정하지 않는다. 만약 일방국에서는 보상조정이 허용되지만 타방국에서는 허용되지 않는 경우, 1차 조정이 없으면 대응조정 구제를 이용할 수 없기 때문에 이중과세가 초래될 수 있다. 이러한 보상조정에 의해 제기되는 문제를 해결하기 위해 MAP이 이용될 수 있으며, 권한있는 당국들은 연말조정 등 국가 간 다른 접근방법에서 발생하는 이

중과세를 해결하기 위해 노력해야 한다.(TPG 4.39)

앞서 살펴본 바와 같이, 체약상대국이 국외특수관계인에 대하여 정상가격을 기준으로 1차로 증액조정하여 과세한 경우 우리나라 과세당국은 이중과세를 방지하기 위해 감액조정을 해야 한다. 이에 따라, 우리나라 세법은 "납세자의 신고 또는 경정청구 및 MAP 결과에 따라 감액 조정된 거주자의 소득금액 중 국외특수관계인에게 반환되지 않은 금액은 익금에 산입하지 않는 소득(이월익금)으로 보아 내국법인의 익금에 산입하지 않거나 거주자의 소득금액으로 보지 않는다."고 규정하고 있다.(국조법 §13 ②)

다. MAP에 대한 우려와 대응방안

(1) MAP에 대한 우려사항

납세자들은 이전가격 이슈들이 매우 복잡하기 때문에 이중과세 방지 절차상 보호장치가 충분하지 않다는 점, 그리고 자신의 사안이 다른 사안들과의 결과의 균형에 따라서 해결될 수 있다는 점에 대해 우려를 표시해 왔다. 권한있는 당국들은 각 상호합의 사안을 다른 사안들과의 결과의 균형에 의해서가 아니라 사안별 특성에 따라서 원칙에 입각한 공정하고 객관적인 방식으로 다른 권한있는 당국들과 협의에 임해야 한다.(TPG 4.41)

대응조정에 영향을 미치는 MAP과 관련하여 다음과 같은 우려들이 제기되어 왔다. i) 이전가격 사안과 관련한 납세자의 MAP 접근이 부인될 수 있다는 점, ii) 조정과 관련한 국내법상 시효 때문에 대응조정을 할 수 없게 된다는 점, iii) MAP 사안의 해결에 장기간이 소요된다는 점, iv) 납세자의 참여가 제한될 수 있다는 점, v) MAP을 어떻게 이용하는지와 관련한 지침과 발간물을 쉽게 이용할 수 없다는 점, vi) MAP 사안의 해결과 관련한 체납징수 또는 이자 발생을 중지하는 절차가 없다는 점 등이다.(TPG 4.42)

(2) MAP 우려사항에 대처방법

(가) MAP에 대한 접근이 부인되는 경우

BEPS 실행계획(Action 14)은 이전가격 사안에서 MAP 접근을 제공할 것의 확약을 최소기준(요소 1.1)에 포함시킴으로써 이전가격 조정과 관련한 MAP 접근 부인에 대한 체약국의 우려를 직접 다루었다.(TPG 4.43) BEPS 실행계획 최소기준은 MAP 접근 부인과 관련된 보다 일반적인 우려들을 다루기 위해 많은 다른 요소들도 포함하고 있다. 이들은 조약 남용방지규정의 적용요건이 충족되었는지 여부 또는 국내법상 남용방지규정의 적용이 조약규정들과 충돌하는지 여부에 대해 납세자와 과세당국 간의 불일치가 존재하는 사안에서 MAP 접근을 제공하도록 확약할 것(요소 1.2), MAP과 관련한 규정, 가이드라인 및 절차의 발간을 확약할 것(요소 2.1), 과세당국과 납세자 간의 세무조사 타결이 MAP 접근을 방해하지 않는다는 점을 확약할 것(요소 2.6), 개별사안 MAP을 양 체약국의 어느 당국에게라도 요청하는 것을 허용하도록 수정하거나, 사안을 제출받은 당국이 납세자의 이의제기를 정당한 것으로 간주하지 않는 경우에는 양자 간 통보 또는 협의를 실행함으로써 MAP 요청을 양국의 권한있는 당국들이 인식하도록 보장할 것을 확약할 것 (요소 3.1) 등이다.(TPG 4.44)

(나) 과세 시효

대응조정과 관련한 조약 또는 국내법에 규정된 시효가 만료된 경우에는 대응조정에 의한 이중과세 구제를 이용할 수 없다. 제9조 제2항은 대응조정의 시효가 존재해야 하는지 여부를 규정하지 않는다. 일부 국가들은 이중과세가 경감될 수 있도록 무제한 접근방법(open-ended approach)을 선호한다. 따라서 이중과세 구제는 적용조약이 국내법상 시효를 무시하는지 여부, 조약이 다른 시효를 설정하고 있는지 여부 또는 조약이 구제의 실행을 국내법에 규정된 시효에 연계시키는지 여부에 달려 있다.(TPG 4.45)

이전가격 사안에서 국내법에 의해 관련 특수관계기업에 대한 과세 시효가 만료된 경우 국가는 법적으로 대응조정을 할 수 없을 것이다. 따라서 이중과세를 최소화하기 위해서는 그러한 시효의 존재와 시효가 국가에 따라 다르다는 사실이 고려되어야 한다.(TPG 4.46) 양자조약이 OECD모델 제25조 제2항과 같은 조항을 포함하고 있는 경우 국내법상 시효가 대응조정을 하는 것을 방해하지 않는다. OECD는 MAP에 의한 대응조정의 목적으로 가능한 최대한으로 국내법상 시효를 확장할 것(TPG 4.47), 그리고 협의가 체결될 때까지 시효의 중지를 허용하는 국내법 규정을 채택할 것을 권고하고 있다.(TPG 4.48)

과세당국들은 자국의 국내법상 시효 내에 과세할 것이 권장된다. 사안의 복잡성 또는 납세자의 협력 부족 때문에 시효 연장이 필요한 경우, 연장은 최소한으로 특정한 기간 내에 행해져야 한다. 또한, 국내법상 시효가 납세자의 동의하에 연장될 수 있는 경우, 그러한 연장은 오직 납세자의 동의가 자발적인 경우에만 행해져야 한다.(TPG 4.51)

이와 관련하여, 우리나라 세법은 "체약상대국과 MAP이 개시된 경우에 MAP의 종료일의 다음 날부터 1년의 기간과 국세기본법 규정에 따른 부과제척기간 중 나중에 도래하는 기간의 만료일 후에는 국세를 부과할 수 없다."고 규정하여 상호합의가 장기간 경과 후에 종결되더라도 상호합의 종결일의 다음 날부터 1년 동안은 경정이 가능하므로, 사실상 대응조정에 대한 국내법상 시효의 제약은 없다고 할 수 있다.(국조법 §51 ①)

(다) MAP 진행기간

언어, 절차, 법률 및 회계 시스템의 차이로 인해 진행기간이 길어질 수 있다. 또한 납세자가 이전가격 이슈의 완전한 이해를 위해 권한있는 당국들이 요구하는 정보 제공을 지연하는 경우에도 지연될 수 있다.(TPG 4.55) MAP 사안을 해결하기 위해 소요된 시간은 사안의 복잡성에 따라서 다를 수 있지만, 권한있는 당국들은 24개월 이내에 MAP 사안의 해결을 위한 양자 협약에 도달하기 위해 노력해야 한다. 따라서 BEPS 실행계획 최소기준(요소 1.3)은 평균 24개월 기간 이내에 MAP 사안의 해결을 확약하는 것을 포함한다.(TPG 4.56)

(라) 납세자 참여

납세자가 MAP을 청구할 권리를 가지더라도 납세자는 절차에 참여할 세부 권리를 갖지는 못한다. 납세자가 양 당국에 사안을 제출할 권리를 포함하여, MAP에 참여할 권리 및 논의의 진행상황에 대해 통지를 받을 권리를 가져야 한다는 주장이 제기되어 왔다. 이와 관련하여 실제 상호합의의 이행은 납세자의 수용을 전제로 한다는 점이 고려되어야 한다. 일부 대리인들은 납세자가 양 당국 간 대면논의에 참석할 권리도 가져야 한다고 제안해 왔다.(TPG 4.58) 그러나, MAP은 소송이 아니며 정부 대 정부 간 과정이고, 그 절차에 대한 납세자 참여는 권한있는 당국 간 재량 및 상호합의 대상이다.(TPG 4.59)

권한있는 당국들의 제한된 자원을 고려할 때, 납세자들은 특히, 복잡하고 사실관계가 중요한 이전가격 사안을 촉진시키기 위해 모든 노력을 다해야 한다. 또한, MAP은 기본적으로 납세자를 지원하기 위한 수단으로 설계된 것이기 때문에 권한있는 당국들은 최대한 쟁점 사안에 대한 오해가 없도록 납세자에게 관련 사실관계와 주장을 제기할 수 있는 합리적 기회를 허용해야 한다.(TPG 4.60) 실제로, OECD 국가의 당국들은 납세자에게 그러한 기회를 부여하고 진행상황을 알려주며 논의과정에서 납세자들에게 그들이 구상 중인 해결방안을 수용할지 여부를 묻기도 한다. 이러한 관행들은 '효과적 MAP을 위한

OECD 매뉴얼(OECD Manual for Effective Mutual Agreement Procedures)에 반영되어 있다.(TPG 4.61)

(마) 체납징수 및 이자 관련 문제들

BEPS 실행계획(Action 14)은 국가들이 MAP 사안이 계류중인 기간 동안에 징수절차를 중지하도록 적절한 조치를 취해야 하고, 그러한 중지는 국내의 행정적 또는 사법적 구제가 진행 중인 납세자에게 적용하는 것과 동일한 조건으로 이용될 수 있어야 한다고 권고한다.(TPG 4.65) 국가들은 두 국가 간의 일치하지 않는 이자규정이 MNE 그룹에게 추가 비용을 초래하거나 또는 예컨대, 대응조정 국가에서 지급된 이자가 1차 조정을 한 국가에서 부과된 이자를 초과하는 경우 MNE 그룹에게 이익을 부여할 수 있다는 점을 자국의 MAP에서 고려해야 한다.(TPG 4.66)

이자금액은 대응조정 국가에서 대응조정을 귀속시키는 연도와 많은 관계가 있다. 대응조정 국가는 1차 조정이 결정된 연도에 대해 조정을 하기로 할 수 있는데, 이 경우에는 상대적으로 지급이자가 적을 것이다. 반면에 1차 조정을 한 국가는 특수관계거래가 발생했던 연도로부터 과소 계상되고 징수되지 못한 조세에 대한 이자를 부과하려고 할 수 있다. 권한있는 당국들이 쟁점 조정과 관련된 이자를 부과 또는 지급하지 않기로 합의하는 것이 적절할 수 있지만, 양자조약에 이 이슈를 다루는 특정 조항이 없는 경우에는 가능하지 않을 수 있다. 그러나, 부족징수에 대한 이자 및 과다납부에 대한 이자가 다른 국가의 다른 납세자들에게 귀속될 수 있기 때문에, 그러한 접근방법으로는 적절한 경제적 결과를 성취할 수 있는 보장이 되지 않을 수 있다.(TPG 4.67)

라. 2차 조정

대응조정이 1차 조정에 의해 초래될 수 있는 유일한 조정은 아니다. 1차 조정과 그에 따른 대응조정이 조세목적 상 MNE 그룹 과세소득의 배분을 변화시키지만, 그 조정에 의해 나타나는 초과이윤이 특수관계거래가 독립기업 간 거래에서 발생했을 결과와 부합하지 않다는 사실을 바꾸지는 못한다. 실제 이윤의 배분을 1차 조정과 일치시키기 위해 이전가격 조정을 행한 일부 국가들은 국내법에 의해 의제거래(constructive transaction) 또는 2차 거래를 주장할 것이고, 그러한 상황에서는 1차 조정에서 발생한 초과이윤이 어떤 다른 형식으로 이전된 것으로 간주되어 과세된다.

통상적으로 2차 거래는 의제배당, 의제출연 또는 의제대여의 형태를 가질 것이다. 예를 들어, 외국 모회사의 자회사 소득에 1차 조정을 한 국가는 외국 모회사에 귀속된 초과이윤이 원천세가 부과되는 배당으로 이미 이전된 것으로 간주할 수 있다. 원천세 회피 수단으로 자회사가 외국 모회사에 초과 이전가격을 지급할 수 있기 때문이다. 따라서, 2차 조정은 경정된 과세이윤과 본래의 장부상 이윤간의 차이를 설명하기 위한 시도이다. 2차 거래 및 그에 따른 2차 조정의 정확한 형식은 사안의 사실관계 및 2차 조정을 주장하는 국가의 세법에 달려있다.(TPG 4.68)

다른 사례는 1차 조정을 한 과세당국이 초과이윤을 일방 특수관계기업이 타방 특수관계기업에게 대여한 것으로 간주하는 경우이다. 이 경우 대여금 상환의무가 발생한 것으로 간주될 것이다. 그 다음 1차 조정을 한 과세당국은 정상이자율을 귀속시키기 위해 이러한 2차 거래에 독립기업원칙을 적용하고자 할 것이다. 일반적으로 적용이자율, 이자 지급시기 및 이자가 자본화되어야 하는지 여부 등이 다루어질 필요가 있다. 의제대여금 접근방법은 1차 조정과 관련된 연도뿐만 아니라 의제대여금이 과세당국에 의해 상환된 것으로 간주될 때까지 후속연도에도 영향을 미칠 것이다.(TPG 4.69)

2차 조정은 타방국에 의해 추가 조세부담에 대한 대응공제 또는 다른 형태의 구제가 제공되지 않는 한 이중과세가 초래될 것이다. 2차 조정이 의제배당의 형태를 띠는 경우, 타방국은 국내 법률에 의한 간주 수취가 존재하지 않을 것이기 때문에 부과된 원천세는 구제될 수 없을 것이다.(TPG 4.70)

OECD모델 제9조 제2항 주석은 과세당국이 2차 조정을 하는 것을 금지하거나 요구하지 않는다고 언급한다. 다수 국가들은 관행으로 또는 국내법 규정이 허용하지 않기 때문에 2차 조정을 하지 않는다. 일부 국가들은 다른 국가들의 2차 조정에 관해 구제를 제공하기를 거부할 것인데, 사실 제9조에 의해서는 그렇게 하도록 요구되지 않는다. (TPG 4.71)

2차 조정이 제기하는 현실적 어려움들 때문에 일부 국가들은 이를 배격한다. 예를 들어, 1차 조정이 자매회사 간에 행해진 경우 2차 조정은 공통의 모회사까지 올라가면서 그 법인들 중 하나로부터의 가상의 배당을 수반할 것이다. 이는 2차 거래가 대여금이었다면 회피될 수 있지만, 의제대여금은 대부분의 국가에서 사용되지 않으며 귀속이자와 관련한 문제를 수반한다. 또한, 외국납부세액공제 제도와의 상호작용의 결과, MNE 그룹의 전체 조세부담을 과도하게 감소시킬 수 있다.(TPG 4.72) 2차 조정이 필요하다고 간주될 때, 과세당국은 이러한 어려움들을 고려하여 납세자의 행위가 원천세를 회피할 목적으로 배당을 숨길 의도를 보이는 경우를 제외하고 해당 조정이 이중과세 가능성이 최소화되도록 설계해야 한다.(TPG 4.73)

2차 조정을 채택한 일부 국가들은 납세자가 자신의 장부계정을 1차 조정과 일치시키도록 하기 위해 1차 조정을 수취한 납세자에게 초과이윤을 반환하도록 약정하는 경우 납세자가 2차 조정을 회피할 수 있도록 허용하는 다른 선택권을 부여한다. 반환은 미수금 계정을 설정하거나, 모・자회사 간 조정인 경우 추가 이전가격의 지급 또는 환급 등 배당으로 재구분함으로써 효력을 가질 수 있다.(TPG 4.74) 반환이 배당으로 재구분되는 경우 배당금액은 수취인의 총소득에서 공제될 것이다. 왜냐하면, 1차 조정을 통해서 이미 반영되었을 것이기 때문이다. 결과적으로, 수취인은 간접 세액공제의 혜택(또는 국외소득면제 제도인 경우 배당면제의 혜택) 및 배당에 대해 허용되었던 원천세 세액공제를 상실할 것이다.(TPG 4.75) 반환이 미수금 계정을 설정하는 것과 관련될 때, 실제 현금흐름에 대한 조정은 국내법이 해당 계정이 충족될 수 있는 기간 내로 제한할지라도 시간 경과에 따라 이루어질 것이다. 이 접근방법은 특수관계거래의 당사자 중 하나에 귀속된 초과이윤을 설명하기 위한 2차 거래로 의제대여금을 사용하는 경우에도 동일하다. 해당 계정에 대한 이자의 발생은 독자적인 조세결과를 가질 수 있지만, 국내법에 의해 이자가 발생하기 시작하는 시기에 따라 해당 과정이 복잡할 수 있다. 일부 국가들은 권한있는 당국 간 합의로 이들 계정에 대한 이자 부과를 포기하고자 할 수 있다.(TPG 4.76)

〈표 4-15〉 소득귀속 유형별 이전소득금액의 소득처분 방법

소득처분자 / 소득귀속자	내국법인 (국조령 §23 ①)	외국법인 국내사업장 (법령 §106 ① 3호 차목)
국외특수관계인 (주주/본점)	배당	기타 사외유출
국외특수관계인 (자회사/타지점)	출자의 증가	기타 사외유출
국외특수관계인 (기타)	배당	기타 사외유출

우리나라 세법은 거주자와 내국법인이 독립기업원칙을 위반하여 국외특수관계인에게 지급한 초과이윤에 대해 과세당국이 1차 조정한 소득금액을 반환하지 않는 경우 위 〈표

4-15>에서 보는 바와 같이 그 소득금액의 귀속자에 대해 소득처분에 의한 과세를 허용한다. 즉, "이전가격 조정 규정을 적용할 때 익금에 산입되는 금액이 국외특수관계인으로부터 내국법인에 반환된 것임이 확인되지 아니하는 경우에는 그 금액은 법인세법 상 소득처분 규정(§67)에도 불구하고 국외특수관계인에 대한 배당으로 처분하거나 출자로 조정한다."고 규정하고 있다.(국조법 §13 ①)

그러나, "외국법인의 국내사업장의 각 사업연도의 소득에 대한 법인세의 과세표준을 신고하거나 결정·경정함에 있어서 익금에 산입한 금액이 그 외국법인 등에 귀속되는 소득"은 기타 사외유출로 처분한다.(법령 §106 ① 3호 차목) 이는 외국법인의 국내사업장에 반환되지 않은 이전소득금액에 대해서 별도로 소득처분하여 과세하는 것이 지점세 제도의 취지에 어긋나기 때문이다.

이 경우, 과세당국 또는 내국법인이 소득처분 또는 세무조정을 하는 경우 반환 여부를 확인하기 전까지는 임시유보로 처분한다.(국조령 §24) 그러나, " i) 해당 내국법인이 이전소득금액 처분요청서를 제출하는 경우, ii) 해당 내국법인이 폐업한 경우(사실상 폐업한 경우 포함), iii) 과세당국이 과세표준 및 세액을 결정·경정한 날부터 4개월 이내에 부과제척기간이 만료되는 경우"에는 임시유보로 처분하지 않고 배당 등으로 처분 또는 조정한다.(국조령 §25 ①)

4 동시 세무조사

가. 의의

동시 세무조사(simultaneous tax examinations)는 둘 이상의 국가들이 세무조사에서 협력하는 상호협력의 한 형태이다. 동시 세무조사는 제3국에 토대한 정보가 세무조사의 열쇠인 경우에 특히 유용할 수 있다. 왜냐하면, 동시 세무조사가 일반적으로 더 많은 시간과 효과적 정보교환을 가능하게 하기 때문이다. 역사적으로, 이전가격 이슈 관련 동시 세무조사는 조세회피처의 개입에 의해 거래의 진정한 성격이 모호한 경우에 초점을 맞추어 왔다. 그러나, 복잡한 이전가격 사안에서는 분석에 참여하는 과세당국이 이용할 수 있는 자료의 적절성을 향상시킬 수 있기 때문에, 동시 세무조사가 폭넓은 역할을 할 수 있다.

또한, 경제적 이중과세 가능성과 납세자의 순응비용을 줄이고, 이슈의 해결을 촉진시키는 데 도움을 줄 수 있다.(TPG 4.79)

'동시 세무조사 실시를 위한 OECD 모델협약(OECD Model Agreement for the Undertaking of Simultaneous Tax Examinations)'에 따르면, 동시 세무조사는 "자국의 영토에서 각자가 수집하는 관련 정보를 교환할 목적으로 그들이 공통의 또는 관련된 이해관계를 가지는 납세자의 조세사안에 대해 동시에 그리고 독립적으로 조사를 하는 둘 또는 그 이상의 당사국 간 협약"을 의미한다. 이러한 형태의 상호협력이 MAP을 대체할 수 있다는 의미는 아니다. 동시 세무조사의 결과 모든 정보의 교환은 그 교환에 내장된 보호장치 하에서 권한있는 당국을 경유하여 이루어질 것이다.(TPG 4.80)

OECD모델 제26조의 규정들이 동시 세무조사를 수행하는 법적 근거를 제공할 수 있지만, 권한있는 당국들은 흔히 동시 세무조사 및 정보교환과 연관된 실무적 절차 등을 규정한 실무협약을 체결한다. 일단 협약이 체결되고 특정 사안이 선택되면, 각국의 조사관들은 자국의 영토 내에서 그리고 국내법과 행정지침에 따라서 별도로 세무조사를 수행할 것이다.(TPG 4.81)

나. 법적 근거

동시 세무조사는 OECD/UN모델 제26조에 근거한 정보교환 규정의 범위에 포함된다. 제26조는 조약규정 또는 국내법의 이행에 필요한 정보교환의 형태로 체약국의 권한있는 당국들 간의 협력을 규정한다.(TPG 4.82) 또한, 우리나라가 체결·비준한 'EC/OECD 조세행정 공조협약' 제8조에서도 동시 세무조사의 가능성을 명시적으로 규정하고 있다.(TPG 4.83)

우리나라 세법도 "권한있는 당국은 조세조약이 적용되는 자와의 거래에 대하여 세무조사가 필요하다고 판단되는 경우에는 그 거래에 대하여 체약상대국과 동시에 세무조사를 할 수 있다."고 규정하고 있다.(국조법 §39 ① 1호)

과세당국이 취득한 정보는 국내법에 따라서 비밀로 취급되어야 하고, 특정 조세목적으로만 이용되어야 하며, 조세조약 또는 공조협약에 의해 특별히 정의된 조세문제와 관련된 특정인과 당국들에게만 공개되어야 한다.(TPG 4.84)

다. 동시 세무조사와 이전가격

동시 세무조사 대상 이전가격 사안을 선택할 때 다른 국가들에서 조사를 수행 또는 과세를 하기 위한 시효의 차이 및 다른 조사대상 과세기간으로 인한 장애가 있을 수 있다. 그러나, 이러한 문제들은 사안에 따라 조사기간이 일치하는지를 찾아내어, 미래의 조사기간을 일치시키기 위한 관련 당국들 간의 조기 정보교환 계획에 의해 경감될 수 있다.(TPG 4.85)

동시조사 대상이 선정되면, 조사관들이 만나서 계획·조정하여 긴밀히 동시조사를 진행시키는 것이 통례이다. 특히, 복잡한 사안에서는 사실관계를 명확히 하기 위해 납세자 참여하에 관련 조사관들의 면담이 이루어질 수 있다.(TPG 4.86) 동시조사는 예를 들어, 타국의 납세자들 간에 비용이 공유되고 이윤이 배분되는 사안에서 또는 일반적인 이전가격 사안에서 특수관계기업들의 정확한 조세부담을 결정하기 위한 유용한 수단이 될 수 있다. 여러 국가 간 사업활동, 복잡한 거래, 원가분담약정 및 글로벌 트레이딩과 혁신적 금융거래와 같은 특별한 분야에서의 이익배분 방법에 관한 정보교환을 촉진시킬 수도 있다. 또한, 산업 내의 납세자의 행위, 관행 및 트렌드에 관한 지식의 개발을 위한 산업 단위의 정보교환을 지원할 수도 있다.(TPG 4.87)

과세당국이 둘 이상 국가들의 특수관계기업들 간 이전가격 조건들에 관한 필요 정보를 획득하고 사실관계 및 상황을 결정하는 것은 특히, 납세자가 적시에 필요 정보를 제공하는데 협조하지 않는 경우에는 어려울 수 있다. 동시 세무조사 과정은 과세당국이 이러한 사실관계를 보다 신속하고, 효과적으로, 경제적으로 확인하는 데 도움을 줄 수 있다.(TPG 4.88) 또한, 초기 단계에서 잠재적 이전가격 분쟁을 확인할 수 있어서 납세자와의 소송을 최소화할 수 있다. 그러한 과정에서 사실관계 평가에 관한 불일치 및 특수관계기업 간 존재하는 이전가격 조건들에 대한 법적 취급의 차이 등을 언급함으로써 특수관계거래의 사실관계 및 상황에 대한 결정과 평가에 관한 합의문에 도달해야 한다. 그러한 합의문은 후속적 MAP의 토대로서 기능할 수 있고, 조약상대국이 관련 특수관계기업에 대한 조세부담을 최종적으로 해결한 후 오랜 시간이 지나서 한 국가의 세무조사에 의해 야기되는 문제들을 제거할 수 있을 것이다.(TPG 4.89)

동시 세무조사 절차를 통해서 과세당국들이 특수관계거래의 조건들에 대한 합의에 도달하도록 허용하는 경우가 있다. 합의에 도달되는 경우 대응조정이 초기 단계에서 행해짐으로써 시효의 장애 및 경제적 이중과세를 가능한 한 회피할 수 있다. 또한, 납세자의 동의하에 합의에 도달되면, 과도한 시간과 비용이 소요되는 소송이 회피될 수 있다.(TPG

4.90) 동시 세무조사 과정에서 과세당국 간 합의에 도달하지 못하더라도, 동시조사가 없었을 때보다 앞선 단계에서 이중과세를 회피하기 위해 MAP 개시를 요청할 수 있을 것이다. 동시 세무조사는 과세당국이 MAP 대상인 과세 조정에 대한 보다 완전한 사실관계 증거를 축적할 수 있기 때문에 MAP을 촉진할 수 있다.(TPG 4.91)

특수관계기업들은 관련 과세당국들의 조사조정 및 중복회피 덕분에 동시 세무조사로 인한 시간과 인력의 절감 혜택을 얻을 수 있다. 또한, 과세당국들의 동시적 관여가 MNEs에게 이전가격 이슈들을 해결하는 데 보다 능동적 역할을 할 기회를 제공할 수 있다. 특수관계기업들은 조사기간 중에 관련 사실관계와 주장들을 제기함으로써 이전가격 조건들에 대한 과세당국들의 동의와 평가를 촉진시키는 데 도움을 줄 수 있기 때문에, 조기 단계에서 이전가격에 대한 확실성을 확보할 수 있을 것이다.(TPG 4.92)

5 이전가격 안전장치

가. 서론

독립기업원칙을 적용하는 것은 많은 자원이 소요되는 과정이다. 이는 납세자와 과세당국에게 과중한 부담을 부과하는데, 복잡한 규정들과 그로 인해 초래되는 순응 요구들에 의해 가중될 수 있다. 이러한 사실 때문에 OECD는 이전가격 분야에서 안전장치(safe harbors) 규정들이 적절한지 여부, 그리고 언제 적절할 수 있는지를 고려하게 되었다. (TPG 4.95)

1995년 TPG가 채택되었을 때, 안전장치 규정에 대한 견해는 일반적으로 부정적이었다. 안전장치가 이전가격 순응 및 관리를 간소화할 수 있지만, 특수관계거래들 간의 가격 결정에 잠재적으로 왜곡된 영향을 미칠 수 있다는 근본적 문제들이 제기되었다. 일방적 안전장치는 이를 선택한 납세자와 특수관계거래를 수행하는 기업들이 소재하는 국가의 세수뿐만 아니라 안전장치를 집행하는 국가들의 세수에도 부정적 영향을 미칠 수 있다는 의견이 제시되었다. 특히, 안전장치가 독립기업원칙과 부합하지 않을 수 있는 점 때문에 일반적으로 바람직하지 않은 것으로 판단되어, 사용이 권고되지 않았다.(TPG 4.96)

이러한 부정적인 결론에도 불구하고 다수 국가들이 안전장치 규정들을 채택하였는데,

일반적으로 소규모 납세자 및 덜 복잡한 거래에 적용되었다. 안전장치들은 과세당국과 납세자 양측으로부터 우호적인 평가를 받았으며, 안전장치가 목표대상을 신중하게 정하여 이행되고 잘못 고려되었을 경우 발생할 수 있는 문제들을 회피하기 위한 노력이 기울여진다면, 안전장치의 혜택이 우려 사항들보다 크다고 주장되었다.(TPG 4.97)

안전장치 규정은 낮은 이전가격 위험을 수반하는 납세자와 거래들을 대상으로, 그리고 양자 또는 다자적 토대하에 채택될 때 적절성이 기대될 수 있다. 명시적으로 안전장치 규정을 채택한 과세당국을 제외하고 어떤 과세당국도 기속 또는 제한해서는 안 될 것이다.(TPG 4.98)

안전장치는 자원의 최적 사용을 가능하게 함으로써 주로 납세자에게 혜택을 주지만, 과세당국에게도 역시 혜택을 줄 수 있다. 과세당국은 조사인력을 소규모 납세자 및 덜 복잡한 거래로부터 보다 복잡하고 높은 위험의 사건으로 전환시킬 수 있다. 납세자들은 더 높은 확실성과 더 낮은 순응부담하에 거래가격을 설정하고 신고서를 제출할 수 있다. 그러나, 안전장치의 설계는 안전장치 규정의 정상가격 근접 여부에 대한 우려, 이중 비과세를 포함한 부적절한 조세회피 기회의 창출 가능성, 유사한 상황에 있는 납세자와의 동등한 취급, 그리고 안전장치가 독립기업원칙 또는 다른 국가의 관행과의 불일치로 초래되는 이중과세 가능성 등 때문에 주의깊은 관심이 요구된다.(TPG 4.99)

나. 안전장치의 개념

독립기업원칙 적용의 어려움들은 납세자들에게 사전에 규정된 단순한 이전가격 규정들을 준수할 것을 선택하게 하거나, 일반 이전가격 규정들의 적용을 면제하는 상황들을 제공함으로써 일부 회피될 수 있다. 그에 따라서 설정된 가격은 이를 채택한 과세당국들에 의해 자동적으로 수용될 것인데, 이러한 선택적 규정들을 안전장치(safe harbors)라고 부른다.(TPG 4.101)

이전가격 안전장치란 "적격 납세자들에게 일반 이전가격 규정들에 의해 부과될 특정한 의무들을 면제해주는 특정 범주의 납세자들 또는 거래들에 적용되는 규정"이다. 예를 들어, 그러한 규정은 납세자에게 보다 간소화된 이전가격 접근방법을 적용하도록 허용할 수 있다. 또한, 안전장치는 특정 범주의 납세자들과 거래들에 대해 일반 이전가격 규정의 전부 또는 일부의 적용을 면제시킬 수도 있다. 통상, 안전장치 규정에 적격인 납세자들은 이전가격 문서작성 의무 등 부담스러운 순응의무에서 벗어날 것이다.(TPG 4.102)

일부 국가들은 안전장치의 장점을 실현하기 위해서 안전장치와는 다른 행정적 간소화 조치들을 채택하고 있다. 예를 들어, 과세당국이 의무적 가격설정 기준을 설정할 경우 납세자는 자신의 이전가격이 독립기업원칙에 부합하다는 것을 입증하기 위한 권리로서 추정제도(rebuttable presumption)를 이용할 수 있다. 이 경우 납세자는 자신의 이전가격이 독립기업원칙에 부합하다는 것을 입증하기 위해서 이 제도가 없을 경우보다 더 높은 부담을 지지 않는 것이 중요하다. 어떤 제도에서도 의무적 추정의 적용에서 발생하는 이중과세 사안은 MAP을 통해서 해결하도록 허용하는 것이 중요할 것이다.(TPG 4.104)

다. 안전장치의 장점

안전장치는 다음과 같은 장점을 가진다. 첫째, 적격 납세자가 특수관계거래의 적절한 조건을 결정 또는 문서화하는 경우 순응을 간소화하고 순응비용을 감축할 수 있다. 둘째, 적격 납세자에게 특수관계거래 가격이 조사없이 과세당국에 의해 수용될 것이라는 확실성을 제공할 수 있다. 셋째, 과세당국이 행정자원을 저위험 거래에 대한 조사에서 보다 복잡하거나 고위험 거래・납세자에 대한 조사로 재조정할 수 있도록 한다.(TPG 4.105) 독립기업원칙의 적용을 위한 자료의 수집・분석 등 순응부담은 납세자의 규모, 수행기능 및 거래에 내재된 이전가격 위험과 균형이 맞지 않을 수 있는데, 안전장치는 자료수집 및 문서화 의무를 제거함으로써 순응부담을 경감시킬 수 있다.(TPG 4.106-107)

안전장치의 또 다른 장점은 납세자의 이전가격이 과세당국에 의해 수용될 것이라는 확실성이다. 과세당국은 어떠한 조사도 없이 안전장치 지표 범위 내의 이전가격을 수용할 것이다.(TPG 4.108) 일단 안전장치의 적격성이 판단되면, 대상 납세자들은 안전장치 대상이 되는 특수관계거래의 가격에 관해 최소한의 조사가 요구될 것이다. 이 경우 과세당국은 저위험 상황에서는 제한된 행정자원으로 세수를 확보하는 대신에, 그들의 노력을 보다 복잡하거나 위험도가 높은 거래와 납세자에게 집중할 수 있게 된다.(TPG 4.109)

라. 안전장치에 대한 우려사항

(1) 독립기업원칙으로부터 이탈

안전장치가 간소화된 이전가격 접근방법을 제공할 때 일반 이전가격 규정에 의한 가장 적합한 방법과 일치하지 않을 수 있다. 예를 들어, 납세자의 사실관계 및 상황에서 다른

방법이 가장 적합한 방법일 때 안전장치가 특정 방법의 이용을 요구할 수 있다는 것이다.(TPG 4.111)

안전장치는 개별 납세자 및 거래의 변화하는 사실관계 및 상황을 정확히 반영하도록 맞추어져 있지 않다. 안전장치에 의한 가격과 독립기업원칙에 따라 결정된 가격 간의 근접성은 유사 성격을 지닌 독립기업 거래들에 관한 가격정보를 수집・분석하고 업데이트함으로써 향상될 수 있다. 그러나, 안전장치 지표들을 독립기업원칙을 충족할 정도로 정확히 설정하고자 하는 그러한 노력들은 안전장치의 집행의 단순성을 감소시킬 것이다.(TPG 4.112)

이러한 안전장치의 잠재적 단점은 납세자가 안전장치와 독립기업원칙에 의한 가격결정을 선택할 권리를 갖도록 함으로써 회피될 수 있다. 이 경우 안전장치가 독립기업 금액을 초과하는 소득금액을 신고하도록 요구한다고 믿는 납세자는 일반 이전가격 규정을 선택할 수 있다. 이 접근방법은 독립기업원칙으로부터의 이탈을 제한할 수 있지만, 안전장치의 집행상 장점도 제한할 것이다. 더욱이 과세당국은 납세자가 안전장치 금액과 독립기업 금액 중에서 적은 금액만을 납부하는 경우 잠재적인 세수손실을 고려해야 한다. 또한, 안전장치의 이용이 특정 연도에 유리한지 여부에 따라서 납세자가 안전장치를 취사선택할 가능성에 대해 우려하는 국가들도 있다. 이러한 위험은 예컨대, 납세자에게 안전장치의 이용을 사전에 과세당국에게 통지하도록 하거나 또는 일정 과세연도 기간에 안전장치의 이용을 확약하도록 하는 등 안전장치에 적합한 납세자 조건을 통제함으로써 어느 정도 예방할 수 있을 것이다.(TPG 4.113)

(2) 이중과세 및 비과세의 위험

안전장치에 대한 중요한 우려사항은 이중과세 위험을 증가시킬 수 있다는 점이다. 만약 과세당국이 해당 국가에서 신고소득을 증가시키기 위하여 이전가격 지표를 정상가격을 상회 또는 하회하는 수준으로 설정할 경우, 납세자는 이전가격 조사를 회피하기 위하여 특수관계거래 가격을 수정할 유인을 가질 것이다. 안전장치 제공국가에서 소득을 과대 신고할 가능성에 대한 우려는 해당 국가가 과소신고 또는 문서화 의무를 충족하지 못한 경우에 상당한 가산세를 부과하는 경우 더욱 커진다.(TPG 4.114) 안전장치가 납세자에게 독립기업 수준을 초과하는 소득을 신고하도록 하는 원인이 된다면 과세당국에게는 이익이 되지만, 거래상대방인 해외 특수관계기업의 국가에서는 낮은 과세소득의 신고를 초래할 수 있다. 이 경우 과세당국은 안전장치의 적용가격을 문제 삼을 수 있고, 결국 납세자는 이중과세 가능성에 직면할 것이다. 따라서 안전장치 제공국가에 의해 절감된 집행상 부담이 외국으로 전가될 수 있다.(TPG 4.115)

소규모 납세자 또는 덜 복잡한 거래와 관련한 사안의 경우에는 안전장치의 장점이 문제점보다 클 것이다. 만약 안전장치가 선택적 규정이라면, 납세자는 낮은 수준의 이중과세는 복잡한 이전가격 규정들을 준수해야 하는 부담에서 벗어나기 위해 지불할 수 있는 가격이라고 간주할 것이다.(TPG 4.116)

안전장치가 일방적으로 채택되는 경우에는 이중과세 회피를 위해 안전장치 지표의 설정에 주의가 필요하고, 안전장치 채택국가는 이중과세의 위험을 경감시키기 위해 MAP에 따라서 개별 사안들에 대해 안전장치 결과를 수정할 수 있어야 한다. 만약 안전장치가 선택적이지 않고 관련 국가가 이중과세 구제의 고려를 거부할 경우, 이중과세 위험은 매우 클 것이다.(TPG 4.117)

반면에, 일방적 안전장치가 납세자에게 안전장치 제공국가에서 독립기업 수준 이하의 소득을 신고하도록 허용하는 경우, 안전장치의 적용을 선택하게 하는 유인이 될 것이다. 그 경우, 납세자가 타국에서 독립기업 수준을 초과하여 소득을 신고하리라는 보장은 없다. 그 경우 과소과세의 부담은 안전장치 채택국가에게 귀속되지만 독립기업 소득금액을 과세해야 하는 타국에게 불리한 영향을 미쳐서는 안 되며, 이 경우 이중비과세가 불가피하다.(TPG 4.118)

만약 안전장치가 권한있는 당국들 간 합의에 의해 양자 또는 다자적 토대하에서 채택된다면, 안전장치에서 발생하는 독립기업원칙의 이탈과 잠재적 이중과세 및 비과세 우려는 크게 제거될 수 있다. 그러한 절차에서 국가들은 안전장치 규정이 적용될 납세자 또는 거래의 범주를 정의하고, 각 체약국들이 수용할 수 있는 이전가격 지표들을 설정할 수 있다.(TPG 4.119) 특히, 소규모 납세자들 및 덜 복잡한 거래들의 경우 권한있는 당국 간 협약에 의한 양자 또는 다자적 안전장치의 창출은 일방적 안전장치 제도의 잠재적 결함의 일부를 회피할 수 있는 가치있는 접근방법을 제공할 수 있다.(TPG 4.120)

(3) 조세회피 계획의 영역을 확대할 가능성

안전장치는 납세자에게 조세회피 계획의 기회를 제공할 수 있다. 이는 안전장치 규정을 이용할 목적으로 인위적 약정을 체결함으로써 조세회피를 초래할 수 있다. 예를 들어, 안전장치가 단순 또는 소규모 거래에 적용되는 경우, 납세자는 거래들이 단순 또는 소규모로 보이도록 하기 위해 거래들을 여러 부분들로 분할할 수 있다.(TPG 4.122) 만약 안전장치가 산업 평균을 근거로 한다면, 조세회피 기회는 평균 수익성 이상에서 존재할 수 있다. 예컨대, 비용효율적 기업은 특수관계자와의 판매에서 15% 이윤을 얻을 수 있다. 그러나 어떤 국가가 10% 이윤을 요구하는 안전장치를 채택한다면 그 기업은 안전장치를 따르고 나머지 5% 이윤을 저세율 국가로 이전시키고자 할 것이고, 결국 과세소득이 타 국가로 이전될 것이다. 따라서, 안전장치가 대규모로 적용될 경우 이를 제공하는 국가는 상당한 세수손실을 초래할 수 있다.(TPG 4.123)

양자 또는 다자적 안전장치를 도입할 경우 과세당국은 약정들의 광범위한 네트워크가 보다 유리한 안전장치를 가진 국가들을 경유하는 거래들로 우회하는 안전장치 쇼핑(safe harbour shopping)을 촉진할 가능성도 있다는 것을 인식하고, 이를 방지하기 위해 적절한 조치를 취할 필요가 있다.(TPG 4.124)

(4) 형평성 및 통일성 이슈

안전장치는 형평성과 통일성 이슈를 제기할 수 있다. 유사한 납세자들을 안전장치 경계의 반대쪽에 서게 하거나 또는 의도하지 않은 납세자 또는 거래에 대해 안전장치의 적용을 허용할 가능성을 최소화하기 위해서는 안전장치에 적합한 납세자들과 거래들을 구별할 것이 요구된다. 그러나, 정확하지 않은 기준은 유사한 납세자들이 다른 조세취급을 받는 결과를 초래할 수 있다. 즉, 한쪽 납세자는 안전장치 규정을 충족한 것으로 인정되어 일반 이전가격 규정에서 면제되고, 다른 쪽 납세자는 일반 이전가격 규정에 따라서 거래가격을 설정할 의무를 부담할 수 있다. 안전장치 제도를 특정 범주의 납세자에 대해서만 적용하는 특례적 조세취급은 차별과 경쟁상 왜곡을 수반할 가능성이 있다. 어떤 상황에서는 양자 또는 다자적 안전장치의 채택이 다른 납세자들 간은 물론, 동일한 납세자가 다른 국가에서 실행하는 유사한 거래 간에도 역시 조세취급의 차이를 가중시킬 수 있다.(TPG 4.126)

6 이전가격 사전승인제도(APAs)

가. APAs의 의의

이전가격 사전승인제도(Advance Pricing Arrangements: 이하 APAs)는 거래 실행 전에 일정기간 동안의 특수관계거래에 대한 이전가격 결정을 위한 적절한 기준(예: 이전가격 결정방법, 비교대상거래 및 적절한 조정, 미래 사건에 대한 중요한 가정 등)을 결정하는 약정이다. APAs는 공식적으로 납세자들과 과세당국들 간의 협상을 요구한다. APAs는 이전가격 이슈를 해결하기 위한 전통적인 행정상·사법상 및 조약상 메카니즘을 보완한다고 할 수 있다.

BEPS 실행계획(Action 14)은 APAs가 양 체약국에서 더 큰 수준의 확실성을 제공하고 이중과세 가능성을 경감하며 이전가격 분쟁을 적극적으로 방지할 수 있기 때문에, 국가들이 실행 능력을 가질 수 있을 때 양자 APA 프로그램을 실행해야 한다고 권고한다.(TPG 4.134)

APAs 개념에서 한 가지 중요한 이슈는 일정 기간 동안 납세자의 이전가격을 얼마나 구체적으로 규정할 것인지이다. 예를 들어, 특정 사안에서 이전가격 방법만이 고정될 수 있는지 또는 보다 특정한 결과들이 고정될 수 있는지 여부이다. 일반적으로 만약 APAs가 이전가격 방법을 넘어서 규정한다면, 적용되는 방식, 중요한 가정들에 큰 관심을 기울여야 한다. 왜냐하면, 미래 사건에 대한 예측에 따라서 보다 상세한 결론들이 달라지기 때문이다.(TPG 4.135)

APA에 이용된 예측의 신뢰성은 예측의 성격과 예측이 토대하는 중요한 가정들(critical assumptions)에 의존한다. 예를 들어, 그룹 내 특정 기업에 대한 독립기업 단기 이자율을 미래 3년 동안 6%로 고정하는 것이 합리적이라고 할 수는 없을 것이고, 이자율을 LIBOR + 고정비율로 예측하는 것이 더 설득력이 있을 것이다. 예측은 예컨대, 신용평가가 변경되면 LIBOR에 대한 추가금리가 변경되는 등 해당 회사의 신용평가에 관한 중요한 가정이 추가된다면 보다 더 신뢰성이 높아질 것이다.(TPG 4.136) 다른 사례로 기업들 간 기능의 배분이 안정적이지 않을 것으로 예상되는 경우 특수관계기업 간 이익분할 공식을 상세히 규정하는 것은 적절하지 않을 것이다. 그러나, 중요한 가정에서 각 기업의 역할이 명시된다면 이익분할 공식을 규정하는 것이 가능할 것이다. 만약 충분한 가정들이 제

공된다면 실제 이익분할 비율의 적절성에 관해 합리적 예측을 하는 것도 가능할 수 있다.(TPG 4.137)

특정 사안에서 APAs가 얼마나 상세할 수 있는지를 결정할 때, 과세당국은 미래의 이익 경험에 관한 예측이 최소한 그럴듯해야 한다는 것을 인식해야 한다. 비교대상으로 독립기업 이윤율을 사용하는 것도 가능하지만, 이들 역시 종종 변동성이 있고 예측하기가 어렵다. 적절히 중요한 가정들을 이용하고 범위를 설정하는 것이 예측의 신뢰성을 증가시킬 수 있다. 쟁점 산업의 과거자료도 역시 가이드가 될 수 있다.(TPG 4.138) 결론적으로, 예측의 신뢰성은 실제 사례의 사실관계 및 상황에 달려있다. 납세자와 과세당국은 APAs의 적용범위를 고려할 때 예측의 신뢰성에 주의를 기울일 필요가 있다. 신뢰할 수 없는 예측은 APAs에 포함되어서는 안 된다. 이전가격 방법, 그 방법의 적용 및 관련 중요한 가정들이 적절한 경우 통상 가격, 이익 등 미래의 결과들을 더 신뢰할 수 있도록 예측할 수 있다.(TPG 4.139)

일방 APAs는 다른 국가에 있는 특수관계기업들의 조세부담에 영향을 줄 수 있다. 일방 APAs가 허용될 경우, 다른 국가의 권한있는 당국들이 MAP에 의해서 양자 APAs를 고려할 의향이 있는지를 결정하기 위해서 조속히 통보되어야 한다. 어떤 경우에도, 국가들은 일방 APAs에 납세자가 이전가격 분쟁이 발생하면 MAP 접근을 포기한다는 요구사항을 포함해서는 안 된다. 그리고 일방 APAs에 포함된 거래 또는 이슈에 관해 타 국가에서 이전가격 조정을 제기하는 경우 해당 국가는 대응조정의 적절성을 고려해야 하고, 일방 APAs를 취소할 수 없는 해결방안으로 간주하지 않아야 한다.(TPG 4.140)

이중과세에 대한 우려 때문에 대부분의 국가들은 양자 또는 다자간 APAs를 선호하고, 일부 국가들은 자국의 납세자에게 일방 APAs를 허용하지 않는다. 양자 또는 다자간 APAs 접근방법이 이중과세의 위험을 줄이고, 관련 과세당국과 납세자들에게 공평하고, 더 큰 확실성을 부여할 가능성이 높다. 또한, 일부 국가의 경우에는 국내법 규정이 과세당국과 납세자 간에 직접 기속력 있는 약정을 체결하는 것을 허용하지 않기 때문에, APAs는 오직 MAP에 의해 조약상대국의 권한있는 당국과 체결될 수 있다.(TPG 4.141)

APAs는 글로벌 트레이딩 활동에서 발생하는 이윤의 배분 또는 소득의 귀속 이슈 및 다자간 CCA를 다룰 때 특히 유용하다. 또한, APAs는 배분의 문제, PE 및 지점 활동과 관련한 OECD모델 제7조에 의해 제기된 이슈들을 해결하는 데도 유용할 수 있다.(TPG 4.142)

APAs는 일부 과세당국들이 납세자에게 제공하는 전통적인 개별 세법해석(private rulings)과는 다르다. 전통적 세법해석은 납세자가 제기한 사실에 토대하여 법적 성격의 문제들을 다루는 것으로 제한되는 데 반해, APAs는 일반적으로 사실적 이슈들을 다룬다. 개별 세법해석에 내재한 사실관계는 과세당국이 조사하지 않는 반면, APAs에서는 사실관계를 철저하게 분석하고 조사할 가능성이 있다. 또한, 개별 세법해석은 통상 특정 거래에 대해서만 기속력이 있는 반면, APAs는 일정기간 동안 지속적인 여러 거래들과 여러 유형의 거래들을 포함한다.(TPG 4.143)

성공적 APAs 협상에는 특수관계기업들의 협력이 중요하다. 예를 들어, 특수관계기업은 과세당국에게 통상 그들이 특정 사실관계 및 상황에서 가장 합리적이라고 생각하는 방법을 제공할 것으로 기대된다. 또한, 특수관계기업들은 제안의 합리성을 뒷받침하는 문서를 제출해야 한다. 예를 들어, APAs에 포섭되는 산업, 시장 및 국가들에 관한 자료를 포함한다. 또한, 특수관계기업들은 수행된 경제적 활동 및 비용, 발생위험 등과 같은 이전가격 조건의 관점에서 특수관계기업들의 사업과 비교가능한 또는 유사한 독립기업 사업들을 확인하고, TPG에 따라 기능분석을 수행해야 할 것이다.(TPG 4.144) 특수관계기업들은 과세당국에게 이전가격 이슈에 관한 사안을 제출하고, 필요 정보를 제공하며, 합의를 도출함으로써 APAs 과정에 참여할 수 있다. 특수관계기업 관점에서 이러한 참여 역량이 전통적 MAP에 비해 장점이 될 수 있다.(TPG 4.145)

APAs 과정의 종결시에 과세당국은 자국의 특수관계기업에게 납세자가 약정 조건을 준수하는 한 이전가격 조정이 없을 것이라는 확인을 제공해야 한다. 또한, 사업경영이 중대하게 변경될 때 또는 경제적 상황이 이전가격 방법의 신뢰성에 중요한 영향을 미치는 경우(예: 중대한 환율의 변경) 미래 연도에 약정의 개정 또는 취소 가능성을 규정하는 조항을 두어야 한다.(TPG 4.146)

APAs는 납세자의 모든 이전가격 이슈를 포함하거나 또는 특정 관계사회 간 거래로 제한할 수 있는 융통성을 부여할 수 있다. APAs는 장래의 연도와 거래에 적용되고, 실제 조건은 관련 산업, 생산물 또는 거래에 따라 달라진다. 특수관계기업들은 자신의 요청을 특정한 장래 연도로 제한할 수 있다. APAs는 합의된 이전가격 방법을 아직 해결되지 않은 과거 연도의 유사한 이전가격 사안들을 해결하기 위하여 적용할 수 있는 기회를 부여할 수 있다. 그러나, 이러한 적용은 과세당국, 납세자 그리고 필요한 경우 조약상대국과의 합의가 필요하다. BEPS 실행계획(Action 14) 최소기준(요소 2.7)은 양자 간 APAs 프로그램을 가진 국가들은 과거 연도들의 관련 사실관계 및 상황이 동일한 경우, 적용가능한 시효(국내법상 부과제척기간) 내에서 그리고 세무조사에서 이러한 사실관계와 상황이 검증을 받은 경우에 한해서, APAs를 당초 APAs의 적용범위에 포함되지 않은 신고된 과거 연도까지 소급적용(roll-back)을 허용해야 한다고 언급하고 있다.(TPG 4.147)

납세자가 APAs를 준수하는지에 대한 모니터링은 일반적으로 두 가지 방법으로 행해진다. 첫째, 과세당국은 납세자에게 APAs 조건의 준수 정도 및 중요한 가정들이 계속 적절하다는 것을 입증하는 연례보고서를 제출하도록 요구할 수 있다. 둘째, 과세당국은 이전가격 방법을 재평가하는 것을 제외하고는 정규 세무조사 주기에 따라 납세자에 대해 계속 조사할 수 있다. 이와 달리, 과세당국은 이전가격 조사를 APAs 제안과 관련된 당초의 자료를 검증하고 납세자가 APAs 조건을 준수했는지 여부로 제한할 수 있다. 또한, 이전가격과 관련하여, 과세당국은 APAs의 제출내용 및 연례보고서의 신뢰성과 정확성 그리고 특정 이전가격 방법이 적용되는 방법의 일관성을 조사할 수 있다. APAs와 연관되지 않은 다른 이슈들은 정규 세무조사의 관할범위에 속한다.(TPG 4.148)

APAs는 APAs 협상기간 동안에 잘못된 정보의 제출 또는 납세자가 APAs의 조건을 준수하지 않을 때 또는 사기의 경우 취소의 대상이 된다. APAs의 취소 또는 철회가 제안되는 경우 이를 제안한 과세당국은 타방 과세당국에게 자신의 의도 및 그러한 제안의 이유에 대해 통보해야 한다.(TPG 4.149)

나. APAs의 법적 · 행정적 근거

APAs는 OECD/UN모델 제25조 MAP의 적용범위에 속한다. 제25조 제3항은 권한있는 당국들이 협약의 해석 또는 적용에 관해 발생하는 의문 또는 어려움들을 상호합의에 의해 해결하기 위해 노력해야 한다고 규정하고 있다. 제25조 제3항에 의해 다루어지는 문제는 납세자에 관한 일반적 성격의 어려움들이지만, 개별 사안과 관련하여 이슈들이 발생할 수도 있다.

APAs는 특정 납세자 범주에 관한 이전가격의 적용이 의문과 어려움들을 발생시키는 사안에서 발생한다. 제25조 제3항은 권한있는 당국들이 조세조약에 규정되지 않은 사안의 이중과세의 제거를 위해서도 역시 협의할 수 있다고 규정한다. 양자 APAs의 목표로 이중과세 회피를 포함하고 있기 때문에 제25조 제3항의 범위에 해당한다. 조세조약은 OECD/UN모델 제9조에 언급된 독립기업원칙 이외에 특별한 방법 또는 절차를 세부적으로 규정하고 있지는 않다. 따라서 APAs의 적용대상이 되는 구체적 이전가격 사안들이 조세조약에서 달리 규정되지 않기 때문에, APAs는 제25조 제3항에 의해서 승인된다. 제26조 정보교환 역시 정보교환 형태의 권한있는 당국 간 협력을 규정하고 있기 때문에 APAs를 촉진시킬 수 있다.(TPG 4.150)

과세당국은 추가적인 APAs 체결 근거로서 국내 조세행정 권한에 의존할 수도 있다. 일부 국가의 과세당국은 납세자에게 거래에 대한 적절한 조세취급 및 적절한 가격설정 방법을 규정한 세부 행정적·절차적 가이드라인을 발령할 수 있다. 일부 OECD 국가들은 납세자가 특정 세법해석을 얻을 수 있도록 허용하는 규정을 두고 있다. 이러한 세법해석은 당초 APAs를 포함하기 위해 설계된 것은 아니지만, APAs를 포함하기 위해 폭넓게 이용될 수 있다.(TPG 4.151)

조세조약이 MAP 조항을 포함할 경우 권한있는 당국은 이전가격 이슈가 이중과세를 초래하거나, 조약의 해석·적용에 대한 어려움 또는 의문이 제기될 때 APAs를 체결하도록 허용되어야 한다. 조세조약이 국내법에 대해 우선 적용되는 한, 국내법에 APAs 체결 근거가 없더라도 MAP을 근거로 APAs를 적용하는 것을 방해할 수 없다.(TPG 4.152)

APAs의 법적 근거와 관련하여 우리나라는 국조법 및 같은법 시행령에 비교적 상세한 규정을 두고 있다.(국조법 §14-§15, 국조령 §26-§32) 관련 규정에 따르면, "거주자는 일정 기간의 과세연도에 대하여 정상가격 산출방법을 적용하려는 경우에는 (…) 정상가격 산출방법을 적용하려는 일정 기간의 과세연도 중 최초의 과세연도 개시일의 전날까지 국세청장에게 승인 신청을 할 수 있다."(국조법 §14 ①) 또한, 상호합의에 의한 사전승인을 원칙으로 하되, 납세자가 APA 신청시 MAP을 거치지 않고 일방적 사전승인을 요구하는 경우 또는 MAP이 중단된 경우에는 일방적 사전승인도 허용하고 있다.(국조령 §29 ①)

다. APA의 장·단점

APAs 프로그램은 국제거래에서 조세취급의 예측가능성 향상을 통해 불확실성을 제거할 수 있다. 중요한 가정들이 충족되는 경우, APAs는 관련 납세자에게 일정 기간 동안 이전가격 이슈에 대한 조세취급의 확실성을 제공할 수 있다. APAs 기간이 만료될 경우 과세당국과 납세자 간에 APAs를 재협상할 기회도 역시 존재한다. APAs가 제공하는 확실성 때문에 납세자의 조세부담 예측이 쉬워져서 투자에 우호적인 조세환경을 제공할 수 있다.(TPG 4.153)

APAs는 과세당국과 납세자에게 비적대적 환경에서 협력할 수 있는 기회를 부여한다. 복잡한 조세이슈를 이전가격 조사에서보다 덜 대립적인 분위기에서 논의할 수 있는 기회는 법적으로 정확하고 실행가능한 결과에 도달하기 위해 관련당사자들 간에 자유로운 정보의 이동을 촉진시킬 수 있다. 또한, 소송과 같은 보다 적대적 상황의 경우보다 제출된 자료 및 정보에 대해서 보다 더 객관적인 검토를 유도할 수도 있다.(TPG 4.154)

APAs는 많은 비용과 시간이 소요되는 세무조사와 소송을 예방할 수 있다. 일단 APAs가 승인되면, 납세자 신고에 대한 후속적 조사에서는 납세자에 관한 많은 정보가 알려져 있기 때문에 인력이 덜 필요할 것이다. 그러나, APAs 적용을 모니터링하는 것은 여전히 어려울 것이다. APAs 과정 자체가, 가령 조사절차를 가지고 있지 않은 국가 및 APAs가 조사인력에 직접 영향을 미치지 않는 경우, 전체적으로 시간절감 효과가 없을지라도 전통적 조사에 소요될 시간에 비해 납세자와 과세당국에게 시간을 절감해 줄 수 있다.(TPG 4.155)

양자 및 다자 간 APAs는 모든 관련 국가들이 참여하기 때문에 법률적·경제적 이중과세 또는 비과세 가능성을 실질적으로 경감 또는 제거할 수 있다. 반대로, 일방 APAs는 이중과세의 경감에 확실성을 제공하지 않는다. 또한, 양자 및 다자간 APAs는 권한있는 당국이 생산하기 어렵고 시간이 많이 소요되는 과거 연도의 자료가 아니라 현재의 자료를 다루기 때문에 합의 도출에 필요한 시간을 상당히 경감시킴으로써 MAP를 증진시킬 수 있다.(TPG 4.156)

APAs 과정의 협력적 태도뿐만 아니라 APAs 프로그램의 공개 및 정보 측면이 과세당국에게 MNEs 그룹의 복잡한 국제거래에 대한 통찰력을 얻는 데 도움을 줄 수 있다. APAs 프로그램은 글로벌 트레이딩 이슈들과 같은 고도로 기술적이고 사실적인 상황에 대한 지식과 이해를 증진시킬 수 있다.(TPG 4.157)

그러나, 일방 APAs는 과세당국과 납세자 모두에게 상당한 문제를 제기할 수 있다. 만약 납세자가 과도한 부담이 되는 이전가격 조사 또는 가산세를 회피하기 위해 APAs 제공국가에게 소득을 과다 배분하는 약정을 수용하는 경우, 집행상 부담이 APA 제공국가에서 다른 국가로 이전된다.(TPG 4.158) 대응조정 이슈도 문제이다. APAs의 유연성은 납세자와 특수관계기업에게 가격을 APAs에서 허용가능한 가격설정 범위로 조정하도록 유도한다. 일방 APAs의 경우 외국의 권한있는 당국이 독립기업원칙과 부합하지 않은 APAs라고 판단하는 사안에 대해서는 대응조정을 허용하지 않을 것이기 때문에 APAs

의 유연성은 독립기업원칙을 준수하는 것이 중요하다.(TPG 4.159)

또 다른 단점은 APAs가 적절한 중요한 가정이 없는 채로, 변화하는 시장조건들에 대한 신뢰할 수 없는 예측을 수반하는 경우에 발생할 수 있다. 정태적 APAs는 독립기업조건들을 만족하게 반영할 수 없기 때문에, APAs 프로그램은 이중과세 위험을 회피하기 위해서 유연성을 유지해야 한다.(TPG 4.160)

과세당국은 조사, 소송 등 다른 목적으로 지정된 인력을 전환시켜야 하기 때문에, APAs 프로그램은 이전가격 조사인력에 부담을 주게 될 것이다. 그러나, APAs의 갱신은 APAs 개시 과정보다는 시간이 덜 소요될 것이다.(TPG 4.161)

과세당국이 MNEs 그룹 내 단지 일부의 특수관계기업과 관련된 수많은 양자 간 APAs를 체결하는 경우 문제가 발생할 수 있다. 다른 시장에서 수행하는 조건들에 대한 충분한 고려없이 APAs 체결 근거를 과거에 체결된 것과 유사하게 조화시키는 경향이 존재할 수 있다. 따라서 과거 체결된 APAs를 모든 시장들을 대변하는 것으로 해석하는 것은 주의가 필요하다.(TPG 4.162)

경험상 APAs에 관심을 가진 납세자는 정기 조사를 받는 대기업이고 이들의 가격결정방법은 모든 경우에 조사를 받는다. 이 경우 이전가격 조사와의 차이점은 정도라기보다는 시기의 문제이다. 이때 덜 순응적인 납세자에 대한 조사에서 인력을 빼서 이러한 납세자들에게 조사인력과 전문성을 전환시키는 위험이 존재할 수 있다. APAs 프로그램은 매우 숙련되고 전문성이 높은 직원들이 필요하기 때문에 조사인력의 균형을 달성하기가 어려울 수 있다.(TPG 4.163)

또한, APAs 프로그램이 부적절하게 관리될 경우에 발생할 수 있는 많은 위험들이 존재할 수 있다. 예를 들어, APAs는 이전가격 조사에서 요구되는 것 보다 더 상세한 산업 및 납세자 정보를 요구할 수 있다. 과세당국은 APAs의 경우에 예측과 관련한 세부사항이 필요하다는 점을 제외하고, APAs의 요구 문서가 세무조사보다 더 부담이 되어서는 안 된다. 예측은 완료된 거래에 집중하는 이전가격 조사에서는 중심 이슈가 아니다. 사실상 APAs에서는 문서요구를 제한해야 하고, 문서요구는 납세자의 사업 실무에 관한 이슈에 초점을 맞추어야 한다. 과세당국은 첫째, 경쟁업체 및 비교대상거래에 대해 공개적으로 이용가능한 정보는 제한적이고, 둘째, 모든 납세자들이 심층적인 시장분석을 수행할 역량을 갖는 것은 아니며, 셋째 오직 모회사만이 그룹의 이전가격 정책에 관해 알고 있을 수 있다는 점을 인식할 필요가 있다.(TPG 4.165)

다른 우려사항은 APAs가 과세당국에게 이전가격조사의 경우보다 쟁점 거래와 관련한 사실관계 및 상황에 대해서 보다 세밀한 연구를 허용한다는 것이다. 납세자는 이전가격과 관련한 세부정보를 제공해야 하고, APAs의 조건들을 준수했는지를 검증하기 위해 부과된 다른 요구사항들을 충족해야 한다. 동시에 납세자에게 다른 이슈에 대한 과세당국의 통상적이고 관례적인 조사를 면제시키는 것도 아니다. APAs가 납세자를 이전가격조사에서 회피시켜주는 것도 아니다. 따라서 과세당국은 APAs 절차가 반드시 부담스러운 것은 아니며, APAs 신청의 적용범위에 의해 엄격히 요구되는 것보다 납세자에게 더 많은 것을 요구하지 않는다는 점을 보장해야 한다.(TPG 4.166)

만약 과세당국이 APAs에서 취득한 정보를 세무조사에서 오용한다면 문제가 발생할 수 있다. 납세자가 APAs 요청을 철회하거나 납세자의 신청이 거부되는 경우, APAs 요청과 관련하여 납세자가 제출한 해결방안, 논거, 의견, 판단 등 사실과 관련이 없는(nonfactual) 정보가 조사와 관련이 있는 것으로 간주해서는 안 된다. 또한, 납세자가 APAs 신청에 성공하지 못했다는 사실이 과세당국에 의해 세무조사를 개시할지 여부를 결정하는 데 고려되어서는 안 된다.(TPG 4.167) 과세당국은 APAs 과정에서 제출된 사업비밀, 기타 민감한 정보 및 서류에 대해 비밀유지를 보장해야 한다. 따라서 공개금지를 규정한 국내법 규정이 적용되어야 한다.(TPG 4.168)

APAs 프로그램은 절차가 비싸고 시간이 많이 소요되기 때문에 모든 납세자가 이용할 수는 없고, 소규모 납세자들은 일반적으로 이를 감당할 수 없을 것이다. 이는 특히, 외부 전문가들이 관여될 때 그렇다. 따라서 APAs는 주로 대규모 이전가격 사안을 해결할 때 도움을 줄 수 있을 뿐이다.(TPG 4.169)

7 이전가격과 관세평가 간 조정제도

가. 의의

이전가격 과세는 정상가격보다 높게 책정한 재화의 수입가격을 하향 조정하는 제도인 반면, 관세평가 제도는 관세를 낮추기 위해 재화의 수입가격을 부당하게 낮게 책정하여 신고한 경우 이를 상향 조정하는 것이다. 따라서, 이러한 접근방법의 차이로 인해 납세자가 이중과세를 당하는 일이 빈번하게 발생한다. 예를 들어, 납세자가 재화의 수입가격을 100만원으로 신고한 데 대해서 관세 과세가격은 110만원으로 평가되어 관세를 납부하였으나, 과세당국의 이전가격 조사에서는 수입재화의 매입원가를 110만원으로 인정하지 않거나, 오히려 90만원으로 하향 조정하는 경우도 있을 수 있다. 이러한 이중과세 문제를 해소하기 위해 우리나라 세법은 사전조정 및 경정청구 제도를 규정하고 있다.

나. 정상가격과 관세과세가격 결정방법의 사전조정

국조법에 따르면, "국세의 정상가격 산출방법에 대하여 일방적 사전승인을 신청하는 거주자는 국세의 정상가격과 관세의 과세가격을 사전에 조정받기 위하여 관세법에 따른 관세 과세가격 결정방법의 사전심사(advance customs valuation arrangement: 이하 ACVA)를 국세청장에게 신청할 수 있다."(국조법 §18 ①) 신청을 받은 국세청장은 관세청장과 정상가격 산출방법, 과세가격 결정방법 및 사전조정 가격의 범위에 대하여 협의하여야 하고, 협의가 이루어진 경우에는 사전조정을 한다.(국조법 §18 ② 및 ③)

다. 정상가격과 관세과세가격 간 조정을 위한 경정청구

"국외특수관계인으로부터 물품을 수입하는 거래와 관련하여 납세의무자가 과세당국에 법인세 과세표준신고서를 제출한 후 세관장의 경정처분으로 인하여 관세 과세가격과 신고한 법인세 과세표준 및 세액의 산정기준이 된 거래가격 간에 차이가 발생한 경우에는 그 경정처분이 있음을 안 날(처분 통지를 받은 때에는 그 받은 날)부터 3개월 내에 과세당국에 법인세 과세표준 및 세액의 경정을 청구할 수 있다."(국조법 §19 ①) 마찬가지로, 과세당국이 수입물품의 거래가격을 조정하여 과세표준 및 세액을 결정・경정 처분함에 따라 그 거래가격과 관세법에 따라 신고납부・경정한 세액의 산정기준이 된 과세가격 간 차이가 발생한 경우에는 그 결정・경정 처분이 있음을 안 날부터 3개월 또는 최초로 납세신고를 한 날부터 5년 내에 세관장에게 세액의 경정을 청구할 수 있다.(관세법 §38의4 ①)

과세당국은 위 경정청구를 받은 날부터 2개월 내에 과세표준 및 세액을 경정하거나 경정하여야 할 이유가 없다는 뜻을 청구인에게 통지하여야 한다.(국조법 §19 ③) 이에 따라 납세의무자는 위 통지를 받은 날(2개월 내에 통지를 받지 못한 경우에는 2개월이 지난 날)부터 30일 내에 기획재정부장관에게 국세 정상가격과 관세 과세가격 간 조정을 신청할 수 있다.(국조법 §20 ①) 이에 따른 국제거래가격에 대한 과세의 조정권고에 관한 사항을 심의하기 위하여 기획재정부에 '국제거래가격 과세조정심의위원회'를 둔다.(국조령 §42 ①) 그러나, 동 위원회는 " i) 해당 거래에 대하여 이의신청, 심사 · 심판청구 또는 행정소송이 계속 중인 경우, ii) 해당 거래가 APA 및 ACVA에 따른 것인 경우, iii) 해당 거래에 대하여 MAP이 진행 중이거나 종료된 경우, iv) 해당 거래에 대하여 국세의 정상가격 및 관세의 과세가격 간 산출방법의 차이 등으로 인하여 동 위원회에서 심의하기 곤란하다고 판단되는 경우" 중 하나에 해당하는 경우에는 심의하지 아니할 수 있다.(국조령 §43 ②)

한편, 국세 정상가격과 관세 과세가격 간 산출방법의 차이로 인하여 심의하기가 곤란한 경우로서, 예컨대, 국세의 정상가격 산출방법이 TNMM, PSM 등 거래 이익방법인 경우에는 개별 재화가격을 확인하기가 어렵기 때문에 관세 과세가격의 조정에 현실적 한계가 있다.

제6장 무형자산에 대한 과세

1 개요

최종 소비자는 종종 재화 또는 용역의 브랜드 또는 로고와 같은 무형자산 때문에 재화 또는 용역의 구입을 결정한다. 무형자산은 가치창출 또는 소득발생과 밀접하게 관련되어 있기 때문에 특수관계기업 간 국제거래의 이전가격을 결정할 때는 그룹이 소유한 무형자산을 고려하는 것이 중요하다. 이 경우 첫째, 재화 또는 용역 거래에 무형자산이 포함되어 있는지, 즉 무형자산의 사용(use of intangibles) 여부, 둘째, 무형자산 자체가 특수관계기업 간 거래의 대상, 즉 무형자산의 이전(transfer of intangibles) 여부를 고려할 필요가 있다. MNEs과 과세당국이 적용 또는 주장하는 이전가격 결정모델은 거래당사자인 특수관계기업들의 무형자산에 대한 경제적 소유권(economic ownership)에 달려 있는데, 경제적 소유권은 기능분석에 의해 밝혀질 것이다.

2 지식재산권(IP) 거래구조의 설계

가. 의의

MNEs이 전세계 조세부담을 줄이기 위해 흔히 사용하는 기법 중 하나가 지식재산권(intellectual property: 이하 IP) 거래이다. IP는 가치창출의 주요 동인이며, 이동성이 높은 자산이기 때문에 조세구조 설계에 중요한 역할을 수행한다. 국제화의 진전에 따라 사업수행 방식이 변화되고, 새로운 사업모델이 등장하였다. 글로벌 사업의 수행과 국제경쟁은 회사들이 제조공장, 판매활동 및 연구개발 활동의 최적의 장소를 선택하도록 하였다. 그 결과, 자금조달, IP 개발 및 관리 등 기능들이 전세계적 차원에서 관리되기 시작하였다.

더욱이 MNEs은 기능, 위험, 자산 등을 고세율 국가에서 저세율 국가로 이전함으로써 그룹 차원에서 비용절감뿐만 아니라 실효세율도 감소시킬 수 있게 되었다.

가치있는 IP를 소유 또는 개발하는 많은 MNEs은 그러한 IP 이용에서 발생하는 소득이 낮은 세율을 적용받아 그룹 차원의 조세부담을 절감하기 위한 IP구조를 실행하였다. 일반적으로 그러한 구조는 IP 보유회사를 특례제도를 가진 국가에 소재시킴으로써 고세율 국가의 거주자인 법인이 지급하는 사용료가 조세혜택을 받도록 한다. 즉, 고세율 국가인 사용료 지급지국에서는 비용공제 혜택을, IP회사가 소재하는 사용료 수취국에서는 낮은 세율 또는 IP 소득에 대한 면세 또는 감면 혜택을 받도록 하는 것이다.

나. IP 사업모델

MNEs이 IP 이용을 위해 주로 사용하는 사업모델을 소개하면 다음과 같다.[34] 납세자의 절세계획 관점에서 중요한 과제는 IP 개발과 관련하여 발생하는 비용공제는 최대화하면서, IP 사용에서 발생하는 소득은 낮은 세율을 적용받게 하는 것이다.

(1) 사용료모델

〈그림 4-44〉 IP구조 - 사용료모델

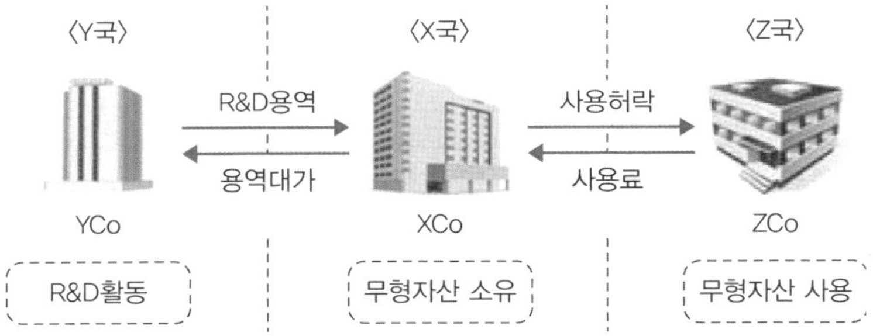

사용료모델(royalty model) 하에서 최종사용자에게 IP를 사용허락하는 IP회사는 저세율 국가의 거주자로서 IP 소유자 또는 그룹의 타 회사로부터 IP 권리를 사용허락받은 사용권자이다. 통상적으로 IP에 대한 추가 개발활동은 외부 용역업자가 수행하는데, 이러한 위탁 R&D 용역활동에 대해 발생비용에 이윤을 가산하는 방식으로 대가를 지불한다.

34) Ruxandra Vlasceanu, "Ch.8: Intellectual Property Structuring in the Context of the OECD BEPS Action Plan", *International Tax Structures in the BEPS Era: An Analysis of Anti-Abuse Measures*, IBFD Tax Research Series Vol.2, 2015, pp. 220-224

위 〈그림 4-44〉에서 보는 바와 같이, 이러한 구조는 IP 사용허락과 관련된 극히 일부 기능들만이 IP회사(XCo)에 의해 수행되기 때문에 MNE에 의해 쉽게 실행될 수 있다. 특히 IP의 관리를 위한 투자 및 후속개발 역시 IP회사에 의해 수행되어야 할 것이다.

사용료 모델은 IP 이용에서 발생하는 소득은 낮은 세율을 적용받게 하면서도 IP 개발과 관련된 비용도 동일하게 낮은 세율로 비용공제가 가능한 장점이 있다. 다만, 이 모델의 단점은 이러한 구조의 실행 이후 사업내용의 변화가 사소한 것이기 때문에 이를 정당화하기 위한 사업상 이유가 적을 수 있다. 또한, IP회사의 소득이 주로 수동적 소득이여서 CFC 규정 상 모회사 국가에서 과세대상이 될 수 있다. 또한, 사용료소득 수준과 관련하여 이전가격 과세의 위험이 제기될 수도 있다.

사용료 모델의 대안으로 프랜차이즈 모델(franchise model)을 들 수 있다. 프랜차이즈 모델에서 IP회사는 마케팅 무형자산과 사업 무형자산을 소유·관리함과 동시에 다양한 유형의 용역을 제공한다. IP 사용허락만이 아니라 최종사용자에게 사업수행과 관련한 노하우와 경험을 제공하는 것을 포함한다. 그러나 이러한 구조는 특정 조세위험을 야기할 수 있는데, 첫째, IP소득과 용역소득에 대한 조세취급이 다를 경우 소득구분과 관련된 위험이 초래될 수 있고, 둘째 IP권리와 분리될 수 없는 용역들이 수행될 경우에는 최종사용자 거주지국에서 PE를 구성할 위험이 있다.

(2) 비용분담모델

〈그림 4-45〉 IP구조 - 비용분담모델

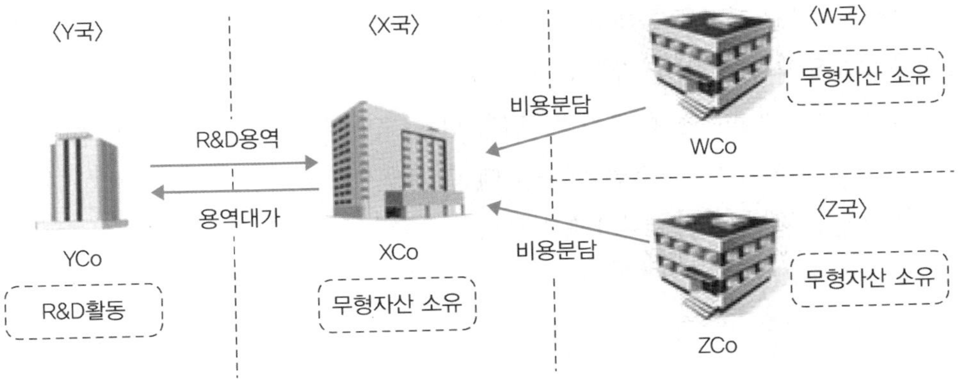

위 〈그림 4-45〉에서 보는 바와 같이, 비용분담모델(cost-sharing model)에서 IP는 비용분담 약정을 체결한 당사자들 간에 공동으로 개발된다. 각 당사자 간 비용의 배분은 신

규개발 무형자산의 이용에 다른 기대이익에 비례하여 이루어져야 한다. 각 당사자는 IP 사용권자(licensee)가 아니라 IP권리의 실질적 소유자로서 약정상 자신의 지분을 이용할 권리를 갖는다. 각 당사자들은 실제 비용분담금만큼만 과세소득에서 공제받을 수 있고, 각 당사자 간 IP의 양도 또는 이전은 허용되지 않는다.

(3) 모기업모델

〈그림 4-46〉 IP구조 - 모기업모델

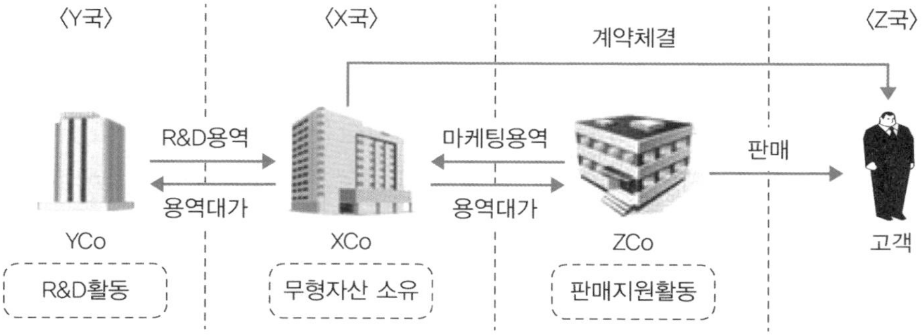

모기업모델(principal model)에 따르면, IP회사는 IP를 소유하고 일반 관리활동을 수행하며 마케팅 및 판매전략에 대한 의사결정 등 완전한 위험을 부담하는 모기업(full-risk entrepreneur)이다. 위 〈그림 4-46〉에서 보는 바와 같이, 고객과 직접 계약을 체결하고 외부 용역업자들과 제조, 마케팅 및 판매지원 등 용역계약을 맺는다. 사용료모델과 유사하게 IP 개발은 R&D 계약을 통해 외부에 위탁될 수 있다. 이 모델을 실행하는 경우 MNE 그룹의 사업모델에 큰 변화를 가져오는데, 관계회사들의 용역제공 대가와 관련하여 정상가격 보상이 수수되어야 한다. 모기업모델은 다른 모델에 비해 높은 이윤이 귀속될 것이고, 모회사에게 후속적으로 이윤을 배분할 때 추가 조세를 부담할 수 있다. 또한, 프랜차이즈 모델과 유사하게 용역제공국가에서 PE를 구성할 위험도 있다.

다. IP 거래구조의 사례

최근 MNE 그룹들이 실행한 대다수 절세계획은 IP 소유권을 저세율 국가에 소재한 그룹 관계회사에 귀속시켜 그룹 내 사용허락 약정에서 발생하는 소득에 대해 조세특례제도의 혜택을 받도록 하는 것이다. 참고로, 미국회사들의 특수관계거래에 대한 한 연구결과에 따르면 고세율 국가에서 저세율 국가로 이전된 소득의 절반 정도가 미국에 기반을 둔 MNEs의 IP소득이라고 한다. 아래에서는 실무 상 가장 흔히 실행되는 IP거래 구조를 소개한다.[35)]

(1) "Double Irish with a Dutch Sandwich" 거래구조

미국 MNEs에 의해 가장 널리 이용된 구조는 소위 "Double Irish with a Dutch Sandwich"이다. 이 구조는 1980년대 후반 Apple이 처음 이용하였고 이후 Facebook, Google, IBM, Microsoft, Starbucks, Yahoo 등의 MNEs에 의해 사용되었다.

〈그림 4-47〉 Double Irish with a Dutch Sandwich 구조

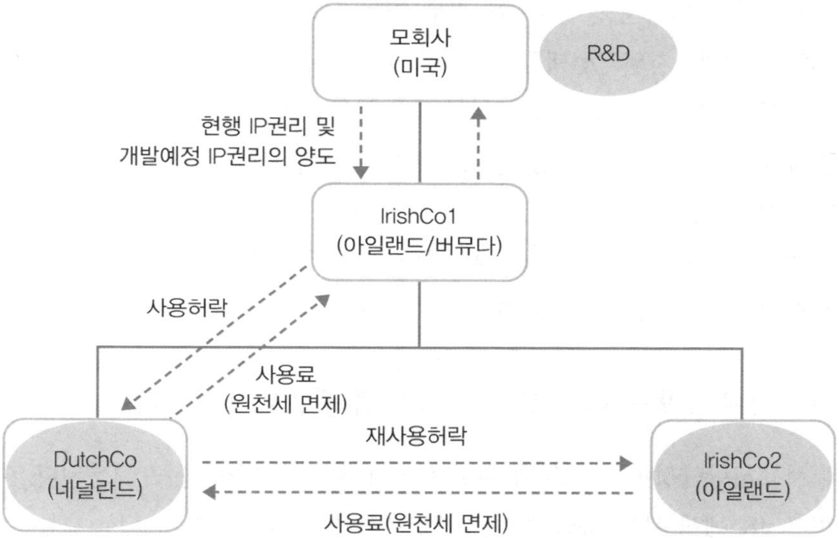

위 〈그림 4-47〉에서 보는 바와 같이, 미국 MNE의 아일랜드 자회사인 IrishCo1은 버뮤다 등 조세회피처에서 실질적으로 관리된다. 미국 세법에 따르면 법인의 거주지 판정기준은 설립장소인 반면, 아일랜드 세법은 법인의 관리 및 통제장소이다. 따라서 IrishCo1은 아일랜드 세법 상 아일랜드가 아니라 버뮤다 거주자로 간주되는 반면, 미국 세법 상으로는 아일랜드 법인으로 간주된다. 거래흐름을 살펴보면, 먼저 미국 모회사는 IP권리를 아일랜드 자회사(IrishCo1)에게 이전한다. 다음으로 IrishCo1이 네덜란드 자회사(DutchCo)에

35) Ruxandra Vlasceanu, *op.cit.*, pp. 225-232

사용허락(license)한다. 그 다음 단계로 DutchCo가 아일랜드 IP회사(IrishCo2)에게 재사용허락(sub-license)한 후 IrishCo2가 그룹 관계회사들과 사용허락 약정을 체결한다

아일랜드는 IrishCo2의 DutchCo에 대한 지급금을 IP사용을 위한 사용료로 취급한다. 따라서 IrishCo2의 과세소득은 사용료 지급액만큼 비용공제되어 감소하고, 잔여이익에 대해서만 12.5% 법인세 과세대상이 된다. 더욱이 DutchCo에게 지급하는 사용료는 'EU 이자 · 사용료지침'에 따라 원천세가 면제된다. 네덜란드의 법인세율은 20%/25%이지만 DutchCo의 과세표준은 IrishCo1에게 지급하는 사용료 공제액만큼 줄어들고 약간의 이윤(spread)에 대해서만 네덜란드에서 과세된다. DutchCo가 IrishCo1에게 지급하는 해외지급금에 대해서는 네덜란드 국내법에 따라 원천세가 면제된다. IrishCo1이 수취한 이윤은 아일랜드 세법 상 아일랜드 거주자가 아니므로 아일랜드에서 과세되지 않고, 버뮤다에서도 국내법에 따라 과세되지 않는다. 이 경우 미국 모회사는 미국에서의 납세의무마저 회피하기 위해 '납세자지위 선택규정(check-the-box rule)'을 활용하여 IrishCo2와 DutchCo를 미국 세법 상 독립단체로 간주되지 않도록 한다. 결과적으로, 이들 세 자회사들 간에 행해진 거래는 확인되지 않기 때문에 미국 세법 상 'Subpart F' 소득을 구성하는 것도 회피할 수 있다.

이와 유사한 거래구조가 아래에서 보는 바와 같이 네덜란드 대신 스위스 또는 룩셈부르크 소재 법인을 이용하여 실행되기도 한다.

(2) 연쇄 사용허락약정의 경유지로서 룩셈부르크의 이용

IP 연쇄 사용허락약정이 사용료에 대한 원천세 회피를 위해 종종 이용된다. 예를 들어, 아래 〈그림 4-48〉에서 보는 바와 같이, 미국 모회사는 맨섬(Isle of Man)과 같은 조세회피처 소재 관계사(Int'lCo)와 R&D활동 소요자금 조달을 위한 비용분담약정을 체결한다. 이를 위해 두 회사는 사용권 매입약정(buy-in license agreement)을 체결하고, 이에 따라 특정 IP권리가 Int'lCo에게 양도된다. 제조 및 판매법인인 아일랜드 소재 IrishCo는 룩셈부르크 소재 명목회사(shelf company)인 LuxCo를 취득 또는 설립한다. Int'lCo는 특정 IP권리에 대해 LuxCo와 사용료계약을 체결한다. 뒤이어 LuxCo는 해당 IP권리를 아일랜드 소재 모회사인 IrishCo에게 재사용허락한다.

〈그림 4-48〉 연쇄 사용허락약정(back-to-back licensing)

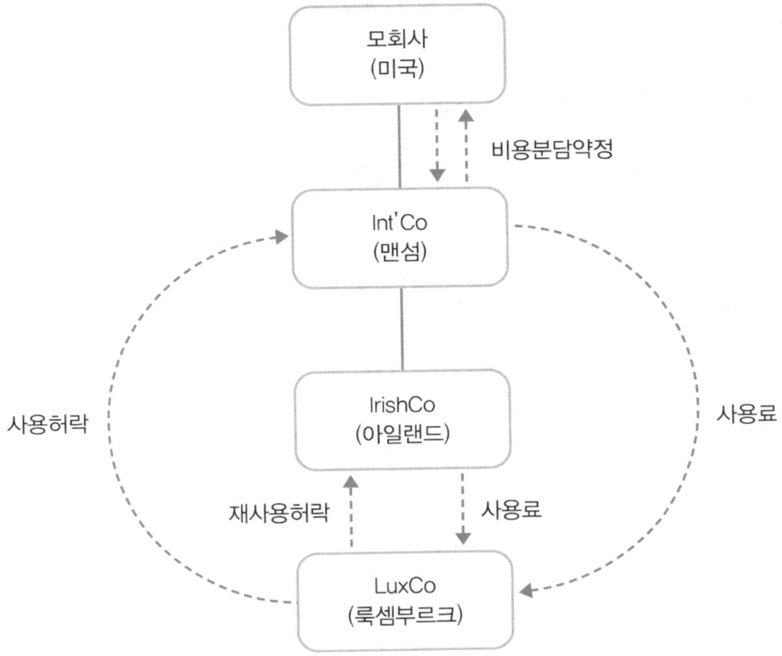

IrishCo는 LuxCo에게 지급한 사용료에 대해 비용공제한다. 아일랜드는 'EU 이자 · 사용료지침'이 적용되어 사용료 지급에 대해 원천세를 면제한다. 중간경유법인 LuxCo는 수취사용료와 지급사용료 간의 차이를 독립기업 이윤으로 보상을 받는다. LuxCo는 자신이 얻은 이윤에 대해 과세당국의 세무조사를 회피하는 한편, 또한 조세인센티브 혜택을 얻기 위해 거래체결 전에 사전승인(advance tax ruling)을 얻을 수 있다. 룩셈부르크가 수취한 순IP소득의 80%에 대해 조세감면 혜택이 제공되기 때문에 해당 IP소득은 룩셈부르크에서 매우 낮은 수준의 과세만 이루어진다. 룩셈부르크가 맨섬 소재 관계회사에게 지급하는 사용료에 대해서도 원천세가 면제된다. 왜냐하면, 룩셈부르크가 'EU 이자 · 사용료지침' 시행 이후 EU 회원국 거주자인지 여부에 상관없이 모든 법인에게 대한 원천세 부과를 폐지했기 때문이다. 물론 맨섬에서도 법인세율이 Zero이기 때문에 사용료소득에 대해 전혀 과세가 이루어지지 않는다.

LuxCo가 아일랜드 모회사 IrishCo에게 지급하는 배당소득에도 지분소득면세제도(participation exemption) 때문에 원천세가 부과되지 않는다. 또한, 'EU 모 · 자회사지침' 규정에 따라 아일랜드는 LuxCo가 룩셈부르크에서 납부한 법인세에 대해 외국납부세액공제 혜택을 부여한다. 이와 같이 IP소득을 조세회피처 또는 조세특례제도를 가진 국가에 소재하는 중간법인을 통해 우회함으로써 사용료 지급에 대한 원천세를 회피할 수 있다.

(3) 해외지점을 이용한 IP 거래구조

조세절감 목적으로 IP 권리를 이용하기 위해 사용되는 또 다른 IP 구조는 IP회사의 해외지점(외국PE)을 통해 사용료소득을 우회하는 것이다.

IP는 조세회피처 또는 조세특례제도를 가진 국가 소재 IP회사에 의해 소유된다. IP회사는 IP권리를 해외지점에 배분한 후, 그룹 내 최종사용자(관계회사들)에게 IP를 사용하도록 허여한다.

〈그림 4-49〉 해외지점을 이용한 IP구조

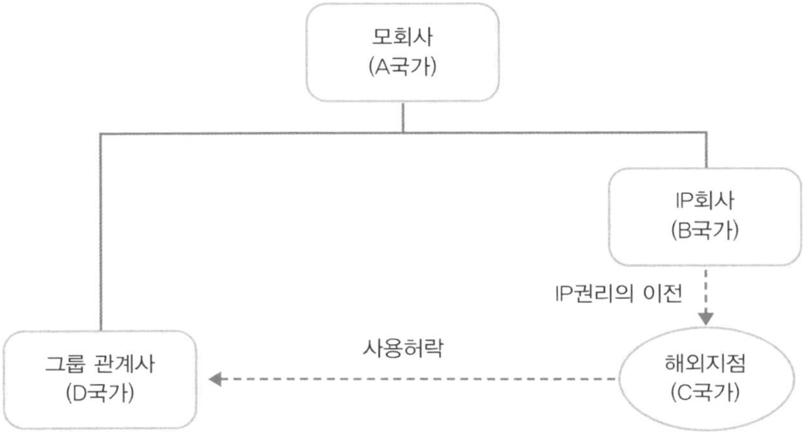

위 〈그림 4-49〉의 IP구조는 예를 들어, 홍콩, 아일랜드, 스위스와 같은 국가들의 경우 IP소득에 대해 조세특례제도를 적용하기 때문에 이들 국가에 해외지점을 설치하는 경우 사용료소득에 대해 면세 또는 저율 과세를 적용받을 수 있는 점을 이용한다. IP회사의 거주지국인 B국은 해외지점 소득에 대해 감면 또는 비과세를 적용한다. 예를 들어 IP회사가 룩셈부르크에 소재한다고 할 때, 룩셈부르크와 조세조약을 체결한 국가로서 이중과세방지 방법으로서 소득면제방식(exemption method)을 채택한 경우 해당 IP회사의 해외지점에서 발생하는 소득에 대해서는 아무런 조세도 부과되지 않는다. 따라서 룩셈부르크와 같이 IP회사의 거주지국이 고세율 국가임에도 불구하고 IP 사용허락 소득에 대해 전혀 과세가 이루어지지 않을 수 있다.

한편, IP회사에 귀속된 소득은 모회사 단계에서 CFC 규정의 적용을 받을 위험이 있다. 그러나, 앞서 "Double Irish with a Dutch Sandwich" 구조에서 보았듯이 미국 MNEs의 경우 '납세자지위 선택규정'을 이용함으로써 이러한 위험마저 제거할 수 있었을 것이다.

라. IP 이전에 사용되는 거래구조

앞서 살펴본 구조들은 조세특례제도를 가진 국가에 소재하는 IP회사가 이미 IP권리를 소유하고 있다는 것을 가정하고 있다. 그러나, IP권리는 R&D 활동이 수행되는 다른 국가에서 개발되었을 수 있기 때문에 이러한 가정이 항상 맞는 것은 아니다. 따라서 R&D 활동을 통해 개발된 IP를 조세특례제도를 가진 국가로 조세를 가장 적게 부담하면서 이전시키는 일이 앞서 살펴본 IP구조들을 실행하기 위한 전제조건이라고 할 수 있다. 이는 다양한 방식으로 성취되는데, 직접적인 IP의 양도일 수도 있고 IP회사에 대한 사용허락 방식일 수도 있다.

조세를 가장 적게 부담하면서 IP를 이전할 때 중요한 고려사항은 양도차익이 과세되지 않아야 한다는 것이다. 양도차익은 양도가액과 장부가액의 차이로 계산되는데, 자체 개발한 IP권리의 경우 장부가액이 존재하지 않기 때문에 시장가격이 과세대상 양도차익이 된다. 만약 양도차익을 동일 또는 과거연도에 발생한 손실로 상쇄시킬 수 있다면 조세부담 없이 IP의 이전이 가능할 수도 있다. 그러나, 특정 국가의 국내법은 IP권리의 양도차익에 대해 자본손실 또는 유사 자산과 관련된 자본손실만을 공제할 수 있도록 제한하는 경우가 있다.

IP 이전에 사용되는 구조들을 예시하면 다음과 같다. 예를 들어, 아래 〈그림 4-50〉에서 보는 바와 같이 스위스 법인이 개발한 IP를 중간에 룩셈부르크 소재 그룹 관계회사를 경유하여 아일랜드 법인에게 양도하는 사례를 보자. 먼저 스위스 법인은 시장가격보다 낮게 양도를 하고, 룩셈부르크 조세목적 상 실제 지급대가와 시장가격과의 차이는 배당으로 간주되지만 지분소득 면세제도로 인해 룩셈부르크에서 면세된다. 다음 단계로 아일랜드 법인에 대한 양도는 시가로 이루어진다. 다만, 수일 내에 양도된다는 점을 감안하면 양도차익은 발생하지 않는다. 결과적으로 스위스에서 개발된 무형자산 가치의 증가분에 대한 양도차익 과세를 회피할 수 있게 되었다.

〈그림 4-50〉 조세부담 없는 IP 이전 사례

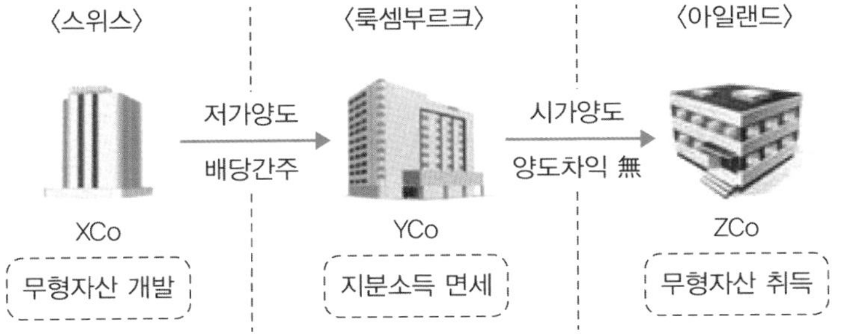

또 다른 사례로, 이미 존재하는 IP를 양도받은 새로운 소유자가 추가로 개발하여 이를 최종사용자에게 사용허락하는 경우이다. 이는 수명주기가 짧아서 지속적인 개발이 요구되는 IP의 경우에 이용되는 구조이다. 실제 흔히 볼 수 있는 것은 S/W에 대한 독점적 권리를 룩셈부르크와 같은 조세특례제도를 가진 국가에 이전하는 것이다. 룩셈부르크 회사는 S/W를 추가 개발한 후 다른 그룹 관계회사들에 사용허락한다. 이렇게 하면 룩셈부르크 국내법에 따라 IP의 사용 또는 사용 권리로부터 발생하는 소득에 대한 법인세를 80% 감면받을 수 있다. 당초 개발된 S/W 버전은 경제적 수명이 다하면서 점차 가치가 소멸되는 반면 향상된 버전이 가치를 갖게 될 것이다.

IP소득이 조세특례제도를 가진 국가의 법인으로부터 발생하도록 보장하는 또 다른 방식이 원가분담약정(CCA)이다. 만약 모회사가 개발한 IP를 자회사에게 사용권을 허여하는 거래의 경우 다수 국가의 국내법에 따라 조세부담이 발생할 수 있는데, 모자회사 간에 원가분담약정을 체결하여 양 당사자가 IP개발 비용을 분담하고 각자가 IP사용 권리를 가지는 것이 효율적일 수 있다. 원가분담약정은 이미 존재하는 IP를 추가 개발하는 경우에도 실행될 수 있다.

참고

IP소득 과세에 대한 OECD 접근방법

OECD 이익배분 규정(TPG)에 따라서 무형자산 가치가 창출된 국가에 잔여이익이 배분되지만, 무형자산 이익이 귀속된 국가에서 실제로 과세를 하는지는 또 다른 문제이다.(과세소득의 국가 간 배분 vs. 배분된 소득의 과세 여부)

최근 BEPS 방지를 위한 이전가격 규정의 발전과 더불어, 다수의 유럽 국가들은 자국에 귀속된 무형자산 관련 이익에 대해 낮은 세율로 과세하거나 또는 전혀 과세하지 않도록 보장하는 IP 이윤에 대한 조세특례제도(소위 IP boxes 또는 patent boxes)를 도입하였다. 외국인 투자유치를 위해 낮은 세율과 더불어 가장 유리한 IP제도를 제공하기 위한 국가 간 조세경쟁이 존재해 왔다. 그러나, IP주도 가치사슬과 같은 지리적으로 이동하기 쉬운 활동에 대한 조세경쟁은 무형자산 가치가 창출된 다른 국가들의 과세기반을 잠식하고, 자본과 기능의 지역을 왜곡시키며, 조세부담 일부를 노동, 재산, 소비 등 이동성이 낮은 과세기반으로 전가시키는 불공정을 초래한다.

1998년 유해조세경쟁에 관한 OECD 보고서는 조세특례제도가 잠재적으로 유해한지 여부를 결정하기 위한 4가지 요소로, ⅰ) 지리적 이동성이 높은 활동 소득에 대해 조세를 전혀 부과하지 않거나 실질적으로 낮은 세율을 부과하고, ⅱ) 국내경제의 접근이 차단되며(ring-fenced), ⅲ) 투명성이 부족하고, ⅳ) 실효적 정보교환이 없는 경우를 규정하였다. 이 기준들의 충족 여부를 결정할 때는 특정 제도가 순전히 조세 목적의, 그리고 실질적 활동을 수반하지 않는 활동 또는 약정을 촉진하는지 여부가 고려되도록 하였다.

OECD BEPS 실행계획(Action 5)에 따라서, 국가들은 IP제도에 대한 실질적 활동 요건을 강화하기 위한 논의를 진행한 결과, 2015년에 'OECD 연계 접근방법(nexus approach)'을 채택하게 되었다. 이 접근방법은 조세특례제도가 본질적으로 BEPS에 대한 우려들을 초래하지만, 또한 IP집약 기업들이 경제성장과 고용을 촉진하며, 조세 인센티브들이 타 국가들에 대한 유해한 효과를 수반하지 않는 한, 국가들이 R&D에 대한 조세 인센티브를 자유롭게 제공해야 한다는 상충되는 인식의 균형을 표현하고 있다. OECD 연계 접근방법은 IP제도에 관한 조세경쟁이 왜곡을 초래하지 않도록 보장하는 것을 목표로 한다.

이 접근방법에 따르면, IP 특례제도는 납세자 스스로가 IP제도가 소재하는 국가에서 IP를 개발하기 위하여 R&D 비용을 지출하는 정도에 비례적으로 무형자산 소득에 대해서 유리한 조세취급을 부여받을 수 있다. R&D 지출이 실질적 활동에 대한 대용(proxy)으로서 사용된다. 만약 납세자가 무형자산을 취득하거나 무형자산의 개발을 특수관계회사들에게 위탁한다면, IP소득의 일부는 유리한 취급이 부인될 것이다. 자본출연 또는 특수관계회사에 대한 R&D 자금제공은 실질적 활동의 증거가 아니기 때문에, 이들 비용은 IP제도의 혜택을 받지 못한다.

즉, 전체 IP관련 지출금액 중에서 a) 납세자가 직접 지출한 R&D비용, b) 특수관계없는 제3자에게 R&D 위탁을 위해 지출한 비용만이 조세혜택을 받을 수 있다. 반면에, c) 제3자 및 특수관계회사로부터 구입한 IP 취득비용, d) 특수관계회사에게 위탁을 위해 지출한 비용은 조세혜택에서 제외된다. 결과적으로, 실질적 R&D 활동으로서 조세특례 혜택이 인정되는 비율(nexus ratio)은 (a+b)/(a+b+c+d)이다.

OECD 연계 접근방법의 중요한 특징은 IP에 대한 조세특례 혜택을 특허 및 저작권 보호를 받는 S/W 등 특허와 기능적으로 동등한 소득으로 제한하는 것이다. 따라서 상표권 등 마케팅 무형자산, 영업권, 노하우 등 넓은 범위의 실제적으로 중요한 독특한 무형자산들은 조세특례 혜택의 적용대상이 아니고, 통상적 조세제도에 의해 과세된다.[36)]

3 무형자산의 의의 및 식별

가. 무형자산의 의의

이전가격 목적 상 무형자산 거래의 결과를 평가하기 전에 무형자산이 존재하는지 여부를 먼저 식별해야 한다. OECD는 이전가격 목적 상 무형자산의 개념을 폭넓게 정의하고 있는데, "유형자산 또는 금융자산이 아닌 것으로서, 사업활동에 사용하기 위해 소유 또는 통제가 가능하고, 비교가능한 상황의 독립기업 간 거래에서 발생하였다면 사용 또는 이전에 보상을 받을 수 있는 것"으로 규정하고 있다.(TPG 6.6) 따라서, 이전가격 분석은 회계 또는 법률적 관점이 아니라, 비교가능한 독립기업거래에서 합의되었을 조건에 따라 결정된다.

우리나라 세법에서는 무형자산을 "사업활동에 사용가능한 자산(유형자산 또는 금융자산 외의 것을 말함)으로서 특정인에 의해 소유 또는 통제가 가능하고 독립된 사업자 간에 이전 또는 사용권 허락 등의 거래가 이루어지는 경우 통상적으로 적정한 대가가 지급되는 것"이라고 규정하여 OECD의 관점과 동일한 개념을 채택하고 있다.(국조령 §13 ①)

이전가격 목적 상 무형자산은 법률적·회계적 목적의 무형자산의 개념과는 다르기 때문에 무형자산에 대한 소유 여부와 무관하다. 따라서 법률적·회계적 관점의 무형자산이 이전가격 목적 상으로는 무형자산이 아닐 수 있으며, 반대로 이전가격 목적 상 무형자산이 반드시 법률적·회계적 목적으로 인식되어야 하는 것은 아니다. 예를 들어, R&D비용, 광고비 등의 지출을 통해 내부적으로 개발되는 무형자산 관련 원가들은 종종 자본화되지 않고 비용으로 인식되기도 한다.(TPG 6.7) 법률상 또는 계약상 보호 여부가 귀속되는 이익의 가치에 영향을 미칠 수 있지만, 그러한 법적 보호의 유무가 이전가격 목적 상 무형자산으로 인정받기 위한 필수요건은 아니다.

또한, 일부 무형자산은 개별적으로 식별되고 독립적으로 양도될 수도 있지만, 이러한 독립적 양도 여부 또한 무형자산의 필수요건은 아니다.(TPG 6.8) 그리고 모든 무형자산이 재화 또는 용역의 대가 외에 언제나 별도로 보상을 받아야 하는 것은 아니고, 언제나 초과이익이 발생하는 것도 아니다. 왜냐하면, 독특하지 않은 노하우는 무형자산에 해당하지만 비교가능한 다른 독립기업들이 얻는 보통 수준의 보상만을 받을 것이기 때문이다.(TPG 6.10) 무형자산의 존재 여부, 무형자산이 사용 또는 이전되었는지 여부에 유의해야 한다.

36) Oddlief Torvik, *op.cit.*, pp.54-61

왜냐하면, 모든 연구개발 지출 또는 마케팅 활동이 항상 무형자산을 창출하거나 가치를 높이는 것은 아니기 때문이다.(TPG 6.11)

참고로, 조세조약 상 사용료 조항은 이전가격 목적과 관련이 없다. 즉, 이전가격 목적 상 무형자산 개념과 조세조약 목적 상 사용료 개념은 서로 다른 개념이다. 예컨대, 영업권(goodwill) 또는 계속기업가치(ongoing concern value)는 무형자산 대가이지만 사용료는 아니며, 기술용역(technical service) 대가는 무형자산 대가는 아니지만 사용료에 해당할 수 있다.(TPG 6.13)

나. 무형자산의 유형

무형자산은 여러 가지 기준에 따라 구분할 수 있다. 예를 들어, 사업(trade) 무형자산과 마케팅(marketing) 무형자산, 소프트 무형자산(non-asset value/profit potential)과 하드 무형자산, 정형적(routine) 무형자산 vs. 비정형적(non-routine) 무형자산 등이다. 참고로, TPG는 '독특하고 가치있는(unique and valuable)' 무형자산이란 표현을 자주 쓰는데, 이는 첫째, 잠재적 비교대상거래의 당사자들이 사용하는 무형자산과 비교가능하지 않고, 둘째, 무형자산이 사업활동에 사용될 때 무형자산이 없을 때보다 미래의 더 큰 경제적 이익을 발생시킬 것이 기대되는 무형자산을 의미한다.

이전가격 목적 상 무형자산의 종류를 예시하면 ⅰ) 특허, ⅱ) 노하우와 영업비밀, ⅲ) 상표권, 상호 및 브랜드, ⅳ) 계약상 권리 또는 정부 면허, ⅴ) 무형자산 사용권리 및 이와 유사한 제한적 권리, ⅵ) 영업권 및 계속기업가치, ⅶ) 그룹시너지 등이 있다. 이와 관련하여, 시장조건 또는 현지시장 상황 등 시장의 특성들(market characteristics)은 소유 또는 통제될 수 없기 때문에 이전가격 목적 상 무형자산에 해당하지 않는다. 예를 들어, 가계의 가처분소득, 시장규모 또는 상대적 경쟁우위, 높은 구매력, 낮은 임금, 시장 근접성, 좋은 기후 등은 무형자산은 아니며 필요한 경우 비교가능성 분석에서 고려될 수 있을 것이다.(TPG 6.9 & 6.31)

이와 관련하여, 우리나라 세법은 무형자산의 유형에 ⅰ) 특허법에 따른 특허권, ⅱ) 실용신안법에 따른 실용신안권, ⅲ) 디자인보호법에 따른 디자인권, ⅳ) 상표법에 따른 상표권, ⅴ) 저작권법에 따른 저작권, ⅵ) 서비스표권, 상호, 브랜드, 노하우, 영업비밀 및 고객정보·고객망, ⅶ) 계약에 따른 권리 및 채취권, 유료도로관리권 등 정부로부터 부여받은 사업권, ⅷ) 영업권 및 계속기업가치 등을 포함한다.(국조령 §13 ①)

4 무형자산 관련 소득의 귀속

가. 개요

일단 이전가격 목적 상 무형자산의 존재가 식별되면 다음 단계로 무형자산의 사용 또는 이전과 관련된 소득이 귀속될 당사자를 결정해야 한다. 법적 등록 또는 계약 약정상 특정 무형자산 관련 이익에 대한 권리가 어느 당사자에게 귀속되더라도, 무형자산 관련 거래의 실질이 뒷받침되지 않는 한 이전가격 목적 상 중요성을 갖지 못한다. 즉, 어느 당사자가 무형자산 귀속 이익에 대한 권리를 갖는지는 기능분석을 통해 밝혀지는 무형자산과 관련한 거래의 실질에 의해서 결정된다. 다시 말해서, 이전가격 과세에도 실질과세원칙이 적용된다는 것이다. 법적 약정, 특허 등록 또는 등기 자산이 재무제표에 계상되어 특정 가치가 부여되었는지 여부(즉, 형식)에 관계없이 이전가격 목적 상 무형자산을 소유 또는 사용하는 당사자를 식별(즉, 실질)하는 것이 필요하다는 것이다.

무형자산 거래와 관련하여 정상가격 산출 또는 귀속 이익을 배분하는 과정은 다음과 같은 여러 가지 난관 요인들이 존재한다. ⅰ) 무형자산 거래 관련 비교대상거래가 존재하지 않는 경우, ⅱ) 쟁점 무형자산들 간의 비교가능성이 없는 경우, ⅲ) 관계회사들이 각각 다른 무형자산을 소유 및 사용하는 경우, ⅳ) 그룹 전체의 소득에 특정 무형자산이 미치는 영향을 분리하기 어려운 경우, ⅴ) 관계회사들이 독립기업 간에는 관찰되지 않는 통합적 수준에서 무형자산 관련 활동을 수행하는 경우, ⅵ) 관계회사들이 무형자산에 공헌하는 시기와 관련 이익이 창출되는 시기 간에 시차가 존재하는 경우, ⅶ) 거래구조가 세원잠식 및 소득이전 목적으로 독립기업 간 거래와 다르게 무형자산의 소유, 위험부담 및 자금조달과 중요한 기능의 수행, 위험의 통제 및 투자관련 의사결정을 분리한 경우 등이다. 그러나, 이러한 난관들에도 불구하고 무형자산 거래에 독립기업원칙을 적용하게 되면 대부분의 경우 무형자산 사용관련 이익을 적절히 배분할 수 있을 것이다.

나. 무형자산의 소유권 및 계약조건의 확인

거래의 사실관계가 서면 계약조건과 다른 경우, 실제 거래는 당사자들의 실제 행동(conduct of the parties)을 포함하여 밝혀진 사실관계로부터 유추된다.(TPG 6.36) 이전가격 목적 상 법적 소유자가 무형자산 소유자로 간주되지만, 법적 소유자가 적용 법률과 계약에 의해서 확인되지 않는 경우에는 무형자산의 활용에 대한 의사결정을 통제하고 타인들의 무형자산 사용을 제한하는 실제 역량을 보유한 관계회사가 법적 소유자로 간주될 것이다.(TPG 6.40)

무형자산의 법적 소유자를 파악할 때 무형자산과 그 무형자산의 사용권리는 다른 무형자산으로 간주된다. 예를 들어, 상표권 소유자인 ACo가 BCo에게 해당 상표권을 사용하여 재화를 제조, 마케팅, 판매할 수 있는 독점적 권리를 부여한 경우, 상표권의 법적 소유자는 ACo이지만 제조, 마케팅, 판매와 관련하여 상표권을 사용할 수 있는 권리의 법적 소유자는 BCo이다.(TPG 6.41) 무형자산의 활용과 관련한 이익의 배분비율은 법적 소유 여부가 아니라 그룹 관계회사들의 수행기능, 사용자산, 부담위험 등 공헌도에 따라 결정된다. 무형자산의 법적 소유자가 아무런 공헌을 하지 않는 경우 소유권 보유에 대한 대가 이외에 무형자산의 활용관련 이익 중 어떤 보상도 부여될 수 없다.(TPG 6.42)

이와 관련하여, 우리나라 세법은 "거주자와 국외특수관계인 간의 무형자산 거래에 대한 정상가격을 산출하는 경우에는 해당 무형자산의 법적 소유 여부와 관계없이 해당 무형자산의 개발, 향상, 유지, 보호 및 활용과 관련하여 수행한 기능 및 수익 창출에 기여한 상대적 가치에 상응하여 독립된 사업자 간에 적용될 것으로 판단되는 합리적인 보상을 받았는지 여부를 고려해야 한다."고 규정하고 있다.(국조령 §13 ②)

무형자산의 개발, 향상, 유지, 보호 및 활용에 공헌한 그룹 관계회사에게 지급해야 하는 보상 조건은 일반적으로 사전적 기준에 의해 결정된다. 즉, 거래가 체결되는 시점 그리고 무형자산 관련 위험이 실현되기 이전에 결정된다. 관계회사들에게 보상이 이루어진 이후의 사후적인 실제 이윤 또는 손실은 무형자산 관련 위험 또는 거래와 관련한 기타 위험들이 실제 어떻게 실현되는지에 따라서 예상이익이 달라질 수 있다. 특수관계거래에 대한 정확한 파악을 통해서 그러한 위험을 어느 관계회사가 부담하고, 그 결과 위험이 예상되었던 방식과 다르게 실현될 때 비용 또는 추가이익 등의 결과를 부담할 것인지가 결정될 것이다.(TPG 6.45)

〈그림 4-51〉 무형자산의 활용 관련 이익의 배분

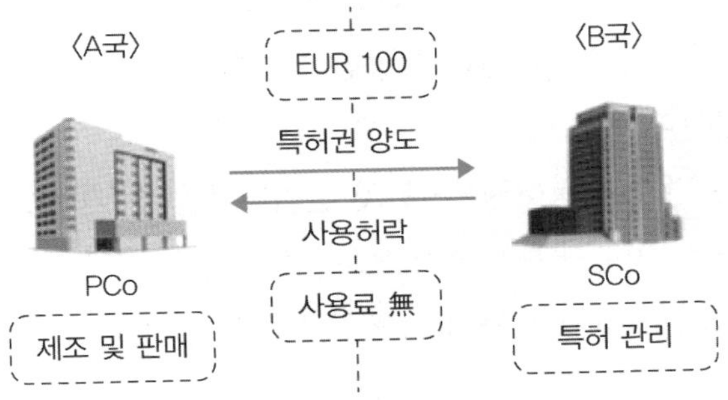

위 〈그림 4-51〉 사례에서 보는 바와 같이, 모회사 PCo는 자신이 개발한 무형자산에 대한 모든 권리를 일괄 관리하기 위해 특허권을 자회사 SCo 명의로 등록하였다. SCo는 R&D 활동을 수행하지 않으며, 특허권의 관리를 위해 3명의 변호사를 고용하였지만 특허권 방어와 관련된 중요 의사결정은 PCo의 경영진이 수행한다. PCo는 특허권을 정상가격 수준에 미달하는 EUR 100에 SCo에게 양도하고 사용료 지급 없이 다시 SCo로부터 사용허락을 받았다. PCo는 특허권 관리를 제외한 무형자산의 개발, 향상, 유지, 보호 및 활용에 관한 모든 기능을 수행하고, 자산을 사용하고 위험을 부담하고 있다고 하자.

이 사례에서 PCo는 무형자산의 개발로 인한 모든 이익을 인식할 수 있다. 과세당국은 PCo와 SCo 간 계약관계의 실질을 고려하여 정상가격을 결정할 것이다. 즉, PCo와 SCo 간에 실질적인 특허권의 양도가 있었다고 보기 어렵고 특허권 관리서비스 계약이 있었다고 보아, PCo는 SCo에게 관리서비스에 대한 독립기업 보상을 지급하고 나머지 모든 이익을 배분받아야 할 것이다.(TPG Annex Ch.6 Ex.1)

〈그림 4-52〉 무형자산 양도시 정상가격

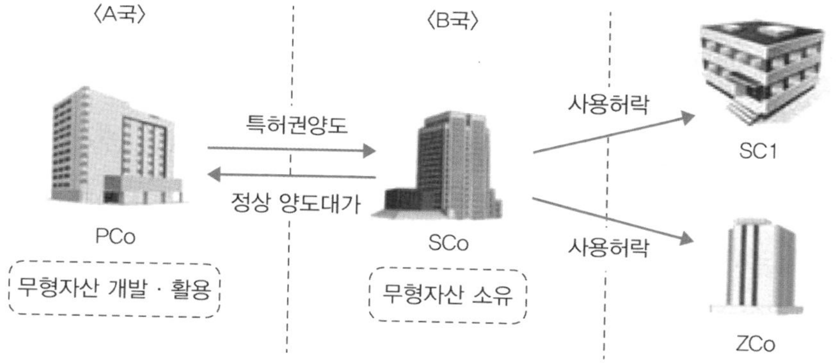

위 〈그림 4-52〉 사례에서 보는 바와 같이, SCo는 PCo로부터 특허권을 양도받아 관계회사와 제3자에게 사용하도록 하고 독립기업 사용료를 수취한다. SCo는 특허권의 법적 소유자로서 특허권의 등록 및 유지관리 활동만을 수행하고, 특허의 개발, 향상, 유지, 보호 관련 활동은 하지 않는다.

이 사례에서 SCo는 단순히 특허권 등록 및 관리업무를 수행하므로 특허 사용허락 계약으로부터 정상가격을 상회한 대가를 이익으로 수취할 수 없다. 그리고, SCo가 PCo에게 지급할 특허권 양도대가는 SCo가 특허 사용허락을 통해 미래에 벌어들일 예상 총이익에서 SCo의 특허권 등록 및 관리활동에 대한 독립기업 보상을 차감한 금액이어야 한다.(TPG Annex Ch.6 Ex.2)

〈그림 4-53〉 예상치 못한 특허권 가치상승 이익의 귀속

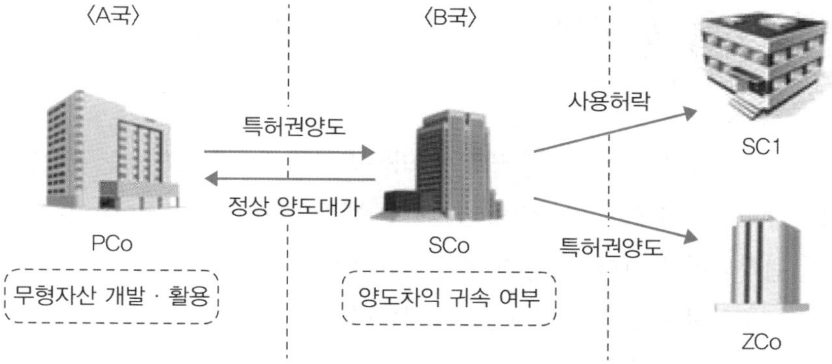

위 〈그림 4-53〉 사례에서 보는 바와 같이, PCo가 SCo에게 특허권을 양도하고 수취한 대가는 양도시점에서 특허권을 사용하여 벌어들일 수 있는 예상이익이 반영된 정상가격이다. 이번에는 앞의 사례와 달리 SCo가 특허권과 관련하여 의사결정을 내릴 수 있는 직원을 보유한다. 만약 특허권 양도 이후 예상치 못했던 외부요인들로 인해 특허권 가치가 크게 상승하였고, SCo는 PCo에게 지불했던 대가 이상을 수취하고 제3자(ZCo)에게 특허권을 양도하였는데, 양도와 관련된 모든 의사결정을 SCo의 직원들이 수행하였다고 하자.

이 경우 SCo는 외부요인에 의해 증가된 특허권의 가치를 포함한 특허권 양도로 인해 발생한 이익을 보유할 권리를 가진다. 만약 PCo의 지시와 통제 하에 특허권을 양도했다면 양도차익에 대한 권리를 갖지 못한다. 반대로, 특허권 보유기간 동안 예상치 못한 외부요인들로 인해 특허권 가치가 하락한 경우에는 SCo가 특허권 양도손실을 부담해야 한다.(TPG Annex Ch.6 Ex.4 & 5)

아래 〈그림 4-54〉 사례에서 보듯이, ACo와 BCo 간 체결한 무형자산 개발 계약에 따르면 BCo는 무형자산의 개발, 유지 및 활용과 관련한 모든 활동을 수행하고 ACo는 개발관련 모든 자금을 조달하며(5년간 연간 $100mil. 소요예상) 무형자산(특허권)의 법적 소유자가 된다. 개발 후 무형자산은 향후 10년간 매년 약 $550mil.의 이익 창출이 예상된다. BCo는 ACo로부터 해당 특허의 사용을 허락받고 비교가능한 사용허락 사례의 이익에 토대하여 독립기업 사용료를 지급하는데, 이 경우 BCo는 향후 10년간 무형자산을 사용한 제품 판매를 통해 연간 $200mil.의 예상이익이 기대된다.

〈그림 4-54〉 무형자산의 활용에서 발생한 이익의 배분

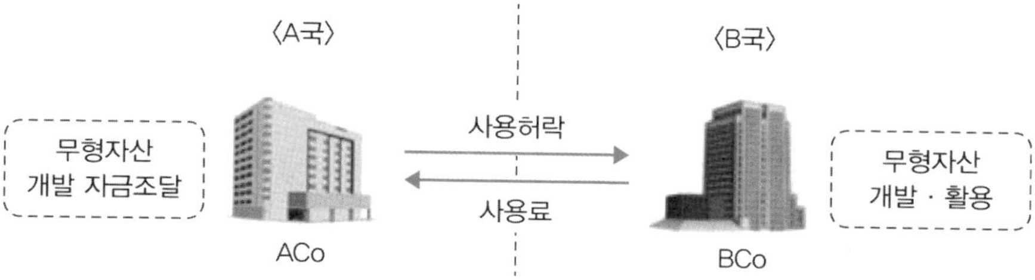

그러나, B국 과세당국의 기능분석 결과에 의하면 ACo는 자금조달과 관련된 위험만 부담하기 때문에, ACo에게는 자금조달에 대한 재무위험이 반영된 이익(risk-adjusted return)만이 귀속되어야 한다.(연간 약 ＄110mil.이라고 가정) 결국, BCo에게 귀속될 이익은 납세자가 주장하는 연간 ＄200mil.이 아니라 ACo에 대한 정상대가를 지불한 후의 잔여이익인 연간 ＄440mil.(＄550mil.에서 ＄110mil. 차감) 수준이 되어야 하고, ACo는 무형자산의 법적 소유자이지만 R&D관련 자금조달 활동 및 관련 재무위험만을 부담하였기 때문에 무형자산의 활용에서 발생한 예상이익의 20%만이 배분될 것이다. 결과적으로, 세부 기능분석과 가장 적합한 TP 방법의 선택 관점에서 볼 때, 납세자는 분석대상법인을 ACo가 아니라 BCo로 잘못 선택하는 오류를 범했다고 할 수 있다.(TPG Annex Ch.6 Ex.6)

다. 무형자산 관련 기능, 자산 및 위험의 분석

둘 이상의 기업들이 예컨대, 원가분담약정(CCA) 등을 통해 기능, 위험 또는 비용을 공유함으로써 무형자산 관련 활동에 관여한 경우에는 여러 기업들이 무형자산에 귀속되는 이익에 대한 권리를 가질 수 있다. OECD는 어느 기업이 무형자산에 귀속되는 이익에 대한 권리를 가져야 하는지, 즉 무형자산의 경제적 소유권 결정 기준과 관련하여 "기능분석을 통해, ⅰ) 어느 기업이 무형자산의 개발, 향상, 유지, 보호 및 활용과 관련한 기능을 수행하고 통제권을 행사하는지(수행기능), ⅱ) 어느 기업이 자금과 기타 자산들을 제공하는지(사용자산), ⅲ) 어느 기업이 무형자산과 연관된 여러 위험들을 부담하는지(부담위험)를 결정할 필요가 있다"고 언급하고 있다.(TPG 6.48)

독립기업원칙은 그룹의 모든 구성원들이 무형자산의 개발(development), 향상(enhancement), 유지(maintenance), 보호(protection) 및 활용(exploitation)과 관련하여 수행한 기능, 사용한 자산, 부담한 위험에 대한 적절한 대가를 수취할 것을 요구한다.[37)]

(1) 기능의 수행 및 통제

법적 소유자가 그룹 관계회사들에게 수행기능, 사용자산, 부담위험 방식의 공헌도에 따라 보상을 한 이후의 모든 사업소득을 가질 권리를 가지는 것은 아니다. 법적 소유자는 무형자산과 관련한 모든 기능을 수행하고, 자산을 사용하며, 위험을 부담해야만 무형자산의 활용에서 발생한 모든 이익을 궁극적으로 보유할 권리를 가진다. 다만, 법적 소유자는 무형자산의 개발, 향상, 유지, 보호 또는 활용과 관련한 기능들을 제3자 또는 관계회사에 위탁할 수 있다.(TPG 6.51) 수행기능, 사용자산, 부담위험과 같은 지표들은 무형자산 관련 기능들이 타 기업에게 위탁되었을 때 특히 중요하다. 세 가지 기준 중 하나 또는 그 이상이 결여된 경우 무형자산에 귀속되는 모든 이익을 가질 수는 없을 것이다.

법적 소유자 이외에 무형자산 가치에 공헌이 예상되는 기능을 수행하는 관계회사들은 수행 기능을 토대로 독립기업 보상을 받아야 하는데, 이를 결정하기 위해서는 i) 비교가능 독립기업거래의 이용가능성 ii) 무형자산의 가치창출을 위해 수행된 기능의 중요성 iii) 당사자들이 현실적으로 이용가능한 대안들(ORAs)을 고려해야 한다.(TPG 6.52)

〈그림 4-55〉 무형자산 관련 기능을 제3자에게 위탁한 경우

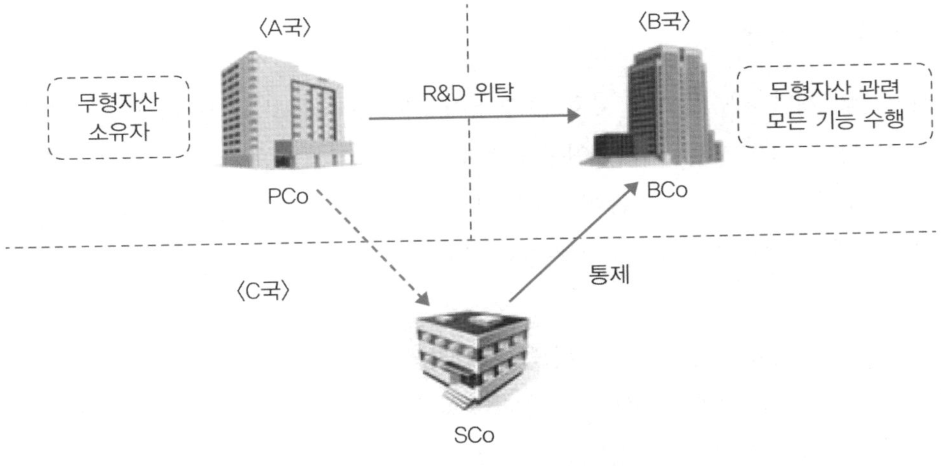

위 〈그림 4-55〉 사례에서 보는 바와 같이, PCo가 무형자산의 개발, 향상, 유지, 보호 또는 활용 관련 기능을 제3자인 BCo에게 아웃소싱하고, 관계회사 SCo를 통해서 BCo를

37) 무형자산의 가치창출을 위한 여러 가지 유형의 공헌들중 개발(D), 향상(E), 유지(M), 보호(P) 및 활용(E) 측면을 일컬어 소위 'DEMPE' 공헌이라고 한다. UN모델 매뉴얼에서는 취득(acquisition)을 포함하여 'DAEMPE' 공헌이라고 한다.(UNM B.5.3.13)

통제하는 경우 PCo가 통제기능을 수행한 것으로 간주된다. 이때 SCo가 통제 역량을 보유하고 실제 통제 기능을 수행한 경우 SCo의 통제 기능에 대해 독립기업 보상이 부여되어야 할 것이다.

무형자산의 개발, 향상, 유지, 보호 및 활용에 대한 공헌의 상대적 가치는 개별 사실관계에 따라 달라질 수 있는데, 보다 중요한 공헌을 하는 관계회사가 상대적으로 더 큰 보상을 받아야 한다. 예를 들어 단순히 R&D 자금을 조달하는 회사는 자금조달과 R&D 활동에 대한 통제 모두를 하는 회사보다 낮은 예상이익을 보상받아야 한다.(TPG 6.55)

중요한 기능들의 외부위탁과 관련한 비교대상거래를 찾기가 어렵기 때문에 이를 적절히 보상하기 위해 직접 비교대상거래에 토대하지 않는 이익분할법 또는 (사전적) 평가기법을 활용하는 것이 필요할 수 있다. 법적 소유자가 중요한 기능의 전부 또는 대부분을 다른 관계회사에 위탁하는 경우, 기능수행 관계회사들에게 먼저 보상을 한 후 무형자산의 활용에서 발생한 이익의 중요한 부분을 법적 소유자에게 귀속시키는 것은 특수관계 거래구조의 재구성 사례를 감안하여 실제 수행한 기능, 사용한 자산, 부담한 위험이 신중하게 고려되어야 한다.(TPG 6.57) 또한, 중요한 기능들을 상당부분 수행하는 기업이 분석대상기업으로 선정되는 경우 일방향 TP 방법의 신뢰성이 크게 저하된다는 점을 유념할 필요가 있다.(TPG 6.58)

(2) 자산의 사용

무형자산의 개발, 향상, 유지, 보호 및 활용에 자산을 사용하는 관계회사는 적절한 보상을 받아야 한다. 그러한 자산에는 연구개발 또는 마케팅에 사용된 무형자산(노하우, 고객관계 등), 유형자산, 투자자금 등이 있다. 자금만을 제공하고 자금조달 활동 또는 자산과 관련된 위험을 통제하거나 다른 기능을 수행하지 않은 당사자는 큰 이익을 보상받을 수 없다.(TPG 6.59)

자금제공자는 계약상 투자손실 위험을 부담하므로 자금조달과 위험부담은 통합적으로 관련된다. 그러나, 부담위험의 성격과 정도는 피투자기업의 신용도, 투자자산에 대한 담보설정 여부, 투자대상의 위험성 정도 등 거래의 경제적 관련 특성들에 따라 달라진다.(TPG 6.60) 투자관련 위험을 파악할 때는 투자에 제공되는 자금과 연관된 재무위험(financial risks)과 투자자금이 사용되는 사업활동과 연관된 사업위험(operational risks)을 구분하는 것이 중요하다. 자금제공자가 다른 특정 위험을 부담하지 않고 자금제공과 관련된 재무위험만을 통제하는 경우에는 자금조달과 관련된 위험조정 수익(risk-adjusted return)만을 기대할 수 있다.[38](TPG 6.61) 자금제공자의 기대이익은 자본비용 또는 비교가능한 상황의 현실적 대안 투자의 수익률에 따라 결정된다. 자금조달 활동에 대한 적절한 수익을 결정할 때는 자금수취 당사자가 현실적으로 이용할 수 있는 자금조달 대안을 고려하는 것이 중요하다.(TPG 6.62) 재무위험을 통제하는 당사자는 외부에 위탁한 위험일 경우 매일 매일의 위험완화 활동과 관련된 활동을 수행해야만 하고, 이러한 위험완화 활동 자체를 수행하지 않을 경우에는 신속한 의사결정을 위한 예비작업과 관련된 활동을 수행해야 한다.(TPG 6.63 & 1.65-66)

개발위험이 클수록, 재무위험이 개발위험과 더 밀접하게 관련될수록, 자금제공자는 무형자산 개발의 진전 상황과 자금제공의 기대이익을 달성하기 위해 이러한 진전 상황의 결과를 평가할 역량을 가질 것이 필요할 것이고, 자금제공자는 지속적인 자금제공과 재무위험에 영향을 미치는 중요한 사업상 개발을 더욱 밀접하게 연관시킬 것이다. 자금제공자는 지속적 자금제공에 관해서 평가할 역량을 가지고, 실제로 그러한 평가를 해야 한다.(TPG 6.64)

(3) 위험의 부담

위험의 부담은 위험이 실현되는 경우 그 결과에 대해 누가 책임을 질 것인지를 결정하는 것이다. 정확한 기능분석이 법적 소유자가 위험을 부담하는지, 아니면 그룹의 다른 관계회사들이 위험을 부담하고 그들의 공헌에 대해 보상을 받아야 하는지를 결정할 것이다.(TPG 6.66)

무형자산 거래와 관련한 기능분석에서 중요성을 갖는 위험의 유형으로는 ⅰ) 연구개발, 마케팅 활동이 실패할 경우에 발생하는 개발위험, ⅱ) 경쟁자의 기술진보로 가치가 저하될 수 있는 진부화위험, ⅲ) 무형자산의 방어 또는 타인의 권리침해에 대한 방어와 관련된 권리침해위험, ⅳ) 무형자산을 사용한 재화 또는 용역과 관련된 제품하자위험, ⅴ) 무형자산 활용에서 발생하는 이익의 불확실성과 관련된 활용위험 등이 있다. 그러한 위험의 존재 및 수준은 개별사안의 사실관계 및 상황, 그리고 쟁점 무형자산의 성격에 달려있다.(TPG 6.65)

위험 관련비용을 부담하는 회사(예: 자회사)와 위험을 부담하는 회사(예: 모회사)가 다른 경우에는 위험 관련 발생비용이 위험을 부담하는 당사자에게 배분되고 다른 회사는

38) 위험조정 수익률은 국공채 이자율 등 무위험 수익률에 위험프리미엄이 가산된 것이다. 이는 비교가능한 경제적 특성들을 가진 현실적 대안 투자의 수익률 또는 자본조달 비용에 위험부담에 비례하는 적정 이익률을 가산하는 방법 등으로 산출된다.

위험의 실현과 관련하여 수행한 활동에 대해 적절히 보상받을 수 있도록 이전가격 조정이 이루어져야 한다.(TPG 6.68)

아래 〈그림 4-56〉 사례에서 보는 바와 같이, PCo는 약제의 개발, 제조 및 판매사업을 영위하는 제약회사이다. PCo는 계약 R&D회사(contract research organization: 이하 CRO)를 통해 임상실험 등 다양한 R&D 활동을 수행하는데, CRO의 활동을 위한 인력, 예산, 프로젝트 기획, 품질관리 등에 관여한다. PCo는 알츠하이머 치료제로 알려진 의약품 M과 관련된 무형자산 및 특허권을 B국 자회사인 SCo에게 정상대가를 수취하고 양도하였다. SCo는 M관련 R&D 활동을 설계, 수행 및 감독할 인력이 없고, 무형자산 양도 이전과 동일하게 의약품 M과 관련된 연구프로그램을 수행할 수 있도록 PCo와 위탁 R&D계약을 체결하였다. SCo는 R&D 자금을 조달하고 연구활동의 실패로 인한 잠재적 재무위험을 부담하고, PCo와 CRO 간 계약과 유사하게 원가가산법을 적용하여 PCo에게 위탁 연구용역 대가를 지급한다.

〈그림 4-56〉 위험부담과 이전가격 조정

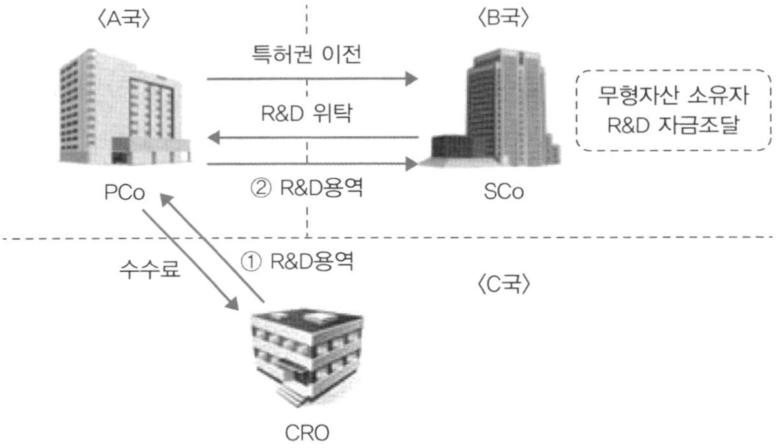

이 사례에서, PCo는 SCo가 소유한 무형자산에 대한 중요한 기능을 수행하고 통제하며 위험을 관리하므로 이러한 공헌에 대한 보상을 받을 권리가 있다. 다만, PCo와 CRO 간 거래는 SCo와 PCo 간 거래와 비교가능하지 않다. 왜냐하면, R&D 용역의 위탁자로서 SCo는 PCo와의 거래에서, PCo가 CRO와의 거래에서 행한 것과 동일한 기능을 수행 또는 통제하거나 위험을 통제하지 않기 때문이다. SCo는 R&D 관련 위험을 통제할 능력이 없기 때문에 PCo가 중요한 기능을 수행하고 관련 위험을 부담하는 것으로 간주되고, 용

역수행자로서 PCo에게 CRO보다 더 많은 이익을 귀속시켜야 할 것이다. 기능분석 결과, SCo는 무형자산의 취득 및 지속적 개발비용에 상응하는 자금을 제공한 것으로 평가된다. 따라서 SCo는 자금제공 이익만을 받을 권리가 있고, PCo가 잔여이익 또는 손실을 보유할 권리를 가진다.(TPG Annex Ch.6 Ex.17)

(4) 사전적 예상이익 vs. 사후적 실제이익

기술진보, 자연재해 등 예상할 수 없었던 사태가 발생하여 예상과 다른 방식으로 위험이 현실화되는 경우 사후적 실제이익과 사전적 예상이익이 다른 경우가 발생할 수 있다. 그리고 사전적 예상이익 계산의 토대가 된 재무예상치(financial projections)가 각기 다른 결과의 위험을 정확히 고려하지 못하는 경우 미래 예상이익이 과대 또는 과소평가될 수도 있다. 이러한 상황에서, 이익 또는 손실이 쟁점 무형자산에 공헌한 관계회사들 간에 어떻게 배분되어야 하는지가 문제된다.(TPG 6.69) 이를 해결하기 위해서는 그룹 내 어느 관계회사가 경제적으로 중요한 위험을 실제로 부담하는지를 세밀히 분석할 필요가 있다.

사전적 예상이익의 실제치와 추정치 간의 차이와 관련된, 즉 예상하지 못한 이익 또는 손실은 ⅰ) 어느 회사가 실제로 위험을 부담하는지, ⅱ) 어느 회사가 중요한 기능을 수행하는지, ⅲ) 어느 회사가 경제적으로 중요한 위험을 통제하는지에 달려있고, 이들 기능들에 대한 독립기업 보상은 이익공유(profit sharing) 방식을 포함하여 결정될 것이다.(TPG 6.72) MNE 그룹이 예상이익을 과소 또는 과대평가함으로써 그들의 공헌에 대해서 그룹 관계회사들에게 과소 또는 과다 지급을 초래했는지 여부를 확인하는 것이 필요한데, 특히 거래시점에서 평가가 매우 불확실한 거래들이 취약할 것이다.

예를 들어, 모회사 PCo가 신제품 개발에 투자하기로 결정하고, 관계회사 SCo를 통해 신제품 연구개발 활동을 수행하기로 하였다고 하자. 연구개발 기간은 3년이 소요될 것으로 예상되고, PCo는 동 연구개발을 통해 창출될 특허를 제3자에게 사용허락할 계획이라고 하자. 연구개발 활동 개시 시점에서의 예상이익은 100인데, 그중 60은 PCo와 SCo 간의 약정에 따른 연구개발 활동 및 개발된 무형자산의 유지에 대한 보상으로 SCo에게 지급되고, 나머지 40은 PCo의 수행기능과 부담위험에 대한 보상이라고 하자. 만약 3년 후, 예상하지 못한 시장기회가 발생하여 실제이익이 120이라면, PCo는 SCo의 계약 R&D활동 대가로 60을 지급한 후 잔여이익 60을 모두 수취할 권리가 있다. 그러나, 예상하지 못한 시장위험이 실현되어 실제이익이 50이라면, PCo는 SCo의 계약R&D 활동의 대가로 60을 지급한 후, 손실 10을 감당해야 한다. 결국 SCo의 R&D 활동에는 사전적 기준과 사후적 기준에 따라서 동일하게 보상이 부여되는 데 비해, 예상하지 못한 이익 또는 손실은 PCo에게 귀속된다. 왜냐하면, SCo는 부담하지 않은 시장위험의 결과를 감당할 필요가 없기 때문이다.

〈그림 4-57〉 비용부담과 위험부담 불일치에 대한 이전가격 조정

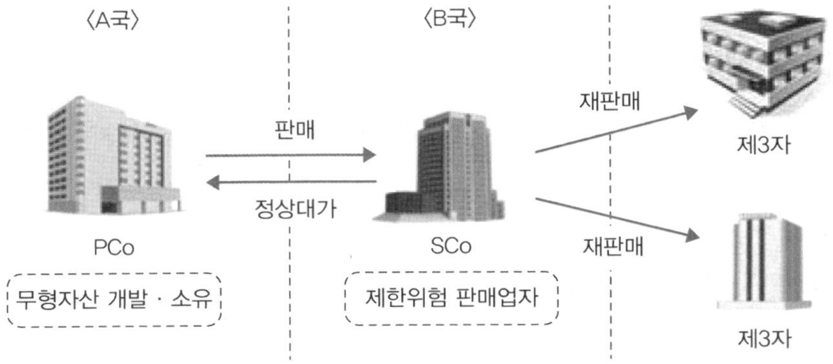

위 〈그림 4-57〉 사례에서 보는 바와 같이, PCo는 제약업체로서 제품 X관련 무형자산을 개발하고 각국에서 특허를 등록한다. PCo는 제품 X를 판매하기 위해 B국에 자회사 SCo를 소유하며, SCo는 이러한 재판매 기능에 대해 독립기업 보상을 수취한다. 계약상 PCo는 제품 X에 대한 하자책임(recall)을 부담한다. SCo는 제한적 위험을 부담하는 판매업자이므로 제품 X관련 무형자산 개발로 인한 이익은 PCo에게 귀속된다. 시판 3년 후 부작용에 따른 리콜이 발생하여 관련비용은 SCo가 부담하였으나 PCo에게 보상청구를 하지 않았다.

이 사례에서 무형자산의 활용에서 발생하는 이익과 위험관련 비용부담의 불일치를 조정해야 하는데, SCo가 제한적 위험을 부담하는 판매업자이기 때문에 SCo가 부담한 리콜 및 제품하자 비용이 PCo에게 배분되어야 할 것이다.(TPG Annex Ch.6 Ex.7)

라. 마케팅 무형자산의 개발 및 향상

상표권의 법적 소유자와 특수관계에 있는 기업이 상표권 소유자에게 이익을 주는 마케팅 또는 판매 기능을 수행하는 경우 해당 기업이 그러한 활동에 대해 어떻게 보상받아야 하는지를 결정할 필요가 있다. 중요한 이슈는 판매업자가 광고 및 판매용역에 대해서만 보상받아야 하는지 또는 판매업자의 수행기능, 사용자산, 부담위험으로 인해 상표권 및 기타 마케팅 무형자산의 가치 증가분에 대해서도 보상받아야 하는지 여부이다.

원칙적으로 판매업자가 마케팅 비용을 보전받고 상표권 소유자의 지시 및 통제 하에서

활동하는 등 단순히 대리인으로서 역할을 수행한 경우에는 통상 대리활동에 대한 적절한 보상을 받을 뿐이고 무형자산의 추가 개발위험을 부담하지 않으므로 추가 보상은 불필요하다.(TPG 6.77)

법적 소유자가 마케팅 비용을 보전하는 약정이 존재하지 않는데도 판매업자가 마케팅 비용을 실제 부담한 경우 판매업자가 자신의 수행기능, 사용자산, 부담위험으로부터 발생한 현재 또는 미래의 잠재적 이익을 공유할 수 있는지 여부는 원칙적으로 당사자간 권리의 실질에 달려있다. 예를 들어, 판매업자가 장기 독점판매권을 보유한 경우에는 상표권 및 기타 무형자산의 가치증가를 위한 자신의 수행기능, 사용자산, 부담위험의 혜택을 매출액 및 시장점유율 증가를 통해 누릴 수 있을 것이다. 이 경우 판매업자의 노력은 자신의 무형자산, 즉 판매권(distribution rights)의 가치를 증가시킨 것으로 볼 수 있기 때문에 마케팅 용역에 대해서만 독립기업 보상이 이루어져야 할 것이다.

그러나, 판매업자가 유사한 권리를 가진 독립 판매업자를 초과하여 기능을 수행하고 자산을 사용하며 위험을 부담한 결과, 비교가능한 판매업자들에 비해 초과이윤을 창출한 경우에는 상표권 또는 다른 무형자산 소유자로부터 추가보상을 요구할 권리가 있다. 그러한 보상은 판매업자에게 기능, 자산, 위험 및 예상 가치창출을 보상하기 위하여, 예컨대, 구매가격의 인하, 사용료율 인하, 상표권 또는 기타 무형자산의 증가된 가치와 관련된 이익의 공유 등 더 높은 판매이익을 보장하는 형태를 가질 수 있다.(TPG 6.78)

UN 이전가격 매뉴얼에 따르면, 예컨대 독자적 마케팅 프로그램 개발, 모회사 지시를 초과한 상업적 광고활동 수행 등 비교가능 판매업자보다 광범위한 마케팅 활동을 수행한 결과, 비교가능 판매업자보다 매우 큰 광고선전비를 지출한 경우에는 현지 마케팅 무형자산이 창출된다고 한다.(UNM B.5.2.13-17) 그러나, 무형자산 창출 여부에 관계없이 비교가능한 독립 판매업자들보다 초과비용을 지출하고 초과이윤을 창출한 경우에는 별도 보상을 받아야 한다. 이상의 논의를 요약하면 〈표 4-16〉과 같다.

〈표 4-16〉 마케팅 활동 수준별 별도 보상 여부

구 분		마케팅 활동수준		별도 보상 여부
		무형자산 창출	무형자산 미창출	
실현 이익수준	초과이윤	독특O & 가치O	독특X & 가치O	필요 (이윤공유 등 추가보상)
	보통이윤	독특X & 가치O	독특X & 가치X	불필요 (매출증가 통해 보상)

〈그림 4-58〉 마케팅 무형자산의 활용에서 발생한 이익의 귀속

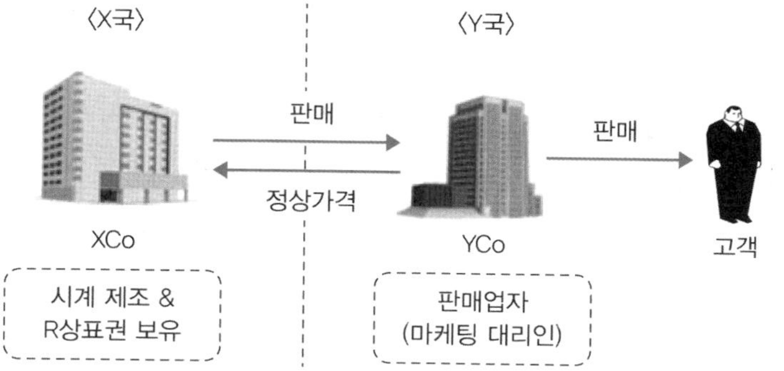

위 〈그림 4-58〉에서 보는 바와 같이, X국의 XCo는 R상표 시계를 제조하고 R상표 및 상호의 소유자이다. R브랜드는 다수 국가에서 인지도가 높으나, 자회사 YCo가 설립된 Y국 시장에는 알려져 있지 않다. YCo는 R상표 시계를 수입하여 Y국에서 판매하는데, 이와 관련한 마케팅 및 판매관련 독점권을 취득하였다. YCo는 XCo의 마케팅 대리인으로서 XCo의 마케팅 계획, 지시, 예산지원에 따라 마케팅 활동을 수행하고, 발생비용에 적정 이윤을 가산하여 보상을 받는다. YCo가 XCo에게 지급하는 시계가격은 정상가격이라 가정한다.

이런 상황에서는 YCo의 마케팅 용역에 대한 독립기업 보상을 제외하고 Y국에서 R상표의 활용으로 발생한 모든 이익은 XCo에게 귀속되어야 한다.(TPG Annex Ch.6 Ex.8)

이번에는 YCo가 XCo의 승인없이 직접 마케팅 계획을 수립하고, 비용과 위험을 부담하는 경우를 가정하자. 계약상 예상 마케팅 비용에 대한 언급없이 "최선을 다해 마케팅 할 것"이라고 명시되어 있고, XCo는 YCo가 부담한 마케팅 비용에 대해 보상하지 않았다고 하자. YCo의 마케팅 비용이 발생하여 영업이익은 감소하였지만, 그 결과 Y국에서 R상표의 인지도가 상승하게 되었다. 만약 YCo가 R시계에 대한 독점적 판매권을 장기 계약하였기 때문에 마케팅 활동 비용과 위험을 부담하였다면 YCo는 마케팅 및 판매활동을 통해 이익 또는 손실의 기회를 얻었다고 볼 수 있다. YCo가 마케팅 및 판매활동으로 얻은 이익이 비교가능 독립기업이 얻은 이익과 유사하다고 가정하면 YCo의 이익은 정상보상이며, 마케팅활동 비용도 비교대상기업과 중대한 차이가 나지 않는 경우 XCo는 YCo에게 별도로 보상할 필요가 없다.(TPG Annex Ch.6 Ex.9)

앞의 사례와 달리, YCo가 Y국에서 사용료를 지급하지 않는 단기 마케팅 및 판매계약(3년간 유효, 갱신 불가) 체결하였다고 가정하자. 비교가능 독립기업들은 이러한 상황에서 재계약을 체결하지 못할 위험과 이익을 회수하지 못할 가능성이 높기 때문에 마케팅활

동에 많은 자금을 투자하지는 않을 것이다. YCo가 비교대상기업들보다 높은 수준의 마케팅 비용을 부담하고 이로 인해 영업이익률이 낮다면 계약기간 내 R상표 및 상호의 가치에 기여한 위험부담에 대해 보상을 받아야 할 것이다.(TPG Annex Ch.6 Ex.11)

만약 YCo의 마케팅비용이 비교가능 독립판매업자의 지출수준을 훨씬 상회하고, 그 결과 비교가능 독립기업보다 상당히 낮은 수준의 이익을 실현한 경우에는 시장 및 무형자산의 개발에 대해 더 많은 기능을 수행하고 높은 위험을 부담한 것이 명백하므로 다음과 같이 이전가격 조정을 통해 보상을 받아야 한다. 첫째, R브랜드 시계의 구입가격을 인하하는 방법이다. 비교가능한 독립판매업자의 이용할 수 있는 이익자료를 활용하여 RPM 또는 TMMM 방법을 적용할 수 있다. 둘째, 잔여 이익분할법을 적용하는 방법인데, Y국에서의 R브랜드 시계의 총판매 결합이익에 대해 XCo와 YCo가 수행하는 기능에 따라 기본이익(basis return)을 먼저 보상한 후, 잔여이익은 XCo와 YCo의 이익 발생 및 상표권 가치에 대한 상대적 공헌도에 따라 배분한다. 셋째, 비교가능한 독립기업이 지출한 비용을 초과하는 마케팅 비용을 토대로 기능과 위험이 반영된 적정 이윤을 가산하여 보상하는 방법이다.(TPG Annex Ch.6 Ex.10)

〈그림 4-59〉 마케팅 무형자산의 이전이 없는 경우

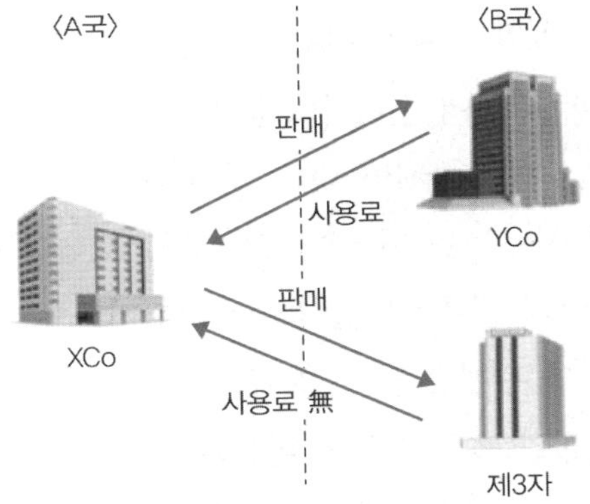

위 〈그림 4-59〉 사례에서 보는 바와 같이, R브랜드 시계에 대해 당초 인지도가 낮아 사용료를 수취하지 않았으나, 3년 경과 후 브랜드 인지도가 상승하자 4년 초에 재협상을 한 결과 사용료를 지급하는 장기계약을 체결하였고, 사용료 도입 후 YCo의 이익률이 크게 감소하였다고 가정하자. 또한, 유사한 브랜드 제품을 취급하는 독립판매업자가 사용료 계약을 체결한 사례는 없다고 하자. YCo의 마케팅 비용 및 활동 수준은 비교대상기업과

유사하지만, 이익률은 사용료 지급으로 인해 비교대상기업보다 상당히 낮은 수준이다.

이 사례에서 비교가능 독립기업이라면 무형자산의 사용이 해당 브랜드상품을 판매하는 목적으로만 국한되어 있고, 이전가격 목적 상 상표권 및 유사한 무형자산에 대한 권리, 예컨대 독점적 판매권을 부여받지 못한 경우 사용료를 지급하지 않을 것이므로 YCo가 지급한 사용료를 부인하는 조정이 필요할 것이다.(TPG Annex Ch.6 Ex.12)

〈그림 4-60〉 마케팅 무형자산의 이전사례

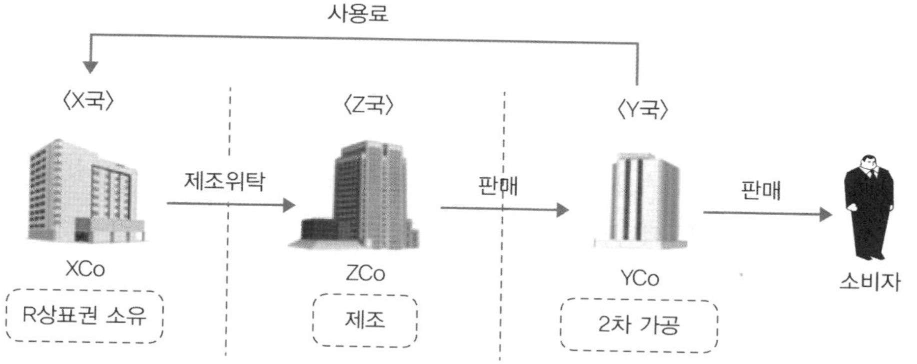

위 〈그림 4-60〉 사례에서 보는 바와 같이, XCo는 3년 말에 시계제조를 중단하고 특수관계없는 ZCo와 위탁 제조계약을 체결한다. YCo는 ZCo로부터 시계를 직접 구입한 후 2차 가공을 거쳐 R상표를 부착하여 소비자에게 판매한다. 그 결과 4년 초에 재협상을 통해 Y국에서 R상표 시계의 가공, 마케팅 및 판매에 대한 독점권을 허여받는 장기계약을 체결하고 YCo는 XCo에게 사용료를 지급하기로 한다. YCo의 시계 매입가격은 정상가격이라고 가정하자. 6년째 Y국의 세무조사 결과, 1~3년 기간 중 YCo의 마케팅비용이 비교가능 장기계약보다 훨씬 높아 판매량 및 이윤 증가에 기여한 것으로 파악되었다. 그 결과, YCo는 비교대상기업보다 훨씬 높은 수준의 비용과 위험을 부담한 결과 이익률은 상당히 낮은 수준이고, 이 추세는 장기 사용료계약이 적용된 4~5년 기간에도 마찬가지이다. 이 사례에서, YCo는 사용자산 및 부담위험을 고려하여 시장개발 활동에 대해 추가적인 보상을 수취해야 한다. 4~5년 기간의 추가보상은 시계 매입가격의 인하가 아닌 사용료 지급액 감소 방식으로 이루어져야 한다.(TPG Annex Ch.6 Ex.13)

마. 사업 무형자산의 개발 및 향상

무형자산의 법적 소유자인 특수관계기업과의 계약을 통해 그룹 관계회사가 R&D 기능을 수행하는 상황에서도 마케팅 무형자산에 적용했던 원칙들이 동일하게 적용된다. R&D 용역에 대한 보상수준은, ⅰ) 연구팀이 독특한 기술과 경험을 보유하는지 여부, ⅱ) 모험적 연구(blue sky research) 수행 등 위험을 부담하는지 여부, ⅲ) 자신의 고유한 무형자산을 사용하는지 여부, ⅳ) 다른 회사의 통제와 관리를 받는지 여부 등 사실관계 및 상황에 따라 달라진다. 통상적 이윤이 가산되는 비용 보전방식의 원가가산법에 토대한 보상으로는 연구팀 공헌의 예상가치 또는 정상가격을 반영하지는 못할 것이다.(TPG 6.79)

그룹의 한 관계회사가 무형자산의 법적 소유자가 될 다른 관계회사를 위해 공정 또는 제품의 개선을 가져오는 제조용역을 제공하는 경우에도 앞서 설명한 원칙들이 유사하게 적용될 수 있다.(TPG 6.80)

〈그림 4-61〉 R&D 활동에 대한 통제권을 행사한 경우

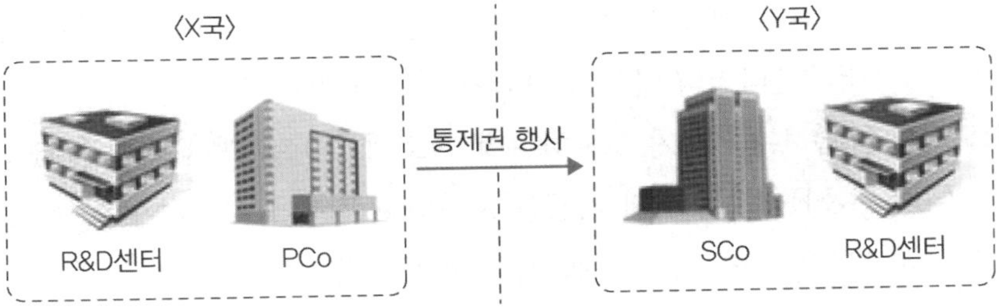

위 〈그림 4-61〉에서 보는 바와 같이, PCo는 X국에 설립되어 소비재의 제조 및 판매업을 영위한다. PCo는 기존 제품의 개선 및 신제품 개발을 위해 지속적인 R&D 활동을 수행한다. PCo는 2개의 R&D센터를 보유하는데, 하나는 직접 운영하고 다른 하나는 Y국 자회사 SCo에 의해 운영된다. PCo R&D센터는 연구프로그램 기획, 예산편성 및 통제, R&D 활동방향 설정 및 진행관리 등 PCo 경영진의 전략적 지시하에 모든 R&D 기능을 통제하고, R&D 활동관련 모든 위험과 비용을 부담한다. SCO는 PCo R&D센터가 할당한 특정 프로젝트를 수행하고, 진행상황 보고, 예산 추가지출 승인 등을 통해 PCo의 통제를 받는다. SCo 연구인력이 개발한 모든 무형자산은 PCo 명의로 등록된다.

이 사례에서 이전가격 분석결과 SCo는 용역제공자로서 자신의 수행기능, 사용자산, 부담위험에 상응한 독립기업 보상을 수취할 뿐이다. 독립기업 보상을 결정할 때는 R&D 인

력의 기술 및 효율성, 연구활동의 성격, R&D 활동이 무형자산 가치에 미치는 영향이 고려되어야 한다. 궁극적으로, SCo의 R&D 활동으로 개발된 무형자산의 활용에서 발생하는 미래의 모든 수익은 중요한 기능을 수행하고 자산을 사용하며 위험에 대한 통제권을 행사한 PCo에게 귀속되어야 한다.(TPG Annex Ch.6 Ex.14)

〈그림 4-62〉 R&D 활동에 대한 통제권을 행사하지 않는 경우

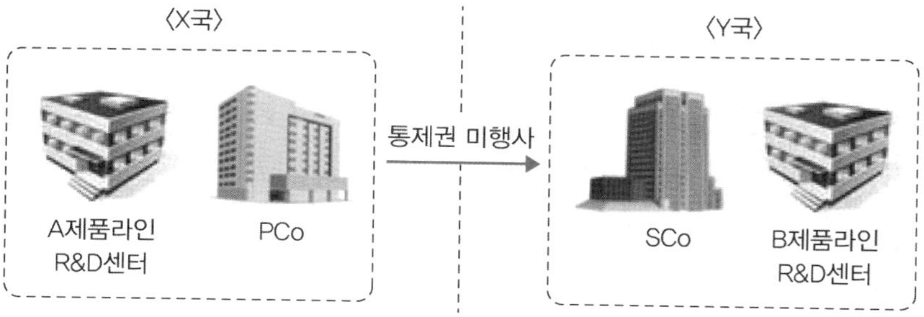

위 〈그림 4-62〉에서 보는 바와 같이, PCo는 2가지 제품라인을 취급하는데, A제품라인 관련 연구활동은 PCo가 수행하고, B제품라인 관련 연구활동은 Y국 자회사 SCo에 의해 수행되는데 SCo는 B제품라인의 글로벌 사업에 대한 책임을 진다. 다만, SCo의 R&D 활동으로 취득한 모든 특허는 PCo가 보유하는데, SCo에게 이에 대한 대가를 지불하지 않는다. PCo와 SCo의 R&D센터는 각자 자금을 조달하고 비용을 부담하는 등 독자적으로 운영된다. SCo R&D센터는 연구프로그램 개발, 예산수립, 프로젝트 종료 등에 대한 결정, 연구인력 고용 등을 자체적으로 수행하고 PCo R&D센터에 대한 보고의무는 없다.

이 사례에서 이전가격 분석결과 PCo는 SCo의 주요 연구개발 기능에 대해 관리 및 통제 역할을 하지 않는다. 따라서 PCo는 B제품 관련 무형자산의 활용에서 발생하는 소득에 대한 권리를 갖지 못하고, SCo가 개발한 무형자산에서 발생하는 미래의 모든 소득은 SCo에 귀속되어야 한다. 만약 PCo가 B제품 관련 무형자산을 사용하는 경우 SCo에게 독립기업 보상을 지급해야 한다. 그리고 SCo에 대한 보상수준을 결정함에 있어서, SCo는 무형자산 개발과 관련된 모든 중요한 기능들을 수행하기 때문에 SCo를 분석대상법인으로 삼는 것은 부적절할 것이다.(TPG Annex Ch.6 Ex.15)

〈그림 4-63〉 무형자산의 활용에서 발생한 이익의 귀속

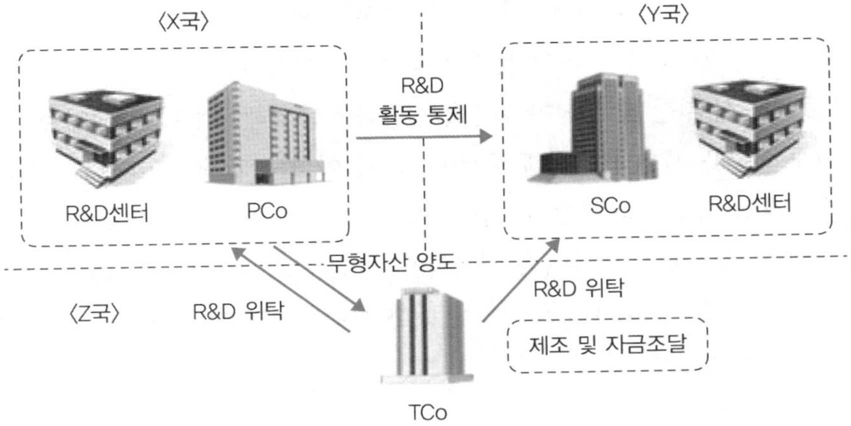

위 〈그림 4-63〉 사례에서 보는 바와 같이, PCo가 지속적 R&D 활동에서 무형자산 사용권리를 포함하여 특허권 및 기타 기술관련 모든 무형자산을 Z국에 설립된 자회사 TCo에게 양도한다고 하자. TCo는 소비재를 생산하여 전세계 관계회사들에게 판매한다. 이러한 무형자산의 이전과 동시에 TCo는 PCo 및 SCo와 R&D 위탁계약을 체결하고, 미래 R&D 활동과 관련된 모든 비용을 부담하고 PCo 및 SCo의 발생비용에 적정 이윤을 가산하여 지급하기로 한다. TCo는 R&D 활동을 수행 또는 감독할 기술인력이 없고, R&D 관련 중요한 의사결정 및 통제권은 PCo가 행사한다.

이 사례에서 R&D 활동에 대한 위험관리 기능은 PCo와 SCo에 의해 수행되었고, 위험 통제권은 PCo가 보유한다. TCo는 계약상 재무위험을 부담하고 위험을 부담할 재무역량을 가지고 있을지라도 위험에 대한 통제권을 행사하지 않았기 때문에, 제조활동에 대한 보상 이외에 조달된 자금에 대한 무위험수익(risk-free return)만을 보상받아야 한다.(TPG Annex Ch.6 Ex.16)

바. 그룹명 사용에 대한 대가

일반적으로 단순히 그룹의 구성원임을 나타내기 위해 그룹명(company name)을 사용하는 경우에는 이전가격 목적 상 대가를 지급할 필요가 없다.(TPG 6.81) 한 그룹의 구성원이 그룹명과 관련된 상표권 및 기타 무형자산(영업권)을 소유하고, 그룹명 사용이 그룹의 다른 구성원들에게 재무적 이익을 부여하는 경우 비교가능한 독립기업거래를 토대로 독립기업

보상을 청구할 수 있다.(TPG 6.82) 그룹명 사용에 대한 보상금액을 결정할 때는 그룹명 사용자가 얻는 재무적 이익, 다른 대안들과 연관된 비용과 편익, 그룹명 가치에 대한 법적 소유자의 공헌도 등을 고려해야 하고, 그룹명 사용자가 그룹명의 가치 창출 또는 향상을 위해 수행한 기능, 사용한 자산 및 부담한 위험을 신중하게 고려해야 한다. 비교가능한 상황에서 독립기업에게 이름을 사용허락할 때 중요한 요소들이 고려되어야 한다.(TPG 6.83)

한편, 현재 우량기업이 다른 우량기업에 인수되어 피인수기업이 인수기업의 상표권과 브랜드를 사용할 경우 반드시 대가가 지급되어야 하는 것은 아니고, 피인수기업이 인수기업의 브랜드를 사용할 경우 재무적 이익에 대한 합리적 기대가 있을 경우에만 대가가 지급되어야 한다.(TPG 6.84)

5 무형자산의 이전 및 사용 관련거래

가. 무형자산 또는 무형자산 권리의 이전

무형자산의 권리가 특수관계거래를 통해 이전될 수 있다. 무형자산 또는 무형자산 권리의 이전(transfer)에는 무형자산의 양도 또는 영구적・독점적 사용허락과 같이 모든 권리가 이전되는 경우도 있고, 지리적 제한, 한정된 기간, 사용・활용・복제・추가이전・추가개발의 제한 등 제한적 권리의 이전도 있을 수 있다. 무형자산 또는 무형자산 권리의 이전 관련거래에서는 이전되는 무형자산 또는 무형자산 권리의 성격을 파악하는 것이 중요하다. 이전되는 거래에 제한이 부과되는 경우에는 그러한 제한의 특성 및 이전되는 권리의 전체 범위를 파악하는 것이 필수적이다. 또한, 거래의 성격을 납세자가 어떻게 규정하는지는 이전가격 분석에서 중요하지 않으며, 기능분석을 통해 거래의 실제 성격이 규명되어야 한다.(TPG 6.89)

새로운 무형자산 또는 새로운 제품의 추가개발에 무형자산을 사용하는 것과 관련된 사용허락 또는 그와 유사한 약정상 제한들이 종종 이전가격 분석에서 중요성을 갖는다. 따라서 무형자산 권리의 이전의 성격을 파악할 때는 이전받은 자가 추가 연구개발 목적으로 이전된 무형자산을 사용할 권리를 부여받았는지 여부를 고려하는 것이 중요하다. 또한, 이전된 무형자산의 추가개발에 대한 제한의 성격 또는 그러한 향상으로부터 경제적 이익을 얻는 이전받은 자와 이전한 자의 능력에 대한 제한의 성격이 이전된 권리의 가치 및 비교가능한 무형자산과 관련한 두 거래들의 비교가능성에 영향을 미칠 수 있다. 그러한 제한들은 서면 약정조건 및 영향을 받는 당사자들의 실제 행동 측면을 모두 고려하여 평가되어야만 한다.(TPG 6.90)

아래 〈그림 4-64〉 사례에서 보는 바와 같이, A국에서 다수의 백화점을 보유하고 소매업을 영위하는 PCo는 영업과 관련된 노하우 및 독특한 마케팅 컨셉을 개발하였다고 하자. PCo는 B국에 설립한 자회사 SCo를 통해 백화점을 운영하여 비교가능한 소매기업보다 높은 이윤을 달성하였다. 기능분석 결과, SCo가 사용한 노하우와 마케팅 컨셉은 PCo가 개발한 것과 동일한 것이다. 이 경우 PCo의 노하우와 마케팅 컨셉이 SCo로 이전된 것으로 볼 수 있고, 비교가능 독립기업이라면 사용허락 계약을 체결했을 것이다. 따라서 SCo가 PCo에게 사용료를 지불하는 이전가격 조정이 필요하다.(TPG Annex Ch.6 Ex.19)

〈그림 4-64〉 무형자산 권리의 이전 사례

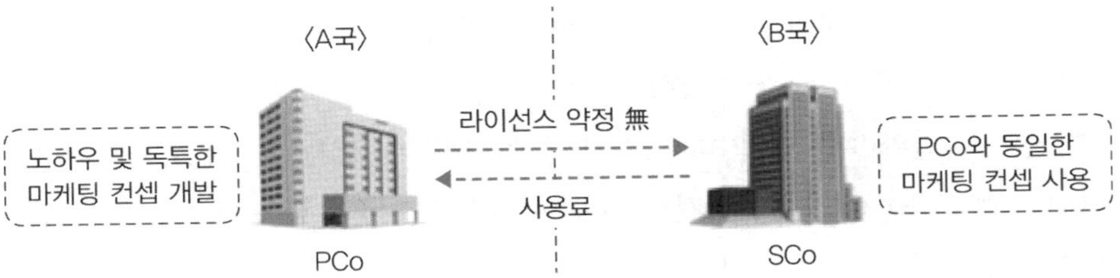

무형자산은 개별적으로 또는 다른 무형자산과 함께 이전될 수 있다. 결합된 무형자산들의 이전과 관련된 거래에서 다음과 같은 이슈가 제기된다. 첫째, 서로 다른 무형자산간 상호작용의 성격 및 경제적 영향과 관련된 문제인데, 어떤 무형자산은 개별적으로 고려될 때보다 타 무형자산과 결합될 때 보다 큰 가치를 지닐 수 있다. 따라서 무형자산 간의 법적·경제적 상호작용(interactions)의 성격을 파악하는 것이 중요하다.(TPG 6.93) 예를 들어, 의약품의 경우 통상 특허권, 규제당국의 판매허가권, 상표권 등 3가지 이상의 무형자산과 관련될 수 있는데, 이들 무형자산들이 결합되면 매우 큰 가치를 지닐 수 있다. 무형자산의 이전과 관련한 이전가격 분석을 수행할 때는, 어느 당사자들이 무형자산 확보와 연관된 기능을 수행하고 위험을 부담하며 비용을 발생시켰는지 뿐만 아니라, 이러한 유형의 무형자산들 간의 상호작용이 매우 중요하다.(TPG 6.94)

둘째, 특정 거래에서 이전된 모든 무형자산들이 파악되어야 한다. 이는 무형자산들이 서로 얽혀있어서(interwined) 다른 무형자산을 이전하지 않고서는 이전하기가 불가능한 경우, 즉 한 무형자산의 이전이 필수적으로 다른 무형자산의 이전을 수반하는 경우가 있을 수 있다. 예를 들어, 통상적으로 사용허락 계약은 상표를 사용할 권리의 이전과 함께 해당 상표권과 관련된 영업권(평판가치)의 사용허락도 수반한다는 점이다. 모든 라이선스 수수료는 상표권은 물론 이와 연관된 평판가치를 모두 고려해야 한다.(TPG 6.95) 따라서 비교가능한 상황에서 독립기업들이 인위적으로 분리하려고 시도하지 않을 경우라면, 사실상 상표권 또는 상호와 관련된 영업권 또는 평판가치로부터 상표권을 인위적으로 분리하려는 시도는 바람직하지 않을 것이다.(TPG 6.96)

무형자산이 유형자산 또는 용역과 결합되어 이전되는 경우가 있다. 이 경우 거래와 관련하여 실제로 무형자산이 이전되었는지 여부를 파악하는 것이 중요하다. 재화・용역거래를 무형자산의 이전으로부터 분리하는 것이 가능하고 또한 적절한 경우가 있다. 반대로, 거래들이 매우 밀접히 관련되어서(closely related) 재화・용역거래와 무형자산의 이전을 분리하는 것이 어려울 수도 있다. 묶음거래(package contract)의 분리 여부를 결정할 때에는 이용할 수 있는 비교대상거래들의 신뢰성이 중요한 요소로 작용하는데, 특히 비교대상거래들 간 상호작용에 대한 정확한 평가 여부를 고려하는 것이 중요하다.(TPG 6.99)

무형자산의 이전관련 거래가 다른 거래와 결합될 수 있는 경우는 프랜차이즈 계약(franchise arrangement)에서 발견되는데, 이 경우 단일수수료를 대가로 용역과 무형자산이 함께 제공된다. 그러한 약정에 의해 이용할 수 있는 용역과 무형자산이 충분히 독특하여 전체 용역・무형자산 묶음거래에 대한 신뢰할 수 있는 비교대상거래가 발견될 수 없는 경우, 별도의 이전가격 고려를 위해 용역・무형자산 묶음거래를 여러 부분으로 분리하는 것이 필요할 수 있다. 그러나, 여러 무형자산과 용역들 간의 상호작용으로 양자의 가치가 증가할 가능성을 염두에 두어야 한다.(TPG 6.100)

또 다른 사례로서, 소프트웨어 권리의 이전(S/W사용권 부여)과 주기적 S/W 업데이트를 포함한 지속적 유지보수(A/S) 용역이 결합된 경우와 같이 용역과 무형자산의 이전이 얽혀 있는 상황에서는 결합하여(on an aggregate basis) 정상가격을 결정할 필요가 있다.(TPG 6.101)

아래 〈그림 4-65〉 사례에서 보는 바와 같이, A국 PCo는 유망한 기술을 보유하고 있지만 아직 매출실적이 적은 B국에서 R&D 활동을 수행하는 독립기업 TCo 지분 전부를 대가 100에 인수한다고 하자. 회계목적 상 취득가액 100중에서 유형자산 및 특허권 등 확인된 무형자산에 20, 영업권에 80이 배분된다고 하자. PCo는 TCo 인수 즉시 특허, 노하우 등 모든 무형자산 권리를 자회사인 SCo에 이전시킨다고 하자. 또한, SCo는 TCo와 R&D 위탁약정을 체결하여, TCo 인력은 이전된 기술 및 새로운 기술에 대한 개발을 계속 독점적으로 수행하기로 한다. SCo는 모든 R&D 자금을 제공하고, 연구실패의 재무위험을 부담하며, 자체 인력을 통해서 TCo의 R&D 활동에 대한 통제권을 행사한다.

〈그림 4-65〉 이전된 무형자산 권리의 식별

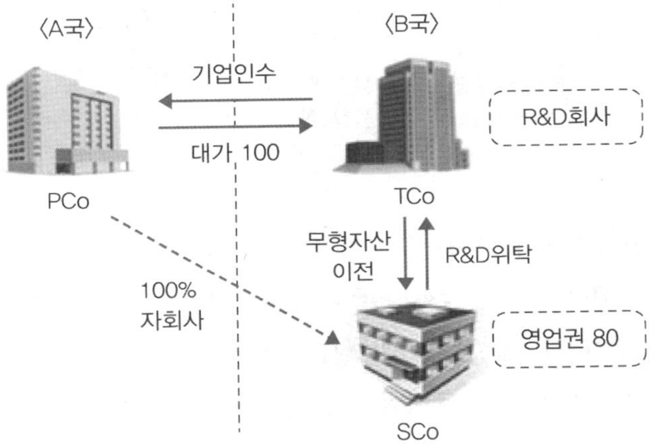

이전가격 분석시, TCo가 SCo에게 이전한 무형자산 및 TCo가 제공하는 지속적인 R&D 용역의 정상가격 산출을 위해서는 SCo에게 이전된 구체적인 무형자산 및 TCo에 의해 보유되는 무형자산을 식별하는 것이 중요하다. 사업의 총가치(100)는 SCo에게 이전된 유형 및 무형자산 가치, 또는 TCo에 의해 보유된 유형・무형자산 및 연구인력의 가치 중 어느 하나에는 반영되어야 한다. TCo 영업권 가치(80)의 상당부분은 다른 무형자산과 함께 SCo에게 이전되었거나, TCo가 계속 보유하고 있을 것이다. 따라서 TCo의 무형자산 이전 거래에 대한 보상은 일부는 이전된 무형자산 가격에 대한 보상으로 또는 거래 이후 R&D 용역에 대한 보상으로 수취할 것이다.(TPG Annex Ch.6 Ex.23)

아래 〈그림 4-66〉 사례에서 보는 바와 같이, S/W개발 컨설팅업을 영위하는 A국 PCo는 A은행을 위해 ATM거래 지원용 S/W를 개발하였고, 이를 통해 타 은행에도 적용가능한 자체 S/W코드를 개발하여 저작권을 취득하였다. PCo의 관계회사인 B국 SCo는 B은행과 ATM거래 지원용 S/W개발을 위한 별도 약정을 체결한다. PCo는 SCo에게 B은행 프로젝트 수행을 위해 A은행 프로젝트에서 작업했던 인력을 제공하기로 하였다고 하

자. SCo에 파견된 직원들은 자체 S/W코드를 포함하여 A은행 프로젝트에서 개발된 S/W 설계 및 노하우에 대한 접근권을 가진다. SCo는 B은행 프로젝트를 수행할 때 PCo가 제공하는 S/W 코드와 직원들의 용역을 활용한다.

〈그림 4-66〉 용역과 무형자산의 결합 이전사례

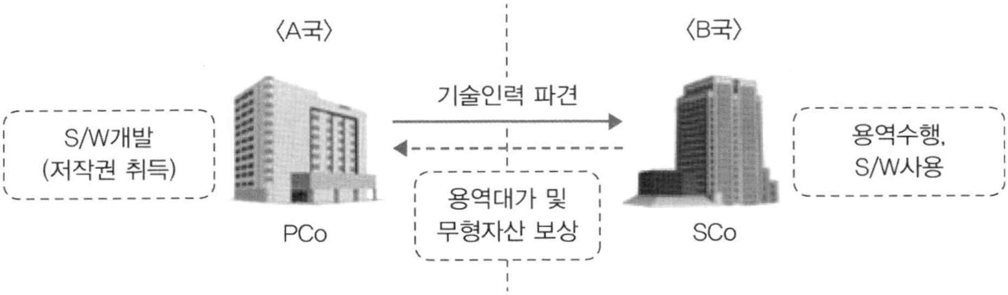

이 사례에서 이전가격분석 목적 상 첫째, SCo는 B은행 프로젝트 수행에 도움이 되는 PCo 직원의 용역을 제공받았고, 둘째, B은행의 ATM거래 S/W시스템 개발을 위해 PCo가 개발한 S/W에 대한 권리를 제공받았으므로, SCo는 PCo에게 용역대가 및 S/W 권리(저작권)에 대한 보상을 포함한 독립기업 보상을 지급해야 한다.(TPG Annex Ch.6 Ex.24)

〈그림 4-67〉 무형자산의 이전이 없는 경우

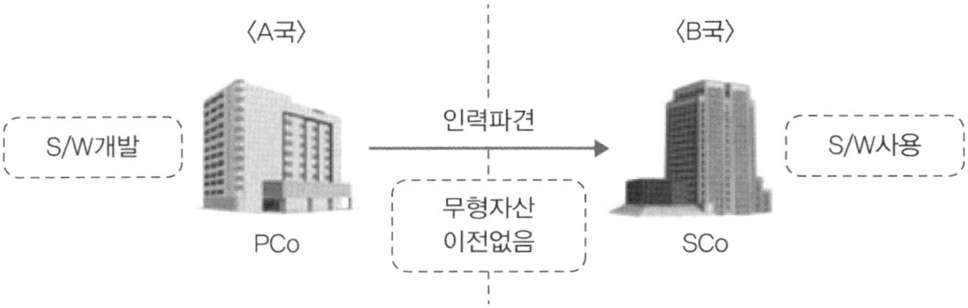

위 〈그림 4-67〉 사례에서 보는 바와 같이, A국 PCo는 다수의 법률소송 경험을 통해 해당 분야에 특화된 문서관리 S/W를 개발하였다. B국 관계회사인 SCo가 유사한 복잡한 소송에 관여함에 따라 PCo는 법률부서 직원들을 SCo에 파견하였고, 업무과정에서 PCo의 S/W를 사용한다. 그러나, PCo 직원들은 다른 소송사안에서도 SCo에게 해당 S/W를 사용하게 하거나 또는 SCo 고객들이 이용할 수 있는 권리를 부여하지는 않는다.

이 사례에서는 PCo가 용역약정의 일환으로 무형자산 권리를 이전시켰다고 볼 수 없다.

다만, 파견인력의 경험과 S/W의 사용으로 보다 효율적인 용역의 제공이 가능하다는 사실이 용역수수료 산정을 위한 비교가능성 분석시 고려되어야 할 것이다.(TPG Annex Ch.6 Ex.25)

〈그림 4-68〉 자산양도시 영업권의 인식

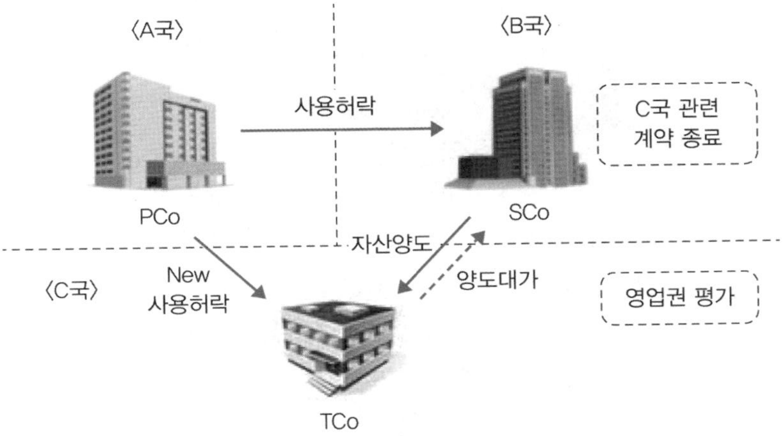

위 〈그림 4-68〉 사례에서 보는 바와 같이, A국 PCo는 B국 자회사 SCo을 통해서 Q제품을 B국과 C국에서 제조 및 판매를 한다고 하자. PCo는 Q제품에 대한 특허, 상표권, 마케팅 관련 무형자산을 보유하고 있으며, 특허 및 상표권은 B국과 C국에 PCo 명의로 등록되어 있다. PCo는 사업상 이유로 C국에 자회사 TCo를 별도로 설립하여 C국에서의 제조 및 판매 책임을 부여하였다. 이를 위해 SCo는 C국에서 사용하던 제조관련 유형자산 및 마케팅관련 자산을 TCo에게 양도하였다. 또한, PCo와 SCo 간 C국과 관련된 라이선스 계약을 종료하고, PCo와 TCo 간 C국에서의 제조 및 판매권을 허여하는 새로운 라이선스 계약을 체결하였다. SCo은 여러 해 사업 영위기간 동안 C국에서 상당한 사업가치를 증가시켰으며, 이는 독립기업이 M&A시 그러한 사업가치에 대해 대가를 지불할 용의가 있다고 가정하자. 또한, 회계 및 기업평가 목적 상, 그러한 사업가치의 일부는 SCo가 C국 사업을 독립기업에게 양도할 때 취득가격의 배분에서 영업권으로 간주될 것이라고 가정하자.

이 사례에서는 이전가격 목적 상 다음 세 가지의 개별거래가 존재한다. 즉, ⅰ) SCo가 C국에서 보유한 사업용 유형자산를 TCo로 이전하는 거래, ⅱ) SCo가 C국 사업과 관련하여 라이선스 약정에 의해 PCo로부터 허여받은 권리들을 포기하는 거래, ⅲ) 새로운 라이선스 약정에 의해 종전 SCo가 사용허락받았던 권리들을 TCo에게 계속 사용허락하는 거래이다. 이러한 거래들과 관련하여, PCo와 TCo가 SCo에게 지급하는 가격은 회계목적 상 영업권 평가금액을 포함하는 사업가치를 반영해야 한다.(TPG Annex Ch.6 Ex.20)

〈그림 4-69〉 무형자산 권리(상표사용권)의 이전 관련 과세사례

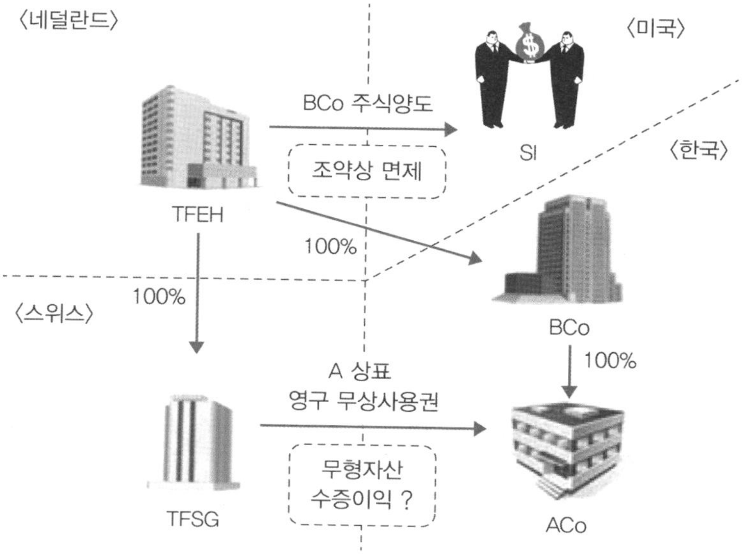

다음으로, 무형자산 권리의 이전거래와 관련한 최근의 국내 판결을 소개하고자 한다. 이 사례는 내국법인의 적극적이고 광범위한 마케팅 활동을 통해 국내에서 개발・향상된 상표권, 영업권 등 가치있는 무형자산이 M&A 과정에서 다른 유형자산 등과 함께 주식양도 방식으로 외국기업에게 포괄 이전되는 경우, 조세조약 상 주식양도소득에 대한 거주지국 과세규정 때문에 국내에서 무형자산의 양도차익 과세가 누락될 수 있다는 점을 보여준다.

먼저, 사실관계를 살펴보면 위 〈그림 4-69〉에서 보는 바와 같이 네덜란드 법인 TFEH는 미국 법인 SI에게 내국법인 BCo 주식 전부를 매각하면서, 그 부속계약으로 스위스 법인 TFSG가 보유한 'A상표'를 내국법인 ACo가 국내에서 영구 무상사용할 수 있도록 허용하는 상표계약을 체결하였다. 이에 대해 과세당국은 ACo가 영구 무상사용하게 된 'A상표' 사용권을 무형자산 수증이익의 누락으로 보아 익금산입하여 과세한 사안이다.

이에 대해 법원은 "법인세법 제15조 제1항에 따라 익금에 산입될 무형자산에 해당되는지는 법인세법을 비롯한 세법 등에 달리 정하고 있지 않는 한 기업회계 기준 또는 관행에 의하여 인정되는 무형자산의 정의 개념을 이용하여 판단하여야 한다."고 전제한 후, "세법

상 과세요건인 '자산의 취득'과 '취득한 자산의 측정 또는 평가'는 별개의 요건이므로 세법상 과세요건인 '자산의 취득'과 관련하여 '무형자산'의 정의 규정을 법인세법령에 명문으로 규정하고 있지 아니하여 한국채택 국제회계기준의 무형자산의 정의 개념에 따라 무형자산 해당 여부를 판단하였다고 하더라도 그 취득자산의 가액에 대하여는 법인세법령에 명시적으로 평가방법이 규정되어 있다면 기업회계기준을 적용할 필요없이 법인세법령에 따라 산정함이 상당하다."고 하면서, "이 사건 상표계약을 통해 취득한 'A상표'를 영구적으로 무상 사용할 수 있는 권리는 무형자산에 해당하고, 이 사건 상표계약 체결 시점을 기준으로 그 권리의 취득으로 인한 수익의 실현가능성이 상당히 높은 정도로 성숙되어 있다고 봄이 타당하므로, 이를 익금으로 산입하여 과세한 것은 적법하다."고 판시하였다.[39]

이 판결은 'A상표'의 영구 무상사용권이 식별가능성, 자원에 대한 통제, 미래 경제적 효익의 존재를 모두 충족하여 기업회계기준서상 무형자산에 해당하고, 상표 무상사용권의 평가와 관련하여 '취득당시의 시가'로 볼 수 있는 거래실례 또는 감정기관의 감정결과가 존재하지 아니하므로 상증세법 시행령 제59조 제5항(장래에 받을 수 있는 수입금액 또는 평가기준일 전 3년간의 과거의 수입금액 기준으로 평가)에 의한 보충적 평가방법을 적용한 것은 적법하다는 것으로서 타당한 결정이라고 하겠다. 다만, SI가 주식양수 방식을 통해 ACo를 인수한 직후 국내 자회사를 통해 외국의 외부평가기관에 의뢰하여 작성된 기업가치평가보고서상 'A상표'의 공정시장가치가 외국의 평가기관은 '감정평가등에 관한 법률'에 따른 감정평가업자가 아니라는 이유로 공신력있는 감정가액으로 인정되지 못한 것은 아쉬운 점으로서 법령 개정이 필요하다고 판단된다.

나. 재화 또는 용역관련 무형자산의 사용

무형자산 또는 무형자산 권리의 이전이 없는 상황에서도 특수관계거래에서 무형자산이 사용(use)될 수 있다. 특수관계기업에게 판매된 재화의 제조와 관련하여 또는 특수관계기업으로부터 매입한 재화의 마케팅과 관련하여 또는 특수관계기업을 위한 용역의 수행과 관련하여, 특수관계거래의 일방 또는 양 당사자들에 의해 무형자산이 사용될 수 있다.(TPG 6.104)

예를 들어, 가치있는 특허를 보유한 자동차 제조업자가 특수관계 판매업자에게 자동차

39) 대법원 2021.1.28. 상고기각 2020두51570 판결; 서울고등법원 2020.9.11. 선고 2020누30582 판결; 서울행정법원 2019.11.21. 선고 2018구합58998 판결

를 판매하는 경우, 제조에 사용된 특허가 판매가격에 영향을 미치지만 판매업자가 특허관련 권리를 이전받지는 않는다. 이 경우, 특허 및 특허가 공헌한 가치를 파악하여, 자동차 제조업자의 특수관계 판매업자에 대한 판매거래의 비교가능성 분석, 정상가격 산출방법 및 분석대상법인의 선택시 고려해야 할 것이다.(TPG 6.105)

또 다른 사례로, 가치있는 지질정보, 탐사 S/W와 노하우를 취득 또는 개발한 탐사회사가 이 무형자산을 관계회사에게 탐사용역을 제공하는데 사용한 경우, 용역제공에 사용된 무형자산이 용역대가에 영향을 미칠 수 있으므로 비교가능성 분석 등에서 고려되어야 하지만, 무형자산 자체가 탐사회사의 관계회사에게 이전되지는 않았다고 할 수 있다.(TPG 6.106)

특정 거래에서 이전된 모든 무형자산들을 파악하기 위해서는 서면약정과 당사자들의 실제 행동을 고려하여 실제 거래들을 확인해야 한다.(TPG 6.97)

아래 〈그림 4-70〉 사례에서 보는 바와 같이, PCo는 제품Y를 생산하여 각 국의 관계회사들을 통해서 전세계에 판매한다. PCo는 제품Y에 대한 상표권 및 영업권의 법적 소유자이다. PCo는 제품Y를 각국 관계회사에게 직접 배송하지만, B국에 설립된 자회사에게 판매총판 및 비용센터(invoicing center)로서의 역할을 부여한다. 그 다음 해에, SCo는 각 국의 판매자회사에 대한 광고비 비용을 보전하지만 그들에 대한 판매가격을 인상하여 판매자회사들의 영업이익률은 변화가 없다고 하자. SCo는 광고기능을 수행하지도 않고 제품Y의 마케팅 관련 위험을 통제하지도 않는다. PCo는 SCo가 무형자산 관련 소득에 대한 권리를 갖기 때문에 제품 Y가격을 인하함으로써 SCo에게 마케팅 무형자산에 의해 창출된 소득을 귀속시킨다.

〈그림 4-70〉 마케팅 무형자산 활용소득의 배분

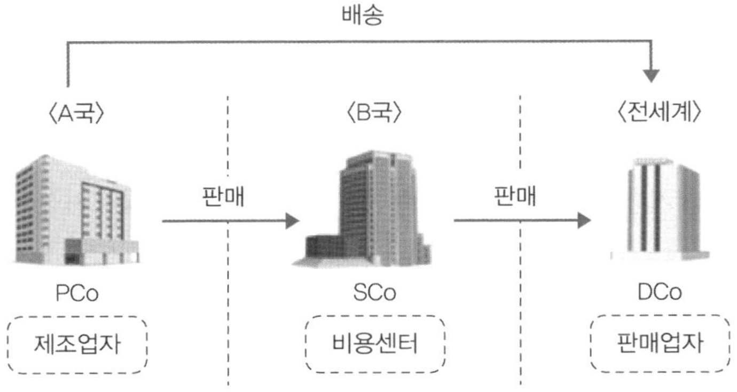

이 사례에서 SCo는 제품Y와 관련하여 무형자산의 활용에서 발생한 소득에 대한 권리가 없다. SCo가 무형자산의 개발, 향상, 유지, 보호와 관련된 기능을 수행하지 않고, 위험 및 실질적으로 비용도 부담하지 않기 때문이다. 따라서, PCo 소득에 대한 증액조정이 필요하다.(TPG Annex Ch.6 Ex.21)

6 정상가격의 산출

가. 일반원칙

무형자산 관련 거래에 대한 이전가격 분석에서는 각 거래당사자가 현실적으로 이용할 수 있는 대안(ORAs)과 각 거래당사자의 관점이 반드시 고려되어야 한다. 거래의 한쪽 당사자에만 초점을 두는 비교가능성 분석은 일반적으로 무형자산관련 거래를 평가하는 충분한 논거를 제공하지 못한다.(TPG 6.112) 양 거래당사자의 관점을 고려하는 것이 중요하지만, 일방 당사자의 특정한 사업적 상황 때문에 다른 당사자가 현실적으로 이용할 수 있는 대안과 상반되는 결과가 요구되어서는 안 된다. 예컨대, 단지 특수관계에 있는 이전받는 자가 이전받은 무형자산 권리를 효과적으로 이용할 자원이 부족하다는 이유만으로, 이전하는 자가 이전하지 않는 것을 포함하여 ORAs보다 자신에게 덜 유리한 무형자산 권리의 전부 또는 일부분의 이전가격을 수용할 것이라고 기대할 수는 없다. 또한, 이전받은 자가 사업상 취득한 무형자산 권리를 사용하여 이윤을 획득할 것으로 예상할 수 없는 무형자산 권리들의 이전가격을 수용하리라고 기대해서는 안 된다.(TPG 6.113)

무형자산의 이전관련 거래에 독립기업원칙을 적용할 때는 무형자산이 독특한 특성을 가지기 때문에 매우 편차가 큰 이익 및 미래의 이익을 발생시킬 가능성이 있다는 점을 유념해야 한다. 따라서 무형자산의 이전관련 비교가능성 분석을 수행할 경우 무형자산의 독특한 특성을 고려해야 한다. 이는 특히, 가장 적합한 TP 방법으로 CUP 방법을 고려할 때 중요성을 갖지만, 비교대상거래에 의존하는 다른 방법들을 적용할 때에도 역시 중요하다. 시장에서 독특한 경쟁상 우위를 제공하는 무형자산 이전의 경우, 비교가능한 무형자산들 또는 거래들이 조사되어야 하는데, 잠재적 비교대상거래들이 실제 유사한 잠재이익을 보이는지 여부를 평가하는 것이 중요하다(TPG 6.116)

무형자산의 이전관련 비교가능성 분석시 중요한 무형자산의 특성에는 ⅰ) 독점성(배타성), ⅱ) 법적 보호의 범위 및 기간, ⅲ) 지리적 범위, ⅳ) 경제적 내용연수, ⅴ) 개발의 단계, ⅵ) 향상, 수정, 업데이트에 대한 권리, ⅶ) 미래이익에 대한 기대 등이 있다.(TPG 6.118-127) 또한, 이전받은 무형자산을 통한 미래이익의 창출 가능성과 관련된 위험의 존재가 고려되어야 한다.

무형자산 또는 결합 무형자산들의 이전이 비교가능한지 여부를 평가할 때, 그리고 무형자산들 자체가 비교가능한지 여부를 평가할 때는 다음 유형의 위험들이 고려되어야 한다. 첫째, 미래 무형자산의 개발과 관련된 위험으로서, 개발위험에 대한 고려는 부분적으로 개발된 무형자산의 이전과 관련된 상황에서 특별히 중요하다. 둘째, 제품 진부화 및 가치하락 위험, 셋째, 무형자산 권리의 침해와 관련된 위험, 넷째, 미래의 무형자산 사용과 관련된 제품 하자책임 위험 등이 고려되어야 한다.(TPG 6.128)

무형자산 간의 차이가 비교가능성 조정의 신뢰성을 확보하기 어려운 중요한 경제적 영향을 가져올 수 있다는 점을 유념해야 한다. 특히, 비교가능성 조정 금액이 무형자산 보상의 큰 비율을 차지하는 경우, 그 조정은 신뢰할 수 없고 비교대상 무형자산이 실제로 충분히 비교가능하지 않다고 할 수 있다. 신뢰할 수 있는 비교가능성 조정이 불가능하다면 비교가능한 무형자산 또는 비교가능한 거래의 파악에 덜 의존하는 방법을 선택할 필요가 있다.(TPG 6.129)

상업 D/B를 통해 추출한 공개정보가 무형자산의 구체적 특성을 평가하는 데 충분히 상세한지를 평가할 필요가 있다.(TPG 6.130) 이와 관련하여, 상업 D/B를 사용하기 위해서는 다음과 같은 많은 제약요인이 있다는 점이 고려되어야 한다. ⅰ) 모든 국가에서 이용가능한 공개이용 정보가 아니라는 점, ⅱ) 법적 형태 또는 상장 여부에 따라 공개 및 제출의무가 다른 점 등 특정 국가의 모든 기업들의 동일한 유형의 정보를 모두 포함하고 있지 않다는 점, ⅲ) 이전가격 목적으로 작성·제출된 것이 아니므로 사용에 주의가 필요한데, 특히 선정한 정상가격 산출방법을 뒷받침할 정도로 상세한 정보를 제공하는 것이 아니라는 점, ⅳ) 상업 D/B자료가 개별거래의 성과가 아니라 기업의 성과를 비교하기 위해 사용된다는 점이다.(TPG 3.31) 또한, 상업 D/B 이용과 같은 표준화된 접근에 대한 품질을 높이기 위해 D/B 검색은 다른 공개적 이용정보를 통해 정제될 필요가 있다.(TPG 3.33) 결론적으로 비교가능거래가 없거나 비교가능성이 낮은 경우에는 상업 D/B 자료를 사용할 수 없다. 그리고, 비교대상거래가 없는 이유가 독특하고 가치있는 무형자산의 존재 때문인 경우에는 이익분할법의 적용을 고려해야 할 것이다.(TPG 3.39)

나. 무형자산의 이전거래

다른 구조로 설계된 거래들이 유사한 경제적 결과를 가져올 수 있으므로 가장 적합한 TP 방법을 선택할 때는 거래의 경제적 결과를 고려하는 것이 중요하다. 예를 들어, 무형자산을 사용한 용역의 수행이 무형자산 권리의 이전을 수반하는 거래와 유사한 경제적 결과를 가져올 수 있다. 왜냐하면, 두 경우 모두 이전받은 자에게 무형자산의 가치를 전달하기 때문이다.(TPG 6.132)

무형자산의 이전 기능을 수행한 자에게 제한적인 이익을 배분한 후 잔여이익은 모두 무형자산의 소유자에게 배분되어야 한다고 단순히 가정해서는 안 된다. 가장 적절한 TP 방법의 선택은 MNEs의 글로벌 사업프로세스에 대한 명확한 이해 및 이전된 무형자산이 다른 기능, 자산 및 위험과 어떻게 상호작용 하는지를 제공하는 기능분석에 토대해야 한다. 기능분석은 부담위험, 시장의 특성, 지역, 사업전략, 그룹시너지 등 가치창출에 공헌하는 모든 요소를 고려해야 한다.(TPG 6.133) 무형자산 간의 결합 또는 무형자산이 재화판매, 용역제공과 결합되어 이전되는 경우 신뢰성을 높이기 위해 상호 연관된 거래를 통합적으로 고려할 필요가 있다.(TPG 6.135)

비교가능성 분석 결과 신뢰할 수 있는 비교가능 독립거래가 존재하지 않는 경우가 있는데, 그 이유로는 ⅰ) 무형자산이 독특한 특성을 지니는 경우, ⅱ) 무형자산이 매우 중요하여 오직 특수관계기업 간에만 이전되는 경우, ⅲ) 잠재적 비교가능거래 자료가 부족한 경우 등이 있다.(TPG 6.138) 신뢰할 수 있는 비교가능 독립거래를 찾을 수 없는 경우, 독립기업원칙은 다음 사항들을 고려하여 비교가능 독립기업들이 합의하였을 다른 방법의 사용을 요구한다. 즉 ⅰ) 각 거래당사자의 기능, 자산 및 위험, ⅱ) 거래에 참여한 사업상 이유, ⅲ) 거래에 대한 각 당사자의 관점 및 현실적으로 이용가능한 대안들, ⅳ) 재화 및 용역의 상대적 수익성 등 무형자산에 의해 부여된 경쟁상 우위, ⅴ) 예상되는 미래의 경제적 이익, ⅵ) 현지시장의 특성, 저비용지역 혜택, 집약노동력, 그룹시너지 등 기타 비교가능성 요소들을 고려하는 것이 중요하다.(TPG 6.139)

특수관계기업 간 거래구조를 독립기업 간 거래와 동일하게 설계해야 할 의무는 없다. 그러나, 특수관계기업 간 거래구조가 독립기업 간 거래와 비교할 때 전형적인 것이 아니라면, 그러한 구조가 비교가능한 상황에서 독립기업들 간에 합의했을 가격과 기타 조건에 미친 영향이 고려되어야 한다.(TPG 6.140)

RPM, TNMM 등 일방향 방법은 직접적으로 무형자산의 가치를 산정하기 위한 일반적으로 신뢰할만한 방법이 아니다. 그러나, 일부 상황에서 그러한 방법들을 사용하여 일부 기능의 가치를 결정하고, 무형자산의 잔여가치를 도출함으로써 간접적으로 무형자산의 가치를 평가하는 데 이용될 수 있다.(TPG 6.141)

무형자산 개발비용과 개발된 무형자산 가치 간에는 상관관계가 거의 없기 때문에 개발비용에 근거한 TP 방법은 사용하지 않아야 한다.(TPG 6.142) 그러나, S/W시스템 등 내부사업운영을 위한 무형자산의 개발, 특히 독특하고 가치있는 무형자산이 아닌 경우 등 제한적 상황에서는 무형자산을 복제 또는 대체하는 추정비용에 토대한 TP 방법이 이용될 수도 있다. 그러나, 시장판매 제품과 관련한 무형자산이 쟁점인 경우 대체원가(replacement cost) 평가방법은 심각한 비교가능성 이슈를 제기한다. 이 경우 무형자산의 이연 개발과 연관된 시간의 지연이 무형자산의 가치에 미친 영향을 평가할 필요가 있다. 미래에 개발된 동일한 제품은 현재 이용할 수 있는 동일한 제품만큼 가치를 지니지 못한다. 그러한 경우, 추정 대체원가는 현재 시점에서 이전된 무형자산의 가치를 측정하는 타당한 방법은 아니다. 비용에 토대한 평가는 일반적으로 부분적으로 개발된 무형자산의 정상가격 결정시에는 신뢰할 수 없다.(TPG 6.143)

특허소유 모회사가 제조기능 수행 자회사에게 특허를 사용허락하고 사용료를 받는 경우와 같이 무형자산 이전에 흔히 사용되는 TP 방법은 CUP 방법과 이익분할법이다. 또한, 특수관계기업 간에 무형자산이 양도된 경우에는 미래 현금흐름 평가 등 평가기법을 활용하는 것이 유용할 수 있다.(TPG 6.153-180)

이와 관련하여, 우리나라 세법은 "거주자와 국외특수관계인 간의 무형자산 거래에 대한 정상가격 산출방법은 TP 방법의 적합성, 비교가능성, 비교대상자료의 이용가능성 등을 고려하여 CUP, PSM 중 하나의 방법을 우선적으로 적용해야 한다."고 규정하고 있다.(국조령 §6의3 ③)

(1) CUP 방법의 적용

신뢰할 수 있는 비교가능 독립거래가 발견되는 경우 무형자산의 이전거래에 적용할 정상가격 결정방법으로 CUP 방법이 적용될 수 있다. 무형자산 거래에 CUP 방법이 이용되는 경우 특수관계거래와 비교가능 독립기업거래 간의 비교가능성에 특별한 주의를 기울여야 한다. 그러나, 대부분의 경우 무형자산 거래에 대해 신뢰성할 수 있는 비교대상거래를 찾는 것이 어렵거나 거의 불가능하다는 점을 인식해야 한다.(TPG 6.146) 다만, 제3자로부터 취득한 무형자산이 즉시 그룹 관계회사에 이전되는 상황에서는 그 제3자 취득가격을 CUP으로 사용할 수도 있을 것이다. 무형자산이 주식의 취득을 통해서 간접적으로 취득되는 경우 또는 주식 또는 자산의 취득을 위해 제3자에게 지급한 가격이 장부가액을 초과하는 경우(예컨대, 영업권 존재)조차도, 제3자 취득가격은 특수관계거래의 정상가격을 결정할 때 중요성을 가질 것이다.(TPG 6.147)

(2) 거래이익분할법의 적용

무형자산 이전에 대한 신뢰할 수 있는 비교가능 독립거래를 확인할 수 없을 때 정상가격 결정을 위해 PSM이 사용될 수 있다. TPG가 무형자산 이전거래에도 모두 적용된다. 그러나, PSM의 신뢰성을 평가하기 위해서는 관련이익 및 비용의 배분에 대한 신뢰할 수 있고 적합한 자료를 확보할 수 있는지, 그리고 관련이익을 분할하기 위한 이익분할요소들이 신뢰할 수 있는지가 모두 고려되어야 한다.(TPG 6.148)

PSM은 전체 무형자산 권리의 양도는 물론, 부분적으로 개발된 무형자산의 이전에도 적용할 수 있다. PSM이 예상수입 및 비용에 토대한 경우, 예상의 정확성에 대한 우려가 고려되어야 한다.(TPG 6.149) 부분적으로 개발된 무형자산에 대해서 PSM이 적용될 때 무형자산 이전 전후의 무형자산 개발에 대한 상대적 공헌가치를 조사하는 경우, 이전 이후 연도의 이익창출에 대한 당사자들의 공헌을 추정하거나 미래 이익의 배분을 결정할 때는 주의가 필요하다.

무형자산의 이전에 선행하여 수행된 작업의 공헌 또는 가치는 작업에 소요된 비용과 아무런 관계가 없을 수 있다. 예를 들어, 제약업계의 엄청난 잠재적 수익원이 될 수 있는 화합물은 비교적 적은 비용을 들여서 실험실에서 개발될 수도 있기 때문이다. 또한, 이익분할요소들을 평가하기 위한 여러 가지 어려움들이 고려되어야 하는데, 때로는 미래 소득 및 현금흐름에 대한 예상이 투기적이라고 하면서 PSM의 신뢰성에 의문을 제기하기도 한다.(TPG 6.151)

완전히 개발된 무형자산의 일부 권리가 이전되고 신뢰할 수 있는 비교가능 독립기업거래를 발견할 수 없는 경우, 관련이익에 대한 각 당사자의 공헌도를 평가하기 위해 PSM이 사용될 수 있다. 기능분석시 공헌요소로서 권리의 사용허락자(licensor)뿐만 아니라 사용권자(licensee)의 수행기능과 부담위험도 고려되어야 한다. 무형자산의 사용허락자 또는 이전받은 자의 무형자산 사용권리 및 지속적 R&D 활동을 위해 무형자산 사용권리에 대해서 부과된 제한들에 대해서도 주의를 기울여야 한다. 또한, 사용권자가 사용허락받은 무형자산 가치를 향상시킨 공헌을 평가하는 것이 중요하다. 그러한 경우, 이익의 배분은 관련 위험부담을 포함한 기능분석의 결과에 좌우된다. 사용권허락 약정과 관련한 이익분할 분석에서, 기능적 보상 후의 모든 잔여이익이 반드시 사용허락자 또는 이전한 자에게 배분될 것이라고 추정되어서는 안 된다.(TPG 6.152)

(3) 평가기법의 이용

(가) 개요

무형자산의 이전에 대한 신뢰할 수 있는 비교가능 독립기업거래를 발견할 수 없는 상황에서는 특수관계기업 간 이전된 무형자산의 정상가격을 추정하기 위해 평가기법(valuation technique)을 사용하는 것도 가능하다. 특히, 소득 기반 접근방법(income based approach), 즉 무형자산의 활용에서 발생할 것으로 예상되는 미래의 소득 또는 현금흐름의 할인가치 산정에 토대한 평가기법이 적절히 적용되는 경우 유용할 수 있다. 사실관계 및 상황에 따라서, 평가기법은 TPG가 권고하는 5가지 정상가격 산출방법 중 하나(이익분할법)로서, 또는 정상가격을 산출하는 데 유용하게 적용할 수 있는 수단으로서 납세자와 과세당국 모두에 의해 사용될 수 있다.(TPG 6.153)

무형자산의 이전관련 이전가격 분석에 평가기법이 이용될 경우 독립기업원칙에 부합되도록 적용될 필요가 있다. 따라서 TPG의 모든 지침들이 적용되는데, 특히 TP 방법의 선택과 관련한 규정들도 어떤 평가기법이 사용되어야 하는지를 결정할 때 적용된다.(TPG 6.154) 이때 특정 평가기법에 내재해 있는 가정들과 기타 동기들을 고려하는 것이 필수적이다.

건전한 회계목적 상 일부 평가의 가정들은 때때로 보수적 가정들 및 회사 재무제표에 반영된 자산가치의 추정치를 반영할 수 있다. 이러한 내재적 보수성은 이전가격 목적에 비추어 범위가 너무 협소하고, 독립기업원칙과 부합하지 않을 수도 있다. 따라서 회계목적 상 수행된 평가에 내재된 가정들에 대한 철저한 조사없이 평가결과를 이전가격 목적 상 정상가격을 반영한 것으로 받아들이는 것에 주의해야 한다. 특히, 회계목적 상 취득가격의 배분에 포함된 무형자산의 평가는 이전가격 목적 상으로 결정적인 것은 아니며, 내재된 가정들을 신중하게 고려하여 이전가격 분석이 이루어져야 한다.(TPG 6.155)

평가기법은 평가에 내재한 가정들의 타당성에 대한 적절한 고려, 그리고 그러한 가정들이 독립기업원칙과 부합하는 경우 신뢰할 수 있는 비교가능 독립기업거래들을 이용할 수 없는 상황의 이전가격 분석에서 유용한 수단이 될 수 있다.(TPG 6.156) 특히, 무형자산의 활용에서 발생하는 미래 예상현금흐름의 할인가치를 측정하는 평가기법 즉, 현금흐름할인법(discounted cash flow: 이하 DCF법)이 유용할 수 있다. DCF법의 적용을 위해서는 현실적이고 신뢰성 높은 재무예상치(financial projections), 성장률, 할인율, 무형자산의 내용연수, 거래의 조세효과, 잔존가치 등에 대한 정의가 요구된다.

이와 관련하여, 우리나라 세법은 "거주자와 국외특수관계인 간의 무형자산 거래에 대한 정상가격 산출방법으로 법 제8조 제1항 제6호(그밖에 대통령령으로 정하는 바에 따라 합리적이라고 인정되는 방법)를 적용할 때에는 해당 무형자산의 사용으로 창출할 수 있는 미래의 현금흐름 예상액을 현재가치로 할인하는 방법에 따른다. 이 경우 미래의 현금흐름 예상액, 성장률, 할인율, 무형자산의 내용연수 및 잔존가치, 조세부담 등 제반 요소들이 객관적이고 합리적인 방법으로 수집・산출되어야 하며, 거주자는 이를 증명할 수 있는 자료를 보관・비치해야 한다."고 규정하고 있다.(국조령 §13 ④)

개별사안의 사실관계 및 상황에 따라서, 정상가격을 산출할 때 무형자산의 활용에서 발생하는 예상 현금흐름의 할인가치에 대한 계산은 양 당사자들의 관점에서 평가되어야 한다. 이 경우 정상가격은 이전하는 자와 이전받은 자의 관점에서 평가된 현재가치 범위 내의 어딘가에 존재할 것이다.(TPG 6.157)

평가기법들을 적용할 때는 그러한 기법들에 토대한 추정치가 변동성이 크다는 점을 인식하는 것이 중요하다. 평가모델의 가정들(assumptions) 또는 평가변수들(valuation parameters)의 조그만 변화가 모델이 산출하는 무형자산 가치의 큰 차이를 초래할 수 있다. 재무예상치를 산출하는 데 가정된 할인율, 성장률의 작은 비율의 변화 또는 무형자산의 내용연수에 관한 가정들의 작은 변화가 최종 평가에 심각한 영향을 미칠 수 있다.(TPG 6.158) 평가모델을 사용하여 산출된 무형자산 가치의 신뢰성은 내재된 가정들, 자산 실사에서의 추정치, 그리고 가정들을 확정하고 평가지표들을 추정할 때의 판단의 신뢰성에 특별히 민감하다.(TPG 6.159)

TP 방법으로 평가기법을 사용할 경우, 평가모델에 사용된 가정과 평가지표의 합리성을 방어할 수 있어야 한다. 따라서 평가기법에 의존하는 납세자는 이전가격 문서의 일부로서 가정 및 평가지표의 변경에 따라 무형자산 가치의 변경을 보여주는 민감도분석(sensitivity analysis) 결과를 제출할 것이 권장된다.(TPG 6.160) 납세자가 M&A 목적보다 TP 목적에 사용하는 할인율을 높게 설정하거나 이전가격 분석시와 기타 사업계획시 다른 내용연수를 사용할 가능성이 있기 때문에, 사업계획을 수립할 목적으로 산출한 재무 예상치가 TP 목적으로 산출된 자료보다 더 신뢰성이 높다고 할 수 있다.(TPG 6.161)

〈그림 4-71〉 평가기법을 이용한 이전가격의 조정

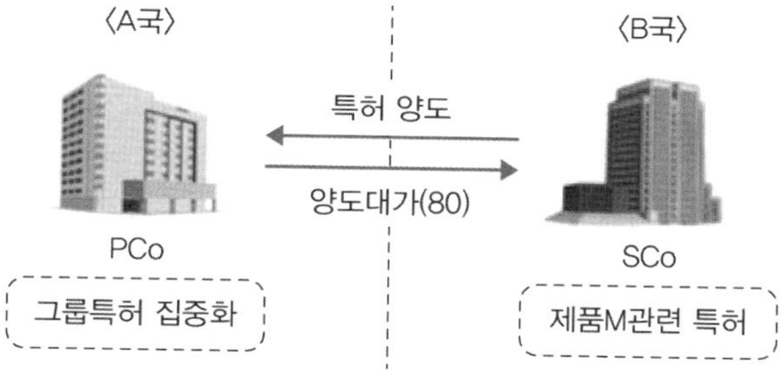

위 〈그림 4-71〉 사례에서 보는 바와 같이, A국 모회사 PCo는 특허를 집중화하는 그룹 정책에 따라서 B국 자회사인 SCo가 보유하는 제품M에 관한 특허를 양수하기로 하고, 양도대가에 대한 정상가격 산출을 위해 CUP을 발견할 수 없기 때문에 평가기법을 이용하기로 한다고 하자. 제품M 산업의 전형적인 사용료율, 할인율 및 내용연수에 토대하여 세후 순현재가치 80을 직접 산출하였지만, CUP 방법(비교가능 사용료율)에서 요구되는 비교가능성 기준을 충족하지 못하였다고 하자.

이를 조정하기 위해 전체 제품M 사업에 대해 현금흐름할인법(DCF법)을 적용하여 분석한다고 하자. DCF법 적용 결과 전체 제품M 사업의 순현재가치가 100이라고 한다면, 자체 특허 평가액 80과의 차이 20은 SCo에 의해 수행된 기능들에 대한 통상적 보상 및 SCo가 보유한 상표권 및 노하우의 가치를 반영하기에는 부적절한 수준이다. 이러한 상황에서, 특허가치 평가액 80의 신뢰성에 대한 추가 검토(하향 조정)가 필요할 것이다.(TPG Annex Ch.6 Ex.27)

아래 〈그림 4-72〉 사례에서 보는 바와 같이, A국의 ACo는 B국의 BCo, C국의 CCo의 모회사이다. A국 밖에서 수행되는 사업활동과 관련된 모든 무형자산을 C국의 CCo로 집중화하는 그룹 정책에 따라 BCo가 보유한 특허, 상표, 노하우, 고객관계 등 모든 무형자산을 CCo에 양도하고, BCo는 완전 제조업자에서 계약 제조업자로 전환되었다고 하자. CCo가 BCo에게 지급해야 하는 정상가격 결정을 위해 CUP을 발견할 수 없고, 각각의 무형자산들과 연관된 현금흐름을 분리하는 것이 어렵다고 하자.

〈그림 4-72〉 사업구조 개편시 평가기법의 이용

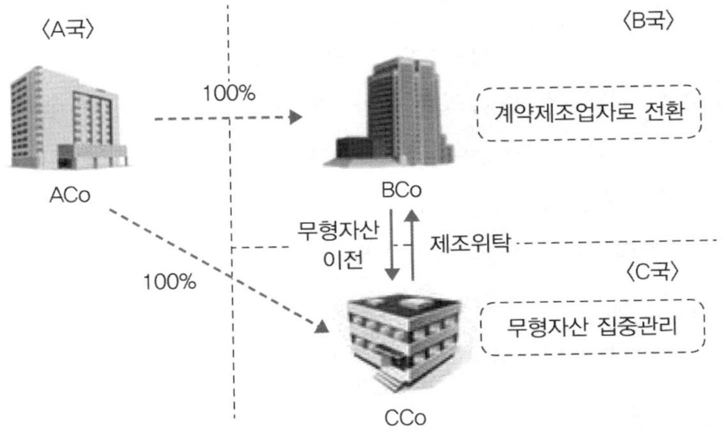

이러한 상황에서는 이전된 무형자산의 정상가격 결정시 개별 자산별로 분리하여 평가하는 것은 신뢰성이 부족할 것이다. 특히, 식별된 무형자산과 기타 자산들 가치의 개별적 추정가치와 사업전체의 가치 간에 큰 차이가 존재하는 경우에는 이전된 무형자산들을 모두 통합하여 평가하는 것이 적절할 것이다.(TPG Annex Ch.6 Ex.28)

아래 〈그림 4-73〉 사례에서 보는 바와 같이, 제품F에 관한 특허 및 상표권을 개발하여 제조활동을 수행하는 A국 모회사 PCo가 비용절감 차원에서 제품F의 모든 생산활동을 관련 특허 및 상표와 함께 B국 자회사인 SCo에게 이전한다고 하자. 이러한 상황에서 PCo와 SCo는 DCF법을 이용하여 이전된 무형자산의 정상가격을 식별하고자 한다.

〈그림 4-73〉 사업구조 개편시 DCF법 적용 사례

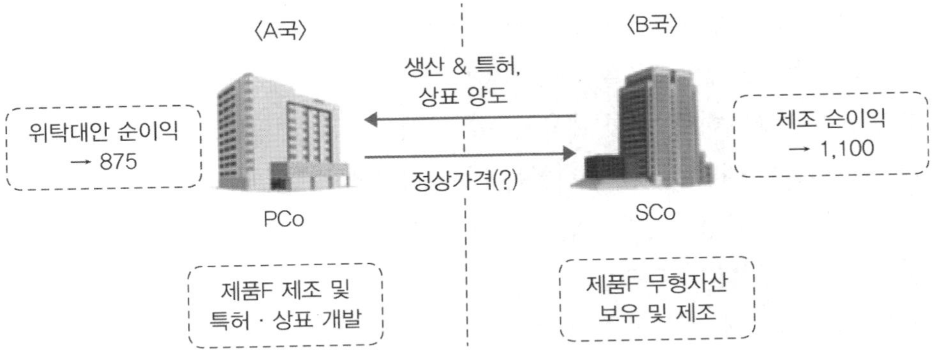

이전된 무형자산에 대한 정상가격 결정시에는 양 당사자의 관점 및 현실적으로 이용가능한 대안을 고려해야 한다. PCo 관점에서는 제품F를 계속 제조할 경우의 세후 현금흐름의 현재가치가 600이므로 그 이하로는 양도하지 않을 것이다. 다른 대안으로 계약업체에 생산을 위탁할 경우 세후 현금흐름의 현재가치가 875이므로 그 이하로도 양도하지 않을 것이다. 반면에, SCo의 관점에서 볼 때 무형자산을 보유하고 직접 제조할 경우 세후 현금흐름의 현재가치가 1,100으로 예상된다고 하자. 이 사례에서 정상가격은 PCo가 이용할 수 있는 현실적 대안의 예상 순이익 875와 SCo의 제조 예상순이익 1,100 사이에서 결정될 것이다. 이때 PCo에 대한 조세효과를 차감하고, SCo의 투자 및 위험에 대한 수익률을 고려할 필요가 있을 것이다.(TPG Annex Ch.6 Ex.29)

(나) 재무예상치의 정확성

DCF법을 사용한 무형자산 평가의 신뢰성은 미래 현금흐름 또는 소득에 대한 예상치(projections)의 정확성에 달려있다. 재무예상치의 정확성은 시장개발 정도에 의존하고 예상이 투기적일 수 있기 때문에, 납세자와 과세당국은 미래 수입과 비용의 예상치에 내재된 가정들을 조사할 필요가 있다.(TPG 6.163) 재무예상치의 출처 및 목적이 특별히 중요할 수 있다. 통상적으로 조세와 무관한 사업계획 목적에서 준비된 예상치가 전적으로 조세 또는 이전가격 분석 목적으로 준비된 예상액보다 더 신뢰할 수 있다.(TPG 6.164)

예상치와 연관된 기간의 길이도 예상치의 신뢰성을 평가할 때 고려되어야 하는데, 무형자산이 정(正)의 현금흐름을 산출할 것으로 기대되는 미래의 기간이 길수록, 소득과 비용 예상치의 신뢰성은 낮아질 것이다.(TPG 6.165) 과거의 성과가 미래에 대한 신뢰할 수 있는 가이드라고 가정할 때는 항상 주의가 필요하다. 그러나, 과거 사업성과는 무형자산에 의존하는 제품 또는 용역의 미래성과에 대한 유용한 지침을 제공해 줄 수 있다.(TPG 6.166)

현금흐름 예상액에 개발비용을 포함할지 여부를 결정할 때는 이전된 무형자산의 성격을 고려하는 것이 중요하다. 무한 내용연수를 가지고 지속 개발될 수 있는 무형자산의 경우 현금흐름 예상에 개발비용을 포함하는 것이 적절하지만, 특정 특허와 같이 이미 완전히 개발되었고 다른 무형자산의 개발을 위한 플랫폼을 제공하지 않는 경우에는 개발비용이 포함되어서는 안 된다.(TPG 6.167)

재무예상액은 매출액, 개발비용, 매출원가 및 영업비용 등 예상항목의 최상의 추정치를 반영해야 한다. 통상적으로 결과의 불확실성이 존재하기 때문에, 재무예상액은 가능한 결과의 발생 확률의 가중평균값에 토대할 수 있다.

예를 들어, 가축 방목을 위해 유전적으로 변형된 목초를 개발하기 위한 연구개발이 진행된다고 가정하자. 연구개발은 2년간 진행될 것이고, R&D가 성공하는 경우 해당 무형자산은 3년부터 5년까지 이용될 것이다. 미래 R&D 비용은 비교적 확실한 반면, R&D의 결과는 불확실하고, 따라서 매출에 대한 재무예상치도 불확실하다. 따라서 납세자는 예상 시나리오, 낙관적 시나리오, 비관적 시나리오를 각각 50%, 25%, 25% 확률로 예상한다고 가정하자. 또한, 생산원가는 매출액의 40%로, 영업비용은 매출액의 20%로 추정된다고 하자. 이러한 상황에서, 납세자는 아래 〈표 4-17〉과 같이 발생확률을 가중 평균함으로써 가장 신뢰할 수 있는 재무예상액을 결정할 수 있을 것이다.(UNM B.5.6.14)

〈표 4-17〉 발생확률에 토대한 재무예상액의 계산 사례

A. 예상 시나리오: 기대 50%, 낙관 25%, 비관 25% 발생확률 가정

<table>
<tr><th rowspan="3">연 도</th><th rowspan="3">Year 1</th><th rowspan="3">Year 2</th><th colspan="2">Year 3</th><th colspan="2">Year 4</th><th colspan="2">Year 5</th></tr>
<tr><th colspan="2">기대</th><th colspan="2">기대</th><th colspan="2">기대</th></tr>
<tr><th>낙관</th><th>비관</th><th>낙관</th><th>비관</th><th>낙관</th><th>비관</th></tr>
<tr><td rowspan="2">매출액</td><td rowspan="2">-</td><td rowspan="2">-</td><td colspan="2">250</td><td colspan="2">250</td><td colspan="2">250</td></tr>
<tr><td>750</td><td>0</td><td>750</td><td>0</td><td>750</td><td>0</td></tr>
<tr><td>R&D 비용</td><td>100</td><td>100</td><td colspan="2">-</td><td colspan="2">-</td><td colspan="2">-</td></tr>
<tr><td rowspan="2">제조원가</td><td rowspan="2">-</td><td rowspan="2">-</td><td colspan="2">100</td><td colspan="2">100</td><td colspan="2">100</td></tr>
<tr><td>300</td><td>0</td><td>300</td><td>0</td><td>300</td><td>0</td></tr>
<tr><td rowspan="2">영업비용</td><td rowspan="2">-</td><td rowspan="2">-</td><td colspan="2">50</td><td colspan="2">50</td><td colspan="2">50</td></tr>
<tr><td>150</td><td>0</td><td>150</td><td>0</td><td>150</td><td>0</td></tr>
<tr><td rowspan="2">영업이익</td><td rowspan="2">(100)</td><td rowspan="2">(100)</td><td colspan="2">100</td><td colspan="2">100</td><td colspan="2">100</td></tr>
<tr><td>300</td><td>0</td><td>300</td><td>0</td><td>300</td><td>0</td></tr>
</table>

B. 발생확률 가중평균 재무예상액 : 각 시나리오 예상액 × 발생확률

연 도	Year 1	Year 2	Year 3	Year 4	Year 5
매출액	-	-	312	312	312
R&D 비용	100	100	-	-	-
제조원가	-	-	125	125	125
영업비용	-	-	62	62	62
영업이익	(100)	(100)	125	125	125

(다) 성장률 가정

신중히 검토되어야 하는 현금흐름 예상치의 중요한 요소가 예상 성장률이다. 특정 제품에서 발생하는 수입이 장기간에 걸쳐서 안정적 비율로 성장할 것이라는 것은 통상적이지 않다. 따라서, 선형(linear) 성장률을 포함하는 단순한 평가모델을 너무 쉽게 수용하는 것에 주의를 기울여야 한다. DCF법에 의해 성장률을 추정할 때는, 유사한 제품에 대한 산업 및 회사의 경험, 그리고 미래의 시장조건들에 대한 합리적 평가를 토대로 수입과 비용의 성장패턴이 검토되어야 한다.(TPG 6.169)

(라) 할인율

미래의 예상 현금흐름을 현재가치로 전환할 때 사용되는 할인율은 평가모델의 중요한 요소이다. 할인율은 돈의 시간가치 및 예상 현금흐름의 위험 또는 불확실성을 고려한다. 선택된 할인율의 작은 차이가 평가기법을 사용하여 계산한 무형자산 가치의 큰 차이를 초래할 수 있기 때문에, 평가모델에서 이용되는 할인율을 선택할 때는 세심한 주의를 기울여야 한다.(TPG 6.170)

할인율은 예상 소득 또는 현금흐름과 연관된 시간과 위험을 보상하기 위해 적용된다. 예를 들어, 특정 소득 또는 현금흐름이 확실히 발생할 것으로 예측된다면, 할인율은 그러한 소득 또는 현금흐름을 수취하는 데 필요한 시간만을 고려해야 한다. 이 경우 장기 국공채 이자율과 같은 무위험 이자율이 가장 신뢰할 수 있는 할인율을 제공할 것이다. 반면에, 위험 때문에 예상 소득 또는 현금흐름이 매우 불확실한 경우, 그러한 위험이 할인율 결정에 고려되어야 한다. 이 경우 위험 프리미엄을 조정하기 위해 할인율은 무위험 이자율보다 높게 산정될 것이다.(UNM B.5.6.15)

이전가격 목적 상 모든 경우에 적합한 단일의 할인율 산정방법은 없다. 가중평균 자본비용법(WACC) 또는 다른 방법에 토대한 할인율이 이전가격 분석에서 항상 사용되어야 한다고 가정해서는 안 된다. 오히려, 적절한 할인율을 결정할 때는 특정 사안의 사실관계 및 쟁점이 되는 특정한 현금흐름과 연관된 특정 조건들과 위험이 평가되어야 한다.(TPG 6.171) 할인율을 결정하고 평가할 때는, 특히 아직 개발중인 무형자산의 평가와 연관된 경우에는 무형자산이 납세자 사업의 가장 큰 위험요소 중 하나라는 점이 인식되어야 한다. 또한, 어떤 사업은 본질적으로 다른 사업보다 위험성이 크고, 어떤 현금흐름은 본질적으로 다른 경우보다 변동성이 크다는 점 또한 인식되어야 한다. 할인율은 개별 사안의 상황에

서 전체 사업의 위험수준 및 다양한 예상 현금흐름의 기대 변동성을 반영해야 한다.(TPG 6.172)

앞서 살펴 본 〈표 4-17〉 사례를 토대로 다음과 같이 추가로 가정해보자.

아래 〈그림 4-74〉 및 〈표 4-18〉에서 보는 바와 같이, A국 ACo는 연구개발 프로젝트의 개시에 앞서서 유전적으로 변형된 씨앗을 B국 BCo에게 양도하고, BCo는 개발활동에 대한 자금을 제공한다고 하자. 그리고 BCo는 그러한 재무위험을 감당할 통제능력과 재무역량을 가진다고 가정하자. ACo는 A국에서 연구개발 활동을 수행하고, 무형자산은 B국에서만 활용될 것이다. ACo는 고도의 기술인력 및 가치있는 무형자산의 존재로 인해 R&D 활동을 수행하는 데 독특한 역량을 갖추고 있다. BCo는 씨앗을 생산하여 판매할 것이고, 이러한 활동에 대한 독립기업 보상이 총비용(생산원가+영업비용)에 5.3% 이윤을 가산한 금액이라고 가정하자.

〈그림 4-74〉 무형자산 양도시 정상가격 산출사례

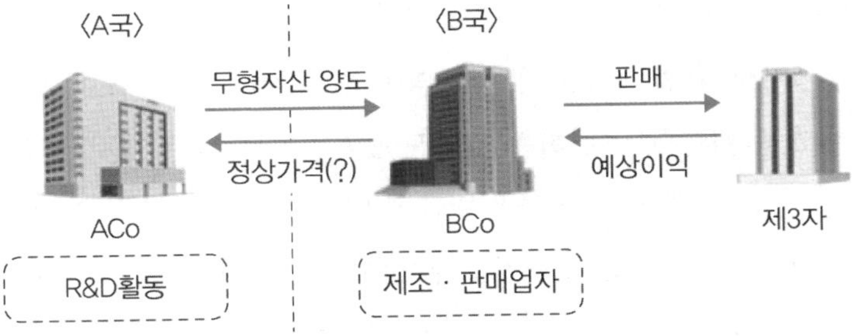

〈표 4-18〉 무형자산의 활용에서 창출된 영업이익의 현재가치 배분

연 도	현재가치 (할인율 11%)	Year1	Year2	Year3	Year4	Year5
매출액		-	-	312	312	312
R&D 비용		100	100	-	-	-
제조원가		-	-	125	125	125
영업비용		-	-	62	62	62
영업이익	77	(100)	(100)	125	125	125
제조/판매 정상보상	24	0	0	10	10	10
무형자산 귀속 영업이익	53	(100)	(100)	115	115	115

기능분석을 통해서, ACo는 무형자산을 직접 개발(무형자산을 양도하는 대신 보유)하여 B국에서 활용할 수 있는 현실적 대안을 가지는 것으로 밝혀졌다. 동 프로젝트와 연관된 시장관련 위험을 반영하는 적절한 할인율이 11%라고 결정되었다고 하자. 이는 유사한 위험의 프로젝트에 종사하는 독립기업들의 가중평균 자본비용을 참고하여 결정된다. 이러한 가정하에서, ACo는 현실적 대안과 비교할 때 자신이 불리한 금액으로는 무형자산 권리를 양도하지 않을 것이다. 11% 이자율로 할인된 영업이익의 현재가치는 77이지만, 해당 금액 중 BCo에 의해 수행된 제조 및 판매에 대한 독립기업 보상의 현재가치는 24이다. 이러한 경우, ACo는 현재가치로 평가된 금액이 53 이하로는 해당 무형자산 권리를 양도하지 않을 것이다.

(마) 내용연수 및 잔존가치

무형자산의 내용연수는 자산이 사업상 활용될 것으로 예상되는 전체 기간이다. 특정 무형자산의 내용연수는 무형자산에 허용된 법적 보호의 성격과 기간, 산업의 기술진보 속도 및 관련 경제적 환경에서 경쟁에 영향을 미치는 다른 요인들에 의해 영향을 받을 수 있다.(TPG 6.175) 무형자산이 법적 보호가 종료된 이후 또는 관련 제품의 시장판매가 종료된 이후 연도의 현금흐름 창출에 공헌하는 경우도 있다. 이는 한 무형자산의 창출이 미래 무형자산의 창출 및 새로운 제품의 개발을 위한 기반을 형성하는 상황인데, 이러한 경우 예상 신제품의 현금흐름 중 일부를 내용연수가 만료된 무형자산에게 적절히 귀속시킬 필요가 있을 것이다.(TPG 6.176) 이와 관련하여, 특정 무형자산이 수익을 창출하는 합리적 기간을 넘어서 지속적인 현금흐름에 공헌하는 경우, 현금흐름 관련 무형자산의 잔존가치가 계산되는 경우도 있을 것이다. 평가계산에 잔존가치가 사용되는 경우, 계산에 내재하는 가정들이 명확히 규정되고 특히, 가정된 성장률이 철저히 검토되어야 한다.(TPG 6.177)

(바) 조세에 관한 가정

평가기법의 목적이 무형자산과 연관된 예상 현금흐름을 분리하는 것인 경우, 미래 예상이익에 대한 조세의 영향을 평가하고 계량화하는 것이 필요할 수 있다. 이때 고려되어야 할 조세효과는 ⅰ) 미래 현금흐름에 부과될 예상조세, ⅱ) 무형자산을 이전받은 자가 이용가능한 감가상각 관련 조세혜택, ⅲ) 무형자산을 이전하는 자에게 부과될 예상조세 등을 포함한다.(TPG 6.178)

다. 무형자산의 사용거래

무형자산이 존재하는 경우에는 이전가격 분석시 관련 무형자산이 특수관계거래의 가격 및 기타 조건들에 미치는 영향을 신중히 고려해야 한다. 무형자산 거래가격을 책정하는 방식은 상황에 따라 크게 달라질 수 있는데, 재화 또는 용역의 가격에 무형자산에 귀속되는 이익 부분이 이미 포함되어 있는 경우가 있다. 예를 들어, 연구개발, 제조 및 주요 관리 기능을 수행하는 모회사가 단순 판매기능만을 수행하는 자회사(buy & sell distributor)에게 재화를 판매한 경우, 비교가능한 상황하의 독립기업이 재화 매입시 모회사가 개발한 무형자산 대가를 포함시켜 높은 가격을 지불할 것이라고 인정되는 경우에는 무형자산을 별도로 분리하여 이전가격을 책정할 필요는 없다.

이전가격 분석시 가장 적합한 TP 방법으로 RPM, CPM 또는 TNMM이 선정된 경우, 일반적으로 거래당사자 중 기능이 덜 복잡한 기업이 분석대상기업으로 선정된다. 그러나, 분석대상기업이 상대적으로 복잡하지 않은 사업활동을 수행함에도 실제 무형자산을 사용하거나, 유사하게 잠재적 비교대상거래도 무형자산을 사용하기도 한다. 이 두 가지 상황 모두, 비교가능성 분석시 무형자산을 하나의 비교가능성 요소로서 고려해야 한다.(TPG 6.197) 예를 들어, 특수관계거래에서 매입한 재화를 판매하는 분석대상법인이 사업활동 지역에서 고객명단, 고객관계, 고객정보와 관련된 마케팅 무형자산을 개발할 수 있다. 또한, 판매활동을 수행하면서 사용하는 물류(배송) 노하우 또는 S/W 등을 개발할 수도 있다. 그러한 무형자산이 분석대상법인의 이윤에 미치는 영향이 비교가능성 분석시 고려되어야 할 것이다.

분석대상법인과 비교대상기업이 비교가능한 무형자산을 가지고 있는 경우 독특하고 가치있는 무형자산에 해당하지 않을 것이므로 무형자산에 대한 비교가능성 조정도 필요하지 않을 것이다. 그러나, 분석대상법인 또는 잠재적 비교대상기업 중 하나가 독특하고 가치있는 무형자산을 가지고 이를 사업에 사용하는 경우에는 적절한 비교가능성 조정을 하거나 다른 TP 방법을 사용해야 할 것이다.(TPG 6.201) 특정되지 않은 무형자산이나 중요한 영업권이 존재한다는 사실만으로 잠재적 비교대상기업에서 제외시켜서는 안 된다. 잠재적 비교대상거래는 비교가능하지 않은 무형자산의 존재 및 사용이 명백히 확인되는 경우, 그리고 무형자산이 명백히 독특하고 가치있는 경우에만 비교대상거래에서 제외되어야 한다.(TPG 6.202)

재화의 판매 또는 용역 제공과 관련한 무형자산의 사용거래에 대한 정상가격결정 문제는 다음 두 가지 상황에서 논의될 수 있다. 첫째, 신뢰할 수 있는 비교대상거래가 존재하는 경우이다. 재화 또는 용역관련 특수관계거래의 당사자 중 하나 또는 양자가 무형자산을 사용함에도 불구하고 신뢰할 수 있는 비교대상거래가 확인될 수 있다. 분석대상법인이 독특하고 가치있는 무형자산을 사용하지 않고, 신뢰할 수 있는 비교대상거래가 확인되는 경우에는 CUP, RPM, TNMM 등 일방적 방법에 의해 정상가격을 결정할 수 있다.(TPG 6.205)

분석대상법인이 사용한 무형자산이 독특하고 가치있는 무형자산일 때만 비교가능성 조정을 하거나 비교가능 독립거래에 덜 의존하는 TP 방법을 채택할 필요성이 제기된다. 분석대상법인이 사용한 무형자산이 독특하고 가치있는 무형자산이 아닌 경우 비교가능 독립기업들 간 가격 또는 이윤은 정상가격 조건을 결정하는 신뢰할 수 있는 기초를 제공할 수 있다.(TPG 6.206)

비교가능성 조정이 필요한 경우 계량화의 신뢰성 문제가 제기될 수 있으므로 무형자산이 가격 및 이윤에 미치는 영향에 대해 관련 사실관계 및 상황, 그리고 이용가능한 자료를 고려할 필요가 있다. 사용된 무형자산의 특성상 차이가 가격에 미치는 영향이 상당하고 정확한 추정도 어려운 경우 신뢰할 수 있는 비교대상거래의 식별에 대한 의존도가 낮은 다른 TP 방법을 사용할 필요가 있다.(TPG 6.207) 무형자산이 사용되는 거래에 대해 비교가능성 조정을 할 경우 무형자산의 특성상 차이 외에 시장차이, 지역적 이점, 사업전략, 집합노동력, 그룹시너지 등 다른 요소들도 고려될 필요가 있다.

둘째, 신뢰할 수 있는 비교대상거래가 존재하지 않는 경우에는 무형자산 사용관련 재화의 판매 또는 용역의 제공에 대한 정상이윤의 배분을 결정하기 위해 PSM이 이용될 수 있다. PSM 사용이 적절한 상황은 양 거래당사자 모두가 독특하고 가치있는 공헌을 할 때이다. 무형자산 사용과 관련한 사안에서 PSM을 적용할 경우에는 쟁점 무형자산을 식별하고, 그 무형자산이 가치창출에 공헌하는 방식을 평가하며, 소득을 발생시키는 수행기능, 부담위험 및 사용자산을 평가하는 데 주의를 기울여야 한다. 특정되지 않은 무형자산의 존재 및 사용에 대한 애매한 주장만으로는 PSM 적용이 정당화되지 않는다.(TPG 6.211)

이와 관련하여, 아래 〈그림 4-75〉에서 보는 바와 같이 내국법인과 해외 현지법인(자회사) 간의 무형자산의 사용 거래와 관련한 이전가격 접근방법에 대해 살펴보도록 하자. A국 모회사 PCo는 X제품에 대한 광범위한 R&D 활동을 수행하고, X제품과 관련한 특허권 등 모든 무형자산 권리의 소유자이다. PCo는 현지화 전략의 일환으로 B국에 자회사 SCo를 설립하여 X제품에 대한 제조 및 판매를 위탁하였다고 하자. PCo는 SCo의 제조 및 판매활동을 지원하기 위해 다수의 직원들을 파견하고 있다. 이러한 이전가격 거래에 대해 납세자는 분석대상법인을 PCo로 선정하고, 제품유형별 기술사용료로 판매액의 2~3%, 파견 직원 1인당 일정금액의 용역대가를 보상하고 있다고 하자. 그 결과 분석대상 과세기간 동안 SCo의 영업이익률은 10%를 초과하는 데 비해, PCo의 영업이익률은 5% 내외에 불과하다고 하자.

〈그림 4-75〉 내국법인과 해외 자회사 간 이전가격 조정사례

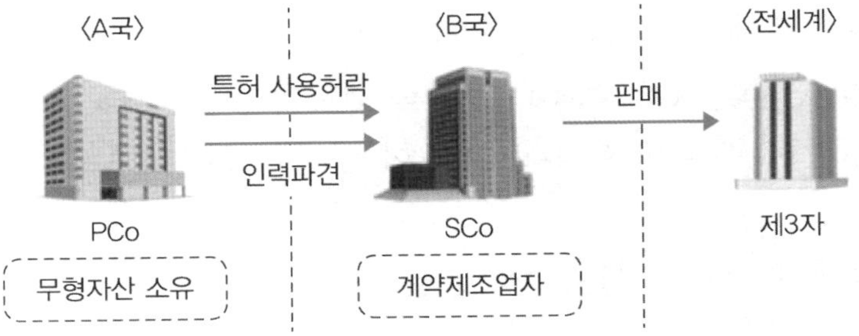

이러한 사실관계에 토대하여 기능분석 및 이전가격 조정 방법에 살펴보자. 기능분석에서는 거래당사자들 중 누가 중요한 기능을 수행하고, 자산을 사용하며, 위험을 부담하는지를 파악해야 한다. PCo는 자체 R&D 활동을 통해 특허 등 무형자산을 개발・등록하고, SCo에 대한 제조노하우 제공을 위해 기술인력을 파견하며, 마케팅 전략수립, 고객개발 지원, 계약협상 등 중요한 자산을 사용하고, 위험 통제권을 행사한다. 반면에, SCo는 원재료 구입, 생산활동, 공정관리 등 계약제조업자로서의 기능, 그리고 현지인력 채용 및 판매계약 체결, 판매 후 유지보수 등 판매업자의 역할도 수행한다.

쟁점 무형자산 사용거래는 무형자산과 용역이 결합된 거래로서 파견 기술지원 인력이 사용하는 특허, 노하우 등 사업 무형자산 및 파견 판매지원 인력이 사용하는 마케팅 노하우, 고객관계 등 마케팅 무형자산이 밀접히 연관되어 개별적으로 평가하기 곤란하고, 특히 무형자산과 용역 간의 상호작용을 고려할 때 통합분석이 바람직하다.

따라서 상대적으로 단순한 기능을 수행하고 독특한 무형자산을 창출하지 않는 SCo를 분석대상법인으로 선정하여 TNMM을 적용하여 1차로 보상한 후, 잔여이익에 대해서는 상대적 공헌도에 따라서 배분하는 PSM을 적용하는 것이 가장 적합한 TP 방법의 적용일 것이다. 먼저 TNMM을 적용할 때, SCo에게는 현지시장에서 무형자산을 창출 또는 사용하지 않는 비교가능 독립기업들의 이윤자료를 토대로 보상을 한다. 계약제조업자에 대한

독립기업 보상은 통상 영업이익률의 5% 수준이라고 하자. 이때, 만약 B국에서 유사한 기능을 수행하는 다른 계약제조업자들을 확보할 수 있는 현실적 대안이 존재하고 SCo가 독특한 무형자산을 창출하지 않는다면, 납세자가 주장할 수 있는 저비용지역 혜택(location savings)은 통상 SCo에게 귀속되지 않는다.

결국, SCo의 비교가능 독립기업 이윤율(예: 영업이익률 5%)을 초과하는 이익은 잔여이익분할법에 따라 PCo와 SCo 간의 중요한 기능수행, 자산사용, 위험부담에 대한 상대적 공헌도에 따라 배분되어야 한다. 만약 PCo와 SCo 간 이익분할 비율이 7:3으로 결정되었다면, SCo의 이익 중에서 영업이익률 5%를 초과하는 이익은 7:3 비율로 조정되어야 한다. 이때 SCo의 현지화(localization) 수준, 즉 현지 무형자산(local intangible)의 창출 수준이 높을수록 SCo에 대한 이익배분 비율이 증가할 것이다.

라. 거래시점에서 평가의 불확실성이 존재하는 경우

무형자산은 비교대상거래의 탐색을 어렵게 하고, 어떤 경우에는 거래시점에서 무형자산 가치의 결정을 어렵게 만드는 특성을 가질 수 있다. 거래시점에서 무형자산의 평가가 매우 불확실한 경우 정상가격을 결정하는 방법은 독립기업들이라면 비교가능한 상황에서 어떤 방식으로 가격을 결정했을지를 검토하는 것이다.(TPG 6.181) 독립기업들이 거래시점에서 무형자산 평가의 불확실성에 대처하는 여러 가지 방법이 있을 수 있지만, 한 가지 대안은 관련된 모든 경제적 요소들을 고려한 예상이익(anticipated benefits)을 이용하는 것이다. 예상이익을 결정하기 위해 독립기업들은 예측가능한 후속 사태들을 고려할 것이다. 후속 사태들이 충분히 예측가능한 경우, 예상이익을 토대로 거래시점의 가격을 확정하는 것은 충분히 신뢰할 수 있을 것이다.(TPG 6.182) 독립기업은 이러한 예상이익에 토대한 가격결정만으로 평가의 불확실성에 따른 위험에 대한 충분한 방어가 되지 못하는 경우에는 예컨대, 계약조건에 가격조정 조항을 포함하거나 단기계약을 체결하고 조건부 지급조건(contingent payment)의 지급방식을 채택함으로써 충분히 예측하지 못하는 후속 사태들에 대응할 것이다. 예를 들어, 사용료율을 사용권자의 매출 증가와 연계하여 상향하도록 정하거나, 특정 개발목표가 성취될 때 추가 지급이 요구될 수도 있다. 무형자산이 아직 상업화되지 않고 추가개발이 요구되는 단계에서 이전되는 경우, 독립기업들은 추가개발시 특정 중요한 단계를 달성할 때에만 지급할 수 있는 추가 조건부지급액의 결정을 포함할 것이다.(TPG 6.183)

또한, 독립기업들은 예상할 수 없는 후속 사태들로 인해 초래될 수 있는 위험을 감당할 수도 있다. 그러나, 거래시점에서 당사자들이 예상할 수 없었던 큰 사건이 발생한 때 또는 발생가능성은 낮지만 근본적 가정들을 변경시킬 수 있는 예측가능한 사건이 발생한 때에는 상호이익이 될 경우 쌍방의 합의하에 가격약정에 대한 재협상을 할 수도 있다. 예를 들어, 예상치 못한 저비용 대체 치료방법의 개발로 의약품 특허에 대한 사용료가 과다하게 책정되었다고 판단될 경우 사용허락자와 사용권자가 상호이익이 된다고 판단될 때에는 재협상을 통해 향후 사용료를 인하하는데 합의할 수 있다.(TPG 6.184)

마. 가치측정이 어려운 무형자산

무형자산의 평가와 관련되는 사건들은 대부분 무형자산이 개발 또는 활용되는 사업환경과 강한 연계성이 있다. 따라서, 어떤 사건들이 관련성이 있는지, 그리고 그러한 사건들의 발생 또는 방향이 예상되었거나 합리적으로 예상가능했는지 여부에 대한 평가에는 무형자산이 개발 또는 활용되는 사업환경에 대한 전문지식, 전문성 및 통찰력이 요구된다.

한 기업이 무형자산의 개발 초기에 무형자산을 관계회사에 이전하면서 이전 시 무형자산의 가치를 반영하지 못하는 사용료를 책정하고, 나중에 무형자산 이전시에는 장래 제품의 성공을 완전히 확실하게 예측할 수 없었다고 주장할 수 있다. 다시 말해서, 납세자는 이러한 사전적 가치와 사후적 가치의 차이를 사건들이 예상했던 것보다 더 유리하게 전개되었던 탓으로 돌릴 수 있다. 이러한 납세자 주장을 조사하고자 하는 과세당국은 납세자가 제공하는 통찰력과 정보에 주로 의존하게 되고, 이 경우 무형자산의 사전적 및 사후적 가치평가의 차이가 납세자가 독립기업원칙에 부합되지 않은 가정을 했기 때문이라는 점을 증명할 수 있는 사업적 통찰력과 정보에 접근하기 곤란하게 된다. 즉, 이러한 납세자와 과세당국 간 정보의 비대칭성이 이전가격 결정의 위험성을 야기할 수 있다.(TPG 6.186)

무형자산의 이전과 관련한 상황에서, 사후적 결과(ex post results)는 특수관계기업들 간에 합의된 사전 가격약정의 독립기업적 성격, 그리고 거래시점에서 불확실성의 존재에 관해서 과세당국에게 신호를 제공할 수 있다. 만약 사전적 예상(ex ante projections)과 사후적 결과의 차이가 존재하고 그 원인이 예상할 수 없었던 사건들 때문이 아닌 경우에는 거래체결 당시 특수관계기업들 간 합의했던 가격약정이 무형자산의 가치와 가격약정에 영향을 미칠 것으로 예상되었던 사건들을 적절히 고려하지 않았음을 시사한다.(TPG 6.187)

'가치측정이 어려운 무형자산(hard-to-value intangibles: 이하 HTVI)'이란 특수관계기업 간 무형자산의 이전 시점에 i) 신뢰할 수 있는 비교대상거래가 존재하지 않고, ii) 거래체결 시점에서 이전된 무형자산에서 발생할 것으로 기대되는 미래 현금흐름의 예측치 또는 무형자산 평가에 사용된 가정들이 매우 불확실하기 때문에 이전 시점에서 무형자산의 궁극적인 성공 수준을 예측하기 어려운 무형자산 또는 무형자산의 권리를 말한다.(TPG 6.189)

이에 대해 우리나라 세법은 '가치측정이 어려운 무형자산'의 요건으로, i) 무형자산을 거래할 당시에 비교가능성이 높은 독립된 사업자 간 거래가 없고, ii) 개발 중인 무형자산으로서 상업적으로 활용되기 위해 많은 기간이 소요되거나 무형자산의 높은 혁신성 등으로 거래 당시에 해당 무형자산으로부터 예상되는 경제적 편익 등에 대한 불확실성이 높을 것 등 두 가지 요건을 제시하고 있다.(국조령 §13 ⑤)

HTVI의 이전 또는 사용과 관련한 거래는 아래에서 제시하는 하나 또는 그 이상의 특징을 가진다. 즉, i) 이전시점에서 부분적으로만 개발된 경우, ii) 이전거래 이후 수년 동안 상업적 개발이 기대되지 않는 경우, iii) 그 자체만으로는 HTVI의 정의에 포함되지 않지만, HTVI에 해당되는 다른 무형자산의 개발 또는 향상에 필수적인 경우, iv) 이전시점에서 유사한 무형자산의 개발 또는 이용 실적이 없는 경우, v) 이전대가가 일괄지급 방식으로 지불되는 경우, vi) CCA 또는 그와 유사한 약정하에 개발 또는 사용되는 경우 등이다.

HTVI의 평가와 관련하여, 과세당국은 사후적 증거를 통해서 거래시점에서 불확실성의 존재, 납세자가 거래시점에서 합리적으로 예상할 수 있는 사건을 적절히 고려했는지 여부, 그리고 무형자산의 이전가격을 결정할 때 사전적으로 이용된 정보의 신뢰성에 관한 추정증거(presumptive evidence)를 파악한다. 그러한 추정증거는 정확한 정상가격 결정에 영향을 미치지 않았다는 것이 입증될 수 있는 경우 반박의 대상이 될 수 있다. 이러한 접근방법은 사후적 결과가 토대한 정보가 거래체결 시점에서 특수관계기업이 합리적으로 알 수 있었고 고려했을 수 있었는지 여부를 감안하지 않고, 과세목적 상 사후적 결과를 채택함으로써 사후합리화(hindsight)가 사용되는 상황과는 구별되어야 한다.

사후적 증거는 거래당시 불확실성의 존재, 사전 가격약정의 적절성에 관한 추정증거를 제공한다. 따라서 만약 사전적 예상과 사후적 결과에 차이가 있는 경우 거래당시에 합리적으로 예상가능한 사건들을 적절히 고려했다는 점과 무형자산의 이전가격 결정시에 이용했던 사전적 정보가 신뢰할 수 있는 것이었다는 점에 대한 입증책임은 납세자에게 있다.

그러나, 사후적 증거는 사전적 가격결정이 토대로 했던 정보의 신뢰성을 평가하기 위해 고려되어야 한다. 만약 과세당국이 사전적 가격결정이 토대로 했던 정보의 신뢰성을 확인한다면, 사후적 이익수준에 토대하여 가격조정이 이루어져서는 안 된다. 과세당국은 사전적 가격결정을 평가할 때, 조건부 가격약정을 포함하여 독립기업들 간에 거래당시에 체결했을 정상가격 약정이라는 것을 나타내는 재무결과에 관한 사후적 증거를 사용할 권리가 있다. 이 경우 사실관계 및 상황에 따라서 다년도 자료의 분석이 적절할 수 있다.(TPG 6.192)

이와 관련하여, 우리나라 세법은 "가치측정이 어려운 무형자산에 대해 사후에 평가된 해당 무형자산의 거래가격과 당초 거래가격의 차이가 당초 거래가격의 20%를 초과하는 등 현저히 차이가 나는 경우 과세당국은 해당 거래가격이 합리적이지 않은 것으로 추정하고, 해당 무형자산으로부터 실제로 발생한 경제적 편익 등 사후에 해당 무형자산과 관련하여 변경된 거래 상황 및 경제 여건 등을 바탕으로 정상가격을 다시 산출할 수 있다."고 규정하고 있다.(국조령 §13 ⑤)

이러한 사후적 결과에 토대한 접근방법은 다음의 면제요건(exemptions) 중 하나가 적용될 때는 적용되지 않는다. 첫째, 납세자가 다음 사항에 대한 신뢰할 수 있는 증거를 제공하는 경우이다. 즉, ⅰ) 가격결정 산식에서 위험이 어떻게 반영되었는지를 포함하여, 가격결정 약정 및 합리적으로 예상할 수 있는 사건과 기타 위험에 대한 고려의 적절성, 그리고 발생 확률을 결정하기 위하여 이전 시점에서 사용된 사전 예상치의 세부내용, ⅱ) 재무 예상치와 실제 결과 간의 중요한 차이가 a) 거래시점에서 특수관계기업에 의해 예상될 수 없었던 가격결정 이후에 발생한 예상할 수 없는 사건 때문이거나, 또는 b) 예상할 수 있는 결과의 발생 확률로부터 실현되었지만, 이러한 확률이 거래시점에서 중요하게 과대 또는 과소평가되지 않았어야 한다. 둘째, 이전받은 자와 이전하는 자의 국가 간에 HTVI의 이전이 쟁점기간 동안 발효중인 양자 또는 다자간 APA에 의해 다루어진 경우, 셋째, 사전 예상치와 실제 결과치 간의 차이가 HTVI에 대해 거래시점에서 결정된 보상의 20% 이하인 경우, 넷째, 이전받은 자를 위해 HTVI가 최초로 제3자 수입을 창출한 이후 5년의 상업화 기간 동안에 사전 예상치와 실제 결과 간의 차이가 해당 기간 예상치의 20%를 초과하지 않은 경우 등이다.(TPG 6.193)

이와 관련하여, 우리나라 세법은 앞서 제시한 정상가격 재산출 규정이 적용되지 않는 면제 사유로서, ⅰ) 무형자산의 당초 거래가격과 사후에 평가된 가격의 차이가 당초 거래시

거래당사자가 합리적으로 예측할 수 없는 사유에 기인한 것으로서 거래당사자가 당초 거래시 예측을 위해 고려한 가정이 합리적임을 입증한 경우, ii) 무형자산의 당초 거래가격과 사후에 평가된 가격의 차이가 당초 거래가격의 20%를 넘지 않는 경우, iii) 무형자산거래에 대한 정상가격 산출방법에 대하여 체약상대국의 권한있는 당국과의 MAP에 의한 사전 승인을 받은 경우 등 TPG의 내용과 거의 유사한 사항들을 규정하고 있다.(국조령 §13 ⑥)

재무적 결과에 대한 사후적 증거가 과세당국에게 사전 가격약정의 적절성을 고려하기 위한 관련 정보를 제공할지라도, 납세자가 거래시점에서 예상할 수 있었던 것과 가격설정 가정에 반영되었던 것을 충분히 증명할 수 있고, 예상과 결과 간의 차이를 가져온 사태들이 예상할 수 없는 사건들 때문에 발생한 경우에는 과세당국은 사후결과에 토대하여 사전 가격약정에 대해 조정을 할 권리가 없을 것이다. 예를 들어, 이전된 무형자산을 사용한 제품의 연간 판매량, 즉 사후 재무결과가 1,000으로 밝혀졌는데도 사전 가격약정에 따르면 연간 예상판매량이 최대 100에 불과할 것으로 추정한 경우, 과세당국은 그렇게 높은 판매량을 달성한 이유를 고려해야만 한다. 만약 높은 판매량이 자연재난 또는 기타 예상하지 못한 사건으로 인해 해당 무형자산을 포함한 제품에 대한 엄청나게 높은 수요 때문인 경우에는, 사후 재무결과가 정상가격에 부합하지 않은 가격결정 때문이라는 것을 보여주는 증거가 존재하지 않는 한, 사전 가격결정은 정상가격으로 인정되어야 한다.(TPG 6.194)

제7장 그룹내 용역거래 과세

1 그룹내 용역의 의의

가. 의의

MNEs은 독립기업들과 마찬가지로 필요한 용역을 외부 독립기업 또는 그룹내 다른 관계회사로부터 구입하거나 직접 수행할 수도 있다. 그룹내 용역(intra-group service)은 일반적으로 법률 및 회계용역처럼 외부 독립기업이 제공하는 것도 있고, 내부감사, 자금조달 조언 또는 직원교육과 같이 기업 내부적으로 수행되는 것도 있다. MNEs의 주된 관심은 비용 효율적으로 그룹내 용역을 제공하는 것이다. 그룹내 용역은 적절히 식별되고, 관련 원가는 독립기업원칙에 따라 그룹내 관계회사 간에 적절히 배분되어야 한다.(TPG 7.2)

그룹내 용역약정은 종종 재화 또는 무형자산의 이전 약정과 연관된다. 용역을 포함한 노하우 계약의 경우 무형자산의 이전과 용역제공 간 정확한 경계를 구분하기가 매우 어려울 수 있다. 부수적 용역은 흔히 기술의 이전과 관련된다. 따라서 TPG 제3장(TPG 3.9-12) 비교가능성 분석에서 규정된 거래의 통합 및 분리에 적용하는 원칙을 고려할 필요가 있다.(TPG 7.3)

MNEs의 그룹내 용역이 관계회사들에게 제공하는 이익의 정도는 개별 사실관계 및 상황, 그리고 그룹내 약정에 따라 달라진다. 예를 들어, 분권화된 그룹의 모회사는 주주자격으로서 자회사에 대한 투자 감시활동으로 제한되는 반면, 집중화된 그룹은 모회사의 이사회 및 경영진이 자회사들의 사업과 관련된 중요한 결정을 하고, 모회사가 자금조달, 마케팅 및 공급망 관리와 같은 사업활동은 물론, 일반 관리활동의 수행 등 자회사의 의사결정 집행을 지원할 수도 있다.(TPG 7.4) MNEs은 흔히 시너지효과를 얻기 위해 특정 용역들을 집중화하는 경우가 있다. 이렇게 그룹내 여러 관계회사들에게 용역을 제공하는 기업을 공유 서비스센터(shared service centers)라고 한다.

나. 그룹내 용역 사례

MNE 그룹은 유동성, 통화 및 채무 위험을 효과적으로 관리하고 행정적 효율성 등 경제적 이유로 채권추심(debt-factoring) 활동을 집중화할 수 있다. 이러한 채권추심센터는 독립기업 보상을 받아야 하는 그룹내 용역을 수행하고 있는 것이고, 이 경우 CUP 방법이 적절할 것이다.(TPG 7.39)

제조 또는 조립활동의 경우 계약 제조활동을 포함하여 여러 형태의 그룹내 용역이 존재한다. 계약 제조활동의 경우 제조업자는 무엇을, 얼마만큼, 어떤 품질로 생산할 것인지에 관해 위탁자로부터 광범위한 지시를 받아 생산활동을 수행한다. 어떤 경우에는 원재료 또는 부품을 위탁자로부터 제공받기도 한다. 제조업자의 전체 생산물은 품질요건이 충족되는 한, 위탁자의 구매가 보장될 수 있다. 이 경우 계약제조업자는 위탁자에 대해 저위험 용역을 제공하는 것이고, 원가가산법이 가장 적절한 TP 방법으로 간주될 것이다.(TPG 7.40)

R&D 활동도 그룹내 용역과 관련될 수 있다. 계약 R&D로 알려진 대로, 활동 조건은 흔히 용역 위탁기업과의 세부계약에 의해 정해진다. 활동은 고도의 숙련인력이 관련되고, 활동의 성격과 성공에 대한 중요성 측면에서 매우 다양할 수 있다. 실제의 약정은 위탁기업에 의해 설계된 세부 프로그램을 수행하는 것부터 수탁기업이 넓게 정의된 범주 내의 작업에 대해 재량권을 가지는 약정에 이르기까지 여러 형태를 가질 수 있다. 후자의 경우, 상업적으로 가치있는 분야를 식별하고 R&D 활동의 실패위험을 평가하는 부가적 기능들이 그룹 전체의 활동에서 중요한 요소가 될 수 있다. 따라서, 적절한 TP 방법을 고려하기에 앞서, R&D 활동의 정확한 성격과 용역 수탁기업에 의해 어떻게 활동들이 수행되는지를 명확히 이해하고 세부 기능분석을 수행하는 것이 중요하다. 가장 적절한 TP 방법을 선택할 때, 용역 위탁기업이 현실적으로 이용할 수 있는 대안들에 대한 고려도 역시 유용할 수 있다.(TPG 7.41)

무형자산 권리의 관리 및 집행도 그룹내 용역에 해당한다. 이는 무형자산 권리의 사용과는 구별되어야 한다. 라이선스의 보호는 라이선스 침해 여부에 대한 감시 및 라이선스 권리에 대한 집행 기능을 담당하는 그룹 용역센터에 의해 취급될 수 있다.(TPG 7.42)

2 그룹내 용역관련 이슈

그룹 관계회사 간 제공 용역에 대해 이전가격 목적 상 몇 가지 이슈가 제기된다. 첫째, 용역의 제공 여부이다. 거래의 존재에 대해 의심의 여지가 없는 재화의 판매와 달리, 관계회사 간 용역거래는 항상 명확하게 확인되는 것은 아니다. 예를 들어, 어떤 기업의 종업원이 다른 기업에게 효익을 주는 특정 임무를 수행하는 경우가 있다. 또한, 관계회사 간 거래가 용역의 제공(수수료)인지 또는 무형자산의 사용허락(사용료)인지를 결정하는 것이 쉽지 않을 수도 있다. 이 경우 사용료는 원천징수대상 소득이므로 사용료소득인지 인적용역소득 또는 사업소득인지를 구분하는 것은 또 다른 중요성을 갖는다.

둘째, 용역대가가 용역수취 기업에게 제대로 청구되었는지 여부이다. 용역대가는 특정 용역이 수취기업에게 효익을 제공할 때에만 청구되어야 한다.(TPG 7.6) 따라서 수취기업 스스로 이미 유사한 용역을 수행하고 있음에도 청구되는 용역, 다른 기업 또는 용역제공 기업을 위해 수행되는 용역 등은 제외된다. 이와 관련하여 소위 주주비용(shareholder costs)은 주주 자신 또는 그룹 자체를 위해 수행된 활동에서 발생한 비용으로 주주가 부담해야 하고, 각 관계회사들에게 배분되어서는 안 된다. 그러나, 모회사가 자회사의 신규 법인 취득에 소요되는 자금을 자회사를 위해 조달해주는 경우에는 일반적으로 그룹 관계회사를 위한 용역 제공으로 간주된다. 또한, 그룹의 한 회사가 다른 관계회사에 대해 주주권 때문이 아닌 다른 차원에서 위와 같은 활동을 하는 경우, 주주활동이라기보다는 모회사 또는 지주회사의 용역제공으로 간주되어야 한다.

셋째, 용역수취 기업에게 제공된 용역의 원가를 배분하는 방법이다. 배분방법으로 직접적 방법과 간접적 방법이 고려될 수 있다. 예를 들어, 모회사가 한 자회사에게만 용역을 제공하는 경우와 같이 수취인이 명확히 확인되는 경우에는 용역의 원가가 수취기업에게 직접 청구된다. 반대로, 동일한 용역이 여러 관계회사를 위해 제공되고 각 관계회사가 얻은 이익을 정확히 확인할 수 없는 경우에는 간접적 방법이 적용될 수 있다. OECD는 직접적 방법을 적용할 수 있다면 간접적 방법보다 우선 적용해야 한다고 한다. 왜냐하면, 직접적 방법이 독립기업원칙에 보다 더 부합하기 때문이다.

넷째, 용역대가에 대한 TP 방법의 결정 문제이다. 다른 특수관계거래와 마찬가지로 관계회사 간 용역거래에도 CUP 방법이 우선 적용되지만, 이를 적용할 수 없는 경우 용역제공 기업의 발생원가에 토대한 방법이 사용된다. 여기서 어떤 원가를 근거로 청구되어야 하는지, 그리고 원가에 이윤이 가산되어야 하는지의 문제가 제기될 수 있다. 독립기업이 공짜로 용역을 제공하지는 않을 것이므로 용역원가에 이윤이 가산되어야 하는데, 독립기업 간 거래에서 발생했을 이윤이 청구되어야 한다. 예를 들어, 경영자문과 같은 고부가가치용역은 높은 이윤이, 회계용역과 같은 저부가가치 용역은 낮은 이윤이 적용될 것이다. 그러나, 예컨대 이윤을 가산하지 않고 용역을 제공하는 것이 장기적으로 이익이 될 때와 같이 용역제공에 이윤을 가산하지 않는 경우도 있다.

〈그림 4-76〉 중간 경유법인을 통한 용역대가의 지급

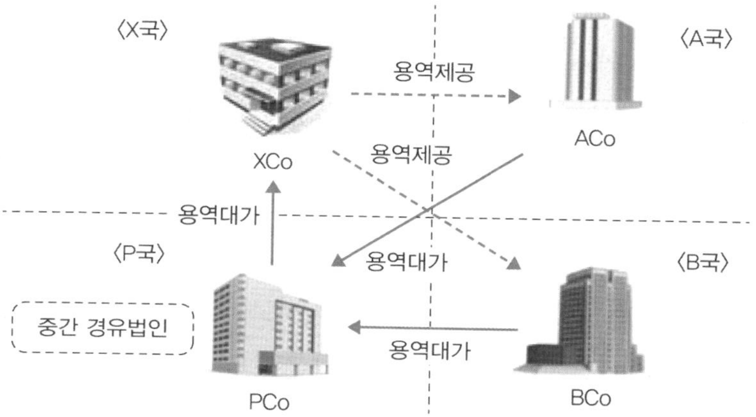

또한, 한 그룹 관계회사가 중간 경유법인(intermediary)으로서 역할을 수행하고 실제 제3자로부터 용역을 구입하는 경우, 용역수행 기업에게 지불된 가격에 이미 이윤이 포함되어 있기 때문에 원칙적으로 이 용역원가에 이윤이 가산되어서는 안 된다. 예를 들어, 위 〈그림 4-76〉 사례에서 보는 바와 같이 외부 법률회사(XCo)가 한 MNE그룹의 자회사들(ACo, BCo)을 위해 제공한 법률용역 비용을 모회사(PCo)에게 청구한 경우, 모회사가 자회사에 재청구하는 용역비용에 이윤이 가산되어서는 안 된다. 그러나, 특수관계기업이 실제 제3자에 의해 수행된 용역을 관리하기 위해 중개인으로서 시간과 인력을 사용한 경우에는 이러한 대리기능(agency function)에 대해 대가를 청구할 수 있다.

그룹내 관계회사 간 용역거래에 대한 이전가격 결정의 복잡성 때문에 일부 MNEs은 용역거래에 대한 특정 이전가격 결정모델을 적용하지 않고, 다른 거래의 이전가격에 관계회사 간 용역대가를 포함하는 경우도 있다.

이와 관련하여, 우리나라 세법은 "거주자와 국외특수관계인 간의 용역거래(경영관리,

금융자문, 지급보증, 전산지원 및 기술지원, 그밖에 사업상 필요하다고 인정되는 용역거래를 포함)의 가격이 다음 요건을 모두 충족하는 용역거래의 가격인 경우 그 거래가격을 정상가격으로 보아 손금으로 인정한다."고 하면서, 그러한 요건으로 첫째, 용역제공자가 사전에 약정을 체결하고 그 약정에 따라 용역을 실제로 제공할 것, 둘째, 용역을 제공받은 자가 제공받은 용역으로 인하여 추가적으로 수익이 발생하거나 비용이 절감되기를 기대할 수 있을 것, 셋째, 용역을 제공받는 자가 제공받는 용역과 같은 용역을 다른 특수관계인이 자체적으로 수행하고 있거나 특수관계가 없는 제3자가 다른 특수관계인을 위하여 제공하고 있지 않을 것, 넷째, 위의 사실을 증명하는 문서를 보관·비치하고 있을 것 등을 규정하고 있다.(국조령 §12 ①)

3 용역의 제공 여부

가. 효익기준

독립기업원칙 하에서 그룹 관계회사가 하나 또는 그 이상의 관계사를 위해 어떤 활동을 수행할 때 그룹내 용역이 제공되었는지 여부는 해당 활동이 각 그룹 관계회사의 사업상 지위를 향상 또는 유지시키는 경제적·상업적 가치를 제공했는지에 달려있다.(소위 benefit test) 이는 비교가능한 상황하의 독립기업이라면 다른 독립기업에 의해 수행되는 활동에 대해 대가를 지불하고자 했을지 또는 스스로 내부에서 그 활동을 수행했을지 여부를 고려함으로써 결정될 수 있다. 만약 독립기업이 대가를 지불하려고 하지 않았거나 스스로 수행하려고 하지 않았을 경우, 해당 활동은 독립기업원칙 하에서 통상 그룹내 용역으로 간주되어서는 안 된다.(TPG 7.6)

그룹내 용역이 관계회사의 필요를 충족시키기 위해 수행된 경우에는 용역의 제공 여부를 결정하기가 상대적으로 쉽다. 통상 비교가능한 상황하의 독립기업은 자체적으로 활동을 수행하거나 제3자에게 수행토록 할 것이고, 그러한 상황에서는 통상 그룹내 용역이 존재할 것이다. 예컨대, 한 그룹 관계회사가 다른 관계회사의 제조활동에 사용된 장비를 수리하는 경우 그룹내 용역이 발견될 수 있다. 그러나, 용역제공 기업에 의해 발생된 비용을 확인하기 위해서는 신뢰할 수 있는 문서가 과세당국에게 제공되는 것이 중요하다.(TPG 7.8)

나. 주주활동

하나 이상의 관계회사 또는 그룹 전체와 관련된 활동을 수행하는 경우보다 복잡한 분석이 필요하다. 통상 모회사 또는 지역 지주회사가 오로지 하나 이상의 다른 그룹 관계회사에 대한 소유지분 때문에, 즉 주주 자격으로 수행하는 활동은 그룹내 용역으로 간주되지 않는다. 이러한 유형의 주주활동과 관련된 비용은 주주단계에서 부담되고 배분되어야 한다. 주주활동은 보다 넓은 개념인 후견활동(stewardship activity)과는 구분된다. 주주가 그룹의 다른 관계회사들을 위해 제공하는 용역, 예컨대 조정센터(coordinating center)에 의해 제공될 성격의 용역은 주주활동에 해당되지 않는다. 이러한 비주주 활동으로는 특정사업을 위한 세부적 기획용역, 비상관리 또는 문제해결을 위한 기술조언, 일상적 경영지원 등이 있다.(TPG 7.9)

주주활동과 관련된 비용으로는 ⅰ) 모회사 자체의 법적 구조와 관련된 비용(예컨대, 모회사 주주총회, 모회사의 주식발행, 모회사 주식의 상장, 감사위원회 비용), ⅱ) 재무보고 및 감사, 연결보고를 포함한 모회사의 보고의무와 관련된 비용, 전적으로 모회사의 이익을 위해 수행된 자회사 회계계정에 대한 모회사의 감사관련 비용, 연결재무제표 준비관련 비용, ⅲ) 지분 참여를 위한 자금조달 비용, 모회사의 투자자 관계와 관련된 비용(예컨대, 주주, 재무분석가, 펀드 및 기타 모회사의 이해관계자와의 커뮤니케이션 전략관련 비용), ⅳ) 모회사의 세법준수와 관련된 비용, ⅴ) MNE의 기업지배구조에 부수된 비용 등이다. 반대로, 예를 들어 모회사가 다른 그룹 관계회사를 대신하여 관계회사가 신규회사를 취득하기 위해 사용할 자금을 조달하는 경우에는 모회사가 해당 관계회사에게 용역을 제공한 것으로 간주된다. 만약 한 그룹 관계회사가 다른 관계회사에 대한 소유지분 때문만이 아니라 투자자금의 관리 및 보호와 관련된 관리 및 통제활동을 수행하는 경우라면, 이는 주주활동이 아니라 모회사 또는 지주회사에 대한 용역을 제공한 것으로 간주되어야 한다.(TPG 7.10)

다. 중복활동

일반적으로 다른 그룹 관계회사가 스스로 수행하거나 또는 제3자에 의해 수행되는 용역을 단순히 중복 제공하는 활동(duplication)의 경우 그룹내 용역이 존재한다고 볼 수 없다. 그러나, 용역의 중복제공이 BR 등과 같이 일시적인 경우 예외가 인정된다. 또 다른 예외는 사업상 의사결정의 오류 위험을 줄이기 위한 것인데, 예컨대 특정 주제에 대해 중복 법률 자문을 얻는 경우이다.

이에 대해 우리나라 세법은 "사업 및 조직구조의 개편, 구조조정 및 경영의사 결정의 오류를 줄이는 등의 합리적인 사유로 일시적으로 중복된 용역을 제공받는 경우"에는 그룹내 용역거래가 존재하는 것으로 본다.(국조령 §12 ①)

중복용역 가능성을 고려하기 위해서는 용역의 성격과 비효율적인 중복비용을 발생시키는 이유를 상세히 확인할 필요가 있다. 예를 들어, 기업이 자체적으로 마케팅 용역을 수행함과 동시에 다른 관계회사에게 마케팅 용역에 대한 대가를 지불한다고 하더라도 그 자체만으로는 중복이라 할 수 없다. 왜냐하면, 마케팅은 여러 단계의 활동을 포함하는 광범위한 개념이기 때문이다. 납세자가 제출한 정보를 검토함으로써 그룹내 용역이 자체적으로 수행된 활동들과 다른 것인지, 추가적인 것인지 또는 보완적인 것인지를 결정할 수 있다. 따라서 중복용역에 해당하는지 결정하기 위해서는 효익기준이 적용되어야 한다. 또한, 통제기능이 모회사에서만이 아니라 규제상 이유로 현지 자회사에서도 수행되는 경우 그러한 의무가 중복이라는 이유로 부인되어서는 안 된다.(TPG 7.11)

라. 부수적 효익

그룹 구조조정, 신규 자회사 취득 또는 특정 사업부문의 폐업 등과 관련된 활동은 그룹내 용역에 해당하지만, 직접 관련되지 않은 다른 관계회사들에게도 경제적 이익을 줄 수 있다. 통상 부수적 효익(incidental benefits)은 다른 관계회사들이 용역을 제공받은 것으로 간주되지 않는다. 왜냐하면, 독립기업들이 그러한 활동에 대가를 지불하지는 않을 것이기 때문이다.(TPG 7.12)

마찬가지로, 특수관계기업이 특정 활동의 수행 때문이 아니라 단지 MNE 그룹의 구성원이기 때문에 귀속되는 부수적 효익을 얻는 경우에는 그룹내 용역을 제공받은 것으로 간주되어서는 안 된다. 예를 들어, 그룹의 일원이라는 이유로 한 관계회사가 그룹의 일원이 아닐 경우보다 높은 신용등급을 받은 경우 용역 제공이 있었다고 간주하지 않는다. 그러나, 높은 신용등급이 다른 관계회사의 지급보증 때문이거나 글로벌 마케팅, PR광고 등 의도적 협력행위로부터 효익을 받은 경우에는 그룹내 용역이 존재한다고 할 수 있다. 수동적으로 그룹의 일원인 것(passive association)과 특정 관계회사들의 잠재이익을 향상시키는 적극적 촉진활동(active promotion)은 구분되어야 한다.(TPG 7.13)

마. 집중화된 용역

모회사 또는 그룹 서비스센터에 집중화된 활동들(centralized services)은 사업의 유형과 그룹의 조직구조에 따라 다르지만, 일반적으로 i) 기획, 조정, 예산통제, 재무조언, 회계, 감사, 법률, 채권추심, 전산서비스와 같은 관리용역, ii) 현금흐름 및 지불능력 감시, 증자, 대출계약, 이자율 및 환율 위험관리, 차환(만기연장)과 같은 재무용역, iii) 생산, 구매, 판매 및 마케팅 지원, iv) 채용 및 교육훈련 등 직원관련 용역 등을 포함한다. 또한, 그룹 서비스센터는 그룹 전체 또는 일부를 위한 주문관리, 고객서비스 및 콜센터, 연구개발 또는 무형자산의 관리 등을 수행하기도 한다. 이들 유형의 활동들은 통상 그룹내 용역으로 간주되는데, 왜냐하면 독립기업이 대가를 지불하거나 그들 스스로 수행할 유형의 활동이기 때문이다.(TPG 7.14)

바. 보상의 형태

용역제공 대가가 독립기업 간에 청구되었을지 여부를 고려할 때는 해당 거래가 비교가능 독립기업 간 거래에서 발생했다면 정상대가가 어떤 형태였을지 고려해야 한다. 예를 들어, 대출, 외환 및 헤징과 같은 재무용역의 경우 모든 보상은 가격(스프레드)에 포함되었을 것이기 때문에 추가 용역대가를 기대하는 것은 적절하지 않을 것이다. 마찬가지로, 일부 구매 또는 조달용역의 경우 수수료 항목이 조달 제품 또는 용역의 가격에 포함될 수 있기 때문에 별도 용역대가는 적절하지 않을 것이다.(TPG 7.15)

대기용역(on-call services)과 관련하여 그러한 용역의 이용가능성이 그 자체로 독립기업 보상이 주어져야 하는 별도 용역인지 여부가 문제된다. 이 경우 관계회사들에게 직원, 장비 등을 이용할 수 있게 함으로써 용역이 제공될 수 있는데, 비교가능 상황에서 독립기업이 이러한 용역이 필요할 때 용역의 이용을 보장받기 위해 대기비용을 지불할 것으로 기대하는 것이 합리적이라고 판단되는 경우에는 그룹내 용역이 존재한다고 할 수 있다. 예를 들어, 독립기업은 법률조언과 소송대리에 대한 권리를 보장받기 위해 법률회사에게 연간 상담수수료(retainer fee)를 지급하는 것으로 알려져 있다. 또 다른 사례로 고장 시 컴퓨터 네트워크 수리 우선권 확보를 위한 용역계약도 있다.(TPG 7.16)

이들 용역들은 전화로 이용 가능하고, 연도별로 수량과 중요성이 다양할 수 있다. 독립기업들은 해당 서비스에 대한 잠재적 필요성이 크지 않을 때, 대기서비스의 장점이 사소한 경우 또는 대기약정 없이도 다른 출처로부터 신속하고 쉽게 그러한 서비스를 얻을 수 있는 경우 대기수수료를 지급하지 않을 것이다. 따라서, 그룹내 용역이 제공되는지를 결정하기에 앞서, 용역에 대한 청구가 이루어진 연도만이 아니라 여러 해 기간 동안 해당 용역이 사용된 정도를 검토함으로써, 대기약정에 의해 부여된 효익이 고려되어야 한다.(TPG 7.17)

특수관계기업에게 용역대가가 지급되었다는 사실이 실제 용역이 제공되었는지 여부를 결정할 때 유용할 수 있지만, 예컨대 '경영자문 수수료'라는 단순한 지급 명세만으로 그러한 용역이 제공되었다는 명백한 증거로 간주될 수는 없다. 동시에, 지급 또는 계약이 존재하지 않는다고 해서 그룹내 용역이 제공되지 않았다고 결론을 내릴 수 있는 것도 아니다.(TPG 7.18)

4 독립기업 보상의 결정

일단 그룹내 용역이 제공되었다고 결정되면, 청구금액이 독립기업원칙에 부합하는지 여부를 결정할 필요가 있다. 이는 그룹내 용역대가는 비교가능한 상황에서 독립기업들 간에 청구되고 수용되었을 것이어야 한다는 것을 의미한다. 따라서, 단지 거래들이 우연히 특수관계기업들 간에 이루어졌다는 이유만으로 그러한 거래들이 조세목적 상 비교가능 독립기업들 간 거래와 다르게 취급되어서는 안 된다.(TPG 7.19)

가. 실제 약정의 식별

그룹내 용역에 대한 약정이 쉽게 식별되는 경우는 MNE 그룹이 직접청구 방법(direct-charge method)을 사용하는 경우이다. 직접청구 방법은 수행용역과 지급근거가 명확히 확인되기 때문에 과세당국 입장에서 매우 편리한 방법이다. 따라서 OECD는 용역대가가 독립기업원칙에 부합하는지 여부를 판단하는 방법으로 직접청구 방법을 우선적으로 권고한다.(TPG 7.20)

MNE 그룹이 특수관계기업들에게 제공하는 용역과 유사한 용역이 독립기업들에게도 역시 제공되는 경우 직접청구 약정을 채택할 수 있을 것이다. 특정 용역이 특수관계기업들뿐만 아니라 비교가능한 방식으로, 그리고 상당한 정도로 독립기업들에게도 제공된다면 예컨대, 제3자 계약을 이행하기 위해 수행된 작업과 지출된 비용을 기록하는 경우, MNE가 직접 청구를 위한 별도의 기반과 능력을 가지고 있다고 추정할 수 있다. 결과적으로, 그러한 경우 MNEs은 특수관계기업들과의 거래와 관련하여 직접청구 방법을 채택할 것이 권장된다. 그러나, 독립기업에 대한 용역이 단지 일시적 또는 사소한 경우라면 이러한 접근방법이 항상 적절한 것은 아닐 것이다.(TPG 7.21)

많은 경우에 MNE 그룹들은 직접청구 방법이 실무 상 적용하기가 어렵다는 이유로 모회사 또는 그룹 서비스센터에 의해 제공된 용역대가의 청구를 위해 다른 방법을 개발해 왔다. MNE 그룹들 간에 첫째, 쉽게 확인할 수 있지만 직접청구 방법에 토대하지 않는 약정, 둘째, 쉽게 확인할 수 없고 다른 이전 대가에 포함되어 그룹 관계회사들 간에 배분되거나 일부 경우에는 그룹 관계회사 간에 전혀 배분되지 않는 약정들이 발견된다.(TPG 7.22)

그러한 경우, MNE 그룹들은 어느 정도의 추정 또는 근사치를 필요로 하는 비용배분 방법을 사용하지 않을 수 없을 것이다. 이러한 방법을 간접청구 방법(indirect-charge methods)이라고 하는데, 용역수취 기업이 받는 용역의 가치 및 독립기업들 간에 비교가능 용역이 제공되는 정도를 고려하여 허용되어야 할 것이다. 기업의 주요 사업활동을 형성하는 특정 용역들이 특수관계기업들에게 뿐만 아니라 독립기업들에게도 제공되는 경우 이러한 청구방법들은 일반적으로 수용할 수 없을 것이다. 제공용역 대가에 대한 공정한 청구를 위해서는 청구방법이 식별가능하고 합리적으로 예측가능한 효익에 의해 뒷받침되어야 한다. 모든 간접청구 방법들은 개별 사안의 상업적 특성들에 민감해야 하고, 조작에 대비한 안전장치를 포함해야 하며, 건전한 회계원칙들을 준수해야 할 뿐만 아니라, 용역수취 기업에 대한 실제 또는 합리적으로 기대되는 효익과 비례하는 청구 또는 비용배분을 산출할 수 있어야 한다.(TPG 7.23)

일부 경우에는 제공용역의 성격 때문에 간접청구 방법이 필요할 수 있다. 관계회사들에게 제공되는 용역가치의 비중이 근사치 또는 추정치가 아니고서는 수량화할 수 없는 경우가 그런 예이다. 예를 들어, 국제박람회, 언론 또는 기타 광고 캠페인을 통해 중앙집중적으로 수행되는 판매촉진 활동이 많은 관계회사들에 의해 생산 또는 판매되는 재화의 수량에 영향을 미치는 경우이다. 또 다른 사례는 각 수혜기업별로 관련 용역활동을 별도로 기록・분석하는 것이 지나치게 과중한 행정업무 부담을 수반하는 경우이다. 따라서 예컨대, 비용이 다양한 용역들의 실제 수혜기업들에게 구체적으로 할당될 수 없는 경우 등 직접적으로 배분될 수 없는 비용들은 모든 잠재적 수혜기업들 간에 적절히 배분될 수 있을 것이다. 독립기업원칙을 충족하기 위해서는 선택된 배분방법이 비교가능 독립기업들이 수용했을 것과 일치하는 결과를 산출해야만 한다.(TPG 7.24)

배분은 매출액, 직원수 등을 기준으로 할 수 있는데, 배분의 적정성 여부는 용역의 성격 및 이용정도에 달려있다. 예를 들어, 주컴퓨터 백업 관련 대기비용의 배분은 그룹 관계회사들의 컴퓨터 장비에 대한 상대적 지출에 비례할 수 있는데 비해, 급여서비스의 이용 또는 제공은 매출액보다는 직원수와 보다 관련이 있을 것이다.(TPG 7.25)

한편, 특수관계기업에 제공된 용역에 대한 보상이 다른 이전가격에 포함될 수 있다. 예를 들어, 특허 또는 노하우에 대한 사용허락 대가가 기술지원 용역 대가 또는 사용권자를 위해 수행된 집중화된 용역 또는 사용허락 계약에 따라 생산된 재화의 마케팅에 대한 조언대가를 포함할 수 있다. 그 경우, 용역대가가 추가 청구되는지 및 이중공제가 없는지 등을 검토해야 한다.(TPG 7.26)

간접청구 방법이 이용될 경우, 비용청구와 제공용역 간의 관계가 불명확해서 제공된 효익을 평가하는 것이 어려워질 수 있다. 비용청구를 받은 기업이 실제로는 용역에 대한 비용청구와 관련이 없을 수 있다. 따라서 보상이 쉽게 확인될 수 없다면 그룹 관계회사들을 위해서 발생된 비용의 공제를 결정하는 것이 어려울 수 있고, 또는 용역수취 기업의 경우 용역을 제공받은 것을 증명할 수 없다면 지급비용에 대해 공제받는 것이 어렵기 때문에 이중과세 위험이 증가한다.(TPG 7.27) 대기서비스 제공에 대해 비용청구 약정을 확인할 때는 이용수준이 사전에 정해진 수준을 초과하지 않는 한 실제 사용에 대해 비용이 청구되지 않는 조항을 포함할 수 있기 때문에 실제 용역의 이용에 대한 계약조건을 검토할 필요가 있다.(TPG 7.28)

이와 관련하여, 한 MNE이 그룹 서비스센터의 발생비용을 간접청구 방법으로 배분하고 국내 자회사가 이를 경영자문료로 손금에 산입하였으나 과세당국이 용역의 제공 또는 효익의 발생 여부에 대한 납세자의 자료제출이 불충분하다는 이유로 손금 부인하여 과세한 사안에서, 법원은 "간접청구 방식으로 용역의 대가를 산정하는 경우에는 납세의무자가 먼저, (…) 실제로 사업과 관련한 용역을 제공받았으며, 간접청구 방식에 의한 배분기준이 합리적으로 결정되었다는 점에 관한 사실관계를 밝힐 필요가 있고, 과세관청은 납세의무자가 밝힌 사실관계를 기초로 하여 납세의무자가 신고한 어느 손금의 용도나 지급의 상대방이 허위라거나 손금으로 신고한 금액이 손비의 요건을 갖추지 못하였다는 사정을 상당한 정도로 증명하면 된다"고 전제한 후, "원고가 OOO 계열사들로부터 실제로 소프트웨어 라이선스, 컨설팅, 유지보수, 고급고객서비스, 교육, 마케팅, 일반관리 부문 등에서 원고가 독자적으로 수행할 수 없는 업무 또는 원고가 일부 업무를 수행할 수 있더라도 계열사의 도움이나 협업이 필요한 업무, 국제적으로 표준화된 품질의 서비스를 제공할 필요가 있는 업무 등을 제공받았음을 알 수 있고, 그와 같은 용역의 제공은 2006 내지 2010 사업연도 기간에 지속적으로 이루어진 것으로 추인되며, (…) OOO 계열사들이 원고에게 제공한 용역은 원고의 사업활동을 위한 것으로서 원고의 소득발생과 합리적인 관련이 있다고 봄이 타당하다."고 하면서, "원고가 속한 업종의 다른 회사에 비하여 원고가 상당히 높은 수준의 영업이익률을 기록하고 있어 원고가 과다한 서비스비용을 배부받지는 않고 있는 것으로 보이는 점 등을 종합하여 보면 이 사건 서비스비용 배분기준의 합리성도 인정된다."고 판시하였다.[40]

이 판결은 간접적 방법에 의해 청구된 그룹 서비스센터의 배분비용에 대해서 납세자가 설령 모든 사업연도의 손금관련 증빙자료를 제출하지 못하였더라도 배분기준의 합리성, 실제 용역이 제공된 사실 및 제공된 용역과 수익창출 간에 인과관계가 있음이 독립기업들과 비교하여 합리적인 정도로 입증되면, 과세당국은 자료제출이 미흡하다거나 용역과 수익발생 사이에 관련성이 부족하다는 이유만으로 손금 부인할 수 없다는 것을 확인시켜 주었다는 점에 의의가 있다고 하겠다. 국제거래의 경우에는 엄밀히 입증하기가 어려운 배분비용의 사업관련성에 대한 엄격한 증명 여부보다는 독립기업원칙의 충족 여부가 중요한 판단기준이라는 것을 다시금 보여준 사례하고 할 수 있다.

나. 독립기업 보상의 산정

그룹내 용역과 관련하여 독립기업 보상 또는 정상가격을 결정하고자 할 때는 용역제공 기업의 관점뿐만 아니라 용역수취 기업의 관점도 고려되어야 한다. 이와 관련하여, 용역제공 기업의 비용뿐만 아니라 수취기업에 대한 용역의 가치 및 비교가능한 상황에서 비교대상 독립기업들이 해당 서비스에 대해 얼마를 지급하고자 할 것인지를 고려해야 한다.(TPG 7.29) 예를 들어, 용역을 구매하는 독립기업의 관점에서 볼 때, 용역제공 기업은 그 독립기업이 지불하고자 하는 가격에 용역을 제공하거나 제공하지 않을 수 있다. 만약 용역제공 기업이 독립기업이 지불하고자 하는 가격범위 내에서 원하는 용역을 공급할 수 있다면 거래가 성사될 것이다. 용역제공 기업의 관점에서 볼 때는 용역을 공급하지 않을

40) 대법원 2018.5.31. 선고 2018두36479 판결(상고기각); 서울고등법원 2018.1.23. 선고 2016누72022 판결

최저가격과 그에 대한 비용이 다루어야 할 고려사항이지만, 이러한 것들이 반드시 모든 상황의 결과를 결정하는 것은 아니다.(TPG 7.30)

(1) 독립기업보상 방법

그룹내 용역에 대한 보상의 결정을 위해 TPG를 적용하는 경우, 흔히 CUP 방법 또는 원가가산법이 이용될 것이다. CUP 방법은 비교가능한 상황에서 수취기업 시장에서 독립기업들 간에 제공되거나 또는 특수관계기업에 의해 독립기업에게 제공된 비교가능한 용역이 존재하는 경우 가장 적합한 방법일 것이다. 예를 들어, 특수관계거래와 독립기업거래가 비교가능하다는 조건하에 회계, 감사, 법률 또는 컴퓨터 용역 등이 이러한 경우일 것이다. CUP이 존재하지 않을 때, 관련 활동의 성격, 사용자산 및 부담위험이 독립기업들의 경우와 비교가능한 경우라면 원가가산법이 가장 적합한 방법일 것이다. 원가가산법을 적용할 때는 특수관계거래와 독립기업거래 간에 포함되는 비용의 범주에서 일관성이 있어야 한다. 개별 사안의 상황에 가장 적절한 경우에는 거래 이익방법도 사용될 수 있다.(TPG 2.1~2.11) 예외적인 경우, CUP 방법 또는 원가가산법을 적용하는 것이 어려울 경우, 만족할만한 정상가격 결정에 도달하기 위해 하나 이상의 방법을 고려하는 것이 유용할 수 있다.(TPG 7.31)

관련 용역과 그룹 관계회사들의 활동 및 성과 간의 관계를 파악하기 위해 여러 그룹 관계회사들에 대한 기능분석의 수행이 필요할 수 있다. 또한, 일부 발생 비용들은 합리적으로 기대되었을 효익을 실제 산출할 수 없을 수 있다는 점을 감안하여, 용역의 즉각적인 영향뿐만 아니라 장기적 효과도 고려할 필요가 있다. 예를 들어, 마케팅 영업을 위한 사전 지출은 현재의 자원에 비추어 하나의 관계회사가 부담하기에는 너무 과중할 수 있다. 그러한 경우 비용 청구가 독립기업 상황과 부합하는지 여부는 해당 영업으로부터의 기대이익 및 어떤 독립기업 약정에서 청구금액과 시기가 해당 영업의 결과에 의존할 가능성을 고려해야 한다. 그러한 경우 납세자는 특수관계기업들에 대한 비용 청구의 합리성을 증명할 수 있어야 한다.(TPG 7.32) 비용에 토대한 방법이 가장 적합한 방법으로 결정된 경우, 특수관계거래와 독립기업거래 간 비교의 신뢰성을 위해 용역제공 기업에 의해 발생된 비용에 일부 조정이 필요한지 여부에 대한 검토가 요구된다.(TPG 7.33)

특수관계기업이 용역제공시 대리인 또는 중개인의 역할만을 수행한 경우, 원가가산법을 적용할 때 용역 자체의 수행에 대한 보상보다는 대리기능의 수행에 대한 보상이 적절하다. 그러한 경우 용역비용에 대한 가산이익률이 아니라, 대리기능 자체의 비용에 대한 가산이익률을 정상가격으로 결정하는 것이 적절할 것이다. 예를 들어, 만약 그룹 관계회사들이 독립기업이었다면 직접 발생했을 비용인데도, 한 특수관계기업이 그룹 관계회사들을 대신하여 광고 공간을 임차하는 비용을 발생시킬 수 있다. 이 경우 이들 비용은 그룹 관계회사들에게 이윤의 가산없이 이전시키고, 중간법인으로서 수행한 대리기능의 비용에만 이윤의 가산을 적용하는 것이 적절할 것이다.(TPG 7.34)

(2) 이윤 요소를 포함할 것인지 여부

그룹내 용역에 대한 독립기업 보상 방법에 따라서 그 대가에 용역제공 기업의 이윤을 포함하는 것이 필요한지 여부의 문제가 제기된다. 독립기업들은 통상 원가만을 청구하기보다는 이윤을 창출하는 방식으로 용역 대가를 청구할 것이다. 독립기업 대가를 결정할 때는 용역수취 기업이 이용할 수 있는 경제적 대안도 역시 고려될 필요가 있다. 그러나, 예를 들어, 원가가 시장가격을 초과하지만 공급자가 자신의 활동 범위를 보완함으로써 수익성을 증가시키기 위한 사업전략의 일환으로 용역제공에 동의하는 경우, 독립기업이라도 용역의 수행만으로 이윤을 실현하지 않는 상황도 있을 수 있다. 따라서, 독립기업 보상이라고 하여 그룹내 용역을 수행하는 특수관계기업이 항상 이윤을 얻어야 하는 것은 아니다.(TPG 7.35) 예를 들어, 그룹내 용역의 시장가치가 용역제공 기업에 의해 발생된 비용보다 크지 않을 수 있다. 이는 용역이 용역제공 기업의 통상적 또는 반복적 활동이 아니고 MNE 그룹의 편의를 위해 부수적으로 제공되는 경우에 발생할 수 있다. 그룹내 용역이 독립기업에서 취득했을 경우의 화폐가치를 반영하는지 여부를 결정할 때는, 기능 및 기대이익의 비교가 거래의 비교가능성 평가시 중요할 것이다. MNE 그룹은 다양한 이유들, 아마도 다른 그룹내 혜택 때문에 제3자를 이용하기보다 그룹내 용역을 제공하기로 결정할 것이다. 그러한 경우 단지 특수관계기업에게 이윤을 보장하기 위해 CUP 방법에 의한 대가를 초과하는 수준으로 용역대가를 증가시키는 것은 독립기업원칙에 반할 것이다.(TPG 7.36)

어떤 경우에는 예외적으로 과세당국의 재량에 의해서 용역수행에 대한 정상가격을 계산하여 과세하는 것을 포기하고자 하는 현실적 이유들이 존재할 수 있다. 예를 들어, 비용편익분석 측면에서 볼 때, 징수될 추가 조세수입이 적절한 정상가격을 결정하는 비용과 행정부담을 정당화시키지 못할 수 있다. 그러한 경우, 정상가격보다는 모든 관련비용을 청구하는 것이 MNEs와 과세당국에게 만족할만한 결과를 제공할 수 있을 것이다. 그러나,

용역제공이 특수관계기업의 주요한 활동인 경우, 이윤 요소가 상당한 수준이거나 또는 직접적 청구가 가능한 경우 과세당국은 이러한 양보를 하지 않을 것이다.(TPG 7.37)

5 그룹내 저부가가치 용역

가. 의의

간편 접근방법(simplified approach)에서는 그룹내 저부가가치 용역에 대한 정상가격이 비용과 밀접하게 관련되어 있고, 그러한 용역의 이용에서 효익을 얻는 그룹 관계회사들에게 그러한 각 범주의 용역제공 비용을 배분한 다음, 모든 범주의 용역들에 대해 동일한 가산이익률(mark-up)을 적용한다. 간편 접근방법의 적용을 선택하지 않는 MNE 그룹은 일반적인 용역제공과 관련된 TP이슈들을 고려해야 한다.(TPG 7.43)

나. 그룹내 저부가가치 용역의 정의

간편 접근방법의 적용목적 상 그룹내 저부가가치 용역(low value-adding intra-group services)이란 i) 지원적 성격, ii) MNE 그룹의 핵심사업의 일부가 아닌 것(MNE그룹의 이윤 활동을 창출하거나 경제적으로 중요한 활동에 공헌하는 것이 아닌 것), iii) 독특하고 가치있는 무형자산의 사용이 요구되지 않고, 독특하고 가치있는 무형자산의 창출을 초래하지 않는 것, iv) 용역제공 기업이 상당한 또는 중요한 위험을 부담하거나 또는 통제하는 것과 관련이 없고, 용역제공 기업에게 중요한 위험을 발생시키지 않는 등의 특성을 가진 그룹 관계회사들을 위하여 하나 또는 그 이상의 그룹 관계회사들에 의해 수행되는 용역이다.(TPG 7.45) 그러나, 이러한 지침은 저부가가치 용역이 특수관계가 없는 MNE 그룹 관계회사들의 고객들에게 제공되는 경우에는 적용되지 않는다. 그러한 경우에는 신뢰할 수 있는 내부 비교대상자료가 존재하고, 그룹내 용역의 정상가격 결정에 사용될 수 있을 것으로 기대할 수 있다.(TPG 7.46)

간편 접근방법이 적용되지 않는 활동들을 예시하면 다음과 같다. i) MNE그룹의 핵심사업을 구성하는 용역들, ii) R&D 용역(그룹의 주요 활동이 아닌 IT관련 SW 개발 포함), iii) 제조 및 생산 용역, iv) 제조 또는 생산 공정에 사용되는 원재료 등과 관련한 매입활동, ⅴ) 판매, 마케팅 및 도매활동, ⅵ) 금융거래, ⅶ) 자연자원의 채굴, 탐험 또는 가공처리, ⅷ) 보험 및 재보험, ⅸ) 기업 고위직의 관리용역(저부가가치 용역에 대한 감독용역은 제외) 등이다.(TPG 7.47) 그러나, 어떤 활동이 간편 접근방법이 적용되지 않는다고 해서 고수익을 창출한다고 해석되어서는 안 된다. 해당 활동은 여전히 낮은 가치를 창출할 수 있고, 그러한 활동에 대한 독립기업 보상은 TPG에서 규정한 지침에 따라서 결정되어야 한다.(TPG 7.48 & 7.1-7.42)

이와 관련하여, 우리나라 세법은 "다음의 요건을 모두 충족하는 용역거래에 대해 해당 용역의 원가에 5%를 가산한 금액을 용역의 대가로 산정한 경우에는 그 금액을 국조법상 독립기업원칙에 따라 산정된 대가로 본다."고 언급하면서, 그 요건으로 "첫째, ⅰ) 연구개발, ⅱ) 천연자원의 탐사·채취 및 가공, ⅲ) 원재료 구입, 제조, 판매, 마케팅 및 홍보, ⅳ) 금융, 보험 및 재보험 중 어느 하나에 해당하지 않는 용역으로서 거주자와 국외특수관계인의 핵심사업 활동과 직접 관련되지 않는 지원적 성격의 용역일 것, 둘째, 용역이 제공되는 과정에서 ⅰ) 독특하고 가치있는 무형자산의 사용·창출, 또는 ⅱ) 용역제공자가 중대한 위험을 부담 또는 관리·통제한 사실이 없을 것, 셋째, 용역제공자 및 용역을 제공받는 자가 특수관계가 없는 제3자와 유사한 용역거래를 하지 않을 것"을 규정하고 있다.(국조령 §12 ③)

저부가가치 용역에 해당하는 용역 사례들은 다음과 같다. 첫째, 회계 및 감사 용역이다. 예컨대, 재무제표 이용을 위한 정보수집 및 검토, 회계기록의 유지, 재무제표의 준비, 영업·재무감사의 준비 또는 지원, 회계기록의 진실성 및 신뢰성 검증, 자료의 종합 및 정보의 수집을 통한 예산준비 지원 등이다. 둘째, 매출채권 및 매입채무의 처리·관리이다. 예컨대, 고객에 대한 대금청구 정보의 종합 및 신용감시 검토·처리 등이다. 셋째, 인적 자원 관리 활동이다. ⅰ) 직원 채용 및 모집, 예컨대, 채용절차, 신청자 평가 및 직원의 선발과 임용에 대한 지원, 성과평가, 경력 정의에 대한 지원, 직원 해고절차의 지원, 중복인력 프로그램에 대한 지원 등, ⅱ) 훈련 및 직원 경력개발, 예컨대 훈련수요의 평가, 내부훈련 및 개발프로그램 수립, 관리기법 및 경력개발 프로그램의 수립 등, ⅲ) 보상용역, 예컨대, 건강보험, 생명보험, 스톡옵션, 연금 등 종업원 보상정책에 대한 조언 및 결정, 출근상황 점검, 세금납부 등 급여관련 용역, ⅳ) 종업원 건강절차, 종업원 문제관련 안전 및 환경기준의 개발 및 감시이다. 넷째, 건강, 안전, 환경 및 기타 기준과 관련한 감시 및 자료의 수집이다. 다섯째, 그룹 주요 활동의 일부가 아닌 IT용역이다. 예컨대, 사업에 이용된 IT

시스템의 설치, 유지 및 업데이트, 회계, 생산, 고객관리, HR, 급여 등과 관련된 IT 지원, IT의 사용 또는 적용에 대한 훈련 및 정보의 수집, 가공, 제출에 이용된 관련 장비에 대한 훈련, IT 지침들의 개발, 통신용역의 제공, IT 헬프데스크의 조직, IT 보안시스템의 집행 및 유지, IT 네트워크의 유지 및 감독 등이다. 여섯째, 대내외 커뮤니케이션 및 대외관계(PR) 지원(특정 광고 또는 마케팅 활동 및 기본전략의 개발은 제외)이다. 일곱째, 법률용역, 예컨대 계약, 약정, 기타 문서의 작성 및 검토 등 내부 법률고문이 수행하는 일반 법률용역, 법률상담 및 조언, 소송, 중재, 행정절차 등의 기업변호, 법률조사, 무형자산의 등록·보호를 위한 법률적·행정적 작업 등이다. 여덟째, 납세의무 관련 활동이다. 예컨대, 정보수집 및 납세신고서 준비, 조세납부, 과세당국의 조사에 대한 대응 및 조세문제에 대한 조언 제공 등이다. 아홉째, 행정적·사무적 성격의 일반적 용역이다.(TPG 7.49)

MNE의 핵심사업의 일부인 용역은 저부가가치 용역에 포함되지 않는다. 예컨대, 신용위험 분석과 같이 외형적으로 유사하게 보이는 용역들은 개별적 맥락과 상황에 따라서 저부가가치 용역일 수도 있고 아닐 수도 있다.(TPG 7.50)

다음 사례들은 특정 맥락에서 중요한 위험 또는 독특하고 가치있는 무형자산을 창출하기 때문에 저부가가치 용역에 해당하지 않는다는 점을 보여준다. 예를 들어, A국에 소재하는 A사는 제화업체이고 북서지역의 판매업자이다. B국에 소재하는 자회사 B사는 A사가 제조한 신발의 남동지역 판매업자이다. A사는 자신의 사업의 일환으로 통상 신용평가기관에서 구입한 보고서를 토대로 고객에 대한 신용위험 분석을 수행한다. A사는 동일한 접근방법을 사용하여 B사를 대신하여 B사의 고객에 관해 동일한 신용위험 분석을 수행한다. 이 경우 A사가 B사를 대신하여 수행한 용역은 저부가가치 용역이다.

다른 사례로, X사는 다국적 투자은행의 자회사이다. X사는 파생금융상품 계약관련 거래에 대해 잠재적 거래상대방들에 대한 신용위험 분석을 수행하고, 그룹을 위해 신용보고서를 준비한다. X사가 수행하는 신용분석은 그룹의 고객들에 대해 파생상품 가격을 설정하는 데 이용된다. X사의 직원들은 특별한 전문성을 개발해 왔고, 내부에서 개발되고 기밀이 요구되는 신용위험분석 모델, 알고리즘 및 SW를 이용한다. 이 경우 X사가 그룹을 위해 수행한 용역이 그룹내 저부가가치 용역이라고 말할 수는 없을 것이다.

그룹내 저부가가치 용역의 정의는 MNE 그룹의 핵심사업의 일부가 아닌, 지원적 성격(supportive nature)의 용역을 지칭한다. 실제, 그룹내 저부가가치 용역의 제공은 이들 용역이 그룹의 핵심사업과 관련이 없다고 한다면 예컨대, 공유서비스센터와 같은 용역제공 기업의 주된 사업활동이다. 예를 들어, MNE가 세계적으로 우유제품의 개발, 생산, 판매 및 마케팅에 종사한다고 하자. 그룹이 설립한 공유서비스 기업의 유일한 활동은 글로벌 IT지원 서비스센터로 활동하는 것이다. IT지원 용역제공 기업의 관점에서 보면 IT 용역제공이 그 기업의 주된 사업활동이다. 그러나, 용역수취 기업의 관점과 전체 MNE 그룹의 관점에서 보면, 해당 용역은 핵심사업 활동이 아니고, 따라서 그룹내 저부가가치 용역에 해당한다.(TPG 7.51)

다. 저부가가치 용역에 대한 독립기업 보상

간편 접근방법은 MNE 그룹 관계회사들의 사업 지원과정에서 발생된 저부가가치 용역 관련 모든 비용이 관계회사들에게 배분되어야 한다는 점을 가정하고 있다. 간편 접근방법을 이용하는 혜택은, 첫째, 효익기준을 충족하고 독립기업 보상임을 증명하는 순응노력을 줄여주고, 둘째, 적격활동에 청구된 가격이 요건을 충족하는 경우 간편 접근방법을 채택한 과세당국에 의해 수용될 것이라는 확실성을 부여할 수 있고, 셋째, 순응위험에 대한 검토를 위해 과세당국이 특정 대상을 초점을 맞춰 문서를 요구할 수 있다는 점이다.(TPG 7.52)

어느 국가의 과세당국이 간편 접근방법을 채택하지 않아서 MNE 그룹이 해당 국가의 현지 요구사항을 따르는 경우라고 해서 다른 국가에서 간편 접근방법을 적용할 수 없는 것은 아니다. 또한, 모든 MNE 그룹들이 수직적으로 통합되어 있는 것은 아니고, 오히려 각자의 관리 및 지원 구조를 가진 지역적 또는 부문별 하위그룹을 가질 수 있다. 따라서 MNE 그룹들은 간편 접근방법을 어느 지주회사 아래 단계에서 채택하는 것을 선택하고, 그 하위 지주회사의 모든 자회사들에 걸쳐서 일관되게 적용할 수 있다. MNE 그룹이 간편 접근방법을 선호하여 적용한 경우 그룹내 저부가가치 용역 대가는 독립기업원칙에 부합하도록 결정된 것으로 간주된다. 이러한 간편 접근방법에 대한 대안으로서 원가분담약정을 이용하는 방법이 고려될 수 있다.(TPG 7.53)

(1) 저부가가치 용역에 대한 효익기준의 적용

독립기업원칙 하에서 그룹내 용역은, 효익기준(benefit test)에 따라서 해당 활동이 그룹 관계회사들의 상업적 지위를 향상 또는 유지하기 위해 경제적 · 상업적 가치를 제공해야 한다(TPG 7.6) 이 경우, 효익기준은 비교가능한 상황에서 독립기업이 다른 독립기업에 의해서 또는 내부적으로 그 활동을 수행했다면 해당 활동에 대해 대가를 지급하고자 했을지 여부에 의해 결정된다. 그러나, 그룹내 저부가가치 용역의 성격 때문에 그러한 결정이 어렵거나 또는 그 대가 이상의 노력이 요구될 수도 있다. 따라서, 과세당국은 간편 접근방법이 적용될 때는 효익기준 충족 여부의 검토를 삼가야 한다.(TPG 7.54)

그룹내 저부가가치 용역이 용역수취 기업들에게 효익을 제공할 수 있지만 그 효익의 정도에 대해서, 그리고 독립기업들이 해당 용역에 대해 대가를 지불했거나 또는 스스로 용역을 수행했을지 여부에 대해서 의문이 발생할 수 있다. MNE 그룹이 간편 접근방법의 문서화 및 보고 지침을 준수하는 경우, 그룹내 저부가가치 용역의 성격을 고려할 때 효익기준이 충족된다는 충분한 증거를 제공한 것이어야 한다. 효익기준을 평가할 때, 과세당국은 개별 청구기준이 아닌 용역의 범주들에 의해서만 효익을 고려해야 한다. 따라서 납세자는 예를 들어, 급여처리업무 등 비용이 발생된 개별 행위들이 수행된 내용을 구체적으로 제시할 필요는 없고, 해당 지원이 제공되었다는 것만을 증명하면 된다. TPG 7.64절에서 요약된 정보가 과세당국에게 제출되는 경우, 어떤 범주의 용역인지를 설명하는 한 장의 연간 청구서(annual invoice)만으로 대가의 청구를 입증하는 데 충분해야 하고, 이메일 또는 개별 행위에 대한 기타 증거는 요구되지 않아야 한다. 그러나, 오직 한 수취기업에게 효익을 제공하는 그룹내 저부가가치 용역에 대해서는 해당 용역수취 기업의 효익에 대한 별도의 입증이 가능할 수 있을 것으로 기대된다.(TPG 7.55)

(2) 집합비용에 대한 결정

그룹내 저부가가치 용역에 간편 접근방법을 적용하는 최초 단계는 MNE 그룹이 각 범주의 저부가가치 용역을 수행할 때 그룹의 각 관계회사들에 의해서 발생된 모든 집합비용(cost pools)을 연간 단위로 계산하는 것이다. 집합비용들은 직·간접적인 용역제공 비용뿐만 아니라, 필요한 경우 일반 관리·감독비용 등 영업비용 중 적절한 부분이다. 비용들은 용역의 범주에 따라 집합되어야 하며, 집합계정을 창출하는데 사용된 회계원가센터(accounting cost centres)를 식별해야 한다. 집합비용 상의 도관원가들(pass-through costs)이 이윤가산 여부를 판단하기 위해 식별되어야 한다. 집합비용은 (주주활동을 포함하여) 활동을 수행하는 해당 회사에게만 효익을 주는 자체 활동에 귀속되는 비용들은 제외해야 한다.(TPG 7.56)

제2단계로, MNE 그룹은 하나의 그룹관계회사를 위해서만 수행된 용역에 귀속되는 비용들을 확인하여 집합비용에서 제외해야 한다. 예를 들어, 급여서비스 집합비용을 만들 때, 그룹관계회사 A가 B를 위해서만 급여서비스를 제공한다면 관련 비용들을 별도로 확인하여 집합비용에서 제외해야 한다. 그러나, 그룹관계회사 A가 B뿐만 아니라 자신을 위해서도 급여서비스를 수행한다면, 관련 비용들은 집합비용에 포함되어야 한다.(TPG 7.57)

(3) 저부가가치 용역비용의 배분

제3단계는 그룹의 다수 관계회사들에게 효익을 주는 집합비용 상의 비용들을 그룹 관계회사들 간에 배분하는 것이다. 납세자는 이를 위해 다음 원칙들을 토대로 하나 또는 그 이상의 배분기준을 선택할 것이다. 적절한 배분원칙은 용역의 성격에 달려 있을 것이다. 동일한 배분원칙은 동일한 용역의 범주와 관련한 비용들의 모든 배분에 일관되게 사용되어야만 한다. 각 관련 용역의 범주별로 선택된 배분기준은 특정 용역의 수취기업별로 제공받을 것으로 기대되는 효익 수준을 합리적으로 반영해야 한다.(TPG 7.24)

일반적으로 배분기준은 특정 용역들에 대한 내재적 필요를 반영해야 한다. 예를 들어, 사람과 관련된 용역의 배분기준은 전체 인원수 대비 비중을, IT용역은 총사용자 대비 비중을, 차량관리 용역은 전체 차량대수 대비 비중을, 회계지원 용역은 전체 관련 거래건수 또는 총자산 대비 비중을 사용할 수 있다. 많은 경우, 총매출액 대비 비중이 적절한 기준이 될 수 있다.(TPG 7.59)

개별 사실관계 및 상황에 따라서 보다 정교한 배분기준이 사용될 수 있다. 그러나, 관련 비용들이 높은 가치를 창출시키는 것이 아니기 때문에, 이론적 정교함과 현실적 관리 간의 균형이 이루어져야 한다. 이러한 맥락에서, 납세자가 하나의 기준이 각각의 효익을 합리적으로 반영하는 것으로 결론을 내린 이유들을 설명할 수 있으면 다수의 배분기준을 사용할 필요가 없을 수 있다.

동일한 유형의 저부가가치 용역을 그룹내 모든 수취기업들에 대해 배분을 결정할 때는 동일한 배분기준이 적용되어야 하며, 정당한 변경 이유가 없는 한 매년 동일한 합리적 기준이 사용될 것으로 기대된다. 납세자는 배분기준이 각 용역수취 기업이 얻게 될 효익들을 합리적으로 반영하는 결과물들을 산출할 것이라고 결론을 내린 이유를 문서를 통해 설명해야 할 것이다.(TPG 7.60)

(4) 이윤의 가산

그룹내 저부가가치 용역에 대한 독립기업 보상을 결정할 때, 용역제공 기업은 관원가를 제외하고 모든 집합비용에 이윤을 가산해야 한다.(TPG 2.99 & 7.34) 모든 그룹내 저부가가치 용역들에 대해서는 용역의 범주들에 관계없이 관련 비용의 5%에 해당하는 동일한 가산이익률이 사용되고, 이는 독립기업들과의 비교조사(benchmarking study)에 의해 정당화될 필요가 없다. 한 그룹 관계회사가 다른 하나의 관계회사만을 위해 저부가가치 용역을 수행한 경우에도 동일한 가산이익률이 적용될 수 있다.

그룹내 저부가가치 용역의 가산이익률은 추가적인 정당화 및 분석 없이 그룹내 저부가가치 용역의 정의에 포함되지 않거나 또는 선택에 의한 간편 접근방법에 포함되지 않는 유사한 용역에 대한 정상가격을 결정하기 위한 표준(benchmark)으로 사용해서는 안 된다.(TPG 7.61)

(5) 간편 접근방법 적용의 한도

간편 접근방법을 채택한 과세당국들은 어떤 기준을 초과할 경우 간편 접근방법을 재검토할 수 있도록 적절한 한도(threshold)를 포함할 수 있다. 예를 들어, 그러한 한도는 총비용 또는 매출액 대비 그룹내 용역의 비중 등 용역수취 기업의 고정된 재무비율에 토대하거나 또는 그룹 전체기준으로 MNE 그룹의 매출액 대비 총용역비용에 따라 결정될 수 있다. 그러한 한도가 채택된 경우, 과세당국은 그룹내 저부가가치 용역대가의 수준이 한도를 초과하는 경우 간편 접근방법을 수용할 의무가 없고, 특정 용역대가에 대한 효익기준의 적용을 포함한 완전한 기능분석 및 비교가능성 분석을 요구할 수 있다.(TPG 7.63)

이와 관련하여, 우리나라 세법은 "저부가가치 용역의 원가에 5%를 가산한 금액의 합계가 거주자의 매출액의 5%와 영업비용의 15% 중 작은 금액을 초과하는 경우에는 저부가가치 용역거래 규정을 적용하지 않는다."고 규정하고 있다.(국조령 §12 ④, 국조칙 §4)

라. 저부가가치 용역대가에 대한 원천세 부과

저부가가치 용역의 제공에 대한 원천세 부과는 용역제공 기업이 용역제공에서 발생된 전체 비용을 회수하는 것을 방해할 수 있다. 용역의 대가에 이윤요소가 포함될 경우, 원천세를 부과하는 과세당국은 이를 해당 이윤요소 또는 가산이익 금액에만 적용되도록 권장된다.(TPG 7.65)

제8장 원가분담약정

1 CCA의 의의 및 유형

가. CCA의 개념

통상 그룹내 관계회사 간 거래는 거래당사자의 역할이 다르기 때문에 기능, 위험 또는 자산을 공유하지 않는다. 그러나, MNEs은 한 관계회사에게 모든 역할을 부여하지 않고, 특정 활동과 연관된 기능, 위험 및 자산을 여러 관계회사 간에 공유함으로써 사업활동을 수행하기도 한다. MNEs이 공통적 활동에 대해서 이익(특히, 무형자산 이익)은 물론 보완적 기능들을 수행하고 위험(비용 포함)과 자산을 공유할 때, 원가분담약정을 체결한 것으로 간주한다. 그러나, 그룹내 관계회사들이 기능, 위험, 자산과 이익을 공유한다는 사실만으로 원가분담약정이 체결되었다고 볼 수는 없다. 관계회사들은 이를 체결하지 않고도 그룹 전체사업의 서로 다른 부문들(즉, 서로 다른 활동들)을 담당할 수 있다. 따라서, CCA는 동일한 활동을 수행하기 위해 기능, 위험(특히 비용) 및 자산을 관계회사 간에 공유할 때에만 존재한다.

원가분담약정(cost contribution arrangements: 이하 CCAs)은 각 참여자가 개별 사업에서 이익을 얻을 것이라는 기대하에 무형자산, 유형자산 또는 용역의 공동 개발・생산・확보와 관련된 공헌 및 위험을 공유하는 기업들 간의 계약상 약정이다. 다시 말해서, CCA는 모든 참여자가 반드시 별도의 법적 단체이거나 고정된 사업장소가 아닐 수 있다. CCA는 예를 들어, 개발 무형자산을 공동 활용하거나, 수입・이익을 공유하기 위해 참여자들에게 자신들의 영업활동을 결합하도록 요구하지 않는다. 오히려, CCA 참여자들은 CCA의 성과에 대한 자신들의 지분을 자신들의 개별 사업들을 통해서 활용할 수 있다.

이전가격 이슈는 참여자들 간의 상업적・재무적 관계와 그러한 성과를 달성하기 위한 기회를 창출하는 참여자들의 공헌에 초점을 둔다.(TPG 8.3) 계약상 약정이 실제 거래를 밝혀내기 위한 출발점이다. CCA와 다른 유형의 계약상 약정 간에 이전가격 분석상의 차이는 존재하지 않는다. 특정 사안의 계약상 약정이 CCA에 반영되는지 여부와 상관없이 유사한 경제적 특성을 가진 약정하에서 활동을 수행하는 당사자들은 유사한 기대수익을 얻어야 한다.(TPG 8.4)

CCA의 핵심 특징은 공헌을 공유하는 것(sharing of contributions)이다. 독립기업원칙에 따라서 CCA 가입 시점에서 전체 공헌액 중 각 참여자의 공헌 비중은 CCA 약정에 의해 얻게 될 전체 기대편익에서 차지하는 비중과 일치해야 한다. 또한, 자산의 개발, 생산 또는 확보와 관련한 CCAs의 경우, 각 참여자의 CCA 활동으로 인한 해당 자산에 대한 소유 지분 또는 자산을 이용할 권리가 계약상으로 규정된다. 용역 CCA의 경우, 각 참여자는 CCA 활동으로부터 용역을 제공받을 계약상 권리를 가진다. 어떤 경우에도 참여자들은 그 지분, 권리 또는 자격에 대해 어떤 당사자에게도 추가 대가를 지급하지 않고도 지분, 권리 또는 자격을 이용할 수 있다.(TPG 8.5)

일부 CCA 활동들은 현재 이익을 창출하는 반면, 다른 유형들은 장기간 소요되거나 성공하지 못할 수도 있다. 그럼에도 불구하고, CCA에서는 각 참여자의 공헌으로부터 각자가 추구하는 기대편익이 항상 존재한다. CCA 활동의 결과에 대한 각 참여자 지분은 다른 참여자들의 지분과 상호 연계되어 있는 경우에도 처음부터 설정된다. 예를 들어, 개발된 무형자산 또는 유형자산의 법적 소유권은 참여자들 중 오직 하나에게만 부여될 수 있지만, 모든 참여자들이 계약상 약정에 규정된 대로 해당 자산을 이용할 특정한 권리(예컨대, 사업영위 국가에서 영구적이고 사용료가 면제된 사용권 허락)를 가진다.(TPG 8.6)

특수관계기업들이 다른 관계회사들을 위한 활동을 수행하면서 동시에 다른 관계회사들의 활동으로부터 효익을 받는 경우에, CCA는 모든 관련 활동들과 연관된 총이익과 총공헌에 토대하여, 여러 개별적인 그룹내부의 독립기업 지급금을 보다 단순화된 순지급금 체계로 대체할 수 있는 메카니즘을 제공할 수 있다.(TPG 3.9-3.17) 무형자산 개발의 공유를 위한 CCA는 복잡한 교차 사용허락 약정의 필요성 및 연관된 위험의 배분을 제거하고, 보다 단순화된 공헌과 위험의 공유, 그리고 CCA에 의해 창출된 무형자산에 대한 소유지분으로 대체할 수 있다. 그러나, CCA의 채택으로 초래될 수 있는 흐름의 단순화가 당사자들의 개별적 공헌에 대한 적정 평가에 영향을 미치지는 않는다.(TPG 8.7)

나. CCA의 유형

CCAs의 유형으로는 무형자산 또는 유형자산의 공동 개발 · 생산 · 확보를 위한 '개발

CCAs'와 용역의 확보를 목적으로 하는 '용역 CCAs'가 있다. 일반적으로 개발 CCAs는 참여자들에 대해서 지속적인 미래 이익을 창출할 것으로 기대되는 반면, 용역 CCAs는 현재의 이익만을 창출하는 차이점이 있다. 특히, 무형자산과 관련하여 개발 CCAs는 종종 불확실하고 장기적 이익과 관련된 중요한 위험을 수반하는 반면, 용역 CCAs는 보다 확실하고 위험이 적은 이익을 제공한다. 이러한 차이점으로 인해 특히, 공헌에 대한 평가와 관련하여, 복잡성이 높은 개발 CCAs가 용역 CCAs의 경우보다 정교한 지침이 요구된다. 그러나, 현재의 용역을 확보하기 위한 CCA가 지속적이고 불확실한 이익을 제공하는 무형자산을 창출 또는 향상시킬 수도 있고, CCA에 의해 개발된 일부 무형자산은 단기적이고 상대적으로 확실한 이익을 제공할 수도 있기 때문에 CCA 분석이 피상적 차이점에만 토대를 두어서는 안 된다.(TPG 8.10)

개발 CCAs에서는 각 참여자가 개발된 무형·유형자산에 대한 권리를 갖는다. 무형자산의 권리는 특정 지역에서 또는 특별한 적용을 위해 이를 이용할 독립적인 권리의 형태를 띨 수 있다. 획득한 독립적 권리는 실제로 법적 소유권을 구성할 수 있고, 또는 참여자 중 하나만이 법적 소유자이고 다른 참여자들은 해당 자산을 활용할 특정한 권리를 가질 수도 있다. 참여자가 CCA에 의해 개발된 자산에 대한 권리를 가지는 경우, 참여자는 개발된 자산의 사용에 대한 사용료를 지급할 필요가 없다. 그러나, 공헌금액이 기대편익과 비례하지 않는 경우에는 참여자의 공헌금액이 조정될 필요가 있을 것이다.(TPG 8.11)

2 독립기업원칙의 적용

가. 개요

CCA는 원가절감, 규모의 경제 이용, 또는 기술·무형자산 또는 자원의 공유 등 여러 가지 이유에서 체결된다. 또한, CCA는 외국 모회사에게 무형자산의 개발에 공헌하도록 하여 무형자산 관련 이익이 귀속되도록 하는 조세전략으로 이용되기도 한다. 참여자 간 기능, 비용, 위험 및 이익(또는 손실)이 배분되는 조건들은 독립기업원칙에 부합되어야 한다.(TPG 8.12) 국가들은 독립기업원칙의 미준수로 발생하는 세원잠식을 방지하기 위해 국내법에 CCA의 적용요건을 상세히 명시하거나 또는 OECD의 권고사항과 다른 내용을 규정하기도 한다.

CCA 조건들의 독립기업원칙 충족을 위해서는, 비교가능한 독립기업 상황에서 해당 약정에서 얻을 것으로 기대하는 총예상편익 중 참여자의 몫과 실제 공헌가치 중 참여자의 몫이 일치해야만 한다. CCA 공헌이 그룹내 다른 자산 또는 용역의 이전과 구별되는 것은 참여자들이 의도하는 보상이 자원 또는 기술의 집합(pooling)에서 비롯된 상호적이고 비례적인 기대편익이라는 점이다.

결과적으로, 사용허락자가 개발위험을 스스로 부담하고 무형자산이 완전 개발된 경우 수취 사용료를 통한 보상을 기대하는 '무형자산의 사용허락'과 무형자산의 개발과 관련하여 모든 당사자들이 공헌을 하고 실현되는 위험의 결과를 공유함으로써 참여자들 각자가 무형자산에 대한 권리를 획득하기로 하는 '개발 CCA'는 차이가 있다.(TPG 8.12) 독립기업들은 CCA에 대한 전체 공헌 중에서 각 참여자의 실제 공헌비율이 해당 약정에 따라서 수취할 총기대편익 중에서 참여자의 수취비율과 일치할 것을 요구할 것이다. 따라서 CCA에 독립기업원칙을 적용하기 위해서는 모든 당사자들이 합리적인 기대편익을 갖는 것이 필수적인 전제조건이다. 다음 단계는 공동활동에 대한 각 참여자의 공헌가치를 계산하고, 최종적으로 (참여자들 간의 조정지급을 통해 조정된) CCA 공헌의 배분이 각자의 기대편익의 비율과 일치하는지 여부를 결정하는 것이다. 이러한 결정들은, 특히 개발 CCAs의 경우, 불확실성을 내포할 가능성이 있다. CCA 참여자들 간에 배분된 공헌이 독립기업원칙과 부합하지 않게 측정되어 국가에 따라서 과세소득이 과대 또는 과소 보고될 가능성이 존재한다. 따라서, 납세자들은 CCA 약정에 대한 근거를 입증할 수 있어야 한다.(TPG 8.13)

이와 관련하여, 우리나라 세법은 "과세당국은 거주자가 국외특수관계인과 무형자산을 공동으로 개발 또는 확보하기 위하여 사전에 원가·비용·위험(이하 원가 등)의 분담에 대한 약정을 체결하고 이에 따라 공동개발하는 경우 거주자의 원가 등의 분담액이 정상원가분담액보다 적거나 많은 때에는 정상원가분담액을 기준으로 거주자의 원가 등의 분담액을 조정하여 거주자의 과세표준과 세액을 결정·경정할 수 있다."고 규정하고 있다.(국조법 §9 ①) 무형자산의 공동 개발·확보는 물론, 유형자산 또는 용역의 공동 생산 또는 확보까지 CCA 약정을 폭넓게 허용하고 있는 OECD 입장과는 달리, 국내법은 CCA 약정을 무형자산의 개발·확보의 경우에만 한정하고 있다.

여기서 "정상원가분담액은 거주자가 국외특수관계인이 아닌 자와의 통상적인 원가·비용 및 위험부담의 분담에 대한 약정에서 적용하거나 적용할 것으로 판단되는 분담액으로서, 무형자산의 개발을 위한 원가 등을 그 무형자산으로부터 기대되는 편익에 비례하여 배분한 금액으로 한다.(국조법 §9 ②) 다만, 정상원가분담액을 계산할 때, i) 원가 등의 분담 약정 참여자가 소유한 무형자산의 사용대가, ii) 분담액 차입시 발생하는 지급이자는 제외한다."(국조령 §17 ②) 그리고, "정상원가분담액은 그에 대한 약정을 체결하고 원가 등을 분담한 경우에만 거주자의 필요경비 또는 손금에 산입한다."(국조령 §17 ③)

나. CCA 참여자들의 결정

CCA에서는 상호편익(mutual benefit)의 개념이 근본적이기 때문에, CCA활동 자체의 목표, 예컨대 무형자산 또는 유형자산에 대한 지분 또는 권리를 활용하거나 또는 CCA를 통해 생산된 서비스의 이용에서 효익을 얻을 것이라는 합리적 기대를 갖지 못하는 당사자는 참여자로 간주되지 않을 것이다. 따라서, 참여자는 CCA 대상인 무형자산, 유형자산 또는 용역에 대한 지분 또는 권리를 할당받아야만 한다. 예를 들어, 오직 연구기능과 같은 활동을 수행하지만, CCA의 성과에 대한 지분을 취득하지 않는 기업은 CCA 참여자가 아니라 용역제공자로 간주될 것이다. 그 경우에 CCA에 대한 독립기업 용역에 토대하여 대가를 보상받아야 한다. 마찬가지로, 어떤 방식이든 CCA의 성과를 자신의 사업에서 활용할 역량이 없다면 CCA 참여자가 아니다.(TPG 8.14)

또한, CCA가 부담하는 위험에 대한 통제권을 행사하지 않고 위험을 부담할 재무적 역량을 가지지 못한 경우에는 CCA 참여자가 아니다. 왜냐하면, 이 당사자는 CCA 목표인 성과를 공유할 권리가 없기 때문이다. 각 참여자는 CCA 목표를 위해 특정한 공헌을 하고, 계약상 특정 위험을 부담한다. 특히, 이는 CCA 참여자가 첫째, CCA에 참여함으로써 부과된 위험부담의 기회를 감당, 중지 또는 거부하는 의사결정 역량을 가지고, 그러한 의사결정 기능을 실제로 수행해야 하며, 둘째, 그러한 기회와 연관된 위험에 대응할지 여부, 그리고 어떻게 대응할지를 결정할 역량을 가지고, 그러한 의사결정 기능을 실제로 수행해야 한다는 것을 시사한다. 당사자는 CCA 활동과 관련한 일상적인 위험완화 활동을 수행할 필요는 없지만, 다른 당사자에 의해 수행될 위험완화 활동의 목표를 결정하고 다른 당사자가 위험완화 활동을 수행하도록 위탁을 하며 목표가 적절히 충족되는지를 평가하고, 필요한 경우 해당 약정을 조정 또는 종료하는 것을 결정할 역량은 반드시 가져야 하고, 그러한 평가 및 의사결정을 실제로 수행해야 한다.(TPG 8.15)

예컨대, CCA 참여자들이 매우 다른 유형의 R&D 활동을 수행하거나 또는 당사자들 중 하나는 자금을 공헌하고 다른 당사자는 R&D 활동을 공헌하는 등 참여자들의 공헌의 성격이 다른 경우 TPG(6.64절)의 지침이 동일하게 적용된다. 이는 다른 당사자에 의해 수행된 개발활동에 부수된 개발위험이 높을수록 그리고 해당 당사자가 부담하는 위험이 이러한 개발위험에 더 긴밀히 관련될수록, 그 당사자는 기대편익을 달성하기 위해 무형자산의 개발 진척도 및 이의 결과를 평가할 역량을 더 많이 가질 필요가 있고, 또한 자신의 CCA에 대한 지속적 공헌과 관련하여 요구되는 실제 의사결정과 CCA에서 부담하는 특정 위험에 영향을 미칠 중요한 사업상 개발을 더 긴밀히 연계시킬 필요가 있을 것이다. 이익이 불확실하고 멀리 있는 개발 CCAs는 이익이 현재 발생하고 있는 용역 CCAs보다 더 큰 위험을 발생시킬 가능성이 있다.(TPG 8.16)

CCA 참여자들은 자신의 직원들을 통해 모든 CCA 활동들을 꼭 수행할 필요는 없다. 일부 경우에, CCA 참여자들은 대상 활동과 관련된 특정 기능들을 독립기업에 위탁하기로 결정할 수 있다. 그러한 상황에서 CCA 참여자들은 CCA에 따라 부담하는 특정 위험에 대한 통제권 행사의 요건을 개별적으로 충족해야 한다. 최소한 CCA 참여자들 중 하나에 의해서 위탁된 기능들에 대한 통제권이 행사되어야 한다. CCA 목표가 무형자산의 개발인 경우 최소한 CCA 참여자들 중 하나가 위탁된 중요한 개발, 향상, 유지, 보호 및 활용 기능들에 대한 통제권을 역시 행사해야 한다. CCA 참여자들의 공헌이 위탁 기능들을 통제하는 것이 아닌 활동들로 구성될 때는, CCA에서 당사자가 특정 위험에 대한 통제권을 행사할 기능적 역량을 가지고 있는지 여부를 평가할 필요가 있다.(TPG 8.17) CCA 활동들이 외부 위탁되는 경우 제공되는 용역 등에 대해서는 관련 기업에 대해서 독립기업 수수료 보상이 적절할 것이다.(TPG 8.18)

다. CCA의 기대편익

기대편익(expected benefits)의 상대적인 비중은 CCA 약정의 결과로 각 참여자가 수취하는 추가 예상소득, 절감비용 또는 기타 이익에 토대하여 측정될 수 있다. 용역 CCAs의 경우 가장 전형적이고 실무 상 자주 이용되는 접근방법은 관련 배분기준(allocation key)을 사용하여 참여자들의 기대편익의 비중을 반영하는 것이다. 배분기준의 예로 매출액, 영업이익, 사용량, 생산량, 판매량, 종업원수 등을 들 수 있다.(TPG 8.19)

이에 대해, 우리나라 세법은 "기대편익은 무형자산의 공동개발 후 실현될 것으로 추정되는 ⅰ) 원가의 절감, ⅱ) 무형자산의 활용으로 인한 매출액, 영업이익, 사용량, 생산량 또는 판매량의 증가 중, 위 ⅰ)호 또는 ⅱ)호의 어느 하나에 해당하는 편익을 사용하여 산정한다."고 규정하고 있다.(국조령 §17 ④)

CCA 활동의 이익 중 중요한 부분이 비용 발생연도가 아니라 미래에 실현될 것으로 기대되는 개발 CCAs의 경우, 공헌의 배분은 해당 이익 중 참여자의 비중에 관한 예상치를 감안할 것이다. 예상치가 실제 결과와 현저히 다른 경우 예상치를 사용하는 것은 과세당국에게 문제를 제기할 수 있다. 특히, 이 문제는 기대편익이 실제 실현되기 전에 CCA 활동이 종료되는 경우 악화될 수 있다. CCA의 편익이 미래에 실현될 것으로 기대될 때는 편익의 상대적 비중의 변화를 초래하는 관련 상황의 변경을 반영하기 위하여 장래적 관점에서 CCA 기간 동안에 각 참여자의 공헌의 비중을 조정하는 것이 적절할 것이다.

실제 이익의 비중이 예상과 현저히 다를 경우 과세당국은, 사후합리화를 이용하지 않고 참여자들이 합리적으로 예상할 수 있는 모든 진전 상황들을 고려하여, 비교가능한 상황에서 예상치를 독립기업들이 수용할 것으로 간주할 수 있는지 여부를 신속히 조사할 수 있다. CCA의 기대편익이 개발 프로젝트의 착수 시점에서는 평가하기 어려운 무형자산 권리로 이루어지는 경우 또는 이미 존재하는 가치측정이 어려운 무형자산이 CCA 프로젝트에 대한 공헌의 일부인 경우 CCA에 대한 각 참여자의 공헌을 평가하기 위하여 TPG의 관련 지침을 적용할 수 있다.(TPG 8.20 & 6.181-6.195)

CCA 약정이 다수 활동들을 포함한다면 배분방법을 선택할 때 이를 고려하는 것이 중요한데, 결국 각 참여자의 공헌가치는 참여자들이 기대하는 상대적 이익과 관련된다. 한 가지 접근방법은 하나 이상의 배분기준을 사용하는 것이다. 어떤 배분기준이 적절한지 여부는 CCA 활동의 정확한 성격 및 배분기준과 기대편익 간의 관계에 달려 있다. 이와 관련하여 용역에 대한 독립기업 수수료를 결정하는 간접적 방법의 이용에 대한 TPG 지침이 유용할 것이다.(TPG 7.23-26) 만약 기업들 중 하나가 특정 프로젝트의 성과를 실행하지 않기로 선택한다면 이것이 상대적 이익의 비중 또는 이용되는 배분기준에 영향을 주어서는 안 된다. 그러나, 그러한 상황에서는 기업이 성과를 실행하지 않기로 결정한 이유, 기업이 그렇게 할 합리적 의도가 있었는지 여부, CCA 약정이 진전되어 해당 기업의 의도가 변경됨에 따라 기대편익이 수정되었어야 했는지 여부 등을 신중히 고려해야 한다.(TPG 8.21)

참여자들의 기대편익의 상대적 비중을 평가하기 위해 사용된 방법이 무엇이든지, 참여자가 얻는 기대편익과 실제이익의 비중 간의 차이를 고려하기 위하여 사용된 측정값에 대한 조정이 필요할 수 있다. CCA는 참여자들의 미래의 공헌이 조정되어야 하는지 여부를 결정하기 위하여 수정된 이익 비중에 대한 공헌의 주기적인 재평가가 요구된다. 따라서 특정 CCA에 가장 적절한 배분기준은 시간이 지남에 따라 변경되고 장래의 조정을 가져올 수 있다. 그러한 조정은 시간이 경과함에 따라 당사자들이 (불확실하지만) 예상할 수 있는 사건 또는 예상할 수 없는 사건의 발생에 대해 더 많은 신뢰할 수 있는 정보를 가질 것이라는 사실을 반영한다.(TPG 8.22)

라. 참여자의 공헌가치 평가

CCA가 독립기업원칙을 충족시키는지 여부 즉, 전체 공헌 중 각 참여자의 비중이 전체 기대편익 중 참여자의 비중과 일치하는지 여부를 결정하기 위해서는 CCA 약정에 대한 각 참여자의 공헌가치를 측정할 필요가 있다.(TPG 8.23)

CCA에 대한 공헌은 여러 형태를 띨 수 있다. 용역 CCAs의 공헌은 주로 용역의 수행으로 이루어진다. 개발 CCAs의 공헌은 전형적으로 R&D, 마케팅과 같은 개발활동의 수행을 통해서, 그리고 종종 이미 존재하는 유형자산 또는 무형자산의 개발과 같은 추가적 공헌을 포함한다. CCA의 유형에 상관없이, 현재 또는 이미 존재하는 모든 공헌의 가치는 독립기업원칙에 따라서 적절히 인식되고 계산되어야 한다. 각 참여자의 공헌가치의 상대적 비중은 기대편익의 비중과 일치해야 하기 때문에 정합성을 보장하기 위하여 조정지급(balancing payments)이 요구될 수 있다. 여기서 '공헌' 용어는 CCA 참여자들에 의한 이미 존재하는 가치 및 현재의 가치 모두의 공헌을 포함한다.(TPG 8.24)

독립기업원칙에 따라서 각 참여자의 공헌가치는 비교가능한 상황에 있는 독립기업이 해당 공헌에 부여했을 가치와 일치해야 한다. 즉, 일반적으로 공헌들이 독립기업원칙에 부합하기 위해서는, CCA 참여자들의 관련 기대편익의 성격과 정도뿐만 아니라 상호 위험의 공유를 고려하여, 공헌들이 행해졌을 당시의 가치에 토대하여 평가되어야 한다.(TPG 8.25)

공헌가치를 평가할 때는 이미 존재하는 가치의 공헌과 현재의 공헌 간에 구별이 이루어져야 한다. 예를 들어, 무형자산 개발을 위한 CCA의 경우, 한 참여자에 의한 특허기술의 공헌은 CCA의 목표인 무형자산의 개발에 유용한 이미 존재하는 가치의 공헌을 나타낸다. 그 기술의 가치는 TPG의 관련 지침, 특히 적절한 경우 평가기법을 사용하여 독립기업원칙에 의해 결정되어야 한다. 특수관계기업에 의해 수행되는 개발 CCAs에서의 현재의 R&D 활동은 현재의 공헌에 해당한다. 현재의 기능적 공헌의 가치는 기술의 추가적용에서 발생되는 잠재적 가치에 토대하는 것이 아니라 수행된 기능의 가치에 토대한다. 기술의 추가적용에서 발생되는 잠재적 가치는 이미 존재하는 가치의 공헌을 통해서, 그리고 CCA 참여자들에 의한 기대편익과 비례하는 개발위험의 공유를 통해서 고려된다. 현재의 공헌의 가치는 TPG의 관련 지침, 특히 그룹내 용역거래 지침에 의해 결정되어야 한다.(TPG 8.26) 예를 들어, 연구팀이 연구와 관련된 고유의 기술과 경험을 보유하고 위험을 부담하며 자신의 무형자산을 사용하는 경우, 발생비용에 약간의 이윤을 가산하는 보상은 연구팀의 예상 공헌가치 또는 독립기업 가격을 반영하지 못할 것이다.(TPG 6.79)

모든 공헌이 시장가치로 측정되어야 하지만, 납세자는 원가로 현재의 공헌을 지불하는 것이 보다 집행이 용이할 수 있다. 이는 특히 개발 CCAs의 경우에 적절할 수 있다. 만약 이 접근방법이 채택되면, 이미 존재하는 공헌은 CCA에 대해서 자원을 공헌하기 위해 기존의 약정에 대한 기회비용을 보상받아야 한다. 예를 들어, 현재의 R&D 활동들은 원가로 공헌하는 반면, CCA의 이익을 위한 작업을 수행하기 위해 CCA에 현존 R&D 인력을 약정하는 경우에는 이미 존재하는 공헌에 R&D 활동의 기회비용, 즉 R&D 원가에 대한 독립기업 이익률의 현재가치를 반영해야 한다.(TPG 8.27)

〈표 4-19〉 용역 CCAs의 적용사례

구 분	단위당 가격	원가 및 공헌가치
ACo의 용역제공 원가	100	30*100 = 3,000
BCo의 용역제공 원가	100	20*100 = 2,000
총원가		5,000
ACo의 공헌가치	120	30*120 = 3,600
BCo의 공헌가치	105	20*105 = 2,100
총공헌가치		5,700

위 〈표 4-19〉에서 보는 바와 같이, MNE 그룹의 일원인 ACo와 BCo가 CCA 약정을 체결한다고 하자. ACo는 용역1을 제공하고, BCo는 용역2를 제공한다. ACo와 BCo는 각각 두 가지 용역들을 소비한다. 즉, ACo는 BCo에 의해 제공되는 용역2로부터 편익을 얻고, BCo는 ACo에 의해 제공되는 용역1로부터 편익을 얻는다. ACo는 용역1을 그룹에 30단위 제공하고, BCo는 용역2를 20단위 제공한다. ACo와 BCo 각자의 기대편익 비중은 50%로 동일하다.

이러한 사실관계를 토대로, 다음 2단계 방법에 따라 원가 및 공헌가치의 배분 및 조정방법에 대해 살펴보자. 먼저, 1단계는 공헌들을 원가 기준으로 배분한다. ACo는 총원가 5,000중에서 기대편익 비율 50%, 즉 2,500을 부담해야 한다. ACo의 (용역제공을 통한) 현물 공헌은 3,000이다. BCo도 역시 총원가 중에서 기대편익 비율 50%, 즉 2,500을 부담해야 한다. BCo의 현물 공헌은 2,000이다. 따라서, BCo는 ACo에게 추가로 500을 지급해야 한다. 이는 현재의 공헌들(current contributions)과 연관된 조정지급을 반영한다.

다음 2단계는 CCA에 대한 추가 공헌가치를 계산한다. ACo는 단위당 원가(100)를 20만큼 초과한 가치(120)를 생산한다. BCo는 단위당 원가(100) 5만큼 초과한 가치(105)를 생산한다. ACo는 용역2를 10단위 소비한다.(원가 초과분 가치 10*5 = 50) BCo는 용역1을 15단위 소비한다.(원가 초과분 가치 15*20 = 300) 따라서, ACo는 CCA에 공헌한 추가 가치 250에 대해서 보상받아야 한다. 이는 이미 존재하는 공헌들(pre-existing contributions)과 연관된 조정지급을 반영한다.

이러한 2단계 방법은 원가의 공유에 더하여, CCA 약정에 대한 추가 가치의 공헌을 하는 참여자에 대한 별도의 추가 지급을 제공한다. 일반적으로 추가적인 가치의 공헌은, 가령 참여자들 중 하나에 의해 소유된 무형자산 등 이미 존재하는 공헌들을 반영한다. 따라서 이상의 2단계 방법은 개발 CCAs에 가장 유용하게 적용될 것이다.(TPG Annex Ch.8 Ex.1A)

이미 존재하는 공헌 가치가 원가와 일치한다고 추정될 수 없지만, 때로는 현재의 공헌의 상대적 가치를 측정하기 위한 현실적 수단으로 원가가 이용될 수 있다. 시장가치와 원가 간의 차이가 상대적으로 중요하지 않은 경우 현실적 이유 때문에, 용역 CCAs의 경우 유사한 성격의 현재의 공헌은 원가로 측정될 수 있다. 그러나, 참여자들의 공헌이 성격상 다양하고 용역과 무형자산 또는 다른 자산이 혼합된 상황에서는 원가로 현재의 공헌을 측정하는 것은 참여자들의 상대적 공헌 가치를 결정하기 위한 신뢰할 수 있는 근거를 제공하지 못하고 독립기업과 다른 결과를 초래할 수 있다.

개발 CCAs의 경우 원가로 현재의 공헌을 측정하는 것은 일반적으로 독립기업원칙의 적용을 위한 신뢰할 수 있는 근거를 제공하지 못할 것이다. 독립기업 약정이 CCA 약정과 비교가능하고 해당 독립기업 약정의 공헌이 원가로 제공된다고 주장하는 경우, 독립기업 거래 당사자들 간에 존재할 수 있는 경제적으로 관련된 거래들의 보다 폭넓은 약정에 대한 영향 및 위험의 공유를 포함하여, CCA의 보다 광범위한 맥락에서 거래들의 모든 경제적으로 관련된 특성들의 비교가능성을 고려하는 것이 중요하다. 독립기업 약정에서 다른 지급금, 예컨대 원가보상에 추가하여 단계별 지급금(stage payments) 또는 보상적 공헌이 부여되는지 여부에 대한 특별한 관심을 기울일 필요가 있다.(TPG 8.28)

공헌은 기대편익에 토대하기 때문에, 일반적으로 현재의 공헌을 평가하기 위해 원가 보상이 허용되는 경우 이는 당초부터 예산원가에 토대하여 분석이 이루어져야 함을 시사한다. 예를 들어, 예산원가가 실제 매출액의 일정 비율로 나타나는 것과 같이 예산체계는 수요수준의 변동 등의 요인에서 발생하는 변동성에 적응할 수 있기 때문에, 이것이 꼭 원가를 고정시키는 것을 의미하는 것은 아니다. 또한, CCA 기간 동안에 예산원가와 실제원가 간에 차이가 있을 가능성이 있다. 독립기업 상황에서 당사자들 간에 합의된 조건을 통해 그러한 차이들이 어떻게 취급되어야 하는지가 결정될 것이다. 왜냐하면, 독립기업들은 예산원가를 설정할 때 어떤 요인들이 고려되어야 하는지, 그리고 예상하지 못한 상황들을 어떻게 취급해야 하는지를 합의하지 않고서는 예산원가를 사용하지 않을 것이기 때문이다.(TPG 2.96)

예산원가와 실제원가 간의 중요한 차이들이 발생하는 이유에 대해 주의를 기울여야 한다. 왜냐하면, 그러한 차이가 모든 참여자들에게 이익을 제공하지 않을 수 있는 당초 CCA 활동 범위의 변경을 의미할 수 있기 때문이다. 그러나, 일반적으로 원가가 현재의 공헌을 측정하기 위한 적절한 기준으로 판명되는 경우 실제원가를 사용할 수 있을 것이다.(TPG 8.29)

평가과정에서 CCA 참여자들의 모든 공헌을 인식하는 것이 중요하다. 여기에는 CCA 기간 동안에 지속적으로 행해진 공헌뿐만 아니라 이미 존재하는 무형자산의 공헌을 포함한다. 고려되어야 할 공헌은 CCA 활동에 전적으로 사용된 자산 또는 용역은 물론, 부분적으로 CCA 활동에 사용되고 또한 참여자들의 독립적인 사업활동에도 부분적으로 사용된 자산 또는 용역(즉, 공유 자산 또는 용역)도 포함한다. 예를 들어, 참여자가 사무용 빌딩과 IT시스템과 같은 자산의 사용 또는 일반 관리・감독기능의 수행을 CCA 활동은 물론 자신의 사업을 위해 부분적으로 사용한 경우와 같은 공유 자산 또는 용역이 포함된 공헌을 측정하는 것이 어려울 수 있다. CCA 활동에 관련된 사용자산 또는 용역의 비중을 승인된 회계원칙 및 실제 사실관계와 관련하여 상업적으로 타당한 방식으로 결정할 필요가 있다. 그리고 다른 국가들이 관련된 경우 일관성 확보를 위해 중요한 경우 조정이 필요할 수 있다.(TPG 8.30) 개발 CCAs의 경우, CCA의 통제 및 관리 형태의 공헌, CCA 활동 및 위험은 무형자산 또는 유형자산의 개발, 생산 또는 취득과 관련하여 중요한 기능일 수

있으므로 TPG의 관련 지침에 따라서 평가되어야 한다.(TPG 8.31)

예를 들어, A국에 소재한 A사와 B국에 소재한 B사는 한 MNE 그룹의 구성원이고 무형자산을 개발하기 위한 CCA를 체결하였다. CCA에 의하면, B사는 B국에서 무형자산을 이용할 권리를 가지며, A사는 나머지 전세계에서 무형자산을 이용할 권리를 가진다. 당사자들은 A사가 전체 매출의 75%를, B사가 25%를 가지며, 해당 CCA로부터의 그들의 기대편익은 75:25이다. A사와 B사 모두 무형자산을 개발한 경험과 자신의 R&D 인력을 보유한다. 그들 각자는 그들의 개발위험을 통제한다. A사는 최근 제3자로부터 취득한 이미 존재하는 무형자산을 공헌한다. B사는 효율성을 향상시키고 시장진입을 촉진하기 위하여 개발한 전용 분석기법을 공헌한다. 이러한 이미 존재하는 공헌들 모두가 TPG의 관련 지침에 의해 평가되어야 한다. 일상적인 연구 형태의 현재의 공헌은 A:B 양사 인력이 90:10 비율로 구성된 지휘팀의 지도하에 A사가 20%, B사가 80%를 수행할 것이다. 이들 두 가지 형태의 현재의 공헌은 독립적으로 분석되어야 하고 TPG의 관련 지침에 따라서 평가되어야 한다. CCA의 기대편익이 개발 프로젝트의 개시 시점에서 평가하기가 어려운 무형자산에 대한 권리로 구성되는 경우 또는 가치측정이 어려운 이미 존재하는 무형자산이 CCA 프로젝트에 대한 공헌의 일부인 경우, CCA에 대한 각 참여자들의 공헌을 평가하기 위하여 TPG의 관련 지침이 적용된다.(TPG 8.33 & 6.181-6.195)

마. 조정지급

현실적으로 비교가능 독립기업거래를 찾기가 어렵기 때문에, 각 참여자의 CCA에 대한 공헌과 CCA로부터의 이익을 일치시키는 것은 어려운 과제이다. 예를 들어, 한 국가는 CCA에서 직·간접적으로 발생한 비용을 다른 당사자들에게 청구할 수 있도록 하지만, 다른 국가들은 직접비용의 공제만을 허용하는 경우 세법 상 취급의 불일치 위험이 있을 수 있다. 이러한 불일치를 예방하기 위해 OECD는 독립기업들이 공동 프로젝트를 수행하는 방식을 토대로 공헌과 이익이 결정되어야 한다고 권고한다.

이를 위해 OECD는 공헌과 이익(또는 손실)의 정도를 결정하기 위한 단일의 방법을 권고하지는 않지만, 실무 상 흔히 이용되는 한 가지 방법이 배분기준에 따라 공헌과 이익(또는 손실)을 배분하는 것이다. 그리고 만약 CCA 참여자의 공헌들이 서로 다른 가치를 갖는 경우에는 당사자 간 조정지급(balancing payments)을 통해 가치의 차이를 보상해야 할 것이다.

CCA 약정에 대한 전체 공헌 중 참여자의 비중이 해당 약정에 따라 수취하게 될 전체 기대편익 중 참여자의 비중과 일치할 때 독립기업원칙에 부합할 것이다. 공헌이 행해질 당시에 전체 공헌 중 참여자의 비중이 기대편익의 비중과 일치하지 않을 때 참여자 중 최소한 한 명의 공헌은 불충분하고, 나머지 참여자들의 공헌은 과도할 것이다. 그러한 경우 독립기업원칙은 조정을 요구한다. 이는 일반적으로 추가 조정지급을 통해서 공헌을 조정하는 형태를 띤다. 그러한 조정지급은 지급자의 공헌가치(원가)를 증가시키고 지급받는 자의 공헌가치(원가)를 감소시킨다.(TPG 8.34) 조정지급은 CCA 체결시 참여자들에 의해 예상된 것이거나, 또는 참여자들의 기대편익과 공헌가치에 대한 주기적인 재평가의 결과일 수 있다.(TPG 8.35 & 8.22)

공헌이 행해질 당시에 참여자의 공헌가치가 부정확하게 결정된 경우 또는 예컨대, 변화된 상황에 대해 조정된 배분기준이 적절하지 못한 결과 참여자의 기대편익의 비중이 부정확하게 평가된 경우 과세당국은 조정지급을 요구할 수 있다. 통상적으로 조정은 쟁점 기간에 대해 하나 이상의 참여자가 다른 참여자들에게 조정지급을 하거나 또는 귀속시킴으로써 이루어진다.(TPG 8.36)

개발 CCAs의 경우, 전체 공헌과 전체 기대편익 간에 참여자의 비중의 차이가 특정 연도에 발생할 수 있다. 그러나, CCA가 수용가능한 경우, 과세당국은 일반적으로 단일 회계연도의 결과에 토대하여 조정을 행하는 것을 삼가야 한다. 이 경우 다년도로 구성된 하나의 기간 동안에 전체 공헌과 전체 기대편익에 대한 각 참여자의 비중이 일치하는지 여부에 대한 고려가 필요하다. 이미 존재하는 공헌과 현재의 공헌에 대해 별도의 조정지급이 각각 행해질 수 있다. 그러나, 이미 존재하는 공헌과 현재의 공헌을 결합하여 전체 조정지급을 행하는 것이 보다 신뢰할 수 있거나 집행이 용이할 수도 있다.(TPG 8.37)

〈그림 4-77〉 개발 CCAs의 조정지급 사례

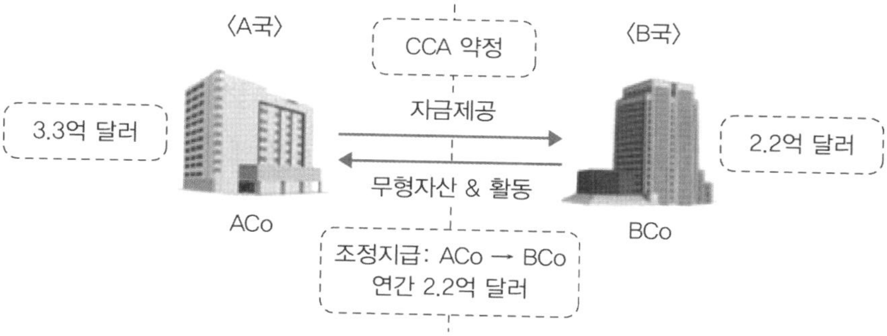

위 〈그림 4-77〉 사례에서 보는 바와 같이, ACo와 BCo는 MNE 그룹의 일원이고, CCA를 통해서 무형자산을 개발하기로 결정한다고 하자. 개발 예정인 무형자산은 BCo의 이미 존재하는 무형자산, 과거 실적 및 숙련된 R&D 인력에 토대하여 매우 수익성이 높을 것으로 예상된다. ACo는 자체 인력을 통해서 개발 CCA에 대한 참여자로서 기대되는 모든 기능을 수행한다. 이 사례의 무형자산은 상업적 활용 이전에 개발에 5년이 걸릴 것으로 기대되고, 성공할 경우 최초 활용 이후 10년 동안 가치를 가질 것으로 예상된다.

CCA에 의하면, ACo는 무형자산의 개발과 연관된 자금을 공헌할 것이다.(개발비용이 5년 동안 연간 1억 달러 예상) BCo는 이미 존재하는 무형자산과 연관된 개발 권리들을 공헌할 것이고, 무형자산의 개발, 유지 및 활용과 관련된 모든 활동들을 수행할 것이다. 이미 존재하는 무형자산의 사용뿐만 아니라 활동들의 수행을 포함하여 BCo의 공헌들의 가치는 CCA에 의해 생산될 것으로 기대되는 무형자산의 예상가치에서 ACo에 의한 자금의 공헌가치를 차감한 가치에 토대할 것이다. 개발된 무형자산은 연간 5.5억 달러의 전세계 이윤이 발생할 것으로 예상된다. CCA는 BCo가 B국에서 무형자산을 활용할 독점적 권리를 가지고(연간 2.2억 달러의 이윤이 발생할 것으로 예상), ACo가 세계의 나머지 지역에서 무형자산을 활용할 독점적 권리를 가질 것(연간 3.3억 달러의 이윤이 발생할 것으로 예상)이라고 규정한다.

이 사례에서 ACo와 BCo의 현실적 대안들을 고려할 때, ACo의 공헌의 가치는 R&D 자금조달에 대한 위험조정 수익률로 결정되는데, 이것이 연간 1.1억 달러라고 가정하자. 그러나, CCA에 의해서, ACo는 연간 3.3억 달러의 편익을 얻을 것으로 예상된다. ACo가 획득하는 권리들의 추가적인 예상가치, 즉 ACo의 자금투자의 가치를 초과한 예상가치는 CCA에 대한 BCo의 이미 존재하는 무형자산의 공헌 및 R&D 활동을 반영한다. 따라서, 이러한 차이를 해소하기 위해 ACo에서 BCo로 조정지급이 요구된다. ACo는 이러한 미래의 소득과 연관된 위험을 고려하여, 6년~15년 기간 동안에 매년 2.2억 달러에 해당하는 조정지급을 할 필요가 있을 것이다.(TPG Annex Ch.8 Ex.4)

한편, 우리나라 세법은 "과세당국은 거주자가 국외특수관계인과 공동개발한 무형자산에 대하여 적정하게 원가 등을 배분하여 각 참여자의 지분을 결정하는 약정을 체결한 후 공동개발한 무형자산으로부터의 기대편익이 처음 약정 체결시 예상한 총기대편익에 대한 거주자의 기대편익 비율에 비해 20% 이상 증가하거나 감소한 경우에는 원래 결정된 각 참여자의 지분을 변동된 기대편익을 기준으로 조정하여 거주자의 과세표준과 세액을 결정 또는 경정할 수 있다."고 규정하고 있다.(국조법 §9 ③, 국조령 §18 ①) 이 경우 "참여자인 거주자의 지분을 조정하는 경우 거주자가 부담한 총원가 등의 분담액을 조정된 거주자의 지분에 따라 다시 계산하여 초과 부담한 원가 등의 분담액은 그 변동이 발생한 사업연도의 과세표준을 계산할 때에 조정한다."(국조령 §18 ②) 또한, 원가 등의 분담액을 조정한 후 기대편익의 변동이 다시 발생한 경우에는 수정신고 또는 경정청구를 할 수 있다.(국조령 §18 ③)

바. 실제 거래에 대한 분석 및 거래구조 재구성

식별된 CCA 약정의 경제적으로 연관된 특성들이 실제 거래와 참여자들에 의해 합의된 것으로 추정되는 CCA 조건이 다르다는 것을 보여줄 수 있다. 예를 들어, 하나 또는 그 이상의 참여자들이 CCA 활동으로 인한 이익에 대해 아무런 합리적 기대를 갖지 않을 수 있다. 원칙적으로 참여자의 기대편익의 비중이 작을 수도 있지만, 만약 CCA의 모든 활동을 수행하는 한 참여자가 전체 기대편익의 작은 부분만을 가질 것으로 기대된다면 CCA 약정의 실제가 자원을 집합시키고 위험을 공유하는 것인지 여부 또는 상호편익을 공유하는 외관이 보다 유리한 조세상 결과를 얻기 위해 설계된 것인지 여부가 의심받을 수 있다. 당사자들 간 공헌과 이익 비중의 중요한 차이로부터 발생하는 상당한 조정지급이 존재하는 경우 상호편익이 존재하는지 여부 또는 해당 약정이 자금대여 거래로 분석되어야 하는지 여부의 문제가 제기될 수 있다.(TPG 8.39)

가치측정이 어려운 무형자산에 관한 TPG의 지침이 CCA 관련 상황에서도 동일하게 적용될 수 있다. CCA 목표가 개발 프로젝트의 착수 시점에서 평가하기 어려운 새로운 무형자산을 개발하는 것, 그리고 이미 존재하는 무형자산과 관련한 공헌을 평가할 때가 그러한 경우이다. 전체적으로 볼 때 CCA 약정의 상업적 합리성이 결여된 경우, CCA는 부인될 수 있다.(TPG 8.40)

사. 공헌 및 조정지급에 대한 조세취급

CCA 참여자가 CCA 대상 활동을 수행할 때는 만약 참여자의 공헌이 CCA 밖에서 행해졌을 경우 조세목적 상 해당 참여자에게 적용될 수 있는 조세제도의 일반규정의 적용을 받는 것과 동일하게 취급되어야 한다. 공헌의 성격은 CCA 활동의 성격에 달려 있고, 이에 따라 조세목적 상 어떻게 인식되는지가 결정될 것이다.(TPG 8.41) 용역 CCAs의 경우,

해당 CCA 참여자의 공헌은 종종 비용절감의 형태로 이익을 발생시킬 것이고, 이 경우 CCA 활동에 의해 직접 소득을 발생시키지는 않을 것이다. 개발 CCAs의 경우 참여자의 기대편익은 공헌이 행해진 이후 상당기간 동안 발생하지 않을 수 있고, 따라서 공헌이 행해진 시점에서 참여자에 대한 소득 인식은 없을 것이다.(TPG 8.42) 일반적으로 공헌의 경우와 마찬가지로, 조정지급의 성격과 이에 대한 조세취급은 조세조약과 국내법에 따라서 결정될 것이다.(TPG 8.43)

3 CCA의 가입, 탈퇴 또는 종료

CCA 구성원이 변경되면 일반적으로 참여자의 공헌 및 기대편익의 비중에 대한 재평가를 초래할 것이다. 이미 활동 중인 CCA의 참여자인 기업은 가령, 완료 또는 진행중인 무형자산 또는 유형자산 등 종전의 CCA 활동의 성과에 대한 지분을 취득할 것이다. 그 경우, 종전 참여자들은 실질적으로 종전 CCA 활동의 성과에 대한 각자 지분 중 일부를 새로운 참여자에게 이전하게 된다. 그러한 무형자산 또는 유형자산의 이전은 독립기업원칙에 따라서 이전된 지분의 독립기업 가치에 토대하여 보상되어야 한다. 이러한 보상을 참여지급(buy-in payment)이라 한다.(TPG 8.44)

참여지급액은 새로운 참여자가 수취하게 될 전체 기대편익의 비중을 고려하여 새로운 참여자가 취득하는 무형자산 또는 유형자산 지분의 독립기업 가치에 토대하여 결정되어야 한다. 또한, 새로운 참여자가 CCA에 이미 존재하는 무형자산 또는 유형자산을 유입하는 경우도 있는데, 이러한 공헌을 인식하여 다른 참여자들로부터 적절한 조정지급이 요구될 수 있다. 과세당국을 위해 전체 개별 지급액에 대한 적절한 기록이 보관되어야 하지만, 새로운 참여자에 대한 조정지급은 요구되는 참여지급과 상계될 수 있다.(TPG 8.45) CCA를 탈퇴하는 참여자는 진행중 활동을 포함하여 과거 CCA 활동의 성과에 대한 지분을 다른 참여자들에게 처분할 것이다. 이 경우 탈퇴지급(buy-out payment)이 필요할 수 있는데, 독립기업원칙에 따라서 보상되어야 한다.(TPG 8.46)

이와 관련하여, 우리나라 세법은 "과세당국은 원가 등의 분담에 대한 약정에 새로 참여하는 자가 참여함으로써 얻게 되는 기대편익의 대가를 지급하거나, 약정에서 중도 탈퇴하는 자가 다른 참여자가 얻게 되는 기대편익의 대가를 지급받은 경우 그 대가가 정상가격

보다 낮거나 높을 때에는 정상가격을 기준으로 거주자의 과세표준 및 세액을 결정 또는 경정할 수 있다."고 규정하고 있다.(국조령 §19)

독립기업원칙에 따라서 참여, 탈퇴 또는 조정지급이 요구되지 않는 경우가 있을 수 있다. 예를 들어, 관리용역의 공유를 위한 CCA는 일반적으로 가치있는 자산의 결과를 창출하기보다는 참여자들에게 현재 시점의 편익을 생산하기만 할 것이다.(TPG 8.47) 참여 및 탈퇴 지급은 마치 해당 지급이 CCA 밖에서 행해지는 것처럼 각 참여자에게 적용될 수 있는 조세조약과 조세제도의 일반원칙이 적용되는 것과 동일하게 조세목적 상 종전 CCA 활동의 성과에 대한 지분의 취득 또는 처분에 대한 대가로 취급되어야 한다.(TPG 8.48) CCA가 종료될 때에도 독립기업원칙에 따라서 각 참여자는 CCA 기간 동안에 (실제 지급된 조정지급을 포함하여) CCA에 대한 공헌의 비중과 일치하는 CCA 활동의 성과에 대한 지분을 보유하거나 또는 해당 지분이 다른 참여자들에게 이전된 것에 대해 적절히 보상받아야 한다.(TPG 8.49)

4 CCA의 구조 및 문서화

일반적으로 특수관계기업 간 CCA는, 첫째, 참여자들은 단지 CCA 활동의 일부 또는 전부를 수행하기 때문이 아니라 CCA 활동 자체로부터 상호 비례적인 이익을 얻을 것으로 기대되는 기업들만을 포함한다.(TPG 8.14) 둘째, CCA 약정은 CCA 활동 성과에 대한 각 참여자 지분의 성격과 정도는 물론, 기대편익의 비중을 상세히 규정해야 한다. 셋째, CCA에 대한 공헌, 적절한 조정지급 및 참여지급을 제외하고는 CCA를 통해 취득한 무형자산, 유형자산 또는 용역에 대한 지분 또는 권리를 위한 지급은 요구되지 않는다. 넷째, 참여자들의 공헌가치는 TPG에 따라서 결정되고, 필요한 경우 CCA 약정의 공헌과 기대편익의 비중을 일치시키도록 조정지급이 행해져야 한다. 다섯째, CCA 약정은 참여자들 간 기대편익 비중의 중요한 변경을 반영하기 위하여 조정지급 및 합리적 기간이 경과된 후에 장래적으로 공헌 배분의 변경에 관한 사항을 상세히 규정할 수 있다. 여섯째, CCA 참여자의 가입, 탈퇴, 종료에 따라 필요한 경우 참여지급 및 탈퇴지급을 포함한 조정이 행해질 수 있다.(TPG 8.50)

이전가격 문서화의 기준은 CCAs를 포함하여 중요한 용역약정 및 중요한 무형자산 관련약정에 대해서는 통합기업보고서(mater file)에 의한 보고가 요구된다. 개별기업보고서(local file)는 거래의 설명, 지급 및 수취 금액, 관련 특수관계기업의 인적사항, 중요한 법인 간 약정, 거래가 독립기업원칙에 따라 체결된 이유에 대한 설명을 포함한 가격정보를 요구한다. 이러한 문서 요구사항을 준수하기 위해 CCA 참여자들은 활동의 성격, 약정의 조건, 독립기업원칙과의 부합성에 관한 자료를 준비하거나 확보할 것이다. 이는 각 참여자가 납세자에 대한 CCA의 복잡성과 중요성에 상응하는 상세 수준으로 CCA의 수행활동에 관한 세부사항, CCA에 관련된 다른 당사자들의 인적사항과 위치, 수행될 공헌과 결정될 기대편익에 관한 예상치 및 CCA 활동을 위한 예산 및 실제 지출액에 대한 완전한 접근성을 가져야 한다는 것을 시사한다. 이러한 모든 정보는 CCA 맥락에서 과세당국에게 중요하고 유용할 수 있으며, 통합기업보고서 또는 개별기업보고서에 포함되어 있지 않을지라도 납세자는 과세당국의 요청에 의해 정보를 제공할 수 있어야 한다.(TPG 8.51)

제9장 금융거래에 대한 과세

1 그룹내 금융거래의 의의

특수관계기업들은 자산의 취득자금 조달 등을 위한 자금수요가 있거나 여유현금 등 재무적 역량을 보유할 때, 이를 그룹내 관계회사 간 거래를 통해 내부적으로 해결하고자 할 수 있다. 그룹 관계회사 간 금융거래로는 자금거래, 지급보증, 자가보험 등을 들 수 있다. 이러한 그룹내 자금거래가 빈번한 이유는 차입회사 입장에서는 보다 좋은 조건으로 자금을 조달할 수 있고, 그룹 전체적으로도 현금 통합관리(cash pooling) 메카니즘을 통해 그룹내 현금관리를 최적화할 수 있기 때문이다.

관계회사들 간 자금거래는 특히, 세법 및 이전가격 관점에서 어려운 문제이다. 관계회사 간 금융거래가 실제 필요에 의해 발생하는 경우도 있지만, 조세회피 목적으로도 이루어질 수 있다. 진실된 거래에는 이자비용 공제 등 조세혜택이 부여되어야 하지만, 사업목적이 없거나 정상이자율을 수수하지 않는 경우 등 조세회피의 경우에는 조세혜택이 부인되어야 한다.

또한, 조세목적 상 자금흐름에 대한 판단기준은 국가별로 다를 수 있기 때문에 이중 과세 또는 비과세가 발생할 수 있다. 예를 들어, 동일한 자금흐름에 대해서 A국에서는 이자로 보아 비용공제 혜택이 부여되고 동시에 B국에서는 배당으로 보아 면세혜택(지분소득면제제도)이 부여되는 경우, 두 국가의 국내법 규정이 결합하여 이중비과세를 초래하게 된다. 왜냐하면, 동일한 소득항목에 대해서 한 국가에서 공제된 비용은 다른 국가의 과세소득에 포함되어야 하는데 그렇지 않았기 때문이다. 이를 혼성불일치(hybrid mismatch) 약정이라고 하는데, 그간 OECD와 EU 차원에서 국가 간에 세법 상 취급의 차이로 발생하는 이러한 이중 공제 및 비과세를 방지하기 위한 여러 정책들이 강구되었다. 이와 관련하여 일부 국가들은 자국의 세원을 보호하기 위해 세법 상 비용공제가 허용되는 이자비용 금액을 제한하는 입법을 제정하기도 한다.

관계회사 간 자금거래의 가격결정에서 특히 중요한 것은 차입자의 신용등급(credit rating)이다. 왜냐하면, 자금대여시 대여자가 부담하는 위험 수준에 직접 영향을 미치기 때문이다. 따라서 자금조달 비용과 밀접하게 연관돼 있는 차입자의 신용등급은 물론, 차입자 사업의 변동성 및 전망, 보증의 존재 유무, 대여자금의 통화, 대여기간 등 다른 요소들도 고려할 필요가 있다. 관계사 간 자금거래의 이자율 결정에 가장 흔히 이용되는 TP 방법은 CUP 방법이다. 자금대여가 특수관계기업에만 독특한 거래는 아니므로 은행 간 거래 또는 은행과 고객 간 거래 등 비교대상 독립기업거래를 찾는 것이 가능할 것이다.

한편, 그룹 관계회사 간 자금거래의 정상이자율 여부가 개별적으로 평가되어야 하는지, 아니면 그룹 전체의 상황이 고려되어야 하는지가 문제될 수 있다. 예를 들어, 자회사를 위한 자금조달 기능을 담당하는 모회사가 10% 이자율로 자금을 차입하여 자회사에게 10%에 대여하였으나, 자회사는 재무상태가 좋고 필요자금도 소량이어서 5% 이자율로 외부차입이 가능했다고 할 때 독립기업원칙상 어떤 이자율을 정상이자율로 평가해야 할 것인가? 원칙적으로는 전체 그룹차원이 아니라 차입기업 자신의 상황을 토대로 정상이자율을 결정해야 할 것이다. 왜냐하면, 독립기업원칙 적용시 자금차입자의 관점을 고려해야 하고, 차입자가 독립기업이라면 낮은 이자율로 직접 자금을 조달할 수 있음에도 불구하고 굳이 높은 이자율로 모회사 자금을 차입하지는 않을 것이기 때문이다.

2 독립기업원칙의 적용

특수관계기업들 간 금융거래에도 독립기업원칙이 적용된다. 독립기업들 간 금융거래의 조건들은 다양한 상업적 고려들의 결과이지만, MNEs은 MNE 그룹내에서 조세의 영향 등 다른 고려사항들을 고려하여 거래조건들을 결정할 수 있는 재량권을 가진다.(TPG 10.3)

가. 그룹내 자금거래에 대한 OECD 접근방법

MNE 그룹의 관계회사인 차입회사의 부채와 자본 간의 균형이 유사한 상황에서 활동하는 독립기업의 상황과 다른 경우가 있다. 이러한 상황은 차입회사가 지급하는 이자금액에 영향을 주어서 해당 국가에서 발생하는 이윤에도 영향을 미칠 수 있다.(TPG 10.4) OECD모델 제9조 주석 3(b)절에서는 제9조가 차입계약에 규정된 이자율이 정상이자율인지 여부를 결정하는 것뿐만 아니라 외견상 차입금이, 특히 자본의 출연 등 다른 유형의 지급금으로 간주될 수 있는지 여부와도 관련된다고 언급한다.(TPG 10.5)

거래와 관련하여 체결된 약정이 전체적으로 볼 때 비교가능한 상황에서 상업적으로 합리적으로 행동하는 독립기업이 채택했을 약정과 다른 경우, 거래구조의 재구성이 적용될 수 있다.(TPG 10.7) 기업의 부채와 자본의 균형 문제에 대처하기 위해서 독립기업원칙 접근방법 이외에 상품과 발행자의 특성 등 여러 요소들을 분석하는 다른 국내법상 접근방법의 채택도 인정된다.(TPG 10.8)

자금의 이전(advance)과 관련한 실제 거래를 규명할 때는, ⅰ) 고정된 상환일의 존재 여부, ⅱ) 이자의 지급의무, ⅲ) 원금 및 이자의 지급을 강제 집행할 권리, ⅳ) 정규적인 법인 채권자와 비교한 자금제공자의 지위, ⅴ) 재무확약 및 담보의 존재, ⅵ) 이자 지급금의 출처, ⅶ) 독립 금융기관에서 차입하기 위한 자금수취인의 능력, ⅷ) 자금이 자본자산을 취득하기 위해 사용되는 정도, ⅸ) 채무자의 만기일 상환 실패 또는 연기 신청 등의 경제적으로 관련된 특성들이 유용한 지표일 수 있다.(TPG 10.12)

〈그림 4-78〉 거래구조 재구성이 필요한 경우

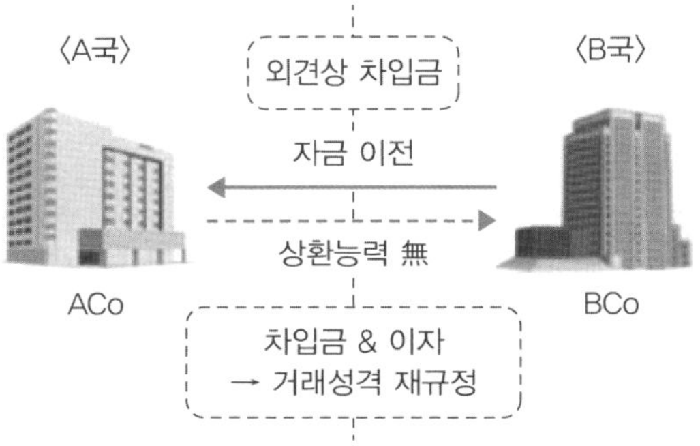

예를 들어, 위 〈그림 4-78〉에서 보는 바와 같이 MNE 그룹의 관계회사인 ACo가 사업활동을 위한 추가 자금이 필요하여 10년 만기 차입금을 관계회사 BCo로부터 차입한다고 가정하자. ACo에 대한 향후 10년간의 재무예상치를 고려할 때, ACo가 그 금액을 차입할 수 없는 것이 명백하다고 가정하자. BCo가 독립기업이었다면 ACo가 차입금을 상환할 능력이 없기 때문에 ACo에게 대여금을 제공하려고 하지 않았을 것이다. 따라서 BCo의 ACo에 대한 자금의 이전은 ACo가 독립기업 상황에서 지급했을 이자금액의 결정 목적상 차입금으로 규정될 수 없을 것이다.(TPG 10.13)

나. 상업적 · 재무적 관계의 식별

금융거래의 독립기업 조건들을 결정할 때도 역시 다른 특수관계거래들에 대해서 적용되는 동일한 원칙들이 적용된다. 실제 금융거래를 규명하기 위해서는 MNE 그룹이 활동하는 산업분야에서 사업성과에 영향을 미치는 요소들에 대한 분석이 요구된다. 산업분야들 간에 차이들이 존재하기 때문에, 경제 · 사업 또는 제품 사이클의 특정 지점, 정부규제의 효과 또는 해당 산업에서 금융자원의 이용가능성 등과 같은 요소들이 특수관계거래 분석을 위해 고려되어야 한다. 다른 분야에서 활동하는 MNE 그룹들은 예컨대, 산업들 간 자본집약도가 다르기 때문에 다른 자금조달 금액 및 유형이 요구되거나, 또는 산업들 간 상업적 필요가 다르기 때문에 다른 단기 현금잔고가 요구될 수 있다. 가령, 바젤 기준과 같은 규제의 적용을 받는 금융기관 등 관련 MNEs이 규제를 받는 경우, 그러한 규제들이 그들에게 부과하는 제약을 고려해야 한다.(TPG 10.15)

실제 특수관계거래를 정확히 규명하기 위해서는 우선적으로 거래의 계약조건, 수행기능, 사용자산, 부담위험, 금융상품의 특성, 당사자들 및 시장의 경제적 상황, 당사자들이 추구하는 사업전략 등 거래의 경제적 관련 특성들에 대한 철저한 식별이 필요하다.(TPG 10.17)

특정 금융거래의 체결 여부를 고려할 때, 독립기업들은 현실적으로 이용할 수 있는 다른 모든 대안들(ORAs)을 고려하고, 그들의 상업적 목표를 충족시키는 명백히 더 유리한 기회를 제공하는 다른 대안을 발견하지 못할 때에만 그 거래를 체결할 것이다. ORAs을 고려할 때는, 각 거래당사자의 관점이 고려되어야 한다. 예컨대, 자금대여자의 경우 사업목표를 고려하여 다른 투자기회들 및 거래가 발생한 맥락이 고려될 수 있다. 차입자의 관점에서 볼 때, ORAs은 예컨대, 그 자금이 자신의 사업상 요구사항을 충족하기 위해 실제로 필요한지 등 채무를 감당할 능력보다 더 광범위한 고려가 포함된다. 기업이 차입역량을 가지고 추가 차입금액을 변제할 수 있을지라도, 신용등급에 대한 부정적 압력, 자본비용의 상승, 그리고 자본시장에 대한 접근 및 시장 평판을 위협하는 것을 회피하기 위해 차입하지 않는 것을 선택할 경우도 있다.(TPG 10.19)

비교대상거래의 신뢰성을 높이기 위해서는 비교가능성 조정이 필요하다. 예를 들어, 차입자들에 대한 차입금을 비교할 때, 다른 사업전략들을 가진 차입자들과 같이 질적 차이가 있거나 자료가 쉽게 확보될 수 없는 경우보다는 통화의 차이와 같이 정량적 요소에 토대하여 좋은 자료가 쉽게 확보되는 경우에 비교가능성 조정이 달성될 가능성이 있다.(TPG 10.20)

다. 금융거래의 경제적 특성들

금융거래 조건들에 대한 분석을 위해서 또는 실제 특수관계거래에 대한 가격결정을 위해서 다음과 같은 경제적 관련 특성들이 고려되어야 한다.

첫째, 거래의 계약조건들이 고려되어야 한다. 계약조건들이 충분한 세부정보를 제공하지 않거나 당사자들의 실제 행동과 일치하지 않을 수 있기 때문에, 실제 특수관계거래를 규명하기 위해서는 계약서 이외의 다른 문서들, 당사자들의 실제 행동 및 비교가능한 상황에 있는 독립기업들 간의 관계를 규율하는 경제원칙들을 고려할 필요가 있다.(TPG 10.22)

둘째, 특수관계거래 당사자들이 수행한 기능, 사용한 자산 및 부담한 위험을 식별하기 위한 기능분석이 필요하다. 그룹내 차입금(intra-group loan)의 경우, 대여자가 자금대여 여부 및 조건을 결정하기 위해 수행하는 핵심 기능에는 대여 조건을 결정하고 문서로 작성할 때, 대여금에 내재된 위험의 분석 및 평가, 사업자본을 투자하기로 확약하는 능력이 포함된다. 또한 대여금에 대한 지속적 모니터링 및 주기적 검토를 포함한다. 또한, 금융기관 또는 신용평가기관이 차입자의 신용도를 결정할 때 고려하는 것과 유사한 정보를 고려할 것이다. 특수관계 대여자는 독립적 대여자와 동일한 정도로 모든 기능들을 수행하지는 않을 것이다. 그러나, 대여가 독립기업 조건하에 행해졌는지 여부를 고려할 때는, 동일한 상업적 고려 및 경제적 상황들이 관련된다.(TPG 10.24)

대여자가 자금제공과 연관된 위험에 대한 통제권을 행사하지 않거나 위험을 부담할 재무적 역량을 갖지 못할 때, 그 위험은 이를 통제하고 재무역량을 갖는 당사자에게 배분되어야 한다.(TPG 1.98)

예를 들어, 아래 〈그림 4-79〉에서 보는 바와 같이 ACo가 BCo에게 자금을 제공하는 상황을 가정해 보자. ACo는 자금의 제공과 관련된 통제기능을 수행하지 않고, 모회사 PCo가 해당 위험에 대한 통제권을 행사하고 위험을 부담할 재무역량을 가진다면, PCo가 해당 위험의 실현의 결과를 감당할 것이고, ACo는 무위험 수익 이상을 받을 권리는 없다.(TPG 10.25)

〈그림 4-79〉 그룹내 자금거래 이익의 귀속

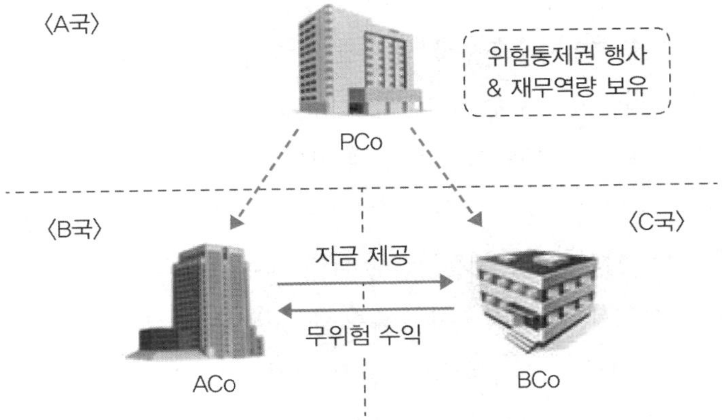

어떤 경우에는, 하나의 기업이 서로 다른 거래에서 대여자와 차입자의 기능을 수행하기도 한다. 이는 그룹내 자금관리회사(treasury entity)가 자금을 조달하여 그룹내 다른 관계회사에게 제공하는 MNE 그룹내의 집중화된 자금관리 활동의 경우이다.(TPG 10.27)

셋째, 금융상품의 특성들이 고려되어야 한다. 공개시장에는 매우 다른 특징과 속성들을 가지고 해당 상품·서비스의 가격결정에 영향을 미치는 다양한 유형의 금융상품들이 있다. 따라서, 특수관계거래 가격을 결정할 때, 거래의 특징과 속성들을 문서화하는 것이 중요하다.(TPG 10.28) 예를 들어, 대여금(차입금)의 경우, 금액, 만기, 상환일정, 차입의 성격 또는 목적(거래신용, M&A, 자산담보 등), 우선순위 수준, 차입자의 지리적 위치, 통화, 제공담보, 지급보증의 존재 및 수준, 고정·변동 이자율 여부 등의 특성들이 있다.(TPG 10.29)

넷째, 독립기업과 특수관계기업 간 비교가능성 확보를 위해서는 이들이 사업을 영위하는 시장 등 경제적 상황에 대한 고려가 필요하다. 금융상품의 가격은 예컨대, 통화, 지리적 위치, 현지국가의 규제, 차입자의 사업분야 및 거래시기 차이 등에 내재된 경제적 상황들에 따라서 상당히 다를 수 있다.(TPG 10.31)

중앙은행 대출금리, 은행 간 기준금리와 같은 거시경제 동향 및 신용위기 등 금융시장 사건들이 가격에 영향을 미칠 수 있다. 이런 점에서, 1차 시장에서 금융상품의 정확한 발행시기 또는 2차 시장에서 비교가능자료의 선택이 비교가능성 관점에서 중요할 수 있다. 예를 들어, 대여금 발행관련 다년도 자료는 유용한 비교대상거래를 제공하지 못한다. 비교대상 대여금의 발행시기와 검토대상거래의 발행시기가 가까울수록, 다른 경제적 요소들이 개입할 가능성이 적어질 것이다.(TPG 10.32) 통화의 차이는 잠재적으로 중요한 요소이다.

성장률, 물가상승률, 환율변동폭과 같은 경제적 요소들 때문에 다른 통화로 발행된 유사한 금융상품들은 다른 가격을 가질 것이다. 또한, 동일한 통화의 금융상품 가격도 이자율・환율 통제, 외환규제 및 기타 금융시장 접근에 관한 법적・현실적 제약 때문에 금융시장 또는 국가에 따라서 차이가 날 수 있다.(TPG 10.33)

다섯째, 다른 사업전략들은 독립기업들 간에 합의될 조건들에 중요한 영향을 미칠 수 있기 때문에, 이전가격 목적 상 실제 금융거래를 파악하고 비교가능성을 결정할 때 사업전략 또한 검토되어야 한다.(TPG 10.34) 예를 들어, 독립 대여자들은 M&A 수행 기업에게 안정적 상태에서 동일한 사업을 하는 경우에는 수용될 수 없는 조건으로 대여하고자 할 것이다. 이 경우 대여자는 차입회사가 변화를 겪는 일정 기간 동안에 재무지표상의 일시적 변화가 있을 것임을 인식하고서 차입회사의 사업계획과 예상을 고려할 것이다.(TPG 10.35)

사업전략에 대한 분석은 MNE 그룹의 글로벌 자금조달 정책에 대한 고려 및 기존 대여금과 주주에 대한 이자 등 특수관계기업들 간 현재 관계에 대한 식별을 포함할 것이다.(TPG 10.36) 예컨대, AB그룹의 일원인 ACo가 단기 운전자금 목적으로 자금을 사용할 관계회사 BCo에게 10년 조건의 자금을 제공한다고 가정하자. AB그룹의 정책과 관행은 단기 운전자본의 운영을 위해서는 1년 회전자금을 사용한다. BCo와 동일한 조건하에 있는 독립차입자라면 단기 운전자본 수요를 관리하기 위해 10년 차입약정을 체결하지는 않을 것이다. 따라서 운전자본 의무가 계속 존재한다고 가정할 때, 이자율의 결정은 일련의 갱신된 1년 회전자금의 차입 이자율에 토대해야 한다.(TPG 10.37)

3 자금관리 기능

가. 자금관리의 의의

MNE 그룹들에게 그룹 자금의 관리는 개별 기업들에 의해 채택된 접근방법이 기업 자체의 구조, 사업전략, 사업의 사이클, 산업분야, 운영 통화 등에 의존할 경우 중요하면서도 복잡한 활동이다.(TPG 10.39)

자금관리(treasury) 조직은 MNE 그룹의 구조 및 사업의 복잡성에 의존한다. 자금관리 구조는 집중화(centralization) 정도와 관련이 있다. 예를 들어, 분권화된 자금관리 구조는 여러 산업들에서 활동하는 복수의 사업부서 또는 지역허브 구조를 가진 MNE에서 또는 특정 현지규제를 준수해야 할 의무가 있는 MNE 그룹들에서 존재할 수 있다. 반면에, 집중화된 자금관리는 그룹내 관계회사들이 재무문제를 제외한 사업만을 책임지고, 자금관리 회사가 MNE 그룹의 금융거래에 대한 완전한 통제권을 가진다.(TPG 10.40)

예컨대, 법인 자금관리의 핵심 기능은 기업이 현금이 필요할 때, 필요한 장소에서, 필요한 통화로 가용할 수 있는 충분한 현금 확보를 보장하기 위해 MNE 그룹 전체에 걸쳐서 유동성을 극대화하는 것이다. 효율적인 유동성 관리는 개별 회사수준 이상의 고려에 의해 이루어져야 하고, 많은 관계회사들과 관련된 위험을 경감시키는 데 도움을 주도록 해야 한다.(TPG 10.41)

현금 및 유동성에 대한 그룹내 자금관리(treasury management) 기능은 매일 매일의 사업과 관련되지만, 법인의 재무관리(financial management)는 장기적인 투자 의사결정을 위한 전략 및 기획과 관련된다. 재무위험의 관리는 사업이 노출되어 있는 재무위험의 분석 및 그에 대한 대응을 요구한다. 자금관리는 재무위험을 식별하고 대처하기 위한 조치를 취함으로써, MNE 그룹의 자금관리 서비스 이용자들의 이익을 위해 자본비용을 최적화하는 데 도움을 줄 수 있다.(TPG 10.42) 자금관리 활동의 사례로는 채권발행, 은행대출 등을 통해 부채를 조달하고 자본을 동원하며, 외부 금융기관들 및 신용평가기관들과의 관계를 유지하는 것을 포함한다.(TPG 10.43)

자금관리 기능은 MNE 그룹의 상업활동의 자금조달을 가능한 한 효율적으로 만드는 과정의 일부이다. 따라서 자금관리 기능은 현금통합 관리자(cash pool leader)에 의해 제공된 서비스의 경우처럼 주된 가치창출 활동에 대한 지원용역의 성격을 가진다. 이러한 활동은 그룹내 용역에 관한 TPG 지침이 적용되는 용역이다.(TPG 10.45) 자금관리는 MNE 그룹의 외부 차입을 집중화하기 위한 접촉점으로 활동할 수 있다. 그 다음 외부자금은 그룹내 자금거래를 통해 MNE 그룹내에서 이용될 수 있다. 이러한 상황에는 통합구매 사례의 지침이 적용되고, 자금관리는 조정 또는 주선활동에 대한 독립기업 수수료를 수취할 것으로 기대된다.(TPG 10.46 & 1.168)

자금관리 활동에 관한 다른 핵심 관심사항은 경제적으로 중요한 위험들의 식별 및 배분이다.(TPG 10.48) 자금관리 활동들은 그룹 수준에서 이슈들을 고려하고 그룹 경영진에 의해 설정된 비전, 전략 및 정책들을 따른다. 자금관리의 위험 접근방법은 가령, 투자수익률 목표, 현금흐름 변동성 축소 또는 부채대비 자산비율 목표 등과 같은 특정 목표가 구체화되는 MNE 그룹의 정책에 의존할 것이다. 따라서, 전략적 의사결정은 자금관리 자체에 의해 결정되는 것이 아니라 그룹 수준에서 설정된 정책의 결과일 것이다.(TPG 10.49)

나. 그룹내 자금거래

(1) 일반 고려사항

(가) 대여자 및 차입자의 관점

특수관계 금융거래의 상업적 · 재무적 관계를 고려할 때, 그리고 거래의 경제적 관련 특성들을 분석할 때, 대여자와 차입자의 관점들이 일치하지 않을 수 있다는 점을 인식해야 한다. 특히, 자금거래 약정이 자금제공자에게 수반되는 위험과 수취인의 자금 인수 및 사용과 관련된 위험을 고려하는 것이 중요하다. 이 위험들은 거래금액의 상환, 시간 경과에 따른 자금의 사용에 대한 기대보상 및 연관된 다른 위험요소들에 대한 보상과 관련될 것이다.(TPG 10.52) 대여 여부, 어느 정도의 금액을 어떤 조건으로 대여할 것인지 결정에서 대여자의 관점은 차입자와 관련된 다양한 요소들에 대한 평가, 차입자와 대여자 모두에 영향을 미치는 다양한 경제적 요소들, 자금의 이용에 대해 대여자가 현실적으로 이용할 수 있는 다른 대안들과 관련될 것이다.(TPG 10.53)

독립대여자는 관련 위험들을 식별 · 평가하고, 위험의 모니터링 및 관리 방법을 고려할 수 있도록 잠재적 차입자에 대해 철저한 신용평가를 할 것이다. 신용평가는 사업자체의 이해는 물론, 차입의 목적, 어떤 구조를 갖는지, 그리고 차입자의 현금흐름 예측 및 차입자 B/S의 강점에 대한 분석을 포함한 상환의 원천을 포함할 것이다.(TPG 10.54) 특수관계기업들 간 대여에서는 반드시 독립대여자와 동일한 과정을 따르는 것은 아닐 것이다. 그러나, 독립기업들 간에 체결되었을 조건으로 대여가 행해졌는지 여부를 고려할 때는, 신용도, 신용위험 및 경제적 상황 등 동일한 상업적 고려들이 관련된다.(TPG 10.55)

모회사의 자회사에 대한 대여의 경우, 모회사가 이미 자회사에 대한 지배 및 소유권을 보유하고 있기 때문에 대여자로서의 위험분석에서 담보 제공은 중요하지 않을 것이다. 따라서, 특수관계기업 간 대여의 가격결정을 평가할 때, 차입자 자산에 대한 계약상 권리가 없다는 것이 반드시 그 대여에 내재된 위험의 경제적 실제를 반영하는 것은 아니라는 점을 고려해야 한다. 만약 차입기업의 자산이 다른 곳에 담보로 저당되어 있지 않다면, 그 자산이 다른 차입에 대한 담보물로서 이용할 수 있는지 여부 및 그것이 대여의 가격결정

에 미치는 영향을 고려하는 것이 적절할 것이다.(TPG 10.56)

미래의 대여가 좋은 사업기회인지 여부를 결정할 때, 대여자는 차입자의 조건들은 물론 차입자의 이자율·환율 변동에 대한 노출 등과 같은 잠재적인 경제적 조건들의 변화에 대해, 자신의 신용위험에 영향을 미치는 경제적 조건들의 잠재적 변화의 영향을 고려할 것이다.(TPG 10.57)

차입자들은 가중평균 자본비용(WACC)을 최적화하고, 단기적 필요와 장기적 목표를 충족시키기 위해 필요 자금을 이용하고자 한다. 차입자들이 ORAs을 고려할 때, 독립기업이라면 채택한 사업전략과 관련하여 가장 비용 효과적인 해결책을 구할 것이다. 예를 들어, 담보물(collateral)과 관련하여, 담보물은 한정적이기 때문에 기업의 담보물 자산과 자금조달 요건들이 시간이 지나면서 달라질 수 있는 점을 인식할 때, 담보가 설정된 자금조달의 경우 특정 차입에 대해서 담보물을 저당하는 결정은 차입자가 후속 차입에 대해 동일한 담보물을 저당하는 것을 방해할 것이다. 따라서, 담보물을 제공하는 MNE는 후속 차입거래 등 전반적 자금조달에 관하여 ORAs을 고려할 것이다.(TPG 10.58)

또한, 차입자들은 이자율, 환율 등 경제적 조건들의 변화의 잠재적 영향뿐만 아니라, 차입자의 사업이 예상치 못한 어려움에 직면하여 차입금에 대한 이자와 원금을 적시에 지급하지 못할 위험, 그리고 필요한 때 더 많은 자본을 조달하지 못할 위험을 고려할 것이다.(TPG 10.59)

거시경제적 상황들이 시장에서 자금조달 비용의 변화를 초래할 수 있다. 그러한 맥락에서, 차입자 또는 대여자가 더 나은 조건들의 혜택을 얻기 위하여 거래조건을 재협상할 가능성에 관한 이전가격 분석은 차입자와 대여자 양자가 현실적으로 이용할 수 있는 대안들에 의해서 가능할 것이다.(TPG 10.60)

자금거래의 경제적 조건들은 당사자들의 입장에 영향을 미칠 수 있는 규제의 맥락에서도 평가되어야 한다. 예컨대, 차입자 국가의 파산법이 특수관계기업 부채가 독립기업에 대한 부채보다 후순위라고 규정할 수 있다.(TPG 10.61)

(나) 신용등급의 이용

신용등급(credit rating)은 신용도의 유용한 지표로서 기능할 수 있고, 따라서 잠재적 비교대상거래들을 식별하거나 또는 특수관계거래의 맥락에서 경제모델을 적용하는 데 도움을 줄 수 있다. 또한, 그룹내 자금거래 및 기타 금융상품의 경우 그룹 소속(group membership)의 효과는 이들 상품의 가격결정에 영향을 미치는 경제적 관련 요소일 수 있다.(TPG 10.62) 신용등급은 MNE 또는 MNE 그룹의 전체 신용도 또는 특정 부채 발행에 대해서 결정될 수 있다. 신용등급의 결정을 위해서는 재무정보 등의 양적 요소들과 MNE 또는 MNE 그룹이 활동하는 산업 및 국가 등의 질적 요소들이 요구된다.(TPG 10.63)

MNE 또는 MNE 그룹의 신용등급은 실질적으로 다른 차입자들과 비교한 신용도의 상대적 순위이다. 일반적으로, 낮은 신용등급은 큰 채무불이행 위험을 의미하고, 대여자에게는 더 큰 수익률이 기대될 수 있다.(TPG 10.64) 다른 등급의 기업들에 대해서 청구되는 이자율에 관한 정보는 쉽게 이용할 수 있고, 비교가능성 분석을 수행하는 데 유용하게 기여할 수 있다. 차입 MNE 또는 그룹내 다른 MNE의 외부 대여자와의 금융거래도 역시 특수관계기업들 간 청구되는 이자율에 대한 신뢰할 수 있는 비교대상이 될 수 있다. 차입 MNE 또는 모회사 등 그룹내 다른 MNE에 의해 수행된 금융거래들은 특수관계거래 및 독립기업거래 간의 차이가 이자율에 중요한 영향을 미치지 않거나 또는 합리적 조정이 가능한 경우에만 신뢰할 수 있는 비교대상이 될 것이다.(TPG 10.65)

신용등급은 양적・질적 요소의 결합에 의해 좌우되기 때문에, 동일한 신용등급을 가진 차입자들 간의 신용도에 약간의 차이가 발생할 수 있다. 또한, 신용평가된 기업들 간 다른 차이들이 존재하는 경우에는 동일한 재무지표가 반드시 동일한 신용등급을 가져오는 것은 아니다. 본질적으로 위험이 높은 산업들과 안정적이지 못한 수입흐름을 가진 산업들은 동일한 등급을 얻기 위해 더 좋은 재무비율을 요구하는 경향이 있다.(TPG 10.66) MNE 그룹은 그룹내 대여거래 및 기타 특수관계 금융거래의 가격결정시, 특정 MNE에게 사용된 신용등급의 이유 및 선택을 문서로 작성하는 것이 중요하다.(TPG 10.68)

특정 부채발행의 신용등급은 예컨대, 지급보증, 담보 및 우선순위 수준 등 특정 금융상품의 특성들을 고려한다.(TPG 10.69) 금융상품의 신용위험은 차입 MNE의 위험뿐만 아니라 금융상품의 특징들과 연결되기 때문에, MNE 또는 MNE 그룹의 신용등급은 특정 부채발행의 등급과 다를 수 있다. 만약 제3자 발행 부채와 특수관계거래 간의 비교가능성이 있고, 기업의 등급 및 상품의 등급이 이용가능한 경우에는 특수관계 금융거래의 가격결정을 위해 특정 부채발행의 등급을 사용하는 것이 더 적절할 것이다.(TPG 10.70)

공개적으로 이용할 수 있는 재무기법(financial tools)은 신용등급을 산출하기 위한 것이다. 이들 기법들은 차입에 대한 등급에 도달하기 위하여 가령, 채무불이행의 확률 및 불이행시 발생가능한 손실의 산출과 같은 접근방법에 의존한다. 그 다음 차입의 가격 또는 가격범위에 도달하기 위하여 비교대상거래를 탐색하는 시장 D/B와 비교된다. 이 기법들을 특수관계거래의 신용등급 평가에 적용할 경우에는 그 결과들이 독립기업들 간 거래의 직접 비교에 토대한 것이 아니라 투입 변수들(input parameters)의 정확성에 종속된다는 점을 유념해야 한다. 이들 기법들은 질적 요소들을 희생하고 양적 투입요소들에 더 의존하는 경향이 있고, 그 과정의 투명성이 결여되어 있다.(TPG 10.72)

공개적으로 이용가능한 재무기법에서 사용된 신용등급 방법은 공식 신용등급을 결정하기 위하여 독립 신용평가기관에 의해 적용되는 신용등급 방법과 상당한 차이가 있을 수 있으므로, 그러한 차이들의 영향이 신중하게 고려되어야 한다. 예를 들어, 공개적으로 이용할 수 있는 기법들은 제한된 양적 자료의 표본들만을 사용한다. 독립 신용평가기관에 의해 공표된 공식 신용등급은 기업의 과거, 그리고 예상성과에 대한 양적 분석은 물론, 예컨대, 경영진의 관리능력, 산업의 고유한 특성들 및 기업의 시장점유율 등과 같은 세부 질적 분석을 포함하는 보다 엄격한 분석의 결과로 도출된다.(TPG 10.73)

신용등급 분석을 수행할 때는 재무지표들(fiancial metrics)이 매출액 또는 이자비용 등과 같은 현재 및 과거의 특수관계거래에 의해 영향을 받을 수 있다는 점을 유념하는 것이 중요하다. 만약 그러한 특수관계거래들이 독립기업원칙들과 부합하지 않는 것으로 보인다면, 그러한 그룹내 거래의 관점에서 도출된 신용등급은 신뢰할 수 없을 것이다. 이러한 고려들은 MNE의 현재 이익에 영향을 미칠 수 있는 특수관계거래들과 양적 분석의 대상인 MNE의 소득 및 자본 지표에 영향을 미쳤을 수 있는 과거의 자금조달 및 기타 그룹내 거래들 모두에게 적용된다.(TPG 10.75)

(다) 그룹 소속의 효과

차입 MNE가 단지 그룹의 구성원이라는 것(passive association) 때문에 부수적 효익을 얻는 경우, 차입 조건에 대한 그룹 소속의 효과를 분석하기 위해서는 그룹시너지 효익에 관한 지침이 적용된다.(TPG 10.76 & 1.158)

그룹내 대여의 맥락에서, MNE가 그룹 구성원이라는 이유로 얻는 이러한 부수적 효익은 암묵적 지원(implicit support)으로 불린다. 기업의 신용등급에 대한 잠재적 그룹지원의 효과 및 해당 기업의 차입능력 또는 차입에 대한 지급이자의 효과에 대해서는 지급 또는 비교가능성 조정이 필요하지 않다.(TPG 10.77) MNE 그룹의 기업들은 그룹 전체에 대한 기업의 상대적 중요성 및 그 기업과 그룹의 나머지 관계회사들 간의 연계성에 따라서 어느 정도 그룹 지원을 받을 것이다. 그룹의 존재에 핵심적이거나 그룹의 미래 전략에 중요한, 통상 그룹의 핵심사업에서 활동하는, 보다 강한 연계를 가진 MNE 그룹의 관계회사는 다른 관계회사들에 의해 지원을 받을 가능성이 많고, 결과적으로 MNE 그룹의 신용등급과 보다 밀접히 연계된 신용등급을 가질 것이다.(TPG 10.78)

MNE 그룹의 다른 부문들이 차입자를 지원 또는 지원하지 않을 경우 발생할 수 있는 결과들을 고려해야 한다. 이러한 점에서 한 기업의 지위를 결정하는데 사용되는 기준에는 법적 의무, 전략적 중요성, 사업상 통합 및 중요성, 상호의 공유, 잠재적 평판에 미치는 영향, 전체 MNE 그룹에 대한 부정적 효과, 정책 또는 의도에 대한 일반적 설명, 과거의 지원이력 및 제3자와 관련한 MNE 그룹의 공통적 행동 등이 포함될 수 있다.(TPG 10.79)

(라) MNE 그룹 신용등급의 이용

특정 그룹의 회사 또는 부채 발행에 대한 신용등급을 추정하는 확립된 접근방법이 존재한다고 할지라도, 공개적으로 이용할 수 있는 재무기법들, 암묵적 지원 분석, 특수관계거래에 대한 신뢰할 수 있는 회계의 어려움 및 정보의 비대칭성 등으로부터 도출되는 개별기업의 신용등급에 토대한 가격결정 접근방법은 해결되지 않을 경우 신뢰할 수 없는 결과를 초래할 수 있다.(TPG 10.81)

MNE의 신용도 지표가 그룹의 것과 크게 다르지 않은 상황에서는 MNE 그룹의 신용등급이 특수관계거래에도 역시 사용될 수 있다. MNE 그룹 신용등급은 특수관계거래에 의해 영향을 받지 않고 그룹이 독립대여자들로부터 외부자금을 조달하는 실제 근거를 반영한다. MNE 그룹이 외부 신용등급을 가지고 있지 않은 상황에서는 특수관계거래의 평가를 위해서 MNE 그룹 차원에서 신용등급 분석을 수행해야 할 것이다.(TPG 10.82)

(마) 계약상 확약 및 지급보증

대여약정상 확약(covenants)의 목적은 대여자에게 어느 정도의 보호를 제공함으로써 위험을 제한한다. 그러한 보호는 이행확약(incurrence covenants) 또는 유지확약(maintenance covenants)의 형태일 수 있다.(TPG 10.83)

이행확약은 대여자의 동의없이 차입자에 의한 특정 행동을 요구하거나 금지한다. 예를 들어, 차입자가 추가 부채를 부담하거나 기업의 자산에 대한 비용을 발생시키거나, 기업의 특정 자산의 처분을 금지함으로써 차입자의 B/S에 대해 어느 정도의 확실성을 부여한

다.(TPG 10.84)

유지확약은 통상적으로 확약된 대여기간 동안 주기적으로 충족되어야 하는 재무지표들을 말한다. 유지확약은 차입자의 재무성과가 미달할 경우에 조기경고 시스템으로 작동될 수 있고, 차입자와 대여자는 초기 단계에서 치유 조치를 할 수 있다. 이는 특수관계 없는 대여자들을 정보의 비대칭으로부터 보호하는 데 도움을 줄 수 있다.(TPG 10.85)

그룹내 대여자들은 정보 비대칭을 겪을 가능성이 적고, MNE 그룹의 관계회사가 확약을 위반하는 경우 독립대여자와 동일한 유형의 행동을 취하지도 않을 것이기 때문에 특수관계자들 간 대여에서는 확약조항을 포함하지 않기로 선택할 수 있다. 서면약정에 확약조항이 없는 경우, 실제로 당사자들 간에 유지확약과 동등한 것이 존재하는지 여부 및 그것이 대여의 가격결정에 미치는 영향을 고려하는 것이 적절할 것이다.(TPG 10.86)

지급보증에 의존하는 대여자는 당초 차입자를 평가하는 방식과 유사하게 보증인을 평가할 필요가 있을 것이다.(TPG 10.87)

(2) 정상이자율의 결정

그룹내 자금거래의 가격결정에 대해서는 여러 가지 접근방법들이 있다. 가장 적합한 방법의 선택은 기능분석을 통해 파악한 실제 거래와 부합해야 한다.

(가) CUP 방법

일단 실제 거래가 정확히 파악되면, 자금거래의 모든 조건들과 비교가능성 요소들을 고려하여 차입자의 신용등급 또는 특정 발행등급에 대한 고려에 토대하여 정상이자율이 구해질 수 있다.(TPG 10.89)

CUP 방법의 적용을 위해 이용할 수 있는 정보는 대여의 특성들에 대한 세부사항 및 차입자의 신용등급 또는 특정한 발행등급을 포함한다. 장기 만기일, 담보의 결여, 후순위 또는 위험성이 높은 프로젝트에 대한 대여 등의 특성들은 대여자에 대한 위험을 높여서 이자율을 증가시킨다. 강력한 담보물, 높은 질의 지급보증, 또는 차입자의 미래 행동에 대한 제한 등의 특성들은 대여자의 위험을 제한하여 이자율을 감소시킨다.(TPG 10.90)

검토대상거래 관련 정상이자율은 충분히 유사한 조건들을 가진 대여에 대한 동일한 신용등급의 차입자들이 공개적으로 이용할 수 있는 자료들과 비교될 수 있다. 실제, 대여자들 간의 경쟁 및 가격정보의 이용가능성이 가격 범위를 좁히는 경향이 있을 수 있지만,

단일의 시장이자율이 존재할 가능성보다는 이자율의 범위가 존재할 것이다.(TPG 10.91) 비교가능자료의 탐색에서 비교대상자료는 그룹 관계회사들을 제외한 독립기업들로만 제한되지 않는다. 잠재적으로 비교가능한 차입자가 MNE 그룹의 관계회사이고 독립대여자로부터 차입한 경우, 다른 경제적 관련 조건들이 충분히 유사하다면 다른 MNE 그룹의 관계회사에 대한 대여 또는 다른 MNE 그룹들의 관계회사들 간의 대여도 타당한 비교대상이 될 수 있다.(TPG 10.92)

정상이자율은 비교가능한 경제적 특성들을 가진 현실적 대안 거래들의 수익률에 역시 토대할 수 있다. 그룹내 대여에 대한 현실적 대안들은 예를 들어, 채권발행, 독립기업들 간 대여, 예금, 전환사채, 기업어음 등이 될 수 있다. 잠재적 비교대상으로서 그러한 대안들을 평가할 때는 예컨대, 유동성, 만기, 담보의 존재 또는 통화 등의 관점에서 그룹내 대여거래와 선택된 대안 간의 차이의 중요한 효과를 제거하기 위해 비교가능성 조정이 요구될 수 있다는 것을 유념하는 것이 중요하다.(TPG 10.93)

이와 관련하여, 외국법인 국내지점이 국내 부실자산을 인수한 후 채권형 유동화증권을 발행하고 이를 인수한 국외 특수관계인에게 지급한 이자율(15%, 17%)에 대해서 과세당국이 14개 국내 유동화전문회사가 공모방식으로 발행한 채권형 유동화증권의 발행이자율을 비교대상거래로 선정하고 그 이자율을 기초로 발행형식, 발행통화, 기초자산에 대한 유동화증권 발행비율, 만기, 신용보강의 차이에 대한 조정을 거쳐 CUP 방법을 적용하여 과세한 사안에서, 법원은 ⅰ) 발행형식(공모와 사모)의 차이에 관하여, 과세당국은 AAA등급인 일반 회사채의 공모발행 수익률과 사모발행 수익률의 차이를 이용하여 조정하였으나 AAA등급인 일반 회사채와 쟁점 유동화증권 사이에는 신용등급이나 성질상의 차이가 있는 점, ⅱ) 발행통화의 차이에 관하여, 과세당국은 환위험을 회피하기 위한 헤지거래비용을 추정하여 조정하였으나 이와 관련한 계산방식의 근거를 제시하지 않고 있는 점, ⅲ) 외부 신용보강의 차이에 관하여, 과세당국은 업무수탁자에게 지급한 수수료비용을 환산하여 조정하였으나 어떤 계산방법에 의해 조정되었는지 알기 어렵고, 기초자산 양도인 등이 제공하는 신용보강에 대한 분석이 없으며, 유동화증권의 손실위험 정도의 차이에 따라 수수료비용이 달라질 수 있는데 이를 고려하지 않은 점 등을 종합할 때, “유동화증권 발행거래와 비교대상 유동화거래 사이의 비교되는 상황의 차이는 정상이자율의 산정에 중대한 영향을 줄 뿐만 아니라, 피고가 정상이자율을 산정하면서 한 조정이 이러한 상황의 차이를 제거할 수 있는 합리적인 조정이었다고 보기 어려워 이 사건 비교대상 유동화거래를 기초로 산정한 연 13.31%의 이자율을 정상가격으로 볼 수 없다"고 판시하여, CUP 방법의 적용을 위해서는 엄격한 비교가능성 요건의 충족이 필요하다는 점을 강조하였다.[41]

(나) 대출수수료

독립대여자들은 때때로 대여 조건들의 일부로서 예컨대, 미사용 약정금액과 관련한 약정수수료 등과 같은 수수료를 부과한다. 독립대여자들의 수수료는 부분적으로 자본을 조달하는 과정에서, 그리고 규제 의무를 충족시킬 때 발생하는 비용을 반영하지만, 이는 특수관계기업들의 경우에는 발생하지 않을 수 있다는 점을 유념해야 한다.(TPG 10.96)

(다) 자본비용

비교가능한 독립기업거래가 없는 경우, 어떤 상황에서는 그룹내 대여의 가격결정을 위한 대안으로서 자본비용 접근방법이 사용될 수 있다. 자본비용은 대여자금을 조달할 때 발생된 차입비용을 반영한다. 여기에 대여 준비비용, 대여금의 공급시 발생되는 관련비용, 대여거래에 내재된 다양한 경제적 요소들을 반영하기 위한 위험프리미엄에 이윤요소가 가산되는데, 일반적으로 대여금을 뒷받침하기 위해 요구되는 대여자의 증가된 자본비용을 포함한다.(TPG 10.97)

자본비용 접근방법은 시장의 다른 대여자들과 비교한 대여자의 자본비용을 고려하여 적용되어야 한다. 경쟁시장에서 대여자는 사업을 획득하기 위하여 가능한 한 낮은 이자율을 정하고자 할 것이다. 이는 상업적 환경에서 대여자들이 가능한 한 낮은 비용을 유지하고, 대여자금을 획득하기 위한 비용을 최소화하고자 한다는 것을 의미한다.(TPG 10.98) 자본비용 접근방법은 차입자의 ORAs에 대한 고려를 요구한다. 차입 MNE는 만약 대안거래를 체결함으로써 더 나은 조건으로 자금을 확보할 수 있다면 자본비용 접근방법에 의해 가격이 결정되는 거래를 체결하지 않을 것이다.(TPG 10.99)

일부 그룹내 거래의 경우, 독립당사자로부터 자본이 차입된 후 특수관계 중간법인들을 경유하여 최종 차입자에 도달하는 경우, 자본비용 접근방법이 가격결정에 사용될 수 있다. 그러한 경우, 단지 대리인 또는 중개인 기능만이 수행되는 경우에는 정상가격을 결정하기 위하여 서비스 비용에 이윤을 가산하는 것은 적절하지 못하고, 대리기능(agency function)

41) 대법원 2012.11.29. 선고 2010두17595 판결; 대법원 2012.12.26. 선고 2011두6127 판결

자체의 비용에 토대하여 정상가격이 결정되어야 한다.(TPG 10.100 & 7.34)

(라) CDS(credit default swaps)

CDS는 기초 금융자산에 연계된 신용위험을 반영한다. 비교대상거래로 사용될 수 있는 기초자산에 관한 정보가 없는 경우, 그룹내 대여와 연관된 위험프리미엄을 산출하기 위하여 CDS 스프레드를 사용할 수 있다.(TPG 10.101)

금융상품이 시장에서 거래됨에 따라 CDS는 높은 변동성의 대상이 될 수 있다. CDS 스프레드는 채무불이행 위험만이 아니라 CDS 계약의 유동성 또는 수량과 같은 기타 채무불이행과 관련없는 요소들을 반영할 수 있기 때문에, 이러한 변동성은 특정 투자에만 연관된 신용위험을 측정하기 위한 대용(proxy)으로서 CDS의 신뢰성에 영향을 미칠 수 있다. 그러한 경우, 동일한 상품이 다른 CDS 스프레드를 가질 수 있는 상황을 초래할 수 있다.(TPG 10.102) 따라서, 그룹내 대여거래와 연관된 위험프리미엄에 근접시키기 위해 CDS의 이용은 신중하게 고려되어야 한다.

참고

CDS의 개념과 작동 원리

〈그림 4-80〉 CDS 거래구조

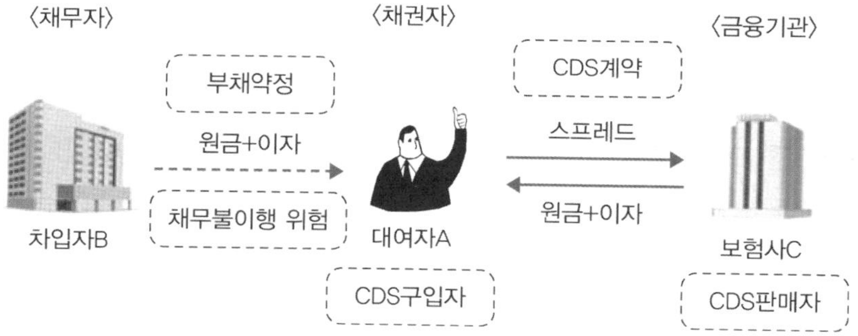

CDS(credit default swaps)는 투자자에게 자신의 신용위험을 다른 투자자들의 위험과 교환 또는 상쇄시키는 것을 허용하는 파생금융상품 또는 계약이다. 예를 들어, 대여자가 차입자가 차입금을 상환하지 못하는 상황을 우려한다면, 해당 위험을 상쇄 또는 교환하기 위하여 CDS를 이용할 수 있다. 이를 위해 채권자(대여자)는 채무자(차입자)가 채무를 불이행하는 경우 채권자에게 상환하는 것에 동의하는 다른 투자자로부터 CDS를 매입한다. CDS는 계약 유지를 위해 지속적인 프리미엄을 지급해야 하는데, 이는 보험과 유사하다.

CDS는 둘 이상의 당사자들 간에 고정소득 상품의 신용위험을 이전하기 위해 고안되었다. CDS의 경우, 매입자는 매도자에게 계약의 만기시까지 프리미엄을 지급해야 하고, 대신에 매도자는 채무자가 채무를 불이행하는 경우에 매입자에게 채권원금과 함께 미지급 이자 금액을 지급하기로 합의한다.

위 〈그림 4-80〉에서 보는 바와 같이 CDS와 관련된 상황은 최소한 3명의 당사자들과 관련된다. 첫째 당사자는 부채를 발행한 기관(차입자B)이다. 부채는 채권 또는 대출금일 수 있다. 둘째 당사자는 부채 매입자(대여자A), 즉 CDS의 매입자이다.

셋째 당사자는 CDS 판매자(보험사C)인데, 부채 발행자와 매입자간 기초부채에 대해 지급보증을 제공하는 흔히 대형 은행 또는 보험회사이다.

CDS는 사실상 지급불능에 대비한 보험이다. CDS를 통해서 매입자는 수수료를 대가로 차입자의 채무불이행 위험의 일부 또는 전부를 보험회사 또는 다른 CDS 매도자에게 이전함으로써 해당 위험의 결과를 회피할 수 있다. 이렇게 CDS의 매입자는 신용보호를 받는 반면, CDS 매도자는 채권의 신용을 지급보증한다.

그러나, 신용위험은 제거되지 않고, CDS 매도자에게 이전된다는 점을 유념해야 한다. 따라서 차입자의 채무불이행과 동시에 CDS 판매자의 채무불이행 위험이 존재한다. 이것이 2008년 글로벌 신용위기의 주요 원인 중 하나였는데, 당시 리먼브라더스, 베어스턴스, AIG와 같은 CDS 판매자들이 채무를 불이행하였다.

다만, CDS를 통해서 신용위험이 제거되지는 않지만, 위험이 축소될 수는 있다. 예컨대, 만약 대여자 A가 중간 수준의 신용등급을 가진 차입자 B에게 대여한다면, 대여자 A는 차입자 B보다 더 좋은 신용등급과 신용보강을 가진 CDS 판매자로부터 CDS를 매입함으로써 대여의 질을 향상시킬 수 있다.

(마) 경제 모델링

특정 산업들은 정상이자율에 대한 대용으로서 그룹내 자금거래의 가격을 결정하기 위하여 경제모델에 의존한다.(TPG 10.104) 경제모델들은 무위험 이자율과 채무불이행 위험, 유동성 위험, 기대물가 또는 만기 등 대여의 다른 측면들과 연관된 많은 프리미엄의 결합을 통해 이자율을 산출한다. 어떤 경우에는 대여자의 영업비용을 보상하는 요소를 포함하기도 한다.(TPG 10.105)

경제모델 결과의 신뢰성은 특정 모델에 포함된 변수들과 채택된 내재적 가정들에 의존한다. 따라서 경제모델의 결과가 독립기업들 간 실제 거래를 대변하지 않으므로 비교가능성 조정이 요구될 것이다. 그러나, 신뢰할 수 있는 비교가능 독립기업거래가 없는 상황에서, 경제모델은 그룹내 대여거래의 정상가격을 식별하는데 유용하게 적용될 수 있다.(TPG 10.106)

다. 현금 통합관리

(1) 현금 통합관리 구조

현금 풀(cash pool)의 이용은 수많은 별도의 은행계좌들의 잔고를 물리적 또는 명목상으로 통합함으로써 효율적 현금관리의 수단으로서 MNEs 사이에서 인기가 높다. 현금 풀은 외부차입에 대한 의존을 줄일 수 있고, 또는 현금여유가 있는 경우 통합된 현금잔고에 대해 증가된 수익을 얻을 수 있는 등 보다 효과적인 유동성 관리를 하는 데 도움을 줄 수 있다. 또한, 많은 별도의 대부 또는 예금계좌에 대한 지급・수취 이자에 내재된 은행수수료를 제거하고, 은행 거래비용을 줄임으로써 금융비용이 감축될 수 있다.(TPG 10.109)

현금 통합관리(cash pooling)는 단기 유동성관리 약정의 일환으로 현금잔고를 통합하는 것이다. 현금 통합관리 약정은 특수관계거래 및 독립기업거래를 수반하는 복잡한 계약이다. 예를 들어, 흔한 구조는 MNE 그룹의 참여 관계회사들이 현금 통합서비스를 제공하는 외부은행과 계약을 체결하고, 각 참여 회사들이 해당 은행과 계좌를 개설하는 것이다.(TPG 10.110)

특정 사업상 필요를 충족하기 위하여 물리적 및 관념상 통합관리 약정을 결합하여 이용할 수 있다. 예를 들어, 각 통화별로 물리적 풀을 운영하면서 이들을 결합한 하나의 관념상 풀이 보유될 수 있다.(TPG 10.111)

전형적인 물리적 통합관리(physical pooling) 약정에서는, 모든 풀 구성원들의 은행계좌 잔고가 현금 통합관리자(cash pool leader)에 의해 소유되는 단일의 중앙 은행계좌로 매일 이전된다. 적자계좌(deficit account)는 주 계좌로부터의 이전에 의해 목표잔고(통상 zero)로 맞추어진다. 구성원들의 잔고가 목표잔고로 조정된 이후 흑자 또는 적자 여부에 따라서, 현금 통합관리자는 순 자금조달 요건을 충족시키기 위하여 은행으로부터 차입하거나 적절한 경우 여유현금을 예금할 수 있다.(TPG 10.112)

은행은 통상적으로 필요할 때 계좌들 간에 상계할 수 있는 권리를 허용하기 위하여 풀 참여자들에게 교차보증을 요구하지만, 관념상 통합관리(notional pooling)에서는, 참여회사들의 계좌들 간에 물리적인 잔고의 이전없이 몇 개 계좌의 예금・대부잔고(credit and debit balances)를 결합하는 혜택이 달성된다. 은행은 참여회사들의 개별 계좌들의 다양한 잔고들을 관념상으로 통합하고, 현금 통합관리 약정에서 결정된 공식에 의하여 지정된 주계좌 또는 모든 참여 계좌들로 이자를 지급 또는 청구한다.(TPG 10.113)

자금의 물리적 이전이 없으므로, 관념상 풀의 거래비용은 물리적 풀의 거래비용보다 적을 것이다. 은행에 의해 수행된 기능들은 은행의 수수료 또는 이자율에 반영될 것이다. 주로 은행에 의해 기능들이 수행되기 때문에 풀 관리자에 의해 수행되는 기능은 사소한 것이어서, 그룹내 가격결정에 반영될 풀 관리자에 의해서 부가된 가치는 거의 없을 것이다. 은행 수수료의 제거 또는 단일의 대부・예금 포지션의 최적화의 결과 창출된 시너지 효익을 적절히 배분하기 위해서는 각 풀 참여자의 공헌 또는 부담을 고려할 필요가 있다.(TPG 10.114)

이와 관련하여, 내국법인이 6개 해외 자회사들과 함께 외국은행과 체결한 GCM(global cash management) 계약에 따라 내국법인과 해외 자회사들이 각자 자신의 GCM 계좌에 일정 금액을 예금하고 상호 간의 연대보증하에 외국은행으로부터 대출을 받은 사안에서, 우리나라 법원은 "원고가 해외 자회사들에게 직접적으로 자금을 대여한 것이거나 그에 준하는 것으로 볼 수는 없으므로 법인세법 상 업무무관 가지급금에 해당하지 아니하고, GCM 계약의 주요 거래조건을 외국은행이 직접 결정하는 등 국조법 상 제3자 개입거래로 볼 수 없어, 과세조정 대상거래에 해당하지 아니한다"고 판시하였다.[42]

(2) 실제 현금 통합관리거래의 파악

현금 통합관리는 독립기업들에 의해서는 정규적으로 수행되지 않기 때문에 이전가격 원칙의 적용은 신중한 고려가 요구된다.(TPG 10.115 & 1.11) 실제 현금 통합관리 약정에 대한 규명은 이전된 잔고의 사실관계 및 상황만이 아니라, 약정 전체의 조건들의 보다 폭넓은 맥락을 고려할 필요가 있다. 예를 들어, 현금 풀은 예금 포지션을 가진 풀 구성원이 단순히 예금 수익을 위해 별도의 거래로서 자금을 예치하는 것은 아니라는 점에서, 단순히 은행에 대해 1일 예치를 하는 것과는 다른 것이다.(TPG 10.116) 예금 또는 대부 포지션(credit or debit position)을 가질 수 있는 현금 풀 구성원은 다양한 효익들을 목표로 하는 보다 광범위한 집합적 그룹 전략의 일환으로서 유동성을 제공하는 데 참여할 것이다. 풀 참여자들은 특정 구성원이 아니라 풀 자체에 예치하거나 풀로부터 인출하는 것이다.(TPG 10.117)

MNE의 현금 통합관리 약정의 참여 결정에 대한 분석에서는 더 좋은 이자율 이외에 풀의 구성원으로서 효익을 얻을 수 있는 점을 고려하여, 그들이 현실적으로 이용할 수 있는 대안들이 고려되어야 한다.(TPG 10.118 & 10.146) 현금 통합거래에서 성취되는 절감 및 효율성은 의도적 협력행위를 통해 창출된 그룹시너지의 결과로서 발생하는 것이다.(TPG 10.119) 의도적 그룹 협력행위의 결과인지 여부를 결정할 때는, ⅰ) 이익 또는 불이익의 성격, ⅱ) 제공된 효익 또는 해악 금액, ⅲ) 그러한 효익 또는 해악이 그룹 구성원들 간에

42) 대법원 2015.9.10. 선고 2013두6862 판결

어떻게 배분되어야 하는지를 고려할 필요가 있다.(TPG 10.120) 현금 통합관리 약정의 이점은 예금 및 대부 잔고를 상계함으로써 발생하는 지급이자의 경감 또는 수취이자의 증가이다. 그러한 그룹시너지는 현금 풀 관리자가 제공한 기능들에 대한 적절한 보수 배분 후, 풀 구성원들 간에 공유될 것이다.(TPG 10.121)

또한, MNE 그룹의 구성원들이 현금 통합관리를 단기 유동성약정이 아니라, 보다 장기적인 대부 및 예금 포지션을 유지하는 상황이 고려되어야 한다. 그들을 단기적 현금 풀 잔고로서가 아니라, 장기 예금 또는 대출금과 같이 취급하는 것이 정확한지 여부를 고려하는 것이 적절할 것이다.(TPG 10.122) 그러나, 현금 통합관리는 단기 유동성 위주의 약정을 목표로 하기 때문에, 현금잔고의 수익률이 중요한 재무관리 이슈라는 점을 고려할 때, 동일한 패턴이 매년마다 존재하는지 여부를 고려하고 MNE 그룹의 재무관리가 어떤 정책들을 실행하고 있는지를 검토하는 것이 적절할 것이다.(TPG 10.123)

현금 통합관리 약정을 분석할 때 과세당국의 어려움은 현금 풀의 구성원들이 여러 국가의 거주자들이어서, 납세자에 의해 설정된 포지션을 검증하기 위한 충분한 정보에 접근하는 것이 어려울 수 있다는 점이다. 만약 MNE 그룹들이 이전가격 문서의 일부로서 풀의 구조, 풀 관리자에 대한 수익 및 풀 구성원들에 관한 정보를 제공한다면 과세당국에게 도움이 될 것이다.(TPG 10.124)

현금 풀 관리자와 참여자들의 보수를 결정하기 위해서는 현금 통합관리 약정과 연관된 경제적으로 중요한 위험들, 즉 유동성 및 신용 위험을 식별하고 조사하는 것이 중요하다. 이들 위험들은 현금 통합관리 약정 내의 예금 및 대부 포지션의 단기적 성격을 고려하여 분석되어야 한다.(TPG 10.125) 통합관리 약정에서 유동성 위험은 풀 구성원들의 예금 및 대부 잔고의 만기간의 불일치에서 발생한다. 현금 풀과 연관된 유동성 위험을 부담하기 위해서는 풀 구성원들의 예금 및 대부 포지션의 단순한 상계를 초과하는 통제기능을 행사해야 한다. 따라서, 유동성 위험을 배분하기 위해서는 약정 내에서 대부 및 예금 포지션 금액과 관련된 의사결정 과정에 대한 분석이 요구된다.(TPG 10.126)

신용위험은 대부 포지션을 가진 풀 구성원들이 현금 인출을 상환하지 못해서 발생하는 손실위험을 가리킨다. 현금 풀 관리자의 관점에서 보면, 대부 포지션을 가진 풀 구성원들의 채무불이행에서 발생하는 손실 가능성으로 인해 신용위험을 부담할 필요가 있다. 따라서 MNE 그룹내의 어느 기업이 현금 풀 약정과 연관된 통제기능을 행사하고 신용위험을 부담할 재무역량을 갖고 있는지를 결정하기 위한 조사가 요구될 것이다.(TPG 10.127)

(3) 현금 통합관리거래의 정상가격 결정

(가) 현금 풀 관리자 기능에 대한 보상

현금 풀 관리자에 대한 보수는 현금 통합관리 약정을 촉진시키는 데 수행된 기능, 사용된 자산 및 부담된 위험 등 사실관계 및 상황들에 달려 있다. 일반적으로 현금 풀 관리자는 풀 구성원들을 위한 사전에 정한 목표잔고를 충족시키기 위해 일련의 장부 기록을 위한 주계정과의 조정·대리 기능을 수행한다. 낮은 수준의 기능을 고려할 때, 용역제공자로서 현금 풀 관리자의 보수는 제한적일 것이다.(TPG 10.130) 실제 거래로 볼 때, 만약 현금 풀 관리자가 조정·대리 기능 이외의 활동들을 수행한다면 그 거래들의 가격 결정에는 일반적인 접근방법에 따른 독립기업원칙이 적용될 것이다.(TPG 10.131)

〈그림 4-81〉 현금 통합관리 사례

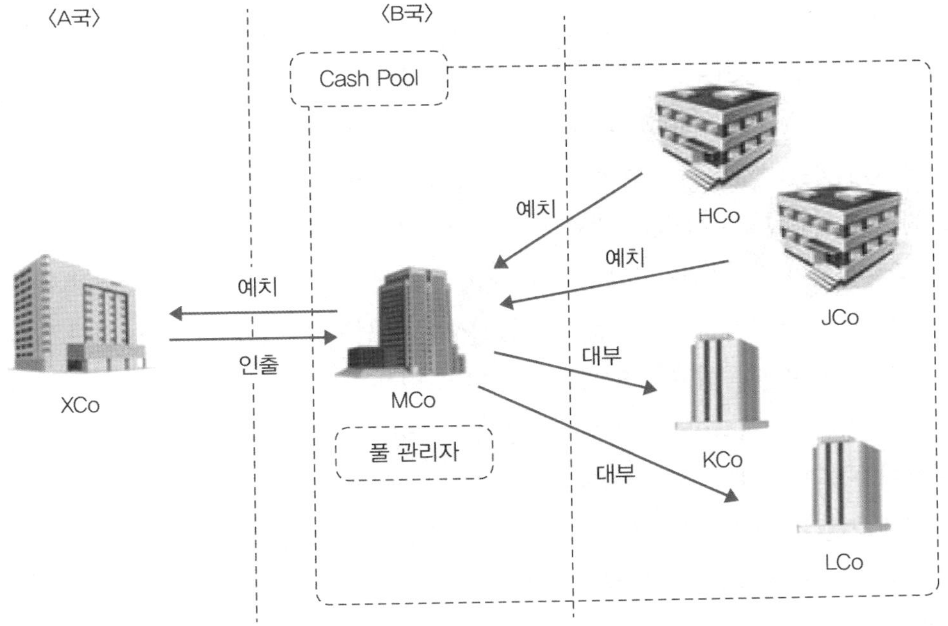

위 〈그림 4-81〉에서 보는 바와 같이, XCo는 현금 풀 관리자로서 활동하는 자회사 MCo와 함께 물리적 현금 통합관리약정에 참여하는 자회사 HCo, JCo, KCo, LCo를 가진 MNE 그룹의 모회사이다. MCo는 외부은행과 그룹내 현금 통합관리 약정을 설정한다. 모든 풀 참여자들에게 각자의 목표 잔고를 충족시키기 위해 MCo의 현금 집중계정에 또는

그로부터 이전을 허용하는 법적 약정이 실행된다. 현금관리 용역약정에 따라서, 은행은 MCo에 의해서 예치된 순잉여 또는 MCo가 은행의 대여로 충족된 순인출 포지션을 가지고 각 풀 참여자에 대한 목표 잔고를 충족시키기 위해 필요한 이체를 한다. MCo가 의존하는 약정한도는 XCo에 의해 지급보증된다. 은행은 전체 통합된 포지션을 토대로 MCo에게 이자를 지급하거나 MCo으로부터 이자를 수취한다. 이 사례에서, MCo는 HCo 및 JCo로부터 잉여자금을 수취하고 자금 수요를 가진 KCo 및 LCo에게 자금을 제공한다. 통합관리 약정에 따라서, 풀 참여자의 잔고에 대한 이자가 청구되거나 지급된다. 약정이 실행된 결과, MCo는 약정이 없었을 경우보다 은행에 이자를 적게 지급하거나, 더 많은 이자를 수취한다.

기능분석 결과, 신용위험은 현금 풀 구성원들에게 남아있고 MCo는 신용위험을 부담하지 않으며, 단지 조정 기능을 수행한다. 또한, MCo는 은행과 같은 기능을 수행하지 않고 위험도 부담하지 않는다. 따라서 MCo는 은행과 같이 예금과 대부 간의 이자율 스프레드 유형의 보상을 얻지 못한다. MCo는 풀에 제공하는 서비스 기능에 부합한 보상을 얻을 것이다.(TPG 10.133-137)

다른 사례로, MNE 그룹의 일원인 TCo는 자금관리 회사로서 그룹내 및 외부적으로 여러 유형의 금융거래를 수행한다고 하자. TCo의 주된 목적은 그룹 유동성 전략 및 관리를 포함한 그룹내 다른 관계회사들에게 자금서비스를 제공하는 것이다. TCo는 채권발행 또는 외부 은행차입을 통해 자금을 조달하고, 필요한 경우 다른 그룹내 관계회사들의 자금 수요를 충족시키기 위하여 그룹내 자금거래를 주선한다. 그룹 유동성약정의 일환으로, TCo는 그룹내 현금 통합관리 약정을 운영하고 여유자금을 어떻게 투자하고 부족자금을 어떻게 조달할지를 결정한다. TCo는 그룹내 이자율을 설정하고, 다른 그룹 관계회사들과의 내부이자율과 독립대여자들과의 이자율 간의 차이에 대한 위험을 부담한다. TCo는 또한 그룹내 자금조달에 대한 신용위험, 유동성위험, 통화위험을 부담하고, 그러한 위험을 헤지할지 또는 어떻게 할지를 결정한다.

실제로 TCo는 현금 풀 관리자로서의 조정 역할을 초과하여 기능을 수행하고 위험을 부담하기 때문에 그룹내 대여로 간주된다. 기능분석 결과, TCo는 재무위험을 통제하고 위험을 부담할 재무역량을 가진다. 따라서, TCo는 수행기능 및 부담위험에 대한 보상을 받아야 하는데, 이는 차입과 대여 포지션 간 스프레드의 전부 또는 일부의 이익이 될 것이다.(TPG 10.138-142)

(나) 현금 풀 구성원들에 대한 보상

현금 풀 구성원들에 대한 보상은 풀 내부에서 대부 및 예금 포지션에 적용할 수 있는 정상이자율의 결정을 통해 산출될 것이다. 이는 현금 풀 약정에서 발생하는 시너지이익을 구성원들 간에 배분하는 것이고, 현금 풀 관리자에 대한 보상 이후 산출될 것이다.(TPG 10.143)

독립당사자들 간 비교가능한 약정이 부족 때문에 현금 풀 거래에 대한 정상 이자율을 결정하는 것이 어려울 것이다. 은행과 현금 풀 관리자 간의 기능상 차이들을 고려하여, 현금 풀 관리자를 수반하는 은행거래 약정 및 현금 풀 구성원들의 ORAs이 비교가능한 이자율의 식별에 도움이 될 것이다.(TPG 10.145)

모든 현금 풀 참여자들은 더 좋은 이자율 혜택을 받을 것이지만, 이자율 혜택 이외에 영구적 자금조달 원천에 대한 접근, 외부은행에 대한 노출 축소 또는 유동성에 대한 대안적 접근 등과 같은 혜택에 접근하기 위해서도 현금 풀 약정에 참여하고자 한다는 것을 유념할 필요가 있다.(TPG 10.146)

(다) 현금 통합관리 지급보증

그룹내 현금 통합관리 약정에서는 교차보증(cross-gurantees) 및 참여자들 간 상계 권리가 요구될 수 있다. 이는 지급보증 수수료가 지급되어야 하는지 여부의 문제를 제기한다. 참고로, 은행과의 통합관리 약정은 모든 풀 참여자들 간에 완전한 교차보증 및 상계 권리가 요구될 것이다.(TPG 10.147)

이러한 교차보증 및 상계 권리는 독립당사자들 간에는 발생하지 않을 약정의 특징이다. 각 보증인은 풀의 모든 구성원들을 위해 보증을 제공하지만, 풀의 가입, 보증채무 금액에 대한 통제권을 갖지 못하고, 보증을 제공받는 당사자들에 대한 정보에 접근할 수 없다. 보증인은 채무불이행시 실제 위험을 평가하는 것이 가능하지 않을 것이다. 따라서, 교차보증 약정은 현실적으로 그러한 형식적 보증은 현금 풀 관리자 및 나아가 차입자의 업무수행을 지원하지 않으면 MNE 그룹의 이해관계에 해로울 것이라고 인정하는 것을 표현하는 데 불과할 것이다. 그러한 상황에서, 보증을 제공받은 차입자는 다른 구성원들의 암묵적 지원에 귀속되는 신용도 수준의 향상을 초과한 이익을 얻지는 못할 것이다. 따라서 지급보증 수수료를 지급할 필요는 없고, 다른 그룹 구성원의 채무불이행시 제공하는 지원은 자본 공여로 간주되어야 한다.(TPG 10.148)

라. 헤징(hedging)

그룹내 금융거래는 MNE 그룹내에서 위험이 이전되는 금융상품들을 포함할 수 있다. 예를 들어, 사업의 통상적 과정에서 외환 또는 물품가격의 변동 등 위험노출을 완화시키는 수단으로서 헤지약정(hedging arrangement)이 자주 이용된다. 독립기업은 자신의 정책에 따라서 그러한 위험들을 부담하거나 또는 헤지하기로 결정할 것이다. 그러나, MNE 그룹에서는 위험관리 및 헤지에 대한 접근방법에 따라 그러한 위험들이 다르게 취급될 것이다.(TPG 10.149)

종종 MNE 그룹은 그룹 전체의 관점에서 보면 위험이 헤지될지라도 개별 회사들은 계약상 헤지거래를 체결하지 못하는 결과의 효율성과 효과성을 향상시키기 위하여 자금관리 기능들을 집중하고 이자율 및 통화 위험과 관련된 위험완화 전략들을 실행할 것이다.(TPG 10.150)

MNE 그룹은 위험의 헤징을 집중화할 수 있는 메카니즘으로서, ⅰ) 헤징업무를 그룹내 자금관리 회사에게 위임하여, 헤징계약들이 관련 사업활동 회사들을 위하여 그리고 그 이름으로 준비되도록 하거나, ⅱ) 헤징업무를 그룹내 자금관리 회사에게 위임하여, 헤징계약들이 그룹의 다른 회사에 의하여 그리고 그 이름으로 체결되도록 하거나, ⅲ) 공식 헤징계약이 체결되지 않은 그룹내 자연적 헤지(natural hedges)의 존재를 식별한다.(TPG 10.151)

집중된 자금관리 기능이 사업회사가 체결하는 헤징계약을 준비하는 경우, 그 집중된 기능은 사업회사에게 용역을 제공한 것으로 평가되고 독립기업 보상을 수취해야 한다.(TPG 10.152) 그러나, 계약상품이 자금관리 회사 또는 그룹의 다른 회사에 의해 체결되고, 그룹의 포지션은 보호될지라도, 포지션이 동일회사 내에서 일치되지 않는 결과를 가져올 때 어려운 이전가격 이슈들이 발생할 수 있다. 상계하는 헤징계약 상품이 그룹내에서 존재하지만 동일회사 내에 존재하지 않는 경우, 또는 예컨대 자연적 헤지의 경우처럼 계약상품들이 MNE 그룹내에 존재하지 않지만 그룹의 포지션은 보호되는 경우, 실제 거래에 대한 정확한 규명 및 거래의 상업적 합리성에 대한 포괄적 분석 없이, 동일회사 내에서 헤지를 일치시키거나 또는 서면계약이 존재하지 않는 헤징거래를 인식하는 것은 부적절할 것이다.(TPG 10.153)

4 지급보증 거래

가. 지급보증의 의의

(1) 의의

보증(financial guarantee)은 채무자가 의무를 이행하지 못하는 경우, 보증인의 입장에서 보증된 채무자의 특정한 의무를 부담하기로 하는 법적 기속력이 있는 약속이다. 지급보증은 보증을 제공받는 당사자가 의무를 이행하지 못하는 경우 보증인이 특정한 재무상 의무를 충족시킬 것을 규정한다. 지급보증 스펙트럼의 한쪽 끝은 공식적 서면보증이고 다른 쪽 끝은 MNE 그룹의 구성원에게만 귀속될 수 있는 암묵적 지원(implied support)이다.(TPG 10.155)

(2) 지급보증의 경제적 효익

채무자의 관점에서 보면, 지급보증은 차입조건 또는 차입금액에 영향을 미칠 수 있다. 예컨대, 보증의 존재는 대여자가 더 넓은 자산 풀에 접근하기 때문에 차입자(피보증인)가 더 유리한 이자율을 얻을 수 있거나, 더 많은 자금에 접근할 수 있다.(TPG 10.157) 대여자의 관점에서 보면, 명시적 보증의 결과는 보증인이 법적으로 기속된다는 것이다. 이는 보증이 실질적으로 차입자에게 자신의 신용등급 조건이 아닌 보증인의 신용등급 조건에서 차입할 수 있게 허용하는 것을 의미한다. 이러한 상황에서는 지급보증의 가격결정 원칙 및 방법이 앞서 설명한 그룹내 자금거래의 가격결정과 유사하다.(TPG 10.158)

보증의 결과로서 차입자의 전체 재무상 포지션을 고려할 때, (보증비용 및 보증의 준비비용을 포함한) 보증이 있는 차입비용은, 암묵적 지원을 고려하여, 보증이 없는 차입비용과 대비하여 측정될 것이다. 보증이 있는 차입은 가격 이외에 다른 조건들에도 역시 영향을 줄 수 있다.(TPG 10.159)

보증의 효과가 차입자에게 보증이 없는 경우보다 더 큰 금액을 차입하도록 허용하는 경우, 보증은 단지 차입자의 신용등급을 지원할 뿐만 아니라 차입능력을 증가시킴과 동시에 기존 차입능력에 대한 이자율도 감소키는 역할을 할 수 있다. 그러한 상황에서는 아래 〈그림 4-82〉에서 보는 바와 같이 다음 두 가지 이슈가 존재할 수 있다. 첫째, 대여자

(ACo)의 차입자(BCo)에 대한 대여의 일부가 대여자가 보증인(PCo)에게 대여(그 후에 보증인이 차입자에게 자본을 출연)한 것으로 간주되는지 여부, 둘째, 대여자의 차입자에 대한 대여로 인정되는 부분에 대해서 지급된 지급보증 수수료가 정상가격인지 여부이다. 이에 대한 결론은 지급보증 수수료의 평가는 실제 대여로 간주된 부분(당초 보증이 없을 경우의 차입분)에 대한 수수료로 한정되어야 하고, 제공된 대여의 나머지(보증으로 인한 차입능력 증가분)는 실질적으로는 보증인에 대한 대여로 간주되어야 한다.(TPG 10.161)

〈그림 4-82〉 지급보증의 효과 및 거래구조 재구성

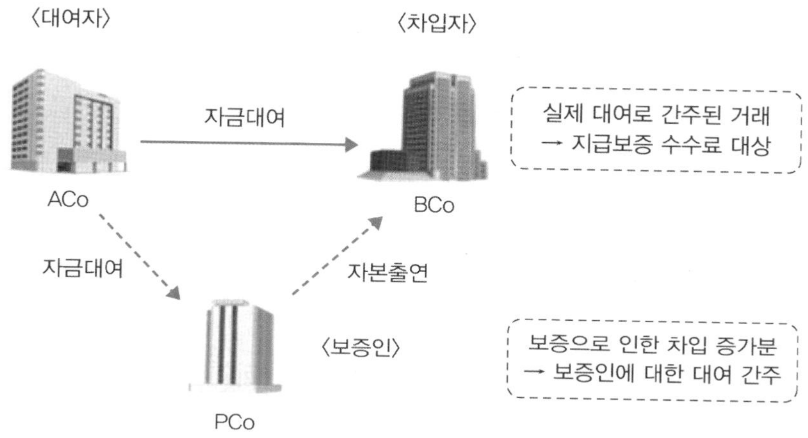

(3) 그룹 소속의 효과

명시적 지급보증을 제외하고, 지급확약서(letter of comfort) 또는 다른 낮은 형식의 신용지원 등 차입자가 수동적으로 MNE 그룹 소속이어서 귀속될 수 있는 지원 혜택은 수수료가 지급될 수 있는 용역의 제공이 아니다.

차입자는 적절한 이익을 얻을 것으로 기대하지 않는다면, 지급보증에 대한 대가를 지급하지 않을 것이다. 명시적 보증조차도 반드시 차입자에게 이익을 부여하는 것은 아니다. 예컨대, 모회사 또는 다른 관계회사의 부채 공여한도에 적용될 수 있는 은행의 지급확약(banking covenants)은 공여한도의 종료를 초래할 수 있는 사건으로서 다른 그룹 관계회사의 채무불이행을 포함할 수 있다. 기타 법률적·재무적 또는 사업상 연계들 때문에 차입자가 MNE 그룹의 신용등급의 강등이 없는 경우 차입자가 재무상 어려움에 직면한다면 차입자를 포기하는 것이 가능하지 않을 것이라는 것을 의미할 것이다. 결과적으로

MNE 그룹 구성원들은 명시적 보증 여부와 관계없이 재무적으로 상호 의존적이어서 명시적 보증을 제공하는 경우에도 보증인의 경제적 위험이 중요하게 변경되지 않을 수 있다. 다시 말해서, 형식적 보증이 차입자의 업무수행을 지원하지 않으면 MNE 그룹의 이해관계에 해로울 것이라는 것을 인정하는 것에 불과할 수 있다. 그러한 상황에서는, 보증받은 차입자는 MNE 그룹의 암묵적 지원에 귀속시킬 수 있는 신용도 향상을 초과하여 이익을 얻지 않으며, 지급보증 수수료도 발생하지 않는다.(TPG 10.164)

(4) 보증인의 재무적 역량

차입자의 채무불이행시 의무를 이행하기 위한 보증인의 재무역량을 고려하기 위하여 재무보증에 대한 조사가 필요하다. 이는 보증인과 차입자의 신용등급 및 그들 간의 사업상 상관관계에 대한 평가가 요구된다.(TPG 10.166)

대여자는 보증인의 더 강한 신용등급 및 보증인의 자산 풀로부터 효익을 얻을 것이고, 차입자는 낮은 이자율의 형태로 효익을 기대할 수 있다. 따라서, 만약 보증이 실질적으로 대여자에게 더 넓은 상환청구를 허용하고 따라서 보증인이 더 높은 신용등급을 갖지 못하더라도 이자율을 감소시킨다면, 보증은 보증인과 동일한 또는 더 높은 신용등급을 가진 차입자에게 효익을 제공할 수 있다. 보증인과 차입자의 신용등급을 결정할 때는 암묵적 지원의 효과가 고려되어야 한다.(TPG 10.167) 보증인과 차입자가 유사한 시장조건들 하에서 사업을 영위하는 경우, 차입자의 성과에 영향을 미치고 채무불이행 위험을 증가시키는 불리한 시장의 사건은 보증인과 보증인의 의무이행 능력에도 역시 영향을 미칠 수 있다.(TPG 10.168)

나. 지급보증의 정상가격 결정

(1) OECD 접근방법

아래에서는 지급보증에 대한 다양한 가격결정 접근방법을 제시한다. 가장 적합한 TP 방법의 선택은 기능분석을 통해서 정확히 파악된 실제 거래와 부합해야 할 것이다.

(가) CUP 방법

다른 차입자들에 대한 비교가능한 대여거래에 대해서 독립보증인들이 보증을 제공하는 경우 또는 동일한 차입자가 독립적으로 보증된 다른 비교가능한 대여거래를 가지는 경우 등 내・외부 비교대상거래들이 존재하는 경우 CUP 방법이 이용될 수 있다.(TPG 10.170) 독립당사자에 대한 은행의 보증이 흔하지 않다는 점을 고려할 때, 충분히 유사한 보증에 관한 공개이용 정보를 찾기가 어렵기 때문에 CUP 이용의 어려움이 있다.(TPG 10.172)

지급보증을 제공하는 독립기업은 우발채무를 수용하는 위험을 보상받기 위해, 그리고 보증에 관해서 차입자에게 제공하는 가치를 반영하기 위해 수수료를 수취할 것으로 기대된다. 그러나, 독립보증인의 수수료는, 특수관계기업들에서는 발생하지 않을 수 있는, 자본조달 과정 그리고 규제 요건을 충족시킬 때의 발생비용 중 일부를 반영할 것이라는 점을 유념해야 한다.(TPG 10.173)

(나) 수익 접근방법(yield approach)

이 접근방법은 피보증인이 보증으로부터 수취한 수익을 낮은 이자율의 관점에서 수량화한다. 즉, 보증이 없는 경우 차입자가 지급했을 이자율과 보증이 있는 경우 지급할 이자율 간의 차이(스프레드)를 계산한다.(TPG 10.174)

보증에 의해 제공된 효익의 정도를 결정할 때, 명시적 보증의 영향과 그룹 소속의 결과로서 암묵적 지원의 효과를 구별하는 것이 중요하다. 가격에 반영될 효익은 독립기업으로서 보증이 없는 차입자의 비용과 명시적 보증이 있는 비용 간의 차이가 아니라, 암묵적 지원의 효익을 고려한 이후 차입비용과 명시적 보증이 있는 비용 간의 차이이다.(TPG 10.175) 만약 차입자가 독립 신용평가기관으로부터 자신의 독립적인 신용등급을 가진다면, 이미 MNE 그룹의 소속이라는 것이 반영되었을 것이므로 통상 암묵적 지원을 반영하기 위하여 신용등급에 대한 조정이 필요하지 않을 것이다.(TPG 10.176)

편익 접근방법은 피보증인이 지급하고자 하는 최대금액을 보여준다. 즉, 보증이 있는 이자율과 보증이 없지만 암묵적 지원 효익이 있는 이자율 간의 차이이다. 차입자는 만약 은행에 대한 이자 및 보증인에 대한 수수료 합계와 보증이 없었다면 은행에게 지급했을 이자가 동일하다면 보증약정을 체결할 유인이 없을 것이다. 따라서, 최대수수료는 그 자체로 반드시 독립기업 상황에서 수행되는 협상의 결과를 반영하는 것은 아니고, 차입자가 지급하고자 하는 최대금액을 반영한다.(TPG 10.177)

(다) 비용 접근방법(cost approach)

이 접근방법은 보증인이 보증 제공으로 (채무불이행시) 발생하는 예상손실(expected

loss) 가치를 추정함으로써 보증인이 추가 부담하는 위험을 수량화한다. 다른 방법으로, 보증인이 부담하는 위험을 뒷받침하기 위하여 요구되는 자본을 기준으로 예상비용(expected cost)이 결정될 수 있다.(TPG 10.178)

예상손실 및 예상비용의 요건을 추정하기 위한 많은 모델들이 있다. 이 접근방법의 가격결정모델은 지급보증이 다른 금융상품 및 가격결정모델과 동등한 것으로 가정한다. 예컨대, 보증을 풋옵션으로 취급하여 옵션 가격결정모델, CDS 가격결정모델을 사용한다. 예를 들어, CDS 스프레드 자료가 차입과 연관된 파산위험, 즉 보증수수료를 근접시키기 위해 사용될 수 있다. 이러한 유형의 자료를 사용할 때, 채무불이행 사건(예: 파산)의 식별이 특수관계거래와 비교가능한 CDS 간의 비교가능성 분석에서 중요하다.(TPG 10.179)

각 모델에 의한 가격결정은 모델링 과정상의 가정들에 민감할 것이다. 어떤 평가모델이 사용되든지 비용 접근방법의 평가는 보증에 대한 최소수수료, 즉 보증제공자가 수용할 의향이 있는 최소금액을 설정하는 것이며, 그 자체로 독립기업 상황에서의 협상의 결과를 반영하는 것은 아니다.(TPG 10.180)

(라) 예상손실평가 접근방법

이 방법은 채무불이행(부도) 확률을 산출하고, 채무불이행이 발생할 경우 예상회수율(expected recovery rate)을 반영하여 지급보증가격(지급보증 정상수수료율)을 추정하는 것이다. 그 다음 지급보증비용을 산출하기 위해서는 이러한 지급보증가격이 보증된 명목금액에 적용될 것이다. 즉, 지급보증비용(지급보증수수료)은 지급보증금액에 피보증인의 신용등급에 따른 예상부도율과 예상손실율(즉, 1-예상회수율)을 각각 곱한 금액이다.(TPG 10.181)

(마) 자본보충 방법(capital support method)

이 방법은 보증인과 차입자 간의 실제 위험들(risk profiles)의 차이가 차입자의 B/S에 자본을 확충함으로써 대응될 수 있는 경우에 적절하다. 먼저 보증이 없는 경우 차입자의 신용등급을 결정할 필요가 있다. 그 다음 차입자의 신용등급을 보증인 수준까지 높이는데 요구되는 추가적 관념상 자본금액을 식별한다. 그 다음 그렇게 사용된 기대수익이 보증인 기업의 전반적 활동이 아니라 보증 제공의 결과 또는 영향만을 적절히 반영하는 정도까지 이 자본금액에 대한 기대수익에 토대하여 보증의 가격이 결정될 수 있다.(TPG 10.182)

〈그림 4-83〉 지급보증 수수료의 적정 범위

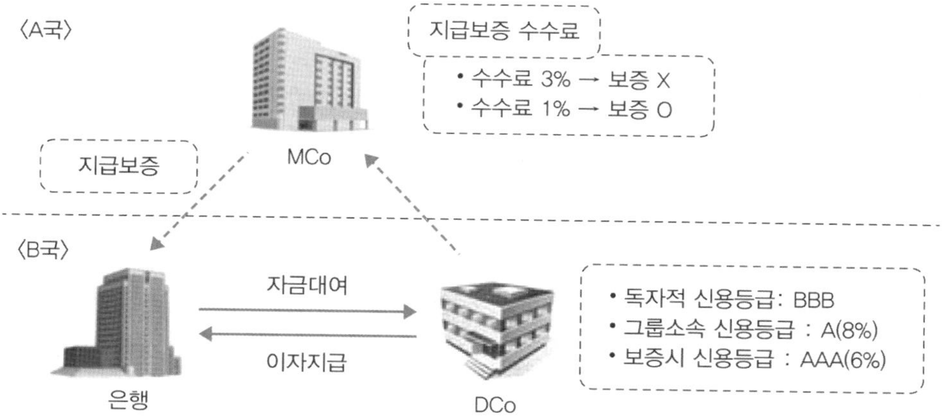

위 〈그림 4-83〉에서 보는 바와 같이, MNE 그룹의 모회사 MCo는 신용등급 AAA를 유지하는데, 독자적인 신용등급 BBB를 갖는 그룹 관계회사 DCo가 독립대여자로부터 10백만 유로를 차입할 필요가 있다고 하자. MNE 그룹 소속의 효과로 DCo의 신용등급은 BBB에서 A로 향상되고, 명시적 보증의 제공은 추가적으로 DCo의 신용등급을 AAA로 향상시킨다고 하자. 독립대여자들은 신용등급 A의 기업들에게는 이자율 8%, 신용등급 AAA의 기업들에게는 6%를 청구한다고 하자. MCo는 보증제공 대가로 DCo에게 3%의 수수료를 청구하는데, 그러한 보증수수료는 보증제공으로 얻는 DCo의 신용등급 향상 혜택(2%)을 상쇄시키는 수준 이상이다. DCo와 동일한 조건하에서 차입하는 독립기업은 명시적 보증 제공의 대가로 MCo에게 3%의 보증수수료를 지급할 것으로 기대되지 않는다. 왜냐하면, DCo는 보증이 없을 경우 더 좋은 결과를 얻기 때문이다.

이제 비교가능한 보증의 정상가격이 1~1.5% 범위에 있음을 보여주는 비교가능 독립기업거래들이 식별될 수 있다고 하자. DCo의 신용등급이 A에서 AAA로 향상된 것이 의도적 그룹 협력행위 즉, MCo에 의한 보증의 제공 때문이라면, DCo는 명시적 보증 제공의 대가로 MCo에게 정상 보증수수료를 지급할 것으로 기대된다. 왜냐하면, DCo는 보증이 없을 때보다 더 좋은 결과를 얻기 때문이다.(TPG 10.184-188 & 1.167)

(2) 국내법상 규정

우리나라 세법은 그룹내 모・자회사 간 또는 관계회사 간 지급보증 용역거래의 정상가격 산출방법 등과 관련한 특별규정을 두고 있다. 즉, "용역거래 중 지급보증 용역거래의 정상가격 산출방법으로 '그밖에 합리적이라고 인정되는 방법'을 적용할 때는, ⅰ) 보증인의 예상 위험과 비용을 기초로 하여 정상가격을 산출하는 방법(위험접근법), ⅱ) 피보증인의 기대편익을 기초로 하여 정상가격을 산출하는 방법(편익접근법), ⅲ) 보증인의 예상 위험 및 비용과 피보증인의 기대편익을 기초로 하여 정상가격을 산출하는 방법 중 어느 하나에 해당하는 방법에 따른다."고 규정하고 있다.(국조령 §12 ⑤)

그리고, 위 "ⅰ)호의 방법에 따른 정상가격은 지급보증에 따른 보증인의 예상위험에 보증인이 보증으로 인하여 실제로 부담한 비용을 더한 금액으로 한다. 이 경우 보증인의 예상위험은 피보증인의 신용등급에 따른 예상부도율과 부도 발생시 채권자가 피보증인으로부터 채권을 회수할 수 있는 비율(보증금액 예상회수율)을 기초로 하여 산출한 금액으로 한다."(국조칙 §5 ①) 즉, 보증인의 예상위험은 [지급보증금액 × 예상부도율 × (1-예상회수율)]이다.

또한, 위 "ⅱ)호의 방법에 따른 정상가격은 지급보증이 없는 경우의 피보증인의 자금조달비용에서 지급보증이 있는 경우의 피보증인의 자금조달비용을 뺀 금액으로 한다. 이 경우 피보증인의 자금조달비용은 보증인과 피보증인의 신용등급을 기초로 하여 보증인의 지급보증 유무에 따라 산출한 차입이자율 또는 회사채 이자율 등을 고려하여 산출한 금액으로 한다."(국조칙 §5 ②)

더불어, 위 "ⅲ)호의 방법에 따른 정상가격은 ⅰ)호 및 ⅱ)호의 방법에 따라 가격을 각각 산정한 경우로서 위 ⅱ)호의 방법에 따라 산정된 가격이 위 ⅰ)호의 방법에 따라 산정된 가격보다 큰 경우에 적용하되, 위 ⅰ)호 및 ⅱ)호의 방법에 따라 산출한 가격의 범위에서 보증인의 예상위험 및 비용과 피보증인의 기대편익 및 지급보증계약 조건 등을 감안하여 합리적으로 조정한 금액으로 한다."(국조칙 §5 ③)

위 "ⅰ)호부터 ⅲ)호까지의 방법에 따라 정상가격을 산정하는 경우 신용등급, 예상부도율, 예상회수율, 차입이자율, 회사채 이자율 등은 자료의 확보와 이용가능성, 신뢰성, 비교가능성 등을 고려하여 합리적인 자료를 이용하여 산정한다. 이 경우 ⅰ) 신용등급은 과거의 재무정보 외에 합리적으로 예측가능한 미래의 재무정보 및 국가, 지역, 업종, 기술수준, 시장지위, 보증인과 피보증인이 속한 기업군의 신용등급 등 비재무적 정보를 고려하고, ⅱ) 예상부도율은 피보증인의 신용등급, 기업군의 지원가능성 등을 고려하고, ⅲ) 예상회수율은 피보증인의 재무상태와 유형자산의 규모, 산업의 특성, 담보제공 여부, 시기,

만기 등을 고려하여 판정 또는 산출하여야 한다."(국조칙 §5 ④)

한편, 위 규정들을 적용할 때, "거주자가 i) 지급보증계약 체결 당시 해당 금융회사가 산정한 지급보증 유무에 따른 이자율 차이를 근거로 하여 산출한 수수료의 금액(해당 금융회사가 작성한 이자율 차이 산정 내역서에 의해 확인되는 것에 한함), ii) 위에서 언급한 정상가격 산출방법으로서 국세청장이 정하는 바에 따라 산출한 수수료의 금액 중 어느 하나에 해당하는 금액을 지급보증 용역거래의 가격으로 적용한 경우에는 그 금액을 정상가격으로 본다."고 규정하고 있다.(국조령 §12 ⑥)

(3) 국내 판례동향

내국법인들이 해외 자회사들을 위해 금융기관에 대해 지급보증을 하고 수취한 지급보증 수수료율이 국세청이 자체 개발한 '지급보증수수료 정상가격 결정모형'(이하 국세청 모형)에 따라 산출되는 수수료율에 미치지 못한다는 이유로 국세청 모형에 따라 산정한 수수료와 내국법인들이 지급받은 수수료의 차액을 각 사업연도의 익금에 산입하여 과세한 사안에서, 법원들은 다음과 같은 논거로 국세청 모형에 의한 정상가격 산출방법이 국조법 상 합리적인 정상가격 산출방법이라고 볼 수 없다고 판결하였다.[43)]

첫째, CUP 방법 해당 여부와 관련하여, "국세청 모형에 의한 정상가격 산출방법은 국내 모회사와 해외 자회사의 각 신용등급에 따라 적용되는 대출이자의 차이가 정상가격이라는 전제에서, (…) 표준신용등급, 표준신용등급별 부도율을 산출하고, 표준신용등급별 부도율을 산식에 대입하여 국내 모회사와 해외 자회사의 가산금리의 상한과 하한을 결정함으로써 정상가격의 범위를 산정하는 방법이다. 이는 실제로 형성된 현실 거래가격을 기초로 하지 않고 있으므로 CUP 방법에 해당한다고 볼 수 없다."고 판시하였다.

둘째, 다음과 같은 이유로 '거래의 실질 및 관행에 비추어 합리적이라고 인정되는 방법'도 아니라고 판단하였다. i) 피고가 모형개발에 사용하였다는 금감원의 은행신용평가모형 검증시스템은 일반인뿐 아니라 금융기관에게조차 공개되지 않은 자료로서 국세청 모형에 의한 산출방법이 자료의 확보·이용가능성이 높다고 할 수 없는 점, ii) 해외 자회사들의 신용등급을 평가하고 부도율을 산정하기 위해서는 당연히 각 해외 자회사 소재지국의 부도 데이터를 사용하여 모형을 설계하였어야 하는데도 불구하고 우리나라의 부도

43) 서울행정법원 2017.2.10. 선고 2014-구합-73968 판결; 서울행정법원 2016.1.15. 선고 2014-구합-62708 판결; 서울행정법원 2015.10.21 선고 2014-구합-51609, 55380, 59634, 62005, 62163, 65806, 67239, 68157, 69488, 71672 판결 등 다수 판결

데이터를 사용하여 설계되었다는 점, iii) 신용평가모형은 산업별 구체적 특성을 반영하여 세분화될 필요가 있음에도 해외 자회사의 업종 등을 전혀 구분하지 않고 단일한 모형을 설계하여 적용하는 점, iv) 비재무정보를 전혀 반영하지 않고 5개의 재무비율만으로 모든 해외 자회사의 부도율을 산정하고 있는 점, v) 암묵적 보증으로 인한 자회사의 신용등급 상승효과를 지급보증으로 인한 정상가격에 포함시킬 것은 아니고, 그룹의 구성원이라는 사실에 기인한 시너지효과는 무형자산의 범위에서 제외되는 점, vi) 해외 자회사의 소재지가 어느 나라인지에 따라 가산금리의 차이가 달라짐에도 이러한 차이를 무시하고 일률적인 기준에 의해 가산금리의 차이를 산정하고 있는 점, vii) 개별 지급보증거래들의 다양한 조건들을 모두 무시한 채 전 세계의 모든 해외 자회사들에게 일률적으로 적용되는 산출방법은 그 유래를 찾아보기 힘들다는 점, viii) 해외 자회사 소재지국들이 국세청 모형을 독립기업 원칙에 합당한 합리적인 정상가격 산출방법이라고 인정하지 않을 가능성이 높아 이중과세 위험을 지게 되는 점 등이다.

그러나, 일부 법원은 한편으로 편익접근법을 기초로 만들어진 앞서 살펴 본 국세청 모형에 의한 정상가격 산출방법이 위법하다고 하면서도, 다른 한편으로 국세청이 대안으로서 제시한 위험접근법을 기초로 만들어진 '무디스 모형'에 대해서는 "무디스 모형을 이용하여 정상가격을 산정하는 것이 분쟁의 종국적인 해결을 위해 가장 합리적이고 바람직한 방법으로 보이므로, 무디스 모형에 따라 산출된 해외 자회사별 보증수수료율은 과세관청이 최선의 노력으로 확보한 자료에 기초하여 합리적으로 산정한 정상가격에 해당한다고 봄이 타당하다."고 언급하면서, "무디스 모형에 따른 해외 자회사별 보증수수료율이 그 산출에 사용된 여러 변수들, 즉 신용등급이나 부도율, 예상손실율, 원고의 해외 자회사에 대한 지원가능성이 실제와 달라 원고가 적용한 보증수수료율이 정상 보증수수료율의 범위 내에 들어 있다는 점에 대한 증명은 납세의무자인 원고가 하여야 한다."고 판시하였다.[44)]

44) 서울행정법원 2017.2.10. 선고 2014-구합-73968 판결

5 자가보험 거래

가. 자가보험의 의의 및 논거

MNE 그룹들이 그룹내 위험들을 관리하는 많은 방법들이 있다. 예를 들어, 준비금을 적립하거나, 잠재적 미래 손실에 대해 사전에 자본을 조달하거나, 자기보험을 들거나, 제3자로부터 보험을 취득하거나, 단순히 특정 위험을 보유하기로 선택할 수도 있다. 어떤 경우에는 MNE 그룹이 소위 자가보험을 통해서 특정 위험들을 통합하기로 선택할 수도 있다.(TPG 10.189)

'자가보험(captive insurance)'은 실질적으로 사업의 거의 전부가 MNE 그룹에 속하는 관계회사들의 위험에 대한 보험증권(insurance policies)을 제공하는 보험업무 또는 회사를 지칭한다.(TPG 10.190) 반면, '재보험(reinsurance)'은 당초에 MNE 그룹의 관계회사들에 의해 보험이 제공된 독립당사자들의 위험에 대한 재보험증권을 제공하는 것을 목적으로 하는 재보험 업무 또는 회사를 지칭한다.(TPG 10.191) 보험의 규제요건은 국가별로 다르나, 통상 보험계리, 회계 및 자본 요건을 포함한다. 보험 규제가 보험가입자를 보호하는 것이지만, 현지 규제당국은 MNE 그룹의 구성원들에게만 전속 보험을 제공하는 자가보험의 경우에는 보다 가벼운 규제제도를 부과할 수 있다.(TPG 10.192)

MNE 그룹은 i) 그룹내 관계회사들의 지급 보험료를 안정화시키고 ii) 조세 및 규제 차이를 활용한 차익거래(tax and regulatory arbitrage)의 효익을 얻으며, iii) 재보험시장에 대한 접근을 확보하고, iv) 시장역량의 변동성을 완화시키며, v) 그룹내에서 위험을 보유하는 것이 보다 비용 효과적이라는 등 여러 이유들 때문에 자가보험을 이용한다.(TPG 10.193) 다른 이유는 특정 위험들에 대한 보험을 제공받기가 어렵거나 불가능하다는 점이다. 자가보험에 의해 그러한 위험들에 대한 보험이 제공되는 경우 정상가격이 결정될 수 있는지 여부 및 그러한 약정의 상업적 합리성 문제가 제기될 수 있다.(TPG 10.194)

나. 실제 자가보험거래의 파악

(1) 개요

실제 거래에 대한 분석 및 위험의 배분에 대해서는 다른 그룹내 거래들에 적용되는 것과 동일한 원칙과 방법들이 적용된다. 자가보험과 관련해서는 다음 사항을 유념해야 한다. 첫째, 위험완화 기능들을 수행하는 것은 넓은 범위의 위험관리에는 해당하지만 위험의 통제는 아니라는 점, 둘째, 보험의 대상이 되는 특정 위험과 피보험자에게 보험을 제공할 때 보험제공자가 부담하는 위험 간에는 차이가 존재한다는 점이다.(TPG 10.195)

피보험자와 보험업자에 대한 위험 보상의 수준(quantum)은 동일한 사건들에 의존하지만, 그 수준은 상당히 다를 수 있다. 예컨대, 위험이 현실화되고 보험금이 청구되는 경우, 피보험자는 납부 보험료에 비해 상당한 보험금을 수취할 수 있는 반면, 보험업자의 소득은 피보험자에 대한 보험의 보상수준과 상관없이, 그가 수취한 보험료와 투자소득으로 제한될 것이다.(TPG 10.196)

보험업자(the insurer)는 피보험자(the insured party)의 위험에 대해 위험완화 기능을 수행하지만, 실제 그 위험을 부담하는 것이 아니다. 보험업자는 피보험자의 위험에 대해 보험을 제공(즉, 완화)하는 위험을 부담하는 것이다. 그 위험은 보험업자 또는 그 위험을 보험업자가 부담하도록 결정을 하는 그룹내 다른 회사에 의해 통제될 것이다. 보험업자 또는 다른 회사는 예컨대, 보험대상 위험 포트폴리오의 추가 분산 또는 재보험 가입 등 위험에 어떻게 대응하는지에 관한 의사결정을 할 수 있다.(TPG 10.197)

자가보험은 MNE 그룹내에서 자체 관리되거나 또는 대형 보험중개인 등 독립적 용역 제공자에 의해 관리된다. 이 관리기능은 통상 현지 법률의 준수, 보험서류의 발급, 보험료 징수, 청구금액의 지급, 보고서 준비 및 현지관리자 제공 등을 포함한다. 만약 자가보험이 그룹내에서 관리된다면 어느 관계회사가 관리할지를 결정하고, 그 관리기능에 대해 보상할 필요가 있다.(TPG 10.198)

자가보험거래의 이전가격을 고려할 때 관심사항은 관련거래가 진정한 보험거래인지, 즉 위험이 존재하는지 여부, 만약 존재한다면 사실관계 및 상황에 비추어 위험이 자가보험에 배분되는지 여부이다. 자가보험이 진정한 보험사업을 수행할 때 나타나는 지표들은 다음과 같다. ⅰ) 자가보험에 위험의 분산과 통합이 존재한다. ⅱ) 위험 분산의 결과, 그룹내 관계회사들의 경제적 자본 포지션이 향상되어 그룹 전체에 대한 실제 경제적 영향이 존재한다. ⅲ) 자가보험과 보험업자 모두 위험부담의 증거 및 적절한 자본수준이 요구되는 유사한 규제제도에 의한 규제를 받는 회사들이다. ⅳ) 보험대상 위험은 MNE 그룹 밖에서도 보험이 제공될 수 있다. ⅴ) 자가보험은 자신만의 투자기술 및 경험을 포함한 필수적인 기술을 보유한다. ⅵ) 자가보험은 실제 손실을 경험할 가능성을 가진다.(TPG 10.199)

자가보험거래의 이전가격 결정의 영향을 고려하기 위해서는, 실제 거래를 규명하기 위해 먼저 특수관계기업들 간 상업적·재무적 관계들 및 그에 부수된 조건들과 경제적 특성들을 식별할 필요가 있다. 따라서, 최초 문제는 고려대상 거래가 보험에 해당되는지 여부이다. 이는 위험이 보험업자에 의해 부담되었는지 및 보험의 분산이 달성되었는지 여부에 대한 고려를 요구한다.(TPG 10.200)

(2) 위험의 부담 및 분산

보험은 보험업자에 의한 보험위험의 부담을 요구한다. 보험 청구가 발생하는 경우, 피보험자는 보험업자가 보험위험을 부담하는 정도까지는 잠재적인 경제적 손실의 영향을 겪지 않는다. 왜냐하면 손실이 보험지급금에 의해 상쇄되기 때문이다.(TPG 10.201) 자가보험이 위험을 부담할 재무적 역량을 가지는지 여부를 결정하는 것은 자가보험이 쉽게 이용할 수 있는 자본 및 현실적으로 이용할 수 있는 대안들에 대한 고려를 요구한다.(TPG 10.202)

또한, 보험은 위험 분산(risk diversification)을 요구한다. 위험 분산은 보험업자가 효율적인 자본의 이용을 위해 위험 포트폴리오를 통합(pooling)하는 것이다. 대형 보험업자들은 보험청구 가능성에 대한 모델링의 정확성을 적용하고 승인하도록 통계적 평균법칙을 허용하는 유사한 손실 확률들을 가진 수많은 정책들에 의존한다. 또한, 보험업자는 규제상 필요와 신용평가기관의 요구에 토대한 자본준비금을 보유하는 위험 포트폴리오를 유지한다.(TPG 10.203) 위험의 분산은 보험사업의 핵심이다. 관련이 없는 위험과 다양한 지리적 위험 노출을 결합하는 것은 자본의 효율적 사용을 가능하게 하고, 피보험자가 위험이 실현될 경우의 결과를 감당하기 위해 요구되는 자본보다 보험업자가 낮은 수준의 자본을 갖도록 허용한다.(TPG 10.204)

자가보험은 MNE 그룹의 내부 위험들뿐만 아니라 상당한 비중의 외부 위험들을 포트폴리오 내에 포함함으로써 위험을 분산시킬 수 있다.(TPG 10.205) 특히, 내부적 위험분산은 외부적 위험분산을 통해 달성되는 것보다 낮은 자본효율성을 발생시킬 수 있다. 따라서 전적으로 내부위험만을 포섭하는 자가보험의 보수는 외부위험을 또는 상당한 비중의 그룹내 위험을 외부 재보험을 가입하여 성취되는 위험분산의 경우보다 낮을 수 있다. 또한, 자가보험에서 내부위험의 통합관리를 통해 달성된 자본효율성이 의도적 그룹 협력행위들에 의해 창출된 그룹시너지의 결과라면, 그러한 그룹시너지 효익은 그러한 시너지 창출에 공헌한 MNEs에 의해 공유되어야 한다.(TPG 10.207)

자가보험이 상당한 위험의 분산을 달성할 규모가 부족하거나, 상대적으로 덜 분산된 MNE 그룹의 포트폴리오에 의해 나타나는 추가적 위험을 충족시키기 위해 충분한 준비금이 부족한 경우에는, 자가보험의 실제 거래는 보험이 아니라 별도의 사업을 영위하는 것이다.(TPG 10.208)

(3) 경제적으로 중요한 위험의 부담

자가보험과 관련된 실제 거래의 파악을 위해서는 보험증권의 발행, 즉 보험인수(underwriting)와 연관된 경제적으로 관련된 위험들이 구체적으로 식별되어야 한다. 그러한 위험들에는 보험위험, 상업위험 또는 투자위험이 있다.(TPG 10.209) 보험위험이 자가보험업자(the captive)에게 배분되어야 하는지 여부를 결정하기 위해서는, 자가보험이 보험인수 기능과 연관된 경제적으로 중요한 위험에 관한 통제 기능을 수행하는지 여부를 식별할 필요가 있다.(TPG 10.210)

예컨대, 인수정책의 결정, 보험대상 위험의 분류 및 선택, 보험료의 산정, 위험보유의 분석 및 보험대상 위험의 수용 등 보험인수 활동들은 위험을 인수할 것인지 여부 및 어떤 조건으로 인수할 것인지 또는 재보험을 취득해야 하는지 여부 등을 결정하는 것이다. 그러한 활동들은 통제기능으로 간주되고, 만약 위험을 부담할 재무적 역량을 보유한 자가보험이 이를 수행하는 경우에는 위험이 배분되어야 할 것이다. 그러나, 단순히 위험에 대한 변수 또는 정책환경을 설정하는 것은 통제기능에 해당하지 않는다.(TPG 10.211)

자가보험이 적절한 기술, 전문성 및 자원을 보유하고 있지 않아서 보험인수와 연관된 위험관련 통제기능을 수행하지 않는 것으로 판명되면, 해당 위험은 자가보험에 의해서가 아니라 다른 MNE가 이러한 통제 기능들을 수행하고 있는 것으로 결론 내릴 수 있다. 이 경우 보험료의 투자수익은 보험인수와 연관된 위험을 부담하는 MNE 그룹의 관계회사들에게 배분될 것이다.(TPG 10.212)

(4) 보험인수 기능의 위탁

많은 경우, 보험인수 기능의 특정 측면을 위탁하는 것은 보험사업을 영위하기 위해 요구되는 최소 규제기준과 부합하지 않을 것이다. 그러나, 예컨대, 자가보험이 중개인으로 활동하고 독립기업 보상을 수취하는 특수관계기업에게 보험위험의 인수를 위탁하는 것이 허용될 수 있는데, 만약 자가보험이 인수기능 활동들 중 일부를 위탁하는 것이 허용되는 경우, 위험이 자가보험에게 배분되는지 여부를 결정하기 위하여 자가보험이 통제기능을 보유하는지 여부에 대한 특별한 고려가 필요하다. 통제기능을 수행하지 않고 인수과정의 모든 측면들을 위탁하는 자가보험은 보험위험을 부담하는 것이 아니다.(TPG 10.213)

(5) 재보험의 발급대행

재보험의 발급대행(reinsurance captive)은 직접 증권을 발행하지는 않지만 프런팅(fronting)이라 알려진 약정에 의해 재보험을 영위하는 특별한 형태의 자가보험이다. 자가보험은 전통적 보험회사와 동일한 방식으로 보험증권을 인수하지 못할 수 있다. 예를 들어, 법적 요건으로서 특정 보험위험이 규제를 받는 보험업자에게 존재해야 하는 경우가 있다.

〈그림 4-84〉 재보험 발급대행(fronting) 거래구조

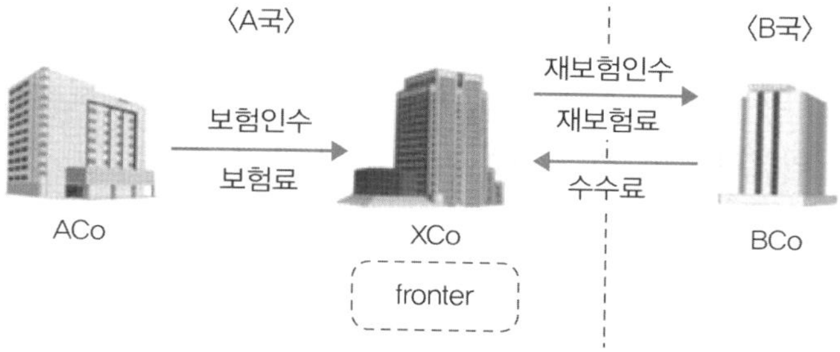

위 〈그림 4-84〉에서 보는 바와 같이, 이러한 상황에서 최초 보험계약은 프런팅 약정의 일부로서 MNE 그룹의 피보험자(ACo)와 독립보험업자(XCo) 간에 체결된다. 그 다음 독립보험업자(XCo)는 최초 계약의 대부분 또는 모든 위험에 대해서 자가보험(BCo)에게 재보험을 가입한다. 독립보험업자는 보험청구 및 기타 행정기능들을 담당하거나 이러한 기능들은 자가보험으로서 동일한 MNE 그룹의 관계회사에 의해서 취급될 수도 있다. 독립보험업자는 자신의 비용을 보전하고 보유하는 보험대상 위험 부분만큼을 보상받기 위하여 수수료를 수취한다. 독립보험업자의 보험료 대부분은 재보험계약의 일부로서 자가보험에게 이전된다.(TPG 10.214)

재보험 발급대행 약정은 보험 및 재보험 거래의 가격수준에 무관심한 제3자의 참여를 수반하기 때문에 가격을 결정하기에 특별히 복잡한 특수관계거래가 발생한다. 중요한 이슈는 관련 거래가 진정한 보험 또는 재보험에 해당하는지 여부 및 진정한 보험이 존재한다면 지급보험료가 정상가격 조건인지 여부이다.(TPG 10.215)

다. 자가보험거래의 정상가격 결정

다음에는 자가보험 및 재보험과 관련한 그룹내 거래의 가격결정을 위한 여러 유형의 접근방법들을 소개한다.

(1) 보험료에 대한 가격결정

독립당사자들 간 비교가능한 약정들로부터 CUP이 이용될 수 있다. 만약 자가보험이 독립고객들과 유사한 사업을 갖는다면 내부 비교대상거래를 이용할 수 있다. CUP 방법을 적용하기 위해서는 비교가능성 조정이 필요할 것이다. 특히, 비교대상거래의 신뢰성에 영향을 미칠 수 있는 특수관계거래와 독립기업거래 간의 잠재적 차이점들이 고려되어야 한다. 예를 들어, MNE 그룹 내부의 위험만을 보장하는 자가보험은 판매기능을 수행할 필요가 없기 때문에 비교가능한 보험업자보다 더 적은 기능을 수행한다. 또한, 사업물량 또는 자본수준의 차이도 조정이 필요할 것이다.(TPG 10.218)

대안적으로, 보험계리 분석(actuarial analysis)이 특정한 위험의 보험에 대한 보험료를 독립적으로 결정하기 위한 적절한 방법이 될 수 있다. 보험업자는 보험료를 결정할 때 보험청구에 대한 예상손실, 증권 작성 및 관리와 연관된 비용을 보전하고, 수취보험료에서 청구 및 지급비용을 공제한 금액을 초과하여 수취할 것으로 기대하는 투자소득을 고려하여, 자본에 대한 수익을 가산하고자 할 것이다. 보험계리 분석의 신뢰성을 평가할 때는, 이 방법이 독립당사자들 간의 실제 거래를 반영하는 것이 아니므로 비교가능성 조정이 요구된다는 점을 유념하는 것이 중요하다.(TPG 10.219)

(2) 결합비율 및 자본수익률

자가보험의 보상은 보험청구 수익성과 자본수익률 양자를 고려하는 2단계 접근방법을 기준으로 자가보험의 독립기업 수익성을 고려하여 산출될 수 있다. 제1단계는 자가보험의 결합비율(combined ratio)을 식별하는 것이다. 이는 수취보험료 중에서 지급해야 할 보험금 및 비용이 차지하는 비율로 결정될 수 있다. 연간 보험료 및 보험인수 이익의 정상가격을 산출하기 위하여 분석대상자의 지급보험금 및 비용에 비교대상 독립기업 결합비율이 적용될 수 있다. 제2단계는 독립기업 수익률과 비교한 자가보험의 투자수익률을 평가하는 것이다. 총영업이익은 제1단계의 보험인수 이익과 제2단계의 투자수익을 합계한 것

이다.(TPG 10.220)

자가보험의 자본적정성(capital adequacy) 요건은 독립당사자들에 대해서 보험증권을 작성하는 보험업자의 경우보다 상당히 낮을 수 있다는 점을 인식하는 것이 중요하다. 투자수익률을 산출할 때 사용하는 적절한 자본수준을 결정하기 위하여 이 요소가 고려되고 조정되어야 한다. 자가보험은 투자자들을 유인하기 위하여 (최소 규제수준을 초과한 영업자본 수준을 보유함으로써) 높은 신용등급을 유지하고 자본수익률을 극대화할 상업적 절박성이 없다. 자가보험은 독립보험업자에게 필요한 자본수준이 아니라 관련 규제요건을 충족시키면서 보험위험을 인수하는데 필요한 자본수준으로 한정되는 점을 고려하여 비교가능한 투자수익률에 대한 합리적 조정이 필요할 것이다.(TPG 10.221)

(3) 그룹시너지

MNE 그룹이 그룹내 위험들을 통합함으로써 제3자 중개인을 이용하여 비용을 절감하는 동시에, 그룹의 외부 위험에 대한 보험제공을 통해서 자신의 위험을 제거하기 위하여 재보험시장에 접근할 수 있도록 자가보험이 이용되는 경우, 자가보험 약정은 재보험대상 위험들에 대한 집단협상의 효익 및 보유위험에 대한 보다 효율적인 자본의 배분을 이용한다. 이러한 효익은 MNE 보험가입자들과 자가보험의 협력행위의 결과에서 발생한다. 피보험 참여자들은 그들 각자가 보험료 인하를 통한 효익을 얻을 것이라는 기대에 공동으로 공헌한다. 이는 재화 또는 용역구입 등 그룹의 다른 기능들을 위해 존재하는 그룹단위 약정의 유형과 유사하다. 자가보험이 위험을 인수하여 공개시장에서 그 위험을 재보험에 드는 경우, 자가보험이 제공하는 기초용역에 대한 적절한 보상을 수취해야 한다. 나머지 그룹시너지는 할인된 보험료의 형태로 피보험 참여자들 간에 배분되어야 한다.(TPG 10.222)

예를 들어, 제조업을 영위하는 MNE 그룹이 전세계 여러 지역에 50개의 자회사를 보유한다고 하자. 모든 지역들이 상당한 지진위험을 보유하는데, 각 자회사가 각 지역에서 자신의 공장설비에 대한 지진 피해에 대해서 개별 위험수준의 평가에 토대하여 보험을 가입한다고 하자. 이러한 상황에서 MNE 그룹은 모든 자회사들의 위험을 인수하는 자가보험을 설립하고 독립보험업자에게 재보험을 든다. 서로 다른 지역에 걸쳐 있는 보험위험들의 포트폴리오를 통합함으로써, MNE 그룹은 이미 분산된 위험을 시장에 보여준다. 이 경우 시너지 효익은 자가보험에 의해 부가된 가치가 아니라, 집단적 구입약정에서 발생한다. 이는 피보험자들이 공헌한 보험료 수준에 따라서 피보험자들 간에 배분되어야 한다.(TPG 10.223)

(4) 대리판매(agency sales)

보험계약을 보험업자가 피보험자에게 직접 판매하지 않는 경우, 통상적으로 당초의 판매를 주선한 당사자에게 보상이 부여될 것이다.(TPG 10.224)

예를 들어, 아래 〈그림 4-85〉에서 보는 바와 같이 ACo는 고가 신기술 소비재의 소매업자이다. 판매 시점에서 ACo는 우발적 피해 및 절도에 대해 3년간 보상하는 보험을 제3자 고객에게 제공한다. 그 보험은 동일한 MNE 그룹인 BCo에 의해 보장된다. ACo가 수취하는 적은 수수료에 비해, 보험계약에 대한 거의 모든 이익은 BCo에게 귀속된다. 비교가능성 분석에 의하면, ACo에 지급되는 수수료는 독립상품으로서 유사한 보험을 판매하는 독립대리인들과 일치하지만, BCo가 수취하는 이익은 유사한 보험을 제공하는 보험업자 수준을 초과한다.(TPG 10.225)

〈그림 4-85〉 대리판매의 경우 보험이익의 배분

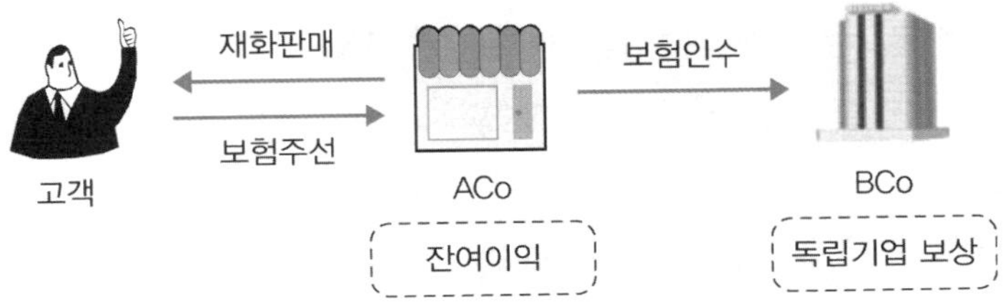

이 사례에서, ACo와 BCo 간 거래조건들이 독립기업들 간 조건들과 어떻게 다른지를 고려할 때는 보험증권의 높은 수익성이 어떻게 달성되는지 및 그러한 가치창출에 각 당사자의 공헌을 고려하는 것이 중요하다. 판매대리인은 보험대상 재화의 판매와 함께 고객에게 보험을 제공하는 이점을 가진다. ACo는 다른 보험업자가 인수하는 보험도 판매할 수 있는데, 대부분의 이익을 보유한다. 보험판매에 대한 높은 수익을 달성하는 능력은 판매시점에서 고객과 접촉할 수 있는 이점에서 발생한다. BCo는 고객과 판매시점에서 접촉할 수 있는 이점을 가지는 다른 대리인을 찾을 수는 없다. BCo에 대한 독립기업 보상은 유사한 위험을 보장하는 보험업자들에 대한 비교가능한 수익률과 일치하므로, 나머지 이익은 ACo에게 배분되어야 한다.(TPG 10.226)

제10장 사업구조 개편

1 사업구조 개편(BR)의 의의

가. 추진 배경

무한경쟁의 글로벌 시장에서 MNEs은 자신들의 경쟁력을 유지하기 위해 비용을 최대한 절감하기 위한 대안들을 지속적으로 모색한다. 이러한 전략적 목표가 내외부의 기타 요인들과 결합되어 MNEs의 가격결정과 사업모델에 영향을 미친다. 제조, 판매, R&D 등 동일한 활동들이 여러 국가에서 수행되기 때문에 MNEs이 비용최소화 목표를 실행하기 위한 방법은 동일한 기능 또는 활동들을 집중화하고 관련 자산들을 거점지역 단위로 재배치하는 것이다.

이처럼 MNEs이 국제적 차원에서 자신들의 가치사슬을 변경할 때 즉, 기능, 위험 또는 자산이 한 국가의 기업에서 다른 국가의 기업으로 이전될 때 이전가격 이슈가 발생한다. 이러한 가치사슬의 변경을 이전가격 목적 상 '사업구조 개편(business restructuring: 이하 BR)'이라 한다. TPG는 BR을 "기존 약정의 종료 또는 실질적 재협상을 포함한 특수관계기업들 간 상업적・재무적 관계들의 국경 간 재조직화"라고 정의한다.(TPG 9.1) BR은 흔히 무형자산의 국제적인 이전을 수반한다. 공급자, 하청업자, 고객 등 제3자와의 관계가 BR의 이유이거나 BR로 인해 영향을 받을 수도 있지만, BR은 주로 MNEs 그룹내부에서 기능, 자산 및 위험의 재배분을 의미하는 것으로 사용된다.

BR은 흔히 무형자산, 위험 또는 기능 및 이들에 부수된 잠재이익의 집중화를 수반할 수 있지만, 제조업자 또는 판매업자 등 사업활동 회사들에게 무형자산과 위험을 더 많이 배분하기 위해서도 존재한다. 또한, 사업활동의 축소 또는 폐쇄를 포함하여, 합리화, 전문화 등을 위해서도 추진된다. 한편, 글로벌 조직의 출현을 촉진시켰던 웹기반 기술의 발전을 이용하여 시너지 및 규모의 경제를 극대화하고, 사업부문들의 관리를 간소화하며, 공급망의 효율성을 향상시키고자 BR를 추진한다고 보고되고 있다.(TPG 9.4)

BR로 인한 MNEs의 가치사슬의 변화와 관련하여 조세상 고려와 사업상 고려라는 두 가지 관점을 모두 충족하는 것이 어렵기 때문에 갈등을 야기하기 쉽다. 왜냐하면, 사업상 관점에서 최적인 것이 세무위험을 유발하거나 조세부담을 증가시킬 수 있는 반면, 세무위험과 조세부담을 줄일 수 있는 방안은 비용이 많이 드는 등 비효율적인 경우가 많기 때문이다. 또한 BR과 관련하여 중요한 문제가 BR로 인한 조세절감 효과이다. 기능, 위험 또는 자산이 세율이 낮거나 유리한 조세제도를 가진 국가로 이전되면 전체 조세부담이 줄어들 것이다. 그리고 중앙집중형 기업모델(centralized entrepreneur model)을 채택한 경우에는 전체 가치사슬에서 발생한 순소득에 대해 과세가 되기 때문에 전체 조세부담을 줄일 수 있다.

TPG는 BR 거래를 다음 두 가지 관점에서 고려한다. 첫째, 조세부담 감소가 BR의 목적이라 할지라도 그 자체만으로 부인되어서는 안 된다.(TPG 9.38) 둘째, BR이 독립기업원칙과 부합할 때에만 조세부담 감소가 수용되어야 한다. 다시 말해서, BR이 그룹전체 차원이 아니라 개별납세자 관점에서 상업적 합리성 즉, 경제적 실질을 갖추어야만 한다.(TPG 9.12 & 9.37)

그동안 구글, 아마존, 스타벅스 같은 MNEs이 사업상 이유와 실질보다는 조세상 동기에 의해 조세구조 변화를 추진했다는 점이 비판되어 왔다. 근래 OECD/G20 주도의 BEPS 실행계획들은 과세당국들이 이러한 조세구조의 남용에 대응하기 위해서 보다 많은 조치와 수단들을 개발해야 한다는 배경에서 추진되었다고 할 수 있다.[45)]

나. 이전가격 관점에서의 BR

BR은 통상 MNE 그룹의 관계회사 간 잠재이익(profit potential)의 재배분이 수반되는데, 이러한 이익의 재배분이 독립기업원칙에 부합하는지가 문제된다. 사업상 이유로 통합적 사업모델의 실행 및 국제적 사업조직의 발전이 추진되는 경우 MNE의 관계회사들을 독립기업들인 것처럼 취급하는 독립기업원칙의 이론적 추론의 어려움을 부각시키기도 한다.(TPG 9.6) 그러나, 다른 특수관계거래와 마찬가지로 BR 거래도 독립기업원칙에 부합해야 한다. 즉, BR 거래의 결과로 중앙집중형 사업모델이 실행되는지와 관계없이 모든 유형의 BR 거래에는 독립기업원칙이 동일하게 적용된다.(TPG 9.3) 다시 말하면, BR 거래의 정상가격은 각 당사자가 현실적으로 이용할 수 있는 최선의 대안이어야 한다.(TPG

45) Madalina Cotrut & Laura Ambagtsheer-Pakarinen, *op.cit.*, p.188

9.27-28 & 1.38) 또한, BR 거래가 충분한 실질에 의해 뒷받침되어야 한다.

한편, BR은 종종 복잡한 이전가격 이슈를 유발한다. 왜냐하면, BR 거래는 재화 또는 용역만의 판매가 아닌 활동의 이전(transfer of activity), 즉 재화(재고), 무형자산(특허, 노하우), 기능(전략적 의사결정 권한), 위험(자금조달 필요성), 인력(숙련기술자)의 통합 이전을 수반하기 때문이다. 비교가능 독립거래를 찾는 것이 불가능할지라도 BR 거래는 독립기업원칙을 준수해야 한다.

TP이슈 이외에 BR로 인해 제기될 수 있는 이슈로 기능, 자산 또는 위험을 이전한 기업(transferor, 소위 converted entity)이 소재한 국가에 기능, 자산 또는 위험을 이전받은 기업(transferee, 통상 모회사)의 PE가 존재할 가능성이다. 이 이슈는 BR에만 특정된 것은 아니고 특정 기업이 설립시점부터 특정 기능과 활동을 부여받을 때 발생할 수 있는데, 특히 BR이 PE한도 등 법적 개념의 해석과 관련된 공격적 절세계획(ATP)의 일부로서 추진되는 경우에 문제가 될 수 있다. 또한, BR의 사업적 측면들이 개편시점에서 완전히 실행되지 않을 수 있다는 점이다. 예컨대, 완전 판매업자가 판매대리인으로 전환되었으나, 개편 이후에도 여전히 모회사를 대신하여 계약을 체결하는 경우이다.

2 BR 자체에 대한 독립기업 보상

가. 개요

BR에 대한 이전가격 분석을 위한 첫 단계는 MNE 그룹의 구성원들 간에 가치의 이전을 초래하는 상업적·재무적 관계들 및 그러한 관계들에 부수된 조건들을 식별함으로써 BR관련 거래를 정확히 파악하는 것이다.(TPG 9.10)

이러한 분석의 목적은, OECD/UN모델 제9조에 의해서, BR관련 거래에서 체결 또는 부과된 조건들이 독립기업들 간 조건들과 다르고, 그러한 조건들이 없었다면 특수관계기업들 중 어느 한쪽에 발생했었을 이윤이 그러한 조건들 때문에 발생하지 않은 경우 그 이윤을 기업의 이윤에 포함시켜 그에 따라 과세해야 하는지 여부를 결정하는 것이다.(TPG 9.11)

BR은 다음 두 가지 상반되는 이해관계의 균형을 도모해야 하는 복잡한 이슈이다. MNE은 특정 조건들이 충족되는 한 자유롭게 사업활동을 조직화하고 조세도 절감하고자

하는 반면, 과세당국들은 자국의 세원이 부당하게 잠식되어서는 안 되고 조세회피도 방지되어야 한다는 입장이다. 이러한 균형을 맞추기 위해 OECD는 다른 유형의 특수관계기업 간 거래와 마찬가지로 BR에도 독립기업원칙을 적용할 것을 권고한다.(TPG 9.3)

독립기업들은 적절한 보상을 받지 않고서는 사업활동의 중대한 변화를 수용하지 않을 것이다. 따라서 특수관계기업 간 BR도 당사자 간 보상금 지급 등 독립기업들 간에 적용되었을 것과 동일한 조건하에서 추진되어야 한다. TP 관점에서, BR과 관련된 중요한 이슈 중 하나는 BR에 의해 불리한 영향을 받는 기업에게 보상이 지급돼야 하는지 여부이다. 이와 관련하여 OECD는 당사자 간 '가치있는 것(something of value)'의 이전, 그리고 현행 계약의 종료 또는 재협상이라는 두 가지 상황에 대해 보상금 지급을 권고한다.

첫째, 독립기업원칙에 따라서 당사자 간에 '가치있는 것'의 이전이 있을 때 보상금 지급이 필요하고, 이에 따라 통상 보상금 수취인 국가에서 과세권을 행사할 수 있다. TPG는 BR의 결과 독립기업원칙하에 지급되어야 하는 보상의 여러 상황을 포함하기 위해 '가치있는 것'의 개념을 일부러 상세히 정의하지 않고, 넓게 유형자산(재고, 장비), 무형자산(특허, 브랜드, 비밀공식 등) 및 계속기업가치를 포함하고 있다. 따라서 가치있는 자산의 이전이 수반됨이 없이 단순한 기능과 위험의 이전 그 자체만으로는 보상금 지급사유가 되지 않는다. 왜냐하면, 독립기업원칙상 단순히 기업의 미래 기대이익의 감소만으로 보상이 요구되지는 않기 때문이다.

잠재이익은 통상 특정 수준의 위험 및 변동성과 연관돼 있다. 따라서 대부분의 경우 단순한 기능과 위험의 이전에 따른 미래 기대이익의 감소에 대해 이전이 발생한 국가에서 보상이 지급된 것으로 보아 과세할 수는 없다. 반대로, 이전된 기능과 위험에 '가치있는 것'이 부가된 경우에는 보상이 지급되어야 하고 이에 따라 과세가 이루어져야 한다. 예를 들어, 이전된 기능에 부가하여 무형자산을 창출하는 R&D 인력의 이전이 수반되는 경우를 들 수 있다. 또한, 종업원이 이전된 경우에도 독립기업이라면 유사한 역량을 가진 인력을 충원하기 위해 채용 또는 훈련비용을 지원할 것이기 때문에 숙련된 인력을 충원한 덕분에 절감된 비용만큼 '가치있는 것'이 이전되었다고 볼 수 있다. BR의 결과 '가치있는 것'이 이전되었는지 여부를 확인하기 위해서는 개편 이전의 상황과 개편 이후의 상황을 파악하기 위한 두 번의 기능분석을 실시할 필요가 있다.

둘째, 독립기업 간 계약의 재협상 또는 종료는 보상금 지급이 수반된다. 예컨대, 계약기간이 단축되면 한쪽 당사자가 불이익을 받게 되고 새로운 계약조건의 수용을 조건으로 보상을 요구할 것이다. 보상의 근거로는 잔존 계약기간 동안의 기대이익, 당초 계약기간에 이루어진 투자액 또는 계약서상 특정 조건들을 들 수 있다. 이를 위해, 특수관계기업 간 거래에서 i) 계약상 보상조항이 존재하는지 여부, ii) 계약조건과 보상조항이 독립기업원칙에 부합하는지 여부, iii) 비교가능 독립기업의 경우 계약의 종료 또는 재협상으로 어려움을 겪는 한쪽 당사자에게 보상을 하고자 할 것인가를 고려해야 한다.

나. BR 자체에 대한 이해

BR 거래에 독립기업원칙을 적용하기 위해서는 제일 먼저 BR과 관련된 특수관계기업들 간 상업적·재무적 관계들 및 그러한 관계들에 부수된 조건들과 경제적으로 관련된 특성들을 식별해야 한다. 그 다음에, BR을 포함하는 실제 파악된 거래의 조건들 및 경제적 관련 상황들이 비교가능 독립기업거래들의 조건들 및 경제적 관련 상황들과 비교될 것이다.(TPG 9.13)

특히, BR의 독립기업 조건들을 결정하는 것과 관련되는 당사자들 간 상업적·재무적 관계들의 식별을 위해서는, i) BR 거래 및 BR 거래 전후의 기능, 자산 및 위험에 대한 정확한 분석, ii) 시너지 역할을 포함하여 BR 거래의 사업상 이유 및 기대이익, iii) 당사자들이 현실적으로 이용할 수 있는 다른 대안들이 분석되어야 한다.(TPG 9.14)

(1) BR 거래 전후의 기능, 자산 및 위험에 대한 분석

(가) BR 거래에 대한 기능분석

BR의 존재, 즉 이전가격 거래로서 BR의 인식이 항상 명확한 것은 아니다. 예를 들어, 한 기업에 의해 수행되던 사업이 다른 기업으로 양도된 경우, 또는 MNEs의 종업원을 고용을 유지하면서 다른 국가로 이동시킨 경우이다. BR이 존재한다고 주장하지만, 그렇지 않은 경우도 있다. 예를 들어, 높은 위험을 부담하던 그룹 관계회사가 제한된 위험만을 부담하는 기업으로 전환되었으나, 위험의 관리 및 통제가 이전되지 않은 경우 BR이 존재한다고 할 수 없다.

MNE 그룹내 개편된 기업 및 보상받아야 하는 관계회사에 대한 독립기업 보상을 결정하기 위해서는 개편된 기업 및 관계회사들 간에 발생하는 거래를 식별하는 것이 중요하다. 이러한 분석은 통상 BR 전후의 기능, 자산 및 위험의 식별을 포함한다. BR 이전

(pre-restructuring)의 약정에서 개편된 기업의 권리・의무 및 BR의 결과 그러한 권리・의무의 변화 방식과 정도에 대해 평가를 하는 것이 중요할 수 있다. 비교가능한 상황의 권리・의무에 대한 증거가 없는 경우에는 독립기업 상황에서 양 당사자가 상호거래를 했다면 실행되었을 권리・의무가 무엇인지를 결정할 필요가 있다.

BR을 포함하는 실제 거래를 정확히 파악하기 위해서는 BR의 전・후에 관련 당사자들에 의해 수행된 경제적으로 중요한 활동과 책임, 사용・공헌된 자산, 부담된 위험을 식별하기 위한 기능분석이 필요하다. 이러한 분석에서는 BR의 전・후에 당사자들이 실제로 무엇을 했는지, 그리고 사용・공헌된 자산의 유형 및 성격뿐만 아니라 역량들에 초점을 맞춘다.(TPG 9.18)

(나) BR 맥락에서 위험에 대한 분석

위험은 BR 맥락에서 매우 중요하다. 공개시장에서 상업적 기회와 연관된 위험 부담은 그 기회의 잠재이익에 영향을 미치고, 또한 거래당사자들 간 위험의 배분은 거래의 정상가격 결정시 이익 또는 손실이 어떻게 배분되는지에 영향을 미친다. BR은 종종 현지사업이 저위험 사업으로 전환되는 경우, 경제적으로 중요한 위험들이 그 위험들과 연관된 이익 또는 손실이 배분되는 다른 당사자에 의해 부담된다는 논거하에, 현지사업에 상대적으로 낮은 수익이 배분될 수 있다. 따라서 BR 전・후의 특수관계기업들 간 위험 배분에 대한 조사가 기능분석의 중요한 부분이다. 이를 통해서 과세당국은 BR 자체 및 BR 이후에 대해 독립기업원칙을 적용하기 위하여 개편된 사업의 경제적으로 중요한 위험의 이전 및 그러한 이전의 결과를 평가할 수 있다.(TPG 9.19)

BR 맥락에서 위험 분석을 수행할 때는 위험의 통제 및 재무적 역량에 의해서 어느 당사자가 특정 위험을 부담하는지를 결정하는 것이 중요하다. 예컨대, BR을 통해서 재고위험이 이전되었다고 주장하는 경우 계약조건뿐만 아니라 당사자들의 행동을 조사하는 것이 적절하다. 가령, BR의 전・후에 재고자산 평가손실이 계상된 경우, 그에 대한 보상이 존재하는지 여부, 어느 당사자가 위험을 통제하고 위험을 부담할 재무적 역량을 갖는지 등을 조사하는 것이다. 만약 계약조건의 변경에도 불구하고 BR 전에 재고위험을 부담한 당사자가 BR 이후에도 그렇게 한다면, 위험은 계속 동일 당사자에게 배분될 것이다.(TPG 9.20)

기능분석 결과 BR 전에 위험을 부담하지 않았던 당사자는 위험을 다른 당사자에게 이전할 수 없고, 또한 BR 이후에 실제로 위험을 부담하지 않는 당사자가 그 위험과 연관된 잠재이익을 배분받아서는 안 된다.

예를 들어, 완전한 기능수행 판매업자가 BR 전에 계약상 연말 B/S에 반영되는 대손위험을 부담한다고 가정하자. 그러나, BR 전에 고객에 대한 신용기간 연장 및 채권회수에 관한 의사결정은 실제로는 판매업자가 아닌 다른 특수관계기업에 의해 수행되었고, 그 특수관계기업이 회수불가능한 대손비용을 보상하였다. 또한, 해당 특수관계기업이 대손위험을 통제하고 이를 부담할 재무적 역량을 가진 것으로 결정된다면, BR 전에 대손위험이 판매업자에 의해 부담된 것이 아니었다고 결론을 내릴 수 있다.

다른 상황에서, 판매업자가 BR 전에 대손위험을 통제하고 위험을 부담할 재무적 역량을 갖추었지만, 적절한 보상을 대가로 특수관계기업과 보상금 약정 또는 채권추심 약정을 통해 해당 위험을 완화시켰다고 가정하자. BR 이후에는 대손위험이 계약상 특수관계인에 의해 부담되고, 그가 실제로 해당 위험을 통제하고 이를 부담할 재무적 역량을 갖추었다고 한다면, 위험이 이전은 되었지만 이러한 위험 이전의 결과 과거와 비교한 미래의 판매업자의 이익에 미치는 영향은 제한적일 것이다. 왜냐하면, BR 전에 이미 위험완화 조치들이 취해졌고, 판매업자에게 위험완화 비용이 발생했기 때문이다.(TPG 9.21)

한편, 특수관계거래의 위험을 분석할 때는 위험이 경제적으로 중요한지 여부, 즉 위험이 중요한 잠재이익을 수반하는지 여부, 그 결과 위험이 중요한 잠재이익의 재배분을 설명할 수 있는지 여부를 평가하는 것이 중요하다. 위험의 중요성은 위험의 실현가능성은 물론, 위험에서 발생하는 잠재이익 또는 손실의 규모에 의존할 것이다. 만약 과거 성과가 현재 위험의 징표라면, 재무제표가 대손위험, 재고위험 등 특정 위험들의 확률 및 금액에 대한 유용한 정보를 제공할 수 있지만, 가령 시장위험과 같이 재무계정에 별도로 기록되지 않을 수 있는 경제적으로 중요한 위험들도 역시 존재한다. 만약 위험이 기업에게 경제적으로 중요하지 않은 것으로 평가된다면, 그 위험은 기업 잠재이익의 상당한 금액을 설명하지 못할 것이다. 독립기업 상황에서 경제적으로 중요하지 않은 위험의 회피를 위해 상당한 잠재이익의 감소를 기대할 수 없다.(TPG 9.22)

예를 들어, 완전 기능수행 판매업자가 제한적 위험의 판매업자 또는 판매대리인으로 전환되어 재고관련 위험이 감소 또는 제거된 경우, 과세당국은 그러한 위험이 경제적으로 중요한 위험인지 여부를 결정하기 위하여 사업모델에서 재고의 역할(신속한 대응, 포괄적 범위), 재고의 성격(예: 여유부품, 생화), 재고투자 수준, 재고평가손실 또는 진부화의 발생요인, 과거 평가손실 및 진부화의 경험, 재고손실 대비 보험비용 등을 분석하고자 할 것이다.(TPG 9.23)

(2) BR에 대한 사업상 이유와 BR의 기대이익

납세자가 시너지를 중요한 사업상 이유로 제시하는 경우에는 BR의 결정 또는 실행 시점에 예상시너지가 무엇이고, 어떤 가정에서 시너지를 예상하는지를 문서로 작성하는 것이 좋은 관행이다. 이러한 문서는 BR의 결정 과정을 지원하기 위해 그룹 차원에서 사업(비조세) 목적을 위해 생산될 것이다. OECD모델 제9조 목적 상 독립기업원칙을 적용함에 있어서 개별기업 수준에서 이러한 예상시너지의 영향을 문서로 작성하는 것이 좋은 관행일 것이다. 특히, BR을 통한 의도적 그룹 협력행위가 행해지는 경우 BR 이후 시너지 효익에 공헌하는 특수관계기업들이 적절히 보상받아야 한다. 예상시너지가 BR를 이해하는 것과 관련될 수 있지만, 사후적 분석에서 사후합리화(hindsight)를 회피하기 위해 주의가 필요하다.(TPG 9.24)

예를 들어, BR은 MNE 그룹이 특수관계기업들의 조달활동을 대체하는 중앙 조달사업의 설립을 수반할 수 있다. 중앙 조달사업은 재화의 매입, 보유 및 판매와 연관된 위험부담에서 발생하는 잠재이익에 대한 권리는 갖지만, 그룹의 구매력에서 발생하는 이익을 보유할 권리는 갖지 못한다. 왜냐하면, 시너지 창출에 공헌하지 않기 때문이다.(TPG 9.25 & 1.168)

BR이 예상시너지를 얻기 위해 추진된다는 사실이 개편 이후 MNE의 이익이 반드시 증가해야 한다는 의미는 아니다. BR이 이익을 증가시키기보다는 경쟁력을 유지하기 위해 필요한 경우에는 BR 이전과 비교하여 반드시 추가이익이 발생하지 않을 수도 있다. 또한, 예상시너지가 항상 현실화되는 것은 아니다. 더 큰 그룹시너지를 얻기 위해 글로벌 사업모델을 실행했음에도 실제는 추가비용을 초래하고 효율성이 저하되는 경우도 있을 수 있다.(TPG 9.26)

(3) 현실적으로 이용가능한 다른 대안들(ORAs)

독립기업원칙의 적용은 "독립기업은 잠재적 거래의 조건들을 평가할 때 해당 거래와 현실적으로 이용가능한 다른 대안들을 비교하여 명백히 더 유리한 다른 대안이 없을 때에만 해당 거래를 체결할 것이다"라는 관념에 토대를 둔다. 다시 말해서, 독립기업은 차선의 대안보다 덜 좋은 것이 아닌 거래만을 체결할 것이다. 각 당사자들의 입장을 이해하기 위해서는 비교가능성 분석에서 ORAs를 고려하는 것이 적절할 것이다.(TPG 9.27)

독립기업 상황에서 개편된 기업이 BR 조건(예컨대, 보상 또는 비보상 조건 하의 계약 종료)을 수용하는 것 이외에 명백히 현실적으로 이용할 수 있는 더 유리한 대안을 가지지 못했을 상황도 있을 수 있다. 장기계약하에서 일방당사자는 정당한 사유가 있는 경우 계약상 종료조항(exit clause)을 원용할 수 있다. 계약종료 당사자는 종료조항의 조건에 따라서 기능의 이용을 중지하거나, 또는 내부화하거나 또는 보다 저렴하고 효율적인 제공자에게 맡기거나, 또는 보다 수익성 높은 기회들을 찾는 것이 더 유리하기 때문에 그런 선택을 했을 것이다. 그러나 개편된 기업이 권리, 기타 자산 또는 계속기업을 다른 당사자에게 이전한 경우 이전에 대해서 보상이 부여되어야 할 것이다.(TPG 9.29)

독립기업 상황에서, 향후의 상업적 및 시장의 조건들, 여러 대안들의 잠재이익 및 BR에 대한 보상 등을 포함한 모든 관련조건들을 고려할 때, BR 거래를 체결하지 않을 대안을 포함하여, BR의 조건들을 수용하는 것보다 그들의 목표를 충족시키기 위하여 명백히 더 유리한 기회들을 제공하는 하나 이상의 현실적으로 이용할 수 있는 대안들이 존재하는 상황이 역시 존재한다. 그러한 경우 독립기업은 BR 조건들에 합의하지 않았을 수 있고, 체결 또는 부과된 조건들에 대한 조정이 필요할 수 있다.(TPG 9.30)

ORAs의 관념에 대한 언급이 납세자에게 가상의 모든 ORAs에 대한 문서작성 의무를 발생시키고자 하는 의도는 아니다. 오히려, 만약 명백히 더 유리한 현실적으로 이용할 수 있는 대안들이 존재한다면, BR 조건들에 대한 분석시 고려되어야 한다는 시사점을 제공하고자 하는 것이다.(TPG 9.31)

(4) BR에 대한 이전가격 문서화

납세자들은 통합기업보고서(master file)에는 해당 연도에 발생한 중요한 BR 거래들을 포함해야 하고, 개별기업보고서(local file)에는 국내기업이 해당 연도 또는 직전 연도에 발생한 BR에 관련되었거나 영향을 받았는지 여부를 언급하고 그 거래들이 국내기업에 영향을 미친 측면들을 설명해야 한다.(TPG 9.32) 또한, MNE 그룹들은 BR에 관한, 특히 관련 거래들이 발생하기 전에 중요한 위험들을 부담 또는 이전하는 결정에 관한 그들의 의사결정 및 의도, 그리고 BR로부터 발생하는 중요한 위험 배분의 잠재이익의 결과에 대한 평가를 문서로 작성할 것이 권고된다.(TPG 9.33)

다. 실제 BR 거래의 인식 및 거래구조 재구성

특수관계거래에 대한 과세당국의 조사는 통상적으로 특수관계기업들에 의해 실제 수행된 거래에 토대를 두어야 하는 것이 일반원칙이고, 거래를 부인하는 것은 예외에 해당한다. 예외적이라는 것은 드물거나 통상적이지 않다는 의미이다. OECD모델 제9조에 의한 독립기업원칙은 납세자에 의해 실제 수행 및 설계된 계약조건의 조정을 통해서 충족될 수 있을 것으로 기대된다.

MNEs이 자신의 상업적 이해관계에 따라 행동하는 것은 자유이며 그러한 결정에 조세상 고려가 한 가지 요인일 수 있지만, 과세당국은 조세조약 특히, OECD모델 제9조를 적용하여 MNE에 의해 실행된 거래구조의 조세결과(tax consequences)를 결정할 권한을 갖는다. 즉, 과세당국은 조세조약 상 의무와 부합하는 한, OECD모델 제9조에 따른 이윤의 조정 및 일반 남용방지규정, 실질과세원칙 등 국내법에 의해 허용되는 조정을 할 수 있다.(TPG 9.34)

BR은 MNE 그룹들이 통합적 방식으로 일한다는 사실 덕분에 독립기업들에서는 쉽게 발견할 수 없는 글로벌 사업모델을 실행하도록 이끈다. 예를 들어, MNE 그룹들은 독립기업들 간에는 발견되지 않는 글로벌 공급망 또는 집중된 기능들을 실행할 수 있다. 비교대상거래들이 없다고 해서 그러한 글로벌 사업모델의 실행이 독립기업원칙에 부합하지 않다는 의미는 아니다. 독립기업원칙에 의해 파악된 실제 BR 거래의 가격결정을 위해 모든 노력을 기울여야 한다. 과세당국은 TPG(1.122절)에서 언급된 예외적 상황이 충족되지 않는 한, BR의 일부 또는 전부를 부인하거나 다른 거래로 대체해서는 안 된다.

이전가격 목적 상 납세자가 실제 채택한 구조를 대체하는 구조는 약정이 체결된 시점에서 당사자들이 수용할 수 있는 가격에 도달하는 것을 가능하게 했을 상업적으로 합리적인 기대 결과(expected result)를 달성하는 동시에, 실제 수행된 거래의 사실관계와 최대한 가깝게 일치해야 한다. 예를 들어, BR 약정의 한 요소가 공장의 폐쇄를 수반하는 경우, 이전가격 목적 상 채택된 구조는 공장이 더 이상 운영되지 않는다는 현실을 무시할 수는 없다. 마찬가지로, BR의 한 요소가 실질적인 사업기능들의 실제 재배치(relocation)를 수반하는 경우, 이전가격 목적 상 채택된 구조는 그러한 기능들이 실제로 재배치되었다는 사실을 무시할 수는 없다.(TPG 9.35) 또한, 자산양도와 관련된 BR 약정에서 해당 약정을 부인하는 경우, 해당 양도를 사안의 사실관계와 가장 유사한 다른 거래로 대체하는 것이 적절할 수는 있지만 그러한 자산양도가 양 당사자 간에 발생했다는 것을 반영할 필요가 있을 것이다.

BR의 상업적 합리성을 평가할 때 하나의 거래를 분리해서 보아야 하는지 아니면 경제적으로 상호 관련된(economically inter-related) 다른 거래들을 고려하여 보다 넓은 맥락에서 검토해야 하는지의 문제가 발생한다. 일반적으로 BR 전체의 상업적 합리성을 검토하는 것이 적절하다. 예를 들어, 무형자산의 개발 및 사용과 관련된 약정의 변경을 수반하는 보다 넓은 BR의 일부인 무형자산의 양도를 검토하는 경우, 이러한 변경들과 분리하여 무형자산 양도만의 상업적 합리성을 검토해서는 안 된다. 반면에, BR이 경제적으로 상호 관련이 없는 사업의 여러 요소 또는 측면들의 변경을 수반하는 경우 특정한 변경사항들의 상업적 합리성은 분리해서 고려될 필요가 있다. 예를 들어, BR이 그룹의 구매기능을 집중화하는 것과 구매기능과 관련이 없는 가치있는 무형자산의 소유를 집중화하는 경우에는 구매기능의 집중화와 무형자산 소유의 집중화는 서로 분리하여 평가될 필요가 있다.(TPG 9.36)

MNE 그룹이 BR을 추진하는 그룹차원의 사업상 이유가 있을 수 있다. 그러나, 독립기업원칙은 MNE 그룹의 구성원들을 단일기업의 부문들이 아니라 독립적 단체로서 다룬다.(TPG 1.6) 따라서 BR 약정이 그룹 전체적으로 볼 때 상업적 타당성을 갖는다는 것은 이전가격 관점에서 볼 때는 충분하지 않다. 오히려, BR 약정은 권리들과 기타 자산들, BR 자체에 대한 보상과 BR 이후 약정에 대한 보수 등과 같은 BR로부터의 기대이익 및 현실적으로 이용가능한 대안들을 고려하여, 각 개별납세자의 수준에서 독립기업원칙을 충족해야 한다. BR이 세전기준으로 그룹 전체로서 상업적 타당성을 가지는 경우, BR에 참여하는 그룹 구성원들에게 실제 파악된 BR 거래에 대한 독립기업 보상의 제공을 위해 BR 이후 약정에 대한 보상 및 (필요한 경우) BR 자체에 대한 보상과 같은 적절한 이전가격이 이용될 수 있을 것이다.(TPG 9.37)

개별 사안에서 비교가능성 분석을 고려한 정상가격이 도출될 수 있다면 해당 BR 거래 또는 약정이 부인되어서는 안 될 것이다. 적절한 이전가격이 도출될 수 없는 경우 과세당국은 "실제 거래구조가 과세당국의 적절한 이전가격 결정을 방해한다."고 보아 거래 또는 약정을 부인할 수 있다.

독립기업들은 BR 거래를 체결하지 않는 대안을 포함하여 현실적으로 이용가능하고 명백히 더 유리한 다른 대안을 발견한다면 BR 거래를 체결하지 않을 것이다. 일방당사자가 독립기업 상황에서 명백히 더 유리한 현실적으로 이용가능한 다른 대안을 가졌는지 여부를 평가할 때는 MNE 그룹의 구성원으로서 발생하는 상황은 물론, BR과 관련된 모든 조건들, 당사자들 간 권리 및 기타 자산, BR 자체에 대한 보상 및 BR 이후의 약정에 대한 보수를 고려해야 한다.

특수관계거래의 조건(특히, 가격)이 비교가능한 상황에서 활동하고 동일한 대안들에 직면한 독립기업에게 수용가능한지 여부를 평가할 때는 ORAs이 고려된다. 보다 수익성 좋은 거래구조가 채택될 수도 있었을지라도 납세자 거래구조의 경제적 실질이 형식과 다르지 않고, 그 구조가 과세당국이 적절한 이전가격을 결정하는 데 실질적으로 방해가 될 정도로 상업적으로 비합리적인 것이 아니라면 그 거래는 부인되어서는 안 된다. 그러나, 대안 거래구조에서 얻었을 이윤을 참고하여 특수관계거래가 조정될 수 있다. 왜냐하면, 독립기업은 명백히 더 유리한 다른 대안이 없을 때에만 거래를 체결할 것이기 때문이다.

OECD모델 제9조에 의하면, BR 약정이 조세혜택을 얻을 목적으로 추진되었다는 사실 자체만으로 독립기업 약정이 아니라고 결론지을 수는 없다. 물론, 국내법상 남용방지규정이 적용될 수는 있다. 조세상 동기 또는 목적의 존재만으로 당사자들 약정의 성격 또는 구조를 부인하는 것은 정당화되지 않는다. 기능, 자산 또는 위험이 실제로 이전되었다면 MNE 그룹이 조세절감을 얻기 위해 BR을 추진하는 것이 제9조 관점에서 상업적으로 합리적일 수 있다. 특히, MNE 그룹 전체로 볼 때 세전 기준으로 더 불리해졌다는 사실은 BR의 상업적 합리성을 결정할 때 관련 신호가 될 수 있다. 그러나, 그룹차원의 조세혜택은 BR에 의해 영향을 받는 납세자 즉, 개별기업 수준에서 독립기업원칙이 충족되었는지 여부와는 관련이 없다.(TPG 9.38 & 1.122)

라. BR의 결과로서 잠재이익의 재배분

(1) 잠재이익의 의의

독립기업 상황에서 사업약정의 변화로 잠재이익 또는 미래 기대이익의 감소가 초래된다고 하여 반드시 보상을 받아야 하는 것은 아니다. 따라서 독립기업원칙은 단순히 미래 기대이익이 감소한다고 하여 보상을 요구하지는 않는다. BR에 독립기업원칙을 적용할 때는 자산 또는 계속기업 등 '가치있는 것(something of value)'의 이전 또는 현행 약정의 종료 또는 실질적 재협상이 있는지 여부, 그리고 그러한 이전, 종료 또는 재협상이 비교가능한 상황의 독립기업 간에 보상되어야 하는지의 문제가 제기된다.(TPG 9.39)

잠재이익(profit potential)은 미래의 기대이익을 의미하고, 어떤 경우에는 손실을 포함하기도 한다. 잠재이익 개념은 무형자산 또는 계속기업의 양도에 대한 독립기업 보상 또는 현존 약정의 종료 또는 실질적 재협상에 대한 독립기업 보상을 결정할 때 평가목적에 자주 사용된다.(TPG 9.40)

BR 맥락에서, 잠재이익은 단순히 BR 이전의 약정이 무한히 계속된다고 가정할 때 발생하게 될 이익 또는 손실로 해석되어서는 안 된다. 기업이 BR 시점에 인식할 수 있는 권리 또는 기타 자산들을 갖지 못한다면 보상받을만한 잠재이익은 없다. 반면에, BR 시점에 상당한 권리 또는 기타 자산들을 가진 기업은 상당한 잠재이익을 가질 수 있는데, 그러한 잠재이익의 희생에 대해서는 궁극적으로 적절히 보상받아야만 한다.(TPG 9.41)

독립기업 상황에서 BR 자체가 어떤 형태의 보상을 발생시킬 것인지 여부를 결정하기 위해서는 변경사항들이 당사자들의 기능분석에 어떤 영향을 미쳤는지, BR의 사업상 이유 및 예상이익이 무엇인지, 그리고 당사자들의 ORAs이 무엇이었는지 등 BR을 이해하는 것이 필수적이다.(TPG 9.68)

(2) 위험 및 잠재이익의 재배분

BR은 종종 각 특수관계기업들의 위험 활동들의 변화를 수반한다. 위험의 재배분은 '가치있는 것'의 이전 또는 현행 약정의 종료 또는 실질적 재협상에서 발생할 수 있다. 완전기능수행 제조업자가 계약 제조업자로 전환된 경우를 예로 들어보자. BR 이후의 계약제조 활동에 대해서는 독립기업 보상으로서 원가가산 보상이 부여될 수 있지만, 권리, 기타 자산 및 경제적으로 관련된 특성들을 고려할 때, 위험성 높은 잠재이익의 포기를 가져온 현행 약정의 변경에 대해 독립기업 상황에서 보상이 주어져야 하는지는 다른 문제이다.(TPG 9.44)

특정 유형의 거래에 대해 장기계약하의 완전기능을 갖는 판매업자가 외국 관계회사를 위한 제한적 위험의 판매업자로 전환되는 경우, 그러한 낮은 위험의 판매활동에 대한 독립기업 보상으로서 안정적으로 연간 +2%의 이익을 갖되 초과 잠재이익은 외국 관계회사에게 귀속된다고 할 때, 해당 판매업자는 이를 수용 또는 거절할 수 있는 ORA를 가지고 있다고 가정하자. 또한, BR이 현행 계약약정의 재협상을 초래하지만 장기계약상 권리 이외의 자산의 이전을 수반하지는 않는다고 하자. 판매업자의 관점에서 볼 때, BR 이후의 거래에 대한 보수 및 BR 자체에 대한 보상을 고려할 때, 새로운 약정이 현실적 대안들보다 더 유리한 것으로 기대되는지 여부에 관한 문제가 발생한다. 만약 그렇지 않다면, BR 이후의 약정이 정상가격이 아니고 판매업자에 대한 적절한 보상을 위해 추가 보상이 필요하거나, 또는 거래의 상업적 합리성에 대한 평가가 필요할 것이다. 또한, 이전가격 목적상 BR의 일부로서 이전된 위험들이 외국 특수관계기업에 의해 부담되는지 여부를 결정하

는 것이 중요하다.(TPG 9.45)

독립기업 상황에서의 대응은 당사자들의 권리 및 기타 자산, 완전 기능수행 판매업자 및 저위험 판매업자의 사업모델과 관련한 판매업자와 특수관계기업의 잠재이익은 물론, 새로운 약정의 예상 존속기간에 의존할 것이다. 특히, 잠재이익을 평가할 때는 (독립기업 원칙에 따라 결정된) 과거의 이익이 미래 잠재이익의 지표가 되는지 또는 BR 당시 사업 환경의 변화가 존재했는지 여부를 평가하는 것이 필요하다.(TPG 9.46)

마. '가치있는 것'의 이전

(1) 유형자산의 이전

BR은 개편된 기업에서 외국 특수관계기업으로 유형자산(예: 장비)의 이전을 수반할 수 있다. 가장 흔한 이슈는 BR에 따라 개편된 제조업자 또는 판매업자에서 외국 특수관계기업으로 이전되는 재고의 평가와 관련된다.(TPG 9.49)

완전기능을 갖는 제조업자/판매업자가 임가공 제조업자 및 제한적 위험의 판매업자로 전환되는 경우를 가정하자. BR에 따라 해외 관계회사가 설립되고 여러 관계회사들로부터 다양한 무형자산을 취득한 후, 해외 관계회사는 원재료를 취득하여 납세자에게 제조를 위탁한다. 완제품 재고는 해외 관계회사의 소유이고 납세자가 취득하여 외부 고객에게 즉시 재판매한다. 즉, 납세자는 고객과의 판매계약이 체결되는 경우에만 완제품을 구입하게 된다. 이러한 새로운 사업모델에 따라 종전 납세자가 부담했던 재고위험은 이제 해외 관계회사가 부담할 것이다.(TPG 9.51)

기존 약정을 개편된 약정으로 전환하기 위해 과거 납세자 재무제표에 계상되었던 원재료 및 완제품은 새로운 약정이 실행되는 시점에서 해외 관계회사로 이전된다. 이러한 전환의 경우 재고에 대한 정상가격을 어떻게 결정해야 하는지의 문제가 발생한다. 서로 다른 국가에 소재한 특수관계기업 간 재고의 이전에는 독립기업원칙이 적용된다. 적절한 TP 방법의 선택은 예컨대, 제조업자에 의해 수행된 기능, 사용된 자산 및 부담된 위험, 또는 계속 남아있는 마케팅 및 판매 기능들에 대한 기능분석 및 비교가능성 분석에서 거래의 어느 부문이 보다 덜 복잡한지, 그리고 높은 확실성을 가지고 평가될 수 있는지에 달려 있는데, CUP, RPM, CPM 등의 방법이 고려될 수 있다.(TPG 9.52)

독립기업들이 BR 시점에서 전체 거래조건들에 합의할 때 무엇을 하는지를 감안하여, 재고에 내재된 위험을 어떻게 처리해야 하는지, 그리고 위험을 경감한 당사자는 이미 포기한 위험을 고려한 가격을 수취해서는 안 되는데 이러한 위험의 이중계산을 회피하는 방법을 고려해야 한다. 현실적으로는, 새로운 약정이 시작되기 전까지 재고가 소진되어 재고의 이전을 회피하는 전환기간이 존재할 수 있다.(TPG 9.54)

(2) 무형자산의 이전

무형자산의 이전은 이전된 자산의 식별 및 평가와 관련한 어려운 문제들을 제기한다. 가치있는 무형자산이 모두 법적으로 보호 또는 등록되거나 회계목적 상 인식 또는 기록되는 것이 아니기 때문에 식별이 어려울 수 있다. 관련 무형자산들에는 특허, 상표, 상호, 도면 또는 모델, S/W를 포함한 문학적・예술적・과학적 작업에 대한 저작권 등 산업적 자산을 사용할 권리 및 노하우, 영업비밀과 같은 지식재산권(IP)을 포함할 수 있다. 또한, 고객명단, 유통채널, 독특한 명칭・상징・사진 등을 포함할 수 있다. BR 분석의 중요한 부분은 관련 무형자산 또는 무형자산 관리가 이전되었는지, 그리고 독립기업들이 이전에 대해 보상했을 것인지 여부를 식별하는 것이다.(TPG 9.55)

무형자산 또는 그 권리에 대한 정상가격의 결정은 무형자산의 활용에서 발생하는 기대편익의 금액, 기간 및 위험성, 무형자산 권리의 성격 및 무형자산이 사용 또는 활용되는 방식의 제한, 지리적・시간적 제한, 법적 보호의 정도 및 잔존기간, 무형자산 권리에 부가될 수 있는 독점권 등 많은 요소들에 의해 영향을 받을 수 있다.(TPG 9.56)

(가) 현지기업의 해외 관계회사에 대한 무형자산 처분

BR은 과거 현지기업에 의해 소유된 무형자산 또는 그 권리의 법적 소유권을 다른 국가에 소재하는 예컨대, 모기업 또는 IP회사 등 중앙 지역으로의 이전을 수반할 수 있다. 어떤 경우에는, 이전한 기업이 이전된 무형자산을 계속 사용하지만, 예컨대 이전받은 기업의 사용권자로서, 또는 이전된 특허를 사용하는 계약 제조약정, 이전된 상표권을 사용하는 제한적 위험의 판매약정 등 제한된 무형자산 권리를 포함한 계약을 통해서 다른 법적 자격으로 이전한 무형자산을 계속 사용한다. 그러나, 무형자산의 법적 소유권 자체는 무형자산의 활용에서 MNE 그룹이 얻는 수익을 최종적으로 보유할 권리를 부여하지 않는다.(TPG 6.42) 대신에, 무형자산에서 얻을 것으로 예상되는 총수익의 모든 비중은 무형자산의 개발, 향상, 유지, 보호 또는 활용과 관련된 기능들을 수행하고 통제하는 특수관계기업들에게 지급될 것이 요구된다.(TPG 6.54)

MNE 그룹들은 무형자산 또는 그 권리의 소유를 집중화하는 건전한 사업상 이유를 가질 수 있다. BR 맥락에서, MNE 그룹내 제조부지의 특화를 수반하는 무형자산들의 법적 소유권을 이전하는 사례를 살펴보자. BR 이전 환경에서는 각 제조기업이 일련의 특허의 소유・관리자였지만, 글로벌 사업모델에서는 각 제조부지가 특허가 아닌 제조공정 유형 또는 지리적 권역별로 특화될 수 있다. BR의 결과, 현지에서 소유되던 특허들이 중앙지역에 이전되고, 대신에 당초 그룹내 동일 또는 타 관계회사에 의해 소유되던 특허를 사용하여 새로운 권한의 영역에 속하는 제품을 제조하기 위하여 그룹의 모든 제조부지들에 (사용허락 또는 제조약정을 통해) 계약상 권리를 부여할 것이다.(TPG 9.58)

독립기업원칙은 특수관계기업들 간에 부과된 조건들을 각 개별기업 수준에서 평가할 것을 요구한다. 무형자산의 법적 소유권의 집중화가 MNE 그룹수준에서 건전한 상업적 이유 때문에 추진된다는 사실이 그러한 이전의 조건들이 이전한 기업과 이전받은 기업 모두의 관점에서 정상가격인지 여부에 대한 해답을 제공하는 것은 아니다.(TPG 9.59)

또한, 현지기업이 무형자산의 법적 소유권을 해외 관계회사에 처분하고, 처분 이후에도 다른 법적 자격, 예컨대 사용권자로서 해당 무형자산을 계속 사용하는 경우, 그 이전의 조건들은 이전한 자와 이전받은 자 모두의 관점에서 평가되어야 한다. 이전된 무형자산의 후속적 소유, 통제 및 활용에 대한 독립기업 보상의 결정은 이전된 무형자산과 관련하여, 그리고 특히, 무형자산의 개발, 향상, 유지, 보호 또는 활용과 관련된 위험의 통제 및 수행기능의 통제를 분석하여, 당사자들이 수행한 기능, 사용한 자산 및 부담한 위험의 정도를 고려해야 한다.(TPG 9.60)

무형자산이 이전된 이후에도 새로운 약정에 의해서 이전한 자가 이전된 무형자산을 계속 사용하는 BR의 경우에는 실제 거래를 정확히 파악하기 위해 당사자들 사이의 전체적인 약정이 검토되어야 한다. 만약 독립기업이라면 계속 이용하고자 하는 자산 이전의 경우 이전의 조건들에 수반하여 사용허락 약정과 같은 미래의 사용조건도 함께 협상하는 것이 현명할 것이다. 일반적으로 이전에 대한 독립기업 보상의 결정 및 이전된 무형자산과 관련한 BR 이후 거래에 대한 독립기업 보상과 이전된 자산을 미래에 계속 사용할 경우 이전하는 자의 미래의 기대수익성 간에는 관계가 있을 것이다. 예를 들어, 특허가 100에 이전되고 이전하는 자가 10년간 매년 100의 사용료를 대가로 이전된 특허를 사용하기로 하는 사용허락 약정이 함께 체결된 경우라면, 두 가격들 중 최소 하나는 정상가격이 아니거나, 또는 해당 약정이 양도 후 사용허락 약정 이외의 다른 것으로 설명되어야 한다. 어떤 상황에서는, 해당 약정이 자금조달의 제공이라고 결론을 내릴 수도 있을 것이다.(TPG 9.61)

(나) 평가가 매우 불확실한 시점에 이전된 무형자산

거래 시점에서 무형자산 또는 그 권리의 평가가 매우 불확실한 경우, 특히 이전거래 시점에서 평가시 고려된 미래 예상편익과 이전받은 자가 취득한 무형자산의 활용에서 얻는 실제편익 간에 상당한 차이가 있는 경우 BR 맥락에서 어려움이 발생할 수 있다. 이 경우 정상가격이 어떻게 결정되어야 하는지의 문제가 제기되는데, 독립기업들이 비교가능한 상황에서 거래가격 평가의 불확실성을 고려하여 어떻게 행동했을지에 따라서 해결되어야 한다.(TPG 9.62) 독립기업 상황하의 당사자들이 처음부터 가격조정 메카니즘을 요구했을 정도로 평가의 불확실성이 충분했는지 여부 또는 가치의 변화가 거래의 재협상에 이를 수 있을 정도로 근본적인지 여부가 중요한 문제이다. 이러한 경우 과세당국은 비교가능 독립거래에 규정되었을 조정조항 또는 재협상에 토대하여 무형자산 이전에 대한 정상가격을 결정하는 것이 정당화될 수 있다. 다른 상황에서, 당사자들이 당초부터 가격조정 또는 재협상을 요구했을 정도로 충분한 평가의 불확실성을 고려할 이유가 없는 경우에는 부적절한 사후합리화를 이용하는 것이기 때문에 과세당국은 그러한 조정을 할 이유가 없다. 거래체결 시점에서 단순히 불확실성이 존재했다고 해서 제3자들 간에 합의했을 조건들에 대한 고려없이 사후 조정을 요구해서는 안 된다.

(다) 현지 무형자산

완전한 기능을 갖는 현지사업이 제한된 위험을 부담하고 제한된 무형자산을 사용하는 사업으로 전환되고 낮은 보수를 수취하는 경우, 이러한 전환이 개편된 현지기업이 해외 관계회사에게 가치있는 무형자산 또는 그 권리의 이전을 수반하는지 여부, 그리고 현지사업에 잔존하는 현지 무형자산이 존재하는지 여부의 문제가 발생할 수 있다.(TPG 9.64)

특히, 예를 들어 완전한 기능을 갖는 판매업자가 제한된 위험의 판매업자 또는 판매대리인으로 전환된 경우, 그 판매업자가 BR 이전에 여러 해 동안 현지 마케팅 무형자산을 개발하였는지 여부, 만약 그렇다면 이러한 무형자산들의 성격과 가치가 무엇인지, 또한 이들이 특수관계기업에게 이전되었는지를 검토하는 것이 중요할 수 있다. 현지 무형자산(local intangibles)이 존재하였고, 해외 관계회사에게 이전된 것이 판명된 경우에는 비교가능한 상황에서 독립기업들 간에 합의되었을 조건들을 토대로 그러한 이전을 보상할지 여부 및 어떻게 보상해야 할지를 결정하기 위해 독립기업원칙이 적용되어야 한다.

이와 관련하여, 이전한 기업은 이전된 현지 무형자산의 개발, 향상, 유지, 보호 또는 활용과 관련된 기능들을 BR 이후에 계속 수행할 때는 (이전된 무형자산에 대한 독립기업 보상에 추가하여) 독립기업 보상을 수취해야 한다. 반면에, 그러한 현지 무형자산이 존재하고 개편된 기업에 잔존하는 것이 판명된 경우에는, BR 이후의 활동들에 대한 기능분석에서 고려되어야 한다. 따라서 현지 무형자산은 BR 이후의 특수관계거래에 대한 가장 적합한 TP 방법의 선택과 적용에 영향을 미칠 수 있다.(TPG 9.65)

(라) 계약상 권리

계약상 권리는 가치있는 무형자산일 수 있다. 가치있는 계약상 권리가 특수관계기업 간에 이전되는 경우 이전하는 자와 이전받은 자 양자의 관점에서 이전된 권리의 가치를 고려하여 독립기업 보상이 부여되어야 한다.(TPG 9.66)

과세당국들은 기업이 해외 관계회사에게 유사한 계약을 체결하고 부수된 잠재이익을 얻도록 해주기 위하여 자신에게 이익을 제공했던 계약을 자발적으로 종료하는 사례에 관해서 우려를 표시해왔다. 예를 들어, ACo는 독립기업과 상당한 잠재이익을 수반하는 장기계약을 맺고 있다고 가정하자. 특정시점에 ACo는, 그 독립기업이 ACo의 해외 관계회사인 BCo와 유사한 계약을 체결할 법률적 · 상업적 의무가 있는 상황하에서, 자발적으로 그 독립기업과의 계약을 종료한다고 하자. 결과적으로 ACo에게 있었던 계약상 권리와 이에 수반된 잠재이익이 이제는 BCo에게 있게 되었다. 만약 ACo가 잠재이익과 관련된 자신의 계약상 권리를 포기하는 조건하에서만 BCo가 독립기업과 계약을 체결할 수 있고, ACo가 독립기업이 BCo와 유사한 계약을 체결할 법률적 · 상업적 의무가 있는 것을 알고서 독립기업과의 계약만을 종료한 것이라면, 이는 실질적으로 제3자 우회거래(tri-partite transaction)에 해당하므로, ACo와 BCo 양자의 관점에서 ACo에 의해 포기된 권리의 가치에 따라서, ACo에서 BCo로 이전된 가치있는 계약상 권리에 대해서 독립기업보상이 부여되어야 한다.(TPG 9.67)

(3) 활동(계속기업)의 이전

(가) 활동의 이전에 대한 평가

BR은 종종 계속기업(ongoing concern), 즉 기능을 수행하는 경제적으로 통합된 사업단위의 이전을 수반한다. 이런 관점에서, 계속기업의 이전은 특정 기능을 수행하고 위험을 부담할 역량과 함께 자산을 이전하는 것을 의미한다.

그러한 기능, 자산 및 위험은 ⅰ) 유형자산 및 무형자산, ⅱ) R&D 및 제조 등 특정 자산의 보유 및 기능 수행과 연관된 부채, ⅲ) BR 전에 이전하는 자가 수행했던 활동들을 수행하는 역량, ⅳ) 자원, 능력 및 권리를 포함한다. 계속기업의 이전에 대한 평가는 비교가능한 상황에서 독립기업들 간에 보상되었을 모든 가치있는 요소들을 반영해야 한다. 예를 들어, 숙련된 연구팀 인력과 연구시설을 포함하는 사업조직의 이전을 수반하는 BR의 경우, 그러한 계속기업에 대한 평가는 연구시설의 가치 및 시간과 비용의 절감 등 정상가격에 대한 집합노동력의 영향을 반영해야 한다.(TPG 9.68)

계속기업의 이전에 대한 독립기업 보상의 결정이 반드시 전체의 이전을 구성하는 각 개별적 요소들에 대한 평가들의 합계는 아니다. 특히, 계속기업의 이전이 여러 가지의 상호 관련된 자산, 위험 또는 기능들의 동시적 이전을 포함하는 경우, 계속기업에 대한 정상가격의 가장 신뢰할 수 있는 측정을 위해서는 개별거래들을 통합한 평가가 필요할 수 있다. M&A 거래에서 독립기업들 간에 사용된 평가기법들이 특수관계기업 간 계속기업 이전의 가치를 평가하는 데 유용할 수 있다.(TPG 9.69)

한 가지 사례로, MNE 그룹의 한 회사인 XCo에 의해 수행되어 온 제조활동이 저비용 지역 효익을 얻기 위해 다른 회사인 YCo로 재배치된다고 가정하자. XCo는 기계 및 장비, 재고, 특허, 제조공정 및 노하우, 공급자들 및 고객들과의 계약을 YCo에게 이전한다고 하자. 이전된 제조활동 초기에 YCo를 지원하기 위하여 XCo의 일부 종업원들이 YCo에 재배치된다고 하자. 만약 그러한 이전이 독립기업들 간에 발생한다면, 계속기업의 이전으로 간주될 것이라고 가정하자. 이 경우, 특수관계기업들 간 그러한 이전의 독립기업 보상을 결정하기 위해서는, 그러한 이전이 분리된 자산들의 이전과 비교되기보다는 독립기업들 간 계속기업의 이전과 비교되어야 한다.(TPG 9.70)

(나) 손실발생 활동들

개편된 기업이 기능, 자산 및 위험의 감소를 경험하는 모든 경우가 미래 기대이익의 실제 손실을 수반하는 것은 아니다. 어떤 BR 상황에서는 이익발생 기회를 상실한다기보다는 개편된 기업이 손실발생 기회의 가능성에서 실제로 구제될 수 있다. 기업은 사업 전체를 그만두는 것보다 더 나은 대안으로서 BR에 동의할 수 있다. 만약 예컨대, 저가 수입품 때문에 증가하는 경쟁으로 인해 경제적이지 못한 제조 공장을 운영하는 경우와 같이 개편된 기업이 BR이 없는 경우 미래의 손실을 예측한다면 현행 사업을 계속하는 것보다 BR

을 선택하는 것이 사실상 이익발생의 기회를 상실하는 것이 아닐 수 있다. 이러한 상황에서는 만약 그러한 손실들이 BR 비용을 초과한다면, BR이 미래의 손실을 감소 또는 제거함으로써 개편기업에게 이익을 줄 수 있다.(TPG 9.71)

양수인이 양도인으로부터 손실발생 활동을 인수한 것에 대해 실제 보상을 받아야 하는지 여부의 문제가 발생할 수 있다. 이에 대한 답은 비교가능한 상황에서 독립기업이 손실발생 활동을 제거하기 위해 대가를 지불할 용의가 있었을 것인지 여부, 또는 활동의 폐쇄와 같은 다른 대안들을 고려했었을지 여부, 그리고 제3자가 예컨대, 자신의 활동과의 시너지 가능성 등 때문에 손실발생 활동을 취득하고자 했었을지 여부, 만약 그렇다면 보상 등 어떤 조건하에서 그렇게 할 것인지 등에 달려 있다. 예컨대, 활동 폐쇄의 금융비용과 사회적 위험 때문에 양도인이 해당 활동을 재전환하고자 하고 필요할 경우 중복활동 계획을 담당할 양수인에게 대가를 지불하는 것이 더 유리하다고 판단하는 경우와 같이, 독립기업이 대가를 지불하는 상황이 있을 수 있다.(TPG 9.72)

그러나, 손실발생 활동이 동일 납세자에 의해 수행되는 다른 활동들과의 시너지 등 다른 효익을 제공하는 경우에는 상황이 달라질 수 있다. 손실발생 활동이 그룹 전체적으로 약간의 효익을 창출하기 때문에 유지되는 경우에는 손실발생 활동을 유지하는 기업이 독립기업 상황에서 그 유지로 인해 효익을 받는 기업들로부터 보상을 받아야 하는지의 문제가 발생한다.(TPG 9.73)

(4) 위탁(outsourcing)

한 당사자가 자발적으로 BR을 실행하기로 결정하고, 예상 절감혜택에 대한 대가로 관련 BR 비용을 부담하는 경우가 있을 수 있다. 예를 들어, 고비용 국가에서 제품을 제조·판매하는 납세자가 저비용 국가에 소재하는 관계회사에게 제조활동을 위탁하기로 결정한다고 가정하자. BR 이후에 납세자는 해당 관계회사로부터 제조된 제품을 구입하여 제3자 고객들에게 계속 판매할 것이다. BR은 납세자에게 비용이 수반될 수 있지만, 동시에 직접 제조비용에 비해 미래 조달비용의 절감 혜택이 가능할 수 있다. 이러한 유형의 위탁약정을 실행하는 독립기업들은 예컨대, 이전하는 자에 대한 예상이익이 BR 비용보다 큰 경우 반드시 이전받은 자로부터 보상을 요구하지는 않을 것이다.(TPG 9.74)

바. 현행 계약의 종료 또는 재협상에 대한 보상

(1) 개요

계약의 종료 또는 재협상은 일반적으로 당사자들의 위험 및 기능 현황의 변경을 수반하고, 결과적으로 그들 사이에 잠재이익의 배분을 가져온다. 또한, BR 맥락에서 현행 계약관계가 종료 또는 실질적으로 재협상되는 경우 개편된 기업은 자산의 평가손실, 고용계약의 종료 등 개편비용 및 현재 사업을 다른 고객의 필요에 적응시키기 위한 재전환비용, 그리고 잠재이익의 손실과 같은 손해를 겪을 수 있다. 이러한 상황에서는, 독립기업 상황에서 개편된 기업에게 보상이 지급되어야 하는지, 그리고 그러한 보상을 결정하는 방법의 문제가 발생한다.(TPG 9.76)

예컨대, 판매계약의 종료가 무형자산의 이전을 초래하는 것과 같이, 현행 계약의 종료 또는 재협상은 '가치있는 것'의 이전을 수반한다.(TPG 9.77) 독립기업 상황에서 모든 계약의 종료 또는 재협상에 대해서 보상 권리가 부여되어야 한다고 가정해서는 안 된다. 독립기업 상황에서 보상이 요구되는지 여부에 대한 분석은 BR 전・후의 약정에 대한 정확한 파악 및 당사자들이 현실적으로 이용할 수 있는 대안들에 토대하여 행해져야 한다.(TPG 9.78)

일단 BR 약정이 정확히 파악되고, 당사자들이 ORAs이 평가되면, 다음에는 첫째, 상법이 개편된 기업에 대한 보상 권리를 뒷받침하는지 여부, 둘째, 계약조건에 의한 보상 규정 또는 유사한 규정들의 존재・부존재가 독립기업원칙에 부합한지 여부, 셋째, 어느 당사자가 계약의 종료 또는 재협상을 겪는 당사자에 대한 보상관련 비용을 최종 부담하는지가 고려되어야 한다.(TPG 9.79)

(2) 상법이 개편된 기업에 대한 보상 권리를 뒷받침하는지 여부

상법 관련규정 또는 판례가 예컨대, 판매업자 약정 등 특정 유형의 약정이 종료되는 경우에 기대될 수 있는 보상의 권리 및 조건들에 관한 유용한 정보를 제공할 수 있다. 그러한 규정에 의하여, 계약종료 당사자는 계약상 규정되었는지 여부에 상관없이 법원에 보상을 청구할 권리를 가진다. 그러나, 동일한 MNE 그룹의 관계회사들은 현실적으로 그러한 보상을 청구하기 위하여 소송을 제기할 가능성이 없고, 따라서 계약종료 조건들이 유사한 상황에 있는 독립기업들 간 조건들과 다를 수 있다.(TPG 9.80)

(3) 계약조건상 보상조항의 독립기업원칙 부합 여부

계약의 종료 또는 재협상의 경우에 보상조항이 실행되는지 여부를 식별하기 위해서는, 먼저 그러한 보상조항 또는 유사한 규정이 있는지를 검토해야 한다. 그러나, 이전가격 관점에서 볼 때, 특수관계기업들 간 계약조건들에 대한 검토는 충분하지 않을 수 있다. 왜냐하면, 단지 종료 또는 재협상된 계약이 보상 또는 유사한 조항을 규정하지 않았다는 사실만으로 이것이 반드시 독립기업 조건이라는 것을 의미하는 것은 아니기 때문이다.(TPG 9.81)

특수관계기업들의 경우에는 상반되는 이해관계가 존재하지 않거나, 이해관계의 차이가 오직 계약상 약정을 통해서가 아니라 그들 간의 관계에 의해서 해소하는 방식으로 관리될 수 있기 때문에, 사실관계가 약정의 서면조건들과 다르거나 서면조건이 존재하지 않을 때는, 보상조항의 부재·존재 및 그 조건들은 당사자들의 행동에서 유추되어야 한다. 예를 들어, 당사자들의 실제 행동에 토대하여 계약기간이 서면계약상 기간보다 장기인 것으로 결정되는 경우, 조기 종료시 계약종료 당사자는 일부 보상의 권리를 가질 것이다.(TPG 9.82)

그 다음 보상조항 및 조건들이 독립기업 조건인지를 평가하는 데 초점을 맞추어야 한다. 비교대상 자료가 유사한 보상조항의 존재(또는 부존재)를 입증하는 경우, 특수관계거래에서 보상조항의 존재(또는 부존재)는 독립기업 조건으로 간주될 것이다.(TPG 9.83) 그러나, 비교대상 자료가 발견되지 않을 경우 보상조항이 독립기업 조건인지 여부의 결정은 계약체결 및 종료 또는 재협상 시점에서 당사자들의 권리들과 기타 자산들을 고려해야 한다.(TPG 9.84)

보상조항과 관련한 계약조건들이 독립기업 조건인지 여부를 평가할 때는 계약대상인 거래에 대한 보수와 계약종료의 재무적 조건들이 상호 관련될 수 있기 때문에 양자를 검토하는 것이 필요할 수 있다. 실제로, 종료조항(또는 그의 부존재)의 조건들은 거래의 기능분석, 특히 당사자들에 대한 위험분석의 중요한 요소일 수 있으므로 거래에 대한 독립기업 보상을 결정할 때 고려될 필요가 있다. 마찬가지로, 거래에 대한 보수가 계약종료의 조건들이 독립기업 조건인지 여부의 결정에 영향을 미칠 것이다.(TPG 9.85)

BR은 집합노동력 구성원들의 고용계약의 종료를 초래할 수 있다. BR이 독립기업 조건인지를 결정할 때는, 특수관계기업들 간 계약의 종료에 따라 '가치있는 것'이 이전되었는지 여부를 포함하여, 집합노동력과 관련된 BR 전·후의 사실관계 및 상황을 고려해야 한다. 예를 들어, 집합노동력 구성원들의 고용계약상 비경쟁 조항 등 암묵적 또는 명시적인 확약이 있는 경우, 종전에 그 노동력을 통해 활동을 수행한 당사자에게 보상이 부여되어

야 한다.(TPG 9.86)

현재 종료된 계약이 일방 당사자에게, 해당 계약이 연장된 기간 동안 계속 유지되었다면 독립기업 수익이 기대되었을 수 있는, 상당한 투자를 하도록 요구했던 상황이라면, 기간 만료 전에 계약이 종료된 경우 투자당사자에게 재무위험이 발생한다. 위험정도는 투자가 고도로 특화되었는지 또는 다른 고객들을 위해서도 사용될 수 있는지 여부에 달려 있다. 그 위험이 중요한 것이었다면, 비교가능 상황의 독립기업들은 계약협상시 이를 고려하였을 것이다.(TPG 9.87)

한 사례로, 특수관계기업 간 제조계약에 따라 신규 제조시설에 대한 투자가 요구되는 경우를 살펴보자. 계약체결 시점에서 제조업자는 최소 5년 동안 연간 X단위를 생산하고, 제조활동에 대한 보상으로 단위당 Y달러를 지급받는 조건에서 제조계약이 유지될 경우 투자에 대한 독립기업 수익을 예상할 수 있다고 하자. 그런데 3년이 경과한 후 그룹차원의 BR 계약의 조건에 따라서 계약이 종료된다고 가정하자. 제조시설은 매우 특화되어 있어 계약 종료시 제조업자는 자산들을 폐기하는 것 외에 다른 대안이 없다고 가정하자.(TPG 9.89)

독립기업 상황에서 제조업자는 첫째, 조기종료시 적절한 보상조항 또는 타방 당사자에 의한 조기 계약종료 때문에 투자가 쓸모없게 된 경우 투자를 타방 당사자에게 특정 가격에 이전할 수 있는 옵션을 계약서에 포함하거나, 둘째, 계약의 종료 가능성과 연관된 위험을 계약에 포함된 활동들의 보수 결정에 반영함으로써 투자에 내재된 위험을 완화시킬 것이다. 이 경우, 투자당사자는 의식적으로 위험을 수용하고 그에 대해 보상을 받게 된다.(TPG 9.89)

투자에 내재한 위험의 완화는 제조업자가 위험을 부담하는 경우에만 고려하는 것이 적절하다. 제조활동의 수익발생과 연관된 중요한 위험들이 다른 당사자에 의해 통제되는 경우에는, 과소활용, 평가손실 및 폐쇄비용을 포함하여 그 다른 당사자가 위험의 긍정적 및 부정적 결과를 배분받는다. 그 경우, 제조업자는 조기종료의 재무적 영향을 받지 않아야 한다. 왜냐하면, 제조업자는 폐쇄에 기여한 경제적으로 중요한 위험들을 통제하지 않았기 때문이다. 제조업자는 실제 부담하지 않았던 위험들을 완화시킬 것으로 기대되지 않는다.(TPG 9.90)

유사한 문제가 일방 당사자가 초기에는 손실 또는 낮은 수익이 발생하고, 계약 종료 이후 기간에 초과수익이 기대되는 개발노력을 한 경우에 발생한다. 그러한 경우, 당사자가 실질적으로 개발노력의 결과에 모험을 택한 것인지, 또는 단순히 이연 지급조건을 수용한 것인지 여부를 결정하기 위해 실제 약정을 신중히 분석할 필요가 있다. 만약 당사자가 위험을 통제한다면, 불이익 또는 보상 조건을 통해서 복구불능 위험에서 스스로를 보호하고자 할 것으로 기대된다. 만약 당사자가 복구불능 위험을 통제하지 않았다면, 그 조건은

독립기업 조건이 아닐 가능성이 있다.(TPG 9.91)

(4) 어느 당사자가 계약종료 보상비용을 부담해야 하는지

계약의 종료 또는 실질적 재협상의 조건들에 대한 이전가격 분석은 이전하는 자와 이전받은 자 양자의 관점을 고려해야 한다. 이전받은 자의 관점을 고려하는 것은 독립기업 보상금액을 평가하는 것뿐만 아니라 그 금액을 어느 당사자가 부담해야 하는지를 결정하기 위해 중요하다. 모든 사안에 대한 하나의 해답을 도출하는 것은 가능하지 않으며, 사안의 사실관계 및 상황, 특히 당사자들의 권리 및 기타 자산, 계약종료의 경제적 논거, 어느 당사자가 효익을 기대하는지, 그리고 당사자들의 ORAs 검토에 토대를 두어야 한다.(TPG 9.93)

아래 〈그림 4-86〉에서 보는 바와 같이 특수관계기업 ACo와 BCo 간에 체결되었던 제조계약이 ACo와 다른 특수관계 제조업자 CCo로 변경된 경우를 가정하자. 만약 BCo가 계약종료로 발생한 손해에 대한 보상을 청구할 위치에 있다고 할 때 계약을 종료한 당사자인 ACo, 제조활동을 인수받은 CCo, 또는 BR로부터 효익을 얻는 MNE 그룹의 다른 당사자(예: 모회사 PCo) 중에서 누가 최종적으로 BCo에게 지급될 보상금을 부담해야 하는지의 문제가 발생한다.(TPG 9.94) 이는 독립기업 상황에서 이들 기업들이 계약종료에 대한 보상금을 지급할 의향이 있을 것인지 여부에 달려있을 것이다.

〈그림 4-86〉 BR결과 계약종료 당사자에 대한 보상 여부

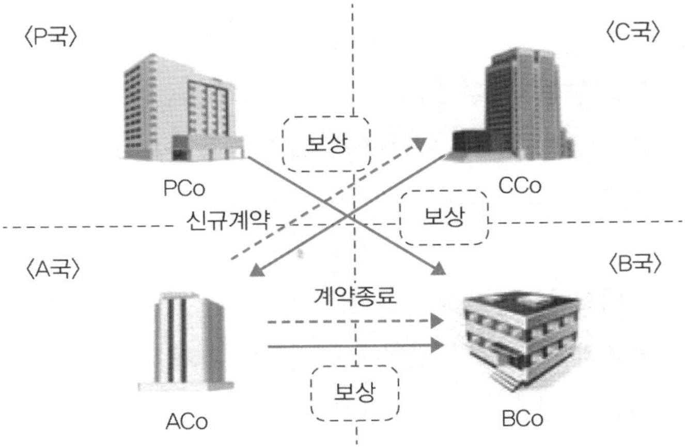

독립기업 상황에서 ACo가 보상비용을 부담할 의향이 있을 수 있다. 왜냐하면, ACo는 CCo와의 새로운 계약을 통해 비용절감을 얻는 것이 가능할 것으로 기대하고, 이러한 기

대 비용절감액의 현재가치가 보상금액보다 더 클 수 있기 때문이다.(TPG 9.95) 만약 새로운 제조계약에서 얻을 수 있는 기대이익의 현재가치가 CCo에게 투자가치를 갖게 하는 경우라면 CCo가 ACo로부터 제조계약의 권리를 얻기 위해 선불금을 지급할 의향이 있을 수도 있다. 그러한 경우, CCo의 지급은 다양한 방식으로 설계될 수 있는데, 예컨대, CCo가 ACo에게 지급하거나 또는 CCo가 ACo의 BCo에 대한 보상의무를 충족시킴으로써 CCo가 ACo에게 지급한 것으로 의제할 수 있다. 또한, BCo가 특정 권리를 가지고 있고, 그러한 권리의 이전에 대해서 CCo가 BCo에게 대가를 지급하는 경우도 있을 수 있다.(TPG 9.96) 한편, 독립기업 상황에서 ACo와 CCo가 보상비용을 공유하고자 할 수도 있다.(TPG 9.97) 만약 계약종료가 그룹시너지를 얻기 위해 모회사 PCo에 의한 그룹차원의 BR인 경우에는 BCo가 계약의 종료 또는 재협상 비용보다 그룹시너지로부터 더 많은 효익을 얻은 경우가 아닌 한, 독립기업 상황에서 BCo에 대한 보상은 PCo에 의해 부담되어야 할 것이다.

3 BR 이후 특수관계거래에 대한 보상

가. BR 거래와 당초 거래의 비교

(1) 일반원칙

독립기업원칙은 당초부터 설계된(structured) 거래와 BR 이후(post-restructuring) 거래에 다르게 적용되어서는 안 된다. 왜냐하면, 달리 적용하는 경우 자신의 활동을 개편하는 기존 기업과 사업을 개편하지 않고 동일한 사업모델을 실행하는 신규진입자 간에 경쟁상 왜곡을 초래할 수 있기 때문이다.(TPG 9.98) 종전 구조의 개편 결과로 존재하게 되었는지 여부와 상관없이, 비교가능한 상황들은 동일하게 취급되어야 한다. 적절한 TP 방법의 선택과 적용은 실제 거래의 경제적 관련된 특성들에 토대해야 한다.(TPG 9.99)

그러나, BR 상황들은 변경을 수반하고, 따라서 독립기업원칙은 BR 이후의 거래에 대해서 뿐만 아니라, 앞서 살펴본 바와 같이 BR에 의해서 발생하고 기능, 자산 또는 위험의 재배치로 구성된 추가 거래들에도 역시 적용되어야 한다.(TPG 9.100) 또한, BR로부터 발생하는 계약에 대한 비교가능성 분석은 처음부터 그렇게 설계된 계약과 비교하여 일부 사실관계의 차이를 보일 수 있다. 이러한 사실관계의 차이가 독립기업원칙에 영향을 미치는 것은 아니지만, 비교가능성 분석과 이를 적용한 결과에 영향을 미칠 수는 있다.(TPG 9.101)

(2) BR 거래와 당초 거래 간의 사실관계의 차이

특수관계기업 간 계약이 현행 계약을 대체하는 경우, 새로이 설립된 기업의 입장과 비교하여 개편된 기업의 출발상의 입장에서 사실관계의 차이가 존재할 수 있다. 때때로, BR 이후의 계약은 이전에 계약상·상업상 관계를 가졌던 당사자들 간에 협상된다. 그러한 상황에서는 사실관계 및 상황 특히, 종전 계약에서 발생하는 권리와 의무에 따라 다르겠지만, 이는 새로운 계약조건을 협상함에 있어 당사자들의 ORAs, 따라서 BR 또는 BR 이후의 계약조건들에 영향을 미칠 수 있다. 예를 들어, 한 당사자가 과거에 모든 범위의 마케팅 및 판매 기능을 수행하고, 가치있는 마케팅 무형자산을 동원·개발하고, 재고위험, 대손위험 및 시장위험 등 자신의 활동과 연관된 다양한 위험들을 부담하는 완전 기능을 갖는 판매업자로서 기능을 잘 수행할 수 있는 것이 입증되었다고 가정하자. 이제 판매계약이 재협상되어, 해외 특수관계기업의 감독하에 제한적 마케팅 활동을 수행하고, 제한적 마케팅 무형자산을 동원하며, 해외 특수관계기업 및 고객과의 관계에서 제한적 위험을 부담하는 제한적 위험의 판매업자 계약으로 전환된다고 가정하자. 그러한 상황에서는 개편된 판매업자는 새로이 설립된 판매업자와 동일한 입장이 아닐 것이다.(TPG 9.102)

BR 이전과 이후 당사자들 간에 지속적 사업관계가 있는 경우, 한편으로는 BR 이전 활동 및 BR 자체의 조건들, 다른 한편으로는 BR 이후의 조건들 간에 상호관계가 역시 존재할 수 있다.(TPG 9.103)

신규설립 기업의 입장과 비교하여 개편된 기업의 출발 입장에서의 약간의 차이점은 기존 사업의 존재와 관련된다. 예를 들어, 오랜기간 존속했던 완전기능을 갖는 판매업자가 제한적 위험의 판매업자로 전환된 상황과 제한적 위험의 판매업자가 그룹이 과거에 상업적 존재를 갖지 못한 시장에서 설립된 상황을 비교하는 경우, 신규 진입자에게는 개편된 기업에게는 필요하지 않는 시장침투 노력이 필요할 수 있다. 이것이 두 상황에서 비교가능성 분석과 독립기업 보상의 결정에 영향을 미칠 수 있다.(TPG 9.104)

오랜기간 존속했던 완전 기능을 갖는 판매업자가 제한적 위험의 판매업자로 전환된 상황과 제한적 위험의 판매업자가 동일한 기간 동안 시장에서 존속했던 상황을 비교하는 경우에도 역시 차이가 존재할 수 있다. 왜냐하면, 완전 기능을 갖는 판매업자는 전환되기 전에 제한적 위험의 판매업자가 수행, 부담 또는 공헌하지 않았던 일부 기능을 수행하였고, 일부 비용과 위험을 부담했으며 일부 무형자산의 개발에도 공헌하였기 때문이다. 독립기업 상황에서, 그러한 추가 기능, 자산 및 위험이 전환 이전의 판매업자의 보수에만 영향을 미쳐야 하는지 여부, 그들이 전환에 따라 발생하는 보수를 결정하기 위해 고려되어야 하는지 여부, 그들이 개편된 제한적 위험의 판매업자의 보수에 영향을 미쳐야 하는지 여부 또는 이들 세 가지 가능성들의 결합에 영향을 미치는지 여부의 문제가 발생한다. 예를 들어, BR 이전의 활동들이 완전 기능을 갖는 판매업자에게 오랜기간 존속한 제한적 위험의 판매업자가 소유하지 못하는 일부 무형자산을 소유하게 만든 경우, 독립기업원칙은 이러한 무형자산들이 완전 기능을 갖는 판매업자에서 해외관계회사로 이전된 경우 BR에 따른 보상을 받거나, 또는 무형자산들이 이전되지 않은 경우에는 BR 이후의 활동에 대한 독립기업 보상의 결정에서 고려될 것을 요구한다.(TPG 9.105)

BR이 과거 납세자에 의해 부담되었던 위험의 해외관계사로의 이전과 관련될 때, 위험의 이전이 BR 이후의 활동에서 발생하는 미래의 위험에만 관련되는 것인지, 또는 BR 이전 활동의 결과 BR 시점에서 존재한 위험과 관련되는 것인지 여부를 검토하는 것이 중요하다. 예를 들어, BR 이후 더 이상 대손위험을 부담하지 않지만 과거 대손위험을 부담했던 판매업자와 대손위험을 부담한 적이 없는 오랜기간 동안 존속한 제한적 위험의 판매업자를 비교한다고 가정하자. 두 가지 상황을 검토할 때는, BR로부터 전환된 제한적 위험의 판매업자가 과거 완전 기능을 갖는 판매업자 때에 발생했던 대손관련 위험을 여전히 부담하는지 여부, 또는 BR 시점에 존재했던 위험을 포함하여 모든 대손위험이 이전되었는지 여부를 검토하는 것이 중요할 수 있다.(TPG 9.106)

나. BR 이후 거래에 대한 TP 방법의 선택 및 적용

BR 이후 특수관계거래에 대한 TP 방법의 선택 및 적용은 실제 파악된 거래의 경제적 관련된 특성들에 대한 분석에서 도출되어야 한다. BR 이후 거래와 관련된 기능, 자산, 위험이 무엇인지, 그리고 어느 당사자가 그러한 기능, 자산, 위험들을 수행, 사용 또는 부담하는지를 이해하는 것이 필수적이다. 이는 양 거래당사자 즉, 개편된 기업과 해외 관계회사의 기능, 자산 및 위험에 대한 이용할 수 있는 정보를 요구한다.

판매대리인 또는 제한적 판매업자로 알려진 기업이 종종 자신의 가치있는 현지 무형자산을 가지고 중요한 시장위험을 계속 부담하는 경우가 있을 수 있다. 또한, 계약제조업자로 알려진 기업이 중요한 개발활동을 수행하거나 독특한 무형자산을 소유・사용하는 경우도 있을 수 있다. BR 이후의 상황에서는 개편된 기업에 실질적으로 잔존하는 가치있는 무형자산과 경제적으로 중요한 위험들의 식별, 그리고 무형자산과 위험의 배분이 독립기업원칙을 충족하는지 여부에 대해 특별한 관심을 기울여야 한다. 보상은 당사자들이 실제로 위험을 어떻게 통제하는지, 그리고 그들이 위험을 부담할 재무적 역량을 가지는지 여부에 따라서 결정되고, 가장 적합한 TP 방법의 선택이 결정된다.(TPG 9.108)

BR이 독립기업들 간에서는 좀처럼 발견되지 않는 사업모델을 실행하는 경우, BR 이후 약정은 잠재적 비교대상거래의 식별과 관련하여 어려움들을 제기할 수 있다. 약정이 단지 독립기업들 간에 관찰되지 않는다는 사실이 그 자체만으로 독립기업 조건이 아니라거나 상업적으로 비합리적이라는 의미는 아니라는 점을 유념해야 한다. 더불어, 독립기업원칙에 따라서 파악된 실제 BR 거래의 가격 결정을 위해 모든 노력을 기울여야 한다.(TPG 9.109)

내부 비교대상 자료를 포함하여, 비교대상거래를 이용할 수 있는 경우가 있다. CUP 방법을 적용할 수 있는 한 가지 사례는 종전에 MNE와 독립적으로 거래하던 기업을 인수하여 특수관계거래로 개편한 경우이다. 5가지 경제적으로 관련된 특성들 또는 비교가능성 요소들 및 거래시기 차이의 효과에 대한 검토를 조건으로, 인수전 독립거래 조건들이 인수 이후 특수관계거래에 대한 CUP을 제공해 줄 수 있다. 거래조건들이 개편된 경우라도 사실관계 및 상황에 따라서 BR에 따라서 발생하는 기능, 자산 및 위험의 이전을 조정하는 것이 여전히 가능할 수 있다. 예컨대, 다른 당사자가 대손위험을 부담하는 사실을 고려하기 위하여 비교가능성 조정이 이루어질 수 있다.(TPG 9.110)

CUP 방법의 적용이 가능한 다른 사례로, 독립기업들이 개편된 관계회사에 의해 제공되는 것들과 비교가능한 제조, 판매 또는 용역 활동을 제공하는 경우를 들 수 있다. 최근 위탁 활동의 발전을 고려할 때, BR 이후의 특수관계거래에 대한 독립기업 보상을 결정하기 위해 CUP 방법을 사용하는 논거를 제공해 주는 독립적 위탁거래를 발견하는 것이 가능할 수도 있다.(TPG 9.111)

비교가능성 분석을 통해서 BR 이후 개편된 기업이 위험을 전혀 부담하지 않는 기업(stripped entity)임에도 불구하고, 계속 가치있고 중요한 기능을 수행하고 현지 무형자산과 경제적으로 중요한 위험이 존재하는 데 비해서, 비교대상거래에서는 그렇지 않은 경우가 밝혀질 것이다.(TPG 9.112)

잠재적 비교대상 자료의 식별에는 정보의 이용가능성, 관련 순응비용 등의 제한들이 존재한다. 예컨대, BR이 독립기업들 간에 발견되지 않는 방식으로 통합된 기능들을 여러 관계회사들 간에 분할하는 등 비교대상거래 자료들이 발견되지 않는 경우도 존재한다. 그러나, 비교대상거래 자료를 탐색하는 과정이 어려울지라도 모든 이전가격 결정 사안에서는 합리적 해결책을 찾을 필요가 있다. 설령 비교대상거래 자료가 드물고 불완전한 경우라도 개별 상황에 따른 가장 적합한 TP 방법의 선택은, 특히 기능분석을 통해 결정된 특수관계거래의 성격과 부합해야 한다.(TPG 9.113)

다. BR에 대한 보상과 BR 이후의 보상 간의 관계

BR에 대한 보상과 BR 이후의 활동에 대한 독립기업 보수 간의 상호관계가 중요한 상황이 있을 수 있다. 예컨대, 납세자가 특수관계기업에게 사업활동을 처분하고 이후에도 계속하여 그 사업활동의 일부로서 거래를 해야 하는 경우이다. 그러한 사례가 앞서 살펴본 위탁활동의 경우이다.(TPG 9.114 & 9.74)

다른 사례로, 제조 및 판매활동을 하는 납세자가 자신의 판매활동을 해외 관계회사에게 처분하고 앞으로는 자신이 제조하는 재화를 그 해외 관계회사에게 판매하는 BR을 실행한다고 하자. 해외 관계회사는 이러한 인수 및 사업의 투자에 대해 독립기업 보상을 받을 것을 기대할 것이다. 이러한 상황에서, 납세자는 독립기업 상황에서 지불될 선불보상의 일부 또는 전부를 포기하는 대신에 여러 해에 걸쳐서 해외 관계회사에게 재화를 판매할 때 더 높은 가격의 비교가능한 재무상 이익을 얻기로 해외 관계회사와 합의할 수 있다. 이와 달리, 당사자들은 BR에 대한 선불보상을 책정하되 이를 부분적으로 상쇄하기 위해 미래 제조재화에는 낮은 가격을 적용하는데 합의할 수도 있다.(TPG 9.115)

납세자가 종전에 자신이 수행하던 활동을 수행하는 해외 관계회사와 공급자로서 지속적인 사업을 가지는 경우, 납세자와 해외 관계회사는 예컨대, 재화의 판매가격을 통해서 상업적 이익을 얻을 기회를 가지는데, 이것이 예컨대, 사업의 이전에 대한 선불보상을 왜 포기하는지, 또는 재화의 미래 이전가격이 BR이 없었다면 합의했을 가격과 왜 다를 수 있는지에 대한 설명이 될 수 있다. 그러나, 그러한 약정을 설계하고 감시하는 것은 어려울 수 있다. 납세자들은 선불 또는 기간보상 등 보상의 형식을 선택할 자유가 있지만, 과세당국은 약정을 검토할 때 BR 자체에 대해 포기된 보상을 고려하기 위해 BR 이후의 활동에 대한 보상이 어떻게 영향을 받았는지를 알고자 할 수 있다. 그러한 경우, 과세당국은 BR과 BR 이후 거래에 대한 각각의 독립기업 보상에 대한 평가가 제공될지라도, 전체 약정을 검토하고자 할 수 있다.(TPG 9.116)

라. BR 전 · 후의 상황에 대한 비교

BR 이전과 이후의 특수관계거래 당사자가 실제로 얻은 이익의 비교가 어떤 역할을 하는지의 문제가 있다. 특히, 특정 기능, 자산 및 위험의 이전 또는 포기를 반영하기 위하여 BR 이전의 이익을 조정하여 개편된 기업의 BR 이후의 이익을 결정하는 것이 적절한지의 문제가 제기될 수 있다.(TPG 9.117)

한 가지 중요한 이슈는 BR 이후의 특수관계거래의 이익과 BR 이전 특수관계거래의 이익을 비교하는 것은 독립기업 거래와의 비교를 규정한 독립기업원칙을 충족하지 못한다는 것이다. 따라서 납세자의 특수관계거래와 다른 특수관계거래를 비교하는 것은 과세당국의 이전가격 조정 근거 또는 납세자의 이전가격 정책을 뒷받침하기 위한 목적으로 사용되어서는 안 된다.(TPG 9.118)

BR 전 · 후 비교의 다른 이슈는 기능, 자산 및 위험들이 다른 당사자에게 항상 이전되는 것은 아니라는 점을 감안할 때, 개편된 기업이 상실한 기능, 자산 및 위험의 전체(basket)를 평가하는 것이 어려울 가능성이다.(TPG 9.119)

BR에서 BR 전 · 후의 비교는 BR 자체의 이해에 중요한 역할을 할 수 있고, 당사자들 간 이익 · 손실의 배분이 변경된 원인을 이해하기 위한 BR 전 · 후 비교가능성 분석의 일부일 수 있다. BR 이전에 존재했던 약정 및 BR 자체의 조건들에 대한 정보는 BR 이후의 약정이 실행된 맥락을 이해하고, 해당 약정이 정상가격인지 여부를 평가하는 데 긴요할 수 있다. 또한, 개편된 기업이 현실적으로 이용할 수 있는 대안들을 부각시킬 수 있다.(TPG 9.120)

BR 전 · 후의 사업에 대한 분석을 통해 일부 기능, 자산 및 위험들이 이전된 반면에, 다른 기능들은 위험을 부담하지 않는 개편된 기업(stripped entity)에서 여전히 수행된다는 것이 밝혀질 수 있다. 전형적으로, BR의 일부로서 기업은 외형상 무형자산 또는 위험이 제거되지만, BR 이후에도 종전에 수행한 기능들 중 일부 또는 전부를 계속 수행한다는 것이다. 실제 거래에 대한 정확한 파악을 통해서, 계약조건들이 당사자들의 행동과 부합하는지 여부를 포함하여, 해외 관계회사와 개편된 기업 간의 실제 상업적 · 재무적 관계가 결정될 것이다. 각 당사자에 대한 독립기업 보상은 BR 전 · 후에 실제 수행된 기능, 사용된 자산 및 부담된 위험과 일치해야 한다.(TPG 9.121)

예를 들어, 제품의 가치가 기술적 특성에 의해서가 아니라 브랜드에 대한 소비자 인지도에 의해 결정되는 제품을 제조, 판매하는 A국 ACo가 자체 마케팅 전략을 통해 개발한 큰 가치를 가진 브랜드를 소유한다고 가정하자. ACo는 브랜드와 관련된 상표권, 상호, 기타 무형자산 등 무형자산의 소유, 개발 및 활용과 연관된 위험들을 부담한다. 무형자산의 가치는 제품의 높은 소비자가격으로 나타난다. ACo는 그룹 관계회사들에게 인적 자원관리, 법률, 조세 등 중앙 용역들도 제공한다. 제품은 ACo와의 계약제조 약정에 의해 관계회사들에 의해 제조된다. ACo로부터 구입된 제품들은 관계회사들에 의해 판매된다. 계약제조업자 및 판매업자들에 대한 독립기업 보상을 지급한 후 ACo가 얻는 이익은 ACo의 무형자산, 마케팅 활동 및 중앙용역에 대한 보상으로 간주된다.

〈그림 4-87〉 BR 전・후의 비교를 통한 실제 거래의 파악

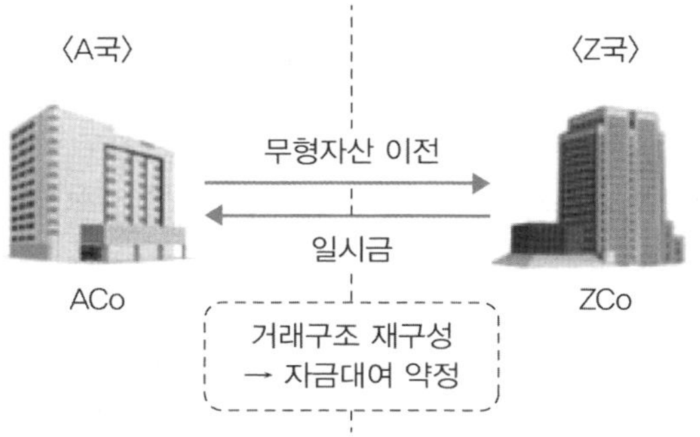

이제 위 〈그림 4-87〉에서 보는 바와 같이, 브랜드에 의해 대표되는 상표권, 상호 및 기타 무형자산의 법적 소유권이 일시금을 대가로 Z국에 새로 설립된 관계회사 ZCo로 이전된다고 하자. BR 이후 ACo는 ZCo와 다른 관계회사들을 위해 수행한 용역에 대해서 원가가산 이익률 기준으로 보상을 수취한다. 계약 제조업자, 판매업자 및 ACo의 용역에 대한 보상을 지급한 후 잔여이익은 ZCo에게 지급된다.

BR 전・후의 실제 거래는 다음과 같다. ZCo는 현지 신탁회사에 의해 관리되고, 기능을 수행할 종업원 또는 임원이 없다. 실제 무형자산의 소유・개발과 연관된 위험에 대한 통제기능을 수행하지 않고, 그러한 위험을 부담할 재무적 역량도 갖지 못한다. ACo의 고위 임원들은 ZCo의 운영에 필요한 전략적 결정을 형식적으로 승인하기 위하여 1년에 한 번 Z국을 방문한다. 이러한 결정들은 Z국에서 회의가 열리기 전에 A국의 ACo에 의해 준비된다. 이러한 전략적 의사결정 활동들은 중앙 용역들이 보상받는 것과 동일하게 원가가산 이익률 기준으로 보상받는다. 전세계 마케팅 전략의 개발, 유지 및 실행은 여전히 ACo의 동일한 종업원들에 의해 수행되고 원가가산 이익률 기준으로 보상받는다.

이 사례에서, ACo는 BR이 발생하기 전과 동일한 기능을 계속 수행하고 동일한 위험을

계속 부담한다. 특히, ACo는 무형자산의 활용 위험과 관련하여 역량을 보유하고, 통제 기능을 실제로 수행한다. 또한, 전세계 마케팅 전략의 개발, 유지 및 실행과 관련된 기능들을 수행한다. ZCo는 통제 기능을 수행할 역량을 갖지 못하고, 무형자산과 관련된 위험을 부담하기 위해서 필요한 통제 기능을 수행하지 않는다. 따라서, BR 이후 거래의 성격은 무형자산 관리의 집중화를 위한 BR이라기보다는, 실질적으로 ACo와 ZCo 간의 자금조달 약정(funding arrangement)이라는 결론에 이른다. 따라서 상업적 합리성에 대한 평가를 통해 거래의 부인 여부를 결정할 수 있다. 물론, 국내법상 일반 남용방지규정 또는 실질과세원칙의 적용이 가능하고, ZCo의 실질적 관리장소가 A국에 존재한다는 논리 구성도 가능할 것이다.(TPG 9.122-124)

또한, BR 이전의 거래가 특수관계거래가 아니기 때문에 BR 전・후의 비교가 가능한 상황도 있을 것이다. 예컨대, BR이 M&A를 수반하고, BR 이전의 독립기업거래와 BR 이후의 특수관계거래 간의 차이를 반영하기 위한 신뢰할 수 있는 조정이 가능한 상황이 있을 수 있다.(TPG 9.125)

마. 저비용지역 혜택

BR은 MNE 전체의 수익성에 긍정적 또는 부정적 영향을 미치는 사업상 변화를 수반한다. 예를 들어, 구매기능을 집중화한 결과 구매력 증가로 시너지효과를 얻을 수 있고, 또한 제조활동을 저임금 국가로 이전함으로써 저비용지역 혜택(location savings)이 발생할 수도 있다. 이러한 저비용지역 혜택 이슈는 전형적으로 선진국들과 개도국들 간에 견해가 다른 분야이다.

MNE 그룹이 기존사업의 종료비용, 새로운 지역에서의 높은 기반시설 및 운송비용, 현지 종업원에 대한 교육비용 등 이전과 관련된 가능한 모든 비용을 고려하여, 임금, 땅값 등의 비용이 당초 활동이 수행된 지역보다 낮은 특정 지역으로 일부 활동을 이전하는 경우가 있다.(TPG 9.126) BR로 인해 상당한 저비용지역 혜택이 있는 경우 이러한 혜택이 당사자들 간에 공유되어야 하는지 여부, 그렇다면 어떻게 공유되어야 하는지의 문제가 제기된다.(TPG 9.127) 이에 대한 해답은 유사한 상황에서 독립기업들이 무엇을 합의했을 것인지에 달려있다. 독립기업들 간에 합의했을 조건들은 통상 각 당사자의 기능, 자산 및 위험, 그리고 각자의 협상력에 달려 있다.

4 BR 상황에서의 거래구조 재구성 사례

가. 사실관계 및 거래구조

〈그림 4-88〉 특수관계자 간 자금거래의 재구성 사례

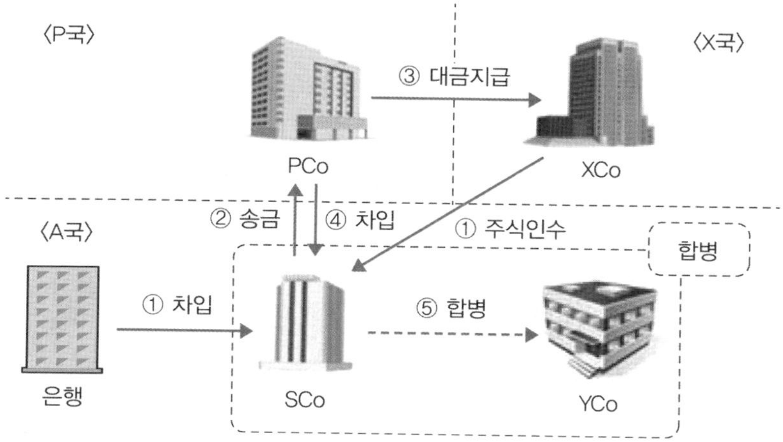

위 〈그림 4-88〉 사례에서 MNE 그룹인 PCo 그룹과 XCo 그룹은 글로벌 사업의 경쟁력 강화 차원에서 각 그룹의 현지 자회사들 간 합병을 추진하기로 하는 기본계약을 체결하였다. P국의 PCo는 여러 국가에서 두 그룹 간에 중복되는 사업과 관련하여 XCo의 현지 자회사들을 인수하되, 글로벌 사업구조 개편에 따른 M&A 자금부담을 줄이기 위해 먼저 PCo의 현지 자회사들이 XCo의 현지 자회사 주식을 인수한 후, 나중에 합병하는 방식의 M&A를 실행하기로 하였다.(소위, 주식인수 후 합병거래) 이를 위해 PCo의 A국 자회사인 SCo는 외국은행 A국 지점에서 거액의 주식인수 자금을 차입한 후 이를 곧바로 모회사인 PCo로 송금하였고 PCo와 XCo 간 기본계약에 따라 해당 주식인수 대금은 PCo가 XCo에게 지급하였다. 1개월 후 SCo는 모회사 PCo로부터 당초 주식인수 대금과 동일한 금액을 차입하여 외국은행 A국 지점에 상환하였다. 이와 관련하여, SCo는 은행 차입이자율이 5%인 반면 모회사로부터의 차입이자율은 4%여서 1% 차이만큼 이자비용 절감 효익이 있었기 때문에 외부 차입보다 모회사로부터의 차입이 더 합리적이라고 주장한다.

결과적으로 SCo는 과도한 주식인수대금 차입에 따른 거액의 이자비용 부담으로 차입 이

후 수년간 결손이 발생하게 되었다. SCo가 주식을 인수한 후 1년 뒤 YCo는 SCo를 흡수합병 함으로써 PCo는 YCo를 100% 지배하게 되었고, 3년 후 결국 PCo는 SCo에 대한 대여금을 출자로 전환함으로써 당초 의도대로 A국 자회사에 대한 지배 목적을 달성하였다.

나. 이전가격 조정 방법

쟁점 거래는 SCo와 PCo 두 특수관계자 간 자금거래이지만 모회사(PCo)의 대여거래, 즉 자회사(SCo)의 차입거래의 목적이 모회사의 글로벌 사업구조 개편과 관련되기 때문에 전체적 관점에서 BR거래로 접근해야 할 것이다.

BR 약정이 MNE 그룹전체 차원에서 상업적 타당성이 있다는 것만으로는 독립기업원칙을 충족하는 것으로 볼 수 없다. BR 약정은 BR 이후의 약정 및 BR 자체에 대한 보상 등 약정으로부터의 권리 및 기타 자산, 기대이익 및 현실적으로 이용가능한 대안들을 고려하여, 개별납세자 수준에서 독립기업원칙에 부합해야 한다. 따라서, 그룹전체 또는 모회사 관점만이 아니라 자회사 관점에서도 독립기업원칙과 부합할 때에만 BR로 인한 조세부담의 감소가 용인된다. 독립기업은 향후의 상업적 및 시장의 상황, 여러 대안들의 잠재이익 및 BR에 대한 보상 등을 포함한 모든 관련 조건들을 고려할 때, 거래를 체결하지 않을 대안을 포함하여 BR 조건들을 수용하는 것보다 명백히 유리한 하나 또는 그 이상의 현실적으로 이용할 수 있는 다른 대안을 가지는 경우에는 상대적으로 불리한 BR 조건들에 합의하지 않을 것이다.

〈그림 4-89〉 자회사의 모회사 차입거래에 대한 대안거래

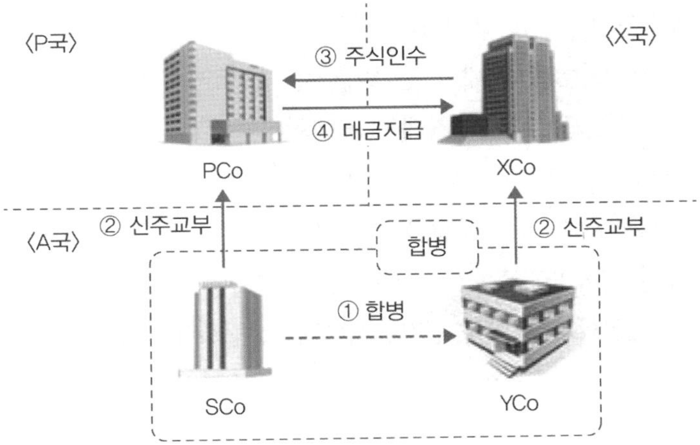

이 사례에서, 만약 SCo가 독립기업이었다면 위 〈그림 4-89〉의 대안거래를 통해서 이자비용을 부담하지 않고도 쟁점 거래와 동일한 결과를 가져오는 대안거래에 합의하거나, 아니면 자신에게 불리한 조건의 주식인수거래 자체를 체결하지 않았을 것이다. SCo 입장에서 볼 때, 쟁점 거래를 통해 매출액 증가 등의 시너지효익을 누렸기 때문에 쟁점 거래가 상업적 합리성이 있는 거래라고 주장할 수 있다. 그러나 이는 일종의 사후합리화(hindsight)로서 배제되어야 하고, 상업적 합리성 여부는 SCo의 차입을 발생시킨 거래, 즉 주식인수거래 체결시점에서 판단해야 할 것이다. 만약 SCo가 독립기업이라면 주식인수거래로 인한 미래의 기대이익은 불확실한 반면, 현재의 과도한 차입으로 인한 비용부담은 확정적이기 때문에 이에 대해 별도 약정상 아무런 보상이 없이는 그러한 거래에 동의하지 않았을 것이다.

납세자가 주장하는 시너지효과는 모회사 차입을 통한 주식인수거래를 통하지 않고도 SCo와 YCo 간의 합병만으로도 얻을 수 있다. SCo와 YCo가 먼저 합병을 하고 신설합병법인의 신주를 PCo와 XCo에게 각각 교부하면 합병으로 인한 시너지효과는 달성할 수 있다. 위 대안거래와 SCo와 YCo 간 합병거래의 차이는 PCo가 자기자금으로 XCo가 보유하는 신설합병법인의 주식을 인수하여 A국 신설합병법인을 지배하는지 여부이다. 이는 PCo의 사업목적이지 결코 SCo의 사업목적은 아니다. 결국, 납세자(SCo)가 주장하는 시너지효과는 주식인수거래 때문에 발생한 것이 아니라 합병거래 때문에 발생한 것이다. 궁극적으로, SCo는 자신의 관점에서 명백히 더 유리한 다른 대안이 있음에도 불구하고 자신에게 불리한 거래를 채택한 것이고, 이는 쟁점 차입거래가 자회사의 필요가 아닌 모회사의 기획과 지시에 의해 실행되었다는 것을 시사한다.

결론적으로, 독립기업원칙상 모회사의 M&A관련 지분인수에 필요한 차입금 조달의 도관역할을 한 SCo의 차입금에 대한 지급이자를 부인하는 것이 경제적·상업적 실질에 부합하다고 할 수 있다. 물론, 해당 거래의 조세회피 목적을 입증할 수 있는 명확한 증거가 있는 경우 국내법상 실질과세원칙의 적용도 가능할 것이다. 따라서, 정상가격 산출방법으로서 거래구조 재구성 논리는 사업목적의 부재 등 주관적인 조세회피 목적을 입증할 필요없이, 각 거래당사자의 관점에서 ORAs 등 객관적인 독립기업원칙의 충족 여부만으로 적용할 수 있기 때문에 과세당국 입장에서 보면 실질과세원칙보다 더 강력한 도구라고 하겠다.

제5편

국제적 조세회피 방지

제1장 국제적 조세회피 방지 접근방법

국제거래는 많은 조세회피 기회들을 제공한다. 조세회피는 일반적으로 납세자가 납부할 조세를 최소화하기 위하여 합법적 방식으로 체결하는 거래 또는 약정을 의미한다. 특히, 2000년대 이후 글로벌 경제가 지속 확대되는 가운데 IT기술의 혁신 덕분에 인터넷을 이용한 전자상거래가 고도화되고, 디지털 재화 및 서비스 거래가 보편화되는 등 본격적인 디지털 경제, 나아가 '제4차 산업혁명시대'가 도래하면서 국제거래를 이용한 조세회피 전략과 방법이 갈수록 진화하고 있다. 전통적인 조세회피처 이용, 조세조약 남용행위는 물론, 최근에는 디지털 재화・서비스를 포함한 무형자산 거래, 동일한 소득에 대한 각국의 세법 상 취급 차이를 이용한 조세차익거래(tax arbitrage), GAARs을 갖지 못한 국가의 경우 조세제도의 허점을 이용한 다양한 M&A 전략의 활용 등 최근의 변화된 국제조세 환경을 틈타 지속적으로 출현하고 있는 국제적 조세회피 수법은 각국의 과세당국들에게 많은 도전과제를 부여하고 있다. 근래 추진된 OECD/G20 주도의 BEPS 프로젝트도 그러한 국제적 조세회피 행위에 대한 각국의 공동대응 역량을 강화하려는 노력의 산물이라고 할 수 있다.

국제거래를 통해서 조세를 회피하는 방법을 예시하면 다음과 같다. 첫째, 납세자가 조세부담이 없거나 적은 국가로 자신의 거주지를 이동할 수 있다. 둘째, 납세자가 국내원천소득을 조세회피처에 설립된 법인 또는 신탁 등 특수관계 있는 외국단체에게 이전시킬 수 있다. 셋째, 납세자가 국외원천소득을 얻기 위하여 또는 국외에 소재한 자회사들로부터 배당을 수취하기 위하여 조세회피처에 자회사를 설립할 수 있다. 넷째, 배당, 이자, 사용료 등 투자소득에 대한 원천세를 경감하기 위하여 유리한 조세조약이 체결된 국가에 설립된 자회사들을 통해 해당 지급금을 우회시킬 수 있다. 다섯째, 소득구분, 소득귀속자, 소득인식시기 등에 대한 각국의 세법 상 취급 차이를 이용하여 절세효과를 최대화하거나, 어느 국가에서도 조세를 부담하지 않는 거래(stateless income)를 설계할 수도 있다.

국제적 조세회피를 방지하기 위해서는 외환통제가 효과적일 수 있지만, 대다수 국가들은 자유로운 자본의 이동을 위해서 외환통제를 포기하였다. 외환통제를 사용하지 않는 국가들은 국제적 조세회피에 대처하기 위하여 매우 다양한 조세조치들을 동원하고 있는데, 이러한 조치들을 예시하면 다음과 같다.

첫째, 대다수 국가들은 조세목적 상 거래를 부인할 수 있는 입법상 남용방지 규정 또는 사법상 남용방지 법리를 가지고 있다. 이러한 규정 및 법리들은 일반적으로 국제거래를 포함한 조세회피 거래 또는 약정에 적용된다. 입법상 남용방지 규정에는 특정 남용방지규정(SAARs)과 일반 남용방지규정(GAARs)이 있다. SAARs은 이전가격 규정, 과소자본 규정 및 이익축소방지(earnings-stripping) 규정, CFC 규정, 해외신탁 규정, 해외투자펀드(FIF) 규정, 도관방지(anti-conduit) 규정을 포함한다. GAARs은 국제적 조세회피 거래를 포함하여, 모든 유형의 남용적 조세회피를 다루기 위해 폭넓게 적용하고자 하는 목적을 가진다. GAARs은 한 거래 또는 일련의 거래들의 주요 목적 또는 주요 목적들중 하나가 조세를 회피하고, 거래를 남용, 방해, 무효화하거나 또는 관련 법령의 목적에 부합하지 않는 경우에 적용된다. 사법적 남용방지 법리에는 가장거래, 실질과세, 사업목적, 단계거래, 법률남용 법리 등을 포함한다.

둘째, 일부 국가들은 특정 조세회피처 남용을 다루기 위한 목적의 특별 규정(special tax haven provisions)을 가진다. 예컨대, 독일은 조세회피처로 주소를 옮긴 인들에 대해서 특별세를 부과한다. 납세자가 거래의 진정성을 입증하지 못하는 경우 조세회피처 단체에 지급한 이자, 사용료 또는 용역대가에 대한 비용공제를 부인하는 국가들도 있다. 즉, 납세자에게 그러한 비용공제의 정당성에 대한 입증책임을 부여한다.

셋째, 대부분의 국가들은 특수관계 납세자들이 소득과 비용을 다른 국가로 이전하기 위하여 인위적으로 높거나 낮은 가격에 거래를 실행하는 것을 방지하기 위한 이전가격(transfer pricing) 규정을 가지고 있다.

넷째, 일부 국가들은 조세회피처에 설립된 CFC에게 수동적 소득과 기타 특정소득의 전환 및 유보를 방지하기 위한 CFC 규정을 채택하고 있다.

다섯째, 일부 국가들은 해외 뮤추얼펀드, 단위신탁(unit trusts) 또는 유사한 단체에 투자하는 거주자의 국내조세의 이연을 방지하기 위하여 해외투자펀드(foreign investment fund: 이하 FIF) 규정을 채택하고 있다.

여섯째, 일부 국가들은 조약쇼핑을 방지하기 위하여 조세조약 또는 국내법령에 명시적 규정을 포함하고 있다. 조약쇼핑은 비거주자가 조약혜택을 얻기 위하여 통상 특정 국가에 법적 단체를 설립하는 행위이다.

일곱째, 과소자본(thin capitalization) 규정은 내국법인의 외국주주들이 비용공제되지 않는 배당 대신에 비용공제 되는 이자의 형태로 법인이윤을 유출하기 위하여 과도한 부채를 이용하는 것을 방지하기 위한 것이다. 이익축소방지(earnings-stripping) 규정은 과도한 이자비용 공제를 청구하는 내국법인과 기타 단체를 보다 폭넓게 규제하기 위한 것이다.

여덟째, 국외 특수관계인에 대한 재산 양도차익 과세 또는 국적포기세 또는 출국세(expatriation or exit tax) 규정이다. 일부 국가들은 가치가 증가된 재산이 국외 특수관계인에게 이전될 때 평가이익이 과세될 수 있도록 해당 자산이 공정시장가치에 양도된 것으로 간주한다. 그렇지 않으면, 해당 차익에 대한 국내 조세가 전부 회피될 수 있기 때문이다. 또한 일부 국가들은 납세자가 거주지를 국외로 이전할 때 국적포기세(출국세)를 부과한다.

아홉째, 연쇄 대여거래는 납세자가 직접 이용할 수 없는 조세혜택을 얻기 위한 조세회피 수단으로 이용된다. 원천세 경감과 같은 조세조약 혜택도 연쇄 대여거래를 통해서 부당하게 얻을 수 있다. 연쇄 대여거래는 자금을 금융기관을 통해서 수월하게 이동시킬 수 있기 때문에 금융거래에서 특히 흔하다.

열 번째, 우회배당(surplus stripping)은 법인의 잉여금 또는 세후이익이 배당 이외의 형태로 주주에게 실질적으로 배분되는 경우이다. 국외주주에 대한 우회배당 거래는 통상 원천세 대상인 배당을 조약상 비과세인 양도차익으로 전환시키기 위하여 법인의 주식양도 형태를 가진다. 따라서 국가들은 SAARs 또는 GAARs을 통해서 국외주주에 대한 우회배당 거래를 방지하고자 한다.

열한 번째, 혼성거래는 양국에서 단체, 거래 또는 약정을 다르게 취급하고, 조세혜택을 얻기 위해 이러한 상이한 취급을 이용하는 상황을 일컫는다. 예를 들어, 한 국가는 내국법인 발행 우선주를 법적 형식에 따라서 주식으로 취급하는 반면에 다른 국가는 부채로 취급하는 경우, 이러한 취급상 불일치가 조세혜택을 만들기 위해 이용될 수 있다. 법인의 거주지국이 주식에 대한 지급금을 이자로 취급하는 경우, 해당 지급금은 비용공제되어 해당 국가의 세원을 축소시킬 것이다. 만약 해당 지급금 수취인의 거주지국이 지급금을 배당으로 취급하는 경우, 지분소득 면제제도의 결과 해당 배당은 과세 면제될 것이다.[1)]

1) Brian J. Arnold, *op.cit.*, pp.115-118

제2장 국내법상 조세회피 방지규정

도관회사, 조약쇼핑, 그리고 더 넓게는 조세조약의 남용 상황 등 국제적 조세회피에 대처하는 많은 방법들이 있다. 이들 방법에는 조세조약상 SAARs 또는 GAARs을 활용하는 방법과 국내법상 실질과세원칙 또는 경제적 실질 접근방법 등을 활용하는 방법이 있다. 국제적 조세회피에 대한 조세조약 상 대응방법은 제2편 제3장 조세조약의 남용에서 상세히 다루었으므로, 여기서는 국제적 조세회피에 대한 국내법상 대응방법을 소개한다.

1 일반 남용방지규정(GAARs)

가. GAARs의 의의 및 유형

일반 남용방지규정(general anti-avoidance rules: 이하 GAARs)는 조세회피에 대응하기 위해 설계된 일련의 광범위하고 원칙에 토대한 규정들이다. GAARs은 조세혜택을 얻는 것 외에는 어떤 상업적 목적 또는 경제적 실질을 갖지 못한 것으로 판단되는 거래 또는 약정의 조세혜택을 과세당국이 부인할 수 있는 메카니즘을 제공한다.2)

GAARs은 시민의 납세의식, 과세 및 법률 해석에 관한 사법부의 관점, 정치적 이슈에 대처하는 입법자의 의지 또는 입법부의 경향 등 국가 조세시스템의 많은 측면을 보여준다. GAARs 또는 조세회피의 구성요소가 무엇인지, 개념적 지향점이 무엇인지에 관한 보편적 이해는 없는 것 같다. GAARs의 개념에는 다양한 스펙트럼이 존재한다. 대부분의 국가에서 GAARs은 법률 규정의 형태를 지니지만 항상 그런 것은 아니고, 사법적 해석에 토대한 법리 접근방법이 GAARs로 간주될 수도 있다.

조세시스템의 완전성을 보장하기 위한 수단으로서 GAARs에 의존하는 장·단점에 대

2) Hyejung Byun & Soo Jean Park, "Ch.32 : South Korea", GAARs - A Key *Element of Tax Systems in the Post-BEPS World*, European and Int'l Tax Law and Policy Series Vol.3, IBFD, 2016, p.633

해 다양한 견해가 존재한다. 단점으로 가장 흔히 언급되는 것은 납세자 입장에서의 불확실성, 그리고 선택적 적용에 따르는 불공정성이다. 두 가지 문제점은 연관돼 있다. 왜냐하면, GAARs은 오직 사실관계에 따라 적용되는 것이기 때문에, 납세자들은 자신들이 의도한 행위들이 GAARs이 적용될 경우 어떤 조세결과를 가져올 것인지를 확실히 알지 못하기 때문에 세후수익률을 예측하여 투자할 수 없다는 것이다. 동일한 이유로 세법이 동일한 상황에서 납세자마다 다르게 적용될 것이다. 특정한 상황에서 모든 납세자에 대한 일반원칙을 규정하는 실체적 세법규정과 달리, GAARs은 납세자의 목적을 포함하여 그 요소들을 사안별로 독립적으로 적용하고, 각 사안은 별도로 고려된다. 유사한 거래를 체결한 일부 납세자 그룹만이 세무조사의 대상이 되고, 또한 오직 일부 거래만이 GAARs이 적용되는 거래로 확인될 것이다. 결국 모든 납세자에 대한 공평한 적용이 불가능하다는 것이다.

그러나, 찬성론자들은 이러한 우려가 과장되었다고 주장한다. 일단 과세당국의 GAARs 적용의 결과가 시장에 알려지는 경우, 납세자들은 특정 유형의 거래들이 GAARs의 적용을 받을 수 있다는 것을 알게 되어 유사한 행위를 방지함으로써 GAAR가 실체적 규정에 대한 보완 장치로서 작용할 수 있다는 것이다. GAARs의 내재적 불확실성이 존재한다는 것은 인정하지만, 이는 납세자의 모든 대안거래들을 예상할 수 없는 입법자의 한계를 고려할 때 세원의 완전성 보호라는 더 큰 목표를 위해 치러야 하는 대가라는 것이다.[3)]

GAARs의 유형은 일반적으로 다음 4가지로 나눌 수 있다. 첫째, '행위 및 혜택(acts and benefits) 유형'이다. 과세당국에게 조세혜택 부여 목적의 거래들을 확인하도록 한 후, 납세자가 조세감소 전략을 사용하지 않았더라면 채택했을 것으로 추정되는 가상의 거래에 토대하여 납세의무를 재계산하도록 허용하는 것이다. 이 유형은 경제적 실질을 확인할 필요가 없이 실행된 행위들과 실현된 혜택을 관찰한다. 이 유형은 영국, 캐나다, 호주, 인도 등 대부분의 영연방 국가에서 채택하고 있고, 중국, 이태리에서도 발견된다. 둘째, '실질우위 규정(substance-over-form rule)'이다. 법률 또는 사법적 관행에 의해, 거래의 법적 형식이 아닌 경제적 실질에 따라서 세법을 해석·적용하도록 하는 것이다. 통상 과세당국에게 경제적 실질을 보다 잘 반영하는 가상의 법적 거래를 토대로 납세자를 재평가하도록 허용한다. 셋째, 사법적 GAARs 유형이다. 이는 법원이 법률남용 원칙을 폭넓게 채택하는 것에 토대를 두고 있다. 넷째, 입법적 법률남용(statutory abuse of law) 유형이다. 이 유형은 납세자가 허위의 약정 또는 법적으로는 유효하지만 세법 의도를 훼손하는

3) Richard Krever, "Ch.1 : General Report: GAARs", *GAARs - A Key Element of Tax Systems in the Post-BEPS World*, European and Int'l Tax Law and Policy Series Vol.3, IBFD, 2016, pp.1-3

거래에 적용된다.

GAARs은 전통적인 조세혜택의 확인 또는 경제적 실질 또는 법률남용 규정 등 어떤 형태를 가지는지 여부와 상관없이, 납세자가 조세를 절감하기 위해 선택한 법적 형식과는 다른 가상의 대안거래에 토대한 재평가를 허용하는 경우에만 효력을 발휘할 수 있다. 명시적인 재구성 규정의 경우에는 납세자가 채택한 거래 대신에 과세당국이 적절한 거래를 대체하도록 허용된다. 반면에, 경제적 실질 규정은 세법을 직접 적용하지만 법률에 부합하도록 상황을 해석하는 토대하에 평가하는 기회를 열어둔다. 예를 들어, 자본을 회피하기 위해 부채의 형식을 갖는 복잡한 거래를 체결한 납세자 사례의 경우, 명시적 재구성 규정 하에서는 과세당국이 납세자가 채택한 약정을 가상의 거래(자본공여)로 대체하는 것이 허용된다. 경제적 실질 접근법에서는 과세당국이 전체 거래를 검토하여 실질이 자본공여라는 것을 밝혀내어 부채에 대해 직접 세법을 적용한다. GAARs의 명시적 또는 암묵적 재구성에 토대한 것인지 상관없이, 과세당국이 가상의 대안거래에 토대하여 재평가하는 권한을 갖는다는 점은 명확하다.[4)]

나. GAARs의 적용상황 및 요건

가장 흔한 첫 번째 상황은 세법이 거래의 형식 또는 구조와 관련하여 대안적 조세결과들을 허용하고, 납세자가 높은 조세부담을 초래하는 대안이 아닌 조세부담을 감소시키는 대안을 채택하여 거래를 한 경우이다. 이 경우 납세자는 적용 세법의 규정을 전환시키기 위해 거래의 형식을 변경한다.

이를 위해 납세자는 종종 높은 조세부담을 초래하는 단순한 거래 대신에 다단계 및 다수 당사자 거래를 체결한다. 예를 들어, 자금을 직접 대여하는 대신에 중간에 법인을 개입시켜 대주에게 지급하는 이자소득을 배당소득으로 전환하는 것이다. 유사하게, 부동산 또는 주식을 직접 취득하는 대신에 중간법인을 이용하여 취득할 수 있다. 이 경우 만약 중간법인의 지분에 대한 양도차익이 비과세·감면 대상이라면 기초자산이 아니라 중간법인의 지분형식으로 양도하는 것이 유리할 수 있다. 다른 사례로, 인적용역 대가를 자산으로 전환하기 위해 특허 등 지식재산권을 창출하는 것인데, 자산을 중간단체에 이전하여 더 낮은 세율을 적용받게 할 수 있다.

두 번째 상황은 납세자가 대안 구조 및 거래를 체결하는 것이 아니라 단순히 거래를

4) Richard Krever, *op.cit.*, pp.1-3

다른 형식으로 재포장(relabelling)함으로써 특정 세법규정을 다른 규정으로 전환하고자 하는 경우이다. 예를 들어, 근로용역을 제공하는 인이 종업원보다 계약자인 경우 더 낮은 조세를 부담하는 경우, 당사자들은 실제 근로조건의 아무런 변화가 없더라도 해당 계약이 고용계약이 아닌 독립적 용역계약으로 대체하는 데 합의할 수 있다. 유사하게, 투자자는 실제로는 차입자의 이익에 토대하여 변동이자율이 적용되는 자본의 공여를 서류상으로 부채로 기재하는 방식으로 법인에 투자할 수 있다. 그러한 거래들은 이론상으로는 민법상 가장거래로 부인될 수 있다. 이러한 접근방법의 문제점은 거래를 대체하기 위한 재평가의 논거로 이용될 수 있는 재구성 규정이 없다는 점이다. 거래재구성 법리에 의존하여 과세당국은 쟁점 이슈에 대해 납세자의 평가를 변경할 수 있다. 그러나, 이러한 재구성을 해당 거래의 거래당사자와 관련한 모든 이슈들에게까지 확장하는 것은 훨씬 더 어려울 것이다.

세 번째는 납세자가 법원에 의해 수용된 세법 규정의 문언해석을 악용하고자 하는 경우인데, 이것이 그 규정들의 목적에 부합하지 않는 상황이다. 예를 들어, 모든 세법은 오직 순이익에 대해 과세하도록 소득 창출을 위해 발생된 비용만을 공제하도록 허용한다. 비용 중 일부는 소득 창출을 위해, 그리고 일부는 소득창출과 관련이 없는 조세목적을 위하여 발생된 이중 목적의 비용이 존재할 수 있다. 이 경우 비용공제 조항의 목적을 무시하고, 오히려 다른 조세목적을 달성하기 위해 의도적으로 기대소득을 초과한 비용공제를 허용하는 법률의 해석을 극복하기 위해 GAARs이 이용될 수 있다.[5)]

GAARs 적용의 출발점은 거의 항상 주관적 기준(subjective test), 즉 쟁점 거래 또는 약정을 이용하는 납세자의 목적이 조세회피인지 여부이다. GAARs은 납세자의 목적을 결정할 때 객관적 지표가 이용되도록 설정하거나 또는 객관적 요소들이 GAARs에 포함되도록 할 수 있지만, 결국은 납세자의 목적이 입증되거나 아니면 부인될 필요가 있다. 그러나, '목적(purpose)'의 개념이 주관적인 것으로 들릴 수 있지만, 예컨대, "납세자의 주요 목적이 조세혜택을 얻는 것으로 결론내리는 것이 합리적인지 여부"와 같은 객관적 기준을 채택함으로써 보다 객관적인 방식으로 설계할 수 있다.

납세자의 목적은 쟁점 거래가 얼마나 폭넓게 정의되는지에 달려있다. 납세자들은 거래의 궁극적 목적이 구입, 판매, 투자 등 경제적 결과였다는 것을 거의 항상 입증할 수 있다. 따라서 과세당국의 전략은 전체 계획의 상업적 목적을 검토하는 것이 아니고, 조세절감 이유로 행해진 보조적 단계들에 대한 타당한 상업적 설명이 없다는 점을 주장하는 것이

5) Richard Krever, *op.cit.*, pp.5-7

다. 전체적인 상업적 결과의 달성 목적과 이를 위한 특정 경로의 채택을 통한 조세절감 목적은 차이가 있다.

GAARs 적용에 필요한 조세회피 목적의 기준에 많은 차이가 있다. GAAR 적용기준으로서 조세혜택을 얻는 것 외에 다른 합리적 이유가 없는 경우, 정당한 상업적 이유가 없는 경우, 또는 조세혜택을 얻는 것이 유일한 목적인 경우 등 오직 조세회피 목적만을 요구하는 높은 한도 기준을 채택한 사례는 많지 않다. 오히려, "조세혜택을 얻는 것이 주된(main), 일차적인(primary) 또는 더 큰(greater) 목적인 경우"에 GAAR가 적용된다. GAAR의 한도 기준을 확인하기 위해서는 GAAR의 전체적 맥락에서 목적 기준을 판단할 필요가 있다. 예를 들어, GAAR가 객관적 지표들을 사용하여 한도 기준의 충족 여부를 판단하고, 그렇지 않을 경우 납세자가 입증하도록 입증책임을 전환하는 방식으로 설계된다면, '주된 또는 유일한' 목적 기준과 같은 외견상으로 보면 높은 한도 기준도 완화될 수 있을 것이다. 과세당국이 실제로 발생한 조세회피 행위에 대한 가상의 대안거래를 개발하고, 그러한 가상거래에 토대하여 평가하도록 허용되는 경우에만 조세는 회수될 수 있다. 즉, 납세자가 실제로 취한 조치들과 동일한 경제적 결과를 가져오는 가상의 대안거래 또는 재구성거래와 같은 특정 거래에 토대해서만 조세가 부과될 수 있다.[6)]

다. GAARs와 조세조약

OECD모델 주석은 국내법상 GAARs가 조세조약 적용과 양립할 수 있다고 언급한다. 대다수 국가들에서 조약이 국내법보다 우선 효력을 갖는다는 사실에도 불구하고, 국내법상 GAARs이 조세조약에 적용될 수 있다. 어떤 의미에서 국내법상 GAARs와 국내법보다 우선 적용되는 조약의 양립성은 조약 자체에서 연유한다. 따라서, 조세조약에 국내법상 GAARs의 적용을 방해하지 않는다는 조항을 포함하거나, 조약남용의 시도 거래에 대처하기 위해 국내법상 GAARs이 이용될 수 있다는 점을 부속서류를 통해 합의할 수도 있다. 그러나, 대부분의 조세조약은 국내법상 GAARs에 대해 언급하지 않는다. 국내법상 GAARs에 의한 조약혜택 부인을 허용하는 명시적 규정이 없더라도, 법원은 일반적으로 조약남용 거래에 대해서 GAARs의 적용을 허용할 것이다.

외관상 상충 문제를 해결하는 방법은 국내법과 조세조약이 적용되는 순서에 있다. 조약이 특정 소득에 대한 한 국가의 과세권을 배제 또는 부여하는 경우 또는 국내법상 세율보

6) Richard Krever, *op.cit.*, pp.7-11

다 낮은 제한세율을 규정하는 경우, 조약이 우선 적용될 것이라는 것은 의심의 의지가 없다. 그러나, 조약이 원용되기 이전에 국내법은 조약이 적용될 소득을 결정할 것이다. 조약이 명시적으로 다루는 국내법의 부과 또는 세율 규정과 달리, GAARs은 조약이 어떻게 적용될 것인지를 고려하기 이전 단계에서 과세당국에게 소득을 재구성하고 계산하도록 허용함으로써 국내법의 배후에서 작동된다. 쉽게 말해서, 어떤 거래가 GAARs의 재구성 규정이 적용된 이후 국내법상 다르게 평가된다면, 조약은 더 이상 존재하지 않는 거래에 적용될 여지가 없다. GAARs의 작동에 대한 이러한 해석은 조세조약과 OECD모델 주석과 부합한다. 이는 조약배제를 가져오지 않는다.

조약관련 거래에 GAARs을 적용하게 되면 비거주자에 대한 과세를 수반하고, 이는 조세 징수방식의 문제를 제기할 수 있다. 예를 들어, 제3국 투자자들이 원천지국 자산의 양도소득세를 회피하기 위하여 체약국에 설립된 지명인 또는 지주회사를 통해 투자하는 경우, 해당 거래를 조약의 보호밖에 있는 최종소유자에 의한 직접 양도로 재구성하기 위해 GAARs이 이용될 수 있다. 그러나, 원천지국 납세자에 대한 원천징수 부과방식이 존재하지 않는다면, 원천지국의 과세당국은 결국 조세회피처 단체에 과세를 하게 되고 이는 조세징수의 문제를 야기할 수 있다.[7)]

라. 주요국 사례

(1) 미국

(가) 의의

미국 세법은 전통적으로 납세자의 거래구조와 다르게 거래를 재구성하는 권한을 국세청(IRS)에게 부여하는 GAARs을 회피해 왔다. 이러한 GAARs 거부의 원인은 시민에 대한 정부 권한을 제한하고자 하는 미국 법률문화에서 찾을 수 있을 것이다. 따라서 남용방지 수단에 대한 현실적 필요성은 사법적으로 발전된 법리 및 기타 특정 법률 또는 규정에 의해 주로 충족되어 왔다. 이들은 조세회피 개념과 같은 규범적 정의에 의존하지 않고 다소 기술적으로 적용되는 경향이 있다.

GAARs에 호의적이지 않은 일반적 경향에도 불구하고, GAARs와 관련하여 다음 두 가지 규범들이 고려될 수 있다. 첫째, 미국의 이전가격세제인 내국세입법(IRC) 제482조

7) Richard Krever, *op.cit.*, pp.14-16

이다. 제482조는 특수관계자 소득과 관련하여 IRS에게 상당한 재량권을 부여한다는 점에서 GAAR와 유사한 규정으로 작동하고 있다. 이전가격 규정들은 다양한 SAARs와 함께 남용행위들 중 일부를 대상으로 하고 있지만, 두 규정들은 독립적으로 동시에 적용된다. 미국 정부와 법원은 제482조를 명확히 제한적 이전가격 규정으로 해석해왔기 때문에 제482조를 전통적 GAARs와 동일한 범주에서 논의하기는 어려울 것이다.

둘째, 2010년 소위 경제적 실질 법리(economic substance doctrine)를 성문화한 IRC 제7701(O)조이다. 본 조문의 중요한 영향은 어떤 거래가 경제적 실질을 가지기 위해서는 i) 거래가 조세효과와 상관없이 납세자의 경제적 지위를 의미있게 변화시키고, ii) 거래를 수행하는 상당한(substantial) 사업목적을 가져야 한다는 점을 명확히 한 것이다. 그러나 모든 거래가 조세와 관계없는 사업목적을 가져야만 한다는 의미는 아니다. 왜냐하면, 경제적 실질 법리가 어떤 거래와 관련되는지 여부의 결정은 상기 기준의 적용에 앞선 것이고 그 내용과 상관없이 이루어져야 하기 때문이다. 법원과 IRS가 이 조항을 어떻게 해석하는지는 아직 명확하지 않다. 경제적 실질 법리 성문화의 주된 영향은 경제적 실질이 결여된 거래의 원인이 되는 과소납부에 대해 가산세가 부여된다는 점이다. 그러나, 언제 동 법리가 적용되어야 하는지에 대한 법률적 규범을 규정하지 않고 단순히 적용을 위한 제도와 법적 수단을 규정하고 있기 때문에 진정으로 경제적 실질 법리를 성문화한 것이 아니라는 견해도 있다. 또한, 본 조문이 다른 사법적 법리에 영향을 미치지도 않는다. 따라서 제7701(O)조와 전통적 GAARs을 상세히 비교하기는 어렵다는 의견이 제기되고 있다.[8)]

(나) 적용요건

미국의 남용방지 조치들은 일반적으로 주관적 기준보다는 객관적 기준을 강력히 선호한다. GAARs을 대체하는 사법적 법리들도 이러한 선호를 보여준다. 법원은 입법적 GAARs의 결여로 인해 명시적으로 SAARs에 포섭되지는 않지만 남용적인 또는 의회의 의도에 반하는 것으로 인식되는 거래에 직면하여 GAAR와 사법적 법리들을 발전시킴으로써 이에 대응해 왔다. 그 결과 IRS는 SAARs에 의해 포섭되지 않는 거래에 대처함에 있어서 이러한 법리들을 이용해 왔다. 이들 법리들은 국내거래와 국제거래에 동일하게 적용된다.

8) Shay Menunchin and Yariv Brauner, "Ch.38 : United States", GAARs - *A Key Element of Tax Systems in the Post-BEPS World*, European and Int'l Tax Lawand Policy Series(Vol.3), IBFD, 2016, pp.765-767

이들 법리들의 발전에서 중요한 사건이 〈Gregory v. Helvering(1935)〉 판결이다. 이는 납세자가 오직 조세절감 목적으로 일련의 거래를 통해 통상적인 배당소득을 양도소득으로 전환하고자 시도한 사건이었다. 대법원은 사업목적이 없다는 이유로 거래들을 부인하였는데, 이 사업목적 법리(business purpose doctrine)는 보통 경제적 실질 법리 등 다른 법리와 함께 논의되지만, 종종 독립적인 법리로 언급되기도 한다.

또한, GAARs와 가장 유사한 사법적 법리가 실질우위 법리(substance over form doctrine)이다. 실질우위 법리는 다양한 상황에서, 특히 국제적 맥락에서 조세조약 혜택을 얻기 위해 단순한 도관 또는 위장회사(shams)로 이용된 중간단체를 부인하기 위해 여러 사건에서 이용되었다. 그러한 조약쇼핑 행위는 특정한 수동적 소득의 상대적 이동성과 유연성을 이용하는 것이다. 위장법리(sham doctrine)는 실질우위 법리의 다른 표현이다. 그러나 법원은 일반원칙으로서 법인의 인격을 인정하는 입장을 엄격히 고수하면서, 어떤 단체를 설립할 정당한 사업목적이 없을 경우에만 법인격을 부인하였다.

이러한 맥락에서 미국 사법적 법리의 발전은 BO의 발전과 함께해 왔다. 현재의 판례 경향으로 볼 때, BO는 단순한 연쇄(back-to-back) 거래를 초월하는 조약쇼핑의 제한에는 큰 역할을 하지 못한다. 적은 위험을 부담하고 약간의 독립적 기능을 수행하더라도 중간단체가 조약혜택을 받을 수 있기 때문이다.

한편, 단계거래 법리(step transaction doctrine)에 의하면, 조세목적 상 형식적으로 독립된 거래단계들이 하나로 거래로 간주된다. 이 법리는 실질우위 법리의 다른 변형으로 평가될 수 있다. 여러 거래단계들이 통합되어야 하는지 여부를 결정할 때, 법원은 통상 다음의 3가지 기준을 적용해 왔다. 첫째, '구속력 있는 확언' 기준(binding commitment test)으로서 첫 단계 거래시 후속 단계를 수행하기로 구속력 있는 확언이 있는 경우에만 일련의 거래들이 통합된다는 것이다. 둘째, '상호의존성' 기준(interdependence test)으로서 여러 단계들이 상호 의존적이어서 한 거래에 의해 창출된 법적 관계가 모든 단계들을 마치지 않고는 의미가 없게 될 때 일련의 거래들이 통합된다는 것이다. 셋째, '최종결과' 기준(end result test)으로서 거래들의 착수 시점에서 당사자들의 의도가 특정한 결과를 달성하는 것이고 각 단계들이 모두 그 결과를 달성하기 위해 수행될 때 일련의 거래들이 통합된다는 것이다. 단계거래 법리는 납세자가 조세조약 혜택을 얻기 위해 특정한 방식으로 거래를 구조화하지 못하도록 하기 위해 법원에 의해 이용되어 왔다.[9)]

---

9) Shay Menunchin and Yariv Brauner, *op.cit.*, pp.767-778

(다) 조세조약에 대한 적용

일반적으로 조세조약과 국내 연방법은 동일한 수준으로 간주되며, 상충이 있는 경우 신법우선의 원칙이 적용된다. 따라서 조약비준 이후에 제정된 국내법은 양자 간에 상충이 있는 경우 해당 조약보다 우선 적용된다. 미국은 VCLT에 서명은 하였지만 상원이 승인을 하지는 않았다. 그럼에도 불구하고 VCLT의 다수 조항들은 미국에서 국제관습법으로 간주되고 있다.

국내거주자(outbound) 사안과 비거주자(inbound) 사안은 구분되어야 한다. 국내거주자 사안의 경우, US모델조세협약과 미국이 체결한 조세조약들은 예외조항(saving clause)을 가지고 있고, 이 조항에 따라서 조약규정과 잠재적 상충이 있을 경우 조약은 미국 정부가 자국의 시민과 거주자에 대해 과세하는 것을 금지 또는 제한하지 못한다. 즉, 이러한 상황에서 미국은 조약이 적용되지 않는 것처럼 자국의 시민과 거주자에 대해 과세할 권리를 가진다. 비거주자 사안의 경우에는 그러한 예외조항이 없기 때문에 종종 국내 SAARs와 조약규정 간에 상충이 발생한다.

1993년 도입된 도관회사 방지규정(anti-conduit rules)은 1970년대 이래 형성된 판례와 IRS 해석지침을 입법화한 결과이다. 이 규정들은 적격 소득수취인만이 조약혜택을 받아야 하고, 납세자들이 그러한 권리가 있을 경우에만 혜택이 부여되도록 보장한다. 〈Aiken Industries(1971)〉 판결에서 보는 바와 같이 미국 법원은 조약용어, 특히 수취(received by) 개념에 대한 해석 등을 통해서 조약배제 문제가 제기될 필요가 없도록 하였다. 최근 미국이 체결한 조세조약들은 예컨대, BO 조항, LOB 조항, 예외조항 등 다수의 조세회피 방지규정을 포함하고 있지만, 일반적 '주요목적 GAAR' 또는 PPT 조항을 도입하고 있지는 않다.[10)]

(2) 영국

(가) 개요

영국은 오랫동안 입법적 GAARs이 아닌 사법적 남용방지 법리에 의해 조세회피에 대응해 왔으나, 마침내 2013년 입법적 GAAR를 도입하였다. 영국의 GAAR는 모든 조세회피 사안에 대응하는 것이 아니라, 사전에 정의된 악의적인 남용 영역만을 포섭하는 것이다.

10) Shay Menunchin and Yariv Brauner, *op.cit.*, pp.785-788

조세사건의 해석에 대한 초기 견해는 〈Duke of Westminster(1936)〉 판결[11])서 찾아볼 수 있다. 납세자는 조세절감을 위해 정원사에게 급여를 주는 대신에 특정 기간 종료시 급여에 상응한 금액을 지급하기로 합의하는 계약을 체결하였다. 당시 세법에 따르면 이러한 계약은 납세자에게 비용공제를 허용하고 이를 통해 납세자는 조세부담을 줄일 수 있었다. 국세청은 이러한 계약을 탈세로 보고 과세했으나 패소하였다. 그러나, 이후 사건들에서 법원은 거래의 전반적인 결과를 검토함으로써 이러한 영향은 약화되었다. 법원이 보다 제한적인 새로운 접근방법을 채택한 경우가 'Ramsay 원칙'이다. Ramsay 원칙은 조세회피 사건에서 법원에 의해 발전된 법령해석에 대한 접근방법(목적론적 해석)을 가리킨다. 즉, 법원에게 복잡한 거래의 각 단계를 분리하기보다는 거래의 전체적인 결과를 검토하도록 허용한다. 참고로, 〈Ramsay Case(1981)〉[12])는 상당한 양도소득을 얻은 법인들이 양도소득세를 회피할 목적으로 인위적인 양도차손을 창출시키는 복잡하고 자기 모순적인 일련의 거래들을 체결한 사안에서, 대법원은 거래가 조세회피 목적 이외에 다른 상업적 목적을 갖지 못한 사전에 준비된 인위적 단계들인 경우, 전체적인 거래의 결과에 대해 과세를 하는 것이 적절한 접근방법이라고 판시하였다.

한편, 영국 정부는 2013년 재정법에 GAARs을 도입하여 2013.7월부터 발효되었다. 영국의 GAARs은 소득세, 법인세 등 직접세와 사회보장기여금에는 적용되지만 부가가치세에는 적용되지 않는다.[13])

(나) 적용요건 및 절차

영국의 GAAR는 온건하고 특정 대상을 목표로 하는 GAAR로서, 이는 '이중합리성 기준(double reasonableness test)'에서 발견할 수 있다. 모든 상황들을 고려할 때 조세이익(tax advantage)을 얻는 것이 약정의 주요 목적(main purpose) 또는 주요 목적들 중 하나라고 결론을 내리는 것이 합리적이라면, 해당 약정은 남용적 조세약정에 해당한다. "결론을 내리는 것이 합리적"이라는 문구는 주요 목적 기준이 객관적 기준임을 보여주는 것이다.

이중합리성 기준은 수용가능한 조세약정의 기준을 제공한다. 이는 판사 스스로 생각에

11) IRC v. Duke of Westminister(1936) A.C.1; 19 TC 490.

12) W.T. Ramsay Ltd. v. Inland Revenue Commissioners, 1981

13) Judith Freedman, "Ch.37 : United Kingdom", *GAARs - A Key Element of Tax Systems in the Post-BEPS World*, European and Int'l Tax Lawand Policy Series(Vol.3), IBFD, 2016, pp.741-748

무엇이 합리적인 것이었을지를 결정하는 것이 아니라, 객관적 입장에서 합리적으로 판단할 때 무엇이 합리적인 것으로 간주될 수 있는지를 결정하는 것이다. 따라서 이를 평가할 때 고려될 수 있는 특별한 증거 규정들이 존재한다. 법원은 첫째, 해당 약정의 실체적 결과가 그러한 세법 규정들이 (명시적이든 암묵적이든) 토대하고 있는 원칙들 및 정책 목표들과 부합하는지 여부, 둘째 그러한 결과를 달성하는 수단들이 하나 이상의 작위적인 또는 비정상적인 단계들을 수반하는지 여부, 셋째 해당 약정이 그러한 세법 규정들의 약점을 이용할 의도를 가지는지 여부 등을 고려해야 한다. 남용 여부를 결정할 때 합리성은 확립된 관행에 비추어 판단되어야 한다.[14)]

GAAR에 내재된 재량을 관리하기 위해 만들어진 혁신방안이 'GAAR 자문위원회(Advisory Panel)'이다. 자문위원회의 역할은 주로 쟁점 조세약정의 체결 및 실행이 합리적 행동과정이었는지 여부를 고려하는 것이다. 모든 GAAR 사안들은 자문위원회에 상정되어야 하는데, 이는 매우 중요한 안전장치이다.

GAAR와 연관된 사안을 결정할 때, 법원 또는 심판소는 조세약정이 체결될 당시 자문위원회에 의해 승인된 GAAR 지침(guidance) 및 해당 약정에 대한 자문위원회의 의견을 고려해야 한다. 일반적으로 지침은 정확한 법률해석에 대한 증거는 아니지만, GAAR 지침은 고려되어야만 한다. 따라서 GAAR 지침은 사실상 법률에 준하는 효력을 갖는다고 할 수 있다.

국세청이 GAAR를 적용하고자 할 경우, 입증책임은 조세약정이 남용이라는 것을 입증해야 할 국세청에 있을 것이다. 이를 자문위원회의 역할 및 이중합리성 기준과 함께 고려한다면, 영국의 GAAR 법률규정은 과도한 GAAR의 이용에 대한 상당한 안전장치를 제공하고 있다고 할 수 있다.[15)]

납세자가 체결한 조세약정의 남용이 존재하는 경우, 해당 거래로부터 발생할 조세이익은 대응조치(counteraction)에 의해 방지되어야 한다. 오직 지정된 국세청 직원만이 GAAR를 적용할 수 있고, 조세이익이 대응조치되어야 한다는 뜻을 납세자에게 서면통지를 할 수 있다. 국세청은 납세자에게 서면답변 기회를 부여한 후, 필요한 경우 GAAR 자문위원회에 회부한다. 위원회에서는 관련 세법규정과 관련하여 해당 조세약정의 체결 및 실행이 합리적 행동과정인지 여부를 판단하고 의견서를 작성한다. 납세자와 국세청은

14) Judith Freedman, *op.cit.*, pp.748-750

15) Judith Freedman, *op.cit.*, pp.750-752

위원회의 의견을 수용 또는 거부할 수 있으며, 사안을 법원에 제소할 수 있다. 법원은 자문위원회가 제시한 합리성에 대한 견해를 따르지 않을 수 있지만, 자문위원회의 견해는 설득력을 얻을 가능성이 매우 높다.[16)]

(다) 조세조약에 대한 적용

영국의 GAARs은 조세조약이 적용되는 경우에도 GAARs가 적용될 수 있음을 명확히 하는 조항을 포함하고 있다. GAAR 지침(Guidance B5.3)에 따르면, 조세조약 상 특정 규정 또는 그 규정이 세법의 다른 규정과 상호작용하는 방식을 악용하고자 하는 남용거래가 존재하는 경우, 이에 대항하기 위해 GAARs이 적용될 수 있다. 그러나 GAARs이 조세조약을 배제할 수 있다는 것을 의미하는 것은 아니다. 국내법상 GAARs와 조약상 남용방지규정 간의 관계는 상호 독립적이다. 영국 GAARs은 객관적 기준일지라도, 목적 또는 의도기준(motive test)을 충족하고 있는 것으로 보인다.[17)]

(3) 독일

(가) 개요

〈조세기본법 제42조〉

(1) 조세절감 계획을 위해 법적 거래들을 남용함으로써 세법을 회피하는 것은 허용될 수 없다. 조세회피를 방지하기 위한 개별 세법규정의 요건이 충족되는 경우에는 해당 규정들에 따라서 법적 결과가 결정된다. 그렇지 않은 경우, 조세청구는 아래 제2항의 의미에 따른 남용의 경우 관련 경제거래에 적절한 법적 거래들의 이용을 통해 발생하는 것과 동일하게 발생한다.

(2) 적절한 거래들과 비교하여, 납세자 또는 제3자를 위하여 법에 의해 의도되지 않은 조세이익을 가져오는 부적절한 법적 거래가 선택된 경우 남용이 존재하는 것으로 간주된다. 이는 전체적 관점에서 볼 때 납세자가 선택된 관련 거래에 대해 비조세상 이유에 대한 증거를 제출하는 경우에는 적용하지 않는다.

독일의 GAARs 입법은 1919년 조세기본법에 최초로 도입되었다. 과거 목적론적 법률

16) Judith Freedman, *op.cit.*, pp.755-757

17) Judith Freedman, *op.cit.*, pp.759-760

해석에 의해 조세남용이 방지될 수 있다는 견해가 있었지만, 오늘날에는 세법 남용에 대처하기 위해 GAARs이 필요하다는 견해가 우세하게 되었다. 수차례의 개정을 거쳐 2008년 재정법에 의해 현재의 독일 GAAR인 조세기본법 제42조가 탄생되었다.[18]

독일 GAARs은 납세자가 중요한 비조세상 이유들을 제시할 수 없는 조세상 혜택을 가져오는 부적절한 법적 구조가 선택될 경우에 적용될 수 있다. 납세자 또는 제3자가 법률에 의해 의도되지 않는 조세상 혜택을 창출하기 위해 특정 거래구조를 선택한 경우 부적절한 것으로 간주된다.

(나) 적용요건

세법의 남용은 제42조의 적용을 위한 엄격한 요건이다. '남용' 용어에 대한 정의가 약간 모호하고 불명확한 측면이 있다. 첫째, 법적 구조가 납세자 자신 또는 제3자에 대한 의도하지 않은 조세혜택의 부여를 초래해야 한다. 납세자는 세법에 부합하는 한 조세를 최대한 절감하는 방식으로 행동하는 것이 허용된다는 것을 염두에 두고서, 납세자가 정당하고 적절한 조세구조를 선택했는지 여부가 확인되어야 한다. 만약 법적 구조가 오직 조세절감 목적만으로 실행되고 다른 이유(경제적 정당성)를 가지지 않아서 정당하지 않은 경우라면, 해당 법적 구조는 부적절한(inappropriate) 것이다. 법적 구조의 부적절성을 평가할 때 합리적인 납세자라면 동일한 목적을 달성하기 위해 만약 조세상 이유가 없었더라도 해당 거래구조를 선택했을 것인지 여부가 확인되어야 한다.

둘째, 연방조세법원(BFH)의 해석에 따르면, 본 조문은 세법 남용의 의도를 요구한다. 즉, 납세자가 세법을 회피하려는 의도를 가지고 행동해야 한다는 것이다. 그러나, 일부 학자들은 세법은 순전히 객관적이어야 하고 경제적 사실관계 및 납세자의 동기가 아닌 행위의 결과에 초점을 두어야 한다고 주장하면서 적용요건으로서 남용 의도를 배격한다. 셋째, 세법 남용은 조세감소, 납세자 또는 제3자에게는 조세혜택을 초래해야 한다. 조세감소는 선택된 거래구조의 실제 결과와 적절한 법적 구조의 가상적 결과 간의 비교를 토대로 결정한다.

조세남용의 존재를 누가 입증해야 하는지의 문제가 있다. 조세법원은 직권에 의해 조세 관련 사실관계를 조사해야 한다. 입증책임은 항상 다음의 2단계 절차에 의해 조사되어야 한다. 1단계로 과세당국은 납세자가 선택한 부적절한 법적 구조의 결과 남용이 존재한다

18) Klaus-Dieter Druen, "Ch.14 : Germany", *GAARs - A Key Element of Tax Systems in the Post-BEPS World*, European and Int'l Tax Lawand Policy Series(Vol.3), IBFD, 2016, pp.287-290

는 것을 입증해야 한다. 과세당국의 주장만으로 충분하지 않고 결정적 증거에 의해 뒷받침되어야 한다. 2단계로 납세자는 선택한 구조에 대한 비조세상 동기를 입증함으로써 과세당국의 주장을 논박할 수 있다. 이러한 입증책임 원칙은 선택된 구조에 대한 동기가 납세자의 영역 내에 있고 통상 과세당국이 이를 알 수 없기 때문이다. 비조세상 동기는 경제적, 법률적 또는 개인적 이유일 수도 있다. 또한, 비조세상 동기는 전반적 상황에 비추어 적절해야(relevant) 한다. 이러한 적절성 여부를 확인하기 위하여, 비조세상 동기는 개별 사안에서 조세혜택과 관련하여 평가되어야 한다.[19)]

세법남용에 해당하는 경우, 납세의무는 마치 진실된 경제적 성격을 반영하는 적절한 법적 거래가 처음부터 선택되었던 것처럼 동일하게 발생하고, 납세자가 선택한 거래는 무시된다. 제42조는 모든 종류의 부적절한 거래가 아닌 조세회피와 같은 남용거래만을 포함한다. 조세남용에서 발생하는 법률적 영향은 조세혜택을 얻은 인에게만 영향을 미치는데, 이는 납세자 또는 제3자일 수 있다.[20)]

(다) 조세조약에 대한 적용

독일 GAARs와 조약상 남용방지규정 간의 관계는 학계와 법원 판결을 통해서 격렬하게 논의되어 왔다. 일반적으로 조약규정은 GAAR보다 우선 적용된다. 그러나, 조약규정들이 완전한 규정으로 간주되어야 하는지 여부를 결정하기 위해서는 개별 조세조약이 검토되어야 한다. 결과적으로 국내법적 규정이 고려되어야 하는지 여부는 각 조세조약에 달려있다. 예를 들어, 미국・독일 조세조약 제1조 제6항은 명시적으로 국내법의 적용을 허용한다.

조약남용 방지규정은 조세조약의 관점에서 해석되어야 하고, 국내세법에 대한 차용은 이루어지지 않는다. 조약쇼핑과 같은 조약남용을 방지하기 위해 독일 세법은 소득세법 제50d조 3항(주주에 대한 실질요건 기준)과 같은 SAARs을 규정하고 있다. 동 조항의 요건들이 충족되는 경우에만 조약상 배당소득 혜택이 발생할 수 있다. 또한, GAARs은 조약상 SAARs의 요건이 충족되지 않을 경우 조세조약의 남용을 방지하기 위해 적용할 수 있다.[21)]

---

19) Klaus-Dieter Druen, *op.cit.*, pp.290-295

20) Klaus-Dieter Druen, *op.cit.*, pp.295-296

21) Klaus-Dieter Druen, *op.cit.*, pp.300-302

(4) 프랑스

(가) 개요

〈세무절차법(LPF) 제L64조〉

과세당국은, 거래의 진정한 성격을 재규정하기 위하여, 해당 거래들이 허위이거나 또는 입법의 목적에 배치되는 조문의 형식적 적용 또는 결정으로부터 혜택을 얻기 위하여 정상적이라면 부담해야 할 납세의무를 회피 또는 축소하는 것이 유일한 의도인 경우, 법률남용에 해당하는 모든 거래들을 무시할 수 있으며 이로써 과세당국에 대항할 수 없다.

프랑스는 GAAR를 '법률남용(abus de droit)' 규정의 형태로 세무절차법(LPF) 제L64조에 규정하고 있다. 동 규정은 1941년에 최초로 도입되었다. 프랑스 대법원(Conseil d'Etat)은 과세당국이 납세자의 특정 거래를 무시할 수 있는 조건들을 구체화하였다. 1981년 판례에서는 특정 거래가 허위이거나 또는 진실된 거래일지라도 정상적이라면 부담해야 할 납세의무를 회피 또는 축소하는 것이 유일한 목적인 경우라는 것을 과세당국이 증명해야 함을 강조하였다.[22] 또한, 2006년 판례에서는 앞서 언급된 기준들이 충족되지 않았더라도, "조문의 형식적 적용으로부터 또는 입법 의도에 배치되는 결정으로부터 혜택을 받기 위하여, 정상적이라면 부담했어야 할 납세의무를 회피 또는 축소하는 것이 유일한 목적인 경우" 과세당국은 허위가 아닌 거래들까지도 무시할 수 있다는 것을 추가로 구체화하였다.[23] 결국 이들 판례가 2008년 법률남용 규정의 입법화를 촉진하는 계기가 되었다고 할 수 있다. 법률남용에 해당하는 허위의 거래는 아니지만, 입법자의 의도에 위반하는 두 번째 기준은 "법률회피(fraude a la loi; fraus legis)"라고 불린다.

상기 법률남용 규정이 프랑스 세법 상 주된 GAAR 규정이지만, 다음 두 가지 유형의 특별규정도 있다. 첫째, 프랑스 판례에 의해 발전된 '비정상적 경영행위(acte anormal de gestion)' 이론인데, 과세당국은 해당 회사의 이익에 기여하지 않는 비용의 공제를 부인할 수 있다. 예컨대, 영업목적 상 필요하지 않은 자산의 취득과 같은 비합리적 사업상 의사결정 등이다. 둘째, 과세당국에게 거래당사자들의 의도에 토대한 거래를 재구성할 수 있도록 허용하는 규정이다. 이 규정은 당사자들의 거래체결이 조세회피 또는 축소를 목적으로 하

22) CE, 19 Jan. 1981, 19079; Thomas Dubut, "Ch.13 : France", GAARs - A Key Element of Tax Systems in the Post-BEPS World, 2016, IBFD, pp.275-276 재인용

23) CE, 27 Sep. 2006, 260050, Thomas Dubut, *op.cit.*, p.276 재인용

지 않았더라도 적용된다.[24)]

(나) 적용요건

법률남용 규정에 의해 납세자의 거래를 부인하기 위해서는, 과세당국이 거래가 허위이거나 또는 법률회피에 해당한다는 것을 증명해야 한다. 이견이 존재하는 경우 납세자 또는 과세당국의 요청에 의해 사건은 '세법남용 자문위원회(Comité de l'abus de droit fiscal)'에 회부된다. 과세당국은 동 위원회의 자문에 기속되지는 않지만, 일반적으로 권고안을 따른다.

허위거래 기준 이외에, 특정 거래가 입법목적에 배치된 자구 또는 결정의 형식적 적용으로부터 혜택을 얻는 것을 목적으로 하는 법률회피 기준이 적용되는 경우가 있다. 이 경우 두 가지 주관적 요소를 포함하는데, 첫째는 납세의무의 회피 또는 축소만을 목표로 하는 납세자의 의도, 둘째는 법률 조문에 포함된 입법자의 의도이다. '납세자 의도'의 주관적 요소는 (일부가 조세와 관련되지 않을 수 있는) 거래의 모든 효과가 아닌 의도된 목적을 토대로 평가된다. 오로지 납세의무를 회피 또는 축소하려는 목적은 조세채무의 축소 또는 세액공제 혜택 확보의 형태를 띨 수 있다. '법률 조문에 대한 입법자 의도'의 주관적 요소는 통상 회의록 등 관련 국회 논의의 기록에 토대하여 평가된다. 이는 특히 조세조약 조문이 관련된 경우 법률남용을 적용하기가 어려운 이유이기도 하다. 입법자 의도가 항상 알려져 있는 것은 아니며, OECD모델 주석은 조세조약 규정이 문제된 사안에 대해 약간의 지원만을 제공할 수 있을 뿐이다.

관련 판례로서 해외 지주회사 또는 조세회피처 국가와 관련한 사례가 있다. 대법원은 유리한 모·자회사 조세제도 혜택을 얻기 위하여 룩셈부르크에 지주회사를 설립한 프랑스 법인에 대해 해당 지주회사의 설립에 아무런 경제적 근거가 없기 때문에 법률남용이 존재한다고 판시하였다.[25)]

법률남용 규정은 과세당국에게 납세자의 거래를 부인하고 거래의 진실된 성격을 회복시키도록 허용한다. 그러나, 법률남용 규정 적용의 법적 영향은 과세로만 제한되며. 따라서 거래는 유효하고 제3자에 대한 효력은 계속 유지된다. 납세자는 거래의 성격과 타당성에 대해 사전에 과세당국과 협의함으로써 법률남용 절차의 적용을 회피할 기회를 가진다.[26)]

24) Thomas Dubut, *op.cit.* pp.275-277

25) CE, 18 Feb. 2004, 247729; CE, 18 May 2005, 27087; Thomas Dubut, *op.cit.* p.279 재인용

26) Thomas Dubut, *op.cit.* pp.279-280

(다) 조세조약에 대한 적용

법률남용 규정은 국내적 · 국제적 상황 모두에 대해 적용된다. 그러나, 원칙적으로 과세당국이 법률회피의 존재를 결정하기 위하여 조약입법자의 의도를 확인하는 것이 어려울 것이므로, 대부분의 경우 세법남용은 허위거래가 확인될 때에만 결정될 수 있다. 그러나, 이것이 조세조약 규정이 적용되는 사안에 GAARs이 관련이 없다는 의미는 아니다. 프랑스의 법적 우선순위에서 국제협약이 국내법보다 우선 적용되지만, 보충성 원칙에 따라서 모든 조세이슈는 국내세법에 토대하여 먼저 다루어져야 한다. 이는 조약규정에 의해 다루어져야 하는 사안일지라도 법원은 예비적인 국내법적 평가를 할 것인데, 그 과정에서 순전히 국내적 상황인 것처럼 법률남용 규정이 적용된다는 것을 의미한다.

앞서 BO 이슈와 관련하여 살펴 본 〈Bank of Scotland Case(2006)〉가 이러한 점을 잘 설명해 준다.[27] 프랑스 자회사를 가진 미국 모회사는 표결권이 없는 주식에 대한 용익권을 영국 은행이 일시적으로 취득하게 하였다. 이 거래의 목적은 프랑스 · 미국 조세조약에 의해서는 이용될 수 없고, 프랑스 · 영국 조세조약에 근거하여 영국은행이 청구할 수 있는 배당원천세 환급 혜택을 얻고자 함이었다. 대법원은 보충성 원칙에 따라서 예비적인 국내법적 평가과정에서 전체거래를 대여거래로 재구성하였다. 왜냐하면, 은행이 지분보유자의 위험에 노출되지 않았으므로 해당 거래는 단순한 자금대여로 간주될 수 있다는 것이다. 대법원은 조세조약이 국내법적 GAARs의 적용을 배제하지 않는다는 입장이다. 즉, 과세당국은 조세조약 상 거주자가 오로지 제3자에게 통상적으로는 허용되지 않는 조약혜택을 부여하고자 하는 법률남용에 해당하는 경우에는 조약혜택을 거부할 수 있다는 것이다.[28]

마. 향후 전망

실질과세원칙과 같은 법리가 GAAR에 대한 적절한 대안이 되는지 여부는 법원이 법률해석 권한을 어떻게 행사하는지에 달려있다. 실질과세원칙이 조세회피 대처에 부적절한 것으로 판명되는 경우에는 입법부에게 GAARs와 같은 법률 규정으로 개입하도록 촉발시키는 경우가 있을 수 있다.

GAARs은 최근 대부분의 국가에서 도입이 증가하는 추세이다. 납세자가 악용하는 많은 취약점들을 제거하기 위해 더 잘 입안된 세법규정, SAARs, 더 잘 설계된 조세감면

27) Conseil d'Etat No. 283314, Ministry v. Société Bank of Scotland, 29 Dec. 2006

28) Thomas Dubut, *op.cit.* pp.281-283

등을 포함한 GAARs에 대한 실행가능한 대안들이 존재할 수 있다. 그러나 세법 규정들에 대한 대안적 설계가 없을 경우, 법률 규정들의 내재적 한계들에 대처하기 위한 응급조치로서 GAARs이 필요할 것이다.[29)]

2 특정 남용방지규정(SAARs)

가. SAARs의 의의

모든 국가들은 GAARs와 함께 작동할 수 있는 특정 남용방지규정(specific anti-avoidance rules: 이하 SAARs)를 가지고 있다. GAARs와 SAARs 간의 상충문제는 없고 잘 부합하는 것으로 보인다. SAARs이 특정 거래의 사실관계에 적용되는 경우, 실무적 관점 그리고 법률적 규정에 의해 GAARs에 우선하여 이용될 것이다. 과세당국들은 납세자가 SAARs을 회피하기 위해 의도적으로 설계된 거래를 이용하는 사안의 경우 GAARs에 의존할 수 있다.

GAARs와 SAARs이 조화될 수 있는 한 가지 이유는 이 규정들의 목적과 방식이 근본적으로 다르다는 점이다. 예를 들어, GAARs은 사법적 목적으로는 계속 유효할 수 있는 거래 또는 약정을 조세목적 상 해체하고 조세부담을 재계산하기 위해 이들 거래를 대신하여 가상의 거래 및 약정으로 대체한다. 반면에, SAARs은 일반적으로 조세목적 상 설계된 거래의 적법성을 수용하지만, SAARs에 의해 설정된 경계를 넘는 거래의 일부에 대해 조세혜택을 부인한다. 예를 들어, 과소자본 규정은 투자자들이 자본이 아니라 부채 방식으로 자회사의 자금을 조달하는 것을 금지하지 않지만 부채를 통한 이자비용의 공제한도를 설정한다. 납세자는 설정된 안전장치의 한도 내에 있음으로써 SAARs의 적용을 완전히 회피할 수 있다. 마찬가지로, 주주에 대한 낮은 이자 또는 무이자 대여에 대해 조세혜택을 제거하는 규정은 이자가 SAARs 적용범위 내에 있는 경우에 적용되지만 더 높은 이자부 대여에는 영향을 미치지 못한다.

또한, SAARs은 특정 조세규정의 이용에 대한 경계를 설정함으로써 무엇이 남용거래로 간주되는지 여부에 관한 신호를 제공할 수 있다. 예를 들어, CFC 규정은 조세회피처에

29) Richard Krever, *op.cit.*, p.20

대한 투자를 종결시키는 것이 아니라 일정한 조건하에 최종 간접소유자에게 소득 중 일부를 귀속시키는 것이다. CFC 규정에 의해 포섭되지 않는 저세율 국가의 자회사 소득에 대해서 또는 CFC 규정에 의해 명시적으로 귀속되지 않는 소득에 대해 간접소유자에게 소득을 귀속시키기 위해 과세당국이 GAARs을 적용하려고 하지는 않을 것이다.

GAARs와 SAARs의 상이한 역할은 적절한 상황에서 두 유형의 남용방지규정의 동시 적용을 방해하지 않는다. 한 가지 사례는 과소자본 규정이 모회사에 의한 직접 차입에만 적용되는 경우, 이를 회피하기 위해 특수관계회사들로부터 자금을 차입하는 경우이다. 이 경우 과세당국은 먼저 특수관계회사들로부터의 차입을 모회사 차입으로 재구성한 후, 차입회사가 이용할 수 있는 이자비용의 공제를 제한하기 위해 과소자본 SAARs을 적용할 수 있다.[30]

나. 주요국의 사례

(1) 미국의 SAARs

미국은 그동안 납세자가 자신의 문제들을 관리하고 계획하는 방식을 규율하기 위한 목적으로 다수의 SAARs을 도입해 왔다. 1962년 세계 최초로 수동적 소득을 포함한 다른 유형의 소득까지 포섭하기 위해서 기존의 FPHC(foreign personal holding corporation) 규정의 적용범위를 확대하는 CFC 입법을 도입하였다. 이는 미국 납세자가 외국법인을 이용하여 해외소득에 대한 미국 조세를 이연하는 것을 방지하기 위한 것이었다. 또한, 직·간접적으로 미국에 소재한 자산에 투자하기 위해 해외소재 외국펀드를 이용하는 것을 방지하기 위한 목적도 있었다. CFC 입법은 특정 외국법인의 의결권있는 주식의 10% 이상을 보유한 미국의 인들에 대해 해당 외국법인의 잉여금과 이윤 금액을 한도로 해당 연도에 배당하지 않은 외국법인의 'Subpart F' 소득에 대해 지분비율만큼 과세하는 것이다. 'Subpart F' 소득은 단지 수동적 소득으로만 국한되지 않는 몇 가지 유형의 소득을 포함한다.

또한, 미국 납세자들이 국외 투자기구를 이용하여 미국소재 자산에 투자하면서 투자기구가 종료될 때까지 또는 투자지분 양도시까지 조세를 이연하는 것을 방지하기 위해 PFICs(passive foreign investment corporations) 입법을 도입하였다. 이는 외국법인이 수동적 법인이기만 하면 투자규모와 상관없이 해당 외국법인의 지분을 보유한 모든 미국

30) Richard Krever, *op.cit.*, pp.13-14

납세자를 과세대상으로 하였다. 이 입법은 본래 조세회피처 지역에 법인을 설립하여 펀드 단계에서 미국의 조세를 회피하는 외국 헤지펀드를 겨냥한 것이었다. 소득의 75% 이상이 수동적 소득이면 소득기준을 충족하고, 자산의 50% 이상이 아무런 소득을 창출하지 못하거나 수동적 소득을 창출하는 수동적 자산이면 자산기준을 충족한다. FPHC 입법은 CFC 및 PFIC 입법이 도입된 이후 2004년 폐지되었다.

국제적 맥락에서 다음 5가지 SAARs을 언급할 필요가 있다. 첫째, 1966년 처음으로 도입된 국적포기세(exit tax, expatriation regime)는 조세목적으로 미국 시민권 또는 영주권을 포기하는 것을 규제하기 위한 것이다. 유사한 규정이 조세없이 외국 모회사 아래로 기업 구조조정을 하는 것(소위 corporate inversion)을 제한하는 것이다. 현행 법률은 미국법인들이 기존의 외국그룹에 합병되는 경우만을 허용하고 있다. 최근 이 규정은 미국 제약회사들이 MNE 그룹전체의 조세부담을 줄이기 위해 본사와 지주회사를 다른 국가, 특히 아일랜드로 이전하려는 경우가 증가하여 주목을 받게 되었다. 둘째, 이익축소방지규정(earnings stripping rule)으로 불리는 과소자본 규정이다. 이 규정은 미국 법인이 미국의 과세대상이 아닌 국외 특수관계자들에게 지급하는 과도한 이자비용의 공제를 제한하고자 한다.(IRC §163(j)) 셋째, 미국의 인들이 조세비용 없이 외국법인에게 타 법인에 대한 주식을 포함하여 자산을 이전하고, 그러한 방식으로 이들 자산을 조세없이 미국 밖에서 이전하는 능력을 제한하는 규정이다.(IRC §367) 넷째, 미국의 지급자는 일정한 기간 이내에 일반적으로 비용공제가 허용되는 지급금을 실제로 지급하지 않는 경우 비용공제를 청구할 수 없다.(IRC §267(a)(3)) 따라서 법인 X는 국외 특수관계법인 Y로부터의 대여금에 대한 이자를 실제로 Y에게 지급할 때까지 비용 공제할 수 없을 것이다. 다섯째, 1990년대 도입된 도관회사 방지규정(anti-conduit rules)인데, 미국 납세자가 조세부담을 줄이기 위해 도관회사를 이용하는 조약쇼핑을 방지하기 위하여 미국 지급자가 지급하는 소득의 진정한 BO를 확인하고자 한다.[31]

(2) 영국의 SAARs

영국의 SAARs은 세계에서 가장 많은 분량의 조세입법 중 하나이다. 매우 상세할 뿐만 아니라 TAARs(targeted anti-avoidance rules)라 불릴 정도로 특정 분야에 초점을 맞추고 있다. GAARs 도입 이전에 300개가 넘는 TAARs이 mini-GAARs로서 이용되었

31) Shay Menunchin and Yariv Brauner, *op.cit.*, pp.779-785

다. GAARs이 법원에 의해 확고히 적용되는 때가 되면, 종국적으로 TAARs 중 일부는 삭제될 것이다.

원칙적으로 GAARs은 SAARs 및 TAARs와 독립적으로 작동한다. GAARs은 TAARs와 같은 다른 남용방지규정의 허점을 이용하기 위해 고안된 남용거래에 대응하기 위해 이용될 것이다. GAARs은 입법적 대응이기 때문에 사법적 해석인 Ramsay 원칙과도 독립적이다.[32)]

(3) 독일의 SAARs

GAARs와 SAARs 간의 관계와 관련하여, 1단계로 세법 상 특정 영역에서 SAAR가 존재하는지 여부가 검토되어야 한다. 이 경우 조세기본법 제42조 제1항 두 번째 문장에 따라 해당 특정 규정에 따라서만 법적 결과가 도출되어야 한다. 특정 사안에 SAAR가 적용되는 한, 제42조의 적용으로 인한 보다 엄격한 법적 결과의 여지는 없다. 이 경우 GAARs의 적용은 엄격히 금지된다. 2단계로 만약 SAAR가 존재하지 않는다면 조세기본법 제42조 제2항이 고려되어야 한다. 특정 사안에서 요건들이 충족되는 경우, 제42조 제1항 세 번째 문장에 따라서 어떤 유형의 법적 결과가 도출되는지의 문제가 제기된다.

SAARs 관점에서 중요한 사례가 소득세법 제50d조 (3)항이다. 이 조항은 예컨대, 법인의 주주가 조세 경감혜택을 받지 못하는 특정 상황에서 내국법인의 외국법인 주주들이 배당 원천세에 대한 환급 또는 경감을 청구할 수 있는 실질요건(substance test)을 규정하고 있다. 외국법인 주주들은 다음 세 가지를 입증할 의무가 있다. ⅰ) 외국법인의 관여에 대한 경제적 이유 또는 다른 중요한 이해관계가 존재할 것, ⅱ) 외국법인이 한 회계연도의 총소득의 10% 이상을 자신의 경제적 활동에서 얻어야 할 것, ⅲ) 외국법인이 사업목적으로 측정된 적절한 사업활동을 통해 일반 경제시장에 참여할 것 등이다. 이와 관련하여 법인세법 제8c조는 결손법인 지분의 25% 취득에 관해 규정한다. 이러한 취득이 자동적으로 부적절한 법적 거래인 것은 아니다. 결손법인을 통해 취득한 손실이 종국적으로 당초의 사업목적이 아닌 목적에 이용된 경우에만 부적절한 법적 거래가 된다. 또 다른 예로, 미국의 이익축소방지 규정과 유사한 소득세법(§4h) 및 법인세법(§8a) 규정은 국제거래 상황에서 이자비용의 공제를 제한하기 위해 도입되었다.[33)]

---

32) Judith Freedman, *op.cit.*, pp.758-759

33) Klaus-Dieter Druen, *op.cit.*, pp.296-300

(4) 프랑스의 SAARs

법률남용 규정과 SAARs의 적용 절차는 독립적이다. 관련 조건이 충족된다면 과세당국은 어느 것이든 자유롭게 선택할 수 있다. 법률남용 규정을 적용하기 어려운 국제거래에서의 남용거래를 방지하기 위해 다양한 SAARs이 존재한다. SAARs로서 이전가격 규정, 과소자본 규정, CFC 규정 이외에, 납세자가 거래가 진실이고 금액이 과도하지 않다는 것을 입증하지 않는 한, 조세특례제도의 적용을 받거나 정보교환 비협조국가에 소재하는 국외의 인에게 지급하는 금액의 비용공제를 부인하는 '세원잠식 규정'(CGI §238A)이 있다.

SAARs와 법률남용 규정 간의 가장 중요한 차이는 입증책임이다. 법률남용 규정의 적용을 위해서는 과세당국이 거래가 허위이거나 법률회피에 해당한다는 것을 입증해야 하는 반면, 몇몇 SAARs은 입증책임을 납세자에게 전환한다. 예를 들어, '세원잠식' 규정의 적용을 위해서 과세당국은 국외의 인이 조세특례제도로부터 혜택을 받거나 또는 비협조국가에 소재한다는 것만을 입증하면 되고, 납세자가 해당 거래가 진실된 거래이고 금액이 비정상적이거나 과도하지 않다는 것을 입증하지 못하면 지급금의 비용공제가 부인된다. 따라서 과세당국 입장에서는 종종 SAARs의 적용이 더 용이할 수 있다.[34]

다. 기타 SAARs 사례

(1) 비거주자 신탁(nonresident trusts)

신탁은 법적 소유 및 재산의 관리가 수익적 소유와 분리되는 법적 관계이다. 신탁은 보통법 국가인 영국법에서 유래되었으며, 대부분의 보통법 국가들의 법률에서 인정된다. 일부 대륙법 국가들은 신탁 또는 신탁과 유사한 관계를 허용하기 위해 입법을 채택하였다. 통상 신탁은 위탁자 또는 신탁설정자(settlor)와 수탁자 또는 신탁재산관리인(trustee), 그리고 수익자(beneficiaries)를 수반한다. 신탁은 위탁자가 수탁자 및 수익자도 될 수 있기 때문에 특별히 유연한 계약이다. 신탁은 재량신탁과 비재량신탁으로 나눌 수 있다. 비재량신탁에 의하면, 수익자들의 지분은 고정되고 신탁의 수정이 없이는 변경될 수 없다. 반대로, 재량신탁에 의하면, 수탁자는 특정 수익자에게 지급할 수 있는 소득 또는 자본금액에 관해서 재량권을 가진다.

신탁의 유연성으로 인해 과세가 어렵고, 비거주자 신탁의 경우 그러한 어려움이 가중된

34) Thomas Dubut, *op.cit.* pp.280-281

다. 신탁제도를 인정하는 다수 국가들에서 신탁은 최소한 소득을 유보하는 경우에는 단체(entities)로 과세된다. 수익자들은 일반적으로 배당받은 신탁소득에 대해서 과세되고, 신탁의 세후소득을 포함한 신탁자본에 대한 배당에 대해서는 과세되지 않는다. 다시 말해서, 특정 연도에 신탁이 획득한 또는 수취한 소득은 통상 해당 연도에 배당되지 않으면 신탁자본에 가산된다.

만약 A국 거주자가 역시 A국 거주자인 가족들을 위해 조세회피처에 신탁을 설립하는 경우 특별규정이 없다면, A국은 수익자들이 신탁소득으로부터 현재시점에서 배당을 수취하지 않는 경우 신탁소득에 대해 과세할 수 없을 것이다. 신탁 자체는 A국 거주자가 아니고, 따라서 A국에서 소득을 얻지 않는 한 A국에서 과세되지 않는다. 대부분의 경우, 특정 연도에 신탁이 얻은 소득은 신탁에 유보될 것이고, 후속 연도에 비과세 자본배당으로 또는 그들이 더 이상 A국 거주자가 아닌 이후에 배분될 것이다.

이러한 유형의 조세회피를 방지하기 위하여, 일부 국가들은 어떤 거주자가 수익자들의 거주지국에 소재하는 해외신탁에 재산을 이전하는 경우에 과세하는 특별규정을 도입하였다. 납세자들은 지명수익자로서 언제든지 신탁에 새로운 수익자를 추가할 수 있는 수탁자 또는 보호자의 권한을 갖는 공인 국제 자선단체와 함께 해외신탁을 설립함으로써 이러한 규정을 회피하고자 할 수 있다. 또는, 일부 조세회피처들은 지명수익자를 요구하지 않는 목적신탁(purpose trusts)의 설립을 허용한다. 이에 대응하여, 일부 국가들은 신탁소득에 대해 거주자인 위탁자에게 과세하기 위해 해외신탁 규정을 확장하였다. 이러한 조치는 위탁자가 법률적으로 신탁으로부터 어떤 자금도 획득할 권한이 없기 때문에 가혹한 것으로 간주될 수 있다. 그러나, 이는 국가들이 신탁소득에 대해 신탁 자체 또는 거주자인 수익자들에 대한 과세상 어려움을 인정하여, 거주자들이 애당초 해외신탁에 자금을 이전하는 것을 금지하도록 하기 위함이다.[35]

(2) 해외투자펀드(foreign investment funds)

CFC 규정은 일반적으로 국내 주주들에 의해 지배되는 외국법인에게만 적용되고, 소수 그룹의 국내 주주들에 의해서 지배되는 외국법인에게만 적용되는 국가들도 있다. 특히, 몇몇 국가들의 CFC 규정은 외국법인 주식에 대해 최소한 비율(통상 5~10%)을 소유하는 국내 주주들에게만 적용된다. 결과적으로, 외국투자회사, 뮤추얼펀드 또는 단위신탁은

35) Brian J. Arnold, *op.cit.*, pp.137-138

CFC 규정의 적용을 받지 않고서 저세율 국가에 설립되는 것이 상대적으로 쉽다. 그러한 해외투자펀드(FIFs)는 국내 납세자들에게 수동적 투자소득에 대한 국내 조세를 이연하도록 허용한다. 또한, FIFs는 납세자들이 통상소득을 펀드지분의 양도차익으로 전환할 수 있도록 허용한다.

일부 국가들은 FIFs의 이용을 통한 국내조세의 이연을 방지하기 위하여 상세한 법령을 제정하였다. 이러한 규정의 목적은 CFC 규정의 회피를 방지하기 위한 것이거나, 보다 폭넓게 CFC 규정의 적용을 받지 않는 외국법인 등에 대한 모든 투자의 과세이연 혜택을 제거하고자 하는 국가들도 있다.

FIF 규정과 다른 대안투자들의 조세결과를 비교하는 것이 유용하다. 국내 투자펀드에 투자하는 경우에는 펀드가 얻은 소득에 대해 매년 과세되는 데 비해, FIF에 투자한 경우에는 거주자가 배당을 수취하거나 펀드지분을 양도할 때까지 과세가 이연된다는 점에서 차이가 있다. 해외 직접투자에 비해 FIF 투자의 장점은 펀드가 소득을 유보하는 경우에는 펀드로부터의 소득이 실질적으로 양도차익으로 전환될 수 있다는 점이다. 그러나, 투자소득의 양도차익 전환은 내국법인 주식에 대한 투자에 대해서도 발생할 수 있지만, 외국법인과 달리 내국법인은 현재시점에서 거주지국에서 법인세가 과세된다.

결국, ⅰ) 외국법인 소득에 대한 외국조세가 동일한 금액의 내국법인 소득에 대한 국내조세보다 적고, ⅱ) 외국법인이 최소한 소득의 일부를 유보하는 경우에는, 국내 개인들은 내국법인에 비해 외국법인에 투자하는 것이 유리할 것이다. 이러한 인센티브는 외국법인이 조세회피처에 토대를 두고, 모든 소득을 유보하는 경우에 가장 커질 것이다.

FIFs 투자에 대응하기 위해 국가들은 다양한 접근방법을 사용한다. 첫째, 독일 등 일부 국가들에서는, FIF 규정이 CFC 규정의 일부로 포함된다. CFC 규정은 단체가 주로 수동소득을 얻는 경우 거주자가 지배하는 외국법인 및 기타 단체에 대한 소액 투자자들에게 적용된다. 둘째, 캐나다 등 일부 국가들은 FIF에 지분을 소유한 거주자를 다루기 위해 특정 조세회피방지 규정을 두고 있다. 따라서 FIF 지분을 보유한 거주자는 해당 펀드지분의 취득 또는 보유의 주된 목적이 조세회피인 경우에는 간주소득(imputed income)에 대해 과세한다. 셋째, 시가평가(mark-to-market)를 통해 해외펀드에 대한 납세자의 지분가치 증가 또는 감소분이 매년 납세자의 소득계산에 포함되도록 하는 방법이다. 만약 FIF가 증권거래소에서 활발히 거래되거나 또는 FIF가 통상적으로 투자자 지분의 상환을 위해 펀드지분의 현재가치에 관한 정보를 제공한다면 시장평가 방법은 적용하기가 수월할 것이다. 그러나, FIF 지분이 양도될 때를 제외하고는 지분가치의 평가가 어려운 상황도 있을 수 있다. 넷째, 간주소득 접근방법(imputed income approach)에 의하면, 납세자가 실제로 얻은 소득과 상관없이, 역외 투자금액에 대해 특정한 비율의 소득을 얻은 것으로 간주된다. 예를 들어, 특정 수익률이 10%라고 한다면, 펀드에 10,000을 투자한 개인은 간주소득 1,000에 대해 과세될 것이다. 그리고, 한 연도의 간주소득은 펀드지분 비용에 가산될 것이다. 따라서, 펀드가 배당을 하지 않는다고 가정한다면, 개인은 다음 연도에 1,100(11,000×10%)의 간주소득이 과세될 것이다. 간주소득 방법은 FIF 소득에 대한 세부 정보를 획득할 필요가 없기 때문에 적용하기가 단순하고 납세자와 과세당국의 부담을 최소화하는 장점이 있다. 그러나, 투자자에 대한 과소 또는 과대 과세를 초래할 수도 있다. 다섯째, 간주배당 접근방법(deemed distribution approach)에 의하면, 국내 주주들은 펀드소득이 배당되는지에 상관없이 해외펀드 소득에 대한 지분비율에 따라서 과세된다. 이는 CFC 규정의 과세방법과 동일하다. 납세자가 FIF 소득의 비율을 계산하기 위해서는 충분한 정보 접근이 필요하기 때문에, 종종 역외단체에 대해 상당한 지분을 소유한 납세자들로 적용이 제한된다. 여섯째, 지연이자 접근방법(deferral charge approach)에 의하면, 배당을 수취하거나 양도차익이 실현될 때까지 거주지국 조세는 부과되지 않지만, 납세자가 향유한 이연의 혜택을 제거하기 위해 수취 또는 실현시점에서 지연이자가 부과된다.

FIF 규정을 가진 대부분의 국가들은 해당 규정을 주로 수동소득을 얻는 또는 자산이 주로 시장성 유가증권과 같은 수동자산으로 구성된 외국단체에게만 적용한다. 주로 능동적 사업에 종사하거나 또는 사실상 모든 소득을 현재시점에서 배당하는 외국단체에게는 적용을 면제한다. 그리고 대부분의 국가에서 외국납부세액, 실제 배당, 그리고 펀드 소유지분의 양도차익에 대해서는 이중과세 구제가 제공된다.[36)]

(3) 연쇄거래 또는 도관거래 방지규정

이자에 대한 원천세는 종종 특수관계가 있는 비거주자에게 지급하는 이자에 대해서만 부과된다. 또한, 과소자본 규정에 의하면, 이자비용 공제는 내국법인을 지배하거나 또는 상당한 지분을 가진 외국 주주들에게 지급하는 이자에 대해서만 부인될 수 있다. 이 경우 지급이자의 수취인의 인적사항을 결정할 필요가 있고, 납세자들은 연쇄거래 또는 도관거래를 통해서 해당 규정들을 회피할 기회를 가진다. 이러한 기회들은 사용료 지급과 관련

---

36) Brian J. Arnold, *op.cit.*, pp.138-140

해서도 발생할 수 있다.

이 문제는 국내법과 조세조약에서 모두 중요하다. 조세조약의 경우, 대여자가 이자의 BO이고 조약혜택을 받을 권리가 있는지를 결정하기 위해 대여자를 식별하는 것이 필수적이다. 국내법의 경우, 원천세 및 이자비용 공제 제한의 적용뿐만 아니라 정보보고를 위해서도 대여자의 정확한 식별이 중요하다.

연쇄거래의 경우, 금융기관과 같은 중간법인이 다른 당사자들과 특수관계가 아닌 경우에 정확한 대여자를 식별하는 어려움이 훨씬 더 가중된다. 예를 들어, A국 거주자 ACo가 B국 거주자인 은행에 1,000을 예금한다고 가정하자. 그 다음 해당 은행은 1,000을 ACo의 100% 자회사인 C국 거주자 CCo에게 대여한다. 이 경우 C국의 국내법상, 그리고 B국과 C국 간 조세조약 상 은행의 CCo에 대한 대여금이 ACo의 대여금으로 취급되어야 하는지가 문제된다. 이 문제는 예를 들어, 만약 CCo가 ACo에게 직접 이자를 지급하는 경우 25% 원천세가 부과되지만 특수관계없는 금융기관에 이자를 지급하는 경우 원천세가 면제된다면 쉽게 판단될 수도 있지만, 다른 상황들에서는 판단이 어려울 수 있다. 예를 들어, 만약 대여금액 또는 조건, 혹은 표시통화가 동일하지 않다면 어떻게 될 것인가? 중간법인은 이자를 수취하지만 최종 수익자에게는 렌트 또는 사용료를 지급하는 것과 같이 중간법인에 의한 지급의 성격과 중간법인이 수취한 지급의 성격이 다른 경우에는 어떤가? 이 문제는 양 거래들의 금액, 시간적으로 얼마나 밀접히 관련되는지, 이자율을 포함한 양 거래들의 조건과 같은 요소들에 달려있다. 만약 최종적인 대여 또는 차입과 조건부로 처음의 거래가 행해진다면, 양 거래들이 연쇄거래를 구성하는 명백한 증거가 될 것이다.

일부 국가들은 연쇄거래의 이용을 방지하기 위해 특정 조세회피 방지규정을 입법하였다. 예를 들어, 2016년 캐나다는 연쇄거래를 다루기 위해 포괄적이면서 매우 복잡한 규정을 도입하였다. 다른 국가들은 그러한 문제를 다루기 위해 실질과세원칙, 위장거래 등과 같은 사법적 조세회피방지 법리 또는 GAARs에 의존하고 있다. 일부 국가들의 경우에는 BEPS 실행계획(Action 6)의 조약남용에 대한 최소기준을 충족시키기 위하여 연쇄거래 규정을 채택하는 것이 중요할 수 있다. 왜냐하면, 모든 국가는 OECD/UN모델 제29조 제9항의 일반 남용방지규정을 채택하지 않는 경우, 제29조 제1항-제7항에서 제시한 규정과 같은 간편한 또는 상세한 LOB 규정을 채택해야 하고, 조세조약 또는 국내법에 도관방지 규정(anti-conduit rules)으로써 보완해야 하기 때문이다.[37]

---

37) Brian J. Arnold, *op.cit.*, pp.140-141

3 우리나라의 대응방법

가. 실질과세원칙의 발전

〈국세기본법 제14조〉

① 과세의 대상이 되는 소득, 수익, 재산, 행위 또는 거래의 귀속이 명의일 뿐이고 사실상 귀속되는 자가 따로 있을 때에는 사실상 귀속되는 자를 납세의무자로 하여 세법을 적용한다.

② 세법 중 과세표준의 계산에 관한 규정은 소득, 수익, 재산, 행위 또는 거래의 명칭이나 형식에 관계없이 그 실질 내용에 따라 적용한다.

③ 제3자를 통한 간접적인 방법이나 둘 이상의 행위 또는 거래를 거치는 방법으로 이 법 또는 세법의 혜택을 부당하게 받기 위한 것으로 인정되는 경우에는 그 경제적 실질 내용에 따라 당사자가 직접 거래를 한 것으로 보거나 연속된 하나의 행위 또는 거래를 한 것으로 보아 이 법 또는 세법을 적용한다.

대다수 학자들은 우리나라가 국내법상 GAARs을 가지고 있다고 간주하지 않는다. 다시 말해서, 국내법은 오직 조세회피 사안에만 대처하기 위해서 특별히 설계된 GAARs을 아직 도입하고 있지 않은 것으로 판단된다. 그러나, 국세기본법상 실질과세원칙 규정과 단계거래 법리가 사실상 GAARs로 기능하고 있다고 보는 견해도 있다. 실질과세원칙(제14조 제1항 및 제2항)은 1968년 법인세법에 처음으로 도입되었고, 1975년 국세기본법에, 그리고 2006년에는 국조법에 도입되었다. 단계거래 법리(제14조 제3항)는 2003년 상속・증여세법에 처음으로 도입되었고, 2006년 국조법, 그리고 2008년 국세기본법에 도입되었다.

실질과세원칙에서 '실질'의 의미와 관련하여, 이것이 '법적 실질'을 의미하는지 아니면, '경제적 실질'을 의미하는지에 대해 견해가 대립해 왔으며, 이러한 해석상 차이가 실질과세원칙의 적용범위에 직접 영향을 미쳤다. 법적 실질설은 과세물건의 귀속이나 과세물건의 판정 등은 법형식, 명의 또는 외관에 구애됨이 없이 그 법형식, 명의 또는 외관에 의하여 숨겨진 대내적인 법률관계 등을 탐구하고 그 대내적 관계에 있어서의 법률관계를 기준으로 하여야 한다는 것이고, 경제적 실질설은 법적 실질과 경제적 실질 간에 괴리가 발생하는 경우에는 법적 실질에 구애됨이 없이 경제적 실질을 기준으로 조세법을 해석하고 적용하여야 한다는 것이다. 법적 실질 개념에 따르면, "세법도 법인 이상 헌법을 정점으로 하는 법질서에 편입되어야 하고, 과세관계 역시 사법상의 거래관계를 전제로 하는 이상 당사자가 선택한 사법상의 법 형식을 존중하고 그 기초 위에서 형성되어야 한다. 어느 행위가 조세회피 행위에 해당한다 하여 이를 부인하기 위하여는 조세법률주의의 요청상 그것을 위한 개별적이고 구체적인 특별한 규정이 필요하다."고 한다.[38)]

그러나, 법적 실질설은 실질과세원칙을 무의미한 것으로 만드는 견해라고 생각된다. 왜냐하면, 사법상 가장행위나 통정허위 의사표시 등에 해당되어 무효이거나, 다른 법률행위로 전환될 수 있는 경우라면 굳이 실질과세원칙이라는 세법 상 개념을 이용하지 않더라도 거래당사자들이 진정 의도한 바대로 '사법상 해석'하여 과세가 가능할 것이다. 따라서 실질의 개념을 법적 실질에 한정하게 된다면, 실질과세원칙을 통해 달성하고자 하는 과세의 공평이나 조세정의를 실현하고자 하는 입법 목적을 달성하지 못하게 된다.

과거 대법원은 실질의 의미를 일관되게 '법적 실질'을 의미하는 것으로 해석해 왔으나, 2012.1.19. 전원합의체 판결[39)]을 통해서 비로소 실질의 의미를 '경제적 실질'로 해석할 수 있다는 입장으로 전환한 것으로 보인다.[40)] 이 판결에서 대법원은 "실질과세원칙은 (…) 조세의 부담을 회피할 목적으로 과세요건 사실에 관하여 실질과 괴리되는 비합리적인 형식이나 외관을 취하는 경우에 그 형식이나 외관에 불구하고 실질에 따라 담세력이 있는 곳에 과세함으로써 부당한 조세회피 행위를 규제하고 과세의 형평을 제고하여 조세정의를 실현하고자 하는 데 주된 목적이 있다."라고 하면서, "주식이나 지분의 귀속 명의자는 이를 지배・관리하는 자에게 귀속된 것으로 보아 그를 납세의무자로 삼아야 할 것"이라고 하였다.

이는 민사법상의 법인격 부인을 전제로 하지 않고 세법 상 주식의 귀속 여부를 판단한 것으로써 세법의 관점에서 경제적 실질에 입각하여 주식의 귀속을 재구성할 수 있다는 것이다. 그러나, 명의와 실질의 괴리가 조세회피 목적에서 비롯된 경우라고 밝히고 있으므로, 반대로 조세회피 목적이 인정되지 않는 경우에는 단순히 최종적인 경제적 효과나 결과만을 가지고 실질과세원칙을 적용할 수 없다고 일관되게 판시하고 있다.[41)] 위 전원합의

38) 사법연수원, *조세법총론*, 1998, p.50

39) 대법원 2012.1.19. 선고 2008두8499 판결

40) 납세자가 취한 거래 형식과 실질이 다른 경우 구체적 법 규정의 근거가 없이도 그 거래나 행위의 경제적 효과에 따라 과세할 수 있다는 '경제적 실질설'과 달리, 전원합의체 판결이 조세회피 목적의 존재를 요구한다는 점에서 '절충설'을 취한 것이라는 견해가 다수이다.

41) 대법원 2017.1.25. 선고 2015두3270 판결, 대법원 2017.2.15. 선고2015두46963 판결

체 판결은 더 이상 '가장행위'에 해당할 것을 요구하지 않고 일정한 요건하에서 제한적으로 경제적 실질에 따른 거래의 재구성이 가능함을 선언한 것으로 평가된다.

나. 실질과세원칙에 의한 거래재구성

실질과세원칙을 적용하여 거래를 재구성한다는 것은 납세자가 선택한 사법상 거래형식에 따른 법률효과를 세법 상 무시하고 납세자의 행위에 대하여 세법 독자적으로 성질을 결정하여 이에 따른 법률효과를 부여함으로써 납세자의 조세회피 행위를 부인하는 것을 의미한다. 사업목적이나 경제적 이유도 없이 조세회피만을 목적으로 불합리한 법적 외형을 구성하는 것은 '법형식의 남용'으로서 이러한 경우까지 납세자의 예측가능성을 보호해야 할 이유가 없으므로 거래를 재구성함으로써 조세정의를 지켜야 할 필요가 있다.

앞서 본 바와 같이, 대법원은 종래 가장행위를 제외하고는 세법 상 개별 규정없이 납세자가 선택한 거래를 재구성할 수 없다는 입장이었으나, 전원합의체 판결 이후에는 가장행위에 해당하지 않더라도 실질과세원칙에 따라 거래를 재구성하여 과세할 수 있다는 입장을 취하고 있다.

무엇보다 국기법 제14조 제3항이 신설된 2008년 이후 거래부터는 제한적이기는 하지만 조세회피 행위에 대해 경제적 실질에 따라서 거래를 재구성할 수 있는 직접적 근거가 마련되었다고 할 수 있다.

납세자가 선택한 거래를 재구성하기 위해서는 첫째, 경제적 실질과 다른 비합리적 또는 통상적이지 않은 외관 또는 형식의 조세회피 행위가 존재해야 한다. 세법이 예정하고 있는 통상적인 거래에 비하여 조세부담이 감소하거나 제거되는 외관 또는 형식의 거래행위가 있어야 한다. 이러한 거래행위는 당초 의도하였던 경제적 효과를 달성하면서 과세요건을 충족하지 않도록 하는 것과 과세소득을 감소시키거나 비과세·감면 요건이 충족되도록 하는 것이다.

'제3자를 통한 간접적인 방법'은 '우회행위'를 말하는데, 거래 중간에 제3자를 끼워 넣음으로써 두 당사자의 거래가 간접적인 것이 되도록 하는 행위를 의미하지만, 납세의무자가 제3자를 통한 우회적 행위로 과세요건을 벗어나는 상태를 만들어내는 일반적 행태라고 넓게 이해할 필요가 있다.

'둘 이상의 행위 또는 거래를 거치는 방법'은 '다단계행위'를 말하는데, 반드시 동일한 거래상대방과 일련의 거래를 해야 할 필요는 없고, 여러 상대방과 일련의 거래를 하였더라도 조세회피를 의도하는 납세의무자 입장에서 불가분적으로 계획되어 실행되었다면 조세회피 수단인 거래로 볼 수 있을 것이다. 과세당국 입장에서는 납세자가 선택한 행위 또는 거래와 비교하여 경제적 실질에 부합하는 행위 또는 거래(즉, 대안거래)를 제시할 필요가 있다.

둘째, 주관적 요건으로서, 세법의 혜택을 부당하게 받기 위한 조세회피 목적이 존재해야 한다. 따라서 납세자가 어떤 조세회피 의도도 가지지 않은 경우에는 설령 일련의 거래들로 인해 결과적으로 조세부담이 감소하더라도 경제적 실질에 근거하여 재구성될 수 없다. 대법원은 "당사자가 거친 여러 단계의 거래 등 법적 형식이나 법률관계를 재구성하여 직접적인 하나의 거래로 보고 과세대상에 해당한다고 하려면 납세의무자가 선택한 거래의 법적 형식이나 과정이 처음부터 조세회피 목적을 이루기 위한 수단에 불과하여 그 실질이 직접적인 하나의 거래를 한 것과 동일하게 평가될 수 있어야 한다."는 입장이다.

조세회피 목적이 있는지 여부는 당사자가 그와 같은 거래형식을 취한 목적과 경위, 조세부담의 경감 외에 사업상의 필요 등 다른 합리적 이유가 있는지 여부, 각각의 거래 또는 행위 사이의 시간적 간격, 그러한 거래형식을 취한 데 따른 손실 및 위험부담의 가능성 등 관련 사정을 종합하여 판단하여야 한다.

다른 사업목적이 부수적으로 존재할지라도, 조세회피가 심각한 것으로 간주되거나 해당 거래의 목적이 다른 법률의 제한을 회피하기 위한 것이면 해당 거래는 역시 경제적 실질에 따라서 재구성된다. 대법원은 자본시장법, 상법 또는 외환관리법에 의한 제한들을 회피하기 위한 사업목적들은 고려할 가치가 없으므로 해당 거래는 재구성되어야 한다고 판시한 바 있다.[42)]

한편, 부당행위계산부인 규정과의 관계가 문제될 수 있는데, 과거 대법원은 "납세의무자의 거래행위를 그 형식에도 불구하고 조세회피 행위라고 하여 그 효력을 부인할 수 있으려면 법률에 개별적이고 구체적인 부인규정이 있어야 한다"는 입장이었고, 여기서 말하는 '개별적이고 구체적인 부인규정'의 대표적인 예가 부당행위계산부인 규정이었다. 그러나, 경제적 실질설에 따르면 부당행위계산부인 규정과 같은 개별적 부인규정은 실질과세원칙을 확인하는 의미의 예시적 규정에 불과하고 이에 직접 해당하지 않는다고 하더라도 실질과세원칙을 적용하여 거래를 재구성할 수 있을 것이다.

실질과세원칙의 거래재구성과 관련하여 다음 두 가지 사례를 살펴보자. 첫째 사례는 주

42) 대법원 2009.3.12. 선고 2006두7904 판결; Hyejung Byun & Soo Jean Park, *op.cit.*, pp.638-639

식워런트증권(equity linked warrant, 이하 ELW) 처분손실의 손금산입 시기와 관련하여 납세자가 실질과 괴리되는 비합리적인 형식이나 외관을 취하였다고 볼 수 없다고 판결한 사안이다.

〈그림 5-1〉 주식워런트증권(ELW)의 거래구조

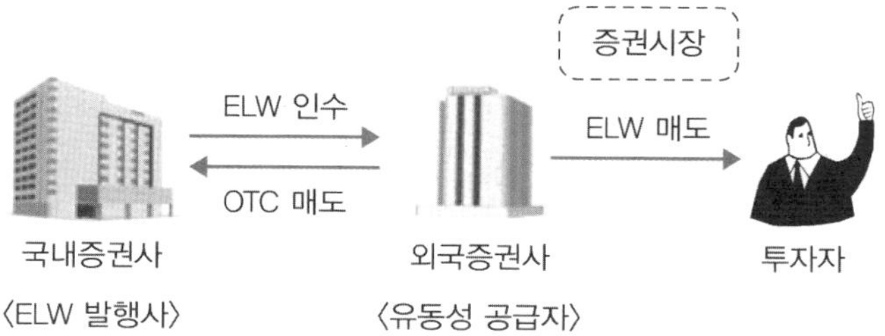

위 〈그림 5-1〉에서 보는 바와 같이 원고인 외국증권사는 ELW 발행사로부터 ELW를 발행가격에 인수하여 투자자와 사이에 ELW 매매거래를 하고 만기에 보유중인 ELW를 발행사로부터 상환받는 거래와 ELW 발행사에 ELW와 상품내용(기초자산, 발행가격, 행사가격, 만기 등)이 동일한 장외파생상품(over the counter derivatives, 이하 OTC)을 매도하고 만기에 발행사에게 상환하는 거래를 수행한다.

참고로, ELW는 당사자 일방의 의사표시에 의하여 특정 주권의 가격 또는 주가지수의 변동과 연계하여 미리 약정된 방법에 따라 주권의 매매 또는 금전을 수수하는 권리가 부여된 증권이다. ELW는 콜 워런트(call warrant)와 풋 워런트(put warrant)로 구분하는데, 콜 워런트의 경우 만기에 기초자산의 만기평가가격과 행사가격을 비교하여 기초자산의 만기평가가격이 행사가격을 초과하는 경우 투자자가 ELW의 권리를 행사하게 되는데, 이때 발행사는 투자자에게 기초자산의 만기평가가격에서 행사가격을 뺀 나머지 금액을 권리행사차금으로 지급함으로써 만기상환을 한다. 즉, 특정한 주식을 기초자산으로 하여 특정시점(예 : 만기 3개월) 후에 사전에 정한 가격(행사가격, 예: 10만원)보다 높은지 낮은지에 따라 그 수익이 결정되는 상품이다. 증권사가 ELW에 대해 공모를 거쳐 거래소에 상장하면 주식처럼 거래가 이뤄지며, 만기시 최종보유자가 권리를 행사하게 된다. 발행사의 설계에 따라 다양한 유형의 상품이 나올 수 있으며 결제 이행의 위험은 발행사가 진다. ELW 시장에서는 투자자의 환금성을 보장할 수 있도록 호가를 의무적으로 제시하는 유동성공급자(liquidity provider, 이하 LP) 제도가 운영된다.

과세당국은 원고가 ELW를 발행하지 아니하는 LP의 지위에 있는데도 ELW 발행사가

LP의 역할도 겸하는 경우와 동일한 경제적 실질을 가지고 있다는 전제 하에, 원고가 발행사로부터 인수한 ELW를 투자자들에게 최초 매도할 때 인수가격과 시가의 차액 상당액을 당해 사업연도의 손금에 산입하는 것은 부당하므로, ELW를 인수하여 투자자들에게 최초 매도할 당시 인식한 손실 가운데 당해 사업연도에 만기가 도래하지 않은 ELW를 인수하여 매도함으로써 인식한 손실을 손금불산입하는 과세처분을 하였다.

이에 대해 법원은, ⅰ) 이와 같은 거래를 통하여 기초자산 가격의 등락에 따른 이익의 실현가능성은 LP인 원고에게 이전되지만, 발행사는 ELW 발행에 따른 확정적인 수수료를 받고 기초자산 가격의 하락으로 손실을 입을 위험이 없어지므로 비합리적인 거래로 단정할 수 없다는 점, ⅱ) LP나 발행사는 한국거래소의 최저발행가액 규제를 감안할 때 ELW 발행가액을 임의로 결정할 수 없고, ELW를 인수하는 단계에서 추후 최초 투자자에게 매도할 때의 시장가격을 미리 결정할 수도 없어 시가에 근접한 가격으로 인수할 수 있었다고 보기도 어렵다는 점, ⅲ) 원고가 ELW를 인수하여 매도한 사업연도에는 처분손실만이 반영되고 아직 실현되지 않은 평가손익은 인정받지 못하게 되는 결과가 발생할 수 있지만, 이는 세법규정에 따른 것인 점 등에 비추어 보면, "원고가 대규모의 손실을 조기에 인식하여 조세의 부담을 회피할 목적으로 과세요건사실에 관하여 실질과 괴리되는 비합리적인 형식이나 외관을 취하였다고 볼 수 없으므로 (…) 이 사건 처분은 위법하다"고 판시하였다.[43)]

위 판결은 다음과 같은 점에서 타당한 결정이라고 판단된다. 첫째, ELW 인수 및 OTC 거래는 동일한 당사자 간에 기초자산, 발행가격, 행사가격, 만기 등 동일한 내용으로 체결되지만 서로 별개의 계약에 의하여 체결되는 거래로서 비합리적 형식이라 할 수 없고, ELW의 발행가격이 규제 등 비조세 동기에 의해 시가보다 높게 책정되었으며, 거래의 전체 맥락에서 볼 때 손익의 인식시기만이 문제된다는 점을 고려하면 당사자들 간 공모에 의한 조세회피의 동기가 있다고 보기도 어렵기 때문에 실질과세원칙을 내세워 하나의 거래로 재구성할 수 없다. 둘째, 기업회계기준상 손익의 인식시기와 달리 세법 상 ELW와 OTC 거래 모두 시가평가가 허용되지 아니하여 ELW의 만기가 도래하지 않은 사업연도에는 ELW 처분손실만이 인식되고 이후 만기가 도달한 사업연도에 OTC의 평가이익이 발생할 수밖에 없는 점을 고려하면, ELW와 OTC 거래의 손익을 각각 별도로 계산하여 신고한 것은 권리의무확정주의라는 세법 상 손익의 귀속시기 규정에 따른 것으로서 정당

43) 대법원 2017.3.22. 선고 2016두51511 판결; 서울고등법원 2016.8.23. 선고 2015누70722 판결; 서울행정법원 2015.11.20. 선고 2015구합54216 판결

하다고 판단된다. 이는 실질과세원칙을 내세워 거래를 재구성하기 위해서는 단순히 형식과 경제적 실질이 다르다는 것만으로는 부족하고, 조세회피 목적의 존재 즉, 당사자가 그와 같은 거래형식을 취한 목적과 경위, 조세부담의 경감 외에 사업상의 필요 등 다른 합리적 이유가 있는지 여부, 그러한 거래형식을 취한 데 따른 손실 및 위험부담의 가능성 등 관련 사정을 종합하여 판단하여야 한다는 점을 시사한다.

〈그림 5-2〉 엔화 스왑예금거래의 구조

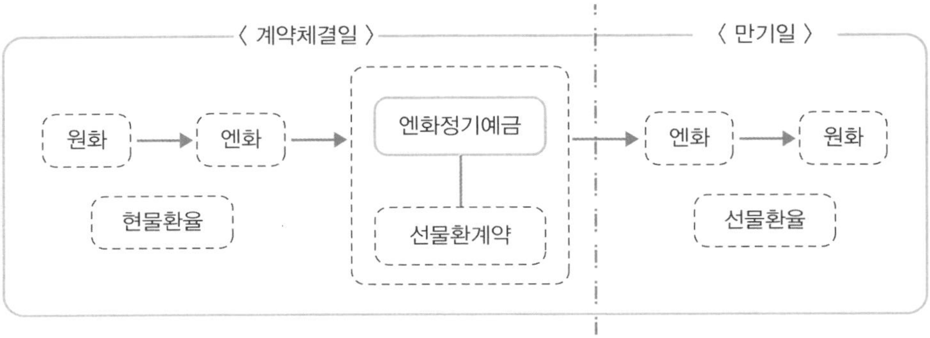

〈그림 5-3〉 외환스왑거래의 구조

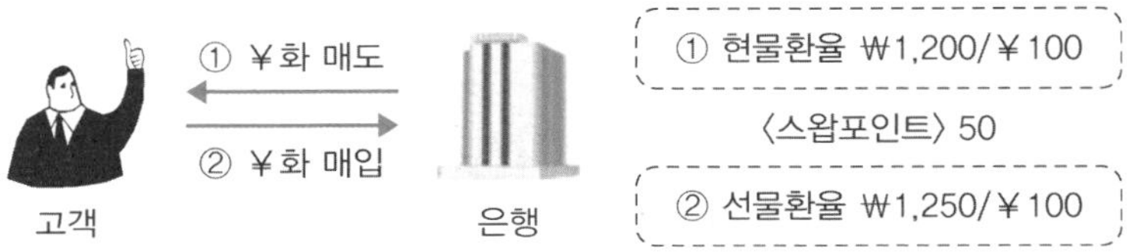

둘째 사례는 엔화 스왑예금거래에서 얻은 선물환차익의 이자소득 해당 여부에 대해 실질과세원칙의 적용을 부인한 판례이다. 엔화 스왑예금거래는 엔화 정기예금에 외환스왑거래라는 파생상품거래가 복합된 형태의 거래이며, 고객에게 귀속되는 투자이익은 엔화 정기예금 이자소득과 선물환차익(스왑포인트)을 합한 것이다. 구체적으로, 시중은행들이 고객으로부터 원화를 받아 엔화로 환전한 후 이자율이 매우 낮은(연 0.05% 수준) 엔화 정기예금에 예치시키고, 동시에 엔화 정기예금과 만기일이 일치하는 선물환계약을 체결함으로써 낮은 엔화정기예금 이자에 대해서만 소득세가 과세되고 거래이익의 대부분을 차지하는(연 3.95% 수준) 선물환차익에 대해서는 비과세되도록 하는 상품이다.[44)]

44) 엔화스왑예금은 2002년 9월에 처음 판매된 이후 부유층 사이에 큰 인기를 끌면서 운용금액이 약 20조 원에 달했지만, 정부가 이에 대한 과세방침을 밝히자 2006년 초까지만 한시적으로 판매되었다.

위 〈그림 5-2〉 및 〈그림 5-3〉에서 보는 바와 같이, 은행은 고객으로부터 원화를 매입하고 엔화를 매도(현물환율 ₩1,200/￥100)하여 고객이 엔화 정기예금에 가입하도록 함과 동시에 고객과 예컨대, 3개월 만기 선물환계약을 체결(선물환율 ₩1,250/￥100)한다. 이러한 외환스왑거래를 통해 고객은 선물환율과 현물환율의 차이인 50원의 선물환차익(스왑포인트)을 얻을 수 있다.

이에 대해 과세당국은 고객이 은행과의 엔화 스왑예금거래에서 얻은 선물환차익을 '예금의 이자' 또는 '채권 또는 증권의 환매조건부매매차익'과 유사한 소득으로서 금전 사용의 대가의 성격이 있는 이자소득으로 보아 과세하였으나, 법원은 "이 사건 엔화 선물환거래를 구성하는 엔화 현물환매도계약과 엔화 정기예금계약 및 엔화 선물환매수계약이 서로 다른 별개의 법률행위로서 유효하게 성립한 것이므로 그로 인한 조세의 내용과 범위는 그 법률관계에 맞추어 개별적으로 결정되는 것이지 그 거래가 가장행위에 해당한다거나 실질과세원칙을 내세워 유기적으로 결합된 하나의 원화예금거래라고 보기 어려우므로, 이 사건 엔화 스왑예금거래를 통하여 고객이 얻은 선물환차익은 자본이익의 일종인 외환매매이익에 불과할 뿐 예금의 이자 또는 이와 유사한 소득으로 볼 수 없어 이자소득세 과세대상에 해당하지 않는다"고 언급하는 한편, "구 소득세법 제16조 제1항 제13호가 유형별 포괄주의 형태로 규정되어 있다고 하여 이를 근거로 채권이나 증권이 아닌 외국통화의 매도차익인 이 사건 선물환차익에 관하여도 이자소득세의 과세대상이라고 확대해석하는 것은 조세법률주의 원칙에 비추어 허용할 수 없다"고 판시하였다.[45)]

현재는 이자소득을 발생시키는 거래 또는 행위와 파생상품이 결합된 경우 해당 파생상품의 거래 또는 행위로부터의 이익을 이자소득에 포함하는 명문의 규정(소법 §16 ① 13호)을 두고 있으므로, 이 판결의 영향은 제한적이지만 실질과세원칙의 적용 및 법해석 방법론을 둘러싼 다양한 견해의 차이를 확인할 수 있다는 점에서 유용한 시사점을 주는 사례라고 생각된다.

법원의 판결과 이를 지지하는 견해는 기본적으로 '법적 실질설'의 입장에서 엔화 스왑예금거래를 구성하는 현물환거래, 예금거래 및 선물환거래가 각각 별개의 법률행위로서 유효하게 성립되었고 환위험 회피를 위한 커버 선도거래 등 실질이 존재하고, 거래당사자들이 선물환차익과 같은 세법상 열거되지 않은 비과세 소득을 얻기 위한 것이었기 때문에 조세회피 목적이 없다고 보아 실질과세원칙 중 단계거래 법리의 적용을 부인하는 한편,

---

45) 대법원 2011.5.13. 선고 2010두3916 판결; 서울고등법원 2010.1.26. 선고 2009누5840 판결; 대법원 2011.5.13. 선고 2010두5004 판결도 같은 취지임

이자소득에 대해서 유형별 포괄주의를 채택하였다고 하더라도 조세법률주의에서 파생된 엄격해석의 원칙상 이자소득으로 볼 수 없다는 입장인 것으로 보인다.[46)]

그러나, 동일한 취지의 하급심 판결과 관련하여 '경제적 실질설'의 입장에서 다음과 같은 비판적 의견이 제기되기도 하였다. 첫째, 엔화 스왑예금거래는 일반적인 외환스왑거래와는 경제적 실질이 다르다. 일반적인 외환스왑거래는 은행이 엔화 사용기회를 포기하고 원화 사용기회를 얻는 것이지만, 엔화 정기예금이 결합된 쟁점 엔화 스왑거래는 엔화 사용기회를 포기할 필요없이 원화 사용기회를 얻는다는 점에서 단순한 원화 예금거래와 경제적 실질이 동일하다고 할 수 있다. 둘째, 일반적인 외환스왑거래에서는 서로 다른 통화의 운용기회를 교환함으로써 발생하는 거래상대방의 손실을 보전하기 위해 스왑포인트를 지급하지만 엔화 스왑예금거래에서는 단순히 원화 운용기회를 얻는 대가로 고객들에게 스왑포인트를 지급하는 점에서, 고객이 얻은 스왑포인트의 경제적 실질은 원화정기예금 이자율과 엔화정기예금 이자율의 차이를 조정해주는 것에 불과하다. 셋째, 스왑포인트는 엔화스왑예금 계약체결시 사전적으로 결정되므로 이후의 환율변동과 무관하고, 현물환계약과 선물환계약이 상호 간에 커버거래가 되기 때문에 은행의 엔화 포지션에는 변동이 없고 결과적으로 환위험을 회피하기 위한 새로운 커버거래가 발생할 수 없다는 점에서 동 거래의 선물환 차익은 자본소득이라기보다는 이자소득에 가깝다. 넷째, 상기 세 개의 거래는 은행의 치밀한 절세계획하에 전체로 보아 하나의 통합된 거래로 설계되었고 고객은 수동적으로만 참여하였다는 점에서, 상기 세 개의 거래들을 통해 얻은 투자이익을 개별거래별로 구분하여 과세하기보다는 연속된 하나의 거래로 보아 과세하는 것이 타당하다는 것이다.[47)]

쟁점 판결은 단계거래 법리를 규정한 국기법 제14조 제3항이 시행된 2008년 이전에 발생한 거래와 관련된 것으로서, 거래의 형식과 경제적 실질 간에 괴리가 있고 조세회피 행위에 해당한다고 하여 이를 부인하기 위해서는 조세법률주의의 요청상 개별적이고 구체적인 규정이 필요하다는 당시의 사법적 해석 관행에 토대한 것으로 판단된다. 그러나, 제한적이지만 '경제적 실질설'의 입장을 취한 것으로 평가받는 2012.1.19. 전원합의체 판결 이후 대법원이 보다 전향적 입장에서 경제적 실질에 따른 거래의 재구성을 인정하는 판결

46) 백제흠, "유형적 포괄주의 과세조항의 해석과 그 한계: 이자소득에 관한 구소득세법 제16조 제1항 제13호의 해석론을 중심으로", *BFL 제57호*, 2013. 1., pp.6-33

47) 정운오 · 전병욱, "엔화스왑예금 과세사건 판결의 분석", *조세법연구 제16집 제3호*, 한국세법학회, 2010, pp. 122-162

을 계속 내놓고 있다는 점에서 '법적 실질설'에 입각한 쟁점 판결의 기조가 계속 유지될 수 있을지는 미지수이다.

다. 실질과세원칙의 조세조약 적용

대부분의 학자들은 우리나라가 아직 GAARs을 입법화하고 있지 않다는 견해를 취하고 있지만, 단계거래의 개념이 다수 외국에서 도입된 GAARs의 주된 개념적 요소들을 포함하고 있다는 점에는 동의한다. 국조법에 실질과세원칙과 단계거래 개념을 도입한 것이 기본적으로는 해당 원칙들의 적용범위를 조세조약 사안으로 확장하려는 의도라는 것이다.

대법원은 국조법에 실질과세원칙이 도입되기 훨씬 이전인 1994년에 이미 실질과세원칙에 토대하여 다음과 같이 한・네덜란드 조세조약의 혜택을 부인한 바 있다. 네덜란드 법인이 한국법인에 대한 지분 양도로 인한 양도소득이 한・네덜란드 조세조약에 의해서 한국의 과세대상이 아니므로 해당 양도차익에 대해서 비과세・면제를 청구한 사안에서, 법원은 해당 양도차익은 한국에서 비과세・면제를 받을 권리가 없다고 판시했다. 왜냐하면, 네덜란드 법인이 아무런 경제적 실질이 없이 네덜란드에 단지 서류상으로만 등록하고 있었기 때문에 실질상 네덜란드 거주자로 간주될 수 없다는 것이다.[48)]

또한, 대법원은 앞서 살펴본 2012.1.19. 전원합의체 판결 이후 일관되게 조세조약에도 국내법상 실질과세원칙이 직접 적용된다는 입장을 취하고 있다. 2012.4.26. 선고된 벨기에 법인의 ㈜스타타워 주식양도 사건에서, 법원은 "재산의 귀속 명의자는 이를 지배・관리할 능력이 없고, 그 명의자에 대한 지배권 등을 통하여 실질적으로 이를 지배・관리하는 자가 따로 있으며, 그와 같은 명의와 실질의 괴리가 조세를 회피할 목적에서 비롯된 경우에는, 그 재산에 관한 소득은 그 재산을 실질적으로 지배・관리하는 자에게 귀속된 것으로 보아 그를 납세의무자로 삼아야 할 것이고, 이러한 원칙은 법률과 같은 효력을 가지는 조세조약의 해석과 적용에 있어서도 이를 배제하는 특별한 규정이 없는 한 그대로 적용된다고 할 것이다."라고 판시하였다.[49)]

이와 관련하여, 실질과세원칙이 조세조약에도 적용된다는 판례의 입장에는 동의하지만, 실질귀속에 관한 국기법 제14조 제1항을 조세조약에 적용함에 있어서 국내거래와 국제거래를 구분하여, 국제거래에 대해서만 명의와 실질의 괴리 외에 추가로 조세회피 목적을

48) 대법원 1994.4.15. 선고 93누13162 판결
49) 대법원 2012.4.26. 선고 2010두11948 판결

적용요건으로 요구하는 점에는 동의할 수 없다는 견해가 있다. 이에 대한 논거로 첫째, 관련 조문에서 조세회피 목적을 적용요건으로 규정하고 있지 않음에도 조세조약 사안에만 조세회피 목적을 요구하는 것은 조세법률주의에 반하고, 둘째, 국내거래의 경우에는 명의와 실질이 다르면 실질에 따라 세법을 적용·해석하는 데 비해, 조세조약 해석에서는 조세회피 목적이 인정되지 않으면 명의와 실질의 괴리에도 불구하고 실질귀속자에게 납세의무를 부담시킬 수 없게 되어 국내세법 해석과 조세조약 해석의 불일치가 발생하며, 셋째, 파트너쉽에 대한 과세취급시 조세회피 목적과 관계없이 파트너들을 실질귀속자로 보아 조약혜택을 부여하는 OECD 입장과 불일치되는 점을 지적하고 있다.[50] 국제적 조세회피 수법이 갈수록 고도화·지능화되는 상황에서 BEPS 방지를 위해 과세당국의 행정조치는 물론 이를 뒷받침하는 입법적·사법적 대응노력이 더욱 중요하다는 점, 그리고 통상 국내거래에 비해 국제거래의 경우에 세무조사권 행사의 제약이 커서 납세자의 조세회피 목적을 명확히 입증하기가 어렵다는 점을 감안할 때, 국제거래에 대해서는 국내거래보다 과세요건 충족 여부에 대한 엄격해석원칙을 완화할 필요가 있다고 생각한다.

라. GAARs 도입에 대한 찬반논의

우리나라는 아직까지 GAARs을 도입하고 있지는 않았지만, 세법의 일반규정으로서 실질과세원칙과 단계거래 법리가 규정되어 있다. 또한, 양도소득의 부당행위계산 부인(소법 §101), 법인세법 상 부당행위계산 부인(법법 §52), 이전가격과세 규정(국조법 §7), 과소자본 규정(국조법 §22), CFC 규정(국조법 §27) 등 SAARs이 존재한다. 원칙적으로 SAARs은 각 규정에서 명시된 특정 범위 내에서만 적용되기 때문에 적용이 제한적이다. 따라서 SAARs이 적용될 수 없는 경우 실질과세원칙과 단계거래 법리가 이용될 수 있다.

대다수의 국내 학자들은 2008년 단계거래 법리의 도입(국기법 §14 ③)에 따라 현행 세법이 더 많은 GAARs 요소들을 포함하게 된 것으로 본다. 그러나, 잘 정의된 GAARs 규정이 없기 때문에 현행 세법은 조세회피 개념을 명확히 정의하지 못하고, 조세혜택을 부인하기 위하여 일반적으로 수용할 수 있는 기준을 제시하지 못하고 있다. 또한, 대법원은 실질과세원칙이 조세회피를 규율하기 위한 객관적이고 합리적인 기준을 제시하는 데 충분하지 않으며, 일의적인 해석 기준으로서 적용되기 어려운 측면이 있다고 판시한 바 있다.[51]

---

50) 유철형, "조세조약 상 실질과세의 원칙에 관한 연구", *조세학술논집(제34집 제2호)*, 2018

51) 대법원 2012.1.19. 선고 2008두8499 판결

따라서, 우리나라도 조세회피 계획을 보다 효과적으로 방지하기 위하여 다른 국가들에서 통상 이용되는 형식의 GAARs을 도입할 필요가 있다는 견해가 제시되고 있다. GAARs 도입에 찬성하는 주된 논거는 현재와 같이 법의 허점을 메우기 위해 자꾸 개별 세법규정을 만들어 세법을 복잡하게 하는, 쫓고 쫓기는 입법대응 노력(cat and mouse practice)의 필요성을 줄이자는 것이다. 또한, 납세자가 선택한 거래를 부인하기 위해서는 법률에 개별적이고 구체적인 근거 규정을 두어야 한다는 등 그동안 실질과세원칙의 적용과 해석에 대한 법원의 보수적 해석으로는 사전에 치밀하게 설계된 조세회피거래 구조와 행위들에 효과적으로 대처할 수 없다는 지적이 제기되어 왔다.

그러나, GAARs 도입을 반대하는 입장에서는 GAARs이 특히, 객관적 원칙보다 주관적 목적기준(subjective purpose test)에 토대를 두는 경우 조세제도의 불확실성과 불가측성을 확대시킬 것이라고 주장한다. 또한, GAARs이 도입된 이후에도 현행 실질과세원칙 규정과 SAARs 규정들이 여전히 세법에 존재할 것이고, 개별 SAARs 규정들의 결함을 보완하기 위한 필요성이 계속 발생할 것이라는 것이다. 따라서 GAARs은 특정 사안에서 개별 SAAR의 요건이 충족되는지 여부가 불분명할 때 과세당국에게 부여하는 추가적인 무기일 뿐이라는 것이다. 더불어, GAARs이 초래하는 높은 정도의 불확실성이 헌법상 조세법률주의 원칙을 위배할 수 있다는 점도 제시된다. 법원은 이러한 점에 대해 우려하며, 조세회피 사건을 오로지 실질과세원칙과 단계거래 법리만에 토대하여 결정하지는 않는다고 한다. 왜냐하면 이들 규정이 납세자에게 호소력이 있는 객관적 기준을 제공하지 않는다고 생각하기 때문이다.

이러한 찬반론과 달리, 세법 상 실질과세원칙과 단계거래 법리의 목적론적 또는 유추해석이 허용된다면 현재 세법에 추가적인 개정 또는 발전이 필요하지 않을 것이라는 견해도 있다.[52)]

52) Hyejung Byun & Soo Jean Park, *op.cit.*, pp.635-637

제3장 특정 외국법인 유보소득 합산과세제도

1 CFC 제도의 개요

가. 배경 및 의의

거주자가 자신의 전세계 소득에 대한 조세를 회피하기 위한 가장 효과적인 방법 중 하나는 국외원천소득을 얻기 위해 특수관계 있는 외국법인(controlled foreign corporations: 이하 CFCs) 및 기타 법인단체를 이용하는 것이다. 국외원천소득에 대한 국내조세는 외국법인 또는 신탁 등 기타 법인단체를 설립함으로써 쉽게 이연될 수 있거나 완전히 회피될 수 있다. 외국법인 또는 신탁은 일반적으로 독립된 과세단체로 간주되고, 지배주주 또는 수익자가 거주하는 국가에 거주하지 않기 때문에, 해당 주주들 또는 수익자들은 외국법인 또는 신탁에 의해 소득이 발생될 때 과세되지 않는다.

주주 또는 수익자는 법인 또는 신탁으로부터 배당이 지급될 때 거주지국에서 과세될 것이다. 그러나, 많은 국가들은 외국법인에서 수취한 배당이 해당 외국법인의 대주주인 내국법인 소유 주식에 대한 배당인 경우에는 거주지국의 조세를 면제한다. 설령 배당이 과세소득일지라도, 거주지국의 조세는 통상 외국단체에게 소득이 귀속된 후 여러 해가 경과하여 배당이 수취될 때까지 이연된다. 따라서 외국단체에 귀속된 소득에 대한 거주지국의 과세는 이연되거나 또는 완전히 회피될 수 있다. 외국법인 또는 신탁 소득에 대한 외국조세가 낮거나 또는 전혀 없는 경우에는 그러한 혜택이 최대화된다. 따라서, 조세회피 문제는 조세회피처에 CFCs 또는 신탁을 설립할 때 주로 발생한다.

특수관계 있는 외국단체의 이용을 통한 조세회피 문제는 수동적 투자소득과 관련하여 가장 많이 알려졌는데, 왜냐하면 그러한 소득이 조세회피처에 설립된 역외단체로 쉽게 이전 또는 축적될 수 있기 때문이다. 예를 들어, A국의 법인이 채권 이자소득으로 1,000을 벌고, A국의 세율이 30%라고 가정하자. 만약 해당 법인이 조세를 부과하지 않는 조세회피처에 100% 소유 자회사를 설립한다면, 채권을 자회사에게 이전함으로써 300의 조세를 이연시킬 수 있다. 자회사가 얻는 이자소득은 A국의 원천세 대상이 아닐 것이다. 왜냐하면, 이자가 A국의 원천이 아니거나 또는 이자가 원천세 면제대상이기 때문이다. 자회사에 채권을 양도함으로 인해 얻는 조세혜택은 A국이 외국법인 배당에 대해 면제(지분소득 면제)를 하는 경우에 훨씬 더 커질 것이다.

거주지국이 외국법인 및 기타 단체로부터의 배당에 대해 과세를 하는 경우, 거주지국의 조세는 이연되지만 완전히 회피되지는 않는다. 국외 자회사가 거주지국의 모법인에게 배당을 하거나 또는 모법인이 국외 자회사에 대한 지분을 양도하는 경우, 거주지국은 배당 또는 양도차익에 대해 과세할 수 있을 것이다. 따라서, 특정 사안에서의 조세이연 혜택은 국내 및 외국 간의 세율 차이, 이연된 조세에 대한 투자수익률, 이연기간 등에 달려 있다. 무한정 이연할 수 있으면 면제와 거의 동등한 효과를 가질 것이다.

많은 국가들이 특정 유형의 남용행위에 대처하기 위해 국내법에 SAARs을 두고 있다. SAARs의 대표적 예로, 해외 자회사의 이익을 주주에게 배당하지 않는 경우 이를 배당으로 간주하거나 주주에 직접 귀속시키는 방법으로 거주지국 모회사(주주)에게 과세하는 '특정 외국법인 유보소득에 대한 합산과세제도', 즉, CFCs 제도를 들 수 있다. 많은 국가들이 국내 조세를 이연 또는 회피하기 위하여 CFCs을 이용하는 것을 방지 또는 제한하기 위하여 상세한 입법규정을 도입하였다. CFC 제도는 우리나라를 비롯하여 미국[53], 영국, 독일, 일본, 호주, 네덜란드, 스웨덴 등에서 입법화되어 있으며, 국가에 따라 적용대상과 요건에 큰 차이가 있다.

미국은 최초로 1962년에 CFC 규정(Subpart F)을 채택하였다. 이는 1937년 도입된 해외 인적지주회사 규정(foreign personal holding company rules)에 토대를 둔 것이다. 'Subpart F' 규정의 도입은 많은 논란을 불러일으켰는데, 최종적 입법규정은 CFCs의 모든 소득의 이연을 제거하고자 하는 과세당국과 수동적 소득에 대해서만 적용되어야 한다고 주장한 미국 MNEs 간의 타협의 산물이었다. 이에 대해 그동안 미국의 MNEs은 'Subpart F' 규정이 다른 국가들의 CFC 규정보다 더 광범위하고 엄격한 결과, 미국 MNEs이 경쟁상 불이익을 받게 된다고 주장해 왔다.

참고로, 2017년 미국은 CFC의 유형자산에 대한 10% 간주수익률을 초과하는 미국 납

53) CFC 제도의 기원은 1962년 미국의 'Sub-part F' 소득 방지 입법이라고 한다.(IRC §952) 'Sub-part F' 소득에는 이자, 배당, 사용료, 임대료 등 해외 인적지주회사소득(foreign personal holding company income), 특수관계인과의 거래에서 발생하는 해외 기지회사 판매소득(foreign base company sales income) 및 해외 기지회사 용역소득(foreign base company services income), CFC 소재 국가가 아닌 곳에서 발생하는 해외 기지회사 원유관련소득(foreign base company oil-related income) 및 보험소득(insurance income) 등이 있다.

세자의 CFCs 소득에 대해 10.5%(2026년에는 13.25%로 상향)의 최저한세, 즉 GILTI (global intangible low taxed income)라고 불리는 조세를 부과하는 특별 조치를 취하였다. 따라서, 'Subpart F' 규정하에서 미국 법인세율을 적용받지 않는 CFC 소득(대부분 능동적 사업소득)이 이 최저한세의 적용을 받게 될 것이고, 해당 소득에 대해 CFC에 의해 납부된 외국세액의 80%만을 최저한세에서 공제를 허용할 것이다.54)

나. CFC와 조세조약 간의 관계

조세조약과 CFC 규정 간의 관계가 논란이 되어 왔다. 납세자들은 조세조약 상 사업소득 조항에 따르면 타국의 법인이 일방국에 PE를 가지고 이윤이 PE에 귀속되는 경우를 제외하고는, 타국 법인의 사업소득에 대해서 CFC 규정을 가진 국가에서 과세할 수 없다고 주장한다. 이에 대해 과세당국은 CFC 규정에 의한 과세는 CFC 자체가 아니라 CFC의 국내 주주들에 대한 것이고, 조세조약 상 어떤 조항도 국가가 자국의 거주자들에게 과세하는 것을 방해하지 않는다고 주장한다. OECD/UN모델 제1조 제3항은 조세조약은 국가들이 자국의 거주자들에게 과세하는 것을 제한하지 않는다는 원칙을 확인해 준다.

2003년 OECD모델 제1조 주석의 개정으로 CFC 규정과 조세조약 간의 상충이 없다는 점이 명확해졌다. 따라서, 조세조약은 CFC 규정의 적용을 방해하지 않는다.(MCC Art.1/81, Art.7/14, Art.10/37) 그리고, CFC 규정을 가진 국가들은 조세조약에 CFC 규정의 적용을 허용하는 명시적 규정을 포함할 필요도 없다. 그러나, 이러한 해석과 관련하여, 벨기에, 룩셈부르크, 네덜란드, 스위스 등 일부 국가들은 주석에 이견을 부기함으로써 반대하고 있다.

CFC의 주주 단계에서 주식가치 증가분에 대해 과세하는 CFC 규정은 제13조 제5항이 거주지국 과세를 제한하지 않기 때문에 분명히 조약과 부합한다. 또한, 간주배당 접근방법에 토대한 CFC 규정도 역시 조세조약과 부합한다. 거주지국은 제10조 제1항 또는 제21조 제1항에 따라 간주배당에 대해 과세할 수 있기 때문이다. 그러나, 특정 조세조약이 법인간 배당면세 조항을 포함하는 경우, 주주의 거주지국은 간주배당에 대해 면세할 것이 요구되기 때문에 조약은 CFC 규정의 적용을 제한한다. 법인격부인 접근방법에 토대한 CFC 규정은 CFC의 법 형식을 무시하고 이윤이 발생할 때 주주의 단계에서 CFC의 이윤에 대해 과세한다. 제7조 또는 제21조는 주주의 거주지국의 과세권을 확인해 준다. 그러

54) Brian J. Arnold, *op.cit.*, pp.125-127

나, 소득이 사업소득에 해당한다면, 이제 무시되는 CFC는 주주의 PE로 간주될 수 있고 소득이 이 PE에 귀속되고, 만약 주주의 거주지국이 소득면제법을 선택한다면 제23A조 제1항이 CFC 규정의 적용을 제한할 것이다. 한편, EU 내에서는 설립자유의 원칙에 따라, CFC 규정은 국가의 조세를 회피할 의도를 가진 완전히 인위적인 약정을 특별히 규제하기 위한 경우가 아니라면, 국경 간 투자에 CFC 규정의 적용을 금지한다.[55)]

2 CFC 제도의 특성

가. 개요

CFC 입법의 기본적 형태는 모든 국가들에서 유사하다. 저세율 국가에 설립된 외국법인을 지배하는 또는 상당한 지분을 가진 국내 주주들은 해당 외국법인의 소득이 실제 그들에게 배당되는지에 상관없이, 외국법인 소득의 전부 또는 일부에 대해 자신의 지분 비율만큼 현재 시점에서 거주지국에서 과세된다. 그러나, 외국법인이 역외에서 정당한 사업활동에 종사하는 경우, 그러한 활동에 의해 발생된 소득에 대해서는 일반적으로 CFC 규정이 적용되지 않는다.

예를 들어, 아래 〈그림 5-4〉에서 보는 바와 같이 A국 법인 ACo가 저세율 국가에 설립한 CFC의 모든 지분을 소유한다고 가정하자. B국 CFC는 수동적 소득 1,000을 벌어서 해당 거주지국에 100의 조세를 납부한다. CFC는 세후 소득에 대해 ACo에게 배당을 하지 않는다. 만약 A국이 CFC 규정을 가지고 있다면, ACo는 CFC로부터 배당을 수취하지 않았을지라도 CFC 소득 1,000에 대해서 A국에서 과세될 것이고, CFC가 CFC 설립지국에 납부한 조세 100에 대해서는 외국납부세액 공제를 받을 것이다. 따라서, A국의 세율이 30%라면, ACo는 200의 조세(300에서 외국납부세액 100을 공제한 금액)를 납부할 것이고, 이는 ACo가 직접 소득을 얻었다면 납부했을 금액과 정확히 일치한다.

55) Alexander Rust, "Ch.1 : Persons Covered", *Klaus Vogel on Double Taxation Conventions(4th Ed.)*, Wolters Kluwer, 2015, pp.140-141

〈그림 5-4〉 CFC 과세의 기본구조

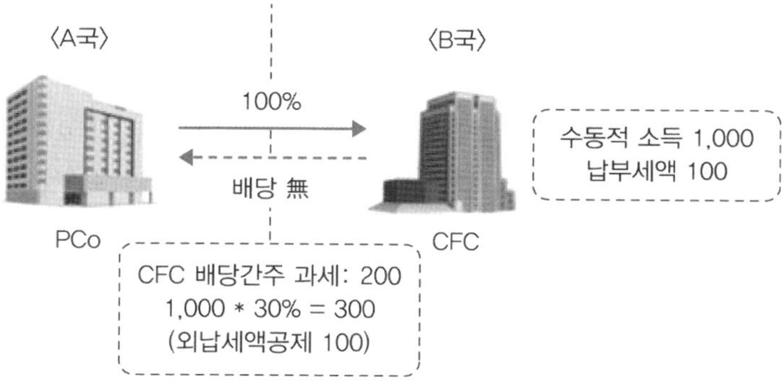

CFC 세제의 기본구조는 다음 두 가지 상충되는 정책을 반영한다. 조세회피 방지 및 공평성과 효율성을 증진시키기 위한 정책목표가 존재하는 반면, 내국법인들이 해외시장에서 경쟁하는데 국가가 불합리하게 간섭하기를 원하지 않는 정책적 고려도 필요하다. CFC 제도를 가진 국가들은 기본적으로 이러한 두 가지 정책의 균형을 추구하고자 한다. 이를 위해 대부분의 국가들은 저세율 국가에 설립된 CFCs 및 CFC가 얻는 수동적 소득으로 적용을 제한한다. CFC 규정은 다양하지만, 몇 가지 근본적인 구조적 요소들은 대부분의 국가에서 동일하다. 아래에서는 이러한 CFC 과세의 구조적 측면들을 살펴보고자 한다.

나. CFC의 정의

일반적으로 CFC 규정의 적용범위는, ⅰ) 비거주자이고, ⅱ) 소유자와 별도로 과세되는 법인 또는 유사한 단체이며, ⅲ) 국내 주주에 의해 지배되는 또는 국내 주주가 상당한 지분을 가진 단체들에 의해 발생된 소득으로 제한된다. 파트너쉽과 같은 투과단체로 취급되는 단체는, 만약 외국 파트너쉽의 국내 파트너들이 파트너쉽 소득의 지분비율에 따라 거주지국에서 과세된다면, CFC 규정의 적용범위에 속하지 않는다. 프랑스 등 일부 국가들의 경우에는 CFC 규정이 외국 지점 또는 PEs에게도 적용된다. 어떤 국가가 외국 지점 또는 PEs 소득에 대해 면제를 하고, CFC 규정이 적용되었을 수동적 소득을 면제소득에 포함하는 경우에는 외국 지점 또는 PEs로 CFC 규정의 확장이 필요할 것이다. 그러나, 외국 지점 또는 PEs 소득의 면제를 능동적 사업소득으로 제한한다면, CFC 규정을 외국 지점 또는 PEs에 적용하는 것은 불필요할 것이다.

대부분의 CFC 세제는 특정 국내 주주들에 의해 지배되는 외국법인에게만 적용된다. 일반적으로, 지배(control)는 총발행주식의 50% 이상을 소유하는 것을 의미한다. 일부 국가들은 지배의 개념을 법인의 총발행주식 가치의 50% 이상과 동일한 가치를 가진 지분의 소유를 포함하도록 확장한다. 다른 국가들은 50% 미만의 주식을 소유할지라도 거주자가 특정 상황에서 법인을 지배하는 것으로 간주하는 규정을 두기도 한다. 몇몇 국가들은 기본적인 법률상 지배기준에 대한 보완으로서 실질적 지배기준을 채택하였다. 예를 들어, 법인 주식의 20%를 소유하는 납세자라도 나머지 주식 지분이 광범위하게 분산된 경우에는 법인에 대한 실질적 지배권을 가질 수 있다. 실질적 지배기준은 납세자 입장에서는 상당한 불확실성과 과세당국 입장에서는 적용상 어려움을 수반한다. 일부 국가들은 지배기준의 복잡성과 제한을 거부하고, 거주자가 상당한 소유지분(예: 10~20%)을 가진 외국법인에게 CFC 규정을 적용한다.

CFC 규정의 목적 상 지배는 간접적 지배를 포함한다. 따라서, CFC 규정은 거주자가 지배하는 다른 외국법인에 의해 소유되는 조세회피처 법인의 주식을 보유함으로써 회피될 수 없다. 간접적 지배는 통상 한 법인에 대한 납세자의 지분에 다른 법인에 대한 해당 법인의 지분을 곱함으로써 결정된다. 그러나, 한 법인이 다른 법인을 지배한다면, 그 법인은 그 법인이 소유하는 다른 법인의 주식 모두를 소유하는 것으로 간주된다. 예를 들어, ACo가 BCo 주식의 51%를 소유하고 BCo가 CCo 주식의 51%를 소유한다면, ACo는 BCo가 소유한 CCo 주식의 26.01%(51%×51%)가 아닌 전부를 소유하는 것으로 간주되어야 한다. 따라서, ACo는 BCo와 CCo를 지배하는 것으로 간주될 것이다.

대부분의 국가들은 납세자가 주식 소유를 분할함으로써 CFC 규정을 회피하는 것을 방지하기 위한 간주 소유규정(constructive ownership rules)을 두고 있다. 예를 들어, 외국법인 주식을 한 내국법인이 40%, 다른 내국법인이 20% 소유하는 경우, 해당 외국법인은 만약 예컨대, 두 내국법인들이 특수관계에 있다면 양 내국법인들의 CFC가 될 것이다. 일부 국가들의 경우, CFC 규정을 적용하기 위해서 지배는 적은 수의 국내 주주들로 집중되어야 한다. 이러한 집중 소유요건은 지배기준에 대한 논거와 관련이 있다. 예를 들어, 호주, 캐나다는 외국법인에 대한 지배가 5인 이하의 국내 주주들로 집중되어야 한다. 미국의 'Subpart F' 규정에 의하면, 외국법인이 CFC인지 여부를 결정할 때는 외국법인 주식을 최소 10% 이상 소유하는 미국 주주들만이 포함된다.[56)]

56) Brian J. Arnold, *op.cit.*, pp.127-129

다. CFC 적용대상 접근방법

CFC 규정의 주된 초점은 조세회피처에 설립된 단체들이다. 대부분 국가들의 CFC 규정은 조세회피처로 정의되고 지정된 국가들에 소재한 CFCs로 국한된다. 이러한 지정국가 접근방법(designated jurisdiction approach)은 조세회피처로 지정되지 않은 국가들에 설립된 모든 외국법인들을 CFC 규정에서 면제하기 때문에, 전세계 접근방법에 비해서 순응 및 행정부담이 경감된다. 반면에, 미국, 캐나다 등 일부 국가들은 CFC 규정을 CFC가 조세회피처 또는 고세율 국가의 거주자인지 여부에 관계없이, CFC가 수취한 특정 범주의 소득에 적용한다. 이러한 전세계 접근방법(global approach)의 논거는 모든 국가들, 심지어 고세율 국가들의 경우에도, 소득에 대해 특례적 또는 저세율을 허용하는 조세제도의 요소들을 가지고 있다는 것이다.

조세회피처의 정의는 일반적으로 외국과 거주지국에서 부과된 조세의 비교에 토대를 둔다. 외국이 거주지국과 거의 동일한 세율로 실제 과세를 한다면, 외국은 거주지국의 조세를 이연·회피하는데 이용될 수 없기 때문에 조세회피처로 간주되어서는 안 된다. 국내와 외국 간 세율 비교는 명목세율, 실효세율 또는 CFC가 실제 납부한 외국세액에 토대한다. 일부 국가들이 실효세율 방법을 사용하지만, 대다수 국가들은 CFC가 실제 납부한 외국세액에 초점을 둔다.

CFC가 실제 납부한 외국세액과 CFC가 내국법인이라면 납부했을 가상의 국내 조세를 비교하는 것이 각각의 특정 CFC의 상황에 초점을 둔다는 점에서 이론적으로는 정확한 접근방법이다. 그러나, 이 접근방법은 가상의 국내 조세액을 결정하기 위하여 거주지국 법령에 따라서 CFC 소득을 재계산해야 하기 때문에 납세자에게 과도한 순응부담을 부여한다. 외국 조세와 거주지국 조세 간의 구체적 관계를 정하는 방식은 매우 다양하다. 영국, 프랑스 등 일부 국가들은 조세회피처를 거주지국 세율의 55~75% 미만인 국가로 정의한다. 다른 국가들은 조세회피처를 단순히 외국의 세율에 따라서 정의한다. 예를 들어, 독일, 일본은 25% 이하의 세율로 부과하는 국가를 조세회피처로 정의하고, 우리나라는 세율 기준을 15%로 정하고 있다.

국내 세율과 비교함으로써 조세회피처를 정의할 때 발생하는 어려움 때문에 지정국가 접근방법을 사용하는 국가들은 조세회피처 국가 또는 조세회피처가 아닌 국가의 명단을 공시함으로써 조세회피처의 정의를 보완한다. 전세계 접근방법에 의하면, CFC의 거주지국은 거래에서 발생하는 소득의 성격을 결정하기 위해서 CFCs의 모든 거래가 검토되어야 한다. 만약 법인이 '오염소득(tainted income)'을 가진다면, 소득은 법인의 국내 주주들에게 귀속되어 과세되고 해당 소득에 대해 외국납부세액 공제를 받게 된다. CFC 규정은 만약 CFCs가 오염소득을 얻는다면 고세율 국가에 소재한 CFCs에게도 적용될 수 있다.[57]

라. CFC 귀속소득의 정의 및 계산

일부 국가들은 국내 주주들에게 CFC 소득을 과세할 때 단체 접근방법을 사용한다. 단체 접근방법(entity approach)에 의하면, CFC 규정은 통상 진정한 사업활동에 주로 종사하는 특정 CFCs은 적용을 면제한다. 만약 CFC가 면제 요건을 충족하지 못하면, CFC의 모든 소득이 국내 주주들에게 귀속된다. 그러나, CFC가 면제요건을 충족하는 경우에는 수동적 소득은 물론 어떤 소득도 국내 주주들에게 귀속되지 않는다. 반면, 다른 국가들은 CFC가 얻는 특정 유형의 소득(소위 tainted income)만을 귀속시키는 거래 접근방법을 따른다. 거래 접근방법(transactional approach)에 의하면, CFC가 오염소득을 창출하는지 여부를 결정하기 위해 CFC에 의해 체결된 각 거래가 분석되어야 하고, 오염소득은 거주지국의 규정을 적용하여 결정된다. 단체 접근방법은 거래 접근방법보다 덜 정확하지만, CFC 규정의 순응 및 집행 부담을 최소화한다. 일부 국가들은 거래 및 단체 접근방법의 요소들을 결합한 혼성 접근방법을 사용한다. 예를 들어, 미국, 호주 등은 거래 접근방법을 사용하지만, 오염소득이 전체 소득 중 특정 비율 미만인 CFCs에 대해서는 적용을 면제한다.

오염소득은 통상 수동적 소득과 기지회사 소득으로 구성된다. 수동적 소득은 배당, 이자, 사용료 및 양도차익으로 구성된다. CFC 규정의 목적 상 수동적 소득을 정의할 때 가장 어려운 문제는 수동적 소득이 능동적 사업소득으로 분류되어야 하는 상황을 식별하는 것이다. 예를 들어, 금융기관이 획득한 이자는 일반적으로 능동적 사업소득으로 간주되고, CFC 규정의 적용이 면제된다.

기지회사 소득은 CFC 규정의 목적 상 오염소득으로 간주되는 수동적 소득 이외의 모든 소득을 지칭하기 위해 사용된다. 일반적으로, 기지회사 소득은 다음 3가지 주요 요소들을 포함한다. 첫째, CFC가 지배주주들의 거주지국으로부터 얻은 소득이다. 만약 그 소득이 CFC 거주지국에서 과세되지 않는다면, 해당 국가의 세원이 잠식된다. 특히, 많은 경우 소득이 CFC의 모회사에 의해 직접 획득될 수 있기 때문에 국가들은 이런 방식의 CFC에

57) Brian J. Arnold, *op.cit.*, pp.129-131

의한 세원잠식이 부적절하다고 간주한다. 둘째, CFC가 특수관계거래들로부터 얻은 소득이다. 이전가격 규정은 집행하기가 어렵기 때문에 특수관계거래 소득을 CFC 규정의 목적상 오염소득으로 취급함으로써 이전가격 규정의 적용에 대한 의존 필요성을 회피할 수 있다. 셋째, CFC가 CFC 거주지국 밖에서의 거래로부터 얻은 소득이다. 현지시장의 거래소득에 대해 거주지국 조세를 부과하는 것은 해당 국가에서 CFC가 속한 MNEs의 경쟁력을 저해할 수 있기 때문에 통상 현지시장의 거래소득에 대해서는 과세를 면제한다. 그러나, CFC가 현지시장 밖에서 소득을 얻는 경우에는 CFC가 현지시장에서 경쟁하기 위해 거주지국 조세의 면제 또는 이연이 불필요하다. 이러한 세 가지 유형의 기지회사 소득이 상호 배타적인 것은 아니다. 일부 국가들은 기지회사 소득의 정의를 CFC 거주지국 밖의 특수관계거래에서 발생한 소득 또는 특수관계거래의 결과로서 지배주주 거주지국에서 발생한 소득으로 제한한다.

오염소득 정의의 한 가지 중요한 측면은 특수관계 있는 CFCs간의 거래에서 발생한 소득과 관련된다. 예를 들어, 만약 고세율 국가의 CFC가 저세율 국가의 특수관계 있는 CFC에게 비용공제 가능한 이자, 사용료 등을 지급한다면 상당한 조세절감을 얻을 수 있다. 특별 규정이 없는 경우, CFC가 수취하는 이자, 사용료 등은 CFC 규정이 적용되는 수동적 소득으로 간주될 것이다. 그러나, 다수 국가들은 그러한 특수관계자들 간 지급금을 오염소득의 범위에서 제외하는 특별규정을 채택하고 있다. 따라서, 일반적으로 MNEs은 CFC 규정의 적용을 받지 않고 외국 조세를 경감하기 위하여 그룹 자금관리회사 또는 지식재산권을 위한 지주회사를 설립할 수 있다.[58]

마. CFC 적용면제의 성격과 범위

국가들은 CFC 규정의 적용범위를 제한하는 다양한 면제규정(exemption)을 두고 있는데, 그 내용은 국가가 단체 접근방법 또는 거래 접근방법을 사용하는지 여부에 따라 달라진다. CFC 세제를 가진 모든 국가들은 최소한 아래에서 제시하는 면제규정들 중 일부를 규정하고 있다.

첫째, CFC가 주로 또는 전적으로 진정한 사업활동에 종사하거나 또는 CFC가 얻는 능동적 사업소득에 대해서는 CFC 규정의 적용을 면제한다. 거래 접근방법을 사용하는 국가들은 CFC의 오염소득에 대해서만 과세하는데, 능동적 사업소득은 오염소득으로 간주되

58) Brian J. Arnold, *op.cit.*, pp.131-133

지 않기 때문에 면제가 적용된다. 단체 접근방법을 사용하는 국가의 경우에는 각각의 CFC가 검증되고, CFC 소득의 전부가 국내 주주들에게 귀속되거나 또는 아무런 소득도 귀속되지 않는다. 단체 접근방법에 의하면, 진정한 사업활동에 주로 또는 거의 전적으로 종사하는 CFC에게는 항상 면제가 적용된다. CFC 규정의 적용면제는 일반적으로 i) CFC가 특정 능동적 사업에 종사하거나 투자활동에 종사하지 않고, ii) CFC가 외국에 실질적으로 존재하며, iii) CFC 소득의 특정 비율(통상 50%) 이하가 오염소득인 경우에만 적용된다. 참고로, 스웨덴은 능동적 사업소득과 기타 소득을 구별하지 않아 CFC의 모든 소득이 국내 주주들에게 귀속되지만, 고세율 국가들뿐만 아니라 조세조약 체결국가에 설립된 모든 CFCs에게 적용을 면제한다.

둘째, CFC가 거주지국의 주주들에게 현재 이윤을 토대로 배당을 하는 경우 CFC 규정을 적용할 필요가 없을 것이다. 셋째, CFCs 소득 또는 오염소득이 최소금액 미만인 경우에는 CFC 규정의 적용이 면제된다. 최소금액 감면은 주로 납세자의 순응비용을 감안할 때 상대적으로 적은 소득금액에 대해서는 과세에서 제외할 필요가 있다는 정책적 고려에서 비롯된 것으로 보인다.[59]

바. 과세대상 국내 주주들

대부분의 국가들에서 개인 및 법인 주주 모두 CFC 규정의 적용을 받는다. 다만, 일부 국가들의 경우에는 내국법인에게만 적용된다. 또한, 통상 과세연도 말 기준으로 법인의 지분을 소유한 주주들에게 CFC의 미배당소득이 귀속된다. 이 접근방법은 연도 중 일부 보유기간에 대해서만 귀속소득을 결정하는 방법보다 정확하지는 않지만, 단순한 장점이 있다.

대부분의 국가에서, CFC의 국내 주주들은 최소 소유요건(통상 10%)을 충족하지 않는 한, 외국법인의 미배당소득의 지분비율에 대해서 과세되지 않는다. 이는 CFCs의 소액주주들이 CFCs 소득의 배당을 요구하기 위한 충분한 영향력을 갖지 못한 점을 고려한 것이다.[60]

59) Brian J. Arnold, *op.cit.*, pp.133-134

60) Brian J. Arnold, *op.cit.*, pp.134-135

사. 이중과세 방지규정

CFC 규정은 CFC의 미배당소득 중 지분비율에 따라서 국내 주주들에게 과세하는 것이기 때문에, 대다수 국가들은 국내 주주들의 과세소득에서 CFC가 납부한 외국납부세액 공제를 허용한다. CFC 소득이 외국에서 과세되고, 국내 주주가 CFC로부터 배당을 수취하거나 해당 외국법인의 주식을 양도하는 경우 이중과세 가능성이 존재한다. 대다수 국가들은 외국납부세액과 이미 과세된 CFC 소득에 대한 후속 배당에 대해 이중과세 구제를 제공하지만, 이미 과세된 CFC 소득을 반영하는 주식양도차익에 대해서는 허용하지 않는다.

〈그림 5-5〉 CFC 과세에 대한 이중과세 구제 필요성

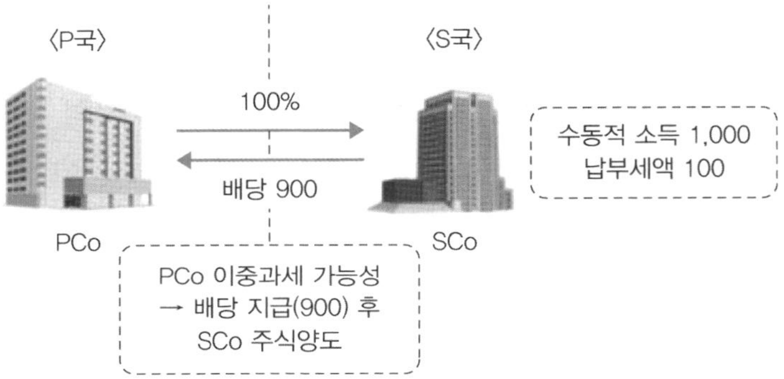

이중과세 이슈를 다음 사례를 통해서 살펴보자. 위 〈그림 5-5〉에서 보는 바와 같이 P국 거주자인 PCo는 S국 거주자인 SCo의 주식 100%를 소유한다고 하자. 2017년에 SCo는 S국에서 수동소득 1,000을 벌어서 S국에 조세 100을 납부한다. P국의 CFC 규정에 따라서, PCo는 SCo소득 1,000에 대해 30% 세율로 과세되고 SCo가 S국에 납부한 세액 100을 외국납부세액으로 공제를 받는다. 2019년에, SCo는 PCo에게 배당 900을 지급한다. 배당이 지급된 소득에 대해 이미 과세되었기 때문에, 배당은 P국에서 면제되어야 한다. 만약 S국이 배당에 대해 10% 원천세를 부과한다면, P국은 원천세 대해서도 역시 외국납부세액으로서 소급적용을 허용하거나 2019년 또는 미래 연도에 CFC 소득에 대해서 이중과세 구제를 제공해야 한다. 만약 PCo가 배당을 수취하지 않고 2019년에 SCo 주식을 양도한다면, 양도가액은 아마도 SCo의 2017년 세후소득 900이 반영될 것이다. PCo는 해당 금액에 대해 P국에 이미 조세를 납부했기 때문에, SCo 주식양도차익 중 이미 과세된 소득 900에 귀속되는 차익에 대해서는 조세납부가 요구돼서는 안 된다. 이러한 상황에서, 만약

P국에서 이중과세 구제가 허용되지 않는다면, PCo는 주식양도차익을 축소하기 위해 SCo에게 배당 900을 지급하도록 하는 것을 고려할 가능성이 높다.

〈그림 5-6〉 다수 국가의 CFC 과세에 의한 이중과세 가능성

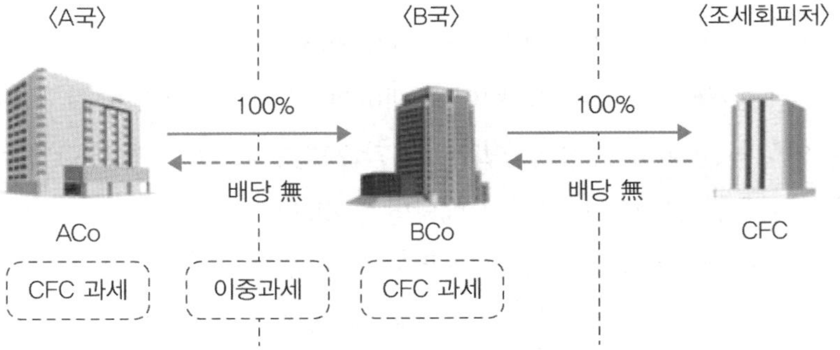

CFC의 손실은 일반적으로 국내 주주들에게 귀속되지 않는다. 대다수 국가들은 그러한 손실이 이월되어 미래 연도에 CFC 귀속소득을 계산할 때 공제되도록 허용한다.

대다수 국가들의 CFC 규정은 둘 이상 국가들의 CFC 규정의 적용에서 발생하는 이중과세 구제를 제공하지 않는다. 예를 들어, 아래 〈그림 5-6〉에서 보는 바와 같이 A국 거주자인 ACo가 B국 거주자인 BCo 주식 100%를 소유한다고 하자. BCo는 조세회피처에 설립된 법인의 주식 100%를 소유하고 수동소득을 얻는다. 만약 A국과 B국 모두 CFC 규정을 가진다면, 조세회피처 법인의 수동소득은 ACo와 BCo에게 과세될 수 있다. A국이 B국에서 부과된 조세에 대해 세액공제를 부여해야 할 것으로 보인지만, A국은 조세회피처 법인의 수동소득이 A국에서 이전되었던 것이므로 A국에서 과세되어야 한다는 입장을 가질 수도 있다. 일부 국가들은 다른 국가의 CFC 규정에 따라서 부과된 외국조세에 대해 비용공제 또는 세액공제 방식으로 구제를 제공하지만, 다른 국가들은 조세조약 상 MAP을 이용할 수 있음에도 불구하고 이중과세 구제를 제공하지 않는다. CFC 규정을 채택하는 국가들이 점차 증가함에 따라 이러한 이중과세 문제가 더욱 심각해지고 있다.

3 우리나라의 CFC 제도

가. 의의

법인의 실제부담세액이 실제발생소득의 15% 이하인 국가 또는 지역(이하 특정국가 등)에 본점 또는 주사무소를 둔 외국법인에 대하여 내국인이 출자한 경우 내국인과 특수관계가 있는 외국법인(이하 특정외국법인)의 각 사업연도 말 현재 배당가능한 유보소득 중 내국인에게 귀속될 금액은 내국인이 배당받은 것으로 본다.(국조법 §27조 ①) 외국법인이 사업의 실질적 관리장소를 특정국가 등에 두고 있는 경우에는 사업의 실질적 관리장소를 본점 또는 주사무소로 보아 동 제도를 적용할 수 있다.(국조법 §27조 ③)

과거에는 '조세피난처 과세제도'라는 용어를 사용하였으나, '특정외국법인 유보소득 합산과세제도'로 변경되었다. 조세회피처 등 경과세국에 유보된 소득에 대한 과세방법으로 해당 소득이 유보된 단체의 법인격을 부인하는 방법, 그 법인과의 거래를 부인하는 방법 등이 논의될 수 있는데, 우리나라는 그 단체에 유보된 소득이 국내 주주에게 배당된 것으로 간주하는 방법, 즉 배당간주제도를 채택하고 있다.

나. 적용대상

(1) CFC 지분을 10% 이상 보유하는 내국인

CFC 규정이 적용되는 자는 특정외국법인의 각 사업연도 말 현재 발행주식의 총수 또는 출자총액의 10% 이상을 직・간접적으로 보유한 거주자 또는 내국법인이다.(국조법 §27 ②) 자회사・손회사를 구분하지 않고 직・간접적 소유비율이 10% 이상인 경우 적용된다. 과거에는 20% 지분비율 기준을 적용하였으나, 2011년 세법 개정시 주요 선진국의 지분요건과 동일하게 10% 기준으로 변경하였다. 이 경우, 10%를 판단할 때는 국세기본법 제2조 제20호 가목(친족관계) 및 나목(경제적 연관관계)에 따른 내국인의 특수관계인이 직접 보유하는 발행주식 또는 출자지분을 포함한다.

(2) 특정국가 등에 소재하는 특정외국법인에 해당할 것

'특정국가 등'이란 법인의 실제부담세액이 실제발생소득의 15% 이하인 국가 또는 지역(경과세국 또는 경과세지역)을 말한다. 구체적으로, 외국법인의 해당사업연도를 포함한 최근 3개 사업연도 실제부담세액의 합계 금액으로서 해당 외국법인의 거주지국 세법에 따라 산정한 금액(그 외국법인의 세전이익에 대한 조세를 말하며, 해당 거주지국 외의 국가에서 납부한 세액을 포함한다)이 외국법인의 해당 사업연도를 포함한 최근 3개 사업연도 실제발생소득의 합계 금액(세전이익이 결손인 사업연도는 영으로 본다)의 15% 이하인 국가 또는 지역을 말한다.(국조령 §62 ①)

'실제발생소득'은 해당 외국법인의 본점 또는 주사무소가 있는 국가 또는 지역(이하 거주지국)에서 재무제표 작성시에 일반적으로 인정되는 회계원칙에 따라 산출한 법인세차감전 당기순이익(이하 세전이익)을 말한다. 다만, 해당 거주지국에서 일반적으로 인정되는 회계원칙이 우리나라의 기업회계기준과 현저히 다른 경우에는 우리나라의 기업회계기준을 적용하여 산출한 재무제표상의 세전이익을 실제발생소득으로 본다.(국조령 §61 ①)

위 세전이익에 주식 또는 출자증권(이하 대상자산)의 평가이익 및 평가손실이 반영되어 있는 경우에는 그 평가이익을 빼고 평가손실을 더한 금액을 세전이익으로 한다.(국조령 §61 ③) 다만, i) 거주지국에서 대상자산의 평가손익의 전부 또는 일부가 해당 외국법인의 과세소득 계산시 반영되어 있는 경우에는 과세소득 계산에 반영된 평가손익 금액, ii) 해당 사업연도에 대상자산을 매각하거나, 해당 사업연도에 대상자산에서 생기는 배당금 또는 분배금을 받는 경우에는 해당 사업연도 이전의 대상자산에 대한 평가손익 금액을 세전이익에서 빼거나 더하지 않는다.(국조령 §61 ④)

특정외국법인은 내국인과 특수관계가 있어야 한다. 국조법은 '특수관계'의 정의를 국조법 제2조 제1항 제3호에서 규정하고 있다. 50% 지분 소유에 의한 특수관계 여부를 판단할 때에는 내국인과 특수관계(국기법 제2조 제20호 가목 및 나목)가 있는 비거주자가 직접 또는 간접으로 보유하는 주식을 포함한다.(국조법 §27조 ①)

(3) 특정 업종 또는 행위를 수행하는 일정 요건에 해당하는 법인

통계청장이 작성・고시하는 '한국표준산업분류'에 따른 i) 도매업, ii) 금융・보험업, iii) 부동산업, iv) 전문, 과학 및 기술서비스업(건축기술, 엔지니어링 및 관련 기술 서비스업은 제외), v) 사업시설관리, 사업지원 및 임대서비스업을 영위하는 특정외국법인으로서 '일정한 요건'을 갖춘 법인에 대해서 CFC 규정이 적용된다. 다만, 도매업을 하는 특정외국법인의 경우 동일 국가 또는 지역에 있는 특수관계가 없는 자에게 판매한 금액이 해당 사업연도 총수입금액의 50%를 초과할 때는 CFC 규정을 적용하지 않는다.(국조법 §29 ① 1호)

위에서 언급한 '일정한 요건'이라 함은 다음 두 가지 요건을 모두 갖춘 법인을 말한다. ⅰ) 해당 사업연도에 위에서 열거한 업종에서 발생한 수입금액 또는 매입원가의 합계가 그 특정외국법인의 총수입금액 또는 총매입원가의 50%를 초과하는 법인일 것. 다만, 도매업의 경우에는 해당 사업연도를 포함한 최근 3개 사업연도의 평균금액을 기준으로 한다. ⅱ) 해당 사업연도에 위에서 열거한 업종에서 발생한 수입금액 또는 매입원가의 합계 중 특수관계가 있는 자와 거래한 금액이 이들 업종에서 발생한 수입금액 또는 매입원가 합계의 50%를 초과하는 법인이어야 한다.(국조령 §65 ②)

또한, 주식 또는 채권의 보유, 지식재산권의 제공, 선박·항공기·장비의 임대, 투자신탁 또는 기금에 대한 투자를 '주된 사업'으로 하는 법인은 CFC 규정의 적용대상이다.(국조법 §29 ① 2호) 여기서 '주된 사업'은 해당 특정외국법인의 총수입금액 중 50%를 초과하는 수입금액을 발생시키는 사업을 말한다.(국조령 §65 ③)

특정외국법인이 특정국가 등에 사업을 위하여 필요한 고정된 시설을 가지고 사업을 관리하거나 지배·운영을 하는 경우에도 '수동소득'의 합계가 해당 특정외국법인의 총수입금액의 5%를 초과하는 경우에는 CFC 규정을 적용한다. 여기서 '수동소득'이란 ⅰ) 주식 또는 채권의 보유, ⅱ) 지식재산권의 제공, ⅲ) 선박·항공기·장비의 임대, ⅳ) 투자신탁 또는 기금에 대한 투자, ⅴ) 선박·항공기·장비의 임대에서 발생하는 소득과 관련된 자산이 특정외국법인의 사업에 직접 사용되는 경우를 제외하고, 위 ⅰ)호 내지 ⅳ)호의 행위에서 발생하는 소득과 관련된 자산의 매각손익을 말한다. 다만, 해당 특정외국법인이 위에서 언급한 특정 업종 및 수동소득을 발생시키는 사업 외의 사업을 하는 외국법인 또는 동일 국가 또는 지역에 있는 특수관계가 없는 자에게 판매한 금액이 해당 사업연도 총수입금액의 50%를 초과하는 도매업을 영위하는 외국법인의 주식을 10% 이상 보유한 경우에는 그 주식에서 발생하는 배당금은 해당 수동소득의 합계에서 제외한다.(국조법 §29 ②, 국조령 §65 ④)

(4) 실제발생소득이 일정 금액을 초과할 것

특정외국법인의 각 사업연도 말 현재 외국환거래법에 따른 기준환율 또는 재정환율로 환산한 실제발생소득이 2억원(종전 1억원)을 초과하는 경우에만 CFC 규정이 적용된다. 사업연도가 1년 미만인 경우에는 1년 기준으로 환산 후 적용한다.(국조령 §64 ①)

〈그림 5-7〉 CFC 규정의 적용사례

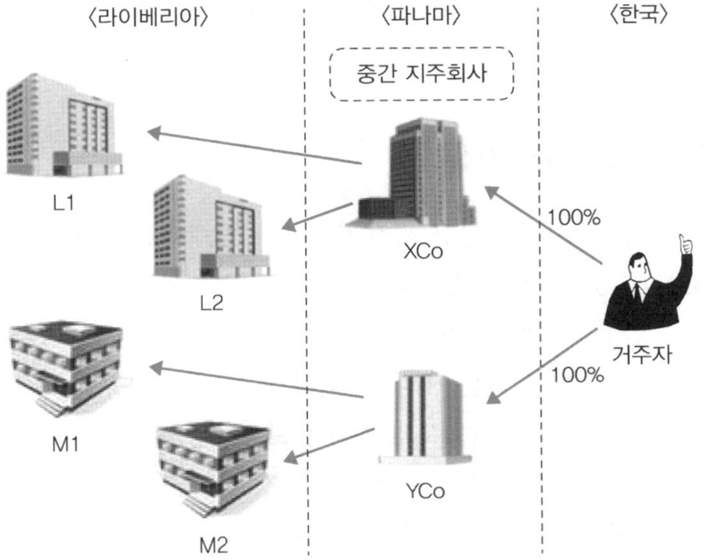

위 〈그림 5-7〉 사례에서 보는 바와 같이 CFC 규정 적용시 연결재무제표를 기준으로 특정외국법인 해당 여부 판단 및 배당가능 유보소득을 산정한 과세처분의 위법 여부와 관련한 사안에서, 법원은 "특정외국법인은 조세피난처에 본점 등을 두고 실제발생소득이 1억 원(종전 기준)을 초과하는 외국법인으로서 내국인이 직접적으로 주식을 보유한 외국법인과 간접적으로 주식을 보유한 외국법인을 모두 포함하므로, 각 특정외국법인의 배당가능 유보소득은 특정외국법인마다 개별적으로 산정하여야 한다고 볼 것이다. (…) 내국인이 지배하고 있는 각 외국법인이 조세피난처에 본점 등을 두고 있더라도 그 법인의 실제발생소득이 1억 원 이하인 경우 CFC 규정의 적용대상인 특정외국법인이 될 수 없고, 각 외국법인이 이러한 특정외국법인에 해당하는 경우에도 그 배당가능 유보소득을 산정할 때에는 최소금액 1억 원을 각각 공제해야 한다. (…) 개별 재무제표상 실제발생소득이 1억 원을 넘지 않는 외국법인을 특정외국법인으로 취급하거나, 실제발생소득이 1억 원을

넘는 각 특정외국법인의 배당가능 유보소득을 산정할 때 최소금액 1억 원을 공제하지 않은 채 배당으로 간주되는 소득금액을 계산하였다면, 그러한 부과처분은 위법하다."고 전제한 후, "원심은 이와 달리, XCo와 YCo의 연결재무제표를 기준으로 그 자회사인 L1, L2, M1, M2 등의 처분전이익잉여금을 합산한 금액에서 XCo와 YCo에 관한 최소금액 등을 공제하여 이 사건 특정외국법인에 관한 배당가능 유보소득을 산정할 수 있다고 판단하였다. 이러한 원심의 판단에는 국제조세조정법상 특정외국법인의 범위와 배당가능 유보소득의 산정에 관한 법리 등을 오해하여 필요한 심리를 다하지 아니한 잘못이 있다."고 판시하면서 해당 사건을 파기환송하였다.[61)]

다. 해외지주회사에 대한 특례

국내기업들이 해외진출시 위험분산 목적 또는 연결납세제도 등 세제혜택을 얻기 위해 지주회사를 설립하는 경우가 많은데, 이러한 해외투자를 지원하기 위하여 해외지주회사에 대해서는 CFC 규정의 적용을 배제하고 있다.

주식 보유를 주된 사업으로 하는 해외지주회사가 각 사업연도 말 현재 다음의 요건을 모두 갖추어 '일정 요건'을 갖춘 자회사의 주식을 보유하는 경우에는 CFC 규정이 적용되지 않는다. 여기서 '일정 요건'을 갖춘 자회사는 특정외국법인이 발행주식총수 또는 출자총액의 40% 이상을 보유하고, CFC 규정의 적용을 받지 않는 자회사를 말한다.(국조령 §64 ③) 공정거래법상 국내지주회사의 자회사 요건과 동일하게 40% 지분비율 기준을 적용하고 있다. 과거에는 해외지주회사의 자회사가 모두 동일 지역에 있어야 한다는 요건이 있었으나, 2011년 세법 개정시 요건이 완화되었다. 따라서 동일 지역이 아닌 지역에 자회사를 두고 있더라도 40% 이상 지분을 6개월 이상 보유하고, 아래에서 언급하는 동일 지역 소재 자회사로부터 받는 수동소득 비율이 90% 이상이면 해외지주회사 특례 혜택을 받을 수 있다.

해외지주회사에 해당하기 위해서는, ⅰ) 해외지주회사가 모든 자회사의 주식을 그 자회사의 배당기준일 현재 6개월 이상 계속하여 보유하고 있을 것, ⅱ) 해외지주회사가 위 ⅰ)호의 요건을 갖추어 주식을 보유하고 있는 자회사로부터 받은 이자·배당소득 등이 계산식 [A/(B-C-D)]에 따라 산출한 소득금액비율이 90% 이상이어야 한다.(국조법 §28 3호)

---

61) 대법원 2016.2.18. 선고 2015두1243 판결

여기서 A는 해외지주회사가 위 ⅰ)호의 요건을 갖추어 주식을 보유하고 있는 자회사 중 해당 지주회사와 동일 국가 또는 지역에 본점 또는 주사무소를 두고 있는 자회사로부터 받은 이자소득, 배당소득, 그밖에 대통령령으로 정하는 소득을 합친 금액이다. 여기서 동일 지역이란 EU, 중국 및 홍콩, ASEAN에 해당하는 지역을 말한다.(국조칙 §37) B는 해외지주회사의 소득금액이다. C는 해외지주회사가 사무실, 점포, 공장 등의 고정된 시설을 가지고 그 시설을 통하여 위에서 언급한 특정 업종 및 수동소득을 발생시키는 사업 외의 사업을 실질적으로 운영함에 따라 발생하는 소득금액이다. D는 해외지주회사가 위 ⅰ)호의 요건을 갖추어 보유하고 있는 자회사의 주식을 처분함에 따라 발생하는 소득금액이다. 위 산식에서 분자의 경우, 배당소득뿐만 아니라 이자소득까지 포함하도록 확대되었다. 분모의 경우에도 종전 수동소득에서 능동적 소득을 제외한 총소득으로 확대하였다. 이는 해외지주회사가 CFC 규정이 적용되는 다른 업종을 겸업하는 경우, 수동소득만으로 CFC 적용 여부를 판단할 경우 CFC 적용대상 업종의 소득도 함께 적용에서 제외되는 것을 방지하기 위한 것이다.

라. CFC 규정의 과세방법

(1) 배당간주금액의 산출

CFC 규정에 따라 내국인이 배당받은 것으로 보는 금액(이하 배당간주금액)은 특정외국법인의 각 사업연도 말 배당가능 유보소득에 해당 내국인의 특정외국법인 주식 보유비율을 곱한 금액으로 한다.(국조법 §30 ①) 다만, 주식 또는 채권의 보유, 지식재산권의 제공, 선박・항공기・장비의 임대, 투자신탁 또는 기금에 대한 투자를 주된 사업으로 하는 법인에 대해 CFC 규정을 적용하는 경우의 배당간주금액은 다음 산식에 따른 금액으로 한다.(국조법 §30 ②)

{(특정외국법인의 각 사업연도 말 현재 배당가능 유보소득) × (해당 내국인의 특정외국법인 주식보유비율) × (수동소득의 합계금액－CFC 규정이 적용되지 않는 외국법인 주식을 10% 이상 보유한 경우 그 주식에서 발생하는 배당금) / 특정외국법인의 총수입금액}

내국인의 특정외국법인 주식 보유비율은, ⅰ) 내국인과 특정외국법인, 그리고 이들 사이의 하나 이상의 법인이 모두 하나의 일련의 주식소유관계를 통하여 연결되어 있는 경우에는 각 단계의 주식 보유비율을 모두 곱하여 산출한 비율, ii) 내국인과 특정외국법인 사이에 둘 이상의 일련의 주식소유관계가 있는 경우에는 각 일련의 주식소유관계에 대하여 i) 호에 따라 산출한 주식 보유비율을 모두 더하여 산출한 비율로 계산한다.(국조령 §67 ①)

특정외국법인의 이익잉여금처분명세상 '처분전 이익잉여금'은 전기이월 이익잉여금과 법인세차감 후 당기순이익으로 구성된다. 특정외국법인은 이와 같은 처분전 이익잉여금에서 실제 배당 지급, 상여 · 퇴직급여 및 기타 사외유출 등 이익잉여금 처분, 또는 법령에 따라 의무적으로 일정 금액을 적립하거나 각종 의무적 이익잉여금 처분을 할 수 있을 것이다. 따라서, 실제 사외유출된 금액과 거주지국 법령에 의해 강제로 처분되는 성격의 금액은 배당가능한 유보소득이 될 수 없으므로 처분전 이익잉여금에서 공제해야 한다.

구체적으로, 배당가능 유보소득은 해당 특정외국법인의 처분전 이익잉여금으로부터 '기획재정부령으로 정하는 사항'을 조정한 금액에서 '특정 금액'을 뺀 금액으로 한다. '기획재정부령으로 정하는 사항'이란 i) 해당 사업연도 전의 이익잉여금 처분 명세 중 임의적립금으로 취급되는 금액을 포함시키는 것, ii) 해당 사업연도 전의 이익잉여금 처분 명세 중 임의적립금 이입액으로 취급되는 금액을 제외시키는 것, iii) 특정외국법인이 CFC 규정이 신설(1997.1.1.)되기 이전에 산출한 배당가능 유보소득을 보유한 경우에는 해당 배당가능 유보소득에서 CFC 규정 신설 후에 있었던 이익잉여금 처분 누계액을 뺀 금액을 제외시키는 것을 말한다.(국조칙 §38 ①)

배당가능 유보소득 산출 시 제외되는 '특정 금액'은 i) 해당 사업연도 이익잉여금 처분액 중 이익의 배당금(중간배당액 포함) 또는 잉여금의 분배금, ii) 해당 사업연도 이익잉여금 처분액 중 상여금, 퇴직급여 및 그 밖의 사외유출, iii) 해당 사업연도 이익잉여금 처분액 중 거주지국의 법령에 의한 의무적립금 또는 의무적 이익잉여금 처분액, iv) 해당 사업연도 개시일 이전에 CFC 규정에 따라 해당 내국인에게 배당된 것으로 보아 기과세된 금액 중 이익잉여금 처분되지 아니한 금액, v) CFC 규정이 신설되기 전에 발생한 이익잉여금 중 이익잉여금 처분되지 아니한 금액, vi) 해당 외국법인의 세전이익에 반영되어 있는 주식평가이익 중 해당 사업연도 말 현재 미실현된 금액, vii) 실제발생소득을 환산한 금액이 2억원 이하인 경우 그 금액을 포함한다.(국조령 §66 ①)

특정외국법인이 이익잉여금 처분을 하는 때에는 i) CFC 규정의 신설 이전에 보유한 배당가능 유보소득, 또는 ii) 해당 사업연도 개시일 이전에 보유하고 있는 위 iv)호 및 v)호의 이익잉여금 처분되지 아니한 금액 중 먼저 발생한 것부터 우선적으로 처분된 것으로 본다.(국조령 §66 ②)

한편, 배당간주금액은 특정외국법인의 해당 사업연도 종료일의 다음 날부터 60일이 되는 날이 속하는 내국인의 과세연도의 익금 또는 배당소득(이하 익금 등)에 산입한다.(국조법 §31)

이상의 논의 사항을 요약하면 아래 〈표 5-1〉과 같다.

〈표 5-1〉 특정외국법인의 배당가능 유보이익 산출[62)]

• 배당가능 유보이익	=	조정 이월이익잉여금 + 당기순이익 - 배당금 또는 분배금 - 상여・퇴직급여 및 기타사외유출 - 의무적립금 - 기과세 간주배당 잔여액 - 주식 및 출자증권 평가이익 - 최소금액(2억원)
• 조정 이월 이익잉여금	=	전기이월 이익잉여금 + 당기 이전의 임의적립금 처분누계액 - 당기 이전의 임의적립금 이입누계액 - CFC 규정 시행일(1997.1.1.) 이전의 배당가능 유보소득 잔여액 - CFC 규정 시행일 이전의 이익잉여금 잔여액

(2) 실제 배당금액 등의 익금불산입

CFC 규정에 따라 배당간주금액이 내국인의 익금 등으로 산입된 후 해당 특정외국법인이 그 유보소득을 실제로 배당한 경우(법인세법 제16조에 따라 배당금 또는 분배금으로 의제된 금액 포함)에는 이월익금으로 보거나 배당소득에 해당하지 아니하는 것으로 본다.(국조법 §32 ①) 또한, CFC 규정에 따라 배당간주금액이 내국인의 익금 등으로 산입된 후 그 내국인이 해당 특정외국법인의 주식을 양도한 경우에는 양도차익을 한도로 양도한 주식에 대한 배당간주금액의 합계에 상당하는 금액에서 양도한 주식에 대하여 실제로 배당한 금액을 뺀 금액(그 금액이 영 이하인 경우에는 영으로 본다)을 이월익금으로 보거나 양도소득에 해당하지 아니하는 것으로 본다.(국조법 §32 ②)

특정외국법인이 내국인에게 실제로 배당을 한 경우에는 배당가능 유보소득이 발생한 순서에 따라 그 유보소득으로부터 실제로 배당이 이루어진 것으로 본다.(국조령 §68 ①) 내국인이 출자한 외국법인(이하 중간외국법인)이 특정외국법인에 다시 출자한 경우로서 중간외국법인이 내국인에게 실제로 배당할 때에는 그 배당금액은 이월익금으로 보거나 배당소득에 해당0되지 않는 것으로 본다.(국조령 §68 ②)

위 규정들에 따른 금액의 계산에 필요한 장부 및 증거서류는 일반 보존기간(5년)에 불

62) 이용섭・이동신, *op.cit.*, pp.935

구하고 배당일 또는 양도일이 속하는 과세연도의 법정신고기한까지 보존하여야 한다.(국조법 §32 ③)

(3) 외국납부세액의 공제 및 경정청구

특정외국법인의 배당가능 유보소득에 대해 배당으로 간주하여 과세하는 시기와 간주배당에 상응하는 이익을 실제 배당이나 유가증권 양도차익으로 실현하는 시기가 달라서, 통상적인 외국납부세액공제 절차로는 이중과세를 구제받기가 어렵기 때문에 별도 규정을 두어 간주배당으로 과세된 시점에 외국납부세액공제를 받도록 하고 있다.

특정외국법인이 내국인에게 실제로 배당할 때에 외국에 납부한 세액이 있는 경우 CFC 규정에 따라 익금 등에 산입한 과세연도의 배당간주금액은 국외원천소득으로 보고, 실제 배당시 외국에 납부한 세액은 CFC 규정에 따라 익금 등에 산입한 과세연도에 외국에 납부한 세액으로 보아 법인세법과 소득세법의 외국납부세액공제 규정을 적용한다.(국조법 §33 ①) 이를 위해 납세자는 실제로 배당을 받은 과세연도의 법인세·소득세 신고기한부터 1년 이내에 경정을 청구할 수 있다.(국조법 §33 ②)

외국납부세액공제 대상은 직접 외국납부세액은 물론 간접 외국납부세액도 포함한다. 따라서 CFC 규정에 따라 익금 등에 산입한 배당간주금액은 간접 외국납부세액공제 규정을 적용할 때 이를 익금 등에 산입한 과세연도의 수입배당금액으로 본다.(국조법 §33 ③)

제4장 그룹내 자금조달 관련 조세회피 방지

1 그룹내 자금조달 방법

MNEs이 자금조달 방법으로 부채를 활용할지 또는 자본을 출연할지를 결정할 때 조세에 대한 고려가 중요한 역할을 한다. 부채에 대한 지급이자는 공제가능한 비용이지만, 자본에 대한 배당은 비용공제가 허용되지 않기 때문이다.

내국법인이 비거주자에게 이자를 지급할 때, 통상적으로 소득계산시 해당 이자는 비용공제된다. 비거주자에 대한 지급이자는 원천세가 부과되지만, 조세조약에 따라서 세율이 경감되거나 또는 완전 면제되기도 한다. 외국 대여자의 이자소득에 대해서는 거주지국에서 과세 또는 과세되지 않을 수도 있다. 만약 외국 대여자가 내국법인의 지배주주라면, 외국 대여자・주주는 통상 자회사의 자금을 부채 또는 자본으로 조달하고, 자회사의 이윤을 배당 또는 이자로 수취할 수 있는 선택권을 가진다.

이자와 달리, 내국법인이 지급하는 배당은 비용공제되지 않는다. 따라서 내국법인이 벌어서 주주에게 배분하는 소득은 법인세와 주주에 대한 배당소득세 등 두 단계의 조세가 부과된다. 만약 주주가 비거주자라면, 배당 원천세가 부과된다. 반면, 내국법인이 벌어서 주주인 외국 대여자에게 이자의 형태로 배분하는 소득은 오직 한 단계의 조세만 부과된다. 이자가 법인비용으로 공제되기 때문에 통상 원천지국에서 부과하는 유일한 조세는 비거주자에게 지급하는 이자 원천세인데, 많은 국가들은 이자 원천세를 일방적 또는 조세조약에 따라서 경감 또는 면제하고 있다. 외국 주주에 대한 배당 지급보다 이자 지급이 조세측면에서 유리한 내재적 편향성 때문에 내국법인이 외국 투자자들로부터 자금을 조달할 경우 부채를 선호하는 현상이 초래되었다.

이러한 편향성을 다음 사례를 통해 살펴보자. 아래 〈그림 5-8〉에서 보는 바와 같이 외국법인 YCo가 내국법인 XCo의 주식 100%를 소유한다고 하자. XCo는 사업활동 자금으로 1백만 달러가 필요하다. 해당 자본을 제공하기 위해서 YCo는 XCo에게 자본으로 출연할 수도 있고, 대여금으로 제공할 수도 있다. XCo는 이자 또는 배당 지급 전 100,000의 소득을 벌어서 세후소득 전부를 배당으로 지급한다. 차입금 이자율은 10%이고, 배당 원천세율은 5%, 이자 원천세율은 10%라고 하자.

〈그림 5-8〉 외국 주주의 국내 자회사에 대한 자금조달 방법

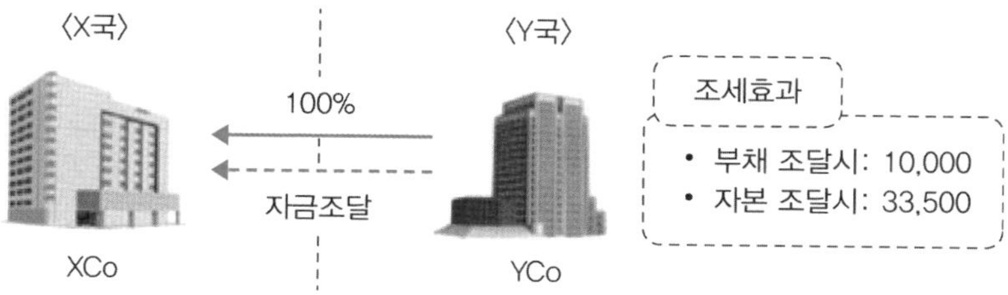

〈표 5-2〉 부채와 자본 방식의 자금조달 비교

구 분	부 채	자 본
이자/배당 지급 전 소득	100,000	100,000
이자비용	100,000	–
과세표준	0	100,000
법인세(30%)	0	30,000
배당	–	70,000
원천세(10%, 5%)	10,000	3,500
총 조세	10,000	33,500

위 〈표 5-2〉 사례에서 보는 바와 같이, 내국법인은 부채로 자금을 조달하는 것이 자본으로 조달하는 것보다 원천지국의 조세를 줄이는 데 보다 더 효과적이다. 또한, 내국법인은 차입금을 조세부담 없이 언제든지 상환할 수 있는 반면, 배당의 경우에는 조세부담 없이 자본금을 상환하거나 감소시킬 수 없다.[63)]

이상에서 본 바와 같이 원천지국 관점에서 보면, 이자 등 비용공제 가능한 비용과 이에 대한 조세조약 상 낮은 원천세율 효과 때문에 과세소득이 감소하게 된다. 다양한 세원잠식 유형들의 공통점은 비용공제 가능한 지급금을 통해 원천지국의 과세소득이 감소되는 반면, 이러한 지급금이 수취인의 거주지국에서는 면세되거나 낮은 세율로 과세된다는 점이다.

63) Brian J. Arnold, *op.cit.*, pp.118-119

이러한 유리한 조세효과와 자금이 유동자산이라는 관점에서, 그룹내 부채의 조달(intra-group debt financing)은 MNEs에게 매우 인기있는 조세절감 전략이 되었다. 왜냐하면, 그룹내 자금조달 거래는 다른 관계회사들에게 대여금을 제공하고 그룹의 실효세율을 크게 감소시킬 수 있는 그룹내 자금관리회사를 조세특례제도를 가진 국가에 설립하는 유연성을 제공하기 때문이다. 그동안 이러한 이자비용의 공제가 과도하다는 우려가 제기되어 왔고, 이것이 그룹내 자금조달 구조 이슈가 BEPS 실행계획에 포함된 배경이라 할 수 있다.[64)]

2 그룹내 자금조달 거래구조

MNE그룹의 입장에서, 부채 또는 자본을 조달하는 것이 조세관점에서 차이가 있어서는 안 된다. 왜냐하면, 차입조달의 경우, 이자는 차입자에게는 비용으로 공제되고 대여자에게 과세되는 반면, 자본조달의 경우 배당은 배당지급 회사에게는 비용공제가 안 되고 수취자에게는 예컨대, 지분소득 면제제도 덕분에 면세될 가능성이 있기 때문이다. 따라서, MNE 그룹전체 관점에서 보면, 두 가지 형식의 자금조달이 조세중립적(tax neutral)이어야 한다.

그러나, 이자가 고세율 국가의 차입자에게는 비용공제되는 반면, 대여자에게는 낮은 세율로 과세되거나 면세되는 많은 조세구조들이 실행된다. 동시에, 차입자 소재지국에서 이자 원천세가 과세되지 않는 경우도 있다. 이러한 조세효과를 고려하여, MNEs은 차입 관계회사들이 사업활동 수행에 필요한 자금을 조달하기 위해 주로 자본 대신에 그룹내 차입금을 사용하도록 해 왔다.[65)]

아래에서는 절세전략 관점에서 MNEs에 의해 이용되는 4가지 그룹내 자금조달 기법의 사례를 소개한다.

---

64) Rene Offermanns & Boyke Baldewsing, "Ch.4 : Anti-Base-Erosion Measures for Intra-Group Debt Financing, *International Tax Structures in the BEPs Era: An Analysis of Anti-Abuse Measures*, IBFD Tax Research Series Vol.2, 2015, p.103

65) Rene Offermanns & Boyke Baldewsing, *op.cit.*, p.104

가. 저세율 국가의 그룹 자금관리회사 이용

〈그림 5-9〉 저세율 국가의 자금관리회사를 통한 자금조달 구조

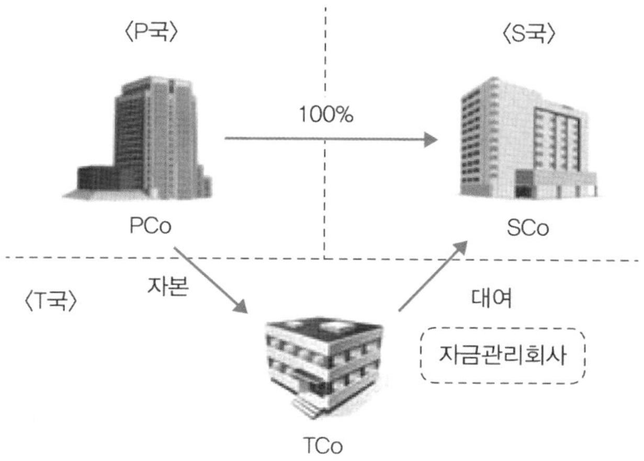

위 〈그림 5-9〉에서 보는 바와 같이 P국과 S국은 고세율 국가로서 법인세율이 25%이고 T국은 저세율 국가로서 법인세율이 5%라고 가정하자. 모회사 PCo가 자회사 SCo에게 자금을 대여하고자 할 때 직접 대여하지 않고, T국에 소재한 TCo를 경유하여 대여하는 전략을 사용한다고 하자. 이를 위해 PCo는 TCo에게 자본을 공여하고, TCo는 동일한 자본을 SCo에게 대여하는 데 사용한다. 이 경우 SCo가 TCo에게 지급하는 이자는 25% 세율로 비용공제를 받고 TCo의 이자소득은 5% 세율로 과세됨으로써 그룹 전체적으로 20%의 실효세율을 감소시킬 수 있게 된다.[66)]

나. 중간 지주회사의 해외지점(PE) 이용

아래 〈그림 5-10〉에서 보는 바와 같이, ACo는 조세특례제도 및 광범위한 조세조약 네트워크를 가진 B국에 설립된 중간 지주회사 BCo를 통해 D국 소재 DCo에 대한 지분을 보유한다고 가정하자. 이때 BCo는 C국에 소재한 지점을 경유하여 DCo에게 대여금을 제공한다고 하자.

A국과 D국은 25%의 높은 법인세율을 가진 국가이고, C국은 5%의 실효 법인세율을 가진다고 가정하자. 만약 ACo가 DCo에게 직접 자금을 제공한다면, 대여금에 대한 이자는

66) Rene Offermanns & Boyke Baldewsing, *op.cit.*, p.105

조세중립적일 것이다. 왜냐하면, D국에서 지급이자는 비용공제되지만, A국에서 동일한 법인세율(25%)이 적용되어 과세되기 때문이다. 그러나, 아래 그림의 조세구조에서는 ACo가 DCo에게 직접 자금을 대여하는 대신에, BCo에게 자본을 출자한 후 그 자본을 저세율 국가인 C국에 설립된 BCo 지점에 귀속시켜 DCo에 대한 대여금으로 사용하도록 한다.

〈그림 5-10〉 중간 지주회사의 해외지점을 이용한 자금조달구조

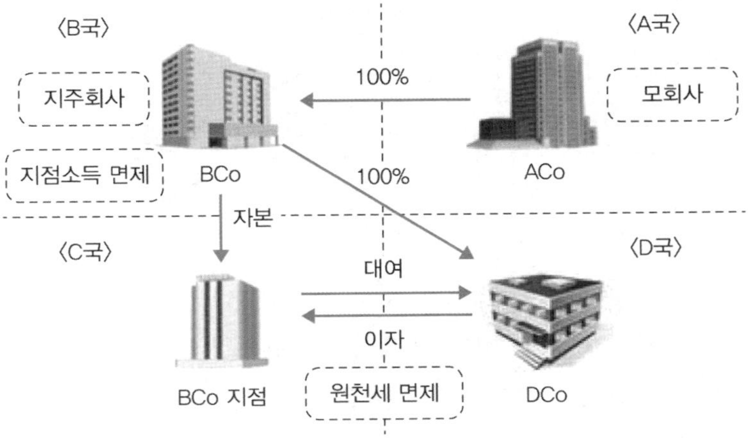

그 결과, DCo는 25% 세율로 이자비용을 공제받는다. B국과 D국 간 조세조약에 따라서 C국의 BCo 지점이 제공한 자금에 대해서는 원천세가 거의 또는 전혀 부과되지 않는다. BCo 지점의 자금대여에 대한 이자소득에 대해서는 5% 낮은 법인세율이 적용되고, B국과 D국 간 조세조약에 토대하여 BCo 지점의 이윤에 대해서는 B국 과세소득에서 면제된다.(exemption method) 이러한 조세구조를 통해 실효세율을 20% 감소시킬 수 있다.

이러한 조세구조에 대처하기 위해 가장 효과적인 조치는 조세조약에 우회거래 방지규정(anti-triangular rule)을 명시하는 것이다. 이 규정은 중간 지주회사의 해외지점이 취득한 이자는 해당 지점 소재지국에서 통상적으로 과세될 때에만 조세조약의 혜택을 주장할 수 있다. 예를 들어, 미국・룩셈부르크 조세조약 제24조 제5항에 따르면, 룩셈부르크 지주회사가 스위스 지점을 통해서 대여금을 미국 관계회사에 제공하는 경우, 미국은 해당 대여금의 지급이자에 대해 15% 원천세를 부과할 수 있다.[67)]

67) Rene Offermanns & Boyke Baldewsing, *op.cit.*, p.115-117

다. 연쇄대여거래 이용

〈그림 5-11〉 연쇄대여거래를 이용한 자금조달구조

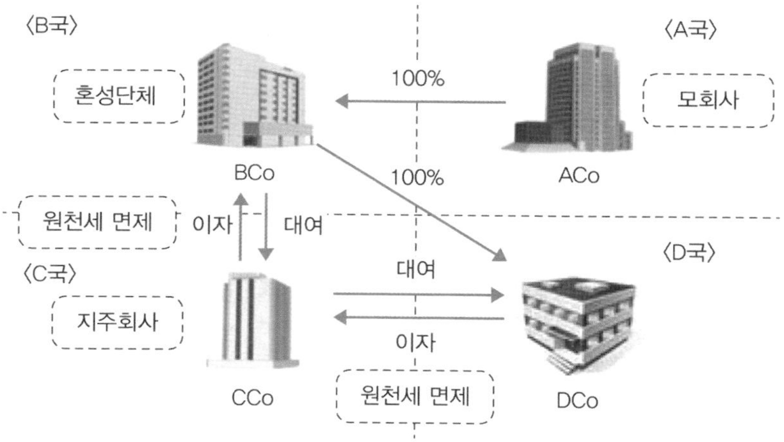

위 〈그림 5-11〉에서 보는 바와 같이, 연쇄대여거래(back-to-back loans) 구조의 핵심 요소들은 다음과 같다. A국 거주자인 ACo는 조세회피처 B국에 자회사 BCo를 설립한다. 통상 BCo는 유한파트너쉽(limited partnership) 등 혼성단체이다. CCo는 중간 지주회사로서 네덜란드, 룩셈부르크 등 조세특례제도를 가진 국가들에 설립된다. 이들 국가들은 EU 회원국으로서 광범위한 조세조약 네트워크를 가지고, 그룹 자금조달 활동에 유리하게 활용할 수 있는 지주회사제도, 사전 세법해석제도를 운영하며, 해외 지급이자에 대해서는 조세를 부과하지 않는다. 이때 ACo, CCo 및 DCo는 고세율 국가의 거주자이다.

이 사례에서, 자회사 DCo가 지급하는 이자는 높은 세율로 비용공제 된다. 또한, CCo 단계에서는 정상이자가 과세소득에 포함되고, 나머지는 BCo에게 지급된다. BCo가 수취한 이자에 대해서는 명목상 세금이 부과되거나 또는 전혀 부과되지 않는다. 한편, C국과 D국 간 조세조약에 따라서 원천지국인 D국에서는 이자 원천세가 거의 또는 전혀 부과되지 않는다. 또한, C국의 국내 세법에 따라서 CCo가 BCo에게 지급하는 이자에 대해서는 원천세가 부과되지 않는다. 이러한 상황에서, D국의 과세당국은 CCo가 수취이자의 BO인지 여부를 검증하거나, 조약상 LOB 조항 또는 다른 조세회피 남용방지 규정을 적용함으로써 이러한 조세회피 구조에 대처할 수 있다.

참고로, 이러한 조세구조를 설계할 때는 조세특례가 부여되는 지주회사제도(holding company regimes)를 이용할 수 있는 네덜란드, 룩셈부르크 등 국가에 중간 지주회사를 설립하는 것이 일반적이다. 이 경우, 납세자들은 해당 국가의 조세특례제도의 적용을 보장받기 위하여 과세당국에 사전에 세법해석(advance tax ruling)을 신청한다. 이때 사전 세법해석을 얻기 위해서는 거주자 증명서를 제출하거나 최소한의 실질 요건(substance requirements)을 갖출 필요가 있다. 예를 들어, 네덜란드의 경우 사전 세법해석을 얻기 위한 요건을 다음과 같이 규정하여 공개하고 있다. ⅰ) 의결권을 가진 이사회 구성원의 최소한 절반 이상이 네덜란드 거주자일 것, ⅱ) 이사회 구성원들은 자신의 임무 수행을 위해 요구되는 지식을 보유할 것, iii) 납세자의 활동을 실행하고 등록하기 위한 일정 요건을 갖춘 직원이 존재할 것, iv) 이사회의 의사결정이 네덜란드에서 이루어질 것, ⅴ) 가장 중요한 은행계좌들이 네덜란드에서 보유될 것, vi) 회계기록이 네덜란드에서 보관될 것, vii) 납세자의 주소가 네덜란드에 있을 것, viii) 납세자는 자신이 아는 한, 다른 국가의 거주자가 아닐 것, ix) 대여금과 관련하여 납세자가 실질적 위험을 부담할 것, ⅹ) 납세자는 자신이 부담하는 실질 위험과 일치하는 자본금을 가질 것 등이다.

과세당국은 이러한 그룹 자금조달 구조에 대해 중간 지주회사가 예컨대, 우편함 회사(letter-box company)와 같이 실질요건을 결여했는지 여부를 확인할 것이다. 따라서 중간 지주회사는 자신이 충분한 실질을 가지고 독립적으로 활동하고 있다는 것을 입증할 필요가 있다. 만약 중간 지주회사가 실질을 결여한다면, 중요한 관리 및 상업적 의사결정이 모회사 단계에서 수행된다는 이유로 모회사 소재지국의 거주자로 판정되거나, 모회사 소재지국에 PE를 가지는 것으로 간주될 위험이 존재한다.[68)]

라. 부채 떠넘기기 전략 이용

이자비용과 관련되어 흔히 이용되는 전략이 소위 '부채 떠넘기기 전략(debt push-down arrangements)'이다. 이는 모회사가 특정 국가의 법인 주식을 취득하기 위하여 사용된 부채를 해당 자회사에게 이전하기 위하여 국경 간 M&A 거래에서 자주 사용되고 있다. '부채 떠넘기기' 전략은 아래 〈그림 5-12〉 사례를 포함하여 많은 방식으로 성취될 수 있다.

68) Rene Offermanns & Boyke Baldewsing, *op.cit.*, p.118-120

〈그림 5-12〉 부채 떠넘기기 전략을 통한 자금조달 구조

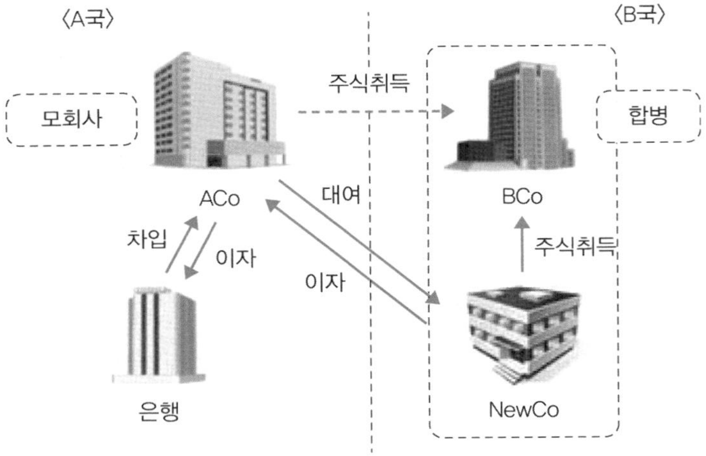

A국 법인 ACo는 B국 법인 BCo 주식 100%를 취득하고자 한다. 만약 ACo가 취득 자금을 조달하기 위하여 차입한다면, 차입자금에 대한 이자는 ACo 소득에서 비용공제될 것이고 A국의 세원을 축소할 것이다. 예컨대, ACo가 이자비용을 흡수하기 위한 충분한 소득을 가지지 못하거나, B국의 세율이 더 높기 때문에 B국에서 이자비용 공제를 받는 것이 보다 더 유리한 경우 등 여러 가지 이유 때문에, ACo는 이자가 B국의 BCo 소득에서 공제되기를 원할 수 있다. 따라서, ACo는 BCo 주식의 취득을 위해 B국에 새로운 법인인 NewCo를 설립한다. 그 다음 ACo는 차입자금을 NewCo에게 대여하고, NewCo는 해당 자금을 BCo의 주식 취득에 사용한다. NewCo가 ACo에게 지급하는 이자는 ACo 소득에 포함되지만, 차입금에 대한 이자비용으로 상쇄될 것이다. 또한, NewCo가 Aco에게 지급하는 이자는 통상 비용공제된다. 그러나, NewCo는 지주회사이기 때문에 이자비용을 공제할 소득을 갖지 못할 수 있다. 따라서 NewCo와 BCo가 합병한다면, 피합병법인의 소득에서 이자비용으로 공제될 수 있는데, 결국 NewCo의 이자비용은 BCo 소득에서 공제될 것이다.

과소자본 규정 또는 이익축소방지 규정은 내국법인이 부채 떠넘기기 약정을 통한 이자비용의 공제를 제한할 것이다. 그러나, 그러한 규정들이 특별히 부채 떠넘기기 약정을 규제하기 위한 것은 아니어서, 그러한 부채의 모든 이자비용 공제를 부인하지는 못할 것이다. 따라서, 국가들은 부적절한 부채 떠넘기기 약정에서 발생하는 이자비용의 공제를 부인하기 위하여 특정 조세회피 방지규정을 도입하거나 GAARs을 적용하려고 할 것이다.[69]

69) Brian J. Arnold, *op.cit.*, pp.120-121

3 그룹내 자금조달 관련 조세회피 방지

가. 개요

많은 국가들에서 공격적인 그룹내 부채조달 행위로 인한 세원잠식에 대처하기 위해 GAARs을 이용해 왔지만, 그러한 노력들이 항상 성공적이지는 못하였다. 예를 들어, 캐나다는 GAARs을 적용하기 위해 3단계 접근방법을 사용한다. 첫째 단계로 쟁점 거래의 결과로 조세혜택이 실현되었는지를 확인한다. 다음 단계로 거래가 주로 조세혜택을 실현하기 위해 설계되었는지를 결정한다. 마지막으로 거래가 관련 조항의 남용으로 간주되는지를 검토하게 된다. 프랑스는 회사가 지급할 이자가 아닌 차입금과 관련하여 '비정상적 관리행위' 개념을 사용하는데, 이 개념은 과소자본 규정이 적용되지 않는 경우에만 적용된다. 한편, 영국과 미국에서는 GAARs이 판례법에 의해 발전되어 왔다. 영국의 경우 GAARs이 2014년에 법률에 도입되었고, 미국은 '경제적 실질' 법리가 2010년에 성문화되었다. 이 경우, i) 납세자의 경제적 지위가 의미있는 방식으로 변경되고, ii) 납세자가 조세동기를 제외하고 거래를 체결할 실질적인 목적을 가지는 경우에 경제적 실질이 존재한다고 한다.

일반적으로 GAARs은 남용행위에 대처하기 위한 규정이지만, 각 국가들의 경험에서 볼 때 항상 효과적인 것은 아니기 때문에 보다 효과적이기 위해서는 SAARs 등 다른 조치들과 결합하여 이용되어야 할 것이다. 이하에서는 외국의 몇 가지 SAARs을 간략히 소개하고, 다수 국가에서 채택하고 있는 대표적 SAARs인 과소자본 규정과 이익축소방지 규정은 별도로 '이자비용 공제의 제한'에 포함하여 살펴보기로 한다.

나. CFC 규정

그룹내 자금조달 구조의 효과는 CFC 규정에 의해 경감될 수 있다. CFC 규정은 저세율 국가의 자금관리회사 단계에서 발생된 소득을 모회사 단계의 과세소득에 포함시키는 것이다. 그러나, CFC 규정이 항상 효과적인 것은 아니다. 왜냐하면, 미국의 경우 '납세자지위 선택규정'(check-the-box rule)을 적용하거나, 영국의 경우 '그룹 자금조달(group financing) 활동'과 같은 예외조항을 원용함으로써 회피할 수 있기 때문이다. 또한, EU 내에서 CFC 규정은 완전히 인위적 약정인 경우에만 유효하다는 한계가 있다.[70)]

다. 관념상 이자비용 공제제도

부채와 자본의 상이한 조세취급을 줄이기 위하여 벨기에, 이탈리아 등 일부 국가들은 일정 요건을 충족하는 자본금에 사전에 정한 이자율을 곱함으로써 허용가능한 공제금액을 계산하는 관념상 이자비용 공제제도(notional interest deduction regimes)를 도입하였다. 자본에 대한 동 제도의 효과는 과도한 부채에 의한 자금조달을 줄이고 자본에 의한 자금조달을 증가시키는 것이다.

〈표 5-3〉 자본에 대한 관념상 이자비용 공제의 효과

손익계산서	관념상 이자공제 없을 경우	관념상 이자공제 있을 경우
세전 이익	40,000	40,000
관념상 이자비용 공제(3%)	-	△30,000
과세표준	40,000	10,000
법인세율(25%)	10,000	2,500
실효세율	25%	6.25%

예컨대, 위 〈표 5-3〉에서 보는 바와 같이 한 회사의 대차대조표상 1백만 달러의 대여금(이자율 4%)과 1백만 달러의 자본이 계상되어 있고, 회사가 전체 자본금을 그룹 자금조달을 위해 사용했다고 하자. 이는 세전 이익이 40,000달러(1백만 달러 × 4%)라는 의미이다. 법인세율이 25%, 관념상 이자비용 공제율이 3%라고 한다면, 실효세율에 미치는 효과는 위 표와 같다.[71]

라. 조세회피처 단체에 대한 지급 제한

일부 국가들은 조세회피처를 통한 부채 조달을 제한하기 위해 조세회피처에 대한 규제조항을 도입하였다. 이러한 조항들의 핵심은 조세회피처에 설립된 그룹 자금관리회사에 지급되는 이자 비용공제를 부인하는 것이다. 또한, 다수 국가들은 특정 지급이자에 대해 원천세를 부과하고, 일부 국가는 이러한 목적을 위한 조세회피처 국가들의 명단을 공개하기도 한다.

---

70) Rene Offermanns & Boyke Baldewsing, *op.cit.*, p.112-113

71) Rene Offermanns & Boyke Baldewsing, *op.cit.*, p.110-112

예를 들어, 벨기에의 경우 조세회피처 거주자에게 10만 유로를 초과하여 직·간접적으로 이자, 사용료 또는 용역대가를 지급하는 경우에는 정상가격이고 건전한 사업상 이유가 있더라도 신고의무를 부여하고, 신고의무를 이행하지 않으면 비용공제를 부인한다. 이 경우 조세회피처는 OECD 기준에 따른 정보교환을 제공하지 않거나, 법인세율이 10% 미만인 국가들이다. 프랑스의 경우, 프랑스 차입자가 외국 대여자에게 지급한 총이자금액에 대해 프랑스 세법에 따른 법인세의 25% 이상의 법인세(8.33~9.5% 이상)를 적용받는 경우에만 지급이자에 대한 비용공제를 허용한다.

4 이자비용 공제의 제한

가. 개요

자본보다 부채를 선호하는 편향성에 대응하기 위해 일부 국가들은 비거주자에게 지급하는 또는 보다 일반적으로 이자비용 공제 제한을 도입하고 있다. 이자가 비거주자에게 지급되는 경우뿐만 아니라 면제 또는 저율로 과세되는 소득을 얻기 위해 이자비용이 발생한 경우에도 역시 과도한 이자비용 공제가 문제된다. 이러한 상황은 해외 PE에 귀속되는 소득을 면제하거나 내국법인이 상당한 지분을 소유하는 외국법인의 배당을 과세소득에서 면제하는 국가들에서 종종 발생한다. 이론적으로는, 비과세 소득을 얻기 위해 사용된 차입금에 대한 이자는 비용공제 되어서는 안 된다.

그러나, 많은 국가들이 이러한 상황에서 이자비용 공제를 허용하고 있고, 이자비용 공제를 부인하는 국가들의 경우에도 소득원천에 이자비용을 배분하는 규정이 종종 납세자에 의해 악용될 수 있다. 이러한 상황에서 이자비용 공제를 허용하는 것은 거주지국의 세율보다 낮은 세율로 과세하는 외국의 해외투자에 대해 보조금을 제공하는 것과 같다. 이 문제를 직접 다루는 국가들은 많지 않은데, 예컨대, 호주 및 뉴질랜드에서는 내국법인의 부채가 국내 순자산가액의 일정비율(예: 75%)을 초과하는 경우 이자비용 공제가 부인된다.[72)]

72) Brian J. Arnold, *op.cit.*, pp.119-120

나. 이자비용 공제제한 접근방법

이자비용 공제에 대한 제한과 관련하여 독립적 접근방법, 전체비율 접근방법, 부채-자본비율 안전장치 접근방법, 이자-이익 접근방법, 혼성 접근방법 등이 있지만, 실제는 이러한 접근방법들 중 둘 또는 그 이상의 요소들을 결합한 제도가 시행되고 있다.

첫째, 독립기업 접근방법(stand-alone approach)은 자회사를 그룹의 일원이 아니라 독립기업이라고 가정하고서, 제3자로부터 차입할 수 있는 금액과 이자율을 조사하는 방법이다. 만약 부채가 이 접근방법에 의해 산출된 부채보다 많은 경우 그 초과 부채에 대한 이자율은 공제받을 수 없다. 또한, 정상이자율을 초과하는 이자율도 비용공제가 부인된다.

둘째, 전체비율 접근방법(worldwide ratio approach)은 MNE 그룹전체의 제3자에 대한 부채-자본 비율을 고려한 다음, 그룹전체 비율과 관계회사들의 비율을 비교한다. 자회사의 부채-자본비율이 그룹전체 비율을 초과하지 않는 경우에만 이자비용 공제가 가능하다. 때로는 실제 그룹내 이자금액에 관계없이, 그룹이 외부 대여자에게 지급한 이자총액을 배분하거나 또는 그룹의 제3자에 대한 평균이자율을 토대로 이자비용 공제가 결정된다.

셋째, 다수의 국가들이 채택하고 있는 부채-자본 안전장치 접근방법(safe harbour approach)은 2:1과 같이 고정된 부채-자본비율에 토대를 둔다. 예를 들어, 회사의 자본이 100인 경우 최대 부채로 조달할 수 있는 금액은 200이다. 따라서 200을 초과한 부채에 대한 이자는 비용공제 되지 않는다.

넷째, 이자-이익 접근방법(interest-to-profit approach)은 지급이자 제한규정(interest limitation rule) 또는 이익축소방지 규정(earnings-stripping rules)으로 불리는 것으로서, 이자비용이 EBITDA(이자, 조세, 감가상각비 차감전 이익)의 일정 비율을 초과하지 않는 경우에만 비용공제를 허용한다. 예컨대, 독일은 EBITDA의 30%를 초과하는 이자에 대해 비용공제를 부인한다.

다섯째, 혼성 접근방법(hybrid approach)은 부채-자본비율 또는 이자-이익비율과 정상이자율을 결합한 접근방법으로서 많은 국가들이 채택하고 있다. 부채-자본비율이 너무 엄격한 것으로 간주되는 경우 부채-자본비율을 초과할지라도 지급이자가 여전히 정상이자율임을 입증하여 비용공제가 허용될 수 있다. 또는 그룹전체의 부채-자본비율이 과소자본 규정에서 규정된 비율보다 높다는 것을 회사가 입증하도록 허용하여, 법령에 의한 낮은 고정비율 대신에 높은 그룹전체의 비율을 적용할 수 있도록 허용하는 경우도 있다.[73)]

73) Rene Offermanns & Boyke Baldewsing, *op.cit.*, p.106-107

참고로, 미국의 이익축소방지 규정은 일반적으로 부채-자본비율이 1.5대 1을 초과하는 내국법인으로서, 해당 연도의 순이자비용이 조정 후 과세소득의 50%를 초과하고, 이자수취인에 대해 미국의 소득세가 면제 또는 감면되는 경우에 적용된다.

다. 과소자본 규정

(1) 의의

과소자본 규정(thin capitalization rules)에 의하면, 내국법인이 국외지배주주에게 지급하는 이자에 대해서 법인의 이자비용 공제가 과도한 경우 비용공제가 부인된다. 법인의 자본 대비 부채비율이 고정 부채:자본 비율(통상 1.5:1 또는 2:1)을 초과하는 경우 이자가 과도한 것으로 간주된다. 과소자본 규정은 이자비용이 사업비용으로서 공제되는 점을 이용하여 과세소득을 최소화할 목적으로 하나 또는 그 이상의 그룹 관계회사들에게 과도한 부채를 배분하는 구조에 대응하기 위해 이용될 수 있다.

과소자본 규정은 정상가격 조정 규정(국조법 §6-7), 혼성금융상품 거래에 따른 지급이자 손금불산입 규정(국조법 §25) 및 법인세법 상 지급이자 손금불산입 규정(법법 §28)보다 우선하여 적용한다.

과소자본 규정은 손금에 산입할 수 있는 차입금의 범위를 정하는 것이기 때문에 차입금에 대한 이자율의 정상가격 여부를 판단하는 이전가격 조정 규정보다 우선 적용하는 것이 합리적이다. OECD는 국내법상 과소자본 규정의 효과로 인해 차입자인 국내기업의 소득이 독립기업 상황에서 발생했을 소득을 초과하지 않는다면, 조세조약 상 이전가격 조정 규정이 국내법상 과소자본 규정을 방해하지 않는다는 입장이다.(OMC Art.9/3)

법인세법 상 지급이자 손금불산입 규정은 법인의 비업무용 부동산 취득, 출처불명 차입금, 특수관계인과의 부당한 자금거래 등 부채의 비정상적인 사용을 규제하기 위해서 이자의 속성은 유지하면서 지급이자에 대한 비용공제를 부인하는 데 비해, 과소자본 규정은 특수관계기업 간 과도한 부채를 활용한 조세회피를 방지하고 자본거래에 대한 과세형평성을 높이기 위해 외견상 이자를 배당으로 간주하여 비용공제를 부인한다는 차이점이 있다.

국내법상 과소자본 규정과 OECD모델 제24조 제4항(비용공제 무차별조항)과의 관계가 문제될 수 있다. OECD는 과소자본 규정이 독립기업원칙(제9조 제1항 또는 제11조 제6항)과 부합하는 한, 차입자의 국가에서 과소자본 규정을 적용할 수 있다고 한다. 다만,

그러한 취급을 (국내 채권자는 제외하고) 오직 비거주자인 채권자에게만 적용하는 것은 금지된다.(OMC Art.24/74) 제9조 제1항 또는 제11조 제6항은 (VCLT 제31조에서 요구하는 대로) 무차별조항이 해석되어야 하는 맥락의 일부를 구성하기 때문에 이들 규정과 부합하는 조정은 무차별조항을 위반한 것으로 간주될 수 없다.(OMC Art.24/79)

과소자본 규정이 부채에 의한 자금조달에 대처하는 가장 좋은 수단은 아니라는 것을 많은 국가들의 경험에서 확인할 수 있다. 여러 국가들의 판례를 보면, 과소자본 규정과 EU법률, 조세조약 또는 특정 국가의 헌법과의 양립가능성(compatibility)에 관한 쟁점들이 발생하고 있다.

과소자본 규정은 종종 너무 경직적인 것으로 비판받아 왔는데, 왜냐하면 세원잠식이 심각한 문제가 아닌 순수한 국내적 상황에도 적용되거나, 심지어 제3자 차입거래에도 적용되기 때문이다. 또한, 선의의 자금조달 거래에 부정적 영향을 미친다는 견해도 제기된다. 따라서, 과소자본 규정은 그룹내 자금조달 금액을 감소시켜 투자에도 부정적 영향을 미칠 수 있기 때문에, 과도한 차입조달에 대처하기 위해서는 다른 수단들과 함께 이용되는 것이 바람직하다.[74]

(2) 구조적 특성

과소자본 규정은 통상적으로 다음과 같은 구조적 특성을 가진다. 첫째, 일반적으로 내국법인 주식을 상당한 비중 소유하는 비거주자에게 지급하는 이자에만 적용된다. 주식 소유기준은 내국법인에 대한 주식의 가령 10~25% 수준과 같은 상당한 지분(substantial interest) 기준에서부터 주식의 50% 이상과 같은 지배(control) 기준까지 다양하다. 그러나, 호주・뉴질랜드 등 일부 국가들은 해외 투자자금을 조달하기 위해 부채를 사용하는 내국법인에게도 역시 과소자본 규정(소위 outbound 과소자본 규정)을 적용한다. 반면에, 유럽 국가들과 미국에 의해 채택된 이익축소방지 규정(earnings-stripping rules)은 비거주자는 물론 거주자에게 지급하는 이자에도 동일하게 적용된다.

둘째, 대부분 국가의 과소자본 규정은 내국법인에게만 적용된다. 그러나, 국외특수관계인에 대한 과도한 이자 지급을 통한 이익의 축소는 파트너십, 신탁, 외국법인의 PE와 관련해서도 발생할 수 있다. 따라서, 과소자본 규정을 이러한 단체들에게까지 적용하는 국가들이 증가하고 있다.

---

74) Rene Offermanns & Boyke Baldewsing, *op.cit.*, p.109

셋째, 과소자본 규정은 일반적으로 내국법인이 비거주자에게 지급하는 '과도한(excessive)' 이자에 대해서만 적용된다. 과도한 이자의 기준에 대한 국제적 합의는 없으며, 국가별로 다양한 접근방법이 사용된다. 가장 흔한 접근방법은 고정 부채-자본비율인데, 이 방법에 따르면 자본에 비해 의도적으로 규모가 크고, 지배주주 또는 대주주에게 지급된 법인의 부채(사실상 위장된 자본)에 대한 이자만이 비용공제 부인된다. 조세조약 상 OECD가 권고하는 대안적 방법은 내국법인의 고정 부채-자본비율을 포함하여, 모든 사실관계 및 상황을 고려하여 부채와 자본을 구분하고자 한다. OECD는 이 방법이 이전가격에서 사용되는 독립기업원칙과 부합하고, 고정 부채-자본비율 적용의 경직성과 자의성을 방지한다고 주장한다.

넷째, 과소자본 규정의 부채-자본 비율은 다음 중 하나로 결정된다. 즉, ⅰ) 실제 법인간 부채와 자본을 무시한 임의적(arbitrary) 비율, 또는 ⅱ) 모든 내국법인 또는 특정 산업분야에 종사하는 모든 내국법인의 평균 부채-자본비율에 따라서 계산된다. 대부분의 국가들은 가령, 1.5:1에서 3:1의 비율, 특히 금융기관의 경우에는 보다 높은 비율의 임의적인 부채-자본 비율을 사용하고 있다. 비율의 구성요소로서 부채와 자본을 계산하기 위해서는 자회사에 대한 많은 정책적 결정이 필요할 것이다. 예를 들어, 비거주자의 모든 부채가 고려되어야 하는지 아니면 국외 대주주의 부채만이 고려되어야 하는지, 자본에 자본잉여금을 포함해야 하는지 아니면 자본금과 이익잉여금만을 포함해야 하는지, 우선주와 같은 혼성증권이 어떻게 분류되어야 하는지, 국외 주주에 의해 지급보증된 부채가 고려되어야 하는지, 법인의 총부채에서 이자소득을 발생시키는 현금보유액이 차감되어야 하는지 등이다.

다섯째, 과소자본 규정을 적용한 결과, 과도한 이자에 대해서는 비용공제가 허용되지 않는다. 일부 국가들은 이러한 과도한 이자를 배당으로 간주하는 반면, 다른 국가들은 한 연도에 공제되지 않는 과도한 이자는 이월되어 다음 연도에 공제될 수 있다. 그러나, 만약 납세자가 금융기관과의 연쇄 대여약정을 통한 법인 간 차입거래를 설계한다면 이러한 과소자본 규정이 회피될 수 있다. 따라서, 일부 국가들의 과소자본 규정은 연쇄 대여약정 및 이와 유사한 조세회피 수단의 사용을 방지하고자 하는 규정을 포함하고 있다.

과소자본 규정은 비거주자에 대한 이자지급에 초점을 둔다. 거주자에 대한 지급이자는 통상 이자를 수취하는 거주자에게 과세되기 때문에 일반적으로 문제가 되지 않는다. 그러나, EU국가들의 경우 다른 EU국가들의 거주자에 대한 차별이 금지되고, EU 사법재판소는 비거주자에게 지급하는 이자에 대해서만 적용되는 과소자본 규정은 EU국가들에게 적용되는 경우 무효라고 판결하였다. 따라서, 2016년 EU는 EU국가들에게 거주자에 대한 지급이자를 포함하여, 내국법인이 거주자와 비거주자에게 지급하는 모든 이자에 대해 적용되는 이익축소방지 규정을 도입하도록 의무화하는 'EU 조세회피 방지지침(EU Anti-tax Avoidance Directive)'을 시행하였다.

과도한 이자 여부를 결정할 때 이익을 기준으로 할 것인지 아니면 고정 부채-자본비율을 기준으로 할 것인지의 중요한 차이는 이익이 이자율의 변동에 민감하다는 점이다. 법인은 이자율이 높은 기간보다 이자율이 낮은 기간에 더 많은 부채를 활용할 수 있다. 고정 부채-자본비율에 토대한 과소자본 규정은 이자율의 변동에 상관없이 적용된다. 큰 수준의 이자율 변화를 반영하기 위해서는 주기적인 부채-자본비율의 조정이 필요할 것이다.[75]

(3) 우리나라의 과소자본 규정

(가) 적용요건

내국법인 및 외국법인의 국내사업장의 차입금 중 ⅰ) 국외지배주주로부터 차입한 금액, ⅱ) 국외지배주주의 혈족·인척 등 친족관계, 임원·사용인 등 경제적 연관관계에 따른 특수관계인으로부터 차입한 금액, ⅲ) 국외지배주주의 지급보증(담보제공 등 실질적으로 지급을 보증하는 경우 포함)에 의하여 제3자로부터 차입한 금액의 합계가 국외지배주주가 출자한 출자금액의 2배(금융업은 6배)를 초과하는 경우에는 그 초과분에 대한 지급이자 및 할인료(이하 이자 등)는 그 내국법인 등의 손금에 산입하지 않는다.(국조법 §22 ②) 서로 다른 이자율이 적용되는 이자 등이 함께 있는 경우에는 높은 이자율이 적용되는 것부터 먼저 손금에 산입하지 않는다.(국조법 §22 ⑥)

'국외지배주주'는 내국법인이나 외국법인의 국내사업장을 실질적으로 지배하는, 내국법인의 경우에는 외국의 주주·출자자 또는 외국주주가 출자한 외국법인, 그리고 외국법인의 국내사업장의 경우에는 그 외국법인의 본·지점, 그 외국법인의 외국주주 또는 그 외국법인 및 그 외국법인의 외국주주가 출자한 다른 외국법인을 말한다.(국조법 §22 ①)

구체적인 국외지배주주의 범위를 살펴보면, 내국법인의 지배주주는 각 사업연도 종료일 현재, ⅰ) 내국법인의 의결권 있는 주식의 50% 이상을 직·간접으로 소유하고 있는 외국주주(모회사), ⅱ) 위 ⅰ)호의 외국주주가 의결권 있는 주식의 50% 이상을 직·간

75) Brian J. Arnold, *op.cit.*, pp.121-123

접으로 소유하고 있는 외국법인(자매회사), iii) 국조령 제2조 제2항 제3호에 따라서 내국법인과 공통의 이해관계가 있고 사업방침을 실질적으로 결정할 수 있는 관계가 있는 외국주주 중 어느 하나에 해당하는 자이다.(국조령 §45 ①) 또한, 외국법인의 국내사업장에 대한 국외지배주주는 i) 국내사업장이 있는 외국법인의 본점 및 국외소재 지점, ii) 위 i)호의 외국법인의 의결권 있는 주식의 50% 이상을 직·간접으로 소유하는 외국주주(외국법인의 모회사), iii) 위 i)호의 본점 또는 위 ii)호의 외국주주가 의결권 있는 주식의 50% 이상을 직·간접으로 소유하는 외국법인(외국법인의 자매회사) 중 어느 하나에 해당하는 자이다.(국조령 §45 ②)

(나) 차입금의 범위

국외지배주주 차입금이 출자금액의 업종별 배수를 초과하거나, 특수관계가 없는 자 간의 통상적인 차입규모 및 차입조건과 다른 경우 해당 금액을 손금불산입한다. 업종별 배수는 일반업종은 2배, 금융업종은 6배이다.(국조령 §50)

업종별 배수의 적용방법과 관련하여 용도가 분명하지 아니한 공통 출자금과 차입금은 영업이익을 기준으로 배분하되, 영업이익이 없는 경우에는 수입금액 또는 손금액으로 배분하도록 하는 규정을 신설하였다. 즉, "내국법인이 금융업과 금융업이 아닌 업종을 겸영하고 그 내국법인의 출자금액 또는 차입금이 업종별로 구분되지 않는 경우 금융업과 금융업이 아닌 업종의 각 영업이익(기업회계기준에 따른 영업이익)에 비례하여 업종별로 구분되지 않는 출자금액 또는 차입금을 배분하고, 출자금액에 대한 차입금의 배수를 업종별로 적용한다. 이 경우 영업이익을 계산할 수 없는 때에는 법인세법 시행령 제94조 제2항 제2호의 규정(외국납부세액공제 계산시 국외원천소득에서 차감하는 비용 중 배분비용 계산방법)을 준용하여 업종별로 구분되지 않는 출자금액 또는 차입금을 배분하고, 출자금액에 대한 차입금의 배수를 업종별로 적용한다."고 규정하고 있다.(국조령 §50)

업종별 배수를 초과하지 않는 차입금은 통상적 차입규모나 차입조건을 고려할 필요없이 모두 손금산입이 허용된다. 다만, 이전가격 조정대상 여부는 별도로 판단해야 한다. 업종별 배수를 초과하는 차입금은 차입규모 및 차입조건을 고려하여 손금불산입 여부를 판단해야 한다. 우선 차입조건이 채무의 특성을 갖지 못한 경우에는 통상적 차입규모를 고려하지 않고도 손금불산입 대상이다. 다음으로 차입조건이 채무의 특성을 갖는 경우에는 통상적 차입규모 범위 내의 차입금에 대해서 손금산입이 허용된다. 역시, 이전가격 조정대상 여부는 별도로 판단해야 한다.

과소자본 규정이 적용되는 차입금은 이자 및 할인료를 발생시키는 부채이다. 다만, 은행법에 따른 외국은행의 국내지점이 정부(한국은행 포함)의 요청에 따라 외화로 차입하는 금액 또는 ⅰ) 외국환거래법에 따른 비거주자 또는 외국환은행에 대하여 외화로 예치하거나 대출하는 방법, 또는 ⅱ) 외국환거래법에 따른 비거주자 또는 외국환은행이 발행한 외화표시증권을 인수하거나 매매하는 방법으로 사용하기 위하여 해당 외국은행의 본·지점으로부터 외화로 예수하거나 차입하는 금액은 제외한다.(국조령 §46 ①) 이때 외국은행의 본·지점으로부터 외화로 예수하거나 차입한 금액인지가 불분명한 경우로서 해당 사업연도의 재무상태표(연평균 잔액기준) 등에 계상된 자금의 원천비율로 그 구분이 가능한 경우에는 그 비율에 따라 계산된 금액을 본·지점으로부터 차입한 금액으로 간주한다.(국조령 §46 ②) 과소자본 규정을 적용할 때 국외지배주주에 외국주주가 50% 이상 출자한 외국법인(자매회사)이 포함되어 있는 경우에는 외국법인으로부터 차입한 금액과 외국법인의 지급보증에 따라 제3자로부터 차입한 금액을 합산한다.(국조령 §46 ③)

국외지배주주의 출자금액에 대한 차입금의 배수가 2배 또는 업종별 배수를 초과하는 내국법인이, ⅰ) 이자율, 만기일, 지급방법, 자본전환 가능성, 다른 채권과의 우선순위 등을 고려할 때 해당 차입금이 사실상 출자에 해당되지 아니함을 증명하는 자료, ⅱ) 해당 내국법인과 같은 종류의 사업을 하는 비교가능한 법인의 자기자본에 대한 차입금의 배수(이하 비교대상배수)에 관한 자료(이 경우 비교가능한 법인은 해당 내국법인과 사업규모 및 경영여건 등이 유사한 내국법인 중 차입금의 배수를 기준으로 대표성이 있는 법인으로 한다)를 법인세 신고기한까지 과세당국에 제출하고, 특수관계가 없는 자 간의 통상적인 차입규모 및 차입조건과 같거나 유사한 것임을 증명하는 경우에는 그 차입금에 대한 지급이자 및 할인료에 대해 과소자본 규정을 적용하지 않고 해당 내국법인의 각 사업연도 소득금액 계산상 손금에 산입할 수 있다.(국조법 §22 ④, 국조령 §51 ①)

내국법인이 국외지배주주가 아닌 자로부터 차입한 금액이 ⅰ) 해당 내국법인과 국외지배주주 간에 그 차입에 대한 사전계약(차입과 관련된 증거에 따라 사전에 실질적인 합의가 있는 것으로 인정되는 경우를 포함)이 있고, ⅱ) 해당 내국법인과 국외지배주주 간에 그 차입의 조건이 실질적으로 결정되는 경우에는 국외지배주주로부터 직접 차입한 금액으로 보아 과소자본 규정을 적용한다. 다만, 내국법인이 국외지배주주가 아닌 국외특수관계인으로부터 차입한 경우에는 위 ⅱ)호 요건만 갖추어도 과소자본 규정을 적용한다.(국조법 §23)

(다) 손금불산입 금액의 계산

〈표 5-4〉 과소자본 규정 상 손금불산입 금액의 계산

초과적수 =	내국법인(외국법인의 국내사업장 포함)의 국외지배주주(국외지배주주의 지급보증을 통해 대여하는 제3자 포함)에 대한 총차입금 적수 − [국외지배주주의 내국법인 출자금액 적수 × 기준배수(2배 또는 업종별배수)]

손금에 산입하지 아니하는 금액은 내국법인이 국외지배주주로부터 차입한 전체 차입금 중 이자율이 높은 차입금(같은 이자율이 적용되는 차입금이 둘 이상인 경우에는 차입시기가 늦은 차입금부터 적용)부터 차례대로 각 차입금에 해당 이자율을 곱하여 합산한 이자 및 할인료로 하고, 합산하는 한도는 이자율이 높은 차입금의 적수부터 누적한 적수가 초과 적수가 될 때까지로 하며, 누적한 적수가 초과 적수보다 많아지게 되는 때의 마지막 차입금의 적수 중 초과 적수보다 많아지는 부분은 제외한다. 이 경우 초과 적수는 위 〈표 5-4〉 계산식에 따른다.(국조령 §48 ①)

위 계산식에서 적수 개념을 사용한 것은 1년 중 일시적인 차입금 및 출자액의 증감에 따른 과세소득 산정상의 불합리를 방지하기 위한 것이다.[76] 합산하는 이자 및 할인료는 적용대상 차입금에서 발생한 모든 이자소득으로서 내국법인이 국외지배주주에게 지급하여야 할 사채할인발행차금 상각액, 융통어음 할인료 등 그 경제적 실질이 이자에 해당하는 것을 모두 포함한다. 다만, 건설자금이자는 제외한다.(국조령 §48 ③)

〈표 5-5〉 국외지배주주의 내국법인 출자금액 계산

$$\text{국외지배주주의 내국법인 출자금액} = \text{Max [자산총액} - \text{부채총액, 납입자본금]} \times \frac{\text{국외지배주주 납입자본금}}{\text{내국법인의 납입자본총액}}$$

위 계산식에서 '국외지배주주의 내국법인 출자금액'은 i) 해당 내국법인의 해당 사업연도 종료일 현재 재무상태표상 자산의 합계에서 부채(충당금은 포함, 미지급 법인세는 제외)의 합계를 뺀 금액과 ii) 해당 사업연도 종료일 현재 납입자본금(자본금에 주식발행액면초과액 및 감자차익을 가산하고 주식할인발행차금 및 감자차손을 차감한 금액) 금

76) 이용섭 · 이동신, 전게서, p.902

액 중 큰 금액에 해당 내국법인의 해당 사업연도 종료일 현재 납입자본총액에서 국외지배주주가 납입한 자본금이 차지하는 비율(국외지배주주에 차입금을 합산하는 외국주주와 외국법인이 모두 포함되어 있는 경우에는 외국주주가 납입한 자본금이 차지하는 비율을 외국주주와 외국법인이 납입한 자본금이 차지한 비율로 본다)을 곱하여 산출한 금액으로 한다. 다만, 외국법인의 국내사업장의 경우에는 각 사업연도 종료일 현재 그 국내사업장의 재무상태표상 자산총액에서 부채총액을 뺀 금액을 말한다.(국조령 §47 ①)

사업연도 중 합병·분할 또는 증자·감자 등에 따라 자본이 변동된 경우에는 위 계산식에도 불구하고 해당 사업연도 개시일부터 자본변동일 전날까지의 기간과 그 변동일부터 해당 사업연도 종료일까지의 기간으로 각각 나누어 계산한 자본의 적수를 합한 금액을 위 계산식의 적수로 한다.(국조령 §47 ②)

(라) 손금불산입 금액의 처분

국외지배주주로부터 차입한 금액에 대한 이자 중 손금불산입된 금액은 법인세법 제67조에 따른 배당으로 처분된 것으로 본다. 다만, 국외지배주주의 친족·임원 등 특수관계인으로부터 차입한 금액이나 국외지배주주의 지급보증에 의하여 제3자로부터 차입한 금액에 대한 이자 중 손금불산입된 금액은 법인세법 제67조에 따른 기타사외유출로 처분된 것으로 본다.(국조령 §49)

(마) 원천징수세액의 조정

내국법인이 당초 각 사업연도 중에 지급한 이자 등에 대하여 국외지배주주에 대한 소득세 또는 법인세를 원천징수한 경우에는 과소자본 규정에 따른 배당에 대한 소득세 또는 법인세를 계산할 때 이미 원천징수된 세액과 상계하여 조정한다.(국조법 §22 ⑤) 원천징수세액에 대한 상계조정 결과 납부할 세액이 있는 경우 법인세 신고기한이 속하는 달의 다음 달 10일까지 납부하여야 하며, 환급받을 세액이 있는 경우 환급을 신청할 수 있다.(국조령 §52)

라. 이익축소방지 규정

(1) 의의

이익축소방지 규정은 일반적으로 이자가 법인의 순이익(earnings)에 토대한 금융공식

(통상 EBITDA의 25~30%)을 초과하는 경우 과도한 것으로 간주하여 비용공제를 부인한다. 이자비용에 대한 허용가능한 한도로서 순이익의 특정 비율은 임의적이지만, 대부분의 국가들은 순이익의 25~30% 한도를 채택하고 있다. 이러한 한도 설정의 목표는 사업수행을 위한 합리적 비용인 MNE 그룹의 모든 비교가능한 제3자의 이자비용 공제는 허용하되, 과도한 수준이고 허용할 수 없는 세원잠식에 해당하는 이자비용에 대한 공제는 부인하는 것이다.

OECD BEPS 실행계획(Action 4)은 과소자본 규정에 우선하여 이익축소방지 규정을 도입할 것을 권고한다. 동 보고서는 순이익이 단체의 이자 지급의무를 이행할 능력에 대한 더 나은 수단을 제공할 뿐만 아니라 과소자본 규정은 이자율을 고려하지 않기 때문에, 이익축소방지 규정을 선호하고 과소자본 규정을 배격한다. 순이익 접근방법은 납세자가 이자비용 공제의 제한을 회피하기 위하여 이자율이 증가하는 기간 동안에는 부채를 줄이고자 하는 인센티브를 제공한다. 이러한 권고사항은 의무적 규정은 아니지만, EU와 미국은 OECD가 권고한 규정과 유사한 이익축소방지 규정을 도입하였다.

단체의 순이자비용은 EBITDA 대비 순이자비용(이자소득 초과 이자비용)의 비교가능한 제3자 비율(benchmark ratio)까지 비용공제가 허용된다. 단체의 순이자비용과 EBITDA는 회계규정이 아니라 국가의 조세규정에 따라서 계산된다. 비교가능 제3자 비율은 단체의 EBITDA의 10~30% 범위 내에서 결정될 것인데, EU와 미국은 30% 비율을 채택하였다. 허용가능한 금액을 초과하는 이자비용은 공제되지 않지만, 과거 또는 장래연도로 이월될 수 있다.

선택적 구제 수단으로서, 단체는 단체가 속한 MNE 그룹의 비교가능한 제3자의 순이자비용이 해당 단체의 비율보다 큰 경우, EBTDA의 허용가능한 비율을 초과하는 이자비용 공제가 허용된다. 즉, 이러한 전세계그룹 규정(worldwide group rule)의 논거는 만약 거주자 단체가 글로벌 그룹의 부채조달 비율에 근사한 비율로 부채를 조달한다면, 거주자 단체가 청구한 이자비용 공제로 초래되는 세원잠식은 수용가능하고 과도하지 않다는 것이다. 전세계그룹 규정은 납세자에게는 MNE 그룹전체의 재무정보의 수집을, 그리고 과세당국에게는 이에 대한 검증을 요구한다. 이를 위해서는 조세정보보다는 재무회계 정보를 사용할 필요가 있을 것이다.

EU는 결합집단에 속하는 단체들이 자신들의 과도한 이자를 그룹의 EBITDA 대비 순이자비용 비율까지 공제하도록 허용한다. 또한, 단체의 총자산 대비 자본의 비율에 2%p

를 가산한 비율이 그룹전체 비율과 같거나 그 이상인 경우에는 모든 이자비용의 공제를 허용한다. 그러나, 미국은 전세계그룹 구제 규정을 규정하고 있지 않다.

이익축소방지 규정은 경제적 실질 접근방법을 적용하여 이자와 경제적으로 동등한 모든 다른 지급금에도 적용된다. MNE 그룹의 일원이 아닌 국내 단체에 대한 적용은 선택적이다. 만약 이익축소방지 규정이 그러한 독립적 단체들에게 적용되지 않는다면, 모든 이자비용을 공제받을 권리를 가질 것이다. 공제받지 못한 이자비용은 과거 또는 장래 연도로 이월이 허용되고, 사용되지 않은 이자비용 공제 한도도 역시 장래로 이월될 수 있다. 장기 공익사업의 자금조달을 위해 발생된 이자비용은 해당 사업이 무상환 부채로 조달되고, 해당 사업에서 발생하는 소득에 대해 과세되며, 차입자금이 다른 단체에 대여되지 않는다면 예외가 인정될 수 있다. EU규정은 일반 대중의 이익을 위한 장기 공공기반시설 사업에 대해 예외를 규정한다.

대다수 국가들의 과소자본 규정과 달리, OECD가 권고하고 EU와 미국에 의해 채택된 이익축소방지 규정은 비거주자에 대한 지급이자뿐만 아니라 모든 거주자 단체들의 이자비용에 적용된다. 이익축소방지 규정은 특별히 국경 간 세원잠식을 겨냥한 것이 아니고, 일반적으로 과도한 이자비용의 공제를 대상으로 한다. EU규정의 광범위한 적용은 EU 법률의 무차별조항과의 상충을 회피하기 위함이다. 타 국가들도 역시 자국의 조세조약 상 무차별조항과의 상충을 회피하기 위하여 폭넓은 이익축소방지 규정을 채택하고 있다. OECD/UN모델 제24조 제4항 및 제5항에 따라서, 일방체약국은 타방체약국의 거주자에게 지급된 이자에 대해 자국의 거주자에 대한 유사한 지급금보다 불리하게 취급하는 것과 타방체약국의 거주자에 의해 소유 또는 지배되는 내국법인을 다른 내국법인들보다 불리하게 취급하는 것이 금지된다.

이익축소방지 규정의 중요한 장점 중 하나는 MNE 그룹의 회사들이 고세율 국가에서 저세율 국가로 이익을 이전하는 경우에는 고세율 국가의 세원에서 공제받는 이자금액이 그만큼 줄어든다는 점이다. 이익에 토대하여 이자비용 공제를 제한하는 경우의 한 가지 심각한 문제는 단체가 보유한 특정 연도의 손실을 어떻게 처리하는가이다. 통상적으로, 이자는 과세소득이 차입자금을 실제 사용하여 발생한 것인지 여부와 상관없이 공제가능하다. 일반적으로 이자비용 공제를 소득의 실제 창출과 연계시키는 것은 좋은 정책이 아니다. 왜냐하면, 위험이 큰 모험투자를 좌절시킬 수 있기 때문이다. 따라서, 성격상 매우 위험성이 크거나 경기순환적인 사업에 대한 불이익을 방지하기 위하여, 국가들은 부인된

이자에 대한 이월공제를 제공할 수 있다.[77)]

(2) 우리나라의 '소득대비 과다 지급이자 손금불산입' 제도

우리나라는 국내세원의 보호를 위해 이자비용 공제에 대한 제한을 강화하는 내용의 OECD BEPS 실행계획(Action 4)의 권고에 따라, 2017년 세법개정시 국조법에 "내국법인이 국외특수관계인으로부터 차입한 금액에 대한 '순이자비용'이 '조정소득금액'의 30%를 초과하는 경우에는 그 초과하는 금액은 손금에 산입하지 아니한다."라는 규정을 신설하였다.(국조법 §24 ②)

여기서 '순이자비용'이란 내국법인이 모든 국외특수관계인으로부터 차입한 전체 차입금에 대하여 지급하는 이자 및 할인료의 총액에서 내국법인이 국외특수관계인으로부터 수취하는 이자수익의 총액을 차감한 금액(음수인 경우에는 영으로 본다)을 말한다.(국조령 §54 ①) '조정소득금액'이란 감가상각비와 순이자비용을 빼기 전 소득금액을 말한다.(국조법 §24 ①) 감가상각비는 법인세법 제23조(감가상각비의 손금불산입)에 따라 손비로 계상한 감가상각비를 말한다.(국조령 §54 ③) 다만, 동 규정은 이미 자본의 적정성 등에 대한 규제를 받으며, 자금조달의 융통성, 이자율 변동의 민감성 등 업종과 사업의 특성 등을 감안하여, 금융 및 보험업을 영위하는 내국법인에게는 적용하지 아니한다.(국조법 §24 ③)

서로 다른 이자율이 적용되는 이자 등이 함께 있는 경우에는 높은 이자율이 적용되는 것부터 먼저 손금에 산입하지 않는다.(국조법 §24 ④)

77) Brian J. Arnold, *op.cit.*, pp.123-125

제5장 혼성불일치약정 관련 조세회피 방지

1 혼성불일치약정(HMAs)의 의의

글로벌화가 심화됨에 따라 국제거래 구조의 복잡성이 증가하면서 조세가 국제무역 및 투자에 대해서 의도하지 않은 왜곡을 초래할 가능성이 더욱 커졌다. 이는 과세당국에게 국제무역 및 투자에 대한 장애를 제거하는 것은 물론 의도하지 않은 비과세의 범위를 제한할 것을 요구하고 있다.

혼성불일치약정(hybrid mismatch arrangements: 이하 HMAs)이란 둘 이상의 국가들 간에 상품(instruments), 단체(entities) 또는 이전(transfers)에 대한 조세취급상 차이를 이용하는 약정이다. 이러한 국가별 조세취급의 불일치가 납세자에게 유리한 또는 해로운 결과를 초래할 수 있다. 예를 들어, 이전가격과 관련한 일치하지 않는 입장은 이중과세를 초래할 수 있는 반면, 특정 지급금에 대해 일치하지 않는 입장은 한 국가에서는 비용공제, 다른 국가에서는 비과세를 초래할 수 있다. MNEs와 같이 세무대리인의 좋은 조력을 받는 납세자들은 이러한 HMAs의 해로운 결과는 회피하고, 조세혜택을 창출하는 데 이들을 사용하기 위해 계획을 세울 것이다. 결과적으로, HMAs은 어느 국가에서도 의도하지 않은 이중비과세 또는 조세이연을 초래할 수 있는 위험이 존재한다.

HMAs은 과세대상 인(persons), 소득발생 활동들(고용, 사업, 투자 등), 그리고 순소득 계산과 관련된 지급금의 유형 등 소득과세 제도의 근본적인 특성들을 포함한다. 그러나, HMAs의 가장 중요한 유형들은 혼성단체 및 혼성금융상품이다.

HMAs은 조세회피처 단체와 관련한 조세회피 약정에 대한 대안으로서 흔히 사용된다. 예를 들어, 조세회피처 단체는 종종 고세율 원천지국의 단체로부터 공제가능한 지급금을 수취한 후, 그 금액을 고세율 거주지국의 특수관계있는 단체에게 과세되지 않는 형태로 지급하기 위한 중간단체로서 사용된다. 예컨대, 고세율 원천지국에서 혼성단체가 투과단체로 취급되는 경우 그 국가는 혼성단체에 대한 공제가능한 지급금을 그 단체의 소유자인 고세율 국가의 거주자에 대한 지급금으로 취급할 것이다. 혼성단체에 대한 지급금은 국내법 또는 조세조약 규정에 의해서 원천지국에서 면제될 수 있다. 그 지급금은 거주지국이 혼성단체를 별도의 과세단체로 취급하기 때문에 거주지국에서 과세되지 않을 수 있다. 따라서 거주지국의 입장에서는 해당 지급금을 거주지국의 단체가 수취한 것이 아니다.[78)]

OECD BEPS 실행계획(Action 2)은 모든 유형의 HMAs이 아니라 혼성단체, 혼성금융상품 및 혼성이전거래만을 대상으로 특히, 한 국가에서 비용공제를 초래하지만 다른 국가에서 과세소득에 포함되지 않거나(D/NI), 또는 양 국가에서 비용공제를 초래하는(DD) 혼성거래에 초점을 맞추고 있다.

2 혼성금융상품을 이용한 조세회피 방지

가. 의의

일반적으로, 혼성금융상품(hybrid financial instruments)은 양국에서 성격이 다르게 규정되는 금융상품이다. 예컨대, 부채와 자본의 특성들을 모두 가진 상품이 한 국가에서는 부채로, 다른 국가에서는 자본(주식)으로 취급될 수 있다. 이러한 혼성금융상품이 절세 목적으로 광범위하게 사용되고 있다. 만약 원천지국이 법인이 발행한 상품을 부채로 취급한다면 부채에 대한 지급금을 이자로 규정하고, 이러한 지급금에 대해 비용공제를 허용할 것이다. 그러나, 그 지급금 수취인의 거주지국은 그 상품을 발행법인의 주식으로 규정하여 주식에 대한 지급금을 면제대상 배당으로 취급할 수 있다.(D/NI 구조)

한편, 거주지국과 원천지국 양국에서 비용공제를 초래(DD 구조)하는 혼성금융상품 사례로서 'Repo 약정(sale and repurchase arrangement)'을 들 수 있다. 참고로, Repo 거래는 현물로 증권을 매도(매수)함과 동시에 사전에 정한 기일에 증권을 환매수(환매도)하기로 하는 2개의 매매계약이 동시에 이루어지는 계약을 말한다.[79)]

---

78) Brian J. Arnold, *op.cit.*, p.205

79) 선진국에서는 주식 · CD · CP와 같은 다양한 증권을 대상으로 Repo 거래를 하는 반면, 우리나라에서는 '환매조건부 채권매매'로 명명하여 거래대상 증권을 채권에만 국한하고 있다.

〈그림 5-13〉 Repo 약정을 이용한 이중 비용공제(DD) 사례

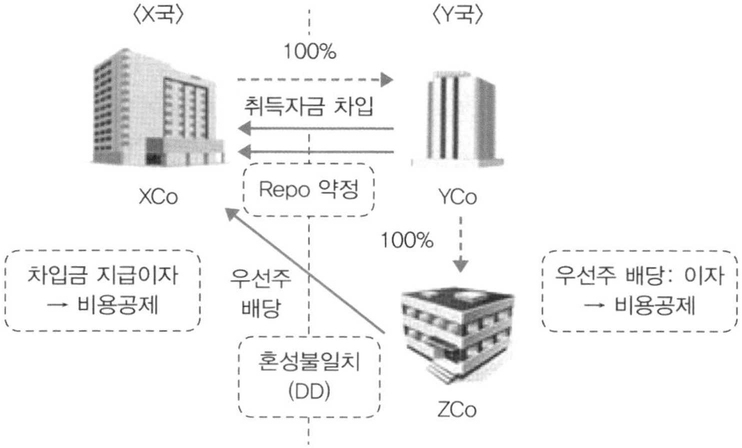

위 〈그림 5-13〉 사례에서 보는 바와 같이 X국 거주자인 XCo는 Y국 법인인 YCo 주식을 모두 소유한다고 하자. 또한, YCo가 역시 Y국 거주자인 ZCo의 보통주 및 우선주 모두를 소유한다고 하자. XCo가 ZCo 우선주를 취득하기 위해 YCo로부터 자금을 차입한다. 동시에 XCo와 YCo는 YCo가 5년 후에 고정가격에 ZCo 우선주를 환매하기로 합의하는 Repo 약정을 체결한다. X국은 이러한 거래를 법적 형식에 따라서 취급한다. XCo는 지급이자에 대해 비용공제를 받지만, X국이 외국법인 배당에 대한 지분소득 면제제도를 가진다고 가정하면, XCo는 ZCo 우선주에 대한 수취 배당에 대해 과세되지 않는다. 반대로, Y국은 경제적 실질에 따라서 이러한 약정을 XCo가 담보로서 ZCo 우선주를 보유하면서 XCo의 YCo에 대한 5년 만기 대여금으로 취급한다. 따라서 Y국은 ZCo가 XCo에게 지급하는 우선주 배당을 이자로서 비용공제를 허용한다. 결과적으로 이 약정은 비용공제를 상쇄하는 소득의 산입없이 A국과 B국 양국에서 이중으로 이자비용 공제를 발생시킨다.[80]

최근 혼성금융상품의 특성을 이용하여 한 국가에서는 비용공제를 받지만 해당 소득을 수취한 국가에서는 과세소득에 포함되지 않는 전략(D/NI) 또는 위 사례와 같이 양국에서 이중으로 비용공제하는 조세회피 전략(DD)이 성행하고 있다. BEPS 실행계획(Action 2)은 이러한 HMAs에 대처하기 위하여, 그러한 약정의 조세혜택을 중화시키기 위한 조정규정(coordination rules)을 각국 법률에 채택할 것을 권고하였다. 이러한 조정규정은 각 국가들이 혼성상품에 대한 조세취급을 결정할 때 상대국에서의 해당 혼성상품에 대한 조

80) Brian J. Arnold, *op.cit.*, p.209

세취급을 함께 검토할 것을 요구하는 것이다.

나. OECD 권고사항

혼성금융상품과 관련된 HMAs은 오랫동안 MNEs의 조세회피 전략의 하나였다. 부채 또는 자본과 같은 혼성금융상품의 성격상 차이로 인한 혼성불일치가 지난 수십 년간 쟁점이 되어왔고, 해결방안에 대한 국제적 합의도 없었다.

BEPS 실행계획(Action 2)은 HMAs을 공격적 조세회피 전략의 하나로서 국제적 해결방안이 필요한 문제로서 인식한다. 혼성금융상품과 관련하여, 비용공제/소득불산입(deduction/non-inclusion: 이하 D/NI) 구조 즉, 지급국가에서 공제되는 비용이 수취국가에서 과세되지 않는 구조가 주된 관심사였다. OECD는 이러한 구조의 효과가 국내법상 조정규정을 이용하여 중화(제거)되어야 한다고 권고한다. OECD 권고사항들은 아래에서 살펴보는 바와 같이 직접적 혼성불일치, 혼성이전거래 및 간접적 혼성불일치에 대한 대응방안을 포함한다.

(1) 직접적 혼성불일치(direct hybrid mismatches)

혼성금융상품의 특성에서 발생된 D/NI 불일치 문제에 대한 주된 대응방안은 지급인 거주지국에서 비용공제를 부인하는 것이다. 지급인 거주지국에서 그러한 불일치에 대응하지 않는 경우에는 수취인 거주지국에서 해당 지급금을 통상소득에 포함하도록 하는 방어규정(defensive rule)을 채택해야만 한다. 또한, 경제적 이중과세 구제를 위한 배당소득 면제제도는 만약 해당 배당금이 지급인에게 비용으로 공제된다면 수취인 국가의 법률에 의해서 면제가 허용되어서는 안 된다.

OECD 핵심 권고사항들은 일련의 조정규정으로 폭넓게 규정될 수 있는데, 이들 조정규정은 D/NI 결과가 지급인과 수취인 국가 간의 조세취급상 차이에서 발생하는 직접적 불일치에 적용하는 것을 목표로 한다. 그러나, 일부 D/NI 결과는 조정규정의 규제대상이 아니기 때문에, 권고규정들의 적용범위가 제한된다. 예를 들어, 지급 인식시기의 차이로 인한 D/NI 결과는 조정규정의 규제대상이 아니다. 조정규정은 부채, 자본, 파생상품과 같은 금융상품과 관련된 지급에만 적용할 수 있다.

또한, 조정규정은 특수관계자 거래 또는 구조화 거래에만 적용한다. 구조화 거래(structured transaction)는 혼성불일치가 약정의 조건상 가격에 반영되어 있거나 또는 약정의 사실관계 및 상황이 불일치를 만들기 위해 설계된 것으로 보이는 약정이다. 한편, D/NI 결과가 조세정책상 의도된 것이고, 지급이 구조화 약정과 관련하여 이루어진 것이 아닌 경우로서 특별한 조세취급의 대상인 투자기구에 의한 지급에는 예외규정이 적용된다.[81)]

(2) 혼성이전거래(hybrid transfers)

Repo 거래는 D/NI 결과를 초래하는 혼성이전거래를 촉진시킬 수 있다. 아래 〈그림 5-14〉에서 보는 바와 같이, Repo 거래에 의해서 Repo 양도인 국가(X국)와 Repo 양수인 국가(Y국)가 조세취급을 달리하는 경우에 D/NI 결과가 발생할 수 있다. X국은 Repo 거래에 대해 경제적 실질에 토대하여 과세하는 결과, Y국의 Repo 양수인이 X국의 Repo 양도인에게 자금을 대여한 것으로 간주하므로 X국은 Repo 양도인을 차입자로 취급하여 Repo 거래의 순비용에 대해 이자비용 공제를 허용한다. 반면에, Y국은 Repo 거래에 대해 형식에 토대하여 과세하는 결과, Y국은 Repo 양수인을 증권의 법적 소유자로 간주하고 Repo 양수인이 수취하는 배당에 대해 이중과세 구제(배당소득 면제)를 계속 제공하고, Repo 만기일에 증권이 환매수될 때 이를 증권 양도로 간주하여 양도차익에 대해서도 면제할 것이다. 따라서 Repo 거래는 X국에서는 비용공제 되지만, Y국에서는 과세되지 않는 D/NI 결과를 창출할 것이다.

〈그림 5-14〉 Repo 거래를 이용한 혼성이전거래 사례

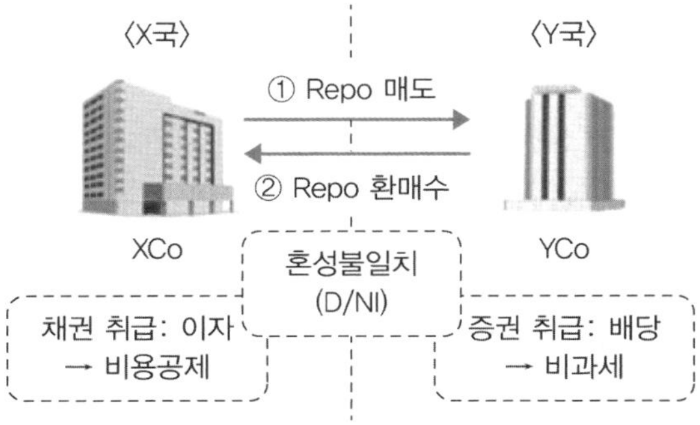

81) Shee Boon Law & Marjolein Kinds, "Ch.5 : Hybrid Instruments in the Post-BEPS Era", *International Tax Structures in the BEPS Era: An analysis of Anti-Abuse Measures*, IBFD Tax Research Series Vo.2, 2015, pp.129-130

또한, OECD는 혼성이전거래 하에서 세액공제의 중복을 방지하기 위하여 혼성이전거래에 의해 행해진 지급에 대해 원천지국에서 원천징수된 세액에 대한 이중과세 방지를 제공하는 국가는 그러한 이중과세 구제의 혜택을 해당 약정에 의한 납세자의 순과세소득 비율로 제한해야 한다고 권고한다.[82)]

(3) 간접적 혼성불일치(indirect hybrid mismatches)

'간접적 혼성불일치' 개념은 양 국가 간 혼성불일치의 효과가 제3국에 수입될 수 있는 가능성을 강조하기 위해 사용된다. 혼성금융상품과 관련한 수입된 혼성불일치(imported hybrid mismatches) 구조는 통상적으로 모회사에게 혼성금융상품을 발행하는 중간국가의 단체와 관련된다. 혼성상품은 중간국가에서는 이자비용 공제를 받고, 모회사 국가에서는 과세되지 않도록 구조화된다. 그리고, 중간국가의 단체가 모집한 자금은 다른 국가들에 소재한 하나 이상의 자회사들에게 이전된다. 이러한 전대거래(on-lending)는 다른 국가들에서 이자비용 공제를 받을 수 있도록 전통적 대여의 형태를 갖는다. 이자소득이 중간국가에서 과세되지만, 이자비용에 의해 과세표준이 축소되므로 약간의 과세소득에 대해서만 과세된다.

이와 관련하여 참고로, 미국은 2015년 OECD 권고사항을 반영하여, HMAs의 남용을 방지하기 위해 혼성거래 또는 혼성단체와 관련하여 특수관계인에게 지급 또는 발생된 특정 금액에 대한 비용공제 부인 규정을 신설하였다.(IRC §267A) 동 규정에 따르면, ⅰ) 부적격 혼성거래(disqualified hybrid amount: DHA), ⅱ) 부적격 수입불일치거래(disqualified imported mismatch amount: DIMA), ⅲ) §267A 회피 방지규정 요건을 충족하는 경우, 특수관계인에게 지급 또는 발생된 이자 또는 사용료에 대한 비용공제가 부인된다.

이 중에서 부적격 수입불일치거래(DIMA) 개념의 기본적 기능은 혼성불일치 방지 규정의 적용범위를 확장하는 것이고, D/NI 결과가 외국 납세자들 간에 역외에서 창출된 후 실질적으로 그 자체로는 혼성불일치를 포함하지 않는 연계된 거래 형태로 미국에 수입된다는 가정에 토대한다.

---

82) Shee Boon Law & Marjolein Kinds, *op.cit.*, pp.130-132

〈그림 5-15〉 수입된 혼성불일치거래 사례

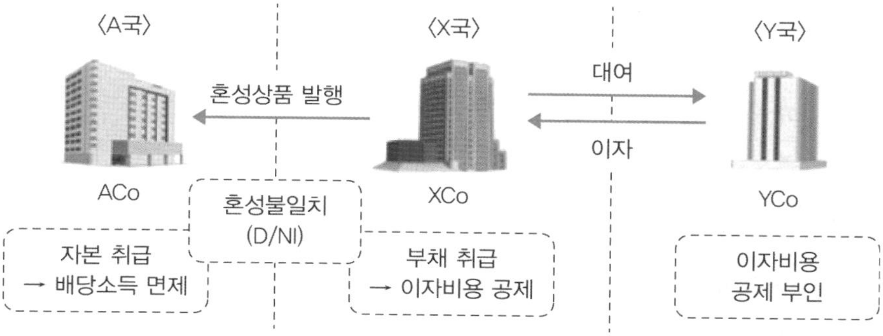

수입 혼성불일치 규정이 어떻게 작용하는지를 살펴보자. 위 〈그림 5-15〉과 같이 A국 모회사 ACo가 X국 법인 XCo(룩셈부르크) 및 Y국(미국) 법인 YCo의 지분을 100% 보유한다고 가정하자. YCo는 XCo에게 차입금 대가로 비혼성(non-hybrid) 이자를 지급하고, 해당 이자는 X국 법률에 따라서 XCo의 과세소득에 포함된다. ACo는 XCo가 발행한 혼성금융상품을 보유하고 있다. 동 혼성상품은 X국에서는 부채이지만 A국에서는 자본으로 취급된다. YCo가 XCo 차입금 이자를 지급하는 동일한 과세연도에 XCo는 ACo가 보유한 혼성상품에 대해 동일 금액을 지급한다. 해당 지급금은 XCo에게는 이자비용으로서 공제되지만 ACo의 소득에는 포함되지 않는다. 왜냐하면 ACo는 지분소득 면제제도(PE)에 따라서 자본의 배당에 대해 면세하기 때문이다.

이 사례에서 YCo가 XCo에게 지급한 이자는 부적격 혼성거래(DHA)로 간주되지는 않는다. 왜냐하면 혼성요소의 특성을 갖지 않으며, 그 자체로는 D/NI 결과를 초래하지 않기 때문이다. 그러나, XCo와 ACo 간 혼성약정 덕분에 D/NI 결과가 XCo에게 실질적으로 합성된다. 결국, 전체적으로 볼 때, 모든 혼성활동이 역외에서 발생한 후 실질적으로 Y국(미국)에 수입되지만, 동 약정이 D/NI 결과를 복제할 수 있다. 혼성공제(hybrid deductions)는 특정 지급금과 관련된 소득을 직·간접적으로 상쇄시키는 결과를 초래한다.

OECD는 이러한 혼성불일치 구조는 다른 곳에서 발생한 혼성불일치의 효과가 차입회사가 소재한 국가(Y국)로 수입되도록 허용하기 때문에 공격적인 구조라고 간주한다. 따라서 OECD는 이러한 혼성약정이 수입된 제3국들에 대해 수취인 국가(X국)에서의 수취금액이 혼성공제에 의해 상쇄되는 한, 지급금에 대한 비용공제를 부인하도록 권고한다. 이러한 권고에 의하면, (Y국을 포함한) 제3국들은 만약 부채상품이 혼성불일치 약정과 연결되어 있다면, 비혼성 부채상품에 대한 이자비용 공제를 부인할 수 있다. 그러나 이러한 권고규정은 제3국의 납세자가 혼성불일치 약정의 당사자와 동일한 그룹이거나, 구조화 약정에 따른 지급으로서 납세자가 해당 구조화 약정의 당사자인 경우에만 적용된다.

실제로, 룩셈부르크와 같은 국가들이 간접적 혼성불일치에 관한 OECD 권고규정의 잠재적 적용대상이다. 만약 동 규정이 적용된다면, 룩셈부르크 자금조달 기구를 경유한 PECs (preferred equity certificates) 및 CPECs(convertible preferred equity certificates)를 이용한 구조의 조세혜택은 부인될 것이다. 참고로, PECs는 차입회사에게는 부채로, 이자가 대여자에게는 배당으로 간주되는 혼성금융상품이다. PECs 및 CPECs와 같은 혼성상품은 국제 투자구조에 흔히 이용되는데, 룩셈부르크 발행회사 단계에서는 룩셈부르크 조세목적 상 부채로 간주되는 반면, 외국조세 목적 상으로는 자본으로 간주되도록 설계된다. 또한, PECs 및 CPECs에 지급된 이자와 상환할증금에 대해서는 일반적으로 룩셈부르크 원천세가 면제된다.

그러나, 제3국들이 룩셈부르크 투자기구들에게 지급한 이자에 대한 공제를 부인하기 위해서는, 해당 지급금을 특수관계 그룹 내 또는 구조화 약정에서의 HMAs까지 추적해야 할 것이다. 따라서 간접적 혼성불일치에 대한 OECD 권고규정의 효과는 그러한 추적의 실무 상 어려움과 행정비용 때문에 제한적일 가능성이 높다.[83)]

(4) 혼성불일치와 다른 실행계획들 간의 관계

혼성불일치가 국제적으로 D/NI를 산출하는 유일한 방법은 아니다. 예를 들어, 조세회피처의 자금조달회사 또는 특례제도의 혜택을 받는 회사들이 전통적 부채상품과 결합되어 사용될 수 있다. 이와 관련하여, 혼성불일치를 다루는 BEPS 실행계획(Action 2)의 권고사항이 유해조세 관행에 관한 실행계획(Action 5)의 권고사항과 일관성이 결여되어 있다는 점이 지적될 수 있다. 유해조세 관행과 관련된 실행계획에서는 특정 제도에 실질요건이 존재하고 저세율 제도와 관련된 규정들에 대한 자발적 정보교환이 허용되는 한, 국가들은 무형자산 및 금융소득을 포함한 다른 유형의 소득에 대해 낮은 세율 또는 비과세 조세제도를 설계하는 것이 승인된다. 이러한 권고사항들은 HMAs와 달리 특정 조건들이 충족되는 한 명시적으로 D/NI 결과를 승인한다.

이자비용 공제 제한과 관련된 BEPS 실행계획(Action 4)도 국내 세원의 보호방안이라는 점에서 혼성불일치 대응관련 조정규정에 따른 추가 제한은 신중하게 고려되어야 한다.

---

83) Shee Boon Law & Marjolein Kinds, *op.cit.*, pp.132-134

예를 들어, 한 국가가 독립기업원칙 또는 고정 비율에 토대하여 이자비용 공제를 제한하는 것이 적절하다고 간주하는 경우, 특정 제한 범위 내의 이자비용 공제가 단순히 혼성상품과 연관된다는 이유로 보다 더 공격적인 것이라고 간주하는 이유가 명확하지 않다. 어떤 경우든, 단순히 타방국에서의 비과세 결과 때문에 해당 국가에서 조세수입이 일실되었다는 논리가 명확한 것은 아니다. 그러한 세수 손실을 제한하는 보다 더 효과적인 방법은 이자비용에 대한 제한 규정을 강화하는 것일 것이다.

한편, 혼성불일치와 관련한 조정규정은 실행계획(Action 4)에서 다루는 CFC 규정과도 조정되어야 할 것이다. OECD권고 조정규정이 모회사 국가가 자국의 MNEs이 해외소득에 대해서 가급적 적은 조세를 납부하도록 권장하는 경쟁적 환경과 조화될 수 있는지의 문제가 제기된다. 예를 들어, 미국 등 많은 국가의 CFC 규정은 능동적 사업소득에서 발생하는 금융소득에 대해 과세에서 면제하고 있다. CFC 규정의 이러한 면제는 이자소득을 본국에서 과세하지 않고, 저세율 또는 비과세 국가로 경유(수취인 국가에서 비과세)시킬 가능성을 창출한다. 이러한 CFC 규정의 특성이 D/NI 결과를 창출시키는데 이용될 수 있다.[84)]

다. 국내법과 조정규정들 간의 조화

OECD는 국가들이 국내법에 조정규정(coordination rules)을 도입할 것을 권고한다. 그러나, 각국의 국내법에 이자비용공제 제한규정, CFC 규정, 조세회피처 규제조항 등 SAARs이 존재하기 때문에, 이러한 조정규정의 국내법 도입에는 신중한 고려가 필요하고, 폭넓은 정책적 관점에서 혼성불일치에 대한 조정규정과 통합되어야 할 것이다.

각국의 경험에서 볼 때, 조정규정과 기존의 GAARs 및 혼성금융상품의 성격 규정에 관한 일반원칙을 통합시키는 것은 매우 어려운 일이다. HMAs에 대처하기 위해 GAARs 또는 기타 일반원칙에 의존하는 국가들은 각기 다르고 독특한 방식을 경험하고 있다.

OECD 권고 조정규정들은 금융상품의 정의, 인식시기의 차이, 특수관계인, 구조화 약정 등과 같은 다양한 조건들의 영향하에서 특정한 상황에서만 적용될 것이다. 또한, 조정규정들이 국내법에서 채택될 때, 다른 정책적 · 정치적 고려사항들이 혼성불일치의 적용범위를 어떻게 정의할 것인지를 선택하는 데 영향을 미칠 것이다. 따라서 국가별로 채택하는 조정규정들의 차이가 발생할 것이고, 국제적으로 이러한 조정규정들의 불일치가 유지되는

84) Shee Boon Law & Marjolein Kinds, *op.cit.*, pp.134-136

경우 혼성불일치가 미래에도 지속적으로 성행할 가능성이 있다.[85)]

(1) 인식시기의 불일치

OECD는 인식시기의 불일치(timing mismatches)에 의해 발생된 D/NI 결과를 조정규정의 범위에서 제외한다. 이는 지급인은 발생기준으로 비용공제를 받는 반면, 수취인은 현금기준으로만 소득에 대해 과세되는 경우 조정규정이 적용되지 않는다는 의미이다. 예를 들어, 제로쿠폰 채권(zero-coupon bond)에 의해서 지급인은 발생기준에 의해 비용공제가 허용되고, 해당 소득에 대해 만기일까지 수취인에 대한 과세가 이루어지지 않는 경우 인식시기의 불일치가 발생할 수 있다. 참고로, 제로쿠폰 채권은 액면가격에 비해 할인발행되어 만기에 액면금액을 지급받는 채권이다. 만기 이전에 일정 기간마다 이자를 지급받는 것이 아니므로 상환기간까지 이자소득은 없지만 대신에 자본소득(액면가와 할인가의 차이)을 얻게 된다. 발행자로서는 만기까지 이자지급에 대한 부담이 없고, 투자자로서는 재투자 수익과 관련한 위험이 없다. 일반적으로 제로쿠폰 채권의 만기는 보통 채권보다 긴 편이며, 발행가격도 비교적 낮은 편이다.

인식시기의 불일치에 의해 발생된 D/NI 결과를 조정규정의 적용범위에서 제외한다는 것은 사실상 조세이연 절세전략(deferral strategy)을 승인하는 결과를 가져온다. 이와 관련하여, OECD 권고사항은 지급금이 합리적 기간 내에 통상소득에 포함될 것이라는 것을 납세자가 과세당국이 만족하도록 증명할 것을 요구한다.(권고사항 1.1(c))

HMAs은 수취인에게는 해당 약정의 종료시에만 조세가 부과되지만, 지급인에 대해서는 여러 해 동안 이자비용 공제를 창출시킬 수 있다. 그러한 HMAs이 허용되기 위해서는 수취인이 단지 사소한 금액의 조세부담만을 져서는 안 된다는 조건을 부과할 필요가 있다. 만약 수취인의 조세부담에 대한 양적 요건이 없다면, 단순히 혼성약정의 종료시에 적은 조세부담을 하도록 설계함으로써 조정규정을 너무 쉽게 통과할 수 있을 것이다.[86)]

(2) 구조화 약정

구조화 약정(structured arrangements)은 혼성불일치의 가격이 약정의 조건에 따라서 부여되거나, 약정의 사실관계 또는 상황으로 볼 때 혼성불일치를 생산하도록 설계된 경우

---

85) Shee Boon Law & Marjolein Kinds, *op.cit.*, pp.143-144

86) Shee Boon Law & Marjolein Kinds, *op.cit.*, pp.144-145

의 약정을 말한다. 예를 들어, ⅰ) 혼성불일치를 창출하도록 설계되거나 그러한 계획의 일부인 경우, ⅱ) 혼성불일치를 창출하기 위하여 사용된 조건, 단계 또는 거래를 포함하는 약정, ⅲ) 조세혜택의 일부 또는 전부가 혼성불일치에서 발생하는 조세특례 상품으로서 전부 또는 일부가 판매된 약정, ⅳ) 혼성불일치가 발생한 국가에 소재한 납세자들에게 주로 판매되는 약정, ⅴ) 혼성불일치를 더 이상 이용할 수 없는 경우에 수익 등 약정의 조건을 변경하는 특성을 포함한 약정, ⅵ) 혼성불일치가 없다면 (－) 수익을 창출하는 약정 등이다.

그러나, 구조화 약정에는 다음과 같은 예외가 적용된다. ⅰ) 만약 납세자 및 동일 지배그룹의 관계회사 모두가 혼성불일치를 알았을 것으로 합리적으로 기대할 수 없고, ⅱ) 혼성약정에서 발생한 조세혜택을 공유하지 않았다면, 해당 납세자는 구조화 약정의 당사자로 간주되지 않을 것이다.(권고사항 10.(3)) 또한, 예컨대 지급금이 완전한 원천징수세율의 적용대상이거나, 수취인이 포괄적인 혼성불일치 대응규정을 도입한 국가에서 설립된 경우와 같은 안전장치를 갖춘 경우에는 적용에서 제외될 것이다.[87)]

(3) 정책적 예외사항

지급인 국가의 법률에 의해서 비용공제 관련 조세정책이 지급인과 수취인에 대한 조세중립성을 유지하기 위한 단체의 경우 예외가 적용된다.(권고사항 1.5) 예컨대, 뮤추얼 펀드 또는 부동산투자신탁(REITs)과 같은 투자기구에 대한 배당금을 공제할 권리를 부여하는 경우, 동 배당금이 조세결과의 불일치를 가져올지라도 해당 불일치가 해당 국가의 법률에 의해서 배당에 대한 통상적인 조세취급이 아닌 지급인의 조세상 지위 때문일 경우에는 일반적으로 혼성불일치를 발생시키지 않을 것이다. 그러나, 수취인 국가는 그러한 단체에 의해 지급된 배당금에 대하여 이중과세 구제 차원의 소득면제를 허용해서는 안 된다.(권고사항 2.1)

(4) 조세조약 고려사항들

OECD모델 및 주석에서는 혼성금융상품이 법적 형식은 부채이지만, 어떤 상황에서는 자본으로 재구분될 수 있다는 점을 언급하고 있다. 예를 들어, 자금 대여자가 차입회사가 부담하는 위험을 실질적으로 공유할 때, 즉 차입금의 상환이 차입회사 사업의 성공에 크게 의존할 때 자본으로 재구분할 수 있다.(OMC Art.10/25) 그러나, OECD모델은 가령, 상

87) Shee Boon Law & Marjolein Kinds, *op.cit.*, pp.145-146

환우선주(redeemable preference share)와 같이 자본에 토대한 혼성상품의 재구분 가능성은 다루고 있지 않다. 상환우선주는 지급인 국가의 국내법에 따를 때 부채로 간주될지라도, 해당 주식의 지급금이 OECD모델에 의해서 배당의 요건을 갖출 수 있다. 왜냐하면, 현행 OECD모델에서의 배당의 정의에 따를 때, 배당은 우선주를 포함한 다양한 주식에서 발생하는 소득을 포함한다. 따라서 그러한 지급금에 대해 낮은 원천세율이 적용될 가능성이 있다.

BEPS 실행계획(Action 2)은 혼성금융상품의 조세조약 상 성격 규정에 관해서는 다루지 않는다. 왜냐하면, 혼성불일치 효과를 중화시키는 데 초점을 맞추고 있기 때문이다. 그러나, 혼성불일치에 대한 OECD 권고사항에 따를 때, 상환우선주에 조약상 낮은 원천세율 혜택을 허용하는 것은 적절하지 않을 것이다. OECD가 다루지는 않았지만, 만약 상환우선주에 의한 지급금이 수취인 국가에서 과세되지 않는다면 국내법에 의해 비용 공제될 수 없는 것은 당연하다. 다만, 그러한 지급금이 계속 배당으로 취급되어 OECD모델에 토대한 조세조약 상 낮은 원천세율이 적용되는 요건을 충족할 가능성은 있을 것이다.[88]

라. 혼성금융상품 거래에 따른 지급이자 손금불산입 제도

우리나라는 국내세원을 잠식하는 HMAs에 대처하기 위해 OECD BEPS 실행계획(Action 2) 권고에 따라서, 2017년 세법개정시 국조법에 "내국법인이 국외특수관계인과의 '혼성금융상품' 거래에 따라 지급한 이자 및 할인료 중 '적정기간' 이내에 그 거래상대방이 소재한 국가에서 거래상대방의 소득에 포함되지 아니하는 등 '과세되지 아니한 금액'은 적정기간 종료일이 속하는 사업연도의 소득금액을 계산할 때 익금에 산입하며, 법인세법에 따라 기타사외유출로 처분된 것으로 본다."라는 규정을 신설하였다.(국조법 §25 ②)

여기서 '혼성금융상품'은 " i) 우리나라의 경우, 우리나라의 세법에 따라 해당 금융상품을 부채로 보아 내국법인이 해당 금융상품의 거래에 따라 국외특수관계인인 외국법인(이하 거래상대방)에게 지급하는 이자 등을 이자비용으로 취급하고, ii) 거래상대방이 소재한 국가의 경우, 그 국가의 세법에 따라 해당 금융상품을 자본으로 보아 거래상대방이 내국법인으로부터 지급받는 이자 등을 배당소득으로 취급하는 금융상품"을 말하는데, 금융 및 보험업을 영위하는 내국법인이 발행하는 금융상품은 제외한다.(국조령 §57)

또한, '적정기간'은 내국법인이 혼성금융상품 거래에 따라 이자 등을 지급하는 사업연도

---

88) Shee Boon Law & Marjolein Kinds, *op.cit.*, pp.149-150

의 종료일의 다음 날부터 12개월 이내에 개시하는 거래상대방의 사업연도의 종료일까지의 기간을 말한다.(국조령 §58)

위에서 언급된 '과세되지 아니한 금액'의 범위는 내국법인이 지급한 이자 등이 거래상대방이 소재한 국가의 세법에 따라 배당소득으로 취급되어 과세소득에 포함되지 아니한 금액으로서, ⅰ) 해당 이자 등의 전부가 거래상대방의 과세소득에 포함되지 아니하는 경우에는 전체 금액, ⅱ) 해당 이자 등의 10% 미만의 금액만 거래상대방의 과세소득에 포함되는 경우에는 과세소득에 포함되지 않은 금액으로 한다.(국조령 §59 ①) 해당 사업연도 소득금액을 계산할 때 익금에 산입하는 금액은 내국법인이 거래상대방에게 지급하는 이자 등의 금액에 거래상대방이 내국법인으로부터 지급받는 배당소득 금액 중 과세되지 아니한 금액이 차지하는 비율을 곱하여 산출한 금액으로 한다.(국조령 §59 ②)

이때 내국법인은 ⅰ) 거래상대방에게 지급한 이자 등을 손금에 산입한 사업연도에 거래상대방이 소재한 국가에서 과세되지 아니한 금액을 익금에 산입함에 따라 발생한 법인세액의 차액에, ⅱ) 손금에 산입한 사업연도의 다음 사업연도 개시일부터 익금에 산입한 사업연도의 종료일까지의 기간에 대하여 1일당 0.025%의 비율을 곱하여 계산한 금액을 적정기간 종료일이 속하는 사업연도의 법인세에 더하여 납부하여야 한다.(국조법 §25 ②, 국조령 §59 ③)

혼성금융상품 거래에 따른 지급이자 손금불산입 규정은 이전가격 조정규정(국조법 §6-7) 및 법인세법 상 지급이자 손금불산입 규정(법법 §28)보다 우선하여 적용된다.

마. 소결

혼성금융상품과 관련한 국내법상 조정규정들이 실제로 국제적 조세회피 계획에 중요한 영향을 미칠 것 같지는 않다. 직접적 혼성불일치에 대한 조정규정들은 명확히 남용거래만을 대상으로 설계되었다. 혼성이전거래 및 간접적 혼성불일치에 관한 조정규정들의 효과 역시 제한적일 가능성이 높다. 왜냐하면, 비조세 동기에 의한 거래의 수용 필요성 및 실행과 관련된 실무 상 어려움들 때문에 이러한 규정들의 적용범위가 축소될 것으로 예상되기 때문이다. 또한, HMAs의 효과가 중화되는 경우 그러한 약정들은 예컨대, 조세회피처 단체를 이용하는 것과 같은 다른 조세회피 전략에 의해 대체될 수 있기 때문이다.

국내 법률에 OECD가 권고한 조정규정들을 도입하기 위해서는, 조정규정들과 GAARs 또는 혼성금융상품의 성격 규정과 관련된 일반원칙 등 각국의 기존 법률 간의 상호작용을 신중히 고려해야 할 것이다.[89]

3 혼성단체를 이용한 조세회피 방지

가. 혼성단체의 의의 및 조세구조

(1) 혼성단체의 의의 및 동향

혼성단체는 한 국가에서는 별도의 과세단체로, 그리고 다른 국가에서는 투과단체로 취급되는 법적 관계이다. 예를 들어, A국에 설립된 단체가 A국에서는 파트너십으로 취급되는 반면, B국에서는 법인으로 취급되는 경우, 만약 그 단체의 하나 이상의 구성원이 B국의 거주자인 경우 양 국가의 서로 다른 취급이 많은 절세계획의 기회들을 창출시킨다. 국내거래와 달리, 국제거래에서는 하나의 단체에 대해 원천지국과 거주지국 또는 설립지국이 다르게 취급할 수 있기 때문에 의도하지 않은 조세효과가 발생할 수 있다.

혼성단체들은 많은 다른 유형들과 형식들을 가질 수 있다. 특정 단체가 혼성단체인지 여부는 관련 국가들의 국내법, 특히 조세목적 상 단체들을 어떻게 규정하는지에 달려있다. 예를 들어, 신탁 및 기타 유사한 수탁관계가 혼성단체가 될 수 있는데, 왜냐하면, 일부 보통법 국가들에서는 단체, 그리고 대륙법 국가들에 의해서는 무시되기 때문이다. 또한, 혼성단체는 가령, 일부 조세회피처의 법률에 의해 인정되는 보증책임회사(corporations limited by guarantee)와 같은 특별한 단체 또는 약정을 포함할 수 있다. 회사의 소유주들(보증인들)은 계약상 권리와 의무를 갖지만, 표결권 또는 배당을 수취할 권리는 없다. 법인의 주식은 이사를 선임할 권리를 갖지만 배당을 수취할 제한적 권리만을 갖는 주주들에 의해 소유된다. 배당은 회사와 아무런 관계가 없는 인들(보증인들과 특수관계가 있는 인들)에게 지급될 수 있다. 주주들은 통상 자산을 관리하고 상속세 기획서비스를 제공하는 신탁회사들이다. 일부 조세회피처들은 생전신탁(inter vivos trusts)의 특성들을 가지는 이러한 유형의 단체들의 설립을 허용하는 법률을 제정하였다.

일부 국가들은 본질적으로 계약상 약정인 익명조합(silent partnership)을 인정한다. 익명조합원들은 사업이윤의 공유를 대가로 업무집행사원(managing partner)에게 자산을 출연한다. 익명조합은 단체로 취급되지 않고, 업무집행사원이 자산을 소유한다. 익명조합원에 대한 지급금은 원천세 적용대상이지만, 업무집행사원의 소득계산시 비용 공제된다.

89) Shee Boon Law & Marjolein Kinds, *op.cit.*, pp.150-151

만약 익명조합원의 거주지국이 익명조합을 파트너쉽으로 취급하고 속지주의에 토대하여 사업소득을 과세한다면, 원천세를 제외하고 어느 국가에서도 과세되지 않을 것이다.[90)]

(2) 외국단체 구분에 대한 접근방법

외국단체의 구분을 위해 사용되는 전통적 접근방법에는 유사 접근방법, 선택 접근방법 및 고정 접근방법이 있다. 첫째, 유사 접근방법(similarity approach)은 외국단체와 국내단체 간의 법적 특성을 비교한다. 따라서, 조세목적 상 외국단체는 국내의 법적 형태 중에서 가장 유사한 법적 특성을 가진 국내단체와 동일하게 취급된다. 유사 접근방법은 국내의 구분규정에 초점을 두기 때문에, 구분의 차이가 국제적 불일치를 야기할 수 있다는 사실을 다루지 않는다. 둘째, 선택 접근방법(elective approach)에서는 단체가 자유롭게 자신의 법적 형식을 선택할 수 있다. 예를 들어, 미국 '납세자지위 선택(check-the-box)' 규정에 따르면, 미국 거주자와 외국단체는 미국 조세목적 상 비투과단체인 법인으로 취급될 것인지, 아니면 투과단체인 파트너쉽으로 취급될 것인지를 선택할 수 있다. 한편, 미국의 단체 구분규정(entity classification regulation)에 따라서, '납세자지위 선택' 규정이 적용되지 않고 자동적으로 법인으로 간주되는 외국단체를 의제법인(per se corporation)이라고 한다. 단체들에게 조세목적 상 취급에 대한 선택권을 부여함으로써, 그들은 양국에서 조세취급의 차이를 악용할 기회를 얻게 되고 그 결과 혼성불일치를 창출하게 된다. 셋째, 고정 접근방법(fixed approach)은 모든 외국단체를 투과단체 또는 비투과단체로 동일하게 구분하는 방식이다. 예를 들어, 이탈리아는 모든 외국단체를 비투과단체로 취급한다. 이 방법은 단체 구분의 예측가능성을 제공할 수 있지만, 구분의 불일치를 방지하지는 못한다.

양국 또는 그 이상의 국가들에서의 단체에 대한 상이한 구분은 반드시 혼성단체 불일치를 초래한다. 따라서, 단체구분 규정의 조화가 혼성단체 불일치에 대응하기 위한 가장 효과적인 수단일 수 있지만, 매우 다양한 조세제도를 가진 전세계 국가에서 조화가 이루어질 가능성은 낮다. 양국에서 단체들이 다르게 구분되는 한, 혼성단체 불일치는 필연적으로 계속 존속할 것이다. 결국, 혼성단체 불일치의 중화 조치들은 이러한 불일치의 원인이 아닌 그 효과를 제거함을 목표로 하고 있다.[91)]

90) Brian J. Arnold, *op.cit.*, p.206

91) Oana Popa, "Ch.6 : Past, Present and Future of Tax Structuring Using Hybrid Entity Mismatches", *International Tax Structures in the BEPS Era: An Analysis of Anti-Abuse Measures*, IBFD Tax Research Series Vol.2, pp.155-157

나. 혼성단체 불일치 구조의 유형 및 대응방안

절세계획의 수단으로서 혼성단체를 이용하는 HMAs은 일반적으로 DD 또는 D/NI 결과를 초래한다. BEPS 실행계획(Action 2)에 따른 권고규정은 한 국가의 단체, 상품, 이전거래에 대한 조세취급을 다른 국가에서의 조세취급과 연결시킨다. OECD 권고규정은 1차 대응규정(primary rule)과 방어규정(defensive rule)으로 구분된다. 방어규정은 다른 국가에서 혼성불일치 규정이 존재하지 않거나 적용되지 않는 경우에만 적용된다. 권고규정의 적용범위는 일반적으로 특수관계자 그룹(controlled groups) 및 구조화 약정으로 제한된다.

혼성단체 불일치를 촉발시킨 사건은 1997년 미국에서 '납세자지위 선택규정'을 도입한 것이라고 할 수 있다. 따라서 아래에서 설명할 혼성단체 불일치 약정들은 주로 미국에서 사업을 영위하는 MNEs(B국이 미국)이거나, 미국 모회사가 지분을 보유한 경우(A국이 미국)이다. 혼성단체 불일치 약정에서 미국과 함께 통상 이용되는 국가들은 캐나다, 룩셈부르크, 네덜란드 등이다.

아래에서는 혼성단체 불일치의 유형과 이에 대응하기 위한 OECD BEPS 실행계획(Action 2)의 권고사항들에 대해 살펴보도록 한다.

(1) 이중공제(DD) 모델

〈그림 5-16〉 혼성단체를 이용한 DD 모델

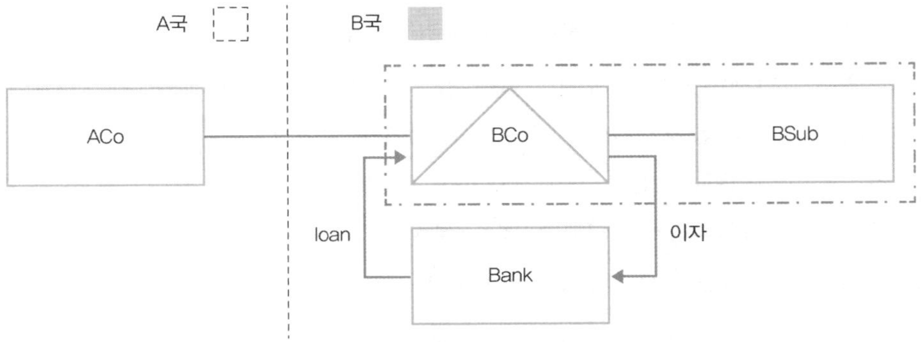

DD(double deduction) 결과는 동일한 지급금이 양국의 법률에 의해서 비용 공제될 때 발생한다. 위 〈그림 5-16〉 사례에서 보는 바와 같이, A국 거주자인 ACo는 B국의 자회사 BCo 지분을 보유하고 있다. BCo는 B국 조세목적 상 비투과단체로, A국 조세목적 상 투과

단체로 취급된다. BCo는 B국 소재 은행에서 차입한 후, 매년 이자를 지급한다. BCo의 다른 소득은 없고, 조세목적 상 자회사인 BSub와 그룹연결제도를 이용하여 신고한다. 따라서, BCo는 은행 차입금과 관련한 이자비용 공제를 BSub에게 이전할 수 있다. 또한, BCo는 A국 조세목적 상 투과단체로 취급되기 때문에 A국 법률에 의해서 이자비용이 A국에서도 공제가능하고, 동 은행 차입금은 ACo에게 직접 제공된 것으로 간주된다. 따라서, 동 약정은 A국과 B국 양국의 법률에 의해서 이중으로 비용공제 되는 결과를 초래한다.[92)]

이 사례의 DD 혼성불일치 구조는 잘 알려진 미국-캐나다와 관련된 타워구조(tower structures)이다. 동 약정에 따르면, 캐나다 파트너들(투자자)로 구성되고 '납세자지위 선택규정'에 따라 비투과단체로 취급되는 미국 파트너쉽이 외부은행에서 차입을 한다. 결과적으로, 동 차입과 관련된 이자비용이 미국 파트너쉽과 캐나다 파트너들 두 단계에서 공제된다.

이 사례에서 이중공제를 초래하는 지급을 중화시키는 1차 대응규정은 모회사 국가(A국)에서 비용공제를 부인하는 것이다. 방어규정에 의해, 지급인 국가(B국)는 해당 지급이 DD 결과를 발생시키는 경우 비용공제를 부인할 것이다. 초과된 비용공제는 다른 기간에 이중계상된 소득과 상계될 수 있다.

(2) 비용공제/소득불산입(D/NI) 모델

D/NI(deduction/non-inclusion) 결과는 한 국가에서 비용공제된 지급금이 수취인 국가에서 과세소득에 포함되지 않을 때 발생한다. 아래 〈그림 5-17〉 사례에서 보는 바와 같이, A국 거주자인 ACo는 B국 거주자인 BCo의 지분을 보유하고 있다. BCo는 B국 조세목적 상 비투과단체이지만, A국 조세목적 상 투과단체로 취급된다. ACo는 A국 은행에서 외부 차입한 후, 해당 자금을 내부적으로 BCo에게 대여하고 BCo는 그 대가로 ACo에게 이자를 지급한다. BCo는 B국 소재 BSub와 조세목적 상 연결그룹을 구성하고, ACo로부터의 차입금과 관련하여 이자비용을 BSub에게 이전한다. BCo는 A국에서 투과단체로 취급되기 때문에, ACo와 BCo 간 차입거래는 무시되고, BCo가 ACo에게 지급한 이자는 ACo 조세목적 상 과세소득이 아니다. 결국, 해당 약정은 B국에서는 이자비용 공제를 발생시키지만, 상응하는 소득이 A국에서 과세소득에 포함되지 않는 결과를 초래한다.[93)]

---

92) Oana Popa, *op.cit.*, p.158

93) Oana Popa, *op.cit.*, pp.158-159

〈그림 5-17〉 혼성단체를 이용한 D/NI 모델

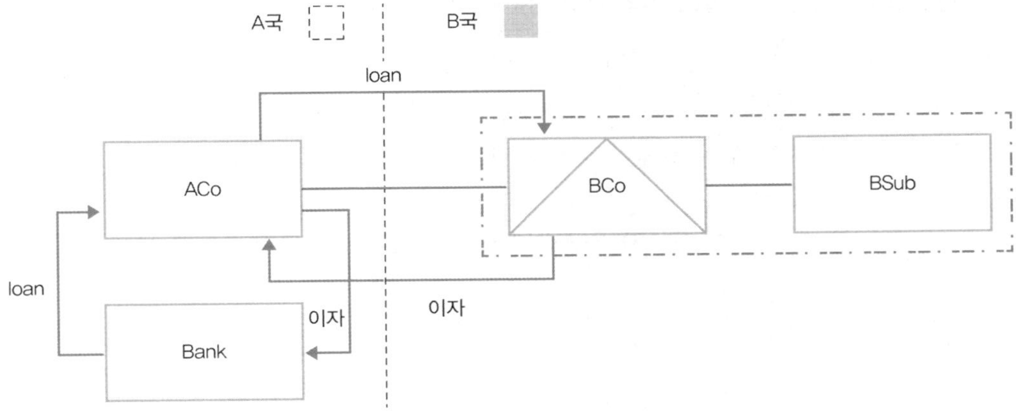

미국뿐만 아니라 네덜란드 역시 혼성단체 국가(B국)로서 혼성단체 약정에서 흔히 이용된다. 예컨대, BV(private limited liability company)는 네덜란드에서는 그룹연결회계가 적용될 수 있는 법인격을 가진 단체로서, 외국에서는 BV를 계속 법인으로 취급할 것이다. 또한, Open CV(open limited partnership)는 네덜란드에서는 법인으로 취급되지만 외국에서는 투과단체로 취급할 가능성이 높다. 네덜란드는 또한 외국 혼성단체에게 자금을 대여하는 모회사 국가(A국)로서 종종 선호되기도 한다.

이 사례에서 D/NI를 발생시키는 지급에 대한 권고규정은 지급인 국가(B국)에서 비용공제를 부인하는 것이다. 만약 지급인 국가에서 불일치를 중화시키지 않는다면, 수취인 국가에서 방어규정에 따라서 해당 지급금을 통상소득에 포함할 것이 요구된다. 공제금액이 이중계상 소득과 상계된다면 불일치는 발생하지 않는다. 이중계상 소득금액을 초과하는 공제액은 다른 기간의 이중계상 소득과 상계될 수 있다.

(3) 역혼성거래를 이용한 D/NI 모델

역혼성거래(reverse hybrids)를 이용한 불일치는 혼성단체에 의한 지급이 아니라 혼성단체에 대한 지급의 결과로서 발생한다.

아래 〈그림 5-18〉 사례에서 보는 바와 같이, A국 거주자인 ACo는 B국 법인인 BCo의 지분을 보유한다. BCo는 B국 조세목적 상은 투과단체로, A국 조세목적 상은 비투과단체로 취급된다. C국에 소재하는 그룹내 법인 CCo는 BCo로부터 자금을 차입한다. CCo가 BCo에게 지급하는 이자는 C국에서 비용공제 되지만, BCo는 B국에서 조세목적

상 투과단체이기 때문에 B국에서 과세되지 않는다. 또한, A국은 BCo를 비투과단체로 간주하고 이자가 BCo에 의해 수취되고 B국에서 과세된 것으로 간주하기 때문에, 해당 이자는 A국에서도 과세되지 않는다. ACo 소득 역시 ACo가 B국에 PE를 가지지 않는 한 B국에서 과세되지도 않는다. 따라서 해당 약정은 C국에서 비용공제 되지만, 상응하는 소득이 A국과 B국에서 과세소득에 포함되지 않는 결과를 초래한다.94)

〈그림 5-18〉 역혼성거래를 이용한 D/NI 모델

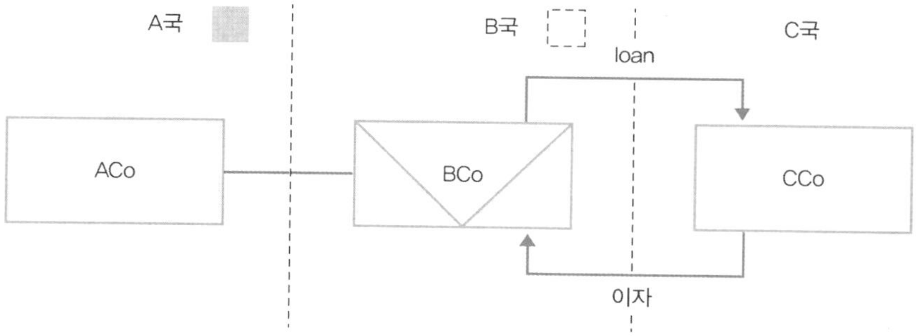

미국의 LLCs 및 LLPs은 이 사례에서 BCo인데, 미국 관점에서는 투과단체이지만 다른 국가들 관점에서는 법인으로 취급될 수 있다. 한편, 미국 세법 상 'S corporation' (관련 소득을 주주 단계에서 과세되도록 선택한 소기업 법인) 역시 미국 조세목적 상은 투과단체이지만 외국 조세목적 상은 법인으로 취급될 수 있다. 또한, 여러 국가들에서 흔히 이용되는 무한파트너쉽(GP) 및 유한파트너쉽(LP)도 BCo로서 이용될 수 있다.

이 사례에서, 권고규정은 지급인 국가(C국)에서 해당 지급에 대한 비용공제를 부인하는 것이다. 역혼성거래 및 수입된 불일치의 조세취급에 대한 특별 권고사항을 고려할 때, 방어규정은 불필요한 것으로 간주된다. 권고사항들은 CFC 규정 또는 투자자국가의 역외투자제도 개선, 중간국가의 외국투자자에 대한 조세투명성 제한 및 중간법인(BCo)에 대한 정보보고 요건의 개선 등이다.

다. 혼성단체 불일치에 대한 미국의 대응사례

1997년 미국 '납세자지위 선택규정'의 도입은 역내 및 역외투자를 위해 혼성단체를 이용하는 것을 더 매력적으로 만들었다. 예컨대, 미국 기업의 취득 또는 확장을 위한 이중혜

94) Oana Popa, *op.cit.*, pp.159-160

택(double-dip) 자금조달 약정이 활용될 수 있다.

〈그림 5-19〉 이중혜택 자금조달약정 관련 미국 사례

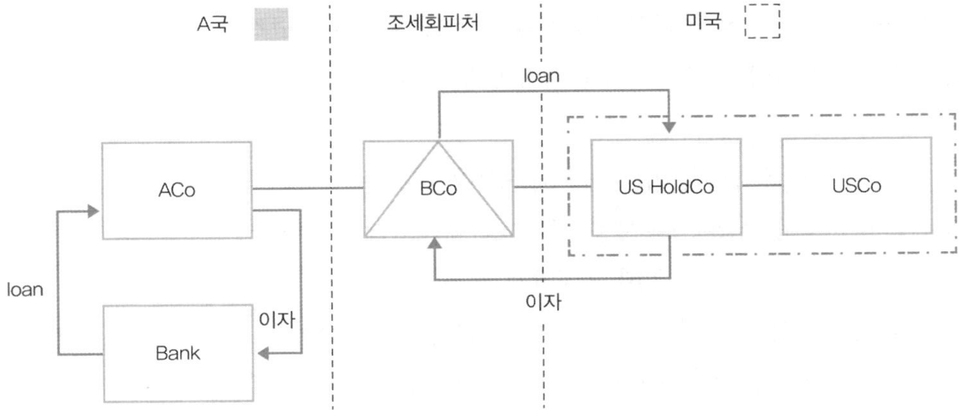

위 〈그림 5-19〉에서 보는 바와 같이 A국 거주자인 ACo는 미국에서 능동적 사업에 종사하는 미국법인인 USCo의 모든 주식을 취득하고자 한다. 이를 위해 ACo는 조세회피처에 자신이 모든 지분을 소유하는 혼성단체 BCo를 설립한다. A국 세법에 의하면 혼성단체 BCo는 법인으로 취급된다. 그러나, 미국 '납세자지위 선택규정'에 의하여 BCo가 투과단체로 취급되도록 선택한다. ACo는 A국 은행으로부터 USCo 주식 취득대금을 차입하여 동 자금을 혼성단체 BCo에 출연한다. 혼성단체 BCo는 해당 자금을 USCo 주식을 취득할 목적으로 설립된 US HoldCo에게 대여한다고 하자.

이러한 약정의 조세결과는 다음과 같다. US HoldCo가 지급하는 이자는 그룹연결소득 계산시 공제가능하다. 혼성단체 BCo는 미국 조세목적 상 투과단체로 취급되기 때문에 수취 이자에 대해 미국에서 과세대상이 아니다. US HoldCo가 혼성단체 BCo에게 지급하는 이자는 미국 조세목적 상 ACo에게 직접 지급한 것으로 간주되기 때문에 미국 원천세 과세대상이다. 혼성단체가 A국의 CFC 규정에 의해 이자에 대해 과세되지 않는다고 가정하면, 혼성단체 BCo는 외국법인으로 취급되기 때문에 A국에서 과세대상이 아니다. ACo가 지급하는 이자는 A국 과세소득 계산시 공제가능하다.

그러나, 이 사례에는 심각한 위험이 존재한다. 만약 혼성단체 BCo가 A국의 거주자로 간주되거나 또는 미국에 ACo의 PE가 존재하는 것으로 간주되는 경우 해당 약정의 혜택은 없어질 것이다. 또한, 혼성단체 지급금에 대한 미국 조세는 그 미국 조세를 혼성단체가

아니라 ACo가 납부한 것이기 때문에, A국의 CFC 규정에 따라서 ACo가 납부할 A국 조세에서 세액공제되지 않을 것이다.

1997년, 미국은 다른 국가에서 혼성단체를 별도의 과세단체로 취급하기 때문에 지급금에 대해 과세하지 않는 경우 조약상 제한세율 혜택을 부인하는 규정을 도입하였다. 따라서 이러한 구조는 30%의 원천세가 부과되기 때문에 미국에 대해서는 더 이상 유효하지 않게 되었다.

이에 대해서 일부 납세자들은 미국 원천세를 회피하기 위하여 여러 해 동안 역혼성약정(reverse hybrid arrangement)을 사용하였다. 아래 〈그림 5-20〉에서 보는 바와 같이, 역혼성약정은 ACo가 미국 법률에 의해 혼성단체 BCo를 설립하여 미국 조세목적 상 법인으로 취급되도록 선택하는 경우이다. 혼성단체 BCo는 미국 은행에서 차입하여 차입자금을 USCo의 주식 취득에 사용한다. 이러한 약정은 단지 미국 조세목적 상 혼성단체가 파트너십 또는 무시단체가 아니라 법인으로 취급되기 때문에 역혼성약정으로 불린다.

〈그림 5-20〉 미국 원천세 회피를 위한 역혼성약정 관련 사례

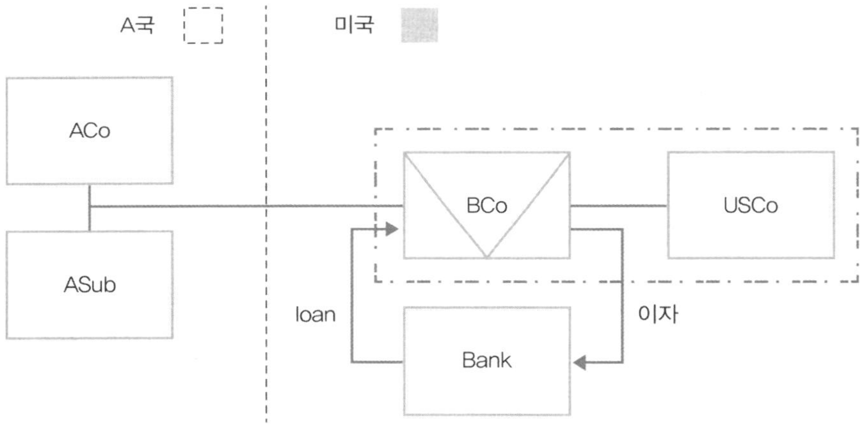

이러한 역혼성약정의 조세결과는 다음과 같다. 은행 지급이자는 미국 조세목적 상 혼성단체 및 그룹연결소득 계산시 공제가능하다. 이자가 미국 은행에 지급되기 때문에 미국 원천세를 납부할 필요가 없다. A국 조세목적 상 혼성단체 BCo는 ACo와 ASub 간 파트너쉽으로 취급되기 때문에 은행 지급이자는 ACo와 ASub의 소득계산시 공제가능하다.

2001년, 미국은 역혼성약정에 대한 대응규정을 도입하였는데, 이 규정에 의하면 혼성단체가 비거주 특수관계인에게 지급하는 이자는 비용공제할 수 없고, 미국 조세목적 상 및

조약상 배당으로 간주된다. 다만, 이러한 배당간주는 혼성단체가 특수관계있는 미국 법인에서 배당을 수취하는 범위까지만 적용된다.[95)]

라. 혼성단체 불일치에 대한 국내법상 대응

원천지국과 거주지국 모두 혼성단체 불일치를 중화시킬 필요가 있다. 따라서 세원잠식 및 이익이전은 거주지국의 세원보호를 목표로 하는 CFC 규정 및 이자비용공제 제한규정, 원천세 부과, 조세회피처 대응규정, 그룹연결제도 개선 등 원천지국의 세원보호 규정, 그리고 전체적 관점에서 GAARs이 결합될 때 효과적으로 중화될 것이다.

(1) BEPS 이전의 대응방안

(가) 일반 남용방지규정

GAARs은 입법자가 의도하지 않았던 조세회피 계획에 대처하기 위한 것이기 때문에 적용범위가 광범위하다. GAARs을 적용하는 경우 조세혜택을 얻는 주된 목적하에 실행된 거래를 부인 또는 재구성하는 결과가 초래된다. GAARs이 적용되기 위해서는 대상약정이 조세회피 목적 또는 작위적(artificial) 측면이 존재해야 한다. 작위적 측면이 결여되는 경우 GAARs의 적용을 회피할 수 있기 때문에, 혼성단체 불일치 대응에 GAARs의 적용이 어려울 수 있다.

따라서, 국가들이 GAARs 입법시 혼성단체 불일치의 특성을 포함하는 경우 그러한 약정에 보다 더 쉽게 대처할 수 있을 것이다. 예를 들어, 호주의 경우 일반적으로 조세혜택을 얻을 목적으로 체결된 거래들은 부인된다. 혼성단체 불일치를 통해 지급금을 과세소득에 포함하지 않거나 또는 동일 비용의 이중공제를 허용하는 경우 조세혜택을 얻은 것이고, 따라서 호주의 GAARs은 그러한 약정의 조세혜택을 부인하게 된다.

이와 같이 GAARs 입법시 구체적 특성들을 포함하는 경우, 조세회피 목적의 혼성단체 불일치를 중화시키기 위한 GAARs의 적용을 촉진시킬 수 있다. 그러나, 그러한 구체적 특성들이 포함되지 않은 경우에도 혼성단체 불일치는 주로 조세혜택을 얻기 위해 이용된다는 점을 고려할 때, 그러한 약정의 조세회피 목적을 식별하는 것이 중요할 것이다.

혼성단체 불일치에 대응하기 위해 GAARs을 이용한다고 하더라도 조세회피 목적이 없

---

95) Brian J. Arnold, *op.cit.*, p.208

는 일반거래에는 영향을 미치지 않는다. 그러나, 혼성단체 불일치의 작위적 측면(조세회피 목적)이 GAARs의 일반적 성격을 회피하게 할 수 있다. 따라서 GAARs은 혼성단체 불일치 약정을 중화시키기에 너무 약한 조치로 평가될 수도 있다. 따라서, 다수 국가들은 혼성단체 불일치를 중화시키기 위해 GAARs이 효과적이지 않은 사안에서는 SAARs을 규정하고 있다.[96)]

(나) 특정 남용방지규정

SAARs은 특정 납세자 또는 거래를 특별히 대상으로 하는 규정이다. SAARs은 GAARs보다 적용범위가 좁기 때문에, 특정 유형의 조세회피 대응에 보다 더 효율적이다. SAARs은 CFC 규정, 과소자본 규정, BO 규정, 출국세 등이 있다. OECD BEPS 실행계획(Action 3&4)은 CFC 규정의 강화, 이자비용 공제의 제한을 권고하고 있다. 그러나, 이러한 실행계획들은 모두 혼성단체 불일치를 중화시키는 데 도움을 주는 수단이라는 점에서 별도로 고려되기 보다는 종합적으로 검토되어야 할 것이다.

CFC 규정의 주된 특성은 거주지국의 세원을 보호하는 것이다. 혼성단체 불일치 역시 거주지국 관점에서 보면 (비용공제 및 그룹연결제도를 통해서) 거주자가 자신이 지배하는 저세율 국가의 단체에 소득을 분산시키는 행위로 정의된다. 따라서, 거주지국은 혼성단체 불일치에 의해 초래되는 세수손실을 방어하고자 한다. 결과적으로, D/NI 결과를 초래하는 혼성단체 불일치 경우의 방어규정(defensive rule) 및 DD 결과를 초래하는 약정의 경우의 1차대응은 거주지국의 세원을 보호하는 CFC 규정과 동일한 역할을 한다. 그러나, CFC 규정과 혼성단체 불일치 간의 일치 가능성을 고려할 때, 거주지국은 혼성단체 약정에 대응하기 위하여 OECD가 권고하는 1차대응 및 방어규정을 실행하는 대신에 CFC 규정을 개선하고자 할 수 있다. 개선된 CFC 규정하에서는, 만약 외국단체가 설립국가에서 해당 소득을 공제하거나 또는 공제를 동일 국가 내의 그룹 관계회사에게 이전한다면, CFC 소득에 대해 현재 시점에서 거주지국의 법인에게 과세할 수 있을 것이다. 또한, 외국에서 비용이 이미 공제된 경우에는 비용공제가 부인될 수 있다.

역혼성거래(reverse hybrids)를 이용한 혼성불일치의 경우, OECD는 1차대응만을 권고하고 방어규정은 불필요한 것으로 간주하는데, 이는 투자자 국가에서 CFC 규정 또는 기타 역외투자 제도를 도입하거나 개선하도록 권고하고 있기 때문이다. 국가들은 혼성단체 불일

---

96) Oana Popa, *op.cit.*, pp.167-170

치를 포함하기 위해 CFC 규정의 범위를 독자적으로 개선하거나 또는 그러한 입법이 실행되지 않는 경우 동일한 효과를 가진 CFC 규정을 선택적으로 도입할 수 있을 것이다.

이자비용공제를 제한하는 규정은 다양한 형태로 전세계에서 시행되고 있다. 이들 규정이 특별히 혼성단체 불일치를 중화시키는 것을 목표로 하고 있지 않을지라도, 특정 상황에서는 그러한 약정들에 영향을 미칠 수 있다.

네덜란드의 경우, i) 특수관계자에 대한 이윤배당 또는 자본환급, ii) 특수관계회사에 대한 자본출연, iii) M&A 이후에 특수관계회사가 되는 회사에 대한 지분 취득의 목적에 사용된 특수관계자로부터의 차입금에 대한 이자는 비용공제가 부인된다. 그러나, 이자지급 회사가 해당 차입금이 건전한 사업상 이유에 토대한 것이고, 수취인에게 귀속된 이자소득에 대해 네덜란드 규정에 의해 계산된 과세표준의 최소한 10% 세율이 부과된다는 것을 입증할 수 있다면 공제가 허용된다. 이러한 규정은 앞의 〈그림 5-17〉 사례 및 〈그림 5-18〉 사례에서의 불일치에 영향을 미칠 수 있다.

오스트리아의 경우, 투자회사와 동일 그룹의 특수관계회사로부터 직·간접적으로 주식을 취득하기 위해 소요된 차입금에 대한 이자에 대해서는 비용공제가 부인된다. 이러한 조치는 혼성단체 불일치에서 DD 또는 D/NI를 초래하는 공제를 부인하고, 따라서 상응하는 차입금이 그룹회사로부터의 주식취득을 위한 목적이라면 그러한 약정을 중화시킨다.

스웨덴의 경우, 차입 목적에 관계없이 특수관계회사 차입금에 대한 이자비용은 공제받을 수 없다. 그러나, 해당 이자소득이 BO 거주지국에서 최소한 10% 세율로 과세되었을 것이라면 제한이 적용되지 않는다. 또한, 이자소득 수취인이 EU국가 또는 체약국의 거주자이고, 기초차입금은 물론 참여권리의 취득이 사업상 목적이라면 제한은 적용되지 않는다. 이 규정은 앞의 〈그림 5-17〉 사례에서 BCo의 비용공제를 부인하거나, 〈그림 5-18〉 사례에서 CCo가 특수관계인이라는 전제하에 CCo의 비용공제를 부인함으로써 혼성단체 불일치에 영향을 미칠 수 있다.

이상의 SAARs 규정뿐만 아니라 과소자본 규정, 이익축소방지 규정과 같은 모든 이자비용공제 제한규정들은 과도한 이자비용공제를 통한 세원잠식에 대응하여 원천지국의 세원을 보호하기 위한 것이다. D/NI 결과를 초래하는 혼성단체 약정의 경우의 1차대응 규정, DD 결과를 산출하는 약정의 경우의 방어규정 및 역혼성거래의 경우의 권고규정은 모두 모회사가 이중공제를 중화하지 않거나 또는 지급이 D/NI 결과를 발생시키는 경우 지급국가에서 비용공제를 부인하는 동일한 효과를 가진다. 따라서, 이자비용공제 제한규정을 적용하는 것은 원천지국 관점에서 보면 혼성단체 불일치에 대한 대응방안도 된다. 만약 이자비용공제를 제한하는 현행 규정에 의해 혼성단체 불일치가 완전히 포섭되지 않는 경우, 국가들은 그러한 규정의 적용범위를 확대하는 방향으로 개선을 추진할 수 있다.[97]

(다) 원천세의 부과

외국법인 지급금에 대한 원천세 과세는 원천지국에서 먼저 공제된 소득에 대한 거주지국에서의 이중공제 또는 소득불산입의 혜택을 (부분적으로) 중화시킬 수 있다. 일부 국가들은 다음과 같이 국내법, 조세조약 등을 통해서 특정 지급금에 대한 원천세 권리를 포기한다. ⅰ) 국내법상 국외 배당금 지급에 대해 원천세를 부과하지 않는 국가(영국, 싱가포르 등), ⅱ) 국내법상 국외 이자 지급에 대해 원천세를 부과하지 않는 국가(프랑스, 네덜란드, 노르웨이, 스웨덴, 덴마크, 오스트리아 등), ⅲ) 국내법상 국외 사용료 지급에 대해 원천세를 부과하지 않는 국가(네덜란드, 룩셈부르크, 스위스, 헝가리, 노르웨이 등)

그러나, 상당수의 원천지국들은 원천세 과세를 유지하고 있으므로, 이들 국가들에서는 혼성단체 불일치에 대응하기 위해 활용할 수 있는 수단이다. 원천지국들은 혼성단체 불일치에 대응하여 자국의 세원을 보호하기 위한 수단으로 향후 원천세 정책의 변경도 검토할 수 있을 것이다. 이러한 원천세 수단은 혼성단체 불일치 약정에 대응하기 위한 다른 수단들보다 복잡성, 순응 및 행정비용 측면에서 유리할 것이다.[98]

(라) 조세회피처 대응규정

프랑스, 독일, 이탈리아, 스페인 등 일부 국가들은 저세율 국가 또는 조세회피처 단체들에 대한 지급과 관련한 특별 남용방지규정(anti-tax haven rules)을 두고 있다. 즉, 대외지급금(outbound payments)에 대해서 일반세율보다 높은 원천세율이 적용되거나 또는 지급에 대한 비용공제가 부인된다. 원천지국의 세원을 보호하기 위한 이러한 규정들은 저세율 국가 또는 조세회피처 단체들에 대한 지급의 경우 혼성단체 불일치를 중화시킬 가능성을 가지고 있다.

또한, 혼성단체에 대한 지급금의 조약혜택 부인규정이 있다. '납세자지위 선택규정'을 이용하는 남용거래에 대응하기 위해 1997년 제정된 미국 세법(IRC §894(c))에 의하면, 혼성단체에 대한 취급을 외국의 법률에 의해서 검토하고, 혼성단체에 대한 지급금의 조세

97) Oana Popa, *op.cit.*, pp.170-174

98) Oana Popa, *op.cit.*, pp.174-175

결과를 분석할 때 그러한 취급을 따른다. 즉, 파트너쉽 또는 혼성단체에 대한 지급금에 대해서 외국파트너 또는 단체의 구성원들이 체약국에서 과세되지 않는 경우, 조세조약 상 낮은 원천세율의 혜택이 부인되고 국내법상 원천세율(30%)이 적용된다. 또한, 어떤 단체는 소득이 체약국의 거주자에 의해 수취되고 과세되는 경우에만 조세조약 상 규정된 경감된 원천세율을 적용받을 자격이 있다.(TR §1.894.1(d))[99]

(마) 그룹연결제도의 재검토

만약 원천지국이 그룹연결제도(group consolidation regimes)를 허용한다면, 앞서 살펴본 〈그림 5-16〉 사례에서의 비용공제는 양국에서 발생하는 별도 소득과 상계되고, 〈그림 5-17〉 사례에서의 비용공제는 거주지국의 법률에 의한 비과세 소득과 상계된다. 우리나라를 포함하여 미국, 영국, 프랑스, 독일, 이탈리아, 일본, 스웨덴, 네덜란드, 룩셈부르크, 싱가포르 등 다수 국가가 그룹연결제도를 가지고 있다. 〈그림 5-16〉 사례와 〈그림 5-17〉 사례에서 설명한 혼성단체 불일치는 B국이 그룹연결제도를 시행하는 전제하에 작동되므로, 만약 그룹연결제도를 가진 국가들이 예컨대, 혼성단체 불일치로 간주되는 경우 그룹연결을 부인하는 등 그러한 혼성불일치에 특별히 초점을 두고서 이러한 제도를 재검토한다면 혼성단체 불일치가 중화될 수 있을 것이다.[100]

(2) BEPS 이후의 국가별 대응사례

혼성단체 불일치에 대응하기 위하여 국가들은 OECD의 권고규정을 실행하거나, 아니면 자국의 기존 법률규정을 수정할 수 있는 선택권을 가진다. 조세회피는 바람직하지 못한 현상임에도 불구하고, 국가들은 국제거래에 대한 자국의 조세정책을 유지하기를 원할 수 있다. 자본수입중립성 정책을 가진 국가들은 외국 투자자들에게 유리한 취급을 유지하기로 결정할 수 있고, 자본수출중립성 정책을 취한 국가들은 해외투자의 혜택을 유지하기로 결정할 수 있다. 이러한 선택이 혼성단체 불일치를 중화시키는 규정의 실행에 영향을 미칠 것이다.

미국의 경우, 특수관계인이 수취금액을 과세소득에서 제외하거나 또는 납세자가 다른 국가에서 동일금액에 대한 비용공제를 청구하는 등 특정한 상황하에서 특수관계인들에게

---

99) Oana Popa, *op.cit.*, pp.175-176

100) Oana Popa, *op.cit.*, p.176

지급한 이자 및 사용료에 대한 비용공제를 부인함으로써 이중비과세 소득을 산출하는 혼성약정의 이용을 제한한다.(IRC §267A)

프랑스는 이자비용 공제를 통한 세원잠식을 제한하기 위해 명시적 조치를 취한 국가들 중의 하나이다. 국외 특수관계인에게 지급한 이자와 관련하여 만약 수취인 국가에서 해당 이자소득에 대한 조세가 프랑스 법률에 의할 때 부담했을 조세의 25% 미만인 경우에는 비용공제를 부인한다.(CGI §212I) 이 경우 납세자들은 자금대여자가 총이자소득에 대해 요구된 최소한의 조세를 납부할 의무가 있다는 것을 입증하는 보충문서를 제출해야 한다. 다만, CFC 규정에 따라서 과세되는 경우에는 동 규정이 적용되지 않는다.

오스트리아의 경우, 직・간접적으로 동일 그룹의 일부 또는 동일 주주에 의해 직・간접적으로 지배되는 (거주 또는 비거주) 법인에게 지급된 이자 및 사용료에 대해서는 수취인의 소득이 과세되지 않거나 10% 미만의 세율로 과세되는 경우에는 비용공제가 허용되지 않는다.

제6장 디지털 경제를 이용한 조세회피 방지

1 디지털 경제의 의의

가. 디지털 경제의 개념 및 특성

디지털 경제는 정보통신기술(ICT)에 의해 초래된 변화의 결과이다. ICT 혁명은 기술을 더 저렴하고, 더 강력하고 널리 표준화되도록 만들었고, 경제의 모든 분야에 걸쳐서 혁신을 뒷받침하였다.

예를 들어, 소매업에서는 온라인주문은 물론, 개인적 서비스 및 광고를 제공하기 위한 고객데이터의 수집・분석을 가능하게 하였다. 금융분야에서는 고객이 온라인으로 거래를 실행하고 새로운 상품에 접근할 수 있게 되었다. 제조업에서는 생산과정을 원격 모니터하고, 로봇을 통제・이용할 수 있는 역량을 향상시켰다. 교육분야에서는 대학, 학원 등이 학습과정을 원격 제공함으로써 글로벌 수요에 대응할 수 있게 되었다. 의료분야에서는 원격진단이 가능해졌고, 시스템 효율성과 임상 경험을 향상시키기 위한 의료기록을 이용할 수 있게 되었다. 방송・미디어산업은 사용자 창출 콘텐츠 및 소셜 네트워킹을 통한 사용자의 미디어 참여가 확대되는 등 혁명적으로 발전하고 있다.[101)]

디지털 경제의 대표적 사례를 예시하면, ⅰ) 기업의 마케팅 활동에 이용될 수 있는 맞춤형 개인데이터의 수집, ⅱ) 전세계적으로 차량 및 화물의 이동을 추적하기 위한 물류(logistics)의 이용, ⅲ) 3D 프린팅 및 클라우드 컴퓨팅, ⅳ) 뉴스와 오락에 접근하기 위한 사회적 네트워크의 이용, ⅴ) 온라인 교육자료 및 훈련의 전달, ⅵ) 의료환자에 대한 원격진단 및 치료, ⅶ) 비트코인 같은 가상통화, ⅷ) 택시서비스(Uber), 숙박공유서비스(Airbnb) 등과 같은 공유경제(sharing economy) 등이다.

디지털 경제는 컴퓨터산업과 통신산업 간의 융합(convergence)에 토대를 둔다. 예를 들어, 태블릿, 스마트폰, 웨어러블 기기 등과 같은 다양한 모바일 기기들을 통해서 매일

101) OECD, "Addressing the Tax Challenges of the Digital Economy", Action 1: 2015 Final Report, p.142

실시간으로 전세계가 연결되는 특성을 갖는다.

디지털 경제는 유형재화와 디지털재화의 융합, 모바일 기기를 통한 전세계의 연결, 고객데이터의 수집·분석 및 상업화를 주요 특징으로 한다. 유형재화와 디지털재화 간 융합의 사례로 전통적인 책, 잡지, 신문이 전자출판으로 대체되는 현상을 들 수 있다. 3D 프린팅은 전통적으로 제조되던 재화가 고객 스스로 제조를 수행할 수 있도록 고객에게 사용허락되는 무형자산으로 전환될 수 있게 한다. 디지털 경제에서의 연결성은 기업이 고객이 어디에 있든지 모바일 기기를 가지고 인터넷에 접속할 수만 있다면 언제든지 접근할 수 있고, 종업원들과 정보기술을 고객이 원하는 곳에 위치시킬 수 있다는 것을 의미한다. 디지털 경제에서 고객과 사용자는 보다 적극적인 역할을 수행한다. 예컨대, YouTube, Wikipedia, Facebook 등과 같이 콘텐츠를 창출하고, Google, eBay, Amazon 등과 같이 다면 플랫폼을 이용하며, 빅데이터의 원천을 제공한다.

디지털 경제에서 사업을 영위하는 회사들은 다음과 같은 중요한 특성들을 가지고 있다. 첫째, 디지털 경제는 '지식경제'이다. 지식재산권(IP)이 기업의 가장 가치있는 자산이고, 모든 혁신적 아이디어가 기업가와 종업원들로부터 나온다. 생산수단이 유형자산에서 무형자산으로 이동하고 있다. 디지털 경제의 요체는 '혁신'이라고 할 수 있다. 개별 제품의 수명주기가 급격히 감소하고 있다. 컴퓨터 기술의 발전, 정보가 가공되고 이용되는 속도가 혁신적 제품과 서비스들의 발전을 이끌고 있다.

둘째, 디지털 경제는 MNEs이 전세계 사업을 통합하는 글로벌 가치사슬의 확산을 촉진·변화시켰다. 과거에는 MNEs이 사업을 관리하기 위하여 각 국가에 자회사를 설립하는 것이 공통된 현상이었다. 이러한 구조는 통합된 글로벌 공급망의 운영을 어렵게 만든 느린 통신수단, 외환규정, 관세, 높은 운송비용 등의 요인들 때문이었다. 그러나, ICT의 발전, 외환 및 관세장벽의 축소, 디지털 재화·서비스 기반경제로의 이동 등으로 인해 MNEs은 글로벌 기업으로서 통합운영이 가능하게 되었다. 이러한 추세는 기업들이 지역적 또는 글로벌 수준에서 기능들을 집중화하는 글로벌 사업모델을 채택하는 것을 보다 용이하게 만들었다. 심지어 중소기업의 경우에도 다수의 국가에서 사업을 영위하고 직원들을 보유하는 미니 다국적기업이 되는 것이 가능하게 되었다. 인터넷은 국경이 없기 때문에 기업들은 소비자들이 소재한 국가에 실재(presence)하지 않고도 전세계의 소비자들에게 접근할 수 있게 되었다.

셋째, 생산자와 소비자간 경계가 흐려지고 있다(소위 prosumption 현상) 소비자가 직접 구입할 제품의 특징을 결정하는 등 생산과정에의 관여가 증가하고 있다. 데이터의 수집 및 축적비용이 감소함에 따라 기업들이 소비자의 행태를 분석하여 개별 소비자에 특화된 제품을 만드는 것이 가능하게 되었다.[102)]

나. 디지털 경제의 사업 및 수익모델

디지털 경제는 독립된 경제영역은 아니고, 기존 경제모델의 모든 부문들에 영향을 미친다. 디지털 경제의 출현으로 사업기능들이 변화된 것은 아니고, 사업활동이 수행되는 방식만이 변화된 것이다. 많은 디지털 사업모델이 전통적 사업과 유사성을 가지더라도, 첨단 ICT의 발전은 많은 유형의 사업을 과거보다 훨씬 더 큰 규모로, 더 장거리에 걸쳐서 수행하는 것을 가능하게 하였다. 예를 들어, 다양한 종류의 전자상거래, 온라인 결제서비스, 앱스토어, 온라인 광고, 클라우드 컴퓨팅, 참여형 네트워크 플랫폼 등을 들 수 있다.

전자상거래(electronic commerce)가 디지털 경제의 근간이 되어 왔다. 전자상거래는 컴퓨터와 원격통신을 사용하는 네트워크를 통해서 수행되는 재화・서비스 거래를 가리키는데, B2B, B2C, C2C거래를 포함한다. 전자상거래 대상은 유형재화(메일주문 배송체계)일 수도 있고, 무형재화(디지털재화)일 수도 있다. 인터넷은 통신수단을 넘어서 이제는 국제거래 플랫폼으로 진화하고 있다.

전자상거래에 추가하여, 다양한 유형의 결제서비스와 새로운 형태의 온라인광고 등 새로운 사업수행 모델들이 발전되었다. 많은 사업활동 유형들이 네트워크로 연결된 플랫폼에서 발생한다. 예를 들어, 디지털 재화 및 서비스의 발전과 더불어 온라인 앱시장이 번성하고 있고, 클라우드 컴퓨팅은 고객들이 이용할 수 있는 S/W, 데이터 및 기타 자원들을 저장하는 컴퓨터 네트워크를 통해서 다양한 유형의 서비스를 제공한다. 가장 전형적인 사업모델로 전자소매업자(e-tailer), 거래중개자(transaction broker), 시장창출자(market creator), 포털(portal), 커뮤니티 제공자(community provider) 등을 들 수 있다.

조세관점에서 볼 때, 디지털 경제관련 사업모델들의 주요 특성은 다음과 같다. ⅰ) 무형자산, 사용자, 사업기능들의 이동성, ⅱ) 컴퓨터 처리 및 저장능력의 증가, 저장비용의 감소에 의해 촉진된 데이터 의존성, ⅲ) 사용자들의 의사결정이 다른 사용자들에게 직접 영향을 미칠 수 있는 네트워크 효과, ⅳ) 다수의 독립적 그룹의 사람들이 중개자 또는 플랫

102) Aleksandra Bal & Carlos Gutierrez, "Ch.9 : Taxation of Digital Economy", *International Tax Structures in the BEPS Era: An Analysis of Anti-Abuse Measures*, IBFD Tax Research Series Vol.2, p.253

폼을 통해서 상호작용하고, 그들의 의사결정이 외부효과를 통해서 다른 그룹의 사람들의 성과에 영향을 미치는 다면형(multi-sided) 사업모델의 확산, v) 네트워크 효과에 크게 의존하는 사업모델에서 나타나는 독과점 경향, vi) 낮은 진입장벽, 급속히 진화하는 기술, 소비자들의 새로운 상품·서비스 채택 성향에 기인하는 변동성 등이다.[103]

디지털 기업들의 수익모델을 유형화하면, i) 광고 수익모델(온라인 장터를 개설한 기업이 해당 웹사이트에 광고를 게재하는 다른 기업들로부터 수수료 수취), ii) 가입비 수익모델(온라인 콘텐츠에 대한 접근 대가로 가입수수료 수취), iii) 거래수수료 수익모델(거래를 돕거나 실행해주는 대가로 수수료 수취), iv) 판매 수익모델(판매거래를 통해 수익발생) 등이 있다. 한편, IBM, Oracle, Microsoft, Dell, Apple 등 디지털 기업들이 존재하고 성장·번영하는 데 필요한 H/W, S/W, 운영시스템, 네트워크, 통신기술 등의 기반설비(infrastructure)를 제공하는 인터넷 기반설비 기업들도 있다.[104]

2 디지털 경제에서의 조세문제

가. 의의

디지털 경제에 의해 제기되는 조세문제와 조세회피 기회는 새로운 이슈는 아니고, 이미 1990년대 국제 전자상거래에 관한 OECD 차원의 논의를 거쳐 최종적으로 2001년 대응방안을 담은 보고서가 공개되었다.[105] 그러나 기술이 계속 진보하고 디지털 분야가 급성장함에 따라 이러한 기준들을 재검토할 필요가 있고, 기존 해결책이 더 이상 효과적이지 않다는 점이 지적되었다. 복잡한 조세회피 구조들을 다루기 위해서는 새로운 접근방법이 필요하다는 주장도 제기되었다. 이에 따라, OECD/G20은 2013년 15개 BEPS 실행계획(Action Plans)을 발표하였고, 디지털 경제와 관련해서는 2015년 최종보고서(Action 1: Addressing the Tax Challenges of the Digital Economy를 발표하였다.

디지털 경제의 사업모델과 특성들은 현행 조세시스템이 직면한 어려움들을 가중시키고

103) OECD(Action 1), *op.cit.*, p.143

104) Aleksandra Bal & Carlos Gutierrez, *op.cit.*, pp.253-254

105) OECD, "Taxation and Electronic Commerce: Implementing the Ottawa Taxation Framework Conditions", 2001

있는데, 납세자들은 새로운 경제현실에서 현행 규정들의 미비점을 이용하는 조세구조들을 실행할 수 있게 되었다. 예컨대, 무형자산의 이동성과 함께 중요성이 증가함에 따라 이전가격 분야에서 조세회피 계획의 기회를 만들어내고, 결과적으로는 실제 사업활동이 수행되는 곳에서 조세가 부과되지 않는 경우가 많았다. 원격판매의 경우 판매자가 원천지국에 PE 기준을 충족하는 물리적 실재를 가지지 않는 경우 원천지국에서 과세되지 않는다는 사실은 원천과세 이슈에 의문을 제기한다. 또한 소비자의 이동성이 부가가치세 징수의 관점에서 많은 문제를 불러일으키고 있다.

경제의 디지털화는 사업 기능들이 수행되는 방식을 변화시켰고, 기업과 소비자 모두에게 새로운 사업의 기회를 열어 주었다. 디지털 경제에서 발생하는 소득에 대해 과세가 이루어지지 않는다고 하더라도 이는 기존 규정들이 새로운 사업모델에 적합하지 않은 것에서 비롯된 결과이지, 일반적으로 기업들의 조세회피 동기에 의한 것은 아니라는 견해도 제기된다. 디지털 기술을 이용한 조세회피는 디지털 기업만의 현상은 아니고, 전통적 기업들도 조세부담을 최소하기 위해 기능, 위험과 자산을 고세율 국가들에 되도록 적게 배분하도록 사업구조를 설계한다는 것이다.[106]

나. 디지털 경제에서 제기되는 조세문제들

디지털 경제는 현행 국제조세 체계에 여러 가지 문제들을 제기한다. 디지털 경제에는 국경이 없기 때문에 기업들은 전세계적으로, 원격으로 사업을 수행할 수 있다. 기업들은 사업활동을 수행하는 국가에 자산・종업원 등 물리적 실재가 없이도 해당 국가의 고객들에게 접근할 수 있다. 2017년 PE의 정의가 변경되어 외국기업의 디지털 재화・서비스 소득에 대해 원천지국의 일부 추가 과세가 가능해졌지만, 이러한 변경은 디지털 재화・서비스만을 대상으로 한 것은 아니고, 디지털 경제관련 원천지국 과세에 실질적인 영향을 미칠 것 같지는 않다.

OECD BEPS 실행계획(Action 1)은 디지털 경제에서 제기되는 다음과 같은 조세문제들을 다루고 있다. ⅰ) 거주지국에서 전혀 과세하지 못하거나 또는 적게 과세하는 문제, ⅱ) 연계성(nexus) 부족 때문에 조세를 부담하지 않고도 상당한 디지털 실재(digital presence)를 가질 수 있는 능력, ⅲ) 디지털 재화・서비스를 이용한 현지자료의 생성으로 창출된 가치의 귀속, ⅳ) 새로운 사업모델에서 발생한 소득유형의 구분, ⅴ) 디지털 재화・서비

106) Aleksandra Bal & Carlos Gutierrez, *op.cit.*, p.252

스의 국경 간 공급 등과 같은 부가가치세 징수문제 등이다.

OECD/UN모델 제5조 주석상 다음 활동들은 일반적으로 PE를 구성하지 않는다. 첫째, 원천지국에 소재하는 컴퓨터의 웹사이트를 통해 해당 국가에서 재화 및 서비스를 판매하는 경우이다. PE는 반드시 인적 존재가 필요하지는 않고 어떤 물리적 실재가 요구되지만, 웹사이트는 그렇지 못하다. 둘째, 원천지국에서 전자적 정보의 저장 또는 접근을 제공하기 위하여 또는 납세자의 사업수행을 돕기 위하여 서버 등 컴퓨터 장비를 사용하는 경우이다. OECD/UN모델은 컴퓨터 장비가 보관된 곳이 PE를 구성할 수 있다는 것을 인정하지만, 그러한 장소는 대부분 외국기업의 지배・처분하에 있지 않고, 서버에 의해 수행된 활동들이 성격상 예비적 또는 보조적이기 때문에 제5조의 요건을 충족하지 못할 것이다. 셋째, 원천지국에서 인터넷에 대한 접근 제공 또는 웹사이트 운영을 위해 인터넷 서비스기업(ISP)을 이용하는 경우이다. 대부분의 경우 ISP는 단순히 대중에게 인터넷 접근을 제공하고, 고객에게 전화서비스를 제공하는 전화회사와 유사하기 때문에 독립대리인으로 간주될 것이다. 결국, 가상의 사무실로 기능하는 웹사이트는 PE를 구성하지 않기 때문에 사업소득으로 구분되는 대부분의 디지털 활동에서 발생하는 소득은 원천지국에서 과세되지 않는다.[107)]

디지털 사업이 다른 국가에 소재한 인들에 의해 원격 관리되는 상황에서는 실질적 관리장소의 결정이 쉽지 않을 것이다. 특정 국가들에 물리적으로 실재하지 않고도 글로벌 사업활동의 수행을 가능하게 만든 현대적 기술 덕분에 법인의 경영진은 한 국가에 물리적으로 존재할 필요가 없이 타국에서 기업을 경영할 수 있게 되었다. 예를 들어, 이사들은 다른 국가들에 거주하면서 전화와 인터넷을 통해 의견을 교환할 수 있다. 또한, 법인의 CEO는 이 국가 저 국가를 여행하면서 계속 이동중인 것도 가능하다. 이는 실질적 관리장소에 토대한 법인의 거주지 판정을 매우 어렵게 한다.

또한, 원천지국에 물리적 실재가 없거나, 기술적 기반시설 등 전자상거래 사업의 물리적 실재에 소득을 귀속시키는 어려움으로 인해 원천지국에서 전혀 과세할 수 없거나 또는 매우 적은 소득만 과세되는 결과가 초래되고 있다. 디지털 경제 사업모델에서 외국기업은 원천지국에 물리적 실재 없이도 웹사이트 또는 휴대폰 앱 등 디지털 수단을 통해 원격으로 고객과 상호작용할 수 있다. 그러나, 소득에 관한 국제적 과세는 대체적으로 소득과 관련국가 간의 연계성에 토대하고 있다. 그러나, 컴퓨터 장비는 이를 운영하는 기업의 고

107) Brian J. Arnold, *op.cit.*, pp.221-222

정 사업장소를 구성할 수는 있지만, 소프트웨어와 전자적 데이터의 결합은 지리적 장소를 가지지 않기 때문에 PE를 구성하지 않는다. 서버PE와 같이 원천지국의 과세문턱을 낮추더라도, 대부분의 이윤은 거주지국의 본점에 귀속될 것이다. 따라서, 원천지국의 조세수입을 크게 증가시키지는 못할 것이다.

부가가치세와 관련하여 디지털 경제가 제기하는 주된 문제는 소비지국 과세원칙의 적용 및 해외 공급자에 대한 징수문제이다.108)

다. 디지털거래의 소득구분

대부분의 경우, 디지털거래의 소득을 구분하는 것은 어렵지 않다. 예를 들어, 유형재화의 인터넷을 통한 판매소득은 사업소득이고, 인터넷을 통해서 독점적 정보를 포함한 DB 접근을 제공함으로써 발생하는 소득은 사용료이다.

그러나, 일부 디지털거래의 소득은 소득구분의 문제를 제기한다. 인터넷을 통한 컴퓨터 S/W의 취득에 대한 대가는 사실관계에 따라서 사용료 또는 사업소득으로 취급된다. 만약 양수인이 S/W 사용허락을 받지 않는다면 저작권 침해에 해당하는 S/W 사용 권리를 취득한 경우, 그 대가는 사용료로 취급된다. 그러나, 양수인이 예컨대, 사용자 컴퓨터에 프로그램을 복제하는 등 프로그램을 운영하는데 필요한 제한적 권리만을 취득하는 경우, 그 대가는 사업소득으로 취급된다. OECD/UN모델은 컴퓨터 S/W의 취급에 적용할 수 있는 원칙들을 다른 디지털 재화로까지 확장한다.

새로운 디지털 재화・서비스 전송수단의 개발은 새로운 사업모델의 맥락에서, 특히 클라우드 컴퓨팅과 관련한 지급금에 대해 현행 규정에 의한 적절한 소득 구분의 불확실성을 초래한다. 클라우드 컴퓨팅은 인터넷을 통해서 서버, 저장공간 및 애플리케이션 등 컴퓨팅 자원의 공유 풀에 대한 유연한 실시간의 접근을 제공한다. IT 효율성 향상 및 자본비용의 경감을 원하는 기업들이 클라우드로 이동하고 있다. 소비자들은 공유하고자 하는 자신들의 디지털 콘텐츠를 저장하고 여러 기기들에 대해 접근하기 위해 클라우드 기반 앱을 선택한다.

클라우드 기반 서비스는 다음 세 가지 모델로 구분할 수 있다. 첫째, S/W 서비스(software as a service) 모델은 고객의 컴퓨터에 앱을 설치할 필요가 없도록 클라우드에서 작동하는 앱을 제공한다. 둘째, 플랫폼 서비스(platform as a service) 모델은 개발자들을 위해 운영시스템 지원 및 S/W 개발체계를 제공함으로써 앱의 개발을 촉진시킨다.

---

108) Aleksandra Bal & Carlos Gutierrez, *op.cit.*, pp.255-256

셋째, 기반설비 서비스(infrastructure as a service) 모델은 처리, 저장 및 네트워크와 같은 자원들을 제공한다.

클라우드 기반서비스 계약은 통상적으로 복잡할 뿐만 아니라, 데이터 저장, 정보에 대한 접근, 데이터 처리 및 기술용역 등 통합된 서비스, 즉 혼합계약(mixed contract)을 포함한다. 이론상 혼합계약 규정은 명확하지만, 실제로는 혼합계약의 주된 요소와 부수적 요소를 구별하여 주된 부문의 조세취급을 나머지 부문에 적용하는 것이 어려울 수 있다. 계약이 분리되어야 하는지 여부의 문제는 중요한 영향을 미친다. 만약 계약의 한 요소가 원천지국에서 원천세 부과대상이고 주된 부문을 구성한다면, 전체 금액이 원천세 부과대상일 것이다. 만약 계약이 분리될 수 있다면, 대가의 일부분에만 원천세가 부과될 것이다.

S/W없이 클라우드 서비스의 공급은 불가능하기 때문에, S/W 거래에 대한 조세취급이 클라우스 서비스 대가를 구분하는 출발점으로 이용될 수 있다. S/W 거래에서 발생한 소득은 사용료(제12조), 사업소득(제7조) 또는 양도소득(제13조)으로 규정될 수 있다. 컴퓨터 S/W 대가는 사용료의 정의에 명시적으로 포함되지는 않지만, S/W 권리는 통상 저작권 규정에 의해 보호되므로 S/W를 이용할 권리의 대가는 제12조 적용대상일 것이다. 사용료는 IP의 사용 또는 사용할 권리에 대한 대가이기 때문에 제12조는 IP에 수반되는 모든 권리들의 양도대가에는 적용되지 않는다. 클라우드 서비스는 자산의 모든 권리들의 양도를 수반하지는 않기 때문에, 제13조가 클라우스 서비스 분야에 광범위하게 적용되지는 않는다. 고객은 클라우드 제공자의 기반설비에서 작동되는 원격으로 운영되고 고도로 표준화된 S/W 및 H/W에 대한 접근을 획득한다. 클라우드 서비스 제공자는 자신의 S/W 또는 장비에 대한 통제를 상실하지 않는다.

저작권을 수반하지 않는 S/W 대가에는 제12조가 적용되지 않는다. OECD 주석은 프로그램 저작권의 이전과 저작권 보호를 받는 프로그램 사본의 이전을 구별한다.(MCC Art.12/13) 저작권의 일부 권리의 이전대가는 사용료이다. 왜냐하면, 저작권 보유자의 독점적 권리인 저작권을 활용할 것을 허용하고, 사용허락 없이 사용한다면 저작권 침해에 해당하기 때문이다. 반면에, 저작권과 관련하여 획득된 권리가 사용자가 프로그램을 운영하는 데 필요한 정도로 제한된 거래의 대가는 제7조 사업소득으로 구분된다. 결론적으로, 클라우드 서비스 소득은 계약에 따라 고객이 취득하는 S/W의 사용 및 활용과 관련한 권리의 성격에 따라서 일반적으로 제12조 또는 제7조가 적용될 것이다.[109)]

---

109) Aleksandra Bal & Carlos Gutierrez, *op.cit.*, pp.265-268

3 개별 국가의 입법적 대응

일부 국가들은 디지털 경제에 의해 야기된 세원잠식에 대처하기 위해 국제적 수준의 공동대응을 기다리지 않고, 개별 입법에 의해 대처하기도 한다.

가. 새로운 PE 개념의 정립

외국기업이 디지털 기술을 이용한 사업을 영위하는 경우, 원천지국에서 공정한 몫의 조세를 납부하지 않고도 상당한 소득을 얻는 것이 가능하다는 사실은 PE 개념을 다시 정의하고자 하는 국내적·국제적 시도를 촉발시켰다.

예를 들어, 프랑스는 많은 기업들에게 가치를 제공하는 데이터의 수집에 초점을 둔 새로운 접근을 모색하고 있다.(the Collin and Colin Report, 2013) 동 보고서에서는 사업모델, 기술 및 사업입지 전략과 관련한 조세중립성을 보장하기 위해서, 이용자의 활동에 대한 정규적이고 체계적인 모니터링을 통해 획득된 데이터의 이용에 대한 조세를 부과할 것을 제안한다. 따라서 외국기업이 한 국가의 이용자들에 대한 정규적이고 체계적인 모니터링을 통해 획득된 데이터를 사용하여 해당 국가에서 사업을 영위하는 경우 PE가 존재하는 것으로 간주된다. 결국 가치창출자로서의 역할을 하는 소비자들이 웹사이트 소유 기업의 PE를 창출한다는 것이다.[110] 그러나, 국제적 합의가 아닌 이러한 일방적 PE개념 정립 시도는 법원에서의 패소 판결로 제동이 걸린 것으로 평가된다.

나. 새로운 조세의 도입

영국은 2015년 흔히 '구글세'로 알려진 우회수익세(diverted profit tax)를 도입하였다. 우회수익세는 영국의 과세를 회피하기 위하여 PE 규정을 악용하거나, 이윤을 우회하기 위한 인위적 약정을 이용하는 MNEs을 대상으로 한다. 우회수익세는 다음 두 가지 상황 즉, i) 외국기업이 영국의 과세실재를 회피할 수 있도록 사업구조를 설계하는 경우, ii) 영국에서 과세대상인 기업이 경제적 실질이 결여된 단체 또는 거래를 수반시킴으로써 조세혜택을 창출하는 경우에 적용된다. 잠재적으로 우회수익세의 적용범위 내에 있는 기업

110) Aleksandra Bal & Carlos Gutierrez, *op.cit.*, pp.276-277

은 국세청에 신고해야 한다. 이는 디지털 기업들만을 대상으로는 하는 협소한 조세회피방지 규정이 아니고, 영국의 고객들에게 재화와 용역을 판매하는 모든 외국기업들과 외국 관계회사들에게 비용공제 가능한 지급금을 지급하는 모든 영국기업들에게 영향을 미칠 수 있다.

그러나, 우회수익세는 법인세와 유사하기 때문에, 영국 조세조약의 적용범위에 포함될 수 있다. 그리고, 조세조약은 일반적으로 영국에 중요한 과세실재를 갖지 않은 비거주자에 대한 과세를 금지하기 때문에, 우회수익세는 조약배제(treaty override)를 초래할 가능성이 있다는 비판이 제기된다. 또한, 우회수익세의 세율(25%)이 법인세율보다 높기 때문에, 우회수익세가 영국 내에서 동일한 활동을 하는 영국기업보다 외국기업에 더 높은 조세부담을 창출함으로써 차별적인 것으로 간주될 수 있어서 EU법의 위반 소지도 제기된다.[111]

한편, EU는 중장기적 해결방안으로 비거주자가 얻는 사업소득 과세에 대해 중요한 디지털 실재(significant digital presence) 기준, 그리고 과도기적 조치로 온라인 광고에 대해 총지급액의 3% 조세를 부과할 것을 권고한다.[112]

그리고, 2015년 이후 프랑스, 이탈리아, 헝가리, 인도 등 일부 국가들은 온라인광고 관련 총지급액에 대한 개별소비세(디지털서비스세)를 채택하였다.

4 디지털 경제의 BEPS 이슈 및 대응방안

디지털 경제가 고유한 BEPS 이슈들을 창출하지는 않지만, 일부 주요 특성들이 BEPS 위험을 가중시킨다. 예를 들어, 디지털 경제의 맥락에서 무형자산의 중요성은 무형자산의 이동성과 결합되어 직접세 영역에서 상당한 BEPS 기회들을 창출시킨다. 또한, 원천지국에서 원격지에 기반설비를 집중하고 해당 시장에서 재화·서비스 판매를 수행하는 능력은, 최소한의 직원을 이용하여 중요한 활동을 수행하는 역량과 결합되어, 조세회피를 위해 물리적 사업운영을 분할함으로써 BEPS의 잠재적 기회를 창출시킨다. 또한, 부가가치세 면제활동을 수행하는 사업과 관련하여, 간접세 맥락에서도 BEPS 위험을 가중시킨다.

---

111) Aleksandra Bal & Carlos Gutierrez, *op.cit.*, pp.279-280

112) EC COM(2018) 146 final(2018.3.21.); "Time to establish a modern, fair and efficient taxation standard for the digital economy"

가. 직접세 분야

(1) 디지털 경제 대처 관련 권고사항

OECD BEPS 실행계획(Action 1)은 디지털 경제의 국제조세 체계에 대한 위험들을 제시하지만, 디지털 거래들을 다루기 위한 조정된 행동들(coordinated actions)에 대한 구체적 권고사항은 결여되어 있다. 왜냐하면, 디지털 경제에 의해 제기된 문제들에 대한 의미있는 대응을 위해서는 원천지국과 거주지국 간에 조세수입을 배분하는 국제조세 체계의 규정들에 근본적 변화들이 필요하지만, 그러한 변화들이 필요한지 여부, 그리고 어떤 형태를 가져야 하는지에 관해서는 국가들 간에 의견이 다르기 때문이다. 특히, 디지털 재화・서비스 소득에 대해서 많은 국가들이 방법론은 다를지라도 원천지국에 더 많은 과세권을 부여하기를 원하지만, 미국은 현상유지에 만족하고 있는 것으로 보인다.

OECD는 디지털 경제에 대처하기 위해 국가들이 채택할 수 있는 ⅰ) 국경 간 디지털 재화・서비스의 판매에 대한 현행 PE기준을 보완하는 '중요한 실재한도(significant presence threshold)', ⅱ) 디지털 재화・서비스와 관련한 특정 지급금에 대한 원천세 부과, ⅲ) 디지털 재화・서비스와 관련한 특정 지급금에 대한 개별소비세 부과 등 세 가지의 과도기적 조치를 제시한다.

OECD는 디지털 재화・서비스만을 제공하는 완전히 전자적 사업을 영위하는 기업에 대한 원천지국 과세를 위해 디지털 실재에 토대한 PE 판정기준의 대안을 제시한다. 예를 들어, ⅰ) 디지털 재화・서비스의 제공을 위한 상당한 수의 계약이 외국기업과 원천지국에 거주하는 고객들 간에 원격으로 서명되는 경우, ⅱ) 외국기업의 디지털 재화・서비스가 원천지국에서 광범위하게 이용되거나 소비되는 경우, ⅲ) 외국기업의 핵심사업의 일부로서 디지털 재화・서비스의 제공에서 발생하는 계약상 의무와 관련하여 원천지국의 고객들이 외국기업에게 상당한 금액을 지불하는 경우, ⅳ) 원천지국에서 외국기업의 기존 지점이 원천지국의 고객을 대상으로 외국기업의 핵심사업과 밀접하게 관련된 마케팅, 컨설팅 기능과 같은 부수적 기능을 제공하는 경우에는 '중요한 디지털 실재(significant digital presence)'가 존재하는 것으로 간주될 수 있다.

(2) CFC 규정의 강화 관련 권고사항

설령 CFC 규정들이 국가별로 크게 다를지라도, 원격 공급되는 디지털 재화・서비스

소득은 흔히 현행 CFC 규정의 적용대상이 아니다.

OECD BEPS 실행계획(Action 3)은 CFC 규정들이 사용할 수 있는 접근방법들의 목록을 규정한 CFC 소득에 대한 정의를 포함하여, 6가지 구성요소들(building blocks)의 형태로 권고사항을 제시한다. 국가들은 디지털 경제에서 전형적으로 획득하는 소득을 모회사 국가에서 과세대상에 포함하는 CFC 규정들을 설계하기 위하여 이러한 접근방법을 실행할 수 있다. 예를 들어, 국가들은 라이선스 수수료, 특정 유형의 디지털 재화·서비스 판매소득 등 디지털거래에서 전형적으로 발생되는 수입의 유형을 CFC 소득에 포함하도록 할 수 있다. 만약 국가들이 초과이익 접근방법(excess profits approach)을 채택한다면, IP관련 자산에 귀속되는 이익을 포함하여 저세율 국가에서 창출된 모든 초과이익을 CFC 소득으로 규정할 수 있다. 이러한 접근방법은 디지털 MNEs이 해외소득을 거주지국 과세에서 무한정 이연시키는 역외 조세이연 거래구조를 이용하는 것을 잠재적으로 제한할 수 있을 것이다.

(3) PE 기준 확대 관련 권고사항

OECD BEPS 실행계획(Action 7)은 종전에는 PE 정의상 예외규정으로서 성격상 단순히 예비적·보조적으로 간주되던 활동들이 이제는, 특히 디지털 경제에서는, 기업의 핵심 사업활동에 해당할 수 있다는 입장이다. 이에 따라 OECD모델 제5조 제4항의 예외규정의 목록이 변경되었는데, 목록에 포함된 각 예외규정들은 예비적·보조적 성격의 활동으로만 제한되고, 밀접히 관련된 기업들 간에 사업활동의 분할을 통해서 이러한 예외규정들로부터 혜택을 얻는 것이 불가능하도록 새로운 분할방지 규정(anti-fragmentation rule)이 도입되었다. 예를 들어, 온라인 판매기업이 고객에게 온라인으로 판매하는 재화를 저장하고 배송하기 위한 목적으로 상당한 수의 종업원이 일하는 대규모 현지창고를 유지하는 것은 해당 판매기업의 PE에 해당한다.

또한, MNEs 그룹 회사의 재화·용역 판매와 관련한 인위적 약정이 실질적인 계약의 체결을 초래하여 결과적으로 판매가 해당 회사에 의해 이루어진 것처럼 취급되어야 하는 상황을 다루기 위하여, OECD모델 제5조 제5항 및 제6항이 변경되었다. 예를 들어, 재화의 온라인 판매기업 또는 광고서비스의 온라인 제공기업의 국내 자회사가 해당 재화·서비스에 대해 많은 잠재 고객들과의 계약체결에서 상시 주요한 역할을 수행하고, 이 계약들이 모회사에 의해 중대한 변경이 없이 관례적으로 체결되는 경우, 이 활동은 모회사의

PE를 구성한다.

(4) 무형자산 과세관련 권고사항

디지털 경제에서 기업들은 가치 및 소득을 창출할 때 무형자산에 크게 의존한다. 디지털 경제에서 참여자들이 채택한 많은 BEPS 구조들의 핵심 특성은 조세혜택이 큰 지역으로 무형자산을 이전시킨다는 것이다. 또한, 무형자산을 법적으로 소유하거나 계약상 위험을 부담하는 경우, 설령 사업활동을 전혀 또는 거의 수행하지 않거나 위험을 통제할 능력을 갖지 못하는 회사일지라도, 큰 소득이 배분될 수 있다는 주장이 종종 제기되기도 한다. OECD는 무형자산에 관한 지침을 변경하여, 무형자산의 법적 소유만으로는 무형자산의 활용에 의해 창출되는 수익에 대한 모든 권리를 갖지 못한다는 것을 명확히 하였다.

수정된 TPG에 따르면, 중요한 기능을 수행하고, 중요한 자산을 공헌하고, 경제적으로 중요한 위험을 통제하는 그룹 관계회사들이 실제 거래에 토대하여 결정되는 적절한 수익을 얻을 권리를 갖는다. 결국, MNE그룹의 구성원들은 무형자산의 개발, 향상, 유지, 보호 및 활용에서 그들이 수행한 기능, 사용한 자산, 부담한 위험을 통해서 창출한 가치에 따라 보상받아야 한다.

나. 간접세 분야

국경 간 재화, 용역 및 무형자산 거래의 경우, 개인 소비자가 해외공급자로부터 이러한 재화, 용역 또는 무형자산을 취득할 때 부가가치세(VAT) 시스템상 어려움들이 발생한다. 디지털 경제에서의 기술의 발전이 개인들이 온라인에서 쇼핑할 수 있는 능력, 그리고 기업들이 소비자 소재지국에 물리적으로 실재할 필요없이 전세계의 소비자들에게 판매할 수 있는 능력을 획기적으로 향상시킨 결과, 이러한 어려움들이 더욱 확대되었다. 이러한 거래에 대해서는 종종 VAT가 과세되지 않거나 매우 적은 금액이 과세되는 결과가 발생하는데, 이는 국가들의 VAT 세수뿐만 아니라 국내 판매자와 외국 판매자들 간의 공정경쟁에도 부정적 영향을 미친다.

디지털 경제에서는 통상 두 가지 유형의 거래, 즉 디지털 재화의 공급 및 온라인 주문 재화의 공급과 관련한 VAT 취급에 대한 고려가 필요하다. 첫째, 디지털 재화의 공급(digital supplies)은 전자적으로 공급되는 용역의 범주에 속한다. 모든 전자적 용역의 공급에 대해서는 소비지국 과세원칙(destination principle)이 적용된다.

EU VAT지침[113]에 따르면, B2B 공급은 고객이 등록한 장소 또는 (고정시설이 용역의 수취인인 경우) 고정시설(fixed establishment)을 가진 장소에서 과세된다. B2C 용역 공급의 장소는 고객이 항구적 주소를 가지거나 통상 거주하는 장소이다. 소비지국 과세원칙에 따라서, 전자적 용역의 공급은 고객이 소재한 국가의 VAT 법률에 의해 규율된다.

국경 간 B2B 공급은 대리납부제도(reverse charge mechanism)가 적용된다.[114] 이는 VAT 납세의무가 고객에게 전가된다는 의미인데, 공급자는 VAT를 포함하지 않고 세금계산서를 발행하고, 고객은 VAT 신고서에 해당 공급에 대한 VAT를 반영한다. 국경 간 B2C 공급의 경우에는 공급자가 국가별이 아니라, 하나의 거점국가에 등록한 사업자(One Stop Shop)를 통해서 VAT를 징수하여 송금한다. B2C 공급의 경우에는 고객의 위치를 결정하는 문제가 중요하다. 디지털 재화의 공급자는 고객의 항구적 주소 또는 통상적 거주지를 식별하고 검증하는데 어려움을 가질 수 있다.

EU VAT지침은 고객 위치의 식별을 지원하기 위한 추정규정들을 두고 있다. 예를 들어, 모바일 네트워크를 통해 공급되는 서비스의 경우, 해당 서비스의 수취를 위해 사용되는 SIM의 모바일 국가코드에 의해서 확인되는 국가에 소재한 것으로 추정된다. 디지털 서비스 공급의 경우, 수취인의 물리적 실재가 요구되는 경우(Wi-Fi 이용장소, 인터넷 카페 등)에는 수취인이 이들을 실제로 사용하고 향유하는 지역에서 과세될 것이다. 다른 반증이 없는 한, 고객은 요금청구 주소, 은행명세 또는 IP주소 등과 같은 증거들에 의해 식별되는 장소에 소재하는 것으로 추정된다.[115]

점점 더 많은 국가들이, 소비지국 과세원칙에 따라서, 국내 소비자들이 디지털 플랫폼을 통해서 해외공급자로부터 구매하는 서비스 및 무형자산에 대한 실효적 VAT 징수를 보장하기 위하여 해외공급자들에게 사업자등록 및 VAT의 징수·송금 의무를 부여하는 방식에 의존하고 있다. 그러나, 이러한 의무의 부과는 미등록 해외공급자에 대해 순응을 강제할 수단이 별로 없기 때문에 본질적으로 자발적 성격을 갖는다.

이와 관련하여 우리나라도 전자적 용역의 국경 간 공급에 대해서 해외공급자가 등록, 징수·송금하는 제도를 2015년 7월부터 시행하고 있다. 부가가치세법에 따르면, "국외사업자가 정보통신망을 통하여 이동통신단말장치 또는 컴퓨터 등으로 공급하는 용역으로서,

113) Council Directive 2006/112/EC of Nov. 2006 on the common system of value added tax, OJ L347 of 11 Dec. 2006(VAT Directive(2006/112))

114) Art. 196 VAT Directive(2006/112)

115) Aleksandra Bal & Carlos Gutierrez, *op.cit.*, pp.269-271

ⅰ) 게임·음성·동영상파일, 전자문서 또는 S/W와 같은 저작물 등으로서 광(光) 또는 전자적 방식으로 처리하여 부호·문자·음성· 음향 및 영상 등의 형태로 제작 또는 가공된 용역, ⅱ) 광고를 게재하는 용역, ⅲ) 클라우드 컴퓨팅 서비스, ⅳ) 재화 또는 용역을 중개하는 용역으로서, a) 국내에 물품 또는 장소 등을 대여하거나 사용·소비할 수 있도록 중개하는 것, b) 국내에서 재화 또는 용역을 공급하거나 공급받을 수 있도록 중개하는 것(다만, 재화 또는 용역의 공급에 대한 대가에 중개용역의 대가가 포함되어 부가세 납세의무자가 부가세를 신고·납부하는 경우는 제외한다) 중 어느 하나에 해당하는 용역(이하 전자적 용역)을 국내에 제공하는 경우(국내에 사업자등록을 한 자의 과세사업 또는 면세사업에 대하여 용역을 공급하는 경우는 제외한다)에는 사업개시일부터 20일 이내에 간편사업자등록을 하여야 한다."(부법 §53의2 ①, 부령 §96의2 ① 및 ②)

또한, "국외사업자가 ⅰ) 정보통신망 등을 이용하여 전자적 용역의 거래가 가능하도록 오픈마켓이나 그와 유사한 것을 운영하고 관련 서비스를 제공하는 자, ⅱ) 전자적 용역의 거래에서 중개에 관한 행위 등을 하는 자로서 구매자로부터 거래대금을 수취하여 판매자에게 지급하는 자 중 어느 하나에 해당하는 제3자(대리납부 의무가 있는 비거주자 또는 외국법인을 포함한다)를 통하여 국내에 전자적 용역을 공급하는 경우(국외사업자의 용역 등 공급 특례에 관한 제53조가 적용되는 경우는 제외한다)에는 그 제3자가 해당 전자적 용역을 공급한 것으로 보며, 그 제3자는 사업개시일부터 20일 이내에 간편사업자등록을 하여야 한다.(부법 §53의2 ②)

둘째, 원격판매(distance sales) 즉, 인터넷을 통해 주문된 재화의 공급의 경우 일반적 VAT 규정을 따른다. EU의 경우, 한 국가의 공급자가 다른 국가의 VAT 사업자가 아닌 인에게 수출하는 경우에 적용되는 특별제도가 있다. 만약 당해 회원국에서의 판매가 특정 한도를 초과하는 경우에는 소비지국의 VAT가 적용된다. 한도 이하의 원격판매는 생산지국에서 과세되지만, 공급자가 소비지국을 과세장소로 선택할 수도 있다. 이 경우 공급자는 판매금액이 일정 한도를 초과하는 경우 모든 고객 소재지국에 등록을 해야 한다.[116)]

116) Aleksandra Bal & Carlos Gutierrez, *op.cit.*, pp.272-273

5 최근의 국제적 논의동향

가. 배경 및 동향

디지털 경제에서 발생하는 조세상 과제들에 대해서 실행가능한 국제적 합의안을 도출하지 못한 채 2015년 OECD BEPS 실행계획(Action 1)이 발표되고 추가 논의도 지지부진해지자, EU를 비롯하여 영국, 프랑스, 인도 등 다수 국가들은 디지털서비스세, 우회수익세 도입 등 개별 입법을 통해 발 빠르게 대응하기에 이르렀다. 이에 OECD는 G20 국가의 정치적 지원을 토대로 2017년 3월 'BEPS에 관한 포괄추진체계(OECD/G20 Inclusive Framework on BEPS, 이하 '포괄추진체계')'를 중심으로 추가 논의를 통해 합의에 토대한 장기적 해결방안을 다시금 모색하기로 결정하였다. 이에 따라 2018년 3월 중간보고서가 발표된 후, 2019년 1월 두 가지 추진과제(Pillar One & Two)에 대한 정책방향이 제안되었고 그 해 7월, G20의 승인을 얻었다.[117)] 이에 따라 포괄추진체계는 2020년 10월 두 추진과제들에 대한 청사진(blueprint)을 발표하였다.[118)] 또한, 외부 이해관계자들의 의견수렴을 위해 2019년 2월과 11월, 2020년 12월에는 공청회가 개최되었다.[119)]

'포괄추진체계'에서 다루는 추진과제들은, 첫째 제1과제(Pillar One)로서 시장소재지국의 과세권을 확대하기 위해 새로운 과세권 배분의 기준으로서 새로운 연계성 및 이익배분 규정(new nexus and profit allocation rules)을 정립하는 방안 및 둘째, 제2과제(Pillar Two)로서 타국이 1차 과세권을 적절하게 행사하지 않거나 수취소득에 대한 실효세율이 낮은 경우 과세권을 타국에게 재배분하는 등 전세계적으로 최소한의 과세를 보장하기 위한 글로벌 세원잠식 방지 방안들, 예컨대 글로벌 최저한세(global minimum tax)로서 10~12%의 최소 실효세율 방안 및 특수관계자들 간 특정 지급금에 대한 7.5%의 최소 조세부담률(subject to tax rule) 방안 등을 포함한다.[120)]

117) OECD, "Addressing the Tax Challenges of the Digitalisation of the Economy - Policy Note", Jan. 2019

118) OECD, "Tax Challenges Arising from Digitalisation - Report on Pillar One Blueprint", 2020.10; OECD, "Tax Challenges Arising from Digitalisation - Report on Pillar Two Blueprint", 2020.10

119) OECD, "Secretariat Proposal for a 'Unified Approach' under Pillar One", Public Consultation Document, 9 Oct. 2019 - 12 Nov. 2019

120) OECD, "Statement by the OECD/G20 Inclusive Framework on BEPS on the Two-Pillar Approach to Address the Tax Challenges Arising from the Digitalisation of the Economy", 2020.1.30

나. 새로운 이익배분 기준의 모색

OECD는 디지털 시대의 새로운 사업모델을 고려하여 현행 과세권 배분을 조정하고, 이를 통해 시장소재지국(이용자 소재지국)의 과세권을 확대하기 위한 의도로 통합 접근방법(unified approach)을 제시하였다.

통합 접근방법에 따라서, 시장소재지국에 배분될 수 있는 과세소득은 아래 〈그림 5-21〉에서 보는 바와 같이 3가지 유형으로 구분될 수 있다.

〈그림 5-21〉 새로운 이익배분 기준의 기본구조

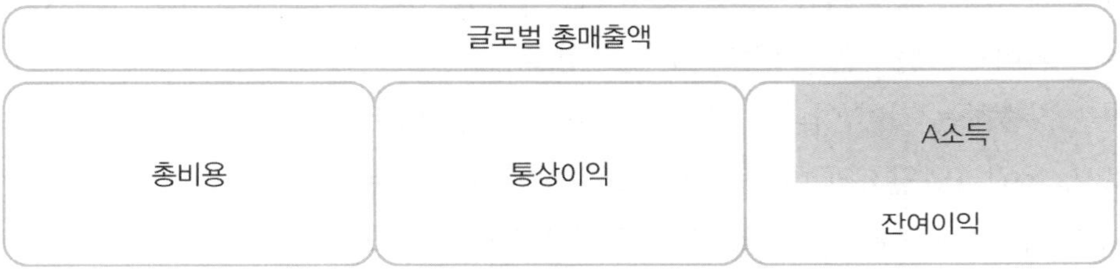

첫째, 'A소득(Amount A)'은 공식 접근방법을 사용하여 시장소재지국에 배분되는 MNE 그룹의 글로벌 총매출액에서 총비용을 차감한 전체 이익 중 통상이익을 제외한 잔여이익(residual profits) 중 일부분이다. 이러한 새로운 과세권은 물리적 실재의 존재와 관계없이 적용될 수 있다. 이는 시장소재지국에서의 활동을 통해서 또는 타국에서 해당 국가를 목표로 시장소재지국에서의 사업에 능동적이고 지속적인 참여(active and sustained participation)를 하는 것과 연관되는 이익을 반영한다. 이는 통합 접근방법의 주된 대응에 해당한다.

디지털 시대에는 과세권과 과세소득의 배분이 더 이상 전적으로 물리적 실재 기준에 따라서 제한될 수는 없다. 경제의 글로벌화 및 디지털화 덕분에 현지 기반시설 및 사업활동에 대해 투자할 필요도 없이 시장소재지국에서 능동적이고 지속적인 참여를 개발할 수 있는 사업들이 존재한다. 시장소재지국에 대한 과세권 배분의 연계성 기준으로 물리적 실재의 존재 이외에 '고객과의 능동적이고 지속적인 관여'가 제시된다.

이러한 사업의 유형으로 ⅰ) 온라인 검색엔진, 소셜미디어 플랫폼, 디지털 콘텐츠 스트리밍, 온라인 광고서비스 등 여러 국가에 걸쳐 대규모 고객들에게 표준화된 형태로 제공되는 자동화된 디지털 서비스(automated digital services) 사업, ⅱ) S/W, 가전, 휴대폰 등 개인용 IT제품, 의류・화장품・사치재, 브랜드 식품 및 음료, 호텔・레스토랑 등 프랜

차이즈모델, 자동차 등 상업적 · 직업적 목적이 아닌 개인적 사용을 위해 개인이 구입하는 소비자 대면사업(consumer-facing businesses)이 포함된다. 이러한 전체 A소득은 적격 시장소재지국 간에 매출액의 비중에 따라 배분된다. 또한, 순응 및 행정적 부담을 고려하여 국가별보고서 제출 기준과 마찬가지로 연간 총매출액이 일정 한도를 초과하는 MNE 그룹들에게만 적용될 것이다.

둘째, 'B소득(Amount B)'은 시장소재지국에서 발생하는 기본적 판매 및 마케팅 기능에 대한 독립기업원칙에 토대한 고정비율의 보수이다. 여기서 기본적(baseline) 판매활동은 무형자산을 소유하거나 제한된 위험을 부담하지 않는 통상적 수준의 기능을 수행하는 경우를 말한다. 셋째, 'C소득(Amount C)'은 국가별 기능들이 B소득에 의해 보상된 기본활동을 초과하는 경우 추가이익에 대한 보상을 말한다. 여기서 B소득과 C소득은 새로운 과세권을 창출하는 것이 아니고 물리적 실재 개념을 포함한 현행 이익배분 규정에 토대한 것으로서, 독립기업원칙의 현실적 적용을 향상시키기 위한 노력을 반영하는 것이다. 따라서 독립기업원칙이 아닌 공식에 토대한 접근방법은 A소득의 경우에만 적용된다.

디지털 시대, 가치창출의 원천인 독특하고 가치있는 무형자산을 개발 · 향상 또는 활용하기 위해 중요한 기능을 수행하고 중요한 위험을 부담한 모회사 또는 관계회사에게 통상이익을 배분한 후의 잔여이익이 배분되는 현행 이익배분 기준과 비교할 때, 새로운 이익배분 기준으로서 OECD가 제시한 통합 접근방법은 무형자산에 공헌한 모회사 등에게 배분될 잔여이익 중 일부가 고객들과의 능동적이고 지속적인 관여가 존재하는 시장소재지국에게 배분된다는 점에서 차이가 있다. 아래 〈표 5-6〉은 이러한 논의 결과를 요약하고 있다.

〈표 5-6〉 현행 기준과 통합 접근방법의 비교

국가	물리적 실재	현행기준	통합 접근법
A국	모회사	잔여이익	잔여이익 중 일부가 B국, C국으로 이전
B국	판매자회사	통상이익	A소득, B소득 (C소득)
C국	-	-	A소득

다. 향후 전망

제4차 산업혁명시대에서 경제의 글로벌화와 더불어 디지털화가 확산·심화됨에 따라 초래되는 국가 간 과세소득 배분의 불균형을 해소하는 방안을 둘러싼 미국과 EU 간, 무형자산 창출국과 소비국 간 갈등 양상이 복잡해지고 있다.

최근 구글세, 디지털세 등 개별 국가들의 일방적 입법조치 경향이 확산되는 가운데 이러한 일방주의 경향이 IT기술에 기반한 무형자산의 최대 수출국인 미국의 반발로 통상마찰로까지 비화될 수 있는 불확실성도 존재하지만, 이러한 갈등을 궁극적으로 해결하기 위해서는 디지털 거래와 관련한 새로운 이익배분 기준에 대한 글로벌 콘센서스의 도출을 서둘러야 할 필요성도 커질 것이다.

그러나, 주요 국가들 간에 OECD 통합 접근방법과 같은 기본방향의 합의가 이루어졌더라도, 디지털세 적용대상 사업분야 및 기업의 범위, A소득으로 배분되어야 하는 잔여이익의 비중, 새로운 과세권 배분기준 적용의 의무화 또는 선택권 부여, 이중과세의 방지 및 해결 메카니즘의 재정비 등 각국의 이해관계가 첨예하게 대립하고 추가로 공동 해결책을 모색해야 할 과제들이 많이 남아있기 때문에 콘센서스 합의 시한인 2021년 중반까지 최종 합의안이 마련될 수 있을지 예의주시할 필요가 있다. 다만, 2021년 초 미국 바이든 행정부 출범 이후 미국이 안전장치(safe harbour)[121]를 마련해야 한다는 기존 주장을 철회했기 때문에 조속한 시일 내에 합의안이 도출될 수 있을 것으로 기대된다.

121) 안전장치는 선의의 기업을 보호하기 위한 조치로서, 디지털세를 전체 기업에 의무적으로 적용하는 대신에 기업이 기존 규정과 디지털세 규정 중 유리한 방식을 직접 선택할 수 있는 규정이다.

제7장 역외탈세의 방지

1 역외탈세의 의의 및 유형

가. 역외탈세의 개념

역외탈세는 2008년 글로벌 금융위기의 원인 중 하나로 조세회피처를 이용한 불투명한 파생상품거래, 역외금융센터가 발달한 국가들의 금융비밀주의 관행 등이 지적된 가운데, 글로벌 금융위기가 각국의 재정위기로 전이되면서 국민경제에 부담을 주지 않으면서도 이러한 재정위기를 극복하기 위한 방안으로서 이에 대한 대응 필요성이 부각되었다고 할 수 있다. 특히, 2008년 스위스 UBS, 리히텐슈타인 LGT, 2009년 스위스 HSBC 등 금융비밀주의를 이용한 대형 역외탈세 사건, 2013년 국제탐사보도협회(ICIJ)의 조세회피처 법인소유자 명단공개 등이 언론의 관심을 받으면서 역외탈세의 심각성이 드러나게 되었다.

역외탈세에 대한 규범적 정의는 존재하지 않는 것 같다. 각자의 입장과 필요에 따라서 폭넓게 정의하기도 하고, 좁은 의미로 정의하기도 한다. 여기서는 역외탈세(offshore non-compliance)를 "거주자 또는 내국법인의 국제거래 등 역외활동과 관련한 각종 신고·납부의무의 위반을 포함한 조세회피 및 조세포탈 행위"라고 정의하기로 한다.[122] 이를 분설하면 다음과 같다.

첫째, '주체요건'으로서 전세계소득에 대하여 포괄적 납세의무를 지는 거주자 또는 내국법인의 역외활동과 관련한 탈세여야 한다. 따라서 비거주자 또는 외국법인의 국내·외 활동에서 발생하는 탈세는 포함되지 않는다. 예컨대, 내국법인에 대한 이전가격 과세는 포함될 수 있지만, 외국법인(외국법인의 국내사업장 포함)에 대한 이전가격 과세는 포함될 수 없다.[123]

122) 역외탈세 용어를 영어로 'offshore tax evasion'이라고 표현하는 경우가 많지만, 여기서는 의도적 조세회피 및 조세포탈 행위뿐만 아니라 단순한 신고·납부의무의 불이행 등 납세관련 비순응을 포함하는 의미로 'offshore non-compliance' 용어를 사용한다.

123) 역외탈세의 범위를 거주자·내국법인의 탈세에 한정하지 않고, 비거주자·외국법인의 탈세까지 포함하는

둘째, '수단요건'으로서 조세회피처에 설립된 법인 · 신탁 등 단체, 해외 자회사 또는 지점, 해외 금융계좌 · 부동산 등이 역외탈세 수단으로 자주 이용된다.

셋째, '행위요건'으로서 거주자 또는 내국법인의 무역거래, 해외투자, 자산의 취득 · 양도, 자금이전, 용역거래 등 국제거래와 관련한 수입금액 누락, 허위 비용계상, 이전가격 조작, 소득은닉, 비자금조성, 자금세탁 등 다양한 탈세행위를 포함한다. 예컨대, 국내에서 적법하게 납부한 소득 · 재산의 불법적 · 변칙적 해외유출은 물론, 해외에서의 사업 또는 투자활동에서 얻은 국외발생 소득 · 재산을 신고하지 않거나 조세회피처 단체 등에 은닉 또는 국내로 변칙 반입하는 경우를 포함한다. 넷째, '결과요건'으로서 해외 금융계좌 · 부동산 등의 신고의무 위반은 물론 국내법상 납부해야 할 조세의 부담을 부당하게 감소시키는 조세회피 행위 또는 조세범처벌법상 사기 그 밖의 부정한 행위에 해당되어야 한다. 이상에서 살펴 본 역외탈세 개념 요소들을 요약하면 〈표 5-7〉과 같다.

〈표 5-7〉 역외탈세의 개념 요소들

구 분	포함 요소	제외 요소
주체요건	• 거주자, 내국법인	• 비거주자, 외국법인
수단요건	• 조세회피처의 법인 · 신탁 등 단체 • 해외 자회사 또는 지점 • 해외 금융계좌, 부동산, 주식 등	
행위요건	• 국내자금의 불법 · 변칙 유출 후 해외 비자금조성, 상속 · 증여 등 • 국외소득 · 재산의 미신고, 은닉 후 해외 비자금 조성, 상속 · 증여 등 • 국외소득 · 재산의 자금세탁 · 위장 후 변칙적 국내 반입 · 투자 • 수입금액 누락, 허위 비용계상 • 조약쇼핑, 비거주자 위장 등 조약남용	• 외국법인의 고정사업장 회피, 이전가격 조작, 조약쇼핑
결과요건	• 신고 · 납부의무의 위반행위 • 조세회피 행위 • 조세포탈 행위	• 수용가능한 절세행위 (acceptable tax planning) • 경제적 실질을 갖춘 행위

것은 개념 구분의 실익 측면에서 설득력이 떨어질 것이다.

나. 역외탈세의 유형

이하에서는 과세당국의 세무조사를 통해 확인된 주요 역외탈세의 유형을 사례를 중심으로 간략히 살펴보고자 한다.

(1) 국내자금의 불법적·변칙적 국외 유출행위

국외특수관계인 등 거래상대방과 통정에 의한 허위계약 등 가공 또는 위장거래를 체결하여 국내에서 과다 비용을 지급하고 그중 일부를 해외에서 빼돌리는 수법으로 국내자금을 해외로 불법적으로 유출하는 수법이다. 또한, 내국법인이 해외관계회사와의 재화·용역·자금 등 거래에서 이전가격을 조작하여 내국법인 소득을 변칙적으로 국외로 유출하는 경우도 있다. 이렇게 유출된 자금은 비자금으로 조성되어 해외에서 자녀의 유학비용 등으로 사적 사용되거나, 사주일가의 부동산·주식 등 자산취득 또는 사주 자녀들에 대한 사전 상속·증여 자금으로 주로 사용된다.

예를 들어, ⅰ) 내국법인이 국외특수관계인과 고가매입 또는 저가매출 계약을 체결하는 방법으로 거래를 위장하고 이전가격을 조작하여 거래대금을 해외로 유출하는 경우, ⅱ) 내국법인이 해외 관계회사에게 지급보증을 무상으로 제공하고 매출대금을 비정상적으로 지연 회수하여 해외 관계회사에게 부당하게 이익을 제공한 경우, ⅲ) 내국법인이 해외 거래처와 허위 용역계약을 체결하여 용역수수료를 송금한 후, 해외에서 사주가 그중 일부를 돌려받는 수법으로 해외 비자금을 조성하는 경우, ⅳ) 내국법인이 해외투자를 가장하여 해외에 자회사를 설립한 후, 실질적 사업활동을 수행하지 않고 투자자금을 인출하여 사주의 부동산 취득 등에 사적으로 사용하고 모회사의 투자손실로 처리하는 경우, ⅴ) 내국법인이 가치있는 해외 현지법인의 주식을 제3자에게 양도한 것처럼 위장하여 실제 자녀에게 저가로 편법 증여하는 경우도 있다.

(2) 조세회피처 등을 활용한 소득은닉 또는 위장투자 행위

조세부담이 없거나 미미하고, 신탁, 지주회사, 그룹연결제도 등 조세특례적 법률을 가지며, 조세정보교환에 소극적인 조세회피처 또는 역외금융센터 지역을 활용하여 해외에서 발생한 소득과 재산을 은닉하는 사례가 많다. 특히, 비밀보장이 철저한 해외신탁, 해외펀드 및 조세회피처 회사의 다단계 구조를 이용하여 과세당국의 자금추적을 어렵게 하는 사례가 빈번하다. 예를 들어, 해외신탁의 경우 수익자를 파악하기 어렵고 현행법상 신탁자산이 실제로 지급된 날을 증여일로 보는 점을 악용하여 신탁계약의 수익자를 배우자, 자녀 등으로 지정하여 편법 상속·증여 시도하는 경우도 있다.

또한, 소위 '검은머리 한국인' 투자구조로서, 해외투자 신고를 하고 정상적 절차를 통해 해외로 반출한 자금을 조세조약 혜택을 향유하기 위해 조세회피처 등을 경유하여 우회적으로 국내에 위장 투자하는 조약남용 사례도 있다.

예를 들어, ⅰ) 내국법인이 조세회피처에 설립한 법인 명의로 특허권 등을 위장 등록하고 기술도입계약 체결시 조세회피처 법인을 계약당사자로 하여 거래상대방이 지급하는 특허권 등의 사용료를 조세회피처에 은닉하는 경우, ⅱ) 내국법인과 해외 거래처 간의 무역거래 수입금액 중 일부를 조세회피처에 설립한 명목회사를 경유하여 지급하는 수법으로 신고소득을 축소하고 해외에 재산을 은닉한 경우, ⅲ) 거주자가 중계무역 소득을 조세회피처에 설립한 명목회사 소득으로 위장하여 신고 누락하고, 해외 은닉자금을 조세회피처 소재 신탁회사에 자산위탁 등의 방법으로 변칙 상속한 경우, ⅳ) 거주자가 항공기 도입 또는 선박의 건조 등과 관련하여 수취한 리베이트를 조세회피처에 설립한 명목회사 명의로 은닉하는 경우, ⅴ) 거주자가 조세회피처에 SPC를 설립한 후 이를 통해 국내기업에 투자하고 단기간 내 주식을 양도함으로써 양도차익의 실질귀속자를 은폐하는 경우 등이다.

(3) 거주자·내국법인이 비거주자·외국법인으로 위장하는 행위

소득세법 상 거주자임에도 국내 체류일수 조절 등을 통해 비거주자로 위장하거나, 법인의 실질적 관리장소가 국내에 있으므로 내국법인에 해당됨에도 외국법인으로 위장함으로써 전세계 소득에 대한 무제한 납세의무가 아닌 국내원천소득에 대한 제한적 납세의무만을 부담하는 역외탈세 사례가 증가하고 있다.

예를 들어, ⅰ) 거주자가 해외펀드 등을 경유하여 국내 주식에 투자한 후 발생소득에 대해서는 종합소득으로 신고·납부해야 하지만, 조약상 비과세 또는 비거주자 원천징수로 납세의무가 종결되는 경우, ⅱ) 해운업을 영위하는 거주자가 체류일수를 조절하여 비거주자로 위장하고, 홍콩에 설립한 법인의 실질적 관리장소가 국내에 있음에도 법인세·소득세를 신고·납부하지 않은 경우 등이다.

2 역외탈세 수법의 진화

최근 디지털 경제의 확산으로 IT기술 등 무형자산의 중요성이 커진 반면, 세원의 이동성이 높아 디지털재화 등 과세의 사각지대 증가하고, 국가 간 자금이동의 제한이 없는 가운데 주식, 파생상품 등 다양한 금융상품을 통해 거래의 실질 위장, 인위적 손실창출 등 조세회피 기법이 고도화되는 등 급변하는 국제조세 환경 속에서 신종 거래가 지속 출현하는 한편, 역외탈세 수법 또한 더욱 더 지능화되는 경향이 나타나고 있다.

전통적인 역외탈세 수법은 주로 거주자의 해외소득을 환치기, 소액분산 외환송금 등의 방법으로 국내에 불법적으로 반입하거나 또는 조세회피처에 서류상회사(paper company)를 설립하여 국외소득을 미신고하거나 국내재산을 해외로 반출하여 단순히 은닉하는 방식이었다. 그러나, 최근에는 전문가 집단의 적극적인 조력하에 조세회피처에 설립된 단체의 다단계 구조화, 공격적인 사업구조 개편(BR) 거래, 해외 현지법인과의 이전가격 조작 등 한층 진화된 방식의 역외탈세 수법이 출현하고 있다. 또한, 해외로 유출한 자금을 단순히 은닉하는 데 그치지 않고, 자금세탁 과정을 거쳐 국내로 재반입하거나 국외에서 재투자 또는 자녀에게 변칙 상속・증여하는 등 적극적 탈세시도가 증가하고 있다.

특히, 최근 국가 간 자동 금융정보교환의 확대, 현지국가에서 법인 등 단체에 대한 실질요건(substance requirement) 강화 등 역외단체 및 국제거래의 투명성을 높이기 위한 국내외 제반 조치들이 시행되면서 미신고 해외금융계좌에 은닉된 자금이 해외 부동산 및 주식지분 취득 등 다른 투자자산 형태로 전환되는 등 역외탈세 자금이 더욱 복잡하고 정교한 방식으로 위장・세탁・은닉되고 있는 추세이다. 이상의 논의를 요약하면 〈표 5-8〉과 같다.

〈표 5-8〉 역외탈세 수법의 진화 양상

구 분	전통적 수법	신종 수법
특징	• 소극적 은닉, 해외소비 목적	• 적극적 세탁, 재투자, 상속・증여
단체 형태	• 주로 법인 형태 (명목회사, 우편함회사) • 단순 소유자 구조	• 법인, 신탁, 펀드 등 다양 (기지회사, 지주회사) • 복잡・다단계 소유자 구조
실질 요건	• 경제적 실질 부재 → 인적・물적 실체가 미비하여 단체 및	• 경제적 실질 위장 → 법인대행용역[124]을 적극 활용하여

구 분	전통적 수법	신종 수법
	거래의 실체 부인 용이	인위적으로 최소한의 실질 창출
전문가 조력	• 법인설립, 명의대여 등 단순한 일회성 서비스 제공	• 구조설계, 단체 설립·운용·청산 등 전 과정의 기획 및 실행에 관여

3 역외탈세 차단을 위한 과세당국의 대응

가. 의의 및 배경

역외탈세는 공평과세를 저해하고 세수기반을 잠식할 뿐만 아니라, 궁극적으로는 성실납세자에 대한 조세부담 전가로 사회통합을 저해하는 심각한 문제를 초래하고 있으나, 과세당국과 납세자 간 정보의 비대칭 문제를 해결하기 위한 조세정보교환 등 국제적 공조가 미흡하고 과세요건 사실에 대한 과세당국 입증책임 원칙 등 때문에 갈수록 지능적으로 진화하고 있다.

이에 따라 세계 각국은 G20 등의 정치적 지지를 토대로 조세회피처 거래에 대한 투명성 제고, 국가 간 조세정보교환 네트워크 확대 등 국제공조 및 국내 제도개선 노력을 강화하고 있다. 이러한 대외적 환경 속에서 우리나라 과세당국 또한 진화하는 역외탈세에 효과적으로 대처하기 위하여 역외탈세 대응 전담조직을 신설하고, 자동정보교환 등 국제공조 강화, 기획 세무조사 실시, 관련 제도개선 등에 지속적으로 노력하고 있다.

나. 자동정보교환 등 국제공조의 강화

2009년 우리나라는 미국, 영국, 일본, 중국 등 9개 회원국이 참여하는 역외정보공조협의체(JITSIC: Joint Int'l Taskforce on Shared Intelligence & Collaboration)에 가입하였다. 2020년 현재 JITSIC은 40여 개국이 참여하는 OECD 네트워크 공조체제로 회원국 간 역외탈세 관련 정보를 공유하고 분석하는 정보공조 업무를 수행하고 있다.

124) 법인대행용역(corporate secretarial services)이란 네덜란드, 룩셈부르크, 아일랜드, 스위스, 싱가포르 등 조세조약 네트워크를 갖추고 역외금융센터가 발달된 국가에서 지주회사 등 중간법인을 이용하는 MNEs의 글로벌 투자전략을 지원하기 위해 소위 '우편함회사'가 세법 등 현지국 법률을 준수할 수 있도록 돕기 위해서 법률회사 등이 제공하는 서비스를 말한다. 예컨대, 이사의 대여, 이사회·주주총회 회의록 작성, 각종 회계장부, 재무제표 및 세무신고서류 등의 작성·제출, 법인의 설립·청산 등의 대행업무를 수행한다.

또한, 2013년 9월 G20 정상들이 글로벌 금융위기의 극복을 위해서는 조세투명성 제고를 위한 국가 간 조세 정보교환의 강화가 필요하다는데 합의한 이후, OECD 주도로 '다자간 금융정보 자동교환협약'의 체결을 추진하였다. 그 결과, 2014년 10월 51개국이 동 협약에 최초로 서명한 이후 2017년부터 금융정보를 매년 교환하고 있으며 2020년 말 현재 107개국이 참여하고 있다.

한편, OECD BEPS 실행계획(Action 13)의 권고에 따라서 우리나라는 2015년 12월 국조법을 개정하여 국제거래정보 통합보고서(통합기업보고서, 개별기업보고서, 국가별보고서) 제출을 의무화하였으며, 2016년 '국가별보고서 교환을 위한 다자간협약'에 서명함에 따라 2018년부터 체약상대국들과 MNEs의 국가별보고서를 매년 정기적으로 교환하고 있다.

다. 역외탈세 기획 세무조사

국세청은 2009년 역외탈세 관련 정보수집 및 분석을 강화하기 위해 T/F형태로 '역외탈세 추적전담센터'를 신설한 이후 2011년에는 '역외탈세담당관실'로 정규 조직화하고, 외국과세당국과의 정보협력 네트워크를 활성화하고 자체 정보수집 역량을 강화하기 위해 관련 예산도 확충하였다.

이렇게 대폭 확충된 역외탈세 대응 인프라를 토대로 국세청은 매년 기획 세무조사를 실시하고 있으며, 2013년 이후부터는 매년 1조 원 이상의 역외탈세 추징실적을 거두고 있다. 다만, 비거주자 및 외국법인에 대한 세무조사 실적은 엄밀히 말해서 역외탈세의 범주에 포함되지 않는다는 점에서, 거주자 및 내국법인과 관련한 순수한 역외탈세 조사실적은 발표된 금액보다는 적을 것이다.

4 역외탈세 관련 국내 판례

그동안 거주자가 해외 사업활동을 통해 벌어들인 소득을 국내에 불법적 또는 변칙적 방법으로 반입하는 과정에서 외국환거래법 위반은 물론, '사기 그 밖의 부정한 행위'에 해당되어 조세포탈범으로 처벌되는 사례가 종종 있었다.

예를 들어, 거주자가 중국에 설립한 법인들의 사업활동에서 얻은 소득을 배당을 통하지 않고 변칙적으로 유출하여 환치기 브로커를 통하여 소액 대체송금하는 방식으로 국내에 반입하다가 적발된 것과 관련하여 과세당국이 실질적 주주에 대해 배당소득으로 과세한 사안에서, 법원은 "어떠한 소득이 그 발생 당시 시행되던 소득세법 상 과세소득으로 열거되지 아니하였더라도 (…) 과세관청으로서는 소득처분을 매개로 하여 사외유출된 소득에 대하여 과세할 수 있음은 물론, 소득의 실질귀속자와 소득세법이 정한 소득의 유형(근로소득, 배당소득 등), 귀속시기를 밝혀 이를 직접 과세할 수도 있으므로 사외유출된 소득을 과세하기 위해서는 소득처분이 항상 선행되어야 하는 것은 아니다."고 전제하고, "원고들이 이 사건 법인의 실질적 주주 내지 지분권자로서 '외국법인으로부터 받는 이익이나 잉여금의 배당 또는 분배금' 내지 (…) 유사한 소득으로서 수익분배의 성격이 있는 것에 해당한다고 할 것이므로 원고들에게 귀속된 배당소득이라고 봄이 타당하다."고 판시하였다.

동일한 사건에서 원고들의 '사기 기타 부정한 행위'가 인정되는지 여부와 관련하여, "적극적인 은닉의도가 객관적으로 드러난 것으로 볼 수 있는지 여부는 수입이나 매출 등을 기재한 기본장부를 허위로 작성하였는지 여부뿐만 아니라, 당해 조세의 확정방식이 신고납세방식인지 부과과세방식인지, 미신고나 허위신고 등에 이른 경위 및 사실과 상위한 정도, 허위신고의 경우 허위 사항의 구체적 내용 및 사실과 다르게 가장한 방식, 허위 내용의 첨부서류를 제출한 경우에는 그 서류가 과세표준 산정과 관련하여 가지는 기능 등 여러 사정을 종합하여 사회통념상 부정이라고 인정될 수 있는지에 따라 판단하여야 한다(대법원 2014.2.21. 선고 2013도13829 판결 참조)."고 하면서, "원고들이 쟁점금액을 가공비용으로 기재하는 등 이 사건 법인의 기본장부인 재무제표를 허위로 작성하고, 이 사건 회계장부에 쟁점금액을 가지급금으로 허위 계상하며, 쟁점금액을 대체송금의 방식으로 송금받는 등의 일련의 행위는 소득세 포탈을 위한 '사기 기타 부정한 행위'에 해당한다고 봄이 타당하다."고 판시하였다.

또한, 동일한 사건에서 회계장부의 소급작성이 종합소득세의 신고・납부기간이 종료되어 소득세 납세의무가 발생한 이후의 행위이므로 부정행위를 구성할 수 없다는 납세자의 주장에 대해서, 법원은 "'사기 기타 부정한 행위'가 이루어지는 시점의 경우, 그와 같은 행위가 과세관청의 조세부과권 행사를 곤란하게 한다는 이유로 부과제척기간을 늘리는 요건이 되므로 과세관청이 부과권을 행사하기 전에 이루어진 것이면 족하다고 봄이 타당하다. 따라서 신고・납부기한이 도래한 후라도 무신고로 인하여 과세관청의 조사와 부과처분이 이루어지는 경우 그 처분 이전에 '사기 기타 부정한 행위'가 있었다면 부과제척기

간이 10년으로 연장되는 것으로 볼 수 있다."고 판결하였다.[125)]

한편, 거주자의 역외탈세 수법과 관련하여 조세회피처에 인적·물적 실체가 없는 단체를 설립한 후 국내에 우회 투자하여 소득의 실질귀속자를 위장하는 사례가 많다. 이와 관련하여 우리나라 법원은, 조세회피처 단체의 법인격 및 그 단체의 사법상 법률관계를 인정하는 전제하에 조세회피처 단체를 부인함으로써 그 배후의 주주에 대한 명의신탁 법리의 적용을 인정하지 않는 반면에, 그 단체가 조세회피 목적으로 설립·활용되는 경우에는 실질과세원칙을 적용하여 그 배후의 실질귀속자에게 납세의무를 부여하고 있다.

〈그림 5-22〉 명의신탁약정의 주체 및 조세회피 목적 부인사례

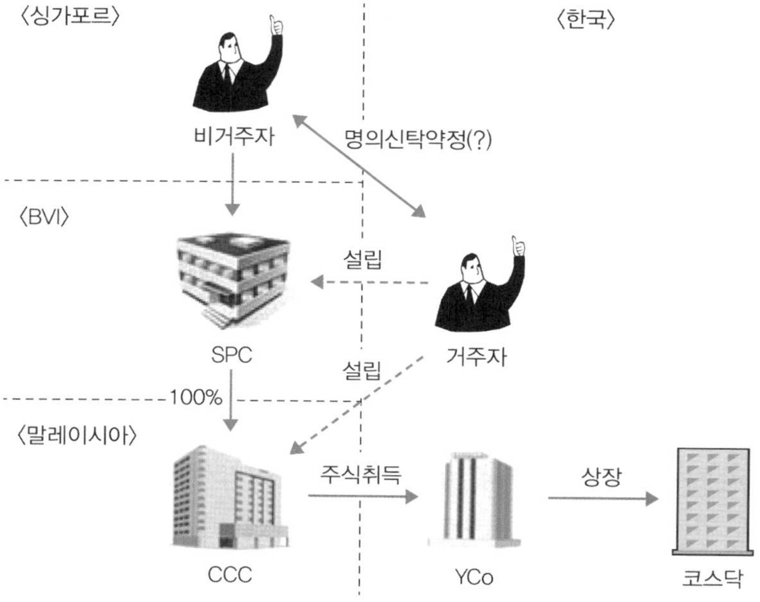

위 〈그림 5-22〉에서 보는 바와 같이, 거주자가 말레이시아 라부안에 설립한 SPC(CCC) 명의로 내국법인에 투자한 후 코스닥 상장을 위해 대주주의 명의를 비거주자로 변경한 것과 관련하여 과세당국이 명목회사인 CCC 명의의 내국법인(YCo) 주식의 실제 권리자는 해당 거주자이고 조세회피 목적으로 위 주식을 비거주자에게 명의신탁하였다는 이유로 증여세를 부과한 사안에서, 법원은 상증세법 상 "명의신탁재산 증여의제규정은 권리의 이전이나 행사에 등기 등을 요하는 재산의 실제소유자와 명의자가 다른 경우에 적용되는

125) 대법원 2020.3.27. 선고 2019두62307 판결(상고기각); 서울고등법원 2019.11.6. 선고 2018누55359 판결

것이고, 이때 당사자들 사이에 명의신탁 설정에 관한 합의가 존재하여 해당 재산의 명의자가 실제소유자와 다르다는 점은 과세관청이 증명하여야 한다.(대법원 2017.5.30. 선고 2017두31460 판결 참조)"고 전제한 후, "1999년 9월경 해당 거주자가 아니라 CCC가 YCo 주식을 취득하여 소유하였고, 2007년 12월 경 CCC를 실질적으로 운영하는 해당 거주자가 CCC를 대표하여 CCC가 보유한 YCo 주식을 해당 비거주자에게 명의신탁한 것으로 볼 수 있으므로 해당 거주자가 아니라 CCC가 YCo 주식을 해당 비거주자에게 명의신탁하였다고 봄이 타당하다"고 판결하였다. 또한, "CCC와 그 상위 지주회사는 적법하게 설립된 법인으로 법인격을 가지며 해당 거주자가 지주회사 지배구조의 최종 1인 주주로서 명목회사인 CCC를 지배・관리하고 있다는 사정만으로는, CCC의 법인격이나 이를 전제로 한 사법상 효과 및 법률관계를 부인하여 CCC가 아니라 그 최종 지배주주인 해당 거주자가 YCo 주식을 취득하였다고 볼 수 없다."고 판시하였다.

한편, "명의신탁이 조세회피 목적이 아닌 다른 이유에서 이루어졌음이 인정되고, 그 명의신탁에 부수하여 사소한 조세경감이 생기는 것에 불과한 경우에는 조세회피 목적이 있었다고 볼 수 없다.(대법원 2006.5.12. 선고 2004두7733 판결; 대법원 2017.6.19. 선고 2016두51689 판결 등 참조)"고 하면서, "CCC가 해당 비거주자에게 YCo 주식을 명의신탁한 것은, YCo가 코스닥시장 상장심사를 통과할 수 있도록 하기 위한 뚜렷한 이유에서 이루어졌다고 인정할 수 있고, 그 명의신탁에 부수하여 사소한 조세경감이 생긴 것에 불과하다고 봄이 타당하다."고 판시하였다.[126)]

아래 〈그림 5-23〉에서 보는 바와 같이, 거주자가 조세회피처(BVI)에 특수목적회사(SPCs)를 설립하고 해외 금융기관과의 주식보관약정을 이용하여 SPCs와 해외 금융기관 명의로 국내 법인들이 발행한 주식, 전환사채, 신주인수권부사채 등에 우회 투자한 후 주식양도차익 및 배당소득을 얻었으나 미신고한 사안에서, 법원은 "피고가 제출한 증거만으로는 원고가 이 사건 주식의 실제 소유자인 사실 및 원고와 각 SPC 내지 해외 금융기관 사이에 이 사건 주식의 명의신탁에 관한 합의가 있었다는 사실을 인정하기에 부족하고, 달리 이를 인정할 증거가 없으므로, 이와 다른 전제에서 한 이 사건 증여세 부과처분은 위법하여 취소되어야 한다"고 판시하면서, 다른 한편으로 "원고가 이 사건 각 SPC에 대한 지배권 등을 통하여 실질적으로 이 사건 주식으로 인한 이익 등을 향유하고 있고, 각 SPC를 이용한 행위는 조세를 회피할 목적에서 비롯된 경우에 해당한다고 봄이 상당하므

126) 대법원 2018.10.25. 선고 2013두13655 판결

로, 실질과세원칙에 따라 원고에게 이 사건 주식의 보유·처분에 따른 배당소득 및 양도소득이 귀속된다"고 판시하였다.127)

〈그림 5-23〉 조세회피처 SPC귀속 소득의 실질귀속자를 거주자로 본 사례

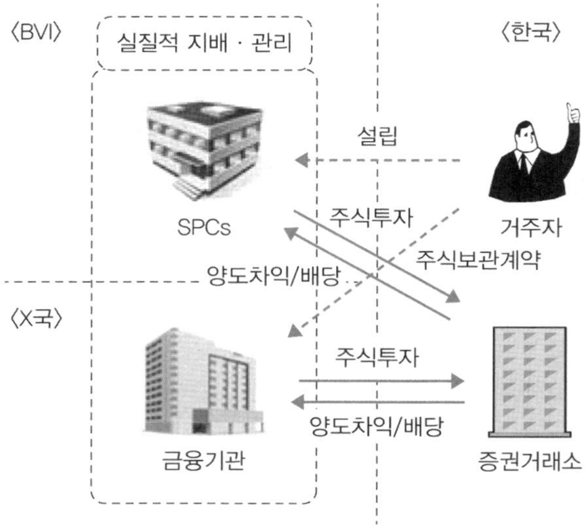

이 사건과 관련하여 고등법원은, "이 사건 각 SPC는 BVI의 근거법령에 따라 적법하게 설립된 법인으로서 각 SPC는 주주와 구별되는 독립된 권리를 가진 실체로 인정이 되고, 각 SPC가 최소한의 자본출자 요건만을 갖추고 인적·물적 시설없이 설립되었다고 하더라도 그 법인격이 부인된다고 할 수 없다."고 하면서, "ⅰ) 이 사건 각 SPC는 이 사건 주식을 취득한 뒤 매도하는 등의 형태로 원고의 재산을 보유·관리하고 있을 뿐 그 외 별다른 사업실적이 없는 점, ⅱ) 각 SPC는 독자적으로 의사를 결정하거나 사업목적을 수행할 능력이 없는 것으로 보이는 점, ⅲ) 주식 취득자금의 원천은 모두 원고의 개인 자금이고, 주식의 취득과 보유 및 처분 모두 원고의 이익을 위하여 사실상 원고의 의사에 의하여 결정된 점, ⅳ) 각 SPC 명의 계좌에 입금된 돈이 원고의 의사에 따라 개인적인 용도에 사용되기 위하여 출금된 점, ⅴ) 조세회피 목적과 관련하여, a) 조세회피의 목적이 유일한 또는 가장 주된 목적일 것을 요구하는 것은 아니므로 다른 목적과 아울러 조세회피의 의도가 부수적으로라도 있었다고 인정된다면 조세회피 목적이 없다고 할 수 없는 점(대법원 1998.7.14. 선고 97누348 판결 참조), b) 각 SPC가 이 사건 주식을 취득할 당시 대주

127) 대법원 2020.8.27. 선고 2020두32227 판결

주에 대한 주식양도 과세규정이 이미 시행되고 있었고, 원고 및 그의 재산을 관리하던 직원들도 위와 같은 과세규정에 따른 조세문제가 발생할 수 있음을 인식하고 있었던 것으로 보이는 점, c) 각 SPC에 대하여는 국내 주식의 양도소득에 관하여 과세할 방법이 없는 점 등에 비추어 각 SPC로 하여금 이 사건 주식을 취득하도록 한 것은 원고에게 발생할 수 있는 국내 조세를 회피하기 위한 목적이 있었다고 보기에 충분하다고 보이는 점 등을 종합적으로 고려하면, 원고가 각 SPC에 대한 지배권 등을 통하여 실질적으로 이 사건 주식으로 인한 이익 등을 향유하고 있고, 각 SPC를 이용한 행위는 조세를 회피할 목적에서 비롯된 경우에 해당한다고 봄이 상당하므로 실질과세원칙에 따라 원고에게 양도소득, 배당소득이 귀속된 것으로 보아야 한다."고 판시하였다.[128]

5 해외금융계좌 신고제도

가. 의의

우리나라는 해외금융계좌 신고제도 이전인 2009년부터 '외국환거래규정'에 의해 해외예금 잔액이 개인 10만불, 법인 50만불 초과시 외국환은행이 한국은행을 통해 국세청에 통보하는 제도가 시행되고 있었으나, 계좌번호 등의 정보가 포함되지 않아 과세목적 상 활용에 한계가 있다는 지적이 제기되었다.

이에 따라, 거주자 또는 내국법인이 보유하고 있는 해외금융계좌 잔액의 합계가 5억원('17년 보유분까지는 10억원)을 초과하는 경우 그 금융계좌의 정보를 국세청에 신고하도록 의무화하는 내용의 해외금융계좌 신고제도가 2011년 처음으로 시행되었다. 이는 역외탈루세원의 파악 및 세원관리의 기반을 마련하고, 해외로 부당 유출된 자본의 회수 및 유입을 유인하는 한편 국내자본의 불법적 해외유출과 역외소득 탈루를 사전에 억제하기 위한 것이다.

128) 서울고등법원 2019.12.11. 선고 2018누32165 판결

나. 해외금융계좌 신고의무의 내용

(1) 신고의무자

'해외금융계좌'를 보유한 거주자 및 내국법인 중에서 해당 연도의 매월 말일 중 어느 하루의 해외금융계좌 잔액(해외금융계좌가 여러 개인 경우에는 각 해외금융계좌 잔액을 합산한 금액을 말한다)이 5억원을 초과하는 자(이하 계좌신고의무자)는 '해외금융계좌정보'를 다음 연도 6월 1일부터 30일까지 납세지 관할 세무서장에게 신고하여야 한다.(국조법 §53 ①)

이와 관련하여, ⅰ) 해외금융계좌 중 계좌의 명의자와 실질적 소유자가 다른 경우에는 그 명의자와 실질적 소유자, ⅱ) 해외금융계좌가 공동명의 계좌인 경우에는 각 공동명의자(이하 해외금융계좌 관련자)가 해당 해외금융계좌를 각각 보유한 것으로 본다.(국조법 §53 ②)

'해외금융계좌'란 '해외금융회사 등'과 은행업무, 해외증권거래, 해외파생상품 거래 등의 금융거래 및 가상자산거래를 위하여 해외금융회사 등에 개설한 계좌를 말한다.(국조법 §52 2호) 여기서 '해외금융회사 등'이란 금융 및 보험업과 이와 유사한 업종을 하는 금융회사, 가상자산사업자 및 이와 유사한 사업자를 말한다. 이 경우 내국법인의 국외사업장을 포함하고, 외국법인의 국내사업장은 제외한다.(국조법 §52 1호) 따라서 내국법인의 경우, 해외지점 및 해외사업장 계좌는 포함하되, 해외 자회사 계좌는 제외한다.

또한, '해외금융계좌정보'란 ⅰ) 보유자의 성명 · 주소 등 신원에 관한 정보, ⅱ) 계좌번호, 해외금융회사 등의 이름, 매월 말일의 보유계좌 잔액의 최고금액 등 보유계좌에 관한 정보, ⅲ) 계좌의 실질적 소유자, 공동명의자 등 '해외금융계좌 관련자'에 관한 정보를 말한다.(국조법 §52 3호)

거주자 및 내국법인의 판정은 신고대상연도 종료일을 기준으로 한다.(국조령 §92 ②) 국외에서 근무하는 공무원, 내국법인의 국외사업장 또는 내국법인이 100% 출자한 해외현지법인에 파견된 임 · 직원은 거주자에 해당하므로 해외금융계좌 신고의무가 있다.(소령 §3)

(2) 신고의무 면제자

신고대상연도 종료일 현재 거주자 또는 내국법인에 해당하더라도 아래에 해당하는 자는 신고의무가 면제된다.

첫째, 소득세법 제3조 제1항 단서에 따른 외국인 거주자는 신고의무가 없다.(국조법 §54 1호) 신고대상연도 종료일 10년 전부터 국내에 주소나 거소를 둔 기간의 합계가 5년 이하인 외국인 거주자는 해외금융계좌 신고의무가 없으며, 과세대상소득 중 국외발생 소득의 경우 국내에서 지급되거나 국내로 송금된 소득에 대해서만 소득세 신고의무가 있다. 따라서, 국내 거주기간이 5년을 초과하는 외국인 거주자는 국내・외에서 발생한 모든 과세소득에 대한 소득세 신고 및 해외금융계좌 신고의무를 이행해야 한다.

둘째, 신고대상연도 종료일 1년 전부터 국내에 거소를 둔 기간의 합계가 183일 이하인 '재외국민'은 신고의무가 없다.(국조법 §54 1호) '재외국민'이란 '재외동포의 출입국과 법적 지위에 관한 법률' 제2조 제1호의 재외국민으로서, 외국의 영주권을 취득한 자 또는 영주할 목적으로 외국에 거주하고 있는 대한민국의 국민을 말한다. 이 경우 국내에 거소를 둔 기간이란 입국하는 날의 다음 날부터 출국하는 날까지로 하며, 재외국민이 입국한 경우 생계를 같이 하는 가족의 거주지나 자산소재지 등에 비추어 그 입국목적이 관광, 질병의 치료, 병역의무의 이행 등 사업의 경영 또는 업무와 무관한 사유에 해당하여 그 입국한 기간이 명백하게 일시적인 것으로 인정되는 때에는 해당 기간은 국내에 거소를 둔 기간으로 보지 아니한다.(소령 §4 ④)

셋째, 국가, 지자체 및 '공공기관의 운영에 관한 법률'에 따른 공공기관은 신고의무가 없다.(국조법 §54 2호) 그러나, 종교단체, 시민단체 등 비영리법인은 신고의무가 있다.

넷째, 금융회사 등 다른 법령에 따라 국가의 관리・감독이 가능한 기관은 신고의무가 없다.(국조법 §54 3호 및 5호) 여기에는 ⅰ) '자본시장과 금융투자업에 관한 법률'에 따른 금융투자업관계기관, 집합투자기구, 집합투자기구평가회사 및 채권평가회사, ⅱ) '금융지주회사법'에 따른 금융지주회사, ⅲ) '외국환거래법'에 따른 외국환업무취급기관 및 외국환중개회사, ⅳ) '신용정보의 이용 및 보호에 관한 법률'에 따른 신용정보회사가 포함된다.(국조령 §95 ③)

다섯째, 해외금융계좌 관련자 중 어느 하나가 본인의 해외금융계좌 정보를 함께 제출함에 따라 국세청이 본인이 보유한 모든 해외금융계좌 정보를 확인할 수 있는 자는 신고의무가 없다.(국조법 §54 4호, 국조령 §95 ②)

(3) 계좌의 실질적 소유자

계좌의 실질적 소유자는 계좌의 명의와는 관계없이 해당 해외금융계좌와 관련한 거래에서 경제적 위험을 부담하거나 이자 · 배당 등의 수익을 획득하거나 해당 계좌를 처분할 권한을 가지는 등 해당 계좌를 사실상 관리하는 자를 말한다.(국조령 §94 ①)

내국인(거주자 및 내국법인)이 외국법인의 의결권 있는 주식의 100%를 직 · 간접으로 소유(내국인과 특수관계에 있는 자가 직 · 간접으로 소유한 주식을 포함한다)한 경우에는 그 내국인을 실질적 소유자에 포함한다. 다만, 해당 외국법인이 우리나라와 조세조약을 체결하고 시행하는 국가에 소재하는 경우에는 그러하지 아니하다.(국조령 §94 ②)

위 규정에도 불구하고 다음 중 어느 하나에 해당하는 자가 명의자인 해외금융계좌를 통하여 투자한 자는 실질적 소유자로 보지 않는다. 즉, 투자자가 ⅰ) '자본시장과 금융투자업에 관한 법률' 제9조 제18항에 따른 집합투자기구 또는 이와 유사한 외국에서 설립된 집합투자기구(금융위원회에 등록된 것에 한정한다), ⅱ) '자본시장과 금융투자업에 관한 법률' 제8조 제3항에 따른 투자중개업자 또는 같은 법 제294조에 따른 한국예탁결제원, ⅲ) '자본시장과 금융투자업에 관한 법률 시행령' 제103조에 따른 금전신탁계약의 신탁업자, ⅳ) '중소기업창업지원법' 제20조에 따른 중소기업창업투자조합, ⅴ) '벤처기업육성에 관한 특별조치법' 제4조의3에 따른 한국벤처투자조합의 명의로 투자한 경우, 그 해외금융계좌의 실질적 소유자로 보지 않는다.(국조령 §94 ③)

(4) 신고대상계좌

해외금융회사에 개설한 계좌로서 예 · 적금 계좌, 주식 · 채권 · 펀드 등 각종 수익증권 거래를 위해 개설한 계좌를 비롯하여 선물 · 옵션 등 파생상품, 보험상품, 그 밖의 금융자산 거래를 위하여 개설한 계좌는 모두 신고대상계좌이다.

거래실적 등이 없는 계좌, 연도 중에 해지된 계좌 등 해당연도 전체 기간 중에 보유한 모든 계좌를 포함하되, 다음의 계좌는 제외한다. Ⅰ) '보험업법'에 따른 보험상품 및 이와 유사한 해외보험상품으로서 순보험료가 위험보험료만으로 구성되는 보험계약에 해당하는 금융계좌, Ⅱ) '근로자퇴직급여 보장법'에 따른 퇴직연금제도 및 이와 유사한 해외 퇴직연금제도에 따라 설정하는 퇴직연금계좌로서 다음 각 목의 요건을 모두 갖춘 계좌: ⅰ) 계좌가 해당 국가에서 다음의 어느 하나에 해당하는 세제혜택 대상일 것. a) 계좌에 대한 납입금이 계좌보유자의 총소득에서 공제 또는 제외되는 경우, b) 계좌에 대한 납입금이 감면된 세율로 과세되는 경우(계좌에 대한 납입금의 전부 또는 일부가 종합소득산출세액에서 공제되는 경우를 포함한다), c) 계좌로부터 발생하는 투자소득에 대한 과세가 이연되거나 감면된 세율로 과세되는 경우, ii) 계좌와 관련하여 해당 외국 과세당국에 매년 정보보고가 이루어질 것, iii) 특정 퇴직연령 도달, 장애 또는 사망과 같은 특정 사안이 발생하는 경우에만 인출이 허용되거나 특정 사건이 발생하기 전에 인출할 경우 불이익이 있을 것, iv) 계좌에 대한 연간 납입금이 5천만원 이내로 제한되거나 전체 납입금이 10억원 이내로 제한될 것. 이 경우 해외 퇴직연금제도에 따른 퇴직연금계좌가 복수인 경우에는 합계액을 기준으로 판단한다.(국조령 §93 ②)

(5) 신고금액의 산정

신고대상연도 매월 말일 중 어느 하루라도 계좌잔액의 합이 5억원을 초과하는 경우 다음 방법에 따라 신고금액을 결정하여 신고해야 한다.

계좌신고의무자의 매월 말일 해당 해외금융계좌 잔액은 각 해외금융계좌의 자산에 대하여 다음 각 호에 따라 산정한 금액을 해당 표시통화의 환율(외국환거래법에 따른 일별 기준환율 또는 재정환율을 말한다)로 각각 환산한 후 더하여 산출한다. 이 경우 피상속인 명의의 해외금융계좌를 수인이 공동으로 상속받은 경우에는 계좌잔액 중 공동상속인 각자의 상속분에 해당하는 금액만큼만 환산하여 더한다. i) 현금: 해당하는 매월 말일 현재의 잔액, ii) 상장주식(예탁증서 포함) 및 상장채권: 해당하는 매월 말일 현재의 수량 × 해당하는 매월 말일의 최종가격(거래일이 아닌 경우에는 그 직전 거래일의 최종가격), iii) 집합투자증권: 해당하는 매월 말일 현재의 수량 × 해당하는 매월 말일의 기준가격(기준가격이 없는 경우에는 환매가격 또는 가장 가까운 날의 기준가격), iv) 보험상품: 해당하는 매월 말일 현재의 납입금액, v) 가상자산: 해당하는 매월 말일 현재의 수량 × 해당하는 매월 말일의 최종가격(거래일이 아닌 경우에는 그 직전 거래일의 최종가격), vi) 기타 자산: 해당하는 매월 말일 현재의 수량 × 해당하는 매월 말일의 시가(시가산정이 곤란한 경우에는 취득가액)(국조령 §93 ①)

또한, 보유중인 모든 해외금융계좌의 매월 말일 잔액을 원화로 환산하여 합하였을 때 그 합계액이 가장 큰 날을 기준일로, 그 합계액을 신고금액으로 신고한다. 기준일 현재 보유계좌의 신고금액이 0이거나 (－)인 경우 당해 계좌는 신고대상이 아니며, 신고금액 산정시 금융채무 잔액은 차감하지 않는다.

(6) 신고의무 불이행에 대한 과태료

계좌신고의무자가 신고기한까지 해외금융계좌 정보를 신고하지 아니하거나 과소 신고한 경우, ⅰ) 신고하지 아니한 경우에는 미신고금액, ⅱ) 과소 신고한 경우에는 실제 신고한 금액과 신고하여야 할 금액과의 차액의 20%에 상당하는 과태료를 부과한다.(국조법 §62 ①) 이때 미신고·과소신고 금액이 ⅰ) 20억 원 이하인 경우에는 10%, ⅱ) 20억 원 초과 50억원 이하인 경우에는 15%, ⅲ) 50억 원 초과인 경우에는 20%를 부과하되, 부과할 수 있는 과태료 금액의 상한은 20억 원이다.(국조령 §103 ①)

계좌신고의무자의 신고의무 위반금액이 50억 원을 초과하는 경우에는 '정당한 사유'가 있는 경우가 아닌 한, 2년 이하의 징역 또는 신고의무 위반금액의 13% 이상 20% 이하에 상당하는 벌금에 처한다.(조세범처벌법 §16 ①) 여기서 '정당한 사유'에 대한 판단은 사법부에서 결정할 사안이므로, 과세당국은 신고의무 위반금액이 50억 원을 초과하면 형사소송법 제234조[129]에 따라 관할 수사기관에 고발하여야 한다. 이는 수정신고 또는 기한후신고를 한 경우에도 마찬가지이다. '조세범처벌법' 제16조 제1항에 따라 처벌되거나 '조세범처벌절차법' 제15조 제1항에 따른 통고처분을 받고 그 통고대로 이행한 경우에는 미신고·과소신고 과태료를 부과하지 아니한다.(국조법 §62 ④)

이와 같이 산정된 과태료는 그 위반행위의 정도, 위반 횟수, 위반행위의 동기와 결과 등을 고려하여 해당 과태료 금액의 50% 범위에서 줄이거나 늘리 수 있다.(국조령 §103 ②)

미신고·과소신고 과태료를 부과할 때 해외금융계좌 잔액 합산의 오류 등 단순 착오에 따라 신고하지 않았다고 인정할 만한 사유가 있는 경우에는 과태료를 부과하지 않을 수 있다.(국조령 §103 ④)[130] 또한, 신고하지 않거나 과소신고한 계좌가 추가로 확인되는 경우 추가로 부과하는 과태료는 신고하지 않거나 과소신고한 전체 금액을 기준으로 부과할 과태료에서 이미 부과한 과태료를 뺀 금액을 부과한다.(국조령 §103 ⑤)

과태료 부과대상자가 외국환거래법 제20조에 따라 해외에서 거래한 예금의 잔액현황보고서를 제출한 경우 과세당국은 미신고·과소신고 과태료 금액의 50% 범위 내에서 해당 과태료 금액을 줄일 수 있다.(국조령 §103 ⑦)

---

129) "공무원은 그 직무를 행함에 있어 범죄가 있다고 사료하는 때에는 고발하여야 한다."

130) 예컨대, 전년도에 신고한 계좌를 해당 연도에 미신고한 것을 오류 등에 의한 단순 착오로 인정할 수 있을지 모호하다. 이 조항의 적용범위를 지나치게 넓히게 되면 해외금융계좌 신고제도의 취지가 퇴색되기 때문에 구체적 적용범위를 설정할 필요가 있을 것이다.

(7) 수정신고 및 기한후신고

신고기한까지 해외금융계좌 정보를 신고한 자로서 과소신고한 자 또는 신고기한까지 해외금융계좌 정보를 신고하지 아니한 자는 과세당국이 과태료를 부과하기 전까지 해외금융계좌 정보를 수정신고 또는 기한후신고할 수 있다.(국조법 §55 ① 및 ②, 국조령 §96 ① 및 ②)

계좌신고의무자가 수정신고 및 기한후신고를 한 경우에는 신고의무 위반금액의 출처에 대한 소명 요구를 하지 않는다. 다만, 과세당국이 과태료를 부과할 것을 미리 알고 신고한 경우에는 신고의무 위반금액의 출처에 대한 소명 요구 조항을 적용한다.(국조법 §56 ③)

신고기한이 지난 후 수정신고를 한 경우에는 해당 과태료 금액에서, 수정신고한 날이 i) 신고기한 후 6개월 이내이면 90%, ii) 6개월 초과 1년 이내이면 70%, iii) 1년 초과 2년 이내이면 50%, iv) 2년 초과 4년 이내이면 30%를 적용한 금액을 차감한다. 또한, 신고기한이 지난 후 기한후신고를 한 경우에는 해당 과태료 금액에서, 기한후신고한 날이 i) 신고기한 후 1개월 이내이면 90%, ii) 1개월 초과 6개월 이내이면 70%, iii) 6개월 초과 1년 이내이면 50%, iv) 1년 초과 2년 이내이면 30%를 적용한 금액을 차감한다. 다만, 계좌신고의무자가 과세당국의 과태료 부과를 미리 알고 신고한 경우에는 차감하지 않는다.(국조령 §103 ③)

(8) 신고의무 위반금액의 출처에 대한 소명

계좌신고의무자가 신고기한까지 해외금융계좌 정보를 신고하지 아니하거나 과소신고한 경우 과세당국은 그 계좌신고의무자에게 신고기한까지 신고하지 아니한 금액이나 과소신고한 금액(이하 신고의무 위반금액)의 출처에 대하여 소명을 요구할 수 있다.(국조법 §56 ①) 소명을 요구받은 해당 계좌신고의무자는 그 요구를 받은 날부터 90일 이내(이하 소명기간)에 소명을 하여야 한다. 다만, 계좌신고의무자가 자료의 수집·작성에 상당한 기간이 걸리는 등 부득이한 사유로 소명기간의 연장을 신청하는 경우에는 과세당국은 60일의 범위에서 한 차례만 그 소명기간의 연장을 승인할 수 있다.(국조법 §56 ②)

그러나, 계좌신고의무자가 신고의무 위반금액의 출처에 대하여 소명하지 아니하거나 거짓으로 소명한 경우에는 소명하지 아니하거나 거짓으로 소명한 금액의 20%에 상당하는 과태료를 부과한다. 다만, 천재지변 등 불가항력적 사유로 증명서류 등이 없어져 소명이 불가능한 경우 및 해외금융계좌 소재 국가의 사정 등으로 인하여 신고의무자가 신고의무 위반금액의 출처에 대하여 소명을 하는 것이 불가능한 경우 등 부득이한 사

유가 있는 경우에는 과태료를 부과하지 아니한다.(국조법 §62 ①, 국조령 §103 ⑥)

여기서 한 가지 유의할 점은 미소명 과태료가 부과되었더라도 향후 세무조사를 통해 자금의 출처가 밝혀지면 그에 따라 소득세, 법인세, 상속·증여세 등의 과세가 이루어져야 하며, 과세처분이 되었다고 해서 미소명 과태료가 취소되는 것도 아니라는 점이다.

다. 국내 판례동향

〈그림 5-24〉 스위스 해외계좌에 소득을 은닉하고 미신고한 사례

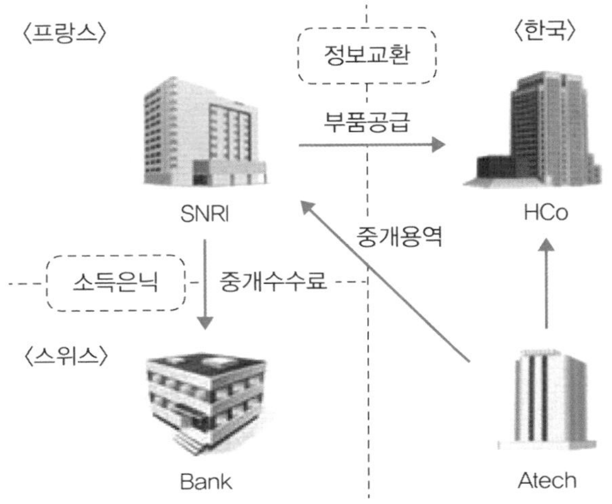

위 〈그림 5-24〉에서 보는 바와 같이, 내국법인(Atech)이 국내 선박회사(HCo)와 프랑스 법인(SNRI) 간에 선박부품의 공급을 중개하면서 수취한 중개수수료를 스위스 은행계좌에 은닉하고 관련소득 및 해외금융계좌를 미신고하였으나, 우리나라 과세당국이 프랑스 과세당국과의 정보교환 등을 통해 거주자의 역외탈세 사실을 밝혀 신고누락 소득에 대해 과세 및 고발한 사안에서, 법원은 "적극적 은닉의도가 객관적으로 드러난 것으로 볼 수 있는지 여부는 수입이나 매출 등을 기재한 기본 장부를 허위로 작성하였는지 여부뿐만 아니라, 당해 조세의 확정방식이 신고납세방식인지 부과과세방식인지, 미신고나 허위신고 등에 이른 경위 및 사실과 상위한 정도, 허위신고의 경우 허위 사항의 구체적 내용 및 사실과 다르게 가장한 방식, 허위 내용의 첨부서류를 제출한 경우에는 그 서류가 과세표준 산정과 관련하여 가지는 기능 등 제반 사정을 종합하여 사회통념상 부정이라고 인정될 수 있는지에 따라 판단하여야 한다."고 전제한 후, "원고는 2006년부터 2010년까지 SNRI

에게 중개용역을 제공하였고, 이에 따라 중개수수료에 관한 권리가 확정되었음에도, 해당 중개수수료 매출을 계정별 원장이나 거래처를 SNRI로 하는 거래처 원장(총괄 잔액) 등 장부에 고의로 기재하지 아니하였는 바, 적극적인 은닉의도가 객관적으로 드러난 것이 분명하므로, 조세의 부과와 징수를 현저히 곤란하게 하는 '사기나 그 밖의 부정한 행위'에 해당한다고 보아야 한다."고 판시하였다.[131] 이 판결은 과세당국이 납세자가 해외계좌로 지급받은 중개수수료에 관한 거래의 실체 또는 내용을 파악하기가 어려운 상황을 감안할 때, 외국법인과의 거래 사실 및 내역을 장부에 기재하지 않은 것만으로도 '고의적인 장부 미기재' 또는 '수익의 은폐'에 해당하는 것으로서 그 자체로 적극적인 은닉의사가 추단되는 부정행위로 보았다는 데 의의가 있다고 하겠다.

131) 대법원 2020.9.24. 선고 2020두41252 판결(상고기각); 서울고등법원 2020.5.27. 선고 2019누39972 판결

OECD 모델조세협약 조문

OECD MODEL CONVENTION WITH RESPECT TO TAXES ON INCOME AND ON CAPITAL

TITLE OF THE CONVENTION

Convention between (State A) and (State B) for the elimination of double taxation with respect to taxes on income and on capital and the prevention of tax evasion and avoidance

PREAMBLE TO THE CONVENTION

(State A) and (State B),

Desiring to further develop their economic relationship and to enhance their cooperation in tax matters,

Intending to conclude a Convention for the elimination of double taxation with respect to taxes on income and on capital without creating opportunities for non-taxation or reduced taxation through tax evasion or avoidance (including through treaty-shopping arrangements aimed at obtaining reliefs provided in this Convention for the indirect benefit of residents of third States),

Have agreed as follows:

Chapter I

SCOPE OF THE CONVENTION

ARTICLE 1
PERSONS COVERED

1. This Convention shall apply to persons who are residents of one or both of the Contracting States.

2. For the purposes of this Convention, income derived by or through an entity or arrangement that is treated as wholly or partly fiscally transparent under the tax law of either Contracting State shall be considered to be income of a resident of a Contracting State but only to the extent that the income is treated, for purposes of taxation by that State, as the income of a resident of that State.

3. This Convention shall not affect the taxation, by a Contracting State, of its residents except with respect to the benefits granted under paragraph 3 of Article 7, paragraph 2 of Article 9 and Articles 19, 20, 23 [A] [B], 24, 25 and 28.

ARTICLE 2
TAXES COVERED

1. This Convention shall apply to taxes on income and on capital imposed on behalf of a Contracting State or of its political subdivisions or local authorities, irrespective of the manner in which they are levied.

2. There shall be regarded as taxes on income and on capital all taxes imposed on total income, on total capital, or on elements of income or of capital, including taxes on gains from the alienation of movable or immovable property, taxes on

the total amounts of wages or salaries paid by enterprises, as well as taxes on capital appreciation.

3. The existing taxes to which the Convention shall apply are in particular:

a) (in State A): ....

b) (in State B): ....

4. The Convention shall apply also to any identical or substantially similar taxes that are imposed after the date of signature of the Convention in addition to, or in place of, the existing taxes. The competent authorities of the Contracting States shall notify each other of any significant changes that have been made in their taxation laws

Chapter II
DEFINITIONS

ARTICLE 3
GENERAL DEFINITIONS

1. For the purposes of this Convention, unless the context otherwise requires:

a) the term "person" includes an individual, a company and any other body of persons;

b) the term "company" means any body corporate or any entity that is treated as a body corporate for tax purposes;

c) the term "enterprise" applies to the carrying on of any business;

d) the terms "enterprise of a Contracting State" and "enterprise of the other Contracting State" mean respectively an enterprise carried on by a resident of a Contracting State and an enterprise carried on by a resident of the other Contracting State;

e) the term "international traffic" means any transport by a ship or aircraft except when the ship or aircraft is operated solely between places in a Contracting State and the enterprise that operates the ship or aircraft is not an enterprise of that State;

f) the term "competent authority" means:

   (i) (in State A): ....

   (ii) (in State B): ....

g) the term "national", in relation to a Contracting State, means:

   (i) any individual possessing the nationality or citizenship of that Contracting State; and

   (ii) any legal person, partnership or association deriving its status as such from the laws in force in that Contracting State;

h) the term "business" includes the performance of professional services and of other activities of an independent character.

i) the term "recognised pension fund" of a State means an entity or arrangement established in that State that is treated as a separate person under the taxation laws of that State and:

   (i) that is established and operated exclusively or almost exclusively to administer or provide retirement benefits and ancillary or incidental benefits to individuals and that is regulated as such by that State or one of its political subdivisions or local authorities; or

   (ii) that is established and operated exclusively or almost exclusively to invest funds for the benefit of entities or arrangements referred to in subdivision (i).

2. As regards the application of the Convention at any time by a Contracting State, any term not defined therein shall, unless the context otherwise requires or the competent authorities agree to a different meaning pursuant to the provisions of Article 25, have the meaning that it has at that time under the law of that State for the purposes of the taxes to which the Convention applies, any meaning under the applicable tax laws of that State prevailing over a meaning given to the term under other laws of that State.

ARTICLE 4
RESIDENT

1. For the purposes of this Convention, the term "resident of a Contracting State" means any person who, under the laws of that State, is liable to tax therein by reason of his domicile, residence, place of management or any other criterion of a similar nature, and also includes that State and any political subdivision or local authority thereof as well as a recognised pension fund of that State. This term, however, does not include any person who is liable to tax in that State in respect only of income from sources in that State or capital situated therein.

2. Where by reason of the provisions of paragraph 1 an individual is a resident of both Contracting States, then his status shall be determined as follows:

a) he shall be deemed to be a resident only of the State in which he has a permanent home available to him; if he has a permanent home available to him in both States, he shall be deemed to be a resident only of the State with which his personal and economic relations are closer (centre of vital interests);

b) if the State in which he has his centre of vital interests cannot be determined, or if he has not a permanent home available to him in either State, he shall be deemed to be a resident only of the State in which he has an habitual abode;

c) if he has an habitual abode in both States or in neither of them, he shall be deemed to be a resident only of the State of which he is a national;

d) if he is a national of both States or of neither of them, the competent authorities of the Contracting States shall settle the question by mutual agreement.

3. Where by reason of the provisions of paragraph 1 a person other than an individual is a resident of both Contracting States, the competent authorities of

the Contracting States shall endeavour to determine by mutual agreement the Contracting State of which such person shall be deemed to be a resident for the purposes of the Convention, having regard to its place of effective management, the place where it is incorporated or otherwise constituted and any other relevant factors. In the absence of such agreement, such person shall not be entitled to any relief or exemption from tax provided by this Convention except to the extent and in such manner as may be agreed upon by the competent authorities of the Contracting States.

ARTICLE 5
PERMANENT ESTABLISHMENT

1. For the purposes of this Convention, the term "permanent establishment" means a fixed place of business through which the business of an enterprise is wholly or partly carried on.

2. The term "permanent establishment" includes especially:
   a) a place of management;
   b) a branch;
   c) an office;
   d) a factory;
   e) a workshop, and
   f) a mine, an oil or gas well, a quarry or any other place of extraction of natural resources.

3. A building site or construction or installation project constitutes a permanent establishment only if it lasts more than twelve months.

4. Notwithstanding the preceding provisions of this Article, the term "permanent establishment" shall be deemed not to include:
   a) the use of facilities solely for the purpose of storage, display or delivery

of goods or merchandise belonging to the enterprise;

b) the maintenance of a stock of goods or merchandise belonging to the enterprise solely for the purpose of storage, display or delivery;

c) the maintenance of a stock of goods or merchandise belonging to the enterprise solely for the purpose of processing by another enterprise;

d) the maintenance of a fixed place of business solely for the purpose of purchasing goods or merchandise or of collecting information, for the enterprise;

e) the maintenance of a fixed place of business solely for the purpose of carrying on, for the enterprise, any other activity;

f) the maintenance of a fixed place of business solely for any combination of activities mentioned in subparagraphs a) to e),

provided that such activity or, in the case of subparagraph *f)*, the overall activity of the fixed place of business, is of a preparatory or auxiliary character.

4.1 Paragraph 4 shall not apply to a fixed place of business that is used or maintained by an enterprise if the same enterprise or a closely related enterprise carries on business activities at the same place or at another place in the same Contracting State and

a) that place or other place constitutes a permanent establishment for the enterprise or the closely related enterprise under the provisions of this Article, or

b) the overall activity resulting from the combination of the activities carried on by the two enterprises at the same place, or by the same enterprise or closely related enterprises at the two places, is not of a preparatory or auxiliary character,

provided that the business activities carried on by the two enterprises at the same place, or by the same enterprise or closely related enterprises at the two places, constitute complementary functions that are part of a cohesive business operation.

5. Notwithstanding the provisions of paragraphs 1 and 2 but subject to the provisions of paragraph 6, where a person is acting in a Contracting State on behalf of an enterprise and, in doing so, habitually concludes contracts, or habitually plays the principal role leading to the conclusion of contracts that are routinely concluded without material modification by the enterprise, and these contracts are

a) in the name of the enterprise, or

b) for the transfer of the ownership of, or for the granting of the right to use, property owned by that enterprise or that the enterprise has the right to use, or

c) for the provision of services by that enterprise,

that enterprise shall be deemed to have a permanent establishment in that State in respect of any activities which that person undertakes for the enterprise, unless the activities of such person are limited to those mentioned in paragraph 4 which, if exercised through a fixed place of business (other than a fixed place of business to which paragraph 4.1 would apply), would not make this fixed place of business a permanent establishment under the provisions of that paragraph.

6. Paragraph 5 shall not apply where the person acting in a Contracting State on behalf of an enterprise of the other Contracting State carries on business in the first-mentioned State as an independent agent and acts for the enterprise in the ordinary course of that business. Where, however, a person acts exclusively or almost exclusively on behalf of one or more enterprises to which it is closely related, that person shall not be considered to be an independent agent within the meaning of this paragraph with respect to any such enterprise.

7. The fact that a company which is a resident of a Contracting State controls or is controlled by a company which is a resident of the other Contracting State, or which carries on business in that other State (whether through a permanent establishment or otherwise), shall not of itself constitute either company a

permanent establishment of the other.

8. For the purposes of this Article, a person or enterprise is closely related to an enterprise if, based on all the relevant facts and circumstances, one has control of the other or both are under the control of the same persons or enterprises. In any case, a person or enterprise shall be considered to be closely related to an enterprise if one possesses directly or indirectly more than 50 per cent of the beneficial interest in the other (or, in the case of a company, more than 50 per cent of the aggregate vote and value of the company's shares or of the beneficial equity interest in the company) or if another person or enterprise possesses directly or indirectly more than 50 per cent of the beneficial interest (or, in the case of a company, more than 50 per cent of the aggregate vote and value of the company's shares or of the beneficial equity interest in the company) in the person and the enterprise or in the two enterprises.

Chapter III
TAXATION OF INCOME

ARTICLE 6
INCOME FROM IMMOVABLE PROPERTY

1. Income derived by a resident of a Contracting State from immovable property (including income from agriculture or forestry) situated in the other Contracting State may be taxed in that other State.

2. The term "immovable property" shall have the meaning which it has under the law of the Contracting State in which the property in question is situated. The term shall in any case include property accessory to immovable property, livestock and equipment used in agriculture and forestry, rights to which the provisions of general law respecting landed property apply, usufruct of

immovable property and rights to variable or fixed payments as consideration for the working of, or the right to work, mineral deposits, sources and other natural resources; ships and aircraft shall not be regarded as immovable property.

3. The provisions of paragraph 1 shall apply to income derived from the direct use, letting, or use in any other form of immovable property.

4. The provisions of paragraphs 1 and 3 shall also apply to the income from immovable property of an enterprise.

ARTICLE 7
BUSINESS PROFITS

1. Profits of an enterprise of a Contracting State shall be taxable only in that State unless the enterprise carries on business in the other Contracting State through a permanent establishment situated therein. If the enterprise carries on business as aforesaid, the profits that are attributable to the permanent establishment in accordance with the provisions of paragraph 2 may be taxed in that other State.

2. For the purposes of this Article and Article [23 A] [23 B], the profits that are attributable in each Contracting State to the permanent establishment referred to in paragraph 1 are the profits it might be expected to make, in particular in its dealings with other parts of the enterprise, if it were a separate and independent enterprise engaged in the same or similar activities under the same or similar conditions, taking into account the functions performed, assets used and risks assumed by the enterprise through the permanent establishment and through the other parts of the enterprise.

3. Where, in accordance with paragraph 2, a Contracting State adjusts the profits that are attributable to a permanent establishment of an enterprise of

one of the Contracting States and taxes accordingly profits of the enterprise that have been charged to tax in the other State, the other State shall, to the extent necessary to eliminate double taxation on these profits, make an appropriate adjustment to the amount of the tax charged on those profits. In determining such adjustment, the competent authorities of the Contracting States shall if necessary consult each other.

4. Where profits include items of income which are dealt with separately in other Articles of this Convention, then the provisions of those Articles shall not be affected by the provisions of this Article.

ARTICLE 8
INTERNATIONAL SHIPPING AND AIR TRANSPORT

1. Profits of an enterprise of a Contracting State from the operation of ships or aircraft in international traffic shall be taxable only in that State.

2. The provisions of paragraph 1 shall also apply to profits from the participation in a pool, a joint business or an international operating agency.

ARTICLE 9
ASSOCIATED ENTERPRISES

1. Where
   a) an enterprise of a Contracting State participates directly or indirectly in the management, control or capital of an enterprise of the other Contracting State, or
   b) the same persons participate directly or indirectly in the management, control or capital of an enterprise of a Contracting State and an enterprise of the other Contracting State,

and in either case conditions are made or imposed between the two enterprises in their commercial or financial relations which differ from those which would be made between independent enterprises, then any profits which would, but for those conditions, have accrued to one of the enterprises, but, by reason of those conditions, have not so accrued, may be included in the profits of that enterprise and taxed accordingly.

2. Where a Contracting State includes in the profits of an enterprise of that State — and taxes accordingly — profits on which an enterprise of the other Contracting State has been charged to tax in that other State and the profits so included are profits which would have accrued to the enterprise of the first-mentioned State if the conditions made between the two enterprises had been those which would have been made between independent enterprises, then that other State shall make an appropriate adjustment to the amount of the tax charged therein on those profits. In determining such adjustment, due regard shall be had to the other provisions of this Convention and the competent authorities of the Contracting States shall if necessary consult each other.

ARTICLE 10
DIVIDENDS

1. Dividends paid by a company which is a resident of a Contracting State to a resident of the other Contracting State may be taxed in that other State.

2. However, dividends paid by a company which is a resident of a Contracting State may also be taxed in that State according to the laws of that State, but if the beneficial owner of the dividends is a resident of the other Contracting State, the tax so charged shall not exceed:

a) 5 per cent of the gross amount of the dividends if the beneficial owner is a company which holds directly at least 25 per cent of the capital of the company paying the dividends throughout a 365 day period that includes the day of the payment of the dividend (for the purpose of computing that period, no account shall be taken of changes of ownership that would directly result from a corporate reorganisation, such as a merger or divisive reorganisation, of the company that holds the shares or that pays the dividend);

b) 15 per cent of the gross amount of the dividends in all other cases.

The competent authorities of the Contracting States shall by mutual agreement settle the mode of application of these limitations. This paragraph shall not affect the taxation of the company in respect of the profits out of which the dividends are paid.

3. The term "dividends" as used in this Article means income from shares, "jouissance" shares or "jouissance" rights, mining shares, founders' shares or other rights, not being debt-claims, participating in profits, as well as income from other corporate rights which is subjected to the same taxation treatment as income from shares by the laws of the State of which the company making the distribution is a resident.

4. The provisions of paragraphs 1 and 2 shall not apply if the beneficial owner of the dividends, being a resident of a Contracting State, carries on business in the other Contracting State of which the company paying the dividends is a resident through a permanent establishment situated therein and the holding in respect of which the dividends are paid is effectively connected with such permanent establishment. In such case the provisions of Article 7 shall apply.

5. Where a company which is a resident of a Contracting State derives profits or income from the other Contracting State, that other State may not impose any tax on the dividends paid by the company, except insofar as such dividends are paid to a resident of that other State or insofar as the holding in respect of which the dividends are paid is effectively connected with a permanent

establishment situated in that other State, nor subject the company's undistributed profits to a tax on the company's undistributed profits, even if the dividends paid or the undistributed profits consist wholly or partly of profits or income arising in such other State.

ARTICLE 11
INTEREST

1. Interest arising in a Contracting State and paid to a resident of the other Contracting State may be taxed in that other State.

2. However, interest arising in a Contracting State may also be taxed in that State according to the laws of that State, but if the beneficial owner of the interest is a resident of the other Contracting State, the tax so charged shall not exceed 10 per cent of the gross amount of the interest. The competent authorities of the Contracting States shall by mutual agreement settle the mode of application of this limitation.

3. The term "interest" as used in this Article means income from debt-claims of every kind, whether or not secured by mortgage and whether or not carrying a right to participate in the debtor's profits, and in particular, income from government securities and income from bonds or debentures, including premiums and prizes attaching to such securities, bonds or debentures. Penalty charges for late payment shall not be regarded as interest for the purpose of this Article.

4. The provisions of paragraphs 1 and 2 shall not apply if the beneficial owner of the interest, being a resident of a Contracting State, carries on business in the other Contracting State in which the interest arises through a permanent establishment situated therein and the debt-claim in respect of which the interest is paid is effectively connected with such permanent establishment. In

such case the provisions of Article 7 shall apply.

5. Interest shall be deemed to arise in a Contracting State when the payer is a resident of that State. Where, however, the person paying the interest, whether he is a resident of a Contracting State or not, has in a Contracting State a permanent establishment in connection with which the indebtedness on which the interest is paid was incurred, and such interest is borne by such permanent establishment, then such interest shall be deemed to arise in the State in which the permanent establishment is situated.

6. Where, by reason of a special relationship between the payer and the beneficial owner or between both of them and some other person, the amount of the interest, having regard to the debt-claim for which it is paid, exceeds the amount which would have been agreed upon by the payer and the beneficial owner in the absence of such relationship, the provisions of this Article shall apply only to the last-mentioned amount. In such case, the excess part of the payments shall remain taxable according to the laws of each Contracting State, due regard being had to the other provisions of this Convention.

ARTICLE 12
ROYALTIES

1. Royalties arising in a Contracting State and beneficially owned by a resident of the other Contracting State shall be taxable only in that other State.

2. The term "royalties" as used in this Article means payments of any kind received as a consideration for the use of, or the right to use, any copyright of literary, artistic or scientific work including cinematograph films, any patent, trade mark, design or model, plan, secret formula or process, or for information concerning industrial, commercial or scientific experience.

3. The provisions of paragraph 1 shall not apply if the beneficial owner of the

royalties, being a resident of a Contracting State, carries on business in the other Contracting State in which the royalties arise through a permanent establishment situated therein and the right or property in respect of which the royalties are paid is effectively connected with such permanent establishment. In such case the provisions of Article 7 shall apply.

4. Where, by reason of a special relationship between the payer and the beneficial owner or between both of them and some other person, the amount of the royalties, having regard to the use, right or information for which they are paid, exceeds the amount which would have been agreed upon by the payer and the beneficial owner in the absence of such relationship, the provisions of this Article shall apply only to the last-mentioned amount. In such case, the excess part of the payments shall remain taxable according to the laws of each Contracting State, due regard being had to the other provisions of this Convention.

ARTICLE 13
CAPITAL GAINS

1. Gains derived by a resident of a Contracting State from the alienation of immovable property referred to in Article 6 and situated in the other Contracting State may be taxed in that other State.

2. Gains from the alienation of movable property forming part of the business property of a permanent establishment which an enterprise of a Contracting State has in the other Contracting State, including such gains from the alienation of such a permanent establishment (alone or with the whole enterprise), may be taxed in that other State.

3. Gains that an enterprise of a Contracting State that operates ships or aircraft in international traffic derives from the alienation of such ships or

aircraft, or of movable property pertaining to the operation of such ships or aircraft, shall be taxable only in that State.

4. Gains derived by a resident of a Contracting State from the alienation of shares or comparable interests, such as interests in a partnership or trust, may be taxed in the other Contracting State if, at any time during the 365 days preceding the alienation, these shares or comparable interests derived more than 50 per cent of their value directly or indirectly from immovable property, as defined in Article 6, situated in that other State.

5. Gains from the alienation of any property, other than that referred to in paragraphs 1, 2, 3 and 4, shall be taxable only in the Contracting State of which the alienator is a resident.

[ARTICLE 14 – INDEPENDENT PERSONAL SERVICES] [DELETED]

ARTICLE 15
INCOME FROM EMPLOYMENT

1. Subject to the provisions of Articles 16, 18 and 19, salaries, wages and other similar remuneration derived by a resident of a Contracting State in respect of an employment shall be taxable only in that State unless the employment is exercised in the other Contracting State. If the employment is so exercised, such remuneration as is derived therefrom may be taxed in that other State.

2. Notwithstanding the provisions of paragraph 1, remuneration derived by a resident of a Contracting State in respect of an employment exercised in the other Contracting State shall be taxable only in the first-mentioned State if:

a) the recipient is present in the other State for a period or periods not exceeding in the aggregate 183 days in any twelve month period commencing or ending in the fiscal year concerned, and

b) the remuneration is paid by, or on behalf of, an employer who is not a resident of the other State, and

c) the remuneration is not borne by a permanent establishment which the employer has in the other State.

3. Notwithstanding the preceding provisions of this Article, remuneration derived by a resident of a Contracting State in respect of an employment, as a member of the regular complement of a ship or aircraft, that is exercised aboard a ship or aircraft operated in international traffic, other than aboard a ship or aircraft operated solely within the other Contracting State, shall be taxable only in the first-mentioned State.

ARTICLE 16
DIRECTORS' FEES

Directors' fees and other similar payments derived by a resident of a Contracting State in his capacity as a member of the board of directors of a company which is a resident of the other Contracting State may be taxed in that other State.

ARTICLE 17
ENTERTAINERS AND SPORTSPERSONS

1. Notwithstanding the provisions of Article 15, income derived by a resident of a Contracting State as an entertainer, such as a theatre, motion picture, radio or television artiste, or a musician, or as a sportsperson, from that resident's personal activities as such exercised in the other Contracting State, may be taxed in that other State.

2. Where income in respect of personal activities exercised by an entertainer or a sportsperson acting as such accrues not to the entertainer or sportsperson but to another person, that income may, notwithstanding the provisions of Article 15, be taxed in the Contracting State in which the activities of the entertainer or sportsperson are exercised.

ARTICLE 18
PENSIONS

Subject to the provisions of paragraph 2 of Article 19, pensions and other similar remuneration paid to a resident of a Contracting State in consideration of past employment shall be taxable only in that State.

ARTICLE 19
GOVERNMENT SERVICE

1. *a)* Salaries, wages and other similar remuneration paid by a Contracting State or a political subdivision or a local authority thereof to an individual in respect of services rendered to that State or subdivision or authority shall be taxable only in that State.
   b) However, such salaries, wages and other similar remuneration shall be taxable only in the other Contracting State if the services are rendered in that State and the individual is a resident of that State who:
      (i) is a national of that State; or
      (ii) did not become a resident of that State solely for the purpose of rendering the services.

2. *a)* Notwithstanding the provisions of paragraph 1, pensions and other similar remuneration paid by, or out of funds created by, a Contracting State or a political subdivision or a local authority thereof to an

individual in respect of services rendered to that State or subdivision or authority shall be taxable only in that State.

b) However, such pensions and other similar remuneration shall be taxable only in the other Contracting State if the individual is a resident of, and a national of, that State.

3. The provisions of Articles 15, 16, 17, and 18 shall apply to salaries, wages, pensions, and other similar remuneration in respect of services rendered in connection with a business carried on by a Contracting State or a political subdivision or a local authority thereof.

ARTICLE 20
STUDENTS

Payments which a student or business apprentice who is or was immediately before visiting a Contracting State a resident of the other Contracting State and who is present in the first-mentioned State solely for the purpose of his education or training receives for the purpose of his maintenance, education or training shall not be taxed in that State, provided that such payments arise from sources outside that State.

ARTICLE 21
OTHER INCOME

1. Items of income of a resident of a Contracting State, wherever arising, not dealt with in the foregoing Articles of this Convention shall be taxable only in that State.

2. The provisions of paragraph 1 shall not apply to income, other than income from immovable property as defined in paragraph 2 of Article 6, if the recipient

of such income, being a resident of a Contracting State, carries on business in the other Contracting State through a permanent establishment situated therein and the right or property in respect of which the income is paid is effectively connected with such permanent establishment. In such case the provisions of Article 7 shall apply.

Chapter IV
TAXATION OF CAPITAL

ARTICLE 22
CAPITAL

1. Capital represented by immovable property referred to in Article 6, owned by a resident of a Contracting State and situated in the other Contracting State, may be taxed in that other State.

2. Capital represented by movable property forming part of the business property of a permanent establishment which an enterprise of a Contracting State has in the other Contracting State may be taxed in that other State.

3. Capital of an enterprise of a Contracting State that operates ships or aircraft in international traffic represented by such ships or aircraft, and by movable property pertaining to the operation of such ships or aircraft, shall be taxable only in that State.

4. All other elements of capital of a resident of a Contracting State shall be taxable only in that State.

Chapter V

METHODS FOR ELIMINATION OF DOUBLE TAXATION

ARTICLE 23 A
EXEMPTION METHOD

1. Where a resident of a Contracting State derives income or owns capital which may be taxed in the other Contracting State in accordance with the provisions of this Convention (except to the extent that these provisions allow taxation by that other State solely because the income is also income derived by a resident of that State or because the capital is also capital owned by a resident of that State), the first-mentioned State shall, subject to the provisions of paragraphs 2 and 3, exempt such income or capital from tax.

2. Where a resident of a Contracting State derives items of income which may betaxed in the other Contracting State in accordance with the provisions of Articles 10 and 11 (except to the extent that these provisions allow taxation by that other State solely because the income is also income derived by a resident of that State), the first-mentioned State shall allow as a deduction from the tax on the income of that resident an amount equal to the tax paid in that other State. Such deduction shall not, however, exceed that part of the tax, as computed before the deduction is given, which is attributable to such items of income derived from that other State.

3. Where in accordance with any provision of the Convention income derived or capital owned by a resident of a Contracting State is exempt from tax in that State, such State may nevertheless, in calculating the amount of tax on the remaining income or capital of such resident, take into account the exempted income or capital.

4. The provisions of paragraph 1 shall not apply to income derived or capital

owned by a resident of a Contracting State where the other Contracting State applies the provisions of this Convention to exempt such income or capital from tax or applies the provisions of paragraph 2 of Article 10 or 11 to such income.

ARTICLE 23 B
CREDIT METHOD

1. Where a resident of a Contracting State derives income or owns capital which may be taxed in the other Contracting State in accordance with the provisions of this Convention (except to the extent that these provisions allow taxation by that other State solely because the income is also income derived by a resident of that State or because the capital is also capital owned by a resident of that State), the first-mentioned State shall allow:

a) as a deduction from the tax on the income of that resident, an amount equal to the income tax paid in that other State;

b) as a deduction from the tax on the capital of that resident, an amount equal to the capital tax paid in that other State.

Such deduction in either case shall not, however, exceed that part of the income tax or capital tax, as computed before the deduction is given, which is attributable, as the case may be, to the income or the capital which may be taxed in that other State.

2. Where in accordance with any provision of the Convention income derived or capital owned by a resident of a Contracting State is exempt from tax in that State, such State may nevertheless, in calculating the amount of tax on the remaining income or capital of such resident, take into account the exempted income or capital.

Chapter VI

SPECIAL PROVISIONS

ARTICLE 24
NON-DISCRIMINATION

1. Nationals of a Contracting State shall not be subjected in the other Contracting State to any taxation or any requirement connected therewith, which is other or more burdensome than the taxation and connected requirements to which nationals of that other State in the same circumstances, in particular with respect to residence, are or may be subjected. This provision shall, notwithstanding the provisions of Article 1, also apply to persons who are not residents of one or both of the Contracting States.

2. Stateless persons who are residents of a Contracting State shall not be subjected in either Contracting State to any taxation or any requirement connected therewith, which is other or more burdensome than the taxation and connected requirements to which nationals of the State concerned in the same circumstances, in particular with respect to residence, are or may be subjected.

3. The taxation on a permanent establishment which an enterprise of a Contracting State has in the other Contracting State shall not be less favourably levied in that other State than the taxation levied on enterprises of that other State carrying on the same activities. This provision shall not be construed as obliging a Contracting State to grant to residents of the other Contracting State any personal allowances, reliefs and reductions for taxation purposes on account of civil status or family responsibilities which it grants to its own residents.

4. Except where the provisions of paragraph 1 of Article 9, paragraph 6 of Article 11, or paragraph 4 of Article 12, apply, interest, royalties and other disbursements paid by an enterprise of a Contracting State to a resident of the other Contracting State shall, for the purpose of determining the taxable profits

of such enterprise, be deductible under the same conditions as if they had been paid to a resident of the first-mentioned State. Similarly, any debts of an enterprise of a Contracting State to a resident of the other Contracting State shall, for the purpose of determining the taxable capital of such enterprise, be deductible under the same conditions as if they had been contracted to a resident of the first-mentioned State.

5. Enterprises of a Contracting State, the capital of which is wholly or partly owned or controlled, directly or indirectly, by one or more residents of the other Contracting State, shall not be subjected in the first-mentioned State to any taxation or any requirement connected therewith which is other or more burdensome than the taxation and connected requirements to which other similar enterprises of the first-mentioned State are or may be subjected.

6. The provisions of this Article shall, notwithstanding the provisions of Article 2, apply to taxes of every kind and description.

ARTICLE 25
MUTUAL AGREEMENT PROCEDURE

1. Where a person considers that the actions of one or both of the Contracting States result or will result for him in taxation not in accordance with the provisions of this Convention, he may, irrespective of the remedies provided by the domestic law of those States, present his case to the competent authority of either Contracting State. The case must be presented within three years from the first notification of the action resulting in taxation not in accordance with the provisions of the Convention.

2. The competent authority shall endeavour, if the objection appears to it to be justified and if it is not itself able to arrive at a satisfactory solution, to resolve the case by mutual agreement with the competent authority of the other

Contracting State, with a view to the avoidance of taxation which is not in accordance with the Convention. Any agreement reached shall be implemented notwithstanding any time limits in the domestic law of the Contracting States.

3. The competent authorities of the Contracting States shall endeavour to resolve by mutual agreement any difficulties or doubts arising as to the interpretation or application of the Convention. They may also consult together for the elimination of double taxation in cases not provided for in the Convention.

4. The competent authorities of the Contracting States may communicate with each other directly, including through a joint commission consisting of themselves or their representatives, for the purpose of reaching an agreement in the sense of the preceding paragraphs.

5. Where,

a) under paragraph 1, a person has presented a case to the competent authority of a Contracting State on the basis that the actions of one or both of the Contracting States have resulted for that person in taxation not in accordance with the provisions of this Convention, and

b) the competent authorities are unable to reach an agreement to resolve that case pursuant to paragraph 2 within two years from the date when all the information required by the competent authorities in order to address the case has been provided to both competent authorities,

any unresolved issues arising from the case shall be submitted to arbitration if the person so requests in writing. These unresolved issues shall not, however, be submitted to arbitration if a decision on these issues has already been rendered by a court or administrative tribunal of either State. Unless a person directly affected by the case does not accept the mutual agreement that implements the arbitration decision, that decision shall be binding on both Contracting States and shall be implemented notwithstanding any time limits in the domestic laws of these States. The competent authorities of the Contracting States shall by mutual agreement settle the mode of application of this paragraph.

ARTICLE 26
EXCHANGE OF INFORMATION

1. The competent authorities of the Contracting States shall exchange such information as is foreseeably relevant for carrying out the provisions of this Convention or to the administration or enforcement of the domestic laws concerning taxes of every kind and description imposed on behalf of the Contracting States, or of their political subdivisions or local authorities, insofar as the taxation thereunder is not contrary to the Convention. The exchange of information is not restricted by Articles 1 and 2.

2. Any information received under paragraph 1 by a Contracting State shall be treated as secret in the same manner as information obtained under the domestic laws of that State and shall be disclosed only to persons or authorities (including courts and administrative bodies) concerned with the assessment or collection of, the enforcement or prosecution in respect of, the determination of appeals in relation to the taxes referred to in paragraph 1, or the oversight of the above. Such persons or authorities shall use the information only for such purposes. They may disclose the information in public court proceedings or in judicial decisions. Notwithstanding the foregoing, information received by a Contracting State may be used for other purposes when such information may be used for such other purposes under the laws of both States and the competent authority of the supplying State authorises such use.

3. In no case shall the provisions of paragraphs 1 and 2 be construed so as to impose on a Contracting State the obligation:

a) to carry out administrative measures at variance with the laws and administrative practice of that or of the other Contracting State;

b) to supply information which is not obtainable under the laws or in the normal course of the administration of that or of the other Contracting State;

c) to supply information which would disclose any trade, business, industrial, commercial or professional secret or trade process, or information the disclosure of which would be contrary to public policy (ordre public).

4. If information is requested by a Contracting State in accordance with this Article, the other Contracting State shall use its information gathering measures to obtain the requested information, even though that other State may not need such information for its own tax purposes. The obligation contained in the preceding sentence is subject to the limitations of paragraph 3 but in no case shall such limitations be construed to permit a Contracting State to decline to supply information solely because it has no domestic interest in such information.

5. In no case shall the provisions of paragraph 3 be construed to permit a Contracting State to decline to supply information solely because the information is held by a bank, other financial institution, nominee or person acting in an agency or a fiduciary capacity or because it relates to ownership interests in a person.

ARTICLE 27
ASSISTANCE IN THE COLLECTION OF TAXES1

1. The Contracting States shall lend assistance to each other in the collection of revenue claims. This assistance is not restricted by Articles 1 and 2. The competent authorities of the Contracting States may by mutual agreement

settle the mode of application of this Article.

2. The term "revenue claim" as used in this Article means an amount owed in respect of taxes of every kind and description imposed on behalf of the Contracting States, or of their political subdivisions or local authorities, insofar as the taxation thereunder is not contrary to this Convention or any other instrument to which the Contracting States are parties, as well as interest, administrative penalties and costs of collection or conservancy related to such amount.

3. When a revenue claim of a Contracting State is enforceable under the laws of that State and is owed by a person who, at that time, cannot, under the laws of that State, prevent its collection, that revenue claim shall, at the request of the competent authority of that State, be accepted for purposes of collection by the competent authority of the other Contracting State. That revenue claim shall be collected by that other State in accordance with the provisions of its laws applicable to the enforcement and collection of its own taxes as if the revenue claim were a revenue claim of that other State.

4. When a revenue claim of a Contracting State is a claim in respect of which that State may, under its law, take measures of conservancy with a view to ensure its collection, that revenue claim shall, at the request of the competent authority of that State, be accepted for purposes of taking measures of conservancy by the competent authority of the other Contracting State. That other State shall take measures of conservancy in respect of that revenue claim in accordance with the provisions of its laws as if the revenue claim were a revenue claim of that other State even if, at the time when such measures are applied, the revenue claim is not enforceable in the first-mentioned State or is owed by a person who has a right to prevent its collection.

5. Notwithstanding the provisions of paragraphs 3 and 4, a revenue claim accepted by a Contracting State for purposes of paragraph 3 or 4 shall not, in that State, be subject to the time limits or accorded any priority applicable to

a revenue claim under the laws of that State by reason of its nature as such. In addition, a revenue claim accepted by a Contracting State for the purposes of paragraph 3 or 4 shall not, in that State, have any priority applicable to that revenue claim under the laws of the other Contracting State.

6. Proceedings with respect to the existence, validity or the amount of a revenue claim of a Contracting State shall not be brought before the courts or administrative bodies of the other Contracting State.

7. Where, at any time after a request has been made by a Contracting State under paragraph 3 or 4 and before the other Contracting State has collected and remitted the relevant revenue claim to the first-mentioned State, the relevant revenue claim ceases to be

a) in the case of a request under paragraph 3, a revenue claim of the first-mentioned State that is enforceable under the laws of that State and is owed by a person who, at that time, cannot, under the laws of that State, prevent its collection, or

b) in the case of a request under paragraph 4, a revenue claim of the first-mentioned State in respect of which that State may, under its laws, take measures of conservancy with a view to ensure its collection

the competent authority of the first-mentioned State shall promptly notify the competent authority of the other State of that fact and, at the option of the other State, the first-mentioned State shall either suspend or withdraw its request.

8. In no case shall the provisions of this Article be construed so as to impose on a Contracting State the obligation:

a) to carry out administrative measures at variance with the laws and administrative practice of that or of the other Contracting State;

b) to carry out measures which would be contrary to public policy *(ordre public)*;

c) to provide assistance if the other Contracting State has not pursued all reasonable measures of collection or conservancy, as the case may be, available under its laws or administrative practice;

d) to provide assistance in those cases where the administrative burden for that State is clearly disproportionate to the benefit to be derived by the other Contracting State.

ARTICLE 28
MEMBERS OF DIPLOMATIC MISSIONS AND CONSULAR POSTS

Nothing in this Convention shall affect the fiscal privileges of members of diplomatic missions or consular posts under the general rules of international law or under the provisions of special agreements.

ARTICLE 29
ENTITLEMENT TO BENEFITS

1. [Provision that, subject to paragraphs 3 to 5, restricts treaty benefits to a resident of a Contracting State who is a "qualified person" as defined in paragraph 2].

2. [Definition of situations where a resident is a qualified person, which covers
   - an individual;
   - a Contracting State, its political subdivisions and their agencies and instrumentalities;
   - certain publicly-traded companies and entities;
   - certain affiliates of publicly-listed companies and entities;
   - certain non-profit organisations and recognised pension funds;
   - other entities that meet certain ownership and base erosion requirements;

— certain collective investment vehicles.]

3. [Provision that provides treaty benefits to certain income derived by a person that is not a qualified person if the person is engaged in the active conduct of a business in its State of residence and the income emanates from, or is incidental to, that business].

4. [Provision that provides treaty benefits to a person that is not a qualified person if at least more than an agreed proportion of that entity is owned by certain persons entitled to equivalent benefits].

5. [Provision that provides treaty benefits to a person that qualifies as a "headquarters company"].

6. [Provision that allows the competent authority of a Contracting State to grant certain treaty benefits to a person where benefits would otherwise be denied under paragraph 1].

7. [Definitions applicable for the purposes of paragraphs 1 to 7].

8. *a)* Where

    (i) an enterprise of a Contracting State derives income from the other Contracting State and the first-mentioned State treats such income as attributable to a permanent establishment of the enterprise situated in a third jurisdiction, and

    (ii) the profits attributable to that permanent establishment are exempt from tax in the first-mentioned State,

    the benefits of this Convention shall not apply to any item of income on which the tax in the third jurisdiction is less than the lower of [rate to be determined bilaterally] of the amount of that item of income and 60 per cent of the tax that would be imposed in the first-mentioned State on that item of income if that permanent establishment were situated in the first-mentioned State. In such a case any income to which the provisions of this paragraph apply shall remain taxable according to the domestic law of the other State, notwithstanding any other provisions of the Convention.

b) The preceding provisions of this paragraph shall not apply if the income derived from the other State emanates from, or is incidental to, the active conduct of a business carried on through the permanent establishment (other than the business of making, managing or simply holding investments for the enterprise's own account, unless these activities are banking, insurance or securities activities carried on by a bank, insurance enterprise or registered securities dealer, respectively).

c) If benefits under this Convention are denied pursuant to the preceding provisions of this paragraph with respect to an item of income derived by a resident of a Contracting State, the competent authority of the other Contracting State may, nevertheless, grant these benefits with respect to that item of income if, in response to a request by such resident, such competent authority determines that granting such benefits is justified in light of the reasons such resident did not satisfy the requirements of this paragraph (such as the existence of losses). The competent authority of the Contracting State to which a request has been made under the preceding sentence shall consult with the competent authority of the other Contracting State before either granting or denying the request

9. Notwithstanding the other provisions of this Convention, a benefit under this Convention shall not be granted in respect of an item of income or capital if it is reasonable to conclude, having regard to all relevant facts and circumstances, that obtaining that benefit was one of the principal purposes of any arrangement or transaction that resulted directly or indirectly in that benefit, unless it is established that granting that benefit in these circumstances would be in accordance with the object and purpose of the relevant provisions of this Convention.

ARTICLE 30
TERRITORIAL EXTENSION1

1. This Convention may be extended, either in its entirety or with any necessary modifications [to any part of the territory of (State A) or of (State B) which is specifically excluded from the application of the Convention or], to any State or territory for whose international relations (State A) or (State B) is responsible, which imposes taxes substantially similar in character to those to which the Convention applies. Any such extension shall take effect from such date and subject to such modifications and conditions, including conditions as to termination, as may be specified and agreed between the Contracting States in notes to be exchanged through diplomatic channels or in any other manner in accordance with their constitutional procedures.

2. Unless otherwise agreed by both Contracting States, the termination of the Convention by one of them under Article 32 shall also terminate, in the manner provided for in that Article, the application of the Convention [to any part of the territory of (State A) or of (State B) or] to any State or territory to which it has been extended under this Article.

Chapter *VII*
FINAL PROVISIONS

ARTICLE 31
ENTRY INTO FORCE

1. This Convention shall be ratified and the instruments of ratification shall be exchanged at .... as soon as possible.

2. The Convention shall enter into force upon the exchange of instruments of ratification and its provisions shall have effect:

a) (in State A): ....

b) (in State B): ....

ARTICLE 32
TERMINATION

This Convention shall remain in force until terminated by a Contracting State. Either Contracting State may terminate the Convention, through diplomatic channels, by giving notice of termination at least six months before the end of any calendar year after the year ...... In such event, the Convention shall cease to have effect:

a) (in State A): ....

b) (in State B): ....

TERMINAL CLAUSE

참고문헌

1. 국내 참고문헌

- 오윤, *국제조세법론*, 삼일인포마인, 2016
- 이경근 · 서덕원 · 김범준, *국제조세의 이해와 실무*, ㈜영화조세통람, 2014
- 이용섭 · 이동신, *국제조세*, 세경사, 2012
- 이창희, *국제조세법*, 박영사, 2015
- 최선집, *국제조세법 강론*, ㈜영화조세통람, 2014
- 최선집, *논점 국제조세법*, 도서출판 홍익문화, 2019
- 한국조세협회, *역외탈세*, 삼일인포마인, 2014
- 김석환, "과소자본세제와 조세조약 : 배당간주된 초과이자의 조세조약상 소득구분을 중심으로", 저스티스 통권 제159호, 한국법학원, 2017
- 김석환, "고정사업장의 외국납부세액공제 : 삼각관계에서 조세조약 및 국내법의 해석에 관하여", 조세학술논집 제36집 제4호, 한국국제조세협회, 2020
- 김정홍, "룩셈부르크 공모펀드의 국내투자에 대한 조세조약 적용 문제 : 대법원 2020.1.16. 선고 2016두35854 판결을 중심으로", 조세법연구 제26권 제2호, 한국세법학회, 2020
- 백제흠, "유형적 포괄주의 과세조항의 해석과 그 한계 : 이자소득에 관한 구 소득세법 제16조 제1항 제13호의 해석론을 중심으로", BFL 제57호, 2013. 1
- 오윤, "조세조약 해석상 국내세법의 지위 : 조세조약상 '특허권의 사용' 개념의 해석을 중심으로", 조세학술논집 제32집 제2호, 한국국제조세협회, 2016
- 유철형, "조세조약상 실질과세의 원칙에 관한 연구", 조세학술논집 제34집 제2호, 한국국제조세협회, 2018
- 이재호, "국내세법의 적용과 Treaty Override", 조세학술논집 제22집 제2호, 한국국제조세협회, 2006
- 정운오 · 전병욱, "엔화스왑예금 과세사건 판결의 분석", 조세법연구 제16집 제3호, 한국세법학회, 2010
- 최난설헌, "연성규범(Soft Law)의 기능과 법적 효력－EU 경쟁법상의 논의를 중심으로", 법학연구 제16집 제2호, 인하대학교 법학연구소, 2013

2. 외국 참고문헌

- OECD, *Model Tax Convention on Income and on Capital*, Condensed Version, OECD, 2017
- OECD, *OECD Transfer Pricing Guidelines for Multinational Enterprises and Tax Administrations*, OECD, 2017
- OECD, "Double Taxation Conventions and the Use of Base Companies", OECD, 1986
- OECD, "Double Taxation Conventions and the Use of Conduit Companies", OECD, 1986
- OECD, "Harmful Tax Competition: An Emerging Global Issue", OECD, 1998
- OECD, "Tax Sparing: A Reconsideration", OECD, 1998
- OECD, "The Application of the OECD Model Tax Convention to Partnerships", OECD, 1999
- OECD, "Improving Access to Bank Information for Tax Purposes", OECD, 2000
- OECD, "Taxation and Electronic Commerce: Implementing the Ottawa Taxation Framework Conditions", OECD, 2001
- OECD, "Restricting the Entitlement to Treaty Benefit", *2002 Reports Related to the OECD Model Tax Convention*, OECD, 2003
- OECD, "The Granting of Treaty Benefits with Respect to the Income of Collective Investment Vehicles.", OECD, 2010
- OECD, "Report on The Attribution of Profits to Permanent Establishments", OECD, 2010
- OECD, "Clarification of the Meaning of Beneficial Owner in the OECD Model Convention", OECD Discussion Draft, 2011
- OECD, "OECD Model Tax Convention: Revised Proposals Concerning the Meaning of Beneficial Owner in Articles 10, 11 and 12", 2012
- OECD, "Addressing the Tax Challenges of the Digital Economy", Action 1: 2015 Final Report, OECD, 2015
- OECD, "Neutralising the Effects of Hybrid Mismatch Arrangements, Action 2: 2015 Final Report, OECD, 2015
- OECD, "Limiting Base Erosion Involving Interest Deductions and Other Financial Payments", Action 4: 2016 Update, OECD, 2016
- OECD, "Countering Harmful Tax Practices More Effectively, Taking into Accounting

Transparency and Substance", Action5: 2015 Final Report, OECD, 2015
- OECD, "Preventing the Granting of Treaty Benefits in Inappropriate Circumstances", Action 6: 2015 Final Report, OECD, 2015
- OECD, "Preventing the Artificial Avoidance of Permanent Establishment Status", Action 7: 2015 Final Report, OECD, 2015
- OECD, "Aligning Transfer Pricing Outcomes with Value Creation", Action 8-10: 2015 Final Report, OECD, 2015
- OECD, "Making Dispute Resolution Mechanisms More Effective", Action 14: 2015 Final Report, OECD, 2015
- UN, *United Nations Model Double Taxation Convention between Developed and Developing Countries*, UN, 2017
- UN, *United Nations Practical Manual on Transfer Pricing for Developing Countries*, UN, 2017
- Andreas Bullen, *Arm's Length Transaction Structures : Recognizing and Restructuring Controlled Transactions in Transfer Pricing*, IBFD Doctoral Series Vol.20, IBFD, 2010
- Brian J. Arnold, *International Tax Primer*, 4th edition, Wolters Kluwer, 2019
- De Broe, *International Tax Planning and Prevention of Abuse*, Doctoral Series Vol.14, IBFD, 2008
- Ekkehart Reimer & Alexander Rust, etc., *Klaus Vogel on Double Taxation Conventions*, 4th edition, Wolters Kluwer, 2015
- Ekkehart Reimer, Stefan Schmid & Marianne Orell, *Permanent Establishments - A Domestic Taxation, Bilateral Tax Treaty and OECD Perspective*, 4th edition, Wolters Kluwer, 2015
- Florian Haase, etc., *Taxation of International Partnerships*, IBFD, 2014
- Jerome Monsenego, *Introduction to Transfer Pricing*, Wolters Kluwer, 2015
- Kevin Holmes, *International Tax Policy and Double Tax Treaties - An Introduction to Principled and Application*, 2nd revised edition, IBFD, 2014
- Madalina Cotrut, etc., *International Tax Structures in the BEPS Era: An Analysis of Anti-Abuse Measures*, IBFD Tax Research Series Vol.2, IBFD, 2015
- Michael Lang, etc., *Beneficial Ownership: Recent Trends*, IBFD, 2013
- Michael Lang, etc., *Dependent Agents as Permanent Establishments*, Linde, 2014

- Michael Lang, etc., *GAARs – A Key Element of Tax Systems in the Post-BEPS World*, IBFD, 2016
- Michael Lang, etc., *Tax Treaties: Building Bridges between Law and Economics*, IBFD, 2010
- Michael Lang, etc., *Tax Treaty Case Law Around The Globe 2017*, IBFD Series on International Tax Law, Linde, 2017
- Michelle Markham, *Advance Pricing Agreements – Past, Present and Future*, Wolters Kluwer, 2012
- Oddlief Torvik, *Transfer Pricing and Intangibles*, Doctoral Series Vol.45, IBFD, 2018
- Philip Baker, *Double Taxation Convention*, 3rd edition, London: Sweet & Maxwell, 2001

색 인

ㄱ

ㅇ

ㅊ

ㅋ

ㅌ

ㅍ

ㅎ

기타

■ 김 명 준

- 서울대학교 국제경제학과 졸업(경제학사)
- 서울대학교 행정대학원 졸업(행정학석사)
- 제37회 행정고등고시(재경직) 합격
- 서울지방국세청 조사2국 사무관(국제거래조사 담당)
- 국세청 총무과 인사1계장
- 국세청 조사국 조사1과 사무관, 조사기획과 서기관
- 북전주세무서장
- 외교부 주OECD대한민국대표부 참사관(세무주재관)
- 국세청 정책조정담당관
- 중부지방국세청 감사관
- 부산지방국세청 세원분석국장/조사1국장
- 서울지방국세청 국제거래조사국장
- 국세청 기획조정관/조사국장
- 서울지방국세청장
- (현) 법무법인 가온 고문

최신판 **국제조세론**

2021년 5월 6일 초판 1쇄 발행
2021년 10월 27일 초판 3쇄 발행

저 자 김 명 준
발 행 인 이 희 태
발 행 처 **삼일인포마인**

저자협의
인지생략

서울특별시 용산구 한강대로 273 용산빌딩 4층
등록번호 : 1995. 6. 26 제3－633호
전 화 : (02) 3489－3100
F A X : (02) 3489－3141
I S B N : 978－89－5942－988－2 93320

♣ 파본은 교환하여 드립니다.

정가 80,000원